Dieter Wilke | Hans-Jürgen Dageförde | Andreas Knuth | Thomas Meyer | Cornelia Broy-Bülow

Bauordnung für Berlin

Aus dem Programm Bauwesen

Bauentwurfslehre
von E. Neufert

Hochbaukosten – Flächen – Rauminhalte
von P. J. Fröhlich

Kommentar zur VOB/C
von P. J. Fröhlich

Handkommentar zur VOB
von W. Heiermann, R. Riedl, M. Rusam und J. Kuffer

Bauordnung für Berlin
von D. Wilke, H.-J. Dageförde, A. Knuth, Th. Meyer und C. Broy-Bülow

Bauobjektüberwachung
von F. Würfele, B. Bielefeld und M. Gralla

Baukosten bei Neu- und Umbauten
von K. D. Siemon

Neumann, Wendehorst Bautechnische Zahlentafeln
von O. W. Wetzell (Hrsg.)

Frick/Knöll Baukonstruktionslehre 1
von D. Neumann, U. Hestermann, L. Rongen und U. Weinbrenner

Frick/Knöll Baukonstruktionslehre 2
von D. Neumann, U. Hestermann, L. Rongen und U. Weinbrenner

www.viewegteubner.de

Dieter Wilke | Hans-Jürgen Dageförde | Andreas Knuth |
Thomas Meyer | Cornelia Broy-Bülow

Bauordnung für Berlin

Kommentar mit Rechtsverordnungen
und Ausführungsvorschriften

6., vollständig überarbeitete Auflage

PRAXIS

Bibliografische Information Der Deutschen Nationalbibliothek
Die Deutsche Nationalbibliothek verzeichnet diese Publikation in der
Deutschen Nationalbibliografie; detaillierte bibliografische Daten sind im Internet über
<http://dnb.d-nb.de> abrufbar.

1. Auflage 1968
2. Auflage 1972
3. Auflage 1980
4. Auflage 1986
5. Auflage 1999
6., vollst. überarb. Auflage 2008

Alle Rechte vorbehalten
© Vieweg+Teubner Verlag | GWV Fachverlage GmbH, Wiesbaden 2008

Lektorat: Karina Danulat | Sabine Koch

Der Vieweg+Teubner Verlag ist ein Unternehmen von Springer Science+Business Media.
www.viewegteubner.de

Das Werk einschließlich aller seiner Teile ist urheberrechtlich geschützt. Jede Verwertung außerhalb der engen Grenzen des Urheberrechtsgesetzes ist ohne Zustimmung des Verlags unzulässig und strafbar. Das gilt insbesondere für Vervielfältigungen, Übersetzungen, Mikroverfilmungen und die Einspeicherung und Verarbeitung in elektronischen Systemen.

Die Wiedergabe von Gebrauchsnamen, Handelsnamen, Warenbezeichnungen usw. in diesem Werk berechtigt auch ohne besondere Kennzeichnung nicht zu der Annahme, dass solche Namen im Sinne der Warenzeichen- und Markenschutz-Gesetzgebung als frei zu betrachten wären und daher von jedermann benutzt werden dürften.

Umschlaggestaltung: KünkelLopka Medienentwicklung, Heidelberg
Satz: Klementz publishing services, Gundelfingen
Druck und buchbinderische Verarbeitung: Wilhelm & Adam, Heußenstamm
Gedruckt auf säurefreiem und chlorfrei gebleichtem Papier.
Printed in Germany

ISBN 978-3-528-12550-9

Vorwort

Der von Hans Förster, Albrecht Grundei, Rudolf Schmidt und Paul-Friedrich Willert begründete Kommentar zur Bauordnung für Berlin erschien erstmals im Jahre 1968. An den ersten vier Auflagen des Werks hat als einziger dieser Autoren Prof. Albrecht Grundei mitgewirkt. Der verdienstvolle Praktiker des Berliner Baurechts ist im Februar dieses Jahres verstorben.

Die im Vorwort zur 5. Auflage (1999) geäußerte Prognose, das Bauordnungsrecht werde ungeachtet der dem Zeitgeist entsprechenden Devise der „Deregulierung" nicht zur Ruhe kommen, hat sich als zutreffend erwiesen. Denn schon nach wenigen Jahren wurde die Bauordnung für Berlin durch eine grundlegend reformierte Neufassung ersetzt (Bauordnung für Berlin vom 29. September 2005 [GVBl. S. 495], zuletzt geändert durch das Gesetz vom 7. Juni 2007 [GVBl. S. 222]). Damit wurde – in Anlehnung an die Musterbauordnung der Bauministerkonferenz – das Ziel verfolgt, durch den Abbau von staatlichen Normen und Standards den Bürgern mehr Freiräume zu gewähren und durch eine erhebliche Reduktion der Genehmigungsverfahren die Verwaltung von Vollzugsaufgaben zu entlasten.

Die weitgehende Abkehr von der früheren Bauordnung – insbesondere die Beschränkung des formellen und des materiellen Bauordnungsrechts auf die vom Gesetzgeber für notwendig gehaltenen Regeln – hat die Autoren der gegenwärtigen Auflage veranlasst, den Kommentar vollständig neu zu bearbeiten. Bei der Auslegung der Bauordnung haben sie sich vornehmlich auf die Rechtsprechung des 2. (Baurechts-)Senats des Oberverwaltungsgerichts Berlin gestützt. Seit der Gründung des Oberverwaltungsgerichts Berlin-Brandenburg am 1. Juli 2005 ist dieser Senat auch für Rechtsstreitigkeiten im Bereich der Brandenburgischen Bauordnung zuständig. Gesetzgebung und Rechtsprechung sind bis Ende 2007 berücksichtigt worden.

Alle vier Bearbeiter der Vorauflage haben auch die neue Bauordnung kommentiert. In ihren Kreis ist die Richterin am Oberverwaltungsgericht Dr. Cornelia Broy-Bülow eingetreten, die dem 2. Senat seit 1992 angehört. Der Richter am Oberverwaltungsgericht Hans-Jürgen Dageförde war von 1974 bis 2002 Mitglied des 2. Senats. Wie kein anderer war er dazu berufen, im „Anhang zum übergeleiteten Berliner Planungsrecht" die bebauungsrechtliche Situation des alten West-Berlin darzustellen, die trotz jahrzehntelanger Geltung des Bundesbaugesetzes und des Baugesetzbuchs immer noch von Bedeutung ist. Andreas Knuth ist Präsident des Verwaltungsgerichts Cottbus und mit der Praxis und Theorie des Baurechts seit vielen Jahren vertraut. Der Leitende Baudirektor Dipl.-Ing. Thomas Meyer ist Referatsleiter der Obersten Bauaufsicht in der Berliner Senatsverwaltung für Stadtentwicklung. Prof. Dr. Dieter Wilke war von 1987 bis 2000 Vorsitzender des 2. Senats des Oberverwaltungsgerichts Berlin und Präsident dieses Gerichts.

Die Autoren haben die Kommentierung folgendermaßen untereinander aufgeteilt:

§§ 1–3, 58, 78–81 und 85	Wilke
§§ 4–10	Broy-Bülow
§§ 11–47, 67, 77 und 87	Meyer
§§ 48–57, 69, 70, 82–84 und 88	Dageförde
§§ 59–66, 68, 71–76 und 86	Knuth
Anhang zum übergeleiteten Berliner Planungsrecht	Knuth

In einem weiteren Anhang findet der Benutzer zahlreiche für die bauaufsichtliche Praxis bedeutsame Vorschriften.

Berlin, April 2008

Cornelia Broy-Bülow
Hans-Jürgen Dageförde
Andreas Knuth
Thomas Meyer
Dieter Wilke

Inhalt

Abkürzungen XI

Bauordnung für Berlin (BauO Bln) in der Fassung vom 29. September 2005
(GVBl. S. 495), zuletzt geändert durch § 9 des Gesetzes vom 7. Juni 2007
(GVBl S. 222) – **Kommentar** 1

Teil I **Allgemeine Vorschriften** 2
§ 1 Anwendungsbereich 2
§ 2 Begriffe 9
§ 3 Allgemeine Anforderungen 62

Teil II **Das Grundstück und seine Bebauung** 90
§ 4 Bebauung der Grundstücke mit Gebäuden 90
§ 5 Zugänge und Zufahrten auf den Grundstücken 94
§ 6 Abstandflächen, Abstände 96
§ 7 Teilung von Grundstücken 149
§ 8 Nicht überbaute Flächen der bebauten Grundstücke, Kinderspielplätze.. 155

Teil III **Bauliche Anlagen** 165

Abschnitt 1: Gestaltung 165
§ 9 Gestaltung 165
§ 10 Anlagen der Außenwerbung, Warenautomaten 178

Abschnitt 2: Allgemeine Anforderungen an die Bauausführung 192
§ 11 Baustelle 192
§ 12 Standsicherheit 196
§ 13 Schutz gegen schädliche Einflüsse 201
§ 14 Brandschutz 202
§ 15 Wärme-, Schall-, Erschütterungsschutz 208
§ 16 Verkehrssicherheit 211

Abschnitt 3: Bauprodukte, Bauarten 213
Einführung in die §§ 17 bis 25 213
§ 17 Bauprodukte 218
§ 18 Allgemeine bauaufsichtliche Zulassung 234
§ 19 Allgemeines bauaufsichtliches Prüfzeugnis 237
§ 20 Nachweis der Verwendbarkeit von Bauprodukten im Einzelfall .. 238
§ 21 Bauarten 239
§ 22 Übereinstimmungsnachweis 242
§ 23 Übereinstimmungserklärung des Herstellerin oder Herstellers . 245
§ 24 Übereinstimmungszertifikat 246
§ 25 Prüf-, Zertifizierungs- und Überwachungsstellen 248

Abschnitt 4: Wände, Decken, Dächer 252
§ 26 Allgemeine Anforderungen an das Brandverhalten von Baustoffen und
     Bauteilen 252
§ 27 Tragende Wände, Stützen 257

§ 28	Außenwände	259
§ 29	Trennwände	263
§ 30	Brandwände	267
§ 31	Decken	275
§ 32	Dächer	279

Abschnitt 5:	Rettungswege, Öffnungen, Umwehrungen	284
§ 33	Erster und zweiter Rettungsweg	284
§ 34	Treppen	286
§ 35	Notwendige Treppenräume, Ausgänge	291
§ 36	Notwendige Flure, offene Gänge	300
§ 37	Fenster, Türen, sonstige Öffnungen	306
§ 38	Umwehrungen	308

Abschnitt 6:	Technische Gebäudeausrüstung	312
§ 39	Aufzüge	312
§ 40	Leitungsanlagen, Installationsschächte und -kanäle	317
§ 41	Lüftungsanlagen	319
§ 42	Feuerungsanlagen, sonstige Anlagen zur Wärmeerzeugung, Brennstoffversorgung	324
§ 43	Sanitäre Anlagen, Wasserzähler	332
§ 44	Anlagen für Abwasser einschließlich Niederschlagswasser (Anschlusszwang)	334
§ 45	Kleinkläranlagen, Abwassersammelbehälter	337
§ 46	Aufbewahrung fester Abfallstoffe	340
§ 47	Blitzschutzanlagen	341

Abschnitt 7:	Nutzungsbedingte Anforderungen	342
§ 48	Aufenthaltsräume	342
§ 49	Wohnungen	345
§ 50	Stellplätze, Abstellmöglichkeiten für Fahrräder	348
§ 51	Barrierefreies Bauen	355
§ 52	Sonderbauten, Garagen	365

Teil IV	**Die am Bau Beteiligten**	371
§ 53	Grundpflichten	371
§ 54	Bauherrin oder Bauherr	373
§ 55	Entwurfsverfasserin oder Entwurfsverfasser	377
§ 56	Unternehmerin oder Unternehmer	380
§ 57	Bauleiterin oder Bauleiter	382

Teil V	**Bauaufsichtsbehörden, Verfahren**	385
Abschnitt 1:	Bauaufsichtsbehörden	385
§ 58	Aufgaben und Befugnisse der Bauaufsichtsbehörden	385
§ 59	Verarbeitung personenbezogener Daten	396
Abschnitt 2:	Genehmigungspflicht, Genehmigungsfreiheit	400
§ 60	Grundsatz	400
§ 61	Vorrang anderer Gestattungsverfahren	409

§ 62	Verfahrensfreie Bauvorhaben, Beseitigung von Anlagen	416
§ 63	Genehmigungsfreistellung	431

Abschnitt 3:	Genehmigungsverfahren	442
§ 64	Vereinfachtes Baugenehmigungsverfahren	442
§ 65	Baugenehmigungsverfahren	449
§ 66	Bauvorlageberechtigung	452
§ 67	Bautechnische Nachweise	457
§ 68	Abweichungen	463
§ 69	Bauantrag, Bauvorlagen	475
§ 70	Behandlung des Bauantrags	483
§ 71	Baugenehmigung, Baubeginn	492
§ 72	Geltungsdauer der Baugenehmigung	513
§ 73	Teilbaugenehmigung	521
§ 74	Vorbescheid, planungsrechtlicher Bescheid	526
§ 75	Genehmigung Fliegender Bauten	542
§ 76	Bauaufsichtliche Zustimmung	548

Abschnitt 4:	Bauaufsichtliche Maßnahmen	554
§ 77	Verbot unrechtmäßig gekennzeichneter Bauprodukte	554
§ 78	Einstellung von Arbeiten	554
§ 79	Beseitigung von Anlagen, Nutzungsuntersagung	568

Abschnitt 5:	Bauüberwachung	593
§ 80	Bauüberwachung	593
§ 81	Bauzustandsanzeigen, Aufnahme der Nutzung	597

Abschnitt 6:	Baulasten	601
§ 82	Baulasten, Baulastenverzeichnis	601

**Teil VI Ordnungswidrigkeiten, Rechtsvorschriften,
bestehende bauliche Anlagen, Zuständigkeit** 617

§ 83	Ordnungswidrigkeiten	617
§ 84	Rechtsverordnungen und Verwaltungsvorschriften	621
§ 85	Bestehende bauliche Anlagen	626
§ 86	Zuständigkeit für den Erlass des Widerspruchsbescheides	635
§ 87	(Evaluierung)	640
§ 88	Abwicklung eingeleiteter Verfahren	640

Anhang zum übergeleiteten Berliner Planungsrecht 642

A.	Vorbemerkungen	642
B.	Die in Verbindung mit dem Baunutzungsplan fortgeltenden Regelungen der Bauordnung für Berlin in der Fassung vom 21. November 1958 (GVBl. S. 1087, 1104) – BO 58 – mit kurzen Erläuterungen	646
C.	Der Inhalt der A-Bebauungspläne vom 9. Juli 1971 (GVBl. S. 1230 bis 1235)	664

Inhalt

D. Die nach den A-Bebauungsplänen anzuwendenden Vorschriften der Baunutzungsverordnung in der Fassung vom 26. November 1968 (BGBl. I S.1237, I 1969 S.11) 665

Bauaufsichtlich bedeutsame Vorschriften 669

Bauordnung für Berlin (BauO Bln) vom 29. September 2005 (GVBl. S. 495), zuletzt geändert durch § 9 des Gesetzes vom 7. Juni 2007 (GVBl. S. 222) 670

Verordnung über Bauvorlagen, bautechnische Nachweise und das Verfahren im Einzelnen (Bauverfahrensverordnung – BauVerfVO) vom 19. Oktober 2006 (GVBl. S. 1035) 720

Bautechnische Prüfungsverordnung (BauPrüfVO) vom 31. März 2006 (GVBl. S. 324), zuletzt geändert durch Verordnung vom 8. August 2007 (GVBl. S. 312) 733

Verordnung über den Betrieb von baulichen Anlagen (Betriebs-Verordnung – BetrVO) vom 10. Oktober 2007 (GVBl. S. 516) 763

Feuerungsverordnung (FeuVO) vom 31. Januar 2006 (GVBl. S. 116) 780

Verordnung über Regelungen für Bauprodukte und Bauarten (Bauprodukte- und Bauarten-Verordnung – BauPAVO) vom 26. März 2007 (GVBl. S. 148) 790

Ausführungsvorschriften zu § 8 Abs. 2 und 3 der Bauordnung für Berlin (BauO Bln) – Notwendige Kinderspielplätze – (AV Notwendige Kinderspielplätze) vom 16. Januar 2007 (ABl. S. 215) 798

Ausführungsvorschriften zu § 82 der Bauordnung für Berlin (BauO Bln) – Einrichtung und Führung des Baulastenverzeichnisses – (AV Baulasten) vom 24. November 2005 (ABl. S. 4670), geändert durch Verwaltungsvorschriften vom 15. August 2006 (ABl. S. 3343) 801

Ausführungsvorschriften zu § 50 der Bauordnung für Berlin (BauO Bln) über Stellplätze für Kraftfahrzeuge für schwer Gehbehinderte und Behinderte im Rollstuhl und Abstellmöglichkeiten für Fahrräder (AV Stellplätze) vom 11. Dezember 2007 (ABl. S. 3398) 807

Zum Zeitpunkt der Drucklegung wird eine Verordnung über die Höhe der Ablösebeträge für Fahrradabstellmöglichkeiten (FahrAbVO) erarbeitet, die die Höhe der Ablösebeträge regelt.

Tabelle: Anforderungen an Bauteile 810

Sachregister 813

Abkürzungen

01. ÄndG	Erstes Gesetz zur Änderung der Bauordnung für Berlin vom 25.09.1990 (GVBl. S. 2075)
01. BImSchV	Erste Verordnung zur Durchführung des Bundes-Immissionsschutzgesetzes (Verordnung über kleine und mittlere Feuerungsanlagen – 1. BImSchV) in der Fassung der Bekanntmachung vom 14.03.1997 (BGBl. I S. 490), geändert durch Artikel 4 des Gesetzes vom 14.08.2003 (BGBl. I S. 1614)
02. ÄndG	Zweites Gesetz zur Änderung der Bauordnung für Berlin vom 11.02.1992 (GVBl. S. 421)
02. VerwRefG	Zweites Gesetz zur Reform der Berliner Verwaltung (2. VerwRefG) vom 25.06.1998 (GVBl. S. 177, 210), zuletzt geändert durch Artikel III des Gesetzes vom 02.06.1999 (GVBl. S. 192)
02. ZwVbVO	Zweite Verordnung über das Verbot der Zweckentfremdung von Wohnraum (2. Zweckentfremdungsverbot-Verordnung) vom 15.03.1994 (GVBl. S. 91, 272), geändert durch VO vom 24.03.1998 (GVBl. S. S. 79)
03. ÄndG	Drittes Gesetz zur Änderung der Bauordnung für Berlin vom 15.03.1993 (GVBl. S. 119)
04. ÄndG	Viertes Gesetz zur Änderung der Bauordnung für Berlin vom 10.05.1994 (GVBl. S. 140)
04. BImSchV	Verordnung über genehmigungsbedürftige Anlagen in der Fassung der Bekanntmachung vom 14. März 1997 (BGBl. I S. 504), zuletzt geändert durch Artikel 3 des Gesetzes vom 23. Oktober 2007 (BGBl. I S. 2470)
05. ÄndG	Fünftes Gesetz zur Änderung der Bauordnung für Berlin vom 02.11.1994 (GVBl. S. 440)
06. ÄndG	Sechstes Gesetz zur Änderung der Bauordnung für Berlin vom 02.10.1995 (GVBl. S. 633)
07. ÄndG	Siebentes Gesetz zur Änderung der Bauordnung für Berlin vom 19.10.1995 (GVBl. S. 670)
08. ÄndG	Achtes Gesetz zur Änderung der Bauordnung für Berlin vom 04.07.1997 (GVBl. S. 376)
09. BImSchV	Neunte Verordnung zur Durchführung des Bundes-Immissionsschutzgesetzes (Verordnung über das Genehmigungsverfahren) i. d. F. v. 29.5.1992 (BGBl. I S. 1001), zul. geänd. d. G. v. 9.12.2006 (BGBl. I S. 2819)

Abkürzungen

13. BImSchV	Dreizehnte Verordnung zur Durchführung des Bundes-Immissionsschutzgesetzes (Verordnung über Großfeuerungs- und Gasturbinenanlagen) vom 20. Juli 2004 (BGBl. I S. 1717 (2847)), geändert durch Artikel 2 des Gesetzes vom 6. Juni 2007 (BGBl. I S. 1002)
26. BImSchV	26. Verordnung zur Durchführung des Bundes-Immissionsschutzgesetzes (Verordnung über elektromagnetische Felder) v. 16.12.1996 (BGBl. I S. 1966)
ABl.	Amtsblatt für Berlin
AEG	Allgemeines Eisenbahngesetz vom 27.12.1993 (BGBl. I S. 2378, 2396, 1994 I S. 2439), zuletzt geändert durch G. vom 16.7.2007 (BGBl. I S. 1383)
AGBauGB	Gesetz zur Ausführung des Baugesetzbuchs v. 11.12.1987 (GVBl. 2731), zuletzt geändert durch G. v. 3.11.2005 (GVBl. S. 692)
AGVwGO	Gesetz zur Ausführung der Verwaltungsgerichtsordnung (AGVwGO) i. d. F. v. vom 22.02.1977 (GVBl. S. 557), zuletzt geändert durch G. v. 8.4.2004 (GVBl. S. 175)
AH-Drucks	Abgeordnetenhaus von Berlin – Drucksache
ÄndG	Änderungsgesetz
Anhang	Anhang zum übergeleiteten Berliner Planungsrecht (s. S. 553)
ARGEBAU	Konferenz der für Städtebau, Bau- und Wohnungswesen zuständigen Minister und Senatoren der Länder (ARGEBAU)
ASOG	Allgemeines Sicherheits- und Ordnungsgesetz in der Fassung vom 11. Oktober 2006 (GVBl. S. 930) zuletzt geändert durch G. v. 14.11.2006 (GVBl. S. 1045)
AtG	Gesetz über die friedliche Verwendung der Kernenergie und den Schutz gegen ihre Gefahren (Atomgesetz) i. d. F. vom 15.07.1985 (BGBl. I S. 1565) zuletzt geändert durch G. v. 31.10.2006 (BGBl. I S. 2407)
AV	Ausführungsvorschriften
AV Baulasten	Ausführungsvorschriften zu § 82 der Bauordnung für Berlin (BauO Bln) – Einrichtung und Führung des Baulastenverzeichnisses – (AV Baulasten) vom 24.11.2005 (ABl. S. 4670), geändert durch Verwaltungsvorschrift vom 15.08.2006 (ABl. S. 3343)
AV LTB	Ausführungsvorschriften Liste der Technischen Baubestimmungen vom 1. Dezember 2006 (ABl. S. 4348)
AV Notwendige Kinderspielplätze	AV zu § 8 Abs. 2 der Bauordnung für Berlin v. 16.1.2007 (ABl. S. 215)

AV Stellplätze	Ausführungsvorschriften zu § 50 der Bauordnung für Berlin (BauO Bln) über Stellplätze für Kraftfahrzeuge für schwer Gehbehinderte und Behinderte im Rollstuhl und Abstellmöglichkeiten für Fahrräder (AV Stellplätze) vom 11.12.2007 (ABl. S. 3398)
AV WoAufG Bln	Ausführungsvorschriften zum Wohnungsaufsichtsgesetz (AV WoAufG Bln) vom 28.11.2005 (ABl. 2006 S. 4)
B.	Beschluss
BABeh.	Bauaufsichtsbehörde(n)
BAnz.	Bundesanzeiger
BaufreistVO	Verordnung über die Freistellung von der bauaufsichtlichen Genehmigungspflicht (Baufreistellungsverordnung) vom 07.11.1994 (GVBl. S. 456), außer Kraft gesetzt durch Art. VIII des 8. ÄndG
BauGB	Baugesetzbuch (BauGB) in der Fassung der Bekanntmachung vom 23.09.2004 (BGBl. I S. 2414), zuletzt geändert durch G. v. 21.12.2006 (BGBl. I S. 3316)
BaumSchVO	Verordnung zum Schutze des Baumbestandes in Berlin (Baumschutzverordnung – BaumSchVO) vom 11.01.1982 (GVBl. S. 250), zuletzt geändert durch Artikel I der Verordnung vom 5.10.2007 (GVBl. S. 558)
BauNVO	Verordnung über die bauliche Nutzung der Grundstücke (Baunutzungsverordnung – BauNVO) in der Fassung vom 23.01.1990 (BGBl. I S. 132/GVBl. S. 494), zuletzt geändert durch Artikel 3 des Gesetzes vom 22.04.1993 (BGBl. I S. 466)
BauNVO 1962	Verordnung über die bauliche Nutzung der Grundstücke (Baunutzungsverordnung) vom 26.06.1962 (BGBl. I S. 429)
BauNVO 1968	Verordnung über die bauliche Nutzung der Grundstücke (Baunutzungsverordnung) i. d. F. vom 26.11.1968 (BGBl. I S. 1237, 1969 I S. 11)
BauNVO 1977	Verordnung über die bauliche Nutzung der Grundstücke (Baunutzungsverordnung) i. d. F. vom 15.09.1977 (BGBl. I S. 1763)
BauO	Bauordnung
BauO a. F.	siehe BauO Bln 1997
BauO Bln	Bauordnung für Berlin (BauO Bln) vom 29.09.2005 (GVBl. S. 495), zuletzt geändert durch § 9 des Gesetzes vom 7.06.2007 (GVBl. S. 222)
BauO Bln 1925	Bauordnung für die Stadt Berlin vom 03.11.1925 (Gemeindeblatt der Stadt Berlin, S. 515)

Abkürzungen

BauO Bln 1966	Bauordnung für Berlin vom 29.07.1966 (GVBl. S. 1175)
BauO Bln 1971	Bauordnung für Berlin i. d. F. vom 13.02.1971 (GVBl. S. 456, 1604)
BauO Bln 1979	Bauordnung für Berlin i. d. F. vom 01.07.1979 (GVBl. S. 898)
BauO Bln 1985	Bauordnung für Berlin vom 28.02.1985 (GVBl. S. 522)
BauO Bln 1996	Bauordnung für Berlin vom 01.01.1996 (GVBl. S. 29)
BauO Bln 1997	Bauordnung für Berlin (BauO Bln) in der Fassung vom 3.09.1997 (GVBl. S. 421, 512), zuletzt geändert durch Artikel XLV des Gesetzes vom 16.07.2001 (GVBl. S. 260)
BauO Bln a. F.	siehe BauO Bln 1997
BauO NRW	Bauordnung für das Land Nordrhein-Westfalen (Landesbauordnung) vom 1.3.2000 (GV. NRW S. 256) zuletzt geändert durch G. v. 12.12.2006 (GV. NRW S. 614)
BauPG	Bauproduktengesetz i. d. F. vom 28.04.1998 (BGBl. I S. 812)
BauPrüfVO	Bautechnische Prüfungsverordnung (BauPrüfVO) vom 31.03.2006 (GVBl. S. 324), zuletzt geändert durch zweite Verordnung vom 8.08.2007 (GVBl. S. 312)
BauR	Baurecht
BauROG	Gesetz zur Änderung des Baugesetzbuchs und zur Neuregelung des Rechts der Raumordnung (Bau- und Raumordnungsgesetz 1998) vom 18.08.1997 (BGBl. I S. 2081)
BaustellV	Baustellenverordnung vom 10.06.1998 (BGBl. I S. 1283)
BauVerfVO	Verordnung über Bauvorlagen, bautechnische Nachweise und das Verfahren im Einzelnen (Bauverfahrensverordnung) vom 19.10.2006 (GVBl. S. 1035)
BauVorlVO	Verordnung über Bauvorlagen im bauaufsichtlichen Verfahren (Bauvorlagenverordnung – BauVorlVO) in der Fassung vom 17.11.1998 (GVBl. S. 343), geändert durch Verordnung vom 31.08.2001 (GVBl. S. 510)
BayObLG	Bayerischer Oberstes Landesgericht
BayVBl.	Bayerische Verwaltungsblätter
BayVerfGH	Bayerischer Verfassungsgerichtshof
BayVGH	Bayerischer Verwaltungsgerichtshof
BBergG	Bundesberggesetz vom 13.08.1990 (BGBl. I S. 1310), zul. geänd. d. G. v. 8.06.1997 (BGBl. I S. 1430, 1439)

Abkürzungen

BbgBO	Brandenburgische Bauordnung v. 16.7.2003 (GVBl. I S. 210, zul. geänd. d. G. v. 28.6.2006 (GVBl. I S. 74)
BBodSchG	Gesetz zum Schutz vor schädlichen Bodenveränderungen und zur Sanierung von Altlasten (Bundes-Bodenschutzgesetz) v. 17.03.1998 (BGBl. I S. 502), zuletzt geändert durch Artikel 17 d. G. v. 09.12.2004 (BGBl. I S. 3214)
BDSG	Bundesdatenschutzgesetz, i. d. F. v. 14.1.2003 (BGBl. I S. 66); zuletzt geänd. durch G. v. 22.8.2006 (BGBl. I S.1970)
BEnSpG	Gesetz zur Förderung der sparsamen sowie umwelt- und sozialverträglichen Energieversorgung und Energienutzung im Land Berlin (Berliner Energiespargesetz) vom 02.10.1990 (GVBl. S. 2144), geändert durch Gesetz vom 12.10.1995 (GVBl. S. 664)
BerlStrG	Berliner Straßengesetz (BerlStrG) vom 13.07.1999 (GVBl. S. 380), zuletzt geändert durch § 8 des Gesetzes vom 7.06.2007 (GVBl. S. 222)
BetrSichV	Betriebssicherheitsverordnung vom 27. September 2002 (BGBl. I S. 3777), zuletzt geändert durch Artikel 5 der Verordnung vom 6. März 2007 (BGBl. I S. 261)
BetrVO	Verordnung über den Betrieb von baulichen Anlagen (Betriebs-Verordnung) v. 10.10.2007 (GVBl. S. 516)
BGB	Bürgerliches Gesetzbuch
BGBl.	Bundesgesetzblatt
BGG	Gesetz zur Gleichstellung behinderter Menschen (Behindertengleichstellungsgesetz) vom 27. April 2002 (BGBl. I S. 1467, 1468)
BGH	Bundesgerichtshof
BGHZ	Entscheidungen des Bundesgerichtshofs in Zivilsachen
BlGBW	Blätter für Grundstücks-, Bau- und Wohnungsrecht
BImSchG	Gesetz zum Schutz vor schädlichen Umwelteinwirkungen durch Luftverunreinigungen, Geräusche, Erschütterungen und ähnliche Vorgänge (Bundes-Immissionsschutzgesetz) i. d. F. v. 26.09.2002 (BGBl. I S. 3830), zul. geänd. d. G. v. 23.10.2007 (BGBl. I S. 2470)
BKleingG	Bundeskleingartengesetz v. 28.02.1983 (BGBl. I S. 210/ GVBl. S. 471), zul. geänd. d. G. v. 19.09.2006 (BGBl. I S. 2146)
Bln	Berlin
BlnBodSchG	Berliner Gesetz zur Ausführung des Bundes-Bodenschutzgesetzes (Berliner Bodenschutzgesetz) vom 24.06.2004 (GVBl. Nr. 26 S. 250)

Abkürzungen

BlnDSG	Gesetz zum Schutz personenbezogener Daten in der Berliner Verwaltung (Berliner Datenschutzgesetz) i. d. F. v. 17.12.1990 (GVBl. S. 16, 54), zul. geänd. d. G. v. 11.7.2006 (GVBl. S. 819)
BNatSchG	Gesetz über Naturschutz und Landschaftspflege – Bundesnaturschutzgesetz – i. d. F. v. 25.03.2002 (BGBl. I S. 1193), zul. geänd. d. Art. 3 d. G. v. 10.05.2007 (BGBl. I 2007, S. 666)
BO 29	Bauordnung für die Stadt Berlin vom 09.11.1929 (Amtsblatt der Stadt Berlin, S. 1188)
BO 58	Bauordnung für Berlin – BO 58 – in der Fassung vom 21.11.1958 (GVBl. S. 1087/1104)
BRS	Baurechtssammlung
Buchholz	Sammel- und Nachschlagewerk der Rechtsprechung des Bundesverwaltungsgerichts
BVerfG	Bundesverfassungsgericht
BVerfGE	Entscheidungen des Bundesverfassungsgerichts
BVerwG	Bundesverwaltungsgericht
BVerwGE	Entscheidungen des Bundesverwaltungsgerichts
BWG	Berliner Wassergesetz (BWG) in der Fassung vom 17.06.2005 (GVBl. S. 357), zul. geändert durch G. v. 31.1.2007 (GVBl. S. 48)
BWVP	Baden-Württembergische Verwaltungspraxis
DBl.	Dienstblatt des Senats von Berlin
DIBt	Deutsches Institut für Bautechnik
DIN	Deutsches Institut für Normung e.V.
DÖV	Die Öffentliche Verwaltung
DSchG Bln	Gesetz zum Schutz von Denkmalen in Berlin (Denkmalschutzgesetz – DSchG Bln –) vom 24.04.1995 (GVBl. S. 274), zuletzt geändert durch Artikel II d. G. v. 14.12.2005 (GVBl. S. 754)
DVBl.	Deutsches Verwaltungsblatt
DVGW	Deutsche Vereinigung des Gas- und Wasserfaches e.V.
DWW	Deutsche Wohnungswirtschaft
EnEG	Gesetz zur Einsparung von Energie in Gebäuden (Energieeinsparungsgesetz – EnEG) in der Neufassung vom 1.09.2005 (BGBl. I S. 2684)

EnEV	Energieeinsparverordnung vom 24. Juli 2007 (BGBl. I S. 1519)
EnEV-DVO Bln	Verordnung zur Durchführung der Energieeinsparverordnung in Berlin (EnEV-Durchführungsverordnung Berlin) vom 9.12.2005 (GVBl. S. 797)
ErbbauVO	Verordnung über das Erbbaurecht vom 15.01.1919 (RGBl. S. 72, 122), zuletzt geändert durch Gesetz vom 19.06.1998 (BGBl. I S. 1242)
EWR	Europäischer Wirtschaftsraum
FAG	Gesetz über Fernmeldeanlagen i.d.F. vom 13.07.1989 (BGBl. I S. 1455), zuletzt geändert durch Gesetz vom 17.12.1997 (BGBl. I S. 3108)
FeuVO	Feuerungsverordnung (FeuVO) vom 31.01.2006 (GVBl. S. 116)
FluLärmG	Gesetz zum Schutz gegen Fluglärm in der Fassung der Bekanntmachung vom 31. Oktober 2007 (BGBl. I S. 2550)
FriedhofsG	Friedhofsgesetz v. 1.11.1995 (GVBl. S. 707), zul. geänd. d. G. v. 30.7.2001 (GVBl. S. 313)
FStrG	Bundesfernstraßengesetz i. d. F. vom 20.2.2003 (BGBl. I S. 286), zul. geänd. d. G. v. 9.2.2006 (BGBl. I S. 2833)
G.	Gesetz
GastG	Gaststättengesetz i. d. F. v. 20.9.1998 (BGBl. I S. 3418) zul. geänd. d. G. v. 7.9.2007 (BGBl. I S. 2246)
GaVO	Verordnung über den Bau und Betrieb von Garagen (Garagenverordnung – GaVO) vom 2.09.1998 (GVBl. S. 250), geändert durch Verordnung vom 28.05.2001 (GVBl. S. 164)
GBl.	Gesetzblatt
GBO	Grundbuchordnung
GE	Das Grundeigentum
GenTG	Gesetz zur Regelung der Gentechnik (Gentechnikgesetz) i. d. F. vom 16.12.1993 (BGBl. I S. 2066), zul. geänd. d. G. v. 17.3.2006 (BGBl. I S. 534)
Gesetzesbegründung	AH-Drucksache 15/3926
GewArch	Gewerbearchiv
GewO	Gewerbeordnung i. d. F. v. 22.2.1999 (BGBl. I S. 202), zuletzt geänd. d. G. v. 7.9.2007 (BGBl. I S. 2246)

Abkürzungen

GFZ	Geschossflächenzahl
GG	Grundgesetz
GMBl.	Gemeinsames Ministerialblatt
GmS-OBG	Gemeinsamer Senat der obersten Gerichtshöfe des Bundes
GPSG	Gesetz über technische Arbeitsmittel und Verbraucherprodukte (Geräte- und Produktsicherheitsgesetz) vom 6. Januar 2004 (BGBl. I S. 2 (219)), zul. geänd. d. G. v. 7. Juli 2005 (BGBl. I S. 1970)
GrünanlG	Grünanlagengesetz vom 24.11.1997 (GVBl. S. 612), zul. geänd. d. G. v. 29.9.2004 (GVBl. S. 424)
GRZ	Grundflächenzahl
GS	Gesetz-Sammlung für die Königlichen Preußischen Staaten/ Preußische Gesetzsammlung
GSG	Gesetz über technische Arbeitsmittel (Gerätesicherheitsgesetz – GSG) in der Bekanntmachung der Neufassung vom 11.05.2001 (BGBl. I S. 866)
GVABl.	Gesetz-, Verordnungs- und Amtsblatt für die Stadtbezirke Mitte usw.
GVBl.	Gesetz- und Verordnungsblatt (für Berlin)
HAVO	Verordnung über Anforderungen an Hersteller von Bauprodukten und Anwender von Bauarten (Hersteller- und Anwenderverordnung) vom 26.10.1998 (GVBl. S. 319)
HbgOVG	Hamburgisches Oberverwaltungsgericht
HeizanlV	Verordnung über energiesparende Anforderungen an heizungstechnische Anlagen und Brauchwasseranlagen (Heizungsanlagen-Verordnung) vom 22.03.1994 (BGBl. I S. 613)
HessBauO	Hessische Bauordnung (HBO) vom 20.12.1993 (GVBl. I S. 655), geändert durch G. vom 19.12.1994 (GVBl. I S. 775)
HessVGH	Hessischer Verwaltungsgerichtshof
i. d. F. v.	in der Fassung vom
JZ	Juristenzeitung
JR	Juristische Rundschau
KrW-/AbfG	Gesetz zur Förderung der Kreislaufwirtschaft und Sicherung der umweltverträglichen Beseitigung von Abfällen (Kreislaufwirtschafts- und Abfallgesetz) vom 27.09.1994 (BGBl. I S. 2705), zul. geänd. d. G. v. 22.12.2004 (BGBl. I S. 3704)

KÜO	Verordnung über die Ausführung von Schornsteinfegerarbeiten in Berlin (Kehr- und Überprüfungsordnung – KÜO) vom 17.08.1998 (GVBl. S. 233), geändert durch Artikel I der Verordnung vom 31.10.2007 (GVBl. S. 574)
LAGetSi	Landesamt für Arbeitsschutz, Gesundheitsschutz und technische Sicherheit Berlin
LaubenVO	Verordnung über Lauben (Laubenverordnung – LaubenVO-) vom 18.06.1987 (GVBl. S. 1882)
LBauO RP	Landesbauordnung für Rheinland-Pfalz v. 24.11.1998 (GVBl. S. 365)
LBO BW	Landesbauordnung für Baden-Württemberg vom 18.08.1995 (GBl. S. 617)
LBO Saar	Landesbauordnung für das Saarland v. 27.3.1996 (ABl. S 477)
LBO SH	Landesbauordnung Schleswig-Holstein
LGBG	Gesetz über die Gleichberechtigung von Menschen mit und ohne Behinderung (Landesgleichberechtigungsgesetz – LGBG –) vom 17. Mai 1999 in der Fassung vom 28. September 2006
LKV	Landes- und Kommunalverwaltung
Ls.	Leitsatz
LuftVG	Luftverkehrsgesetz i. d. F. v. 10.5.2007 (BGBl. I S. 698)
MBO	Musterbauordnung (abgedruckt bei Jäde, Musterbauordnung MBO 2002, München 2003)
MDR	Monatsschrift für Deutsches Recht
n. v.	nicht veröffentlicht
NachbG Bln	Berliner Nachbarrechtsgesetz vom 28.09.1973 (GVBl. S. 1654)
NatSchG Bln	Gesetz über Naturschutz und Landschaftspflege von Berlin (Berliner Naturschutzgesetz) in der Fassung v. 9.11.2006 (GVBl. S. 1074)
NdsBauO	Niedersächsische Bauordnung (NBauO) i. d. F. vom 13.07.1995 (GVBl. S. 199), zuletzt geändert durch G. vom 06.10.1997 (GVBl. S. 422)
NdsOVG	Niedersächsisches Oberverwaltungsgericht
NJW	Neue Juristische Wochenschrift
NJW-RR	NJW-Rechtsprechungs-Report Zivilrecht
NordÖR	Zeitschrift für öffentliches Recht in Norddeutschland

Abkürzungen

NRW	Nordrhein-Westfalen
NuR	Natur und Recht
NVwZ	Neue Zeitschrift für Verwaltungsrecht
NVwZ-RR	NVwZ-Rechtsprechungsreport-Verwaltungsrecht
NW	Nordrhein-Westfalen
NWVBl.	Nordrhein-Westfälische Verwaltungsblätter
OLG	Oberlandesgericht
OrdZG	Gesetz über die Zuständigkeit der Ordnungsbehörden vom 19.07.1994 (GVBl. S. 241, 248), zuletzt geändert durch G. vom 12.11.1997 (GVBl. S. 596), aufgehoben durch Art. III, XIV Abs. 2 und 3 2. VerwRefG
OVG	Oberverwaltungsgericht
OVG Bbg	Oberverwaltungsgericht für das Land Brandenburg
OVG Bln (bis 30.06.2005)	Oberverwaltungsgericht für das Land Berlin
OVG Bln-Bbg (ab 1.07.2005)	Oberverwaltungsgericht Berlin-Brandenburg
OVG Brem	Oberverwaltungsgericht der Freien und Hansestadt Bremen
OVG Lbg.	Oberverwaltungsgericht Lüneburg
OVG LSA	Oberverwaltungsgericht des Landes Sachsen-Anhalt
OVG MV	Oberverwaltungsgericht Mecklenburg-Vorpommern
OVG NW OVG NRW	Oberverwaltungsgericht für das Land Nordrhein-Westfalen
OVG RP	Oberverwaltungsgericht Rheinland-Pfalz
OVG Saar	Oberverwaltungsgericht des Saarlandes
OVG SH	Schleswig-Holsteinisches Oberverwaltungsgericht
OVGE	Entscheidungen des Oberverwaltungsgerichts/der Oberverwaltungsgerichte
OWiG	Gesetz über Ordnungswidrigkeiten
PÜZAVO	Verordnung über die Anerkennung als Prüf-, Überwachungs- oder Zertifizierungsstelle (PÜZ- Anerkennungsverordnung – PÜZAVO) vom 26.10.1998 (GVBl. S. 322)

RGBl.	Reichsgesetzblatt
RNr., RNrn.	Randnummer(n)
SächsBO	Sächsische Bauordnung v. 28.5.2004 (SächsGVBl. S. 200)
SächsOVG	Sächsisches Oberverwaltungsgericht
SchfG	Schornsteinfegergesetz i. d. F. der Bekanntmachung vom 10. August 1998 (BGBl. I S. 2071), zuletzt geändert durch Artikel 147 der Verordnung vom 31. Oktober 2006 (BGBl. I S. 2407)
SEGVO	Verordnung über die Anerkennung von Sachverständigen für Erd- und Grundbau (Sachverständigenverordnung für Erd- und Grundbau-SEGVO) vom 26.10.1998 (GVBl. S. 320), geändert durch erste Verordnung vom 13.02.2001 (GVBl. S. 41)
SkPersVO	Verordnung über Sachkundige Personen für die Prüfung technischer Anlagen und Einrichtungen in Sonderbauten (Sachkundige-Personen-Verordnung – SkPersVO) vom 13.02.1998 (GVBl. S. 22)
SprengG	Gesetz über explosionsgefährliche Stoffe (Sprengstoffgesetz) i. d. F. v. 10.9.2002 (BGBl. I S. 3518), zul. geänd. d. V. v. 31.10.2006 (BGBl. I S. 2407)
StGB	Strafgesetzbuch
StVO	Straßenverkehrs-Ordnung vom 16.11.1970 (BGBl. I S. 1565), zuletzt geändert durch VO vom 25.06.1998 (BGBl. I S. 1654)
TA Luft	Erste Allgemeine Verwaltungsvorschrift zum Bundes-Immissionsschutzgesetz (Technische Anleitung zur Reinhaltung der Luft – TA Luft) vom 24.07.2002 (GMBl. S. 511)
ThürBO	Thüringer Bauordnung v. 10.2.2004 (GVBl. Th S. 96)
ThürOVG	Thüringer Oberverwaltungsgericht
TRF	Technische Regeln Flüssiggas
TRGl	Technische Regeln für Gashochdruckleitungen
TrinkwV	Trinkwasserverordnung vom 21. Mai 2001 (BGBl. I S. 959), geändert durch Artikel 363 der Verordnung vom 31. Oktober 2006 (BGBl. I S. 2407)
TÜV	Technischer Überwachungsverein
U.	Urteil
UPR	Umwelt- und Planungsrecht

Abkürzungen

UVPG	Gesetz über die Umweltverträglichkeitsprüfung i. d. F. v. 25. Juni 2005 (BGBl. I S. 1757, 2797), zul. geänd. d. G. v. 23.10.2007 (BGBl. I S. 2470)
UVPG Bln	Berliner Gesetz über die Umweltverträglichkeitsprüfung v. 7.6.2007 (GVBl. S. 222)
ÜZVO	Verordnung über das Übereinstimmungszeichen (Übereinstimmungszeichen-Verordnung) vom 26.10.1998 (GVBl. S. 321)
V. v.	Verordnung vom
VAwS	Verordnung über Anlagen zum Umgang mit wassergefährdenden Stoffen und über Fachbetriebe (VAwS) vom 23. November 2006 (GVBl. S. 1102)
VbF	Verordnung über Anlagen zur Lagerung, Abfüllung und Beförderung brennbarer Flüssigkeiten zu Lande (Verordnung über brennbare Flüssigkeiten – VbF) in der Fassung vom 13.12.1996 (BGBl. I S. 1937/BGBl. I S. 447), außer Kraft getreten mit Ausnahme des § 7 durch Artikel 8 der Verordnung vom 27.09.2002 (BGBl. I S. 3777), geändert durch Artikel 82 des Gesetzes vom 21.06.2005 (BGBl. I S. 1818)
VBlBW	Verwaltungsblätter für Baden-Württemberg
VermG Bln	Gesetz über das Vermessungswesen in Berlin i. d. F. vom 09.01.1996 (GVBl. S. 56)
VerwArch	Verwaltungsarchiv
VG	Verwaltungsgericht
VGH BW	Verwaltungsgerichtshof Baden-Württemberg
VkVO	Verordnung über den Bau und Betrieb von Verkaufsstätten (Verkaufsstättenverordnung – VkVO) vom 26.06.1998 (GVBl. S. 198)
VO	Verordnung
Voraufl.	Wilke, Dageförde, Knuth, Meyer, Bauordnung für Berlin, 5. Aufl. 1999
VStättVO	Verordnung über Versammlungsstätten (Versammlungsstättenverordnung – VStättVO –) vom 15.09.1970 (GVBl. S. 1664), zuletzt geändert durch Verordnung vom 15.06.2000 (GVBl. S. 361)
VvB	Verfassung von Berlin vom 23.11.1995 (GVBl. S. 779), zul. geänd. d. G. v. 6.7.2006 (GVBl. S. 710)
VwGO	Verwaltungsgerichtsordnung (VwGO) i. d. F. v. 19.03.1991 (BGBl. I S. 686), zul. geänd. d. G. v. 12.12.2007 (BGBl. I S. 2840)

VwVfG	Verwaltungsverfahrensgesetz i. d. F. v. 23.01.2003 (BGBl. I S. 102), geändert durch Artikel 4 des Gesetzes vom 5.05.2004 (BGBl. I S. 718)
VwVfG Bln	Gesetz über das Verfahren der Berliner Verwaltung (VwVfG Bln) vom 8.12.1976 (GVBl. S. 2735, 2898), zuletzt geändert durch Gesetz vom 19.06.2006 (GVBl. S. 573)
VwVG	Verwaltungs-Vollstreckungsgesetz (VwVG) vom 27.04.1953 (BGBl. I S. 157/GVBl. S. 361), zuletzt geändert durch Artikel 2 Abs. 1 des Gesetzes vom 17.12.1997 (BGBl. I S. 3039)
WaldG	Waldgesetz v. 16.9.2004 (GVBl. S. 391), geänd. d. G. v. 11.7.2006 (GVBl. S 819)
WHG	Gesetz zur Ordnung des Wasserhaushalts (Wasserhaushaltsgesetz) i. d. F. v. 19.08.2002 (BGBl. I S. 3245), zul. geänd. d. G. v. 10.05.2007 (BGBl. I S. 666)
WM	Wohnungswirtschaft und Mietrecht
WoAufG Bln	Gesetz zur Beseitigung von Wohnungsmissständen in Berlin (Wohnungsaufsichtsgesetz – WoAufG Bln –) in der Fassung vom 3.04.1990 (GVBl. S. 1082), für das Beitrittsgebiet mit Maßgaben versehen durch Gesetz vom 10.12.1990 (GVBl. S. 2289), geändert durch Artikel LIII des Gesetzes vom 16.07.2001 (GVBl. S. 260)
ZfBR	Zeitschrift für deutsches und internationales Baurecht
ZMR	Zeitschrift für Miet- und Raumrecht
ZustKatOrd	Anlage des ASOG – Zuständigkeitskatalog Ordnungsaufgaben – i. d. F. v. 11.10.2006 (GVBl. S. 930), zul. geänd. d. G. v. 14.11.2006 (GVBl. 1045)

Bauordnung für Berlin

Kommentar

Teil 1
Allgemeine Vorschriften

§ 1 Anwendungsbereich

(1) ¹Dieses Gesetz gilt für bauliche Anlagen und Bauprodukte. ²Es gilt auch für Grundstücke sowie für sonstige Anlagen und Einrichtungen, an die in diesem Gesetz oder in Vorschriften auf Grund dieses Gesetzes Anforderungen gestellt werden.

(2) Dieses Gesetz gilt nicht für
1. Anlagen des öffentlichen Verkehrs einschließlich Zubehör, Nebenanlagen und Nebenbetrieben, ausgenommen Gebäude,
2. Anlagen, die der Bergaufsicht unterliegen, ausgenommen Gebäude,
3. Leitungen, die der öffentlichen Versorgung mit Wasser, Gas, Elektrizität, Wärme, der öffentlichen Abwasserentsorgung oder der Telekommunikation dienen,
4. Rohrleitungen, die dem Ferntransport von Stoffen dienen,
5. Kräne und Krananlagen.

Erläuterungen:

1 I. Die BauO Bln wird durch einen „Ersten Teil" eingeleitet, der die §§ 1 bis 3 als „allgemeine Vorschriften" umfasst. Sie sind für alle übrigen fünf Teile des Gesetzes maßgeblich. **§ 1** legt den Anwendungsbereich der BauO Bln fest und bestimmt damit, für welche Gegenstände sie gelten soll. Sein Abs. 1 nennt die vom Gesetz erfassten Gegenstände; ihm ist zu entnehmen, ob es sich bei einem technischen Geschehen um einen der BauO Bln unterliegenden Vorgang handelt (vgl. OVG Bln, B. v. 7.5.1999, OVGE 23, 134, 135 = BRS 62 Nr. 157). Abs. 2 schließt für einige Sachgruppen die Geltung des Gesetzes aus. Neben dem hierdurch geregelten **sachlichen Anwendungsbereich** finden sich in der BauO Bln Vorschriften über ihren persönlichen Anwendungsbereich (§§ 53 bis 57), also über ihre Adressaten. Der zeitliche Anwendungsbereich ergibt sich dagegen nicht aus der BauO Bln selbst, sondern, da sie Bestandteil eines Artikelgesetzes ist, aus Art. VI BauVG Bln (vgl. § 88 RNr. 1).

2 1. Die **Geltungsanordnung des § 1 Abs. 1** bedeutet, dass für sämtliche Gegenstände, auf die sich das Gesetz erstreckt, potenziell alle Normen der BauO Bln von Belang sein können. Dabei ist es unerheblich, welche inhaltliche Qualität diese Normen besitzen, ob sie also dem **materiellen oder dem formellen (Verfahrens-)Recht** angehören, denn § 1 lässt nicht erkennen, dass es auf einen solchen Unterschied ankommen soll. Der weite Geltungsbereich des § 1 Abs. 1 wird auch nicht dadurch in Frage gestellt, dass zahlreiche Vorschriften der BauO Bln nur einige der in § 1 Abs. 1 genannten Gegenstände betreffen. Vor allem haben die – hauptsächlich im Fünften Teil der BauO Bln enthaltenen – Bestimmungen über das Verwaltungsverfahren einen engeren Anwendungsbereich als den in § Abs. 1 umrissenen. So wird etwa das hinsichtlich der Errichtung, Änderung und Nutzungsänderung von Anlagen bestehende grundsätzliche Genehmigungserfordernis des § 60 Abs. 1 weitgehend durch das Prinzip der Genehmigungsfreiheit (vgl. § 60 Abs. 2) verdrängt. Dies geschieht auf zweierlei Weise. § 62 erklärt eine Fülle von Vorhaben (die in § 56 BauO Bln 1997 noch genehmigungsfreie Vorhaben hießen) für verfahrensfrei und nimmt sie somit vom Erfordernis der Genehmigung aus. Ferner führt die Genehmigungsfreistellung nach § 63 zu einem erheblichen Einbruch in das Regime der Genehmigungspflicht. Ungeachtet der mit einer solchen Rechtstechnik verbundenen Ausschaltung des Verfahrensrechts bleibt die Verbindlichkeit des materiellen Rechts für die beiden genannten Vorhabengruppen aufrechterhalten; denn nach § 60 Abs. 2 und § 62 Abs. 5 Satz 1 müssen auch verfahrensfreie und genehmigungsfrei gestellte Bauvorhaben den öffentlich-rechtlichen Vorschriften entsprechen.

Eine auf diese Rechtstechnik verweisende Auffassung, die sich gelegentlich in der bauordnungsrechtlichen Literatur findet (vgl. Proksch, Das Bauordnungsrecht in der Bundesrepublik Deutschland, 1981, S. 44) und § 1 (oder ihm entsprechende Bestimmungen in anderen Bauordnungen) lediglich als Unterstellung baulicher Anlagen (und ihnen gleichstehender Objekte) unter die materiellen Anforderungen des Gesetzes deutet, ist unzutreffend. Das in § 1 Abs. 1 behandelte Thema geht vielmehr über die bloße Bindung an das materielle Bauordnungsrecht hinaus. **§ 1** sieht – **außer in Abs. 2** – **keine Einschränkungen seines Anwendungsbereichs** vor, sondern ordnet ausnahmslos die Geltung des gesamten Gesetzes für die von ihm erfassten Gegenstände an. Erst an anderen Stellen – z. B. in § 62 Abs. 1 bis 4, § 63 Abs. 1 und 2, § 76 Abs. 1 Satz 1 – wird der Anwendungsbereich des § 1 (gewissermaßen nachträglich) in der Weise eingeengt, dass nicht sämtliche verfahrensrechtlichen Normen für alle baulichen Anlagen maßgeblich sind, auf die sich § 1 bezieht. Derartige Reduzierungen des verfahrensrechtlichen Anwendungsbereichs schließen überdies nur Teile des Verfahrensrechts aus. Wichtige verfahrensrechtliche Instrumente – wie z. B. die Ermächtigung zur Beseitigung rechtswidriger baulicher Anlagen nach § 79 – bleiben weiterhin für alle baulichen Anlagen erhalten, so dass eine pauschale Qualifizierung des § 1 als eine lediglich materiellrechtliche Fragen betreffende Norm unangebracht ist.

2. Der – abgesehen von § 1 Abs. 2 – umfassende Anwendungsbereich der BauO Bln kann durch **spezielle Vorschriften des Bundes- oder Landesrechts** berührt werden, die **abweichende oder zusätzliche Regelungen** für bauliche Anlagen vorsehen. Häufig werden ohne ausdrückliche Einschränkung des § 1 Abs. 1 in bundes- oder landesrechtlichen Bestimmungen Anforderungen an bauliche Anlagen gerichtet oder Abweichungen des Verwaltungsverfahrens vorgeschrieben (vgl. OVG MV, 27.2.2003, BauR 2003, 1557, 1558), wie z. B. im Lärmschutzrecht (vgl. Strohbusch, Das Landes-Immissionsschutzgesetz Berlin, LKV 2007, 58). Die damit aufgeworfenen Probleme der Konkurrenz von Rechtsvorschriften baurechtlichen Inhalts sind in Rechtsprechung und Literatur noch nicht definitiv gelöst (vgl. BVerwG, U. v. 4. 7. 1986, BVerwGE 74, 315; Becker, VerwArch Bd. 87 (1996), S. 581, 585; Büllesbach, DÖV 1995, 710, 712; Gaentzsch, NJW 1986, 2787; Gaentzsch, NuR 1990, 1; Jarass, Konkurrenz, Konzentration und Bindungswirkung von Genehmigungen, 1984; Pauly/Lützeler, DÖV 1995, 545; Proksch (RNr. 3), S. 47; Schmidt/Preuß, DVBl. 1991, 229, 231; Stelkens/Bonk/Sachs, VwVfG, 6. Aufl., 2001, § 43 RNrn. 61 ff.; vgl. zum Verhältnis der Baugenehmigung zu anderen öffentlich-rechtlichen Genehmigungen § 61 RNrn. 1, 16 sowie OVG Bln, B. v. 20.10.2000 – OVG 2 S 9.00 –).

Die **BauO Bln tritt hinter spezialgesetzlichen Bestimmungen** des Baurechts – seien es solche des materiellen Rechts oder des Verfahrensrechts – **zurück**. Sie büßt in dem Umfang ihre Geltung ein, in dem der Landesgesetzgeber eine Sonderregelung in einem

Gesetz außerhalb der BauO Bln für angebracht hält. Auch kann der Bundesgesetzgeber auf Grund eigener Kompetenzen und des damit verbundenen bundesrechtlichen Geltungsvorrangs berechtigt sein, auf das Bauordnungsrecht der Länder einzuwirken, so dass insoweit gleichfalls die BauO Bln überlagert werden kann. Die materiellen Vorschriften der BauO Bln finden jedoch regelmäßig auch dann Anwendung, wenn andere Gesetze ein von der BauO Bln abweichendes Verfahren anordnen. So verdrängt z. B. das immissionsschutzrechtliche Genehmigungsverfahren zwar das bauaufsichtliche Genehmigungsverfahren (vgl. § 4 Abs. 1 Satz 1, § 13 BImSchG, § 61 Abs. 2 Satz 1 BauO Bln), jedoch bleiben gemäß § 6 Abs. 1 Nr. 2 BImSchG die materiellen Bestimmungen des Bauordnungsrechts weiterhin verbindlich (vgl. BVerwG, U. v. 30. 6. 2004, BVerwGE 121, 182, 189). Sogar wenn es – anders als im Falle des BImSchG – an einer ausdrücklichen Norm fehlt, gilt im Zweifel als allgemeines Prinzip, dass bei Verdrängung des bauaufsichtlichen Verfahrens durch ein spezialgesetzliches Verfahren die einschlägigen **materiellen Vorschriften kumulativ anzuwenden** sind (vgl. Jarass, RNr. 4, S. 54 f.). Treten hierbei Widersprüche zwischen den auf unterschiedlichen Gesetzen beruhenden Baurechtsvorschriften auf, so sind sie im Wege der Auslegung und nach den üblichen Kollisionsregeln aufzulösen (Vorrang des Bundesrechts, des speziellen oder des späteren Rechts, Abwägung der konfligierenden Rechtsgüter oder Belange).

6 II. Die BauO Bln gilt gemäß **Abs. 1 Satz 1** für **bauliche Anlagen** und **Bauprodukte**. Frühere Gesetzesfassungen sahen die Geltung der BauO Bln „für alle bauliche Anlagen" vor (§ 1 Abs. 1 Satz 1 BauO Bln 1971, 1979, 1985), doch hat 1994 das 4. ÄndG das Attribut „alle" aufgegeben und außerdem den baulichen Anlagen die Bauprodukte gleichgestellt.

7 1. Der Anwendungsbereich der BauO Bln erstreckt sich gemäß Abs. 1 Satz 1 vor allem auf bauliche Anlagen. Damit sind **prinzipiell sämtliche baulichen Anlagen** gemeint. Eine andere, den Geltungsbereich des § 1 Abs. 1 – und damit den Anwendungsbereich der BauO Bln insgesamt – auf bestimmte bauliche Anlagen beschränkende Auslegung wäre nur möglich, wenn die BauO Bln bereits in ihrem § 1 erkennen ließe, welche baulichen Anlagen ihr unterfallen und welche von ihr ausgenommen sein sollen. Ein solcher Ausschluss findet sich aber erst und nur in § 1 Abs. 2 für fünf Kategorien baulicher Anlagen, so dass im übrigen der umfassende Geltungsanspruch der BauO Bln erhalten bleibt. Das Fehlen des Wortes „alle" (vor den Worten: „bauliche Anlagen") lässt immerhin erkennen, dass – über § 1 Abs. 2 hinaus – mit Durchbrechungen des Anwendungsbereichs in Spezialgesetzen gerechnet werden muss.

8 Die BauO Bln ist also – vorbehaltlich des § 1 Abs. 2 und abweichender Regelungen durch Spezialgesetze (vgl. RNrn. 4 und 5) – für alle baulichen Anlagen maßgeblich. Der Begriff der baulichen Anlagen wird in § 2 Abs. 1 definiert. Für ihn kommt es nicht auf die **Art der Anlagen** an. Ob es sich um private oder öffentliche Anlagen handelt, ob um solche des Bundes, eines Landes oder eines anderen Trägers öffentlicher Gewalt, welchem Zweck oder welcher Nutzung sie dienen, welche Lage, Formen, Dimensionen oder sonstigen Eigenschaften sie aufweisen, wer sie betreibt oder unterhält oder wie die Eigentumsverhältnisse beschaffen sind, ist also für den sachlichen Anwendungsbereich der BauO Bln unerheblich (vgl. Proksch, RNr. 3, S. 47 f.).

9 2. Außer für bauliche Anlagen gilt die BauO Bln für **Bauprodukte**. Diese Ausdehnung des Anwendungsbereichs stellt der Sache nach einen Hinweis auf das BauPG dar (vgl. AH-Drucks. 12/3966, S. 8 – zu § 1 –) und führt dazu dass die traditionelle Fixierung der BauO Bln auf ortsbezogene Erscheinungen wie bauliche Anlagen (und die in § 1 Abs. 1

Satz 2 aufgeführten Grundstücke, sonstigen Anlagen und Einrichtungen) gelockert wird und die BauO Bln Züge eines wirtschaftsrechtlichen Produktgesetzes annimmt. Der Begriff der Bauprodukte wird in § 2 Abs. 9 definiert. Bauprodukte, die zugleich sonstige Anlagen oder Einrichtungen im Sinne des Satzes 2 sind, unterliegen den für diese geltenden spezifischen Anforderungen (vgl. RNrn. 27, 33 und § 2 RNr. 125). Eigenartigerweise wird neben den Bauprodukten die Bauart (vgl. § 2 Abs. 10) nicht genannt, obwohl an sie bauaufsichtliche Anforderungen gerichtet werden (vgl. § 21 und § 2 RNr. 126).

III. In Abs. 1 Satz 2 bezieht die BauO Bln – zusätzlich zu den baulichen Anlagen und Bauprodukten – auch **Grundstücke** sowie weitere (ortsbezogene) **Anlagen und Einrichtungen** in den Anwendungsbereich des Gesetzes ein.

1. Abs. 1 Satz 2 nennt an erster Stelle **Grundstücke**. Deren Einbeziehung in den Anwendungsbereich der BauO Bln ist sachgerecht, weil das Bauordnungsrecht grundstücksbezogen ist (vgl. OVG Bln, U. v. 26.7.1996, BRS 58 Nr. 120). Mit der Wahl des Begriffs Grundstücke wird die schon in § 1 Abs. 1 Satz 2 BauO Bln 1985 enthaltene Abkehr von der in früheren Fassungen der BauO Bln (vgl. § 1 Abs. 1 BauO Bln 1979) verwendeten Version „Baugrundstücke" bestätigt. Der Begriff des Grundstücks hat im öffentlichen Recht keine einheitliche Bedeutung. In welchem Sinne er verwendet wird, muss vielmehr dem jeweils maßgeblichen Gesetz – hier also der BauO Bln – entnommen werden. Der in ihr verwendete bauordnungsrechtliche Begriff des Grundstücks wirft mancherlei Zweifelsfragen auf.

a) Der **Nebensatz** („an die in diesem Gesetz oder in Vorschriften auf Grund dieses Gesetzes Anforderungen gestellt werden") bezieht sich nicht auf das Wort „Grundstücke", sondern nur auf die durch die distanzierende Konjunktion „sowie" verknüpften Worte „sonstige Anlagen und Einrichtungen" (vgl. RNrn. 10 und 20). Während es „sonstige Anlagen und Einrichtungen" gibt, an die keine bauordnungsrechtlichen Anforderungen gerichtet werden und die deshalb überhaupt nicht von der BauO Bln erfasst werden, ist eine vergleichbare Trennung von Grundstücken, auf die sich die BauO Bln erstreckt, und solchen, die außerhalb ihres Regimes liegen, nicht möglich. So enthält der Zweite Teil der BauO Bln (§§ 4–8), der das Thema „Das Grundstück und seine Bebauung" behandelt, zahlreiche Anforderungen an ausnahmslos alle Grundstücke, wie z. B. in § 4 Abs. 1 hinsichtlich ihrer Bebaubarkeit mit Gebäuden. Hätte der Gesetzgeber dem Relativsatz einen auch den Grundstücksbegriff einschränkenden Inhalt verleihen wollen, hätte er ihn mit dem Wort „soweit" einleiten müssen. Von Gewicht ist diese Frage allerdings nicht, denn praktische Bedeutung hat die BauO Bln für Grundstücke nur insoweit, als sie selbst oder auf sie gestützte Vorschriften konkrete Anforderungen an Grundstücke enthalten, wie dies z. B. in § 85 Abs. 1 Satz 3 der Fall ist.

b) Die BauO Bln hat sich von dem **früher benutzten Begriff des Baugrundstücks** (vgl. RNr. 11) gelöst, der aber im Bauplanungsrecht weiterhin verwendet wird (vgl. § 9 Abs. 1 Nr. 3 BauGB, § 19 Abs. 2, 3 BauNVO). Darunter war gemäß § 2 Abs. 1 BauO Bln 1979 ein Grundstück zu verstehen, „das nach den öffentlich-rechtlichen Vorschriften bebaubar oder bebaut ist". Wie sich aus der Begründung der BauO Bln 1985 ergibt, hat der Gesetzgeber den Übergang vom „Baugrundstück" zum „Grundstück" nicht zu den wesentlichen Abweichungen vom früheren Recht gezählt (vgl. AH-Drucks. 9/2165, S. 22, 23 – zu § 1 –). Immerhin bewirkt der Gesetzeswortlaut eine inhaltliche Erweiterung, weil auch Grundstücke erfasst werden, die nach früherem Recht keine Baugrundstücke gewesen wären. Ob ein Grundstück als ein Baugrundstück anzusehen ist (und damit den Voraussetzungen des § 2 Abs. 1 BauO Bln 1979 entsprochen hätte), ist also unerheblich und bedarf keiner Prüfung. Auch wenn ein Grundstück etwa wegen planungs- oder naturschutzrechtlicher Hindernisse nicht bebaubar ist, handelt es sich um ein Grundstück im Sinne des Abs. 1 Satz 2. Von großer Bedeutung ist der terminologische Unterschied jedoch nicht, denn in aller Regel beziehen sich die einschlägigen, d. h. grundstücksbezogenen Vorschriften der BauO Bln auf Grundstücke, die nach öffentlich-rechtlichen Vorschriften bebaubar oder bebaut sind (vgl. § 7 Abs. 1).

14 Trotz der terminologischen Umstellung hat die BauO Bln an einigen Stellen die frühere Formulierung **„Baugrundstücke"** beibehalten (vgl. § 8 Abs. 2 Satz 2 und Abs. 3 Satz 3, § 13 Satz 2, § 15 Abs. 2 und 3, § 50 Abs. 2, § 85 Abs. 1 Satz 3) oder lehnt sich mit dem Ausdruck „bebaute Grundstücke" doch an sie an (vgl. § 8 Abs. 1 Satz 1, § 16 Abs. 1). Regelmäßig sind damit die „Grundstücke" im Sinne des üblichen bauordnungsrechtlichen Sprachgebrauchs gemeint. Die vereinzelte Anknüpfung an einen überholten Sprachgebrauch hat jedenfalls nicht die Bedeutung, dass der Sache nach die obsolete Vorschrift des § 2 Abs. 1 BauO Bln 1979 nachwirkend zu berücksichtigen wäre. Vielmehr sind die in den angeführten Vorschriften benutzten Wendungen im Lichte ihrer spezifischen Verwendung in den einzelnen Bestimmungen auszulegen. Dabei ergibt sich z. B., dass der Ausdruck „Baugrundstück" in § 8 Abs. 2 Satz 2 und Abs. 3 Satz 1 nur den Gegensatz zum Nachbargrundstück betonen soll. Dennoch kann sich bei der Auslegung von Vorschriften der BauO Bln ausnahmsweise die Zweckmäßigkeit eines Rückgriffs auf § 2 Abs. 1 BauO Bln 1979 herausstellen und unter einem Grundstück ein solches im Sinne des alten Rechts zu verstehen sein. In einem derartigen Fall würde also der spezielle Grundstücksbegriff einer einzelnen Norm hinter dem weiten Grundstücksbegriff des § 1 Abs. 1 Satz 2 zurückbleiben.

15 c) Unter einem Grundstück ist das im Grundbuch unter eigener Nummer im Bestandsverzeichnis des Grundbuchblatts eingetragene Buchgrundstück, also das **Grundstück im Rechtssinne**, zu verstehen (vgl. OVG Bln, U. v. 14.8.1987, OVGE 19, 72, 74 f., 76), nicht dagegen das Grundstück im wirtschaftlichen Sinne, nämlich die für eine einheitliche bauliche Nutzung zusammengefasste Fläche. Die Ersetzung des konturenscharfen und damit leicht zu handhabenden rechtlichen Grundstücksbegriffs durch den wirtschaftlichen Grundstücksbegriff würde die Sicherheit der Rechtsanwendung dadurch gefährden, dass die BABeh. die Zulässigkeit von Vorhaben – z. B. hinsichtlich der Abstandsflächen nach § 6 – an Hand vager Kriterien zu beurteilen hätte (vgl. Praml, DVBl. 1980, 218, 220). Dieses Bedenken würde auch nicht behoben, wenn man das Erfordernis aufstellte, mehrere einheitlich genutzte Grundstücke müssten im räumlichen Zusammenhang stehen und demselben Eigentümer gehören oder ihm uneingeschränkt zur Verfügung stehen; denn derartige ungeschriebene Voraussetzungen könnten durch privatrechtliche Vorgänge jederzeit entfallen, sind daher unbeständig und nicht immer durch Baulasten (§ 82) regelbar. Überdies wäre § 4 Abs. 2 überflüssig, wenn der Bauherr ohne weiteres zur einheitlichen baulichen Nutzung eines (aus mehreren Buchgrundstücken bestehenden) Grundstücks im wirtschaftlichen Sinne berechtigt wäre. Auch die in § 7 Abs. 1 geregelte Teilung von Grundstücken belegt, dass nach der BauO Bln unter einem Grundstück ein solches im rechtlichen Sinne zu verstehen ist; denn die Teilung setzt nach § 19 Abs. 1 BauGB die Erklärung gegenüber dem Grundbuchamt voraus, „dass ein Grundstücksteil grundbuchmäßig abgeschrieben" werden soll, und wäre also bei einem Grundstück im wirtschaftlichen Sinne unanwendbar.

16 Die Maßgeblichkeit des **Buchgrundstücks** für § 1 Abs. 1 Satz 2 schließt es jedoch nicht aus, dass im Einzelfall bei der Anwendung einer Vorschrift der BauO Bln, die konkrete Anforderungen an Grundstücke stellt, statt des generellen rechtlichen Grundstücksbegriffs der wirtschaftliche Grundstücksbegriff herangezogen wird. Reicht etwa die Möglichkeit einer Abweichung nach § 68 nicht aus und sollten dennoch zwingende Gründe – z. B. die Grundstücks- oder Bodenbeschaffenheit – erfordern, dass ein wirtschaftlicher Grundstücksbegriff zugrunde zu legen ist, so steht dem § 1 Abs. 1 Satz 2 nicht entgegen (vgl. auch RNr. 14).

d) Durch den von der BauO Bln im Jahre 1985 vorgenommenen terminologischen Übergang vom Baugrundstück zum (Buch-)Grundstück ist sichergestellt, dass der bauordnungsrechtliche Begriff des Grundstücks mit dem **bauplanungsrechtlichen Begriff des Grundstücks** übereinstimmt. Dieser bundesrechtliche Begriff ist ebenfalls grundsätzlich mit dem bürgerlich-rechtlichen oder grundbuchrechtlichen Grundstücksbegriff gleichzusetzen (vgl. BVerwG, U. v. 14.12.1973, BVerwGE 44, 250, 251 f.; U. v. 14.2.1991, BVerwGE 88, 24, 29; OVG Bln, U. v. 14.8.1987, OVGE 19, 72, 74 f., 78; BayVGH, B. v. 17.9.1999, BRS 62 Nr. 95; Fickert/Fieseler, BauNVO, 10. Aufl., 2002, § 19, RNrn. 2 und 3).

e) Grundstücke, die mindestens eine Grenze – ganz oder teilweise – gemeinsam haben, die also unmittelbar aneinander grenzen (vgl. § 8 Abs. 2 Satz 2), sind **Nachbargrundstücke** (vgl. § 32 Abs. 5 Satz 1). Die ihnen gemeinsame Grenze ist die **Nachbargrenze** (vgl. § 6 Abs. 6 Satz 2, § 30 Abs. 10, § 52 Abs. 1 Satz 3 Nr. 2). Ausgeschlossen ist es aber nicht, dass auch auch andere Grundstücke in der Nähe als Nachbargrundstücke bezeichnet werden (vgl. § 12 Abs. 1 Satz 2, § 32 Abs. 5 Satz 1 sowie § 3 RNr. 52).

f) Die **grundstücksbezogenen Regelungen** der BauO Bln enthalten Anforderungen an die – tatsächliche oder rechtliche – Beschaffenheit der Grundstücke. So müssen nach § 13 Satz 2 Baugrundstücke für bauliche Anlagen geeignet sein (vgl. weiterhin § 4 Abs. 1, § 7 Abs. 1, § 8 Abs. 1 Satz 1, § 16 Abs. 1, § 44 Abs. 1 Satz 1, § 50 Abs. 2 Satz 1, § 85 Abs. 1 Satz 3). Andere Anforderungen betreffen die rechtliche Verknüpfung baulicher Anlagen mit Grundstücken (vgl. § 4 Abs. 2, § 6 Abs. 2 Satz 1), oder sie gewähren Rechte in Bezug auf Grundstücke, wie das behördliche Betretungsrecht (vgl. § 58 Abs. 3). Die planungsrechtliche Regelung der überbaubaren Grundstücksflächen findet sich in § 23 BauNVO.

2. Der Anwendungsbereich der BauO Bln erfasst – abgesehen von dem Ausnahmekatalog des § 1 Abs. 2 – alle baulichen Anlagen, alle Bauprodukte, nach Abs. 1 Satz 2 auch alle Grundstücke sowie zahlreiche **„sonstige Anlagen und Einrichtungen"**. Bei ihnen handelt es sich um ortsfeste (vgl. 15 Abs. 2 und 3 sowie OVG Bln, B. v. 7.5.1999, OVGE 23, 134, 135), ortsbezogene oder jedenfalls ortsfest benutzte (vgl. § 2 Abs. 8) Objekte, die einen technischen Bezug zu baulichen Anlagen aufweisen. Zumeist erfüllen sie eine dienende Funktion gegenüber einer baulichen Anlage, wie vor allem die im Abschnitt „Technische Gebäudeausstattung" (§§ 39 bis 47) aufgeführten. Doch können auch umgekehrt bauliche Anlagen den Zwecken sonstiger Anlagen oder Einrichtungen nutzbar gemacht werden, wie dies bei Werbeanlagen der Fall ist (vgl. § 10 und OVG Bln, B. v. 7.5.1999, OVGE 23, 134, 136). Der durch das Wort „sonstige" betonte Gegensatz zu den baulichen Anlagen des Abs. 1 Satz 1 erweckt den Anschein, dass Abs. 1 Satz 2 sich (ausschließlich oder jedenfalls primär) auf Anlagen und Einrichtungen bezieht, die keine baulichen Anlagen sind, also auf nichtbauliche Anlagen und Einrichtungen (vgl. OVG Bln, B. v. 7.5.1999, OVGE 23, 134, 139). Die sonstigen Anlagen und Einrichtungen werden vom Gesetz weder definiert noch voneinander abgegrenzt. Daher verläuft zwischen den sonstigen Anlagen und Einrichtungen **keine deutliche Trennungslinie**. Eine

Anlage wird im allgemeinen dadurch gekennzeichnet sein, dass sie ständig betrieben oder benutzt wird; dennoch spricht § 10 Abs. 1 Satz 1 von „Werbeanlagen". Die sonstigen Anlagen und Einrichtungen werden auch nicht in einem Katalog einzeln aufgezählt, sondern allein im Wege einer Verweisung umschrieben: Es handelt sich um solche Anlagen und Einrichtungen, an die in der BauO Bln selbst oder in Vorschriften auf Grund der BauO Bln Anforderungen gestellt werden. Erst durch einen Rückgriff auf weitere Bestimmungen des Bauordnungsrechts lässt sich also ermitteln, welche konkreten sonstigen Anlagen und Einrichtungen – innerhalb der an sich in Betracht kommenden zahllosen Objekte – dem Geltungsbereich der BauO Bln zugewiesen sind (vgl. RNrn. 21 und 27). In § 2 Abs. 1 Satz 1 werden die sonstigen Anlagen und Einrichtungen zusammen mit den baulichen Anlagen unter dem gemeinsamen Begriff der „Anlagen" zusammengefasst (vgl. § 2 RNr. 33).

21 a) **Anforderungen** (vgl. § 10 Abs. 2 Satz 1, § 17 Abs. 2 Satz 1, Abs. 3 Satz 2, § 60 Abs. 2, § 80 Abs. 1) sind **bauordnungsrechtliche Gebote** (vgl. § 68 Abs. 1 Satz 1, § 84 Abs. 2 Satz 1 Nr. 2, § 85 Abs. 2 Satz 1) oder **spezialgesetzlich geregelte Gebote** (vgl. § 84 Abs. 5 Satz 1), durch die den Normadressaten ein bestimmtes Verhalten in Bezug auf materielle Gegenstände auferlegt wird. Anforderungen können in Gesetzen (vgl. § 64 Satz 1 Nr. 2, § 65 Satz 1 Nr. 2, § 68 Abs. 1 Satz 1) oder in Rechtsverordnungen (vgl. § 65 Satz 1 Nr. 2, § 68 Abs. 1 Satz 1, § 84 Abs. 1) vorgesehen sein. § 1 Abs. 1 bezieht sich aber nur auf Anforderungen in Gestalt bauordnungsrechtlicher Gebote, nicht dagegen auf Anforderungen, die in Spezialvorschriften außerhalb des Bauordnungsrechts enthalten sind (vgl. RNr. 26). Immerhin werden solche mehrfach in der BauO Bln erwähnt (vgl. § 17 Abs. 4, § 60 Abs. 2 [„Anforderungen, die durch öffentlich-rechtliche Vorschriften an Anlagen gestellt werden"], § 64 Satz 1 Nr. 3, § 65 Satz 1 Nr. 3, § 76 Abs. 3 Satz 1 Nr. 2 sowie § 84 Abs. 5).

22 Anforderungen können unmittelbar auf ein Verhalten der Pflichtigen gerichtet sein, wie dies bei den „Allgemeinen „Anforderungen" des § 3 der Fall ist. So gebieten sie, dass Anlagen in bestimmter Weise anzuordnen, zu errichten, zu ändern und instand zu halten (§ 3 Abs. 1 Satz 1) und Bauprodukte in bestimmter Weise zu verwenden sind (§ 3 Abs. 2 und § 17 Abs. 1 Satz 1). Ähnlich ist die Rechtslage bei manchen „Allgemeinen Anforderungen an die Bauausführung" (§§ 11 ff.), z. B. hinsichtlich der Einrichtung von Baustellen (§ 11 Abs. 1). Außer solchen **Verhaltensanforderungen** gibt es auch **Ergebnisanforderungen**. So müssen nach § 9 Abs. 1 bauliche Anlagen „so gestaltet sein, dass sie nicht verunstaltet wirken" und nach § 13 Satz 1 „so angeordnet, beschaffen und gebrauchstauglich sein", dass sie gegen schädliche Einflüsse resistent sind. Ergebnisanforderungen zielen primär darauf ab, dass ein bestimmter baulicher Zustand erreicht oder vermieden wird. Rechtstechnisch gesehen beeinflussen sie das Verhalten der Pflichtigen nur mittelbar; in ihrer faktischen Wirkung unterscheiden sie sich aber nicht von den Verhaltensanforderungen.

23 In beiden Varianten handelt es sich regelmäßig um **materiellrechtliche Anforderungen**, nur ausnahmsweise auch um **verfahrensrechtliche Anforderungen**. Ein Beispiel für verfahrensrechtliche Anforderungen bietet § 84 Abs. 3 Satz 2. Bei den von ihm genannten „Anforderungen" handelt es sich durchweg um solche verfahrensmäßiger Art, wie sich aus der Verweisung („dabei") auf § 84 Abs. 3 Satz 1 Nrn. 1–3 ergibt. (Die in § 84 Abs. 3 Satz 2 enthaltene missverständliche Gegenüberstellung von „Anforderungen und Verfahren" widerspricht dem nicht, denn der dort verwendete Begriff des Verfahrens bezieht sich nur auf einen Teil des behördlichen Verfahrens.

24 Die BauO Bln unterscheidet zwischen **allgemeinen und besonderen Anforderungen**. Allgemeine Anforderungen beziehen sich auf sämtliche baulichen Anlagen oder zahlreiche ihrer Kategorien (vgl. §§ 3, 9, 11 ff., 84 Abs. 1 Nr. 1), besondere Anforderungen nur auf spezielle Kategorien baulicher Anlagen, die durch ihre besondere Art oder Nutzung geprägt sind, wie z. B. Sonderbauten (vgl. § 52 Abs. 1 Satz 1, § 84 Abs. 1 Nr. 4) und von Behinderten benutzte bauliche Anlagen (vgl. § 84 Abs. 1 Nr. 4 i. V. m. § 51). Jedoch ist der Sprachgebrauch der BauO Bln uneinheitlich. So werden in § 84 Abs. 1 Nr. 1 die Anforderungen der §§ 4 bis 49 pauschal als allgemeine Anforderungen bezeichnet, obwohl einige von ihnen – wie z. B. § 40 Abs. 2 Satz 1, der für jede Wohnung einen Wasserzähler vorschreibt – spezielle Anforderungen enthalten. Die Kategorie der „Nutzungsbedingten Anforderungen" (§§ 48–52) stellt eine Mischung von allgemeinen Anforderungen und besonderen Anforderungen dar (vgl. § 84 Abs. 1 Nrn. 1 und 4).

25 Fast alle (allgemeinen oder besonderen) Anforderungen sind **normative Anforderungen**. Wird der Tatbestand der Norm, in dem sie enthalten sind, durch einen Pflichtigen verwirklicht, gelten diese Anforderungen unmittelbar kraft ihrer Anordnung in dieser Rechtsnorm. Eines behördlichen Vollzugsakts bedarf es nicht. Außer den normativen Anforderungen kennt die BauO Bln auch **individuelle Anforderungen**, die nicht unmittelbar und generell wirken, sondern nur dann gelten, wenn sie im Einzelfall – wie z. B. im Bereich der Sonderbauten und größerer Garagen – durch die BABeh. verfügt werden (vgl. § 52 Abs. 1 Satz 1, Abs. 2).

26 b) Sonstige – regelmäßig nichtbauliche – Anlagen und Einrichtungen werden vom **Anwendungsbereich der BauO Bln** erfasst, sofern die BauO Bln selbst oder auf ihr beruhende Vorschriften (vgl. § 84 Abs. 1) Anforderungen an sie stellen, also materielle bauordnungsrechtliche Regelungen, ausnahmsweise auch verfahrensrechtliche Regelungen für sie bereithalten (vgl. RNr. 23 und § 60 Abs. 1). Baurechtliche Anforderungen, die in anderen Gesetzen und Rechtsverordnungen des Landes Berlin oder des Bundes enthalten oder vorgesehen sind, müssen zwar von den Pflichtigen befolgt werden, erschöpfen sich aber in dieser Rechtswirkung. Derartige außerbauordnungsrechtlichen Anforderungen führen also nicht zu der Konsequenz, dass ihre Regelungsobjekte (sonstige Anlagen und Einrichtungen) dem Geltungsbereich der BauO Bln zugewiesen werden. Eine Mischkonstruktion findet sich in § 84 Abs. 5, der es dem Verordnungsgeber gestattet, Anforderungen, die in zwei Rechtsverordnungen des Bundes enthalten sind, auf weitere Anlagen zu erstrecken und diese damit zugleich in den Geltungsbereich der BauO Bln einzubeziehen.

27 Die BauO Bln richtet z. B. an folgende **Anlagen und Einrichtungen Anforderungen**: Kinderspielplätze (§ 8 Abs. 2 und 3), Anlagen der Außenwerbung (Werbeanlagen) und Warenautomaten (§ 10), zahlreiche zur technischen Gebäudeausrüstung gehörende Anlagen und Einrichtungen – wie Aufzüge (§ 39), Leitungsanlagen, Installationsschächte und -kanäle (§ 40), Lüftungsanlagen (§ 41), Feuerungsanlagen, sonstige Anlagen zur Wärmeerzeugung und Brennstoffversorgung (§ 2 Abs. 8 und § 42), sanitäre Anlagen, Wasserzähler (§ 43), Anlagen für Abwasser (§ 44), Kleinkläranlagen und Abwassersammelbehälter (§ 45), Behälter für Abfälle (§ 46) und Blitzschutzanlagen (§ 47) –, ferner Stellplätze und Abstellmöglichkeiten für Fahrräder (§ 50) sowie Baustelleneinrichtungen (§ 11). Belege für Anlagen und Einrichtungen, an die bauordnungsrechtliche Rechtsverordnungen Anforderungen richten, finden sich z. B. in den §§ 2 und 3 BetrVO.

28 c) Die angeführten Beispiele zeigen, dass die in § 1 Abs. 1 enthaltene Gegenüberstellung von **baulichen Anlagen und sonstigen Anlagen (und Einrichtungen)** nicht mit dem Gegensatz von baulichen Anlagen und nichtbaulichen Anlagen (und Einrichtungen) identisch ist. Der **Unterschied zwischen den beiden Objektgruppen** verschwimmt vielmehr in den einzelnen Vorschriften der BauO Bln. Die meisten Anlagen (und Einrichtungen) können nämlich – bei entsprechender baulicher Gestaltung – dem Begriff der baulichen Anlage nach § 2 Abs. 1 Satz 2 unterfallen. Dies wird besonders an § 10 Abs. 2 Sätze 1 und 2 deutlich, der sowohl „Werbeanlagen, die bauliche Anlagen sind," als auch „Werbeanlagen, die keine baulichen Anlagen sind," kennt. Stellplätze für Kraftfahrzeuge werden vom Gesetz sogar – ohne Rücksicht auf die tatsächliche Beschaffenheit – ausnahmslos zu baulichen Anlagen erklärt (§ 2 Abs. 1 Satz 3 Nr. 6), damit dem Tatbestand des § 1 Abs. 1 Satz 2 entzogen und dem des Abs. 1 Satz 1 zugeordnet (vgl. § 2 RNr. 42). Manche Anlagen (und Einrichtungen) sind weder bauliche Anlagen noch nichtbauliche Anlagen (oder Einrichtungen), sondern Teile baulicher Anlagen oder Bauteile (vgl. § 2 RNrn. 21 und 124). Hierzu rechnen z. B. Lüftungsanlagen (§ 41). Allein für diejenigen Anlagen (und Einrichtungen), die weder bauliche Anlagen noch Teile von ihnen sind, enthält § 1 Abs. 1 Satz 2 eine wirkliche Erstreckung des Anwendungsbereichs der BauO Bln. In all den Fällen, in denen Anlagen (oder Einrichtungen) aber selbst bauliche Anlagen, Teile baulicher Anlagen oder Bauteile sind, gilt ohnehin § 1 Abs. 1 Satz 1 und nimmt § 1 Abs. 1 Satz 2 nur scheinbar eine Erstreckung des Anwendungsbereichs der BauO Bln vor. Doch hat diese Gesetzestechnik immerhin den Vorzug, dass sie die am Bau Beteiligten und die BABeh. der individuellen Prüfung enthebt, welche bautechnische Qualität eine sonstige Anlage (oder Einrichtung) aufweist und ob sie schon die Schwelle zur baulichen Anlage überschritten hat.

29 In den von § 1 Abs. 1 Satz 2 erfassten Fällen schreibt das Bauordnungsrecht vor, dass ortsfeste oder ortsbezogene Anlagen und Einrichtungen (vgl. OVG Bln, B. v. 7.5.1999, OVGE 23, 134, 135) wegen ihres Zusammenhangs mit baulichen Anlagen bauaufsichtlichen Anforderungen unterworfen werden. Wenngleich es genügt hätte, jeweils eine partielle, auf eine konkrete Anforderung beschränkte Einbeziehung von **Anlagen und Einrichtungen** vorzusehen, hat der Gesetzgeber es für zweckmäßig erachtet, sie dem – prinzipiell unbegrenzten – **Anwendungsbereich der BauO Bln** zu unterstellen. Die von der BauO Bln hinsichtlich der (sonstigen) Anlagen und Einrichtungen gewählte Gesetzestechnik enthebt die am Bau Beteiligten und die BABeh. der Prüfung, ob in Grenzfällen die Eigenschaft einer baulichen Anlage (§ 2 Abs. 1 Satz 2) noch zu bejahen ist.

30 d) Wie alle Anforderungen können auch die Anforderungen an „sonstige Anlagen und Einrichtungen" in beiderlei Gestalt als **Verhaltensanforderungen** und **Ergebnisanforderungen** auftreten (vgl. RNr. 22). So verpflichtet § 8 Abs. 2 Satz 1 den Bauherrn eines Gebäudes mit mehr als sechs Wohnungen, einen Spielplatz für Kinder anzulegen. Dagegen wendet sich § 39 Abs. 4 Satz 1 nicht (unmittelbar) an einen Adressaten, sondern verlangt als objektive Voraussetzung der Errichtung von Gebäuden mit mehr als vier oberirdischen Geschossen, dass Aufzüge in ausreichender Zahl vorhanden sind.

31 Außer den von der BauO Bln selbst vorgesehenen Anforderungen können **Anforderungen „in Vorschriften auf Grund dieses Gesetzes"** gestellt werden. Damit wird dem Verordnungsgeber die Befugnis zuerkannt, den Anwendungsbereich der BauO Bln zu erweitern und ihm zusätzliche Anlagen und Einrichtungen zuzuführen. Die Vorschriften, auf die er sich hierbei stützen kann, werden nicht ausdrücklich genannt; die entsprechenden Ermächtigungen finden sich vor allem in § 84 Abs. 1 und 5.

32 Sind **Anlagen und Einrichtungen**, die wegen Abs. 1 Satz 2 zum Anwendungsbereich der BauO Bln gehören, **zugleich Teile baulicher Anlagen oder selbst bauliche Anlagen**, so unterliegen sie den anlagen- und einrichtungsspezifischen Anforderungen und außerdem denjenigen Anforderungen, die für bauliche Anlagen als solche maßgeblich sind. Anlagen, die hergestellt werden, um dauerhaft in bauliche Anlagen eingebaut zu werden, sind nach § 2 Abs. 9 Nr. 1 Bauprodukte und zugleich Anlagen im Sinne des Abs. 1 Satz 2 (a. A. AH-Drucks. 12/3966, S. 8 – zu § 2 –).

33 e) In **§ 2 Abs. 1 Satz 1** werden die baulichen Anlagen sowie die sonstigen Anlagen und Einrichtungen unter dem **Begriff der „Anlagen"** vereint. Der Begriff der „Anlagen" wird also in § 2 Abs. 1 Satz 1 über die baulichen Anlagen hinaus erweitert und auf „sonstige Anlagen und Einrichtungen im Sinne des § 1 Abs. 1 Satz 2" erstreckt. In allen Fällen, in denen die BauO Bln pauschal von „Anlagen" spricht (vgl. z. B. § 2 Abs. 4, § 3 Abs. 1, § 53, § 58 Abs. 1 Satz 1, Abs. 3 Satz 1, § 60 Abs. 1, § 61 Abs. 1, 2 Satz 1, § 62 Abs. 1 Nrn. 12 und 14, Abs. 2 und 3, Abs. 5, § 68 Abs. 2 Satz 2, § 78 Abs. 1, § 79, § 84 Abs. 5 Satz 1) sind also die sonstigen Anlagen und Einrichtungen im Sinne des § 1 Abs. 1 Satz 2 mitgemeint (vgl. § 2 RNr. 2). Die in solchen Vorschriften gestellten Anforderungen sind demgemäß nicht nur für bauliche Anlagen, sondern auch für sonstige Anlagen und Einrichtungen maßgeblich. So unterliegen auch diese z. B. prinzipiell der Genehmigungspflicht (vgl. § 60 Abs. 1), wenngleich die sie betreffenden Vorhaben der Errichtung, Änderung und Nutzungsänderung großenteils verfahrensfrei und damit genehmigungsfrei sind (vgl. z. B. § 62 Abs. 1 Nrn. 2 und 11). Trotz der prinzipiellen Einbeziehung der „sonstigen Anlagen und Einrichtungen" in den Begriff der „Anlagen" (§ 2 Abs. 1 Satz 1) praktiziert die BauO Bln gelegentlich eine hiervon abweichende Gesetzestechnik, bei der sie von der Benutzung des Begriffs „Anlagen" absieht und stattdessen bauliche Anlagen und andere Anlagen gleichstellt (vgl. § 50 Abs. 1 Satz 3). Eine weitere Variation findet sich Abstandsflächenrecht: In § 6 Abs. 1 Satz 2 werden den Gebäuden, also baulichen Anlagen, „andere Anlagen" (von denen Wirkungen wie von Gebäuden ausgehen) gleichgestellt; es wird also ein Anlagenbegriff verwendet, der sowohl bauliche Anlagen, die keine Gebäude sind, wie auch die sonstigen Anlagen und Einrichtungen im Sinne des § 1 Abs. 1 Satz 2 umfasst. Abweichend verfährt auch § 9 Abs. 3 Satz 1, der § 2 Abs. 1 Satz 2 nicht erwähnt, sondern den Begriff der „Anlagen im Sinne des § 1" einführt und damit, möglicherweise unbedacht, die „Einrichtungen" von seiner Regelung auszunehmen scheint.

34 Entgegen dem in § 1 Abs. 1 Satz 2 erweckten Anschein lässt sich den **Bestimmungen, die pauschal mit dem Begriff „Anlagen" operieren,** nicht entnehmen, auf welche konkreten Anlagen oder Einrichtungen sie sich beziehen sollen. Solche Blankettvorschriften sind mangels Präzision nicht imstande, diejenigen Anlagen und Einrichtungen zu bezeichnen, die dem Anwendungsbereich des § 1 zuzurechnen sind. Vielmehr bedarf es zusätzlich einer weiteren, **speziellen Anforderungsnorm**, die aus dem Kreis der prinzipiell geeigneten Anlagen und Einrichtungen diejenigen auswählt, für die bestimmte Anforderungen gelten sollen. So ordnet § 10 Abs. 2 Satz 2 und Abs. 3 an, dass Werbeanlagen, die keine baulichen Anlagen sind, einem Verunstaltungsverbot unterliegen. Infolge der Verweisung in § 1 Abs. 1 Satz 2 fallen diese Werbeanlagen in den Anwendungsbereich des Gesetzes. Zugleich erstrecken sich die allgemeinen Anforderungen des § 3 Abs. 1 auf sie. Daher gilt für sämtliche Normen, die keine bestimmten Anlagen und Einrichtungen nennen, sondern Anforderungen generell an „Anlagen" richten, dass sie auf die Ergänzung durch eine anderweitige Spezialnorm angewiesen sind. Die Anforderungen einer solchen Spezialnorm werden sodann um diejenigen Anforderungen erweitert, die in den Pauschalnormen enthalten sind.

35 Die Handhabung der **Verweisungsnorm des Abs. 1 Satz 2** ist also nur dann unproblematisch, wenn die BauO Bln (oder eine auf ihr beruhende Rechtsverordnung) an bestimmte Anlagen oder Einrichtungen Anforderungen stellt (vgl. die Aufzählung RNr. 27). Diese werden durch die Verweisungsnorm dem Anwendungsbereich der BauO Bln unterstellt. Entgegen dem Wortlaut des Abs. 1 Satz 2 gibt es aber auch Konstellationen, bei denen in bauordnungsrechtlichen Vorschriften Anforderungen an sonstige Anlagen und Einrichtungen enthalten sind, ohne dass damit eine Ausdehnung des Anwendungsbereichs der BauO Bln verbunden wäre. Hierbei handelt es sich um diejenigen Fälle, in denen die BauO Bln pauschal Anforderungen an „Anlagen" stellt, dabei aber keine bestimmter Anlagen oder Einrichtungen nennt, wie dies z. B. in § 3 Abs. 1 Satz 1 geschieht (vgl. § 3 RNr. 7). Befasst sich also eine bauordnungsrechtliche Vorschrift pauschal mit „Anlagen", so erwähnt sie stillschweigend – wegen § 2 Abs. 1 Satz 1 – die sonstigen Anlagen und Einrichtungen mit (vgl. RNr. 33). Welche Anlagen und Einrichtungen aber gemeint sind, ergibt sich jedoch nicht bereits aus der Pauschalnorm, sondern erst aus der Verknüpfung der Verweisungsnorm des Abs. 1 Satz 2 mit einer für bestimmte Anlagen oder Einrichtungen maßgeblichen Spezialnorm. Hieraus folgt, dass hinsichtlich der sonstigen Anlagen und Einrichtungen jene bauordnungsrechtlichen Vorschriften, die pauschal Anforderungen an Anlagen stellen, keine Vorschriften sind, auf die § 1 Abs. 1 Satz 2 verweist. Die Formulierung in § 1 Abs. 1 Satz 2 ist vielmehr missverständlich und bedarf der inhaltlichen Reduktion. Mit ihr können nur jene Vorschriften gemeint sein, die einzelne (sonstige) Anlagen oder Einrichtungen nennen (vgl. RNr. 34). Die bloße Verwendung des Begriffs „Anlagen" (und die damit wegen § 2 Abs. 1 Satz 1 verbundene stillschweigende Miterwähnung der sonstigen Anlagen und Einrichtungen) reicht zur Erfüllung des Tatbestands des § 1 Abs. 1 Satz 2 somit nicht aus und erweitert daher auch nicht den Anwendungsbereich der BauO Bln.

36 IV. **Abs. 2** zählt in einem **Negativkatalog** die baulichen Anlagen auf, die von der BauO Bln nicht erfasst werden (vgl. auch § 10 Abs. 7). Es sind dies einige „**Anlagen**" (Nrn. 1 und 2, 5), „**Leitungen**" (Nrn. 3 und 4) sowie „**Kräne**" (Nr. 5). Deren Ausschluss aus dem Anwendungs- oder Geltungsbereich der BauO Bln ist gerechtfertigt, weil die im Katalog genannten baulichen Anlagen sich erheblich von anderen, „normalen" baulichen Anlagen unterscheiden und überdies großenteils speziellen Gesetzen sowie der Aufsicht besonderer Behörden unterliegen (vgl. Boeddinghaus / Hahn / Schulte, Bauordnung für das Land Nordrhein-Westfalen [Stand. 1. 10. 2007], § 1 RNr. 12). Dadurch werden Konkurrenzen, Überschneidungen und Widersprüche von Rechtsnormen und Kompetenzen vermieden (vgl. RNr. 5).

37 Wenngleich **Abs. 2** nicht ausdrücklich von baulichen Anlagen spricht, kann er sich doch allein auf **bauliche Anlagen** beziehen. Denn sonstige Anlagen und Einrichtungen im Sinne des Abs. 1 Satz 2 bedürfen des Ausschlusses aus dem Anwendungsbereich der BauO Bln nicht, weil sie ihm nur dann unterfallen, wenn eine Spezialnorm dies förmlich anordnet (vgl. RNrn. 26 und 34). In zwei Fällen wird der Katalog von Ausnahmen durchbrochen (Abs. 2 Nrn. 1 und 2); bestimmte Gebäude verbleiben danach im Anwendungsbereich der BauO Bln (vgl. RNrn. 52 und 54).

38 **1. Nr. 1** nennt die **Anlagen des öffentlichen Verkehrs**, einschließlich Zubehör, Nebenanlagen und Nebenbetrieben, ausgenommen Gebäude. Somit ist die BauO Bln auf öffentliche Straßen, Bahnanlagen sowie Einrichtungen des Wasser- und Luftverkehrs nicht anwendbar, wohl aber auf private Verkehrsanlagen (vgl. § 62 Abs. 1 Nr. 7). Verkehrsanlagen sind Anlagen, die dem Transport von Personen oder Gütern zu Land, zu Wasser und in der Luft dienen. Sie sind solche des öffentlichen Verkehrs, wenn sie dem öffentlichen Verkehr gewidmet sind oder ihn fördern. Die Eigentums-, Besitz- oder Nutzungsverhältnisse sind insofern bedeutungslos. Nebenanlagen dienen den Aufgaben der Straßenbauverwaltung. Es sind die zur Herstellung, zum Betrieb oder zur Unterhaltung von Verkehrsanlagen notwendigen Einrichtungen, wie Werkstatt- oder Betriebshöfe. Ein Sandlagerplatz auf einem Eisenbahngelände ist weder eine Verkehrsanlage noch eine Nebenanlage (vgl. OVG Bln, B. v. 8. 4. 1994, GewArch 1994, 342, 343). Versteht man unter Nebenbetrieben diejenigen Betriebe, die den Verkehrsteilnehmern dienen (vgl. § 15 Abs. 1 FStrG), so rechnen z. B. Läden in Bahnhofsgebäuden (vgl. NdsOVG, U. v. 31. 5. 1996, BRS 58 Nr. 198, S. 569 f. = NVwZ 1996, 662, 663) oder Tank- und Raststellen an Bundesautobahnen zu ihnen. Anlagen, die früher dem öffentlich Verkehr gedient haben, nunmehr aber entwidmet sind – z. B. eingezogene Straßen, stillgelegte Bahnhöfe oder Flughäfen –, sind keine öffentlichen Verkehrsanlagen mehr. Im Folgenden werden die wichtigsten Anlagen des öffentlichen Verkehrs genannt.

a) Soweit es sich bei den Anlagen des öffentlichen Verkehrs um Straßen handelt, werden alle **öffentlichen Straßen** im Sinne des § 2 Abs. 1 BerlStrG erfasst. Sie werden einschließlich ihrer sämtlichen Bestandteile von der Geltung der BauO Bln freigestellt. Zu den öffentlichen Straßen rechnen Straßen, Wege und Plätze, die dem öffentlichen Verkehr gewidmet sind. Zu den Bestandteilen des Straßenkörpers gehören nach § 2 Abs. 2 Nr. 1 BerlStrG insbesondere Untergrund, Unterbau, Oberbau, Brücken, Tunnel, Durchlässe, Dämme, Gräben, Böschungen, Stützbauwerke (vgl. VGH BW, U. v. 16. 1. 1996, NVwZ-RR 1996, 553), Treppen-, Lärmschutz-, Straßenentwässerungs- und Straßenbeleuchtungsanlagen, Fahrbahnen, Gehwege, Radwege, Bushaltebuchten, Taxihalteplätze, Parkflächen (vgl. HessVGH, B. v. 6. 11. 1991, NVwZ-RR 1992, 468) einschließlich der Parkhäuser, Grünanlagen sowie Trenn-, Seiten-, Rand- und Sicherheitsstreifen. Teil der öffentlichen Straßen ist gemäß § 2 Abs. 2 Nr. 3 BerlStrG auch deren Zubehör, insbesondere Verkehrszeichen, Verkehrseinrichtungen und sonstige Anlagen aller Art, die der Sicherheit oder Leichtigkeit des Verkehrs oder dem Schutz der Anlieger dienen, und die Bepflanzung. Auch eine Gehwegüberdachung kommt als Zubehör der Straße in Betracht (vgl. OVG Brem, B. v. 9. 9. 1999, NVwZ-RR 2000, 204; OVG NRW, B. v. 16. 2. 1996, NVwZ-RR 1997, 274). Nicht zum Zubehör der Straßen rechnen Werbeanlagen (vgl. § 10 Abs. 4 Satz 2 Nr. 6, § 62 Abs. 1 Nr. 11e), also auch nicht die Litfasssäulen (vgl. HbgOVG, U. v. 20. 2. 1997, NVwZ-RR 1998, 616), weiterhin nicht untergeordnete Gebäude wie Fahrgastunterstände, Kioske, Verkaufswagen und Toiletten (vgl. § 62 Abs. 1 Nr. 1a und e); sie alle verbleiben also im Anwendungsbereich der BauO Bln. Obwohl nach § 2 Abs. 2 Nr. 2 BerlStrG auch der Luftraum über dem Straßenkörper zur öffentlichen Straße gehört, sind Teile baulicher Anlagen oder Werbeanlagen (vgl. § 10), die in den Luftraum über der Straße ragen, nicht von der Geltung der BauO Bln ausgenommen Denn die Freistellung in § 1 Abs. 2 bezieht sich nur auf körperliche Gegenstände, zu denen der Luftraum nicht gehört.

Hinsichtlich der **Bundesfernstraßen** gelten die entsprechenden Regelungen des FStrG, insbesondere dessen § 1 Abs. 4, der als Parallelvorschrift zu § 2 Abs. 2 BerlStrG die Objekte aufzählt, die zu den Bundesfernstraßen gehören. Auf die dort genannten Bestandteile der Bundesfernstraßen, einschließlich der Einrichtungen zur Erhebung von Maut und zur Kontrolle der Einhaltung der Mautpflicht (§ 1 Abs. 4 Nr. 3a FStrG), bezieht sich somit die BauO Bln nicht. Auf die Bundesfernstraßen in Berlin findet weiterhin das Verkehrswegeplanungsbeschleunigungsgesetz v. 16. 12. 1991 (BGBl. I S. 2174), zuletzt geändert durch G. v. 9. 12. 2006 (BGBl. I S. 2833), Anwendung (§ 1 Abs. 1 Nr. 2 des Gesetzes).

41 Für sämtliche öffentlichen Straßen gelten weiterhin spezielle **Vorschriften** des **Immissionsschutzrechts** (vgl. §§ 41 ff. BImSchG, Verkehrslärmschutzverordnung v. 12. 6. 1999, BGBl. I S. 1036). Bei Bau und wesentlicher Änderung von Straßen ist sicherzustellen, dass durch sie keine schädlichen Umwelteinwirkungen hervorgerufen werden können, die nach dem Stand der Technik vermeidbar sind (vgl. § 41 Abs. 1 BImSchG).

42 **Privatstraßen** (vgl. § 1 Satz 2, § 15 Abs. 1 BerlStrG sowie § 62 Abs. 1 Nr. 7 BauO Bln) und **Anlagen mit faktisch öffentlichem Verkehr**, wie private Parkplätze oder private Zufahrtswege (vgl. VGH BW, B. v. 25. 10. 1988, BRS 49 Nr. 155), fallen nicht unter den Ausschlusstatbestand. Da das Straßenrecht für sie grundsätzlich nicht gilt (vgl. § 1 Satz 2 BerlStrG), ist die BauO Bln für sie maßgeblich.

43 b) Zu den Anlagen des öffentlichen Verkehrs gehören weiterhin die **Bahnanlagen** der öffentlichen Eisenbahnen. Dies sind Einrichtungen, die dazu bestimmt sind, der Abwicklung und Sicherung des Eisenbahnverkehrs zu dienen, z. B. Gleisanlagen, Dämme, Brücken und Leitungen sowie Anlagen der Personen- und Güterabfertigung. Hierzu rechnen auch Parkplätze auf dem Gelände eines Bahnhofs; ob auch dort angebrachte Plakatanschlagtafeln mit bahnfremder Werbung Bestandteile der Parkplätze und damit der Bahnanlagen sind, ist allerdings fraglich (vgl. OVG RP, U. v. 29. 6. 2000, BRS 60 Nr. 171; OVG Saar, B. v. 24. 9. 2002, BauR 2003, 349, 350). Einem auf Bahngelände betriebenen Schrottplatz fehlt es dagegen an dem erforderlichen Bezug zum Eisenbahnbetrieb (vgl. OVG NRW, U. v. 22. 4. 1998, BRS 60 Nr. 165), desgleichen einem Sandlagerplatz (vgl. OVG Bln, B. v. 8. 4. 1994, GewArch 1994, 342, 343).

44 **Bahnanlagen** erhalten ihre **rechtliche Qualität** durch eine Planfeststellung oder Plangenehmigung (vgl. § 18 Abs. 1 und 2 AEG). Sie büßen ihre der Bauordnung entzogene Objekte ein, wenn sie ihre planungsrechtliche Zweckbestimmung durch einen eindeutigen Hoheitsakt verlieren, der für jedermann klare Verhältnisse darüber schafft, ob und welche Flächen künftig wieder für andere Nutzungen offenstehen (vgl. BVerwG, U. v. 12. 4. 2000, BVerwGE 111, 108, 111 f.). Ein Ende des planungsrechtlichen Regimes und damit die Überführung der (früheren) Bahnanlagen in den Anwendungsbereich der BauO Bln kann weiterhin dadurch bewirkt werden, dass eine Bahnanlage infolge der tatsächlichen Entwicklung funktionslos und damit rechtlich obsolet wird (vgl. BVerwG, U. v. 12. 4. 2000, BVerwGE 111, 108, 112, 113; U. v. 10. 11. 2004, NVwZ 2005, 591. 593).

45 Nach § 3 Abs. 1 Nr. 1 AEG dienen **Eisenbahnen** dem öffentlichen Verkehr und handelt es sich bei ihnen um öffentliche Eisenbahnen, wenn sie als Eisenbahnverkehrsunternehmen gewerbs- oder geschäftsmäßig betrieben werden und jedermann sie nach ihrer Zweckbestimmung zur Personen- oder Güterbeförderung benutzen kann. Moderne Sonderformen der öffentlichen Eisenbahnen sind Eisenbahninfrastrukturunternehmen, die Zugang zu ihrer Eisenbahninfrastruktur gewähren müssen, und Betreiber der Schienenwege, die Zugang zu ihren Schienenwegen gewähren müssen (§ 3 Abs. 1 Nrn. 2 und 3 AEG). Die Eisenbahninfrastruktur umfasst die Betriebsanlagen der Eisenbahnen (§ 2 Abs. 3 AEG). Alle anderen Eisenbahnen als die genannten sind nichtöffentliche Eisenbahnen (§ 3 Abs. 2 AEG). Unerheblich ist es, ob die Eisenbahn von einer juristischen Person des öffentlichen Rechts oder einer privaten Institution betrieben wird. Denn nach § 2 Abs. 1 AEG kann es sich bei Eisenbahnen sowohl um öffentliche Einrichtungen als auch um privatrechtlich organisierte Unternehmen handeln. Für den Bau und die wesentliche Änderung von Schienenwegen gelten immissionsschutzrechtliche Spezialbestimmungen (vgl. §§ 41 ff. BImSchG, Verkehrslärmschutzverordnung v. 12. 6. 1999, BGBl. I S. 1036). Für die Verkehrswege der Eisenbahnen des Bundes ist in Berlin ferner das Verkehrswegeplanungsbeschleunigungsgesetz einschlägig (s .§ 1 Abs. 1 Nr. 1 des Gesetzes und oben RNr. 40).

Die wichtigsten öffentlichen Eisenbahnen sind diejenigen der **Deutschen Bahn** AG (DB) sowie der **S-Bahn**. Die Deutsche Bahn erbringt Eisenbahnverkehrsleistungen in Gestalt der Beförderung von Personen und Gütern auf einer Eisenbahninfrastruktur (vgl. § 2 Abs. 2 Satz 1 AEG). Die S-Bahn Berlin GmbH ist ein Tochterunternehmen der DB und gehört zum Bereich der DB Stadtwerke GmbH. Die S-Bahn widmet sich dem Schienenpersonennahverkehr (vgl. § 2 Abs. 5 AEG), ist aber als Betreibergesellschaft nur für die Betriebsführung, Fahrzeuge und Werkstätten zuständig, während die DB Netz AG und die DB Station und Service AG die Verantwortung für die Fahrwege und die Bahnhöfe tragen. 46

Auch die Anlagen der **Straßenbahnen**, der **U-Bahnen** und der **öffentlichen Busse** unterfallen nicht der Bauordnung. Für sie gilt das Personenbeförderungsgesetz i. d. F. v. 8. 8. 1990 (BGBl. I S. 1690), zuletzt geändert durch G. v. 7. 9. 2007 (BGBl. I S. 2246) – PBefG –, das unter öffentlichem Personennahverkehr die allgemein zugängliche Beförderung von Personen mit Straßenbahnen, (in Berlin nicht vorhandenen) Obussen und Kraftfahrzeugen im Linienverkehr versteht, die überwiegend dazu bestimmt sind, die Verkehrsnachfrage im Stadt-, Vorort- oder Regionalverkehr zu befriedigen (§ 8 Abs. 1 Satz 1 PBefG). Für den Bau und die wesentliche Änderung von Schienenwegen gelten die immissionsschutzrechtlichen Bestimmungen, die auch für Eisenbahnen maßgeblich sind (vgl. RNr. 41). 47

Straßenbahnen sind zwar Schienenbahnen (§ 4 Abs. 1 PBefG), aber keine Eisenbahnen (§ 1 Abs. 2 Satz 2 AEG); sie unterliegen gemäß § 1 Abs. 1 Satz 1 PBefG dem sachlichen Geltungsbereich des Personenbeförderungsgesetzes. **U-Bahnen**, einschließlich der Hochbahnstrecken, sind den Straßenbahnen gleichgestellt (§ 4 Abs. 2 PBefG). Für beide Verkehrsformen gilt in Berlin ferner das Verkehrswegeplanungsbeschleunigungsgesetz (vgl. § 1 Abs. 1 Nr. 4 des Gesetzes und oben RNr. 40). 48

c) Der **Omnibusverkehr** in der Form des Linienverkehrs ist gleichfalls im PBefG geregelt (§§ 42 ff. PBefG). Handelt es sich um eine zwischen bestimmten Ausgangs- und Endpunkten eingerichtete regelmäßige Verkehrsverbindung, auf der Fahrgäste an bestimmten Haltestellen ein- und aussteigen können, so gehören die einem solchen Linienverkehr dienenden Verkehrsanlagen nicht zum Anwendungsbereich der BauO Bln. Entsprechendes gilt für die Anlagen des Verkehrs mit Taxen (§ 47 PBefG); denn auch dieser so genannte Gelegenheitsverkehr (§ 46 Abs. 2 Nr. 1 PBefG) zählt zum öffentlichen Personennahverkehr, da er die sonstigen Verkehrsarten ersetzt, ergänzt oder verdichtet (vgl. § 8 Abs. 2 PBefG). 49

d) Anlagen des öffentlichen Verkehrs sind auch Kanäle, Häfen, Schleusen und andere **Anlagen des Wasserverkehrs**. Für die von § 1 Abs. 2 Nr. 1 erfassten und daher vom Anwendungsbereich der BauO Bln ausgeschlossenen Bauten gelten das WHG, das BWG und das Bundeswasserstraßengesetz i. d. F. v. 23. 5. 2007 (BGBl. I S. 962), zuletzt geändert durch G. v. 13. 12. 2007 (BGBl. I S. 2130). Für die Bundeswasserstraßen gilt in Berlin außerdem das Verkehrswegeplanungsbeschleunigungsgesetz (vgl. § 1 Abs. 1 Nr. 2 des Gesetzes und oben RNr. 40). 50

e) Die Anlagen des **öffentlichen Luftverkehrs** sind ebenfalls dem Geltungsbereich der BauO Bln entzogen. Auf sie findet das LuftVG Anwendung. Für Verkehrsflughäfen gilt in Berlin zusätzlich das Verkehrswegeplanungsbeschleunigungsgesetz (vgl. § 1 51

Abs. 1 Nr. 3 des Gesetzes und oben RNr. 40). Modifizierungen des allgemeinen Luftverkehrsrechts ergeben sich daraus, dass das Sechste Überleitungsgesetz v. 25. 9. 1990 (BGBl. I S. 2106) die im Zeitpunkt der Wiedervereinigung (3. 10. 1989) vorhandenen Berliner Flughäfen, die auf grund alliierten Rechts angelegt oder betrieben worden waren, mittels einer gesetzgeberischen Fiktion legitimiert hat: Sie gelten im Sinne der §§ 6 bis 10 LuftVG als genehmigt und im Plan rechtskräftig festgestellt. Diese verwaltungsgerichtlich bestätigte Gesetzestechnik (vgl. BVerwG, B. v. 19. 8. 1997, LKV 1998, 148 = Buchholz 442.40 § 9 Nr. 8; OVG Bln, U. v. 2. 5. 1996, OVGE 22, 66 ff.) bewirkt, dass die Errichtung und die Veränderung baulicher Anlagen auf den **Flughäfen Tegel und Tempelhof** weitgehend von der Durchführung eines luftverkehrsrechtlichen Planfeststellungsverfahrens abhängig sind (vgl. OVG Bln ebd. S. 73 ff.). Auf bauliche Anlagen in der Nachbarschaft der Flughäfen erstreckt sich zwar der Anwendungsbereich der BauO Bln, jedoch stellen die §§ 12 ff. LuftVG die Umgebung von Flughäfen aus Gründen der Leichtigkeit und Sicherheit des Luftverkehrs unter ein „besonders Baurecht" (vgl. BVerwG, U. v. 18. 11. 2004, NVwZ 2005, 328, 329). Dieses sieht für einen so genannten Bauschutzbereich Baubeschränkungen vor (§ 12 Abs. 1 Satz 2 LufVG). Diese Baubeschränkungen bestehen darin, dass die Erteilung der Baugenehmigung zur Errichtung von Bauwerken in der der Umgebung von Flughäfen an die Zustimmung der Luftfahrtbehörde geknüpft wird (§ 12 Abs. 2 und 3 LufVG).

52 f) Soweit **Anlagen des öffentlichen Verkehrs Gebäude** sind (vgl. § 2 Abs. 2), unterfallen sie der BauO Bln. Die Ausnahme von der Ausnahme des § 1 Abs. 2 und damit die Rückkehr zur Regel des § 1 Abs. 1 Satz 1 ist gerechtfertigt, weil die Anforderungen an Gebäude zum Kernbestand des Bauordnungsrechts gehören. Eine Behandlung ausschließlich nach dem jeweiligen Fachgesetz wurde vom Gesetzgeber nicht als sachgerecht erachtet. Beispiele für solche Gebäude bilden auf Straßenland errichtete Kioske und Verkaufswagen (vgl. § 62 Abs. 1 Nr. 1a), Wartehallen, Fahrgastunterstände (vgl. § 62 Abs. 1 Nr. 1e), Bedürfnisanstalten (vgl. § 62 Abs. 1 Nr. 1a sowie OVG Bln, U. v. 18. 9. 1992, OVGE 20, 149, 150) und Parkhäuser (vgl. § 2 Abs. 1 Nr. 1 b BerlStrG), weiterhin Verwaltungsgebäude, Serviceeinrichtungen der Eisenbahn wie Bahnhöfe (vgl. § Abs. 3c Nrn. 2–4 AEG) und Flughafengebäude. Der Vorrang wasserrechtlicher Gestattungsverfahren gilt nach § 61 Abs. 1 Nr. 1 nicht für Gebäude, die Sonderbauten sind (vgl. § 2 Abs. 4).

53 Enthalten **Spezialgesetze besondere Anforderungen** an derartige **Gebäude**, so treten diese ergänzend zu den materiellen Vorschriften der BauO Bln hinzu. Ergeben sich Widersprüche zwischen den beiden Normkomplexen, verdient das Fachgesetz den Vorrang (vgl. RNr. 5). Auch hinsichtlich des Verwaltungsverfahrens können Spezialgesetze Abweichungen enthalten. So findet bei Neubauten von U-Bahnen ein Planfeststellungsverfahren nach den §§ 28 ff. PBefG (vgl. RNr. 47) statt; der Planfeststellungsbeschluss ersetzt alle anderen behördlichen Entscheidungen, also auch die Baugenehmigung (vgl. § 75 Abs. 1 Satz 1 VwVfG). Gleiches gilt für Gebäude, wenn sie als Bestandteile von Wasserverkehrsanlagen beim Ausbau oberirdischer Gewässer errichtet werden (vgl. § 22a BWG, § 54 Abs. 1 WHG).

54 **2. Abs. 2 Nr. 2** schließt die der **der Bergaufsicht unterliegenden Anlagen** vom Geltungsbereich der BauO Bln aus. Für diese gilt das BBergG. Nach dem Staatsvertrag zwischen dem Land Berlin und dem Land Brandenburg über die Bergbehörden ist Bergbehörde für das Land Berlin das Landesbergamt in Cottbus (vgl. G. zum Staatsvertrag v. 2. 5. 1997, GVBl. S. 292, geändert durch G. v. 11. 4. 2001, GVBl. S. 86). Von praktischer Bedeutung ist das Bergrecht für Berlin wegen des **Erdgasspeichers** in der Nähe des

Olympiastadions. Dieser hat Anlass zu gerichtlichen Entscheidungen (BVerwG, U. v. 13. 12. 1991, BVerwGE 89, 246; OVG Bln, U. v. 23. 3. 1990, Zeitschrift für Bergrecht 1990, 200) gegeben, welche das Errichten und Betreiben eines Untergrundspeichers, also einer Anlage zur unterirdischen behälterlosen Speicherung von Gasen, Flüssigkeiten und festen Stoffen mit Ausnahme von Wasser betrafen (vgl. § 2 Abs. 2 Nr. 2, § 4 Abs. 9 BBergG). Gebäude (vgl. § 2 Abs. 2) werden, wie schon im Falle des Abs. 2 Nr. 1 (vgl. RNr. 52) nicht erfasst, verbleiben also im Anwendungsbereich der BauO Bln, und zwar auch dann, wenn sie unterirdisch angelegt sind.

3. Der Negativkatalog des Abs. 2 sieht ferner in **Nr. 3** den Ausschluss bestimmter **Leitungen** vor, .die zur Infrastruktur gehören und für eine Grundversorgung der Allgemeinheit unentbehrlich sind. Leitungen dienen dem Transport von Stoffen und an Stoffe gebundener Energien (Boeddinghaus / Hahn / Schulte, [vgl. oben RNr. 36], § 1 RNr. 24). Zu ihnen gehören vor allem Kabel, Drähte, Rohre und Kanalrohre, unabhängig davon, ob sie unter- oder oberirdisch verlaufen. Anders als in Abs. 2 Nr. 1 werden das Zubehör und die Nebenanlagen (also z. B. Masten, Unterstützungen und unterirdische Anlagen wie Kanalschächte) nicht ausdrücklich erwähnt. Unerheblich ist es, wer die Leitungen verlegt, wem sie gehören oder wer sie rechtlich beherrscht. Auch wenn dies Private sind, findet die Vorschrift Anwendung. 55

a) Voraussetzung ist, dass Wasser-, Gas-, Elektrizitäts- und Wärmeleitungen der **öffentlichen Versorgung** dienen, also zugunsten der Allgemeinheit betrieben werden. Dies ist der Fall, wenn die Versorgungsleistungen einem nicht fest bestimmten, wechselnden Teil der Bevölkerung zugänglich sind, ohne dass die Merkmale des Gemeingebrauchs vorliegen müssen (vgl. BVerwG, U. v. 30. 6. 2004, BVerwGE 121, 192, 195 betr. § 5 Abs. 2 Nr. 2 BauGB). Entsprechendes gilt für Leitungen der öffentlichen Abwasserentsorgung. Für manche dieser Leitungen außerhalb des Anwendungsbereichs der BauO Bln finden sich in Fachgesetzen spezielle Regelungen. So ist für Elekrizitäts- und Gasleitungen das Gesetz über die Elekrizitäts- und Gasversorgung (Energiewirtschaftsgesetz – EnWG) v. 7. 7. 2005 (BGBl. I S. 1970, 3621), zuletzt geändert durch G. v. 18. 12. 2007 (BGBl. I S. 2966), maßgeblich. 56

b) Obwohl Leitungen, die der **Telekommunikation** dienen, gleichfalls zur Infrastruktur gehören, fehlt es insoweit an der Einschränkung, dass sie zur öffentlichen Versorgung beitragen. Immerhin gebietet § 2 Telekommunikations-Kundenschutzverordnung v. 11. 12. 1997 (BGBl. I S. 2910), zuletzt geändert durch G. v. 9. 12. 2004 (BGBl. I S. 3214), marktbeherrschenden Anbietern von Telekommunikationsdienstleistungen für die Öffentlichkeit die Nichtdiskriminierung; sie müssen ihre Leistungen jedermann zu gleichen Bedingungen zur Verfügung zu stellen, es sei denn, dass unterschiedliche Bedingungen sachlich gerechtfertigt sind. Sämtliche Leitungen dieser Art sind dem Anwendungsbereich der BauO Bln entzogen. Für die übrigen Einrichtungen der Telekommunikation gilt dagegen die BauO Bln. Das Telekommunikationswesen, für das dem Bund nach Art. 73 Abs. 1 Nr. 7 GG die ausschließliche Gesetzgebung zusteht wird durch zahlreiche Spezialvorschriften geregelt (vgl. Telekommunikationsgesetz v. 22. 6 2004, BGBl. I S. 1190, zuletzt geändert durch G. v. 21. 12. 2007, BGBl. I S. 3198 – TKG –) und von einer Bundesnetzagentur betreut (vgl. § 2 Abs. 1 Nr. 3 Gesetz über die Bundesnetzagentur für Elektrizität, Gas, Telekommunikation, Post und Eisenbahnen v. 7. 7. 2005, BGBl. I S. 1970, 2009, geändert durch VO v. 31. 10. 2006, BGBl. I S. 2407). Unter „Telekommunikation" ist der technische Vorgang des Aussendens, Übermittelns und Empfangens von Signalen mittels Telekommunikationsanlagen zu verstehen (§ 3 Nr. 22 TKG). 57

Dies sind technische Einrichtungen oder Systeme, die als Nachrichten identifizierbare elektromagnetische oder optische Signale senden, übertragen, vermitteln, empfangen, steuern oder kontrollieren können (§ 3 Nr. 23 TKG). Abs. 2 Nr. 3 bezieht sich nur auf Telekommunikationsanlagen in Gestalt von Leitungen, z. B. auf ein öffentliches Telefonnetz (vgl. § 3 Nr. 16 TKG), Telekommunikationslinien, also unter- oder oberirdisch geführte Telekommunikationskabelanlagen einschließlich ihrer zugehörigen Schalt- und Verzweigungseinrichtungen, Masten und Unterstützungen, Kabelschächte und Kabelkanalrohre (vgl. § 3 Nr. 26 und 28 TKG) sowie Stromleitungssysteme, soweit sie zur Signalübertragung genutzt werden, Netze für Hör- und Fernsehfunk sowie Kabelfernsehnetze (§ 3 Nr. 27 TKG). Übertragungssysteme, die die Übertragung von Signalen nicht über Kabel, sondern über Funk (vgl. OVG NRW, U. v. 10. 2. 1999, NVwZ-RR 1999, 794), optische und andere elektromagnetische Einrichtungen ermöglichen, unterfallen nicht dem Ausschlusstatbestand (vgl. § 3 Nr. 27 und 28 TKG). Anders als das TKG gilt das Gesetz über Funkanlagen und Telekommunikationsendeinrichtungen v. 31. 1. 2001 (BGBl. I S. 170, zuletzt geändert durch VO v. 31. 10. 2006, BGBl. I S. 2407) – FTEG – nach seinem § 1 Abs. 3 Nr. 3 nicht für Kabel und Drähte.

58   c) Dass Abs. 2 Nr. 3 **nur Leitungen außerhalb von Gebäu**den ergreift, ordnet die BauO Bln nicht ausdrücklich an. Immerhin werden in § 40 Leitungen und Leitungsanlagen als Bestandteile der technischen Gebäudeausrüstung behandelt. Vor allem spricht die Verfahrensfreiheit bestimmter Anlagen, die der Telekommunikation, der öffentlichen Versorgung mit Elektrizität oder Wärme dienen, von Masten und Unterstützungen für Fernsprechleitungen, für Leitungen zur Versorgung mit Elektrizität (vgl. § 62 Abs. 1 Nr. 3a und 4b) dafür, dass Leitungen innerhalb von Gebäuden weiterhin der BauO Bln unterfallen. Würden sie von Abs. 2 Nr. 3 erfasst, hätte es der Genehmigungsfreiheit (vgl. § 60 Abs. 2) nicht bedurft.

59   4. **Abs. 2 Nr. 4** ergänzt Nr. 3, indem er **Rohrleitungen**, die dem Ferntransport von Stoffen dienen, dem Anwendungsbereich der BauO Bln entzieht. Darunter sind Leitungen zu verstehen, in denen über größere Strecken Stoffe wie Mineralöl oder Gase transportiert werden (vgl. § 2 Abs. 4 Nr. 5, § 4 Abs. 10 BBergG). Nicht erforderlich ist, dass die Rohrleitungen mit Leitungen jenseits der Grenzen Berlins verbunden sind, es reicht vielmehr aus, dass Leitungen den innerstädtischen Ferntransport ermöglichen. Sofern es sich bei Gasleitungen um solche handelt, die der öffentlichen Versorgung dienen, greift bereits Abs. 3 Nr. 3 ein.

60   5. **Krane** und **Krananlagen** hat der Gesetzgeber in **Abs. 2 Nr. 5** vom Anwendungsbereich der BauO Bln ausgenommen, „weil sie bereits besonderen Regelungen unterliegen", als die in der Begründung zur BauO Bln 1985 (AH-Drucks. 9/2165, S. 23 – zu § 1 –) das Gerätesicherheitsgesetz (an dessen Stelle inzwischen das Gesetz über technische Arbeitsmittel und Verbraucherprodukte [Geräte- und Produktsicherheitsgesetz] – GPSG – v. 6. 1. 2004, BGBl. I S. 2, 219, zuletzt geändert durch G. v. 7. 7. 2005, BGBl. I S. 1970, getreten ist), sowie Arbeitsschutz- und Unfallvorschriften genannt werden. Dieser Ausschluss gilt nicht nur für Baustellenkräne, sondern auch für ortsgebundene Turmschwenkkräne (vgl. OVG Bln, U. v. 25. 8. 1978, BRS 33 N. 174).

§ 2 Begriffe

(1) ¹Anlagen sind bauliche Anlagen und sonstige Anlagen und Einrichtungen im Sinne des § 1 Abs. 1 Satz 2. ²Bauliche Anlagen sind mit dem Erdboden verbundene, aus Bauprodukten hergestellte Anlagen; eine Verbindung mit dem Boden besteht auch dann, wenn die Anlage durch eigene Schwere auf dem Boden ruht oder auf ortsfesten Bahnen begrenzt beweglich ist oder wenn die Anlage nach ihrem Verwendungszweck dazu bestimmt ist, überwiegend ortsfest benutzt zu werden. ³Bauliche Anlagen sind auch
1. Aufschüttungen und Abgrabungen,
2. Lagerplätze, Abstellplätze und Ausstellungsplätze,
3. Sport- und Spielflächen,
4. Campingplätze, Wochenendplätze und Zeltplätze,
5. Freizeit- und Vergnügungsparks,
6. Stellplätze für Kraftfahrzeuge,
7. Gerüste,
8. Hilfseinrichtungen zur statischen Sicherung von Bauzuständen.

(2) Gebäude sind selbständig benutzbare, überdeckte bauliche Anlagen, die von Menschen betreten werden können und geeignet oder bestimmt sind, dem Schutz von Menschen, Tieren oder Sachen zu dienen.

(3) ¹Gebäude werden in folgende Gebäudeklassen eingeteilt:
1. Gebäudeklasse 1:
   a) freistehende Gebäude mit einer Höhe bis zu 7 m und nicht mehr als zwei Nutzungseinheiten von insgesamt nicht mehr als 400 m² Brutto-Grundfläche und
   b) freistehende land- oder forstwirtschaftlich genutzte Gebäude;
2. Gebäudeklasse 2:
   Gebäude mit einer Höhe bis zu 7 m und nicht mehr als zwei Nutzungseinheiten von insgesamt nicht mehr als 400 m² Brutto-Grundfläche,
3. Gebäudeklasse 3:
   sonstige Gebäude mit einer Höhe bis zu 7 m,
4. Gebäudeklasse 4:
   Gebäude mit einer Höhe bis zu 13 m und Nutzungseinheiten mit jeweils nicht mehr als 400 m² Brutto-Grundfläche,
5. Gebäudeklasse 5:
   sonstige Gebäude einschließlich unterirdischer Gebäude.

²Höhe im Sinne des Satzes 1 ist das Maß der Fußbodenoberkante des höchstgelegenen Geschosses, in dem ein Aufenthaltsraum möglich oder ein Stellplatz vorgesehen ist, über der Geländeoberfläche im Mittel. ³Nutzungseinheiten sind einem Nutzungszweck zugeordnete Bereiche. ⁴Die Brutto-Grundfläche umfasst die gesamte Fläche der Nutzungseinheit einschließlich der Umfassungswände; bei der Berechnung der Brutto-Grundfläche nach Satz 1 bleiben Flächen in Kellergeschossen außer Betracht. ⁵Wird ein Nebengebäude an Gebäude der Gebäudeklasse 1 angebaut, verändert sich die Gebäudeklasse nicht, wenn das Nebengebäude nach § 62 Abs. 1 Nr. 1 Buchstabe a oder b verfahrensfrei ist.

(4) Sonderbauten sind Anlagen und Räume besonderer Art oder Nutzung, die einen der nachfolgenden Tatbestände erfüllen:

§ 2

1. Hochhäuser (Gebäude mit einer Höhe nach Absatz 3 Satz 2 von mehr als 22 m),
2. bauliche Anlagen mit einer Höhe von mehr als 30 m,
3. Gebäude mit mehr als 1 600 m² Brutto-Grundfläche des Geschosses mit der größten Ausdehnung, ausgenommen Wohngebäude,
4. Verkaufsstätten, deren Verkaufsräume und Ladenstraßen eine Brutto-Grundfläche von insgesamt mehr als 800 m² haben,
5. Gebäude mit Räumen, die einer Büro- oder Verwaltungsnutzung dienen und einzeln eine Brutto-Grundfläche von mehr als 400 m² haben,
6. Gebäude mit Räumen, die einzeln für die Nutzung durch mehr als 100 Personen bestimmt sind,
7. Versammlungsstätten
   a) mit Versammlungsräumen, die insgesamt mehr als 200 Besucherinnen und Besucher fassen, wenn die Versammlungsräume gemeinsame Rettungswege haben,
   b) im Freien mit Szeneflächen und Freisportanlagen, deren Besucherbereich jeweils mehr als 1 000 Besucherinnen und Besucher fasst und ganz oder teilweise aus baulichen Anlagen besteht,
8. Schank- und Speisegaststätten mit mehr als 40 Gastplätzen, Beherbergungsstätten mit mehr als 12 Betten und Spielhallen mit mehr als 150 m² Brutto-Grundfläche,
9. Krankenhäuser, Heime und sonstige Einrichtungen zur Unterbringung oder Pflege von Personen,
10. Tageseinrichtungen für Kinder, Behinderte und alte Menschen,
11. Schulen, Hochschulen und ähnliche Einrichtungen,
12. Justizvollzugsanstalten und bauliche Anlagen für den Maßregelvollzug,
13. Camping- und Wochenendplätze,
14. Freizeit- und Vergnügungsparks,
15. Fliegende Bauten, soweit sie einer Ausführungsgenehmigung bedürfen,
16. Regallager mit einer Oberkante Lagerguthöhe von mehr als 7,50 m,
17. bauliche Anlagen, deren Nutzung durch Umgang oder Lagerung von Stoffen mit Explosions- oder erhöhter Brandgefahr verbunden ist,
18. Anlagen und Räume, die in den Nummern 1 bis 17 nicht aufgeführt und deren Art oder Nutzung mit vergleichbaren Gefahren verbunden sind.

(5 Aufenthaltsräume sind Räume, die zum nicht nur vorübergehenden Aufenthalt von Menschen bestimmt oder geeignet sind.

(6) ¹Geschosse sind oberirdische Geschosse, wenn ihre Deckenoberkanten im Mittel mehr als 1,40 m über die Geländeoberfläche hinausragen; im Übrigen sind sie Kellergeschosse. ²Hohlräume zwischen der obersten Decke und der Bedachung, in denen Aufenthaltsräume nicht möglich sind, sind keine Geschosse.

(7) ¹Stellplätze sind Flächen, die dem Abstellen von Kraftfahrzeugen außerhalb der öffentlichen Verkehrsflächen dienen. ²Garagen sind Gebäude oder Gebäudeteile zum Abstellen von Kraftfahrzeugen. ³Ausstellungs-, Verkaufs-, Werk- und Lagerräume für Kraftfahrzeuge sind keine Stellplätze oder Garagen. ⁴Die Nutzfläche einer Garage ist die Summe aller miteinander verbundenen Flächen der Garagenstellplätze und der Verkehrsflächen.

(8) Feuerstätten sind in oder an Gebäuden ortsfest benutzte Anlagen oder Einrichtungen, die dazu bestimmt sind, durch Verbrennung Wärme zu erzeugen.

(9) Bauprodukte sind
1. Baustoffe, Bauteile und Anlagen, die hergestellt werden, um dauerhaft in bauliche Anlagen eingebaut zu werden,
2. aus Baustoffen und Bauteilen vorgefertigte Anlagen, die hergestellt werden, um mit dem Erdboden verbunden zu werden wie Fertighäuser, Fertiggaragen und Silos.

(10) Bauart ist das Zusammenfügen von Bauprodukten zu baulichen Anlagen oder Teilen von baulichen Anlagen.

(11) ¹Vollgeschosse sind Geschosse, deren Oberkante im Mittel mehr als 1,40 m über die Geländeoberfläche hinausragt und die über mindestens zwei Drittel ihrer Grundfläche eine lichte Höhe von mindestens 2,30 m haben. ²Ein gegenüber den Außenwänden zurückgesetztes oberstes Geschoss (Staffelgeschoss) und Geschosse im Dachraum sind nur dann Vollgeschosse, wenn sie die lichte Höhe gemäß Satz 1 über mindestens zwei Drittel der Grundfläche des darunter liegenden Geschosses haben.

(12) Barrierefrei sind bauliche Anlagen, wenn sie für behinderte Menschen in der allgemein üblichen Weise ohne besondere Erschwernisse und grundsätzlich ohne fremde Hilfe zugänglich und nutzbar sind.

Erläuterungen:

I. § 2 enthält **Legaldefinitionen** zahlreicher **bauordnungsrechtlicher Begriffe**, die in der BauO Bln häufig verwendet werden. Auffallend ist, dass der bedeutsame Begriff des Grundstücks nicht normativ festgelegt wird (vgl. § 1 RNrn. 11 ff.). Weniger wichtige Begriffe werden mitunter in in ihrem jeweiligen Sachzusammenhang erläutert, wie derjenige der Fliegenden Bauten (§ 75 Abs. 1 Satz 1), andere dagegen, deren Definition nahe läge, wie derjenige der Wohnung (vgl. § 49 und OVG Bln-Bbg, B. v. 6.7.2006, LKV 2007, 39) oder des Wohngebäudes (vgl. RNr. 46), dagegen nicht.

II. Abs. 1 Satz 1 definiert den **Begriff der Anlagen**. Dieser umfasst die baulichen Anlagen (Abs. 1 Sätze 2 und 3) sowie die sonstigen Anlagen und Einrichtungen im Sinne des § 1 Abs. 1 Satz 1 (vgl. § 1 RNrn. 20 ff.). Misslich an dieser der Vereinfachung dienenden Gesetzestechnik ist, dass der zwei Arten von Anlagen (nämlich bauliche und nicht-bauliche Anlagen) zusammenfassende Begriff „Anlage" mit der Einbeziehung der baulichen Anlagen auf einer sprachlichen Ungenauigkeit beruht. Denn die „Anlagen", die gemäß Abs. 1 Satz 2 durch die Etikettierung als „bauliche" zu „baulichen Anlagen" werden, können nicht zugleich auf die „sonstigen Anlagen und Einrichtungen" erstreckt werden. Es findet also eine kaschierte Doppelverwendung des Begriffs „Anlage" statt: als von Abs. 1 Satz 1 definierter Oberbegriff und als Unterbegriff des Begriffs der „baulichen Anlagen".

III. Abs. 1 Sätze 2 und 3 befassen sich mit dem für das Bauordnungsrecht zentralen **Begriff der baulichen Anlagen**. Dieser dient als Anknüpfungspunkt für den sachlichen Anwendungsbereich der BauO Bln (vgl. § 1 RNrn. 1 f.) sowie für zahlreiche weitere rechtliche Folgen, wie die Genehmigungsbedürftigkeit (vgl. § 60 Abs. 1) und die Barrierefreiheit für öffentlich zugängliche bauliche Anlagen (vgl. § 51 Abs. 2). Er bildet das Thema des Kernstücks der BauO Bln, deren Dritter Teils (§§ 9 bis 52) den „Bauliche(n) Anlagen" gewidmet ist. Der Begriff der baulichen Anlagen umfasst **sämtliche Arten von bau-**

lichen Anlagen (vgl. § 1 RNr. 8). Wenn von einer baulichen Anlage als Gegenstand einer baulichen Absicht oder eines baulichen Projekts – wie der Errichtung, der Änderung oder die Nutzungsänderung – die Rede ist, wird vielfach der Begriff **Bauvorhaben** oder **Vorhaben** benutzt (vgl. § 8 Abs. 2 Satz 5, § 11 Abs. 3, § 54 Abs. 2 Satz 1, § 55 Abs. 1 Satz 1, § 60 Abs. 3, § 62 Überschrift, Abs. 2 Satz 1, Abs. 5 Satz 1, § 63 Abs. 2 vor Nr. 1, Abs. 3 Sätze 2 bis 4, Abs. 4 Satz 1, § 66 Abs. 3 Nr. 2, § 67 Abs. 1 Satz 1 Halbs. 2, Satz 3, Abs. 3 Satz 2 Halbs. 1, § 69 Abs. 2 Satz 1, Abs. 4 Satz 3, § 70 Abs. 2 Satz 3, § 71 Abs. 1, § 72 Abs. 1, § 74 Abs. Satz 1, Abs. 2 Satz 1 und 2, § 76 Abs. 1 Satz 1 und 3 Nr. 2, Abs. 5, § 78 Abs. 1 Satz 2 Nrn. 1 und 2, § 84 Abs. 3 Satz 1 Nr. 2, Satz 2, Abs. 6 Satz 2). Dieser Terminologie bedient sich auch das Bauplanungsrecht, das in § 29 BauGB von Vorhaben spricht.

4   Zunächst wird in Halbsatz 1 die **Legaldefinition** aufgestellt (vgl. RNr. 1), sodann in Halbsatz 2 eines ihrer Begriffsmerkmale, die Verbindung der baulichen Anlage mit dem Erdboden, verdeutlicht und zugleich modifiziert (vgl. RNr. 24). Schließlich werden in Satz 3 zur Vermeidung von Unsicherheiten, zur Verhinderung von Gesetzesumgehungen sowie zur Wahrung der bauordnungsrechtlichen Schutzgüter einige Anlagen aufgezählt, die stets – ungeachtet ihrer materiellen Beschaffenheit im Einzelfall – bauliche Anlagen sind (vgl. RNr. 33).

5   **1.** Wegen der **Weite des Begriffs der baulichen Anlagen** sind in Grenzfällen Zweifel unvermeidlich (vgl. NdsOVG, U. v. 16. 2. 1995, NVwZ-RR 1995, 556). Gesetzesauslegung und -anwendung haben sich dann am **Sprachgebrauch** und an der **Verkehrsauffassung** zu orientieren. Auch ist der Zweck der BauO Bln zu berücksichtigen. Von ihr sollen alle Bauwerke erfasst werden, die bauordnungsrechtliche Belange berühren, insbesondere jene Anlagen, von denen Gefahren für die öffentliche Sicherheit ausgehen können (vgl. Proksch, Das Bauordnungsrecht in der Bundesrepublik Deutschland, 1981, S. 63, sowie § 3 RNr. 5). Außer größeren Bauwerken, vor allem Gebäuden (vgl. Abs. 2), gibt es auch „geringfügige" Vorhaben (§ 60 Abs. 3), ferner „unbedeutende" Anlagen wie Fahrradabstellanlagen, Pergolen, Jägerstände, Taubenhäuser und Teppichstangen (§ 62 Abs. 1 Nr. 14). Nicht ausgeschlossen ist es auch, dass Anlagen zwar die Merkmale des Abs. 1 Satz 1 erfüllen, aber wegen ihrer baurechtlichen Belanglosigkeit unterhalb der gesetzlichen Erheblichkeitsschwelle verbleiben und nicht der BauO Bln unterliegen (z. B. ein Vogelhäuschen an der Hauswand); eines Rückgriffs auf Vorschriften wie § 60 Abs. 3 und § 62 Abs. 1 Nr. 14 bedarf es in solchen Fällen nicht.

6   **2.** Der Begriff der baulichen Anlage wird auch in **§ 29 Abs. 1 BauGB** benutzt. Diese Bestimmung ordnet an, dass für Vorhaben, die die Errichtung, Änderung oder Nutzungsänderung von baulichen Anlagen zum Inhalt haben, die Vorschriften der 30 bis 37 BauGB über die Zulässigkeit von Bauvorhaben gelten. Während der **planungsrechtliche Vorhabensbegriff** des § 29 Abs. BauGB aus der Sicht des Städtebaus konzipiert ist, hat das Bauordnungsrecht das bauliche Einzelprojekt zum Gegenstand (vgl. Battis/Krautzberger/Löhr, Baugesetzbuch, 10. Aufl., 2007, § 29 RNr. 1). Der dem § 29 Abs. 1 BauGB zugrundeliegende bauplanungsrechtliche, bebauungsrechtliche, bodenrechtliche oder städtebauliche Begriff des Bundesrechts stimmt zwar weitgehend, aber nicht völlig mit bauordnungsrechtlichen Begriff der baulichen Anlage überein (vgl. VGH BW, U. v. 12. 3. 1986, BRS 46 Nr. 131; Battis/Krautzberger/Löhr, a. a. O., § 29 RNr. 3). Da die Auslegung von der Funktion des jeweiligen Gesetzes abhängt und das Baugesetzbuch der nachhaltigen städtebaulichen Entwicklung und der sozialgerechten Bodennutzung dient (§ 1 Abs. 5 Satz 1 BauGB), kann die für § 29 Abs. 1 BauGB maßgebliche Definiti-

on, die nicht im Gesetz selbst enthalten ist, sondern von der Rechtsprechung entwickelt worden ist, nicht ohne weiteres auf die BauO Bln übertragen werden (vgl. Ortloff, NVwZ 1983, 10, 11).

Unter den **bundesrechtlichen Begriff der baulichen Anlage** fallen diejenigen Anlagen, die in einer auf Dauer gedachten Weise künstlich mit dem Erdboden verbunden werden und infolgedessen planungsrechtlich relevant sind, d. h. die in § 1 Abs. 5 und 6 BauGB genannten Belange in einer Weise berühren, die geeignet ist, das Bedürfnis nach einer ihre Zulässigkeit regelnden Bebauungsplanung hervorzurufen (vgl. BVerwG, U. v. 31. 8. 1973, BVerwGE 44, 59, 61, 63; U. v. 3. 12. 1992, BVerwGE 91, 234, 236; U. v. 16. 12. 1993, NVwZ 1994, 1010; U. v. 7. 5. 2001, NVwZ 2001, 1046, 1047; OVG NRW, B. v. 25. 2. 2003, BauR 2003, 1011,1012; Schlichter/Stich/Driehaus/Paetow, Berliner Kommentar zum Baugesetzbuch, 3. Aufl., 2002, § 29 RNr. 6). Bei baulichen Anlagen minderer Bedeutung oder solchen mit zeitlicher Begrenzung kann es an dieser Voraussetzung fehlen, wie z. B. bei einer Gerätehütte im Außenbereich (vgl. OVG RP, U. v. 10. 8. 2000, NVwZ-RR 2001, 289). Zweifel an der planungsrechtlichen Relevanz werfen neuerdings Mobilfunkanlagen auf (vgl. OVG NRW, B. v. 25. 2. 2003, BauR 2003, 1011, 1012). Bei den baulichen Anlagen im Sinne des Bauordnungsrechts kommt es dagegen nicht auf deren planungsrechtliche Relevanz, sondern darauf, ob ob sie geeignet sind, die von der Bauordnung verfolgten Zwecke, insbesondere den der Gefahrenabwehr (vgl. § 3 RNr. 5), zu beeinträchtigen (vgl. Brohm, Öffentliches Baurecht, 3. Aufl., 2002, S. 52).

3. Der **bauordnungsrechtliche Begriff der baulichen Anlage** wird unter Verwendung mehrerer bautechnischer Merkmale gebildet. Es muss sich um eine Anlage handeln, die mit dem Erdboden verbunden ist und aus Bauprodukten hergestellt ist. Der Begriffsteil „Anlage" (der nicht mit dem weiten Begriff der „Anlage" gemäß Abs. 1 Satz 1 verwechselt werden darf [vgl. RNr. 2]) ist vage und wenig aussagekräftig. Mehr als das Erfordernis eines von Menschenhand verfertigten Gegenstands lässt sich ihm nicht entnehmen. Die Größe (Länge, Breite, Tiefe, Höhe, Fläche oder Volumen), das Gewicht der Anlage und ihre Konsistenz sind für den Begriff der baulichen Anlage unerheblich (vgl. OVG Bln, U. v. 20. 1. 1967, BRS 18 Nr. 105; U. v. 2. 2. 1968, OVGE 10, 32, 34 = BRS 20 Nr. 136). Auch die Lage oberhalb oder unterhalb des Erdbodens ist irrelevant; neben den üblichen oberirdischen baulichen Anlagen gibt es auch unterirdische bauliche Anlagen (vgl. RNr. 12 und Abs. 3 Satz 1 Nr. 5). Unwesentlich ist es gleichfalls, ob die Anlage als Produkt des Herstellens oder Errichtens eine sinnvolle Funktion hat oder nur die Frucht einer Laune ist (wie z. B. ein in den Boden gerammter Stahlträger). Der Begriff der baulichen Anlage beruht allein auf „bautechnischen und baulich-konstruktiven" Erwägungen und besteht aus den beiden Elementen der **Künstlichkeit** und der **Ortsfestigkeit** (vgl. OVG Bln, U. v. 2. 2. 1968, OVGE 10, 32, 35 = BRS 20 Nr. 136).

a) Das Kriterium der **Künstlichkeit** besagt, dass bauliche Anlagen aus Bauprodukten hergestellt sein müssen. Der Begriff der Bauprodukte wird in Abs. 9 definiert und entspricht dem des BauPG; nähere Bestimmungen enthalten § 3 Abs. 2 und 5 und die §§ 17 ff. Wie der „künstliche" Prozess der Herstellung aus Bauprodukten, vornehmlich also aus Baustoffen und Bauteilen (vgl. Abs. 9 Nr. 1), beschaffen ist, spielt keine Rolle. So können die Bauprodukte mittels bloßer Körperkraft oder einfacher Geräte, unter Verwendung von Maschinen und Fahrzeugen oder auch unter Einsatz moderner technischer Hilfsmittel zusammengefügt, zusammengesetzt, verbunden oder vermischt werden. Ein Flugplatz für Modellflugzeuge, der lediglich aus eine gemähten Grasfläche besteht, ist keine bauliche Anlage; denn weder werden Bauprodukte verwendet, noch ist das Mähen einer Start- und Landebahn eine bauliche Tätigkeit (vgl. NdsOVG, U. v. 16. 2. 1995, NVwZ-RR 1995, 556). Für den Begriff der baulichen Anlage kommt es nicht darauf an, dass die bauliche Anlage dauerhaft ist; allerdings muss sie während einer ihrem Zweck entsprechenden angemessenen Zeitdauer die bauordnungsrechtlichen Anforderungen erfüllen (vgl. § 3 RNr. 58). Ohne menschliches Zutun kann eine bauliche Anlage nicht entstehen. Eine natürliche Höhle oder eine Düne ist demgemäß keine bauliche Anlage, anders dagegen ein künstlicher Hohlraum unterhalb der Erdoberfläche (vgl. RNr. 12). Unwesentlich ist es, ob mehrere Bauteile oder nur ein einziger Bauteil verwendet werden (vgl. RNr. 124).

10   **b)** Wenngleich auch **Maschinen und Apparate** aus Bauprodukten, insbesondere Baustoffen und Bauteilen, hergestellt sind (und nach § 3 Abs. 5 BImschG zu den Anlagen im Sinne jenes Gesetzes gehören), rechnen sie jedoch nach Sprachgebrauch und Verkehrsauffassung (vgl. RNr. 5) nicht zu den baulichen Anlagen, und zwar auch dann nicht, wenn sie mit dem Erdboden verbunden sind (vgl. BayVGH, U. v. 30. 5. 1974, BRS 28 Nr. 92). Maschinen dienen der Kraftübertragung oder der Umwandlung von Energie. Demgegenüber besteht ein Apparat, z. B. ein Druckbehälter, im Wesentlichen aus weitgehend starr miteinander verbundenen Teilen; im Unterschied zur sich bewegenden Maschine läuft in ihm ein Vorgang ab. Maschinenfundamente sind dagegen bauliche Anlagen. Doch ist die BauO Bln nicht prinzipientreu; denn sie sieht Kräne und Krananlagen als bauliche Anlagen an, wie sich aus deren förmlichem Ausschluss aus dem Anwendungsbereich des Gesetzes in § 1 Abs. 2 Nr. 5 ergibt. Maschinen unterliegen großenteils dem Gesetz über technische Arbeitsmittel und Verbraucherprodukte (Geräte- und Produktsicherheitsgesetz) – GPSG – v. 6.1. 2004 (BGBl. I S. 2, 219), zuletzt geändert durch G. v. 7. 7. 2005 (BGBl. I S. 1970) und der Maschinenverordnung v. 12. 5. 1993 (BGBl. I 704). Manche Maschinen – wie z. B. ortsfeste Verbrennungsmotoren (vgl. § 42 Abs. 5) – können immerhin als „sonstige Anlagen und Einrichtungen" im Sinne des § 1 Abs. 1 Satz 2 dem Anwendungsbereich der BauO Bln unterfallen. Auch sind Maschinen mitunter den Bauprodukten zuzurechnen (vgl. RNr. 125).

11   **c)** Das Erfordernis der **Ortsfestigkeit** verlangt, dass die Anlage mit dem Erdboden verbunden ist. Das Merkmal der Verbindung schließt also alle jene technischen Erzeugnisse aus dem Begriff der baulichen Anlagen aus, die nicht einem festen Standort verhaftet sind, sondern – wie Kraft-, Land-, Luft, Schienen- und Wasserfahrzeuge – beweglich sind.

12   **aa)** Maßgeblich für die Ortsfestigkeit ist eine „bautechnische Betrachtungsweise", für die es – von den Ausnahmen der Lockerungsklausel des Abs. 1 Satz 2 Halbs. 2 abgesehen (vgl. RNr. 24) – auf eine **bautechnische oder mechanische Verbindung der Anlage mit dem Erdboden** ankommt (vgl. BVerwG, U. v. 3. 12. 1992, BVerwGE 91, 234, 236). Die Art der bautechnischen oder mechanischen Verbindung ist unerheblich. So kommen als Materialien der Verknüpfung von Anlagen und Erdboden Natursteine, Holz, Stahl, Eisen oder Beton in Betracht. Schon eine bloße Bodenbefestigung mit Hilfe von Baustoffen kann eine bauliche Anlage sein (vgl. HessVGH, B. v. 6. 11. 1991, NVwZ-RR 1992, 468), wie z. B. befestigte Aufstell- und Bewegungsflächen für Feuerwehrfahrzeuge (vgl. § 5 Abs. 2 Satz 1). Bei **unterirdischen Anlagen**, wie z. B. Tiefgeschossen, Kellern, Tiefgaragen oder Bunkern, ist eine Verbindung immer, bei oberirdischen Anlagen zumeist gegeben (vgl. OVG Bln, B. v. 20. 12. 1991, OVGE 19, 231, 235 = BRS 52 Nr. 166). Denn im allgemeinen handelt es sich bei ihnen um massiv gegründete Bauwerke. Ist ein Fundament vorhanden, ist das Kriterium der Verbindung ohne weiteres erfüllt. Eine bau-

liche Anlage kann aber auch auf andere Weise mit dem Boden verbunden sein, z. B. bei Pfahlgründungen. Aus Baustoffen und Bauteilen vorgefertigte Anlagen, die hergestellt werden, um mit dem Boden verbunden zu werden, wie Fertighäuser, Fertiggaragen und Silos (vgl. Abs. 9 Nr. 2), werden bei Vornahme der Verbindung bauliche Anlagen.

Wenngleich bei baulichen Anlagen typischerweise eine feste Verbindung besteht, muss die **Verbindung** jedoch **nicht fest** sein, so dass ein Verschrauben mit einem Sockel genügt (vgl. VGH BW, U. v. 25. 11. 1982, BWVP 1983, 96, BayVGH, U. v. 16. 1. 1975, NuR 1981, 133, 134; OVG NRW, U. v. 16. 5. 1997, BRS 59 Nr. 140). Die Eigenschaft einer baulichen Anlage kann somit auch dann zu bejahen sein, wenn ihre Trennung vom Erdboden ohne erheblichen physischen oder technischen Aufwand möglich ist. Die BauO Bln kennt demgemäß auch nur vorübergehend aufgestellte oder benutzbare Anlagen, wie bauliche Anlagen, die für höchstens drei Monate auf genehmigtem Messe- und Ausstellungsgelände errichtet werden, sowie Verkaufsstände und andere bauliche Anlagen auf Straßenfesten, Volksfesten und Märkten (vgl. § 62 Abs. 1 Nr. 12e und f). In all diesen Fällen ist eine nur lockere Verbindung mit dem Boden typisch. Eine Bestätigung dafür, dass keine hohen Anforderungen an die Festigkeit oder Nachhaltigkeit der Verbindung bestehen, bildet auch die Lockerungsklausel des Abs. 1 Satz 2 Halbs. 2, die für bestimmte Anlagen das Erfordernis der bautechnischen Verbindung mit dem Erdboden aufgibt und andere Arten der Verbindung genügen lässt. **13**

bb) Die Ansicht, eine bauliche Anlage im Sinne des Bauordnungsrechts müsse „in einer auf Dauer gedachten Weise" mit dem Erdboden verbunden sein (vgl. Bay VGH, U. v. 16. 1. 1975, NuR 1981, 133, 134; NdsOVG, U. v. 6. 12. 1984, NuR 1985, 76), trifft für die BauO Bln nicht zu. Anders als beim planungsrechtlichen Begriff der baulichen Anlage (vgl. RNr. 7) kommt es für den bauordnungsrechtlichen Begriff der baulichen Anlage nicht auf die – vom Bauherrn beabsichtigte oder der Anlage innewohnende – bautechnische **Dauer der Verbindung von Anlage und Erdboden** an. Das zeigt bereits die traditionelle Regelung der Fliegenden Bauten (vgl. § 75). Die BauO Bln erwähnt weiterhin in § 11 Abs. 1 Satz 2 Baubuden, die nur zum kurzzeitigen Aufenthalt bestimmt sind, in § 62 Abs. 1 Nr. 4c Masten, die – wie Maibäume – aus Gründen des Brauchtums errichtet werden, und in Nr. 12 vorübergehend aufgestellte oder benutzbare Anlagen, wie Lagerhallen und nicht dem Wohnen dienende Unterkünfte auf Baustellen. Allein in Fällen, in denen die Verbindung von ganz geringer Dauer ist, wie z. B. bei einem kleinen im Garten aufgestellten Zelt (vgl. aber § 62 Abs. 1 Nr. 9d), wird man nicht von einer baulichen Anlage sprechen können. Bei den Anlagen, die nur infolge der durch die Lockerungsklausel des Abs. Satz 1 Halbs. 2 gewährten Erleichterungen bauliche Anlagen sind, kann demgegenüber die Zeitdauer von Belang sein (vgl. RNr. 25). Dass nach Abs. 9 Nr. 1 nur solche Anlagen als Bauprodukte gelten, die dazu bestimmt sind, dauerhaft in bauliche Anlagen eingebaut zu werden, steht hierzu nicht im Widerspruch (vgl. RNr. 125). Wenngleich die Dauer für den Begriff der baulichen Anlage im Sinne des Bauordnungsrechts unerheblich ist, muss eine bauliche Anlage doch für die ihr vom Bauherrn beigelegte Dauer oder für die ihrem Zweck entsprechende Dauer die Prognose rechtfertigen, dass sie den Anforderungen der BauO Bln entsprechen wird. Dieses **Prinzip der Dauerhaftigkeit** findet sich an entlegener Stelle in § 3 Abs. 2 (vgl. § 3 RNr. 57 f.). **14**

cc) Dass die mit dem Erdboden verbundene Anlage diesen unmittelbar berührt, ist für die Eigenschaft einer baulichen Anlage nicht nötig. **Eine mittelbare Verbindung** reicht also regelmäßig aus (vgl. OVG Bln, B. v. 7.5.1999, OVGE 23, 134, 135 = BRS 62 Nr. 157; **15**

B. v. 20.6.2003, BRS 66 Nr. 153), wie sie z. B. bei Werbeanlagen, einer Hütte, einem Hochsitz oder einem Jägerstand (vgl. § 62 Abs. 1 Nr. 14e) in einer Baumkrone oder bei einem Wohnboot, das am Grund oder Ufer bautechnisch befestigt ist (vgl. BVerwG, U. v. 31.8.1973, BVerwGE 44, 59, 63; OVG Bln, U. v. 2.2.1968, OVGE 10, 32 = BRS 20 Nr. 136), gegeben sein kann. Eine moderne Form mittelbarer Verbindung besteht bei schwimmenden Häusern (floating houses), die auf Stahlpontons ruhen und über eine Steganlage erreicht werden.

16   Die mittelbare Verbindung kann auch dadurch hergestellt werden, dass eine **bauliche Anlage**, die selbst **keinen Bodenkontakt** besitzt, **einer anderen baulichen Anlage angefügt** wird, wie z. B. eine Parabolantenne auf einem Garagendach (vgl. HbgOVG, U. v. 31.5.2001, NVwZ – RR 2002, 562; HessVGH, U. v. 16.7.1998, BRS 60 Nr. 102 = NVwZ-RR 1999, 297; OVG NRW, B. v. 13.6.1991, NVwZ 1992, 279). Ist die Verbindung zwischen den beiden Anlagen von einer gewissen Festigkeit und Dauer und besteht „keine leichte und ohne besondere Mühewaltung lösbare Verbindung mit der Anbringungsstelle", wie bei einer an einer Hauswand angebrachten Werbetafel, so ist auch die „bodenferne" Anlage eine bauliche Anlage (vgl. OVG Bln, U. v. 2.2.1968, OVGE 10, 32, 33 = BRS 20 Nr. 136; Ortloff, NVwZ 2003, 660, 661). Ein an einer Fassade angebrachtes Werbeband ist daher keine bauliche Anlage (vgl. OVG Bln, B. v. 7.1.2002, OVGE 24, 17, 18 = BRS 65 Nr. 152). Fehlt einer aus Baustoffen hergestellten Anlage der unmittelbare Bodenkontakt, weil sie „bodenfern" einer (anderen) baulichen Anlage angefügt wird, wie eine Solaranlage an einer Außenwand oder eine Antenne auf einem Dach (vgl. § 62 Abs. 1 Nr. 2b und 4a), so steht das also ihrer Qualifizierung als baulicher Anlage nicht entgegen. Hält man dagegen eine durch die Hauptanlage bewirkte mittelbare Verbindung nicht für ausreichend, um die Eigenschaft einer baulichen Anlage zu begründen, so bietet sich als subsidiäre Lösung an, dass die hinzutretende Anlage als Teil einer baulichen Anlage zu betrachten ist (vgl. unten RNrn. 20 f.) und an deren Verbindung mit dem Erdboden partizipiert. Entsprechende Erwägungen sind anzustellen, wenn es um die baurechtliche Einordnung einer Anlage geht, die an einem einzelnen Mast angebracht ist (vgl. VGH BW, U. v. 5.5.1982, NuR 1983, 317 = BWVP 1983, 16 betr. eine Windenergieanlage).

17   Auch für den **bauplanungsrechtlichen Begriff des Vorhabens** (vgl. RNr. 7) reicht eine solche mittelbare Verbindung aus, wie im Falle eines beleuchteten Schaukastens für Wechselwerbung am Giebel eines Hauses oder einer großflächigen Plakattafel an einer Hauswand (vgl. BVerwG, U. v. 3.12.1992, BVerwGE 91, 234, 236 = BRS 54 Nr. 126 = NVwZ 1993, 983; U. v. 16.3.2955, BauR 1995, 508, 509; VGH BW, B. v. 15.12.1989, VBLBW. 1990, 228).

18   dd) **Beweglichen Anlagen** fehlt es an der notwendigen Verbindung mit dem Erdboden, so dass sie nur dann als bauliche Anlagen zu behandeln sind, wenn die tatbestandlichen Erleichterungen der Lockerungsklausel das Abs. 1 Satz 2 Halbs. 2 eingreifen (vgl. RNrn. 24 ff.). Deshalb sind Land-, Schienen-, Luft- und Wasserfahrzeuge sowie Schwimmkörper und schwimmende Anlagen (vgl. § 38 Abs. 1 Satz 1 BlmSchG) normalerweise keine baulichen Anlagen. Dies ändert sich jedoch, sobald sie mit dem Erdboden auf eine Weise verbunden werden, die erheblich über die ihnen eigentümlichen punktuellen Kontakte mit dem Boden hinausgehen. So ist eine ausrangierte Lokomotive, die fest auf einem Grundstück montiert ist, oder ein nicht mehr benutztes Flugzeug, das am Boden befestigt ist, eine bauliche Anlage. Entsprechendes gilt für Wasserfahrzeuge (vgl. RNrn. 15 und 31).

ee) Mehrere Anlagen, die jeweils für sich genommen die Voraussetzungen baulicher Anlagen erfüllen, können auch insgesamt eine bauliche Anlage bilden. Diese **bauliche Gesamtanlage** besteht sodann aus einer **Mehrheit baulicher Anlagen** (vgl. OVG Bln, U. v. 15. 8. 2003, OVGE 25, 38, 39f., 42) So ist ein Gebäude nach Abs. 2 eine bauliche Anlage und bleibt dies auch, falls mehrere Gebäude, etwa in der Form eines Reihenhauses, aneinandergebaut und auf diese Weise zu einer Gesamtanlage zusammengefügt werden (vgl. RNr. 52). Bestätigt wird dies durch die in Abs. 1 Satz 3 Nr. 6 gewählte Gesetzestechnik, nach der Stellplätze für Kraftfahrzeuge immer bauliche Anlagen sind, auch wenn sie in eine andere bauliche Anlage integriert sind (vgl. RNr. 42). Ähnlich liegt es in den Fällen der Sport- und Spielflächen sowie der Campingplätze gemäß Abs. 1 Satz 3 Nrn. 3 und 4 bei denen außer den Gesamtanlagen vielfach bauliche Einzelanlagen (z. B. Umkleide- und Sänitärräume) vorhanden sind (vgl. RNrn. 37 f.). Vergleichbar ist auch die Rechtslage im Bereich der Werbeanlagen (vgl. § 10 Abs. 2 Sätze 1 und 2).

Auch jenseits dieser gesetzlich ausdrücklich angeordneten baulichen Konstellationen kann eine **bauliche Anlage** – unter Wahrung ihrer Eigenschaft als bauliche Anlage – bei entsprechender baukonstruktiver Gestaltung **Teil einer anderen baulichen Anlage** sein, der sie attachiert ist, wie z. B. ein an das Hauptgebäude angebauter Schuppen. Das OVG Bln hat einen Autohandel, der auf einem mit Split befestigten Teil eines Grundstücks betrieben wurde, als eine Gesamtanlage angesehen, die mit einzelnen baulichen Anlagen (Container, Fahnenmaste, Werbeanlagen und Einfriedung) in Zusammenhang stehe (vgl. U. v. 15.8.2003, OVGE 25, 38, 39f., 42). In der Rechtsprechung wurden ferner ein Modellflugplatz, der aus mehreren einzelnen Baulichkeiten bestand, und ein kommunaler Werkstoffhof jeweils als eine einheitliche bauliche Anlage angesehen (vgl. BayVGH, B. v. 3.1.1994, NVwZ-RR 1994, 428; NdsOVG, B. v. 18.2.1994, NVwZ-RR 1995, 7).

Teile baulicher Anlagen (vgl. Abs. 10 und § 12 Abs. 1 Satz 1, § 62 Abs. 1 Nr. 14e), die aber weder nach ihrer rechtlichen Qualifizierung oder ihrer baulichen Konstruktion noch nach ihrer Nutzung ein Mindestmaß an Selbständigkeit aufweisen, sondern nur dazu bestimmt sind, zu einem übergeordneten Ganzen und dessen funktionaler Einheit beizutragen, sind dagegen, für sich betrachtet, **keine baulichen Anlagen** (vgl. OVG NRW, U. v. 23. 4. 1999, BauR 2000, 1320, 1322). So kann ein Gebäude aus mehreren Gebäudeteilen (vgl. § 30 Abs. 3 Satz 2 Nr. 4, Abs. 6 Halbs. 1) wie Geschossen (vgl. § 2 Abs. 6), Flügeln oder Trakten bestehen oder eine sonstige „Unterteilung" aufweisen (vgl. § 30 Abs. 1, 2 Nr. 2 und 3). Teile baulicher Anlagen sind weiterhin z. B. Fassaden, Wände, Decken, Dächer (vgl. die Überschrift des Vierten Abschnitts des Dritten Teils), Treppen (§ 34), Fenster und Türen (§ 37), Aufzüge (§ 39), Lüftungsanlagen (§ 41), Feuerungsanlagen (§ 42) und Abfallbehälter (§ 46 Abs. 1), Hauseingangsüberdachungen, Markisen, Rollläden, und Terrassen (§ 62 Abs. 1 Nr. 14c). Einige der aufgezählten Teile baulicher Anlagen – wie die Wände -, sind zugleich Bauteile im Sinne des **Abs. 9** (vgl. RNr. 123 f.) andere – wie die Lüftungsanlagen – zählen zu den sonstigen Anlagen und Einrichtungen im Sinne des § 1 Abs. 1 Satz 2 (vgl. § 1 RNr. 27). Der **Begriff des Bauteils** in ist nicht identisch mit dem des Teils einer baulichen Anlage (vgl. RNr. 124). Eine präzise Formel, die es gestattete, eine einheitliche oder Gesamtanlage bauordnungsrechtlich in Teile oder (untergeordnete) bauliche Anlagen zu zerlegen, gibt es nicht. Maßgeblich ist im Einzelfall die Verkehrsanschauung (vgl. RNr. 5).

Teile baulicher Anlagen können weiterhin dadurch entstehen, dass eine bauliche Anlage nicht an Hand ihrer realen Bestandteile, sondern **geometrisch oder rechnerisch gegliedert** wird. So spricht § 5 Abs. 1 Satz 4 von Gebäuden, die „mit Teilen mehr als

50 m von einer öffentlichen Verkehrsfläche entfernt sind". Ein Gebäude, das die genehmigte Höhe überschreitet, weist unterhalb des Grenzwerts einen genehmigten Teil, jenseits einen ungenehmigten Teil auf. Bei einer Garage, die das für sie maßgebliche Höhen- oder Längenmaß (vgl. § 6 Abs. 7 Satz 1 Nr. 1) verfehlt, kann die über das Maß hinausgehende Bausubstanz als (rechtswidriger) Teil der baulichen Anlage bezeichnet werden. § 16 Abs. 2 Satz 2 und Abs. 3 Satz 2 BauNVO befasst sich mit dem Vor- und Zurücktreten von Gebäudeteilen, wenn überbaubare Grundstücksflächen durch Baulinien oder Baugrenzen bestimmt werden. Auch eine **zeitliche Gliederung** von Teilen baulicher Anlagen ist möglich. So kann der Beginn der Bauarbeiten für einzelne Bauteile durch eine Teilbaugenehmigung gestattet werden (§ 73 Satz 1); aus fertigen Bauteilen können Proben von Bauprodukten entnommen werden (§ 80 Abs. 3).

23 **Teile baulicher Anlagen** können **Gegenstand besonderer rechtlicher Regelungen** sein. So bestehen im Falle des 5 Abs. 1 Satz 4 verschärfte Anforderungen an Zufahrten und Durchfahrten, wenn Gebäude mit Teilen mehr als 50 m von einer öffentlichen Verkehrsfläche entfernt sind. Gebäude werden durch Brandwände in nebeneinander oder übereinander liegende Brandabschnitte eingeteilt (vgl. § 30 Abs. 1, 2 Nrn. 2 und 3, Abs. 4 Satz 2 Nr. 5) und enthalten Nutzungseinheiten (vgl. Abs. 3 Satz 3). Spezifische Erfordernisse gelten für Brandwände und Decken, wenn der „Wohnteil" eines Gebäudes an einen „landwirtschaftlich genutzten Teil eines Gebäudes" grenzt (vgl. § 30 Abs. 2 Nr. 4, § 31 Abs. 2 Satz 2 Nr. 2). Bei wesentlichen Änderungen baulicher Anlagen kommt es darauf an, ob Teile baulicher Anlagen von Arbeiten unmittelbar berührt werden oder nicht (vgl. § 85 Abs. 3). Auch müssen sich Einstellungs- und Beseitigungsverfügungen nicht insgesamt gegen eine bauliche Anlage richten, sondern können auch nur Teile baulicher Anlagen betreffen (vgl. § 78 RNr. 30, § 79 RNr. 30). Nach § 16 Abs. 5 BauNVO kann im Bebauungsplan das Maß der baulichen Nutzung für Teile baulicher Anlagen unterschiedlich festgesetzt werden; die Festsetzungen können oberhalb und unterhalb der Geländeoberfläche getroffen werden.

24 4. Der Begriff der **Verbindung mit dem Erdboden** wird in Abs. 1 Satz 2 Halbs. 2 durch eine **Lockerungsklausel** in der Weise ausgeweitet, dass die – ohnehin niedrigen – Anforderungen an die Intensität des Bodenkontakts noch gesenkt werden. Warum die Vorschrift in Abweichung von Satz 2 Halbs. 1 (und von Abs. 9 Nr. 2) vom „Boden" spricht und nicht den inhaltlich identischen Ausdruck „Erdboden" verwendet, ist unklar. Nach der Regelung des Halbs. 2 besteht auch dann eine Verbindung mit dem Boden, wenn andere Voraussetzungen erfüllt sind als eine bautechnische Verbindung (vgl. RNr. 12). An die Stelle des Erfordernisses der Verbindung mit dem Erdboden lässt die Lockerungsklausel drei alternative Tatbestände treten: **Verbindung durch Schwerkraft, begrenzte Beweglichkeit auf ortsfesten Bahnen** und **überwiegend ortsfeste Benutzung.** Die Vorschrift erweckt den Anschein, als werde der Begriff der Verbindung mit dem Erdboden nur durch Beispiele erläutert (vgl. OVG Bln, U. v. 2. 2. 1968, OVGE 10, 32, 34 = BRS 20 Nr. 136). Der Sache nach handelt es sich aber um eine begriffliche Erweiterung, durch die Erleichterungen für drei Fallgruppen gewährt werden. Diese Gesetzestechnik lässt die Qualifizierung einer aus Bauprodukten hergestellten Anlage als bauliche Anlage zu, obwohl es an einer bautechnischen Verbindung mit dem Erdboden im Sinne der Legaldefinition des Abs. 1 Satz 2 Halbs. 1 mangelt, und begnügt sich mit **Surrogaten der Verbindung**. Die auf diese Weise zu baulichen Anlagen erklärten Kategorien von Anlagen, denen eine Verbindung im Sinne der Legaldefinition fehlt, sind somit dem Anwendungsbereich der BauO Bln unterstellt (vgl. § 1 RNrn. 1 f.). Soweit solche Anlagen außerdem speziellen Vorschriften unterliegen – wie etwa zugelassene

Kraftfahrzeuge dem Straßenverkehrszulassungsrecht sowie Sportboote oder Schiffe den jeweils für sie maßgeblichen Bestimmungen –, kann gegebenenfalls das materielle oder das formelle Bauordnungsrecht zurückgedrängt werden (vgl. §1 RNrn. 4 f.).

a) Eine Verbindung mit dem Erdboden besteht gemäß der Lockerungsklausel auch dann, wenn die **Anlage nur durch eigene Schwere auf dem Boden ruht,** also außer der Schwerkraft keine sonstige mechanische Verbindung besteht. Diese Voraussetzung erfüllt z. B. eine Kühlzelle (vgl. OVG NRW, B. v. 7.10.2005 BRS 69 Nr. 188), ein Wohnwagen innerhalb einer so genannten Wagenburg (vgl. OVG Bln, B. v. 13.3.1998, OVGE 23, 10, 11 = BRS 60 Nr. 206 = LKV 1998, 355) oder eine Schmalspur-Lokomotive, die in einem Garten aufgestellt wird (vgl. VGH BW, U. v. 1. 12. 1993, NVwZ-RR 1994, 72, 73). Die Anlagen, die zur ersten Kategorie der Lockerungsklausel gehören, müssen aber so schwer sein, dass sie – wie etwa. ein Baucontainer – nicht ohne erheblichen Kraftaufwand oder nicht ohne den Einsatz besonderer technischer Hilfsmittel von ihrem Standort entfernt werden können (vgl. BayVGH, U. v. 26. 9. 1988, BayVBl. 1989, 181; OVG Bln, U. v. 2. 2. 1968, OVGE 10, 32, 34 = BRS 20 Nr. 136; VG Dessau, U. v. 12. 12. 2001, BauR 2003, 366). Hierauf deutet bereits der Ausdruck „ruht" hin, dessen Anwendung auf Sachen geringen Gewichts deplatziert wäre. Kann eine Sache durch Mensch oder Maschine – z. B einen Gabelstapler – wie ein Möbelstück ohne weiteres bewegt werden, ist sie keine bauliche Anlage. Die Immobilität des Erdbodens muss sich also auf die Anlage übertragen, so dass gewissermaßen eine verfestigte Beziehung zum Boden vorhanden ist. Andernfalls gäbe es kaum Sachen, denen das Prädikat der baulichen Anlage vorenthalten werden könnte; denn jeder Körper ist dem Gesetz der Schwere unterworfen. Ferner belegt die weitere Variante der Lockerungsklausel, wonach schon eine überwiegend ortsfeste Benutzung die Eigenschaft der baulichen Anlage verleiht (vgl. RNr. 27), dass in den Fällen, in denen das Eigengewicht den Anknüpfungspunkt für die Eigenschaft der baulichen Anlage bildet, der Beseitigung der Anlage nicht unerhebliche physische Hindernisse entgegenstehen müssen. Durch den Ausdruck „ruht" bringt das Gesetz ferner zum Ausdruck, dass – anders als im Fall der Legaldefinition der baulichen Anlagen (vgl. RNr. 14) – eine gewisse Existenzdauer für die Qualifizierung als bauliche Anlage nötig ist (vgl. OVG NRW, B. v. 7.10.2005 BRS 69 Nr. 188). Beispiele bieten Kioske, Verkaufsstände, Baracken, Traglufthallen (vgl; OVG NRW, U. v. 12. 11. 1974, BauR 1975, 110), Wohncontainer und Wohnwagen (vgl. OVG Bln, B. v. 13. 3. 1998, OVGE 32, 10, 11 = BRS 60 Nr. 206 = LKV 1998, 355 = ZMR 1998, 522), ferner Gebäude wie Lauben, Baubuden, Unterkünfte auf Baustellen und Schankveranden, sofern es ihnen an Gründungen fehlt. Zweifelhaft kann es sein, ob es sich bei der Aufbringung eines Sand- und Kiesgemischs um eine als Planierung der Erdoberfläche zu bewertende bauliche Anlage, um eine durch eigene Schwere auf dem Boden ruhende bauliche Anlage oder lediglich um abgelegte Baumaterialien handelt (vgl. VGH BW, B. v. 25. 10. 1988, BRS 49 Nr. 155 = BWVBl. 1989, 106). Unter Berücksichtigung der Verkehrsauffassung (vgl. RNr. 5) und der Funktion, die den Gegenständen zugedacht ist, muss bei derartigen Konstellationen entschieden wird, ob die Grenze zur baulichen Anlage überschritten ist (vgl. VGH BW, U. v. 25. 11. 1982, BWVP 1983, 96, betr. eine Sichtschutzwand).

b) Bei der zweiten von der Lockerungsklausel erfassten Gruppe baulicher Anlagen ist eine Verbindung mit dem Erdboden ferner dann gegeben, wenn eine **Anlage auf ortsfesten Bahnen begrenzt beweglich** ist. Ohne diese Regelung würden die betroffenen Anlagen weder der Legaldefinition der baulichen Anlage nach Abs. 1 Satz 2 Halbs. 1 noch der ersten Kategorie der Lockerungsklausel (vgl. RNr. 25) unterfallen. Kräne und

Krananlagen bilden nur scheinbar den Hauptanwendungsfall, denn sie sind gemäß § 1 Abs. 2 Nr. 5 dem Anwendungsbereich der BauO Bln entzogen. Bedeutung hat die Vorschrift aber für Fertigungshallen, die auf Schienen begrenzt beweglich sind, und gegebenenfalls auch für Regallager im Sinne des Abs.4 Nr. 16 (vgl. Rnr. 99).

27 c) Schließlich reicht es als Verbindung mit dem Erdboden aus, dass eine bauliche Anlage nach ihrem Verwendungszweck dazu bestimmt ist, **überwiegend ortsfest benutzt** zu werden. Diese Voraussetzung wurde bei Wohnwagen innerhalb einer so genannten Wagenburg (vgl. OVG Bln , B. v. 13.3.1998, OVGE 23, 10, 11 = BRS 60 Nr. 206 = LKV 1998, 355; B. v. 22.1.2003, BRS 66 Nr. 197 = LKV 2003, 276), bei einem Container (vgl. OVG NRW, B. v. 12.3.1998, BRS 60 Nr. 138) und bei Werbetafeln (vgl. OVG Bln, U. v. 16.3.2001 – OVG 2 B 2.97 –; B. v. 20.6.2003, BRS 66 Nr. 153) bejaht. Bei dieser dritten Kategorie der Lockerungsklausel treten an die Stelle technischer oder physikalischer Eigenschaften Kriterien der Benutzung. Bei den Anlagen dieser Variante handelt es sich um solche, die benutzbar sind, also z. B. von Menschen betreten werden können oder zur Aufnahme von Sachen geeignet sind. Die Vorschrift bezieht sich auf Anlagen, die zwar ohne weiteres entfernt oder fortbewegt werden können, also nicht im Sinne der ersten Kategorie der Lockerungsklausel durch eigene Schwere auf dem Boden ruhen (vgl. RNr. 25), aber wenigstens nach ihrem Verwendungszweck durch eine gewisse zeitliche Bindung an den Ort ihrer Aufstellung gekennzeichnet sind. Überwiegend ortsfest ist eine Benutzung, die auf einem und demselben Grundstück stattfindet (vgl. OVG Saar, B. v. 12. 10. 1988, NVwZ 1989, 1082, 1083; VG Weimar, B. v. 8. 3. 1999, ThürVBl. 1999, 194, 195). Würde man für die ortsfeste Benutzung verlangen, dass die Anlage überwiegend an einem und demselben Standort benutzt wird, wäre dem Missbrauch Tür und Tor geöffnet; denn schon geringfügige Verschiebungen der Position brächten die Gefahr mit sich, dass die Anlage dem Zugriff des Bauordnungsrechts entzogen würde.

28 Die Fälle überwiegend ortsfester Benutzung sind nicht mit solchen identisch, bei denen Anlagen durch eigene Schwere auf dem Boden ruhen (vgl. RNr. 25), denn anders als bei einer Verbindung durch Schwerkraft bedarf es zur Ortsveränderung keines erheblichen Kraftaufwands oder des Einsatzes technischer Hilfsmittel. Dennoch ist der **tatsächliche Unterschied häufig gering**, weil allein durch die Entfernung von Rädern der Übergang von der einen in die andere Kategorie bewirkt werden kann. Sind auf dem Gelände einer so genannten Wagenburg ausrangierte Bauwagen aufgestellt, so handelt es sich bei diesen um solche der ersten (Schwerkraft-)Kategorie, wenn die Räder demontiert worden sind, und um solche der dritten (Benutzungs-)Kategorie, wenn dies unterlassen wurde, aber nach Lage der Dinge ein Standortwechsel nicht zu erwarten ist (vgl. OVG Bln, B. v. 13.3.1998, OVGE 23, 10, 11 = BRS 60 Nr. 206 = LKV 1998, 355 = ZMR 1998, 522; B. v. 22.1.2003, BRS 66 Nr. 197 = LKV 2003, 276; VGH BW, B. v. 15.4.1997, DVBl. 1998, 96; OVG NRW, B. v. 6. 8. 2001, NVwZ-RR 2002, 11).

29 Nicht immer ist erkennbar, ob tatsächlich eine **überwiegend ortsfeste Benutzung** erfolgt oder erfolgen wird. Die Lockerungsklausel lässt es deshalb ausreichen, dass die bauliche Anlage **nach ihrem Verwendungszweck dazu bestimmt** ist. Auf die subjektiven Vorstellungen oder Bekundungen des Bauherrn kommt es dabei nicht an; maßgeblich sind vielmehr die objektiven Umstände des Einzelfalles. Voraussetzung ist lediglich, dass sich die Benutzung auf eine bewegliche Anlage bezieht, die sich nach dem erkennbaren Zweck ihrer Aufstellung mehr als die Hälfte des Jahres an derselben Stelle oder doch auf demselben Grundstück befindet oder befinden wird. Es kommt also darauf an, ob eine verfestigte Beziehung der Anlage zu einem bestimmten Standort

oder Grundstück eintritt oder ob der Charakter als Fortbewegungsmittel überwiegt (vgl. NdsOVG, B. v. 30. 11. 1992, BRS 54 Nr. 142; VG Dessau, U. v. 12. 12. 2001, BauR 2003, 366 = LKV 2002, 589). Mitunter wird es aber schon für ausreichend erachtet, dass die Anlage über einen nicht unbedeutenden Zeitraum an einem bestimmten Standort verbleiben soll (vgl. OVG Saar, B. v. 12. 10. 1988, NVwZ 1989, 1082, 1083; U. v. 22. 9. 1992, BRS 54 Nr. 141; VG Dessau, U. v. 12. 12. 2001, a. a. O.). Die Zulassung eines Fahrzeugs zum öffentlichen Straßenverkehr schließt seine Qualifikation als bauliche Anlage nach der dritten Variante der Lockerungsklausel auch dann nicht aus, wenn es zeitweilig außerhalb des Grundstücks verwendet wird (vgl. OVG Bln, B. v. 22.1.2003, BRS 66 Nr. 197 = LKV 2003, 276 betr. die Fahrzeuge einer Wagenburg). Immerhin kann Zulassung eines Fahrzeugs ein Indiz sein, das gegen die Annahme einer baulichen Anlage spricht. Unerheblich ist, wie das zeitliche Verhältnis von Benutzung und Nichtbenutzung der Anlage durch deren Nutzer beschaffen ist. Ein auf einem Grundstück abgestellter Wohnwagen, der nur an den Wochenenden im Sommer zum Aufenthalt verwendet wird, ist – vergleichbar einem Wochenendhaus – eine bauliche Anlage. Zweifelhaft ist die Einordnung solcher Wagen, die zwar auf einem Grundstück einen (überwiegend) festen Standort haben, deren Benutzung aber weder bezweckt ist noch tatsächlich geschieht. Da das bloße Abstellen eines (beweglichen) Wagens keine Benutzung ist, wird er nicht als bauliche Anlage angesehen werden können (vgl. Hess. VGH, B. v. 20. 3. 1987, BRS 47 Nr. 135). Ist die Qualifikation eines Kraftfahrzeugs als bauliche Anlage zweifelhaft oder gar zu verneinen, ist die Behandlung des Grundstücks selbst als Lagerplatz nach Abs. 1 Satz 3 Nr. 2 und damit als bauliche Anlage in Betracht zu ziehen (vgl. RNr. 36).

d) Beispiele für die Anwendung der **Lockerungsklausel** bilden oft Wohnmobile, Wohnwagen (vgl. § 62 Abs. 1 Nr. 9d), Campingwagen, Verkaufswagen (vgl. § 62 Abs. 1 Nr. 1a) und sonstige Wagen (vgl. OVG Bln, U. v. 1. 10. 1976, OVGE 14, 24 = BRS 30 Nr. 181; U. v. 25. 4. 1980, OVGE 15, 129 = BRS 36 Nr. 47; U. v. 18. 1. 1985, BRS 44 Nr. 103). Sind derartige **Fahrzeuge** durch bautechnische Vorkehrungen, z. B. durch eine Verankerung, mit dem Boden verbunden, sind sie bereits nach der Legaldefinition des Abs. 1 Satz 2 Halbs. 1 bauliche Anlagen. Sie werden nach der ersten Variante der Lockerungsklausel zu baulichen Anlagen (vgl. RNr. 25), wenn sie nach Demontage oder Unbrauchbarmachung ihrer Räder durch ihre eigene Schwere auf dem Boden ruhen, wie z. B. ein als Taubenschlag genutzter ehemaliger Möbelwagen (vgl. OVG Bln, U. v. 14. 5. 1982, BRS 39 Nr. 207). Ist weder die eine noch die andere Voraussetzung erfüllt, kann gleichwohl die Eigenschaft einer baulichen Anlage zu bejahen sein. Wird ein Wagen nämlich überwiegend ortsfest, d. h. auf einem und demselben Grundstück, benutzt, ist die Anwendbarkeit der dritten Variante der Lockerungsklausel angebracht (vgl. RNr. 27). Dies kann bei einer im Garten aufgestellten Dampflokomotive, einem so genannten Werbeanhänger (einem einachsigen, zum Straßenverkehr zugelassenen Fahrzeug, das mit Werbeplakaten versehen ist) oder einem fahrbaren Verkaufsstand der Fall sein (vgl. VGH BW, U. v. 1. 2. 1993, NVwZ-RR 1994, 72, 73; OVG NRW, B. v. 17. 2. 1998, NVwZ-RR 1999, 14; VG Meiningen, B. v. 25. 7. 1994, LKV 1995, 302, VG Weimar, B. v. 8. 3. 1999, ThürVBl. 1999, 194, 195).

Auch **Wasserfahrzeuge** können bauliche Anlagen sein. Mitunter sind sie dies schon wegen ihrer Verbindung mit dem Erdboden (vgl. RNrn. 15, 18), wie ein mit Seilen am Ufer befestigtes Schwimmdeck mit einer Floßhütte (vgl. Bay VGH, v. 18. 1. 1975, NuR 1981, 133, 134). Aber auch auf Grund überwiegend ortsfester Benutzung können sie zu baulichen Anlagen werden (vgl. RNr. 27). Anzeichen für eine solche durch überwiegend ortsfeste Benutzung bewirkte enge Beziehung zu einer bestimmten Örtlichkeit sind die

– für längere Zeit vorgesehene – Verankerung, die Vertäuung am Ufer und das Vorhandensein von Laufplanken oder eines Landungsstegs (vgl. Knuth, NuR 1984, 289). Beispiele bieten Schiffe, die als Restaurants, Hotels, Wohnheime oder Veranstaltungsorte Verwendung finden (vgl. HessVGH, B. v. 14. 4. 1986, BRS 46 Nr. 130). Die Eigenschaft der baulichen Anlage kann auf eine Saison beschränkt sein, so dass das Schiff nur im Winter eine bauliche Anlage ist und in der übrigen Jahreszeit mangels einer hinreichenden Verbindung mit dem Boden nicht dem Baurecht unterliegt. Wird dagegen ein Lastkahn durch Auffüllen mit Wasser in ein Schwimmbad umgewandelt, wird er auf Dauer zur baulichen Anlage.

32 e) An verschiedenen Stellen **untergliedert** die BauO Bln den **Begriff der baulichen Anlagen**. So definiert sie in § 75 Satz 1 Fliegende Bauten als eine Art baulicher Anlagen. In § 8 Abs. 1 Satz 1 werden neben den Gebäuden vergleichbare bauliche Anlagen genannt. § 62 Abs. 1 Nr. 14e erwähnt unbedeutende Anlagen.

33 5. **Abs. 1 Satz 3** führt in einem Katalog acht Kategorien von Anlagen und Einrichtungen auf, die „auch" bauliche Anlagen sind. Diese **Erstreckungsklausel**, die sich der Gesetzestechnik der Fiktion (vgl. RNrn. 34, 35, 37, 38, 44) und der Vermutung (vgl. RNr. 42) bedient, beruht auf der Erwägung, dass die erfassten Anlagen und Einrichtungen die Rechtsgüter des Bauordnungsrechts (vgl. § 3 RNr. 14) in gleicher Weise berühren wie reguläre bauliche Anlagen. Durch die Erstreckungsklausel werden Anlagen und Einrichtungen, auch wenn sie nicht den Voraussetzungen der Legaldefinition oder der Lockerungsklausel nach Abs. 1 Satz 2 entsprechen, zu baulichen Anlagen erklärt.

34 a) **Satz 3 Nr. 1** nennt **Aufschüttungen und Abgrabungen**. Sind sie von kleiner Dimension, sind sie nach § 62 Abs. 1 Nr. 8 verfahrensfrei. Für Aufschüttungen und Abgrabungen größeren Umfangs gelten nach § 29 Abs. 1 BauGB zusätzlich die Vorschriften der §§ 30 bis 37 BauGB über die Zulässigkeit von Bauvorhaben. Unter Aufschüttungen und Abgrabungen sind alle künstlichen Veränderungen der Geländeoberfläche durch Erhöhung oder Vertiefung des Bodenniveaus sowie des Untergrundes zu verstehen, die von einer gewissen Dauer sein sollen (vgl. NdsOVG, U. v. 29. 9. 1988, BRS 48 Nr. 164). Vorübergehende Veränderungen scheiden dagegen aus; so sind Gräben für die Verlegung von Leitungen keine baulichen Anlagen, desgleichen nicht Baugruben (vgl. § 73 Satz 1 und OVG Bln, B. v. 6. 11. 2003 – OVG 2 S 29.03 –). Beispiele für Aufschüttungen sind Dämme, Rampen, aufgefüllte Bodensenkungen, und die Anhäufung von Erdaushub auf einem Grundstück (vgl. VG Freiburg, U. v. 17. 11. 1994, NVwZ-RR 1995, 636); auch ein aus Gründen der Gartengestaltung angelegter Wall von 60 cm Höhe kann eine Aufschüttung und damit eine bauliche Anlage sein (vgl. HessVGH, U. v. 31. 1. 2002, BauR 2003, 866). Ein Sandlagerplatz unterfällt dagegen der Kategorie baulicher Anlagen nach Satz 3 Nr. 2 (vgl. RNr. 36). Abgrabungen sind z. B. Sand-, Kies- und Lehmgruben sowie Steinbrüche (vgl. VGH BW, U. v. 16. 8. 1984, Nur 1985, 71; OVG NRW, U. v. 28. 10. 1997, ZfBR 1998, 160). Auch künstliche Hohlräume unterhalb der Geländeoberfläche sind Abgrabungen. Aufschüttungen und Abgrabungen sind bloße Veränderungen des Erdbodens, ohne dass dabei Bauprodukte (vgl. § 1 Abs. Satz 1 und § 2 Abs. 9) zum Zwecke des Bauens verwendet würden; daher handelt es sich insoweit um eine **gesetzliche Fiktion** von baulichen Anlagen. Einem mit Hilfe einer Kiesaufschüttung angelegten Stellplatz und einem mit Steinsplit befestigten Teil eines Grundstücks hat allerdings das OVG Bln (U. v. 7.3.2003, OVGE 24, 189, 190; U. v. 15. 8. 2003, OVGE 25, 38, 39 f.) trotz der Verwendung von Bauprodukten die Eigenschaft einer baulichen Anlage im Sinne der Nr. 1 zugesprochen.

b) In **Satz 3 Nr. 2** werden **Lagerplätze, Abstellplätze und Ausstellungsplätze** zu baulichen Anlagen erklärt, selbst wenn auf ihnen keine baulichen Anlagen errichtet worden sind oder werden sollen, es sich bei ihnen also um bloße Grundstücksflächen handelt (vgl. VGH BW, B. v. 25. 10. 1988, VBLBW. 1989, 106; OVG Bln, U. v. 31. 5. 1991, OVGE 19, 151 = BRS 52 Nr. 24). Nicht einmal eine Untergrundverfestigung mit einem Baustoff muss vorhanden sein (vgl. OVG Bln, U. v. 4. 2. 1994, OVGE 21, 124, 133). Unbefestigte Lager- und Abstellplätze werden in § 62 Abs. 1 Nr. 13a ausdrücklich für verfahrensfrei erklärt. Derartige Plätze – z. B. solche zur Lagerung von Baustoffen – tragen im Planungsrecht die Bezeichnung „Lagerstätten" (vgl. BVerwG, B. v. 29.6.1999, BRS 62 Nr. 116) und gelten dort als Vorhaben (vgl. § 29 Abs. 1 BauGB), doch ist wegen des Erfordernisses der planungsrechtlichen Relevanz (vgl. RNr. 7) wenigstens eine bauliche Behandlung der Fläche nötig, z. B. durch Split oder Schotter (vgl. BVerwG, U. v. 14. 1. 1993, NVwZ 1994, 293; OVG NRW, U. v. 21. 3. 1995, NVwZ 1996, 921). Die BauO Bln stellt hier – wie auch in weiteren Fällen (vgl. RNr. 33) – die **Fiktion einer baulichen Anlage** auf. Zu der Gesamtanlage des Lager-, Abstell- oder Ausstellungsplatzes können einzelne bauliche Anlagen treten (vgl. § 62 Abs. 1 Nr. 12e) wie Lagerhallen oder Büro- und Verwaltungsgebäude, ferner Container, Fahnenmaste, Werbeanlagen und Einfriedungen (vgl. OVG Bln, U. v. 15.8.2003, OVGE 25, 38, 39 f.).

Lagerplätze dienen der Aufbewahrung von Sachen (vgl. § 3 Abs. 5 BImschG), häufig in der Form der Vorratshaltung, **Abstellplätze** der bloßen Unterbringung von Sachen im Freien, **Ausstellungsplätze** der Darbietung von Waren und Leistungen. In der Realität können die Grenzen zwischen ihnen verschwimmen. So kann das Gelände eines Kfz-Gebrauchtwagenhandels Merkmale aller drei Kategorien aufweisen. Ein Grundstück, auf dem acht Sportboote lagerten, wurde als Lagerplatz angesehen (vgl. OVG Bln, U. v. 7. 11. 1986, BRS 46 Nr. 182), desgleichen Freiflächen zur Lagerung von Brennmaterial und Brennholz (vgl. OVG Bln, B. v. 17.4.2002 – OVG 2 S 2.02 –). Dass die Nutzung des Platzes gewerblich geschieht, wie z. B. bei einem Sandlagerplatz mit einer Siebanlage (vgl.OVG Bln, B. v. 8. 4. 1994, GewArch 1994, 342 = NuR 1995, 41), ist nicht nötig. Daher kann ein Grundstück, auf dem nicht benutzte Gegenstände zeitweilig abgestellt werden, z. B. Campingwagen, Kraftfahrzeuge oder Boote während der Wintermonate, als Lager- oder Abstellplatz anzusehen sein (vgl. RNr. 29).

c) **Satz 3 Nr. 3** führt ferner **Sport- und Spielflächen** auf. Wie im Falle der Nr. 2 (vgl. RNr. 35 f.) werden auch hier unbehandelte Grundstücksflächen der BauO Bln unterstellt. Sie müssen Zwecken des Sports – einschließlich des Freizeit- und Behindertensports – oder des Spiels dienen. Deshalb ist eine lediglich planierte und mit Rasen eingesäte Fläche, die als Golfübungsplatz genutzt wird, eine bauliche Anlage (vgl. HessVGH, B. v. 19. 2. 1991, BauR 1991, 444). Bauliche Anlagen brauchen auf den Flächen nicht vorhanden zu sein. Zu den Sportflächen gehören vor allem Sportplätze (vgl. § 2 Abs. 2 Nr. 1 Sportförderungsgesetz v. 6. 1. 1989, GVBl. S. 122, zuletzt geändert durch G. v. 10. 5. 2007, GVBl. S. 195), wie Fußball- und Tennisplätze (vgl. OVG Bln, U. v. 24. 4. 1987, BRS 47 Nr. 175). Ob es sich um private oder öffentliche Sportplätze handelt, ist unerheblich. Große Sportanlagen können nach Abs. 4 Nr. 7b Sonderbauten sein. Soweit auf Sportplätzen bauliche Anlagen, etwa ein Vereinsheim, errichtet werden, greift zusätzlich die Legaldefinition des Satzes 2 ein. Bauliche Anlagen sind dann sowohl die Gesamtanlage als auch die Einzelanlage (vgl. HessVGH, B. v. 19. 2. 1991, BauR 1991, 444, 445). Entsprechendes gilt für die Spielflächen, die zumeist für Kinder, mitunter aber auch für Erwachsene bestimmt sind. Die wichtigste Form der Spielflächen sind Kinderspielplätze (vgl. § 8 Abs. 2 und 3, § 62 Abs. 1 Nr. 13c). Öffentliche Kinderspielplätze haben eine spezielle Regelung im Kinderspielplatzgesetz i. d. F. v. 20. 6. 1995 (GVBl. S 388), geändert durch G. v. 17. 12. 2003 (GVBl. S. 617), gefunden. Sonderformen von Spielflächen sind Abenteuerspiel- und Bolzplätze (vgl. § 62 Abs. 1 Nr. Nr. 9c). Bei Sport- und Spielflächen handelt es sich – ebenso wie bei den Lagerplätzen, Abstellplätzen und Ausstellungsplätzen der Nr. 2 (vgl. RNr. 35) – um **fiktive bauliche Anlagen**, so dass Streitigkeiten darüber, ob bei der Herrichtung eines Ballspielplatzes oder einer Aschenbahn Bauprodukte mit dem Erdboden verbunden werden, nicht auftreten können. Anlagen, die der zweckentsprechenden Einrichtung von Spiel-, Abenteuerspiel-, Bolz- und Sportplätzen dienen, ausgenommen Gebäude und Tribünen, sind verfahrensfrei (§ 62 Abs. 1 Nr. Nr. 9c).

38 **d)** Nach **Satz 3 Nr. 4** sind auch **Campingplätze, Wochenendplätze und Zeltplätze** bauliche Anlagen. Entsprechend den Regelungen in Nrn. 2 und 3 (vgl. RNrn. 35, 37) begründet die BauO Bln hier gleichfalls eine **Fiktion**, wonach die Anlagen (fiktive) bauliche Anlagen sind (vgl. OVG Bln, U. 4. 2. 1994, OVGE 21, 124, 129, 133 = BRS 56 Nr. 80; B. v. 13. 3. 1998, OVGE 23, 10, 11 = BRS 60 Nr. 206 = LKV 1998, 355 = ZMR 1998, 522). Die genannten Plätze bieten einer Vielzahl von Personen die Möglichkeit der Erholung und haben typischerweise der Versorgung der Benutzer dienende Gemeinschaftseinrichtungen wie Wasserversorgung und -entsorgung, Sanitäranlagen, Stromversorgung und Müllentsorgung (vgl. OVG Bln, B. v. 13. 3. 1998, OVGE 23, 10, 11 f. = BRS 60 Nr. 206 = LKV 1998, 355 = ZMR 1998, 522, 523). Campingplätze dienen nicht der ganzjährigen Wohnnutzung (vgl. OVG Bln, B. v. 22. 1. 2003, BRS 66 Nr. 197 = LKV 2003, 276). Camping- und Wochenendplätze (nicht aber Zeltplätze) sind nach Abs. 4 Nr. 13 als Anlagen besonderer Art oder Nutzung Sonderbauten. Für alle drei Kategorien von Plätzen gilt – wie in den Fällen der Nrn. 2 und 3 -, dass der jeweilige Platz als solcher eine „bauliche Gesamtanlage" ist (vgl. OVG Bln, B. v. 13. 3. 1998, OVGE 23, 10, 11, 12 = BRS 60 Nr. 206 = LKV 1998, 355; B. v. 22. 1. 2003, BRS 66 Nr. 197 = LKV 2003, 276), unabhängig davon, ob er zugleich Standort baulicher Anlagen im Sinne der Legaldefinition oder der Lockerungsklausel nach Satz 2 ist oder sein soll (vgl. OVG Bln, U. 4. 2. 1994, OVGE 21, 124, 129, 133 = BRS 56 Nr. 80). Dem entspricht die in § 62 Abs. 1 Nrn. 1i und 9d praktizierte Gesetzestechnik, wonach Wochenendhäuser auf Wochenendplätzen sowie Wohnwagen, Zelte und bauliche Anlagen außer Gebäuden auf Camping-, Zelt- und Wochenendplätzen – nicht aber die Gesamtanlagen – verfahrensfrei sind. Campingplätze, Wochenendplätze und Zeltplätze sind bauplanungsrechtlich in Sondergebieten, die der Erholung dienen, zulässig, und zwar Campingplätze und Zeltplätze in Campingplatzgebieten und Wochenendhäuser in Wochenendhausgebieten (vgl. § 10 Abs. 1, 3 und 5 BauNVO).

39 Eine aus Bauwagen bestehende so genannte **Wagenburg**, die ihren Bewohnern als Unterkunft dient, ist kein Campingplatz (vgl. OVG Bln, B. v. 13. 3. 1998, OVGE 23, 10, 11 f. = BRS 60 Nr. 206 = LKV 1998, 355 = ZMR 1998, 522). Werden die **Wohnwagen** auf einem Campingplatz nicht (mehr) zur Erholung aufgesucht, so werden die Fahrzeuge nur noch abgestellt; es handelt sich sodann um einen Abstellplatz nach Nr. 2 (vgl. RNr. 36). Wochenendplätze dienen als Standorte für Wochenendhäuser (vgl. § 10 Abs. 3 BauNVO), nicht aber für Wohnwagen (vgl. BVerwG, U. v. 3. 4. 1987, BRS 47 Nr. 76). Wird auf einem Grundstück nur gelegentlich ein Zeltlager veranstaltet, dürfte Nr. 4 nicht anwendbar sein; andererseits verliert ein **Zeltplatz** seine Bestimmung nicht dadurch, dass er im Winter nicht benutzt wird. Campingplätze und Zeltplätze sind in Campingplatzgebieten zulässig (vgl. § 10 Abs. 5 BauNVO).

e) **Satz 3 Nr. 5** erweitert den Katalog neuerdings um **Freizeit- und Vergnügungsparks**. Bei ihnen handelt es sich gemäß Abs. 4 Nr. 14 um Sonderbauten. Sie sind jeweils als Ganzes bauliche Anlagen, ungeachtet der baulichen Einzelanlagen, die sich auf ihren Arealen befinden. Bestandteile eines Parks können auch Sport- und Spielflächen nach Nr. 3 sein, die ihrerseits rechtlich eigenständige bauliche Anlagen sind (vgl. RNr. 37). Die genannten Parks bieten ihren Besuchern vielfältige Möglichkeiten der Erholung und Unterhaltung und sind auf Dauer eingerichtet. Kurzzeitige Veranstaltungen wie Volksfeste und Weihnachtsmärkte sind keine Parks im Sinne der Vorschrift.

f) Von großer praktischer Bedeutung ist die Nennung der **Stellplätze für Kraftfahrzeuge** in **Satz 3 Nr. 6**. Deren Definition findet sich in Abs. 7 Satz 1, die nähere Regelung in § 50 Abs. 1 und 2. Abstellmöglichkeiten für Fahrräder oder Fahrradabstellanlagen (vgl. § 50 Abs. 1 Satz 3, Abs. 2 Satz 2, Abs. 3 Sätze 1 und 4, § 62 Abs. 1 Nr. 14a) werden dagegen nicht im Katalog aufgeführt.

Stellplätze sind immer **bauliche Anlagen**, und zwar auch dann, wenn sie ohne Verwendung von Bauprodukten hergestellt werden. Anders als in manchen Fällen des Katalogs (vgl. RNrn. 34, 35, 37, 38) bedient sich die BauO Bln hier des Kunstgriffs der **unwiderleglichen Vermutung**. Denn Stellplätze werden regelmäßig unter Verwendung von Baustoffen angelegt – z. B. mit Hilfe einer Kiesaufschüttung (vgl. OVG Bln, U. v. 7.3.2003, OVGE 24, 189, 190) – und weisen dann die von der Legaldefinition der baulichen Anlage (Abs. 1 Satz 2) geforderte Verbindung mit dem Erdboden auf. Notwendig ist dies für einen Stellplatz allerdings nicht; er kann vielmehr auch ohne Einsatz von Baustoffen dadurch entstehen, dass eine unpräparierte oder lediglich planierte Grundstücksfläche als Standort für Kraftfahrzeuge benutzt wird. Dadurch, dass der Gesetzgeber von der faktischen Gestaltung des Einzelfalls absieht, stellt er eine Vermutung auf, die nicht durch den Rückgriff auf die individuellen Eigenschaften einer konkreten Anlage widerlegt werden kann. Die Qualifizierung des Stellplatzes als bauliche Anlage hat zur Folge, dass dieser auch als Bestandteil anderer baulicher Anlagen, z. B. von Gebäuden, die Eigenschaft der baulichen Anlage beibehält und nicht bloßer Teil einer anderen baulichen Anlage ist (vgl. RNr. 19). Entsprechendes gilt, wenn Stellplätze einer der Gesamtanlagen gemäß den Nrn. 3 bis 5 zugeordnet sind. Da **Garagen** eine besondere Form der Stellplätze sind (vgl. RNr. 117), gilt die Erstreckungsklausel auch für sie.

g) Nach **Satz 3 Nrn. 7 und 8** sind auch **Gerüste** sowie **Hilfseinrichtungen zur statischen Sicherung von Bauzuständen** bauliche Anlagen. Das ist insbesondere im Hinblick auf das Erfordernis der Standsicherheit (vgl. § 12) gerechtfertigt. Unter Gerüsten sind die als Hilfsmittel bei der Bauausführung verwendeten zu verstehen, also z. B. Arbeitsgerüste und Schutzgerüste, nicht aber Gerüstkonstruktionen, die für die Dauer errichtet werden, wie z. B. in Bauwerke integrierte Stützgerüste (vgl. OVG Bln, B. v. 2.6.1998, BRS 60 Nr. 118), Haltegerüste für Werbeanlagen oder Klettergerüste. Beispiele für die weiterhin genannten Hilfseinrichtungen bilden: Baugrubensicherungen, Wetterschutzhallen für Winterbaumaßnahmen, Spundwände, Hilfskonstruktionen zur Versteifung von Gebäuden im Bauzustand, Rückverankerungen während der Bauzeit, komplizierte Leergerüste sowie zeitweilige Stützgerüste. Baugerüste sind keine Fliegenden Bauten (§ 75 Abs. 1 Satz 2). Gerüste der Regelausführung sind verfahrensfrei (§ 62 Abs. 1 Nr. 12b).

h) Die Aufzählung der verschiedenen Kategorien baulicher Anlagen durch die **Erstreckungsklausel** hat unterschiedliche **rechtliche Konsequenzen**. In den Fällen der Aufschüttungen und Abgrabungen sowie der Stellplätze führt die Gesetzestechnik

§ 2 RNr. 45–46

dazu, dass die erfassten Anlagen die Eigenschaft einer **baulichen Anlage** auch dann behalten, wenn sie **Teil einer Hauptanlage** werden oder sonst in diese integriert sind. In weiteren Fällen (insbesondere Lagerplätze, Sport- und Spielflächen, Campingplätze) wird im Wege einer **Fiktion** eine Gesamtanlage zu einer baulichen Anlage erklärt. Dabei kommt es nicht darauf an, ob es außer der Gesamtanlage noch einzelne bauliche Anlagen gibt oder ob die vorhanden baulichen Anlagen die Gesamtanlage ausmachen. Sind – wie dies die Regel ist – derartige einzelne bauliche Anlagen vorhanden, so treten sie rechtlich zu der Gesamtanlage hinzu. Deshalb kann die Frage der Genehmigungsbedürftigkeit hinsichtlich der Gesamtanlage und der Einzelanlagen unterschiedlich zu beantworten sein (vgl. § 62 Abs. 1 Nr. 9d).

45 i) Die von der Legaldefinition verwendeten Begriffe sowie die durch die Lockerungsklausel und die Erstreckungsklausel bewirkten Modifikationen bereiten bei der praktischen Handhabung nicht selten **Schwierigkeiten**. Die Verwaltungsgerichte mussten sich in den letzten Jahren vielfach mit der Frage befassen, ob es sich im konkreten Fall bei einem Gegenstand oder Sachkomplex um eine **bauliche Anlage** handelte und welcher Kategorie sie zuzuordnen war. So war z. B. in folgenden Fällen die Eigenschaft als bauliche Anlage zu prüfen: carportartige Schuppenanlagen und Freiflächen zur Lagerung von Brennmaterial und Brennholz (OVG Bln, B. v. 17. 4. 2002 – OVG 2 S 2.02 –); Containerlagerplatz für Bauschutt (OVG Saar, U. v. 10. 2. 1989, BRS 49 Nr. 217); Flugplatz für Modellflugzeuge (NdsOVG, U. v. 16. 2. 1995, NVwZ-RR 1995, 556); Folie mit einem kreisförmigen Werbelogo von 6 m Durchmesser auf einem drehbaren Metallsegel oberhalb eines Flachdaches (OVG Bln, B. v. 7. 5. 1999, OVGE 23, 134, 136 = BRS 62 Nr. 157); als Gaststätte genutztes Fahrgastschiff (HessVGH, B. v. 14. 4. 1986, BRS 46 Nr. 130); Himmelsstrahler – eine Anlage, mit der gebündeltes, starkes Licht nach oben gestrahlt wird – (OVG NRW, B. v. 22. 6. 1994, NVwZ 1995, 718); Holzflechtzaun (OVG Bln, U. v. 31. 7. 1992, BRS 54 Nr. 91); Fläche für Hundeauslauf (OVG Bln, B. v. 7. 9. 1990, OVGE 19, 102, 103 = BRS 50 Nr. 206); Hundezwinger (NdsOVG, U. v. 30. 9. 1992, NVwZ-RR 1993, 398, 399); Kühlzelle (OVG NRW, B. v. 7.10.2005 BRS 69 Nr. 188); Parabolantenne (HessVGH, U. v. 16. 7. 1998, BRS 60 Nr. 102); Rasengitter- und Verbundsteine in einem Vorgarten (OVG Bln, B. v. 30.7.2004, BRS 67 Nr. 146 = LKV 2005, 226); Stahlgittermast für den Mobilfunk (OVG NRW, B. v. 10. 2. 1999, NvWZ-RR 1999, 714); so genannte – aus Bau- oder Zirkuswagen, Lastkraftwagen und umgebauten Anhängern bestehende – Wagenburgen (OVG Bln, B. v. 13.3.1998, OVGE 23, 10 = BRS 60 Nr. 206: B. v. 22.1.2003, BRS 66 Nr. 197 = LKV 2003, 276; OVG NRW, B. v. 6. 8. 2001, NVwZ-RR 2002, 11); Windenergieanlage (OVG NRW, U. v. 29.8.1997, NWVBl. 1998, 115).

46 IV. **Gebäude** sind die wichtigsten baulichen Anlagen. **Abs. 2** definiert diesen für das Baurecht zentralen Begriff, der an zahlreichen Stellen der BauO Bln Verwendung findet, z. B. hinsichtlich der Bebauung der Grundstücke in § 4, des Zuschnitts und Ausmaßes der Abstandsflächen nach § 6, der Beschaffenheit von Brandwänden gemäß § 30 Abs. 1, des Erfordernisses von Abständen nach § 30 Abs. 2 und § 30 Abs. 2 sowie als Voraussetzung der Verfahrensfreiheit nach § 62 Abs. 1 Nr. 1. Bedeutsam ist er auch für den Anwendungsbereich der BauO Bln. Wenngleich § 1 Abs. 2 zahlreiche bauliche Anlagen aus dem Regime des Bauordnungsrechts entlässt, so sind doch hiervon Gebäude weitgehend ausgenommen (vgl. § 1 Abs. 2 Nrn. 1 und 2). Der bauordnungsrechtliche Begriff des Gebäudes ist nicht ohne weiteres mit dem bauplanungsrechtlichen Begriff des Gebäudes identisch (vgl. Fickert/Fieseler, BauNVO, 10. Aufl., 2002, § 22 RNr. 6.1). Ob bauliche Anlagen gemäß § 2 Abs. 2 Satz 1 **DSchG Bln** eine Mehrheit baulicher Anlagen bilden, ist entsprechend dem bauordnungsrechtlichen Gebäudebegriff in § 2

Abs. 2 BauO Bln zu beurteilen (vgl. OVG Bln, U. v. 18. 11. 1994, BRS 56 Nr. 215 = LKV 1995, 371; U. v. 7. 3. 1997, ZMR 1997, 439; U. v. 11. 7. 1997, BRS 59 Nr. 234 = LKV 1998, 158; U. v. 25. 7. 1997, LKV 1998, 160; U. v. 31. 10. 1997, DWW 1998, 284; U. v. 29. 4. 1999, BRS 62 Nr. 217, S. 870). Baurechtliche **Sonderformen der Gebäude** sind **Hochhäuser** (vgl. Abs. 4 Nr. 1), **Wohngebäude** (vgl. Abs. 4 Nr. 3, § 6 Abs. 3 Nr. 2, Abs. 5 Satz 3, § 29 Abs. 6, § 30 Abs. 2 Nr. 4, § 31 Abs. 2 Satz 2 Nr. 1, § 32 Abs. 2 Satz 2, Abs. 3 Nr. 3, § 36 Abs. 1 Satz 2 Nr. 1, § 49 Abs. 2, § 62 Abs. 1 Nr. 10b und OVG Bln, B. v. 13. 3. 1998, OVGE 23, 10, 13 = BRS 60 Nr. 206 = LKV 1998, 355; OVG Bln-Bbg, B. v. 6. 7. 2006, LKV 2007, 39), **oberirdische** (vgl. § 6 Abs. 1 Satz 1) und **unterirdische Gebäude** (vgl. Abs. 3 Satz 1 Nr. 5 und RNrn. 12, 48, 64), **eingeschossige** (vgl. § 62 Abs. 1 Nr. 1a, § 66 Abs. 4 Satz 1 Nr. 2), **gewerbliche Gebäude** (vgl. § 66 Abs. 4 Satz 1 Nr. 2), **Nachbargebäude** (vgl. § 30 Abs. 10), **Nebengebäude** (vgl. § 2 Abs. 3 Satz 5), **untergeordnete** (vgl. § 62 Abs. 1 Nr. 1a), **ausgedehnte** (vgl. § 30 Abs. 2 Nr. 2), **angebaute** (vgl. § 30 Abs. 2 Nr. 4), **aneinander gebaute** (vgl. § 32 Abs. 6 Satz 1), **rückwärtige** (vgl. § 5 Abs. 1 Satz 1), **öffentlich zugängliche** (vgl. § 50 Abs. 1 Satz 1) und **verfahrensfreie Gebäude** (vgl. § 62 Abs. 1 Nr. 1, Abs. 3 Satz 4).

Bauliche Anlagen im Sinne der Legaldefinition und der diese modifizierenden Lockerungsklausel und Erstreckungsklausel des Abs. 1 Sätze 2 und 3 sind **Gebäude**, wenn sie – über die Eigenschaft der baulichen Anlage hinaus – die folgenden **vier kumulativen Voraussetzungen** erfüllen. Es muss sich um bauliche Anlagen handeln, die selbständig benutzbar und überdeckt sind, von Menschen betreten werden können und geeignet oder bestimmt sind, dem Schutz von Menschen, Tieren oder Sachen zu dienen. Für die Qualifizierung einer baulichen Anlage als Gebäude kommt es nicht auf den Sprachgebrauch des Alltags an, so dass auch Wohnwagen, Bau- und Wohncontainer, Kioske und Verkaufswagen (vgl. § 62 Abs. 1 Nr. 1a), Fahrgastunterstände (vgl. § 62 Abs. 1 Nr. 1c), Gartenlauben (vgl. § 62 Abs. 1 Nr. 1h) oder öffentliche Bedürfnisanstalten Gebäude sein können (vgl. § 62 Abs. 1 Nr. 1a sowie OVG Bln, U. v. 18. 9. 1992, OVGE 20, 149, 150; 13. 3. 1998, ZMR 1998, 522, 523; BayVGH, U. v. 26. 9. 1988, BayVBl. 1989, 181; OVG NRW, B. v. 22. 12. 1989. NJW 1990, 1132; OVG Saar, B. v. 24. 10. 1991, NVwZ 1992, 1100). Verliert eine bauliche Anlage eines der genannten Merkmale, ist sie kein Gebäude mehr. Dies trifft z. B. auf eine Ruine zu, nicht dagegen auf ein Haus, dessen abgebranntes Dach alsbald erneuert wird. Anlagen, die zwar keine Gebäude sind, von denen aber Wirkungen wie von Gebäuden ausgehen, werden im Abstandsflächenrecht den Gebäuden gleichgestellt (vgl. § 6 Abs. 1 Satz 2). Auch gibt es bauliche Anlagen, die mit Gebäuden vergleichbar sind (vgl. § 8 Abs. 1 Satz 1). 47

1. Gebäude müssen **überdeckt** sein, d. h. mit einem oberen Abschluss versehen sein. Zumeist sind Gebäude überdachte bauliche Anlagen, jedoch sind nicht alle Gebäude überdacht, denn der obere Abschluss **unterirdischer Gebäude** (vgl. Abs. 3 Satz 1 Nr. 5) – wie z. B. Bunker oder selbständige Tiefgaragen – wird üblicherweise nicht als Dach bezeichnet. Alle Gebäude sind jedoch überdeckt. Das Dach (vgl. § 32), das der Abweisung von Niederschlägen, Wind, Kälte und Hitze dient, kann von beliebiger Konstruktion sein. Die Überdeckung kann ganz oder teilweise beweglich sein, so dass auch Sporthallen mit einziehbaren Dächern erfasst werden. Die überdeckte Fläche muss Bestandteil des Gebäudes sein, was für eine Gehwegüberdachung verneint wurde (vgl. OVG Brem, B. v. 9. 9. 1999, NVWZ-RR 2000, 204). Als ausreichende Überdachung wurde eine Folie auf einer Holzkonstruktion angesehen, die während des Sommers entfernt wurde (vgl. OVG NRW, U. v. 16. 5. 1997, BRS 59 Nr. 140). 48

49 Obwohl die Legaldefinition des Abs. 2 nur eine **obere Begrenzung** fordert, gehören zum Begriff des Gebäudes auch **seitliche Begrenzungen**. Ein Gebäude besteht somit aus einem **umbauten Raum** (vgl. § 30 Abs. 3 Nr. 4), der einen Rauminhalt hat (vgl. § 30 Abs. 2 Nr. 3, Abs. 3 Nr. 4, § 32 Abs. 2 Satz 1 Nr. 4). Er muss zwar nicht nach allen Seiten geschlossenen Wände aufweisen, aber doch nach der Verkehrsauffassung den Eindruck einer **nach außen abgegrenzten baulichen Anlage** erzeugen. Bei einer überdachten Terrasse ist das der Fall (vgl. § 62 Abs. 1 Nr. 1g), desgleichen bei einem überdachten Stellplatz (vgl. Abs. 1 Satz 3 Nr. 6, Abs. 7) mit darunter angebrachten seitlichen Einfassungen (vgl. OVG Bln, B. v. 21.5.1999, BRS 62 Nr. 206 = GE 1999, 843). Die Voraussetzung einer seitlichen Begrenzung kann sogar erfüllt sein, wenn Umfassungswände völlig fehlen, wie z. B. bei einer allseits offenen Halle, bei einem Bauwerk, dessen Decken und Dach nur von Stützen oder Pfeilern getragen werden oder Carports, also Stellplätzen mit einer Überdachung (vgl. RNr. 117). Dächer mit Mittelstützen, z. B. bei Tankstellen, können daher ein Gebäude sein. Fraglich ist aber, ob die Überdachung einer Straße unter den Begriff des Gebäudes fällt (vgl. OVG NRW, B. v. 16. 2. 1996, NVwZ-RR 1997, 274).

50 2. Die **bauliche Anlage**, also ihr Inneres, muss von Menschen betreten werden können. Aufenthaltsräume (vgl. Abs. 5) muss ein Gebäude jedoch nicht aufweisen (vgl. § 6 Abs. 7 Satz 1 Nr. 1). Eine Anlage ist **betretbar**, wenn sie über einen geeigneten Zugang verfügt und ein Mensch sich in ihr – aufrecht oder wenigstens in leicht gebückter Haltung – bewegen kann (vgl. BayVGH, U. v. 9. 10. 1986, BRS 46 Nr. 133). Ein Turm ist daher betretbar, nicht aber ein Antennengittermast (vgl. OVG Bln, U. 7.9.1984, BRS 42 Nr. 44; OVG NRW, U. v. 27. 7. 2000, NWVBl. 2001, 104). Dass eine Einstiegsluke vorhanden ist oder ein Einsteigen von oben möglich ist und somit im Inneren Reparaturen vorgenommen werden können, macht eine Anlage noch nicht zu einem Gebäude (vgl. Boeddinghaus/Hahn/Schulte [vgl. § 1 RNr. 36], § 2 RNr. 39). Lagertanks und Silos sind daher keine Gebäude (vgl. OVG NRW, U. v. 9. 5. 1985, BauR 1985, 555), können aber Anlagen sein, von denen Wirkungen wie von Gebäuden ausgehen (vgl. § 6 Abs. 1 Satz 2).

51 3. **Gebäude** müssen **selbständig benutzbar** sein. Dies setzt eine funktional abgeschlossenen bauliche Einheit voraus (vgl. BVerwG, B. v. 13.12.1995, BRS 57 Nr. 79 = NvwZ 1996, 787, 788), die ohne Einbeziehung von Bauteilen (vgl. RNr. 123), welche zugleich anderen Anlagen dienen, benutzbar ist. Ein Gebäude muss also unabhängig von sonstigen baulichen Anlagen genutzt werden können (vgl. BVerwG, B. v. 13. 12. 1995, NvwZ 1996, 787, 788; OVG NRW, B. v. 12. 3. 2001, NWVBl. 2001, 396, 397). Ist ein mit Wohnungen ausgestatteter Seitenflügel eines Wohnhauses vom Hof aus gesondert zugänglich, dann sind sowohl das Vorderhaus als auch der Seitenflügel jeweils ein eigenes Gebäude (vgl. OVG Bln, U. v. 29.4.1999, BRS 62 Nr. 217, S. 870). Ist dagegen ein gemeinsamer Treppenraum (vgl. § 35) vorhanden, so sind die durch ihn erschlossenen Anlagenteile keine Gebäude; sie bilden vielmehr insgesamt ein Gebäude (vgl. OVG NRW, U. v. 28. 8. 2001, NWVBl. 2002, 388, 390). Fehlt eine selbständige Ein- und Ausgangsmöglichkeit oder – im Falle der Mehrgeschossigkeit – eine eigene Treppe, handelt es sich um einen Teil einer baulichen Anlage, aber nicht um ein Gebäude (vgl. OVG NRW, U. v. 28. 8. 2001, a. a. O.). Ob ein Gebäude, das selbständig benutzbar ist, auch tatsächlich in dieser Weise benutzt wird, ist unerheblich.

52 Ein **baulicher Zusammenhang mit anderen Gebäuden oder Anlageteilen**, wie er etwa für **Doppel- und Reihenhäuser** kennzeichnend ist, steht der Existenz mehrerer Gebäude nicht entgegen (vgl. BVerwG, B. v. 13. 12. 1995, NvwZ 1996, 787, 788;

U. v. 24.2.2000, BRS 63 Nr. 185; OVG Bln, B. v. 24.10.1990, BRS 50 Nr. 115; B. v. 8.4.1998, BRS 60 Nr. 87 = LKV 1998, 357, 358; VGH BW, B. v. 8.3.1988, BRS 48 Nr. 169; U. v. 25.6.1996, BRS 58 Nr. 77; HessVGH, U. v. 25.11.1999, BRS 62 Nr. 184; OVG NRW, U. v. 28.8.2001, NWVBl. 2002, 388, 390). Einem Gebäude darf ausnahmsweise sogar die statische Selbständigkeit fehlen (vgl. § 12 Abs. 2). Deshalb handelt es sich bei einem Doppelhaus mit einer gemeinsamen tragenden Wand, aber mit getrennten Eingangsbereichen um zwei Gebäude. Eigentumswohnungen werden zumeist über gemeinschaftliche Eingänge und Treppen erreicht und erfüllen dann nicht die begrifflichen Anforderungen an ein Gebäude; bei entsprechender baulicher Ausgestaltung kann dies jedoch anders sein. Sofern **Anbauten an ein Gebäude** (vgl. RNr. 20) ihrerseits Gebäude sind, wie z. B. **Garagen** (vgl. RNr. 117), büßen sie diese Eigenschaft ein und werden als bloßer **Gebäudeteil** (vgl. Abs. 7 Satz 2) zum Teil der Hauptanlage, wenn sie im Inneren durch Türen mit dieser verbunden werden; dagegen behalten sie die Eigenschaft einer baulichen Anlage (vgl. RNr. 19).

4. Für den Begriff des Gebäudes gilt weiterhin das Erfordernis, dass Gebäude **geeignet oder bestimmt** sein müssen, **dem Schutz von Menschen, Tieren oder Sachen** zu **dienen**. Die von der BauO Bln 1997 noch genannten Pflanzen werden nicht mehr eigens erwähnt. Da sie Sachen sind, handelt es sich insoweit nur um eine sprachliche Korrektur. Gewächshäuser sind also weiterhin Gebäude (vgl. § 62 Abs. 1 Nr. 1d). § 62 Abs. 1 Nr. 1c erwähnt kleine Gebäude, die nur zur Unterbringung von Sachen oder zum vorübergehenden Schutz von Tieren bestimmt sind. Liegen die genannten Merkmale der Überdeckung, Betretbarkeit und selbständigen Benutzbarkeit vor, wird eine bauliche Anlage nahezu ausnahmslos die Schutzfunktion erfüllen. Der Schutzklausel kommt deshalb allenfalls geringe Bedeutung zu.

V. Neuartig ist das in **Abs. 3** niedergelegte **System der Gebäudeklassen**. Während die BauO Bln 1997 in § 2 Abs. 3 unter den Gebäuden nur die Hochhäuser hervorhob (vgl. jetzt Abs. 4 Nr. 1), findet nunmehr eine Klassifizierung sämtlicher Gebäude statt. In fünf Gebäudeklassen werden die einzelnen Kategorien von Gebäuden nach ihrem Gefahrenpotenzial geordnet. Der Einteilung nach Klassen liegt kein einheitliches Kriterium, etwa das der Höhe, zugrunde. Vielmehr werden die Höhe von Gebäuden, ihre Fläche – in Gestalt der Brutto-Grundfläche (vgl. RNr. 73) – und die Zahl der Nutzungseinheiten (vgl. RNr. 71) kombiniert. Die Zahl der Vollgeschosse im Sinne des Abs. 11 wird bei der Gebäudeklassifizierung nicht berücksichtigt. Unbedenkliche Gebäude gehören zur untersten Gebäudeklasse 1 (Nr. 1), gefährdete oder gefährliche Gebäude zur höchsten Gebäudeklasse 5 (Nr. 5); im mittleren Bereich der Gefährdung oder Gefahr liegen die Gebäudeklassen 2, 3 und 4 (Nrn. 2-4). Das System der Gebäudeklassen bildet die Grundlage des Brandschutzkonzepts (§ 52 Abs. 1 Satz 3 Nr. 18) der BauO Bln. (vgl. §§ 27, 28, § 29 Abs. 6, § 30 Abs. 3, § 31, § 32 Abs. 2, § 34 Abs. 3, § 35 Abs. 1 Satz 3 Nr. 1, Abs. 4, § 36 Abs. 1 Satz 2 Nrn. 1 und 2, § 39 Abs. 1 und 2, § 40, § 41 Abs. 5, § 46 Abs. 2, § 67 Abs. 2 Satz 2 Nr. 3). Dieses beruht auf dem Prinzip, dass die wegen des Brandschutzes gestellten Anforderungen davon abhängen, welcher Klasse ein Gebäude zugeordnet ist. Je höher die Gebäudeklasse ist, desto schärfer sind die Anforderungen. Die Zugehörigkeit zu Gebäudeklassen dient aber auch gelegentlich als Anknüpfungspunkt für rechtliche Folgen außerhalb des Brandschutzes. So schreibt § 49 Abs. 2 für Wohngebäude der Gebäudeklassen 3 bis 5 Abstellräume vor. Nach § 67 Abs. 2 Satz 1 Nr. 1 und 2a muss bei Gebäuden der Gebäudeklassen 4 und 5 – gegebenenfalls auch bei Gebäuden der Gebäudeklassen 1 bis 3 – der Standsicherheitsnachweis bauaufsichtlich geprüft werden. Die Zuweisung von Gebäuden in die einzelnen Gebäudeklassen ist unabhängig von ihrer Eigenschaft als **Sonderbauten** im Sinne des Abs. 4. Für die Ermittlung der Gebäudeklasse sind nach § 5 Satz 2 BauVerfVO in der Bau- und Betriebsbeschreibung die Anzahl und die Brutto-Grundfläche der Nutzungseinheiten sowie die Höhe des Gebäudes anzugeben.

55   1. Die Grundlage der **Gebäudeklassifizierung** bildet **Satz 1**, der fünf Gebäudeklassen aufzählt und den jeweiligen Klassenbegriff definiert. Die dabei verwendeten Begriffe der Höhe, der Nutzungseinheiten und der Brutto-Grundfläche werden in den Sätzen 2 bis 4 erläutert. Satz 5 enthält eine Sonderregelung für die Gebäudeklasse 1.

56   a) Zur **Gebäudeklasse 1** rechnen **zwei Varianten von freistehenden Gebäuden** (Nr. 1), von Gebäuden also, die – jedenfalls dem Wortlaut nach – keinen baulichen Zusammenhang mit anderen Gebäuden aufweisen dürfen, die insbesondere nicht an andere Gebäude angebaut sind und an die umgekehrt keine anderen Gebäude angebaut sind (vgl. Abs. 3 Satz 5). Einige Baumaßnahmen an Gebäuden der Gebäudeklasse 1 sowie die Beseitigung von Gebäuden dieser Klasse sind verfahrensfrei (§ 62 Abs. 1 Nr. 11b und d, Abs. 3 Nr. 2).

57   aa) Die **erste Gruppe (Nr. 1a)** umfasst isolierte Gebäude mit einer Höhe bis zu 7 m; die Höhe wird nach Satz 2 berechnet (vgl. RNr. 65). Die Gebäude dürfen jeweils nicht mehr als zwei Nutzungseinheiten im Sinne des Satzes 3 aufweisen (vgl. RNr. 71). Die Brutto-Grundfläche der einzelnen Nutzungseinheit oder der beiden zulässigen Nutzungseinheiten zusammen darf nicht mehr als 400 m^2 betragen. Die Anweisung zur Berechnung der Brutto-Grundfläche findet sich in Satz 4 (vgl. RNr. 74). Bei derartigen Gebäuden wird es sich im allgemeinen um Wohngebäude in Form des Ein- oder Zweifamilienhauses handeln, doch ist die Wohnnutzung keine Voraussetzung der Zugehörigkeit zu dieser Gruppe der Gebäudeklasse 1. Für Wohngebäude der Gebäudeklasse 1 enthält § 6 Abs. 3 Nr. 2 und Abs. 5 Satz 3 abstandsflächenrechtliche Sonderregelungen.

58   Wird ein **Nebengebäude** angebaut, greift die **Sonderregelung** des Satzes 5 ein (vgl. RNr. 77). Bei buchstäblicher Anwendung des Wortlauts müsste die Zuordnung zur Gebäudeklasse 1 verneint werden, wenn es sich im Falle eines Doppelhauses um zwei Gebäude handelt (vgl. RNr. 52), keines der beiden Gebäude also im strikten Sinne freistehend ist. Eine sinngemäße Praktizierung der Vorschrift gebietet es aber, nicht am Begriff des Gebäudes gemäß Abs. 2 festzuhalten, sondern es für die Zugehörigkeit zur Gebäudeklasse 1 genügen zu lassen, dass ein Baukörper (der zwei Gebäude in sich birgt) die Maße des Buchstabens a einhält.

59   bb) Für die **zweite Gruppe (Nr. 1b) der freistehenden Gebäude** gelten die Maßbegrenzungen des Buchstaben a nicht. Allerdings wird sie durch den Nutzungszweck begrenzt: Es muss sich um land- oder forstwirtschaftlich genutzte Gebäude handeln. Wird ein Nebengebäude angebaut, greift die Sonderregelung des Satzes 5 ein (vgl. RNr. 77).

60   b) Zur **Gebäudeklasse 2 (Nr. 2)** gehören diejenigen **nicht-freistehenden Gebäude**, welche die Maße der Nr. 1a einhalten und keine land- oder forstwirtschaftlich genutzten Gebäude im Sinne der Nr. 1b sind. Die Ausführungen zur Gebäudeklasse 1 gelten entsprechend (vgl. RNr. 57). Einige Baumaßnahmen an Gebäuden der Gebäudeklasse 2 sind verfahrensfrei (§ 62 Abs. 1 Nr. 11b und d). Für Wohngebäude der Gebäudeklasse 2 enthält § 6 Abs. 3 Nr. 2 und Abs. 5 Satz 3 abstandsflächenrechtliche Sonderregelungen.

§ 2 RNr. 61–66

c) Die **Gebäudeklasse 3 (Nr. 3)** umfasst alle **sonstigen Gebäude mit einer Höhe bis zu 7 m**, also diejenigen, die nicht den Gebäudeklassen 1 und 2 zuzuordnen sind. Die Höhe wird nach Satz 2 berechnet (vgl. RNr. 65). Der Nutzungszweck, die Zahl der Nutzungseinheiten (vgl. RNr. 71) und der Umfang der Brutto-Grundfläche (vgl. RNr. 73) sind anders als bei den Kategorien nach Nrn 1 und 2 ohne Bedeutung. Auch freistehende Gebäude zählen zur Gebäudeklasse 3, wenn sie die sonstigen Anforderungen der Gebäudeklasse 1 nicht erfüllen; ihre Beseitigung ist verfahrensfrei (§ 62 Abs. 3 Nr. 2). § 49 Abs. 2 enthält eine Sonderregelung für Wohngebäude. **61**

d) Die **Gebäudeklasse 4** (Nr. 4) ergreift solche **Gebäude mit einer Höhe bis zu 13 m**, die höher als 7 m sind und Nutzungseinheiten mit jeweils nicht mehr als 400 m^2 Brutto-Grundfläche aufweisen. Die Begriffe der Höhe, der Nutzungseinheiten und der Brutto-Grundfläche werden in den Sätzen 2 bis 4 definiert (vgl. RNrn. 65, 71, 73). Unerheblich ist es, ob die Gebäude dieser Klasse freistehend oder nicht sind. § 49 Abs. 2 enthält eine Sonderregelung für Wohngebäude. Der Standsicherheitsnachweis und der Brandschutznachweis müssen bauaufsichtlich geprüft sein (vgl. § 67 Abs. 2 Satz 1 Nr. 1 und Satz 2 Nr. 3). **62**

e) Der **Gebäudeklasse 5** (Nr. 5) gehören **alle sonstigen Gebäude** an. Die Vorschrift greift also subsidiär ein, wenn keiner der Tatbestände der Nrn. 1 bis 4 vorliegt. Die Höhe, der Nutzungszweck, die Zahl der Nutzungseinheiten und der Umfang der Brutto-Grundfläche sind anders als bei den übrigen Kategorien ohne Bedeutung. .§ 49 Abs. 2 enthält eine Sonderregelung für Wohngebäude. Der Standsicherheitsnachweis und der Brandschutznachweis müssen bauaufsichtlich geprüft sein (vgl. § 67 Abs. 2 Satz 1 Nr. 1 und Satz 2 Nr. 3). **63**

Selbständigen **unterirdischen Gebäuden** (vgl. RNr. 48) sind die Gebäudeklassen.1 bis 4 verschlossen. Für sie – z. B. für unterirdische Garagen oder Bunker – ist unabhängig von ihrer Fläche, ihrer Größe oder ihrem Nutzungszweck wegen des ihnen eigentümlichen Gefahrenpotenzials ausnahmslos die höchste Gebäudeklasse 5 maßgeblich. **Unterirdische Geschosse** von Gebäuden werden dagegen nicht von der Gebäudeklasse 5 erfasst; sie haben vielmehr dieselbe Klassenzugehörigkeit wie die Gebäude, denen sie angehören. Denn die Gebäudeklassen Nr. 1 bis 4 richten sich nur nach den oberirdischen Gebäudeteilen. Deshalb ist die Tiefe oder die Fläche (vgl. Satz 4 Halbs. 2) von Kellern ohne Belang. **64**

2. Nach Satz 1 kommt es für die Zuordnung zu den Gebäudeklassen 1 (Buchstabe a), 2, 3 und 4 auf die Einhaltung bestimmter Höhen von Gebäuden an (7 m oder 13 m). **Satz 2** verweist auf Satz 1 und **definiert den** dort verwendeten **Begriff der Höhe**. Die Höhe wird vom Gesetz als Maß einer Fußbodenoberkante über der Geländeoberfläche bezeichnet. Bei einem ebenen Grundstück handelt es sich um die Entfernung zwischen zwei Geraden oder Flächen. Untere Bezugsgröße oder Bezugsfläche ist die Geländeoberfläche, obere Bezugsgröße die Fußbodenoberkante eines bestimmten Geschosses. Die Bemessungsregel des Satzes 2 findet auch in den Fällen des Abs. 4 Nrn. 1 und 2 (vgl. RNrn. 85, 86), des Abs. 6 Satz 1 (vgl. RNr. 110) und des § 35 Abs. 7 Satz 2, Abs. 8 Satz 3 Halbs. 1 Anwendung. Eine abstandsflächenrechtliche Sonderregelung zur Bemessung der Wandhöhe enthält § 6 Abs. 4 (vgl. auch § 5 Abs. 1 Satz 2, § 66 Abs. 4 Satz 1 Nr. 2). **65**

a) Bei der **Geländeoberfläche** kann es sich um eine natürliche ebene Geländeoberfläche handeln. Dann ist die Gerade, die den Anschnitt mit dem Gebäude bildet, die unterer Bezugsgröße für die Höhe. Ist das Baugrundstück uneben, also z. B. bei Hang- **66** lage oder dem Vorhandensein von Bodenwellen, ist die Geländeoberfläche „im Mittel" maßgebend. Wie der **Mittelwert** zu bilden ist, sagt das Gesetz nicht, so dass ein gewisser Spielraum für die Baupraxis besteht. Entsprechendes gilt, wenn, was regelmäßig der Fall ist, die Geländeoberfläche bereits künstlich verändert worden ist, etwa durch frühere Baumaßnahmen, gärtnerische Gestaltung, Aufschüttungen oder Abgrabungen (vgl. Abs. 1 Satz 3 Nr. 1 sowie VGH BW, U. 10. 4 1975, BRS 29 Nr. 86). Im allgemeinen wird die faktische Geländeoberfläche vor Baubeginn der Höhenberechnung zugrundegelegt werden können. Doch kann auch die mit dem Bauvorhaben geplante künftige Geländeoberfläche diese Funktion übernehmen (vgl. § 4 Abs. 2 Nrn. 2b und 3 BauVerfVO). Da nur Aufschüttungen und Abgrabungen geringeren Umfangs verfahrensfrei sind (vgl. § 62 Abs. 1 Nr. 8) und auch dann den öffentlich-rechtlichen Vorschriften entsprechen müssen (vgl. § 60 Abs. 2, § 62 Abs. 5 Satz 1), ist – rechtlich gesehen – die Gefahr, dass die Geländeoberfläche manipuliert wird und eine Einordnung in eine inkorrekte Gebäudeklasse stattfindet, nicht sonderlich groß. Erwägenswert ist es, Aufschüttungen, die nur der Kaschierung dienen (vgl. VG Bln, U. v. 22. 8. 1973, GE 1974, 148), bei der Höhenbemessung nicht zu berücksichtigen.

67 Außerdem können **rechtliche Vorgaben** dem Bauherrn die Disposition über die Gestaltung der **Geländeoberfläche** entziehen und eine missbräuchliche Verkleinerung der Gebäudehöhe verhindern. So besteht eine Bindung an Festsetzungen der Höhenlage in Bebauungsplänen, die auf § 9 Abs. 2 BauGB beruhen und z. B. die Höhenlage von Verkehrsflächen und Grundstücksflächen koordinieren sollen (vgl. Gelzer/Bracher/Reidt, Bauplanungsrecht, 6. Aufl., 2001, RNr. 407). Eine **Festlegung der Geländeoberfläche durch die BABeh.,** wie sie noch § 2 Abs. 3 BauO Bln 1997 im Falle von Hochhäusern vorsah, ist dagegen nach der BauO Bln **nicht mehr zulässig.** .Auch wenn ein Baugenehmigungsverfahren durchgeführt wird, ist die Festlegung der Geländeoberfläche – in Abweichung von der früheren Rechtslage (vgl. Voraufl., § 2 RNrn. 38 f.) – kein bindender Bestandteil der Baugenehmigung mehr.

68 b) **Obere Bezugsgröße** ist die **Fußbodenoberkante** des höchstgelegenen Geschosses, in dem ein Aufenthaltsraum möglich oder ein Stellplatz vorgesehen ist. Der Begriff des Geschosses wird in Abs. 6 erläutert, die Begriffe des Aufenthaltsraums und des Stellplatzes werden in den Abs. 5 und 7 Satz 1 definiert. Geschosse, die über den in Satz 2 genannten Geschossen liegen, in denen aber ein Aufenthaltsraum nicht möglich oder kein Stellplatz vorgesehen ist, erhöhen zwar das Gebäude, werden aber bei der Berechnung der Gebäudehöhe nicht berücksichtigt. Das Gleiche gilt für Höhe des höchstgelegenen Geschosses oberhalb der Fußbodenoberkante sowie des Daches nebst seinen Aufbauten. Die nach Satz 1 maßgeblichen Grenzwerte von 7 und 13 m können also beträchtlich hinter den wirklichen Gebäudehöhen zurückbleiben.

69 Möglich ist ein **Aufenthaltsraum in einem Geschoss** nur, wenn dieses eine lichte Raumhöhe von 2,50 m, in einem Dachraum eine lichte Raumhöhe von 2,30 m über mindestens die Hälfte ihrer Netto-Grundfläche hat (vgl. § 48 Abs. 1 Satz 1). Aber auch weitere Anforderungen an Belüftung und Beleuchtung müssen erfüllt werden können, damit ein Aufenthaltsraum möglich wird (vgl. § 48 Abs. 2). Geschosse, in denen **Stellplätze** vorgesehen sind, insbesondere Garagengeschosse, werden ebenso behandelt wie Geschosse mit Aufenthaltsräumen.

70 c) Das **Maß von 7 m oder 13 m** muss von sämtlichen Gebäudeteilen eingehalten werden. Werden die Grenzwerte auch nur an einer Stelle des Gebäudes überschritten, muss das Gebäude einer anderen Gebäudeklasse zugewiesen werden.

3. Die Gebäudeklassen 1 und 2 setzen voraus, dass nicht mehr als zwei Nutzungseinheiten vorhanden sind (vgl. RNrn. 57, 60); die Gebäudeklasse 4 sieht eine Flächenbegrenzung der jeweiligen Nutzungseinheiten vor. **Satz 3 definiert den Begriff der Nutzungseinheiten**, weicht aber von der Gesetzestechnik des Satzes 2 ab. Während dieser nur den Begriff der Höhe „im Sinne des Satzes 1" erläutert, enthält sich Satz 3 einer entsprechenden Beschränkung. Daher ist seine Definition nicht nur bei der Praktizierung von Gebäudeklassen, sondern immer dann maßgeblich, wenn die BauO Bln den Begriff der Nutzungseinheiten verwendet (vgl. § 29 Abs. 1, 2 Nr. 1, § 31 Abs. 4 Nr. 2, § 33 Abs. 1 Halbs. 1, Abs. 2 Sätze 1 und 2, Abs. 3 Satz 1, § 35 Abs. 1 Satz 3 Nr. 2, Abs. 6 Satz 1 Nrn. 1 und 3, § 36 Abs. 1 Sätze 1 und 2 Nrn. 3 und 4, § 40 Abs. 1 Halbs. 2 Nr. 3, § 41 Abs. 5 Nr. 3). Nutzungseinheiten sind **einem Nutzungszweck zugeordnete Bereiche**. Ein solcher Bereich kann aus einem **Raum** oder mehreren Räumen bestehen (vgl. RNr. 102). Als Beispiele von Nutzungseinheiten zieht § 33 Abs. 1 Halbsatz 1 Wohnungen, Praxen und selbständige Betriebsstätten heran; § 36 Abs. 1 Satz 2 Nr. 4 erwähnt Nutzungseinheiten, die einer Büro- oder Verwaltungsnutzung dienen.

71

Da der Begriff der Nutzungseinheiten innerhalb des Themas der Gebäudeklassifizierung eingeführt wird, handelt sich bei **Nutzungseinheiten** um **Teile von Gebäuden**. Nutzungseinheiten werden durch Wände begrenzt (vgl. § 29 Abs. 2 Nr. 1). Sie müssen nicht auf einer Ebene liegen, sondern können sich, falls sie miteinander intern verbunden sind, über mehr als ein Geschoss erstrecken (vgl. § 31 Abs. 4 Nr. 2, § 35 Abs. 1 Satz 3 Nr. 2, § 40 Abs. 1 Halbs. 2 Nr. 3, § 41 Abs. 5 Nr. 3). Ein kombinierter Nutzungszweck dürfte für eine Nutzungseinheit ausreichen. So liegen bei einer Praxis, die in einer Wohnung betrieben wird, oder einem Ladengeschäft mit einer dahinter liegenden Wohnung mehrere Nutzungszwecke vor; dennoch erscheint es angebracht, sie als Nutzungseinheiten zu behandeln. Nutzungseinheiten müssen abgeschlossen sein. Wie die Abgrenzung der Nutzungseinheiten voneinander im einzelnen beschaffen ist, lässt sich der in Satz 4 enthaltenen Regel über die Berechnung ihrer Brutto-Grundflächen entnehmen (vgl. RNrn. 73 f.).

72

4. Satz 4 erklärt den **Begriff der Brutto-Grundfläche**, der für die Einordnung von Gebäuden in die Gebäudeklassen 1, 2 und 4 bestimmt ist (vgl. RNrn. 57, 60, 62). Wie der Begriff der Nutzungseinheiten (vgl. RNr. 71) ist auch der Begriff der Brutto-Grundfläche immer maßgeblich, wenn sich die BauO Bln seiner bedient (vgl. § 36 Abs. 1 Satz 2 Nrn. 3 und 4, § 41 Abs. 5 Nr. 3, § 62 Abs. 1 Nr. 3b, § 75 Abs. 2 Nrn. 3 und 4). Nur in Halbs. 2 findet sich eine Verweisung auf Satz 1, so dass die dort vorgenommene Modifikation der Brutto-Grundfläche auf die Gebäudeklassifizierung beschränkt bleibt (vgl. RNr. 76).

73

a) Satz 4 enthält keine umfassende Definition, sondern begnügt sich mit einer Anweisung zur **Berechnung der Brutto-Grundfläche von Nutzungseinheiten**. Die Brutto-Grundfläche umfasst die gesamte Fläche der Nutzungseinheit einschließlich der Umfassungswände (Satz 4 Halbs. 1), also auch der Außenwandbekleidungen (vgl. § 6 Abs. 6 Satz 1 Nr. 3). Entscheidend ist also nicht das innere – wie bei der Netto-Grundfläche (vgl. § 48 Abs. 1 Halbs. 1, Abs. 2 Satz 2) – , sondern das äußere Maß, bei dem auch die von den Umfassungswänden beanspruchte Fläche berücksichtigt wird. Die Umfassungswände einer Nutzungseinheit können ausschließlich aus Außenwänden bestehen (vgl. § 28). Grenzen jedoch mehrere Nutzungseinheiten aneinander, sind Trennwände erforderlich; das gleiche gilt zwischen Nutzungseinheiten und anders genutzten Räumen, ausgenommen notwendigen Fluren (vgl. § 29 Abs. 1 Nr. 2). Die Berechnungsre-

74

gel des Satzes 4 lässt also den Schluss zu, dass Nutzungseinheiten gegenüber ihrer baulichen Umgebung durch Wände abgeschlossen sein müssen. Nutzungseinheiten sind nicht mit Brandabschnitten identisch, vielmehr können mehrere Nutzungseinheiten innerhalb eines Brandabschnitts liegen (vgl. § 30 Abs. 1, Abs. 2 Nr. 2).

75 b) Als für die Gebäudeklassifizierung wichtige Maßzahl wird mehrfach eine **Brutto-Grundfläche von 400 m^2** genannt (vgl. Abs. 3 Satz 1 Nrn. 1a, 2 und 4), sei es dass zwei Nutzungseinheiten insgesamt sie nicht überschreiten dürfen, sei es, dass einzelne Nutzungseinheiten diesen Wert einhalten müssen. Auch an anderen Stellen bezieht sich die BauO Bln gelegentlich auf diesen Wert (vgl. 31 Abs. 4 Nr. 2, § 36 Abs. 1 Satz 2 Nr. 4, § 41 Abs. 5 Nr. 3). Da innere Brandwände der Unterteilung ausgedehnter Gebäude in Brandabschnitte dienen und diese Unterteilung in Abständen von nicht mehr als 40 m zu geschehen hat (vgl. § 30 Abs. 1, 2 Nr. 2), wird eine Brutto-Grundfläche von 400 m^2 bei einer Gebäudetiefe von 10 m erreicht. Da sie mit dem **Flächeninhalt eines Brandabschnitts** korrespondiert, ist sie als Maßzahl geeignet. Abgesehen von den Folgen, die sich aus dem Brandschutzkonzept der BauO Bln und dem darauf abgestimmten System der Gebäudeklassifizierung für Nutzungseinheiten ergeben, besteht kein Zwang zur flächenmäßigen Begrenzung von Nutzungseinheiten. Deshalb sind auch Nutzungseinheiten mit einer Brutto-Grundfläche von mehr als 400 m^2 zulässig; sogar Flächen von nicht mehr als 400 m^2 werden erwähnt, die Teile größerer Nutzungseinheiten sind (vgl. § 36 Abs. 1 Satz 2 Nr. 4). Mitunter werden aber auch andere Brutto-Grundflächen genannt (vgl. § 2 Abs. 4 Nr. 3: 1 600 m^2, Nr. 4: 800 m^2, Nr. 5: mehr als 400 m^2, Nr. 8: mehr als 150 m^2, § 35 Abs. 1 Satz 2 Nr. 2, Abs. 6 Satz 1 Nr. 1, § 36 Abs. 1 Satz 2 Nr. 3: 200 m^2, § 62 Abs. 1 Nr. 1a: 10 m^2, 1b: 30 m^2, Nr. 1c und d: 100 m^2, § 66 Abs. 4 Satz 1 Nrn. 1 und 2: 250 m^2).

76 c) Bei der Berechnung der Brutto-Grundfläche nach Satz 1 bleiben **Flächen in Kellergeschossen** außer Betracht (Satz 4 Halbs. 2). Die Verweisung auf Satz 1 legt – entsprechend derjenigen in Satz 2 (vgl. RNr. 65) – den Schluss nahe, dass die Modifikation der Berechnungsregel des Satzes 4 Halbs. 1 auf die Gebäudeklassifizierung beschränkt ist und nicht für die sonstigen Fälle gilt, in denen die BauO Bln sich auf die Brutto-Grundflächen bezieht (vgl. RNr. 73). Der Begriff der Kellergeschosse wird in Abs. 6 definiert. Der Ausschluss der Flächen in Kellergeschossen ist sachgerecht, weil unterirdische Gebäudeteile ohne Einfluss auf die Einordnung von Gebäuden in die einzelnen Gebäudeklassen sind (vgl. RNr. 64).

77 5. Satz 5 regelt einen Sonderfall bei der Einordnung von Gebäuden in die **Gebäudeklasse 1** (vgl. RNrn. 58 f.). Wird ein Nebengebäude an Gebäude der Gebäudeklasse 1 angebaut, verändert sich die Gebäudeklasse nicht, wenn das Nebengebäude nach § 62 Abs. 1 Nr. 1a oder 1b verfahrensfrei ist. Die Vorschrift enthält mehrere Ausnahmen von den Begrenzungen des Satzes 3 Nr. 1. Ein angebautes Nebengebäude berührt die Eigenschaft des Hauptgebäudes als ein freistehendes Gebäude im Sinne der Nrn. 1a und b nicht. Auch kann das Nebengebäude eine eigene Nutzungseinheit (vgl. RNr. 71) enthalten, so dass die in Nr. 1a genannte Zahl von zwei Nutzungseinheiten überschritten wird. Das Nebengebäude braucht im Falle der Nr. 1b nicht der Land- oder Forstwirtschaft zu dienen. Ein angebautes Nebengebäude muss sich räumlich dem Hauptgebäude unterordnen, kann aber von dessen Nutzungsweck abweichen. Von den in § 62 Abs. 1 Nr. 1a oder 1b als verfahrensfrei genannten Gebäuden kommen im wesentlichen nur eingeschossige Gebäude mit einer Brutto-Grundfläche bis zu 10 m^2, sowie kleine Garagen, überdachte Stellplätze sowie deren Abstellräume in Betracht.

V. Abs. 4 enthält eine **Legaldefinition der Sonderbauten**. Er nennt zunächst die Objekte, die als Sonderbauten in Betracht kommen (Anlagen und Räume), führt ein sie kennzeichnendes Merkmal ein (Anlagen und Räume besonderer Art oder Nutzung) und zählt in einem Katalog die Sonderbauten auf. Die Regelung der Sonderbauten ist unabhängig von der in Abs. 3 normierten Gebäudeklassifizierung, und auch die Zahl der Vollgeschosse im Sinne des Abs. 11 spielt im Bereich der Sonderbauten keine Rolle.

1. Sonderbauten werden von der BauO Bln einem **speziellen Regime** unterstellt, weil sie ein erhebliches **Gefahrenpotenzial** aufweisen (vgl. AH-Drucks. 15/3926, S. 62, – zu § 2 Abs. 4). Dieses ergibt sich z. B. aus der Art der Anlagen oder Räume, wenn diese von besonderer Höhe oder Ausdehnung sind (vgl. Nrn. 1, 2, 3) oder von zahlreichen – teilweise hilfsbedürftigen – Personen aufgesucht werden (vgl. Nrn. 4, 6, 7, 8). Derartige Sonderbauten bereiten erhebliche Schwierigkeiten bei der Brandbekämpfung und der Rettung von Menschen. Auch die spezielle Nutzung – wie etwa der Umgang mit explosiven Stoffen (vgl. Nr. 17) – kann eine erhöhte Gefahr mit sich bringen. Konkretisierende Bestimmungen enthält die BetrVO.

a) Der **Begriff der Sonderbauten** hat eine **verfahrenssteuernde Wirkung** (vgl. AH-Drucks. 15/3926, S. 62 – zu § 2 Abs. 4 –). Sonderbauten unterliegen prinzipiell der Genehmigungspflicht nach § 60 Abs. 1 und dem vollen Prüfprogramm des § 65 Satz 1. Die Genehmigungsfreiheit (vgl. § 60 Abs. 2) für verfahrensfreie Bauvorhaben (vgl. § 62) besteht bei ihnen nicht, und auch von der Genehmigungsfreistellung sowie dem vereinfachten Baugenehmigungsverfahren sind sie ausgenommen (vgl. § 63 Abs. 1, § 64 Satz 1). Bei Gebäuden, die Sonderbauten sind, ist nach § 61 Abs. 1 Nr. 1 und 2 die (aufgedrängte) Konzentrationswirkung ausgeschlossen. Weiterhin können gemäß § 50 Abs. 1 Satz 1 an Sonderbauten im Einzelfall zur Verwirklichung der allgemeinen Anforderungen nach § 3 Abs. 1 besondere Anforderungen gestellt werden (vgl. § 3 RNrn. 4, 9, 30, 58). Diese betreffen gemäß § 52 Abs. 1 Satz 3 eine Fülle bauaufsichtlicher Themen, insbesondere den Brandschutz (vgl. Nrn. 7 bis 9). Bei Sonderbauten muss der Brandschutznachweis bauaufsichtlich geprüft sein (§ 67 Abs. 2 Satz 2 Nr. 1). In Bezug auf Sonderbauten können nach § 52 Abs. 1 Satz 2 Erleichterungen gestattet werden, soweit es der Einhaltung von Vorschriften wegen der besonderen Art oder Nutzung baulicher Anlagen oder Räume oder wegen besonderer Anforderungen nicht bedarf. Auch in Rechtsverordnungen können gemäß § 84 Abs. 1 Nr. 4 besondere Anforderungen oder Erleichterungen, die sich aus der besonderen Art oder Nutzung von Anlagen oder Räumen ergeben, enthalten sein. Abgesehen von zahlreichen Regelungen, die sich nur auf einzelne oder mehrere Gebäudeklassen beziehen, enthält die BauO Bln auch materiellrechtliche Bestimmungen für sämtliche Sonderbauten, z. B. in § 33 Abs. 4 Satz 2 hinsichtlich des zweiten Rettungswegs.

b) Sonderbauten sind **Anlagen und Räume besonderer Art oder Nutzung**. Zu den Anlagen gehören nicht nur die baulichen Anlagen sondern auch die sonstigen Anlagen und Einrichtungen im Sinne des § 1 Abs. 1 Satz 2 (vgl. § 2 Abs. 1 Satz 1). Da die Sonderbauten im Katalog des Abs. 4 einzeln aufgeführt werden, kommt es nicht darauf an, welcher der drei Kategorien von Anlagen sie angehören. Eigenartigerweise reduziert § 52 Abs. 1 Satz 2 (anders als § 84 Abs. 1 Nr. 4), der sich auf Sonderbauten bezieht, diese auf bauliche Anlagen und Räume. § 61 Abs. 1 Nr. 1 und 2 betrifft nur Gebäude, die Sonderbauten sind.

Dass in der Legaldefinition außer den Anlagen auch **Räume** (vgl. RNr. 102) **besonderer Art oder Nutzung** als Formen der Sonderbauten genannt werden, ist von geringer

Bedeutung. Nur bei wenigen der im Katalog aufgeführten zahlreichen Varianten der Sonderbauten ist erkennbar, dass es sich um Räume handelt. Räume finden vielmehr ausdrücklich lediglich als Bestandteile von Sonderbauten Erwähnung (vgl. Nrn. 4, 5, 6, 7a). Immerhin mögen in einigen Fällen dem Gesetzgeber neben Gebäuden oder Gebäudeteilen auch Räume als Anknüpfungspunkt für die Eigenschaft von Sonderbauten vor Augen gestanden haben.(vgl. Nrn. 9 und 10). Rechtlich von geringem Gewicht ist es auch, dass die Legaldefinition die Sonderbauten mit dem Prädikat versieht, es handle sich bei ihnen um **Anlagen und Räume besonderer Art oder Nutzung**. Einer Prüfung, ob im Einzelfall diese Voraussetzung vorliegt, ist nicht nötig, weil die Sonderbauten im Katalog mit ausreichender Präzision beschrieben werden. Die besonderer Art oder Nutzung von Anlagen und Räumen war lediglich das Motiv für den Gesetzgeber, bestimmte Anlagen und Räume in seine Aufzählung aufzunehmen. Immerhin ist die besondere Art oder Nutzung baulicher Anlagen oder Räume aber von Bedeutung für die Handhabung der Analogieklausel des Abs. 4 Nr. 18 (vgl. RNr. 101) und die Gewährung von Erleichterungen nach § 52 Abs. 1 Satz 3.

83 c) Der wichtigste Bestandteil der Legaldefinition der Sonderbauten ist das Erfordernis, dass die Anlagen und Räume besonderer Art oder Nutzung einen der im **Katalog des Abs. 4** aufgeführten Tatbestände (Nrn. 1 bis 18) erfüllen müssen. Die Einleitungsformel erweckt den Anschein, als handle es sich um eine abschließende Enumeration; jedoch lässt die Analogieklausel der Nr. 18 eine Erweiterung zu (vgl. RNr. 101).

84 2. Der **Katalog der Sonderbauten** in Abs. 4 umfasst **18 Tatbestände**. Die Erfüllung eines Tatbestands reicht für das Vorliegen eines Sonderbaus aus. Ob es sich im Einzelfall um eine bauliche Anlage, eine sonstige Anlage oder Einrichtung im Sinne des § 1 Abs. 1 Satz 2 (oder auch nur um Räume) handelt, ist unerheblich (vgl. RNrn. 81 f.).Auch die besondere Art oder Nutzung, die von der Legaldefinition vorausgesetzt wird, bedarf keiner separaten Prüfung (vgl. RNr. 82), sondern ist eine von den jeweiligen Tatbestandsmerkmalen konkludent bejahte Eigenschaft. Fast alle Katalognummern begnügen sich mit einer Beschreibung der von ihnen erfassten Objekte und bedienen sich dabei geläufiger Begriffe des Baurechts, ohne diese – abgesehen von Nr. 1 – zu definieren. Die Tatbestände überlagern einander, so dass Anlagen unter mehrere Kategorien fallen können, wie z. B. ein Hochhaus, das Räume aufweist, die einzeln für die Nutzung durch mehr als 100 Personen bestimmt sind (vgl. Nrn. 1 und 5). Garagen (vgl. Abs. 7 Satz 2) sind in den Katalog nicht aufgenommen worden. Sie sind daher keine Sonderbauten, werden ihnen aber hinsichtlich der Zulässigkeit von besonderen Anforderungen im Einzelfall in § 52 Abs. 2 gleichgestellt.

85 a) **Nr. 1** verwendet als einziger Tatbestand des Katalogs die Gesetzestechnik der Definition. Sein **Begriff der Hochhäuser** weicht allerdings von dem der Vorgängervorschrift des § 2 Abs. 3 BauO Bln 1997 ab. Hochhäuser sind Gebäude (vgl. Abs. 2) mit einer Höhe von mehr als 22 m. Diese Höhe entspricht der Reichweite konventioneller Feuerwehrleitern. Die Höhe bestimmt sich nach Abs. 3 Satz 2. Daher muss zwischen der Fußbodenoberkannte des höchstgelegenen Geschosses, in dem ein Aufenthaltsraum möglich ist, und der Geländeoberfläche im Mittel eine Entfernung von mehr als 22 m liegen (vgl. RNrn. 65 f.). Abgesehen von den Regeln über Sonderbauten gelten für Hochhäuser auch einzelne Spezialvorschriften (vgl. § 39 Abs. 1 Satz 3 Nr. 1).

86 b) In **Nr. 2** werden **bauliche Anlagen** (vgl. Abs. 1 Sätze 2 und 3) **mit einer Höhe von mehr als 30 m** zu Sonderbauten erklärt. Da Gebäude nach Nr. 1 bereits bei geringerer Höhe Sonderbauten sind, kann es sich nur um sonstige bauliche Anlagen handeln, die

von Menschen nicht betreten werden können, wie Masten, Antennen und ähnliche Anlagen (vgl. § 62 Abs. 1 Nr. 4) sowie Windenergieanlagen. Obwohl – anders als im Falle der Nr. 1 – eine Verweisung auf Abs. 3 Satz 2 fehlt, ist die Höhe auf entsprechende Weise zu ermitteln (vgl. RNrn. 65 f.).

c) Nr. 3 nennt **Gebäude** (vgl. Abs. 2) mit **mehr als 1 600 m^2 Brutto-Grundfläche des Geschosses** (vgl. RNr. 107) **mit der größten Ausdehnung**. Die Berechnung der Brutto-Grundfläche richtet sich nach Abs. 3 Satz 4 (vgl. RNrn. 73 f.). Wohngebäude sind ausgenommen. Sie sind also auch dann keine Sonderbauten, wenn ihr flächenmäßig größtes Geschoss den Grenzwert von 1 600 m^2 Brutto-Grundfläche überschreitet. Der Begriff des Wohngebäudes wird in der BauO Bln zwar häufig verwendet (vgl. RNr. 46), doch nicht definiert. Er knüpft an den Begriff der Wohnung und des Wohnens an, wie er in § 49 verwendet wird. Ein Wohngebäude muss die Eignung und Bestimmung zum dauernden Wohnen haben (vgl. OVG Bln, B. v. 13. 3. 1998, LKV 1998, 355 f.); Gebäude, in denen soziale Einrichtungen untergebracht sind, rechnen nicht zu den Wohngebäuden (vgl. OVG Bln, B. v. 2. 6. 1987, BRS 47 Nr. 41; B. v. 23. 8. 1996, BRS 58 Nr. 205).

d) Verkaufsstätten, deren Verkaufsräume und Ladenstraßen eine Brutto-Grundfläche von insgesamt mehr als 800 m^2 haben, sind nach Nr. 4 Sonderbauten. Nach § 8 Abs. 2 Satz 1 BetrVO sind Verkaufsstätten Gebäude oder Gebäudeteile, die ganz oder teilweise dem Verkauf von Waren dienen, mindestens einen Verkaufsraum haben und keine Messebauten sind. Verkaufsräume sind nach § 8 Abs. 2 Satz 2 BetrVO Räume, in denen Waren zum Verkauf oder sonstige Leistungen angeboten werden oder die dem Kundenverkehr dienen, ausgenommen Treppenräume notwendiger Treppen, Treppenraumerweiterungen sowie Garagen. Ladenstraßen sind gemäß § 8 Abs. 2 Satz 3 BetrVO überdachte oder überdeckte Flächen, an denen Verkaufsräume liegen und die dem Kundenverkehr dienen. Für die Berechnung der Brutto-Grundfläche ist Abs. 3 Satz 4 maßgeblich (vgl. RNrn. 73 f.).

e) Nach **Nr. 5** sind **Gebäude** (vgl. Abs. 2) mit **Räumen** (vgl. RNr. 102), die einer **Büro- oder Verwaltungsnutzung** dienen und einzeln eine **Brutto-Grundfläche von mehr als 400 m^2** haben, Sonderbauten. Hauptsächlich handelt es sich bei den genannten um Gro0raumbüros. Ausreichend ist, dass ein einziger Raum mit der genannten Zweckbestimmung die Maßzahl überschreitet. Diese wird an Hand des Abs. 3 Satz 4 ermittelt (vgl. RNrn. 73 f.).

f) Nr. 6 des Katalogs nennt **Gebäude** (vgl. Abs. 2) mit **Räumen** (vgl. RNr. 102), die einzeln für die **Nutzung durch mehr als 100 Personen** bestimmt sind. Auch hier genügt es, dass ein einziger Raum diese Voraussetzung erfüllt.

g) In **Nr. 7** werden zwei Formen von **Versammlungsstätten** in den Kreis der Sonderbauten einbezogen. Nach § 23 Abs. 1 Satz 1 BetrVO sind Versammlungsstätten bauliche Anlagen oder Teile baulicher Anlagen, die für die gleichzeitige Anwesenheit vieler Menschen bei Veranstaltungen insbesondere erzieherischer, wirtschaftlicher, geselliger, kultureller, künstlerischer, politischer, sportlicher oder unterhaltender Art bestimmt sind, sowie Schank- und Speisewirtschaften. Veranstaltungen religiöser Art werden nicht vom Begriff der Versammlungsstätten im Sinne des § 23 Abs. 1 BetrVO erfasst; nach § 23 Abs. 2 BetrVO gilt die VO nicht für Räume, die dem Gottesdienst gewidmet sind. §52 Abs. 1 Satz 3 Nr. 16 gestattet im Einzelfall besondere Anforderungen und Erleichterungen.

92 Sonderbauten sind nach **Nr. 7a** Versammlungsstätten mit **Versammlungsräumen**, die **insgesamt mehr als 200 Besucher** fassen, wenn diese Versammlungsräume gemeinsame Rettungswege haben (vgl. §§ 33, 35 und 36). Versammlungsräume sind nach § 23 Abs. 1 Satz 3 Räume für Veranstaltungen oder für den Verzehr von Speisen und Getränken; hierzu gehören auch Aulen und Foyers, Vortrags- und Hörsäle sowie Studios, also Produktionsstätten für Film, Fernsehen und Hörfunk mit Besucherplätzen. Sonderbauten sind nach **Nr. 7b** auch **Versammlungsstätten im Freien** mit Szenenflächen und Freisportanlagen, deren Besucherbereich jeweils mehr als 1000 Besucher fasst und ganz oder teilweise aus baulichen Anlagen besteht. Zum Besucherbereich gehören insbesondere Tribünen (vgl. § 52 Abs. 1 Satz 3 Nr. 16). Szenenflächen sind Flächen für künstlerische und andere Darbietungen. Freisportanlagen sind Flächen im Freien, die für sportliche Aktivitäten genutzt werden. Daher sind große Sportplätze und Stadien Sonderbauten.

93 h) **Schank- und Speisegaststätten** werden von **Nr. 8** aus dem Begriff der Versammlungsstätten ausgegliedert (vgl. RNr. 91) und zu einer speziellen Art von Sonderbauten erklärt, wenn sie mehr als 40 Gastplätze haben. Beherbergungsstätten mit mehr als 12 Betten sind gleichfalls Sonderbauten. Nach § 14 Satz 1 BetrVO sind dies Gebäude oder Gebäudeteile, die ganz oder teilweise für die Beherbergung von Gästen bestimmt sind; ausgenommen ist die Beherbergung in Ferienwohnungen. Zur selben Kategorie rechnen **Spielhallen** mit mehr als 150 m^2 Brutto-Grundfläche.

94 i) Die **Nrn. 9 und 10** erfassen **Anlagen und Räume, in denen sich schutz- und hilfsbedürftige Personen aufhalten**: Krankenhäuser, Heime und sonstige Einrichtungen zur Unterbringung oder Pflege von Personen, Tageseinrichtungen für Kinder, Behinderte und alte Menschen.

95 j) In **Nr. 11** werden **Schulen**, **Hochschulen** und ähnliche Einrichtungen genannt.

96 k) In **Nr. 12** wird der Katalog auf **Justizvollzugsanstalten** und bauliche Anlagen für den Maßregelvollzug (vgl. §§ 63 und 69 StGB) erstreckt.

97 l) Die in Abs. 2 Satz 3 Nrn. 4 und 5 zu baulichen Anlagen deklarierten Einrichtungen sind Sonderbauten: **Camping- und Wochenendplätze** (vgl. RNr. 38) – nicht aber Zeltplätze – nach **Nr. 13**, **Freizeit- und Vergnügungsparks** (vgl. RNr. 40) nach **Nr. 14**.

98 m) **Fliegende Bauten** gehören nach **Nr. 15** gleichfalls zu den Sonderbauten, soweit sie nach § 75 Abs. 2 einer Ausführungsgenehmigung bedürfen.

99 n) **Regallager** mit einer Oberkante Lagerguthöhe von mehr als 7,50 m sind nach **Nr. 16** Sonderbauten. Die Bemessungsgrenze ist nicht die Höhe des Regallagers oder der Regale, sondern derjenigen Oberkante, die von der Höhe des auf den Regalen befindlichen Lagerguts gebildet wird. Ist ein Regallager Teil eines Gebäudes, ist das gesamte Gebäude ein Sonderbau. Eine solche Beziehung besteht, wenn das Regallager dauerhaft – z. B. durch Verschweißen – mit dem Gebäude verbunden wird oder statische Funktionen des Gebäudes übernimmt. Gebäude. Ist dagegen ein Regallager nicht auf eine derartige Weise Bestandteil eines Gebäudes, ist es für sich gesehen ein Sonderbau. Bei einer derartigen Konstellation dürfte es sich bei einem Regallager um eine bauliche Anlage nach einer der drei Varianten des Abs. 2 Satz 2 Halbs. 2 handeln (vgl. RNrn 24 ff.). Regale – jedoch nicht Regallager – mit einer Höhe bis zu 7,50 Oberkante Lagergut sind verfahrensfrei (§ 62 Abs. 1 Nr. 14d).

o) In **Nr. 17** werden **bauliche Anlagen**, deren Nutzung durch Umgang mit oder Lagerung von **Stoffen mit Explosions- oder erhöhter Brandgefahr** verbunden ist, den Sonderbauten zugewiesen (vgl. auch § 29 Abs. 2 Nr. 2 und § 31 Abs. 2 Satz 2 Nr. 1). 100

p) Die Aufzählung in den Nrn. 1 bis 17 ist nicht abschließend. Vielmehr ermöglicht die **Analogieklausel** der **Nr. 18** die Einbeziehung weiterer Anlagen und Räume in den Kreis der Sonderbauten. Ihre Art oder Nutzung muss mit Gefahren verbunden sein, die denen vergleichbar sind, wie sie bei den speziell aufgeführten Anlagen und Räumen auftreten. Mit Hilfe des Auffangtatbestands können die BABeh. auf neue technische Entwicklungen reagieren. **Garagen** werden von der Analogieklausel nicht erfasst. Denn in §52 Abs. 2 werden sie den Sonderbauten gleichgestellt, nach dieser Vorschrift können an sie im Einzelfall besondere Anforderungen gestellt und Erleichterungen gestattet werden. 101

VI. Abs. 5 enthält die Definition des **Aufenthaltsraumes**. Er setzt den – in der BauO Bln nicht erläuterten – **Begriff des Raumes** voraus, worunter ein abgegrenzter innerer Teil einer baulichen Anlage zu verstehen ist, der Sachen oder Menschen aufzunehmen vermag. Räume können von beliebiger Größe sein; weder gibt es allgemeine Begrenzungen der Höhe noch der Tiefe oder der Fläche. Raumabschließende Bauteile sind Wände, Decken und Dächer (vgl. § 28 Abs. 2 Satz 1, § 29 Abs. 1 Satz 1, Abs. 2 Nr. 2, Abs. 4 Halbs. 2, § 30 Abs. 1 Satz 1, § 31 Abs. 1 Satz 1, § 32 Abs. 6 Satz 1). An den Begriff des Aufenthaltsraumes knüpft die BauO Bln in mehreren Vorschriften rechtliche Folgen (vgl. § 2 Abs. 6 Satz 2, § 6 Abs. 7 Satz 1 Nr. 1, § 27 Abs. 1 Satz 3 Nr. 1, § 29 Abs. 2 Nr. 3, § 31 Abs. 1 Satz 3 Nr. 1, § 32 Abs. 2 Satz 1 Nr. 4, Abs. 3 Nr. 1, § 33 Abs. 1 Halbs. 1, Abs. 3 Satz 1, § 34 Abs. 2, § 35 Abs. 2 Satz 1, § 36 Abs. 1 Satz 1, § 39 Abs. 4 Satz 3, § 48, § 62 Abs. 1 Nr. 1f., § 85 Abs. 2 Satz 2), und auch im Bauplanungsrecht wird er verwendet (vgl. § 20 Abs. 3 Satz 2, § 21 Abs. 2 Satz 2 BauNVO). Aufenthaltsräume müssen vor allem eine für ihre Benutzung ausreichende lichte Höhe haben (vgl. § 48 Abs. 1). Die Beschränkungen des früheren Rechts für Aufenthaltsräume in Kellergeschossen und Dachräumen (vgl. § 46 BauO Bln 1997) sind entfallen (vgl. OVG Bln, B. v. 14. 11. 2003 – OVG 2 B 6.02 –). Nach § 48 Abs. 1 Satz 2 sind Aufenthaltsräume im Dachraum zulässig. § 29 Abs. 2 Nr. 3 unterscheidet zwischen Aufenthaltsräumen und anders genutzten Räumen im Kellergeschoss (vgl. auch § 85 Abs. 2 Satz 2). 102

1. Aufenthaltsräume sind Bestandteile von Gebäuden und können daher wie diese von Menschen betreten werden. Jedoch reicht – anders als für den Begriff des Gebäudes (vgl. RNr. 50) – die bloße Betretbarkeit nicht aus. Vielmehr müssen Aufenthaltsräume **zum nicht nur vorübergehenden Aufenthalt von Menschen bestimmt oder geeignet** sein. Dass Räume einen lediglich vorübergehenden Aufenthalt ermöglichen – wie z. B. ein Silo, in dem Reinigungs- oder Reparaturarbeiten stattfinden können –, genügt somit nicht. Vielmehr müssen Räume nicht nur gelegentlich in großen Abständen, sondern regelmäßig und auf längere Zeit zum Aufenthalt genutzt werden können. Unerheblich ist es, wenn der Aufenthalt von unterschiedlicher Dauer ist oder nur während einer Jahreszeit erfolgt. Auch muss der Aufenthalt nicht im Wohnen bestehen. 103

2. Beispiele für Aufenthaltsräume sind Wohn- und Schlafräume, Dielen (vgl. OVG Bln, U. 15.11 1985, BRS 46 Nr. 175), Büro- und Verwaltungsräume, Werkstätten, Verkaufsräume, Gaststätten, Sport-, Spiel- und Werkräume, Krankenräume, und ärztliche Behandlungsräume. Keine Aufenthaltsräume sind Flure, Treppenräume, Dachräume, Waschräume, Toiletten, Nebenräume, Lagerräume, Schuppen und Garagen. Ferner charakterisiert § 11 Abs. 1 Satz 2 Baubuden als nur zum kurzzeitigen Aufenthalt bestimmt. 104

105 3. Die Eigenschaft als Aufenthaltsraum erhält ein Raum im allgemeinen dadurch, dass ihm dieser Zweck beigelegt wird. Die **Zweckbestimmung** ist Sache des Bauherrn, nicht der BABeh. Nur wenn der Bauherr Räume zu Aufenthaltsräumen bestimmt, ist die BABeh. befugt, die rechtlichen Folgen aus dieser Eigenschaft zu ziehen, insbesondere die Erfüllung der Anforderungen zu verlangen, die an solche Räume gestellt werden. Die entsprechende Absicht muss in den Bauvorlagen zum Ausdruck kommen. Deshalb ist gemäß § 4 Abs. 2 Nr. 1 BauVerfVO in den Bauzeichnungen die vorgesehene Nutzung der Räume darzustellen. Können die notwendigen Angaben nicht in die Bauzeichnungen aufgenommen werden, sind nach § 5 Satz 1 BauVerfVO in der Bau- und Betriebsbeschreibung das Bauvorhaben un seine Nutzung zu erläutern.

106 4. Die Legaldefinition der Aufenthaltsräume hat aber auch die Funktion, dem **Missbrauch** vorzubeugen. Es sollen nicht Räume, denen ein anderer baurechtlicher Status als der eines Aufenthaltsraumes zukommt, rechtswidrig zum dauernden Aufenthalt von Menschen genutzt werden. Deshalb sind **Aufenthaltsräume** auch solche Räume, für die der Bauherr eine andersartige Nutzung vorgesehen hat, die aber **zum nicht nur vorübergehenden Aufenthalt geeignet** sind. Die vom Bauherrn angegebene oder vorgeschobene andersartige Nutzung ist dann unbeachtlich. Bei Räumen, die nach Lage, Größe oder Beschaffenheit als Aufenthaltsräume benutzt werden können, sind die vom Bauherrn vorgetragenen Absichten oder Bekundungen hinsichtlich der künftigen Nutzung unerheblich. Vielmehr ist allein die **objektive Eignung von Räumen als Aufenthaltsräume** entscheidend. Ob sie gegeben ist, bestimmt sich anhand der für Aufenthaltsräume maßgeblichen Anforderungen (vgl. § 48). Erfüllt eine Raum diese Anforderungen, ist er ein Aufenthaltsraum, auch wenn er in den Bauvorlagen als ein nicht zu Aufenthaltszwecken dienender Raum bezeichnet wird. Dies soll sogar dann gelten, wenn die BABeh. dies durch einen grünen „U-Vermerk" in den Bauvorlagen bestätigt (vgl. OVG Bln, U. v. 30. 10. 1987 – 2 B 5.86 –; B. v. 25. 8. 1989 – 2 S 15.89 –). Entspricht ein Raum dagegen nicht den bauordnungsrechtlichen Anforderungen an Aufenthaltsräume, so ist er auch dann kein Aufenthaltsraum, wenn er – etwa wegen nur geringfügiger Unterschreitung der Mindesthöhe – „aufenthaltsraumverdächtig" ist (vgl. OVG Bln, B. v. 25. 8. 1989 – 2 S 15.89 –; von Feldmann/Knuth, Berliner Planungsrecht, 3. Aufl., 1998, RNr. 165).

107 VII. **Abs. 6** enthält **Legaldefinitionen** der Begriffe der **oberirdischen Geschosse** und der **Kellergeschosse**.

1. Beide Kategorien setzen den **Begriff des Geschosses** voraus. Obwohl die BauO Bln diesen Begriff, der eine interne Gliederung von Gebäuden zum Gegenstand hat, nicht definiert, knüpft sie mehrfach Rechtsfolgen an ihn (vgl. Abs. 4 Nr. 3, § 27 Abs. 1 Satz 3 Nr. 1, § 29 Abs. 3 Satz 1, § 30 Abs. 4 Satz 1, § 31 Abs. 1 Satz 1, Abs. 4 Nr. 2, § 33 Abs. 1, § 34 Abs. 1 Satz 1, Abs. 3 Satz 1, § 35 Abs. 1 Sätze 1 und 3 Nr. 2, § 39 Abs. 1 Satz 1, Abs. 4 Sätze 1, 3 bis 5, § 51 Abs. 1 Satz 1, Abs. 3 Satz 9). Der auf ihm aufbauende **Begriff des Vollgeschosses** wird eigenartigerweise erst in Abs. 11 erläutert. Unter einem **Geschoss** versteht man die **Gesamtheit der auf gleicher Ebene liegenden Räume eines Gebäudes**, die ihren Abschluss nach oben in einer Decke (vgl. § 31 Abs. 1 Satz 1) und nach unter im Boden oder in einer Decke finden (vgl. VGH BW, U. v. 29. 1. 1969, BRS 22 Nr. 124; OVG NRW, B. v. 22. 4. 1983, BRS 40 Nr. 107). Die BauO Bln unterscheidet zwischen eingeschossigen (vgl. § 27 Abs. 3, § 28 Abs. 6) und mehrgeschossigen Gebäuden. Der obere oder der untere Abschluss eines Geschosses kann durchbrochen sein und Öffnungen aufweisen (vgl. § 31 Abs. 4). Außer geschossüber-

greifenden Hohl- oder Lufträumen in Außenwandkonstruktionen und Räumen, die Geschosse überbrücken (vgl. § 39 Abs. 1 Satz 3 Nr. 2), gibt es auch offene Verbindungen von Geschossen (vgl. § 39 Abs. 1 Satz 3 Nr. 3). Insbesondere müssen **Nutzungseinheiten** nicht im selben Geschoss, also auf einer Ebene liegen, sondern können intern miteinander verbunden sein und sich über mehr als ein Geschoss erstrecken (vgl. RNr. 72). Regelmäßig haben Geschosse Begrenzungswände (vgl. RNr. 49), doch ist dies begrifflich nicht erforderlich. Auch Luftgeschosse, denen Umfassungswände ganz oder teilweise fehlen, unterfallen dem Begriff des Geschosses. Beispiele bieten der für Stellplätze genutzte Raum zwischen dem Erdboden und der von Tragpfeilern gestützten Deckenunterkante eines Hauses oder eine offene Raumebene bei einer Pfahlkonstruktion (vgl. VGH BW, U. v. 19. 9. 1988, BauR 1989, 311 = BRS 48 Nr. 91). Da Räume von beliebiger Größe sein können (vgl. RNr. 102), ist die Eigenschaft eines Gebäudeteils als **Geschoss** nicht von seiner **Höhe** abhängig. Anders als ein Gebäude (vgl. Abs. 2) muss ein Geschoss auch nicht von Menschen betreten werden können. Geschosse können daher solche Dimensionen aufweisen, dass sie nur zur Unterbringung technischer Anlagen geeignet sind. Auch für derartige Installations- oder Zwischengeschosse gelten alle Vorschriften, die für Geschosse maßgeblich sind. Satz 2 spricht jedoch bestimmten Hohlräumen die Qualität als Geschoss ab (vgl. RNr. 113 und NdsOVG, B. v. 29. 12. 1999, BRS 62 Nr. 130). Eine Höhenbegrenzung für Geschosse ist nicht vorgesehen, auch nicht im Planungsrecht.

Weichen die Fußbodenhöhen der einzelnen Räume nicht nur geringfügig voneinander ab, so handelt es sich nicht mehr um ein einheitliches Geschoss. Die **Ermittlung der Zahl der Geschosse** erfordert es dann, das Gebäude zeichnerisch vertikal zu gliedern und auf diese Weise Gebäudeteile mit gleichen Geschossebenen zu konstruieren; jedem dieser fiktiven Gebäudeteile kommt eine gesonderte Geschosszahl zu. Ein solches Gebäude weist somit unterschiedliche Zahlen von Geschossen auf. Derartige Abweichungen vom Regelfall der einheitlichen Zahl der Geschosse ergeben sich etwa bei Hanglagen oder bei Gebäuden mit mehreren Funktionen (z. B. Nutzung als Verwaltungs- und Bibliotheksgebäude). **108**

2. Satz 1 unterteilt die Geschosse in zwei Arten: **oberirdische Geschosse** (vgl. § 6 Abs. 5 Satz 3, § 35 Abs. 8 Satz 2, § 39 Abs. 4 Sätze 1 und 5, § 51 Abs. 3 Satz 9) und **Kellergeschosse** (vgl. § 27 Abs. 2, § 29 Abs. 2 Nr. 3, § 31 Abs. 2 Satz 1, § 35 Abs. 2 Sätze 1 und 2, Abs. 6 Satz 1 Nr. 1, § 36 Abs. 4 Sätze 1 und 4 Halbs. 1, § 37 Abs. 4, § 85 Abs. 2 Satz 2). Das unterste oberirdische Geschoss ist das Erdgeschoss (vgl. § 35 Abs. 8 Satz 3 Halbs. 2), die übrigen oberirdischen Geschosse sind Obergeschosse (vgl. § 39 Abs. 4 Satz 5). Das **oberste Geschoss** (vgl. Abs. 11 Satz 2, § 39 Abs. 4 Satz 4) liegt unmittelbar unter der Bedachung (vgl. § 32). Die Regelungen der BauO Bln, die auf der Unterscheidung von oberirdischen Geschossen und Kellergeschossen beruhen, betreffen die Feuerwiderstandsfähigkeit von Bauteilen sowie den Brandschutz und nehmen auf die geminderten Nutzungsmöglichkeiten in Kellergeschossen Rücksicht. **109**

a) Nach **Satz 1 Halbs. 1** sind Geschosse **oberirdische Geschosse**, wenn ihre Deckenoberkanten, also die Oberkanten der Rohdecke, **im Mittel mehr als 1,40 m über die Geländeoberfläche hinausragen**. Hinsichtlich der Geländeoberfläche und der **Höhenbemessung** gilt das zu Abs. 3 Satz 2 Ausgeführte (vgl. RNrn. 65 ff.), wenngleich das Gesetz keine förmliche Verweisung auf diese Vorschrift enthält. Die geringfügige Variation bei der Bezeichnung der oberen Bezugsgröße – Fußbodenoberkante nach Abs. 3 Satz 2, Deckenoberkanten nach Abs. 6 Satz 1 – dürfte unbeachtlich sein. **110**

111 Ob ein über die Geländeoberfläche hinausragendes Geschoss die Grenze vom Kellergeschoss zum oberirdischen Geschoss überschreitet, kann nur bei einem **Geschoss** zweifelhaft sein, dessen Fußboden unterhalb der Geländeoberfläche verläuft und das daher **teils über, teils unter der Geländeoberfläche** liegt. Die Eigenschaft als oberirdisches Geschoss hängt davon ab, ob ein Mittelwert von mehr als 1,40 m erreicht wird. Von Bedeutung ist der Mittelwert nur bei unebenem Gelände, wenn also die Schnittlinie der Geländeoberfläche mit den Außenwänden des Gebäudes nicht parallel zu waagerechten Decken verläuft. Dann kann es angebracht sein, dass der Quotient aus der Summe sämtlicher oberirdischer Außenflächen des fraglichen Geschosses, gemessen bis zur Deckenoberkante, und der Summe der Länge sämtlicher Außenwände größer als 1,4 ist (vgl. VGH BW, B. v. 4. 2. 1982, VBlBW 1982, 234; HessVGH, B. v. 26. 7. 1984, BauR 1985, 293, 294 f.). Da aber das Gesetz kein bestimmtes Verfahren für die Bildung des Mittelwerts vorschreibt, wird es im allgemeinen ausreichen, wenn die Abstände zwischen der Geländeoberfläche und der Deckenoberkante an den Gebäudeecken gemessen werden und aus den Messergebnissen das arithmetische Mittel gebildet wird. Kleinere Unebenheiten des Geländes können außer Betracht bleiben.

112 b) Nach Satz 1 Halbs. 2 sind alle übrigen Geschosse **Kellergeschosse**. Zu dieser Kategorie, die an zahlreichen Stellen der BauO Bln als Anknüpfungspunkt für rechtliche Regeln dient (vgl. RNr. 109), gehören alle jene Geschosse, die höchstens 1,40 m über die Geländeoberfläche hinausragen. Kellergeschosse, die völlig unterhalb der Geländeoberfläche liegen, sind **unterirdische Geschosse**. Mehrere Kellergeschosse können übereinanderliegen (vgl. § 35 Abs. 2 Satz 2, § 37 Abs. 4 Satz 2). Die Beschränkungen des früheren Rechts für Aufenthaltsräume in Kellergeschossen (vgl. § 46 BauO Bln 1997) sind entfallen (vgl. § 85 Abs. 2 Satz 2). § 29 Abs. 2 Nr. 3 unterscheidet zwischen Aufenthaltsräumen und anders genutzten Räumen im Kellergeschoss.

113 c) Nach **Satz 2** sind **Hohlräume** zwischen der obersten Decke und der Bedachung (vgl. § 32) keine Geschosse (vgl. RNr. 107), wenn in ihnen keine Aufenthaltsräume möglich sind (vgl. Abs. 5 und § 48). Sie können für Zwecke der technischen Gebäudeausrüstung verwendet werden.

114 VIII. **Abs. 7** enthält **Definitionen** der **Stellplätze** und der **Garagen** sowie eine Anweisung zur Berechnung der **Nutzfläche einer Garage**. Die materiellrechtlichen Vorschriften finden sich für Stellplätze in § 50 Abs. 1 und 2 Satz 1, für Garagen in § 52 Abs. 2 und in den §§ 18 bis 22 BetrVO. Garagen und überdachte Stellplätze geringen Umfangs sind nach § 62 Abs. 1 Nr. 1b – außer im Außenbereich – verfahrensfrei, desgleichen nach § 62 Abs. 1 Nr. 13b kleine nicht überdachte Stellplätze. Nach § 84 Abs. 6 kann durch Rechtsverordnung die Herstellung von Stellplätzen in festgelegten Bereichen eingeschränkt oder ausgeschlossen werden; weiterhin können gemäß § 84 Abs. 1 Nr. 3 durch Rechtsverordnung an Garagen und Stellpätze zusätzliche Anforderungen gestellt werden. Das Bauplanungsrecht trifft gemeinsame Regelungen für beide (vgl. § 9 Abs. 1 Nr. 4 BauGB, § 12 BauNVO), bildet aber keinen eigenständigen Begriff der Stellplätze und Garagen und legt auch den zwischen ihnen bestehenden Unterschied nicht fest (vgl. BVerwG, U. v. 4. 10. 1985, ZfBR 1985, 291, 292; B. v. 31. 8. 1989, NVwZ-RR 1990, 121, 122)).

115 1. **Stellplätze** sind gemäß Satz 1 **Flächen**, die dem **Abstellen von Kraftfahrzeugen außerhalb der öffentlichen Verkehrsflächen** dienen. Kraft der Erstreckungsklausel in Abs. 1 Satz 3 Nr. 6 sind Stellplätze für Kraftfahrzeuge immer **bauliche Anlagen**. Sie werden zwar im allgemeinen aus Bauprodukten (vgl. Abs. 9) hergestellt, aber auch ohne die Verwendung solcher Materialien wird eine bearbeitete oder unbearbeitete Fläche, die zum Abstellen von Kraftfahrzeugen benutzt wird, zum Stellplatz und zugleich zur baulichen Anlage (vgl. RNr. 42). Die Eigenschaft als bauliche Anlage behält ein Stellplatz auch dann, wenn er Teil einer (anderen) baulichen Anlage ist (vgl. RNrn. 19, 42). Der Begriff des **Kraftfahrzeugs** ist dem § 1 Abs. 2 Straßenverkehrsgesetz i. d. F. v. 5. 3. 2003 (BGBl. I S. 310, 319) zu entnehmen. Er umfasst – zugelassene und nicht zugelassene – Landfahrzeuge, die durch Maschinenkraft bewegt werden, ohne an Bahngleise gebunden zu sein; hierzu zählen Personenkraftwagen, Lastkraftwagen, Omnibusse, Zugmaschinen und Krafträder.

Öffentliche Verkehrsflächen sind auch Parkflächen, die gemäß § 2 Abs. 2 Nr. 1b BerlStrG zum Straßenkörper und damit zu den öffentlichen Straßen gehören (vgl. § 1 RNr. 39); diese Parkflächen sind somit keine Stellplätze. Bei den **Stellplätzen** muss es sich nicht um **Flächen im Freien** handeln. Sie können vielmehr auch **im Inneren von Gebäuden** angelegt sein, z. B. unterhalb von Wohngeschossen. Sogar auf Dächern sind Stellplätze möglich (vgl. § 18 Satz 4 BetrVO). Überdachte Stellplätze (vgl. § 62 Abs. 1 Nr. 1b) können sich außerhalb und innerhalb von Gebäuden befinden, nicht überdachte Stellplätze (vgl. § 62 Abs. 1 Nr. 13b) nur im Freien. **116**

2. Garagen sind eine besondere Art der Stellplätze und wie alle Stellplätze entsprechend der Erstreckungsklausel des Abs. 1 Satz 3 Nr. 6 immer bauliche Anlagen, und zwar auch dann, wenn sie Bestandteil eines Gebäudes sind. Gemäß **Satz 2** sind Garagen **Gebäude** (vgl. Abs. 2) **oder Gebäudeteile zum Abstellen von Kraftfahrzeugen.** Eine Garage hat zumindest einen **Stellplatz**, also eine Fläche, die dem Abstellen von Kraftfahrzeugen dient. Zumeist enthalten Garagen jedoch mehrere Stellplätze (vgl. § 21 BetrVO) oder **Garagenstellplätze** (vgl. Abs. 7 Satz 4 und § 18 Sätze 2 und 3 BetrVO). Vom Stellplatz unterscheidet sich die Garage dadurch, dass zusätzlich die von Abs. 2 geforderten Voraussetzungen eines Gebäudes, insbesondere die Abgeschlossenheit nach außen und die selbständige Benutzbarkeit (vgl. RNrn. 47 ff.), gegeben sein müssen. Garagen müssen immer überdeckt oder überdacht sein, doch kann es an der seitlichen Umschließung teilweise oder ganz fehlen (vgl. RNr. 49). Auch **Carports,** die nur aus Pfosten und einem Schutzdach bestehen und keine Umfassungswände haben, können Gebäude und somit Garagen sein (vgl. HessVGH, U. v. 18.3.1999, NVwZ-RR 1999, 628). Als Gebäude sind Garagen selbständig oder unselbständig (vgl. § 67 Abs. 2 Satz 1 Nr. 2d), freistehend, an andere Gebäude angebaut (vgl. § 6 Abs. 7 Satz 1 Nr. 1) oder in andere Gebäude eingebaut. Garagen sind keine Gebäude, sondern nur Gebäudeteile, wenn sie derart in ein anderes Gebäude integriert sind, dass sie nicht selbständig benutzbar sind (vgl. RNrn. 51 f.). Garagen können oberirdisch oder unterirdisch angelegt sein (vgl. § 67 Abs. 2 Satz 1 Nr. 2d), eingeschossig (vgl. § 27 Abs. 3, § 28 Abs. 6, § 30 Abs. 12, § 52 Abs. 2) oder in mehreren Geschossen angeordnet sein. Anforderungen an die Abmessungen von Garagen stellt die BauO Bln nicht, jedoch ist die abstandsflächenrechtliche Privilegierung von Garagen in § 6 Abs. 7 Satz 1 Nr. 1 an die Einhaltung bestimmter Maße gebunden. Garagen können in Abweichung von Satz 1 auch auf öffentlichen Verkehrsflächen liegen, denn nach 2 Abs. 2 Nr. 1b BerlStrG gehören Parkhäuser zur öffentlichen Straße, als Gebäude sind sie aber nicht dem Anwendungsbereich der BauO Bln entzogen (vgl. § 1 RNr. 52). Fertiggaragen sind vor ihrer Aufstellung Bauprodukte (vgl. Abs. 9 Nr. 2). Garagen sind **keine Sonderbauten**, werden ihnen aber in § 52 Abs. 2 gleichgestellt; nach dieser Vorschrift können an sie im Einzelfall besondere Anforderungen gestellt und Erleichterungen gestattet werden. **117**

118 3. Die in **Satz 3** genannten **Ausstellungs-, Verkaufs-, Werk- und Lagerräume** für Kraftfahrzeuge dienen zwar dem Abstellen von Kraftfahrzeugen, sind aber dennoch keine Stellplätze oder Garagen. Diese Fiktion, die die unwiderlegliche Vermutung des Stellplatzes in Abs. 1 Satz 3 Nr. 6 durchbricht (vgl. RNr. 42), bewirkt, dass weder § 50 Abs. 1 und 2 Satz 1 noch § 52 Abs. 2 auf die erwähnten Räume Anwendung findet.

119 4. Verschiedentlich hängen Rechtsfolgen von der **Nutzfläche einer Garage** ab (vgl. § 27 Abs. 3, § 28 Abs. 6, § 52 Abs. 2, § 30 Abs. 12, § 67 Abs. 2 Satz 1 Nr. 2d, Satz 2 Nr. 2). **Satz 4** definiert diesen Begriff als Summe aller miteinander verbundener Flächen der Garagenstellplätze (vgl. § 18 Satz 2 BetrVO) und der Verkehrsflächen. Diese Summe ist nicht identisch mit der Brutto-Grundfläche im Sinne des Abs. 3 Satz 4, die aber eigenartigerweise bei der Regelung der Verfahrensfreiheit von kleineren Garagen nach § 62 Abs. 1 Nr. 1b Verwendung findet. Vielmehr werden – vergleichbar den Fällen der Grundfläche im Sinne des Abs. 11 Satz 1 (vgl. RNr. 132) und der Netto-Grundfläche (vgl. § 48 Abs. 1 Halbs. 1, Abs. 2 Satz 2) – nur die tatsächlich in Anspruch genommenen Flächen berücksichtigt. Ihnen werden die Verkehrsflächen zugeschlagen, also jene Flächen, die der Nutzung der Garagenstellplätze dienen, wie z. B. Ein-, Aus- und Durchfahrten, Rangierflächen sowie Zugänge.

120 IX. **Abs. 8** definiert den Begriff der **Feuerstätten**. Dies sind in oder an Gebäuden (vgl. Abs. 2) ortsfest benutzte Anlagen oder Einrichtungen (vgl. § 1 Abs. 1 Satz 2), die dazu bestimmt sind, durch Verbrennung Wärme zu erzeugen. Wird Wärme durch elektrischen Strom oder auf sonstige Weise erzeugt, handelt es sich bei der Anlage oder Einrichtung nicht um eine Feuerstätte. Die Vorschrift beschränkt den Begriff auf solche Anlagen oder Einrichtungen, die wegen ihrer Verbindung mit Gebäuden eine erhöhte Brandgefahr mit sich bringen. Eine ortsfeste Benutzung setzt nicht voraus, dass die Anlagen oder Einrichtungen dauerhaft in bauliche Anlagen eingebaut werden (vgl. Abs. 9 Nr. 1); es genügt, dass sie angebaut werden. Anlagen oder Einrichtungen, die zwar in oder an Gebäuden benutzt werden, aber nicht auf ortsfeste Weise, wie transportable Öfen, sind keine Feuerstätten. Eingebaute Öfen und Kamine – auch außen am Gebäude angebrachte – rechnen dagegen zu den Feuerstätten (vgl. OVG Bln, U. v. 10. 8. 1979, BRS 35 Nr. 145), nicht jedoch freistehende Feuerungseinrichtungen, wie Grillplätze im Garten oder Teekocher auf Baustellen (vgl. AH-Drucks. 13/1578, S. 8 – zu § 2 –). Die Regelung der Feuerstätten findet sich in § 42 Abs. 1 bis 3. Feuerstätten sind verfahrensfrei (vgl. § 62 Abs. 1 Nr. 2c). Für kleine Gebäude ohne Aufenthaltsräume und Feuerstätten besteht eine abstandsflächenrechtliche Sonderregelung (§ 6 Abs. 7 Satz 1 Nr. 1). Feuerstätten bilden neben den Abgasanlagen eine Art der Feuerungsanlagen (vgl. § 42 Abs. 1). An Feuerungsanlagen können gemäß § 84 Abs. 1 Nr. 2 durch Rechtsverordnung zusätzliche Anforderungen gestellt werden. §52 Abs. 1 Satz 3 Nr. 12 gestattet im Einzelfall besondere Anforderungen und Erleichterungen bei Feuerungsanlagen in Sonderbauten.

121 X. **Abs. 9** enthält die **Legaldefinition der Bauprodukte**. Die früher für den Bereich der Baumaterialien benutzte Terminologie „Baustoffe und Bauteile" (vgl. § 2 Abs. 1, §§ 18 ff. BauO Bln 1985) ist aufgegeben und an das BauPG angepasst worden, aus dem der Begriff „Bauprodukte" übernommen worden ist. In nahezu wörtlicher Übereinstimmung mit § 2 Abs. 1 BauPG werden die Bauprodukte in zwei Kategorien unterteilt: in Baustoffe, Bauteile und Anlagen, die hergestellt werden, um dauerhaft in bauliche Anlagen eingebaut zu werden (Nr. 1), und aus Baustoffen und Bauteilen vorgefertigte Anlagen, die hergestellt werden, um mit dem Boden verbunden zu werden (Nr. 2). Die bauordnungsrechtlichen Anforderungen an Bauprodukte ergeben sich aus § 3 Abs. 2 und 5, §§ 17 ff., §§ 26 ff. und § 52 Abs. 1 Satz 3 Nr. 6. Verfahrensrechtliche Sonderschriften ermächtigen zum Verbot unrechtmäßig gekennzeichneter Bauprodukte (§ 77) und zu speziellen Maßnahmen für den Bereich der Bauüberwachung (§ 80 Abs. 3).

1. Baustoffe sind Ausgangsmaterialien für die Anfertigung von Bauteilen. Bei den Baustoffen handelt es sich entweder um natürliche oder künstliche Baustoffe. Auch unveränderte Naturprodukte – wie Lehm, Natursteine oder Schilfrohr – sind somit Bauprodukte. Baustoffe können bei Beginn der Bautätigkeit ungeformt (z. B. Sand, Kies, Kalk, Zement, Beton, Teer, Farben) oder geformt sein (z. B. Ziegelsteine, Holzbalken, Blech, Stahl, Glas, Dachziegel). § 26 Abs. 1 unterscheidet die Baustoffe nach den Anforderungen an ihr Brandverhalten. 122

2. Bauteile sind die **aus Baustoffen hergestellten Gegenstände**, die dazu bestimmt sind, Bestandteile von baulichen Anlagen zu werden, z. B. Wände (vgl. §§ 27 bis 30), Fassadenverkleidungen (vgl. § 6 Abs. Satz 1 Nr. 3, § 28 Abs. 3, und 4), Verblendungen, Verputz (vgl. § 62 Abs. 1 Nr. 10d), Decken (vgl. § 31), Dächer (vgl. § 31), Dachvorsprünge (vgl. § 6 Abs. 6 Satz 1 Nr. 1), Gesimse (vgl. § 6 Abs. 6 Satz 1 Nr. 1), Treppen (vgl. § 34), Fenster (vgl. § 62 Abs. 1 Nr. 10c) oder Türen (vgl. § 62 Abs. 1 Nr. 10c). Manche Bauteile unterstützen andere Bauteile (vgl. § 30 Abs. 4 Satz 2 Nr. 3). Die Verwendung gemeinsamer Bauteile für mehrere bauliche Anlagen kann bei Wahrung der Standsicherheit zulässig sein (vgl. § 12 Abs. 2). § 26 Abs. 2 unterscheidet die Bauteile nach den Anforderungen an ihre Feuerwiderstandsfähigkeit. Der Beginn der Bauarbeiten für einzelne Bauteile kann nach § 73 Satz 1 durch eine Teilbaugenehmigung gestattet werden. Eine abstandsflächenrechtliche Sonderregelung gilt nach § 6 Abs. 7 Satz 2 für vortretende Bauteile. Die Anpassung unmoderner Bauteile an das geltende Recht behandelt § 85 Abs. 3. 123

Kommt einer Sache – etwa einer Sichtschutzwand – funktionale Selbständigkeit zu, so handelt es sich nicht mehr um einen Bauteil, sondern um eine bauliche Anlage (vgl. VGH BW, U. v. 25.11.1982, BWVP 1983, 96 und RNr. 9). Es ist möglich, dass eine bauliche Anlage nur aus vorgefertigten Bauteilen zusammengefügt ist, und selbst die Verwendung lediglich eines einzigen Bauteils steht der Annahme einer baulichen Anlage nicht entgegen (vgl. BVerwG, U. v. 31. 8. 1983, BVerwGE 44, 59, 62). Ein **Bauteil** ist zugleich **Teil einer baulichen Anlage** im Sinne des bauordnungsrechtlichen Sprachgebrauchs, jedoch sind beide Begriffe nicht identisch. Der Begriff des Teils einer baulichen Anlage geht über den Begriff des Bauteils hinaus. (vgl. RNrn. 21, 126). Es gibt also Teile baulicher Anlagen, die keine Bauteile sind. Zudem kann ein Teil einer baulichen Anlage mehrere Bauteile umfassen. 124

3. Anlagen, die hergestellt werden, um dauerhaft in bauliche Anlagen eingebaut zu werden, sind z. B. Aufzüge (vgl. § 39) und andere Anlagen der Technischen Gebäudeausrüstung (vgl. §§ 40 ff.). Bauprodukte, die zugleich sonstige Anlagen oder Einrichtungen im Sinne des § 1 Abs. 1 Satz 2 sind, unterliegen den für diese geltenden spezifischen Anforderungen. Maschinen gehören zu den Anlagen nach Nr. 1 nur dann, wenn sie der Komplettierung der baulichen Anlage als solcher dienen (vgl. RNr. 10), wie z. B einzubauende Wärmepumpen. Einrichtungsgegenstände, die eingebaut werden sollen, sind keine Anlagen im Sinne dieser Vorschrift. Dass nur solche Anlagen erfasst werden, die dazu bestimmt sind, dauerhaft in bauliche Anlagen eingebaut zu werden, steht nicht im Widerspruch dazu, dass die Eigenschaft einer bauliche Anlage nicht von der beabsichtigten Dauer ihrer Existenz abhängt (vgl. RNr. 14). Das genannte 125

Erfordernis soll vielmehr nur jene Objekte aus dem Begriff der Bauprodukte fernhalten, die ungeeignet sind, dauerhaft als Bestandteile baulicher Anlagen zu dienen. Auch bestimmte **vorgefertigte Anlagen** wie Fertighäuser, Fertiggaragen und Silos rechnen zu den Bauprodukten. Die vom Gesetz genannten Beispiele und der ihnen beigelegte Zweck, dass sie mit dem Erdboden verbunden werden sollen, zeigen, dass diese Anlagen zu baulichen Anlagen im Sinne des Abs. 1 Satz 1 werden, sobald die Verbindung faktisch geschieht.

126 XI. **Abs. 10** definiert den Begriff der **Bauart**, deren materiellrechtliche Regelung sich in § 3 Abs. 2 und § 21 findet (vgl. auch § 47, § 52 Abs. 1 Satz 3 Nr. 6). Die Bauart ist nicht mit der **Bauweise** (vgl. § 22 BauNVO) zu verwechseln; die Bauweise ist ein planungsrechtliches Instrument, mit dessen Hilfe die bauliche Ausnutzbarkeit des Bodens gesteuert wird und dessen Thema der bauliche Kontakt zwischen Gebäuden ist. Die Bauart wird neben den Bauprodukten (vgl. Abs. 9) separat genannt, weil sie nicht vom BauPG erfasst wird (vgl. AH-Drucks. 13/3966, S. 8 – zu § 2 –). Unter Bauart wird das Zusammenfügen von Bauprodukten (vgl. Abs. 9), also die technische Methode ihrer Kombination, verstanden, und zwar zu baulichen Anlagen (vgl. Abs. 1 Satz 2) oder Teilen von baulichen Anlagen. Der in dieser Legaldefinition verwandte Begriff der „**Teile von baulichen Anlagen**" ist nicht mit dem der „**Bauteile**" in Abs. 9 identisch. Vielmehr ist der erste Begriff weiter und umfasst jedes beliebige Teilstück einer baulichen Anlage (vgl. RNrn. 21, 124).

127 XII. **Abs. 11** nimmt das Thema des Abs. 6 auf und befasst sich mit weiteren **Varianten von Geschossen**. Satz 1 definiert den Begriff der **Vollgeschosses**. Satz 2 behandelt zwei Sonderformen von Geschossen: **Staffelgeschosse** und **Geschosse in Dachräumen**. In allen von Abs. 11 erfassten Fällen wird der von Abs. 6 verwendete **Begriff des Geschosses** vorausgesetzt: die Gesamtheit der auf gleicher Ebene liegenden Räume eines Gebäudes (vgl. RNr. 107).

128 1. Der **Begriff des Vollgeschosses** hat **keine** materielle **bauordnungsrechtliche Bedeutung** mehr. Anforderungen an die bauliche Beschaffenheit von Gebäuden knüpfen in Abkehr vom früheren Recht (vgl. Voraufl., 2 RNr. 42) nicht mehr an die Zahl der Vollgeschosse an. Die wichtigsten Regelungen, die sich auf Gebäude beziehen, ergeben sich nunmehr aus den Systemen der Gebäudeklassifizierung (vgl. Abs. 3) und der Sonderbauten (vgl. Abs. 4), die beide ohne den Begriff des Vollgeschosses auskommen. Da § 20 Abs. 1 BauNVO den **planungsrechtlichen Begriff des Vollgeschosses** verwendet, aber hinsichtlich seines Inhalts auf das Bauordnungsrecht der Länder verweist (vgl. RNrn 141 f.), hält die BauO Bln eine Definition bereit, damit der bundesrechtliche Begriff weiterhin handhabbar bleibt (vgl. AH-Drucks. 15/3926, S. 63 – zu § 2 –). Der bauordnungsrechtliche Begriff des Vollgeschosses erschöpft sich also in der Auffüllung des Planungsrechts. Er findet Anwendung, wenn in einem Bebauungsplan die Zahl der Vollgeschosse festgelegt ist. Auch als singulärer Bestandteil einer Norm der BauO Bln, wie in § 6 Abs. 8, hat er keine eigenständige Funktion, sondern dient allein der Ausführung des Planungsrechts.

129 2. Die **Legaldefinition der Vollgeschosse** in Satz 1 knüpft an den Begriff des oberirdischen Geschosses im Sinne des Abs. 6 Satz 1 an und verengt ihn durch das Erfordernis einer Grundfläche von bestimmter Höhe. **Vollgeschosse** sind diejenigen Geschosse, deren Oberkante im Mittel mehr als 1,40 m über die Geländeoberfläche hinausragt und die über mindestens zwei Drittel ihrer Grundfläche eine lichte Höhe von mindestens 2,30 m haben. Vollgeschosse müssen also die in Abs. 6 Satz 1 Halbs. 1

genannten Eigenschaften oberirdischer Geschosse aufweisen (vgl. RNr. 110) und zusätzlich weiteren Anforderungen genügen. Werden diese Anforderungen nicht erfüllt, handelt es sich nur um Geschosse, nicht aber um Vollgeschosse. Kellergeschosse im Sinne des Abs. 6 Satz 1 Halbs. 2 (vgl. RNr. 112) sind keine Vollgeschosse.

a) Hinsichtlich der **Geländeoberfläche**, der **Höhenbemessung** und der Bildung des **Mittels** gilt das zu Abs. 3 Satz 2 und Abs. 6 Satz 1 Halbs. 1 Ausgeführte (vgl. RNrn. 65 ff., 110), wenngleich das Gesetz keine förmliche Verweisung auf eine der beiden Vorschriften enthält. Die **Oberkante**, die im Mittel mehr als 1,40 m über die Geländeoberfläche hinausragen muss, ist identisch mit der Deckenoberkante im Sinne des Abs. 6 Satz 1 Halbs. 1 (vgl. RNr. 104). Auch nach § 2 Abs. 4 Satz 1 BauO Bln 1997 als Vorgängervorschrift des nahezu wortgleichen Abs. 11 Satz 1 war die Deckenoberkante die maßgebliche obere Bezugsgröße. **130**

b) Ein Vollgeschoss setzt über die Eigenschaft als oberirdisches Geschoss hinaus nach **Satz 1** weiterhin voraus, dass über mindestens zwei Drittel seiner Grundfläche eine **lichte Höhe** – also eine im Inneren oder „im Lichten" (§ 37 Abs. 5) gemessene Höhe des Raums – von mindestens 2,30 m vorhanden ist. Das Mindestmaß der lichten Höhe bleibt um 0,20 m hinter der regelmäßigen Raumhöhe von Aufenthaltsräumen von 2,50 m zurück, entspricht aber der Mindestraumhöhe von Aufenthaltsräumen im Dachraum von 2,30 m (vgl. § 48 Abs. 1). Die lichte Höhe von 2,30 m ist das Mindestmaß für die Entfernung zwischen Bodenoberkante oder Fertigfußboden (vgl. OVG Bln, B. v. 5. 2. 1993, BRS 55 Nr. 111) und Deckenunterkante (vgl. OVG Saar, U. v. 27. 2. 1974, BRS 28 Nr. 65). Die Deckenunterkante kann auch diejenige einer abgehängten Decke sein. Eine Höhenbegrenzung für Vollgeschosse ist nicht vorgesehen, auch nicht im Planungsrecht. **131**

Satz 1 verknüpft die lichte **Raumhöhe** mit der **Größe der Grundfläche** und weist auch Geschosse mit schrägen Wänden den Vollgeschossen zu. Die **Zwei-Drittel-Regelung** soll gewährleisten, dass ein beträchtlicher Anteil des Geschosses für eine dem Vollgeschoss angemessenen Nutzung zur Verfügung steht. Deshalb ist auch die Grundfläche an Hand der Innenmaße zu berechnen (vgl. OVG Bln, B. v. 5. 2. 1993, BRS 55 Nr. 111), ähnlich wie die Nutzfläche von Garagen nach Abs. 7 Satz 4 (vgl. Rnr. 119) und die Netto-Grundfläche (vgl. § 48 Abs. 1 Halbs. 1, Abs. 2 Satz 2), aber abweichend von der Brutto-Grundfläche des Abs. 3 Satz 4 (vgl. RNrn. 73 f.) und der Geschossfläche nach § 23 Abs. 1 Satz 1 BauNVO, die nach den Außenmaßen der Gebäude zu ermitteln sind (vgl. OVG Bln, B. v. 5. 2. 1993, BRS 55 Nr. 111). Konstruiert man in einer Höhe von 2,30 m oberhalb der Grundfläche, aber unterhalb der Decke eine fiktive Ebene, die von den Schnittlinien mit – geraden oder schrägen – Wänden begrenzt wird, und projiziert man diese Ebene auf die Grundfläche, so muss die Projektionsfläche mindestens zwei Drittel der gesamten Grundfläche ausmachen, während allenfalls ein Drittel der gesamten Grundfläche außerhalb der Projektionsfläche liegt (vgl. OVG Bln, B. v. 5. 2. 1993, BRS 55 Nr. 111). **132**

3. **Satz 2** betrifft **Staffelgeschosse** und **Geschosse im Dachraum**. Beide Geschossformen werden einander gleichgestellt (vgl. AH-Drucks. 13/1578, S. 8 – zu § 2 –), und zwar dadurch, dass sie unter denselben Voraussetzungen die Eigenschaft von Vollgeschossen erlangen. Der in Satz 1 definierte Begriff des Vollgeschosses wird in Satz 2 in der Weise modifiziert, dass Staffelgeschosse und Geschosse im Dachraum nicht schon bei Erfüllung der Tatbestandsmerkmale des Satzes 1 Vollgeschosse sind. Sie sind vielmehr erst und „nur dann Vollgeschosse, wenn sie die lichte Höhe gemäß Satz 1 über mindestens zwei Drittel der Grundfläche des darunter liegenden Geschosses haben". **133**

Staffelgeschosse und Geschosse im Dachraum, die den Anforderungen des Satzes 1 genügen, sind demnach dennoch keine Vollgeschosse und bleiben vielmehr bloße Geschosse, wenn sie die Maße des Satzes 2 nicht erreichen. Durch Unterschreitung der genannten Zahlenwerte kann der Bauherr es verhindern, dass ein oberstes Geschoss (in der Form des Staffelgeschosses oder des Geschosses im Dachraum) zum Vollgeschoss wird und auf die im Bebauungsplan festgesetzte Zahl der Vollgeschosse sowie die Geschossflächenzahl angerechnet wird (vgl. § 16 Abs. 2 Nr. 3, § 20 BauNVO). Die Vorschrift führt also im Verhältnis zum Regelbegriff des Vollgeschosses nach Satz 1 zu einer planungsrechtlichen Privilegierung. Bedient sich ein Bauherr nicht der Möglichkeit der Privilegierung und wählt er eine entsprechende bauliche Gestaltung, so unterfällt auch ein Staffelgeschoss oder ein Geschoss im Dachraum dem Begriff des Vollgeschosses.

134 a) Ein **Staffelgeschoss** ist ein gegenüber den Außenwänden (vgl. § 6 Abs. 1 Satz 1, § 28, § 30 Abs. 4 Satz 2 Nrn. 4 und 5) eines Gebäudes, also den von außen sichtbaren Wänden oberhalb der Geländeoberfläche, zurückgesetztes oberstes Geschoss (vgl. RNr. 107). Nur unter bestimmten Voraussetzungen ist es ein Vollgeschoss. Daher haben terrassenförmig ausgebildete oberste Geschosse – etwa in der Form eines Penthauses – nicht ohne weiteres die Eigenschaft eines Vollgeschosses. Ein Bauvorhaben kann bei Einhaltung bestimmter Grenzwerte ein oberstes Geschoss vorsehen, das die ausnutzbare Zahl der Vollgeschosse (vgl. § 16 Abs. 2 Nr. 3 BauNVO) nicht mindert. Wird über dem Staffelgeschoss ein weiteres Geschoss, z. B. ein Dachgeschoss (vgl. RNr. 137) oder ein zusätzliches Staffelgeschoss angelegt, so geht die Eigenschaft des obersten Geschosses verloren und das „untere" Staffelgeschoss wird wieder ein Vollgeschoss. Die Eigenschaft eines obersten Geschosses als Vollgeschoss ist von folgenden Voraussetzungen abhängig.

135 aa) Das **oberste Geschoss** muss – jedenfalls nach dem Wortlaut des Gesetzes – gegenüber allen Außenwänden des Gebäudes **zurückgesetzt** sein. Ist ein Gebäude an ein anderes Gebäude angebaut, kann das oberste Geschoss bis an die Grenze des Nachbargebäudes reichen. Ein Mindestmaß für die Zurücksetzung gegenüber den Außenwänden schreibt die BauO Bln nicht vor. Deshalb besteht auch kein Zwang, das Staffelgeschoss von allen Außenwänden gleich weit entfernt anzuordnen.

136 bb) Für die Qualifizierung als Vollgeschoss ist weiterhin erforderlich, dass das oberste Geschoss „die **lichte Höhe** gemäß Satz 1 **über mindestens zwei Drittel der Grundfläche des darunter liegenden Geschosses**" hat. Die wegen der Verweisung unübersichtliche Fassung der Vorschrift bedeutet, dass das oberste Geschoss eine lichte Höhe von 2,30 m aufweisen muss. Die „Projektionsfläche" (vgl. RNr. 132) des obersten Geschosses, also der Teil seiner Grundfläche, oberhalb dessen eine lichte Höhe von 2,30 m eingehalten wird, ist ihrerseits auf die Grundfläche des (unmittelbar) darunter liegenden Geschosses zu projizieren. Bezugsfläche für das rechnerische Verhältnis zur „Projektionsfläche" ist anders als nach Satz 1 (vgl. RNr. 132) also nicht die eigene Grundfläche des obersten Geschosses, sondern die Grundfläche des darunter liegenden Geschosses. Nur wenn das Verhältnis der „oberen" Fläche zur „unteren" Fläche mindestens 2:3 beträgt, handelt es sich bei dem obersten Geschoss um ein Vollgeschoss. Ist das Verhältnis zwischen den beiden Flächen kleiner als 2:3, ist das oberste Geschoss kein Vollgeschoss. Ob das Staffelgeschoss, für sich betrachtet, der Zwei-Drittel-Regelung des Satzes 1 entspricht, ist unerheblich. Nimmt ein Staffelgeschoss weniger als zwei Drittel der Grundfläche des darunter liegenden Geschosses ein, so ist es auch dann kein Vollgeschoss, wenn es über mindestens zwei Drittel seiner eigenen Grundfläche die lichte Höhe von 2,30 m aufweist. In diesem Fall zeigt sich also, dass Satz 2 eine Abweichung von Satz 1 mit sich bringt.

b) Die gleiche Regelung wie für Staffelgeschosse enthält Satz 2 für **Geschosse im Dachraum** (vgl. § 27 Abs. 1 Satz 3 Nr. 1). Die mit dieser Vorschrift verbundene Privilegierung von Dachräumen berechtigt den Bauherrn, eine bauliche Gestaltung zu wählen, die trotz der Zwei-Drittel-Regelung eine größtmögliche Raumausnutzung zulässt (vgl. OVG Bln, B. v. 5. 2. 1993, BRS 55 Nr. 111). Ein Bauvorhaben kann bei Einhaltung bestimmter Grenzwerte ein Dachgeschoss vorsehen, das als bloßes Geschoss die ausnutzbare Zahl der Vollgeschosse (vgl. § 16 Abs. 2 Nr. 3 BauNVO) nicht mindert und auch nicht bei der Geschossflächenzahl (vgl. § 20 BauNVO) berücksichtigt wird. **137**

aa) Unter dem **Dachraum** (vgl. § 29 Abs. 4, § 48 Abs. 1 Satz 2) ist der vom Dach (vgl. § 32) – bestehend aus Tragwerk und Dachhaut (vgl. § 29 Abs. 4 Halbs. 1) – und der Decke des obersten Geschosses gebildete Raum zu verstehen (vgl. OVG Bln, U. v. 10. 3. 1989, GE 1990, 201). Ob die vom Bauherrn für den Dachraum gewählte konstruktive Lösung erforderlich ist, beeinflusst die Qualifikation als Dachraum nicht (vgl. OVG Bln, U. v. 10. 3. 1989, GE 1990, 201; B. v. 5. 2. 1993, BRS 55 Nr. 111). Der **Dachraum als solcher** ist **kein Geschoss**, denn es fehlt ihm an der oberen Begrenzung durch eine Decke (vgl. RNr. 107 sowie VGH BW, U. v. 29. 1. 1969, BRS 22 Nr. 124; Fickert/Fieseler, BauNVO, 10. Aufl., 2002, § 20 RNrn. 8 und 12). An ihrer Stelle befinden sich zumeist Dachschrägen oder Dachaufbauten (vgl. § 37 Abs. 5 Satz 2). Nur wenn Dachräume Decken aufweisen oder Decken in sie eingezogen werden, es sich also um „ausgebaute Dachräume" handelt (vgl. AH-Drucks. 13/1578, S. 8 – zu § 2 –), sind sie Geschosse. Nicht ausgebaute Dachräume (§ 35 Abs. 6 Satz 1 Nr. 1) sind also potenzielle Geschosse. Auch ein mehrgeschossiger Ausbau von Dachräumen ist möglich (vgl. § 27 Abs. 1 Satz 3 Nr. 1); dann dürfte Satz 2 auf jedes dieser Geschosse Anwendung finden. **138**

bb) Ein im Dachraum angelegtes Geschoss ist nur dann ein **Vollgeschoss**, wenn es eine lichte Höhe von 2,30 m über mindestens zwei Drittel der Grundfläche des darunter liegenden Geschosses hat. Diese Höhe ist für die Unterbringung von Aufenthaltsräumen ausreichend (vgl. § 48 Abs. 1 Satz 2 sowie § 27 Abs. 1 Satz 3 Nr. 1). Nach § 48 Abs. 1 Satz 2 sind Aufenthaltsräume im Dachraum zulässig. Die Beschränkungen des früheren Rechts für Aufenthaltsräume in Dachräumen (vgl. § 46 BauO Bln 1997) sind somit entfallen. Hinsichtlich der Berechnung gilt das zum Staffelgeschoss Ausgeführte entsprechend (vgl. RNr. 136). Die Regelung führt dazu, dass Dachgeschosse, die nach Satz 1 Vollgeschosse wären, es nach Satz 2 aber nicht sind, wenn sie den auf die untere Grundfläche bezogenen Zwei-Drittel-Grenzwert nicht erreichen. **139**

Dennoch besteht ein Bedürfnis, lediglich als Dachräumen getarnten Vollgeschossen die nur für Dachräume geltende Privilegierung (vgl. RNr. 137) vorzuenthalten. Die Qualifikation als Dachraum scheidet daher aus, wenn ein Vollgeschoss durch eine dachartig aussehende Verkleidung offensichtlich nur kaschiert werden soll, Gebäudeteile also äußerlich so verblendet werden, dass lediglich der optische Eindruck der Zugehörigkeit zum Dach erweckt wird (vgl. OVG Bln, U. v. 10. 3. 1989, GE 1990, 201). Ob eine solche eindeutig erkennbare **Gesetzesumgehung** vorliegt, ist unter Berücksichtigung der Verkehrsanschauung an Hand der tatsächlichen und rechtlichen Gegebenheiten des Vorhabens festzustellen (vgl. OVG Bln, U. v. 10. 3. 1989, GE 1990, 201). Bei einem Aufeinandertreffen von senkrechten Wandteilen und Dachschrägen können früherer Regelungen über Drempel, bei denen der oberste Teil einer Wand eine seitliche Be- **140** grenzung des Dachraumes bildet (vgl. § 7 Abs. 2 BauO Bln 1979), als Orientierungshilfe für die Beurteilung herangezogen werden, ob der unter den Dachschrägen liegende Raum noch von der Dachkonstruktion geprägt wird (vgl. OVG Bln, U. v. 10. 3. 1989, GE 1990, 201).

141 4. Das Verhältnis des in Abs. 11 festgelegten bauordnungsrechtlichen Begriffs des Vollgeschosses zum **planungsrechtlichen Begriff des Vollgeschosses** (vgl. RNr. 128) kann Zweifel aufwerfen. Die im Bebauungsplan festgesetzte Zahl der Vollgeschosse ist ein wichtiges Element des Maßes der baulichen Nutzung (vgl. § 16 Abs. 2 Nr. 3 BauNVO). Außerdem ist der Begriff des Vollgeschosses mit der Geschossflächenzahl und der Größe der Geschossflächen verknüpft, die gleichfalls das Maß der baulichen Nutzung bestimmen (vgl. § 16 Abs. 2 Nr. 2, § 20 Abs. 3 Satz 1 BauNVO). Jedoch fehlt es an einer bundesrechtlichen Definition des Begriffs des Vollgeschosses. Nach § 20 Abs. 1 BauNVO gelten als Vollgeschosse diejenigen Geschosse, „die nach landesrechtlichen Vorschriften Vollgeschosse sind oder auf ihre Zahl angerechnet werden". Diese – seit ihrer Urfassung (§ 18 BauNVO) unveränderte – Vorschrift enthält, rechtstechnisch gesehen, eine **dynamische Verweisung** (vgl. OVG Bln, U. v. 10. 3. 1989, GE 1990, 201, 203 = DVBl. 1989, 1065, Ls.), da der planungsrechtlichen Begriffs des Vollgeschosses sich unmittelbar einer Änderung des bauordnungsrechtlichen Begriffs des Vollgeschosses anpasst. Komplikationen sind jedoch nicht ausgeschlossen, wenn in Bebauungsplänen das Maß der baulichen Nutzung durch Festsetzung der Zahl der Vollgeschosse (§ 16 Abs. 2 Nr. 3 BauNVO) und der Geschossflächenzahl bzw. der Größe der Geschossfläche (§ 16 Abs. 2 Nr. 2, § 20 Abs. 3 BauNVO) bestimmt wird. Würde eine Änderung des Begriffs des Vollgeschosses sich automatisch auf bestehende Bebauungspläne auswirken, könnte ohne formale Änderung des Bebauungsplans die Zahl der Vollgeschosse beeinflusst werden.

142 Die Rechtsfrage, ob kraft der in § 20 Abs. 1 BauNVO enthaltenen (dynamischen) Verweisung Änderungen des bauordnungsrechtlichen Begriffs des Vollgeschosses sich unmittelbar auf den Inhalt vorhandener Bebauungspläne auswirken (so genannte **dynamische Verknüpfung**) oder die Änderung nur für neue Bebauungspläne gilt, ältere also unberührt bleiben (so genannte **statische Verknüpfung**), hat das BVerwG bisher nicht entschieden. Vom OVG Bln (und anderen Oberverwaltungsgerichten) wird sie im Sinne der statischen Betrachtungsweise folgendermaßen beantwortet (vgl. OVG Bln, U. v. 10. 3. 1989, GE 1990, 201; U. v. 28. 1. 2003, BRS 66 Nr. 176 = UPR 2003, 237; VGH BW, B. v. 27. 1. 1999, BRS 62 Nr. 91 = NVwZ-RR 1999, 558; Fickert/Fieseler, BauNVO, 10. Aufl., 2002, § 20 RNrn. 2 – 6). Ändert sich die nach § 20 Abs. 1 BauNVO bei der planungsrechtlichen Beurteilung zugrundezulegende landesrechtliche Definition des Vollgeschosses, so hat diese Änderung keinen Einfluss auf die Ermittlung des Inhalts von Festsetzungen der zulässigen Anzahl von Vollgeschossen in zuvor erlassenen Bebauungsplänen. Das OVG Bln begründet diese Auffassung vor allem mit der Erwägung, dass Grundlage der konkreten planerischen Abwägung die jeweils geltende landesrechtliche Vollgeschossdefinition sei und dass bei einer dynamischen Verknüpfung die Gefahr einer das Eigentumsrecht rechtswidrig berührenden Umplanung bestehe. Nach dieser Ansicht ist also der jeweilige Vollgeschossbegriff maßgeblich, der zur Zeit des Erlasses eines Bebauungsplans gilt (vgl. § 2 Abs. 5 BauO Bln 1966, 1971, 1979, 1985, § 2 Abs. 4 BauO Bln 1997). Dabei kommt es – entsprechend §§ 25, 25a und 25b BauNVO – auf die öffentliche Auslegung des Bebauungsplans an (vgl. OVG Bln, U. v. 10. 3. 1989, GE 1990, 201, 205, sowie BVerwG, B. v. 24. 1. 1995, BRS 57 Nr. 26).

XIII. Unter der Überschrift „**Barrierefreies Bauen**" stellt § 51 Anforderungen an die Errichtung und Ausgestaltung von baulichen Anlagen, die von Behinderten benutzt werden. **Abs. 12** legt fest, wann **bauliche Anlagen barrierefrei** sind. **143**

1. Die authentische Interpretation des Begriffs „barrierefrei" dient wie auch § 51 und einige weitere Vorschriften der BauO Bln (vgl. § 39 Abs. 4 Sätze 2 und 5, Abs. 5 Sätze 1 und 2, § 49 Abs. 2, § 50 Abs. 1 Sätze 1 und 2, § 52 Abs. 1 Satz 3 Nr. 15) der Verwirklichung des **Verfassungsauftrags** in Art. 3 Abs. 3 Satz 2 GG (vgl. VGH BW, U. v. 27. 9. 2004, BRS 67 Nr. 147) und Art. 11 Satz 1 VvB. Danach dürfen Menschen mit Behinderungen nicht benachteiligt werden. Diese **Benachteiligungsverbot** wird durch das Gesetz zur Gleichstellung behinderter Menschen (**Behindertengleichstellungsgesetz – BGG**) v. 27. 4. 2002 (BGBl. I S. 1467, 1468), zuletzt geändert durch VO v. 31. 10. 2006 (BGBl. I S. 2407), und das Gesetz über die Gleichberechtigung von Menschen mit und ohne Behinderung (**Landesgleichberechtigungsgesetz** – LGBG) i. d. F. v. 28. 9. 2006 (GVBl. S. 958), konkretisiert. Beide Gesetze enthalten übereinstimmende Definitionen des Tatbestands der **Behinderung** und der **Barrierefreiheit**. Nach § 3 BGG und § 4 LGBG (wie auch der parallelen Vorschrift des § 2 Abs. 1 Satz 1 Sozialgesetzbuch IX v. 19. 6. 2001 (BGBl I S. 1046, 1047) sind **Menschen behindert**, wenn ihre körperliche Funktion, geistige Fähigkeit oder seelische Gesundheit mit hoher Wahrscheinlichkeit länger als sechs Monate von dem für das Lebensalter typischen Zustand abweichen und daher ihre Teilhabe am Leben in der Gesellschaft beeinträchtigt ist. Vorbild des Abs. 11 ist § 4 BGG, dem § 4a Satz 1 LGBG wörtlich folgt: „**Barrierefrei** sind bauliche und sonstige Anlagen, Verkehrsmittel, technische Gebrauchsgegenstände, Systeme der Informationsverarbeitung, akustische und visuelle Informationsquellen und Kommunikationseinrichtungen sowie andere gestaltete Lebensbereiche, wenn sie für behinderte Menschen in der allgemein üblichen Weise, ohne besondere Erschwernis und grundsätzlich ohne fremde Hilfe zugänglich und nutzbar sind". Die Spezialvorschrift des § 8 BGG betrifft die Herstellung von Barrierefreiheit in den Bereichen Bau und Verkehr. Nach ihrem Abs. 1 Satz 1 sollen zivile Neubauten entsprechend den allgemein anerkannten Regeln der Technik barrierefrei gestaltet werden; nach Abs. 1 Satz 3 bleiben die landesrechtlichen Bestimmungen, insbesondere die Bauordnungen**,** unberührt.

2. In **Abs. 11** wird erläutert, unter welchen Voraussetzungen **bauliche Anlagen barrierefrei** sind. Wann bauliche Anlagen barrierefrei sein müssen, ergibt sich dagegen nicht aus Abs. 11, sondern aus Einzelvorschriften (vgl. RNr. 143), in denen die Barrierefreiheit angeordnet wird, vor allem aus § 51. Besondere Anforderungen können auch in Rechtsverordnungen enthalten sein (vgl. § 84 Abs. 1 Nr. 4 i. V. m. § 51). Für Grundstücke sowie sonstige Anlagen und Einrichtungen (vgl. § 1 Abs. 1 Satz 2) gilt dieses Erfordernis nicht. Dagegen erwähnen § 4 BGG und § 4a Satz 1 LGBG, die beide die Überschrift „Barrierefreiheit" tragen, außer den baulichen Anlagen auch sonstige Anlagen (vgl. RNr. 143). **144**

a) Maßstab für die Barrierefreiheit sind die Bedürfnisse **behinderter Menschen.** Darunter sind die Personen zu verstehen, die in § 3 BGG, § 3 LGBG und § 2 Abs. 1 Satz 1 SGB IX genannt werden (vgl. RNr. 143). **145**

b) **Barrieren** im engeren Sinne sind Hindernisse, die – wie Schwellen oder Stufen – die Bewegung Behinderter stören oder vereiteln. Sie sind gemeint, wenn die BauO Bln verlangt, dass bestimmte Ziele stufenlos erreichbar sein müssen (vgl. § 39 Abs. 4 Sätze 3 und 5, § 51 Abs. 3 Sätze 1 und 9). Abs. 11 erweitert – in Übereinstimmung mit den § 4 BGG und § 4a Satz 1 LGBG – den Anwendungsbereich der Barrierefreiheit auf **146** weitere negative Faktoren, so dass auch Türen mit unzulänglicher Durchgangsbreite oder schräge Flächen baulicher Anlagen erfasst werden. Sogar Einschränkungen der Nutzbarkeit fallen unter den Begriff der Barriere. So können nach § 52 Abs. 1 Satz 3 Nr. 15 an Sonderbauten besondere Anforderungen gestellt werden, die sich auf die barrierefreie Nutzbarkeit erstrecken.

147 c) Für behinderte Menschen (vgl. RNr. 143) müssen bauliche Anlagen (vgl. Abs. 1 Satz 2) in bestimmter Weise **zugänglich und nutzbar** sein. Obwohl nur Gebäude die Eigenschaft aufweisen müssen, dass sie von Menschen betreten werden können (vgl. Abs. 2), kann die Barrierefreiheit auch bei anderen baulichen Anlagen von Bedeutung sein, z. B. bei Sport- und Versammlungsstätten im Freien (vgl. Abs. 4 Nr. 7b) oder begehbaren Denkmalen. Bauliche Anlagen sind nur dann im Sinne des Gesetzes barrierefrei zugänglich, wenn sie auch problemlos verlassen werden können. Zusätzlich zur Zugänglichkeit verlangt das Gesetz auch die Nutzbarkeit baulicher Anlagen durch Behinderte. Der Zugang zu baulichen Anlagen und ihre Benutzung müssen Behinderten in der allgemein üblichen Weise und grundsätzlich ohne fremde Hilfe ermöglicht werden. Die Bereitstellung von Hilfspersonen für Rollstuhlfahrer allein macht eine bauliche Anlage noch nicht barrierefrei.

§ 3 Allgemeine Anforderungen

(1) Anlagen sind so anzuordnen, zu errichten, zu ändern und instand zu halten, dass die öffentliche Sicherheit oder Ordnung, insbesondere Leben, Gesundheit und die natürlichen Lebensgrundlagen, nicht gefährdet werden.

(2) Bauprodukte und Bauarten dürfen nur verwendet werden, wenn bei ihrer Verwendung die baulichen Anlagen bei ordnungsgemäßer Instandhaltung während einer dem Zweck entsprechenden angemessenen Zeitdauer die Anforderungen dieses Gesetzes oder auf Grund dieses Gesetzes erfüllen und gebrauchstauglich sind.

(3) [1]Die von der für das Bauwesen zuständigen Senatsverwaltung durch öffentliche Bekanntmachung als Technische Baubestimmungen eingeführten technischen Regeln sind zu beachten. [2]Bei der Bekanntmachung kann hinsichtlich ihres Inhalts auf die Fundstelle verwiesen werden. [3]Von den Technischen Baubestimmungen kann abgewichen werden, wenn mit einer anderen Lösung in gleichem Maße die allgemeinen Anforderungen des Absatzes 1 erfüllt werden; § 17 Abs. 3 und § 21 bleiben unberührt.

(4) Für die Beseitigung von Anlagen und für die Änderung ihrer Nutzung gelten die Absätze 1 und 3 entsprechend.

(5) Bauprodukte und Bauarten, die in Vorschriften anderer Vertragsstaaten des Abkommens vom 2. Mai 1992 über den Europäischen Wirtschaftsraum genannten technischen Anforderungen entsprechen, dürfen verwendet oder angewendet werden, wenn das geforderte Schutzniveau in Bezug auf Sicherheit, Gesundheit und Gebrauchstauglichkeit gleichermaßen dauerhaft erreicht wird.

Erläuterungen:

I. § 3 ist die Grundlage für **allgemeine Anforderungen**. Die in Abs. 1 enthaltenen allgemeinen Anforderungen (vgl. § 1 RNr. 24) richten sich an Anlagen. Dies sind nach § 2 Abs. 1 Satz 1 bauliche Anlagen und sonstige Anlagen und Einrichtungen im Sinne des § 1 Abs. 1 Satz 2. Die Verwendung von Bauprodukten und Bauarten (vgl. § 2 Abs. 9 und 10) wird in den Abs. 2 und 5 geregelt. Abs. 3 befasst sich mit der Pflicht zur Beachtung Technischer Baubestimmungen. Nach Abs. 4 gelten die Abs. 1 und 3 für die Beseitigung von Anlagen und die Änderung ihrer Nutzung entsprechend.

1. § 3 enthält die so genannte **bauaufsichtliche Generalklausel** Im Unterschied zur polizeilichen Generalklausel des § 17 ASOG ermächtigt sie die BABeh. aber nicht, die notwendigen Maßnahmen zu treffen, die der Abwehr einer im einzelnen Fall bestehenden Gefahr für die öffentliche Sicherheit oder Ordnung dienen (vgl. OVG Bln, B. v. 17. 8. 1990, OVGE 19, 98, 99; U. v. 29. 10. 1993, OVGE 21, 74, 76, und RNrn. 27 f.). Das Bauordnungsrecht benutzt vielmehr eine andere Gesetzestechnik: Die Adressaten der Norm werden durch sie unmittelbar verpflichtet (vgl. OVG Bln, B. v. 17. 8. 1990, OVGE 19, 98, 99), und zwar müssen sie sich in Bezug auf Anlagen, Bauprodukte und Bauarten in bestimmter Weise verhalten. Die Vorschrift weicht ferner insoweit von der Regelung des § 17 ASOG ab, als sie nicht nur traditionell anerkannte Gefahren für die öffentliche Sicherheit oder Ordnung abwenden soll, sondern Handlungspflichten auch im Interesse anderer Rechtsgüter auferlegt (vgl. RNrn. 19 f.).

2. Die allgemeinen Anforderungen des § 3 sind **Verhaltensanforderungen** (vgl. § 1 RNr. 22). Die durch sie begründeten **Handlungspflichten** beziehen sich auf die Anordnung, Errichtung, Änderung, Instandhaltung und Beseitigung von Anlagen sowie die Änderung ihrer Nutzung (Abs. 1 und 4), außerdem auf die Verwendung von Bauprodukten und Bauarten (Abs. 2 und 5) Diese Tätigkeiten müssen so beschaffen sein, dass von Anlagen keine Gefahren ausgehen (Abs. 1), und unterliegen bei der Verwendung von Bauprodukten und Bauarten Einschränkungen (Abs. 2 und 5). Abs. 3 präzisiert die Handlungspflichten dadurch, dass die Adressaten bestimmte technische Regeln beachten müssen.

3. Die allgemeine Anforderungen des § 3 werden in zahlreichen Bestimmungen der BauO Bln konkretisiert (vgl. §§ 4 bis 52). Auch die in Spezialvorschriften enthaltenen Anforderungen gehören nach der Terminologie der BauO Bln zu den allgemeinen Anforderungen (vgl. die Überschrift des Zweiten Abschnitts des Dritten Teils, § 26, § 84 Abs. 1 Nr. 1 und § 1 RNr. 24). Rechtsverordnungen nach § 84 Abs. 1 dienen der Verwirklichung der in § 3 Abs. 1 und 2 bezeichneten Anforderungen. An Sonderbauten können gemäß § 52 Abs. 1 Satz 1 im Einzelfall zur Verwirklichung der Anforderungen nach § 3 Abs. 1 besondere Anforderungen gestellt werden. Soweit der Anwendungsbereich dieser **Spezialvorschriften** oder solcher auf der Grundlage der BauO Bln (vgl. § 84) sich erstreckt, wird die Geltung des § 3 verdrängt (vgl. Schulte, Bernhard, Rechtsgüterschutz durch Bauordnungsrecht, 1982, S. 101; Ortloff, NVwZ 1985, 698), allerdings mit Ausnahme des Abs. 3 (vgl. RNrn. 63 ff.). **§ 3** ist somit eine **Vorschrift mit nur subsidiärer Geltung,** die deshalb in Gerichtsentscheidungen selten erwähnt wird (vgl. OVG Bln, B. v. 9. 4. 1997, OVGE 22, 134, 136, 138). Ist z. B. eine bauliche Anlage gemäß § 12 Abs. 1 standsicher, können hinsichtlich der Standsicherheit keine zusätzlichen Anforderungen unter Berufung auf § 3 Abs. 1 geltend gemacht werden (vgl. OVG Bln, U. v. 24. 1. 1969, BRS 22 Nr. 11). Obwohl das Gleiche auch für den Brandschutz gemäß § 14 gilt, hat das OVG Bln in der Lagerung von Brennmaterial und Bauholz in carportartigen Schuppenanlagen und auf Freiflächen einen gleichzeitigen Verstoß gegen § 3 Abs. 1 gesehen (vgl. OVG Bln, B. v. 17. 4. 2002 – OVG 2 S 2.02 –; OVG Bln-Bbg, B. v. 6. 7. 2006, LKV 2007, 39, 41).

5   **4.** Wenngleich wegen des Vorrangs spezieller Vorschriften (vgl. RNr. 4) die rechtliche und praktische Bedeutung des § 3 reduziert ist, lässt sich der Generalklausel jedoch **das gesetzgeberische Programm des Bauordnungsrechts** entnehmen. Es besteht in der Abwehr von Gefahren für die öffentliche Sicherheit und Ordnung (vgl. Abs. 1) oder der Verfolgung eines „Gefahrenschutzziels" (vgl. OVG Bln, U. v. 30. 7. 2003, OVGE 25, 33, 36, 37 = LKV 2004, 86). Die BauO Bln „will von vornherein alle Gefahrenquellen für die Allgemeinheit ausschalten, die durch bauliche Maßnahmen hervorgerufen werden können" (OVG Bln, U. v. 9. 1. 1961, OVGE 7, 12, 13; vgl. auch OVG Bln, B. v. 29. 12. 1988, BRS 49 Nr. 222). Die größten Gefahren gehen von mangelnder Standsicherheit baulicher Anlagen (vgl. § 12) und von Bränden aus (vgl. § 14 und OVG Bln, U. v. 23. 4. 2002, OVGE 24, 60, 62f. = BRS 65 Nr. 136). Auch mit der Nutzung baulicher Anlagen gehen Gefahren einher (vgl. OVG Bln, U. v. 30. 7. 2003, OVGE 25, 33, 35 = LKV 2004, 86). Die Verhinderung baulicher **Verunstaltung**, die neben der **Gefahrenabwehr** (OVG Bln, U. v. 30. 7. 2003, OVGE 25, 33, 38 = LKV 2004, 86) ein klassisches Thema des Bauordnungsrechts ist, wird in der Generalklausel nicht erwähnt, sondern allein in § 9 behandelt (vgl. AH-Drucks. 12/3966, S. 8 – zu § 3 –). Auch das Prinzip des Umweltschutzes ist Bestandteil des gesetzgeberischen Programms, denn nach Abs. 1 dürfen die **natürlichen Lebensgrundlagen** nicht gefährdet werden (vgl. RNrn. 19 f.).

6   Dagegen werden das in manchen Vorschriften der BauO Bln erkennbare Ziel **baulicher Wohlfahrts- und Sozialpflege**, die im Interesse Behinderter neuerdings um die Barrierefreiheit baulicher Anlagen erweitert worden ist (vgl. § 2 Abs. 12), und die Förderung sonstiger Rechtsgüter weder erwähnt noch auch nur angedeutet (vgl. z. B. § 15 Abs. 1, § 39 Abs. 4 Sätze 1 und 2, § 49 Abs. 1 bis 3 sowie allgemein Schulte, RNr. 4, S. 108 ff., 225 f.). So werden in § 8 Abs.2 die Anlegung von Kinderspielplätzen und in § 50 Abs. 1 Sätze 3 und 4 die Herstellung von Abstellmöglichkeiten für Fahrräder vorgeschrieben. Wenngleich die Generalklausel diese Ausweitung der Ziele der BauO Bln nicht erkennen lässt, so ist doch die öffentliche Sicherheit nur der Kern des gesetzgeberischen Programm des Bauordnungsrechts, der in zahlreichen Spezialnormen durch weitere Rechtsgüter angereichert wird.

7   **II.** Die zentrale Vorschrift des § 3 ist die **Gefährdungsklausel** des Abs. 1 Sie zielt darauf ab, Anlagen sowie auf diese gerichtete bauliche Tätigkeiten von Gefahren für die öffentliche Sicherheit oder Ordnung, insbesondere Leben, Gesundheit und die natürlichen Lebensgrundlagen, freizuhalten.

1. Sie bezieht sich auf **Anlagen**, also nach § 2 Abs. 1 Satz 1 auf **bauliche Anlagen** (§ 2 Abs. 1 Sätze 2 und 3) sowie **sonstige Anlagen und Einrichtungen** im Sinne des § 1 Abs. 1 Satz 2. Für Grundstücke gilt die Gefährdungsklausel nicht. Die Anwendbarkeit des § 3 Abs. 1 setzt einen Rückgriff auf die tatbestandlichen Voraussetzungen des § 1 Abs. 1 Satz 2 voraus. Da dieser den Begriff der sonstigen Anlagen und Einrichtungen aber nicht eigenständig, sondern durch Verweisung auf spezielle Anforderungsnormen bestimmt (vgl. § 1 RNrn. 20, 33 ff.), wird man wieder auf § 3 Abs. 1 zurückverwiesen, der Norm also, aus der sich Anforderungen an sonstige Anlagen und Einrichtungen ergeben und die somit deren Einbeziehung in den Geltungsbereich der BauO Bln zu bewirken scheint. Die komplizierte Gesetzestechnik, die zu einem ergebnislosen Pendeln zwischen § 1 Abs. 1 Satz 2 und § 3 Abs. 1 Satz 1 führt, bestätigt die Feststellung, dass hinsichtlich der sonstigen Anlagen und Einrichtungen jene bauordnungsrechtlichen Vorschriften, die pauschal Anforderungen an Anlagen stellen, keine Vorschriften sein können, auf die § 1 Abs. 1 Satz 2 verweist (vgl. § 1 RNr. 35). Die Formulierung in § 1 Abs. 1 Satz 2 ist vielmehr missverständlich und bedarf der inhaltlichen Reduktion. Mit ihr können nur jene Vorschriften gemeint sein, die ausdrücklich einzelne Anlagen oder Einrichtungen nennen (vgl. § 1 RNr. 34 f.). Die bloße Verwendung des Begriffs „Anlagen" (und die damit wegen § 2 Abs. 1 Satz 1 verbundene stillschweigende Miterwähnung der sonstigen Anlagen und Einrichtungen) reicht zur Erfüllung des Tatbestands des § 1 Abs. 1 Satz 2 und auch desjenigen des § 3 nicht aus. Vielmehr ist der insofern maßgebliche Anwendungsbereich der Gefährdungsklausel nur an Hand derjenigen Vorschriften – außerhalb von § 1 Abs. 1 Satz 2 und § 3 – zu ermitteln, die entsprechende Anforderungen enthalten. Nur wenn einzelne Vorschriften der BauO Bln oder auf sie gestützte Rechtsverordnungen vorsehen, dass sonstige Anlagen oder Einrichtungen speziellen Anforderungen genügen müssen, führt dies dazu, dass in diesen Fällen zugleich auch ergänzend die bauaufsichtliche Generalklausel eingreift. Da somit nur in Spezialvorschriften genannte sonstige Anlagen und Einrichtungen in Betracht kommen (vgl. die Aufzählung in § 1 RNr. 27) und solche Spezialvorschriften dem § 3 vorgehen (vgl. RNr. 4), dürfte die Erstreckung der Gefährdungsklausel über die baulichen Anlagen hinaus auf sonstige Anlagen und Einrichtungen nur von geringer Bedeutung sein.

2. Die Anforderungen des Abs. 1 beziehen sich auf die **Anordnung, Errichtung, Änderung und Instandhaltung von Anlagen**. Die Überwachung dieser Handlungen gehört nach § 58 Abs. 1 Satz 1 zu den Aufgaben der BABeh. Welche verfahrensrechtlichen Vorschriften für diese Tätigkeiten maßgeblich sind, insbesondere, ob eine Genehmigungspflicht gemäß § 60 Abs. 1 besteht, ist für den Tatbestand des Abs. 1 unerheblich; § 60 Abs. 1 folgt bei seiner Aufzählung genehmigungspflichtiger Tätigkeiten – allerdings unter Weglassung der Anordnung – dem Muster der Gefährdungsklausel. Die Beseitigung von Anlagen und die Änderung ihrer Nutzung werden in Abs. 4 geregelt. Die Tätigkeiten der Errichtung, Änderung, Instandhaltung und Beseitigung fallen unter den Begriff der **(Bau-)Ausführung** (vgl. § 11 Abs. 3 und 4, § 54 Abs. 1 Satz 1 und 4, § 63 Abs. 3 Satz 3 und 4, § 71 Abs. 7, § 72 Abs. 1, § 78 Abs. 1 Satz 2 Nr. 1 und 2, § 80 Abs. 5).

a) Zur **Anordnung** gehört die Wahl des Standortes und die Gestaltung des Grundrisses, gegebenenfalls innerhalb der nach § 23 BauNVO festgesetzten überbaubaren Grundstücksfläche (vgl. BVerwG, B. v. 29. 7. 1999, BRS 62 Nr. 96). Die Kontrolle der Anordnung wird dadurch erleichtert, dass nach § 71 Abs. 5 vor Baubeginn die Grundrissfläche eines Gebäudes abgesteckt sein muss. Eine spezielle Regelung dieses Themas enthält § 6 (Abstandsflächen, Abstände). Nach § 52 Abs. 1 Satz 3 Nr. 1 sind besondere Anforderungen an die Anordnung von Sonderbauten auf den Grundstücken zulässig, nach Nrn. 6 und 9 besondere Anforderungen an die Anordnung zahlreicher Bauteile.

b) Errichtung ist sowohl der Neubau als auch der Wiederaufbau. Die Komplettierung eines Gebäudetorsos ist, sofern die Baugenehmigung erloschen ist, ein Neubau oder eine Änderung, jedoch keine Instandhaltung (vgl. OVG Bln, U. v. 28.2.1969, BRS 22 Nr. 141). Bei baulichen Anlagen, die nur durch eigene Schwere auf dem Boden ruhen (vgl. § 2 Abs. 1 Satz 2 Halbs. 2), wie einem Verkaufswagen (vgl. § 2 RNrn. 25, 30), ist das Aufstellen als Errichtung, das Versetzen als Änderung anzusehen.

11 c) **Änderung** ist die Umgestaltung einer Anlage (vgl. § 60 RNr. 7), z. B. die Erweiterung des Bauvolumens eines Gebäudes (vgl. § 76 Abs. 1 Satz 4), die Änderung von Bauteilen (vgl. § 62 Abs. 1 Nr. 10b), der Einbau eines Aufzugs (vgl. § 51 Abs. 5 Nr. 2), das nachträgliche Anbringen von Außenwandbekleidungen oder die nachträgliche Dämmung von Dächern, Verblendungen und Verputz (vgl. § 62 Abs. 1 Nr. 10d). Auch Veränderungen der äußeren Gestalt durch das Errichten von Masten oder Antennen in, an oder auf baulichen Anlagen sind Änderungen (vgl. § 62 Abs. 1 Nr. 4a), desgleichen das Anbringen von Werbeanlagen (vgl. § 10) oder die Erweiterung eines Kinderspielplatzes (vgl. § 8 Abs. 2 Satz 6). Mehrfach knüpft die BauO Bln Rechtsfolgen an wesentliche Änderungen baulicher Anlagen (vgl. § 51 Abs. 4, § 85 Abs. 3). Auch im übrigen erwähnt die BauO Bln gelegentlich die Änderung von Anlagen (vgl. § 50 Abs. 1 Satz 4, § 62 Abs. 2 Nr. 2, § 83 Abs. 1 Satz 1 Nr. 7). Im Planungsrecht ist der Begriff der Änderung gleichfalls von erheblicher Bedeutung (vgl. § 29 Abs. 1, § 172 Abs. 1 Satz 1 BauGB)

12 d) Der Begriff der **Instandhaltung** hat den früher verwendeten der Unterhaltung ersetzt (vgl. AH-Drucks. 12/3966, S. 8, – zu § 3 –), der sich allerdings noch in § 84 Abs. 1 Nrn. 4 und 5 findet. Instandhaltungsarbeiten sind verfahrensfrei (§ 62 Abs. 4), aber dennoch ordnungsgemäß auszuführen (vgl. Abs. 2, § 84 Abs. 1 Nr. 5). Sie dienen der Beseitigung von Mängeln ohne wesentliche Änderung des bisherigen Zustands, der lediglich wieder hergestellt werden soll. Die Instandhaltung von Anlagen umfasst die infolge Abnutzung, Alterung, Witterung und Einwirkungen Dritter notwendigen Arbeiten, gegebenenfalls auch eine Anpassung an den „Stand der Technik" gemäß § 3 Abs. 6 und § 22 Abs. 1 Satz 1 Nrn. 1 und 2 BImSchG (vgl. OVG Bln, U. v. 22. 4. 1993, OVGE 21, 41, 46 = BRS 55 Nr. 179; B. v. 18. 7. 1994, BRS 56 Nr. 110). Instandsetzungsarbeiten können – je nach ihrer Intensität – unter die Begriff der Errichtung, der Änderung oder der Instandhaltung fallen; die Grenzen zwischen diesen Baumaßnahmen sind fließend. Der Austausch einer intakten Haustür eines Mietshauses gegen eine moderne Metalltür ist keine Instandhaltung (OVG Bln, U. v. 20. 11. 1992, OVGE 20, 265, 266 f. = BRS 54 Nr. 117). Eine Modifizierung der **Instandhaltung rechtmäßig bestehender baulicher Anlagen** sieht § 85 Abs. 1 Satz 1 vor.

13 3. Die in Abs. 1 genannten **Tätigkeiten** sowie ihr **Ergebnis** – die angeordnete, errichtete, geänderte oder instand gehaltene Anlage – dürfen die **öffentliche Sicherheit oder Ordnung nicht gefährden,** also keine Gefahren für sie bilden.

14 a) Die in der bauaufsichtlichen Generalklausel benutzte Terminologie ist dem Polizei- und Ordnungsrecht entlehnt. Unter **öffentlicher Sicherheit** werden dort die individuellen Rechtsgüter des Lebens und der Gesundheit (die Abs. 1, § 45 Satz 4 und § 85 Abs. 2 Satz 1 ausdrücklich nennen), des Eigentums, der Freiheit, der Ehre sowie des Vermögens und kollektive Rechtsgüter, wie die Unversehrtheit der Rechtsordnung und der staatlichen Einrichtungen, verstanden (vgl. BVerfG, B. v. 14. 5. 1985, BVerfGE 69, 315, 352; Knemeyer, Polizei- und Ordnungsrecht, 9. Aufl., 2002, RNr. 100). Somit gehört die Einhaltung des öffentlichen Baurechts zum Kern der öffentlichen Sicherheit. Die **öffentliche Ordnung** besteht aus ungeschriebenen Verhaltensregeln, deren Befolgung nach den jeweils herrschenden gesellschaftlichen Auffassungen für ein gedeihliches Zusammenleben unabdingbar sind (vgl. BVerfG, B. v. 14. 5. 1985, BVerfGE 69, 315, 352).

15 b) Gefahr ist ein Zustand, der bei ungehindertem Ablauf des weiteren Geschehens mit hinreichender Wahrscheinlichkeit zu einem Schaden an den polizeilichen Schutzgütern der öffentlichen Sicherheit oder Ordnung führt. Die Gefahr, deren Verhinderung Abs. 1 verlangt, ist die im Einzelfall bestehende, also **konkrete Gefahr**, nicht die abstrakte

Gefahr, die mit bestimmten Tätigkeiten oder Zuständen typischerweise verbunden ist und mit hinreichender Wahrscheinlichkeit den Eintritt einer konkreten Gefahrenlage als möglich erscheinen lässt. Der **Begriff der Gefahr** findet in zahlreichen Vorschriften der BauO Bln Verwendung (vgl. § 8 Abs. 2 Satz 3, § 10 Abs. 2 Satz 2, § 11 Abs. 1 Satz 1, § 13 Satz 1, § 15 Abs. 2 und 3, § 20 Satz 2, § 21 Abs. 1 Satz 5, § 37 Abs. 1, § 42 Abs. 2, Abs. 3 Satz 1, Abs. 4 Satz 2, § 75 Abs. 7 Satz 1, § 85 Abs. 4). Gelegentlich tritt er in der Version auf, dass es sich um dringende oder erhebliche Gefahren handeln müsse (vgl. § 58 Abs. 3 Satz 1, § 84 Abs. 1 Nr. 5), dass eine Gefährdung der öffentlichen Sicherheit oder Ordnung vermieden werden müsse (vgl. § 85 Abs. 2 Satz 2) oder Maßnahmen aus Gründen der Sicherheit durchzuführen seien (vgl. § 75 Abs. 8 Satz 1). Ein ausdrücklicher Hinweis auf eine Gefährdung im Sinne des § 3 Abs. 1 findet sich in § 75 Abs. 6 Satz 4. Manchmal wird der Begriff der Gefahr um den der Nachteile erweitert (vgl. § 84 Abs. 1 Nr. 5). Hat sich die Gefahr verwirklicht und ist der Schaden eingetreten, so gehört zur Gefahrenabwehr auch die Beseitigung des Schadens oder der Störung. Wie Gefahren werden solche Zustände behandelt, bei denen die Behörde berechtigterweise einen Gefahrenverdacht hegen oder eine Anscheinsgefahr annehmen darf (vgl. Knemeyer, [RNr. 14], RNrn. 95 ff.). Auch wenn Spezialvorschriften – wie zumeist – von der ausdrücklichen Erwähnung polizeilicher Gefahren absehen, dienen sie doch zumeist der Gefahrenabwehr, stellen „Gefahrenschutzerfordernisse" auf und verfolgen „Gefahrenschutzziele" (vgl. OVG Bln, U. v. 30. 7. 2003, OVGE 25, 33, 35, 36, 37 = LKV 2004, 86 betr. § 4 Abs. 1 BauO Bln 1997).

Belästigungen sind keine Gefahren, werden ihnen aber mitunter in Spezialvorschriften gleichgestellt, insbesondere wenn die Belästigungen unzumutbar oder vermeidbar sind (vgl. § 8 Abs. 2 Satz 3, § 11 Abs. 1 Satz 1, § 13 Satz 1, § 15 Abs. 2 und 3, § 42 Abs. 3 Satz 1, Abs. 4 Satz 2, § 45 Satz 4 sowie OVG Bln, U. v. 14. 5. 1982, BRS 39 Nr. 207).

16

c) Abs. 1 verfolgt den Zweck, Schäden an den genannten polizeilichen Schutzgütern (vgl. RNr. 14) zu vermeiden, er dient also der **Gefahrenabwehr** (vgl. § 75 Abs. 7 Satz 1 sowie OVG Bln, U. v. 30. 7. 2003, OVGE 25, 33, 35 = LKV 2004, 86). Entgegen seinem Wortlaut ist es jedoch ausgeschlossen, dass Anlagen sämtliche Rechtsgüter, die unter die öffentliche Sicherheit und Ordnung fallen, gefährden können. Leben, Gesundheit und die natürlichen Lebensgrundlagen als Bestandteile der öffentlichen Sicherheit können durch Anlagen immer bedroht werden, andere Rechtsgüter nur ausnahmsweise oder überhaupt nicht. So ist es kaum vorstellbar, wie die öffentliche Ordnung durch Anlagen beeinträchtigt werden sollte (wobei anderes für ihre Nutzung gelten mag). Lärmbelästigungen, die früher als Verstöße gegen die öffentliche Ordnung in Betracht gezogen werden konnten, werden heute durch Vorschriften der BauO Bln (vgl. § 15 Abs. 2 Sätze 1 und 2) und spezielle Lärmschutzbestimmungen (vgl. LImSchG Bln sowie Strohbusch, Das Landes-Immissionsschutzgesetz Berlin, LKV 2007, 58) erfasst. Auch wäre eine Forderung, der Bauherr müsse auf das – der öffentlichen Sicherheit unterfallende – Vermögen Privater Rücksicht nehmen, selbst dann unerfüllbar, wenn man sie auf den Fall besonderer Schwere beschränkte. Abs. 1 wäre zudem keine praktikable Norm, würde der Adressat bei den Tätigkeiten der Anordnung, Errichtung, Änderung, Instandhaltung und Beseitigung von Anlagen zur Schonung sämtlicher individueller und kollektiver Rechtsgüter verpflichtet.

17

Die Übernahme der polizeirechtlichen Terminologie in das Bauordnungsrecht ist gesetzestechnisch bedenklich und vermag jedenfalls nicht zu einer Identität der polizeilichen Schutzgüter und derjenigen des Abs. 1 zu führen. Zur öffentlichen Sicherheit im Sinne der bauaufsichtlichen Generalklausel sind vielmehr nur Leben, Gesundheit

18

und Eigentum (vgl. OVG Bln, U. v. 23.4.2002, OVGE 24, 60, 63 = BRS 65 Nr. 136) sowie ähnliche **„handgreifliche" Rechtsgüter** – z. B. die Sicherheit oder Leichtigkeit des öffentlichen Verkehrs (vgl. § 16 Abs. 2) oder die Einhaltung von Einzelbestimmungen der BauO Bln (vgl. RNr. 15) – zu rechnen, die von Anlagen gefährdet werden können. Diese Einschränkung ist auch deshalb geboten, weil Abs. 1 anders als § 17 Abs. 1 ASOG die Adressaten der Norm unmittelbar verpflichtet (vgl. RNr. 2f.) und es keines zusätzlichen – im Ermessen der BABeh. stehenden und somit die gesetzlichen Anforderungen mildernden – Verwaltungsakts bedarf.

19 d) Besondere Probleme sind mit der Einbeziehung der **natürlichen Lebensgrundlagen** in die Generalklausel verbunden.

aa) Abs. 1 begnügt sich nicht (wie noch § 3 Abs. 1 Satz 2 BauO Bln 1985) mit einem Gebot, wonach sich Anlagen in die Umwelt, Natur und Landschaft einzufügen haben. An die Stelle eines Einfügungsgebots, das auf ein ökologisch ausgewogenes Verhältnis von Anlagen und Umgebung gerichtet war, ist die Zuordnung der natürlichen Lebensgrundlagen zum polizeilichen Schutzgut der öffentlichen Sicherheit getreten. Dadurch wird der **Umweltschutz**, der verfassungsrechtlich lediglich Gegenstand von Staatszielbestimmungen ist (vgl. Art. 20a GG, Art. 31 Abs. 1 VvB), in den Tatbestand einer Handlungspflichten begründenden Norm einbezogen. Deren Adressaten sind somit – jedenfalls dem Wortlaut der Vorschrift nach – verpflichtet, bei den in Abs. 1 und 4 genannten baulichen Tätigkeiten den Eintritt von Gefahren für die natürlichen Lebensgrundlagen zu vermeiden.

20 bb) Auch für das bauaufsichtliche Schutzgut der natürlichen Lebensgrundlagen gilt das Prinzip, dass **(umweltrechtliche) Spezialvorschriften** den Geltungsbereich des Abs. 1 einschränken (vgl. RNr. 4). Deshalb findet die Generalklausel keine Anwendung, wenn Bestimmungen der BauO Bln (vgl. § 8 Abs. 1 Satz 1, § 11 Abs. 4, § 15 Abs. 1 und 2, § 46 Abs. 1, § 52 Abs. 1 Satz 3 Nr. 5, § 84 Abs. 6 Satz 1 sowie Ortloff, NVwZ 1985, 698) oder sonstige Normen das Thema des Umweltschutzes behandeln (vgl. Strohbusch, Das Landes-Immissionsschutzgesetz Berlin, LKV 2007, 58). Aber abgesehen von dieser Verdrängung der Generalklausel dürfte deren Bedeutung für einen bauaufsichtlichen Umweltschutz auch im übrigen gering sein. Zwar werden die natürlichen Lebensgrundlagen regelmäßig durch Anlagen beeinträchtigt, insbesondere durch den mit ihrer Errichtung verbundenen Flächenverzehr und ihre Nutzung. Im Rechtssinne gefährden jedoch derartige Anlagen die natürlichen Lebensgrundlagen nicht, wenn sie – einschließlich der mit oder in ihnen betriebenen Nutzung – mit den Vorschriften des Umweltrechts und des Bauplanungsrechts vereinbar sind. Obwohl das Tatbestandsmerkmal der natürlichen Lebensgrundlagen Pflichten der Normadressaten zu begründen scheint, handelt es sich bei diesem Schutzgut der Sache nach eher um einen bloßen Hinweis auf die zahlreichen Rechtsvorschriften des Umweltrechts, die sich auf Anlagen beziehen (und gegebenenfalls nach § 65 Satz 1 Nr. 3 im Baugenehmigungsverfahren geprüft werden). Mit Hilfe des Abs. 1 dürfen die spezialgesetzlichen Anforderungen des Umweltrechts nicht verschärft werden (vgl. Ortloff, NVwZ 1985, 698, 700). Entspricht z. B. eine bauliche Anlage dem § 22 BImSchG oder einer VO gemäß § 23 BImSchG, so ist es der BABeh. verwehrt, weitergehende Vorkehrungen gegen schädliche Umwelteinwirkungen im Sinne des § 3 Abs. 1 BImSchG zu verlangen. Wegen der Fülle vorhandener Umweltrechtsnormen wird die BABeh. nur in Ausnahmefällen einer Anlage die Rechtmäßigkeit mit der Begründung absprechen können, sie gefährde die natürlichen Lebensgrundlagen. Prinzipiell ausgeschlossen ist es jedoch nicht, dass eine Anlage an Belangen des Umweltschutzes scheitert.

e) Wegen der Verdrängung des Abs. 1 durch die Spezialvorschriften der §§ 4 bis 52 (vgl. RNrn. 4, 20), des Bauplanungsrechts und des Umweltrechts (vgl. RNr. 17) kommt den **Handlungsanweisungen** der Generalklausel **nur geringe Bedeutung** zu, soweit sie sich auf die Anordnung, Errichtung, Änderung und Beseitigung von Anlagen beziehen. Zahlreiche der Spezialvorschriften wiederholen- wenngleich zumeist mit Modifikationen – für ihren Anwendungsbereich die **Standardformel**, die Abs. 1 zur Bezeichnung der von ihnen erfassten baulichen Tätigkeiten benutzt *(*Anordnung, Errichtung, Änderung und Instandhaltung*)* und die durch Abs. 4 (**Beseitigung und Nutzungsänderung**) erweitert wird (vgl. § 8 Abs. 2 Satz 1 Halbs. 1, Sätze 3 und 6, § 11 Abs. 1 Satz 1, § 14, § 17 Abs. 1 Satz 1, § 21 Abs. 1 Satz 1, § 51 Abs. 2 Satz 1, § 53, § 58 Abs. 1 Satz 1, § 60 Abs. 1, § 62 Abs. 2 Nr. 2, § 63 Abs. 1, § 78 Abs. 1 Satz 1, § 83 Abs. 1 Satz 1 Nr. 7, § 84 Abs. 1 Nr. 4*)*.

aa) Außerdem gibt es eine Reihe von Vorschriften über die **Instandhaltung** von Anlagen (vgl. § 8 Abs. 2 Satz 1 Halbs. 1, Sätze 3 und 6, § 17 Abs. 1 Satz 1, § 21 Abs. 1 Satz 1, § 37 Abs. 1, § 51 Abs. 2 Satz 1, § 54 Abs. 1 Satz 1, § 84 Abs. 1 Nrn. 4 und 5). Soweit die Pflicht zur Instandhaltung von Anlagen nicht ausdrücklich aus speziellen Normen folgt und in ihnen auch nicht stillschweigend angeordnet ist, trifft die Adressaten (vgl. RNr. 24) die allgemeine Instandhaltungspflicht aus Abs. 1. Nach Abs. 2 muss die Instandhaltung ordnungsgemäß sein (vgl. RNr. 62). Weist eine Anlage – etwa wegen ihres Alters (vgl. RNr. 12) – Mängel auf, so muss der Eigentümer Maßnahmen ergreifen, um eine Gefährdung der öffentlichen Sicherheit, abzuwehren. Unerheblich ist es, ob er seine Instandhaltungspflicht schuldhaft verletzt hat oder ob ihm deren Erfüllung wirtschaftlich unmöglich ist. Die erforderliche konkrete Gefahr (vgl. RNr. 15) wird regelmäßig nicht erst bei drohenden Schäden an Leben oder Gesundheit anzunehmen sein, sondern schon dann, wenn die Beschaffenheit einer Anlage nicht mehr einer Spezialvorschrift der BauO Bln (oder einer auf ihrer Grundlagen erlassenen Rechtsverordnung) entspricht; denn Bestandteil der öffentlichen Sicherheit ist auch die Wahrung der Rechtsordnung und somit im Bereich des Abs. 1 vor allem die Einhaltung des Baurechts (vgl. Rnr. 14).

bb) Die Instandhaltungspflicht des Abs. 1 gilt uneingeschränkt nur für Anlagen, die seit dem 1. Januar 2006 errichtet worden sind (vgl. Art. VI Abs. 1 Satz 1 BauVG Bln). Für rechtmäßig bestehende **ältere bauliche Anlagen** schreibt § 85 Abs. 1 Satz 1 vor, dass sie mindestens in dem Zustand zu erhalten sind, der den bei ihrer Errichtung geltenden Vorschriften entspricht. Stimmen die Anforderungen früherer Bauordnungen mit den heutigen Anforderungen überein, führt § 85 Abs. 1 Satz 1 zum gleichen Ergebnis wie § 3 Abs. 1. Auch wenn keine Verletzung der Instandhaltungspflicht nach § 3 Abs. 1 oder der Erhaltungspflicht nach § 85 Abs. 1 Satz 1 vorliegt, kann unter bestimmten Voraussetzungen nach § 85 Abs. 2 bis 5 die Anpassung baulicher Anlagen an das geltende Recht verlangt werden.

cc) Adressaten der in Abs. 1 begründeten Handlungspflichten sind regelmäßig die nach §§ 53 bis 57 am Bau Beteiligten, insbesondere der Bauherr (§ 54). Soweit es sich um die Pflicht zur Gefahren vermeidenden Anordnung, Errichtung oder Änderung genehmigungsbedürftiger baulicher Anlagen handelt, sorgt die BABeh. im Rahmen des § 65 Satz 1 für die Einhaltung des § 3 Abs. 1. Bei verfahrensfreien (§ 62) und genehmigungsfrei gestellten Bauvorhaben (§ 63) sowie im vereinfachten Baugenehmigungsverfahren (§ 64) ist primär der Bauherr nach § 60 Abs. 2 und § 62 Abs. 5 Satz 1 verantwortlich.

25 Im Unterschied zu den anderen Pflichten des Abs. 1 ist die **Instandhaltungspflicht** eine Dauerpflicht ist. Sie ist vom Eigentümer sowie von dinglich oder obligatorisch Berechtigten, denen die privatrechtliche Befugnis zur Instandhaltung zusteht (z. B. Erbbauberechtigten oder Pächtern), gegebenenfalls auch vom Inhaber der tatsächlichen Gewalt (vgl. § 14 Abs. 1 ASOG) zu erfüllen. Instandhaltungsarbeiten sind nach § 62 Abs. 4 verfahrensfrei, müssen aber gemäß § 62 Abs. 5 Satz 1 den öffentlich-rechtlichen Vorschriften entsprechen. Die ordnungsgemäße (vgl. RNr. 22) Instandhaltung von Anlagen wird nicht ständig überwacht, kann aber auf Grund besonderer Vorschriften einer Kontrolle unterworfen werden, wie bei Sonderbauten (vgl. § 52 Abs. 1 Satz 3 Nr. 22) und Anlagen, die zur Verhütung erheblicher Gefahren oder Nachteile ständig ordnungsgemäß unterhalten werden müssen (vgl. § 84 Abs. 1 Nr. 5).

26 dd) Die **Durchsetzung der Handlungspflichten** des Abs. 1 hängt davon ab, ob ein Vorhaben genehmigt worden ist. Nach Erteilung einer wirksamen Baugenehmigung ist die BABeh. regelmäßig daran gehindert, den Adressaten der Norm zur Abwendung solcher Gefahren zu verpflichten, die mit der Anordnung, der Errichtung oder der Änderung von Anlagen zusammenhängen. Denn die Abwesenheit derartiger Gefahren wurde bereits in der Baugenehmigung insoweit verbindlich bejaht, als diese Gefahren Gegenstand solcher öffentlich-rechtlichen Vorschriften waren, die im bauaufsichtlichen Genehmigungsverfahren zu prüfen waren (vgl. § 71 Abs. 1). Von dieser Bindungswirkung kann sich die BABeh. nur durch den Widerruf oder die Rücknahme der Genehmigung lösen (vgl. §§ 48, 49 VwVfG). Mit Hilfe nachträglicher Anordnungen kann keine Korrektur erreicht werden. Allenfalls kommt ein Anpassung nach § 85 Abs. 2 bis 4 in Betracht. Ausgeschlossen ist es aber nicht, dass trotz der Existenz einer Baugenehmigung die BABeh. sich in solchen Fällen auf Abs. 1 beruft, in denen Gefahrenquellen im Baugenehmigungsverfahren nicht zu prüfen waren. Sind außerhalb von Baugenehmigungsverfahren Anlagen unter Verstoß gegen Abs. 1 (in Verbindung mit § 60 Abs. 2 und § 62 Abs. 5 Satz 1) angeordnet, errichtet oder geändert worden, können behördliche Maßnahmen auf die §§ 58 Abs. 1, §§ 78, 79 und 80 gestützt werden.

27 Zur Erfüllung der **Instandhaltungspflicht** kann der Adressat (vgl. RNr. 25) durch einen Verwaltungsakt der BABeh. angehalten werden. Als dessen Rechtsgrundlage reicht allerdings Abs. 1 nicht aus, weil die Bestimmung nur eine Handlungspflicht, nicht aber eine behördliche Eingriffsbefugnis normiert (vgl. RNr. 2). Die stillschweigende Ergänzung derartiger lediglich Pflichten begründender Vorschriften durch eine Kompetenz zum Erlass belastender Verwaltungsakte ist nach der Auffassung des BVerwG aus rechtstaatlichen Gründen nicht möglich (vgl. U. v. 12.12.1979, NJW 1980, 1970, 1971, sowie Osterloh, JuS 1983, 280, 283). Auch die neu konzipierte Vorschrift des § 58 Abs. 1, die in Satz 1 Aufgaben der BABeh. nennt und in Satz 2 die dafür erforderlichen Befugnisse verleiht, erweist, dass Eingriffe ausdrücklich zugelassen werden müssen.

28 Zudem steht auch die Systematik der BauO Bln der Ansicht entgegen, bei Abs. 1 handle es sich um eine Kompetenznorm. Die **Eingriffsbefugnisse der BABeh**. sind vielmehr an anderen Stellen der BauO Bln geregelt (vgl. § 8 Abs. 2 Satz 6, § 44 [s. OVG Bln, U. v. 25. 2. 1989, OVGE 18, 196, 197], § 54 Abs. 2 Satz 1, § 58 Abs. 1, § 62 Abs. 5 Satz 2, § 63 Abs. 2 Nr. 3, Abs. 4, § 69 Abs. 3, Abs. 4 Satz 3, § 70 Abs. 1 Satz 3, § 75 Abs. 6 Sätze 2 bis 4, Abs. 7 und 8, §§ 77 bis 79, § 80, § 81 Abs. 1, § 85 Abs. 2 bis 4). Zwei von ihnen verleihen der BABeh. die Befugnis, die Erfüllung der Instandhaltungspflicht zu erzwingen. § 8 Abs. 2 Satz 6 betrifft den Sonderfall, dass bei bestehenden Gebäuden die Instandhaltung von Kinderspielplätzen verlangt werden kann. Dagegen rechnet die Grundsatznorm des § 58 Abs. 1 generell zu den Aufgaben und Befugnissen der BABeh. die Kontrolle darüber, dass bei der Instandhaltung von Anlagen die öffentlich-rechtlichen Vorschriften eingehalten werden sowie die Ermächtigung, die erforderlichen Maßnahmen zu treffen. Deshalb bedarf es – anders als nach der früheren Rechtslage (vgl. OVG Bln, U. v. 25. 8. 1998, BRS 49 Nr. 235) – keines Rückgriffs auf § 17 Abs. 1 und 2 Satz 2 ASOG mehr (vgl. § 58 RNr. 16). Eine Gefahr für die öffentliche Sicherheit im Sinne des § 3 Abs. 1 ist insbesondere dann gegeben, wenn entgegen einer Spezialvorschrift die Instandhaltungspflicht nicht erfüllt wird, wenn die in § 3 Abs. 1 vorgeschriebene Instandhaltung nicht ordnungsgemäß geschieht (vgl. RNr. 22) oder durch ihre Vernachlässigung Leben oder Gesundheit gefährdet werden. Die zuletzt genannte Konstellation liegt z. B. bei drohendem Absturz von Mauerteilen vor (vgl. OVG Bln, U. v. 25. 8. 1998, BRS 49 Nr. 235). Die Verantwortlichkeit trifft die Adressaten bauordnungsrechtlichen Handlungspflichten, also auch die Inhaber der tatsächlichen Gewalt nach § 14 Abs. 1 ASOG (vgl. RNrn. 24 f.).

ee) Weist eine Anlage **Mängel** auf, **die nicht auf einer Verletzung einer** in Abs. 1 genannten **Pflicht beruhen** – z. B. drohende Ablösung von Fassadenteilen infolge eines Unwetters oder Brandschäden (vgl. OVG Bln, U. v. 3. 11. 1995, BRS 57 Nr. 253) –, ist § 58 Abs. 1 nicht anwendbar (vgl. § 58 RNr. 17). Sichernde Maßnahmen können in solchen Fällen unmittelbar auf § 17 Abs. 1 und 2 Satz 2 ASOG gestützt werden (vgl. § 58 RNr. 17), gegebenenfalls in Verbindung mit Spezialvorschriften der BauO Bln. (vgl. OVG Bln, U. v. 25. 5. 1989, OVGE 18, 196, 200). Sie sind gegen die Personen zu richten, die als Störer nach den §§ 13 und 14 ASOG verantwortlich sind.

29

f) Obwohl **Abs. 1** durch Spezialvorschriften weitgehend verdrängt wird (vgl. RNr. 4), wirkt er wegen seines programmatischen Charakters (vgl. RNr. 5), der durch die Einbeziehung des Umweltschutzes noch verstärkt worden ist (vgl. RNr. 19), über seinen unmittelbaren Geltungsbereich hinaus und **beeinflusst den Inhalt anderer Bestimmungen**. Soweit in der BauO Bln ausdrücklich auf § 3 verwiesen wird (vgl. § 17 Abs. 2 Satz 2, § 19 Abs. 2 Satz 1, § 20, § 21 Abs. 1 Satz 5, § 52 Abs. 1 Satz 1, § 68 Abs. 1 Sätze 1 und 2, § 75 Abs. 6 Satz 4, § 84 Abs. 1), gelten die in Bezug genommenen Vorschriften direkt. Fehlt es an einer solchen Verweisung, verwenden Vorschriften der BauO Bln aber Begriffe, die dem Themenkreis polizeilicher Gefahrenabwehr entstammen (vgl. RNr. 15 sowie § 3 Abs. 5, § 11 Abs. 2 Satz 1, § 12 Abs. 1 Satz 2, § 16 Abs. 2, § 19 Abs. 1 Satz 1 Nr. 1, § 21 Abs. 1 Satz 2, § 45 Satz 4, § 57 Abs. 1 Satz 2, § 75 Abs. 8 Satz 1, § 85 Abs. 2 Satz 1), so ist es geboten, bei deren Auslegung auf Abs. 1 zurückzugreifen. Eine besonders enge Verknüpfung der Generalklausel sieht die BauO Bln in § 84 Abs. 1 für Rechtsverordnungen vor. Diese dienen der Verwirklichung der in § 3 Abs. 1 und 2 bezeichneten Anforderungen, so dass insbesondere die nähere Bestimmung allgemeiner Anforderungen der §§ 4 bis 49 (vgl. § 84 Abs. 1 Nr. 1) innerhalb des Rahmens der Generalklausel zu geschehen hat. Eine ähnlich enge Beziehung zur Generalklausel schreibt § 52 Abs. 1 Satz 1 hinsichtlich der Sonderbauten vor; an diese können im Einzelfall zur Verwirklichung der allgemeinen Anforderungen nach § 3 Abs. 1 besondere Anforderungen gestellt werden.

30

Eine weitere **Fernwirkung des Abs. 1** besteht darin, dass er geeignete Erwägungen zur Ausübung des **Ermessens** beitragen kann (vgl. VGH BW, B. v. 19. 6. 1989, BRS 22 Nr. 120), wenn z. B. Eingriffsentscheidungen auf Grund der §§ 58, 78, 79 oder 85 zu treffen sind. Die Einbeziehung der „natürlichen Lebensgrundlagen" in die bauaufsichtliche Generalklausel (vgl. RNr. 19) erlaubt daher auch einen Rückgriff auf umweltrelevante Ermessenserwägungen. Die von Abs. 1 verwendete klassische Formel der öffentlichen

31

Sicherheit und Ordnung bildet jedoch keine Schranke für die Ermessensausübung; maßgeblich für die Berücksichtigung von Belangen sind vielmehr die jeweils einschlägigen Einzelbestimmungen, deren Zwecke häufig über die traditionellen Schutzgüter des Polizeirechts hinausgehen (vgl. RNr. 6 sowie Schulte, RNr. 4, S. 158 ff.). Wegen dieser Unterschiedlichkeit des Rechtsgüterschutzes ist Abs. 1 nur als Reservoir für zusätzliche Ermessenserwägungen, nicht aber ein Rahmen bei der Anwendung von Spezialvorschriften.

32 **III.** In Abkehr von der früheren Rechtslage begnügt sich die **Generalklausel** mit der Gefährdungsklausel des Abs. 1 (vgl. RNr. 7) und **enthält keine Missstandsklausel mehr**. Nach § 3 Abs. 1 Satz 2 BauO Bln 1997 mussten Anlagen „ihrem Zweck entsprechend ohne Missstände zu nutzen sein". Nach der Begründung der BauO Bln konnte diese Vorschrift „entfallen, da die bauordnungsrechtlichen Schutzziele im Gesetz ausformuliert sind" (AH-Drucks. 15/3926, S. 63 – zu § 3 –). Entgegen dieser Behauptung sind die Schutzziele in der BauO Bln aber nicht detaillierter geregelt als in früheren Fassungen der BauO Bln. Auch ist unklar, welcher Zusammenhang zwischen den bauordnungsrechtlichen Schutzzielen und der Benutzbarkeit von Anlagen besteht und woraus sich die Entbehrlichkeit der Missstandsklausel ergeben soll. Dennoch hat die Eliminierung der Missstandsklausel keine gravierenden Folgen. Der Behebung von Missständen bei der Benutzung von Wohnungen dient im übrigen weiterhin das **WoAufG Bln**, nach dessen § 12 die Vorschriften des Bauordnungsrechts, die eine Verbesserung von Wohnungen oder Beseitigung von Missständen vorsehen, unberührt bleiben.

33 **1.** Nach der Missstandsklausel musste eine Anlage in einem solchen Zustand sein, dass bei bestimmungsgemäßer **Benutzung** die öffentliche Sicherheit oder Ordnung nicht beeinträchtigt wurde (vgl. VGH BW, U. v. 14. 2. 1990, NVwZ-RR 1990, 533). Wurden Anforderungen an die Benutzbarkeit nicht eingehalten, so bestanden Missstände, deren Beseitigung den Adressaten der Missstandsklausel oblag. Aus ihr wurde beispielsweise die Anforderung abgeleitet, dass Aufenthaltsräume beheizbar sein müssen (vgl. OVG Bln, U. v. 29.10.1993, OVGE 21, 74, 77).

34 Wird eine Anlage in Übereinstimmung mit Abs. 1 und den sonstigen bauaufsichtlichen Vorschriften angeordnet, errichtet oder geändert, so ist ihre einwandfreie Nutzung im allgemeinen zunächst gewährleistet. Stellen sich erst später Missstände bei der Nutzung ein und beruhen sie auf unzureichender Unterhaltung (z. B. auf der unterlassenen Reparatur eines Daches oder eines Aufzuges), so liegt eine Verletzung der **Instandhaltungspflicht** nach Abs. 1 vor (vgl. RNrn. 21 ff.). Gegenstand der Missstandsklausel waren sonstige – außerhalb der Bereichs der Instandhaltung oder Unterhaltung liegende – Unzuträglichkeiten bei der Nutzung. Beispiele hierfür waren die Lagerung von Materialien in Treppenräumen, die unangemessene Verkleinerung von Türöffnungen, das häufige Abschalten von Lüftungsanlagen und das Versperren von Stellplätzen.

35 **2.** Die Instandhaltung und die Nutzbarkeit von Anlagen sind miteinander verknüpft. Soweit die Instandhaltungspflicht reicht, besteht kein Bedarf an einer Missstandsklausel. Eine solche erübrigt sich auch dann, wenn die BauO Bln die **Nutzung von Anlagen** in speziellen Normen eigens regelt Nach § 84 Abs. 1 Nr. 4 können Rechtsverordnungen, die sich auf die Tatbestände des § 51 (Sonderbauten, Garagen) und des § 52 (Barrierefreies Bauen) beziehen, besondere Anforderungen und Erleichterungen für den Betrieb und die Benutzung vorsehen. Ferner befasst sich § 4 Abs. 1 speziell mit der Zugänglichkeit von Gebäuden (vgl. OVG Bln, U. v. 30.7.2003, OVGE 25, 33 = LKV 2004, 86). Auch zahlreiche weitere Normen haben den Zweck, die Nutzung von Anlagen zu gewährlei-

sten oder erwähnen jedenfalls die Benutzbarkeit von Anlagen (vgl. § 3 Abs. 2, § 5 Abs. 2 Sätze 1 und 2, § 8 Abs. 2 Satz 2 und 3, § 15 Abs. 1 und 2 Satz 1, § 16 Abs. 1, § 34 Abs. 1, § 35 Abs. 1 Satz 2, § 45, § 49 Abs. 2, § 50 Abs. 2 Satz 1, § 51 Abs. 2 Satz 1, § 52 Abs. 1 Satz 3 Nrn. 4, 10 bis 17, § 62 Abs. 1 Nr. 12 vor a, § 83 Abs. 1 Satz 1 Nr. 7). In solchen Fällen ist es nach § 58 Abs. 1 Satz 1 Aufgabe der BABeh., darauf zu achten, dass bei der Nutzung die öffentlich-rechtlichen Vorschriften eingehalten werden; in Wahrnehmung dieser Aufgabe kann sie gemäß § 58 Abs. 1 Satz 2 die erforderlichen Maßnahmen treffen. Aber auch wenn – wie zumeist – Einzelvorschriften die Nutzung der von ihnen geregelten Anlagen nicht ausdrücklich oder nur indirekt erwähnen, erscheint es angebracht, die **Aufgaben- und Befugnisnorm des § 58 Abs. 1** heranzuziehen, wenn sich **Missstände** bei der Benutzung von Anlagen ergeben (vgl. § 58 RNr. 7), **die nicht auf einer Vernachlässigung der Instandhaltungspflicht beruhen.** Denn der Gesetzgeber hielt die Missstandsklausel nur deshalb für entbehrlich, weil er – wenngleich mit einer unzutreffenden Begründung – ihren materiellen Gehalt auch unter dem Regime der BauO Bln als gewahrt ansah (vgl. RNr. 32).

IV. Ob § 3 Abs. 1 einem Dritten „**nachbarrechtliche Abwehr- und Schutzansprüche**" (OVG Bln, B. v. 11.6.2002, BRS 65 Nr. 77) gewährt und dieser deshalb im Verwaltungsverfahren oder Verwaltungsprozess unter Berufung auf die Generalklausel verlangen kann, dass deren allgemeine Anforderungen ihm gegenüber eingehalten werden, ist zweifelhaft. Die Frage ist nur unter Hinweis auf die generelle **Problematik des Nachbar- oder Drittschutzes**, soweit diese Thematik vom OVG Bln und vom OVG Bln-Bbg bisher behandelt worden ist, zu beantworten. Der baurechtliche Nachbarschutz oder „Drittrechtsschutz" (OVG Bln, B. v. 15. 5. 1998, OVGE 23, 36, 38), ist schon frühzeitig vom OVG Bln in einer bahnbrechenden Entscheidung anerkannt worden (U. v. 29. 2. 1952, OVGE 1, 39 = BRS 2, 198; vgl. Sellmann, DVBl. 1963, 273, 277; Sendler, BauR 1970, 4, sowie OVG Bln, U. v. 18. 5. 1984, BRS 42 Nr. 160). Nach seiner Auffassung wurzelt der Drittschutz im Baurecht im nachbarschaftlichen Gemeinschaftsverhältnis (vgl. B. v. 25. 2. 1988, OVGE 18, 105, 107 = BRS 48 Nr. 167; B. v. 6. 9. 1994, OVGE 21, 98, 100 f. = BRS 56 Nr. 173). Der heutige Stand baurechtlichen Nachbarschutzes ist das Ergebnis einer richterlichen Rechtsfortbildung (vgl. BVerwG, U. v. 23.8.1996, BVerwGE 101, 364, 376) und hat zu einem „System nachbarlicher Ausgleichs- und Rücksichtnahmepflichten" geführt (vgl. OVG Bln, U. v. 11. 2. 2003 – OVG 2 B 16.99 –). Der Nachbarschutz tritt vornehmlich in den Spielarten der Nachbar- oder Drittklage und des auf vorläufigen Rechtsschutz gerichteten Antrags auf (vgl. RNrn. 38 f. sowie § 78 RNr. 40 f. und § 79 RNrn. 49, 66). Er dient ausschließlich der Durchsetzung des öffentlichen Rechts. Für die zivilrechtlichen Beziehungen zwischen Grundstücksnachbarn gilt das **NachbG Bln.**

1. Ob baurechtliche Normen einem Dritten, insbesondere Nachbarn, Drittschutz gewähren, bemisst sich nach der die gerichtliche Praxis dominierenden **Schutznormtheorie**. Sie beruht nicht auf einer gesetzgeberischen Entscheidung, verdankt ihre Entstehung und Ausbildung vielmehr dem Richterrecht (vgl. Finkelnburg/Ortloff, Öffentliches Baurecht, Bd. II, 5. Aufl., 2005, S. 252 ff., 259 ff.). Nach ihr sind **drittschützende Normen** diejenigen öffentlich-rechtlichen Vorschriften, die nicht nur auf das Gemeinwohl ausgerichtet sind, sondern auch den Interessen des Nachbarn zu dienen bestimmt sind (vgl. BVerwG, U. v. 25. 2. 1977, BVerwGE 52, 122, 123, 129; U. v. 19. 9. 1986, BRS 46 Nr. 173; OVG Bln, U. v. 6. 2. 1961, OVGE 6, 198, 199; U. v. 29. 6. 1981, ZMR 1982, 43, 44; B. v. 29. 10. 1991, BRS 52 Nr. 233; U. v. 22. 5. 1992, OVGE 20, 238, 250 = BRS 54 Nr. 97; U. v. 17. 10. 2003, BRS 66 Nr. 189). Deshalb sind **nicht alle Vorschriften des öffentlichen Baurechts potenziell drittschützend** (vgl. BVerwG, B. v. 16. 8. 1983, BRS 40 Nr. 190;

U. v. 19. 9. 1986, BRS 46 Nr. 173; BVerwG, U. v. 23. 8. 1996, BVerwGE 101, 364, 372). Die Frage, welche Normen als drittschützend zu qualifizieren sind, ist Gegenstand zahlreicher verwaltungsgerichtlicher Entscheidungen (vgl. Beckmann, Neue Rechtsprechung zum Schutz des Nachbarn im öffentlichen Baurecht, BauR 2006, 1676).

38 2. Werden drittschützende (und somit drittberechtigende) Normen durch die BABeh. bei der Erteilung einer Baugenehmigung rechtswidrig nicht oder fehlerhaft angewandt, so steht dem Nachbarn die **Klagebefugnis** gemäß § 42 Abs. 1 VwGO zu und ist er als **Anfechtungskläger** im Sinne des § 113 Abs. 1 Satz 1 VwGO **in seinen Rechten verletzt** (vgl. OVG Bln, U. v. 24. 4. 1987, BRS 47 Nr. 175). Nach derselben Vorschrift hebt das VG die rechtswidrige Baugenehmigung auf (vgl. BVerwG, U. v. 29. 10. 1982, BRS 39 Nr. 176). Besondere Probleme treten bei der Anfechtung von Teilbaugenehmigungen auf (vgl. § 73 Satz 1 und OVG Bln, B. v. 6. 11. 2003 – OVG 2 S 29.03 –). Der durch Gerichte gewährte nachbarliche Drittschutz führt dazu, dass der Nachbar eine Verletzung objektiven Rechts geltend machen darf, bewirkt aber keine Veränderung der Grundlagen und Maßstäbe für die Beurteilung der Rechtmäßigkeit von Vorhaben (vgl. BVerwG, U. v. 23. 8. 1996, BVerwGE 101, 364, 375 f.). Die gerichtliche Kontrollkompetenz ist zudem auf die Prüfung beschränkt, ob das objektive Recht, soweit es drittschützende Positionen begründet, verletzt ist. Wendet sich ein Nachbar gegen die einem Dritter erteilte Baugenehmigung, ist Gegenstand der gerichtlichen Prüfung daher nicht die Rechtmäßigkeit der Baugenehmigung in vollem Umfang; das Rechtsschutzbegehren wird vielmehr durch die mögliche Rechtsverletzung des Nachbarn begrenzt. Auch bei den Konstellationen, in denen bauliche Maßnahmen ohne Baugenehmigung vorgenommen werden, kommt es für den Rechtsschutz auf die Existenz und Verletzung drittschützender Normen an (vgl. § 78 RNr. 39 und § 79 RNrn. 48, 66).

39 Der durch die drittschützende Norm Begünstigte hat auch die für die Einlegung eines zulässigen Widerspruchs nach den §§ 68 ff. VwGO erforderliche **Widerspruchsbefugnis**. Wenngleich Widerspruch und Anfechtungsklage gegen die bauaufsichtliche Zulassung eines Vorhabens, also auch gegen die Baugenehmigung, gemäß **§ 212a Abs. 1 BauGB keine aufschiebende Wirkung nach § 80 Abs. 1 VwGO** haben, eröffnet doch die im Falle drittschützender Normen zu bejahende **Antrags- bzw. Klagebefugnis** die Möglichkeit, die gerichtliche Anordnung der aufschiebenden Wirkung oder der Aussetzung der Vollziehung zu erreichen (vgl. § 80a Abs. 1 Nr. 2, Abs. 3, § 80 Abs. 2 Satz 1 Nr. 3, Abs. 5 VwGO sowie OVG Bln, U. v. 29. 3. 1996, OVGE 22, 24, 25; B. v. 15. 5. 1998, OVGE 23, 36, 37; B. v. 5. 12. 2003, BRS 66 Nr. 170). Bei der nach den genannten Vorschriften vorzunehmenden Abwägung der gegensätzlichen Interessen der Beteiligten kommt es darauf an, ob der Rechtsbehelf des Antragstellers gegen die dem beigeladenen Dritten erteilte Baugenehmigung bei summarischer Prüfung, wie sie im Verfahren des vorläufigen Rechtsschutzes nur möglich ist, mit überwiegender Wahrscheinlichkeit „am Ende" Erfolg haben wird (vgl. OVG Bln, B. v. 20. 12. 1991, OVGE 19, 231, 233 = BRS 52 Nr. 168; B. v. 17. 3. 1999, OVGE 23, 116 = BRS 62 Nr. 182 = BauR 1999, 1004 = LKV 1999, 367 = ZfBR 1999, 355; B. v. 11. 2. 2002, LKV 2002, 280 = BRS 65 Nr. 131; B. v. 21. 5. 2003 – OVG 2 S 40.02 –; B. v. 5. 12. 2003, BRS 66 Nr. 170). Kommt es zur gerichtlichen Anordnung der aufschiebenden Wirkung, bedeutet dies den sofortigen Baustopp (vgl. OVG Bln, B. v. 17. 3. 1999, OVGE 23, 116, 124 = BRS 62 Nr. 182).

40 3. Hinsichtlich des **drittschützenden Charakters bauordnungsrechtlicher Normen** hat sich der Gesetzgeber der BauO Bln einer eindeutigen Entscheidung enthalten. Während § 6 Abs. 5 Satz 4 und Abs. 7 Satz 4 BauO Bln 1997 bestimmten Abstandflächen nachbarschützende Wirkung zusprach, wird dieses Thema in § 6 BauO Bln nicht mehr behandelt. Der Gesetzgeber hat auf eine Definition der nachbarschützenden Wirkung von Abstandsflächen „verzichtet, weil das Schutzziel bis etwa 0,5 H an die Nachbargrenze heranbauen zu können, ohne in Nachbarrechte einzugreifen, durch das reduzierte Abstandflächenmaß von 0,4 H allgemeine Berücksichtigung gefunden hat" (AH-Drucks. 15/3926, S. 69 – zu § 6 Abs. 5 Satz 3 -). Immerhin finden sich an einigen Stellen der BauO Bln – nicht weiter spezifizierte – Hinweise auf die Existenz von „nachbarschützenden Vorschriften" (§ 71 Abs. 2, § 76 Abs. 3 Satz 1 Nr. 3) und von „öffentlich-rechtlich geschützten nachbarlichen Belangen" (§ 68 Abs. 1 Satz 1, § 76 Abs. 1 Satz 3 Nrn. 1 und 2).

Daher muss an Hand der von der Schutznormtheorie geprägten Formel (vgl. RNr. 37) ermittelt werden, **welchen Zwecken eine Einzelvorschrift** der BauO Bln oder einer auf sie gestützten Rechtsverordnung **dient**. Da das Bauordnungsrecht grundstücksbezogen und nicht personenbezogen ist (vgl. OVG Bln, U. v. 26. 7. 1996, BRS 58 Nr. 120; U. v. 30. 7. 2003, OVGE 25, 29, 31 = BRS 66 Nr. 187), wird die – aus dem Zweck der jeweiligen Anforderung (vgl. § 68 Abs. 1 Satz 1) abgeleitete – drittschützende Funktion bauordnungsrechtlicher Vorschriften sich regelmäßig zugunsten der Eigentümer benachbarter Grundstücke (oder an ihnen dinglich Berechtigter) auswirken (vgl. OVG Bln, U. v. 26. 7. 1996, BRS 58 Nr. 120; B. v. 30. 7. 2003, OVGE 25, 29, 30 ff. = BRS 66 Nr. 187 und RNrn. 51 ff.). Jedoch erscheint es nicht ausgeschlossen, dass – anders als im Bauplanungsrecht (vgl. RNr. 53) – auch sonstige Personen begünstigt werden (vgl. RNr. 54). Das **OVG Bln** hat z. B. **in folgenden Fällen den Drittschutz bejaht**: Abstandsflächen (§ 6 BauO Bln 1985, 1997 BauO Bln) – U. v. 22. 5. 1992, OVGE 20, 238, 249, 250 = BRS 54 Nr. 97; B. v. 25. 3. 1993, BRS 55 Nr. 121; B. v. 6. 9. 1994, OVGE 21, 98, 99 ff. = BRS 56 Nr. 173; B. v. 31. 1. 1997, OVGE 22, 85, 87; B. v. 9. 1. 1998, BRS 60 Nr. 107; B. v. 8. 4. 1998, BRS 60 Nr. 87 = LKV 1998, 357, 358; U. v. 28. 1. 2003. BRS 66 Nr. 178 = UPR 2003, 237 –; U. v. 11. 2. 2003 – OVG 2 B 16.99 –; U. v. 14. 3. 2003 – 2 B 7.97 –, B. v. 28. 11. 2003, BRS 66 Nr. 130 = LKV 2004, 235; B. v. 27. 10. 2004, BRS 67 Nr. 131 = LKV 2005, 76; OVG Bln-Bbg, U. v. 18. 12. 2007 – OVG 2 A 3.07 –), und zwar unabhängig von einer tatsächlichen Beeinträchtigung (vgl. OVG Bln, U. v. 11. 2. 2003 – OVG 2 B 16.99 –; B. v. 28. 11. 2003, BRS 66 Nr. 130 = LKV 2004, 235); Grenzabstand (§ 7 Abs. 1 Satz 1 Halbs. 1 BauO Bln 1979) – B. v. 28. 1. 1981, OVGE 15, 196; U. v. 23. 9. 1988, BRS 48 Nr. 177; Standsicherheit (§ 13 BauO Bln 1997) – B. v. 2. 6. 1998, BRS 60 Nr. 118; Stellplätze (§ 48 Abs. 4 Satz 1 BauO Bln 1985 = § 48 Abs. 3 Satz 1 BauO Bln 1997) – U. v. 14. 5. 1993, LKV 1994, 119; U. v. 29. 10. 1993, OVGE 21, 74, 79f.). Auch hinsichtlich des Brandschutzes (vgl. §§ 14, 30) neigt das OVG Bln zur Bejahung des Drittschutzes (vgl. U. v. 23. 4. 2002, BRS 65 Nr. 136, S. 603 f.). Ferner hat das VG Bln (B. v. 26. 5. 1995, NJW 1995, 2650) „Kunstwerken auf Zeit im Stadtraum" – wie dem von Christo verhüllten Reichstag – einen auf die Kunstfreiheit des Art. 5 Abs. 3 GG gestützten „Umgebungsschutz" zuerkannt. Dagegen hat das OVG Berlin im Falle eines „Mauermuseums" am Checkpoint Charlie einen auf Art. 5 Abs. 1 GG gestützten Anspruch auf Beibehaltung eines angemessenen baulichen Umfelds verneint (vgl. U. v. 30. 7. 2003, OVGE 25, 29, 32 f. = BRS 66 Nr. 187) abgelehnt. An einer den drittschützenden Charakter der Gefährdungsklausel des § 3 Abs. 1 definitiv bejahenden Äußerung des OVG Bln fehlt es bisher (vgl. aber B. v. 29. 10. 1991, BRS 52 Nr. 233; OVG NRW, U. v. 23. 10. 2006 – 7 A 1605l-05 – www.justiz.nrw.de [> Rechtsprechungsdatenbank] sowie RNr. 50).

4. Hinsichtlich des **drittschützenden Charakters bauplanungsrechtlicher Normen** bewegt sich die Judikatur des OVG Bln und des OVG Bln-Bbg in den Bahnen der

Rechtsprechung des BVerwG (vgl. OVG Bln, U. v. 29. 6. 1981, ZMR 1982, 43, 47; U. v. 18. 5. 1984, OVGE 17, 91, 93 f. = BRS 42 Nr. 160; U. v. 7. 11. 1986, BRS 46 Nr. 182; B. v. 4. 8. 1995, LKV 1996, 217; B. v. 13. 3. 1998, BRS 60 Nr. 206; B. v. 18. 7. 2001, OVGE 23, 239, 243; B. v. 11. 6. 2002, BRS 65 Nr. 77; U. v. 30. 7. 2003, OVGE 25, 29, 31 = BRS 66 Nr. 187), das ein „System des allgemeinen bauplanungs-rechtlichen Nachbarschutzes" entwickelt hat (vgl. BVerwG, U. v. 23. 8. 1996, BVerwGE 101, 364, 376). Wie der baurechtliche Drittschutz insgesamt (vgl. RNr. 36) wurzelt auch der Drittschutz im Bauplanungsrecht im nachbarlichen Gemeinschaftsverhältnis (vgl. BVerwG, B. v. 28. 8. 1987, BVerwGE 78, 85, 89). Er leitet sich daraus her, dass bestimmte Vorschriften des öffentlichen Baurechts „auch der Rücksichtnahme auf individuelle Interessen oder deren Ausgleich untereinander dienen" (vgl. BVerwG, U. v. 19. 9. 1986, BRS 46 Nr. 173; B. v. 28. 8. 1987, BVerwGE 78, 85, 89). Das „bodenbezogene Bauplanungsrecht" (vgl. OVG Bln, B. v. 1. 11. 1988, BRS 48 Nr. 157, S. 394; U. v. 30. 7. 2003, OVGE 25, 29, 31 = BRS 66 Nr. 187) bezweckt den „Ausgleich möglicher Bodennutzungskonflikte" (BVerwG, U. v. 16. 9. 1993, BVerwGE 94, 151, 155). Demgemäß beruht der bauplanungsrechtliche Nachbarschutz auf dem „Gedanken des wechselseitigen Austauschverhältnisses" (BVerwG, U. v. 16.9.1993, BVerwGE 94, 151, 161; U. v. 23.8.1996, BVerwGE 101, 364, 375, 376; vgl. schon OVG Bln, B. v. 5.10.1978, BRS 33 Nr. 163; U. v. 29.6.1981, ZMR 1982, 43, 45; B. v. 18.4.1986, BRS 46 Nr. 172). Weil der Grundstückseigentümer in der Nutzung öffentlich-rechtlichen Beschränkungen unterworfen ist, kann er deren Beachtung grundsätzlich auch im Verhältnis zum Nachbarn durchsetzen (vgl. BVerwG, U. v. 16. 9. 1993, BVerwGE 94, 151, 155; U. v. 23. 8. 1996, BVerwGE 101, 364, 375; OVG Bln, B. v. 18. 4. 1986, BRS 46 Nr. 172).

43 a) Speziell im **Planbereich** (vgl. §§ 9, 30 BauGB) beruht der öffentlich-rechtliche Nachbarschutz auf der Erwägung, dass planerische Festsetzungen, insbesondere solche über die Art der baulichen Nutzung (vgl. § 9 Abs. 1 Nr. 1 BauGB), die vom Plan Betroffenen zu einer **rechtlichen Schicksals-, Nutzungs- und Zwangsgemeinschaft** verbinden (vgl. OVG Bln, B. v. 25.2.1988, BRS 48 Nr. 167; BVerwG, U. v. 16.9.1993, BVerwGE 94, 151, 155) und dass zwischen diesen wegen der „Wechselbezüglichkeit der Interessen" ein „**Austauschverhältnis**" besteht (vgl. BVerwG, U. v. 23.8.1996, BVerwGE 101, 364, 374 f.; U. v. 24.2.2000, BRS 63 Nr. 185) . Wenn die bauliche Nutzung des eigenen Grundstücks der Zweckbestimmung des Baugebiets untergeordnet wird, muss der Eigentümer zwar die öffentlich-rechtlichen Beschränkungen seiner Nutzungsmöglichkeiten hinnehmen; als Korrelat dieser Verpflichtung erwächst ihm aber der Vorteil, dass andere Nutzungsberechtigten den gleichen Beschränkungen unterworfen sind (vgl. OVG Bln, B. v. 25. 2. 1988, BRS 48 Nr. 167; BVerwG, U. v. 16. 9. 1993, BVerwGE 94, 151, 155). Aus diesem wechselseitigen Abhängigkeits- oder Austauschverhältnis folgt., dass der Nachbar kraft seines Eigentums gegen Vorhaben angehen kann, die den genannten rechtlichen Vorteil beeinträchtigen (vgl. OVG Bln, B. v. 25. 2. 1988, BRS 48 Nr. 167; U. v. 30. 7. 2003, OVGE 25, 29, 31 = BRS 66 Nr. 187). **Festsetzungen in Bebauungsplänen** (vgl. § 9 BauGB) sind – entsprechend der Schutznormtheorie (vgl. RNr. 37) – **nachbarschützend**, wenn sie nicht nur objektiv der städtebaulichen Entwicklung und Ordnung dienen, sondern nach dem Willen des jeweiligen Plangebers auch den individuellen Belangen von Grundstückseigentümern oder sonst dinglich Berechtigten (vgl. BVerwG, U. v. 19. 9. 1986, BRS 46 Nr. 173; U. v. 16. 9. 1993, BVerwGE 94, 151, 155, 156). Wird die Zulässigkeit eines Vorhabens gemäß § 33 BauGB schon während der Planaufstellung bejaht, kommt es auf den drittschützenden Charakter künftiger Festsetzungen an, denn

§ 33 BauGB lässt einen Vorgriff auf sie zu (vgl. OVG Bln, U. v. 19. 4. 1991, BRS 52 Nr. 170; B. v. 15. 5. 1998, OVGE 23, 36, 38; B. v. 18. 7. 2001, OVGE 23, 239, 240).

Insbesondere Festsetzungen der Art der baulichen Nutzung (vgl. § 9 Abs. 1 Nr. 1 BauGB) zielen darauf ab, die von ihnen betroffenen Grundeigentümer wechselseitig in ein Austauschverhältnis einzubinden, das nicht einseitig aufgehoben werden darf und das die Eigentümer berechtigt, von ihren Nachbarn die Beachtung derjenigen öffentlich-rechtlichen Beschränkungen zu verlangen, denen sie bei der Ausnutzung ihrer eigenen Grundstücke unterworfen sind (vgl. BVerwG, U. v. 23. 8. 1996, BVerwGE 101, 364, 374 f.) **Festsetzungen der Art der baulichen Nutzung** sind deshalb **generell nachbarschützend**, so dass es keiner Prüfung des Zwecks der konkreten Festsetzung bedarf (vgl. BVerwG, U. v. 16. 9. 1993, BVerwGE 94, 151, 155 ff.; OVG Bln, U. v. 29. 2. 1952, OVGE 1, 39, 53 f.; U. v. 1. 2. 1957, BRS 7, S. 118, 119, 123; 125, 129; U. v. 14. 4. 1967, OVGE 10, 20, 22 = BRS 18 Nr. 124; U. v. 17. 7. 1973, II B 80.71 – ; U. v. 29. 6. 1981, ZMR 1982, 43, 44, 45; B. v. 25. 2. 1988, OVGE 18, 105, 107 f. = BRS 48 Nr. 167; [betr. eine Zweiwohnungsklausel nach § 4 Abs. 4 BauNVO 1968]; B. v. 7. 9. 1990, OVGE 19, 102, 104 = BRS 50 Nr. Nr. 206; U. v. 21. 6. 1991, BRS 52 Nr. 51; B. v. 30. 4. 1992, OVGE 20, 62, 64, 67 = BRS 54 Nr. Nr. 55; B. v. 26. 2. 1993, OVGE 21, 116, 124 = BRS 55 Nr. 161; U. v. 29. 4. 1994, OVGE 21, 89, 91, BRS 56 Nr. 55; B. v. 28. 7. 1994, BRS 56 Nr. 62; B. v. 15. 9. 1994, NuR 1995, 299; B. v. 15. 5. 1998, OVGE 23, 36, 38; U. v. 28. 1. 2003, BRS 66 Nr. 178 = UPR 2003, 237). Der Nachbar hat somit einen **Anspruch auf Bewahrung der festgesetzten Gebietsart** (vgl. BVerwG, U. v. 16. 9. 1993, BVerwGE 94, 151, 161; B. v. 26. 6. 1998, BRS 60 Nr. 187; B. v. 20. 8. 1998, BRS 60 Nr. 176; OVG Bln, U. v. 11. 2. 2003 – 2 B 16.99 –) und kann die Wahrung des Gebietscharakters als eine ihm eingeräumte Rechtsposition klageweise verteidigen (vgl. BVerwG, U. v. 23. 8. 1996, BVerwGE 101, 364, 376). Der Gebietserhaltungs-, Gebietsgewährleistungs- oder **Gebietswahrungsanspruch** setzt nicht voraus, dass das baugebietswidrige Vorhaben bereits zu einer tatsächlich spürbaren und nachweisbaren Beeinträchtigung des Nachbarn führt (vgl. BVerwG, U. v. 16. 9. 1993, BVerwGE 94, 151, 161; B. v. 11. 4. 1996, Buchholz 406.11 § 34 Nr. 179; B. v. 13. 5. 2002, BauR 2002, 1499; OVG Bln, B. v. 5. 12. 2003, BRS 66 Nr. 170). Der Abwehranspruch wird vielmehr grundsätzlich bereits durch die Zulassung eines gebietsfremden Vorhabens ausgelöst, weil hierdurch das nachbarliche Austauschverhältnis gestört und eine Verfremdung des Gebiets eingeleitet wird (vgl. BVerwG, U. v. 16. 9. 1993, BVerwGE 94, 151, 161; B. v. 11. 4. 1996, BRS 58 Nr. 82). Diese Form des Drittschutzes kann also eine schleichende Umwandlung von Baugebieten verhindern und dient der Sicherung der Gebietsidentität (vgl. BVerwG, B. v. 2. 2. 2000, BRS 63 Nr. 190 = BauR 2000, 1019; OVG Bln, B. v. 5. 12. 2003, BRS 66 Nr. 170). Das Gleiche gilt im Falle des unbeplanten Innenbereichs nach § 34 Abs. 2 BauGB, wenn die Eigenart der näheren Umgebung einem Baugebiet der BauNVO entspricht (vgl. BVerwG, U. v. 16. 9. 1993, BVerwGE 94, 151, 156 f.; B. v. 11. 4. 1996, BRS 58 Nr. 82; U. v. 23. 8. 1996, BVerwGE 101, 364, 377; OVG Bln, B. v. 12. 3. 1997, UPR 1998, 33; B. v. 13. 3. 1998, OVGE 23, 10, 17 = BRS 60 Nr. 206, S. 719 = LKV 1998, 355 = ZMR 1998, 522; B. v. 5. 12. 20003, BRS 66 Nr. 170). Generell nachbarschützend ist auch die **Doppelhaus-Festsetzung in der offenen Bauweise** gemäß § 9 Abs. 1 Nr. 2 BauGB, § 22 Abs. 2 Satz 1 BauNVO, denn auch diese Festsetzung beruht auf dem Gedanken des wechselseitigen Austauschverhältnisses (vgl. BVerwG, U. v. 24. 2. 2000, BRS 63 Nr. 185).

Bei den **sonstigen Festsetzungen** kommt es darauf an, ob der Plangeber sie mit drittschützender Wirkung ausgestattet hat. Die planende Gemeinde kann frei entscheiden, ob sie eine Festsetzung auch zum Schutze Dritter trifft (vgl. BVerwG, U. v. 16. 9. 1993,

§ 3 RNr. 46

BVerwGE 94, 151, 155; OVG Bln, B. v. 15. 9. 1994, NuR 1995, 299, 300). Anhaltspunkte im Bebauungsplan können hierfür insbesondere seinem textlichen Teil oder auch der Planbegründung zu entnehmen sein (vgl. OVG Bln, B. v. 25. 2. 1988, BRS 48 Nr. 167). Bei entsprechendem Willen des Plangebers können sogar bauplanerische Festsetzungen über das Maß der baulichen Nutzung, wie die Grund- oder Geschossflächenzahl und die Zahl der Vollgeschosse (§ 16 Abs. 2 Nrn. 2 und 3 BauNVO), nachbarschützende Wirkung haben (vgl. BVerwG, U. v. 13. 3. 1981, BRS 38 Nr. 186; B. v. 20. 9. 1984, BRS 48 Nr. 167; B. v. 23. 6. 1995, BauR 1995, 823; OVG Bln, U. v. 26. 1. 2003 – OVG 2 B 18.99 –). Regelmäßig fehlt jedoch **Festsetzungen des Maßes der baulichen Nutzung** der drittschützende Charakter (vgl. BVerwG, B. v. 23. 6. 1995, BRS 57 Nr. 209; B. v. 19. 10. 1995, BRS 57 Nr. 219; OVG Bln, U. v. 14. 4. 1967, OVGE 10, 20, 21 f. = BRS 18 Nr. 124; U. v. 29. 6. 1981, ZMR 1982, 43, 44 f.; U. v. 10. 7. 1987, GE 1988, 43; B. v. 27. 5. 1992, GE 1992, 1277; B. v. 5. 2. 1993, BRS 55 Nr. 120; B. v. 16. 5. 2000, OVGE 23, 185, 188; B. v. 17. 8. 2001 – OVG 2 SN 13.01 –; U. v. 26. 1. 2003 – OVG 2 B 18.99 –; U. v. 11. 2. 2003 – 2 B 16.99 –). Auch die Festsetzungen der überbaubaren Grundstücksflächen, insbesondere die Festsetzung der Bebauungstiefe (vgl. § 9 Abs. 1 Nr. 2 BauGB, § 23 BauNVO), vermitteln keinen Nachbarschutz (vgl. OVG Bln, U. v. 29. 6. 1981, ZMR 1982, 43, 45; U. v. 30. 10. 1987 – 2 B 5.66 –; U. v. 23. 9. 1988, BRS 48 Nr. 177; B. v. 26. 5. 1992, GE 1992, 1279; U. v. 11. 2. 2003 – 2 B 16.99 –; U. v. 17. 10. 2003, BRS 66 Nr. 189), desgleichen nicht die Festsetzung einer Grünfläche mit der Zweckbestimmung „Uferwanderweg" oder „Parkanlage" (vgl. OVG Bln, U. v. 7. 11. 1986, BRS 46 Nr. 182; B. v. 15. 9. 1994, NuR 1995, 299, 300). Auch zu § 33 BauGB hat sich das OVG Bln geäußert (vgl. U. v. 19. 4. 1991, OVGE 20, 169, 170 f. = BRS 52 Nr.170 = NVwZ 1992, 897; B. v. 15. 5. 1998, NVwZ-RR 1998, 720, Ls.).

46   b) Im übrigen – wenn es also an planerischen Festsetzungen oder solchen mit drittschützendem Inhalt fehlt – richtet sich der Nachbarschutz nach dem richterrechtlich entwickelten bauplanungsrechtlichen **Rücksichtnahmegebot**. Dieses sieht das BVerwG nicht als ein übergreifendes Schutzprinzip an, sondern entnimmt es den für die unterschiedlichen Fallkonstellationen jeweils maßgeblichen bauplanungsrechtlichen Bestimmungen der § 15 BauNVO, §§ 34, 35 und 31 Abs. 2 BauGB. (vgl. BVerwG, U. v. 13.3.1981, BRS 38 Nr. 186; U. v. 5.8.1983, BVerwGE 67, 334, 337 ff.; U. v. 19.9.1986, BRS 46 Nr. 173; U. v. 6.10.1989, BVerwGE 82, 343, 345 ff.; U. v. 26.9.1991, BVerwGE 89, 69, 79; U. v. 16.9.1993, BVerwGE 94, 151, 160 f.; U. v. 23.8.1996, BVerwGE 101, 364, 380; OVG Bln, U. v. 7.9.1984, BRS 42 Nr. 44; U. v. 24.4.1987, BRS 47 Nr. 175; B. v. 2.6.1987, OVGE 18, 50, 51 = BRS 47 Nr. 41; U. v. 10.7.1987, GE 1988, 43; B. v. 7.9.1988, UPR 1989, 458, Ls.; U. v. 23.9.1988, BRS 48 Nr. 177; B. v. 5.2.1993, BRS 55 Nr. 120; B. v. 25.3.1993, BRS 55 Nr. 121; B. v. 15.9.1994, NuR 1995, 299, 300´f.; B. v. 4.8.1995, LKV 1996, 217; B. v. 13.3.1998, B. v. 9.1.1998, BRS 60 Nr. 107 = LKV 1998, 240, 242; B. v. 13.3.1998, OVGE 23, 10, 14 ff. = BRS 60 Nr. 206 = LKV 1998, 355; B. v. 8.4.1998, LKV 1998, 357, 358; B. v. 17.3.1999, OVGE 23, 116, 120 = BRS 62 Nr. 182; B. v. 16.5.2000, OVGE 23, 185, 187 ff.; B. v. 18.7.2001, OVGE 23, 239, 243; ; B. v. 17.8.2001 – OVG 2 SN 13.01 –; B. v. 11.6.2002, BRS 65 Nr. 77; B. v. 22.1.2003, BRS 66 Nr. 197 = LKV 2003, 276; U. v. 28.1.2003, BRS 66 Nr. 178 = UPR 2003, 237; U. v. 11.2.2003 – 2 B 16.99 –; U. v. 17.10.2003, BRS 66 Nr. 189; B. v. 27.10.2004, BRS 67 Nr. 131 = LKV 2005, 76; OVG Bln-Bbg, B. v. 30.3.2007, LKV 2007, 471, 472). Dem Rücksichtnahmegebot kommt drittschützende Wirkung zu, soweit in qualifizierter und zugleich individualisierter Weise auf schutzwürdige Interessen oder besondere Rechtspositionen eines erkennbar abgegrenzten Kreises Rücksicht zu nehmen ist (vgl. BVerwG, U. v. 25.2.1977, BVerwGE 52, 122, 131; U. v. 5.8.1983, BVerwGE

67, 334, 339; OVG Bln, B. v. 13.3.1998, OVGE 23, 10, 16 f. = BRS 60 Nr. 206 = LKV 1998, 355 = ZMR 1998, 522; B. v. 11.6.2002, BRS 65 Nr. 77). Bei der Interessengewichtung kommt es darauf an, was dem Rücksichtnahmebegünstigten und dem Rücksichtnahmeverpflichteten nach Lage der Dinge zuzumuten ist (vgl. OVG Bln, B. v. 11.6.2002, BRS 65 Nr. 77). Dabei muss sich auf Grund einer Abwägung aller Umstände des Einzelfalls ergeben, dass der Nachbar in unzumutbarer Weise konkret oder handgreiflich in seinen schutzwürdigen Interessen betroffen wird (vgl. BVerwG, U. v. 5.8.1983, BVerwGE 67, 334, 339, 340; U. v. 23.5.1986, BRS 46 Nr. 176; U. v. 16.9.1993, BVerwGE 94, 151, 161; B. v. 23.6.1995, BRS 57 Nr. 209 = ZfBR 1995, 329; B. v. 19.10.1995, BRS 57 Nr. 219; U. v. 23.8.1996, BVerwGE 101, 364, 380; OVG Bln, B. v. 27.5.1992, GE 1992, 1277, 1279; U. v. 18.9.1992, OVGE 20, 149, 150 f.; B. v. 5.2.1993, BRS 55 Nr. 120; U. v. 29.4.1994, OVGE 21, 89, 97 f. = BRS 56 Nr. 55; U. v. 26.1.2003 – OVG 2 B 18.99 –). Anders als der Gebietswahrungsanspruch, der bereits durch eine bloße Rechtsbeeinträchtigung ausgelöst wird (vgl. RNr. 44 und OVG Bln, B. v. 5.12.2003, BRS 66 Nr. 170), setzt das Rücksichtnahmegebot also eine tatsächliche Betroffenheit voraus (vgl. OVG Bln a. a. O.). Hält sich ein Bauherr bei der Ausnutzung des zulässigen Nutzungsmaßes zurück, so begründet dies keine erhöhte Schutzwürdigkeit gegenüber einer Nachbarbebauung (vgl. OVG Bln, U. v. 28.1.2003, BRS 66 Nr. 178 = UPR 2003, 237; U. v. 17.10.2003, BRS 66 Nr. 189). Bei Wohngebäuden geht es typischerweise um eine Bewertung der Veränderung der Wohnqualität, etwa durch Immissionen (vgl. OVG Bln, B. v. 11.6.2002, BRS 65 Nr. 77). Unzumutbare Belastungen können auch darin liegen, dass ein benachbartes Grundstück in seiner planungsrechtlichen Nutzbarkeit infolge der gebietsfremden Art einer Nutzung wesentlich beeinträchtigt wird (vgl. OVG Bln, B. v. 22.1.2003, BRS 66 Nr. 197 = LKV 2003, 276).

Ein Verstoß gegen das Rücksichtnahmegebot kann gegeben sein, wenn eine bauliche Anlage eine „**erdrückende Wirkung**" erzeugt oder eine „**Hinterhofsituation**" begründet (vgl. OVG Bln, U. v. 18.5.1984, OVGE 17 Nr. 16; B. v. 16.4.1986, OVGE 17, 211, 215; B. v. 26.5.1992, GE 1992, 1279; B. v. 13.3.1998, OVGE 23, 10, 15 = BRS 60 Nr. 206 = LKV 1998, 355; B. v. 17.8.2001 – OVG 2 SN 13.01 –, S. 6; B. v. 22.1.2003, BRS 66 Nr. 197 = LKV 2003, 276; U. v. 28.1.2003, BRS 66 Nr. 178 = UPR 2003, 237; U. v. 17.10.2003, BRS 66 Nr. 189; B. v. 27.10.2004, BRS 67 Nr. 131 = LKV 2005, 76), die Entstehung einer „engen, **eingemauerten Nische**" oder einer „**Scheuklappensituation**" bewirkt (vgl. OVG Bln, B. v. 9.1.1998, BRS 60 Nr. 107, S. 407; U. v. 28.1.2003, BRS 66 Nr. 178 = UPR 2003, 237), ferner bei der Herbeiführung einer Riegelwirkung oder eines Einmauerungseffekts (vgl. BayVGH, U. v. 14.11.2002, BauR 2003, 657, 658; OVG NRW, U. v. 14.1.1994, NVwZ-RR 1995, 187, 188). Auch eine „**optisch bedrängende Wirkung**" kann ausreichen (vgl. BVerwG, B. v. 11.12.2006, NVwZ 2007, 336). Die Errichtung eines „**wuchtigen**" Baukörpers ist noch nicht rücksichtslos (vgl. OVG Bln, B. v. 26.5.1992, GE 1992, 1279; B. v. 25.3.1993, BRS 55 Nr. 121; U. v. 26.1.2003 – OVG 2 B 18.99 –). Sind die nach § 6 vorgeschriebenen **Abstandsflächen** eingehalten, ist für die Anwendung des sich aus dem Bauplanungsrecht ergebenden drittschützenden Gebots der Rücksichtnahme grundsätzlich kein Raum mehr (vgl. BVerwG, B. v. 22.11.1984, BRS 42 Nr. 206 = NVwZ 1985, 653; U. v. 11.1.1999, BauR 1999, 615, 616; OVG Bln, B. v. 25.3.1993, BRS 55 Nr. 121; U. v. 26.1.2003 – OVG 2 B 18.99 –; U. v. 17.10.2003, BRS 66 Nr. 189; B. v. 27.10.2004, BRS 67 Nr. 131 = LKV 2005, 76), weil die Abstandsflächen hinsichtlich der von ihnen geschützten Belange (vgl. § 6 RNr. 15 und OVG Bln, B. v. 27.10.2004, BRS 67 Nr. 131 = LKV 2005, 76) eine Konkretisierung des Gebots der nachbarlichen Rücksichtnahme darstellen (vgl. OVG Bln, B. v. 29.3.1996, OVGE 22, 24 = BRS 58 Nr. 169; U.

v. 11.2.2003 – 2 B 16.99 –). Dagegen spricht eine Nichteinhaltung der Abstandsflächen regelmäßig für eine Verletzung des Gebots der Rücksichtnahme (vgl. OVG Bln, B. v. 29.3.1996, OVGE 22, 24 = BRS 58 Nr. 169; U. v. 11.2.2003 – OVG 2 B 16.99 –). Dass Fenster die Möglichkeit der Einsicht auf ein benachbartes Grundstück gewähren, stellt grundsätzlich keine Verletzung des Gebots der Rücksichtnahme dar (vgl. BVerwGE 89, 69, 80; U. v. 11.1.1999, BRS 62 Nr. 102; OVG Bln, U. v. 28.1.2003, BRS 66 Nr. 178 = UPR 2003, 237; U. v. 17.10.2003, BRS 66 Nr. 189). Etwas anderes mag gelten, wenn Fenster „gleichsam schikanös unangemessen Einblicke auf die Nachbargrundstücke gewähren" (OVG Bln, U. v. 17.10.2003, BRS 66 Nr. 189).

48 Auch **Immissionen**, die von einer baulichen Anlage ausgehen oder auf sie zurückzuführen sind, z. B. Verkehrs-, Liefer- und Besucherlärm, können gegen das Rücksichtnahmegebot verstoßen (vgl. OVG Bln, B. v. 17.3.1999, OVGE 23, 116, 120 = BRS 62 Nr. 182; B. v. 16.5.2000, OVGE 23, 185, 187 ff. = ZfBR 2001, 52; B. v. 18.7.2001, OVGE 23, 239, 243 = NVwZ-RR 2001, 722; B. v. 22.1.2003, BRS 66 Nr. 197 = LKV 2003, 276). Bei Immissionen kann auf die Wertungen des Immissionsschutzrechts – z. B. diejenigen in § 5 Abs. 1 Nr. 1 und § 22 Abs. 1 BImSchG – zurückgegriffen werden (vgl. BVerwG, B. v. 20.4.2000. ZfBR 2001, 142; OVG Bln, B. v. 17.3.1999, OVGE 23, 116 = BRS 62 Nr. 182, 120; B. v. 18.7.2001, OVGE 23, 239, 243 ff.; B. v. 11.6.2002, BRS 65 Nr. 77; B. v. 21.5.2003 – OVG 2 S 40.02 –). Daher kann eine Gaststätte in einem hinteren Wohnbereich wegen Verstoßes gegen das Gebot der Rücksichtnahme unzulässig sein (vgl. OVG Bln, B. v. 11.6.2002, BRS 65 Nr. 77). Die **Schutzposition eines Nachbarn**, also „eine wehrfähige, rücksichtnahmebedürftige Position" (OVG Bln, U. v. 29.3.1996, OVGE 22, 24, 26 = BRS 58 Nr. 169), setzt voraus, dass er einem Personenkreis angehört, der sich aus individualisierenden Tatbestandsmerkmalen der jeweils einschlägigen Norm entnehmen lässt (vgl. BVerwG, U. v. 19.9.1986, BRS 46 Nr. 173; U. v. 16.9.1993, BVerwGE 94, 151, 158). Dies hat das OVG Bln mehrfach bejaht, z. B. bei der Errichtung einer an der Grundstücksgrenze frei stehenden wie eine Aussichtsplattform zu nutzenden Spindeltreppe jenseits einer Bebauungstiefe (U. v. 23.9.1988, BRS 48 Nr. 177), bei der Anlage einer Ausfahrt eines Einkaufszentrums gegenüber einem Wohnhaus (vgl. B. v. 16.5.2000, OVGE 23, 185) sowie im Falle von **Wagenburgen**, die in Gebieten nach § 34 Abs. 1 BauGB slumartige Verhältnisse herbeigeführt hatten, faktisch eine „baurechtsfreie Enklave" bildeten, eine „Verfremdung" der Umgebung bewirkten und eine städtebauliche Entwertung von Nachbargrundstücken nach sich zogen (B. v. 13.3.1998, OVGE 23, 10, 15 ff. = BRS 60 Nr. 206 = LKV 1998, 355 = ZMR 1998, 522; B. v. 22.1.2003, BRS 66 Nr. 197 = LKV 2003, 276).

49 5. Hinsichtlich des **drittschützenden Charakters verwaltungsverfahrensrechtlicher oder sonstiger formeller Normen** ist die Rechtsprechung zurückhaltend (vgl. OVG Bln, B. v. 29.10.1991, BRS 52 Nr. 233; VGH BW, B. v. 25.4.2006, NVwZ-RR 2007, 82, 83; OVG NRW, B. v. 1.7.2002, NVwZ 2003, 361; Ortloff, NVwZ 2003, 660, 664). Obwohl das Baugenehmigungsverfahren Verfahrensfehler, wie z. B,. eine unterlassene Anhörung nach § 13 VwVfG, aufweisen kann, an deren Vermeidung Dritte ein Interesse haben, sind allein hierauf gestützte Rechtsschutzbegehren regelmäßig aussichtslos. Abgesehen davon, dass die Folgen von Verfahrensfehlern ohnehin minimiert werden (vgl. § 44a VwGO, §§ 45, 46 VwVfG), verlangt das OVG Bln als Voraussetzung für eine erfolgversprechende Berufung auf Verfahrensfehler, dass die als verletzt gerügte Verfahrensvorschrift dem Schutz einer materiellen Rechtsposition zu dienen bestimmt ist (vgl. OVG Bln, B. v. 9.7.1998, NordÖR 1998, 364, 366). Einem Verfahrensfehler kommt somit im allgemeinen keine eigenständige Bedeutung zu. Er kann nur dann von Belang

sein, wenn zugleich eine drittschützende Norm des Nachbarrechts (vgl. RNrn. 40 ff.) berührt ist oder das Verfahrensrecht unabhängig vom materiellen Recht eine eigene, selbständig durchsetzbare verfahrensrechtliche Rechtsposition gewährt (vgl. OVG NRW, B. v. 2.12.1992, NVwZ 1993, 1116; B. v. 1.7.2002, NvwZ 2003, 361, 362). Regelungen über die Anforderungen an Bauvorlagen (vgl. § 69 Abs. 2 Satz 1 und §§ 1 ff. BauVerfVO) sind formelle Ordnungsvorschriften, die als solche keine nachbarschützende Wirkung entfalten (vgl. OVG Bln, U. v. 17.10.2003, BRS 66 Nr. 189). Wird trotz unvollständiger Bauvorlagen eine Baugenehmigung erteilt, kommt es für den Rechtsschutz darauf an, ob das trotz des formellen Mangels genehmigte Bauvorhaben gegen materiellrechtliche nachbarschützende Vorschriften verstößt. Immerhin gewährt das OVG Bln im Falle eines solchen formellen Fehlers auch dann bereits Drittschutz, wenn die BABeh. die Verletzung von nachbarschützenden Vorschriften nicht geprüft hat oder eine solche Verletzung nicht zuverlässig ausgeschlossen werden kann (vgl. OVG Bln, U. v. 17.10.2003, BRS 66 Nr. 189).

6. Hinsichtlich des **drittschützenden Charakters sonstiger Normen** gilt folgendes: Soweit nichtbaurechtliche Vorschriften im Baugenehmigungsverfahren zu berücksichtigen sind (vgl. § 65 Abs. 1 Satz 1 Nr. 3) und ihnen drittschützende Wirkung beigelegt wird, können sich die Begünstigten hierauf berufen, wenn sie die Baugenehmigung rechtlich bekämpfen. So kann ein Dritter gegen ein nach § 60 Abs. 1 genehmigungsbedürftiges Vorhaben, das sich auf eine – nach dem BImSchG nicht genehmigungsbedürftige – Anlage im Sinne des § 22 BImschG bezieht, einwenden, es führe ihn belastende schädliche Umwelteinwirkungen herbei (vgl. OVG Bln, B. v. 10.4.1992, BRS 54 Nr. 189; U. v. 18.9.1992, OVGE 20, 149, 151 f.; U. v. 22.4.1993, OVGE 21, 41, 43 = BRS 55 Nr. 179; B. v. 18.7.2001, OVGE 23, 239, 243 ff.; OVG Brem, U. v. 16.7.1985, BRS 44 Nr. 111), z. B. durch elektromagnetische Strahlungen einer Mobilfunkanlage (vgl. NdsOVG, U. v. 13.7.1994, NVwZ 1995, 917, 918; OVG NRW, B. v. 2.12.1992, NVwZ 1993, 1116). Ferner ist es nicht ausgeschlossen, dass im Bereich der Anwendung des § 17 ASOG durch die BABeh. (vgl. RNr. 29 und § 58 RNr. 17) der polizei- oder ordnungsbehördlichen Generalklausel drittschützende Wirkung zukommt (vgl. Knemeyer, [RNr. 14], RNrn. 131 ff.). In solchen Fällen kann auch einem Mieter ein Gefahrenschutzanspruch zustehen, wenn ihm Gesundheitsschäden drohen (vgl. OVG Bln, B. v. 5.10.1978, BRS 33 Nr. 163; B. v. 18.4.1986, BRS 46 Nr. 172). Einen Drittschutz durch **Denkmalschutzrecht** hat das OVG Bln (B. v. 29.10.1991, BRS 52 Nr. 233) zunächst nicht prinzipiell verworfen; nach seiner neueren Auffassung entfalten die denkmalschutzrechtliche Bestimmungen jedoch grundsätzlich keine drittschützende Wirkung (vgl. B. v. 18.7.2001, OVGE 23, 239, 250).

7. Wem als **Nachbarn** ein „**Abwehranspruch**" (OVG Bln, B. v. 13.3.1998, OVGE 23, 10, 16, 18 = BRS 60 Nr. 206 = LKV 1998, 355), ein „**öffentlich-rechtliches Abwehrrecht**" (OVG Bln, B. v. 22.1.2003, BRS 66 Nr. 197 = LKV 2003, 276), „**nachbarliche Abwehrrechte**" (OVG Bln, B. v. 1.11.1988, BRS 48 Nr. 157; B. v. 15.5.1998, OVGE 23, 36, 37; U. v. 11.2.2003 – 2 B 16.99 –), „**nachbarrechtliche Abwehr- und Schutzansprüche**" (OVG Bln, B. v. 11.6.2002, BRS 65 Nr. 77) oder „**geschützte Nachbarrechte**" (OVG Bln, B. v. 15.5.1998, OVGE 23, 36, 37), die sich aus dem System des baurechtlichen Drittschutzes ergeben, zustehen, lässt sich nicht generell festlegen.

a) Nachbar (vgl. § 59 Abs. 1 Satz 1, § 71 Abs. 2) ist jedenfalls der Eigentümer des Grundstücks, das an das Grundstück des Drittbetroffenen angrenzt (vgl. § 1 Abs. 1 NachbG Bln). Um nachbarliche Belange und um **Nachbargrundstücke** (vgl. § 1 RNr. 18) kann es sich aber auch handeln, wenn Grundstücke nicht unmittelbar aneinander grenzen (vgl. AH-Drucks. 12/5688, S. 10 – zu § 60 –). **Nachbar im Sinne des baurechtlichen Nachbarschutzes** ist jeder, dem in räumlicher Hinsicht die Schutzwirkung einer drittbegünstigenden Norm zugute kommt. Dies wird zwar in aller Regel ein Grenzanlieger sein (vgl. OVG Bln, B. v. 13.3.1998, OVGE 23, 10, 17 = BRS 60 Nr. 206, S. 719 = LKV 1998, 355 = ZMR 1998, 522), doch sind – insbesondere im Bereich des bauplanungsrechtlichen Drittschutzes (vgl. RNrn. 42–48) – Konstellationen häufig, bei denen auch weiter entfernte Berechtigte die nachbarschützende Funktion von Normen geltend machen können. Für den Anspruch auf Bewahrung der festgesetzten Gebietsart (vgl. RNr. 44) versteht sich dies von selbst, und auch für den Fall des Rücksichtnahmegebots (vgl. RNr. 46) verlangt das BVerwG nicht den unmittelbaren Grenzkontakt der betroffenen Grundstücke (vgl. BVerwG, B. v. 28.8.1987, BVerwGE 78, 85, 89). Das OVG Bln (B. v. 13.3.1998, OVGE 23, 10, 14 f., 17 = BRS 60 Nr. 206, S. 719 = LKV 1998, 355 = ZMR 1998, 522) hat bei einer Entfernung von 75 m noch eine Verletzung des Rücksichtnahmegebots bejaht.

53 b) Der durch die „Grundstücksbezogenheit des Bebauungsrechts" (BVerwG, B. v. 20.4.1998, ZfBR 1998, 256) geprägte bauplanungsrechtliche Nachbarschutz gewährt **Abwehrrechte** nur **Grundstückseigentümern und bestimmten dinglich Berechtigten** (vgl. OVG Bln, B. v. 13.3.1998, OVGE 23, 10, 17 = BRS 60 Nr. 206 = LKV 1998, 355; B. v. 30.7.2003, OVGE 25, 29, 31 = BRS 66 Nr. 187), **nicht** aber lediglich **obligatorisch Berechtigten** (vgl. BVerwG, U. v. 29.10.1982, BRS 39 Nr. 176; B. v. 20.4.1998, ZfBR 1998, 256; OVG Bln, B. v. 14.7.1967, JR 1968, 478; B. v. 5.10.1978, BRS 33 Nr. 163; B. v. 18.4.1986, BRS 46 Nr. 172; B. v. 1.11.1988, BRS 48 Nr. 157 = NVwZ 1989, 267; B. v. 30.7.2003, OVGE 25, 29, 31 = BRS 66 Nr. 187). Deshalb können sich **Mieter** und **Pächter** nicht auf bebauungsrechtliche Positionen berufen (vgl. BVerwG, B. v. 11.7.1989, BRS 49 Nr. 185; B. v. 20.4.1998, BRS 60 Nr. 174 = ZfBR 1998, 256; OVG Bln, B. v. 1.11.1988, BRS 48 Nr. 157; B. v. 30.7.2003, OVGE 25, 29, 31 f. = BRS 66 Nr. 187). Hieran ändert sich auch dadurch nichts, dass nach der Rechtsprechung des BVerfG (vgl. B. v. 26.5.1993, BVerfGE 89, 1) das Besitzrecht des Mieters zu den vermögenswerten Positionen im Sinne des Art. 14 Abs. 1 GG rechnet (vgl. OVG Bln; B. v. 30.7.2003, OVGE 25, 29, 32 = BRS 66 Nr. 187). Es gilt vielmehr das **Prinzip der Repräsentation**, wonach **Grundstücke** sozusagen **durch ihre Eigentümer „repräsentiert"** werden (vgl. OVG Bln, B. v. 1.11.1988, BRS 48 Nr. 157; B. v. 30.7.2003, OVGE 25, 29, 30 = BRS 66 Nr. 187). Jedoch sind Nachbarklagen innerhalb einer Wohnungseigentümergemeinschaft unzulässig (vgl. BVerwG, U. v. 12.3.1998, BRS 60 Nr. 173 = UPR 1998, 349; OVG Bln, B. v. 30.12.1993, BRS 55 Nr. 187). Den Eigentümern gleichgestellt sind die Inhaber solcher dinglichen Rechte an Grundstücken, die dem Eigentum nahe kommen und eine Verfügungsbefugnis über das Grundstück umfassen, wie **Nießbrauch** und **Erbbaurecht** (vgl. OVG Bln, B. v. 1.11.1988, BRS 48 Nr. 157; B. v. 30.7.2003, OVGE 25, 29, 30 f. = BRS 66 Nr. 187). Entsprechendes gilt für einen durch eine **Auflassungsvormerkung** gesicherten Grundstückskäufer, auf den Besitz, Nutzungen und Lasten übergegangen sind (vgl. BVerwG, U. v. 29.10.1982, BRS 39 Nr. 176; OVG Bln, B. v. 1.11.1988, BRS 48 Nr. 157; U. v. 30.7.2003, OVGE 25, 29, 31 = BRS 66 Nr. 187). Die Inhaber derartiger eigentumsähnlicher Positionen, die allerdings nach außen, also insbesondere gegenüber der BABeh. und dem Bauherrn, erkennbar sein müssen, sind demgemäß Nachbarn im Sinne des baurechtlichen Drittschutzes (vgl. BVerwG, U. v. 29.10.1982, BRS 39 Nr. 176).

54 c) Obwohl auch das Bauordnungsrecht grundstücksbezogen ist (vgl. RNr. 41), sind die Grundsätze, die für die **personale Reichweite des Nachbarschutzes** im Bauplanungsrecht maßgeblich sind (vgl. RNr. 53), nicht ohne weiteres und ausnahmslos auf den **bauordnungsrechtlichen Drittschutz** übertragbar (vgl. Seibel, BauR 2003, 1674;

Seidel, Öffentlich-rechtlicher und privatrechtlicher Nachbarschutz, 2000, RNr. 335). Denn angesichts der Mannigfaltigkeit des bauaufsichtlichen Rechtsgüterschutzes (vgl. RNr. 5) liegt der Gedanke nahe, dass bei der Auslegung der Einzelvorschriften der BauO Bln nicht nur Eigentümer von Nachbargrundstücken (sowie ihnen vergleichbare dinglich Berechtigte) als Drittbegünstigte in Betracht kommen. Vielmehr kann die Prüfung, zu wessen Gunsten oder in wessen Interesse subjektiv-rechtliche Positionen begründet werden, auch ergeben, dass weiteren Personen Drittschutz zu gewähren ist. Vor allem können Drittberechtigten ohne dingliche Beziehung zu einem Grundstück Abwehrrechte zustehen wenn die BABeh. nichtbaurechtliche Normen anwendet (vgl. RNr. 50). Diesen Grundsätzen widerspricht die Judikatur des OVG Bln nicht. Zwar wurde einer Mieterin von Museumsräumen („Haus am Checkpoint Charlie") als lediglich obligatorisch Berechtigter verwehrt, öffentlich-rechtlichen Nachbarschutz geltend zu machen, jedoch wurde die Möglichkeit einer Nachbarklage durch einen Mieter nicht ausgeschlossen, soweit gesundheitliche Beeinträchtigungen Frage stehen (vgl. OVG Bln,. B. v. 30.7.2003, OVGE 25, 29, 30 ff., 33 = BRS 66 Nr. 187),

8. Einschränkungen des baurechtlichen Drittschutzes können sich daraus ergeben, dass Rechtsschutz gegen baurechtswidrige Maßnahmen zugunsten eines baurechtswidrigen Zustands erstrebt wird (vgl. OVG Bln, U. v. 14.5.1982, BRS 39 Nr. 207; VGH BW, U. v. 18.11.2002, BauR 2003, 1203). Dies ist insbesondere der Fall, wenn ein Nachbar auf dem eigenen Grundstück selbst Baumaßnahmen ausgeführt hat, die mit den von ihm bekämpften Baumaßnahmen seines Gegners vergleichbar sind. Eine bauliche Konstellation, bei der ein Kläger einem Beigeladenen ein Vorhaben verwehren will, das er selbst auf seinem eigenen Grundstück verwirklicht hat, kann sich also rechtsschutzmindernd auswirken (vgl. OVG Bln, U. v. 23.9.1988, BRS 48 Nr. 177; B. v. 6.9.1994, OVGE 21, 98, 100 ff. = BRS 56 Nr. 173; B. v. 31.1.1997, OVGE 22, 85, 87; ThürOVG, B. v. 5.10.1999, NVwZ-RR 2000, 350, 352). Dies gilt z. B. bei einer wechselseitigen Verletzung der Vorschriften über Abstandsflächen (vgl. § 6), wenn die Verstöße annähernd vergleichbar sind (vgl. OVG Bln, B. v. 6.9.1994, OVGE 21, 98, 100 ff. = BRS 56 Nr. 173; U. v. 11.2.2003, BauR 2003, 770, Ls. = ZfBR 2004, 184, Ls.; B. v. 27.10.2004, BRS 67 Nr. 131 = LKV 2005, 76; OVG NRW, U. v. 24.4.2001, BRS 64 Nr. 188 = BauR 2002, 295). Ferner können öffentlich-rechtliche Abwehrrechte der **Verwirkung** unterliegen (vgl. BVerwG, B. v. 8.1.1997, NVwZ-RR 1997, 522, Ls.; B. v. 26.6.1998, BRS 60 Nr. 187; B. v. 16.4.2002, BauR 2003, 1031 = BRS 65 Nr. 195; OVG Bln, B. v. 21.5.2003 – OVG 2 S 40.02 – OVG MV, B. v. 5.11.2001, NVwZ-RR 2003, 15, 16; OVG NRW, U. v. 9.4.1992, NVwZ-RR 1993, 397, 398). Die Verwirkung setzt das Verstreichen eines längeren Zeitraums seit der Möglichkeit der Geltendmachung eines Rechts sowie besondere Umstände voraus, die die verspätete Geltendmachung als Verstoß gegen Treu und Glauben erscheinen lassen (vgl. BVerwG, B. v. 16.4.2002, BRS 65 Nr. 195 = BauR 2003, 1031). Auch können Minderungen des Rechtsschutzes dadurch eintreten, dass Kläger die ihnen nachteiligen Wirkungen einer von ihrem Rechtsvorgänger nicht angefochtenen nachbarlichen Baugenehmigung hinnehmen müssen (vgl. § 58 RNr. 24 sowie BayVGH, B. v. 20.2.2002, BRS 65 Nr. 133).

V. Abs. 2 nennt die Voraussetzungen, unter denen **Bauprodukte** (vgl. § 2 Abs. 9) und **Bauarten** (vgl. § 2 Abs. 10) verwendet werden dürfen. Die näheren Bestimmungen finden sich in den §§ 17 ff. Da Rechtsverordnungen nach § 84 Abs. 1 unter anderem der Verwirklichung der in § 3 Abs. 2 bezeichneten Anforderungen dienen, wird insbesondere die nähere Bestimmung allgemeiner Anforderungen der §§ 4 bis 49 (vgl. § 84 Abs. 1 Nr. 1) von Abs. 2 beeinflusst.

57 1. Die **Verwendbarkeit von Bauprodukten** macht die **Verwendungsklausel** des **Abs. 2** (vgl. auch § 5 BauPG) von einer **Prognose der Dauerhaftigkeit** abhängig. Diese Prognose bezieht sich auf Eigenschaften baulicher Anlagen (vgl. § 2 Abs. 1), die mittels der Bauprodukte errichtet, geändert oder instand gehalten werden sollen (vgl. § 17 Abs. 1 vor Nr. 1). Die Verwendung geeigneter Bauprodukte soll dazu beitragen, „dass die allgemeinen bauordnungsrechtlichen Anforderungen an bauliche Anlagen erfüllt werden" (AH-Drucks. 12/3966, S. 8 – zu § 3 –).

58 a) Die wichtigste Voraussetzung für die Zulässigkeit der Verwendung ist, dass die (errichtete, geänderte oder instand gehaltene) **bauliche Anlage** sämtliche **Anforderungen** (vgl. § 1 RNrn. 21 ff.) der BauO Bln und „auf Grund dieses Gesetzes" **erfüllt**. Die baulichen Anlagen müssen also der Gefährdungsklausel des Abs. 1 und sämtlichen Spezialvorschriften entsprechen. Mit den Anforderungen „auf Grund dieses Gesetzes" sind primär diejenigen Anforderungen gemeint, die in Rechtsverordnungen nach § 84 Abs. 1 enthalten sind (vgl. § 18 Abs. 2 Satz 1); aber auch durch behördlichen Einzelakt gestellte Anforderungen sind nicht ausgeschlossen (vgl. § 52 Abs. 1 Sätze 1 und 2). Den genannten Anforderungen müssen die baulichen Anlagen „während einer dem Zweck entsprechenden angemessenen Zeitdauer" genügen. Die **Zeitdauer** kann kurz sein, wie bei vorübergehend aufgestellten oder benutzbaren Anlagen (vgl. § 62 Abs. 1 Nr. 12), aber auch auf Jahrzehnte bemessen sein. Die Beschaffenheit von Bauprodukten kann somit von einer zeitlichen Komponente abhängig sein. Gemildert wird das Gebot der Dauerhaftigkeit allerdings dadurch, dass bei den baulichen Anlagen, denen die Bauprodukte zugeführt werden, eine **ordnungsgemäße Instandhaltung** (vgl. RNr. 22) unterstellt wird. Dadurch wird zugleich die Verwendbarkeit von Baustoffen erleichtert, denn sie muss nicht in Bezug auf solche baulichen Anlagen gegeben sein, die später vernachlässigt werden; für die Verwendbarkeit von Baustoffen reicht es vielmehr aus, wenn die Anlagen künftig angemessen unterhalten werden.

59 b) Die Prognose der Dauerhaftigkeit verlangt nicht nur, dass die baulichen Anlagen die bauordnungsrechtlichen Anforderungen erfüllen (vgl. RNr. 58), sondern auch – und zwar gleichfalls für eine dem Zweck entsprechende angemessene Zeitdauer –, dass sie gebrauchstauglich sind. Der Hinweis auf die **Gebrauchstauglichkeit** soll „die hohen Anforderungen an Bauprodukte verdeutlichen und die am Bau Beteiligten auf ihre besondere Verantwortung hinweisen" (AH-Drucks. 15/3926, S. 63 – zu § 3 –). § 13 Satz 1 schreibt in einem speziellen Fall vor, dass die Gebrauchstauglichkeit baulicher Anlagen gegenüber schädlichen Einflüssen gewahrt sein muss.

60 2. Die Verwendungsklausel bezieht sich – abweichend von § 2 Abs. 2 BauO Bln 1997 – auch auf **Bauarten** (vgl. § 2 Abs. 10). Nach der Gesetzesbegründung dient diese Ergänzung der Klarstellung (vgl. AH-Drucks. 15/3926, S. 63 – zu § 3 –). Die Zulässigkeit der Verwendung von Bauarten ist von den gleichen Voraussetzungen abhängig, die für Bauprodukte gelten (vgl. RNrn. 58 f.).

61 3. Die **rechtliche Bedeutung der Verwendungsklausel und der** in ihr enthaltenen **Prognose der Dauerhaftigkeit** baulicher Anlagen (vgl. RNrn. 56 ff.) liegt nicht darin, dass die am Bau Beteiligten oder die BABeh. an Hand der tatbestandlichen Voraussetzungen des Abs. 2 zu klären hätten, ob in Betracht gezogene Bauprodukte oder Bauarten zulässigerweise eingesetzt werden können. Einer solchen Prüfung sind sie deshalb enthoben, weil der Abschnitt „Bauprodukte, Bauarten" (§§ 17 ff.) spezielle Verfahren und Entscheidungen bereithält, von denen die Verwendbarkeit von Bauprodukten und Bauarten abhängt. Der Tatbestand der Verwendungsklausel ist nur dann erfüllt und die

Verwendbarkeit von Bauprodukten oder Bauarten grundsätzlich nur zu bejahen, wenn ihre Verwendung den Anforderungen des Abschnitts „Bauprodukte, Bauarten" entspricht. Der Tatbestand des **Abs. 2** wird somit (nahezu vollständig) **durch** die **§§ 17 ff. verdrängt** und hat über seine deklamatorische Funktion hinaus kaum eigenständige Bedeutung. Immerhin ist Abs. 2 eine Direktive für diejenigen Instanzen, die gemäß den §§ 17 ff. die dort vorgesehenen Entscheidungen zu treffen haben. Außerdem kann in bestimmten Fällen die Verwendbarkeit von Bauprodukten oder Bauarten im Sinne des Abs. 2 nachzuweisen sein (vgl. § 19 Abs. 2 Satz 1, § 20 Satz 1, § 21 Abs. 1 Satz 4).

4. Neben seiner unmittelbare Bedeutung für die Verwendung von Bauprodukten oder Bauarten stellt Abs. 2 eine Ergänzung der Generalklausel des Abs. 1 dar, indem er das in jener Vorschrift nicht behandelte **Prinzip der Dauerhaftigkeit baulicher Anlagen** zum Ausdruck bringt (vgl. AH-Drucks. 12/3966, S. 8 – zu § 3 –). Außerdem lässt die Formel „bei **ordnungsgemäßer Instandhaltung**", die an sich nur ein Bestandteil der für die Verwendung von Baustoffen maßgeblichen Prognose ist, einen Schluss darauf zu, wie die Instandhaltungspflicht des Abs. 1 zu erfüllen ist (vgl. RNrn. 22, 58). **62**

VI. Abs. 3 schreibt vor, dass technische Regeln, die von der für das Bauwesen zuständigen Senatsverwaltung durch öffentliche Bekanntmachung als **Technische Baubestimmungen** eingeführt worden sind, zu beachten sind. Diese **Technikklausel** fügt sich in das System der Generalklausel ein, weil die Technischen Baubestimmungen der Erfüllung der **Anforderungen des Abs. 1** dienen. Dieser Zweck wird zwar nicht ausdrücklich genannt, aber dadurch bestätigt, dass eine Abweichung von den Technischen Baubestimmungen nur mittels einer technischen Lösung zulässig ist, die in gleichem Maße die allgemeinen Anforderungen des Abs. 1 erfüllt (vgl. Abs. 3 Satz 3 Halbs. 1). Nach den Vorbemerkungen der AV Liste der Technischen Baubestimmungen (AV LTB) v. 1.12.2006, ABl. S. 4348, 4349 – Fassung Februar 2006 –) „werden nur die technischen Regeln eingeführt, die zur Erfüllung der Grundsatzanforderungen des Bauordnungsrechts unerlässlich sind". **63**

1. Bei den **Technische Baubestimmungen** muss es sich um **technische Regeln** handeln, die sich auf das Baugeschehen beziehen, also vor allem um „technische Regeln für die Planung, Bemessung und Konstruktion baulicher Anlagen und ihrer Teile", aber auch um „Anwendungsregelungen für Bauprodukte und Bausätze" (vgl. AV, RNr. 63, S. 4348, 4349). Dass technische Regeln zugleich allgemein anerkannte Regeln der Technik sind (vgl. RNr. 69), ist für ihre Einführung nicht erforderlich. Technische Baubestimmungen können jedoch mit allgemein anerkannten Regeln der Technik identisch sein. In solchen Fällen wiederholt der Hoheitsakt der Einführung (vgl. RNr. 65) nur eine faktisch schon vorhandene Regel. Aber auch eine Regel der Bautechnik, die in der Praxis noch nicht oder nicht mehr allgemein anerkannt ist, kann im Wege der Einführung maßgeblich werden. Die zuständige Behörde ist also berechtigt, durch die Auswahl von Regeln gestaltend in das Baugeschehen einzugreifen. Daher ist die „Widerlegung" einer als Technische Baubestimmung eingeführten technischen Regel durch die Behauptung, die Regel sei in der Praxis nicht allgemein anerkannt, ausgeschlossen. **64**

2. Nach Satz 1 müssen die technischen Regeln durch öffentliche Bekanntmachung als Technische Baubestimmungen eingeführt worden sein. Die **Einführung technischer Regeln** ist eine hoheitliche Maßnahme, die dazu führt, dass diese Regeln zu beachten sind (vgl. RNr. 67). Diese Wirkung endet erst mit der Aufhebung der Einführung. Die für das Bauwesen zuständige Senatsverwaltung, also die Senatsverwaltung für Stadtentwicklung (vgl. Rundschreiben über die Geschäftsverteilung des Senats v. 24. 5. 2002, **65**

ABL. 2002, 2062, 2070 = DBL. I S. 161), muss – unter Verwendung des Ausdrucks „Technische Baubestimmungen" – eine **hoheitliche Einführungsentscheidung** darüber treffen, welche technischen Regeln zu beachten, also kraft staatlicher Anordnung verbindlich sind. Die Auswahl der Quellen, insbesondere der technischen Regelwerke, deren sich die Senatsverwaltung bedient, liegt in ihrem Ermessen. Sie kann technische Regeln ganz oder nur in Teilen übernehmen, die Regeln auch gelegentlich ihrer Einführung ändern oder ergänzen (vgl. AV, RNr. 63, S. 4349) und ihre Anwendung durch Hinweise steuern. Wenngleich Satz 1 dies nicht anordnet, ist es doch üblich, dass die Technischen Baubestimmungen als Verwaltungsvorschriften gemäß § 84 Abs. 7 durch die Senatsverwaltung erlassen werden (vgl. AV, RNr. 63, S. 4348). Als **Technische Baubestimmungen** im Sinne des Abs. 3 Satz 1 gelten nach § 17 Abs. 2 Satz 2 auch die in der **Bauregelliste A** enthaltenen technischen Regeln, die vom Deutschen Institut für Bautechnik im Einvernehmen mit der Senatsverwaltung für Stadtentwicklung bekannt gemacht werden.

66 3. Für die Einführung technischer Regeln als Technische Baubestimmungen schreibt **Abs. 3 Satz 1** deren **öffentliche Bekanntmachung** vor. Traditionell geschieht die Bekanntmachung im ABl. oder DBl. Teil VI (das allerdings zum 31.12. 2006 sein Erscheinen eingestellt hat), doch wären auch andere Formen der Veröffentlichung möglich. Die technischen Regeln müssen nicht vollständig bekannt gemacht werden. Wegen ihres Umfangs, der mit dem Abdruck verbundenen Kosten und urheberrechtlicher Probleme gewährt **Abs. 3 Satz 2** eine Erleichterung. Bei der öffentlichen Bekanntmachung kann hinsichtlich des Inhalts der technischen Regeln auf ihre **Fundstelle** verwiesen werden. Sind die Fundstellen in Verlagspublikationen enthalten, können die technischen Regeln bei der entsprechenden Bezugsquelle angefordert werden (vgl. AV, RNr. 63, S. 4363), wie z. B. die DIN-Normen beim Beuth Verlag. Auch Verweisungen auf Internetseiten werden praktiziert, wie z. B. auf die Website des Deutschen Instituts für Bautechnik hinsichtlich der Teile II und III der Liste der Technischen Baubestimmungen (vgl. AV, RNr. 63, S. 4363: www.dibt.de)

67 4. Nach **Abs. 3 Satz 1** sind die als Technische Baubestimmungen **eingeführten technischen Regeln zu beachten,** und zwar von den Adressaten der Generalklausel (vgl. RNrn. 24 f.). Die Technischen Baubestimmungen sind „nicht wie Rechtssätze verbindlich" (AH-Drucks. 12/3966, S. 8 – zu § 3 –), so dass es missverständlich ist, sie deshalb als „allgemein verbindlich" zu bezeichnen, weil sie nach § 3 Abs. 3 Satz 1 beachtet werden müssen (vgl. AV, RNr. 63, S. 4349). Abs. 3 Satz 1 verlangt nicht die strikte Befolgung der eingeführten technischen Regeln, stellt ihre Anwendung aber auch nicht in das Belieben der am Bau Beteiligten. Diese haben vielmehr die Befugnis, ein Austauschmittel zu verwenden (vgl. RNr. 68). Lässt ein Adressat Technische Baubestimmungen unbeachtet und verfehlt er dabei die Anforderungen der Generalklausel, so handelt er auf eigenes Risiko. Er trägt dann die Folgen der eigenmächtigen Abweichung, die z. B. in der Ablehnung eines Genehmigungsantrags, in einem behördlichen Einschreiten oder auch in der Auferlegung der materiellen Beweislast im Verwaltungsverfahren oder im Verwaltungsprozess bestehen können.

68 Da die Beachtung der technischen Regeln kein Selbstzweck ist, sondern der Erfüllung bauordnungsrechtlicher Anforderungen dient (vgl. RNr. 63), kann eine **Abweichung** hingenommen werden, sofern die Rechtsgüter des. Bauordnungsrechts (vgl. RNrn. 5 f., 7 ff., 19) nicht gefährdet werden. Deshalb kann nach **Abs. 3 Satz 3 Halbs. 1** von den Technischen Baubestimmungen abgewichen werden, wenn mit einer anderen Lösung in gleichem Maße die allgemeinen Anforderungen des Abs. 1 erfüllt werden.

Nach **Halbs. 2** bleiben § 17 Abs. 3 und § 21 unberührt (vgl. RNr. 70). Wie ein solcher Nachweis der Gleichwertigkeit technischer Lösungen zu führen ist, ergibt sich aus der Vorschrift nicht. Ein feststellender Verwaltungsakt, der die Gleichwertigkeit bestätigt, ist jedenfalls nicht nötig. Eine Abweichung durch eine „bautechnische Alternative" (VGH BW, B. v. 2.11.1998, BRS 60 Nr. 137), kommt z. B. in Betracht, wenn den allgemeinen Anforderungen des Abs. 1 auch auf Grund von Vorschriften anderer Mitgliedstaaten der EU genügt werden kann (vgl. AH-Drucks. 12/3966, S. 8 – zu § 3 –). Die in Abs. 3 Satz 3 Halbs. 1 geregelte Abweichung von Technischen Baubestimmungen ist unabhängig von den Voraussetzungen, die in § 68 Abs. 1 und 2 generell für Abweichungen von bauordnungsrechtlichen Anforderungen verlangt werden. Denn nach § 68 Abs. 1 Satz 2 bleibt § 3 Abs. 3 Satz 3 unberührt.

5. Regelmäßig – wenn auch nicht ausnahmslos – werden **allgemein anerkannte Regeln der Technik** als Technische Baubestimmungen eingeführt (vgl. RNr. 65). Früher wurden sie allgemein anerkannte Regeln der Baukunst genannt; sie waren – wie heute die Technischen Baubestimmungen – zu beachten (vgl. § 3 Abs. 1 Satz 4 und Abs. 3 BauO Bln 1985). Die allgemein anerkannten Regeln der Technik werden im Abschnitt „Bauprodukte, Bauarten" mehrfach erwähnt (vgl. § 17 Abs. 1 Sätze 2 und 3, Abs. 3 Satz 1, § 19 Abs. 1 Satz 2, § 21 Abs. 1 Sätze 1 und 3). Bei ihnen handelt es sich um Regeln, die sich bewährt und in der Praxis durchgesetzt haben. Eine Pflicht zu ihrer Beachtung besteht jedoch nur, wenn sie als Technische Baubestimmungen eingeführt worden sind (vgl. AH-Drucks. 13/1578, S. 8 – zu § 3 –). Dennoch sind sie nicht unbeachtlich, kann doch die BABeh. im Einzelfall auf nicht eingeführte allgemein anerkannte Regeln der Technik zurückgreifen, z. B. bei der Ausfüllung unbestimmter Rechtsbegriffe (vgl. AV, RNr. 63, S. 4349 sowie AH-Drucks. 13/1578, S. 8 – zu § 3 –), bei der Ausübung ihres Ermessens oder bei der Billigung einer Abweichung nach Abs. 3 Satz 3 Halbs. 1 (vgl. RNr. 68). Die allgemein anerkannte Regeln der Technik sind nicht mit dem „Stand der Technik" identisch; darunter ist der Entwicklungsstand fortschrittlicher Verfahren, Einrichtungen oder Betriebsweisen zu verstehen, der die praktische Eignung einer Maßnahme gesichert erscheinen lässt (vgl. § 3 Abs. 6 BImSchG).

6. Für **Bauprodukte** (vgl. § 2 Abs. 9 und § 3 Abs. 2) und **Bauarten** (vgl. § 2 Abs. 10 und § 3 Abs. 2) gelten Besonderheiten. Da nach **Abs. 3 Satz 3 Halbs. 2** die beiden Bestimmungen der § 17 Abs. 3 und § 21 unberührt bleiben, ist in den Fällen der in Bezug genommenen Vorschriften ein Rückgriff auf die Abweichungsbefugnis nach Abs. 3 Satz 3 Halbs. 1 nicht möglich (vgl. RNr. 68 sowie Stollmann, ZfBR 1997, 16). Vielmehr wird in diesen Spezialbestimmungen das Problem der Abweichung einer Lösung von Technischen Baubestimmungen auf andere Weise bewältigt.

VII. **Abs. 4** ergänzt die Standardformel des Abs. 1 (vgl. RNr. 21) und ordnet die **entsprechende Geltung der Abs. 1 und 3** für die **Beseitigung von Anlagen** sowie für die **Änderung ihrer Nutzung** an. Die Überwachung beider Tätigkeiten gehört nach § 58 Abs. 1 Satz 1 zu den Aufgaben der BABeh.

1. Die **Beseitigung**, die früher Abbruch hieß (vgl. § 3 Abs. 4 BauO Bln 1997), ist die vollständige oder teilweise **Entfernung einer Anlage von ihrem Standort**, sei es durch Demontage oder Verlagerung. Die Beseitigung von Anlagen unterliegt – anders als der Abbruch baulicher Anlagen nach § 55 Abs. 1 BauO Bln 1997 – nicht mehr der Genehmigungspflicht (vgl. § 60 Abs. 1, § 76 Abs. 1 Satz 4). Ungeachtet dessen ist die Beseitigung zahlreicher Anlagen verfahrensfrei (vgl. § 62 Abs. 3 Satz 1, § 67 Abs. 1 Satz 1 Halbs. 2). Jedoch muss die Beseitigung von Anlagen den öffentlich-rechtlichen

Vorschriften entsprechen (vgl. § 62 Abs. 5 Satz 1); die BABeh. kann jederzeit bauaufsichtliche Maßnahmen ergreifen (vgl. § 62 Abs. 5 Satz 2). Die beabsichtigte Beseitigung von Anlagen ist der BABeh. anzuzeigen (vgl. § 62 Abs. 3 Satz 2, § 83 Abs. 1 Satz 1 Nr. 7 sowie § 54 Abs. 1 Satz 1). Besondere Bestimmungen sind der Beseitigung von Verunstaltungen (vgl. § 9 Abs. 3 Satz 1 und 2) und den Folgen der Beseitigung für Nachbargebäude gewidmet (vgl. § 62 Abs. 3 Satz 3 bis 5). Bei rechtswidrigen Anlagen kann die BABeh. ihre Beseitigung anordnen (vgl. § 79 Satz 1).

72 2. Bei der **Nutzungsänderung** wird die Anlage einem anderen als dem genehmigten oder sonst für sie vorgesehenen Zweck zugeführt. Die neue Nutzung muss also die der bisherigen Nutzung eigene **Variationsbreite** verlassen (vgl. § 6 RNr. 11; § 79 RNr. 54). Dies ist z. B. der Fall, wenn eine Wohnung in ein Büro umgewandelt wird oder eine Fleischerei in einen Sex-Shop (vgl. OVG Bln, B. v. 31. 1. 1996, BRS 58 Nr. 204; B. v. 9. 4. 1997, OVGE 22, 134 = BRS 59 Nr. 215 = BauR 1997, 1006). Auch die Anbringung einer Folie mit einem Werbelogo auf einem drehbaren Metallsegel oberhalb eines Flachdaches wurde als Änderung der Nutzung eines Gebäudes angesehen, weil das Metallsegel nur als bauliches Gestaltungselement genehmigt worden war (vgl. OVG Bln, B. v. 7. 5. 1999, OVGE 23, 134, 136, 137 = BRS 62 Nr. 157). Nutzungsänderungen sind grundsätzlich genehmigungspflichtig (vgl. § 60 Abs. 1), großenteils jedoch verfahrensfrei (vgl. § 62 Abs. 2). Sie unterliegen nach § 58 Abs. 1 Satz 1 der Überwachung durch die BABeh. Eine rechtswidrige Nutzungsänderung kann gemäß § 79 Satz 2 untersagt werden (vgl. § 79 RNr. 52). Im Rahmen anderer Vorschriften wird der Begriff der Nutzungsänderung mitunter in einem engeren Sinne verstanden. So ist eine Änderung der Nutzung abstandsflächenrechtlich erst relevant, wenn die neue Nutzung anderen oder weitergehenden Anorderungen bauordnungsrechtlicher oder bauplanungsrechtlicher Art unterworfen ist (vgl. § 6 RNr. 11). Im Planungsrecht ist der Begriff der Nutzungsänderung gleichfalls von erheblicher Bedeutung (vgl. § 29 Abs. 1, § 172 Abs. 1 Satz 1 BauGB)

73 3. Die **analoge Anwendung** der Generalklausel des **Abs. 1** auf die **Beseitigung von Anlagen** ist gerechtfertigt, obwohl bei der Beseitigung „lediglich der Vorgang, das Wie", sicherheitsrechtlich relevant ist (vgl. AH-Drucks. 15/3926, S. 104 – zu § 60 –) und auf die Beseitigung – anders als in den Fällen der Errichtung und Änderung von Anlagen – kein bauaufsichtlich bedeutsamer Dauerzustand folgt. Ein Sonderproblem bei der Beseitigung – ihre Auswirkungen auf die Standsicherheit anderer Anlagen – hat eine spezielle Regelung gefunden (vgl. § 12 Abs. 1 Satz 2, Abs. 2, § 62 Abs. 3 Satz 3 bis 5). Nach Auffassung des Gesetzgebers stellen die bei Abbrucharbeiten nicht seltenen Unfälle kein bauaufsichtlich zu bewältigendes Problem dar, sondern sind als Fragen der Arbeitssicherheit Gegenstand der Gewerbeaufsicht und der Tätigkeit der Berufsgenossenschaften (vgl. AH-Drucks. 15/3926, S. 104 – zu § 60 –). Soweit die Beseitigung von Abs. 1 erfasst wird, ist bei dieser Maßnahme die Gefährdung der öffentlichen Sicherheit und Ordnung zu vermeiden (vgl. RNrn. 13 ff.). Hinsichtlich der Adressaten und der Durchsetzung der Handlungspflichten ist die Rechtslage so wie bei den in Abs. 1 genannten Tatbeständen der Errichtung, Änderung und Instandhaltung (vgl. RNrn. 24 f., 26 ff.). Entspricht eine Beseitigung nicht den Anforderungen der Gefährdungsklausel, können behördliche Maßnahmen auf § 58 Abs. 1 und § 62 Abs. 5 Satz 2) gestützt werden. Die **analoge Anwendung** des **Abs. 3** bedeutet, dass als Technische Baubestimmungen eingeführte technischen Regeln (vgl. RNr. 67), soweit einschlägig, bei der Beseitigung von Anlagen zu beachten sind.

Abs. 1 und 3 gelten auch bei der **Änderung der Nutzung** von Anlagen (vgl. RNr. 72). **entsprechend**. Gefahren für öffentlichen Sicherheit und Ordnung dürfen also durch sie nicht herbeigeführt werden. Hinsichtlich der Adressaten und der Durchsetzung der Handlungspflichten ist die Rechtslage so wie bei den in Abs. 1 genannten Tatbeständen der Errichtung, Änderung und Instandhaltung (vgl. RNrn. 24 f., 26 ff.). Ein typisches Problem bei Nutzungsänderungen besteht darin, dass für die neue Nutzung andere öffentlich-rechtliche Anforderungen in Betracht kommen (vgl. § 62 Abs. 2 Nr. 1). Auch die geänderte zulässige Nutzung muss auf Dauer gewährleistet sein. (vgl. RNr. 34). Da sich zahlreiche Einzelvorschriften speziell mit der Nutzungsänderung befassen (vgl. § 50 Abs. 1 Satz 4, § 76 Abs. 1 Satz 4), wird die Gefährdungsklausel insoweit verdrängt (vgl. RNr. 4). Verstößt eine Nutzungsänderung gegen die Gefährdungsklausel, können behördliche Maßnahmen auf § 58 Abs. 1, aber auch auf § 79 Satz 2 (vgl. OVG Bln-Bbg, B. v. 6.7.2006, LKV 2007, 39, 41). gestützt werden. Als Technische Baubestimmungen eingeführte technische Regeln (vgl. RNr. 67) sind, soweit solche für Nutzungsänderungen bestehen, zu beachten. 74

VIII. Abs. 5 ergänzt Abs. 3, indem er – über den Wortlaut des dortigen Tatbestands hinaus – weitere **Baustoffe** und **Bauarten** für verwendbar erklärt. 75

1. Die Bestimmung bezieht sich auf Vorschriften solcher Staaten, die als **Vertragsstaaten** am **Abkommen über den Europäischen Wirtschaftsraum** vom 2. 5. 1992 (BGBl. II 1993, S. 266, 1294). beteiligt sind. Enthalten deren Rechtsordnungen technische Anforderungen an Baustoffe oder Bauarten, so dürfen diese im Geltungsbereich der BauO Bln unter folgenden Voraussetzungen verwendet oder angewendet werden: Die Baustoffe oder Bauarten müssen den ausländischen technischen Anforderungen entsprechen, und außerdem muss das geforderte Schutzniveau in Bezug auf Sicherheit, Gesundheit und Gebrauchstauglichkeit gleichermaßen dauerhaft erreicht werden. Nach der Begründung der Musterbauordnung enthält Abs. 5 eine „**allgemeine Gleichwertigkeitsklausel**", die mit „Rücksicht auf einschlägige Forderungen der EU-Kommission in Notifizierungsverfahren zu Mustervorschriften" erlassen worden ist (vgl. Jäde, Musterbauordnung [MBO 2002], 2003, S. 31).

2. Das „geforderte **Schutzniveau**", das die Gleichwertigkeitsklausel des Abs. 5 erwähnt, ist dasjenige, das Abs. 3 vorsieht. Mit dem Hinweis auf Sicherheit und Gesundheit greift Abs. 5 das in Abs. 3 enthaltene Erfordernis auf, wonach die mit Hilfe von Baustoffen und Bauarten erstellten baulichen Anlagen sämtlichen bauaufsichtlichen Anforderungen genügen müssen (vgl. RNr. 58). Auch die beiden Bestandteile der Prognose, von der die Verwendbarkeit von Baustoffen und Bauarten abhängt, nämlich Dauerhaftigkeit und Gebrauchstauglichkeit (vgl. RNrn. 57, 59), finden sich in Abs. 5 wieder. Somit enthält Abs. 5 eine verdeckte Verweisung auf den Abs. 2. Eigenartigerweise nennt Abs. 5 neben der Verwendung von Baustoffen und Bauarten auch deren Anwendung, obwohl Abs. 3 sich nur mit ihrer Verwendung befasst. 76

Da die in **Abs. 5** aufgestellten Voraussetzungen für die Verwendung von Baustoffen und Bauarten in materieller Hinsicht, wenn auch nicht wörtlich mit denen des Abs. 3 identisch sind, enthält Abs. 5 im Rahmen des § 3 keine eigenständige Regelung. Er hat im wesentlichen **nur deklaratorische Bedeutung**. Dagegen wird der in ihm enthaltene Gedanke der europäischen Gleichwertigkeit in Spezialvorschriften wie § 25 Abs. 2 Satz 2 und Abs. 3 Satz 1 aufgegriffen. Ausgeschlossen ist es jedoch nicht, dass hinsichtlich des von Abs. 5 berührten Themenbereichs in den §§ 17 ff. Lücken enthalten sind, die durch einen unmittelbaren Rückgriff auf Abs. 5 (und damit auf Abs. 3) gefüllt werden können. 77

Teil II
Das Grundstück und seine Bebauung

§ 4 Bebauung der Grundstücke mit Gebäuden

(1) Gebäude dürfen nur errichtet werden, wenn das Grundstück in angemessener Breite an einer befahrbaren öffentlichen Verkehrsfläche liegt oder wenn das Grundstück eine befahrbare, öffentlich-rechtlich gesicherte Zufahrt zu einer befahrbaren öffentlichen Verkehrsfläche hat.

(2) Ein Gebäude auf mehreren Grundstücken ist nur zulässig, wenn öffentlich-rechtlich gesichert ist, dass dadurch keine Verhältnisse eintreten können, die Vorschriften dieses Gesetzes oder auf Grund dieses Gesetzes widersprechen

Erläuterungen:

1 I. § 4 regelt die **Voraussetzungen der Bebauung** der Grundstücke mit Gebäuden. Die Vorschrift soll sicherstellen, dass ein Berliner Grundstück nur dann mit einem Gebäude bebaut werden darf, wenn den mit der Nutzung einhergehenden Gefahren für die öffentliche Sicherheit jederzeit angemessen begegnet werden kann (OVG Bln, U. v. 30. 7. 2003, OVGE 25,33 = LKV 2004,86). Zu diesem Zweck ist es erforderlich, die **Zugänglichkeit** von Gebäuden durch eine angemessene Verbindung der Grundstücke mit einer befahrbaren öffentlichen Verkehrsfläche zu gewährleisten, denn im Interesse der öffentlichen Sicherheit (vgl. § 3 Abs. 1) müssen die Gebäude für Fahrzeuge der Feuerwehr, des Rettungs- und Gesundheitswesens, der Polizei, der Abfallbeseitigung, der Post, der Besucher und der Benutzer erreichbar sein.

2 **Weitere bauordnungsrechtliche Anforderungen** für Baugrundstücke ergeben sich aus § 13 Satz 2, wonach diese für bauliche Anlagen geeignet sein müssen. Diese Vorschrift betrifft allerdings nur den Schutz gegen schädlichen Einflüsse und bezieht sich auf bauphysikalische Anforderungen. Für den Bereich der Entwässerung enthält § 44 Satz 1 eine Sonderregelung, wobei hier das Schwergewicht auf den technischen Anforderungen im Falle der Zugänglichkeit liegt (vgl. OVG Bln, U. v. 25. 5. 1989, OVGE 18, 196). Die Größe von Grundstücken, deren Breite und Tiefe sowie eventuelle Höchst- und Mindestmaße können sich zusätzlich aus einem Bebauungsplan ergeben (vgl. § 9 Abs. 1 Nr. 3 BauGB). Die planungsrechtlichen Voraussetzungen der Bebaubarkeit gelten jedoch unabhängig von § 4. Ob die Regelung der Zugänglichkeit von Grundstücken ausschließlich öffentlichen Interessen dient oder ob ihr auch eine drittschützende Funktion zukommt, hat das OVG Bln-Bbg noch nicht entschieden (vgl. hierzu verneinend NdsOVG, B. v. 12. 3. 1997, BRS 59 Nr. 108; VGH BW, U. v. 2. 8. 1983, VBlBW 1984, 150; OVG NRW, U. v. 9. 4. 1969, BRS 22 Nr. 189).

3 II. **Abs. 1** stellt eine bauordnungsrechtliche Parallele zu dem **bauplanungsrechtlichen** Erfordernis einer gesicherten **Erschließung** in § 30 Abs. 1 und 2, § 33 Abs. 1 Nr. 4, § 34 Abs. 1 Satz 1 und § 35 Abs. 1 und 2 BauGB dar, die die bebauungsrechtlich zulässige Nutzbarkeit von Grundstücken sicherstellen soll (OVG Bln, U. v. 30. 7. 2003, OVGE 25, 33 = LKV 2004,86) und auf die sich auch § 63 Abs. 2 Nr. 2 bezieht. In der Regel werden die Anforderungen des Planungsrechts und des Bauordnungsrechts an die Erreichbar-

keit von Gebäuden und Grundstücken nicht voneinander abweichen (vgl. NdsOVG, U. v. 28. 2. 1979, BRS 35 Nr. 103). Soweit die planungsrechtliche Erschließung gesichert ist, ist im Allgemeinen auch dem **bauordnungsrechtlichen Zugänglichkeitsgebot** genügt. Das Bauordnungsrecht kann jedoch nach Maßgabe des **Gefahrenschutzziels** darüber hinausgehende Anforderungen stellen (BVerwG, U. v. 6. 9. 1968, BRS 20 Nr. 84; U. v. 3. 5. 1988 BRS 48 Nr. 92; U. v. 1. 3. 1991, BVerwGE 88,70,76 f.; OVG Bln, U. v. 30. 7. 2003, a. a. O.), denn die bauordnungsrechtliche Zugänglichkeit und die durch das Planungsrecht gebotene gesicherte Erschließung sind **nicht identisch** (vgl. BVerwG, U. v. 1. 3. 1991, BVerwGE 88, 70, 77; U. v. 3 5. 1988, BRS 48 Nr. 92), auch wenn zwischen ihnen ein „offenbarer Sachzusammenhang" besteht (BVerwG, U. v. 6. 9. 1968, BRS 20 Nr. 84, S. 132). Der planungsrechtliche Erschließungsbegriff wird nicht durch die landesrechtlichen Vorschriften über die Zugänglichkeit von Grundstücken konkretisiert oder ausgefüllt. Für die bauplanungsrechtliche – rein grundstücksbezogene – Zugänglichkeit von Grundstücken genügt es, dass eine rechtlich dauerhaft sichergestellte Verbindung zu einer öffentlichen Straße besteht, selbst wenn diese in einem anderen Bundesland liegt als das Grundstück. In bauordnungsrechtlicher Hinsicht kann für die Frage der Zugänglichkeit eines Grundstücks jedoch noch zusätzlich der **Aspekt einer effizienten Gefahrenabwehr** von Bedeutung sein. Deshalb kann etwa einer deutlich überlegenen Zufahrtsmöglichkeit der Feuerwehr aus dem Bundesland, in dem das Grundstück belegen ist, der Vorzug gegenüber einer weiteren Zufahrtsmöglichkeit zu der an ein anderes Bundesland angrenzenden Rückseite des Grundstücks zu geben sein und die Löschung einer Baulast, die die Zufahrt über das Vordergrundstück sichert, von der BABeh. verweigert werden, wenn dadurch eine zügigere, schnellere und reibungslosere Anfahrt gewährleistet bleibt oder auch nur Zuständigkeits-, Kommunikations-, Informations- und Organisationsschwierigkeiten von vornherein vermieden werden können (vgl. OVG Bln, U. v. 30. 7. 2003, OVGE 25,33 = LKV 2004,86).

1. Die Regelung gilt nur für den Fall, dass **Gebäude** (vgl. § 2 Abs. 2 u. 3) errichtet werden sollen. Sie bezieht sich sowohl auf genehmigungsbedürftige Gebäude (§ 60 Abs. 1) als auch auf verfahrensfreie Gebäude (§ 62 Abs. 1 Nr. 1) und genehmigungsfrei gestellte Gebäude (§ 63 Abs. 1). Besteht ausnahmsweise kein Bedürfnis für eine bauordnungsrechtliche Erschließung eines Grundstücks durch eine öffentliche Verkehrsfläche, wie z. B. bei einer Schutzhütte, kann eine Abweichung nach § 68 Abs. 1 in Betracht kommen.

2. Grundstück im Sinne des Abs. 1 ist das Buchgrundstück (vgl. OVG Bln, U. v. 14. 8. 1987, OVGE 19, 72, 76). Die Zusammenfassung mehrerer Grundstücke in der Hand eines Eigentümers zu einer wirtschaftlichen Einheit (vgl. OVG Saar, U. v. 29. 9. 1977, BRS 32 Nr. 150) ändert an dem Erfordernis der Zugänglichkeit jedes einzelnen Grundstücks nichts. Gegebenenfalls muss die Zufahrt öffentlich-rechtlich gesichert werden (vgl. § 4 Abs. 2).

3. Die Errichtung von Gebäuden ist gemäß § 4 Abs. 1 nur zulässig, wenn das Grundstück bestimmten Anforderungen an seine **Lage** genügt. Entweder muss es in angemessener Breite an einer befahrbaren öffentlichen Verkehrsfläche liegen oder mit einer solchen durch eine befahrbare, öffentlich-rechtlich gesicherte Zufahrt verbunden sein.

a) Öffentliche Verkehrsflächen sind alle Straßen, Wege und Plätze, die dem öffentlichen Verkehr gewidmet sind (vgl. § 2 Abs. 1 BerlStrG ; §§ 1 und 2 Abs. 1 FStrG sowie OVG Bln, U. v. 25. 5. 1989, OVGE 18,196,198). Privatstraßen des öffentlichen Verkehrs sind keine öffentlichen Straßen; auf ihnen findet zwar öffentlicher Verkehr statt, doch fehlt es an einer Widmung, weil diese voraussetzt, dass der Träger der Straßenbaulast auch Eigentümer der der Straße dienenden Grundstücke ist (§ 2 Abs. 1, § 3 Abs. 2

BerlStrG). Es fehlt damit auch an der von § 4 Abs. 1 erstrebten Gewährleistung der dauerhaften Zugänglichkeit eines Grundstücks.

8 b) Die öffentliche Verkehrsfläche muss **befahrbar** sein. Weist eine Verkehrsfläche aus rechtlichen oder tatsächlichen Gründen nicht diese Eigenschaft auf, kann sie die bauordnungsrechtliche Erschließung nicht ermöglichen. Eine Verkehrsfläche ist nicht erst dann unbefahrbar, wenn sie überhaupt keinen Fahrverkehr gestattet, sondern schon dann, wenn sie für solche Fahrzeuge ungeeignet ist, die im Interesse der Gefahrenabwehr das Grundstück erreichen müssen. Setzt die Nutzung eines Gebäudes die Anfahrt von Lastwagen voraus (z. B. Gewerbebetriebe oder Warenlager), muss die Verkehrsfläche dem zu erwartenden Verkehr gewachsen sein. Wird ein Gebäude oder seine **Nutzung geändert**, können sich die Anforderungen an die Befahrbarkeit der öffentlichen Verkehrsfläche, die Breite der Zufahrt oder die Eignung der öffentlich-rechtlich gesicherten Zufahrt erhöhen. Deshalb ist es geboten, Abs. 1 auch auf die Zulässigkeit einer baulichen Änderung oder einer Nutzungsanderung (vgl. § 60 Abs. 1 und 2) anzuwenden (vgl. NdsOVG , U. v. 28. 2. 1979, BRS 35 Nr. 103).

9 **Faktische Hindernisse** der Befahrbarkeit von Verkehrsflächen und damit der Zugänglichkeit von Grundstücken können darin bestehen, dass deren Zustand – z. B. durch Vernachlässigung der Straßenbaulast (vgl. § 7 BerlStrG) oder durch unzulänglichen Ausbau – den nach Abs. 1 erforderlichen Zugangsverkehr nicht zulässt. Rechtliche Grenzen der Befahrbarkeit können sich aus dem Straßenrecht und dem Straßenverkehrsrecht ergeben. Sieht die Widmung (vgl. § 3 BerlStrG) Beschränkungen des Kraftfahrzeugverkehrs vor, kann dadurch die nach Abs. 1 notwendige Zugänglichkeit eingeschränkt sein (vgl. VGH BW, U. v. 28. 3. 1974, BRS 28 Nr. 66). Straßenverkehrsrechtliche Regelungen schließen zwar den im öffentlichen Interesse notwendigen Fahrzeugverkehr nicht aus, da insoweit Sonderrechte bestehen (vgl. § 35 StVO), können jedoch die beabsichtigte Nutzung eines Gebäude erschweren oder unmöglich machen. Ist ein der Nutzung angemessener Zugang nicht gewährleistet, weil ihm Maßnahmen der Straßenverkehrsbehörde entgegenstehen, ist die Verkehrsfläche nicht im Sinne des Abs. 1 befahrbar. Bei Wohnwegen, die noch in § 4 Abs. 1 2. Halbs. a. F. gesondert erwähnt worden waren, kann u. U. auf die Befahrbarkeit verzichtet werden, wenn wegen des Brandschutzes keine Bedenken bestehen. Abweichungen können in einem solchen Fall eventuell im Wege der Abweichung gemäß § 68 zugelassen werden.

Neben den rechtlichen Umständen kommt es somit ganz wesentlich auf die tatsächlichen Verhältnisse an. Bestehende tatsächliche Hindernisse (z. B. ein gewidmeter Grünstreifen mit Bäumen und Sträuchern vor der Grundstücksgrenze) können jedenfalls nicht allein durch die Eintragung einer Zuwegungsbaulast überwunden werden, solange diese nicht durch die Ausräumung dieser Hindernisse auch tatsächlich umgesetzt wird (OVG NRW, U. v. 28. 2. 2002, NVwZ 2003, 226).

10 c) Das Grundstück muss in **angemessener Breite** an der Verkehrsfläche liegen. Wie sich aus dem alternativen Tatbestand der öffentlich-rechtlich gesicherten Zufahrt ergibt, kommt es allein darauf an, dass das an die Verkehrsfläche angrenzende Grundstück eine angemessen breite Zufahrt aufweist. Welche Breite angemessen ist, steht nicht generell fest, sondern muss im Einzelfall – unter Berücksichtigung der §§ 5 und 16 – ermittelt werden. Von Einfluss sind insbesondere die Art der Nutzung und die Zahl der Personen, die sich in dem Gebäude aufhalten. Vor allem muss eine wirksame Brandbekämpfung möglich sein. Ist bei Hammergrundstücken, die nur durch einen schmalen Weg mit einer öffentlichen Verkehrsfläche verbunden sind, keine ausreichend breite Zufahrt vorhanden, kann die Bebauung mit einem Gebäude allein durch eine öffentlich-rechtliche Sicherung der Zufahrt über ein anderes Grundstück ermöglicht werden. Abs. 1 stellt nur

Anforderungen an die Lage an der befahrbaren öffentlichen Verkehrsfläche sowie an die Zufahrt als Verbindung zur Straße, regelt aber nicht, wie eventuell weitere Zufahrten auf dem Grundstück selbst beschaffen sein müssen (vgl. VGH BW, U. v. 2. 8. 1983, VBlBW 1984, 150, 151). Insoweit gelten besondere Vorschriften (vgl. §§ 5, 16).

d) Liegt das Grundstück nicht (oder nicht in angemessener Breite) an einer befahrbaren öffentlichen Verkehrsfläche, lässt die BauO Bln als **Ersatzlösung** eine befahrbare, **öffentlich-rechtlich gesicherte Zufahrt** zu, die den Zweck des Abs. 1 wahrt. Die Entfernung des Grundstücks von der öffentlichen Verkehrsfläche ist dabei unerheblich. Die Zufahrt, die Grundstück und öffentliche Verkehrsfläche verbindet, kann über ein oder mehrere fremde Grundstücke führen. Die Zufahrt muss, wenngleich die Vorschrift dies nicht ausdrücklich anordnet, von angemessener Breite sein, und zwar über ihre gesamte Länge; § 5 kann entsprechend angewandt werden.

Die **öffentlich-rechtliche Sicherung** geschieht durch die Begründung einer Baulast nach § 82 (vgl. OVG Bln, U. v. 25. 5. 1989, OVGE 18, 196, 200; U. v. 29. 10. 1993, OVGE 21,74, 78; NdsOVG, U. v. 19. 9. 1996, BRS 58 Nr. 101; OVG NRW, U. v. 30. 11. 1989, BRS 49 Nr. 130; U. v. 15. 5. 1992, BRS 54 Nr. 158, BVerwG, U. v. 3. 5. 1988, BRS 48 Nr. 92; B. v. 4. 10. 1994, BRS 56 Nr. 114). Diese darf nicht dem Risiko jederzeitiger Löschung von Amts wegen ausgesetzt sein (OVG NRW, U. v. 28. 2. 2002, NVwZ 2003, 226). Dass eine Straße nach Landesstraßenrecht als gewidmet gilt, stellt keine öffentlich-rechtliche Sicherung dar, wenn es z. B. bei einem von den Anwohnern in eigener Regie angelegten gepflasterten Zugangsweg auf Privatgelände wegen Ungenauigkeiten der Lage noch zu Auseinandersetzungen um die Einhaltung von Grundstücksgrenzen oder um die Bebaubarkeit und Nutzbarkeit der Flächen kommen kann, denn die Zugänglichkeit der Grundstücke über diesen Weg kann in einem solchen Fall jederzeit wieder zur Disposition stehen und ist nicht im bauordnungsrechtlichen Sinne **dauerhaft sichergestellt** (vgl. OVG Bln, U. v. 30. 7. 2003, OVGE 25, 33 = LKV 2004, 86). Erwägenswert wäre, ob eine ausreichende öffentlich-rechtliche Sicherung auch durch geeignete planerische Festsetzungen (z. B. nach § 9 Abs. 1 Nrn. 4, 11, 21 BauGB) erreicht werden könnte.

Private Rechte – wie ein Notwegrecht (vgl. aber OVG Bln, U. v. 26. 3. 1965, BRS 16 Nr. 83) nach § 917 Abs. 1 BGB, eine Grunddienstbarkeit nach § 1018 BGB oder eine beschränkte persönliche Dienstbarkeit nach § 1090 BGB – lässt das Gesetz dagegen nicht ausreichen, da sie ohne behördliche Mitwirkung aufgehoben werden könnten (vgl. § 6 RNr. 35 ; anders jedoch wegen des hinsichtlich des Sicherungsmittels offeneren Wortlauts der BbgBO: OVG Bbg, U. v. 20. 1. 2002, BRS 65 Nr. 115).

III. Abs. 2 ermöglicht die **Errichtung eines Gebäudes** (vgl. § 2 Abs. 2 u. 3) auch auf **mehreren, d. h. zwei oder mehr Grundstücken**. Bauliche Anlagen, die keine Gebäude sind, müssen die Grenzen des Grundstücks einhalten. Die Bestimmung bezieht sich nicht auf grenzüberschreitende Doppel- oder Reihenhäuser, denn bei ihnen stimmt die Zahl der Gebäude und der Grundstücke überein. Die Bedeutung der Vorschrift liegt darin, dass sie der Baulast als einer öffentlich-rechtlichen Sicherung die Fähigkeit beilegt, das Verbot grenzüberschreitender Errichtung baulicher Anlagen zu durchbrechen und die Zulässigkeit eines Überbaus zu begründen (vgl. OVG Bln, U. v. 14. 8. 1987, OVGE 19, 72, 76).

1. Unter einem Grundstück im Sinne des Abs. 2 ist das Buchgrundstück zu verstehen. Eine Abweichung von diesem Grundstücksbegriff ist nicht in der Weise möglich, dass mehrere Buchgrundstücke durch Begründung von Baulasten zu einem Gesamtgrundstück zusammengefügt werden. Derartige „**Vereinigungsbaulasten**" sollen bewirken, dass die Anforderungen des öffentlichen Baurechts nicht auf dem einzelnen

(Teil-)Grundstück, sondern auf dem Gesamtgrundstück erfüllt werden müssen; dadurch würde die Möglichkeit einer „Kompensierung" eröffnet, so dass baurechtliche Mängel, die auf Teilflächen bestehen, durch günstige baurechtliche Umstände auf anderen Teilflächen ausgeglichen werden könnten (vgl. NdsOVG, U. v. 4. 10. 1984, BRS 42 Nr. 178; U. v. 21. 1. 1999, BRS 62 Nr. 146; U. v. 2. 7. 1999, BRS 62 Nr. 147). Das OVG Bln hat eine solche rechtliche Konstruktion jedoch nicht uneingeschränkt gebilligt (vgl. U. v. 14. 8. 1987, OVGE 19, 72, 74 ff.; siehe auch BVerwG, U. v. 14. 2. 1991, BVerwGE 88, 24).

16 2. Zulässig ist die **grenzüberschreitende Bebauung**, wenn öffentlich-rechtlich gesichert ist, dass keine bauordnungswidrigen Verhältnisse eintreten können. Die Vorschrift dient also einem ähnlichen Zweck wie § 7 (siehe § 7 RNr. 1), versucht aber, künftigen Missständen vorzubeugen. Verhältnisse, die der BauO Bln oder den auf Grund der BauO Bln erlassenen Vorschriften zuwiderlaufen, können z. B. dadurch entstehen, dass auf einem der mit einem Gebäude bebauten Grundstücke Anlagen beseitigt werden, obwohl sie für das andere Grundstück notwendig sind (wie Zufahrten oder Stellplätze). Da sich nicht alle bauordnungsrechtlichen Missstände voraussehen lassen, ist es zulässig, die öffentlich-rechtliche Sicherung so auszugestalten, dass die für ein Gebäude in Anspruch genommenen Grundstücke bauordnungsrechtlich als ein Baugrundstück gelten, solange das Gebäude besteht.

§ 5 Zugänge und Zufahrten auf den Grundstücken

(1) [1]Von öffentlichen Verkehrsflächen ist insbesondere für die Feuerwehr ein geradliniger Zu- oder Durchgang zu rückwärtigen Gebäuden zu schaffen; zu anderen Gebäuden ist er zu schaffen, wenn der zweite Rettungsweg dieser Gebäude über Rettungsgeräte der Feuerwehr führt. [2]Zu Gebäuden, bei denen die Oberkante der Brüstung von zum Anleitern bestimmten Fenstern oder Stellen mehr als 8,00 m über Gelände liegt, ist in den Fällen des Satzes 1 anstelle eines Zu- oder Durchganges eine Zu- oder Durchfahrt zu schaffen. [3]Ist für die Personenrettung der Einsatz von tragbaren Leitern oder Hubrettungsfahrzeugen erforderlich, so sind die dafür erforderlichen Aufstell- und Bewegungsflächen vorzusehen. [4]Bei Gebäuden, die ganz oder mit Teilen mehr als 50 m von einer öffentlichen Verkehrsfläche entfernt sind, sind Zufahrten oder Durchfahrten nach Satz 2 zu den vor und hinter den Gebäuden gelegenen Grundstücksteilen und Bewegungsflächen herzustellen, wenn sie aus Gründen des Feuerwehreinsatzes erforderlich sind.

(2) [1]Zu- und Durchfahrten, Aufstellflächen und Bewegungsflächen müssen für die Feuerwehrfahrzeuge ausreichend befestigt und tragfähig sein; sie sind als solche zu kennzeichnen und ständig frei zu halten; die Kennzeichnung von Zufahrten muss von der öffentlichen Verkehrsfläche aus sichtbar sein. [2]Fahrzeuge dürfen auf den Flächen nach Satz 1 nicht abgestellt werden.

Erläuterungen:

I. Während § 4 Abs. 1 die Errichtung von Gebäuden davon abhängig macht, dass das Grundstück mit einer befahrbaren öffentlichen Verkehrsfläche verbunden ist, regelt § 5 die Schaffung von Zugängen und Zufahrten auf den Grundstücken, die von der Grundstücksgrenze zu den Gebäuden führen, die Anforderungen an deren Beschaffenheit sowie die Schaffung von Aufstell- und Bewegungsflächen für die Feuerwehr. Zweck der Vorschrift ist es vor allem, Rettungs- und Löscharbeiten zu ermöglichen und zu erleichtern. Die Vorschrift kann auf die öffentlich-rechtlich gesicherten Zufahrten im Sinne des § 4 Satz 1 entsprechend angewandt werden (siehe auch § 4 RNr. 11).

Ob der Regelung eine drittschützende Funktion zukommt, hat das OVG Bln-Bbg bisher nicht entschieden. Inwieweit bei bestandsgeschützten baulichen Anlagen nachträglich die Schaffung von Zugängen oder Zufahrten für die Feuerwehr oder zumindest die Freihaltung bestimmter vorhandener Flächen gefordert werden kann, richtet sich nach § 85 Abs. 2 Satz 1 (vgl. zu Schornsteinmängeln OVG Bln-Bbg, B. v. 27. 4. 2007 – OVG 2 S 21.07 –); zur nachträglichen baulichen Anpassung im Falle unzureichender Zugänglichkeit vgl. auch OVG NRW, B. v. 22. 7. 2002, BRS 65 Nr. 140; HessVGH, B. v. 18. 10. 1999, BRS 62 Nr. 144).

II. § 5 schreibt die Schaffung von Zu- und Durchgängen, Zu- und Durchfahrten sowie von Aufstell- und Bewegungsflächen für die Feuerwehr vor und regelt die hieran zu stellenden Anforderungen.

1. Abs. 1 Satz 1 verlangt – insbesondere für die Feuerwehr – die Schaffung eines geradlinigen Zu- oder Durchgangs von der öffentlichen Verkehrsfläche (vgl. § 4 RNr. 8) zu rückwärtigen Gebäuden (vgl. § 2 Abs. 2) oder zu anderen Gebäuden, wenn deren zweiter Rettungsweg nur über Rettungsgeräte der Feuerwehr führt (vgl. § 33 Abs. 3). Rückwärtige Gebäude haben ihren Standort – von der öffentlichen Verkehrsfläche aus gesehen – im rückwärtigen Bereich des Grundstücks, zumeist hinter anderen Gebäuden. Die Festlegung der Mindestmaße für die Zu- und Durchgänge sowie das Verbot einengender Einbauten (vgl. noch § 5 Abs. 1 Satz 3 a. F.) sind bei der Neufassung der Vorschrift, die insoweit § 5 MBO 2002 entspricht, entfallen. Die Detailbestimmungen über die nähere Ausgestaltung der Zu- und Durchgänge sind in der AV Liste der Technischen Baubestimmungen (AV LTB) vom 16. Dezember 2005 (ABl. 2006, 139) enthalten, in die als Anlage A die Muster-Richtlinie über Flächen für die Feuerwehr – Fassung Juli 1998 – aufgenommen worden ist. Die Breite für Durchgänge (mind. 1,25 m) und Zufahrten (mind. 3 m) regeln Nr. 2 und 14 Anl. A. Nach § 3 Abs. 3 sind diese zu beachten.

2. Abs. 1 Sätze 2-4 regeln die Voraussetzungen für die Schaffung von Zu- und Durchfahrten sowie von Aufstell- und Bewegungsflächen für die Feuerwehr.

a) **Satz 2** verschärft die Anforderungen des Satzes 1 bei Gebäuden, bei denen die Oberkante der Brüstung der zum Anleitern bestimmten Fenster oder Stellen mehr als 8 m über Gelände liegt. Gemeint sein dürfte hier die (natürliche) Geländeoberfläche (vgl. § 6 RNr. 46). Für diese Gebäude ist in den Fällen des Satzes 1 anstelle nur eines Zu- oder Durchgangs eine **Zu- oder Durchfahrt** zu schaffen. Die Durchfahrt unterscheidet sich von der bloßen Zufahrt dadurch, dass sie von Wänden und Decken umgeben ist. Beide müssen jedoch auch von größeren Feuerwehrfahrzeugen befahren werden können.

b) Nach **Satz 3** müssen zusätzlich **Aufstell- und Bewegungsflächen** vorgesehen werden, wenn für die Personenrettung der Einsatz von tragbaren Leitern und Hubrettungsfahrzeugen erforderlich ist.

6 c) **Satz 4** verlangt bei **Gebäuden**, die ganz oder mit Teilen **mehr als 50 m** von einer öffentlichen Verkehrsfläche (vgl. § 4 RNr. 7) entfernt sind, Zu- oder Durchfahrten nach Satz 2 sowohl zu den vor als auch zu den hinter den Gebäuden gelegenen Grundstücksteilen zu schaffen sowie zusätzlich auch Bewegungsflächen, wenn sie aus Gründen des Feuerwehreinsatzes erforderlich sind. Maßgebend für die Anwendbarkeit des Satzes 4 ist allein die Lage der Gebäude oder Gebäudeteile mehr als 50 m von der öffentlichen Verkehrsfläche entfernt. Die Vorschrift setzt nicht voraus, dass es sich um Gebäude der in Satz 2 genannten Art handelt, sondern bezieht sich nur auf die in Satz 2 genannten Zu- und Durchfahrten.

7 3. **Abs. 2 Satz 1** regelt die Anforderungen an die **Beschaffenheit** der Zu- und Durchfahrten sowie von Aufstell- und Bewegungsflächen für die Feuerwehr hinsichtlich der Befestigung und Tragfähigkeit sowie deren **Kennzeichnung** und **Freihaltung**. Die Kennzeichnung von Zufahrten muss von der öffentlichen Verkehrsfläche aus sichtbar sein. Entsprechende Hinweisschilder tragen dazu bei, die rasche Erkennbarkeit und Erreichbarkeit der Zu- und Durchfahrten sowie der Aufstell- und Bewegungsflächen für die Feuerwehr von der öffentlichen Verkehrsfläche aus sicherzustellen.

8 Nach **Satz 2** dürfen auf den Feuerwehrflächen keine Fahrzeuge abgestellt werden, denn bei solchen Flächen besteht leicht die Gefahr der faktischen **„Zweckentfremdung"** als **Stellplatz**. Rettungsmaßnahmen würden durch das Abstellen von Fahrzeugen auf den für die Feuerwehr vorgesehenen Flächen jedoch behindert und verzögert, und die Aufrechterhaltung des zweiten Rettungsweges für die Gebäude wäre nicht mehr gewährleistet (vgl. OVG Bln, B. v. 18. 12. 1997, BRS 59 Nr. 163). Bei Verstößen können Maßnahmen nach § 79 Satz 2 ergriffen werden.

§ 6 Abstandsflächen, Abstände

(1) ¹Vor den Außenwänden von Gebäuden sind Abstandsflächen von oberirdischen Gebäuden freizuhalten. ²Satz 1 gilt entsprechend für andere Anlagen, von denen Wirkungen wie von Gebäuden ausgehen, gegenüber Gebäuden und Grundstücksgrenzen. ³Eine Abstandsfläche ist nicht erforderlich vor Außenwänden, die an Grundstücksgrenzen errichtet werden, wenn nach planungsrechtlichen Vorschriften an die Grenze gebaut werden muss oder gebaut werden darf.

(2) ¹Abstandsflächen sowie Abstände nach § 30 Abs. 2 Nr. 1 und § 32 Abs. 2 müssen auf dem Grundstück selbst liegen. ²Sie dürfen auch auf öffentlichen Verkehrs-, Grün- und Wasserflächen liegen, jedoch nur bis zu deren Mitte. ³Abstandsflächen sowie Abstände im Sinne des Satzes 1 dürfen sich ganz oder teilweise auf andere Grundstücke erstrecken, wenn öffentlich-rechtlich gesichert ist, dass sie nicht überbaut werden; Abstandsflächen dürfen auf die auf diesen Grundstücken erforderlichen Abstandsflächen nicht angerechnet werden.

(3) Die Abstandsflächen dürfen sich nicht überdecken; dies gilt nicht für
1. Außenwände, die in einem Winkel von mehr als 75 Grad zueinander stehen,
2. Außenwände zu einem fremder Sicht entzogenen Gartenhof bei Wohngebäuden der Gebäudeklassen 1 und 2,
3. Gebäude und andere bauliche Anlagen, die in den Abstandsflächen zulässig sind.

(4) [1]Die Tiefe der Abstandsfläche bemisst sich nach der Wandhöhe; sie wird senkrecht zur Wand gemessen. [2]Wandhöhe ist das Maß von der Geländeoberfläche bis zum Schnittpunkt der Wand mit der Dachhaut oder bis zum oberen Abschluss der Wand. [3]Die Höhe von Dächern mit einer Neigung von weniger als 70 Grad wird zu einem Drittel der Wandhöhe hinzugerechnet. [4]Anderenfalls wird die Höhe des Daches voll hinzugerechnet. [5]Die Sätze 1 bis 4 gelten für Dachaufbauten entsprechend. [6]Das sich ergebende Maß ist H.

(5) [1]Die Tiefe der Abstandsflächen beträgt 0,4 H, mindestens 3 m. [2]In Gewerbe- und Industriegebieten genügt eine Tiefe von 0,2 H, mindestens 3 m. [3]Vor den Außenwänden von Wohngebäuden der Gebäudeklassen 1 und 2 mit nicht mehr als drei oberirdischen Geschossen genügt als Tiefe der Abstandsfläche 3 m.

(6) [1]Bei der Bemessung der Abstandsflächen bleiben außer Betracht
1. vor die Außenwand vortretende Bauteile wie Gesimse und Dachüberstände
2. Vorbauten, wenn sie
   a) insgesamt nicht mehr als ein Drittel der Breite der jeweiligen Außenwand in Anspruch nehmen und
   b) nicht mehr als 1,50 m vor diese Außenwand vortreten,
3. Außenwandbekleidungen zum Zwecke der Energieeinsparung bei bestehenden Gebäuden.
[2]Von der gegenüberliegenden Nachbargrenze müssen vortretende Bauteile mindestens 2 m und Vorbauten mindestens 3 m entfernt sein.

(7) [1]In den Abstandsflächen eines Gebäudes sowie ohne eigene Abstandsflächen sind, auch wenn sie nicht an die Grundstücksgrenze oder an das Gebäude angebaut werden, zulässig
1. Garagen und Gebäude ohne Aufenthaltsräume und Feuerstätten mit einer mittleren Wandhöhe bis zu 3 m je Wand und einer Gesamtlänge je Grundstücksgrenze von 9 m; die Dachneigung darf 45 Grad nicht überschreiten.
2. gebäudeunabhängige Solaranlagen mit einer Höhe bis zu 3 m und einer Gesamtlänge je Grundstücksgrenze von 9 m,
3. Stützmauern und geschlossene Einfriedungen in Gewerbe- und Industriegebieten, außerhalb dieser Baugebiete mit einer Höhe bis zu 2 m.
[2]Die Länge der die Abstandsflächentiefe gegenüber den Grundstücksgrenzen nicht einhaltenden Bebauung nach den Nummern 1 und 2 darf auf einem Grundstück insgesamt 15 m nicht überschreiten.

§ 6

(8) Soweit sich durch Festsetzung der Grundflächen der Gebäude mittels Baulinien oder Baugrenzen in Verbindung mit der Festsetzung der Zahl der Vollgeschosse oder durch andere ausdrückliche Festsetzungen in einem Bebauungsplan geringere Abstandsflächen ergeben, hat es damit sein Bewenden.

Inhaltsübersicht

I.	Einleitung	RNr. 1
II.	Entwicklungsgeschichte des Abstandsflächenrechts	RNr. 2
III.	Die neue BauO Bln	RNr. 3
IV.	Das bauordnungsrechtliche System der Abstandsflächen	RNr. 4
V.	Inhaltsbestimmung des Eigentums	RNr. 5
VI.	Abs. 1 Satz 1 Grundregel des Abstandsflächenrechts	RNr. 6
	1. oberirdische Gebäude	RNr. 6
	2. Außenwände	RNr. 7
	3. Abstandsfläche	RNr. 8
	4. Freihaltegebot Abs. 1 Satz 1	RNr. 9
	a) Neubauten, bauliche Änderungen des Baubestands	RNr. 10
	b) Nutzungsänderung	RNr. 11
	c) Maßnahmen im Inneren von Gebäuden	RNr. 12
	d) Ersatzbau	RNr. 13
VII.	Abs. 1 Satz 2 gebäudegleiche Wirkung	RNr. 14–15
	1. Schutzziele des Abstandsflächenrechts	RNr. 15
	2. Beispiele für gebäudegleiche Wirkung	RNr. 16
	3. Gegenbeispiele nichtgebäudegleicher Wirkung	RNr. 17
	4. andere Anlagen	RNr. 18
	5. Rechtsfolge des Abs. 1 Satz 2	RNr. 19
VIII.	Abs. 1 Satz 3 Ausnahmen	RNr. 20
	1. Vorrang des Planungsrechts	RNr. 20
	a) kein lex-specialis-Verhältnis	RNr. 21
	b) planungsrechtliche Vorschriften	RNr. 22
	c) ergänzende Funktion des Abstandsflächenrechts	RNr. 23
	2. Abs. 1 Satz 3, 1. Var.: notwendige Grenzbebauung	RNr. 24
	a) planungsrechtliche Vorschriften über die Bauweise	RNr. 24
	b) Bebauungsplanbereich	RNr. 25
	c) § 34er-Bereich	RNr. 26–28
	3. Abs. 1 Satz 3, 2. Var.: nicht notwendige Grenzbebauung	RNr. 29
IX.	Abs. 2 Lage der Abstandsflächen	RNr. 30
	1. Abs. 2 Satz 1 Erstreckungsverbot	RNr. 30
	2. Abs. 2 Satz 2 Erstreckung auf öffentliche Flächen	RNr. 31
	a) öffentliche Verkehrs-, Grün- und Wasserflächen	RNr. 31–32
	b) Inanspruchnahme bis zur Mitte	RNr. 33
	3. Abs. 2 Satz 3 Inanspruchnahme von Nachbargrundstücken	RNr. 34
	a) öffentlich-rechtliche Sicherung	RNr. 35
	b) Baulast	RNr. 36
X.	Abs. 3 Überdeckungsverbot	RNr. 37
	1. Abs. 3 Halbs.1	RNr. 37

	2. Abs. 3 Halbs. 2 Ausnahmen vom Überdeckungsverbot	RNr. 38
	a) Nr. 1 Außenwände im Winkel von mehr als 75 Grad	RNr. 38–39
	b) Nr. 2 fremder Sicht entzogener Gartenhof	RNr. 40
	c) Nr. 3 privilegierte bauliche Anlagen	RNr. 41
XI.	Abs. 4 Satz 1 Tiefe der Abstandsfläche	RNr. 42
	1. Prinzip der „umgeklappten Wand"	RNr. 42
	2. Breite der Abstandsfläche	RNr. 43
	3. Wandhöhe	RNr. 44
	a) Satz 2 Maß von der Geländeoberfläche	RNr. 45
	aa) unterer Bezugspunkt	RNr. 46
	bb) oberer Bezugspunkt	RNr. 47
	b) Projektion der tatsächlichen Abmessungen	RNr. 48
	c) Abkoppelung der Giebelwand von der Dachflächenneigung	RNr. 49
	4. Satz 3 u. 4 Dächer	RNr. 50
	5. Satz 5 Dachaufbauten	RNr. 51
XII.	Abs. 5 Regeltiefe der Abstandsfläche	RNr. 52
	1. Abs. 5 Satz 1 Abstandsflächentiefe 0,4 H	RNr. 53–54
	a) Wegfall des Schmalseitenprivilegs	RNr. 55
	b) Ausleuchtung mit Tageslicht	RNr. 56
	c) Mindestabstand 0,4 H / DIN 5034-1	RNr. 57
	d) geringere Abstandsflächen aus städtebaulichen Gründen	RNr. 58
	2. Abs. 5 Satz 2 Abstandsflächentiefe 0,2 H	RNr. 59
	3. Abs. 5 Satz 3 Sonderregelung f. Wohngebäude der Gebäudeklasse 1 u. 2	RNr. 60–61
XIII.	Reichweite des Nachbarschutzes	RNr. 62
	1. Entwicklung des Nachbarschutzes	RNr. 63
	a) Rechtsprechung des OVG Bln	RNr. 63
	b) fortschreitende Reduktion der Abstandsflächentiefe	RNr. 64
	c) verfassungsrechtliche Fundierung des Abstandsflächenrechts	RNr. 65
	d) bundesrechtliches Rücksichtnahmegebot	RNr. 66
	e) Lösungstendenzen des BVerwG vom Bauordnungsrecht	RNr. 67
	f) Übertragung in das Bauordnungsrecht	RNr. 68
	2. Nachbarschutz ohne Nachweis konkreter Beeinträchtigungen	RNr. 69
	a) wechselseitige Abstandsflächenunterschreitung	RNr. 70
	b) Fehlende Belastung des Nachbarn	RNr. 71
	c) Verstoß gegen Anforderungen für Bauvorlagen	RNr. 72
XIV.	Abs. 6 Privilegierung von Bauteilen, Vorbauten und Außenwandbekleidungen	RNr. 73
	1. Satz 1 Nr. 1 vortretende Bauteile	RNr. 74
	2. Satz 1 Nr. 2 Vorbauten	RNr. 75
	3. funktionale und quantitative Unterordnung	RNr. 76
	a) funktionale Unterordnung	RNr. 77
	b) quantitative Unterordnung	RNr. 78
	c) Treppen, Treppenräume, Aufzüge	RNr. 79
	4. Satz 2 Mindestabstände 2m / 3m	RNr. 80
	5. Satz 1 Nr. 3 Außenwandbekleidung zur Energieeinsparung	RNr. 81
	a) Fassadenverkleidung zur Wärmedämmung	RNr. 82
	b) gebäudeintegrierte Fotovoltaik-Fassadenanlagen	RNr. 83
	c) Solarenergieanlagen	RNr. 84
XV.	Abs. 7 Satz 1 Privilegierung	RNr. 85
	1. Grundstücksgrenzen	RNr. 86
	2. Satz 1 Nr. 1 Garagen / überdachte Stellplätze	RNr. 87–88
	a) grenz- oder gebäudenahe Garagen	RNr. 89
	b) Standortwahl	RNr. 90

c) Abmessungen		RNr. 91
aa) Länge 9 m		RNr. 92
Abstellraum		RNr. 92
bb) mittlere Wandhöhe 3m		RNr. 93
Geländeverhältnisse auf dem Baugrundstück		RNr. 94
Geländeniveauveränderungen		RNr. 95
cc) Dachneigung 45 Grad		RNr. 96
dd) Gesamtlängenbegrenzung 15m		RNr. 97
d) drittschützender Charakter der Norm		RNr. 98
3. Satz 1 Nr. 2 gebäudeunabhängige Solaranlagen		RNr. 99
4. Satz 1 Nr. 3 Stützmauern		RNr. 100
5. Satz 1 Nr. 3 geschlossene Einfriedungen		RNr. 101
XVI. Abs. 8 Vorrang bauplanungsrechtlicher Festsetzungen		RNr. 102
1. Festsetzungen der Grundfläche von Gebäuden		RNr. 103
2. andere ausdrückliche Festsetzungen		RNr. 104
3. Abwägung		RNr. 105
4. Ermächtigungsnorm § 9 Abs.1 Nr. 2 a) BauGB		RNr. 106

Erläuterungen:

1 **I.** § 6, der die **Freihaltung von Abstandsflächen von oberirdischen Gebäuden untereinander und zu den Grundstücksgrenzen** anordnet, ist eine der wichtigsten Vorschriften der BauO Bln, weil er auf die Höhe und Gestaltung von Gebäuden und deren Lage auf dem Grundstück Einfluss nimmt. Seine Anwendung führt in der Praxis häufig zu Streitigkeiten zwischen BABeh. und Bauherren sowie zwischen Grundstücksnachbarn. Sie wird ständig durch neue Fallgestaltungen auf die Probe gestellt, die sich aus dem ökonomischen Drang zur baulichen Ausnutzung von Grundstücken heraus entwickeln.

2 **II.** Wie die **Entwicklungsgeschichte des Abstandsflächenrechts** zeigt, war der Landesgesetzgeber schon in der Vergangenheit stets um eine Vereinfachung des Abstandsflächenrechts bemüht. Schon mit der BauO Bln 1985 sollten die früheren Vorschriften über Grenzabstände (Bauwich, §§ 7 und 8 BauO Bln 1979) und die – damals noch ohne „Fugen-S" so bezeichneten – „Abstandflächen" (§ 6 BauO Bln 1985) in einem „neuen System" zusammengefasst werden, durch das die Regelungen „erleichtert und vereinfacht" werden sollten (vgl. AH-Drucks. 9/2165, zu § 6 S. 23). Der Grenzabstand als eigenständiges Rechtsinstitut entfiel. Die in § 6 BauO Bln 1985 vorgesehenen Erleichterungen sollten „verdichtete Bauformen" und „flächensparende Bauweisen" erlauben, ihre „Grenzen aber in den Mindestabständen aus Gründen der Sicherheit, insbesondere des Brandschutzes", finden (AH-Drucks., a. a. O.; vgl. OVG Bln, U. v. 27. 3. 1987, OVGE 18, 44, 45 = BRS 47 Nr. 167; B. v. 26. 8. 1996, BRS 58 Nr. 104). Das durch § 6 BauO Bln 1985 eingeführte neue System ist durch das 7. ÄndG erheblich modifiziert und durch das 8. ÄndG erneut geändert worden. Letztlich hat der Gesetzgeber das Thema „Abstandflächen" in der bis zum Inkrafttreten der geltenden BauO Bln maßgebenden Fassung der BauO Bln 1997 (im Folgenden bei Paragraphenzitaten nur mit dem Zusatz a. F.) in insgesamt 14 Absätzen des § 6 behandelt, die jedoch immer noch zahlreiche Fragestellungen und Auslegungsschwierigkeiten für die Rechtsprechung übrig ließen (vgl. z. B. zur „überdimensionalen Fledermausgaube auf Außenwandhöhe" und der Nichtanwendbarkeit der dachneigungsabhängigen Berechnungsregelung für Gaubengiebel, OVG Bln, U. v. 28. 11. 2003, BRS 66 Nr. 130).

III. Mit der geltenden **BauO Bln** hat der Landesgesetzgeber weitgehend die Konzeption der Musterbauordnung (MBO) für das – nunmehr so genannte – Abstand**s**flächenrecht in der im November 2002 von der Bauministerkonferenz verabschiedeten Fassung aufgegriffen, um eine Vereinfachung des Abstandsflächenrechts zu erreichen. Diese soll vor allem dadurch bewirkt werden, dass er diese Regelungen ausschließlich auf bauordnungsrechtliche Zielsetzungen konzentriert und auf eigene städtebauliche Regulative in der Bauordnung (vgl. § 6 Abs. 1 Satz 3 und 4, Abs. 13 a. F.) verzichtet hat. Darüber hinaus hat er die bauteilbezogenen Brandschutzregelungen aus dem Abstandsflächenrecht herausgenommen (§ 6 Abs. 8 und 9 a. F.), die nunmehr in den §§ 26 ff. abschließend geregelt sind. Die Regelabstandsfläche wurde unter Verzicht auf eine Vielzahl überflüssiger Detailregelungen auf 0,4 H zurückgeführt. Dem fiel das bisherige Schmalseitenprivileg (§ 6 Abs. 5 a. F.) zum Opfer, dessen Feinheiten zu zahlreichen Entscheidungen der Rechtsprechung Anlass gegeben hatten. Mit der gleichzeitigen Loslösung der Abbildung der Abstandsflächen von der bisherigen Darstellung in Streifen gleichbleibender Tiefe vor der Wand, d. h. als rechnerisch ermitteltes Rechteck vor der Außenwand, zugunsten der Nachzeichnung der tatsächlichen Konturen der jeweiligen Wand- und Giebelform – nur um den Faktor 0,4 verkürzt – (vgl. auch Jäde, Grundlinien der MBO 2002, ZfBR 2003, 221, 225, 226) in Verbindung mit der Bezugnahme nur noch auf die natürliche Geländeoberfläche (statt bisher der mittleren Geländeoberfläche vor der Wand) ist dem Gesetzgeber eine deutliche Straffung der abstandsflächenrechtlichen Anforderungen und damit bessere Ablesbarkeit und Handhabbarkeit des materiellen Bauordnungsrechts durch die am Bau Beteiligten gelungen. Dies ist zugleich die strukturelle Konsequenz aus der mit der geltenden BauO Bln vorgenommenen Ausweitung der verfahrensfreien Bauvorhaben (§ 62) und der Genehmigungsfreistellung (§ 63) aller Gebäude, die keine Sonderbauten sind (§ 2 Abs. 4), sofern bestimmte bauplanungsrechtliche Anforderungen erfüllt sind. Dies hat zu einer veränderten „Verantwortungsverteilung" zwischen Behörde, Bauherrn, Architekten und Sachverständigen geführt (vgl. Schulte, Die Reform des Bauordnungsrechts in Deutschland, DVBl. 2004, 925; Wilke/Sutkus, Schlankeres Bauordnungsrecht, NordÖR 2004, 143, 144).

3

IV. Das **bauordnungsrechtliche System der Abstandsflächen** wird durch bauplanungsrechtliche Vorschriften, insbesondere Festsetzungen in Bebauungsplänen, ergänzt, überlagert und verdrängt. Vor allem durch die Festsetzung der Bauweise (vgl. § 9 Abs. 1 Nr. 2 BauGB, § 22 BauNVO) sowie von überbaubaren und nicht überbaubaren Grundstücksflächen (vgl. § 9 Abs. 1 Nr. 2 BauGB) durch Baulinien, Baugrenzen und Bebauungstiefen (vgl. § 23 Abs. 1-4 BauNVO), einschließlich der Stellung der baulichen Anlagen (vgl. § 9 Abs. 1 Nr. 2 BauGB), können sich Abstände ergeben, die aus städtebaulichen Gründen zu Abweichungen von den Abstandsflächen des Bauordnungsrechts führen, ebenso durch Festsetzungen nach § 9 Abs. 1 Nr. 2a BauGB (vgl. RNr. 106). Somit kann ein Vorhaben (z. B. die Errichtung eines Gebäudes im hinteren Bereich eines Grundstücks oder in der Nähe einer seitlichen Nachbargrenze), das den Anforderungen des § 6 entspricht, dennoch daran scheitern, dass es planungsrechtlich unzulässig ist (z. B. wegen Überschreitung einer Bebauungstiefe oder einer Baugrenze), wobei es unerheblich ist, wenn die Abstandsflächen auf den nach Planungsrecht nicht überbaubaren Grundstücksflächen liegen. § 6 behandelt das Problem des Verhältnisses von Bauplanungsrecht und Bauordnungsrecht nur insoweit, als es um den durch planungsrechtliche Vorschriften bedingten Wegfall von Abstandsflächen zu Grundstücksgrenzen geht (6 Abs. 1 Satz 3: geschlossene Bauweise, § 22 Abs. 3 BauNVO

4

oder offene Bauweise mit Doppelhäusern, § 22 Abs. 2 BauNVO –, vgl. hierzu BVerwG, U. v. 24. 2. 2000, BVerwGE 110, 355) sowie um Abstandsflächenverkürzungen, die sich durch andere bauplanungsrechtliche Festsetzungen ergeben (vgl. § 6 Abs. 8).

5 **V.** Das in § 6 normierte Abstandsflächenrecht stellt eine Regelung im Sinne des Art. 14 Abs. 1 Satz 2 GG dar, die den **Inhalt des Eigentums** näher bestimmt und zugleich die Sozialpflichtigkeit des Eigentums gemäß Art. 14 Abs. 2 GG konkretisiert (vgl. BVerwG, U. v. 16. 5. 1991, BVerwGE 88, 191, 195, 196; B. v. 11. 3. 1994, BRS 56 Nr. 65; OVG Bln, B. v. 31. 1. 1997, OVGE 22, 85, 89). Da Grundstückseigentümer gleichermaßen ein Interesse an räumlicher Distanzierung von Gebäuden haben können, legt der Gesetzgeber „im Sinne eines **Ausgleichs wechselseitiger Belange**" Mindestabstände zur Nachbargrenze fest (vgl. BVerwG, U. v. 16. 5. 1991, a. a. O. sowie OVG Bln, U. v. 22. 5. 1992, OVGE 20, 238, 250 = BRS 54 Nr. 97). Aber auch dort, wo das bauordnungsrechtliche Abstandsflächengebot bauplanungsrechtlich durch die Zulässigkeit von Doppelhäusern (§ 22 Abs. 2 BauNVO) überwunden wird, erfolgt dies auf der Grundlage eines nachbarlichen Austauschverhältnisses, das nicht einseitig aufgehoben oder durch einen den Rahmen der wechselseitigen Grenzbebauung überschreitenden vorderen oder rückwärtigen Vorsprung aus dem Gleichgewicht gebracht werden darf (vgl. BVerwG, U. v. 24. 2. 2000, BVerwGE 110, 355, 359). Diese verfassungsrechtliche Einordnung des Abstandsflächenrechts wirkt sich auch im Bereich des Nachbarschutzes aus.

6 **VI.** Nach der **Grundregel des Abstandsflächenrechts in Abs. 1 Satz 1** (vgl. OVG Bln, B. v. 25. 9. 1987, OVGE 18, 65, 67) sind vor den Außenwänden von Gebäuden Abstandsflächen von oberirdischen Gebäuden freizuhalten.

1. Die Vorschrift gilt für alle **oberirdischen Gebäude** (vgl. § 2 Abs. 2), bis auf die in § 6 Abs. 7 Nr. 1 genannten Garagen und Gebäude ohne Aufenthaltsräume und Feuerstätten. Ein Gebäude ist ganz oder teilweise oberirdisch, wenn es – wie z. B. auch ein aus dem Boden heraustretender Garagenkeller (vgl. OVG Bln, U. v. 29. 9. 1988, OVGE 18, 125) – über die Geländeoberfläche hinausragt. Unterirdische Gebäude schließen demgegenüber mit der Geländeoberfläche ab oder liegen darunter (z. B. Keller, Tiefgaragen oder Schutzräume); für sie gilt § 6 nicht. Ihnen ist weder (mangels Außenwand) eine Abstandsfläche vorgelagert, noch müssen sie die Abstandsflächen oberirdischer Gebäude respektieren.

7 **2. Außenwände** sind die von außen sichtbaren Wände eines Gebäudes oberhalb der Geländeoberfläche. Eine Außenwand kann einer anderen Außenwand desselben Gebäudes gegenüberliegen, z. B. bei Innenhöfen (vgl. Abs. 3 Nr. 2) oder U-förmigen Gebäuden. Die Außenwand kann gegliedert, also waagerecht oder senkrecht versetzt, oder uneben sein. Es kann sich auch um eine in ihrem gesamten Verlauf Abstandsflächen auslösende, kurvig verlaufende Außenwand handeln (vgl. hierzu OVG Bln, B. v. 9. 11. 1999, BRS 62 Nr. 27 sowie zu Gebäudeecken RNr. 42). Sie muss keine geschlossene Fläche bilden. Eine der Außenwand vorgelagerte großmaschige Metallgitterstruktur, die das ganze Gebäude überzieht, hat den Charakter einer flächendeckenden Außenwandverkleidung und ist abstandsflächenrechtlich relevant (OVG Bln, B. v. 27. 10. 2004, BRS 67 Nr. 131 = BauR 2005, 368).

Fehlen einem Gebäude teilweise oder sogar insgesamt Außenwände, wie z. B. bei einer Konstruktion, deren Decke oder Dach nur von Stützen oder Pfeilern getragen wird (z. B.. Ausstellungspavillon, Arkaden oder überdachter Stellplatz/Carport, zu dem Begriff vgl. BVerwG, B. v. 9. 10. 2003, BauR 2004, 1266), so ist zum Zwecke der Anwendung des § 6 eine fiktive Außenwandfläche zu bilden, denn auch eine an den Seiten offene überdachte Konstruktion kann sich auf die Belichtung des Nachbargrundstücks auswirken (Reichel/Schulte, Handbuch des Bauordnungsrechts 2004, Kap. 3 RNr. 44).

Abstandsflächen müssen vor sämtlichen Außenwänden eines Gebäudes liegen, sofern nicht das Abstandsflächenprivileg des Abs. 7 eingreift (siehe RNr. 85).

3. Unter einer **Abstandsfläche** ist die Projektion der Außenwand in ihrer konkreten Form (z. B. ansteigender Wandabschluss bei Giebelwänden) und Breite auf die Horizontale der Geländeoberfläche zu verstehen („umgeklappte Wand"), wobei deren Tiefe der Wandhöhe zuzüglich der Dachhöhe entspricht, die je nach Dachneigung (weniger oder mehr als 70 Grad (vgl. Abs. 4 Satz 3 und 4 RNr. 42) nur zu einem Drittel oder volle Anrechnung findet. Das gilt für Dachaufbauten entsprechend (Abs. 4 Satz 5). Dieses Abbild – um den Faktor 0,4 verkürzt (vgl. Abs. 5) – ist dann die errechnete Tiefe der Abstandsfläche. Gleiches gilt – jedoch unabhängig von der Dachneigung – für die Giebelwand (vgl. RNr. 42). Für die Abstandsflächen gilt das **Freihaltegebot** von oberirdischen Gebäuden (Abs. 1 Satz 1), das **Erstreckungsverbot** (Abs. 2 Satz 1) auf andere Grundstücke (vgl. jedoch Ausnahmen in Abs. 2 Satz 2 und 3) und das **Überdeckungsverbot** (Abs. 3) mit anderen Abstandsflächen (vgl. jedoch Ausnahmen in Abs. 3 Nr. 1-3). Diese Abstandsflächenregelung bezieht sich auf alle Grundstücke und ist (soweit sie die Bebauung in Grenznähe betrifft) nicht auf die Gebiete der nach Planungsrecht offenen Bauweise beschränkt, denn selbst in der geschlossenen Bauweise gilt außerhalb der festgesetzten Bebauungstiefe das allgemeine bauordnungsrechtliche Abstandsflächenrecht, soweit bauplanungsrechtlich keine ausdrückliche Einschränkung des von der Grundstücksgrenze einzuhaltenden Abstands vorgesehen ist (vgl. OVG Bln, B. v. 28. 1. 1981, OVGE 15, 196, 199).

4. Das in **Abs. 1 Satz 1** normierte **Freihaltegebot** bedeutet, dass zwischen den Außenwänden oberirdischer Gebäude eine Fläche von der Bebauung freizuhalten ist, die der nach Abs. 4 u. 5 ermittelten Tiefe und Breite entspricht. Da diese Regelung (mindestens) zwei Gebäude voraussetzt, findet auf jedes der beiden Gebäude das Freihaltegebot des Satzes 1 wechselseitig Anwendung, so dass die zwischen ihnen liegende und sie trennende Freifläche aus zwei Abstandsflächen besteht. Die beiden Abstandsflächen dürfen sich nach Abs. 3 Halbs. 1 nicht überdecken, so dass die insgesamt freizuhaltende Fläche aus der Summe von zwei Abstandsflächen besteht, die jeweils auf unterschiedliche Außenwände ausgerichtet sind. Nach der Konzeption des Freihaltegebots werden die mit dem Abstandsflächenrecht verfolgten Zwecke also erst durch eine Addition zweier Abstandsflächen erreicht (vgl. OVG Bln, B. v. 6. 9. 1994, OVGE 21, 98, 99 f. = BRS 56 Nr. 173). Das Abstandsflächenrecht ist auch für die Änderung von Gebäuden bedeutsam, denn auch nach einem Anbau oder einer Aufstockung müssen die vorgeschriebenen Abstandsflächen noch gewahrt bleiben.

a) Das **Abstandsflächenrecht** unterscheidet nicht zwischen **Neubauten**, die sich noch auf die Rechtslage einstellen können, und **Ausbauten mit vorhandener Bausubstanz**. Nach den in der Rechtsprechung entwickelten Grundsätzen ist ein Gebäude bei **baulichen Änderungen** uneingeschränkt an den abstandsflächenrechtlichen Bestimmungen zu messen, wenn diese einen rechtswidrigen Zustand herbeiführen oder einen bestehenden baurechtswidrigen Zustand in abstandsflächenrechtlich relevanter Weise zu Lasten des Grundstücksnachbarn verstärken. Hierfür genügt es, wenn das geänderte Vorhaben nachteilige Auswirkungen auf wenigstens einen der durch die Abstandsflächenvorschriften geschützten Belange hat, d. h. wenn durch diese Änderung im Vergleich zu der vorherigen Situation eine Verschlechterung eintritt. Dies wirft dann die Abstandsflächenfrage insgesamt neu auf, es sei denn, die Veränderungen können sich nicht nachteilig auf die durch die Abstandsflächen geschützten Belange des Nachbarn auswirken (OVG Bln, U. v. 21. 8. 1992, BRS 54 Nr. 93; ThürOVG, B. v. 14. 2. 2000, BRS 63 Nr. 133; OVG MV, B. v. 27. 8. 1998, BRS 60 Nr. 115). Eine Saldierung mit für den

Nachbarn zugleich vorteilhaften baulichen Veränderungen (Schließung von Fenstern zu Aufenthaltsräumen) findet bei zusätzlichen Belastungen des Nachbargrundstücks durch abstandsflächenrechtlich relevante bauliche Veränderungen nicht statt (vgl. OVG Bln-Bbg, B. v. 14. 3. 2006, LKV 2006, 469).

11 b) Eine **Nutzungsänderung** liegt vor, wenn die der bisherigen Nutzung eigene Variationsbreite verlassen wird. Dies ist der Fall, wenn sich die neue Nutzung von der bisherigen dergestalt unterscheidet, dass sie anderen oder weitergehenden Anforderungen bauordnungsrechtlicher oder bauplanungsrechtlicher Art unterworfen ist. Gleiches gilt, wenn die neue Nutzung vom Bestandsschutz nicht mehr gedeckt ist. Eine bloße Nutzungsänderung führt in der Regel nicht dazu, dass die Vorschriften über das Abstandsflächenrecht erneut zu prüfen sind. Macht eine nachträgliche Nutzungsänderung im Bestand eine Neuberechnung der Abstandsflächen erforderlich und werden danach die Abstandsflächen durch das bestehende Gebäude in einem Teilbereich nicht mehr eingehalten, wird von der Rechtsprechung mit Blick auf die eigentumsrechtliche Gewährleistung des Art. 14 Abs. 1 GG jedoch das Vorliegen der Voraussetzungen für eine bauordnungsrechtliche Abweichung (§ 68 Abs. 1) anerkannt, weil die Anwendung des Abstandsflächenrechts auf die Umgestaltung und Nutzungsänderung vorhandener Gebäude nicht dazu führen darf, dass die Nutzbarkeit vorhandener, verwertbarer Gebäudesubstanz verhindert wird, sofern dem nicht berechtigte und mehr als geringfügige Belange entweder des Allgemeinwohls oder des Nachbarn entgegenstehen (vgl. hierzu BVerwG, U. v. 16. 5. 1991, BVerwGE 88, 191 = BRS 52 Nr. 157; OVG RP, B. v. 13. 5. 1996, BauR 1996, 692, 694; OVG MV, B. v. 27. 8. 1998, BRS 60 Nr. 115). Die bauordnungsrechtliche Abweichung ist jedoch kein Institut zur Legalisierung von Abstandsflächenverletzungen, vor allem dann nicht, wenn zumutbare Planungsalternativen bestehen und nicht berücksichtigt worden sind (vgl. OVG Bln-Bbg, B. v. 14. 3. 2006, LKV 2006, 469). Hat die Nutzungsänderung auf einen der durch die abstandsflächenrechtlichen Vorschriften gedeckten Belange nachteiligere Auswirkungen als die bisherige Nutzung, so wird für die geänderte Nutzung eine Neuberechnung der Abstandsflächen erforderlich (vgl. OVG NRW, U. v. 24. 6. 2004, BauR 2004, 1765; OVG Bln-Bbg, B. v. 30. 11. 2005 – OVG 2 S 126.05 –; OVG MV, a. a. O.). Die in der BauO NRW als Konsequenz aus der vorgenannten Rechtsprechung des BVerwG (a. a. O.) eingefügte abstandsflächenrechtliche Privilegierung von Nutzungsänderungen und geringfügigen baulichen Änderungen bestehender Gebäude (vgl. hierzu OVG NRW, U. v. 24. 6. 2004, BauR 2004, 1765) gibt es in der BauO Bln nicht. Zur mangelnden Schutzwürdigkeit des Nachbarn im Falle geringfügiger Beeinträchtigungen siehe unter RNr. 71.

12 c) Dagegen beeinflussen bauliche **Maßnahmen nur im Inneren eines Gebäudes** (z. B. der Ausbau des Dachraums) die Abstandsflächen nicht. Änderungen der Nutzung eines Gebäudes ziehen die Notwendigkeit einer Abstandsfläche nur ausnahmsweise nach sich, und zwar z. B. dann, wenn das Gebäude kraft Gesetzes (z. B. eine Garage nach Abs. 7 Nr. 1, vgl. OVG Bln, B. v. 23. 10. 1998, ZMR 1999,134 = GE 1999, 51) oder auf Grund einer Abweichung (vgl. BayVGH, U. v. 26. 11. 1979, BayVBl. 1980, 405, 406) bisher Abstandsflächen nicht einzuhalten brauchte.

13 d) Bei einem **Ersatzbau** für einen die Abstandsflächen bisher nicht einhaltenden Altbestand gibt es **keinen nachwirkenden Bestandsschutz** in der Form, dass nunmehr auch für den Ersatzbau abstandsflächenrechtliche Abweichungen zulässig wären. Mit dem Ersatzbau endet ein etwaiger Bestandsschutz des Altbestands. Rechtswidrige abstandsflächenrechtliche Bebauungsverhältnisse sollen nachträglich bereinigt und nicht verfestigt werden, wenn der Bestandsschutz für das bisherige Gebäude endet (vgl. BayVGH, U. v. 13. 2. 2001, BRS 64 Nr. 129).

VII. Abs. 1 Satz 2 dehnt die in Abs. 1 Satz 1 enthaltene Forderung, vor Außenwänden von Gebäuden Abstandsflächen von oberirdischen Gebäuden freizuhalten, auch auf **andere Anlagen**, d. h. bauliche und sonstige Anlagen und Einrichtungen im Sinne des § 2 Abs. 1 aus, die zwar keine Gebäude im Sinne von § 2 Abs. 2 sind, von denen aber **Wirkungen wie von oberirdischen Gebäuden** ausgehen.

1. Die Voraussetzungen, unter denen eine **gebäudegleiche Wirkung** einer Anlage anzunehmen ist, sind in der BauO Bln nicht näher beschrieben. Die Beurteilung, ob die Wirkungen einer baulichen Anlage mit denen eines Gebäudes vergleichbar sind, hat anhand der gebäudetypischen Auswirkungen zu erfolgen, vor denen die Abstandsflächen schützen können und sollen (OVG NRW, B. v. 28. 2. 2001, BRS 64 Nr. 124). Es kommen deshalb nur **abstandsflächenrechtlich relevante Auswirkungen** in Betracht. Es müssen von der Anlage solche Wirkungen ausgehen, die bei Gebäuden die Einhaltung von Abstandsflächen erforderlich machen (vgl. OVG Bln-Bbg, B. v. 23. 2. 2007, LKV 2007, 478, m. w. N.; OVG Bln, U. v. 31. 7. 1992, OVGE 20, 190, 195 = BRS 54 Nr. 91; U. v. 24. 3. 1994, BRS 56 Nr. 52; B. v. 18. 7. 1994, BRS 56 Nr. 110). Zu den **Schutzzielen des Abstandsflächenrechts** gehören nach der bisherigen Rechtsprechung die Sicherung einer ausreichenden **Belichtung, Besonnung und Belüftung** sowie die Wahrung eines ausreichenden **Sozialabstands** im Interesse des **Wohnfriedens** (vgl. OVG Bln, B. v. 29. 3. 1996, OVGE 22, 24 = BRS 58 Nr. 169; B. v. 18. 7. 1994, BRS 56 Nr. 110 betr. optisch beengende Wirkung von Anlagen vgl. auch OVG Bln, B. v. 27. 10. 2004 , BRS 67 Nr. 131 = BauR 2005,368; OVG NRW, U. v. 8. 3. 2007, BauR 2007, 1023; U. v. 12. 9. 2006, BauR 2007, 350; U. v. 24. 6. 2004, BauR 2004, 1765; B. v. 24. 4. 2001, BRS 64 Nr. 128; OVG Saar, U. v. 28. 11. 2000, BRS 63 Nr. 135 mit näheren Erläuterungen zu dem Begriff des Wohnfriedens) sowie in gewissem Umfang auch vor **Einsichtsmöglichkeiten** (BVerwG, B. v. 10. 12. 1997, BRS 59 Nr. 188; BayVGH, U. v. 30. 10. 2002, BRS 65 Nr. 122; OVG NRW, B. v. 20. 6. 2000, BRS 63 Nr. 134). Das OVG Bln-Bbg (U. v. 18. 12. 2007 – OVG 2 A 3.07 –) geht auch nach der gesetzlichen Reduzierung der Abstandsflächentiefe auf 0,4 H davon aus, dass die landesrechtlichen Abstandsflächenvorschriften nach wie vor im Interesse der Wahrung sozialverträglicher Verhältnisse darauf abzielen, jedenfalls eine ausreichende Belichtung, Besonnung und Belüftung von Gebäuden und sonstigen Teilen des Nachbargrundstückes sicherzustellen, wenn auch auf einem verminderten Anforderungsniveau. Zu der Frage, ob im Hinblick auf die Beschränkung der Regelabstandsflächentiefe auf 0,4 H möglicherweise wertewandlungsbedingt Abstriche vom Schutzziel des Sozialabstands zu machen sind, vgl. Boeddinghaus, Sozialabstand, BauR 2004, 763, 768, 769.

2. Gebäudegleiche Wirkungen können vornehmlich von solchen baulichen Anlagen ausgehen, die ähnliche Abmessungen wie Gebäude aufweisen, also etwa einem Gartenschuppen oder einer Gartenlaube vergleichbar sind, z. B. hohe Mauern (vgl. OVG Saar, U. v. 30. 11. 1979, BRS 35 Nr. 124), Schallschutzwände (vgl. OVG NRW, B. v. 2. 12. 2003, BauR 2004, 656, 657), Flüssiggasbehälter, Plakatwände, freistehende Schornsteine, Kleintierställe oder größere Aufschüttungen (vgl. § 2 Abs. 1 Satz 3 Nr. 1), auch Materialstapel von Bau- oder Brennholz auf einem Grundstück (vgl. OVG Bln, B. v. 17. 4. 2002 – OVG 2 S 2.02 – n. v., wegen wechselnder Höhe offen gelassen, vgl. hierzu aber auch RNr. 17 – Hecken –) oder ein dauerhaft abgestellter Wohnwagen (VG Bln, U. v. 7. 1. 2004 – VG 19 A 370.01 –).

Starre Grenzen lassen sich allerdings nicht ziehen, so dass es auf die konkrete Situation ankommt. Wann negative Wirkungen, insbesondere Verschattung und Beengung durch Anlagen auftreten, hängt wesentlich von deren Höhe ab. Die Tiefe von Anlagen ist dagegen unter dem Aspekt der Belichtung zu vernachlässigen. Von großflächigen Wer-

§ 6 RNr. 17

beanlagen ab einer Höhe von 2 m gehen deshalb regelmäßig Wirkungen wie von einem Gebäude aus, weil sie wie eine Gebäudewand mit gleicher Höhe die Sicht versperren und das Nachbargrundstück verschatten können (z. B. flache Werbeanlage auf 2 m hohem Monofuß, OVG Bln-Bbg, B. v. 23. 2. 2007, LKV 2007, 478 m. w. N.; Werbetafel im Euroformat, BayVGH, U. v. 28. 6. 2005, BauR 2006, 363; U. v. 15. 5. 2006, NVwZ-RR 2007, 83). Ebenso werden von undurchsichtigen Einfriedungen, die **höher als 2 m** sind, regelmäßig gebäudegleiche Wirkungen ausgehen (vgl. OVG Bln, U. v. 31. 7. 1992, OVGE 20, 190, 195 f. = BRS 54 Nr. 91), worauf auch das Entfallen der abstandsflächenrechtlichen Privilegierung (Abs. 7 Nr. 3) hindeutet, wenn geschlossene Einfriedungen außerhalb von Gewerbe- und Industriegebieten eine Höhe von 2 m überschreiten. Unterhalb dieses Maßes von 2 m hat der Gesetzgeber Stützmauern und geschlossene Einfriedungen dagegen abstandsflächenrechtlich privilegiert (Abs. 7 Nr. 3). Auf eine mögliche Beeinträchtigung im Einzelfall kommt es hier nicht an. Für sichtundurchlässige Einfriedungen im Bereich der offenen Bauweise bleibt jedoch die Frage der möglichen Verunstaltung des beabsichtigten Orts- und Straßenbildes (§ 9 Abs. 2) zu prüfen (vgl. zu einem 33 m langen, 1,80 m hohen sichtundurchlässigen Holzflechtzaun OVG Bln, B. v. 4. 3. 2003 – OVG 2 N 1.03 – n. v.; U. v. 31. 7. 1992, OVGE 20, 138 = BRS 54 Nr. 110). Die Gefahr einer optisch beengenden Wirkung aufgrund der besonderen Höhe einer Anlage kann von einem 6 m hohen Ballfangzaun aus Maschendraht in Grenznähe ausgehen, obwohl dieser die Belichtung und Belüftung eines Nachbargrundstücks nicht nennenswert beeinträchtigt (OVG Bln, B. v. 18. 7. 1994, BRS 56 Nr. 110). Auch ein großmaschiges Metallgitter (Grid), das ein ganzes Gebäude überzieht, kann trotz des verbliebenen Zutritts von Licht und Luft optisch beengend den Eindruck einer vorverlagerten Wand erzeugen (OVG Bln, B. v. 27. 10. 2004, BRS 67 Nr. 131 = BauR 2005, 368). Selbst ein Rankgerüst für Kletterpflanzen an der Nachbargrenze kann, wenn es bestimmte Dimensionen überschreitet (hier 3 m hoch), den optisch beengenden Eindruck einer wandähnlichen flächigen Begrenzung erzeugen, zumal die Durchlässigkeit der Konstruktion in der Vegetationsperiode in den Hintergrund tritt (OVG NRW, U. v. 2. 3. 2001, BRS 64 Nr. 125). Ebenso kann von einem Stahlgittermast trotz der Durchlässigkeit seiner Konstruktion ein optisch beengender Eindruck wie von einem Gebäude ausgehen (OVG NRW, B. v. 10. 2. 1999, BRS 62 Nr. 133; anders OVG NRW, U. v. 27. 7. 2000, BRS 63 Nr. 148; vgl. zu einem Funkmast OVG NRW, B. v. 28. 2. 2001, BRS 64 Nr. 124; zu einer Windkraftanlage OVG MV, B. v. 30. 5. 2000, BRS 63 Nr. 147).

17   3. **Keine gebäudegleiche Wirkung** entfaltet mangels nennenswertem Schattenwurf und optischer Beengung eine auf dem Dach eines Hauses angebrachte Mobilfunkanlage (OVG NRW, B. v. 9. 1. 2004, NVwZ-RR 2004, 481). Ebenso eine Dachterrasse ohne Schutzdach und mit einer licht- und luftdurchlässigen Brüstung (OVG RP, U. v. 22. 9. 2000, BRS 63 Nr. 153 = NVwZ-RR 2001, 290; siehe aber unter dem Aspekt der Auswirkungen auf den nachbarlichen Wohnfrieden als Schutzgut des Abstandflächenrechts ThürOVG, U. v. 26. 2. 2002, BRS 65 Nr. 130; OVG NRW, U. v. 12. 9. 2006, BauR 2007, 350; B. v. 1. 6. 2007, BauR 2007, 1557). Sofern ein abstandsflächenrechtliches Schutzgut nur nutzungsbedingt, ohne Vorhandensein einer baulichen Anlage mit gebäudegleicher Wirkung, betroffen ist (z. B. Grillplatz), dürfte dies – außerhalb spezialgesetzlicher Regelungen – ohne abstandsflächenrechtliche Relevanz sein. In Bezug auf die Eignung von Anlagen als mögliche Gefahrenquelle besteht jedenfalls keine abstandsflächenrechtliche „Wirkungsgleichheit" zwischen Gebäuden und anderen Anlagen, die zur Annahme einer gebäudegleichen Wirkung berechtigen (vgl. aber NdsOVG, U. v. 23. 11. 1982, BRS 39 Nr. 122 zu einem Stahlgittermast im Falle einer Unwetterkatastrophe oder zum Umstürzen einer knapp 10 m hohen Mobilfunkanlage, NdsOVG, B. v. 6. 12. 2004, ZfBR 2005, 281). Auch geht von lebenden Hecken keine gebäudegleiche Wirkung aus. Sie

unterscheiden sich von Gebäuden dadurch, dass sie nicht in gleicher Weise wie diese licht- und luftundurchlässig sind und dass sie durch Höhen- und Breitenwachstum sowie gebotenen Rückschnitt ständigen Veränderungen unterworfen sind (OVG RP, U. v. 15. 6. 2004, BauR 2004, 1600 = NVwZ-RR 2005, 527).

4. Für **alle anderen Anlagen** dürfte von einer gebäudegleichen Wirkung erst auszugehen sein, wenn diese sich einer **Höhe von 1,50 m nähern** (so z. B. verneint für einen 1,40 m aus dem Boden herausragenden begehbaren Pumpenschacht: NdsOVG, U. v. 11. 1. 2002, BRS 65 Nr. 134). Im Zwischenbereich bis 2 m hängt die Beurteilung der gebäudegleichen Wirkung von den baulichen und örtlichen Gegebenheiten des Einzelfalls ab. Dabei ist neben der Höhe, Länge und baulichen Ausgestaltung auch die Lage der Anlage im Hinblick auf eine mögliche Verschattung oder beengende Wirkung gegenüber dem Nachbargrundstück zu berücksichtigen (vgl. OVG Bln, U. v. 31. 7. 1992, OVGE 20, 190, 195 = BRS 54 Nr. 91.). So entfalten die Einrichtungsgegenstände eines Kinderspielplatzes (Sitzbank, Buddelkasten, Schaukel, Klettergerüst) aufgrund ihrer geringen Höhe sowie der offenen, transparenten Ausgestaltung gegenüber einem Nachbargrundstück nicht die einer Gebäudewand vergleichbaren Wirkungen in Bezug auf den Zutritt von Licht, Luft und Sonne (vgl. OVG Bln, U. v. 24. 3. 1994, BRS 56 Nr. 52; B. v. 18. 7. 1994, BRS 56 Nr. 110; B. v. 27. 8. 1996 – 2 S 17.96 – n. v.).

5. Die **Rechtsfolge des Abs. 1 Satz 2** besteht darin, dass gebäudegleiche Anlagen wie oberirdische Gebäude zu behandeln sind, für die die Anforderungen der Absätze 1 bis 7 gegenüber Gebäuden und Grundstücksgrenzen sinngemäß gelten. Abweichend von der bisherigen Regelung wird in der geltenden BauO Bln nicht mehr (nur) auf die Nachbar–, sondern auf die Grundstücksgrenzen abgestellt, da – vorbehaltlich etwaiger entgegenstehender planungsrechtlichen Regelungen – jedenfalls abstandsflächenrechtlich einer Grenzbebauung auch an der vorderen Grundstücksgrenze nichts entgegensteht. Wie die Erwähnung der Grundstücksgrenzen zeigt, sind den anderen Anlagen im Sinne des Abs. 1 Satz 2 auch eigene Abstandsflächen zugeordnet, die auf dem jeweiligen Grundstück liegen müssen, sofern nicht Abs. 2 Satz 3 eingreift. Da Abstandsflächen nur „gegenüber Gebäuden und Grundstücksgrenzen" vorgeschrieben werden, gilt das **Freihaltegebot** für diese Art von Anlagen also **nicht untereinander**. Es besteht also keine Verpflichtung, zwischen mehreren anderen Anlagen im Sinne des Abs. 1 Satz 2 Abstandsflächen zueinander einzuhalten. Hier tritt der im Verhältnis zu Gebäuden das Abstandsflächensystem kennzeichnende Effekt der verdoppelten Abstandsfläche nicht ein. Diese Einschränkung ist gerechtfertigt, da insoweit kein Bedürfnis nach räumlicher Distanz besteht, wie im Falle von Gebäuden.

VIII. Abs. 1 Satz 3 enthält – auf planungsrechtlichen Erwägungen beruhende – **Ausnahmen von der Grundregel der Einhaltung von Abstandsflächen** vor den Außenwänden von Gebäuden und anderen Anlagen mit gebäudegleicher Wirkung gegenüber Gebäuden und Grundstücksgrenzen (Abs. 1 Satz 1 und 2).

1. Die Vorschrift räumt dem **bundesrechtlichen Planungsrecht den Vorrang gegenüber dem Bauordnungsrecht** ein, wenn danach an die Grundstücksgrenze gebaut werden muss oder darf.

a) Zwischen dem Bauplanungsrecht und den Regelungen der Landesbauordnungen besteht **kein Lex-specialis-Verhältnis**. Dies folgt aus ihrer Zugehörigkeit zu verschiedenen Rechtsgebieten mit unterschiedlichen Zweckrichtungen (städtebauliche Zielsetzungen/Gefahrenabwehr) sowie aus den unterschiedlichen Gesetzgebungskompetenzen selbst wenn die Zwecke des Abstandsflächenrechts größtenteils auch ein „gesetzgeberisches Anliegen des Bundesrechts" sind (BVerwG U. v. 16. 5. 1991, BVerwGE 88, 191,

195 f.; OVG Bln, U. v. 31. 7. 1992, OVGE 20, 138, 141 = BRS 54 Nr. 110). Anderenfalls würden bundesrechtliche Normen von dem Inhalt der jeweiligen Landesbauordnungen der Länder abhängen und von diesen modifiziert werden können (vgl. zum Verhältnis Bauplanungs-/Bauordnungsrecht : BVerwG, U. v. 7. 12. 2000, BRS 63 Nr. 160; U. v. 24. 2. 2000, BVerwGE 110, 355, 361; U. v. 11. 1. 1999, BRS 62 Nr. 102). Das Abstandsflächenrecht ist somit nicht statisch. Es kann jederzeit durch einen Bebauungsplan „derogiert" werden (vgl. BVerwG, U. v. 16. 5. 1991, a. a. O., S. 201).

Soweit das Planungsrecht bereits eine ausreichende Regelung trifft, bedarf es keiner zusätzlichen bauordnungsrechtlichen Regelung. Die noch in der Vorgängerfassung der Bauordnung für Berlin vorhandenen Instrumente zur Korrektur der bauplanungsrechtlichen Vorgaben über die Bauweise (§ 6 Abs. 1 Satz 3 und 4 a. F.) sind in der geltenden BauO Bln nicht mehr enthalten, denn sie waren mit dem vorbeschriebenen Verhältnis zwischen dem Bauplanungsrecht (Bauweise) und dem landesbauordnungsrechtlichen Abstandsflächenrecht kompetenzrechtlich nicht vereinbar, da sie ein Unterlaufen der planungsrechtlichen Vorgaben des Bundesrechts ermöglichten (BVerwG, B. v. 11. 3. 1994, BRS 56 Nr. 65 zu § 34 BauGB; B. v. 12. 1. 1995, BRS 57 Nr. 131 zum Geltungsbereich eines Bebauungsplans; s.a. Jäde, Grundlinien der MBO 2002, ZfBR 2003, 221, 225). Hinsichtlich der neuesten Entwicklung in diesem Zusammenhang ist jedoch auf die Einfügung der Nr. 2a in § 9 Abs. 1 BauGB hinzuweisen (siehe hierzu RNr. 106).

22 b) Angesprochen werden in **Abs. 1 Satz 3** allerdings nur **die planungsrechtlichen Vorschriften**, nach denen an die **Grenze gebaut werden muss** oder **darf**. Das sind die Vorschriften über die geschlossene Bauweise (§ 22 Abs. 3 BauNVO) sowie die Vorschrift über die Errichtung von Doppelhäusern oder Hausgruppen in der offenen Bauweise (§ 22 Abs. 2 BauNVO). Festsetzungen eines Bebauungsplans über die Grundfläche von Gebäuden und die Zahl von Vollgeschossen sowie auch andere ausdrückliche Festsetzungen, nach denen Gebäude im verminderten Abstand zur Grundstücksgrenze oder zu anderen Gebäuden errichtet werden dürfen (vgl. zum bauplanungsrechtlich zulässigen Anbau von Windfängen in einer Reihenhaussiedlung mit zu schmalen Grundstücken für die Einhaltung von Abstandsflächen, OVG Bln, B. v. 6. 5. 2003 – OVG 2 N 35.02 – n. v.), werden dagegen nicht von Abs. 1 Satz 3 erfasst. Diese Fallgestaltungen sind Abs. 8 zuzuordnen, der im Wesentlichen dem § 6 Abs. 14 Satz 1 a. F. entspricht (vgl. hierzu RNr. 102 sowie Boeddinghaus, Die Abstandsregelung nach der neuen Musterbauordnung, ZfBR 2003, 738, 745; BVerwG, B. v. 22. 9. 1989, ZfBR 90, 100 zu der insoweit vergleichbaren Regelung in der BauO NRW).

23 c) Die Anwendung der Abstandsflächenvorschriften setzt voraus, dass die planungsrechtliche Frage der Bauweise geklärt ist (OVG NRW, U. v. 22. 8. 2005, BRS 69 Nr. 91). Das Abstandsflächenrecht des § 6 hat somit für die planungsrechtlichen Vorschriften über die Bauweise **ergänzende Funktion** (vgl. OVG Bln, B. v. 28. 1. 1981, OVGE 15, 196, 198). Wenn etwa nach § 22 Abs. 1 und 2 BauNVO die offene Bauweise festgesetzt wird, ergeben sich die seitlichen Grenzabstände aus dem Bauordnungsrecht (vgl. BVerwG, B. v. 12. 5. 1995, BRS 57 Nr. 7; OVG Bln, U. v. 31. 7. 1992, OVGE 20, 138, 141 = BRS 54 Nr. 110). Für den nicht qualifiziert beplanten Innenbereich des § 34 Abs. 1 BauGB enthält § 6 „eine nur vorsorgliche Regelung" (vgl. BVerwG, U. v. 16. 5. 1991, BVerwGE 88, 191, 201). Muss aber in einem im Zusammenhang bebauten Ortsteil ein Grundstück gemäß § 34 Abs. 1 BauGB in geschlossener Bauweise gebaut werden, so kann nach Landesbauordnungsrecht aus Gründen des erwähnten Vorrangverhältnisses (RNrn. 20, 21) nicht die Einhaltung von seitlichen Abstandsflächen verlangt werden (vgl. BVerwG,

B. v. 11. 3. 1994, BRS 56 Nr. 65). Das gilt jedoch nicht, wenn in einem Baugebiet die geschlossene Bauweise lediglich vorherrscht oder überwiegt, also auch an die Grenze gebaut werden darf. In diesen Fällen kann das Bauordnungsrecht auch an ein planungsrechtlich zulässiges Vorhaben weitergehende Anforderungen stellen (vgl. BVerwG, B. v. 11. 3. 1994, BRS 56 Nr.65). Sind in einem unbeplanten Innenbereich (§ 34 Abs. 1 BauGB) nur Einzel- oder Doppelhäuser anzutreffen, so ist dies eine Bebauungsstruktur der offenen Bauweise (§ 22 Abs. 2 BauNVO), die selbst im Hinblick auf die an der Grenze zusammengebauten Doppelhäuser keinen nur einseitigen Grenzanbau durch eine Doppelhaushälfte zulässt. Hier gilt aufgrund der bauplanungsrechtlichen offenen Bauweise das Freihaltegebot des Abs. 1 Satz 1 (OVG Bln, B. v. 8. 4. 1998, OVGE 23, 29 = BRS 60 Nr. 87).

2. Die **erste Variante des Abs. 1 Satz 3** ist der Fall der **notwendigen Grenzbebauung**. 24

a) Die **planungsrechtlichen Vorschriften**, nach denen ein Gebäude an die Grundstücksgrenze gebaut werden muss, sind vor allem diejenigen über die **Bauweise** (vgl. § 22 BauNVO, § 34 Abs. 1 Satz 1 BauGB ; BVerwG, U. v. 24. 2. 2000, BVerwGE 110, 355; OVG Bln, U. v. 22. 5. 1992, OVGE 20, 238, 244 = BRS 54 Nr. 97; B. v. 5. 2. 1993, BRS 55 Nr. 120; B. v. 25. 3. 1993, BRS 55 Nr. 121; B. v. 9. 1. 1998, LKV 1998, 240, 241; B. v. 8. 4. 1998, OVGE 23, 29 = BRS 60 Nr. 87), ferner die Vorschriften über die überbaubaren Grundstücksflächen, die durch die Festsetzung von Baulinien, Baugrenzen oder Bebauungstiefen, einschließlich der Stellung der baulichen Anlagen, bestimmt werden können (vgl. § 23 Abs. 1 – 4 BauNVO, § 9 Abs. 1 Nr. 2 BauGB). Ist z. B. in einem Bebauungsplan die geschlossene Bauweise festgesetzt, müssen nach § 22 Abs. 3 BauNVO die Gebäude ohne seitlichen Grenzabstand errichtet werden. Der Grenzanbau kann auch dann obligatorisch sein, wenn gemäß § 22 Abs. 4 BauNVO eine andere Bauweise als die offene oder geschlossene Bauweise festgesetzt ist, wie z. B. die Kettenbauweise, bei der die Gebäude nur im Erdgeschoß in geschlossener Bauweise errichtet werden, während die oberen Geschosse einen seitlichen Abstand einhalten oder bei der halboffenen Bauweise, bei der einseitig an die Grenze zu bauen und zur anderen Seite eine Abstandsfläche einzuhalten ist (vgl. BVerwG, B. v. 6. 1. 1970, BRS 23 Nr. 47). Doppelhäuser sind eine Hausform der offenen Bauweise (§ 22 Abs. 2 BauNVO), die jedoch auf der Grenze zusammengebaut werden (OVG Bln, B. v. 8. 4. 1998, OVGE 23, 29 = BRS 60 Nr. 87 m. w. N.; vgl. zu den Varianten: OVG NRW, B. v. 2. 3. 2007, BauR 2007, 1027). Hausgruppen bis zu einer Länge von 50 m sind ebenfalls eine Hausform der offenen Bauweise. Überschreiten diese die Länge von 50 m, so handelt es sich wieder um eine Hausform der geschlossenen Bauweise (vgl. NdsOVG, B. v. 22. 7. 2003, NordÖR 2003, 451). § 22 Abs. 4 Satz 2 BauNVO ermöglicht weitere Varianten, indem – in Abweichung von der offenen und geschlossenen Bauweise – festgesetzt werden darf, „inwieweit an die vorderen, rückwärtigen oder seitlichen Grundstücksgrenzen herangebaut werden ... muss".

b) Im **Bereich eines Bebauungsplans** verdrängt das Planungsrecht das Erfordernis 25 von Abstandsflächen gegenüber Grundstücksgrenzen jedoch nur soweit, wie die Festsetzungen nach § 9 Abs. 1 Nr. 2 BauGB reichen (vgl. OVG Bln, B. v. 28. 1. 1981, OVGE 15, 196, 198 = BRS 38 Nr. 119). Ist in einem Bebauungsplan die Festsetzung der geschlossenen Bauweise mit einer Baugrenze kombiniert, so gilt außerhalb der vorgeschriebenen Bebauungstiefe nicht mehr die geschlossene Bauweise; diese ist vielmehr auf die überbaubare Grundstücksfläche beschränkt, während jenseits der Bebauungstiefe die offene Bauweise wiederauflebt und damit auch die bauordnungsrechtlich vorgeschriebenen Abstandsflächen. Bei einer solchen Konstellation besteht im rückwärtigen Grundstücksbereich kein rechtlicher Zwang zum Anbau an die Grenze mehr (OVG Bln, B. v. 9. 1. 1998, BRS 60 Nr. 107 = LKV 1998, 240, 241; U. v. 22. 5. 1992, OVGE 20, 238, 245 = BRS 54 Nr. 97; B. v. 26. 3. 1991 – 2 S 2.91 – n. v.; U. v. 23. 9. 1988, BRS 48 Nr. 177; B. v. 28. 1. 1981, OVGE 15, 196, 198 = BRS 38 Nr. 119; OVG NRW, U. v. 22. 8. 2005 BauR 2006, 342). Sehen die textlichen Festsetzungen eines Bebauungsplans dagegen Ausnahmen im Sinne des § 23 Abs. 3 Satz 3, Abs. 2 Satz 3 BauNVO vor, wonach die Baugrenzen an den Rückfronten der Gebäude in einem bestimmten Umfang überschritten werden dürfen, so gilt die festgesetzte geschlossene Bauweise auch für den Bereich der möglichen Baugrenzenüberschreitung, weil der Grundsatz der Nichtüberbaubarkeit von Grundstücksflächen außerhalb der festgesetzten Baulinien, Baugrenzen oder Bebauungstiefen unter dem Vorbehalt der Abweichungsmöglichkeiten nach § 23 Abs. 3 Satz 3, Abs. 2 Satz 3 BauNVO steht (OVG NRW, B. v. 27. 3. 2003, NVwZ-RR 2003, 721). Auf die **planerischen Absichten** kommt es erst an, wenn der in § 33 BauGB vorgegebene Stand des Planungsverfahrens erreicht ist (OVG Bln, B. v. 8. 4. 1998, OVGE 23, 29, 35 = BRS 60 Nr. 87; zu den Voraussetzungen der Planreife siehe auch OVG Bln, B. v. 18. 7. 2001, OVGE 23, 239 = NVwZ-RR 2001, 722).

26 c) Der planungsrechtliche Zwang zum Bau an der Grundstücksgrenze kann ferner auf § 34 BauGB beruhen. Im **unbeplanten Innenbereich nach § 34 Abs. 1 BauGB** darf ein Vorhaben zwingend nur in geschlossener Bauweise ausgeführt werden, wenn in der näheren Umgebung nahezu **ausschließlich Gebäude in geschlossener Bauweise** vorhanden sind (vgl. BVerwG, B. v. 11. 3. 1994, BRS 56 Nr. 65 = NVwZ 1994, 1008; OVG Bln, B. v. 31. 1. 1997, LKV 1997, 363, 364 = OVGE 22, 85, 88). Für die Frage der Bauweise kommt es jedoch nur auf die Gebäude der Hauptnutzung an und nicht darauf, ob die in der Umgebung vorhandenen Nebengebäude überwiegend an den Grundstücksgrenzen stehen (BVerwG, B. v. 6. 11. 1997, BRS 59 Nr. 79; BayVGH, B. v. 23. 4. 2004, NVwZ-RR 2005, 391; OVG NRW, B. v. 30. 9. 2005, BauR 2006, 95 ; B. v. 29. 7. 2003, BauR 2004, 314, 315 = BRS 66 Nr. 128 ; ThürOVG, U. v. 26. 2. 2002, BRS 65 Nr. 130; VGH BW, U. v. 8. 11. 1999, BRS 62 Nr. 94). Die Hauptgebäude bestimmen zugleich den aus der Umgebung ablesbaren Maßstab für die überbaubaren Grundstücksflächen, für die die geschlossene Bauweise gilt. Ist eine geschlossene Wohnbebauung in der näheren Umgebung nur straßenseitig vorhanden, so kann ein grenzständiger Neubau auf dem Nachbargrundstück nicht so nach hinten versetzt errichtet werden, dass er eine wesentlich größere Bebauungstiefe erreicht und damit außerhalb der überbaubaren Grundstücksflächen liegt, für die die geschlossene Bauweise gilt (OVG NRW, B. v. 29. 7. 2003, BauR 2004, 314, 315). Wurde ein Gebäude in geschlossener Bauweise an die Grenze gebaut, so ist beim Überschreiten der zulässigen Bebauungstiefe (vgl. RNr. 25) oder der zulässigen Höhe für das bauordnungsrechtliche Abstandsflächenrecht wieder Raum (vgl. OVG Bln, U. v. 18. 3. 2005 – OVG 2 B 11.03 –; zur einseitigen Giebelwanderhöhung von Doppelhäusern vgl. BayVGH, U. v. 10. 11. 1998, BRS 62 Nr. 92) .
Die Zulässigkeit von Nebenanlagen an den Grundstücksgrenzen richtet sich allein nach dem jeweiligen Landesbauordnungsrecht (VGH BW, U. v. 29. 1. 1999, VBlBW 1999, 310 m. w. N.), weil untergeordnete Nebenanlagen auch auf den nichtüberbaubaren Grundstücksflächen bauplanungsrechtlich zulässig sind (vgl. NdsOVG, B. v. 21. 11. 2002, BRS 65 Nr. 72 = BauR 2003, 218). Es stellt jedoch eine unzulässige Umgehung dar, wenn eine Dachterrasse, die zur Wohnnutzung und damit zur Hauptnutzung zählt, auf einem „begehbar" gemachten grenzständigen Nebengebäude errichtet wird (ThürOVG, U. v. 26. 2. 2002, BRS 65 Nr. 130, s. a. RNr. 93), denn das Garagengebäude mit der Dachterrasse verliert durch den Aufbau und die zusätzliche Nutzung als Dach-

terrasse insgesamt seine Eigenschaft als an der Grenze privilegiert zulässiges Vorhaben (OVG NRW, B. v. 30. 9. 2005, BauR 2006, 95).

Bei anderen Konstellationen im unbeplanten Innenbereich (§ 34 BauGB) – wenn also z. B. in einem Baugebiet die **geschlossene Bauweise nur überwiegt oder vorherrscht** – sind planungsrechtlich sowohl die geschlossene als auch die offene Bauweise zulässig (vgl. BVerwG, B. v. 11. 3. 1994, BRS 56 Nr. 65). In solchen Fällen greift die zweite Variante des Satzes 3 ein (vgl. RNr. 29). 27

Entspricht die im unbeplanten Innenbereich vorhandene Bebauung einer **abweichenden Bauweise** im Sinne des § 22 Abs. 4 BauNVO, indem in ihr ein ablesbares, organisch gewachsenes bauplanerisches Ordnungssystem zum Ausdruck kommt, das zur Annahme einer solchen Bauweise berechtigt (z. B. historische Traufgassenbebauung mit seitlichen Grenzabständen von 0,3 m), so besteht keine Pflicht zur Einhaltung von Abstandsflächen nach den bauordnungsrechtlichen Vorschriften; maßgebend ist vielmehr diese Bauweise (vgl. VGH BW, U. v. 13. 5. 2002, BRS 65 Nr. 88 = BauR 2003, 1860). 28

3. Die **zweite Variante** des **Abs. 1 Satz 3** betrifft die **nicht notwendige**, aber zulässige **Grenzbebauung**. Um eine nicht notwendige Grenzbebauung handelt es sich, wenn z. B. bei festgesetzter offener Bauweise gemäß § 22 Abs. 2 Sätze 1 und 2 BauNVO sowohl Einzelhäuser als auch Doppelhäuser errichtet werden dürfen (vgl. BVerwG, U. v. 24. 2. 2000, BVerwGE 110, 355; OVG Bln, B. v. 8. 4. 1998, OVGE 23, 29 = BRS 60 Nr. 87). Maßgebend ist, dass planungsrechtliche Vorschriften einer Grenzbebauung nicht entgegen stehen. Ein qualifizierter Bebauungsplan muss keine Vorschriften enthalten, die eine Grenzbebauung ausdrücklich zulassen (VGH BW, B. v. 10. 1. 2006, BauR 2006, 1114). Im Falle des § 34 Abs. 1 BauGB genügt es, wenn ein Baugebiet teils offene, teils geschlossene Bebauung aufweist (vgl. RNr. 27) und damit regelmäßig beide Bauweisen planungsrechtlich zulässig sind (vgl. BVerwG, B. v. 11. 3. 1994, BRS 56 Nr. 65; OVG Bln, B. v. 8. 4. 1998, a. a. O.). Die tatsächliche Bebauung in der näheren Umgebung muss nicht durch eine ausschließliche Grenzbebauung bestimmt sein (VGH BW, B. v. 10. 1. 2006, a. a. O.). In diesen Fällen besteht kein Vorrangverhältnis mehr zwischen Bauplanungs- und Bauordnungsrecht. Dieser ist allein bei zwingenden Normen des Planungsrechts gegeben, so dass das bauordnungsrechtliche Abstandsflächenrecht anzuwenden ist. 29

Gleiches gilt im Außenbereich (§ 35 BauGB). Hier sind grundsätzlich Abstandsflächen einzuhalten, denn ein Vorrang des Bauplanungsrechts kann nur dann bestehen, wenn bauplanungsrechtliche Vorschriften (wie z. B. § 34 Abs. 1 BauGB und die danach zu berücksichtigende faktische Bauweise) überhaupt Voraussetzungen für die Zulässigkeit von Baukörpern an den Grundstücksgrenzen nennen. Dies ist im Außenbereich nicht der Fall (vgl. SächsOVG, U. v. 17. 7. 2003, BRS 66 Nr. 127). Die Abstandsflächenregelungen sind dementsprechend auch in diesem Bereich anzuwenden, sofern eine (bauplanungsrechtlich privilegierte) Bebauung zulässig sein sollte.

IX. Abs. 2 regelt die **Lage der Abstandsflächen**. 30

1. Nach Abs. 2 Satz 1 müssen **Abstandsflächen grundsätzlich auf dem Grundstück** selbst liegen, und zwar in ihrer vollen Tiefe (vgl. Abs. 4) und Breite (**Erstreckungsverbot**). Satz 1 erstreckt diese Regelung zugleich auf die (Brandschutz)Abstände des § 30 Abs. 2 Nr. 1 und § 32. Dieses Erstreckungsverbot führt bei einander gegenüberliegenden Gebäuden auf verschiedenen Grundstücken dazu, dass die Gebäude jeweils einen ihrer Größe entsprechenden Anteil an dem erforderlichen Gebäudeabstand auf dem eigenen Grundstück von oberirdischen Gebäuden freihalten müssen. Unter dem

„**Grundstück**" ist dasjenige Grundstück im Rechtssinne zu verstehen, auf dem das Bauvorhaben verwirklicht werden soll. Grundstücksinterne Grenzen sind abstandsflächenrechtlich ohne Bedeutung (mit Ausnahme der Sonderregelung für Parzellengrenzen in Kleingärten nach § 6 a). Die Inanspruchnahme von Nachbargrundstücken zugunsten „fremder" Abstandsflächen durch eine Erstreckung oder Verlagerung von Abstandsflächen auf ein Nachbargrundstück ist also grundsätzlich ausgeschlossen, denn sie würde zu einer „Verschiebung" der Grundstücksgrenze führen (vgl. VGH BW, B. v. 9. 12. 1997, NVwZ 1998, 535). Sie ist selbst dann nicht möglich, wenn beide Grundstücke demselben Eigentümer gehören oder eine wirtschaftliche Einheit bilden. Etwas anderes gilt jedoch im Falle einer öffentlich-rechtliche Sicherung im Sinne von Abs. 2 Satz 3 (etwa durch eine zur Freihaltung von Grundstücksflächen verpflichtende Baulast nach § 82 oder planerische Festsetzungen nach § 23 BauNVO), die ausreichende Abstandsflächen für Gebäude auf dem Nachbargrundstück garantieren würden.

31 2. In Abweichung von dem Grundsatz in Satz 1 lässt es **Abs. 2 Satz 2** zu, dass **Abstandsflächen auch auf öffentlichen Verkehrsflächen, öffentlichen Grünflächen oder auch Wasserflächen** liegen dürfen.

a) Nach dieser Vorschrift können die Abstandsflächen sowohl auf dem eigenen Grundstück als auch auf öffentlichen Verkehrs-, Grün- oder Wasserflächen liegen. Die durch § 6 Abs. 5 Satz 1 BauO Bln a. F. („Abstandflächen .... zu öffentlichen Verkehrsflächen") sich hinsichtlich der möglichen Einbeziehung eigener Grundstücksflächen seinerzeit noch ergebenden Auslegungsfragen (siehe hierzu OVG Bln, B. v. 27. 10. 2004, BRS 67 Nr. 131 = BauR 2005, 368) haben sich mit der Neufassung der Vorschrift erledigt. Die den Anlieger privilegierende Regelung findet ihren Grund darin, dass die genannten **öffentlichen Flächen im allgemeinen unbebaut** bleiben und es deshalb nicht nötig ist, ihnen gegenüber die Einhaltung von Abstandsflächen in gleichem Maße wie von anderen Grundstücken zu verlangen (vgl. OVG Bln, B. v. 27. 10. 2004, a.a O. ; U. v. 11. 2. 2002, BRS 65 Nr. 131; U. v. 19. 4. 1991, OVGE 20, 169, 176; B. v. 6. 9. 1994, OVGE 21, 98, 99, 104 = BRS 56 Nr. 173). **Öffentliche Verkehrsflächen** (vgl. auch § 9 Abs. 1 Nr. 11 BauGB) sind vor allem Straßen, Wege und Plätze im Sinne des BerlStrG (vgl. OVG Bln, B. v. 6. 9. 1994, a. a. O., S. 102 f.), ferner solche Flächen, die anderen Verkehrsformen dienen. Daher sind auch Flächen des öffentlichen Eisenbahnverkehrs und des Wasserverkehrs zur Aufnahme von Abstandsflächen geeignet (vgl. OVG Bln, U. v. 19. 4. 1991, a. a. O., betr. den Herthasee).

32 Bei der Auslegung des Begriffs der **öffentlichen Grünfläche** (vgl. auch § 9 Abs. 1 Nr. 15 BauGB) kann § 1 Abs. 1 GrünanlG herangezogen werden. Nach Satz 2 dieser Regelung sind öffentliche Grün- und Erholungsanlagen alle gärtnerisch gestalteten Anlagen, Spielplätze, Freiflächen, waldähnlichen und naturnahen Flächen, Plätze und Wege, die entweder der Erholung der Bevölkerung dienen oder für die Umwelt oder das Stadtbild von Bedeutung sind und dem jeweiligen Zweck nach den Vorschriften des Grünanlagengesetzes gewidmet sind (OVG Bln, B. v. 11. 2. 2002, BRS 65 Nr. 131 zur konkludenten Widmung einer öffentlichen Grünanlage zu DDR-Zeiten). Private Verkehrs- oder Grünflächen auf angrenzenden Grundstücken dürfen nicht für Abstandsflächen in Anspruch genommen werden, es sei denn, es ist eine öffentlich-rechtliche Sicherung im Sinne des Abs. 2 Satz 3 erfolgt. Ist die öffentliche Zweckbestimmung einer Grünanlage aus anderen Gründen (z. B. durch einen Anspruch der öffentlichen Hand auf Verkauf gem. Art. 1 § 3 Abs. 1 Verkehrsflächenbereinigungsgesetz v. 26. 10. 2001, BGBl. I. S. 2716, geändert durch G. v. 27. 4. 2005, BGBl. I S. 1138) dauerhaft gewährleistet, dann ist es unerheblich, ob sie im Eigentum der öffentlichen Hand oder einer Privatperson steht (OVG Bln, B. v. 11. 2. 2002, BRS 65 Nr. 131).

b) Nach **Satz 2** dürfen öffentliche Verkehrs–, Grün- und Wasserflächen jedoch nur **bis zu ihrer Mitte** für Abstandsflächen in Anspruch genommen werden. Daher ist die halbe Tiefe der an das Baugrundstück angrenzenden öffentlichen Fläche auf die Tiefe der Abstandsfläche anrechenbar. Somit steht die andere Hälfte der öffentlichen Fläche für eine Abstandsfläche zur Verfügung, die einem Gebäude auf einem gegenüberliegenden Grundstück zuzuordnen ist. Bei ausreichender Tiefe der öffentlichen Fläche kann an die Grenze gebaut werden (sofern dies auch planungsrechtlich zulässig ist), so dass sich die gesamte Abstandsfläche außerhalb des Grundstücks befindet. Bei mehreren zusammenhängenden öffentlichen Flächen – z. B. einem Park neben einer Straße – kann sich die Abstandsfläche bis zur Hälfte der gesamten Tiefe der öffentlichen Fläche erstrecken.

3. Abs. 2 Satz 3 ermöglicht **abweichend** von dem **Erstreckungsverbot** des Satzes 1 die **Inanspruchnahme von Nachbargrundstücken durch fremde Abstandsflächen** und Abstände, wenn **öffentlich-rechtlich gesichert** ist, dass diese nicht überbaut werden. Dies kann durch eine zur Freihaltung von Grundstücksflächen verpflichtende Baulast nach § 82 oder planungsrechtliche Festsetzungen nach § 23 BauNVO erfolgen. Unter diesen Voraussetzungen sind keine öffentlich-rechtlichen Belange mehr erkennbar, die einer Erstreckung der Abstandsfläche und Abstände auf das Nachbargrundstück entgegenstehen könnten. Diese Regelung ergänzt § 7 Abs. 1, wenn sich abstandsflächenrechtliche Probleme in Folge einer Grundstücksteilung ergeben sollten. Diese könnten dann eventuell durch eine öffentlich-rechtliche Sicherung der Nichtüberbaubarkeit der in Anspruch genommenen Fläche im Sinne des Abs. 2 Satz 3 überwunden werden. **Ohne** eine solche **öffentlich-rechtliche Sicherung** (z. B. im Falle eines die Abstandsflächen nicht einhaltenden bestandsgeschützten Gebäudes) ist der Grundstücksnachbar nicht verpflichtet, die Einhaltung der erforderlichen Abstandsflächen durch ein Zurücktreten seines Baus und damit die Einhaltung eines größeren Grenzabstand auszugleichen und damit seinerseits zu garantieren. Er hat nur die für seinen Bau erforderlichen Abstandsflächen einzuhalten (vgl. Boeddinghaus, Abstandsflächen auf Nachbargrundstücken, BauR 2005, 1734, 1736 unter Bezugnahme auf OVG NRW, B. v. 20. 1. 2000, BRS 63 Nr. 186).

a) Satz 3 fordert eine **öffentlich-rechtliche Sicherung**. Das bedeutet, dass eine Grunddienstbarkeit (§ 1018 BGB) oder eine beschränkte persönliche Dienstbarkeit (§ 1090 BGB) als nur privatrechtliche Sicherungsmöglichkeiten nicht ausreichen. Sie wären ungeeignet, weil sie einvernehmlich aufgehoben werden könnten. Das Verlangen, eine öffentlich-rechtliche Sicherung in Gestalt einer Baulast beizubringen, richtet sich gegen den Bauherrn, nicht gegen den Nachbarn, denn die Übernahme einer Baulast ist freiwillig. Bei dem Verlangen der BABeh. handelt es sich daher nicht um einen vollstreckbaren Verwaltungsakt; vielmehr besteht die rechtliche Bedeutung des Verlangens darin, dass erst mit der Begründung der Baulast nach Satz 3 das Erfordernis der Abstandsfläche erfüllt ist. Die BABeh. kann den Eintritt dieser Rechtsfolge also von einer Bedingung abhängig machen; bis zum Eintritt der Bedingung gilt das Erstreckungsverbot des Abs. 2 Satz 1.

b) Die **Baulast** (§ 82) soll bewirken, dass sich die Abstandsflächen ganz oder teilweise auf andere Grundstücke erstrecken dürfen, dass sie **nicht überbaut** werden und auf die auf diesem Grundstück erforderlichen Abstandsflächen **nicht angerechnet** werden. Die Übernahme einer solchen Baulast hat zur Folge, dass der von ihr erfasste Teil des Nachbargrundstücks für die Berechnung der Abstandsfläche als Teil des Baugrundstücks zu betrachten ist. Wird durch eine Baulast eine Abstandsfläche ganz oder teilweise auf das Nachbargrundstück verlagert, um die bauliche Ausnutzbarkeit des begünstigten Grundstücks zu erweitern und zu sichern, so ist für die abstandsflächenrechtliche Beurteilung des begünstigten Grundstücks nicht die tatsächliche Grundstücksgrenze maßgebend, sondern die fiktive Größe des um die Baulastfläche vergrößerten Grundstücks (OVG NRW, B. v. 8. 9. 2004, NVwZ-RR 2005, 459). Da die belastete Fläche auf die auf dem Nachbargrundstück erforderlichen Abstandsflächen nicht angerechnet werden darf, muss sie zusätzlich zu den selbst benötigten Flächen freigehalten werden (vgl. Reichel/Schulte, Handbuch des Bauordnungsrecht, 2004, Kap. 3 RNr. 95, S. 259; Kap. 17 RNr. 27, S. 1268). Das Eigentum an der mit der Baulast belasteten Fläche bleibt jedoch unberührt, so dass der Eigentümer die Fläche zu solchen baulichen Zwecken nutzen kann, die generell in den Abstandsflächen eines Gebäudes zulässig sind, wie z. B. zur Errichtung einer Grenzgarage (vgl. Boeddinghaus, Abstandsflächen auf Nachbargrundstücken, BauR 2005, 1734, 1739, m. w. N. sowie zu den Grenzen einer solchen Bebauung im Falle der „Verbindung" von Gebäuden über die Grundstücksgrenzen hinweg, S. 1740).

Ob der Zuwachs der Baulastfläche zu dem begünstigten Grundstück auf das Bauvorhaben beschränkt ist, das Anlass für die Baulastbewilligung war und damit für spätere Bauvorhaben gewissermaßen „verbraucht" ist (vgl. hierzu OVG NRW, B. v. 8. 9. 2004, NVwZ-RR 2005, 459 m. w. N.), bedarf noch der gerichtlichen Klärung. Wie tief die erforderlichen Abstandsflächen bei einer späteren Bebauung sein müssen, dürfte sich jedenfalls nach den dann geltenden gesetzlichen Vorschriften richten, so dass eine spätere Gesetzesänderung mit dem Ziel einer besseren Ausnutzbarkeit der Grundstücke durch Verringerung der Abstandsflächen sowohl dem Eigentümer des von der Baulast betroffenen als auch dem Eigentümer des nicht belasteten Grundstücks zu Gute kommen würde (VGH BW, B. v. 30. 7. 2001, BRS 64 Nr. 131).

37 **X. Abs. 3** enthält die Regelung des **Überdeckungsverbots**.

1. Abstandsflächen dürfen sich nach **Abs. 3 Halbs. 1** nicht überdecken, weder ganz noch teilweise. Wegen der geringen Tiefe der Abstandsflächen werden die mit ihnen verfolgten Zwecke nicht schon dadurch erreicht, dass vor zwei gegenüberliegenden Wänden nur eine einzige **Abstandsfläche von oberirdischen Gebäuden** freigehalten wird; notwendig ist vielmehr eine Freifläche, die der **Summe beider Abstandsflächen** entspricht. Die Vorschrift ist vor allem bedeutsam für Abstandsflächen zwischen Gebäuden, die sich auf demselben Grundstück befinden. Für Abstandsflächen zwischen Gebäuden auf verschiedenen Grundstücken ergibt sich das Überdeckungsverbot schon aus dem Erstreckungsverbot des Abs. 2 Satz 1. Das Überdeckungsverbot des Abs. 3 Halbs. 1 ist auch dann von Belang, wenn öffentliche Flächen gemäß Abs. 2 Satz 2 für Abstandsflächen verwendet werden oder wenn Nachbargrundstücke mit öffentlich-rechtlicher Sicherung im Sinne des Abs. 2 Satz 3 für „fremde" Abstandsflächen in Anspruch genommen werden .

38 **2. Abs. 3 Halbs. 2** enthält **drei Ausnahmen vom Überdeckungsverbot**.

a) Gemäß **Nr. 1** entfällt das Überdeckungsverbot für Außenwände, die in einem **Winkel von mehr als 75 Grad** zueinander stehen. Obwohl sich bei einer derartigen baulichen Situation die Abstandsflächen überlagern, sind Beeinträchtigungen der Beleuchtung und der Belüftung nach der Auffassung des Gesetzgebers offenbar nicht zu besorgen. Die Ausnahmeregelung gewährt die Möglichkeit, **Gebäude über Eck** zu errichten, ohne dass dadurch Abstandsvorschriften verletzt werden (vgl. § 30 Abs. 6). Bei aneinander stoßenden Außenwänden wird regelmäßig ein Winkel von mindestens 90 Grad einzuhalten sein, weil bei einem kleineren Winkel nicht nur eine gegenseitige Überdeckung von Abstandsflächen eintritt, sondern auch eine Erstreckung der Abstandsfläche auf

Gebäudeteile, obwohl Abs. 3 Nr. 1 lediglich die Überdeckung von Abstandsflächen im Winkel zwischen (mehr als) 75 Grad bis zu 90 Grad gestattet. Denkbar wäre somit eine bauliche Gestaltung, bei der die Außenwand nach einem zunächst rechtwinkligen Anschluss erst in einiger Entfernung in einem Winkel von mehr als 75 Grad abknickt.

39 Nr. 1 gilt auch für Außenwände, die sich **nicht über Eck** berühren, aber doch so nahe zueinander stehen, dass sich ihre Abstandsflächen überdecken. Der erforderliche Mindestwinkel von mehr als 75 Grad ergibt sich zeichnerisch in einem solchen Fall durch Verlängerung der beiden Wandfluchten bis zu ihrem Schnittpunkt. Im Unterschied zu unmittelbar aneinander gebauten Außenwänden, die zunächst einen Winkel von mindestens 90 Grad bilden müssen, ist es bei baulich getrennten Gebäuden möglich, dass ihre Außenwände in einem Winkel von mehr als 75 Grad zueinander stehen, weil jedenfalls bei ausreichender Entfernung vermieden werden kann, dass sich die Abstandsflächen auch auf die Gebäudeteile erstrecken.

40 b) Das Überdeckungsverbot gilt nach **Nr. 2** ferner nicht für Außenwände zu einem **fremder Sicht entzogenen Gartenhof** (z. B. Atriumhäuser), sofern es sich um Wohngebäude der Gebäudeklassen 1 und 2 (§ 2 Abs. 3 Nr. 1 und 2), d. h. bis zu einer Höhe von 7 m und mit nicht mehr als zwei Nutzeinheiten bis 400 m^2 Brutto-Grundfläche, handelt. Der Gartenhof kann ein auf allen Seiten geschlossener Innenhof sein, wie dies beispielsweise bei einem Atriumhaus der Fall ist, aber auch ein nur teilweise umbauter Innenhof, sofern er fremder Sicht entzogen ist. Bei Gebäuden mit Innenhöfen stehen sich die Außenwände gegenüber, so dass bei Einhaltung des Überdeckungsverbots die Mindestgröße des Innenhofs der Summe aller Abstandsflächen entspräche. Nr. 2 erlaubt es jedoch, Innenhöfe anzulegen, die nur die Größe einer einzigen Abstandsfläche haben. Die Vorschrift lässt – anders als Nr. 1 – nicht nur die Überdeckung zweier Abstandsflächen zu, sondern gestattet sogar eine mehrfache Überdeckung von Abstandsflächen. Der Sache nach ist die Bestimmung aber nur für gegenüberliegende Außenwände von Bedeutung, da die Überdeckung der Abstandsflächen, die den sich berührenden Wänden zugeordnet sind, bereits nach Nr. 1 gestattet wird.

41 c) Nach **Nr. 3** sind Gebäude und andere bauliche Anlagen, die in den Abstandsflächen zulässig sind, **vom Überdeckungsverbot ausgenommen**. Diese Vorschrift, die auf die nach **Abs. 7 privilegierten Anlagen** Bezug nimmt, hat neben dieser Regelung kaum selbständige Bedeutung und dürfte im Wesentlichen der Klarstellung dienen. Denn Abs. 3 Nr. 3 ergänzt lediglich die durch Abs. 7 bereits bewirkte Durchbrechung des Freihaltegebots des Abs. 1 Satz 1 im Falle der dort genannten Gebäude und baulichen Anlagen in der Weise, dass für diese auch das Überdeckungsverbot nicht gilt. Dies lässt sich aber bereits unmittelbar aus Abs. 7 ableiten, weil die dort genannten Gebäude und baulichen Anlagen selbst nicht das Erfordernis eigener Abstandsflächen auslösen (vgl. OVG Bln, B. v. 25. 9. 1987, OVGE 18, 65, 67), so dass auch keine Überdeckung von Abstandsflächen eintreten kann.

42 XI. **Abs. 4 Satz 1** regelt die **Tiefe der Abstandsfläche, die sich nach der Wandhöhe bemisst**, d. h. nach der Höhe der Außenwand im Sinne des Abs. 1 Satz 1.

1. Das Grundprinzip der Abstandsflächenregelung besteht – vereinfacht ausgedrückt – aus dem **Prinzip der „umgeklappten Wand"**. Die von den umgeklappten Wänden bedeckten Grundstücksflächen gleichen einer Projektion der Wand in die Horizontale, wobei die in Abs. 4 Sätze 3–5 genannten Höhenmaße der Dächer und Dachaufbauten – je nach Dachneigung – der Wand an der Traufseite noch hinzuzurechnen wären. Die Giebelwand gilt dagegen – anders als bisher – insgesamt in ihrer konkreten Form als Wand, ohne dass dachneigungsabhängige Abzüge (vgl. § 6 Abs. 4 Satz 5 a. F.) zu ma-

chen wären (siehe RNr. 48, 49). Diese Wandhöhen sind nach der Multiplikation mit dem Verkürzungsfaktor 0,4 oder 0,2 (vgl. Abs. 5 Satz 1 und 2) auf der Grundstücksfläche abzubilden.

Ein Gebäude ist danach nicht vollständig von Abstandsflächen umgeben. Seine Ecken sind die Scheitelpunkte der im rechten Winkel hiervon abgehenden Abstandsflächen; der dazwischen verbleibende Flächeninhalt der Zwickelfelder liegt außerhalb der Abstandsfläche und ist insoweit privilegiert. Hierbei geht das Gesetz von dem traditionellen Grundtypus eines rechtwinkligen Gebäudegrundrisses mit geraden Außenwänden aus (OVG Bln, B. v. 27. 10. 2004, BRS 67 Nr. 131 = BauR 2005, 368). Im Falle abgerundeter Gebäudeecken hängt eine abstandsflächenrechtliche Aussparung des Bereichs, der innerhalb des durch die gedachte Verlängerung der Außenwände zu einer spitzen Ecke gebildeten rechten Winkels liegt und durch diesen Verlauf eher geringere Auswirkungen auf die durch das Abstandsflächenrecht geschützten Belange hat, von deren Funktion ab. Maßgebend ist, ob aus gestalterischen Erwägungen lediglich zur Vermeidung einer scharfen Gebäudeecke eine Abrundung vorgenommen wurde, oder ob es sich um eine abgeflachte „Ecke" handelt, wie sie im Berliner Stadtbild bei Altbauten häufig anzutreffen ist, der durch gesondert zugeordnete Fenster oder Balkone eine eigenständige Funktion zukommt (vgl. OVG Bln, B. v. 27. 10. 2004, a. a. O.). Bei einem Rundbau wäre die Abstandsfläche danach ein konzentrischer Kreis.

43 2. Hinsichtlich der **Breite der Abstandsflächen** fehlt es an einer ausdrücklichen Bestimmung. Da aber nach Abs. 1 Satz 1 die Abstandsflächen „vor" den Außenwänden freizuhalten sind, ist die Breite der Abstandsfläche mit der Wandlänge identisch. Nicht immer ist jedoch von einem typisch rechtwinkligen Gebäudegrundriss auszugehen. Es sind auch geschwungene oder kreisrunde Gebäudegrundrisse denkbar. Da die Breite der Abstandsfläche der Länge der Außenwand entspricht, folgt sie auch jeder Veränderung der Verlaufsrichtung. Das führt dazu, dass eine kreisrunde Bauausführung auch eine kreisförmige Abstandsfläche auslöst (OVG NRW, B. v. 28. 2. 2001, BRS 64 Nr. 124; Reichel/Schulte, Handbuch des Bauordnungsrechts, 2004, Kap. 3 RNr. 122, S. 279). Auch wenn der flächige Eindruck einer baulichen Anlage mit runden Außenwänden vom Kreisdurchmesser bestimmt wird, ist nicht von der Querschnittsfläche ausgehend eine Wandbreite anzunehmen, die dieser entspricht (so jedoch wegen der Besonderheiten des baden-württembergischen Landesrechts VGH BW, B. v. 4. 6. 2002, BRS 65 Nr. 132). Dies würde auch dem Umstand nicht hinreichend Rechnung tragen, dass die optischen Wirkungen mit dem Rundungsverlauf zurücktreten (vgl. OVG NRW, B. v. 28. 2. 2001, BRS 64 Nr. 124).

44 3. Die sich gemäß Satz 2 nach der **Wandhöhe bemessende Tiefe der Abstandsfläche** wird **senkrecht zur Wand gemessen**. In welchem Umfang noch die Höhe von Dächern und Dachaufbauten zu der Wandhöhe hinzuzurechnen ist, wird in den Sätzen 3 bis 5 geregelt. Das sich danach im Einzelfall ergebende Maß ist H (Satz 6). Es ist die Grundlage für die nach Abs. 5 vorzunehmende Ermittlung der Tiefe der Abstandsfläche im Wege der Multiplikation der Wandhöhe mit den Faktor 0,4 oder 0,2. Mit den sich danach ergebenden Abmessungen ist die Abstandsfläche in den Lageplan einzuzeichnen (§ 3 Abs. 3 Nr. 15 BauVerfVO).

45 a) Als Wandhöhe gilt nach **Abs. 4 Satz 2** das **Maß von der Geländeoberfläche bis zum Schnittpunkt der Wand mit der Dachhaut** oder mit dem oberen **Abschluss der Wand**. Dies gilt auch für fiktive Außenwandflächen (siehe RNr. 7).

46 aa) **Unterer Bezugspunkt** der Wandhöhe ist **nicht mehr** (wie noch nach § 6 Abs. 4 Satz 2 a. F.) die **mittlere** Geländeoberfläche vor der Wand (siehe hierzu OVG Bln, U. v.

14. 3. 2003 – OVG 2 B 7.97 – ; B. v. 27. 4. 1998 – OVG 2 SN 12.98 – n. v.), **sondern** – vorbehaltlich einer anderweitigen Festlegung durch Baugenehmigung oder Bebauungsplan – die natürliche **Geländeoberfläche**, so dass der Ermittlung der Wandhöhe die sich aus dem natürlichen Geländeverlauf ergebenden Geländepunkte nach Maßgabe der vermessungstechnischen Regeln zugrunde zu legen sind, die die maßgebende Geländeoberfläche darstellen. Die nach der BauO Bln 1997 bei der Ermittlung der Wandhöhe noch zugrunde zu legende mittlere Geländeoberfläche führte dazu, dass die Abstandsflächen selbst bei geneigter Geländeoberfläche oder Gebäuden in Hanglage mit regelmäßigem oberen Wandabschluss in vereinfachter Form als Rechteck darzustellen waren (vgl. OVG Bln, B. v. 27. 4. 1998 – OVG 2 SN 12.98 – n. v. –). Dies ist durch die von Abs. 4 Satz 2 nunmehr geforderte Zugrundelegung der natürlichen Geländeoberfläche nicht mehr der Fall, so dass sich bei geneigtem Gelände unregelmäßige Polygone und keine Rechtecke mehr als gespiegeltes Abbild ergeben. Diese Regelung korrespondiert mit der Hinwendung der geltenden BauO Bln zu einer an den tatsächlichen Abmessungen der Wände orientierten Darstellung der Abstandsflächen, die insbesondere bei den Giebelwänden dazu führt, dass deren Projektion auf die Ebene nicht mehr als fiktives Rechteck erscheint (siehe hierzu nachfolgend unter RNr. 48). Veränderungen der Geländeoberfläche allein mit dem Ziel einer Verkürzung der Abstandsflächentiefen (Geländeanschüttung) sind jedoch nach wie vor nicht zu berücksichtigen (OVG Bln, U. v. 14. 3. 2003 – OVG 2 B 7.97 – ; siehe RNr. 95).

bb) Oberer Bezugspunkt der Wandhöhe sind die Schnitt**punkte** der Wand- und Giebelflächen mit der Dachhaut (und nicht mehr die Schnitt**linie,** vgl. § 6 Abs. 4 Satz 2 a. F.). Die Schnittpunkte ergeben sich aus einer gedachten Verlängerung der Außenfläche der Außenwand bis zu den Durchdringungspunkten mit der Dachhaut, d. h. mit der oberen Deckschicht des Daches (Dachziegel, Dachpappe u. ä.). Diese Schnittpunkte gelten abstandsflächenrechtlich als oberer Abschluss der Wand (vgl. auch zu anderen Landesbauordnungen: Gädtke/Temme/Heintz, BauO NRW, 10. Auflage 2003, § 6 RNr. 200 u. Abb. 6.23; Busse/Simon, BayBO, Stand: Februar 2007, Art. 6 RNr. 199 m. Abb.). Maßgebend sind somit nicht die Schnittpunkte in Höhe des Eindringens der Außenwand in die Dachunterseite (Dachunterkonstruktion). Ob das Dach über die Außenwände hinausragt (Dachüberstand), ist unerheblich. Zur Außenwand gehört auch der sogenannte Drempel, bei dem der oberste Teil der Wand eine seitliche Begrenzung des Dachraumes bildet. Beim Pultdach sind die Schnittpunkte von Wand und Dach regelmäßig mit dem First identisch. Sind keine Schnittpunkte von Außenwand und Dachhaut vorhanden (wie z. B. bei einem Flachdach), so befindet sich der obere Bezugspunkt an dem oberen Abschluss der Wand (Abs. 4 Satz 2). Das Maß H entspricht damit dem Lot von dem so ermittelten oberen Bezugspunkt des Gebäudes auf die Geländeoberfläche vor der Wand.

b) Während die von der BauO Bln 1997 noch geforderte Schnittlinie zu einer geometrischen Aufteilung der – zumeist dreieckigen – Giebelwände im Bereich des Daches führte, so dass der obere Abschluss der Wand auf der Giebelseite eines Gebäudes durch eine Gerade gebildet wurde, die sich in der **Projektion** auf die Ebene als Rechteck darstellte, gehen die Wand- und Giebelflächen nach der **Neuregelung der Abstandsflächen in der geltenden BauO Bln** nunmehr in ihren **tatsächlichen Abmessungen** in die Abstandsflächendarstellung ein. Giebelwände werden wie Wände mit einem ansteigenden oberen Wandabschluss behandelt und auf diese Weise deren Konturen als Abbild gespiegelt. Die Darstellung der Abstandsflächen ist nun einfacher als bei der Abbildung von Abstandsflächen als Streifen gleichbleibender Tiefe vor der Wand, auch für den Betrachter nachvollziehbarer, wobei der in Abs. 5 vorgeschriebene

Verkürzungsfaktor für die Ermittlung der Abstandsfläche (0,4 oder 0,2) allerdings zu einem etwas verzerrten Abbild führt. Diese Art der Darstellung hat bei Giebelflächen aufgrund ihrer spitzzulaufenden Form – unabhängig von dem Verkürzungsfaktor – **in der Breite geringere Abstandsflächen** zur Folge, weil die nach der Regelung der BauO Bln 1997 noch vorgeschriebene Linienbildung auch bei Giebelwänden zu einer Darstellung als in die Waagerechte umgeklapptes Rechteck führte (siehe hierzu Vorauflage des Kommentars unter § 6 RNr. 44). Dadurch ging die Breite der Abstandsfläche weit über die tatsächliche (dreieckige) Form der Giebelwand hinaus.

49 c) Die in der geltenden BauO Bln erfolgte **Abkoppelung der Giebelwand von dem Neigungswinkel** der sie zu beiden Seiten begrenzenden **Dachflächen** (anders noch § 6 Abs. 4 Satz 4 Nr. 1 und Satz 5 a. F.) hat hinsichtlich der Wandhöhe zur Folge, dass die Giebelflächen in ihrer vollen Höhe als Wand in die Berechnung der Abstandsfläche eingehen (Abs. 4 Satz 1 und 2; siehe Bildbeispiele zu § 6 Abs. 4 Satz 3 und 4 – Satteldach 1 u. 2 –; s. a. SächsOVG, U. v. 9. 3. 2006, BauR 2007, 353). Das Maß H ist somit an der Giebelseite von der Dachneigung unabhängig, während die Giebelwand im Dachbereich zuvor nach der BauO Bln 1997 – soweit der Dachneigungswinkel unter 70 Grad lag – nur zu einem Drittel ihrer Höhe und – soweit er unter 45 Grad lag – gar keine Anrechnung fand. Dies kann dazu führen, dass sich die erforderliche Tiefe der Abstandsfläche **im Bereich von Giebelseiten nunmehr größer** ist, was allerdings wegen des massiven Eindrucks von Giebelwänden auf gegenüberliegende Wände auch gerechtfertigt ist. Härten, die sich für kleinere Wohngebäude der Gebäudeklassen 1 und 2 bei traufständiger Bauweise (Giebel zur Nachbargrenze orientiert) ergeben, werden durch die Regelung des Abs. 5 Satz 3 mit einer generellen Reduzierung der erforderlichen Abstandsfläche für diese Gebäude auf 3 m abgefangen. Zum Problem der grenzständig oder grenznah errichteten Garagen mit einer dem Nachbargrundstück zugewandten Giebelseite siehe RNr. 89.

50 4. Nicht nur Wand- und Giebelflächen, sondern auch **Dächer** sind abstandsflächenrechtlich relevant, weil sie die Belichtung und Belüftung benachbarter Gebäude beeinflussen können. Sie werden deshalb gemäß **Satz 3 und 4** nach bestimmten Anrechnungsregeln je nach Dachneigung (weniger oder mehr als 70 Grad) **der ermittelten Wandhöhe traufseitig hinzugerechnet.** Die Höhe des Daches entspricht dem vom First auf die Basis des oberen Wandabschlusses (vgl. RNr. 47) gefällten Lot. Diese Höhe ist der Wandhöhe hinzuzurechnen. Dächer mit einer Neigung von weniger als 70 Grad sind nach Satz 3 mit einem Drittel ihrer Höhe und mehr als 70 Grad voll (Satz 4) anzurechnen (siehe Bildbeispiele zu § 6 Abs. 4 Satz 4 – Satteldach 1 – und Satz 3 – Satteldach 2 –, zu § 6 Abs. 4 Satz 3 – Zeltdach 1 – und Satz 4 – Zeltdach 2 – sowie zu § 6 Abs. 4 Satz 3 – Krüppelwalmdach –). Die Schwelle von 70 Grad Dachneigung für die volle Anrechnung der Dachhöhe auf die Abstandsfläche ist aus der Tiefe der Abstandsfläche abgeleitet, denn in einer Schnittdarstellung bildet die Verbindungslinie zwischen einem ermittelten Abstandsflächenpunkt auf horizontaler Bezugsebene und der Wandhöhe einen Winkel von 69 Grad (vgl. Jäde, MBO 2002, S. 43). Die in § 6 Abs. 4 Satz 5 a. F. noch enthaltene Nichtanrechnung von Dächern unter 45 Grad Neigungswinkel ist – bis auf den Sonderfall der Garagendächer in Abs. 7 Satz 1 Nr. 1 – entfallen. Zur Anwendbarkeit der Drittelregelung auf Sonderbauformen (z. B. Nur-Dach-Haus, tonnenförmiges Gebäude) liegt noch keine Rechtsprechung des OVG Bln-Bbg vor (offengelassen auch BayVGH, B. v. 25. 10. 2006, BauR 2007, 355, m. w. N.).

§ 6 RNr. 50

Dachneigung DN ≥ 70°
Traufseite H = h1 + h2

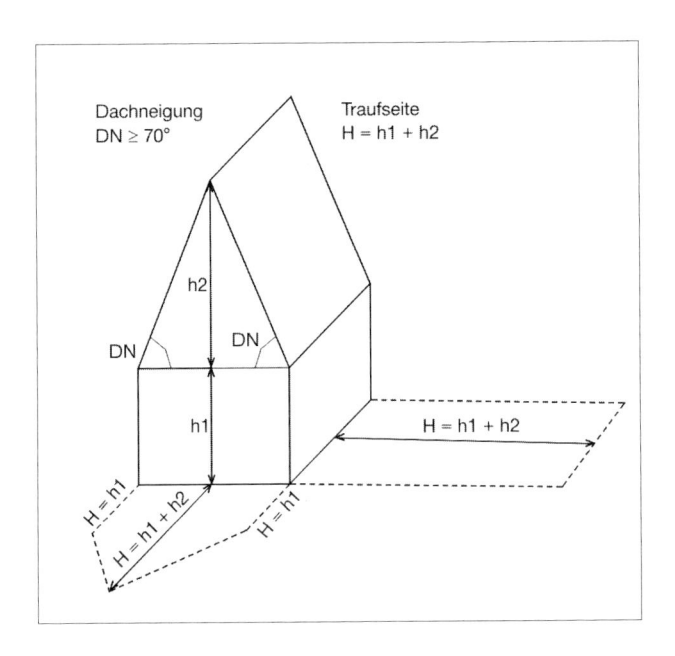

Bildbeispiel zu
§ 6 Abs. 4 Satz 4 (RNr. 50)
Satteldach 1 DN ≥ 70°

Dachneigung DN < 70°
Traufseite H = h1 + 1/3 h2

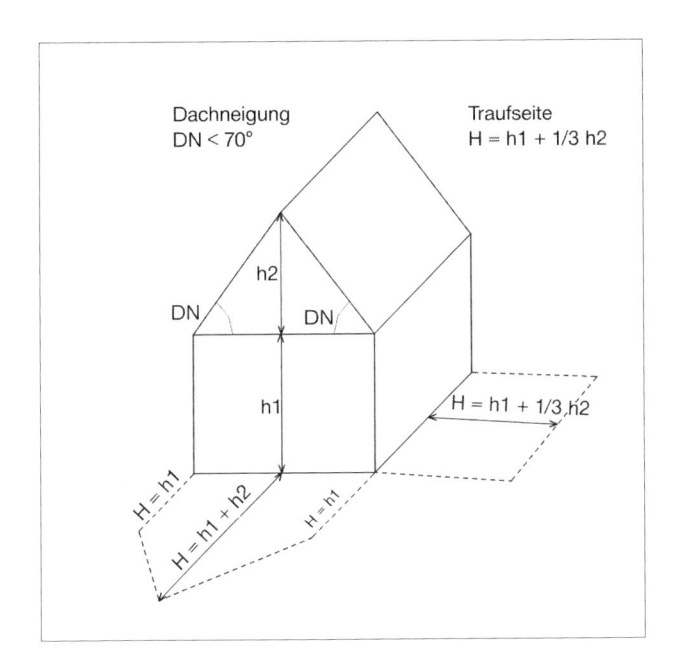

Bildbeispiel zu
§ 6 Abs. 4 Satz 3 (RNrn. 49, 50)
Satteldach 2 DN < 70° [1]

[1] mit freundlicher Genehmigung des Bundes der Öffentlich bestellten Vermessungsingenieure e.V. (BDVI)

§ 6 RNr. 50

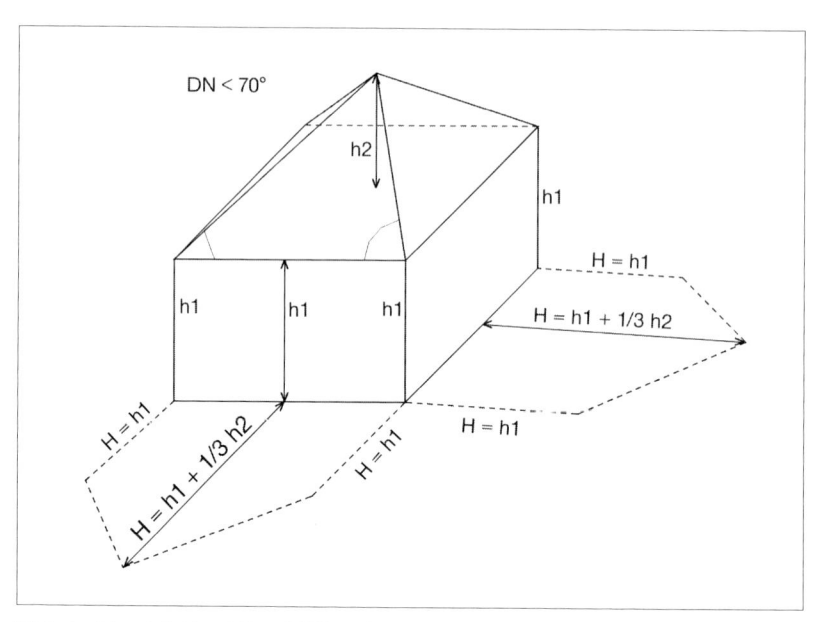

Bildbeispiel zu § 6 Abs. 4 Satz 3 (RNr. 50) – Zeltdach 1 DN < 70° [1]

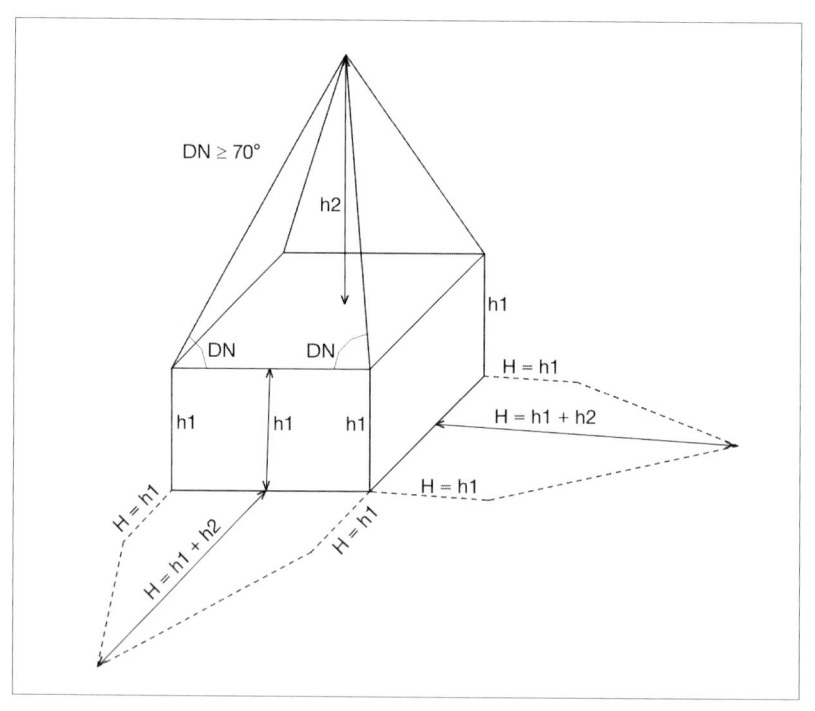

Bildbeispiel zu § 6 Abs. 4 Satz 4 (RNr. 50) – Zeltdach 2 DN ≥ 70° [1]

[1] mit freundlicher Genehmigung des Bundes der Öffentlich bestellten Vermessungsingenieure e.V. (BDVI)

§ 6 RNr. 50–51

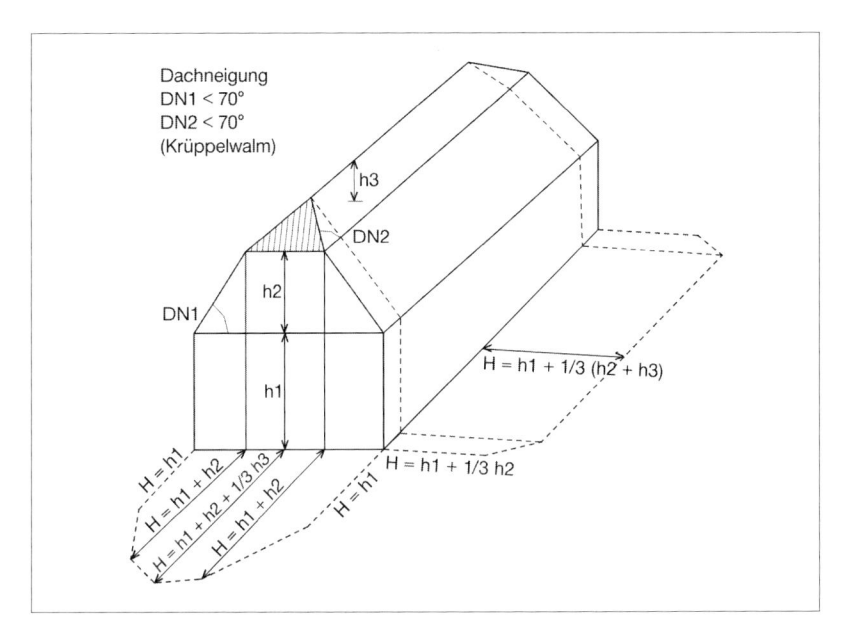

Bildbeispiel zu § 6 Abs. 4 Satz 3 (RNr. 50) – Krüppelwalmdach [1]

5. Die Berechnungsregelungen des Abs. 4 gelten gemäß Satz 5 für Dachaufbauten entsprechend. Zu den Dachaufbauten zählen vor allem Dachgauben, deren Wandflächen ausgehend von ihrer konkreten Situierung auf dem Dach (also unabhängig von der Tiefe eines etwaigen Rücksprungs, vgl. noch § 6 Abs. 4 Satz 4 Nr. 3 a. F.) in die Abstandsflächenberechnung einzustellen sind. Dadurch, dass Abs. 4 Satz 3 und 4 dachneigungsabhängige Differenzierungen nur noch bei Dächern und nicht mehr – wie noch § 6 Abs. 4 Satz 4 Nr. 1 a. F. – auch bei Giebelflächen vornimmt, ist nur noch **zwischen Dächern und Wänden zu unterscheiden**. Das Problem der dachneigungsabhängigen Anrechnung von „Gaubengiebelflächen" (siehe hierzu OVG Bln, U. v. 28. 11. 2003, BRS 66 Nr. 130) stellt sich daher nicht mehr. Die dachneigungsabhängige Berechnungsregelung für Giebelwände (§ 6 Abs. 4 Nr. 1, Satz 5 a. F.) fand zwar auch nach der früheren Gesetzessystematik auf die „eigenen Giebelflächen" von Gauben keine Anrechnung, so dass bei Giebelgauben der obere Gaubenabschluss der obere Bezugspunkt für die abstandsflächenrechtliche Berechnung blieb (vgl. OVG Bln, U. v. 28. 11. 2003, a. a. O.). Dies ist jedoch seit dem Wegfall der zahlreichen Differenzierungen für die Anrechenbarkeit von Dachaufbauten je nach Breite im Verhältnis zu der darunterliegenden Außenwand und Situierung auf dem Dach (Rücksprung) noch in der BauO Bln 1997 (vgl. § 6 Abs. 4 Satz 4 Nr. 2 und 3, Satz 5 a. F.) dem Gesetz nunmehr einfacher zu entnehmen, indem auch für Dachaufbauten nur die Unterscheidung zwischen Wand und Dach in entsprechender Anwendung der Sätze 1 – 4 des Abs. 4 vorzunehmen ist. In vielen Fällen dürften die Dachaufbauten jedoch mit ihren Abstandsflächen hinter der ermittelten Wandhöhe für das Gebäude selbst (Wand + Dach) zurückbleiben. Bei einer Dachneigung unter 70 Grad sind alle Dachaufbauten abstandsflächenrechtlich irrelevant, die die Linie von 1/3 der Dachhöhe nicht überschreiten. Sie werden dann von der „hauseigenen" Abstandsfläche mit abgedeckt. Alle Dachaufbauten oberhalb

[1] mit freundlicher Genehmigung des Bundes der Öffentlich bestellten Vermessungsingenieure e.V.(BDVI)

§ 6 RNr. 51

dieser Linie lösen eigene, zusätzliche Abstandsflächen aus (siehe Bildbeispiel zu § 6 Abs. 4 Satz 5 Gaube 2 –). Bei einer Dachneigung über 70 Grad, bei der die Dachhöhe in vollem Umfang in die Berechnung eingeht, gilt das Entsprechende für die Über- oder Unterschreitung der Firstlinie durch Dachaufbauten (siehe Bildbeispiel zu § 6 Abs. 4 Satz 5 – Gaube 1 –). Der in Abs. 5 vorgesehen Verkürzungsfaktor für die Abstandsflächen von 0,4 bzw. 0,2 macht überdies die frühere Privilegierung von Dachaufbauten geringer Breite (insgesamt höchstens ¼ der Breite der darunter liegenden Außenwand, § 6 Abs. 4 Satz 5, 2. Halbs. a. F.) entbehrlich.

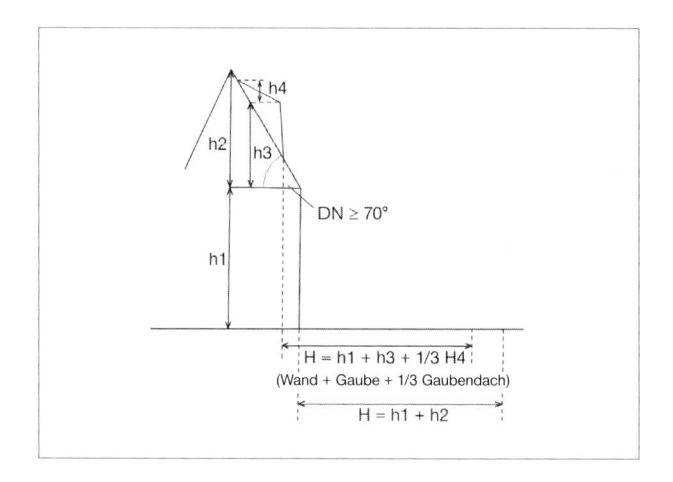

Bildbeispiel zu
§ 6 Abs. 4 Satz 5 (RNr. 51)
Gaube 1 (Unterschreitung der Firstlinie) DN ≥ 70° [1]

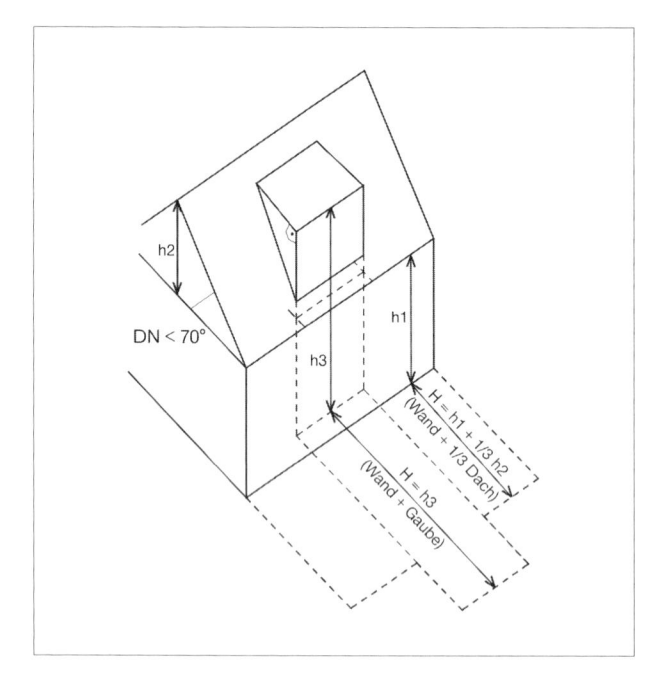

Bildbeispiel zu
§ 6 Abs. 4 Satz 5 (RNr. 51)
Gaube 2 (Überschreitung der 1/3-Linie) DN < 70° [1]

[1] mit freundlicher Genehmigung des Bundes der Öffentlich bestellten Vermessungsingenieure e.V. (BDVI)

Zu den Dachaufbauten zählen auch Triebwerksräume von Aufzügen sowie Entlüftungsanlagen. Brüstungen und Geländer zählen jedoch nach der bisherigen Rechtsprechung des OVG Bln nur dazu, wenn sie nicht transparent, sondern massiv und geschlossen gestaltet sind und damit gebäudegleiche Wirkung entfalten (vgl. zur seitlichen Balkonbrüstung OVG Bln, U. v. 25. 3. 1993, BRS 55 Nr. 121). In der Regel sind solche Aufbauten jedoch durch Offenheit und Transparenz gekennzeichnet, indem sie den Blick auf die dahinter liegenden Wandflächen freigeben. Dies gilt auch dann, wenn sie mit den üblichen Vorkehrungen gegen Sonnen – und Witterungseinflüsse sowie mit Pflanzen ausgestattet sein sollten (OVG Bln, a. a. O.). Ob freiliegende Dachterrassen ohne Schutzdach und mit licht- und luftdurchlässiger Brüstung abstandsflächenrechtlich irrelevant sind, ist nicht unumstritten (OVG RP, U. v. 22. 9. 2000, BRS 63 Nr. 153 = NVwZ-RR 2001, 290; a. A. ThürOVG, U. v. 26. 2. 2002, BRS 65 Nr. 130 ; OVG NRW, B. v. 1. 6. 2007, BauR 2007, 1557; U. v. 12. 9. 2006, BauR 2007, 350).

XII. Nach **Abs. 5** beträgt die **Regeltiefe der Abstandsflächen 0,4 H,** wobei eine **Mindesttiefe von 3 m** vorgeschrieben ist, die nicht unterschritten werden darf. Diese ist dann verbindlich, wenn die aufgrund des Maßes H errechnete Tiefe geringer wäre als diese Mindesttiefe; in allen anderen Fällen beträgt der Mindestabstand 0,4 bzw. 0,2 H (vgl. OVG Bln, U. v. 22. 5. 1992, OVGE 20, 238, 251 = BRS 54 Nr. 97 zu der jedenfalls hinsichtlich des Mindestabstands von 3 m noch vergleichbaren früheren Rechtslage). Geringere Abstandsflächen können sich nur noch aus abweichenden Festsetzungen in Bebauungsplänen (Abs. 8) ergeben (siehe hierzu RNr. 58, 102). 52

1. Die in **Abs. 5 Satz 1** geregelte **Verringerung der Abstandsflächentiefe von 1 H auf 0,4 H** unter Beibehaltung der bisherigen Mindestabstandsflächentiefe von 3 m entspricht den bisher geringsten Abstandsflächenmaßen in den jeweiligen Landesbauordnungen. So sind in den Bundesländern Hessen, Rheinland-Pfalz und Saarland derart verdichtete Bauformen bereits seit 1993 (HessBauO v. 20. 12. 1993 (GVBl. S. 655), seit 1996 (LBO Saar v. 27. 3. 1996, ABl. S. 477) und seit 1998 (LBauO RP v. 24. 11. 1998, GVBl. S. 365) zulässig. Seit 2000 ist dies auch in Nordrhein-Westfalen, jedenfalls im Falle der Anwendbarkeit des Schmalseitenprivilegs (§ 6 Abs. 6 Satz 1 BauO NRW i. d. F. v. 1. 3. 2000, GVNRW S. 256), seit dem Jahr 2003 – auf Außenwände ohne Fenster für Aufenthaltsräume beschränkt – im Land Brandenburg (§ 6 Abs. 5 BbgBO v. 16. 7. 2003, GVBl. I S. 210) sowie seit dem Jahr 2004 in Sachsen (§ 6 Abs. 5 SächsBO v. 28. 5. 2004, SächsGVBl. S. 200) und in Thüringen (§ 6 Abs. 5 ThürBO v. 10. 2. 2004, GVBl. TH S. 76) der Fall. 53

Das bisherige abstandsflächenrechtliche Anforderungsniveau wurde in der geltenden BauO Bln vermindert, weil der Gesetzgeber nicht mehr den das Bauordnungsrecht flankierenden städtebaulichen Nebenzweck gehobener Wohnqualitätsanforderungen durch eine entsprechende aufgelockerte Bebauung verfolgt, sondern lediglich noch die **Gewährleistung** eines **bauordnungsrechtlich zu sichernden Mindeststandards** (AH-Drucks. 15/3926, S. 68). Das OVG Bln-Bbg (U. v. 18. 12. 2007 – OVG 2 A 3.07 –) geht auch nach der gesetzlichen Reduzierung der Abstandsflächentiefe auf 0,4 H davon aus, dass die landesrechtlichen Abstandsflächenvorschriften nach wie vor im Interesse der Wahrung sozial verträglicher Verhältnisse darauf abzielen, jedenfalls eine ausreichende Belichtung, Besonnung und Belüftung von Gebäuden und sonstigen Teilen des Nachbargrundstücks sicherzustellen, wenn auch auch auf einem verminderten Anforderungsniveau. 54

a) Die Rechtsanwendung wird durch den **Wegfall** des **Schmalseitenprivilegs** (§ 6 Abs. 6 a. F.) vereinfacht, denn ein ganz erheblicher Teil der verwaltungsgerichtlichen 55

Verfahren betraf Fragen des Abstandsflächenrechts in Zusammenhang mit den durch das Schmalseitenprivileg bewirkten Rechtsunsicherheiten (vgl. hierzu beispielhaft OVG Bln, U. v. 28. 11. 2003, BRS 66 Nr. 130). Dies korrespondiert mit der durch die geltende BauO Bln verstärkten **Verlagerung von Verantwortung auf die am Bau Beteiligten** durch Ausdehnung der Zahl der verfahrensfreien Bauvorhaben und der Genehmigungsfreistellungen (§§ 62, 63). Dies machte es erforderlich, das Abstandsflächenrecht derart zu vereinfachen, dass seine Anwendung den am Bau Beteiligten in primärer Eigenverantwortung zugemutet werden kann, ohne Planungs- und Investitionsunsicherheiten zu erzeugen. Durch diese Vereinfachung dürften auch für das Baugenehmigungsverfahren (§ 65) Vereinfachungs- und Beschleunigungseffekte zu erwarten sein, denn die mit der Reduzierung der Regelabstandsflächentiefe einhergehende Abschaffung des Schmalseitenprivilegs erleichtert die abstandsflächenrechtliche Beurteilung erheblich, zumal die **Abstandsflächentiefe** nun nicht mehr nur an zwei oder – im Falle des einseitigen Anbaus – an einer Gebäudeseite eventuell wie bisher auch nur auf einer bestimmten Länge (16 m), sondern **„rundum"** gilt. Bauplanungsrechtliche Regelungen oder Festsetzungen der Bebauungstiefe sowie der überbaubaren Grundstücksfläche können jedoch aus städtebaulichen Gründen dazu führen, dass die neue Abstandsflächenregelung in den hinteren Grundstücksbereichen nicht in vollem Umfang zum Tragen kommt und Grundstücksbebauungen entstehen, wie sie bei Boeddinghaus (Die Abstandsregelung nach der neuen Musterbauordnung, ZfBR 2003, 738, 747, Abb. 3) dargestellt sind. Derartige Verdichtungen mit lediglich 3 m tiefen Wohngärten sollen jedoch nach den Erfahrungen in den Bundesländern, die vergleichbare Regelungen bereits eingeführt haben, allein schon aufgrund der „Selbstregulierungskräfte des Marktes" auf Ausnahmefälle beschränkt geblieben sein (vgl. Gädtke/ Temme/Heintz, BauO NRW, 10. Aufl. 2003, § 6 RNr. 24; hieran inzwischen zweifelnd Boeddinghaus, Sozialabstand, BauR 2004, 763, 769–771).

56 b) **Ziel** der Regelung der Abstandsflächentiefe ist vor allem eine **Ausleuchtung der Aufenthaltsräume mit Tageslicht** im fensternahen Bereich (bis etwa 2,5 m Tiefe), die Lesen und Schreiben bei bedecktem Himmel gestattet. Insoweit stellt die Absenkung der Regelabstandsflächentiefe auf 0,4 H, mindestens 3 m, gegenüber der bisherigen Regelung keinen Systembruch dar.

Es muss jedoch in diesem Zusammenhang darauf hingewiesen werden, dass Gebäudeabstände nur bedingt geeignet sind, die Belichtung von Aufenthaltsräumen mit Tageslicht zu steuern, weil verschiedene Einflüsse für die Helligkeit von Bedeutung sind, ohne dass diese Umstände auf die bauordnungsrechtliche Beurteilung der Abstandsflächen Einfluss haben. Dazu gehören vom Nutzer beeinflussbare Faktoren, wie die Verwendung lichtreflektierender oder lichtabsorbierender Mobiliar–, Wand- und Fußbodenoberflächen, sowie vom Nutzer nicht beeinflussbare Faktoren, wie z. B. die Vegetation im Fensterbereich, deren Auswirkungen auf die Belichtung von Aufenthaltsräumen erheblich sein kann und die oftmals dem Baumschutzrecht unterfällt.

57 c) Der neue **Mindeststandard von 0,4 H** lässt sich auch mit **der DIN 5034-1 Tageslicht in Innenräumen – sowie der DIN 5034-4 – Vereinfachte Bestimmung von Mindestfenstergrößen für Wohnräume –** (auszugsweise abgedruckt in Frommhold/ Hasenjäger, Wohnungsbaunormen, 23. Aufl., 2003, S. 178 ff., S. 227 ff.) in Einklang bringen. Diese DIN-Normen gelten u.a. für alle Aufenthaltsräume, wobei die dortige Definition der Aufenthaltsräume (vgl. DIN 5034-1 unter 3.1, bei Frommhold/Hasenjäger, a. a. O., S. 179) der Definition des § 2 Abs. 5 entspricht. Aufenthaltsräume sollen danach die notwendige Sichtverbindung nach außen haben sowie eine ausreichende Helligkeit durch Tageslicht aufweisen. Die Norm legt fest, welche Voraussetzungen hierfür zu erfüllen

sind (vgl. DIN 5034-1 unter 1, bei Frommhold/Hasenjäger,a. a. O., S. 178). Um diese zwei Hauptaufgaben (Sichtkontakt nach außen / ausreichende Helligkeit im Innenraum) erfüllen zu können, müssen die Fenster genügend groß sein. Die DIN 5034-4 (siehe bei Frommhold/Hasenjäger, a. a. O., S. 227 ff.) dient der einfachen Bemessung der Größe von notwendigen Fenstern in einseitig beleuchteten Wohnräumen, die ein ausreichendes Tageslicht nach der DIN 5034-1 erhalten sollen. Vorausgesetzt werden senkrecht eingebaute, rechteckige Fenster mit einer Mindesthöhe von 2,20 m über dem Fußboden, was einer Raumhöhe von 2,50 m – wie sie auch § 48 Abs. 1 vorschreibt – abzüglich 0,3 m Fenstersturz entspricht (vgl. DIN 5034-4 unter 3.7, bei Frommhold/Hasenjäger, a. a. O., S. 229). Eine Tabelle, aus der sich die jeweiligen Anforderungen an die Fenstergröße ableiten lassen, ist in der DIN 5034-4 enthalten (vgl. DIN 5034-1 unter 4.3.1.1; diese Tabelle ist abgedruckt in Frommhold/Hasenjäger, **22.** Auflage (Vorauflage!), auf die in der 23. Auflage 2003, S. 231 verwiesen wird). Da auch die vorhandene oder baurechtlich zulässige Bebauung auf den Nachbargrundstücken zu berücksichtigen ist, geht die Tabelle von einem **Verbauungswinkel** gemessen oberhalb der Fenstermitte aus, der sich aus dem **Verhältnis von Abstand und Höhe der gegenüberliegenden Gebäude** ergibt (vgl. DIN 5034-1 unter 5.4 sowie Bild 1 bei Frommhold/Hasenjäger, a. a. O., S. 227). Den tabellarischen Werten sind auch bestimmte **Fensterbreiten** zugeordnet, die eine ausreichende Helligkeit (Tageslichtquotient, DIN 5034-4, 2.1) und Sichtverbindung nach außen (DIN 5034-4, 2.2) sicherstellen sollen. Der **Tageslichtquotient** setzt sich aus Annahmen zu dem Himmelszustand (vollständig bedeckter Himmel), dem Verbauungsgrad, der Reflexion von Rauminnenflächen sowie der Lage und Größe der Fensterflächen im Verhältnis zu einem bestimmten Bezugspunkt (Fenstermitte) zusammen und berücksichtigt auch Minderungsfaktoren, die zu Lichtverlusten führen, wie z. B. Konstruktionsteile der Fenster oder auch die Fensterverschmutzung (vgl. DIN 5034-4 unter 2.1 – 3.10 bei Frommhold/Hasenjäger, a. a. O., S. 228-230).

Bei einer Regelabstandsflächentiefe von 0,4 H beträgt der aus der Summe der beiderseitigen Tiefen der Abstandsflächen gebildete Gesamtabstand zwischen den Gebäuden regelmäßig 0,8 H. Dieser Gesamtabstand entspricht etwa einem Verbauungswinkel von 45 Grad, der sich zeichnerisch bei der nach § 48 Abs. 1 Satz 1 BauO Bln für Aufenthaltsräume vorgeschriebenen Mindesthöhe von 2,50 m ausgehend von der Mitte der dazugehörigen Fensterhöhe von 1,35 m unterhalb des Fenstersturzes (0,3 m DIN 5034-4 unter 3.7) als maßgebender Bezugspunkt ergibt. Aus den tabellarischen Werten der DIN 5034-4 (zur Anwendung und den Parametern siehe DIN 5034-4 unter 4 und 4.1) lässt sich so bei einem Verbauungswinkel von 45 Grad und einer Raumhöhe von 2,50 m für einen 5 m x 4,5 m = 22,5 m² großen Raum eine Mindestfensterfläche für eine ausreichende Tageslichtbeleuchtung von 1,35 m x 4,38 m = 5,91 m² entnehmen (vgl. Frommhold/Hasenjäger, a. a. O., 22. Aufl. unter Verbauungsgrad 45 Grad/Raumhöhe 2,50 m, S. 230 unten). Dies entspricht rund 1/4 der Raumfläche. Demgegenüber legt § 48 Abs. 2 Satz 2 als Mindestmaß der Fenstergröße nur noch 1/8 der zugeordneten Aufenthaltsraumgrundfläche fest. Dies bedeutet, dass mit einer Regelabstandsfläche von 0,4 H die Qualitätsstandards der DIN 5034-1 – Tageslicht in Innenräumen – zwar zu erreichen sind, dass diese jedoch im Falle einer Beschränkung auf das in § 48 Abs. 2 Satz 2 genannte Mindestrohbaumaß von Fensteröffnungen von 1/8 der Netto-Grundfläche des Raumes u. U. unterschritten werden (vgl. Jäde, MBO 2002, München, 2003, zu § 6 Abs. 5 MBO 2002, S. 45; siehe Kritik und Berechnungsbeispiele bei Schmidt, Baugesetzgebung und Tageslichtbeleuchtung, DWW 1999, 113). Der Gesetzgeber begründet dies damit, dass sich die DIN 5034-4 auf ungünstige Annahmen, wie einen bedeckten Himmel sowie Lagen im Bereich des unteren Geschosses beziehe und eine Vergrößerung der Abstände in diesen Fällen nur zu einer verhältnismäßig geringen Erhöhung der Helligkeit in Aufenthaltsräumen führen würde. Außerdem würden die Länder mit vergleichbaren Abstandsflächenregelungen über keine schlechten Erfahrungen damit berichten (vgl. Gesetzesbegründung zu § 48 Abs. 2 Satz 2 sowie auch Gädtke/Temme/Heintz, BauO NRW, 10. Aufl. 2003, § 6 RNr. 24).

58 d) **Städtebauliche Gründe** können jedoch unabhängig von den bauordnungsrechtlichen Abstandsflächenanforderungen auch zu **geringeren Gebäudeabständen** führen (vgl. zu Abs. 8 auch RNr. 102–106). Die Festlegung auf ein einheitliches bauordnungsrechtliches Abstandsflächenmaß von 0,4 H lässt zwar noch Raum für bauplanungsrechtliche Regelungen zur Schaffung abweichender Bebauungsformen, da dem Planungsrecht der Vorrang gegenüber dem Bauordnungsrecht eingeräumt wird (siehe hierzu RNr. 21). Dennoch dürften **Unterschreitungen** des nunmehr geregelten bauordnungsrechtlichen **Mindestniveaus kaum mehr zu begründen** sein. Eine solche Abweichung erfordert eine Rechtfertigung durch besondere städtebauliche Verhältnisse. Die Auswirkungen derart reduzierter Abstandsflächen auf die Schutzgüter des Abstandsflächenrechts müssen hierbei in der Abwägung berücksichtigt werden (vgl. OVG Bln-Bbg, U. v. 18. 12. 2007 – OVG 2 A 3.07 – sowie Gesetzesbegründung zu § 6 Abs. 5 unter Bezugnahme auf Sächs OVG, Urt. v. 6. 6. 2001, BRS 64 Nr. 30 = SächsVBl. 2001, 220.; siehe jedoch klarstellend bezüglich der Besonderheiten des § 6 Abs. 5 SächsBO a. F. „Nachweis"-Boeddinghaus, Änderung der Vorschriften über den Vorrang planungsrechtlicher Regelungen vor den bauordnungsrechtlichen Abstandsregelungen, BauR 2003, 1664).

59 2. In **Abs. 5 Satz 2** wird die Mindestabstandsflächentiefe für **Gewerbe- und Industriegebiete** auf die Hälfte der regelmäßigen Mindestabstandsflächentiefe, nämlich auf **0,2 H**, mindestens 3 m, reduziert. Da die regelmäßige Abstandsflächentiefe nunmehr ohnehin nur noch 0,4 H beträgt, entfällt die bisherige Reduzierung der Abstandsflächentiefe auf 0,5 H in Kerngebieten. Auf die Regelung in § 6 Abs. 5 Satz 3 a. F., wonach in Sondergebieten geringere Abstandsflächentiefen (als 1 H), jedoch nicht weniger als 3 m gestattet werden konnten, wenn die Nutzung des Sondergebiets dies rechtfertigte, wurde verzichtet, da den Besonderheiten von Sondergebieten im Rahmen der Bauleitplanung und ggf. durch Abweichungen nach § 68 hinreichend Rechnung getragen werden kann.

60 3. **Abs. 5 Satz 3** enthält eine begünstigende **Sonderregelung für Wohngebäude der Gebäudeklassen 1 und 2,** für die eine Tiefe der **Abstandsfläche von 3 m** genügt. Dies soll nach der Gesetzesbegründung ein Ausgleich für die sich aus der vollen Anrechnung von Giebelflächen auf die Abstandsflächentiefe ergebenden Verschärfungen der abstandsflächenrechtlichen Anforderungen gegenüber der bisherigen Rechtslage sein (siehe hierzu RNr. 49).

61 Mit dieser Privilegierung bestimmter Wohngebäudetypen lassen sich sehr viel **weitergehendere Verdichtungsmöglichkeiten** erreichen, als es mit der Regelabstandsfläche von 0,4 H möglich ist und als es die volle Giebelanrechnung in Folge der Gesetzesänderung in ihren Auswirkungen rechtfertigen dürfte. Denn trotz der Beschränkung in Abs. 5 Satz 3 auf **nicht mehr als drei oberirdische Geschosse** sowie einer **Höhenbegrenzung der Gebäudeklassen 1 und 2** gemäß § 2 Abs. 3 Satz 1 Nr. 1a und Nr. 2 **auf 7 m** können von dieser Regelung Gebäude erfasst werden, die bei Vorhandensein eines eingesenkten Geschosses, das bis zu 1,40 m über die Geländeoberfläche reicht (§ 2 Abs. 6 Satz 1), sowie von Raumhöhen von 2,50 m (§ 48 Abs. 1 Satz 1) und mehr je Geschoss, weit über die vermeintlich nur zulässige Gesamthöhe von bis zu 7 m hinausreichen. Dies liegt daran, dass sich die **Höhe der Gebäudeklassen 1 und 2**

§ 6 RNr. 62

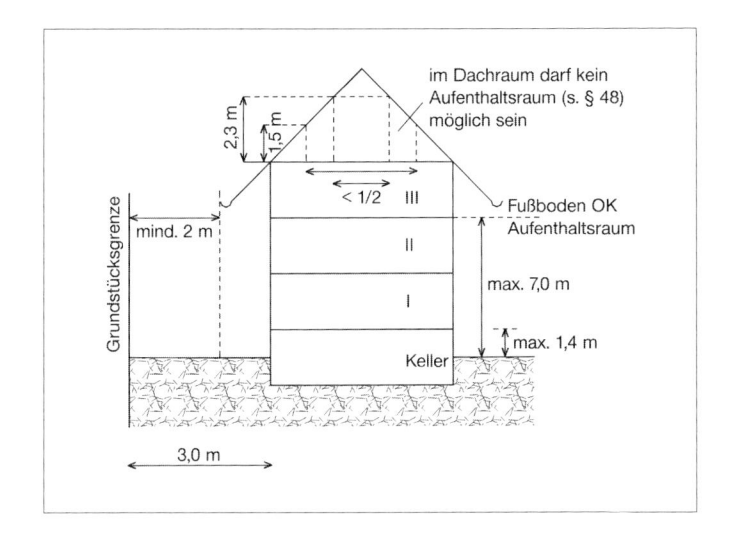

Bildbeispiel zu
§ 6 Abs. 5 Satz 3 (RNr. 61)
Gebäudeklasse 1 [1]

definitionsgemäß nach § 2 Abs. 3 Satz 2 errechnet und damit nach dem Maß von der Geländeoberfläche **bis zur Fußbodenoberkante** des **höchstgelegenen (dritten) Geschosses**, in dem ein Aufenthaltsraum untergebracht ist. Sie berechnet sich demnach noch nicht einmal nach der höchsten Stelle des Aufenthaltsraums im dritten Obergeschoss, sondern nur nach dessen Fußbodenoberkante (vgl. Gesetzesbegründung zu § 2 Abs. 3 Satz 2). Auf diese Weise wäre die Höhe des dritten Geschosses und die des Daches für die Vergegenwärtigung des tatsächlichen Gesamteindrucks noch hinzuzurechnen, ohne dass die abstandsflächenrechtliche Privilegierung davon berührt würde. Die auf 3 m reduzierte Abstandsfläche könnte dadurch beispielsweise auch für faktische Gebäudehöhen von 9,80 m zuzüglich Dach ausreichen (1,40 m eingesenktes Geschoss und 2 x 2,80 m Höhe des ersten und zweiten Geschosses = 7 m Höhe bis zur Fußbodenoberkante des nächsthöheren (dritten) Geschosses sowie die Höhe des dritten Geschosses = 9,80 m zuzüglich Dach). Hierbei ist die Dachneigung bei Einhaltung der sonstigen Gebäudeklassenmaße irrelevant (Abs. 5 Satz 2). In dem Dachgeschoss darf dann allerdings kein Aufenthaltsraum mehr möglich sein (§ 2 Abs. 3 Satz 2, § 48 Abs. 1 Satz 2). Dadurch wären rechnerisch Abstandsflächen von nur noch 0,25 H möglich, die aufgrund des nach Abs. 5 Satz 3 nur einzuhaltenden Mindestabstands von 3 m als ausreichend anzusehen sein müssten (vgl. hierzu Bildbeispiel zu § 6 Abs. 5 Satz 3; Berechnungen bei Boeddinghaus, Sozialabstand, BauR 2004, 763, 771 ff.).

Die für die Gebäudeklassen 1 und 2 vom Gesetz darüber hinaus verlangte Beschränkung der Brutto-Grundfläche auf 400 m^2 (§ 2 Abs. 3 Nr. 1 und 2) führt in diesem Zusammenhang zu Wandlängenbegrenzungen, die durch den Wegfall des Schmalseitenprivilegs der BauO Bln 1997 (§ 6 Abs. 5 a. F.) keine Rolle mehr zu spielen schienen (vgl. Boeddinghaus, a. a. O., S. 772).

XIII. Mit der Einführung einer Regeltiefe der Abstandsflächen von 0,4 H stellt sich die Frage nach der **Reichweite des Nachbarschutzes**. Nach der Schutznormtheorie ist es grundsätzlich Sache des Gesetzgebers, den von ihm erlassenen Normen eine nachbarschützende Wirkung beizulegen, sich nur für eine partielle Schutzwirkung zu entscheiden oder diese auch ganz zu verweigern (vgl. zur Ermittlung des drittschützenden Charakters einer Norm grundsätzlich: BVerwG, U. v. 19. 9. 1986, BRS 46

[1] mit freundlicher Genehmigung des Bundes der Öffentlich bestellten Vermessungsingenieure e.V. (BDVI)

Nr. 173, S. 399). Dass Abs. 5 den Abstandsflächen jedenfalls nicht mehr ausdrücklich nachbarschützende Wirkung zuspricht, wie es noch nach § 6 Abs. 5 Satz 5 a. F. zur Hälfte des (damaligen) Maßes von 1 H – also 0,5 H –, mindestens jedoch zu 3 m, der Fall war, ist ohne Belang, denn die nachbarschützende Wirkung einer Norm ist eine Frage des materiellen Gehalts und nicht der ausdrücklichen Gewährung. Maßgebend ist, ob dem Gesetz eine Wechselbezüglichkeit der Nachbargrundstücke zu entnehmen ist, denn der Nachbarschutz beruht auf dem Grundgedanken eines nachbarlichen Gemeinschafts- und Austauschverhältnisses, aus dem heraus jeder Grundstücksnachbar zugunsten des anderen gewissen Beschränkungen unterworfen ist, aber auch seinerseits deren Beachtung durch den Nachbarn verlangen kann (siehe hierzu Reichel/Schulte, Handbuch des Bauordnungsrechts, 2004, Kap. 3 RNr. 163, S. 314). Eine solche Wechselbezüglichkeit ist hier festzustellen, so dass davon auszugehen ist, dass nunmehr die Abstandsfläche von 0,4 H in vollem Umfang nachbarschützend ist. Dies ist auch der Begründung des Gesetzes (siehe zu § 6 hinter Abs. 5 Satz 3) – zumindest sinngemäß – zu entnehmen. Anderenfalls bestünde im Hinblick auf die Verkürzung der Abstandsflächen noch unter das (bisher nach den Vorstellungen des Gesetzgebers nachbarschützende) Maß von 0,5 H auch ein zu starker Wertungswiderspruch im Verhältnis zu dem dem Abstandsflächenrecht in seiner historischen Entwicklung zugrunde liegenden Interessenausgleich sowie auch in Bezug auf das bauplanungsrechtliche Rücksichtnahmegebot.

63 1. Die **Entwicklung des Nachbarschutzes** im Abstandsflächenrecht war wechselvoll.

a) Das OVG Bln hat schon frühzeitig den Vorschriften der BO 29 sowie der BO 58 über den Abstand von Grenzen **nachbarschützenden Charakter** zugesprochen (vgl. U. v. 24. 9. 1954, BBauBl. 1955, 188; U. v. 20. 5. 1955, JR 1956, 74; U. v. 24. 1. 1958, OVGE 5, 26, 28; U. v. 7. 5.1 965, BRS 16 Nr. 72), nicht dagegen den Abstandsflächen nach der BO 58 (vgl. U. v. 6. 2. 1961, OVGE 6,198; U. v. 27. 1. 1967, BRS 18 Nr. 127; U. v. 14. 4. 1967, BRS 18 Nr. 124). Der Grenzabstand des § 7 BauO Bln 1979 war nachbarschützend, nicht jedoch die Abstandsflächen des § 8 BauO Bln 1979 (vgl. OVG Bln, B. v. 28. 1. 1981, OVGE 15, 196, 199; U. v. 29. 6. 1981, ZMR 1982, 43, 45; U. v. 15. 11. 1985, BRS 46 Nr. 175; U. v. 27. 3. 1987, OVGE 18, 44, 45 = BRS 47 Nr. 167; U. v. 23. 9. 1988, BRS 48 Nr. 177; U. v. 22. 5. 1992, OVGE 20, 238, 249 = BRS 54 Nr. 97). Nach dem abstandsflächenrechtlichen „Systembruch" (vgl. unter RNr. 2) war das OVG Bln zunächst der Ansicht, die Regelung über die Tiefe der Abstandsfläche in § 6 Abs. 5 BauO Bln 1985 vermittle Nachbarschutz nur über das Gebot der Rücksichtnahme, also im Falle der Unzumutbarkeit (U. v. 27. 3. 1987, OVGE 18, 44, 45 f. = BRS 47 Nr. 167). Diese Meinung wurde zunächst relativiert (vgl. OVG Bln, U. v. 29. 9. 1988, OVGE 18, 125, 128 betr. § 6 Abs. 11 Nr. 1 BauO Bln 1985), später aufgegeben und durch die in ständiger Rechtsprechung vertretene Auffassung ersetzt, dass die Regelung des § 6 Abs. 5 BauO Bln 1985 in **vollem Umfang nachbarschützend** sei (vgl. OVG Bln, U. v. 22. 5. 1992, OVGE 20, 238 = BRS 54 Nr. 97; U. v. 31. 7. 1992, OVGE 20, 190, 196 f. = BRS 54 Nr. 91; U. v. 21. 8. 1992, BRS 54 Nr. 93; B. v. 5. 2. 1993, BRS 55 Nr. 111; B. v. 25. 3. 1993, BRS 55 Nr. 121; U. v. 25. 2. 1994, BRS 56 Nr. 172; B. v. 18. 7. 1994, BRS 56 Nr. 110; B. v. 6. 9. 1994, OVGE 21, 98, 99 ff. = BRS 56 Nr. 173 betr. § 6 Abs. 2 Satz 2 BauO Bln 1985). Die Reduzierung des nachbarschützenden Gehalts der Abstandsflächen auf die Hälfte und damit auf das Maß des Schmalseitenprivilegs war dann die Replik des Gesetzgebers auf die Judikatur des OVG Bln (vgl. AH-Drucks. 12/5688, S. 6, 7, 8 und Ortloff, GE 1996, 26).

b) Anhand dieser Entwicklung des Abstandsflächenrechts ist jedenfalls eine ständig **64** fortschreitende Reduktion der Tiefe der Abstandflächentiefe und eine damit einhergehende Verkürzung ihrer Schutzwirkung festzustellen. Zunächst ist die in § 6 Abs. 5 Satz 1 BauO Bln 1985 noch vorgesehene Mindesttiefe von 9 m vor bestimmten Wänden in reinen und allgemeinen Wohngebieten entfallen, so dass auch in diesen Fällen nur noch die Mindesttiefe von 3 m galt (wenn 1 H unter diesem Grenzwert lag). Schon damals sollten im Interesse des sparsamen Umgangs mit Grund und Boden bei Wohngebäuden geringerer Höhe verdichtetere Bauformen ermöglicht werden, „ohne dass die Schutzwirkung von Abständen für benachbarte Grundstücke wesentlich eingeschränkt wird" (vgl. AH-Drucks. 12/5688, S. 7 – zu § 6 –). Außerdem wurde die früher erforderliche Tiefe der Abstandsflächen zu öffentlichen Verkehrsflächen auf 0,5 H gesenkt, um dadurch Konfliktfälle zu vermindern, die auftreten, wenn öffentliche Verkehrsflächen für Abstandsflächen in Anspruch genommen werden (vgl. OVG Bln, B. v. 6. 9. 1994, OVGE 21, 98 = BRS 56 Nr. 173). Mit dieser Verkürzung sollte „den gegebenen städtebaulichen Verhältnissen Vorrang eingeräumt" werden (vgl. AH-Drucks. 12/5688, S. 8, 6, 7 f.). Schließlich wurde mit § 6 Abs. 5 Satz 4 a. F. die nachbarschützende Wirkung nicht mehr an speziellen Konfliktlagen orientiert verkürzt, sondern **pauschal halbiert** (siehe hierzu Vorauflage des Kommentars unter § 6 RNr. 55). Seit dem Inkrafttreten der geltenden BauO Bln (§ 6 Abs. 5) gilt nur noch ein Regelabstandsflächenmaß von 0,4 H, mindestens 3 m.

c) Die ständig fortschreitende Reduzierung der nachbarschützenden Wirkung bei gleich- **65** zeitiger Aufrechterhaltung der primär nachbarbezogenen Zwecke wirft Probleme auf, die sich aus der **bundes(verfassungs)rechtlichen Fundierung** des Abstandsflächenrechts ergeben (vgl. unter RNr. 5). Da § 6 die Rechte und Pflichten von Nachbarn wechselbezüglich festlegt und der zwischen ihnen bestehende normative Ausgleich eine Regelung im Sinne des Art. 14 Abs. 1 Satz 2, Abs. 2 GG darstellt, kann der Landesgesetzgeber solchen grundrechtlichen oder grundrechtlich beeinflussten Positionen nicht die Klagbarkeit absprechen (zu der damit aufgeworfenen Frage nach der „Resistenz des Drittschutzes" vgl. Wilke, in: Gedächtnisschrift für Eberhard Grabitz, hrsg. v. Randelzhofer u. a., 1995, S. 905, 913 ff.).

d) Auch die Verzahnung des abstandsflächenrechtlichen Nachbarschutzes mit dem **66** **bundesrechtlichen Rücksichtnahmegebot** wird durch die weitere Abstandsflächenverkürzung berührt. Nach der Rechtsprechung des BVerwG ist für eine (subjektivrechtliche) Verletzung des Rücksichtnahmegebots bezüglich der durch das Abstandsflächenrecht geschützten Belange der Belichtung, Besonnung und Belüftung sowie der Begrenzung der Einsichtnahmemöglichkeiten kein Raum, wenn ein Vorhaben den landesrechtlichen Anforderungen an die Einhaltung von Abstandsflächen genügt (vgl. BVerwG, B. v. 22. 11. 1984, BRS 42 Nr. 206; U. v. 16. 9. 1993, BRS 55 Nr. 110; B. v. 6. 12. 1996, BRS 58 Nr. 164), denn das Abstandsflächenrecht stellt in Bezug auf diese Belange eine Konkretisierung des Gebots nachbarlicher Rücksichtnahme dar (vgl. OVG Bln, B. v. 25. 3. 1993, BRS 55 Nr. 121; U. v. 25. 2. 1994, BRS 56 Nr. 172; B. v. 4. 8. 1995, LKV 1996, 217; U. v. 29. 3. 1996, OVGE 22, 24, 26). Die Konsumtion des bundesrechtlichen Rücksichtnahmegebots durch das Bauordnungsrecht findet allerdings dann nicht statt, wenn Rechte des Nachbarn durch solche Einwirkungen beeinträchtigt werden, gegen die das Abstandsflächenrecht keinen Schutz gewährt (vgl. BVerwG, U. v. 23. 5. 1986, BRS 46 Nr. 176 zur Wirkung einer Siloanlage in Grenznähe eines Gartengrundstücks als „metallische Mauer") oder die über den von dem abstandsflächenrechtlichen Schutzbereich und der sich daraus ergebenden gesetzgeberischen Wertung hinausgehen („erdrückende Wirkung" eines Gebäudes oder die Schaffung einer „Hinterhofsituation", OVG Bln, U. v. 29. 3. 1996, OVGE 22, 24, 27 = BRS 58 Nr. 169 m. w. N.; „einengende Wirkung" bei Kumulation zulässiger Grenzbauten, wie Terrassensockel mit Brüstungsmauer und Pergola auf einem schmalen Reihenhausgrundstück, VGH BW, U. v. 14. 8. 1997, BRS 59 Nr. 189 = BauR 1998, 517; „optisch bedrängende Wirkung" von Rotorblättern einer Windkraftanlage trotz Einhaltung der Abstandsflächen, OVG NRW, B. v. 2. 4. 2003, BauR 2004, 475; Aussichtsplattform neben Wohngrundstück OVG Bln-Bbg, B. v. 10. 3. 2006 – OVG 10 S 5.05 –). In besonders gelagerten Fällen kann somit ein Verstoß gegen das bauplanungsrechtliche Gebot der Rücksichtnahme zur Unzulässigkeit eines Bauvorhabens führen, obwohl es die Abstandsflächenvorschriften nicht verletzt (BVerwG, U. v. 11. 1. 1999, BRS 62 Nr. 102).

67 **e)** Legt man im Anwendungsbereich des Rücksichtnahmegebots die zunehmend **fortschreitende bauordnungsrechtlich reduzierte nachbarschützende Wirkung der Abstandsflächen** zugrunde, würde damit der erwähnten Judikatur des BVerwG sukzessiv der Boden entzogen. Darauf dürfte die **Tendenz der Rechtsprechung des BVerwG** zurückzuführen sein, das subjektiv-rechtliche **Gebot der Rücksichtnahme aus der „Umklammerung" durch die generell-abstrakt drittschützenden bauordnungsrechtlichen Regelwerke zu befreien** (vgl. Boeddinghaus, Deregulierung, BauR 2006, 1256; Mampel, Drittschutz durch das bauplanungsrechtliche Gebot der Rücksichtnahme, DVBl. 2003, 1830, 1833). Denn das BVerwG hat in vorsichtiger Abkehr von seiner bisherigen Rechtsprechung in seinem Beschluss vom 11. 1. 1999 (BRS 62 Nr. 102) ausgeführt, dass die nachbarlichen Belange, die in den landesrechtlichen Abstandsflächenvorschriften bauordnungsrechtlich zu einem Ausgleich gebracht worden seien, auch städtebauliche Bedeutung hätten, so dass Überwiegendes dafür spreche, dass sie bauplanungsrechtlich geregelt werden dürften und solche Regelungen des Städtebaurechts nicht durch die – noch dazu unterschiedlichen – landesbauordnungsrechtlichen Abstandsvorschriften verdrängt werden könnten. Das SächsOVG hat nach der Reduzierung der Abstandsfläche auf 0,4 H durch die Neufassung der SächsBO die Loslösung des Rücksichtnahmegebots von der Einhaltung der abstandsflächenrechtlichen Vorschriften der Landesbauordnung inzwischen vollzogen (SächsOVG, B. v. 20. 10. 2005, BauR 2006, 1104 = LKV 2006, 563).

Insbesondere die mit Abs. 5 Satz 3 für Wohngebäude der Gebäudeklasse 1 und 2 geschaffenen – noch über 0,4 H rechnerisch hinausgehenden – Verdichtungsmöglichkeiten (siehe hierzu RNr. 60) werfen die Frage des Verhältnisses des Rücksichtnahmegebots zu den landesbauordnungsrechtlichen Abstandsflächenregelungen auf (vgl. auch Boeddinghaus, Sozialabstand, BauR 2004, 763, 774; ders., Deregulierung, BauR 2006, 1248, 1256). Letztlich dürften sich eventuelle abstandsflächenrechtliche Regelungslücken zulasten der Nachbarn jedenfalls nicht allein durch das planungsrechtliche Gebot der Rücksichtnahme schließen lassen, das auf Zumutbarkeitskriterien beruht, die durch die Rechtsprechung geschaffen worden sind und nicht auf gesetzliche Detailregelungen gerichtet ist, wie sie das Abstandsflächenrecht erfordert (vgl. hierzu Kritik von Schulte in Reichel/Schulte, Handbuch des Bauordnungsrechts, 2004, Kap. 1 RNr. 458 sowie ders., Die Reform des Bauordnungsrechts in Deutschland, DVBl. 2004, 925, 930, 931).

68 **f)** Eine **Übertragung des bauplanungsrechtlichen Rücksichtnahmegebots in das Bauordnungsrecht** kann jedoch für den Fall erforderlich sein, dass unterschiedliche Baugebiete aufeinander treffen, für die jeweils verschiedene Tiefen der Abstandsflächen gelten (z. B. Abs. 5 Satz 1 Wohngebäude in einem Mischgebiet 0,4 H/Abs. 5 Satz 2 Geschäftsgebäude in einem Gewerbegebiet 0,2 H), denn der pauschalierende Charakter der Abstandsflächenregelungen hat zur Folge, dass die Abstandsflächen innerhalb der jeweiligen Baugebiete unabhängig von der baulichen Nutzbarkeit des

angrenzenden Grundstücks gelten. Eine Lösung solcher Konfliktlagen ist – anders als z. B. in § 6 Abs. 4 Satz 4 BauO NRW, wonach zu angrenzenden anderen Baugebieten die jeweils größere Tiefe der Abstandsfläche, mindestens jedoch 3 m, gilt – in der geltenden BauO Bln nicht erfolgt. Das insoweit starre Berliner Abstandsflächenrecht lässt keine differenzierte Zwischenlösung zu, sondern allenfalls geringere Abstandsflächen durch bestimmte Festsetzungen in einem Bebauungsplan (Abs. 8). Da jedoch auch zwischen Grundstückseigentümern in verschiedenen Baugebieten ein auf gegenseitigen Ausgleich der Rechte und Pflichten angewiesenes Nachbarschaftsverhältnis besteht, andererseits die nachbarlichen Belange aber durch die speziellen bauordnungsrechtlichen Vorschriften gerade nicht geschützt werden, weil z. B. eine ausreichende Besonnung, Belichtung und Belüftung der Gebäude und ein gewisser sozialer Abstand zwischen ihnen in Gewerbegebieten nicht annähernd so wichtig ist wie in Wohngebieten, was die Verkürzung der Abstandsflächen in diesem Bereich zeigt, bedarf es bei einer solchen Konstellation eines Rückgriffs auf das Rücksichtnahmegebot. Dass die Übertragung des dem Planungsrecht entstammenden Rücksichtnahmegebots in das Bauordnungsrecht möglich ist, hat das OVG Bln im Zusammenhang mit § 6 Abs. 1 Satz 4 a. F. anerkannt (OVG Bln, B. v. 9. 1. 1998, BRS 60 Nr. 107). Hier könnte in Anlehnung zu der Rechtsprechung zu den gebietsadäquaten Immissionsrichtwerten (BVerwG, B. v. 29. 10. 1984, DVBl. 1985, 397) eine Feinsteuerung im Baugenehmigungsverfahren durch Zugrundelegung einer Art „Mittelwert" in Betracht kommen, um einen ausgewogenen Interessenausgleich zu schaffen und einseitige Lastenverteilungen zu vermeiden.

2. Wie schon nach bisherigem Recht (vgl. OVG Bln, U. v. 29. 9. 1988, OVGE 18, 125, 128; U. v. 22. 5. 1992, OVGE 20, 238, 252 = BRS 54 Nr. 97; U. v. 31. 7. 1992, OVGE 20, 190, 196 f. = BRS 54 Nr. 91; U. v. 21. 8. 1992, BRS 54 Nr. 93; U. v. 25. 2. 1994, BRS 56 Nr.172) muss der **Nachbarschutz ohne den Nachweis** einer – über die Verletzung der abstandsflächenrechtlichen Schutznorm hinausgehenden – **konkreten Beeinträchtigung** gewährt werden (vgl. OVG Bln, U. v. 28. 11. 2003, BRS 66 Nr. 130 ;U. v. 11. 2. 2003 – OVG 2 B 16.99 – BauR 2003, 770 Ls = ZfBR 2004, 184 Ls ; B. v. 31. 1. 1997, OVGE 22, 85, 87; B. v. 9. 1. 1998, BRS 60 Nr. 107 ; U. v. 22. 5. 1992, OVGE 20,238 = BRS 54 Nr. 97; U. v. 21. 8. 1992, BRS 54 Nr. 93). Dies gilt erst Recht nachdem das Abstandsflächenmaß nunmehr noch unter 0,5 H liegt. Dem Nachbarn steht somit ein Abwehrrecht zu, wenn ihm gegenüber die Beschränkungen und Maße des Abs. 5 nicht eingehalten werden, denn diese Markieren die Zumutbarkeitsschwelle. Das in sich geschlossene System der Abstandsflächenvorschriften ermöglicht eine zentimetergenaue Bestimmung der Abstandsflächentiefe, die wiederum Ausdruck der durch § 6 in einen gerechten Ausgleich gebrachten schutzwürdigen und schutzbedürftigen Interessen der Grundstücksnachbarn ist. Eine Abweichung (§ 68) hiervon kann – bis auf die unter RNr. 70 und 71 genannten Sonderfälle – nur in Betracht kommen, wenn eine grundstücksbezogene Atypik vorliegt (Besonderheiten des Grundstückszuschnitts, topographische Besonderheiten des Geländeverlaufs), nicht aber schon im Interesse einer besseren Ausnutzbarkeit des Grundstücks, gekoppelt mit einer von einer Atypik losgelösten vagen Vergleichsbetrachtung möglicher Beeinträchtigungen des Nachbarn. Dies würde zu einer beliebigen Relativierung des Nachbarschutzes führen (vgl. OVG NRW, B. v. 5. 3. 2007, BauR 2007, 1031 – unabhängig von den dortigen Besonderheiten des Landesrechts; Schulte, Abstände und Abstandsflächen in der Schnittstelle zwischen Bundes- und Landesrecht, BauR 2007, 1514, 1520). Im Anfechtungsstreit kann der Nachbar nach der bisherigen Rechtsprechung des OVG Bln allerdings nur hinsichtlich des ihn verletzenden Teils des genehmigten Bauvorhabens Erfolg haben (OVG Bln, B. v. 25. 3. 1993, BRS 55 Nr. 121; B. v. 27. 10. 2004, BRS 67 Nr. 131 = BauR 2005, 368).

§ 6 RNr. 70

70 a) Dass es im Falle einer Verletzung von Abstandsflächenvorschriften für die Annahme einer Nachbarrechtsverletzung und damit eines nachbarlichen Abwehranspruchs grundsätzlich keines Nachweises einer tatsächlichen Beeinträchtigung bedarf (vgl. OVG Bln, U. v. 22. 5. 1992, OVGE 20, 238 = BRS 54 Nr. 97), gilt jedoch nicht **im Falle wechselseitiger Abstandsflächenunterschreitung,** wenn die Berufung auf Nachbarrechte wegen eines sich aus dem Nachbarverhältnis ergebenden Verstoßes des Rechtsschutzbegehrens gegen Treu und Glauben, der in der gesamten Rechtsordnung gilt und auch das landesgesetzliche Abstandflächenrecht ergänzt (BVerwG, B. v. 9. 9. 2000, BRS 63 Nr. 131), rechtsmissbräuchlich wäre (vgl. OVG Bln, U. v. 22. 5. 1992, OVGE 20, 238 = BRS 54 Nr. 97). Dies ist der Fall, wenn der rechtsschutzsuchende Nachbar die erforderliche Tiefe der Abstandsfläche seinerseits nicht einhält. Denn aus dem System nachbarlicher Ausgleichs- und Rücksichtnahmepflichten folgt, dass derjenige, der mit der Bebauung seines Grundstücks Abstandsflächen in einem Maß in Anspruch nimmt, das den bauordnungsrechtlichen Bestimmungen über die einzuhaltenden Abstände widerspricht, nicht beanspruchen kann, dass der benachbarte Grundstückseigentümer diese Vorschriften einhält und damit im größeren Umfang die erforderlichen Abstände wahrt. Hierbei ist es unerheblich, ob das Gebäude des Nachbarn seinerzeit in Übereinstimmung mit den geltenden Bauvorschriften errichtet worden ist oder Bestandsschutz genießt (vgl. OVG Bln, U. v. 6. 9. 1994, OVGE 21, 98 = BRS 56 Nr. 173; B. v. 27. 10. 2004, BRS 67 Nr. 131 = BauR 2005, 368). Maßstab für die Frage der Abstandsflächenrechtsverletzung ist der Zeitpunkt der Erteilung der den Bauherrn begünstigenden Baugenehmigung für die bauliche Anlage. Danach eingetretene Rechtsänderungen können sich nicht mehr zu Lasten des Bauherrn auswirken (vgl. BVerwG, U. v. 14. April 1978, BRS 33 Nr. 158; B. v. 16. 12. 1968, BRS 20 Nr. 111). Rechtsänderungen zugunsten des Bauherrn sind dagegen zu berücksichtigen, weil es weder sinnvoll noch mit der verfassungsmäßigen Garantie des Eigentums vereinbar wäre, eine Baugenehmigung aufzuheben, die sogleich wieder erteilt werden müsste (vgl. BVerwG, U. v. 5. 10. 1965, BRS 16 Nr. 97; B. v. 22. 4. 1996, BRS 58 Nr. 157).

Allerdings **muss die wechselseitige Verletzung der Abstandsflächenvorschriften annähernd vergleichbar sein.** Dies setzt eine quantitativ und qualitativ wertende Betrachtung voraus (OVG Bln, U. v. 11. 2. 2003, BauR 2003, 770 Ls = ZfBR 2004, 184 Ls; OVG Bln-Bbg, B. v. 18. 8. 2006 – OVG 2 N 359.04 –; B. v. 1. Juni 2007 – OVG 10 N 53.05 –; offen gelassen: B. v. 25. 9. 2007 – OVG 10 N 30.06 –). Hierbei ist keine zentimetergenaue quantitative Entsprechung der Fläche des „Abstandsschattens" gefordert, sondern eine wertende Betrachtung in Bezug auf die Qualität der mit der Verletzung der Abstandsflächenvorschriften einhergehenden Beeinträchtigungen anzustellen (Himmelsrichtung, Besonnung, Emissionen, vgl. OVG Bln, U. v. 11. 2. 2003, a. a. O.; NdsOVG, B. v. 9. 9. 2004, BauR 2005, 372; VGH BW, U. v. 18. 11. 2002, BRS 65 Nr. 193; NdsOVG, B. v. 30. 3. 1999, BauR 1999, S. 1163, 1166; OVG NRW, U. v. 24. 4. 2001, BRS 64 Nr. 188). Der quantitative Vergleich kann anhand der wechselseitig betroffenen Grundstücksflächen vorgenommen werden. Der qualitative Vergleich richtet sich dagegen danach, ob z. B. einer Süd-West-Lage durch die Überdeckung teilweise die Besonnung genommen wird, während dies aufgrund der nördlichen Lage des Nachbargrundstücks im umgekehrten Fall nicht so ist. Sind bebaute Teile eines Grundstücks von der Überdeckung durch die Abstandsflächen betroffen, liegt bei qualitativer Bewertung eine eher geringe Beeinträchtigung vor, wenn es sich nur um einen fensterlosen Brandwandüberstand handelt (OVG Bln, U. v. 11. 2. 2003, a. a. O.) oder nur um eine Wand mit schießschartenartigen Entlüftungsöffnungen für Einstellplätze (NdsOVG, B. v. 9. 9. 2004, BauR 2005, 72). Eine Ausnahme von diesem Grundsatz kommt allerdings in den Fällen in Betracht, in denen auch durch die gegen das Abstandsflächenrecht verstoßende neue Bebauung in gefahrenrechtlicher Hinsicht völlig untragbare Zustände entstehen würden (VGH BW, U. v. 18. 11. 2002, BRS 65 Nr. 193) oder wenn trotz Vorbelastung des Nachbargrundstücks durch eine Grenzbebauung das neue Bauvorhaben zu einer nicht hinnehmbaren zusätzlichen Verschlechterung der Situation führt (vgl. VGH BW, B. v. 13. 6. 2003, BRS 66 Nr. 129).

b) Eine abweichende Beurteilung ist auch dann gerechtfertigt, wenn auf dem Nachbargrundstück besondere Umstände vorliegen, die das Interesse des Nachbarn an der Einhaltung der Abstandsflächentiefe deutlich mindern oder weniger schutzwürdig erscheinen lassen (vgl. VGH BW, B. v. 20. 4. 2004, BauR 2004, 1920 = NVwZ-RR 2004, 637). Dies ist der Fall, wenn **weder in quantitativer noch in qualitativer Hinsicht eine Belastung des Nachbarn durch die Abstandsflächenunterschreitung erkennbar** ist. Eine „Bagatellgrenze", wie in § 6 Abs. 2 Satz 3 der Brandenburgischen Bauordnung (siehe hierzu Boeddinghaus, Die Bagatellregelung in § 6 Abs. 2 Satz 3 BbgBO, BauR 2006, 342), gibt es in der geltenden BauO Bln nicht. Maßgebend ist vielmehr in diesen Ausnahmefällen, ob der Nachbar nicht schutzbedürftig ist, so dass für einen gerichtlichen Rechtsschutz wegen Abstandsflächenunterschreitungen kein Raum ist (vgl. OVG Bln, U. v. 28. 11. 2003, BRS 66 Nr. 130; U. v. 25. 2. 1994, BRS 56 Nr. 172 sowie OVG RP, B. v. 9. 9. 2003, DVBl. 2003, 1472 Ls; OVG Saar, B. v. 25. 2. 2000, BRS 63 Nr. 132). Ein solcher Fall liegt vor, wenn ein nicht bebaubarer Hammerstiel von einer geringfügigen Abstandsflächenunterschreitung betroffen ist, dessen Bebauung für die Zukunft nicht in Betracht kommt, weil er die Erschließung des Grundstücks im Sinne des § 4 Abs. 1 sichert. Außerdem eignet sich ein solcher Hammerstiel auch nicht zu Aufenthaltszwecken im Freien oder zu einer sonstigen Nutzung (z. B. Bepflanzung), weil dem die Aufrechterhaltung der Funktion als Zufahrt entgegensteht (OVG Bln, U. v. 28. 11. 2003, BRS 66 Nr. 130; HessVGH, B. v. 24. 2. 2003, BRS 66 Nr. 132). Dies gilt nur dann nicht, wenn der die Abstandsflächen nicht einhaltende Altbestand mit Zustimmung des Nachbarn genehmigt worden ist (ThürOVG, B. v. 14. 2. 2000, BRS 63 Nr. 133). Umgekehrt kann im Falle des Ausbaus eines Altbestands nicht im Hinblick darauf, dass die Erweiterung lediglich geringfügig ist, dem Nachbarn das Schutzbedürfnis abgesprochen werden, wenn schon der Altbestand die Abstandsflächen nicht einhielt (OVG Bln, U. v. 21. 8. 1992, BRS 54 Nr. 93; OVG Saar, B. v. 25. 2. 2000, BRS 63 Nr. 132).

c) Entspricht ein eingereichter Lageplan hinsichtlich der Abstandsflächen nicht den Anforderungen an Bauvorlagen im Sinne der BauVerfVO (§ 3 Abs. 3 Nr. 15 BauVerfVO), so kann allein aus diesem Verstoß keine Nachbarrechtsverletzung hergeleitet werden, wenn die BABeh. aufgrund eigener Ermittlungen und Berechnung der Abstandsflächen die Baugenehmigung erteilt hat. Denn bei den **Regelungen über die Anforderungen an Bauvorlagen** handelt es sich lediglich um formelle Ordnungsvorschriften, die als solche **keine nachbarschützende Wirkung** entfalten. Maßgebend ist vielmehr, ob die trotz des formellen Mangels der Bauvorlagen erteilte Baugenehmigung gegen materielle, auch dem Nachbarschutz dienende Vorschriften verstößt (OVG Bln, U. v. 17. 10. 2003, BRS 66 Nr. 189 zur BauO a. F. und BauVorlVO).

XIV. Abs. 6 Satz 1 enthält eine abstandsflächenrechtliche Privilegierung **vortretender Bauteile und Vorbauten innerhalb bestimmter Maße** sowie von **Außenwandbekleidungen zum Zwecke der Energieeinsparung** bei Gebäuden. Das bedeutet, dass die privilegierten Bauteile weder das Maß der Abstandsflächentiefe noch die Form der Abstandsfläche beeinflussen (vgl. hierzu Reichel/Schulte, Handbuch des Bauordnungsrechts, 2004, Kap. 3 RNr. 143, S. 296).

§ 6 RNr. 74–76

74 1. Gemäß **Satz 1 Nr. 1** bleiben vor die Außenwand **vortretende Bauteile,** wie Gesimse und Dachüberstände bei der Bemessung der Abstandsflächen außer Betracht. Die Aufzählung der vortretenden Bauteile in Nr. 1 ist lediglich beispielhaft. In Betracht kommen auch **vergleichbare Gebäudevorsprünge** mit Gestaltungs- oder Gliederungsfunktion oder auch solche durch Werbeanlagen. Die Außenwand wird in diesen Fällen als einheitliche und ungegliederte Fläche angesehen, auch wenn die erwähnten Bauteile aus der Ebene der Wandaußenfläche herausragen. Den genannten Bauteilen werden weder eigene Abstandsflächen zugeordnet, noch beeinflussen sie die Tiefe der Abstandsflächen der Außenwand, deren Bestandteil sie sind (vgl. zu einem 15 cm aus der Wand herausragenden Stützpfeiler innerhalb einer Wand OVG Bln, U. v. 28. 1. 2003, UPR 2003, 237 sowie zu einem vorkragenden Dachüberstand OVG NRW, B. v. 20. 10. 2000, BRS 63 Nr. 144). Auch wenn das Gesetz – anders als bei den Vorbauten unter Nr. 2 – keine Maßangaben enthält, ist der Gesetzesbegründung zu § 6 Abs. 6 zu entnehmen, dass sich die gesetzgeberische Vorstellung hinsichtlich des noch zu tolerierenden Umfangs der Auskragungen zwischen 0,3 m und 1,0 m bewegt. Die in § 6 Abs. 7 a. F. noch beispielhaft aufgeführten Hauseingangstreppen gehören nicht mehr dazu. Sie zählen nunmehr zu den Vorbauten im Sinne des Abs. 6 Satz 1 Nr. 2.

75 2. Ebenso sind die in **Satz 1 Nr. 2** genannten **Vorbauten** abstandsflächenrechtlich privilegiert (z. B. Erker, Balkone und Wintergärten). Während § 6 Abs. 7 a. F. keine näheren Maßangaben für Vorbauten in enthielt, schreibt Abs. 6 Satz 1 Nr. 2 a) und b) nunmehr in Anlehnung an die MBO 2002 eine **Tiefenbegrenzung von 1,50 m** sowie eine **proportionale Breitenbeschränkung** von **insgesamt nicht mehr als 1/3 der jeweiligen Außenwand** vor. Diese Maßanforderungen variieren in den Landesbauordnungen (vgl. Übersicht in Reichel/Schulte, Handbuch des Bauordnungsrechts, 2004, Kap. 3 RNr.137, S. 291 ff sowie zur Rechtsentwicklung in den Bundesländern bei den Balkontiefen Lamberg/Lamberg, BauR 2003, 1840, 1844). Eine gleichlautende Regelung enthalten nunmehr jedoch auch § 6 Abs. 6 Nr. 2 a) und b) ThürBO und § 6 Abs. 6 Nr. 2 a) und b) SächsBO.

Trotz des etwas missverständlichen Wortlauts sind auch Vorbauten vortretende Bauteile. Sie werden den sonstigen vortretenden Bauteilen jedoch als besondere Gruppe gegenübergestellt, weil sie zum einen nach Satz 1 Nr. 2 a) und b) bestimmte Maße einhalten müssen und zum anderen, weil für vortretende Bauteile und Vorbauten gemäß Abs. 6 Satz 2 unterschiedliche Regelungen für die einzuhaltende Mindesttiefe von der gegenüberliegenden Nachbargrenze gelten. Werden die Privilegierungsmaße nicht eingehalten, so sind die Vorbauten in die Abstandsflächenberechnung mit einzubeziehen (vgl. VGH BW, U. v. 10. 10. 2002, BRS 65 Nr. 121) und zwar auch dann, wenn z. B. bei einem zurückgesetzten Staffelgeschoss ein mehr als 1,50 m vorkragender Vorbau die für das darunter liegende Geschoss maßgebenden Priviligierungsmaße einhalten würde (vgl. HbgOVG, B. v. 4. 10. 2006, BauR 2007, 530). Die Vorbauten müssen vor der Außenwand liegen (vgl. zu „über Eck" vorkragenden Balkonen OVG NRW, B. v. 17. 11. 2000, BRS 63 Nr. 145). Sie müssen aber nicht zwingend freischwebend sein („vorkragend"), sondern können auch auf einer Stützkonstruktion ruhen (vgl. zu Balkonen Nds OVG, B. v. 29. 12. 2000, BRS 63 Nr. 143).

76 3. Die Privilegierung ist jedoch nur dann gerechtfertigt, wenn sich die vorgenannten vortretenden Bauteile und Vorbauten der Außenwand **funktional und quantitativ unterordnen** und keine die Schutzfunktion der regulär einzuhaltenden Abstandsflächentiefen spürbar beeinträchtigende Auswirkungen haben (OVG Bln, U. v. 21. 8. 1992, BRS 54 Nr. 93; U. v. 25. 3. 1993, BRS 55 Nr. 121). Allein die funktionale Unterordnung als ausschließlich gestalterisches Element genügt für eine Privilegierung nicht, wenn nicht auch eine quantitative Unterordnung gegeben ist (OVG Bln, B. v. 27. 10. 2004, BauR 2005, 368 = LKV 2005,76).

a) Die **funktionale Unterordnung** unter die Außenwand ist gegeben, wenn es sich um vortretende Bauteile oder Vorbauten handelt, die sich aufgrund ihrer architektonischen Funktion, nach der Bautradition oder ihrer notwendigen Zugehörigkeit zum äußeren Erscheinungsbild eines Gebäudes ausschließlich vor einer Außenwand sinnvoll anordnen lassen und deswegen eine unmittelbare gestalterische und funktionale Beziehung zur Außenwand aufweisen. Mit diesem Erfordernis soll verhindert werden, dass beliebig und schrankenlos anderweitige, der bestimmungsgemäßen Nutzung des Gebäudes dienende Bauteile und Anlagen unter gleichzeitiger Erweiterung der sonstigen Nutzfläche des Gebäudes in „Vorbauten" verlegt werden (vgl. OVG Bln, U. v. 22. 5. 1992, OVGE 20, 238,245 ff. = BRS 54 Nr. 97; B. v. 25. 3. 1993, BRS 55 Nr. 121; U. v. 21. 8. 1992, BRS 54 Nr. 93). Vorbauten, die vorrangig dazu dienen, die Wohnfläche zu vergrößern, sind mangels funktionaler Unterordnung nicht privilegiert. Dies ist insbesondere bei einem Erker der Fall, wenn der Raum, dem er zuzuordnen ist, erst mit dieser zusätzlichen Fläche die ihm zugedachte Funktion erfüllen kann (z. B. als Teil einer Küche) oder wenn der Erker selbst funktionale Räume aufnehmen soll (z. B. ein Bad oder WC). Erker haben bautraditionell nur die Funktion der Ausblick- oder Belichtungsverbesserung sowie der Fassadengestaltung (vgl. OVG NRW B. v. 29. 11. 1985, BRS 44 Nr. 101; Hess VGH, B. v. 12. 10. 1995, BRS 57 Nr. 139). Die Erweiterung der Nutzflächen oder die Ausdehnung des Baukörpers sind nicht der Zweck der Privilegierung. Flächenzugewinne dürfen allenfalls nachrangiger Nebeneffekt der architektonischen Gestaltung sein (HbgOVG, B. v. 4. 10. 2006, BauR 2007, 530; U. v. 21. 5. 2003, BRS 66 Nr. 131).

b) Eine **quantitative Unterordnung** war nach der **bisherigen Rechtsprechung** des OVG Bln, die aufgrund der fehlenden Maßangaben für vortretende Bauteile und Vorbauten in § 6 Abs. 7 a. F. die Anforderungen an die quantitative Unterordnung entwickelt hat**,** jedenfalls dann nicht mehr gegeben, wenn sich die Vorbauten über die gesamte Gebäudehöhe erstreckten und damit beherrschend vor die Fassade traten (vgl. OVG Bln, U. v. 22. 5. 1992, OVGE 20, 238, 248 = BRS 54 Nr. 97; OVG Bln, U. v. 21. 8. 1992, BRS 54 Nr. 93; U. v. 25. 3. 1999, BRS 55 Nr. 121) oder sogar die gesamte Gebäudeaußenwand einschließlich Dach überzogen (vgl. zu einem großmaschigen Metallgitter OVG Bln, B. v. 27. 10. 2004, BRS 67 Nr. 131 = BauR 2005, 368). Die Fassade musste als überwiegender Teil des Gebäudes wahrnehmbar bleiben und sollte nicht nur noch als Träger oder Rahmen für die vortretenden Bauteile oder Vorbauten wirken (zum Eindruck einer Vorverlagerung der Außenwand vgl. auch HbgOVG, U. v. 21. 5. 2003, BRS 66 Nr. 131; zur Relationsbetrachtung bei der Frage der Unterordnung von Gebäudeteilen vgl. auch OVG Saar, B. v. 14. 2. 2000, BRS 63 Nr. 146). Die bisherige Rechtsprechung des OVG Bln dürfte jedoch aufgrund der **Gesetzesänderung nur noch für die vortretenden Bauteile** von Bedeutung sein. Dies ergibt sich aus Folgendem:

Treppen, Treppenräume und Aufzüge an einer Außenwand, zählten nach der bisherigen Rechtsprechung (vgl. OVG Bln, U. v. 22. 5. 1992, OVGE 20, 238, 248 = BRS 54 Nr. 97) wegen ihrer fehlenden quantitativen Unterordnung nicht zu den Vorbauten, soweit sie sich über die gesamte Gebäudehöhe erstreckten. Sie wurden zwar durch § 6 Abs. 7 Satz 3 Nr. 2 a. F. für den Fall des nachträglichen Anbaus an bestehende Gebäude zur Erleichterung von Modernisierungen abstandsflächenrechtlich privilegiert (AH-Drucks. 12/5688, S. 8 f). Dieser bestandsschutzrechtliche Privilegierungstatbestand findet sich jedoch nicht mehr im Gesetz. Der Gesetzesbegründung (AH-Drucks. 15/3926 zu § 6 Abs. 6 Nr. 2 a) ist zu entnehmen, dass der Gesetzgeber Treppen, Treppenhäuser und Aufzüge nunmehr – neben den auch nicht mehr beispielhaft aufgezählten Balkonen, Erkern und Wintergärten – generell zu den privilegierten **Vorbauten** zählt, wenn sie die unter Abs. 6 Nr. 2 a) und b) genannten Höchstmaße einhalten. Da das Gesetz insoweit nur eine proportionale Breiten- und eine Tiefenbegrenzung, aber **keine Höhenbegrenzung** nennt, während z. B. die Brandenburgische Bauordnung in § 6 Abs. 7 Satz 1 Nr. 3 a) und c) BbgBO zumindest eine Höhenbegrenzung für untergeordnete Vorbauten auf 2 Geschosse enthält, soll die insbesondere für Aufzugsanlagen relevante Frage, ob sich ein Vorbau über die gesamte Gebäudehöhe erstrecken darf (verneinend nach bisheriger Rechtslage OVG Bln, U. v. 22. 5. 1992, OVGE 20, 238, 248 = BRS 54 Nr. 97, ebenso für Erker über die gesamte Gebäudehöhe OVG Bln, U. v. 25. 3. 1999, BRS 55 Nr. 121), offenbar kein Kriterium mehr für die auch den Vorbauten immanente quantitative Unterordnung sein. Diese wird vielmehr allein durch die angegebenen Höchstmaße definiert. Da der Gesetzgeber nach der Gesetzesbegründung durch die Aufnahme von Maßangaben in das Gesetz eine größere Rechtssicherheit bei der Anwendung der Regelung auf Vorbauten erreichen will, ist insoweit auch weder nach dem Wortlaut der Vorschrift noch nach der Begründung eine Beschränkung auf Treppen, Treppenhäuser und Aufzüge (wie noch in § 6 Abs. 7 Satz 3 Nr. 2 a. F. für den Anbau an bestehende Gebäude) erkennbar. Diese **„Öffnung nach oben"** ist vom Gesetzgeber offenbar **allgemein für Vorbauten** gewollt. Danach wäre nicht einmal hinsichtlich der nach dem Wortlaut offen gelassenen Höhe der Vorbauten noch Raum für die Anwendung der bisherigen Rechtsprechung zur quantitativen Unterordnung von Vorbauten (RNr. 78). Allenfalls für Erker, die ebenfalls zu den Vorbauten zählen, könnte unter bautraditionellen Gesichtspunkten noch deren Anwendung neben der funktionalen Unterordnung in Erwägung gezogen werden. Der Anwendungsbereich der bisherigen Rechtsprechung würde sich damit auf die vortretenden Bauteile beschränken und hier insbesondere für den Fall mehrerer gleichartiger vortretender Bauteile von Bedeutung sein können (Summeneffekt, vgl. Reichel/Schulte, Handbuch des Bauordnungsrechts, 2004, Kap. 3 RNr. 140, S. 296; HessVGH, B. v. 12. 10. 1995, BRS 57 Nr. 139). Die nunmehr vom Gesetzgeber offenbar angestrebte Zulassung einer Ausdehnung von Vorbauten in die Höhe sollte jedoch zumindest auf die Höhe der Gebäudewand (Vorbau vor die Wand) begrenzt sein.

80 4. **Vortretenden Bauteile und Vorbauten** in Grenznähe sind zumindest insoweit noch abstandsflächenrechtlich relevant, als **Satz 2 Mindestabstände** zur **gegenüberliegenden Nachbargrenze** vorschreibt. Danach müssen vortretende Bauteile mindestens 2 m und Vorbauten mindestens 3 m von dieser entfernt sein.

81 5. Durch **Satz 1 Nr. 3** werden **Außenwandbekleidungen** zum Zwecke der **Energieeinsparung** bei bestehenden Gebäuden abstandsflächerechtlich privilegiert. Die Außenwandbekleidungen werden nicht bereits von Satz 1 Nr. 1 erfasst, denn sie sind keine vor die Außenwand vortretenden Bauteile. Ihre Anbringung verleiht der Außenwand vielmehr eine neue Oberfläche, die für die Messung der Tiefe der Abstandsfläche nach Abs. 4 maßgeblich ist. Hält die bisherige Außenwand die erforderliche Tiefe der Abstandsfläche gerade ein (oder unterschreitet sie sie sogar), ermöglicht Satz 1 Nr. 3 ihre (weitere) Unterschreitung bei bestehenden Gebäuden. Diese Anlagen der technischen Gebäudeausrüstung können gemäß § 62 Abs. 1 Nr. 2 b) verfahrensfrei errichtet werden. Dies gilt jedoch nur für Außenwandbekleidungen zum Zweck der Energieeinsparung, nicht jedoch für solche, mit denen aus architektonischen Gründen ein ganzes Gebäude überzogen wird (vgl. OVG Bln, B. v. 27. 10. 2004, BRS 67 Nr. 131 = BauR 2005, 368).

a) Bei den von Satz 1 Nr. 3 erfassten Außenwandbekleidungen dürfte es sich in erster Linie um Fassadenverkleidungen zum Zwecke der **Wärmedämmung** handeln. Ein Missbrauch dieser Vorschrift soll nach der Gesetzesbegründung der BauO Bln 1997 zu § 6 Abs. 7 Nr. 1 a. F. vorliegen, „wenn mit einer nachträglichen Verkleidung offensichtlich gestalterische Ziele verfolgt und nur geringe Wärmeschutzwirkungen erreicht" werden (vgl. AH-Drucks. 12/5688, S. 8).

82

b) Mit den in Satz 1 Nr. 3 genannten Außenwandbekleidungen dürften aber auch **gebäudeintegrierte Fotovoltaik-Fassadenanlagen** gemeint sein. Anders, als bei den Außenwandbekleidungen zum Zwecke der Wärmedämmung, durch die ein unmittelbarer Energiespareffekt im Wege der Verbrauchsminderung beim Grundstückseigentümer erreicht wird, wird mit den Fotovoltaikanlagen ein mittelbarer Energiespareffekt durch Stromgewinnung über die Trägerflächen der Solarmodule und die Einspeisung des aus der Sonnenenergie gewonnenen Stroms in das öffentliche Netz erzielt (vgl. Everding, Städtebauliche Qualität des solaren und energieeffizienten Bauens, BBauBl. 2004, H. 6, S. 34, 37 sowie zu dachintegrierten Solarsystemen: Horschig, BBauBl 2005, 1).

83

Für die Einbeziehung dieser Anlagen in die abstandsflächenrechtliche Privilegierung der Außenwandbekleidungen zum Zwecke der Energieeinsparung in Satz 1 Nr. 3 spricht, dass die Regelung sowohl mit dem Planungsleitsatz der Berücksichtigung insbesondere der Nutzung der erneuerbaren Energien als Umweltschutzbelang in § 1 Abs. 6 Nr. 7 f.) BauGB korrespondiert als auch mit der verstärkten Förderung solcher Anlagen nach dem Gesetz zur Neuregelung des Rechts der Erneuerbaren Energien im Strombereich v. 21. 7. 2004 (BGBl. I S. 1918) – EEG 2004 –, zuletzt geändert durch Gesetz vom 7. 11. 2006 (BGBl. I S. 2550). Nach diesem Gesetz soll der Anteil der erneuerbaren Energien am Stromverbrauch bis zum Jahr 2020 auf mindestens 20 % erhöht werden (§ 1 Abs. 2 EEG 2004), weil darin langfristig ein großes Potenzial für eine klimaschonende Energieversorgung gesehen wird (vgl. zu den Einzelheiten Oschmann, Die Novelle des Erneuerbare-Energien-Gesetzes, NVwZ 2004, 910 ff.). Aus der § 11 Abs. 2 bis 4 EEG 2004 zu entnehmenden Systematik des Gesetzes hinsichtlich der Vergütungssätze und damit der Förderprioritäten ergibt sich eine Vorrangstellung der von § 11 Abs. 2 Satz 2 EEG 2004 erfassten gebäudeintegrierten Fotovoltaik-Fassadenanlagen, denn mit dem zusätzlichen Vergütungsbonus auf den Basissatz der Einspeisungsvergütung soll ein Anreiz zur Nutzung des bei den Fassadenflächen besonders großen Flächenpotenzials für Fotovoltaikanlagen geschaffen werden (vgl. Begr. z. § 8 Abs. 2 des 2. ÄndG EEG v. 22. 12. 2003, BGBl. I S. 3074; BT-Drucks. 15/1974, S. 4).

c) Hinsichtlich solcher **Solaranlagen**, die sich **an oder auf Gebäuden** befinden (vgl. § 11 Abs. 2 Satz 1 EEG 2004, siehe auch Beispiele bei Eiblmayr, Solarcity, Bauwelt 2004, 44 ff) ist **keine abstandsflächenrechtliche Privilegierung** in der geltenden BauO Bln erfolgt. Diese ist erst wieder für gebäudeunabhängige Solaranlagen – also Freilandanlagen – in Abs. 7 Satz 1 Nr. 2 vorgesehen (siehe RNr. 99). Die in § 9 Abs. 1 BauGB enthaltenen bauplanungsrechtlichen Festsetzungsmöglichkeiten sind jedoch mit dem am 20. Juli 2004 in Kraft getretenen EAG Bau v. 24. 6. 2004 (BGBl. I S. 1359) durch Einfügung der Nr. 23 b) entsprechend ergänzt worden, damit in Bebauungsplänen bauliche Maßnahmen an Gebäuden für den Einsatz von Solarenergie festgesetzt werden können. Dies setzt städtebauliche Gründe hierfür voraus (vgl. BT-Drucks. 15/2250, S. 48 zu § 9 Nr. 23). Auch den Abstandsanforderungen des solaren Bauens für eine hinreichende Belichtung und Besonnung der Gebäude könnte durch entsprechende planerische Festsetzungen genügt und der fortschreitenden Reduktion der

84

Abstandsflächentiefe (siehe hierzu RNr. 64 sowie RNr. 106) entgegengewirkt werden (vgl. Everding, Städtebauliche Qualität solaren und energieeffizienten Bauens, BBauBl. 2004, H. 6, S. 34, 37). Ohne solche Festsetzungen sind die Abwehrmöglichkeiten gegen die Beeinträchtigung der optimalen Sonneneinstrahlung für passive Solarhäuser durch benachbarte Neubauten sehr begrenzt (vgl. hierzu BayVGH, B. v. 4. 6. 2004, BauR 2005, 1131)

85 **XV**. Abweichend von Abs. 1 Satz 1 und 2 sieht **Abs. 7** ein **Abstandsflächenprivileg für Garagen** sowie für **Gebäude ohne Aufenthaltsräume und Feuerstätten** mit einer mittleren Wandhöhe bis zu 3 m je Wand, einer Dachneigung bis einschließlich 45 Grad und einer Gesamtlänge je Grundstücksgrenze von 9 m vor (**Nr. 1**). Gleiches gilt auch für **gebäudeunabhängige Solaranlagen** mit einer Höhe bis zu 3 m sowie einer Gesamtlänge von 9 m je Grundstücksgrenze (**Nr. 2**). In beiden Fällen ist jedoch die Gesamtlängebegrenzung des Abs. 7 Satz 2 auf 15 m zu beachten (siehe RNr. 97). Das Abstandsflächenprivileg gilt auch für **Stützmauern** und für **geschlossene Einfriedungen** (**Nr. 3**) in Gewerbe- und Industriegebieten, außerhalb dieser Gebiete mit einer Höhenbegrenzung auf 2 m (vgl. RNr. 100, 101). Diese baulichen Anlagen dürfen in den Abstandsflächen von Gebäuden errichtet werden (vgl. auch Abs. 3 Nr. 3 betr. Ausnahmen von Überdeckungsverbot sowie unter RNr. 41) und lösen selbst nicht das Erfordernis der Einhaltung von Abstandsflächen von den Grundstücksgrenzen aus; sie sind vielmehr „ohne eigene Abstandsflächen" zulässig.

86 **1**. Das Abstandsflächenprivileg des **Abs. 7 Satz 1** gestattet die Errichtung der in Nrn. 1–3 genannten baulichen Anlagen abweichend von der bisherigen Regelung in § 6 Abs. 12 Nr. 1 a. F. nicht mehr nur an einer Nachbargrenze, sondern **an den Grundstücksgrenzen**. Es ist deshalb nunmehr auch eine Grenzbebauung an der vorderen oder hinteren Grundstücksgrenze möglich, sofern das Bauplanungsrecht oder andere Rechtsvorschriften dem nicht entgegenstehen. Ob es sich bei dem angrenzenden Grundstück um eine öffentliche oder private Fläche handelt, ist ohne Belang (vgl. auch OVG RP, B. v. 26. 7. 2004, NVwZ-RR 2005, 19, 20). Außerdem beschränkt sich die Regelung dem Wortlaut nach auch nicht mehr – wie noch nach der früheren Rechtslage – nur auf eine einzige Nachbargrenze, was zur Folge hatte, dass das Abstandsflächenprivileg nicht mehr in Anspruch genommen werden konnte, wenn bereits eine Garage an einer Nachbargrenze vorhanden war (vgl. hierzu OVG Bln, B. v. 25. 9. 1987, OVGE 18,65 sowie Vorauflage des Kommentars unter § 6 RNr. 88). Außerdem stellt sich durch die Aufhebung der Beschränkung des Abstandsflächenprivilegs für nur eine Nachbargrenze nicht mehr das Problem der Zulässigkeit von Eckgaragen (vgl. hierzu noch OVG Bln, B. v. 25. 9. 1987, OVGE 18, 65; B. v. 12. 1. 2001, GE 2001, 703).

87 **2**. Neben den in **Satz 1 Nr. 1** genannten Gebäuden (§ 2 Abs. 2) ohne Aufenthaltsräume (§ 2 Abs. 5) und ohne Feuerstätten (§ 2 Abs. 8) ist diese Vorschrift von besonderer Bedeutung für **Garagen** (§ 2 Abs. 7 Satz 2), denn Nr. 1 regelt, unter welchen Voraussetzungen diese ohne Rücksicht auf die abstandsflächenrechtlichen Anforderungen der Absätze 1 bis 5 errichtet werden können. Garagen sind nach der Definition des § 2 Abs. 7 Satz 2 Gebäude oder Gebäudeteile zum Abstellen von Kraftfahrzeugen. Den gesetzlichen Garagenbegriff erfüllen jedoch nur Gebäude, die sowohl nach ihrem optischen und technischen Erscheinungsbild als auch nach ihrer Funktion eine Garage sind. Allein der Umstand, dass ein Bauwerk die Maße des § 6 Abs. 7 Satz 1 Nr. 1 einhält und ein Raumvolumen aufweist, welches groß genug ist, ein Kraftfahrzeug unterzubringen, führt selbst bei einer entsprechenden Zufahrtsmöglichkeit noch nicht dazu, dass es sich um eine Garage im bauordnungsrechtlichen Sinne handelt. Anderenfalls wäre

jede Scheune zugleich auch immer eine Garage (vgl. OVG NRW, B. v. 24. 10. 2000, BRS 63 Nr. 156).

Zu den **Gebäudeteilen** zum Abstellen von Kraftfahrzeugen und damit zu den Garagen im weiteren Sinn zählen auch **überdachte Stellplätze** – Carports – (vgl. Gesetzesbegründung zu § 2 Abs. 7 Satz 2, zu dem Begriff vgl. BVerwG, B. v. 9. 10. 2003, BauR 2004, 1266 sowie Reichel/Schulte, Handbuch des Bauordnungsrechts, 2004, Kap. 3 RNr. 134), zumal von überdachten Stellplätzen in der Regel abstandsflächenrechtlich relevante Wirkungen wie von Gebäuden ausgehen (Abs. 1 Satz 2). Hinsichtlich der nach dem Wortlaut von Satz 1 Nr. 1 vorausgesetzte „Wand" wird im Verhältnis zu den insoweit „offenen" Carports auf RNr. 7 und RNr. 45 verwiesen.

Stellplätze sind nach der Definition in § 2 Abs. 7 Satz 1 Flächen, die dem Abstellen von Kraftfahrzeugen außerhalb öffentlicher Verkehrsflächen dienen. Sie gehören zwar zu den baulichen Anlagen (vgl. § 2 Abs. 1 Satz 3 Nr. 6), sind jedoch regelmäßig in den Abstandsflächen zulässig, weil sie weder von § 6 Abs. 1 Satz 1 noch von Satz 2 erfasst werden.

88

a) Das Abstandsflächenprivileg der BauO Bln 1997 (§ 6 Abs. 12 Nr. 1 a. F.) ließ Garagen in dem abstandsflächenrechtlich relevanten Bereich an der Grundstücksgrenze alternativ nur entweder ohne Einhaltung von Abstandsflächen direkt an der Nachbargrenze (Grenzgarage) oder als Anbau in den Abstandsflächen eines anderen Gebäudes zu. Anderenfalls waren Abstandsflächen zur Grundstücksgrenze einzuhalten. Wie dem Einschub **„auch wenn sie nicht an die Grundstücksgrenze oder an das Gebäude angebaut werden"** zu entnehmen ist, gestattet Abs. 7 Satz 1 dagegen nunmehr innerhalb des für die hier nur maximal zulässige Wandhöhe von 3 m abstandsflächenrechtlich relevanten 3 m-Bereichs (Abs. 5 Satz 1 und 2) auch **grenz- oder gebäudenahe Garagen**. Diese müssen nicht mehr stets bis an die Grundstücksgrenze herangebaut werden. Die abstandsflächenrechtliche Privilegierung ist auf diese Weise auf solche Garagen ausgedehnt worden, die freistehend grenz- oder gebäudenah in den 3 m-Bereich hineinragend errichtet werden. Damit soll nach der Gesetzesbegründung zu § 6 Abs. 7 praktischen Bedürfnissen Rechnung getragen werden. Die Gefährdung abstandsflächenrechtlicher Schutzgüter durch eine „enge Reihe" soll bei derartig untergeordneten Gebäuden nicht zu besorgen sein (vgl. auch Jäde, MBO 2002, S. 47), wenngleich die Gefahr des Entstehens substanzschädigender Feuchtigkeitsbereiche und -nischen nicht von der Hand zu weisen ist.

89

b) Die **Auswahl** des geeignet erscheinenden **Standorts** an der Grenze oder zumindest in Grenznähe obliegt dem Bauherrn und nicht der BABeh., soweit nicht sonstige öffentlich-rechtliche Vorschriften, insbesondere solche des Bauplanungsrechts (z. B. § 23 Abs. 5 Satz 1 und 2 BauNVO) oder auch des Bauordnungsrechts sowie des Denkmalschutz- und Naturschutzrechts hier Grenzen setzen. Der gewählte Standort kann allenfalls in außergewöhnlichen Situationen Rechte des Nachbarn beeinträchtigen. In allen anderen Fällen ist es unerheblich, ob für die vorgesehene Garage ein anderer, aus der Sicht des Nachbarn geeigneterer Standort auf dem Grundstück vorhanden ist. Der Bauherr ist auch nicht gezwungen, die Garage in den Abstandsflächen eines anderen Gebäudes unterzubringen oder an eine auf dem Nachbargrundstück vorhandene Garage oder ein sonstiges Gebäude anzubauen, sondern kann den Standort – in den vorgenannten rechtlichen Grenzen – wählen (vgl. OVG Bln, U. v. 14. 3. 2003 – OVG 2 B 7.97 – n. v.).

90

Die bisher in der BauO Bln 1997 (§ 48 Abs. 3 a. F.) geregelte Beschränkung bei der Standortwahl von Stellplätzen ist mit der geltenden BauO Bln entfallen (vgl. Gesetzesbegründung zu § 50). Es ist in diesem Zusammenhang darauf hinzuweisen, dass auch nach der bisherigen Rechtslage im Falle einer auf dem benachbarten Grundstück bereits vorhandenen, nicht grenzständigen oder versetzt stehenden Garage nur begrenzte Steuerungsmöglichkeiten der BABeh. zur Vermeidung eines „engen, schlauchartigen Bereichs" bei der Genehmigung einer Garage auf dem Baugrundstück bestanden. Denn aufgrund des materiell-rechtlichen Anspruchs des Bauherrn auf die Baugenehmigung stand keine rechtliche Handhabe zur Verfügung, auf den konkreten Standort der Garage Einfluss zu nehmen (vgl. OVG Bln, U. v. 21. 3. 1986, BRS 46 Nr. 105). Dies war auch nicht über das in der BauO Bln 1997 noch enthaltene, mit der geltenden BauO Bln aber entfallene Anbauverlangen (§ 6 Abs. 1 Satz 3 a. F.) möglich, weil dieses nur für solche Gebäude galt, die selbst das Erfordernis von Abstandsflächen auslösten, Grenzgaragen somit nicht erfasste (vgl. hierzu OVG Bln, B. v. 27. 11. 2001, BRS 64 Nr. 117).

91 c) Das Abstandsflächenprivileg des Abs. 7 Satz 1 Nr. 1 setzt die Einhaltung bestimmter **Abmessungen** voraus. Danach sind Garagen nur bis zu **9 m Länge** je Grundstücksgrenze zulässig. Die in § 6 Abs. 12 Nr. 1 a. F. noch enthaltene Beschränkung auf eine Garage an nur einer einzigen Grundstücksgrenze ist damit entfallen (vgl. Vorauflage des Kommentars unter § 6 RNr. 88). Die Zahl der von der Grenzbebauung betroffenen Nachbargrenzen ist aus der Sicht des Baugrundstücks zu definieren. Tendieren aufeinander stoßende Grenzlinien gegen 180 Grad und verlaufen sie im Wesentlichen in derselben Richtung, so ist auf eine natürliche Betrachtungsweise abzustellen (vgl. hierzu OVG NRW, B. v. 4. 2. 2004, BauR 2004, 986). Eine Grundstücksteilung allein zur Umgehung der Längenbegrenzung von 9 m wäre eine missbräuchliche Inanspruchnahme der abstandsflächenrechtlichen Vorschriften (vgl. NdsOVG, B. v. 26. 2. 2004, BauR 2004, 1274). Darüber hinaus sind die in § 7 Abs. 1 Satz 1 Nr. 1 genannten Gebäude nur mit einer mittleren **Wandhöhe bis zu 3 m** und einer **Dachneigung nicht über 45 Grad** zulässig. Die **Breite** einer Garage, deren Seitenwand parallel zur Grenze verläuft und deren Länge das Maß von 9 m wahrt, ist für die Anwendung der Nr. 1 ohne Bedeutung. Unter Berufung auf diese Vorschrift kann der Bauherr nicht daran gehindert werden, eine Garage auch als Doppelgarage auszuführen oder sie als Anbau an ein (Haupt-)Gebäude zu gestalten. In diesem Fall behält sie ihre Privilegierung jedoch nur, wenn sie eine als Gebäude selbständig benutzbare Anlage bleibt (vgl. § 2 Abs. 2). Ist die Garage im Innern dagegen durch Türen mit anderen Teilen eines Gebäudes verbunden, ist sie Bestandteil dieses Gebäudes und keine privilegierte Garage mehr.

92 aa) Welche Wand der Garage auf einer **Länge von höchstens 9 m** an die Grenze oder in Grenznähe gebaut wird, ist unerheblich; auch eine Garage, deren Rückwand mit der Grenze abschließt, entspricht dem Gesetz. Mit einer Längenüberschreitung entfällt jedoch das Abstandsflächenprivileg (vgl. OVG Bln, B. v. 27. 11. 2001, BRS 64 Nr. 117).

Die zulässige Garagenlänge ist von 8 m auf 9 m ausgedehnt worden, ohne jedoch den in der Vorgängerfassung der BauO Bln noch in das Längenmaß eingeschlossenen **Abstellraum** weiterhin zu erwähnen. Diese Herausnahme des bisher ausdrücklich erwähnten Abstellraums ist auch in der MBO 2002 im Vergleich zur MBO 97 festzustellen, ohne dass hierfür eine Begründung erfolgt ist. Dies kann angesichts der in § 62 Abs. 1 Nr. 1 b) erfolgten Verfahrensfreistellung von „Garagen, überdachten Stellplätzen sowie deren Abstellräume" nicht darauf hindeuten, dass eine solche Nutzung nunmehr ausgeschlossen sein soll (vgl. auch NdsOVG, B. v. 10. 5. 2000, BRS 63 Nr. 152). Die Annahme einer vom Gesetzgeber gewollten Unzulässigkeit von Abstellräumen in Garagen wäre auch im Hinblick auf die Verlängerung auf 9 m nicht erklärlich und würde der Tendenz fortschreitender Aufweitung der Regelungen in den Landesbauordnungen über die Zulässigkeit von Grenzgaragen in den Abstandsflächen widersprechen (vgl. hierzu Boeddinghaus, Die Abstandsregelungen nach der neuen Musterbauordnung, ZfBR 2003, 738, 744).

Der Abstellraum muss nicht hinter der Stellfläche für das Kraftfahrzeug liegen. Er kann auch unter ihr als Keller oder über ihr im Dachraum angeordnet werden (vgl. OVG Bln, U. v. 29. 9. 1988, OVGE 18, 125, 126). In jedem Fall muss der Abstellraum aber mit der Garage als ein dieser untergeordneter Nebenraum baulich und funktional verbunden sein. Eine solche baulich-funktionale Zuordnung fehlt einem Abstellraum unterhalb einer Garage, wenn er von der Garage aus nicht betreten werden kann, sondern nur über Kellerräume des Hauses zugänglich ist (vgl. OVG Bln, U. v. 29. 9. 1988, a. a. O., S. 126 ff.). Die Verwendung des Abstellraums darf der Zweckbestimmung der Garage nicht zuwiderlaufen. Auch müssen die abgestellten Gegenstände der Nutzung des Grundstücks oder der Gebäude dienen, wie Gartengeräte, Leitern, Werkzeuge oder Hausrat. Die Nutzung der Garage als gewerblicher Lagerraum, Werkstatt, Büro (vgl. OVG Bln, B. v. 23. 10. 1998, GE 1999,51 = ZMR 1999, 134) oder Kleintierstall ist nicht zulässig und lässt die Privilegierung der Garage entfallen (vgl. OVG Bln, U. v. 29. 9. 1988, a. a. O., S. 127). Gleiches gilt für die nachträgliche Errichtung einer Dachterrasse auf einer grenznahen oder grenzständigen Garage, die eine Nutzungsänderung darstellt (vgl. RNr. 26; ThürOVG, U. v. 26. 2. 2002, BRS 65 Nr. 130). Dachterrasse und Garage bilden eine bauliche Einheit, so dass ein Gebäude entsteht, das insgesamt nicht mehr als Grenzgarage genehmigungsfähig ist (vgl. HessVGH, B. v. 19. 11. 2003, BRS 66 Nr. 134; OVG NRW, B. v. 30. 9. 2005, BauR 2006, 95; vgl. auch RNr. 26).

bb) Die **mittlere Wandhöhe** der Garage darf höchstens 3 m betragen. Dies gilt für alle vier Wände und nicht nur für die Grenzwand. Die mittlere Wandhöhe wird zur Vermeidung einer Mittelung aller Außenwände auf die mittlere Wandhöhe je Wand bezogen. Nach der Definition in Abs. 4 Satz 2 ist die Wandhöhe das Maß von der (natürlichen) Geländeoberfläche (vor der Wand) bis zum Schnittpunkt der Wand mit der Dachhaut oder bis zum oberen Abschluss der Wand (vgl. RNr. 45). Abweichend von Abs. 4 Satz 2 ist hier von einer mittleren Wandhöhe auszugehen. Bei geneigter Geländeoberfläche vor der Wand ist somit die im Mittel gemessene Wandhöhe maßgebend. Danach weist eine Garage eine mittlere Wandhöhe von 3 m auf, wenn der obere Wandabschluss bergseits 2,5 m und talseits 3,5 m über dem geneigten Geländeniveau liegt. Umgekehrt ist im Falle einer ansteigenden Wandabschlusshöhe bei gleichbleibender Geländeoberfläche (z. B. Pultdach) eine mittlere Wandhöhe von 3 m eingehalten, wenn die geringste gemessene Wandhöhe bei 2,5 m und die höchste bei 3,5 m liegt. Ein rechnerisches Gegenbeispiel für eine nicht mehr im Mittel von 3 m liegende Wandhöhe (Garage mit Pultdach) ist dem Urteil des OVG Saar vom 23. 4. 2003 (BRS 65 Nr. 118 = BauR 2003, 1865) zu entnehmen.

Maßgebend für die Wandhöhe sind nur die **Geländeverhältnisse auf dem Baugrundstück** und nicht die auf dem Nachbargrundstück (vgl. hierzu OVG Bln, U. v. 14. 3. 2003 – OVG 2 B 7.97 – n. v. sowie OVG Saar, U. v. 23. 4. 2002, BRS 65 Nr. 118). Dies hat zur Folge, dass der Nachbar in Fallgestaltungen, in denen das Geländeniveau höher liegt, zusätzlich zu der mittleren Wandhöhe von 3 m noch die Höhendifferenz des Geländeniveaus auf dem benachbarten Grundstück hinnehmen muss. Umgekehrt, wenn also das Baugrundstück tiefer liegt, wirkt sich die Grundstückssituation zugunsten des Nachbarn aus, indem der Bauherr sich – bezogen auf die natürliche Geländeoberfläche – nach wie vor an die vorgeschriebene mittlere Wandhöhe von 3 m halten muss und nicht das Recht hat, an das höhere Niveau des Nachbargrundstücks anknüpfend eine entsprechend höhere Garage zu errichten (vgl. OVG Saar, a. a. O.). Auch bei Einhaltung der mittleren Wandhöhe von 3 m durch die Garage selbst, kann diese nicht die Privilegierung des § 6 Abs. 7 Nr. 1 für sich in Anspruch nehmen, wenn sie ihrerseits auf einem bereits vorhandenen, nicht privilegierten Grenzbauwerk aufsetzt (HessVGH, B. v. 16. 6. 2004, BauR 2005, 1310, 1311).

95   Gleiches gilt bei **Geländeniveauveränderungen** durch Abgrabungen, um sicherzustellen, dass der Bauherr solche Veränderungen aufgrund der Anknüpfung des Gesetzes an die natürlichen Geländeverhältnisse nicht zum Anlass nimmt, das Abstandsflächenprivileg durch Errichtung einer „überhohen" Garage stärker auszunutzen, als es der gesetzgeberischen Intention entspricht (VGH BW, B. v. 7. 2. 2006, BauR 2006, 825; OVG Saar, U. v. 23. 4. 2002, BRS 65 Nr. 118). Denn anderenfalls hätte es der Bauherr in der Hand, durch „künstliche" Veränderungen des bisherigen Geländeverlaufs die Anforderungen des Abstandsflächenrechts zu unterlaufen (VGH BW, B. v. 7. 2. 2006, a. a. O.). Ebenso kann die Aufschüttung und Begrünung eines Flachdachs dieses nicht zur abstandsflächenrechtlich relevanten Geländeoberfläche machen (VGH BW, B. v. 20. 2. 2004, BRS 67 Nr. 128). Bei teilweiser Verfüllung einer schrägen Abgrabung zur (Wieder–)Herstellung eines waagerechten Garagenfußbodens könnte ggf. als unterer Bezugspunkt auch auf das Niveau des Garagenfußbodens abgestellt werden (OVG Saar, a. a. O.). In Abweichung von der Baugenehmigung vorgenommene Geländeanhebungen sind allenfalls dann relevant, wenn die BABeh. diese in ihren Genehmigungswillen aufgenommen hat (vgl. OVG Bln, U. v. 14. 3. 2003 – OVG 2 B 7.97 – n. v.). Die in der BauO Bln 1997 (§ 8 Abs. 4 a. F.) noch geregelte Möglichkeit der Einflussnahme der BABeh. auf eventuelle Veränderungen der Geländeoberfläche (vgl. Vorauflage des Kommentars unter § 8 RNr. 35) bei der Errichtung oder Veränderung baulicher Anlagen ist mit der geltenden BauO Bln entfallen, weil nach der Auffassung des Gesetzgebers die sonstigen materiell-rechtlichen Regelungen der BauO Bln ausreichen, um die mit dieser Vorschrift verfolgten Ziele zu erreichen (vgl. Gesetzesbegründung zu § 8 Abs. 3 Satz 2).

96   **cc)** Dächer, die die **Dachneigung von 45 Grad** nicht überschreiten, finden – abweichend von Abs. 4 Satz 3 (Drittelanrechnung) – bei den Garagen und Gebäuden im Sinne des Abs. 7 Satz 1 Nr. 1 keine Anrechnung auf die Wandhöhe. Mit der Beschränkung der Dachneigung auf maximal 45 Grad sollen überhohe Sattel- und Walmdächer und die davon eventuell ausgehende erdrückende Wirkung vermieden werden (vgl. Gesetzesbegründung zu § 6 Abs. 7 Nr. 1). Auf die Festlegung einer Gesamthöhe von Wand und Dach (wie noch nach der BauO Bln 1997 § 6 Abs. 12 Nr. 1 a. F. auf 4 m) hat der Gesetzgeber jedoch verzichtet. Selbst bei Wahrung der Wandhöhe von 3 m entfällt somit die abstandsflächenrechtliche Privilegierung, wenn die Dachneigung 45 Grad überschreitet. Für den Fall, dass eine Garage mit ihrer Giebelseite an der Grenze oder grenznah errichtet wird, dürfte nach dem Sinn und Zweck der Anrechnungsregelung jedoch wieder die allgemeine Regelung des Abs. 4 Satz 1 und 2 gelten (vgl. RNr. 49 sowie zum Problem der dem Nachbarn zugewandten Giebelfläche eines sich senkrecht auf einer grenzständigen Garagenwand fortsetzenden Pultdaches: VGH BW, U. v. 14. 7. 2000, BRS 63 Nr. 154).

97   **dd)** Die Gesamtlänge der Bebauung darf gemäß **Abs. 7 Satz 2** auf einem Grundstück **15 m** nicht überschreiten (**Gesamtlängenbegrenzung**). Zulässig wären danach z. B. eine Garage mit 9 m Länge an einer Grundstücksgrenze sowie an einer anderen Grundstücksgrenze ein Gebäude ohne Aufenthaltsraum und Feuerstätte (z. B. Gewächshaus oder Gartengerätehaus) bis 6 m Länge unter Einhaltung der übrigen vorgeschriebenen

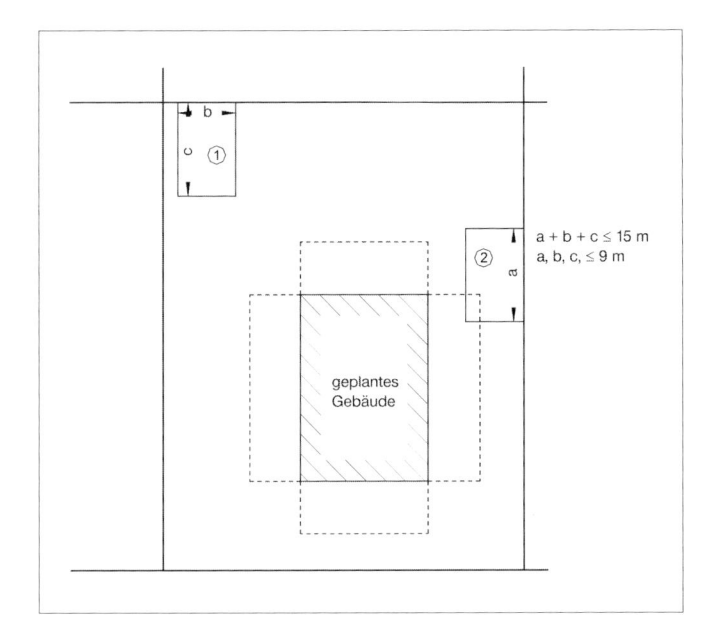

Bildbeispiel zu
§ 6 Abs. 7 (RNr. 97) [1]

Sind a + b + c > 15 m
entfällt die Privilegierung für
ein Gebäude

Maße oder jeweils bis zu 3 m Länge und Breite in einer Ecksituation (siehe Bildbeispiel zu § 6 Abs. 7). Der Gesetzgeber will mit der Gesamtlängenbegrenzung bauordnungsrechtlich relevanten „Einmauerungseffekten" vorbeugen. Wird eine Gebäude an zwei Grundstücksgrenzen angebaut (z. B. Eckgarage), so gehen beide Grenzwände bzw. grenznahen Wände in die Berechnung der zulässigen Gesamtlänge mit ein. In die Gesamtlängenberechnung sind jedoch nur die unter Abs. 7 Nr. 1 und 2 genannten Bebauungen einzubeziehen. Darf ein Gebäude, in das eine Garage integriert ist, schon aus planungsrechtlichen Gründen an die Grenze gebaut werden, scheidet die Anrechnung dessen Außenwand auf die zulässige Gesamtlänge schon dem Wortlaut nach aus (vgl. OVG NRW, U. v. 16. 5. 1997, BRS 59 Nr. 120).

d) Satz 1 Nr. 1 ist eine **drittschützende Vorschrift**, die dem Nachbarn nur die Errichtung und die Benutzung einer Garage oder eines Gebäudes ohne Aufenthaltsräume und ohne Feuerstätten zumutet, die sich innerhalb des tatbestandlichen Rahmens der Norm hält. Wird dieser überschritten, kann sich der Nachbar auf die drittschützende Wirkung des Abstandsflächenrechts berufen (vgl. RNr. 69 sowie OVG Bln, U. v. 29. 9. 1988, OVGE 18, 125, 128). Abweichung von diesen Grundsätzen sind allenfalls aufgrund privater oder öffentlicher Belange von herausgehobener Bedeutung denkbar (vgl. hierzu HessVGH, B. v. 24. 2. 2003, BRS 66 Nr. 132).

3. Satz 1 Nr. 2 erstreckt das **Abstandsflächenprivileg** auf **gebäudeunabhängige Solaranlagen**. Für diese gelten die gleichen Höchstmaße, wie für die in Satz 1 Nr. 1 genannten baulichen Anlagen (3 m Höhe und 9 m Länge) sowie die Gesamtlängenbegrenzung in Satz 2 auf 15 m. Diese Anlagen können gemäß § 62 Abs. 1 Nr. 2 b) verfahrensfrei errichtet werden.

Im Zusammenhang mit den **gebäudeunabhängigen Solaranlagen** ist auf § 11 Abs. 3 und 4 des Gesetzes zur Neuregelung des Rechts der Erneuerbaren Energien im Strombereich v. 21. 7. 2004 (BGBl. I S. 1918) – EEG 2004 –, zuletzt geändert durch Ge-

[1] mit freundlicher Genehmigung des Bundes der Öffentlich bestellten Vermessungsingenieure e.V. (BDVI)

setz vom 7. 11. 2006 (BGBl. I S. 2550) hinzuweisen, der die Einspeisungsvergütung für Strom aus solarer Strahlungsenergie regelt (siehe hierzu RNr. 83). Während § 11 Abs. 2 Satz 1 EEG 2004 nur Solaranlagen an oder auf Gebäuden betrifft (siehe RNr. 84), regelt § 11 Abs. 3 und 4 EEG 2004 die Einspeisungsvergütung für Solaranlagen, die nicht an oder auf baulichen Anlagen angebracht sind, die vorrangig zu anderen Zwecken als der Stromerzeugung aus solarer Strahlungsenergie errichtet worden sind. Hiermit sind im Wesentlichen Freilandanlagen gemeint (vgl. Begründung zu § 8 Abs. 3 des 2. ÄndG EEG, BT-Drucks. 15/1974, S. 5). Die Einspeisungsvergütung und damit Förderung solcher Freilandanlagen setzt jedoch voraus, dass sie sich in beplanten Gebieten befinden oder auf einer Fläche, für die ein Verfahren nach § 38 Abs. 1 BauGB durchgeführt worden ist (§ 11 Abs. 3 Nr. 1 und 2 EEG 2004). Um die Beeinträchtigungen der Natur möglichst gering zu halten, erfolgt die Förderung im Bereich eines Bebauungsplans, der zumindest auch zu diesem Zweck nach dem 1. September 2003 aufgestellt oder geändert worden ist, nur dann, wenn die Freilandanlagen darüber hinaus auf den in § 11 Abs. 4 Nr. 1–3 EEG 2004 genannten Flächen errichtet werden.

Die in § 6 Abs. 7 Satz 1 Nr. 2 genannten gebäudeunabhängigen Solaranlagen sind bauordnungsrechtlich nicht an die weitergehenden bauplanungsrechtlichen Fördervoraussetzungen des EEG 2004 gekoppelt. Die bauordnungsrechtliche Privilegierung durch Abs. 7 Satz 1 Nr. 2 ergänzt jedoch die Förderung der Gewinnung von Strom aus solarer Strahlungsenergie, indem zur Erleichterung der Standortwahl auf den Grundstücken **abstandsflächenrechtliche Hindernisse** für die Nutzung regenerativer Energien weitgehend **beseitigt** werden, weil die Effektivität und Wirtschaftlichkeit solcher Anlagen nicht nur eine Frage der Anzahl der Solarmodule und damit der in Anspruch genommenen Freiflächen auf dem Grundstück ist, sondern auch von der überwiegenden Südorientierung des Standorts abhängt (vgl. Everding, BBauBl 2004, H. 6, S. 34, 37).

100   4. **Satz 1 Nr. 3** erstreckt das **Abstandsflächenprivileg** auch auf **Stützmauern** (vgl. § 62 Abs. 1 Nr. 6 a). Stützmauern sind bauliche Anlagen, die anderen Anlagen Standsicherheit verleihen oder höher gelegene Grundstücksteile stabilisieren. Sie unterscheiden sich hierdurch von Einfriedungen, können aber eine Einfriedung entbehrlich machen. Die Privilegierung der Stützmauern gilt grundsätzlich bis zu einer Höhe von 2 m (wobei entsprechend Satz Nr. 1 die mittlere Wandhöhe maßgebend sein dürfte), lediglich in Gewerbe- und Industriegebieten (vgl. §§ 8, 9 BauNVO) ist keine Höhenbegrenzung vorgesehen. Dies beruht zum einen darauf, dass in diesen Gebieten die Schutzgüter des Abstandsflächenrechts (Sozialabstand, Belichtung) regelmäßig nicht berührt werden sowie auf dem besonderen Interesse daran, auf gewerblich oder industriell genutzten Grundstücken befindliche Anlagen vor Dritten zu schützen (vgl. OVG NRW, B. v. 2. 12. 2003, BauR 2004, 656, 657).

101   5. Das **Abstandsflächenprivileg** erstreckt sich gemäß **Satz 1 Nr. 3** auch auf **geschlossene Einfriedungen** (vgl. auch § 62 Abs. 1 Nr. 6 a). Hinsichtlich der Höhenbegrenzung gilt das zu den Stützmauern Gesagte. Eine Längenbegrenzung sieht Nr. 3 – anders als die Nrn. 1 und 2 – nicht vor. Einfriedungen sind bauliche Anlagen, die der Abgrenzung von Grundstücken dienen, um diese gegen Einwirkungen von außen zu sichern. Als Einfriedung ist anzusehen, was ein Grundstück oder einen Teil eines Grundstücks vor Verkehrsflächen, Nachbargrundstücken oder auch vor Bereichen desselben Grundstücks abschirmen soll, um Witterungs- oder Immissionseinflüsse (Wind, Lärm, Straßenschmutz) abzuwehren oder das Grundstück gegen unbefugtes Betreten oder Einsichtnahme zu schützen. Eine Schallschutzwand, die allein dazu dient, den auf das

Nachbargrundstück einwirkenden Lärm zu reduzieren, ist keine Einfriedung in diesem Sinne (vgl. OVG NRW, B. v. 2. 12. 2003, BRS 66 Nr. 135). Die Einfriedung in diesem Sinne muss geschlossen, d. h. undurchsichtig sein. Solche Einfriedungen, zu denen Hecken nicht gehören (vgl. OVG RP, U. v. 15. 6. 2004, BauR 2004, 1600 sowie RNr. 17), werden häufig von Abs. 1 Satz 2 erfasst (vgl. RNr. 16) und wären ohne die abstandsflächenrechtliche Privilegierung auf der Grundstücksgrenze oder in unmittelbarer Grenznähe nicht zulässig. Schon in der BauO Bln 1997 hatte der Gesetzgeber mit der Regelung in § 6 Abs. 12 Nr. 3 a. F. das insbesondere bei Doppel- und Reihenhäusern bestehende „Bedürfnis, Terrassen durch geschlossene Einfriedungen voneinander abzuschirmen", anerkannt (vgl. AH-Drucks.12/5688, S. 9), aber zugleich im Interesse der Nachbarn neben der Höhen- auch eine Längenbegrenzung von 3 m vorgesehen. Diese ist mit der geltenden BauO Bln aufgehoben worden. Im Bereich der offenen Bauweise kann jedoch eine Verunstaltung des beabsichtigten Orts- und Straßenbildes im Sinne des § 9 Abs. 2 durch eine geschlossene Einfriedung eintreten und zu einer bauordnungsrechtlichen Unzulässigkeit führen (vgl. OVG Bln, B. v. 4. 3. 2003 – OVG 2 N 1.03 – n. v. –; U. v. 31. 7. 1992, OVGE 20, 138 = BRS 54 Nr. 110, siehe auch RNr. 16). Die öffentlich-rechtlichen Vorschriften der Bauordnung überlagern insoweit die zivilrechtlichen Vorschriften des Berliner Nachbarrechtsgesetzes vom 28. 9. 1973 (GVBl. S. 1654, zul. geänd. d. G. v. 11. 7. 2006, GVBl. S. 819).

XVI. Abs. 8 betrifft das **Verhältnis des Bauordnungsrechts zum Planungsrecht** (vgl. RNr. 21) und legt den **Vorrang bauplanerischer Festsetzungen** gegenüber dem Bauordnungsrecht fest, wenn sich aus diesen geringere Abstandsflächentiefen ergeben, als sie nach Abs. 4 bis 7 vorgeschrieben sind. Bei Widersprüchen zwischen den Anforderungen des § 6 und anderen ausdrücklichen Festsetzungen in einem Bebauungsplan setzt sich nach Abs. 8 der Bebauungsplan durch, so dass die sich aus ihm ergebenden geringeren Abstandsflächen maßgeblich sind. Dies gilt auch im Falle sogenannter Planreife nach § 33 BauGB, durch die das Inkrafttreten des Bebauungsplans vorverlagert wird (vgl. OVG Bln, U. v. 19. 4. 1991, OVGE 20, 169, 175, 176 = BRS 52 Nr. 170; zu den Voraussetzungen der Planreife vgl. auch OVG Bln, B. v. 18. 7. 2001, OVGE 23, 239 = NVwZ-RR 2001, 722). In Abs. 8 werden jedoch keine Gesichtspunkte genannt, welche den Plangeber veranlassen könnten, geringere Abstandsflächentiefen festzusetzen. Dies müssen jedoch besondere städtebauliche Verhältnisse sein (vgl. hierzu OVG Bln-Bbg, U. v. 18. 12. 2007 – OVG 2 A 3.07 – sowie Boeddinghaus, Abstandsflächen bei Hochhäusern und anderen atypischen Hausformen, BauR 2000, 1286, 1289).

1. Zu der von Abs. 8 erfassten **Festsetzung der Grundflächen der Gebäude** zählen die Baulinien (vgl. § 23 Abs. 2 BauNVO), die die Stellung der baulichen Anlagen (vgl. § 9 Abs. 1 Nr. 2 BauGB) in Form von Baukörperausweisungen **zwingend** markieren. Die die überbaubaren Grundstücksflächen bestimmenden Festsetzungen müssen nach Abs. 8 in Kombination mit der Festsetzung der Zahl der Vollgeschosse auftreten (vgl. § 16 Abs. 2 Nr. 3 BauNVO).

Geringere Abstandsflächen eines Gebäudes können sich gemäß Abs. 8 aber auch aus **nicht zwingenden Festsetzungen** eines Baukörpers in einem Bebauungsplan durch die Festsetzung einer Baugrenze nach § 23 Abs. 3 BauNVO in Kombination mit einer höchstzulässigen Zahl von Vollgeschossen und einer Maximalhöhe (§ 16 Abs. 4 BauNVO) ergeben. Dies gilt jedenfalls dann, wenn aus der Planbegründung und den Planungsakten hervorgeht, dass der Plangeber aufgrund der Projektbezogenheit des Plans von einer vollständigen Ausnutzung der durch den Plan eröffneten Bebauungsmöglichkeiten durch den Bauherren ausgehen musste (vgl. OVG Bln-Bbg, U. v. 18. 12. 2007 – OVG 2 A 3.07 –; OVG Bln, B. v. 9. 11. 1999, BRS 62 Nr. 27 betr. einen projektbezogenen Bebauungsplan).

104 **2. Andere ausdrückliche Festsetzungen** in Bebauungsplänen können gleichfalls zu geringeren Abstandsflächen führen. Das sind solche ausdrücklichen Festsetzungen, deren Auswirkungen auf Abstandsflächen sich ohne weiteres dem Bebauungsplan anhand der in ihm verwendeten Festsetzungsmittel (Zeichnung, Farbe, Schrift und Text) entnehmen lassen, deren abstandsflächenrechtliche Relevanz also schon bei der Aufstellung des Bebauungsplans gesehen werden konnte (vgl. zur Anbaumöglichkeit von Windfängen in einer Reihenhaussiedlung mit für die Einhaltung der Abstandsflächen zu schmalen Grundstücken OVG Bln, B. v. 6. 5. 2003 – OVG 2 N 35.02 – n. v.). In Betracht kommen neben den genannten Festsetzungen von Baulinien und Baugrenzen auch Festsetzungen der Bebauungstiefen (vgl. § 23 Abs. 4 BauNVO) oder auch die Festsetzung der Höhe baulicher Anlagen (vgl. § 16 Abs. 2 Nr. 4, § 18 BauNVO). Die Verringerung der Abstandsflächen wird häufig mit einer Einschränkung des Überdeckungsverbots (vgl. Abs. 3) einhergehen, kann aber auch eine Verringerung der Mindesttiefen von Abstandsflächen mit sich bringen.

105 **3.** Bei planerischen Festsetzungen, die gemäß Abs. 8 zu **geringeren Abstandsflächen** führen, müssen die Auswirkungen auf die durch das Abstandsflächenrecht geschützten Rechtsgüter des § 6 (vgl. RNr. 15) jedoch in der **Abwägung** berücksichtigt werden (vgl. OVG Bln-Bbg, U. v. 18. 12. 2007 – OVG 2 A 3.07 –; OVG Bln, B. v. 9. 11. 1999, BRS 62 Nr. 27). Hierzu gehört vor allem die durch die geringere Abstandsflächentiefe bewirkte Verschlechterung des Zutritts von Licht, so dass der Plangeber sich bei der Abwägung zwischen den Gesichtspunkten, die für eine geringere oder größere Abstandsfläche sprechen mit der Frage der Tagesbelichtung wird auseinander setzen müssen, auch wenn dieser Belang nach einer entsprechenden Gewichtung der unterschiedlichen Belange zurückgestellt werden kann. Er muss dabei selbst bestimmen, was für eine Abstandsfläche er im konkreten Fall als ausreichend ansehen und was er den von der Planung Betroffenen zumuten will und kann (vgl. Boeddinghaus, Änderungen der Vorschriften über den Vorrang planungsrechtlicher Regelungen vor den bauordnungsrechtlichen Abstandsregelungen, BauR 2003, 1664, 1666, 1670).

106 **4.** In diesem Zusammenhang ist auf die am 1. 1. 2007 in Kraft getretene **Änderung des § 9 Abs. 1 BauGB** durch Einfügung einer **Nr. 2 a** hinzuweisen, wonach im Bebauungsplan aus städtebaulichen Gründen „vom Bauordnungsrecht abweichende Maße der Tiefe der Abstandsflächen" festgesetzt werden können (vgl. Art. 1 Nr. 4 a des Entwurfs des Gesetzes zur Erleichterung von Planungsvorhaben für die Innenentwicklung der Städte in der Fassung der Beschlüsse des Ausschusses für Verkehr, Bau und Stadtentwicklung, BT-Drucks. 16/3308 vom 8. November 2006). Mit dieser Änderung soll den Gemeinden die Möglichkeit gegeben werden, aus städtebaulichen Gründen vom Bauordnungsrecht des Landes abweichende Maße der Abstandsflächentiefe im Bebauungsplan festzusetzen und so auf die Deregulierung reagieren zu können, da das Bauordnungsrecht mit der Absenkung der Tiefe der Abstandsfläche auf 0,4 H nur noch Mindeststandards sichert (vgl. Schulte, Abstände und Abstandsflächen in der Schnittstelle zwischen Bundes- und Landesrecht, BauR 2007, 1514, 1523). Bislang konnte den negativen Auswirkungen der geänderten Abstandsflächenvorschriften nur mit Festsetzungen nach §§ 16 und 23 BauNVO begegnet werden. Durch § 9 Abs. 1 Nr. 2 a BauGB wird diesen Festsetzungsmöglichkeiten bundesrechtlich eine neue, erheblich einfachere (auch textliche) Festsetzungsmöglichkeit hinzugefügt. Eine Vergrößerung der Abstandsflächentiefe wird zur Vermeidung städtebaulicher Missstände in Betracht kommen. Wie aus der Verwendung des Tatbestandsmerkmals „abweichend" folgt, ist jedoch sowohl eine Vergrößerung als auch eine Verringerung der Abstandsflächentiefe durch die Festsetzung eines bestimmten Maßes – unabhängig von der Gebäudehöhe – denkbar. Verringerte Maßfestsetzungen dürften in Betracht zu ziehen sein, wenn bestimmte Bauteile und deren Grundprojektion zu größeren Abstandsflächen als bisher führen (vgl. hierzu Schulte, a. a. O., S. 1526, m. w. N.). Die Festsetzungsmöglichkeit erlaubt es auch in Gebieten mit überwiegend geschlossener Bauweise für den Blockinnenbereich größere Abstandsflächentiefen festzusetzen und auf Festsetzungen nach §§ 16 und 23 BauNVO zu verzichten (vgl. Boeddinghaus, Zur planungsrechtlichen Regelung der bauordnungsrechtlich definierten Abstandsflächen, BauR 2007, 641). Diese Festsetzungen der Abstandsflächentiefe im Bebauungsplan gehen dann dem Abstandsflächenrecht der Landesbauordnung vor. Für die Berechnung der Abstandsflächentiefe verbleibt es jedoch bei den Vorschriften der Landesbauordnung (vgl. Begr. z. Art 1 Nr. 4, BT-Drucks. 16/3308, S. 19, 20). Die Landeskompetenz für das Abstandsflächenrecht bleibt unberührt, denn der Bundesgesetzgeber hat durch § 9 Abs. 1 Nr. 2 a BauGB nicht von seiner Vorranggesetzgebung (Art. 74 Abs. 1 Nr. 18 GG) Gebrauch gemacht (vgl. Schulte a. a. O., S. 1524 m. w. N.).

§ 6 a Abstandsflächen, Abstände für Lauben in Kleingärten

(1) ¹Lauben in Kleingärten im Sinne von § 1 des Bundeskleingartengesetzes dürfen innerhalb von Abschnitten mit höchstens 30 Lauben zu den Grenzen der Einzelgärten (Parzellengrenzen) in einem Abstand von 1,5 m errichtet werden. ²Zulässig ist auch die Errichtung von Lauben bis an die Parzellengrenzen, wenn auf andere Weise sichergestellt ist, dass der Abstand zwischen den benachbarten Lauben 3 m beträgt.

(2) Zwischen den Lauben verschiedener Abschnitte sind mindestens 8 m breite Flächen (freizuhaltende Flächen) vorzusehen, die von baulichen Anlagen, mit Ausnahme von Einfriedungen, sowie von Nadelgehölzen und Gartenabfällen freizuhalten sind.

(3) Die Vorschriften dieses Gesetzes über Abstände und Abstandsflächen zu angrenzenden Grundstücken, die nicht zu Kleingartenanlagen gehören, bleiben unberührt.

Erläuterungen:

I. Die bauordnungsrechtlichen Anforderungen an Lauben waren bisher in der aufgrund des § 76 Abs. 1 Nr. 1 a. F. erlassenen Laubenverordnung vom 18. Juni 1987 (GVBl. S. 1882) geregelt (siehe auch die Übersicht über die speziellen Regelungen zum Kleingartenrecht auf Landesebene bei Mainczyk, Bundeskleingartengesetz, 8. Auflage 2002, S. 262) und sind nunmehr unter **Aufhebung der LaubenVO** (Art: I Nr. 4 d. Ges. v.

1

§ 6 a RNr. 2–5

11. 7. 2006 (GVBl. S. 819) aus Gründen der Rechtsvereinfachung und besseren Handhabbarkeit in die Bauordnung übernommen worden (vgl. auch § 62 Abs. 1 Nr. 1 h zur Verfahrensfreiheit von Gartenlauben in Kleingartenanlagen).

2   **1.** § 6 a regelt – ebenso wie bisher § 2 LaubenVO – die **abstandsflächenrechtlichen Anforderungen an Lauben in Kleingartenanlagen** im Sinne des § 1 Abs. 1 Bundeskleingartengesetz vom 28. 2. 1983 (BGBl. I S. 210, zul. geänd. d. Ges. v. 13. 9. 2001, BGBl. I S. 2376; zur Kleingartenanlage siehe BGH, U. v. 27. 10. 2005, UPR 2006, 73). Diese abstandsflächenrechtliche Sonderregelung halbiert die Mindestabstandsfläche des § 6 Abs. 5 von 3 m auf 1,5 m. Der bauordnungsrechtliche Mindestabstand von 3 m wird nach Abs. 1 Satz 2 aber zwischen zwei benachbarten Lauben verlangt. Grenzt eine Parzelle dagegen an ein anderes Grundstück, das nicht zur Kleingartenanlage gehört, gelten nach Abs. 3 wieder die regulären abstandsflächenrechtlichen Anforderungen des § 6 Abs. 5. Eine besondere brandschutzrechtliche Abstandsregelung sieht Abs. 2 zwischen den Lauben verschiedener Abschnitte (8 m) vor.

3   **2.** Die **abstandsflächenrechtliche Privilegierung** beruht auf dem Umstand, dass es sich bei den hier relevanten Grenzen nicht um Grundstücksgrenzen, sondern um Grenzen zwischen gepachteten Kleingartenparzellen handelt, da der Begriff der Kleingartenanlage keine Eigentümergärten umfasst. **Wesensmerkmal des Kleingartens** ist die Nutzung fremden Landes (vgl. BVerwG, U. v. 2. 9. 1983, BRS 40 Nr. 50 = NVwZ 1984, 581; vgl. auch Ernst/Zinkahn/Bielenberg, BauGB, Stand: Mai 2007, BKleingG Vorb III Nr. 1 a), denn die sozialpolitische Funktion von Dauerkleingärten setzt eine auf einer schuldrechtlichen Beziehung beruhende Bewirtschaftung der Parzellen voraus (vgl. OVG Bln, U. v. 15. 8. 1980, BRS 36 Nr. 48).

4   **3.** Der **Begriff der Laube** ist gesetzlich definiert. Danach darf eine Laube höchstens **24 m² Grundfläche** einschließlich überdachtem Freisitz aufweisen (§ 3 Abs. 2 BKleingG). Die Laube darf darüber hinaus nach ihrer Beschaffenheit, insbesondere nach ihrer Ausstattung und Einrichtung, nicht zum dauernden Wohnen geeignet sein. Lauben sollen lediglich dem vorübergehenden Aufenthalt dienen sowie zur behelfsmäßigen Übernachtung und zur Aufbewahrung von Gerätschaften und Gartenerzeugnissen. Sie haben für die kleingärtnerische Nutzung nur unterstützende Funktion in der Art einer Nebenanlage (OVG Hbg., U. v. 4. 11. 1999, NVwZ-RR 2001,83; Mainczyk, BKleingG, § 3 RNr. 4–6, 8–9). Damit soll verhindert werden, dass sich Kleingartenanlagen durch Lauben, die sich zum dauernden oder saisonalen Wohnen eignen, zu Wochenendhaus- oder Ferienhausgebieten entwickeln. Daraus leitet sich auch die Forderung nach einer **einfachen Ausführung** der Lauben ab. Klinkersteine, Doppelfenster, teure Dachpfannen oder ortsfeste Heizeinrichtungen entsprechen dem ebenso wenig, wie aufwändige Einbaumöbel, Fußböden, Wand- oder Deckenverkleidungen. Auch der Anschluss an Versorgungs- und Entsorgungseinrichtungen ist im Gegensatz zu Baugebieten nur so weit zulässig, wie er der kleingärtnerischen Nutzung dient. Dazu gehören die Wasserversorgung und die Bereitstellung von Arbeitsstrom, nicht jedoch die Versorgung mit Gas, Wärme, Telefon oder Fernsehen (vgl. Zepf, Tücken bei der Überplanung von Kleingärten, UPR 2003, 168, 169, m. w. N.; zu den Abgrenzungskriterien auch Mainczyk, Baulichkeiten in Kleingartenanlagen, NJ 2005, 241 ff.).

5   **II.** Diese Definition der Laube deckt sich jedoch nicht mit der tatsächlichen Situation in den Kleingartenanlagen insbesondere im **Ostteil der Stadt**. Dort dominieren in einer durchschnittliche Kleingartenanlage bauliche Anlagen von einer Grundfläche zwischen 35–60 m², teilweise mit Dauerwohnrechten. Das liegt daran, dass die Unterscheidung zwischen kleingärtnerischer Nutzung und Wochenendnutzung, wie sie die bundesrepublikanische Rechtsordnung kennt, der Rechtsordnung der DDR fremd war. Durch § 3 Abs. 6 der Zweiten Verordnung über Bevölkerungsbauwerke vom 13. Juli 1989 (GBl. I Nr. 15, 191 ff.) wurde die maximale Grundfläche für Erholungsbauten sogar auf 40 m^2 – im Ausnahmefall für Typenbauten auch mehr und mit Unterkellerung – erweitert. Damit übersteigen diese Baulichkeiten in Kleingartenanlagen sehr häufig und teilweise erheblich die von dem Bundeskleingartengesetz geforderten Maße für Lauben.

Nach der **Übergangsregelung in § 20 a Abs. 7 Satz 1 BKleingG** können vor dem Beitritt der DDR zur Bundesrepublik Deutschland rechtmäßig errichtete Gartenlauben, deren Grundflächen entgegen § 3 Abs. 2 BKleingG 24 m^2 überschreiten, weiterhin unverändert genutzt werden. Das Übergangsrecht gewährt solchen Baulichkeiten unter Berücksichtigung der Rechtswirklichkeit in der früheren DDR **Bestandsschutz**. Sie können sich abstandsflächenrechtlich ohnehin nicht mehr baulich auf die veränderten rechtlichen Anforderungen einstellen. Das bestandsschutzorientierte Übergangsrecht macht jedoch zugleich deutlich, dass derartige Bauten in einer Kleingartenanlage nicht grundsätzlich von der Anwendung des Bundeskleingartengesetzes befreit sein und die § 3 Abs. 2 BKleingG zugrundeliegenden Maßstäbe in diesen Fällen nicht auf Dauer zurücktreten sollen (vgl. BGH, U. v. 5. 2. 2004, ZOV 2004, 78,79). Sobald diese Bauten in einem bestandsschutzrelevanten Umfang baulich verändert werden, gelten auch für sie die Anforderungen des § 3 Abs. 2 BKleingG und die abstandsflächenrechtlichen Anforderungen des § 6 a sowie gegenüber angrenzenden Grundstücken, die nicht zu Kleingartenanlagen gehören, die abstandsflächenrechtlichen Anforderungen des § 6 Abs. 5 (vgl. hierzu auch § 6 RNr. 10 sowie Ernst/Zinkahn/Bielenberg, BauGB, Stand: Mai 2007, BKleingG Vorb III Nr. 5 a).

§ 7 Teilung von Grundstücken

(1) Durch die Teilung eines Grundstücks, das bebaut oder dessen Bebauung genehmigt ist, dürfen keine Verhältnisse geschaffen werden, die den öffentlich-rechtlichen Vorschriften widersprechen.

(2) Soll bei einer Teilung nach Absatz 1 von den Vorschriften dieses Gesetzes oder den auf Grund dieses Gesetzes erlassenen Vorschriften abgewichen werden, ist § 68 entsprechend anzuwenden.

Erläuterungen:

I. § 7 befasst sich mit den **Folgen der Veränderung von Grundstücksgrenzen**. Die Vorschrift soll verhindern, dass infolge einer Grenzveränderung baurechtswidrige Zustände entstehen. Die **Genehmigungspflichtigkeit von Grundstücksteilungen** hat eine **wechselvolle Geschichte**:

1. Gemäß **§ 19 Abs. 1 BauGB** in der **bis zum Inkrafttreten des Bau- und Raumordnungsgesetzes 1998** vom 18. August 1997 (BGBl. I S. 2081) am 1. Januar 1998 geltenden Fassung – BauGB a. F. – bestand ein **generelles Genehmigungserfordernis** für alle Teilungsvorgänge. Damals konnte die in § 20 Abs. 2 Satz 2 BauGB

a. F. geregelte Grundbuchsperre nur durch die Vorlage entweder einer Teilungsgenehmigung, eines Zeugnisses über deren Nichterforderlichkeit (Negativattest) oder über deren fiktives Entstehen durch Fristablauf (§ 19 Abs. 3 Satz 6 BauGB a. F.) überwunden werden (vgl. Ernst/Zinkahn/Bielenberg/Krautzberger, BauGB, Stand: Oktober 2003, § 20 Rdnr. 23). Nachdem die generelle bundesrechtliche Genehmigungspflicht für Grundstücksteilungen ab 1. Januar 1998 entfallen war, bestand sie zunächst nur noch in eingeschränkter Form fort, indem § 19 Abs. 1 BauGB a. F. das Erfordernis einer bauplanungsrechtlichen Teilungsgenehmigung im Geltungsbereich eines Bebauungsplans **von der Einführung durch eine kommunale Satzung abhängig** machte. Durch dieses Genehmigungserfordernis sollte schon im Vorfeld sichergestellt werden können, dass Grundstückteilungen in beplanten Gebieten nicht zur Kollision mit den Festsetzungen in Bebauungsplänen führen (vgl. § 20 Abs. 1 BauGB a. F.). In Sanierungs- und Entwicklungsgebieten blieb das Genehmigungserfordernis für Grundstücksteilungen unabhängig davon zur Sicherung dieser Verfahren genehmigungsbedürftig (§ 144 Abs. 2 Nr. 5, § 169 Abs. 1 Nr. 3 BauGB a. F.).

3 2. Von der Ermächtigung des § 19 Abs. 1 BauGB a. F. zum Erlass von Rechtsverordnungen (vgl. § 246 Abs. 2 Satz 1 BauGB a. F.) über das Erfordernis einer planungsrechtlichen Teilungsgenehmigung ist aufgrund der Gesetzesänderung auf Bundesebene nach dem 1. Januar 1998 durch Art. V Nr. 2 des Zweiten Verwaltungsreformgesetzes vom 25. 6. 1998 (GVBl. S. 177) auf Landesebene im Land Berlin Gebrauch gemacht und den Bezirken eine solche Möglichkeit durch § 14 Abs. 1 AG BauGB a. F. eröffnet worden. Erst mit dem Erlass einer solchen bezirklichen Rechtsverordnung wurde die Genehmigungspflicht für Grundstücksteilungen in dem jeweiligen Geltungsbereich verbindlich. Als Beispiele für solche Rechtsverordnungen im Geltungsbereich von Bebauungsplänen sind zu nennen:
– für den Bezirk Zehlendorf die Verordnung vom 13. 10. 1998 (GVBl. S. 302),
– für den Bezirk Wilmersdorf, Ortsteile Grunewald und Schmargendorf die Verordnung v. 10. 12. 1998 (GVBl. S.422) ,
– für den Bezirk Reinickendorf die Verordnung vom 25. 11. 2003 (GVBl. S. 583),
– für den Bezirk Treptow-Köpenick die Verordnung vom 2.2. 2004 (GVBl. S. 81).

Soweit solche Rechtsverordnungen nicht von den Berliner Bezirken erlassen worden sind, bestand selbst innerhalb des räumlichen Geltungsbereichs von Bebauungsplänen keine Genehmigungspflicht für Grundstücksteilungen mehr.

4 3. Mit dem **Inkrafttreten der durch das EAG Bau vom 24. Juni 2004 (BGBl. I S. 1359)** am **20. Juli 2004** ist nunmehr selbst das **eingeschränkte Genehmigungserfordernis** für Teilungsgenehmigungen **entfallen**. Die Genehmigungspflicht kann auch nicht mehr durch kommunale Satzung bzw. bezirkliche Rechtsverordnung eingeführt werden. Damit ist die Ermächtigungsgrundlage für die auf Landes- und Bezirksebene bereits erlassenen Rechtsverordnungen erloschen. Da ihr Rechtsbestand unberührt bleiben würde, bis sie durch einen gesonderten Akt aufgehoben werden (BVerfGE 9, 1, 12; 12, 341, 347; 14, 245, 249 sowie differenzierend OVG Bln, U. v. 5. 7. 1984, OVGE 17, 108, 109 – 111), ermächtigt § 244 Abs. 5 Satz 1 BauGB zur Aufhebung der auf der Grundlage des § 19 BauGB in der vor dem 20. Juli 2004 geltenden Fassung erlassenen Satzungen bzw. Rechtsverordnungen. Außerdem regelt § 244 Abs. 5 Satz 3 BauGB die Nichtanwendung dieser Satzungen bzw. Rechtsverordnungen unabhängig von der Aufhebung durch eine Satzung (zur Aufhebung solcher Verordnungen vgl. Art I Nr. 5–7 d. G. v. 11. 7. 2006 GVBl S. 819).

An die Stelle der Genehmigungspflicht ist nunmehr eine materiell-rechtliche Regelung im BauGB getreten, wonach im Geltungsbereich eines Bebauungsplans durch Grundstücksteilungen keine Verhältnisse entstehen dürfen, die den Festsetzungen des Bebauungsplans widersprechen (§ 19 Abs. 2 BauGB). Das Verbot, planwidrige Zustände durch Grundstücksteilungen (§ 19 Abs. 2 BauGB) zu schaffen, wird durch § 7 Abs. 1 ergänzt, wonach durch Teilung eines Grundstücks, das bebaut oder dessen Bebauung genehmigt ist, keine Verhältnisse geschaffen werden dürfen, die den „öffentlich-rechtlichen Vorschriften" und damit auch dem Bauordnungsrecht widersprechen (vgl. RNr. 12). Die Vorschrift ist zugleich Anknüpfungspunkt für weitere Eingriffsbefugnisse (vgl. RNr. 14 ff.).

II. Der Tatbestand des **§ 7 Abs. 1** setzt einen Widerspruch zwischen den Anforderungen des öffentlichen Rechts und dem veränderten Zuschnitt von Grundstücken voraus.

1. Unter einem **Grundstück** im Sinne des § 7 Abs. 1 ist das Buchgrundstück zu verstehen (vgl. § 4 RNr. 5). Die Bestimmung fordert, dass es sich um ein **bebautes**, also ein Grundstück mit baulichen Anlagen (vgl. § 2 Abs. 1) handelt. Für die Beurteilung, ob ein Grundstück bebaut ist, kommt es nicht darauf an, welcher Art die baulichen Anlagen auf dem Grundstück sind, ob sie genehmigungsbedürftig, verfahrensfrei oder genehmigungsfrei gestellt sind und in welchem der in §§ 30, 34 und 35 BauGB genannten Gebiete sie sich befinden.

Es genügt gemäß § 7 Abs. 1 aber auch, wenn für ein noch unbebautes Grundstück bereits eine **Baugenehmigung** erteilt worden ist. Auch dann dürfen die Grundstücksgrenzen nicht nachträglich so verändert werden, dass die Verhältnisse auf dem Grundstück den öffentlich-rechtlichen Vorschriften widersprechen.

Dies dürfte sinngemäß auch im Falle eines **Vorbescheids** (§ 74) gelten, ohne dass dieser im Gesetz ausdrücklich genannt ist, weil dieser als vorweggenommener Teil der Baugenehmigung während seiner Geltungsdauer Bindungswirkung hinsichtlich der durch ihn verbindlich vorgeklärten Teilaspekte der Planung für ein nachfolgend im Wesentlichen identisches Bauvorhaben und dessen Zulässigkeit entfaltet (vgl. OVG Bln-Bbg, U. v. 25. 4. 2007, LKV 2007, 473; OVG Bln, U. v. 11. 2. 2003, BauR 2003, 770 Ls = ZfBR 2004, 184 Ls).

Werden dagegen die Grenzen noch **unbebauter Grundstücke** verändert, ergeben sich keine bauordnungswidrigen Verhältnisse. Dies gilt selbst dann, wenn die Grenzveränderung den Kontakt des Grundstücks zu einer öffentlichen Straße unterbricht, denn die Abtrennung von der Straße allein führt noch nicht zu einem baurechtswidrigen Zustand. Sie hindert gemäß § 4 Abs. 1 jedoch die Errichtung von Gebäuden.

2. Die Grundstücksgrenzen sind verändert, wenn sie anders verlaufen als zur Zeit der Errichtung oder der Genehmigung der baulichen Anlagen auf dem Grundstück. Derartige **Grenzveränderungen** können auf vielfältige Weise geschehen. § 19 Abs. 1 BauGB fasst unter dem Begriff der Teilung verschiedene Formen von Grenzveränderungen zusammen, z. B. durch Abschreibung eines Grundstücksteils und Weiterführung als selbständiges Grundstück (§ 7 Abs. 1 GBO), durch Vereinigung von Grundstücken (§ 890 Abs. 1 BGB) oder Zuschreibung eines Grundstücks (§ 890 Abs. 2 BGB). Es kommen aber auch Grenzveränderungen durch Enteignung (§§ 85 ff. BauGB) sowie durch Maßnahmen der Bodenordnung (§§ 45 ff. BauGB) in Betracht. Die Grenzveränderung muss mindestens auf einem der von ihr betroffenen Grundstücke Verhältnisse schaffen, die öffentlich-rechtlichen Vorschriften zuwiderlaufen.

11 3. Der **Begriff der öffentlich-rechtlichen Vorschriften** umfasst neben dem **Bauplanungsrecht** auch die Normen des **Bauordnungsrechts**.

12 In **bauplanungsrechtlicher** Hinsicht kann eine Grundstücksteilung dazu führen, dass der vorhandene bauliche Bestand oder das genehmigte Bauvorhaben das zulässige Maß der baulichen Nutzung überschreiten (z. B. die GRZ oder die GFZ) oder ein Grundstück nicht mehr die planungsrechtlich gebotene Mindestgröße (vgl. § 9 Abs. 1 Nr. 3 BauGB) aufweist. In diesen Fällen liegen „Planwidrigkeiten" vor (vgl. OVG Bln, U. v. 14.8.1987, OVGE 19, 72, 74), die den Tatbestand des § 7 Abs. 1 erfüllen.

In **bauordnungsrechtlicher** Hinsicht kann eine Grundstücksteilung dazu führen, dass ein Grundstück entgegen § 4 Abs. 1 von der öffentlichen Straße abgeschnitten wird, ein Gebäude unter Verletzung des § 4 Abs. 2 auf zwei Grundstücken steht oder dass die zur Aufnahme einer Abstandsfläche nach § 6 Abs. 2 Satz 1 sowie eines notwendigen Kinderspielplatzes (§ 8 Abs. 2 Sätze 1) oder auch die für die Errichtung von Stellplätzen (§ 50 Abs. 1 Satz 1 und Abs. 2 Satz 1) erforderlichen Flächen auf dem Grundstück nicht mehr vorhanden sind, sondern nunmehr auf einem anderen Grundstück liegen. Durch Grenzveränderungen kann auch das Erfordernis einer Brandwand entstehen (§ 30 Abs. 2 Nr. 1) oder ein Gebäude mit weicher Bedachung zu nah an die Grundstücksgrenze geraten (§ 32 Abs. 2 Satz 1 Nr. 1).

13 Herrschten auf dem Grundstück schon zuvor baurechtswidrige Zustände, so sind diese nach anderen Vorschriften (wie z. B. §§ 79 und 85 Abs. 1 BauO Bln) zu beseitigen, denn sie haben ihre Ursache nicht in der Grenzveränderung. Die Bestimmung greift lediglich ein, soweit durch den neuen Grenzverlauf ein zusätzlicher Baurechtsverstoß bewirkt wird. Dieser kann auch in der missbräuchlichen Legalisierung eines Verstoßes gegen das Abstandsflächenrecht (z. B. § 6 Abs. 7 Satz 1 Nr. 1, Satz 2: Begrenzung der Grenzbebauung) durch Teilung eines wirtschaftlich einheitlich genutzten Grundstücks bestehen (vgl. NdsOVG, B. v. 26. 2. 2004, BRS 67 Nr. 144 sowie § 6 RNr. 91).

14 III. Die BauO Bln enthält – im Gegensatz zu der BauO Bln 1997 – nur noch ein Verbot, durch Grundstücksteilungen rechtswidrige Zustände zu schaffen und ist **keine eigenständige Eingriffsgrundlage** (mehr) für einen belastenden Verwaltungsakt, mit dem dem Adressaten die Pflicht auferlegt werden kann, den durch die Grenzänderung eingetretenen Missstand zu beheben (vgl. zur früheren Rechtslage: OVG Bln, B. v. 4. 4. 2002, BRS 65 Nr. 204 sowie auch B. v. 25. 9. 1987, DÖV 1988, 384). Hieraus kann jedoch nicht gefolgert werden, dass der Gesetzgeber auf Sanktionsmöglichkeiten verzichten, die Handlungsmöglichkeiten der BABeh. einschränken und einen Rückgriff auf die allgemeinen ordnungsbehördlichen Eingriffsbefugnisse sowie auf die Vorschriften über die besonderen bauaufsichtlichen Maßnahmen oder auf das allgemeine Verwaltungsverfahrensrecht ausschließen wollte. Liegen die Voraussetzungen des § 7 Abs. 1 vor, kann die BABeh. über die **allgemeine Eingriffsbefugnis** der Ordnungsbehörden nach **§ 17 Abs. 1 ASOG in Verbindung mit § 7 Abs. 1 BauO Bln** die Herstellung baurechtmäßiger Zustände verlangen (vgl. OVG Bln-Bbg, B. v. 25. 6. 2007 – OVG 10 S 9.07 –). § 58 Abs. 1 dürfte dagegen als Eingriffsgrundlage im Zusammenhang mit § 7 Abs. 1 von den zahlreichen in Betracht kommenden Revisionsmaßnahmen nur einen geringen Teil abdecken, der zudem spezialgesetzlich geregelt ist (z. B. § 79). Neben dem Rückbau baulicher Anlagen kommt vor allem die Wiederherstellung eines ordnungsgemäßen Grundstückszuschnitts in Betracht.

15 1. Der **Inhalt der Pflicht** hängt im Einzelfall von der Art der Baurechtswidrigkeit ab. Sie kann **baubezogen** oder **grundstücksbezogen** sein.

a) Als **baubezogene Maßnahme** kommt der Erlass einer Beseitigungsanordnung (§ 79 Satz 1), einer Nutzungsuntersagung (§ 79 Satz 2) oder eines Anpassungsverlangens (§ 85 Abs. 2) in Bezug auf einen vorhandenen Baubestand in Betracht, der in Folge von Grenzveränderungen **bauordnungsrechtlich** rechtswidrig geworden ist (vgl. auch OVG Bln-Bbg, B. v. 7. 10. 2005 – OVG 2 N 149.05 – n. v. zu § 4 Abs. 3 BbgBO).

aa) So kommt eine **Beseitigungsanordnung** (§ 79 Satz 1) in Betracht, wenn der neue Grenzverlauf die Unterbringung der Abstandsflächen auf dem bebauten Grundstück nicht mehr ermöglicht (vgl. § 6 Abs. 2 Satz 1; siehe auch unter RNr. 20). Unter den gleichen Voraussetzungen ist auch eine **Nutzungsuntersagung** nach § 79 Satz 2 denkbar. Unterschreitet z. B. ein Gebäude mit weicher Bedachung die Mindestentfernung des § 32 Abs. 2 Satz 1 Nr. 1, kann auch eine harte Bedachung statt einer Beseitigung als milderes Mittel gefordert werden. Die Schaffung notwendiger Kinderspielplätze oder von Stellplätzen kann ebenfalls nachträglich angeordnet werden, wenn die hierfür erforderlichen Flächen nunmehr fehlen.

bb) Eine **Anpassung baulicher Anlagen** an die durch die Grenzveränderung ausgelösten bauordnungsrechtlichen Anforderungen (§ 85 Abs. 2) setzt dagegen voraus, dass bauliche Anlagen nach früherem Recht milderen Anforderungen unterlagen als nach geltendem Bauordnungsrecht (vgl. OVG Bln, B. v. 25. 9. 1987, DÖV 1988, 384). Bewirkt eine Grenzveränderung einen Verstoß gegen das Baurecht und beruht dieser Verstoß auf einer Verschärfung der Rechtslage, so kann jedoch nur dann eine bauliche Anpassung angeordnet werden, wenn dies zur Vermeidung einer konkreten Gefährdung der öffentlichen Sicherheit oder Ordnung, insbesondere von Leben oder Gesundheit, erforderlich ist (vgl. OVG Bln-Bbg, B. v. 27. 4. 2007 – OVG 2 S 21.07 –). Die bloße Tatsache, dass eine bauliche Anlage innerhalb veränderter Grundstücksgrenzen im Widerspruch zum geltenden Baurecht steht, genügt in diesen Fällen nicht. § 85 Abs. 2 führt hier zu einer Privilegierung von Altanlagen, die früher weniger strengen Anforderungen ausgesetzt waren.

cc) Führt die **Ausnutzung einer Baugenehmigung**, die vor einer Grenzveränderung erteilt wurde, zu Verhältnissen, die öffentlich-rechtlichen Vorschriften zuwiderlaufen, so kann die **Genehmigung** gemäß § 49 Abs. 2 Nr. 3 VwVfG **widerrufen** werden. Eine Entschädigung des Betroffenen nach § 49 Abs. 6 Satz 1 VwVfG findet nicht statt, wenn er durch eigenes Handeln den Tatbestand des Widerrufs herbeigeführt hat und sein Vertrauen auf den Bestand der Baugenehmigung nicht schutzwürdig ist.

dd) Nicht immer wird es jedoch dem Eigentümer eines Grundstücks, auf dem ein baurechtswidriger Zustand durch eine Grenzveränderung eingetreten ist, möglich sein, diesen selbst zu beseitigen. Fehlt seinem Grundstück aufgrund der Teilung eine Verbindung zu einer öffentlichen Straße, so bedarf es des **Einverständnisses des Nachbarn**, damit eine öffentlich-rechtlich gesicherte Zufahrt nach § 4 Abs. 1 (vgl. § 4 RNr. 11) den Mangel ausgleichen kann; zur Abgabe einer Willenserklärung gemäß § 82 Abs. 1 Satz 1 zur Übernahme einer Baulast für eine Zuwegung kann der Eigentümer des Nachbargrundstücks von der BABeh. unter Berufung auf § 17 Abs. 1 ASOG in Verbindung mit § 7 Abs. 1 jedoch nicht gezwungen werden. Dies würde selbst im Falle der Löschung einer Baulast wegen einer neuen Zufahrtsalternative gelten, wenn sich diese nach der rechtlichen Loslösung als nicht dauerhaft erweisen sollte. Auch dann bestünde kein Anspruch auf erneute Übernahme einer Baulast gegen den Nachbarn, so dass die Anforderungen an die Voraussetzungen für die Löschung einer Baulast, die zuvor den rechtlich notwendigen Kontakt eines Hinterliegergrundstücks zur Straße vermittelt hat, entsprechend hoch sind (vgl. hierzu OVG Bln, U. v. 30. 7. 2003, LKV 2004, 86). Das Einverständnis und die Bereitschaft des Nachbarn zur Übernahme einer Baulast ist auch dann erforderlich, wenn eine Grundstücksteilung einen Verstoß gegen das abstandsflächenrechtliche Erstreckungsverbot (§ 6 Abs. 2 Satz 1) zur Folge hat und dieser durch eine öffentlich-rechtliche Sicherung der Nichtüberbarkeit der hiervon betroffenen Fläche des Nachbargrundstücks (§ 6 Abs. 2 Satz 3) überwunden werden soll (vgl. § 6 RNr. 34).

21 b) Als **grundstücksbezogene Maßnahme** kommt vor allem bei bauplanungsrechtlichen Missständen, die durch eine Grenzveränderung eingetreten sind, das Verlangen in Betracht, alle – auch die **zivilrechtlich** erforderlichen und möglichen – Maßnahmen zu ergreifen, um diese durch eine **Rückgängigmachung der Teilung** zu erreichen (OVG Bln, B. v. 4. 4. 2002, BRS 65 Nr. 204).

22 aa) Anordnungen, die auf zivilrechtliche Rückgängigmachung der Teilung gerichtet sind, haben jedoch das **Problem** einer eventuellen **faktischen Erschwerung** der **Durchsetzung** dieser Anordnung durch fortlaufende weitere Veränderungen der Eigentumsverhältnisse durch zwischenzeitlichen Weiterverkauf der neu gebildeten Grundstücke (insbesondere bei Wohnungseigentum) an Dritte. Diese Situation kann dadurch entstehen, dass die Grundbuchumschreibungen erfolgen, ohne dass eine Pflicht des Grundbuchamtes zur vorherigen Mitteilung eventueller weiterer Umschreibungen an die Behörde besteht (vgl. hierzu OVG Bln, B. v. 4. 4. 2002, BRS 65 Nr. 204). Die Anordnung zur Wiederherstellung rechtmäßiger Zustände durch zivilrechtliche Maßnahmen und die daraus folgende **öffentlich-rechtliche Verpflichtung** gilt jedoch unabhängig vom (weiteren) zivilrechtlichen Erwerb Dritter **grundstücksbezogen** und damit gegebenenfalls auch **für und gegen den Rechtsnachfolger** einer gegen den Voreigentümer erlassenen Anordnung im Sinne des § 7 Abs. 1 (vgl. OVG Bln, B. v. 25. 9. 1987, DÖV 1988, S. 384 m. w. N.). Das hat zur Folge, dass diese Anordnung in dem Stadium, das sie bei einem eventuellen Verkauf eines der Grundstücke erreicht hat, auch gegen den Rechtsnachfolger durchgesetzt werden könnte (OVG Bln, B. v. 4. 4. 2002, BRS 65 Nr. 204).

23 bb) Einen weiteren **Schutz der Durchsetzung** einer auf § 7 Abs. 1 BauO Bln / § 17 Abs. 1 ASOG gestützten Anordnung mit dem Ziel der **Revision der Grenzen** der neu geschaffenen Grundstücke folgt daraus, dass eine solche Anordnung nach der Rechtsprechung zugleich auch ein **Hindernis für die Erteilung einer Baugenehmigung** – soweit noch erforderlich – für ein Bauvorhaben auf dem abgeteilten, noch unbebauten Grundstück darstellt. Auch wenn ein Bauvorhaben auf diesem Grundstück mit seinen neuen Grenzen das vorgeschriebene Maß der Nutzung einhalten sollte, folgt aus der auf § 7 Abs. 1 gestützten Anordnung, dass die gegenwärtigen Grundstücksgrenzen keinen Bestand haben und damit nicht Maßstab für die notwendigen Berechnungen für das Bauvorhaben sein können (vgl. OVG Bln, B. v. 4. 4. 2002, BRS 65 Nr. 204; vgl. auch Berkemann/Halama, Erstkommentierung zum BauGB 2004, 1. Auflage 2005, § 19 RNr. 30, 37). Eine Beschränkung darauf, nur die vorhandene Bebauung auf dem durch die Teilung verkleinerten Grundstück als unzulässig zu betrachten und dieser den Bestandsschutz für eine eventuelle Wiedererrichtung eines gleichen Gebäudes an gleicher Stelle zu nehmen (vgl. Schmidt-Eichstaedt, Das EAG-Bau – ein Jahr danach, ZfBR 2005, 751, 757), erscheint nach der Zielsetzung der Sicherung der Bauleitplanung des § 19 BauGB als zu wenig effektiv und berücksichtigt nicht die mit einer bauordnungsrechtlichen Anordnung zur Revision der Grenzen nach § 7 Abs. 1 BauO Bln/§ 17 Abs. 1 ASOG eröffneten rechtlichen Möglichkeiten (s. a. Berkemann/Halama, a. a. O., § 19 RNr. 34).

§ 8 Nicht überbaute Flächen der bebauten Grundstücke, Kinderspielplätze

(1) ¹Die nicht mit Gebäuden oder vergleichbaren baulichen Anlagen überbauten Flächen der bebauten Grundstücke sind
1. wasseraufnahmefähig zu belassen oder herzustellen und
2. zu begrünen oder zu bepflanzen

soweit dem nicht die Erfordernisse einer anderen zulässigen Verwendung der Flächen entgegenstehen. ²Satz 1 findet keine Anwendung, soweit Bebauungspläne oder andere Rechtsverordnungen abweichende Regelungen enthalten.

(2) ¹Bei der Errichtung von Gebäuden mit mehr als sechs Wohnungen ist ein Spielplatz für Kinder anzulegen und instand zu halten (notwendiger Kinderspielplatz); Abweichungen können gestattet werden, wenn nach der Zweckbestimmung des Gebäudes mit der Anwesenheit von Kindern nicht zu rechnen ist. ²Der Spielplatz muss auf dem Baugrundstück liegen; er kann auch auf einem unmittelbar angrenzenden Grundstück gestattet werden, wenn seine Benutzung zugunsten des Baugrundstücks öffentlich-rechtlich gesichert ist. ³Spielplätze sind zweckentsprechend und so anzulegen und instand zu halten, dass für die Kinder Gefahren oder unzumutbare Belästigungen nicht entstehen. ⁴Je Wohnung sollen mindestens 4 m² nutzbare Spielfläche vorhanden sein; der Spielplatz muss jedoch mindestens 50 m² groß und mindestens für Spiele von Kleinkindern geeignet sein. ⁵Bei Bauvorhaben mit mehr als 75 Wohnungen muss der Spielplatz auch für die Spiele älterer Kinder geeignet sein. ⁶Bei bestehenden Gebäuden nach Satz 1 soll die Herstellung oder Erweiterung und die Instandhaltung von Kinderspielplätzen verlangt werden, wenn nicht im Einzelfall schwerwiegende Belange der Eigentümerin oder des Eigentümers dem entgegenstehen.

(3) ¹Kann die Bauherrin oder der Bauherr den Kinderspielplatz nicht oder nur unter sehr großen Schwierigkeiten auf dem Baugrundstück herstellen, so kann die Bauaufsichtsbehörde durch öffentlich-rechtlichen Vertrag mit der Bauherrin oder dem Bauherrn vereinbaren, dass die Bauherrin oder der Bauherr ihre oder seine Verpflichtung nach Absatz 2 durch Zahlung eines Geldbetrags an das Land Berlin erfüllt. ²Der Geldbetrag soll den durchschnittlichen Herstellungs- und Instandsetzungskosten eines Kinderspielplatzes einschließlich der Kosten des Grunderwerbs entsprechen. ³Der Geldbetrag ist ausschließlich für die Herstellung, Erweiterung oder Instandsetzung eines der Allgemeinheit zugänglichen Kinderspielplatzes in der Nähe des Baugrundstücks zu verwenden.

Erläuterungen:

I. § 8 Abs. 1 Satz 1 hat zum Ziel, die Bodenversiegelung der nicht überbauten Freiflächen bebauter Grundstücke zu vermeiden und verlangt, den Boden dieser Flächen wasseraufnahmefähig zu belassen oder herzustellen (Nr. 1) sowie die Freiflächen zu begrünen oder zu bepflanzen (Nr. 2). Die Regelung gilt für die nicht mit Gebäuden oder vergleichbaren baulichen Anlagen überbauten Flächen bebauter Grundstücke, soweit dem nicht die Erfordernisse einer anderen zulässigen Verwendung der Flächen entgegenstehen

2 **1.** Ein Grundstück ist im Sinne des Abs. 1 Satz 1 **bebaut**, wenn sich auf ihm Gebäude oder vergleichbare bauliche Anlagen befinden. Ist die Bebauung nicht mit Gebäuden vergleichbar und nur geringfügiger, provisorischer Art, genügt dies nicht, und Abs. 1 findet keine Anwendung. Bei bebauten Grundstücken in diesem Sinne unterliegen die nicht überbauten Flächen dem bauordnungsrechtlichen Versiegelungsverbot (Abs. 1 Satz 1 Nr. 1) sowie dem Begrünungs- oder Bepflanzungsgebot (Abs. 1 Satz 1 Nr. 2).

3 **2. Nicht überbaut** sind diejenigen Grundstücksflächen, die tatsächlich **frei von Gebäuden oder vergleichbaren baulichen Anlagen** sind, wobei nur eine baurechtlich legale Überbauung durch die vorgenannten Anlagen eine Einstufung der Freifläche als nicht überbaut ausschließt (OVG Bln, U. v. 7. 3. 2003, OVGE 24, 189 = GE 2003, 749). Es genügt nicht, dass die Flächen planungsrechtlich nicht überbaubar sind (z. B. außerhalb der festgesetzten oder faktischen Baugrenze), zumal bestimmte bauliche Anlagen auch auf den nicht überbaubaren Grundstücksflächen planungsrechtlich zulässig sind (z. B. Nebenanlagen und Stellplätze, vgl. OVG Bln, B. v. 30. 7. 2004, BRS 67 Nr. 146 = BauR 2005, 694). Inwieweit die Freifläche mit einer festen Oberfläche ausgestattet ist (z. B. eine Ausstellungsfläche oder eine Pflasterung für Stellplätze), die bauordnungsrechtlich als bauliche Anlage gilt, ist für ihre Einstufung als nicht überbaut unerheblich, weil in diesen Fällen keine Gebäudegleichheit vorliegt.

4 **II. Abs. 1 Satz 1 Nr.1** enthält ein **Versiegelungsverbot** für die vorgenannten Freiflächen; diese sind wasseraufnahmefähig zu belassen oder herzustellen. Durch diese Bodenverhältnisse soll eine rasche Versickerung des Oberflächenwassers zur Sicherung der Grundwasserbildung erreicht werden.

5 **1.** Schon § 8 Abs. 2 Satz 1 BauO Bln 1997 enthielt ein Versiegelungsverbot für Freiflächen; ebenso findet sich dies auch in § 8 Abs. 1 MBO 2002. Ein naturschutzrechtliches Versiegelungsverbot ergibt sich auch aus § 3 Abs. 1 Nr. 2 und 4 BaumSchVO (vgl. OVG Bln, U. v. 22. 5. 1987, NuR 1987, 323) sowie ein Versickerungsgebot aus § 36 a Abs. 1 BWG. Generelle Regelungen des Bodenschutzes enthält das BBodSchG.

6 Eine **Versiegelung** ist jede Veränderung der natürlichen Funktion des Bodens durch bauliche oder sonstige Maßnahmen, die die ökologischen Wechselwirkungen zwischen dem Boden und der übrigen Natur beeinflussen, indem sie das Eindringen von Niederschlagswasser in den Boden ausschließen oder erheblich beeinträchtigen (vgl. Ortloff, Ökologische Standards und Umweltverträglichkeitsprüfung nach der Berliner Bauordnung, NVwZ 1985, 698, 700). Vom Versiegelungsverbot erfasst werden alle, auch geringfügige Maßnahmen, die den Boden mit einer festen Schicht überziehen, so dass Teile der Oberfläche undurchlässig werden (z. B. durch eine Bitumenschicht). Ob es sich dabei um eine bauliche Anlage handelt (z. B. asphaltierter Lagerplatz, Ausstellungsgelände) oder um eine sonstige Veränderung der Oberfläche (z. B. durch einen Sand- oder Kiesbelag), ist unerheblich. Eine Versiegelung kann auch dann eintreten, wenn keine Bauprodukte verwendet werden, etwa durch die Aufbringung eines undurchlässigen Kunstrasens, das Lagern von Materialien oder das Feststampfen des Bodens. Aufschüttungen und Abgrabungen (vgl. § 2 Abs. 1 Satz 3 Nr. 1) sowie der Bodenaustausch werden dagegen durch das Versiegelungsverbot nicht ausgeschlossen, weil die natürlichen Eigenschaften des Bodens hierbei nicht verschlechtert werden. Nach Abs. 1 Satz 1 Nr. 1 ist der unversiegelte Zustand der Grundstücksflächen auf Dauer beizubehalten oder ggf. herzustellen.

2. Das Versiegelungsverbot gilt jedoch nur so weit, wie dem nicht die **Erfordernisse einer anderen zulässigen Verwendung entgegenstehen**. Hierbei kommt es nicht darauf an, ob die Nutzflächen öffentlich-rechtlich erforderlich sind, sondern es genügt, wenn sie tatsächlich benötigt werden. Flächen, die aufgrund anderer Vorschriften angelegt werden müssen (z. B. nach § 4 Abs. 1 oder § 5 Abs. 1), unterfallen dem Anwendungsbereich des Abs. 1 Satz 1 nur so weit, wie ihre Funktion dies zulässt. Deshalb müssen Zufahrten nur soweit gemäß Abs. 1 Satz 1 Nr. 1 wasseraufnahmefähig ausgeführt werden, wie es z. B. die Anforderungen an ihre Tragfähigkeit erlauben (vgl. § 5 Abs. 2). Die Größe der Zuwegungen und Zufahrten und damit das Ausmaß der Bodenversiegelung sind von der Nutzung der auf dem Grundstück stehenden Gebäude abhängig und werden demnach durch den Bedarf des Grundstücks bestimmt. Die Mindestanforderungen des § 5 Abs. 1 sind jedoch einzuhalten. Nutzflächen, die weder öffentlich-rechtlich erforderlich sind noch tatsächlich benötigt werden, unterliegen ohne Einschränkungen dem Abs. 1 Satz 1 Nr. 1. Das bedeutet, wie aus dem Begriff „Erfordernisse" abzuleiten ist, dass bei der Schaffung von Nutzflächen der Bodenverbrauch, der mit einer Versiegelung verbunden ist, möglichst gering zu halten und von ihm sogar Abstand zu nehmen ist, wenn der konkrete Zweck eine Befestigung der Oberfläche nicht verlangt. Unbequemlichkeiten und Erschwernisse, die mit der Erfüllung dieser Anforderungen verbunden sind, müssen hingenommen werden, sofern die Funktion der Nutzfläche noch gewahrt ist.

III. Abs. 1 Satz 1 Nr. 2 verlangt die **Begrünung oder Bepflanzung** der Grundstücksfreiflächen.

1. Die in § 8 Abs. 1 und 2 der **BauO Bln 1997** neben der unversiegelten Anlegung noch geforderte **gärtnerische Gestaltung** freier Flächen bebauter Grundstücke, die der Schaffung eines ästhetisch ansprechenden Straßen- und Ortsbildes sowie einer angemessenen Wohn- und Arbeitsumwelt dienen sollte (vgl. OVG Bln, U. v. 31. 7. 1992, OVGE 20, 138, 141 = BRS 54 Nr. 110; U. v. 7. 3. 2003, OVGE 24, 189 = GE 2003, 749), wurde in der geltenden Fassung des § 8 Abs. 1, die eine gärtnerische Anlegung der Freiflächen nicht mehr verlangt, nur noch beschränkt auf das Begrünungs- oder Bepflanzungsgebot aufrechterhalten. Damit wurde zugleich ein Qualitätsmaßstab aufgegeben, denn eine gärtnerische Anlegung setzt eine gewisse gestalterische Qualität bei gleichzeitig weitgehend unversiegelter Bodenoberfläche voraus (vgl. OVG Bln, B. v. 30. 7. 2004, BRS 67 Nr. 146 = BauR 2005, 694 zur Rasengittersteinverlegung in einem Vorgarten). Gleiches gilt für die in § 48 Abs. 3 Satz 3 BauO Bln 1997 noch geforderte gärtnerische Gestaltung von Stellplätzen durch Anpflanzung von Bäumen und Sträuchern, die nach der Gesetzesbegründung zum geltenden § 50 im Hinblick auf die als ausreichend angesehene Regelung in § 8 Abs. 1 Satz 1 Nr. 2 ebenfalls entfallen ist. Während es sich bei § 8 Abs. 1 BauO Bln 1997 noch um eine spezielle, das allgemeine Verunstaltungsverbot (§ 9 Abs. 2) inhaltlich miterfassende Bestimmung handelte, die auf eine positiv das Orts- und Straßenbild belebende Gestaltung der betreffenden Grundstücksflächen abzielte (vgl. OVG Bln, U. v. 7. 3. 2003, OVGE 24, 189 = GE 2003, 749), will § 8 Abs. 1 in der geltenden Fassung nach der Gesetzesbegründung in Anpassung an die geänderten Verhältnisse hinsichtlich der Begrünungs- oder Bepflanzungsanforderungen nur noch einen Mindeststandard festlegen. Der Schwerpunkt dieser bauordnungsrechtlichen Regelung für die Freiflächen von Grundstücken hat sich daher von dem ehemals vornehmlich gestalterischen Anliegen entfernt und zugunsten der Begrünung und Grundwasserbildung verschoben.

2. Über die **Art der Begrünung oder Bepflanzung** (z. B. Rasen, Stauden, Sträucher, Hecken oder Bäume) befindet der Grundstückseigentümer nach seinem Ermessen,

sofern diese nicht bauplanungsrechtlich durch Festsetzungen nach § 9 Abs. 1 Nr. 25 BauGB vorgegeben sein sollte. Außer der erstmaligen Anlegung der Freiflächen in der vom Gesetzgeber geforderten Art und Weise, die regelmäßig nach Fertigstellung des Bauwerks geschieht, verlangt der Wortlaut des Abs. 1 Satz 1 zwar nicht mehr – wie noch die Gesetzesfassung des § 8 Abs. 1 und 2 BauO Bln 1997 – auch deren dauernde Unterhaltung. Diese ergibt sich aber zwangsläufig daraus, dass sich die bauordnungsrechtliche Begrünungs- oder Bepflanzungspflicht für Freiflächen ständig aktualisiert, wenn in dieser Hinsicht Änderungen eintreten sollten. Wetterschäden sind daher durch Neubegrünung oder -bepflanzung zu beheben. Gefährdungen der Sicherheit und Leichtigkeit des Verkehrs, die durch Pflanzenwuchs entstehen, sind jedoch zu vermeiden.

11 3. Soweit die Freiflächen eines Grundstücks für eine **andere zulässige Verwendung**, wie z. B. für Zugänge oder Zufahrten (vgl. § 4 Abs. 1 und § 5 Abs. 1) oder Stellplätze (§ 50), benötigt werden, besteht die Pflicht zur Begrünung oder Bepflanzung nach Abs. 1 Satz 1 Nr. 2 nur soweit, wie dies der Funktion dieser baulichen Anlagen nicht entgegensteht. Hier kann sinngemäß auf die Ausführungen unter RNr. 7 verwiesen werden.

12 IV. Die Vorschrift enthält **kein eigenständiges Bauverbot für Freiflächen**, weil sie die Nutzung des Vorgartens für andere Zwecke nur soweit ausschließt, wie es sich nicht um benötigte Zugänge oder Zufahrten oder eine andere legale Bebauung handelt (OVG Bln, U. v. 7. 3. 2003, OVGE 24, 189 = GE 2003, 749; B. v. 30. 7. 2004, BRS 67 Nr. 146 = BauR 2005, 694; ebenso OVG Bln-Bbg, B. v. 17. 10. 2005 – OVG 10 N 3.05 – n. v.). Die Errichtung baulicher Anlagen ist zulässig, wenn keine öffentlich-rechtlichen Hindernisse, insbesondere bauordnungsrechtlicher oder bauplanungsrechtlicher Art bestehen. Dies wird u.a. durch die in § 62 Abs. 1 Nr. 1 d) (Gewächshäuser) oder auch die in Nr. 9 e) genannten Anlagen, die der Gartennutzung, der Gartengestaltung oder der zwecksprechenden Einrichtung von Gärten dienen, bestätigt. Im Übrigen werden Vorhaben in diesen Bereichen häufig jedoch an den Bestimmungen des Planungsrechts (z. B. § 23 Abs. 3 BauNVO, Baugrenze) oder an denen des Bauordnungsrechts (z. B. § 6 BauO Bln, Abstandsflächen, § 9 Abs. 2, § 10 Abs. 2 BauO Bln ortsgestalterische Anforderungen an Werbeanlagen) scheitern.

13 V. **Abs. 1 Satz 2** stellt den **Vorrang des Planungsrechts** klar. Entsprechende bauplanungsrechtliche Regelung aus städtebaulichen Gründen in einem Bebauungsplan gehen der bauordnungsrechtlichen Regelung vor (vgl. OVG Bln, U. v. 31. 5. 1991, BRS 52 Nr. 24). Diese können einschränkender sein, aber auch weitergehend, als die bauordnungsrechtlich in § 8 Abs. 1 Satz 1 geforderte wasseraufnahmefähige Beschaffenheit des Bodens sowie die Begrünungs- oder Bepflanzungspflicht. So können sich aus bestimmten Festsetzungen in Bebauungsplänen sowohl Bodenversiegelungen eines Teils der Freiflächen von Grundstücken ergeben, wie z. B. durch die Ausweisung von Flächen für Nebenanlagen, wie Garagen, von Flächen für Freizeiteinrichtungen oder auch von Sportanlagen (vgl. § 9 Abs. 1 Nrn. 4, 5, 22, BauGB), als auch am Nutzungszweck orientierte (Grün–)Gestaltungsanforderungen, wie z. B. durch die Ausweisung von Parkanlagen, Dauerkleingärten, Sport-, Spiel-, Zelt- und Badeplätzen sowie von Friedhöfen (§ 9 Abs. 1 Nr. 15 BauGB). Demgegenüber folgt aus Festsetzungen nach § 9 Abs. 1 Nr. 25 BauGB ein Zwang zu einer bestimmten Art der Begrünung der Freiflächen aus städtebaulichen Gründen, indem diese speziell das Anpflanzen von Bäumen, Sträuchern und sonstige Bepflanzungen vorsehen oder Bindungen für Bepflanzungen und für die Erhaltung von Bäumen, Sträuchern und sonstigen Bepflanzungen enthalten (vgl. OVG Bln, B. v. 21. 5. 1999, BRS 62 Nr. 206; U. v. 31. 5. 1991, BRS 52 Nr. 24). Diese können gemäß § 178 BauGB mittels eines Pflanzgebots durchgesetzt werden. Die planungsrechtlichen

Festsetzungen beziehen sich zumeist auf größere Flächen, während § 8 Abs. 1 jedes einzelne Grundstück im Bereich der BauO Bln erfasst. Für Bebauungspläne, mit deren öffentlicher Auslegung bis zum Inkrafttreten der geltenden BauO Bln begonnen wurde, ist nach der Übergangsregelung des Gesetzes (§ 88) der § 8 Abs. 1 weiterhin in der bisherigen Fassung anzuwenden. Die bisherige Fassung der Vorschrift gilt auch für den Bereich des Baunutzungsplans von 1958/60 weiter (vgl. OVG Bln, U. v. 7. 3. 2003, OVGE 24, 189 = GE 2003, 749).

VI. Das Begrünungs- oder Bepflanzungsgebot ist nicht nachbarschützend (vgl. hierzu HessVGH, B. v. 4. 1. 1983, BRS 40 Nr. 215). Die **Anforderungen** des Abs. 1 können im öffentlichen Interesse auf unterschiedliche Weise **durchgesetzt** werden, soweit nicht von der Möglichkeit des planungsrechtlichen Entsiegelungsgebots § 179 Abs. 1 Satz 2, Satz 1 Nr. 1 BauGB oder des Pflanzgebots (§ 178 BauGB) Gebrauch gemacht wird. Die nicht überbauten Flächen und deren Aufteilung müssen im Lageplan enthalten (vgl. § 3 Abs. 3 Nr. 14 BauVerfVO) sein. **Rechtsgrundlage** für einen belastenden Verwaltungsakt zur Durchsetzung der in Abs. 1 normierten Verbote und Pflichten ist mangels einer in dieser Vorschrift selbst enthaltenen Eingriffsermächtigung die allgemeine ordnungsrechtliche Ermächtigungsgrundlage des **§ 17 Abs. 1 ASOG in Verbindung mit § 8 Abs. 1 BauO Bln** (OVG Bln, U. v. 7. 3. 2003, OVGE 24, 189 = GE 2003, 749), soweit die Einhaltung der Anforderungen des Abs. 1 nicht bereits durch Auflagen gesichert worden ist. Wird dem Versiegelungsverbot zuwidergehandelt, kommt auch eine Beseitigungsverfügung gemäß § 79 in Betracht.

14

VII. Abs. 2 Satz 1 schreibt bei der Errichtung von Gebäuden ab einem Schwellenwert von mehr als sechs Wohnungen die **Anlegung und Instandhaltung von Kinderspielplätzen** vor. Die Sätze 2 bis 5 enthalten Anforderungen an Lage und Beschaffenheit, Satz 6 trifft eine Sonderregelung für bestehende Gebäude. Einzelheiten werden in einer Verwaltungsvorschrift geregelt. Zweck des Abs. 2 ist es, die gesunde Entwicklung von Kindern zu fördern, sie vor den Gefahren des Straßenverkehrs zu bewahren und ihnen Gelegenheit zum Spielen in der Nähe ihrer Wohnung zu geben. Die Vorschrift dient somit der Jugendwohlfahrt, zugleich aber auch der Gefahrenabwehr. Private Kinderspielplätze ergänzen die öffentlichen Kinderspielplätze, die aufgrund des Gesetzes über öffentliche Kinderspielplätze (Kinderspielplatzgesetz i. d. F. v. 20. 6. 1995, GVBl. S. 388, geänd. d. G. v. 17. 12. 2003,GVBl. S. 617) angelegt werden. Die auf Abs. 2 beruhende Pflicht, private Spielplätze zu schaffen, wird durch das Kinderspielplatzgesetz (§ 2 Abs. 2 Nr. 1) nicht berührt.

15

1. Gemäß **Abs. 2 Satz 1 Halbs.1** ist bei der Errichtung von **Gebäuden** (vgl. § 2 Abs. 2) **mit mehr als sechs Wohnungen** (vgl. § 49) ein Spielplatz für Kinder anzulegen und instand zu halten. Die **Herstellungsverpflichtung** besteht nunmehr – im Vergleich zu der Regelung in § 8 Abs. 3 BauO Bln 1997 – nicht mehr schon bei mehr als drei Wohnungen in einem Gebäude, sondern ist mit der Neufassung der Vorschrift in der geltenden BauO Bln auf **mehr als sechs Wohnungen** je Gebäude angehoben worden. Dies stellt eine Beschränkung der Herstellungsverpflichtung für Kinderspielplätze dar, mit der das Bauen vereinfacht werden sollte. Außerdem handelt es sich bei dem aus der Herstellungsverpflichtung entlassenen Gebäudetypus mit bis zu sechs Wohnungen nicht um den üblichen Mietwohnungsbau. Es bleibt bei diesem freigestellt, entsprechende Bedürfnisse auf den Grundstücksflächen zu berücksichtigen. Ein solcher **notwendiger Kinderspielplatz** ist eine „sonstige Anlage" im Sinne des § 1 Abs. 1 Satz 2, wenn er nicht aus Bauprodukten besteht, sonst eine bauliche Anlage i. S. d. § 2 Abs. 1 Satz 1 und gehört zu den verfahrensfreien Anlagen (§ 62 Abs. 1 Nr. 13 c).

16

17 2. Satz 1 Halbs. 2 sieht **Abweichungen von der Spielplatzpflicht** vor. Solche Abweichungen können gemäß § 68 Abs. 1 gestattet werden, wenn nach der Zweckbestimmung des Gebäudes mit der Anwesenheit von Kindern nicht zu rechnen ist. Diese Voraussetzung kann z. B. bei einem Altenwohnheim oder einem Gebäude mit Einzimmerwohnungen erfüllt sein (vgl. Finkelnburg/Ortloff, Baurecht II, 5. Aufl. 2005, S. 37). Die Absicht des Eigentümers, Wohnungen nur an kinderlose Personen zu vermieten, rechtfertigt keine Ausnahme; andernfalls könnte sich ein Vermieter durch bloße Erklärungen seiner gesetzlichen Pflicht entziehen (vgl. OVG Lbg., U. v. 12. 5. 1977, OVGE MüLü 33, 398, 400 f.). Die Abweichung kann gemäß § 68 Abs. 3 bedingt, befristet oder unter dem Vorbehalt des Widerrufs erteilt werden, so dass nach einer Veränderung der Zweckbestimmung des Gebäudes ein Spielplatz wieder angelegt werden muss.

18 3. Nach **Satz 2 Halbs. 1** muss der Spielplatz auf dem **Baugrundstück** liegen, also auf demselben Grundstück wie das Wohngebäude. In der Wahl des Standortes ist der Bauherr oder die Bauherrin frei, insbesondere nicht verpflichtet, den Spielplatz so anzulegen, dass das Ruhebedürfnis der Nachbarn möglichst geschont wird (vgl. OVG Bln, U. v. 24. 3. 1994, BRS 56 Nr. 52; B. v. 27. 8. 1996 – 2 S 17.96 – n. v.). Als Standort kann auch ein unmittelbar angrenzendes Grundstück gestattet werden, wenn dessen Benutzung zugunsten des Baugrundstücks öffentlich-rechtlich gesichert ist (**Satz 2 Halbs. 2**). Diese Sicherung geschieht durch eine Baulast gemäß § 82 (vgl. OVG Bln, U. v. 29. 10. 1993, OVGE 21, 74, 78). Für das bei der Gestattung auszuübende Ermessen sind insbesondere die Eignung des Nachbargrundstücks und dessen gefahrlose Erreichbarkeit von Belang.

19 4. Die **Sätze 3 bis 5** regeln die **Beschaffenheit der Spielplätze**. Auch im Planungsrecht können Maßgaben enthalten sein (vgl. OVG Bln, U. v. 18. 5. 1990, BRS 50 Nr. 22).

20 a) Nach **Satz 3** sind sie **zweckentsprechend** anzulegen, d. h. mit einem Mindestmaß an Einrichtungen zu versehen (z. B. einem Sandkasten und einer Schaukel). Näheres hierzu ergibt sich aus der AV-Notwendige-Kinderspielplätze. Die bloße Bereitstellung einer Fläche reicht demnach nicht aus. Die technische Ausgestaltung von Kinderspielplätzen, d. h. wie die Spielgeräte beschaffen sein müssen, richtet sich nach den einschlägigen DIN-Vorschriften. Jenseits der Mindestausstattung steht es im Ermessen des Bauherrn oder der Bauherrin, wie der Spielplatz gestaltet wird (vgl. OVG Bln, U. v. 6. 4. 1979, BRS 35 Nr. 115). Es kann z. B. die Form eines Bolzplatzes gewählt werden (vgl. OVG Bln, U. v. 22. 4. 1993, OVGE 21, 41 = BRS 55 Nr. 179). Die Benutzung des Spielplatzes darf für die Kinder keine Gefahren oder unzumutbaren Belästigungen mit sich bringen. Geeignet ist z. B. ein Spielplatz, der ohne Überquerung von Zu- oder Abfahrten erreichbar ist, von der elterlichen Wohnung eingesehen werden kann, sich in windgeschützter Lage abseits von Lüftungsanlagen, Abfallbehältern und Stellplätzen (vgl. hierzu OVG Bln, U. v. 10. 10. 2003 – OVG 2 B 3.99 – n. v.) befindet, nicht von dornigen Büschen umgeben ist und das Regenwasser nicht staut. Satz 3 konkretisiert außerdem die Instandhaltungspflicht des Satzes 1, indem er verlangt, dass der Spielplatz dauernd einen Zustand aufweist, der den Anforderungen an dessen Anlegung genügt.

21 b) Gemäß **Satz 4 Halbs. 1** soll **je Wohnung** eine nutzbare **Spielfläche** von **mindestens 4 m^2** vorhanden sein. Von dieser Sollvorschrift können gemäß § 68 Abs. 1 Abweichungen gestattet werden. Insgesamt muss der Spielplatz jedoch **mindestens 50 m^2 groß** und wenigstens für Spiele von Kleinkindern geeignet sein (**Satz 4 Halbs. 2**). Darunter sind kleinere aufsichtsbedürftige Kinder im nicht schulpflichtigen Alter von bis zu sechs Jahren zu verstehen. Einzelheiten werden unter Nr. 3 AV-Notwendige-Kinderspielplätze geregelt.

c) Gemäß **Satz 5** muss der **Spielplatz** bei einem Bauvorhaben mit **mehr als 75 Wohnungen,** das auch dann gegeben ist, wenn ein Bauträger es auf mehreren Grundstücken oder in mehreren Bauabschnitten durchführt, besondere Eignungsvoraussetzungen **auch für Spiele älterer Kinder** aufweisen. In aller Regel sind in diesen Fällen Bolzplätze oder Abenteuerspielplätze herzustellen. Wie die Spielplätze in solchen Fällen auszustatten sind, wird in Nr. 3 Abs. 4 der Verwaltungsvorschrift geregelt. Diese Plätze sind auf den oftmals relativ kleinen Freiflächen der Baugrundstücke jedoch nicht immer an der Stelle unterzubringen, wo die Störung am besten minimiert werden kann. In diesen Fällen bietet sich – soweit geeignet (vgl. RNr. 20) – ein baulastgesicherter Standort auf einem unmittelbar benachbarten Grundstück (Satz 2 Halbs. 2) an.

5. Die in Abs. 2 Sätze 1 bis 5 im einzelnen geregelte **Pflicht,** Kinderspielplätze anzulegen und instand zu halten, wird in ähnlicher Weise **durchgesetzt** wie die Begrünungspflicht des Abs. 1 (vgl. RNr. 14). Die Einhaltung der einzelnen Anforderungen kann ggf. durch Nebenbestimmungen gesichert und auf dieser Grundlage durchgesetzt werden, wenn das zugehörige Gebäude einer Baugenehmigung bedurfte (OVG Bln, U. v. 10. 10. 2003 – OVG 2 B 3.99 – n. v.). Wird kein Kinderspielplatz hergestellt oder wird die Instandhaltungspflicht verletzt, bildet **§ 17 Abs. 1 ASOG i. V. m. § 8 Abs. 2 Satz 1 BauO Bln** die **Rechtsgrundlage** zum Einschreiten. Bei bestehenden Gebäuden kann die BABeh. auf der Grundlage des Abs. 2 Satz 6 gegen den Pflichtigen vorgehen.

6. Die **Herstellungspflicht für Kinderspielplätze** des Abs. 2 Satz 1 Halbs. 1 betrifft Wohngebäude, die unter der Geltung der gegenwärtigen BauO Bln errichtet werden. **Satz 6 dehnt** diese **auf bestehende Gebäude aus**, und zwar soll die Herstellung oder Erweiterung und die Instandhaltung von Kinderspielplätzen für diese verlangt werden, wenn nicht im Einzelfall schwerwiegende Belange des Eigentümers dem entgegenstehen. Diese Regelung ist eine Spezialvorschrift im Verhältnis zu § 85 Abs. 2 Satz 1 und berührt gleichfalls das Problem des Bestandsschutzes (vgl. OVG Bln, U. v. 11. 6. 1976, OVGE 14, 8, 9 = BRS 30 Nr. 97; U. v. 6. 4. 1979, BRS 35 Nr. 115), denn auch Eigentümer rechtmäßiger Gebäude können zu nachträglichen Änderungen gezwungen werden.

a) Bestehende Gebäude (**Satz 6**) sind diejenigen, die vom Tatbestand des Abs. 2 Satz 1 Halbs. 1 erfasst werden, bei deren Errichtung die Spielplatzpflicht aber noch nicht bestand (vgl. § 8 Nr. 21 BO 58 und § 10 Abs. 4 Satz 4 BauO Bln 1966) und denen dementsprechend kein Spielplatz oder nur ein unzureichender Spielplatz zugeordnet ist. Dass es sich um rechtmäßig bestehende bauliche Anlagen im Sinne des § 85 Abs. 2 Satz 1 handelt, ist nicht erforderlich. Aber auch in den Fällen, in denen die Anlegung eines Kinderspielplatzes gesetzeswidrig unterblieb, greift Abs. 2 Satz 6 ein. Ist in Abweichung von der für die Errichtung des Wohngebäudes erteilten Baugenehmigung die Anlegung eines Kinderspielplatzes unterlassen worden, kann die BABeh. statt dieser Vorschrift § 17 Abs. 1 ASOG heranziehen (vgl. OVG Bln, U. v. 10. 10. 2003 – OVG 2 B 3.99 – n. v.).

b) Satz 6 ermächtigt die BABeh., die **Herstellung** oder die **Erweiterung** und die **Instandhaltung** von Kinderspielplätzen zu verlangen. Die Herstellung wird gefordert, wenn kein Kinderspielplatz vorhanden ist, die Erweiterung, wenn ein vorhandener Spielplatz die obligatorischen Maße oder Einrichtungen (vgl. Abs. 2 Sätze 4 und 5) nicht aufweist. Der hergestellte oder erweiterte Spielplatz ist auf behördliches Verlangen instand zu halten. Die (allgemeine) Instandhaltungspflicht nach Abs. 2 Satz 1 Halbs. 1 wird dagegen mit Hilfe des § 17 Abs. 1 ASOG durchgesetzt (vgl. RNrn. 14 und 23).

27 c) Ein ungeschriebenes Tatbestandsmerkmal ist, dass für die Herstellung oder Erweiterung eines Kinderspielplatzes eine **geeignete Freifläche** vorhanden sein muss (vgl. OVG Bln, U. v. 11. 6. 1976, OVGE 14, 8, 12 = BRS 30 Nr. 97; U. v. 6. 4. 1979, OVGE 15, 60, 63 f. = BRS 35 Nr. 115). Ungeeignet sind z. B. Flächen, die nicht vom Sonnenlicht erreicht werden oder schädlichen Umwelteinwirkungen ausgesetzt sind. Zum Abriss baulicher Anlagen darf der Eigentümer nicht verpflichtet werden; nur im Falle des § 79 Satz 1 kann die BABeh. das Mittel der Beseitigungsverfügung einsetzen, um Raum für einen Spielplatz zu schaffen. Der Eigentümer eines Grundstücks, das einen brauchbaren Standort bietet, wird nicht unter Verstoß gegen Art. 3 Abs. 1 GG ungleich behandelt, wenn die Eigentümer unzulänglicher Grundstücke von der Spielplatzpflicht verschont bleiben; die unterschiedliche Behandlung beruht auf der Situationsgebundenheit des Eigentums und ist daher gerechtfertigt (vgl. OVG Bln, U. v. 11. 6. 1976, a. a. O.).

28 d) **Satz 6** weist in Form einer **Soll-Vorschrift** die BABeh. an, von ihrer Befugnis Gebrauch zu machen, wenn nicht im Einzelfall **schwerwiegende Belange des Eigentümers** dem entgegenstehen. Solche Belange können sich aus der Beschaffenheit des Grundstücks oder der Art seiner Nutzung, aber auch aus den persönlichen Verhältnissen des Eigentümers ergeben. So kann ein Eigentümer wegen seines Alters oder einer Behinderung auf die Nutzung der Grünflächen angewiesen sein (vgl. OVG Bln, U. v. 11. 6. 1976, OVGE 14, 8, 13 f. = BRS 30 Nr. 97). Das Interesse des Eigentümers, finanzielle Belastungen zu vermeiden, ist regelmäßig kein schwerwiegender Belang (vgl. OVG Bln, U. v. 6. 4. 1979, OVGE 15, 60, 61 f. = BRS 35 Nr. 115; OVG Lbg., U. v. 30. 6. 1978, BRS 33 Nr. 93). Geräuschimmissionen muss der Eigentümer hinnehmen, denn Kinderspiel und Lärm sind untrennbar miteinander verbunden (vgl. OVG Bln, U. v. 11. 6. 1976, a. a. O., S. 13; U. v. 6. 4. 1979, a. a. O., S. 63 f.; U. v. 24. 3. 1994, BRS 56 Nr. 52).

29 Den Belangen des Eigentümers ist bei der **Abwägung** das öffentliche Interesse an der Einrichtung eines Kinderspielplatzes gegenüberzustellen (vgl.OVG Bln, U. v. 11. 6. 1976, a. a. O., S. 12). Allerdings muss der Eigentümer sein Interesse an der Aufrechterhaltung der bisherigen Nutzung des Grundstücks geltend machen, sofern es nicht ohne weiteres ersichtlich ist (vgl. OVG Bln, U. v. 6. 4. 1979, a. a. O.). Das Bedürfnis an einem Kinderspielplatz muss im konkreten Einzelfall bestehen (vgl. OVG Bln, U. v. 6. 4. 1979, a. a. O.). Die BABeh. muss also prüfen, ob in Wohnungen auf dem Grundstück Kinder leben oder in absehbarer Zeit dort leben werden und diese auch den Spielplatz benutzen würden. Ist ein öffentlicher Spielplatz in der Nähe vorhanden und kann er von Kindern gefahrlos erreicht werden, wird die BABeh. von einer Anordnung abzusehen haben (vgl. OVG Bln, U. v. 6. 4. 1979, a. a. O.; U. v. 26. 2. 1982, GE 1983, 81, 83; B. v. 5. 9. 1985 – 2 B 54.84 – n. v.).

30 e) Ein **Verlangen** nach **Satz 6** wird durch einen Verwaltungsakt geäußert, der gemäß § 37 Abs. 1 VwVfG hinreichend bestimmt sein muss (vgl. OVG Lbg., U. v. 30. 6. 1978, BRS 33 Nr. 93.) und nach § 39 Abs. 1 VwVfG einer Begründung bedarf, aus der sich die Ermessenserwägungen ergeben (vgl. OVG NRW, U. v. 20. 11. 1979, BRS 35 Nr. 116).

31 f) Satz 6 ist als eine Form der **Sozialbindung** mit Art. 14 Abs. 2 GG vereinbar (vgl. OVG Bln, U. v. 11. 6. 1976, OVGE 14, 8, 9 ff. = BRS 30 Nr. 97; U. v. 6. 4. 1979, OVGE 15, 60, 61 = BRS 35 Nr. 115), zumal sie die staatliche Pflicht zur Anlegung von Kinderspielplätzen nur ergänzt (vgl. OVG Bln, U. v. 26. 2. 1982, GE 1983, 81). Wie Abs. 2 Satz 1 so geht auch Satz 6 über den Rahmen herkömmlicher bauordnungsrechtlicher Gefahrenabwehr hinaus und eröffnet der BABeh. die Möglichkeit, aus Gründen der Jugendwohlfahrt einzuschreiten (vgl. OVG Bln, U. v. 11. 6. 1976, a. a. O., S. 10; U. v. 6. 4. 1979, a. a. O.). Dass – anders als im Falle des § 85 Abs. 2 Satz 1 – die Anpassung einer baulichen Anlage an das neuere Recht keine konkrete Gefahr für die öffentliche Sicherheit oder Ordnung voraussetzt, ist in Anbetracht des bedeutsamen Rechtsguts des Kindeswohls verfassungsrechtlich unbedenklich (vgl. OVG Bln, U. v. 11. 6. 1976, a. a. O., S.10 f.).

VIII. Die Möglichkeit der **Ablösung der Herstellungspflicht für Kinderspielplätze** ist in **Abs. 3 neu** in die **BauO Bln** aufgenommen worden. Sie soll es in den Fällen, in denen Kinderspielplätze nicht oder nur unter sehr großen Schwierigkeiten auf einem Baugrundstück hergestellt werden können, ermöglichen, diese Verpflichtung stattdessen durch die Zahlung eines Geldbetrages an das Land Berlin zu erfüllen, das diesen dann zweckgebunden für die Herstellung, Erweiterung oder Instandsetzung eines der Allgemeinheit zugänglichen Spielplatzes in der Nähe des Baugrundstücks zu verwenden hat. Diese Regelung soll den Verhältnissen in den dicht bebauten innerstädtischen Bereichen Rechnung tragen und helfen, unzweckmäßige Spielplätze, die beispielsweise nur noch auf dem Dach realisiert werden könnten, zu verhindern, weil diese erfahrungsgemäß nicht von den Kindern angenommen werden. Es ist deshalb in den betroffenen Fällen sinnvoller, dem Land Berlin mit Hilfe der gezahlten Geldbeträge die Möglichkeit zu eröffnen, Kinderspielplätze für die Allgemeinheit anzulegen oder die Instandsetzung und Pflege vorhandener Kinderspielplätze zu finanzieren.

1. Voraussetzung für die Erfüllung der Herstellungspflicht für Kinderspielplätze durch Zahlung eines Geldbetrages (Ablösung) ist gemäß **Satz 1**, dass der notwendige Kinderspielplatz **nicht oder nur unter sehr großen Schwierigkeiten** auf dem Baugrundstück hergestellt werden kann. Hiermit können nur Platzprobleme gemeint sein, wie z. B. die Erfüllung der Mindestgrößenanforderungen (vgl. Abs. 2 Satz 4) oder auch Schwierigkeiten, den Kinderspielplatz zweckentsprechend (Abs. 2 Satz 3) anzulegen (vgl. RNr. 20). Die Ablösungsmöglichkeit besteht jedoch nicht wahlweise, sondern ist von den vorgenannten Voraussetzungen abhängig. Es besteht auch kein Anspruch darauf, dass die BABeh. dieser Möglichkeit zustimmt.

2. Gemäß **Satz 1 u. 2** ist im Falle der Ablösung der Herstellungspflicht für Kinderspielplätze der **Abschluss eines öffentlich-rechtlichen Vertrages** (§§ 54 ff. VwVfG) mit dem Land Berlin über die Zahlungsverpflichtung erforderlich. Die Höhe des Ablösungsbetrages soll den anteiligen durchschnittlichen Kosten für die Herstellung und Instandhaltung eines Kinderspielplatzes einschließlich des Grunderwerbs entsprechen. Durch Nr. 6 AV-Notwendige-Kinderspielplätze werden Rahmenvorgaben für die Kostenermittlung festgelegt. Der öffentlich-rechtliche Vertrag ist so auszugestalten, dass die Kostenfragen und die Bindungswirkung auch für eventuelle Rechtsnachfolger eindeutig festgelegt sind.

3. Gemäß **Satz 3** ist der gezahlte Ablösungsbetrag ausschließlich zur Herstellung, Erweiterung oder Instandsetzung der Allgemeinheit zugänglicher Kinderspielplätze in der Nähe des Baugrundstücks zu verwenden. Aus dieser Regelung wird deutlich, dass die Ablösungsmöglichkeit nicht für die Fälle gedacht ist, in denen Kinderspielplätze für Kleinkinder und damit in unmittelbarer Wohnungsnähe geschaffen werden sollen. Sie kommt eher in den Fällen des Abs. 2 Satz 5 (Gebäude mit mehr als 75 Wohnungen) in Betracht, in denen Bolz- oder Abenteuerspielplätze für Jugendliche und Kinder im schulpflichtigen Alter geschaffen werden müssen, denn in diesen Fällen ist die unmittelbare Wohnungsnähe nicht unbedingt erforderlich. Hier ist eine Abwägung im Rahmen des Einzelfalls erforderlich, und die örtliche Lage wird für die Frage der gefahrlosen Erreichbarkeit derartiger öffentlicher Kinderspielplätze entscheidend sein.

4. Die mit der geltenden BauO Bln eingeführte Ablösungsmöglichkeit der Herstellungspflicht für Kinderspielplätze ist in der MBO 2002 nicht vorgesehen. Die **Ablösung**

bauordnungsrechtlicher Verpflichtungen ist **in der BauO Bln aber kein Novum**. Eine solche Regelung besteht z. B. noch als Ausgleich für die Nichterfüllung der Stellplatzpflicht für Fahrräder (§ 50 Abs. 3) und galt früher auch für die Nichterfüllung der mit dem 1. ÄndG BauO Bln vom 25. 9. 1990 (GVBl. S. 2075) eingeführten Stellplatzpflicht für Kraftfahrzeuge. Diese wurde jedoch in der Folgezeit, ebenso wie die Verwendung der Geldbeträge, stark modifiziert, bis sie schließlich weitgehend wieder aufgehoben wurde und nur noch in der heutigen rudimentären Form (§ 50 Abs. 3) erhalten geblieben ist (zur Geltungsdauer und Entwicklung der Stellplatzpflicht und der Ablösungsregelungen vgl. § 48 RNrn. 1–5 der Vorauflage des Kommentars).

37   5. Die im Zusammenhang mit der Ablösung der Stellplatzpflicht ergangenen Entscheidungen des OVG Bln betrafen Auslegungsfragen dieser Vorschrift (vgl. OVG Bln, U. v. 30. 5. 1996, BRS 58 Nr. 123; U. v. 12. 7. 1996, OVGE 22, 34 = BRS 58 Nr. 124; U. v. 29. 10. 2002 – OVG 2 B 20.98 – n. v.; U. v. 16. 4. 2002 – OVG 2 B 18.98 – n. v.). Auf die in § 8 Abs. 3 geregelte Ablösung der Herstellungspflicht für Kinderspielplätze dürften jedoch die Ausführungen in dem Urteil des OVG Bln vom 16. 4. 2002 – OVG 2 B 18.98 – n. v. zur **Vereinbarkeit der Ablösungsregelung mit dem Verfassungsrecht** sinngemäß übertragbar sein. Danach handelt es sich um eine **Sonderabgabe mit primärer Ausgleichsfunktion** (BVerwG, U. v. 30. 8. 1985, BRS 44 Nr. 114), der keine individuell zurechenbare staatliche Gegenleistung gegenübersteht. Diese trifft eine von der Allgemeinheit abgrenzbare Gruppe, die als Verursacher zusätzlicher Lasten durch die Errichtung von Wohnbauten einen Bedarf auslöst, ohne selbst Abhilfe zu schaffen und deshalb nach dem Verursacherprinzip zur Mitfinanzierung von entlastenden Maßnahmen herangezogen werden kann. Die Aufgabe, die mit Hilfe des Abgabeaufkommens erfüllt werden soll, fällt ganz überwiegend in deren Sachverantwortung (BVerfGE 55, 274, 306, 307; BVerwG, U. v. 30. 5. 1985, BRS 44 Nr. 114), so dass eine sachgerechte Verknüpfung besteht und es sich nicht um ein allgemeines Finanzierungsinstrument für den Haushalt handelt (vgl. hierzu zuletzt BVerwG, U. v. 16. 9. 2004, BauR 2005, 375).

Teil III
Bauliche Anlagen

Abschnitt 1:
Gestaltung

§ 9 Gestaltung

(1) Bauliche Anlagen müssen nach Form, Maßstab, Verhältnis der Baumassen und Bauteile zueinander, Werkstoff und Farbe so gestaltet sein, dass sie nicht verunstaltet wirken.

(2) Bauliche Anlagen dürfen das Straßen-, Orts- oder Landschaftsbild nicht verunstalten.

(3) [1]Farbschmierereien, unzulässige Beschriftungen, Beklebungen, Plakatierungen und Ähnliches an Außenflächen von Anlagen im Sinne des § 1, die von Verkehrswegen oder allgemein zugänglichen Stätten aus wahrnehmbar sind, sind verunstaltend und müssen entfernt werden. [2]Hierzu kann die für das Bauwesen zuständige Senatsverwaltung auch durch Allgemeinverfügung anordnen, dass Eigentümerinnen oder Eigentümer und Nutzungsberechtigte Maßnahmen zur Beseitigung der Verunstaltungen nach Satz 1 zu dulden haben. [3]Die Duldungsanordnung muss Art und Umfang der zu duldenden Maßnahmen umschreiben und angeben, von wem und in welcher Zeit die Maßnahmen durchgeführt werden. [4]Auf Antrag kann eine Abweichung von der Pflicht nach Satz 1 gestattet werden, soweit diese für die Verpflichtete oder den Verpflichteten eine besondere Härte darstellt und öffentliche Belange nicht entgegenstehen.

Erläuterungen:

I. § 9 enthält **Anforderungen** an die ästhetische **Gestaltung baulicher Anlagen** und ihre **Wirkungen auf das Straßen- Orts- oder Landschaftsbild**. Nach Abs. 1 müssen bauliche Anlagen nach Form, Maßstab, Verhältnis der Baumassen und Bauteile zueinander, Werkstoff und Farbe so gestaltet sein, dass sie nicht verunstaltet wirken; nach Abs. 2 dürfen sie das Straßen-, Orts- oder Landschaftsbild nicht verunstalten.

1. Die Vorschrift behandelt somit das klassische Thema der **Verunstaltungsabwehr**, die seit den preußischen Verunstaltungsgesetzen v. 2. 6. 1902 (GS S. 159) und v. 15. 7. 1907 (GS S. 260) neben die Hauptaufgabe des Baupolizeirechts, die Gefahrenabwehr, getreten ist (zur historischen Entwicklung vgl. BVerwG, U. v. 27. 10. 2007 – BVerwG 4 C 8.06 –). In ihrer früheren Fassung (§ 3 Abs. 1 Satz 3 BauO Bln 1985) hatte die bauaufsichtliche Generalklausel das Ziel, bauliche Verunstaltungen zu verhindern, in ihr gesetzgeberisches Programm aufgenommen. Seit dem 4. ÄndG wurde der Verunstaltungsschutz nicht mehr in § 3 genannt, sollte „aber im einschlägigen § 10 ohne Einschränkung als Vorschrift beibehalten" werden (vgl. AH-Drucks. 12/3966, S. 8

§ 9 RNr. 3–6

– zu § 3 –; zu der dadurch entstandenen Gesetzeslücke vgl. OVG Bln, U. v. 7. 5. 1999, BRS 62 Nr. 157 = OVGE 23, 134). § 10 BauO Bln 1997 ist – mit einigen redaktionellen Änderungen – nunmehr § 9 der geltenden BauO Bln.

3   2. Auch das **Planungsrecht** leistet einen Beitrag zur **Gestaltung des Orts- oder Landschaftsbildes** (vgl. § 1 Abs. 6 Nr. 5, § 34 Abs. 1 Satz 2, Halbs. 2 und § 35 Abs. 3 Nr. 5 BauGB). Bauplanungs- und Bauordnungsrecht unterscheiden sich insoweit zwar nicht hinsichtlich der allgemeinen Zielrichtung, jedoch hinsichtlich des jeweiligen Schutzgegenstands der Verunstaltungsverbote. Denn während sich die Anforderungen des bauordnungsrechtlichen Verunstaltungsverbots auf die baulichen Anlagen und ihre Auswirkungen auf das Straßen-, Orts- oder Landschaftsbild beziehen, will das Bauplanungsrecht – unabhängig von der baulichen Gestaltung der jeweiligen baulichen Anlage selbst – sicherstellen, dass das Straßen-, Orts- oder Landschaftsbild nicht verunstaltet wird (vgl. z. B. Monumentalstatue auf Hanggrundstück im Außenbereich; BVerwG, B. v. 13. 4. 1995, BRS 57 Nr. 109;OVG Bln-Bbg, B. v. 20. 11. 2006 – OVG 2 N 162.05 – Verunstaltung des Landschaftsbildes durch Windenergieanlagen). Das bauplanungsrechtliche Instrumentarium reicht unter dem Blickwinkel der Verunstaltungsabwehr jedoch nur so weit, wie das BauGB entsprechende bodenrechtliche Gestaltungsmöglichkeiten eröffnet. Zur bodenrechtlichen Ortsbildgestaltung steht der Gemeinde der Festsetzungskatalog des § 9 Abs. 1 BauGB zur Verfügung (zu den unterschiedlichen Regelungszielen vgl. grds. BVerwG, U. v. 27. 10. 2007 – BVerwG 4 C 8.06 –). Gestaltungsvorschriften, die darüber hinausgehen, ohne den Grund und Boden unmittelbar zum Gegenstand rechtlicher Ordnung zu haben, stehen dagegen dem landesrechtlichen Bauordnungsrecht offen (BVerwG, B. v. 10. 7. 1997, BRS 59 Nr. 19).

4   II. Das bauordnungsrechtliche Verunstaltungsverbot ist eine Inhalts- und Schrankenbestimmung des Eigentums i. S. d. Art. 14 Abs. 1 Satz 2 GG, die den sozialen Bezug des Eigentums im Hinblick darauf deutlich macht, dass Bauwerke stark in den öffentlichen Raum hineinwirken (BVerwG, B. v. 6. 12. 1999, BRS 62 Nr. 131). Der zentrale Begriff des § 9 ist derjenige der **Verunstaltung**. Der Begriff der Verunstaltung ist ein – verfassungsrechtlich unbedenklicher (vgl. BVerfG, B. v. 26. 6. 1985, NVwZ 1985, 819) – **unbestimmter Rechtsbegriff** (vgl. OVG Bln, U. v. 19. 2. 1971, OVGE 11, 177 = BRS 24 Nr. 119), der kein Ermessen gewährt und dessen Anwendung der uneingeschränkten gerichtlichen Kontrolle unterliegt. Der Heranziehung von Sachverständigen bedarf es im Verwaltungsgerichtsprozess regelmäßig nicht (vgl. OVG Bln, U. v. 2. 2. 1968, BRS 20 Nr. 122).

5   1. Das Verunstaltungsverbot gilt grundsätzlich nur für **bauliche Anlagen** (vgl. § 2 Abs. 1), nicht aber für die in § 1 Abs. 1 Satz 2 erwähnten sonstigen Anlagen und Einrichtungen. Das Verunstaltungsverbot wird in § 85 Abs. 1 Satz 2 auf rechtmäßig bestehende bauliche Anlagen erstreckt, indem diese so zu erhalten sind, dass ihre Verunstaltung sowie eine Störung des Straßen-, Orts- oder Landschaftsbildes vermieden wird. Nach § 85 Abs. 1 Satz 3 gilt das auch für Baugrundstücke. Selbst Werke der Baukunst sind nicht von den gestalterischen Anforderungen des Bauordnungsrechts freigestellt; obwohl das Grundrecht der Kunstfreiheit in Art. 5 Abs. 3 GG vorbehaltlos gewährt wird, dürfen bauliche Anlagen und ihr Wirkbereich zugunsten anderer verfassungsrechtlich geschützter Rechtsgüter – wie des Wohlbefindens der Bürger und des sozialen Friedens – Beschränkungen unterworfen werden (vgl. BVerwG, B. v. 27. 6. 1991, BRS 52 Nr. 118; B. v. 13. 4. 1995, BRS 57 Nr. 109), jedoch müssen diese auf einen gesicherten Kernbestand an grundlegenden bauästhetischen Ordnungsvorstellungen beschränkt bleiben (BVerwG, B. v. 6. 12. 1999, BRS 62 Nr. 131)

6   2. Die Anforderungen des § 9 dienen nicht einer positiven baulichen Gestaltung oder gar dem Streben nach Schönheit, sondern allein dem **negativ abwehrenden Schutz**

vor unästhetischen baulichen Zuständen (vgl. OVG Bln, U. v. 19. 2. 1971, OVGE 11, 177 = BRS 24 Nr. 119; U. v. 3. 7. 1981, BRS 38 Nr. 71). Diese **Beschränkung auf die reine Verunstaltungsabwehr** hat sich im Bauordnungsrecht seit dem – die Gültigkeit der VO über Baugestaltung v. 10. 11. 1936 (RGBl. I S.938) betreffenden – Urteil des BVerwG v. 28. 6. 1955 (BVerwGE 2, 172, 176 f.) durchgesetzt.

3. Zum Zwecke **positiver Baupflege** können gestalterische Anforderungen an bauliche Anlagen nur aufgrund spezieller Vorschriften gestellt werden (vgl. OVG Bln, U. v. 5. 7. 1984, OVGE 17, 108; BVerwG, B. v. 22. 9. 1989, BRS 49 Nr. 5; B. v. 10. 7. 1997, BRS 59 Nr. 19). Um bestimmte städtebauliche oder baugestalterische Absichten zu verwirklichen, können gemäß § 12 Abs. 1 AG BauGB die Anforderungen an die äußere Gestaltung von baulichen Anlagen entweder durch Rechtsverordnung geregelt werden (zu den Anforderungen an die Regelungen einer Gestaltungssatzung vgl. OVG NRW, U. v. 26. 3. 2003, BRS 66 Nr. 147 = BauR 2004, 73) oder durch Übernahme solcher Regelungen in einen Bebauungsplan als dessen Festsetzungen (§ 9 Abs. 4 BauGB), wodurch sie integraler Bestandteil des Bebauungsplans werden. § 9 Abs. 4 BauGB erweitert die bauplanungsrechtlichen Festsetzungsmöglichkeiten insoweit um Regelungen, die auf Landesrecht beruhen. Die Aufnahme in den Bebauungsplan lässt jedoch den landesrechtlichen Charakter dieser Regelung unberührt. Soweit das Landesrecht nichts anderes bestimmt, richtet sich die Zulässigkeit des Inhalts dieser Festsetzungen in diesen Fällen nicht nach den Vorschriften des BauGB, sondern weiterhin nach dem Landesrecht (vgl. BVerwG, B. v. 18. 5. 2005, BauR 2005, 1752). Der Plangeber muss jedoch mindestens in der Begründung des Bebauungsplans kenntlich machen, wenn er Festsetzungen aufgrund landesrechtlicher Ermächtigungsgrundlagen trifft (vgl. OVG Bln-Bbg, U. v. 14. 2. 2006, BRS 70 Nr. 14 = BauR 2006, 1424).

Als Beispiel für eine solche Verordnung im Land Berlin ist die Baugestaltungsverordnung Unter den Linden v. 12. 3. 1997 (GVBl. S. 99) zu nennen, die bestimmte baugestalterische Anforderungen u. a. an die Fassadengestaltung und an Werbeanlagen in diesem Bereich enthält. Diese Gestaltungsverordnung ist – ebenso wie die Verordnung über die Gestaltung baulicher Anlagen des Boxhagener Platzes v. 19. 8. 1997 (GVBl. S. 409) – noch aufgrund der bauordnungsrechtlichen Ermächtigungsgrundlage des § 76 Abs. 8 BauO Bln 1997 erlassen worden, die durch Art. II des 2. ÄndG z. AG BauGB v. 10. 10. 1999 (GVBl. S. 554) aufgehoben worden ist. Der Gesetzgeber hat für den Erlass von Baugestaltungsverordnungen in § 12 Abs. 1 AG BauGB eine neue Rechtsgrundlage geschaffen. Auf der Grundlage des § 12 Abs. 1 AG BauGB ist z. B. die Gestaltungsverordnung Borsigsiedlung v. 29. 5. 2001 (GVBl. S. 223) erlassen worden (zu den Voraussetzungen der Weitergeltung von Verordnungen, deren Ermächtigungsgrundlage erloschen ist, während in anderem Regelungszusammenhang eine vergleichbare Ermächtigungsgrundlage besteht, vgl. OVG Bln, U. v. 5. 7. 1984, OVGE 17, 108 m. w. N.). Diese **Verlagerung der Ermächtigungsgrundlage** für Baugestaltungsverordnungen aus der BauO Bln in den **Regelungszusammenhang des AG BauGB** ist erfolgt, weil die BauO Bln im Kern nur auf eine Gefahrenabwehr und nicht auf eine positive Gestaltungspflege ausgerichtet ist (vgl. Begr. z. Art. I Nr. 8 Abghs. Drucks. 13/4035, S. 6).

4. Der **Maßstab** für die Bewertung eines baulichen Zustands als verunstaltet ist in der BauO Bln nicht festgelegt. Normadressat, BABeh. und Gerichte haben sich auf den Standpunkt und das Empfinden sowie die Wertvorstellungen des sogenannten gebildeten Durchschnittsmenschen zu stellen (vgl. BVerwGE 2, 172, S. 177; OVG Bln, U. v. 3. 7. 1981, BRS 38 Nr.71; B. v. 13. 1. 1984, BRS 42 Nr. 135; U. v. 7. 9. 1984, BRS 42 Nr. 44), der in durchschnittlichem Maße für ästhetische Eindrücke aufgeschlossen ist (vgl. OVG

Bln, U. v. 7. 5. 1999, BRS 62 Nr. 157 = OVGE 23, 134; U. v. 31. 7. 1992, OVGE 20, 138,139 = BRS 54 Nr. 110; U. v. 22. 7. 1994, BRS 56 Nr. 131; B. v. 7. 1. 2002, BRS 65 Nr. 152). Dieser Rückgriff auf die Ansichten eines fiktiven Beurteilers hat den Vorzug, dass weder die Sensibilität des Kunstkenners noch die Stumpfheit des Gleichgültigen maßgebend sind. Hierbei ist der Zeitenwandel nicht ohne Einfluss, der auch das ästhetische Empfinden erfasst, so dass die Grenze zur Verunstaltung heute eher erreicht wird als beispielsweise noch in der Nachkriegszeit (vgl. OVG Bln, B. v. 13. 1. 1984, BRS 42 Nr. 135).

10 III. Nach **Abs. 1** müssen bauliche Anlagen nach Form, Maßstab, Verhältnis der Baumassen und Bauteile zueinander, Werkstoff und Farbe so gestaltet sein, dass sie **nicht verunstaltet wirken**. Die Aufzählung der einzelnen Faktoren, die eine verunstaltende Störung des Erscheinungsbilds einer baulichen Anlage bewirken können, ist abschließend und keiner Ergänzung zugänglich. Die Vorschrift begnügt sich mit „architektur- und bauästhetischen Mindestanforderungen", wobei nach der Rechtsprechung des OVG Bln eine Verunstaltung erst gegeben ist, wenn die Schwelle von der bloßen Unschönheit zu einer den Geschmackssinn verletzenden Hässlichkeit überschritten ist (vgl. OVG Bln, U. v. 7. 5. 1999, BRS 62 Nr. 157 = OVGE 23, 134; U. v. 31. 7. 1992, OVGE 20, 138, 139 = BRS 54 Nr. 110; U. v. 3. 7. 1981, BRS 38 Nr. 71).

11 Die Vorschrift bezieht diese Anforderungen auf die **einzelne bauliche Anlage** selbst sowie auch auf den **Anbringungsort** einer baulichen Anlage. So kann die Anbringung geschossübergreifender, kulissenartig wirkender Textilplanen für die Wahlwerbung die Fassadenstruktur eines Gebäudes so stark beeinträchtigen, dass dies zur Verunstaltung des Anbringungsortes führt (vgl. OVG Bln, B. v. 7. 1. 2002, BRS 65 Nr. 152); ebenso ein hinter einer filigranen Glasfassade angebrachtes überdimensionales Wahlwerbetransparent, das dazu führt, dass diese nunmehr optisch flächenhaft geschlossen wirkt. Allein die von außen noch sichtbaren Sprossenglieder der Glasfassade reichen nicht, weil deren Funktion (Durchsichtigkeit) durch das Transparent verloren gegangen ist und so das architektonische Erscheinungsbild beherrschend überformt worden ist (OVG Bln, B. v. 11. 6. 2002, BauR 2003, 1356).

12 Die Verunstaltung muss **nicht**, wie es § 10 Abs. 1 Satz 1 für Werbeanlagen voraussetzt, „**vom öffentlichen Verkehrsraum aus sichtbar**" sein. Vielmehr gelten die gestalterischen Minimalanforderungen des Abs. 1 unabhängig vom Standort des Betrachters und sind auch für solche baulichen Anlagen oder Teile maßgeblich, die dem Anblick der Öffentlichkeit entzogen sind. Allerdings gilt das Verunstaltungsverbot nicht für das Innere baulicher Anlagen, weil insoweit kein öffentliches Interesse an der Vermeidung unästhetischer Zustände besteht (vgl. OVG Bln, B. v. 11. 6. 2002, BauR 2003, 1356). Ist der Tatbestand des Abs. 1 erfüllt, werden regelmäßig auch die Voraussetzungen des Abs. 2 gegeben sein, der sich mit den anlagen- und grundstücksübergreifenden ästhetischen Wirkungen von baulichen Anlagen befasst.

13 IV. Abs. 2 gebietet die „Berücksichtigung städtebaulicher und stadtbildlicher Belange" (vgl. OVG Bln, U. v. 31. 7. 1992, OVGE 20, 138, 139 = BRS 54 Nr. 110). Hierbei handelt es sich um ein **umgebungsbezogenes Verunstaltungsverbot**, auch wenn in der geltenden BauO Bln die „Umgebung und deren erhaltenswerte Eigenarten", mit der die baulichen Anlagen so in Einklang zu bringen sind, dass sie das Straßen-, Orts- oder Landschaftsbild nicht verunstalten (vgl. § 10 Abs. 2 Satz 2 BauO Bln 1997), aufgrund redaktioneller Verkürzungen nicht mehr ausdrücklich erwähnt wird. Eine inhaltliche Veränderung hat der Gesetzgeber damit nicht beabsichtigt (vgl. Gesetzesbegründung zu § 9 Abs. 2). Diese Anforderungen werden bereits durch das umgebungsbezogene Verunstaltungsverbot erfasst.

1. Das die bauliche Anlage umgebende **Straßen-, Orts- oder Landschaftsbild**, dessen ästhetische Beeinträchtigung vermieden werden muss, ist der örtliche Bereich, der von einem Bauwerk optisch beeinflusst werden kann. Er beschränkt sich nicht auf die Straße, an der das bebaute Grundstück liegt, sondern umfasst auch die Nachbarschaft und bei entsprechender Dimensionierung der baulichen Anlage (z. B. eines Hochhauses, eines Turms oder eines Antennenmastes) oder Positionierung einer baulichen Anlage (z. B. einer technischen Anlage auf dem Dach eines mehrstöckigen Hauses), unter Umständen auch einen ganzen Ortsteil. Befindet sich die bauliche Anlage in einem im wesentlichen unbebauten Gebiet, ist die freie Landschaft das sie umgebende Landschaftsbild. Maßgeblich ist die tatsächliche Beschaffenheit des Straßen-, Orts- oder Landschaftsbildes, nicht aber die bauplanungsrechtliche Zuordnung eines Grundstücks zu einem bestimmten Baugebiet (vgl. OVG Bln, U. v. 29. 5. 1970, BRS 23 Nr. 118; U. v. 17. 6. 1992, BRS 54 Nr. 130). Es genügt, wenn eines der drei vorgenannten Teilelemente betroffen ist, so dass auch bauliche Anlagen, die von der Straße aus nicht sichtbar sind und deshalb das Straßenbild nicht beeinträchtigen, allein das Orts- oder Landschaftsbild stören können (vgl. OVG Bln, U. v. 31. 7. 1992, OVGE 20, 138, 139 = BRS 54 Nr. 110). Die Vorschrift zwingt zur Rücksichtnahme auf die prägenden Merkmale der Umgebung (vgl. OVG Bln, U. v. 19. 2. 1971, OVGE 11, 177 = BRS 24 Nr. 119), wobei beim Vorhandensein erhaltenswerter Eigenarten die Grenze zur Verunstaltung eher als sonst erreicht wird (vgl. OVG Bln, U. v. 7. 5. 1999, BRS 62 Nr. 157 = OVGE 23, 134; U. v. 31. 7. 1992, OVGE 20, 138, 139 = BRS 54 Nr. 110). Dass die „erhaltenswerten Eigenarten der Umgebung" (vgl. § 10 Abs. 2 Satz 2 BauO Bln 1997) nicht mehr ausdrücklich in der geltenden BauO Bln erwähnt werden, ist insoweit unschädlich (vgl. oben RNr. 13).

2. Geschützt wird das die bauliche Anlage umgebende Straßen-, Orts- oder Landschaftsbild davor, **von der baulichen Anlage verunstaltet** zu werden. Die bauliche Anlage muss nicht im Sinne des Abs. 1 selbst verunstaltet sein; ihre verunstaltende Wirkung kann vielmehr allein darauf zurückzuführen sein, dass sie innerhalb des sie umgebenden Straßen-, Orts- oder Landschaftsbildes als Fremdkörper auf ihr Umfeld mit verunstaltender Wirkung ausstrahlt (OVG Bln, U. v. 7. 5. 1999, BRS 62 Nr. 157 = OVGE 23, 134). Die maßgebende Umgebung muss nicht ästhetisch ansprechend sein; ein unbefriedigender baulicher Zustand kann vielmehr auch durch das Hinzutreten eines störenden Fremdkörpers noch weiter verschlechtert werden. Im Falle erhaltenswerter Eigenarten der Umgebung kann bereits die Verdeckung eines wertvollen Bauwerks oder die Beseitigung einer schönen Aussicht eine solche Störung des Straßen-, Orts- oder Landschaftsbildes sein (OVG Bln, U. v. 7. 5. 1999, a. a. O.).

3. Der **Begriff der Verunstaltung** entspricht zwar grundsätzlich dem in Abs. 1 verwendeten, jedoch gebieten die umgebungsbezogenen Gestaltungsanforderungen des Abs. 2 eine Modifizierung des strengen Maßstabs des Abs. 1, der ein „krasses geschmackliches Unwerturteil, wie das einer das ästhetischen Empfinden verletzenden Hässlichkeit" voraussetzt (vgl. OVG Bln, U. v. 7. 5. 1999, BRS 62 Nr. 157 = OVGE 23, 134; U. v. 31. 7. 1992, OVGE 20, 138, 139 = BRS 54 Nr. 110). Vielmehr reicht nach der Auffassung des OVG Bln (U. v. 31. 7. 1992, a. a. O.) „bereits ein deutlich zutage tretender Widerspruch des Erscheinungsbildes zu den für die Umgebung bestimmenden städtebaulichen oder stadtbildlichen Gestaltungsmerkmalen aus, der bei einem nicht unbeträchtlichen, in durchschnittlichem Maße für gestalterische Eindrücke aufgeschlossenen Teil der Betrachter anhaltenden Protest auslösen würde" (vgl. OVG Bln, B. v. 7. 1. 2002, BRS 65 Nr. 152; U. v. 7. 5. 1999, BRS 62 Nr. 157 = OVGE 23, 134; U. v. 17. 6. 1992, BRS 54 Nr. 128 unter Bezugnahme auf BVerwG, B. v. 27. 6. 1991, BRS 52 Nr. 118). Der Gegensatz zwischen der baulichen Anlage und dem sie umgebenden Straßen-, Orts- oder

Landschaftsbildes darf „nicht als belastend oder Unlust erregend empfunden werden" (vgl. BVerwGE 2, 172, 177; OVG Bln, U. v. 12. 9. 1980, BRS 36 Nr. 145; B. v. 13. 1. 1984, BRS 42 Nr. 135.; U. v. 7. 9. 1984, BRS 42 Nr. 44).

17 4. Ebenso wenig wie im Falle des Abs. 1 ist es nach Abs. 2 erforderlich, dass der ästhetisch verletzende Zustand vom **öffentlichen Verkehrsraum** (oder sonst allgemein zugänglichen Stätten) **aus wahrzunehmen** ist (vgl. OVG Bln, U. v. 5. 3. 1976, BRS 30 Nr. 113 = BauR 1976, 353). Deshalb kann auch eine undurchsichtige seitliche Grundstückseinfriedung (Holzflechtzaun) verunstaltend sein (vgl. OVG Bln, U. v. 31. 7. 1992, OVGE 20, 138 = BRS 54 Nr. 110) sowie auch Sichtblenden oder Sichtschutzwände (vgl. OVG Bln, U. v. 5. 3. 1976, BRS 30 Nr. 113). Weitere Beispiele für Verunstaltungen können auch ästhetisch misslungene Fassaden sein (vgl. OVG Bln, B. v. 13. 1. 1984, BRS 42 Nr. 135; HbgOVG, U. v. 22. 12. 1983, BauR 1984, 624).

18 5. Allein die **technische Neuartigkeit einer Anlage** und die dadurch bedingte optische Gewöhnungsbedürftigkeit (z. B. eine Windenergieanlage, vgl. BVerwG, U. v. 18. 2. 1983, BRS 40 Nr. 64 = BVerwGE 67, 23, 33 oder der Antennengittermast eines Amateurfunkers, vgl. OVG Bln, U. v. 7. 9. 1984, BRS 42 Nr. 44) ist noch kein Indiz für eine Verunstaltung des Ortsbildes. Es ist vielmehr auch in diesen Fällen die konkrete Auswirkung auf die Ortsbildgestaltung nach dem bauordnungsrechtlichen Maßstab der Verunstaltung zu prüfen.

19 a) Ob **Außenwandbekleidungen zum Zwecke der Energieeinsparung** (vgl. § 6 Abs. 6 Nr. 3) in Folge mangelnder gestalterischer Integration in das Straßenbild oder auch **gebäudeunabhängige Solaranlagen** (§ 6 Abs. 7 Nr. 2), die in einer Ausdehnung von 3 m Höhe und 9 m bzw. 15 m Gesamtlänge nach der BauO Bln zulässig sind (§ 6 Abs. 7 Satz 2), das **Straßen-, Orts- oder Landschaftsbild verunstalten** können (siehe hierzu Everding, Städtebauliche Qualität solaren und energieeffizienten Bauens, BBauBl. 2004, H. 6, S. 34, 37), ist vom OVG noch nicht entschieden worden. Allein deren bauordnungsrechtliche (§ 6 Abs. 6 Nr. 3, Abs. 7 Nr. 2) und bauplanungsrechtliche (§ 14 Abs. 2 Satz 2 BauNVO) Privilegierung und Verfahrensfreistellung (§ 62 Abs. 1 Nr. 2 b) spricht nicht dagegen, weil diese nur der Förderung der Nutzung der erneuerbaren Energien dienen soll (vgl. § 6 RNr. 99, 83). Der Umstand, dass die Förderfähigkeit von Freilandanlagen i. S. d. § 11 Abs. 3 des Gesetzes zur Neuregelung des Rechts der erneuerbaren Energien im Strombereich vom 21. 7. 2004 – EEG 2004 –, zul. geänd. d. Gesetz vom 7. 11. 2006 (BGBl. I S. 2550) davon abhängt, ob sich deren Aufstellungsort im Geltungsbereich eines Bebauungsplans im Sinne des § 30 BauGB befindet, der zumindest auch zu diesem Zweck nach dem 1. September 2003 aufgestellt oder geändert worden ist, deutet jedoch schon auf die vom Gesetzgeber offenbar mitbedachte Problematik hin. Denn nach der Gesetzesbegründung (z. 2. ÄndG EEG BT-Drucks. 15/1974 S. 5) soll dadurch „eine möglichst große Akzeptanz in der Bevölkerung vor Ort" über die Bürgerbeteiligung hinsichtlich der Aufstellungsorte für solche Solaranlagen erreicht werden. Dem dient auch die (weitere) Beschränkung der in Frage kommenden Aufstellungsorte auf bereits versiegelte Flächen, wirtschaftliche oder militärische Konversionsflächen oder ehemaliges Ackerland (§ 11 Abs. 4 EEG 2004). Eine solcher Bebauungsplan dürfte zugleich eine (bauplanungsrechtliche) Entscheidung über die Vereinbarkeit des technischen Erscheinungsbildes dieser Anlagen mit dem Orts- oder Landschaftsbild sein und insoweit auch unter dem bauordnungsrechtlichen Aspekt einer möglichen Verunstaltung des Orts- oder Landschaftsbildes relevant sein.

b) Ob **Mobilfunkanlagen** im städtebaulichen Sinne das Ortsbild verunstalten können, ist in der Rechtsprechung z. T. behandelt worden (siehe hierzu OVG NRW. B. v. 6. 5. 2005, ZfBR 2005, 474, 478; B. v. 6. 5. 2005, ZfBR 2005, 478, 481; HessVGH, B. v. 11. 8. 2003, BRS 66 Nr. 97 sowie Kukk, Zur Hilflosigkeit kommunaler Planung gegenüber Mobilfunk-Antennenwäldern, BauR 2003, 1505 m. w. N.; Bromm, Die Errichtung von Mobilfunkanlagen im Bauplanungs- und Bauordnungsrecht, UPR 2003, 57; z. Verbreitungsgrad v. Mobilfunkanlagen in Deutschland auch Reimer, Baugenehmigungspflicht für Mobilfunkbasisstationen? NVwZ 2004, 146). Die Frage einer möglichen bauordnungsrechtlichen Verunstaltung des Straßen- oder Ortsbildes durch solche Anlagen blieb in den vorgenannten Entscheidungen offen. Sie dürfte von deren Massierung (Quantität) sowie der Qualität der optischen Einwirkungen und auch von den Besonderheiten des Anbringungsortes im Einzelfall abhängen. Immerhin kann ihre optische Auffälligkeit zu einer deutlich wahrnehmbaren „gewerblichen Überformung" führen (vgl. OVG NRW, B. v. 9. 1. 2004, NVwZ-RR 2004, 481; B. v. 25. 2. 2003, BRS 66 Nr. 89) und damit zu einer Veränderung des Gebietscharakters (vgl. OVG NRW, B. v. 6. 5. 2005, ZfBR 2005, 478, 480, 481). Die in der städtebaulichen Privilegierung fernmeldetechnischer Nebenanlagen (§ 14 Abs. 2 Satz 2 BauNVO) zum Ausdruck kommende gesetzgeberische Wertung beruht zwar auf dem Gedanken einer flächendeckenden Mobilfunkversorgung sowie eines funktionierenden Gesamtsystems (vgl. Kukk, a. a. O., S. 1508). Bei der Ergänzung des § 14 Abs. 2 BauNVO um die fernmeldetechnischen Infrastruktureinrichtungen, zu denen auch die Telekommunikationsnetze zählen, war nach der amtlichen Begründung jedoch eher an untergeordnete, ebenerdige Baukörper gedacht. Selbst bei diesen sollte im Rahmen der Ermessensentscheidung bei der Erteilung der Ausnahmegenehmigung noch städtebauliche Aspekte unter Einschluss optischer Gesichtspunkte berücksichtigt werden, um Ortsbildbeeinträchtigungen zu vermeiden (vgl. OVG NRW, B. v. 6. 5. 2005, ZfBR 2005, 478, 480 m. w. N.), während auf Gebäuden angebrachte Mobilfunkanlagen oder Anlagen mit einer entsprechenden Gesamthöhe eine ganz andere optische Dominanz im Verhältnis zu ihrer baulichen Umgebung aufweisen können. Andererseits ist die durch zunehmend zum „Ausstattungsstandard" gehörende technische Anlagen gekennzeichnete Dachlandschaft auch nicht ohne prägende und damit relativierende Wirkung in Bezug auf die Annahme eines durch Massierung von Mobilfunkmasten möglicherweise entstehenden ortsbildbeeinträchtigenden „Antennenwalds" (vgl. OVG NRW, B. v. 6. 5. 2005, ZfBR 2005, 474, 478).

6. Mit der Aufstellung eines **Bebauungsplans** verbindet sich zugleich eine **rechtliche Verfestigung** der entsprechenden baulichen Veränderung des Ortsbildes (vgl. OVG Bln, U. v. 23. 9. 1988, BRS 48 Nr. 122). Lässt sich die angestrebte Entwicklung eines Gebiets den Festsetzungen eines Bebauungsplans oder in ähnlicher Weise verbindlichen Rechtsverordnungen (z. B. nach § 12 Abs. 1 AG BauGB oder § 172 Abs. 1 Nr. 1 BauGB) entnehmen, tritt eine **gestalterische Vorwirkung** ein (vgl. OVG Bln, U. v. 23. 9. 1988, a. a. O.; U. v. 31. 7. 1992, OVGE 20, 138, 140 = BRS 54 Nr. 110; U. v. 28. 7. 1995, LKV 1996, 139). So spricht auch die Festsetzung der offenen Bauweise in einem Bebauungsplan (vgl. § 22 Abs. 2 BauNVO) für die Absicht des Plangebers, dass der Gebietscharakter „insgesamt durch die ausgewogene Abfolge von Gebäuden und weitgehend begrünten und zusammenhängend erscheinenden, prinzipiell allseitig einsehbaren Freiflächen gekennzeichnet" sein soll; hiermit sind undurchsichtige seitliche Grundstückseinfriedungen und Sichtblenden unvereinbar, weil sie die Freiflächen wandartig abriegeln (vgl. OVG Bln, U. v. 31. 7. 1992, a. a. O., S. 141 f.).

Ob das auch noch für die **Darstellungen in einem Flächennutzungsplan** gelten kann, der zwar den Inhalt von Bebauungsplänen prägt (vgl. § 8 Abs. 2 Satz 1 BauGB), aber nur eine begrenzte Außenwirkung hat (vgl. § 5 Abs. 1 BauGB), dürfte nach dem Wegfall der nach § 10 Abs. 2 Satz 1 BauO Bln 1997 für eine Verunstaltung der Umgebung noch ausdrücklich genügenden Störung auch nur der „beabsichtigten Gestaltung" des Straßen-, Orts- oder Landschaftsbildes fraglich geworden sein, zumal diese Änderung der Vorschrift im Hinblick auf die erforderliche Verfestigung solcher gestalterischen Absichten in einer konkret den Inhalt und die Schranken des Eigentums bestimmenden Rechtsvorschrift (Art. 14 Abs. 1 Satz 2 GG) erfolgt ist (vgl. Gesetzesbegründung zu § 9 Abs. 2).

23 **7.** Abs. 2 wird durch **spezielle Bestimmungen ergänzt**, die ästhetische Kollisionen baulicher Anlagen mit schützenswerten Bestandteilen in der Nachbarschaft verhindern sollen. So wird nach § 11 Abs. 2 DSchG Bln die unmittelbare Umgebung von Denkmalen geschützt (OVG Bln, U. v. 7. 5. 1999, BRS 62 Nr. 157 = OVGE, 134; B. v. 8. 6. 2000, BRS 63 Nr. 183 = OVGE 23, 195 sowie Basty/Beck/Haas, Rechtshandbuch Denkmalschutz und Sanierung, 2004, RNr. 431 ff.). Ähnliches gilt für bestimmte Teile von Natur und Landschaft (§ 19 Abs. 1 Nr. 3, § 20 Abs. 1 Nr. 2 u. § 21 Abs. 1 Nr. 2 NatSchGBln), wobei das Schutzziel dieses Gesetzes primär ökologischer Natur ist. Besondere Regelungen zur Verunstaltungsabwehr gegenüber Werbeanlagen finden sich in § 10 und gegenüber den sogenannten Graffiti in § 9 Abs. 3.

24 **V.** Die **Anforderungen** des § 9 Abs. 1 und 2 werden – soweit verfahrensrechtlich überhaupt erforderlich – vor allem im Baugenehmigungsverfahren **durchgesetzt**; durch Nebenbestimmungen, insbesondere Auflagen, kann in diesen Fällen sichergestellt werden, dass Verunstaltungen vermieden werden. Soweit spätere Änderungen einer baulichen Anlage genehmigungsbedürftig sind (vgl. § 60 Abs. 1), gilt Entsprechendes. Bei verfahrensfreien oder genehmigungsfrei gestellten Vorhaben bietet § 79 Satz 1 eine Rechtsgrundlage zum Einschreiten (vgl. OVG Bln, U. v. 31. 7. 1992, OVGE 20, 138 = BRS 54 Nr. 110). Der verunstaltungsfreie Zustand muss auf Dauer bestehen. Tritt eine Verunstaltung nachträglich ein, ohne dass eine bauliche Maßnahme erfolgt ist, kann auf § 17 Abs. 1 ASOG zurückgegriffen werden.

25 **VI.** Vorschriften des Baugestaltungsrechts haben nach h. M. **keinen nachbarschützenden Charakter**. Sie werden allein im Interesse der Allgemeinheit und nicht im Interesse oder zum Schutz Einzelner erlassen, so dass dem Nachbarn auch kein öffentlich-rechtliches Klagerecht gegen bauliche Anlagen zusteht, die die Vorschriften des Baugestaltungsrechts verletzen (BVerwG, U. v. 18. 2. 1965, BRS 16 Nr. 74). Das OVG Bln (U. v. 29. 6. 1981, ZMR 1982, 43, 45) hat dementsprechend das Verunstaltungsverbot (damals § 14 Abs. 2 BauO Bln 1979) nicht als nachbarschützende Vorschrift angesehen (vgl. auch OVG Bln, B. v. 29. 10. 1991, BRS 52 Nr. 233 zu den denkmalrechtlichen Vorschriften).

26 **VII.** Abs. 3 nimmt sich eines nach wie vor aktuellen **Problems** an: das der Anbringung von sogenannten **Graffiti an Fassaden**. Der aus dem Italienischen abgeleitete Begriff Graffiti bedeutete ursprünglich Wandparole, ein an die Wand geschriebener Text. Heute werden damit vor allem die von Jugendlichen mittels Sprühdosen illegal oder legal hergestellten Bilder (pieces) oder Namenskürzel (tags) an Mauern und Gebäuden bezeichnet. Hierbei handelt es sich um ein gesellschaftliches Massenphänomen, das der Staat bisher offenbar nicht wirksam eindämmen konnte. Da nach der bisherigen Rechtslage und Rechtsprechung eine Sachbeschädigung durch Farbbesprühung nur gegeben war, wenn durch diese eine Substanzverletzung nennenswerten Umfangs eingetreten oder durch deren Beseitigung zu erwarten war (KG, B. v. 7. 8. 1998 NJW 1999, 1200), ist das Strafrecht (§ 303 Abs. 1 StGB a. F.) durch das 39. StRÄndG v. 1. 9. 2005 (BGBl. I S. 2674) dahingehend geändert worden, dass es nunmehr schon genügt, wenn

das äußere Erscheinungsbild einer baulichen Anlage unbefugt nicht nur unerheblich und nicht nur vorübergehend verändert wird (vgl. § 303 Abs. 2 n. F.). Dadurch ist die gerichtlichen Feststellungen der Sachbeschädigung erleichtert worden, weil die bisher oft mit kostenträchtigen Gutachten verbundene Beweisführung zur Feststellung der Substanzbeschädigung des Untergrundes im Falle einer Reinigung in einer Vielzahl von Fällen entbehrlich wird.

Die § 9 Abs. 3 entsprechende, schon in der BauO Bln a. F. enthaltene Regelung (§ 77 Abs. 2 a. F.) ist nunmehr aus dem Kontext der Anforderungen an die Erhaltung bestehender baulicher Anlagen herausgelöst und aus systematischen Gründen in die Vorschriften über die Verunstaltungsabwehr übernommen worden. Die in dieser Vorschrift gewählte bauordnungsrechtliche Lösung des Problems findet sich in keiner anderen Landesbauordnung. Sie wurde teilweise als „juristische Kuriosität" bezeichnet (Ortloff, LKV 1998, 131, 134) und wirft zahlreiche juristische Probleme auf. Eine Entscheidung des OVG Bln-Bbg ist zu dieser Vorschrift bisher nicht ergangen.

1. Satz 1 nennt bestimmte Veränderungen der Außenflächen von Anlagen, die als Verunstaltungen gelten, und regelt die Pflicht zu deren Entfernung. 27

a) Als **verunstaltende Veränderungen** nennt Satz 1 **Farbschmierereien, unzulässige Beschriftungen, Beklebungen, Plakatierungen und Ähnliches.** Die Fälle der Farbschmierereien und die der unzulässigen Beschriftungen werden schon durch die Wortwahl negativ akzentuiert. Hinsichtlich der Veränderungen in Gestalt von Beklebungen und Plakatierungen fehlt es dagegen an einem derartigen wertenden Zusatz. Der Formulierung „und Ähnliches" lässt sich erkennbar kein sachlicher Gehalt entnehmen. Gemeinsam ist den Veränderungen, dass sie nachträglich auf die Außenflächen von Anlagen aufgebracht worden sein müssen, also nicht Bestandteil eines bei der Errichtung verfolgten gestalterischen Konzepts sein dürfen. Typischerweise gehen solche Veränderungen von unbefugten Dritten aus. Der Tatbestand des Satzes 1 kann jedoch auch im Einvernehmen mit dem Berechtigten oder gar durch diesen selbst verwirklicht werden. 28

aa) Farbschmierereien sind farbliche, zumeist mittels Spraydosen bewirkte Veränderungen von Anlagen. Der Anwendungsbereich des Satzes 1 erfasst sämtliche „Farbschmierereien" ohne Rücksicht darauf, ob sie auch die Voraussetzungen einer Verunstaltung im Sinne der Abs. 1 oder 2 erfüllen. Fraglich ist, ob auch solche farblichen Veränderungen den Farbschmierereien zuzurechnen sind, die mit handwerklicher oder gar künstlerischer Fertigkeit angebracht worden sind, wie manche der im Stadtbild nicht seltenen Fassadenbemalungen. Schließt man derartige Veränderungen aus dem Tatbestand des Satzes 1 aus, wäre dieser nur auf dilettantische Bemalungen minderer Qualität und mit großem Störpotential anwendbar. Für eine derartige einschränkende Auslegung spricht, dass § 10 Abs. 1 Satz 2 „Bemalungen" zu den Werbeanlagen rechnet, so dass sich Farbschmierereien also von diesen unterscheiden müssen. 29

bb) Für die **unzulässigen Beschriftungen** gilt Entsprechendes, denn § 10 Abs. 1 Satz 2 zählt auch Beschriftungen zu den Werbeanlagen. Wodurch sich unzulässige Beschriftungen von zulässigen unterscheiden sollen, ist nicht geregelt. Auf das Einverständnis des Berechtigten kann es jedenfalls nicht ankommen, denn anderenfalls würde die Zulässigkeit einer Beschriftung zur Disposition des Berechtigten stehen, der es in der Hand hätte, sich seiner Pflicht zur Entfernung der Beschriftung beliebig zu entziehen. Nach öffentlichem Recht sind Beschriftungen jedenfalls dann unzulässig, wenn sie dem Verunstaltungsverbot des Abs. 1 oder 2 widersprechen, mit § 10 Abs. 5 unvereinbar sind oder gegen Strafgesetze verstoßen. 30

31 **cc) Beklebungen** und **Plakatierungen** dürften mit den in § 10 Abs. 1 Satz 2 erwähnten Zettelanschlägen und Bogenanschlägen identisch sein. Welche Phänomene mit der vagen Formulierung „und Ähnliches" erfasst werden sollen, ist nicht erkennbar.

32 **b)** Die verunstalteten Außenflächen müssen **von** öffentlichen oder privaten **Verkehrswegen** (vgl. hierzu § 10 RNr. 4) oder von sonstigen **allgemein zugänglichen Stätten** aus **wahrnehmbar** sein. Sind diese Voraussetzungen nicht erfüllt, so handelt es sich jedenfalls nicht um eine zu entfernende Verunstaltung im Sinne dieser Vorschrift. Warum der Gesetzgeber nicht die Formulierung des § 10 Abs. 1 Satz 1 aufgegriffen hat, wonach Werbeanlagen „vom öffentlichen Verkehrsraum aus sichtbar" sein müssen, ist nicht erkennbar.

33 **c)** Satz 1 enthält eine **Fiktion der Verunstaltung** (Ortloff, LKV 1998, 131, 134) durch die Erfüllung bestimmter typologischer Merkmale, unabhängig von der Störung durch eine Verunstaltung im Einzelfall. Auf diese Weise wird ein weiterer Verunstaltungsbegriff vom Gesetzgeber gebildet. In der Literatur (Schneider, Bernhard, Die Freiheit der Baukunst, Schriften zum öffentlichen Recht Bd. 282, Berlin, 2002, S. 233) wird jedoch auch von einer „zirkelhaften Definition" gesprochen, die nicht die Verunstaltung begründet, sondern voraussetzt.

34 **aa)** Die in Satz 1 gewählte Rechtstechnik der Fiktion ist **verfassungsrechtlich** im Hinblick auf **Art. 5 Abs. 3 GG** bedenklich, sollten von ihr auch Produkte der Kunst erfasst werden. Entzieht man Veränderungen an Außenflächen mit künstlerischem Gehalt nicht bereits dem Tatbestand der Norm, so stellt sich die Frage, wie ein Eingriff in das vorbehaltlos gewährte Grundrecht der Kunst (Art. 5 Abs. 3 GG) gerechtfertigt werden kann, denn es ist kein legitimes verfassungsunmittelbares Interesse daran erkennbar, das Publikum vor dem Anblick künstlerisch gestalteter Fassaden zu bewahren, die den Rahmen des Abs. 1 oder 2 einhalten, also nicht im engeren Sinne verunstaltend, sondern eine moderne Form bildender Kunst sind (vgl. hierzu OVG RP, U. v. 24. 7. 1997, NJW 1998, 1422). Deshalb ist eine verfassungskonforme Auslegung und Anwendung der Vorschrift geboten, die Veränderungen mit künstlerischem Wert von der Pflicht zur Entfernung ausnimmt. Die Kunstfreiheit der Sprayer steht allerdings einer öffentlich-rechtlichen Verpflichtung zur Entfernung nicht entgegenstehen, wenn es sich um bauliche Anlagen Dritter handelt, denn Art. 5 Abs. 3 GG gestattet nicht die eigenmächtige Inanspruchnahme oder Beeinträchtigung fremden Eigentums zum Zwecke der künstlerischen Entfaltung (vgl. BVerfG, B. v. 19. 3. 1984, NJW 1984, 1293, 1294). Der eigenmächtige Zugriff auf fremdes Eigentum fällt nicht schon aus dem Schutzbereich der Kunstfreiheit heraus, sondern genießt erst in der Folge einer Abwägung zwischen Kunstfreiheit und Eigentumsfreiheit keinen Schutz mehr. Geht es um die eigenmächtige Inanspruchnahme oder Beeinträchtigung fremden Eigentums, so tritt in aller Regel die Kunstfreiheit zurück (vgl. Schneider, Bernhard, Die Freiheit der Baukunst, Schriften zum öffentlichen Recht Bd. 282, Berlin, 2002, S. 152–154).

35 **bb)** Fraglich ist auch, ob Satz 1 mit dem **verfassungsrechtlichen Gebot** der **Bestimmtheit** von Normen vereinbar ist, da die Begriffsinhalte der in Satz 1 genannten Veränderungen im allgemeinen Sprachgebrauch nicht fest umrissen sind. Das bisher einzige zu dieser Vorschrift vom Verwaltungsgericht Berlin ergangene Urteil (vom 8. Mai 2002, GE 2002, 936), auf das die Gesetzesbegründung zu § 9 Abs. 3 im Hinblick auf ausgeräumte verfassungsrechtliche Bedenken Bezug nimmt, verhält sich zu der Frage der Bestimmtheit der Norm allerdings nicht. Das Gericht hatte hierzu auch keinen Anlass, weil der „klassische Fall" unerwünschter Graffiti vorlag. Im Falle der Reduzierung des Tatbestands des Satzes 1 auf eine im Hinblick auf die Kunstfreiheit gebotene verfassungskonforme Auslegung der Norm dürften jedoch lediglich noch Bedenken gegen die vage Formulierung „und Ähnliches" bestehen. Dem könnte jedoch mit einer restriktiven Handhabung der Norm begegnet werden.

d) Die von Satz 1 als verunstaltend bezeichneten Veränderungen müssen entfernt werden. Es ist also der frühere Zustand oder ein solcher herbeizuführen, bei dem die verunstaltete Außenfläche den Missstand nicht mehr aufweist. Die **Entfernung obliegt** nicht primär einer Behörde, sondern, wie sich aus Satz 4 ergibt, dem **Verpflichteten**. Satz 1 begründet für den Fall der Erfüllung des Tatbestandes eine unmittelbare Handlungspflicht. Zumeist wird diese unter dem Aspekt der Zustandsverantwortlichkeit unabhängig von einem etwaigen Verschulden den Eigentümer der verunstaltend veränderten Außenflächen treffen. Sie findet auch dann Anwendung, wenn der Eigentümer mit der Veränderung einverstanden ist oder sie gar selbst ins Werk gesetzt hat. Verpflichtete sind der Eigentümer und die sonstigen ordnungsrechtlich verantwortlichen Nutzungsberechtigten im Sinne des Satzes 2. Ob etwas anderes gelten kann, wenn der Eigentümer des Grundstücks dieses im öffentlichen Interesse allgemein zugänglich halten muss und es deshalb unangemessen sein könnte, ihn mit den Beseitigungspflichten zu belasten (siehe zu dieser Problemstellung im Abfallrecht OVG Bln, U. v. 19. 11. 2004, UPR 2005, 159 = ZUR 2005, 202), wäre in diesem Zusammenhang zumindest zu erwägen. 36

Kommt der Verpflichtete der Pflicht zur Entfernung nicht nach, kann eine Entfernungsverfügung erlassen werden, die ihre Rechtsgrundlage in § 17 ASOG findet und mit den Mitteln des Verwaltungszwangs, einschließlich der Ersatzvornahme, durchgesetzt werden kann. Ein Zwang zur Durchsetzung der Entfernungspflicht besteht jedoch nicht, weil der Behörde auch die Handlungsform der unmittelbaren Ausführung der Reinigungsmaßnahmen zu Gebote steht.

2. Nach **Satz 2** ist es Aufgabe der Senatsverwaltung, **Maßnahmen zur Beseitigung der Verunstaltungen** zu treffen und deren Duldung durch die Eigentümer oder Nutzungsberechtigten anzuordnen. 37

a) Die in Satz 2 vorgesehenen Maßnahmen zur Beseitigung der Verunstaltung und die Anordnung ihrer Duldung sind **keine Verwaltungszwangsmaßnahmen.** Bei den Maßnahmen zur Beseitigung handelt es sich weder um einen Fall der Ersatzvornahme (vgl. § 10 VwVG) noch um einen solchen der unmittelbaren Ausführung (vgl. § 15 ASOG). Duldungsanordnungen sind Ordnungsverfügungen und keine Maßnahmen der Verwaltungsvollstreckung (OVG Bln, B. v. 26. 4. 2005, LKV 2005, 515). Der Satz 2 wäre – abgesehen von der Erwähnung der Allgemeinverfügung – auch überflüssig, wenn er lediglich als bestätigende Wiederholung der ohnehin bestehenden Befugnis zum Vollzug von Entfernungsverfügungen verstanden würde. Mit dem Ziel einer „effektiven Abwehr" von Verunstaltungen wäre die Durchsetzung von Reinigungsmaßnahmen auf der Grundlage sehr zeit- und arbeitsaufwendiger Verwaltungsverfahren im Einzelfall auch nicht vereinbar (vgl. Lübke/Wohner, Die Bauordnung für Berlin ab 1. November 1997, GE 1997, 990, 996). Die gesetzgeberische Konzeption des Satzes 2 sieht vielmehr als Mittel der Entfernung das unmittelbare behördliche Eingreifen vor. 38

b) Da es an einer gesetzlich angeordneten Kostenüberwälzung auf den privaten Pflichtigen wie im Verwaltungsvollstreckungsrecht (vgl. § 10 VwVG, § 15 Abs. 2 ASOG) fehlt, trägt die Behörde in diesen Fällen die **Kosten der Beseitigung** (siehe Nachweise zur Kostentragungspflicht bei Dageförde, Bauordnungsrechtliche Verpflichtung zur Entfer- 39 nung von Schmierereien an Gebäudeaußenwänden, GE 2002, 910, 913). Anstatt sich der in Satz 2 eingeräumten Möglichkeiten zu bedienen, könnte die Behörde aber auch den für sie kostengünstigeren Weg des Erlasses und der Durchsetzung einer Entfernungsverfügung wählen.

40 c) Die Maßnahmen müssen der Verunstaltung angemessen sein und dem **Grundsatz der Verhältnismäßigkeit** entsprechen. Die Beseitigung der Verunstaltung darf daher nicht zu Schäden an den Außenflächen führen, die gewichtiger sind als die Verunstaltung selbst. Die Arbeiten müssen fachgerecht vorgenommen werden. Ob es erforderlich ist, dass nach ihrer Durchführung die behandelten Flächen auch mit den nicht betroffenen Flächen farblich harmonieren, bedarf noch der gerichtlichen Klärung.

41 d) Satz 2 sieht auch eine **Duldungspflicht** vor, die allerdings nicht schon kraft Gesetzes besteht, sondern von der Behörde durch einen ihre Reinigungsmaßnahmen flankierenden Verwaltungsakt angeordnet werden muss. Die Anordnungsverfügung in Bezug auf die Duldung von Arbeiten an einer bestimmten Anlage kann **im Einzelfall** erlassen werden, sie kann aber auch in Form einer Allgemeinverfügung ergehen, mit dem Ziel eine durchgehende und zeitgleiche Reinigung eines gesamten Ortsbereiches zu ermöglichen und zugleich Schwierigkeiten zu vermeiden, die sich unter Berufung auf den Gleichheitssatz ergeben könnten (Dageförde, a. a. O., S. 913; Lübke/Wohner, a. a. O., S. 996). Als **Allgemeinverfügung** wendet sich die Anordnung dann an einen nach allgemeinen Merkmalen bestimmten oder bestimmbaren Personenkreis (§ 35 Satz 2 VwVfG), z. B. an die Eigentümer und Nutzungsberechtigten mehrerer von Verunstaltungen im Sinne des Satzes 1 betroffener Anlagen. Diese bietet den Vorteil, dass eine Anhörung der Betroffenen entfallen kann (vgl. § 28 Abs. 2 Nr. 4 VwVfG). Die Duldungsanordnung ist eine zwingende rechtliche Voraussetzung der Duldungspflicht für die behördliche Beseitigung von Verunstaltungen. Nur wenn der Eigentümer oder der Nutzungsberechtigte mit der Maßnahme einverstanden ist, kann vom Erlaß einer Duldungsanordnung abgesehen werden.

42 e) **Adressaten** der durch Verwaltungsakt auferlegten Duldungspflicht sind Eigentümer und Nutzungsberechtigte, also z. B. Mieter und Pächter. Auch Erbbauberechtigte können als Nutzungsberechtigte in Betracht kommen. Die zur Duldung Verpflichteten müssen nicht mit den zur Entfernung der Verunstaltungen Verpflichteten identisch sein.

43 f) Die Maßnahmen nach Satz 2 und die sie flankierenden Duldungsanordnungen werden von der für das **Bauwesen zuständigen Senatsverwaltung** getroffen. Diese **Zuständigkeit** für ein bauaufsichtliches Detailproblem bezieht sich nicht allein auf den Erlass von Allgemeinverfügungen, sondern umfasst auch die Duldungsverwaltungsakte (zu den Materialien vgl. Vorauflage § 77 RNr. 33; a. A. Dageförde, a. a. O., S. 913). Die Handlungsform der Allgemeinverfügung ist somit nur ein zusätzliches Instrument, dessen sich die Senatsverwaltung bedienen kann. Allerdings ist sie trotz der bestehenden Entfernungspflicht nach Satz 1 nicht gezwungen, in jedem Falle einzuschreiten. Es liegt vielmehr schon aus Gründen der Verwaltungspraktikabilität sowie unter Berücksichtigung ihrer finanziellen Ressourcen in ihrem Ermessen, ob sie die den Normadressaten treffende Entfernungspflicht auch durchsetzt.

44 3. **Satz 3** regelt einige **formale Details** der auf Satz 2 gestützten Duldungsanordnungen. Dem Duldungspflichtigen sollen die Maßnahmen vor Augen geführt werden, durch die der in Satz 1 beschriebene Missstand behoben werden soll, damit er sich auf sie einrichten kann und sie gegebenenfalls durch eigenes Tätigwerden abwenden kann. In analoger Anwendung des § 15 Abs. 3 VwVG ist ihm gegenüber dann von der Durchführung der Maßnahme abzusehen. Die Duldungsanordnung ist schriftlich zu erlassen

und muss, soll sie ihren Zweck erreichen, dem Pflichtigen in angemessener Zeit vor der Realisierung der Maßnahme bekannt gegeben werden. Die Duldungsanordnung muss in ihrem verfügenden Teil Art und Umfang der zu duldenden Maßnahmen, die sie durchführenden Personen und die Zeit ihrer Vornahme nennen. Aus dem Umfang der Maßnahme ergibt sich dann, welche Teile der verunstalteten Außenflächen in Anspruch genommen werden sollen. Mit der Art der Maßnahme ist die technische Methode gemeint, z. B. das Überstreichen, das Abwaschen, die Behandlung mit einem Sandstrahlgebläse oder das Abreißen von Beklebungen. Die Angabe derjenigen, die von der Senatsverwaltung mit der Beseitigung der Verunstaltungen betraut sind (also z. B. Behördenmitarbeiter, externe Fachleute oder von der Verwaltung heranzuziehende Hilfskräfte), bietet dem Pflichtigen die Möglichkeit, auf Besonderheiten der zu behandelnden Flächen hinzuweisen und die Fähigkeiten des avisierten Personals zu überprüfen.

Die Anforderungen des Satzes 3 **gelten auch**, wenn sich die Senatsverwaltung der Handlungsform der **Allgemeinverfügung** bedient. Allerdings kann dann die Angabe der Art der zu duldenden Maßnahmen auf Schwierigkeiten stoßen. Da die technische Methode von der Beschaffenheit der Außenfläche abhängt, kann der Erlass einer Allgemeinverfügung daran scheitern, dass es nicht möglich ist, allen Pflichtigen mit der gebotenen Klarheit die im jeweiligen Fall erforderliche Methode anzukündigen (vgl. Dageförde, a. a. O., S. 913). 45

4. Satz 4 sieht die Möglichkeit einer **Abweichung** von der in Satz 1 begründeten Entfernungspflicht in besonderen Härtefällen vor. Zuständig für diese Ermessensentscheidung dürfte wegen des Sachzusammenhangs ebenfalls die für das Bauwesen zuständige Senatsverwaltung sein. 46

a) Der antragsgebundene Verwaltungsakt setzt voraus, dass die Entfernungspflicht für den Verpflichteten eine **besondere Härte** darstellt. Eine besondere Härte kann vor allem darin liegen, dass der zur Entfernung Verpflichtete, also insbesondere der Eigentümer, aus finanziellen Gründen nicht imstande ist, der gesetzlichen Anordnung nachzukommen. Wenngleich die finanzielle Leistungsunfähigkeit prinzipiell nicht dazu berechtigt, die Erfüllung bauaufsichtlicher Anforderungen zu verweigern, erscheint im Falle des Abs. 3 eine andere Bewertung geboten. Im Hinblick auf das Ausmaß der Verunstaltungen und die Gefahr der Wiederholung muss berücksichtigt werden, dass dem Pflichtigen im Einzelfall eine hohe finanzielle Belastungen zugemutet wird. Eine besondere Härte kann auch dann gegeben sein, wenn der Verpflichtete die Reinigungsmaßnahmen erst zu einem späteren Zeitpunkt durchführen kann und will und hierfür nachweisbar Vorkehrungen getroffen hat. Der Adressat muss jedoch nicht insgesamt von seiner Pflicht freigestellt werden. Das Wort „soweit" gestattet es auch, einen nur teilweisen Dispens zu erteilen. Auf diese Weise lässt sich erreichen, dass der Verpflichtete nur nach Maßgabe seiner finanziellen Kräfte zur Sanierung verunstalteter Außenflächen herangezogen und vor übermäßiger Inanspruchnahme bewahrt wird. 47

b) Allerdings dürfen **öffentliche Belange** einer solchen Abweichung **nicht entgegenstehen**. Als der Abweichung entgegenstehender öffentlicher Belang kommt bei exponierter Lage der verunstalteten Außenfläche oder bei besonderer Intensität der Störung z. B. das öffentliche Interesse an der Wahrung des Straßen-, Orts- oder Landschaftsbildes (vgl. Abs. 2) in Betracht. Die Regelung des Satzes 4 ist auf die Pflicht nach Satz 1 beschränkt und ermöglicht keine Freistellung von der Duldungspflicht gemäß Satz 2. 48

5. Ob die in Abs. 3 vorgesehene Lösung des Graffitiproblems zu einem raschen und effizienten Durchgreifen der Senatsverwaltung führen kann, erscheint angesichts auch der **rechtlichen Möglichkeiten der Betroffenen** zweifelhaft. Der Umstand, dass es 49 bisher keine weiteren gerichtlichen Verfahren gegeben hat, deutet darauf hin, dass von dieser Regelung bisher behördlicherseits wenig Gebrauch gemacht worden ist. Denn sowohl gegen die Entfernungsverfügung nach Satz 2 als auch gegen die Duldungsanordnung nach Satz 3 ist das mit der aufschiebenden Wirkung ausgestattete Rechtsmittel der Anfechtungsklage zulässig (vgl. § 42 Abs. 1, § 80 Abs. 1 VwGO), der kein Widerspruchsverfahren vorangehen muss (vgl. § 68 Abs. 1 Satz 2 Nr. 1 VwGO). Da der Gesetzgeber nicht von der Befugnis des § 80 Abs. 2 Satz 1 Nr. 3 VwGO Gebrauch gemacht hat, die aufschiebende Wirkung entfallen zu lassen, und die Duldungsanordnungen keine Maßnahmen der Verwaltungsvollstreckung mit der Folge des § 4 Abs. 1 AG VwGO sind, gilt die Regel des § 80 Abs. 1 VwGO. Die Anordnung der sofortigen Vollziehung nach § 80 Abs. 2 Satz 1 Nr. 4 VwGO dürfte nicht in allen Fällen möglich sein, da ein besonderes öffentliches Interesse an der beschleunigten Durchsetzung der auf Beseitigung der Verunstaltung gerichteten Verwaltungsakte sich jedenfalls nicht von selbst versteht. Der Pflichtige kann gemäß § 80 Abs. 5 Satz 1 VwGO beim VG die Wiederherstellung der aufschiebenden Wirkung beantragen. Erstrebt er zugleich eine Abweichung nach Satz 4, kann er – im Falle einer Entfernungsverfügung nach Satz 1 – faktisch den schnellen Vollzug der Anordnung zusätzlich behindern.

§ 10 Anlagen der Außenwerbung, Warenautomaten

(1) ¹Anlagen der Außenwerbung (Werbeanlagen) sind alle ortsfesten Einrichtungen, die der Ankündigung oder Anpreisung oder als Hinweis auf Gewerbe oder Beruf dienen und vom öffentlichen Verkehrsraum aus sichtbar sind. ²Hierzu zählen insbesondere Schilder, Beschriftungen, Bemalungen, Lichtwerbungen, Schaukästen sowie für Zettelanschläge und Bogenanschläge oder Lichtwerbung bestimmte Säulen, Tafeln und Flächen.

(2) ¹Für Werbeanlagen, die bauliche Anlagen sind, gelten die in diesem Gesetz an bauliche Anlagen gestellten Anforderungen. ²Werbeanlagen, die keine baulichen Anlagen sind, dürfen weder bauliche Anlagen noch das Straßen-, Orts- oder Landschaftsbild verunstalten oder die Sicherheit und Leichtigkeit des Verkehrs gefährden. ³Die störende Häufung von Werbeanlagen ist unzulässig.

(3) Das Verunstaltungsverbot im Sinne des § 9 Abs. 2 und des Absatzes 2 gilt nicht für Werbung,
1. die an Baugerüsten oder Bauzäunen angebracht wird oder
2. die vorübergehend angebracht wird und mit deren Inhalt vorrangig im öffentlichen Interesse liegende Ziele und Zwecke verfolgt werden.
wenn andere überwiegende öffentliche Interessen nicht entgegenstehen.

(4) ¹Außerhalb der im Zusammenhang bebauten Ortsteile sind Werbeanlagen unzulässig. ²Ausgenommen sind, soweit in anderen Vorschriften nichts anderes bestimmt ist,
1. Werbeanlagen an der Stätte der Leistung,
2. einzelne Hinweiszeichen an Verkehrsstraßen und Wegabzweigungen, die im Interesse des Verkehrs auf versteckt liegende Betriebe oder versteckt liegende Stätten aufmerksam machen,

3. Schilder, die Inhaberinnen oder Inhaber und Art gewerblicher Betriebe kennzeichnen (Hinweisschilder), wenn sie vor Ortsdurchfahrten auf einer Tafel zusammengefasst sind,
4. Werbeanlagen an und auf Flugplätzen, Sportanlagen und Versammlungsstätten, soweit sie nicht in die freie Landschaft wirken,
5. Werbeanlagen auf Ausstellungs- und Messegeländen,
6. Werbeanlagen auf öffentlichen Straßen und an Haltestellen des öffentlichen Personennahverkehrs.

(5) ¹In Kleinsiedlungsgebieten, Dorfgebieten, reinen Wohngebieten und allgemeinen Wohngebieten sind Werbeanlagen nur zulässig an der Stätte der Leistung sowie Anlagen für amtliche Mitteilungen und zur Unterrichtung der Bevölkerung über kirchliche, kulturelle, politische, sportliche und ähnliche Veranstaltungen; die jeweils freie Fläche dieser Anlagen darf auch für andere Werbung verwendet werden. ²In reinen Wohngebieten darf an der Stätte der Leistung nur mit Hinweisschildern geworben werden. ³Auf öffentlichen Straßen und an Haltestellen des öffentlichen Personennahverkehrs können auch andere Werbeanlagen zugelassen werden, soweit diese die Eigenart des Gebietes und das Orts- oder Landschaftsbild nicht beeinträchtigen.

(6) Die Absätze 1, 2 und 4 gelten für Warenautomaten entsprechend.

(7) Die Vorschriften dieses Gesetzes sind nicht anzuwenden auf
1. Anschläge und Lichtwerbung an dafür genehmigten Säulen, Tafeln und Flächen,
2. Werbemittel an Zeitungsverkaufsstellen und Zeitschriftenverkaufsstellen,
3. Auslagen und Dekorationen in Fenstern und Schaukästen,
4. Wahlwerbung für die Dauer des Wahlkampfes

Erläuterungen:

I. § 10 ergänzt den § 9, indem er spezielle Anforderungen an die Gestaltung von Werbeanlagen und Warenautomaten stellt. Im Vordergrund stehen die Werbeanlagen, für die Warenautomaten gelten die Absätze 1, 2 und 4 entsprechend (Abs. 6). Gemäß § 62 Abs. 1 Nr. 11 zählt eine Vielzahl von Werbeanlagen zu den verfahrensfreien Bauvorhaben. Für die Beseitigung rechtswidriger Werbeanlagen und Warenautomaten gilt § 79.

II. **Abs. 1** definiert den **Begriff der Werbeanlagen**.
Nach **Satz 1** sind Werbeanlagen, die das Gesetz auch Anlagen der Außenwerbung nennt, alle ortsfesten Einrichtungen, die der Ankündigung oder Anpreisung oder als Hinweis auf Gewerbe oder Beruf dienen und vom öffentlichen Verkehrsraum aus sichtbar sind. **Satz 2** zählt die wichtigsten Werbeanlagen auf. Der Begriff der Einrichtung umfasst sowohl bauliche als auch nichtbauliche Anlagen (vgl. Abs. 2 Satz 1 und 2 sowie RNr. 9 und 25).

1. Die Anlagen müssen auf **Außenwerbung** gerichtet sein, also ihre werbende Wirkung außerhalb von Gebäuden oder sonstigen baulichen Anlagen entfalten und vom öf-

§ 10 RNr. 4–7

fentlichen Verkehrsraum aus sichtbar sein. Dies können auch Werbeanlagen im Inneren von Gebäuden sein, wenn diese nach außen wirken. Als Beispiel wäre das Anbringen von Markenzeichen bestimmter Firmen hinter statt vor oder über einer fassadenartigen Glasfront als Schaufensteranlage zu nennen. Soweit es sich nur um eine Warenpräsentation in Form von Auslagen oder Dekorationen in Fenstern und Schaukästen handelt, sind diese nach Abs. 7 Nr. 3 von der Geltung der BauO Bln ausgenommen.

4   2. Vom **öffentlichen Verkehrsraum aus sichtbar** sind Werbeanlagen, wenn sie von einem Beobachter wahrgenommen werden können, der sich im öffentlichen Verkehrsraum befindet. Dies können öffentliche Straßen (vgl. § 2 BerlStrG), Bahnanlagen sowie Anlagen des Wasserverkehrs und des Luftverkehrs sein, aber auch alle sonstigen Flächen, die der Öffentlichkeit rechtlich oder tatsächlich zugänglich sind, wie öffentliche Grün- und Erholungsanlagen (vgl. § 1 Abs. 1 GrünanlG), öffentliche Friedhöfe (vgl. § 2 Abs. 4 FriedhofsG) und Gewässer (vgl. § 1 Abs. 1 Nr. 1 BWG i. V. m. § 1 Abs. 1 WHG), wobei der Gesetzgeber mit der generellen Außenbereichsregelung für Werbeanlagen in Abs. 4 Satz 1 neben den vorgenannten Flächen auch Natur- und Landschaftsschutzgebiete vor den Einwirkungen der Werbung schützen will, auch wenn das Gesetz diese Gebiete – im Gegensatz zu § 11 Abs. 3 Satz 4 BauO Bln 1997 – nicht mehr ausdrücklich nennt (vgl. RNr. 36).

5   3. Weiterhin muss es sich bei den Werbeanlagen um **ortsfeste Einrichtungen** handeln. Ortsfest sind Einrichtungen, die freistehend einen festen Standort haben, wobei keine Befestigung oder Verankerung erforderlich ist oder die standortgebunden mit anderen baulichen Anlagen verbunden sind. Die Eigenschaft der Ortsfestigkeit fehlt regelmäßig, wenn Werbeanlagen an Fahrzeugen befestigt sind; in solchen Fällen können Vorschriften des Straßenverkehrsrechts (vgl. § 33 StVO, z. B. BayVGH, B v. 18. 12. 1995, BRS 57 Nr. 177) oder des Straßenrechts (vgl. § 11 BerlStrG) eingreifen. Etwas anderes gilt jedoch, wenn eine Werbeanlage zwar beweglich ist, aber überwiegend ortsfest benutzt wird (vgl. § 2 Abs. 1 Satz 2). Dann ist sie gleichfalls eine bauliche Anlage (z. B. zu Werbezwecken zeitweise abgestellter PKW-Anhänger, OVG NRW, B. v. 22. 7. 2003, BRS 66 Nr. 152).

6   4. Werbeanlagen dienen der **Ankündigung, Anpreisung oder** als **Hinweis** auf Gewerbe oder Beruf. Ankündigungen beziehen sich auf künftige Ereignisse, Anpreisungen auf Waren und Dienstleistungen, Hinweise auf Gewerbe oder Berufe. Diese Werbungsarten treten in der Praxis oft gehäuft auf und lassen sich nicht scharf trennen. Außerdem erschöpfen sie nicht die Fülle möglicher Werbungsformen, weil sie – abgesehen von den Ankündigungen – auf die Wirtschaftswerbung zugeschnitten sind. Aus Abs. 5 Satz 1 und Abs. 7 Nr. 4 folgt jedoch, dass auch die ideelle Werbung, insbesondere für kirchliche, kulturelle, politische und sportliche Zwecke von den Regelungen prinzipiell erfasst werden soll (OVG Bln, B. v. 7. 1. 2002, BRS 65 Nr. 152), auch wenn sie unter bestimmten Umständen zulässig ist. Somit ist der in Abs. 1 Satz 1 verwendete Begriff der Werbeanlage entsprechend weit auszulegen.

7   5. Wie die Aufzählung der **Beispiele in Satz 2** zeigt, umfasst der Begriff der Werbeanlagen sowohl die einzelnen Werbemittel als auch die Werbeträger, mit denen sie verbunden sind. Zur ersten Gruppe der Werbemittel gehören **Schilder, Beschriftungen und Bemalungen**, einschließlich ihrer Beleuchtungskörper sowie **Lichtwerbung und Schaukästen**. Auch sogenannte Himmelsstrahler zählen aufgrund ihres Ankündigungs- und Hinweischarakters zu den Werbeanlagen (vgl. OVG RP, U. v. 22. 1. 2003, BRS 66 Nr. 149). Zur zweiten Gruppe der Werbeeinrichtungen zählen Säulen, Tafeln und Flächen, die für **Zettelanschläge** (kleinformatige Zettel oder Karten), **Bogenanschläge**

(Plakate größeren Formats) oder Lichtwerbung bestimmt sind. Die zuletzt genannte zweite Gruppe von Werbeeinrichtungen wird zum Teil durch Abs. 7 Nr. 1 dem Anwendungsbereich der BauO Bln entzogen, wenn die jeweilige Trägereinrichtung (Säulen, Tafeln und Flächen) für Werbezwecke genehmigt worden ist.

III. Abs. 2 enthält die bauordnungsrechtlichen **Anforderungen an Werbeanlagen**. Diese können bauliche Anlagen oder „sonstige Anlagen und Einrichtungen" im Sinne des § 1 Abs. 1 Satz 2 sein, an die in diesem Gesetz Anforderungen gestellt werden.

1. Gemäß **Abs. 2 Satz 1** gelten für Werbeanlagen, die bauliche Anlagen sind, die in der **BauO Bln** enthaltenen Anforderungen.

a) Die **Voraussetzungen** einer **baulichen Anlage** sind gemäß § 2 Abs. 1 Satz 2 erfüllt, wenn freistehende Werbeanlagen unmittelbar mit dem Erdboden verbunden sind. Beispiele hierfür bilden (freistehende) Werbewände und -tafeln, Schaukästen und Werbesäulen sowie die inzwischen weit verbreiteten Mega-Light-Werbeanlagen auf einem Monofuß. Werbeanlagen können auch nur mittelbar mit der Erde verbunden sein ohne eigenen Unterbau, indem sie an einer anderen baulichen Anlage angebracht sind und dadurch zumindest mittelbar eine bautechnische Verbindung mit dem Erdboden aufweisen, wobei eine gewisse Festigkeit und Dauerhaftigkeit der Verbindung erforderlich ist, wie z. B. bei einer auf einem drehbaren Metallsegel oberhalb des Daches aufgebrachte Folie mit einem Werbelogo (vgl. OVG Bln, U. v. 7. 5. 1999, BRS 62 Nr. 157 = OVGE 23, 134; BVerwG, U. v. 5. 12. 1994, BRS 56 Nr. 130) oder eine an einer Fassade befestigte, aus Platten bestehende Werbefläche (vgl. OVG Bln, U. v. 2. 2. 1968, OVGE 10, 32 = BRS 20 Nr. 136).

b) Als **bauordnungsrechtliche Anforderungen an Werbeanlagen** kommen die Standsicherheit (§ 12), ausreichender Brandschutz (§ 14), die Einhaltung der Abstandsflächen (§ 6) sowie die Einhaltung der gestalterischen Anforderungen (§ 9) in Betracht. Außerdem dürfen Werbeanlagen nicht die Sicherheit und Leichtigkeit des öffentlichen Verkehrs gefährden (§ 16 Abs. 2).

c) Aus der systematischen Einordnung der Vorschrift des § 10 in den Abschnitt „Gestaltung" des Dritten Teils folgt, dass das Schwergewicht der Anforderungen im **Bereich der Gestaltung** liegt. Werbeanlagen können sowohl gegen § 9 Abs. 1 als auch § 9 Abs. 2 verstoßen. Im ersten Fall sind sie selbst verunstaltet oder tragen zur Verunstaltung einer (anderen) baulichen Anlage bei, an der sie befestigt sind (vgl. zur Verunstaltung v. Fassaden: OVG Bln, B. v. 7. 1. 2002, BRS 65 Nr. 152; B. v. 11. 2. 2002, BRS 65 Nr. 150; U. v. 7. 5. 1999, BRS 62 Nr. 157 = OVGE 23, 134; U. v. 22. 7. 1994, BRS 56 Nr. 131). Im zweiten Fall wirken sich Werbeanlagen verunstaltend auf ihre Umgebung in Form des Straßen-, Orts- oder Landschaftsbildes aus. Vor allem diese Fallgestaltung ist in der Praxis bedeutsam.

Das OVG Bln hat mehrere **Grundsätze** zu den **gestalterischen Anforderungen an Werbeanlagen** entwickelt. Ein **zusammenfassender Überblick** hierzu ist vor allem dem Urteil des **OVG Bln, U. v. 7. 5. 1999, BRS 62 Nr. 157 = OVGE 23, 134 zu entnehmen,** dem sich der 2. Senat des OVG Bln-Bbg angeschlossen hat (vgl. U. v. 12. 10. 2005, BRS 69 Nr. 145 = BauR 2006,1121) :

aa) Danach betreffen die in **§ 9 Abs. 1 BauO Bln** enthaltenen gestalterischen Anforderungen Fälle der **Verunstaltung der baulichen Anlage selbst** oder der baulichen Anlage, an der sie befestigt sind (Anbringungsort). Diese Vorschrift dient nicht einer positiven Gestaltungspflege im Sinne eines Strebens nach Schönheit, sondern hat allein den negativ abwehrenden Schutz vor unästhetischen baulichen Zuständen zum

§ 10 RNr. 13–15

Ziel (vgl. OVG Bln, U. v. 19. 2. 1971, BRS 24 Nr. 119 = OVGE 11, 177; U. v. 3. 7. 1981, BRS 38 Nr. 71). Diese Voraussetzungen sind nicht bereits bei jeder Störung der architektonischen Harmonie, also einer bloßen Unschönheit erfüllt, vielmehr muss bereits ein hässlicher, das ästhetische Empfinden des Beschauers nicht bloß beeinträchtigender, sondern verletzender Zustand eingetreten sein (vgl. BVerwGE 2, 172, 176 f.; OVG Bln, U. v. 31. 7. 1992, BRS 54 Nr. 110 = OVGE 20, 138, 139).

13 bb) Die in **§ 9 Abs. 2 BauO Bln** enthaltenen gestalterischen Anforderungen sind dagegen **umgebungsbezogen**. Sie betreffen den Schutz der Umgebung in Form des **Straßen-, Orts- oder Landschaftsbildes** vor einer Verunstaltung durch eine bauliche Anlage. Hiermit wird nicht die Anlage isoliert betrachtet, sondern in eine Beziehung zum gestalterischen Eigenwert der Umgebung gesetzt (vgl. BVerwG, U. v. 11. 10. 2007 – BVerwG 4 C 8.06 –). Ob eine Verunstaltung der Umgebung durch eine Werbeanlage angenommen werden kann, hängt einerseits von den gestalterischen Eigenarten der zu schützenden Objekte, von dem Gebietscharakter der Umgebung, der städtebaulichen Bedeutung des Straßenzuges sowie der einheitlichen oder diffusen Prägung des maßgeblichen Bereichs ab und andererseits von den gestalterischen Merkmalen der Werbeanlage, die zu dem Umgebungsbild in Beziehung treten soll (vgl. OVG NRW, Urteil vom 11. September 1997, BRS 59 Nr. 137, S. 437, 439). Die Werbeanlage muss nicht selbst im Sinne des § 9 Abs. 1 BauO Bln verunstaltet sein, aber als Fremdkörper auf ihr Umfeld mit verunstaltender Wirkung ausstrahlen. Zur Umgebung zählt hierbei der **örtliche Bereich**, der von der baulichen Anlage **optisch beeinflusst werden kann** und dessen ästhetische Beeinträchtigung vermieden werden soll. Unter Umständen kann sogar schon die Verdeckung eines wertvollen Bauwerks hierfür ausreichend sein.

14 Wie weit der Ausstrahlungsbereich einer Werbeanlage reicht, hängt neben der Art der Werbung und ihrer Dimensionierung vor allem von ihrem Anbringungsort ab, denn eine Verunstaltung kann nur angenommen werden, wenn die Teile der Umgebung, deren Schutz vor Beeinträchtigungen in Betracht kommt, und die Werbeanlage, die die Quelle der Verunstaltung darstellen soll, vom Betrachter gleichzeitig gesehen werden können (OVG Bln, U. v. 7. 5. 1999, BRS 62 Nr. 157 = OVGE 23, 134; B. v. 8. 6. 2000, BRS 63 Nr. 183 = OVGE 23, 195). Kann das menschliche Auge dagegen beide nicht ohne weiteres mit **einem Blick erfassen**, fehlt es an der optischen Verbindung und dem Wirkzusammenhang zwischen den zu schützenden Objekten und der Werbeanlage, so dass eine negative Beeinflussung insoweit nicht angenommen werden kann. Muss man als Betrachter erst einen Standort finden, der überhaupt ein optisches Erfassen der zu schützenden Objekte und der Werbeanlage ermöglicht, wie es aufgrund der Höhe des Anbringungsortes einer Werbeanlage der Fall sein kann, und führt dies zu einer nur eingeschränkten Wahrnehmungsmöglichkeit innerhalb des Straßenzuges, weil die Werbeanlage allenfalls ausschnittweise oder – falls beweglich – auch nur zeitweise zu den sie umgebenden Gebäuden in Beziehung tritt (OVG Bln, U. v. 7. 5. 1999, BRS 62 Nr. 157 = OVGE 23, 134), genügt dies nicht. Umgekehrt muss die Werbeanlage nicht von jedem nur denkbaren Standort aus vom Betrachter gleichzeitig mit dem zu schützenden Objekt mit einem Blick erfasst werden können. Vielmehr reicht es aus, wenn sie regelmäßig – wenn auch nur in Teilen – ohne weiteres in den Blick gerät, wenn der Betrachter – wie etwa ein durchschnittlicher Verkehrsteilnehmer oder Tourist – seinen Standort verändert (vgl. OVG Bln-Bbg, U. v. 12. 10. 2005, BRS 69 Nr. 145 = BauR 2006, 1121).

15 cc) Für den Betrachter muss die Werbeanlage im Falle einer optischen Annäherung an die aus dem jeweiligen Blickwinkel wahrnehmbaren Teile einer anderen baulichen Anlage den **Eindruck eines belastenden oder gar verletzend empfundenen Gegensatzes** hinterlassen (vgl. OVG Bln, U. v. 19. 2. 1971, OVGE 11, 177, 186; U. v. 7. 9. 1984, BRS

42 Nr. 44, S. 113, 114). Es muss ein deutlicher Widerspruch zwischen den die Umgebung bestimmenden städtebaulichen oder stadtbildlichen Gestaltungsmerkmalen und der Werbeanlage zu Tage treten, der geeignet ist, bei einem nicht unbeträchtlichen, in durchschnittlichem Maße für gestalterische Eindrücke aufgeschlossenen Teil der Betrachter anhaltenden Protest auszulösen (vgl. BVerwG, B. v. 27.6.1991, BRS 52 Nr. 118; B. v. 13. 4. 1995, BRS 57 Nr. 109, S. 275, 276; OVG NRW, U. v. 11. 9. 1997, BRS 59 Nr. 137 S. 437, 440; OVG Bln, U. v. 31. 7. 1992, BRS 54 Nr. 110 = OVGE 20, 138, 139, 140; U. v. 7. 5. 1999, BRS 62 Nr. 157 = OVGE 23, 134; B. v. 8. 6. 2000, BRS 63 Nr. 183 = OVGE 23, 195; B. v. 19. 11. 2001, BRS 64 Nr. 149; B. v. 7. 1. 2002, BRS 65 Nr. 152). Die Werbeanlage muss als belastend für das Umgebungsbild, unlusterregend und in ästhetischer Hinsicht grob unangemessen empfunden werden, ohne dass – wie im Falle des Abs. 1 – ein so krasses geschmackliches Unwerturteil, wie das einer das ästhetische Empfinden verletzenden Hässlichkeit, erreicht sein muss (OVG Bln, B. v. 7. 1. 2002, BRS 65 Nr. 152; B. v. 11. 2. 2002, BRS 65 Nr. 150).

16 Tritt die Werbung dagegen weder gestalterisch dominierend noch aufdringlich in Erscheinung, sondern ist zurückhaltend genug, um nicht in beherrschender Weise auf die Umgebung einzuwirken, und ist diese überdies selbst nicht frei von Werbung, so kann eine Verunstaltung des Straßen oder Ortsbildes nicht angenommen werden (vgl. auch OVG NRW, U. v. 11.9.1997, BRS 59 Nr. 137, S. 437, 440), denn eine Prägung des Gebiets durch andere Werbeanlagen relativiert den für die Annahme eines unvertretbaren Widerspruchs erforderlichen gestalterischen Gegensatz.

17 d) **Maßstab für die Beurteilung der Verunstaltung** ist in den Fallgestaltungen des § 9 Abs. 1 und 2 das **Empfinden und die Wertvorstellungen eines sogenannten gebildeten Durchschnittsmenschen**, der für ästhetische Eindrücke offen ist, nicht jedoch die Sensibilität eines besonders empfindsamen und geschulten Betrachters oder eines gegenüber ästhetischen Eindrücken gleichgültigen unempfindlichen Menschen (vgl. BVerwGE 2, 172, 177; OVG Bln, U. v. 7. 5. 1999, BRS 62 Nr. 157 = OVGE 23, 134; U. v. 3. 7. 1981, BRS 38 Nr. 71; U. v. 19. 2. 1971, OVGE 11, 177, 186). Einer Heranziehung von Sachverständigen bedarf es regelmäßig nicht, vielmehr ist das Gericht befugt, die Entscheidung der BABeh. selbständig und vollständig nachzuprüfen (vgl. OVG Bln, U. v. 11. 2. 1966, BRS 17 Nr. 91; U. v. 2. 8. 1968, BRS 20 Nr. 125 ; U. v. 22. 11. 1968, BRS 20 Nr. 126).

18 e) Die Umgebungsverträglichkeit einer baulichen Anlage hängt grundsätzlich von der jeweiligen planungsrechtlichen Qualität und Funktion eines Baugebiets ab (vgl. OVG Bln, U. v. 7. 5. 1999, BRS 62 Nr. 157 = OVGE 23, 134; U. v. 31. 7. 1992, OVGE 20, 138, 139 m. w. N.). Allerdings kommt es – ebenso wie bei § 9 (vgl. dort RNr. 14) – auch im Bereich des § 10 entscheidend auf die **tatsächliche Beschaffenheit der Umgebung** an, auf die eine Werbeanlage einwirkt und nicht allein auf die Zuordnung des Grundstücks zu einem bestimmten Baugebiet, soweit nicht durch die BauO Bln (z. B. § 10 Abs. 4 und 5) oder durch spezielle Festsetzungen eines Bebauungsplans etwas anderes bestimmt wird (vgl. OVG Bln, U. v. 29. 5. 1970, BRS 23 Nr. 118; U. v. 17. 6. 1992, BRS 54 Nr. 130; B. v. 10. 3. 2004 – OVG 2 N 29.03 – n. v.).

19 Eine auffällige, großflächige Plakatwand wird in einer **Wohngegend** eher verunstaltend wirken, als dies in einer belebten Geschäftsstraße der Fall wäre, in der Werbeanlagen ihren gleichsam natürlichen Standort haben (vgl. OVG Bln, U. v. 14. 10. 1998, BRS 48 Nr. 12; U. v. 13. 2. 1970, BRS 23 Nr. 119; U. v. 22. 11. 1968, BRS 20 Nr. 126). In aller Regel sind Werbeanlagen an der Fassade von Wohngebäuden unzulässig (vgl. OVG Bln, U. v. 17. 6. 1992, BRS 54 Nr. 130). Insoweit genügt das Vordringen von Fremdwerbung in die wohnnutzungsgeprägten Obergeschosse von Miethäusern einer Geschäftsstrasse (OVG Bln, B. v. 22. 7. 2002 – OVG 2 N 9.02 – n. v.).

20 Die Anbringung großflächiger Werbetafeln für wechselnde Fremdwerbung an einzelnen Wandteilen strukturell und farblich **abschließend gestalteter Gebäude** verstößt regelmäßig gegen das bauordnungsrechtliche Verunstaltungsverbot (OVG Bln, U. v. 14. 9. 1994 – OVG 2 B 16.92 – n. v.; U. v. 17. 9. 1993 – OVG 2 B 16.91 – n. v.). Hierbei ist für die Bewertung als verunstaltend keine besondere bauästhetische Qualität oder Schutzwürdigkeit des betroffenen Gebäudes erforderlich (OVG Bln, B. v. 2. 1. 2003 – OVG 2 N 39.02 – n. v.). Auch die primitive Bauweise einer Werbeanlage kann in einer repräsentativen Geschäftsstraße zu einer Verunstaltung führen (vgl. OVG Bln, U. v. 18. 9. 1970, BRS 23 Nr. 124); ebenso der durch die Verwendung von Planenmaterial vermittelte Eindruck des Provisorischen und Instabilen (OVG Bln, B. v. 22. 12. 2003 – OVG 2 S 41.03 – n. v.). Großflächige Werbeplanen an einem zu einem Denkmalbereich gehörenden Gebäude sind stets verunstaltend (OVG Bln, B. v. 11. 2. 2002, BRS 65 Nr. 150).

21 Industriegrundstücke (vgl. aber OVG Bln, B. v. 19. 11. 2001, BRS 64 Nr. 149), Bauzäune (vgl. aber OVG Bln, U. v. 26. 6. 1970, BRS 23 Nr. 127), Brücken (vgl. OVG Bln, U. v. 17. 6. 1992, BRS 54 Nr. 128), Brandwände und fensterlose Seitenwände können zwar eher zur Aufnahme auch aufdringlicher Werbeanlagen geeignet sein, dennoch sind in **Industrie- und Gewerbegebieten** Werbetafeln nicht schlechthin zulässig (vgl. OVG Bln, U. v. 8. 3. 1985, BRS 44 Nr. 131). Deshalb kann eine Werbeanlage auch vor einer Technikzentrale zur Verunstaltung führen, wenn diese zugleich das ruhige Erscheinungsbild eines begrünten Vorgartens beeinträchtigt (vgl. OVG Bln, B. v. 19. 11. 2001, BRS 64 Nr. 149). Auf die Eigentumsverhältnisse an der jeweiligen Grünfläche (städtisch oder privat) kommt es nicht an (OVG Bln, B. v. 19. 1. 2004 – OVG 2 N 24.03 – n. v.).

22 Die Verunstaltung kann sich auch aus dem **Missverhältnis der Proportionen** ergeben. Werbetafeln, die die Höhe eines Zauns, einer Einfriedungsmauer oder eines Ufergeländers, an dem sie angebracht sind oder auch einer Hecke, vor der sie stehen, erheblich überragen, können durch die Durchbrechung der geraden Linienführung und das Bild sich überschneidender Linien ungleicher Flächen das Ortsbild belasten (OVG Bln, B. v. 19. 11. 2001, BRS 64 Nr. 149; U. v. 22. 7. 1994, BRS 56 Nr. 131; U. v. 8. 3. 1985, BRS 44 Nr. 131; U. v. 16. 5. 2003 – OVG 2 B 7.00 – n. v.; B. v. 22. 12. 2003 – OVG 2 S 41.03 – n. v.; B. v. 19. 1. 2004 – OVG 2 N 20.03 – n. v.).

23 f) Der in § 9 missbilligte Zustand der Verunstaltung ist während der gesamten Zeit, in der die Werbeanlage besteht, zu vermeiden. Dies folgt aus der in § 3 Abs. 1 Satz 1 und § 85 Abs. 1 Satz 1 enthaltenen **Pflicht** zur Instandhaltung und **Erhaltung** der baulichen Anlage.

24 2. Für **Werbeanlagen**, die **keine baulichen Anlagen** sind, gelten gemäß **Abs. 2 Satz 2** nicht sämtliche in der BauO Bln gestellten Anforderungen an bauliche Anlagen. Auch diese Anlagen der Außenwerbung müssen jedoch **ortsfest** im Sinne des § 2 Abs. 1 Satz 2, also **standortgebunden** sein (vgl. RNr. 5). Sie haben – anders als bauliche Anlagen – nur einen losen Kontakt zum Erdboden und können daher ohne weiteres entfernt werden, wie z. B. lediglich hingestellte oder angelehnte Gegenstände von geringem Gewicht, wie Stelltafeln, die mit Draht an Bäumen oder Laternenpfählen befestigt sind. Ferner rechnen zu dieser Art von Werbeanlagen Schilder, Fahnen und Transparente, die an einer baulichen Anlage angebracht sind und ohne jede Mühe abgenommen werden können (vgl. OVG Bln, U. v. 2. 2. 1968, OVGE 10,32 = BRS 20 Nr. 136), desgleichen die in Abs. 1 Satz 2 genannten Beschriftungen und Bemalungen.

a) **Werbeanlagen, die keine baulichen Anlagen sind,** dürfen gemäß Abs. 2 Satz 2 jedoch ebenfalls nicht **andere bauliche Anlagen** oder **das Straßen-, Orts- und Landschaftsbild verunstalten.** Insoweit wird auf die Ausführungen unter RNr. 12 ff. verwiesen.

b) Werbeanlagen, die keine baulichen Anlagen sind, dürfen gemäß Abs. 2 Satz 2 auch keine **Gefahr** für die **Sicherheit und Leichtigkeit des Verkehrs** im Sinne des § 16 Abs. 2 sein. Dies kann z. B. bei Stelltafeln der Fall sein, die bei mangelhafter Befestigung den Verkehr erheblich gefährden. Denkbar wäre aber auch eine massive Ablenkungswirkung auf Kraftfahrer in Verkehrssituationen mit erhöhtem Gefährdungspotenzial. Hierbei richtet sich die Annahme einer konkreten Verkehrsgefährdung nach den örtlichen Verhältnissen der Straßenführung und den daraus resultierenden Anforderungen an die Aufmerksamkeit der Straßenverkehrsteilnehmer und nicht nach den Maßstäben einer möglicherweise rechtswidrig zugelassenen Werbelandschaft (vgl. OVG NRW, U. v. 6. 2. 2003, BRS 66 Nr. 150).

3. **Abs. 2 Satz 3** ergänzt die gestalterischen Anforderungen. Danach ist auch die **störende Häufung von Werbeanlagen** unzulässig. Das Konzentrationsverbot (vgl. OVG Bln, U. v. 17. 6. 1992, BRS 54 Nr. 130; U. v. 14. 10. 1988, BRS 48 Nr. 121) findet auf sämtliche Werbeanlagen Anwendung, unabhängig davon, ob es bauliche Anlagen sind (vgl. BayVGH, U. v. 18. 2. 1970, BRS 23 Nr. 121). Bei dieser Bestimmung handelt es sich im Wesentlichen um einen Unterfall der Verunstaltung des Straßen-, Orts- oder Landschaftsbildes im Sinne des § 9 Abs. 2 (vgl. OVG Bln, B. v. 20. 6. 2003, BRS 66 Nr. 153; U. v. 13. 11. 1970, BRS 23 Nr. 122). Sie verdeutlicht, dass eine Massierung von Werbeanlagen auf engem, überschaubaren Raum ein Indiz für das Vorliegen des Tatbestands des § 9 Abs. 1 oder 2 ist (OVG Bln, B. v. 7. 1. 2002, BRS 65 Nr. 152). Es ist zwischen der **Häufung** und der **Störung** zu unterscheiden.

a) Eine **Häufung** von Werbeanlagen setzt ein räumlich dichtes Nebeneinander oder Übereinander von Werbeanlagen voraus, so dass sie gleichzeitig wahrgenommen werden können und ihre optische Wirkung gemeinsam entfalten. Hierbei kommt es nicht darauf an, ob es sich um ein Zusammentreffen verschiedener Arten von Werbung, wie Fremdwerbung, Werbung an der Stätte der Leistung oder Werbung an Haltestellen des öffentlichen Personennahverkehrs handelt, weil diese Werbeformen grundsätzlich die gleiche störende Wirkung auf die jeweilige Örtlichkeit ausüben können (OVG Bln, B. v. 20. 6. 2003, BRS 66 Nr. 153; B. v. 7. 1. 2002, BRS 65 Nr. 152; B. v. 3. 4. 2002 – OVG 2 N 13.01 – n. v.; vgl. auch OVG NRW, U. v. 20. 2. 2004, BauR 2004, 1769 = NVwZ-RR 2004, 560). Die Werbung an den traditionell im Straßenbild vorhanden Litfaßsäulen zählt allerdings nicht dazu (OVG Bln, B. v. 19. 11. 2001, BRS 64 Nr. 149).

b) Wann eine **Störung** durch die Häufung von Werbeanlagen anzunehmen ist, hängt nach der gebotenen umgebungsbezogenen Betrachtungsweise von dem jeweiligen Aufstellungsort der Werbeanlage, ihrer Umgebung und den wechselseitigen Auswirkungen auf das Gesamtbild der Umgebung ab (vgl. zur „Rundumverkleidung" eines Geschäfts mit Werbung OVG Bln, B. v. 20. 6. 2003, BRS 66 Nr. 153). Auch hierbei ist wiederum der Baugebietscharakter, die vorhandene Bebauung und die tatsächliche Nutzung des Gebiets wesentlich. Es gilt der Prioritätsgrundsatz, so dass das Verbot störender Häufung die jeweils nachfolgenden Werbeanlagen trifft (OVG NRW, U. v. 20. 2. 2004, BauR 2004, 1769 = NVwZ-RR 2004, 560; U. v. 6. 2. 2003, BRS 66 Nr. 150). Es gibt keinen Grundsatz, wonach ein mit Werbung überlasteter Ort nicht weiter verunstaltet werden kann (vgl. OVG NRW, U. v. 6. 2. 2003, BRS 66 Nr. 150).

IV. **Abs. 3 nimmt bestimmte Werbeformen** von einer **möglichen Verunstaltung** i. S. d. § 9 Abs. 2 und § 10 Abs. 2 **aus.**

31 **1.** Dies betrifft gemäß **Satz 1 Nr. 1** an **Baugerüsten** oder **Bauzäunen** angebrachte **Werbung**. Bei den Bauzäunen oder Baugerüsten geht der Gesetzgeber davon aus, dass diese nur vorübergehend aufgestellt werden, sodass auch die Werbung selbst nur vorübergehend erfolgt, und diese zeitlich begrenzte Anbringung der Werbung einen anderen Beurteilungsmaßstab rechtfertigt als im Falle einer dauerhaften Werbung (vgl. Gesetzesbegründung zu § 10 Abs. 3 Satz 1 Nr. 1). Mit dieser Regelung soll eine Flexibilisierung für bestimmte, zeitlich begrenzte Werbung erreicht werden und die Verunstaltungsabwehr der (geringeren) faktischen Bedeutung solcher Werbeanlagen angepasst werden, wobei der Gesetzgeber auf die Nennung einer bestimmten zeitlichen Frist verzichtet hat. Die Privilegierung ist jedoch nur so lange gerechtfertigt, wie das Baugerüst weiterhin seinen Zweck erfüllt und nicht nur noch Befestigungsvorrichtung für die weitere Werbung ist. Ein nur für Werbezwecke aufgestellter Gerüstturm (vgl. als Beispiel OVG Bln, B. v. 8. 6. 2000, BRS 63 Nr. 183) erfüllt diese Tatbestandsvoraussetzungen nicht.

32 **2. Satz 1 Nr. 2** privilegiert Werbung, wenn sie nur **vorübergehend angebracht** wird. Die Regelung erfasst vorübergehende Werbung – im Gegensatz zu den in Nr. 1 genannten Baugerüsten oder Bauzäunen – unabhängig von der Dauerhaftigkeit des Anbringungsortes. Auch hier hat der Gesetzgeber mit dem Wort „vorübergehend" auf eine bestimmte zeitliche Befristung verzichtet (vgl. RNr. 31). Als zeitlicher Orientierungsrahmen könnte jedoch die von der Rechtsprechung entwickelte 3-Monats-Frist im Falle von Wahlwerbung in Betracht kommen (siehe RNr. 52).

Voraussetzung für diese Privilegierung ist jedoch, dass mit dem **Inhalt** der Werbung vorrangig **im öffentlichen Interesse liegende Ziele und Zwecke** verfolgt werden. Als Beispiel werden in der Gesetzesbegründung zu § 10 Abs. 3 Nr. 2 Werbeanlagen genannt, mit deren Inhalt für im öffentlichen Interesse liegende Veranstaltungen geworben werden soll. Da die Privilegierung nach dem Gesetzeswortlaut inhaltsgebunden ist, dürften Werbeanlagen, die die genannten inhaltlichen Kriterien nicht erfüllen, sondern nur der Finanzierung von Baumaßnahmen der öffentlichen Hand dienen, nicht von der Regelung erfasst werden. Die Gesetzesbegründung nennt zwar beispielhaft als privilegierten Zweck die Ermöglichung der Sanierung von Baudenkmalen, ohne Erfüllung der vom Gesetz geforderten inhaltlichen Kriterien der Werbung erscheint dies bauordnungsrechtlich jedenfalls nicht ausreichend. Ob dies denkmalschutzrechtlich der Fall sein könnte, weil § 11 Abs. 3 DSchGBln eine inhaltliche Bindung der Werbung im obigen Sinne nicht kennt und deshalb u. U. ein überwiegendes öffentliches Interesse die Werbemaßnahme verlangen könnte, wenn nur auf diese Weise die Sanierung einer denkmalgeschützten Straßenfassade finanziert werden könnte, hat das OVG Bln-Bbg offen gelassen (vgl. OVG Bln-Bbg, B. v. 9. 3. 2007, DVBl. 2007, 850). Wenn eine Werbung aufgrund von Werbenutzungsverträgen lediglich allgemein der Finanzierung oder Unterhaltung öffentlicher Einrichtungen dient, dürfte dagegen allein das öffentliche Interesse an der Gegenleistung für die Zulassung der Werbung nicht ausreichen. Schließlich nimmt dieser Umstand solchen Werbeanlagen nicht die Vergleichbarkeit mit anderen gewerblichen Werbeanlagen, mit der Folge, dass solche Anlagen grundsätzlich geeignet sein können, die Annahme eines unvertretbaren gestalterischen Widerspruchs der Werbeanlagen mit ihrer Umgebung zu relativieren, wenn durch andere Antragsteller die Zulassung weiterer Werbeanlagen dort beantragt werden sollte (OVG Bln, U. v. 16. 3. 2001 – OVG 2 B 2.97 – n. v.).

33 Eine Zulassung vorübergehender Werbung nach Abs. 3 Nr. 1 oder Nr. 2 setzt jedoch voraus, dass **andere überwiegende öffentliche Interessen nicht entgegenstehen.** Als entgegenstehendes öffentliches Interesse kommt z. B. bei exponierter Lage der Werbefläche oder bei besonderer Intensität der Störung die Wahrung des Straßen-, Orts-, oder Landschaftsbildes oder auch eine mögliche Verkehrsgefährdung (Abs. 2

Satz 2) in Betracht, sofern das öffentliche Interesse daran überwiegt. Durch die Anpassung des § 11 Denkmalschutzgesetz Berlin an die vorgenannte Lockerung des bauordnungsrechtlichen Verunstaltungsverbots durch Einfügung des Absatzes 3 in § 11 DSchG Bln (vgl. Art. IV Nr. 1 des Gesetzes v. 29. 9. 2005, GVBl. S. 495) dürfte die Denkmaleigenschaft einer baulichen Anlage als solche einer Werbung an Baugerüsten oder Bauzäunen oder wenn sie an einer denkmalgeschützten baulichen Anlage selbst oder in deren unmittelbarer Umgebung erfolgt bauordnungsrechtlich jedenfalls nicht mehr grundsätzlich ein entgegenstehender Belang sein. Es ist jedoch darauf hinzuweisen, dass denkmalschutzrechtlich in § 11 Abs. 3 Satz 2 DSchGBln abweichend von der bauordnungsrechtlichen Regelung keine inhaltliche Bindung der Werbung verlangt wird. Allerdings muss nach der denkmalschutzrechtlichen Vorschrift ein überwiegendes öffentliches Interesse die Werbemaßnahme „verlangen".

V. Abs. 4 regelt die materiellen **Anforderungen an Werbeanlagen außerhalb der im Zusammenhang bebauten Ortsteile (§ 34 Abs. 1 BauGB).** Danach sollen auch die Außenbereiche (§ 35 BauGB) vor Fremdwerbung geschützt werden. Zur Kompetenz des Landesgesetzgebers zur normativen Ausgestaltung der Verunstaltungsabwehr im Bauordnungsrecht auch bei Anknüpfung an bauplanungsrechtlich typisierte Gebiete siehe BVerwG, U. v. 11. 10. 2007 – BVerwG 4 C 8.06 –. Dem Ausschluss von Werbeanlagen im Außenbereich steht Art. 3 Abs. 1 GG nicht entgegen (OVG NRW, U. v. 14. 3. 2006, BRS 70 Nr. 141 = ZfBR 2006, 487). Die Vorschrift zählt unter den Nummern 1 bis 6 Ausnahmen hiervon auf, **soweit in anderen Vorschriften nichts anderes bestimmt** ist. Zu diesen anderen Vorschriften zählt auch § 9 Abs. 1 Nr. 1, Abs. 6 FStrG (siehe hierzu unter RNr. 43).

1. A**usgenommen** von dem bauordnungsrechtlichen Verbot sind nach **Nr. 1** Werbeanlagen an der **Stätte der Leistung** (zu dem Begriff siehe RNr. 46). Hierzu muss sich das Betriebsgebäude auch zulässigerweise im Außenbereich befinden. Auch eine Werbeanlage, die an einer Betriebsstätte angebracht ist, die nicht im Außenbereich liegt, deren Auswirkungen aber in den Außenbereich ausstrahlen (z. B. Skybeamer einer Diskothek, vgl. OVG RP, U. v. 22. 1. 2003, BRS 66 Nr. 149) ist unzulässig. Ebenso eine Werbeanlage, die sich zwar im Außenbereich an der Stätte befindet, an die die Leistung erbracht wird, dort aber nicht von potenziellen Abnehmern nachgefragt werden kann (Werbeanlage an einem Fernmeldeturm in 158 m Höhe, OVG NRW, U. v. 14. 3. 2006, BRS 70 Nr. 141 = ZfBR 2006, 487).

Nach **Nr. 2** sind auch **Hinweiszeichen** an Verkehrsstraßen und Wegabzweigungen, die im Interesse des Verkehrs auf versteckt liegende Betriebe oder Stätten aufmerksam machen sollen, von dem Verbot ausgenommen.

Außerdem sind nach **Nr. 3** vor **Ortsdurchfahrten** auf einer Tafel zusammengefasste **Hinweisschilder** auf gewerbliche Betriebe zulässig. Hierbei handelt es sich allenfalls um eine mittelbare Werbung, die in erster Linie den Verkehrsbedürfnissen im Außenbereich Rechnung tragen soll.

Die Zulässigkeit von Werbeanlagen auf **Flugplätzen, Sportanlagen und Versammlungsstätten** im Außenbereich nach **Nr. 4** stellt eine Privilegierung dar. Sie beruht darauf, dass diese Stätten in der Regel im Außenbereich liegen und sich aufgrund des starken Publikumsaufkommens zur Aufstellung von Werbeanlagen besonders eignen. Es gilt jedoch die Einschränkung, dass diese Werbeanlagen **nicht in die freie Landschaft hineinwirken** dürfen. Insoweit bestehen auch spezialgesetzliche Vorschriften zum Schutz dieser Bereiche vor Werbeanlagen (vgl. § 23 Abs. 1 Nr. 3 WaldG Bln sowie § 14 Abs. 1 Nr. 11 NatSchG Bln).

37 Nr. 5 nimmt Werbeanlagen, die auf einem **Ausstellungsgelände** oder **Messegelände** aufgestellt werden, von dem Verbot von Werbeanlagen im Außenbereich aus. Einschränkungen hinsichtlich der möglichen Wirkung in die freie Landschaft, wie in Nr. 4, sieht das Gesetz nicht vor.

38 Nr. 6 sieht **Ausnahmen** von dem Verbot von Werbeanlagen im Außenbereich **für Werbeanlagen auf öffentlichen Straßen sowie an Haltestellen des öffentlichen Personennahverkehrs** vor. Der Gesetzgeber will mit der Privilegierung von Werbeanlagen an diesen Orten vom Land Berlin gesteuerte Werbeinitiativen ermöglichen (vgl. Begründung zu § 10 Abs. 4). Hinsichtlich der Werbeanlagen auf öffentlichen Straßen dürfte aufgrund des Vorbehalts in Abs. 4 Satz 2 bezüglich abweichender Regelungen in anderen Vorschriften der § 9 Abs. 6 FStrG zu beachten sein (siehe RNr. 43). Hinsichtlich der Werbeanlagen an Haltestellen des öffentlichen Personennahverkehrs wird auf die Ausführungen unter RNr. 48 verwiesen.

39 **VI. Abs. 5** schränkt die Zulässigkeit von **Werbeanlagen in bestimmten Baugebieten,** wie Kleinsiedlungsgebieten, Dorfgebieten, reinen und allgemeinen Wohngebieten, ein.

40 1. Die Sätze 1 und 2 des Abs. 5 knüpfen – in **verfassungsrechtlich** unbedenklicher Weise (vgl. BVerwG, B. v. 29. 12. 1964, BRS 15 Nr. 78; U. v. 25. 6. 1965, BVerwGE 21, 251, 256 f. = BRS 16 Nr. 75; U. v. 28. 4. 1972, BVerwGE 40, 94, 99 = BRS 25 Nr. 127; U. v. 22. 2. 1980, BRS 36 Nr. 150; OVG Bln, U. v. 22. 7. 1994, LKV 1995, 256; B. v. 2. 3. 2000, BRS 63 Nr. 170; s. RNr. 34) – hinsichtlich der Unzulässigkeit von Werbeanlagen (bis auf einige Arten) an bestimmte planungsrechtliche Baugebiete an. Dies ist sachgerecht, denn eine etwaige Beeinträchtigung des Orts- oder Straßenbildes durch Werbeanlagen hängt entscheidend von der Funktion des jeweiligen Gebiets ab, in dem geworben werden soll. Funktionsfremde Werbeanlagen können deshalb in bestimmten Baugebieten verboten werden (vgl. BVerwG, U. v. 29. 12. 1964, BRS 15 Nr. 78).

41 a) Werbeanlagen sind sowohl einer bauplanungsrechtlichen als auch einer bauordnungsrechtlichen Regelung zugänglich (BVerwG, U. v. 28. 4. 1972, BRS 25 Nr. 127). **Werbeanlagen**, die **Fremdwerbung** zum Gegenstand haben, gelten bauplanungsrechtlich als eine **eigenständige gewerbliche Hauptnutzung** i. S. d. BauNVO (vgl. BVerwG, U. v. 26. 10. 2007 – BVerwG 4 C 8.06 –; U. v. 3. 12. 1992, BVerwGE 91, 234, 235ff. = BRS 54 Nr. 126; U. v. 15. 12. 1994, BRS 56 Nr. 130; U. v. 16. 3. 1995, BRS 57 Nr. 175). Ihre bauplanungsrechtliche Beurteilung richtet sich hinsichtlich der Art der baulichen Nutzung nach den Festsetzungen eines Bebauungsplans für das Baugebiet soweit spezialgesetzliche Regelungen der Bauordnung (§ 10 Abs. 5) einer solchen Nutzung nicht entgegenstehen (OVG Bln, U. v. 16. 3. 2001 – OVG 2 B 2.97 – n. v.). Aus dem Planungsrecht können sich darüber hinaus eigenständige, auf städtebaulichen Erwägungen beruhende Anforderungen an sie ergeben (z. B. hinsichtlich des Maßes der baulichen Nutzung, vgl. BVerwG, U. v. 15. 12. 1994, BRS 56 Nr. 130; U. v. 16. 3. 1995, BRS 57 Nr. 175). Sie sind jedenfalls nicht – wie Werbeanlagen an der Stätte der Leistung (BVerwG, B. v. 8. 3. 1995, BRS 57 Nr. 176) – als in allen Baugebieten prinzipiell zulässige Nebenanlagen im Sinne des § 14 Abs. 1 BauNVO anzusehen (vgl. BVerwG, U. v. 3. 12. 1992, a. a. O.).

42 b) Bei der rechtlichen Prüfung der Zulässigkeit von Werbeanlagen ist zunächst die Frage nach dem **festgesetzten** – oder in den Fällen des § 34 BauGB nach dem **tatsächlichen – Gebietscharakter** (vgl. OVG Bln, U. v. 20. 1. 1967, BRS 18 Nr. 105; U. v. 13. 11. 1970, BRS 23 Nr. 122) sowie auch nach einer eventuellen Funktionslosigkeit der Festsetzungen zu stellen (OVG Bln, B. v. 27. 11. 2001, BRS 64 Nr. 146; B. v. 3. 2. 2003 – OVG 2 N 40.02 – n. v.). Der maßgebende Bereich ist bodenrechtlich zu bestimmen und nicht – wie bei der Frage der Verunstaltung – lediglich anhand des Wirkbereichs (vgl. BVerwG, U. v. 15.12. 1994, BRS 56 Nr. 130). Greift schon einer der gesetzlichen Ausschlusstatbestände des § 10 Abs. 5 (z. B. allgemeines oder reines Wohngebiet) ein, ist die Werbeanlage in dem Gebiet unzulässig. Jedoch gibt es auch den Fall der am Rand eines Mischgebiets geplanten, aber in ein benachbartes Wohngebiet hineinwirkenden Werbeanlage (vgl. BayVGH, B. v. 22. 1. 2004, BRS 67 Nr. 161). Es ist fraglich, ob der gesetzliche Ausschlusstatbestand des § 10 Abs. 5, der sich typisiert an der Funktion bestimmter Baugebiete orientiert, von den in § 10 Abs. 3 geregelten Lockerungen für bestimmte Arten von Werbeanlagen erfasst wird. Es spricht jedoch einiges dafür, dass § 10 Abs. 3 nur für den konkreten Beurteilungsmaßstab für eine Verunstaltung in § 9 Abs. 2 und § 10 Abs. 2 gilt und nicht auch für die typisiert an der abstrakten Funktion bestimmter Baugebiete orientierten Verunstaltungsabwehr des § 10 Abs. 5 (vgl. OVG Bln-Bbg, B. v. 14. 9. 2006 – OVG 2 S 28.06 –).

c) In allen **anderen Baugebieten** (z. B. in Kerngebieten, Gewerbegebieten oder Mischgebieten), in denen gewerbliche Nutzungen typischerweise zulässig sind, sind auch Werbeanlagen zulässig. Hier bleibt nur noch die Frage der Verunstaltung des Anbringungsortes selbst oder des Straßen- oder Ortsbildes zu klären (OVG Bln, B. v. 11. 2. 2002, BRS 65 Nr. 150). Hierfür kommt es auf den tatsächlichen Charakter der maßgebenden Umgebung an (vgl. OVG Bln, U. v. 22. 7. 1994, BRS 56 Nr. 131; U. v. 8. 3. 1985, BRS 44 Nr. 131; U. v. 29. 5. 1970, BRS 23 Nr. 118; BVerwG, B. v. 19. 6. 1970, BRS 23 Nr. 120). Es gilt der rein tatsächliche stadtbildliche Beurteilungsmaßstab der bauordnungsrechtlichen Verunstaltungsvorschriften (OVG Bln, U. v. 16. 3. 2001 – OVG 2 B 2.97 – n. v.). Der tatsächliche Charakter der Umgebung kann auch optisch „geteilt" sein, so dass z. B. das Vordringen von Fremdwerbung in die wohnnutzungsgeprägten Obergeschosse von Miethäusern einer Geschäftsstrasse eine Verunstaltung sein kann (vgl. OVG Bln, B. v. 22. 7. 2002 – OVG 2 N 9.02 – n. v.).

Einen Sonderfall stellen in diesem Zusammenhang Werbeanlagen entlang von Bundesautobahnen oder entlang von Bundesstraßen außerhalb von Ortsdurchfahrten dar, denn im 40m-Bereich entlang von Bundesautobahnen bzw. im 20m-Bereich entlang von Bundesstraßen außerhalb von Ortsdurchfahrten sind Werbeanlagen fernstraßenrechtlich unzulässig (§ 9 Abs. 1 Nr. 1, Abs. 6 FStrG; vgl. hierzu OVG Bln, U. v. 14. 6. 2005, BRS 69 Nr 211 = BauR 2006, 364). Auf eine Bebauungsplanadäquanz der Werbeanlagen (z. B. mit einer Gewerbegebietsausweisung) kommt es in diesen Fällen nicht an, weil § 9 Abs. 7 FStrG für Werbeanlagen nicht gilt (vgl. BVerwG, U. v. 21. 9. 2006, BauR 2007, 339).

d) Alle in den **Sätzen 1 und 2** aufgeführten **Werbeformen** müssen den gestalterischen Anforderungen des Abs. 2 genügen und unterliegen daher insbesondere dem **Verunstaltungsverbot des § 9** (vgl. OVG Bln, U. v. 2. 2. 1968, BRS 20 Nr. 122). Aufgrund von **Gestaltungsverordnungen** können zum Zwecke positiver Baupflege weitergehende Anforderungen an die äußere Gestaltung von Werbeanlagen bestehen (vgl. § 12 Abs. 1 AGBauGB sowie auch § 9 RNr. 7). Außerdem gelten hierfür die Bestimmungen des **Denkmalschutzrechts** (vgl. § 11 Abs. 2 u. 3 DSchG Bln sowie § 9 RNr. 23), des **Straßenrechts** (vgl. § 10 Abs. 2 und § 11 BerlStrG; OVG Bln, U. v. 6. 9. 1980, OVGE 15, 178) und des **Straßenverkehrsrechts** (vgl. § 33 StVO).

2. In **Kleinsiedlungsgebieten** (§ 2 BauNVO), **Dorfgebieten** (§ 5 BauNVO) sowie **reinen** und **allgemeinen Wohngebieten** (§§ 3 u. 4 BauNVO) sind gemäß Satz 1 Halbs. 1 nur zwei Arten von Werbeanlagen zulässig. Das gleiche gilt, wenn es zwar an einer Festsetzung der Art der baulichen Nutzung im Bebauungsplan fehlt, aber die Eigenart der näheren Umgebung einem der vorgenannten Baugebiete entspricht (vgl. § 34 Abs. 2 BauGB).

46 a) Nach **Satz 1 und 2** sind in den vorgenannten Baugebieten nur **Werbeanlagen an der Stätte der Leistung zulässig.** Diese müssen auf dem Grundstück angebracht werden, auf dem das Gewerbe oder der Beruf ausgeübt wird, dem die Werbung gilt. Es muss also ein „Funktionszusammenhang" zwischen der Nutzung eines Gebäudes und der Werbung bestehen (vgl. BVerwG, U. v. 3. 12. 1992, BVerwGE 91, 234, 238 = BRS 54 Nr. 127). Die Stätte der Leistung ist der Ort, an dem die Leistung erbracht wird, für die geworben wird, an dem sie aber auch von den potenziellen Abnehmern nachgefragt werden können muss (zu einer Werbeanlage an einem Fernmeldeturm in 158 m Höhe OVG NRW, U. v. 14. 3. 2006, BRS 70 Nr. 141 = ZfBR 2006, 487). Abzustellen ist auf den Ort der gewerblichen Tätigkeit, nicht auf die Belegenheit des Produkts, für das geworben wird (z. B. Maklerbüro/zu vermietende Objekte, vgl. ThürOVG, U. v. 11. 11. 2003, BRS 66 Nr. 154). Die Werbung an der Stätte der Leistung braucht sich zwar nicht – wie in reinen Wohngebieten (Satz 2) – in einem Hinweis auf Gewerbe oder Beruf, wie er in Abs. 1 Satz 1 erwähnt wird, zu erschöpfen, muss aber eindeutig auf die Stätte der Leistung bezogen sein und darf nicht der Fremdwerbung dienen (vgl. OVG Bln, U. v. 3. 3. 1989, BRS 49 Nr. 149; U. v. 2. 3. 2000, BRS 63 Nr. 170). Fremdwerbung liegt vor, wenn sich die Werbung nur auf Warenartikel bezieht, die auch in dem Betrieb angeboten werden oder wenn die Werbung nicht vom Inhaber der Stätte der Leistung bestimmt wird, sondern von einem Produkthersteller oder abhängig von den Dispositionen eines Werbeunternehmens nach den jeweiligen Gegebenheiten eines überregionalen Marktes (OVG Bln, U. v. 2. 3. 2000, BRS 63 Nr. 170).

47 b) Außerdem sind gemäß **Satz 1** Anlagen für **amtliche Mitteilungen** und zur Unterrichtung der Bevölkerung **über kirchliche, kulturelle, politische, sportliche und ähnliche Veranstaltungen** gestattet. Füllen diese Informationen nicht die gesamte Fläche der Anlagen aus, so kann die jeweils freie Fläche auch für andere Werbung verwendet werden (Satz 1 Halbs. 2). Werden Anlagen errichtet, deren Größe nicht durch den Informationsbedarf gerechtfertigt ist und die von vornherein als Träger für „andere Werbung" gedacht sind, so handelt es sich um eine Umgehung des Gesetzes. Die vorgenannten Werbeanlagen sind jedoch nur privilegiert, wenn sie nicht lediglich in der Baugenehmigung so bezeichnet werden, sondern die vom Gesetz vorausgesetzte Zweckbestimmung auch tatsächlich erfüllen.

48 3. Gemäß **Satz 3** können in den in Satz 1 genannten Baugebieten auf **öffentlichen Straßen** (vgl. § 2 BerlStrG) und an **Haltestellen** des öffentlichen Personennahverkehrs „**auch andere Werbeanlagen**" zugelassen werden. In diesem Zusammenhang kommen vor allem Werbeanlagen an Wartehallen oder öffentlichen Toiletten in Betracht, weil deren Errichtung im öffentlichen Interesse liegt (vgl. AH-Drucks. 12/5688, S. 9 – zu § 11 a. F. –). Ebenso wie nach der Vorgängerfassung (§ 11 Abs. 3 Satz 3 a. F.), die hier vom Gesetzgeber aufgegriffen worden ist, handelt es sich um eine Zulassungsmöglichkeit im Einzelfall, sofern diese Werbeanlagen die Eigenart des Gebietes und das Orts- und Landschaftsbild nicht beeinträchtigen. Ob diese Zulassungsmöglichkeit von Fremdwerbung auf öffentlichem Straßenland bei gleichzeitig generellem Verbot von Fremdwerbung auf privaten Bauflächen in den in Satz 1 genannten Baugebieten als willkürlich anzusehen oder mit dem Gleichbehandlungsgrundsatz des Art. 3 Abs. GG noch vereinbar ist, hat das OVG Bln für die bisherige – insoweit gleichlautende – Gesetzesfassung entschieden. Danach ist der Umstand, dass die von Abs. 5 Satz 3 erfasste Werbung regelmäßig mehr dem Straßenraum zugeordnet erscheint, als der Wohnbebauung hinter der Straßenbegrenzungslinie, als ein hinreichendes Differenzierungskriterium anzusehen (OVG Bln, B. v. 27. 11. 2001, BRS 64 Nr. 146; B. v. 3. 4. 2002 – OVG 2 N 13.01 – n. v.; B. v. 17. 9. 2002 – OVG 2 N 22.02 – n. v.).

VII. Für **Warenautomaten** – nicht aber für Musik–, Spiel- und Geldautomaten – gelten nach **Abs. 6** die Absätze 1, 2 und 4 sinngemäß, so dass die Rechtslage insoweit derjenigen entspricht, die für die Werbeanlagen gilt.

VIII. Abs. 7 nimmt einige Werbeanlagen ganz oder teilweise vom Geltungsbereich des Gesetzes **aus**.

1. Nr. 1 nennt **Anschläge** (also Zettelanschläge und Bogenanschläge) und **Lichtwerbung** an dafür genehmigten Säulen, Tafeln und Flächen und knüpft somit an Abs. 1 Satz 2 an. **Nr. 2** betrifft Werbemittel an **Zeitungs- und Zeitschriftenverkaufsstellen,** denn diese prägen das großstädtische Straßenbild und unterliegen großenteils einem raschen Wechsel. Das gleiche gilt nach **Nr. 3** für **Auslagen und Dekorationen** in Fenstern und Schaukästen. Wird der größere Teil eines Schaufensters zum Zwecke der Werbung von innen beklebt, handelt es sich nicht mehr um eine bloße Dekoration.

2. Nach **Nr. 4** unterfällt die **Wahlwerbung** für die Dauer eines Wahlkampfes nicht der BauO Bln. Nach der Rechtsprechung des OVG Bln (vgl. B. v. 7. 1. 2002, BRS 65 Nr. 152) liegt eine Wahlwerbung nur vor, wenn sie einen inhaltlichen Bezug zu einer Wahl aufweist und auf die Erzielung eines Wahlerfolges gerichtet ist. Als Dauer werden insoweit allenfalls 3 Monate als angemessen angesehen. Den Begriff eines Vorwahlkampfes kennt die BauO Bln nicht. Damit kommt eine entsprechende zeitliche Ausdehnung der Dauer der Wahlwerbung über den Dreimonatszeitraum hinaus nicht in Betracht. Für die Zeit vor dem eigentlichen Wahlkampf können die Parteien aus ihrer verfassungsrechtlich garantierten Stellung (Art. 21 GG) auch nicht den Anspruch herleiten, dass an die verunstaltende Wirkung ihrer Wahlwerbung ein großzügigerer Maßstab anzulegen wäre, als an eine Wirtschaftswerbung (vgl. OVG Bln, B. v. 11. 6. 2002, BauR 2003, 1356). Die Lockerung der bauordnungsrechtlichen Anforderungen bezüglich der Wahlwerbung beruht auf staatspolitischen Erwägungen. Sie ist aber nur hinsichtlich des Verunstaltungsverbots gerechtfertigt. Deshalb stellt es eine bedenkliche Privilegierung dar, wenn dadurch auch § 3 Abs. 1 Satz 1 nicht anwendbar sein soll .

IX. Den Aufstellern von Werbeanlagen steht kein subjektives Abwehrrecht gegen Werbeanlagen von Konkurrenten zu (VG Bln, B. v. 19. 11. 2002 – VG 19 A 453.02 –; B. v. 23. 12. 2003 – VG 19 A 380.03 – m. w. N.).

Abschnitt 2:
Allgemeine Anforderungen an die Bauausführung

§ 11 Baustelle

(1) ¹Baustellen sind so einzurichten, dass bauliche Anlagen ordnungsgemäß errichtet, geändert oder beseitigt werden können und Gefahren oder vermeidbare Belästigungen nicht entstehen. ²Für Anlagen auf Baustellen, wie Baubuden, die nur zum kurzzeitigen Aufenthalt bestimmt sind, sowie für Baustelleneinrichtungen finden die §§ 27 bis 49 keine Anwendung.

(2) ¹Bei Bauarbeiten, durch die unbeteiligte Personen gefährdet werden können, ist die Gefahrenzone abzugrenzen oder durch Warnzeichen zu kennzeichnen. ²Soweit erforderlich, sind Baustellen mit einem Bauzaun abzugrenzen, mit Schutzvorrichtungen gegen herabfallende Gegenstände zu versehen und zu beleuchten.

(3) Bei der Ausführung nicht verfahrensfreier Bauvorhaben hat die Bauherrin oder der Bauherr an der Baustelle ein Schild, das die Bezeichnung des Bauvorhabens sowie die Namen und Anschriften der Entwurfsverfasserin oder des Entwurfsverfassers, der Bauleiterin oder des Bauleiters und der Unternehmerin oder des Unternehmers für den Rohbau enthalten muss, dauerhaft und von der öffentlichen Verkehrsfläche aus sichtbar anzubringen.

(4) Bäume, Hecken und sonstige Bepflanzungen, die auf Grund anderer Rechtsvorschriften zu erhalten sind, müssen während der Bauausführung geschützt werden.

Erläuterungen:

1 I. 1. Die Regelungen des § 11 zielen darauf ab, die auf der Baustelle Beschäftigten und die Allgemeinheit vor Gefahren und unzumutbaren Belästigungen zu schützen, die von Baustellen ausgehen. Ferner enthält § 11 Bestimmungen über den Schutz erhaltenswerter Bepflanzungen sowie eine generelle Erleichterung bezüglich der baulichen Anforderungen an Baustelleneinrichtungen. Nach § 62 Abs. 1 Nr. 12 sind Baustelleneinrichtungen einschließlich der Lagerhallen, Schutzhallen, nicht dem Wohnen dienenden Unterkünften und Baustellenbüros verfahrensfrei.

2 Zur **Baustelleneinrichtung** gehören alle Baulichkeiten, Maschinen und Geräte, die zur ordnungsgemäßen Durchführung von Bau- oder Abbrucharbeiten erforderlich sind, insb. also die Baubuden, Baumaschinen und Baukrane, Materiallager, Zementsilos, Gerüste, Bauzäune, Zufahrten und Wege auf der Baustelle, Wetterschutzhallen sowie Bauaborte. **Wohnunterkünfte** gehören nicht zur Baustelleneinrichtung. Sollen Wohnunterkünfte für Bauarbeiter errichtet werden, so unterfallen diese den materiellrechtlichen Anforderungen dieses Gesetzes. Die Wohnnutzung darf hierbei durch den Baustellenbetrieb weder gefährdet noch beeinträchtigt werden. Dies wird in der Regel nur bei sehr ausgedehnten Baugrundstücken möglich sein. Wohnunterkünfte sind keine Unterkünfte im Sinne des § 62 Abs. 1 Nr. 12a.

Die Anforderung der BauO a. F. zur Vermeidung der Verunreinigung der Baustelle und ihrer Umgebung mit Müll ist entfallen, weil dieses Schutzziel bereits vom allgemeinen Schutzziel der Vermeidung unzumutbarer Belästigungen abgedeckt ist. Auch das Verbot der BauO a. F. über die das Unabweisbare hinausgehende Beeinträchtigung des Straßenverkehrs durch die Einrichtung und den Betrieb der Baustelle ist entfallen, weil das Berliner Straßengesetz – BerlStrG – vom 13. Juli 1999 (GVBl. S.: 380, zuletzt geändert durch Gesetz vom 7. Juni 2007 (GVBl. S. 222) einschlägige Regelungen enthält (§ 11 Abs. 3 BerlStrG). Auch die Regelung über die Sicherstellung des Brandschutzes auf Baustellen konnte entfallen, weil das allgemeine Schutzziel des Abs. 1 (RNr. 16) den Brandschutz mit erfasst.

2. Wichtige, außerhalb des Bauordnungsrechts liegende öffentlich-rechtliche Anforderungen: Die von Baustellen ausgehenden Immissionen und das besondere Gefährdungspotential für Beschäftigte auf Baustellen begründen eine Vielzahl von Regelungen. So enthalten neben dem Bauordnungsrecht das Immissionsschutz- und das Arbeitsschutzrecht wichtige **öffentlich-rechtliche Anforderungen, die die Baustelle betreffen:**

Immissionsschutz: Da es sich bei Baustellen um Grundstücke handelt, auf denen Stoffe gelagert oder abgelagert oder Arbeiten durchgeführt werden, die Emissionen verursachen, sind Baustellen Anlagen im Sinne des § 3 Abs. 5 Nr. 3 BImSchG. Sie unterfallen als immissionsschutzrechtlich **nicht genehmigungsbedürftige Anlagen** den Anforderungen des § 22 Abs. 1 BImSchG. Danach müssen sie so errichtet und betrieben werden, dass schädliche Umwelteinwirkungen (Lärm, Erschütterungen, Wärme, Licht, Strahlen, Luftverunreinigung in Form von Geruch, Rauch, Ruß, Staub, Gase, Aerosole, Dämpfe oder sonstigen Luftschadstoffen), die nach dem Stand der Technik vermeidbar sind, verhindert werden. Nach dem Stand der Technik unvermeidbare schädliche Umwelteinwirkungen müssen auf ein Mindestmaß beschränkt werden. **Schädliche Umwelteinwirkungen** sind Immissionen, die nach Art, Ausmaß oder Dauer geeignet sind, Gefahren, erhebliche Nachteile oder **erhebliche Belästigungen** für die Allgemeinheit oder die Nachbarschaft herbeizuführen. Zur Erheblichkeit von Belästigungen vgl. BVerwG, Urt. v. 12. 12. 1975; DVBl. 76, 214. Hinweise zur Vermeidung erheblicher Belästigungen durch Staub hat die Senatsumweltverwaltung in dem Merkblatt zur Bekämpfung von **Staubemissionen durch Baustellen** gegeben (www.berlin.de/sen/umwelt/umweltratgeber/de/bekannt/pdf/baustaub.pdf). Die 32. Verordnung zur Durchführung des Bundes-Immissionsschutzgesetzes (**Geräte- und Maschinenlärmschutzverordnung** – 32. BImSchV vom 29. August 2002 (BGBl I S. 3478), zuletzt geändert durch Art. 6 Abs. 5 Vv. 6. März 2007 (BGBl. I S. 261) enthält zeitliche Betriebsbeschränkungen für Baumaschinen in Abhängigkeit von dem Baugebiet in dem die Geräte und Maschinen betrieben werden.

Wegen des **Schutzes der Nachtruhe** sowie der **Sonn- und Feiertagsruhe** wird ergänzend auf das Landes-Immissionsschutzgesetz Berlin – LImSchG Bln verwiesen.

Für den Vollzug dieser Verordnungen sind die Umweltämter der Bezirke zuständig.

Arbeitsschutz: Die wichtigste arbeitsstättenrechtliche Vorschrift zur Vermeidung von Gefahren auf Baustellen ist die auf Grund von § 19 des Arbeitsschutzgesetz vom 7. August 1996 (BGBl. I S. 1246), zuletzt geändert durch Art. 227 Vv. 31. Oktober 2006 (BGBl. I S. 2407) erlassene Verordnung über Sicherheit und Gesundheitsschutz auf Baustellen – **Baustellenverordnung** vom 01. Juli 1998 (BGBl. I S. 1283), geändert durch Art 15 Vv. vom 23. Dezember 2004 (BGBl I S. 3758). Sie setzt die EG-Baustellenrichtlinie 92/57/EWG vom 24. Juni 1992 in nationales Recht um und dient der wesentlichen Verbesserung von Sicherheit und Gesundheitsschutz der Beschäftigten auf Baustellen (§ 1 Abs. 1 Baustellenverordnung). Baustelle im Sinne der Baustellenverordnung ist der Ort, an dem ein Bauvorhaben ausgeführt wird; ein Bauvorhaben ist das Vorhaben, eine oder mehrere bauliche Anlagen zu errichten, zu ändern oder abzubrechen.

9   Die Vorschrift verpflichtet die Bauherren zum Nachweis eines funktionierenden Sicherheits- und Gesundheitsmanagements. Dessen Bestandteile sind
    – die **Baustellenplanung**,
    – die Information der Arbeitsschutzbehörden über den Baubeginn größerer Baustellen (**Vorankündigung** 14 Tage vor Baubeginn),
    – die Bestellung eines Sicherheits- und Gesundheitskoordinators (**Baustellenkoordinators**), der – wenn mehrere Unternehmen auf einer Baustelle arbeiten – gegenseitige Behinderungen und Gefahren durch rechtzeitige Planung zu verhindern sucht,
    – die Erstellung eines **Sicherheits- und Gesundheitsschutzplans**, der die notwendigen Arbeitsschutzmaßnahmen jedes auf der Baustelle tätigen Unternehmens transparent macht und
    – die rechtzeitige **Erstellung einer Gebäudekonzeption für spätere Arbeiten am Bauwerk** (Reinigung schwer zugänglicher Fassaden, Auswechseln von Leuchtmitteln, die ohne Hilfsmittel nicht erreichbar wären).

10 Vollzogen wird die Baustellenverordnung durch das Landesamt für Gesundheit und technische Sicherheit – LaGetSi.

11 Von der Baustelle können auch Beeinträchtigungen ausgehen, die **private Rechte Dritter** berühren: Nach § 909 BGB dürfen Vertiefungen auf dem Baugrundstück nicht dazu führen, dass der Boden des Nachbargrundstücks seine Stütze verliert. § 862 BGB schützt den Besitzer, § 1004 BGB das Eigentum vor Störungen, wie z. B. Lärm.

12 Zur **Beseitigung von Bauabfällen** hat die Senatsumweltverwaltung vier Merkblätter herausgegeben (www.berlin.de/sen/umwelt/abfallwirtschaft/de/bauabfall/merkblaetter.shtml):
    – Merkblatt 1 (Stand 06/2007): Hinweise zur Entsorgung von **nicht besonders überwachungsbedürftigen Bauabfälle**n im Land Berlin
    – Merkblatt 2 (Stand 04/2002): Hinweise zur Entsorgung von **besonders überwachungsbedürftigen Abfällen**, die bei Baumaßnahmen im Land Berlin anfallen
    – Merkblatt 3 (Stand 04/2007): Hinweise zur **Entsorgung von asbesthaltigen Bauabfällen**
    – **Merkblatt Altholz** (Stand 04/2002): Merkblatt zur Einstufung besonders überwachungsbedürftiger Holzabfälle

13 Für bestimmte Bereiche in der Umgebung der Berliner **Flughäfen** und des Flughafens Schönefeld und der für den Flugbetrieb notwendigen Navigationseinrichtungen bestehen **Höhenbegrenzungen** für bauliche Anlagen. Dies gilt auch für Baustelleneinrichtungen. Hierbei ist zu beachten, dass z. B. Turmdrehkrane höher sind als das zu errichtende Gebäude und ggf. einer besonderen Erlaubnis durch die für die Luftsicherheit zuständige Behörde bedürfen.

14 Zu beachten sind auch Vorschriften des BauGB **(Schutz des Mutterbodens)** und das Denkmalschutzes **(Schutz von Bodendenkmalen)**.

II. Nach **Abs. 1 Satz 1** ist die Baustelle gemäß den Erfordernissen einer ordnungsgemäßen Bauausführung so einzurichten, dass Gefahren oder vermeidbare Belästigungen weder für die Beschäftigten noch für die Allgemeinheit entstehen. Hierbei ist vor allem an **Gefahren** durch mangelhafte Absperrung, Abdeckung, Beleuchtung oder durch sonstige unzureichende Schutzvorkehrungen sowie an Beeinträchtigungen durch Erschütterungen, übermäßigen Lärm oder außergewöhnliche Staubentwicklung zu denken. Aber auch andere Belange der Umwelt müssen bei der Einrichtung und dem Betrieb von Baustellen beachtet werden, wie der Umgang mit assergefährdenden Stoffen, insb. Kraftstoffen für den Betrieb von Baumaschinen, Heizöl und anderen Ölen. Der bauordnungsrechtliche Begriff der **Belästigung** entspricht dem immissionsschutzrechtlichen (vgl. RNr.5).

Zur Gefahrenabwehr auf Baustellen gehört auch, obwohl nicht mehr explizit in der BauO erwähnt, die **Sicherstellung des Brandschutzes**. Zu diesem Zweck sind die dafür notwendigen Einrichtungen und Geräte betriebsbereit zu halten. Dies gilt insb. bei der Ausführung von Schweißarbeiten und dem Umgang mit offenem Feuer. Auf der Baustelle sollen mindestens geeignete Handfeuerlöscher vorhanden sein. Auf größeren Baustellen ist eine Zufahrt auch für Feuerwehrfahrzeuge herzustellen und ggf. die Bereitstellung von Löschwasser sicherzustellen, denn die Baustelle wird von § 14 (Brandschutz) mir erfasst. Erforderliche, ortsfeste Löscheinrichtungen, wie trockene Steigleitungen, sollen dem Baufortschritt entsprechend eingebaut und betriebsbereit gehalten werden.

Neben der Pflicht des **Bauherrn** (vgl. § 54) zur Vorbereitung, Überwachung und Ausführung eines Bauvorhabens geeignete Beteiligte zu bestellen, trägt der Unternehmer (vgl. § 56) die Verantwortung für einen gefahrenfreien Zustand der Baustelle und einen sicheren, vermeidbare Störungen der Nachbarschaft ausschließenden Betrieb. Jeder **Unternehmer** hat darauf zu achten, dass die von einem anderen Unternehmer ausgeführten Bauarbeiten nicht durch seine Tätigkeiten gefährdet werden. Zur Baugefährdung vergleiche § 319 StGB. Unabhängig von der Aufgabe des Baustellenkoordinators (vgl. RNr. 9) hat der **Bauleiter** für einen sicheren bautechnischen Betrieb der Baustelle zu sorgen; er muss die Arbeiten der einzelnen Unternehmer so koordinieren, dass sie gefahrlos ineinander greifen (vgl. § 57).

Abs. 1 Satz 2 stellt Baustelleneinrichtungen sowie Anlagen für Baustellen, wenn sie nur zum kurzzeitigen Aufenthalt bestimmt sind (z. B. Baubuden) von den Anforderungen der BauO an Wände, Decken, Dächer (§§ 27 bis 32), Rettungswege, Öffnungen, Umwehrungen (§§ 33 bis 38), technische Gebäudeausrüstungen (§§ 39 bis 47) und Aufenthaltsräume (§ 48) frei. Die Freistellung von Anforderungen an Wohnungen (§ 49) laufen ins Leere, da sie für den dauernden Aufenthalt bestimmt sind. Zu Wohnungen auf Baustellen vgl. RNr. 2.

Nach **Abs. 2** sind Baustellen oder einzelne Bereiche davon, wenn sie eine Gefahrenzone darstellen, abzugrenzen. Dies gilt insb. gegenüber öffentlichen Straßen und wenn öffentliche Straßen im Wege der Sondernutzung nach dem Berliner Straßengesetz für den Baustellenbetrieb (z. B. Materiallagerung) in Anspruch genommen werden. Außerdem müssen die am Bau Beteiligten **Schutzvorkehrungen für gefährdete Bestandteile der öffentlichen Verkehrsflächen** (z. B. Straßendecken, Gehwege) sowie für Anlagen der Versorgung, der Abwasserbeseitigung, des Fernmeldewesens, der Grundwasserüberwachung (Grundwassermessstellen), der Vermessung und der Vermarkung treffen. Die erforderliche Zugänglichkeit der Einrichtungen muss gesichert bleiben. Soweit die Baustelle in die öffentliche Straße eingreift, ist auch § 45 Abs. 6 Straßenverkehrs-Ordnung – StVO – (BGBl I 1970, 1565 BGBl I 1971, 38; zuletzt geändert durch Artikel 1 der Verordnung vom 18. Dezember 2006 (BGBl. I S. 3226) zu beachten, wonach dem Bauunternehmer bestimmte Verpflichtungen bezüglich Absperrung und Kennzeichnung auferlegt werden.

20 Um bei entstehenden Gefahren die verantwortlichen Personen aus dem Kreis der am Bau Beteiligten (vgl. §§ 54 bis 57) jederzeit leicht feststellen zu können, schreibt **Abs. 3** vor, deren Namen und Anschriften auf einem **Bauschild** anzubringen. Das Baustellenschild muss von der öffentlichen Verkehrsfläche aus sichtbar sein. Obwohl von der öffentlichen Verkehrsfläche aus die Lesbarkeit der auf dem Schild gemachten Angaben nicht gefordert wird, sollten die Informationen auch ohne Betreten der Baustelle ermöglicht werden. Bauschilder müssen auch bei Bauvorhaben angebracht werden, die gem. § 63 genehmigungsfrei gestellt sind.

21 **Abs. 4** verlangt ausdrücklich, dass auf Grund anderer Rechtsvorschriften zu erhaltende **Bäume, Hecken und sonstige Bepflanzungen** geschützt werden müssen. Das Schutzziel des Abs. 4 geht damit über die BauO a. F. hinaus, die nur auf den Schutz von Bäumen abzielte. Wichtige **andere Rechtsvorschriften** im Sinne des Abs. 4 sind z. B.:
– die Verordnung zum **Schutz des Baumbestandes** in Berlin (Baumschutzverordnung – BaumSchVO)
– das Gesetz zum Schutz von Denkmalen in Berlin (Denkmalschutzgesetz Berlin – DSchG Bln) bezüglich der **Gartendenkmale** und die
– Schutzverordnungen auf Grund des Gesetzes über Naturschutz und Landschaftspflege von Berlin (Berliner Naturschutzgesetz – NatSchGBln), z. B. bezüglich der Naturdenkmale.

22 **Notwendige Schutzmaßnahmen** an zu erhaltenden Bäumen und anderen Pflanzen erstrecken sich nicht nur auf den Stamm sondern auch auf den Wurzel- und Kronenbereich; dies gilt auch für Straßenbäume. Die Anordnung der Baustelleneinrichtung, z. B. beim Einsatz von Baggern oder Kranen, muss hierauf Rücksicht nehmen.

§ 12 Standsicherheit

(1) ¹Jede bauliche Anlage muss im Ganzen und in ihren einzelnen Teilen für sich allein standsicher sein. ²Die Standsicherheit anderer baulicher Anlagen und die Tragfähigkeit des Baugrundes der Nachbargrundstücke dürfen nicht gefährdet werden.

(2) Die Verwendung gemeinsamer Bauteile für mehrere bauliche Anlagen ist zulässig, wenn öffentlich-rechtlich gesichert ist, dass die gemeinsamen Bauteile bei der Beseitigung einer der baulichen Anlagen bestehen bleiben können.

Erläuterungen:

I. 1. Die **Standsicherheit** ist eine der **wesentlichsten Anforderungen,** die an eine bauliche Anlage im Sinne der baurechtlichen Generalklausel des § 3 Abs. 1 Satz 1 zu stellen sind. Ohne Gewährleistung der Standsicherheit ist eine bauliche Anlage nicht sicher benutzbar. Mangelhafte Standsicherheit baulicher Anlagen gefährdet Leben und Gesundheit von Menschen und Sachwerten. Das Schutzziel dieser Vorschrift erstreckt sich nicht nur auf die Bewohner und Benutzer der baulichen Anlagen, sondern auch auf die an der Bauausführung Beteiligten, die Nachbarschaft sowie die Teilnehmer am öffentlichen Straßenverkehr im Bereich der baulichen Anlage. Von den Regelungen des § 12 als zentraler Vorschrift der **Gefahrenabwehr** können grundsätzlich keine Abweichungen nach § 68 zugelassen werden.

Entstehen aus **Verstößen gegen die Vorschriften über die Standsicherheit** oder durch Nichtbeachtung Technischer Baubestimmungen Gefahren für andere oder kommt es zu Unfällen, dann können strafbare Handlungen nach § 319 StGB (Baugefährdung), § 222 StGB (fahrlässige Tötung) und § 229 StGB (fahrlässige Körperverletzung) vorliegen.

Der Standsicherheitsnachweis ist ein **bautechnischer Nachweis** im Sinne von § 67, der unabhängig von den Bauvorlagen zu erstellen ist (vgl. § 67 RNrn. 2 und 3); die für den Standsicherheitsnachweis erforderlichen Unterlagen sind § 10 der Verordnung über Bauvorlagen, bautechnische Nachweise und das Verfahren im Einzelnen (Bauverfahrensverordnung – BauVerfVO) vom 19. Oktober 2006 zu entnehmen. Ob der Standsicherheitsnachweis einer bauaufsichtlichen Prüfungspflicht unterfällt, vgl. § 67 Abs. 2 Satz 1. So sind für die Prüfung der Standsicherheit das statische System darzustellen und die erforderlichen **statischen Berechnungen** dem Prüfingenieur für Standsicherheit vorzulegen. Es kann gestattet werden, dass die Standsicherheit auf andere Weise als durch statische Berechnungen nachgewiesen wird. In Betracht kommen hierfür beispielsweise experimentelle Tragfähigkeitsnachweise.

2. Der Begriff der Standsicherheit wird in der BauO Bln selbst nicht definiert. Eine Konkretisierung der Anforderungen an die Standsicherheit erfolgt durch die nach § 3 Abs. 3 als **Technische Baubestimmungen** eingeführten technischen Regeln, die der Planung und Konstruktion baulicher Anlagen und ihrer Teile dienen. Technische Baubestimmungen sind allgemein verbindlich, da sie nach § 3 Abs. 3 beachtet werden müssen (vgl. auch § 67 RNr. 4). Die Bauaufsichtsbehörden (auch Prüfingenieure) sind allerdings nicht gehindert, im Rahmen ihrer Entscheidung zur Ausfüllung unbestimmter Rechtsbegriffe auch auf nicht eingeführte allgemein anerkannte Regeln der Technik zurückzugreifen. Soweit von Technischen Baubestimmungen abgewichen werden soll, muss die andere Lösung in gleichem Maße die allgemeinen Anforderungen des § 3 Abs. 1 erfüllen.

3. Unter Standsicherheit ist die **Sicherheit gegen Störungen des Gleichgewichtes** der inneren und der äußeren Kräfte einer baulichen Anlage zu verstehen. Eine bauliche Anlage ist so zu bemessen und auszubilden, dass sie mit angemessener Zuverlässigkeit den Einwirkungen und Einflüssen standhält, die während ihrer Ausführung und während ihrer Nutzung auftreten können. Neben den ständigen Einwirkungen, wie z. B. Eigengewicht des Tragwerks, Ausrüstungen, feste Einbauten und haustechnische Anlagen, sind die veränderlichen Einwirkungen, wie z. B. Nutzlasten, Schnee, Wind und Temperaturänderungen vollständig zu erfassen und ihre Ableitung bis in den Baugrund hinab zu verfolgen. Im Einzelfall sind auch noch außergewöhnliche Einwirkungen zu berücksichtigen, zu denen beispielsweise Explosionen oder Anprall von Fahrzeugen zählen.

6 **4.** In engem Zusammenhang mit der Standsicherheit steht die **mechanische Festigkeit** der Bauprodukte, die für die bauliche Anlage verwendet werden. So sind Bauprodukte, soweit für sie auf europäischer Ebene harmonisierte Normen existieren, nach § 5 Abs. 1 BauPG nur dann für den beabsichtigten Verwendungszweck brauchbar (vgl. vor § 17 RNr. 10), wenn sie u.a. neben den wesentlichen Anforderungen (vgl. vor § 17 RNr. 5) an die Standsicherheit auch die an die mechanische Festigkeit erfüllen. Darunter ist der Widerstand eines Tragwerkes, seiner Bauteile und Verbindungen gegen Einwirkungen zu verstehen, z. B. Druck-, Zug-, Torsions-, Schub- oder Scherfestigkeit.

7 **5.** Über die Standsicherheit hinaus müssen die baulichen Anlagen und die einzelnen Teile auch dem Zweck entsprechend dauerhaft sein (§ 3 Abs. 2). Eine ausreichende **Dauerhaftigkeit** ist die notwendige Voraussetzung dafür, dass die bauliche Anlage für eine angemessene Zeitdauer standsicher ist. Die Anforderungen an die Dauerhaftigkeit richten sich unter Berücksichtigung der Wirtschaftlichkeit vor allem nach dem Zweck, für den die bauliche Anlage erstellt wird. So sind natürlich die Anforderungen für eine bauliche Anlage geringer, die nur für kurze Zeit errichtet wird. Auf einzelne Bauteile bezogen gilt der Grundsatz, dass die Dauerhaftigkeit um so geringer sein kann, je leichter ein Bauteil instand gesetzt oder ausgewechselt werden kann oder je geringer die Folgen beim Versagen dieses Bauteiles sind. In vielen Fällen setzt der Erhalt der Dauerhaftigkeit eine regelmäßige Kontrolle und Instandhaltung voraus. Zur Dauerhaftigkeit gehören auch noch die in den §§ 13, 14 und 15 geregelten weiteren Anforderungen zum Schutz der baulichen Anlage vor schädlichen Einflüssen, vor Bränden und Erschütterungen, z. B. der Korrosionsschutz von Stahlbauteilen oder der Schutz von Holzkonstruktionen gegen Schädlingsbefall.

8 **6.** Neben der Standsicherheit muss auch die **Gebrauchstauglichkeit** einer baulichen Anlage gegeben sein (vgl. § 3 Abs. 2 und § 17 RNr. 13). So können beispielsweise in einer baulichen Anlage trotz nachgewiesener Standsicherheit Verformungen oder Durchbiegungen auftreten, die das Erscheinungsbild und die planmäßige Nutzung des Bauwerks beeinträchtigen oder Betriebsstörungen an Maschinen und Installationen hervorrufen. Ebenso können Risse im Beton die Wasserundurchlässigkeit beeinträchtigen, z. B. bei Flüssigkeitsbehältern und Weißen Wannen. In solchen Fällen ist es unumgänglich, zur Gewährleistung der Gebrauchstauglichkeit bei der Planung, Bemessung und Konstruktion baulicher Anlagen und ihrer Teile über das aus rein statischen Gründen Erforderliche hinauszugehen. In einigen Technischen Baubestimmungen für die Bemessung und Ausführung von Tragwerken werden deshalb sowohl Grenzzustände der Tragfähigkeit als auch Grenzzustände der Gebrauchstauglichkeit definiert und entsprechende Nachweisverfahren hierfür angegeben.

9 **7.** Besondere Bedeutung kommt im Rahmen der Standsicherheit den **Gründungen** zu, für die die BauO allerdings keine ausdrücklichen Anforderungen enthält. Regeln für die zulässige Belastung des Baugrundes sowie für die Bemessung und Ausführung verschiedener Gründungen sind in zahlreichen Technischen Baubestimmungen enthalten. Die Wahl einer geeigneten Gründung hängt fast ausschließlich von der Art und **Beschaffenheit des Baugrundes** und den **Grundwasserverhältnissen** ab. Angaben über die Beschaffenheit des Baugrundes können der Baugrundkarte von Berlin im Maßstab 1 : 10.000 entnommen werden, die von der Senatsverwaltung für Stadtentwicklung herausgegeben wird. Wenn das Bauvorhaben nicht in einem Gebiet mit stark wechselnden Bodeneigenschaften liegt, können aussagekräftige Angaben auch durch Erfahrungen aus der unmittelbaren Nachbarschaft gewonnen werden.

Auskünfte über den höchsten bisher gemessenen **Grundwasserstand** erteilt die Wasserbehörde bei der Senatsverwaltung für Stadtentwicklung. Hierbei ist zu berücksichtigen, dass der Grundwasserspiegel immer natürlichen Schwankungen unterliegt und auch durch Wasserentnahmen beeinflusst wird. Ist damit zu rechnen, dass ein Bauwerk im Grundwasser steht, muss es gegen Auftrieb gesichert werden. Das gilt auch, wenn sich das Bauwerk in einem hochwassergefährdeten Bereich befindet.

Geben die örtlichen Erfahrungen oder die Baugrundkarte keinen ausreichenden Aufschluss, so sind die Beschaffenheit des Baugrundes und seine Tragfähigkeit sowie der zu erwartende höchste Grundwasserstand durch ein **Baugrundgutachten** nachzuweisen. Ein solches Gutachten bildet u.a. die Grundlage für den Standsicherheitsnachweis und ist zusammen mit diesem zur bauaufsichtlichen Prüfung vorzulegen. Verfügt der Prüfingenieur für Standsicherheit nicht über die erforderliche Sachkunde zur Beurteilung der Gründung oder hat er Zweifel hinsichtlich der verwendeten Annahmen oder bodenmechanischen Kenngröße, ist von ihm im Einvernehmen mit dem Bauherrn ein Prüfsachverständiger den Erd- und Grundbau einzuschalten. Prüfsachverständige für den Erd- und Grundbau werden von der Senatsverwaltung für Stadtentwicklung – Bautechnisches Prüfamt – anerkannt und in einer Liste geführt, die im Amtsblatt für Berlin sowie im Internet (http://www.stadtent-wicklung.berlin.de/service/gesetzestexte/de/bauen.shtml) bekannt gemacht wird.

II. Gem. **Abs. 1 Satz 1** müssen bauliche Anlagen „**im Ganzen**" standsicher sein. Dies bedeutet, dass die bauliche Anlage nach ihrer Errichtung, d. h. nach dem Erstellen und Zusammenfügen aller Bauteile, sicher stehen muss. Das Bauwerk muss sich in einer stabilen Gleichgewichtslage befinden und darf nicht gleiten, abheben oder umkippen. Die räumliche Steifigkeit des Bauwerks und seine Stabilität muss gewährleistet sein. Falls es von vornherein nicht erkennbar ist, dass Steifigkeit und Stabilität gesichert sind, ist die Standsicherheit der waagerechten und lotrechten aussteifenden Bauteile rechnerisch nachzuweisen.

Die Forderung an die Standsicherheit der baulichen Anlage „**in ihren einzelnen Teilen**" beinhaltet, dass auch die einzelnen Bauteile, wie Wände, Pfeiler, Stützen, Decken, Treppen und ihre Verbindungen, den jeweiligen Einwirkungen standhalten müssen. Das Tragsystem einer baulichen Anlage ist derart zu wählen, dass der Ausfall eines Bauteiles nicht zum Versagen einer Reihe weiterer Bauteile oder gar zum Einsturz des Gesamtbauwerkes führt.

Schließlich muss die bauliche Anlage „**für sich allein**" standsicher sein. Das bedeutet, dass sie sich in statischer Hinsicht nicht an andere bauliche Anlagen anlehnen oder abstützen darf, sofern nicht der Absatz 2 zum Tragen kommt. Für den häufig vorkommenden Fall der Baulückenschließung ist daher die neu zu errichtende bauliche Anlage einschließlich der Gründung so zu konzipieren und zu berechnen, dass die Nachbargebäude ohne Beeinträchtigung der Standsicherheit des neuen Gebäudes abgebrochen werden können. Deshalb ist es auch notwendig, die Windlast auf die gesamte Fläche der Giebelwände des neu zu errichtenden Bauwerkes anzusetzen, obwohl der Wind dort wegen der Nachbarbebauung gar nicht oder nur teilweise angreifen kann. Die Forderung, dass bauliche Anlagen „für sich allein" standsicher sein müssen, erstreckt sich also nicht nur auf die Ableitung der Lasten, sondern auch auf die Einwirkungen auf das Bauwerk, indem günstige Einflüsse aus der Nachbarbebauung nicht berücksichtigt werden dürfen, ungünstige dagegen zu berücksichtigen sind.

Die in Abs. 1 für alle baulichen Anlagen geforderte **Standsicherheit** muss **in jeder Phase des Errichtens und des Bestehens** einschließlich der Vornahme von Änderungs- und Abbrucharbeiten gegeben sein. Während der Bauphase kann die notwendige Standsicherheit durch Hilfskonstruktionen, wie Trag- und Schalungsgerüste oder Absteifungen hergestellt werden. Sofern es nicht eindeutig ersichtlich ist, bedarf die Standsicherheit solcher Bau- und Montagezustände des rechnerischen Nachweises. Dies gilt ebenfalls für Abbrucharbeiten, bei denen es durch die Wegnahme einzelner Bauteile zu Kräfteumlagerungen und damit zur Gefährdung der Standsicherheit kommen kann. Die Gewährleistung der Standsicherheit in jeder Bauphase berührt vorrangig den Verantwortungsbereich des Unternehmers (§ 56), des Bauleiters (§ 57) und des mit der Aufstellung des Standsicherheitsnachweises betrauten Fachplaners. Bei der Beseitigung von baulichen Anlagen darf nach § 62 Abs. 3 Satz 3 die Standsicherheit des Gebäudes oder der Gebäude, an die das zu beseitigende Gebäude angebaut ist, nicht gefährdet werden. Für die Prüfung der Standsicherheit dieser angrenzenden Gebäude gilt § 67 Abs. 2 Satz 1 entsprechend.

16 Nach **Abs. 1 Satz 2** dürfen bauliche Anlagen weder die Standsicherheit anderer baulicher Anlagen noch die **Tragfähigkeit des Baugrundes des Nachbargrundstücks** gefährden. Bei den „anderen baulichen Anlagen" handelt es sich sowohl um diejenigen auf dem eigenen als auch um die auf benachbarten Grundstücken. Gegenüber dem zivilrechtlichen Nachbarschutz gewährt Abs. 1 Satz 2 auch öffentlich-rechtlich einen Schutz gegen Einwirkungen, die vor allem bei der **Gründung baulicher Anlagen** für die Nachbargrundstücke entstehen können. Eine Gefährdung der Standsicherheit bestehender baulicher Anlagen kann eintreten, wenn Kräfte in den Boden eingetragen werden, die die Belastungsverhältnisse des Baugrundes der vorhandenen Gebäude verändern, bei Abgrabungen und Ausschachtungen sowie bei Veränderung des Grundwasserspiegels. Für den häufig vorkommenden Fall, dass die Gründungssohle der zu errichtenden baulichen Anlage tiefer gelegt werden soll als die des benachbarten bestehenden Bauwerks, ist zuvor eine sorgfältige Sicherung der Fundamente der bestehenden Anlage durchzuführen. Dies kann durch **abschnittsweise Unterfangung** der Fundamente nach DIN 4123 (09.2000) oder bei entsprechenden Bodenverhältnissen durch chemische Bodenverfestigung geschehen. Auch eine Sicherung durch Spundwände, Schlitzwände oder ähnliche technische Maßnahmen ist denkbar. Eine bloße **Beeinträchtigung des Baugrundes** eines Nachbargrundstückes ist dagegen öffentlich-rechtlich grundsätzlich unbeachtlich, weil eine derart starke Forderung etwa im Falle einer Grenzbebauung nicht erfüllt werden könnte. So ist auch bei Beachtung der maßgeblichen Technischen Baubestimmungen eine Beeinträchtigung beispielsweise durch die Art und Weise der Bauausführung nicht immer vermeidbar.

17 Sofern die Bauarbeiten auf dem eigenen Grundstück die **Unterfangung der Fundamente der Nachbarbebauung** oder andere Sicherungsmaßnahmen auf dem Nachbargrundstück erfordern, hat der Bauherr die Zustimmung des Eigentümers des Nachbargrundstückes einzuholen. Da die Baugenehmigung jedoch unbeschadet der Rechte Dritter erteilt wird (§ 71 Abs. 4), kann sie nicht von der **Zustimmung des Nachbarn** abhängig gemacht werden. Etwaige zivilrechtliche Ansprüche des Nachbarn berühren nicht den Rechtsanspruch des Bauherrn auf Erteilung der Baugenehmigung, sofern das Bauvorhaben den öffentlich-rechtlichen Vorschriften entspricht, die im vereinfachten Baugenehmigungsverfahren nach § 64 und im Baugenehmigungsverfahren nach § 65 geprüft werden. In jedem Fall empfiehlt sich zur Vermeidung späterer Auseinandersetzungen eine gemeinsame Begehung des vorhandenen Gebäudes zum Zwecke der Beweissicherung, um den baulichen Zustand sowie vorhandene Schäden gemeinsam festzustellen. Das Ergebnis sollte schriftlich niedergelegt werden.

Wird die Standsicherheit einer neu zu errichtenden baulichen Anlage auf Dauer durch **Verankerungen auf dem Nachbargrundstück** hergestellt, so ist diese Verankerung öffentlich-rechtlich durch **Baulast** zu sichern (vgl. § 82). In diesem Fall liegt ein Verstoß gegen Abs. 1 Satz 1 vor, weil die bauliche Anlage für sich allein auf dem eigenen Grundstück nicht mehr standsicher ist. Auf der anderen Seite wird der Nachbar in der Nutzung seines Grundstücks beeinträchtigt, da er ja für die Standsicherheit des Nachbargebäudes eintreten muss. 18

Gem. **Abs. 2** und abweichend von Abs. 1 Satz 1 ist es zulässig, dass ein Bauteil für **mehrere bauliche Anlagen gemeinsam verwendet** wird. Dieser Fall kommt bei der gemeinsamen Brandwand für mehrere Gebäude oder bei gemeinsamen Teilen von Gründungen vor. Voraussetzung hierfür ist neben der Erfüllung der allgemeinen Sicherheitsanforderungen die Gewähr dafür, dass die gemeinsamen Bauteile auch beim Abbruch einer der verbundenen baulichen Anlagen unversehrt erhalten bleiben und dadurch kein bauordnungswidriger Zustand entsteht. Steht das gemeinsame Bauteil auf oder an der Grundstücksgrenze, muss es öffentlich-rechtlich durch Eintragung einer **Baulast** im Baulastenverzeichnis gesichert werden (§ 82). 19

§ 13 Schutz gegen schädliche Einflüsse

[1]**Bauliche Anlagen müssen so angeordnet, beschaffen und gebrauchstauglich sein, dass durch Wasser, Feuchtigkeit, pflanzliche und tierische Schädlinge sowie andere chemische, physikalische oder biologische Einflüsse Gefahren oder unzumutbare Belästigungen nicht entstehen.** [2]**Baugrundstücke müssen für bauliche Anlagen geeignet sein.**

Erläuterungen:

I. 1. Die Regelungen des § 13 stellen eine umfassende Vorschrift zum Schutz vor schädlichen Einflüssen dar, wobei der Schutz vor schädlichen Einwirkungen aus dem Baugrundstück selbst mit einbezogen wird. Sie knüpfen an Nr. 3 des Anhangs 1 der BPR (vgl. vor § 17 RNr. 2) an, wonach mit Bauprodukten Bauwerke errichtet werden müssen, die als Ganzes und in ihren Teilen unter Berücksichtigung der Wirtschaftlichkeit gebrauchstauglich (vgl. § 17 RNr. 13) sind. 1

Die BPR, Anhang 1, Nr. 3 regelt die **wesentliche Anforderungen** bezüglich Hygiene, Gesundheit und Umweltschutz: 2
„Das Bauwerk muss derart entworfen und ausgeführt sein, dass die Hygiene und Gesundheit der Bewohner und der Anwohner insbesondere durch folgende Einwirkungen nicht gefährdet werden:
– Freisetzung giftiger Gase,
– Vorhandensein gefährlicher Teilchen oder Gase in der Luft,
– Emission gefährlicher Strahlen,
– Wasser- oder Bodenverunreinigung oder -vergiftung,
– unsachgemäße Beseitigung von Abwasser, Rauch und festem oder flüssigem Abfall,
– Feuchtigkeitsansammlung in Bauteilen und auf Oberflächen von Bauteilen in Innenräumen."

3　II. Im Einzelnen sind Maßnahmen erforderlich, um das **Eindringen von Wasser und Feuchtigkeit** in die bauliche Anlage zu verhindern. Hierzu gehören
- Abdichtungsmaßnahmen im Bereich der Fundamente und der Keller (Horizontal- und Vertikalisolierung),
- Schutz der Außenwände gegen Regen durch Putz oder entsprechende Wasser abweisende Oberflächen unter Berücksichtigung der Frostbeständigkeit sowie
- eine ordnungsgemäße Eindeckung der Dächer und Abführung des Niederschlagwassers durch Dachrinnen und Fallrohre.

Bei allen Maßnahmen ist auf eine einwandfreie handwerkliche Ausführung auch im Detail zu achten, wie z. B. die Anbringung von Tropfkanten und Wassernasen.

4　Maßnahmen gegen **pflanzliche oder tierische Schädlinge** oder gegen biologische Einflüsse sind bei der Verwendung von organischen Baustoffen zu treffen, also insb. bei der Verwendung von Holz durch geeignete Holzschutzmaßnahmen. Bei der Verwendung von Holzschutzmitteln zu beachten ist die Technische Baubestimmung DIN 68800-3: 90-04 Holzschutz
- Teil 2: Vorbeugende Maßnahmen im Hochbau
- Teil 3: Vorbeugender chemischer Holzschutz

Die Norm ist in der AV LTB unter lfd. Nr. 5.2.1 bekannt gemacht. Es dürfen nur Holzschutzmittel verwendet werden, die eine allgemeine bauaufsichtliche Zulassung haben.

5　Zu den **chemischen und physikalischen Einflüssen** zählen in erster Linie die schädlichen Einwirkungen aus der Witterung, die geeignet sind chemische oder physikalische Reaktionen mit den verwendeten Bauprodukten oder Bauarten auszulösen. Eine besondere und ständig zunehmende Bedeutung kommt hierbei dem **Korrosionsschutz** zu. Die sich immer mehr verschlechternden Einflüsse der Umwelt (Luftschadstoffe) zwingen auch in diesem Bereich zu größerer Sorgfalt. Gerade bei modernen Baumethoden, wie der Verankerung vorgehängter Fassaden, haben sich besondere Probleme ergeben, die wegen mangelhaften Korrosionsschutzes zu erheblichen Schäden geführt haben.

6　Ferner ist darauf hinzuweisen, dass bestimmte Baustoffe nicht gemeinsam verwendet werden dürfen, weil sie sich gegenseitig negativ beeinflussen. Dies gilt z. B. für Zement und Gips oder für Kupfer und Stahl.

7　Zu den physikalischen Einflüssen, vor denen eine bauliche Anlage zu schützen ist, kann im Einzelfall auch die Einwirkung durch Blitzschlag gehören. In § 47 ist der Blitzschutz eigenständig geregelt.

§ 14 Brandschutz

Bauliche Anlagen sind so anzuordnen, zu errichten, zu ändern und instand zu halten, dass der Entstehung eines Brandes und der Ausbreitung von Feuer und Rauch (Brandausbreitung) vorgebeugt wird und bei einem Brand die Rettung von Menschen und Tieren sowie wirksame Löscharbeiten möglich sind.

Erläuterungen:

I 1. Die Vorschriften über den vorbeugenden baulichen Brandschutz haben im Bauordnungsrecht eine zentrale Bedeutung. § 14 enthält die **allgemeinen Anforderungen an den Brandschutz**. Die Vorschrift knüpft an die bauordnungsrechtliche Generalklausel des § 3 an und konkretisiert die dort allgemein beschriebenen Ziele (Sicherheit und Ordnung) hinsichtlich des Brandschutzes baulicher Anlagen. § 14 ist die Grundnorm des Brandschutzes, aus der die brandschutztechnischen Anforderungen an Wände, Decken, Dächer, Rettungswege und technische Gebäudeausrüstungen abgeleitet werden. Gegenüber der BauO a.F. sind weitergehende Regelungen den Spezialregelungen zugeordnet worden.

Es sind die **vier** wesentlichen in § 14 beschriebenen **Schutzziele des Brandschutzes**, an denen sich bauordnungsrechtlichen Brandschutzregelungen orientieren:
1. der **Brandentstehung** vorbeugen
2. der **Brandausbreitung** vorbeugen
3. die **Rettung von Menschen und Tieren**
4. die Sicherstellung **wirksamer Löscharbeiten**

Der in Klammern stehende **Begriff „Brandausbreitung"** ist durch die Ausbreitung von Feuer *und* Rauch beschrieben und damit legal definiert und findet in den die allgemeinen Anforderungen des § 14 konkretisierenden Brandschutzvorschriften der BauO Verwendung.

Dem Vorbeugen einer **Brandentstehung** und **Brandausbreitung** ist eine Vielzahl von Brandschutzvorschriften der BauO Bln gewidmet. So werden Anforderungen gestellt an
– das Brandverhalten der Baustoffe (vgl. RNrn. 16 und 17),
– Anlagen der technischen Gebäudeausrüstung, wie Feuerlöscher, Rauchmelder, Brandmelder und Löschwasseranlagen (vgl. RNr. 11, § 52 Abs.1 Satz 3),
– Öffnungen in Bauteilen (vgl. § 29 Abs. 5, § 30 Abs. 4 und 8, § 31 Abs. 4, § 32 Abs. 5 und 7, § 35 Abs. 3,6, und 8, § 36 Abs. 4, § 37 Abs. 4, § 39 Abs. 2, § 46 Abs. 2, § 52 Abs. 1),
– Leitungs- und Lüftungsanlagen (vgl. §§ 40 und 41),
– Installationsschächte und -kanäle (vgl. § 40 Abs. 3), sowie
– den Betrieb baulicher Anlagen bei Sonderbauten (Verhaltensregeln von Menschen, Personalschulungen, Rauchverbote, Verbote offenen Feuers, Anwesenheitspflichten technischer Fachkräfte, Vorhalten von Werksfeuerwehren; vgl. § 52 Abs. 1 Nr. 21).

Die **Rettung von Menschen und Tieren** setzt horizontale Rettungswege, wie notwendige Flure und Gänge (vgl. §§ 33 und 36) sowie vertikale Rettungswege, wie Treppen (vgl. § 34) und notwendige Treppenräume(vgl. § 35), voraus. Ferner müssen bauliche Anlagen der Feuerwehr einen ungehinderten Zugang ermöglichen (vgl. § 5). Rettungswege haben eine Doppelfunktion; sie dienen Personen, die sich in einer baulichen Anlage aufhalten, als Fluchtweg und den Einsatzkräften der Feuerwehr als Angriffsweg, über den verletzte Personen gerettet werden und der Löschangriff vorgetragen wird.

Wirksame Löscharbeiten sind nur möglich, wenn der Feuerwehr für die Brandbekämpfung eine ausreichende Wassermenge zur Verfügung steht. Dies ist der Fall, wenn öffentliche Hydranten mit ausreichender Leistung in angemessener Entfernung vorhanden sind. Bei Sonderbauten (vgl. § 2 Abs. 4 i. V. m. § 52 BauO Bln) kann es notwendig werden, dass über die öffentlichen Hydranten hinaus weitere Maßnahmen getroffen werden, um eine ausreichende Wassermenge zur Brandbekämpfung zur Verfügung zu stellen. Das für **Feuerlöschzwecke** bestimmte Wasser muss nicht der öffentlichen Wasserversorgung entnommen werden. Je nach den Umständen des Einzelfalles kann ggf. auch eine Versorgung über Eigenbrunnen, Zisternen, Feuerlöschteiche oder aus oberirdischen Gewässern mit Löschwasserentnahmestelle in Betracht kommen. Im Rahmen der Prüfung des Brandschutznachweises nach § 67 Abs. 2 Satz 2 wird die Feuerwehr auch zur Festlegung der für die Brandbekämpfung notwendigen Löschwassermenge beteiligt (vgl. § 67 RNr. 11).

7   Die als Technische Baubestimmung eingeführte **Richtlinie zur Bemessung von Löschwasser- Rückhalteanlagen beim Lagern wassergefährdender Stoffe (LöRüRL. August 1992)** ist zu beachten. Ziel der Richtlinie ist der Schutz der Gewässer vor **verunreinigtem Löschwasser**, das bei Brand z. B. eines Lagers für wassergefährdende Stoffe anfällt. In Abhängigkeit der Wassergefährdungsklassen der gelagerten Stoffe enthält die Richtlinie abgestufte Anforderungen zur Begrenzung der Risiken und bestimmt das Volumen des zurückzuhaltenden Löschwassers.

8   Während sich die Brandschutzgrundnorm der BauO a.F. an die Beschaffenheit baulicher Anlagen richtete, stellt § 14 Anforderungen an das Anordnen, Errichten, Ändern und Instandhalten baulicher Anlagen. Mit der Anforderung an das **Errichten** einer baulichen Anlage wird zum Ausdruck gebracht, dass die allgemeinen Brandschutzanforderungen auch während der Bauausführung zu beachten sind. Ferner bedarf jede **Änderung** einer baulichen Anlage – auch wenn sie nach § 62 verfahrensfrei ist – der Einhaltung der Brandschutzvorschriften. Die in § 3 Abs. 1 begründete allgemeine **Instandhaltung**spflicht für Anlagen wird in § 14 hinsichtlich des Brandschutzes baulicher Anlagen hervorgehoben.

9   II. Einführung in das Brandschutzkonzept der BauO Bln:

1. § 14 ist als Generalklausel des Brandschutzes die Grundlage einer Vielzahl bauordnungsrechtlicher Regelungen, die in dem Brandschutzkonzept der BauO Bln Eingang gefunden haben.

Die Reduzierung bauaufsichtlicher Prüfprogramme, die in vielen Fällen auch eine Prüfung des Brandschutznachweises nicht mehr vorsehen, machte es notwendig, die Brandschutzanforderungen für Standardgebäude aus
- der BauO Bln,
- den dazugehörigen eingeführten Technischen Baubestimmungen sowie
- der Bauregelliste

abschließend ablesbar zu machen. Nur vor diesem Hintergrund war es vertretbar, dem Entwurfsverfasser allein die Verantwortung für die Einhaltung der Brandschutzvorschriften zu überlassen, soweit eine bauaufsichtliche Prüfung des Brandschutznachweises nicht vorgeschrieben ist (vgl. § 67 Abs. 2 Satz 2). Die BauO Bln hat das Brandschutzkonzept der Musterbauordnung weitestgehend übernommen. Die **Bausteine des Brandschutzkonzeptes der BauO Bln** werden im Folgenden dargestellt:

10 2. Die **BauO Bln** unterscheidet zunächst die **Regelbauten** von den **Sonderbauten**. Für Regelbauten werden die Standard- Brandschutzanforderungen abschließend im vierten bis sechsten Abschnitt des dritten Teils der BauO Bln beschrieben. An Sonderbauten (vgl. § 2 Abs. 4 und § 52) können auf Grund ihrer besonderen Art oder Nutzung besondere, über die Standardanforderungen hinausgehende, Anforderungen gestellt oder Erleichterungen zugelassen werden. Insoweit hat sich gegenüber der BauO Bln a. F. nichts verändert. Neu ist, dass der Sonderbaubegriff in § 2 Abs. 4 abschließend definiert ist, sodass die Einstufung eines Vorhabens als Sonderbau keiner behördlichen

Ermessensentscheidung bedarf. Deshalb handelt es sich bei einem Vorhaben, welches keinen der in § 2 Abs. 4 aufgelisteten Tatbestände (Sonderbaueigenschaften) erfüllt, um einen Regelbau. Zu den Regelbauten gehören z. B. Wohn-, Büro- und Verwaltungsgebäude, aber auch kleinere Betriebs- Verkaufs- und Werkstätten.

Das sich an solche Gebäude richtende Standard-Brandschutzkonzept der BauO Bln enthält **Anforderungen des baulichen Brandschutzes**, wie z. B. brandschutztechnische Abstandsregelungen, Anforderungen an die Rettungswegführung sowie Bauteil- und Baustoffanforderungen. **Anlagentechnische Brandschutzvorkehrungen**, wie z. B. automatische Löschwassereinrichtungen, Brandmeldeanlagen, Rauchmelder und Rauchabzugsanlagen fallen in die Sphäre der Sonderbauten, denn sie kompensieren die mit diesen baulichen Anlagen oft verbundenen Risiken.

3. Einteilung der Gebäude in Gebäudeklassen (vgl. § 2 Abs. 3):

Während die BauO Bln a. F. die Brandschutzanforderungen von der Anzahl der Vollgeschosse eines Gebäudes abhängig machte, orientiert die BauO Bln n. F. Brandschutzanforderungen an **fünf Gebäudeklassen**. Die Einordnung eines Vorhabens in die Gebäudeklassen ist abhängig von der Gebäudehöhe sowie der Anzahl und Größe brandschutztechnisch relevanter Nutzungseinheiten. An die innere Unterteilung der Nutzungseinheiten (z. B. Wohnungen, Praxen, kleinere Verwaltungseinheiten, Läden) werden keine brandschutztechnischen Anforderungen gestellt, wenn
– die Fläche von z. B. Büro-Nutzungseinheiten nicht mehr als 400 m² beträgt,
– die Nutzungseinheit ein eigenes Rettungswegsystem hat (vgl. §§ 33 bis 36) und
– die Nutzungseinheit durch Trennwände (vgl. § 29) gegenüber anderen Nutzungseinheiten oder fremden Räumen abgegrenzt ist.

Gebäude, deren Nutzungseinheiten in dieser Zellenbauweise errichtet werden, sind hinsichtlich der Brandbekämpfung von der Feuerwehr beherrschbar.

	GK 1 (*)	GK 2	GK 3	GK 4	GK 5
Max. Höhe (**)	7 m	7 m	7 m	13 m	
Max. Zahl der NE	2	2			
Max. Größe der NE	Summe 400 m²	Summe 400 m²		jeweils 400 m²	

GK = Gebäudeklasse , NE = Nutzungseinheit, (*) = freistehende Gebäude
(**) = Höhenbezug vergleiche § 2 Abs. 3 Satz 2

4. Brandschutztechnische Schutzzielbeschreibungen vor jeder Einzelanforderung:

Den brandschutztechnischen Standardanforderungen der §§ 27 bis 42 stellt die BauO Bln allgemeine Schutzzielbeschreibungen voran, wie z. B. in § 31 Abs. 1 Satz 1: „Decken müssen als raumabschließende Bauteile zwischen Geschossen im Brandfall ausreichend lange standsicher und widerstandsfähig gegen die Brandausbreitung sein." Sinn dieser neuen Regelungen ist, dass, soweit der Bauherr eine von den Standardanforderungen abweichende Lösung umsetzen will, das allgemeine Schutzziel Maßstab für die Feststellung der Gleichwertigkeit ist. Die bauaufsichtliche Entscheidung über Abweichungen nach § 68 oder über die Gewährung von Erleichterungen nach § 52

(Sonderbauten) orientiert sich an der Einhaltung des beschriebenen Schutzziels. Zu Abweichungen von Technischen Baubestimmungen vgl. § 3 Abs. 3 Satz 3.

14 Ein weitere Funktion der allgemeinen Schutzzielbeschreibungen liegt darin, dass sie eine leichtere Zuordnung von Bauteilen zu den sehr differenzierten europäischen Bauteil-Klassen ermöglichen. So wie in Anlage 0.1.1 der Bauregelliste A Teil 1 z. B. eine Zuordnung der bauaufsichtlichen Begriffe feuerhemmend, hochfeuerhemmend und feuerbeständig zu den nationalen Feuerwiderstandsklassen nach DIN 4102-2 erfolgt, so werden in Anlage 0.1.2 diese bauaufsichtlichen Begriffe den europäischen Feuerwiderstandsklassen nach DIN EN 13501-2 zugeordnet.

15 Bei der Auswahl eines Bauproduktes hat der Entwurfsverfasser folgendes zu beachten: Nach DIN 4102-2 werden brandschutztechnische Versagenskriterien für eine tragende Wand, wie Tragfähigkeit, Raumabschluss und Wärmedämmung, in einer Gesamtbeurteilung, z. B. Feuerwiderstandsklasse F 30, erfasst, d. h. alle Kriterien sind mindestens 30 Minuten lang erfüllt. Das europäische Klassifizierungssystem trifft hingegen für jedes einzelne Kriterium Aussagen über den Zeitpunkt des Versagens während der Brandprüfung. Eine tragende, raumabschließende Wand kann deshalb durchaus die Klassifizierung REI 30/ REW 60/ RE 90 erhalten. Dabei stehen die Buchstaben
R für die Tragfähigkeit,
E für den Raumabschluss,
I für Wärmedämmung unter Brandeinwirkung und
W für die Begrenzung des Strahlungsdurchtritts.

Die Wand hat also während der Brandprüfung 90 Minuten lang ihre tragende und raumabschließende Funktion behalten, 60 Minuten lang den Wärmestrahlungsdurchtritt begrenzt, aber nur 30 Minuten den Wärmedurchgang verhindert.

Auch Bauprodukte, die derart differenziert klassifiziert sind, lassen sich den allgemeinen Schutzzielen zuordnen.

16 **5. Baustoff- und Bauteilanforderungen (vgl. § 26)**
Den allgemeinen Anforderungen an das Brandverhalten von Baustoffen und Bauteilen widmet die BauO Bln erstmals eine eigenständige Regelung. Systematisch werden die Baustoff- und Bauteilanforderungen aufgeführt, um anschließend bestimmte Bauteilanforderungen mit Baustoffanforderungen zu verknüpfen.

17 **5a) Brandverhalten von Baustoffen (§ 26 Abs. 1):**
Die BauO Bln stellt, wie die BauO Bln a. F., Anforderungen an das Brandverhalten der zu verwendenden Baustoffe. Die Regelungen sind notwendig, um den Beitrag von Baustoffen an der Brandentstehung und Brandfortleitung zu begrenzen und um die Brandlasten zu reduzieren. § 26 Abs. 1 Satz 1 unterscheidet
– nichtbrennbare Baustoffe,
– schwerentflammbare Baustoffe und
– normalentflammbare Baustoffe

Die Zuordnung dieser bauordnungsrechtlichen Begriffe zu den Brandverhaltensklassen auf Grund von Normprüfungen erfolgt in der Anlage 0.2. der Bauregelliste A Teil 1 (Anlage 0.2.1: Zuordnung zu den (nationalen) Brandverhaltensklassen der DIN 4102-1; Anlage 0.2.2: Zuordnung zu den (europäischen) Brandverhaltensklassen der DIN EN 13501-1).

Die Verwendung leichtentflammbarer Baustoffe (vgl. § 26 Abs. 1 Satz 2) ist nicht zulässig.

5b) Anforderungen an Bauteile (§ 26 Abs. 2 Satz 1)
Die BauO Bln formuliert neben den Baustoffanforderungen (vgl. RNr. 7), auch Anforderungen an die Feuerwiderstandsfähigkeit der Bauteile. Den Feuerwiderstandsklassen *feuerbeständig* und *feuerhemmend*, die bereits in der BauO Bln a. F. verankert waren, ist die neue Feuerwiderstandsklasse *hochfeuerhemmend* zugefügt worden. Sie liegt im Anforderungsniveau zwischen den erstgenannten und trägt zum Kosten sparenden Bauen bei, weil in vielen Fallkonstellationen, wo die BauO Bln a. F. die höhere Anforderung feuerbeständig stellte, nun die Anforderung hochfeuerhemmend genügt (vgl. Tabelle im Anhang).

5c) Zusammenwirken von Baustoff- und Bauteilanforderungen (vgl. § 26 Abs. 2 Satz 2):
Bauteile die feuerwiderstandsfähig sein müssen, haben nach ihrem Verwendungszweck zusätzliche Baustoffanforderungen zu erfüllen. Neben den Bauteilen, die aus nichtbrennbaren Baustoffen bestehen, werden Bauteile beschrieben, bei denen nur die tragenden oder aussteifenden Teile aus nichtbrennbaren Baustoffen bestehen müssen. Im letzterem Fall ist, soweit mit diesem Bauteil ein brandschutztechnisch qualifizierter Raumabschluss hergestellt wird, in der Bauteilebene eine durchgehende Schicht aus nichtbrennbaren Baustoffen einzubauen.

Besondere Bedeutung hat die Bauteil-Baustoff-Kombination, bei der tragende oder aussteifende Bauteile aus brennbaren Baustoffen verwendet werden, die allseitig mit einer **nichtbrennbaren Brandschutzbekleidung** versehen sind und **nichtbrennbare Dämmstoffe** haben. Diese den hochfeuerhemmenden Bauteilen vorbehaltene Bauweise, ermöglicht **fünfgeschossige Holzkonstruktionen** in der Gebäudeklasse 4. Die Brandschutzbekleidung stellt bei solchen Konstruktionen auch den Raumabschluss sicher. Die nichtbrennbaren Dämmstoffe minimieren das Risiko einer Brandausbreitung innerhalb solcher Bauteile.

Die letzte Kategorie bilden die Bauteile, die gänzlich aus brennbaren Baustoffen bestehen.

5d) Rettungswege (vgl. §§ 33 bis 36):
Das Rettungswegsystem der BauO Bln hält im Grundsatz an dem der BauO Bln a. F. fest: Jede Nutzungseinheit, die mindestens einen Aufenthaltsraum hat, muss in jedem Geschoss mindestens **zwei voneinander unabhängige Rettungswege** haben, die ins Freie führen (vgl. § 33 Abs. 1); innerhalb des Geschosses dürfen die Rettungswege über denselben notwendigen Flur führen. Die Entfernung von jeder Stelle eines Aufenthaltsraumes bis zu einem notwendigen Treppenraum oder ins Freie (**Rettungsweglänge**) darf nicht mehr als 35 m betragen (vgl. § 35 Abs. 2).

Als **erster (vertikaler) Rettungsweg** dient, bei Nutzungseinheiten, die nicht zu ebener Erde liegen, die **notwendige Treppe** (vgl. § 34 Abs. 1), die in einem **notwendigen Treppenraum** liegen muss, soweit die BauO Bln nichts anderes bestimmt (vgl. § 35 Abs. 1). Auch der **zweite (vertikale) Rettungsweg** kann eine notwendige Treppe sein. Das Standard-Brandschutzkonzept der BauO Bln lässt jedoch alternativ die **Rettungsgeräte der Berliner Feuerwehr** als zweiten Rettungsweg zu, wenn
– eine mit Rettungsgeräten erreichbare Stelle der Nutzungseinheit vorhanden ist (vgl. § 5 Abs. 1 i. V. m. § 33 Abs. 2 Satz 2) und
– für die Nutzungseinheit keine notwendigen Flure erforderlich sind (vgl. § 33 Abs. 3 Satz 1).

Für Sonderbauten schließt die BauO Bln die Herstellung des zweiten Rettungsweges über Leitern der Feuerwehr aus, wenn Bedenken wegen der Personenrettung bestehen (vgl. § 33 Abs. 3 Satz 2).

§ 14 RNr. 23, § 15 RNr. 1–2

Soweit ein Sicherheitstreppenraum geschaffen wird, in den Feuer und Rauch nicht eindringen können, entfällt das Erfordernis des zweiten Rettungsweges (vgl. § 33 Abs. 2 Satz 3).

Über die Rettungswege trägt die Feuerwehr auch ihren Löschangriff vor (vgl. RNrn. 5 und 6)

23   Die **Breite der Rettungswege** (vgl. § 34 RNr. 16 und § 36 RNr. 6) ist so zu bemessen, dass sie für den größten zu erwartenden Verkehr ausreicht. Das allgemeine Schutzziel findet in der DIN 18065, die als Technische Baubestimmung eingeführt ist, seine Konkretisierung. An Sonderbauten, die große Personen- bzw. Besucherzahlen erwarten lassen, können besondere Anforderungen (vgl. § 52 Abs. 1) gestellt werden, die den **Mustervorschriften für** Sonderbauten (vgl. § 67 RNr. 4) zu entnehmen sind.

§ 15 Wärme-, Schall-, Erschütterungsschutz

(1) Gebäude müssen einen ihrer Nutzung und den klimatischen Verhältnissen entsprechenden Wärmeschutz haben.

(2) ¹Gebäude müssen einen ihrer Nutzung entsprechenden Schallschutz haben. ²Geräusche, die von ortsfesten Einrichtungen in baulichen Anlagen oder auf Baugrundstücken ausgehen, sind so zu dämmen, dass Gefahren oder unzumutbare Belästigungen nicht entstehen.

(3) Erschütterungen oder Schwingungen, die von ortsfesten Einrichtungen in baulichen Anlagen oder auf Baugrundstücken ausgehen, sind so zu dämmen, dass Gefahren oder unzumutbare Belästigungen nicht entstehen.

Erläuterungen:

1   I. Zu den Schutzzielen der Bauordnung gehören auch allgemeine Anforderungen an die Bauausführung in Bezug auf den Wärme-, Schall- und Erschütterungsschutz. Die allgemeinen Schutzziele des § 15 werden durch Technische Baubestimmungen konkretisiert, die nach § 3 Abs. 3 Satz 1 bauaufsichtlich zu beachten sind und in den Ausführungsvorschriften Liste der Technischen Baubestimmungen (AV LTB) vom 16. Dezember 2005 (ABl. 2006 S. 139) veröffentlicht sind. Die Regelungen des § 15 sind gegenüber der BauO Bln a. F. nur unwesentlich geändert worden; dem Erschütterungsschutz ist ein eigener Absatz gewidmet. Die bautechnischen Nachweise über die Einhaltung des erforderlichen Wärme-, Schall- und Erschütterungsschutzes werden in keinem bauaufsichtlichen Verfahren geprüft (vgl. § 67).

2   II. 1. Der nach **Abs. 1** erforderliche **Wärmeschutz** eines Gebäudes ist von dessen Nutzung und den klimatischen Verhältnissen, denen das Gebäude ausgesetzt ist, abhängig. Unter **Nutzung** ist im Wesentlichen die dem Nutzungszweck entsprechende Innentemperatur zu verstehen; das **Klima** wird maßgeblich von den zu erwartenden Außentemperaturen und der Luftfeuchtigkeit bestimmt. Der zu erstellende Wärmeschutznachweis beinhaltet zum einen den Schutz vor Sonneneinstrahlung (**Wärmeschutz im**

Sommer) und zum anderen die Begrenzung von Wärmeverlusten während der Heizperiode (**Wärmeschutz im Winter**). Soweit die Mindestanforderungen der Technischen Baubestimmungen DIN 4108 – 2 (Juli 2003) i. V. m. DIN 4108 -3 (Juli 2001) eingehalten werden, ist ein hygienisches Raumklima und der Schutz der Baukonstruktion gegen klimabedingte Feuchte- Einwirkungen sichergestellt. Weitere Anforderungen an den Wärmeschutz von Gebäuden und ihren Bauteilen stellt die auf der Grundlage des Gesetzes zur Einsparung von Energie in Gebäuden (Energieeinsparungsgesetz – EnEG) vom 22. 7. 1976 (BGBl. I S. 1873) neu gefasst durch Bek. v. 1. 9. 2005 (BGBl. I S. 2684) erlassene Verordnung über energiesparenden Wärmeschutz und energiesparende Anlagentechnik bei Gebäuden (Energieeinsparverordnung – EnEV) vom 24. Juli 2007 (BGBl. I S. 1519). Die auf Grund der EnEV und der Verordnung zur Übertragung der Zuständigkeit zum Erlass von Rechtsverordnungen aufgrund der EnEG vom 19. November 2002 (GVBl. S. 351) erlassene Verordnung zur Durchführung der Energieeinsparverordnung in Berlin (**EnEV-Durchführungsverordnung Berlin – EnEV-DVO Bln**) vom 9. Dezember 2005 (GVBl. S. 797) erklärt die EnEV- Nachweise zu bautechnischen Nachweisen im Sinne von § 67 BauO Bln. Ferner sind in der EnEV-DVO Bln die Pflichten von Bauherrn und Entwurfsverfassern bei Neubauten und im Gebäudebestand beschrieben und Musterformulare für die Bestätigung der Einhaltung der EnEV abgedruckt. Zum Zeitpunkt der Drucklegung wird die EnEV-DVO Bln überarbeitet.

Die Wärmeschutzmaßnahmen zur **Energieeinsparung** haben **Fenster** immer dichter werden lassen; dies auch durch das nachträgliche Einkleben besonderer Dichtungsstreifen in die Fensterprofile bei bestehenden Gebäuden. Dabei wird oft übersehen, dass durch solche besonders dichten Fenster der natürliche Luftwechsel (in der Regel zwei- bis dreifach) unterbunden wird. Durch Einsatz von Wasch- und Geschirrspülmaschinen sowie Wäschetrocknern in Wohnungen sind erhebliche Schäden durch Feuchtigkeit und Schimmelbildung infolge mangelhafter Lüftung eingetreten.

2. Abs. 2 Satz 1 enthält die bauordnungsrechtlichen Grundanforderungen an den **Schallschutz** bei Gebäuden. In Abhängigkeit von der **Nutzung** müssen die erforderlichen Schallschutzmaßnahmen getroffen werden, damit z. B. für Wohnungen, Büros, Schulen, Krankenhäuser etc. auf den Nutzungszweck abgestimmte Vorkehrungen gegen unzumutbare Schallübertragungen getroffen werden können. Die als Technische Baubestimmung (Vgl. § 3 Abs. 3 Satz 1) eingeführten Teile der DIN 4109 konkretisieren die bauordnungsrechtlichen Anforderungen und bilden die Grundlage für die Erstellung des Schallschutznachweises (bautechnischer Nachweis gem. § 67). DIN 4109 unterscheidet Maßnahmen
- zum Schutz von Aufenthaltsräumen gegen Schallübertragung aus einem fremden Wohn- oder Arbeitsbereich (Luft- und Trittschalldämmung),
- gegen Geräusche aus haustechnischen Anlagen und Betrieben und
- zum Schutz gegen Außenlärm.

Schutz gegen Außenlärm: Straßen-, Schienen-, Wasser- und Luftverkehr sowie Gewerbe- und Industrieanlagen verursachen unterschiedliche **Außenlärmpegel**, die auf Gebäude einwirken und im Schallschutznachweis zu berücksichtigen sind. Die maßgeblichen Außenlärmpegel sind der Tabelle 8 der DIN 4109 (November 1989), einschlägigen Festsetzungen in Bebauungsplänen sowie amtlichen Lärmkarten oder Lärmminderungsplänen zu entnehmen oder durch Berechnungen zu ermitteln.

Bauliche Anlagen, die in den Lärmschutzbereichen nach dem Gesetz zum **Schutz gegen Fluglärm** FluLärmG zulässig sind oder zugelassen werden, unterliegen den erhöhten Schallschutzanforderungen nach diesem Gesetz. Für Berlin sind Lärmschutzbereiche festgelegt durch Verordnungen über den **Verkehrsflughafen Berlin-Tempelhof** vom 27. 5. 1997 (BGBL. I S. 1313) und den **Verkehrsflughafen Berlin-Schönefeld** vom 16. 6. 1997 (BGBL. I S. 1374). Die Verordnung über den **Flughafen Berlin-Tegel** vom 4. 6. 1976 (GVBl. S. 1242) gilt aufgrund des Gesetzes zur Überleitung von Bundesrecht nach Berlin (West) -Sechstes Überleitungsgesetz – vom 25. September 1990 (BGBL. I S. 2106) fort. Die materiellen Anforderungen ergeben sich aus der Verordnung über bauliche Schallschutzanforderungen nach dem Gesetz zum Schutz gegen Fluglärm (Schallschutzverordnung – SchallschutzV) vom 5. April 1974 (BGBL. I S. 903). Das Gesetz zum Schutz gegen Fluglärm – FluLärmG enthält für das Flughafenumland zeitgemäße Lärmschutzstandards und weitet die Lärmschutzzonen aus.

7   **Lärmkarten für den Straßen- und Schienenverkehr,** denen Außenlärmpegel zu entnehmen sind, hat die Senatsumweltverwaltung im Umweltatlas veröffentlicht (Bezug über den Kulturbuch-Verlag Berlin), der seit dem Jahr 2005 auch in digitaler Form im Internet zur Verfügung steht. Die Verkehrslärmschutzverordnung (Sechzehnte Verordnung zur Durchführung des Bundes-Immissionsschutzgesetzes – 16. BImSchV) vom 12. Juni 1990 (BGBl I S. 1036) geändert durch Art. 3 G v. 19.9.2006 (BGBl I S. 2146) enthält, zum Schutz der Nachbarschaft vor schädlichen Umwelteinwirkungen durch Verkehrsgeräusche, die von öffentlichen Straßen und Schienenwegen der Eisenbahnen und Straßenbahnen ausgehen, Immissionsgrenzwerte, die von Beurteilungspegeln nicht überschritten werden dürfen und abhängig vom Baugebiet sind.

8   Die auf Grund § 48 des Bundes-Immissionsschutzgesetzes – BImSchG – erlassene Sechste Allgemeine Verwaltungsvorschrift zum Bundes-Immissionsschutzgesetz (Technische Anleitung zum Schutz gegen Lärm – **TA Lärm**) vom 26. August 1998 (GMBl. Nr. 26 S. 503) enthält gebietsspezifische **Immissionsrichtwerte** für den Beurteilungspegel für Immissionsorte außerhalb von Gebäuden.

9   Nach **Abs. 2 Satz 2** sind Geräusche zu dämmen, die von ortsfesten Einrichtungen in baulichen Anlagen oder von Baugrundstücken ausgehen. Als **Geräusche** im Sinne von Satz 2 können störende Einrichtungen in Wohn- und anderen Gebäuden, wie z. B. Aufzüge, Installationseinrichtungen, Müllabwurfanlagen, in Betracht kommen. Nach Allgeier und von Lutzau (in: Die Bauordnung in Hessen; 2003, 7 Auflage, Deutscher Gemeindeverlag, Stuttgart) sind bauliche Anlagen oder Einrichtungen **ortsfest**, „..., wenn sie in einer dauerhaften, langfristigen, räumlichen Beziehung zu einem Grundstück oder zu einer baulichen Anlage stehen. Eine feste Verbindung mit dem Boden oder der baulichen Anlage ist nicht erforderlich." Mangels Ortsfestigkeit findet die Regelung auf Baustellen keine Anwendung. Die von ortsfesten Einrichtungen ausgehenden Geräusche dürfen weder für die Bewohner und Benutzer der baulichen Anlagen noch für die Bewohner der Umgebung Gefahren oder unzumutbare Belästigungen hervorrufen. Sowohl die TA-Lärm (vgl. RNr. 8), als auch die VDI – Richtlinie 2058 Blatt 3 – Beurteilung von Lärm am Arbeitsplatz unter Berücksichtigung unterschiedlicher Tätigkeiten (Ausgabe 1999-02) – werden nach ständiger Rechtsprechung, als generelle, wissenschaftlich-technische Grundsätze der Lärmbekämpfung zur Beurteilung der Zumutbarkeit von Lärmeinwirkungen herangezogen (OVG Berlin Urt. v. 12. 5. 1977 GE 1977, 685 mit weiteren Nachweisen). Die nicht als Technische Baubestimmung eingeführte VDI 2058, kann gem. der Vorbemerkungen zur AV LTB zur Ausfüllung unbestimmter Rechtsbegriffe herangezogen werden.

10 Die **Zumutbarkeit von Geräuschbeeinträchtigungen** kann nicht allein von der messbaren Stärke des Schalldrucks her beurteilt werden. Sie hängt daneben u. a. von Tonhöhe und Tonfolge, Art und Regelmäßigkeit der Geräusche, Zeit und Dauer der

Einwirkung sowie von dem sog. Erwartungs- oder Überraschungseffekt ab. Die Geräuschbelästigung ist dann unzumutbar, wenn sie einen Grad erreicht, der bei einem durchschnittlichen Betrachter, der weder besonders lärmempfindlich noch gleichgültig gegenüber Lärmbeeinträchtigung ist, auf die Dauer als eine empfindliche Störung seines Wohlbefindens empfunden wird (so VG Berlin Urt. v. 25. 1. 1974 VG XIII A 107, 73). Zum immissionsschutzrechtlichen Begriff der Zumutbarkeit, der mit dem bauordnungsrechtlichen identisch ist, vgl. § 11 RNr. 5.

Anforderungen hinsichtlich des Schallschutzes beim Einbau von **Armaturen** und **Geräten der Wasserinstallation** sind der DIN 4109 zu entnehmen. Zu den **Belästigungen** im Sinne des Satzes 2 gehören zuallererst die Geräuschbelästigungen, denen durch entsprechende Verlegung der Leitungsanlagen, richtige Auswahl der zu verwendenden Armaturen und durch eine hydraulisch richtige Dimensionierung begegnet werden kann. Armaturen und Geräte der Wasserinstallation, von denen störende Geräusche in Aufenthaltsräume fremder Wohnungen ausgehen können, bedürfen als Nachweis ihrer Verwendbarkeit (vgl. BRL A Teil 2 lfd. Nr. 2.14) **eines allgemeinen bauaufsichtlichen Prüfzeugnisses** (ABP). Grundlage für die Erteilung des ABP ist der durch eine schalltechnische Prüfung im Laboratorium gemäß DIN EN ISO 3822 bestimmte Armaturengeräuschpegel. 11

3. Ein ausreichender **Erschütterungsschutz** gem. **Abs. 3** ist insb. bei der Aufstellung von Maschinen und ähnlichen Einrichtungen in gewerblichen und industriellen Bauten erforderlich. Bei unzureichenden Maßnahmen können sich durch Rissbildungen, Setzungen oder dgl. nicht nur für die baulichen Anlagen selbst und für benachbarte bauliche Anlagen Gefahren ergeben, sondern auch Gefahren und unzumutbare Belästigungen (Störung der öffentlichen Ordnung) für die Bewohner und Benutzer der betroffenen baulichen Anlagen entstehen. Neben der bauaufsichtlichen Reglung des Abs. 3 müssen die zum Teil weitergehenden planungsrechtlichen Regelungen zum Schutz vor störenden Anlagen und Einrichtungen beachtet werden. 12

§ 16 Verkehrssicherheit

(1) Bauliche Anlagen und die dem Verkehr dienenden nicht überbauten Flächen von bebauten Grundstücken müssen verkehrssicher sein.

(2) Die Sicherheit und Leichtigkeit des öffentlichen Verkehrs darf durch bauliche Anlagen oder deren Nutzung nicht gefährdet werden.

Erläuterungen:

Während § 5 die Zugänglichkeit der baulichen Anlagen, insb. die im Interesse des Brandschutzes erforderlichen Zufahrten und Durchfahrten bzw. Zugänge oder Durchgänge zu den Baugrundstücken behandelt, befasst sich **Abs. 1** mit der **Verkehrssicherheit im Innern** der baulichen Anlagen sowie mit den dem Verkehr auf den bebauten Grundstücken dienenden – d. h. den ständigen Benutzern und den Besuchern der baulichen Anlagen allgemein zugänglichen – nicht überbauten Flächen. Vorschriften für Bauteile mit besonderer Verkehrsbeanspruchung enthalten u.a. § 32 Abs. 9, § 34 Abs. 5–7, § 38, 1

§ 39 Abs. 1 sowie § 50 Abs. 1. Die aus Abs. 1 ableitbare bauordnungsrechtliche Verkehrssicherungspflicht des Grundstückseigentümers, Betreibers oder sonstigen Inhabers der tatsächlichen Gewalt über ein Grundstück oder eine bauliche Anlage beinhaltet, auf § 3 Abs. 1 aufbauend, auch die damit verbundene Instandhaltungsverpflichtung, damit die Verkehrssicherheit gewährleistet bleibt.

2 **Abs. 2** hat die **Auswirkungen** der baulichen Anlagen **auf den öffentlichen Verkehr** zum Gegenstand. Das hier ausgesprochene Verbot der Gefährdung der Sicherheit und Leichtigkeit des öffentlichen Verkehrs durch bauliche Anlagen hat insb. Bedeutung für die Zu- und Abfahrten zu baulichen Anlagen mit starkem Besucherverkehr. Auch durch eine entlang der Grundstücksgrenze angebrachte undurchsichtige Kunststoffmatte, die den aus dem Grundstück Herausfahrenden die Sicht auf den Straßenverkehr nimmt, wird die Sicherheit und Leichtigkeit des öffentlichen Verkehrs gefährdet (VG Berlin Urt. v. 23. 6. 1978 G E 1978, 818).

3 Soweit die Sicherheit und Leichtigkeit des öffentlichen Verkehrs nicht durch die Bauaufsichtsbehörde beurteilt werden kann, liegt ein **Beteiligungserfordernis** nach § 70 Abs. 2 Nr. 2 vor.

Abschnitt 3:
Bauprodukte, Bauarten

Einführung in die §§ 17 bis 25:

I. Die Vorschriften des dritten Abschnitts regeln die Verwendbarkeit von Bauprodukten und die Anwendbarkeit von Bauarten in baulichen Anlagen. Im Zentrum stehen dabei Regelungen über Eignungsnachweise. Die Zusammenhänge zwischen europäischen und nationalen Normen sind den Vorschriften der Bauproduktenrichtlinie, des Bauproduktengesetzes und der jeweiligen Landesbauordnung, hier der BauO Bln zu entnehmen, die einen wichtigen Beitrag des Landes Berlin an der europäischen Harmonisierung von Vorschriften auf dem Gebiet der Bauprodukte leistet.

II. Die Bauproduktenrichtlinie (BPR):

Auf der Grundlage des Weißbuches der Kommission der Europäischen Gemeinschaften über die Vollendung des Binnenmarktes (gebilligt durch Dok. Kom. 85/310) und der Entschließung 85/C/136/01 des Rates vom 7. Mai 1985 über „eine neue Konzeption auf dem Gebiet der technischen Harmonisierung und der Normung" (ABL EG Nr. C 136 S. 1) aufbauend, ist die Bauproduktenrichtlinie 89/106 EWG des Rates vom 21. Dezember 1988 zur Angleichung der Rechts – und Verwaltungsvorschriften der Mitgliedstaaten über Bauprodukte (ABL EG Nr. L40 S. 12), zuletzt geändert durch die Verordnung (EG) Nr. 1882/2003 des Europäischen Parlaments und des Rates vom 29. September 2003 , erlassen worden. Als Harmonisierungsrichtlinie zur Verwirklichung des Binnenmarktes ist sie auf Artikel 100a EWG-Vertrag gestützt.

Die BPR regelt das **Inverkehrbringen**, den **freien Warenverkehr** und die **Verwendung von Bauprodukten**. Dabei obliegt es den Mitgliedstaaten, auf ihrem Gebiet sicherzustellen, dass Bauwerke derart entworfen und ausgeführt werden, dass die Sicherheit der Menschen, der Haustiere und der Güter nicht gefährdet wird.

Der **Anwendungsbereich der BPR** umfasst alle Bauprodukte, die hergestellt werden, um dauerhaft in Bauwerke des Hoch- und Tiefbaus eingebaut zu werden. Hierzu gehören auch Anlagen und Einrichtungen und ihre Teile für Heizung, Klima, Lüftung, sanitäre Zwecke, elektrische Versorgung, Lagerung umweltgefährdender Stoffe sowie Fertighäuser, Fertiggaragen und Silos.

In Anhang I zur BPR werden **wesentliche Anforderungen**, die Bauprodukte zu erfüllen haben, in allgemeiner Form für die sechs Bereiche
– Mechanische Festigkeit und Standsicherheit
– Brandschutz
– Hygiene, Gesundheit und Umweltschutz
– Nutzungssicherheit
– Schallschutz sowie
– Energieeinsparung und Wärmeschutz
festgelegt.

Einführung in die §§ 17–25 RNr. 6–12

6 Zum Beispiel muss ein Bauwerk bezüglich des **Brandschutzes** derart entworfen und ausgeführt sein, dass bei einem Brand
- die Tragfähigkeit des Bauwerks während eines bestimmten Zeitraums erhalten bleibt,
- die Entstehung und Ausbreitung von Feuer und Rauch innerhalb des Bauwerks begrenzt wird,
- die Ausbreitung von Feuer auf benachbarte Bauwerke begrenzt wird,
- die Bewohner das Gebäude unverletzt verlassen oder durch andere Maßnahmen gerettet werden können und
- die Sicherheit der Rettungsmannschaften berücksichtigt ist.

7 Aus Gründen der Nachhaltigkeit müssen mit den Bauprodukten Bauwerke errichtet werden können, die unter Berücksichtigung der Wirtschaftlichkeit **gebrauchstauglich** sind (vgl. § 17 RNr. 13).

8 Technische Ausschüsse, in denen die Mitgliedstaaten der EU mitwirken, sind von der Kommission mit der Präzisierung und technischen Konkretisierung der Anforderungen beauftragt. Die Arbeit dieser Ausschüsse mündet in so genannte **Grundlagendokumente**, die die Grundlage für die Erstellung harmonisierter Normen für Bauprodukte auf europäischer Ebene bilden.

9 Für die Erarbeitung dieser Normen werden das Komitee für Normung (**CEN**) und das Europäische Komitee für elektrische Normung (**CENELEG**) von der Europäischen Kommission beauftragt. Leitlinien für europäische technische Zulassungen werden von der Europäischen Organisation für technische Zulassung (**EOTA**) erarbeitet. Normen und technische Zulassungen werden im Sinne der BPR „**technische Spezifikationen**" genannt.

10 Von der **Brauchbarkeit** eines Bauproduktes ist auszugehen, wenn es so beschaffen ist, dass das Bauwerk, für das es verwendet wird, bei ordnungsgemäßer Planung und Bauausführung die wesentlichen Anforderungen (vgl. RNr. 5) erfüllen kann. Der Brauchbarkeitsnachweis für ein Bauprodukt ist erbracht, wenn es mit einer harmonisierten oder anerkannten Norm übereinstimmt. Ein mit seiner Bezugsnorm konformes Bauprodukt trägt das CE-Zeichen. In den Fällen, in denen ein Bauprodukt wesentlich von einer harmonisierten Norm abweicht oder eine harmonisierte Norm nicht existiert, kann aufgrund von gemeinsamen Leitlinien die Brauchbarkeit mit Hilfe einer europäischen technischen Zulassung (ETA) bestätigt werden.

11 Um unterschiedlichen Schutzniveaus, örtlichen klimatischen und sonstigen Gegebenheiten in den Mitgliedstaaten Rechnung zu tragen, sind in den Normen **Klassen und Leistungsstufen** vorgesehen, denen ein Bauprodukt für seinen Verwendungszweck in diesen Mitgliedstaaten genügen muss. An der Festlegung der Klassen und Leistungsstufen sind alle Mitgliedstaaten beteiligt.

12 Durch **Konformitätsnachweisverfahren** wird sichergestellt, dass ein Bauprodukt seiner zugrunde liegenden Norm, europäischen technischen Zulassung oder anerkannten technischen Spezifikation entsprechend hergestellt wird. Die Konformität wird durch CE-Zeichen bestätigt.

III. Das Bauproduktengesetz (BauPG)

Das Bauproduktengesetz vom 28. April 1998 (BGBl. I S. 812), zuletzt geändert durch Art. 8 a des Gesetzes vom 6. Januar 2004 (BGBl. I S. 2), setzt als Bundesgesetz die EG-Bauproduktenrichtlinie nur hinsichtlich des **Inverkehrbringens von** und den **freien Warenverkehr mit Bauprodukten** um. Ziel des Bauproduktengesetzes (wie auch schon der Bauproduktenrichtlinie) ist der Abbau von Handelshemmnissen, die in Form technischer Regeln zwischen den Mitgliedstaaten der europäischen Gemeinschaften bestehen.

13

Die **Verwendbarkeit eines Bauproduktes** wird hingegen in Vorschriften unterschiedlicher Kompetenzträger geregelt, um für die konkrete Verwendung von Bauprodukten maßgebliche Anforderungen zu stellen. So unterliegt z. B. das Wasserhaushaltsgesetz der Rahmengesetzgebungskompetenz des Bundes, während die Regelungen des Bauordnungsrechts dem Kompetenzbereich der Länder zugeordnet werden. In den Landesbauordnungen wird, in Anlehnung an die Musterbauordnung, die Verwendbarkeit der Bauprodukte auf Grund der materiellen bauordnungsrechtlichen Anforderungen an Bauprodukte geregelt.

14

Die wesentlichen Elemente des Bauproduktengesetzes zur Umsetzung der Bauproduktenrichtlinie bilden die Vorschriften über die Brauchbarkeit, Konformität und das CE-Zeichen. Dabei versteht man unter **Brauchbarkeit** die materiellen Eigenschaften des Bauproduktes, die sich aus harmonisierten oder anerkannten Normen oder aus einer dem Hersteller erteilten europäischen technischen Zulassung herleiten. In dem **Konformitätsnachweisverfahren** wird die Übereinstimmung eines Bauproduktes mit seinem technischen Bezugsdokumenten geprüft. Wird die Übereinstimmung (Konformität) festgestellt, darf das Bauprodukt mit dem **CE-Zeichen** gekennzeichnet werden. Die Verfahren über die Erteilung europäischer technischer Zulassungen, als auch über die Anerkennung von Prüf-, Überwachungs- und Zertifizierungsstellen, sind vom Bau PG mit erfasst.

15

IV. BauO Bln

Zielsetzung: Die §§ 17 bis 25 dienen im Wesentlichen der Erfüllung folgender Aufgaben:
- Sie sollen die Verwendung sicherer Bauprodukte und die Anwendung sicherer Bauarten sicherstellen,
- sie ermöglichen die Verwendung neuer, innovativer Erzeugnisse und Konstruktionsarten unter Wahrung der dieser Bauordnung zugrunde liegenden Schutzziele und
- sie ermöglichen, vor dem Hintergrund der Verwirklichung des europäischen Binnenmarktes, die Verwendung von Bauprodukten, die nach Vorschriften der Mitgliedsstaaten der EU und der Vertragsstaaten des Europäischen Wirtschaftsraumes (EWR) – die Richtlinien der Europäischen Union (EU) umsetzen – rechtmäßig in den Verkehr gebracht werden.

16

Einführung in die §§ 17–25

17 Die **Verwendbarkeitsvoraussetzungen** für die Bauprodukte zielen darauf ab, die Allgemeinheit vor drohenden Gefahren zu schützen, die von baulichen Anlagen ausgehen können, die nicht mit geeigneten Bauprodukten errichtet, geändert oder instand gehalten werden. Insofern konkretisieren diese Vorschriften die allgemeinen Anforderungen des § 3.

18 **Anwendungsbereich der BauO Bln:** Die BauO Bln ist nur auf solche Bauprodukte anzuwenden, die gemäß § 2 Abs. 9 in bauliche Anlagen eingebaut oder als vorgefertigte Anlagen hergestellt werden, um sie mit dem Erdboden zu verbinden. § 2 Abs. 9 bietet in diesem Zusammenhang für den Begriff des Bauproduktes eine Legaldefinition.

19 Bauprodukte der Rechtsbereiche, die in § 1 Abs. 2 ausgeschlossen sind, unterliegen nicht dem Anwendungsbereich der BauO Bln. Die Anwendbarkeit erstreckt sich jedoch sowohl auf Bauprodukte, die nach dem BauPG in Verkehr gebracht wurden, als auch auf Bauprodukte, deren Verwendbarkeit sich ausschließlich aus der BauO Bln ergibt.

20 Über die Erläuterungen der §§ 17 bis 25 hinaus wird auf die ausführlichen Darstellungen zu dieser Thematik in
– Graf von Bernstorff – Musterbauordnung (MBO) – Bauprodukte, Köln: Bundesanzeiger, 1994 und
– Wolfgramm, Oliver C. – Die staatliche Regulierung von Bauprodukten, Berlin: Erich Schmidt, 1997
verwiesen.

Einführung in die §§ 17–25

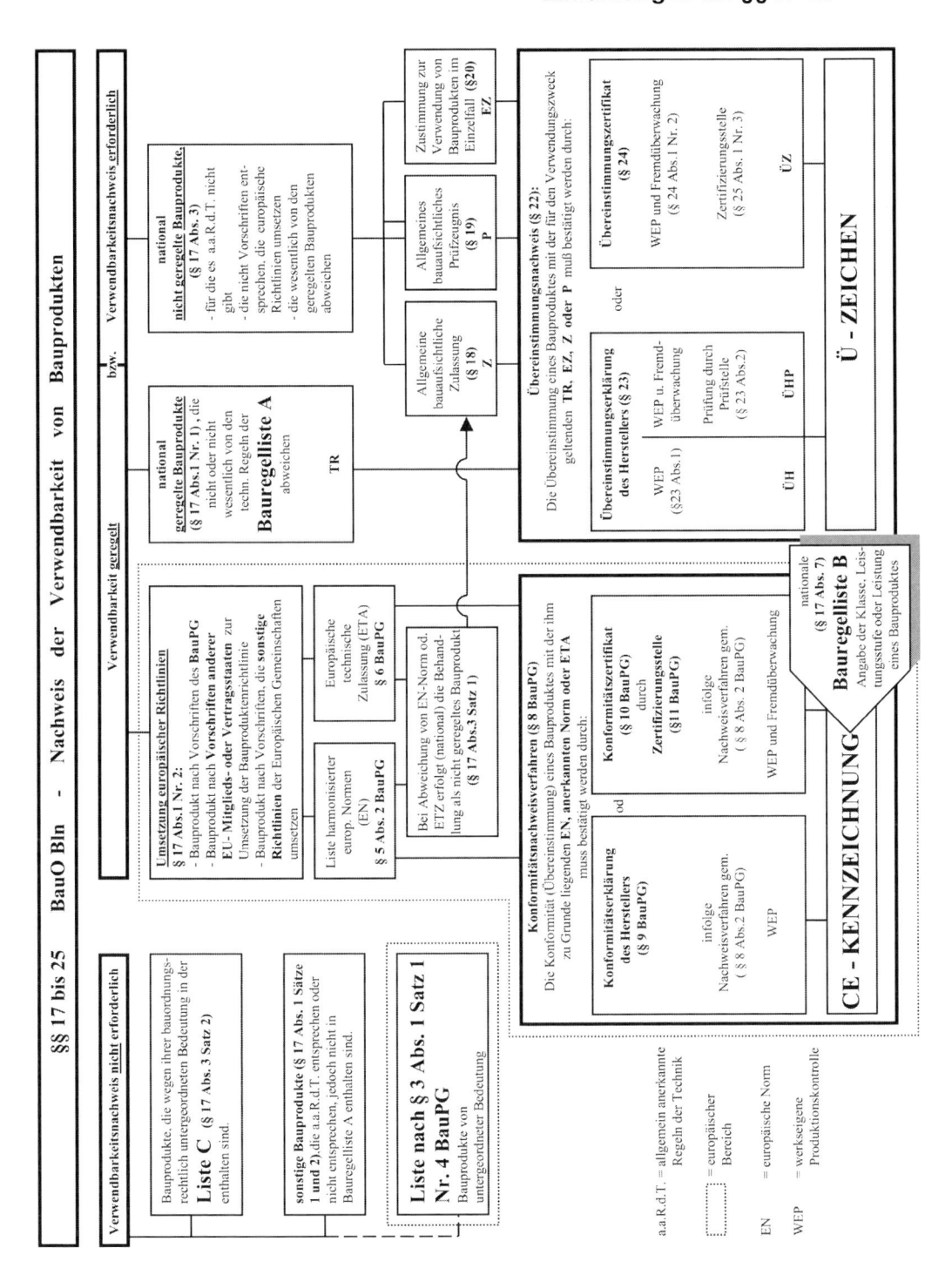

§§ 17 bis 25   BauO Bln   -   Nachweis der Verwendbarkeit von Bauprodukten

Verwendbarkeitsnachweis nicht erforderlich

Bauprodukte, die wegen ihrer bauordnungsrechtlich untergeordneten Bedeutung in der

Liste C (§ 17 Abs. 3 Satz 2)

enthalten sind.

sonstige Bauprodukte (§ 17 Abs. 1 Sätze 1 und 2), die a.a.R.d.T. entsprechen oder nicht entsprechen, jedoch nicht in Bauregelliste A enthalten sind

Liste nach § 3 Abs. 1 Satz 1 Nr. 4 BauPG
Bauprodukte von untergeordneter Bedeutung

Verwendbarkeit geregelt

Umsetzung europäischer Richtlinien
§ 17 Abs.1 Nr. 2:
- Bauprodukt nach Vorschriften des **BauPG**
- Bauprodukt nach **Vorschriften anderer EU-Mitglieds- oder Vertragsstaaten** zur Umsetzung der Bauproduktenrichtlinie
- Bauprodukt nach Vorschriften, die **sonstige Richtlinien** der Europäischen Gemeinschaften umsetzen

Liste harmonisierter europ. Normen (EN)
§ 5 Abs. 2 BauPG

Europäische technische Zulassung (ETA)
§ 6 BauPG

Bei Abweichung von EN-Norm od. ETZ erfolgt (national) die Behandlung als nicht geregeltes Bauprodukt (§ 17 Abs.3 Satz 1)

national geregelte Bauprodukte (§ 17 Abs.1 Nr. 1), die nicht oder nicht wesentlich von den techn. Regeln die abweichen

Bauregelliste A

TR

Konformitätsnachweisverfahren (§ 8 BauPG)
Die Konformität (Übereinstimmung) eines Bauproduktes mit der ihm zu Grunde liegenden **EN, anerkannten Norm oder ETA** muss bestätigt werden durch:

Konformitätserklärung des Herstellers (§ 9 BauPG)	od	Konformitätszertifikat (§ 10 BauPG) durch Zertifizierungsstelle (§11 BauPG)
infolge Nachweisverfahren gem. (§ 8 Abs.2 BauPG)		infolge Nachweisverfahren gem. (§ 8 Abs. 2 BauPG)
WEP		WEP und Fremdüberwachung

CE - KENNZEICHNUNG

Verwendbarkeitsnachweis erforderlich

national nicht geregelte Bauprodukte (§ 17 Abs. 3)
- für die es a.a.R.d.T. nicht gibt
- die nicht Vorschriften entsprechen, die europäische Richtlinien umsetzen
- die wesentlich von den geregelten Bauprodukten abweichen

Allgemeine bauaufsichtliche Zulassung (§ 18)	Allgemeines bauaufsichtliches Prüfzeugnis (§ 19)	Zustimmung zur Verwendung von Bauprodukten im Einzelfall (§20)
Z	P	EZ

Übereinstimmungsnachweis (§ 22):
Die Übereinstimmung eines Bauproduktes mit der für den Verwendungszweck geltenden **TR, EZ, Z oder P** muß bestätigt werden durch:

Übereinstimmungserklärung des Herstellers (§ 23)	oder	Übereinstimmungszertifikat (§ 24)
WEP (§23 Abs.1)	WEP u. Fremdüberwachung Prüfung durch Prüfstelle (§ 23 Abs.2)	WEP und Fremdüberwachung (§ 24 Abs.1 Nr. 2) Zertifizierungsstelle (§ 25 Abs. 1 Nr. 3)
ÜH	ÜHP	ÜZ

Ü - ZEICHEN

Bauregelliste B
nationale (§ 17 Abs. 7)
Angabe der Klasse, Leistungsstufe oder Leistung eines Bauproduktes

---

a.a.R.d.T. = allgemein anerkannte Regeln der Technik
⬚ = europäischer Bereich
EN = europäische Norm
WEP = werkseigene Produktionskontrolle

§ 17 Bauprodukte

(1) [1]Bauprodukte dürfen für die Errichtung, Änderung und Instandhaltung baulicher Anlagen nur verwendet werden, wenn sie für den Verwendungszweck
1. von den nach Absatz 2 bekannt gemachten technischen Regeln nicht oder nicht wesentlich abweichen (geregelte Bauprodukte) oder nach Absatz 3 zulässig sind und wenn sie auf Grund des Übereinstimmungsnachweises nach § 22 das Übereinstimmungszeichen (Ü-Zeichen) tragen oder
2. nach den Vorschriften
    a) des Bauproduktengesetzes,
    b) zur Umsetzung der Richtlinie 89/106 EWG des Rates zur Angleichung der Rechts- und Verwaltungsvorschriften der Mitgliedstaaten über Bauprodukte (Bauproduktenrichtlinie) vom 21. Dezember 1988 (ABl. EG Nr. L 40 S. 12), zuletzt geändert durch Artikel 4 der Richtlinie 93/68/EWG des Rates vom 22. Juli 1993 (ABl. EG Nr. L 220 S. 1), durch andere Mitgliedstaaten der Europäischen Gemeinschaften und andere Vertragsstaaten des Abkommens über den Europäischen Wirtschaftsraum oder
    c) zur Umsetzung sonstiger Richtlinien der Europäischen Gemeinschaften, soweit diese die wesentlichen Anforderungen nach § 5 Abs. 1 Bauproduktengesetz berücksichtigen,
in den Verkehr gebracht und gehandelt werden dürfen, insbesondere das Zeichen der europäischen Gemeinschaften (CE-Kennzeichnung) tragen und dieses Zeichen die nach Absatz 7 Nr. 1 festgelegten Klassen und Leistungsstufen ausweist oder die Leistung des Bauprodukts angibt.
[2]Sonstige Bauprodukte, die von allgemein anerkannten Regeln der Technik nicht abweichen, dürfen auch verwendet werden, wenn diese Regeln nicht in der Bauregelliste A bekannt gemacht sind. [3]Sonstige Bauprodukte, die von allgemein anerkannten Regeln der Technik abweichen, bedürfen keines Nachweises ihrer Verwendbarkeit nach Absatz 3.

(2) [1]Das Deutsche Institut für Bautechnik macht im Einvernehmen mit der für das Bauwesen zuständigen Senatsverwaltung für Bauprodukte, für die nicht nur die Vorschriften nach Absatz 1 Satz 1 Nr. 2 maßgebend sind, in der Bauregelliste A die technischen Regeln bekannt, die zur Erfüllung der in diesem Gesetz und in Vorschriften auf Grund dieses Gesetzes an bauliche Anlagen gestellten Anforderungen erforderlich sind. [2]Diese technischen Regeln gelten als Technische Baubestimmungen im Sinne des § 3 Abs. 3 Satz 1.

(3) [1]Bauprodukte, für die technische Regeln in der Bauregelliste A nach Absatz 2 bekannt gemacht worden sind und die von diesen wesentlich abweichen oder für die es Technische Baubestimmungen oder allgemein anerkannte Regeln der Technik nicht gibt (nicht geregelte Bauprodukte), müssen
1. eine allgemeine bauaufsichtliche Zulassung (§ 18),
2. ein allgemeines bauaufsichtliches Prüfzeugnis (§ 19) oder
3. eine Zustimmung im Einzelfall (§ 20)
haben. [2]Ausgenommen sind Bauprodukte, die für die Erfüllung der Anforderungen dieses Gesetzes oder auf Grund dieses Gesetzes nur eine untergeordnete

Bedeutung haben und die das Deutsche Institut für Bautechnik im Einvernehmen mit der für das Bauwesen zuständigen Senatsverwaltung in einer Liste C öffentlich bekannt gemacht hat.

(4) Die für das Bauwesen zuständige Senatsverwaltung kann durch Rechtsverordnung vorschreiben, dass für bestimmte Bauprodukte, auch soweit sie Anforderungen nach anderen Rechtsvorschriften unterliegen, hinsichtlich dieser Anforderungen bestimmte Nachweise der Verwendbarkeit und bestimmte Übereinstimmungsnachweise nach Maßgabe der §§ 17 bis 20 und der §§ 22 bis 25 zu führen sind, wenn die anderen Rechtsvorschriften diese Nachweise verlangen oder zulassen.

(5) ^{1}Bei Bauprodukten nach Absatz 1 Satz 1 Nr. 1, deren Herstellung in außergewöhnlichem Maß von der Sachkunde und Erfahrung der damit betrauten Personen oder von einer Ausstattung mit besonderen Vorrichtungen abhängt, kann in der allgemeinen bauaufsichtlichen Zulassung, in der Zustimmung im Einzelfall oder durch Rechtsverordnung der für das Bauwesen zuständigen Senatsverwaltung vorgeschrieben werden, dass die Herstellerin oder der Hersteller über solche Fachkräfte und Vorrichtungen verfügt und den Nachweis hierüber gegenüber einer Prüfstelle nach § 25 zu erbringen hat. ^{2}In der Rechtsverordnung können Mindestanforderungen an die Ausbildung, die durch Prüfung nachzuweisende Befähigung und die Ausbildungsstätten einschließlich der Anerkennungsvoraussetzungen gestellt werden.

(6) Für Bauprodukte, die wegen ihrer besonderen Eigenschaften oder ihres besonderen Verwendungszweckes einer außergewöhnlichen Sorgfalt bei Einbau, Transport, Instandhaltung oder Reinigung bedürfen, kann in der allgemeinen bauaufsichtlichen Zulassung, in der Zustimmung im Einzelfall oder durch Rechtsverordnung der für das Bauwesen zuständigen Senatsverwaltung die Überwachung dieser Tätigkeiten durch eine Überwachungsstelle nach § 25 vorgeschrieben werden.

(7) Das Deutsche Institut für Bautechnik kann im Einvernehmen mit der für das Bauwesen zuständigen Senatsverwaltung in der Bauregelliste B
1. festlegen, welche der Klassen und Leistungsstufen, die in Normen, Leitlinien oder europäischen technischen Zulassungen nach dem Bauproduktengesetz oder in anderen Vorschriften zur Umsetzung von Richtlinien der Europäischen Gemeinschaften enthalten sind, Bauprodukte nach Absatz 1 Nr. 2 erfüllen müssen, und
2. bekannt machen, inwieweit andere Vorschriften zur Umsetzung von Richtlinien der Europäischen Gemeinschaften die wesentlichen Anforderungen nach § 5 Abs. 1 des Bauproduktengesetzes nicht berücksichtigen.

Erläuterungen:

1   **I.** § 17 regelt die **formalen Voraussetzungen** für die Verwendbarkeit von Bauprodukten.
Unterschieden werden:
- Bauprodukte, deren Verwendung ausschließlich in der BauO Bln öffentlich-rechtlich geregelt ist (**nationaler Weg, Abs. 1 Satz 1 Nr. 1**),
- Bauprodukte, deren Verwendung über die BauO Bln hinaus noch weiterer öffentlich-rechtlicher Vorschriften in Bezug auf deren Inverkehrbringen und Handel bedürfen (**europäischer Weg, Abs. 1 Satz 1 Nr. 2**),
- **sonstige Bauprodukte (Abs. 1 Satz 2)** und
- Bauprodukte, die **untergeordneter Bedeutung** sind (**Abs. 3 Satz 2**)

Auf Grund des lange noch nicht abgeschlossenen europäischen Normungsprozesses ist der nationale Weg noch das maßgebliche Verwendbarkeitsnachweisverfahren im Land Berlin. Erst nach Harmonisierung aller Bauprodukte auf EU-Ebene wird er als Verwendbarkeitsnachweisverfahren entbehrlich.

2   Darüber hinaus differenzieren die Regelungen des § 17 zwischen **geregelten Bauprodukten (Abs. 1, Satz 1, Nr. 1 i. V. m. Abs. 2)**, deren technisches Bezugsdokument offiziell bekannt gemacht wurde und **nicht geregelten Bauprodukten (Abs. 3 Satz 1)**.

3   Ferner wird in § 17 ein System von **Listen** eingeführt, die technische Regeln oder Bauprodukte beinhalten. Dazu gehören
- die Bauregelliste A (Abs. 2),
- die Bauregelliste B (Abs. 7) und
- die Liste C (Abs. 3 Satz 2).

Die den Listen zugeordneten Bauprodukte unterscheiden sich hinsichtlich ihrer Verwendung durch die Festlegung unterschiedlicher formeller und materieller Anforderungen.
    Die Listen werden vom Deutschen Institut für Bautechnik (DIBt) in den DIBt-Mitteilungen – Ernst & Sohn-Verlag Berlin – bekannt gemacht.

II 1. Der „nationale Weg" zum Verwendbarkeitsnachweis für Bauprodukte

4   **Abs. 1 Nr. 1** beschreibt allgemein den **„nationalen Weg"** bauordnungsrechtlicher Verwendbarkeitsvoraussetzungen für geregelte und nicht geregelte Bauprodukte im Land Berlin. Diese Verwendbarkeitsvoraussetzungen greifen, wenn veröffentlichte technische Spezifikationen, d. h. harmonisierte Normen oder europäische technische Zulassungen (europäischer Weg) nicht existieren oder wenn ein Bauprodukt nicht ausschließlich nach dem BauPG oder nach anderen Umsetzungsvorschriften für EG-Richtlinien in den Verkehr zu bringen ist (Abs. 1 Nr. 2). Sie gelten aber auch für Bauprodukte, die außerhalb des europäischen Wirtschaftsraumes nach den Vorschriften der BauO Bln hergestellt werden.

5   Dabei unterscheidet die BauO Bln zwischen geregelten und nicht geregelten Bauprodukten. **Geregelte Bauprodukte** (Abs. 2) sind die, die den in der **Bauregelliste A Teil 1** (vgl. RNr. 37) bekannt gemachten technischen Regeln entsprechen oder von ihnen nur unwesentlich abweichen.

Der Verweis auf Abs. 3 eröffnet die Verwendbarkeit **nicht geregelter Bauprodukte** durch die dort aufgeführten besonderen Verwendbarkeitsnachweise
- der allgemeinen bauaufsichtlichen Zulassung,
- des allgemeinen bauaufsichtlichen Prüfzeugnisses und
- der Zustimmung im Einzelfall.

Die Kennzeichnung eines Bauproduktes mit dem Ü-Zeichen (§ 22 Abs. 4) nach erfolgreichem Abschluss des Übereinstimmungsnachweisverfahrens beinhaltet grundsätzlich die widerlegbare Vermutung, dass das Bauprodukt der ihm zugrunde liegenden Norm der Bauregelliste A oder dem besonderen Verwendbarkeitsnachweis (Abs. 3) entspricht. Über die Form und die im Ü-Zeichen enthaltenen Angaben vgl. § 9 der Verordnung über Regelungen für Bauprodukte und Bauarten (Bauprodukte- und Bauarten- Verordnung – BauPAVO) vom 26. März 2007 (GVBl. S. 148).

2. Die „europäischen Wege" zum Verwendbarkeitsnachweis für Bauprodukte

Abs. 1 Nr. 2 führt die Vorschriften des „europäischen Weges" zur Verwendbarkeit von Bauprodukten auf**.** Dürfen Bauprodukte für den Verwendungszweck nach den in Nr. 2 a, b und c genannten Vorschriften in den Verkehr gebracht und gehandelt werden und erfüllen sie, soweit dies bestimmt ist, die in der Bauregelliste B (Abs. 7) festgelegten Klassen und Leistungsstufen oder geben sie die Leistung des Bauproduktes (Abs. 7 Nr. 1) an, so ist deren Verwendung erlaubt. Das heißt, dass diese Bauprodukte in Deutschland in den Verkehr gebracht, gehandelt und für den Verwendungszweck in eine bauliche Anlage eingebaut werden dürfen. Die Kennzeichnung eines Bauproduktes mit dem CE-Zeichen beinhaltet dabei, analog zur Ü-Kennzeichnung (vgl. RNr. 7), die widerlegbare Vermutung, dass das Bauprodukt der ihm zugrunde liegenden Norm oder europäische technische Zulassung entspricht. Die Klassen und Leistungsstufen oder die Leistung des Bauprodukts müssen, soweit vorgesehen, dem CE-Zeichen zu entnehmen sein. Bauprodukte, die nach diesen Vorschriften in den Verkehr gebracht und gehandelt werden, bedürfen also keines weiteren Verwendbarkeits- und Übereinstimmungsnachweises.

aa) Anwendbarkeit des Bauproduktengesetzes (Abs. 1 Nr. 2 a):

Der Umfang der Anwendbarkeit des Bauproduktengesetzes auf Bauprodukte ist von der quantitativen europäischen Normungs- und Harmonisierungstätigkeit abhängig, d. h. also von dem Maß, in dem Normen von der Europäischen Normungsorganisation CEN bzw. Leitlinien für europäische technische Zulassungen von der EOTA erarbeitet werden. Erst durch Bekanntmachung der Normen und Leitlinien im Bundesanzeiger werden bauordnungsrechtliche Verwendungsvorschriften (materielle Anforderungen) über Bauprodukte (Baustoffe, Bauteile und Bauarten) vom BauPG überlagert. Bis zu diesem Zeitpunkt sind allein die nationalen Verwendungsvorschriften des Bauordnungsrechts anzuwenden.

Gemäß § 2 Abs. 1 BauPG handelt es sich bei Bauprodukten um Baustoffe, Bauteile und Anlagen, die hergestellt werden, um dauerhaft in bauliche Anlagen eingebaut zu werden. Übereinstimmend mit der BPR werden die baulichen Anlagen des Hochbaus wie auch des Tiefbaus erfasst.

Eine der folgenden **Voraussetzungen** muss für die Anwendbarkeit des Bauproduktengesetzes auf ein Bauprodukt erfüllt sein:
- Es liegen harmonisierte oder anerkannte Normen nach der Bauproduktenrichtlinie vor (§ 3 Abs. 1 Satz 1 Nr. 1 BauPG) oder

- für das Bauprodukt oder den Produktbereich sind Leitlinien für die europäische technische Zulassung erarbeitet worden (§ 3 Abs. 1 Satz 1 Nr. 2 BauPG) oder
- die Erteilung europäischer technischer Zulassungen ohne Leitlinien ist möglich (§ 3 Abs. 1 Satz 1 Nr. 3 BauPG) oder
- das Bauprodukt ist in der Liste der Bauprodukte, die in Bezug auf die wesentlichen Anforderungen nur eine untergeordnete Bedeutung haben, aufgenommen (§ 3 Abs. 1 Satz 1 Nr. 4 BauPG).

12 Ohne weitere Voraussetzungen ist das BauPG anwendbar, wenn ein Hersteller für sein Bauprodukt eine europäische technische Zulassung erhalten hat. Diese Zulassung gilt, im Gegensatz zur allgemeinen bauaufsichtlichen Zulassung, nur für das Bauprodukt des Herstellers, der sie beantragt hat (**Herstellerbezogenheit der ETA**).

ab) Brauchbarkeit (§ 5 Abs. 1 BauPG):

13 Analog zur BPR definiert sich die **Brauchbarkeit** eines Bauproduktes über die wesentlichen Anforderungen (vgl. vor § 17 RNr. 5), die es für den Verwendungszweck zu erfüllen hat. Hinzu kommt der Aspekt der **Gebrauchstauglichkeit**. Danach muss ein Bauprodukt solche Merkmale aufweisen, dass die bauliche Anlage, für die es verwendet werden soll, bei ordnungsgemäßer Instandhaltung, dem Zweck entsprechend während einer angemessenen Zeitdauer und unter Berücksichtigung der Wirtschaftlichkeit gebrauchstauglich ist. Die harmonisierten oder anerkannten Normen konkretisieren, was brauchbar im Sinne des Bauproduktengesetzes ist. Entspricht ein Bauprodukt diesen Normen oder weicht es nur unwesentlich von ihnen ab, bedarf es keines weiteren Brauchbarkeitsnachweises. In diesem Fall spricht die gesetzliche aber widerlegbare Vermutung für die Brauchbarkeit eines Bauproduktes (**Vermutungsfall**).

14 Bei wesentlicher Abweichung von einer bekannt gemachten Norm, bedarf es eines gesonderten Brauchbarkeitsnachweises (**Abweichensfall**). Hierfür sieht das BauPG als Instrumente die europäische technische Zulassung und die Erstprüfung des Bauproduktes durch eine Prüfstelle vor. In der bekannt gemachten Norm wird hierbei festgeschrieben, welches Instrument im Abweichensfall Anwendung findet.

15 Wenn für ein Bauprodukt noch keine harmonisierte oder anerkannte Norm bekannt gemacht wurde (§ 5 Abs. 4 BauPG, **Nichtvorliegensfall**), eröffnet sich die Möglichkeit, die Brauchbarkeit mittels einer europäischen technischen Zulassung zu führen, wenn für dieses Bauprodukt Leitlinien für die technische Zulassung vom Zusammenschluss der von den Mitgliedstaaten der Europäischen Union bestimmten Zulassungsstellen verabschiedet worden sind. Ebnet die Norm den Weg der Zulassung, so besteht bei Vorliegen einer im Bundesanzeiger bekannt gemachten Leitlinie ein Rechtsanspruch auf Erteilung der europäischen technischen Zulassung. Aber auch ohne Vorliegen einer Leitlinie (§ 3 Abs. 1 Nr. 3 BauPG) kann auf Antrag des Herstellers eine europäische technische Zulassung erteilt werden. Auf diese Möglichkeit hat der Hersteller jedoch keinen Rechtsanspruch, zumal vor Erteilung der Zulassung die europäische Kommission dies gestatten muss und die stimmberechtigten Zulassungsstellen der anderen Mitgliedstaaten einvernehmlich darüber befinden müssen. Im Nichtvorliegensfall darf der Hersteller sein Bauprodukt alternativ nach nationalen Verwendungsvorschriften (Abs. 1 Satz 1 Nr. 1) in den Verkehr bringen (§ 4 Abs. 2 Bau PG), weil keine bekannt gemachte Norm existiert, die den nationalen Weg ausschließen könnte. Zum CE-Zeichen führt allerdings nur der Weg über die europäische technische Zulassung.

§ 4 Abs. 2 BauPG ermöglicht aber auch, dass – trotz Vorliegen einer bekannt gemachten Norm oder Leitlinie – ein Bauprodukt nach nationalen Vorschriften (Abs.1 Satz 1 Nr. 1) in Verkehr gebracht und verwendet werden darf, wenn in einer harmonisierten Norm oder einer dem Hersteller erteilten europäischen technischen Zulassung nichts gegenteiliges bestimmt ist.

16

Für den Fall, dass ein **Bauprodukt nur für die Verwendung im Einzelfall** bestimmt ist, gelten ausschließlich die bauordnungsrechtlichen Verwendungsvorschriften, weil das Bauprodukt ja nicht in den Verkehr gebracht wird. Derartige Bauprodukte dürfen kein CE-Zeichen tragen (§ 4 Abs. 4 BauPG).

17

Ferner kann es sich um untergeordnete Bauprodukte handeln, welche in der im Bundesanzeiger bekannt gemachten **Liste gemäß § 3 Abs. 1 Satz 1 Nr. 4 BauPG** aufgenommen sind.

18

ac) Konformitätsnachweisverfahren: §§ 8 ff. BauPG:

Das Konformitätsnachweisverfahren bezieht sich auf den Produktionsprozess. Hier wird geprüft, ob ein in Serie gefertigtes Bauprodukt entsprechend der ihm zugrunde liegenden Norm oder Zulassung gefertigt wird. Für alle drei Brauchbarkeitsfälle – Vermutungsfall, Abweichensfall und Nichtvorliegensfall – ist das Konformitätsnachweisverfahren durchzuführen. Auf welche Art dies zu geschehen hat, ergibt sich nach § 8 Abs. 4 BauPG aus den bekannt gemachten harmonisierten oder anerkannten Normen bzw. aus bekannt gemachten Leitlinien für europäische technische Zulassungen (ETA) oder aus der bekannt gemachten ETA selbst. Für Abweichensfälle, bei denen die Brauchbarkeit statt über die europäische technische Zulassung durch Erstprüfung des Bauprodukts durch eine zugelassene Prüfstelle nachgewiesen wird, ergibt sich der erforderliche Konformitätsnachweis aus § 5 Abs. 5 BauPG.

19

Gemäß § 8 Abs. 2 BauPG kann das Nachweisverfahren der Konformität aus folgenden Elementen bestehen:
– Erstprüfung des Bauprodukts durch den Hersteller,
– Erstprüfung des Bauprodukts durch eine Prüfstelle,
– Prüfungen von im Werk entnommenen Proben nach festgelegtem Prüfplan durch den Hersteller oder eine Prüfstelle,
– Stichprobenprüfung von im Werk, im freien Verkehr oder auf der Baustelle entnommenen Proben durch den Hersteller oder eine Prüfstelle,
– Prüfung von Proben aus einem zur Lieferung anstehenden oder gelieferten Los durch den Hersteller oder eine Prüfstelle,
– ständige Eigenüberwachung der Produktion durch den Hersteller (werkseigene Produktionskontrolle),
– Erstinspektion des Werkes und der werkseigenen Produktionskontrolle durch eine Überwachungsstelle oder durch
– laufende Überwachung, Beurteilung und Auswertung der werkseigenen Produktionskontrolle durch eine Überwachungsstelle.

20

ad) Prüf-, Überwachungs- und Zertifizierungsstellen:

Durch ein Netz von Prüf-, Überwachungs- und Zertifizierungsstellen wird sichergestellt, dass Bauprodukte, die hinsichtlich der sechs wesentlichen Anforderungen von Bedeutung sind (vgl. vor § 17 RNr. 5), von sachverständigen Stellen auf ihre Konformität (Übereinstimmung) mit dem technischen Bezugsdokument überprüft werden. Dies gilt

21

für die Fälle, wo eine Eigenüberwachung des Herstellers nicht ausreicht. Die bekannt gemachte Norm oder die europäische technische Zulassung trifft Festlegungen, welche Stellen im Rahmen des Konformitätsnachweis- Verfahrens einzubinden sind. Das Verfahren mündet in der Hersteller-Erklärung über die Konformität des Bauproduktes mit der technischen Spezifikation.

22 Die sachverständigen Stellen bedürfen einer formalen Anerkennung als Prüf-, Überwachungs- oder Zertifizierungsstelle. Anerkennungen für mehrere Funktionen sind möglich. Die Stellen bzw. die Anerkennungsbehörden werden nach Landesrecht bestimmt. Sie befinden über die Anträge (§ 11 Abs. 1 BauPG) bezüglich der Tätigkeit als
- Prüfstelle im Rahmen des Verfahrens zur Erteilung einer europäischen technischen Zulassung sowie der besonderen Brauchbarkeitsnachweise nach § 9 Abs. 4 BauPG (§ 11 Abs. 1 Nr. 1 BauPG),
- Prüfstelle im Rahmen des Konformitätsnachweis- Verfahrens nach § 11 Abs. 1 Nr. 2 BauPG,
- Überwachungsstelle nach § 11 Abs. 1 Nr. 3 BauPG oder
- Zertifizierungsstelle für Produkt- oder Produktionszertifizierungen nach § 11 Abs. 1 Nr. 4 BauPG.

23 Das BauPG bestimmt, dass die nach Landesrecht zuständige oder von der Landesregierung bestimmte Behörde, dem Bundesminister für Raumordnung, Bauwesen und Städtebau die jeweils anerkannten Stellen unter Angabe des Umfanges der Anerkennung mitzuteilen hat. Der Bundesminister meldet die sachverständigen Stellen an die Kommission weiter. Der Hersteller hat ein Wahlrecht, an welche anerkannte Stelle er sich wendet, wobei er nicht an Stellen im Geltungsbereich des BauPG (deutsche Stellen) gebunden ist.

24 Das BauPG enthält Vorschriften über das **Verbot unrechtmäßig mit dem CE-Zeichen gekennzeichneter Bauprodukte,** das **Betretungsrecht** (der Herstellungsräumlichkeiten) und über Bußgeldvorschriften.

25 Der Bundesminister für Raumordnung, Bauwesen und Städtebau macht im Bundesanzeiger bekannt für welche Bauprodukte auf EU-Ebene Normen oder Leitlinien vorliegen. In Deutschland werden Normen durch so genannte DIN-EN-Normen umgesetzt und veröffentlicht.

b) Die Bauproduktenrichtlinie umsetzende Vorschriften anderer Staaten:

26 **Abs. 1 Nr. 2 b** behandelt die mit dem Bauproduktengesetz vergleichbaren Vorschriften der Mitgliedstaaten der Europäischen Gemeinschaften oder anderer Vertragsstaaten des Abkommens über den europäischen Wirtschaftsraum, die der Umsetzung der Bauproduktenrichtlinie dienen.

c) Vorschriften – auch anderer Staaten – die nicht die Bauproduktenrichtlinie, sondern andere (für Bauprodukte relevante) europäische Richtlinien umsetzen:

27 Nach **Abs. 1 Nr. 2 c** dürfen Bauprodukte verwendet werden, wenn ihre CE-Kennzeichnung auf Vorschriften beruht, die nicht die Bauproduktenrichtlinie, sondern andere EU-Richtlinien umsetzen, soweit diese die wesentlichen Anforderungen an die Brauchbarkeit (§ 5 Abs. 1 BauPG, vgl. vor § 17 RNr. 5) berücksichtigen.

28 Soweit eine Vorschrift nicht alle wesentlichen Anforderungen an die Brauchbarkeit berücksichtigt, greifen zusätzlich die Verwendungsvorschriften der §§ 17 ff. Das bedeutet,

dass dieses Bauprodukt neben dem CE-Zeichen (bezüglich der Verwendbarkeit nach Kriterien der Vorschriften, die andere EU-Richtlinien umsetzen) auch eines Ü-Zeichens bedarf, wenn sich aus der **Bauregelliste B** Anforderungen an dieses Bauprodukt ergeben (vgl. Abs. 7, RNr. 56). In der Bauregelliste B wird für diese Fälle bekannt gemacht
– welche wesentlichen Anforderungen nach § 5 Abs. 1 BauPG von den Umsetzungsvorschriften anderer Richtlinien nicht abgedeckt werden und
– welche weiteren Anforderungen gemäß § 3 Abs. 2 und §§ 17 ff. zu erfüllen sind.

d) Außerhalb Europas hergestellte Bauprodukte:

Bauprodukte, die nicht in Mitgliedsstaaten der Europäischen Gemeinschaften oder in anderen Vertragsstaaten des Abkommens über den europäischen Wirtschaftsraum hergestellt wurden, aber aufgrund von Vorschriften, die die BPR umsetzen (dazu gehört auch das Bau PG) ein CE-Zeichen erlangt haben, welches auch die Klassen- und Leistungsstufen der Bauregelliste B enthält, dürfen ihrem Zweck entsprechend verwendet werden. Ein ordnungsgemäßes Zustandekommen der CE-Kennzeichnung wird vorausgesetzt. Anstelle der Klassen- und Leistungsstufe genügt auch die Angabe der Leistung des Bauproduktes.

29

Für die CE-Kennzeichnung nach Bau PG ist dabei ein innerhalb der EU bzw. des EWR ansässiger Vertreter des Herstellers oder der Importeur des Produktes voll verantwortlich. Die CE-Kennzeichnung darf nur vorgenommen werden, wenn die Konformität des Bauproduktes mit der ihm zu Grunde liegenden technischen Spezifikation (harmonisierende Norm oder europäische technische Zulassung) in dem vorgeschriebenen Konformitätsbescheinigungsverfahren bestätigt ist.

30

3. Sonstige Bauprodukte

Abs. 1 Satz 2 befasst sich mit den sonstigen Bauprodukten.

31

Hierunter fallen Bauprodukte, die nicht
– nach Abs. 1 Nr. 2 in den Verkehr gebracht und gehandelt werden müssen;
– zu den geregelten und nicht geregelten Bauprodukten des Abs. 1 Nr. 1 gehören oder
– in Liste C aufgeführt sind.

Es handelt sich also um Bauprodukte, die allgemein anerkannten Regeln der Technik entsprechen, die nicht in der Bauregelliste A bekannt gemacht sind. Einer Kennzeichnung mit dem Ü-Zeichen bedarf es grundsätzlich nicht. Beispiele für sonstige Bauprodukte sind Rohre für das Gas- und Wasserhandwerk und Kabel. Sonstige Bauprodukte sind auch die **außerhalb des Europäischen Wirtschaftsraumes hergestellten Bauprodukte**, wenn sie nach den in Deutschland allgemein anerkannten Regeln der Technik hergestellt werden.

32

Auch wenn ein Bauprodukt von der ihm entsprechenden allgemein anerkannten Regel der Technik abweicht, muss kein besonderer Verwendbarkeitsnachweis (allgemeine bauaufsichtliche Zulassung, allgemeines bauaufsichtliches Prüfzeugnis, Zustimmung im Einzelfall – vgl. Abs. 3) erbracht werden. Erst wenn die Abweichung des Bauproduktes von der allgemein anerkannten Regeln der Technik sich als Aliud erweist, d. h. die Abweichung so entscheidend ist, dass das Bauprodukt mit der technischen Regel auf die es sich beziehen soll, nichts mehr zu tun hat, greift Satz 2 nicht mehr. Dann handelt es sich um ein nicht geregeltes Bauprodukt, für das ein besonderer Verwendbarkeits-

33

nachweis gemäß Abs. 3 erforderlich ist, sofern es nicht technischen Regeln der Bauregelliste A entspricht oder von denen unwesentlich abweicht oder in der Liste C enthalten ist. Bauprodukte, für die es zwar technische Regeln gibt, die aber nicht allgemein anerkannte Regeln der Technik sind und auch nicht in der Bauregelliste A aufgeführt sind, zählen nicht zu den sonstigen Bauprodukten. Auch in diesen Fällen handelt es sich um nicht geregelte Bauprodukte, die eines besonderen Verwendbarkeitsnachweises nach Abs. 3 bedürfen.

Abs. 2, Bauregelliste A:

34 **Abs. 2 Satz 1** verpflichtet das Deutsche Institut für Bautechnik (DIBt) für Bauprodukte die technischen Regeln in der Bauregelliste A bekannt zu machen, die der Erfüllung bauordnungsrechtlicher Anforderungen dienen. Das DIBt veröffentlicht die Bauregelliste A in den Mitteilungen des DIBt (Bezugsquelle: Ernst & Sohn Verlag GmbH, Bühringstr. 10, 13086 Berlin). **Voraussetzung für die Aufnahme technischer Regeln in die Bauregelliste A** ist, dass für die Verwendbarkeit der Bauprodukte *nicht nur* die Vorschriften nach
   – dem BauPG (Abs. 1 Nr. 2 a),
   – dem BauPG vergleichbarer Umsetzungsvorschriften der EG-Mitgliedsstaaten oder anderer Vertragsstaaten des Abkommens über den Europäischen Wirtschaftsraum (Abs. 1 Nr. 2 b) oder
   – anderer Umsetzungsvorschriften sonstiger Richtlinien der Europäischen Gemeinschaften (Abs. 1 Nr. 2 c)
   gelten. Dies ist der Fall, wenn
   – der europäische Weg mangels harmonisierter Normen nicht möglich ist,
   – harmonisierte Normen den nationalen Weg nicht ausschließen oder
   – Umsetzungsvorschriften sonstiger EG-Richtlinien, die wesentliche Anforderungen des BauPG nicht abdecken und dies in der Bauregelliste B (vgl. RNrn. 56 ff.) bekannt gemacht ist.

35 Die Bauregelliste A enthält **technische Regeln**, die zur Erfüllung der bauordnungsrechtlichen Anforderungen an bauliche Anlagen erforderlich sind. Zu diesen technischen Regeln gehören Produktnormen, Prüfnormen und Berechnungsnormen, aber auch
   – allgemein anerkannte Regeln der Technik,
   – Vornormen des DIN oder andere technischer Regelsetzungen,
   – Europäische Normen (DIN-EN-Normen), Bestimmungen oder technische Vorschriften, die keine nach BauPG harmonisierten Normen sind und das festgelegte Schutzniveau gleichermaßen erreichen oder
   – technische Regeln für Bauprodukte, für die der Anwendungsbereich des BauPG eröffnet ist, deren technisches Bezugsdokument jedoch nicht andere bislang angewandte Regeln ausschließt (Wahlrecht des Herstellers zwischen europäischen und nationalen Weg).

36 Die Bauregelliste A ist in drei Teile gegliedert. Dabei beziehen sich die Teile 1 und 2 auf Bauprodukte und Teil 3 auf Bauarten. Bauprodukte der Bauregelliste A benötigen für ihre Verwendung vor Ort einen Übereinstimmungsnachweis.

a) **Bauregelliste A Teil 1** enthält die **geregelten Bauprodukte** und ist in 5 Spalten gegliedert:

lfd. Nr.	Bauprodukt	Technische Regeln	Übereinstimmungsnachweis	Verwendbarkeitsnachweis bei wesentl. Abweichung von den technischen Regeln
1	2	3	4	5
1.6.5	Stahlbetonhohldielen aus Leichtbeton mit haufwerksporigem Gefüge	DIN 4028: 1982-01 Zusätzlich gilt: Anlagen 1.8, 1.15, 1.31 und 1.33. Je nach Bauprodukt gilt: DIN 4102-4: 1994-03 in Verbindung mit Anlage 0.1.1	ÜZ, gilt auch für Nichtserienfertigung	Z

Auszug aus Bauregelliste A Teil 1, veröffentlicht in den Mitteilungen des DIBt, 2007/1, Sonderheft 34

Besondere Bedeutung erhält die Spalte 4, aus der hervorgeht, welcher Art der Nachweis der Übereinstimmung des Bauproduktes mit der ihm zugrunde liegenden Norm zu sein hat. Dieses Übereinstimmungsnachweisverfahren entspricht weitgehend dem Konformitätsnachweisverfahren des BauPG.

Zu Unterscheiden sind (§§ 22 ff.):
ÜH: Übereinstimmungserklärung des Herstellers
ÜHP: Übereinstimmungserklärung des Herstellers nach vorheriger Prüfung des Bauproduktes durch eine anerkannte Prüfstelle
ÜZ: Übereinstimmungszertifikat durch eine anerkannte Zertifizierungsstelle

Weicht ein Bauprodukt wesentlich von der technischen Regelung der Spalte 3 ab, so ist der Spalte 5 zu entnehmen, auf welche Art der besondere Verwendbarkeitsnachweis zu führen ist. Dabei bedeuten:
Z: Allgemeine bauaufsichtliche Zulassung
P: Allgemeines bauaufsichtliches Prüfzeugnis

In welchen Fällen ein Bauprodukt wesentlich von der technischen Regel der Spalte 3 abweicht, kann nur im Einzelfall entschieden werden. Bei dieser Beurteilung wird das Bauprodukt selbst, die Ausgestaltung der technischen Regel und die Sicherheitsrelevanz in die Beurteilung mit einzubeziehen sein.

b) **Bauregelliste A Teil 2** beinhaltet nicht geregelte Bauprodukte, für die es technische Baubestimmungen oder allgemein anerkannte Regeln der Technik nicht gibt. Auch hier werden tabellarisch die notwendigen Verwendbarkeits- und Übereinstimmungsnachweise aufgeführt. Bauprodukte der Bauregelliste A Teil 2 bedürfen als Verwendbarkeitsnachweis nur das allgemeine bauaufsichtliche Prüfzeugnis (§ 19)

Dabei werden zwei Bauproduktarten unterschieden:

39 **ba) Bauprodukte, deren Verwendung nicht der Erfüllung erheblicher Anforderungen an die Sicherheit dienen:**

Einer vierspaltigen Übersicht kann entnommen werden, welcher Übereinstimmungsnachweis hier notwendig ist. Als Verwendbarkeitsnachweis reicht grundsätzlich ein allgemeines bauaufsichtliches Prüfzeugnis (P) aus.

lfd. Nr.	Bauprodukt	Verwendbarkeits-nachweis	Übereintimmungs-nachweis
1	2	3	4
1.3	Normalentflammbare Bahnen für Dach- und Bauwerksabdichtung, die nicht den Produkten 10.1 bis 10.22 in Bauregelliste A Teil 1 zugeordnet werden können	P	ÜH

Auszug aus Bauregelliste A Teil 2, veröffentlicht in den Mitteilungen des DIBt, 2007/1, Sonderheft 34

40 **bb) Bauprodukte, die nach allgemein anerkannten Prüfverfahren beurteilt werden:**

In Spalte 4 stehen die anerkannten Verfahren, nach denen die Bauprodukte geprüft werden. Auch hier reicht als Verwendbarkeitsnachweis das allgemeine bauaufsichtliche Prüfzeugnis aus.

lfd. Nr.	Bauprodukt	Verwendbarkeits-nachweis	anerkanntes Prüfverfahren nach	Übereinstimmungsnachweis
1	2	3	4	5
2.13	Horizontal eingebaute Rauchabzüge	P	DIN 18232-3: 1984-09 Zusätzlich gilt: Anlage 2	ÜH

Auszug aus Bauregelliste A Teil 2, veröffentlicht in den Mitteilungen des DIBt, 2007/1, Sonderheft 34

41 c) **Bauregelliste A Teil 3** beinhaltet nicht Bauprodukte, sondern **Bauarten, die von Technischen Baubestimmungen wesentlich abweichen oder für die es allgemein anerkannte Regeln der Technik nicht oder nicht für alle Anforderungen gibt,** für die jedoch ein allgemeines bauaufsichtliches Prüfzeugnis als Anwendbarkeitsnachweis ausreicht. Näheres siehe § 21 RNr. 3.

42 In **Abs. 2 Satz 2** wird durch den Bezug auf § 3 Abs. 3 Satz 1 klargestellt, dass die in der Bauregelliste A enthaltenen Normen den eingeführten Technischen Baubestimmungen gleichgestellt sind und somit bauordnungsrechtlich zu beachten sind.

Abs. 3 Satz 1 beschreibt den Bereich der nicht geregelten Bauprodukte. Darunter fallen Bauprodukte
- für die es allgemein anerkannte Regeln der Technik nicht gibt,
- die die Anforderungen des europäischen Weges des Abs. 1 Nr. 2 nicht erfüllen oder
- die von den technischen Regeln der Bauregelliste A nicht unwesentlich abweichen.

Ferner werden die besonderen Verwendbarkeitsnachweise aufgeführt, mit deren Hilfe die Verwendung eines nicht geregelten Bauproduktes ermöglicht wird:
- die allgemeine bauaufsichtliche Zulassung (§ 19),
- das allgemeine bauaufsichtliche Prüfzeugnis (§ 19 a), sowie
- die Zustimmung zur Verwendung von Bauprodukten im Einzelfall (§ 20).

Welcher besondere Verwendbarkeitsnachweis zu führen ist, hängt vom Bauprodukt und seinem Verwendungszweck ab. Nicht geregelte Bauprodukte, für die es allgemein anerkannte Regeln der Technik nicht gibt, die jedoch in Liste C aufgenommen sind, bedürfen keines besonderen Verwendbarkeitsnachweises.

In Abs. 3 Satz 2 wird die **Liste C** eingeführt. Dort werden nur nicht geregelte Bauprodukte aufgeführt, die in Bezug auf die bauordnungsrechtlichen Anforderungen eine untergeordnete Bedeutung haben. Sie bedürfen weder eines Verwendbarkeitsnachweises noch einer Kennzeichnung mit dem Ü-Zeichen. Dies gilt auch für Bauprodukte, die außerhalb des Europäischen Wirtschaftsraumes hergestellt wurden. Ob ein Bauprodukt untergeordneter Bedeutung ist, hängt davon ab, ob es von seinem Verwendungszweck her die allgemeinen Anforderungen an die Bauausführung (Teil III, Abschnitt 2, §§ 12 bis 16 BauO Bln) zu erfüllen hat. Werden entsprechende Anforderungen gestellt, so darf dieses Bauprodukt nicht in die Liste C aufgenommen werden. Liste C darf nur Bauprodukte enthalten, für die es allgemein anerkannte Regeln der Technik nicht gibt. Hierin liegt die Abgrenzung zu den in Abs. 1 Satz 2 beschriebenen sonstigen Bauprodukten (vgl. RNr. 31). Beispiele für in die Liste C aufgenommene Bauprodukte sind Dachunterspannbahnen und deren Befestigungen, Randdämmstreifen für Estriche und Lüftungsleitungen einschließlich Zubehör. Das DIBt veröffentlicht die Liste C in den Mitteilungen des DIBt (Bezugsquelle: siehe RNr. 34).

Abs. 4 enthält für die für das Bauwesen zuständige Senatsverwaltung eine Verordnungsermächtigung, um **Bauprodukte, die Anforderungen auch anderer Rechtsvorschriften unterfallen**, den bauordnungsrechtlichen Verwendbarkeits- und Übereinstimmungsnachweisverfahren der §§ 17 bis 20 und §§ 22 bis 25 zu unterwerfen. Für die Feststellung der wasserrechtlichen Eignung bestimmter Bauprodukte hat die Senatsverwaltung für Stadtentwicklung durch § 14 der **Verordnung über Regelungen für Bauprodukte und Bauarten** (Bauprodukte- und Bauarten- Verordnung – **BauPAVO**) vom 26. März 2007 (GVBl. S. 148) Gebrauch gemacht. Voraussetzung ist, dass diese Bauprodukte der Definition des § 2 Abs. 9 entsprechen. Für Bauprodukte, die auf Grund § 1 Abs. 2 nicht vom Geltungsbereich dieses Gesetzes erfasst sind, gilt die Verordnungsermächtigung nicht. Eine vergleichbare Verordnungsermächtigung enthält § 21 Abs. 2 für Bauarten. Von der Verordnungsermächtigung, den Verwendbarkeitsnachweis auch im Wege des Nachweises der Verwendbarkeit von Bauprodukten im Einzelfall zu führen (§ 20), wurde kein Gebrauch gemacht.

Regelungsinhalt einer solchen Rechtsverordnung kann auch sein, dass für ein sonstiges Bauprodukt nach Bauordnungsrecht, wegen seiner Bedeutung in anderen Rechtsvorschriften, technische Regeln in die Bauregelliste A aufgenommen werden müssen. Damit würde dieses ursprünglich sonstige Bauprodukt auch einer Ü-Kennzeichnungspflicht unterworfen werden.

49 **Abs. 5** zielt auf die **Qualitätssicherung sicherheitsrelevanter Bauprodukte** ab, die einer besonders sorgfältigen Ausführung bedürfen. Beim Herstellungsprozess kann durch Personal, welches über entsprechende Fachkenntnisse (Sachkunde) und Erfahrungen verfügt oder durch eine entsprechende Ausstattung des Betriebes mit besonderen Vorrichtungen, wie Maschinen, Geräten oder Werkzeugen die Qualität eines Bauproduktes sichergestellt werden. Zu diesem Zweck kann in der allgemeinen bauaufsichtlichen Zulassung, in der Zustimmung im Einzelfall oder durch Rechtsverordnung der für das Bauwesen zuständigen Senatsverwaltung vorgeschrieben werden, dass der Hersteller über entsprechende Fachkräfte oder Vorrichtungen verfügen muss. Vom Hersteller müssen etwaige Nachweise über Fachkräfte oder Vorrichtungen gegenüber einer Prüfstelle gemäß § 25 Abs. 1 Nr. 6 nachgewiesen werden, die von der für das Bauwesen zuständigen Senatsverwaltung anerkannt ist.

50 **Abs. 5 Satz 2** ermächtigt die Senatsverwaltung durch Rechtsverordnung auch Mindestanforderungen an die Ausbildung und die durch Prüfung nachzuweisende **Befähigung von Fachkräften**, deren Ausbildungsstätten, sowie deren Anerkennungsvoraussetzungen zu stellen. Durch § 10 BauPAVO hat die Senatsverwaltung für Stadtentwicklung von dieser Verordnungsermächtigung Gebrauch gemacht: Die Regelung enthält Anforderungen an Hersteller von Bauprodukten und die Anwendung von Bauarten beispielsweise für die Ausführung von Leimarbeiten von **Brettschichtholz** oder für die Ausführung von **Schweißarbeiten** zur Herstellung tragender Stahlbauteilen.

51 Durch Auflagen kann im Einzelfall zur Gewährung der Produktsicherheit, die Produktherstellung auf den Ersthersteller beschränkt werden (vgl. § 18 RNr. 4). Die besonderen Anforderungen des Abs. 5 beziehen sich ausschließlich auf Bauprodukte für die das nationale Verwendbarkeits- und Übereinstimmungsverfahren gilt (vgl. Abs. 1 Nr. 1).

52 An Bauprodukte des Abs. 1 Nr. 2, die nach dem BauPG, entsprechende Vorschriften anderer Staaten der EG bzw. des EWR oder anderer der Umsetzung sonstiger EG-Richtlinien dienender Vorschriften in Verkehr gebracht werden, dürfen diese besonderen Anforderungen nicht gestellt werden. Für diese Bauprodukte können in den entsprechenden technischen Spezifikationen vergleichbare Anforderungen festgeschrieben sein.

53 **Abs. 6** behandelt den **Umgang mit Bauprodukten**, die bereits das nationale Verwendbarkeits- und Übereinstimmungsnachweisverfahren bzw. das europäische Brauchbarkeits- und Konformitätsnachweisverfahren durchlaufen haben und entsprechend verwendet werden dürfen. Haben diese Bauprodukte **besondere Eigenschaften** oder sollen diese Bauprodukte für **besondere Verwendungszwecke** eingesetzt werden, die eine besondere Sorgfalt bezüglich Einbau, Transport, Instandhaltung oder Reinigung voraussetzen, können Überwachungen durch anerkannte Überwachungsstellen (§ 25 Abs. 1 Nr. 5) erforderlich sein. Voraussetzung ist, dass dies in der allgemeinen bauaufsichtlichen Zulassung, der Zustimmung im Einzelfall oder durch Rechtsverordnung der für das Bauwesen zuständigen Senatsverwaltung vorgeschrieben ist. In § 13 BauPAVO sind Tätigkeiten beschrieben, wie z. B. der Einbau von Verpressankern, die durch Überwachungsstellen nach § 25 Abs.1 Satz 1 Nr. 5 überwacht werden müssen. Im Unterschied zu Abs. 5 gilt diese Regelung auch für Bauprodukte, deren Verwendbarkeit sich aus Abs. 1 Nr. 2 herleitet (europäischer Weg), da der Handel und das Inverkehrbringen dieser Bauprodukte durch die Regelungen des Abs. 6 nicht behindert werden.

54 **Besondere Eigenschaften** können in diesem Zusammenhang Materialeigenschaften sein, die es – z. B. beim Einbau eines Bauproduktes durch Verschraubung – erforder-

lich machen, dass bestimmte Drehmomente, die den Anpressdruck regulieren, nicht über- oder unterschritten werden dürfen.

Besondere Verwendungszwecke liegen beispielsweise vor, wenn ein Bauprodukt über den üblichen Verwendungszweck hinaus höhere Anforderungen erfüllen soll, dies aber eine besondere Art des Einbaus erforderlich macht. Einbau, Transport, Instandhaltung und Reinigung können, werden sie unsachgemäß vorgenommen, Einflüsse auf ein Bauprodukt haben, die dem Verwendungszweck nicht mehr gerecht werden. Die Überwachung dieser Tätigkeiten soll dies vermeiden helfen.

Bauregelliste B:

In **Abs. 7** wird die Bauregelliste B eingeführt, in die Bauprodukte aufgenommen werden, die nach den Vorschriften des § 17 Abs. 1 Nr. 2 a, b und c in Verkehr gebracht und gehandelt werden dürfen und die CE-Kennzeichnung tragen. Abs. 7 ergänzt den Abs. 1 Satz 1 Nr. 2. Danach hat das CE-Zeichen die nach **Abs. 7 Nr. 1** festgelegten **Klassen und Leistungsstufen** auszuweisen oder die **Leistung des Bauproduktes** anzugeben. Die Leistung des Bauproduktes ist als Produkteigenschaft (der Musterbauordnung folgend) neu in die BauO Bln aufgenommen worden, weil in den meisten nationalen Normen Leistungsanforderungen an ein Produkt nicht in Klassen oder Leistungsstufen kategorisiert werden, sondern in Leistungsangaben ihren Niederschlag finden.

Schon die Bauproduktenrichtlinie berücksichtigt bei der Verwendung von Bauprodukten die unterschiedlichen Bedingungen geografischer, klimatischer und sonstigen Gegebenheiten in den Mitgliedstaaten. In Grundlagendokumenten und technischen Spezifikationen (Normen und europäische technische Zulassungen) können deshalb für die wesentlichen Anforderungen (vor §17 RNr. 5) Klassen und Leistungsstufen festgelegt oder die Leistung des Bauprodukts angegeben werden. Die Harmonisierung der Leistungsniveaus geschieht unter Mitwirkung der Mitgliedsstaaten, die der Europäischen Kommission die national erfassten Leistungsniveaus mitteilen. Die Kommission ihrerseits erteilt CEN, CENELEC oder EOTA Mandate zur Festlegung von Klassen- und Leistungsstufen innerhalb der sich ergebenden europäischen Spannen zwischen niedrigstem und höchstem Leistungsniveau.

Bei der Bauregelliste B handelt es sich nun um das Bindeglied zwischen einerseits nationalen Anforderungen an Bauprodukte für bestimmte Verwendungszwecke und andererseits europäischen Normen, Leitlinien und europäischen technischen Zulassungen. Bauregelliste B ist in zwei Teile gegliedert.

In der **Bauregelliste B Teil 1** werden die Regelungen des **Abs. 7 Nr. 1** tabellarisch umgesetzt. Hier werden die Klassen und Leistungsstufen festgelegt oder die Leistung des Bauprodukts angegeben, die ein Bauprodukt erfüllen muss, damit es allgemein oder für einen bestimmten Verwendungszweck verwendet werden darf. Zur Abgrenzung der Begriffe Klassen- und Leistungsstufen vgl. Graf von Bernstorff, Swen: Musterbauordnung ./. Bauprodukte, Köln, Bundesanzeiger, 1994, S. 106 RNr. 91.

§ 17 RNr. 60

lfd. Nr.	Bauprodukt		In Abhängigkeit vom Verwendungszweck erforderliche Stufen und Klassen
	Bezeichnung	Norm	
1	2	3	4
1.5.2	Werkmäßig hergestellte Dämmstoffe aus expandiertem Polystyrol (EPS)	EN 13163: 2001-05 In Deutschland umgesetzt durch DIN EN 13163:2001-10	Anlage 01 Zusätzlich gilt: Anlage 05

Auszug aus Bauregelliste B Teil 1, veröffentlicht in den Mitteilungen des DIBt, 2007/1, Sonderheft 34

Beispiel: Dem Bauprodukt „Werkmäßig hergestellte Dämmstoffe aus expandiertem Polystyrol (EPS)" liegen die Normen der Spalte 3 zu Grunde. Die für den Verwendungszweck erforderliche Leistung des Bauproduktes ist der Anlage 01 zur Bauregelliste B Teil 1 zu entnehmen. Anlage 01 legt fest, dass die in den Landesbauordnungen und in den Vorschriften auf Grund der Landesbauordnungen vorgeschriebenen Stufen, Klassen und Verwendungsbedingungen gelten. Dies sind in Berlin die von der Senatsbauverwaltung in der AV LTB bekannt gemachten Normen, die auf Grund § 3 Abs. 3 Satz 1 zu beachten sind. In der LTB ist DIN V 4108-10:2004-06 (Wärmeschutz und Energie Einsparung in Gebäuden – Anwendungsbezogene Anforderungen an Wärmedämmstoffe – Teil 10: Werkmäßig hergestellte Wärmedämmstoffe) enthalten. Unter 4.2.3 Polystyrol-Hartschaum (EPS) in Verbindung mit Tabelle 4 findet man dort für das o. g. Beispielprodukt die anwendungsbezogenen Anforderungen, sortiert nach den Einbausituationen „Dach, Decke" oder „Wand".

Spalte 4 des Beispiels enthält den Verweis „Zusätzlich gilt Anlage 03". Dort wird darauf hingewiesen, dass die harmonisierte Norm keine Festlegung für die Prüfung des Brandverhaltens des Bauproduktes enthält. Anlage 03 schreibt deshalb vor, dass das Brandverhalten des Baustoffs durch eine allgemeine bauaufsichtliche Zulassung (§ 18) festzulegen ist. Dies bedeutet, dass das Bauprodukt neben der CE-Kennzeichnung auch der Kennzeichnung mit dem Ü- Zeichen bedarf.

60 **Bauregelliste B Teil 2** setzt die Regelungen des **Abs. 7 Nr. 2** um. Sie enthält Bauprodukte, die aufgrund der sonstigen Richtlinien der Europäischen Gemeinschaften in Verkehr gebracht und gehandelt werden dürfen, jedoch nicht alle wesentlichen Anforderungen nach § 5 Abs. 1 BauPG berücksichtigen. Abs. 7 Nr. 2 ergänzt insofern Abs. 1 Nr. 2 c.

§ 17 RNr. 60

Bauregelliste B Teil 2 ist folgendermaßen aufgebaut:

lfd. Nr.	Bauprodukt	Vorschriften zur Umsetzung der EG-Richtlinien	In den Vorschriften nach Spalte 3 nicht berücksichtigte wesentliche Anforderungen nach § 5 Abs. 1 Bauproduktengesetz und die hierfür noch nachzuweisenden Produktmerkmale	Zusätzlich zur CE-Kennzeichnung erforderlicher Verwendbarkeits- und Übereinstimmungsnachweis für die Anforderungen nach Spalte 4	
1	2	3	4	5	6
1.2.1	Brandschutzklappen für Lüftungsleitungen	73/23/EWG 89/336/EWG 98/37/EG	Brandschutz: Feuerwiderstandsdauer, Dichtheit, Oberflächentemperatur, Auslöseeinrichtung und Rauchmelder	Z	– 1)

Auszug aus Bauregelliste B Teil 2, veröffentlicht in den Mitteilungen des DIBt, 2007/1, Sonderheft 34
Z: Allgemeine bauaufsichtliche Zulassung
1): Der erforderliche Übereinstimmungsnachweis wird in der Zulassung geregelt

Neben den Bauprodukten der Spalte 2 enthält die Tabelle in Spalte 3 Umsetzungsvorschriften der EG-Richtlinien, aufgrund derer ein Bauprodukt CE- gekennzeichnet ist. In Spalte 4 sind die wesentlichen Anforderungen aufgeführt, für die, da durch die Umsetzungsvorschriften der Spalte 3 nicht abgedeckt, national Verwendbarkeits- und Übereinstimmungsnachweise (Spalte 5 und 6) zu führen sind. Die betroffenen Bauprodukte bedürfen deshalb neben dem CE-Zeichen einer Kennzeichnung mit dem Ü-Zeichen um verwendet werden zu dürfen. Dem Beispiel aus der Tabelle ist also zu entnehmen, dass das CE-Zeichen, welches eine Brandschutzklappe für Lüftungsleitungen aufweist, auf Grund von Umsetzungsvorschriften der genannten EG-Richtlinien zustande gekommen ist. Da diese Vorschriften jedoch nicht die für den Verwendungszweck wesentliche Anforderung (vgl. vor § 17 RNr. 5) des Brandschutzes berücksichtigen, bedarf die Brandschutzklappe einer allgemeinen bauaufsichtlichen Zulassung (siehe Spalte 5). Das notwendige Übereinstimmungsnachweisverfahren (siehe Spalte 6) wird in der Zulassung geregelt.

§ 18 Allgemeine bauaufsichtliche Zulassung

(1) Das Deutsche Institut für Bautechnik erteilt eine allgemeine bauaufsichtliche Zulassung für nicht geregelte Bauprodukte, wenn deren Verwendbarkeit im Sinne des § 3 Abs. 2 nachgewiesen ist.

(2) ¹Die zur Begründung des Antrags erforderlichen Unterlagen sind beizufügen. ²Soweit erforderlich, sind Probestücke von der Antragstellerin oder vom Antragsteller zur Verfügung zu stellen oder durch Sachverständige, die das Deutsche Institut für Bautechnik bestimmen kann, zu entnehmen oder Probeausführungen unter Aufsicht der Sachverständigen herzustellen. ³§ 70 Abs. 1 Satz 3 gilt entsprechend.

(3) Das Deutsche Institut für Bautechnik kann für die Durchführung der Prüfung die sachverständige Stelle und für Probeausführungen die Ausführungsstelle und Ausführungszeit vorschreiben.

(4) ¹Die allgemeine bauaufsichtliche Zulassung wird widerruflich und für eine bestimmte Frist erteilt, die in der Regel fünf Jahre beträgt. ²Die Zulassung kann mit Nebenbestimmungen erteilt werden. ³Sie kann auf schriftlichen Antrag in der Regel um fünf Jahre verlängert werden; § 72 Abs. 2 Satz 2 gilt entsprechend.

(5) Die Zulassung wird unbeschadet der privaten Rechte Dritter erteilt.

(6) Das Deutsche Institut für Bautechnik macht die von ihm erteilten allgemeinen bauaufsichtlichen Zulassungen nach Gegenstand und wesentlichem Inhalt öffentlich bekannt.

(7) Allgemeine bauaufsichtliche Zulassungen nach dem Recht anderer Länder gelten auch im Land Berlin.

Erläuterungen:

1 I. § 18 regelt die formalen Voraussetzungen der allgemeinen bauaufsichtlichen Zulassung. Sie bestätigt die **Verwendbarkeit erheblich sicherheitsrelevanter, nicht geregelter Bauprodukte** (§ 17 Abs. 3) sowie die **Anwendbarkeit nicht geregelter Bauarten** (§ 21 Abs. 1 Satz 1). Die allgemeine bauaufsichtliche Zulassung ist der bedeutendste der besonderen Verwendbarkeitsnachweise. Sie kommt jedoch nur in Betracht, soweit für ein Bauprodukt nicht ein allgemeines bauaufsichtliches Prüfzeugnis (§ 19) ausreichend ist oder ein Bauprodukt nicht in der Liste C (§ 17 Abs. 3 Satz 2) bekannt gemacht ist. Zulassungspflichtige Bauprodukte bedürfen über den Verwendbarkeitsnachweis hinaus der Kennzeichnung mit dem **Ü-Zeichen**, welches die Übereinstimmung des Bauproduktes mit der ihm zu Grunde liegenden allgemeinen bauaufsichtlichen Zulassung bestätigt.

2 II 1. Zu **Abs. 1:** Die Anwendung **der allgemeinen bauaufsichtlichen Zulassung** liegt im Bereich der noch nicht geregelten, **neuen, innovativen Bauprodukte**, die sicher-

heitsrelevant sind und für die es noch keine allgemein anerkannten Regeln der Technik gibt, die in Bauregelliste A aufgenommen wurden. Ferner stellt sie den maßgeblichen Verwendbarkeitsnachweis dar, wenn ein Bauprodukt von einer technischen Regel der Bauregelliste A wesentlich abweicht und dort die allgemeine bauaufsichtliche Zulassung vorgeschrieben ist. Der Bauregelliste A ist auch zu entnehmen, ob ein allgemeines bauaufsichtliches Prüfzeugnis als Verwendbarkeits- bzw. Anwendbarkeitsnachweis ausreicht (vgl. § 19 Abs. 1).

2. Der **Nachweis der Verwendbarkeit** ist vom Antragsteller zu führen; Antragsteller können Hersteller, Verwender und Erfinder sein. Die Beurteilung des Antrags durch das DIBt erfolgt auf Grund der bauaufsichtlichen Vorschriften des Landes, in dem der Antragsteller seinen Wohn- oder Geschäftssitz hat. Liegt dieser außerhalb Deutschlands wird aufgrund der BauO Bln beschieden (siehe VwGO, § 52). Das Verwaltungsverfahren wird nach dem Gesetz über das Verfahren der Berliner Verwaltung vom 08. 12. 1976 (GVBl. Bln. S. 2735, zuletzt geändert durch Artikel III des Gesetzes vom 4. 5. 2005 (GVBl. S. 282) durchgeführt.

3. Die allgemeine bauaufsichtliche Zulassung wird **produktbezogen** und nicht – wie die europäische technische Zulassung (vgl. § 17 RNr. 12)- **herstellerbezogen** erteilt. Grundrechtlich geschützte Interessen des Erstherstellers gebieten eine Beschränkung der (Bauart-) Zulassung auf von ihm hergestellte Produkte nicht (U. v. 18. Juni 1997, BVerwG 4 C 8.95), denn sie wirkt als Verwaltungsakt in Gestalt einer Allgemeinverfügung und dient ausschließlich dem öffentlichen Interesse an Sicherheit beim Einsatz neuer Bauprodukte. Aus diesem Grunde ist sie wettbewerbsneutral gefasst. Der Schutz des Erstherstellers bezüglich seiner wirtschaftlichen Stellung ist durch das Zivilrecht sichergestellt (vgl. RNr. 12). Nur im Interesse der Produktsicherheit kann durch eine Auflage im Einzelfall die Produktherstellung an den Erststeller gebunden werden. (vgl. § 17 RNr. 51). In der Zukunft, wenn ausschließlich die Regelungen des § 17 Abs. 1 Nr. 2 (europäischer Brauchbarkeitsnachweis) maßgeblich sind, wird die herstellerneutrale allgemeine bauaufsichtliche Zulassung durch die europäische technische Zulassung ersetzt.

Zu Abs. 2: Das DIBt erteilt auf schriftlichen Antrag eine allgemeine bauaufsichtliche Zulassung, wenn die Verwendbarkeitsvoraussetzungen gem. § 3 Abs. 2 erfüllt sind. Dem Antrag auf Erteilung einer allgemeinen bauaufsichtlichen Zulassung sind die für die Beurteilung des Bauproduktes **erforderlichen Unterlagen** beizufügen. Neben zeichnerischen Darstellungen und schriftlichen Erläuterungen können vom DIBt, soweit erforderlich, folgende weitere Beurteilungsgrundlagen gefordert werden:
– Probestücke, die vom Antragsteller zur Verfügung zu stellen sind,
– Probestücke, die durch Sachverständige, die das DIBt bestimmen kann, zu entnehmen sind sowie
– Probeausführungen, die unter Aufsicht der Sachverständigen herzustellen sind.

Bei der **Behandlung des Antrages** auf Erteilung einer allgemeinen bauaufsichtlichen Zulassung durch das DIBt wird bezüglich der **Unvollständigkeit und Mängel eines Antrages** auf die Regelung des § 70 Abs. 1 Satz 3 – Behandlung des Bauantrages – abgestellt, der inhaltlich § 60 Abs. 2 BauO Bln a. F. entspricht.

Abs. 3 ermächtigt das DIBt
– für die Durchführung der Prüfung der Probestücke die sachverständige Stelle und
– für die Probeausführungen die Ausführungsstelle und die Ausführungszeit
zu bestimmen.

8   Nach **Abs. 4 Satz 1** wird die allgemeine bauaufsichtliche Zulassung widerruflich erteilt. Sie beinhaltet einen **Widerrufsvorbehalt** gemäß § 49 Abs. 2 Nr. 1 VwVfG. Entspricht ein Bauprodukt entgegen den Erwartungen zum Zeitpunkt des Zulassungsbescheides in der Praxis nicht den Verwendbarkeitsvoraussetzungen, kann die allgemeine bauaufsichtliche Zulassung widerrufen werden.

9   Die **Befristung**, die in der Regel 5 Jahre beträgt, hat den Sinn, innovative Bauprodukte in diesem Zeitpunkt zu erproben. Abhängig vom Einzelfall kann es geboten sein, kürzere oder längere Fristen festzulegen. Letzteres wird die Ausnahme sein und bedarf einer gesonderten Begründung durch den Antragsteller.

10 Auch **Nebenbestimmungen** können gem. **Abs. 4 Satz 2** im Zulassungsbescheid enthalten sein. Formell handelt es sich dabei um Auflagen gemäß § 36 Abs. 2 Nr. 4 VwVfG. Mögliche Auflagen sind z. B. in § 17 Abs. 5 Satz 1 (vgl. § 17 RNr. 49) beschriebenen. Mit dem Bescheid kann z. B. eingefordert werden, dass bei der Herstellung des Bauproduktes besondere Fachkenntnisse, Erfahrungen des Personals oder Ausstattungen mit besonderen Vorrichtungen vorhanden sein müssen. Aber auch Auflagen, die die außergewöhnliche Sorgfalt bei Einbau, Transport und Instandhaltung gemäß § 17 Abs. 6 (vgl. § 17 RNr. 55) beinhalten, können Gegenstand der Zulassung sein. Ferner kann das Erfordernis der Übereinstimmungsbestätigung durch Übereinstimmungszertifikat gemäß § 24 im Bescheid festgelegt werden.

11 Gem. **Abs. 4 Satz 3** kann auf schriftlichen Antrag die allgemeine bauaufsichtliche **Zulassung** um in der Regel fünf Jahre **verlängert** werden, wenn die Prüfung ergeben hat, dass sich das zugelassene Bauprodukt in der Praxis bewährt hat. Ist dies nur eingeschränkt der Fall, können weitere Nebenbestimmungen im Verlängerungsbescheid aufgenommen werden. Hat sich das Bauprodukt ohne Einschränkung bewährt, wächst daraus ein Rechtsanspruch auf Verlängerung. Liegen zwischenzeitlich für ein Bauprodukt technische Regeln vor, die in der Bauregelliste A bekannt gemacht worden sind und entspricht dieses Bauprodukt diesen Regelungen oder weicht nur unwesentlich von diesen ab, kann der Verlängerungsantrag mangels Entscheidungsinteresses zurückgewiesen werden. Mit Verweis auf § 72 Abs. 2 Satz 2 wird festgelegt, dass die Frist rückwirkend verlängert werden kann, wenn der Verlängerungsantrag vor Fristablauf beim DIBt eingegangen ist.

12 Die allgemeine bauaufsichtliche Zulassung wird nach **Abs. 5** vom DIBt unbeschadet der **privaten Rechte Dritter** erteilt. Das bedeutet, dass z. B. Patent- oder Urheberrechte der Verwendung der allgemeinen bauaufsichtlichen Zulassung entgegenstehen können. Solche Sachverhalte werden vom DIBt nicht geprüft.

13 **Abs. 6** verpflichtet das DIBt die allgemeinen bauaufsichtlichen Zulassungen öffentlich bekanntzumachen. Dies geschieht in dem amtlichen Verzeichnis der allgemeinen bauaufsichtlichen Zulassungen für Bauprodukte und Bauarten nach Gegenstand und wesentlichem Inhalt – Bauaufsichtliche Zulassungen (BAZ), Erich Schmidt Verlag.

14 Zu **Abs. 7:** Die vom DIBt nach dem Recht eines anderen Bundeslandes erteilten allgemeinen bauaufsichtlichen Zulassungen gelten auch im Land Berlin.

§ 19 Allgemeines bauaufsichtliches Prüfzeugnis

(1) ¹Bauprodukte,
1. deren Verwendung nicht der Erfüllung erheblicher Anforderungen an die Sicherheit baulicher Anlagen dient oder
2. die nach allgemein anerkannten Prüfverfahren beurteilt werden,

bedürfen anstelle einer allgemeinen bauaufsichtlichen Zulassung nur eines allgemeinen bauaufsichtlichen Prüfzeugnisses. ²Das Deutsche Institut für Bautechnik macht dies mit der Angabe der maßgebenden technischen Regeln und, soweit es keine allgemein anerkannten Regeln der Technik gibt, mit der Bezeichnung der Bauprodukte im Einvernehmen mit der für das Bauwesen zuständigen Senatsverwaltung in der Bauregelliste A bekannt.

(2) ¹Ein allgemeines bauaufsichtliches Prüfzeugnis wird von einer Prüfstelle nach § 25 Abs. 1 Satz 1 Nr. 1 für nicht geregelte Bauprodukte nach Absatz 1 erteilt, wenn deren Verwendbarkeit im Sinne des § 3 Abs. 2 nachgewiesen ist. ²§ 18 Abs. 2 bis 7 gilt entsprechend.

Erläuterungen:

Zu **Abs. 1**: Das allgemeine bauaufsichtliche Prüfzeugnis ist der besondere Verwendbarkeitsnachweis für nicht geregelte Bauprodukte, die nicht der Erfüllung erheblicher Anforderungen an die Sicherheit baulicher Anlagen dienen (Nr. 1) oder die nach allgemein anerkannten Prüfverfahren beurteilt werden (Nr. 2). Einvernehmlich mit der für das Bauwesen zuständigen Senatsverwaltung legt das DIBt in der Bauregelliste A fest, welche nicht geregelten Bauprodukte nur eines allgemeinen bauaufsichtlichen Prüfzeugnisses bedürfen. In Bauregelliste A Teil 2 werden diese nicht geregelten Bauprodukte aufgeführt. Der Bauregelliste A Teil 1 kann entnommen werden, ob bei **wesentlicher Abweichung von geregelten Bauprodukten** der Verwendbarkeitsnachweis durch das allgemeine bauaufsichtliche Prüfzeugnis ausreicht. 1

Ob ein nicht geregeltes Bauprodukt der **Erfüllung erheblicher Anforderungen** dient, hängt davon ab, ob bei dessen Versagen die Sicherheit der baulichen Anlage fortbesteht oder ohne Aufwand wieder hergestellt werden kann. Ist dies der Fall, so unterliegt dieses Bauprodukt dem vereinfachten Verwendbarkeitsnachweisverfahren durch das allgemeine bauaufsichtliche Prüfzeugnis (vgl. auch § 17 RNr. 39). 2

Unter **allgemein anerkannten Prüfverfahren** sind Prüfnormen des Deutschen Instituts für Normen zu verstehen, die aufgrund ihrer Produktbezogenheit in Bauregelliste A Teil 2 veröffentlicht sind. Sie entsprechen den Bau- und Prüfgrundsätzen des DIBt. Kann ein nicht geregeltes Bauprodukt nach diesen Prüfverfahren beurteilt werden, reicht unabhängig von seiner Sicherheitsrelevanz das allgemeine bauaufsichtliche Prüfzeugnis aus (vgl. auch § 17 RNr. 40). 3

Zu **Abs. 2**: Im Gegensatz zur allgemeinen bauaufsichtlichen Zulassung wird das allgemeine bauaufsichtliche Prüfzeugnis nicht vom DIBt erteilt, sondern von einer nach § 25 Abs. 1 anerkannten Prüfstelle, soweit die Verwendbarkeitsvoraussetzungen erfüllt sind. Der **Antrag auf Erteilung eines allgemeinen bauaufsichtlichen Prüfzeugnisses** muss bei einer Prüfstelle des Bundeslandes gestellt werden, in dem der Antragsteller 4

§ 19 RNr. 5, § 20 RNr. 1–3

seinen Wohn- oder Geschäftssitz hat (§ 3 VwVfG). Die gem. § 25 BauO Bln bauaufsichtlich anerkannte Prüfstelle für die Erteilung allgemeiner bauaufsichtlicher Prüfzeugnisse entscheidet aufgrund der bauordnungsrechtlichen Vorschriften des Landes in dem sie ihren Sitz hat.

5 Für die unmittelbare Anwendung vor Ort bedarf das Bauprodukt der Ü-Kennzeichnung. Bezüglich der erforderlichen Antragsunterlagen, Prüfungsrandbedingungen, Widerrufs-, Frist- und Nebenbestimmungen, Drittwirkung, Bekanntmachung und Geltungsbereich gelten die Bestimmungen des § 18 entsprechend. Über Verlängerung und Widerruf des allgemeinen bauaufsichtliche Prüfzeugnisses entscheidet die Prüfstelle selbst.

§ 20 Nachweis der Verwendbarkeit von Bauprodukten im Einzelfall

[1]Mit Zustimmung der für das Bauwesen zuständigen Senatsverwaltung dürfen im Einzelfall
1. Bauprodukte, die ausschließlich nach dem Bauproduktengesetz oder nach sonstigen Vorschriften zur Umsetzung von Richtlinien der Europäischen Gemeinschaften in Verkehr gebracht und gehandelt werden dürfen, jedoch deren Anforderungen nicht erfüllen, und
2. nicht geregelte Bauprodukte

verwendet werden, wenn deren Verwendbarkeit im Sinne des § 3 Abs. 2 nachgewiesen ist. [2]Wenn Gefahren im Sinne des § 3 Abs. 1 nicht zu erwarten sind, kann die für das Bauwesen zuständige Senatsverwaltung im Einzelfall erklären, dass ihre Zustimmung nicht erforderlich ist.

Erläuterungen:

1 I. Der Nachweis der Verwendbarkeit von Bauprodukten im Einzelfall (Zustimmung im Einzelfall) ist ein besonderer Verwendbarkeitsnachweis für nicht geregelte Bauprodukte, die nur **bei einem bestimmten Bauvorhaben** verwendet werden sollen. In diesen Fällen brauchen die allgemeingültigen Verwendbarkeitsnachweise in Form der allgemeinen bauaufsichtlichen Zulassung oder des allgemeinen bauaufsichtlichen Prüfzeugnisses nicht geführt werden. Ist der Nachweis der Verwendbarkeit erbracht, die Zustimmung im Einzelfall durch die Senatsbauverwaltung erteilt und die Übereinstimmung des Bauproduktes mit der Zustimmung durch Ü-Kennzeichnung bestätigt, kann dieses Bauprodukt auch in großer Stückzahl vorhabenbezogen verwendet werden. Die Verwendbarkeit ist auf ein bestimmtes **Baugrundstück** begrenzt.

2 Bezüglich des **Antrags- und Prüfungsverfahrens** kann auf die Erläuterungen zu § 18 RNr. 6 verwiesen werden. **Widerruf** und **Verlängerung der Zustimmung** kommen wegen der Einzelfallbezogenheit nicht in Betracht. Auflagen gemäß § 17 Abs. 5 und 6 können im Bescheid enthalten sein. Die Ablehnung eines Antrags auf Zustimmung im Einzelfall kann durch Klage nach VwGO angefochten werden.

3 II. **Satz 1** regelt die Anwendungsfälle, in denen die Verwendbarkeit von Bauprodukten im Einzelfall in Betracht kommt. **Nr. 1** beschreibt Bauprodukte, die ausschließlich nach

Vorschriften in Verkehr gebracht und gehandelt werden, die Richtlinien der Europäischen Gemeinschaften umsetzen, jedoch die Anforderungen dieser Vorschriften nicht erfüllen. Als deutsche Umsetzungsvorschrift wird das Bauproduktengesetz genannt. In **Nr. 2** werden die nicht geregelten Bauprodukte (vgl. § 17 Abs. 3) aufgeführt. Voraussetzung für den Einbau eines Bauproduktes vor Ort ist in beiden Fällen der Nachweis der Verwendbarkeit im Sinne des § 3 Abs. 2.

Zu **Satz 2:** Wenn die öffentliche Sicherheit und Ordnung, insbesondere Leben, Gesundheit oder die natürliche Lebensgrundlage (**Gefahren im Sinne des § 3 Abs. 1**) *nicht* durch die Verwendung eines nicht geregelten Bauproduktes gefährdet wird, kann die Senatsbauverwaltung die Verwendung eines Bauproduktes auch ohne formale Zustimmung im Einzelfall gestatten. Der **Zustimmungsverzicht** kann im Rahmen eines Antragsverfahrens auf Erteilung einer Zustimmung im Einzelfall, als auch auf formlosen Antrag erklärt werden.

4

§ 21 Bauarten

(1) ¹Bauarten, die von Technischen Baubestimmungen wesentlich abweichen oder für die es allgemein anerkannte Regeln der Technik nicht gibt (nicht geregelte Bauarten), dürfen bei der Errichtung, Änderung und Instandhaltung baulicher Anlagen nur angewendet werden, wenn für sie
1. eine allgemeine bauaufsichtliche Zulassung oder
2. eine Zustimmung im Einzelfall

erteilt worden ist. ²Anstelle einer allgemeinen bauaufsichtlichen Zulassung genügt ein allgemeines bauaufsichtliches Prüfzeugnis, wenn die Bauart nicht der Erfüllung erheblicher Anforderungen an die Sicherheit baulicher Anlagen dient oder nach allgemein anerkannten Prüfverfahren beurteilt wird. ³Das Deutsche Institut für Bautechnik macht diese Bauarten mit der Angabe der maßgebenden technischen Regeln und, soweit es keine allgemein anerkannten Regeln der Technik gibt, mit der Bezeichnung der Bauarten im Einvernehmen mit der für das Bauwesen zuständigen Senatsverwaltung in der Bauregelliste A bekannt. ⁴§ 17 Abs. 5 und 6 sowie §§ 18, 19 Abs. 2 und § 20 gelten entsprechend. ⁵Wenn Gefahren im Sinne des § 3 Abs. 1 nicht zu erwarten sind, kann die für das Bauwesen zuständige Senatsverwaltung im Einzelfall oder für genau begrenzte Fälle allgemein festlegen, dass eine allgemeine bauaufsichtliche Zulassung, ein allgemeines bauaufsichtliches Prüfzeugnis oder eine Zustimmung im Einzelfall nicht erforderlich ist.

(2) Die für das Bauwesen zuständige Senatsverwaltung kann durch Rechtsverordnung vorschreiben, dass für bestimmte Bauarten, auch soweit sie Anforderungen nach anderen Rechtsvorschriften unterliegen, Absatz 1 ganz oder teilweise anwendbar ist, wenn die anderen Rechtsvorschriften dies verlangen oder zulassen.

Erläuterungen:

1 I. Die Regelungen über Bauarten knüpfen an die Regelung über Bauprodukte an. Während jedoch die bauordnungsrechtlichen Verwendbarkeitsregelungen über Bauprodukte Bestandteil der deutschen Umsetzungskonzeption der BPR sind, ist dies bezüglich der Anwendbarkeitsregelungen der Bauarten nicht der Fall. Mangels Regelung in der BPR bedarf es einer Umsetzung in nationales Recht nicht. Grund für diese Abgrenzung ist, dass nationale Anforderungen an Bauarten, den Handel mit und den freien Warenverkehr von Bauprodukten nicht behindern, denn Bauarten werden vor Ort auf der Baustelle aus einzelnen Bauprodukten zusammengefügt. Bauprodukte, die im Zusammenhang mit einer Bauart verwendet werden, unterfallen für sich den Verwendbarkeits- und Übereinstimmungsnachweisbestimmungen der BauO Bln, d. h. für sie ergibt sich je nach Stand des Harmonisierungsprozesses die Möglichkeit der Beschreitung des nationalen oder europäischen Weges (§ 17 Abs. 1). Der **Anwendbarkeitsnachweis der Bauarten** stellt das Pendant zum Verwendbarkeitsnachweis der Bauprodukte dar.

2 II. Zu **Abs. 1 Satz 1:** Eine Bauart darf angewendet werden, wenn sie allgemein anerkannten Regeln der Technik oder einer Technischen Baubestimmung gemäß § 3 Abs. 3 (z. B. nach DIN 4102-4) entspricht oder unwesentlich von ihr abweicht („**geregelte**" **Bauarten**; vgl. § 26 RNr. 3). Liegt eine wesentliche Abweichung von diesen Regeln vor (vgl. § 17 RNr. 33) oder gibt es keine allgemein anerkannten Regeln der Technik für eine Bauart, so darf sie bei der Errichtung, Änderung und Instandhaltung einer baulichen Anlage nur angewendet werden, wenn ein Anwendbarkeitsnachweis in Form einer **allgemeinen bauaufsichtlichen Zulassung** (§ 18) oder eine **Zustimmung im Einzelfall** (§ 20) erteilt worden ist.

3 Zu **Abs. 1 Satz 2:** Für eine Bauart reicht ein **allgemeines bauaufsichtliches Prüfzeugnis** statt einer allgemeinen bauaufsichtlichen Zulassung aus, wenn die Bauart analog zu § 19 Abs. 1 Nr. 1 und 2
- nicht der Erfüllung erheblicher Anforderungen an die Sicherheit baulicher Anlagen dient oder
- nach allgemein anerkannten Prüfverfahren beurteilt wird.

4 Zu **Abs. 1 Satz 3:** Bauarten, die nach Satz 2 nur eines allgemeinen bauaufsichtlichen Prüfzeugnisses bedürfen, werden in der **Bauregelliste A Teil 3** bekannt gemacht. Sie beinhaltet Bauarten, die von Technischen Baubestimmungen wesentlich abweichen oder für die es allgemein anerkannte Regeln der Technik nicht oder nicht für alle Anforderungen gibt. Der erforderliche Anwendbarkeitsnachweis (regelmäßig P) ist der Spalte 3 zu entnehmen; Spalte 4 weist das anerkannte Prüfverfahren aus, nach dem die Bauart beurteilt werden kann.

lfd. Nr.	Bauart	Anwend-barkeits-nachweis	anerkanntes Prüfverfahren nach	Übereinstimmungsnachweis
1	2	3	4	5
2.5	Bauarten zur Herstellung von Rohrummantelungen, an die Anforderungen nur an die Feuerwiderstandsdauer gestellt werden. Satz 2 aus lfd. Nr. 1 gilt entsprechend.	P	DIN 4102-11: 1985-12	Übereinstimmungserklärung des Anwenders

Auszug aus Bauregelliste A Teil 3, veröffentlicht in den Mitteilungen des DIBt, 2007/1, Sonderheft 34
ÜH: Übereinstimmungserklärung des Herstellers
P: Allgemeines bauaufsichtliches Prüfzeugnis

Abs. 1 Satz 4 verweist auf Vorschriften, die entsprechend auch für Bauarten gelten. Dies sind Regelungen über 5
– die **Qualitätssicherung** von Bauprodukten (vgl. § 17 Abs. 5, RNrn. 49–52),
– den **Umgang mit Bauprodukten** (vgl. § 17 Abs. 6, RNrn. 53–55),
– die **allgemeine bauaufsichtliche Zulassung** (vgl. § 18),
– die **Erteilung von allgemeinen bauaufsichtlichen Prüfzeugnissen durch Prüfstellen** (vgl. § 19 Abs. 2, RNrn. 4 und 5) und
– den **Nachweis der Verwendbarkeit von Bauprodukten im Einzelfall** (vgl. § 20).

Nach § 22 Abs. 3 bedarf auch die Bauart der **Bestätigung der Übereinstimmung** mit den für den Anwendungszweck geltenden Technischen Baubestimmungen oder den besonderen Verwendbarkeitsnachweisen (§§ 18, 19, 20). Der Übereinstimmungsnachweis erfolgt regelmäßig durch die Übereinstimmungserklärung des Herstellers gem. § 23 oder soweit vorgeschrieben durch ein Übereinstimmungszertifikat einer Zertifizierungsstelle nach § 24. 6

Eine **Ü-Kennzeichnung** ist nicht erforderlich, weil die Bauart erst vor Ort auf der Baustelle realisiert wird. 7

Nach **Abs.1 Satz 5** kann die für das Bauwesen zuständige Senatsverwaltung auf Antrag im Einzelfall oder für genau begrenzte Fälle allgemein festlegen, dass es keinen besonderen Anwendbarkeitsnachweis in Form einer allgemeinen bauaufsichtlichen Zulassung, eines allgemeinen bauaufsichtlichen Prüferzeugnisses oder einer Zustimmung im Einzelfall bedarf, wenn daraus für bauliche Anlagen, andere Anlagen und Einrichtungen (§ 1 Abs. 1 Satz 2) keine Gefahren für die öffentliche Sicherheit und Ordnung, insbesondere Leben, Gesundheit oder die natürlichen Lebensgrundlagen (§ 3 Abs. 1) erwachsen. 8

Abs. 2 enthält für die für das Bauwesen zuständige Senatsverwaltung eine Verordnungsermächtigung, um **Bauarten, die Anforderungen auch anderer Rechtsvorschriften unterfallen**, den bauordnungsrechtlichen Anwendbarkeitsnachweisen des Abs.1 zu unterwerfen. Die Regelung besteht Analog zu § 17 Abs. 4 (vgl. § 17 RNr. 47). 9

§ 22 Übereinstimmungsnachweis

(1) Bauprodukte bedürfen einer Bestätigung ihrer Übereinstimmung mit den technischen Regeln nach § 17 Abs. 2, den allgemeinen bauaufsichtlichen Zulassungen, den allgemeinen bauaufsichtlichen Prüfzeugnissen oder den Zustimmungen im Einzelfall; als Übereinstimmung gilt auch eine Abweichung, die nicht wesentlich ist.

(2) ¹Die Bestätigung der Übereinstimmung erfolgt durch
1. Übereinstimmungserklärung der Herstellerin oder des Herstellers (§ 23) oder
2. Übereinstimmungszertifikat (§ 24).
²Die Bestätigung durch Übereinstimmungszertifikat kann in der allgemeinen bauaufsichtlichen Zulassung, in der Zustimmung im Einzelfall oder in der Bauregelliste A vorgeschrieben werden, wenn dies zum Nachweis einer ordnungsgemäßen Herstellung erforderlich ist. ³Bauprodukte, die nicht in Serie hergestellt werden, bedürfen nur der Übereinstimmungserklärung der Herstellerin oder des Herstellers nach § 23 Abs. 1, sofern nichts anderes bestimmt ist. ⁴Die für das Bauwesen zuständige Senatsverwaltung kann im Einzelfall die Verwendung von Bauprodukten ohne das erforderliche Übereinstimmungszertifikat gestatten, wenn nachgewiesen ist, dass diese Bauprodukte den technischen Regeln, Zulassungen, Prüfzeugnissen oder Zustimmungen nach Absatz 1 entsprechen.

(3) Für Bauarten gelten die Absätze 1 und 2 entsprechend.

(4) Die Übereinstimmungserklärung und die Erklärung, dass ein Übereinstimmungszertifikat erteilt ist, hat die Herstellerin oder der Hersteller durch Kennzeichnung der Bauprodukte mit dem Übereinstimmungszeichen (Ü-Zeichen) unter Hinweis auf den Verwendungszweck abzugeben.

(5) Das Ü-Zeichen ist auf dem Bauprodukt, auf einem Beipackzettel oder auf seiner Verpackung oder, wenn dies Schwierigkeiten bereitet, auf dem Lieferschein oder auf einer Anlage zum Lieferschein anzubringen.

(6) Ü-Zeichen aus anderen Ländern und aus anderen Staaten gelten auch im Land Berlin.

Erläuterungen:

1 I. Der Übereinstimmungsnachweis steht am Ende eines Verfahrens, in dem die Übereinstimmung eines Bauproduktes mit der ihm zu Grunde liegenden Norm überprüft wird. Neben den Vorschriften der §§ 17 bis 20 über die Verwendbarkeitsvoraussetzungen bilden die Regelungen des § 22 den zweiten Baustein, der für die Kennzeichnung eines Bauproduktes mit dem Ü-Zeichen erforderlich ist. Bauprodukte, deren Verwendbarkeit sich nur nach den Vorschriften des § 17 Abs. 1 Nr. 2 (europäischer Weg) richtet, kommen für einen Übereinstimmungsnachweis nach § 22 nicht in Betracht; sie unterliegen dem Konformitätsnachweisverfahren nach BauPG mit CE-Kennzeichnung.

II. Abs. 1, 1. Halbsatz legt fest, in welchen Fällen ein Bauprodukt einer Bestätigung seiner Übereinstimmung mit der technischen Bezugsnorm bedarf, wobei ausschließlich die nach nationalen Regeln zu beurteilenden geregelten und nicht geregelten Bauprodukte betroffen sind. Die Aufzählung beinhaltet

- die technischen Regeln nach § 17 Abs. 2, bei denen es sich um die in der Bauregelliste A bekannt gemachten geregelten Bauprodukte (vgl. § 17 RNrn. 34 ff.) handelt,
- die allgemeinen bauaufsichtlichen Zulassungen (vgl. § 18),
- die allgemeinen bauaufsichtlichen Prüfzeugnisse (vgl. § 19) und
- die Zustimmungen im Einzelfall (vgl. § 20).

Abs. 1, 2. Halbsatz legt fiktiv fest, dass eine unwesentliche Abweichung (vgl. § 17 RNr. 33) eines Bauproduktes von den genannten technischen Regeln oder besonderen Verwendbarkeitsnachweisen als Übereinstimmung gilt.

Die erforderlichen Nachweisverfahren nach **Abs. 2 Satz 1** münden entweder – im Rahmen einer werkseigenen Produktionskontrolle (**Eigenüberwachung**) – in die Übereinstimmungserklärung der Herstellerin oder des Herstellers (§ 23) oder – im Rahmen einer **Fremdüberwachung** – in dem Übereinstimmungszertifikat (§ 24) einer Zertifizierungsstelle (§ 25). Welches Nachweisverfahren anzuwenden ist, kann der Bauregelliste A oder dem besonderen Verwendbarkeitsnachweis entnommen werden. Ist dort nichts angegeben, so bedarf es nur der Übereinstimmungserklärung durch den Hersteller. In der Bauregelliste A kann vor Abgabe der Herstellererklärung die Prüfung des Bauproduktes durch eine bauaufsichtlich anerkannte Prüfstelle nach § 25 vorgeschrieben werden (vgl. §§ 25 Abs. 2).

Nach **Abs. 2 Satz 2** kann das **Übereinstimmungszertifikat** in der allgemeinen bauaufsichtlichen Zulassung, der Zustimmung im Einzelfall oder der Bauregelliste A vorgeschrieben werden. Voraussetzung hierfür ist jedoch, dass dies zum Nachweis einer ordnungsgemäßen Herstellung erforderlich ist. Hierdurch wird zum Ausdruck gebracht, dass Bauprodukte nur aufgrund einer besonderen Sicherheitsrelevanz diesem aufwendigen Verfahren unterzogen werden, um während des Produktionsprozesses die Sicherheit mindernden Einflüsse zu minimieren. Mangels besonderer Sicherheitsrelevanz seiner Bauprodukte ist das allgemein bauaufsichtliche Prüfzeugnis in Satz 2 nicht aufgeführt.

Abs. 2 Satz 3 beinhaltet die so genannte **Handwerkerklausel**. Danach bedürfen **nicht in Serie hergestellte Bauprodukte** nur der Übereinstimmungserklärung der Herstellerin oder des Herstellers (vgl. § 23). Hierdurch wird verhindert, das Handwerksbetriebe, die Bauprodukte nicht in Serie herstellen, dem aufwendigen und kostenintensiveren Übereinstimmungsnachweisverfahren durch Übereinstimmungszertifikat ausgesetzt werden. **Abs. 2 Satz 3 zweiter Halbsatz** eröffnet jedoch die Möglichkeit im technischen Bezugsdokument das Übereinstimmungszertifikat auch bei Nichtserienfertigung (siehe folgendes Beispiel) vorzuschreiben.

§ 22 RNr. 7–11

lfd. Nr.	Bauprodukt	Technische Regeln	Übereinstimmungsnachweis	Verwendbarkeitsnachweis bei wesentl. Abweichung von den technischen Regeln
1	2	3	4	5
6.4	Fahrschacht, Dreh- und Falttüren für Aufzüge in Fahrschächten mit Wänden der Feuerwiderstandsklasse F 90	DIN 18090: 1997-01 Zusätzlich gilt: Anlage 6.1	**ÜZ, gilt auch für Nichtserienfertigung**	Z

Auszug aus Bauregelliste A Teil 1, veröffentlicht in den Mitteilungen des DIBt, 2007/1, Sonderheft 34
ÜZ: Übereinstimmungszertifikat durch eine anerkannte Zertifizierungsstelle
Z: Allgemeine bauaufsichtliche Zulassung

7 Nach **Abs. 2 Satz 4** kann die für das Bauwesen zuständige Senatsverwaltung die Verwendung eines Bauproduktes ohne ein im technischen Bezugsdokument vorgeschriebenes Übereinstimmungszertifikat zulassen. Dies kann jedoch nur in Einzelfällen geschehen und bedarf eines formellen Antrages; die Übereinstimmung des Bauproduktes muss auf andere Weise nachgewiesen sein. Bei dem Verzicht auf das Übereinstimmungszertifikat handelt es sich um eine Ermessensentscheidung, die z. B. getroffen werden kann, wenn ein Bauprodukt in geringer Stückzahl produziert und die Einschaltung einer Zertifizierungsstelle aufgrund besonderer Umstände nicht möglich war. Die Übereinstimmungserklärung des Herstellers kann dann als ausreichend anerkannt werden.

8 Gem. **Abs. 3** gelten die Vorschriften über den Übereinstimmungsnachweis auch für **Bauarten**. Die Kennzeichnung mit dem Ü-Zeichen verbietet sich hier jedoch aufgrund des Wesens der Bauart (vgl. § 21 RNr. 7).

9 **Abs. 4** verpflichtet den Hersteller zur **Kennzeichnung eines Bauproduktes mit dem Ü-Zeichen**, wenn
   – seine Übereinstimmungserklärung oder ein Übereinstimmungszertifikat durch die Zertifizierungsstelle erteilt ist oder
   – der (seltene) Verzicht der Senatsbauverwaltung auf das Übereinstimmungszertifikat vorliegt.
   Zu Form und Inhalt des Übereinstimmungszeichens vergleiche § 17 RNr. 7.

10 ‚Wird die **Kennzeichnung ordnungswidrig** vorgenommen (vgl. § 83 Abs. 1 Nrn. 2 und 4), kann es zur Untersagung der Verwendung des Bauproduktes und zur Beseitigung der Kennzeichnung nach § 77, sowie zur Baueinstellung gemäß § 78 Abs. 1 Nr. 3 kommen.

11 ‚**Abs. 5** zeigt die möglichen Anbringungsarten des Ü-Zeichens auf. Diese Regelung ermöglicht die Ü-Kennzeichnung eines Bauproduktes unter Berücksichtigung seiner Konsistenz oder Lieferrandbedingungen. Das zu einem Bauprodukt gehörende Ü-Zeichen ist entweder
   – auf dem Bauprodukt selbst (z. B. Bauplatte mit Aufdruck),
   – auf einem Beipackzettel oder
   – auf der Verpackung des Bauproduktes
   anzubringen.

Wenn dies Schwierigkeiten bereitet, kann die Ü- Kennzeichnung
- auf dem Lieferschein (z. B. Zement) oder
- auf einer Anlage zum Lieferschein

angebracht werden.

Gem. **Abs. 6** gelten die Ü-Zeichen anderer Bundesländer (aufgrund dortiger Rechtsverordnungen zu Ü-Zeichen) und die Ü-Zeichen der Bauprodukte, die in anderer Staaten hergestellt werden, auch im Land Berlin. Ü-Zeichen anderer Staaten sind den deutschen Ü-Zeichen gleichgestellt, wenn mit diesen Staaten gemäß Artikel 16 Abs. 2 BPR Vereinbarungen getroffen wurden, die die Prüfung und Überwachung nach deutschen Vorschriften sicherstellen.

12

§ 23 Übereinstimmungserklärung der Herstellerin oder des Herstellers

(1) Die Herstellerin oder der Hersteller darf eine Übereinstimmungserklärung nur abgeben, wenn sie oder er durch werkseigene Produktionskontrolle sichergestellt hat, dass das von ihr oder ihm hergestellte Bauprodukt den maßgebenden technischen Regeln, der allgemeinen bauaufsichtlichen Zulassung, dem allgemeinen bauaufsichtlichen Prüfzeugnis oder der Zustimmung im Einzelfall entspricht.

(2) ^{1}In den technischen Regeln nach § 17 Abs. 2, in der Bauregelliste A, in den allgemeinen bauaufsichtlichen Zulassungen, in den allgemeinen bauaufsichtlichen Prüfzeugnissen oder in den Zustimmungen im Einzelfall kann eine Prüfung der Bauprodukte durch eine Prüfstelle vor Abgabe der Übereinstimmungserklärung vorgeschrieben werden, wenn dies zur Sicherung einer ordnungsgemäßen Herstellung erforderlich ist. ^{2}In diesen Fällen hat die Prüfstelle das Bauprodukt daraufhin zu überprüfen, ob es den maßgebenden technischen Regeln, der allgemeinen bauaufsichtlichen Zulassung, dem allgemeinen bauaufsichtlichen Prüfzeugnis oder der Zustimmung im Einzelfall entspricht.

Erläuterungen:

I. Bei der Übereinstimmungserklärung der Herstellerin oder des Herstellers handelt es sich um einen Übereinstimmungsnachweis (§ 22) für Bauprodukte, die keine besondere Sicherheitsrelevanz haben und deshalb keines Nachweises über die ordnungsgemäße Herstellung durch eine unabhängige bauaufsichtlich anerkannte Zertifizierungsstelle gem. § 25 bedürfen. Die Übereinstimmungserklärung der Herstellerin oder des Herstellers ist gegenüber dem Übereinstimmungszertifikat (§ 24) das einfachere und weniger kostenintensive Übereinstimmungsnachweisverfahren.

1

II. Abs. 1 bestimmt die Voraussetzungen dieser Übereinstimmungserklärung. Danach müssen Hersteller durch eine werkseigene Produktionskontrolle (Eigenüberwachung) sicherstellen, dass das Bauprodukt
- den ihm zu Grunde liegenden technischen Regeln der Bauregelliste A,
- der allgemeinen bauaufsichtliche Zulassung,

2

– dem allgemeinen bauaufsichtliches Prüfzeugnis oder
– der Zustimmung im Einzelfall

entspricht. Die im Rahmen der werkseigenen Produktionskontrolle durchzuführenden Maßnahmen dürfen hierbei vom Hersteller an andere Unternehmen vergeben werden. Die Verantwortung für die korrekte Übereinstimmungserklärung verbleibt jedoch beim Hersteller.

3 **Abs. 2** eröffnet die Möglichkeit in der Bauregelliste A und in den besonderen Verwendbarkeitsnachweisen die Einschaltung einer nach § 25 Abs. 1 Nr. 2 bauaufsichtlich **anerkannten Prüfstelle** vorzuschreiben, bevor der Hersteller die Übereinstimmung des Bauproduktes durch Ü-Kennzeichnung bestätigt. Aufgabe der Prüfstelle ist es, die Erstprüfung des Bauproduktes durchzuführen, d. h. festzustellen, ob der Prototyp des Bauproduktes der technischen Regel der Bauregelliste A, der allgemeinen bauaufsichtlichen Zustimmung, dem allgemeinen bauaufsichtlichen Prüfzeugnis oder der Zustimmung im Einzelfall entspricht und zu überprüfen, ob die im technischen Bezugsdokument festgelegten Leistungsmerkmale (z. B. Festigkeit) erreicht werden. Soll hingegen der ordnungsgemäße Herstellungsprozess in besonderem Maße sichergestellt werden, wird in den technischen Bezugsdokumenten eine Fremdüberwachung im Rahmen des Übereinstimmungsnachweisverfahrens durch Übereinstimmungszertifikat gemäß § 24 vorgeschrieben sein.

4 Herstellererklärungen bezüglich der Bauprodukte, die außerhalb des Europäischen Wirtschaftsraumes hergestellt wurden und für die eine Überprüfung durch eine anerkannte Prüfstelle gemäß § 25 Abs. 1, Nr. 2 nicht vorgeschrieben ist, müssen anerkannt werden. Hier wird letztlich der Verwender die Verantwortung für die Richtigkeit der Herstellererklärung tragen. So ist die Vorlage einer Erklärung des Importeurs empfehlenswert. Ist die Einschaltung einer Prüfstelle vorgeschrieben, so darf der Hersteller die Ü-Kennzeichnung erst vornehmen, wenn die Erklärung einer in Deutschland bauaufsichtlich anerkannten Prüfstelle vorliegt. In welchen Fällen Prüfergebnisse von Drittländern berücksichtigt werden können vgl. § 24 RNrn. 7 und 8.

§ 24 Übereinstimmungszertifikat

(1) Ein Übereinstimmungszertifikat ist von einer Zertifizierungsstelle nach § 25 zu erteilen, wenn das Bauprodukt
1. den maßgebenden technischen Regeln, der allgemeinen bauaufsichtlichen Zulassung, dem allgemeinen bauaufsichtlichen Prüfzeugnis oder der Zustimmung im Einzelfall entspricht und
2. einer werkseigenen Produktionskontrolle sowie einer Fremdüberwachung nach Maßgabe des Absatzes 2 unterliegt.

(2) [1]Die Fremdüberwachung ist von Überwachungsstellen nach § 25 durchzuführen. [2]Die Fremdüberwachung hat regelmäßig zu überprüfen, ob das Bauprodukt den maßgebenden technischen Regeln, der allgemeinen bauaufsichtlichen Zulassung, dem allgemeinen bauaufsichtlichen Prüfzeugnis oder der Zustimmung im Einzelfall entspricht.

§ 24 RNr. 1–4

Erläuterungen:

I. Das Übereinstimmungszertifikat ist die Bestätigung einer nach § 25 Nr. 3 anerkannten Zertifizierungsstelle, dass das Übereinstimmungsnachweisverfahren für ein **besonders sicherheitsrelevantes, geregeltes oder nicht geregeltes Bauprodukt ordnungsgemäß durchgeführt worden ist.** Sinngemäß gilt dies auch für Bauarten. Die Zertifizierungsstelle untersucht, ob die **produktbezogenen Prüfungen** (Prüfung durch Hersteller oder Prüfstelle nach § 25 Abs. 1 Nr. 2) und die **produktionsbezogenen Prüfungen** (werkseigene Produktionskontrolle) ordnungsgemäß durchgeführt werden. Gleichzeitig ist die Fremdüberwachung durch eine nach § 25 Abs. 1 Nr. 4 anerkannte Stelle vorgeschrieben. Ziel ist es, die Übereinstimmung des Bauproduktes mit der ihm zugrunde liegenden technischen Regel in besonderem Maße sicherzustellen.

Aufgabe der vom Hersteller beauftragten Zertifizierungsstelle ist es, einerseits die Prüfungen und Bewertungen des Herstellers oder der gemäß § 23 Abs. 2 eingeschalteten Prüfstelle zu prüfen und andererseits die korrekte werkseigene Produktionskontrolle und das Vorhandensein einer Fremdüberwachung durch eine Überwachungsstelle gemäß § 25 Abs. 1 Nr. 4 sicherzustellen. Bestätigt die Zertifizierungsstelle dem Hersteller die Übereinstimmung durch das Übereinstimmungszertifikat, so ist der Hersteller berechtigt, das Bauprodukt mit dem Ü-Zeichen zu kennzeichnen.

Die vertragsrechtliche Beziehung zwischen Hersteller und Zertifizierungsstelle ist privatrechtlicher Natur.

II Gem. **Abs. 1 Nr. 1** werden Übereinstimmungszertifikate von Zertifizierungsstellen gemäß § 25 Abs. 1 Nr. 3 ausgestellt, wenn das Bauprodukt
– mit den maßgebenden technischen Regeln,
– der allgemeinen bauaufsichtlichen Zulassung,
– dem allgemeinen bauaufsichtlichen Prüfzeugnis oder
– der Zustimmung im Einzelfall
übereinstimmt.

In dieser Aufzählung ist das allgemeine bauaufsichtliche Prüfzeugnis trotz fehlender erheblicher Sicherheitsrelevanz bezüglich der Verwendbarkeit der Bauprodukte aufgeführt, da in der Bauregelliste A bei wesentlicher Abweichung auch für diese Bauprodukte im Einzelfall das Übereinstimmungszertifikat vorgeschrieben werden kann.

lfd. Nr.	Bauprodukt	Technische Regeln	Übereinstimmungsnachweis	Verwendbarkeitsnachweis bei wesentl. Abweichung von den technischen Regeln
1	2	3	4	5
6.8	Einsteckschlösser für Feuerschutz- und Rauchschutztüren	DIN 18 250: 2003-10	ÜZ	P

Auszug aus Bauregelliste A Teil 1, veröffentlicht in den Mitteilungen des DIBt, 2007/1, Sonderheft 34

5   Die Durchführung einer werkseigenen Produktionskontrolle des Herstellers und die Fremdüberwachung sind nach **Abs. 1 Nr. 2** weitere Voraussetzungen für die Erteilung des Übereinstimmungszertifikats.

6   Gem. **Abs. 2** wird die **Fremdüberwachung** zusätzlich zur werkseigenen Produktionskontrolle durchgeführt. Die mit der Fremdüberwachung beauftragte bauaufsichtlich anerkannte **Überwachungsstelle** nach § 25 Abs. 1 Nr. 4 hat dabei in regelmäßigen Abständen zu überprüfen, ob die Übereinstimmung der serienmäßig hergestellten Bauprodukte mit den technischen Bezugsdokumenten fortwährend sichergestellt ist.

7   Erklärt der Hersteller eines **Bauprodukt**es, **welches außerhalb des EWR hergestellt wurde**, dass ein Übereinstimmungszertifikat erteilt ist, so darf er die Ü-Kennzeichnung nur vornehmen, wenn das Übereinstimmungszertifikat von einer bauaufsichtlich anerkannten Zertifizierungsstelle nach § 25 vorliegt. Auch die Fremdüberwachung des Bauproduktes muss von einer bauaufsichtlich anerkannten Überwachungsstelle gem. § 25 nachgewiesen sein.

8   Sollen außereuropäische Stellen eingeschaltet werden, um Aufgaben der Fremdüberwachung zu übernehmen, so ist dies durch so genannte Patenschaftsverträge möglich. Danach üben diese Stellen ihre Tätigkeit unter Verantwortung einer nach § 25 anerkannten Stelle aus. Nur wenn zwischen Deutschland und einem außereuropäischen Staat gemäß Art. 16 BPR ein bilaterales Abkommen existiert, kann eine Stelle dieses Staates für entsprechende Tätigkeiten anerkannt werden, vgl. § 25 RNr. 6.

§ 25 Prüf-, Zertifizierungs- und Überwachungsstellen

(1) [1]Die für das Bauwesen zuständige Senatsverwaltung kann eine Person, Stelle oder Überwachungsgemeinschaft als
1. Prüfstelle für die Erteilung allgemeiner bauaufsichtlicher Prüfzeugnisse (§ 19 Abs. 2),
2. Prüfstelle für die Überprüfung von Bauprodukten vor Bestätigung der Übereinstimmung (§ 23 Abs. 2),
3. Zertifizierungsstelle (§ 24 Abs. 1),
4. Überwachungsstelle für die Fremdüberwachung (§ 24 Abs. 2),
5. Überwachungsstelle für die Überwachung nach § 17 Abs. 6 oder
6. Prüfstelle für die Überprüfung nach § 17 Abs. 5

anerkennen, wenn sie oder die bei ihr Beschäftigten nach ihrer Ausbildung, Fachkenntnis, persönlichen Zuverlässigkeit, ihrer Unparteilichkeit und ihren Leistungen die Gewähr dafür bieten, dass diese Aufgaben den öffentlich-rechtlichen Vorschriften entsprechend wahrgenommen werden, und wenn sie über die erforderlichen Vorrichtungen verfügen. [2]Satz 1 ist entsprechend auf Behörden anzuwenden, wenn sie ausreichend mit geeigneten Fachkräften besetzt und mit den erforderlichen Vorrichtungen ausgestattet sind.

(2) [1]Die Anerkennung von Prüf-, Zertifizierungs- und Überwachungsstellen anderer Länder gilt auch im Land Berlin. [2]Prüf-, Zertifizierungs- und Überwachungsergebnisse von Stellen, die nach Artikel 16 Abs. 2 der Bauproduktenrichtlinie von einem anderen Mitgliedstaat der Europäischen Gemeinschaften oder von einem

anderen Vertragsstaat des Abkommens über den Europäischen Wirtschaftsraum anerkannt worden sind, stehen den Ergebnissen der in Absatz 1 genannten Stellen gleich. ³Dies gilt auch für Prüf-, Zertifizierungs- und Überwachungsergebnisse von Stellen anderer Staaten, wenn sie in einem Artikel 16 Abs. 2 der Bauproduktenrichtlinie entsprechenden Verfahren anerkannt worden sind.

(3) ¹Die für das Bauwesen zuständige Senatsverwaltung erkennt auf Antrag eine Person, Stelle, Überwachungsgemeinschaft oder Behörde als Stelle nach Artikel 16 Abs. 2 der Bauproduktenrichtlinie an, wenn in dem in Artikel 16 Abs. 2 der Bauproduktenrichtlinie vorgesehenen Verfahren nachgewiesen ist, dass die Person, Stelle, Überwachungsgemeinschaft oder Behörde die Voraussetzungen erfüllt, nach den Vorschriften eines anderen Mitgliedstaates der Europäischen Gemeinschaften oder eines anderen Vertragsstaates des Abkommens über den Europäischen Wirtschaftsraum zu prüfen, zu zertifizieren oder zu überwachen. ²Dies gilt auch für die Anerkennung von Personen, Stellen, Überwachungsgemeinschaften oder Behörden, die nach den Vorschriften eines anderen Staates zu prüfen, zu zertifizieren oder zu überwachen beabsichtigen, wenn der erforderliche Nachweis in einem Artikel 16 Abs. 2 der Bauproduktenrichtlinie entsprechenden Verfahren geführt wird.

Erläuterungen:

I. § 25 regelt **Anerkennungszweck** von und **Anerkennungsvoraussetzungen** für Prüf-, Zertifizierungs- und Überwachungsstellen. Unterschieden werden Anerkennungen der Stellen, die
– nach den Vorschriften auf Grund der BauO Bln oder anderer Bundesländer tätig werden, oder
– nach den Vorschriften eines Mitgliedsstaates der EU oder eines anderen Vertragsstaates des europäischen Wirtschaftsraumes (EWR) Prüf-, Zertifizierungs- und Überwachungsaufgaben wahrnehmen.

Näheres über die Anerkennung und die Anerkennungsvoraussetzungen als Prüf-, Überwachungs- oder Zertifizierungsstelle regelt die Verordnung über Regelungen für Bauprodukte und Bauarten (Bauprodukte- und Bauarten- Verordnung – BauPAVO) vom 26. März 2007 (GVBl. S. 148).

II. Als **Antragsteller** für die nach **Abs. 1 Nrn. 1 bis 6** genannten Prüf-, Überwachungs- und Zertifizierungsstellen kommen Personen, Stellen, Überwachungsgemeinschaften und Behörden in Betracht. Während **Prüfstellen** Aufgaben im Verwendbarkeits- und Übereinstimmungsnachweisverfahren wahrnehmen, liegt das Tätigkeitsfeld der **Überwachungs- und Zertifizierungsstellen** schwerpunktmäßig im Bereich der Übereinstimmungsnachweisverfahren. Den Überwachungsstellen können auch Tätigkeiten im Rahmen des § 17 Abs. 6 obliegen.

Im Land Berlin ist die für das Bauwesen zuständige Senatsverwaltung **Anerkennungsbehörde** für die Prüf-, Überwachungs- und Zertifizierungsstellen. Die Anerkennungsvoraussetzungen sind **Abs. 1 zweiter Halbsatz** zu entnehmen, die sich an die entsprechenden Regelungen des § 11 BauPG anlehnen. Grund hierfür ist, dass diejenigen

Stellen, die im Konformitätsnachweisverfahren (europäischer Weg) tätig werden, dies auch im Übereinstimmungsnachweisverfahren (nationaler Weg) tun. Mehrfachanerkennungen sind möglich.

4 **Abs. 2 Satz 1** bestimmt, dass Anerkennungen von Prüf-, Überwachungs- und Zertifizierungsstellen anderer Bundesländer auch im Land Berlin gelten.

5 **Abs. 2 Sätze 2 und 3** beziehen sich auf das Sonderverfahren nach Art. 16 Abs. 2 Bauproduktenrichtlinie. Gemäß **Satz 2** sind in Berlin die Prüfungs-, Überwachungs- und Zertifizierungsergebnisse entsprechender Stellen aus dem Bereich der EU oder der EWR-Partnerstaaten den Ergebnissen der in Abs. 1 genannten Stellen gleichgestellt. Aus Art. 16 Abs. 1 BPR ist abzuleiten, dass die Stellen nach den Vorschriften des Bestimmungsstaates, in Berlin also nach den Vorschriften der BauO Bln, ihre Prüfungen, Überwachungen oder Zertifizierungen durchzuführen haben. Nach **Satz 3** werden die von Stellen anderer Staaten erzielten Prüf-, Zertifizierungs- und Überwachungsergebnisse den Ergebnissen nationaler (Berliner) Stellen gleichgestellt, wenn diese Stellen nach den Sonderverfahren der Art. 16 und 17 Bauproduktenrichtlinie zugelassen worden sind.

6 **Abs. 3** setzt Art. 16 Abs. 2 Bauproduktenrichtlinie im Rahmen des Bauordnungsrechts um und beinhaltet die Regelungen für die Anerkennung von Stellen. Danach gibt der **Mitgliedstaat des Herstellers** dem **Bestimmungsmitgliedstaat**, nach dessen Vorschriften geprüft und überwacht werden soll, diejenige Stelle bekannt, die er für diesen Zweck zuzulassen beabsichtigt. Nach Austausch der gegenseitigen Informationen lässt der Mitgliedsstaat des Herstellers (hier also Berlin vertreten durch die für das Bauwesen zuständige Senatsverwaltung) die so bezeichnete Stelle zu. Die so anerkannte Stelle ist somit berechtigt Prüfungen, Überwachungen und Zertifizierungen nach den Vorschriften des Bestimmungsmitgliedsstaates durchzuführen.

Artikel 16 BPR (Auszug):
(1) Wenn für bestimmte Produkte keine technischen Spezifikationen nach Artikel 4 Absatz 2 vorliegen, so betrachtet der Bestimmungsmitgliedstaat auf Antrag im Einzelfall die Produkte, die bei den im Mitgliedstaat des Herstellers durchgeführten Versuchen und Überwachungen durch eine zugelassene Stelle für ordnungsgemäß befunden sind, als konform mit den geltenden nationalen Vorschriften, wenn diese Versuche und Überwachungen nach den im Bestimmungsmitgliedstaat geltenden oder als gleichwertig anerkannten Verfahren durchgeführt worden sind.
(2) Der Mitgliedstaat des Herstellers gibt dem Bestimmungsmitgliedstaat, nach dessen Vorschriften geprüft und überwacht werden soll, diejenige Stelle bekannt, die er für diesen Zweck zuzulassen beabsichtigt. Der Bestimmungsmitgliedstaat und der Mitgliedstaat des Herstellers gewähren sich gegenseitig alle notwendigen Informationen. Nach Austausch der gegenseitigen Informationen lässt der Mitgliedstaat des Herstellers die so bezeichnete Stelle zu. Hat ein Mitgliedstaat Bedenken, begründet er seinen Standpunkt und unterrichtet die Kommission.
...

Artikel 17 BPR (Auszug):
Die Bestimmungsmitgliedstaaten messen den Berichten und Konformitätsbescheinigungen, die im Mitgliedstaat des Herstellers nach dem Verfahren des Artikels 16 erstellt bzw. erteilt werden, den gleichen Wert bei wie den entsprechenden eigenen nationalen Dokumenten.
...

§ 25 RNr. 7

Zur **Gleichwertigkeit von Bauprodukten aus EU- und EWR- Staaten** haben sich 7
inzwischen aufgrund der Rechtsprechung des EuGH Grundsätze herausgebildet, die
zum Teil in den Mitteilungen des IfBt, 1993 Heft 2 S. 47 von Graf v. Bernstorff in „Verwendung von im Ausland – insbesondere in anderen Mitgliedstaaten der Europäischen Gemeinschaften bzw. des Europäischen Wirtschaftsraumes – hergestellten Bauprodukten
in der Bundesrepublik Deutschland" veröffentlicht wurden. Darüber hinaus vergleiche
Graf Bernstorff, Musterbauordnung (MBO) – Bauprodukte § 24c MBO RNrn. 35–37.

§ 26

Abschnitt 4:
Wände, Decken, Dächer

§ 26 Allgemeine Anforderungen an das Brandverhalten von Baustoffen und Bauteilen

(1) [1]Baustoffe werden nach den Anforderungen an ihr Brandverhalten unterschieden in
1. nichtbrennbare Baustoffe,
2. schwerentflammbare Baustoffe,
3. normalentflammbare Baustoffe.

[2]Baustoffe, die nicht mindestens normalentflammbar sind (leichtentflammbare Baustoffe), dürfen nicht verwendet werden; dies gilt nicht, wenn sie in Verbindung mit anderen Baustoffen nicht leichtentflammbar sind.

(2) [1]Bauteile werden nach den Anforderungen an ihre Feuerwiderstandsfähigkeit unterschieden in
1. feuerbeständige Bauteile,
2. hochfeuerhemmende Bauteile,
3. feuerhemmende Bauteile;

die Feuerwiderstandsfähigkeit bezieht sich bei tragenden und aussteifenden Bauteilen auf deren Standsicherheit im Brandfall, bei raumabschließenden Bauteilen auf deren Widerstand gegen die Brandausbreitung. [2]Bauteile werden zusätzlich nach dem Brandverhalten ihrer Baustoffe unterschieden in
1. Bauteile aus nichtbrennbaren Baustoffen,
2. Bauteile, deren tragende und aussteifende Teile aus nichtbrennbaren Baustoffen bestehen und die bei raumabschließenden Bauteilen zusätzlich eine in Bauteilebene durchgehende Schicht aus nichtbrennbaren Baustoffen haben,
3. Bauteile, deren tragende und aussteifende Teile aus brennbaren Baustoffen bestehen und die allseitig eine brandschutztechnisch wirksame Bekleidung aus nichtbrennbaren Baustoffen (Brandschutzbekleidung) und Dämmstoffe aus nichtbrennbaren Baustoffen haben,
4. Bauteile aus brennbaren Baustoffen.

[3]Soweit in diesem Gesetz oder in Vorschriften auf Grund dieses Gesetzes nichts anderes bestimmt ist, müssen
1. Bauteile, die feuerbeständig sein müssen, mindestens den Anforderungen des Satzes 2 Nr. 2,
2. Bauteile, die hochfeuerhemmend sein müssen, mindestens den Anforderungen des Satzes 2 Nr. 3

entsprechen.

Erläuterungen:

I. § 26 stellt allgemeine **Anforderungen an das Brandverhalten von Baustoffen und Bauteilen**. Wegen der Bedeutung für das Brandschutzkonzept der BauO Bln (vgl. § 14 RNrn. 9 ff.), ist diesen Anforderungen erstmals eine eigenständige Regelung gewidmet worden.

§ 26 beschreibt Begriffe, mit denen **bauordnungsrechtliche Anforderungsniveaus** verbunden sind: In **Abs. 1** werden nichtbrennbare, schwerentflammbare und normalentflammbare **Baustoffe** unterschieden. **Abs. 2** unterscheidet feuerbeständige von hochfeuerhemmenden und feuerhemmenden **Bauteilen**. Auf diese Weise können den baulichen Anlagen – abhängig vom Gefährdungspotential – Anforderungen zugeordnet werden, die dazu beitragen, die in § 14 BauO Bln verankerten Schutzziele (vgl. § 14 RNrn. 2 bis 4) umzusetzen. Eine Übersicht der bauaufsichtlichen Brandschutzanforderungen an die verschiedenen Bauteile in Abhängigkeit von den Gebäudeklassen enthält die „Tabelle Bauteilanforderungen" im Anhang.

Um die bauordnungsrechtlichen Anforderungen, technisch realisieren zu können, bedarf es einer **Zuordnung zu technischen Regeln**; dies erfolgt in den **Anlagen 0.1 und 0.2 der Bauregelliste A Teil 1** (Bauregelliste A: vgl. § 17 RNr. 34). Dort werden die bauordnungsrechtlichen Anforderungen den Normbegriffen der **DIN 4102** und der europäischen **DIN EN 13501** zugeordnet. Beide Normen stehen gleichwertig nebeneinander. Sie beschreiben spezifische Baustoff- und Bauteileigenschaften und ordnen sie in (Eigenschafts-)Klassen ein. Diese Klassifizierungen erfolgen auf Grund von Brandprüfungen, deren Prüfvorgang genormt ist (**Klassifizierung auf Grund von Prüfnormen**). In den Brandprüfungen werden die Eigenschaften der Baustoffe in Hinblick auf die Entflammbarkeit, Flammenausbreitung, Hitze- und Rauchentwicklung sowie auf die Gefahr des brennenden Abtropfens oder Abfallens untersucht. Bei Bauteilen werden Eigenschaften, wie die der Wärmedämmung (die Fähigkeit die Wärmeübertragung zu begrenzen), des Raumabschlusses (die Fähigkeit, das Durchdringen von Flammen und Brandgasen zu verhindern) und der Tragfähigkeit bewertet.

Neben der Zuordnung der bauordnungsrechtlichen Anforderungen zu technischen Regeln hat der Entwurfsverfasser zu ermitteln, ob es sich bei den von ihm zu konstruierenden Bauteilen (tragende Wände, Stützen vgl. § 27; Außenwände, vgl. § 28; Trennwände, vgl. § 29; Brandwände, vgl. § 30; Decken, vgl. § 31; Dächer, vgl. § 32) um **„geregelte" Bauarten** (vgl. § 21 Abs. 1) handelt. Geregelt sind Bauarten, für die es technische Baubestimmungen oder allgemein anerkannte Regeln der Technik gibt. Zu den wesentlichen Technischen Baubestimmungen gehört DIN 4102-4, die in der AV LTB lfd. Nr. 3.1 (vgl. § 3 Abs. 3 Satz 1) bekannt gemacht ist. DIN 4102-4 enthält Standardkonstruktionen, die keines besonderen Anwendbarkeitsnachweises bedürfen. Weicht die beabsichtigte Konstruktion von dieser Norm ab, bedarf es einer allgemeinen bauaufsichtlichen Zulassung (vgl. § 18), soweit nicht nach Bauregelliste A Teil 3 für diese Bauart ein **allgemeines bauaufsichtliches Prüfzeugnis** (vgl. § 19) genügt (was oft der Fall ist).

II. Abs. 1 Satz 1 regelt die Anforderungen an das **Brandverhalten der zu verwendenden Baustoffe**. Die Regelungen sind notwendig, um den Beitrag von Baustoffen an der Brandentstehung und Brandfortleitung zu begrenzen und um die Brandlasten in baulichen Anlagen zu reduzieren. Unterschieden werden nichtbrennbare Baustoffe, schwerentflammbare Baustoffe und normalentflammbare Baustoffe. In der nachfolgenden Tabelle 26.1 ist die Zuordnung bauaufsichtlicher Anforderungen an das **Brandverhalten von Baustoffen (ohne Bodenbeläge)** zu den europäischen Brandverhaltensklassen der **DIN EN 13501-1** und zu den Klassen nach **DIN 4102-1** dargestellt. Das differenzierte europäische Klassifizierungssystem unterscheidet die sieben Hauptklassen A1, A2, B, C, D, E und F, wobei A1 aus brandschutztechnischer Sicht die höchsten Anforderungen erfüllt. F steht in der Bewertung hinten; diese Produkte sind nicht klassifiziert. Die Hauptklassifizierungen der Baustoffe werden hinsichtlich der Eigenschaften Rauchentwicklung (smoke = s) und des brennenden Abtropfend/Abfallens (droplets = d) dreistufig ergänzt (s1, s2, s3; d0, d1, d2).

Tabelle 26.1

bauaufsichtliche Anforderungen	europäische Zusatzanforderungen		europäische Klasse nach DIN EN 13501-1	Klasse nach DIN 4102-1
	kein Rauch	kein brenn. Abfallen / Abtropfen		
nichtbrennbar	X	X	A 1	A 1
	X	X	A 2 − s1, d0	A 2
schwer-entflammbar	X	X	B, C − s1, d0	B 1
		X	A2 − s2, d0 A2, B, C − s3, d0	
	X		A2, B, C − s1, d1 A2, B, C − s1, d2	
			A2, B C, − s3, d2	
normal-entflammbar		X	D − s1, d0 − s2, d0 − s3, d0 E	B 2
			D − s1, d2 D − s2, d2 D − s3, d2	
			E − d2	
leichtentflammbar			F	B 3

5   Abs. 1 Satz 2 enthält, wie die BauO a. F. das **Verwendungsverbot leichtentflammbarer Baustoffe**.

6   Abs. 2 Satz 1 erster Halbsatz stellt allgemeine Anforderungen an die **Feuerwiderstandsfähigkeit der Bauteile**. Den Feuerwiderstandsklassen **feuerbeständig** und **feuerhemmend**, die bereits in der BauO Bln a. F. verankert waren, ist die Feuerwiderstandsklasse **hochfeuerhemmend** zugefügt worden. Sie liegt im Anforderungsniveau zwischen feuerbeständig und feuerhemmend. Sie trägt zum Kosten sparenden Bauen bei, weil in vielen Fallkonstellationen, wo die BauO Bln a. F. die höhere Anforderung feu-

§ 26 RNr. 7–8

erbeständig stellte, nun die Anforderung hochfeuerhemmend genügt. Zur Zuordnung bauaufsichtlicher Begriffe zu Normbezeichnungen vgl. RNr. 2.

DIN 4102-2 ist die Prüfnorm, nach der national die Feuerwiderstandsfähigkeit von Bauteilen klassifiziert wird. Die Zuordnung bauaufsichtlicher Anforderungen zu den Normklassen der DIN 4102-2 ist Bauregelliste A Teil 1 Anlage 0.1.1 (Tabelle 26.2) zu entnehmen. 7

Tabelle 26.2

Bauaufsichtliche Anforderungen	Klassen nach DIN 4102-2	Kurzbezeichnung nach DIN 4102-2
feuerhemmend	Feuerwiderstandsklasse F 30	F 30-B [1]
feuerhemmend und aus nichtbrennbaren Baustoffen	Feuerwiderstandsklasse F 30 und aus nichtbrennbaren Baustoffen	F 30-A [1]
hochfeuerhemmend	Feuerwiderstandsklasse F 60 und in den wesentlichen Teilen aus nichtbrennbaren Baustoffen	F 60-AB [2]
	Feuerwiderstandsklasse F 60 und aus nichtbrennbaren Baustoffen	F 60-A [2]
feuerbeständig	Feuerwiderstandsklasse F 90 und in den wesentlichen Teilen aus nichtbrennbaren Baustoffen	F 90-AB [3] [4]
feuerbeständig und aus nichtbrennbaren Baustoffen	Feuerwiderstandsklasse F 90 und aus nichtbrennbaren Baustoffen	F 90-A [3] [4]

[1] bei nichttragenden Außenwänden auch W 30 zulässig [aus: Bauregelliste A Teil 1 Anlage 0.1.1]
[2] bei nichttragenden Außenwänden auch W 60 zulässig
[3] bei nichttragenden Außenwänden auch W 90 zulässig
[4] nach bestimmten bauaufsichtlichen Verwendungsvorschriften einiger Länder auch F 120 gefordert

Die europäische Klassifizierung der Feuerwiderstandsfähigkeit der Bauteile erfolgt nach **DIN EN 13501-2.** Die Zuordnung bauaufsichtlicher Anforderungen zu den europäischen Klassifizierungen ist Bauregelliste A Teil 1 Anlage 0.1.2 zu entnehmen. 8

Tabelle 26.3

Bauaufsichtliche Anforderung	Tragende Bauteile	
	ohne Raumabschluss	mit Raumabschluss.
feuerhemmend	R 30	REI 30
hochfeuerhemmend	R 60	REI 60
feuerbeständig	R 90	REI 90

[Auszug aus: Bauregelliste A Teil 1 Anlage 0.1.2]

§ 26 RNr. 9–13

Die Buchstaben der Tabelle sind ein Ausdruck einzelner Klassifizierungskriterien. So steht **R** (Résistance) für die Tragfähigkeit, **E** (Étanchéité) für den Raumabschluss und **I** (Isolation) für die Wärmedämmung unter Brandeinwirkung.

9   Bei der Auswahl eines Bauproduktes hat der Entwurfsverfasser folgendes zu beachten: Nach DIN 4102-2 werden brandschutztechnische Versagenskriterien für eine tragende Wand, wie Tragfähigkeit, Raumabschluss und Wärmedämmung, in einer Gesamtbeurteilung, z. B. Feuerwiderstandsklasse F 30, erfasst, d. h. alle Kriterien sind mindestens 30 Minuten lang erfüllt. Das europäische Klassifizierungssystem trifft hingegen für jedes einzelne Kriterium Aussagen über den Zeitpunkt des Versagens während der Brandprüfung. Eine tragende, raumabschließende Wand kann deshalb durchaus die Klassifizierung REI 30 / REW 60 / RE 90 erhalten (**W** für die Begrenzung des Strahlungsdurchtritts).
Die Wand hat also während der Brandprüfung 90 Minuten lang ihre tragende und raumabschließende Funktion behalten, 60 Minuten lang den Wärmestrahlungsdurchtritt begrenzt, aber nur 30 Minuten den Wärmedurchgang verhindert.
Erläuterungen der Klassifizierungskriterien und der zusätzlichen Angaben zur Klassifizierung des Feuerwiderstands nach DIN EN 13501-2, DIN EN 13501-3 enthält Bauregelliste A Teil 1 Anlage 0.1 Tabelle 3.

10 **Abs. 2 Satz 1 zweiter Halbsatz** stellt für **tragende und aussteifende Bauteile** klar, dass deren Feuerwiderstandsfähigkeit sich auf die Standsicherheit unter Brandbeanspruchung bezieht (Lastfall Brand). Ferner wird für **raumabschließende Bauteile** die Anforderung gestellt, dass sich die Feuerwiderstandsfähigkeit auf den Widerstand gegen die Brandausbreitung (vgl. § 14 RNr. 3), also gegen die Ausbreitung von Feuer und Rauch, bezieht. Die brandschutztechnische Eigenschaft *raumabschließend* wird an dieser Stelle erstmalig in der BauO Bln verwendet um in diversen §§ der BauO als vorangestelltes Schutzziel Eingang zu finden. Die Bildung eines (qualifizierten) Raumabschlusses ist quasi die technisch notwendige Reaktion auf das Schutzziel des § 14, wonach einer Brandausbreitung vorgebeugt werden muss.

11 **Abs. 2 Satz 2 verknüpft Baustoff- und Bauteilanforderungen.** Bauteile die feuerwiderstandsfähig sein müssen, haben nach ihrem Verwendungszweck zusätzliche Baustoffanforderungen zu erfüllen. **Vier Anforderungsfälle** werden beschrieben: Neben den Bauteilen, die ausschließlich aus nichtbrennbaren Baustoffen (**Nr. 1**) bestehen müssen, werden Bauteile beschrieben, die vollkommen aus brennbaren Baustoffen bestehen dürfen (**Nr. 4**).

12 Die **Nr. 2** beschreibt die Konstruktion eines raumabschließenden Bauteils (vgl. RNr. 9), bei dem die tragenden und aussteifenden Teile aus nichtbrennbaren Baustoffen bestehen müssen, ansonsten aber auch brennbare Baustoffe Verwendung finden dürfen. Für diese Bauweise wird vorgeschrieben, dass zusätzlich in Bauteilebene eine durchgehende, d. h. nicht unterbrochene, Schicht aus nicht brennbaren Baustoffen, eingebaut werden muss. Dabei kann es sich z. B. um nichtbrennbare (mineralische) Dämmstoffe oder auch um verspachtelte Gipskartonplatten handeln. Bauteile, die feuerbeständig sein müssen, haben mindestens die Anforderungen der Nr. 2 erfüllen (vgl. Satz 3 Nr. 1, RNr. 13).

13 Besondere Bedeutung kommt der Bauteil-Baustoff-Kombination der **Nr. 3** zu, bei der tragende oder aussteifende Bauteile aus brennbaren Baustoffen verwendet werden, die allseitig mit einer **nichtbrennbaren Brandschutzbekleidung** versehen sind und **nichtbrennbare Dämmstoffe** haben. Diese in erster Linie auf hochfeuerhemmende Bauteile abzielende Bauweise ermöglicht **fünfgeschossige Holzkonstruktionen** der

Gebäudeklasse 4. Die Brandschutzbekleidung stellt bei solchen Konstruktionen auch den Raumabschluss sicher. Die nichtbrennbaren Dämmstoffe minimieren das Risiko einer Brandausbreitung innerhalb solcher Bauteile. Die in Berlin als Technische Baubestimmung eingeführte Muster-Richtlinie über brandschutz-technische Anforderungen an hochfeuerhemmende Bauteile in Holzbauweise – **M-HFHHolzR** – Juli 2004 ist zu beachten. Bauteile, die hochfeuerhemmend sein müssen, haben mindestens die Anforderungen der Nr. 3 erfüllen.

Abs. 2 Satz 3 legt unter dem Vorbehalt, dass andere bauordnungsrechtliche Vorschriften nichts anderes bestimmen (was zum Zeitpunkt der Drucklegung nicht der Fall ist) fest, dass
- feuerbeständige Bauteile (**Nr. 1**), den Anforderungen des Satzes 2 Nr. 2 (vgl. RNr. 11) und
- hochfeuerhemmende (**Nr. 2**) Bauteile den Anforderungen des Satzes 2 Nr. 3

entsprechen müssen (vgl. RNr. 12).

14

§ 27 Tragende Wände, Stützen

(1) ¹Tragende und aussteifende Wände und Stützen müssen im Brandfall ausreichend lange standsicher sein. ²Sie müssen
1. in Gebäuden der Gebäudeklasse 5 feuerbeständig,
2. in Gebäuden der Gebäudeklasse 4 hochfeuerhemmend,
3. in Gebäuden der Gebäudeklassen 2 und 3 feuerhemmend

sein. ³Satz 2 gilt
1. für Geschosse im Dachraum nur, wenn darüber noch Aufenthaltsräume möglich sind; § 29 Abs. 4 bleibt unberührt,
2. nicht für Balkone, ausgenommen offene Gänge, die als notwendige Flure dienen.

(2) Im Kellergeschoss müssen tragende und aussteifende Wände und Stützen
1. in Gebäuden der Gebäudeklassen 3 bis 5 feuerbeständig,
2. in Gebäuden der Gebäudeklassen 1 und 2 feuerhemmend

sein.

(3) Tragende und aussteifende Wände und Stützen von eingeschossigen Garagen mit einer Nutzfläche bis zu 100 m² sowie von Gebäuden gemäß § 62 Abs. 1 Nr. 1 Buchstabe a müssen mindestens aus normalentflammbaren Baustoffen bestehen.

Erläuterungen:

I. § 27 beschreibt die Standardanforderungen der BauO Bln an tragende Wände, aussteifende Wände und Stützen. Die Brandschutzanforderungen an die Tragglieder eines Gebäudes sind ein wichtiger Bestandteil des Brandschutzkonzeptes der BauO Bln; sie tragen dazu bei, dass die Rettung von Menschen und Tieren sowie Brandbekämpfungsmaßnahmen durch die Berliner Feuerwehr genügend lange ermöglicht werden.

1

§ 27 RNr. 2–4

Die Eigenschaft **tragend** impliziert neben dem Eigengewicht, die Lastabtragung von Decken, Dächern und anderen Wänden sowie auf das Gebäude einwirkende Verkehrs-, Schnee- und Windlasten in den Baugrund. **Aussteifende Wände** tragen dazu bei, ein Bauwerk gegen den Angriff horizontaler Kräfte standsicher zu machen. Die Brandschutzanforderungen beziehen sich nicht nur auf aussteifende Wände im wörtlichen Sinn; sie gelten sinngemäß auch für aussteifende Elemente der Konstruktion, die stabförmig ausgebildet sind oder auch andere geometrische Formen aufweisen.

2   II. **Abs. 1 Satz 1** beschreibt **das allgemeine Schutzziel** (vgl. § 14 RNr. 13) für tragende und aussteifende Wände und Stützen; sie müssen im Brandfall **ausreichend lange standsicher** sein, d. h. über einen angemessenen Zeitraum die Personenrettung, die Rettung von Tieren sowie wirksame Löscharbeiten der Feuerwehr ermöglichen (vgl. § 14).

Die sich an das allgemeine Schutzziel anschließenden Regelungen des § 27 beschreiben **Standardanforderungen**, die der Tabelle 27.1 zu entnehmen sind.

Bezüglich der **Zuordnung der bauordnungsrechtlichen Anforderungen feuerbeständig, hochfeuerhemmend und feuerhemmend zu technischen Regeln**, vgl. § 26 RNr. 2.

Zu Anforderungen an die **Bauweise feuerbeständiger und hochfeuerhemmender Bauteile**, vgl. § 26 RNrn. 11, 12 und 14.

Erläuterungen zur **hochfeuerhemmenden Bauweise**, vgl. § 26 RNr. 12.

Zum Begriff **Gebäudeklasse**, vgl. § 2 Abs. 3 und § 14 RNr. 12.

Soweit von den Standardanforderungen abgewichen werden soll, vgl. § 14 RNr. 13.

Tabelle 27.1: Bauaufsichtliche Anforderungen des § 27 Abs. 1 und 2 an Bauteile

	Bauteile	GK 1	GK 2	GK 3	GK 4	GK 5
1	Tragende und aussteifende Wände und Stützen	ohne	fh	fh	hfh	fb
2	im Dachgeschoss, wenn darüber noch Aufenthaltsräume möglich sind	ohne	fh	fh	hfh	fb
3	im obersten Dachgeschoss	ohne				
4	Balkone, ausgenommen offene Gänge, die als notwendige Flure dienen	ohne				
5	im Kellergeschoss	fh	fh	fh	Fb	Fb

GK = Gebäudeklasse   ohne = keine Anforderung an die Feuerwiderstandsfähigkeit
fb = feuerbeständig,   hfh = hochfeuerhemmend,   fh = feuerhemmend

3   **Abs. 1 Satz 2** stellt Anforderungen an die **Feuerwiderstandsfähigkeit** tragender und aussteifender Wände und Stützen in Abhängigkeit von der Gebäudeklasse eines Gebäudes (Tabelle 27.1, Zeile 1).

4   **Abs. 1 Satz 3 Nr. 1 erster Halbsatz** schließt für **Geschosse im Dachraum, über dem keine Aufenthaltsräume möglich sind**, die Anforderungen des Satzes 2 aus, d. h. an

die tragenden und aussteifenden Wände und Stützen dieses (Dach-)Geschosses werden keine Anforderungen in Hinblick auf die Feuerwiderstandsfähigkeit gestellt (Tabelle 27.1, Zeile 3). Wenn auch nur ein Aufenthaltsraum über dem (Dach-)Geschoss möglich ist, greifen die Anforderungen des Satzes 2 (Tabelle 27.1, Zeile 2).

Abs. 1 Satz 3 Nr. 1 zweiter Halbsatz stellt durch den Verweis auf § 29 Abs. 4 klar, dass **Trennwände**, wenn sie **im Dachraum** erforderlich sind, die dort beschriebenen Anforderungen zu erfüllen haben. 5

Abs. 1 Satz 3 Nr. 2 schließt auch für **Balkone** eine Anforderung hinsichtlich der Feuerwiderstandsfähigkeit aus (Tabelle 27.1, Zeile 4), soweit sie nicht als offene Gänge ausgebildet sind, die als notwendige Flure dienen (vgl. § 36). 6

In **Abs. 2** wird die Feuerwiderstandsfähigkeit tragender und aussteifender Wände und Stützen in **Kellergeschosse**n geregelt (Tabelle 27.1, Zeile 5). 7

In **Abs. 3** werden Mindestanforderungen an tragende und aussteifende Wände und Stützen für eingeschossige **Garagen mit einer Nutzfläche von bis zu 100 m²** (gemeint sind Garagen, die selbständige Gebäude sind) und kleinere eingeschossige **Gebäude mit einer Brutto-Grundfläche von bis zu 10 m²** sowie andere untergeordnete Gebäude nach § 62 Abs. 1 Nr. 1 a) gestellt. Sie müssen aus normalentflammbaren Baustoffen bestehen; Anforderungen an die Feuerwiderstandsfähigkeit der Bauteile bestehen auch dann nicht, wenn diese Gebäude auf Grund ihrer Lage an der Grundstücksgrenze, der Gebäudeklasse 2 zuzuordnen wären. Insofern korrespondiert diese Regelung mit § 2 Abs. 3 Satz 5. 8

Die Regelung hat große Bedeutung für verfahrensfreie Kleingaragen und Abstellräume an der Grundstücksgrenze. Da verfahrensfreie Vorhaben den materiellen Vorschriften der BauO Bln entsprechen müssen (vgl. § 62 Abs. 5), ist es sinnvoll die Anforderungen für den Bauherren unmittelbar aus dem Gesetz ablesbar zu machen, es bedarf für die Beurteilung einer Kleingarage keiner Auseinandersetzung mit der Muster Garagenverordnung – MGarVO. Auch das Anforderungsniveau des Abs. 3 liegt unter dem der MGarVO.

§ 28 Außenwände

(1) Außenwände und Außenwandteile wie Brüstungen und Schürzen sind so auszubilden, dass eine Brandausbreitung auf und in diesen Bauteilen ausreichend lange begrenzt ist.

(2) ¹Nichttragende Außenwände und nichttragende Teile tragender Außenwände müssen aus nichtbrennbaren Baustoffen bestehen; sie sind aus brennbaren Baustoffen zulässig, wenn sie als raumabschließende Bauteile feuerhemmend sind. ²Satz 1 gilt nicht für brennbare Fensterprofile und Fugendichtungen sowie brennbare Dämmstoffe in nichtbrennbaren geschlossenen Profilen der Außenwandkonstruktion.

(3) ¹Oberflächen von Außenwänden sowie Außenwandbekleidungen müssen einschließlich der Dämmstoffe und Unterkonstruktionen schwerentflammbar sein; Unterkonstruktionen aus normalentflammbaren Baustoffen sind zulässig, wenn die Anforderungen nach Absatz 1 erfüllt sind. ²Balkonbekleidungen, die über die

§ 28 RNr. 1–2

erforderliche Umwehrungshöhe hinaus hochgeführt werden, müssen schwerentflammbar sein.

(4) Bei Außenwandkonstruktionen mit geschossübergreifenden Hohl- oder Lufträumen wie Doppelfassaden und hinterlüfteten Außenwandbekleidungen sind gegen die Brandausbreitung besondere Vorkehrungen zu treffen.

(5) Die Absätze 2 und 3 gelten nicht für Gebäude der Gebäudeklassen 1 bis 3.

(6) Außenwände von eingeschossigen Garagen mit einer Nutzfläche bis zu 100 m^2 sowie von Gebäuden gemäß § 62 Abs. 1 Nr. 1 Buchstabe a müssen mindestens aus normalentflammbaren Baustoffen bestehen.

Erläuterungen:

1 I. Die Außenwand ist Bestandteil der äußeren Gebäudehülle und dient Menschen, Tieren und Sachen vorrangig als Witterungsschutz und Absturzsicherung. Gleichzeitig hat ihre Beschaffenheit auch Einfluss auf die Entwicklung eines Brandgeschehens im Gesamtgefüge eines Gebäudes. § 28 beschreibt deshalb die brandschutztechnischen **Standardanforderungen an Außenwände** und Außenwandteile. Soweit Außenwände auch tragende oder aussteifende Funktion zu erfüllen haben, gelten die Anforderungen des § 27 zusätzlich.

2 II. Abs. 1 beschreibt **zwei allgemeine Schutzziele** (vgl. § 14 RNr. 13) für Außenwände und Außenwandteile: Sie müssen so ausgebildet sein, dass eine Brandausbreitung (d. h. Ausbreitung von Feuer und Rauch, vgl. § 14 RNr. 3) erstens *auf* und zweitens *in* diesen Bauteilen ausreichend lange begrenzt wird. Das erste Schutzziel ist auf die **Begrenzung von Fassadenbränden** ausgerichtet und wird in Abs. 3 konkretisiert. Das zweite Schutzziel dient der Begrenzung der **Brandausbreitung innerhalb der Außenwände** und Außenwandteile und findet seine Konkretisierung in Abs. 2. Diese Differenzierung macht deutlich, dass Außenwände und Außenwandteile brandschutztechnisch unabhängig von Außenwandbekleidungen zu betrachten sind. Als Beispiele für Außenwandteile werden **Brüstungen** und **Schürzen** aufgeführt, die im Brandfall einer Brandausbreitung einen gewissen Feuerwiderstand entgegensetzen. Anforderungen an absturzsichernde Fensterbrüstungen vgl. § 38 Abs. 3. Bezüglich der Anforderungen an Fenster in Außenwänden vgl. § 37.

Die sich an das allgemeine Schutzziel anschließenden Regelungen des § 28 beschreiben **Standardanforderungen**, die der Tabelle 28.1 zu entnehmen sind. Zum Begriff **Gebäudeklasse**, vgl. § 2 Abs. 3 und § 14 RNr. 12. Soweit von den Standardanforderungen des § 28 abgewichen werden soll, vgl. § 14 RNr. 13.

§ 28 RNr. 3-6

Tabelle 28.1: Bauaufsichtliche Anforderungen des § 28 Absätze 2 bis 5 an Bauteile

	Bauteile	GK 1	GK 2	GK 3	GK 4	GK 5
1	nichttragende Außenwände	ohne			nbr oder fh + rB	
2	nichttragende Teile tragender Außenwände	ohne			nbr oder fh + rB	
3	Oberflächen von Außenwänden, Außenwandbekleidungen, Balkonbekleidungen gem. Abs. 3 Satz 2	ohne			sfl	

GK = Gebäudeklasse ohne = keine Anforderung nbr = nichtbrennbar
sfl = schwerentflammbar fh = feuerhemmend rB = raumabschließendes Bauteil

Die Anforderungen des **Abs. 2 Satz 1 erster Halbsatz** richten sich an 3
– nichttragende Außenwände (Tabelle 28.1 Zeile 1) und an
– nichttragende Teile <u>tragender</u> Außenwände (Tabelle 28.1 Zeile 2);
sie müssen aus nichtbrennbaren Baustoffen (vgl. § 26 RNr. 3) bestehen. Auch Außenwandkonstruktionen mit geschosshohen oder geschossübergreifenden Verglasungen können dieses Schutzziel erfüllen. Zur Verwendbarkeit vorgefertigter nichttragender Außenwände vgl. Bauregelliste A Teil 2 lfd. Nr. 2.3.

Abs. 2 Satz 1 zweiter Halbsatz ermöglicht, alternativ zu Außenwandkonstruktionen 4
aus nichtbrennbaren Baustoffen, die **Verwendung brennbarer Baustoffe**, wenn die Bauteile raumabschließend (vgl. § 26 RNr. 9) und feuerhemmend (vgl. § 26 RNr. 2) sind. Für Gebäude bis zur Hochhausgrenze kann der Bauherr frei wählen, ob er die nichttragenden Außenwände aus nichtbrennbaren Baustoffen oder in feuerhemmender Bauart herstellen will. Zur Anwendbarkeit von Bauarten zur Errichtung von nichttragenden Außenwänden an die Anforderungen hinsichtlich der Feuerwiderstandsfähigkeit gestellt werden, vgl. Bauregelliste A Teil 3 lfd. Nr. 3 i. V. m. Bauregelliste A Teil 1 Anlage 0.1.1 (Zuordnung bauaufsichtlicher Begriffe zu nationalen Normen) bzw. Anlage 0.1.2 (Zuordnung bauaufsichtlicher Begriffe zu europäischen Normen)

Durch **Abs. 2 Satz 2** werden Fensterprofile, Fugendichtungen und Dämmstoffe in 5
nichtbrennbaren geschlossenen Profilen von der Grundforderung der Verwendung nichtbrennbaren Baustoffe in Außenwandkonstruktionen ausgenommen. Sie dürfen aus brennbaren, jedoch nicht aus leichtentflammbaren Baustoffen (vgl. § 26 Abs. 1 Satz 2) bestehen.

Abs. 3 stellt Baustoffanforderungen an Außenwandoberflächen und Außenwandbeklei- 6
dungen, um die Gefahr der Brandübertragung von Geschoss zu Geschoss zu reduzieren. Während die Außenwandoberfläche Bestandteil der Außenwand ist, handelt es sich bei Außenwandbekleidungen um brandschutztechnisch eigenständige Konstruktionen, die auf die Außenwände aufgetragen, aufgebracht oder montiert werden. Zu den Außenwandbekleidungen gehören z. B. Beläge aus Holz, Kunststoff, keramischem Material, Glas, Metall, Naturstein oder Faserzement, Wärmedämmverbundsysteme, Dämmklinker und diverse Bekleidungen auf Unterkonstruktionen. Aber auch Putz ist Außenwandbekleidung im Sinne dieser Vorschrift. Dies ist besonders wichtig, weil z. B.

Wärmedämmputze im Gebrauch sind, die organische oder andere brennbare Bestandteile enthalten. Diese müssen jedoch gegenüber dem herkömmlichen Mörtelputz in die Gruppe der brennbaren Baustoffe eingeordnet werden, es sei denn, sie sind als nichtbrennbar klassifiziert. Normalentflammbare Außenputze sind nur an Gebäuden der Gebäudeklassen 1 bis 3 (vgl. Abs. 5) zulässig. Anstriche sind keine Wandbekleidungen im Sinne dieser Vorschrift.

7   Die Anforderungen des **Abs. 3 Satz 1 erster Halbsatz** entsprechen weitgehend der BauO a. F. und sind der Tabelle 28.1 zu entnehmen. Erst ab Gebäudeklasse 4 (vgl. Abs. 5) müssen Oberflächen von Außenwänden sowie Außenwandbekleidungen einschließlich der Dämmstoffe und Unterkonstruktionen aus mindestens schwerentflammbaren Baustoffen (vgl. § 26 RNr. 3) bestehen. Entgegen der BauO a. F. sieht § 28 eine an Ausnahmetatbestände geknüpfte (wie z. B. Einbau feuerbeständiger Bauteile, die 1,50 m vorkragen) Verwendung normalentflammbarer Außenwandbekleidungen in den Gebäudeklassen 4 und 5 nicht mehr vor; es bedarf nun einer formellen Abweichung nach § 68 Abs. 1.

8   Um eine Brandausbreitung von Brandabschnitt zu Brandabschnitt zu vermeiden, dürfen Außenwandbekleidungen aus brennbaren Baustoffen innere und äußere Brandwände nicht überbrücken (vgl. § 30 Abs. 7). Deshalb muss entweder die Brandwand so weit vorgezogen werden, dass die Wandbekleidung gegen sie stößt (und somit unterbrochen wird), oder die Wandbekleidung ist im Bereich der Brandwand in ausreichender Breite einschl. der Dämmschicht aus nichtbrennbaren Baustoffen herzustellen.

9   Nach **Abs. 3 Satz 1 zweiter Halbsatz** sind Unterkonstruktionen aus normalentflammbaren Baustoffen zulässig, wenn die Schutzziele des Abs. 1 erfüllt sind. Das bedeutet, dass normalentflammbare Unterkonstruktionen nur verwendet werden dürfen, wenn der Entwurfsverfasser eine schutzzielorientierte Bewertung der Gesamtkonstruktion vorgenommen hat. Beurteilungskriterien sind hierbei z. B. die Menge, die Dimensionierung, die Lage und die Abstände der für die Unterkonstruktion verwendeten Elemente.

10 **Abs. 3 Satz 2** schreibt für **Balkonbekleidungen**, die über die erforderliche Umwehrungshöhe (vgl. § 38) hinausgehen, die Verwendung mindestens schwerentflammbarer Baustoffe vor.

11 Die Regelung des **Abs. 4** ist neu in die BauO Bln aufgenommen worden. Sie trägt insbesondere neuen Fassadentechnologien und -konstruktionen Rechnung, die quasi eine zweite, Hohlraum bildende Gebäudehülle (z. B. Klimafassade) schaffen, die sich geschossübergreifend über die gesamte Fassade erstrecken kann. Solche **Doppelfassaden** haben die Eigenschaft, dass im Brandfall die Flammen und Rauchgase nicht nur ins Freie, sondern auch direkt in die Hohlräume geleitet werden, wodurch die Brandausbreitung über die Außenfassade, verstärkt durch einen gewissen Schornsteineffekt, begünstigt wird. Um dieser Brandausbreitung entgegen zu wirken, müssen – abhängig vom Einzelfall – besondere, den Hohlraum schließende Vorkehrungen getroffen werden, wie der Einbau von nichtbrennbaren Abschottungen in Höhe der Geschossdecken und nichtbrennbaren Schwertern in der Ebene der Brandwände (vgl. auch § 30 Abs. 7 Satz 2). Das Gleiche gilt prinzipiell auch für hinterlüftete Außenwandbekleidungen. Die Liste der Technischen Baubestimmungen, lfd. Nr. 2.6.5, enthält Normen, die hinterlüftete Außenwandbekleidungen konkretisieren.

12 **Abs. 5** schränkt die Anforderungen der Absätze 2 und 3 auf Gebäude der Gebäudeklassen 4 und 5 ein.

Die Regelung des **Abs. 6** ist neu in die BauO Bln aufgenommen worden. Sie enthält gegenüber der BauO a. F. für die aufgeführten Gebäudetypen Erleichterungen hinsichtlich der Außenwandanforderungen; es genügt die Verwendung normalentflammbarer Baustoffe. Die Anforderungen gelten für (Klein)garagen bis 100 m² (die bis zu einer Brutto-Grundfläche von 30 m² verfahrensfrei sind) sowie verfahrensfreie Vorhaben nach § 62 Abs. 1 Nr. 1a, wie eingeschossige Gebäude mit einer Brutto-Grundfläche bis 10 m². Die Regelung trägt dazu bei, wie auch die Regelungen der §§ 27 Abs. 3, 30 Abs. 12 und 31 Abs. 5, dass z. B. kleine **Abstellräume**, **Garagen** und überdachte Stellplätze (**Carport**) **aus Holz** errichtet werden dürfen.

§ 29 Trennwände

(1) Trennwände nach Absatz 2 müssen als raumabschließende Bauteile von Räumen oder Nutzungseinheiten innerhalb von Geschossen ausreichend lange widerstandsfähig gegen die Brandausbreitung sein.

(2) Trennwände sind erforderlich
1. zwischen Nutzungseinheiten sowie zwischen Nutzungseinheiten und anders genutzten Räumen, ausgenommen notwendigen Fluren,
2. zum Abschluss von Räumen mit Explosions- oder erhöhter Brandgefahr,
3. zwischen Aufenthaltsräumen und anders genutzten Räumen im Kellergeschoss.

(3) ¹Trennwände nach Absatz 2 Nr. 1 und 3 müssen die Feuerwiderstandsfähigkeit der tragenden und aussteifenden Bauteile des Geschosses haben, jedoch mindestens feuerhemmend sein. ²Trennwände nach Absatz 2 Nr. 2 müssen feuerbeständig sein.

(4) Die Trennwände nach Absatz 2 sind bis zur Rohdecke, im Dachraum bis unter die Dachhaut zu führen; werden in Dachräumen Trennwände nur bis zur Rohdecke geführt, ist diese Decke als raumabschließendes Bauteil einschließlich der sie tragenden und aussteifenden Bauteile feuerhemmend herzustellen.

(5) Öffnungen in Trennwänden nach Absatz 2 sind nur zulässig, wenn sie auf die für die Nutzung erforderliche Zahl und Größe beschränkt sind; sie müssen feuerhemmende, dicht- und selbstschließende Abschlüsse haben.

(6) Die Absätze 1 bis 5 gelten nicht für Wohngebäude der Gebäudeklassen 1 und 2.

Erläuterungen:

I. Trennwände dienen neben Brandwänden (§ 30), Treppenraumwänden (§ 35 Abs. 4) und den Wänden notwendiger Flure (§ 36 Abs. 4) der brandschutztechnischen Unterteilung des Gebäudeinneren in Brandschutzeinheiten. Sie können im Rahmen des baulichen Gefüges nichttragende, aber auch tragende oder aussteifende Funktion haben. Aus diesem Grunde können sich neben den Regelungen des § 29 zusätzliche Anforderungen aus § 27 ergeben (vgl. Abs. 3). Die Wärmeschutzanforderungen an Trennwände der BauO a. F. konnten entfallen, da sie aus dem allgemeinen Schutzziel des § 15 Abs. 1 ableitbar sind.

2 **II. Abs. 1** enthält das allgemeine Schutzziel für Trennwände. Sie müssen als raumabschließende Bauteile von Räumen und Nutzungseinheiten ausgebildet (vgl. § 26 RNr. 9) und ausreichend lange (vgl. § 14 RNr. 13) widerstandsfähig gegen die Ausbreitung von Feuer und Rauch (Brandausbreitung; vgl. § 14 RNr. 3) sein. Zum Begriff Nutzungseinheit vgl. § 2 Abs. 3. Die sich an das allgemeine Schutzziel anschließenden Regelungen des § 29 beschreiben **Standardanforderungen**, die der Tabelle 29.1 zu entnehmen sind. Zum Begriff Gebäudeklasse, vgl. § 2 Abs. 3 und § 14 RNr. 12. Soweit von den Standardanforderungen des § 29 abgewichen werden soll, vgl. § 14 RNr. 13.

Tabelle 29.1: Bauaufsichtliche Anforderungen des § 29 an Trennwände.

	Bauteile	GK 1	GK 2	GK 3	GK 4	GK 5
1	Trennwände	fh und rB, bei Wohngebäuden ohne		fh und rB	hfh und rB	fb und rB
2	Trennwände in den obersten Geschosse von Dachräumen	fh und rB, bei Wohngebäuden ohne		fh und rB		
3	Trennwände von Räumen mit Explosions- und erhöhter Brandgefahr	fb				
4	Öffnungen in Trennwänden	fh, dts, bei Wohngebäuden ohne		fh, dts		

GK = Gebäudeklasse
fh = feuerhemmend
dts = dicht und selbstschließend
ohne = keine Anforderung
hfh = hochfeuerhemmend
rB = raumabschließendes Bauteil
fb = feuerbeständig

3 In **Abs. 2** wird bestimmt, in welchen Fällen Trennwände erforderlich sind.
Nr. 1 verlangt Trennwände für zwei Fallgestaltungen: Im ersten Fall müssen **Trennwände zwischen Nutzungseinheiten** errichtet werden, wie z. B.
– zwischen Wohnungen,
– zwischen Wohnungen und Praxen,
– zwischen Reihenhäusern auf ideell geteilten Grundstücken
– zwischen Fitnessstudios und Praxen,
– zwischen Verkaufsstätten,
– zwischen Verkaufsstätten und Fitnessstudios
– zwischen Büros, die einem Nutzer zugeordnet sind und Praxen oder
– zwischen Büros, die unterschiedlichen Nutzern zugeordnet sind.

Die Größe der Nutzungseinheit wird nicht begrenzt; ihr muss jedoch ein von anderen Nutzungseinheiten unabhängiges Rettungswegsystem zur Verfügung stehen (vgl. § 33 Abs. 1), d. h. die Rettung (Fluchtsituation sowie der Löschangriff der Feuerwehr) darf nicht *durch* andere Nutzungseinheiten erfolgen. Durch Trennwände abgeschlossene Nutzungseinheiten bieten der Feuerwehr einen brandschutztechnisch definierten und abgegrenzten Bereich für die Brandbekämpfung.

Für große Nutzungseinheiten mit einer Brutto-Grundfläche von mehr als 400 m², die einer **Büro- oder Verwaltungsnutzung** dienen (z. B. in Büroetagen oder -gebäuden, die einem Betreiber zugeordnet sind), erzwingt § 36 Abs. 1 Satz 2 Nr. 4, dass auch Teile dieser Nutzungseinheiten mit Trennwänden nach Nr. 1 brandschutztechnisch abzugrenzen und mit eigenen Rettungswegen zu versehen sind.

Im zweiten Fall der **Nr. 1** wird die Errichtung von **Trennwände**n **zwischen Nutzungseinheiten und anders genutzten Räumen** verlangt. Anders genutzte Räume können z. B. außerhalb der Nutzungseinheit liegende
– (zentrale) Stuhllager,
– Teeküchen,
– Putzmittelräume oder
– WC-Anlagen
sein.

Nach **Nr. 1 zweiter Halbsatz** bedarf es **kein**er **Trennwände zwischen Nutzungseinheiten und notwendigen Fluren.** Grund hierfür sind die eigenständigen brandschutztechnischen Anforderungen des § 36 Abs. 4 an Wände notwendiger Flure.

Nach **Nr. 2** sind **Räume mit Explosions- oder erhöhter Brandgefahr** mit Trennwänden abzugrenzen. Dies gilt unabhängig davon, ob sich diese Räume innerhalb oder außerhalb einer Nutzungseinheit befinden. Zu den Räumen mit Explosionsgefahr gehören z. B. Lager für Feuerwerkskörper, zu den Räumen mit erhöhter Brandgefahr Lager für brennbare Flüssigkeiten. Ob eine erhöhte Brandgefahr vorliegt, hängt von der Brennbarkeit der in dem Raum befindlichen Materialien und Gegenständen, ihrer Lagerungsmenge und von deren Lagerungsweise ab. Von Stuhllagern, Schnapslagern, Fotokopier- und Putzmittelräumen geht beispielsweise keine erhöhte Brandgefahr im Sinne dieser Vorschrift aus.

Nach **Nr. 3** müssen **Aufenthaltsräume in Kellergeschossen** von anders genutzten Räumen durch Trennwände abgeschlossen werden. Zum Begriff Aufenthaltsraum vgl. § 48.

Während Abs. 2 die Fälle beschreibt, in denen Trennwände erforderlich sind, ist **Abs. 3** den **Trennwandanforderungen** gewidmet.
Satz 1 bestimmt für die Fälle des Abs. 2 Nrn. 1 und 3 (vgl. RNr. 3–6 und 8), dass die Trennwandanforderungen hinsichtlich der Feuerwiderstandsfähigkeit, den Anforderungen der tragenden und aussteifenden Bauteile (vgl. § 27 RNrn. 2 bis 5) im Geschoss folgt, d. h. die Trennwandanforderungen stehen in Abhängigkeit von der Gebäudeklasse (vgl. Tabelle 29.1 Zeilen 1 und 2 sowie § 27 Tabelle 27.1). **Satz 1 zweiter Halbsatz** schreibt als Mindestanforderung an diese Trennwände eine feuerhemmende Bauart vor; dies gilt auf Grund von Abs. 6 nicht für Wohngebäude der Gebäudeklassen 1 und 2. Zur Zuordnung der die Feuerwiderstandfähigkeit eines Bauteils beschreibenden bauordnungsrechtlichen Begriffe *feuerhemmend, hochfeuerhemmend und feuerbeständig* zu technischen Regeln vgl. § 26 RNrn. 2 ff.

10 **Abs. 3 Satz 2** schreibt für den Abschluss von Räumen mit Explosions- oder erhöhter Brandgefahr, unabhängig von der Gebäudeklasse, feuerbeständige Trennwände vor. Auf Grund von Abs. 6 wird jedoch auch diese Anforderung für Wohngebäude der Gebäudeklassen 1 und 2 ausgeschlossen; der Entwurfsverfasser hat deshalb im Einzelfall zu bewerten, ob es sich, soweit derartige Raumnutzungen vorgesehen sind, überhaupt noch um ein Wohngebäude handelt.

11 Die Schutzziele der Bauordnung zur Vermeidung der Brandausbreitung lassen sich nicht nur durch Anforderungen an die einzelnen Bauteile, wie Wände und Decken erreichen; vielmehr müssen auch Anforderungen an die Anschlüsse der Bauteile untereinander gestellt werden. **Abs. 4** beschreibt die Schutzziele bezüglich des **Trennwandanschlusses an den oberen Raumabschluss**. Es gilt der Grundsatz, dass Trennwände nach Abs. 2 bis zur Rohdecke zu führen sind, d. h. ein Anschluss der Trennwände an abgehängte Decken genügt nicht. Die Trennwand ist in **Regelgeschossen** von Rohdecke zu Rohdecke zu führen.

12 Im **Dachraum** kann der obere Anschluss von Trennwänden auf zwei Arten hergestellt werden. **Abs. 4 erster Halbsatz** beschreibt das Führen der **Trennwand bis unter die Dachhaut**, d. h. bis zur äußeren wasserführenden Schicht eines Daches (z. B. Dachziegel, etc.). **Abs. 4 zweiter Halbsatz** ermöglicht alternativ den **Anschluss der Trennwände an Decken,** die als raumabschließendes Bauteil (vgl. § 26 RNrn. 2, 8 ff.) feuerhemmend hergestellt sind. In diesem Fall müssen auch die die Decke tragenden und aussteifenden Bauteile feuerhemmend sein. Bedeutsam ist diese Differenzierung bei **mehrgeschossigen Dachräumen:** Während das obere Dachraumgeschoss nach Variante 1 ausgebildet werden kann, sind die darunter liegenden Dachraumgeschosse nach Variante 2 auszubilden.

13 **Abs. 5** stellt Anforderungen an **Öffnungen in Trennwänden.**
Abs. 5 erster Halbsatz enthält die Zulässigkeitsvoraussetzungen für das Öffnen von Trennwänden: Öffnungen dürfen nur in einer für die Nutzung erforderlichen Zahl in Trennwände eingebaut werden, damit durch eine Vielzahl von Öffnungen das brandschutztechnische Schutzziel der Trennwand (vgl. RNr. 2) nicht aufgehoben wird; der Entwurfsverfasser hat im Einzelfall darzulegen, weshalb die Nutzung eine Öffnung der Trennwand erfordert. Gleiches gilt für die Öffnungsgröße. **Abs. 5 zweiter Halbsatz** verlangt feuerhemmende und selbstschließende Abschlüsse der Öffnungen. Die Verwendbarkeit von Feuerschutzabschlüssen ist regelmäßig durch eine allgemeine bauaufsichtliche Zulassung nachzuweisen, da auch aus der technischen Baubestimmung DIN 4102-4/A1: 2004-11 die Feuerschutzabschlüsse als klassifizierte Sonderbauteile gestrichen wurden. Soweit es für den normalen Betrieb notwendig ist, Türen in Trennwänden offen zu halten, müssen bauaufsichtlich zugelassene Feststellanlagen eingebaut werden; damit wird die Anforderung „selbstschließend" weiterhin erfüllt.

Leitungen dürfen durch Trennwände nur hindurchgeführt werden, wenn Vorkehrungen gegen Brandübertragung getroffen sind (vgl. § 40 RNr. 3).

14 **Nach Abs. 6 gelten** die Trennwandanforderungen der Absätze 1 bis 5 nicht für **Wohngebäude der Gebäudeklassen 1 und 2** (vgl. Tabelle 29.1).

§ 30 Brandwände

(1) Brandwände müssen als raumabschließende Bauteile zum Abschluss von Gebäuden (Gebäudeabschlusswand) oder zur Unterteilung von Gebäuden in Brandabschnitte (innere Brandwand) ausreichend lange die Brandausbreitung auf andere Gebäude oder Brandabschnitte verhindern.

(2) Brandwände sind erforderlich
1. als Gebäudeabschlusswand, ausgenommen von Gebäuden ohne Aufenthaltsräume und ohne Feuerstätten mit nicht mehr als 50 m^3 Brutto-Rauminhalt, wenn diese Abschlusswände an oder mit einem Abstand bis zu 2,50 m gegenüber der Grundstücksgrenze errichtet werden, es sei denn, dass ein Abstand von mindestens 5 m zu bestehenden oder nach den baurechtlichen Vorschriften zulässigen künftigen Gebäuden gesichert ist,
2. als innere Brandwand zur Unterteilung ausgedehnter Gebäude in Abständen von nicht mehr als 40 m,
3. als innere Brandwand zur Unterteilung landwirtschaftlich genutzter Gebäude in Brandabschnitte von nicht mehr als 10 000 m^3 Brutto-Rauminhalt,
4. als Gebäudeabschlusswand zwischen Wohngebäuden und angebauten landwirtschaftlich genutzten Gebäuden sowie als innere Brandwand zwischen dem Wohnteil und dem landwirtschaftlich genutzten Teil eines Gebäudes.

(3) ^{1}Brandwände müssen auch unter zusätzlicher mechanischer Beanspruchung feuerbeständig sein und aus nichtbrennbaren Baustoffen bestehen. ^{2}Anstelle von Brandwänden nach Satz 1 sind zulässig
1. für Gebäude der Gebäudeklasse 4 Wände, die auch unter zusätzlicher mechanischer Beanspruchung hochfeuerhemmend sind,
2. für Gebäude der Gebäudeklassen 1 bis 3 hochfeuerhemmende Wände,
3. für Gebäude der Gebäudeklassen 1 bis 3 Gebäudeabschlusswände, die jeweils von innen nach außen die Feuerwiderstandsfähigkeit der tragenden und aussteifenden Teile des Gebäudes, mindestens jedoch feuerhemmende Bauteile, und von außen nach innen die Feuerwiderstandsfähigkeit feuerbeständiger Bauteile haben,
4. in den Fällen des Absatzes 2 Nr. 4 feuerbeständige Wände, wenn der umbaute Raum des landwirtschaftlich genutzten Gebäudes oder Gebäudeteils nicht größer als 2 000 m^3 Brutto-Rauminhalt ist.

(4) ^{1}Brandwände müssen bis zur Bedachung durchgehen und in allen Geschossen übereinander angeordnet sein. ^{2}Abweichend davon dürfen anstelle innerer Brandwände Wände geschossweise versetzt angeordnet werden, wenn
1. die Wände im Übrigen Absatz 3 Satz 1 entsprechen,
2. die Decken, soweit sie in Verbindung mit diesen Wänden stehen, feuerbeständig sind, aus nicht-brennbaren Baustoffen bestehen und keine Öffnungen haben,
3. die Bauteile, die diese Wände und Decken unterstützen, feuerbeständig sind und aus nichtbrennbaren Baustoffen bestehen,
4. die Außenwände in der Breite des Versatzes in dem Geschoss oberhalb oder unterhalb des Versatzes feuerbeständig sind und

§ 30

5. Öffnungen in den Außenwänden im Bereich des Versatzes so angeordnet oder andere Vorkehrungen so getroffen sind, dass eine Brandausbreitung in andere Brandabschnitte nicht zu befürchten ist.

(5) [1]Brandwände sind 0,30 m über die Bedachung zu führen oder in Höhe der Dachhaut mit einer beiderseits 0,50 m auskragenden feuerbeständigen Platte aus nichtbrennbaren Baustoffen abzuschließen; darüber dürfen brennbare Teile des Daches nicht hinweggeführt werden. [2]Bei Gebäuden der Gebäudeklassen 1 bis 3 sind Brandwände mindestens bis unter die Dachhaut zu führen. Verbleibende Hohlräume sind vollständig mit nichtbrennbaren Baustoffen auszufüllen.

(6) Müssen Gebäude oder Gebäudeteile, die über Eck zusammenstoßen, durch eine Brandwand getrennt werden, so muss der Abstand dieser Wand von der inneren Ecke mindestens 5 m betragen; das gilt nicht, wenn der Winkel der inneren Ecke mehr als 120 Grad beträgt oder mindestens eine Außenwand auf 5 m Länge als öffnungslose feuerbeständige Wand aus nichtbrennbaren Baustoffen ausgebildet ist.

(7) [1]Bauteile mit brennbaren Baustoffen dürfen über Brandwände nicht hinweggeführt werden. [2]Außenwandkonstruktionen, die eine seitliche Brandausbreitung begünstigen können, wie Doppelfassaden oder hinterlüftete Außenwandbekleidungen dürfen ohne besondere Vorkehrungen über Brandwände nicht hinweggeführt werden. [3]Bauteile dürfen in Brandwände nur soweit eingreifen, dass deren Feuerwiderstandsfähigkeit nicht beeinträchtigt wird; für Leitungen, Leitungsschlitze und Schornsteine gilt dies entsprechend.

(8) [1]Öffnungen in Brandwänden sind unzulässig. [2]Sie sind in inneren Brandwänden nur zulässig, wenn sie auf die für die Nutzung erforderliche Zahl und Größe beschränkt sind; die Öffnungen müssen feuerbeständige, dicht- und selbstschließende Abschlüsse haben.

(9) In inneren Brandwänden sind feuerbeständige Verglasungen nur zulässig, wenn sie auf die für die Nutzung erforderliche Zahl und Größe beschränkt sind.

(10) Absatz 2 Nr. 1 gilt nicht für seitliche Wände von Vorbauten im Sinne des § 6 Abs. 6, wenn sie von dem Nachbargebäude oder der Nachbargrenze einen Abstand einhalten, der ihrer eigenen Ausladung entspricht, mindestens jedoch 1 m beträgt.

(11) Die Absätze 4 bis 10 gelten entsprechend auch für Wände, die nach Absatz 3 Satz 2 anstelle von Brandwänden zulässig sind.

(12) Die Absätze 1 bis 9 gelten nicht für eingeschossige Garagen mit einer Nutzfläche bis zu 100 m2 sowie für Gebäude gemäß § 62 Abs. 1 Nr. 1 Buchstabe a.

Erläuterungen:

I. Die Herstellung von **Brandwänden** gehört zu den wichtigsten Maßnahmen des vorbeugenden baulichen Brandschutzes. Brandwände beugen der Ausbreitung von Schadenfeuer vor, indem sie das Brandereignis auf einen Brandabschnitt oder ein Gebäude begrenzen (vgl. Abs. 1). § 30 stellt Anforderungen an die Lage der Brandwände (Absätze 2, 6, 10), die Ausbildung der Brandwände (Absätze 3 bis 5; 7, 11, 12) und Öffnungen in Brandwänden (Absätze 8 und 9). Die Anforderungen des § 30 an Brandwände unterscheiden sich inhaltlich nur unwesentlich von den Brandwandanforderungen der BauO a. F.

Die Einteilung eines Gebäudes in Brandabschnitte macht ein Brandunglück für die Einsatzkräfte der Feuerwehr kalkulierbar, weil die Dimensionierung der Brandabschnitte an der Löschangriffstaktik und den Löschangriffsmöglichkeiten der Feuerwehr orientiert. Deshalb ist es zweckmäßig, innere Brandwände an den Außenseiten der Gebäude zu kennzeichnen, wenngleich eine Kennzeichnungspflicht nicht aus dem Gesetz ableitbar ist. Die **Kennzeichnung** ist in DIN 4066: 1997-07 – Hinweisschilder für Brandschutzeinrichtungen – geregelt.

Bei Brandwänden handelt es sich in der Regel um tragende (vgl. § 27), massive Bauteile. Aber auch für leichte, **nicht tragende Brandwände** gibt es allgemeine bauaufsichtliche Zulassungen (vgl. § 18), die eine Verwendbarkeit solcher Konstruktionen ermöglichen.

II. Abs. 1 beschreibt die **allgemeinen Schutzziele** (vgl. § 14 RNr. 13) der Brandwände; sie müssen ausreichend lange die Brandausbreitung (vgl. § 14 RNr. 3), d. h. die Ausbreitung von Feuer und Rauch auf
a) andere Gebäude und
b) andere Brandabschnitte
verhindern. Diesen Zwecken folgend, wird bei Brandwänden zwischen Gebäudeabschlusswänden und inneren Brandwänden unterschieden. Die **Gebäudeabschlusswand** dient dem Abschluss von Gebäuden gegenüber Grundstücksgrenzen und bestimmten Gebäuden. Die **innere Brandwand** dient der Unterteilung der Gebäude in Brandabschnitte. Beide Brandwandarten müssen als raumabschließende Bauteile (vgl. § 26 RNr. 9) hergestellt werden. In den nachfolgenden Absätzen werden die Schutzziele konkretisiert.

Abs. 2 beschreibt die Fälle, in denen Brandwände erforderlich sind.
Nach **Abs. 2 Nr. 1** müssen Brandwände als **Gebäudeabschlusswände** hergestellt werden, wenn sie an oder mit einem Abstand bis zu 2,50 m gegenüber der Grundstücksgrenze errichtet werden. Das Erfordernis einer Gebäudeabschlusswand nach Nr. 1 orientiert also nicht am Gebäudebegriff des § 2 Abs. 2, sondern an der Nähe der Gebäudeabschlusswand zur Grundstücksgrenze, d. h. für Reihenhäuser auf ideell geteilten Grundstücken enthält Abs. 2 keine Regelung. In Hinblick auf eine beabsichtigte spätere Realteilung aneinandergebauter eigenständiger Gebäude sollten Gebäudeabschlusswände nach Abs. 3 Nrn. 1 bis 3 ausgeführt werden.

Nach Nr. 1 **letzter Halbsatz** genügt die **Errichtung einer Außenwand anstelle einer Gebäudeabschlusswand**, wenn ein Abstand von mindestens 5 m zu
– bestehenden Gebäuden oder
– baurechtlich zulässigen künftigen Gebäuden
gesichert ist. Die angegebenen Abstandsmaße der Gebäudeabschlusswand zur Grundstücksgrenze beziehen sich auf den Abstand zur **Nachbargrenze**, jedoch nicht zur öffentlichen Verkehrsfläche; die Regelungen über die Tiefe der Abstandsflächen

§ 30 RNr. 6–8

nach § 6 bleiben unberührt. Die Vorschrift der Nr. 1 stellt sicher, dass auf verschiedenen Grundstücken liegende Gebäude, die untereinander einen geringeren Abstand als 5 m haben, sich nur mit Brandwänden gegenüber stehen können. Hierbei wird unterstellt, dass bei einem Abstand von mehr als 5 m die Ausbreitung eines Schadenfeuers durch Strahlungswärme auf ein anderes Gebäude nicht mehr erfolgen kann und dass die Feuerwehr in dem Zwischenraum genügend Möglichkeiten hat, den Überschlag eines Schadenfeuers zu verhindern. Die Sicherung des Abstandes von mindestens 5 m zu bestehenden oder nach den baurechtlichen Vorschriften zulässigen künftigen Gebäuden kann durch ausdrückliche Festsetzung in einem Bebauungsplan oder durch eine entsprechende Baulast (vgl. § 82) erfolgen. Durch die Regelung der **Nr. 1 zweiter Halbsatz**, die neu in die BauO Bln aufgenommen wurde, werden Gebäude bis zu 50 m^3, die weder Aufenthaltsräume noch Feuerstätten haben, von der Verpflichtung zur Errichtung von Gebäudeabschlusswänden ausgenommen.

6   **Abs. 2 Nr. 2** bestimmt die **Brandwandabstände innerhalb von Gebäuden**. Das Maß von 40 m berücksichtigt die Einsatzmöglichkeiten der Feuerwehr, die Eindringtiefe der Löschkräfte in ein Gebäude im Brandfalle, die Beherrschbarkeit eines Brandes durch einen Löschzug und die Ausstattung mit Feuerlöschgeräten, die ein Löschzug mit sich führt. Die Ausnahmeregelung der BauO a. F., wonach größere Brandwandabstände im Einzelfall zugelassen werden konnten, wurde gestrichen; es bedarf nunmehr einer Abweichung nach § 68 Abs. 1. Im Einzelfall kann eine Abweichung gerechtfertigt sein, wenn die mit der Vergrößerung des Brandabschnittes verbundenen Nachteile durch feste Einrichtungen für die Brandbekämpfung, wie automatische Feuerlöschanlagen, trockene oder nasse Regenanlagen oder ähnliche Einrichtungen in geeigneter Weise ausgeglichen werden.

7   Abs. 2 Nrn. 3 und 4 sind in Berlin von untergeordneter Bedeutung. Nach **Nr. 3** müssen bei landwirtschaftlich genutzten Gebäuden Brandabschnitte von maximal 10000 m^3 Bruttorauminhalt gebildet werden. Als Maßstab für die Bemessung des Brandabschnittes ist hier wegen der besonderen Art der Gebäude der umbaute Raum festgelegt worden. Der Berechnung des umbauten Raumes ist DIN 277-1 – „Grundflächen und Rauminhalte von Bauwerken im Hochbau; Begriffe, Berechnungsgrundlagen" – zugrunde zu legen. Nach **Nr. 4** müssen zwischen Wohngebäuden und angebauten landwirtschaftlich genutzten Gebäuden Gebäudeabschlusswände errichtet werden; innere Brandwände sind zwischen dem Wohn*teil* und dem landwirtschaftlich genutzten *Teil eines* Gebäudes zu errichten.

8   **Abs. 3** regelt die Baustoff- und Bauteilanforderungen für
    – Brandwände **(Satz 1)** und
    – andere Wände, die anstelle von Brandwänden zulässig sind **(Satz 2)**;
    die Anforderungen sind in Tabelle 30.1 zusammengestellt. Zum Begriff **Gebäudeklasse**, vgl. § 2 Abs. 3 und § 14 RNr. 12. Soweit von den Standardanforderungen des § 30 abgewichen werden soll, vgl. § 14 RNr. 13.

Tabelle 30.1: Bauaufsichtliche Anforderungen des § 30 Abs. 3 an Brandwände und an Wände, die anstelle von Brandwänden zulässig sind:

	Bauteile	GK 1	GK 2	GK 3	GK 4	GK 5
1	Brandwände	entfällt				rB, fb, wmB nb
2	zulässige andere Wände anstelle von Brandwänden	rB, hfh			rB, hfh wmB	
3	Gebäudeabschlusswände	rB, ia: fh rB, ai: fb			rB, hfh Wmb	rB, fb, Wmb nb
4	Gebäudeabschlusswände zw. Wohngeb. und angebauten landwirtschaftl. Gebäude, welches > als 2000 m³ BRI hat; rB, fb					
5	wegen der Nutzung erforderl. Öffnungen in inneren Brandwänden und anderen Wänden anstelle von Brandwänden; hfh, dts					

GK = Gebäudeklasse	fh = feuerhemmend		hfh = hochfeuerhemmend
fb = feuerbeständig	Wmb = Wand mechanisch beanspruchbar		
nbr = nichtbrennbar	rB = raumabschließendes Bauteil		
ia = von innen nach außen	ai = von außen nach innen		dts = dicht u. selbstschließend

Die **Brandwandanforderungen** sind **Abs. 3 Satz 1** zu entnehmen. Danach müssen Brandwände unter zusätzlicher mechanischer Beanspruchung feuerbeständig sein (vgl. § 26 RNr. 6 ff.) und aus nichtbrennbaren Baustoffen bestehen (vgl. § 26 RNr. 4). Die Herstellung einer feuerbeständigen und aus nichtbrennbaren Baustoffen bestehenden Wand genügt nicht. Brandwände müssen so beschaffen sein, dass sie auch bei den im Brandfall vorkommenden Beanspruchungen ihre **Standsicherheit** nicht verlieren. Sie müssen auch dann standsicher, feuerwiderstandsfähig und ggfls. tragfähig bleiben, wenn im Brandfalle z. B. andere Bauteile auf sie oder gegen sie stürzen. Ohne weiteren Nachweis können Brandwände verwendet werden, die gem. Abschnitt 4.8 der DIN 4102-4 ausgeführt werden. Hierbei wird vorausgesetzt, dass die Brandwände entsprechend den Technischen Baubestimmungen ausgesteift sind. Werden zur Aussteifung Bauteile verwendet, die nicht feuerbeständig sind, so ist der Standsicherheitsnachweis ohne Berücksichtigung dieser aussteifenden Bauteile zu führen. Bei der Anordnung von Dehnungsfugen in Verbindung mit inneren Brandwänden muss mindestens eine Seite als Brandwand im Sinne des § 30 ausgebildet werden; für die zweite Seite genügt eine Ausführung entsprechend den statischen Erfordernissen. Wände, die nicht die brandschutztechnischen Eigenschaften des Satzes 1 haben, sind keine Brandwände. Auch Wände von Treppenräumen (vgl. § 35 RNr. 17), die wie Brandwände hergestellt sein müssen, sind keine Brandwände, da an den Abschluss von Treppenraumöffnungen geringere Anforderungen zu stellen sind als an den Abschluss von Brandwandöffnungen.

In **Abs. 3 Satz 2** werden Anforderungen an Wände gestellt, die anstelle von Brandwänden zulässig sind (siehe Tabelle 30.1 Zeilen 2 bis 5). Die Anforderungsniveaus sind entsprechend dem Gefährdungspotential gestaffelt, welches bestimmten Gebäudeklassen beigemessen wird; die in den **Nrn. 1 und 2** angesprochenen Wände haben die **Funktion innerer Brandwände**.

Die Anforderungen an **Gebäudeabschlusswände** von Gebäuden der Gebäudeklassen 1 bis 3 sind in **Nr. 3** geregelt. Die Feuerwiderstandfähigkeit dieser Bauteile bemisst sich an zwei Lastfällen: Einerseits der Brandbeanspruchung der Gebäudeaußenwand von außen nach innen; sie muss die Feuerwiderstandsfähigkeit feuerbeständiger Bauteile haben. Andererseits der Brandbeanspruchung von innen nach außen; hier folgt die Feuerwiderstandfähigkeit den tragenden und aussteifenden Bauteilen, muss aber mindestens feuerhemmend sein.

Nach **Nr. 4** kann das Brandwanderfordernis in den Fällen des Abs. 2 Nr. 4 entfallen und durch feuerbeständige Wände ersetzt werden, wenn der Brutto-Rauminhalt des landwirtschaftlich genutzten Gebäudes oder Gebäudeteils nicht mehr als 2000 m³ beträgt.

11 Die Anforderungen des **Abs. 4** stellen eine **geschossübergreifende Brandabschnittsbildung** sicher, die ein Übergreifen auf benachbarte Brandabschnitte verhindert.

Satz 1 beschreibt **die klassische Brandwand**, die bis zur Bedachung **durchgehend** sein muss, d. h. in keinem Geschoss unterbrochen sein darf. Zur **Bedachung** gehört die Dachhaut, d. h. die äußerste Wasser führende Schicht sowie auch alle über der Dachhaut eingebauten Baustoffe und Bauteile, wie z. B Dachflächenfenster oder nichtbrennbare Wärmedämmungen auf Flachdächern einschließlich der Bekiesung. Die Dachanschlüsse an die Brandwand werden in Abs. 5 geregelt. Ferner müssen die Brandwände in allen Geschossen **übereinander angeordnet** sein, d. h. sie dürfen nicht versetzt sein. Satz 1 bezieht sich auf innere Brandwände und Gebäudeabschlusswände.

12 **Satz 2** enthält eine Regelung, die, alternativ zu Satz 1, eine **Brandabschnittsbildung mittels versetzt angeordneter Wände** ermöglicht. Die Regelung ist erforderlich, weil in vielen Fällen die Gebäudekonzeption oder Nutzung eines Geschosses der Herstellung innerer Brandwände nach Satz 1 entgegensteht. Dies kann z. B der Fall sein, wenn großflächige Nutzungen (Läden, Foyers) im Erdgeschoss mit der Brandabschnittsbildung darüber liegender Geschosse nicht korrespondieren. Das in der BauO a. F. verankerte, im Einzelfall vom Entwurfsverfasser nachzuweisende Nutzungserfordernis für das waagerechte Verspringen von Brandwänden ist entfallen; unter den Voraussetzungen des Satzes 2 ist das versetzte Anordnen von Wänden zulässig. Um ein Übergreifen des Brandgeschehens auf einen anderen Brandabschnitt zu verhindern, müssen Voraussetzungen erfüllt sein, die in den Nrn. 1 bis 5 ihren Niederschlag gefunden haben.

Auf Grund von **Nr. 1** müssen auch **versetzt angeordnete Wände** die Anforderungen an Brandwände hinsichtlich der mechanischen Beanspruchbarkeit, der Feuerbeständigkeit und der Nichtbrennbarkeit erfüllen (vgl. RNr. 9).

Nach **Nr. 2** müssen die **Decken**, die mit den Wänden in Verbindung stehen, aus nichtbrennbaren Baustoffen bestehen und feuerbeständig sein. Ferner dürfen sie keine Öffnungen haben, dass heißt, sie dürfen auch von Leitungen und Kabeln nicht durchdrungen werden.

Bauteile, die Brandabschnitte trennende Wände und Decken unterstützen, müssen nach **Nr. 3** feuerbeständig sein und aus nichtbrennbaren Baustoffen bestehen.

Das versetzte Anordnen von Wänden anstelle von Brandwänden nach Satz 1 hat zur Folge, dass Brandabschnitte teilweise übereinander liegen. Um eine Brandausbreitung über die **Außenwände** zu verhindern, ist es deshalb erforderlich, Anforderungen an diese Bauteile zu stellen. Nach **Nr. 4** sind die Außenwände oberhalb und unterhalb des Versatzes feuerbeständig auszubilden.

Nr. 5 stellt allgemeine, auf den Einzelfall abzustellende Anforderungen an Öffnungen im Bereich des (Brandabschnitt-)Versatzes: Eine Brandausbreitung in andere Brandabschnitte darf nicht zu befürchten sein, d. h. die Plausibilität der getroffenen Maßnahmen muss dargelegt werden. So hat die **Anordnung (die Lage) der Öffnungen** erheblichen Einfluss auf das Übergreifen von einem Brandabschnitt auf den anderen. Es können jedoch auch **besondere Vorkehrungen** im Bereich des Versatzes getroffen werden, wie z. B. der Einbau von aus der Fassade heraustretenden, feuerbeständigen Bauteilen, die eine Brandausbreitung über die Öffnungen verhindern.

Abs. 5 ist dem **Anschluss der Bedachung bzw. der Dachhaut an Brandwände und an Wände, die anstelle von Brandwänden zulässig sind (vgl. RNr. 15),** gewidmet. Soweit Wände anstelle von Brandwänden errichtet werden, sind die Vorschriften des Abs. 5 (vgl. Abs. 11) auch auf diese Wände anzuwenden. Unter Dachhaut ist die äußerste wasserführende Schicht zu verstehen (vgl. RNr. 11). 13

Abs. 5 Satz 1 bietet zwei Alternativen für die (Dach-)Anschlüsse an die Brandwand: 14
   Nach **Variante 1** ist die Brandwand 30 cm über die Bedachung zu führen; maßgebend ist hierbei der Abstand von der Oberkante der äußersten Bedachungsschicht – die nicht identisch mit der wasserführenden Schicht sein muss – bis zur Oberkante der Brandwand.
   Nach **Variante 2** muss die Brandwand in Höhe der Dachhaut mit beidseitig 50 cm auskragenden feuerbeständigen Platten aus nichtbrennbaren Baustoffen abgeschlossen werden. Die Formulierung „in Höhe der Dachhaut" bedeutet, dass die Brandwand bis unmittelbar unter die Dachhaut geführt werden muss.
   In beiden Fällen dürfen brennbare Teile des Daches nicht über die Brandwand hinweggeführt werden. Dies bedeutet, dass brennbare Unterkonstruktionen, wie Lattung und Konterlattung nicht über die Brandwand oder über die beidseitig auskragenden Platten hinweggeführt werden dürfen; Holzlattungen sind in diesem Bereich durch metallische Lattungen zu ersetzen. Zum Umgang mit Hohlräumen vgl. RNr. 16.

Abs. 5 Satz 2 stellt für Gebäude der Gebäudeklassen 1 bis 3 Anforderungen hinsichtlich des (Dachhaut-)Anschlusses an **Wände, die anstelle von Brandwänden zulässig sind.** Der in Satz 2 verwendete Begriff Brandwand ist hier systematisch falsch, weil nach Abs. 3 Satz 2 Nr. 2 Brandwände bei Gebäuden der Gebäudeklassen 1 bis 3 nicht erforderlich sind. Die Wände sind bis unter die Dachhaut (vgl. RNr. 11) zu führen. Der Unterschied zum Anschluss der Dachhaut an eine Trennwand im Dachraum (vgl. § 29 Abs. 4) ergibt sich nur im Zusammenhang mit Satz 3, wonach verbleibende Hohlräume mit nichtbrennbaren Baustoffen auszufüllen sind, d. h. auch die Unterkonstruktion (vgl. RNr. 14) muss aus nichtbrennbaren Baustoffen bestehen. 15

Zwischen Brandwänden (auch Wänden, die anstelle von Brandwänden zulässig sind) und der Dachhaut ergeben sich **Hohlräume**, über die eine Brandausbreitung erfolgen kann. Um diesen Gefahren entgegenzuwirken bestimmt **Abs. 5 Satz 3**, dass Hohlräume vollständig mit nichtbrennbaren Baustoffen auszufüllen sind. In der Praxis kann dies durch eine satte Aufmörtelung, die die Hohlräume zwischen den ggfls. vorhandenen Lattenlagen und der Dachhaut ausfüllt, erfolgen. 16

Problematisch ist die Minimierung von **Wärmebrücken** im konstruktiven Detailpunkt Brandwand/Bedachungsanschluss. Hier können nur nichtbrennbare Dämmstoffe aus Mineral- oder Steinwolle oder Schaumglas zum Einsatz kommen, deren Rauchdichtigkeit nicht immer voll gewährleistet ist. Alle konstruktiven Maßnahmen im Bereich der Brandwand/Bedachungsanschlüsse haben sich an dem Schutzziel der Vermeidung der Brandausbreitung zu orientieren. 17

Abs. 6 befasst sich mit dem Problem der Brandabschnittsbildung im Schnittpunktbereich der Außenwände von **Gebäuden oder Gebäudeteilen, die über Eck zusammenstoßen.** Bei der Anordnung der Brandwände ist deshalb darauf zu achten, dass 18 ein Schadenfeuer nicht über die Außenwände von einem Brandabschnitt in den anderen überspringen kann. Aus diesem Grunde schreibt Abs. 6 vor, dass eine Brandwand von der inneren Ecke eines Gebäudes einen Abstand von mindestens 5 m haben muss. Soll dieser Abstand unterschritten werden muss auf einer Länge von 5 m eine öffnungslose feuerbeständige Wand aus nichtbrennbaren Baustoffen hergestellt werden. Bei Gebäuden oder Gebäudeteilen, die in einem Winkel von mehr als 120° zueinander stehen, darf die Brandwand im Eckbereich angeordnet werden.

19 **Abs. 7** stellt Anforderungen an die **Fassadenausbildung** im Bereich der Brandwände und der Wände, die anstelle von Brandwänden zulässig sind (vgl. (Abs. 11). **Satz 1** verlangt für beide Wandarten, dass Bauteile, die über sie hinweggeführt werden, aus nichtbrennbaren Baustoffen bestehen müssen. Wird an einer Fassade ein brennbarer Dämmstoff verwendet wird, muss es im Brandwandbereich zum Materialwechsel kommen. Die Regelung des **Satzes 2** ist neu in die Bauordnung aufgenommen worden und korrespondiert mit der Regelung des § 28 Abs. 4 (vgl. § 28 RNr. 11): Bei **Doppelfassaden**, wie z. B. Klimafassaden sind besondere, vom Einzelfall abhängige Vorkehrungen zu treffen, wenn diese Konstruktionen über Brandwände oder Wände die anstelle von Brandwänden zulässig sind, hinweggeführt werden sollen; dies gilt für alle Außenwandkonstruktionen, bei denen eine seitliche Brandausbreitung begünstigt wird. **Satz 3** stellt klar, dass Bauteile, Leitungen, Leitungsschlitze und Schornsteine, soweit sie in Brandwände oder sie ersetzende Wände eingreifen, die Feuerwiderstandsfähigkeit der Wände nicht beeinträchtigen dürfen.

20 Durch Öffnungen wird die Wirksamkeit der Brandwände erheblich verringert. Aus diesem Grunde sind gem. **Abs. 8 Satz 1 Öffnungen in Brandwänden** grundsätzlich unzulässig. **Öffnungen in inneren Brandwänden** sind nach **Satz 2 erster Halbsatz** zulässig, wenn die Nutzung dies erfordert. Das Nutzungserfordernis bestimmt auch die Zahl und Größe der Öffnungen, d. h. der Entwurfsverfasser hat hier eine Öffnungsminimierung anzustreben. In äußeren Brandwänden bedarf jede Öffnung einer formellen Abweichung nach § 68 Abs. 1. Die Vorschriften über die Anforderungen an Gebäudeabschlusswände sind nachbarschützend. **Satz 2 zweiter Halbsatz** verlangt für die betriebsnotwendigen Öffnungen in inneren Brandwänden feuerbeständige, dicht- und selbstschließende Abschlüsse. Zu den Feuerschutzabschlüssen vgl. § 29 RNr. 13. Feuerabschlüsse von Sonderbauten (vgl. § 2 Abs. 4) können wiederkehrenden Prüfungen unterliegen. In vielen Fällen wird es aus betrieblichen Gründen notwendig sein, Feuerschutzabschlüsse offen zu halten. Dies bedarf einer formellen Abweichungsentscheidung nach § 68 abs. 1. Für das Offenhalten sind besondere Einrichtungen (sog. Feststellanlagen) notwendig, die im Gefahrenfalle ein automatisches Schließen der Feuerschutzabschlüsse bewirken; vgl. § 29 RNr. 13. Diese Einrichtungen sprechen auf Rauch oder Temperatur oder auf beides an.

Auf Grund von Abs. 11 gilt der Regelungsgegenstand des Abs. 8 entsprechend auch für Wände, die anstelle von Brandwänden zulässig sind, d. h. die Feuerwiderstandsfähigkeit des Feuerschutzabschlusses folgt der Wand, in die er eingebaut wird.

Tabelle 30.2: Anforderungen an Abschlüsse von Öffnungen in Brandwänden und Wänden, die anstelle von Brandwänden zulässig sind:

	Bauteile	GK 1	GK 2	GK 3	GK 4	GK 5
1	Öffnungen auf Grund eines Nutzungserfordernisses		hfh, dts			fb, dts

hfh = hochfeuerhemmend   fb = feuerbeständig   dts = dicht und selbstschließend

Abs. 9 enthält für den **Einbau feuerbeständiger Verglasungen in Brandwände** die gleichen nutzungsbedingten Erfordernisse wie Abs. 8 für Öffnungen (vgl. RNr. 20). Die Einschränkungen sind erforderlich, weil diese Verglasungen nicht wie Brandwände mechanisch beansprucht werden können. Auf Grund von Abs. 11 gilt der Regelungsgegenstand des Abs. 9 entsprechend auch für Wände, die anstelle von Brandwänden zulässig sind. Die Feuerwiderstandsfähigkeit der Verglasungen folgt der Feuerwiderstandsfähigkeit der Wände, in die sie eingebaut werden.

21

Auf Grund von **Abs. 10** müssen die **seitlichen Wände von Vorbauten**, die in § 6 Abs. 6 geregelt werden, nicht als Gebäudeabschlusswand ausgebildet werden. Voraussetzung hierfür ist jedoch, dass sie von Nachbargebäuden oder Nachbargrenzen einen Abstand einhalten, der ihrer Ausladung entspricht; ein Mindestabstand von 1 m muss jedoch eingehalten werden.

22

Abs. 11 bestimmt, dass für Wände, die anstelle von Brandwänden zulässig sind, die Vorschriften der Absätze 4 bis 10 entsprechend anzuwenden sind.

23

Durch **Abs. 12** werden
- **Garagen** mit einer Nutzfläche von nicht mehr als 100 m^2 und
- Verfahrensfreie **Gebäude nach § 62 Abs. 1 Nr. 1 a**

von den Anforderungen der Absätze 1 bis 9 ausgenommen. Dies korrespondiert mit den Regelungen der §§ 27 Abs. 3, 28 Abs. 6 und 31 Abs. 5.

24

§ 31 Decken

(1) ^{1}Decken müssen als tragende und raumabschließende Bauteile zwischen Geschossen im Brandfall ausreichend lange standsicher und widerstandsfähig gegen die Brandausbreitung sein. ^{2}Sie müssen
1. in Gebäuden der Gebäudeklasse 5 feuerbeständig,
2. in Gebäuden der Gebäudeklasse 4 hochfeuerhemmend,
3. in Gebäuden der Gebäudeklassen 2 und 3 feuerhemmend

sein. ^{3}Satz 2 gilt
1. für Geschosse im Dachraum nur, wenn darüber Aufenthaltsräume möglich sind; § 29 Abs. 4 bleibt unberührt,
2. nicht für Balkone, ausgenommen offene Gänge, die als notwendige Flure dienen.

(2) ^{1}Im Kellergeschoss müssen Decken
1. in Gebäuden der Gebäudeklassen 3 bis 5 feuerbeständig,
2. in Gebäuden der Gebäudeklassen 1 und 2 feuerhemmend

sein. ^{2}Decken müssen feuerbeständig sein
1. unter und über Räumen mit Explosions- oder erhöhter Brandgefahr, ausgenommen in Wohngebäuden der Gebäudeklassen 1 und 2,
2. zwischen dem landwirtschaftlich genutzten Teil und dem Wohnteil eines Gebäudes.

(3) Der Anschluss der Decken an die Außenwand ist so herzustellen, dass er den Anforderungen nach Absatz 1 Satz 1 genügt.

(4) Öffnungen in Decken, für die eine Feuerwiderstandsfähigkeit vorgeschrieben ist, sind nur zulässig
1. in Gebäuden der Gebäudeklassen 1 und 2,
2. innerhalb derselben Nutzungseinheit mit nicht mehr als insgesamt 400 m² Brutto-Grundfläche in nicht mehr als zwei Geschossen,
3. im Übrigen, wenn sie auf die für die Nutzung erforderliche Zahl und Größe beschränkt sind und Abschlüsse mit der Feuerwiderstandsfähigkeit der Decke haben.

(5) Decken von eingeschossigen Garagen mit einer Nutzfläche bis zu 100 m² sowie von Gebäuden gemäß § 62 Abs. 1 Nr. 1 Buchstabe a müssen mindestens aus normalentflammbaren Baustoffen bestehen.

Erläuterungen:

1   I. Die in § 31 geregelten Decken sind Bauteile, die Räume innerhalb eines Gebäudes horizontal abschließen; horizontale Abschlüsse, die das Gebäude nach außen abgrenzen sind den Regelungen des § 32 (Dächer) zuzuordnen. Im Rahmen des brandschutztechnischen Gefüges eines Gebäudes tragen Decken dazu bei, die Brandausbreitung von Geschoss zu Geschoss zu begrenzen. Die Bauteilanforderungen hinsichtlich der Feuerwiderstandsfähigkeit in den Gebäudeklassen 1 bis 5 sind entsprechend der unterschiedlichen Gefährdungspotentiale gestaffelt. Die Anforderungen der BauO a. F. an die Durchführung von Leitungsanlagen durch Decken konnten entfallen, da sie nun von den § 40 (Leitungsanlagen) und 41 (Lüftungsanlagen) mit erfasst sind.

2   II. **Abs. 1 Satz 1** beschreibt **das allgemeine Schutzziel** (vgl. § 14 RNr. 13) für Decken; sie müssen im Brandfall **ausreichend lange standsicher** und widerstandsfähig gegen die Brandausbreitung sein, d. h. über einen angemessenen Zeitraum die Personenrettung, die Rettung von Tieren sowie wirksame Löscharbeiten der Feuerwehr ermöglichen (vgl. § 14). Decken sind grundsätzlich tragend, weil sie neben dem Eigengewicht die Lasten anderer Bauteile sowie die Verkehrslasten aufzunehmen haben. Zur Eigenschaft *raumabschließend* vgl. § 26 RNr. 10.

3   **Abs. 1 Sätze 2 und 3 sowie Abs. 2** enthalten die Standardanforderungen an Decken; sie sind Tabelle 31.1 zu entnehmen. Durch Fußbodensteckdosen, Fußbodenentwässerungen oder ähnliche Einrichtungen dürfen brandschutztechnisch qualifizierte Decken nicht beeinträchtigt werden.

Zur begrifflichen **Zuordnung der bauordnungsrechtlichen Anforderungen** feuerbeständig, hochfeuerhemmend und feuerhemmend **zu technischen Regeln**, vgl. § 26 RNr. 2; zu den **Anwendbarkeitsnachweisen von Bauarten**, vgl. § 21 Abs. 1 und § 26 Abs. 2 Satz 3 RNrn. 2 und 3; Erläuterungen zur **hochfeuerhemmenden Bauweise**, vgl. § 26 RNr. 13; zum Begriff **Gebäudeklasse**, vgl. § 2 Abs. 3 und § 14 RNr. 12. Soweit von den Standardanforderungen abgewichen werden soll, vgl. § 14 RNr. 13.

Tabelle: 31.1: Bauaufsichtliche Anforderungen des § 31 Abs. 1 Satz 2 und Abs. 2 an Decken

	Bauteile	GK 1	GK 2	GK 3	GK 4	GK 5
1	Decken	ohne	fh	fh	hfh	fb
2	Decken im Dachgeschoss, wenn darüber keine Aufenthaltsräume möglich sind	ohne	ohne	ohne	ohne	ohne
3	Decken im Dachgeschoss, wenn darüber Aufenthaltsräume möglich sind	ohne	fh	fh	hfh	fb
4	Decken im Kellergeschoss	fh	fh	fh	fb	fb
5	Decken unter und über explosionsgefährdeten Räumen	fb, bei Wohngebäuden ohne	fb, bei Wohngebäuden ohne	fb, bei Wohngebäuden ohne	fb	fb
6	Decken zwischen landwirtschaftl. genutzten Teil und dem Wohnteil eines Gebäudes	fb	fb	fb	fb	fb
7	Balkone, ausgenommen offene Gänge, die als notwendige Flure dienen	ohne	ohne	ohne	ohne	ohne

GK = Gebäudeklasse ohne = keine Anforderung an die Feuerwiderstansfähigkeit
fb = feuerbeständig, hfh = hochfeuerhemmend, fh = feuerhemmend

Abs. 1 Satz 2 enthält die Anforderungen an Decken in den Regelgeschossen der Gebäudeklassen 2 bis 5. Deckenanforderungen in der Gebäudeklasse 1 gibt es nicht; die Decken müssen aus normalentflammbaren Baustoffen bestehen. In der Gebäudeklasse 4 führt das Brandschutzkonzept der BauO Bln zu einer Verschärfung gegenüber den Anforderungen der BauO a. F., die für Gebäude von bis zu fünf Vollgeschossen feuerhemmende Decken vorgeschrieben hatte. Die Anforderung *hochfeuerhemmend* ist – vor dem Hintergrund der im Übrigen gegenüber der BauO a. F. niedrigeren Anforderungsniveaus in der Gebäudeklasse 4 – wegen der notwendigen Kompatibilität der Bauteilanforderungen untereinander gerechtfertigt.

Im Zuge von Modernisierungsarbeiten kann es beim **Einbau von Bädern in bestehende Wohnungen** durchaus erforderlich werden, das Gewicht der vorhandenen Holzbalkendecken mit Stakung, Auffüllung und Putz derart zu mindern, dass durch die gewählten Abdichtungsmaßnahmen keine zusätzlichen Deckenbelastungen eintreten. Es bestehen aus Gründen des Brandschutzes keine Bedenken dagegen, dass die Auffüllung und der Lehmverstrich durch eine mindestens 100 mm dicke, nichtbrennbare Dämmschicht nach DIN 4102 – 4 Abschn. 5.2.4. ersetzt wird. Die so erreichte Sicherheit entspricht der bei der Errichtung des Gebäudes geforderten; das ersparte Gewicht kann für die Abdichtungsmaßnahme ausgenutzt werden.

6 Der Ausbau von bestehenden Dachräumen kann sich auf die Gebäudeklasse auswirken. In diesen Fällen ist es regelmäßig unverhältnismäßig, eine brandschutztechnische Ertüchtigung aller Geschossdecken zu verlangen; es genügen einzelfallabhängige Maßnahmen an der Decke zwischen oberstem Regelgeschoss und Dachgeschoss.

7 **Abs. 1 Satz 3** enthält Erleichterungen gegenüber Satz 2. Nach **Nr. 1** genügen in **Dachgeschosse**n Decken aus normalentflammbaren Baustoffen, wenn über diesen Decken keine Aufenthaltsräume (vgl. § 48) möglich sind. Wenn Trennwände im Dachraum nicht bis zur Dachhaut, sondern nur bis zur Rohdecke geführt werden, müssen auf Grund von § 29 Abs. 4 (vgl. § 29 RNr. 11) die Decken als raumabschließende Bauteile – einschließlich der sie tragenden und aussteifenden Bauteile – feuerhemmend hergestellt werden. Nach **Nr. 2** genügen für **Balkone** Decken aus normalentflammbaren Baustoffen (vgl. Tabelle 31.1 Zeile 8); dies gilt nicht für offene Gänge, die als notwendige Flure (vgl. § 36) dienen.

8 In **Abs. 2 Satz 1** werden Anforderungen an **Kellerdecken** gestellt. **Satz 2 Nr. 1** enthält Deckenanforderungen für **Räume mit erhöhter Explosions- und Brandgefahr** (vgl. § 29 RNr. 7). Die Decken müssen *über* und *unter* diesen Räumen feuerbeständig sein. Nach **Nr. 2** müssen die Decken zwischen dem **landwirtschaftlich genutzten Teil** und dem Wohnteil eines Gebäudes feuerbeständig hergestellt werden.

9 Der konstruktive Detailpunkt *Decke/Außenwand* ist brandschutztechnisch von hoher Bedeutung, zumal bei einem Brandunglück Flammen und Rauchgase nicht durch die Stoßfuge dringen dürfen, die oftmals beim Aufeinanderstoßen dieser Bauteile unvermeidbar ist; einer Brandausbreitung von Geschoss zu Geschoss durch die Fuge muss entgegengewirkt werden. Deshalb verlangt **Abs. 3**, dass der **Anschluss der Decken an die Außenwand** so herzustellen ist, dass die in Abs. 1 Satz 1 formulierten allgemeinen Schutzziele eingehalten werden. Es sind besonders die **Vorhangfassaden**, die in diesem Detailpunkt Schwächen und somit Gefährdungspotentiale aufweisen. Als Mindestvorkehrung sind die Hohlräume in diesem Bereich mit nichtbrennbaren Dämmstoffen auszustopfen und mit nichtbrennbaren Materialien abzudecken.

10 Da **Öffnungen in Decken** die geschossübergreifende Brandausbreitung ermöglichen, sind in **Abs. 4** nur drei Fallkonstellationen beschrieben, in denen solche Öffnungen zulässig sind. In anderen Fällen sind Öffnungen in Decken unzulässig, soweit Anforderungen an deren Feuerwiderstandsfähigkeit vorgeschrieben sind. **Nr. 1** ermöglicht Deckenöffnungen in Gebäuden der Gebäudeklassen 1 und 2. Unabhängig von der Gebäudeklasse, ermöglicht **Nr. 2** innerhalb einer Nutzungseinheit, deren Größe auf 400 m^2 BGF (vgl. § 2 Abs. 3) begrenzt ist, eine geschossübergreifende, interne Verbindung (z. B. Maisonette). Soweit ein mehrgeschossiges Bürogebäude (z. B. mietrechtlich) eine Nutzungseinheit ist, greift Nr. 2 auch für brandschutztechnische (Nutzungs-)Einheiten. Dabei sind insbesondere die Vorschriften über Trennwände (§ 29) und die Vorschriften über notwendige Flure (§ 36 Abs. 1 Nrn. 3 und 4) zu beachten. **Nr. 3** lässt in allen anderen Fällen Öffnungen zu, wenn
- die Anzahl und die Größe der Öffnungen auf das Nutzungserfordernis (vgl. § 30 RNr. 20) begrenzt ist und
- die Öffnungsabschlüsse die gleiche Feuerwiderstandsfähigkeit haben, wie die Decke.

Auf Grund von **Abs. 5** genügen für **11**
- **Garagen** mit einer Nutzfläche von nicht mehr als 100 m² und
- Verfahrensfreie **Gebäude nach § 62 Abs. 1 Nr. 1 a**

normalentflammbare Decken. Da diese eingeschossigen Gebäude keine Decken, sondern Dächer haben (vgl. RNr. 1), läuft Abs. 5 eigentlich ins Leere; vom Schutzziel her korrespondiert Abs. 5 mit den Anforderungen der § 27 Abs. 3 (vgl. § 27 RNr. 3), § 28 Abs. 6 und § 30 Abs. 12.

§ 32 Dächer

(1) Bedachungen müssen gegen eine Brandbeanspruchung von außen durch Flugfeuer und strahlende Wärme ausreichend lange widerstandsfähig sein (harte Bedachung).

(2) ¹Bedachungen, die die Anforderungen nach Absatz 1 nicht erfüllen, sind zulässig bei Gebäuden der Gebäudeklassen 1 bis 3, wenn die Gebäude
1. einen Abstand von der Grundstücksgrenze von mindestens 12 m,
2. von Gebäuden auf demselben Grundstück mit harter Bedachung einen Abstand von mindestens 15 m,
3. von Gebäuden auf demselben Grundstück mit Bedachungen, die die Anforderungen nach Absatz 1 nicht erfüllen, einen Abstand von mindestens 24 m,
4. von Gebäuden auf demselben Grundstück ohne Aufenthaltsräume und ohne Feuerstätten mit nicht mehr als 50 m³ Brutto-Rauminhalt einen Abstand von mindestens 5 m

einhalten. ²Soweit Gebäude nach Satz 1 Abstand halten müssen, genügt bei Wohngebäuden der Gebäudeklassen 1 und 2 in den Fällen
1. des Satzes 1 Nr. 1 ein Abstand von mindestens 6 m,
2. des Satzes 1 Nr. 2 ein Abstand von mindestens 9 m,
3. des Satzes 1 Nr. 3 ein Abstand von mindestens 12 m.

(3) Die Absätze 1 und 2 gelten nicht für
1. Gebäude ohne Aufenthaltsräume und ohne Feuerstätten mit nicht mehr als 50 m³ Brutto-Rauminhalt,
2. lichtdurchlässige Bedachungen aus nichtbrennbaren Baustoffen; brennbare Fugendichtungen und brennbare Dämmstoffe in nichtbrennbaren Profilen sind zulässig,
3. Lichtkuppeln und Oberlichte von Wohngebäuden,
4. Eingangsüberdachungen und Vordächer aus nichtbrennbaren Baustoffen,
5. Eingangsüberdachungen aus brennbaren Baustoffen, wenn die Eingänge nur zu Wohnungen führen.

(4) Abweichend von den Absätzen 1 und 2 sind
1. lichtdurchlässige Teilflächen aus brennbaren Baustoffen in Bedachungen nach Absatz 1 und
2. begrünte Bedachungen

zulässig, wenn eine Brandentstehung bei einer Brandbeanspruchung von außen durch Flugfeuer und strahlende Wärme nicht zu befürchten ist oder Vorkehrungen hiergegen getroffen werden

§ 32 RNr. 1

(5) ¹Dachüberstände, Dachgesimse und Dachaufbauten, lichtdurchlässige Bedachungen, Lichtkuppeln und Oberlichte sind so anzuordnen und herzustellen, dass Feuer nicht auf andere Gebäudeteile und Nachbargrundstücke übertragen werden kann. ²Von Brandwänden und von Wänden, die anstelle von Brandwänden zulässig sind, müssen mindestens 1,25 m entfernt sein
1. Oberlichte, Lichtkuppeln und Öffnungen in der Bedachung, wenn diese Wände nicht mindestens 0,30 m über die Bedachung geführt sind,
2. Dachgauben und ähnliche Dachaufbauten aus brennbaren Baustoffen, wenn sie nicht durch diese Wände gegen Brandübertragung geschützt sind.

(6) ¹Dächer von traufseitig aneinander gebauten Gebäuden müssen als raumabschließende Bauteile für eine Brandbeanspruchung von innen nach außen einschließlich der sie tragenden und aussteifenden Bauteile feuerhemmend sein. ²Öffnungen in diesen Dachflächen müssen waagerecht gemessen mindestens 2 m von der Brandwand oder der Wand, die anstelle der Brandwand zulässig ist, entfernt sein.

(7) ¹Dächer von Anbauten, die an Außenwände mit Öffnungen oder ohne Feuerwiderstandsfähigkeit anschließen, müssen innerhalb eines Abstands von 5 m von diesen Wänden als raumabschließende Bauteile für eine Brandbeanspruchung von innen nach außen einschließlich der sie tragenden und aussteifenden Bauteile die Feuerwiderstandsfähigkeit der Decken des Gebäudeteils haben, an den sie angebaut werden. ²Dies gilt nicht für Anbauten an Wohngebäude der Gebäudeklassen 1 bis 3.

(8) Dächer an Verkehrsflächen und über Eingängen müssen Vorrichtungen zum Schutz gegen das Herabfallen von Schnee und Eis haben, wenn dies die Verkehrssicherheit erfordert.

(9) Für vom Dach aus vorzunehmende Arbeiten sind sicher benutzbare Vorrichtungen anzubringen.

Erläuterungen:

1   I. Regelungsgegenstand des § 32 sind brandschutztechnische Anforderungen, die darauf abzielen Dächer vor Flugfeuer und strahlende Wärme zu schützen um das Risiko einer Brandausbreitung über Dach zu minimieren. **Dächer** schließen Gebäude oder Gebäudeteile nach oben ab und dienen dem Witterungsschutz (vgl. VGH BW, Urt. v. 21. 12. 1971, BRS 25 Nr. 104). Bei **Flugfeuer** handelt es sich um brennende Gegenstände, die aufgrund der durch ein Brandgeschehen verursachten Thermik aufgewirbelt wurden und beim Niedergang zur Brandausbreitung beitragen können.

Die Regelungen des § 32 entsprechen weitgehend denen der BauO a. F. Die Anforderungen an Umwehrungen konnten entfallen, da sie in § 38 – Umwehrungen – Eingang gefunden haben. Die Regelung der BauO a. F. über die geforderte Zugänglichkeit des Dachraumes vom Treppenraum ist nun in § 34 Abs. 3 enthalten.

II. Abs. 1 enthält das allgemeine Schutzziel des § 32: den Schutz der Bedachung vor einer Brandbeanspruchung von außen. Die Bedachung muss ausreichend lange widerstandsfähig gegen Flugfeuer und strahlende Wärme sein. Der in Klammern stehende Begriff „**harte Bedachung**" wird durch diese Eigenschaften legal definiert. Bei der Definition wurde gegenüber der BauO a. F. von Dachhaut auf Bedachung umgestellt, weil der Begriff *Bedachung* in diesem Zusammenhang in den Technischen Baubestimmungen verwendet wird und mehr beinhaltet als die Dachhaut. Während es sich bei der Dachhaut um die äußerste wasserführende Schicht handelt (vgl. § 30 RNr. 11), die auch abstandsflächenrechtliche Relevanz hat (vgl. § 6 Abs. 4 Satz 2), umfasst der Begriff der Bedachung, darüber hinausgehend, neben der Dachhaut z. B. die Wärmedämmung, die Dampfsperre und die Träger der Dachhaut (vgl. Muster-Industriebaurichtlinie – MIndBauRL, Fassung März 2000, lfd. Nr. 5.11.1).

„**Geregelte**" **Bauarten** (vgl. § 26 RNr. 3) **für harte Bedachungen**, die keines Anwendbarkeitsnachweises bedürfen, finden sich in 8.7.2 der DIN 4102 – 4, die unter lfd. Nr. 3.1 in der Liste der Technische Baubestimmung (AV LTB) aufgenommen ist. Die AV LTB enthält in Anlage 3.1/8 Regeln, die bei der Anwendung widerstandfähiger Bedachungen nach 8.7.2 der DIN 4102 – 4 zu beachten sind. Soweit von diesen „geregelten" Bauarten abgewichen werden soll, genügt nach lfd. Nr. 8 der Bauregelliste A Teil 3 ein allgemeines bauaufsichtliches Prüfzeugnis statt einer allgemeinen bauaufsichtlichen Zulassung.

Regelungsgegenstand des **Abs. 2** sind Gebäude, die keine harte Bedachung, sondern eine „weiche Bedachung" haben. Zu den **weichen Bedachungen** gehören vor allem **Stroh-, Rohr- und Reetdächer**. Diese Dächer stellen im Brandfall eine große Gefahr dar, einmal weil sie selbst einen großen **Funkenflug** erzeugen, zum anderen aber auch, weil sie bei einem Brand in einem anderen Gebäude leicht durch Funkenflug oder Strahlungswärme entzündet werden können. Deshalb dürfen nur in den Gebäudeklassen 1 bis 3 harte Bedachungen durch die Abstandsregelungen des Abs. 2, die große Grundstücke voraussetzen, ersetzt bzw. kompensiert werden. Die genannten Maße beziehen sich auf den Abstand
– zwischen Gebäuden sowie
– zwischen Gebäuden und Grundstücksgrenzen.
Die Regelung hat für Berlin eine geringe Bedeutung.

Abs. 3 zählt Gebäude, Bedachungen und Bauteile auf, die nicht widerstandsfähig gegen Flugfeuer und Strahlungswärme sein müssen.

Abs. 4 privilegiert lichtdurchlässige (d. h. der Beleuchtung dienende) Teilflächen aus brennbaren Baustoffen in harten Bedachungen (**Nr. 1**) und begrünte Dächer (**Nr. 2**). Sie sind zulässig, wenn Flugfeuer und strahlende Wärme nicht zu befürchten sind oder hiergegen Vorkehrungen getroffen werden. Die Senatsbauverwaltung hat in den Entscheidungshilfen der Berliner Bauaufsicht (EHB) unter lfd. Nr. 39.8.1 brandschutztechnische Anforderungen an begrünte Dächer (http://www.stadtentwicklung.berlin.de/service/gesetzestexte/de/) veröffentlicht.

Die Regelungen des **Abs. 5** entsprechen weitgehend der BauO a. F.; der Begriff *Dachvorsprünge* wurde durch *Dachüberstände*, der Begriff *Glasdächer* durch *lichtdurchlässige Bedachungen* ersetzt. Ziel der Vorschrift ist die Vermeidung der Brandübertragung durch Dachteile und Dachaufbauten auf andere Gebäudeteile und Nachbargrundstücke. Die Vorschriften des Abs. 5 haben nachbarschützenden Charakter.

In **Abs. 5 Satz 1** werden die Dachteile und Dachaufbauten aufgeführt, von denen erfahrungsgemäß Gefahren ausgehen können. Der **Dachüberstand** ist der über die Außenwand des Gebäudes hinausragende Teil des Daches inkl. Dachkasten. Die horizontale Verschalung der Sparrenköpfe bildet das **Dachgesims.** Zu den **Dachaufbauten** gehören alle über die Dachfläche hinaustretenden Gebäudeteile, wie z. B. Gauben, Schornsteine und Aufzugsüberfahrten. **Lichtdurchlässige Bedachungen** sind z. B. Dachflächenfenster. Ferner finden in Satz 1 Lichtkuppeln und Oberlichte Erwähnung. All diese Dachteile und -aufbauten müssen von der Lage her so angeordnet und konstruktiv so hergestellt sein, dass Feuer nicht auf andere Gebäudeteile oder Grundstücke übertragen werden kann. Der Entwurfsverfasser hat die zu treffenden Maßnahmen auf den Einzelfall abzustimmen, soweit sich nicht aus Satz 2 Konkretes ergibt.

9 **Abs. 5 Satz 2** konkretisiert das allgemeine Schutzziel des Satzes 1 hinsichtlich der Lage von Dachteilen, Bedachungen und Dachaufbauten zu Brandwänden (vgl. § 30 Abs. 2) und Wänden, die anstelle von Brandwänden (vgl. § 30 Abs. 3 Satz 2) zulässig sind; sie müssen einen **Abstand von mindestens 1,25 m** von diesen Wänden haben. Nach **Nr. 1** müssen Oberlichte, Lichtkuppeln und Öffnungen in der Bedachung den Abstand nur einhalten, wenn diese Wände nicht 0,30 m über die Bedachung (vgl. § 30 RNr. 14) geführt sind, d. h. wenn Brandwände 0,30 m über die Bedachung geführt werden, müssen die Abstandsmaße nicht eingehalten werden. Zu den Öffnungen in der Bedachung gehören z. B. Auslassöffnungen von Lüftungs- und Abgasanlagen. Der nach **Nr. 2** einzuhaltende 1,25 m – Abstand bezieht sich nur auf Dachgauben und ähnliche Dachaufbauten, die aus brennbaren Baustoffen hergestellt sind. Auf Grund Nr. 2 zweiter Halbsatz können Dachaufbauten aus brennbaren Baustoffen ohne Abstand errichtet werden, wenn sie durch die Brandwände oder durch Wände, die anstelle von Brandwänden zulässig sind, gegen Brandübertragung geschützt sind. Dies ist z. B. der Fall, wenn die Außenwand des Dachaufbaus gleichzeitig die Brandwand ist.

10 Besondere Gefahren einer Brandübertragung bestehen bei traufseitig aneinander gebauten Gebäuden. Um diese Architekturlösung brandschutztechnisch zu ermöglichen, werden in **Abs. 6** Anforderungen für diese Gebäudekonfiguration gestellt. Nach **Satz 1** müssen die Dächer dieser Gebäude – gemeint sind nur die einander zugewandten Dachbereiche – als raumabschließende Bauteile von innen nach außen einschließlich der sie tragenden und aussteifenden Bauteile feuerhemmend sein. Zur begrifflichen Zuordnung der Anforderung feuerhemmend zu technischen Regeln, vgl. § 26 RNr. 2; zu den Anwendbarkeitsnachweisen von Bauarten, vgl. § 21 Abs. 1 und § 26 Abs. 2 Satz 3 RNrn. 2 und 3. **Satz 2** schreibt für Öffnungen in diesen Dachflächen einen horizontal gemessenen (lichten) Mindestabstand von 2 m zu der die Gebäude trennenden Brandwand vor. Das Abstandsmaß gilt auch gegenüber Wänden, die anstelle von Brandwänden zulässig sind.

11 **Dachflächen von Anbauten vor aufgehenden Außenwänden** bergen die Gefahr, dass ein Brandgeschehen im Anbau auf die Außenwand und das sich daran anschließende Gebäude übergreift. Um dieses Risiko zu begrenzen stellt **Abs. 7 Satz 1** Anforderungen an die Dächer der Anbauten: sie müssen innerhalb eines **Mindestabstandes von 5 m** zur Außenwand als raumabschließende Bauteile für eine Brandbeanspruchung von innen nach außen einschließlich der sie tragenden und aussteifenden Bauteile die Feuerwiderstandsfähigkeit der Decken des Gebäudeteils haben, an den sie angebaut werden. Dies bedeutet, dass die Dachanforderung in dem 5 m – Bereich der gebäudeklassenabhängigen Deckenanforderung des Gebäudes folgt, an das angebaut ist. Lichtdurchlässige Flächen sind nur zulässig, wenn sie die gleiche Feuerwiderstandsfähigkeit wie die Decken des anschließenden Gebäudes haben (Brandschutzverglasungen). In **Satz 2** werden Anbauten an Wohngebäude der Gebäudeklassen 1 bis 3 von der Vorschrift des Satzes 1 ausgenommen.

Die Regelung des **Abs. 8** soll Gefahren vermeiden helfen, die durch die **vom Dach herabfallenden Schnee- und Eismassen** ausgehen können. Zu schützen sind hierbei nicht nur die öffentlichen Verkehrswege (öffentliche Straßen, Wege und Plätze) sondern auch alle auf dem Grundstück liegenden Flächen, die zum Begehen oder Befahren bestimmt sind. Hierzu zählen sowohl die Zugänge und Zufahrten auf dem Grundstück nach § 5 als auch Wirtschaftsflächen, Kinderspielplätze und Stellplätze für Kraftfahrzeuge. Als Schutzmaßnahmen kommen Schneefanggitter an der Traufe und Schutzdächer über den Eingängen in Betracht. In der Regel werden Maßnahmen erst bei Dächern über dem zweiten Geschoss und einer Dachneigung von mehr als 20° erforderlich. Allerdings können bei sehr glatten Dächern Schutzmaßnahmen auch bei geringerer Neigung notwendig werden. Auch die Größe der Dachfläche spielt eine Rolle: bei kleinen Dächern sind Maßnahmen nicht erforderlich, weil Gefahren durch Dachlawinen wegen der geringen Schneemenge nicht zu befürchten sind.

Abs. 9 dient eigentlich dem Arbeitsschutz. Die anzubringenden Vorrichtungen dienen vor allem dem Schornsteinfeger und den Dachdeckern. Aber auch für bestimmte Klempnerarbeiten sind sie erforderlich. Einzelheiten regeln die Unfallverhütungsvorschriften. Danach sind Ausstiege, Laufflächen (Laufbohlen), Dachhaken oder Anschlagpunkte für Absturzsicherungen anzubringen.

Abschnitt 5:
Rettungswege, Öffnungen, Umwehrungen

§ 33 Erster und zweiter Rettungsweg

(1) Für Nutzungseinheiten mit mindestens einem Aufenthaltsraum wie Wohnungen, Praxen oder selbständige Betriebsstätten müssen in jedem Geschoss mindestens zwei voneinander unabhängige Rettungswege ins Freie vorhanden sein; beide Rettungswege dürfen jedoch innerhalb des Geschosses über denselben notwendigen Flur führen.

(2) ¹Für Nutzungseinheiten nach Absatz 1, die nicht zu ebener Erde liegen, muss der erste Rettungsweg über eine notwendige Treppe führen. ²Der zweite Rettungsweg kann eine weitere notwendige Treppe oder eine mit Rettungsgeräten der Feuerwehr erreichbare Stelle der Nutzungseinheit sein. ³Ein zweiter Rettungsweg ist nicht erforderlich, wenn die Rettung über einen sicher erreichbaren Treppenraum möglich ist, in den Feuer und Rauch nicht eindringen können (Sicherheitstreppenraum).

(3) ¹Gebäude, deren zweiter Rettungsweg über Rettungsgeräte der Feuerwehr führt, dürfen nur errichtet werden, wenn für die Nutzungseinheiten mit Aufenthaltsräumen keine notwendigen Flure gemäß § 36 Abs. 1 erforderlich sind. ²Bei Sonderbauten ist der zweite Rettungsweg über Rettungsgeräte der Feuerwehr nur zulässig, wenn keine Bedenken wegen der Personenrettung bestehen.

Erläuterungen:

1 I. § 33 ist, neben der brandschutztechnischen Generalklausel des § 14, die wichtigste Brandschutzvorschrift der BauO Bln. Die Regelungen des § 33 enthalten Anforderungen an das Rettungswegsystem der baulichen Anlagen, die mindestens einen Aufenthaltsraum haben. Daraus ergeben sich unmittelbare Auswirkungen auf die Erschließung und die Struktur eines Gebäudes. Der **Rettungsweg** hat zweierlei Aufgaben zu gewährleisten: Er dient einerseits als **Fluchtweg** für Personen, die sich innerhalb einer baulichen Anlage aufhalten und dient andererseits als Weg, über den die Feuerwehr ihren **Löschangriff** vorträgt und verletzte Personen in Sicherheit bringt. Die Regelungen über Rettungswege innerhalb baulicher Anlagen knüpfen insofern an die Regelungen des § 5 über die Zugänge und Zufahrten für die Feuerwehr auf den Grundstücken an.

Während die Anforderungen an das Rettungswegsystem in der BauO a. F. Bestandteil der Generalklausel des Brandschutzes war, ist dem Rettungswegsystem nun eine eigenständige Regelung gewidmet; die Vorschriften der §§ 34 bis 36 über die Bestandteile der Rettungswege, knüpfen an § 33 an.

2 II. **Abs. 1** verlangt als Grundforderung in jedem Geschoss die Sicherstellung eines doppelten Rettungsweges für Nutzungseinheiten (vgl. § 2 Abs. 3) mit mindestens einem Aufenthaltsraum (vgl. § 48), d. h. wenn ein Rettungsweg unbenutzbar wird, muss ein zweiter zur Verfügung stehen. Beispiele für Nutzungseinheiten sind Wohnungen, Pra-

xen und selbständige Betriebsstätten. Die Rettungswege müssen ins Freie führen, d. h. im Regelfall auf die öffentliche Verkehrsfläche. **Abs. 1 zweiter Halbsatz** ist neu in die BauO aufgenommen worden und stellt klar, dass beide Rettungswege über denselben notwendigen Flur (vgl. § 36) führen dürfen.

Abs. 2 konkretisiert das Rettungswegsystem; es wird zwischen dem ersten und zweiten Rettungsweg unterschieden. Nach **Satz 1** (wie auch nach § 34 Abs. 1 Satz 1) muss **der erste Rettungsweg** für Nutzugseinheiten, die nicht zu ebener Erde liegen über eine notwendige Treppe geführt werden. Für den zweiten Rettungsweg bietet **Satz 2** zwei Alternativen: Entweder wird für die Nutzungseinheit **der zweite Rettungsweg** über eine weitere notwendige Treppe geführt oder über eine mit Rettungsgeräten der Feuerwehr erreichbare Stelle. Ob eine Stelle für die Feuerwehr erreichbar ist, hängt von den Zugängen und Zufahrten auf den Grundstücken ab (vgl. § 5 i. V. m. Anlage A der AV LTB – Muster – Richtlinien über Flächen für die Feuerwehr). Die Hubrettungsfahrzeuge der Berliner Feuerwehr erlauben dort, wo sie einsetzbar sind, eine Personenrettung aus Nutzungseinheiten, deren Fußbodenoberkante 22 m über der Geländeoberfläche im Mittel liegt (vgl. § 2 Abs. 3 Satz 2). Gebäude, die Aufenthaltsräume über dieser Höhe ermöglichen, sind Hochhäuser; sie erfüllen den Sonderbautatbestand nach § 2 Abs. 4 Nr. 1 und müssen mindestens zwei bauliche Rettungswege oder einen Sicherheitstreppenraum gem. Satz 3 haben. Soll für einen Neubau der zweite Rettungsweg über Leitern der Feuerwehr hergestellt werden, ohne dass Hubrettungsfahrzeuge zum Einsatz kommen können, dürfen die zum Anleitern bestimmten Brüstungsoberkanten des Gebäudes nicht mehr als 8 m über Gelände liegen (vgl. § 5 Abs. 1 Satz 2). Wird dieses Höhenmaß überschritten müssen zwei bauliche Rettungswege oder ein Sicherheitstreppenraum hergestellt werden. Die Herstellung des zweiten Rettungsweges über die Rettungsgeräte der Feuerwehr wird durch die Regelungen des Abs. 3 eingeschränkt!

Das Fehlen des zweiten Rettungsweges ist eine konkrete Gefahr, die die Bauaufsichtsbehörde zum Einschreiten verpflichtet (OVG NW, Beschl. v. 22.07.2002, BauR 1841). Im **Gebäudebestand** der Berliner Blockrandbebauung wird (theoretisch) in vielen Fällen die Anleiterbarkeit der Nutzungseinheiten über dreiteilige Schiebeleitern der Berliner Feuerwehr in Verbindung mit sogenannten Hakenleitern gewährleistet; in der Praxis findet diese Rettungsmethode, wegen des Einsatzes von Fluchhauben, wenig Anwendung.

Nach **Abs. 2 Satz 3** ist nur ein Rettungsweg erforderlich, wenn die Rettung über einen **Sicherheitstreppenraum** möglich ist. Satz 3 enthält die Legaldefinition des Sicherheitstreppenraumes: Er ist muss sicher zu erreichen sein; Feuer und Rauch dürfen nicht in ihn eindringen können. In der Praxis werden außenliegende von innenliegenden Sicherheitstreppenräumen unterschieden. Beim außenliegenden Sicherheitstreppenraum wird das Schutzziel (Schutz vor Feuer und Rauch) durch eine Treppenraumerschließung erreicht, die über einen vor der Fassade im freien Windstrom liegenden offenen Gang führt. Der innenliegende Sicherheitstreppenraum muss über einen Vorraum erschlossen werden, der das Eindringen von Feuer und Rauch in den Sicherheitstreppenraum verhindert. Anforderungen an Sicherheitstreppenräume in **Hochhäusern** orientieren an der Muster-Richtlinie über den Bau und Betrieb von Hochhäusern – Muster-Hochhaus-Richtlinie – Fassung November 2007.

Abs. 3 schränkt (über die notwendigen Voraussetzungen nach Abs. 2 und § 5 hinaus) die Möglichkeiten der Personenrettung und des Löschangriffs über Rettungsgeräte der Feuerwehr ein. Nach **Satz 1** dürfen Gebäude, deren zweiter Rettungsweg über Rettungsgeräte der Feuerwehr führt, nur errichtet werden, wenn notwendige Flure nach § 36 Abs. 1 für die Nutzungseinheiten mit Aufenthaltsräumen nicht erforderlich sind. Ziel der Vorschrift ist die Begrenzung der Personenzahl, die ggfls. über die Rettungsgeräte der Feuerwehr in Sicherheit zu bringen ist. Macht die Anordnung von Nutzungseinheiten notwendige Flure erforderlich, ist dies ein Indiz dafür, dass die im Gefahrenfall in Sicherheit zu bringende Personenzahl zu hoch ist, als dass sie über Rettungsgeräte der Feuerwehr in angemessener Zeit in Sicherheit zu bringen wäre. Zum Nichterfordernis der Ausbildung notwendiger Flure vgl. § 36 Abs. 1 Satz 2 RNr. 5. Soweit Nutzungseinheiten, die nur von wenigen Personen genutzt werden (z. B. Wohnungen) über notwendige Flure erschlossen werden müssen, kann die Herstellung des zweiten Rettungsweges über Rettungsgeräte der Feuerwehr im Wege der Abweichung gem. § 68 zugelassen werden. **Satz 2** schreibt für **Sonderbauten** (§ 2 Abs. 4) vor, dass die Führung des zweiten Rettungsweges über Rettungsgeräte der Feuerwehr nur zulässig ist, wenn Bedenken wegen der Personenrettung nicht bestehen. Ob Bedenken bestehen, ist vom Prüfingenieur für Brandschutz (übergangsweise von der Bauaufsichtsbehörde) im Benehmen mit der Feuerwehr (vgl. § 23 Abs. 2 BauPrüfVO) zu klären.

§ 34 Treppen

(1) ^{1}Jedes nicht zu ebener Erde liegende Geschoss und der benutzbare Dachraum eines Gebäudes müssen über mindestens eine Treppe zugänglich sein (notwendige Treppe). ^{2}Statt notwendiger Treppen sind Rampen mit flacher Neigung zulässig.

(2) ^{1}Einschiebbare Treppen und Rolltreppen sind als notwendige Treppen unzulässig. ^{2}In Gebäuden der Gebäudeklassen 1 und 2 sind einschiebbare Treppen und Leitern als Zugang zu einem Dachraum ohne Aufenthaltsraum zulässig.

(3) ^{1}Notwendige Treppen sind in einem Zuge zu allen angeschlossenen Geschossen zu führen; sie müssen mit den Treppen zum Dachraum unmittelbar verbunden sein. ^{2}Dies gilt nicht für Treppen
1. in Gebäuden der Gebäudeklassen 1 bis 3,
2. nach § 35 Abs. 1 Satz 3 Nr. 2.

(4) ^{1}Die tragenden Teile notwendiger Treppen müssen
1. in Gebäuden der Gebäudeklasse 5 feuerhemmend und aus nichtbrennbaren Baustoffen,
2. in Gebäuden der Gebäudeklasse 4 aus nichtbrennbaren Baustoffen,
3. in Gebäuden der Gebäudeklasse 3 aus nichtbrennbaren Baustoffen oder feuerhemmend

sein. ^{2}Tragende Teile von Außentreppen nach § 35 Abs. 1 Satz 3 Nr. 3 für Gebäude der Gebäudeklassen 3 bis 5 müssen aus nichtbrennbaren Baustoffen bestehen.

(5) Die nutzbare Breite der Treppenläufe und Treppenabsätze notwendiger Treppen muss für den größten zu erwartenden Verkehr ausreichen.

(6) ^{1}Treppen müssen einen festen und griffsicheren Handlauf haben. ^{2}Für Treppen sind Handläufe auf beiden Seiten und Zwischenhandläufe vorzusehen, soweit die Verkehrssicherheit dies erfordert.

(7) Eine Treppe darf nicht unmittelbar hinter einer Tür beginnen, die in Richtung der Treppe aufschlägt; zwischen Treppe und Tür ist ein ausreichender Treppenabsatz anzuordnen.

Erläuterungen:

I. § 34 stellt Anforderungen an Treppen, wobei in den Absätzen 1 bis 5 die besonderen Anforderungen an **notwendige Treppen** verankert sind. Diese sind Bestandteil des Rettungsweges und haben im Rahmen der Brandbekämpfungs- und Rettungsmaßnahmen durch die Feuerwehr eine zentrale Funktion: Feuerlösch- und Rettungsgeräte werden über notwendige Treppen transportiert oder über Treppenraumfenster (vgl. § 35 RNr. 25) ins Gebäude hinein genommen. Deshalb steht § 34 auch in enger Beziehung zu § 35, der bestimmt, welche notwendigen Treppen in Treppenräumen liegen müssen und welche Anforderungen die Umfassungswände der Treppenräume zu erfüllen haben. Darüber hinausgehend erfassen die Regelungen der Absätze 6 und 7 alle Treppen, auch die, die im Sinne des Abs. 1 nicht notwendig sind. Teilweise werden die Absätze 6 und 7 von den Vorschriften des § 51 Abs. 3 (barrierefreies Bauen) überlagert. 1

Die Treppenregelungen sind gegenüber der BauO a. F. nicht wesentlich geändert worden; die Brandschutzanforderungen wurden an das neue Brandschutzkonzept der BauO Bln angepasst. Eine Straffung hat § 34 dadurch erfahren, dass 2
– die Regelungen über die stufenlose Erreichbarkeit von Wohnungen in § 51 Abs. 1 aufgegangen,
– die Umwehrungsregelungen für Treppen in § 38 Abs. 1 Nr. 8 enthalten und
– diverse Ermessensregelungen über Treppen entfallen
sind.

Die Vorschriften des § 34 werden durch die **Technische Baubestimmung DIN 18065** konkretisiert, die als Planungsnorm eingeführt ist (vgl. lfd. Nr. 7.1 der AV LTB). Durch Anlage 7.1/1 der AV LTB werden Treppen in Wohngebäuden der Gebäudeklassen 1 und 2 sowie Wohnungen von der Anwendung der DIN 18065 ausgenommen. Bei der Planung notwendiger Treppen ist darauf zu achten, dass Menschen auf einer Krankentrage ungehindert transportiert werden können; insofern ist die Ausführung gewendelter notwendiger Treppen eingeschränkt. 3

Besonders für Treppen ist die **Verkehrssicherheit** nach § 16 von großer Bedeutung. Eine Treppe ist sicher begehbar, wenn sie ein gleiches und gutes Steigungsverhältnis hat, wenn bei Wendelstufen eine Mindestauftrittsbreite nicht unterschritten wird, wenn die Mindestbreite der Treppe ausreichend ist und wenn genügend Podeste angeordnet werden. Die Treppe ist verkehrssicher, wenn die Durchgangshöhe ausreicht, wenn die Treppe feste Handläufe hat und wenn die Stufenbeläge trittsicher sind. Bestimmte Baustoffe, wie Naturstein und Kunststein können sehr glatt werden; hier sind zur Herstellung der Trittsicherheit besondere Maßnahmen notwendig. Der Verkehrssicherheit dienen auch die Umwehrungsvorschriften des § 38. Diese Kriterien gelten sowohl für notwendige, als auch für nicht notwendige Treppen. Die Beachtung der DIN 18065 indiziert die Verkehrssicherheit. Weder die BauO Bln noch die DIN 18065 enthalten Vorschriften über den lichten **Abstand zwischen den Trittstufen**. Anforderungen können sich hier nur aus § 52 (Sonderbauten) ergeben, um z. B. in Kindertagesstätten den besonderen Sicherheitserfordernissen zu entsprechen. 4

5 **Aufzüge** können die notwendige Treppe als Rettungsweg nicht ersetzen; die jederzeitige sichere Benutzung ist nicht gewährleistet. Der Aufzug würde im Brandfall, bei Schäden an Maschinen oder Seilanlagen oder bei Ausfall des elektrischen Stromes die Benutzer der Aufzüge gefährden.

6 **II. Abs. 1 Satz 1** knüpft an das Schutzziel des § 33 Abs. 2 (erster Rettungsweg für Nutzungseinheiten mit mindestens einem Aufenthaltsraum) an und bestimmt, dass jedes nicht zu ebener Erde liegende *Geschoss* und der *benutzbare Dachraum* eines Gebäudes über mindestens eine Treppe zugänglich sein müssen (Legaldefinition der **notwendigen Treppe**).

7 Zur **ebenen Erde** liegt ein Geschoss auch dann, wenn die Geschossebene nicht mehr als zwei Stufen über oder unter der Geländeoberfläche im Mittel liegt. Geschosse sind alle Ober- und Untergeschosse.

8 Der Dachraum muss auch dann an die notwendige Treppe angeschlossen werden, wenn er nicht als Aufenthaltsraum genutzt wird oder genutzt werden kann; es genügt die Benutzbarkeit des Dachraumes. Um einen **benutzbaren Dachraum** handelt es sich, wenn der Dachraum in etwa aufrechter Haltung ganz oder teilweise begangen werden kann. Dies wird der Fall sein, wenn dessen lichte Höhe mind. 1,80 m beträgt. Kriechböden zählen nicht zu den benutzbaren Dachräumen. Für die Benutzbarkeit des Dachraumes kommt es nicht darauf an, ob er ausgebaut ist. Erleichterungen für Gebäude der Gebäudeklassen 1 und 2 sieht Abs. 2 Satz 2 vor.

9 Treppen zu **Galerieebenen**, die für einen dauernden Aufenthalt nicht geeignet sind, können im Einzelfall ohne Anschluss an einen Treppenraum im Wege der Erteilung einer Abweichung (§68) zugelassen werden. Voraussetzung ist, dass die Bekämpfung eines Brandes auf der Galerieebene von dem Raum aus vorgenommen werden kann, dem die Galerie zugeordnet ist. Die Tiefe der Galerie sollte 1,50 m nicht überschreiten.

10 **Abs. 1 Satz 2** lässt statt notwendiger Treppen, **Rampen mit flacher Neigung** zu. Dies kann von Bedeutung sein, wenn der Betrieb einer baulichen Anlage dies erfordert, wie etwa bei Krankenhäusern und bestimmten Fabrikationsanlagen. Ferner sind Rampen für das barrierefreie Bauen von besonderer Bedeutung (vgl. § 51). Die Neigung von Rampen darf nicht steiler als 6 v. H. sein; vgl. § 51 Abs. 3 Satz 3. Soweit Rampen notwendige Treppen ersetzen gelten für Rampen die gleichen Randbedingungen wie für notwendige Treppen, d. h. muss eine notwendige Treppe im Treppenraum liegen, gilt dies auch für die Rampe.

11 Nach **Abs. 2 Satz 1** sind **einschiebbare Treppen** und **Rolltreppen** als notwendige Treppen unzulässig, weil nicht gewährleistet ist, dass sie im Gefahrenfall sicher benutzbar sind. Dies gilt bei Rolltreppen (Fahrtreppen) insb. wegen ihres Steigungsverhältnisses und wegen ihrer ggf. falschen Fahrrichtung. **Rolltreppen** und vergleichbare Anlagen sind keine baulichen Anlagen im Sinne des § 2 Abs. 1; sie unterliegen deshalb keinem bauaufsichtlichen Verfahren. Infolge ihres Einbaus können, insb. bei Sonderbauten (vgl. § 2 Abs. 4 i. V. m. § 52), bauaufsichtliche Anforderungen gestellt werden, weil über diese Rolltreppen Geschosse in offener Verbindung miteinander stehen. Maßgeblich für die Ausführung von Fahrtreppen ist die DIN EN 115 „Sicherheitsregeln für die Konstruktion und den Einbau von Fahrtreppen und Fahrsteigen".

12 **Abs. 2 Satz 2** erlaubt bei Gebäuden der Gebäudeklassen 1 und 2 den **Zugang des Dachraumes über einschiebbare Treppen und Leitern**.

13 **Abs. 3 Satz 1 erster Halbsatz** verlangt, dass notwendige Treppen **in einem Zug** zu allen angeschlossenen Geschossen führen müssen. Dies bedeutet, dass die Treppe vom obersten Geschoss bis ins Freie weder unterbrochen werden, noch durch andere Räume führen darf. Die Vorschrift korrespondiert mit § 35 Abs. 1, wonach jede notwendige Treppe in einem eigenen, durchgehenden Treppenraum liegen muss. Aus der Anforderung, dass die notwendige Treppe in einem Zug **zu allen angeschlossenen Geschossen** führen muss, resultiert nicht zwingend der Anschluss der Treppe an alle Geschosse; verschiedenen Geschossen können durchaus unterschiedliche notwendige Treppen und Treppenräume zugeordnet werden, um z. B. Personenströme unterschiedlicher Nutzungen zu trennen.

Satz 1 zweiter Halbsatz schreibt vor, dass die notwendigen Treppen mit den Treppen zum Dachraum verbunden sein müssen. Auf diese Weise werden wirksame Löscharbeiten im Dachraum ermöglicht.

Abs. 3 Satz 2 Nr. 1 nimmt Gebäude der Gebäudeklassen 1 bis 3 von der Regelung des Satzes 1 aus. Die Erleichterung geht über die BauO a. F. hinaus, die nur für Wohngebäude mit nicht mehr als zwei Wohnungen eine Erleichterung vorsah. Nach **Nr. 2** wird auch bei inneren Verbindungs- bzw. Erschließungstreppen von Nutzungseinheiten nach § 35 Abs. 1 Satz 3 Nr. 2, die als notwendige Treppen ohne Treppenraum zulässig sind, darauf verzichtet, die notwendige Treppe in einem Zuge zu führen.

14

In **Abs. 4** sind die Anforderungen festgelegt, die Treppen aus Gründen des **Brandschutz**es erfüllen müssen; die Bauteilanforderungen sind Tabelle 34.1 zu entnehmen. An notwendige Treppen der Gebäudeklassen 1 und 2 werden keine Anforderungen gestellt. In der Gebäudeklasse 3 müssen die notwendigen Treppen entweder aus nichtbrennbaren Baustoffen oder feuerhemmend hergestellt werden. In der Gebäudeklasse vier genügen notwendige Treppen aus nichtbrennbaren Bausoffen, was gegenüber der BauO a. F. eine Erleichterung darstellt. Notwendige Treppen der Gebäudeklasse fünf müssen feuerbeständig sein und aus nichtbrennbaren Baustoffen bestehen. Anforderungen an Bodenbeläge sind § 35 Abs. 5 Nr. 3 zu entnehmen. Zur begrifflichen **Zuordnung der bauordnungsrechtlichen Anforderung** feuerhemmend **zu technischen Regeln**, vgl. § 26 RNr. 2.

15

Tabelle 34.1: Bauteilanforderungen notwendiger Treppen

	Bauteile	GK 1	GK 2	GK 3	GK 4	GK 5
1	Notwendige Treppen, tragende Teile	ohne	ohne	nbr oder fh	nbr	fh und nbr
2	Notwendige Außentreppen, tragende Teile	ohne	ohne	nbr	nbr	nbr

GK = Gebäudeklasse ohne = keine Anforderung nbr = nichtbrennbar
fh = feuerhemmend

Abs. 5 enthält nur noch allgemeine Anforderungen an die **nutzbare Breite der Treppenläufe und Treppenabsätze**; sie muss für den **größten zu erwartenden Verkehr** ausreichen. Konkrete Maße, wie in der BauO a. F., sind im Gesetzestext nicht mehr enthalten; die Technische Baubestimmung DIN 18065 ist zu beachten. Der Entwurfsverfasser hat die Treppenbreiten in Abhängigkeit von der Gebäudenutzung festzulegen. Bei der Bemessung der Treppenbreiten von Gebäuden mit einer größeren Anzahl von Benutzern kann je 150 Personen 1 m Treppenbreite angesetzt werden. Bei der Ermitt-

16

lung der Personenzahl sind alle Benutzer und Besucher zu berücksichtigen, die aller Voraussicht nach gleichzeitig auf diese Treppe angewiesen sind. Bei mehr als 150 Personen sollte die Treppenbreite mindestens 1,20 m betragen. Eine weitere Verbreiterung sollte entsprechend der MVStättV in 60 cm – Schritten erfolgen, da eine Vergrößerung um einzelne Zentimeter die tatsächliche Benutzbarkeit nicht erhöht. Soweit z. B. Handläufe oder Umwehrungen in die Treppenläufe und Treppenabsätze hineinragen, ergibt sich die **nutzbare Breite** aus dem lichten Maß der engsten Stelle, z. B. zwischen den Handläufen.

17 Die Anforderungen des **Abs. 6** dienen der Verkehrssicherheit und finden auf alle Treppen – nicht nur die notwendigen Treppen – Anwendung.
   Nach **Satz 1** müssen Treppen (mindestens) einen **festen** und **griffsicheren Handlauf** haben. Bewegliche Handläufe, etwa aus Seilen zwischen festen Halterungen, sind nicht zulässig. Ein solcher Handlauf würde dem Grundsatz der sicheren Begehbarkeit einer Treppe widersprechen. Außerdem müssen die Handläufe griffsicher sein. Dies bedeutet, dass sie eine solche Form haben müssen, dass ein Erwachsener sich in ausreichender Weise an ihnen festhalten kann. Bei **Wendelstufen** ist mindestens an der Seite mit der größeren Auftrittsbreite ein fester Handlauf anzuordnen. Dies ist wegen der sicheren Begehbarkeit notwendig, weil unterstellt werden kann, dass die Treppe an dieser Seite begangen wird. Die Innenseite der Treppe wird für ein Begehen normalerweise zu steil werden. Handläufe sind notwendig, um die Verkehrssicherheit der Treppen zu gewährleisten und um vor allem Seh- und Gehbehinderten eine möglichst ununterbrochene Führung zu geben. Aus diesem Grunde ist es sinnvoll, die Handläufe auf den Treppenabsätzen herumzuführen. Da jedoch weder § 34 noch die DIN 18065 diesbezügliche Regelungen enthalten, kann nur bei Sonderbauten eine entsprechende Anforderung gestellt werden, um auch im Gefahrenfall zu vermeiden, dass flüchtende Personen mit ihren Kleidungsstücken am stumpf auslaufenden Handlauf hängen bleiben.

18 **Abs. 6 Satz 2** schreibt, soweit es die Verkehrssicherheit erfordert, **Handläufe auf beiden Seiten der Treppe** sowie **Zwischenhandläufe** vor. Beidseitige Handläufe sind aus Verkehrssicherheitsgründen bei Treppen mit einer Breite von mehr als 2 m notwendig. Bei öffentlich zugänglichen Gebäuden wird diese Vorschrift aus Gründen der Barrierefreiheit durch § 51 Abs. 3 Satz 6 überlagert, wonach Treppen grundsätzlich auf beiden Seiten Handläufe haben müssen. Ob Zwischenhandläufe zu fordern sind, hängt von der Nutzungsart des Gebäudes ab. Bei Treppen unter 4 m Breite sind in der Regel keine Zwischenhandläufe einzubauen.

19 Auch **Abs. 7** dient der Verkehrssicherheit und bestimmt, dass zwischen einer Treppe und einer in Richtung dieser Treppe aufschlagenden Tür, ein **ausreichender Treppenabsatz** angeordnet werden muss, denn die Unfallgefahr (Herabstürzen nach Öffnen der Tür) ist in diesen Fällen besonders groß. Der Treppenabsatz ist ausreichend dimensioniert, wenn seine Tiefe der Türblattbreite entspricht.

§ 35 Notwendige Treppenräume, Ausgänge

(1) ¹Jede notwendige Treppe muss zur Sicherstellung der Rettungswege aus den Geschossen ins Freie in einem eigenen, durchgehenden Treppenraum liegen (notwendiger Treppenraum). ²Notwendige Treppenräume müssen so angeordnet und ausgebildet sein, dass die Nutzung der notwendigen Treppen im Brandfall ausreichend lange möglich ist. ³Notwendige Treppen sind ohne eigenen Treppenraum zulässig
1. in Gebäuden der Gebäudeklassen 1 und 2,
2. für die Verbindung von höchstens zwei Geschossen innerhalb derselben Nutzungseinheit von insgesamt nicht mehr als 200 m² Brutto-Grundfläche, wenn in jedem Geschoss ein anderer Rettungsweg erreicht werden kann,
3. als Außentreppe, wenn ihre Nutzung ausreichend sicher ist und im Brandfall nicht gefährdet werden kann.

(2) ¹Von jeder Stelle eines Aufenthaltsraumes sowie eines Kellergeschosses muss mindestens ein Ausgang in einen notwendigen Treppenraum oder ins Freie in höchstens 35 m Entfernung erreichbar sein. ²Übereinanderliegende Kellergeschosse müssen jeweils mindestens zwei Ausgänge in notwendige Treppenräume oder ins Freie haben. ³Sind mehrere notwendige Treppenräume erforderlich, müssen sie so verteilt sein, dass sie möglichst entgegengesetzt liegen und dass die Rettungswege möglichst kurz sind.

(3) ¹Jeder notwendige Treppenraum muss an einer Außenwand liegen und einen unmittelbaren Ausgang ins Freie haben. ²Innenliegende notwendige Treppenräume sind zulässig, wenn ihre Nutzung ausreichend lange nicht durch Raucheintritt gefährdet werden kann. ³Sofern der Ausgang eines notwendigen Treppenraumes nicht unmittelbar ins Freie führt, muss der Raum zwischen dem notwendigen Treppenraum und dem Ausgang ins Freie
1. mindestens so breit sein wie die dazugehörigen Treppenläufe,
2. Wände haben, die die Anforderungen an die Wände des Treppenraumes erfüllen,
3. rauchdichte und selbstschließende Abschlüsse zu notwendigen Fluren haben und
4. ohne Öffnungen zu anderen Räumen, ausgenommen zu notwendigen Fluren, sein.

(4) ¹Die Wände notwendiger Treppenräume müssen als raumabschließende Bauteile
1. in Gebäuden der Gebäudeklasse 5 die Bauart von Brandwänden haben,
2. in Gebäuden der Gebäudeklasse 4 auch unter zusätzlicher mechanischer Beanspruchung hochfeuerhemmend sein und
3. in Gebäuden der Gebäudeklasse 3 feuerhemmend sein.
²Dies ist nicht erforderlich für Außenwände von Treppenräumen, die aus nichtbrennbaren Baustoffen bestehen und durch andere an diese Außenwände anschließende Gebäudeteile im Brandfall nicht gefährdet werden können. ³Der obere Abschluss notwendiger Treppenräume muss als raumabschließendes Bauteil die Feuerwiderstandsfähigkeit der Decken des Gebäudes haben; dies gilt nicht,

§ 35 RNr. 1

wenn der obere Abschluss das Dach ist und die Treppenraumwände bis unter die Dachhaut reichen.

(5) In notwendigen Treppenräumen und in Räumen nach Absatz 3 Satz 3 müssen
1. Bekleidungen, Putze, Dämmstoffe, Unterdecken und Einbauten aus nichtbrennbaren Baustoffen bestehen,
2. Wände und Decken aus brennbaren Baustoffen eine Bekleidung aus nichtbrennbaren Baustoffen in ausreichender Dicke haben,
3. Bodenbeläge, ausgenommen Gleitschutzprofile, aus mindestens schwerentflammbaren Baustoffen bestehen.

(6) [1]In notwendigen Treppenräumen müssen Öffnungen
1. zu Kellergeschossen, zu nicht ausgebauten Dachräumen, Werkstätten, Läden, Lager- und ähnlichen Räumen sowie zu sonstigen Räumen und Nutzungseinheiten mit einer Fläche von mehr als 200 m² Brutto-Grundfläche, ausgenommen Wohnungen, mindestens feuerhemmende, rauchdichte und selbstschließende Abschlüsse,
2. zu notwendigen Fluren rauchdichte und selbstschließende Abschlüsse,
3. zu sonstigen Räumen und Nutzungseinheiten mindestens dicht- und selbstschließende Abschlüsse
haben. [2]Die Feuerschutz- und Rauchschutzabschlüsse dürfen lichtdurchlässige Seitenteile und Oberlichter enthalten, wenn der Abschluss insgesamt nicht breiter als 2,50 m ist.

(7) [1]Notwendige Treppenräume müssen zu beleuchten sein. [2]Innenliegende notwendige Treppenräume müssen in Gebäuden mit einer Höhe nach § 2 Abs. 3 Satz 2 von mehr als 13 m eine Sicherheitsbeleuchtung haben.

(8) [1]Notwendige Treppenräume müssen belüftet werden können. [2]Sie müssen in jedem oberirdischen Geschoss unmittelbar ins Freie führende Fenster von mindestens 0,60 m x 0,90 m (Breite x Höhe) haben, die geöffnet werden können und eine Brüstung von nicht mehr als 1,20 m Höhe haben. [3]Für innenliegende notwendige Treppenräume und notwendige Treppenräume in Gebäuden mit einer Höhe nach § 2 Abs. 3 Satz 2 von mehr als 13 m ist an der obersten Stelle eine Öffnung zur Rauchableitung mit einem freien Querschnitt von mindestens 1 m² erforderlich; sie muss vom Erdgeschoss sowie vom obersten Treppenabsatz aus geöffnet werden können.

Erläuterungen:

1 I. § 35 stellt Anforderungen an notwendige Treppenräume, in die notwendige Treppen gem. § 34 eingebaut sind. Die Treppenräume stellen sicher, dass die notwendigen Treppen als Flucht-, Rettungs- und Löschangriffsweg während eines angemessenen Zeitraumes zur Verfügung stehen, der von der Gebäudeklasse abhängt. Als Bestandteil

des Rettungswegesystems der BauO Bln haben sie maßgeblichen Einfluss auf die Gebäudestruktur. Regelungsgegenstand des § 35 sind
- die Verteilung der Treppenräume im Gebäude,
- die Lage der Treppenräume an der Außenwand oder unter bestimmten Voraussetzungen im Gebäudeinneren,
- die brandschutztechnischen Anforderungen an die Umfassungsflächen der Treppenräume und die darin befindlichen Öffnungen sowie
- die insbesondere technische Treppenraumausstattung.

Anforderungen an Leitungsanlagen in Treppenräumen sind in § 35 nicht mehr enthalten, da sie nunmehr von § 40 – Leitungsanlagen, Installationsschächte und -kanäle – mit erfasst sind. Die Regelung der BauO a. F., wonach die Anzahl der Öffnungen von Nutzungseinheiten, die unmittelbar an den notwendigen Treppenraum anschließen durften, auf Vier begrenzt war, ist ersatzlos entfallen.

II. Abs. 1 Satz 1 enthält die **Legaldefinition des notwendigen Treppenraumes**: Der notwendige Treppenraum dient der Sicherstellung des Rettungsweges über die notwendige Treppe, die aus den Geschossen ins Freie führt. Diese Regelung korrespondiert mit der Legaldefinition der notwendigen Treppe in § 34 Abs. 1. Ferner müssen Treppenräume durchgehend sein, was im Einklang mit der Regelung des § 34 Abs. 3 steht, wonach die notwendigen Treppen in einem Zuge zu allen angeschlossenen Geschossen führen müssen (vgl. § 34 RNr. 13). Der Treppenraum ist **durchgehend**, wenn seine Umfassungswände in allen Geschossen übereinander stehen. Ein Verspringen des Treppenraumes bei Beibehaltung des Raumzusammenhanges hebt das „Durchgehen" nicht auf, wenn die Decke im Bereich des Treppenraumversatzes die Feuerwiderstandsfähigkeit der Treppenraumwände hat. Der notwendige Treppenraum dient nur der Aufnahme der notwendigen Treppe und – bis zur Hochhausgrenze – der Aufnahme von Aufzügen (vgl. § 39 Abs. 1 Nr. 1).

Abs. 1 Satz 2 enthält das allgemeine Schutzziel (vgl. § 14 RNr. 13) des Treppenraumes: Damit seine Nutzung im Brandfall **ausreichend lange** für die Rettung von Menschen und Tieren sowie Brandbekämpfungsmaßnahmen der Berliner Feuerwehr möglich ist, bedarf es einer bestimmten **Anordnung und Ausbildung des Treppenraumes**. Die Anordnung des Treppenraumes wird in Abs. 2 konkretisiert, seine Ausbildung in den sich daran anschließenden Absätzen.

Abs. 1 Satz 3 führt diejenigen **notwendigen Treppen** auf, **die nicht in einem eigenen Treppenraum liegen müssen**. Nach **Nr. 1** sind in den Gebäudeklassen 1 und 2 notwendige Treppen ohne eigene Treppenräume zulässig.

Abs. 1 Satz 3 Nr. 2 lässt für die Verbindung von höchstens zwei Geschossen innerhalb derselben Nutzungseinheit (z. B. **Maisonette**) notwendige Treppen ohne Treppenraum zu, wenn erstens die Größe der Nutzungseinheit in beiden Geschossen zusammen nicht mehr als 200 m² BGF beträgt und zweitens in jedem dieser zwei Geschosse ein anderer Rettungsweg erreicht werden kann. Letzteres kann, unter den Voraussetzungen der §§ 5 und 33, eine für die Feuerwehr mit Rettungsgeräten erreichbare Stellen sein.

Diese Regelung bedeutet eine Umkehrung des Rettungswegsystems für Maisonettelösungen der BauO a. F., nach der beide Geschosse an den Treppenraum anzuschließen waren, aber nur eine Ebene mit Rettungsgeräten der Feuerwehr erreichbar sein musste. Nunmehr genügt es ein (Maisonette-)Geschoss an den Treppenraum anzuschließen, wenn beide Ebenen der Nutzungseinheit mit Rettungsgeräten der Feuerwehr erreichbar sind, denn die notwendige Treppe wird innerhalb der Nutzungseinheit ohne Treppenraum fortgeführt. Da es sich bei dieser internen Verbindungstreppe um eine notwendige

Treppe handelt, hat sie die Anforderungen des § 34 zu erfüllen. Sie ist also derart zu konstruieren ist, dass sie die Benutzbarkeit einer Krankentrage sicherstellt, was den Einbau von Wendeltreppen wohl regelmäßig ausschließen wird (vgl. auch § 34 RNr. 3).

6 Nach **Abs. 1 Satz 3 Nr. 3** sind **Außentreppen** ohne eigenen Treppenraum zulässig, wenn ihre *Nutzung*
– ausreichend sicher ist und
– im Brandfall nicht gefährdet werden kann.

Die **Nutzungssicherheit** umfasst im Wesentlichen die Aspekte der Verkehrssicherheit in jeder Witterungslage. Auch im Winter, bei Schnee und Glätte, muss die notwendige Außentreppe sicher begehbar sein, damit gefahrlos Rettungs- und Löschangriffsmaßnahmen erfolgen können. Die vom Entwurfsverfasser zu treffenden Maßnahmen sind sehr von der Nutzung eines Gebäudes abhängig. So kann im Einzelfall eine großzügige Überdachung ausreichen, eine Treppenbeheizung vorgesehen oder eine Betriebsvorschrift über die Freihaltung der Außentreppe von Schnee und Eis (vorwiegend bei Sonderbauten) erlassen werden.

Die Nutzung der notwendigen (Außen-) Treppe darf auch **im Brandfall nicht gefährdet** werden. Dies bedeutet, dass im Falle eines Brandgeschehens Flammen und Hitze die Benutzung der Außentreppe nicht beeinträchtigen dürfen. Entscheidend ist hierbei die Lage der Außentreppe zum Gebäude (z. B. genügender Gebäudeabstand) oder Lage hinter einer Außenwand aus nichtbrennbaren Baustoffen, deren Feuerwiderstandsfähigkeit den Anforderungen des § 27 Abs. 1 entspricht. Bei Gebäuden der Gebäudeklassen 3 bis 5 müssen die tragenden Teile der Außentreppe aus nichtbrennbaren Baustoffen bestehen.

7 Sicherheitstechnisch problematisch sind sogenannte **Townhouses**, die auf Grund ihrer Höhe in die Gebäudeklassen 4 oder 5 einzuordnen sind. In der Regel als Einfamilienhaus auf schmalem Grundriss entworfen, werden diese Gebäude oft ohne Treppenraum konzipiert. Die BauO a. F., die von ihrer Zielsetzung solche Gebäude nicht im Blickfeld hatte, ermöglichte für Wohngebäude mit nicht mehr als zwei Wohnungen solche Gebäude ohne Treppenraum und ohne kompensatorische Maßnahmen. Die BauO Bln sieht nunmehr für solche Gebäude vom Grundsatz her Treppenräume vor. Nur im Wege der Erteilung einer formellen Abweichung von den Vorschriften des § 35 Abs. 1 sind solche Architekturlösungen möglich. So kann beispielsweise der Einbau einer Rauchmelderanlage, die an die Stromversorgung des Gebäudes angeschlossen ist, eine solche Abweichung rechtfertigen, da die Bewohner im Gefahrenfall rechtzeitig informiert werden. Ferner müssen in den Gebäudeklassen 4 und 5 die oberirdischen Geschosse der Townhouses für die Feuerwehr mit Hubrettungsfahrzeugen erreichbar sein.

8 **Abs. 2** enthält Anforderungen über die Erreichbarkeit und Verteilung der notwendigen Treppenräume in den Geschossen. Nach **Abs. 2 Satz 1** darf die Entfernung
– von jeder Stelle eines Aufenthaltsraumes sowie
– von jeder Stelle eines Kellergeschosses
ins **Freie** oder zu der **Treppenraumtür** (Ausgang aus dem Aufenthaltsraum oder dem Geschoss in den Treppenraum) eines notwendigen Treppenraumes nicht mehr als 35 m betragen. Bei der angegebenen Entfernung ist der tatsächlich zurückzulegende Weg zur Treppenraumtür bzw. zum Ausgang ins Freie maßgebend; ein Messen in der Luftlinie, über die Wände hinweg, ist nicht zulässig. Durch die Festlegung der Entfernung soll sichergestellt werden, dass im Brandfalle, d. h. auch bei Verqualmung des Geschosses, der Treppenraum noch erreicht werden kann. Wird die zulässige Entfernung überschritten, ist eine weitere notwendige Treppe notwendig, soweit als zweiter Rettungsweg

eine für die Feuerwehr erreichbare Stelle (vgl. § 33 Abs. 2 und 3) nicht genügt. Treppenraumerweiterungen innerhalb der Geschosse, die dazu dienen, den horizontalen Rettungsweg zu verlängern, sind unzulässig. Bei außenliegenden Sicherheitstreppenräumen ist bei der Ermittlung des Maßes von 35 m der offene Gang, bei innenliegenden Sicherheitstreppenräumen die Tiefe des Vorraumes mitzurechnen.

Abs. 2 Satz 2 schreibt für **übereinanderliegende Kellergeschosse** mindestens zwei Ausgänge in notwendige Treppenräume oder ins Freie vor. Die Anforderung der BauO a. F., wonach jeweils einer der Ausgänge entweder unmittelbar ins Freie oder zu einem *eigenen* Treppenraum führen musste sowie die Möglichkeit davon eine Ausnahme zu erteilen, sind entfallen. Regelungsgegenstand des Satzes 2 sind ausschließlich übereinanderliegende Kellergeschosse, bei denen sich auf Grund der hohen Brandlasten Lösch- und Rettungsmaßnahmen besonders schwierig gestalten. Durch das Vorhalten eines zweiten baulichen Rettungsweges wird den Feuerwehrbelangen Rechnung getragen. Wenn nur ein Kellergeschoss vorhanden ist, genügt aus ihm der Ausgang zu einem notwendigen Treppenraum, soweit nicht wegen des Überschreitens der zulässigen Treppenraumentfernung von 35 m nach Satz 1 ein weiterer Treppenraum erforderlich ist.

Abs. 2 Satz 3 stellt allgemeine Anforderungen an die Verteilung der notwendigen Treppenräume innerhalb eines Gebäudes, wenn mehrere notwendige Treppenräume erforderlich sind. So müssen die notwendigen Treppenräume möglichst entgegengesetzt liegen, um der Feuerwehr den Löschangriff von zwei Seiten zu ermöglichen. Zweitens müssen sie so angeordnet werden, dass die Rettungswege möglichst kurz sind. Die Beachtung dieser beiden Kriterien ist wesentlicher Bestandteil des Sicherheitskonzeptes eines Gebäudes.

Abs. 3 enthält Anforderungen an notwendige Treppenräume in Bezug auf deren Anordnung innerhalb des Gebäudes. Unterschieden werden
– an der Außenwand liegende notwendige Treppenräume von
– innenliegenden notwendigen Treppenräumen.

Die BauO a. F begriff den außenliegenden notwendigen Treppenraum als Standardtreppenraum und ließ seine Lage innerhalb des Gebäudes nur im Ausnahmewege zu; nunmehr sind in der BauO Bln beide Treppenraumarten grundsätzlich zulässig.

Nach **Abs. 3 Satz 1** muss **jeder notwendige Treppenraum an der Außenwand** liegen und einen unmittelbaren Ausgang ins Freie haben. Der Bezug der Anforderung auf *jeden* notwendigen Treppenraum hebt, wie die BauO a. F., die besondere sicherheitstechnische Bedeutung des außenliegenden notwendigen Treppenraumes hervor, zumal der innenliegende notwendige Treppenraum nach Satz 2 nur unter Erfüllung weiterer Voraussetzungen zulässig ist.

Auch die Forderung eines **unmittelbaren Ausgangs ins Freie** bezieht sich auf alle notwendigen Treppenräume. Räume zwischen dem Treppenraum und dem Freien sind danach grundsätzlich nicht oder aber nur unter den Voraussetzungen des Satzes 3 zulässig. Der an der Außenwand liegende notwendige Treppenraum weist gegenüber dem innenliegenden Treppenraum einige Vorteile auf: Er gewährleistet eine ausreichende **Beleuchtung durch Tageslicht** und bei Nacht zumindest eine Orientierung zum Freien. Ferner können die Einsatzkräfte der Feuerwehr über die Treppenraumfenster eine zusätzliche Treppenraum-**Belüftung** (vgl. Abs. 8), das Einbringen von **Löschgerät** sowie die Rufverbindung und **Kommunikation** gewährleisten. Ein Treppenraum gilt als an der Außenwand angeordnet, wenn zumindest die Breite eines Treppenpodestes an der

Außenwand gelegen ist und von hier ausreichend belichtet und belüftet werden kann (vgl. Abs. 8 Satz 2).

13 **Abs. 3 Satz 2** lässt unter der Voraussetzung, dass ausreichend lange die Nutzung nicht durch Raucheintritt gefährdet werden kann, **innenliegende notwendige Treppenräume** zu. Nach der BauO a. F. konnten innenliegende Treppenräume nur im Ausnahmewege gestattet werden, wobei zwei Voraussetzungen erfüllt sein mussten: Die Benutzung des Treppenraumes durfte durch Raucheintritt nicht gefährdet werden und Brandschutzbedenken durften nicht bestehen. Die der Ausnahme zu Grunde liegenden Ermessensentscheidungen der Bauaufsichtsbehörde sind nunmehr entfallen.

14 Die Nutzung des innenliegenden notwendigen **Treppenraumes ist ausreichend lange *nicht* durch Raucheintritt gefährdet, wenn** bei Gebäuden mit einer Höhe nach § 2 Abs. 3 Satz 2 die Anforderungen des Abs. 8 Satz 3 erfüllt sind; die Rauchableitungsmöglichkeit kompensiert die fehlende Fensterbelüftung. Da Treppenräume höherer Gebäude grundsätzlich – unabhängig von der Lage des Treppenraumes im Gebäudeinnern oder an der Außenwand – eine Rauchableitungsmöglichkeit nach Abs. 8 Satz 3 benötigen, muss die bei innenliegenden Treppenräumen fehlende Fensterbelüftung kompensiert werden. Etwaige Maßnahmen können sich, abhängig vom Einzelfall, erstrecken auf den Einbau von
- rauchdichten und ggf. feuerhemmenden Türen,
- Freilauftürschließern,
- Rauchmeldern,
- Rauchableitungsanlagen, oder
- Druckdifferenzanlagen.

Zielsetzung der Sätze 1 und 2 ist jedoch nicht die Verhinderung des Eintritts von Rauch in den Treppenraum, sondern die Schaffung von Rauchableitungsmöglichkeiten für die Einsatzkräfte der Feuerwehr. Ist der Treppenraum verraucht, darf er als Fluchtweg nicht benutzt werden; ein zweiter Rettungsweg – ggfls. eine für die Feuerwehr erreichbare Stelle – steht zur Verfügung. Nur Sicherheitstreppenräume stellen die Rauchfreiheit und die damit verbundene jederzeitige Benutzbarkeit im Gefahrenfall sicher.

In den Gebäudeklassen 4 und 5 ist nach § 67 Abs. 2 Satz 2 die Prüfung des Brandschutznachweises erforderlich. Der Entwurfsverfasser hat dem Prüfingenieur für Brandschutz (übergangsweise der Bauaufsichtsbehörde) nachzuweisen, dass die Nutzung des innenliegenden notwendigen Treppenraumes ausreichend lange nicht durch Raucheintritt gefährdet ist.

15 Um der Feuerwehr wirksame Löscharbeiten (vgl. § 14) zu ermöglichen, kann es im Einzelfall erforderlich sein, dass notwendige innenliegende Treppenräume mit **trockenen Steigleitungen** ausgestattet sein müssen, soweit Rettungsgeräte der Feuerwehr nicht über Fenster in den Treppenraum hineingenommen werden können.

16 **Abs. 3 Satz 3** ermöglicht (entgegen Satz 1) unter folgenden Voraussetzungen die Anordnung von **Räume**n zwischen dem notwendigen Treppenraum und dem Freien. Nach **Nr. 1** muss der Raum mindestens so breit sein, wie die dazugehörigen Treppenläufe. Gem. **Nr. 2** hat der Raum die gleichen Wandanforderungen zu erfüllen, wie der Treppenraum. **Nr. 3** lässt Öffnungen dieses Raumes zu notwendigen Fluren zu, wenn die Abschlüsse rauchdicht und selbstschließend sind. **Nr. 4** schließt Öffnungen des Raumes zu anderen Räumen, ausgenommen zu notwendigen Fluren, aus.

Abs. 4 stellt Anforderungen an die **Wände notwendiger Treppenräume** und deren oberen Abschluss; die Anforderungen sind in Tabelle 35.1. zusammengestellt. Nach **Satz 1** sind die Wände als raumabschließende Bauteile herzustellen; vgl. § 26 RNr. 9. Zum Begriff Gebäudeklasse, vgl. § 2 Abs. 3 und § 14 RNr. 12; zu den Begriffen feuerhemmend, hochfeuerhemmend, feuerbeständig, vgl. § 26 RNrn. 1,2 und 5; zur mechanischen Beanspruchbarkeit von Bauteilen, vgl. § 30 RNr. 9.

Abs. 4 Satz 1 Nr. 1 verlangt bei Gebäuden der **Gebäudeklass 5**, dass die Wände notwendiger Treppenräume die Bauart von Brandwänden haben müssen. Dies bedeutet, dass diese Treppenraumwände nicht die Funktion der Brandwände gem. § 30 Abs. 1 haben, sondern nur wie Brandwände nach § 30 Abs. 3 Satz 1 zu konstruieren sind, d. h. sie müssen auch unter zusätzlicher mechanischer Beanspruchung (vgl. § 30 RNr. 9) feuerbeständig sein und aus nichtbrennbaren Baustoffen bestehen.

Nach **Nr. 2** müssen in der **Gebäudeklasse 4** die Wände notwendiger Treppenräume auch unter zusätzlicher mechanischer Beanspruchung hochfeuerhemmend sein; die Vorschrift ist mit § 30 Abs. 3 Nr. 1 kompatibel.

Gem. **Nr. 3** genügen in der **Gebäudeklasse 3** feuerhemmende Treppenraumwände. Für Gebäude der **Gebäudeklassen 1 und 2** sind keine Treppenräume vorgeschrieben (vgl. Abs. 1 Satz 3 Nr. 1).

Tabelle 35.1: Anforderungen an Treppenräume

	Bauteile	GK 1	GK 2	GK 3	GK 4	GK 5
1	Treppenraumwände, die nicht Außenwände sind			fh	hfh und wmB	fb und wmB
2	Bekleidungen in Treppenräumen				nbr	
3	Bodenbeläge, ausgenommen Gleitschutzprofile				sfl	
4	Öffnungen zu Kellergeschossen, nicht ausgebauten Dachräumen, Werkstätten, Läden, Lager, sonstigen Räumen und Nutzungseinheiten > 200m², ausgenommen Wohnungen	entfällt, da keine Treppenraumpflicht			fh und rdts	
5	Öffnungen zu Wohnungen und sonstigen Nutzungseinheiten				dts	
6	Öffnungen zu notw. Fluren				rdts	

GK = Gebäudeklasse   nbr = nichtbrennbar   sfl = schwerentflammbar   fh = feuerhemmend
hfh = hochfeuerhemmend   fb = feuerbeständig   wmB = widerstandsfähig gegen mechanische Beanspruchung
dts = dicht und selbstschließend   dts = rauchdicht und selbstschließend

18 **Abs. 4 Satz 2** stellt **Außenwände** notwendiger Treppenräume von den Anforderungen des Satzes 1 frei, wenn sie
- aus nichtbrennbaren Baustoffen bestehen und
- durch andere an diese Außenwände anschließende Gebäudeteile im Brandfall <u>nicht</u> gefährdet werden können.

Letzteres ist z. B. der Fall, wenn
- die anschließenden Gebäudeteile in der Flucht der Treppenraumaußenwand liegen,
- bei über Eck anschließenden Gebäudeteilen, der Winkel der inneren Ecke mehr als 120 Grad beträgt, oder
- bei über Eck anschließenden Gebäudeteilen, die an den Treppenraum anschließende Außenwand auf 5 m Länge öffnungslos ist; liegt hinter Außenwandöffnungen ein notwendiger (brandlastfreier) Flur, so genügt ein Abstand von 5 m zu Öffnungen brandbelasteter Räume.

19 **Abs. 4 Satz 3** regelt die **oberen Abschlüsse notwendiger Treppenräume**, sie müssen nach dem **ersten Halbsatz** als raumabschließendes Bauteil die Feuerwiderstandsfähigkeit der Decken des Gebäudes haben; vgl. § 31 Abs. 1 Satz 2.

Tabelle: 35.2: Anforderungen an den oberen Abschluss der Treppenräume

	Bauteile	GK 1	GK 2	GK 3	GK 4	GK 5
1	obere Abschlüsse notwendiger Treppenräume	entfällt, da keine Treppenraumpflicht		fh	hfh	Fb

fh = feuerhemmend   hfh = hochfeuerhemmend   fb = feuerbeständig   GK = Gebäudeklasse

Wenn der obere Treppenraumabschluss das Dach ist, reicht es nach **Satz 3 zweiter Halbsatz** aus, dass die Treppenraumwände bis unter die Dachhaut geführt werden. Die Ausführungen zu § 29 RNr. 12 gelten sinngemäß.

20 Die Regelungen des **Abs. 5** zielen darauf ab,
- den notwendigen Treppenraum und
- den Raum zwischen dem notwendigen Treppenraum und dem Freien

weitgehend **frei von Brandlasten** zu halten. So müssen in diesen Räumen die in **Nr. 1** aufgeführten Baustoffe und Bauteile und die Einbauten aus nichtbrennbaren Baustoffen bestehen. **Treppengeländer** sind keine Einbauten im Sinne von Satz 1. Dagegen sind **Hausbriefkästen** den Einbauten zuzuordnen; sie dürfen den Rettungsweg nicht einengen. Nach **Nr. 2** müssen Wände und Decken aus brennbaren Baustoffen eine Bekleidung aus nichtbrennbaren Baustoffen in **ausreichender Dicke** haben. Dies ist bei feuerhemmenden Wänden der Fall, wenn sie beispielsweise nach DIN 4102-4 Nr. 4.10 Tabelle 49 ausgeführt werden. Bei hochfeuerhemmenden Wänden ist die Bekleidung ausreichend dick, wenn sie entsprechend Nr. 3.2 der Muster-Richtlinie über brandschutztechnische Anforderungen an hochfeuerhemmende Bauteile in Holzbauweise – M-HFHHolzR (Fassung Juli 2004), die als Technische Baubestimmung eingeführt ist, ausgeführt wird. Dort werden Aussagen zur brandschutztechnisch wirksamen Bekleidung nach § 26 Abs. 2 Satz 2 Nr. 3 getroffen. Soweit Treppenraumwände feuerbeständig sein müssen (vgl. Abs. 4 Satz 1 Nr. 1, RNr. 15), verbietet sich die Verwendung brennbarer Baustoffe auf Grund der Bauart als Brandwand; die Forderung einer ausreichend dicken Schicht läuft hier ins Leere. Nach **Nr. 3** müssen **Bodenbeläge**, ausgenommen

Gleitschutzprofile aus mindestens schwerentflammbaren Baustoffen bestehen. Zur Klassifizierung des Brandverhaltens von Bodenbelägen vgl. § 26 RNr. 3, jedoch mit der Maßgabe, dass bei der europäischen Klassifizierung der Bodenbeläge Tabelle 2 der Anlage 0.2.2 der Bauregelliste A Teil 1 zu beachten ist.

Die Vorschriften des **Abs. 6** stellen Anforderungen an **Öffnungen in notwendigen Treppenräumen.** Auf diese Weise soll das Risiko einer Verqualmung der Treppenräume als auch deren Gefährdung durch Feuer reduziert werden. Die Anforderungen sind nach der Feuergefährlichkeit der angrenzenden Räume differenziert.

Abs. 6 Nr. 1 schreibt für **Öffnungen in notwendigen Treppenräumen** feuerhemmende, rauchdichte und selbstschließende Abschlüsse zu folgenden Geschossen oder Räumen vor:
– zu Kellergeschossen,
– zu nicht ausgebauten Dachräumen,
– zu Werkstätten,
– zu Läden,
– zu Lager- und ähnlichen Räumen sowie
– zu sonstigen Räumen und Nutzungseinheiten mit einer Fläche von mehr als 200 m^2 Brutto-Grundfläche, ausgenommen Wohnungen.

Zu Feuerschutzabschlüssen, vgl. § 29 RNr. 13. Rauchdicht sind Rauchschutzabschlüsse nach DIN 18095, deren Verwendbarkeit durch ein allgemeines bauaufsichtliches Prüfzeugnis (BRL A Teil 2, lfd. Nr. 2.33) nachzuweisen ist.

Nr. 2 schreibt für Öffnungen notwendiger Treppen zu notwendigen Fluren rauchdichte und selbstschließende Abschlüsse vor.

Zu sonstigen Räumen und Nutzungseinheiten verlangt **Nr. 3** dichte und selbstschließende Abschlüsse. Dies bedeutet, dass auch – im Unterschied zur BauO a. F. – die Abschlüsse der Treppenraumöffnungen zu Wohnungseingangstüren selbstschließend sein müssen. Auf diese Weise wird einer Verqualmung des Treppenraumes entgegengewirkt. Türen sind **dichtschließend,** wenn sie mit doppeltem Falz oder einer dreiseitig umlaufenden dauerelastischen Dichtung hergestellt sind; sie erfüllen jedoch nicht die Anforderungen an Rauchschutztüren gem. DIN 18095.

Abs. 7 Satz 1 verlangt, dass notwendige Treppenräume beleuchtet sein müssen. Die Beleuchtung dient der Verkehrssicherheit (vgl. § 16) außenliegender Treppenräume bei Dunkelheit und innenliegender Treppenräume. Es genügt, die Beleuchtung beim Betreten des Treppenraumes anschalten zu können, eine dauernde Beleuchtung ist nicht vorgeschrieben; zeitgesteuerte Lichtschalter müssen so eingestellt sein, dass die Beleuchtung ein Durchschreiten des Treppenraumes in voller Länge ermöglicht. **Satz 2** schreibt für innenliegende notwendige Treppenräume eines Gebäudes eine **Sicherheitsbeleuchtung** vor, wenn die Fußbodenoberkante des höchstgelegenen Geschosses, in dem ein Aufenthaltsraum möglich ist, mehr als 13 m über der Geländeoberfläche im Mittel liegt (Höhe nach § 2 Abs. 3 Satz 2). Die Anforderungen an die Sicherheitsbeleuchtung ergeben sich aus dem technischen Regelwerk der DIN/VDE 0108 – Starkstromanlagen und Sicherheitsstromversorgung in baulichen Anlagen mit Menschenansammlungen und der DIN 5035-5 – Innenraumbeleuchtung mit künstlichem Licht, Notbeleuchtung (Dezember 1987), die allgemein anerkannte Regeln der Technik sind und als solches zur Ausfüllung unbestimmter Rechtsbegriffe herangezogen werden können, obwohl sie nicht in die Liste der Technischen Baubestimmung (vgl. § 3) aufgenommen wurden.

24 Nach **Abs. 8 Satz 1** müssen notwendige Treppenräume belüftet werden können. Die **Belüftung** erfolgt bei außenliegenden Treppenräumen über die Fenster nach Satz 2. Auch die Belüftung innenliegender Treppenräume muss sichergestellt werden; dies geschieht nach Satz 3.

25 Nach **Abs. 8 Satz 2** müssen an der Außenwand liegende notwendige Treppenräume in jedem oberirdischen Geschoss unmittelbar ins Freie führende **Fenster** haben. Diese müssen von Nutzern und der Feuerwehr mittels Vierkant zu öffnen sein, eine Abmessung von 0,60 m Breite x 0,90 m Höhe sowie eine Brüstungshöhe von 1,20 m haben. Oberirdische Geschosse können in Treppenräumen ggfls. die Treppenabsätze zwischen den Geschossen sein. Die konkreten Abmessungen der Fenster resultieren nicht nur aus der Notwendigkeit der Treppenraumbelüftung, sondern aus dem für die Berliner Feuerwehr einsatztaktischen Erfordernis, auch Löschgerät über diese Fenster ins Gebäude hereinnehmen zu können. Ferner dienen die Fenster der Sicht- und Rufverbindung zwischen den Löschtrupps und den Einsatzfahrzeugen der Feuerwehr. Werden die vorgeschriebenen Maße nicht eingehalten, bedarf es einer formellen Abweichung nach § 68 Abs. 1.

26 **Abs. 8 Satz 3** verlangt grundsätzlich den Einbau von Rauchableitungsöffnungen in innenliegenden Treppenräumen. In außenliegenden Treppenräumen müssen sie eingebaut werden, wenn der Treppenraum in einem Gebäude liegt, dessen Fußbodenoberkante des höchstgelegenen Geschosses, in dem ein Aufenthaltsraum möglich ist, mehr als 13 m über der Geländeoberfläche im Mittel liegt (Höhe nach § 2 Abs. 3 Satz 2). Die **Rauchableitungsöffnung muss eine Größe von mindestens 1 m² haben** und an der obersten Stelle des notwendigen Treppenraumes liegen. **Halbsatz 2** verlangt, dass diese Öffnung vom Erdgeschoss sowie vom obersten Treppenabsatz aus bedient werden kann. Außenliegende **Sicherheitstreppenräume** benötigen keine Rauchabzugsvorrichtungen; die Gefahr einer Verqualmung des Treppenraumes ist nicht gegeben, weil in jedem Geschoss über den im freien Windstrom liegenden Zugang eine Verbindung mit dem Freien besteht.

§ 36 Notwendige Flure, offene Gänge

(1) ¹Flure, über die Rettungswege aus Aufenthaltsräumen oder aus Nutzungseinheiten mit Aufenthaltsräumen zu Ausgängen in notwendige Treppenräume oder ins Freie führen (notwendige Flure), müssen so angeordnet und ausgebildet sein, dass die Nutzung im Brandfall ausreichend lange möglich ist. ²Notwendige Flure sind nicht erforderlich
1. in Wohngebäuden der Gebäudeklassen 1 und 2,
2. in sonstigen Gebäuden der Gebäudeklassen 1 und 2, ausgenommen in Kellergeschossen,
3. innerhalb von Wohnungen oder innerhalb von Nutzungseinheiten mit nicht mehr als 200 m² Brutto-Grundfläche,
4. innerhalb von Nutzungseinheiten, die einer Büro- oder Verwaltungsnutzung dienen, mit nicht mehr als 400 m² Brutto-Grundfläche; das gilt auch für Teile größerer Nutzungseinheiten, wenn diese Teile nicht mehr als 400 m² Brutto-Grundfläche haben, Trennwände nach § 29 Abs. 2 Nr. 1 haben und jeder Teil unabhängig von anderen Teilen Rettungswege nach § 33 Abs. 1 hat.

(2) ¹Notwendige Flure müssen so breit sein, dass sie für den größten zu erwartenden Verkehr ausreichen. ²In den Fluren ist eine Folge von weniger als drei Stufen unzulässig.

(3) ¹Notwendige Flure sind durch nichtabschließbare, rauchdichte und selbstschließende Abschlüsse in Rauchabschnitte zu unterteilen. ²Die Rauchabschnitte sollen nicht länger als 30 m sein. ³Die Abschlüsse sind bis an die Rohdecke zu führen; sie dürfen bis an die Unterdecke der Flure geführt werden, wenn die Unterdecke feuerhemmend ist. ⁴Notwendige Flure mit nur einer Fluchtrichtung, die zu einem Sicherheitstreppenraum führen, dürfen nicht länger als 15 m sein. ⁵Die Sätze 1 bis 4 gelten nicht für offene Gänge nach Absatz 5.

(4) ¹Die Wände notwendiger Flure müssen als raumabschließende Bauteile feuerhemmend, in Kellergeschossen, deren tragende und aussteifende Bauteile feuerbeständig sein müssen, feuerbeständig sein. ²Die Wände sind bis an die Rohdecke zu führen. ³Sie dürfen bis an die Unterdecke der Flure geführt werden, wenn die Unterdecke feuerhemmend und ein nach Satz 1 vergleichbarer Raumabschluss sichergestellt ist. ⁴Türen in diesen Wänden müssen dicht schließen; Öffnungen zu Lagerbereichen im Kellergeschoss müssen feuerhemmende, dicht- und selbstschließende Abschlüsse haben.

(5) ¹Für Wände und Brüstungen notwendiger Flure mit nur einer Fluchtrichtung, die als offene Gänge vor den Außenwänden angeordnet sind, gilt Absatz 4 entsprechend. ²Fenster sind in diesen Außenwänden ab einer Brüstungshöhe von 0,90 m zulässig.

(6) In notwendigen Fluren sowie in offenen Gängen nach Absatz 5 müssen
1. Bekleidungen, Unterdecken und Dämmstoffe aus nichtbrennbaren Baustoffen bestehen,
2. Wände und Decken aus brennbaren Baustoffen eine Bekleidung aus nichtbrennbaren Baustoffen in ausreichender Dicke haben.

Erläuterungen:

I. § 36 stellt Anforderungen an notwendige Flure und offene Gänge (Laubengänge). Die BauO Bln kehrt also, nachdem die BauO a. F. seit 1985 den Begriff des *allgemein zugänglichen Flures* einführte, zu dem Begriff *notwendiger Flur* zurück, der auch Bestandteil des Brandschutzkonzeptes der MBO 2002 ist. Durch den Begriff *notwendiger Flur* wird der Zusammenhang mit den Begriffen *notwendige Treppe* (§ 34) und *notwendiger Treppenraum* (§ 35) hergestellt, die Bestandteile des Rettungswegsystems der BauO Bln sind. Die fehlende Definition des *allgemein zugänglichen Flures* in der BauO a. F. machte, insbesondere bei großen Nutzungseinheiten, die Abgrenzung zu Fluren schwierig, an die Anforderungen nicht zu stellen waren; die allgemeine Zugänglichkeit war als Rettungswegkriterium nicht immer geeignet. Nunmehr werden im Zusammenhang mit den Regelungen des § 33 (über den ersten und zweiten Rettungsweg aus Nutzungseinheiten mit mindestens einem Aufenthaltsraum) die (notwendigen) Flure eindeutig beschrieben, an die Anforderungen zu stellen sind.

1

2 Für die Fälle, in denen die Lage oder Beschaffenheit einer Nutzungseinheit die Anordnung notwendiger Flure (zur Erfüllung der Rettungsweganforderungen des § 33) erzwingt, stellt § 36 Anforderungen an die
- Ausbildung der Umfassungsbauteile,
- Flurbreite und
- Unterteilung in Rauchabschnitte.

3 Räume gem. § 35 Abs. 3 Satz 3, die zwischen dem Treppenraum und dem Ausgang ins Freie liegen, sind keine notwendigen Flure im Sinne des § 36.

4 **II. Abs. 1 Satz 1** beinhaltet die **Legaldefinition des notwendigen Flures**. Er ist der Rettungsweg aus
- Aufenthaltsräumen (§ 48) oder
- Nutzungseinheiten mit Aufenthaltsräumen

zu Ausgängen in notwendige Treppenräume oder ins Freie.

Aus § 33 Abs. 1, der die Herstellung von zwei unabhängigen Rettungswegen für jede **Nutzungseinheit mit mindestens einem Aufenthaltsraum** vorschreibt, ergibt sich oft die Notwendigkeit, notwendige Flure anzuordnen, über die die Rettungswege zu führen sind, weil nur auf diese Weise die Ausgänge in notwendige Treppenräume oder ins Freie erreicht werden können, denn Rettungswege von Nutzungseinheiten dürfen nicht durch andere Nutzungseinheiten führen. Auch innerhalb der Nutzungseinheiten sind, soweit deren räumliche Unterteilung vorgesehen ist, **notwendige Flure für die direkte Erschließung der Aufenthaltsräume** anzuordnen, damit gefangene (Aufenthalts-)Räume nicht entstehen. Abs. 1 Satz 2 nimmt bestimmte Gebäude und Nutzungseinheiten von dieser Regel aus.

Satz 1 enthält auch das allgemeine **Schutzziel** (vgl. § 14 RNr. 13) des notwendigen Flures: Er muss (wie auch der Treppenraum; vgl. § 35 RNr. 3) die Nutzung im Brandfall **ausreichend lange** ermöglichen. Die Absätze 2 bis 3 konkretisieren dieses Schutzziel.

5 **Absatz 1 Satz 2** führt Gebäude und Nutzungseinheiten auf, in denen notwendige Flure <u>nicht</u> erforderlich sind; die Regelung beschreibt Erleichterungsfälle von den Anforderungen des Satzes 1. Aus Satz 2 darf nicht der Umkehrschluss gezogen werden, dass in allen nicht von den Nrn. 1 bis 4 erfassten Fällen der Einbau notwendiger Flure erforderlich ist. So kann durchaus auch ein Bürogebäude der Gebäudeklasse 5, soweit die Randbedingungen des Satzes 2 Nr. 4 eingehalten sind, ohne notwendige Flure errichtet werden, wenn die Büros direkt an dem Treppenraum angeschlossen sind. Satz 2 Nr. 2 hat insofern keine Rückwirkung auf die Gebäudeklassen 3 bis 5. Flurartige Treppenraumerweiterungen sind unzulässig, weil es sich hierbei um eine gezielte Umgehung einer Vorschrift handeln würde. Die Erleichterungen von Satz 1 betreffen zunächst, auf Grund ihrer geringen Größe und dem damit verbundenen niedrigen Gefahrenpotential,
- Wohngebäude der Gebäudeklassen 1 und 2 (**Nr. 1**) und
- sonstige Gebäude der Gebäudeklassen 1 und 2, ausgenommen Kellergeschosse (**Nr. 2**).

Dies korrespondiert mit § 35 Abs. 1 Satz 3 Nr. 1, wonach diese Gebäude auch ohne Treppenraum zulässig sind. In räumlich unterteilten Kellergeschossen von Gebäuden der Gebäudeklassen 1 und 2, die nicht dem Wohnen dienen, müssen jedoch notwendige Flure angeordnet sein. Anwendung findet diese Regelung beispielsweise auf gewerbliche Nutzungseinheiten im Kellergeschoss.

Nach **Nr. 3** sind notwendige Flure
- innerhalb von Wohnungen oder
- innerhalb von Nutzungseinheiten mit nicht mehr als 200 m² BGF

nicht erforderlich. Die Größenbeschränkung der Nutzungseinheiten bezieht sich ausdrücklich nicht auf Wohnungen. Andere Nutzungseinheiten, die größer als 200 m² sind, müssen notwendige Flure haben, wenn sie räumlich unterteilt werden (vgl. RNr. 2).

Nach **Nr. 4 erster Halbsatz** sind **Büro- und Verwaltungsnutzungen** mit einer BGF bis zu 400 m², unabhängig von ihrer inneren Aufteilung, ohne notwendige Flure zulässig. Überschreiten intern unterteilte Nutzungseinheiten diese Größe, sind notwendige Flure anzuordnen. **Nr. 4 zweiter Halbsatz** lässt intern unterteilte Nutzungseinheiten mit einer BGF von mehr als 400 m² ohne notwendigen Flur zu, wenn die Nutzungseinheiten in (brandschutztechnische relevante) Abschnitte unterteilt werden, die
- jeweils nicht größer als 400 m² sind
- voneinander durch Trennwände nach § 29 Abs. 2 Nr. 1 abgegrenzt werden und
- sicherstellen, dass jeder dieser Abschnitte von anderen Teilen der Nutzungseinheit unabhängige Rettungswege nach § 33 Abs. 1 hat (die Rettungswegführung durch benachbarte Teile der Nutzungseinheit ist nicht möglich!).

In **Großraumbüros**, auch wenn sie eine BGF von mehr als 400 m² haben, müssen – mangels einer inneren (Wand-)Unterteilung – keine notwendigen Flure angeordnet werden; zu beachten ist jedoch deren Sonderbaueigenschaft des Großraumbüros nach § 2 Abs. 4 Nr. 5, die ggfls. den Anschluss an einen zweiten baulichen Rettungsweg erforderlich macht.

So genannte **Kombibüros**, bei denen separierte Büroräume um Gemeinschaftszonen angeordnet sind, unterfallen, wenn eine BGF von 400m² überschritten wird, den Anforderungen der Nr. 4 zweiter Halbsatz.

Abs. 2 stellt Anforderungen an die **Verkehrssicherheit (§ 16) notwendiger und sonstiger Flure.**

6

Satz 1 verlangt, dass notwendige Flure so breit sein müssen, dass sie für den größten zu erwartenden Verkehr ausreichen. Zur Bemessung der nutzbaren Breite eines notwendigen Flures, die an seiner schmalsten Stelle zu messen ist, vgl. § 34 RNr. 16.

Nach **Satz 2** ist in Fluren eine **Folge von weniger als drei Stufen** unzulässig. Dieses Verbot dient der Gefahrenabwehr; ein Höhenunterschied von einer oder zwei Stufen wird nur schwer erkannt und vergrößert so erheblich die Gefahr von Unfällen. Muss eine geringe Höhendifferenz im Zuge eines Flures ausgeglichen werden, sollte dies durch eine flache Rampe geschehen.

Abs. 3 verlangt die Unterteilung notwendiger Flure in **Rauchabschnitte,** die im Brandfall wesentlich dazu beitragen, dass sich Rauch nicht ungehindert in der Geschossebene verteilt. Auf diese Weise wird, das Schutzziel des Abs. 1 Satz 1 konkretisierend, sichergestellt, dass der notwendige Flur als Teil des Rettungsweges ausreichend lange benutzbar ist.

7

Abs. 3 Satz 1 schreibt für die Rauchabschnittsbildung der notwendigen Flure Flurunterteilungen vor, deren **Öffnungen**
- nichtabschließbare,
- rauchdichte und
- selbstschließende

8

Abschlüsse haben müssen. Die Eigenschaft **nichtabschließbar** bedeutet nicht nur, dass diese Öffnungen nicht abgeschlossen sein dürfen, sondern, dass sie keine Vorrichtungen, wie Schließzylinder haben, die ein Abschließen ermöglichen; sie müssen jederzeit zu öffnen sein. **Rauchdicht** sind Türen nach DIN 18095 – 1 und 3; vgl. BRL A Teil 2, lfd. Nr. 2.33, wonach die Verwendbarkeit der Rauchschutzabschlüsse durch ein allgemeines bauaufsichtliches Prüfzeugnis (§ 19) nachzuweisen ist. Rauchschutztüren nach DIN 18095 sind grundsätzlich selbstschließend.

9 Nach **Abs. 3 Satz 2** darf die **Länge der Rauchabschnitte** nicht länger als 30 m sein. Die Regelung bezweckt die Begrenzung der Rauchausbreitung in längeren notwendigen Fluren.

10 **Abs. 3 Satz 3 erster Halbsatz** verlangt den **Anschluss der Öffnungsabschlüsse notwendiger Flure an die Rohdecke**; der Anschluss an Unterdecken ist deshalb zunächst unzulässig, weil sich im Hohlraum über den Unterdecken der Rauch im Geschoss ausbreiten kann. **Satz 3 zweiter Halbsatz** erlaubt jedoch den **Anschluss der Öffnungsabschlüsse an die Unterdecke**, wenn sie feuerhemmend ist; die Feuerwiderstandsfähigkeit der Unterdecke verhindert ausreichend lange die Brandausbreitung (vgl. § 14) in den Zwischendeckenbereich. Die Vorschrift korrespondiert mit den Wandanforderungen notwendiger Flure in Abs. 4 Satz 3.

11 **Abs. 3 Satz 4** regelt so genannte **Stichflure** und begrenzt deren zulässige Länge auf 15 m. Sie sind dadurch gekennzeichnet, dass sie die Flucht nur in eine Richtung erlauben. Die Anforderungen des Satzes 4 beziehen sich jedoch nur auf solche Stichflure, die zu Sicherheitstreppenräumen führen, weil in diesem Fall der notwendige Flur nur in einer Richtung benutzt werden kann. Eine Stichflurregelung für notwendige Flure, die zu zwei notwendigen Treppenräumen führen, enthält § 36 nicht. Jedoch wird, wenn zwei Treppenräume erforderlich sind, die Stichflurlänge dadurch begrenzt, dass die notwendigen Treppenräume möglichst entgegengesetzt liegen und die Rettungswege möglichst kurz sein müssen (vgl. § 35 Abs. 2 Satz 3). Deshalb wird auch in diesen Fällen eine maximale Stichflurlänge von 15 m vertretbar sein. Auf Grund des Zusammenhanges mit § 33 Abs. 1, wonach die erforderlichen zwei Rettungswege von einander unabhängig sein müssen, ist der notwendige Flur grundsätzlich an den Treppenräumen vorbei zu führen, denn im Unterschied zum Sicherheitstreppenraum, in den Feuer und Rauch nicht eindringen dürfen, ist eine Verrauchung der notwendigen Treppenräume nicht auszuschließen. Soweit der zweite Rettungsweg über eine mit Rettungsgeräten der Feuerwehr erreichbare Stelle geführt wird, ist die Länge des notwendigen Flures zum Treppenraum nicht begrenzt.

12 Durch **Abs. 3 Satz 5** werden **offene Gänge** gem. Abs. 5 von den Regelungen der Sätze 1 bis 4 ausgenommen, weil deren Verrauchung wegen des unmittelbaren Luftverbunds nicht zu befürchten ist.

13 **Abs. 4** regelt die Anforderungen an **Wände notwendiger Flure**. Nach **Satz 1** müssen sie als raumabschließende Bauteile feuerhemmend sein. Nur in Kellergeschossen der Gebäudeklassen 3 bis 5 müssen die Wände notwendiger Flure, wie die tragenden und aussteifenden Wände (vgl. § 27 Abs. 2 Nr. 1), feuerbeständig sein. Zum Raumabschluss; vgl. § 26 RNr. 9; zu den Begriffen feuerhemmend und feuerbeständig; vgl. § 26 RNrn. 1, 2 und 5. Feuerhemmende **Brandschutzverglasungen** anstelle einer feuerhemmenden Bauart einer Wand sind zulässig. Ab einer Höhe von 1,80 m genügt der Einbau von **G-Verglasungen**, die den Raumabschluss herstellen, jedoch Strahlungswärme durchlassen; hierfür bedarf es einer formellen Abweichung gem. § 68.

Tabelle 35.1: Anforderungen an notwendige Flure:

	Bauteile	GK 1	GK 2	GK 3	GK 4	GK 5
1	Wände notw. Flure, soweit eine Anforderung nach Abs. 1 Satz 2 nicht entfällt	–			fh	
2	Wände notw. Flure in Kellergeschossen	fh, bei Wohngebäuden ohne			fb	
3	Wände offener Gänge	–			fh	
4	Bekleidungen in Fluren	–			nbr	

GK = Gebäudeklasse nbr = nichtbrennbar ohne = keine Anforderungen
fh = feuerhemmend fb = feuerbeständig

Gem. Abs. 4 Satz 2 sind die Wände notwendiger Flure bis an die Rohdecke zu führen. Die Regelung bezweckt die brandschutztechnische Trennung zwischen Nutzungseinheit und notwendigem Flur und korrespondiert mit Abs. 3 Satz 3, vgl. RNr. 10. **Satz 3** erlaubt den Anschluss der Wände an die Unterdecke der Flure, wenn
– die Unterdecke feuerhemmend und
– ein Raumabschluss nach Satz 1 (als raumabschließendes Bauteil feuerhemmend) sichergestellt ist. Die architektonische Lösung des Satzes 3 macht den notwendigen Flur zu einem Tunnel, über dessen Unterdecke verschiedene Räume einer Nutzungseinheit brandschutztechnisch in Verbindung stehen können. Die Muster-Richtlinie über brandschutztechnische Anforderungen an Systemböden (MSysBöR) Ausgabe September 2005, die zum Zeitpunkt der Drucklegung dieses Kommentars in die neue AV LTB Eingang findet, enthält auch Anforderungen an Systemböden in notwendigen Fluren sowie Randbedingungen für das Errichten von Wänden notwendiger Flure auf Systemböden.

Satz 4 erster Halbsatz regelt Anforderungen an Türen in Wänden notwendiger Flure; sie müssen dicht schließen (vgl. § 35 RNr. 22). **Satz 4 zweiter Halbsatz** schreibt für Öffnungen zu Lagerbereichen in Kellergeschossen feuerhemmende, dicht- und selbstschließende Feuerschutzabschlüsse vor; vgl. § 29 RNr. 13.

In Abs. 5 Satz 1 werden Anforderungen an **offene Gänge** (Laubengänge) gestellt, die vor Außenwänden angeordnet sind und nur eine Fluchtrichtung haben. Deren Wände und Brüstungen sind gem. Abs. 4 auszubilden; vgl. RNrn. 13 bis 15. **Satz 2** lässt in Außenwänden, vor denen offene Gänge angeordnet sind, Fenster erst ab einer Brüstungshöhe von 0,90 m zu. Im Falle eines Brandgeschehens, bei dem aus diesen Fenstern Flammen treten, wird davon ausgegangen, dass die flüchtenden Personen sich gegebenenfalls geduckt hinter der Fensterbrüstung in Sicherheit bringen können.

Die Zweckbestimmung des **Abs. 6** ist die Reduzierung der **Brandlasten in notwendigen Fluren und offenen Gängen**. Nach **Nr. 1** müssen Bekleidungen, Unterdecken und Dämmstoffe aus nichtbrennbaren Materialien bestehen. Nach **Nr. 2** müssen Wände und Decken, die aus brennbaren Baustoffen bestehen, eine ausreichend dicke nichtbrennbare Bekleidung haben. Die Vorschrift korrespondiert mit den Regelungen des § 35 Abs. 5 Nrn. 1 und 2; vgl. § 35 RNr. 20.

§ 37 Fenster, Türen, sonstige Öffnungen

(1) Können die Fensterflächen nicht gefahrlos vom Erdboden, vom Innern des Gebäudes, von Loggien oder Balkonen aus gereinigt werden, so sind Vorrichtungen, wie Aufzüge, Halterungen oder Stangen anzubringen, die eine Reinigung von außen ermöglichen.

(2) ¹Glastüren und andere Glasflächen, die bis zum Fußboden allgemein zugänglicher Verkehrsflächen herabreichen, sind so zu kennzeichnen, dass sie leicht erkannt werden können. ²Weitere Schutzmaßnahmen sind für größere Glasflächen vorzusehen, wenn dies die Verkehrssicherheit erfordert.

(3) Eingangstüren von Wohnungen, die über Aufzüge erreichbar sein müssen, müssen eine lichte Durchgangsbreite von mindestens 0,90 m haben.

(4) ¹Jedes Kellergeschoss ohne Fenster muss mindestens eine Öffnung ins Freie haben, um eine Rauchableitung zu ermöglichen. ²Gemeinsame Kellerlichtschächte für übereinanderliegende Kellergeschosse sind unzulässig.

(5) ¹Fenster, die als Rettungswege nach § 33 Abs. 2 Satz 2 dienen, müssen im Lichten mindestens 0,90 m x 1,20 m (Breite x Höhe) groß und dürfen nicht höher als 1,20 m über der Fußbodenoberkante angeordnet sein. ²Liegen diese Fenster in Dachschrägen oder Dachaufbauten, so darf ihre Unterkante oder ein davor liegender Austritt von der Traufkante horizontal gemessen nicht mehr als 1 m entfernt sein.

Erläuterungen:

1   I. § 37 stellt Anforderungen an Öffnungen in Hinblick auf die Verkehrssicherheit (Absätze 1 und 2), die Barrierefreiheit (Abs. 3), die Rauchableitung (Abs. 4) und die Nutzbarkeit als Rettungsweg.

2   **Fenster** im Sinne des § 37 sind alle transparenten Flächen, unabhängig davon, ob sie zu öffnen sind. Bauordnungsrechtlich dienen sie einerseits der Belüftung und Beleuchtung von Räumen (vgl. § 48 Abs. 2 und 3) und andererseits als Rettungsweg im Gefahrenfall (Abs. 5). Fenstertüren (Pariser Fenster) können die Funktion von Fenstern haben. Nach § 62 Abs. 1 Nr. 10 c) ist der Einbau von Fenstern und Türen grundsätzlich verfahrensfrei.

3   In der BauO Bln werden **Wärmeschutzanforderungen an Fenster** nicht gestellt, jedoch stellt § 15 Abs. 1 solche Anforderungen an Gebäude. Die auf Grund des Energieeinsparungsgesetzes erlassene Energieeinsparverordnung (EnEV) konkretisiert auch den Wärmeschutz der Fenster. **DIN 4108** ist in der Liste der Technischen Baubestimmungen enthalten. Deshalb sind die technischen Regeln über den sommerlichen Wärmeschutz bauaufsichtlich relevant; sie werden jedoch nicht bauaufsichtlich geprüft.

4   Für bestimmte Bereiche, z. B. in der Umgebung der Flughäfen und an lärmbelasteten Straßen, ergibt sich aus spezialgesetzlichen Regelungen, die im Baugenehmigungsver-

fahren nicht geprüft werden, die Notwendigkeit, besondere **Schallschutzfenster** auch bei bestehenden Gebäuden einzubauen; vgl. § 15 RNrn. 6 ff.

Moderne Fenster müssen, um den Anforderungen gerecht zu werden, besonders dicht sein. Hieraus können sich bei dem Betrieb von Feuerstätten besondere Probleme ergeben. Die Feuerungsverordnung (FeuVO) vom 31. Januar 2006 (GVBl. S. 116) stellt daher an die Zuführung der notwendigen Verbrennungsluft besondere Anforderungen. Nur so können erhebliche Gefahren von den Benutzern der Räume abgewehrt werden (Vergiftungsgefahr durch CO bei mangelhafter Verbrennung infolge fehlender Zuführung von Frischluft durch zu dichte Fenster).

II. Die **Möglichkeit einer gefahrlosen Reinigung der Fenster** nach **Abs. 1** ist gegeben, wenn die Fenster und Fenstertüren so zu öffnen sind, dass sie von innen gereinigt werden können. Ist dies nicht möglich, so sind für die Maßnahmen der regelmäßigen Gebäudereinigung mit dem Bauwerk fest verbundene Standplätze, wie Laufstege, Hubarbeitsbühnen, Fassadenaufzüge etc. vorzuhalten.

Abs. 2 stellt an **Glastüren** und andere **Glasflächen (z. B. Glaswände)** im Zuge allgemein zugänglicher Verkehrsflächen, wie Flure Eingänge oder Gänge, Anforderungen an die Verkehrssicherheit. Transparente Flächen werden häufig nicht erkannt und stellen deshalb Gefahrenquellen dar. Zur Vermeidung von Unfällen sind größere Glasflächen deshalb aus Sicherheitsglas herzustellen. Aus dem gleichen Grunde können auch Schutzmaßnahmen, wie Geländer, Brüstungen, Bemalungen oder andere Kennzeichnungen erforderlich sein. Die Vorschrift bezieht sich nur auf die allgemein zugänglichen Verkehrsflächen, d. h. innerhalb von Wohnungen können Anforderungen nicht gestellt werden. Hier obliegt die Verantwortung für eine ordnungsgemäße Ausführung der Glaswände dem Handwerker, der nach den einschlägigen Regeln seines Handwerks die Konstruktion zu bemessen hat. Auf Grund von Abs. 2 kann eine Kennzeichnung von Fensterflächen und Glaswänden zum Schutz der Vögel nicht gefordert werden, obgleich eine solche Kennzeichnung bei sehr transparenten Bauteilen zweckmäßig ist.

Abs. 3 ist eine Regelung des barrierefreien Bauens. Erstmalig ist in der BauO Bln eine gesetzliche Mindestanforderung über die **Durchgangsbreite von Wohnungseingangstüren** verankert. Die Regelung des Abs. 3 stellt jedoch ausschließlich auf Wohnungseingangstüren ab, die über Aufzüge erreicht werden. Das geforderte lichte Durchgangsmaß von 0,90 m betrifft das für Rollstuhlfahrer notwendige Durchrollmaß bei geöffneter Tür. Deshalb ist nicht das lichte Maß des Türrahmens maßgebend, sondern das Maß zwischen der Türaußenseite in völlig geöffnetem Zustand am Anschlag und der gegenüber liegenden Türrahmeninnenseite. Auch wenn es gesetzlich nicht gefordert ist, sollten Wohnungstüren grundsätzlich die hier beschriebenen Maße aus Praktikabilitätsgründen nicht unterschreiten.

Abs. 4 Satz 1 stellt Anforderungen an die **Rauchableitung aus Kellergeschossen**, die keine Fenster haben. Danach genügt für die Entrauchung des gesamten Kellergeschosses eine Öffnung ins Freie. Diese Möglichkeit kommt nur in Betracht, wenn durch Anlagentechnik oder ausreichendem natürlichem Auftrieb über einen Schacht die Rauchableitung sichergestellt ist. Die Regelung trägt auch dem Bedürfnis der Menschen Rechnung, in Kellergeschossen fensterlose Aufenthaltsräume, wie z. B. Spiel- und Werkräume (vgl. § 48 Abs. 3) einzurichten.

Kellerlichtschächte sind zur Beleuchtung und Lüftung von Kellerräumen üblich. **Gemeinsame Kellerlichtschächte** für übereinander liegende Kellergeschosse dürfen gem. **Abs. 4 Satz 2** zur Verhinderung der Brandübertragung von einem Kellergeschoss zum anderen nicht hergestellt werden. Es sind hier die gleichen Gesichtspunkte maßgebend wie bei § 35 Abs. 2 Satz 2 (vgl. § 35 RNr. 9).

11 **Fenster** werden oft **als zweiter Rettungsweg** aus Gebäuden ausgebildet (vgl. § 33 Abs. 2 Satz 2 RNr. 3). Diese Fenster müssen nach **Abs. 5 Satz 1** ein lichtes Öffnungsmaß von mindestens 0,90 m (Breite) x 1, 20 m (Höhe) haben. Ferner darf das Maß zwischen Fußbodenoberkante und der Oberkante der unteren Fensterrahmenseite nicht mehr als 1,20 m betragen. **Abs. 5 Satz 2** stellt die Personenrettung durch Einsatzkräfte der Feuerwehr sicher, wenn Fenster in Dachschrägen oder Dachaufbauten (z. B. Gauben) für die Feuerwehr als Rettungsweg erreichbar sind. Der horizontal gemessene Abstand zwischen der Unterkante des Dachflächenfensters und der Traufkante, bzw. zwischen dem vor dem Fenster liegenden Austritt und der Traufkante, darf nicht mehr als 1 m betragen. Bezugspunkt der Traufkante ist die Vorderkante der Dachrinne.

§ 38 Umwehrungen

(1) In, an und auf baulichen Anlagen sind zu umwehren:
1. Flächen, die im Allgemeinen zum Begehen bestimmt sind und unmittelbar an mehr als 1 m tiefer liegende Flächen angrenzen; dies gilt nicht, wenn die Umwehrung dem Zweck der Flächen widerspricht,
2. nicht begehbare Oberlichte und Glasabdeckungen in Flächen, die im Allgemeinen zum Begehen bestimmt sind, wenn sie weniger als 0,50 m aus diesen Flächen herausragen,
3. Dächer oder Dachteile, die zum auch nur zeitweiligen Aufenthalt von Menschen bestimmt sind,
4. Öffnungen in begehbaren Decken sowie in Dächern oder Dachteilen nach Nummer 3, wenn sie nicht sicher abgedeckt sind,
5. nicht begehbare Glasflächen in Decken sowie in Dächern oder Dachteilen nach Nummer 3,
6. die freien Seiten von Treppenläufen, Treppenabsätzen und Treppenöffnungen (Treppenaugen),
7. Kellerlichtschächte und Betriebsschächte, die an Verkehrsflächen liegen, wenn sie nicht verkehrssicher abgedeckt sind.

(2) [1]In Verkehrsflächen liegende Kellerlichtschächte und Betriebsschächte sind in Höhe der Verkehrsfläche verkehrssicher abzudecken. [2]An und in Verkehrsflächen liegende Abdeckungen müssen gegen unbefugtes Abheben gesichert sein. [3]Fenster, die unmittelbar an Treppen liegen und deren Brüstung unter der notwendigen Umwehrungshöhe liegen, sind zu sichern.

(3) [1]Fensterbrüstungen von Flächen mit einer Absturzhöhe bis zu 12 m müssen mindestens 0,80 m, von Flächen mit mehr als 12 m Absturzhöhe mindestens 0,90 m hoch sein. [2]Geringere Brüstungshöhen sind zulässig, wenn durch andere Vorrichtungen wie Geländer die nach Absatz 4 vorgeschriebenen Mindesthöhen eingehalten werden.

(4) Andere notwendige Umwehrungen müssen folgende Mindesthöhen haben:
1. Umwehrungen zur Sicherung von Öffnungen in begehbaren Decken und Dächern sowie Umwehrungen von Flächen mit einer Absturzhöhe von 1 m bis zu 12 m 0,90 m,
2. Umwehrungen von Flächen mit mehr als 12 m Absturzhöhe 1,10 m.

(5) ¹In, an und auf Gebäuden dürfen Öffnungen in Geländern, Brüstungen und anderen Umwehrungen mindestens in einer Richtung nicht breiter als 0,12 m sein. ²Sie sind so auszubilden, dass das Überklettern erschwert wird. Ein waagerechter Zwischenraum zwischen Umwehrung und der zu sichernden Fläche darf nicht größer als 0,04 m sein.

Erläuterungen:

I. § 38 enthält Regelungen über Absturzsicherungen und dient damit der Verkehrssicherheit. Festgelegt wird, wann Umwehrungen oder andere Maßnahmen erforderlich sind und welche Höhe diese Umwehrungen haben müssen. Inhaltlich unterscheidet sich § 38 nicht von § 36 a. F.; die Regelungen wurden nur neu gefasst und geordnet. Der Oberbegriff Umwehrung beschreibt bauliche Absturzsicherungen unterschiedlichster Art. Dazu gehören Fensterbrüstungen (vgl. Abs. 3), Geländer, Balustraden, Brüstungen die Öffnungen enthalten und andere Umwehrungen. Bei absturzsichernden Verglasungen sind die Technischen Regeln für die Verwendung von absturzsichernden Verglasungen (TRAV), vgl. AV LTB lfd. Nr. 2.6.7. zu beachten. Enthielt die BauO Bln a. F. noch in anderen §§ Bezüge auf die Umwehrungsregelungen, so regelt § 38 nun diese Materie abschließend. Bei Sonderbauten (§ 52) können andere Höhen verlangt oder zugelassen werden.

Von den bauordnungsrechtlichen Mindestanforderungen an die Höhe von Umwehrungen bleiben die Anforderungen aus Gründen des Arbeitsschutzes (analog Arbeitsstättenrichtlinie – ASR-12/1) und der Unfallverhütung unberührt; eine Harmonisierung der Regelungsinhalte ist bisher leider noch nicht gelungen; die Arbeitsstätten-Bestimmungen verlangen höhere Umwehrungen. Der Entwurfsverfasser hat, soweit sich Anforderungen aus beiden Rechtsbereichen überlagern, die höhere Anforderung umzusetzen. Da das Arbeitsstättenrecht in den Baugenehmigungsverfahren nach § 64 oder § 65 nicht zum bauaufsichtlichen Prüfprogramm gehört, ist der Entwurfsverfasser für die Einhaltung der höheren Anforderung selbst verantwortlich.

II. Abs. 1 enthält eine Auflistung baulicher Situationen in, an und auf baulichen Anlagen, die eine Umwehrung erfordern.
   Nr. 1 beschreibt das Erfordernis der **Umwehrung begehbarer Flächen**, die an Flächen grenzen, die mehr als 1 m tiefer liegen. Im Einzelfall ist, wenn der Niveauunterschied durch eine flache Böschung überbrückt wird, eine Umwehrung entbehrlich. Hierbei gilt: je höher der Niveauunterschied desto flacher der Böschungswinkel. Ob eine Abweichung gem. § 68 erforderlich ist, muss im Einzelfall mit der Bauaufsichtsbehörde geklärt werden. Keiner Umwehrung bedarf eine begehbare Fläche, wenn deren Zweckbestimmung dem entgegensteht, wie z. B. bei Verladerampen, Kais und Schwimmbecken.

4 Gemäß **Nr. 2** sind **Oberlichte und Glasabdeckungen** in begehbaren Flächen ohne Umwehrung zulässig, wenn sie mindestens 0,5 m aus diesen Flächen herausragen. Für Oberlichte und Glasabdeckungen, die begehbar ausgeführt werden sollen, sind bei der Senatsbauverwaltung Zustimmungen zur Verwendung von Bauprodukten im Einzelfall (§ 20) zu beantragen, wenn allgemeine bauaufsichtliche Zulassungen nicht vorliegen.

5 Zu den Dächern, die zum Aufenthalt von Menschen bestimmt sind **(Nr. 3)**, gehören u. a. **Dachterrassen** und Teile von Dächern, über die Rettungswege geführt werden. Soweit Dächer nur zu Reparaturzwecken oder zur Durchführung sonstiger Arbeiten – wie das Kehren der Schornsteine – betreten werden, so ist deren Umwehrung nicht erforderlich.

6 Der Begriff „**begehbare Decken**" in **Nr. 4** ist weit auszulegen. Begehbar sind alle Decken, die betreten werden können, sei es auch nur von einzelnen Personen, z. B. zur Ausführung von Reparaturen oder Reinigungsarbeiten. Hierunter fallen auch Decken unter nicht ausgebauten Dachräumen oder unter Kriechböden. Eine sichere Abdeckung der Deckenöffnung ersetzt deren Umwehrung.

7 **Nr. 5** bestimmt, dass nicht begehbare Glasflächen in Decken zu umwehren sind. Sie unterscheiden sich von den Oberlichtern und Glasabdeckungen der Nr. 2 dadurch, dass sie in der Ebene der Decke liegen. Auch nicht begehbare Glasflächen in Dächern oder Dachteilen, die zum auch nur zeitweiligen Aufenthalt von Menschen bestimmt sind (Nr. 3) müssen umwehrt werden.

8 **Nr. 6** fordert die Sicherung der Treppenaugen, z. B. durch Treppengeländer.

9 **Nr. 7** beschreibt die notwendigen Schutzvorkehrungen gegenüber **Kellerlichtschächten** und **Betriebsschächten**, die *an* Verkehrsflächen (öffentliche oder auf dem Baugrundstück) liegen. Die Schächte müssen entweder umwehrt oder verkehrssicher abgedeckt werden.

10 Nach **Abs. 2 Sätze 1 und 2** sind **Kellerlichtschächte** und **Betriebsschächte**, die *in* Verkehrsflächen liegen so abzudecken, dass sie entsprechend der Nutzung der Verkehrsfläche (Befahr- bzw. Begehbarkeit) verkehrssicher sind. Die Oberkante der Abdeckung muss mit der Verkehrsfläche in der sie liegt eine Ebene bilden. Ein unbefugtes Abheben der Abdeckung darf nicht möglich sein.

11 Die nach **Abs. 2 Satz 3** erforderliche Sicherung von Fenstern, die unmittelbar an Treppen liegen, kann durch Geländer und absturzsichernde Verglasungen, die die erforderlichen Horizontalkräfte aufnehmen können, erreicht werden; vgl. RNr. 1.

12 **Abs. 3** beschreibt die Anforderungen an **Fensterbrüstungen**. Bei diesen Regelungen ist der Gesetzgeber von massiven Konstruktionen ausgegangen, deren oberer Abschluss durch eine Fenster- bzw. Sohlbank gebildet wird. Die Tiefe dieser Brüstungen vermittelt genügend Sicherheit, um eine gegenüber den anderen notwendigen Umwehrungen des Abs. 4 geringere Höhe zuzulassen. In Anlehnung an § 11 Abs. 3 MVStättVO kann eine Brüstungstiefe von ca. 0,20 m als Voraussetzung für die Einstufung einer Umwehrung als Fensterbrüstung herangezogen werden. Feststehende Glaselemente unterhalb eines Fensters werden in der Regel nicht als Fensterbrüstungen einzustufen sein; für sie gilt die notwendige Umwehrungshöhe von 0,90 m. Der untere Teil eines Fensterrahmens gehört nicht zur Fensterbrüstung, kann jedoch die Funktion einer Umwehrung gemäß Abs. 5 übernehmen.

13 **Abs. 4** schreibt die Höhen **anderer notwendiger Umwehrungen** vor, die die Anforderungen an Fensterbrüstungen gemäß Abs. 3 nicht erfüllen.

14 Ziel des **Abs. 5** ist der **Schutz von Kindern**. Die Regelung ist gegenüber der BauO a. F. nicht mehr an Gebäude gebunden, in denen mit der Anwesenheit von Kindern zu rechnen ist; sie gilt umfassend. Vorgeschrieben ist, dass **Öffnungen in Geländern** mind. in einer Richtung nicht breiter als 0,12 m sein dürfen.

15 Den zulässigen **Abstand zwischen der Unterkante des Treppengeländers und den Stufen** regelt die Technische Baubestimmung DIN 18065 (lfd. Nr. 7.1 der AV LTB). Danach ist die Unterkante des Geländers so auszubilden, dass zwischen ihr und den Stufen ein Würfel mit einer Kantenlänge von 15 cm nicht durchgeschoben werden kann.

16 Gemäß **Abs. 5 Satz 2** sind Umwehrungen derart auszubilden, dass ein Überklettern erschwert wird. So ist eine **horizontale Gliederung** einer Umwehrung, die einen Leitereffekt bietet, zunächst unzulässig. Jedoch kann auch ein horizontal gegliedertes Geländer das Überklettern erschweren, wenn der obere Geländerholm so zu der zu sichernden Fläche versetzt wird, dass beim Versuch die Umwehrung zu überklettern, eine zum Absturz führende Schwerpunktverlagerung unwahrscheinlich wird. Bei der Ausbildung von Fensterbrüstungen oder Umwehrungen und auch Mischkonstruktionen unter Fenstern bedarf die Beurteilung einer im Einzelfall mit der Bauaufsichtsbehörde abzustimmenden Entscheidung, die einerseits die Sicherheitsbelange berücksichtigt, andererseits aber auch der Gestaltungsmöglichkeit im Umwehrungsbereich Spielraum eröffnet. So ist eine Konstruktion zulässig, die in ihrem unteren Teil als 40 cm hohe Fensterbrüstung, darüber aber (bis 90 cm Höhe) als verglaste Umwehrung ausgebildet ist, wobei am Übergang von der Brüstung zur Umwehrung ein Fensterbrett mit 14 cm Tiefe angeordnet ist. Da vor dem Fenster üblicherweise auch Heizkörper angeordnet werden, an die Abs. 5 keine Anforderungen stellt, ist ein bauaufsichtliches Einschreiten bei o. g. Beispiel unverhältnismäßig. Alle in diesem Zusammenhang denkbaren Maßnahmen entbinden Aufsichtspersonen nicht von ihrer Verantwortung.

Abschnitt 6:
Technische Gebäudeausrüstung

§ 39 Aufzüge

(1) [1]Aufzüge im Innern von Gebäuden müssen eigene Fahrschächte haben, um eine Brandausbreitung in andere Geschosse ausreichend lange zu verhindern. [2]In einem Fahrschacht dürfen bis zu drei Aufzüge liegen. [3]Aufzüge ohne eigene Fahrschächte sind zulässig
1. innerhalb eines notwendigen Treppenraumes, ausgenommen in Hochhäusern,
2. innerhalb von Räumen, die Geschosse überbrücken,
3. zur Verbindung von Geschossen, die offen miteinander in Verbindung stehen dürfen,
4. in Gebäuden der Gebäudeklassen 1 und 2;
sie müssen sicher umkleidet sein.

(2) [1]Die Fahrschachtwände müssen als raumabschließende Bauteile
1. in Gebäuden der Gebäudeklasse 5 feuerbeständig und aus nichtbrennbaren Baustoffen,
2. in Gebäuden der Gebäudeklasse 4 hochfeuerhemmend,
3. in Gebäuden der Gebäudeklasse 3 feuerhemmend
sein; Fahrschachtwände aus brennbaren Baustoffen müssen schachtseitig eine Bekleidung aus nicht-brennbaren Baustoffen in ausreichender Dicke haben. [2]Fahrschachttüren und andere Öffnungen in Fahrschachtwänden mit erforderlicher Feuerwiderstandsfähigkeit sind so herzustellen, dass die Anforderungen nach Absatz 1 Satz 1 nicht beeinträchtigt werden.

(3) [1]Fahrschächte müssen zu lüften sein und eine Öffnung zur Rauchableitung mit einem freien Querschnitt von mindestens 2,5 Prozent der Fahrschachtgrundfläche, mindestens jedoch 0,10 m² haben. [2]Die Lage der Rauchaustrittsöffnungen muss so gewählt werden, dass der Rauchaustritt durch Windeinfluss nicht beeinträchtigt wird.

(4) [1]Gebäude mit mehr als vier oberirdischen Geschossen müssen Aufzüge in ausreichender Zahl haben. [2]Von diesen Aufzügen muss mindestens ein Aufzug Kinderwagen, Rollstühle, Krankentragen und Lasten aufnehmen können und Haltestellen in allen Geschossen haben. [3]Dieser Aufzug muss von der öffentlichen Verkehrsfläche aus und von allen Geschossen mit Aufenthaltsräumen stufenlos erreichbar sein. [4]Hierbei ist das oberste Geschoss nicht zu berücksichtigen, wenn seine Nutzung einen Aufzug nicht erfordert oder wenn es in bestehenden Gebäuden nachträglich zu Wohnzwecken ausgebaut wird. [5]Soweit Obergeschosse von Behinderten im Rollstuhl stufenlos zu erreichen sein müssen, gelten die Sätze 1 bis 4 auch für Gebäude mit weniger als fünf oberirdischen Geschossen.

(5) [1]Fahrkörbe zur Aufnahme einer Krankentrage müssen eine nutzbare Grundfläche von mindestens 1,10 m x 2,10 m, zur Aufnahme eines Rollstuhls von mindestens 1,10 m x 1,40 m haben; Türen müssen eine lichte Durchgangsbreite von

mindestens 0,90 m haben. ²In einem Aufzug für Rollstühle und Krankentragen darf der für Rollstühle nicht erforderliche Teil der Fahrkorbgrundfläche durch eine verschließbare Tür abgesperrt werden. ³Vor den Aufzügen muss eine Bewegungsfläche von mindestens 1,50 m x 1,50 m vorhanden sein.

Erläuterungen:

I. § 39 stellt Anforderungen
- an Fahrschächte von Aufzügen (Absätze 1 bis 3),
- die Erschließung eines Gebäudes durch Aufzüge (Abs. 4) und
- an die Größe und spezifische Nutzbarkeit der Fahrkörbe (Abs. 5).

Eine **Aufzugsanlage** besteht aus dem baulichen Teil (**Fahrschacht**), an den **bauordnungsrechtliche Anforderungen** in Hinblick auf die Sicherheit des Gebäudes, insbesondere wegen der Brandübertragung von einem Geschoss in das andere, gestellt werden und maschinentechnisch-betrieblichen Teilen. Die **technische Beschaffenheit der Aufzüge** ist nicht Regelungsgegenstand des Bauordnungsrechts, sondern ist dem Gewerberecht vorbehalten, dessen Regelungskompetenz beim Bund liegt. Im Sinne des Gesetzes über technische Arbeitsmittel und Verbraucherprodukte vom 6. Januar 2004 – Geräte- und Produktsicherheitsgesetzes (GPSG) – (BGBl. I S. 2, 219) sind Aufzüge **technische Arbeitsmittel**. Überall dort, wo Aufzugsanlagen gewerblich oder im Rahmen wirtschaftlicher Unternehmen betrieben werden, finden das GPSG und die einschlägigen Vorschriften, die auf Grund des GPSG erlassen wurden, Anwendung. Auch **Aufzugsanlagen in Wohngebäuden** fallen in diesen Regelungsbereich, wenn Mieter oder Hausangestellte die Aufzüge benutzen. Die auf Grund des GPSG erlassene Verordnung über Sicherheit und Gesundheitsschutz bei der Bereitstellung von Arbeitsmitteln und deren Benutzung bei der Arbeit, über Sicherheit beim Betrieb überwachungsbedürftiger Anlagen und über die Organisation des betrieblichen Arbeitsschutzes – **Betriebssicherheitsverordnung (BetrSichV)** – vom 27. September 2002 (BGBl I 2002, S. 3777) zuletzt geändert durch Gesetz vom 7. Juli 2005 (BGBl. I S. 1970) und die technischen Regeln für Aufzugsanlagen (TRA) sind zu beachten.

Die auf Grund des § 84 Abs. 5 BauO Bln erlassene Verordnung über den Betrieb von baulichen Anlagen (Betriebsverordnung – BetrVO) vom 10. Oktober 2007 (GVBl. S. 516) bestimmt, dass die BetrSichV, in der jeweils geltenden Fassung, auch auf **überwachungsbedürftige Anlagen (z. B. Aufzugsanlagen), die weder gewerblichen, noch wirtschaftlichen Zwecken** dienen und dem Geltungsbereich der BauO Bln unterfallen, anzuwenden ist. Die BetrVO stellt somit die „privaten" und gewerblichen Aufzugsanlagen in technischer und verfahrensmäßiger Hinsicht gleich. Ein **Behindertenaufzug**, der in einem Mietshaus ausschließlich dem persönlichen Gebrauch eines Mieters dient, fällt jedoch nicht unter den Regelungsbereich des GPSG (BVerwG, Beschl. v. 19. 10. 94, BauR 1995, 73).

Die maschinentechnische Beurteilung der Aufzugsanlagen erfolgt durch das Landesamt für Arbeitsschutz, Gesundheit und technische Sicherheit (LAGetSi), welches auch für die nicht gewerblichen Aufzugsanlagen bauordnungsrechtliche Aufgaben wahrnimmt.

An **Triebwerkräume,** deren Zugänglichkeit und Türen werden keine über den § 15 (Wärme-, Schall-, Erschütterungsschutz) hinausgehenden bauordnungsrechtlichen Anforderungen gestellt. Das Triebwerk ist als Teil des Aufzuges innerhalb des Aufzugschachtes zulässig.

6 Der nachträgliche **Einbau eines Aufzugs** ist nach § 62 Abs. 1 Nr. 2c verfahrensfrei. Die Genehmigungsfreistellung (§ 63) oder das vereinfachte Baugenehmigungsverfahren (§ 64) greifen jedoch schon dann, wenn im Rahmen der Baumaßnahme Fahrschächte errichtet oder geändert werden müssen. Soweit das Treppenauge eines bestehenden Treppenraumes genügend Raum für die Aufnahme einer Aufzuganlage bietet, bleibt der Einbau des Aufzuges bauordnungsrechtlich verfahrensfrei.

7 Die von § 39 erfassten Aufzüge dienen nicht der **Personenrettung** im Gefahrenfall. Nur über **Feuerwehraufzüge**, deren Einsatz im Hochhausbereich liegt, können Personen in Sicherheit gebracht und Löschgerät der Feuerwehr auch in große Höhen transportiert werden. Die baulichen Anforderungen an Feuerwehraufzüge werden in der Muster-Hochhaus-Richtlinie beschrieben, die in Kürze neu veröffentlicht wird.

8 **II.** Die Anforderungen des **Abs. 1** richten sich an Aufzüge, die sich **im Innern** des Gebäudes befinden. Außenaufzüge, d. h. Aufzüge, die vor der Fassade errichtet werden, sind von der Regelung des Abs. 1 nicht erfasst, weil sie nicht in dem Maße zur Geschoss übergreifenden Brandausbreitung beitragen wie innenliegende Aufzüge.

9 Um eine Brandausbreitung (Ausbreitung von Feuer und Rauch, vgl. § 14) von Geschoss zu Geschoss ausreichend lang zu verhindern müssen innen liegende Aufzüge nach **Abs. 1 Satz 1 eigene Fahrschächte** haben. Diese Grundanforderung verbietet den Einbau von Aufzügen z. B. in Installationsschächten und die Verlegung von Leitungen, die nicht zum Aufzug gehören, im Aufzugsschacht. Durch die Reduzierung der Brandlast im Aufzugsschacht wird die Brandausbreitung begrenzt. **Ausreichend lang** wird die Brandausbreitung verhindert, wenn die Anforderungen des Abs. 2 erfüllt werden. Nach **Satz 2** wird die **Anzahl der Aufzüge pro Fahrschacht** auf drei begrenzt. Diese Regelung soll die mit steigender Anzahl von Aufzügen verbundene ansteigende Brandlast begrenzen.

10 In bestimmten Einbausituationen der Aufzüge kommt das Schutzziel des Satzes 1 (ausreichend lange Verhinderung der Brandausbreitung von Geschoss zu Geschoss) nicht zum Tragen. In **Satz 3** werden deshalb Fälle aufgeführt, in denen der **Einbau von Aufzügen ohne eigene Fahrschächte** zulässig ist.

Wird ein Aufzug innerhalb eines notwendigen Treppenraumes errichtet (**Nr. 1**), erfüllen bereits die Treppenraumwände die Funktion des ansonsten erforderlichen Fahrschachtes. Hochhäuser sind jedoch von dieser Erleichterung ausgenommen, weil die notwendigen Sicherheitsvorkehrungen dieser Sonderbauten (vgl. § 2 Abs. 4) eine weitere Reduzierung der (durch den Aufzug verursachten) Brandlast im Treppenraum notwendig machen.

Nach **Nr. 2** sind Aufzüge ohne eigene Fahrschächte auch innerhalb von Räumen zulässig, die Geschosse überbrücken. Dies ist der Fall, wenn ein Raum sich über mehrere Geschosse erstreckt, jedoch zu diesen nicht in offener Verbindung steht. **Nr. 3** macht Fahrschächte entbehrlich, soweit Aufzüge Geschosse verbinden, die offen miteinander in Verbindung stehen. In den Fällen der Nrn. 2 und 3 kann ein Fahrschacht die Geschoss übergreifende Brandausbreitung nicht verhindern. Hier müssen bereits andere Vorkehrungen getroffen worden sein, die dieses Schutzziel erfüllen. Ein Aufzug, der ein Gebäude durchdringt, welches nur teilweise offen miteinander in Verbindung stehende Geschosse hat, bedarf jedoch eines Fahrschachtes, denn der Brand darf sich nicht in andere Geschosse ausbreiten.

Nach **Nr. 4** sind auch in Gebäuden der Gebäudeklassen 1 und 2 Aufzüge ohne Fahrschacht zulässig, weil wegen des geringen Gefährdungspotentials, welches von diesen Gebäuden ausgeht, Fahrschächte nicht erforderlich sind. Dies korrespondiert auch mit § 33 Abs. 4, wonach eine Feuerwiderstandsfähigkeit für Treppenraumwände der Gebäudeklassen 1 und 2 nicht vorgesehen ist. Nr. 4 korrespondiert auch mit Abs. 2 Satz 1.

Satz 3 zweiter Halbsatz schreibt für Aufzüge, die ohne Fahrschacht errichtet werden vor, dass sie **sicher umkleidet** sein müssen. Diese Regelung soll verhindern, dass Personen in den Fahrbereich des Aufzugs hineinlangen können und dadurch zu Schaden kommen. Als Umkleidung reicht ein Maschendraht in genügender Maschendichte und Drahtstärke aus. | 11

Abs. 2 konkretisiert das Schutzziel des Abs. 1, wonach durch Fahrschächte eine Brandausbreitung von Geschoss zu Geschoss „ausreichend lange" verhindert werden muss. Satz 1 beschreibt Standardlösungen. Danach müssen Fahrschachtwände als raumabschließende Bauteile ausgebildet werden (vgl. § 26 RNr. 10). Die notwendige Feuerwiderstandsfähigkeit und das zulässige Brandverhalten der Baustoffe der Fahrschachtwände ist folgender Tabelle zu entnehmen. | 12

Gebäudeklassen	1	2	3	4	5
Fahrschachtwände	ohne	ohne	fh	hfh	fb + nbr

fh = feuerhemmend   hfh = hochfeuerhemmend
fb = feuerbeständig   nbr = nichtbrennbar
ohne = keine Anforderungen

Abs. 2 Satz 1 zweiter Halbsatz schreibt für den Fall, dass **Fahrschachtwände aus brennbaren Baustoffen** bestehen vor, dass diese Wände auf der Schachtseite eine **Bekleidung aus nichtbrennbaren Baustoffen in ausreichender Dicke** haben müssen. Diese Vorschrift bezweckt, dass im Falle eines Entstehungsbrands im Fahrschacht, Feuer nicht direkt mit brennbaren Baustoffen der Fahrschachtkonstruktion in Berührung kommt; auf diese Weise soll einer Brandausbreitung im Fahrschacht entgegengewirkt werden. Bei feuerhemmenden Wänden ist die Bekleidung ausreichend dick, wenn sie beispielsweise nach DIN 4102-4 Nr. 4.10 Tabelle 49 ausgeführt wird. Bei hochfeuerhemmenden Wänden ist die Bekleidung ausreichend dick, wenn sie entsprechend Nr. 3.2 der Muster- Richtlinie über brandschutztechnische Anforderungen an hochfeuerhemmende Bauteile in Holzbauweise – M-HFHHolzR (Fassung Juli 2004), die als Technische Baubestimmung eingeführt ist, ausgeführt wird. Dort werden Aussagen zur brandschutztechnisch wirksamen Bekleidung nach § 26 Abs. 2 Satz 2 Nr. 3 getroffen. | 13

Abs. 2 Satz 2 stellt Anforderungen an Abschlüsse von Öffnungen in Fahrschachtwänden, die eine Feuerwiderstandsfähigkeit haben müssen; die Anforderungen greifen nur, wenn für die Aufzüge Fahrschächte vorgeschrieben sind. **Fahrschachttüren** und andere Abschlüsse sind Bestandteil des Fahrschachtes und müssen so hergestellt werden, dass die Funktion des Fahrschachtes (Abs. 1 Satz 1, vgl. RNr. 8) nicht beeinträchtigt wird. Fahrschachttüren in feuerbeständigen Wänden erreichen dieses Schutzziel, wenn sie entsprechend den technischen Regeln des Abschnitts 6 der Bauregelliste A Teil 1 (**geregelte Bauprodukte**) hergestellt werden. Dort sind für Fahrschachttüren unterschiedlicher Art (Horizontal- und Vertikal- Schiebetüren sowie Dreh- und Falttüren) technische Regeln aufgeführt. Wenn Fahrschachttüren von diesen technischen Regeln wesentlich abweichen (**nicht geregelte Bauprodukte**) bedarf es einer allgemeinen bauaufsicht- | 14 lichen Zulassung (§ 18). Der Übereinstimmungsnachweis ist durch ein Übereinstimmungszertifikat einer anerkannten Zertifizierungsstelle zu führen (vgl. § 22 und § 24). Die notwendige Sicherheit gegen die Übertragung von Feuer und Rauch von einem in ein anderes Geschoß wird durch diese Fahrschachttüren, deren Leistungsvermögen in den geregelten Prüfverfahren nach DIN 4102 – 5 geregelt ist, erreicht. Außerdem muss der Fahrschacht nach Abs. 3 zu lüften sein. Für Fahrschachttüren zur Verwendung in feuerhemmenden und hochfeuerhemmenden Wänden gibt es noch keine allgemeinen bauaufsichtlichen Zulassungen; die für den Einbau bestimmten Fahrschachttüren bedürfen einer Zustimmung im Einzelfall gem. § 20.

15   Die nach **Abs. 3** notwendige Entlüftung muss unmittelbar ins Freie geführt werden. Öffnungen in der Decke zwischen Fahrschacht und Triebwerkraum können nicht benutzt werden. Wird die Entlüftung durch den Triebwerkraum geführt, ist eine Entlüftungsleitung erforderlich.

16   Nach **Abs. 4 Satz 1** müssen Gebäude mit fünf oder mehr oberirdischen Geschossen (vgl. § 2 Abs. 6) **Aufzüge in ausreichender Zahl** haben. Die Anforderung ist erfüllt, wenn für je 20 der Bewohner oder ständigen Benutzer eines Gebäudes ein Aufzugsplatz zur Verfügung steht. Die Fahrgeschwindigkeit spielt bei der Bemessung keine Rolle. Unabhängig von den Betriebskosten gilt, dass unter Berücksichtigung der vorgeschriebenen Abmessungen der Fahrkörbe zwei kleineren Aufzügen gegenüber einem Großen der Vorzug zu geben ist, da auf diese Weise der Betrieb eines Aufzuges immer sichergestellt ist. Soweit Gebäude Aufzüge haben müssen, ist es Aufgabe der Bauaufsicht im Einzelfall die Inbetriebnahme der Aufzüge durchzusetzen, wenn Betreiber diese Aufzüge außer Betrieb genommen haben oder beim Ausfall des Aufzuges dessen Instandsetzung unterlassen.

17   **Abs. 4 Satz 2** trifft für mindestens einen Aufzug die Festlegung, dass er für die Aufnahme von Kinderwagen, Rollstühlen, Krankentragen und Lasten geeignet sein muss. Dieser Aufzug muss Haltestellen in allen Geschossen (vgl. § 2 Abs. 6) haben, d. h. sowohl in oberirdischen Geschossen, als auch in Kellergeschossen. Die Anforderungen des Satzes 2 gelten nicht für Gebäude, für die keine Aufzugspflicht besteht (freiwilliger Einbau eines Aufzugs).

18   **Abs. 4 Satz 3** zielt darauf ab Behinderte im Rollstuhl und Personen mit Kinderwagen den **stufenlosen Zugang des Aufzuges** nach Satz 2, sowohl von der öffentlichen Verkehrsfläche, als auch von Geschossen mit Aufenthaltsräumen, zu ermöglichen. Erschließungslösungen, bei denen die Haltestellen des Aufzuges zwischen den Geschossen liegen, sind nicht möglich. Soweit jedoch im Gebäudebestand der nachträgliche Einbau (oder Anbau) eines Aufzuges zwecks Standardverbesserung beabsichtigt ist, greift diese Vorschrift nicht, weil das rechtmäßig bestehende Gebäude keinen Aufzug haben muss.

19   **Abs. 4 Satz 4** schränkt in zwei Fällen die Anforderung des Satzes 3 für oberste Geschosse ein. **Das oberste Geschoss ist bei der Erschließung der Geschossebenen eines Gebäudes durch Aufzüge nach Satz 2 dann nicht zu berücksichtigen, wenn**
– die Geschossnutzung keinen Aufzug erfordert oder
– es in bestehenden Gebäuden nachträglich zu Wohnzwecken ausgebaut wird.

Der erste Fall betrifft Geschosse, in denen zwar Aufenthaltsräume möglich sind (vgl. § 2 Abs. 6 Satz 2), die aber nicht zum Zwecke einer Nutzung ausgebaut werden sollen, z. B. Dachgeschosse. Weitere Anwendungsfälle sind Aufbauten auf Flachdächern, wie Installations- oder Maschinenräume. Derartige oberste Geschosse erfordern von ihrer Nutzung her keinen Aufzug.

Der zweite Fall betrifft den nachträglichen Ausbau von Dachräumen für Wohnzwecke oder die Erweiterung einer Wohnung in den Dachraum hinein (Maisonette).

Abs. 4 Satz 5 führt bei einem Vorhaben, bei dem grundsätzlich die Aufzugspflicht (RNr. 16) nicht greift, in dessen Obergeschossen sich jedoch eine öffentlich zugängliche Nutzung (vgl. § 51) befindet (z. B. Arztpraxis), die Aufzugspflicht wieder ein. Die Regelung des **Satzes 5** wird in § 51 Abs. 3 Satz 10 wiederholt.

Abs. 5 greift die Regelungen der BauO a. F. über die notwendigen Abmessungen der **Fahrkörbe zur Aufnahme einer Krankentrage bzw. eines Rollstuhles** sowie der lichten Durchgangsbreite der Fahrschachttür auf. Die Mindestmaße der Bewegungsfläche vor den Aufzügen ist auf 1,50 m x 1,50 m erhöht worden.

§ 40 Leitungsanlagen, Installationsschächte und -kanäle

(1) Leitungen dürfen durch raumabschließende Bauteile, für die eine Feuerwiderstandsfähigkeit vorgeschrieben ist, nur hindurchgeführt werden, wenn eine Brandausbreitung ausreichend lange nicht zu befürchten ist oder Vorkehrungen hiergegen getroffen sind; dies gilt nicht für Decken
1. in Gebäuden der Gebäudeklassen 1 und 2,
2. innerhalb von Wohnungen,
3. innerhalb derselben Nutzungseinheit mit nicht mehr als insgesamt 400 m² Brutto-Grundfläche in nicht mehr als zwei Geschossen.

(2) In notwendigen Treppenräumen, in Räumen nach § 35 Abs. 3 Satz 3 und in notwendigen Fluren sind Leitungsanlagen nur zulässig, wenn eine Nutzung als Rettungsweg im Brandfall ausreichend lange möglich ist.

(3) Für Installationsschächte und -kanäle gelten Absatz 1 sowie § 41 Abs. 2 Satz 1 und Abs. 3 entsprechend.

Erläuterungen:

I. Zur technischen Infrastruktur eines jeden Gebäudes gehören Leitungen und Leitungsanlagen sowie Installationsschächte und -kanäle, die das gesamte Gebäude durchdringen können. § 40 stellt Anforderungen, um den damit verbundenen Gefahren in Hinblick auf die Brandentstehung und Brandausbreitung zu begegnen. Insofern werden die allgemeinen Schutzziele des § 14 (Brandschutz) näher bestimmt.

§ 40 fasst Anforderungen zusammen, die in der BauO a. F. in den Bestimmungen über Trennwände, Brandwände, Decken, Treppenräume sowie Installationsschächte und -kanäle dezentral geregelt waren. Die Anforderungen des § 40 greifen nur, soweit Leitungsanlagen, Installationsschächte und -kanäle in Bauteile eingreifen oder Bauteile durchdringen, die raumabschließend (vgl. § 26 RNr. 10) und feuerwiderstandsfähig (vgl. § 26 RNr. 6) sein müssen.

3 Für Bauprodukte und Bauarten der Leitungsanlagen, Installationsschächte und -kanäle gelten hinsichtlich des **Brand- und Schallschutzes** die Verwendungsregelungen der § 17 ff. i. V. m. der Bauregelliste.

4 Soweit an Leitungsanlagen, Installationsschächte und -kanäle bauordnungsrechtliche Brandschutzanforderungen gestellt werden, ist deren Einhaltung nach § 67 nachzuweisen (Brandschutznachweis).

5 Die Verordnung über den Betrieb von baulichen Anlagen (Betriebsverordnung – BetrVO) regelt, welche technischen Anlagen und Einrichtungen von Prüfsachverständigen vor der Aufnahme der Nutzung der baulichen Anlage (Erstprüfung) sowie wiederkehrend geprüft werden müssen.

6 II. Schutzziel des **Abs. 1** ist die **Begrenzung der Brandausbreitung** innerhalb baulicher Strukturen. Soweit für raumabschließende Bauteile (vgl. § 26) eine Feuerwiderstandsfähigkeit vorgeschrieben ist, dürfen **Leitungen** nur hindurch geführt werden, wenn
– eine Brandausbreitung ausreichend lang nicht zu befürchten ist oder
– Vorkehrungen hiergegen getroffen sind.

Leitungen im Sinne des Abs.1 sind **elektrische Leitungen** und **Rohrleitungen.**

7 Das allgemeine Schutzziel (vgl. § 14 RNr. 13) einer **ausreichend lang**en Verhinderung der Brandausbreitung kann auf unterschiedliche Weise erfüllt werden und hängt von der Dimension der Bauteildurchdringung ab. Bei Leitungen mit geringem Querschnitt wird eine besondere Vorkehrung oft nicht notwendig sein, aber eine Abdichtung mit nichtbrennbaren, formbeständigen Baustoffen im Bereich der Bauteildurchführung ist dennoch erforderlich. Bei größeren Leitungs- und Rohrquerschnitten und abhängig von der baulichen Situation kann das Schutzziel jedoch nur erreicht werden, wenn bestimmte **Vorkehrungen** getroffen werden. Vorkehrungen gegen Brandübertragung auf Grund der Bauteildurchdringung mit Leitungsanlagen ergeben sich aus der Muster-Richtlinie über brandschutztechnische Anforderungen an Leitungsanlagen (**Muster-Leitungsanlagen-Richtlinie – MLAR**) vom 17. 11. 2005; die unter Nr. 3.7 in der AV LTB enthalten ist. Auf Grund der BRL A Teil 2 lfd. Nrn. 2.5 und 2. 6 bedürfen **Rohrummantelungen und bestimmte Rohrabschottungen** nur eines allgemeinen bauaufsichtlichen Prüfzeugnisses. Das Prüfverfahren ergibt sich aus DIN 4102-11: 1985-12.

8 **Abs. 1 zweiter Halbsatz** schließt die Anforderungen des ersten Halbsatzes für **Decken** in drei Fällen aus. In den Fällen der **Nr. 1** handelt es sich regelmäßig um kleinere Gebäude, deren Gefährdungspotential als gering einzustufen ist. Die Erleichterung gilt für die in § 31 genannten Decken (auch Kellerdecken) der Gebäudeklasse 1 und 2. Nach **Nr. 2** gilt die Erleichterung auch für Decken innerhalb von Wohnungen (z. B. Maisonettewohnungen), unabhängig von der Gebäudeklasse und Wohnungsgröße; Geschossdecken, die unterschiedliche Wohnungen trennen, sind nicht privilegiert. **Nr. 3** erfasst andere als Wohnnutzungen, wie z. B. Büros. Beträgt deren Gesamtfläche, die sich über nicht mehr als zwei Geschosse verteilen darf, nicht mehr als 400 m^2 (BGF), so werden an die Decken, wie bei den zweigeschossige Maisonettewohnungen, Anforderungen hinsichtlich der Leitungsdurchführung nicht gestellt.

9 **Abs. 2** zielt auf die **Begrenzung der Brandlast in Rettungswegen** ab; genannt werden notwendige Treppenräume, Räume zwischen dem notwendigen Treppenraum und dem Ausgang ins Freie (§ 35 Abs. 3 Satz 3) und notwendige Flure. In diesen Rettungswegen sind Leitungsanlagen nur zulässig, wenn eine Nutzung im Brandfall **ausreichend lange** möglich ist. Auch dieses allgemeine Schutzziel wird durch die MLAR (RNr. 4) konkretisiert.

Auch die in **Abs. 3** geregelten **Installationsschächte** (vertikal) **und Installationskanäle** (horizontal) durchdringen in Gebäuden regelmäßig raumabschließende Bauteile, für die eine Feuerwiderstandsfähigkeit vorgeschrieben ist. Deshalb gelten auch hier die Schutzziele des Abs. 1. Konkrete Anforderungen sind der MLAR (RNr. 4) zu entnehmen. Darüber hinaus sind auf Installationsschächte und -kanäle die Regelungen
- über die **Brennbarkeit** von Lüftungsleitungen sowie deren **Bekleidungen** und **Dämmstoffe** (§ 41 Abs. 2 Satz 1) und
- zur **Vermeidung der Übertragung von Gerüchen und Staub** in andere Räume (§ 41 Abs. 3)

entsprechend anzuwenden. Auf Grund der BRL A Teil 2 lfd. Nr. 2.7 bedürfen **vorgefertigte** Installationsschächte und -kanäle nur eines allgemeinen bauaufsichtlichen Prüfzeugnisses. Das Prüfverfahren hinsichtlich der Feuerwiderstandfähigkeit ergibt sich aus DIN 4102-11: 1985-12.

§ 41 Lüftungsanlagen

(1) Lüftungsanlagen müssen betriebssicher und brandsicher sein; sie dürfen den ordnungsgemäßen Betrieb von Feuerungsanlagen nicht beeinträchtigen.

(2) [1]Lüftungsleitungen sowie deren Bekleidungen und Dämmstoffe müssen aus nichtbrennbaren Baustoffen bestehen; brennbare Baustoffe sind zulässig, wenn ein Beitrag der Lüftungsleitung zur Brandentstehung und Brandweiterleitung nicht zu befürchten ist. [2]Lüftungsleitungen dürfen raumabschließende Bauteile, für die eine Feuerwiderstandsfähigkeit vorgeschrieben ist, nur überbrücken, wenn eine Brandausbreitung ausreichend lange nicht zu befürchten ist oder wenn Vorkehrungen hiergegen getroffen sind.

(3) Lüftungsanlagen sind so herzustellen, dass sie Gerüche und Staub nicht in andere Räume übertragen.

(4) [1]Lüftungsanlagen dürfen nicht in Abgasanlagen eingeführt werden; die gemeinsame Nutzung von Lüftungsleitungen zur Lüftung und zur Ableitung der Abgase von Feuerstätten ist zulässig, wenn keine Bedenken wegen der Betriebssicherheit und des Brandschutzes bestehen. [2]Die Abluft ist ins Freie zu führen. [3]Nicht zur Lüftungsanlage gehörende Einrichtungen sind in Lüftungsleitungen unzulässig.

(5) Die Absätze 2 und 3 gelten nicht
1. für Gebäude der Gebäudeklassen 1 und 2,
2. innerhalb von Wohnungen,
3. innerhalb derselben Nutzungseinheit mit nicht mehr als 400 m^2 Brutto-Grundfläche in nicht mehr als zwei Geschossen.

(6) Für raumlufttechnische Anlagen und Warmluftheizungen gelten die Absätze 1 bis 5 entsprechend.

Erläuterungen:

1 **1.** Lüftungsanlagen im Sinne des § 41 sind zum einen solche, die durch den **natürlichen** bzw. **thermischen Auftrieb** der Luftsäule in einem Lüftungsschacht wirksam werden. Hierbei wird im Allgemeinen zwischen **Einzelschachtanlagen** (das sind solche, bei denen über einen Lüftungsschacht die Abluft aus einem Aufenthaltsbereich abgeführt wird) und **Sammelschachtanlagen** (bei denen mehrere Räume **verschiedener** Aufenthaltsbereiche angeschlossen sind). Der Anwendungsbereich dieser Anlagen beschränkt sich im Wesentlichen aber nur auf den **Wohnungsbau**.

2 Zu den Anlagen im Sinne des § 41 zählen insbesondere aber auch alle **lüftungstechnischen Einrichtungen**, die mechanisch **(ventilatorunterstützt)** betrieben werden; zu diesen gehören sowohl **Einzellüfter**, die die Abluft aus einem Raum entweder durch die Außenwand oder über Dach ins Freie befördern, als auch **Lüftungs- und Klimaanlagen** für mehrere Aufenthaltsbereiche oder ganze Gebäude. Mechanische Anlagen werden stets dort verwendet werden, wo aufgrund entsprechender Vorgaben eine bestimmte Lüftungs- bzw. Klimatisierungsleistung sicher und dauerhaft zu erbringen ist. Die mechanischen Anlagen werden üblicherweise auch als raumlufttechnische Anlagen (RLT-Anlagen) bezeichnet.

3 **2.** Eine Besonderheit sind lüftungstechnische Anlagen, die im Brandfall auf maschinellem Weg **Rauch und Wärme** abführen sollen. Diese Anlagen müssen erhöhten Anforderungen, insbesondere hinsichtlich ihrer Temperaturbeständigkeit und der sicheren Funktionsweise genügen. Die Verordnung über den Betrieb von baulichen Anlagen (Betriebsverordnung – BetrVO) regelt, bei welchen Gebäudetypen vor Aufnahme der Nutzung der baulichen Anlage eine **Erstprüfung** dieser und weiterer Anlagen durch Prüfsachverständige (die auf Grund der BauPrüfVO anerkannt sind) vorgenommen werden muss, welche Anlagen bei einer wesentlichen Änderung geprüft und welche Anlagen wiederkehrend geprüft werden müssen.

4 **3.** Sofern nicht ein Sonderfall vorliegt (z. B. innen liegender Aufenthalts- oder Sanitärraum), reicht im üblichen **Wohnungsbau** die so genannte **selbständige Lüftung**, die sich durch die natürlichen Undichtheiten an Fenstern und Türen von selbst ergibt, regelmäßig aus, damit sich – insbesondere aus hygienischer und bauphysikalischer Sicht – ein befriedigendes Raumklima einstellt. Kritisch kann es dort werden, wo Fenster und Türen konstruktionsbedingt bereits **besonders dicht** sind oder zum Zwecke der Energieeinsparung zusätzlich **abgedichtet** werden und der erheblich minimierte natürliche Luftwechsel nicht mehr ausreicht, die Luftfeuchte (durch Kochen, Atmen, Wäschetrocknen, Baden etc.) innerhalb der kritischen Grenze zu halten. In derartigen Fällen kann es durch Taupunktunterschreitung zu Feuchtebildung (meistens an kalten Außenwandstellen oder an sogenannten Kältebrücken) kommen; die Folge sind Schimmelpilzbildungen und Schäden an der Bausubstanz.

5 **4.** Ob lüftungstechnische Anlagen erforderlich sind, ergibt sich aus den einzelnen Vorschriften der Bauordnung oder aus Vorschriftenmustern, die der bauaufsichtlichen Prüfung als Beurteilungsmaßstab zu Grunde gelegt werden (z. B. die so genannten Muster-Sonderbauverordnungen, vgl. § 52). Zwingend notwendig sind solche Anlagen im üblichen Wohnungsbau bei **fensterlosen Bädern** oder **Toilettenräumen** (vgl. § 43 Abs. 1); bei fensterlosen Küchen oder Kochnischen vgl. § 49 Abs. 1. Raumlufttechnische Anlagen sind auch dann erforderlich, wenn **fensterlose Aufenthaltsräume** nach § 48 Abs. 3 realisiert werden sollen, denn § 48 Abs. 2 schreibt eine ausreichende Lüftung von Aufenthaltsräumen vor. Der Anwendungsbereich dieser Bestimmung erstreckt sich nicht nur auf den Wohnungsbau sondern insbesondere auch auf Aufenthaltsräume im gewerblichen Bereich (Büroräume, Werkstätten).

Einbau- und Verwendungsgebote für lüftungstechnische Anlagen resultieren aber auch aus anderen öffentlich-rechtlichen Vorschriften, beispielsweise aus den speziellen arbeitsschutzrechtlichen Vorschriften oder den Bestimmungen der gewerblichen Berufsgenossenschaften, die unabhängig von dem bauaufsichtlichen Verfahren zu beachten sind.

5. Sofern öffentlich-rechtliche Vorschriften es nicht ausdrücklich vorschreiben, bleibt es jedem Bauherrn freigestellt, auch von sich aus – etwa zur **Komfortverbesserung** – lüftungstechnische Anlagen einzubauen. Allerdings ist auch darauf zu achten, dass es im Hinblick auf den gegebenenfalls höheren Energieverbrauch nicht zu Konflikten mit den Anforderungen der Energieeinsparverordnung kommt.

6. Für Bauprodukte und Bauarten der Lüftungstechnik gelten hinsichtlich des Brand- und Schallschutzes die Verwendungsregelungen der § 17 ff. i. V. m. der Bauregelliste.

7. Soweit an Lüftungsanlagen bauordnungsrechtliche Brandschutzanforderungen gestellt werden, ist deren Einhaltung nach § 67 nachzuweisen (Brandschutznachweis).

8. Konkrete Anforderungen an lüftungstechnische Anlagen, mit dem Ziel die Weiterleitung von Schall zu dämmen, sind in der Regelung über Lüftungsanlagen nicht mehr enthalten; die **Schallschutzanforderungen** sind § 15 Abs. 2 (vgl. § 15 RNr. 4) zu entnehmen.

9. Für die **Prüfung und Überwachung technisch schwieriger Vorhaben** kann die Bauaufsichtsbehörde im Rahmen der Prüfung der bautechnischen Nachweise **Sachverständige** heranziehen (vgl. § 70 Abs. 5 und § 80 Abs. 5). Bei größeren Anlagen, bei denen hinsichtlich des Brandschutzes oder der zu erbringenden Lüftungsleistung (strömungstechnische Berechnung) wesentliche Anforderungen zu erfüllen sind, wird die Bauaufsichtsbehörde (bzw. Prüfingenieur für Brandschutz) regelmäßig von der genannten Ermächtigung Gebrauch machen. Als **technisch schwierig** dürften regelmäßig auch Lüftungs- und Entrauchungsanlagen für Sonderbauten im Sinne von § 2 Abs. 4 i. V. m. § 52 zu werten sein.

II. Abs. 1 enthält die **Grundanforderungen,** die jede Lüftungsanlage erfüllen muss und die in den folgenden Absätzen sowie in der Musterrichtlinie über brandschutztechnische Anforderungen an Lüftungsanlagen (**Muster-Lüftungsanlagen-Richtlinie M-LüAR**, Fassung September 2005) und in der bauaufsichtlichen Richtlinie über die Lüftung fensterloser Küchen, Bäder und Toilettenräume in Wohnungen (Fassung April 1988), die in der AV LTB aufgenommen sind, näher bestimmt sind. Die Forderung nach der Betriebssicherheit bedeutet, dass die Lüftungsanlage so beschaffen sein muss, dass sie mit der notwendigen Sicherheit ihren Zweck erfüllen kann. Die Forderung nach (dauernder) **Betriebssicherheit** schließt ein, dass die Anlagen regelmäßig gewartet und gereinigt werden und folgerichtig bereits bei der Erstellung mit den dafür erforderlichen Einrichtungen (**Revisionsöffnungen** etc.) versehen werden.

Die **Brandsicherheit** ist eine Anforderung an die Anlage selbst sowie an ihren Einbau in das Gebäude. Größere Lüftungsanlagen können durch die Vielzahl ihrer Kanäle in Bezug auf die Brandsicherheit und die Verqualmung des Gebäudes eine große Gefahr darstellen; dem muss mit geeigneten Maßnahmen – die auf die jeweiligen Besonderheiten abgestellt sind – begegnet werden.

14 Nach **Abs. 1 Halbsatz 2** dürfen **Lüftungsanlagen** den sicheren Betrieb von **Feuerstätten** nicht beeinträchtigen. Eine Gefahr kann insbesondere dann entstehen, wenn die Lüftungsanlage aus dem Aufstellraum der Feuerstätte, die die notwendige Verbrennungsluft dem Aufstellraum entnimmt, Luft absaugt. Der Feuerstätte wird dann nicht mehr die notwendige Verbrennungsluft zugeführt, die Abgasanlage kann den notwendigen Auftrieb nicht mehr herstellen. Die Folge ist einmal eine nicht mehr ordnungsgemäße Verbrennung in der Feuerstätte und zum anderen, dass die Abgase nicht mehr durch die Abgasanlage abgeführt werden, sondern in den Aufstellraum eindringen. Korrespondierend zu dieser Vorschrift, die auf die Errichtung bzw. den Betrieb von Lüftungsanlagen abstellt, enthält die FeuVO, die ihrerseits das Aufstellen und den Betrieb von Feuerstätten regelt, konkretere Regelungen darüber, wann und gegebenenfalls unter welchen Voraussetzungen **raumluftabhängige** Feuerstätten in Verbindung mit **lüftungstechnischen** Anlagen betrieben werden dürfen. Bei Vorhandensein entsprechender Sicherheitseinrichtungen können Lüftungsanlagen und Feuerstätten ohne gegenseitige Beeinträchtigung also durchaus zulässig sein.

15 **Abs. 2** konkretisiert die Grundanforderungen der **Brandsicherheit**. Nach **Satz 1 erster Halbsatz** müssen Lüftungsleitungen sowie deren Bekleidungen und Dämmstoffe nichtbrennbar sein (vgl. § 26 RNrn. 4 ff.). Die Ausnahmemöglichkeit von dieser Vorschrift nach der BauO a. F. ist durch einen Zulässigkeitstatbestand in **Satz 1 zweiter Halbsatz** ersetzt worden. Danach ist die **Verwendung brennbarer Lüftungsleitungen, Bekleidungen oder Dämmstoffe** zulässig, wenn die Lüftungsanlage keinen Beitrag zur Brandentstehung und Brandweiterleitung befürchten lässt (näheres regelt die M-LüAR). Dies ist beispielsweise der Fall, wenn die Anlage nur in einem **Brandabschnitt** errichtet wird und keine Wände oder Decken durchbrochen werden, an die wegen des Brandschutzes Anforderungen gestellt werden. Bedenken wegen des Brandschutzes werden auch dann nicht bestehen, wenn bei der Durchbrechung von Wänden oder Decken, die brandschutztechnische Anforderungen erfüllen müssen, **Brandschutzklappen** (Bauprodukt mit allgemeiner bauaufsichtlicher Zulassung) eingebaut werden.

16 **Abs. 2 Satz 2** stellt besondere Anforderungen an Lüftungsanlagen in **Gebäuden** ab Gebäudeklasse 3 (vgl. Abs. 5), wenn sie **raumabschließende Bauteile** (vgl. § 26 RNr. 10) **überbrücken**, für die eine Feuerwiderstandsfähigkeit vorgeschrieben ist (z. B. Brandwände). Die Anlagen sind so auszubilden, dass Feuer und Rauch nicht in andere Geschosse oder Brandabschnitte übertragen werden können. Die Auswirkungen eines Brandes sollen insbesondere im Hinblick auf die Rettung von Personen und eine wirksame Brandbekämpfung räumlich eingeschränkt bleiben. Die Anforderung kann zum einen dadurch erfüllt werden, dass Leitungsanlagen verwendet werden, die entsprechend feuerwiderstandsfähig sind. Nähere Regelungen trifft dazu die DIN 4102 Teil 4 Nr. 8.5. i. V. m. Teil 6: 1977-09. Die Anforderung kann zum anderen durch den Einbau dafür geeigneter **Absperreinrichtungen** erfüllt werden. In diesem Fall können dann Leitungsanlagen mit einer geringeren Feuerwiderstandsfähigkeit verwendet werden.

Speziell für **Lüftungsanlagen von Heizräumen** ergeben sich Anforderungen aus der FeuVO, die die Besonderheiten dieser Anlagen berücksichtigen.

17 Gemäß **Abs. 3** dürfen durch Lüftungsanlagen **Gerüche** und **Staub** nicht in andere Räume übertragen werden. Dies setzt voraus, dass die Anlagen hinreichend dicht sind und so konzipiert und berechnet werden, dass die Abluft nicht in andere Räume oder Aufenthaltsbereiche übertreten kann.

18 Die Einführung von Lüftungsanlagen in **Abgasanlagen** ist nach **Abs. 4 Satz 1 erster Halbsatz** unzulässig, denn es besteht die Gefahr, dass Abgase über die Lüftungsanlage (auch durch Ansaugen) in die zu entlüftenden Räume eindringen können.

Nur unter den Voraussetzungen des **Satzes 1 zweiter Halbsatz** – es dürfen keine Bedenken hinsichtlich der **Betriebssicherheit** und des **Brandschutzes** bestehen – ist die **gemeinsame Benutzung von Lüftungsleitungen zur Lüftung und zur Abgasabführung** zulässig. Hiervon wird nur Gebrauch gemacht werden können, wenn nachgewiesen ist, dass durch geeignete Einrichtungen und durch eine entsprechende Betriebsweise die sichere Ableitung beider Gaskomponenten bei allen Betriebszuständen stets gesichert ist. In den Lüftungsleitungen darf kein Überdruck gegenüber den Räumen auftreten. Der Anwendungsbereich dieser Regelung erstreckt sich insbesondere auf Einzelabluftschächte nach DIN 18017-1 sowie auf (mechanische) Lüftungsanlagen nach DIN 18017-3 entsprechend den Festlegungen des DVGW-Arbeitsblattes G 626. Nähere Regelungen treffen dazu im Übrigen die gastechnischen Regelwerke (Technische Regeln Gasinstallation – TRGI – des Deutschen Vereins des Gas- und Wasserfaches e. V. – DVGW und die Technischen Regeln Flüssiggas – TRF).

Die Abluft ist nach **Abs. 4 Satz 2** stets **ins Freie** zu führen. Früher gebräuchliche Varianten, bei denen die Abluft (beispielsweise aus Anlagen nach DIN 18017-3) in gut durchlüftete Dachräume oder in Garagen eingeleitet wurde, sind heute aus hygienischen Gründen abzulehnen. Ob die **Abluft über Dach** abzuführen, also in den so genannten freien Windstrom einzuleiten ist, richtet sich nach der Lage des Einzelfalles. Maßgeblich ist im Wesentlichen der Schadstoffgehalt bzw. die Geruchsintensität der Abluft unter Berücksichtigung der angrenzenden Grundstücksbebauung und -nutzung.

Namentlich bei größeren lüftungstechnischen Anlagen mit Auswirkungen auf die Nachbarschaft – wie zum Beispiel bei Anlagen für die **Garagenentlüftung** oder für **gewerbliche Küchen** – greifen neben den baurechtlichen Anforderungen auch die immissionsschutzrechtlichen Anforderungen für (immissionsschutzrechtlich) nicht genehmigungsbedürftige Anlagen entsprechend dem § 22 ff. BImSchG. Die Ausblaseinrichtungen beispielsweise für maschinell betriebene Lüftungsanlagen aus Garagen sind demgemäß so zu gestalten, dass schädliche Umwelteinwirkungen – etwa im Hinblick auf einen in der Nähe befindlichen **Kinderspielplatz** – sicher verhindert werden.

Nach **Abs. 4 Satz 3** sind nicht zur Lüftungsanlage gehörende Einrichtungen in Lüftungsleitungen unzulässig. Die Bestimmung bezweckt den Ausschluss von unüberschaubaren Gefahren durch den Einbau fremder Einrichtungen, wie zum Beispiel Leitungsanlagen für den Energietransport. Ferner erschweren solche Einrichtungen die Reinigung der Lüftungsleitungen.

Abs. 5 regelt, dass
– für Gebäude der Gebäudeklassen 1 und 2 **(Nr. 1)**
– innerhalb von Wohnungen **(Nr. 2)** und
– innerhalb derselben Nutzungseinheit mit nicht mehr als 400 m^2 Brutto-Grundfläche in nicht mehr als zwei Geschossen **(Nr. 3)**
die Bestimmungen der Absätze 2 und 3 nicht gelten.

Die meisten der in den Absätzen 2 und 3 gestellten Anforderungen verlieren ihren eigentlichen Sinn, wenn es sich um Anlagen in Gebäuden der Gebäudeklassen 1 und 2, Anlagen innerhalb einer Wohnung oder in Nutzungseinheiten mit vergleichbaren Nutzungen handelt. Abs. 5 trifft hier insoweit eine sachgerechte Regelung – insbesondere auch im Interesse eines kostengünstigen Bauens.

Abs. 6 bestimmt, dass die an Lüftungsanlagen zu stellenden Anforderungen auf (andere) raumlufttechnische Anlagen – also Anlagen, die der **Klimatisierung** der Räume dienen – und auf **Warmluftheizungen** sinngemäß anzuwenden sind. Da von diesen

Anlagen vergleichbare Gefahren ausgehen, sind auch die an Gefahrenabwehr zu stellenden materiellen Anforderungen gleich.

§ 42 Feuerungsanlagen, sonstige Anlagen zur Wärmeerzeugung, Brennstoffversorgung

(1) Feuerstätten und Abgasanlagen (Feuerungsanlagen) müssen betriebssicher und brandsicher sein.

(2) Feuerstätten dürfen in Räumen nur aufgestellt werden, wenn nach der Art der Feuerstätte und nach Lage, Größe, baulicher Beschaffenheit und Nutzung der Räume Gefahren nicht entstehen.

(3) ¹Abgase von Feuerstätten sind durch Abgasleitungen, Schornsteine und Verbindungsstücke (Abgasanlagen) so abzuführen, dass keine Gefahren oder unzumutbaren Belästigungen entstehen. ²Abgasanlagen sind in solcher Zahl und Lage und so herzustellen, dass die Feuerstätten des Gebäudes ordnungsgemäß angeschlossen werden können. ³Sie müssen leicht gereinigt werden können.

(4) ¹Behälter und Rohrleitungen für brennbare Gase und Flüssigkeiten müssen betriebssicher und brandsicher sein. ²Diese Behälter sowie feste Brennstoffe sind so aufzustellen oder zu lagern, dass keine Gefahren oder unzumutbaren Belästigungen entstehen.

(5) Für die Aufstellung von ortsfesten Verbrennungsmotoren, Blockheizkraftwerken, Brennstoffzellen und Verdichtern sowie die Ableitung ihrer Verbrennungsgase gelten die Absätze 1 bis 3 entsprechend.

Erläuterungen:

1. § 42 enthält in näherer Bestimmung der allgemeinen Anforderungen des § 3 und der **allgemeinen** Brandschutzanforderungen des § 14 die **Grundanforderungen** für die Aufstellung und den Betrieb von Feuerungsanlagen sowie sonstigen Anlagen zur Wärmeerzeugung und Brennstoffversorgung. Eine Konkretisierung der in der BauO enthaltenen Anforderungen erfolgt durch die **Feuerungsverordnung (FeuVO)** vom 31. Januar 2006 (GVBl. S. 116). Das Errichten, Herstellen oder Verändern dieser Anlagen der technischen Gebäudeausrüstung ist bauordnungsrechtlich verfahrensfrei (vgl. § 62 Abs. 1 Nr. 2 c). Entgegen der BauO a. F. werden in § 42 bauordnungsrechtliche Anforderungen an Anlagen für die Wärmeverteilung und Warmwasserversorgung nicht mehr gestellt.

2. Für Feuerungsanlagen oder deren einzelne Komponenten bestehen außerhalb des Bauaufsichtsrechts noch vielerlei spezielle Regelungen und Genehmigungspflichten aus anderen Rechtsbereichen, insbesondere dem Immissionsschutz-, Arbeitsschutz-, Wasser- und Energieeinsparungsrecht, auf die im Folgenden kurz eingegangen wird:

2 a) Größere Feuerungsanlagen unterliegen der **immissionsschutzrechtlichen Genehmigung** nach § 4 BImSchG oder dem vereinfachten Verfahren nach § 19 BImSchG. Näheres zum durchzuführenden Verfahren regelt die 4. BImSchV, die die Schwellenwerte (Feuerungswärmeleistung) je nach Art des eingesetzten Brennstoffs festlegt. In die immissionsschutzrechtliche Genehmigung fließt die Baugenehmigung ein (§ 13 BImSchG), das heißt, die Genehmigungsbehörde hat die Bauaufsichtsbehörde in das immissionsschutzrechtliche Verfahren einzubinden. Nach § 61 Abs. 2 nimmt die für den Vollzug des BImSchG zuständige Senatsumweltverwaltung auch die Vollzugsaufgaben der Bauaufsichtsbehörde war. Die materiellen Anforderungen an derartige große Anlagen ergeben sich insbesondere aus der Verordnung über **Großfeuerungsanlagen** (13. BImSchV). Konkretisierende Regelungen enthält ferner die Erste Allgemeine Verwaltungsvorschrift zum BImSchG, die TA-Luft (GMBl. 2002, Heft 25–29, S. 511–605).

Kleinere Feuerungsanlagen fallen unter den Anwendungsbereich der § 22 ff. BImSchG für nicht genehmigungsbedürftige Anlagen. Danach sind derartige Anlagen so zu errichten und zu betreiben, dass schädliche Umwelteinwirkungen verhindert bzw. auf ein Mindestmaß beschränkt werden. Die auf der Grundlage des § 23 BImSchG erlassene Erste Verordnung zur Durchführung des Bundes-Immissionsschutzgesetzes (**1. BImSchV**) vom 15. Juli 1988 (BGBl I 1988 S. 1059) zuletzt geändert am 14. 8. 2003 (BGBl I S. 1614) – Verordnung über **Kleinfeuerungsanlagen** – trifft dazu nähere Regelungen. Ordnungsbehörde für den Vollzug dieser immissionsschutzrechtlichen Vorschrift ist im Land Berlin die Bauaufsichtsbehörde.

Besonderheiten ergeben sich dann, wenn eine Feuerungsanlage Teil einer Anlage zur **Verwertung oder Verbrennung von Müll** oder **sonstigen Abfällen** ist; die Anlage kann in derartigen Fällen auch den abfallrechtlichen Vorschriften (Genehmigungen oder Planfeststellungen) des Abfallgesetzes unterliegen.

2 b) Unter bestimmten Voraussetzungen fallen Feuerungsanlagen schließlich unter den Anwendungsbereich der auf Grund des Geräte- und Produktsicherheitsgesetzes erlassenen Verordnung über Sicherheit und Gesundheitsschutz bei der Bereitstellung von Arbeitsmitteln und deren Benutzung bei der Arbeit, über Sicherheit beim Betrieb überwachungsbedürftiger Anlagen und über die Organisation des betrieblichen Arbeitsschutzes (BetrSichV); dies insbesondere dann, wenn in der Anlage Heißwasser mit einer Temperatur über dem Siedepunkt oder Wasserdampf von höherem als atmosphärischen Druck erzeugt wird. Die **dampfkesselrechtliche Erlaubnis** wird vom Landesamt für Arbeitsschutz, Gesundheitsschutz und Technische Sicherheit (LAGetSi) erteilt.

Für Behälter zur Lagerung von **Flüssiggas** gilt die BetrSichV. **Behälteranlagen** mit einem Fassungsvermögen von **3 t und mehr** sind nach den Vorschriften des BImSchG genehmigungsbedürftig. Weiteres siehe RNr. 37.

2 c) Soweit Feuerungsanlagen eine funktionelle Einheit mit heizungstechnischen oder der Warmwasserversorgung dienenden Anlagen bilden, fallen sie regelmäßig unter den Anwendungsbereich der auf dem **Energieeinsparungsgesetz** (EnEG) basierenden **Energieeinsparverordnung** (EnEV). Die Verordnung stellt unter dem Aspekt der Energieeinsparung vielerlei Anforderungen an die Wärmeerzeuger selbst sowie an deren Einbau, an die Begrenzung der Betriebsbereitschaftsverluste, an die Wärmedämmung der Wärmeverteilungsanlagen und an die Einrichtungen zur Steuerung und Regelung. Den Anforderungen der Verordnung unterfallen – nach Maßgabe entsprechender Übergangs- und Anpassungsregelungen – grundsätzlich auch die bestehenden Anlagen.

Die baurechtlichen Grundsätze des sogenannten Bestandsschutzes greifen hier nur sehr bedingt. Ordnungsbehörde für den Vollzug der EnEV ist die örtliche Bauaufsichtsbehörde (ASOG: Anlage ZustKatOrd Nr. 15 j). Zur EnEV vgl. auch § 15 RNr. 2.

9 **2 d)** Als brennbare und zudem **wassergefährdende Flüssigkeit** unterliegt der Umgang mit **Heizöl** im Übrigen auch bestimmten wasserrechtlichen Anforderungen. Es gilt insbesondere die aufgrund des § 23 Abs. 5 BWG ergangene Verordnung über Anlagen zum Umgang mit wassergefährdenden Stoffen und über Fachbetriebe – VAwS. Die Zuständigkeit für den Vollzug der VAwS obliegt weitgehend den bezirklichen Umweltämtern (ASOG: Anlage ZustKatOrd Nr. 18 Abs. 8). Den wasserrechtlichen Anzeige- und Prüfpflichten unterfallen auch Heizölanlagen in Ein- und Mehrfamilienhäusern.

10 **II. Abs. 1** stellt Grundanforderungen an **Feuerungsanlagen**; sie müssen betriebs- und brandsicher sein. Diese Schutzziele werden in den folgenden Absätzen und in der FeuVO konkretisiert. Der Begriff Feuerungsanlagen ist ein Oberbegriff und umfasst nach der Legaldefinition des Abs. 1 die **Feuerstätten** und die **Abgasanlagen**.

11 Feuerungsanlagen bzw. deren einzelne Komponenten unterliegen den **Verwendbarkeitsanforderungen** der §§ 17 ff. für Bauprodukte bzw. Bauarten. Näheres zum erforderlichen Verwendbarkeits- und Übereinstimmungsnachweis für das jeweilige Bauprodukt ergibt sich aus den Bauregellisten.

12 Die Spezialregelung des § 38 BauO a. F. für Feuerungsanlagen, wonach die Weiterleitung von Schall in fremde Räume ausreichend gedämmt werden musste, konnte wegen der Regelungen des § 15 (Schallschutz) entfallen. Die Anforderungen an den **Schallschutz** bei diesen (haustechnischen) Anlagen ergibt sich aus der Technischen Baubestimmung DIN 4109.

13 Feuerungsanlagen für den Betrieb mit **gasförmigen Brennstoffen** (hierzu zählt auch **Flüssiggas**) sind in der BauO nicht mehr eigenständig geregelt. Nunmehr stellt die FeuVO die notwendigen Anforderungen. Prinzipiell sind die Gasfeuerungsanlagen genauso zu behandeln wie Feuerstätten für feste oder flüssige Brennstoffe; dennoch sind einige Besonderheiten gegeben, die sich aus der Verwendung von Gas als Brennstoff, den Temperaturen des Abgases und ggf. der besonderen Konstruktion der Gasfeuerstätte und der Abgasanlagen ergeben. Zu den Besonderheiten gehört, dass bei der Verwendung von Gas praktisch kein Ruß entsteht. Demgemäß müssen die Abgasleitungen – anders als bei den Abgasanlagen (Schornsteinen) für feste Brennstoffe – **nicht rußbrandbeständig** sein. Die fehlende Verrußungsgefahr findet auch ihren Niederschlag in der KÜO, wonach Abgasanlagen von Gasfeuerstätten nicht der Kehrpflicht sondern nur einer **Überprüfungspflicht** unterliegen. Aufgrund des günstigeren Immissionsverhaltens gasbefeuerter Anlagen erfahren diese nach Maßgabe der 4. BImSchV auch eine andere verfahrensrechtliche Behandlung als Anlagen, die mit anderen Brennstoffen betrieben werden.

14 Eine Besonderheit gegenüber den Feuerstätten für feste oder flüssige Brennstoffe bilden **Gasfeuerstätten (ohne Gebläse) mit Strömungssicherung,** die den Einfluss von zu starkem Auftrieb, Stau oder Rückstrom in der Abgasanlage auf die Verbrennung in der Gasfeuerstätte minimiert (§ 4 Abs. 4 FeuVO). Für **Außenwand-Gasfeuerstätten** mit gegenüber dem Aufstellraum geschlossener Verbrennungskammer, welche die Verbrennungsluft unmittelbar dem Freien entnehmen, ist die Abführung von Abgasen in § 9 Abs. 2 FeuVO geregelt.

Die Begriffsbestimmung der **Feuerstätten** erfolgt in § 2 Abs. 8. Voraussetzung dafür, dass eine Feuerstätte dem Regelungsbereich des Bauordnungsrechts (insbesondere dem § 42) unterfällt, ist die Ortsgebundenheit der Einrichtung und die konstruktive bzw. bauliche Verbindung mit einem Gebäude. Damit sollen bewusst nur diejenigen Feuerstätten erfasst werden, von denen für Gebäude und deren Nutzer unmittelbar Brandgefahren ausgehen können, also Gefahren, deren Bekämpfung in den originären Tätigkeitsbereich der Bauaufsicht fällt. **Gartengrills**, die vorwiegend unter den Aspekten des Nachbarschaftsschutzes im Hinblick auf die Rauch- und Geruchsimmissionen zu bewerten sind, fallen daher grundsätzlich **nicht unter den Anwendungsbereich des Bauordnungsrechts**. Je nach den Umständen des Einzelfalles greifen für diese Einrichtungen jedoch die Vorschriften des BImSchG für **nicht genehmigungsbedürftige Anlagen** (§ 22 ff. BImSchG).

Für den einwandfreien Betrieb der gesamten Feuerungsanlage hat die **Abgasanlage** eine zentrale Bedeutung, da sie für den erforderlichen Auftrieb – sofern die Abgase bei bestimmten Feuerungsanlagen nicht ventilatorunterstützt ins Freie gedrückt werden – und die einwandfreie Abführung der Abgase sorgen muss. Die Grundanforderungen dazu enthält Abs. 3, die konkretisierenden Regelungen wiederum die FeuVO. Die Querschnittsbemessung erfolgt nach DIN 4705.

Der **Begriff Abgasanlage** ist ein Sammelbegriff für alle technischen Einrichtungen, mit denen die Abgase von Feuerstätten für feste, flüssige oder gasförmige Brennstoffe abgeführt werden. In aller Regel sind dies Schornsteine oder Abgasleitungen und – sofern erforderlich – die Verbindungsstücke zwischen diesen und den Feuerstätten. Als **Schornsteine** im Sinne dieser Vorschrift gelten rußbrandbeständige Schächte, die Abgase von Feuerstätten für feste Brennstoffe über Dach ins Freie leiten. Hingegen dienen **Abgasleitungen** der Abführung von Abgasen von Feuerstätten (oder ähnlichen Einrichtungen) zur ausschließlichen Verbrennung gasförmiger oder flüssiger Brennstoffe, und zwar auch dann, wenn die Abgasanlage in der Bauart eines Schornsteines ausgeführt ist. In den schornsteinfegerrechtlichen Regelungen (z. B. § 1 der KüO) erfolgen weitere Begriffserklärungen.

Entscheidend ist, dass Feuerstätten und Abgasanlagen insbesondere in Bezug auf Druckverhältnisse, Abgasmassenstrom und -temperaturen genau aufeinander abgestimmt sind. Besondere Bedeutung hat dies beim **Austausch vorhandener (veralteter) Heizkessel** gegen neue Kessel. Da die bisherigen Abgasanlagen (Schornsteine) wegen der nunmehr geringeren Abgastemperaturen und des geringeren Abgasmassenstroms hinsichtlich ihrer baulichen Ausführung und des Querschnitts nicht mehr den neuen Anforderungen genügen, muss in derartigen Fällen eine entsprechende Anpassung vorgenommen werden, also etwa eine **Querschnittsveränderung** durch eine Innenauskleidung (Leichtmörtel, Leichtbeton) oder durch Innenschalen (Formstücke, metallische Rohre). Dies gilt namentlich dann, wenn die Altanlage durch neuere Feuerungstechnologien ersetzt wird, z. B. also durch Brennwertfeuerstätten oder Niedertemperatur-Heizkessel, deren Verwendung in öl- bzw. gasbefeuerten Zentralheizungen nach den energiesparrechtlichen Vorschriften ohnehin obligatorisch ist. Die allgemeinen bauaufsichtlichen Zulassungen sind zu beachten.

Abgasanlagen aus Metall sind weder feuerbeständig noch (im Regelfall) wärmegedämmt. Sie erfüllen damit nicht die Grundanforderungen, die an Abgasanlagen allgemein, insbesondere aber an Rauchschornsteine zu stellen sind. Für derartige Abgasanlagen gibt es daher nur einen erheblich eingeschränkten Anwendungsbereich.

In bestimmten gewerblichen Anlagen können sie unter bestimmten Voraussetzungen jedoch ausnahmsweise zugelassen werden. Eine Verwendbarkeit von Abgasanlagen aus Stahl kann in üblichen Wohngebäuden nur dann in Betracht kommen, wenn diese Leitungen in Schächten verlegt werden, die ihrerseits eine Feuerwiderstandsdauer von mindestens 90 min. haben. Näheres regeln die FeuVO und – da es sich hierbei um ungeregelte Bauprodukte im Sinne des § 17 Abs. 3 BauO handelt – die Verwendbarkeitsbestimmungen der **allgemeinen bauaufsichtlichen Zulassung.**

20 Die Aussagen zu Abgasanlagen aus Metall (RNr. 19) gelten für **Abgasleitungen aus Kunststoff** entsprechend. Einen deutlich ansteigenden Anwendungsbereich erfahren diese Abgasanlagen angesichts der vermehrten Verwendung von Feuerstätten mit niedrigen Abgastemperaturen (Brennwertfeuerstätten/ Niedertemperatur-Heizkessel), bei denen die Abgase bestimmungsgemäß den **Taupunkt** unterschreiten und **Kondensate** ausfallen.

21 Vor **Inbetriebnahme einer Feuerstätte** ist die ordnungsgemäße Ausführung von Abgasanlagen durch den **Bezirksschornsteinfegermeister** (BSM) zu überprüfen und durch eine Bescheinigung gegenüber der Bauaufsichtsbehörde nachzuweisen (vgl. § 81 Abs. 4); dies gilt auch trotz der Verfahrensfreiheit dieser Anlagen. Die Prüfung des BSM ist in erster Linie eine Sichtprüfung der ordnungsgemäßen Ausführung. Im Rahmen dieser Sichtprüfung wird er sich auch vergewissern, dass die Anforderung nach Abs. 3 Satz 3 (Möglichkeit leichter Reinigung) erfüllt ist. Zur Überprüfung der Abgasanlagen im Rohbau vgl. § 81 Abs. 4.

22 **Abs. 2** formuliert Voraussetzungen, die erfüllt sein müssen, damit **Feuerstätten in Räumen** aufgestellt werden dürfen. Diese grundlegenden Anforderungen werden durch die FeuVO näher bestimmt.

23 Bei den Anforderungen an Aufstellräume für Feuerstätten wird in der FeuVO im Wesentlichen differenziert zwischen „normalen" Aufstellräumen und den besonderen Aufstellräumen – den **Heizräumen**. Die Anforderungen an „normale" Aufstellräume gelten dann, wenn in ihnen Feuerstätten
 – für flüssige oder gasförmige Brennstoffe mit einer Gesamtnennwärmeleistung von mehr als 100 kW oder
 – für feste Brennstoffe mit einer Gesamtnennwärmeleistung von nicht mehr als 50 kW aufgestellt werden. An derartige Aufstellräume werden keine wesentlichen Anforderungen hinsichtlich des baulichen Brandschutzes gestellt. Der Ausbildung als **„Heizraum"** mit einem deutlich höheren Anforderungsniveau bedarf es erst dann, wenn es sich um Feuerstätten von mehr als 50 kW für **feste Brennstoffe** handelt.

24 Die baurechtlichen Anforderungen in Bezug auf die Aufstellung und den Betrieb von Feuerstätten stellen im Wesentlichen auf den Anwendungs-Regelfall ab, also auf die Verwendung häuslicher Feuerstätten bzw. Kessel zur zentralen Wärmeerzeugung und Warmwasserbereitung. Für **Sonderfeuerstätten** zur Erzeugung von Betriebs- und Wirtschaftswärme – namentlich also im gewerblichen Bereich – gehen die Regelanforderungen vielfach fehl. Beispielsweise greifen bei Dampfkesselanlagen u. U. die speziellen Regeln des Dampfkesselrechts, die an die Aufstellräume von Dampfkesseln (z. B. in freistehenden Kesselhäusern) im Hinblick auf die andersartigen Gefahren (Zerknallgefahren) auch andere Anforderungen stellen müssen. Entsprechendes gilt z. B. für den Einbau von Lufterhitzern in größeren Werkhallen, bei denen etwa die Brandgefahren oder die Erfordernisse der Verbrennungsluftzufuhr und der Abgasabführung bezogen auf den konkreten Einzelfall eigenständig zu bewerten sind.

Abs. 3 ist der **Abgasführung** gewidmet. Rauch, Abgase, Ruß oder Funkenflug können Gefahren oder unzumutbare Belästigungen hervorrufen. Nach **Absatz 3 Satz 1** sind Abgase daher durch Abgasleitungen, Schornsteine und Verbindungsstücke so abzuführen, dass eben solche Gefahren oder Belästigungen nicht entstehen. Die Abführung der Abgase über Dach wird nicht mehr, wie in der BauO a. F. gesetzlich gefordert. Dies bleibt nun den technischen Regelungen der FeuVO vorbehalten. Die Regelungen der FeuVO über die Abführung der Abgase über Dach stellen sicher, dass der weitere Abtransport der Abgase und eine schnelle Schadstoffverdünnung in die freie Windströmung erfolgen kann. Erforderlich ist eine bestimmte **Mindesthöhe** der Mündung über dem Dach, wobei auch Bauteile, die den einwandfreien Abtransport behindern können (Dachaufbauten), zu berücksichtigen sind. Ein **freier Windstrom** ist anzunehmen, wenn innerhalb eines zugehörigen Ausbreitungskegels der Abgase kein markantes Hindernis liegt. Die Vorschrift hat nachbarschützenden Charakter. 25

Über die FeuVO hinaus kann in Bezug auf die Lage der Abgasmündung auch auf die VDI-Richtlinie 3781 Blatt 4 – Ausbreitung luftfremder Stoffe in der Atmosphäre; Bestimmung der Schornsteinhöhe für kleinere Feuerungsanlagen – als Entscheidungshilfe zurückgegriffen werden. Sie ermöglicht eine genauere **Höhenbestimmung der Abgasmündung** unter Berücksichtigung der verschiedenen Einflussfaktoren. 26

Für **größere Feuerungsanlagen** greifen im Übrigen die immissionsschutzrechtlichen Ableitungsvorschriften der 27
– 1. BImSchV (§ 18) ab einer Feuerungswärmeleistung von 1 Megawatt für immissionsschutzrechtlich nicht genehmigungsbedürftige Anlagen,
– TA-Luft für die größeren genehmigungsbedürftigen Anlagen, die in Abschnitt 5.5 bestimmte Mindesthöhen festlegt.

Die Anlagen dürfen auch zu keinerlei **unzumutbaren Belästigungen** führen. Als Belästigungen in diesem Sinne gelten insbesondere Einwirkungen von Abgasen, Gerüchen, Staub oder ggf. auch Erschütterungen auf Bewohner oder Dritte. Soweit es den Schutz der Nachbarschaft vor Abgaseinwirkungen anbelangt, treffen die immissionsschutzrechtlichen Vorschriften (1. und 13. BImSchV) dazu nähere Regelungen. Diese schreiben im Interesse des Umweltschutzes (aber auch der Energieeinsparung) bestimmte Immissionsbegrenzungen und Begrenzungen der Abgasverluste vor, die Feuerstätten für feste, flüssige und gasförmige Brennstoffe einhalten müssen. Beachtenswert ist, dass – anders als im Bauordnungsrecht – die aktuellen Vorschriften des Immissionsschutzrechts grundsätzlich auch für bereits **bestehende Anlagen** gelten. Der „Bestandsschutz" im baurechtlichen Sinne ist dem Immissionsschutzrecht im Wesentlichen fremd. Sofern rechtmäßig bestehende Anlagen schädliche Umwelteinwirkungen hervorrufen, kann also auf der Grundlage des Immissionsschutzrechts ordnungsbehördlich eingeschritten und eine **Anpassung** an den neuen Stand der Technik erwirkt werden. 28

Nachbarschaftsbelästigungen durch Rauch- und Geruchsimmissionen ergeben sich vielfach beim Betrieb **offener Kamine**. Bedenklich ist der Betrieb dieser Feuerungseinrichtungen aber auch wegen der mangelhaften Energieausnutzung. Offene Kamine dürfen nach § 4 Abs. 3 der 1. BImSchV daher nur **gelegentlich** betrieben werden. In der Auslegung des unbestimmten Rechtsbegriffs **„gelegentlicher Betrieb"** hat man sich im Land Berlin behördlicherseits darauf verständigt, als „gelegentlichen Betrieb" einen wöchentlich einmaligen Betrieb für maximal 6 Stunden anzusehen. 29

Abs. 3 Satz 2 beschreibt als Schutzziel die Herstellung eines ordnungsgemäßen **Anschlusses der Feuerungsanlage an die Abgasanlage**. Als Kriterien hierfür werden die Zahl und die Lage der Abgasanlagen aufgeführt. Die Anzahl und Lage der her- 30 zustellenden Abgasanlagen ist im Wesentlichen abhängig von der Beheizungsart des Gebäudes (Zentralheizung oder Einzelfeuerstätten) und der Nennleistung der anzuschließenden Feuerstätten. Im Regelfall sollte jede Feuerstätte eine **eigene Abgasanlage** erhalten. Feuerstätten geringerer Leistung können ggf. auch an eine gemeinsame Abgasanlage angeschlossen werden, wenn die einwandfreie Ableitung bei allen Betriebszuständen sichergestellt ist. Näheres dazu enthält die FeuVO und das technische Regelwerk (DIN 18160, DVGW-TRGI).

31 Nach **Abs. 3 Satz 3** müssen **Abgasanlagen** leicht zu **reinigen** sein. Dazu müssen die Reinigungsöffnungen (§ 7 Abs. 7 Nr. 5 FeuVO) und die Schornsteinmündungen jederzeit leicht und gefahrlos zugänglich sein. Die Kehr- bzw. Überprüfungspflicht für Abgasanlagen findet seine rechtliche Stütze in den schornsteinfegerrechtlichen Vorschriften des Schornsteinfegergesetzes (SchfG) und der KÜO. Danach sind grundsätzlich Abgasanlagen für Abgase von festen und flüssigen Brennstoffen – je nach Art der jeweiligen Feuerstätte – in bestimmten Zeitintervallen zu **kehren** und Abgasanlagen für gasförmige Brennstoffe einmal jährlich auf ihre Gebrauchsfähigkeit zu **überprüfen** und ggf. zu **reinigen**. Soweit diese Tätigkeiten von der Mündung (über Dach) auszuführen sind, ist es auch erforderlich, die **notwendigen Einrichtungen**, wie Ausstiegsöffnungen, Laufbohlen, Schutzvorrichtungen, Leitern und Steigeisen herzustellen. Eine Ermächtigung, derartige Forderungen zu stellen, findet sich auch in § 32 Abs. 9.

32 Feuerungsanlagen unterliegen nach Maßgabe von § 3 Abs. 3 KÜO und der §§ 14 und 15 der 1. BImSchV, erstmaligen und wiederkehrenden **Abgasmessungen**. Die Zugänglichkeit der betreffenden Anlagenkomponenten für den Bezirksschornsteinfegermeister muss auch unter diesem Aspekt gewährleistet sein.

33 **Abs. 4** ist den **Brennstoffversorgungsanlagen** gewidmet. Auch wenn Brennstoffversorgungsanlagen eine bauliche und betriebstechnische Einheit mit Feuerungsanlagen bilden, gehören sie begrifflich nicht – zumindest nicht im baurechtlichen Sinne – zur Feuerungsanlage; aus Gründen des Sachzusammenhanges werden sie in § 42 jedoch mitbehandelt. Brennstoffversorgungsanlagen sind insbesondere **Behälteranlagen für Heizöl oder Flüssiggas**. Neben den (sehr allgemein gehaltenen) baurechtlichen Anforderungen kommen für diese Anlagen spezielle Bestimmungen aus anderen Rechtsbereichen zur Anwendung, namentlich aus dem Arbeitsstätten- und dem Wasserrecht (vgl. RNrn. 7 und 9).

34 Nach **Abs. 4 Satz 1** müssen auch **Behälter** und **Rohrleitungen** für brennbare Gase und Flüssigkeiten betriebs- und brandsicher sein. Eine Konkretisierung dieser Grundanforderungen erfolgt im Wesentlichen durch die FeuVO. Ferner greifen auch hier eine Vielzahl von Detailvorschriften aus anderen Rechtsbereichen. Soweit es die Leitungsanlagen für **Gas** anbelangt, sind hier die Technischen Regeln für Gasinstallationen (TRGI) zu beachten. Entsprechendes gilt für die Technischen Regeln Flüssiggas (TRF), deren Anwendungsbereich sich auf **Flüssiggasanlagen** erstreckt.

35 **Abs. 4 Satz 2** stellt Anforderungen an die **Aufstellung und Lagerung von**
– **Behältern für brennbare Gase oder Flüssigkeiten** und
– **festen Brennstoffen**.

Danach sind Brennstoffe so zu lagern, dass Gefahren oder unzumutbare Belästigungen nicht entstehen. Die baurechtlichen Anforderungen im Zusammenhang mit der Lagerung von Brennstoffen finden sich insbesondere in den §§ 11 und 12 FeuVO. Diese Vorschriften stellen im wesentlichen auf die typischen Gefahren der Brennstoffe, also auf die Brandgefahren ab. Entsprechend der Endzündlichkeit des Brennstoffes und der dem Brennstoff innewohnenden Brandlast dürfen Brennstoffe in Gebäuden ab einer bestimmten Lagermenge nur in sogenannten **Brennstofflagerräumen** gelagert werden, die – analog den Anforderungen an Heizräume – bestimmten brandschutztechnischen Mindestanforderungen genügen müssen. Zu den **Gefahren im Sinne von Satz 2** zählen jedoch nicht nur Brandgefahren, sondern – je nach Art des Brennstoffes – auch Explosionsgefahren, Gefahren für den Boden oder das Grundwasser oder für oberirdische Gewässer, aber auch Gefahren für die Kanalisation und für die dort evtl. Beschäftigten.

Als **wassergefährdende Flüssigkeit** unterfällt **Heizöl** vielfältigen Vorschriften des Wasserrechts. Nach § 34 Abs. 2 des Gesetzes zur Ordnung des Wasserhaushalts – WHG – dürfen Stoffe nur so gelagert werden, dass eine schädliche Verunreinigung des Grundwassers oder eine sonstige nachteilige Veränderung seiner Eigenschaften nicht zu besorgen ist. Für die Anlagen zum Umgang mit wassergefährdenden Stoffen gelten im Übrigen die rahmenrechtlichen Regelungen der §§ 19 g bis 19 l WHG, die noch durch das Berliner Wassergesetz – BWG – und die VAwS ausgefüllt und ergänzt werden. Besonders hinzuweisen ist darauf, dass Heizölbehälteranlagen nach Maßgabe des § 19 l WHG grundsätzlich nur von Fachbetrieben eingebaut oder aufgestellt werden dürfen. Je nach Gefährdungspotenzial unterliegen die Anlagen ggf. auch erstmaligen und wiederkehrenden Prüfungen durch Sachverständige.

Die Grundanforderung des Absatzes 4 gilt schließlich auch für das Lagern von **Flüssiggasen** (Propan, Butan). Flüssiggasbehälter sind Behälter, in denen das Gas unter Druck verflüssigt ist. Für diese Druckbehälter gelten insbesondere die Anforderungen der BetrSichV, die auf Grund von § 4 der Verordnung über den Betrieb von baulichen Anlagen (Betriebsverordnung – BetrVO) auch für Anlagen im **privaten Bereich** anzuwenden sind. Zuständige Behörde im Sinne der BetrSichV ist das LAGetSi.

Abs. 5 bestimmt, dass die Anforderungen der Abs. 1 bis 3 auch für die Aufstellung und Verbrennungsgasableitung von
– ortsfesten Verbrennungsmotoren,
– Blockheizkraftwerken,
– Brennstoffzellen und
– Verdichtern
gelten, weil mit diesen Anlagen, obwohl sie keine Feuerstätten sind, vergleichbare Gefährdungspotenziale wie mit dem Betrieb von Feuerstätten verbunden sind.

In Hinblick auf die andersartigen Betriebsverhältnisse ist zwischen Abgasanlagen von Feuerstätten und Anlagen für die Abführung von Verbrennungsgasen von **ortsfesten Verbrennungsmotoren** begrifflich streng zu trennen. Motoren sind keine Feuerstätten im Sinne von § 2 Abs. 8. Die höheren Verbrennungstemperaturen und der Überdruckbetrieb erfordern bei ortsfesten Verbrennungsmotoren andere Anforderungen an die Leitungsanlagen. Wegen des Sachzusammenhanges sind ortsfeste Verbrennungsmotoren von § 42 erfasst. Die an Aufstellräume von Feuerstätten nach Absatz 2 zu stellenden Grundanforderungen gelten gleichermaßen auch für die Aufstellräume von Verbrennungsmotoren. Ortsfeste Verbrennungsmotoren werden in Gebäuden meist als **Notstromaggregate** aufgestellt und betrieben, wie sie vor allem in Gebäuden besonderer Art und Nutzung (§ 52 BauO), z. B. Geschäftshäusern, Krankenhäusern etc. erforderlich sind. § 10 FeuVO konkretisiert die Aufstellbedingungen. Für den Aufstellraum des Verbrennungsmotors gelten die Anforderungen für „normale" Aufstellräume von Feuerstätten entsprechend. Feuerstätten und Verbrennungsmotoren dürfen in einem Raum aufgestellt werden.

40 Abs. 5 erfasst **Wärmepumpen** (Verdichter) und **Blockheizkraftwerke**, weil sie zunehmend im häuslichen Bereich für Zwecke der Gebäudeheizung und zur Warmwasserbereitung oder als energetische Ergänzung der Feuerungsanlage verwendet werden. Auch hier konkretisiert § 10 FeuVO die Schutzziele der BauO. Anforderungen an **Brennstoffzellen** werden von der FeuVO jedoch nicht erfasst, weil der derzeitige Erfahrungsstand eine Formulierung von allgemeingültigen Anforderungen an derartige Anlagen noch nicht erlaubt.

§ 43 Sanitäre Anlagen, Wasserzähler

(1) Fensterlose Bäder und Toiletten sind nur zulässig, wenn eine wirksame Lüftung gewährleistet ist.

(2) ¹Jede Wohnung muss einen eigenen Wasserzähler haben. ²Dies gilt nicht bei Nutzungsänderungen, wenn die Anforderung nach Satz 1 nur mit unverhältnismäßigem Mehraufwand erfüllt werden kann.

Erläuterungen:

1 I. 1. In § 43 sind – gegenüber den Regelungen über Wasserversorgungsanlagen des § 39 Abs. 1 BauO Bln a. F. – die bauordnungsrechtlichen Erschließungsregelungen bezüglich der Wasserversorgung entfallen. Anforderungen an eine ordnungsgemäße Trinkwasserversorgung von Gebäuden mit Aufenthaltsräumen sind bereits Voraussetzung einer gesicherten bauplanungsrechtlichen Erschließung. Auch das Wasserrecht und die Trinkwasserverordnung – TrinkwV – enthalten Bestimmungen, die eine bauordnungsrechtliche Regelung dieser Materie entbehrlich machen.

2 2. Die Regelungen über eine ausreichende Wasserversorgung zum Zwecke der Brandbekämpfung konnten an dieser Stelle entfallen, da bereits die brandschutztechnische Generalklausel des § 14 wirksame Löscharbeiten als Grundanforderung des Brandschutzes voraussetzt.

3 3. **Exkurs zur Wasserversorgung:** Wasserversorgungsanlagen sind Anlagen, die einzeln oder in ihrer Gesamtheit der Gewinnung, Aufbereitung, Förderung, Speicherung, dem Transport und der Verteilung des Wassers dienen. Wesentlicher Bestandteil dieser Anlagen sind die erforderlichen Sicherheitseinrichtungen. Die Wasserversorgung erfolgt auf verschiedene Art und Weise. In aller Regel werden Gebäude an eine zentrale (öffentliche) Wasserversorgungsanlage angeschlossen. In sehr seltenen Fällen kann eine Einzelwasserversorgung über eigene oder nachbarschaftliche private Brunnen in Betracht kommen.

4 Die Versorgung über die öffentliche Wasserversorgung erfolgt auf der Grundlage eines entsprechenden zivilrechtlichen (privatrechtlichen) Vertragsverhältnisses zwischen dem Grundstückseigentümer oder dem sonstigen Verfügungsberechtigten einerseits und den Berliner Wasserbetrieben (BWB) andererseits. Ein baurechtlicher **Anschluss- und Benutzungszwang** für die öffentliche Wasserversorgung besteht im Gegensatz zum Anschlusszwang bei der Abwasserbeseitigung (§ 44) jedoch nicht. Im Hinblick auf die hohen Anforderungen an die Güte des Trinkwassers, an die dauernde Sicherstellung und wegen der Erlaubnis- bzw. Bewilllgungsbedürftigkeit nach den Vorschriften des WHG bei einer Eigenförderung scheidet die Eigenversorgung im üblichen Wohnungsbau aber praktisch aus.

Mit **privaten Einzelbrunnen** zur Eigenwasserversorgung kann auf Dauer keine hygienisch einwandfreie Trinkwasserversorgung gewährleistet werden. Derartige Brunnen bringen stets gewisse Gefahren für die Trinkwasserversorgung mit sich, da der Fassungsbereich öffentlich-rechtlich nicht gesichert ist und **Schutzzonen** – die sich regelmäßig auf andere Grundstücke erstrecken würden – für **private Anlagen** nicht geschaffen werden können; Verunreinigungen sind daher nicht sicher zu verhindern. Die Ergiebigkeit privater Brunnen reduziert sich in Folge Versandung oder Verokerung erfahrungsgemäß im Laufe der Zeit. Eine dauerhafte wassertechnische Erschließung ist auf diese Weise nicht sichergestellt.

Wasserversorgungsanlagen, egal ob **Trinkwasser**-, Warmwasser- oder Löschwasserversorgung werden durch ein umfangreiches technisches Regelwerk, insbesondere des DIN (namentlich die DIN 1988) und des DVGW normiert. Für Anlagen, die aus dem öffentlichen Netz versorgt werden, gelten darüber hinaus die Anschlussbedingungen der Berliner Wasserbetriebe (BWB). Als wichtigstes Lebensmittel unterfällt Trinkwasser den vielfältigsten gesundheitsrechtlichen Vorschriften, insbesondere dem BSeuchG und den speziellen Regelungen der Verordnung über die Qualität von Wasser für den menschlichen Gebrauch – TrinkwV – und den Vorschriften des Lebensmittelrechts.

II. 1. Abs. 1 greift die Bestimmungen des § 47 Abs. 1 Satz 2 BauO Bln a. F. auf, wonach bei Sicherstellung einer wirksamen Lüftung (§ 41) auch fensterlose Bäder zulässig sind; die bauaufsichtliche Richtlinie über die Lüftung fensterloser Küchen, Bäder und Toiletten in Wohnungen – April 1998 – (Pkt. 6.3 der AV LTB) konkretisiert dieses Schutzziel.

2. Gem. **Abs. 2 Satz 1** muss jede Wohnung **eigene Wasserzähler** haben. Wenn hier nur allgemein von „Wasserzählern" gesprochen wird, geht es hier praktisch aber nur um die Erfassung des **Kalt- bzw. Trinkwassers**. Die Erfassung des anteiligen Verbrauchs des Warmwassers bei zentraler Warmwasserbereitung (und die Pflicht zur verbrauchsabhängigen Kostenverteilung auf die Nutzer) ergibt sich bereits aus den speziellen energiesparrechtlichen Regelungen der Verordnung über die verbrauchsabhängige Abrechnung der Heiz- und Warmwasserkosten – HeizkostenV – (neugefasst durch Bek. V. 20.01.1989; BGBl. I S.: 115).

Gemäß dem Grundsatz, dass neues Recht regelmäßig keine rückwirkende Kraft entfaltet, greift das **Einbaugebot** für Wasserzähler nach Abs. 2 Satz 1 daher zunächst einmal nur bei der **Neuerrichtung** von Wohngebäuden. Im Rahmen des Anwendungsbereichs von § 85 Abs. 3 kann sich das Einbaugebot ggf. aber auch auf den **Gebäudebestand** erstrecken; namentlich also bei wesentlichen (baulichen) Änderungen an Wohngebäuden im Rahmen der Grundsanierung, bei denen die Wasserleitungsanlagen erneuert oder zumindest freigelegt werden.

Dem Einbaugebot unterfallen auch diejenigen Wohnungen, die durch **Nutzungsänderungen** entstehen. Im Hinblick auf die vorhandene Bausubstanz kann bei solchen Nutzungsänderungen der Einbau von Wasserzählern erhebliche Schwierigkeiten bereiten und zu **unverhältnismäßigen Kosten** führen. Dem wird mit der Einschränkung des **Abs. 2 Satz 2** Rechnung getragen.

11 Hervorzuheben ist, dass die Bestimmung des Satzes 1 lediglich die Verpflichtung begründet, die Wasserzähler einzubauen. Eine öffentlich-rechtliche Verpflichtung, das Kaltwasser nunmehr auch verbrauchsabhängig **abzurechnen**, ergibt sich daraus jedoch nicht. Im Mietwohnbereich greifen insoweit die (neuen) miet- und wohnungsrechtlichen Vorschriften, wonach bei Vorhandensein von Warmwasserzählern grundsätzlich auch **verbrauchsorientiert** abzurechnen ist. Die wohnungseigentumsrechtlichen Vorschriften treffen dazu bislang keine verbindlichen Regelungen; die Eigentümer müssen sich hier im Innenverhältnis untereinander einigen.

§ 44 Anlagen für Abwasser einschließlich Niederschlagswasser (Anschlusszwang)

[1]Grundstücke, auf denen Abwasser anfallen und die an betriebsfähig kanalisierten Straßen liegen oder die von solchen Straßen zugänglich sind, sind an die öffentliche Entwässerung anzuschließen, sobald die Entwässerungsleitungen betriebsfähig hergestellt sind (Anschlusszwang). [2]Der Anschlusszwang gilt nicht für Niederschlagswasser, wenn Maßnahmen zu dessen Rückhaltung oder Versickerung durch Bebauungsplan festgesetzt, wasserrechtlich zulässig oder sonst angeordnet oder genehmigt sind. [3]In Gebieten offener Bauweise soll Niederschlagswasser dem Untergrund zugeführt werden.

Erläuterungen:

1 I. 1. In § 44 sind gegenüber den Abwasser-Regelungen des § 40 BauO Bln a. F. die bauordnungsrechtlichen Erschließungsregelungen zur Abwasserbeseitigung entfallen. Die Anforderungen an eine ordnungsgemäße Abwasserbeseitigung korrespondieren mit den entsprechenden planungsrechtlichen Anforderungen einer gesicherten Erschließung. Wegen der Doppelregelung konnten die Regelungen im Bauordnungsrecht entfallen.

2 2. Anlagen zur Beseitigung von Abwasser sind als sonstige Anlagen der technischen Gebäudeausrüstung nach § 62 Abs. 1 Nr. 2 c verfahrensfrei. Klarzustellen ist in diesem Zusammenhang, dass es sich bei den in der Landwirtschaft anfallenden tierischen Abgängen (z. B. **Jauche** und **Gülle**) nicht um Abwasser im eigentlichen Sinne handelt. Im Hinblick auf den höheren Schadstoffgehalt und die daraus resultierende Wassergefährdung erfahren diese Anlagen sowohl materiell-rechtlich als auch verfahrensrechtlich eine Sonderbehandlung (vgl. § 19 g Abs. 2 WHG).

3 Das Errichten bzw. der Betrieb von Abwasseranlagen unterfällt, ungeachtet der bauordnungsrechtlichen Verfahrensfreiheit, im Hinblick auf eine Gewässerbenutzung ggfls. den verfahrensrechtlichen Vorschriften des **Wasserrechts,** dies insbesondere dann, wenn die weitere Beseitigung des Abwassers durch Einleiten in ein **oberirdisches Gewässer** oder in den **Untergrund** (d. h. in das **Grundwasser**) erfolgen soll; hierbei handelt es sich um eine erlaubnis- bzw. bewilligungsbedürftige Nutzung des Wassers im Sinne der §§ 2, 3, 7 und 8 des Gesetzes zur Ordnung des Wasserhaushalts (Wasserhaushaltsgesetz – WHG). Erfordert die Abwasserbeseitigung eine **wasserbehördliche Bescheidung**, muss diese Klärung zuallererst vor Ausführung des Gesamtbauvorhabens erfolgen, da die Realisierbarkeit des Gesamtvorhabens davon abhängt.

Besondere Gebots- und Verbotstatbestände, die nicht nur die Abwasserbeseitigung betreffen, gelten in Einzugsgebieten der Grundwasserentnahmestellen (Brunnen) der Berliner Wasserbetriebe (BWB) für die **öffentliche Trinkwasserversorgung**. Der Schutz des Grundwassers wird hier durch die Festsetzung eines mehrfach gestaffelten **Wasserschutzgebietes** erreicht. Diese Festlegungen erfolgen in den auf Grund des § 22 des Berliner Wassergesetzes (BWG) erlassenen **Schutzgebietsverordnungen**. Aus diesen Festlegungen kann sich ggf. auch eine regelmäßige **Überprüfungspflicht** von Abwasseranlagen – soweit sie in der jeweiligen Schutzzone überhaupt zulässig sind – ergeben. 4

Wenn Abwasser der **öffentlichen Entwässerung** zugeführt werden soll, regeln die dem Vertragsverhältnis zu Grunde liegenden Allgemeinen Entwässerungsbedingungen der BWB im einzelnen, welche Abwasser ohne weiteres, welche nur mit **Zustimmung der BWB** und welche überhaupt nicht eingeleitet werden dürfen. Sofern es sich um Abwasser mit gefährlichen Stoffen aus bestimmten Herkunftsbereichen der gewerblichen Wirtschaft oder Industrie handelt, bedarf das Einleiten in die öffentlichen Abwasseranlagen ggf. auch einer **wasserbehördlichen Genehmigung** nach den Vorschriften der Verordnung über das Einleiten von Abwasser in öffentliche Abwasseranlagen (Indirekteinleiterverordnung – IndV) vom 1. April 2005 (GVBl. S. 224); in der Genehmigung werden die den Stand der Technik entsprechenden Anforderungen an die Einleitung festgelegt (vergleiche § 7 a WHG, § 29 a BWG). 5

Ein Ausbringen des häuslichen Schmutzwassers (Fäkalwassers) z. B. in Gebieten offener Bauweise auf sickerfähige Flächen ist daher grundsätzlich nicht statthaft, auch dann nicht, wenn die Flächen kleingärtnerisch genutzt werden. Nach den wasserrechtlichen Vorschriften sind Abwasseranlagen so herzustellen und zu betreiben, dass keine schädlichen Verunreinigungen von Gewässern, besonders nicht des Grundwassers zu besorgen ist. Dies gilt im besonderen Maße für **Wasserschutzzonen**. Die Art der Abwasserbeseitigung, insbesondere also das Einleiten in die öffentliche Entwässerung oder in einen Vorfluter, das Versickern oder Verrieseln in das Grundwasser oder das Sammeln in einer abflusslosen Grube, darf zu keinerlei gesundheitlichen oder sonstigen Gefahren, vermeidbaren Nachteilen oder unzumutbaren Belästigungen führen und darf bauliche Anlagen nicht gefährden. Zu den Belästigungen in diesem Sinne gehören Geruchs- und Geräuschbelästigungen. Regelungen, die auf den Schutz vor unzumutbaren **Geräuschbelästigungen** zielen, finden sich auch für Abwasseranlagen in der DIN 4109. Zur Betriebssicherheit gehört u.a. auch, dass die Anlagen so ausgeführt werden, dass sie gegen das **Einfrieren** und gegen die schädlichen Folgen von **Rückstau** wirkungsvoll und dauerhaft geschützt werden. 6

Als **Abwasser** (§ 29 d Abs. 2 BWG) gilt jedes Wasser, das durch häuslichen, gewerblichen, landwirtschaftlichen oder sonstigen Gebrauch in seinen Eigenschaften verändert ist oder das von Niederschlägen aus dem Bereich von bebauten oder befestigten Flächen abfließt und deshalb aufbereitet werden muss, bevor es wieder in den natürlichen Wasserkreislauf eingeleitet werden kann. Das im Rahmen der üblichen Wohnnutzung anfallende Wasser (Spül-, Wasch-, Bade- und Fäkalabwasser) wird im Allgemeinen als **häusliches Schmutzwasser** bezeichnet. 7

8 Die **Abwasserbeseitigung** (§ 29 d Abs. 1 Satz 2 BWG), sowohl im Sinne des Baurechts als auch des Wasserrechts, umfasst das Sammeln, Fortleiten, Behandeln, Einleiten, Versickern, Verregnen und Verrieseln von Abwasser sowie das Entwässern von Klärschlamm im Zusammenhang mit der Abwasserbeseitigung. Die Beseitigung der Abwasser kann durch Einleitung in die **öffentliche Entwässerung** mit einer zentralen Kläranlage, in **abflusslose Sammelgruben** mit anschließender Abfuhr durch ein autorisiertes Unternehmen oder – in eng begrenzten Sonderfällen – in **oberirdische Gewässer** bzw. in den **Untergrund** nach entsprechender Aufbereitung (Klärung § 45) erfolgen. Welche Art der Beseitigung vorzunehmen ist bzw. ersatzweise zugelassen werden kann, regelt sich nach den wasserrechtlichen Vorschriften (insbesondere §§ 18a, 18b, 26 und 34 WHG; § 25 BWG).

9 II. § 44 regelt nunmehr nur noch den **Anschlusszwang** an die öffentliche Entwässerung für Grundstücke auf denen Abwässer anfallen. Aus gesundheitlichen und seuchenhygienischen Gründen ist der Anschluss an die öffentliche Entwässerung immer der individuellen Abwasserbeseitigung auf dem Grundstück vorzuziehen. Jede andere Art der Abwasserbeseitigung, wie das Sammeln und Abfahren, hat nur **Notbehelfscharakter** und ist daher nur dann zulässig, wenn der Anschluss an die öffentliche Entwässerung tatsächlich oder rechtlich nicht möglich ist.

10 Abweichend von dem Grundsatz, dass die baurechtlichen Anforderungen regelmäßig nicht rückwirkend angewendet werden können – es sei denn auf der Grundlage des § 85 oder des allgemeinen Sicherheits- und Ordnungsrechts – gilt der **Anschlusszwang** nach Satz 1 auch für **bestehende bauliche Anlagen**, unabhängig davon, ob diese Anlagen formell und materiell rechtmäßig sind oder auch nicht. Demnach sind also Grundstücke mit ordnungsgemäßen **Kläranlagen** oder **Abwassersammelgruben** an die öffentliche Entwässerung anzuschließen, wenn die Straße kanalisiert wird. Da der nachträgliche Anschluss an die öffentliche Entwässerung für den Grundstückseigentümer – je nach Länge des Anschlusskanals – mit erheblichen Kosten verbunden sein kann, wird die Bauaufsichtsbehörde bei Erlass einer entsprechenden **Anschlussverfügung** angemessene Fristen einräumen, die sich in der Regel zwischen einem halben und einem Jahr bewegen werden. Den individuellen Besonderheiten, wie etwa die Finanzierbarkeit im Hinblick auf die hohen Kosten, der Zustand der bestehenden Anlage im Hinblick auf eine konkrete Grundwassergefährdung, die Entfernung zu Wasserschutzgebieten oder ggf. auch das (hohe) Alter der Betroffenen ist bei der **Ausübung des Anschlusszwanges** stets hinreichend Rechnung zu tragen. Zu berücksichtigen wäre ferner, dass die Entwässerung aufgrund eines privatrechtlichen **Entsorgungsvertrages** zwischen Grundstückseigentümer oder des sonstigen Berechtigten und dem BWB erfolgt und dieser Vertrag vor Ausführung der Anschlussarbeiten zunächst abgeschlossen werden muss.

11 Jedes Grundstück sollte grundsätzlich selbständig für sich an die öffentliche Entwässerung angeschlossen werden. Die **Anschlussarbeiten** werden von den BWB selbst oder von deren beauftragten Unternehmen ausgeführt. Der Grundstückseigentümer darf aus Gründen der betrieblichen Sicherheit die Arbeiten nicht selbst ausführen oder vergeben. Die Kosten für den Anschluss hat der Grundstückseigentümer zu tragen. Mit dem Zeitpunkt der Fertigstellung geht der Anschlusskanal ohne förmliche Übereignung in das Eigentum des Grundstückseigentümers über.

12 Die jeweilige Grundstückssituation, wie etwa zurückgesetzte Lage einzelner Grundstücke (z. B. sog. Hammergrundstück) lässt es vielfach technisch sinnvoll erscheinen, einen **gemeinsamen Anschluss für mehrere Grundstücke** auszuführen. Sofern sich die Grundstückseigentümer einig sind und bereit sind, für die Kosten der Herstellung und Unterhaltung als Gesamtschuldner zu haften und darüber eine entsprechende **Erklärung** gegenüber den BWB abgeben, kann auch ein **gemeinsamer Anschluss** in Betracht kommen. Der gemeinsam beantragte und benutzte Anschlusskanal gehört den betreffenden Grundstückseigentümern gemeinsam.

Der **Anschlusszwang** gemäß Satz 1 erstreckt sich zunächst einmal grundsätzlich auch auf die Beseitigung von **Niederschlagwasser**, das – da i. d. R. mehr oder weniger stark verunreinigt – eine besondere Art des Abwassers darstellt. Zumindest in Gebieten **geschlossener Bauweise** ist eine andere Art der Niederschlagentwässerung praktisch auch gar nicht möglich, wenn Gefahren oder Missständen wirksam und dauerhaft begegnet werden soll. Aus ökologischer bzw. wasserwirtschaftlicher Sicht ist es andererseits sinnvoll, das Niederschlagwasser dem Untergrund zuzuführen. Mit der Regelung des **Satzes 2** sollen Maßnahmen zur Rückhaltung oder Versickerung unterstützt werden.

Entsprechendes gilt für **Satz 3**, wonach Niederschlagwasser in Gebieten **offener Bauweise** dem Untergrund zugeführt werden soll. Die Bestimmung korrespondiert mit den Anforderungen an die nicht überbauten Flächen gemäß § 8, wonach die Flächen grundsätzlich unversiegelt – also großflächig wasserdurchlässig – anzulegen sind. Sofern Niederschlagwasser nicht großflächig über die **belebte Bodenschicht**, sondern ggf. örtlich konzentriert (z. B. punktförmig mittels **Sickerschacht**) dem Untergrund zugeführt wird, ist darauf zu achten, dass es dazu möglicherweise einer **wasserbehördlichen Erlaubnis** nach den Vorschriften des WHG bedarf; je nach Art und Umfang der Verunreinigungen ist den Sickereinrichtungen dann erforderlichenfalls eine Reinigungsanlage (Abscheider) vorzuschalten.

Soweit **Regenwasser** dem Untergrund durch **Versickerung** zugeführt wird, muss dies **auf dem eigenen Grundstück** geschehen; nur so kann die öffentliche Ordnung sichergestellt (vgl. § 3 Abs. 1) werden.

Zum Anschlusszwang einzelner Grundstücke einer durch Privatstraßen erschlossenen Siedlung an die öffentliche Entwässerung vgl. OVG Bln, U. v. 25. 5. 1989, OVGE 18, 196.

§ 45 Kleinkläranlagen, Abwassersammelbehälter

[1]Kleinkläranlagen und Abwassersammelbehälter müssen wasserdicht und ausreichend groß sein. [2]Sie müssen eine dichte und sichere Abdeckung sowie Reinigungs- und Entleerungsöffnungen haben. [3]Diese Öffnungen dürfen nur vom Freien aus zugänglich sein. [4]Die Anlagen sind so zu entlüften, dass Gesundheitsschäden oder unzumutbare Belästigungen nicht entstehen. [5]Die Zuleitungen zu Abwasserentsorgungsanlagen müssen geschlossen, dicht, und, soweit erforderlich, zum Reinigen eingerichtet sein.

Erläuterungen:

I. § 45 stellt Anforderungen an die Beschaffenheit von Kleinkläranlagen und Abwassersammelbehältern. Anforderungen an die Einleitungsvoraussetzungen von Abwässern in solche Anlagen werden entgegen § 41 BauO Bln a. F. nicht mehr geregelt, weil § 44 die dauernd gesicherte, einwandfreie Beseitigung der Abwasser- und Niederschlagswasser durch Anschluss an die öffentliche Entwässerung als Regelausführung (Anschlusszwang) vorsieht. Ferner überlagern bauplanungs- und wasserrechtliche Bestimmungen diesen Regelungsbereich. Nur dann, wenn der Anschluss an die öffentliche Entwässerung – aus welchen Gründen auch immer – nicht möglich sein sollte, können **Behelfsmaßnahmen, wie Kläranlagen und Abwassersammelbehälter** als anderweitige abwassertechnische Einzellösungen in Betracht kommen, soweit dies wasserrechtlich zulässig ist.

2 **Kleinkläranlagen** sind die in DIN EN 12566-1: 2000-09 und DIN 4261-1: 1991-02 geregelten Anlagen (geregeltes Bauprodukt gem. BRL A Teil 1 lfd. Nr. 13.4). Sie dienen der Behandlung häuslichen Schmutzwassers mit einem Zufluss bis zu 8 m^3/d, entsprechend einem täglichen Schmutzwasseranfall von etwa 50 Einwohnern. Wegen der wasserrechtlichen Restriktionen (siehe RNrn. 8 und 9) haben diese Anlagen – soweit es um Neuanlagen geht – im Land Berlin keine praktische Bedeutung mehr.

3 **Abwassersammelbehälter** sind abflusslose Behältnisse, die werkmäßig in Serie aus Kunststoff oder Metall hergestellt und meist unterirdisch eingebaut werden oder solche, die an Ort und Stelle gemauert oder aus Betonschachtringen zusammengesetzt werden. Im Hinblick auf die hohen Dichtheits- und Dauerhaftigkeitsanforderungen haben nur die werkmäßig im Ganzen hergestellten (monolithischen) Behälter, deren Eignung für den Verwendungszweck durch allgemeine bauaufsichtliche Zulassung nachgewiesen ist, eine nennenswerte praktische Bedeutung.

4 Das Errichten, Herstellen oder Verändern von Anlagen zur Beseitigung von Abwasser und Niederschlagswasser und von Kleinkläranlagen ist bauordnungsrechtlich verfahrensfrei (vgl. § 62 Abs. 1 Nr. 2 c). Unabhängig davon bedarf es bei Kläranlagen stets einer selbständigen, **wasserrechtlichen Entscheidung**, nämlich einer **Erlaubnis** nach den Vorschriften des Wasserhaushaltsgesetzes – WHG für das Einleiten in ein Gewässer. Die Realisierbarkeit eines ansonsten baurechtlich zulässigen Vorhabens kann an formellen und materiellen Erfordernissen des Wasserrechts scheitern.

5 Besonders hinzuweisen ist auf § 38 des Berliner Wassergesetzes (BWG), wonach der Bau und die wesentliche Veränderung von Abwasserbehandlungsanlagen einer **wasserbehördlichen Genehmigung** bedarf, und zwar ohne Rücksicht darauf, wie die weitere Abwasserbeseitigung (öffentliche Entwässerung, Kläranlage oder Sammelgrube) erfolgt.

6 Das Einleiten von Abwasser in **abflusslose Behälter** ist nur zulässig, wenn die einwandfreie weitere Beseitigung des Abwassers dauernd gesichert ist. Das setzt zwingend voraus, dass das gesammelte Abwasser regelmäßig unschädlich abgefahren wird (vgl. RNr. 9). Dem stehen oftmals die hohen Investitionskosten, das mangelnde Platzangebot und die Kosten der laufenden Entleerung entgegen. Abwassersammelbehälter sind daher als **abwassertechnische Behelfslösung** zu werten.

7 II. Wegen der **Gefahren und Nachteile**, die **von Kleinkläranlagen** und **Abwassersammelbehältern** sowohl für oberirdische Gewässer als auch für das Grundwasser ausgehen können, stellt **Satz 1** an die bauliche Ausbildung bestimmte Anforderungen. So müssen diese Anlagen **wasserdicht** und **ausreichend groß** sein. Unbehandeltes Fäkalabwasser, das infolge Undichtheiten an den Abwasseranlagen unkontrolliert in Gewässer gelangt, stellt naturgemäß erhebliche Gefahren dar. Die Dichtheitsanforderung erstreckt sich nicht nur auf die Gegenwart sondern selbstverständlich auch auf

die Zukunft. Die Materialien sind daher so zu wählen, dass sie der Korrosion dauerhaft standhalten. Herstellung und Einbau muss so erfolgen, dass durch die üblichen Belastungen oder durch Bodensetzungen keine Undichtheiten entstehen.

Abwassersammelbehälter fallen unter den Anwendungsbereich der §§ 17 ff. BauO Bln. Für diese Bauprodukte gibt es keine Technischen Baubestimmungen oder allgemein anerkannte Regeln der Technik. Sie bedürfen daher grundsätzlich einer allgemeinen bauaufsichtlichen Zulassung des Deutschen Instituts für Bautechnik. Sofern Sammelgruben ausnahmsweise an Ort und Stelle gemauert oder aus Betonformteilen zusammengesetzt werden, sind sie mit einer **zusätzlichen Innenabdichtung** – deren Eignung für den Verwendungsfall durch allgemeine bauaufsichtliche Zulassung nachgewiesen sein muss – zu versehen; ohne besondere **Abdichtungsmaßnahmen** kann bei derartigen Gruben keine dauernde Dichtheit unterstellt werden. **8**

Das **Volumen einer Grube** sollte so bemessen werden, dass sie das Abwasser von mindestens 14 Tagen aufzunehmen vermag. Um die nachbarschaftlichen Beeinträchtigungen unter dem Gebot der Rücksichtnahme beim Entleerungsvorgang zu minimieren, empfiehlt es sich, ein deutlich größeres Entleerungsintervall anzustreben. Bei ordnungsgemäßer sanitärer Ausstattung und dem heute üblichen Betrieb von Waschmaschinen und Geschirrspülern bewegt sich der übliche Wasserbedarf bei normaler Wohnnutzung in der Größenordnung von 120 l pro Person pro Tag, wobei erhebliche Abweichungen nach oben oder unten entsprechend den jeweiligen Besonderheiten durchaus möglich sind. **9**

Die nach **Satz 2** geforderte **Abdeckung** muss zur Verhinderung von Unfällen (verkehrs-)sicher und zur **Vermeidung von Geruchsbelästigungen** (hinreichend) dicht sein. Schachtabdeckungen zum Einbau in Verkehrsflächen müssen der DIN EN 124: 1994-08 i. V. m. DIN 1229: 1996-06 entsprechen. **10**

Die vorgeschriebenen **Reinigungs- und Entleerungsöffnungen** dürfen nach **Satz 3** nur vom Freien aus zugänglich sein. Sie müssen jederzeit leicht überwacht, gewartet und instand gehalten werden können. **11**

Im Hinblick auf das Entstehen von Faulgasen – die gesundheitsschädlich, giftig und ggf. auch explosibel sein können – müssen die Anlagen nach **Satz 4** mit Einrichtungen zur **Be- und Entlüftung** ausgestattet werden. Die Zuleitungen zu Abwasserbeseitigungsanlagen müssen geschlossen, dicht und, soweit erforderlich, zum Reinigen eingerichtet sein; konkretisierende Festlegungen enthält dazu das Technische Regelwerk (DIN EN 12056, DIN EN 752, DIN 1986-100; DIN EN 12566 i. V. m. DIN 4261). **12**

§ 46 Aufbewahrung fester Abfallstoffe

(1) Für die vorübergehende Aufbewahrung fester Abfallstoffe sind Flächen in ausreichender Größe für die Aufstellung von Behältern für Abfälle zur Beseitigung und zur Verwertung zur Erfüllung der abfallrechtlichen Trennpflichten vorzuhalten.

(2) Feste Abfallstoffe dürfen innerhalb von Gebäuden vorübergehend aufbewahrt werden, in Gebäuden der Gebäudeklassen 3 bis 5 jedoch nur, wenn die dafür bestimmten Räume
1. Trennwände und Decken als raumabschließende Bauteile mit der Feuerwiderstandsfähigkeit der tragenden Wände haben,
2. Öffnungen vom Gebäudeinnern zum Aufstellraum mit feuerhemmenden, dicht- und selbstschließenden Abschlüssen haben,
3. unmittelbar vom Freien entleert werden können und
4. eine ständig wirksame Lüftung haben.

Erläuterungen:

I. 1. § 46 verpflichtet den Bauherrn zur Vorhaltung von Flächen für die abfallrechtlich vorgeschriebene Trennung fester Abfallstoffe in unterschiedlichen Behältnissen und stellt Anforderungen an Abfallräume innerhalb von Gebäuden. Die Anforderungen an Abfallbehälter, die Beschaffenheit von Flächen und deren Anordnung auf dem Grundstück sind gegenüber der BauO Bln a. F. entfallen, weil sie nicht Gegenstand einer bauordnungsrechtlichen Betrachtung sind. Die Verpflichtung zur Flächenvorhaltung für die abfallrechtlichen Trennpflichten wurde, wegen der strukturellen Bedeutung für die Planung eines Vorhabens, beibehalten. Bestimmungen über Abfallschächte sind in der BauO Bln nicht mehr enthalten, weil die Errichtung von Müllabwurfanlagen in der Praxis keine Bedeutung mehr hat.

II. **Abs. 1** stellt sicher, dass schon bei der Planung genügend **Fläche für die Unterbringung von Abfallbehältnissen** – sowohl für die Abfallverwertung als auch für die Abfallbeseitigung – berücksichtigt wird. Hierzu hat sich der Bauherr mit den Berliner Stadtreinigungsbetrieben (BSR) in Verbindung zu setzen, die Auskunft über ausreichende Stellflächen für die Aufstellung der notwendigen unterschiedlichen Sammelbehältnisse gibt. Die Regelungen des Abs. 1 sowie die Bestimmungen über die nicht bebauten Flächen der bebauten Grundstücke (§ 8) stehen einem Nachweis der Flächen für die Aufbewahrung von Abfallstoffen in **Vorgärten** nicht entgegen. Planungsrechtlich kann dies jedoch untersagt sein.

Abs. 2 stellt in Gebäuden der Gebäudeklassen 3 bis 5 **Anforderungen an Räume, in denen feste Abfallstoffe vorübergehend aufbewahrt werden.** An Räume in den der Gebäudeklassen 1 und 2 werden Anforderungen nicht gestellt. Darüber hinaus müssen Räume jedoch Voraussetzungen erfüllen, damit eine vorübergehende Aufbewahrung der Abfallstoffe innerhalb des Gebäudes zulässig ist. Nach **Nr. 1** müssen die Aufstellräume Trennwände (vgl. § 29) und Decken (vgl. § 31) haben, die als raumabschließende Bauteile (vgl. § 26 RNr. 10) ausgebildet sind. Die Feuerwiderstandsfähigkeit dieser Trennwände muss der der tragenden Wände (vgl. § 27) entsprechen, weil von diesen Räumen eine erhöhte Brandgefahr ausgeht. Konsequenter Weise müssen nach **Nr. 2** die Öffnungen, die vom Innern des Gebäudes zu dem Aufstellraum führen, feuerhemmend, dicht (vgl. § 35 RNr. 22) und selbstschließend (vgl. § 36 RNr. 8) sein. **Nr. 3** schreibt die Möglichkeit einer unmittelbaren Entleerung des Aufstellraumes vom Freien aus vor, um der BSR eine ungehinderte Entsorgung zu ermöglichen. Nach **Nr. 4** muss eine ständig wirksame natürliche oder maschinelle Lüftung des Aufstellraumes sichergestellt sein.

§ 47 Blitzschutzanlagen

Bauliche Anlagen, bei denen nach Lage, Bauart oder Nutzung Blitzschlag leicht eintreten oder zu schweren Folgen führen kann, sind mit dauernd wirksamen Blitzschutzanlagen zu versehen.

Erläuterungen:

I. Den Blitzschutzanlagen als sicherheitstechnische Gebäudeausrüstung ist mit § 47 wieder eine eigene Regelung zugewiesen worden, obwohl § 13 – Schutz vor schädlichen Einflüssen – die physikalischen Einflüsse, zu denen auch der Blitzschlag gehört, mit impliziert. Blitzschutzanlagen sind den sonstigen Anlagen der technischen Gebäudeausrüstung gem. § 62 Abs. 1 Nr. 2 c zuzuordnen und damit verfahrensfrei. Als Anlage der technischen Gebäudeausrüstung sind Blitzschutzanlagen nicht Gegenstand des Brandschutznachweises nach § 67.

II. Nach § 47 sind nicht alle baulichen Anlagen mit dauernd wirksamen Blitzschutzanlagen zu versehen, sondern nur diejenigen, bei denen nach Lage, Bauart oder Nutzung Blitzschlag leicht eintreten kann. So kann ein und dasselbe Gebäude in exponierter Lage gegenüber Blitzeinschlag besonders gefährdet sein, in einem anderen baulichen Kontext jedoch nicht. Die VDE-Normen VDE V 0185 Teile 1 bis 4 sind für das **Planen, Errichten, Überprüfen und Warten** von Blitzschutzsystemen für bauliche Anlagen anwendbar. DIN V ENV 61024-1 beschreibt Schutzklassen für die Risikoabschätzung, die als Planungsgrundlagen dienen können.

Bei Blitzschutzanlagen wird zwischen dem äußeren und dem inneren Blitzschutz unterschieden. Bauordnungsrechtlich ist nur die **äußere Blitzschutzanlage** relevant, die außerhalb der Gebäudehülle montiert wird. Sie besteht aus Dachauffangleitung und Ableitung, die mit der Erdungsanlage zu verbinden ist, um den Strom z. B über Fundamenterder in das Erdreich abzuleiten. Es ist sinnvoll, technischen Anlagen wie z. B. Solar- und Lüftungsanlagen in den äußeren Blitzschutz mit einzubeziehen.

Abschnitt 7:
Nutzungsbedingte Anforderungen

§ 48 Aufenthaltsräume

(1) ¹Aufenthaltsräume müssen eine lichte Raumhöhe von mindestens 2,50 m haben. ²Aufenthaltsräume im Dachraum müssen eine lichte Raumhöhe von mindestens 2,30 m über mindestens der Hälfte ihrer Netto-Grundfläche haben; Raumteile mit einer lichten Raumhöhe bis zu 1,50 m bleiben außer Betracht.

(2) ¹Aufenthaltsräume müssen ausreichend belüftet und mit Tageslicht beleuchtet werden können. ²Sie müssen Fenster mit einem Rohbaumaß der Fensteröffnungen von mindestens einem Achtel der Netto-Grundfläche des Raumes einschließlich der Netto-Grundfläche verglaster Vorbauten und Loggien haben. ³Bei einer nachträglichen Umnutzung kann von den Anforderungen des Satzes 2 abgewichen werden.

(3) Aufenthaltsräume, deren Nutzung eine Beleuchtung mit Tageslicht verbietet, sowie Verkaufsräume, Schank- und Speisegaststätten, ärztliche Behandlungs-, Sport-, Spiel-, Werk- und ähnliche Räume, sind ohne Fenster zulässig.

Erläuterungen:

1   I. Die **Begriffsbestimmung des Aufenthaltsraumes** ist entsprechend der MBO vorgezogen und findet sich in § 2 Abs. 5. Danach sind Aufenthaltsräume Räume, die zum nicht nur vorübergehenden Aufenthalt von Menschen bestimmt oder geeignet sind. Für einen Aufenthaltsraum ist weder eine Feuerstätte oder ein Wasseranschluss erforderlich noch muss der Eigentümer ihn zum längeren Wohnen oder Übernachten nutzen; es genügt, wenn der Raum **objektiv** für einen nicht ganz kurzen Aufenthalt, sei es auch nur tagsüber und in der warmen Jahreszeit, **geeignet ist** (BayVGH, U. v. 5. 7. 1982, BRS 39 Nr. 147; vgl. im Einzelnen die Erläuterungen zu § 2 Abs. 5 sowie Schenk in: Reichel/Schulte, Hdb. BauOR 2004, Kap. 9 RNrn. 1 ff.).

2   Aufenthaltsräume unterliegen im Interesse der Gesundheit bestimmten **Anforderungen**; sie müssen eine lichte Raumhöhe von mindestens 2,50 m haben (Abs. 1 Satz 1) sowie ausreichend beleuchtet und belüftet werden können (Abs. 2 und 3). Soll z. B. eine Garage (§ 2 Abs. 7 Satz 2) als Werkstatt genutzt werden, so können der Genehmigung der Nutzungsänderung (vgl. § 62 Abs. 2) die Vorschriften über die Mindesthöhe und über die erforderlichen Fenster von Aufenthaltsräumen entgegenstehen (OVG Bln, U. v. 25. 6. 1971, BRS 24 Nr. 131; zur Werkstatt als Aufenthaltsraum siehe Nds. OVG, U. v. 9. 1. 1987, BRS 47 Nr. 47). Aufgegeben ist die in früheren Bauordnungen gestellte Anforderung an eine für die Benutzung des Aufenthaltsraumes „ausreichende Grundfläche"; dies sei bausicherheitsrechtlich irrelevant und deshalb überflüssig (so die Begründung AH-Drucks. 15/3926, S. 94). Besondere Anforderungen gelten nach Abs. 1 Satz 2 weiterhin für Aufenthaltsräume im **Dachraum** (siehe RNr. 6). Weitergehende gewerberechtliche Anforderungen bleiben von den Regelungen des § 48 Abs. 1 unberührt, so z. B. die Regelung über die Grundflächen und lichten Höhen von Arbeitsräumen in § 3 Abs. 1

der ArbStättV in Verbindung mit Nr. 1.2 des Anhangs. Für Baubuden gelten die §§ 48 und 49 nicht (§ 11 Abs. 1 Satz 2).

Die in § 46 der zuvor geltenden Bauordnung enthaltenen weiterreichenden Anforderungen für Aufenthaltsräume in **Kellerräumen** (zum Kellergeschoss vgl. § 2 Abs. 6 Satz 1) sind entfallen. Sie erschienen dem Gesetzgeber als Sonderregelungen gegenüber den grundsätzlichen Anforderungen an Aufenthaltsräume nicht mehr gerechtfertigt (AH-Drucks., RNr. 2). Nach § 29 Abs. 2 Nr. 3 sind zwischen Aufenthaltsräumen und anders genutzten Räumen im Kellergeschoss Trennwände erforderlich. Bezüglich der Ausgänge bestimmt § 35 Abs. 2, dass von jeder Stelle eines Aufenthaltsraumes sowie eines Kellergeschosses mindestens ein Ausgang in einen notwendigen Treppenraum oder ins Freie in höchstens 35 m Entfernung erreichbar sein muss. Siehe auch RNr. 14. Zur Anwendung der neuen Bauordnung auf Aufenthaltsräume im Kellergeschoss vgl. § 85 Abs. 2 Satz 2. Danach können die neuen Vorschriften für Aufenthaltsräume im Kellergeschoss auch dann angewendet werden, wenn ihr baulicher Zustand den heutigen Anforderungen nicht entspricht, insbesondere der Fußboden 1,50 m oder mehr unter dem anschließenden Gelände liegt. Zur Zulässigkeit von Aufenthaltsräumen im Kellergeschoss nach § 46 Abs. 1 a. F. siehe OVG Bln, B. v. 14.11.2003 (GE 2003, 356).

Für **Sonderbauten** (§ 2 Abs. 4) können unter den Voraussetzungen des § 52 Abs. 1 zur Verwirklichung der allgemeinen Anforderungen nach § 3 Abs. 1 besondere Anforderungen gestellt werden; Erleichterungen können gestattet werden, soweit es die Einhaltung von Vorschriften wegen der besonderen Art oder Nutzung baulicher Anlagen oder Räume oder wegen besonderer Anforderungen nicht bedarf. Worauf sich derartige Anforderungen oder Erleichterungen erstrecken können, ist in § 52 Abs. 1 Satz 3 Nrn. 1 bis 22 im Einzelnen geregelt.

II. Das Maß für die **lichte Höhe** von Aufenthaltsräumen ist in **Abs. 1 Satz 1** für den Regelfall auf mindestens 2,50 m (gegenüber 2,40 m in der MBO und in § 40 Abs. 1 Satz 1 BbgBO) festgelegt. Die lichte Höhe bemisst sich nach dem Abstand zwischen Oberkante Fertigfußboden und Unterkante fertige Decke. Eine Überschreitung dieser Mindestmaße kann zulässig sein, wird sich aber auf die Tiefe der Abstandfläche (§ 6 Abs. 4) auswirken.

Im **Dachraum** müssen Aufenthaltsräume **nach Abs. 1 Satz 2** eine lichte Raumhöhe von mindestens 2,30 m über mindestens der Hälfte ihrer Netto-Grundfläche haben; Raumteile mit einer lichten Raumhöhe bis zu 1,50 m bleiben außer Betracht. Dachraum, der bei einem Flachdach fehlt, ist der vom Dach, bestehend aus Tragwerk und Dachhaut, über der Decke des obersten Geschosses gebildete Raum (vgl. OVG NRW, U. v. 20.11.1979, BRS 35 Nr. 107; OVG Brem., U. v. 8.9.1981, BRS 38 Nr. 117; OVG Bln, U. v. 10.3.1989, GE 1990, 201). Die zum Ausbau von Dachräumen zu Wohnzwecken erlassene AV der Senatsverwaltung für Bau- und Wohnungswesen vom 2.11.1990 (ABl. S. 2220) ist außer Kraft getreten; eine entsprechende Neuregelung ist wegen der Entspannung auf dem Wohnungsmarkt in Berlin zurzeit nicht beabsichtigt. Die Zulassung einer Raumhöhe von mindestens 2,30 m als Ausnahme gegenüber der 2,50 m-Regelung in Satz 1 bedeutet nicht zwingend eine Senkung des Wohnungsstandards beim Dachgeschossausbau (so aber Groth, GE 1985, 323, 328 f.). Der Dachgeschossausbau sollte erleichtert werden; die allgemeinen Anforderungen an Aufenthaltsräumen und Wohnungen der §§ 48 und 49 geltend ohnehin auch für den Dachraum. Im Land Brandenburg müssen Aufenthaltsräume im Dachraum eine lichte Höhe von 2,40 m haben, während bei nachträglichem Ausbau von Dachräumen eine lichte Höhe von 2,30 m genügt (§ 40 Abs. 1 BbgBO). Zur Nutzung eines Künstlerateliers im Dachraum zu Wohnzwecken vgl. OVG Bln, U. v. 20.9.1974 (BRS 28 Nr. 169).

7 **Netto-Grundfläche** im Sinne des Satz 2 ist nicht die Grundfläche des ganzen Dachraumes wie bei der Begriffsbestimmung des Vollgeschosses nach § 2 Abs. 11, sondern die Netto-Grundfläche des einzelnen Aufenthaltsraumes. Nach Abzug der Raumteile mit einer lichten Raumhöhe bis 1,50 m muss mindestens die Hälfte der Restfläche eine lichte Raumhöhe von mindestens 2,30 m haben. Danach kann ein Aufenthaltsraum im Dachgeschoss zulässig sein, auch wenn es sich nicht um ein Vollgeschoss handelt. Die Netto-Grundfläche wird nach der DIN 277 – Grundflächen und Rauminhalte von Bauwerken im Hochbau – Ausgabe Juni 1987 – bestimmt. Danach ist Netto-Grundfläche die Summe der nutzbaren, zwischen den aufgehenden Bauteilen befindlichen Grundflächen; sie ergibt sich aus der Differenz von Brutto-Grundfläche und Konstruktions-Grundfläche; diese ist die Summe der Grundflächen der aufgehenden Bauteile, z. B. von Wänden, Stützen und Pfeilern. Der Bauherr ist grundsätzlich nicht gehindert, eine Dachkonstruktion zu wählen, die unter Wahrung der Zwei-Drittel-Grenze des § 2 Abs. 11 eine größtmögliche Raumausnutzung zulässt (OVG Bln, B. v. 5.2.1993, BRS 55 Nr. 111).

8 Bei einer lichten Raumhöhe von weniger als 2 m ist den Mindestanforderungen an erträgliche Wohnverhältnisse nicht genügt (§ 4 Abs. 2 Nr. 4 WoAufG Bln). Für **andere Räume als Aufenthaltsräume** ist eine bestimmte lichte Mindesthöhe nicht vorgeschrieben. Hier sind die allgemeinen Anforderungen des § 3 Abs. 1 und die Regelung des § 16 Abs. 1 über die Verkehrssicherheit zu beachten. Regelmäßig wird hier eine lichte Höhe von 1,80 m (z. B. für ein Installationsgeschoss, das der Unterbringung technischer Gebäudeausrüstungen dient) bis 2 m nicht unterschritten werden dürfen. Zu Hohlräumen zwischen der obersten Decke und der Bedachung, in denen Aufenthaltsräume nicht möglich sind, vgl. § 2 Abs. 6 Satz 2.

9 **III.** Nach **Abs. 2 Satz 1** müssen Aufenthaltsräume **ausreichend belüftet** und **mit Tageslicht beleuchtet** werden können. Bisher (§ 44 Abs. 2 a. F.) waren dazu grundsätzlich unmittelbar ins Freie führende und senkrecht stehende Fenster vorgeschrieben; Fenster mussten in solcher Zahl und Beschaffenheit vorhanden sein, dass eine ausreichende Tageslichtbeleuchtung und Lüftung der Räume gewährleistet war; die hierzu erforderlichen Fenster wurden als notwendige Fenster bezeichnet. Diese Fenster hatten über ihre beleuchtungs- und belüftungstechnische Funktion (vgl. zum Wärmeschutz und zum Schallschutz § 15 Abs. 1 und 2) hinaus den Zweck, dem Menschen von seinem privaten Hauptlebensraum aus die visuelle Teilnahme an seiner natürlichen und sozialen Umwelt zu ermöglichen (OVG NRW, U. v. 30.6.1983, BRS 40 Nr. 110). Nach Auffassung des Gesetzgebers (AH-Drucks., a. a. O.) stimmt die neue Regelung „in der Sache grundsätzlich" mit der alten Fassung überein.

10 Das Rohbaumaß der **Fensteröffnungen** muss nach **Abs. 2 Satz 2** mindestens ein Achtel der Netto-Grundfläche des Raumens einschließlich der Netto-Grundfläche verglaster Vorbauten und Loggien haben (zum früheren Recht vgl. OVG Bln, U. v. 10.12.1954, OVGE 3, 54 = BRS 4 Nr. 287). Der Gesetzgeber hat geprüft, ob wegen der Verminderung der Regelabstandsflächentiefe auf 0,4 H (§ 6 Abs. 5 Satz 1) eine Vergrößerung der notwendigen Fensteröffnungen über ein Achtel der Netto-Grundfläche hinaus erforderlich ist; davon wurde abgesehen, weil lediglich materiellrechtliche Mindeststandards festgelegt werden sollen; eine Ausleuchtung im fensternahen Bereich sei unter bauordnungsrechtlichen Gesichtspunkten ausreichend (AH-Drucks., RNr. 2). Der Ansatz eines Achtels der Netto-Grundfläche des zugehörigen Raumes beruht auf der Annahme, dass damit flächenhaft ein erheblicher Teil des Aufenthaltsraumes, dem die Fensterfläche zugeordnet ist, effektiv mit natürlichem Licht versorgt wird (OVG NRW, B. v. 5.2.1998, BRS 60 Nr. 136). Einzelne weitere Anforderungen an Fenster sind in § 37 geregelt. Zum Fenster als Rettungsweg siehe § 33 Abs. 2 Satz 2 und § 11 Abs. 1 Satz 1 Nr. 5 BauVerfVO. Glasbausteinfenster sind schon wegen der verminderten Lichtdurchlässigkeit keine Fenster im Sinne der Anforderungen an Aufenthaltsräume (HessVGH, B. v. 13.3.1972, BRS 25 Nr. 110; VGH BW, U. v. 28.3.1979, BRS 35 Nr. 106).

Die Vorschriften über die Belichtung von Aufenthaltsräumen begründen grundsätzlich keine Einschränkungen des **Nachbarn** hinsichtlich der auf seinem Grundstück zulässigen Bebauung; sie verpflichten nur den Eigentümer des Grundstücks, in der sich die Aufenthaltsräume befinden (OVG NRW, B. v. 31.1.1991, BRS 52 Nr. 179). **11**

Aus Gründen des sparsamen Umgangs mit Grund und Boden sieht **Abs. 2 Satz 3** bei nachträglichen Umnutzungen von Gebäuden zu Wohnzwecken die Möglichkeit von Abweichungen hinsichtlich der Größe der Fensteröffnungen vor. Abweichende Fenstergrößen können in Betracht kommen, wenn aufgrund der Situierung des Gebäudes hinsichtlich der Sichtverhältnisse keine Bedenken bestehen. **12**

IV. **Abs. 3** betrifft zunächst die Fälle, in denen bei einer bestimmten **Benutzung** von Aufenthaltsräumen eine Beleuchtung mit **Tageslicht ausgeschlossen** ist; das ist z. B. bei Kinos, Theatern, Dunkelkammern und solchen Räumen der Fall, in denen tageslichtempfindliche Stoffe hergestellt oder verarbeitet werden. Es kommt nicht auf die Lage des Aufenthaltsraumes, sondern ausschließlich auf dessen Nutzung an. Für diese Räume ist Abs. 2 Satz 2 nicht anwendbar; sie sind ohne Fenster zulässig. Das gilt ebenso für Verkaufsräume, Schank- und Speisegaststätten, ärztliche Behandlungs-, Sport-, Spiel-, Werk- und ähnliche Räume, vielfach im Kellergeschoss. Entscheidend für die Zulässigkeit von Aufenthaltsräumen ohne Fenster ist, dass die sie bestimmungsgemäß nutzenden Personen sich regelmäßig nur kürzere Zeit dort aufhalten. Zu Anforderungen an **Arbeitsstätten** siehe § 3 Abs. 1 ArbStättV in Verbindung mit dem Anhang. **13**

Spezielle Regelungen für Aufenthaltsräume im Kellergeschoss (s.o. RNr. 3) werden nicht für erforderlich gehalten. Nach § 37 Abs. 4 muss aber jedes **Kellergeschoss ohne Fenster** mindestens eine Öffnung ins Freie haben, um eine Rauchableitung zu ermöglichen; gemeinsame Kellerlichtschächte für übereinander liegende Kellergeschosse sind unzulässig. **Fensterlose Küchen** oder Kochnischen sind nach § 49 Abs. 1 Satz 2 zulässig, wenn eine wirksame Lüftung gewährleistet ist; unter der gleichen Voraussetzung sind nach § 43 Abs. 1 auch **fensterlose Bäder** und Toiletten zulässig. **14**

V. Die Vorschriften des **WoAufG Bln** werden durch die baurechtlichen Vorschriften nicht berührt. Das gilt – wie erwähnt – insbesondere für die Mindestanforderungen an die lichte Raumhöhe und an die Grundfläche von Aufenthaltsräumen sowie an die Gewährleistung einer ausreichenden Tageslicht- und Luftzufuhr (§ 4 Abs. 2 Nrn. 4, 5 und 7 WoAufG Bln). Vgl. im Einzelnen auch die Nrn. 26 bis 33 der Ausführungsvorschriften zum Wohnungsaufsichtsgesetz (AV WoAufG Bln) vom 28. November 2005 (ABl. 2006, S. 4, 6 f.). **15**

§ 49 Wohnungen

(1) [1]Jede Wohnung muss eine Küche oder Kochnische haben. [2]Fensterlose Küchen oder Kochnischen sind zulässig, wenn eine wirksame Lüftung gewährleistet ist.

(2) In Wohngebäuden der Gebäudeklassen 3 bis 5 sind leicht erreichbare und gut zugängliche Abstellräume für Rollstühle, Kinderwagen und Fahrräder sowie für jede Wohnung ein ausreichend großer Abstellraum herzustellen.

(3) Jede Wohnung muss ein Bad mit Badewanne oder Dusche und eine Toilette haben.

Erläuterungen:

1 I. Die Anforderungen des § 49 dienen ebenso wie diejenigen des § 48 der Gewährleistung gesunder Wohnverhältnisse. **Wohnung** im Sinne des Baurechts ist die Gesamtheit der Räume (insbesondere Wohn-, Schlaf-, Abstellraum, Küche, Bad, Toilette), die die Führung eines selbständigen Haushalts ermöglichen (vgl. VGH BW, U. v. 19.6.1968, BRS 20 Nr. 98; BayVGH, U. v. 20.5.1981, BRS 38 Nr. 116). An die Wohnung als häuslichen Mittelpunkt des menschlichen Daseins werden auch bauordnungsrechtliche Anforderungen gestellt, die ein den heutigen Lebensverhältnissen angemessenes Wohnen gewährleisten. Abgesehen davon, dass für die Aufenthaltsräume die Vorschriften des § 48 gelten, beziehen sich die Anforderungen des § 49 auf die Ausstattung der Wohnungen und Wohngebäude mit den zum Wohnen in notwendigen Einrichtungen. Auf die Zahl der Aufenthaltsräume einer Wohnung kommt es nicht an. Auch Wohnungen, die nur einen Aufenthaltsraum haben (Einraumwohnungen), unterliegen den Vorschriften des § 49 (vgl. dazu auch BayVGH, U. v. 25.5.2000, NVwZ-RR 2000, 660).

2 Zimmer in Hotels oder Wohnheimen sind regelmäßig keine Wohnung im Sinne der Bauordnung (HessVGH, B. v. 24.1.1974, BRS 28 Nr. 68; VGH BW, U. v. 7.11.1974, BRS 28 Nr. 22). Die Vergabe von Zimmern an Sozialhilfeempfänger zum Übernachten wird nicht dadurch zu einer Wohnnutzung, dass je nach Bedarf eine Kochgelegenheit aufgestellt wird (OVG Bln, B. v. 23.8.1996, BRS 58 Nr. 105). Für das Wohnen im bauordnungsrechtlichen Sinn ist vielmehr eine **auf Dauer angelegte selbständige Haushaltsführung** kennzeichnend (HessVGH, U. v. 23.4.2001, BRS 64 Nr. 138). Zur Abgrenzung von Wohnnutzung und Beherbergungsbetrieb bei einem so genannten Boardinghouse siehe OVG Bln-Bbg, B. v. 6.7.2006, BauR 2006, 1711 sowie VG Bln, B. v. 29.11.2005, LKV 2005, 479. Zum „Wohnen" in einer Wagenburg vgl. OVG Bln, B. v. 13.3.1998 (OVGE 23, 10) und U. v. 22.1.2003 (BRS 66 Nr. 197).

3 II. Die in § 45 Abs. 1 Satz 1 a. F. enthaltene Anforderung, dass jede Wohnung von anderen Wohnungen und fremden Räumen baulich abgeschlossen sein und einen eigenen abschließbaren Zugang unmittelbar vom Freien, von einem Treppenraum, einem Flur oder einem anderen Vorraum haben muss, und die dazu gehörige Ausnahmeregelung des Satzes 2 für Wohnungen in Wohngebäuden mit nicht mehr als zwei Wohnungen ist in Übereinstimmung mit § 45 MBO entfallen. Hierzu führt der Gesetzgeber (AH-Drucks., § 48 RNr. 2, S. 95) aus, die Anforderungen hinsichtlich der **Abgeschlossenheit** ergäben sich schon aus den speziellen materiellrechtlichen Vorschriften, so z. B. aus der Brandschutzanforderung nach raumabschließenden Trennwänden (§ 29); diese Trennwände müssten nach den eingeführten Technischen Baubestimmungen DIN 4108 und DIN 4109 auch wärme- und schalldämmend sein; keine Abgeschlossenheit ergebe sich – wie schon bisher – für Wohngebäude der Gebäudeklassen 1 und 2, die von der Trennwandregelung (§ 29 Abs. 6) ausgenommen seien; vor diesem Hintergrund komme einem (zusätzlichen) bauordnungsrechtlichen Abgeschlossenheitserfordernis kein eigenständiger Regelungsinhalt zu; das Entfallen dieser Anforderung führe daher auch nicht zu

einer – unter wohnungspolitischen Gesichtspunkten möglicherweise unerwünschten – Veränderung des materiellrechtlichen Anforderungsniveaus. Die räumliche Abgeschlossenheit im Sinne des § 3 Abs. 2 WEG ist ohnehin nicht abhängig von den Regelungen des Bauordnungsrechts (GmS-OBG, B. v. 30.3.1992, BVerwGE 90, 382); sie kann deshalb auch vorliegen, wenn z. B. die Trennwände nicht dem § 29 entsprechen oder der zweite Rettungsweg (§ 33) fehlt (vgl. OVG Bln, B. v. 29.9.1997 – OVG 2 N 2.97 –).

Die in § 45 Abs. 1 Satz 3 a. F. enthaltene Bestimmung über **besondere Zugänge** für Wohnungen in Gebäuden, die nicht nur zum Wohnen dienen, wurde „wegen geringer praktischer Bedeutung" vom Gesetzgeber als entbehrlich angesehen. Die in § 45 Abs. 2 a. F. enthaltene Regelung über die barrierefreie Zugänglichkeit von Wohnungen ist jetzt eingeschränkt in § 51 Abs. 1 im Zusammenhang mit den anderen Bestimmungen zum barrierefreien Bauen enthalten (siehe § 51 RNr. 2).

III. Für die **Küche** oder Kochnische, die jede Wohnung nach **Abs. 2 Satz 1** haben muss, ist eine Mindestgröße nicht vorgeschrieben; diese wird nach der Größe der Wohnung und der üblicherweise in ihr wohnenden Zahl von Menschen zu bemessen sein. Fensterlose Küchen oder Kochnischen sind nach **Satz 2** zulässig, wenn eine wirksame Lüftung gewährleistet ist; d. h. die technische Lüftungsmöglichkeit muss so ausreichend konstruiert sein, dass sie einen Ersatz für die sonst üblichen Fenster bietet (vgl. Nr. 6.3 der Liste der Technischen Baubestimmungen – Fassung Februar 2006 – (ABl. 2006, S. 4349) in Verbindung mit der Bauaufsichtlichen Richtlinie über die Lüftung fensterloser Küchen, Bäder und Toilettenräume in Wohnungen (– Fassung April 1988 –).

IV. Nach **Abs. 2** sind in Wohngebäuden der Gebäudeklassen 3 bis 5 (vgl. § 2 Abs. 3 Nr. 3 bis 5) leicht erreichbare und gut zugängliche **Abstellräume** für Rollstühle, Kinderwagen und Fahrräder sowie für jede Wohnung ein ausreichend großer Abstellraum herzustellen. Diese Regelung ist jetzt zwingend. Die Forderung nach einem „ausreichend großen" Abstellraum weicht von der in den Bauordnungen von 1985 bis 1997 festgelegte Mindestfläche von 6 m² ab. Der unbestimmte Rechtsbegriff „ausreichend groß" gibt einen Spielraum für die Bemessung des Raumes nach den Umständen des Einzelfalls. Zur Bedeutung von ausreichendem Abstellraum, insbesondere bei kleinen Wohnflächen, vgl. HessVGH, U. v. 20.1.1984 (BRS 42 Nr. 124). Abstellräume für Rollstühle, Kinderwagen und Fahrräder im Kellergeschoss sind dann leicht erreichbar und gut zugänglich, wenn eine Außentreppe mit Rampe vorhanden ist. Nach § 50 Abs. 1 Satz 3, Abs. 2 Satz 2 sind bei der Errichtung baulicher Anlagen und anderer Anlagen, bei denen ein Zu- und Abfahrtsverkehr zu erwarten ist, zudem ausreichende Abstellmöglichkeiten für Fahrräder auf dem Baugrundstück oder auf den davor gelegenen öffentlichen Flächen zu schaffen oder nach § 50 Abs. 3 abzulösen (vgl. dazu die Erläuterungen zu § 50).

Bei der Errichtung von Gebäuden mit mehr als sechs Wohnungen ist ein **Spielplatz** für Kinder anzulegen und instand zu halten (notwendiger Kinderspielplatz); Abweichungen nach § 68 können gestattet werden, wenn nach der Zweckbestimmung des Gebäudes mit der Anwesenheit von Kindern nicht zu rechnen ist (§ 8 Abs. 2 Satz 1).

Nach § 45 Abs. 5 a. F. sollten für Gebäude mit mehr als zwei Wohnungen ausreichend große Trockenräume zur gemeinschaftlichen Benutzung eingerichtet werden. Das wird wegen der heute üblichen Ausstattung der Haushalte mit Waschmaschinen nicht mehr gefordert.

V. **Abs. 3** des § 49 bestimmt, dass jede Wohnung ein Bad mit **Badewanne oder Dusche** und eine **Toilette** haben muss. Diese bisher gesondert und ausführlich in § 47 a. F. enthaltene Regelung wird ergänzt durch § 43 Abs. 1. Danach sind fensterlose Bäder und Toiletten nur zulässig, wenn eine wirksame Lüftung gewährleistet ist (vgl. dazu oben RNr. 5). Die Vorschrift des § 47 Abs. 2 Satz 3 a. F., wonach für Anlagen, die für einen größeren Personenkreis bestimmt sind, eine ausreichende Zahl von Toiletten herzustellen ist, wird wegen der in § 52 Abs. 1 Satz 3 Nr. 17 enthaltenen Regelung für nicht erforderlich gehalten. Hiernach können an Sonderbauten Anforderungen hinsichtlich der Zahl der Toiletten für Besucher gestellt werden (vgl. auch die Regelungen über Toilettenräume in Nr. 4.1 des Anhangs zu § 3 Abs. 1 ArbStättV; § 12 VStättV; § 4 GastVO). Als untergeordnete Gebäude sind verfahrensfrei Toiletten auf öffentlichen Verkehrswegen und vorübergehend aufgestellte oder benutzbare Toilettenwagen (§ 62 Abs. 1 Nr. 1 a und Nr. 12 c).

9 VI. Zu weiteren Anforderungen an Wohnungen vgl. z. B. § 33 Abs. 1 (2. Rettungsweg), § 37 Abs. 3 (Eingangstür), § 43 Abs. 2 (eigener Wasserzähler). Die Befugnis der BABeh. zur Verhütung dringender Gefahren für die öffentliche Sicherheit und Ordnung auch **Wohnungen zu betreten** ist in § 58 Abs. 3 geregelt; das Grundrecht der Unverletzlichkeit der Wohnung (Art. 13 GG, Art. 28 Abs. 2 VvB) wird insoweit eingeschränkt (vgl. dazu BVerwG, B. v. 7.6.2006, BauR 2006, 1460).

In § 84 Abs. 1 Nr. 1 wird die für das Bauwesen zuständige Senatsverwaltung ermächtigt durch Rechtsverordnung auch Vorschriften zu erlassen über die nähere Bestimmung allgemeiner Anforderungen der §§ 48 und 49.

10 VII. Aufgabe der Wohnungsaufsicht nach dem **WoAufG Bln** ist es, Wohnungsmissstände zu beseitigen, die Wohnverhältnisse zu verbessern und eine ordnungsgemäße Belegung und sonstige Benutzung von Wohnungen und Wohnräumen zu sichern. Wann den Mindestanforderungen an erträgliche Wohnverhältnisse nicht genügt ist, wird in § 4 Abs. 2 Nr. 1 bis 7 WoAufG Bln im Einzelnen geregelt (Koch- und Heizungsmöglichkeit, Wasserversorgung, Ausguss, Abort, Wärme- und Schallschutz, lichte Höhe, Grundfläche, Feuchtigkeit, Tageslicht- und Luftzufuhr). Siehe auch § 48 RNr. 15.

§ 50 Stellplätze, Abstellmöglichkeiten für Fahrräder

(1) ¹Bei der Errichtung öffentlich zugänglicher Gebäude sind Stellplätze in ausreichender Zahl für schwer Gehbehinderte und Behinderte im Rollstuhl anzubieten. ²Sie müssen von den öffentlichen Straßen aus auf kurzem Wege zu erreichen und verkehrssicher sein. ³Bei der Errichtung baulicher Anlagen und anderer Anlagen, bei denen ein Zu- und Abfahrtsverkehr zu erwarten ist, sind ausreichende Abstellmöglichkeiten für Fahrräder herzustellen. ⁴Werden Anlagen nach den Sätzen 1 und 3 geändert oder ändert sich ihre Nutzung, so sind Stellplätze nach Satz 1 und Abstellmöglichkeiten für Fahrräder nach Satz 3 in solcher Anzahl und Größe herzustellen, dass sie die infolge der Nutzungsänderung zusätzlich zu erwartenden Fahrzeuge aufnehmen können.

(2) ¹Die Stellplätze nach Absatz 1 Satz 1 können auf dem Baugrundstück oder in zumutbarer Entfernung davon auf einem geeigneten Grundstück hergestellt werden, dessen Benutzung für diesen Zweck öffentlich-rechtlich gesichert ist. ²Die Abstellmöglichkeiten für Fahrräder nach Absatz 1 Satz 3 sind auf dem Baugrundstück oder auf den davor gelegenen öffentlichen Flächen zu schaffen oder nach Absatz 3 abzulösen.

(3) ¹Die Herstellung der Abstellmöglichkeiten für Fahrräder nach Absatz 1 darf auch durch Zahlung eines Ablösebetrages vor Baubeginn erfüllt werden. ²Die für das Bauwesen zuständige Senatsverwaltung erlässt durch Rechtsverordnung Vorschriften über die Höhe der Ablösebeträge. ³Die Ablösebeträge dürfen 90 Prozent der durchschnittlichen Herstellungskosten unter Berücksichtigung anteiliger Grundstücksflächen nicht übersteigen. ⁴Die Ablösebeträge sind ausschließlich für den Bau von Fahrradabstellmöglichkeiten im Bereich von öffentlichen Verkehrsflächen oder anderen geeigneten Grundstücksflächen zu verwenden.

Erläuterungen:

I. Die Vorschrift über Stellplätze und Abstellmöglichkeiten für Fahrräder ist mehrfach grundlegend geändert worden (vgl. dazu im Einzelnen die RNrn. 1 bis 4 zu § 48 a. F. in der Fünften Auflage dieses Kommentars). Im Jahre 1997 hat der Gesetzgeber die Pflicht zur Errichtung von Stellplätzen für Kraftfahrzeuge grundlegend reduziert auf **Behindertenparkplätze** bei der Errichtung öffentlich zugänglicher Gebäude. Damit weicht die Berliner Stellplatzvorschrift nicht nur von § 49 MBO, sondern von den meisten anderen Bauordnungen, die im Wesentlichen an der im Rahmen der Sozialpflichtigkeit des Eigentums (Art. 14 Abs. 1 Satz 2, Abs. 2 GG) liegenden und der Entlastung der öffentlichen Verkehrsflächen dienenden Stellplatzpflicht (BVerwG, B. v. 28.7.1992, BRS 54 Nr. 108) festhalten (vgl. dazu Reichel/Schulte, Hdb. BauOR, 2004, Kap. 10 RNrn. 13 ff.), weitgehend ab. Die Pflicht zur Ablösung nicht errichteter Stellplätze ist entfallen. Weiterhin sind bei der Errichtung baulicher und anderer Anlagen, bei denen ein Zu- und Abfahrtsverkehr zu erwarten ist, **Abstellmöglichkeiten für Fahrräder** herzustellen; nunmehr ist insoweit jedoch eine Ablösemöglichkeit in Abs. 3 eingeführt worden.

II. Die Reduktion der Stellplatzpflicht in **Abs. 1 Satz 1** auf Stellplätze für schwer Gehbehinderte und Behinderte im Rollstuhl bei der Errichtung öffentlich zugänglicher Gebäude steht einer Herstellung von Stellplätzen auf den Baugrundstück nicht entgegen. Dem Bauherrn bleibt es unbenommen, etwa für die Bewohner, Besucher, Benutzer, Kunden oder für den gewerblichen Verkehr **Stellplätze in angemessener Zahl und Größe** sowie in geeigneter Beschaffenheit im Rahmen der bauplanungs- und bauordnungsrechtlichen Regelungen vorzusehen. So könnte z. B. das Fehlen ausreichender Stellplätze bei einem Einzelhandelsbetrieb, der sich in der Nähe von Wohnbebauung ansiedelt, gegen das Rücksichtnahmegebot verstoßen (OVG Bre, U. v. 13.10.1995, BRS 58 Nr. 168; vgl. auch Nds. OVG, B. v. 14.3.1997, BRS 59 Nr. 64 sowie OVG Bln, B. v. 16.1.1998, NVwZ-RR 1999, 9; ebenso bei der Erweiterung einer Hochschule OVG Bre, B. v. 18.10.2002, BRS 65 Nr. 44 oder bei der Errichtung eines Fußballstadions OVG NRW, B. v. 15.11.2005, DÖV 2006, 305).

Bei Zulassung einer Abweichung nach § 68 Abs. 1 von der Vorschrift des Abs. 1 Satz 1 kann ein Verbandsklagerecht gemäß § 15 Abs. 1 LGBG bestehen. Die zuständige Behörde hat dem Landesbeirat für Menschen mit Behinderung die Abweichungsentscheidung formlos mitzuteilen (vgl. zu allem § 51 RNr. 19 ff.).

Die Definition für den **Begriff des Stellplatzes** ist in § 2 Abs. 7 Satz 1 (vgl. für **Garagen**, die eine besondere Form der Stellplätze sind, § 2 Abs. 7 Satz 2) enthalten. Danach sind Stellplätze Flächen, die dem Abstellen von Kraftfahrzeugen außerhalb der öffentlichen Verkehrsflächen dienen. Satz 3 des § 2 Abs. 7 stellt klar, dass Ausstellungsräume, Verkaufsräume, Werkräume und Lagerräume für Kraftfahrzeuge keine Stellplätze oder Ga-

§ 50 RNr. 4–7

ragen sind. Nach § 62 Abs. 1 Nr. 1 b sind **verfahrensfrei** Garagen, überdachte Stellplätze (also Carports) sowie deren Abstellräume mit einer mittleren Wandhöhe bis zu 3 m je Wand und einer Brutto-Grundfläche bis zu 30 m^2, außer im Außenbereich. Ebenso sind verfahrensfrei nach § 62 Abs. 1 Nr. 13 b nicht überdachte Stellplätze mit einer Fläche bis zu 30 m^2 und deren Zufahrten. Die Zulässigkeit von Garagen in den Abstandsflächen eines Gebäudes und ohne eigene Abstandsflächen ist in § 6 Abs. 7 Satz 1 Nr. 1 geregelt. Zur Errichtung von Carports auf nicht überbaubaren Grundstücksflächen und in Abstandsflächen siehe Dageförde (GE 2005, 1234) sowie Sarnighausen (BauR 2006, 46).

4 Der **Bauherr kann** grundsätzlich **wählen**, ob er Stellplätze oder Garagen errichtet. Dies ist nur dann anders, wenn ein Bebauungsplan entsprechende entgegenstehende Festsetzungen (§ 9 Abs. 1 Nrn. 4, 22 BauGB, § 12 BauNVO) enthält oder im unbeplanten Innenbereich ein Stellplatz oder eine Garage sich nicht nach § 34 Abs. 1 BauGB in die Eigenart der näheren Umgebung einfügt.

An Garagen mit einer Nutzfläche über 100 m^2 können nach § 52 Abs. 2 besondere **Anforderungen** gestellt oder Erleichterungen gestattet werden – wie bei den in § 2 Abs. 4 aufgeführten Sonderbauten (§ 52 Abs. 1). Zu allgemeinen betrieblichen Anforderungen an Garagen vgl. die §§ 18 bis 22 der BetrVO und § 52 RNr. 29 sowie zu Bauvorschriften die §§ 2 bis 17 der MGarVO.

5 Nach Nr. 16 der **DIN 18024 – 1 – Barrierefreies Bauen** (Straßen, Plätze, Wege, öffentliche Verkehrs- und Grünanlagen sowie Spielplätze, Planungsgrundlagen) – Ausgabe Januar 1998 – müssen 3 % der Pkw-Stellplätze, mindestens jedoch ein Stellplatz nach **DIN 18025 – Teile 1 und 2 – Barrierefreie Wohnungen** (Wohnungen für Rollstuhlbenutzer, Planungsgrundlagen) – Ausgabe Dezember 1992 – gestaltet sein (Nr. 16 DIN 18024-1). Werden Pkw-Stellplätze als Längsparkplätze angeordnet, so muss mindestens ein Pkw-Stellplatz 750 cm lang und mindestens 250 cm breit sein (Nr. 16 DIN 18024-1). Nach Nr. 4.8 muss die Bewegungsfläche, d. h. die zur Bewegung mit dem Rollstuhl notwendige Fläche, mindestens 150 cm tief sein. Nach Nr. 10.1 müssen Borde u.a. an Kraftfahrzeug-Parkflächen in ganzer Breite auf eine Höhe von 3 cm abgesenkt sein. Zu diesen DIN-Vorschriften vgl. aber auch § 51 RNr. 4. Nach Nr. 1.2 AV Stellplätze (siehe RNr. 7) müssen die Stellplätze mindestens 3,50 m breit und mindestens 5 m lang sein. Für allgemein zugängliche Garagen über 1 000 m^2 Nutzfläche enthält § 21 der BetrVO besondere Anforderungen an Frauenstellplätze und an Stellplätze für Behinderte (vgl. § 52 RNr. 29).

6 III. Die bauordnungsrechtliche **Pflicht zur Herstellung von Stellplätzen** besteht nach **Abs. 1 Satz 1** nur noch bei der Errichtung öffentlich zugänglicher Gebäude (§ 2 Abs. 2); Stellplätze sind hier in ausreichender Zahl für schwer Gehbehinderte und Behinderte im Rollstuhl „anzubieten". Das öffentlich zugängliche Gebäude muss den Anforderungen des § 51 und der **DIN 18024 – 2 – Barrierefreies Bauen** (Öffentlich zugängige Gebäude und Arbeitsstätten, Planungsgrundlagen) – Ausgabe November 1996 – entsprechen. Bei der Errichtung baulicher Anlagen (§ 2 Abs. 1 Satz 1 und 2), ebenso bei den in § 2 Abs. 1 Satz 3 genannten fiktiven baulichen Anlagen sowie bei den anderen (nicht-baulichen) Anlagen (§ 1 Abs. 1 Satz 2) sind nach **Abs. 1 Satz 3** ausreichende **Abstellmöglichkeiten für Fahrräder** herzustellen, wenn bei diesen Anlagen ein Zu- und Abfahrtsverkehr zu erwarten ist. Für die Änderung von Anlagen nach Satz 1 und 3 oder die Änderung ihrer Nutzung gilt **Abs. 1 Satz 4**.

7 Maßgebend für die Entscheidung der Frage, ob ein Gebäude **öffentlich zugänglich** ist, sind die genannten DIN 18024 – 2. Die in Betracht kommenden Einrichtungen waren auch in der Anlage 1 zu den AV zu § 48 a. F. vom 7.8.1997 (ABl. S. 3146) aufgeführt. Danach fallen darunter u.a. öffentlich zugängliche Verwaltungsgebäude, Gerichte, Post-

ämter, Verkaufsstätten (Läden, Warenhäuser, Verbrauchermärkte), Banken, Arztpraxen, Versammlungsstätten, Ausbildungsstätten, Gaststätten, Cafes, Restaurants, Krankenanstalten, Beherbergungsbetriebe, Hallenbäder, Turnhallen, Ausstellungsgebäude, Museen, Bibliotheken. Die neuen **AV Stellplätze** zu § 50 vom 11. 12. 2007 (ABl. S. 3398) sind etwas anders strukturiert. Zum Begriff der öffentlichen Zugänglichkeit vgl. auch § 51 RNr. 10; dabei ist zu beachten, dass in § 50 Abs. 1 Satz 1 von „Gebäuden" (§ 2 Abs. 2), in § 51 Abs. 2 aber von dem umfassenderen Begriff der „baulichen Anlagen" (§ 2 Abs. 1) die Rede ist. Bedenken gegen die Beschränkung der Stellplatzpflicht auf öffentlich zugängliche Gebäude, so dass Freianlagen wie Parks und Sportplätze nicht darunter fallen, äußert Jankowski (LKV 2005, 388, 390).

Ob ein **Zu- und Abfahrtsverkehr** im Sinne von **Abs. 1 Satz 3** zu erwarten ist und damit Abstellmöglichkeiten für Fahrräder herzustellen sind, richtet sich nach objektiven Kriterien, nach der abstrakten Eignung der baulichen Anlage oder der anderen Anlage, einen solchen Verkehr mit Fahrrädern zur Folge zu haben. Bei Wohngebäuden wird dies regelmäßig der Fall sein. Auf die Besonderheiten des Einzelfalles kommt es nicht an; insbesondere auch nicht darauf, ob die Benutzer der baulichen Anlagen oder anderen Anlagen im Zeitpunkt der Nutzungsaufnahme Fahrräder besitzen (vgl. auch OVG NRW, U. v. 25.10.1993, BRS 55 Nr. 124). Die Errichtung von Fahrradabstellanlagen mit einer Fläche bis zu 30 m2 ist verfahrensfrei (§ 62 Abs. 1 Nr. 14 a). 8

IV. Die **Zahl der** für Behinderte nach **Abs. 1 Satz 1** herzustellenden **Stellplätze** richtet sich nach der Anlage 1 zu den erwähnten AV Stellplätze. Die darin genannten Zahlen entsprechen dem durchschnittlichen Bedarf und dienen als Anhaltspunkt zur Festlegung der Zahl der herzustellenden Stellplätze im Einzelfall; ein Beurteilungsspielraum steht der Bauaufsichtsbehörde bei der Anwendung dieser Regelungen nicht zu (vgl. VGH BW, U. v. 27.3.1985, BRS 44 Nr. 110; BayVerfGH, E.v. 26.3.1991, BayVBl. 1991, 431). Die AV sollen eine gleichmäßige Verwaltungspraxis gewährleisten; im Einzelfall lässt sich wegen besonderer Umstände eine Ausnahme von den Richtzahlen jedoch nicht ausschließen. Nach der Anlage 1 sind Mindestzahlen festgelegt; darüber hinaus können Stellplätze gefordert werden, wenn das Bauvorhaben bestimmten Bemessungszahlen (Brutto-Grundfläche, Sitz- oder Ausbildungsplätze, Betten, Besucher) entspricht. 9

Die früher in § 48 Abs. 3 Satz 2 a. F. enthaltene Regelung, wonach die Stellplätze von den öffentlichen Straßen aus **auf** (möglichst) **kurzem Wege** zu erreichen und **verkehrssicher** sein müssen, ist nunmehr in **Abs. 1 Satz 2** enthalten. Diese Vorschrift ist nicht drittschützend (vgl. OVG Bln, U. v. 14.5.1993, LKV 1994, 119). Geregelt wird in dieser Vorschrift die Verbindung des Stellplatzes zu den öffentlichen Straßen, die im öffentlichen Interesse möglichst ohne längere Fahrten durch Wohnbereiche oder Grünanlagen erreichbar sein sollen. Die Regelung ist auch städtebaulich begründet, weil die Grundstücke nicht durch lange Zufahrtswege zerschnitten werden sollen (vgl. OVG Bln, U. v. 26.7.1996, BRS 58 Nr. 120; HessVGH, U. v. 20.11.1996, BRS 58 Nr. 119). Der Stellplatz soll ferner ohne besondere Erschwernisse den ruhenden Verkehr aufnehmen können; das wird im Einzelfall bei hintereinander liegenden Stellplätzen zu verneinen sein (vgl. VGH BW, U. v. 23.10.1985, BRS 44 Nr. 109). Mit Gründen der Verkehrssicherheit ist insbesondere das Einordnen des ruhenden Verkehrs vom Stellplatz in den fließenden Straßenverkehr erfasst. 10

Nach **Abs. 1 Satz 3** sind „**ausreichende Abstellmöglichkeiten**" **für Fahrräder** herzustellen. Entsprechend der früheren Fassung richtet sich die Anzahl und Größe der Abstellmöglichkeiten nach Art und Zahl der vorhandenen und zu erwartenden Fahrräder der ständigen Benutzer und der Besucher der baulichen Anlagen oder der anderen Anlagen. Die Richtzahlen der Anlage 2 zu den AV Stellplätze dienen wiederum als 11

Anhaltspunkt zur Festlegung der Zahl der herzustellenden Fahrradabstellmöglichkeiten im Einzelfall. Zu Abstellräumen für Fahrräder in Wohngebäuden der Gebäudeklassen 2 bis 5 vgl. § 49 Abs. 2 und § 49 RNr. 6.

12 Die im Rahmen der Stellplatzpflicht nach Abs. 1 Satz 1 herzustellenden Stellplätze für Behinderte müssen zum Zweck des Abstellens von Kraftfahrzeugen für diesen Personenkreis erhalten bleiben. Eine **Zweckentfremdung** von Stellplätzen liegt vor, wenn diese nicht mehr der Aufnahme des von dem öffentlichen zugänglichen Gebäude verursachten Kraftverkehrs dienen (vgl. OVG NRW, B. v. 23.8.1989, BRS 49 Nr. 135 für das dauernde Abstellen eines Wohnwagens; BayVerfGH, E. v. 10.3.1995, BRS 57 Nr. 164 für das Abstellen von Oldtimern; zur Vermietung von Stellplätzen vgl. OVG NRW, U. v. 25.10.1993, BRS 55 Nr. 124). Entsprechendes gilt für die Zweckentfremdung von Abstellvorrichtungen für Fahrräder.

13 **V.** Für **bauliche Änderungen oder Nutzungsänderungen** ist seit der BauO Bln 1997 der unbestimmte Rechtsbegriff „wesentliche" in **Abs. 1 Satz 4** nicht mehr enthalten. Die Pflicht zur Herstellung von Stellplätzen für Kraftfahrzeuge Behinderte und von Abstellmöglichkeiten für Fahrräder ist auf die durch jede Änderung zusätzlich zu erwartenden Fahrzeuge festgelegt worden. Nunmehr unterliegen trotz des auf „Nutzungsänderung" beschränkten Wortlauts alle baulichen Änderungen oder Nutzungsänderungen (vgl. dazu auch BVerwG, B. v. 28.7.1992, BRS 54 Nr. 108; BayVGH, U. v. 20.2.2003, BRS 66 Nr. 143 sowie Hbg. OVG, U. v. 10.4.2003, BRS 66 Nr. 142) von Anlagen nach Satz 1 und 3 der Pflicht, Stellplätze und Abstellmöglichkeiten für Fahrräder herzustellen.

14 Auf die Genehmigungsbedürftigkeit der Änderung oder Nutzungsänderung der Anlage kommt es nicht an. Die Verpflichtung zur Herstellung zusätzlicher Stellplätze für Behinderte und weiterer Abstellmöglichkeiten für Fahrräder besteht jedoch nur dann, wenn „infolge" der Änderung weitere Fahrzeuge zu erwarten sind, die die bauliche Anlage oder andere Anlagen erreichen möchten. Zahl und Größe der Behindertenstellplätze und der Abstellmöglichkeiten für Fahrräder richten sich nach Art und Zahl der **aufgrund der Änderung zusätzlich zu erwartenden Fahrzeuge**. Entscheidend ist der durch die Änderung entstehende weitere Bedarf. Für die Umwandlung eines untergeordneten Teils der Verkaufs- und Ausstellungsräume eines Kaufhauses in ein darin ganz integriertes Café können z. B. keine zusätzlichen Stellplätze oder Abstellmöglichkeiten für Fahrräder verlangt werden (BayVGH, U. v. 11.11.1982, BRS 40 Nr. 143). Die Tatsache, dass gegebenenfalls für die ursprüngliche Anlage keine oder nur zu wenig Stellplätze vorhanden sind, bleibt aus Gründen des „Bestandsschutzes" außer Betracht. Nach dem Wortlaut des Abs. 1 Satz 4 müssen die fehlenden Stellplätze für Behinderte oder die Abstellmöglichkeiten für Fahrräder nicht wegen der Änderung oder Nutzungsänderung geschaffen werden, da dieser Bedarf nicht „infolge" der Änderung entstanden ist. Maßgeblich für die Berechnung des Bedarfs sind die im Zeitpunkt der Entscheidung der Bauaufsichtsbehörde geltenden AV zu § 50 (vgl. VGH BW, U. v. 15.4.1981, BRS 38 Nr. 134).

15 **VI.** Während nach **Abs. 2 Satz 1** die **Stellplätze** für Behinderte auf dem **Baugrundstück** oder in **zumutbarer Entfernung** davon auf einem geeigneten Grundstück hergestellt werden können, dessen Benutzung für diesen Zweck öffentlich-rechtlich gesichert ist, waren nach § 48 Abs. 2 Satz 2 a. F. die Abstellmöglichkeiten für **Fahrräder** auf dem Baugrundstück selbst zu schaffen. Nunmehr sind diese nach **Abs. 2 Satz 2** entweder auf dem Baugrundstück oder auf den **davor gelegenen öffentlichen Flächen** zu schaffen oder nach Abs. 3 abzulösen. Die Stellplätze sollen möglichst dort hergestellt werden, wo der Stellplatzbedarf hervorgerufen wird; das ist in erster Linie

das Baugrundstück selbst. Für schwer Gehbehinderte und Behinderte im Rollstuhl werden die Stellplätze möglichst in der Nähe des öffentlich zugänglichen Gebäudes und bei den behindertengerechten Zugängen (vgl. § 51) anzulegen sein. Nach Nr. 1.4 der AV Stellplätze kommen für **Abs. 2 Satz 1** nur Grundstücke in einer Entfernung, die nicht mehr als 100 m zwischen Baugrundstück und Stellplätzen beträgt, in Betracht.

Die Benutzung des anderen Grundstücks für Stellplätze des Baugrundstücks muss **öffentlich-rechtlich gesichert** sein, und zwar regelmäßig durch eine Baulast nach § 82 (vgl. dazu § 82 RNr. 18). Die Eintragung einer Baulast reicht allein nicht aus, um die Stellplatzverpflichtung zu erfüllen; die weiteren Voraussetzungen, insbesondere die Lage in der näheren Umgebung des Baugrundstücks und die Eignung für Behinderte, müssen kumulativ gegeben sein (vgl. auch OVG NRW, U. v. 11.8.1989, BRS 49 Nr. 141). Die Eintragung einer Grunddienstbarkeit reicht in keinem Fall aus. Zu weiteren Einzelheiten vgl. die Erläuterungen zu § 82. Soweit **Abs. 2 Satz 2** die Errichtung der Fahrradabstellplätze auf den vor dem Baugrundstück gelegenen **öffentlichen Verkehrsflächen** (insbesondere den Gehwegen) zulässt, war dies erforderlich, weil besonders im Innenstadtbereich die Grundstücke und die Gebäudekonstellationen Fahrradabstellmöglichkeiten in den Gebäuden und auf den eigenen Grundstücken weitgehend ausschließen. Nach der Begründung zu § 50 (AH-Drucks., § 48 RNr. 2, S. 96) ist diese Benutzung des Straßenraumes unentgeltlich, jedoch ist über die Aufstellmöglichkeit eine gesonderte Entscheidung bei der für Straßenbelange zuständigen Verwaltung einzuholen.

Nach **Abs. 3 Satz 1** darf die Herstellung der Abstellmöglichkeiten für Fahrräder auch durch **Zahlung eines Ablösebetrages** vor Baubeginn erfüllt werden (zur Verfassungsmäßigkeit der Ablösung von Stellplätzen siehe BVerwG, U. v. 16.9.2004, BVerwGE 122, 1 = BRS 67 Nr. 158 = NVwZ 2005, 215). Über die Höhe der Ablösebeträge für Fahrradabstellmöglichkeiten ist die **FahrAbVO** erlassen worden (**Abs. 3 Satz 2**). Die Ablösebeträge dürfen nach **Abs. 3 Satz 3** 90 % der durchschnittlichen Herstellungskosten unter Berücksichtigung anteiliger Grundstücksflächen nicht übersteigen. Um nicht für jeden Einzelfall eine eigene Berechnung durchführen zu müssen, werden in § 1 der VO zwei Zonen zur Ermittlung der Ablösebeträge gebildet; dies ist ein innerstädtischer Bereich (innerhalb des S-Bahnringes) und ein Bereich, der außerhalb des S-Bahnringes liegt. Im Innenstadtbereich liegt der Bemessungssatz bei 500,00 € und im äußeren Bereich bei 250,00 € je Fahrradabstellmöglichkeit. Eine Unterscheidung für die Art der Nutzung ist nicht eingeführt worden. Nach **Abs. 3 Satz 4** sind die Ablösebeträge ausschließlich für den Bau von Fahrradabstellmöglichkeiten im Bereich von öffentlichen Verkehrsflächen oder anderen geeigneten Grundstücksflächen zu verwenden.

VII. Nach § 48 Abs. 3 Satz 1 a. F. waren die Stellplätze so anzuordnen, dass ihre Benutzung die Gesundheit nicht schädigt und das Arbeiten und Wohnen, die Ruhe und die Erholung in der Umgebung durch Lärm oder Luftschadstoffe nicht über das zumutbare Maß hinaus stört. Mit dieser, nach ständiger Rechtsprechung des OVG Bln (vgl. z. B. U. v. 14.5.1993, LKV 1994, 119) drittschützenden Vorschrift sollten die Umgebung und damit auch die Nachbarn vor solchen Immissionen von Stellplätzen geschützt werden, die das übliche und deshalb hinzunehmende Maß überschreiten und die die Wohnqualität unzumutbar mindern. Zum **Nachbarschutz gegen Lärm und Abgase** durch die Benutzung von Stellplätzen im Innenraum eines Häuserblocks vgl. Thür OVG, B. v. 11.5.1995 (BRS 57 Nr. 221); siehe auch OVG Bln, B. v. 16.1.1998 (RNr. 2); zur Frage der Zumutbarkeit des mit der Nutzung von Stellplätzen verbundenen Fahrzeuglärms siehe OVG RP, B. v. 27.6.2002 (BRS 65 Nr. 143) und OVG MV, B. v. 24.2.2005 (LKV 2006, 132). Umfassend zum Nachbarschutz gegenüber Stellplätzen und Garagen Sarnighausen, NVwZ 1996, 7 und Dürr, BauR 1997, 7. § 48 Abs. 3 Satz 1 a. F. ist im „Rahmen der

19 Die Regelung des § 48 Abs. 3 Satz 3 a. F. über die **Gestaltung der Stellplatzflächen** durch Anpflanzung von Bäumen und Sträuchern ist durch die BauO Bln 1997 als zwingende Vorschrift gefasst worden, um die gärtnerische Gestaltung der Stellplatzflächen mit größerem Nachdruck betreiben zu können. Nunmehr bedarf dies keiner weiteren speziellen Regelung, weil nach **§ 8 Abs. 1** die nicht mit Gebäuden oder vergleichbaren baulichen Anlagen überbauten Flächen der bebauten Grundstücke wasseraufnahmefähig zu belassen oder herzustellen und zu begrünen oder zu bepflanzen sind, soweit dem nicht die Erfordernisse einer anderen zulässigen Verwendung der Flächen entgegenstehen. Diese Vorschrift findet keine Anwendung, soweit Bebauungspläne oder andere Rechtsverordnungen abweichende Regelungen enthalten. Die Pflicht zur gärtnerischen, unversiegelten Anlegung und Unterhaltung der nicht überbauten Flächen, die als Zufahrten oder Stellplätze öffentlich-rechtlich erforderlich sind, besteht nur insoweit, wie deren Funktion dadurch nicht unzumutbar beeinträchtigt wird. Dabei stellen begrünte Zwischenräume von Rasengittersteinen im Vorgarten keine gärtnerische Anlegung im Sinne des § 8 Abs. 1 dar; diese setzt eine gewisse gestalterische Qualität bei gleichzeitig weitgehend unversiegelter Bodenoberfläche voraus (OVG Bln, B. v. 30. 7. 2004, BRS 67 Nr. 146 = GE 2004, 1103).

20 VIII. Besondere Anforderungen für die Errichtung von Stellplätzen und Fahrradabstellmöglichkeiten können sich auch aus **Bebauungsplänen** ergeben. In Betracht kommen Festsetzungen von Flächen für Stellplätze und Garagen mit ihren Einfahrten nach § 9 Abs. 1 Nr. 4 BauGB, von Flächen für das Parken von Fahrzeugen und das Abstellen von Fahrrädern nach § 9 Abs. 1 Nr. 11 BauGB und von Flächen für Gemeinschaftsanlagen für Stellplätze und Garagen nach § 9 Abs. 1 Nr. 22 BauGB; vgl. weiter die Ermächtigungen in § 12 Abs. 4 bis 6 BauNVO (zur Unzulässigkeit eines genehmigungsfreien Stellplatzes nach § 12 Abs. 6 BauNVO vgl. BVerwG, B. v. 4. 3. 1997, BRS 59 Nr. 127). Durch Rechtsverordnung nach **§ 84 Abs. 6** kann aus den dort im Einzelnen genannten Gründen die **Herstellung von Stellplätzen eingeschränkt oder ausgeschlossen** sein; bei Vorhaben, die wegen der Nutzungsart oder des Nutzungsumfangs das Vorhandensein von Stellplätzen in besonderem Maße erfordern, können abweichende Regelungen vorgesehen werden. Nach **§ 84 Abs. 1 Nr. 3** kann die für das Bauwesen zuständige Senatsverwaltung zur Verwirklichung der in § 3 Abs. 1 und 2 bezeichneten Anforderungen durch Rechtsverordnung Vorschriften erlassen über **Anforderungen an Garagen und Stellplätze**.

21 Ist ein Bebauungsplan nach Inkrafttreten der **BauNVO** festgesetzt worden, so sind auf Stellplätze und Garagen insbesondere die §§ 12, 15, 21 a BauNVO in der jeweils geltenden Fassung anzuwenden. Für das übergeleitete Recht (vgl. dazu den Anhang) bestimmen die A-Bebauungspläne die Anwendbarkeit von § 12 Abs. 1 bis 3 BauNVO 1968. Zu Stellplätzen auf nicht überbaubaren Grundstücksflächen vgl. § 23 Abs. 5 Satz 2 BauNVO und VGH BW, B. v. 23. 10. 1997 (BRS 59 Nr. 126) sowie RNr. 3 und zu Anforderungen an Stellplätze nach § 34 Abs. 1 im nicht beplanten Innenbereich OVG Bln, B. v. 16. 1. 1998 (RNr. 2).

Nach § 12 Abs. 1 sind Stellplätze und Garagen in allen Baugebieten zulässig, soweit sich aus den folgenden Absätzen nichts anderes ergibt. Danach (Abs. 2) sind in Kleinsiedlungsgebieten, reinen **Wohngebieten** und allgemeinen Wohngebieten sowie Sondergebieten, die der Erholung dienen, Stellplätze und Garagen nur für den durch die zugelassene Nutzung verursachten Bedarf zulässig (vgl. hierzu OVG Bln, U. v. 14. 5. 1993,

RNr. 17). Nach Auffassung des BVerwG (B. v. 19.9.1995, BRS 57 Nr. 178) ist die Zufahrt zu einer Garage bauplanungsrechtlich dieser zuzuordnen und deshalb gemäß § 12 Abs. 2 BauNVO ohne besondere Festsetzung in einem allgemeinen Wohngebiet unzulässig, wenn die Garage nicht nur „für den durch die zugelassene Nutzung verursachten Bedarf" bestimmt ist. Auch eine Nutzung, die bestandskräftig genehmigt worden ist und daher weiter ausgeübt werden darf, ist vom Begriff der „zugelassenen Nutzung" in dieser Vorschrift erfasst (BVerwG, U. v. 7.12.2006, BVerwGE 127, 231 = NVwZ 1007, 585). Die in § 12 Abs. 2 BauNVO genannten Festsetzungen (§ 1 Abs. 3 Satz 1 BauNVO) sind nachbarschützend (BVerwG, U. v. 16.9.1993, BVerwGE 94, 151 = BRS 55 Nr. 110).

§ 51 Barrierefreies Bauen

(1) [1]In Gebäuden mit mehr als vier Wohnungen müssen die Wohnungen eines Geschosses über den üblichen Hauptzugang barrierefrei erreichbar sein. [2]In diesen Wohnungen müssen die Wohn- und Schlafräume, eine Toilette, ein Bad sowie die Küche oder die Kochnische mit dem Rollstuhl zugänglich sein. [3]§ 39 Abs. 4 bleibt unberührt.

(2) [1]Bauliche Anlagen, die öffentlich zugänglich sind, müssen so errichtet und instand gehalten werden, dass sie von Menschen mit Behinderungen, alten Menschen und Personen mit Kleinkindern über den Hauptzugang barrierefrei erreicht und ohne fremde Hilfe zweckentsprechend genutzt werden können. [2]In diesen baulichen Anlagen sind neben den Rettungswegen im Sinne von § 33 zusätzliche bauliche Maßnahmen für die Selbstrettung von Behinderten im Rollstuhl nur dann erforderlich, wenn die Anlage oder Teile davon von diesem Personenkreis überdurchschnittlich, bezogen auf den Bevölkerungsanteil der Behinderten, genutzt werden. [3]Anderenfalls genügen betriebliche Maßnahmen, die die Rettung mittels fremder Hilfe sicherstellen.

(3) [1]Bauliche Anlagen nach Absatz 2 müssen durch einen Hauptzugang mit einer lichten Durchgangsbreite von mindestens 0,90 m stufenlos erreichbar sein. [2]Vor Türen muss eine ausreichende Bewegungsfläche vorhanden sein. [3]Rampen dürfen nicht mehr als 6 Prozent geneigt sein; sie müssen mindestens 1,20 m breit sein und beidseitig einen festen und griffsicheren Handlauf haben. [4]Am Anfang und am Ende jeder Rampe ist ein Podest, alle 6 m ein Zwischenpodest anzuordnen. [5]Die Podeste müssen eine Länge von mindestens 1,50 m haben. [6]Treppen müssen an beiden Seiten Handläufe erhalten, die über Treppenabsätze und Fensteröffnungen sowie über die letzten Stufen zu führen sind. [7]Die Treppen müssen Setzstufen haben. [8]Flure müssen mindestens 1,50 m breit sein. [9]Bei der Herstellung von Toiletten muss mindestens ein Toilettenraum auch für Menschen mit Behinderungen geeignet und barrierefrei erreichbar und nutzbar sein; er ist zu kennzeichnen. [10]§ 39 Abs. 4 gilt auch für Gebäude mit weniger als fünf oberirdischen Geschossen, soweit Geschosse mit Rollstühlen stufenlos erreichbar sein müssen.

(4) Sollen rechtmäßig bestehende bauliche Anlagen nach Absatz 2 in ihrer Nutzung oder wesentlich baulich geändert werden, gelten die in Absatz 2 genannten

Anforderungen entsprechend; bei einer wesentlichen baulichen Änderung bleiben im Übrigen die in § 85 Abs. 3 aufgestellten Voraussetzungen unberührt.

(5) Von den Absätzen 1 bis 4 dürfen Abweichungen gemäß § 68 Abs. 1 nur zugelassen werden, soweit die Anforderungen
1. wegen schwieriger Geländeverhältnisse,
2. wegen des Einbaus eines sonst nicht erforderlichen Aufzugs oder
3. wegen ungünstiger vorhandener Bebauung

nur mit einem unverhältnismäßigen Mehraufwand erfüllt werden können.

Erläuterungen:

1 **I.** § 51 ersetzt die Vorschrift des § 51 a. F. über Behindertengerechtes Bauen. Den Begriff der „Barrierefreiheit" übernimmt der Berliner Gesetzgeber in **§ 4 a Satz 1** des Gesetzes über die Gleichberechtigung von Menschen mit und ohne Behinderung in der Fassung vom 28. September 2006 (GVBl. S. 958) – (Landesgleichberechtigungsgesetz) – **LGBG** – aus § 4 des Gesetzes zur Gleichstellung behinderter Menschen vom 27. April 2002 – (BGBl. I S. 1467) (Behindertengleichstellungsgesetzt) – **BGG** –. Danach sind barrierefrei bauliche und sonstige Anlagen, Verkehrsmittel, technische Gebrauchsgegenstände, Systeme der Informationsverarbeitung, akustische und visuelle Informationsquellen und Kommunikationseinrichtungen sowie andere gestaltete Lebensbereiche, wenn sie für behinderte Menschen **in der allgemein üblichen Weise**, ohne besondere Erschwernis und grundsätzlich ohne fremde Hilfe **zugänglich und nutzbar** sind (vgl. auch § 2 Abs. 12 BauO Bln). Nach § 4 a Satz 2 LGBG liegt eine besondere Erschwernis insbesondere auch dann vor, wenn Menschen mit Behinderung die Mitnahme oder der Einsatz benötigter Hilfsmittel verweigert oder erschwert wird. Grundlage dieser Regelungen ist **Art. 3 Abs. 3 Satz 2 GG**, wonach niemand wegen seiner Behinderung benachteiligt werden darf (zur Auslegung dieser Vorschrift siehe BVerfG, B. v. 8.10.1997, NJW 1998, 131; Jürgens, NVwZ 1995, 452, Beaucamp, DVBl. 2002, 997 sowie Neumann, NVwZ 2003, 897). Der Vorschrift des Grundgesetzes folgend bestimmt **Art. 11 Satz 1 der Verfassung von Berlin**, dass Menschen mit Behinderungen nicht benachteiligt werden dürfen. In Satz 2 dieses Art. 11 wird das Land Berlin verpflichtet, für die gleichwertigen Lebensbedingungen von Menschen mit und ohne Behinderung zu sorgen. Durch die hier festgelegte Verpflichtung des Landes zur Schaffung gleichwertiger Lebensbedingungen wird die Bedeutung des Benachteiligungsverbots in Satz 1 unterstrichen und gleichzeitig um einen staatlichen Förderungs- und Integrationsauftrag ergänzt (Driehaus, Verfassung von Berlin, 2. Aufl. 2005, Art. 11 RNr. 3). Auch das Allgemeine Gleichbehandlungsgesetz vom 14. August 2006 (BGBl. 1 S. 1897) – **AGG** – nennt es als sein Ziel, Benachteiligungen aus Gründen einer Behinderung zu verhindern oder zu beseitigen. Menschen sind **behindert**, wenn ihre körperliche Funktion, geistige Fähigkeit oder seelische Gesundheit mit hoher Wahrscheinlichkeit länger als sechs Monate von dem für das Lebensalter typischen Zustand abweichen und daher ihre Teilhabe am Leben in der Gesellschaft beeinträchtigt ist (übereinstimmende Definition in § 3 BGG und § 4 LGBG).

2 In § 51 geht es für das Bauordnungsrecht generell um ein barrierefreies Bauen mit dem Ziel, eine weitgehend selbständige Teilnahme der in Abs. 2 Satz 1 genannten Personengruppen – Menschen mit Behinderungen, alten Menschen und Personen mit Kleinkindern – am gesellschaftlichen Leben zu erreichen. Dazu sind neben den nunmehr (früher § 45 Abs. 2 a. F.) in **Abs. 1** genannten **Wohnungen und Räumen** nach **Abs. 2** in größerem Umfang barrierefrei ausgestaltete **öffentlich zugängliche Anlagen** erforderlich (zum Anspruch auf behindertengerechten Zugang zu öffentlichen Einrichtungen vgl. Grams, BauR 1995, 195). Anders als in der Musterbauordnung und in den meisten Bauordnungen der anderen Bundesländer (vgl. dazu Reichel in: Reichel/Schulte, Hdb. BauOR, 2004, Kap. 10 RNrn. 1 und 2) müssen nicht nur Wohnungen, sondern auch öffentlich zugängliche bauliche Anlagen über den **Hauptzugang** barrierefrei erreichbar sein. Hierzu meint der Berliner Gesetzgeber (AH-Drucks. 15/3926, S. 97), mit der Forderung der Erschließung über den Hauptzugang solle verhindert werden, dass Eingangssituationen geschaffen würden, die Gehbehinderte und Behinderte im Rollstuhl in diskriminierender Weise von der z. B. straßenseitigen Erreichbarkeit ausgrenzten; auch die Beschränkung der Zugänglichkeit auf den dem allgemeinen Besucherverkehr dienenden Teil, wie es die MBO vorsehe, sei nicht in die BauO Bln übernommen worden; die **Abweichungen von den Regelungen der MBO** seien im Zusammenhang mit den besonders intensiven Bestrebungen des Landes Berlin zur Berücksichtigung der Belange behinderter Menschen geboten (siehe zu allem auch Jankowski, LKV 2005, 388 ff.).

Während nach § 52 für **Sonderbauten** im Sinne von § 2 Abs. 4, zu denen zahlreiche öffentlich zugängliche bauliche Anlagen gehören, besondere Anforderungen zur Gefahrenabwehr gestellt werden können, verfolgt § 51 den **sozialpolitischen Zweck**, bestimmte Gruppen hilfsbedürftiger Personen die zweckentsprechende Nutzung öffentlich zugänglicher baulicher Anlagen hinsichtlich des Zugangs ohne fremde Hilfe und für die Rettung im Gefahrenfall mit fremder Hilfe zu ermöglichen. Die Tatbestandsvoraussetzungen der Vorschriften können auch zusammentreffen, so dass bei demselben Vorhaben gegebenenfalls beide Regelungen anzuwenden sind; § 52 Abs. 1 Satz 1 und Satz 3 Nr. 15 stellen dies klar. Nach § 84 Abs. 1 Nr. 4 kann die für das Bauwesen zuständige Senatsverwaltung zur Verwirklichung der in § 3 Abs. 1 und 2 bezeichneten Anforderungen durch Rechtsverordnung Vorschriften erlassen über **besondere Anforderungen oder Erleichterungen**, die sich aus der besonderen Art oder Nutzung von Anlagen oder Räumen für Errichtung, Änderung, Unterhaltung, Betrieb und Benutzung ergeben (§§ 51 und 52), sowie über die Anwendung solcher Anforderungen auf bestehende bauliche Anlagen dieser Art. In **Abs. 3** des § 51 sind die technischen Anforderungen im Einzelnen detailliert geregelt. Hinsichtlich der Anforderungen an rechtmäßig bestehende bauliche Anlagen trifft **Abs. 4** eine ausdrückliche Regelung. Nach **Abs. 5** sind unter engen Voraussetzungen Abweichungen von den Absätzen 1 bis 4 möglich.

Die in der Liste der Technischen Baubestimmungen – Fassung Februar 2006 – (ABl. 2006 S. 4349) unter Nr. 7.2 und 7.3 aufgeführten **DIN 18024 (Barrierefreies Bauen) und DIN 18025 (Barrierefreie Wohnungen)** sind nicht in vollem Umfang als zu beachtende Technische Baubestimmungen nach § 3 Abs. 3 eingeführt. Die bauaufsichtliche Einführung der DIN 18024 – 1 – und der DIN 18024 – 2 – (siehe § 50 RNrn. 5, 6) bezieht sich nur auf die baulichen Anlagen oder die Teile baulicher Anlagen, für die nach § 51 barrierefreie Nutzbarkeit gefordert wird, und auf die zugehörigen Baugrundstücke (zu – 1). Technische Regeln, auf die in dieser Norm verwiesen wird, sind von der bauaufsichtlichen Einführung nicht erfasst. Einzelne Abschnitte der DIN-Norm werden von der bauaufsichtlichen Einführung „im Allgemeinen" ausgenommen; zum Teil wegen fehlender bauaufsichtlicher Zuständigkeit. Auch die bauaufsichtliche Einführung der DIN 18025 – Teile 1 und 2 – (siehe § 50 RNr. 5) bezieht sich nur auf die Wohnungen, die als Wohnungen für Rollstuhlbenutzer (zu Teil 1) errichtet werden und die Zugänge zu diesen Wohnungen. Technische Regeln, auf die in dieser Norm verwiesen wird, sind von der bauaufsichtlichen Einführung nicht erfasst. Da nur die technischen Regeln eingeführt werden, die zur Erfüllung der Grundsatzanforderungen des Bauordnungsrechts unerlässlich sind, sind die Bauaufsichtsbehörden nicht gehindert, im Rahmen ihrer Entscheidungen zur Ausfüllung unbestimmter Rechtsbegriffe auch auf nicht eingeführte allgemein anerkannte Regeln der Technik zurückzugreifen. Bezugsquelle für diese DIN-Normen: Beuth Verlag GmbH, 10772 Berlin.

5   Auch in der **Bauleitplanung** sind die Belange der alten und behinderten Menschen und der allgemeinen Anforderungen an gesunde Wohn- und Arbeitsverhältnisse zu berücksichtigen (§ 1 Abs. 6 Nrn. 1 und 3 BauGB). Denkbar ist z. B. auch die Festsetzung von Flächen für Personengruppen mit besonderem Wohnbedarf (§ 9 Abs. 1 Nr. 8 BauGB).

6   Auch außerhalb baulicher Anforderungen an die Barrierefreiheit erfüllt das Land Berlin in anderen Lebensbereichen seine Verpflichtung aus Art. 11 Satz 2 der Verfassung von Berlin. So hat der Senat von Berlin aufgrund des § 6 Abs. 1 AZG die Verwaltungsvorschriften zur Schaffung **Barrierefreier Informationstechnik** vom 23. August 2005 (ABl. S. 4020) erlassen und nunmehr in § 17 LGBG (siehe RNr. 1) eine Regelung getroffen. In § 16 LGBG ist bestimmt, dass öffentliche Stellen im Sinne des § 1 Abs. 2 LGBG, also alle Berliner Behörden, Körperschaften, Anstalten und Stiftungen des öffentlichen Rechts sowie Betriebe oder Unternehmen, die mehrheitlich vom Land Berlin bestimmt werden, bei der **Gestaltung von** schriftlichen **Bescheiden**, Allgemeinverfügungen, öffentlich-rechtlichen Verträgen und Vordrucken eine Behinderung von Menschen berücksichtigen sollen.

7   II. Damit die Regelungen über barrierefreies Bauen in einer Vorschrift zusammengefasst werden, ist die bisher in § 45 Abs. 2 a. F. enthaltene Regelung in **Abs. 1 Sätze 1 und 2** aufgenommen worden. In Gebäuden mit mehr als vier Wohnungen müssen danach die Wohnungen eines Geschosses über den **üblichen Hauptzugang** barrierefrei erreichbar sein. In diesen Wohnungen müssen die Wohn- und Schlafräume, eine Toilette, ein Bad sowie die Küche oder die Kochnische mit dem Rollstuhl zugänglich sein. Anders als nach der früheren Fassung müssen nicht mehr alle Räume mit dem Rollstuhl zugänglich sein. Die bisherige Regelung, wonach Wohngebäude mit mehr als zwei Wohnungen über ein barrierefrei erreichbares Geschoss verfügen mussten, ist aufgegeben worden, weil, so führt der Gesetzgeber aus, individuell gewünschte und von der Norm abweichende Gebäudekonstellationen wie Maisonettewohnungen auch bei kleineren Stadtvillen an der barrierefreien Erreichbarkeit scheitern würden; die jetzt getroffene Regelung stelle sicher, dass auch der übliche Mietwohnungsbau, der aufgrund seiner Finanzierungsvorgaben hauptsächlich in kompakter Form realisiert werde, weiterhin zumindest ein barrierefrei erreichbares Geschoss erhalte (AHDrucks., RNr. 2, S. 98). Die jetzige Regelung ist nicht auf Wohngebäude beschränkt. Nunmehr muss, auch wenn sich in dem Gebäude eine gewerbliche Nutzung befindet, die barrierefreie Erreichbarkeit der Wohnungen eines Geschosses über den üblichen Hauptzugang sichergestellt werden. Es muss sich nicht mehr wie nach § 45 Abs. 2 a. F. um das unterste Vollgeschoss handeln. Die in Satz 2 im Einzelnen aufgeführten **Räume** ermöglichen eine angemessene Wohnnutzung. Der Hinweis in **Satz 3** auf die zu den Regelungen über Aufzüge gehörende Vorschrift des § 39 Abs. 4 soll den Zusammenhang der Bestimmungen über das barrierefreie Bauen in § 51 klarstellen.

8   Nach **§ 554 a BGB** kann der Mieter vom Vermieter die Zustimmung zu baulichen Veränderungen oder sonstigen Einrichtungen verlangen, die für eine behindertengerechte Nutzung der Mietsache oder den Zugang zu ihr erforderlich sind, wenn er ein berechtigtes Interesse daran hat (vgl. dazu die Kommentare zum BGB und Mersson, ZMR 2001, 956). Art. 3 Abs. 3 Satz 2 GG (siehe RNr. 1) ist bei der Auslegung der Normen des

einfachen Rechts zu beachten; eine unmittelbare Rechtswirkung gegenüber anderen Rechtssubjekten des Privatrechts kommt der Vorschrift aber nicht zu (BVerwG, U. v. 5.4.2006, DVBl. 2006, 984, 989).

III. In **Abs. 2 Satz 1** werden die Personengruppen, zu deren Gunsten die folgenden Regelungen geschaffen worden sind, aufgeführt. Dies sind zunächst **Menschen mit Behinderungen** aller Art. Nach § 3 des zu RNr. 1 erwähnten BGG sind Menschen behindert, wenn ihre körperliche Funktion, geistige Fähigkeit oder seelische Gesundheit mit hoher Wahrscheinlichkeit länger als sechs Monate von dem für das Lebensalter typischen Zustand abweichen und daher ihre Teilhabe am Leben in der Gesellschaft beeinträchtigt ist (siehe auch § 4 LGBG). In § 51 Abs. 1 Satz 1 a. F. waren hervorgehoben schwer Gehbehinderte und Behinderte im Rollstuhl. Weiter werden, wie bisher, durch die Regelung **alte Menschen** und **Personen mit Kleinkindern** begünstigt.

Abs. 2 Satz 1 erfasst alle **öffentlich zugänglichen baulichen Anlagen**. Öffentlich zugänglich sind bauliche Anlagen, die nach ihrer Zweckbestimmung grundsätzlich von jedermann betreten und genutzt werden können, wobei es nicht darauf ankommt, ob die angebotene Dienstleistung öffentlicher oder privater Natur ist oder ob sie unentgeltlich oder gegen Entgelt erbracht wird. § 51 der BauO Bln 1985 (vgl. auch § 50 Abs. 2 Satz 2 MBO) enthielt eine Aufzählung der hauptsächlich in Betracht kommenden Anlagen. Genannt waren Geschäftshäuser, für den Gottesdienst bestimmte Anlagen, Versammlungsstätten, Gaststätten und Beherbergungsbetriebe, Bürogebäude, Verwaltungsgebäude und Gerichte, Schalterräume und Abfertigungsräume der Verkehrseinrichtungen, Versorgungseinrichtungen und Banken, Museen, öffentliche Bibliotheken, Messe- und Ausstellungsbauten, Krankenhäuser, Sportstätten, Erholungsstätten und Freizeitstätten, Spielplätze und ähnliche Anlagen, öffentliche Bedürfnisanstalten, Schulen, Universitäten, Fachhochschulen und ähnliche Ausbildungsstätten. Alle diese Einrichtungen müssen über den **Hauptzugang barrierefrei** erreicht und ohne fremde Hilfe **zweckentsprechend genutzt** werden können. Eine mobile Rampe dürfte nicht ausreichen, weil der Nutzer dann auf fremde Hilfe angewiesen wäre. Ob die Zulassung einer Abweichung (§ 68 Abs. 1) in Betracht kommen könnte, erscheint angesichts der in Abs. 5 geregelten Anforderungen zweifelhaft.

Zum Anspruch eines Rollstuhlfahrers, die Zahl der Rollstuhlfahrerplätze in einer **Versammlungsstätte** (Deutschlandhalle) zu erhöhen siehe OVG Bln, U. v. 25.2.1992 (NVwZ-RR 1993, 319). § 26 Abs. 4 der BetrVO bestimmt, dass u.a. in Versammlungsräumen, die mehr als 200 Besucher fassen, für Rollstuhlbenutzer mindestens 1 % der Besucherplätze, mindestens jedoch zwei Plätze, auf ebenen Standflächen vorhanden sein müssen. Nach Auffassung des VGH BW (U. v. 27.9.2004, BRS 67 Nr. 147 = NVwZ-RR 2005, 795) kann ein **Fitness-Studio** eine durch Einbau eines Aufzugs barrierefrei herzustellende Sportanlage im Sinne 10 des § 39 Abs. 2 Nr. 6 LBO BW sein; Sportanlage, so führt das Gericht aus, sei jede bauliche Anlage, die der Sportausübung diene, ohne dass weitere Anforderungen an Größe oder Bedeutung für das gesellschaftliche Leben vom Gesetz gestellt würden; die Forderung nach einer barrierefreien Errichtung erstrecke sich grundsätzlich auf das gesamte Gebäude und damit auf alle Geschosse. Zu einem Aufzug für behinderte Menschen in einem **Ärztehaus** vgl. NdsOVG, B. v. 25.4.2006 (BauR 2006, 1285). Hinsichtlich der **Stellplätze für Behinderte** bestimmt § 50 Abs. 1 Satz 1, dass bei der Errichtung öffentlich zugänglicher Gebäude Stellplätze in ausreichender Zahl für schwer Gehbehinderte und Behinderte im Rollstuhl anzubieten sind. Für Stellplätze für Behinderte in allgemeinen zugänglichen Garagen mit mehr als 1 000 m^2 Nutzfläche trifft § 21 der BetrVO eine besondere Regelung (vgl. § 52 RNr. 29).

§ 51 RNr. 12–14

12 Welche **Maßnahmen** im Einzelnen zu treffen sind, um den Anforderungen des Abs. 2 Satz 1 gerecht zu werden, bestimmt sich nach der Zweckbestimmung der jeweiligen Anlage oder Einrichtung; denn nach Abs. 2 Satz 1 soll den Menschen mit Behinderungen, alten Menschen und Personen mit Kleinkindern eine barrierefreie Erreichbarkeit und eine „zweckentsprechende" Benutzung ohne fremde Hilfe ermöglicht werden. Für die nicht unter Abs. 2 Satz 1 fallenden Arbeitsstätten bestimmt § 3 Abs. 2 ArbStättV (siehe § 56 RNr. 2), dass der Arbeitgeber, wenn er Menschen mit Behinderungen beschäftigt, Arbeitsstätten so einzurichten und zu betreiben hat, dass die besonderen Belange dieser Beschäftigten im Hinblick auf Sicherheit und Gesundheitsschutz berücksichtigt werden. Dies gilt insbesondere für die **barrierefreie Gestaltung von Arbeitsplätzen** sowie von zugehörigen Türen, Verkehrswegen, Fluchtwegen, Notausgängen, Treppen, Orientierungssystemen, Waschgelegenheiten und Toilettenräumen. Die Anforderungen des Bauordnungsrechts bleiben hiervon jedoch unberührt (§ 3 Abs. 4 ArbStättV).

13 Die **Sätze 2 und 3** übernehmen die Regelung des § 51 Abs. 3 a. F., die bezweckte, die Rettungswege (§ 33) in öffentlich zugänglichen baulichen Anlagen so herzustellen, dass sie für die Rettung aller Personengruppen geeignet sind. Der allgemeine Sicherheitsstandard im Gefahrenfall sollte auch für Behinderte gewährleistet werden. Eine Rettung durch fremde Hilfe kann dort nicht vorausgesetzt werden, wo die Anlage oder Teile davon von Behinderten im Rollstuhl **überdurchschnittlich**, bezogen auf den Bevölkerungsanteil der Behinderten, genutzt werden. In diesem Fall sind nach **Satz 2** neben den Rettungswegen im Sinne von § 33 zusätzliche bauliche Maßnahmen für die **Selbstrettung** dieses Personenkreises erforderlich. Es können auch nach § 52 Abs. 1 Satz 3 Nrn. 9 und 15 besondere Anforderungen an die Rettungswege gestellt werden. Anderenfalls – also bei **nicht überdurchschnittlicher Nutzung** – genügen nach Satz 3 betriebliche Maßnahmen, die die Rettung **mittels fremder Hilfe** sicherstellen. Für Verkaufsstätten mit einer Fläche von insgesamt mehr als 2000 m^2, für Beherbergungsstätten mit mehr als 12 Gastbetten, für Garagen, deren Nutzfläche mehr als 100 m^2 beträgt, sowie für Versammlungsstätten bestimmter Größe gilt die **BetrVO** und damit deren § 1. Danach muss für jede öffentlich zugängliche bauliche Anlage oder deren Teilbereiche, für die Rettungswege für Behinderte im Rollstuhl mittels geregelter fremder Hilfe bestimmt werden, durch den Betreiber im Einvernehmen mit der Berliner Feuerwehr eine **Brandschutzordnung** aufgestellt und durch Aushang an zentraler Stelle bekannt gemacht werden. Die erforderlichen Regelungen sind im Einzelnen in § 1 Abs. 1 Sätze 2 und 3 BetrVO aufgeführt. § 1 Abs. 2 befasst sich mit der Belehrung der Betriebsangehörigen, Abs. 3 Satz 1 mit abweichenden Nutzungen. § 1 Abs. 3 Satz 2 BetrVO stellt ausdrücklich klar, dass die betrieblichen Maßnahmen nach den Absätzen 1 und 2 nicht ausreichend sind, wenn eine überdurchschnittliche Nutzung nach § 51 Abs. 2 Satz 2 durch Behinderte im Rollstuhl anzunehmen ist. Abs. 4 bestimmt die Anwendung ab 1. Januar 2010 auf bestehende öffentlich zugängliche bauliche Anlagen.

14 **IV. Abs. 3** regelt die bauordnungsrechtlichen **Mindestanforderungen**, die erfüllt sein müssen, um die barrierefreie Erreichbarkeit und zweckentsprechende Nutzung baulicher Anlagen nach Abs. 2 sicherzustellen. Diese Anlagen müssen durch einen Hauptzugang mit einer lichten Durchgangsbreite von mindestens 0,90 m stufenlos erreichbar sein (DIN 18024-2 Nr. 7.1); vor **Türen** muss eine ausreichende Bewegungsfläche vorhanden sein (DIN 18024 – 2 Nr. 4). **Rampen** dürfen nicht mehr als geneigt sein; sie müssen mindestens 1,20 m breit sein und beidseitig einen festen und griffsicheren Handlauf haben; am Anfang und am Ende jeder Rampe ist ein Podest, alle 6 m ein Zwischenpodest anzuordnen; die Podeste müssen eine Länge von mindestens 1,50 m haben (DIN 18024-2 Nr. 7.4). **Treppen** müssen an beiden Seiten Handläufe erhalten, die über Treppenabsätze und Fensteröffnungen sowie über die letzten Stufen zu führen sind; die Treppen müssen Setzstufen (senkrechter Teil der Stufe) haben. **Flure** müssen mindestens 1,50 m breit sein. Bei der Herstellung von **Toiletten** muss mindestens ein Toilettenraum auch für Menschen mit Behinderungen geeignet und barrierefrei erreichbar und nutzbar sein; er ist zu kennzeichnen. Die Vorschrift über **Aufzüge** in § 39 Abs. 4 gilt auch für Gebäude mit weniger als fünf oberirdischen Geschossen, soweit Geschosse mit Rollstühlen stufenlos erreichbar sein müssen; so etwa in einem Heim für Behinderte. Mit barrierefreien Übergängen auf Balkonen und Terrassen befasst sich Gutjahr (BBauBl. 2006, 32).

Nach § 3 Abs. 1 Satz 2 der **Gaststättenverordnung** vom 10. September 1971 (GVBl. S. 178), geändert durch Gesetz vom 14. Dezember 2005 (GVBl. S. 754) – GastV – muss der Hauptzugang zu Schank- und Speisewirtschaften barrierefrei und die den Gästen dienenden Räume müssen barrierefrei zugänglich und nutzbar sein. Ab einer Schank- und Speiseraumgrundfläche von 50 m^2 muss mindestens eine barrierefrei gestaltete Toilette für mobilitätsbehinderte Gäste benutzbar sein (§ 4 Abs. 1 Satz 2 GastV). Die Zulassung von Abweichungen von diesen Anforderungen ist in § 5 GastV geregelt. Nach § 4 Abs. 1 Satz 1 Nr. 2 a des Gaststättengesetzes ist die Gaststättenerlaubnis zu versagen, wenn die zum Betrieb des Gewerbes für Gäste bestimmten Räume von behinderten Menschen nicht barrierefrei genutzt werden können, soweit diese Räume in einem Gebäude liegen, für das nach dem 1. November 2002 eine Baugenehmigung für die erstmalige Errichtung, für einen wesentlichen Umbau oder eine wesentliche Erweiterung erteilt wurde oder das, für den Fall, dass eine Baugenehmigung nicht erforderlich ist, nach dem 1. Mai 2002 fertig gestellt oder wesentlich umgebaut oder erweitert wurde. Mit den Auswirkungen des oben zu RNr. 1 erwähnten BGG auf das Gaststättenrecht befasst sich Pöltl, GewA 2003, 231. Bei der Errichtung von **Beherbergungsstätten** mit mehr als 12 Gastbetten muss nach § 16 BetrVO die Anzahl der barrierefrei zugänglichen Beherbungsräume mindestens 10 Prozent betragen. Das Sportförderungsgesetz vom 6. Januar 1989 (GVBl. S. 122) bestimmt in § 10 Abs. 2: Eine ausreichende Zahl von öffentlichen Sportanlagen soll für Behinderte nutzbar sein; **öffentliche Sportanlagen** sollen im passiven Bereich für Behinderte zweckentsprechend hergerichtet werden; neue Sportanlagen müssen für Behindertensport geeignet sein. Nach § 7 Abs. 3 des **Berliner Straßengesetzes** vom 13. Juli 1999 (GVBl. S. 380) gewährleisten die Träger der Straßenbaulast, dass kontrastreiche und taktil wahrnehmbare Orientierungshilfen in den Gehwegbelag eingebaut werden; an den Straßenkreuzungen, Straßeneinmündungen und sonstigen für den Fußgängerverkehr bestimmten Übergangsstellen soll die Auftrittshöhe in der Regel 3 cm betragen. Zur Barrierefreiheit von **Flughäfen** und Luftfahrzeugen siehe § 19 d und § 20 b LuftVG.

V. Nach **Abs. 4 Halbsatz 1** gelten die in Abs. 2 genannten Anforderungen entsprechend, wenn rechtmäßig bestehende öffentlich zugängliche bauliche Anlagen **in ihrer Nutzung oder wesentlich baulich geändert werden**. Es handelt sich um eine zulässige Bestimmung über Inhalt und Schranken des Eigentums im Sinne von Art. 14 Abs. 1 Satz 2 und Abs. 2 GG (vgl. BVerwG, B. v. 28.7.1992, BRS 54 Nr. 108 zur Stellplatzpflicht). Für die Wesentlichkeit ist das Ausmaß der Änderung im Verhältnis zum bisherigen Zustand entscheidend. Bloße Instandsetzungs- oder Unterhaltungsarbeiten reichen nicht aus. Wesentlich sind umgestaltende Veränderungen oder Erweiterungen der baulichen Substanz der öffentlich zugänglichen Anlage, die offensichtlich geringfügige Ausmaße überschreiten (vgl. dazu auch die Erläuterungen zu § 85 Abs. 3).

Nach **Abs. 4 Halbsatz 2** bleiben bei einer **wesentlichen baulichen Änderung** – ohne Nutzungsänderung – im Übrigen die in § 85 Abs. 3 aufgestellten Voraussetzungen unberührt. Das bedeutet, dass die Bauaufsichtsbehörde fordern kann, auch die nicht unmittelbar berührten Teile der baulichen Anlage mit den neuen Vorschriften in Einklang zu bringen, wenn die Bauteile, die diesen Vorschriften nicht mehr entsprechen, mit den beabsichtigten Arbeiten in einem konstruktiven Zusammenhang stehen und die Durchführung dieser Vorschriften bei den von den Arbeiten nicht berührten Teilen der baulichen Anlage keine unzumutbaren Mehrkosten verursacht. Entscheidend ist, ob die Mehrkosten zu den ohnehin entstehenden Kosten der wesentlichen Änderung in einem Missverhältnis stehen. Nach Auffassung des Hbg. OVG (U. v. 16.6.2004, BRS 67 Nr. 154) verursacht ein Aufwand von etwa 10 % der Kosten des Änderungsvorhabens noch keine unzumutbaren Mehrkosten.

18 VI. Nach **Abs. 5** dürfen von den Absätzen 1 bis 4 **Abweichungen** nach § 68 Abs. 1 nur zugelassen werden, soweit die Anforderungen wegen schwieriger Geländeverhältnisse, wegen des Einbaus eines sonst nicht erforderlichen Aufzugs oder wegen ungünstiger vorhandener Bebauung nur mit einem unverhältnismäßigen Mehraufwand erfüllt werden können. § 68 Abs. 1 setzt weiter voraus, dass die Abweichung unter Berücksichtigung des Zwecks der jeweiligen Anforderung und unter Würdigung der öffentlich-rechtlich geschützten nachbarlichen Belange mit den öffentlichen Belangen, insbesondere den **Anforderungen des § 3 Abs. 1**, vereinbar ist. Schwierige Geländeverhältnisse können z. B. bei einer Hanglage des in Betracht kommenden Gebäudes gegeben sein. Ob ein Aufzug erforderlich ist, ist der Regelung des § 39 Abs. 4 zu entnehmen. Der Fall, dass die Anforderungen der Absätze 1 bis 4 wegen ungünstiger vorhandener Bebauung nur mit einem unverhältnismäßigen Mehraufwand erfüllt werden können, kann insbesondere bei Nutzungsänderungen oder baulichen Änderungen auftreten. Bei der Beurteilung der Abweichungsvoraussetzungen sind die **finanziellen Auswirkungen** zu berücksichtigen. Ob ein Mehraufwand unverhältnismäßig ist, wird nach dem Verhältnis zu den Gesamtkosten für ein Vorhaben zu beurteilen sein. Ein Mehraufwand wird als unverhältnismäßig anzusehen sein, wenn die zu treffenden Maßnahmen 20 % der Gesamtkosten der Baumaßnahme übersteigen (AH-Drucks., RNr. 2, S. 100). Bei Zulassung einer Abweichung nach § 68 Abs. 1 kann ein außerordentliches Klagerecht von Verbänden oder Vereinen nach Maßgabe des § 15 LGBG bestehen (siehe dazu RNrn. 19 ff.). **Ordnungswidrig** handelt, wer vorsätzlich oder fahrlässig den Vorschriften über die barrierefreie bauliche Gestaltung in § 39 Abs. 4 und 5, § 50 Abs. 1 Satz 1 und § 51 zuwiderhandelt (§ 83 Abs. 1 Satz 1 Nr. 5).

19 VII. Nach § 15 Abs. 1 LGBG (**Außerordentliches Klagerecht**) kann ein im Landesbeirat für Menschen mit Behinderung mit einem stimmberechtigten Mitglied vertretener rechtsfähiger gemeinnütziger **Verband** oder Verein, **ohne die Verletzung eigener Rechte** darlegen zu müssen, nach Maßgabe der Vorschriften der VwGO Widerspruch (§ 68 VwGO) einlegen und gerichtlichen **Rechtsschutz beantragen** (Rechtsbehelfe), wenn er geltend macht, dass die öffentliche Verwaltung in rechtswidriger Weise eine **Abweichung** (§ 68 Abs. 1) von den Vorschriften des § 50 Abs. 1 Satz 1 oder des § 51 der Bauordnung für Berlin zulässt oder eine Ausnahme oder Befreiung von den Vorschriften des § 3 Abs. 1 Satz 2 oder des § 4 Abs. 1 der Gaststättenverordnung gestattet oder erteilt oder die Pflichten nach den Vorschriften des § 10 Abs. 2 Satz 3 des Sportförderungsgesetzes oder des § 7 Abs. 3 des Berliner Straßengesetzes verletzt hat. Ein derartiger Rechtsbehelf ist unbeschadet kürzerer Fristen nach der VwGO innerhalb von zwei Monaten nach **formloser Mitteilung** durch die zuständige Behörde an den **Landesbeirat** für Menschen mit Behinderung über Entscheidungen oder Maßnahmen, die die in Abs. 1 genannten Vorschriften betreffen, zu erheben (§ 15 Abs. 2 LGBG); der Rechtsbehelf ist ausgeschlossen, wenn die Maßnahme aufgrund einer Entscheidung in einem verwaltungsgerichtlichen Verfahren erfolgt ist (§ 15 Abs. 3 LGBG).

20 Mit diesem außerordentlichen Klagerecht soll den für Menschen mit Behinderung zuständigen Verbänden oder Vereinen, neben dem allgemeinen Klagerecht des in eigenen Rechten Verletzten (vgl. § 42 Abs. 2 VwGO), die Möglichkeit gegeben werden, Rechtsschutz gegen rechtswidrig zugelassene Abweichungen, Ausnahmen oder Befreiungen sowie Pflichtverletzungen im Zusammenhang mit dem im Einzelnen genannten Vorschriften (vgl. dazu oben RNr. 15) zu suchen. Der Gesetzgeber hat den **Prüfungsmaßstab** abschließend auf die in § 15 Abs. 1 LGBG genannten Vorschriften beschränkt. Angreifbar sind nur die dort genannten Verwaltungsentscheidungen. Eine erweiternde Auslegung kommt nicht in Betracht. Wegen der Möglichkeit des außerordentlichen Klagerechts der angeführten Verbände oder Vereine besteht die Mitteilungspflicht gegenüber dem Landesbeirat für Menschen mit Behinderung (§ 15 Abs. 2 LGBG); eine **vorherige Beteiligung** nach § 70 Abs. 2 hat der Gesetzgeber nicht vorgesehen.

21 Als Rechtsschutzmöglichkeiten kommen nach Durchführung des Widerspruchsverfahrens (§ 68 VwGO) eine **Anfechtungsklage** nach § 42 Abs. 1 VwGO gegen Abweichungs-, Ausnahme- oder Befreiungsentscheidungen der Behörde oder eine Verpflichtungsklage, etwa auf Rücknahme oder Widerruf (§§ 48, 49 VwVfG) solcher Verwaltungsakte in Betracht; ebenso, bei Vorliegen der Voraussetzungen des § 43 VwGO, eine Feststellungsklage. Ob im Rahmen einer Verbandsklage der hier geregelten Art auch die Geltendmachung eines Folgenbeseitigungsanspruchs (vgl. § 113 Abs. 1 Satz 2 VwGO) möglich wäre, könnte zweifelhaft sein (vgl. die Bedenken des OVG Bln, U. v. 14.2.1992, NVwZ 1992, 201 = NuR 1992, 285 zu § 39 b NatSchG Bln). Dagegen spricht viel dafür, dass ein Verband im Rahmen einer Klage nach § 15 Abs. 1 LGBG auch **vorläufigen Rechtsschutz** nach den §§ 80, 80 a VwGO oder auch § 123 VwGO in Anspruch nehmen könnte (vgl. dazu für die naturschutzrechtliche Verbandsklage nach § 39 b NatSchG Bln OVG Bln, B. v. 26.9.1991, OVGE 19, 199 = NVwZ-RR 1992, 406 = NuR 1992, 87; zweifelnd noch OVG Bln, B. v. 17.1.1986 – OVG 2 S 153.85 –).

22 Mit dem **Abs. 3** des § 15 LGBG, wonach ein Rechtsbehelf ausgeschlossen ist, wenn die Maßnahme aufgrund einer Entscheidung in einem verwaltungsgerichtlichen Verfahren ergangen ist, soll verhindert werden, dass sich das Verwaltungsgericht noch einmal mit **derselben Maßnahme** der Behörde befasst (vgl. auch OVG Bln, U. v. 14.2.1992, RNr. 21). Hier könnte es sich um den Fall handeln, dass das Gericht die Behörde verpflichtet hatte, die beantragte und jetzt von dem Verband beanstandete Amtshandlung vorzunehmen (§ 113 Abs. 5 Satz 1 VwGO) oder wenn zuvor ein Bescheidungsurteil nach § 113 Abs. 5 Satz 2 VwGO ergangen war (vgl. hierzu auch OVG Bln, B. v. 20.7.1989, NVwZRR 1990, 137 ebenfalls zu § 39 b NatSchG Bln).

23 Nach Auffassung des VG Berlin in der, soweit ersichtlich, wohl ersten Entscheidung zu einer Verbandsklage nach § 15 LGBG (U. v. 30.4.2003, NJW 2003, 2927) liegt die in § 2 Abs. 2 Nr. 1 des Gesetzes zur Errichtung einer „Stiftung Denkmal für die ermordeten Juden Europas" formulierte Verpflichtung der Stiftung, das Denkmal nach dem Entwurf des Architekten Peter Eisenman zu errichten, im Wohl der Allgemeinheit im Sinne der Befreiungsvorschrift der BauO Bln und rechtfertigt eine Befreiung von dem Gebot des barrierefreien Bauens nach § 51 BauO Bln a. F. In dem Konflikt zwischen **Kunstfreiheit** und **Benachteiligungsverbot Behinderter** habe der Behörde, so führt das Verwaltungsgericht aus, einen tragfähigen Ausgleich der widerstreitenden verfassungsrechtlichen Interessen gefunden; Behinderte mit Rollstühlen könnten das Denkmal auf den vorgesehenen Trassen erleben und gelangten auch in den inneren Bereich des Denkmals und an die tiefsten Stellen; die von dem klagenden Verband geforderte Umgestaltung des Denkmals nach den Vorschriften der DIN 18024-1 würde zwar zur Folge haben,

Dageförde

dass Behinderte sich in allen Teilen mit elektrischen Rollstühlen bewegen könnten; das nationale Anliegen, den künstlerischen Entwurf zu verwirklichen, wäre dadurch aber so beeinträchtigt, dass die Allgemeinheit, die Nichtbehinderten und Behinderten selbst Schaden nehmen würden; ein solches Denkmal würde, wie die Behörde überzeugend ausgeführt habe, auch nie gebaut worden sein. Nach dem Wortlaut des jetzt geltenden § 51 Abs. 5 über die Zulassung von Abweichungen nach § 68 Abs. 1 könnte fraglich sein, ob die Entscheidung auch auf dieser Grundlage noch so getroffen werden könnte.

24 In **§ 13 BGG** (siehe RNr. 1) ist ein Verbandsklagerecht geregelt, das auf Feststellung von Verstößen gegen bestimmte, im Einzelnen aufgeführte bundesrechtliche Vorschriften gerichtet ist. Das Rechtsschutzziel dieser Verbandsklage ist, anders als bei der in § 15 LGBG geregelten, ausdrücklich auf die **Feststellung** eines solchen Verstoßes beschränkt; dieser Klage kommt deshalb auch keine aufschiebende Wirkung nach § 80 Abs. 1 VwGO zu (VGH BW, B. v. 6.12.2004, UPR 2005, 197). Die Verbandsklage nach § 13 BGG ist ein **objektives Beanstandungsverfahren** zur Feststellung eines Verstoßes gegen eine der in § 13 Abs. 1 Satz Nr. 1 bis 3 BGG aufgeführten Vorschriften. Sie führt nicht zu einer umfassenden Überprüfung einer Planungsentscheidung, insbesondere nicht im Hinblick auf Verfahrensfehler oder einen Verstoß gegen das Abwägungsgebot. Der Durchführung eines Vorverfahrens bedarf es nicht (BVerwG, U. v. 5.4.2006, RNr. 8 a. E., S. 986); zu § 13 BGG vgl. weiter Pöltl (RNr. 15, S. 240).

25 Das Sozialgesetzbuch – Neuntes Buch – (SGB IX) – Rehabilitation und Teilhabe behinderter Menschen – vom 19. Juni 2001 (BGBl. 1 S. 1046) enthält ein **Klagerecht von Verbänden** in § 63, das mit den zuvor behandelten Verbandsklagerechten nicht vergleichbar ist. Nach **§ 63 SGB IX** können, wenn Menschen mit Behinderung in ihren Rechten nach diesem Buch verletzt werden, an ihrer Stelle und mit ihrem Einverständnis Verbände klagen, die nach ihrer Satzung Menschen mit Behinderung auf Bundes- oder Landesebene vertreten und nicht selbst am Prozess beteiligt sind; in diesem Fall müssen alle Verfahrensvoraussetzungen, wie bei einem Rechtsschutzersuchen durch den Menschen mit Behinderung selbst, vorliegen. Damit handelt es sich nicht um eine Verbandsklage, wie sie in § 13 BGG und § 15 LGBG oder als Vereinsklage in § 61 BNatSchG und § 39 b NatSchG Bln geregelt ist, sondern um eine an die Klagebefugnis des behinderten Menschen geknüpfte gesetzliche Prozessstandschaft (Masuch, SGB IX, K § 63 RNr. 3).

In der Vorschrift des **§ 23 AGG** (siehe RNr. 1) über die Unterstützung durch Antidiskriminierungsverbände ist in Abs. 4 ausdrücklich bestimmt, dass besondere Klagerechte und Vertretungsbefugnisse von Verbänden zu Gunsten von behinderten Menschen unberührt bleiben.

§ 52 Sonderbauten, Garagen

(1) ¹An Sonderbauten können im Einzelfall zur Verwirklichung der allgemeinen Anforderungen nach § 3 Abs. 1 besondere Anforderungen gestellt werden. ²Erleichterungen können gestattet werden, soweit es der Einhaltung von Vorschriften wegen der besonderen Art oder Nutzung baulicher Anlagen oder Räume oder wegen besonderer Anforderungen nicht bedarf. ³Die Anforderungen und Erleichterungen nach den Sätzen 1 und 2 können sich insbesondere erstrecken auf
1. die Anordnung der baulichen Anlagen auf dem Grundstück,
2. die Abstände von Nachbargrenzen, von anderen baulichen Anlagen auf dem Grundstück und von öffentlichen Verkehrsflächen sowie auf die Größe der freizuhaltenden Flächen der Grundstücke,
3. die Öffnungen zu öffentlichen Verkehrsflächen und zu angrenzenden Grundstücken,
4. die Anlage von Zu- und Abfahrten,
5. die Anlage von Grünstreifen, Baumpflanzungen und anderen Pflanzungen sowie die Begrünung oder Beseitigung von Halden und Gruben,
6. die Bauart und Anordnung aller für die Stand- und Verkehrssicherheit, den Brand-, Wärme-, Schall- oder Gesundheitsschutz wesentlichen Bauteile und die Verwendung von Baustoffen,
7. Brandschutzanlagen, -einrichtungen und -vorkehrungen,
8. die Löschwasserrückhaltung,
9. die Anordnung und Herstellung von Aufzügen, Treppen, Treppenräumen, Fluren, Ausgängen und sonstigen Rettungswegen,
10. die Beleuchtung und Energieversorgung,
11. die Lüftung und Rauchableitung,
12. die Feuerungsanlagen und Heizräume,
13. die Wasserversorgung,
14. die Aufbewahrung und Entsorgung von Abwasser und festen Abfallstoffen,
15. die barrierefreie Nutzbarkeit,
16. die zulässige Zahl der Benutzerinnen und Benutzer, Anordnung und Zahl der zulässigen Sitz- und Stehplätze bei Versammlungsstätten, Tribünen und Fliegenden Bauten,
17. die Zahl der Toiletten für Besucherinnen und Besucher,
18. Umfang, Inhalt und Zahl besonderer Bauvorlagen, insbesondere eines Brandschutzkonzepts,
19. weitere zu erbringende Bescheinigungen,
20. die Bestellung und Qualifikation der Bauleiterin oder des Bauleiters und der Fachbauleiterinnen und Fachbauleiter,
21. den Betrieb und die Nutzung einschließlich der Bestellung und der Qualifikation einer oder eines Brandschutzbeauftragten,
22. Erst-, Wiederholungs- und Nachprüfungen und die Bescheinigungen, die hierüber zu erbringen sind.

(2) Auf Garagen ist Absatz 1 entsprechend anzuwenden, ausgenommen eingeschossige Garagen mit einer Nutzfläche bis zu 100 m².

Erläuterungen:

1 **I.** § 50 a. F. betraf bauliche Anlagen und Räume, die durch ihre besondere Art oder Nutzung (z. B. weil sie von vielen Menschen aufgesucht werden oder bei mehreren unterschiedlichen Nutzungen) die Benutzer oder die Allgemeinheit besonders gefährden (z. B. auch wegen Besonderheiten des Baugrundstücks oder der Umgebungsbebauung). Diese Anlagen und Räume werden nunmehr als **Sonderbauten** in § 2 Abs. 4 definiert und in einem Katalog, der aber nur teilweise dem des § 50 Abs. 2 a. F. entspricht, aufgeführt. Wegen der gesetzlich im Einzelnen nicht erfassbaren Gefahren solcher Anlagen und Räume konnten und können deshalb nach Abs. 1 Satz 1 **besondere Anforderungen** – häufig durch Bedingungen oder Auflagen – in der Baugenehmigung gestellt werden (zum Widerspruchsverfahren siehe § 86 Abs. 1 Nr. 4). Bei nachträglichen Anordnungen nach § 52 sind die Vorschriften des § 85 über bestehende bauliche Anlagen zu berücksichtigen. Der Regelung des § 52 ist zu entnehmen, dass die technischen Einzelvorschriften der Bauordnung und der auf ihrer Grundlage erlassenen Vorschriften nicht in jedem Fall eine abschließende Konkretisierung der allgemeinen Anforderungen des **§ 3 Abs. 1** darstellen. In der Verwirklichung dieser Vorschrift finden die Anwendungsmöglichkeiten des § 52 ihre Grenze.

2 **II.** Nach Abs. 1 Satz 2 können **Erleichterungen** für Sonderbauten gestattet werden, soweit es der Einhaltung von Vorschriften wegen der besonderen Art oder Nutzung baulicher Anlagen oder Räume oder wegen besonderer Anforderungen nicht bedarf. Liegen diese Voraussetzungen für geringere Anforderungen bei baulichen Anlagen und Räumen besonderer Art oder Nutzung vor, bedarf es nicht noch der Erteilung einer Abweichung nach § 68 Abs. 1. Es handelt sich bei Abs. 1 Satz 2 um eine eigenständige Ausnahmeregelung und **nicht um eine Abweichung** im Sinne der genannten Vorschrift. Die Entscheidung steht im Ermessen der Bauaufsichtsbehörde, die dabei die sich aus § 68 Abs. 1 ergebenden Grundsätze berücksichtigen kann. Bei der ersten Alternative – besondere Art oder Nutzung – wird es um solche besonderen Fallgestaltungen gehen, bei denen den Erfordernissen des **§ 3 Abs. 1** auch mit den gestatteten Erleichterungen umfassend entsprochen wird. Bei der zweiten Möglichkeit, wenn also schon besondere Anforderungen nach Abs. 1 Satz 1 gestellt sind, können diese mit den Erleichterungen kompensierend verbunden werden. Von Technischen Baubestimmungen kann nicht nach Abs. 1 Satz 2, sondern nur aufgrund von § 3 Abs. 3 Satz 3 abgewichen werden (vgl. § 68 Abs. 1 Satz 2).

3 **III.** Entscheidend für die Notwendigkeit besonderer Anforderungen nach Abs. 1 Satz 1 oder die Gestattung von Erleichterungen nach Abs. 1 Satz 2 ist in jedem Fall die Verwirklichung der Grundsätze des § 3 Abs. 1. Besondere Anforderungen oder Erleichterungen kann die BABeh. nur **im Einzelfall** stellen oder gestatten. Besondere Anforderungen zur Gefahrenabwehr oder Erleichterungen, die sich aus der besonderen Art oder Nutzung von Anlagen oder Räumen für Errichtung, Änderung, Unterhaltung, Betrieb und Benutzung ergeben, sowie über die Erstreckung solcher Anforderungen zur Gefahrenabwehr auf bestehende bauliche Anlagen dieser Art, können nach § 84 Abs. 1 Nr. 4 aber auch allgemein durch **Rechtsverordnung** gestellt werden. Nunmehr ist mit der aufgrund des § 84 Abs. 1 Nrn. 4 und 5, Abs. 2 Nr. 2, Abs. 3 Nr. 2 und Abs. 5 erlassenen Verordnung über den Betrieb von baulichen Anlagen (Betriebs-Verordnung – **BetrVO**) eine solche Regelung für Verkaufsstätten, Beherbergungsstätten, Garagen und Versammlungsstätten getroffen worden. Diese Rechtsverordnung gilt für den Betrieb dieser baulichen Anlagen. Vorschriften für den Bau dieser Sonderbauten sind in der Betriebs-Verordnung nicht enthalten. Insoweit sind auch bei der Ermessensausübung, ob besondere Anforderungen nach Abs. 1 Satz 1 oder Erleichterungen nach Abs. 1 Satz 2 getroffen werden sollen, die in den **Muster-Sonderbauvorschriften** getroffenen Regelungen heranzuziehen. In Betracht kommen die Muster-BeherbergungsstättenVO – **MBeVO** (Fassung: Dezember 2000), die Muster-GaragenVO – **MGarVO** (Fassung: August 1997), die Muster-VerkaufsstättenVO – **MVkVO** (Fassung: September 1995), die Muster-VersammlungsstättenVO – **MVStättV** (Fassung: Juni 2005) sowie die Muster-Schulbau-Richtlinie – **MSchulbauR** (Fassung: Juli 1998). Soweit es nicht um den Bau, sondern um den Betrieb dieser Sonderbauten geht, ist allein die Betriebs-Verordnung des Landes Berlin anzuwenden.

Soweit in dieser Betriebs-Verordnung keine abschließende Regelung enthalten ist, kann die Anwendung des § 52 in Betracht kommen. Das kann z. B. für **Verkaufsstätten** gelten, deren Verkaufsräume und Ladenstraßen eine Brutto-Grundfläche von insgesamt mehr als 800 m² haben und die deshalb nach § 2 Abs. 4 Nr. 4 Sonderbauten sind, die aber nicht die Fläche von mehr als 2 000 m² erreichen und deshalb nach § 8 Abs. 1 BetrVO von dieser nicht erfasst werden. **4**

IV. Abs. 1 Satz 3 enthält anders als § 50 a. F. in Übereinstimmung mit § 51 Abs. 1 Satz 3 der MBO in 22 Nummern eine **Aufzählung von Einzelheiten,** auf die sich die besonderen Anforderungen und Erleichterungen nach den Sätzen 1 und 2 erstrecken können. Dieser Katalog trifft, wie der Gesetzgeber zutreffend meint, eine nützliche Aufzählung bauordnungsrechtlicher und nutzungstechnisch beachtlicher Gesichtspunkte (AH-Drucks. 15/3926, S. 100). Die Aufzählung ist, wie der Zusatz „insbesondere" erkennen lässt, nicht abschließend. Eine Ermächtigung zur Abweichung von planungsrechtlichen Regelungen ist in § 52 nicht enthalten. Die Nrn. 1 bis 17 enthalten überwiegend bauliche Anforderungen, die Nrn. 18 bis 22 verschiedene Regelungen zu notwendigen Unterlagen und betrieblichen Anforderungen. **5**

Mit der Regelung des Abs. 1 Satz 3 **Nr. 1** über die **Anordnung** der baulichen Anlagen **auf dem Grundstück** können die Anforderungen des § 3 erfüllt werden, wenn z. B. eine zu den Sonderbauten gehörende bauliche Anlage mit hoher Brandlast von anderen Gebäuden auf demselben Grundstück abgerückt situiert werden muss. Im Übrigen regelt das Planungsrecht (§ 9 Abs. 1 Nr. 2 BauGB, § 23 BauNVO) und im Bauordnungsrecht die Abstandsflächenregelung des § 6 die Anordnung von Gebäuden und anderen Anlagen auf dem Grundstück. **6**

Nr. 2 betrifft die Anforderungen des § 6 über **Abstände zu Nachbargrenzen**, von anderen baulichen Anlagen auf dem Grundstück und von öffentlichen Verkehrsflächen sowie die Größe der freizuhaltenden Flächen der Grundstücke. In erster Linie wird es hier um eine Vergrößerung dieser Abstände gehen, z. B. bei Sonderbauten mit besonderen Brandgefahren, wo die Abstände des § 6 zur Gefahrenabwehr nicht ausreichen. **7**

Nr. 3 befasst sich mit **Öffnungen** (§ 37) zu öffentlichen Verkehrsflächen und zu angrenzenden Grundstücken. Hier wird es sich um Öffnungen handeln, die zu besonderen Brandgefahren für die genannten Flächen und Grundstücke führen können. Auch aus Gründen des Immissionsschutzes kann eine solche Anforderung erforderlich werden. In Betracht kommen hier geschlossene Wände und Anforderungen an die Gestaltung der Öffnung. **8**

Nr. 4 regelt die **Anlage von Zu- und Abfahrten**, also die Verbindung der Baugrundstücke, auf denen Sonderbauten stehen, mit den öffentlichen Verkehrsflächen nach § 4 und § 5. Diese müssen verkehrssicher (§ 16) und entsprechend gestaltet sein, z. B. bei dem Verkehr mit großen Lastzügen oder dem Transport gefährlicher Güter sowie bei **9**

Sonderbauten mit sehr hohen Besucherzahlen, z. B. vor Stadien und großen Messegeländen. Vgl. auch § 2 der MGarVO.

10 Nach **Nr. 5** können sich Anforderungen und Erleichterungen auch auf die **Anlage von Grünstreifen**, Baumpflanzungen und anderen Pflanzungen sowie die Begrünung oder Beseitigung von Halden und Gruben erstrecken. Betroffen sind somit die Außenanlagen von Sonderbauten. § 9 wird für diese Bauten erweitert, um eine Störung der Umgebung, etwa durch die Größe oder Gestaltung des Sonderbaus, aus Immissionsschutzgründen auszuschließen.

11 **Nr. 6** betrifft in erster Linie Anordnungen bezüglich der für die innere Struktur von Sonderbauten **wesentlichen Bauteile** zur Gefahrenabwehr; z. B. auch hinsichtlich der inneren Aufteilung des Sonderbaus. Mit Bauart ist das Zusammenfügen von Bauprodukten zu baulichen Anlagen oder Teilen von baulichen Anlagen gemeint (§ 2 Abs. 10). Zu Bauteilen und Baustoffen vgl. z. B. §§ 3 bis 5 der MVStättV. Erfasst sind von Nr. 6 die für die Standsicherheit (§ 12), Verkehrssicherheit (§ 16), den Brandschutz (§§ 14, 26 ff.), Schallschutz (§ 15 Abs. 2) und Gesundheitsschutz (§ 13) wesentlichen Bauteile.

12 **Nr. 7** befasst sich mit **Brandschutzanlagen**, -einrichtungen und -vorkehrungen in Sonderbauten. Anlagen und Einrichtungen sind z. B. Rauch- und Feuermelder, Feuerlöscher, Hydranten, Sprinkleranlagen und Rauchabzugseinrichtungen. Mit Vorkehrungen sind betriebliche Anordnungen angemeint (z. B. Betriebsfeuerwehr oder Verbot des Umgangs mit offenem Feuer). Zu verweisen ist auch auf Nr. 18 (Brandschutzkonzept) und Nr. 21 (Brandschutzbeauftragter). Zur Ausstattung eines Behindertenwohnheims mit automatischen Brandmeldern siehe VG Dessau, U. v. 26.6.1997 (LKV 1998, 325) und zu brandschutzrechtlich notwendigen Markierungen in einem mehrstöckigen Möbelhaus HessVGH, U. v. 4.11.1994 (BRS 56 Nr. 119).

13 In **Nr. 8** ist die **Löschwasserrückhaltung** genannt. Damit sollen Gewässer vor verunreinigtem Löschwasser geschützt werden, das bei Löscharbeiten bei Bränden in Sonderbauten, die mit wassergefährdenden Stoffen arbeiten, abfließt.

14 **Nr. 9** regelt die **Anordnung** und Herstellung **von Aufzügen**, Treppen, Treppenräumen, Fluren, Ausgängen und sonstigen **Rettungswegen**. Es geht um Anforderungen, die an das innere Rettungssystem von Sonderbauten zu stellen sind, so hinsichtlich der Anzahl, Lage und baulichen Struktur der Anlagen und der Länge von Rettungswegen. Vgl. für den Bau z. B. die §§ 6 ff. MVStättV, § 25 MVkVO sowie § 13 MGarVO

15 Außer bei Aufenthaltsräumen, wo bestimmte Fenstergrößen erforderlich sind (§ 48 Abs. 2), kann es bei Sonderbauten zur Gefahrenabwehr erforderlich sein, besondere Anforderungen nach **Nr. 10** an **Beleuchtung** und **Energieversorgung** zu stellen, z. B. die Herstellung einer Sicherheitsbeleuchtung oder die Einrichtung von Notstromaggregaten in Krankenhäusern.

16 Von **Nr. 11** ist die **Lüftung und Rauchableitung** erfasst. Betroffen sind z. B. fensterlose Räume (§ 48 Abs. 3, § 43 Abs. 1) in Sonderbauten oder auch bei Räumen mit Schallschutzfenstern. Hier wird es um Lüftungsanlagen im Sinne von § 41 gehen. Vgl. auch § 15 MGarVO.

17 In **Nr. 12** geht es um die **Feuerungsanlagen und Heizräume** in Sonderbauten mit erhöhter Brandgefahr. Allgemein sind die Feuerungsanlagen in § 42 geregelt; vgl. auch die Feuerungsverordnung (FeuVO) vom 31. Januar 2006 (GVBl. S. 116).

18 Bei **Nr. 13** (**Wasserversorgung**) ist zu beachten, dass nach § 1 Abs. 2 Nr. 3 die Bauordnung nicht für Leitungen, die der öffentlichen Versorgung mit Wasser dienen, gilt.

Betroffen ist auch die Löschwasserversorgung sowie die Betriebsfähigkeit von Sprinkleranlagen.

In **Nr. 14** geht es um die Aufbewahrung und Entsorgung von **Abwasser** und festen **Abfallstoffen.** Allgemein ist diese Materie in § 44 bis § 46 geregelt. Umfassende Regelungen sind in den Vorschriften des Wasserrechts und des Abfallrechts enthalten.

Die **barrierefreie Nutzbarkeit** nach **Nr. 15** ist auch bei Sonderbauten gewährleistet, wenn diese für Menschen mit Behinderung in der allgemein üblichen Weise ohne besondere Erschwernisse und grundsätzlich ohne fremde Hilfe zugänglich und nutzbar sind (§ 2 Abs. 12). Im Einzelnen ist das barrierefreie Bauen in § 51 geregelt. Zu Besucherplätzen und Toiletten für Rollstuhlbenutzer vgl. § 10 Abs. 7 und § 12 Abs. 1 der MVStättV.

Nr. 16 erfasst die zulässige Zahl der **Benutzer**, Anordnung und Zahl der zulässigen **Plätze bei Versammlungsstätten**, Tribünen und Fliegenden Bauten. Diese Regelung wird nur Bedeutung für solche Sonderbauten erlangen, die nicht unter die neue Betriebs-Verordnung (vgl. dort § 24 zur Anzahl der Besucher und § 26 zu den Besucherplätzen) fallen.

Von **Nr. 17** ist die Zahl der **Besuchertoiletten** erfasst. In § 12 der MVStättV ist eine spezielle Regelung über Toilettenräume getroffen. Für Wohnungen gilt allgemein § 49 Abs. 3.

In **Nr. 18** geht es um Umfang, Inhalt und Zahl besonderer Bauvorlagen, insbesondere eines **Brandschutzkonzepts.** Für Sonderbauten muss der Brandschutznachweis ohnehin nach § 67 Abs. 2 Satz 2 Nr. 1 bauaufsichtlich geprüft sein; siehe auch § 11 Abs. 2 BauVerfVO. Zu zusätzlichen Bauvorlagen vgl. § 20 MGarVO, § 29 MVkVO und § 44 MVStättV.

Mit weiter zu erbringenden **Bescheinigungen** beschäftigt sich **Nr. 19.** Hier wird es sich um Unterlagen von Sachverständigen handeln, aus denen hervorgeht, dass die in der Baugenehmigung gestellten besonderen Anforderungen vom Bauherrn erfüllt worden sind (vgl. Sauter, LBO BW, 3. Auflage, Stand: Mai 2005, § 38 RNr. 39).

Nach **Nr. 20** können besondere Anforderungen an die Bestellung und Qualifikation der **Bauleiter** und Fachbauleiter gestellt werden. Hier handelt es sich um eine über § 57 Abs. 2 hinausgehende Ermächtigung.

Nr. 21 ermöglicht besondere Anforderungen an den Betrieb und die Nutzung einschließlich der Bestellung und der Qualifikation eines **Brandschutzbeauftragten**. Hiernach können betriebliche Anforderungen gestellt werden. Zu Brandschutzordnungen für Verkaufsstätten, Beherbergungsstätten und Versammlungsstätten vgl. die §§ 10, 15, 36 BetrVO.

Nr. 22 betrifft **Erst-, Wiederholungs- und Nachprüfungen** und die Bescheinigungen, die hierüber zu erbringen sind. Zur Prüfung der Sprinkleranlagen, Rauchabzugsanlagen, Sicherheitsbeleuchtungen, Brandmeldeanlagen und Sicherheitsstromversorgungsanlagen in Verkaufsstätten siehe § 30 MVkVO.

V. Nach **Abs. 2** ist Abs. 1 auf **Garagen** entsprechend anzuwenden, wobei eingeschossige Garagen mit einer Nutzfläche bis zu 100 m^2 ausgenommen sind (es handelt sich nach § 1 Abs. 8 Nr. 1 der MGarVO um Kleingaragen). Garagen sind nach § 2 Abs. 7 Satz 2 Gebäude oder Gebäudeteile zum Abstellen von Kraftfahrzeugen. Garagen sind keine Sonderbauten, wie der Katalog des § 2 Abs. 4 erkennen lässt. Die **Nutzfläche** einer Garage ist die Summe aller miteinander verbundenen Flächen der Garagenstellplätze und der Verkehrsflächen (§ 2 Abs. 7 Satz 4 sowie § 18 Abs. 2 BetrVO). Zur Verfahrensfreiheit kleinerer Garagen vgl. § 62 Abs. 1 Nr. 1 b.

29 Für den Betrieb von Garagen deren Nutzfläche mehr als 100 m^2 beträgt, gelten die §§ 18 bis 22 **BetrVO**. Nach § 22 können auf die zum Zeitpunkt des Inkrafttretens dieser Verordnung bestehenden Garagen die §§ 19 und 20 angewandt werden; über diese Verordnung hinausgehende betriebliche Anforderungen der Baugenehmigung bleiben unberührt. Die BetrVO regelt das Freihalten der Rettungswege, die Aufbewahrung brennbarer Stoffe, Lüftungsanlagen, CO-Warnanlage, Beleuchtung in § 19 und 20. Von besonderer Bedeutung ist auch die Regelung in § 21 über besondere Stellplätze für Kraftfahrzeuge. Danach müssen in allgemein zugänglichen Garagen mit mehr als 1000 m^2 Nutzfläche mindestens 5 % der Stellplätze ausschließlich der Nutzung durch Frauen vorbehalten sein (**Frauenstellplätze**). Frauenstellplätze sind als solche zu kennzeichnen; sie sind so anzuordnen, dass Frauen in der Garage nur möglichst kurze Fußwege zurücklegen müssen. Im Bereich der Frauenstellplätze sollen gut sichtbare Alarmmelder in ausreichender Zahl angebracht sein. Frauenstellplätze und die zu ihnen führenden Fußwege, Treppenräume und Aufzüge sollen von einer Aufsichtsperson eingesehen oder durch Videokameras überwacht werden können. Das alles gilt nach § 21 Abs. 2 BetrVO entsprechend für **Stellplätze für schwer Gehbehinderte und Behinderte im Rollstuhl** (§ 50).

Zum Brandschutznachweis bei Garagen über 100 m^2 Nutzfläche siehe § 67 Abs. 2 Satz 2 Nr. 2.

Teil IV
Die am Bau Beteiligten

§ 53 Grundpflichten

Bei der Errichtung, Änderung, Nutzungsänderung und der Beseitigung von Anlagen sind die Bauherrin oder der Bauherr und im Rahmen ihres Wirkungskreises die anderen am Bau Beteiligten dafür verantwortlich, dass die öffentlich-rechtlichen Vorschriften eingehalten werden.

Erläuterungen:

I. Der in § 52 der MBO und in den Bauordnungen der anderen Bundesländer seit jeher aufgeführte Grundsatz, dass bei der Errichtung, Änderung, Nutzungsänderung und der Beseitigung von Anlagen der Bauherr und im Rahmen ihres Wirkungskreises die anderen am Bau Beteiligten dafür verantwortlich sind, dass die öffentlich-rechtlichen Vorschriften eingehalten werden, war seit 1985 in der BauO Bln als entbehrliche Regelung nicht mehr enthalten. Nachdem sich in der BauO Bln 1985 auch die Bestimmungen über den Entwurfsverfasser und den Unternehmer nicht mehr befanden, wurden diese in die BauO Bln 1997 wieder aufgenommen. Nunmehr ist, wie zuletzt in der BauO Bln 1979, mit dem § 53 die Vorschrift über die **Grundpflichten der am Bau Beteiligten** wieder in der Bauordnung enthalten. Wegen der Ausdehnung des Genehmigungsfreistellungsverfahrens (§ 63) und des vereinfachten Baugenehmigungsverfahrens (§ 64) und der dadurch gesteigerten Verantwortung der am Bau Beteiligten (vgl. BGH, U. v. 27.9.2001, ZfBR 2002, 148; OVG NRW, B. v. 18.1.2005, BauR 2005, 1452), war dies auch dringend erforderlich.

Dagegen war es nicht notwendig, von den §§ 52 bis 56 der MBO sowie von allen bisherigen Berliner Bauordnungen abzuweichen und den Gesetzestext der Berliner Bauordnung durch Aufnahme der weiblichen Bezeichnungen für die am Bau Beteiligten schwerer lesbar zu machen (vgl. dazu Dagefördes, GE 2004, 1126; Finkelnburg/Ortloff, Öffentliches Baurecht, Bd. II, 5. Aufl. 2005, S. 123, Fn. 108). Die folgenden Erläuterungen halten sich dementsprechend an die herkömmlichen, seit Jahrzehnten bewährten Bezeichnungen, bei denen nie zweifelhaft war, dass auch die weibliche Form erfasst ist.

Unter den am Bau Beteiligten nimmt der **Bauherr** die erste Stelle ein (zur besonderen Verantwortung schon bei der Genehmigungsfreistellung nach § 56 a BauO Bln 1997 vgl. Preschel, DÖV 1998, 45); die anderen Beteiligten (Entwurfsverfasser, § 55; Unternehmer, § 56; Bauleiter, § 57) sind ihm regelmäßig untergeordnet. Während der Bauherr am gesamten Bauvorhaben, d. h. an der Vorbereitung und Ausführung des Baus beteiligt ist, sind die anderen am Bau Beteiligten in der Regel nur mit je einer dieser beiden Phasen befasst. Die Tätigkeit des **Entwurfsverfassers** beschränkt sich im Wesentlichen auf die Vorbereitung des Bauvorhabens; **Unternehmer** und Bauleiter wirken beide in der Ausführungsphase mit, jedoch mit unterschiedlicher Aufgabenstellung: Die eigentliche Bauausführung sowie die Errichtung und der sichere Betrieb der Baustelle ist Sache des Unternehmers; der **Bauleiter** hat darüber zu wachen, dass die Baumaßnahme den öffentlich-rechtlichen Vorschriften und den genehmigten Bauvorlagen ent-

§ 53 RNr. 4–6

sprechend durchgeführt wird. Entwurfsverfasser und Unternehmer sind im Hinblick auf ihre eigene, regelmäßig überlegene fachliche Qualifikation und die dadurch begründete Selbständigkeit keine Verrichtungsgehilfen des Bauherrn (OLG Koblenz, U. v. 17.7.2003, NJW-RR 2003, 1857). § 46 Satz 2 BbgBO stellt klar, dass die am Bau Beteiligten ausreichend haftpflichtversichert sein müssen.

4 Die Grundpflichten des § 53 sind unabhängig davon zu beachten, ob das Vorhaben genehmigungsbedürftig ist oder nicht. Auch verfahrensfreie Bauvorhaben und die Beseitigung von Anlagen müssen den **öffentlich-rechtlichen Vorschriften** entsprechen (§ 62 Abs. 5 Satz 1); die BABeh. kann jederzeit bauaufsichtliche Maßnahmen ergreifen (§ 62 Abs. 5 Satz 2). Ebenso entbinden die Genehmigungsfreiheit nach den §§ 61 bis 63, 75 und 76 Abs. 1 Satz 3 sowie die Beschränkung der bauaufsichtlichen Prüfung nach den §§ 64, 65, 67 Abs. 3 und § 76 Abs. 3 nicht von der Verpflichtung zur Einhaltung der Anforderungen, die durch öffentlich-rechtliche Vorschriften an Anlagen gestellt werden, und lassen die bauaufsichtlichen Eingriffsbefugnisse unberührt. Das wird durch § 60 Abs. 2 klargestellt.

Zu Bauvorhaben, bei denen eine Umweltverträglichkeitsprüfung durchzuführen ist, siehe Anlage 1 Nr. 2 zu § 3 Abs. 1 des Berliner Gesetzes über die Umweltverträglichkeitsprüfung vom 7. Juni 2007 (GVBl. S. 222) – UVPG-Bln –.

5 II. Alle am Bau Beteiligten sind innerhalb ihres Wirkungskreises **ordnungspflichtig**. Sie sind der BABeh. unmittelbar dafür verantwortlich, dass im Rahmen ihres Aufgabenbereichs die öffentlich-rechtlichen Vorschriften eingehalten werden; die BABeh. kann insoweit Verfügungen unmittelbar gegen sie erlassen (vgl. HessVGH, U. v. 26.2.1982, BRS 39 Nr. 98). Der Bauherr wird durch die Bestellung von Entwurfsverfasser, Unternehmer und Bauleiter nach § 54 Abs. 1 Satz 1 in gewissem Umfang von einer Verantwortung entlastet, die er bei zunehmender Kompliziertheit der Bautechnik nicht mehr tragen kann, ohne dass er deshalb von jeglicher Verantwortung freigestellt wird. Zugleich soll die BABeh. in die Lage versetzt werden, im Interesse eines reibungslosen und sicheren Ablaufs des Bauvorhabens mit fachlich geeigneten Personen zusammenarbeiten zu können. Zur Abgrenzung der Verantwortlichkeit für die Baustellensicherung durch den Bauunternehmer und den Bauherrn vgl. § 56 RNr. 2 und BGH, U. v. 11.12.1984 (MdR 1985, 396) sowie zur Haftung des Bauherrn für die Absicherung der Baustelle OLG Hamm, U. v. 29.9.1995 (NJW-RR 1996, 1362). Auch ohne Durchführung von Bauarbeiten sind bauliche Anlagen so instand zu halten, dass die öffentliche Sicherheit oder Ordnung, insbesondere Leben, Gesundheit oder die natürlichen Lebensgrundlagen nicht gefährdet werden (§ 3 Abs. 1 Satz 1).

6 Die **strafrechtliche Verantwortung** der am Bau Beteiligten bestimmt sich insbesondere nach den Vorschriften des § 319 StGB (Baugefährdung), der zwei Tatbestände konkreter Gefährdungsdelikte enthält (vgl. im Einzelnen Schünemann, ZfBR 1980, 4, 113, 159). Nach Abs. 1 dieser Vorschrift wird mit Freiheitsstrafe bis zu fünf Jahren oder mit Geldstrafe bestraft, wer bei der Planung, Leitung oder Ausführung eines Baues oder des Abbruchs eines Bauwerks gegen die allgemein anerkannten Regeln der Technik verstößt und dadurch Leib oder Leben eines anderen Menschen gefährdet (zu Einzelheiten siehe Tröndle/Fischer, StGB, 53. Aufl. 2006, § 319 RNr. 1 ff.). Darüber hinaus können im Einzelfall auch die Tatbestände des § 222 StGB (fahrlässige Tötung) oder des § 229 StGB (fahrlässige Körperverletzung) vorliegen. Der bauleitende Entwurfsverfasser ist in der Regel nicht für Schäden strafrechtlich verantwortlich, die am Bau beschäftigten Arbeitern infolge Missachtung von Unfallverhütungsvorschriften und mangelnder Überwachung durch den Bauunternehmer entstehen (OLG Stuttgart, B. v. 11.9.1984, NJW 1984, 2897); er wird aber jedenfalls dann selbst für die Abwendung einer Gefahr für die an dem Bauvorhaben Beschäftigten oder Dritte durch Sicherungsmaßnahmen Sorge tragen müssen, wenn er die Gefahr erkennt (OLG Hamm, U. v. 23.9.1970, NJW 1971, 442). Vgl. zu allem Gallas, Die Strafrechtliche Verantwortung der am Bau Beteiligten, 1963.

§ 54 Bauherrin oder Bauherr

(1) ¹Die Bauherrin oder der Bauherr hat zur Vorbereitung, Überwachung und Ausführung eines nicht verfahrensfreien Bauvorhabens sowie der Beseitigung von Anlagen geeignete Beteiligte nach Maßgabe der §§ 55 bis 57 zu bestellen, soweit sie oder er nicht selbst zur Erfüllung der Verpflichtungen nach diesen Vorschriften geeignet ist. ²Der Bauherrin oder dem Bauherrn obliegen außerdem die nach den öffentlich-rechtlichen Vorschriften erforderlichen Anträge, Anzeigen und Nachweise. ³Ein Wechsel der Entwurfsverfasserin oder des Entwurfsverfassers hat die Bauherrin oder der Bauherr der Bauaufsichtsbehörde schriftlich mitzuteilen. ⁴Sie oder er hat vor Baubeginn den Namen der Bauleiterin oder des Bauleiters und während der Bauausführung einen Wechsel dieser Person unverzüglich der Bauaufsichtsbehörde schriftlich mitzuteilen. ⁵Wechselt die Bauherrin oder der Bauherr, hat die neue Bauherrin oder der neue Bauherr dies der Bauaufsichtsbehörde unverzüglich schriftlich mitzuteilen.

(2) ¹Treten bei einem Bauvorhaben mehrere Personen als Bauherrin oder Bauherr auf, so kann die Bauaufsichtsbehörde verlangen, dass ihr gegenüber eine Vertreterin oder ein Vertreter bestellt wird, die oder der die der Bauherrin oder dem Bauherrn nach den öffentlich-rechtlichen Vorschriften obliegenden Verpflichtungen zu erfüllen hat. ²Im Übrigen findet § 18 Abs. 1 Satz 2 und 3 sowie Abs. 2 des Verwaltungsverfahrensgesetzes entsprechende Anwendung.

Erläuterungen:

I. Bauherr ist derjenige, auf dessen Veranlassung und in dessen Interesse ein Bauvorhaben, eine Nutzungsänderung oder die Beseitigung einer Anlage vorbereitet, überwacht und ausgeführt wird (OVG R.-P., U. v. 14.7.1966, BRS 17 Nr. 146; s. a. Hess. VGH, B. v. 3.2.1984, BRS 42 Nr. 166 und Nds. OVG, B. v. 11.8.1993, BRS 55 Nr. 212). Bauherr kann jede natürliche oder juristische Person oder auch eine Personenmehrheit (vgl. dazu VGH Ba.-Wü., B. v. 29.9.1994 – 8 S 1267/94 –) sein. In diesem Fall ist jede Person in vollem Umfang für die Ordnungsmäßigkeit der durchgeführten Baumaßnahme verantwortlich (BayVGH, B. v. 3.11.1972, BayVBl. 1973, 102; zu Ehegatten als Bauherr und Bauherrin vgl. Hess. VGH, B. v. 9.2.1987, NVwZ 1987, 898). Eine Gesellschaft bürgerlichen Rechts kann nach neuerer Auffassung des Sächs. OVG (B. v. 16.7.2001, NJW 2002, 1361) Bauherrin sein (vgl. auch § 69 RNr. 7).

Zur gesteigerten Verantwortung des Bauherrn bei der Genehmigungsfreistellung (§ 63) und im vereinfachten Baugenehmigungsverfahren (§ 64) vgl. § 53 RNr. 1. Als verantwortlicher Bauherr im Sinne von § 54 ist auch zu behandeln, wer sich gegenüber der BABeh. insbesondere durch Einreichung eines von ihm unterschriebenen (§ 69 Abs. 4 Satz 1)

Bauantrags, als solcher ausgibt, selbst wenn das Bauvorhaben nicht in seinem Auftrag oder für seine Rechnung ausgeführt werden soll (VGH Ba.-Wü., U. v. 26.11.1980, BRS 36 Nr. 209 und vom 13.12.1989, BRS 50 Nr. 158). Er handelt entweder selbst oder durch seine Organe (bei juristischen Personen), durch seinen gesetzlichen Vertreter (z. B. bei minderjährigem Bauherrn) oder durch **Bevollmächtigte** (indem er z. B. den Architekten, den er als Entwurfsverfasser bestellt, mit seiner Vertretung beauftragt und entsprechend bevollmächtigt). Zur Vertretung und Vollmacht in den Rechtsbeziehungen der am Bau Beteiligten vgl. Meissner, BauR 1987, 497.

3 Der Bauherr braucht nicht Eigentümer des Baugrundstücks zu sein (§ 69 Abs. 4 Satz 3); in diesem Fall kann die BABeh. die Zustimmung des Grundstückseigentümers zu dem Bauvorhaben fordern. Danach kann auch ein Pächter oder ein so genannter **Bauträger**, der auf einem ihm nicht gehörenden Grundstück Baumaßnahmen durchführt, verantwortlicher Bauherr sein, wenn er nur die erforderliche „Sachherrschaft" (vgl. BVerwG, B. v. 10.11.1993, BRS 55 Nr. 197) über das Baugeschehen auf dem Grundstück hat. Typische Probleme und Mängel in Bauträgerverträgen sind in GE 2005, 1414 dargestellt. Zur Frage der Zurückweisung eines Bauantrages wegen Fehlens eines Nachweises der Berechtigung zur Ausführung des Bauvorhabens vgl. VGH Ba.-Wü., U. v. 23.11.1990 (BRS 50 Nr. 161) sowie § 69 RNr. 26; zur Schaffung eines baurechtswidrigen Zustandes nicht vom Eigentümer, sondern von einem Dritten als Bauherrn OVG R.-P., U. v. 25.1.1990 (BRS 50 Nr. 213). Nachbarschutz kann der Bauherr, der nicht Eigentümer des Baugrundstücks ist, nicht begehren (vgl. VG Magdeburg, NVwZ 1997, 97).

4 Mit der Fertigstellung des Bauvorhabens oder mit dem Übergang der Verfügungsmacht auf einen Dritten endet die Bauherreneigenschaft (Nds. OVG, U. v. 8.12.1978, BRS 35 Nr. 168; OVG NRW, B. v. 1.8.2003, NWVBl. 2004, 68; vgl. auch BayVGH, U. v. 10.1.1979, BRS 35 Nr. 211). Nach **Abs. 1 Satz 5** hat bei einem **Wechsel des Bauherrn** der neue Bauherr dies der BABeh. unverzüglich schriftlich mitzuteilen; diese Mitteilung hat deklaratorische Bedeutung (vgl. OVG NRW, U. v. 7.11.1995, NuR 1996, 311, 313). Überträgt der Bauherr Rechte aus einer Baugenehmigung auf den Käufer des Baugrundstücks, so geht auch seine Verantwortlichkeit als Bauherr auf diesen über (VGH Ba.-Wü., U. v. 26.11.1980, BRS 36 Nr. 209). Ein Wechsel des Bauherrn liegt auch dann vor, wenn an die Stelle des ursprünglichen Bauherrn eine Bauherrengemeinschaft tritt, der der bisherige Bauherr angehört (VGH Ba.-Wü., U. v. 13.12.1989, BRS 50 Nr. 158). Die Bauherreneigenschaft kann unabhängig vom Grundstückseigentum durch eine rechtsgeschäftliche Vereinbarung übertragen werden (VGH Ba.-Wü., U. v. 17.9.1993, BRS 55 Nr. 147). Zu Rechtsnachfolgeproblemen im Baurecht vgl. Guckelberger, VerwArch 1999, 499.

5 II. Neben seiner allgemeinen ordnungsrechtlichen Verantwortung sind dem Bauherrn durch § 54 bestimmte **besondere Pflichten** auferlegt, so zur Bestellung der anderen am Bau Beteiligten zur Vorbereitung, Überwachung und Ausführung eines nicht verfahrensfreien Bauvorhabens sowie für die Beseitigung von Anlagen (Abs. 1 Satz 1). Ihm obliegen nach **Abs. 1 Satz 2** die nach den öffentlich-rechtlichen Vorschriften erforderlichen Anträge, Anzeigen und Nachweise sowie die Mitteilungen nach Abs. 1 Satz 3 (Wechsel des Entwurfsverfassers), nach Abs. 1 Satz 4 (Namen und Wechsel des Bauleiters) und Abs. 1 Satz 5 (Wechsel des Bauherrn). Der Name des Entwurfsverfassers ist dem Bauantrag zu entnehmen (§ 69 Abs. 4 Satz 1). Zu den Pflichten des Bauherrn bezüglich des Standsicherheits- und des Brandschutznachweises (§ 67 Abs. 2) siehe § 12 und § 22 BauPrüfVO; hinsichtlich der Nachweise und des Ausweises nach der Energieeinsparverordnung vgl. § 1 Abs. 1 EnEV-DVO Bln; siehe insbesondere auch § 26 EnEV. Der Bauherr hat bei der Ausführung nicht verfahrensfreier Bauvorhaben an der Baustelle ein Schild mit den in § 11 Abs. 3 aufgeführten Bezeichnungen anzubringen;

er hat den Bauantrag und auch den Vorbescheidsantrag zu unterschreiben (§ 69 Abs. 4 Satz 1, § 74 Abs. 1). Nach § 71 Abs. 6 hat der Bauherr den Ausführungsbeginn genehmigungsbedürftiger Vorhaben und die Wiederaufnahme der Bauarbeiten nach einer Unterbrechung von mehr als drei Monaten mindestens eine Woche vorher der BABeh. schriftlich mitzuteilen; zu den Pflichten im Fall der Genehmigungsfreistellung vgl. § 63 Abs. 3 und 4. Der Bauherr hat die beabsichtigte Aufnahme der Nutzung einer nicht verfahrensfreien baulichen Anlage mindestens zwei Wochen vorher der BABeh. anzuzeigen (§ 81 Abs. 2). Der Bauherr ist dafür verantwortlich, dass die tatsächliche Bauausführung den genehmigten Bauvorlagen entspricht (vgl. OVG NRW, U. v. 26.3.2003, NWVBl. 2003, 386). Er hat bezüglich der Baugenehmigung, der Bauvorlagen und der bautechnischen Nachweise eine Aufbewahrungspflicht (§ 15 BauVerfVO).

III. Die **Bestellung der anderen am Bau Beteiligten** ist nach **Abs. 1 Satz 1** zur Vorbereitung, Überwachung und Ausführung eines nicht verfahrensfreien Bauvorhabens sowie der Beseitigung von Anlagen nach Maßgabe der §§ 55 bis 57 erforderlich. Die Bestellung eines geeigneten Entwurfsverfassers, Unternehmers oder Bauleiters ist ausnahmsweise dann nicht erforderlich, wenn der Bauherr selbst zur Erfüllung der Verpflichtungen aus den §§ 55 bis 57 geeignet ist. Das wird mit der Neufassung des Abs. 1 Satz 1 klargestellt. 6

Unterbleibt z. B. die erforderliche Bestellung eines Bauleiters (§ 57), dann kann die Anordnung der BABeh., **Bauarbeiten** wegen Nichtbeachtung baurechtlicher Vorschriften **einzustellen**, gegebenenfalls für sofort vollziehbar erklärt werden (OVG Bln, B. v. 29.3.1968, OVGE 9, 165 = BRS 20 Nr. 192). Bei verfahrensfreien Bauvorhaben (§ 62 Abs. 1 bis 4), die ebenfalls den materiellen Vorschriften der Bauordnung entsprechen müssen (§ 62 Abs. 5), liegt es im Belieben des Bauherrn, ob er weitere am Bau Beteiligte bestellt. 7

Bei Erfüllung der entsprechenden Anforderungen können **mehrere Funktionen**, die sich aus den §§ 55, 56 und 57 ergeben, auch in einer Person vereinigt sein, so etwa die Bauleitung bei dem Unternehmer oder dem Entwurfsverfasser (vgl. § 57 RNr. 5). 8

Die in § 52 Abs. 2 a. F. enthaltene Regelung, dass die BABeh. vor und während der Bauausführung verlangen konnte, **ungeeignete Personen** durch geeignete zu ersetzen oder Sachverständige heranzuziehen sowie die Bauarbeiten bis zur Bestellung geeigneter Personen einzustellen, ist in § 54 nicht mehr enthalten. Hierzu heißt es in der Begründung (AH-Drucks. 15/3926, S. 101): Da sich die mangelnde Eignung am Bau Beteiligter in der Regel in Rechtsverstößen niederschlägt, die schon für sich genommen eine Baueinstellung ermöglichen, wird dadurch auch mittelbar die Neubestellung eines geeigneten Beteiligten erzwungen; im Übrigen genügen die allgemeinen bauaufsichtlichen Eingriffsbefugnisse nach § 78 (Einstellung von Arbeiten). Bei einer entsprechenden Gefahrensituation wird die Anordnung der sofortigen Vollziehung nach § 80 Abs. 2 Nr. 4 VwGO angezeigt sein (vgl. auch Nds. OVG, B. v. 4.2.1975, BRS 29 Nr. 180). Die Eignungserfordernisse für die vom Bauherrn bestellten Personen richten sich nach den Anforderungen in den §§ 55, 56 und 57 sowie nach der Schwierigkeit des jeweiligen Bauvorhaben (vgl. Hess. VGH, B. v. 13.11.1978, BRS 33 Nr. 100). 9

IV. Die **Mitteilungspflichten** nach **Satz 4 und 5** dienen wie bisher dazu, der BABeh. Kenntnis von den ordnungspflichtigen Personen zu verschaffen. Bei einem Wechsel des Bauherrn (s. o. RNr. 4) ist nach Satz 5 der neue Bauherr mitteilungspflichtig. Nach Satz 4 hat der Bauherr vor Baubeginn der Bauaufsichtsbehörde die Namen des Bauleiters und während der Bauausführung einen Wechsel der Bauleiter mitzuteilen. Auch diese Mitteilung hat keine konstitutive Wirkung (OLG Karlsruhe, B. v. 5.9.1978, BRS 33 Nr. 101). Neu ist die in **Satz 3** geregelte Mitteilungspflicht hinsichtlich eines Wechsels des Entwurfs- 10

§ 54 RNr. 11–13

verfassers. Damit soll sichergestellt werden, dass die BABeh. weiß, wer entsprechend dem Verfahrensgang oder Baufortschritt der jeweilig zuständige Ansprechpartner ist.

Nach der neuen Vorschrift des **Abs. 2 Satz 1** kann die BABeh., wenn bei einem Bauvorhaben **mehrere Personen als Bauherr** auftreten, verlangen, dass ihr gegenüber ein Vertreter bestellt wird, der die dem Bauherrn nach den öffentlich-rechtlichen Vorschriften obliegenden Verpflichtungen zu erfüllen hat. Damit steht der Behörde eine Person, an die sie sich halten kann, zur Verfügung. Das erleichtert das Verfahren und kann es auch beschleunigen. Mit **Satz 2** in Abs. 2 wird klargestellt, dass durch Satz 1 die Regelung des § 18 VwVfG nicht ersetzt, sondern nur der Grenzwert (Verwaltungsverfahren mit mehr als 50 Personen) herabgesetzt wird.

11 **Ordnungswidrig** handelt, wer als Bauherr oder dessen Vertreter der Vorschrift des § 54 Abs. 1 zuwiderhandelt (§ 83 Abs. 1 Satz 1 Nr. 6). Zur strafrechtlichen Verantwortung vgl. § 53 RNr. 6.

12 **V.** Das **zivilrechtliche Verhältnis** zwischen dem Bauherrn und den anderen am Bau Beteiligten bestimmt sich nach den entsprechenden Vorschriften des bürgerlichen Rechts und nach den zwischen den Beteiligten getroffenen Vereinbarungen unter Berücksichtigung der für die Honorare der Architekten und Ingenieure geltenden Vorschriften. Die Honorarordnung für Architekten und Ingenieure (**HOAI**; siehe dazu den Kommentar von Koeble/Locher/Locher/Frik, 9. Aufl. 2005) enthält öffentliches Preisrecht (Gebührentatbestände für die Berechnung des Honorars der Höhe nach), aber keine Regelungen für Vertragsinhalte (BGH, U. v. 24.10.1996, BauR 1997, 154). In der Regel wird der Bauherr vor oder gleichzeitig mit der ordnungsrechtlichen Bestellung eines anderen am Bau Beteiligten nach Abs. 1 Satz 1 ein Vertragsverhältnis mit ihm eingehen; die Vereinbarung mit dem **Entwurfsverfasser** ist regelmäßig ein Werkvertrag (§§ 631 ff. BGB), vgl. BGH, U. v. 22.10.1981 (BauR 1982, 79) und vom 24.10.1996 (a. a. O.). Die Kündigung des Vertrages durch den Bauherrn kann grundsätzlich nicht das allgemeine Persönlichkeitsrecht des Entwurfsverfassers verletzen (BVerfG, B. v. 24.11.2004, NJW 2005, 590 – Topographie des Terrors –). Dem Vertrag mit dem **Unternehmer** kann die **VOB** zugrunde gelegt werden. VOB Teil A enthält die allgemeinen Bestimmungen für die Vergabe von Bauleistungen; auch ein privater Bauherr kann eine Ausschreibung hiernach durchführen (BGH, U. v. 21.2.2006, BauR 2006, 1140). VOB Teil B enthält die allgemeinen Vertragsbedingungen für die Ausführung von Bauleistungen. Vertragsgrundlage ist dieser Teil nur, wenn Bauherr und Unternehmer dies ausdrücklich vereinbaren (vgl. zur neuen Vergabe- und Vertragsordnung für Bauleistungen Steinberg, NVwZ 2006, 1349).

13 Zum Anspruch des Bauherrn gegen den planenden Architekten als anderweitigen Ersatz bei einem Amtshaftungsanspruch wegen Erteilung einer rechtswidrigen Baugenehmigung vgl. BGH, U. v. 19.3.1992 (NVwZ 1992, 911, 912). Der BABeh. obliegt gegenüber dem Bauherrn die Amtspflicht, keine rechtswidrige Baugenehmigung zu erteilen; von einem Nachbarwiderspruch hat sie den Bauherrn unverzüglich zu unterrichten (BGH, U. v. 9.10.2003, UPR 2004, 68). Zu Anweisungen des Bauherrn gegenüber dem Entwurfsverfasser siehe BGH, U. v. 25.4.1996 (NJW-RR 1996, 1044). Der Schadensersatzanspruch gegen den Entwurfsverfasser wegen eines im Bauvorhaben verkörperten Mangels der Planung oder der Bauaufsicht ist nach Grund und Höhe unabhängig von einer Haftung des Bauunternehmers (BGH, U. v. 23.10.2003, NJW-RR 2004, 165). Den Bauherrn als obersten Projektmanager behandelt Will (BauR 1987, 370). Ziegler (ZfBR 2003, 523) befasst sich mit den Pflichten des Bauherrn und seinem Mitverschulden bei der Planung des Bauvorhabens und der Überwachung der bauausführenden Unternehmer. Die Abnahme im Baurecht erläutert Hartung, NJW 2007, 1099.

Ein Entwurfsverfasser, Unternehmer oder Bauleiter kann seine Funktion auch ohne Abschluss eines Vertrages z. B. in Verwandtenhilfe oder als Freundschaftsdienst übernehmen. Für die BABeh. ist dieses Innenverhältnis ohne Bedeutung; bauordnungsrechtlich relevant ist allein, ob die neben dem Bauherrn am Bau Beteiligten die erforderliche Eignung besitzen.

14

Die Mithilfe von Dritten bei der Ausführung eines Bauvorhabens findet ihre Grenze in der verbotenen **Schwarzarbeit**. Nach § 1 Abs. 2 des Gesetzes zur Intensivierung der Bekämpfung der Schwarzarbeit und damit zusammenhängender Steuerhinterziehung vom 23. Juli 2004 (BGBl. I S. 1842) leistet u.a. Schwarzarbeit, wer Dienst- oder Werkleistungen erbringt oder ausführen lässt und dabei als Arbeitgeber, Unternehmer oder versicherungspflichtiger Selbständiger seine sich aufgrund der Dienst- oder Werkleistungen ergebenden sozialversicherungsrechtlichen Melde-, Beitrags- oder Aufzeichnungspflichten nicht erfüllt. Das gilt nach § 1 Abs. 3 des Gesetzes nicht für nicht nachhaltig auf Gewinn gerichtete Dienst- oder Werkleistungen, die von Angehörigen oder Lebenspartnern, aus Gefälligkeit, im Wege der Nachbarschaftshilfe oder im Wege der Selbsthilfe im Sinne des Zweiten Wohnungsbaugesetzes oder als Selbsthilfe im Sinne des Wohnraumförderungsgesetzes erbracht werden; als nicht nachhaltig auf Gewinn gerichtet gilt insbesondere eine Tätigkeit, die gegen geringes Entgelt erbracht wird. Ein einseitiger Verstoß des Auftragnehmers gegen das Schwarzarbeitsgesetz führt nicht zur Nichtigkeit des Bauvertrages gemäß § 134 BGB (BGH, B. v. 25.1.2001, BauR 2001, 632). In § 8 des Gesetzes sind mehrere Ordnungswidrigkeitstatbestände aufgeführt.

15

§ 55 Entwurfsverfasserin oder Entwurfsverfasser

(1) ¹Die Entwurfsverfasserin oder der Entwurfsverfasser muss nach Sachkunde und Erfahrung zur Vorbereitung des jeweiligen Bauvorhabens geeignet sein. ²Sie oder er ist für die Vollständigkeit und Brauchbarkeit ihres oder seines Entwurfs verantwortlich. ³Die Entwurfsverfasserin oder der Entwurfsverfasser hat dafür zu sorgen, dass die für die Ausführung notwendigen Einzelzeichnungen, Einzelberechnungen und Anweisungen den öffentlich-rechtlichen Vorschriften entsprechen.

(2) ¹Hat die Entwurfsverfasserin oder der Entwurfsverfasser auf einzelnen Fachgebieten nicht die erforderliche Sachkunde und Erfahrung, so sind geeignete Fachplanerinnen und Fachplaner heranzuziehen. ²Diese sind für die von ihnen gefertigten Unterlagen, die sie zu unterzeichnen haben, verantwortlich. ³Für das ordnungsgemäße Ineinandergreifen aller Fachplanungen bleibt die Entwurfsverfasserin oder der Entwurfsverfasser verantwortlich.

Erläuterungen:

I. Neben dem Bauherrn (§ 54), dem Bauleiter (§ 57) und dem Unternehmer (§ 56) nimmt der Entwurfsverfasser wegen der Beschränkung bauaufsichtlicher Prüfung im vereinfachten Baugenehmigungsverfahren (§ 64) und wegen der Ausdehnung der Genehmi-

1

gungsfreistellung (§ 63) eine **besondere Stellung** ein. Nach § 56 a Abs. 3 Satz 2 a. F. und § 60 a Abs. 4 a. F. hatte der Entwurfsverfasser unter anderem die Erklärung abzugeben, dass das Bauvorhaben den öffentlich-rechtlichen Vorschriften entspricht. Jetzt hebt § 60 Abs. 2 ausdrücklich hervor, dass die Genehmigungsfreiheit z. B. bei der Genehmigungsfreistellung (§ 63) und die Beschränkung der bauaufsichtlichen Prüfung im vereinfachten Genehmigungsverfahren (§ 64) nicht von der Verpflichtung zur Einhaltung der Anforderungen entbinden, die durch öffentlich-rechtliche Vorschriften an Anlagen gestellt werden, und dass die bauaufsichtlichen Eingriffsbefugnisse unberührt bleiben.

Mit dem Begriff „Entwurfsverfasser" ist eine bestimmte Funktion, nicht ein Beruf gemeint. Entwurfsverfasser ist derjenige, der für ein bestimmtes Bauvorhaben den Entwurf anfertigt oder anfertigen lässt.

2 **II. Abs. 1 Satz 1** stellt – wie § 52 a Abs. 1 Satz 1 a. F. – klar, dass es bei der Eignung des Entwurfsverfassers nicht auf die allgemeinen Voraussetzungen allein ankommt, die zur Bauvorlageberechtigung nach § 66 Abs. 2 und 4 führen. Entscheidend ist vielmehr die materielle Qualifikation; der Entwurfsverfasser muss die nötige Sachkunde und Erfahrung für die Vorbereitung des **jeweiligen Bauvorhabens** aufweisen, d. h. des konkreten Bauvorhabens, für das er als Entwurfsverfasser tätig werden will. So wird etwa ein Architekt, der sich nur mit Wohnungsbauvorhaben beschäftigt hat, nicht als Entwurfsverfasser für einen komplizierten Krankenhausbau genügend sachkundig und erfahren sein. Die formelle Qualifikation als Bauvorlageberechtigter (§ 66 Abs. 2 und 4) ist für die nicht verfahrensfreie Errichtung oder Änderung von Gebäuden erforderlich (§ 66 Abs. 1). Damit wird klargestellt, dass bei der Genehmigungsfreistellung nach § 63, dem vereinfachten Baugenehmigungsverfahren nach § 64 und dem Baugenehmigungsverfahren nach § 65 Bauvorlagen von einem bauvorlageberechtigten Entwurfsverfasser zu unterschreiben sind. Entsprechend wird das für die „erforderlichen Unterlagen" nach § 63 Abs. 3 bei der Genehmigungsfreistellung zu gelten haben (vgl. § 1 Abs. 1 Nr. 2 BauVerfVO).

3 Aus der Führung der **Berufsbezeichnung Architekt** kann, wenn sie nach dem Berliner Architekten- und Baukammergesetz vom 6. Juli 2006 (GVBl. S. 720) rechtmäßig ist (vgl. die Erläuterungen zu § 66), auf eine allgemeine Eignung als Entwurfsverfasser und gegebenenfalls auch als Bauleiter geschlossen werden; dies ergibt sich auch aus § 66 Abs. 2 Nr. 1, wonach solche Architekten bauvorlageberechtigt sind. Der Entwurfsverfasser braucht aber nicht Architekt zu sein (vgl. § 66 Abs. 2 Nrn. 2 bis 4 und die Erläuterungen zu § 66). Zu weiteren Bauvorlageberechtigungen vgl. § 66 Abs. 4. Die Ungeeignetheit eines Entwurfsverfassers kann sich – auch wenn er nach § 66 bauvorlageberechtigt ist – daraus ergeben, dass ein Bauantrag mehrmals nicht bearbeitet werden konnte und als zurückgenommen galt, weil er unvollständig oder sonstige erhebliche Mängel aufwies (§ 70 Abs. 1). Zu den Befugnissen der BABeh. bei fehlender Eignung vgl. § 54 RNr. 9.

4 **III.** Der Wirkungskreis des Entwurfsverfassers ist in **Abs. 1 Sätze 2 und 3** dahin bestimmt, dass er für die Vollständigkeit und Brauchbarkeit seines Entwurfs verantwortlich ist und dafür zu sorgen hat, dass die für die Ausführung notwendigen Einzelzeichnungen, Einzelberechnungen und Anweisungen den öffentlich-rechtlichen Vorschriften entsprechen. Der Entwurf findet seinen Niederschlag in den nach § 69 Abs. 2 Satz 1 für die Beurteilung des Bauvorhabens und die Bearbeitung des Bauantrags erforderlichen Unterlagen (**Bauvorlagen**). Diese hat der Entwurfsverfasser ebenso wie den Bauantrag durch seine Unterschrift anzuerkennen (§ 69 Abs. 4 Satz 1); mit dieser Unterschrift bekennt sich der Entwurfsverfasser zu seiner Verantwortung aus § 55 Abs. 1. Maßgebend für die erforderlichen Bauvorlagen sind die §§ 1 bis 8 BauVerfVO. Der Entwurf ist dann **vollständig**, wenn er in allen Teilen den öffentlich-rechtlichen Vorschriften, insbesondere der Bauverfahrensverordnung, in der die einzelnen zeichnerischen Anforderungen an

den Entwurf und die sonstigen Bauvorlagen geregelt sind, entspricht. **Brauchbar** ist der Entwurf, wenn er die städtebaulichen, gestalterischen, funktionalen, technischen, bauphysikalischen, wirtschaftlichen, energiewirtschaftlichen, biologischen und ökologischen Anforderungen berücksichtigt, wenn er nach den als Technische Baubestimmungen eingeführten technischen Regeln und den baurechtlichen und sonstigen öffentlich-rechtlichen Vorschriften aufgestellt und technisch durchführbar ist (siehe Simon/Busse/Geiger, BayBO, Stand: Oktober 2003, Art. 57 RNr. 7). Der Entwurfsverfasser muss auch die tatsächlichen Gegebenheiten berücksichtigen, nach denen die rechtlichen Voraussetzungen für die Genehmigungsfähigkeit des Bauvorhabens zu schaffen sind; so wird es in der Regel auch in seinen Verantwortungsbereich fallen, den vorhandenen oder geplanten Verlauf öffentlicher Versorgungsleitungen zu ermitteln und den Bauherrn entsprechend zu beraten, wenn diese für die bauordnungsrechtlich notwendige gesicherte Ver- und Entsorgung des Baugrundstücks von Bedeutung sind oder dafür Bedeutung erlangen können (BGH, U. v. 21.11.1985, BRS 45 Nr. 45, S. 159).

Ist der Bauantrag unvollständig oder weist er sonstige erhebliche Mängel auf, fordert die Bauaufsichtsbehörde den Bauherrn unverzüglich zur Behebung der Mängel innerhalb einer angemessenen Frist auf; werden die Mängel innerhalb der Frist nicht behoben, gilt der Antrag als zurückgenommen (§ 70 Abs. 1 Sätze 3 und 4). 5

Bei den für die Ausführung erforderlichen Einzelzeichnungen, Einzelberechnungen und Anweisungen hat der Entwurfsverfasser dafür zu sorgen, dass sie den öffentlich-rechtlichen Vorschriften entsprechen. Die in § 52 a Abs. 1 Satz 3 a. F. enthaltene Verpflichtung, dass diese Unterlagen „dem genehmigten Entwurf" entsprechen müssen, ist entfallen, um insbesondere in die Pflichten des Entwurfsverfassers auch diejenigen Fälle einzubeziehen, in denen kein Baugenehmigungsverfahren durchgeführt wird, wie bei der Genehmigungsfreistellung nach § 63. Zu den von den Fachplanern gefertigten Unterlagen vgl. Abs. 2 Satz 2 und RNr. 8. Der Entwurfverfasser muss nicht nur der technischen Aufgabe gewachsen sein, sondern auch die maßgeblichen **Vorschriften** des öffentlichen Baurechts, sowohl des Bauplanungs- als auch des Bauordnungsrechts, **in ausreichendem Maße kennen** (vgl. auch RNr. 1 und im Anhang RNr. 1). 6

Nach Auffassung des OLG Düsseldorf (U. v. 31.5.1996, BauR 1997, 159) muss der Architekt die geltenden bauordnungs- und bauplanungsrechtlichen Vorschriften kennen und bei seiner Planung berücksichtigen; wenn er die Genehmigungsfähigkeit seiner Planung für ein schwieriges Rechtsproblem hält, hat er den Bauherrn darauf hinzuweisen; gegebenenfalls wird er verpflichtet sein, auf die Beantragung eines Vorbescheides oder eines planungsrechtlichen Bescheides nach § 74 hinzuwirken (vgl. OLG Köln, U. v. 21.10.1992, BauR 1993, 358). Die Einhaltung der Abstandsflächen gehört zu den grundlegenden Anforderungen, die bei der Planung eines Bauvorhabens zu beachten sind (vgl. BGH, U. v. 19.3.1992, NVwZ 1992, 911, 912). Zur Haftung der Architekten für die Genehmigungsfähigkeit der Planung vgl. Maser, BauR 1994, 180; siehe auch Schulte, BauR 1996, 599 sowie Jacob, BauR 2003, 1623 zu den **Pflichten des Entwurfsverfassers** zwischen Werkvertrags- und öffentlichem Recht; ferner Schmidt-Eichstaedt/Löhr, DÖV 2004, 282 zum so genannten Baunebenrecht, zu dem alle öffentlich-rechtlich verbindlichen Vorschriften, die über die Anforderungen des Baugesetzbuchs und der Bauordnung hinausgehen und die sich unmittelbar auf die Zulässigkeit und die Rechtmäßigkeit der Errichtung, der Änderung oder der Nutzung von baulichen Anlagen auswirken, gehören. Zum Umfang der Pflichten des mit der Bauaufsicht beauftragten Entwurfsverfassers siehe BGH, U. v. 6.7.2000 (ZfBR 2000, 544) und U. v. 9.11.2000 (ZfBR 2001, 106 = NJW 2001, 965) und zur Verletzung von Verkehrssicherungspflichten BGH, U. v. 13.3.2007 (NJW-RR 2007, 1027). 7

8 **IV.** Bei der Kompliziertheit der modernen Bautechnik und der immer fortschreitenden Spezialisierung im Bauwesen kann nicht erwartet werden, dass der Entwurfsverfasser auf allen technischen Teilgebieten in gleicher Weise sachkundig (zu den notwendigen Fachkenntnissen BGH, U. v. 10.7.2003, NJW-RR 2003, 1454) und erfahren ist; an der erforderlichen Eignung fehlt es ihm deshalb nicht. Er hat dann aber für die Fachgebiete, bei denen es ihm an den erforderlichen Kenntnissen fehlt, **geeignete Fachplaner** selbst heranzuziehen oder ihre Heranziehung durch den Bauherrn zu veranlassen (**Abs. 2 Satz 1**), z. B. bei Fragen der Statik, des Schall- und Wärmeschutzes, der Heizung, Lüftung, Aufzüge, elektrischen Anlagen, der Wasserversorgung und Entwässerung. Die in § 52 a. F. enthaltene Bezeichnung „Sachverständige" wird durch den Begriff des „Fachplaners" ersetzt. Als Sachverständiger im Sinne der Bauordnung wird nur verstanden, wer eine (Fach-)Planung eines anderen beurteilt, nicht aber, wer – unter Einsatz eigenen Sachverstands – fachkundig plant (Begründung, AH-Drucks. 15/3926, S. 102).

Die Fachplaner haben für die von ihnen erarbeiteten Unterlagen dieselbe Verantwortung, wie sie sonst der Entwurfsverfasser hat (**Abs. 2 Satz 2**); die von ihnen bearbeiteten Unterlagen müssen auch von ihnen unterschrieben sein (§ 69 Abs. 4 Satz 2).

Für die **Koordinierung**, das ordnungsgemäße Ineinandergreifen aller Fachplanungen auch unter dem Gesichtspunkt der Generalklausel des § 3 Abs. 1 bleibt der Entwurfsverfasser weiter verantwortlich (**Abs. 2 Satz 3**); das gilt insbesondere, wenn sich in der Ausführung Änderungen seines Entwurfs ergeben sollten. Zur Haftung des planenden und bauleitenden Architekten (vgl. dazu auch § 57 RNr. 5) bei Vorliegen von Boden- und Gründungsgutachten siehe BGH, U. v. 26.1.1996 (BauR 1996, 404) und vom 19.12.1996 (NJW 1997, 2173). Die Berücksichtigung der Bodenverhältnisse gehört bei Gebäudeplanungen zu den zentralen Aufgaben des Architekten (OVG Bln, B. v. 19.11.1996, BRS 58 Nr. 200). Zum fehlenden Standsicherheitsnachweis vgl. OLG Frankfurt, U. v. 20.12.1995 (BauR 1997, 330).

9 **V. Ordnungswidrig** handelt nach § 83 Abs. 1 Satz 1 Nr. 6, wer vorsätzlich oder fahrlässig als Entwurfsverfasser der Vorschrift des § 55 Abs. 1 Satz 3 zuwiderhandelt.

Zur strafrechtlichen Verantwortung der am Bau Beteiligten vgl. § 53 RNr. 6 und zum zivilrechtlichen Verhältnis zwischen dem Bauherrn und den anderen am Bau Beteiligten § 54 RNr. 12.

§ 56 Unternehmerin oder Unternehmer

(1) [1]Jede Unternehmerin oder jeder Unternehmer ist für die mit den öffentlich-rechtlichen Anforderungen übereinstimmende Ausführung der von ihr oder ihm übernommenen Arbeiten und insoweit für die ordnungsgemäße Einrichtung und den sicheren Betrieb der Baustelle verantwortlich. [2]Sie oder er hat die erforderlichen Nachweise über die Verwendbarkeit der verwendeten Bauprodukte und Bauarten zu erbringen und auf der Baustelle bereitzuhalten.

(2) Jede Unternehmerin oder jeder Unternehmer hat auf Verlangen der Bauaufsichtsbehörde für Arbeiten, bei denen die Sicherheit der Anlage in außergewöhnlichem Maße von der besonderen Sachkenntnis und Erfahrung der Unternehmerin oder des Unternehmers oder von einer Ausstattung des Unternehmens mit besonderen Vorrichtungen abhängt, nachzuweisen, dass sie oder er für diese Arbeiten geeignet ist und über die erforderlichen Vorrichtungen verfügt.

Erläuterungen:

I. Wie bei dem Entwurfsverfasser (§ 55) ist auch mit dem Begriff Unternehmer kein Beruf, sondern eine bestimmte Funktion im Baugeschehen gemeint. Unternehmer ist derjenige, der von dem Bauherrn mit der selbständigen Ausführung bestimmter Bauarbeiten beauftragt (regelmäßig durch Werkvertrag nach § 631 BGB; zur VOB siehe § 54 RNr. 12) worden ist (§ 54 Abs. 1 Satz 1). 1

II. Der **Aufgabenbereich** des Unternehmers ist im Grundsatz im ersten Satzteil des **Abs. 1 Satz 1** enthalten: Er ist für die – im Sinne des § 3 Abs. 1, d. h. unter dem Gesichtspunkt der Sicherheit und Ordnung gefahrlose – Ausführung der von ihm übernommenen Arbeiten in Übereinstimmung mit den öffentlich-rechtlichen Anforderungen (vgl. insbesondere zur Standsicherheit § 12 und zur Beachtung der technischen Regeln § 3 Abs. 3 sowie Stammbach, Verstoß gegen die anerkannten Regeln der Technik, Baurechtliche Schriften, Bd. 36, 1997; s. a. § 53 RNr. 1) verantwortlich. 2

Abs. 1 Satz 1 2. Satzteil (ordnungsgemäße Einrichtung und sicherer **Betrieb der Baustelle**, § 11) und der Satz 2 (Erbringung und Bereithaltung der erforderlichen Nachweise über die Verwendbarkeit der verwendeten Bauprodukte und Bauarten auf der Baustelle) dienen der näheren Konkretisierung und Umschreibung des tragenden Ordnungsgrundsatzes in Bezug auf die Unternehmertätigkeit (vgl. zur Verletzung von DIN-Normen beim Baugrubenaushub BGH, U. v. 19.4.1991, NJW 1991, 2021). Zu Einzelheiten über Sicherheit und Gesundheitsschutz auf Baustellen vgl. die **Baustellenverordnung** vom 10. Juni 1998 (BGBl. I S. 1283) und dazu Kollmer, NJW 1998, 2634 sowie Meyer, BauR 2006, 597. Baustelleneinrichtungen sind verfahrensfrei (§ 62 Abs. 1 Nr. 12 a); siehe auch OVG MV, B. v. 4.1.2006 (DÖV 2006, 790). Zu Pflichten des Bauunternehmers bei Arbeiten, die sich auf den Straßenverkehr auswirken vgl. § 45 Abs. 6 StVO. Die **Arbeitsstättenverordnung** vom 12. August 2004 (BGBl. I S. 2179) – ArbStättV – befasst sich in Nr. 5.2 des Anhangs mit besonderen Anforderungen an Baustellen (vgl. im Einzelnen Kollmer, ArbStättV, Kommentar, 2. Aufl. 2006).

Zur Notwendigkeit der Einholung einer Ausnahmegenehmigung, die auf der Baustelle vorliegen muss, bei Baumaßnahmen während der Ruhe- und Nachtzeiten vgl. OVG Bln, B. v. 27.3.1996 (NVwZ 1996, 926 = GewA 1996, 260) und zu den rechtlichen Grundlagen des **Baulärmschutzes** Bodanowitz, NJW 1997, 2351. Die Ausführungsvorschriften zum Landesimmissionsschutzgesetz (vgl. § 83 RNr. 19) vom 30. November 2007 (ABl. S. 3263) verweisen auch auf die Allgemeine Verwaltungsvorschrift zum Schutz gegen Baulärm vom 19. August 1970 (ABl. S. 1185) sowie auf die Geräte- und Maschinenlärmschutzverordnung (32. BImSchV) vom 29. August 2002 (BGBl. I S. 3478), geändert durch Gesetz vom 6. Januar 2004 (BGBl. I S. 2, 19). Nach § 16 Nr. 7 des Landesimmissionsschutzgesetzes können bei Verstößen Baumaschinen oder Teile davon eingezogen werden. Zur Berücksichtigung von Baustellenimmissionen in der Planungsentscheidung siehe Berner, UPR 2001, 418. 3

Endet die privatrechtliche Verpflichtung während der noch nicht abgeschlossenen Bauausführung, so kann gegebenenfalls die Verantwortlichkeit des Unternehmers für die Baustellensicherung vorübergehend fortbestehen, bis der Bauherr dazu (eventuell zwangsweise) herangezogen worden ist (HessVGH, U. v. 26.2.1982, BRS 39 Nr. 98); vgl. zur Baustellensicherung auch § 53 RNr. 5. 4

Der Unternehmer hat die erforderlichen **Nachweise** über die Verwendbarkeit der eingesetzten Bauprodukte und Bauarten (§§ 17 ff.) zu erbringen und auf der Baustelle bereitzuhalten (**Abs. 1 Satz 2**). Vor Baubeginn eines Gebäudes müssen die Grundriss- 5

§ 56 RNr. 6–8, § 57

fläche abgesteckt und seine Höhenlage festgelegt sein; **Baugenehmigungen, Bauvorlagen sowie bautechnische Nachweise** müssen an der Baustelle von Baubeginn an vorliegen (§ 71 Abs. 5 Sätze 1 und 2).

6   Bei einem Bauvorhaben können **mehrere Unternehmer** nacheinander oder auch gleichzeitig tätig sein; Aufgabe der einzelnen am Bau tätigen Unternehmer ist es, den Ablauf der von ihnen übernommenen Arbeiten (Gewerke) und die Einhaltung der einzelnen Arbeitsabschnitte zu überwachen und etwa erforderliche Sicherheitsvorkehrungen zu treffen (vgl. OLG Nürnberg, U. v. 23.12.1994, BauR 1996, 135); zur Verkehrssicherungspflicht von Architekt und Bauunternehmer vgl. auch BGH, U. v. 12.11.1996 (BauR 1997, 148); zur Haftung für Statikfehler OLG Hamm, U. v. 16.5.1994 (NJW-RR 1994, 1111) und zu den Pflichten bei Aushub der Baugrube in Bezug auf das Nachbargrundstück BGH, U. v. 12.7.1996 (BauR 1996, 877); zur Baueinstellung bei mangelhafter Bauausführung vgl. Nds. OVG, B. v. 4.2.1975 (BRS 29 Nr. 180).

7   III. Auf Verlangen der BABeh. hat nach **Abs. 2** jeder Unternehmer für Arbeiten, bei denen die Sicherheit der Anlage in außergewöhnlichem Maße von der besonderen Sachkenntnis und Erfahrung des Unternehmers oder von einer Ausstattung des Unternehmens mit besonderen Vorrichtungen abhängt, **nachzuweisen**, dass er für diese Arbeiten geeignet ist und über die erforderlichen Vorrichtungen verfügt. Außergewöhnliche Bauarbeiten im Sinne des Abs. 2 sind z. B. schwierige Gründungen, größere Abbrucharbeiten, der Bau von Tunneln und größere Brücken sowie Spannbetonarbeiten (vgl. im Einzelnen Simon/Busse/Würfel, BayBO, Stand: Oktober 2003, Art. 58 RNr. 23).

Der einzelne Hauptunternehmer kann **Subunternehmer** einschalten; sind diese ungeeignet, ist er als Hauptunternehmer bauordnungsrechtlich verantwortlich, unbeschadet der Möglichkeit des Eingreifens der BABeh. (vgl. § 54 RNr. 9). Zu den Pflichten eines Baggerführers als Subunternehmer vgl. OLG Nürnberg, U. v. 30.4.1996 (NJW-RR 1997, 19) und zum Lieferanten von Fertigbeton OLG Karlsruhe, U. v. 27.2.1997 (BauR 1997, 847).

8   IV. Zur **strafrechtlichen Verantwortung** und zum **zivilrechtlichen Verhältnis** zwischen dem Bauherrn und dem Unternehmer vgl. § 53 RNr. 6 und § 54 RNr. 12. **Ordnungswidrig** handelt nach § 83 Abs. 1 Satz 1 Nr. 6, wer vorsätzlich oder fahrlässig als Unternehmer der Vorschrift des § 57 Abs. 1 zuwiderhandelt (vgl. dazu auch OLG Düsseldorf, B. v. 31.1.1992, ZfBR 1992, 174); zur unzulässigen Schwarzarbeit siehe § 54 RNr. 15.

§ 57 Bauleiterin oder Bauleiter

(1) ¹Die Bauleiterin oder der Bauleiter hat darüber zu wachen, dass die Baumaßnahme entsprechend den öffentlich-rechtlichen Anforderungen durchgeführt wird, und die dafür erforderlichen Weisungen zu erteilen. ²Sie oder er hat im Rahmen dieser Aufgabe auf den sicheren bautechnischen Betrieb der Baustelle, insbesondere auf das gefahrlose Ineinandergreifen der Arbeiten der Unternehmerinnen oder Unternehmer, zu achten. ³Die Verantwortlichkeit der Unternehmerinnen oder Unternehmer bleibt unberührt.

(2) ¹Die Bauleiterin oder der Bauleiter muss über die für ihre oder seine Aufgabe erforderliche Sachkunde und Erfahrung verfügen. ²Verfügt sie oder er auf einzelnen Teilgebieten nicht über die erforderliche Sachkunde, so sind geeignete Fachbauleiterinnen oder Fachbauleiter heranzuziehen. ³Diese treten insoweit an

die Stelle der Bauleiterin oder des Bauleiters. ⁴Die Bauleiterin oder der Bauleiter hat die Tätigkeit der Fachbauleiterinnen oder Fachbauleiter und ihre oder seine Tätigkeit aufeinander abzustimmen.

Erläuterungen:

I. Der Wirkungskreis des Bauleiters umfasst nach dem Bauordnungsrecht die **Überwachung der Bauausführung**, nicht ihre Leitung; die Bezeichnung „Bauleiter" trifft nicht seine eigentliche Funktion. Der Bauleiter hat nach **Abs. 1 Satz 1** darüber zu wachen, dass die Baumaßnahme entsprechend den öffentlich-rechtlichen Anforderungen durchgeführt wird, und die dafür erforderlichen Weisungen zu erteilen. Das Schwergewicht der Tätigkeit des Bauleiters liegt in der Vermeidung von Gefahrensituationen; er hat auf den sicheren bautechnischen Betrieb der Baustelle (§ 11), insbesondere auf das gefahrlose Ineinandergreifen der Arbeiten der Unternehmer zu achten (**Abs. 1 Satz 2**). Für den sicheren Betrieb der Baustelle ist nach § 56 Abs. 1 Satz 1 umfassend der Unternehmer verantwortlich (siehe § 56 RNr. 2).

Zur fehlenden Bestellung eines Bauleiters vgl. § 54 RNr. 7. Mit der Baustellensicherung befasst sich der BGH im U. v. 11.12.1984 (MDR 1985, 396) und mit den Pflichten des Bauleiters in Bezug auf die Nachbarn des Baugrundstücks das OLG Köln im U. v. 9.3.1994 (BauR 1994, 649).

II. Die Aufgaben des Bauleiters umfassen nicht nur die Beobachtung der Bauausführung, sondern auch die Sorge dafür, dass festgestellte **Mängel abgestellt** werden. Eine **Anweisungsbefugnis** besteht nach Abs. 1 Satz 1 a. E. Der Bauleiter muss von ihr zur Beseitigung von Mängeln und Gefahren auch Gebrauch machen. Im Übrigen hat er durch Rat und Belehrung und durch seine fachliche Autorität auf die Bauausführenden hinzuwirken, sich mit den zuständigen Unternehmer (§ 56) oder dem Bauherrn (§ 54) in Verbindung zu setzen und erforderlichenfalls die BABeh. aufmerksam zu machen, damit diese (etwa nach § 78) eingreifen kann. Gegebenenfalls sind seine Feststellungen und das von ihm Veranlasste schriftlich im Bautagebuch oder in sonstigen Aufzeichnungen festzuhalten. Zu den Pflichten des bauüberwachenden Ingenieurs vgl. OLG Bamberg, U. v. 9.11.1994 (BauR 1996, 284).

Inwieweit die **Anwesenheit** des Bauleiters **auf der Baustelle** (§ 11) während der Arbeitszeit erforderlich ist, wird von ihm selbst zu entscheiden sein. Die Notwendigkeit der Anwesenheit ergibt sich aus dem Schwierigkeitsgrad des Bauvorhabens (vgl. dazu § 56 RNr. 7), aus der Art der Bauausführung und der Anzahl und Zuverlässigkeit der einzelnen Unternehmer. Von Bedeutung kann auch sein, in welchem Maße nach Abs. 2 Fachbauleiter bestellt worden sind (vgl. zu allem ausführlich insbesondere Lotz, BauR 2003, 957). Der Bauleiter kann sich, wenn er selbst nicht anwesend ist, auch durch eigene Mitarbeiter vertreten lassen, z. B. bei einer Baustelle, die im Mehrschichtenbetrieb Tag und Nacht arbeitet. **Abs. 1 Satz 3**, wonach die Verantwortlichkeit der Unternehmer (§ 56) unberührt bleibt, ist neu und dient der Klarstellung.

III. Abs. 2 ist entsprechend der MBO neu in die BauO Bln aufgenommen worden. Nach **Satz 1** muss der Bauleiter über die für seine Aufgabe erforderliche **Sachkunde und Erfahrung** verfügen. Verfügt er auf einzelnen Teilgebieten nicht über die erforderliche Sachkunde, so sind geeignete **Fachbauleiter** heranzuziehen, die insoweit an die Stelle des Bauleiters treten; der Bauleiter hat die Tätigkeit des Fachbauleiters und seine Tätigkeit aufeinander abzustimmen (**Abs. 2 Sätze 2 bis 4**). Die **Anforderungen an die Eignung** des Bauleiters richten sich nach dem Schwierigkeitsgrad und der Gefahrenanfälligkeit der zu überwachenden Bauarbeiten (vgl. HessVGH, B. v. 13.11.1978, BRS 33 Nr. 100). Bauleiter kann im Einzelfall bei entsprechender Bestellung nach § 54 Abs. 1 Satz 1 auch der „Bauführer" oder der Polier eines Unternehmers sein. Im Allgemeinen werden dafür aber Bauingenieure und Architekten in Betracht kommen; Architekten insbesondere dann, wenn sie Entwurfsverfasser des Bauvorhabens sind und vertraglich als Bauleiter die Objektüberwachung (Bauüberwachung) übernommen haben; zur Verantwortlichkeit des bauleitenden Architekten vgl. OLG Köln, U. v. 24.8.1993 (NJW-RR 1994, 89) und vom 12.9.1996 (NJW-RR 1997, 957).

6   Ein **Fachbauleiter** steht innerhalb seines besonderen Aufgabenbereichs dem Bauleiter an Verantwortung gleich. Bei schwierigen Bauvorhaben kann die Bestellung mehrerer Fachbauleiter erforderlich sein, so dass sich die Tätigkeit des Bauleiters auf eine Koordinierungsfunktion beschränkt. Auch bei sonstigen Vorhaben bestehen gegen die Bestellung von Fachbauleitern keine Bedenken, solange die Tätigkeit des Bauleiters noch als eigenständige Aufgabe angesehen werden kann. Bei **Sonderbauten** (§ 2 Abs. 4) kann die BABeh. nach § 52 Abs. 1 Satz 3 Nr. 20 besondere Anforderungen an die Bestellung und Qualifikation der Bauleiter und der Fachbauleiter stellen

7   **IV.** Zur Beendigung der öffentlich-rechtlichen Pflichten des Bauleiters vgl. OLG Karlsruhe, B. v. 5.9.1978 (BRS 33 Nr. 101) sowie allgemein zur Verantwortlichkeit des Bauleiters Rabe, BauR 1981, 332. **Ordnungswidrig** handelt, wer vorsätzlich oder fahrlässig als Bauleiter oder dessen Vertreter der Vorschrift des § 57 Abs. 1 zuwiderhandelt (§ 83 Abs. 1 Satz 1 Nr. 6). Zur **strafrechtlichen Verantwortung** des Bauleiters vgl. § 53 RNr. 6 und BGH, U. v. 11.5.1965 (NJW 1965, 1340).

Teil V
Bauaufsichtsbehörden, Verfahren

Abschnitt 1:
Bauaufsichtsbehörden

§ 58 Aufgaben und Befugnisse der Bauaufsichtsbehörden

(1) ¹Die Bauaufsichtsbehörden haben bei der Errichtung, Änderung, Nutzungsänderung und Beseitigung sowie bei der Nutzung und Instandhaltung von Anlagen darüber zu wachen, dass die öffentlich-rechtlichen Vorschriften eingehalten werden, soweit nicht andere Behörden zuständig sind. ²Sie können in Wahrnehmung dieser Aufgaben die erforderlichen Maßnahmen treffen.

(2) Bauaufsichtliche Genehmigungen und sonstige Maßnahmen gelten auch für und gegen Rechtsnachfolgerinnen und Rechtsnachfolger.

(3) ¹Die mit dem Vollzug dieses Gesetzes beauftragten Personen sind, soweit dies zur Ausübung ihres Amtes erforderlich ist, berechtigt, Grundstücke und Anlagen sowie zur Verhütung dringender Gefahren für die öffentliche Sicherheit und Ordnung auch Wohnungen zu betreten. ²Das Grundrecht der Unverletzlichkeit der Wohnung (Artikel 13 des Grundgesetzes, Artikel 28 Abs. 2 der Verfassung von Berlin) wird insoweit eingeschränkt.

Erläuterungen:

I. **§ 58** befasst sich mit den **Aufgaben und Befugnissen der BABeh.** Die Vorschrift legt in **Abs. 1** sowohl die Aufgaben, also den sachlichen Zuständigkeitsbereich, der BABeh. fest wie auch die Befugnisse, die ihnen bei der Ausübung ihrer Kompetenzen zustehen **Abs. 2** regelt, ohne dass ein enger Zusammenhang mit dem in der Überschrift genannten Thema ersichtlich wäre, die **öffentlich-rechtliche Rechts- und Pflichtennachfolge** im Bauaufsichtsrecht. Abs. 3 ist die Rechtsgrundlage für das behördliche Recht zum **Betreten von Grundstücken, Anlagen und Wohnungen.**

II. **Abs. 1** stellt eine Neuerung der BauO Bln dar. In einer **Grundsatznorm** werden die **Aufgaben und Befugnisse der BABeh.** mit einander verbunden. Die beiden Sätze des Abs. 1 sind nach dem Schema von Aufgaben- oder Kompetenznorm (Satz 1) und Befugnis- oder Eingriffsnorm (Satz 2) angeordnet. In Satz 1 wird eine **umfassende Zuständigkeit der BABeh.** begründet. Die den BABeh in Satz 2 zugesprochenen Befugnisse erwecken den Anschein einer erschöpfenden Regelung. Jedoch treten die in dieser Vorschrift genannten Rechte als lediglich subsidiäre Befugnisse hinter speziellen Eingriffsnormen zurück.

1. Satz 1 weist den BABeh die Aufgabe zu, bei bestimmten baulichen oder sonst auf Anlagen bezogenen Tätigkeiten darüber zu wachen, dass die öffentlich-rechtlichen Vorschriften eingehalten werden, soweit nicht andere Behörden hierfür zuständig sind:

a) **BABeh.** sind die **Bezirksämter**, die mit dem Vollzug der BauO Bln betraut sind (vgl. § 1 Abs. 2 ASOG, Nr. 15 Abs. 1 ZustKat Ord). Zwar hat auch die Senatsverwaltung für Stadtentwicklung (vgl. VIII des Rundschreibens über die Geschäftsverteilung des Senats [vgl. § 3 RNr. 65]) zahlreiche bauaufsichtliche Zuständigkeiten (vgl. § 3 Abs. 3 Satz 1, § 9 Abs. 3 Satz 2, § 17 Abs. 2 Satz 1, Abs. 4, § 21 Abs. 2 sowie Nr. 1 Abs. 1 ZustKat Ord und §§ 36 ff. BauPrüfVO) doch wird sie nicht als BABeh. bezeichnet.

4 b) Die **BABeh.** haben die Aufgabe, bei bestimmten **Tätigkeiten** darüber zu wachen, dass die öffentlich-rechtlichen Vorschriften eingehalten werden. Diese Tätigkeiten beziehen sich auf **Anlagen**, also auf bauliche Anlagen und sonstige Anlagen und Einrichtungen im Sinne des § 1 Abs. 1 Satz 2 (vgl. § 2 Abs. 1 Satz 1). Deshalb haben die BABeh. auch dafür zu sorgen, dass die bauordnungsrechtlichen Vorschriften durch Werbeanlagen auf Straßenland eingehalten werden (vgl. OVG Bln, U. v. 16.3.2001 – OVG 2 B 2.97 –). Die den BABeh. zugewiesene **Wächteraufgabe** wird durch den sachlichen Anwendungsbereich des § 1 begrenzt, so dass sie sich nicht auf die in § 1 Abs. 2 genannten baulichen Anlagen erstreckt.

5 c) Die von den BABeh. **überwachten Tätigkeiten** sind zum Teil bauliche Tätigkeiten (**Errichtung, Änderung** und **Beseitigung von Anlagen**), im übrigen in anderer Weise auf Anlagen bezogene Tätigkeiten (**Nutzungsänderung, Nutzung** und **Instandhaltung**). Satz 1 mischt Elemente der Standardformel des § 3 (vgl. § RNr. 21) mit den in § 3 Abs. 4 genannten Aktivitäten und fügt die – in § 3 nicht erwähnte (vgl. § 3 RNrn. 34 f.) – Nutzung hinzu. Zu Recht hat Satz 1 die in § 3 Abs. 1 an erster Stelle genannte Anordnung von Anlagen nicht übernommen, denn diese Variante geht in den beiden anderen der Errichtung und Änderung auf. In Abweichung von der in der Generalklausel des § 3 gewählten Reihenfolge werden folgenden Tätigkeiten als Objekte behördlicher Überwachung aufgezählt: die Errichtung von Anlagen (vgl. § 3 RNr. 10), die Änderung von Anlagen (vgl. § 3 RNr. 11), die Nutzungsänderung (vgl. § 3 RNr. 72), die Beseitigung von Anlagen (vgl. § 3 RNr. 71), die Nutzung von Anlagen (vgl. § 3 RNr. 71) und die Instandhaltung von Anlagen (vgl. § 3 RNrn. 32 ff.).

6 d) Besondere Beachtung verdient das Tatbestandsmerkmal der **Nutzung von Anlagen**. Die BABeh. haben darüber zu wachen, dass die Nutzung von Anlagen den dafür maßgeblichen öffentlich-rechtlichen Vorschriften entspricht. Da die **Nutzungsänderung** in Satz 1 besonders erwähnt wird, muss die Überwachung der Nutzung auf ein anderes Ziel gerichtet sein, als „nachträgliche Umnutzungen" (vgl. § 48 Abs. 2 Satz 3) zu kontrollieren. Die Zuständigkeit der BABeh ist insoweit gegeben, weil Anlagen einen solchen Zustand aufweisen müssen, dass bei bestimmungsgemäßer **Benutzung** die öffentliche Sicherheit oder Ordnung nicht beeinträchtigt wird (vgl. VGH BW, U. v. 14. 2. 1990, NVwZ-RR 1990, 533). Eine derartige Beeinträchtigung kann auf einem Verhalten des Nutzungsberechtigten (§ 59 Abs. 1 Satz 1) beruhen, aber auch auf Ursachen zurückzuführen sein, die den Benutzer an der bestimmungsgemäßen Nutzung hindern.

7 Anders als die übrigen nach Satz 1 zu überwachenden Tätigkeiten wird die Nutzung in § 3 nicht mehr eigens behandelt. Die **Missstandsklausel** des § 3 Abs. 1 Satz 2 BauO Bln 1997, nach der Anlagen ihrem Zweck entsprechend ohne Missstände zu nutzen sein mussten, ist vielmehr entfallen (vgl. § 3 RNr. 32). Trotz des Schweigens der Generalklausel muss dennoch die Nutzung oder Benutzung von Anlagen auch nach der neuen BauO Bln missstandsfrei möglich sein. Denn die vom Gesetz ausdrücklich begründete Zuständigkeit der BABeh. für die Überwachung der Nutzung setzt voraus, dass die Nutzung, und zwar auch außerhalb der Nutzungsänderung, öffentlich-recht-

lichen Restriktionen unterliegt. Es wäre auch nicht sachgerecht, die behördliche Überwachung der Nutzung von Anlagen auf diejenigen Fälle zu beschränken, in denen die BauO Bln sich des Themas der Nutzung in Spezialvorschriften angenommen hat (vgl. § 3 RNr. 35). Denn der Gesetzgeber wollte mit der Streichung der Missstandsklausel keine Verschlechterung der Rechtslage herbeiführen (vgl. § 3 RNrn. 32 und 35). Daher bietet sich der Rückschluss an, dass – ungeachtet des Schweigens des § 3 – die Nutzung von Anlagen den öffentlich-rechtlichen Anforderungen des Bauordnungsrechts und insbesondere seiner Generalklausel entsprechen muss.

e) Die BABeh. haben die **Aufgabe,** bei den in Satz 1 genannten Tätigkeiten darüber zu **wachen**, dass die dafür maßgeblichen öffentlich-rechtlichen Vorschriften eingehalten werde. Der Inhalt der behördlichen **Überwachungsfunktion** wird in Satz 1 nicht präzisiert (und auch in Satz 2 nicht verdeutlicht), doch lässt die Vorschrift erkennen und setzt voraus, dass die BABeh. die Aufgabe haben, **Zustände zu erkennen, zu verhindern und zu bekämpfen, die dem öffentlichen Recht widersprechen**. Die sachliche Zuständigkeit der BABeh. erstreckt sich auf die Einhaltung des materiellen Rechts und des Verfahrensrechts. Kontrollmaßstab ist das gesamte öffentliche Recht, vor allem das Bauordnungs- und Bauplanungsrecht. Ist die Erfüllung dieser Aufgaben gefährdet, dürfen die BABeh. gemäß § 59 Abs. 2 Satz 3 Nr. 3 Daten bei Dritten ohne Kenntnis der Betroffenen erheben.

f) Soweit andere Behörden zuständig sind, über die Einhaltung des öffentlichen Rechts bei den in Satz 1 genannten anlagenbezogenen Tätigkeiten zu wachen, enfällt eine Zuständigkeit der BABeh. Voraussetzung für einen derartigen **Vorrang anderer Behörden** und einen damit verbundenen **Kompetenzentzug** ist, dass die Anlagen gemäß § 1 Abs. 1 überhaupt vom Anwendungsbereich der BauO Bln erfasst werden. Die Tatbestände des § 1 Abs. 2 liegen dagegen von vornherein außerhalb dieses Anwendungsbereichs, so dass es nicht zu einer Konkurrenz von Behörden kommen kann. Satz 1 enthält eine „**Kollisionsregel** für Fälle des positiven Zuständigkeitskonflikts", die „Doppelzuständigkeiten und daraus resultierenden widersprüchlichen Regelungen im Einzelfall" vorbeugt (AH-Drucks. 15/3926, S. 103 – zu § 58 –). Die Bestimmung beruht wie auch die Parallelvorschrift des § 61 Abs. 2 Satz 1 auf dem Gedanken, dass immer dann, wenn der fachliche Schwerpunkt eines Vorhabens im nicht-baurechtlichen (Fach-)Recht liegt, die Zuständigkeit der nicht-baurechtlichen Fachbehörde den Vorrang im Verhältnis zur BABeh. verdient (vgl. AH-Drucks. 15/3926, S. 103 – zu § 58 –, S. 105 – zu § 61 –). Die Aufgabenzuweisung an die BABeh. ist also subsidiär ausgestaltet; eine bauaufsichtliche Aufgabe besteht nicht, wenn die Überwachung der Einhaltung bestimmter öffentlich-rechtlicher Anforderungen anderen (Fach-)Behörden zugewiesen ist (vgl. AH-Drucks. 15/3926, S. 103 – zu § 58 –). Beispiele für eine solche kompetenzielle Verdrängung der BABeh. bieten §§ 2, 5 Bln BodSchG, § 13 DSchG Bln und § 2 e NatSchGBln.

g) Wenngleich die **Polizei** nicht die spezielle Aufgabe hat, Verstöße gegen das Bauordnungsrecht festzustellen oder dagegen einzuschreiten, dies vielmehr Aufgabe der BABeh. als Ordnungsbehörde ist (vgl. Abs. 1 Satz 1 und § 4 ASOG), können ihr doch solche Verstöße bekannt werden. Stößt sie im Rahmen ihrer regulären Tätigkeit, insbesondere bei Streifenfahrten und Streifendienst oder durch Hinweise aus der Bevölkerung, auf Vorgänge oder Zustände, die ein bauaufsichtliches Einschreiten erfordern könnten, so hat sie die BABeh. hiervon zu unterrichten (vgl. § 10 Abs. 1 ASOG). Diese Unterrichtungspflicht erstreckt sich insbesondere auf Sachverhalte, die auf eine Gefahrenlage hindeuten (z. B. ungesicherte Baustellen, Einsturzgefahr, mangelnde Standsicherheit, Beeinträchtigung der Verkehrssicherheit, unzureichende Instandhaltung, Ausführung offenkundig ungenehmigter Bauvorhaben). Eine Unterrichtungspflicht gegenüber der

BABeh besteht insbesondere dann, wenn die Polizei im Bereich des Baurechts unaufschiebbare Maßnahmen der Gefahrenabwehr getroffen hat (vgl. § 4 Satz 2 ASOG). Dies gilt z. B. für die Räumung eines einsturzgefährdeten Hauses oder die Absperrung einer Gefahrenstelle. Die BABeh. hat sodann nach Maßgabe der ihr zur Verfügung stehenden rechtlichen Möglichkeiten die polizeilichen Maßnahmen durch eigene Maßnahmen zu ersetzen oder zu beenden. Solange die BABeh. untätig ist, bleiben von der Polizei erlassene Verwaltungsakte wirksam, es sei denn, sie hätten sich durch Fristablauf oder auf sonstige Weise erledigt.

11 h) Welche **Befugnisse der BABeh.** bei der Wahrnehmung ihrer Überwachungsfunktion (vgl. RNr. 8) hat, ergibt sich **nicht** aus **Satz 1**, sondern aus der **Eingriffsnorm des Satzes 2**. Aber auch ohne eine solche spezielle Norm dürften die BABeh. ihre Aufgabe erfüllen, Zustände zu erkennen, zu verhindern und zu bekämpfen, die dem öffentlichen Recht widersprechen, solange dies ohne Eingriffe in die Rechte Privater geschehen könnte. So bedürften ermittelnde oder beratende Tätigkeiten wie auch sonstige lediglich informelle oder im Einvernehmen mit Privaten getroffene Maßnahmen keiner besonderen Ermächtigung, sondern wären kraft der gesetzlichen Kompetenzzuweisung an die BABeh in Satz 1 ohne weiteres zulässig.

12 2. Satz 2 ergänzt die Kompetenzzuweisung in Satz 1 – entsprechend dem rechtsstaatlichen Vorbehalt des Gesetzes – durch eine **Rechtsgrundlage für behördliche Eingriffe** und stellt somit in Abkehr von der früheren Rechtslage eine **spezielle Befugnisnorm für den Bereich des Bauordnungsrechts** bereit (vgl. OVG Bln-Bbg, B. v. 27.4.2007, LKV 2008, 136). Die BABeh. können in Wahrnehmung ihrer in Satz 1 beschriebenen Überwachungsaufgaben die erforderlichen Maßnahmen treffen. Die Genehmigungsfreiheit und eine „Beschränkung der bauaufsichtlichen Prüfung" lassen die bauaufsichtlichen Eingriffsbefugnisse und somit auch diejenigen nach Satz 2 unberührt (vgl. § 60 Abs. 2).

13 a) Die **Grenzen des** in Satz 2 geregelten **Eingriffsvorbehalts** ergeben sich aus dem Anwendungsbereich der BauO Bln gemäß § 1 Abs. 1 (vgl. RNr. 9), der Beschränkung auf die in Satz 1 genannten anlagenbezogenen Tätigkeiten (vgl. RNr. 5) und dem kompetenziellen Vorrang nicht-baurechtlicher Fachbehörden (vgl. RNr. 9). Innerhalb dieser Grenzen sind die BABeh. frei in der Auswahl ihnen geeignet erscheinender Maßnahmen.

14 b) Satz 2 erweckt den täuschenden Eindruck, als gewähre er umfassende **Eingriffsbefugnisse**, doch handelt es sich bei ihm lediglich um eine **subsidiäre Norm**. Denn die wichtigsten bauaufsichtlichen Ermächtigungen finden sich in anderen Vorschriften: § 78 (Einstellung von Arbeiten), § 79 (Beseitigung von Anlagen, Nutzungsuntersagung), § 80 (Bauüberwachung) und § 85 Abs. 2 (Anpassungsverlangen). Außerdem räumen zahlreiche weitere Vorschriften den BABeh. **spezielle Befugnisse** ein (vgl. § 3 RNr. 28). So regelt § 58 Abs. 3 das behördliche Recht zum Betreten von Grundstücken, Anlagen und Wohnungen. Nach § 59 sind die BABeh. zur Verarbeitung personenbezogener Daten berechtigt, wobei ihnen auch Auskunftsrechte zustehen. Alle diese **Bestimmungen verdrängen den Satz 2**, soweit ihre Tatbestände und Rechtsfolgen reichen. Wenn diese Spezialnormen jedoch hinter den Tatbeständen des Abs. 1 zurückbleiben, können Eingriffe auch auf Satz 2 gestützt werden, wie das z. B. bei den Instandhaltungsarbeiten der Fall ist, für die § 78 Abs. 1 Satz 1 nicht gilt (vgl. § 78 RNr. 3). Ist in den Spezialnormen das Problem der **Adressaten** von Verfügungen nicht oder nur unvollständig geregelt, gelten die Vorschriften über die verantwortlichen Personen in den §§ 13 und 14 ASOG subsidiär (vgl. OVG Bln, B. v. 22.5.2002, BRS 65 Nr. 137). Nicht verdrängt wird dagegen Satz 2 durch die lediglich deklaratorische Vorschrift des § 62 Abs. 5 Satz 2, die auf die „Bauaufsichtlichen Maßnahmen" der §§ 77 ff. verweist (vgl. AH-Drucks. 15/3926, S. 113 – zu § 62 – und § 78 RNr. 2, § 79 RNr. 4).

c) Als **Auffangnorm** berechtigt **Satz 2** die BABeh., diejenigen **Maßnahmen** zu treffen, die für die Erfüllung ihrer Überwachungsaufgaben nach Satz 1 erforderlich sind. Zulässige Maßnahmen sind nur solche, die **Einzelfälle** betreffen, denn der Erlass bauaufsichtlicher Rechtsverordnungen ist der Senatsverwaltung für Stadtentwicklung vorbehalten (vgl. § 17 Abs. 4, § 21 Abs. 2, § 59 Abs. 4, § 84). Der Begriff der Maßnahmen in Satz 2 muss weiter sein als derjenige der „Bauaufsichtliche(n) Maßnahmen" in der Überschrift des Vierten Abschnitts des Fünften Teils, denn diese Überschrift bezieht sich nur auf die §§ 77 bis 79, die dem Satz 2 vorgehen (vgl. § 78 RNr. 1, § 79 RNr. 2). Maßnahmen sind zumeist Verwaltungsakte (vgl. § 35 VwVfG), können aber auch faktische Handlungen sein. Verwaltungsakte werden regelmäßig auf ein positives Tun gerichtet sein. Als Duldungsverwaltungsakte verpflichten sie widerstrebende Adressaten zu einem Unterlassen. Ob die BABeh. Maßnahmen ergreift, liegt in ihrem Ermessen. Wie in den Fällen der §§ 78 und 79 dürfte es sich auch bei § 58 Abs. 1 Satz 2 um ein **intendiertes Ermessen** handeln, das die Behörde tendenziell zur Unterbindung von Rechtsverstößen drängt (vgl. § 78 RNr. 29 und § 79 RNr. 35). Deshalb gelten für die Ermessensausübung die von der Rechtsprechung zur Einstellung von Arbeiten, zur Beseitigung von Anlagen und zur Nutzungsuntersagung entwickelten Prinzipien auch hier entsprechend (vgl. § 78 RNr. 29 und § 79 RNrn. 36 ff., 58).

d) Da die Ermächtigung nach Satz 2 es gestattet, die Lücken zu schließen, die trotz der Existenz spezieller Eingriffsbefugnisse (vgl. RNr. 14) verbleiben, **bedarf es** – anders als nach der Rechtslage unter der BauO Bln 1997 (vgl. Voraufl., § 3 RNr. 16, § 54 RNr. 2) – **häufig keines Rückgriffs** mehr **auf die** polizeiliche oder ordnungsbehördliche **Generalklausel des § 17 ASOG** (vgl. § 3 RNr. 28). An deren Stelle ist nunmehr weitgehend Satz 2 getreten.

Dennoch besteht für manche tatsächlichen Konstellationen weiterhin ein Bedürfnis für die BABeh., sich auf § 17 ASOG zu berufen. Dieses Defizit beruht darauf, dass deren Zuständigkeit darauf beschränkt ist, die Übereinstimmung bestimmter anlagenbezogener Tätigkeiten mit dem öffentlichen Recht zu überwachen (vgl. RNrn. 4 f.). Weist aber eine Anlage Mängel auf, die nicht auf einer solchen Tätigkeit und damit auch nicht auf einer Verletzung von Handlungspflichten nach § 3 Abs. 1 beruhen (vgl. § 3 RNr. 29), greift der Tatbestand des Satzes 1 nicht ein, so dass Maßnahmen nicht auf Satz 2 gestützt werden können. Dann ist **ausnahmsweise** die **Heranziehung des § 17 ASOG** angebracht (vgl. § 3 RNr. 29). Das gleiche gilt, wenn entgegen § 7 Abs. 1 durch die Teilung eines Grundstücks Verhältnisse geschaffen werden, die öffentlich-rechtlichen Vorschriften widersprechen. Da anders als nach § 7 BauO Bln 1997 die BABeh. nicht mehr ermächtigt wird, die Herstellung baurechtmäßiger Zustände zu verlangen (vgl. OVG Bln, B. v. 4. 4. 2002, BRS 65 Nr. 204 = BauR 2002, 1235), „reicht die allgemeine Eingriffsbefugnis der Ordnungsbehörde aus" (AH-Drucks. 15/3926, S. 71 – zu § 7 –). Über diese Fälle hinaus wird § 17 ASOG immer dann eine geeignete Rechtsgrundlage bilden, wenn – ohne dass der Tatbestand der § 58 Abs. 1 Satz 1 erfüllt ist – die Beschaffenheit einer Anlage von den Ergebnisanforderungen (vgl. § 1 RNr. 22) des Bauordnungsrechts abweicht. Lassen sich beispielsweise Fenster in notwendigen Treppenräumen entgegen § 35 Abs. 8 Satz 2 nicht schnell genug öffnen (vgl. OVG Bln, B. v. 22.5.2002, BRS 65 Nr. 137 betr. § 32 Abs. 9 BauO Bln 1997), kann eine diesem Missstand entgegenwirkende Verfügung auf § 17 ASOG gestützt werden. Als Adressaten kommen die in den §§ 13 und 14 ASOG genannten Verantwortlichen in Betracht (vgl. OVG Bln a, a. O.). Auch für die Durchsetzung von Verhaltensanforderungen (vgl. § 1 RNr. 22), die nicht dem Tatbestand des § 58 Abs. 1 Satz 1 unterfallen, wie z. B. die auf nicht überbaute Flächen bezogenen Pflichten nach § 8 Abs. 1 Satz 1, kann § 17 ASOG als Rechtsgrundlage dienen (vgl. OVG Bln, U.

v. 7.3.2003, OVGE 24, 189, 190, 192 betr. die Pflicht zur Vorgartenbegrünung gemäß § 8 Abs. 1 Satz 1 BauO Bln 1997).

18 III. Abs. 2 betrifft das Thema der **öffentlich-rechtlichen Rechts- und Pflichtennachfolge** im Bauaufsichtsrecht. Er enthält die modernisierte Form einer Regelung, die zuvor in § 62 Abs. 4 BauO Bln 1997 enthalten war. Nach der Begründung des Gesetzes verallgemeinert die Vorschrift den „anerkannten Grundsatz der aus der Grundstücksbezogenheit folgenden ‚Dinglichkeit' bauaufsichtlicher Entscheidungen" (vgl. AH-Drucks. 15/3926, S. 103 – zu § 58 –). Entsprechend diesem Grundsatz gelten bauaufsichtliche Genehmigungen und sonstige Maßnahmen auch für und gegen Rechtsnachfolgerinnen und Rechtsnachfolger. Eine verwandte Regelung ist § 54 Abs. 1 Satz 5, wonach beim Wechsel des Bauherrn der neue Bauherr dies der BABeh. mitzuteilen hat. Auch im Bauplanungsrecht finden sich thematisch einschlägige Bestimmungen (vgl. z. B. § 33 Abs. 1 Nr. 3 BauGB).

19 1. Durch die in Abs. 2 angeordnete öffentlich-rechtliche Rechts- und Pflichtennachfolge treffen die Wirkungen bestimmter behördlicher Akte auch solche Personen, die ursprünglich nicht Adressaten dieser Akte waren. Diese rücken also nachträglich in die Rechtsposition ihrer Rechtsvorgänger ein. Ein solcher Rechts- oder Pflichtenübergang kann auf einer **Gesamtrechtsnachfolge**, wie beim Erbfall (vgl. § 1922 Abs. 1 BGB), oder einer **Individualrechtsnachfolge** beruhen, wie beim rechtsgeschäftlichen Erwerb eines Grundstücks, für dessen Bebauung eine dem Eigentümer erteilte Genehmigung vorliegt. Ob, unter welchen Bedingungen und wann ein Tatbestand der Rechtsnachfolge vorliegt, ergibt sich nicht aus Abs. 2, sondern aus Vorschriften des bürgerlichen, gegebenenfalls auch des öffentlichen Rechts. Der Nachfolgetatbestand kann auf Gesetz, Verwaltungsakt oder Rechtsgeschäft beruhen (vgl. OVG NRW, U. v. 7.11.1995, NuR 1996, 311). Das Bauordnungsrecht setzt also **außerbauaufsichtliche Rechtsvorgänge** voraus und knüpft sie an (vgl. OVG NRW a. a. O.; Peine, Jus 1997, 984, 985).

20 2. Abs. 2 befasst sich mit der „**Nachfolgefähigkeit**" bestimmter öffentlich-rechtlicher Positionen, nicht dagegen mit dem Tatbestand der Rechtsnachfolge selbst (vgl. RNr. 19). Gegenstand der öffentlich-rechtlichen Rechts- und Pflichtennachfolge sind **bauaufsichtliche Genehmigungen und sonstige Maßnahmen**. Mit den bauaufsichtlichen Genehmigungen sind die **Baugenehmigungen** gemeint; unerheblich ist es, ob sie im regulären (§ 65) oder im vereinfachten Baugenehmigungsverfahren (§ 64) ergehen. „Nachfolgefähig" sind auch einzelne Bestandteile einer Baugenehmigung, wie z. B. eine **Nebenbestimmung**, wonach die Nutzung einer nicht überbaubaren Grundstücksfläche im Vorgartenbereich unzulässig ist (vgl. OVG Bln, B. v. 10.5.2000 – OVG 2 SN 8.00 –) oder eine Auflage (vgl. § 71 Abs. 3), wonach ein Kinderspielplatz auf einer Hoffläche anzulegen ist (vgl. OVG Bln, B. v. 10.10.2003 – OVG 2 S 3.99 –). Bauaufsichtliche Zustimmungen nach § 76 fallen dagegen unter den Begriff der **sonstige Maßnahmen**. Hierbei handelt es sich zumeist um behördliche Hoheitsakte, die der Regelung eines Einzelfalls dienen und die mit einer rechtlichen Wirkung ausgestaltet sind, also um **Verwaltungsakte** (vgl. § 35 VwVfG). Die sonstigen Maßnahmen umfassen vor allem die „Bauaufsichtlichen Maßnahmen" der §§ 77 ff., also das Verbot unrechtmäßig gekennzeichneter Bauprodukte (§ 77), die Einstellung von Arbeiten (vgl. § 78 und § 98 RNr. 28), die Beseitigung von Anlagen (vgl. § 79 RNr. 43) und die Nutzungsuntersagung (§ 79 Satz 2), ferner alle übrigen bauaufsichtlichen Verwaltungsakte, die für eine Rechts- oder Pflichtennachfolge geeignet sind, wie ein Anpassungsverlangen nach § 85 Abs. 2 Satz 1 und die Bauüberwachung nach den §§ 80 und 81. Aber auch Hoheitsakte, deren Eigenschaft als Verwaltungsakt zweifelhaft ist – z. B. einseitige Erklärungen oder in öffentlich-rechtlichen Verträgen enthaltene Willensbekundungen

von BABeh. – sind den sonstigen Maßnahmen zuzurechnen. Hierzu zählen das Verlangen nach § 54 Abs. 2 Satz 1, gegenüber der BABeh. einen Vertreter zu bestellen, die Forderung nach § 69 Abs. 4 Satz 3, die Zustimmung des Grundstückseigentümers zu den Bauvorlagen beizubringen, die Aufforderung nach § 70 Abs. 1 Satz 3, Mängel des Bauantrags zu beheben, und die Erklärung nach § 63 Abs. 2 Nr. 3, Abs. 4, dass das vereinfachte Baugenehmigungsverfahren durchgeführt werden soll. **Realakten** fehlt dagegen die Eigenschaft einer rechtlichen Regelung, so dass sie auch nicht gegenüber Rechtsnachfolgern wirken können. Da die **Baulast** nicht durch behördliche Entscheidung, sondern durch eine Erklärung des Grundstückseigentümers gegenüber der BABeh. begründet wird (§ 82 Abs. 1 Satz 1), gilt Abs. 2 insoweit nicht; jedoch ordnet § 82 Abs. 1 Satz 3 an, dass Baulasten auch gegenüber Rechtsnachfolgern wirken. Anders steht es beim **Vorbescheid** und beim **planungsrechtlichen Bescheid**. Nach § 74 Abs. 1 Satz 2 und Abs. 2 Satz 3 gilt für sie § 58 Abs. 2 entsprechend, obwohl diese Vorschrift angesichts der engen Beziehung der beiden Bescheide zur Baugenehmigung ohne weiteres auf sie anwendbar wäre.

3. Abs. 2 bezieht Rechtsnachfolgerinnen und **Rechtsnachfolger** in die Wirkung .baubehördlicher Maßnahmen ein. Der Begriff des Rechtsnachfolgers setzt den des Rechtsvorgängers voraus. § 62 Abs. 4 BauO Bln 1997, dessen Regelung sich auf die „Nachfolgefähigkeit" der Baugenehmigung beschränkte, nannte als **Rechtsvorgänger** ausdrücklich und ausschließlich den Bauherrn. § 58 Abs. 2, in dem Bestreben, den „Grundsatz der aus der Grundstücksbezogenheit folgenden ‚Dinglichkeit' bauaufsichtlicher Entscheidungen" zu verallgemeinern (vgl. RNr. 18), verzichtet dagegen auf eine derartige Angabe. Handelt es sich um eine **Baugenehmigung**, ist Rechtsvorgänger der Inhaber der Baugenehmigung. Ist der Grundstückseigentümer zugleich der Bauherr, treten die Rechtswirkungen der Baugenehmigung in der Person des Nachfolgers im Grundeigentum ein. Die Übertragung des Eigentums führt gleichzeitig zum Übergang der Rechte und Pflichten aus der dem bisherigen Eigentümer erteilten Baugenehmigung, ohne dass es einer besonderen Übertragungshandlung bedarf.

In Abweichung von dieser regelmäßigen Konstellation können aber die Eigenschaften des Bauherrn und des Grundstückseigentümers auseinanderfallen (vgl. § 69 Abs. 4 Satz 3), können also Bauherr und Grundstückseigentümer „personenverschieden" sein (§ 15 Abs. 1 Satz 3 BauVerfVO). Obwohl die Baugenehmigung als ein grundstücksbezogener Verwaltungsakt angesehen wird (vgl. Bay VGH, B. v. 20. 2. 2002, BRS 65 Nr. 133) oder ihr dingliche Wirkung zugesprochen wird (vgl. OVG Bln, U. v. 10. 10. 2003 – OVG 2 B 3.99 –), ist in einem solchen Fall, in dem **Bauherr und Grundstückseigentümer nicht identisch** sind, Rechtsvorgänger ausschließlich der Bauherr, so dass nur sein Rechtsnachfolger – und nicht derjenige des Grundstückseigentümers – in die Position des Inhabers der Baugenehmigung nachrückt. Ob Grundstückseigentümer oder Bauherren eine Baugenehmigung im Wege des Rechtsgeschäfts weitergeben dürfen (vgl. VGH BW, U. v. 17. 9. 1993, BRS 55 Nr. 147), ist dem Gesetz nicht eindeutig zu entnehmen. Immerhin spricht die pauschale Entscheidung des Abs. 2 für die „Nachfolgefähigkeit" der Baugenehmigung dafür. Von Abs. 2 dürfte auch ein solcher Wechsel des Bauherrn erfasst werden, bei dem an die Stelle des ursprünglichen Bauherrn eine Bauherrengemeinschaft tritt, der auch der bisherige Bauherr angehört (vgl. VGH BW, U. v. 12. 3. 1989, BRS 50 Nr. 158). Eine verwandte Konstellation liegt darin, dass sich der bisherige Grundstückseigentümer und Bauherr bei der Übertragung des Grundstückseigentums durch eine besondere Vereinbarung die Inhaberschaft an der Baugenehmigung vorbehält (vgl. VGH BW, U. v. 30. 3. 1995, BauR 1995, 671 = BRS 57 Nr. 190 = NVwZ-RR 1995, 562). Ungeklärt ist die Frage, wen nach Ausführung des Bauvorhabens die Rechtswirkungen der Baugenehmigung treffen. Sollte die Eigenschaft als Bauherr erloschen sein, kommt als Rechtsnachfolger der „dinglichen" Baugenehmigung primär der Grundstückseigentümer in Betracht. Diese Rechtsauffassung dürfte auch dem § 15 Abs. 1 Satz 3 BauVerfVO zugrundeliegen. Nach dieser Vorschrift geht „mit Fertigstellung des Vorhabens" die Pflicht des Bauherrn zur Aufbewahrung von Unterlagen auf den Grundstückseigentümer sowie dessen Rechtsnachfolger über.

23 Hinsichtlich der **sonstigen Maßnahmen** sind **Rechtsvorgänger** die **Adressaten** dieser Maßnahmen. Soweit es sich um belastende Verwaltungsakte handelt (vgl. RNr. 20), dürfte die rechtsgeschäftliche Übertragung einer dadurch begründeten Pflichtenstellung nicht in Betracht kommen.

24 **4.** Die in Abs. 2 genannten **Hoheitsakte gelten** auch **für und gegen** Rechtsnachfolgerinnen und **Rechtsnachfolger**, d. h. die positiven und negativen Wirkungen der Hoheitsakte sind auch für diese Personen verbindlich. Ob die Rechtsnachfolger Kenntnis von den auch für sie verbindlichen Hoheitsakten haben, ist unerheblich (vgl. OVG Bln, U. v. 10.10.2003 – OVG 2 B 3.99 –). An erster Stelle nennt das Gesetz die **bauaufsichtlichen Genehmigungen**. Der Rechtsnachfolger des Inhabers der Baugenehmigung tritt in vollem Umfang in die Rechte und Pflichten seines Rechtsvorgängers ein. (vgl. RNrn. 21 ff.). Pflichten können sich aus den mit der Baugenehmigung verbundenen Nebenbestimmungen, vor allem den Auflagen, ergeben (vgl. § 71 Abs. 3 sowie OVG Bln, B. v. 10.5.2000 – OVG 2 SN 8.00; Bln, U. v. 10.10.2003 – OVG 2 B 3.99 –; HessVGH, B. v. 19.7.1984, NVwZ 1985, 281; VGH BW, U. v. 26.1.2005, BRS 69 Nr. 185). Zweifel am Übergang solcher Pflichten bestehen aber, wenn Nebenbestimmungen einen spezifisch auf die Person des Bauherrn zugeschnittenen Inhalt haben. Eine Minderung des Rechtsschutzes, die dadurch eintritt, dass Kläger die ihnen nachteiligen Wirkungen einer von ihrem Rechtsvorgänger nicht angefochtenen nachbarlichen Baugenehmigung hinnehmen müssen (vgl. Bay VGH, B. v. 20.2.2002, BRS 65 Nr. 133 sowie § 3 RNr. 55), dürfte auf das Prinzip des Abs. 2 oder auf eine Drittwirkung der Baugenehmigung zurückzuführen sein.

25 Auch **sonstige Maßnahmen** im Sinne des Abs. 2 (vgl. RNr. 20) können sich zugunsten des Rechtsnachfolgers auswirken. Soweit es es sich bei ihnen allerdings – wie zumeist – um eingreifende Verwaltungsakte handelt, treffen den Rechtsnachfolger belastende Wirkungen. Sind die sonstigen Maßnahmen grundstücksbezogen, wirken sie auch gegen den Rechtsnachfolger des Grundstückseigentümers (vgl. OVG Bln, B. v. 25.9.1987, DÖV 1988, 384; B. v. 4.4.2002, BRS 65 Nr. 204, S. 886). Das ist insbesondere bei den Beseitigungsanordnungen nach § 79 Satz 1 der Fall (vgl. § 79 RNr. 43). Daher kann eine Anordnung in dem Stadium, das sie bei einer Veräußerung des Grundstücks erreicht hat, auch gegen den Rechtsnachfolger durchgesetzt werden (vgl. OVG Bln, B. v. 4.4.2002. a. a. O.).

26 **IV. Abs. 3 Satz 1** räumt den mit dem Vollzug der BauO Bln beauftragten Personen das **Recht** ein, **Grundstücke**, **Anlagen** und gegebenenfalls auch **Wohnungen zu betreten** und zu besichtigen. Ein Vollzug der BauO Bln liegt nicht nur vor, wenn die BABeh. sich im Rahmen des § 58 Abs. 1 bewegt, sondern auch dann, wenn sie Aufgaben nach anderen Vorschriften wahrnimmt, wie z. B. die Bauüberwachung nach § 80 (vgl. § 80 RNr. 8). Abs. 3 ist die Rechtsgrundlage für Maßnahmen, die der BABeh. **Informationen** verschaffen soll, die sie für die **Kontrolle des Baugeschehens** benötigt (vgl. OVG Bln, B. v. 23.8.1988, OVGE 18, 119, 123 = BRS 48 Nr. 125). So kann sie sich z. B. ein verlässliches Bild von faktisch vorgenommenen Nutzungsänderungen machen, um brandschutzrechtliche Anforderungen durchzusetzen (vgl. OVG Bln-Bbg, B. v. 6.7.2006,

LKV 2007, 39, 41). Bei Abs. 3 handelt es sich um eine Eingriffsvorschrift, die – wie zahlreiche andere Spezialbestimmungen – die Befugnisnorm des Abs. 1 Satz 2 verdrängt (vgl. RNr. 14). **Satz 2** schränkt das Grundrecht de **Unverletzlichkeit der Wohnung** ein. Rechtsgrundlagen für das Betreten von Grundstücke, Anlagen und Wohnungen finden sich auch in zahlreichen anderen Vorschriften. Baurechtlich von Bedeutung sind die § 36 ASOG, § 209 Abs. 1 BauGB, § 7 BetrVO, § 3 Abs. 1, 2 Bln BodSchG, § 69 Abs. 2 BWG, 14 Abs. 2 und 3 DSchG Bln, § 43 Abs. 2 NatSchG Bln, § 10 Abs. 1 und 2 WoAufG Bln (vgl. OVG Bln, U. v. 11.1.1980, GE 1980, 387.

1. Berechtigt sind nur solche Personen, die als **Bedienstete von BABeh.** (vgl. RNr. 3) ein Amt ausüben, das im Vollzug der BauO Bln sowie (obwohl Abs. 3 insoweit schweigt) der auf ihrer Grundlage erlassenen Vorschriften besteht. Andere Personen – wie Sachverständige (vgl. § 70 Abs. 5, § 80 Abs. 5, § 84 Abs. 2 Satz 1 Nr. 2), Prüfingenieure (vgl. § 84 Abs. 2 Satz 1 Nr. 1) oder die mit einer Ersatzvornahme betrauten Unternehmer – haben kein eigenes Betretungsrecht. Lediglich als Hilfspersonen der Verwaltung können sie an der Ausübung des Betretungsrechts durch Befugte beteiligt werden.

2. Das **Betreten** von **Grundstücken**, **Anlagen**, und **Wohnungen** muss **zur Ausübung des Amtes erforderlich** sein.

a) Das Betreten der in Satz 1 genannten Objekte muss zur **Ausübung eines Amtes** der handelnden Personen gehören, das im **Vollzug des Bauordnungsrechts** besteht (vgl. RNr. 26). Hierzu rechnen alle Aufgaben und Befugnisse, mit denen die BABeh. betraut sind, also vornehmlich die in Abs. 1 genannten sowie diejenigen, die in speziellen Eingriffsbestimmungen enthalten sind (vgl. RNr. 14). Auch soweit BABeh. Aufgaben wahrnehmen, die über den Tatbestand des Abs. 1 Satz 1 hinausgehen und deshalb unter Inanspruchnahme des ASOG bewältigt werden müssen (vgl. Rnr. 17), steht das Betretungsrecht zur Verfügung.

b) Erforderlich ist das **Betreten** von Grundstücken, Anlagen und Wohnungen zur Ausübung des Amtes (vgl. RNr. 27) schon dann, wenn hierfür ein **sachlicher Grund** vorliegt, eine Besichtigung an Ort und Stelle für die Gewinnung notwendiger oder zweckdienlicher Informationen also vernünftigerweise geboten ist. Bei Wohnungen reicht allerdings ein derartiger Grund allein nicht aus; vielmehr müssen weitere Voraussetzungen vorliegen (vgl. RNr. 32). Die Anwendung mancher Vorschriften legt das Betreten von Grundstücken oder Anlagen ohne weiteres nahe, wie bei der Bauüberwachung (§ 80) und der Gebrauchsabnahme von Fliegenden Bauten (§ 75 Abs. 6 Satz 2). Bei anderen Konstellationen hängt es vom Einzelfall ab, ob ein Betreten von Grundstücken, Anlagen oder Wohnungen erforderlich ist. So kann unter anderem ein Zutritt vonnöten sein: für die Prüfung eines Bauantrags nach § 69 (insbesondere wenn dessen Abs. 3 in Betracht kommt), zur Kontrolle des Absteckens der Grundrissfläche und der Festlegung der Höhenlage eines Gebäudes (vgl. § 71 Abs. 5 Satz 1), zur Klärung von Gefahrenzuständen, die z. B. der Gesundheit drohen (vgl. OVG Bln, U. 19.8.1977, BRS 32 Nr. 191 = GE 1977, 937 betr. die Nutzung eines Kellers als Wohnung), sowie zur Ermittlung von bekannt gewordenen oder vermuteten Verstößen gegen bauordnungsrechtliche Vorschriften. Vor allem die Durchführung ungenehmigter oder erkennbar rechtswidriger Bauarbeiten kann für die BABeh. ein Grund zum Betreten sein. Sie wird dadurch in die Lage versetzt, die Voraussetzungen einer Einstellungsverfügung nach § 78 Abs. 1, einer Beseitigungsanordnung nach § 79 Satz 1 oder einer Nutzungsuntersagung nach § 79 Satz 2 zu prüfen und überdies die Personalien der rechtswidrig Handelnden festzustellen (vgl. OVG Bln, B. v. 24.11.1987, BRS 47 Nr. 189). Die **Anlässe** zur Ausübung des Betretungsrechts sind unterschiedlich und hängen von den Informationen der BABeh. ab. Diese können z. B. auf eigenen Beobachtungen, Unterrichtung durch die Polizei (vgl. RNr. 10), Mitteilungen des Bauherrn oder Beschwerden von Nachbarn beruhen (vgl. VG Bln, U. v. 12.5.1978, GE 1978, 674, 675).

30 3. Betreten werden dürfen **Grundstücke** (vgl. § 1 RNrn. 11 ff.), **Anlagen**, also bauliche Anlagen und sonstige Anlagen und Einrichtungen im Sinne des § 1 Abs. 1 Satz 2 (vgl. § 2 Abs. 1 Satz 1), sowie **Wohnungen**.

31 a) Bei **Grundstücken** und **Anlagen** reicht es als Voraussetzung für das Betretungsrecht aus, dass seine Ausübung für die Gewinnung bauaufsichtlicher Informationen erforderlich ist (vgl. RNr. 29).

32 b) Dagegen ist die Beschaffung von Informationen durch das **Betreten von Wohnungen** nach **Satz 1** an **zusätzliche Bedingungen** geknüpft. Wie sich aus **Satz 2** ergibt, der dem Zitiergebot des Art. 19 Abs. 1 Satz 2 GG Rechnung trägt, beruht diese Einengung behördlicher Befugnisse auf der verfassungsrechtlichen Garantie der **Unverletzlichkeit der Wohnung** in Art. 13 Abs. 1 GG und Art. 28 Abs. 2 Satz 1 VvB. Hierdurch wird dem Einzelnen ein „elementarer Lebensraum" gewährt; ihm steht ein Abwehrrecht zum Schutz der räumlichen Privatsphäre zu (vgl. BVerfG, U. v. 2.3.2006, BVerfGE 115, 166, 196). Nach Art. 13 Abs. 7 GG dürfen „Eingriffe und Beschränkungen", die keine Durchsuchungen im Sinne des Art. 13 Abs. 2 GG sind, auf Grund eines Gesetzes „auch zur Verhütung dringender Gefahren für die öffentliche Sicherheit und Ordnung" vorgenommen werden. Insofern ist also die Fassung des § 58 Abs. 3 Satz 1 dem GG entlehnt. Daher ist auch die Annahme naheliegend, dass es sich bei den Wohnungen in Satz 1 nicht nur um die in § 49 erwähnten Wohnungen handelt, sondern vielmehr der weite verfassungsrechtliche Begriff maßgeblich ist, der auch Arbeits-, Betriebs- und Geschäftsräume umfasst (vgl. BVerfG, B. v. 13.10.1971, BVerfGE 32, 54, 68 ff. sowie § 36 Abs. 1 Satz 2 ASOG). Ob das Grundrecht aus Art. 13 Abs. 1 GG dem Eigentümer eines Mietshauses, der selbst nicht in diesem Haus wohnt, hinsichtlich der seinen Mietern zugänglichen Räume, wie z. B. Eingang, Hausflur und Treppenhaus, zusteht, ist fraglich (vgl. VG Bln, U. v. 22.6.1984, GE 1984, 1373).

33 aa) Das Betretungsrecht gestattet **keine Durchsuchung**, die gemäß Art. 13 Abs. 2 GG grundsätzlich einer richterlichen Genehmigung bedarf, sondern erlaubt gemäß Art. 13 Abs. 7 GG nur Eingriffe minderer Intensität, die den verfassungsrechtlich zulässigen handwerksrechtlichen Betretungsrechten vergleichbar sind (vgl. BVerfG, B. v. 13.10.1971, BVerfGE 32, 54, S. 73; BVerwG, U. v. 21.2.1995, Buchholz 11 Art. 13 Nr. 8, S. 4; B. v. 7.6.2006, BauR 2006, 1460, 1461). Das bauaufsichtlichen Betreten von Wohnungen dient anders als eine Durchsuchung nicht dem Auffinden von Personen oder Sachen sowie der Verfolgung von Spuren, sondern der Ermittlung baurechtlich relevanter Informationen, und zwar auch dann, wenn der Wohnungsinhaber diese vor der BABeh. zu verbergen wünscht (vgl. BVerwG, B. v. 7.6.2006, BauR 2006, 1460, 1461).

34 bb) Ob die vom BVerfG (vgl. B. v. 13.10.1971, BVerfGE 32, 54, 73 ff.) vorgenommene Differenzierung innerhalb des grundrechtlichen Wohnungsbegriffs, wonach das behördliche Betreten von **Geschäftsräumen,** obwohl diese dem Art. 13 Abs. 1 GG unterfallen, nicht zu den „Eingriffe(n) und Beschränkungen" im Sinne des Art. 13 Abs. 7 GG rechnet und deshalb auch unabängig von den Schrankenvorbehalten dieser Vorschrift gesetzlich eingeführt werden kann, auf die BauO Bln übertragen werden könnte, ist unerheblich. Auf diese verfassungsrechtlichen Feinheiten kommt es deshalb nicht an, weil § 58 Abs. 3 Satz 1 im Einklang mit Art. 13 Abs. 7 GG Wohnungen (und damit auch Geschäftsräume) dem Zugriff durch behördliches Betreten nur dann aussetzt, wenn der Zweck der „Verhütung dringender Gefahren für die öffentliche Sicherheit und Ord-

nung" einen solchen Eingriff rechtfertigt (BVerfG, B. v. 13.10.1971, S. 74 f. sowie U. v. 13.2.1964, BVerfGE 17, 232, 251).

cc) Die **dringende Gefahr für die öffentliche Sicherheit und Ordnung** (vgl. § 3 RNr. 15) braucht nicht bereits eingetreten zu sein. Es genügt, dass das Betreten dem Zweck dient, einen Zustand zu verhindern, der eine solche Gefahr darstellen würde (vgl. BVerfG, U. v. 13.2.1964, BVerfGE 17, 232, 251 f.). Die Gefahr kann dem Leben oder der Gesundheit drohen (vgl. § 3 Abs. 1), aber auch auf die Verletzung baurechtlicher Vorschriften zurückzuführen sein (vgl. § 3 RNr. 14). Daher liegt eine solche Gefahr vor, wenn genehmigungspflichtige Vorhaben ungenehmigt verwirklicht werden oder sonstige bauliche Maßnahmen rechtswidrig durchgeführt werden.

4. Zur Hinnahme des behördlichen Betretens sind diejenigen Personen verpflichtet, die als Eigentümer, Erbbauberechtigte oder sonst dinglich oder obligatorisch Berechtigte, wie Mieter und Pächter, den Zutritt verhindern könnten. Das gleiche gilt für diejenigen, die als Inhaber der tatsächlichen Gewalt nach § 14 Abs. 1 ASOG verantwortlich sind. Alle **Pflichtigen** trifft eine **Duldungspflicht** des Inhalts, dass sie das Betreten nicht behindern dürfen. Außerdem müssen sie durch aktives Handeln den Zutritt ermöglichen, wenn reale Hemmnisse bestehen, wie z. B. bei verschlossenen Türen, unzugänglichen Anlagen oder unbeleuchteten Räumen. Kommt es zur Verwaltungsvollstreckung, leistet die Polizei Vollzugshilfe (vgl. § 1 Abs. 5, §§ 52, 53 ASOG).

5. Besondere Anforderungen an die **Art und Weise des Betretens** stellt Satz 1 nicht. Nimmt der Pflichtige (vgl. RNr. 36) das Betreten hin oder ist er nicht zugegen, handelt es sich um einen **Realakt**. Widersetzt er sich dem Betreten, kann sein entgegenstehender Wille durch einen **Verwaltungsakt** gebrochen werden. Dieser Verwaltungsakt findet seine Rechtsgrundlage in Satz 1, so dass ein Rückgriff auf Abs. 1 Satz 2 oder auf § 17 ASOG entfällt. Ob die Durchsetzung des Betretungsrechts auch ohne einen solchen Verwaltungsakt möglich ist, hat das OVG Bln nicht grundsätzlich entschieden. Lediglich für den Sonderfall des § 6 Abs. 2 VwVG hat es die Anwendung des Verwaltungszwangs ohne vorausgehenden Verwaltungsakt für zulässig erklärt, wenn der sofortige Vollzug zur Verhinderung einer rechtswidrigen Tat, die einen Straf- oder Bußgeldtatbestand verwirklicht, notwendig ist (vgl. OVG Bln, B. v. 24.11.1987, BRS 47 Nr. 189). Selbst wenn das generelle Erfordernis eines Verwaltungsakts bestehen sollte, gibt § 6 Abs. 2 VwVG – auch im Hinblick auf seine zweite Variante (Abwendung einer drohenden Gefahr) – der BABeh. eine ausreichende Möglichkeit, unter Verzicht auf einen Verwaltungsakt das Betretungsrecht ohne weiteres auszuüben (vgl. in § 6 Abs. 2 VwVG OVG Bln, U. v. 3.10.1980, DVBl. 1980, 1053 sowie § 78 RNr. 35).

6. Die zur Duldung des Betretens Verpflichteten (vgl. RNr. 36) sind die geeigneten **Adressaten von Verwaltungsakten** (vgl. RNr. 37), durch die sie zur Duldung des Betretens und gegebenfalls zur Vornahme positiver Handlungen aufgefordert werden. Die Verwaltungsakte, die der Durchsetzung des Betretungsrechts dienen, bedürfen keiner Form, können also auch mündlich und ohne schriftliche Begründung ergehen (vgl. § 37 Abs. 2 Satz 1 und 2, § 39 Abs. 1 Satz 1 VwVfG). Jedoch ist eine vorherige Anhörung nach § 28 Abs. 1 VwVfG geboten, sofern nicht von ihr nach § 28 Abs. 2 Nr. 1 VwVfG abgesehen wird. Die BABeh. können somit, „erforderlichenfalls auch unverhofft" (vgl. § 10 Abs. 1 Satz 1 WoAufG Bln), von dem Betretungsrecht Gebrauch machen. Fehlt es am Zeitdruck, wird sich der Erlass eines schriftlichen Verwaltungsakts empfehlen, der dem Pflichtigen Anlass, Ort und Zeitpunkt des Betretens sowie die von ihm verlangten Handlungen bekanntgibt. Der Pflichtige darf an der Besichtigung teilnehmen, kann aber das Betreten durch die BABeh. nicht von seiner Gegenwart oder der eines Vertreters abhängig machen.

§ 59 Verarbeitung personenbezogener Daten

(1) ¹Die Bauaufsichtsbehörden sind befugt, zur Wahrnehmung ihrer Aufgaben nach § 58 einschließlich der Erhebung von Gebühren, zur Führung des Baulastenverzeichnisses nach § 82 sowie zur Verfolgung von Ordnungswidrigkeiten nach § 83 die erforderlichen personenbezogenen Daten von den nach §§ 54 bis 57 am Bau Beteiligten, Grundstückseigentümerinnen oder Grundstückseigentümern, Nachbarinnen oder Nachbarn, Baustoffproduzentinnen oder Baustoffproduzenten, Nutzungsberechtigten sowie sonstigen am Verfahren zu Beteiligenden zu verarbeiten. ²Darüber hinaus ist eine Verarbeitung personenbezogener Daten nur mit Einwilligung der oder des Betroffenen zulässig.

(2) ¹Die Daten sind grundsätzlich bei den in Absatz 1 Satz 1 genannten Betroffenen mit deren Kenntnis zu erheben. ²Die Betroffenen sind verpflichtet, den Bauaufsichtsbehörden sowie den sonst am Verfahren beteiligten Behörden und Stellen auf Verlangen die erforderlichen Auskünfte zu erteilen; hierauf sind sie hinzuweisen. ³Die Bauaufsichtsbehörden dürfen die Daten bei Dritten ohne Kenntnis der Betroffenen erheben, wenn
1. eine Rechtsvorschrift dies erlaubt,
2. die oder der Betroffene in diese Form der Datenerhebung eingewilligt hat oder
3. anderenfalls die Erfüllung der Aufgaben nach § 58 gefährdet wäre.

(3) ¹Die Übermittlung der personenbezogenen Daten an die am Verfahren beteiligten Behörden, öffentlichen und privaten Stellen und Personen ist zulässig. ²Die Übermittlung an andere Behörden, Stellen und Personen ist nur zulässig, wenn
1. dies zur Erfüllung der gesetzlichen Aufgaben dieser Behörden oder Stellen erforderlich ist,
2. diese ein rechtliches Interesse an der Kenntnis der Daten glaubhaft machen und die schutzwürdigen Interessen der oder des Betroffenen nicht überwiegen oder
3. die oder der Betroffene in die Datenübermittlung eingewilligt hat.

³Gesetzliche Übermittlungsvorschriften bleiben unberührt.

(4) Die für das Bauwesen zuständige Senatsverwaltung erlässt durch Rechtsverordnung nähere Bestimmungen über Art, Umfang und Zweck
1. der Datenerhebung in den verschiedenen Verfahren,
2. regelmäßiger Datenübermittlungen unter Festlegung des Anlasses, der Empfängerinnen und Empfänger und der zu übermittelnden Daten.

(5) Im Übrigen gelten die Bestimmungen des Berliner Datenschutzgesetzes.

Erläuterungen:

I. Mit § 59 wurden erstmals **bereichsspezifische Regelungen über die Verarbeitung personenbezogener Daten** mit der Begründung in die BauOBln eingefügt, damit den spezifischen Anforderungen des Baurechts zu entsprechen und eine den Besonderheiten der Tätigkeit der BABeh. Rechnung tragende klare Rechtsgrundlage der Datenverarbeitung zu schaffen (AH-Drucks. 15/3926, S. 103 f.). Soweit in § 59 keine speziellen Regelungen getroffen wurden, gelten gemäß § 2 Abs. 5 Satz 2 2. Halbsatz BlnDSG die Vorschriften dieses Gesetzes (s. auch Abs. 5). Das BlnDSG regelt an sich zwar gemäß § 2 Abs. 5 Satz 1 BlnDSG den Schutz personenbezogener Daten für die Behörden und sonstigen öffentlichen Stellen des Landes Berlin umfassend, lässt aber einzelne notwendige Abweichungen für bestimmte Behörden und sonstige öffentliche Stellen durch andere Landesgesetze – wie hier der BauOBln – zu (§ 2 Abs. 5 Satz 2 1. Halbsatz BlnDSG).

II. **Abs. 1 Satz 1** enthält eine **spezialgesetzliche Ermächtigungsgrundlage zur Verarbeitung personenbezogener Daten**. Eine derartige gesetzliche Grundlage ist erforderlich, da das von dem allgemeinen Persönlichkeitsrecht des Art. 2 Abs. 1 GG i. V. m. Art. 1 Abs. 1 GG erfasste **Recht auf informationelle Selbstbestimmung** die Befugnis des Einzelnen gewährleistet, grundsätzlich selbst über die Preisgabe und Verwendung seiner persönlichen Daten zu entscheiden (vgl. BVerfG, U. v. 15.12.1983, BVerfGE 65, 1, 41 ff.); Beschränkungen dieses Rechts bedürfen nach Art. 2 Abs. 1 GG einer (verfassungsmäßigen) gesetzlichen Grundlage, aus der sich die Voraussetzungen und der Umfang der Beschränkungen klar und für den Bürger erkennbar ergeben muss und die damit dem rechtsstaatlichen Gebot der Normklarheit entspricht (BVerfG, a. a. O., S. 44). Zudem muss der Informationszugriff zur Wahrung eines überwiegenden Allgemeininteresses erforderlich sein und dem Verhältnismäßigkeitsgrundsatz Rechnung tragen (s. Simitis, BDSG, 6. Aufl., § 1 RNrn. 86 ff., 98 ff., § 4 RNr. 14 m. w. N.).

1. Definitionen der in Abs. 1 Satz 1 verwendeten Begriffe sind in der – hier anwendbaren (s. RNr. 1) – Bestimmung des **§ 4 BlnDSG** enthalten. Demnach sind **personenbezogene Daten** Einzelangaben über persönliche oder sachliche Verhältnisse einer bestimmten oder bestimmbaren natürlichen Person (**Betroffener**, § 4 Abs. 1 Satz 1 BlnDSG); Entsprechendes gilt für Daten über Verstorbenen, es sei denn, dass schutzwürdige Belange des Betroffenen nicht mehr beeinträchtigt werden können (§ 4 Abs. 1 Satz 2 BlnDSG). **Datenverarbeitung** umfasst als Oberbegriff das Erheben, Speichern, Verändern, Übermitteln, Sperren, Löschen sowie Nutzen personen-bezogener Daten (§ 4 Abs. 2 Satz 1 BlnDSG).

2. Die **Befugnis zur Datenverarbeitung** wird in Abs. 1 nur für die **BABeh.** eröffnet. Zum Begriff der BABeh. s. Erläuterungen zu § 58 Abs. 1. BABeh. sind neben der für das Bauwesen zuständigen Senatsverwaltung und den Bezirksämtern (Nrn. 1 Abs. 1 und 15 Abs. 1 ZustKatOrd) im Rahmen der ihnen insofern durch Rechtsvorschriften übertragenen Aufgaben auch **Prüfingenieurinnen und Prüfingenieure** (§ 13 Abs. 2 Sätze 2 und 3 BauVerfVO) sowie die **TÜV** Industrie Service GmbH, der durch § 39 Abs. 1 BauPrüfVO die Aufgabe der BABeh. für Fliegende Bauten nach § 75 zur eigenverantwortlichen und unabhängigen Wahrnehmung übertragen wurde (s. § 75 RNr. 1); diese sind als **Beliehene** Behörde im Sinne von § 1 Abs. 1 VwVfG (s. Kopp/Schenke, VwVfG, 9. Aufl., § 1 RNr. 58) und kraft der vorgenannten Rechtsvorschriften auch BABeh.

3. Der Kreis der als von der Datenverarbeitung der BABeh. **Betroffene** im Sinne von § 4 Abs. 1 Satz 1 BlnDSG in Betracht kommenden Personen wird in Abs. 1 Satz 1 ab-

schließend bestimmt. Dabei handelt es sich – wie der „Auffangbegriff" der „sonstigen am Verfahren zu Beteiligenden" verdeutlicht – jedenfalls um alle Personen, die an einem bauaufsichtlichen Verfahren zu beteiligen sind (s. Erläuterungen zu § 70); dass die Personen bereits Verfahrensbeteiligte im Sinne von § 13 VwVfG sind, setzt die Regelung nicht voraus. Zu den am Bau Beteiligten s. §§ 54 bis 57.

6   4. Abs. 1 Satz 1 knüpft die Befugnis zur Datenverarbeitung an zwei **sachliche Voraussetzungen**: Die Datenverarbeitung darf nur zum Zwecke der Erfüllung der ausdrücklich genannten, gesetzlich zugewiesenen Aufgaben erfolgen und sie muss hierzu erforderlich sein. Zu den in Abs. 1 Satz 1 erwähnten Aufgaben wird auf die Erläuterungen der §§ 58, 82 und 83 verwiesen. Bei der Beurteilung der **Erforderlichkeit** ist ein strenger Maßstab anzulegen; unzulässig ist es, Daten gewissermaßen „auf Vorrat" zu erheben, d. h. zur Erfüllung der konkreten und aktuellen Aufgaben nicht benötigte, aber eventuell später gebrauchte Daten mit zu erheben (Sokol, in: Simitis, BDSG, 6. Aufl. § 13 RNrn. 25 ff. m. w. N.; Gola/Schomerus, BDSG, 9. Aufl., § 13 RNr. 4).

7   5. Allgemeinen datenschutzrechtlichen Grundsätzen entsprechend ist eine Datenverarbeitung, die den Anforderungen des Abs. 1 Satz 1 nicht entspricht, nur mit **Einwilligung** der oder des Betroffenen zulässig **(Abs. 1 Satz 2)**; in diesem Fall ist ein Verstoß gegen das (den Datenschutz-Regelungen zugrunde liegende) Recht auf informationelle Selbstbestimmung ausgeschlossen. Entsprechende (konkretisierende) Bestimmungen sind in Abs. 2 Satz 3 Nr. 2 und Abs. 4 Satz 2 Nr. 3 enthalten.

8   III. Abs. 2 gestaltet die **Art und Weise** der Ausübung der Befugnis zur **Datenerhebung** näher aus (Sätze 1 und 3) und normiert eine **Auskunftspflicht (Satz 2)**. **Erheben** ist das Beschaffen von Daten über den Betroffenen (§ 4 Abs. 2 Satz 2 Nr. 1 BlnDSG),

9   1. Die Erhebung der Daten hat grundsätzlich bei den **Betroffenen** zu erfolgen (Satz 1), ausnahmsweise ist unter den in Satz 3 genannten Voraussetzungen eine **Datenerhebung bei Dritten** ohne Kenntnis des Betroffenen zulässig.

10 2. Die **Auskunftspflicht** des **Abs. 2 Satz 2 1. Halbsatz** richtet sich an die Betroffenen im Sinne von Abs. 1. Sie ist das Pendant zum Grundsatz der Datenerhebung bei den Betroffenen. Die Pflicht ist auf die Erteilung der „erforderlichen Auskünfte" beschränkt; damit wird deutlich, dass die für die Datenverarbeitung gemäß Abs. 1 bestimmten Voraussetzungen gleichermaßen für die Auskunftspflicht gelten. Eine Ungereimtheit besteht insofern, als nach Abs. 1 nur die BABeh. im Rahmen der bereichsspezifischen Datenverarbeitungsregelung befugt zur Datenverarbeitung sind, während in Abs. 2 Satz 2 1. Halbsatz eine Auskunftspflicht auch gegenüber sonst am Verfahren beteiligten Behörden und Stellen begründet wird, über deren Befugnisse zur Datenverarbeitung die BauOBln sich nicht verhält. Mit der **Hinweispflicht der Behörde** oder Stelle auf die Auskunftspflicht des Betroffenen (**Abs. 2 Satz 2 2. Halbsatz**) wird gewährleistet, dass der Betroffene über die rechtlichen Voraussetzungen der Datenerhebung informiert ist und die Gelegenheit erhält, eine Datenerhebung bei Dritten nach Abs. 2 Satz 3 Nr. 3 abzuwenden. Unterbleibt der Hinweis, so dürfte dies für die Rechtmäßigkeit der Datenerhebung ohne Bedeutung sein, solange und soweit die Zweckbestimmung der Erhebung selbst rechtlich nicht zu beanstanden ist (Gola/Schomerus, BDSG, 9. Aufl., § 4 RNr. 46 m. w. N.).

11 IV. Abs. 3 regelt die Übermittlung der personenbezogenen Daten. **Übermitteln** ist das Bekanntgeben gespeicherter oder durch Datenverarbeitung gewonnener Daten an einen Dritten in der Weise, dass die Daten durch die datenverarbeitende Stelle weitergegeben werden oder dass der Dritte zum Abruf bereitgehaltene Daten abruft (§ 4 Abs. 2

Satz 2 Nr. 4 BlnDSG). Abs. 3 Satz 1 erklärt die Datenübermittlung an die am Verfahren beteiligten Behörden, öffentlichen und privaten Stellen und Personen für zulässig; diese Regelung, die die formalen Voraussetzungen des § 13 BlnDSG erfüllt, erscheint mit Blick auf die Grundsätze der Zweckbindung und Erforderlichkeit nicht unbedenklich, soweit pauschal die **Datenübermittlung an Stellen außerhalb des öffentlichen Bereichs** (am Verfahren beteiligte private Stellen und Personen) erlaubt wird, jedenfalls müssen diese Grundsätze bei der Übermittlung im Einzelfall beachtet werden. Zudem besteht die Gefahr, dass die differenzierteren verwaltungsverfahrensrechtlichen Regelungen der Rechtsstellung von am Verwaltungsverfahren beteiligten Dritten, insbesondere der Akteneinsicht (s. §§ 13 Abs. 2, 29 Abs. 1 Satz 1, Abs. 2 VwVfG), bei der auch die berechtigten (Geheimhaltungs-)Interessen der betroffenen Beteiligten zu berücksichtigen sind (§ 29 Abs. 2 VwVfG), unterlaufen werden. Satz 2 regelt die Übermittlung der Daten an nicht am Verfahren beteiligte Behörden, Stellen und Personen im öffentlichen Bereich (Nr. 1) und im nichtöffentlichen Bereich (Nr. 2). Satz 3 hat lediglich klarstellende Bedeutung.

V. Von der **Ermächtigung des Abs. 4**, durch **Rechtsverordnung** nähere Bestimmungen über Art, Umfang und Zweck der Datenerhebung in den verschiedenen Verfahren sowie der regelmäßigen Datenübermittlungen unter Festlegung des Anlasses, der Empfängerinnen und Empfänger und der zu übermittelnden Daten zu treffen, hat die Senatsverwaltung für Stadtentwicklung hinsichtlich der regelmäßigen Übermittlung personenbezogener Daten mit **§ 16 BauVerfVO** Gebrauch gemacht.

VI. Abs. 5 hat mit Blick auf § 1 Abs. 5 BlnDSG (s. RNr. 1) eine lediglich klarstellende Funktion.

Abschnitt 2:
Genehmigungspflicht, Genehmigungsfreiheit

§ 60 Grundsatz

(1) Die Errichtung, Änderung und Nutzungsänderung von Anlagen bedürfen der Baugenehmigung, soweit in den §§ 61 bis 63, 75 und 76 nichts anderes bestimmt ist.

(2) Die Genehmigungsfreiheit nach den §§ 61 bis 63, 75 und 76 Abs. 1 Satz 3 sowie die Beschränkung der bauaufsichtlichen Prüfung nach den §§ 64, 65, 67 Abs. 3 und § 76 Abs. 3 entbinden nicht von der Verpflichtung zur Einhaltung der Anforderungen, die durch öffentlich-rechtliche Vorschriften an Anlagen gestellt werden, und lassen die bauaufsichtlichen Eingriffsbefugnisse unberührt.

(3) Die Bauaufsichtsbehörde kann im Einzelfall bei geringfügigen genehmigungsbedürftigen Vorhaben von der Erteilung der Baugenehmigung absehen; die Antragstellerin oder der Antragsteller ist entsprechend zu bescheiden.

Erläuterungen:

1   I. 1. In § 60 **Abs. 1** ist der traditionelle bauordnungsrechtliche **Grundsatz der Genehmigungsbedürftigkeit von Vorhaben** normiert. In Verbindung mit der Bestimmung des § 71 Abs. 7 Nr. 1, der zufolge mit der Bauausführung erst begonnen werden darf, wenn die Baugenehmigung der Bauherrin oder dem Bauherren zugegangen oder die Frist nach § 70 Abs. 4 Satz 3 abgelaufen ist, enthält das Gesetz hier ein mit Bußgeld bewehrtes (vgl. § 83 Abs. 1 Satz 1 Nr. 7) **präventives Verbot mit Erlaubnisvorbehalt**: Das Bauen ist nur vorläufig zur Ermöglichung einer vorgängigen behördlichen Kontrolle untersagt; ergibt diese Prüfung, dass das Vorhaben den im bauaufsichtlichen Genehmigungsverfahren zu prüfenden öffentlich-rechtlichen Vorschriften entspricht, so muss die Baugenehmigung erteilt werden (§ 71 Abs. 1). Gesetzestechnisch wird in § 60 Abs. 1 ein Regel-Ausnahme-Verhältnis (vgl. OVG RP, U. v. 13.4.2005, BRS 69 Nr. 151) festgelegt: Alle in diesem Absatz genannten Vorhaben sind genehmigungspflichtig, soweit nicht ausdrücklich in den aufgezählten Bestimmungen der BauOBln etwas anderes bestimmt ist. Faktisch haben aber die Ausnahmen von der Genehmigungsbedürftigkeit durch die im Zuge der Bestrebungen zur Deregulierung und Verfahrensvereinfachung erfolgte Ausweitung des Katalogs der verfahrensfreien Bauvorhaben (§ 62) und die Ausweitung der Genehmigungsfreistellung (§ 63) auf weitere Kategorien von Vorhaben nochmals (vgl. bereits Voraufl. § 55 RNrn. 1, 17 ff.) erheblich an Bedeutung gewonnen.

2   a) § 60 Abs. 1 steht im Einklang mit der verfassungsrechtlichen Gewährleistung der **Baufreiheit**, die ihre Grundlage in der Eigentumsgarantie des Art. 14 Abs. 1 Satz 1 GG (Art. 23 Abs, 1 Satz 1 VvB) und in der allgemeinen Handlungsfreiheit des Art. 2 Abs. 1 GG (Art. 7 VvB) findet (BVerwG, U. v. 23.3.1973, BRS 27 Nr. 130; SHOVG, B. v. 27.6.1995, BRS 57 Nr. 199; zum Meinungsstreit um die Baufreiheit vgl. B. Schulte, in: Reichel/Schulte, Handbuch Bauordnungsrecht, S. 58 ff.; Finkelnburg/Ortloff, Öffent-

§ 60 RNr. 3

liches Baurecht II, S. 141 f.; Just, in: Hoppe/Bönker/Grotefels, Öffentliches Baurecht, 3. Aufl., S. 23 ff.). Die Baufreiheit, die vom Schutz des Eigentumsgrundrechts umfasst wird, ist nur nach Maßgabe des einfachen Rechts gewährleistet (Vgl. BVerfG, B. v. 19.6.1973, BVerfGE 35, 263, 276 ff. u. B. v. 15.10.1996, BVerfGE 95, 64, 82; BVerwG, U. v. 12.3.1998, BVerwGE 106, 228 = BRS 60 Nr. 98 = BauR 1998, 760, 763; OVG Bln-Bbg, B. v. 6. März 2007 – 2 N 40.06 –). Als Bestimmung des Inhalts und der Schranken des Eigentums (Art. 14 Abs. 1 Satz 2) ist das präventive Verbot mit Erlaubnisvorbehalt jedenfalls für Vorhaben von einigem Gewicht verfassungsrechtlich zulässig. Denn es entspricht einer sinnvollen, am Wohl der Allgemeinheit orientierten Ordnung, die Bautätigkeit wegen der von Bauwerken (potentiell) ausgehenden Gefahren und der vielfach schwierigen Beurteilung der Erfüllung baurechtlicher Anforderungen im Regelfall einer vorgängigen behördlichen Kontrolle zu unterwerfen (BVerfG, B. v. 12.6.1979, BVerfGE 52, 1, 30).

b) aa) Der in Abs. 1 zum Ausdruck kommende **Grundsatz der Genehmigungsbedürftigkeit** von Vorhaben wird durch die – im Einklang mit der MBO 2002 stehenden – gesetzgeberischen **Tendenzen zur Verfahrensbeschleunigung und -vereinfachung, Deregulierung und Privatisierung im Bauordnungsrecht** der verschiedenen Bundesländer mit unterschiedlicher Intensität (faktisch) zunehmend **relativiert** (Vgl. den Überblick bei Finkelnburg/Ortloff, Öffentliches Baurecht II, S. 99 ff. und die umfassende Darstellung in Reichel/Schulte, Handbuch Bauordnungsrecht, S. 712 ff., sowie zur Reform des Bauordnungsrechts in Deutschland: Jäde einerseits u. B. Schulte andererseits in: Dokumentation zum 14. Verwaltungsrichtertag 2004, S. 77 ff. u. 95 ff.). Auch der Gesetzgeber der BauOBln folgt – wie schon in früheren Novellierungen – diesem Trend (s. bereits Vorauf. § 55 RNr. 4). Das Verfahrensrecht der BauOBln 2005 verfolgt das Ziel einer weitergehenden Freistellung von bauaufsichtlichen Verfahren; wie im materiellen Recht so sollte auch im Verfahrensrecht – bei weitest gehender „Mustertreue" – eine Beschränkung „auf die aus heutiger Sicht notwendigen Regelungen" erfolgen (AH-Drucks. 15/3926, S. 2, 57). Der Gesetzgeber hat damit das schon nach der bisherigen Rechtslage (s. dazu Vorauf., § 55 RNrn. 17 ff.) an die Stelle der „klassischen" Dreiteilung der Bauvorhaben in genehmigungspflichtige, anzeigepflichtige und genehmigungsfreie Vorhaben (Finkelnburg/Ortloff, Öffentliches Baurecht II, S. 94 f.) getretene, **vier Verfahrensvarianten umfassende System** – zusätzlich gibt es besondere Verfahren für Fliegende Bauten in § 75 und für Vorhaben von Baudienststellen des Bundes oder der Länder in § 76 – von genehmigungsfreien (nunmehr als verfahrensfrei bezeichneten), einem Genehmigungsfreistellungsverfahren unterfallenden, einem vereinfachten Baugenehmigungsverfahren unterliegenden sowie dem (regulären) Baugenehmigungsverfahren unterworfenen Vorhaben **weiterentwickelt**. Durch **§ 62** wurde der Katalog der **verfahrensfreien Vorhaben** nochmals erheblich ausgeweitet. Das Verfahren der **Genehmigungsfreistellung (§ 63)** sowie das **vereinfachte Baugenehmigungsverfahren (§ 64)** wurden übereinstimmend von Wohngebäuden bis zu drei Vollgeschossen auf alle Vorhaben mit Ausnahme von Sonderbauten im Sinne von § 2 Abs. 4 ausgedehnt; die Abgrenzung der Anwendungsbereiche dieser beiden Verfahrensarten erfolgt durch die unterschiedlichen bauplanungsrechtlichen Voraussetzungen, da § 63 nur auf Vorhaben Anwendung findet, die im Geltungsbereich von qualifizierten Bebauungsplänen oder von vorhabenbezogenen Bebauungsplänen liegen oder deren planungsrechtliche Zulässigkeit in einem planungsrechtlichen Bescheid festgestellt worden ist. Der bauordnungsrechtliche Prüfungsumfang im vereinfachten Genehmigungsverfahren und damit die Feststellungswirkung der in diesem Verfahren erteilten Baugenehmigungen wurde weiter beschränkt (vgl. §§ 64 Satz 1 Nr. 2, 67 Abs. 2, Abs. 3 Satz 1); schließlich wurde unter endgültiger Aufgabe der „Schlusspunkttheorie" auch der Prüfungsumfang im **regulären Baugenehmigungsverfahren** eingeschränkt (§§ **65 Satz 1**, 67 Abs. 2,

3

§ 60 RNr. 4

Abs. 3 Satz 1). Die bauaufsichtliche Prüfung bautechnischer Nachweise erfolgt nur noch bei bestimmten Fallgruppen (vgl. § 67 Abs. 2, Abs. 3 Satz 1). Von einer rechtspolitischen Bewertung dieser Entwicklungen wird im Rahmen der Kommentierung des geltenden Rechts abgesehen, jedoch zeigen die nachfolgenden Erläuterungen der neu gefassten Bestimmungen über die Genehmigungspflicht, die Genehmigungsfreiheit und das Genehmigungsverfahren, dass auch dieses Gesetz vielfältige Auslegungsprobleme aufwirft; ob die Neufassung nunmehr den – offenbar mit dem 8. ÄndG 1997 nicht erreichten – „Durchbruch" bei der Verfahrensfreiheit und Rechtsvereinfachung mit sich bringt, bleibt abzuwarten (zur Würdigung des neuen Rechts s. von Feldmann/Groth/Aschmann, GE 2006, 160 ff. u. 299 ff.; zur kritischen Beurteilung der neueren bauordnungsrechtlichen Entwicklungstendenzen s. B. Schulte, in: Reichel/Schulte, Handbuch Bauordnungsrecht, S. 96 ff. u. 105 ff. sowie dens., DVBl. 2004, S. 925 ff.).

4   bb) **Bauplanungsrechtliche Bedenken** gegen die fortschreitende Aushöhlung des Grundsatzes der Genehmigungsbedürftigkeit von Bauvorhaben sind mit der seit Anfang 1998 geltenden Fassung des § 29 Abs. 1 BauGB **weitgehend entfallen**. Zuvor hatte § 29 Satz 1 1. Halbsatz BauGB a. F. bestimmt, dass die für die bauplanungsrechtliche Zulässigkeit von Vorhaben maßgeblichen §§ 30 bis 37 BauGB (nur) für Vorhaben galten, die einer bauaufsichtlichen Genehmigung oder Zustimmung bedurften oder der BABeh. angezeigt werden mussten (vgl. BVerwG, U. v. 3.12.1993, BVerwGE 91, 234, 235 f. = BRS 54 Nr. 126); lediglich im Geltungsbereich eines Bebauungsplans stellte die fehlende Genehmigungsbedürftigkeit nicht von der Beachtung des als Rechtsverordnung, die in Berlin an die Stelle der gemeindlichen Satzung (§ 10 Abs. 1 BauGB) tritt (§ 246 Abs. 2 Satz 1 BauGB i. V. m. 64 Abs. 2 VvB und §§ 6 Abs. 5, 7 Abs. 2, 8 Abs. 2, 9 Abs. 3 AGBauGB), unmittelbar verbindlichen Plans frei (so BVerwG, B. v. 4.3.1997, BauR 1997, 611 f.; vgl. auch BVerwG, U. v. 4.11.1966, BVerwGE 25, 243, 248 ff.). Diese bundesgesetzliche Verknüpfung von Bauplanungs- und Bauordnungsrecht bewirkte, dass die Landesbauordnungen die Anwendung der §§ 30 ff. BauGB nicht beliebig dadurch ausscheiden durften, dass sie bauliche Anlagen vom Genehmigungsverfahren frei stellten, da das BauGB alle bodenrechtlich relevanten Fälle erfassen soll (BVerwG, U. v. 19.12.1985, BVerwGE 72, 300, 323 „Wyhl-Urteil"). Durch die **Neufassung des § 29 Abs. 1 BauGB** hat der Bundesgesetzgeber auf die Freistellungspolitik der Länder reagiert und sie zugleich weitgehend von ihren bundesrechtlichen „Fesseln" befreit, da das materielle Bauplanungsrecht von den Genehmigungs-, Zustimmungs- und Anzeigeverfahren in den Landesbauordnungen abgekoppelt wurde (vgl. BT-Drucks. 13/6392, S. 55; Battis/Krautzberger/Löhr, BauGB, 10. Aufl., Vorb. § 29 RNrn. 1 f., § 29 RNr. 3): Für **Vorhaben im bauplanungsrechtlichen Sinne** (s. hierzu, insbesondere zu dem mit der bauordnungsrechtlichen Begriffsbestimmung nicht identischen, eine bodenrechtliche, bauplanungsrechtliche Relevanz erfordernden Begriff: BVerwG, U. v. 3.12.1992, BRS 54 Nr. 126 und U. v. 16.12.1993, UPR 1994, 228; Battis/Krautzberger/Löhr, a. a. O., § 29 RNrn. 9 ff.; Finkelnburg/Ortloff, Öffentliches Baurecht I, S. 312 ff.) gelten die §§ 30 bis 37 BauGB unabhängig von der bauordnungsrechtlichen Genehmigungsbedürftigkeit; das BVerwG hat nach der Änderung des § 29 Abs. 1 BauGB dem Umstand, ob ein Vorhabenstyp bereits vor dem Einsetzen der Bauordnungsreformen Anfang der 1990er Jahre genehmigungsfrei gewesen ist, keine Bedeutung für die Frage beigemessen, ob ein Vorhaben im bauplanungsrechtlichen Sinne vorliege (U. v. 7.5.2001, NVwZ 2001, 1046). Im Hinblick auf die bodenrechtliche Relevanz, die auch ein kleines Vorhaben besitzen kann (zur bauplanungsrechtlichen Relevanz z. B. von Hütten s. BVerwG, B. v. 10.8.1999, BauR 2000, 1161 und U. v. 7.5.2001, a. a. O.), ist der Gesetzgeber der BauOBln bei der Bestimmung der Kategorien der (völlig) verfahrensfreien Vorhaben (§ 62) allerdings nicht gänzlich frei. Er muss die Wertungen des Bauplanungsrechts im Blick behalten,

insbesondere den Umstand, dass eine effektive **Sicherung der Planungshoheit** bei Vorhaben außerhalb des Geltungsbereichs von Bebauungsplänen (zu Vorhaben innerhalb dieses Bereichs s. § 36 Abs. 1 Satz 3 BauGB) nach den §§ 14 und 15 BauGB, insbesondere auch durch die vorläufige Untersagung nicht baugenehmigungspflichtiger Vorhaben gemäß § 15 Abs. 1 Satz 2 BauGB, nicht möglich ist, wenn die Gemeinde von diesen nicht rechtzeitig erfährt (vgl. Dahlke-Piel, UPR 2002, 81, 82 f.). Dem gemäß geht der Gesetzgeber davon aus, dass ohne Modifikation als verfahrensfrei nur Anlagen behandelt werden können, die nicht im Sinne des § 29 Abs. 1 BauGB planungsrechtlich relevant sind (AH-Drucks. 15/3926, S. 106).

2. In **Absatz 1** wird zunächst der **Begriff der genehmigungspflichtigen Vorhaben** gesetzlich bestimmt und damit zugleich umschrieben, welche Vorgänge grundsätzlich als einer präventiven Kontrolle bedürftig erachtet werden. Das Gesetz definiert die **Vorhaben im bauordnungsrechtlichen Sinne** allerdings nur abstrakt unter Nennung bestimmter Handlungsmodalitäten. Für die Feststellung, ob ein genehmigungspflichtiges oder ein verfahrensfreies Vorhaben (§ 62) vorliegt und es den im bauaufsichtlichen Genehmigungsverfahren zu prüfenden öffentlich-rechtlichen Vorschriften entspricht (§ 71 Abs. 1), bedarf es jedoch der Bestimmung des konkret zur Beurteilung stehenden Vorhabens. Dabei ist es grundsätzlich Sache des Bauherrn, im Einzelfall darzulegen, was der zu beurteilende **Verfahrensgegenstand** sein soll (vgl. BVerwG, U. v. 18.4.1996, BRS 58 Nr. 55 u. B. v. 13.10.1998, BRS 60 Nr. 69; OVG Bln, B. v. 9.4.1997, BauR 1997, 1006, 1007 f. u. B. v. 19.3.2001 – 2 SN 4.01 –; HambOVG, B. v. 9.4.1992, NVwZ 1992, 1212 f. sowie die Erläuterungen zu § 69); maßgebend ist die **Konzeption des Bauherrn**, wie sie objektiv den vorgelegten Bauunterlagen zu entnehmen ist (OVG Bln, B. v. 26.2.1993, BRS 55 Nr. 161, B. v. 26.1.1995, BRS 57 Nr. 193 u. B. v. 19.11.1996, BRS 58 Nr. 200). Ihm bleibt etwa die Entscheidung darüber, ob einzelne Baumaßnahmen getrennte Vorhaben oder Bestandteile eines Gesamtvorhabens sind, in einem gewissen Umfang selbst überlassen. Eine Zusammenfassung oder Zerlegung von Vorhaben muss aber baurechtlich und technisch möglich sein. Mit Blick auf das gesetzliche Regel-Ausnahme-Verhältnis von Genehmigungspflichtigkeit und Verfahrensfreiheit sowie den Sinn des § 62, (lediglich) bei Vorhaben von geringer bau- und bodenrechtlicher Relevanz auf eine präventive Kontrolle durch die BABeh. zu verzichten, legen Systematik und Zweck des Gesetzes es nahe, bei einem **Gesamtvorhaben**, welches aus genehmigungspflichtigen und – isoliert betrachtet – verfahrensfreien Teilen besteht, keine verfahrensrechtliche Aufspaltung vorzunehmen; handelt es sich bei dem Vorhaben um eine **einheitliche Anlage**, die aus genehmigungspflichtigen und verfahrensfreien Einzelelementen besteht, ist vielmehr das gesamte Vorhaben als genehmigungspflichtig zu qualifizieren (OVG RP, U. v. 13.4.2005, BRS 69 Nr. 151). Vorhaben, die als isolierte Anlagen verfahrensfrei sind (§ 62), können von der Genehmigungspflicht des § 60 Abs. 1 erfasst werden, wenn sie nach der Konzeption des Bauherrn und nach ihrer Funktion in einem engen baulichen und zeitlichen bzw. einem untrennbaren funktionalen und wirtschaftlichen Zusammenhang mit einem genehmigungspflichtigen Gesamtvorhaben stehen (OVG Bln, B. v. 23.8.1988, OVGE 18, 119, 120 f. = BRS 48 Nr. 125 u. B. v. 9.9.2002 – 2 S 31.02; vgl. auch HessVGH, U. v. 7.6.2001, BRS 64 Nr. 152 zur „Gesamtanlage" und SächsOVG U. v. 28.8.2005, BRS 69 Nr. 127 zur Einbeziehung eines Bestandsgebäudes). Als Vorhaben ist die jeweilige bauliche Anlage in ihrer durch die Nutzung bestimmten Funktion als Einheit zu betrachten (BVerwG, U. v. 15.11.1974, DVBl. 1975, 498 und B. v. 30.1.1997, NVwZ-RR 1997, 519 f.), da sich erst unter Berücksichtigung der Nutzung die konkret geltenden bauplanungs- und bauordnungsrechtlichen Anforderungen bestimmen lassen.

§ 60 RNr. 6–8

6   a) Absatz 1 bestimmt die grundsätzliche **Genehmigungspflichtigkeit** von **Anlagen**. Der Begriff der „Anlagen" im Sinne der BauOBln ist in § 2 Abs. 1 Satz 1 bestimmt und umfasst die in § 2 Abs. 1 Sätze 2 und 3 definierten baulichen Anlagen (s. Erläuterungen zu § 2) sowie sonstige Anlagen und Einrichtungen im Sinne des § 1 Abs. 1 Satz 2; nicht genehmigungspflichtig sind Anlagen, für die die BauOBln gemäß § 1 Abs. 2 nicht gilt, wobei die in § 1 Abs. 2 Nrn. 1 und 2 enthaltene Rückausnahme für Gebäude (zum Begriff s. § 2 Abs. 2) zu beachten ist.

7   b) Neben der **Errichtung** und der **Änderung** (zur Definition dieser Begriffe s. Erläuterungen zu § 3 Abs. 1) von Anlagen ist deren **Nutzungsänderung** (s. § 3 Abs. 4) genehmigungspflichtig (dazu nachfolgend aa); dagegen hat der Gesetzgeber auf die bisher normierte Genehmigungspflichtigkeit des **Abbruch**s baulicher Anlagen verzichtet (dazu nachfolgend bb) und diesen jetzt teilweise als anzeigepflichtig (§ 62 Abs. 3 Satz 2) ausgestaltet. Bei der **Änderung** einer baulichen Anlage ist Gegenstand der bebauungsrechtlichen Prüfung das Gesamtvorhaben in seiner geänderten Gestalt (Vgl. BVerwG, U. v. 17.6.1993, BRS 55 Nr. 72 und U. v. 15.5.1997, BRS 59 Nr. 90; OVG Bln, U. v. 21.8.1992, BRS 54 Nr. 93). Das bedeutet indes nicht, dass eine zuvor erteilte Baugenehmigung ohne weiteres gegenstandlos geworden sein muss, weil teilweise abweichend von ihr gebaut wurde; eine die Änderung gestattende Genehmigung muss sich deshalb nicht stets auf alle bebauungsrechtlichen Voraussetzungen der Zulässigkeit des Gesamtvorhabens erstrecken (BVerwG, B. v. 4.2.2000, BRS 63 Nr. 172); eine Änderung im Sinne des bauplanungsrechtlichen Begriffs in § 29 Abs. 1 BauGB liegt nur vor, wenn ein vorhandenes Gebäude in städtebaulich relevanter Weise umgestaltet, insbesondere das Nutzungsmaß erhöht oder das Gebäude seiner Identität beraubt wird (BVerwG, B. v. 10.10.2005, BRS 69 Nr. 114).

8   aa) Während die genehmigungspflichtigen Tatbestände im übrigen durch Tatsachenbegriffe (Errichtung, Änderung) umschrieben sind, lässt sich der Begriff der Nutzungsänderung nur normativ, mit Blick auf die jeweils geltenden materiellrechtlichen Anforderungen bestimmen (so bereits Evers, DVBl. 1967, 249 ff.; Finkelnburg/Ortloff, Öffentliches Baurecht II, S. 97) und wirft deshalb in der Anwendungspraxis vielfach Zweifelsfragen auf. Eine **(genehmigungspflichtige) Nutzungsänderung** liegt vor, wenn für die neue Nutzung andere öffentlich-rechtliche Anforderungen als für die bisherige Nutzung in Betracht kommen (§ 62 Abs. 2 Nr. 1). Diese Voraussetzung ist nicht nur dann erfüllt, wenn die neue und die bisherige Nutzung unterschiedlichen Regelungen unterworfen sind, die in verschiedenen Rechtssätzen getroffen werden, sondern schon dann, wenn sie nach einer Vorschrift, die sowohl auf die alte als auch auf die neue Nutzung anzuwenden ist, möglicherweise anders zu beurteilen ist als die alte Nutzung (vgl. BayVGH, U. v. 17.11.1978, BRS 33 Nr. 127 u. v. 20.2.2003, BRS 66 Nr. 143). Nach dem Regelungszweck, eine vorgängige Kontrolle durch die BABeh. zu gewährleisten, besteht das Genehmigungserfordernis schon dann, wenn durch die Nutzungsänderung die **Genehmigungsfrage** – insbesondere unter bauplanungs- oder bauordnungsrechtlichen Gesichtspunkten – **neu aufgeworfen** wird (OVG Bln, 31.1. u. 23.8.1996, BRS 58 Nrn. 204 u. 205, v. 9.4.1997, BauR 1997, 1006 sowie v. 17.5.2000 – 2 S 3.00 –; s. auch OVG NW, B. v. 13.11.1995, BRS 57 Nr. 184 u. U. v. 24.6.2004, BRS 67 Nr. 143; BayVGH, U. v. 20.2.2003, a. a. O.). Für die Genehmigungspflichtigkeit einer Nutzungsänderung ist ohne Belang, ob die bisherige Nutzung bestandsgeschützt ist (OVG NW, U. v. 24.6.2004, a. a. O.). Selbst wenn das Vorhaben einer Nutzungsänderung in Übereinstimmung mit dem materiellen Baurecht steht und deshalb genehmigungsfähig ist, ändert sich an der Genehmigungsbedürftigkeit nichts; dies gilt grundsätzlich auch dann, wenn die Räume schon vor der Nutzungsänderung den baurechtlichen Anforderungen genügten, denen sie

erst nach der Nutzungsänderung entsprechen müssen (OLG Karlsruhe, B. v. 6.2.1978, BRS 33 Nr. 126). Zur Beantwortung der Frage, ob eine Nutzungsänderung vorliegt, ist die bisherige Nutzung mit der geplanten Nutzung zu vergleichen, wobei maßgeblich die bisher bauaufsichtlich genehmigte Nutzung ist (zur Bedeutung der Baugenehmigung als Nutzungsgenehmigung s. BayVGH, U. v. 17.11.1978, a. a. O., u. B. v. 25.10.1994, NVwZ 1995, 919 f.; HessVGH, B. v. 30.12.1994, NVwZ 1995, 1010 f.; OVG NW, B. v. 13.9.1996, BRS 58 Nr. 128 sowie Erläuterungen zu § 71). Der Begriff der Nutzungsänderung setzt jedenfalls bei genehmigten bisherigen Nutzungen keine zeitliche Kontinuität zwischen bisheriger und neuer Nutzung voraus in dem Sinne, dass von einer bisher genehmigten und ausgeübten Nutzung zu einer neuen Nutzung gewechselt wird, Beendigung der alten und Beginn der neuen Nutzung also einen einheitlichen Lebensvorgang bilden (BayVGH, B. v. 20.2.2003, a. a. O.; str., a.A. NdsOVG, B. v. 25.4.1994, NVwZ-RR 1995, 6; zur Problematik der Nutzungsunterbrechungen s. § 72 RNrn. 19 ff.).

Eine **Nutzungsänderung im bauplanungsrechtlichen Sinne (§ 29 Abs. 1 BauGB)** ist zugleich auch eine Nutzungsänderung im Sinne von § 60 Abs. 1. Von einer derartigen Nutzungsänderung ist auszugehen, wenn die Verwirklichung eines Vorhabens die jeder Art der Nutzung eigene Variationsbreite verlässt und durch die Aufnahme dieser veränderten Nutzung bodenrechtliche Belange, wie sie insbesondere § 1 Abs. 5 u. 6 BauGB bestimmt, erneut berührt werden können, der neuen Nutzung unter städtebaulichen Gesichtspunkten also eine andere Qualität zukommt (BVerwG, U. v. 18.5.1990, NVwZ 1991, 254 = BRS 50 Nr. 166, v. 14.1.1993, BRS 55 Nr. 175 u. v. 18.5.1995, BVerwGE 96, 235, 238 f. = BRS 57 Nr. 67 sowie B. v. 14.4.2000, BRS 63 Nr. 173). Dies kann schon der Fall sein, wenn sich die Zulässigkeit der neuen Nutzung nach derselben bodenrechtlichen Vorschrift bestimmt, nach dieser aber anders zu beurteilen ist als die frühere Nutzung (BVerwG, U. v. 14.1.1993, a. a. O., u. B. v. 11.7.1994, BRS 56 Nr. 164 – Umstellung eines landwirtschaftlichen Betriebs mit relativ kleinem Tierbestand auf immissionsträchtigere Intensiv-Schweinehaltung). Die Feststellung, ob eine Nutzungsänderung vorliegt, erfordert in dieser Hinsicht mithin bereits vielfach schwierige planungsrechtliche Erwägungen, zu deren Klärung der Nutzer im Zweifel die Beratung durch die BABeh. (Vgl. § 25 VwVfG) in Anspruch nehmen sollte. Zur Bestimmung der der Art der Nutzung eigenen Variationsbreite ist auf die in der BauNVO und im übergeleiteten Berliner Planungsrecht (§ 7 Nrn. 4 bis 12 BO 58, s. Anhang sowie von Feldmann/Knuth, Berliner Planungsrecht, RNrn. 72 ff.) typisierten Nutzungsarten abzustellen, an die als sachverständige Konkretisierung moderner Planungsgrundsätze auch bei Vorhaben im unbeplanten Innenbereich (§ 34 Abs. 1 BauGB) angeknüpft werden kann (vgl. nur BVerwG, U. v. 15.12.1994, BRS 56 Nr. 61, sowie von Feldmann/Knuth, a. a. O., bei Fn. 597 m. w. N.).

Von der **bodenrechtlichen Relevanz einer Nutzungsänderung** dürfte in der Regel auszugehen sein, wenn die beabsichtigte Nutzung einem anderen Tatbestandsmerkmal der Vorschriften über die Art der baulichen oder gewerblichen Nutzung zuzuordnen ist (HbgOVG, U. v. 19.12.1996, BRS 58 Nr. 75), während eine faktische Umnutzung innerhalb derselben **typisierten Nutzungsart**, etwa einer Buchhandlung in einen Blumenladen als gleichermaßen der Versorgung des Gebiets dienender Laden gemäß § 4 Abs. 2 Nr. 2 BauNVO – vorbehaltlich der Frage der konkreten Gebietsverträglichkeit – keine planungsrechtliche Nutzungsänderung ist (OVG MV, B. v. 10.7.1995, BRS 57 Nr. 185). Die Verwendung eines zur Ausübung eines Großhandels genehmigten Gebäudes als Einzelhandelsfiliale bedeutet dagegen eine Nutzungsänderung, weil das Bebauungsrecht durch die Bestimmungen über die in den einzelnen Baugebieten zulässigen Nutzungen (vgl. insbesondere § 11 Abs. 3 BauNVO) Einzelhandel und Großhandel unterschiedlichen Regelungen unterwirft (BVerwG, U. v. 3.2.1984, BRS 42 Nr. 51). Eine genehmigungsbedürftige Nutzungsänderung im Rechtssinne liegt auch dann vor, wenn die faktische Nutzung der Räume zwar gleich bleibt, aber ihr Nutzungszweck bzw. ihre bodenrechtlich relevante Funktion entfällt (vgl. BVerwG, U. v. 27.5.1983, BauR 1983, 443 – Betriebsleiterwohnung; NdsOVG, B. v. 11.7.1996, BRS 58 Nr. 130 – Fortführung einer Werkstatt der früheren Deutschen Bundespost durch Privaten), nicht aber bei jeder Änderung der tatsächlichen Rahmenbedingungen und Nutzungsintensivierung (BVerwG, U. v. 29.10.1998, BauR 1999, 228, 230 f. – Gebietsbezug bei Gaststätte). Das OVG Bln hat Nutzungsänderungen etwa bei Umwandlung eines Arbeitnehmerwohnheims (Wohngebäudes) in ein Wohnheim für Flüchtlinge und Aussiedler (Einrichtung für soziale Zwecke im Sinne von § 7 Nr. 8 BO 58) bzw. einen Beherbergungsbetrieb, der im allgemeinen Wohngebiet anderen planungsrechtlichen Regelungen als ein Wohngebäude (vgl. § 4 Abs. 2 Nr. 1 und Abs. 3 Nr. 1 BauNVO) unterworfen ist, sowie bei Umnutzung einer Fleischerei und Gaststätte in einen Sex-Shop mit Video-Kabinen (Vergnügungsstätte) auch wegen der jeweils erforderlichen **Beurteilung der konkreten Gebietsverträglichkeit** (§ 15 BauNVO, § 7 Nr. 5 BO 58) der in den fraglichen Baugebieten allgemein bzw. ausnahmsweise zulässigen Vorhaben bejaht (B. v. 31.1.1996, BRS 58 Nr. 204, v. 9.4.1997, BauR 1997, 1006, 1007 f. u. v. 8.6.2000 – 2 SN 4.00/ 2 L 9.00; zur Büro- und Praxisnutzung von Wohngebäuden in allgemeinen Wohngebieten des übergeleiteten Berliner Planungsrechts s. B. v. 15.3. u. 17.5.2000 – 2 S 2.00 u. 2 S 3.00). Von einer bodenrechtlich relevanten Nutzungsänderung ist auszugehen, wenn ein Betrieb einen wesentlich höheren Störungsgrad als die frühere Nutzung aufweist und deshalb geeignet ist, die in § 1 Abs. 5 u. 6 BauGB genannten Belange, insbesondere der gesunden Wohnverhältnisse und des Umweltschutzes, weitergehend zu beeinträchtigen (vgl. BVerwG, U. v. 14.1.1993, BRS 55 Nr. 175; OVG NW, B. v. 13.11.1995, BRS 57 Nr. 184; s. schon OVG Bln, U. v. 21.4.1967, BRS 18 Nr. 12 – Ausweitung eines gewerblichen Kleinbetriebs zum Großbetrieb bei gleich bleibender Betriebsart).

11 Unter **bauordnungsrechtlichen Gesichtspunkten** wird die Genehmigungsfrage bei **Nutzungsänderungen** etwa im Hinblick auf gesundheitliche Anforderungen (§ 3 Abs. 1), den Brandschutz (§ 14) und die Stellplatzpflicht (einschränkend: § 50 Abs. 1 Satz 4) neu aufgeworfen (vgl. hierzu OVG Bln, B. v. 31.1.u. 23.8.1996, BRS 58 Nrn. 204 u. 205 sowie v. 9.4.1997, BauR 1997, 1006, 1007 f.). Problematisch ist insbesondere die Frage, ob und ggf. wann bei Nutzungsänderungen im Bestand das Abstandsflächenerfordernis neu zu prüfen ist; dies dürfte der Fall sein, wenn die Nutzungsänderung vom Bestandsschutz nicht mehr gedeckt ist und auf wenigstens einen durch die Abstandsflächenvorschriften geschützten Belang nachteiligere Auswirkungen als die bisherige Nutzung hat (vgl. OVG Bln, U. v. 21.8.1992, BRS 54 Nr. 93 zur Änderung eines Gebäudes; OVG NW, U. v. 15.5.1997, BauR 1997, 996, 99 f. m. w. N. sowie die Erläuterungen zu § 6). Der hinsichtlich bauordnungsrechtlicher Bestimmungen eingeschränkte Prüfungsmaßstab der BABeh., die im – nunmehr zum Regelfall gewordenen – vereinfachten Baugenehmigungsverfahren (§ 64 Satz 1 Nr. 2) nur noch die Übereinstimmung mit den Anforderungen gemäß §§ 4 bis 6 prüft, sowie die Beschränkung der bauaufsichtlichen Prüfung bautechnischer Nachweise (§ 67 Abs. 2, Abs. 3 Satz 1) werfen die Frage auf, ob eine Nutzungsänderung im Sinne des Abs. 1 auch dann anzunehmen ist, wenn keine Nutzungsänderung im bauplanungsrechtlichen Sinne vorliegt und sich die Änderung ausschließlich auf bauordnungsrechtliche Belange auswirken kann, die in einem Baugenehmigungsverfahren nicht zu prüfen wären. Der Umstand, dass auch in diesen Fällen vom Bauherrn bei einer Nutzungsänderung zu beachtende (vgl. §§ 3 Abs. 4, 60 Abs. 2) und die Verfahrensfreiheit nach § 62 Abs. 2 Nr. 1 ausschließende andere öffentlich-rechtliche Anforderungen (etwa an die Standsicherheit, den Brandschutz oder die Stellplätze und Abstellmöglichkeiten

für Fahrräder) als für die bisherige Nutzung in Betracht kommen und erforderlichenfalls die Einhaltung der Anforderungen an die Standsicherheit und den Brandschutz nachzuweisen sind (§ 67 Abs. 1 Satz 1), spricht für die Annahme einer Baugenehmigungspflichtigkeit, das Argument, dass diese Rechtsfragen im Genehmigungsverfahren bauaufsichtlich nicht geprüft würden und die Einhaltung der Bestimmungen den am Bau Beteiligten in eigener Verantwortung obliegt, spricht dagegen, da dann das Bedürfnis nach einer präventiven bauaufsichtlichen Kontrolle gerade fehlen dürfte.

bb) Abweichend von der bisherigen Rechtslage hat der Gesetzgeber davon abgesehen, in Abs. 1 die Genehmigungspflichtigkeit des **Abbruchs** von Anlagen vorzusehen, da keine baurechtlichen Anforderungen an das „Ob" der Beseitigung einer Anlage ersichtlich seien, die in einem bauaufsichtlichen Genehmigungsverfahren präventiv zu prüfen seien; bauplanungsrechtlichen Belangen werde durch die im Geltungsbereich von Veränderungssperren (§ 14 Abs. 1 Nr. 1, Abs. 2 BauGB), in förmlich festgelegten Sanierungsgebieten (§ 144 Abs. 1 Nr. 1 BauGB) und im Geltungsbereich von Erhaltungsverordnungen (§ 172 Abs. 1 Satz 1 BauGB) bestehenden eigenständigen Genehmigungserfordernisse entsprochen, Belangen des Denkmalschutzes durch das denkmalschutzrechtliche Genehmigungsverfahren (§ 11 Abs. 1 Satz 1 Nr. 2 DSchG Bln) Genüge getan (AH-Drucks. 15/3926, S. 104). Zur bauaufsichtlichen Überwachung mit Blick auf die sich aus dem Vorgang der Beseitigung von Anlagen ergebenden Gefahren, insbesondere für die Standsicherheit von Nachbargebäuden (vgl. § 12 Abs. 1 Satz 2, Abs. 2), erachtete der Gesetzgeber das in **§ 62 Abs. 3 Satz 2** neu eingeführte **Anzeigeverfahren** als ausreichend.

3. Der **Abs. 1** enthält in seinem **2. Halbsatz** eine **abschließende Aufzählung** der **bauordnungsrechtlichen** Rechtsvorschriften, die **Ausnahmen vom Grundsatz der Genehmigungspflicht** für Vorhaben der Errichtung, Änderung oder Nutzungsänderung von Anlagen enthalten (§§ 61 bis 63, 75 und 76); die Genehmigungspflicht entfällt nur, soweit dies in diesen Regelungen bestimmt ist. Weitere Ausnahmen können sich außerhalb des Bauordnungsrechts etwa aus Rechtsvorschriften über Genehmigungen, die kraft ihrer Konzentrationswirkung eine Baugenehmigung einschließen (vgl. § 13 BImSchG und § 61 Abs. 2), sowie über Planfeststellungen ergeben, neben denen eine Baugenehmigung nicht erforderlich ist (vgl. § 75 Abs. 1 Satz 1 2. Halbsatz VwVfG). Im Gegensatz zu § 55 Abs. 1 BauOBln 1997 ist in Abs. 1 nicht mehr vorgesehen, dass die Baugenehmigungspflichtigkeit von Vorhaben durch auf der Grundlage der BauOBln erlassene Rechtsverordnungen entfallen kann.

4. Der Genehmigungsvorbehalt nach **Abs. 1** lässt grundsätzlich die **nach anderen Rechtsvorschriften bestehenden Erlaubnis-, Genehmigungs- und Bewilligungserfordernisse unberührt.** Deshalb sind für viele Vorhaben neben der Baugenehmigung weitere Erlaubnisse (z. B. nach § 2 GaststättenG) und Genehmigungen (z. B. nach § 144 Abs. 1, 2 BauGB in förmlich festgesetzten Sanierungsgebieten) einzuholen.

II. **Abs. 2** bestimmt, dass die Vorschriften, denen zufolge eine bauaufsichtliche Genehmigung oder Zustimmung für bestimmte Kategorien von Vorhaben nicht erforderlich ist (§§ 61, 62, 63 und 76 Abs. 1 Satz 3) oder der Umfang der bauaufsichtlichen Prüfung im Rahmen von Genehmigungs- oder Zustimmungsverfahren Beschränkungen unterliegt (§§ 64, 65, 67 Abs. 3 und 76 Abs. 3), die **Verpflichtung zur Einhaltung** von Anforderungen, die durch **öffentlich-rechtliche Vorschriften** an Anlagen gestellt werden, ebenso unberührt bleiben wie die bauaufsichtlichen Eingriffsbefugnisse; die **Verantwortung** für die Einhaltung der öffentlich-rechtlichen Vorschriften liegt bei den **am Bau Beteiligten** (vgl. § 53). Die frühere, unterschiedlich formulierte Einzelbestimmungen ersetzende, gewissermaßen „vor die Klammer" gezogene Regelung hat lediglich **klarstellende Bedeutung**, da sich ihre Rechtsfolge bereits unmittelbar aus der Geltung der pauschal in Bezug genommenen öffentlich-rechtlichen Vorschriften, die Anforderungen an Anlagen stellen, ergibt. Von der Klarstellung umfasst ist jedenfalls das gesamte materielle Recht, in dem Anforderungen an Anlagen gestellt werden, so u. a. das Bauordnungsrecht und das Bauplanungsrecht einschließlich der auf seiner Grundlage erlassenen Bebauungspläne (vgl. BVerwG, B. v. 4.3.1997, BauR 1997, 611 f.), aber z. B. auch das Naturschutzrecht, das Denkmalschutzrecht und das technische Sicherheitsrecht. Aus dem Fehlen einer § 56a Abs. 6 2. Halbsatz BauOBln 1997 entsprechenden Bestimmung („hierzu gehört auch die Einholung der erforderlichen Genehmigungen, Bewilligungen und Erlaubnisse vor Baubeginn") dürfte nicht auf ein einschränkendes (formelle Regelungen anderer Gesetze nicht erfassendes) Verständnis von Abs. 2 zu schließen sein, da der Wortlaut der Norm beiden Deutungen zugänglich sein dürfte und der Gesetzgeber die Regelung des § 56a Abs. 6 BauOBln 1997 als sinngemäß in § 60 Abs. 2 enthalten ansah (AH-Drucks. 15/3926, S. 116). Unbeschadet dessen findet das sich auch auf Anlagen nach § 2 Abs. 1 Satz 1 beziehende „fremde" formelle Recht schon wegen seiner Geltung – unabhängig von der Auslegung von Abs. 2 – Anwendung.

16 III. Bei **geringfügigen genehmigungsbedürftigen Vorhaben** kann die BABeh. gemäß **Abs. 3** im Einzelfall von der Erteilung der Baugenehmigung absehen und den Antragsteller entsprechend bescheiden. Diese auf den Einzelfall bezogene Ausnahmeregelung betrifft Vorhaben, die weder § 62 noch § 63 unterliegen und deshalb grundsätzlich genehmigungspflichtig sind, aber wegen ihrer geringen baurechtlichen Relevanz keiner Genehmigung bedürfen. Angesichts der nochmaligen Ausweitung des Katalogs des verfahrensfreien Bauvorhaben nach § 62 bleibt zweifelhaft, ob für den Tatbestand des Abs. 3 noch ein nennenswerter Anwendungsbereich verbleibt; der Gesetzgeber verspricht sich von der Aufrechterhaltung der Regelung „einen flexiblen Umgang mit Grenzfällen" (AH-Drucks. 15/3926, S. 105). Zur Auslegung des **Tatbestandsmerkmals** des „geringfügigen genehmigungsbedürftigen Vorhabens" lässt sich aus der Gesetzessystematik der Anhaltspunkt entnehmen, dass es sich nicht lediglich um „sonstige unbedeutende Anlagen" im Sinne von § 62 Abs. 1 Nr. 14 Buchstabe e) handeln darf, da diese generell Verfahrensfreiheit genießen. Andererseits ist in der Rechtsprechung schon ein Bolzplatz als Teil eines notwendigen Kinderspielplatzes wegen der Versiegelung des Bodens, der Errichtung eines Ballfangzaunes und des mit der Nutzung verbundenen Lärms nicht als geringfügiges Vorhaben angesehen worden (OVG Bln, U. v. 22.4.1993, BRS 55 Nr. 179 = NVwZ-RR 1994, 141), während notwendige Spielplätze nunmehr nach § 62 Nr. 13 c) gänzlich verfahrensfrei sind.

17 Nach der vor den einschneidenden Änderungen der Verfahrensvorschriften der BauOBln ergangenen Rechtsprechung des OVG Bln setzt die Entscheidung der BAbeh., von der Erteilung einer Baugenehmigung gemäß Abs. 3 abzusehen, eine umfassende baurechtliche Prüfung des Vorhabens voraus und steht in ihrer Wirkung einer Baugenehmigung gleich (U. v. 31.7.1992, OVGE 20,190 = BRS 54 Nr. 91 u. v. 22.4.1993, a. a. O.; im B. v. 9.9.2002 – 2 S 31.02 – wird auf einen bauaufsichtlichen Bescheid gemäß § 55 Abs. 3 BauOBln a. F. aus dem Jahr 1993 Bezug genommen); die „Absehensentscheidung" besagt demnach zugleich, dass das Vorhaben nach Ansicht der BABeh. dem geltenden Recht entspricht, und vermittelt den Nachbarn den gleichen Rechtsschutz (Anfechtungsklage, vorläufigen Rechtsschutz nach §§ 80, 80a VwGO) wie eine nach früherem Recht erteilte umfassende Baugenehmigung. Ob diese Auslegung des Abs. 3, heute aufrechterhalten werden kann, erscheint zweifelhaft. Der Umstand, dass der Gesetzgeber diese Regelung in Kenntnis der obergerichtlichen Rechtsprechung trotz mehrerer Verfahrensnovellen inhaltlich unverändert gelassen hat, mag für die Auf-

rechterhaltung der bisherigen Interpretation sprechen. Gegen diese Auffassung besteht aber seit der Einfügung der Bestimmungen über die Genehmigungsfreistellung und das vereinfachte Genehmigungsverfahren und nunmehr zusätzlich wegen der Einschränkung des Prüfungsumfangs im „regulären" Baugenehmigungsverfahren (vgl. § 65) erhebliche teleologische und systematische Bedenken. Denn das Gesetz hat von den zur Begründung der Auslegung des OVG in Anlehnung an die abgeschafften früheren Bauanzeigeverfahren herangezogenen Strukturelementen der Anzeige mit (lediglich verfahrensrechtlich vereinfachter) umfassender Prüfung und Legalisierungswirkung (vgl. hierzu Finkelnburg/Ortloff, Öffentliches Baurecht II, S. 94 f.) durch die Einführung bzw. Modifizierung der vorgenannten Verfahren endgültig Abstand genommen; es erscheint kaum systemgerecht, dem Absehen von der Erteilung der Baugenehmigung bei „geringfügigen" Vorhaben größere Rechtswirkungen zuzuerkennen als der – Vorhaben lediglich mit Ausnahme von Sonderbauten umfassenden – Genehmigungsfreistellung und sogar einer Baugenehmigung im vereinfachten Verfahren mit gemäß § 64 weiter eingeschränktem Prüfprogramm. Hieran ändert auch der Umstand nichts, dass der Antragsteller nach Abs. 3 2. Halbsatz „entsprechend zu bescheiden" ist. Denn damit wird nur dem verwaltungsverfahrensrechtlichen Erfordernis Rechnung getragen, das durch den Bauantrag eingeleitete, aber weder zur Erteilung noch zur Versagung einer Baugenehmigung führende Genehmigungsverfahren als Verwaltungsverfahren gemäß § 9 VwVfG durch einen Bescheid abzuschließen; dies ist allein schon deshalb geboten, weil das „Absehen" eine den Antragsteller potentiell belastende Ermessensentscheidung ist, sagt aber über weitergehende Rechtswirkungen nichts aus.

§ 61 Vorrang anderer Gestattungsverfahren

(1) Bei folgenden Anlagen schließen die Gestattungsverfahren nach anderen Rechtsvorschriften die Baugenehmigung, Abweichung und Zustimmung nach diesem Gesetz ein:
1. nach anderen Rechtsvorschriften zulassungsbedürftige Anlagen in oder an oberirdischen Gewässern und Anlagen, die dem Ausbau, der Unterhaltung oder der Nutzung eines Gewässers dienen oder als solche gelten, ausgenommen Gebäude, die Sonderbauten sind,
2. nach anderen Rechtsvorschriften zulassungsbedürftige Anlagen für die öffentliche Versorgung mit Elektrizität, Gas, Wärme, Wasser und für die öffentliche Verwertung oder Entsorgung von Abwässern, ausgenommen Gebäude, die Sonderbauten sind,
3. Anlagen, die nach Gewerberecht, Geräte- und Produktsicherheitsrecht oder Betriebssicherheitsrecht einer Genehmigung oder Erlaubnis bedürfen, ausgenommen gaststättenrechtliche Erlaubnisse,
4. Anlagen, die einer Errichtungsgenehmigung nach dem Atomgesetz bedürfen.

(2) [1]Für Anlagen, bei denen ein anderes Gestattungsverfahren die Baugenehmigung, die Abweichung oder die Zustimmung einschließt oder die nach Absatz 1 keiner Baugenehmigung oder Zustimmung bedürfen, nimmt die für den Vollzug der entsprechenden Rechtsvorschriften zuständige Behörde die Aufgaben der Bauaufsichtsbehörde wahr. [2]In diesen Fällen ist die Bauaufsichtsbehörde zu beteiligen.

Erläuterungen:

1 Die Regelung, die an § 62 Abs. 10 und § 68 BauOBln 1997 anknüpft, enthält Vorschriften zur Auflösung der **Konkurrenz paralleler Anlagengenehmigungsverfahren** und dient dazu, für öffentliche Anlagen, die spezialgesetzlichen Anforderungen unterliegen, **Doppelverfahren** zu **vermeiden** (AH-Drucks. 15/3926, S. 105). Die Bestimmung betrifft einen Ausschnitt aus dem umstrittenen Problemkreis des Verhältnisses der Baugenehmigung zu anderen öffentlich-rechtlichen Genehmigungen, Erlaubnissen und Gestattungen (grundlegend dazu: Jarass, Konkurrenz, Konzentration und Bindungswirkung von Genehmigungen, 1984, und Gaentzsch, NJW 1986, 2787 ff.; aus der umfangreichen Literatur zum Problemkreis s. ferner: U. Becker, VerwArch 1996, 581 ff.; Büllesbach, DÖV 1995, 710 ff.; Pauly/Lützeler, DÖV 1995, 545 ff.; Schmidt-Preuß, DVBl. 1991, 229 ff.; Seibert, Die Bindungswirkung von Verwaltungsakten, 1989; zur Problematik der fehlenden Kodifizierung der förmlichen Genehmigungsverfahren im Verwaltungsverfahrensgesetz s. Wahl, NVwZ 2002, 1192 ff.). Die Neufassung der BauOBln folgt in bewusster Abkehr von dem früheren Verständnis der Baugenehmigung als „umfassender Unbedenklichkeitsbescheinigung" und unter endgültiger Aufgabe der – auch der modifizierten – „Schlusspunkttheorie" (vgl. hierzu Voraufl. § 62 RNr. 13 und Finkelnburg/Ortloff, Öffentliches Baurecht II, S. 115 ff.) der Konzeption der MBO (vgl. Jäde, MBO 2002, Einl. S. 3), die Baugenehmigung als (grundsätzlich) nur noch baurechtliche Genehmigung auszugestalten, die Anforderungen sonstigen öffentlichen Rechts nur noch abarbeitet, wenn dieses Fachrecht dies dem Baugenehmigungsverfahren ausdrücklich zuweist („aufgedrängtes" öffentliches Recht, § 65 Satz 1 Nr. 3, s. AH-Drucks. 15/3926, S. 97f. und 119 f.; zum „Kontrastprogramm" der BbgBauO – Baugenehmigung mit Konzentrationswirkung – s. Knuth, LKV 2004, S. 193, 200 f. und Ortloff, NVwZ 2003, 1218 f.). Der Gesetzgeber hat die Sachentscheidungskompetenz (vgl. § 65 Satz 1) und den Prüfungsmaßstab der BABeh. zur Erteilung einer Baugenehmigung (vgl. §§ 64, 65 und 71 Abs. 1: „Vorschriften ..., die im Baugenehmigungsverfahren zu prüfen sind") ausdrücklich begrenzt. Die Baugenehmigung nach § 71 Abs. 1 BauOBln hat damit im Allgemeinen keine Konzentrationswirkung hinsichtlich anderer Genehmigungsverfahren; eine Verfahrenskonzentration kann die Baugenehmigung ausnahmsweise nur dann bewirken, wenn im Zusammenhang mit einer anderen Genehmigung oder Erlaubnis durch eine spezielle Rechtsvorschrift (z. B. § 173 Abs. 1 Satz 2 BauGB, § 12 Abs. 3 Satz 2 DSchG Bln) bestimmt ist, dass die Baugenehmigung diese andere Genehmigung oder Erlaubnis umfasst, ersetzt oder einschließt; in diesen Fällen ist das maßgebliche Fachrecht im Baugenehmigungsverfahren mit zu prüfen. § 61 betrifft die umgekehrten Fallkonstellationen, in denen eine Genehmigung nach fachrechtlichen Verfahren die Baugenehmigung einschließt oder die Baugenehmigung neben einer derartigen anderen Genehmigung für entbehrlich erklärt wird. § 61 liegt der Gedanke zugrunde, dass Entscheidungen nach anderen Rechtsvorschriften Baugenehmigungen, Abweichungen und Zustimmungen gemäß der BauOBln dann einschließen sollen, wenn der fachliche Schwerpunkt der Vorhaben im nicht-baurechtlichen (Fach-)Recht liegt mit der Folge, dass über die baurechtlichen Anforderungen im fachrechtlichen Anlagenzulassungsverfahren mit zu entscheiden ist (vgl. Begr. zu § 60 MBO in: Jäde, MBO 2002, S. 184).

2 **I. Abs. 1** betrifft nach dem Willen des Gesetzgebers **Anlagen**, bei denen die „**Konzentrationswirkung des (Fach-)Rechts nicht abschließend geregelt** ist und das **Baurecht sich aufdrängt**" (AH-Drucks. 15/3926, S. 105). Da er abweichend von der Formulierung des § 60 Satz 1 MBO 2002, der lediglich regelt, dass bestimmte Kategorien von Vorhaben keiner Baugenehmigung bedürfen, bestimmt, dass Gestattungen nach anderen Rechtsvorschriften Baugenehmigungen, Abweichungen und Zustim-

mungen nach der BauOBln **einschließen**, bedurfte es einer Gesetzgebungskompetenz des Landes Berlin für das betroffene Verwaltungsverfahrensrecht, sofern die Regelung teilweise nicht bloß deklaratorische Bedeutung – wenn sich die Konzentrationswirkung bereits aus Bestimmungen von in Bezug genommenen bundesrechtlichen Fachgesetzen und Rechtsverordnungen ergibt – besitzt.

1. Von **Abs. 1 Nr. 1** werden **Wasserbauten** mit Ausnahme von Gebäuden, die Sonderbauten im Sinne von § 2 Abs. 4 sind, erfasst; die Ausnahme für Sonderbauten wurde wegen des bau(ordnungs)rechtlichen Prüfungsschwerpunkts vorgesehen (AH-Drucks. 15/3926, S. 105). Anlagen in oberirdischen Gewässern sind Anlagen, die sich ganz oder teilweise in, unter oder über dem Gewässer befinden (§ 62 Abs. 1 Satz 1 BWG; zu einem privaten Bootsstegplatz s. OVG Bln, U. v. 18.5.2001, LKV 2002, S. 134 ff. u. OVG Bln-Bbg, B. v. 8.2.2007, UPR 2007, 237 = NuR 2007, 414). Anlagen an Gewässern sind Anlagen, die sich bei Gewässern erster Ordnung in einem Abstand bis zu 10 m und bei Gewässern zweiter Ordnung in einem Abstand bis zu 5 m von der Uferlinie landeinwärts befinden (§ 62 Abs. 1 Satz 2 BWG). Anlagen zum Gewässerausbau betreffen die Herstellung, Beseitigung oder wesentliche Umgestaltung eines Gewässers oder seiner Ufer (§ 31 Abs. 2 WHG), Anlagen zur Unterhaltung eines Gewässers dienen der Erhaltung eines ordnungsgemäßen Wasserabflusses und an schiffbaren Gewässern auch der Erhaltung der Schiffbarkeit (§ 28 Abs. 1 Satz 5 WHG) und Anlagen zur Nutzung oberirdischer Gewässer ermöglichen die Benutzung (§ 3 WHG) des Gewässers (etwa durch Entnahme und Ableiten von Wasser oder Einbringen von Stoffen). Diese Anlagen unterliegen wasserbehördlichen Genehmigungsverfahren (§ 62 Abs. 2 und Abs. 4 ff., § 62a, § 62b BWG), teilweise (Ausbaumaßnahmen, Deich- und Dammbauten) sogar Planfeststellungsverfahren (§ 31 Abs. 2 WHG, § 54 BWG). Gemäß § 62 Abs. 2 Satz 3 BWG ist eine wasserrechtliche Genehmigung nicht erforderlich, wenn die Anlagen nach dem Bauordnungsrecht einer Genehmigung, Zustimmung oder Erlaubnis bedürfen oder anzeigepflichtig sind; nach Abs. 1 Nr. 1 ist dies bei Gebäuden der Fall, die Sonderbauten sind.

2. **Abs. 1 Nr. 2** betrifft nach anderen Rechtsvorschriften zulassungsbedürftige **Anlagen für die öffentliche Versorgung** mit Elektrizität, Gas, Wärme und Wasser; zu diesen Begriffen s. die Erläuterungen zu § 1 Abs. 2 Nr. 3, der Leitungen für diese Zwecke von vornherein vom Anwendungsbereich der BauOBln ausnimmt. Während § 1 Abs. 2 Nr. 3 nur Leitungen der öffentlichen Abwasserentsorgung erfasst, betrifft Abs. 2 Nr. 2 mit Blick auf deren wasserrechtliche Genehmigungs- bzw. Erlaubnisbedürftigkeit (§§ 7 und 8 WHG) umfassender alle Anlagen der öffentlichen Verwertung oder Entsorgung von Abwässern. Wegen des baurechtlichen Prüfungsschwerpunkts nimmt auch Nr. 2 Gebäude, die Sonderbauten sind, von der Baugenehmigungsfreiheit aus. Abweichend von der Vorgängervorschrift des § 68 Nr. 3 BauOBln 1997 wurden in Nr. 2 keine Regelungen über Fernmeldeanlagen getroffen; zu Telekommunikationsanlagen s. jetzt § 1 Abs. 2 Nr. 3 sowie § 62 Abs. 1 Nr. 3b).

3. **Abs. 1 Nr. 3** erfasst Anlagen, die nach **Gewerberecht, Geräte- und Produktsicherheitsrecht oder Betriebssicherheitsrecht** einer Genehmigung oder Erlaubnis bedürfen; konstitutive Bedeutung besitzt die Regelung nur, soweit sich eine Konzentrationswirkung dieser Genehmigungen und Erlaubnisse nicht bereits aus dem für diese geltenden Fachrecht ergibt. Gewerberechtliche Erlaubnisse im Sinne der Nr. 3 sind z. B. die Genehmigungen für Spielhallen und ähnliche Unternehmen nach § 33i GewO (ebenso Hahn/Radeisen, BauOBln, RNr. 10), bei deren Erteilung auch bauordnungs- und bauplanungsrechtliche Regelungen zu beachten sind (vgl. Tettinger/Wank, GewO, 7. Aufl. 2004, § 33i RNrn. 55, 65 m. w. N.); nach früherer Rechtslage hatten Baugenehmi-

gung und Spielhallenerlaubnis selbständig nebeneinander gestanden, ohne dass einer von beiden eine Konzentrationswirkung zugekommen wäre (OVG NW, U. v. 13.9.1994, GewArch 1995, 124 f.). In Betracht kommen ferner die aufgrund des § 14 GPSG erlassenen Vorschriften. Bei den auf § 14 GPSG gestützten Rechtsverordnungen handelt es sich um die Nachfolgeregelungen für die früher auf der Grundlage von § 24 GewO a. F. sowie von § 11 GSG erlassenen Bestimmungen für überwachungsbedürftige Anlagen (z. B.: Aufzüge, 12. GPSGV, Dampfkesselanlagen, Anlagen zur Lagerung von Flüssigkeiten, § 1 Abs. 2 Satz 1 der Betriebssicherheitsverordnung (BetrSichV) v. 27.9.2002 (BGBl. I S. 3777) i. d. F. der VO v. 31.10.2006 (BGBl. I, S. 2407). Im Hinblick auf den Anwendungsbereich gemäß § 1 Abs. 2 GPSG gelten die auf der Grundlage von § 14 GPSG erlassenen Rechtsverordnungen (vgl. § 1 Abs. 2 Satz 3 BetrSichV) nur für die Errichtung und den Betrieb überwachungsbedürftiger Anlagen, die gewerblichen oder wirtschaftlichen Zwecken dienen oder durch die Beschäftigte gefährdet werden können, nicht jedoch für Anlagen zum persönlichen Gebrauch im Privatbereich (vgl. BVerwG, B. v. 19.10.1994, BauR 1995, 73 = NVwZ-RR 1995, 187: Privater Behindertenaufzug des Eigentümers eines von ihm mitbewohnten Mehrfamilienhauses). Allerdings wird die für das Bauwesen zuständige Senatsverwaltung inhaltsgleich mit § 76 Abs. 6 Sätze 1, 3 BauOBln 1997 in § 84 Abs. 5 Sätze 1, 3 dazu ermächtigt, durch Rechtsverordnung zu bestimmen, dass die Anforderungen der auf der Grundlage von § 14 GPSG erlassenen Rechtsverordnungen auch für Anlagen gelten, die nicht gewerblichen Zwecken dienen und nicht im Rahmen wirtschaftlicher Unternehmen Verwendung finden; dabei kann sie auch die Konzentrationswirkung dieser Genehmigungen vorschreiben. Von der gesetzlichen Ermächtigung hat die Senatsverwaltung mit § 4 BetrVO, der § 1 der VO über private überwachungsbedürftige Anlagen (PrÜbAnVO) ablöst (§ 41 Abs. 1 Satz 2 Nr. 3 BetrVO), Gebrauch gemacht.

6 **Von** der Regelung der **Nr. 3 ausgenommen** sind ausdrücklich **gaststättenrechtliche Erlaubnisse**. Für die Errichtung, Änderung oder Nutzungsänderung einer Gaststätte ist demnach weiterhin eine Baugenehmigung erforderlich. Das **Verhältnis** der **Baugenehmigung** zur **Gaststättenerlaubnis** bestimmt sich unverändert nach den hierzu in der Rechtsprechung entwickelten Grundsätzen. Die baurechtliche Genehmigung einer Gaststätte entfaltet – solange die Genehmigung besteht und sich die Verhältnisse nicht rechtserheblich ändern – Bindungswirkung dahin, dass die Gaststättenbehörde die entsprechende Gaststättenerlaubnis (§ 2 GastG) nicht aus baurechtlichen Gründen (Rechtsfragen, deren Beurteilung in die originäre Regelungskompetenz der BABeh. fällt oder die zu ihr zumindest den stärkeren Bezug haben) versagen darf (BVerwG, U. v. 4.10.1988, BVerwGE 80, 259, 261 ff. = BRS 48 Nr. 140 und U. v. 17.10.1989, BVerwGE 84, 11, 13 f.; zum Verhältnis beider Verfahren in Bezug auf einen Biergarten vgl. VG Gießen, B. v. 23.1.2001, NVwZ-RR 2001, 739). Die Bindungswirkung der Baugenehmigung bezieht sich dagegen nicht auf die Vereinbarkeit des Vorhabens mit gaststättenrechtlichen Vorschriften, deren Prüfung im GastG dem besonderen gaststättenrechtlichen Erlaubnisverfahren vorbehalten ist. Soweit die typischerweise mit der bestimmungsgemäßen Nutzung einer Gaststätte in einer konkreten baulichen Umgebung verbundenen Immissionen zu beurteilen sind, besteht der stärkere Bezug zur Zuständigkeit der BABeh.; denn diese typischen Immissionen hängen von Größe, Beschaffenheit und Standort der baulichen Anlage ab, die Gegenstand der Baugenehmigung sind, und nicht vom jeweiligen Gastwirt, dem die Gaststättenerlaubnis erteilt wird (BVerwG, U. v. 4.10.1988, a. a. O.). Die Baugenehmigung für eine bestimmte Gaststätte stellt nicht nur deren Vereinbarkeit mit den Immissionsschutzanforderungen des § 15 Abs. 1 Satz 2 BauNVO bindend fest, sondern entscheidet gleichermaßen verbindlich, dass sich die von der Nutzung der Gaststätte typischerweise ausgehenden Immissionen im Rahmen

des § 4 Abs. 1 Nr. 3 GastG halten, zumal da sich dieser Gesichtspunkt nicht nach beiden Normen verschieden beurteilen lässt. Die Baugenehmigung schließt aber nicht ohne weiteres die verbindliche Feststellung ein, die Nutzung einer Diskothek sei ohne zeitliche Begrenzung zulässig (BVerwG, B. v. 28.11.1991, NVwZ 1992, 569), mithin steht sie einer gaststättenrechtlichen Betriebszeitregelung nicht entgegen (OVG Bre, B. v. 15.4.1993, UPR 1993, 363). – Eine (zeitlich vor der Baugenehmigung erteilte) Gaststättenerlaubnis bindet die BABeh. nicht; die Unbedenklichkeit der Immissionen (§ 4 Abs. 1 Nr. 3 GastG) ist für die mit dem Vollzug des GastG befasste Behörde eine bloße Vorfrage, die in Ermangelung einer der Baugenehmigung vergleichbaren Feststellung der Rechtmäßigkeit des Vorhabens nicht am Regelungsgehalt der Erlaubnis teilnimmt (VGH BW, U. v. 27.4.1990, NVwZ 1990, 1094 f.; Gaentzsch, NJW 1986, 2790 f.). Dies gilt auch dann, wenn die BABeh. im Verfahren auf Erteilung der Gaststättenerlaubnis eine positive interne Stellungnahme abgegeben hat (HessVGH, B. v. 23.12.1988, NVwZ 1990, 583 f.; Schmidt-Preuß, DVBl. 1991, 237 f.).

4. Abs. 1 Nr. 4 bezieht sich auf Anlagen, die gemäß **§ 7 AtG** einer Genehmigung zur Errichtung, zum Betrieb oder zur wesentlichen Veränderung ortsfester Anlagen zur Erzeugung, Bearbeitung, Verarbeitung oder Spaltung von Kernbrennstoffen bedürfen.

II. Abs. 2 betrifft die Wahrnehmung der Aufgaben und die Verfahrensbeteiligung der BABeh. bei **Genehmigungen mit Konzentrationswirkung**. Dabei erfasst Satz 1 zwei Gruppen derartiger Genehmigungen: Mit seiner redaktionell missglückten zweiten Variante (§ 60 Satz 2 MBO 2002 wird wörtlich übernommen, obwohl die Bezugsvorschrift – hier § 61 Abs. 1 – abweichend formuliert ist) nimmt er Bezug auf alle in Abs. 1 genannten Genehmigungen, während die erste Variante alle Genehmigungen, Gestattungen etc. mit Konzentrationswirkung sowie Planfeststellungen umschließt, die nicht im Abs. 1 erwähnt werden.

1. Systematisch lassen sich verschiedene **Arten der Konzentration** unterscheiden (hierzu Becker, VerwArch 1996, 581, 598 f.): Die bloße **Zuständigkeitskonzentration** ist lediglich die Zusammenfassung verschiedener Genehmigungsverfahren unter Beibehaltung der materiell-rechtlichen Genehmigungsvoraussetzungen und der jeweiligen verfahrensrechtlichen Vorschriften. Bei der **Verfahrenskonzentration** werden über die Zuständigkeitskonzentration hinaus die Verfahrensvorschriften des ersetzten Verfahrens in der Regel durch die des Verfahrens der umfassenden Genehmigung verdrängt, soweit es nicht für bestimmte wesentliche Vorschriften an einem Ersatz im konzentrierten Verfahren fehlt (Jarass, Konkurrenz, Konzentration und Bindungswirkung von Genehmigungen, 1984, S. 56 ff.; Becker, a. a. O., S. 599); die materiellen Vorschriften bleiben aber auch hier grundsätzlich in vollem Umfang anwendbar. Bei der **materiellen Konzentration** wird das Vorhaben nur anhand der materiellen Bestimmungen geprüft, die das Recht der konzentrierenden Genehmigung enthält.

Das von Abs. 2 vorausgesetzte Verhältnis der „konzentrierenden" Genehmigungen zur Baugenehmigung, Abweichung oder Zustimmung entspricht nach diesem Schema der **Verfahrenskonzentration**: Die Baugenehmigung, Abweichung oder Zustimmung ist in den nach speziellen Regelungen erteilten Genehmigungen eingeschlossen, das Genehmigungsverfahren wird von den zur Ausführung dieser Gesetze zuständigen Behörden eigenverantwortlich als einheitliches Genehmigungsverfahren durchgeführt, eines besonderen Baugenehmigungsverfahrens bedarf es nicht; allerdings sind die BABeh. nach Maßgabe des jeweiligen Fachrechts zu beteiligen (Abs. 2 Satz 2). Soweit das Verfahren bundesrechtlich im Fachrecht abschließend geregelt ist, hat Abs. 2 rein deklaratorische Bedeutung; bei einer abweichenden bundesrechtlichen Regelung findet Abs. 2 keine Anwendung (Art. 31 GG, wobei Art. 84 Abs. 1 GG n. F. künftig landesrechtliche Abweichungsspielräume eröffnet).

11   2. Als wichtige **Anwendungsfälle** von **Abs. 2 Satz 1 1. Variante** sind zu nennen:

a) Konzentrationswirkung kommt der **Genehmigung nach § 4 BImSchG** zu, die aufgrund der Verweisung in § 31 Abs. 1 KrW-/AbfG auch für die Zulassung ortsfester Abfallbeseitigungsanlagen einzuholen ist, sofern diese nicht planfeststellungsbedürftig sind. Gemäß **§ 13 BImSchG** schließt die Genehmigung nach diesem Gesetz andere, die Anlage betreffende behördliche Entscheidungen, insbesondere öffentlich-rechtliche Genehmigungen, ein. Diese Wirkung kommt auch der Teilgenehmigung (§ 8 BImSchG) und der Änderungsgenehmigung (§ 16 BImSchG) zu (vgl. Jarass, BImSchG, 7. Aufl., § 13 RNr. 2 m. w. N.); auch der immissionsschutzrechtliche Vorbescheid entfaltet Konzentrationswirkung (BVerwG, B. v. 17.12.2002, NVwZ 2003, 750, 751 = DVBl. 2003, 543, 544 und U. v. 30. 6. 2004, BVerwGE 121, 182, 189 f. = NVwZ 2004, 1235, 1236 f.). Keine Konzentrationswirkung kommt dagegen der Freistellungserklärung und der fiktiven Freistellung nach § 15 Abs. 2 Satz 2 BImSchG bei der Änderung genehmigungsbedürftiger Anlagen zu (Jarass, BImSchG, a. a. O., § 15 RNrn. 31, 38 m. w. N.; Knopp/Wolff, BB 1997, 1593, 1596); in diesen Fällen bedarf das Vorhaben unter den Voraussetzungen des § 60 Abs. 1 einer Baugenehmigung, bei der die Einhaltung immissionsschutzrechtlicher Bestimmungen (vgl. dazu nach bisheriger Rechtslage: Hansmann, NVwZ 1997, 105, 109; Jarass, NJW 1998, 1097; Zöttl, NVwZ 1998, 234, 238) wohl wegen des eingeschränkten Prüfungsmaßstabs des Baugenehmigungsverfahrens (vgl. § 65 Satz 1) nicht mehr zu prüfen ist.

12   Die Konzentrationswirkung des § 13 BImSchG erfasst nach dem weiten Wortlaut der Bestimmung neben der Baugenehmigung (BVerwG, U. v. 15.12.1989, BVerwGE 84, 209, 214) auch die für ihre Erteilung etwa erforderlichen Ausnahmen oder Befreiungen (§ 31 BauGB) und Abweichungen gemäß § 68 (vgl. BVerwG, B. v. 26.6.1992, NVwZ 1993, 572, 576 zur Planfeststellung). Die Konzentration bewirkt eine Bündelung der Entscheidungszuständigkeit und des Verfahrens bei der immissionsschutzrechtlichen Genehmigungsbehörde, die allerdings andere Behörden, deren Aufgabenbereiche – wie etwa bei der BABeh. – durch das Vorhaben berührt werden, zu beteiligen und anzuhören hat (§ 10 Abs. 5 Satz 1 BImSchG, § 11 der 9. BImSchV). Die formellen Vorschriften des verdrängten Verfahrens finden im konzentrierten Verfahren keine Anwendung (BVerwG, B. v. 17.12.2002, NVwZ 2003, 750 = DVBl. 2003, 543). Den Genehmigungen nach dem BImSchG kommt keine materielle Konzentrationswirkung zu; § 6 Abs. 1 Nr. 2 BImSchG stellt klar, dass die öffentlich-rechtlichen Vorschriften – auch die für die Erteilung der „konzentrierten" Genehmigungen maßgeblichen Vorschriften – unverändert Anwendung finden (s. aber für die Genehmigung öffentlich zugänglicher Abfallbeseitigungsanlagen die den Planfeststellungsverfahren – dazu unten c) – entsprechende Privilegierung in § 38 Satz 1 BauGB). Ausfluss dieser bloß verfahrensrechtlichen Konzentrationswirkung ist auch, dass das Erlöschen der immissionsschutzrechtlichen Genehmigung wegen Aufhebung des Genehmigungserfordernisses (§ 18 Abs. 2 BImSchG) nicht zur Folge hat, dass die eingeschlossene Baugenehmigung ebenfalls erlischt; die erteilte Genehmigung bleibt insoweit partiell einschließlich hierauf zu beziehender Nebenbestimmungen bestehen (OVG NW, U. v. 15.3.1993, BRS 55 Nr. 153; BayVGH, UPR 2002, 115).

13   b) Konzentrationswirkung besitzen ferner u. a. die Genehmigungen nach § 8 GenTG (vgl. § 22 GenTG) sowie die Lagergenehmigung nach § 17 SprengG.

14   c) Schließlich haben insbesondere auch **Planfeststellungsbeschlüsse** und **Plangenehmigungen** eine Konzentrationswirkung (vgl. §§ 75 Abs. 1 und 74 Abs. 6 Satz 2

VwVfG sowie Jarass, DVBl. 1997, 795 ff.): Neben der Planfeststellung sind andere öffentlich-rechtliche Genehmigungen nicht erforderlich (zum Zusammentreffen mehrerer Planfeststellungen für die „Verkehrsanlagen im zentralen Bereich Berlin" s. BVerwG, U. v. 18.4.1996, NVwZ 1996, 901 und Ronellenfitsch, VerwArch 1997, 175). Die unter bestimmten Voraussetzungen an Stelle eines Planfeststellungsbeschlusses zulässige (§ 74 Abs. 6 Satz 1 VwVfG) Plangenehmigung hat – mit Ausnahme der enteignungsrechtlichen Vorwirkung – dieselben Rechtswirkungen – einschließlich der Konzentrationswirkung – wie die Planfeststellung (§ 74 Abs. 6 Satz 2 VwVfG). Beispielhaft sind hier die Planfeststellungen nach § 17 Abs. 1 FStrG und § 18 Abs. 1 AEG sowie die Plangenehmigungen nach § 17 Abs. 1a FStrG und § 18 Abs. 2 AEG zu nennen, wobei zu berücksichtigen ist, dass die BauOBln gemäß § 1 Abs. 2 Nr. 1 für Anlagen des öffentlichen Verkehrs (einschließlich Zubehör, Nebenanlegen und Nebenbetrieben) – ausgenommen Gebäude – von vornherein nicht gilt (zu Abgrenzungsfragen von Planfeststellungen/Plangenehmigungen und Baugenehmigungen im Bereich der Bahn vgl. BVerwG, U. v. 27.1.1996, UPR 1997, 150; VGH BW, B. v. 10.12.2001, BRS 64 Nr. 176 – Lagerhalle –; OVG Saar, U. v. 24.9.2002, BRS 65 Nr. 155 – Parkplätze und Werbeanlagen –; OVG NW, U. v. 3.7.1997, BauR 1997, 1000 – Werbeanlagen –; NdsOVG, U. v. 31.5.1996, BauR 1997, 101 und BayVGH, U. v. 20.10.1998, BayVBl. 1999, 147 – Einzelhandelsgeschäfte –).

Die Planfeststellung bewirkt grundsätzlich nur eine Zuständigkeits-, Verfahrens- und Entscheidungskonzentration, keine materielle Konzentration; für die Planfeststellungsbehörde bleibt das gesamte materielle Recht beachtlich, welches im Rahmen der ersetzten Entscheidungen hätte angewendet werden müssen, soweit gesetzlich (z. B. in § 38 Satz 1 BauGB) nichts anderes bestimmt ist (vgl. BVerwG, U. v. 9.11.1984, BVerwGE 70, 242, 244 – abfallrechtliche Planfeststellung; U. v. 22.3.1985, BVerwGE 71, 163; U. v. 18.5.1990, BVerwGE 85, 155 f. – wasserrechtliche Planfeststellung; U. v. 16.3.2006, BVerwGE 125, 116, 278 f. – luftverkehrsrechtliche Planfeststellung; Kopp/Ramsauer, VwVfG, 10. Aufl., § 74 RNr. 11). Strikte Gebote und Verbote, die sich aus dem für die nicht mehr erforderlichen Entscheidungen erheblichen Recht ergeben, kommen auch in der Planfeststellung als solche zur Geltung; sie lassen sich – sofern das maßgebende Fachrecht keine anders lautende Regelung aufweist – nicht zu bloßen Abwägungsposten abschmelzen (BVerwG, U. v. 16.3.2006, a. a. O. S. 278). Die nur verfahrensrechtlich wirkende Konzentration des Planfeststellungsbeschlusses bedeutet, dass sich die Geltungskraft von (materiellen) Rechtsvorschriften für die Planfeststellung nicht allgemein bestimmen lässt, sondern im Rahmen der vom Planfeststellungsbeschluss ersetzten Genehmigungen allein den jeweils anzuwendenden materiell-rechtlichen Vorschriften zu entnehmen ist, ob und in welchem Ausmaß sie sich gegenüber dem planfeststellungspflichtigen Vorhaben Verbindlichkeit zumessen (vgl. BVerwG, U. v. 9.3.1990, BVerwGE 85, 348, 350 = DVBl. 1990, 589; BVerwG, B. v. 26.6.1992, NVwZ 1993, 572, 576). Dabei ist von entscheidender Bedeutung, ob es sich bei dem anzuwendenden materiellen Recht um „strikt" und „zwingend" zu befolgende Vorschriften handelt, die gewissermaßen „vor die Klammer" der im Rahmen der Planfeststellung vorzunehmenden Abwägung gezogen sind, oder ob es sich um ausnahme- oder befreiungsfähige Regelungen handelt, die Bestandteil der Abwägung sind (näher dazu Wahl/Hönig, NVwZ 2006, S. 162, 164, 167 ff. m. w. N.). Im Bauplanungsrecht enthält § 38 Satz 1 1. Halbsatz BauGB allerdings eine materiell-rechtlich wirkende Privilegierung von Planfeststellungsverfahren und sonstigen Verfahren mit den Rechtswirkungen einer Planfeststellung für Vorhaben von überörtlicher Bedeutung mit der Folge, dass die §§ 29 bis 37 BauGB nicht anzuwenden sind (vgl. BVerwG, B. v. 31.10.2000, BRS 63 Nr. 35; Battis/Krautzberger/Löhr, BauGB, 10. Aufl., § 38 RNrn. 5 ff.). Aus der Bestimmung des § 38 Satz 1

2. Halbsatz BauGB („städtebauliche Belange sind zu berücksichtigen") folgt allerdings die Pflicht der Planfeststellungsbehörde, ortsplanerische Belange und Anforderungen, besonders wenn sie in einem Bebauungsplan zum Ausdruck gekommen sind, als wesentlichen öffentlichen Belang in ihre Planungsentscheidung einzustellen und im Rahmen der fachplanerischen Abwägung zu beachten (BVerwG, B. v. 5. 11. 2002, NVwZ 2003, 207 ff., v. 7. 2. 2005, NVwZ 2005, 584, 585 f. und v. 13. 12. 2006, BRS 70 Nr. 112).

16 III. In den Fällen, in denen weder § 61 noch eine andere formelle (verfahrensrechtliche) Konzentrationsregelung (zulasten oder zugunsten der Baugenehmigung) eingreift, ist das **Verhältnis der Baugenehmigung zu anderen für das Vorhaben erforderlichen Genehmigungen** durch Auslegung der einschlägigen gesetzlichen Regelungen unter Berücksichtigung allgemeiner Grundsätze zu bestimmen. Mit der Beschränkung der Aufgabe der BABeh., über die Einhaltung öffentlich-rechtlicher Vorschriften bei der Errichtung, Änderung oder Nutzungsänderung von Anlagen zu wachen, soweit nicht andere Behörden zuständig sind (§ 58 Abs. 1 Satz 1), und der Einschränkung des Prüfprogramms der Baugenehmigung (§ 65) hat der Gesetzgeber sich unter den zur Bestimmung des Verhältnisses mehrerer Genehmigungen zueinander entwickelten Lösungsansätzen (s. dazu näher: Vorauf. § 62 RNrn. 58 f.) der Sache nach für das **„Separationsmodell"** entschieden, dem gemäß die Sachentscheidungskompetenz verschiedener Behörden überschneidungsfrei abgegrenzt und der Regelungsgehalt einer Genehmigung nach der Sachentscheidungskompetenz bestimmt werden soll (grundlegend: Gaentzsch, NJW 1986, 2787, 2792 ff.; s. auch Büllesbach, DÖV 1995, 713 ff.; Pauly/Lützeler, DÖV 1995, 547 ff.; Schmidt-Preuß, DVBl. 1991, 229). Da der Gesetzgeber mit dem Regelungsgehalt der Baugenehmigung die Sachentscheidungskompetenz der BABeh. bei der Erteilung dieser Genehmigung grundsätzlich auf ihren „Kernbereich" des Bauordnungs- und Bauplanungsrechts (vgl. § 65 Satz 1 Nrn. 1 und 2) begrenzt hat und andere öffentlich-rechtliche Anforderungen nur geprüft werden, soweit wegen der Baugenehmigung eine Entscheidung nach anderen öffentlich-rechtlichen Vorschriften entfällt oder ersetzt wird (§ 65 Satz 1 Nr. 3), dürften sich Abgrenzungsfragen zu anderen Genehmigungen (mit Ausnahme allenfalls zur Gaststättenerlaubnis, s. oben RNr. 6) einschließlich des früheren Problems konkurrierender „Auffangzuständigkeiten" (vgl. BVerwG, U. v. 4.7.1986, BVerwGE 74, 315, 324 f.) wohl in der Praxis nicht mehr stellen.

§ 62 Verfahrensfreie Vorhaben, Beseitigung von Anlagen

(1) Verfahrensfrei sind

1. folgende Gebäude:
   a) eingeschossige Gebäude mit einer Brutto-Grundfläche bis zu 10 m^2, außer im Außenbereich, sowie untergeordnete Gebäude wie Kioske, Verkaufswagen und Toiletten auf öffentlichen Verkehrsflächen,
   b) Garagen, überdachte Stellplätze sowie deren Abstellräume mit einer mittleren Wandhöhe bis zu 3 m je Wand und einer Brutto-Grundfläche bis zu 30 m^2, außer im Außenbereich,
   c) Gebäude ohne Feuerungsanlagen mit einer traufseitigen Wandhöhe bis zu 5 m, die einem land- oder forstwirtschaftlichen Betrieb im Sinne des § 35 Abs. 1 und § 201 des Baugesetzbuchs dienen, höchstens 100 m^2 Brutto-Grundfläche haben und nur zur Unterbringung von Sachen oder zum vorübergehenden Schutz von Tieren bestimmt sind,

§ 62

  d) Gewächshäuser mit einer Firsthöhe bis zu 5 m, die einem landwirtschaftlichen Betrieb im Sinne des § 35 Abs. 1 und § 201 des Baugesetzbuchs dienen und höchstens 100 m² Brutto-Grundfläche haben,
  e) Fahrgastunterstände, die dem öffentlichen Personenverkehr oder der Schülerbeförderung dienen,
  f) Schutzhütten für Wanderinnen und Wanderer, die jedem zugänglich sind und keine Aufenthaltsräume haben,
  g) Terrassenüberdachungen mit einer Fläche bis zu 30 m² und einer Tiefe bis zu 3 m,
  h) Gartenlauben in Kleingartenanlagen im Sinne des § 1 Abs. 1 des Bundeskleingartengesetzes,
  i) Wochenendhäuser auf Wochenendplätzen;

2. Anlagen der technischen Gebäudeausrüstung:
  a) Abgasanlagen in und an Gebäuden sowie freistehende Abgasanlagen mit einer Höhe bis zu 10 m,
  b) Solaranlagen in und an Dach- und Außenwandflächen sowie gebäudeunabhängig mit einer Höhe bis zu 3 m und einer Gesamtlänge bis zu 9 m,
  c) sonstige Anlagen der technischen Gebäudeausrüstung;

3. folgende Anlagen der Ver- und Entsorgung:
  a) Brunnen,
  b) Anlagen, die der Telekommunikation, der öffentlichen Versorgung mit Elektrizität, Gas, Öl und Wärme dienen, mit einer Höhe bis zu 5 m und einer Brutto-Grundfläche bis zu 10 m²;

4. folgende Masten, Antennen und ähnliche Anlagen:
  a) unbeschadet der Nummer 3 Buchstabe b Antennen einschließlich der Masten mit einer Höhe bis zu 10 m und Parabolantennen mit einem Durchmesser bis zu 1,20 m und zugehöriger Versorgungseinheiten mit einem Brutto-Rauminhalt bis zu 10 m³ sowie, soweit sie in, auf oder an einer bestehenden baulichen Anlage errichtet werden, die damit verbundene Änderung der Nutzung oder der äußeren Gestalt der Anlage,
  b) Masten und Unterstützungen für Fernsprechleitungen, für Leitungen zur Versorgung mit Elektrizität, für Seilbahnen und für Leitungen sonstiger Verkehrsmittel, für Sirenen und für Fahnen,
  c) Masten, die aus Gründen des Brauchtums errichtet werden,
  d) Signalhochbauten für die Landesvermessung,
  e) Flutlichtmasten mit einer Höhe bis zu 10 m;

5. folgende Behälter:
  a) ortsfeste Behälter mit einem Brutto-Rauminhalt bis zu 50 m³ und einer Höhe bis zu 3 m,
  b) Gärfutterbehälter mit einer Höhe bis zu 6 m und Schnitzelgruben,
  c) Fahrsilos, Kompost- und ähnliche Anlagen,
  d) Wasserbecken mit einem Beckeninhalt bis zu 100 m³;

§ 62

6. folgende Mauern und Einfriedungen:
   a) Mauern einschließlich Stützmauern und Einfriedungen mit einer Höhe bis zu 2 m, außer im Außenbereich,
   b) offene, sockellose Einfriedungen für Grundstücke, die einem land- oder forstwirtschaftlichen Betrieb im Sinne des § 35 Abs. 1 und § 201 des Baugesetzbuchs dienen;

7. private Verkehrsanlagen einschließlich Brücken und Durchlässen mit einer lichten Weite bis zu 5 m und Untertunnelungen mit einem Durchmesser bis zu 3 m;

8. Aufschüttungen und Abgrabungen mit einer Höhe oder Tiefe bis zu 2 m und einer Grundfläche bis zu 30 m², im Außenbereich bis zu 300 m²;

9. folgende Anlagen in Gärten und zur Freizeitgestaltung:
   a) Schwimmbecken mit einem Beckeninhalt bis zu 100 m³ einschließlich dazugehöriger luftgetragener Überdachungen, außer im Außenbereich,
   b) Sprungschanzen, Sprungtürme und Rutschbahnen mit einer Höhe bis zu 10 m,
   c) Anlagen, die der zweckentsprechenden Einrichtung von Spiel-, Abenteuerspiel-, Bolz- und Sportplätzen, Reit- und Wanderwegen, Trimm- und Lehrpfaden dienen, ausgenommen Gebäude und Tribünen,
   d) Wohnwagen, Zelte und bauliche Anlagen, die keine Gebäude sind, auf Camping-, Zelt- und Wochenendplätzen,
   e) Anlagen, die der Gartennutzung, der Gartengestaltung oder der zweckentsprechenden Einrichtung von Gärten dienen, ausgenommen Gebäude und Einfriedungen;

10. folgende tragende und nichttragende Bauteile:
    a) nichttragende und nichtaussteifende Bauteile in baulichen Anlagen,
    b) die Änderung tragender oder aussteifender Bauteile innerhalb von Wohngebäuden der Gebäudeklassen 1 und 2,
    c) Fenster und Türen sowie die dafür bestimmten Öffnungen,
    d) nachträgliches Anbringen von Außenwandbekleidungen bei Gebäuden der Gebäudeklassen 1 und 2, nachträgliche Dämmung von Dächern, Verblendungen und Verputz baulicher Anlagen;

11. folgende Werbeanlagen:
    a) Werbeanlagen an Baugerüsten und Bauzäunen,
    b) Werbeanlagen mit einer Ansichtsfläche bis zu 1 m², an der Stätte der Leistung bis zu 2,50 m²,
    c) Werbeanlagen, die nach ihrem erkennbaren Zweck nur vorübergehend für höchstens drei Monate angebracht werden, außer im Außenbereich,
    d) Werbeanlagen in durch Bebauungsplan festgesetzten Gewerbe-, Industrie- und vergleichbaren Sondergebieten an der Stätte der Leistung mit einer Höhe bis zu 10 m,
    e) Werbeanlagen auf öffentlichem Straßenland,
    f) Warenautomaten;

12. folgende vorübergehend aufgestellte oder benutzbare Anlagen:
   a) Baustelleneinrichtungen einschließlich der Lagerhallen, Schutzhallen, nicht dem Wohnen dienende Unterkünfte und Baustellenbüros,
   b) Gerüste der Regelausführung,
   c) Toilettenwagen,
   d) Behelfsbauten, die der Landesverteidigung, dem Katastrophenschutz oder der Unfallhilfe dienen,
   e) bauliche Anlagen, die für höchstens drei Monate auf genehmigtem Messe- und Ausstellungsgelände errichtet werden, ausgenommen Fliegende Bauten,
   f) Verkaufsstände und andere bauliche Anlagen auf Straßenfesten, Volksfesten und Märkten, ausgenommen Fliegende Bauten;

13. folgende Plätze:
   a) unbefestigte Lager- und Abstellplätze, die einem land- oder forstwirtschaftlichen Betrieb im Sinne des § 35 Abs. 1 und § 201 des Baugesetzbuchs dienen,
   b) nicht überdachte Stellplätze mit einer Fläche von bis zu 30 m^2 und deren Zufahrten,
   c) Kinderspielplätze im Sinne des § 8 Abs. 2 Satz 1;

14. folgende sonstige Anlagen:
   a) Fahrradabstellanlagen mit einer Fläche bis zu 30 m^2,
   b) Zapfsäulen und Tankautomaten genehmigter Tankstellen,
   c) Regale mit einer Höhe bis zu 7,5 m Oberkante Lagergut,
   d) Grabdenkmale auf Friedhöfen, Feldkreuze, Denkmäler und sonstige Kunstwerke jeweils mit einer Höhe bis zu 4 m,
   e) sonstige unbedeutende Anlagen oder unbedeutende Teile von Anlagen wie Hauseingangsüberdachungen, Markisen, Rollläden, Terrassen, Straßenfahrzeugwaagen, Pergolen, Jägerstände, Wildfütterungen, Bienenfreistände, Taubenhäuser, Hofeinfahrten und Teppichstangen.

(2) Verfahrensfrei ist die Änderung der Nutzung von Anlagen, wenn
1. für die neue Nutzung keine anderen öffentlich-rechtlichen Anforderungen als für die bisherige Nutzung in Betracht kommen oder
2. die Errichtung oder Änderung der Anlagen nach Absatz 1 verfahrensfrei wäre.

(3) [1]Verfahrensfrei ist die Beseitigung von
1. Anlagen nach Absatz 1,
2. freistehenden Gebäuden der Gebäudeklassen 1 und 3,
3. sonstigen Anlagen, die keine Gebäude sind, mit einer Höhe bis zu 10 m.
[2]Im Übrigen ist die beabsichtigte Beseitigung von Anlagen mindestens einen Monat zuvor der Bauaufsichtsbehörde anzuzeigen. [3]Für die Prüfung der Standsicherheit des Gebäudes oder der Gebäude, an die das zu beseitigende Gebäude angebaut ist, gilt § 67 Abs. 2 Satz 1 entsprechend; Halbsatz 1 gilt auch, wenn die Beseitigung eines Gebäudes sich auf andere Weise auf die Standsicherheit

anderer Gebäude auswirken kann. ⁴Satz 3 gilt nicht, soweit an verfahrensfreie Gebäude angebaut ist. ⁵§ 71 Abs. 6 und 7 Nr. 2 gilt entsprechend.

(4) Verfahrensfrei sind Instandhaltungsarbeiten.

(5) ¹Verfahrensfreie Bauvorhaben und die Beseitigung von Anlagen müssen den öffentlich-rechtlichen Vorschriften entsprechen. ²Die Bauaufsichtsbehörde kann jederzeit bauaufsichtliche Maßnahmen ergreifen.

Erläuterungen:

1 I. 1. Die Regelung bestimmt, welche Bauvorhaben nach der BauOBln „verfahrensfrei" sind, also vor Baubeginn weder ein Baugenehmigungs- oder Zustimmungsverfahren nach den §§ 64, 65, 71, 75 oder 76 noch gemäß § 63 ein Genehmigungsfreistellungs- oder nach Abs. 3 Satz 2 ein Anzeigeverfahren durchlaufen müssen; die Vorschrift enthält mit dem Anzeigeverfahren ferner neue Verfahrensregelungen für den Abbruch baulicher Anlagen (Abs. 3 Sätze 2 bis 4), der – in Abweichung von der früheren Rechtslage – generell nicht mehr baugenehmigungsbedürftig ist (s. § 60 Abs. 1). Der Terminus **„verfahrensfreie Vorhaben"** ist an die Stelle des früher (s. § 56 BauO Bln 1997) benutzten Begriffs **„genehmigungsfreie Vorhaben"** getreten; damit sollte eine sprachlich deutlichere Unterscheidung der unter § 62 fallenden Bauvorhaben von den der Genehmigungsfreistellung nach § 63 unterliegenden und damit ebenfalls genehmigungsfreien Bauvorhaben erreicht werden (AH-Drucks. 15/3926, S. 106). Zur Einordnung der verfahrensfreien Vorhaben in die verschiedenen Vorhabenkategorien der BauOBln s. § 60 RNr. 3. § 62 gewährt **Verfahrensfreiheit** nur von den vorgenannten **Verfahren nach der BauOBln** und lässt Regelungen auf anderen Rechtsgebieten unberührt (s. § 60 RNr. 15); für Vorhaben, die nach anderen Rechtsvorschriften (z. B. des Bauplanungsrechts, des Denkmalschutzrechts oder des Naturschutzrechts) einer Erlaubnis, Genehmigung, Zulassung etc. bedürfen, müssen die am Bau Beteiligten diese also in eigener Verantwortung einholen.

2 Im Einklang mit der MBO 2002 hat der Gesetzgeber den Umfang der verfahrensfreien Vorhaben erneut deutlich ausgeweitet. Dabei war er sich der **bauplanungsrechtlichen Problematik der bauordnungsrechtlichen Verfahrensfreiheit** (s. hierzu § 60 RNr. 4) bewusst; dem gemäß ging er davon aus, dass als verfahrensfrei im Sinne des § 62 nur Anlagen behandelt werden können, die gemäß der höchstrichterlichen Rechsprechung zu § 29 Abs. 1 BauGB nicht planungsrechtlich relevant sind (AH-Drucks. 15/3926, S. 106).

3 2. Der umfangreichen Regelung liegt folgende **Systematik** zugrunde: Abs. 1 umfasst alle die Anlage betreffenden Vorgänge, die nicht nachfolgend in den Absätzen 2 (Nutzungsänderung), 3 (Beseitigung) und 4 (Instandhaltung) geregelt sind, mithin die Errichtung und Änderung von Anlagen (AH-Drucks 15/3926, S. 106).

4 3. Die Verfahrensfreiheit betrifft – wie in der Überschrift des § 62 zum Ausdruck kommt – das jeweilige **Vorhaben**. Die Vorschrift regelt nur die Verfahrensfreiheit bestimmter selbständiger Bauvorhaben; der Grundsatz, dass ein als Ganzes genehmigungspflichtiges Vorhaben nicht als in genehmigungsbedürftige und genehmigungsfreie Bestandteile aufgespalten betrachtet werden darf, bleibt unberührt (AH-Drucks.

15/3926, S. 106). Auch – isoliert betrachtet – verfahrensfreie Anlagen können baugenehmigungspflichtig sein, wenn sie nach der Konzeption des Bauherrn und nach ihrer Funktion in einem engen baulichen und zeitlichen bzw. einem untrennbaren funktionalen und wirtschaftlichen Zusammenhang mit einem genehmigungspflichtigen Gesamtvorhaben stehen (Einzelheiten und Rechtsprechungsnachweise zum bauordnungsrechtlichen Vorhabenbegriff s. § 60 RNr. 5).

II. Der **Katalog des Abs. 1**, der die verfahrensfreie **Errichtung** und **Änderung** (nach Nr. 4 Buchstabe a auch damit verbundene Nutzungsänderungen) von Anlagen betrifft, wurde – unter Anpassung der Gliederung an die Systematik der MBO 2002 – gegenüber der früheren Rechtslage erheblich ausgeweitet. Die Einleitungen der einzelnen Nummern weisen jeweils allgemein auf deren Regelungsgegenstände hin, während die exakten Voraussetzungen der Verfahrensfreiheit erst den durch Buchstaben gegliederten Tatbestandsmerkmalen zu entnehmen sind. 5

1. Nr. 1 nennt die genehmigungsfreien **Gebäude** (zu diesem Begriff s. Erläuterungen des § 2 Abs. 2). Obwohl für die im Buchstaben a) genannten Gebäude nicht mehr ausdrücklich verlangt wird, dass diese keine Aufenthaltsräume aufweisen dürfen (vgl. § 62 Abs. 1 Nr. 1a) BauO Bln 1997, Vorauf. § 62 RNr. 5), dürfte den von Nr. 1 erfassten Gebäuden – unter Berücksichtigung der im Buchstaben a) enthaltenen Größenbegrenzung – nach wie vor gemeinsam sein, dass sie **nicht zum dauernden Aufenthalt bestimmt** sind (vgl. OVG Bln, B. v. 13.3.1998, LKV 1998, 365 f. zur alten Rechtslage), zumal diesem Gesichtspunkt für die Beurteilung, ob eine „Bebauung" im Sinne von § 34 Abs. 1 Satz 1 BauGB vorliegt, planungsrechtliche Relevanz zukommt (s. BVerwG, B. v. 11.7.2002, BRS 65 Nr. 80 m. w. N.; von Feldmann/Knuth, Berliner Planungsrecht, RNr. 275). 6

a) Gemäß **Buchstabe a)** sind zum einen **sehr kleine Gebäude** verfahrensfrei; mit der Bezugnahme auf die Brutto-Grundfläche (s. § 2 Abs. 3 Satz 4) zur Begrenzung ihrer Größe ist klargestellt, dass es auf die Fläche einschließlich der Umfassungswände ankommt. Da der Gebäudebegriff des § 2 Abs. 2 keinen allseitigen Abschluss durch Bauteile voraussetzt, ist auch ein überdachter Freisitz bei der Größenberechnung zu berücksichtigen (vgl. BayVGH, U. v. 14.4.1976, BRS 30 Nr. 118). Ausgeschlossen sind Gebäude im Außenbereich (§ 35 BauGB), da dort auch kleinere, nicht nach § 35 Abs. 1 BauGB privilegierte Baulichkeiten – z. B. Hütten – planungsrechtliche Relevanz besitzen können (s. § 60 RNr. 4 sowie bereits Knuth, NuR 1984, 289, 290). 7

Zum anderen erfasst der Buchstabe a) **untergeordnete Gebäude auf öffentlichen Verkehrsflächen**. Für diese dürfte regelmäßig eine Sondernutzungserlaubnis nach § 11 Abs. 1 BerlStrG (zur Zuständigkeitskonzentration s. § 13 BerlStrG) erforderlich sein, deren Erteilung u. a. voraussetzt, dass überwiegende öffentliche Interessen, denen durch Nebenbestimmungen nicht entsprochen werden kann, der Sondernutzung nicht entgegenstehen (§ 11 Abs. 2 BerlStrG). Gebäude auf festgesetzten öffentlichen Verkehrsflächen sind bauplanungsrechtlich nur zulässig, wenn sie der zweckentsprechenden Herrichtung dieser Flächen dienen oder mit dieser Festsetzungsart entsprechend ihrer Zweckbestimmung vereinbar sind (OVG Bln, U. v. 18.9.1992, OVGE 20, 149, 150 betr. öffentliche Toilette); da dies etwa auf die in der beispielhaften Aufzählung enthaltenen Verkaufswagen nicht zutrifft (OVG Bln, U. v. 18.1.1985, BauR 1986, 307 betr. Imbissstand), kann im Einzelfall neben einer bauordnungsrechtlichen Abweichung (§ 68 Abs. 1) von Abstandsflächenregelungen (§ 6) auch eine isolierte Befreiung gemäß § 31 Abs. 2 BauGB erforderlich oder ein bauaufsichtliches Einschreiten nach §§ 78, 79 wegen Verstoßes gegen Festsetzungen eines Bebauungsplans oder bauordnungsrechtliche Bestimmungen zu prüfen sein. 8

9 b) In der für die Praxis besonders bedeutsamen Regelung der **Nr. 1 Buchstabe b)** werden neuerdings (Einzel-)**Garagen** und **überdachte Stellplätze** (Carports) – aus den zu a) genannten Gründen wiederum ohne im Außenbereich belegene Anlagen – mit bestimmten Abmessungen, an die auch die gleichfalls neue Freistellung von **Terrassenüberdachungen (Buchstabe g)** anknüpft, verfahrensfrei gestellt; der Gesetzgeber hielt dies für „verkehrsübliche" Garagen und Carports mit Blick auf § 12 BauNVO für planungsrechtlich unbedenklich (AH-Drucks. 15/3926, S. 107). Den am Bau Beteiligten wird damit die eigenverantwortliche Beachtung der nachbarrelevanten und -konfliktträchtigen Abstandsflächenregelungen in § 6 Abs. 7 Satz 1 Nr. 1 und Satz 2 auferlegt.

10 c) Gemäß den im Zusammenhang stehenden **Buchstaben c) und d)** sind bestimmte Arten von Gebäuden der **Land- und Forstwirtschaft**, die die angegebenen Größen nicht überschreiten, verfahrensfrei. Mit der Wendung, dass die freigestellten Gebäude einem land- oder forstwirtschaftlichen Betrieb im Sinne des § 35 Abs. 1 und § 201 BauGB dienen müssen, knüpft die Regelung an die für eine bauplanungsrechtliche Privilegierung nach § 35 Abs. 1 BauGB erforderlichen Voraussetzungen an, ist räumlich aber nicht auf den Außenbereich beschränkt, sondern erfasst auch derart qualifizierte Vorhaben im Geltungsbereich eines Bebauungsplans und im unbeplanten Innenbereich. Auch Gebäude von Betrieben der gartenbaulichen Erzeugung, die in § 35 Abs. 1 Nr. 2 BauGB eine eigenständige, ihre Vorhaben gegenüber der (übrigen) Landwirtschaft (§ 35 Abs. 1 Nr. 1 BauGB) begünstigende Erwähnung finden, fallen unter die Regelung, da sie vom Begriff der Landwirtschaft im Sinne des § 201 BauGB erfasst werden und sie auch in § 35 Abs. 1 BauGB Erwähnung finden; Gewächshäuser sind nicht verfahrensfrei, wenn sie keine eigenständigen Vorhaben bilden, sondern unselbständige Teile eines erst geplanten neuen Gartenbaubetriebs sein sollen (OVG Bln, B. v. 23.8.1988, OVGE 18, 119, 121 = BRS 48 Nr. 125). Durch die Anknüpfung der Verfahrensfreiheit an die Privilegierungsvoraussetzungen des Betriebs und des „Dienens" wird die formelle Frage der Durchführung eines bauaufsichtlichen Verfahrens in nicht unproblematischer Weise mit im Einzelfall oft schwierigen materiell-rechtlichen Wertungen und Zweifelsfragen (etwa der Abgrenzung eines Nebenerwerbsbetriebs von bloßer „Liebhaberei" oder einem Hobby) befrachtet (vgl. Battis/Krautzberger/Löhr, BauGB, 10. Aufl., § 35 RNrn. 13 ff. und 19 f. m. w. N.).

11 d) In **Nr. 1 Buchstabe h)** wird die in § 3 der Laubenverordnung vom 18. Juni 1987 enthaltene gewesene Freistellung (vgl. Voraufl. § 56 RNr. 8) der Errichtung und Änderung von **Lauben** im Sinne des Bundeskleingartengesetzes aus Gründen der Übersichtlichkeit in die BauOBln übernommen.

12 e) **Nr. 1 Buchstabe i)** enthält eine Verfahrensfreistellung für **Wochenendhäuser** auf Wochenendplätzen, die keine Begrenzung auf in Bebauungsplänen festgesetzte Wochenendhausgebiete (vgl. § 10 Abs. 3 BauNVO) mehr kennt; Voraussetzung ist nunmehr lediglich dass das Wochenendhaus sich auf einem Wochenendplatz befindet (vgl. AH-Drucks. 15/3926, S. 107). Die Wochenendplätze als solche sind bauliche Anlagen (§ 2 Abs. 1 Nr. 4) und Sonderbauten (§ 2 Abs. 4 Nr. 13), die der Baugenehmigungspflicht unterliegen (vgl. auch BayVGH, B. v. 14.11.1994, BRS 56 Nr. 136).

13 2. **Abs. 1 Nr. 2 c)** stellt – vorbehaltlich der Nrn. 2 a) und b) grundsätzlich alle **Anlagen der technischen Gebäudeausrüstung** (§§ 39 bis 47) verfahrensfrei; dies gilt allerdings nicht für die (Erst-)Errichtung von Gebäuden, da sie dann als unselbständige Teile eines (Gesamt-)Vorhabens mit der Folge der Genehmigungspflicht unterliegen, dass die für sie geltenden Anforderungen – soweit diese zum „Prüfprogramm" des einschlägigen Baugenehmigungsverfahrens gehören (s. §§ 64, 65) – bauaufsichtlich geprüft werden.

Mithin erfasst die Regelung im Wesentlichen die Änderung derartiger Anlagen; dies hielt der Gesetzgeber mit Blick auf die bei Änderungen, die in den konzeptionellen Gebäudebestand eingreifen, notwendigen Abweichungen (§ 68 Abs. 2 Satz 2), und die als hinreichend erachteten regelmäßigen Überprüfungen sicherheitsrelevanter Anlagen für vertretbar (AH-Drucks. 15/3926, S. 108). – Die Größenbegrenzung für verfahrensfreie freistehende Abgasanlagen (Nr. 2 a) wurde wegen statisch-konstruktiver Schwierigkeiten, für gebäudeunabhängige Solaranlagen (Nr. 2 b) mit Blick auf abstandsflächenrechtliche und gestalterische Probleme vorgesehen (AH-Drucks. 15/3926, S. 108).

3. In **Abs. 1 Nr. 3** werden bestimmte **Anlagen der Ver- und Entsorgung** genannt. Während Brunnen (Nr. 3 Buchstabe a) ohne jede Begrenzung verfahrensfrei sind, gelten für die in Nr. 3 b) genannten Anlagen Größenbegrenzungen, wobei für Antennenanlagen, die der **Telekommunikation** dienen, die weiterreichende Freistellung in Nr. 4 Buchstabe a) gilt.

4. Die Verfahrensfreiheit von **Masten, Antennen und ähnlichen Anlagen** wird unter bestimmten Voraussetzungen in **Abs. 1 Nr. 4** gewährt. Dabei erfasst Buchstabe a) neben Antennen auch die zugehörigen Versorgungseinheiten, soweit sie einen Brutto-Rauminhalt von 10 m^3 nicht überschreiten, sowie – für den Fall, dass sie in, auf oder an bestehenden baulichen Anlagen errichtet werden, – auch die Änderung der Nutzung oder der äußeren Gestalt der bestehenden Anlage. Die Neuregelung hat insbesondere auch Bedeutung für **Mobilfunk-Sendeanlagen** (zur früheren Rechtslage vgl. Voraufl., § 56 RNr. 12) und ist eine Reaktion des Gesetzgebers auf obergerichtliche Rechtsprechung in anderen Bundesländern, in der die Aufstellung von Mobilfunk-Anlagen und Technik-Kabinen in, an oder auf bestehenden Gebäuden als genehmigungspflichtige Nutzungsänderung (zusätzliche gewerbliche Nutzung) des bestehenden Gebäudes angesehen wurde (VGH BW, B. v. 8. 2. 2002, VBlBW 2002, 260; HessVGH, B. v. 19. 12. 2000, BRS 63 Nr. 174; NdsOVG, B. v. 31. 1. 2002, BauR 2002, 772; OVG NW, B. v. 2. 7. 2002, DVBl. 2002, 547, 548, dazu krit.: Reimer, DVBl. 2002, 549); die Regelung ist unter bauplanungsrechtlichen Gesichtspunkten nicht unbedenklich, da es sich bei Mobilfunk-Sendeanlagen häufig um bauliche Anlagen im bauplanungsrechtlichen Sinne handelt, die auch nicht (stets) als untergeordnete Nebenanlagen im Sinne von § 14 Abs. 1 BauNVO – eher wohl als nur ausnahmsweise zulässige fernmeldetechnischen Nebenanlagen nach § 14 Abs. 2 BauNVO – zu qualifizieren sein dürften (zur planungsrechtlichen Problematik s. BayVGH, U. v. 1.7.2005, BRS 69 Nr. 85; HessVGH, U. v. 6. 12. 2004, BRS 67 Nr. 65 und U. v. 28. 9. 2006, BRS 70 Nr. 79; OVG NRW, B. v. 25. 2. 2003, ZfBR 2003, 377 und v. 6. 5. 2005, BRS 69 Nrn. 83 und 84; NdsOVG, B. v. 6. 12. 2004, BRS 67 Nr. 64; Schuster, VBlBW 2003, 177 ff.; Battis/Krautzberger/Löhr, BauGB, 10. Aufl., § 29 RNr. 14), erforderlichenfalls müssen Ausnahmen oder Befreiungen (§ 31 BauGB) eingeholt werden (§ 68 Abs. 2 Satz 2). Die Fragen elektromagnetischer Strahlung werden bei der Erteilung einer Standortbescheinigung sowie im Anzeigeverfahren nach § 7 Abs. 1 der 26. BImSchV abgearbeitet. Bei der in der Regelung angegebenen Höhe bis zu 10 m zählt die Höhe des Gebäudes, auf dem die Antenne errichtet wird, nicht mit (VGH BW, U. v. 27. 6. 1990, BRS 50 Nr. 189).

Neu ist auch die Freistellung von **Flutlichtmasten** mit einer Höhe bis zu 10 m (**Nr. 4 Buchstabe e**); da Sportplätze als bauliche Anlagen (§ 2 Abs. 1 Satz 3 Nr. 3) zumindest dem vereinfachten Baugenehmigungsverfahren (§ 64) unterliegen und teilweise als Sonderbauten nach § 2 Abs. 4 Nr. 7 Buchstabe b zu qualifizieren und dementsprechend im „regulären" Baugenehmigungsverfahren zu prüfen sind (vgl. § 65), betrifft die Verfahrensfreiheit vor allem Änderung die Änderung von Flutlichtanlagen und die nachträgliche Ausstattung mit derartigen Anlagen.

17 5. Die Regelung der **Nr. 5** über die Verfahrensfreiheit von **Behältern und Wasserbecken** wurde – unter Ausklammerung der sich aus dem Geräte- und Produktsicherheitsrecht ergebenden Aspekte – auf bauordnungsrechtliche relevante Fallgruppen beschränkt.

18 6. In **Nr. 6** werden bestimmte **Mauern und Einfriedungen** verfahrensfrei gestellt.
a) Buchstabe a) umfasst alle nicht im Außenbereich gelegenen Mauern einschließlich Stützmauern und Einfriedungen mit einer Höhe bis zu 2m. **Stützmauern** sind bauliche Anlagen, die die Standsicherheit einer anderen Anlage oder bei Hanggrundstücken auch die des höher liegenden Geländes gewährleisten sollen; zweifelhaft ist, ob Stützmauern zur künstlichen Veränderung der Geländeoberfläche genehmigungsfrei bleiben (vgl. OVG NW, U. v. 27. 11. 1989, BRS 50 Nr. 185). Soll eine Mauer als Teil eines ein Wohnhaus umfassenden Vorhabens errichtet werden, so ist das Vorhaben insgesamt nicht verfahrensfrei (OVG RP, U. v. 13. 4. 2005, BRS 69 Nr. 151). Unter den in den BauOBln nicht definierten Begriff der Einfriedung fallen Anlagen, die dazu bestimmt sind, ein Grundstück vollständig oder teilweise zu umschließen und nach außen abzuschirmen, um unbefugtes Betreten oder Verlassen oder (sonstige) störende Einwirkungen (u. a. Lärm, Wind, Straßenschmutz) abzuwehren (HessVGH, B. v. 17. 5. 1990, BRS 50 Nr. 121 m. w. N.; BayVGH, U. v. 11. 10. 2006; BRS 70 Nr. 137; OVG RP, B. v. 5. 7. 2006, BRS 70 Nr. 179). Die Höhenbegrenzung auf 2 m knüpft an die Regelung in § 6 Abs. 7 Satz 1 Nr. 3 an, der zufolge Stützmauern und geschlossene Einfriedungen jedenfalls mit einer Höhe bis zu 2 m in den Abstandsflächen eines Gebäudes sowie ohne eigene Abstandsfläche zulässig sind, auch wenn sie nicht an die Grundstücksgrenze oder an ein Gebäude angebaut werden.

19 b) Nach **Nr. 6 Buchstabe b)** sind **offene, sockellose Einfriedungen** für Grundstücke ohne diese Höhenbegrenzung und auch im Außenbereich verfahrensfrei, wenn sie einem **land- oder forstwirtschaftlichen Betrieb** dienen (s. hierzu oben RNr. 10). Damit knüpft die Regelung an die Privilegierungstatbestände des § 35 Abs. 1 Nrn. 1 und 2 BauGB an, wobei zu beachten ist, dass die Einfriedung land- und forstwirtschaftlicher Grundstücke im Außenbereich nach dieser Regelung nur zulässig ist, wenn ein vernünftiger Land- oder Forstwirt bei Berücksichtigung des Gebots größtmöglicher Schonung des Außenbereichs eine Einzäunung der beabsichtigten Art und Größe vornehmen würde (siehe Knuth, NuR 1984, 295 f. sowie allgemein: Battis/Krautzberger/Löhr, BauGB, 10. Aufl., § 35 RNr. 19). Sockellose Einfriedungen sind solche, deren Pfosten ohne zusätzliche Halterung im Erdboden verankert sind (BayOBLG, B. v. 13. 7. 1989, BayVBl. 1989, 370).

20 7. Gemäß **Nr. 7** genießen **private Verkehrsanlagen** (zu Anlagen des öffentlichen Verkehrs s. § 1 Abs. 2 Nr. 1) Verfahrensfreiheit nach der BauOBln; hierunter fallen Privatstraßen, Zufahrten, Hofflächen und innere Erschließungswege größerer Betriebsgrundstücke.

21 8. Nr. 8 dürfte – obwohl eine entsprechende ausdrückliche Einschränkung entfallen ist – unter Berücksichtigung der Ausführungen zum Vorhabenbegriff (s. oben RNr. 4 sowie § 60 RNr. 5) nur selbständige **Aufschüttungen und Abgrabungen** mit eigener Funktion oder als nachträgliche Änderung vorhandener Anlagen erfassen, nicht solche, die Teil eines einheitlichen Vorhabens – etwa eines Sportplatzes (§ 2 Abs. 1 Satz 3 Nr. 3) – sind; mithin findet die Regelung keine Anwendung auf Baugruben für neu zu errichtende Gebäude (VGH BW, B. v. 7. 8. 1986, BRS 46 Nr. 137), Aufschüttungen für ein Wohnhaus (OVG RP, U. v. 13. 4. 2005, BRS 69 Nr. 151), den Damm einer – aber möglicherweise nach Nr. 7 insgesamt verfahrensfreien – privaten Erschließungsanlage (vgl. HessVGH, B.

v. 24.7.1984, BRS 42 Nr. 207) oder einen Erdwall, der eine Lärmschutzwand trägt (OVG Lbg., U. v. 29.9.1988, BRS 48 Nr. 164). Mit Blick auf die planungsrechtliche Relevanz wurde die Höhe bzw. Tiefe auf jeweils 2 m (gegenüber 3 m gemäß § 56 Abs. 1 Nr. 11 Buchstabe a BauOBln 1997) und die Grundfläche außerhalb des Außenbereichs entsprechend Nr. 1 Buchstabe b auf 30 m² begrenzt (AH-Drucks. 15/3926, S. 109 f.). Die Verfahrensfreiheit setzt voraus, dass weder die in Nr. 8 genannte Höhe bzw. Tiefe noch die Flächenbegrenzung überschritten sind, auch eine Bodenerhöhung von 10 cm ist trotz ihrer geringen Höhe eine Aufschüttung, die nur bei Einhaltung der Flächenbegrenzung verfahrensfrei bleibt (vgl. OVG RP, U. v. 12.12.2001, BRS 64 Nr. 154).

9. Die Regelung über die verfahrensfreien Anlagen in **Gärten** und zur **Freizeitgestaltung** (**Abs. 1 Nr. 9**) ist in Anlehnung an die MBO 2002 neu gegliedert worden. Die in diesem Zusammenhang erweiterte Verfahrensfreiheit von baulichen Anlagen auf Camping-, Zelt- und Wochenendplätzen (Nr. 9 **Buchstabe d**) wurde bewusst nicht an eine entsprechende planungsrechtliche Gebietsausweisung gebunden (s. AH-Drucks. 15/3926, S. 110). Sie betrifft aber nur einzelne bauliche Anlagen, bei denen eine Bedürfnis nach präventiver bauaufsichtlicher Prüfung deshalb nicht besteht, weil sie Teil umfassender baulicher Anlagen sind (s. zu Campings-, Zelt- und Wochenendplätzen § 2 Abs. 1 Satz 3 Nr. 4, Abs. 4 Nr. 13 sowie oben RNr. 12), die ihrerseits der Baugenehmigungspflicht unterliegen (vgl. OVG Bln, B. v. 13.3.1998, LKV 1998, 355 f.); aus diesem Regelungszusammenhang folgt auch ohne entsprechende ausdrückliche Klarstellung im Gesetz, dass die Verfahrensfreiheit Anlagen auf ungenehmigten („wilden") Campingplätzen (zu diesen vgl. VGH BW, U. v. 8.10.1993, NuR 1994, 194; OVG NW, U. v. 9.12.1994, NVwZ-RR 1995, 635) ebenso wenig erfasst wie die Wohnwagen einer „Wagenburg" (OVG Bln, B. v. 13.3.1998, a. a. O., und B. v. 22.1.2003 – 2 S 45.02 –). Im Übrigen sind in Nr. 9 Buchstabe d) Gebäude von der Verfahrensfreiheit ausdrücklich ausgenommen, zu denen ein auf einem Campingplatz für längere Zeit abgestellter, überwiegend ortsfest genutzter Wohnwagen gehören kann (s. OVG Bln, B. v. 13.3.1998, a.a.O, sowie die Erläuterungen zu § 2 Abs. 2).

10. Die Verfahrensfreiheit der Errichtung bzw. Änderung bestimmter **tragender und nichttragender Bauteile (Nr. 10)** ermöglicht gewisse, über bloße Instandhaltungsmaßnahmen (Abs. 4) hinausgehende Veränderungen bestehender Gebäude ohne bauaufsichtliches Verfahren. Nr. 10 Buchstabe a) erfasst alle statisch-konstruktiv nicht relevanten Bauteile. Buchstabe b) stellt die Änderung tragender oder aussteifender Bauteile innerhalb von Wohngebäuden der Gebäudeklassen 1 und 2 (zu diesen s. § 2 Abs. 3 Satz 1 Nrn. 1 und 2) verfahrensfrei und erweitert damit die früher nur auf „geringfügige und die Standsicherheit nicht berührende" Änderungen beschränkte Regelung (§ 56 Abs. 1 Nr. 10 a BauOBln 1997). Nicht verfahrensfrei bleibt aber die Neuerrichtung von tragenden bzw. aussteifenden Bauteilen innerhalb von Gebäuden ebenso wie die Änderung (mit Ausnahme von Nr. 10 Buchstabe d) oder Neuerrichtung von Außenwänden, so dass Baumaßnahmen, die einer Neuerrichtung eines Gebäudes gleichkommen und den Bestandsschutz beseitigen (s. unten RNr. 38), auch bei einer Kombination der verschiedenen Tatbestände der Nr. 10 nach wie vor nicht verfahrensfrei sind. Bei der Verfahrensfreiheit von Fenstern und Türen sowie dafür bestimmten Öffnungen (Nr. 10 c) ist die Beschränkung auf bestehende Wohngebäude (§ 56 Abs. 1 Nr. 10. c) entfallen; das Auswechseln historischer durch „moderne" Hauseingangstüren ist demnach – unbeschadet einer denkmalschutzrechtlichen Genehmigungsbedürftigkeit – für alle Gebäudearten bauordnungsrechtlich verfahrensfrei (vgl. zur früheren Rechtslage: OVG Bln, U. v. 20.11.1992, BRS 54 Nr. 117). Wieder in den Freistellungskatalog aufgenommen wurde – allerdings auf Wohngebäude der Gebäudeklassen 1 und 2 beschränkt – das nachträgliche Anbringen von „Außenwandbekleidungen" (Wärmedämmverbund-

§ 62 RNr. 24–26

systemen) bei Gebäuden (Buchstabe d), nachdem die frühere Genehmigungsfreiheit von Außenwandverkleidungen wegen Sicherheitsbedenken durch das 7. ÄndG wieder beseitigt worden war (vgl. Voraufl., § 56 RNr. 19).

24 11. Gemäß **Abs. 1 Nr. 11** sind **Warenautomaten** (zum Begriff s. § 10 Abs. 6) unabhängig von ihrer Größe vollständig (Buchstabe f.) und **Werbeanlagen** im Sinne des § 10 Abs. 1 gemäß den unter Buchstaben a) bis e) genannten, gegenüber den früheren Gesetzesfassungen erneut erweiterten Voraussetzungen verfahrensfrei.

25 a) Mit der Neufassung der bauordnungsrechtlichen Regelungen über Werbeanlagen an **Baugerüsten und Bauzäunen**, wurde nicht nur – im **Buchstaben a)** – die Verfahrensfreiheit ohne ausdrückliche Einschränkung nach Zeitraum, Art und Größe aufrechterhalten, sondern nunmehr – als „Konsequenz" aus der Verfahrensfreiheit – das Verunstaltungsverbot durch § 10 Abs. 3 Nr. 1 insofern aufgehoben (s. AH-Drucks. 15/3926, S. 110: „Die materiellrechtliche Erleichterung ist angesichts der Verfahrensfreistellung folgerichtig"); „abgerundet" wird dieses Bild durch § 11 Abs. 3 Satz 1 DSchG Bln, dem gemäß entgegenstehende Gründe des Denkmalschutzes nicht anzunehmen sind, wenn Werbung an Baugerüsten oder Bauzäunen angebracht wird. Als Baugerüste im Sinne der Bestimmung sind nur Gerüste anzusehen, die zur Verwirklichung eines (konkreten) Bauvorhabens errichtet werden, nicht aber Gerüste, die keinen Bezug zur Bauausführung haben und als bloße Trägerkonstruktionen für „Riesenposter", Transparente und (andere) Werbeflächen dienen. Ein Bauzaun im Sinne der BauOBln ist eine Anlage zur Abgrenzung einer Baustelle (§ 11 Abs. 2 Satz 2); Einfriedungen, die lediglich eine unbebautes, abgeräumtes oder mit geräumten Gebäuden bestandenes Grundstück umschließen, ohne dass ein Bezug zu einer konkreten Baustelle im Sinne von § 11 Abs. 1 besteht, fallen auch dann nicht unter den Begriff, wenn sie äußerlich der typischen Gestaltung von Bauzäunen entsprechen. Da es sich bei Baugerüsten und Bauzäunen nach ihrer Zweckbestimmung, die auch der Begründung des Gesetzentwurfs zugrunde gelegt wurde (AH-Drucks. 15/3926, a. a. O.), um nur vorübergehend – allerdings angesichts der Unterschiedlichkeit von Bauvorhaben und Bautätigkeiten nicht für eine fristähnlich zu bestimmende Zeitdauer (vgl. Buchstabe c) – vorhandene Anbringungsorte handeln muss, dürfte die „Privilegierung" entfallen, wenn zwar ein „Bauzaun" errichtet, aber über einen längeren, möglicherweise sogar mehrere Jahre umfassenden Zeitraum mit der Bauausführung im Sinne von § 71 Abs. 7 nicht begonnen oder die Bautätigkeit abgebrochen oder für eine längere Zeit – wobei die Regelungen über das Erlöschen einer Baugenehmigung nach § 72 eine Orientierung geben – unterbrochen wird; dann verliert der „Bauzaun" seine ihn begünstigende Funktion und ist als bloßer „Werbeträger" und ggf. als Grundstückseinfriedung anzusehen.

26 b) Die Größenbegrenzung für verfahrensfreie **kleine Werbeanlagen (Nr. 11 Buchstabe b)** ist auf 1 m² – bei **Werbeanlagen an der Stätte der Leistung** (zu diesem Begriff s. Erläuterungen zu § 10) auf 2,5 m² – Ansichtsfläche heraufgesetzt worden. Die **Ansichtsfläche**, von deren Größe gemäß Nr. 11 b) die Verfahrensfreiheit abhängt, ist die gesamte sichtbare Werbefläche: Für zweidimensionale Werbeanlagen ist demnach auf das einfache Flächenmaß abzustellen, da der Betrachter immer nur eine Seite im Blickfeld hat (OVG NW, U. v. 11.3.1985, BauR 1986, 549); bei räumlich gestalteten, mehrseitig wirkenden Anlagen zählt dagegen nicht nur eine Seitenfläche, sondern das Gesamtmaß der sichtbaren Fläche (BayObLG, B. v. 23.2.1987, BayVBl. 1987, 442). **Vorübergehend angebrachte Werbeanlagen (Nr. 11 c)** sind ohne Größenbegrenzung – außer im Außenbereich, in dem die Aufstellung auch derartiger Werbeanlagen planungsrechtlich relevant sein kann, – für einen Zeitraum von höchstens drei Monaten verfahrensfrei zulässig, wenn der temporäre Zweck der Werbung dem Betrachter durch die Gestal-

tung der Werbeanlage bzw. den Inhalt der Werbung für den Betrachter erkennbar ist; die Werbeanlage darf nicht fest mit dem Boden oder anderen Anlagen verbunden sein (OVG NRW, B. v. 24. 7. 2006, BRS 70 Nr. 142). Die Regelung über Werbeanlagen an der Stätte der Leistung in **Industrie-, Gewerbe- und vergleichbaren Sondergebieten (Nr. 11 d)** beruht auf der Erwägung, dass die Werbeanlagen in diesen Baugebieten gleichsam als „Zubehör" der gewerblichen Hauptnutzungen keine städtebauliche Relevanz besitzen (AH-Drucks. 15/3926, S. 111), während die Höhenbegrenzung – ebenso wie in Nr. 2 Bauchstabe a), Nr. 4 Buchstaben a) und d) – statisch-konstruktiv begründet sein dürfte. Die Annahme einer **Werbeanlage auf öffentlichem Straßenland (Nr. 11 e)** setzt voraus, dass für die Fläche, auf der die Werbeanlage errichtet werden soll, eine Widmung gemäß § 2 Abs. 1 BerlStrG erfolgt ist; für ein derartiges Verständnis der Norm spricht die in der Begründung des Gesetzentwurfs (AH-Drucks. 15/3926, S. 111) enthaltene Bezugnahme auf den Träger der Straßenbaulast (OVG Bln-Bbg, B. v. 3. 1. 2007 – 2 S 26.06 –). Bei Werbeanlagen auf öffentlichem Straßenland ist das Erfordernis der Sondernutzungserlaubnis (§ 11 BerlStrG) zu beachten.

12. Nach **Nr. 12** sind bestimmte **vorübergehend aufgestellte oder benutzbare Anlagen** verfahrensfrei. Zu den verfahrensfreien **Baustelleneinrichtungen** (s. hierzu Erläuterungen zu § 11 Abs. 1 sowie OVG NW, B. v. 28. 9. 1988, BRS 49 Nr. 150 und B. v. 28. 12. 1994, BRS 57 Nr. 183; OVG MV, B. v. 4. 1. 2006, BRS 70 Nr. 145) gehören nicht die Wohnunterkünfte der Mitarbeiter, während „Baubuden" und ähnliche Anlagen, auf die gemäß § 11 Abs. 1 Satz 2 auch bestimmte materiell-rechtliche Anforderungen keine Anwendung finden, als „nicht dem Wohnen dienende Unterkünfte" verfahrensfrei sind. Bei **Gerüsten der Regelausführung** (Nr. 12 b) handelt es sich nach DIN 4420 Teil 1, Ausgabe Dezember 1990, Abschnitt 2.12 um die Ausführung von Gerüsten, für welche der Standsicherheitsnachweis als erbracht gilt, sowie um Gerüste, für die eine allgemeine bauaufsichtliche Zulassung gemäß § 18 Abs. 1 erteilt worden ist. Durch Nr. 12 Buchstaben c) bis f) werden bestimmten Zwecken (Landesverteidigung, Katastrophenschutz, Unfallhilfe, Messen, Ausstellungen, Straßen- und Volksfesten sowie Märkten) dienende, nur vorübergehend aufgestellte Behelfsbauten und sonstige bauliche Anlagen freigestellt; die Rückausnahme für Fliegende Bauten trägt der Gefahrenprävention Rechnung.

13. In **Nr. 13** werden unter dem keine spezifische baurechtliche Bedeutung beizumessenden Oberbegriff der **„Plätze"** verschiedene verfahrensfreie Anlagen zusammengefasst. Unbefestigte **Lagerplätze** (s. dazu § 56 Abs. 1 Nr. 11 c BauOBln 1997 sowie OVG Bln, B. v. 9. 9. 2002 – 2 S 31.02 –) sind nur (noch) verfahrensfrei, wenn sie einem **land- oder forstwirtschaftlichen Betrieb** dienen (s. dazu Nr. 1 c und d, oben RNr. 10); eine feste Größenbegrenzung ist nicht vorgesehen, eine von den Umständen des Einzelfalls abhängige, die Handhabung der Regelung erschwerende Begrenzung ist dem Tatbestandsmerkmal „dienen" immanent. Ferner sind nicht überdachte **Stellplätze** mit einer – sich an der Regelung der Nr. 1 b) orientierenden – Flächengröße von bis zu 30 m^2 und deren Zufahrten erfasst; gemeint sind Stellplätze für Kraftfahrzeuge im Sinne von § 2 Abs. 1 Satz 3 Nr. 6, die Abstellmöglichkeiten für Fahrräder (vgl. § 50 Abs. 1 Satz 3) sind gemäß Nr. 14 a) verfahrensfrei. Schließlich genießen Kinderspielplätze im Sinne des § 8 Abs. 2 Satz 1 („notwendige Kinderspielplätze", s. Erläuterungen zu § 8) Verfahrensfreiheit.

14. In **Nr. 14** sind Anlagen aufgezählt, die sich unter die Thematik der vorgenannten speziellen Gliederungspunkte nicht einordnen ließen, sowie – als Auffangtatbestand – sonstige **unbedeutende bauliche Anlagen**. Bei den nach Nr. 14 a) unabhängig von der Erforderlichkeit nach § 50 Abs. 1 Satz 3 freigestellten **Fahrradabstellanlagen** darf es sich nicht um Gebäude handeln, da diese nur unter den Voraussetzungen der Nr. 1

verfahrensfrei sind. Die Freistellung von **Zapfsäulen** und **Tankautomaten** genehmigter Tankstellen (Nr. 14 b) beruht darauf, dass diese dem technischen Sicherheitsrecht unterfallenden Anlagen als baurechtlich irrelevant angesehen wurden (AH-Drucks. 15/3926, S. 112). Nr. 14 c) betrifft nur nicht begehbare **Regale**, die aus Gründen des Brandschutzes erst bei einer Lagerhöhe über 7,50 m (s. § 2 Abs. 4 Nr. 16) als baurechtlich bedeutsam angesehen werden (AH-Drucks. 15/3926, a. a. O.). **Denkmale** gemäß Nr. 14 d) sind bauliche Anlagen, die zur Erinnerung an bestimmte Personen oder Ereignisse errichtet werden; sie müssen keine Denkmale im Sinne von § 2 Abs. 1 DSchG Bln sein. Unabhängig von der Flächenausdehnung sind sie bis zu einer Höhe von 4 m ebenso verfahrensfrei, wie andere Kunstwerke; Grabmale sind bauordnungsrechtlich verfahrensfrei, unterliegen aber friedhofsrechtlichen Regelungen. Zur Ausfüllung des unbestimmten Gesetzesbegriffs der **sonstigen unbedeutenden Anlagen oder Anlagenteile** (Nr. 14 e) ist darauf abzustellen, ob die zu betrachtende Anlage in ihrer baurechtlichen Bedeutung den in Nr. 14 e) beispielhaft genannten sowie den in den übrigen Buchstaben unter Nr. 14 erwähnten, gleichermaßen – wie der Gesetzeswortlaut ("sonstige") andeutet – als "unbedeutend" angesehenen Anlagen entspricht (zur Abgrenzung von den "geringfügigen genehmigungsbedürftigen Vorhaben" im Sinne von § 60 Abs. 3 s. § 60 RNr. 16).

30 III. In **Abs. 2** wird geregelt, dass die grundsätzlich genehmigungsbedürftige (§ 60 Abs. 1) **Nutzungsänderung** von Anlagen (s. hierzu näher § 60 RNrn. 8 ff. sowie § 3 Abs. 4) unter bestimmten Voraussetzungen keines bauaufsichtlichen Verfahrens bedarf.

31 1. Nach **Nr. 1** ist eine Nutzungsänderung verfahrensfrei, wenn für die neue Nutzung **keine anderen öffentlich-rechtlichen Anforderungen als für die bisherige Nutzung in Betracht** kommen. Durch diese Formulierung wird deutlicher als bisher herausgestellt, dass es für die Verfahrensbedürftigkeit der Nutzungsänderung nicht darauf ankommt, ob tatsächlich andere öffentlich-rechtliche Anforderungen zu stellen sind, sondern es genügt, dass dies möglich und deshalb eine Prüfung im Baugenehmigungsverfahren erforderlich ist (AH-Drucks. 15/3926, S. 112). Andere öffentlich-rechtliche Anforderungen kommen nicht nur in Betracht, wenn auf die neue Nutzung andere Rechtsnormen anzuwenden sind als auf die alte, sondern auch dann, wenn die neue Nutzung zwar nach derselben Norm, aber (möglicherweise) baurechtlich anders zu beurteilen ist (vgl. BayVGH, U. v. 17.11.1978, BRS 33 Nr. 127). Ob für eine neue Nutzung andere Anforderungen gelten, ist keine Frage der Quantität, sondern eine Frage der Qualität der Nutzung; dabei kommt es nicht darauf an, wie viel Prozent der Fläche eines vorhandenen Gebäudes einer neuen Nutzung zugeführt werden soll, entscheidend sind die mit der Nutzung verbundenen Auswirkungen (VGH BW, U. v. 27.9.2002, NuR 2004, 109, 110). Der Gesetzeswortlaut unterscheidet nicht danach, ob es sich bei den "öffentlich-rechtlichen Anforderungen" um solche handelt, die zum Prüfprogramm des in Betracht kommenden Genehmigungsverfahrens gehören (vgl. §§ 64, 65), oder ob dies nicht der Fall ist; der Gesetzeszweck, eine präventive Prüfung zu ermöglichen, mag dafür sprechen, nur die im Genehmigungsverfahren zu prüfenden Anforderungen als von Abs. 2 Nr. 1 erfasst anzusehen (so Hahn/Radeisen, BauOBln, § 62 RNr. 7). Zur Abgrenzung genehmigungspflichtiger von genehmigungsfreien Nutzungsänderungen s. im Übrigen § 60 RNrn. 8 ff.

32 2. **Nr. 2** stellt die **Nutzungsänderung von Anlagen, deren Errichtung oder Änderung nach Abs. 1 verfahrensfrei ist**, gleichfalls verfahrensfrei.

33 IV. In **Abs. 3** wird ein neues **Anzeigeverfahren** für die **Beseitigung von Anlagen** mit Blick darauf eingeführt, dass gemäß § 60 Abs. 1 der Abbruch von Anlagen kein baugenehmigungsbedürftiger Vorgang (mehr) ist. Zur bauaufsichtlichen Überwachung der sich aus dem Vorgang der Beseitigung von Anlagen ergebenden Gefahren, insbesondere für die Standsicherheit von Nachbargebäuden (vgl. § 12 Abs. 1 Satz 2, Abs. 2), erachtete der Gesetzgeber das Anzeigeverfahren als ausreichend (AH-Drucks. 15/3926, S. 104). Allerdings können für den Abbruch von Anlagen Genehmigungen nach anderen Rechtsvorschriften erforderlich sein, etwa im Geltungsbereich von Veränderungssperren (§ 14 Abs. 1 Nr. 1, Abs. 2 BauGB), in förmlich festgelegten Sanierungsgebieten (§ 144 Abs. 1 Nr. 1 BauGB) und im Geltungsbereich von Erhaltungsverordnungen (§ 172 Abs. 1 Satz 1 BauGB) sowie nach denkmalschutzrechtlichen Bestimmungen (§ 11 Abs. 1 Satz 1 Nr. 2 DSchG Bln).

Im Satz 1 der Regelung ist bestimmt, welche Anlagen verfahrensfrei sind, d. h. ohne Durchführung des Anzeigeverfahrens abgebrochen werden können, Sätze 2 bis 5 treffen Regelungen über das Anzeigeverfahren. **34**

1. Durch **Abs. 3 Satz 1 Nr. 1** hat der Gesetzgeber den **Abbruch** derjenigen Anlagen, deren Errichtung oder Änderung nach Abs. 1 verfahrensfrei wäre, von der Anzeigepflicht nach Abs. 3 Satz 2 freigestellt; dabei kommt es nicht darauf an, ob für die Errichtung der konkreten Anlage früher die Erteilung einer Baugenehmigung erforderlich gewesen ist, es genügt, dass die Errichtung und Änderung von Anlagen der betreffenden Art und Größe nach Abs. 1 – abstrakt betrachtet – heute verfahrensfrei ist. **Verfahrensfrei** sind ferner freistehende Gebäude der Gebäudeklassen 1 und 3 (zu diesen s. § 2 Abs. 3 Satz 1) und Anlagen, die keine Gebäude sind, mit einer Höhe bis zu 10 m (Abs. 3 Satz 1 Nrn. 2 und 3). Dabei ging der Gesetzgeber davon aus, dass ein Abbruch derartiger Anlagen in aller Regel keine statisch-konstruktiven Schwierigkeiten aufwerfen wird und auch mit Blick auf das Nachbarschaftsverhältnis keiner präventiven bauaufsichtlichen Kontrolle bedarf (AH-Drucks. 15/3926, S. 112). **35**

2. **Abs. 3 Satz 2** schreibt vor, dass der Abbruch aller nicht unter Abs. 3 Satz 1 fallenden Anlagen mindestens einen Monat zuvor der BABeh. anzuzeigen ist (**Anzeigepflicht**). Mit der Anzeige soll eine bewusst verfahrensrechtlich nicht näher ausgestaltete Information an die BABeh. gewährleistet werden, auf die diese in der ihr jeweils nach Lage der Dinge angezeigt erscheinenden Weise reagieren kann (AH-Drucks. 15/3926, S. 112). Gemäß § 1 Abs. 1 Nr. 1, § 6 Satz 1 BauVerfVO ist der BABeh. für die Beseitigung von Anlagen u.a. ein Auszug aus der Flurkarte, der die Lage der zu beseitigenden Anlagen und die Nachbargebäude darstellt, vorzulegen; Bauvorlagen für die Beseitigung von Anlagen müssen nicht von einer bauvorlageberechtigten Person unterschrieben sein (§ 6 Satz 2 BauVerfVO). **36**

3. In Abs. 3 Satz 3 ist – durch die Regelung der entsprechenden Anwendung des § 67 Abs. 2 Satz 1 – für zwei Fallgruppen eine **Prüfung der Standsicherheit benachbarter Gebäude** vor Durchführung des Abbruchs **vorgeschrieben**: 1. für an das zu beseitigende Gebäude angebaute Gebäude und 2. für andere Gebäude, wenn sich die Beseitigung „auf andere Weise" auf deren Standsicherheit auswirken kann; dies kann insbesondere bei der Gefahr, dass durch den Abbruch Veränderungen des Baugrundes verursacht werden, der Fall sein. Abs. 3 Satz 3 findet keine Anwendung, soweit an ein nach den Kriterien des Abs. 1 verfahrensfreies Gebäude angebaut ist (Satz 4). Soweit danach § 67 Abs. 2 Satz 1 entsprechend anwendbar ist, bedarf es der Vorlage und bauaufsichtlichen Prüfung eines Standsicherheitsnachweises. Das Verfahren der bauaufsichtlichen Prüfung und den Zeitpunkt der Vorlage bautechnischer Nachweise hat der Verordnungsgeber in den §§ 13, 14 BauVerfVO näher ausgestaltet. Die nach § 67 Abs. 2 erforderlichen Prüfungen erfolgen regelmäßig gemäß § 13 Abs. 1 BauVerfVO durch **Prüfingenieurinnen oder Prüfingenieure** nach der BauPrüfVO, die gemäß **37**

§ 13 Abs. 2 Satz 4 BauVerfVO u. a. in den Fällen des § 67 Abs. 2 **BABeh**. – also mit Hoheitsgewalt **Beliehene** – sind; § 14 Abs. 5 BauVerfVO bestimmt, dass für die anzeigepflichtige Beseitigung von Gebäuden nach § 62 Abs. 3 Satz 2 der Bericht über den geprüften Standsicherheitsnachweis für die angrenzenden Gebäude vor Ausführung der Beseitigung bei der BABeh. vorliegen muss. Für den anzeigepflichtigen Abbruch ist gemäß Satz 5 eine **Baubeginnanzeige** (§ 71 Abs. 6) vorgeschrieben, die der BABeh. vor Beginn des Abbruchs vorliegen muss (§ 71 Abs. 7 Nr. 3).

38   V. Verfahrensfrei sind nach der lediglich klarstellenden Bestimmung des **Abs. 4** die der Genehmigungspflicht nach § 60 Abs. 1 von vornherein nicht unterfallenden **Instandhaltungsarbeiten** (zum Begriff der Instandhaltung s. § 3 Abs. 1). Die im Kontext des Bestandsschutzes (s. hierzu BVerwG, U. v. 7.11.1997, BauR 1998, 533, 534 ff. = UPR 1998, 224 f. und U. v. 12.3.1998, BauR 1998, 760, 762 f.) zu sehende Norm (vgl. § 72 RNr. 19) setzt zunächst voraus, dass ein funktionsfähiger Baubestand, nicht etwa nur ein „Gebäudetorso" oder eine „Ruine" vorhanden ist (s. auch § 72 RNr. 11). Instandhaltungsarbeiten sind regelmäßig in etwa gleichem Umfang wiederkehrende bauliche Maßnahmen, die zur Erhaltung des bestimmungsgemäßen Gebrauchs oder der baulichen Substanz vorgenommen werden, um die durch Abnutzung, Alterung oder Witterungseinflüsse entstandenen baulichen oder sonstigen Mängel ordnungsgemäß zu beseitigen. Die Grenze der verfahrensfreien Instandhaltung ist erreicht, wo die Eingriffe in die Substanz über das hinausgehen, was zum Ausgleich normaler Abnutzung oder Alterung erforderlich ist (OVG Bln, U. v. 20.11.1992, BRS 54 Nr. 117). Die Änderung oder der Austausch (Abbruch und Neuerrichtung) von Bauteilen fällt nicht unter Abs. 4, sondern unter Abs. 1 Nr. 10 (s. RNr. 23 auch zu dem nunmehr abw. vom vorgenannten U. zu beurteilenden Fall des Austauschs einer Hauseingangstür). Keinesfalls verfahrensfrei ist eine Baumaßnahmen, die nach Aufwand und Umfang einem Neubau gleichkommt (vgl. BVerwG, U. v. 18.10.1974, BVerwGE 47; 126 = BRS 28 Nr. 114 und U. v. 24.10.1980, BRS 36 Nr. 99).

39   VI. **Abs. 5** hebt – klarstellend – die **Verpflichtung zur Einhaltung der öffentlichrechtlichen Vorschriften** hervor. Er wiederholt für verfahrensfreie Vorhaben und den Abbruch von Anlagen – in leicht abweichender Formulierung, aber ohne inhaltlichen Unterschied – die allgemein gefasste Bestimmung des § 60 Abs. 2 (zu dieser s. § 60 RNr. 15). Nach **Satz 1** müssen verfahrensfreie Bauvorhaben und die Beseitigung von Anlagen den öffentlich-rechtlichen Vorschriften (d. h. allen baurechtlichen und außerbaurechtlichen Bestimmungen des öffentlichen Rechts, die Anforderungen an Anlagen stellen) entsprechen. Da mit der „Verfahrensfreiheit" gemäß Abs. 1 bis 4 lediglich bestimmt ist, dass weder ein Baugenehmigungs- oder Zustimmungsverfahren (§ 76) noch ein Genehmigungsfreistellungsverfahren nach § 63 durchzuführen ist, müssen die ggf. nach anderen Rechtsvorschriften für ein Vorhaben erforderlichen Erlaubnisse, Genehmigungen, Abweichungen, Ausnahmen oder Befreiungen beantragt werden und erteilt sein, bevor mit der Ausführung des Vorhabens begonnen werden darf. Die Verantwortung für die Einhaltung der öffentlich-rechtlichen Vorschriften liegt bei den am Bau Beteiligten (vgl. § 53). **Satz 2** betont, dass die BABeh. bei verfahrensfreien Bauvorhaben und der Beseitigung von Anlagen jederzeit bauaufsichtliche Maßnahmen ergreifen kann, wenn die Voraussetzungen der §§ 78, 79 vorliegen.

§ 63 Genehmigungsfreistellung

(1) Keiner Genehmigung bedarf unter den Voraussetzungen des Absatzes 2 die Errichtung, Änderung oder Nutzungsänderung baulicher Anlagen, die keine Sonderbauten sind.

(2) Nach Absatz 1 ist ein Bauvorhaben genehmigungsfrei gestellt, wenn
1. es
    a) im Geltungsbereich eines Bebauungsplans im Sinne des § 30 Abs. 1 oder 2 des Baugesetzbuchs liegt und den Festsetzungen des Bebauungsplans nicht widerspricht oder die erforderlichen Befreiungen und Ausnahmen nach § 31 des Baugesetzbuchs erteilt worden sind oder
    b) in einem planungsrechtlichen Bescheid gemäß § 74 Abs. 2 abschließend als insgesamt planungsrechtlich zulässig festgestellt worden ist,
2. die Erschließung im Sinne des Baugesetzbuchs gesichert ist und
3. die Bauaufsichtsbehörde nicht innerhalb der Frist nach Absatz 3 Satz 2 erklärt, dass das vereinfachte Baugenehmigungsverfahren durchgeführt werden soll, oder eine vorläufige Untersagung nach § 15 Abs. 1 Satz 2 des Baugesetzbuchs ausspricht.

(3) [1]Die Bauherrin oder der Bauherr hat die erforderlichen Unterlagen bei der Bauaufsichtsbehörde einzureichen. [2]Mit dem Bauvorhaben darf einen Monat nach Vorlage der erforderlichen Unterlagen bei der Bauaufsichtsbehörde begonnen werden, sofern nicht die Frist um einen weiteren Monat verlängert wird. [3]Teilt die Bauaufsichtsbehörde der Bauherrin oder dem Bauherrn vor Ablauf der Frist schriftlich mit, dass kein Genehmigungsverfahren durchgeführt werden soll und sie eine vorläufige Untersagung nach § 15 Abs. 1 Satz 2 des Baugesetzbuchs nicht aussprechen wird, darf die Bauherrin oder der Bauherr mit der Ausführung des Bauvorhabens beginnen. [4]Will die Bauherrin oder der Bauherr mit der Ausführung des Vorhabens mehr als drei Jahre, nachdem die Bauausführung nach den Sätzen 2 und 3 zulässig geworden ist, beginnen, gelten die Sätze 1 bis 3 entsprechend.

(4) [1]Die Erklärung der Bauaufsichtsbehörde nach Absatz 2 Nr. 3 erste Alternative kann insbesondere deshalb erfolgen, weil sie eine Überprüfung der sonstigen Voraussetzungen des Absatzes 2 oder des Bauvorhabens aus anderen Gründen für erforderlich hält. [2]Darauf, dass die Bauaufsichtsbehörde von ihrer Erklärungsmöglichkeit keinen Gebrauch macht, besteht kein Rechtsanspruch. [3]Erklärt die Bauaufsichtsbehörde, dass das vereinfachte Baugenehmigungsverfahren durchgeführt werden soll, hat sie der Bauherrin oder dem Bauherrn die vorgelegten Unterlagen zurückzureichen; dies gilt nicht, wenn die Bauherrin oder der Bauherr bei der Vorlage der Unterlagen bestimmt hat, dass ihre oder seine Vorlage im Fall der Erklärung nach Absatz 2 Nr. 3 als Bauantrag zu behandeln ist.

(5) [1]§ 67 bleibt unberührt. [2]§ 69 Abs. 2 Satz 1 und Abs. 4 Satz 1 und 2 sowie § 71 Abs. 5, 6 und 7 Nr. 2 sind entsprechend anzuwenden.

Erläuterungen:

1 **I.** Die **Genehmigungsfreistellung** ist dadurch charakterisiert, dass – im Unterschied zu den verfahrensfreien Vorhaben nach § 62 – der BABeh. zwar Unterlagen über das Vorhaben einzureichen sind, die Behörde jedoch – anders als im Baugenehmigungsverfahren – keine den Bauherrn begünstigende, eine Legalisierungswirkung und Bestandsschutz vermittelnde Entscheidung trifft, sondern die Verantwortung für die Rechtmäßigkeit des Vorhabens im Grundsatz allein bei den am Bau Beteiligten verbleibt (s. § 53). Zur Einordnung der Genehmigungsfreistellung in die Verfahrensarten der BauOBln s. § 60 RNr. 3. Der Gesetzgeber hat mit § 63 den Anwendungsbereich der Genehmigungsfreistellung im Vergleich zu § 56a BauOBln 1997 erheblich ausgeweitet. Die Genehmigungsfreistellung in § 63 entspricht der weitestgehenden Option des § 62 MBO 2002 (zu den in den Landesbauordnungen enthaltenen verschiedenen Genehmigungsfreistellungsregelungen s. Schretter/Schenk, in: Handbuch Bauordnungsrecht, S. 824 ff., 846 ff.), indem sie – unter bestimmten bauplanungsrechtlichen Voraussetzungen (s. Abs. 2 Nrn. 1 und 2) – bauliche Anlagen aller Art mit Ausnahme von Sonderbauten erfasst; durch die bauplanungsrechtlichen Voraussetzungen erfolgt auch die Abgrenzung zum vereinfachten Baugenehmigungsverfahren. Unverändert gegenüber der Genehmigungsfreistellung nach altem Recht bleibt ihre Wirkung auf den formellen Status des Vorhabens: Die Vereinbarkeit des Vorhabens mit den öffentlich-rechtlichen Vorschriften wird weder durch die BABeh. verbindlich festgestellt noch erlangt es durch Fristablauf eine Genehmigungsfiktion (AH-Drucks. 15/3926, S. 114), vielmehr baut die Bauherrin oder der Bauherr auf eigenes Risiko. Auch bleibt eine präventive Kontrollmöglichkeit durch die BABeh. und die Kompetenz zur Überleitung des Genehmigungsfreistellungsverfahrens in ein vereinfachtes Baugenehmigungsverfahren (Abs. 2 Nr. 3, Abs. 4) erhalten.

2 **II.** Der sachliche **Anwendungsbereich** der Genehmigungsfreistellung umfasst nach **Abs. 1** grundsätzlich alle Vorhaben der Errichtung, Änderung und Nutzungsänderung baulicher Anlagen mit Ausnahme von Sonderbauten im Sinne von § 2 Abs. 4; nicht in den Anwendungsbereich der Norm fallen nach dem systematischen Zusammenhang der §§ 60, 62 und 63 allerdings alle Vorhaben, die gemäß § 62 verfahrensfrei sind. Der Eintritt der in Abs. 1 genannten **Rechtsfolge**, dass ein Vorhaben nicht (gemäß § 60 Abs. 1) einer Baugenehmigung bedarf, setzt darüber hinaus voraus, dass die Tatbestandsvoraussetzungen des Abs. 2 erfüllt werden.

3 **III.** Die einzelnen **Tatbestandsvoraussetzungen**, bei deren Vorliegen die in Abs. 1 genannten Vorhaben der Genehmigungsfreistellung unterliegen, finden sich in **Abs. 2**. Demnach müssen zunächst bestimmte **bauplanungsrechtliche Anforderungen** erfüllt sein (**Nrn. 1 und 2**). Darüber hinaus wird in der Regelung aber auch ein **negatives Tatbestandsmerkmal** normiert; denn Vorhaben nach Abs. 1 bedürfen nur dann keiner Baugenehmigung, wenn die BABeh. nicht erklärt, dass das Genehmigungsverfahren durchgeführt werden soll (**Nr. 3**).

4 **1.** In bauplanungsrechtlicher Hinsicht ist das Genehmigungsfreistellungsverfahren einerseits für plankonforme oder durch die erforderlichen Befreiungen und Ausnahmen legalisierte Vorhaben in Geltungsbereich von qualifizierten Bebauungsplänen oder von vorhabenbezogenen Bebauungsplänen (Abs. 2 Nr. 1 a), andererseits für Vorhaben eröffnet, deren planungsrechtliche Zulässigkeit in einem planungsrechtlichen Bescheid abschließend festgestellt wurde (Abs. 2 Nr. 1 b).

5 a) aa) Die Tatbestandsvoraussetzung des Abs. 2 Nr. 1 a) verlangt zum einen, dass das Bauvorhaben im Geltungsbereich eines qualifizierten, d. h. mindestens Festsetzungen über die Art und das Maß der baulichen Nutzung, die überbaubaren Grundstücksflächen und die örtlichen Verkehrsflächen enthaltenden Bebauungsplans im Sinne von § 30 Abs. 1 BauGB oder eines vorhabenbezogenen Bebauungsplans im Sinne von § 30 Abs. 2 BauGB liegt. Der Hintergrund für die Anknüpfung an den „**qualifizierten Bebauungsplan**" erschließt sich aus dem Regelungszusammenhang von § 30 Abs. 1 und Abs. 3 BauGB: Im Geltungsbereich eines qualifizierten Bebauungsplans kann eine abschließende planungsrechtliche Beurteilung anhand von dessen Festsetzungen vorgenommen werden, während bei einem „einfachen" Bebauungsplan ergänzend die Bestimmungen der §§ 34 und 35 BauGB herangezogen werden müssen, nach denen sich die Zulässigkeit des Vorhabens richtet, soweit der Bebauungsplan keine Festsetzungen enthält. Ist aber eine planungsrechtliche Beurteilung auf der Grundlage der gesetzlichen Planersatzregelung des § 34 BauGB oder der „Ersatzplanung" des § 35 BauGB erforderlich, so hat der Gesetzgeber die Genehmigungsfreistellung ausdrücklich an die Erteilung eines planungsrechtlichen Bescheids (Abs. 2 Nr. 1 b, § 74 Abs. 2) geknüpft (vgl. bereits AH-Drucks. 13/1578, S. 11), da die Anwendung dieser auslegungsbedürftigen Bestimmungen nicht den am Bau Beteiligten überlassen bleiben kann, sondern einer einzelfallbezogenen behördlichen Regelung durch einen feststellenden Verwaltungsakt bedarf (s. unten RNr. 8 sowie § 74 RNrn. 31 ff.). Der **vorhabenbezogene Bebauungsplan** (§ 30 Abs. 2 BauGB) konnte vor diesem Hintergrund in Abs. 2 Nr. 1 a) einem qualifizierten Bebauungsplan gleichgestellt werden, obwohl er nicht stets alle in § 30 Abs. 1 BauGB genannten Festsetzungsarten aufweist; denn durch die Bestimmung des § 30 Abs. 2 BauGB wird klargestellt, dass – abweichend von § 30 Abs. 3 BauGB – neben dem vorhabenbezogenen Bebauungsplan nicht ergänzend auf § 34 oder § 35 BauGB zurückzugreifen ist, wenn bestimmte, für einen qualifizierten Bebauungsplan erforderliche Festsetzungen (z. B. der örtlichen Verkehrsflächen) fehlen (vgl. Battis/Krautzberger/Löhr, BauGB, 10. Aufl., § 30 RNr. 7).

6 Ob ein **qualifizierter Bebauungsplan** im Sinne von § 30 Abs. 1 BauGB vorliegt, lässt sich im Westteil Berlins oft nicht einfach feststellen, da neben den unter der Geltung von BBauG und BauGB erlassenen Bebauungsplänen auch gemäß § 173 Abs. 3 BBauG **übergeleitete verbindliche Bauleitpläne** – vor allem die Baugebietsfestsetzungen des Baunutzungsplans von 1958/60 in Verbindung mit den planungsrechtlichen Vorschriften der BO 58 sowie förmlich festgestellten Straßen- und Baufluchtlinien – zu berücksichtigen sind (s. hierzu Dageförde im Anhang dieses Kommentars und von Feldmann/Knuth, Berliner Planungsrecht, RNrn. 32 ff.). Die Feststellung der planungsrechtlichen Situation ist vor diesem Hintergrund oft nicht einfach, zumal dabei zu berücksichtigen ist, dass sowohl festgestellte Straßen- und Baufluchtlinien als auch andere übergeleitete Festsetzungen als funktionslos außer Kraft getreten sein können (s. von Feldmann/Groth/Aschmann, GE 2006, 160, 162). Auch in der Neufassung des Gesetzes ist nicht bestimmt, wie mit Problemen der Gültigkeit eines Bebauungsplan (vgl. Jäde, UPR 1996, 12; Mampel, NVwZ 1996, 1160; Preschel, DÖV 1998, 45, 49 ff.) verfahren werden soll; der Zielsetzung des Genehmigungsfreistellungsverfahrens dürfte es entsprechen, keine hohen Anforderungen an die (inzidente) Prüfung der Gültigkeit eines Bebauungsplans zu stellen (vgl. Schretter/Schenk, in: Reichel/Schulte, Handbuch Bauordnungsrecht, S. 827). Die Genehmigungsfreistellung ist jedenfalls nur auf Fälle anzuwenden, in denen der Bebauungsplan formal in Kraft getreten ist und weder aufgehoben noch für nichtig erklärt wurde; dass ein Bebauungsplanentwurf die Planreife nach § 33 BauGB erreicht hat, genügt nicht (ebenso von Feldmann/Groth/Aschmann und Schretter/Schenk, jeweils a. a. O.). Demnach hat die Variante des Abs. 2 Nr. 1 a) im Westteil der Stadt wegen

§ 63 RNr. 7–9

der Überleitung des dieses Gebiet umfassenden Baunutzungsplans von 1958/60 große, im Ostteil der Stadt – mangels übergeleiteter Bebauungspläne (vgl. von Feldmann/ Knuth, a. a. O., RNrn. 265 ff.) – mit Blick auf die größere Relevanz des § 34 BauGB geringere praktische Bedeutung.

7 bb) Tatbestandsvoraussetzung der Freistellungsvariante des Abs. 2 Nr. 1 a) ist ferner, dass das Vorhaben entweder den Festsetzungen des Bebauungsplans nicht widerspricht oder die erforderlichen Befreiungen und Ausnahmen nach § 31 BauGB erteilt worden sind; zur Verfahrensweise bei der Erteilung von Befreiungen und Ausnahmen s. Erläuterungen zu § 68 Abs. 2. Die Formulierungen des Abs. 2 Nr. 1 a) („erteilt worden sind") und des Abs. 3 Satz 1 sowie die gesetzliche Fristbestimmung des Abs. 3 Satz 2 deuten darauf hin, dass der Bauherr die erforderlichen Befreiungen und Ausnahmen bereits vor Einleitung des Genehmigungsfreistellungsverfahrens einzuholen und mit den anderen erforderlichen Unterlagen einzureichen hat; dementsprechend zählt § 7 Nr. 7 BauVerfVO Befreiungen und Ausnahmen zu den Bauvorlagen des Verfahrens nach § 63. Ob sich hieraus mit Blick auf die gerade bei älteren Bebauungsplänen häufige Notwendigkeit, Ausnahmen insbesondere hinsichtlich des Maßes der baulichen Nutzung in Anspruch zu nehmen, praktisch ein Wahlrecht des Bauherrn ergibt, ob er sein Vorhaben im Genehmigungsfreistellungsverfahren oder im vereinfachten Baugenehmigungsverfahren durchführen will (so von Feldmann/Groth/Aschmann, GE 2006, S. 160, 162), ist umstritten. Die Senatsverwaltung für Stadtentwicklung billigt dem Bauherrn in den Fällen des Abs. 2 Nr. 1 a) kein „Wahlrecht" hinsichtlich des vereinfachten Baugenehmigungsverfahrens zu; hierfür spricht der Wille des Gesetzgebers bei der Einführung der Genehmigungsfreistellung (s. unter RNr. 14 sowie Voraufl. § 56 a RNr. 22) sowie die in § 68 Abs. 2 Satz 2 normierte Rechtspflicht, für Anlagen, die der Genehmigungsfreistellung unterliegen, die erforderlichen Ausnahmen, Befreiungen und Abweichungen „gesondert schriftlich zu beantragen".

8 b) Liegt ein unter Abs. 1 fallendes Vorhaben nicht im räumlichen Geltungsbereich eines qualifizierten oder eines vorhabenbezogenen Bebauungsplans, so ist die Genehmigungsfreistellung für dieses nur gegeben, wenn es in einem **planungsrechtlichen Bescheid gemäß § 74 Abs. 2** abschließend als insgesamt planungsrechtlich zulässig festgestellt worden ist (Abs. 2 Nr. 1 b). Die Rechtsnatur, der Inhalt und die Rechtswirkungen des planungsrechtlichen Bescheids sowie die Verfahrensweise bei dessen Erteilung werden zusammenhängend in den Erläuterungen zu § 74 Abs. 2 behandelt (s. § 74 RNrn. 31 ff.). Der planungsrechtliche Bescheid muss aus den zuvor im Zusammenhang mit Befreiungen und Ausnahmen genannten Gründen vor Einleitung des Genehmigungsfreistellungsverfahrens eingeholt und mit den übrigen Unterlagen nach Abs. 3 Satz 1 der BABeh. vorgelegt werden (vgl. § 7 Nr. 7 BauVerfVO); auch insoweit ist dem Bauherrn faktisch ein Wahlrecht zwischen dieser Verfahrensweise und dem vereinfachten Baugenehmigungsverfahren (§ 64) überlassen. Würde man zudem noch der Auffassung folgen, dass ein bestandskräftiger planungsrechtlicher Bescheid erforderlich sei (vgl, § 74 RNr. 40), so würde diese Variante der Genehmigungsfreistellung schon mit Blick auf die gegenüber einem vereinfachten Baugenehmigungsverfahren (vgl. § 70 Abs. 4) längeren Zeitablauf bis zum möglichen Baubeginn endgültig an Attraktivität für die am Bau Beteiligten verlieren.

9 2. Mit dem Erfordernis des **Abs. 2 Nr. 2**, dass die **Erschließung im Sinne des BauGB** gesichert ist, werden die bauplanungsrechtlichen Erschließungsanforderung für die Zulässigkeit von Vorhaben (§§ 30 Abs. 1 und 2, 34 Abs. 1, 35 Abs. 1 und 2 BauGB) zur Tatbestandsvoraussetzung für das Genehmigungsfreistellungsverfahren erklärt; die Erfüllung bauordnungsrechtlicher Anforderungen ist nicht Gegenstand der Regelung,

die enger formuliert ist, als es die Vorgängervorschrift des § 56a Abs. 2 Satz 1 Nr. 2 BauOBln 1997 („Erschließung gesichert") war. Bedeutung hat die Regelung für Vorhaben im Geltungsbereich eines qualifizierten Bebauungsplans (§ 30 Abs. 1 BauGB) oder eines Vorhaben- und Erschließungsplans (§ 30 Abs. 2 BauGB), da sonst die Sicherung der Erschließung im Sinne des BauGB schon durch den planungsrechtlichen Bescheid gemäß Abs. 2 Nr. 1 b), § 74 Abs. 2 festzustellen ist (vgl. § 74 RNr. 32). Die Erschließung muss den Anschluss des Baugrundstücks an das öffentliche Straßennetz, die Versorgung mit Elektrizität und Wasser sowie die Abwasserbeseitigung umfassen (s. Battis/Krautzberger/Löhr, BauGB, 10. Aufl. § 30 RNr. 16). Von einer **gesicherten Erschließung** ist auszugehen, wenn nach objektiven Kriterien verlässlich angenommen werden kann, dass die Erschließungsanlagen bis zur Fertigstellung der anzuschließenden baulichen Anlagen tatsächlich hergestellt und benutzbar sind (vgl. § 123 Abs. 2 BauGB; BVerwG, U. v. 10.9.1976, BRS 30 Nr. 80 sowie B. v. 7.1.1977, BRS 32 Nr. 48 und v. 3.4.1996, NVwZ 1997, 389 f.). Zu dem in Abs. 2 Nr. 2 rezipierten bundesrechtlichen Begriff der gesicherten Erschließung gehört auch ihre Sicherung in rechtlicher Hinsicht; fehlt dem Baugrundstück die unmittelbare Zufahrt zum öffentlichen Wegenetz, so muss dessen Zugänglichkeit auf Dauer rechtlich abgesichert sein (BVerwG, B. v. 22.11.1995, BRS 57 Nr. 104 fordert insofern aus bauplanungsrechtlicher Sicht „nur" eine dingliche Sicherung; zu dem weitergehenden bauordnungsrechtlichen Erfordernis der öffentlich-rechtlichen Sicherung durch Baulast s. § 4 Abs. 1).

3. a) Die Genehmigungsfreistellung ist ausgeschlossen, wenn die BABeh. innerhalb der Monatsfrist des Abs. 3 Satz 2 erklärt, dass ein vereinfachtes Baugenehmigungsverfahren durchgeführt werden soll, oder eine **vorläufige Untersagung nach § 15 Abs. 1 Satz 2 BauGB** ausspricht (**Abs. 2 Nr. 3**). Das Unterbleiben einer derartigen Erklärung innerhalb der Frist ist als **negative Tatbestandsvoraussetzung** der Genehmigungsfreistellung ausgestaltet (vgl. Preschel, DÖV 1998, 45, 49; Martini, DVBl. 2001, 1488, 1489). Die **Erklärung, dass das vereinfachte Baugenehmigungsverfahren durchgeführt werden soll**, führt zur Einleitung dieses Verfahrens nur dann, wenn der Bauherr bei Vorlage seiner Unterlagen vorsorglich eine entsprechende Bestimmung getroffen hat (Abs. 4 Satz 3 2. Halbsatz); andernfalls reicht die BABeh. die Unterlagen dem Bauherrn zurück und beendet damit das Verfahren (Abs. 4 Satz 3 1. Halbsatz). **10**

Während die vorläufige Untersagung gemäß § 15 Abs. 1 Satz 2 BauGB zweifelsohne ein Verwaltungsakt ist (s. Battis/Krautzberger/Löhr, BauGB, 10. Aufl., § 15 RNr. 9) ist die **Rechtsnatur** von Erklärungen, wie sie in Abs. 2 Nr. 3 2. Alternative vorgesehen sind, umstritten: Teils werden sie als schlichtes Verwaltungshandeln, teils als Verwaltungsakte angesehen (s. Schretter/Schenk, in: Reichel/Schulte, Handbuch Bauordnungsrecht, S. 836 m. w. N.). Für die Qualifizierung der Erklärung nach Abs. 2 Nr. 3 als Verwaltungsakt (so Hahn/Radeisen, BauOBln, § 63 RNr. 8; vgl. auch Erbguth/Stollmann, JZ 1995, 1141, 1144) spricht, dass sie der Sache nach (lediglich) den verbindlichen Ausspruch enthält, dass keine Freistellung des Vorhabens von der Genehmigungspflicht erfolgt, während eine „automatische" Überleitung in das vereinfachte Genehmigungsverfahren nach Abs. 4 Satz 3 gerade nicht bewirkt wird. Auch wenn man die Erklärung deshalb als Verwaltungsakt ansieht, kann der Bauherr sie nicht mit Aussicht auf Erfolg mit Widerspruch (§ 68 VwGO) und Anfechtungsklage (§ 42 Abs. 1 1. Alternative VwGO) angreifen, insbesondere kommt er nicht über eine aufschiebende Wirkung von Widerspruch und Anfechtungsklage (§ 80 Abs. 1 VwGO) in den Genuss der Rechtsfolge des Abs. 3 Satz 2: Ob der eine isolierte Anfechtung von Verfahrenshandlungen ausschließende § 44a VwGO Anwendung findet (so Hahn/Radeisen, a. a. O.), erscheint zweifelhaft, da die Erklärung wegen ihrer die Freistellung ausschließenden Wirkung selbständige Bedeutung **11**

§ 63 RNr. 12–13

hat und ihr keine „Sachentscheidung" nachfolgt; jedenfalls dürften Widerspruch und Anfechtungsklage schon in Ermangelung einer Widerspruchs- und Klagebefugnis (§ 42 Abs. 2 VwGO) unzulässig sein und keinen Suspensiveffekt auslösen (vgl. BVerwG, U. v. 30. 10. 1992, NJW 1993, 1610), da Abs. 4 Satz 2 einen Rechtsanspruch darauf, dass die BABeh. von ihrer Erklärungsmöglichkeit keinen Gebrauch macht, ausdrücklich ausschließt. Dass eine Verfahrensregelung im ausschließlich öffentlichen Interesse getroffen wird, begegnet keinen Bedenken (ebenso Schretter/Schenk, a. a. O.), zumal auch über die Regelungen des vereinfachten Baugenehmigungsverfahrens dem Interesse der Bauherren an einer Verfahrensbeschleunigung Rechnung getragen ist (s. § 70 Abs. 4).

12 b) Die **Voraussetzungen für die Erklärung** sind in **Abs. 4 Satz 1** unter Verzicht auf eine abschließende Aufzählung („insbesondere") **bewusst weit gefasst** worden (vgl. AH-Drucks. 15/3926, S. 115 f.); Prüfpflichten der BABeh. begründet die Regelung aber nicht (so ausdrücklich die Begründung des Gesetzentwurfs, a. a. O., a. A. von Feldmann/ Groth/Aschmann, GE 2006, 299; vgl. OVG Saar, B. v. 13. 3. 2006, BRS 70 Nr. 179), die Verantwortung für die Rechtmäßigkeit des Vorhabens liegt ausschließlich bei den am Bau Beteiligten. Gemäß Abs. 4 Satz 1 1. Alternative kann die Erklärung insbesondere erfolgen, weil die BABeh. eine Überprüfung der sonstigen Voraussetzungen des Abs. 2 – d. h. der vorgenannten planungsrechtlichen Anforderungen der Zulässigkeit des Vorhabens – für erforderlich hält; dies kann insbesondere der Fall sein, wenn die planungsrechtliche Lage in Bezug auf übergeleitete Bebauungspläne unübersichtlich ist. Nach Abs. 4 Satz 1 2. Alternative kann die Erklärung erfolgen, weil die BABeh. eine Überprüfung des Bauvorhabens aus anderen Gründen für erforderlich hält; dies kann etwa mit Blick auf die in Absatz 2 unberücksichtigt gebliebenen planungsrechtlichen Belange (Gebot der Rücksichtnahme) sowie nicht-planungsrechtlichen Aspekte des Prüfprogramms des vereinfachten Baugenehmigungsverfahren (§ 64 Satz 1 Nrn. 2, 3) angezeigt sein, z. B. wenn Nachbarkonflikte – etwa hinsichtlich der Einhaltung der Abstandsflächen – erkennbar sind oder das Vorhaben ein Baudenkmal betrifft (dazu näher: von Feldmann/ Groth/Aschmann, GE 2006, 299 f.).

13 Die Abgabe der Erklärung steht gemäß Abs. 4 Satz 1 im pflichtgemäßen **Ermessen** der BABeh. („kann"), dessen Ausübung sich am Zweck der Ermächtigung zu orientieren hat (§ 40 VwVfG); durch die Handhabung der Erklärungsmöglichkeit darf die gesetzgeberische Grundentscheidung zugunsten der Genehmigungsfreistellung nicht konterkariert werden (Hahn/Radeisen, BauOBln, § 63 RNr. 8). Der Antragsteller besitzt keinen Anspruch auf fehlerfreie Ermessensausübung. Ein derartiger Anspruch ist nur gegeben, wenn die Ermessensnorm die Ermessensbetätigung nicht nur kraft objektiven Rechts anordnet, sondern korrespondierend (zumindest auch) dem Interesse des durch die Regelung objektiv Begünstigten zu dienen bestimmt ist (vgl. BVerwG, U. v. 7. 1. 1972, BVerwGE 39, 235, 237 und U. v. 29. 6. 1990, BVerwGE 85, 220, 222 f.; Kopp/Ramsauer, VwVfG, 10. Aufl., § 40 RNr. 32 f.). Der Gesetzgeber hat einen Rechtsanspruch darauf, dass die BABeh. von der Erklärungsmöglichkeit keinen Gebrauch macht, ausdrücklich ausgeschlossen (Abs. 4 Satz 2); die Regelung stellt nach ihrem Sinngehalt klar, dass der Bauherr kein subjektiv-öffentliches Recht auf Aufhebung einer derartigen Erklärung hat, sondern die zweckmäßige und effektive Gestaltung des bauaufsichtlichen Verfahrens dem Verfahrensermessen der BABeh. unterliegt. Das Ermessen bei der Entscheidung über die Abgabe der Erklärung ist gemäß Abs. 4 Sätze 1 und 2 aus rein objektiv-rechtlichen Gründen eingeräumt; auch greift die Ermessensbetätigung weder in materiell-rechtliche Rechtspositionen noch in die Verfahrensrechtsstellung des Bauherrn ein, deren gesetzliche Ausgestaltung durch Abs. 2 Satz 2 ein subjektives Recht auf Genehmigungsfreistellung gerade ausgeschlossen hat.

IV. Die Erfüllung der Tatbestandsvoraussetzungen der Genehmigungsfreistellung berechtigt allein noch nicht zum Baubeginn, erforderlich ist zusätzlich die Einhaltung der in den Absätzen 3 und 5 i. V. m. §§ 67, 69 Abs. 2 Satz 1 und Abs. 4 Satz 1 und 2 sowie § 71 Abs. 5, 6 und 7 Nr. 2 näher ausgestalteten **Verfahrensregelungen**. Dieses Verfahren ist bei Vorliegen der Tatbestandsvoraussetzungen der Genehmigungsfreistellung verbindlich, eine Wahlmöglichkeit des Bauherrn zwischen diesem und einem Baugenehmigungsverfahren hat der Gesetzgeber bewusst ausgeschlossen (s. AH-Drucks. 13/1578, S. 11), wobei der Bauherrin oder dem Bauherrn aber jedenfalls für Vorhaben, die unter Abs. 2 Nr. 1 b) fallen, im Vorfeld faktisch die Wahl zwischen der Einholung eines planungsrechtlichen Bescheids einerseits und dem Antrag auf Erteilung einer Baugenehmigung andererseits hat (vgl. zum Streit über das „Wahlrecht" im Bereich von Abs. 2 Nr. 1 a) oben RNr. 7).

1. Der Bauherr leitet das Genehmigungsfreistellungsverfahren mit der **Einreichung der „erforderlichen Unterlagen" (Abs. 3 Satz 1)** ein. Zu diesen gehören gemäß Abs. 5 Satz 2 i. V. m. § 69 Abs. 2 Satz 1 alle für die Beurteilung des Bauvorhabens und die Bearbeitung des Antrags erforderlichen Unterlagen (Bauvorlagen); dieses Erfordernis wird durch § 1 Abs. 1 Nr. 2, §§ 2 ff. BauVerfVO konkretisiert; gemäß § 7 BauVerfVO sind als Bauvorlagen für bauliche Anlagen, soweit erforderlich, vorzulegen: ein Lageplan und Auszug aus der Flurkarte, die Bauzeichnungen, die Bau- und Betriebsbeschreibung, die Angaben über die gesicherte Erschließung, der Nachweis der Bauvorlageberechtigung, der statistische Erhebungsbogen sowie die Entscheidungen über Befreiungen und Ausnahmen nach § 31 BauGB sowie planungsrechtliche Bescheide nach § 74 Abs. 2 „als Voraussetzung für die Genehmigungsfreistellung gemäß § 63 Abs. 2". Nach der Begründung des Gesetzentwurfs soll es nicht erforderlich sein, „Bauzeichnungen im gleichen Umfang wie für ein genehmigungspflichtiges Vorhaben vorzulegen", weil das Freistellungsverfahren auf die planungsrechtliche Zulässigkeit des Vorhabens abstelle (AH-Drucks. 15/3926, S. 115); mit Blick auf die auch für die planungsrechtliche Beurteilung erforderliche Vorlage von Bauzeichnungen und die zwischenzeitlich erfolgte, keine „reduzierte Version" enthaltende Konkretisierung des Inhalts der Bauzeichnungen durch § 4 Abs. 2 und 3 BauVerfVO dürfte dieser Ansatz allerdings überholt sein. Die Unterschriftserfordernisse des § 69 Abs. 4 Sätze 1 und 2 gelten über Abs. 5 Satz 2 entsprechend. Eine analoge Anwendung der Regelungen über die Nachreichung von Bauvorlagen (§ 69 Abs. 2 Satz 2) ist nicht vorgesehen.

2. An den Eingang der Bauvorlagen bei der BABeh. schließen sich **fristgebundene Verfahrensschritte** an. Da grundsätzlich einen Monat nach Vorlage der erforderlichen Unterlagen bei der BABeh. mit dem Bauvorhaben begonnen werden darf (Abs. 3 Satz 2), soll der Zeitpunkt des Eingangs der (vollständigen) erforderlichen Unterlagen durch **Eingangsbestätigung** mitgeteilt werden; wurden nicht alle „erforderlichen Unterlagen" eingereicht und damit der Fristlauf nicht begonnen, so sollte dies gleichfalls mitgeteilt werden. Die anschließende **Durchsicht der Bauvorlagen** durch die BABeh. dient der Prüfung, ob die Tatbestandsvoraussetzungen nach Abs. 2 Nrn. 1 und 2 vorliegen, sowie der Vorbereitung der Entscheidung der Frage, ob von der Erklärungsmöglichkeit nach Abs. 2 Nr. 3 oder der vorläufigen Untersagung nach § 15 Abs. 1 Satz 2 BauGB Gebrauch gemacht wird. Welche Kontrollaufgaben die BABeh. in diesem Verfahrensstadium im Einzelnen wahrnehmen soll, wird aus den gesetzlichen Regelungen nicht deutlich; mit der weiten Fassung der Voraussetzungen für die Erklärung, dass das vereinfachte Genehmigungsverfahren durchgeführt werden soll, sollte u. a. gerade der Eindruck vermieden werden, der Bauaufsichtsbehörde würden durch die Einräumung der Erklärungsmöglichkeit bestimmte Prüfpflichten auferlegt

(AH-Drucks. 15/3926, S. 115 f.), allerdings darf die BABeh. schon mit Blick auf ihre gesetzliche Aufgabenstellung (§ 58 Abs. 1 Satz 1) die Gefahr augenfälliger Rechtsverstöße nicht ignorieren. Gemäß Abs. 2 Satz 2 kann die BABeh. die **Monatsfrist um einen weiteren Monat verlängern**; diese Möglichkeit ist ihr insbesondere zur Einleitung der für eine vorläufige Untersagung nach § 15 Abs. 1 Satz 2 BauGB erforderlichen Verfahrensschritte eingeräumt worden (AH-Drucks. 15/3926, S. 115). Steht schon vor Ablauf der Monatsfrist fest, dass das die BABeh. von den Möglichkeiten des Abs. 2 Nr. 3 keinen Gebrauch machen wird, so kann sie dies dem Bauherrn mitteilen und dadurch eine **Verkürzung der Monatsfrist** bewirken (Abs. 3 Satz 3).

17 3. **Abs. 5 Satz 1** betrifft die **bautechnischen Nachweise**. Sie dürften nach der Regelungssystematik des § 63 sowie der §§ 67 und 69 Abs. 2 Satz 1 unter Berücksichtigung der Konkretisierung durch die BauVerfVO nicht zu den „erforderlichen Unterlagen" (Bauvorlagen) im Sinne von Abs. 3 Satz 1 und Satz 2 gehören, sondern nur den für sie speziell geltenden Regelungen unterfallen; dem gemäß bestimmt § 14 Abs. 4 Satz 1 BauVerfVO, dass – abweichend von den für Baugenehmigungsverfahren geltenden Regelungen in § 14 Abs. 2 Satz 1 und Abs. 3 Satz 1 – der Bericht über den geprüften Standsicherheits- und Brandschutznachweis (erst) vor Ausführung des Bauvorhabens bei der BABeh. vorliegen muss. Abs. 5 Satz 1 verweist – lediglich klarstellend – darauf, dass die Regelung des § 67 „unberührt" bleibt. Gemäß § 67 Abs. 1 i. V. m. §§ 9 ff. BauVerfVO besteht auch für Vorhaben, die der Genehmigungsfreistellung unterliegen, die Pflicht zur Erstellung bautechnischer Nachweise; § 67 Abs. 2 regelt, dass Standsicherheitsnachweise und Brandschutznachweise für dort näher bestimmte Kategorien von Anlagen bauaufsichtlich geprüft werden (s. jeweils Erläuterungen zu dieser Norm). Das Verfahren der bauaufsichtlichen Prüfung und den Zeitpunkt der Vorlage bautechnischer Nachweise hat der Verordnungsgeber in den §§ 13, 14 BauVerfVO näher ausgestaltet. Die nach § 67 Abs. 2 erforderlichen Prüfungen erfolgen regelmäßig gemäß § 13 Abs. 1 BauVerfVO durch **Prüfingenieurinnen oder Prüfingenieure** nach der BauPrüfVO, die gemäß § 13 Abs. 2 Satz 4 BauVerfVO im Sinne des § 71 Abs. 7 Nr. 2, in den Fällen des § 67 Abs. 2 und im Sinne des § 80 Abs. 2 **BABeh.** – also mit Hoheitsgewalt **Beliehene** – sind; § 13 Abs. 2 Satz 5 BauVerfVO bestimmt, dass in den Fällen des § 67 Abs. 2 Satz 2 (Prüfung der Brandschutznachweise) der Prüfingenieur für Brandschutz zusätzlich auch BABeh. „im Sinne des § 68 Abs. 1" ist, also über Abweichungen von Anforderungen der Vorschriften über Brandschutz entscheidet. Stehen Prüfingenieure für Brandschutz nicht in ausreichender Zahl zur Verfügung, nimmt die BABeh. deren Aufgaben wahr (§ 13 Abs. 3 BauVerfVO).

18 V. Die **Berechtigung zum Baubeginn (Abs. 3 Sätze 2 und 3)** ist an folgende Voraussetzungen geknüpft:

1. Die **Frist gemäß Abs. 3 Satz 2** muss **abgelaufen** sein, ohne dass die BABeh. eine vorläufige Untersagung nach § 15 Abs. 1 Satz 2 BauGB ausgesprochen oder die Erklärung abgegeben hat, dass das vereinfachte Baugenehmigungsverfahren durchgeführt werden soll; entscheidend ist insofern, ob die Untersagung oder die Erklärung dem Bauherrn rechtzeitig bekannt gegeben wurde (§§ 41 Abs. 1 Satz 1, 43 Abs. 1 Satz 1 VwVfG).

19 2. Gemäß **Abs. 5 Satz 2 i. V. m. § 71 Abs. 7 Nr. 2** darf mit der **Bauausführung** zudem erst begonnen werden, wenn die erforderlichen **bautechnischen Nachweise der BABeh. vorliegen**. Diese Bestimmung wird in § 13 Abs. 2 Satz 1 BauVerfVO dahingehend konkretisiert, dass die nach § 71 Abs. 7 Nr. 2 erforderlichen bautechnischen Nachweise die nach § 67 Abs. 2 geprüften bautechnischen Nachweise sind. Gemäß § 14 Abs. 4

Satz 1 BauVerfVO müssen die Berichte über die geprüften Standsicherheits- und Brandschutznachweise im Verfahren nach § 63 vor Ausführung des Vorhabens der BABeh. vorliegen; gleiches gilt für eine Erklärung des Entwurfsverfassers oder Fachplaners gemäß § 13 Abs. 4 Satz 2 BauVerfVO, dass nach Maßgabe eines der BauVerfVO beigefügten Kriterienkatalogs die bauaufsichtliche Prüfung des Standsicherheitsnachweises nicht erforderlich ist.

3. Die Grundrissfläche eines Gebäudes muss abgesteckt und seine Höhenlage festgelegt sowie mindestens eine Woche vor Baubeginn eine Baubeginnanzeige an die BABeh erfolgt sein (Abs. 5 Satz 2 i. V. m. § 71 Abs. 5 Satz 1 und Abs. 6). Zudem müssen Bauvorlagen und bautechnische Nachweise von Baubeginn an an der Baustelle vorliegen (Abs. 5 Satz 2 i. V. m. § 71 Abs. 5 Satz 2).

4. Schließlich dürfen nicht mehr als drei Jahre seit dem Zeitpunkt vergangen sein, zu dem die Bauausführung nach Abs. 3 Satz 2 oder 3 zulässig geworden ist (**Abs. 3 Satz 4**); darauf, ob die vorgenannten übrigen Voraussetzungen für einen Baubeginn zu diesem Zeitpunkt bereits erfüllt waren, kommt es nach dem eindeutigen, eine Kontrolle durch die BABeh. ermöglichenden Wortlaut der Norm nicht an. Mit der Regelung wurde nunmehr eine an § 72 Abs. 1 angelehnte **gesetzliche Befristung der Genehmigungsfreistellung** mit der Erwägung eingeführt, es erscheine sachgerecht, städtebauliche und planungsrechtliche Belange nach drei Jahren selbst im Hinblick auf ein plankonformes Vorhaben nochmals zu überprüfen (AH-Drucks. 15/3926, S. 115).

VI. Über die Berechtigung zum (schnellen) Baubeginn hinausgehende **Rechtsfolgen** bewirkt die Genehmigungsfreistellung nicht. Gemäß **§ 60 Abs. 2** entbindet die Genehmigungsfreiheit nach § 63 nicht von der Verpflichtung zur Einhaltung der Anforderungen, die durch öffentlich-rechtliche Vorschriften an Anlagen gestellt werden; die Genehmigungsfreistellung lässt die bauaufsichtlichen Eingriffsbefugnisse unberührt. Der **Fristablauf** im Genehmigungsfreistellungsverfahren begründet **keine formelle Legalität** des Vorhabens; das Unterlassen der BABeh. vermittelt weder eine verbindliche Feststellung der Rechtmäßigkeit des Vorhabens noch Vertrauensschutz (von Feldmann/Groth/Aschmann, GE 2006, 299, 300; Jäde, ZfBR 1996, 241, 246; Preschel, DÖV 1998, 45, 47). Ein **eingeschränkter Bestandsschutz** kommt dem im Rahmen der Genehmigungsfreistellung verwirklichten Vorhaben lediglich insoweit zu, als **Abweichungen (§ 68), Ausnahmen (§ 31 Abs. 1 BauGB) oder Befreiungen (§ 31 Abs. 2 BauGB)** erteilt worden sind, da in diesen Verwaltungsakten verbindliche Feststellungen zu einzelnen Zulässigkeitsvoraussetzungen des Vorhabens getroffen werden und sie als rechtsgestaltende Verwaltungsakte eine rechtsgestaltende Wirkung auch gegenüber den Nachbarn besitzen (vgl. § 68 RNrn. 3); gleiches gilt hinsichtlich der Feststellungswirkung für den **planungsrechtlichen Bescheid** (vgl. § 74 RNr. 41). Der Bestandsschutz erstreckt sich jeweils auf alle durch solche Bescheide entschiedenen Fragen der Zulässigkeit des Vorhabens (von Feldmann/Groth/Aschmann, GE 2006, 299, 300).

Soweit demnach keine Schutzwirkung planungsrechtlicher Bescheide oder von Abweichungen, Ausnahmen oder Befreiungen eingreift, kann die BABeh. von ihren Befugnissen nach §§ 78, 79 Gebrauch machen, wenn sich herausstellt, dass eine Anlage im Widerspruch zu öffentlich-rechtlichen Vorschriften errichtet, geändert oder genutzt wird (OVG Saar, B. v. 13. 3. 2006, BRS 70 Nr. 179); dies gilt auch, wenn die BABeh. nach Fristablauf feststellt, dass die Voraussetzungen des Abs. 1 oder des Abs. 2 Nrn. 1 bzw. 2 nicht vorlagen (von Feldmann/Groth/Aschmann, a. a. O.).

VII. Der **Nachbarschutz** (s. hierzu grds. Erläuterungen zu § 3) gegenüber genehmigungsfrei gestellten Vorhaben weist im Vergleich zum Nachbarschutz gegen Baugenehmigungen (s. § 64 RNr. 17, § 65 RNr. 12 und § 71 RNr. 55) Besonderheiten und Probleme auf, die Gegenstand umfangreicher – z. T. kontroverser – rechtswissenschaftlicher Erörterungen sind (s. u. a.: Bamberger, NVwZ 2000, 983 ff., Degenhart, NJW 1996, 1433 ff., Finkelnburg/Ortloff, Öffentliches Baurecht II, S. 338 f., Mampel, UPR 1997, 267 ff., Martini, DVBl. 2001, 1488 ff., Ortloff, NVwZ 1998, 932, Preschel, DÖV 1998, 45, 51 ff., Schmaltz, NdsVBl. 1995, 246 ff., Seidel, NVwZ 2004, 139 ff., Uechtritz, NVwZ 1996, 640 ff. und ders., BauR 1998, 719 ff.). Da das Genehmigungsfreistellungsverfahren nicht durch Verwaltungsakt abgeschlossen wird, kann der Nachbar eine durch die Verwirklichung des Bauvorhabens erfolgende Verletzung seiner Rechts gegenüber der BABeh. in der Regel nur mit einem Antrag auf Baueinstellung, Nutzungsuntersagung bzw. Beseitigungsanordnung sowie erforderlichenfalls durch Widerspruch und eine auf behördliches Einschreiten gerichtete Verpflichtungsklage abwehren, wobei vorläufiger Rechtsschutz im Wege einer einstweiligen Anordnung (§ 123 VwGO) – nicht nach §§ 80, 80a VwGO – gewährt werden kann (vgl. OVG Saar, B. v. 13. 3. 2006, BRS 70 Nr. 179). Dies gilt jedoch nicht ausnahmslos, da auch im Zusammenhang mit Genehmigungsfreistellungsverfahren häufig Verwaltungsakte mit Doppelwirkung – planungsrechtliche Bescheide (§ 74 Abs. 2), Ausnahmen und Befreiungen (§ 31 BauGB) – ergehen, die von den Nachbarn – ebenso wie eine Baugenehmigung – mit Widerspruch, Anfechtungsklage und Anträgen nach §§ 80a, 80 Abs. 5 VwGO angegriffen werden können (zum Rechtsschutz gegen im Baufreistellungsverfahren ergangene Ausnahmen und Befreiungen s. VGH BW, B. v. 9. 3. 1995, BRS 57 Nr. 211 = NVwZ-RR 1995, 489 f. und U. v. 31.8.1995, NuR 1996, 203; a. A. Finkelnburg/Ortloff, Öffentliches Baurecht II, S. 338, mit der Begründung, dass ein Befreiungsbescheid das Vorhaben nicht formell legalisiere und die Bauarbeiten nicht zulasse, so dass der Suspensiveffekt des Nachbarrechtsbehelfs hierfür ohne Bedeutung sei). Da diese Verwaltungsakte jeweils nur Teilbereiche der (potentiell) nachbarschützenden Rechtsnormen betreffen und ihr Regelungsgehalt mithin begrenzt ist, kann – ebenso wie insbesondere im vereinfachten Genehmigungsverfahren (§ 64 RNr.17) – eine verfahrensmäßige Aufspaltung des Rechtsschutzes eintreten. So könnte der Nachbar z. B. hinsichtlich nachbarschützender Vorschriften des Bauplanungsrechts Rechtsschutz durch Widerspruch und Anfechtungsklage gegen einen planungsrechtlichen Bescheid begehren, während er gegen die Verletzung nachbarschützender bauordnungsrechtlicher Bestimmungen – etwa des Abstandsflächenrechts – mit einem Antrag auf behördliches Einschreiten sowie Verpflichtungswiderspruch und –klage vorgehen müsste. Die Rechtsbehelfe sind jeweils gegen die BABeh. zu richten; ein in der Literatur unterbreiteter Denkansatz zur Begründung eines öffentlich-rechtlichen Abwehranspruchs unmittelbar gegen den Bauherrn (Ortloff, NVwZ 1998, 932) hat sich nicht durchgesetzt.

25 Da das Einschreiten gegen baurechtswidrige Vorhaben gemäß §§ 78, 79 im Ermessen der BABah. liegt, hat der Nachbar bei einem Verstoß gegen ihn schützende Normen nur einen **Anspruch auf fehlerfreie Ermessensausübung**, der sich allerdings im Wege der Ermessensreduzierung auf Null zu einem Anspruch auf Einschreiten verdichten kann. Ob und ggf. unter welchen Voraussetzungen ein derartiger Anspruch anzunehmen ist, entscheidet sich grundsätzlich nach Landesrecht (BVerwG, B. v. 10.12.1997, BauR 1998, 319), jedoch können Wertungen des bundesrechtlichen Planungsrechts zu einer Ermessensreduzierung führen, da das materielle Bauplanungsrecht bei einer Verletzung der in ihm enthaltenen nachbarschützenden Vorschriften in seiner Beachtung und Durchsetzung grundsätzlich nicht zur Disposition des Landesgesetzgebers steht (vgl. BVerwG, B. v. 17.4.1998, BRS 60 Nr. 169 und B. v. 13.12.1999, BRS 62 Nr. 203). Nach der – im Einzelnen allerdings nicht völlig einheitlichen – Rechtsprechung des OVG Bln bestand ein Anspruch des Nachbarn auf Einschreiten der BABeh. regelmäßig

bereits dann, wenn gegen ihn schützende nachbarrechtliche Vorschriften verstoßen wurde, es sei denn, es lagen sachliche Gründe vor, im Ermessenswege von einem Einschreiten (vorerst) abzusehen (B. v. 7.9.1990, OVGE 19, 102 = BRS 50 Nr. 206, B. v. 13.3.1998, LKV 1998, 355 und B. v. 22.1.2003, BRS 66 Nr. 197 = LKV 2003, 276, 278; vgl. auch U. v. 14.5.1982, BRS 39 Nr. 207 sowie Erläuterungen zu § 79).

Die Frage, unter welchen Voraussetzungen ein Antrag eines Nachbarn auf Erlass einer ein genehmigungsfrei gestelltes Vorhaben betreffenden **einstweilgen Anordnung nach § 123 VwGO** Aussicht auf Erfolg hat, ist umstritten; Entscheidungen des OVG Bln-Bbg zu dieser Frage sind (noch) nicht ersichtlich. Folgt man der erwähnten Rechtsprechung des OVG Bln. zum Anspruch des Nachbarn auf bauaufsichtliches Einschreiten, so liegt es nahe, bereits allein eine Verletzung der den Nachbarn schützenden öffentlich-rechtlichen Normen zur Begründung eines Anordnungsanspruchs genügen zu lassen, falls nicht Besonderheiten des Einzelfalls dagegen sprechen. In der Rechtsprechung zu anderen Landesbauordnungen wird angenommen, dass ein derartiger Antrag dann begründet sei, wenn ein Vorhaben gegen nachbarschützende Vorschriften verstoße (SächsOVG, B. v. 22.8.1996, BRS 58 Nr. 197) bzw. gewichtige und ernstzunehmende Gründe hierfür glaubhaft gemacht seien und durch das Vorhaben darüber hinaus Belange des Nachbarn mehr als nur geringfügig berührt würden (VGH BW B. v. 29.10.1994, BRS 56 Nr. 190). Diese Rechtsprechung wird unter Berufung auf Art. 19 Abs. 4 GG und den Gedanken der Gleichstellung der Nachbarn von dem Bestreben geprägt, den vorläufigen Rechtsschutz im Freistellungsverfahren an die für den Nachbarschutz gegen Baugenehmigungen durch Beschlüsse nach § 80 Abs. 5 VwGO entwickelten Maßstäbe der Interessenabwägung anzugleichen (s. z. B.: BayVGH, B. v. 26.7.1996, NVwZ 1997, 923). Beim Genehmigungsfreistellungsverfahren dürften keine hohen Anforderungen an die Pflicht zum Einschreiten gelten, da hier die repressiven Befugnisse der BABeh. einen kompensatorischen Ausgleich für das fehlende präventive Baugenehmigungsverfahren darstellen (VGH BW, a. a. O.). Diese Rechtsprechung des VGH BW hat breite Zustimmung gefunden (s. nur von Feldmann/Groth/Aschmann, GE 2006, 299, 304 und Finkelnburg/Ortloff, Öffentliches Baurecht II, S. 338 f.).

Abschnitt 3:
Genehmigungsverfahren

§ 64 Vereinfachtes Baugenehmigungsverfahren

¹Außer bei Sonderbauten werden geprüft
1. die Übereinstimmung mit den Vorschriften über die Zulässigkeit der baulichen Anlagen nach den §§ 29 bis 38 des Baugesetzbuchs,
2. beantragte und erforderliche Abweichungen im Sinne des § 68 Abs. 1 und 2 Satz 2 sowie die Übereinstimmung mit den Anforderungen gemäß den §§ 4 bis 6 und
3. andere öffentlich-rechtliche Anforderungen, soweit wegen der Baugenehmigung eine Entscheidung nach anderen öffentlich-rechtlichen Vorschriften entfällt oder ersetzt wird.

²Die durch eine Umweltverträglichkeitsprüfung ermittelten, beschriebenen und bewerteten Umweltauswirkungen sind nach Maßgabe der hierfür geltenden Vorschriften zu berücksichtigen. ³§ 67 bleibt unberührt.

Erläuterungen:

1 **I. Charakteristika** des **vereinfachten Baugenehmigungsverfahrens** sind der gegenüber dem regulären Baugenehmigungsverfahren (vgl. § 65) **reduzierte Umfang der bauaufsichtlichen Prüfung** und die entsprechend **begrenzte Wirkung der erteilten Baugenehmigung** (vgl. § 60 RNr. 3). Der Gesetzgeber hat den bereits im Rahmen früherer Novellen vergrößerten Anwendungsbereich des vereinfachten Baugenehmigungsverfahrens (vgl. Voraufl. § 60a RNr. 1) nochmals ausgeweitet: Stand das Verfahren nach der BauOBln 1997 im Wesentlichen für Wohngebäude bis zu drei Vollgeschossen zur Verfügung, so ist es nunmehr für Vorhaben jeder Art und Größe mit Ausnahme von Sonderbauten (vgl. § 2 Abs. 4) eröffnet. Damit handelt es sich der Sache nach um das in der großen Mehrzahl der eine Baugenehmigung erfordernden Fälle einschlägige Baugenehmigungsverfahren („Standardgenehmigungsverfahren", vgl. BayVGH, B. v. 27.12.2001, BRS 65 Nr. 166), während das „reguläre" Baugenehmigungsverfahren rechtlich und faktisch nur noch in Sonderfällen zur Anwendung kommt. Zur Einordnung des vereinfachten Baugenehmigungsverfahrens in die verschiedenen Verfahrensvarianten der BauO Bln s. § 60 RNr. 3, zu Besonderheiten des Verfahrensablaufs und zur Genehmigungsfiktion s. § 70 Abs. 4 sowie § 71 RNr. 3.

2 **II.** Der **Anwendungsbereich des vereinfachten Baugenehmigungsverfahrens** ist in **Satz 1** ausdrücklich nur negativ gegenüber dem Baugenehmigungsverfahren dadurch abgegrenzt, dass ihm **keine** Vorhaben unterfallen, die **Sonderbauten** betreffen. Der gesamte Anwendungsbereich der Norm ergibt sich erst aus einer Zusammenschau mit den Regelungen der §§ 60 Abs. 1, 61, 62 und 63 Abs. 1 und 2 über die Baugenehmigungspflichtigkeit und die Baugenehmigungsfreiheit von Vorhaben. Demnach findet das vereinfachte Verfahren bei Vorhaben Anwendung, die die Errichtung, Änderung oder Nutzungsänderung von Anlagen mit Ausnahme von Sonderbauten betreffen, soweit in den §§ 61 bis 63, 75 und 76 nichts anderes bestimmt ist (§ 60 Abs. 1). Zunächst ist also – neben den Fragen nach einem Vorrang anderer Gestattungsverfahren (§ 61) und der Verfahrensfreiheit (§ 62) – jeweils insbesondere zu prüfen, ob die Voraussetzungen eines Genehmigungsfreistellungsverfahrens nach § 63 eröffnet sind; liegen diese vollständig

vor, so muss das Vorhaben im Freistellungsverfahren behandelt werden, es sei denn, die BABeh. erklärt, dass das vereinfachte Baugenehmigungsverfahren durchgeführt werden soll (§ 63 Abs. 2 Nr. 3, Abs. 4). Die **Abgrenzung der Anwendungsbereiche** der gegenständlich auch für alle Vorhaben mit Ausnahme von Sonderbauten eröffneten (§ 63 Abs. 1) **Genehmigungsfreistellung** vom **vereinfachten Baugenehmigungsverfahren** erfolgt durch die **unterschiedlichen bauplanungsrechtlichen Voraussetzungen**, da das Freistellungsverfahren gemäß § 63 Abs. 1 Nr. 1 nur auf Vorhaben im Geltungsbereich eines qualifizierten Bebauungsplans oder eines vorhabenbezogenen Bebauungsplans sowie auf Vorhaben Anwendung findet, die in einem planungsrechtlichen Bescheid nach § 76 Abs. 2 abschließend als insgesamt planungsrechtlich zulässig festgestellt worden sind. Mithin fallen z. B. Vorhaben, deren bauplanungsrechtliche Zulässigkeit sich nicht nach § 30 Abs. 1 oder 2, sondern nach §§ 33, 34 oder 35 BauGB beurteilt und für die kein planungsrechtlicher Bescheid erteilt wurde, unter das vereinfachte Genehmigungsverfahren. Umstritten ist, ob Vorhaben im Geltungsbereich eines qualifizierten Bebauungsplans, die mit dessen Festsetzungen nicht vollständig übereinstimmen und für die noch keine Befreiung gemäß § 31 Abs. 2 BauGB ausgesprochen wurde, von § 64 erfasst werden (s. § 63 RNr. 7). Dem vereinfachten Genehmigungsverfahren unterliegt gewissermaßen die „Restmenge" von Vorhaben, bei denen es sich weder um Sonderbauten handelt noch die bauplanungsrechtlichen Voraussetzungen für eine Genehmigungsfreistellung erfüllt sind (vgl. AH-Drucks. 15/3926, S. 117).

III. Im vereinfachten Baugenehmigungsverfahren ist das **Prüfprogramm** beschränkt. Gegenüber § 60a BauOBln 1997 wurden in § 64 die Prüfungsgegenstände sowohl des Bauordnungsrechts als auch anderer öffentlich-rechtlicher Vorschriften weiter eingeschränkt. Die Regelung des Umfangs des Prüfprogramms in Satz 1 (dazu 1.) wird hinsichtlich der Berücksichtigung der Ergebnisse einer Umweltverträglichkeitsprüfung durch Satz 2 (dazu unter 2.) und hinsichtlich der Prüfung der bautechnischen Nachweise durch die über eine bloße Klarstellung hinausgehende Bestimmung des Satzes 3 (dazu 3.) ergänzt.

1. Nach Satz 1 ist im vereinfachten Baugenehmigungsverfahren die Übereinstimmung des Vorhabens mit den nachfolgend genannten öffentlich-rechtlichen Vorschriften bzw. Anforderungen zu prüfen.

a) In bauplanungsrechtlicher Hinsicht beschränkt sich die Prüfung auf die §§ 29 – 38 BauGB (**Satz 1 Nr. 1**). Abweichungen vom sonstigen materiellen **Bauplanungsrecht** – z. B. das Erfordernis einer Ausnahme von einer Veränderungssperre nach § 14 Abs. 2 BauGB – sind (sofern kein eigenständiges Gestattungsverfahren vorgesehen ist) nach § 68 Abs. 2 zu behandeln (vgl. AH-Drucks. 15/3926, S. 118).

b) **Satz 1 Nr. 2** bezieht aus Gründen der Verfahrensvereinfachung beantragte und erforderliche **Abweichungen** im Sinne des § 68 Abs. 1 und Abs. 2 Satz 2 in das Prüfprogramm des vereinfachten Baugenehmigungsverfahrens mit der Folge ein, dass über diese im Rahmen der Baugenehmigung in einem einheitlichen Bescheid entschieden werden kann. Die Beschränkung des Prüfprogramms soll aber grundsätzlich mit der Konsequenz unberührt bleiben, dass es Sache des Bauherrn ist, diese Abweichungen zur Prüfung zu stellen, und die BABeh. nicht verpflichtet wird, das Bauvorhaben auf Abweichungen von nicht zum Prüfprogramm gehörenden Vorschriften zu untersuchen (vgl. AH-Drucks. 15/3926, S. 118). Problematisch ist die Frage nach der Rechtsfolge für die Baugenehmigung in den Fällen, in denen die BABeh. die beantragte und erforderliche Abweichung von nicht zum übrigen Prüfprogramm des § 64 gehörenden Vorschriften versagt. Nach einer Auffassung soll dann ein ablehnender Bescheid über die Abweichung ergehen, die Baugenehmigung jedoch erteilt werden, wenn die Voraussetzungen in dem sonst zu prüfenden Vorschriftenbereich erfüllt sind (von Feldmann/Groth/Aschmann, GE 2006, 299, 301 f.). Gegen diese Ansicht spricht, dass der Gesetzgeber beantragte und erforderliche Abweichungen – unabhängig vom „an sich" geltenden Prüfprogramm – ausdrücklich der Prüfung im vereinfachten Baugenehmigungsverfahren unterworfen hat, ohne dies auf Fälle eines positiven Ausgangs der Prüfung zu beschränken. Hinzu kommt, dass der BABeh. nicht verwehrt sein darf, die Baugenehmigung bei einem ihr bereits bekannt gewordenen Gesetzesverstoß auch außerhalb der in das Prüfprogramm einbezogenen Normen zu versagen (s. unten RNr 15.)

7 Die Prüfung von Anforderungen des **Bauordnungsrecht**s erstreckt sich gemäß **Satz 1 Nr. 2** ferner auf die Regelungen der **§§ 4 – 6** über die **bauordnungsrechtlichen Erschließungsanforderungen** und die **Abstandsflächen**; darüber hinaus sind im vereinfachten Baugenehmigungsverfahren in bestimmten Fallgruppen auch bautechnische Nachweise bauaufsichtlich zu prüfen (dazu unten 3.).

8 c) Zum Prüfprogramm gehören schließlich die Anforderungen, die sich aus dem der Baugenehmigung „**aufgedrängten" öffentlichen Recht** ergeben (**Satz 1 Nr. 3**); diese Regelung greift immer dann, wenn ein fachrechtliches Anlagenzulassungsverfahren für den Fall eines Baugenehmigungsverfahrens diesem (unter Zurücktreten der fachrechtlichen Gestattung) die Prüfung des materiellen Fachrechts zuweist (AH-Drucks. 15/3926, S. 118, s. auch § 61 RNr. 1). Dies gilt z. B. für das Denkmalschutzrecht, wenn die denkmalrechtliche Genehmigung nicht gemäß § 12 Abs. 1 Satz 2 DSchG Bln gesondert beantragt wird; dann schließt die Baugenehmigung oder bauordnungsrechtliche Zustimmung die denkmalrechtliche Genehmigung ein (§ 12 Abs. 2 Satz 2 DSchG Bln). Auch Genehmigungen im Geltungsbereich von Erhaltungssatzungen (§ 172 BauGB) werden durch die BABeh. erteilt, wenn für das Vorhaben eine baurechtliche Genehmigung oder Zustimmung erforderlich ist (§ 173 Abs. 1 BauGB). Zur Prüfung straßenrechtlicher Belange nach § 9 Abs. 2, 3a FStrG: HessVGH, B. v. 26. 3. 2007, NVwZ-RR 2007, 740 f.

9 2. Der durch das Berliner Gesetz über die Umweltverträglichkeitsprüfung (UVPG Bln) vom 7.6.2007 (GVBl. S. 222) eingefügte **Satz 2** betrifft die Einbeziehung der Ergebnisse einer **Umweltverträglichkeitsprüfung** in das vereinfachte – und über die entsprechende Anwendung gemäß § 65 Satz 2 auch das „reguläre" – Baugenehmigungsverfahren. Die Regelung des Satzes 2, mit der der Gesetzgeber eine Lücke bei der Umsetzung der die Umweltverträglichkeitsprüfung betreffenden Richtlinien 85/337/EWG und 97/11/EG hat schließen wollen (vgl. AH-Drucks. 16/0179, S. 18 f.), dürfte (auch in ihrer entsprechenden Anwendung auf Sonderbauten betreffende Baugenehmigungsverfahren gemäß § 65 Satz 2) geringe praktische Bedeutung erlagen. Die Gesetzeslücke bestand darin, dass bestimmte Kategorien von Bauvorhaben nach europäischem Recht der Umweltverträglichkeitsprüfung unterfallen, die Nr. 18 der Anlage 1 des UVPG (des Bundes) aber nur eingreift, wenn für diese Vorhaben Bebauungspläne aufgestellt werden. § 3 Abs. 1 UVPG Bln i. V. m. Nr. 2.1 der Anlage 1 erfasst nunmehr die nach europäischem Recht der Umweltverträglichkeitsprüfung unterliegenden – wegen des in § 1 Abs. 3 BauGB und in § 35 Abs. 2 BauGB (dort als sonstiger öffentlicher Belang, s. BVerwG, U. v. 1.8.2002, BVerwGE 117, 25 = BRS 65 Nr. 10) verankerten Planungserfordernisses voraussichtlich nicht sehr zahlreichen – Vorhaben, die ohne Aufstellung, Änderung oder Ergänzung eines Bebauungsplans – in der Regel auf der Grundlage der §§ 34, 35 BauGB – genehmigt werden (zu den Fallgruppen UVP-pflichtiger Baugenehmigungsverfahren s. näher: Wagner/Paßlick in: Hoppe, UVPG, 3. Aufl. 2007, § 17 RNr. 46).

10 a) Gemäß § 3 Abs. 1 UVPG Bln ist für Vorhaben nach der Anlage 1 jenes Gesetzes unter den dort genannten **Voraussetzungen** eine Umweltverträglichkeitsprüfung durchzuführen, auf die das UVPG (des Bundes) in seiner jeweils geltenden Fassung entsprechend anzuwenden ist (§ 3 Abs. 2 UVPG Bln). Gemäß Nr. 2.1 der Anlage 1 zum UVPG Bln besteht für bestimmte Arten von Bauvorhaben eine Verpflichtung zur Durchführung einer Umweltverträglichkeitsprüfung, wenn das Vorhaben nach einer allgemeinen Vorprüfung des Einzelfalls entsprechend § 3a UVPG erhebliche nachhaltige Umweltauswirkungen haben kann: Der Katalog umfasst z. B. Feriendörfer und Hotelkomplexe im Außenbereich, ganzjährige Campingplätze, Industriezonen sowie Einkaufszentren, großflächigen Einzelhandelsbetriebe und großflächige Handelsbetriebe im Sinne von § 11 Abs. 3 Satz 1 BauNVO, wenn kein Bebauungsplan aufgestellt, geändert oder ergänzt wurde und die in Nr. 18.1 – 18.7 der Anlage 1 zum UVPG (des Bundes) genannten Schwellenwerte erreicht oder überschritten werden. Wird demgegenüber bei derartigen Vorhaben ein Bebauungsplan aufgestellt, geändert oder ergänzt, wird die Umweltverträglichkeitsprüfung einschließlich der Vorprüfung des Einzelfalls nach § 2 Abs. 1 Satz 1 bis 3 UVPG sowie den §§ 3a bis 3f UVPG im Aufstellungsverfahren nach den Vorschriften von § 2 Abs. 4, § 2a BauGB durchgeführt (§ 17 Abs. 1 Satz 1 UVPG). Abweichend von § 17 Abs. 3 UVPG findet im nachfolgenden Zulassungsverfahren (hier: Baugenehmigungsverfahren) für die Anlage nach Bundesrecht auch keine ergänzende Umweltverträglichkeitsprüfung statt, da die Formulierung der Nrn. 18.1. bis 18.7 der Anlage 1 zum UVPG dahin verstanden wird, dass die Umweltverträglichkeitsprüfung vollständig im Verfahren zur Aufstellung des Bebauungsplans abgewickelt werden muss (Krautzberger/Stemmler, UPR 2001, 241, 242; Peters/Balla, UVPG, 3. Aufl. 2006, § 17 RNr. 7; Wagner/Paßlick in Hoppe, UVPG, a. a. O., RNr. 188). Zur Schließung einer sich aus dem Fehlen einer ergänzenden Umweltverträglichkeitsprüfung in unmittelbarer Anwendung des UVPG im Einzelfall ergebenden „Lücke" (vgl. Große-Suchsdorf/Lindorf/Schmaltz/Wiechert, NdsBauO, 8. Aufl., § 75 RNr. 35) dürfte das UVPG Bln im Geltungsbereich eines Bebauungsplans ebenfalls heranzuziehen sein, wenn sich durch den Zeitablauf die bei dessen Aufstellung angenommenen Randbedingungen ganz erheblich verändert haben (Wagner/Paßlick, a. a. O., RNr. 46).

b) Für die **Umweltverträglichkeitsprüfung** ist **kein selbständiges verwaltungsbehördliches Verfahren** vorgesehen, sie ist unselbständiger Teil des verwaltungsbehördlichen Verfahrens, das der Entscheidung über die Zulassung des Vorhabens (**„Trägerverfahren"**) dient (§ 2 Abs. 1 Satz 1 UVPG). Ist für ein Vorhaben nur die Baugenehmigung erforderlich, so ist das Baugenehmigungsverfahren das „Trägerverfahren", in dem auch die Beteiligung der Öffentlichkeit (§ 9 UVPG) zu erfolgen hat. Bedarf ein Vorhaben der Zulassung durch mehrere Behörden, so ergibt sich aus § 3 Abs. 3 UVPG Bln, welche Behörde „federführend" ist. Abgesehen von Sonderregelungen für nach § 4 BImSchG und § 7 AtG genehmigungsbedürftige Anlagen kommt es darauf an, wo der Schwerpunkt der Zulassungsentscheidung liegt (§ 3 Abs. 3 Satz 3 Nr. 3 UVPG Bln); der Schwerpunkt im Sinne dieser Regelung soll bei dem Verfahren liegen, in dem nach den zugrunde liegenden Rechtsvorschriften der umfassendere Kreis von Rechtsgütern zu prüfen ist (AH-Drucks. 16/0179, S. 16). In Zweifelsfällen entscheidet die Aufsichtsbehörde (§ 3 Abs. 3 Sätze 3 und 4 UVPG Bln).

c) Satz 2 schreibt vor, dass die durch eine Umweltverträglichkeitsprüfung ermittelten, beschriebenen und bewerteten Umweltauswirkungen nach Maßgabe der hierfür geltenden gesetzlichen Vorschriften zu berücksichtigen sind. Dabei bedeutet „**berücksichtigen**" nicht nur zur Kenntnis nehmen, vielmehr muss die entscheidende Behörde sich mit dem Bewertungsergebnis sachlich auseinandersetzen (Peters/Balla, Gesetz über die Umweltverträglichkeitsprüfung, a. a. O., § 12 RNr. 36). Mit der Wendung, dass die Umweltauswirkungen „nach **Maßgabe der hierfür geltenden Vorschriften**" zu berücksichtigen seien, lehnt sich der Landesgesetzgeber an die Regelung des § 12 UVPG an; da die Umweltverträglichkeitsprüfung nur das an spezifischen Erkenntnissen zu liefern

§ 64 RNr. 13

hat, was nach Maßgabe des einschlägigen Zulassungsrechts entscheidungserheblich ist (zur Orientierung der **Bewertung der Umweltauswirkungen** am jeweiligen Fachrecht vgl. Peters/Balla, a. a. O., § 12 RNrn. 13 ff.), diese normativen Anforderungen aber ohnehin kraft eigenen Rechts beachtet werden müssen, dürfte dem Berücksichtigungsauftrag an sich wohl nur eine klarstellende Bedeutung zukommen (vgl. Gassner, UVPG, Kommentar, 2006, § 12 RNr. 5). Als maßgebende Vorschriften kommen nach dem Prüfungsmaßstab des Satzes 1 vor allem Bestimmungen des Bauplanungsrechts (Nr. 1) in Betracht. Obgleich § 2 Abs. 1 Satz 2 UVPG von einem umfassenden Verständnis umweltbezogener Auswirkungen ausgeht, sind Umweltauswirkungen bauplanungsrechtlich im Rahmen von § 35 Abs. 2 BauGB (dort insbesondere mit Blick auf die Nrn. 3 und 5) nur als einzelne öffentliche Belange von Bedeutung, während die Berücksichtigung selbst derartiger Belange im Bereich des § 34 BauGB nur äußerst beschränkt möglich ist (vgl. Battis/Krautzberger/Löhr, BauGB, 10. Aufl., § 34 RNrn. 26 f. und 79 f.); vor diesem Hintergrund wird bezweifelt, ob die Ergebnisse einer Umweltverträglichkeitsprüfung nach den Entscheidungsmaßstäben des Bauplanungsrechts bei der Entscheidung über die Zulassung eines Vorhabens hinreichend berücksichtigt werden können (vgl. Hamann, ZfBR 2006, 537; Wulfhorst, ZUR 2002, 24). Wegen der Beschränkung des Prüfungsmaßstabs der BABeh. ist fraglich, ob für die Ermittlung, Beschreibung und Bewertung von Umweltauswirkungen neben §§ 34, 35 BauGB in Betracht kommende Bestimmungen – etwa die Generalklausel des § 3 Abs. 1 („natürliche Lebensgrundlagen"), insbesondere aber auch Regelungen des einschlägigen Fachrechts (z. B. des Naturschutzrechts) – auch über den Katalog des Satzes 1 (bei der entsprechenden Anwendung im „regulären" Baugenehmigungsverfahren über den des § 65 Satz 1) hinaus in das Entscheidungsprogramm des Baugenehmigungsverfahrens aufgenommen werden können und erforderlichenfalls (sofern sie nicht Prüfungsmaßstab einer parallelen fachrechtlichen Zulassungsentscheidung sind) aufgenommen werden müssen; der Aspekt einer richtlinienkonformen Auslegung (s. BVerwG, U. v. 30.6.2004, DVBl. 2004, 1304) mag für ein in diesem Sinne den Prüfungsmaßstab der Sätze 1 und 3 erweiterndes, über eine bloße klarstellende Bedeutung der Norm hinausreichendes Verständnis des Satzes 2 sprechen. Eine Auslegungszweifel vermeidende, eindeutige gesetzliche Regelung der Bedeutung der Umweltverträglichkeitsprüfung für die Baugenehmigung enthält § 75 Abs. 1 Satz 2 NdsBauO; demnach darf eine Baugenehmigung für ein UVP-pflichtiges Vorhaben nur erteilt werden, wenn sichergestellt ist, dass keine erheblichen Auswirkungen auf die in § 2 Abs. 1 Satz 2 UVPG genannten Schutzgüter hervorgerufen werden können, andernfalls bedarf es eines Bebauungsplans (vgl. Große-Suchsdorf/Lindorf/Schmaltz/Wiechert, NdsBauO, 8. Aufl., § 77 RNr. 35).

13   **3. Satz 3** betrifft die **bauaufsichtliche Prüfung bautechnischer Nachweise**. Er verweist darauf, dass die Regelung über die bautechnischen Nachweise (§ 67) „unberührt" bleibt; § 67 Abs. 2 regelt, dass Standsicherheitsnachweise und Brandschutznachweise für dort näher bestimmte Kategorien von Anlagen bauaufsichtlich geprüft werden (s. Erläuterungen zu dieser Norm). Nach der in der Begründung des Gesetzentwurfs (AH-Drucks. 15/3926, S. 118) zum Ausdruck kommenden Absicht soll Satz 3 über eine bloße Klarstellung (wie sie im gleich lautenden § 63 Abs. 5 Satz 1 enthalten sei) hinaus eine **zusätzliche Regelung des bauaufsichtlichen Prüfprogramms** darstellen, das um die in § 67 Abs. 2 genannten Gegenstände erweitert werde. Anders als gemäß § 66 BbgBauO, dem die Konzeption einer völligen Trennung von Baugenehmigung und Prüfung der bautechnischen Nachweise zugrunde liegt (s. dazu Knuth, LKV 2004, 193, 199 f.), war demnach eine Verknüpfung der Prüfung bautechnischer Nachweise, soweit diese nach § 67 Abs. 2 gefordert ist, mit dem (vereinfachten) Baugenehmigungsverfahren beabsichtigt. Auf der Grundlage dieses Verständnisses hat der Verordnungsgeber die §§ 13, 14

BauVerfVO ausgestaltet. Die nach § 67 Abs. 2 erforderlichen Prüfungen erfolgen regelmäßig gemäß § 13 Abs. 1 BauVerfVO durch **Prüfingenieurinnen oder Prüfingenieure** nach der BauPrüfVO, die gemäß § 13 Abs. 2 Satz 4 BauVerfVO im Sinne des § 71 Abs. 7 Nr. 2, in den Fällen des § 67 Abs. 2 und im Sinne des § 80 Abs. 2 **BABeh.** – also mit Hoheitsgewalt **Beliehene** – sind; § 13 Abs. 2 Satz 5 BauVerfVO bestimmt, dass in den Fällen des § 67 Abs. 2 Satz 2 (Prüfung der Brandschutznachweise) der Prüfingenieur für Brandschutz zusätzlich auch BABeh. „im Sinne des § 68 Abs. 1" ist, also über Abweichungen von Anforderungen der Vorschriften über Brandschutz entscheidet. Stehen Prüfingenieure für Brandschutz nicht in ausreichender Zahl zur Verfügung, nimmt die BABeh. deren Aufgaben wahr (§ 13 Abs. 3 BauVerfVO). Nach § 14 Abs. 2 Satz 1 und Abs. 3 Satz 1 BauVerfVO müssen die Berichte über die geprüften Standsicherheits- und Brandschutznachweise vor Erteilung der Baugenehmigung vorliegen; ist dies nicht der Fall, so ist die Baugenehmigung unter der Bedingung zu erteilen, dass mit der Bauausführung erst begonnen werden darf, wenn die geprüften Nachweise der BABeh. vorliegen (§ 14 Abs. 2 Satz 3 und Abs. 3 Satz 2 BauVerfVO).

14 Versteht man Satz 3 im Kontext des Satzes 1 und entsprechend den Gesetzesmotiven als Regelung über das bauaufsichtliche Prüfprogramm im vereinfachten Baugenehmigungsverfahren, ist damit wegen der dualistischen Verfahrensgestaltung unter Beteiligung von zwei oder drei verschiedenen Stellen als BABeh. (der BABeh. des Bezirks oder der Senatsverwaltung einerseits und dem oder den Beliehenen andererseits) noch nicht abschließend gesagt, dass die Übereinstimmung des Vorhabens mit den Anforderungen der Vorschriften über die Standsicherheit und den Brandschutz auch Inhalt des feststellenden Teils der von der BABeh. des Bezirks oder der Senatsverwaltung erteilten Baugenehmigung – mit den nachfolgend (RNr. 17) behandelten Konsequenzen für den Nachbarschutz – ist. Liegen die geprüften bautechnischen Nachweise bei Erteilung der Baugenehmigung vor, so mag die Auffassung nahe liegend sein, dass die in ihnen getroffenen Feststellungen mit Außenwirkung gegenüber den am Bau Beteiligten und den Nachbarn von der BABeh. des Bezirks oder der Senatsverwaltung aufgegriffen und implizit zum Regelungsinhalt der Baugenehmigung (oder der Versagung) gemacht werden; ob dies auch im Falle der dem Prüfingenieur für Brandschutz als BABeh. übertragenen Ermessensentscheidung gemäß § 68 Abs. 1 gilt, erscheint allerdings zweifelhaft. Problematisch sind jedenfalls die Fälle, in denen die geprüften bautechnischen Nachweise bei Erteilung der Baugenehmigung nicht vorliegen; der Erlass der Baugenehmigung mit der vorgenannten aufschiebenden Bedingung im Sinne von § 36 Abs. 2 Nr. 2 VwVfG erscheint nicht geeignet, eine Feststellungswirkung der Baugenehmigung hinsichtlich der Übereinstimmung des Vorhabens mit den Vorschriften über den Brandschutz und die Standsicherheit zu begründen.

15 **4.** Die Beschränkung des Prüfprogramms im vereinfachten Baugenehmigungsverfahren schließt nicht aus, dass die BABeh. die Erteilung einer Baugenehmigung bei einem **Verstoß gegen Vorschriften, die nicht zum Prüfprogramm gehören**, ablehnt. Obgleich eine § 60a Abs. 2 Satz 3 BauOBln 1997, dem gemäß die Prüfung der Vereinbarkeit des Vorhabens mit anderen öffentlich-rechtlichen Vorschriften unberührt blieb, entsprechende ausdrückliche Regelung nunmehr fehlt, darf die BABeh. auch außerhalb ihres obligatorischen Prüfprogramms augenfällige Rechtsverstöße nicht ignorieren. Bei offensichtlichen Verstößen gegen nicht prüfpflichtige Vorschriften ist sie gehalten, schon im Baugenehmigungsverfahren Maßnahmen zu ergreifen, die ein späteres bauaufsichtliches Einschreiten (vgl. § 60 Abs. 2) entbehrlich machen (OVG RP, B. v. 18.11.1991, BRS 52 Nr. 148; vgl. auch SächsOVG, U. v. 3.4.1997, LKV 1997, 374 f.). Soweit offenkundig ein Verstoß gegen nicht zum Prüfprogramm gehörende Vorschriften vorliegt, kann die BABeh. den Bauantrag wegen Fehlens eines **Sachbescheidungsinteresses** ablehnen; es besteht nämlich kein Interesse an der Erteilung einer Baugenehmigung für ein Vorhaben, dessen Verwirklichung sofort mit einer Baueinstellungsverfügung, einer Nutzungsuntersagung oder gar einer Beseitigungsverfügung wieder unterbunden werden müsste (VG Darmstadt, U. v. 7.6.2005, NVwZ-RR 2006, 680, 681 m. w. N.; Martini, DVBl. 2001, 1488, 1489; Schretter/Schenk, in: Reichel/Schulte, Handbuch Bauordnungsrecht, S. 783 f. m. w. N.; a. A.: von Feldmann/Groth/Aschmann, GE 2006, 299, 304). Gleiches gilt, wenn eine erforderliche fachrechtliche Parallelgenehmigung unanfechtbar versagt wurde oder offensichtlich nicht erteilt werden kann (AH-Drucks. 15/3926, S. 120; VGH BW, B. v. 12.9.2002, DÖV 2002, 642; OVG NW, U. v. 20.3.1992, BauR 1992, 610; Ortloff, NJW 1987, 1665, 1668 f.). Im Übrigen kann die BABeh. die Erteilung der Baugenehmigung mit Anordnungen gemäß § 58 Abs. 1 Satz 2 verbinden, wenn erkannt wird, dass das Vorhaben außerhalb des Prüfprogramms liegende Belange beeinträchtigt (vgl. BayVGH, B. v. 6.6.2002, BRS 65 Nr. 167).

16 IV. Aus dem Wesen des einen beschränkten Prüfungsumfang aufweisenden vereinfachten Genehmigungsverfahrens und der Bestimmung des § 71 Abs. 1 folgt, dass die **Feststellungswirkung** der Baugenehmigung die Übereinstimmung des Vorhabens nur mit den öffentlich-rechtlichen Vorschriften umfasst, die in diesem Verfahren zu prüfen sind (vgl. BVerwG, B. v. 16.1.1997, NVwZ 1998, 58; BayVGH, B. v. 27.10.1999, BRS 62 Nr. 166 u. v. 27.12.2001, BRS 65 Nr. 166; NdsOVG, B. v. 17.12.1996, UPR 1997, 159; OVG NW, U. v. 14.9.2001, BRS 64 Nr. 163; OVG RP, B. v. 18.11.1991, BRS 52 Nr. 148; Jäde, ZfBR 1996, 241; von Feldmann/Groth/Aschmann, GE 2006, 290, 302; Knuth LKV 1998, 333, 338 u. LKV 2004, 193, 198; Uechtritz, NVwZ 1996, 640, 646 f.). Dementsprechend ist auch der **verfügende Teil der Baugenehmigung** (Baufreigabe) insoweit beschränkt (OVG RP ebd.).

17 V. Gegen die im vereinfachten Baugenehmigungsverfahren erteilte Baugenehmigung kann der **Nachbar** – ebenso wie gegen die „reguläre" Baugenehmigung – mit Widerspruch und Anfechtungsklage, die keine aufschiebende Wirkung haben (§ 212a Abs. 1 BauGB), vorgehen; vorläufiger Rechtsschutz ist nach §§ 80, 80a VwGO zu gewähren. Die Einschränkung des Prüfungsmaßstabs im vereinfachten Genehmigungsverfahren hat zur Folge, dass ein Dritter eine Baugenehmigung nur insoweit nach § 42 Abs. 2 VwGO zulässigerweise mit Widerspruch und Anfechtungsklage angreifen kann, als ein Verstoß gegen die in § 64 aufgeführten oder angesprochenen Vorschriften geltend gemacht wird; da die im vereinfachten Verfahren erteilte Baugenehmigung nur Wirkungen in Bezug auf öffentlich-rechtliche Vorschriften entfaltet, die in diesem Verfahren zu prüfen waren, wird der Nachbar hinsichtlich der nicht zu prüfenden Vorschriften selbst nicht in seinen Rechten betroffen (BVerwG, B. v. 16.1.1997, NVwZ 1998, 58; BayVGH, B. v. 27.12.2001, BRS 65 Nr. 166; NdsOVG, B. v. 17. 12.1996, UPR 1997, 159; OVG RP, B. v. 18.11.1991, BRS 52 Nr. 148; SächsOVG, B. v. 25.2.1998, BauR 1998, 1006 f.; zum Sonderfall des Nachbarschutzes bei bewusster Überschreitung des Prüfprogramms durch die BABeh. s. OVG Saar, B. v. 31. 5. 2007, NVwZ 2007, 741 f.). Bei Erteilung einer Abweichung (vgl. Satz 1 Nr. 2 1. Alternative) kann deren drittbelastende (unter Umständen auch die Nachbarrechtsposition gestaltende, vgl. § 68 RNr. 3) Regelung Gegenstand eines Widerspruchs und einer Anfechtungsklage des Nachbarn sein, ohne dass es darauf ankäme, ob deren Regelungsinhalt „an sich" zum Prüfprogramm im vereinfachten Genehmigungsverfahren gehört. Wird eine Verletzung von Bestimmungen gerügt, die nicht Prüfungsgegenstand im vereinfachten Baugenehmigungsverfahren sind, kann der Nachbar nur im Wege eines Antrags auf bauaufsichtliches Einschreiten mit nachfolgendem Widerspruch und einer Verpflichtungsklage sowie vorläufigem Rechtsschutz nach § 123 Abs. 1 VwGO (Antrag auf Erlass einer einstweiligen Anordnung) vorgehen. Allerdings sind die meisten für den Nachbarschutz bedeutsamen Regelungen insbesondere des Bauplanungsrechts und des Abstandsflächenrechts vom Prüfprogramm des § 64 erfasst. In den übrigen Fällen, insbesondere wenn (nachbarschützende) Anforderungen an die Standsicherheit (§ 12) und den Brandschutz (§ 14) nicht der bauaufsichtlichen Prüfung bautechnischer Nachweise unterliegen, muss der Nachbar eine komplizierte verfahrensmäßige Aufspaltung der öffentlich-rechtlichen Rechtsbehelfe hinnehmen, die auch für den Bauherrn, der sich möglicherweise einem zweistufigen Vorgehen des Nachbarn ausgesetzt sieht, nachteilig ist (vgl. Uechtritz, NVwZ 1996, 646 f. sowie Martini, DVBl. 2001, 1488, 1497 f.).

§ 65 Baugenehmigungsverfahren

[1]Bei genehmigungsbedürftigen baulichen Anlagen, die nicht unter § 64 fallen, wird geprüft
1. die Übereinstimmung mit den Vorschriften über die Zulässigkeit der baulichen Anlagen nach den §§ 29 bis 38 des Baugesetzbuchs,
2. die Anforderungen nach den Vorschriften dieses Gesetzes und auf Grund dieses Gesetzes,
3. andere öffentlich-rechtliche Anforderungen, soweit wegen der Baugenehmigung eine Entscheidung nach anderen öffentlich-rechtlichen Vorschriften entfällt oder ersetzt wird.

[2]§ 64 Satz 2 gilt entsprechend. [3]§ 67 bleibt unberührt.

Erläuterungen:

I. Die Regelung betrifft das **Prüfprogramm** für die Erteilung einer (regulären) **Baugenehmigung**, das allerdings nur noch auf Vorhaben Anwendung findet, die Sonderbauten im Sinne von § 2 Abs. 4 betreffen (s. II.). Während es sich bei dem vereinfachten Baugenehmigungsverfahren des § 64 um das in der großen Mehrzahl der eine Baugenehmigung erfordernden Fälle einschlägige Verfahren („Standardgenehmigungsverfahren", vgl. BayVGH, B. v. 27.12.2001, BRS 65 Nr. 166) handelt, kommt das **„reguläre" Baugenehmigungsverfahren** des § 65 rechtlich und faktisch nur noch in Sonderfällen zur Anwendung. Zur Einordnung des Baugenehmigungsverfahrens in die verschiedenen Verfahrensvarianten der BauOBln s. § 60 RNr. 3. Im Einklang mit § 64 MBO hat der Gesetzgeber in § 65 Abschied von der Ausgestaltung der Baugenehmigung als (grundsätzlich) umfassender öffentlich-rechtlicher „Unbedenklichkeitsbescheinigung" und damit auch von der – auch der modifizierten – **„Schlusspunkttheorie"** (vgl. Finkelnburg/Ortloff, Öffentliches Baurecht II, S. 115 ff., 120 ff. sowie Voraufl. § 62 RNr. 13) genommen (zur Begründung s. AH-Drucks 15/3926, S. 118 ff.). Während für die Erteilung der „regulären" Baugenehmigung nach dem bisher geltenden Recht erforderlich war, dass das Vorhaben „den öffentlich-rechtlichen Vorschriften" entspricht (§ 62 Abs. 1 Satz 1 BauOBln 1997), und deshalb regelmäßig ein (allenfalls hinsichtlich der Vereinbarkeit des Vorhabens mit in gesonderten parallelen Genehmigungsverfahren zu prüfenden Vorschriften eingeschränkter) umfassender Prüfungsmaßstab zu beachten war (vgl. Voraufl. § 62 RNrn. 10, 17), sieht § 65 nur noch ein **deutlich eingeschränktes Prüfprogramm** vor. Zum Verhältnis der Baugenehmigung zu anderen Genehmigungen, Erlaubnissen etc. nach neuem Recht s. Erläuterungen zu § 61, insbes. RNrn. 1, 16. Von der Neukonzeption des Prüfungsmaßstabs im Baugenehmigungsverfahren sind diejenigen durch Satz 1 Nrn. 1

bis 3 und Satz 2 nicht erfassten (materiellen) öffentlich-rechtlichen Vorschriften betroffen, für deren Umsetzung im Fachrecht kein präventives Kontrollverfahren vorgesehen ist und für deren Anwendung das **Baugenehmigungsverfahren** jetzt **keine „Auffangzuständigkeit"** (vgl. zu dieser Voraufl. § 62 RNr. 59) mehr bereit hält; zur praktischen Relevanz insbesondere für die Prüfung der den Betreiber nach § 22 BImSchG treffenden immissionsschutzrechtlichen Pflichten s. § 71 RNr. 13.

2 **II. Satz 1** regelt zunächst den **Anwendungsbereich des („regulären") Baugenehmigungsverfahrens**. Danach findet das Verfahren Anwendung auf genehmigungsbedürftige bauliche Anlagen (zum Begriff der baulichen Anlage s. § 2 Abs. 1 Sätze 2 und 3), die nicht unter § 64 fallen. Aus der Zusammenschau von §§ 60 Abs. 1, 63 Abs. 1 Satz 1 und 64 Satz 1 (vgl. dazu auch § 64 RNr. 2) folgt, dass lediglich **Sonderbauten** im Sinne des § 2 Abs. 4 dem „herkömmlichen" Genehmigungsverfahren unterliegen, sofern es sich nicht um einer Ausführungsgenehmigung bedürfende Fliegende Bauten (§ 2 Abs. 4 Nr. 15) handelt, für die § 75 Abs. 2 – 9 ein spezielles Verfahren bereit hält, und sofern nicht die Vorschriften über das bauaufsichtliche Zustimmungsverfahren (§ 76) angewandt werden.

3 **III.** Durch **Sätze 1 und 3** wird erstmals das **Prüfungsprogramm** im „regulären" Baugenehmigungsverfahren gesetzlich ausdrücklich beschränkt (s. bereits oben RNr. 1). Die Regelung des Umfangs des Prüfprogramms in Satz 1 wird hinsichtlich der Berücksichtigung der Ergebnisse einer Umweltverträglichkeitsprüfung durch Satz 2 ergänzt und hinsichtlich der Prüfung der bautechnischen Nachweise durch die Bestimmung des Satzes 3 eingeschränkt.

4 1. Nach Satz 1 ist im („regulären") Baugenehmigungsverfahren die Übereinstimmung des Vorhabens mit den nachfolgend genannten öffentlich-rechtlichen Vorschriften bzw. Anforderungen zu prüfen.

5 a) In bauplanungsrechtlicher Hinsicht beschränkt sich die Prüfung – übereinstimmend mit § 64 Satz 1 Nr. 1 – auf die §§ 29 – 38 BauGB (**Satz 1 Nr. 1**). Abweichungen vom sonstigen materiellen **Bauplanungsrecht** – z. B. das Erfordernis einer Ausnahme von einer Veränderungssperre nach § 14 Abs. 2 BauGB – sind (sofern kein eigenständiges Gestattungsverfahren vorgesehen ist) nach § 68 Abs. 2 zu behandeln (vgl. AH-Drucks. 15/3926, S. 118).

6 b) Anders als im vereinfachten Baugenehmigungsverfahren (vgl. § 64 Satz 1 Nr. 2) ist im „regulären" Baugenehmigungsverfahren nach **Satz 1 Nr. 2** grundsätzlich das **gesamte Bauordnungsrecht** zu prüfen. Damit wollte der Gesetzgeber den „Einstieg" in eine Prüfung der Anforderungen der für Sonderbauten auf der Grundlage des § 84 Abs. 1 Nr. 4 erlassenen Sonderbauverordnungen eröffnen sowie die Anwendbarkeit der Regelungen des § 52 Abs. 1 Sätze 1 und 2 sicherstellen, über die für Sonderbauten besondere Anforderungen gestellt und ggf. kompensatorische Erleichterungen zugelassen werden können (vgl. AH-Drucks. 15/3926, S. 119). Eine **Ausnahme** für die Prüfung bauordnungsrechtlicher Anforderungen ergibt sich aus **Satz 3** (dazu näher unter 3.), dem gemäß § 67 unberührt bleibt; hieraus folgt, dass in den Fällen, in denen gemäß § 67 bautechnische Nachweise nicht zu prüfen sind (dies gilt nach § 67 Abs. 3 Satz 1 1. Halbsatz generell für Nachweise des Schall-, Wärme- und Erschütterungsschutzes), der Prüfungsmaßstab von Satz 1 Nr. 2 entsprechend eingeschränkt ist. In der Begründung des Gesetzentwurfs wurde es als „selbstverständlich" angesehen, dass der Prüfverzicht für bautechnische Nachweise in § 67 Abs. 3 Satz 1 1. Halbsatz nach seinem Sinn und Zweck auch einschließe, dass die nachzuweisenden materiellrechtlichen Anforderungen nicht geprüft werden (AH-Drucks. 16/3926, S. 126).

c) **Satz 1 Nr. 3** betrifft die Prüfung des „**aufgedrängten**" **öffentlichen Rechts**. Auf die Erläuterungen zu § 64 Satz 1 Nr. 3 wird verwiesen (§ 64 RNr. 8).

2. Satz 2 ordnet die entsprechende Anwendung der Regelung des **§ 64 Satz 2** über die **Umweltverträglichkeitsprüfung** an; auf die Erläuterungen zu dieser Regelung (§ 64 RNrn. 9 ff.) wird Bezug genommen.

3. Satz 3 bestimmt – im Wortlaut mit § 64 Satz 3 übereinstimmend –, dass § 67 unberührt bleibt. Anders als in § 64, für den diese Formulierung eine zusätzliche, dieses um die Gegenstände des § 67 Abs. 2 erweiternde Regelung des bauaufsichtlichen Prüfprogramms darstellen soll (s. § 64 RNr. 13), wird mit § 65 Satz 3 das hier nach Satz 1 Nr. 2 grundsätzlich das gesamte Bauordnungsrecht umfassende **Prüfprogramm eingeschränkt**, soweit **bautechnische Nachweise** – und damit auch die entsprechenden materiell-rechtlichen Anforderungen (s. oben RNr. 6) – nach § 67 nicht bauaufsichtlich zu prüfen sind; Satz 3 stellt klar, dass § 67 dem § 64 Satz 1 Nr. 2 als spezielle Regelung vorgeht (AH-Drucks. 15/3926, S. 120). Dies hat zur Folge, dass die speziellen Regelungen über die Prüfung der bautechnischen Nachweise (vgl. § 67 Abs. 2 und Abs. 3 Satz 1 2. Halbsatz, §§ 13, 14 BauVerfVO), die regelmäßig durch Prüfingenieurinnen oder Prüfingenieure nach der BauPrüfVO erfolgt, (auch) für die „reguläre" Baugenehmigung gelten. Zu den beachtlichen **Auswirkungen** dieser Besonderheiten auf das **Baugenehmigungsverfahren** und den **Regelungsinhalt** des feststellenden Teils **der Baugenehmigung** wird auf die Erläuterungen zu § 64 Satz 3 verwiesen (dort RNrn. 13, 14).

4. Die Beschränkung des Prüfprogramms im Baugenehmigungsverfahren schließt nicht völlig aus, dass die BABeh. die Erteilung einer Baugenehmigung bei einem **Verstoß gegen Vorschriften, die nicht zum Prüfprogramm gehören**, ablehnt, wobei im Hinblick auf das umfassendere Prüfprogramm hierfür im „regulären" Baugenehmigungsverfahren weniger Raum bleiben dürfte, als im vereinfachten Verfahren. Mit dieser Einschränkung gelten die Erläuterungen zum vereinfachten Baugenehmigungsverfahren (§ 64 RNr. 15) für das („reguläre") Baugenehmigungsverfahren entsprechend.

IV. Aus dem Wesen des nunmehr auch im Prüfungsumfang begrenzten und trotz eines (relativ) größeren Prüfungsumfangs deshalb in der Struktur dem vereinfachten Baugenehmigungsverfahren ähnlichen („regulären") Baugenehmigungsverfahrens und aus der Bestimmung des § 71 Abs. 1 folgt, dass die **Feststellungswirkung** der Baugenehmigung die Übereinstimmung des Vorhabens nur mit den öffentlich-rechtlichen Vorschriften umfasst, die in diesem Verfahren zu prüfen sind, und auch der **verfügende Teil der Baugenehmigung** in diesem Umfang beschränkt ist (vgl. BVerwG, B. v. 16.1.1997, NVwZ 1998, 58; BayVGH, B. v. 27.10.1999, BRS 62 Nr. 166 u. v. 27.12.2001, BRS 65 Nr. 166; NdsOVG, B. v. 17.12.1996, UPR 1997, 159; OVG NW, U. v. 14.9.2001, BRS 64 Nr. 163; OVG RP, B. v. 18.11.1991, BRS 52 Nr. 148; Jäde, ZfBR 1996, 241; Knuth LKV 1998, 333, 338 u. LKV 2004, 193, 198; Uechtritz, NVwZ 1996, 640, 646 f.).

V. Gegen die im („regulären") Baugenehmigungsverfahren erteilte Baugenehmigung kann der **Nachbar** mit Widerspruch und Anfechtungsklage, die keine aufschiebende Wirkung haben (§ 212a Abs. 1 BauGB), vorgehen; vorläufiger Rechtsschutz ist nach §§ 80, 80a VwGO zu gewähren. Die Einschränkung des Prüfungsmaßstabs in § 65 hat zur Folge, dass ein Dritter eine Baugenehmigung nur insoweit nach § 42 Abs. 2 VwGO zulässigerweise mit Widerspruch und Anfechtungsklage angreifen kann, als ein Verstoß gegen die in § 65 aufgeführten oder angesprochenen Vorschriften geltend gemacht wird; da die Baugenehmigung nur Wirkungen in Bezug auf öffentlich-rechtliche Vorschriften entfaltet, die in diesem Verfahren zu prüfen waren, wird der Nachbar hinsichtlich der nicht zu prüfenden Vorschriften selbst nicht in seinen Rechten betroffen

(BVerwG, B. v. 16.1.1997, NVwZ 1998, 58; BayVGH, B. v. 27.12.2001, BRS 65 Nr. 166; NdsOVG, B. v. 17.12.1996, UPR 1997, 159; OVG RP, B. v. 18.11.1991, BRS 52 Nr. 148; SächsOVG, B. v. 25.2.1998, BauR 1998, 1006 f.). Weniger noch als bei den im vereinfachten Verfahren nach § 64 erteilten Baugenehmigungen (vgl. § 64 RNr. 17) dürfte diese systematische Unterscheidung hier praktische Auswirkungen haben, da beim „regulären" Genehmigungsverfahren die für den Nachbarschutz bedeutsamen Regelungen des Bauplanungs- und Bauordnungsrechts vom Prüfprogramm erfasst sind. Problematisch können Fälle sein, in denen sich ein Nachbar auf nachbarschützende Vorschriften über die Standsicherheit (§ 12) oder den Brandschutz (§ 14) beruft, die geprüften bautechnischen Nachweise bei Erteilung der Baugenehmigung aber noch nicht vorlagen und die Baugenehmigung deshalb keine Feststellungswirkung hinsichtlich der Übereinstimmung des Vorhabens mit den Vorschriften über den Brandschutz und die Standsicherheit haben dürfte (vgl. § 64 RNr. 14).

§ 66 Bauvorlageberechtigung

(1) Bauvorlagen für die nicht verfahrensfreie Errichtung und Änderung von Gebäuden müssen von einer Entwurfsverfasserin oder einem Entwurfsverfasser unterschrieben sein, die oder der bauvorlageberechtigt ist.

(2) Bauvorlageberechtigt ist, wer
1. die Berufsbezeichnung „Architektin" oder „Architekt" führen darf,
2. in die von der Baukammer Berlin geführte Liste der Bauvorlageberechtigten eingetragen ist,
3. die Berufsbezeichnung „Innenarchitektin" oder „Innenarchitekt" führen darf, für die mit der Berufsaufgabe der Innenarchitektin oder des Innenarchitekten verbundenen baulichen Änderungen von Gebäuden,
4. die Berufsbezeichnung „Ingenieurin" oder „Ingenieur" in den Fachrichtungen Architektur, Hochbau oder Bauingenieurwesen führen darf, mindestens zwei Jahre als Ingenieurin oder Ingenieur tätig war und Bedienstete oder Bediensteter einer juristischen Person des öffentlichen Rechts ist, für die dienstliche Tätigkeit.

(3) Die Beschränkungen des Absatzes 2 gelten nicht für
1. Bauvorlagen, die üblicherweise von Fachkräften mit anderer Ausbildung als nach Absatz 2 verfasst werden,
2. geringfügige oder technisch einfache Bauvorhaben.

(4) [1]Bauvorlageberechtigt für
1. Gebäude mit nicht mehr als zwei Wohnungen und insgesamt nicht mehr als 250 m² Brutto-Grundfläche,
2. eingeschossige gewerbliche Gebäude bis zu 250 m² Brutto-Grundfläche und bis zu 5 m Wandhöhe, gemessen von der Geländeoberfläche bis zur Schnittlinie zwischen Dachhaut und Außenwand,
3. Garagen bis zu 250 m² Nutzfläche

sind ferner die Angehörigen der Fachrichtungen Architektur, Hochbau oder Bauingenieurwesen, die an einer deutschen Hochschule, einer deutschen öffentlichen oder staatlich anerkannten Ingenieurschule oder an einer dieser gleichrangigen deutschen Lehreinrichtung das Studium erfolgreich abgeschlossen haben, sowie die staatlich geprüften Technikerinnen oder Techniker der Fachrichtung Bautechnik mit Schwerpunkt Hochbau und die Handwerksmeisterinnen oder Handwerksmeister des Maurer- und Beton- oder Zimmererfachs. ²Das Gleiche gilt für sonstige nach dem Recht der Europäischen Union und der diesen gleichgestellten Staaten unmittelbar Berechtigte.

(5) ¹In die Liste der Bauvorlageberechtigten ist auf Antrag von der Baukammer einzutragen, wer auf Grund einer Ausbildung im Bauingenieurwesen die Berufsbezeichnung „Ingenieurin" oder „Ingenieur" führen darf und mindestens zwei Jahre als Bauingenieurin oder Bauingenieur tätig gewesen ist. ²Die Anforderungen nach Satz 1 braucht eine Antragstellerin oder ein Antragsteller nicht nachzuweisen, wenn sie oder er bereits in einem anderen Land in eine entsprechende Liste eingetragen ist und für die Eintragung mindestens diese Anforderungen zu erfüllen hatte.

Erläuterungen:

I. In der Bestimmung werden zum einen die sachlichen Voraussetzungen normiert, unter denen eine **Bauvorlageberechtigung** erforderlich ist (Abs. 1, Ausnahme in Abs. 3), zum anderen geregelt, welche persönlichen Voraussetzungen Bauvorlageberechtigte erfüllen müssen (s. Abs. 2 und die Regelung des Abs. 4 über die sog. „**kleine Bauvorlageberechtigung**"). Diese Regelungen dienen der Abwehr von Gefahren für die öffentliche Sicherheit (namentlich die Schutzgüter des § 3 Abs. 1), die durch die Errichtung oder Änderung von Gebäuden auf der Grundlage von nicht sachgemäßen Entwürfen entstehen können, daneben auch einer rationellen Planung und Entlastung der BABeh.; die fortschreitende Technisierung, die sich verfeinernden Fertigungs- und Baumethoden, die zunehmende Verwertung neuer Bauprodukte und Bauarten stellen – zudem mit Blick auf die durch die Reduzierung des bauaufsichtlichen Prüfungsumfangs (vgl. §§ 63, 64 Satz 1, 65 Satz 1 und 67 Abs. 3) vergrößerte Letztverantwortlichkeit der am Bau Beteiligten – stärkere Anforderungen an die Planverfasser, verlangen eine hohe Qualität der Bauvorlagen und fordern damit vom Planverfasser ein hohes Maß an Vorbildung und technischen Fähigkeiten. Die das in Art. 12 Abs. 1 GG und Art. 17 VvB (zu diesem vgl. VerfGH Bln, B. v. 28.6.2001, LVerfGE 12, 15, 20 ff.) gewährleistete einheitliche Grundrecht der Berufsfreiheit betreffenden Bestimmungen über die Bauvorlageberechtigung sind verfassungsrechtlich zulässige Regelungen der Berufsausübung (vgl. BVerfG, B. v. 27.5.1970, BVerfGE 28, 364 und v. 28.11.1984, BVerfGE 68, 272 = NJW 1985, 964 f.; s. auch B. v. 24.5.1996, UPR 1996, 303 und B. v. 17.4.2000, DVBl. 2000, 1050); § 66 enthält ein abgestuftes und differenziertes, sich am Schwierigkeitsgrad der Bauvorhaben und an der Qualifikation der verschiedenen im Bauwesen tätigen Personen orientierendes System, das den verfassungsrechtlichen Anforderungen genügt (vgl. zum entsprechenden bayerischen Bauordnungsrecht: BayVerfGH, B. v. 14.4.1999, BayVBl. 1999, 493). Der Gesetzgeber hat insbesondere die Frage, ob eine Streichung der bisherigen „kleinen Bauvorlageberechtigung" durch hinreichende Gründe des Gemeinwohls gerechtfertigt wäre, ausweislich der Begründung zum Gesetzentwurf eingehend geprüft und mit plausiblen Erwägungen verneint (s. AH-Drucks. 15/3926, S. 121 f.).

2 **II. Abs. 1** regelt das **Erfordernis der Bauvorlageberechtigung**. Dieses gilt nur für **Gebäude** (nicht für andere Anlagen im Sinne von § 1 Abs. 1) und nur für deren **Errichtung** und **Änderung**, also nicht für Bauvorlagen, die die Nutzungsänderung oder den Abbruch (s. dazu § 62 RNr. 36 f. sowie § 6 Satz 2 BauVerfVO) von Gebäuden betreffen; zu den Begriffen der Errichtung und Änderung s. Erläuterungen zu § 3 Abs. 1, zum Gebäudebegriff s. Erläuterungen zu § 2 Abs. 2. Der Begriff der **Bauvorlagen** ist in § 69 Abs. 2 Satz 1 definiert und in §§ 1 ff. BauVerfVO konkretisiert.

3 Abs. 1 bestimmt mit der Verweisung auf die „**nicht verfahrensfreie**" Errichtung und Änderung von Gebäuden, dass nur bei der Genehmigungsfreistellung (§ 63), dem vereinfachten Baugenehmigungsverfahren (§ 64) und dem Baugenehmigungsverfahren (§ 65) Bauvorlagen für die vorgenannten Arten von Vorhaben von einer bauvorlageberechtigten Entwurfsverfasserin oder einem bauvorlageberechtigten Entwurfsverfasser zu unterschreiben sind; die Regelung findet dem gemäß auch auf die im Verfahren der Genehmigungsfreistellung „erforderlichen Unterlagen" im Sinne von § 63 Abs. 3 Satz 1 (s. dazu § 63 RNr. 15) Anwendung (AH-Drucks. 15/3926, S. 120), während bei verfahrensfreien Vorhaben (§ 62) keine Bauvorlageberechtigung erforderlich ist. Inwieweit das Erfordernis der Bauvorlageberechtigung auch im **Vorbescheidsverfahren** gilt, ist umstritten (s. § 74 RNr. 14). Ausnahmen von dem in Abs. 1 normierten Erfordernis der Bauvorlageberechtigung finden sich in Abs. 3 (s. unten RNr. 9).

4 Mit seiner **Unterschrift** unter den – nicht notwendigerweise von ihm selbst erstellten –Bauvorlagen (s. auch § 69 Abs. 4 Satz 1) übernimmt der oder die Bauvorlageberechtigte die öffentlich-rechtliche **Verantwortung** gemäß §§ 53, 55 Abs. 1 Satz 2 für die Vollständigkeit und Brauchbarkeit des Entwurfs sowie dafür, dass die öffentlich-rechtlichen Vorschriften eingehalten werden.

5 **III.** In **Abs. 2** sind die **persönlichen Voraussetzungen** für die reguläre (Nrn. 1 und 2) sowie eine beschränkte (Nummern 3 und 4) **Bauvorlageberechtigung** geregelt.

1. Die Bauvorlageberechtigung kommt gemäß **Abs. 2 Nr. 1** denjenigen zu, die zur Führung der Berufsbezeichnung „**Architektin**" oder „**Architekt**" berechtigt sind. Berufsaufgabe des Architekten ist die gestaltende, baukünstlerische, technische, ökologische, soziale und wirtschaftliche Planung von Bauwerken, Siedlungen und Städten (§ 1 Abs. 1 des Berliner Architekten- und Baukammergesetzes – ABKG – vom 6.7.2006, GVBl. S. 720). Die Berufsbezeichnung „Architekt" darf nur führen, wer unter der entsprechenden Bezeichnung in die **Architektenliste** eingetragen ist (§ 2 Abs. 1 AKBG). Über die Eintragung in diese von der Architektenkammer geführte Liste entscheidet auf Antrag der zuständige Eintragungsausschuss (§ 3 Abs. 3 ABKG). Voraussetzung ist, dass der Bewerber die Berufsaufgaben des Architekten wahrnehmen will, eine den Anforderungen der Richtlinie 89/48/EWG entsprechende, mindestens vier Studienjahre oder acht Semester umfassende Berufsausbildung an einer deutschen Universität, Hochschule, Fachhochschule oder an einer dieser gleichgestellten Lehranstalt mit Erfolg abgeschlossen und eine nachfolgende, seine Berufsaufgaben erfassende praktische Tätigkeit von mindestens zwei Jahren ausgeübt hat (vgl. zu den Einzelheiten § 4 Abs. 1 Satz 1 AKBG). Nach § 4 Abs. 2 ABKG kann ein Bewerber, der diese Ausbildungsvoraussetzungen nicht erfüllt, in die Architektenliste eingetragen werden, wenn er mindestens sieben Jahre eine hauptberufliche praktische Tätigkeit in den Berufsaufgaben seiner Fachrichtung ausgeübt hat, die in seiner Fachrichtung für diesen Beruf erforderlichen Kenntnisse besitzt und seine Berufsbefähigung durch eigene Leistungen nachweist (vgl. OVG Bln, U. v. 4.12.1981 – 2 B 46/78 – und v. 26.2.1982 – 2 B 71/80 – sowie BVerwG, U. v. 13.12.1979, BVerwGE 59, 213). Zu den sonstigen Voraussetzungen für die Eintragung, ihre Versagung und ihre Löschung vgl. §§ 4, 5 ABKG, zur Berechtigung auswärtiger Architekten und im Bauwesen tätiger Ingenieure vgl. § 6 ABKG. Zu ausländischen Abschlüssen vgl. § 4 Abs. 1 Satz 2 ABKG, für Staatsangehörige eines Mitgliedsstaates der Europäischen Union, die die Berufsaufgabe eines Architekten wahrnehmen wollen, vgl. § 4 Abs. 1 Satz 3 ABKG.

2. Durch **Abs. 2 Nr. 2 i. V. m. Abs. 5** wurden die Anforderungen an die Bauvorlageberechtigung von **Ingenieurinnen** und **Ingenieuren** durch das Erfordernis der Listeneintragung verschärft. Genügte nach bisherigen Recht (§ 58 Abs. 2 Satz 1 Nr. 2, Satz 2 BauOBln 1997), dass jemand als Angehöriger einer Fachrichtung des Bauingenieurwesens die Berufsbezeichnung „Ingenieur" zu führen berechtigt war und eine praktische Tätigkeit von mindestens zwei Jahren im Bauwesen vorweisen konnte, ist nunmehr (zusätzlich) die Eintragung in die bei der **Baukammer** (vgl. § 40 Abs. 1 Nr. 11 ABKG) geführte **Liste der Bauvorlageberechtigten** erforderlich. Zur Begründung dieser an der MBO orientierten Änderung wurde unter Hinweis auf die nunmehr erfolgende Gleichbehandlung mit Architektinnen und Architekten angegeben, dass die Erweiterung des Anwendungsbereichs der Genehmigungsfreistellung auch eine erhöhte Verantwortung für Ingenieure begründe, der diese nur gerecht würden, wenn ein hoher Qualitätsstand des – fortzuschreibenden – Wissens gewährleistet sei, der u. a. durch die Baukammern mit Informationsveranstaltungen, Schulungen und allgemeinen Informationen gesichert werde; mit Sanktionen gegen Berufspflichtverstöße dienten die Baukammern auch dem Verbraucherschutz (AH-Drucks. 15/3926, S. 120 f.). 6

Die Voraussetzungen, unter denen Ingenieurinnen und Ingenieure die **Eintragung in die Liste der Bauvorlageberechtigten** beanspruchen können, sind in **Abs. 5** geregelt. Dem gemäß ist auf Antrag einzutragen, wer auf Grund einer Ausbildung im Bauingenieurwesen die Berufsbezeichnung „Ingenieurin" oder „Ingenieur" führen darf und mindestens zwei Jahre als Bauingenieurin oder Bauingenieur tätig gewesen ist (Satz 1). Die Berechtigung zur Führung der Berufsbezeichnung „Ingenieurin" oder „Ingenieur" ist in §§ 1 ff. des Gesetzes zum Schutze der Berufsbezeichnungen „Ingenieurin" oder „Ingenieur" (Ingenieurgesetz – IngG) v. 29.1. 1971 (GVBl. S. 323, zuletzt geändert durch Gesetz v. 24.2.2006, GVBl. S. 205) geregelt. Abs. 5 Satz 2 stellt klar, dass die Kammermitgliedschaft eines anderen Bundeslandes auch im Land Berlin gilt, sofern für die Eintragung in die Liste mindestens die Anforderungen des Satzes 1 zu erfüllen waren. 7

3. Eine **eingeschränkte Bauvorlageberechtigung** enthalten im Abs. 2 die Ziffern 3 und 4. **Innenarchitektinnen** und **Innenarchitekten** sind für die mit dieser Berufsaufgabe verbundenen baulichen Änderungen bauvorlageberechtigt (**Abs. 2 Nr. 3**). Eine auf die **dienstliche Tätigkeit** beschränkte Bauvorlageberechtigung vermittelt **Abs. 2 Nr. 4** den Bediensteten einer juristischen Person des öffentlichen Rechts, die die Berufsbezeichnung „Ingenieurin" oder „Ingenieur" in den Fachrichtungen Architektur, Hochbau oder Bauingenieurwesen führen dürfen und mindestens zwei Jahre als Ingenieur oder Ingenieurin tätig waren. 8

IV. **Abs. 3** enthält in Ziffer 2 der Sache nach eine **Ausnahme** vom Erfordernis der Bauvorlageberechtigung, also von Abs. 1, während Ziffer 1 bei verständiger Auslegung als eine beschränkte Ausweitung der Bauvorlageberechtigung über den in Abs. 2 genannten Personenkreis hinaus zu verstehen ist. 9

a) **Ziffer 1** knüpft inhaltlich an § 58 Abs. 2 Satz 3 Nr. 2 BauOBln 1997 an und stellt Bauvorlagen, die üblicherweise von **Fachkräften** mit anderer Ausbildung als nach Abs. 2, z. B. von Ingenieuren für Heizungs- und Lüftungstechnik oder Maschinenbau, im Rahmen ihres Wirkungskreises verfasst werden, von den Beschränkungen des 10

Abs. 2 frei; mit der – im Einklang mit § 65 Abs. 3 MBO redaktionell unglücklich formulierten – Regelung dürften – ebenso wie nach § 58 Abs. 2 Satz 3 Nr. 2 BauO Bln 1997 – Angehörige dieses Personenkreises als beschränkt Bauvorlageberechtigte zu behandeln sein, zumal da ein anderes Verständnis der Norm zur Konsequenz hätte, dass Bauvorlagen der genannten Art, die lediglich üblicherweise von Fachkräften erstellt werden, im Einzelfall nicht von den angesprochenen Fachkräften, sondern von jedermann unterzeichnet werden dürften.

11 b) **Ziffer 2** enthält – im Einklang mit § 65 Abs. 3 Nr. 2 MBO – eine generalklauselartige, inhaltlich wenig konturierte (vgl. zur entsprechenden Problematik bei § 60 Abs. 3 § 60 RNr. 16) Ausnahme vom Erfordernis der Bauvorlageberechtigung für **geringfügige oder technisch einfache Bauvorhaben**. Welche Vorhaben hierunter fallen, ist ungeklärt; allerdings lässt sich aus dem Umstand, dass bei verfahrensfreien Vorhaben eine Bauvorlageberechtigung von vornherein nicht erforderlich ist (s. oben RNr. 3), schließen, dass es sich nicht lediglich um „sonstige unbedeutende Anlagen" im Sinne von § 62 Abs. 1 Nr. 14 handeln darf.

12 V. In **Abs. 4** ist die sog. **„kleine Bauvorlageberechtigung"** geregelt, die entsprechend § 58 Abs. 3 Bau OBln 1997 (s. dazu Voraufl. § 58 RNr. 10), aber mit weitergehender inhaltlicher Beschränkung aufrechterhalten wird. Dem Grundsatz der Verhältnismäßigkeit Rechnung tragend bestimmt die verfassungsrechtlich unbedenkliche Regelung (s. oben RNr. 1), dass für die in Abs. 4 Satz 1 Nrn. 1–3 näher bezeichneten **kleineren Bauvorhaben** auch Hochschul- und Ingenieurschulabsolventen, Techniker oder Handwerksmeister entsprechender Bauberufe aufgrund ihrer Vorbildung und Erfahrung bauvorlageberechtigt bleiben. In Abs. 4 geht es um formelle Anforderungen; materielle Eignungsanforderungen für den Entwurfsverfasser sind in § 55 Abs. 1 Satz 1 enthalten. Hat der Entwurfsverfasser auf einzelnen Sachgebieten nicht die erforderliche Sachkunde und Erfahrung, so muss er geeignete Fachplaner heranziehen (§ 55 Abs. 2).

13 1. Die „kleine Bauvorlageberechtigung" ist bei Gebäuden mit nicht mehr als zwei Wohnungen durch eine Größenbegrenzung auf 250 qm Brutto-Grundfläche ergänzt worden (Abs. 4 Satz 1 Nr. 1), um die Beschränkung auf kleinere Bauvorhaben sicherzustellen; „als Ausgleich" wurde in der Garagen betreffenden Regelung (Abs. 4 Satz 1 Nr. 3) die Größenbegrenzung von 100 auf 250 qm angehoben, was mit Blick auf das bei bautechnischen Nachweisen für derartige Anlagen vorgeschriebene „Vier-Augen-Prinzip" (vgl. § 67 Abs. Satz 1 Nr. 2 d, Satz 2 Nr. 2) als vertretbar angesehen wurde (s. AH-Drucks. 15/3926, S. 122).

14 2. Im Rahmen der – im Wesentlichen § 58 Abs. 3 BauOBln 1997 entsprechenden – Aufzählung der Bauvorlageberechtigten wurde bei den Technikern durch den Zusatz „mit Schwerpunkt Hochbau" (und dadurch Ausschluss der Techniker mit Schwerpunkt Tiefbau) eine Einschränkung vorgenommen, um der Verlagerung von vergrößerter Verantwortung auf die am Bau Beteiligten und der Ausgestaltung der Berufsausbildung Rechnung zu tragen (vgl. AH-Drucks. 15/3926, S. 122 f.).

§ 67 Bautechnische Nachweise

(1) ¹Die Einhaltung der Anforderungen an die Standsicherheit, den Brand-, Schall-, Wärme- und Erschütterungsschutz ist nach näherer Maßgabe der Verordnung auf Grund des § 84 Abs. 3 nachzuweisen (bautechnische Nachweise); dies gilt nicht für verfahrensfreie Bauvorhaben, einschließlich der Beseitigung von Anlagen, soweit nicht in diesem Gesetz oder in der Rechtsverordnung auf Grund des § 84 Abs. 3 anderes bestimmt ist. ²Die Bauvorlageberechtigung nach § 66 Abs. 2 Nr. 1, 2 und 4 schließt die Berechtigung zur Erstellung der bautechnischen Nachweise ein, soweit nicht nachfolgend Abweichendes bestimmt ist. ³Für die Bauvorlageberechtigung nach § 66 Abs. 4 gilt die Berechtigung zur Erstellung der bautechnischen Nachweise nur für die dort unter den Nummern 1 bis 3 genannten Vorhaben.

(2) ¹Der Standsicherheitsnachweis muss bauaufsichtlich geprüft sein
1. bei Gebäuden der Gebäudeklassen 4 und 5,
2. wenn dies nach Maßgabe eines in der Rechtsverordnung nach § 84 Abs. 3 geregelten Kriterienkatalogs erforderlich ist, bei
   a) Gebäuden der Gebäudeklassen 1 bis 3,
   b) Behältern, Brücken, Stützmauern, Tribünen,
   c) sonstigen baulichen Anlagen, die keine Gebäude sind, mit einer Höhe von mehr als 10 m,
   d) selbständigen unterirdischen Garagen bis zu 100 m² Nutzfläche.

²Der Brandschutznachweis muss bauaufsichtlich geprüft sein bei
1. Sonderbauten,
2. Garagen über 100 m² Nutzfläche,
3. Gebäuden der Gebäudeklassen 4 und 5.

(3) ¹Außer in den Fällen des Absatzes 2 werden bautechnische Nachweise nicht geprüft; § 68 bleibt unberührt. ²Einer bauaufsichtlichen Prüfung bedarf es ferner nicht, soweit für das Bauvorhaben Standsicherheitsnachweise vorliegen, die von einem Prüfamt für Standsicherheit allgemein geprüft sind (Typenprüfung); Typenprüfungen anderer Länder gelten auch im Land Berlin.

Erläuterungen:

I. 1. In der Bauordnung werden an bauliche Anlagen in Bezug auf die Standsicherheit (§ 12), den Brandschutz (§ 14) und den Wärme-, Schall- und Erschütterungsschutz (§ 15) Anforderungen gestellt bzw. Schutzziele formuliert, deren Einhaltung nachzuweisen ist. Die Dokumentation der Übereinstimmung einer geplanten Konstruktion mit den (bautechnischen) Anforderungen der BauO Bln wird als bautechnischer Nachweis bezeichnet. Auf Grund des § 1 Abs. 2 der Verordnung zur Durchführung der Energieeinsparverordnung in Berlin – EnEV-DVO Bln gelten die EnEV-Nachweise nach § 1 Abs. 1 EnEV-DVO als bautechnische Nachweise. Zum Zeitpunkt der Drucklegung wird die EnEV-DVO Bln an die Verordnung über energiesparenden Wärmeschutz und energiesparende Anlagentechnik bei Gebäuden (Energieeinsparverordnung – EnEV) vom 24. Juli 2007 (BGBl. I S. 1519) angepasst. Ob auch künftig die EnEV-Nachweise bautechnische Nachweise im Sinne des Bauordnungsrechts bleiben, steht noch nicht fest.

2 Eine wesentliche Neuerung der BauO Bln gegenüber der BauO Bln a. F. besteht darin, dass den bautechnischen Nachweisen eine **eigenständige Regelung** gewidmet wurde. Damit wird zum Ausdruck gebracht, dass die **bautechnischen Nachweise keine Teilmenge der Bauvorlagen** sind. Die Beschränkung der Prüfprogramme in den bauaufsichtlichen Verfahren nach § 62 Abs. 3 Satz 3 (Abbruch) und der §§ 63 bis 65 sowie der Wegfall einer durchgängigen **Prüfung bautechnischer Nachweise**, macht es erforderlich, **unabhängig von den Verfahren** zu bestimmen, in welchen Fällen Entwurfsverfasser und Fachplaner (vgl. § 55) eigenverantwortlich die Einhaltung der bauaufsichtlichen Anforderungen an die Bautechnik zu erfüllen haben und in welchen Fällen es einer Prüfung (Vier-Augen-Prinzip) bedarf. Bei Vorhaben, die z. B. der Genehmigungsfreistellung (§ 63) unterfallen, kann sehr wohl hinsichtlich des Brandschutzes und/oder der Standsicherheit eine Prüfung notwendig sein (Abs. 2), weil eben die bautechnischen Risiko- und Gefährdungspotentiale nicht verfahrens-, sondern vorhabenabhängig sind.

3 Der Gesetzgeber hat sich bei den aus seiner Sicht sicherheitsrelevanten bautechnischen Nachweisen ausdrücklich für eine **bauaufsichtliche Prüfung** entschieden, nicht für eine private Prüftätigkeit ohne staatliche Anbindung. Soweit Prüfaufgaben von Prüfingenieuren wahrgenommen werden, findet durch sie (als beliehene Unternehmer) eine bauaufsichtliche Prüfung statt (vgl. RNr. 11). Bei der Prüfung der Standsicherheit von Gebäuden, an die ein zu beseitigendes Gebäude angebaut ist (§ 62 Abs. 3 Satz 3) und bei der Genehmigungsfreistellung auf Grund der **Unberührtheitsklausel** des § 63 Abs. 5 Satz 1, findet in den Fällen des Abs. 2 eine isolierte bauaufsichtliche Prüfung der bautechnischen Nachweise statt. In den Genehmigungsverfahren nach § 64 und § 65 BauO Bln führt die Unberührtheitsklausel (§ 64 Satz 2 bzw. § 65 Satz 2) dazu, dass die bautechnische Prüfung zum Gegenstand des Prüfprogramms im jeweiligen Baugenehmigungsverfahren wird. Daraus resultiert (systematisch nicht schlüssig), dass letztlich planungsrechtliche Randbedingungen, die neben dem Sonderbaubegriff den Weg in die Verfahren weisen, darüber entscheiden, ob der (eigentlich verfahrensunabhängige) bautechnische Nachweis zum Gegenstand der Baugenehmigung wird.

Die bestehende Regelung führt zu folgendem: Bei einem Gebäude, welches der Genehmigungsfreistellung nach **§ 63** unterfällt, muss auf Grund von § 71 Abs. 7 BauO Bln der **geprüfte bautechnische Nachweis vor Ausführungsbeginn** bei der Bauaufsichtsbehörde vorliegen. Für das gleiche Gebäude muss im vereinfachten Baugenehmigungsverfahren (**§ 64**) der **Prüfbericht** über den geprüften bautechnische Nachweis auf Grund von § 71 Abs. 1 bereits zum Zeitpunkt der Baugenehmigung vorliegen, da die Baugenehmigung erst zu erteilen ist, wenn dem Bauvorhaben keine öffentlich-rechtlichen Vorschriften entgegenstehen, die im bauaufsichtlichen Genehmigungsverfahren zu prüfen sind. Wie oben erläutert, gehört (in den in Abs. 2 genannten Fällen) die Prüfung des bautechnischen Nachweises zum Prüfprogramm der Baugenehmigungsverfahren. Da es jedoch nicht der Praxis entspricht, dass zum Zeitpunkt der Baugenehmigung (für nach Abs. 2 zu prüfende bautechnische Nachweise) Prüfberichte vorliegen, sind die Genehmigungsbescheide mit einer aufschiebenden Bedingung zu versehen, dass die Prüfberichte oder ggfls. Teilprüfberichte erst zum Baubeginn vorliegen müssen. Hierdurch wird die Behandlung der bautechnischen Nachweise im vereinfachten Verfahren der Behandlung in der Genehmigungsfreistellung angeglichen. An die Verwaltung gerichtete, ermessenssteuernde Regelungen enthält § 14 Abs. 2 und 3 der Verordnung über Bauvorlagen, bautechnische Nachweise und das Verfahren im Einzelnen (Bauverfahrensverordnung – BauVerfVO) vom 19. Okt. 2006 (GVBl. S. 1035). Für Vorhaben, die dem Baugenehmigungsverfahren nach **§ 65** unterfallen, enthält die BauVerfVO vergleichbare Regelungen. Jedoch müssen bei Sonderbauten die Prüfberichte zum

Brandschutznachweis bereits zum Zeitpunkt der Baugenehmigung vorliegen, damit der (aus bauaufsichtlicher Sicht das Wesen des Sonderbaus beschreibende) Brandschutznachweis nicht in Widerspruch zu anderen bauaufsichtlichen Anforderungen steht (vgl. Tabelle: Umgang mit bautechnischen Nachweisen).

2. **Technische Baubestimmungen** oder einschlägige **Vorschriftenmuster** konkretisieren die bauordnungsrechtlichen Anforderungen. So enthalten die Ausführungsvorschriften Liste der Technischen Baubestimmungen (AV LTB) vom 1. Dezember 2006 (ABl. 2006 S. 4348) Normen, die bauordnungsrechtlich relevant und zu beachten sind (vgl. § 3 Abs. 3). Zu den einschlägigen Vorschriftenmustern im Brandschutz gehören die von der Fachkommission Bauaufsicht erarbeiteten **Mustervorschriften für Sonderbauten**, die in Berlin der brandschutztechnischen Beurteilung der Sonderbauten auf Grund des Rundschreibens 17/2006 vom 31.01.2006 zu Grunde zu legen sind (vgl. § 52).

II. Abs.1 stellt allgemeine Anforderungen an die Art und Qualität bautechnischer Nachweise. **Abs. 1 Satz 1 erster Halbsatz** bestimmt, dass bautechnische Nachweise den auf Verordnungsebene geregelten Vorgaben entsprechen müssen. Verwiesen wird auf § 84 Abs. 3, der die Ermächtigung zum Erlass einer solchen Verordnung enthält. Mit Erlass der BauVerfVO hat der Verordnungsgeber von dieser Ermächtigung Gebrauch gemacht. Sie enthält in Teil 2 konkrete Anforderungen (Art und Qualität) an die Unterlagen für Nachweise.

Nach **Abs. 1 Satz 1 zweiter Halbsatz** wird der Bauherr für **verfahrensfreie Bauvorhaben, einschließlich der Beseitigung von Anlagen**, von der Verpflichtung freigestellt, bautechnische Nachweise zu erstellen, wobei die Verpflichtung nach § 62 Abs. 5, dass auch verfahrensfreie Vorhaben den öffentlich– rechtlichen Vorschriften entsprechen müssen, bestehen bleibt. Der zweite Halbsatz enthält jedoch eine Einschränkung dieser Freistellung für die Fälle, in denen die BauO Bln oder die auf Grund von § 84 Abs. 3 erlassenen BauVerfVO etwas anderes bestimmen. So regelt § 14 Abs.1 BauVerfVO auch für die Beseitigung von Anlagen, die der Anzeigepflicht des § 62 Abs. 3 Satz 2 unterfallen, dass bautechnische Nachweise nach § 67 Abs. 1 zu erstellen sind und an der Baustelle von Baubeginn an vorliegen müssen. Gemeint sind hier Standsicherheitsnachweise für Gebäude, die an das zu beseitigende Gebäude angebaut sind sowie Gebäude, auf die sich die Beseitigung eines Gebäudes auswirken kann (vgl. § 62 Abs. 3 Satz 3). § 14 Abs. 5 BauVerfVO bestimmt, dass die Prüfberichte der nach § 67 Abs. 2 Satz 1 zu prüfenden Standsicherheitsnachweise angrenzender Gebäude vor Ausführung des Vorhabens bei der Bauaufsichtsbehörde vorliegen müssen.

Abs. 1 Satz 2 stellt nur klar, dass auch die in § 66 genannten Personen, auf die hier Bezug genommen wird, bautechnische Nachweise erstellen dürfen. Da in der BauO Bln die Bauvorlageberechtigung (§ 66) und die bautechnischen Nachweise unabhängig voneinander geregelt werden, ist das Erstellen bautechnischer Nachweise nicht an die Bauvorlageberechtigung gebunden. Auch § 67 verlangt keine Bauvorlageberechtigung für die Erstellung bautechnischer Nachweise; der im zweiten Halbsatz enthaltene Verweis auf nachfolgend abweichende Bestimmungen hat mangels getroffener Regelungen keine inhaltliche Bedeutung. Zur Bestellung geeigneter am Bau Beteiligter durch den Bauherrn vgl. § 54 Abs. 1. Zur Gesamtverantwortung des Entwurfsverfassers und die durch ihn heranzuziehenden Fachplaner vgl. § 55 Abs. 2. Für **Abs. 1 Satz 3** gelten die o. g. Ausführungen entsprechend.

In **Absatz 2** wird die Prüfung bautechnischer Nachweise geregelt. Der Gesetzgeber hat hier, gegenüber der BauO Bln a. F., sehr weitgehend auf hoheitliche Prüfungen verzichtet; auch für die bautechnischen Nachweise in den Bereichen Standsicherheit und

Brandschutz greift das Vier-Augen-Prinzip nicht mehr durchgängig. Abs. 2 legt nunmehr die aus Sicht des Gesetzgebers sicherheitsrelevanten Fälle fest, in denen Standsicherheits- und Brandschutznachweise bauaufsichtlich zu prüfen sind.

9 **Abs. 2** beschreibt abschließend die **Fälle, in denen Standsicherheitsnachweise (Satz 1) und Brandschutznachweise (Satz 2) bauaufsichtlich zu prüfen sind.** Während die Prüfung der Standsicherheitsnachweise durch Prüfingenieure in Berlin seit langem gängige Praxis ist, stellt die Verlagerung der Brandschutzprüfung in den privaten Sektor ein Novum dar. Die Prüfung erfolgt auf Grund § 13 Abs. 1 BauVerfVO durch **Prüfingenieure**, die als beliehene Unternehmer tätig werden, übergangsweise auch durch die Bauaufsichtsbehörde, solange nicht genügend Prüfingenieure anerkannt sind (§ 13 Abs. 3 BauVerfVO). Anerkennungsvoraussetzungen, Pflichten, Anerkennungsverfahren und Vergütung der Prüfingenieure regelt die Bautechnische Prüfungsverordnung (BauPrüfVO) vom 31. März 2006 (GVBl. S. 324), zuletzt geändert durch Verordnung vom 8. August 2007 (GVBl. S. 309). Wenngleich die Fristenregelungen des § 70 nicht für bautechnische Nachweise gelten, so bestimmt § 23 BauPrüfVO Fristen für die Beteiligung der Berliner Feuerwehr.

10 Die BauPrüfVO bestimmt in § 12 für den Standsicherheitsnachweis und in § 22 für den Brandschutznachweis, dass die **bautechnische Prüfung durch den Bauherrn veranlasst** wird. Die hoheitliche Tätigkeit des Prüfingenieurs bleibt hiervon unberührt. Auf Grund der Rechtsstellung des Prüfingenieurs als beliehener Unternehmer kann er für fehlerhafte Prüfungen vom Bauherrn nicht in Anspruch genommen werden. An seiner Stelle haftet der Staat (Art. 34 GG; § 839 BGB).

11 Während nach **Abs. 2 Satz 1 Nr. 1** in den Gebäudeklassen 4 und 5 (vgl. § 2 Abs. 3) der **Standsicherheitsnachweis** grundsätzlich geprüft wird, enthält **Nr. 2** eine Prüfeinschränkung. In den Fällen der Buchstaben a) bis d) ist eine bauaufsichtliche Prüfung nur erforderlich, wenn sich dies aus dem **Kriterienkatalog** der auf Grund von § 84 Abs. 3 erlassenen Rechtsverordnung (d. h. Anlage 2 der BauVerfVO) ergibt. Der Kriterienkatalog dient hierbei der Abgrenzung der in Hinblick auf die Standsicherheit sicherheitsrelevanten Vorhaben, bei denen eine bauaufsichtliche Prüfung geboten ist, von denen, die geringere Gefahrenpotentiale beinhalten. Beispielsweise kann ein in Gebäudeklasse 3 einzuordnendes Vorhaben durchaus eine sehr anspruchsvolle Statik aufweisen, die auf Grund des Kriterienkatalogs den Weg ins Vier-Augen-Prinzip eröffnet. Der Entwurfsverfasser (Aufsteller der Statik) hat, wenn alle Kriterien des Kataloges ausnahmslos erfüllt sind, auf Grund § 13 Abs. 4 Satz 2 BauVerfVO gegenüber der Bauaufsichtsbehörde eine Erklärung auf dem von der Senatsverwaltung für Stadtentwicklung zur Verfügung gestellten Vordruck abzugeben, dass eine bauaufsichtliche Prüfung des Standsicherheitsnachweises nicht erforderlich ist.

12 Zu den Überwachungsaufgaben des **Prüfingenieurs für Standsicherheit** nach § 80 Abs. 1 Nr. 1 gehört die konstruktive Bauüberwachung auf Grund der Standsicherheitsnachweise und auch die **Überwachung des konstruktiven baulichen Brandschutzes** in Hinblick auf die Feuerwiderstandsfähigkeit der Bauteilausführung.

13 **Abs. 2 Satz 2** regelt die Fälle, in denen der **Brandschutznachweis** bauaufsichtlich geprüft werden muss. In der Aufzählung sind nur die Gebäudetypen enthalten, denen bezüglich der brandschutztechnischen Anforderungen eine höhere Sicherheitsrelevanz unterstellt wird. **Sonderbauten (Nr.1)** können Gefahrenpotentiale beinhalten, die abhängig von der Art der Nutzung besondere Brandschutzanforderungen notwendig machen oder sie weisen geringere Gefahrenpotentiale auf, die Erleichterungen gegenüber Brandschutzvorschriften der BauO Bln rechtfertigen (vgl. § 52 RNr.1). Beide Fallkon-

stellationen erfordern Ermessensentscheidungen im Rahmen einer bauaufsichtlichen Prüfung. Gleiches gilt für **Garagen über 100 m² Nutzfläche (Nr. 2)**. Da die BauO Bln von Grund auf an **Gebäude der Gebäudeklassen 4 und 5 (Nr. 3)** – wegen des mit diesen Gebäuden verbundenen Gefährdungspotentials – höhere Anforderungen stellt, unterfallen auch diese Vorhaben dem Vier-Augen-Prinzip. Für die Erstellung des Brandschutznachweises und dessen Prüfung hat die Senatsverwaltung für Stadtentwicklung Merkblätter erarbeitet und veröffentlicht (www.stadtentwicklung.berlin.de/service/gesetzestexte/de/bauen.shtml).

Abs. 3 Satz 1 erster Halbsatz schließt für die Restmenge der für bauliche Anlagen erforderlichen bautechnischen Nachweise – die nicht von Abs. 2 erfasst sind – eine bauaufsichtliche Prüfung aus. So ist der Entwurfsverfasser bzw. der Fachplaner bei der Einhaltung des Wärme-, Schall- und Erschütterungsschutzes eigenverantwortlich tätig. Gleiches gilt für den Standsicherheits- und Brandschutznachweis für Vorhaben, denen bezüglich der bautechnischen Anforderungen ein geringes Gefahrenpotential unterstellt wird und die deshalb nicht von Abs. 2 erfasst sind.

14

Abs. 3 Satz 1 zweiter Halbsatz bringt durch den Verweis auf § 68 zum Ausdruck, dass **Abweichungen von bautechnischen Regelungen der BauO Bln**, auch wenn die in diesem Zusammenhang zu erstellenden bautechnischen Nachweise nicht zu prüfen sind, einer bauaufsichtlichen Entscheidung bedürfen. Die Abweichungsentscheidung wird von der Bauaufsichtsbehörde getroffen. Ist eine Prüfung durch den Prüfingenieur für Brandschutz erforderlich, hat dieser gem. § 23 Abs. 5 BauPrüfVO in einem besonderen Bescheid darzulegen, aus welchen Gründen die Abweichung zulässig ist.

15

Es gibt auch **andere Abweichungen von bautechnischen Regelungen**, die keiner formellen Entscheidung bedürfen: Die in den Normen der AV LTB konkretisierten bauordnungsrechtlichen Schutzziele können auch mittels einer anderen Lösung umgesetzt werden, wenn diese im gleichen Maße die allgemeinen Anforderungen der BauO Bln erfüllt. Diese Alternativlösung ist im Bereich der Technischen Baubestimmungen der Grundlösung gesetzlich gleichgestellt (vgl. § 3 Abs. 3 Satz 3); es bedarf hierzu keiner behördlichen Entscheidung. § 13 Abs. 4 BauPrüfVO bestimmt, dass – soweit dem Standsicherheitsnachweis Abweichungen von durch öffentliche Bekanntmachung als Technische Baubestimmungen eingeführten technischen Regeln für die Planung, Bemessung und Konstruktion baulicher Anlagen und ihrer Teile zugrunde liegen – in dem Prüfbericht darzulegen ist, aus welchen Gründen die Abweichung zulässig ist. Bei Sonderbauten wird mittels Erleichterungen oder besonderer Anforderungen gegenüber den Standardanforderungen der BauO Bln im Rahmen einer behördlichen Ermessensentscheidung (vgl. § 52 RNr. 1) befunden. Bei Regelbauten bedarf dies regelmäßig einer formellen Abweichung nach § 68 Abs. 1.

16

Nach **Abs. 3 Satz 2** bedürfen Standsicherheitsnachweise, für die eine Typenprüfung eines Prüfamtes für Standsicherheit vorliegt, keiner (weiteren) bauaufsichtlichen Prüfung. Dies gilt auch, wenn nach Abs. 2 Satz 1 eine bauaufsichtliche Prüfung erforderlich wäre. Die Typenprüfungen anderer Länder werden in Berlin anerkannt.

17

§ 67

Verfahren nach §	Erstellung bautechnischer Nachweise durch Entwurfsverfasser oder Fachplaner	Prüfung bautechnischer Nachweise durch Prüfingenieure oder Bauaufsichtsbehörde	Vorlagepflicht des Prüfberichtes oder der Erklärung zum Zeitpunkt der Baugenehmigung	Vorlagepflicht der erstellten bautechnischen Nachweise zum Baubeginn (§ 71 Abs. 5)	Vorlagepflicht des Prüfberichtes oder der Erklärung zum Zeitpunkt der Bauausführung (§ 71 Abs. 7) bei der Bauaufsichtsbehörde	Aufbewahrung von Unterlagen[1]
			Schall-, Wärme- und Erschütterungsschutz[2]			
63	erforderlich! Bei Abweichungen von techn. Baubestimmungen ist § 3 Abs. 3 Satz 3 zu beachten; es bedarf keiner bauaufsichtl. Entscheidung			muss vorliegen		beim Bauherrn: – bautechnische Nachweise
64						
65						
			Standsicherheit			
62 (3)	erforderlich! Ggfls. hat der Fachplaner gegenüber der Bauaufsichtsbehörde eine Erklärung abzugeben, dass eine bauaufsichtliche Prüfung auf Grund § 67 Abs. 2 Nr. 2 nicht erforderlich ist. Bei Abweichungen von techn. Baubestimmungen ist § 3 Abs. 3 Satz 3 zu beachten; es bedarf keiner bauaufsichtl. Entscheidung	Prüfung von (vgl. § 67 Abs. 2 Satz 1) 1. Gebäuden der Gebäudeklassen 4 u. 5 2. wenn dies gem. Kriterienkatalog (Anlage 2 der BauVerfVO) erforderlich ist, bei a) Gebäuden der Gebäudeklassen 1–3 b) Behältern, Brücken, Stützmauern, Tribünen c) sonstigen baul. Anl., die keine Gebäude sind, mit einer Höhe von mehr als 10 m, d) selbstständigen unterirdischen Garagen bis zu 100 m² Nutzfläche				beim Bauherrn: – bautechnische Nachweise – Prüf- und Überwachungsberichte
63			Prüfbericht oder Erklärung muss vorliegen	Standsicherheitsnachweis liegt an der Baustelle vor.	Prüfbericht oder Erklärung muss vorliegen.	
64			oder Baugenehmigung mit aufschiebender Bedingung.		Prüfbericht oder Erklärung muss vorliegen, wenn Baugenehmigung mit aufschiebender Bedingung versehen war.	bei der Bauaufsichtsbehörde: – Prüfberichte
65						
			Brandschutz			
63	erforderlich! Abweichungsentscheidungen gem. § 68 Abs. 1 trifft die Bauaufsichtsbehörde	Prüfung von (vgl. § 67 Abs. 2 Satz 2) – Gebäuden der Gebäudeklassen 4 und 5 – Garagen > 100 m² Nutzfläche. Abweichungsbescheid (§ 68 Abs. 1) wird durch Prüfing. erteilt, übergangsweise durch die Bauaufsichtsbehörde	Prüfbericht muss vorliegen oder Baugenehmigung mit aufschiebender Bedingung	Brandschutznachweis liegt an der Baustelle vor	Prüfbericht muss vorliegen Prüfbericht muss jetzt vorliegen, wenn aufschiebende Bedingung erteilt wurde	beim Bauherrn: – bautechnische Nachweise – Prüf- und Überwachungsberichte
64						
65	erforderlich! Wegen § 52. Abs. 1 (Erleichterung) sind keine formellen Abweichungen zu erteilen.	Prüfung bei Sonderbauten!	Prüfbericht muss vorliegen			bei der Bauaufsichtsbehörde: – Prüfberichte

1) Der Bauherr hat auf Verlangen der Bauaufsichtsbehörde die aufzubewahrenden Unterlagen herauszugeben
2) EnEV-Nachweise gelten nach EnEV DVO als bautechnische Nachweise; Ausnahmen und Befreiungen sind nach EnEV möglich

Tabelle zu § 67: Umgang mit bautechnischen Nachweisen

§ 68 Abweichungen

(1) ¹Die Bauaufsichtsbehörde kann Abweichungen von Anforderungen dieses Gesetzes und auf Grund dieses Gesetzes erlassener Vorschriften zulassen, wenn sie unter Berücksichtigung des Zwecks der jeweiligen Anforderung und unter Würdigung der öffentlich-rechtlich geschützten nachbarlichen Belange mit den öffentlichen Belangen, insbesondere den Anforderungen des § 3 Abs. 1, vereinbar sind. ²§ 3 Abs. 3 Satz 3 bleibt unberührt.

(2) ¹Die Zulassung von Abweichungen nach Absatz 1, von Ausnahmen und Befreiungen nach § 31 des Baugesetzbuchs, von Ausnahmen nach § 14 Abs. 2 des Baugesetzbuchs, von Abweichungen, die eine Ermessensentscheidung nach der Baunutzungsverordnung verlangen, sowie von Ausnahmen nach anderen Rechtsverordnungen ist gesondert schriftlich zu beantragen; der Antrag ist zu begründen. ²Für Anlagen, die keiner Genehmigung bedürfen, sowie für Abweichungen von Vorschriften, die im Genehmigungsverfahren nicht geprüft werden, gilt Satz 1 entsprechend.

(3) Ist eine Abweichung, Ausnahme oder Befreiung unter Bedingungen, befristet oder unter dem Vorbehalt des Widerrufs erteilt worden, so ist die Genehmigung entsprechend einzuschränken.

Erläuterungen:

I. § 68 enthält Regelungen über Tatbestand, Rechtsfolgen und Verfahren bei der Abweichung von bauordnungsrechtlichen Anforderungen sowie Verfahrensregelungen bei der Erteilung von Abweichungen, Ausnahmen und Befreiungen von anderen Rechtsvorschriften. Mit der Bestimmung wird die im Berliner Bauordnungsrecht bisher aufrechterhaltene traditionelle **Unterscheidung** von **Ausnahmen und Befreiungen** (zu dieser s. Voraufl., § 61 RNr. 1 sowie Finkelnburg/Ortloff, Öffentliches Baurecht II; S. 8 f.) von bauordnungsrechtlichen Vorschriften im Einklang mit § 67 MBO (und § 60 BbgBauO) **aufgegeben** und durch eine alle bauordnungsrechtlichen Anforderungen umfassende **einheitliche Regelung** unter dem Oberbegriff der Abweichung ersetzt. Während die frühere Regelung über Ausnahmen und Befreiungen unter Berücksichtigung der einschlägigen Rechtsprechung einigermaßen klare Konturen aufwies (s. Erläuterungen zu § 61 in der Voraufl.), müssen sich diese in Bezug auf die neue, durch ein Ineinandergreifen verschiedener unbestimmter Rechtsbegriffe charakterisierte Abweichungsregelung, zu der maßgebende Rechtsprechung des OVG Bln-Bbg noch nicht ersichtlich ist, erst herausbilden.

1. Die Bestimmung trägt nach ihrem **Regelungszweck** dem Umstand Rechnung, dass die Vorschriften des Bauordnungsrechts bei einer „schematischen" Anwendung auf den Einzelfall wenig flexibel sind und nicht immer angemessene Ergebnisse gewährleisten. Der Gesetzgeber ist bei der Regelung des komplexen Sachgebiets des Bauordnungsrechts vielfach gezwungen, Sachverhalte in allgemein und abstrakt gehaltenen Vorschriften typisierend zu normieren und dabei Gefahren prognostisch zu bewerten sowie einen pauschalierenden Ausgleich öffentlicher und privater Interessen vorzunehmen; hinnehmbar ist dies auch unter Berücksichtigung der Eigentumsgarantie

(Art. 14 Abs. 1 Satz 1 GG) und des Verhältnismäßigkeitsprinzips, weil er unter den in § 68 näher bestimmten Voraussetzungen die Möglichkeit der **Abweichung** geschaffen hat (zum verfassungsrechtlichen Kontext der Abweichungsregelungen s. BVerwG, U. v. 16.5.1991, BVerwGE 88, 191 = BRS 52 Nr. 157; vgl. auch Weyreuther, DÖV 1997, 521 ff.). Abweichungen dienen insbesondere dazu, die bei einer abstrakten Regelung unvermeidbare Divergenz zwischen Regelungsinhalt (etwa einer bautechnischen Anforderung) einerseits und dem hinter der Regelung stehenden Schutzgut andererseits auszugleichen (BVerwG, a. a. O., sowie schon U. v. 14.7.1972, BVerwGE 40, 258, 271 f.). Bei der Neufassung der Regelungen über Abweichungen von bauordnungsrechtlichen Anforderungen ging der Gesetzentwurf – in Anknüpfung an § 61 Abs. 2 Nr. 2 2. Halbsatz BauOBln 1997 – davon aus, dass Vorschriften des Bauordnungsrechts bestimmte – in der neuen BauOBln namentlich in den Regelungen über den Brandschutz verstärkt verdeutlichte – Schutzziele zu Grunde liegen und mit den einzelnen Anforderungen des Bauordnungsrechts jeweils nur einer von mehreren möglichen Wegen zur Erreichung dieser Schutzziele gewiesen werde; mit der neuen Abweichungsregelung werde der Zweck verfolgt, die Erreichung des jeweiligen Schutzzieles der Norm in den Vordergrund zu rücken und auf diese Weise das materielle Bauordnungsrecht „vollzugstauglich zu flexibilisieren" (AH-Drucks. 15/3926, S. 126). Damit ist allerdings nur ein – weniger problematischer – Ausschnitt aus dem Regelungsbereich der Abweichung angesprochen; die pauschale Aussage trifft zudem auf zentrale bauordnungsrechtliche Regelungen – etwa das Abstandsflächenrecht – nicht zu, denen hinsichtlich ihrer einzelnen Anforderungen Wertungen des Gesetzgebers zugrunde liegen. Bei der Auslegung der Abweichungsregelung ist dem gemäß zu berücksichtigen, dass die einschlägigen Belange und Interessen regelmäßig schon durch die Vorschriften des materiellen Bauordnungsrechts in einen gerechten Ausgleich gebracht worden sind und die Gleichmäßigkeit des Gesetzesvollzugs kein beliebiges Abweichen von Vorschriften der Landesbauordnungen gestattet (OVG RP, U. v. 3.11.1999, BRS 62 Nr. 143; SächsOVG, U. v. 28.8.2005, BRS 69 Nr. 127; Schretter/Schenk, in: Reichel/Schulte, Handbuch Bauordnungsrecht, S. 906). § 68 ist so eng auszulegen, dass er dem verfassungsrechtlichen Gebot der Bestimmtheit von Normen genügt und dem Prinzip der Gesetzmäßigkeit der Verwaltung (Art. 20 Abs. 3 GG) nicht widerspricht; eine Auslegung der Vorschrift, die es den BABeh. ermöglichen würde, über die Normanwendung mehr oder minder nach Belieben zu verfügen, würde diesen Anforderungen nicht genügen und gegen das Rechtsstaatsprinzip verstoßen (vgl. OVG NW, B. v. 5.3.2007, NVwZ-RR 2007, 510, 511 f. = BauR 2007, 1031, 1032 unter Bezugnahme auf Wilke, Die juristische Konstruktion der bebauungsrechtlichen Befreiung in der Rechtsprechung des BVerwG, in: Festschrift für Konrad Gelzer, 1991, 165, 166).

3   2. Abweichungen sind ihrer **Rechtsnatur** nach – wie Ausnahmen und Befreiungen – **rechtsgestaltende Verwaltungsakte** (vgl. OVG Bln, U. v. 11.3.1966, BRS 17 Nr. 149 und U. v. 16.7.1990, OVGE 18, 265, 269 = BRS 50 Nr. 162; HessVGH, U. v. 9.3.1983, BRS 40 Nr. 184; Erwe, Ausnahmen und Befreiungen im öffentlichen Baurecht, 1986, S. 45 m. w. N.). Wird eine Abweichung von einer nachbarschützenden Vorschrift gewährt, so hat diese auch gegenüber den Nachbarn eine rechtsgestaltende Wirkung (Finkelnburg/Ortloff, Öffentliches Baurecht II; S. 278). Erst die tatsächliche Gewährung einer Abweichung führt mit konstitutiver Wirkung die materielle Legalität einer Anlage herbei.

4   II. In **Abs. 1** sind der **Anwendungsbereich** und die **Tatbestandsvoraussetzungen** für **Abweichungen von bauordnungsrechtlichen Anforderungen** sowie die Einräumung von **Ermessen** auf der Rechtsfolgeseite der Norm geregelt.

1. Gegenstand von Abweichungen im Sinne von Abs. 1 Satz 1 sind **bauordnungsrechtliche Anforderungen**, d. h. im Bauordnungsrecht enthaltene Gebote und Verbote, durch die den Normadressaten ein bestimmtes Verhalten in Bezug auf bauliche Anlagen, sonstige Anlagen und Einrichtungen, Bauprodukte und Grundstücke auferlegt wird (s. Erläuterungen zu § 1 sowie Wilke in: Reichel/Schulte, Handbuch Bauordnungsrecht, S. 131). Dabei erfasst Abs. 1 Satz 1 neben den in Bestimmungen der **BauOBln selbst** enthaltenen Anforderungen die Anforderungen in den „auf Grund dieses Gesetzes" erlassenen Vorschriften. Damit bezieht die Regelung sich trotz ihrer umfassenden Formulierung („Vorschriften") nach Sinn und Zweck nur auf die für die am Bau Beteiligten geltenden (außenwirksamen) bauordnungsrechtlichen Rechtsvorschriften, nämlich die **Rechtsverordnungen nach § 84**; nicht erfasst sind die Verwaltungsvorschriften gemäß § 84 Abs. 7, da diese kein gegenüber den am Bau Beteiligten unmittelbar geltendes Recht enthalten. Der Anwendungsbereich des § 68 bezieht sich – wie die in Abs. 1 Satz 1 normierten Erteilungsvoraussetzungen erkennen lassen – (nur) auf materiellrechtliche Vorschriften, nicht auf Verfahrensregelungen (vgl. Finkelnburg/Ortloff, Öffentliches Baurecht II, S. 8 f.; Jäde, in: Bauordnungsrecht Brandenburg, § 60 BbgBO RNr. 9). § 68 ist entsprechend anzuwenden, wenn bei der **Teilung eines Grundstücks** nach § 7 Abs. 1 von bauordnungsrechtlichen Vorschriften abgewichen werden soll (**§ 7 Abs. 2**). Eine – wie **Abs. 1 Satz 2** lediglich klarstellt – dem § 68 nicht unterfallende, unmittelbar gesetzesabhängige und keiner behördlichen Ermessensentscheidung bedürftige (vgl. AH-Drucks. 3926, S. 128) **Spezialregelung** für Abweichungen von den **Technischen Baubestimmungen** ist in **§ 3 Abs. 3 Satz 3** enthalten; unabhängig hiervon ist zweifelhaft, ob Abs. 1 Satz 1 auf die Technischen Baubestimmungen anwendbar wäre, da strittig ist, ob diese Rechtsnormen sind oder in ihnen die normativen Anforderungen lediglich konkretisiert werden (s. vgl. BVerwG, U. v. 24.4.1991, NVwZ 1991, 884, u. B. v. 30.9.1996, BauR 1997, 290; VG Freiburg, U. v. 20.3.2001, BauR 2001, 1724, 1725; Dolderer, VBlBW 1998, 448, 450; Große-Suchsdorf/Lindorf/Schmaltz/Wiechert, NdsBauO, 8. Aufl., § 96 RNr. 5, sowie die Erläuterungen zu § 3). Eine weitere eigenständige Abweichungsregelung, die die Gestattung von „Erleichterungen" für **Sonderbauten** betrifft, weist **§ 52 Abs. 1 Satz 2** auf (s. Erläuterungen zu § 52). Schließlich wurde eine früher in § 77 Abs. 2 Satz 4 BauOBln 1997 enthaltene spezielle **Befreiungsregelung** im Zusammenhang mit den Bestimmungen über **„Farbschmierereien"** u. ä. – ohne Anpassung an die neue Begrifflichkeit des § 68 – aufrechterhalten (nunmehr **§ 9 Abs. 3 Satz 4**).

Für Ausnahmen und Befreiungen von den Vorschriften eines Bebauungsplans gilt dagegen ausschließlich § 31 BauGB. Soweit die **Bebauungspläne** auf Landesrecht beruhende **besondere Gestaltungsanforderungen** enthalten (§ 9 Abs. 4 BauGB i. V. m. § 12 Abs. 1 AGBauGB), bei denen es sich trotz ihrer Aufnahme in den Bebauungsplan nicht um bodenrechtliche, sondern um bauordnungsrechtliche Bestimmungen handelt, sind gemäß der speziellen Vorschrift des § 12 Abs. 2 AGBauGB die Regelungen des § 31 BauGB über Ausnahmen und Befreiungen entsprechend anwendbar; § 68 Abs. 1 Satz 1 gilt – abweichend von der früheren Rechtslage (s. zu dieser Vorauf. § 61 RNr. 3) – nicht (a. A. Hahn/Radeisen, BauOBln, § 68 RNr. 4 und § 84 RNr. 9 unter Bezugnahme auf die Rechtslage in Nordrhein-Westfalen ohne Würdigung der in § 12 Abs. 2 AGBauGB enthaltenen abweichenden Bestimmung). Nach § 9 Abs. 4 BauGB können die Länder durch Rechtsvorschriften nicht nur bestimmen, dass auf Landesrecht beruhende Regelungen in den Bebauungsplan als Festsetzungen aufgenommen werden können, sondern auch regeln, inwieweit auf diese Festsetzungen die Vorschriften des BauGB Anwendung finden; dass damit jedenfalls auch die Vorschriften des Verfahrensrechts gemeint sind, ist nicht zweifelhaft (vgl. BVerwG, B. v. 12.3.1991, NVwZ 1991, 874, 875). Die Ermächtigung bezieht sich auch auf die Regelungen über die Zulässigkeit von

Vorhaben einschließlich der Ausnahmen und Befreiungen (Battis/Krautzberger/Löhr, BauGB, 10. Aufl., § 9 RNr. 108; s. auch Roeser, in: Berliner Kommentar zum BauGB, § 31 RNr. 4 und Söfker in: Ernst/Zinkahn/Bielenberg, BauGB, § 31 RNr. 21 m. w. N.). Hiervon hat der Landesgesetzgeber in § 12 Abs. 2 AGBauGB Gebrauch gemacht und u. a. bestimmt, dass auch die Vorschriften des BauGB über die Zulässigkeit von Vorhaben, zu denen § 31 BauGB gehört, Anwendung finden. Die Regelung des § 12 Abs. 2 AGBauGB gilt allerdings nicht, soweit die für das Bauwesen zuständige Senatsverwaltung Rechtsverordnungen mit besonderen Gestaltungsanforderungen außerhalb eines Bebauungsplans erlässt (§ 12 Abs. 3 AGBauGB). Ob in diesen Fällen § 68 Abs. 1 Satz 1 (unmittelbar) Anwendung findet, ist zweifelhaft, da derartige Rechtsverordnungen ihre Ermächtigungsgrundlage in § 12 Abs. 3 AGBauGB finden, es sich also nicht um Vorschriften auf Grund der BauO Bln handelt, auf die sich Abs. 1 Satz 1 bezieht; jedoch dürften mit Blick auf die zwischen § 12 Abs. 2 AGBauGB und § 68 Abs. 1 Satz 1 BauO Bln entstandene planwidrige, schon aus verfassungsrechtlichen Gründen (s. oben RNr. 2) eine Schließung erfordernde Gesetzeslücke die Voraussetzungen für eine analoge Anwendung des Abs. 1 Satz 1 vorliegen.

7 2. Die Erteilung einer Abweichung von bauordnungsrechtlichen Anforderungen wird in **Abs. 1 Satz 1 2. Halbsatz** an die Voraussetzungen angeknüpft, dass diese unter Berücksichtigung des Zwecks der jeweiligen Anforderung und unter Würdigung der öffentlich-rechtlich geschützten nachbarlichen Belange mit den öffentlichen Belangen, insbesondere den Anforderungen des § 3 Abs. 1, vereinbar ist. Nach der Normstruktur handelt es sich hierbei um **Tatbestandsvoraussetzungen** (vgl. OVG RP, U. v. 3.11.1999, BRS 62 Nr. 143; SächsOVG, U. v. 28.8.2005, BRS 69 Nr. 127; Schretter/Schenk, in: Reichel/Schulte, Handbuch Bauordnungsrecht, S. 906), nicht (allein) um bloße Ermessensschranken (die Gesetzesbegründung spricht – im Einklang mit der Begründung zu § 67 MBO – davon, dass damit „zugleich" die in die bei der Ermessensbetätigung vorzunehmende Abwägung einzustellenden Gesichtspunkte bezeichnet würden, AH-Drucks 15/3926, S. 126). Die Auslegung und Anwendung der Tatbestandsvoraussetzungen für eine Abweichung unterliegt der vollen gerichtlichen Kontrolle (ebenso Hahn/Radeisen, BauOBln, § 68 RNr. 11); hiervon scheint auch die Rechtsprechung zu Parallelvorschriften anderer Landesbauordnungen auszugehen (vgl. OVG RP u. SächsOVG, jeweils a. a. O.). Soweit in der Literatur dagegen unter Hinweis darauf, dass in der Regelung die Notwendigkeit einer „beurteilend-wertenden Anwendungsoperation" als Abwägungsentscheidung auf der Tatbestandsseite der Norm zu Ausdruck komme, ein **Beurteilungsspielraum** (s. hierzu allgemein: Kopp/Ramsauer, VwVfG, 10. Aufl., § 40 RNrn. 71 ff. m. w. N.) angenommen wird (so Jäde, in: Bauordnungsrecht Brandenburg, zur Parallelregelung des § 60 BbgBO, RNr. 13 f.), vermag dies nicht zu überzeugen. Den Voraussetzungen des Abs. 1 Satz 1 2. Halbsatz ähnliche unbestimmte Rechtsbegriffe finden sich in § 31 Abs. 2 Nr. 3 BauGB („unter Würdigung nachbarlicher Interessen mit den öffentlichen Belangen vereinbar"), ohne dass für jene Norm ein Beurteilungsspielraum bejaht würde (vgl. BVerwG, U. v. 9.6.1978, BRS 33 Nr. 150; Söfker in: Ernst/Zinkahn/Bielenberg, BauGB, § 31 RNr. 33). Zudem ist anerkannt, dass eine die gesetzlichen Wertungen nachvollziehende und für den Einzelfall konkretisierende (nicht: planerisch-gestaltende) Abwägung (vgl. insofern für §§ 34, 35 BauGB: BVerwG, U. v. 24.8.1979, BRS 35 Nr. 60, U. v. 19.7.2001, BRS 64 Nr. 96 u. U. v. 13.12.2001, BRS 64 Nr. 98 sowie Battis/Krautzberger/Löhr, BauGB, 10. Aufl., § 34 RNr. 19 und § 35 RNr. 6 m. w. N.) die Annahme einer gerichtlich voll überprüfbaren Entscheidung nicht ausschließt. Ein der BABeh. verbleibender Gestaltungsspielraum mit eingeschränkter verwaltungsgerichtlicher Kontrolle (nur auf Ermessensfehler, vgl. § 114 VwGO) ist nach der Struktur der Abweichungsregelung nicht auf der Tatbestands-, sondern auf der Ermessensebene angesiedelt.

Nicht abschließend geklärt ist – ebenso wie bei der Befreiung nach § 31 Abs. 2 BauGB 8
(s. hierzu VGH BW, U. v. 16.6.2003, NVwZ 2004, 357 = VBlBW 2003, 438) – die Frage, ob die Erteilung einer Abweichung das **Vorliegen eines atypischen Falles** voraussetzt (generell befürwortend: Schretter/Schenk, in: Reichel/Schulte, Handbuch Bauordnungsrecht, S. 906). In der Rechtsprechung zu Parallelvorschriften anderer Landesbauordnungen wird diese Frage teils offen gelassen (SächsOVG, U. v. 28.8.2005, BRS 69 Nr. 127), teils bejaht (OVG RP, U. v. 3.11.1999, BRS 62 Nr. 143; BayVGH, B. v. 16. 7. 2007, BauR 2007, 1858 f.; OVG NW, U. v. 5.3.2007, BauR 2007, 1031, 1032 = NVwZ-RR 2007, 510 f. und B. v. 3. 5. 2007, NVwZ-RR 2007, 744 f.: Atypik bei Abweichung von zwingendem Recht); das OVG Bln hatte an dem Erfordernis eines atypischen Einzelfalls für alle drei Befreiungstatbestände nach § 61 Abs. 2 Satz 1 Bau OBln 1997 festgehalten (s. insofern OVG Bln, U. v. 23.4.2002, BRS 65 Nr. 136 zu § 61 Abs. 2 Satz 1 Nr. 2 Bau OBln 1997 sowie Voraufl. § 61 RNrn. 12, 16 und 18 m. w. N.). Nach der Begründung des Gesetzentwurfs soll dieses Erfordernis für die Abweichung nicht (mehr) bestehen (AH-Drucks. 15/3926, S. 126). Für diese Sichtweise mag die mit der Einführung der Abweichung verbundene allgemeine Regelungsabsicht der „Flexibilisierung" des materiellen Bauordnungsrechts sprechen (s. oben RNr. 2). Zudem hat der Gesetzgeber ausdrücklich den bereits in § 61 Abs. 2 Satz 1 Nr. 2 2. Halbsatz BauOBln 1985 enthaltenen Ansatz aufgreifen und verallgemeinern wollen; nach dieser Bestimmung lag eine offenbar nicht beabsichtigte Härte auch dann vor, wenn auf andere Weise dem Zweck einer technischen Anforderung nachweislich entsprochen wird. Diese Regelung war nicht als selbständiger Befreiungstatbestand, sondern nur als eine Erläuterung des Begriffs der nicht beabsichtigten Härte, der einen atypischen Fall voraussetzte, angesehen worden (OVG Bln, U. v. 29.5.1987, BRS 47 Nr. 148). Mit der umfassenden Neuregelung ist dieser Kontext und damit die seinerzeitige Begründung für das Erfordernis eines atypischen Einzelfalls entfallen. Allerdings wird nunmehr die Ansicht vertreten, das Merkmal der „Berücksichtigung des Zwecks der jeweiligen Anforderung" lasse eine Abweichung nur in Sonderfällen zu (OVG RP, U. v. 3.11.1999, a. a. O.; Dhom in: Simon/Busse, BayBO, Art. 70 RNr. 22; a. A. Jäde, in: Bauordnungsrecht Brandenburg, § 60 BbgBO, RNr. 26). Diese Auffassung dürfte auch eine konsequente Fortsetzung der früheren Rechtsprechung des OVG Bln zur seinerzeitigen bauordnungsrechtlichen (Härte-)Befreiungsregelung sein, da das OVG gefordert hatte, dass eine atypische bauliche Situation gerade hinsichtlich des mit einer Anforderung verfolgten Schutzzwecks gegeben sein müsse (s. OVG Bln, U. v. 23.4.2002, a. a. O. sowie unter RNr. 11).

a) Bei der Entscheidung über die Abweichung ist zunächst der **Zweck der Anforde-** 9
rung, von der abgewichen werden soll, zu berücksichtigen. Der Zweck einer Anforderung kann sich bereits aus dem Text einer bauordnungsrechtlichen Regelung – beispielsweise hinsichtlich von Anforderungen des vorbeugenden Brandschutzes aus den Schutzziel-Bestimmungen der §§ 27 Abs. 1 Satz 1, 28 Abs. 1, 29 Abs. 1, 30 Abs. 1, 31 Abs. 1 Satz 1, 32 Abs. 1, 35 Abs. 1 Sätze 1 und 2 sowie 36 Abs. 1 Satz 1 – unmittelbar ergeben und ist im Übrigen – wie etwa bei den Bestimmungen über die Abstandsflächen (s. Erläuterungen zu § 6) – durch Auslegung der jeweiligen Norm zu ermitteln. Bei dem Schutzzweck einer Rechtsnorm handelt es sich zugleich um einen öffentlichen Belang im Sinne von Abs. 1 Satz 1 (ebenso Dhom in: Simon/Busse, BayBO, Art. 70 RNr. 22); die spezifische Bedeutung des Zwecks der jeweiligen Anforderung für die Abweichungsentscheidung ergibt sich daraus, dass dieser – anders als die (übrigen) öffentlichen Belange, mit denen die Abweichung lediglich „vereinbar" sein muss – in jedem Fall in einer vom Gesetz gegenüber den sonstigen öffentlichen Belangen hervorgehobenen Weise „Berücksichtigung" finden muss.

10 Der gesetzgeberischen Absicht entsprechend, mit der neuen Regelung die „Erreichung des jeweiligen Schutzzieles der Norm in den Vordergrund zu rücken" (AH-Drucks. 15/3926, S. 126), liegt diesem Tatbestandsmerkmal der Gedanke zugrunde, den Zweck der Anforderung mit anderen als den in der Norm genannten Mitteln zu erreichen. In den Fällen Schutzzweckerreichung mit abweichenden Mitteln und des „normativen Überhangs" liegt die in Abs. 1 Satz 1 geforderte **Berücksichtigung des Zwecks der Anforderung** ohne weiteres vor, wenn das Schutzgut der Norm, von der abgewichen werden soll, nicht oder nicht wesentlich berührt wird. Mit Blick auf den Normtext wird von der Regelung darüber hinausgehend nicht vorausgesetzt, dass durch die von einer bauordnungsrechtlichen Anforderung abweichende Lösung in jedem Fall der Zweck der Anforderung „in gleichem Maße ... erfüllt" wird (so § 3 Abs. 3 Satz 3 1. Halbsatz für Abweichungen von Technischen Baubestimmungen). Anders als § 60 Abs. 1 Satz 1 Nr. 1 BbgBO verlangt Abs. 1 Satz 1 nicht einmal (ausdrücklich), dass die Abweichungen dem Schutzziel der jeweiligen Anforderung „entsprechen". Mit der hinter einer strikten Beachtung zurückbleibenden in Abs. 1 Satz 1 vorgeschriebenen „Berücksichtigung" des Zwecks der Anforderung wird nicht gefordert, dass dieser mit der Abweichung stets genauso gut erfüllt wird wie mit der Anforderung. Eine Berücksichtigung des Zwecks der Anforderung setzt aber voraus, dass dieser jeweils bestimmt wird und entsprechend dem ihm objektiv zukommenden Gewicht entweder beachtet oder zurückgestellt wird, wenn das – erforderlichenfalls unter Würdigung der nachbarlichen Interessen – mit den öffentlichen Belangen vereinbar ist. In welchem Maße eine Norm einer Abweichung zugänglich ist, hängt einerseits von dieser selbst, andererseits von den konkreten Umständen des Einzelfalls ab; dabei kann sich aus der Formulierung der jeweiligen Anforderung – etwa als abschließend ausgestalteter detaillierter Regelung, als zwingender oder als Soll-Vorschrift – eine gesetzgeberische Wertung der mit der Norm verfolgten Interessen ergeben (s. Jäde in: Bauordnungsrecht Brandenburg, § 60 BbgBO, RNrn. 15, 27 ff.). Keine Abweichung ist von § 3 Abs. 1 zulässig, da diese „Mindestanforderung" eine „absolute Grenze für die Zulassung von Abweichungen markiert" (AH-Drucks. 15/3926, S. 126).

11 Da die Zielvorgaben der jeweiligen Norm ihrerseits öffentliche Belange verkörpern, die bauordnungsrechtlichen Vorschriften die schutzbedürftigen und schutzwürdigen öffentlichen Belange regelmäßig schon in einen gerechten Ausgleich gebracht haben und die Gleichmäßigkeit des Gesetzesvollzugs ein mehr oder minder beliebiges Abweichen von den bauordnungsrechtlichen Vorschriften nicht gestattet, spricht viel dafür, die Abweichungsvoraussetzung der Berücksichtigung des Zwecks der jeweiligen Anforderung nur zu bejahen, wenn im konkreten Einzelfall eine besondere Situation vorliegt, die sich vom gesetzlichen Regelfall derart unterscheidet, dass die Nichtberücksichtigung oder Unterschreitung des normativ festgelegten Standards gerechtfertigt ist (OVG RP, U. v. 3.11.1999, BRS 62 Nr. 143; Dhom in: Simon/Busse, BayBO, Art. 70 RNr. 23). Eine derartige Lage ist zum einen gegeben, wenn auf Grund der besonderen Umstände der Zweck, der mit einer Vorschrift verfolgt wird, die Einhaltung der Norm nicht erfordert, so bei Einsatz eines zur Zweckerreichung gleich wirksamen anderen Mittels oder beim sog. „normativen Überhang", d. h. wenn das Beharren auf der Erfüllung einer Anforderung die Erreichung des Anforderungszwecks nicht fördert (vgl. Dhom, a. a. O., RNrn. 24 ff.); diese Lage besteht zum anderen, wenn die Einhaltung der Anforderung aus objektiven Gründen außer Verhältnis zu der Beschränkung steht, die mit einer Versagung der Abweichung verbunden wäre (OVG RP, a. a. O.).

12 b) Grundvoraussetzung jeder Abweichung ist nach Abs. 1 Satz 1 deren Vereinbarkeit mit den **öffentlichen Belangen**. Bei Auslegung dieses Merkmals kann an die Regelung des § 61 Abs. 1 BauOBln 1997 angeknüpft werden, in der die Erteilung einer Ausnahme an das Erfordernis der Vereinbarkeit mit den öffentlichen Belangen gebunden war (vgl. Voraufl., § 61 RNrn. 7 f.), wobei das Begriffsverständnis wegen der verschiedenen Normkontexte nicht völlig deckungsgleich ist. Der im Wortlaut und Regelungszusammenhang sachlich nicht begrenzte Begriff ist als Einschränkung der Möglichkeit zur Ereilung einer Abweichung eher weit auszulegen. Im Bauplanungsrecht werden unter den in einem umfassenden Sinne interpretierten öffentlichen Belangen (s. §§ 1 Abs. 6 und 7, 35 Abs. 3 BauGB) alle öffentlichen Interessen verstanden, die im Zusammenhang mit der Bodennutzung und der städtebaulichen Entwicklung und Ordnung stehen (Battis/Krautzberger/Löhr, BauGB, 10. Aufl., § 1 RNr. 101). Im bauordnungsrechtlichen Kontext umfasst der Begriff zudem jedenfalls alle Schutzgüter des Bauordnungsrechts (s. zu diesen die Erläuterungen der bauordnungsrechtlichen Generalklausel des § 3 Abs. 1 sowie Finkelnburg/Ortloff, Öffentliches Baurecht II, S. 7 f. und eingehend Schulte, Rechtsgüterschutz durch Bauordnungsrecht, 1982), insbesondere die öffentliche Sicherheit und Ordnung. Da zu den Schutzgütern des Bauordnungsrechts neben Allgemeingütern – wie sie z. B. im Verunstaltungsschutz zum Ausdruck kommen – auch Individualgüter (z. B. Leben, Gesundheit, Eigentum) gehören, sind diese vom Begriff der öffentlichen Belange an sich mit umfasst; durch das zusätzliche Erfordernis der „Würdigung der öffentlich-rechtlich geschützten nachbarlichen Belange", auf das unten näher eingegangen wird, hat ihre Einbeziehung in die Abweichungsentscheidung aber eine spezielle Ausprägung gefunden. Der weit gefasste Begriff der öffentlichen Belange wird in der Rechtsprechung nicht allein auf baurechtliche Gesichtspunkte beschränkt; vielmehr umfasst er demnach z. B. auch das sich nicht im privaten Interesse Einzelner erschöpfende Interesse an der Schaffung von Versorgungs- oder Verkehrsanlagen sowie sozialer, kultureller oder sportlicher Einrichtungen, ohne dass diese von einem hoheitlichen Träger betrieben werden müssten (SächsOVG, U. v. 28.8.2005, BRS 69 Nr. 127; vgl. auch BayVGH, B. v. 26.6.1997, BRS 59 Nr. 59 zu § 31 Abs. 2 BauGB). Dagegen gehören rein fiskalische Interessen nicht zu den öffentlichen Belangen (vgl. Söfker in: Ernst/Zinkahn/Bielenberg, BauGB, § 31 RNr. 56).

Vereinbar mit den öffentlichen Belangen ist eine Abweichung, wenn durch sie kein Widerspruch zu öffentlichen Belangen entsteht (vgl. Roeser in: Berliner Kommentar zum BauGB, § 31 RNr. 17). An einer Vereinbarkeit mit den öffentlichen Belangen fehlt es demnach ohne weiteres, wenn durch die Abweichung eine Gefährdung der vom Gesetzgeber als „Mindestanforderungen" (AH-Drucks. 15/3926, S. 126) betrachteten Schutzgüter des § 3 Abs. 1 – der öffentlichen Sicherheit und Ordnung, insbesondere des Lebens, der Gesundheit und der natürlichen Lebensgrundlagen – zu besorgen ist (SächsOVG, U. v. 28.8.2005, BRS 69 Nr. 127). In den Fällen der Schutzzweckerreichung mit abweichenden Mitteln und des „normativen Überhangs" ist die Abweichung ohne weiteres mit den öffentlichen Belangen vereinbar, wenn das Schutzgut der Norm, von der abgewichen werden soll, berücksichtigt wurde und sonstige öffentliche Belange nicht oder nicht wesentlich berührt werden. Eine Vereinbarkeit mit öffentlichen Belangen ist darüber hinaus gegeben, wenn sich in der Abwägung mit dem zu berücksichtigen Zweck der Anforderung besonders schutzwürdige öffentliche Belange gegenüber dem mit der Anforderung verfolgten Ziel durchsetzen; diese Möglichkeit ist in der gesetzlichen Regelung des Verhältnisses des Anforderungszwecks zu den (sonstigen) öffentlichen Belangen angelegt. Eine Abweichung ist nur nach sorgfältiger Ermittlung und Abwägung der mit der Anforderung geschützten Belange und der im Einzelfall unabweisbare Beachtung verlangenden öffentlichen Belange möglich (vgl. OVG RP, U. v. 3.11.1999, BRS 62 Nr. 143; Dhom in: Simon/Busse, BayBO, Art. 70 Nr. 30). Zweifelhaft ist vor diesem Hintergrund, ob das Erfordernis der Vereinbarkeit mit den öffentlichen Belangen die Möglichkeit bietet, unterschiedliche Belange in eine Gesamtschau einzubeziehen sowie sie untereinander und gegeneinander im Wege einer **Kompensation öffentlicher Belange** zu gewichten (in diesem Sinne Jäde, in: Bauordnungsrecht Brandenburg, § 60 BbgBO, RNr. 44). Für das gleich lautende Merkmal in § 31 Abs. 2 BauGB ist anerkannt, dass ein Widerspruch zu einem öffentlichen Belang nicht durch einen anderen öffentlichen Belang, der für die Abweichung spricht, planerisch abwägend im Sinne einer „Saldierung" ausgeglichen werden kann, da die Befreiung keine planerische Entscheidung ist (vgl. Roeser in: Berliner Kommentar zum BauGB, § 31 RNr. 18 m. w. N.). Überließe man der BABeh. über die im Gesetzestext angelegte Abwägung der Bedeutung des Zwecks der Anforderung mit dem für die Abweichung streitenden öffentlichen Belang hinaus eine nicht mehr vom Normtext geleitete „Saldierung" bzw. „Kompensation" innerhalb der öffentlichen Belange mit der Folge, dass die Abweichung nicht nur dem – „zurückgestellten" – Anforderungszweck, sondern auch einzelnen (sonstigen) öffentlichen Belangen widersprechen darf, so bestünde die Gefahr einer zu weitgehenden und (mangels normativer Determination) beliebigen Korrektur des Gesetzes durch die BABeh.

14 c) Die Abweichung kann nachbarliche Interessen berühren. Deshalb wird als zusätzliche Voraussetzung verlangt, dass diese „unter **Würdigung nachbarlicher Interessen**" zu erteilen ist. Damit verpflichtet das Gesetz die BABeh., die Belange der Nachbarn, die durch die Abweichung berührt werden, zu ermitteln und entsprechend ihrem Gewicht in die Abwägung einzustellen (Dhom in: Simon/Busse, BayBO, Art. 70 RNr. 31). Anhaltspunkte zur Konkretisierung dieses Erfordernisses können der Rechtsprechung zu der gleich lautenden Befreiungsvoraussetzung in § 31 Abs. 2 BauGB entnommen werden. Dort wird unterschieden zwischen Befreiungen von nachbarschützenden und von nicht nachbarschützenden Vorschriften des öffentlichen Baurechts: Wird von nachbarschützenden Vorschriften abgewichen, ohne dass die für die Abweichung geltenden Voraussetzungen vorliegen, ist die Entscheidung rechtswidrig und auf die Klage des Nachbarn aufzuheben, während bei einer Abweichung von nicht nachbarschützenden Regelungen Nachbarschutz lediglich nach Maßgabe des im Merkmal der Würdigung nachbarlicher Interessen enthaltenen Gebots der Rücksichtnahme gewährt wird (vgl. BVerwG, U. v. 19.9.1986, BRS 46 Nr. 173 und v. 6.10.1989, BRS 49 Nr. 188 sowie B. v. 8.7.1998, BRS 60 Nr. 183 = NVwZ-RR 1999, 8; OVG Bln-Bbg, B. v. 8.1.2007 – 10 S 9.06 –; BayVGH, B. v. 16.8.2005, BRS 69 Nr. 164; Roeser, in: Berliner Kommentar zum BauGB, § 31 RNrn. 19 f.). An diese Maßstäbe wird bei der Auslegung der bauordnungsrechtlichen Abweichungsregelungen mit der Folge angeknüpft, dass der Nachbar bei einer **Abweichung von nachbarschützenden Vorschriften** bereits die objektive Rechtswidrigkeit der Abweichung rügen kann, während bei **Abweichungen von nicht nachbarschützenden Vorschriften** ihm nur die für das Gebot der Rücksichtnahme entwickelten Grundsätze zur Seite stehen (BayVGH, B. v. 16. 7. 2007, BauR 2007, 1858, 1859 f.; Jäde in: Bauordnungsrecht Brandenburg, § 60 BbgBO, RNr. 20; dieser Ansatz liegt implizit auch der Würdigung des SächsOVG, U. v. 28.8.2005, BRS 69 Nr. 127 zugrunde). Zur Frage, welche Vorschriften des Bauordnungsrechts Nachbarschutz vermitteln, s. Erläuterungen zu § 3.

15 Bei der **Abweichung von nachbarschützenden Anforderungen** hat der Nachbar einen Anspruch nicht nur darauf, dass seine eigenen Belange sachgerecht ermittelt und abgewogen werden, sondern dass die für die Abweichung sprechenden Belange ebenfalls richtig gewürdigt werden, der Zweck der Anforderung seiner Bedeutung gemäß Berücksichtigung findet und dass eine erforderliche Abweichung auch tatsächlich ausgesprochen wird (vgl. BVerwG, B. v. 8.7.1998, a. a. O., zu § 31 Abs. 2 BauGB sowie BayVGH, B. v. 16. 7. 2007, a. a. O., und Dhom, a. a. O., RNr. 35). Eine Abweichung von nachbarschützenden Vorschriften kommt nur in Betracht, wenn der betroffene Nach-

bar nicht schutzbedürftig ist oder die Gründe, die für die Abweichung streiten, objektiv derart gewichtig sind, dass die Interessen des Nachbarn ausnahmsweise zurücktreten müssen (OVG RP, U. v. 3.11.1999, BRS 62 Nr. 142). Dies gebietet schon der Umstand, dass der Gesetzgeber durch die nachbarschützende Vorschrift als einer Regelung von Inhalt und Schranken des Eigentums im Sinne von Art. 14 Abs. 1 Satz 2 GG die schutzwürdigen und schutzbedürftigen Belange von Grundeigentümern und Nachbarn regelmäßig bereits in einen gerechten Ausgleich gebracht und dabei Nachbarinteressen einen besonderen Schutz beigelegt hat; die vom Gesetzgeber abstrakt vorgenommene Abwägung der Interessen muss im Rahmen der Abeichungsentscheidung gewissermaßen konkretisierend nachvollzogen werden (vgl. BVerwG, U. v. 16.5.1991, BVerwGE 88, 191, 201 = BRS 52 Nr. 157).

Wichtigster Anwendungsfall der Abweichung von nachbarschützenden Anforderungen ist die Abweichung von Anforderungen des **Abstandsflächenrechts**. In diesem Normbereich hat der Gesetzgeber für den Regelfall nicht nur die zu wahrenden Schutzgüter der Abstandsvorschriften (s. Erläuterungen zu § 6 sowie zur bisherigen Rechtslage: OVG Bln, B. v. 18.7.1994, BRS 56 Nr. 110) abstrakt umschrieben, sondern durch die Festlegung des Mindestabstands von 3 m (§ 6 Abs. 5) auch konkret die Art und Weise bestimmt, in der diesen Anforderungen Rechnung zu tragen ist (OVG Bln, U. v. 25.2.1994, BRS 56 Nr. 172; OVG Lbg, U. v. 10.3.1986, BRS 46 Nr. 153). Für die Anforderungen des Abstandsflächenrechts ist typisch, dass ihnen nicht auf andere Weise Rechnung getragen werden kann; Abweichungen von § 6 BauOBln haben daher regelmäßig zur Folge, dass die Ziele des Abstandsflächenrechts nicht (vollstädnig) verwirklicht werden (BayVGH, B. v. 18. 7. 2007, BauR 2007, 1858 f.). Die Abweichung lässt sich nur dann rechtfertigen, wenn sich das Vorhaben vom Regelfall unterscheidet und die Einbuße hinsichtlich der vom Abstandsflächenrecht geschützten Belange entweder geringfügig (vgl. SächsOVG, U. v. 28.8.2005, BRS 69 Nr. 127) oder aus anderen Gründen vertretbar ist (BayVGH, U. v. 28.6.2005, BRS 69 Nr. 143, B. v. 22. 9.2006, BauR 2007, 1858 f. und B. v. 18. 7. 2007, a. a. O.; das OVG NRW, B. v. 5. 3. 2007, NVwZ-RR, 510, 511 f. fordert eine „grundstücksbezogene Atypik"); diese Gründe müssen objektiv derart gewichtig sein, dass die Interessen des Nachbarn ausnahmsweise zurücktreten müssen (OVG RP, U. v. 3.11.1999, BRS 62 Nr. 143; BayVGH, U. v. 22. 11. 2006, BRS 70 Nr. 121 = NVwZ-RR 2007, 512). Diese Voraussetzungen dürften wohl bei den Konstellationen vorliegen, die nach früherem Recht eine Befreiung wegen einer nicht beabsichtigten Härte (§ 68 Abs. 2 Nr. 2 BauOBln 1997) rechtfertigen (s. Voraufl., § 68 RNr. 17). So kann ein Abweichungsfall dann vorliegen, wenn ein geändertes Abstandsflächenrecht eine Nutzungsänderung eines in früherer Zeit legal errichteten Gebäudes verhindert (s. hierzu BVerwG, U. v. 16.5.1991, BVerwGE 88, 191, 203 f. = BRS 52 Nr. 157; NdsOVG, B. v. 28.2.1995, BRS 57 Nr. 157; OVG RP, B. v. 13.5.1996, BRS 58 Nr. 195) oder eine veränderte bauplanungsrechtliche Einordnung von Einfluss auch auf die bauordnungsrechtliche Beurteilung sein kann (OVG Bln, U. v. 22.5.1992, BRS 54 Nr. 97 = GE 1992, 1269, 1277 betr. Erfordernis eines Außenaufzugs für Dachgeschoss-Ausbau nach Änderung des Vollgeschoss-Begriffs).

Betrifft die Abweichung demgegenüber **nicht nachbarschützende Regelungen**, d. h. Normen, die ausschließlich öffentliche Belange verfolgen, so kann der Nachbar im Rahmen des im Merkmal der Würdigung nachbarlicher Interessen enthaltenen **Gebots der Rücksichtnahme** nur verlangen, dass seine Interessen entsprechend dem ihnen zukommenden Gewicht berücksichtigt werden (Dhom, a. a. O., RNr. 36). Dabei kann der Nachbar umso mehr an Rücksichtnahme verlangen, je empfindlicher seine Stellung durch die Abweichung im Vergleich zu der Erfüllung der im Regelfall zu beachtenden Norm berührt werden kann; umgekehrt braucht derjenige, der die Abweichung in Anspruch nehmen will, umso weniger an Rücksicht zu nehmen, je verständlicher und unabweisbarer die von ihm verfolgten Interessen sind, wobei die eintretenden Nachteile das Maß dessen, was dem Nachbarn billigerweise noch zuzumuten ist, nicht übersteigen dürfen (vgl. BVerwG, U. v. 19.9.1986, BRS 46 Nr. 173, zu § 31 Abs. 2 BauGB).

18 d) Eine die Zulassung von Abweichungen einschränkende **Sonderregelung** im Zusammenhang mit dem **barrierefreien Bauen** enthält **§ 51 Abs. 5**, dem gemäß eine Abweichung von den Anforderungen des § 51 Abs. 1 bis 4 voraussetzt, dass die Anforderungen wegen schwieriger Geländeverhältnisse, wegen des Einbaus eines sonst nicht erforderlichen Aufzugs oder wegen ungünstiger vorhandener Bebauung nur mit einem unverhältnismäßigen Mehraufwand erfüllt werden können.

19 3. Die Abweichung steht – ebenso wie die Befreiung nach § 31 Abs. 2 BauGB und die Befreiung nach der früheren Regelung des § 61 Abs. 2 BauOBln 1997 (dazu OVG Bln, U. v. 22.5.1992, BRS 54 Nr. 97 = GE 1992, 1268, 1277) – im **Ermessen** („kann") der BABeh. Angesichts der hohen Anforderungen, die das Gesetz bereits auf der Tatbestandsebene an die Zulassung der Abweichung stellt, dürfte unter Berücksichtigung des Normzwecks (s. oben RNr. 2) davon auszugehen sein, dass der Gesetzgeber die Erteilung der Abweichung bei Vorliegen der entsprechenden Voraussetzungen als Regelfall beabsichtigt hat, also ein „intendiertes Ermessen" (zu dieser Rechtsfigur s. Kopp/Ramsauer, VwVfG, 10. Aufl., § 40 RNrn. 45 f. m. w. N.) vorliegt (Dhom, in: Simon/Busse, BayBO, Art. 70 RNr. 40; Jäde in: Bauordnungsrecht Brandenburg, § 60 BbgBO, RNr. 11). Will man nicht einzelne Aspekte der Abweichungsvoraussetzungen, wie es im Zusammenhang mit § 31 Abs. 2 BauGB etwa hinsichtlich der „Würdigung nachbarlicher Interessen" geschieht (s. Roeser, in: Berliner Kommentar zum BauGB, § 31 RNr. 19), oder die gesamte Abwägung der in Abs. 1 Satz 1 genannten drei Belangegruppen in den Rahmen der Ermessensbetätigung stellen (in diesem Sinne lässt sich möglicherweise die Begründung des Gesetzentwurfs deuten, vgl. AH-Drucks. 15/3926, S. 126: „damit werden zugleich die in die bei der Ermessensbetätigung vorzunehmende Abwägung einzustellenden Gesichtspunkte bezeichnet"), so bleibt für ein Ermessen wenig Raum (ebenso BVerwG, U. v. 19.9.2002, DVBl. 2003, 526, 528 f. zu § 31 Abs. 2 BauGB). Angesichts der weiten Auslegung des Begriffs der öffentlichen Belange auf der Tatbestandsseite sind kaum weitere Aspekte ersichtlich, die die BABeh. zulässigerweise ihrer Ermessensentscheidung zugrunde legen könnte; andererseits dürfte es der Behörde verwehrt sein, bei der Ausübung des Ermessens Gesichtspunkte (nochmals) anzuführen, die zu einem „öffentlichen Belang" im Sinne des Abs. 1 Satz 1 geworden sind (vgl. NdsOVG, 11.1.2000, BRS 63 Nr. 167). Erforderlich für eine negative Ermessensentscheidung ist zudem, dass der Befreiung gewichtige Interessen entgegenstehen (BVerwG, U. v. 19.9.2002, a. a. O.). Dies mag z. B. die Absicht einer Änderung bauordnungsrechtlicher Anforderungen – sofern man hierin nicht bereits einen öffentlichen Belang sieht (vgl. Finkelburg/Ortloff, Öffentliches Baurecht II, S. 145) – sein, mit der die Abweichung nicht in Einklang stünde; auch ist die Vermeidung von Berufungsfällen, in deren Folge es zu einer Umkehrung des Regel-Ausnahme-Verhältnisses kommen könnte, in Betracht zu ziehen, dürfte allerdings bei Annahme eines ungeschriebenen Tatbestandsmerkmals der Atypik kein Anwendungsfeld als zusätzliche Ermessenserwägung haben.

20 III. **Abs. 2 und 3** enthalten **spezielle Verfahrensvorschriften** für Abweichungen nach Abs. 1, aber auch für Befreiungen, Ausnahmen und Abweichungen nach den in Abs. 2 Satz 1 genannten anderen Rechtsvorschriften. Die Einbeziehung der städtebaurechtlichen Ausnahme-, Befreiungs- und Abweichungsregelungen wurde für erforderlich erachtet, weil diese Regelungen nur ein materiell-rechtliches Entscheidungsprogramm, aber kein „Trägerverfahren" für die Umsetzung im Einzelfall aufweisen (AH-Drucks. 15/3926, S. 127). – Eine Sonderregelung über die Behandlung von Abweichungen im

Zustimmungsverfahren findet sich in § 76 Abs. 3 Satz 1 Nr. 3, Satz 2 (s. Erläuterungen zu § 76 RNr. 11).

1. **Abs. 2 Satz 1** schreibt für die Zulassung der Abweichung, Ausnahme oder Befreiung einen **gesonderten schriftlichen Antrag** sowie eine **Begründung** vor. Die Begründungspflicht nach Abs. 2 Satz 1 2. Halbsatz soll der BABeh. die Ermittlung der für eine Abweichung sprechenden Gesichtspunkte erleichtern (AH-Drucks. 15/3926, S. 127). Wird die Abweichung im Rahmen eines Baugenehmigungsverfahrens beantragt, so gelten im Übrigen die für das Genehmigungsverfahren maßgeblichen Verfahrensvorschriften (vgl. insbesondere §§ 69, 70); dabei sind auch die für die Beurteilung des Abweichungsantrags erforderlichen Bauvorlagen einzureichen (vgl. § 1 Abs. 1 Nr. 5 BauVerfVO).

2. **Abs. 2 Satz 2** regelt – entsprechend § 60 Abs. 2 – klarstellend, dass für Anlagen, die keiner Genehmigung bedürfen, d. h. verfahrensfrei (§ 62) sind oder der Genehmigungsfreistellung (§ 63) unterfallen, bei Nichteinhaltung baurechtlicher Bestimmungen eine **isolierte Abweichung** erforderlich ist, und bestimmt, dass auch hierfür die Verfahrensregelungen des Abs. 2 Satz 1 gelten. Gleiches gilt für Abweichungen von Vorschriften, die im Genehmigungsverfahren nicht geprüft werden. Diese Bestimmung ist im Zusammenhang mit der Regelung des § 64 Satz 1 über das Prüfprogramm im vereinfachten Baugenehmigungsverfahren zu verstehen, der gemäß beantragte und erforderliche Abweichungen im Sinne des § 68 Abs. 1 und Abs. 2 Satz 2 in diesem Verfahren geprüft werden (s. Erläuterungen zu § 64 RNr. 5) und verpflichtet die Bauherrin oder den Bauherren, die erforderlichen Abweichungen zu beantragen.

3. Die Entscheidung über die Abweichung bedarf der **Schriftform**. Anders als es in § 61 Abs. 2 Satz 2 BauOBln 1997 für die Befreiung bestimmt war, fehlt in § 68 eine ausdrückliche Regelung über die schriftliche Erteilung von Abweichungen. Mit Blick auf die Rechtsnatur der Abweichung als eines rechtsgestaltenden Verwaltungsakts (s. oben RNr. 3) sprechen schon Gründe der Rechtssicherheit dafür, ein Schriftformerfordernis aus der Art des Verwaltungsaktes (vgl. Kopp/Ramsauer, VwVfG, § 37 RNr. 21a) und aus seinem auch in § 71 Abs. 2 zum Ausdruck kommenden Bezug zur Baugenehmigung zu bejahen. Damit nach außen erkennbar Klarheit besteht, von welchen Anforderungen und in welchem Umfang die Abweichung zugelassen wird, bedarf der Abweichungsantrag einer **ausdrücklichen Bescheidung** (vgl. Dhom, in: Simon/Busse, BayBO, Art. 70 RNr. 55); eine § 62 Abs. 1 Satz 2 BauOBln 1997, dem gemäß Ausnahmen mit der Baugenehmigung als erteilt galten, entsprechende Regelung ist in § 71 nicht mehr enthalten. Ob die Annahme einer **konkludenten Abweichung** gerechtfertigt ist, wenn sich hinreichende Anhaltspunkte aus der Begründung der Baugenehmigung oder den Bauvorlagen ergeben (vgl. Dhom, a. a. O.), erscheint nicht zweifelsfrei. Nach den Gesetzesmotiven gibt es eine **Ausnahme** vom Schriftformerfordernis für Abweichungen: Die „**fiktive Baugenehmigung**" im vereinfachten Baugenehmigungsverfahren (§ 70 Abs. 4 Satz 3) soll die gemäß § 64 Satz 1 Nr. 2 beantragten Abweichungen einschließen (vgl. AH-Drucks. 15/3926, S. 130).

Die Frage, ob die Abweichung in einem **selbständigen Bescheid** zu ergehen hat, wird vom Gesetz nicht eindeutig beantwortet. § 68 Abs. 3 deutet auf einen selbständigen Bescheid hin, während § 71 Abs. 2 von einer Aufnahme in die Baugenehmigung (ebenso Jäde in: Bauordnungsrecht Brandenburg, § 60 BbgBauO RNr. 8: **Bestandteil der Baugenehmigung**) auszugehen scheint; auch bei einer Verbindung mit der Baugenehmigung ist die Abweichung mit einer inhaltlich hinreichend bestimmten Formulierung in den „Tenor" des Bescheids aufzunehmen. Möglich ist auch die Erteilung einer Abweichung, Ausnahme oder Befreiung in einem **Vorbescheid** (s. § 74 RNr. 3). Eine ohne

Bezug auf ein Baugenehmigungsverfahren ergehende „**isolierte Abweichung**" ist in jedem Fall in einem **besonderen Bescheid** zu erteilen.

25 4. a) Abweichungen dürfen als im Ermessen der BABeh. stehende Verwaltungsakte nach pflichtgemäßem Ermessen mit **Nebenbestimmungen** (s. hierzu näher Erläuterungen zu § 71) gemäß § 36 Abs. 2 VwVfG erlassen oder verbunden werden. In Abs. 3 sind zwar nur die sog. unselbständigen Nebenstimmungen des § 36 Abs. 2 Nrn. 1 bis 3 VwVfG (Befristung, Bedingung und Widerrufsvorbehalt) genannt; diese Bestimmung ist aber nach ihrem Sinnzusammenhang keine abschließende Regelung der Zulässigkeit von Nebenbestimmungen, sondern betrifft nur die Übernahme bestimmter Arten von Nebenbestimmungen in die Baugenehmigung. Abweichungen dürfen folglich auch mit selbständigen Nebenbestimmungen nach § 36 Abs. 2 Nrn 4 und 5 VwVfG (Auflage und Auflagenvorbehalt) verbunden werden. Durch Nebenbestimmunen können bei Abweichungen von nachbarschützenden Anforderungen Schutzvorkehrungen zugunsten des Nachbarn oder bei Abweichungen von bautechnischen Anforderungen Maßnahmen zur Sicherung des Zwecks einer technischen Anforderung getroffen werden. Die Nebenbestimmungen dürfen dem Zweck der Abweichung nicht zuwiderlaufen (§ 36 Abs. 3 VwVfG).

26 b) Gemäß Abs. 3 müssen die Einschränkungen, die sich aus bedingten, befristeten oder mit Widerrufsvorbehalt erteilten Abweichungen ergeben, in die Baugenehmigung aufgenommen werden. Diese Regelung soll die Konkordanz von Abweichungs- und Genehmigungsentscheidung sichern und ausschließen, dass eine unbedingte oder unbefristete Baugenehmigung ergeht, nachdem die Abweichung im Rahmen einer Ermessensentscheidung nur mit Nebenbestimmungen gewährt worden ist. Der Übernahme einer Befristung, Bedingung oder eines Widerrufsvorbehalts in die Baugenehmigung bedarf es, um die den Umfang des Bestandschutzes von vornherein beschränkende Wirkung (vgl. BVerwG, U. v. 10.12.1982, BRS 39 Nr. 80) dieser Nebenbestimmungen zum Tragen zu bringen; denn diese Wirkung tritt nicht ein, wenn die Baugenehmigung unbefristet bzw. unbedingt erteilt wird. Unterbleibt die Aufnahme in die Baugenehmigung oder eine ihr gleichkommende Verweisung auf den Inhalt des Abweichungsbescheids, so ist die gleichwohl erteilte Genehmigung wegen Verstoßes gegen Abs. 3 sowie auch materiell rechtswidrig, weil nur die rechtsgestaltende Abweichung, deren Regelungsgehalt durch die Bedingung, Befristung oder den Widerrufsvorbehalt von vornherein eingeschränkt worden ist, die Vereinbarkeit des Vorhabens mit den öffentlich-rechtlichen Vorschriften herbeigeführt hat. Die Baugenehmigung bleibt dann zwar zunächst wirksam, der Bauherr und seine Rechtsnachfolger (vgl. HessVGH, B. v. 19.7.1984, NVwZ 1985, 281) können sich aber gegen deren Rücknahme oder eine nachträgliche Beifügung der Nebenbestimmungen zur Baugenehmigung als weniger belastenden Eingriff (vgl. Kopp/Ramsauer, VwVfG, 10. Aufl., § 36 RNr. 50) nicht mit Erfolg auf ein Vertrauen in den Bestand der uneingeschränkten Baugenehmigung (vgl. § 48 Abs. 1, 3 VwVfG) berufen. – Die Erwähnung (nur) der unselbständigen Nebenbestimmungen in Abs. 3 dürfte darauf beruhen, dass hinsichtlich der Auflage (§ 36 Abs. 2 Nr. 4 VwVfG) das skizzierte Regelungsbedürfnis nicht in gleichem Maße bestand, da diese eine auch bei versäumter Aufnahme in die Baugenehmigung fortbestehende, selbständig erzwingbare hoheitliche Anordnung ist.

27 IV. Ist eine Abweichung als Bestandteil der Baugenehmigung erteilt worden, so finden für den **Nachbarschutz** die für die Baugenehmigung geltenden Grundsätze Anwendung (vgl. OVG NW, B. v. 1.12.1998, BRS 60 Nr. 156); auch bei einem eingeschränkten Prüfungsmaßstab und damit einhergehender eingeschränkter Feststellungswirkung der (insbesondere der im vereinfachten Baugenehmigungsverfahren erteilten) Baugenehmi-

gung kann sich der Nachbar gegen die in der Abweichung getroffene Regelung, auch wenn sie „an sich" nicht zum Prüfprogramm des (vereinfachten) Baugenehmigungsverfahrens gehört, mit Widerspruch und Anfechtungsklage wehren. Auch die isolierte Abweichung kann der Nachbar mit Widerspruch und Anfechtungsklage angreifen, wobei der Ausschluss der aufschiebenden Wirkung gemäß § 212a Abs. 1 BauGB auch für diese Entscheidung gilt, da sie in ihrer Wirkung der bauaufsichtlichen Zulassung eines Vorhabens gleichkommt (str., wie hier: VGH BW, B. v. 9.3.1995, NVwZ-RR 1995, 489, B. v. 24.1.2006, BauR 2006, 880 und B. v. 9. 5. 2006, BRS 70 Nr. 180, OVG SH, B. v. 30.10.1997, BRS 59 Nr. 197, Dhom in: Simon/Busse, BayBO, Art. 70 RNr. 58 und Jäde, in: Bauordnungsrecht Brandenburg, § 60 BbgBauO, RNr. 56; a.A.: Decker, BayVBl. 2003, 5, 7).

§ 69 Bauantrag, Bauvorlagen

(1) Der Bauantrag ist schriftlich bei der Bauaufsichtsbehörde einzureichen.

(2) [1]Mit dem Bauantrag sind alle für die Beurteilung des Bauvorhabens und die Bearbeitung des Bauantrags erforderlichen Unterlagen (Bauvorlagen) einzureichen. [2]Es kann gestattet werden, dass einzelne Bauvorlagen nachgereicht werden.

(3) In besonderen Fällen kann zur Beurteilung der Einwirkung der baulichen Anlage auf die Umgebung verlangt werden, dass die bauliche Anlage in geeigneter Weise auf dem Grundstück dargestellt wird.

(4) [1]Die Bauherrin oder der Bauherr und die Entwurfsverfasserin oder der Entwurfsverfasser haben den Bauantrag, die bauvorlageberechtigte Entwurfsverfasserin oder der bauvorlageberechtigte Entwurfsverfasser die Bauvorlagen zu unterschreiben. [2]Die von Fachplanerinnen oder Fachplanern nach § 55 Abs. 2 bearbeiteten Unterlagen müssen auch von diesen unterschrieben sein. [3]Ist die Bauherrin oder der Bauherr nicht Grundstückseigentümerin oder Grundstückseigentümer, kann die Zustimmung der Grundstückseigentümerin oder des Grundstückseigentümers zu dem Bauvorhaben gefordert werden.

Erläuterungen:

I. 1. Der **Bauantrag** ist das an die BABeh. gerichtete Begehren, für ein bestimmtes Bauvorhaben die Baugenehmigung nach § 71 Abs. 1 Satz 1 zu erteilen; damit beginnt nach § 22 VwVfG ein Verwaltungsverfahren im Sinne der §§ 9 ff. VwVfG; diese Vorschriften sind anzuwenden (vgl. § 1 Abs. 1 des Gesetzes über das Verfahren der Berliner Verwaltung), soweit nicht in der BauO Bln und in der BauVerfVO besondere Regelungen getroffen worden sind. Der Bauantrag bedarf nach **Abs. 1** der **Schriftform**, d. h., der Antrag muss vom Antragsteller eigenhändig durch Namensunterschrift oder mittels notariell beglaubigten Handzeichens unterzeichnet werden; die schriftliche Form wird durch die notarielle Beurkundung ersetzt (§ 126 Abs. 1 und 4 BGB). Dementsprechend bestimmt Abs. 4 Satz 1, dass der Bauherr und der Entwurfsverfasser den

Bauantrag zu unterschreiben haben. Nach § 3 a Abs. 2 Satz 1 VwVfG kann eine durch Rechtsvorschrift angeordnete Schriftform, soweit nicht durch Rechtsvorschrift etwas anderes bestimmt ist, durch die **elektronische Form** ersetzt werden (§ 126 Abs. 3 BGB). In diesem Fall ist nach Satz 2 dieser Vorschrift das elektronische Dokument mit einer qualifizierten elektronischen Signatur nach dem Signaturgesetz zu versehen.

2 Entsprechendes gilt für den Antrag auf Erteilung einer Teilbaugenehmigung (§ 73), eines Vorbescheides oder eines planungsrechtlichen Bescheides (§ 74 Abs. 1 Satz 4, Abs. 2), einer Genehmigung Fliegender Bauten (§ 75 Abs. 9) sowie für einen Antrag auf bauaufsichtliche Zustimmung (§ 76 Abs. 2). Zum Antrag auf Zulassung u.a. von Abweichungen, Ausnahmen und Befreiungen siehe § 68 Abs. 2.

3 **2.** Der Bauantrag setzt ein genehmigungsbedürftiges (§§ 64, 65) Vorhaben voraus. Ist es nach § 62 **verfahrensfrei**, so fehlt dem Antragsteller regelmäßig das Sachbescheinigungsinteresse. Hält er trotz Belehrung durch die BABeh. seinen Antrag aufrecht, so wird dieser als unzulässig zurückzuweisen sein. Sollte dagegen der Antragsteller ein berechtigtes Interesse an einer baubehördlichen Bestätigung der materiellen Rechtmäßigkeit seines Bauvorhabens darlegen, so könnte in einem feststellenden Verwaltungsakt hierüber entschieden werden. Im **Genehmigungsfreistellungsverfahren** hat der Bauherr nach § 63 Abs. 3 Satz 1 die erforderlichen Unterlagen bei der BABeh. einzureichen.

4 **3.** Der dem Abs. 1 entsprechende Bauantrag ist regelmäßig die notwendige Voraussetzung für die Erteilung der Baugenehmigung, die insoweit ein **mitwirkungsbedürftiger** Verwaltungsakt ist. Fehlt es an dieser Mitwirkung des Bauherrn, so ist die dennoch erteilte Baugenehmigung fehlerhaft. Die unter Verstoß gegen § 22 Satz 2 Nr. 2 VwVfG ohne Antrag erteilte Baugenehmigung dürfte schwebend unwirksam sein, da der erforderliche Antrag nachgeholt werden kann (§ 45 Abs. 1 Nr. 1 VwVfG); die Baugenehmigung ist somit nicht nichtig, sondern nur anfechtbar. Die Handlungen nach § 45 Abs. 1 VwVfG können sogar bis zum Abschluss eines verwaltungsgerichtlichen Verfahrens nachgeholt werden (§ 45 Abs. 2 VwVfG).

5 Macht der Bauherr von einer nicht beantragten Genehmigung Gebrauch, so hat er damit in einer die Antragstellung einschließenden Weise verdeutlicht, dass er die Baugenehmigung begehrt; anderenfalls wäre die BABeh. befugt, die Baugenehmigung zurückzunehmen (BayVGH, U. v. 4.11.1976, BRS 30 Nr. 128; vgl. auch RNr. 13).

6 **II. 1.** Mit dem Bauantrag und den nach Abs. 2 beizufügenden Unterlagen bestimmt der Bauherr den Gegenstand des Baugenehmigungsverfahrens (vgl. RNr. 16); es sind eindeutige Angaben zu machen. Maßgebend für den Inhalt des Vorhabens ist grundsätzlich die **Konzeption des Bauherrn**; abzustellen ist auf den wirklichen Nutzungszweck, wie er sich – objektiv – aus dem Bauantrag und den eingereichten Bauvorlagen ergibt (vgl. OVG Bln, B. v. 26.2.1993, OVGE 21, 116 = BRS 55 Nr. 161).

7 **2.** Wenn **ein Vorhaben auf zwei verschiedenen Grundstücken** verwirklicht werden soll und für jedes Grundstück ein gesonderter Bauantrag gestellt worden ist, folgt daraus noch nicht, dass die beabsichtigten Nutzungen auf den beiden Grundstücken nach ihrer Struktur und Funktion kein einheitliches Gesamtvorhaben sein sollen (vgl. OVG Bln, RNr. 6). Auch **für ein Grundstück** können **mehrere Vorhaben** alternativ zur Genehmigung gestellt werden. Selbst wenn entweder nur das eine oder das andere der beiden Vorhaben auf dem Baugrundstück verwirklicht werden kann, bleiben beide Baugenehmigungen wirksam, wenn nicht mit Stellung des zweiten Bauantrags der erste Bauantrag zurückgenommen worden oder auf die Rechte aus der ersten Baugenehmigung verzichtet worden ist (vgl. BVerwG, U. v. 11.5.1989, BVerwGE 82, 61 = BRS 49

Nr. 184). Der Inhaber mehrerer selbständig nebeneinander ausnutzbarer Baugenehmigungen für ein Grundstück ist nicht befugt, ein Vorhaben in der Form zu verwirklichen, dass einzelne Teile der verschiedenen Baugenehmigungen miteinander kombiniert werden; das Vorhaben muss vielmehr als ganzes in der einen oder der anderen genehmigten Form entsprechend dem Bauantrag und den beigefügten Bauvorlagen ausgeführt werden (OVG Bln, U. v. 5.12.1995, BRS 58 Nr. 137). Zur Frage, wie zu verfahren ist, wenn für ein Grundstück zwei Bauanträge von verschiedenen Antragstellern gestellt werden vgl. VGH BW, B. v. 25.7.1969 (BRS 22 Nr. 140) und zum Bauantrag einer Bauherrengemeinschaft (BGB-Gesellschaft) OVG NRW, U. v. 5.8.1996 (BRS 58 Nr. 134) sowie HessVGH, B. v. 23.1.1997 (NJW 1997, 1938); vgl. auch § 54 RNr. 1.

3. Zur Verpflichtung, bei Erlass eines Baugebots im Geltungsbereich eines Bebauungsplanes auch einen Baugenehmigungsantrag zu stellen (§ 176 Abs. 7 BauGB) vgl. BVerwG, U. v. 15.2.1990 (BRS 50 Nr. 205).

Gegen die Zurückstellung von Baugesuchen (§ 15 BauGB) kann vorläufiger Rechtsschutz nach § 80 VwGO gewährt werden (OVG Bln, B. v. 21.11.1994, BRS 56 Nr. 90; OVG SH, B. v. 15.10.2004, NordÖR 2004, 485).

III. 1. Schreibfehler, Rechenfehler und ähnliche **offenbare Unrichtigkeiten** (Ungenauigkeiten, Auslassungen) im Bauantrag können im Einzelfall von Amts wegen berichtigt oder ergänzt werden. Gegebenenfalls dürfen auch geringfügige Änderungen des Bauantrags durch die BABeh. vorgenommen werden, um das Vorhaben dem materiellen Baurecht anpassen und damit seine Genehmigungsfähigkeit herbeiführen zu können. Diese so genannten **Grünvermerke** betreffen regelmäßig untergeordnete Details des Bauvorhabens, von deren Änderung die Behörde erwartet, dass der Bauherr sie lieber hinnimmt, als eine förmliche Ablehnung oder Teilablehnung des Bauantrags zu riskieren; sie dienen der Berichtigung, Erläuterung oder Klarstellung (vgl. auch VGH BW, U. v. 25.9.1992, NVwZ-RR 1994, 133). Zu unvollständigen Bauanträgen oder solche mit sonstigen erheblichen Mängeln vgl. § 70 Abs. 1 Satz 3 und die Erläuterungen dazu (§ 70 RNr. 5).

2. Von derartigen Grünvermerken für untergeordnete Änderungen unterscheidet sich die so genannte **modifizierte Genehmigung**, d. h. die Versagung der beantragten Genehmigung verbunden mit der Vorweggenehmigung eines abweichenden Vorhabens. Wird dem Bauherrn eine Baugenehmigung erteilt, die seinem Antrag in wesentlichen Punkten nicht entspricht und führt er das Vorhaben der Genehmigung entsprechend aus, so könnte darin ein nachgeholter Antrag gesehen werden (vgl. RNr. 5). Gegen eine abweichend vom Bauantrag mit einer **Bedingung oder Auflage** versehene Baugenehmigung ist die Verpflichtungsklage auf Erteilung einer Genehmigung ohne diese Nebenbestimmung die richtige Klageart (OVG Bln, U. v. 12.7.1996, BRS 58 Nr. 124 und U. v. 30.5.1996, BRS 58 Nr. 123).

3. Bei einem **wiederholten Bauantrag** kann sich die BABeh. auf die frühere unanfechtbare Versagung der Baugenehmigung nur berufen, wenn die Ablehnung der Baugenehmigung einen die Rechtswidrigkeit der baulichen Anlage verbindlich feststellenden Regelungsgehalt hatte (vgl. Gaentzsch, NJW 1986, 2787, 2792). Es kommt entscheidend darauf an, ob die Versagung der Baugenehmigung materiellrechtlich mit der Feststellung begründet worden ist, dass das Vorhaben baurechtswidrig ist (vgl. Grosse-Suchsdorf/Schmaltz/Wiechert, NdsBauO, 8. Aufl. 2006, § 71 RNr. 19 ff.). Wird die Ablehnung eines Baugenehmigungsantrages in einem verwaltungsgerichtlichen Verfahren rechtskräftig als rechtmäßig angesehen, dann kann sich die BABeh. bei einem wiederholten Bauantrag auf die Rechtskraft des verwaltungsgerichtlichen Urteils berufen (vgl. OVG Bln, U. v. 19.9.1974, OVGE 13, 31; BVerwG, U. v. 6.6.1975, BRS 29 Nr. 168).

§ 69 RNr. 13-17

13 **IV. 1.** Der Bauantrag kann bis zur Aushändigung der Baugenehmigung mit der entsprechenden Kostenfolge **zurückgenommen** werden. Ein Bauantrag kann auch während der Anhängigkeit einer auf Erteilung der Baugenehmigung gerichteten Verpflichtungsklage zurückgenommen werden; die Zurücknahme ist noch nach Stellung der Anträge in der mündlichen Verhandlung zulässig; durch die Rücknahme des Bauantrags erledigt sich die Hauptsache (BVerwG, U. v. 14.4.1989, NVwZ 1989, 860). Nach Auffassung des BVerwG (U. v. 3.4.1987, NJW 1988, 275; vgl. auch VGH BW, B. v. 11.7.1990, BRS 50 Nr. 132) soll die Rücknahme bis zur Bestandskraft der Baugenehmigung möglich sein.

14 Aus dem Umstand, dass für den Bauantrag nach Abs. 1 die Schriftform vorgeschrieben ist, folgt zwar nicht zwingend, dass auch für die Rücknahme des Bauantrags das Schriftformerfordernis gilt; der Zweck, der es rechtfertigt, die Antragstellung zu formalisieren, könnte indes aber auch als Rechtfertigungsgrund dafür dienen, die Rücknahme als **formgebundene** Verfahrenshandlung auszugestalten (vgl. BVerwG, B. v. 6.3.1992, NVwZ-RR 1993, 275).

15 **2. Änderungen** des Bauantrags sind während des Baugenehmigungsverfahrens zulässig. Zu Änderungen des Bauantrags im gerichtlichen Verfahren im Wege der Klageänderung nach § 91 VwGO vgl. BVerwG, U. v. 27.2.1970 (NJW 1970, 1564); eine Antragsänderung ist nicht zulässig bei erheblichen Änderungen, die Anlass zur erneuten Prüfung der Zulässigkeit des Vorhabens durch die BABeh. bieten (BayVGH, U. v. 14.2.2001, BRS 64 Nr. 134). Zur Verpflichtung, einen Änderungsantrag zu stellen vgl. BayVGH, U. v. 20.5.1996 (BRS 58 Nr. 131).

Durch den **Tod des Antragstellers** wird der Bauantrag nicht ohne weiteres unwirksam (HessVGH, U. v. 22.12.1971, BRS 24 Nr. 138).

16 **V. 1.** Nach **Abs. 2** sind mit dem Bauantrag alle für die Beurteilung des Bauvorhabens und die Bearbeitung des Bauantrags erforderlichen Unterlagen (**Bauvorlagen**) einzureichen; dabei kann gestattet werden, dass einzelne Bauvorlagen nachgereicht werden. Mit dem Genehmigungsantrag und dem beigefügten Bauvorlagen bestimmt der Antragsteller das Vorhaben (vgl. RNr. 6 und damit den von der BABeh. zu beurteilenden Verfahrensgegenstand; die genehmigten Bauvorlagen werden Bestandteil der Baugenehmigung und sind für die Ermittlung ihres Regelungsgehalts verbindlich (vgl. OVG Bln, B. v. 26.1.1995, OVGE 21, 198 = BRS 57 Nr. 193 und B. v. 19.11.1996, BRS 58 Nr. 200; OVG Bln-Bbg, B. v. 29.9.2005 – OVG 2 S 120.05 –).

17 **2. Bauvorlagen (Abs. 2 Satz1) im engeren Sinne** sind nur die für die Beurteilung des Bauvorhabens und die Bearbeitung des Bauantrags erforderlichen Unterlagen, also diejenigen Unterlagen, die im Baugenehmigungsverfahren einer materiellen Prüfung unterzogen werden. Das sind die im vereinfachten Baugenehmigungsverfahren (§ 64), im Baugenehmigungsverfahren (§ 65), zum Vorbescheid und planungsrechtlichen Bescheid (§ 74), für die Genehmigung Fliegender Bauten (§ 75) und im Zustimmungsverfahren (§ 76) einzureichenden Unterlagen; die erforderlichen Unterlagen für die Anzeige der Beseitigung von baulichen Anlagen (§ 62 Abs. 3 Satz 2) und für die Genehmigungsfreistellung (§ 63 Abs. 3 Satz 1) gelten als Bauvorlagen (§ 1 Abs. 1 BauVerfVO). Als Bauvorlagen gelten auch der statistische Erhebungsbogen und der Nachweis der Bauvorlageberechtigung nach § 66 Abs. 2 Nr. 1 bis 3 und Abs. 4 (§ 1 Abs. 8 BauVerfVO). Mit der Beschränkung des Prüfprogramms im Baugenehmigungsverfahren (§§ 64, 65 Satz 1) und bei der Genehmigungsfreistellung (§ 63) entfallen bauaufsichtliche Prüfungen, so dass insoweit die **bautechnischen Nachweise** für die Einhaltung der Anforderungen an die Standsicherheit, den Brand-, Schall-, Wärme- und Erschütterungsschutz (§ 67 Abs. 1 Satz 1) nicht mehr zu den Bauvorlagen gehören. Dementsprechend behandelt die BauVerfVO die Bauvorlagen in den §§ 1 bis 8 und gesondert davon die bautechnischen Nachweise in den §§ 9 bis 11 (vgl. auch § 15 Abs. 1 Satz 1 Nrn. 2 und 3 BauVerfVO sowie § 71 Abs. 5 Satz 2). Zur bauaufsichtlichen Prüfung des Standsicherheits- und des Brandschutznachweises nach § 67 Abs. 2 siehe § 70 RNrn. 9, 13, 15.

Nach § 7 BauVerfVO sind der BABeh. **für bauliche Anlagen** der Lageplan, ein Auszug aus der amtlichen Flurkarte, die Bauzeichnungen, die Bau- und Betriebsbeschreibung, die erforderlichen Angaben für über die gesicherte Erschließung, der Nachweis der Bauvorlageberechtigung und der Erhebungsbogen für die Bautätigkeitsstatistik gemäß Hochbaustatistikgesetz vorzulegen, außerdem die Entscheidungen über Befreiungen und Ausnahmen nach § 31 BauGB sowie planungsrechtliche Bescheide nach § 74 als Voraussetzung für die Genehmigungsfreistellung (§ 63 Abs. 2). **18**

Die Bauvorlagen und die bautechnischen Nachweise müssen **an der Baustelle** von Baubeginn an **vorliegen** (§ 71 Abs. 5 Satz 2). Der Bauherr hat eine Aufbewahrungspflicht (§ 15 Abs. 1 Satz 1 Nrn. 2 und 3 BauVerfVO sowie § 54 RNr. 5).

Für **Anlagen der Außenwerbung** regelt § 8 BauVerfVO gesondert die Anforderungen an Bauvorlagen (vgl. Dageförde, GE 2006, 698, 702). Für verschiedene **Sonderbauten** (§ 2 Abs. 4, § 52) werden zusätzliche Bauvorlagen gefordert, so in § 20 der MGarVO, in § 12 MBeVO, in § 29 MVkVO sowie in § 44 MVStättV. Zu den besonderen Bauvorlagen für eine Versammlungsstätte (Diskothek) vgl. OVG NRW, B. v. 12.1.2001 (BRS 64 Nr. 162).

Nach § 1 Abs. 6 BauVerfVO **soll** die BABeh. auf Bauvorlagen verzichten, die zur Beurteilung des Bauvorhabens nicht erforderlich sind. Ist der Bauherr eine **juristische Person**, ist ein Handelsregister- oder Vereinsregisterauszug vorzulegen, der nicht älter als drei Monate ist (§ 1 Abs. 7 BauVerfVO).

3. Gibt der Bauherr in bewusster **Abweichung von seinen wahren Absichten** und Vorstellungen in den Bauvorlagen eine andersartige Nutzung an (z. B. Lagerhalle anstelle von Produktionshalle), so ist diese Bezeichnung, nicht aber das unter Umständen tatsächlich Gewollte maßgebend. Ein Bauantrag, der in Verbindung mit den Bauvorlagen lediglich den Standort und die Abmessungen des Baukörpers bezeichnet, die künftige Benutzung aber offen lässt und ggf. einem weiteren Genehmigungsverfahren vorbehält, ist unvollständig (OVG NRW, U. v. 16.3.1984, BRS 42 Nr. 163). Zum Bauantrag, in dem die Größe des Baugrundstücks unrichtig angegeben wird, vgl. BVerwG, U. v. 26.9.1991 (DVBl. 1992, 568). In der Baubeschreibung (§ 7 Nr. 3 BauVerfVO) vom Bauherrn für die Zukunft vorbehaltene weitere Nutzungen sind nur ausgeschlossen, wenn die Baubehörde dies in der Baugenehmigung unzweideutig zum Ausdruck gebracht hat (OVG Bln, U. v. 7.5.1999, OVGE 23, 134 = BRS 62 Nr. 157). **19**

Auch der Antrag auf Erteilung eines Vorbescheides (§ 74) muss in Verbindung mit den eingereichten Bauvorlagen hinreichend bestimmt sein (OVG NRW, U. v. 22.7.1987, BRS 47 Nr. 139; OVG Bbg, B. v. 23.4.1999, BRS 62 Nr. 172). Bei umfassenden **Nutzungsänderungen**, die nach § 62 Abs. 2 nicht mehr verfahrensfrei sind, werden regelmäßig entsprechende Bauvorlagen beizufügen sein (OVG Bln, B. v. 28.8.1997, ZMR 1998, 250). Beschränkt sich ein Baugenehmigungsantrag nach den eingereichten Bauvorlagen auf die teilweise bauliche Änderung von Räumen einer bisher nicht bauaufsichtlichen genehmigten Wohnung, so hat die Genehmigung der Änderungsmaßnahmen nicht zugleich die konkludente Genehmigung der gesamten Wohnung zur Folge (OVG Bln, B. v. 10.10.2003 – OVG 2 N 12.03 –).

Der Bauantrag und die Bauvorlagen müssen so **klar und widerspruchsfrei** sein, dass eine verständliche, inhaltlich genau abgegrenzte und eindeutig bestimmbare Entscheidung ergehen kann, die Umfang und Bindungswirkung der Baugenehmigung regelt (vgl. OVG NRW, U. v. 26.9.1991, BRS 52 Nr. 144). Maßgeblich für die Auslegung des

Bauantrags und der beigefügten Bauvorlagen ist der in den Unterlagen erklärte Wille des Antragstellers, so wie ihn bei objektiver Würdigung die BABeh. verstehen konnte. Bei der Prüfung der Frage, ob der Bauantrag und die Bauvorlagen vollständig sind (vgl. § 70 Abs. 1), steht der BABeh. kein Ermessen zu (vgl. OVG MV, B. v. 28.1.1994, BRS 56 Nr. 138). Ein Bauantrag, der lediglich einen Teil eines nicht genehmigten Baubestandes nachträglich zur Genehmigung stellt, ist nicht genehmigungsfähig (HessVGH, U. v. 24.11.1995, BRS 57 Nr. 280).

Nach **Abs. 2 Satz 2** kann gestattet werden, dass einzelne Bauvorlagen **nachgereicht** werden. Das kann sich auf die in § 70 geregelten Fristen auswirken.

20 4. Die bauordnungsrechtlichen Vorschriften über Form und Inhalt der mit einem Baugenehmigungsantrag einzureichenden Bauvorlagen entfalten als solche **keine nachbarschützende Wirkung**. Wird eine Baugenehmigung trotz formeller Mängel der Bauvorlagen erteilt, so kann diese von einem Grundstücksnachbarn nur dann mit Erfolg angefochten werden, wenn entweder wegen Ungenauigkeit oder Widersprüchlichkeit der ihr zugrunde gelegten Darstellungen und Berechnungsgrößen eine Verletzung nachbarschützender Vorschriften nicht geprüft oder zuverlässig ausgeschlossen werden kann, oder das Bauvorhaben auch in der eindeutig genehmigten Form gegen drittschützende Vorschriften verstößt (OVG Bln, U. v. 17.10.2003, BRS 66 Nr. 189; vgl. auch OVG NRW, B. v. 30.5.2005, NWVBl. NW 2005, 470 und insbesondere VGH BW, B. v. 9.8.2005, VBlBW 2005, 480 sowie B. v. 12. 2. 2007, DÖV 2007, 664).

21 VI. 1. Die in **Abs. 3** vorgesehene **Darstellung der baulichen Anlage auf dem Baugrundstück** soll die durch die Bauvorlagen nicht erreichbare Anschaulichkeit des geplanten Vorhabens herbeiführen. Der Grundsatz der Erforderlichkeit gebietet es, von dieser Ermächtigung nur Gebrauch zu machen, wenn die Bauvorlagen keine abschließende Beurteilung erlauben, von einer Darstellung aber eine ausreichende Entscheidungsgrundlage zu erwarten ist. Das gilt insbesondere, wenn die Frage des Einfügens in die Umgebung nach § 34 Abs. 1 BauGB wegen örtlicher Besonderheiten schwierig zu beantworten ist oder bei Fragen der Verunstaltung (§ 9) sowie bei Vorhaben in der unmittelbaren Umgebung eines Baudenkmals (§ 10 DSchG Bln).

22 2. Mit Stangen, Rohr- und Schnurgerüsten, gegebenenfalls mit Ballons an Seilen, sind die Konturen des Vorhabens zu markieren. **Modelle**, Fotomontagen und Ähnliches dürften nicht darunter fallen, da dies keine Darstellung „auf dem Grundstück" ist; derartige Unterlagen könnten aber vom Antragsteller zur Klarstellung vorgelegt werden. Die im pflichtgemäßen **Ermessen** stehende Anordnung nach Abs. 3 soll die Erteilung der Baugenehmigung vorbereiten, gegebenenfalls könnte der Antragsteller gegen übermäßige Anforderungen vorgehen (vgl. aber § 44 a VwGO, wonach Rechtsbehelfe gegen behördliche Verfahrenshandlungen nur gleichzeitig mit den gegen die Sachentscheidung zulässigen Rechtsbehelfen geltend gemacht werden können).

23 VII. 1. Die nach **Abs. 4 Sätze 1 und 2** erforderlichen **Unterschriften** dienen zur Klärung der Rechtsverhältnisse und Verantwortlichkeiten. Bauherr und Entwurfsverfasser erklären mit der Unterzeichnung, dass die Anträge und die Bauvorlagen ihre Willenserklärungen enthalten oder ihrem Willen entsprechen. Zu den Begriffen des Bauherrn und des Entwurfsverfassers vgl. § 54 und § 55. Die Unterschrift muss eigenhändig gefertigt sein (§ 126 BGB); der Familienname reicht aus, soweit die Person des Unterzeichnenden damit zweifelsfrei gekennzeichnet ist; gerichtlich oder notariell beglaubigte Handzeichen genügen. Statthaft ist nach § 14 VwVfG auch die Unterzeichnung durch einen **Bevollmächtigten** bei nachgewiesener Vollmacht (vgl. VGH BW, U. v. 25.9.1992, VBl. BW 1993, 135). Eine Tagesangabe ist nicht erforderlich, aber wohl zweckmäßig.

Ohne Unterschrift liegt ein wirksamer Bauantrag nicht vor; die nach Abs. 1 erforderliche Schriftform ist nicht gewahrt. Fehlt die Unterschrift des Entwurfsverfassers auf den Bauvorlagen, dann ist der Bauantrag unvollständig (§ 70 Abs. 1 Satz 3).

2. Bietet der Entwurfsverfasser (§ 55) auf einzelnen Fachgebieten nicht die erforderliche Sachkunde und Erfahrung und werden aus diesem Grunde **Fachplaner** herangezogen (§ 55 Abs. 2), so haben diese die von ihnen bearbeiteten Unterlagen zu unterschreiben (Abs. 4 Satz 2), für die sie verantwortlich sind. Die Bauvorlagen brauchen sie aber nicht zu unterschreiben, da für diese der bauvorlageberechtigte (§ 66) Entwurfsverfasser verantwortlich zeichnet (Abs. 4 Satz 1).

VIII. 1. Ist der **Bauherr nicht zugleich Grundstückseigentümer**, so kann nach **Abs. 4 Satz 3** dessen Zustimmung zu dem Bauvorhaben gefordert werden. Die Zustimmung ist formfrei; sie kann somit auch mündlich erklärt werden, muss dann aber von der BABeh. aktenmäßig festgehalten werden. Die Unterzeichnung des Bauantrags durch den Grundstückseigentümer reicht aus. Mit dem Zustimmungserfordernis können sich aus dem zivilen oder öffentlichen Recht ergebende Zweifelsfragen ausgeräumt werden. Da die Baugenehmigung nach § 71 Abs. 4 unbeschadet der Rechte Dritter erteilt wird, wenn dem Vorhaben keine öffentlich-rechtlichen Vorschriften entgegenstehen, die im bauaufsichtlichen Genehmigungsverfahren zu prüfen sind (§ 71 Abs. 1), ist die Zustimmung des Grundstückseigentümers aus baurechtlichen Gründen nicht geboten (vgl. OVG NRW, U. v. 10.3.1982, BRS 39 Nr. 158), wohl aber aus verwaltungsökonomischen Erwägungen. Es wäre nicht sachgerecht, in ein möglicherweise kompliziertes mit Kosten verbundenes Genehmigungsverfahren einzutreten, wenn feststeht, dass der Bauherr sein Vorhaben aus privatrechtlichen Gründen nicht verwirklichen kann, die Baugenehmigung für ihn also nutzlos wäre; es fehlt dann das so genannte **Sachbescheidungsinteresse** (vgl. BVerwG, U. v. 23.3.1973, BRS 27 Nr. 130; OVG Bln, U. v. 7.5.1976, OVGE 14, 56 und B. v. 29.6.1999, NVwZ-RR 2000, 61; BayVGH, U. v. 12.5.1986, BRS 46 Nr. 156; zum fehlenden Sachbescheidungsinteresse aus anderen Gründen vgl. OVG NRW, U. v. 25.9.1996 (BRS 58 Nr. 132).

2. Das **Fehlen der Zustimmung** kann die BABeh. zur Zurückweisung des Bauantrags berechtigen. Die Zurückweisung kann dann ermessensfehlerfrei sein, wenn erhebliche Zweifel an der Berechtigung des Bauherrn bestehen, die durch einen zuvor geforderten Nachweis nicht ausgeräumt sind (vgl. VGH BW, U. v. 23.11.1990, NVwZ-RR 1991, 600); zur Berechtigung, einen Bauantrag zu stellen, ohne Eigentümer des Grundstücks zu sein vgl. auch OVG SH, U. v. 27.6.1995 (BRS 57 Nr. 199). In dem ablehnenden Bescheid ist darzulegen, aus welchen Gründen die Zustimmung des Grundstückseigentümers für erforderlich gehalten wird und ihr Fehlen den Schluss rechtfertigt, dass das geplante Vorhaben nicht verwirklicht werden kann. Damit ist klargestellt, dass nicht über das Vorliegen baurechtlicher Hindernisse entschieden worden ist, sondern die Ablehnung aus formellen Gründen erfolgt. Im Rahmen einer etwaigen Verpflichtungsklage prüft das Gericht dann nur, ob der Nachweis der Berechtigung fehlt und die Behörde ihr Ermessen fehlerfrei ausgeübt hat (VGH BW, U. v. 7.11.1984 – 5 S 1480/84 –).

3. Bei **Miteigentümern** wird im Einzelfall zu prüfen sein, ob die Zustimmung aller zu verlangen ist. Regelmäßig wird schon wegen der sich aus § 744 Abs. 2 oder § 749 Abs. 1 ergebenden Fragen ein Sachbescheidungsinteresse vorliegen (vgl. BayVGH, U. v. 25.1.1995, NVwZ-RR 1995, 320). Bei einem Bauantrag auf Erteilung einer Baugenehmigung für Garagen ist die Zustimmung aller Miteigentümer der Wohnungseigentumsanlage nicht zwingend zu fordern (OVG Bln, U. v. 7.5.1976, RNr. 25).

28 4. Der einem Bauantrag widersprechende Grundstückseigentümer hat keinen Rechtsanspruch darauf, dass die BABeh. seine Zustimmung anfordert (OVG Bln, U. v. 7.12.1984 – OVG 2 B 82.84 –; vgl. OVG Hbg, U. v. 15.10.1981, BRS 38 Nr. 176). Zum Normenkontrollantrag eines Bauantragstellers, der – ohne Grundstückseigentümer zu sein – aus eigenem wirtschaftlichen Interesse und im Einvernehmen mit dem Eigentümer eine Bebauung des Grundstücks beabsichtigt vgl. BVerwG, B. v. 18.5.1994 (BRS 56 Nr. 31).

29 IX. 1. Für den Fall, dass ein genehmigungsbedürftiges Vorhaben ohne Baugenehmigung oder ein genehmigungsfreigestelltes Vorhaben ohne die nach § 56 a Abs. 3 a. F. einzureichenden Bauvorlagen (jetzt § 63 Abs. 3 Satz 1: erforderlichen Unterlagen) begonnen oder fertig gestellt worden war, konnte die nach § 57 Abs. 5 a. F. die **nachträgliche Einreichung der Bauvorlagen** verlangen (vgl. OVG Bln-Bbg, B. v. 20. 7. 2006 – OVG 2 N 101.05 –). Diese Regelung ist entfallen, weil es nach § 58 Abs. 1 zu den Aufgaben der BABeh. gehört, soweit nicht andere Behörden zuständig sind, bei der Errichtung von Anlagen darüber zu wachen, dass die öffentlich-rechtlichen Vorschriften eingehalten werden, und die hierzu erforderlichen Maßnahmen, wie z. B. eine Anordnung zur Einreichung von Bauvorlagen, zu treffen (AH-Drucks. 15/3926, S. 128).

30 2. Der Grundsatz der Verhältnismäßigkeit erfordert es, gegen **formell illegale Bauten** nicht zugleich mit einer Beseitigungsanordnung nach § 79 vorzugehen, sondern zunächst zu prüfen, ob das Bauvorhaben keine materiellen öffentlich-rechtlichen Vorschriften, die im bauaufsichtlichen Verfahren zu prüfen sind, entgegenstehen. Hierzu bedarf es prüfungsfähiger **Unterlagen**, die die BABeh. regelmäßig von dem insoweit ordnungspflichtigen Bauherrn (§ 54) **anfordern** kann (zur Störerauswahl siehe HessVGH, B. v. 14.3.2003, NVwZ-RR 2004, 32). Nach § 62 Abs. 9 a. F. wurde von der BABeh. von Amts wegen ein Baugenehmigungsverfahren durchgeführt. Aus Gründen der „Mustertreue" ist diese Vorschrift gestrichen worden. Ein Bauantrag brauchte nicht gesondert gestellt zu werden, weil der Beginn der Bauarbeiten oder die Fertigstellung des Vorhabens eindeutig den Willen kund taten, ein bestimmtes Bauvorhaben verwirklichen zu wollen; die Behörde durfte daher ohne Rücksicht auf einen Antrag die Baugenehmigung erteilen oder versagen (vgl. OVG Bln, U. v. 9.1.1961, OVGE 7, 12 = BRS 12 Nr. 194). Die Stellung eines Bauantrags kann dem Bauherrn nicht aufgegeben werden (OVG NRW, B. v. 27.2.2004, BRS 65 Nr. 174).

31 3. Die der BABeh. in § 57 Abs. 5 a. F. verliehene Befugnis, nachträglich fehlende Unterlagen zu verlangen, erstreckte sich auch auf solche genehmigungsbedürftige Vorhaben, die nach dem **Erlöschen einer befristeten Baugenehmigung** wieder formell illegal sind (OVG Bln, U. v. 30.10.1992, OVGE 20, 262 = BRS 54 Nr. 204). Das Verlangen nach § 57 Abs. 5 a. F. setzte voraus, dass die Genehmigungsfähigkeit des Vorhabens nicht offensichtlich ausgeschlossen war. Lagen die Voraussetzungen für den Erlass einer Beseitigungsanordnung vor, wäre das vorherige Verlangen nach dieser Regelung für den Betroffenen nicht zumutbar. Diese zu § 57 Abs. 5 a. F. angestellten Erwägungen dürften auch gelten, wenn jetzt nach § 58 Abs. 1, wonach die BABeh. in Wahrnehmung ihrer Aufgaben die erforderlichen Maßnahmen treffen kann, eine entsprechende Anordnung erlassen werden sollte.

§ 70 Behandlung des Bauantrags

(1) ¹Die Bauaufsichtsbehörde prüft innerhalb von zwei Wochen nach Eingang des Bauantrags dessen Vollständigkeit. ²Ist der Bauantrag vollständig, ist dies der Bauherrin oder dem Bauherrn unverzüglich schriftlich zu bestätigen. ³Ist der Bauantrag unvollständig oder weist er sonstige erhebliche Mängel auf, fordert die Bauaufsichtsbehörde die Bauherrin oder den Bauherrn unverzüglich zur Behebung der Mängel innerhalb einer angemessenen Frist auf. ⁴Werden die Mängel innerhalb der Frist nicht behoben, gilt der Antrag als zurückgenommen.

(2) ¹Ist der Bauantrag vollständig, holt die Bauaufsichtsbehörde unverzüglich die Stellungnahmen der Behörden und sonstigen Stellen ein,
1. deren Beteiligung oder Anhörung für die Entscheidung über den Bauantrag durch Rechtsvorschrift vorgeschrieben ist oder
2. ohne deren Stellungnahme die Genehmigungsfähigkeit des Bauantrags nicht beurteilt werden kann;

die Beteiligung oder Anhörung entfällt, wenn die jeweilige Behörde oder sonstige Stelle dem Bauantrag bereits vor Einleitung des Baugenehmigungsverfahrens zugestimmt hat. ²Bedarf die Erteilung der Baugenehmigung der Zustimmung oder des Einvernehmens einer Behörde oder sonstigen Stelle nach Satz 1 Nr. 1, so gilt diese als erteilt, wenn sie nicht einen Monat nach Eingang der Aufforderung zur Stellungnahme verweigert wird; durch Rechtsvorschrift vorgeschriebene längere Zustimmungs- und Einvernehmensfristen bleiben unberührt. ³Wenn zur Beurteilung eines Vorhabens durch eine beteiligte Behörde oder sonstige Stelle noch zusätzliche Unterlagen oder Angaben erforderlich sind, wird die Frist nach Satz 2 bis zum Eingang der nachgeforderten Unterlagen oder Angaben unterbrochen. ⁴Sie wird auch bis zum Eingang eines erforderlichen Antrags auf Erteilung einer Ausnahme, Befreiung oder Abweichung unterbrochen.

(3) ¹Die Bauaufsichtsbehörde entscheidet über den Bauantrag innerhalb einer Frist von einem Monat. ²Die Frist beginnt, sobald alle für die Entscheidung notwendigen Stellungnahmen und Nachweise vorliegen.

(4) ¹Im vereinfachten Baugenehmigungsverfahren nach § 64 sind die nach Absatz 1 Satz 3 fehlenden Unterlagen und Mängel abschließend zu benennen. ²Ein Bauantrag im vereinfachten Baugenehmigungsverfahren gilt nach Ablauf von drei Wochen nach dessen Eingang als vollständig, wenn die Bauaufsichtsbehörde der Bauherrin oder dem Bauherrn entgegen Absatz 1 Satz 2 die Vollständigkeit des Bauantrags nicht bestätigt oder sie oder ihn entgegen Absatz 1 Satz 3 nicht zur Behebung von Mängeln des Bauantrags auffordert; Absatz 2 Satz 3 bleibt unberührt. ³Ist im vereinfachten Baugenehmigungsverfahren nicht innerhalb einer Frist nach Absatz 3 Satz 1 entschieden worden, gilt die Baugenehmigung als erteilt; dies gilt nicht, wenn die Bauherrin oder der Bauherr schriftlich auf diese Rechtsfolge verzichtet hat. ⁴Der Eintritt der Genehmigungsfiktion nach Satz 3 ist auf Antrag der Bauherrin oder dem Bauherrn schriftlich zu bestätigen.

(5) Die Bauaufsichtsbehörde kann auf Kosten der Bauherrin oder des Bauherrn im Rahmen der Prüfung der bautechnischen Nachweise nach § 67 Abs. 2 besondere Sachverständige beauftragen.

Erläuterungen:

1 **I.** Mit der Neuregelung des § 70 wird das Verfahren gegenüber der Vorschrift des § 60 a. F. weiter beschleunigt. Die bisherigen Fristen von sechs Wochen für **beteiligte Behörden** und sonstige Stellen sowie für die BABeh. selbst werden auf einen Monat verkürzt. Dabei ist nach § 1 Abs. 4 VwVfG Behörde jede Stelle, die Aufgaben der öffentlichen Verwaltung wahrnimmt; sonstige Stellen sind fachliche Untergliederungen von Behörden. Im vereinfachten Baugenehmigungsverfahren des § 64 tritt unter bestimmten Voraussetzungen eine Vollständigkeitsfiktion für den Bauantrag sowie nach Ablauf bestimmter Fristen eine Genehmigungsfiktion ein.

2 Zur Beteiligung des **Nachbarn** vgl. RNrn. 17 ff.

3 **II.** Zur ordnungsgemäßen Behandlung von Bauanträgen gehört ein zügiger Verfahrensgang. Bei verzögerlicher Behandlung des Bauantrags kommt die Erhebung einer Untätigkeitsklage in Betracht (vgl. § 75 VwGO). Da die Bearbeitungsdauer von Baugenehmigungsanträgen sowohl für den einzelnen Antragsteller als auch für die Beschäftigungslage der Bauwirtschaft erhebliche Auswirkungen hat, ist sie unter Ausschöpfung aller Möglichkeiten auf das zeitliche Mindestmaß zu beschränken. Nach § 24 VwVfG gilt auch im Baugenehmigungsverfahren der Untersuchungsgrundsatz und nach § 25 VwVfG die **Beratungs- und Auskunftspflicht** der BABeh. Die sachgerechte Anwendung dieser Vorschriften kann zu einer Beschleunigung des Baugenehmigungsverfahrens führen.

4 Der Bauherr wird insbesondere rechtzeitig auf die erforderlichen Bauvorlagen, auf die zu beteiligenden Behörden oder sonstigen Stellen, auf **andere erforderliche öffentlich-rechtliche Entscheidungen** (Abweichungen, Ausnahmen, Befreiungen, Genehmigungen, Zustimmungen, Erlaubnisse u.a.) und darauf hinzuweisen sein, dass die erforderlichen Anträge etwa nach der Baumschutzverordnung sowie für planungs-, straßen-, wasser-, gewerberechtliche Entscheidungen usw. gestellt werden (zu den Genehmigungspflichten im Sanierungsgebiet, Entwicklungsbereich und Erhaltungsgebiet vgl. § 144, § 169 Nr. 3, § 172 BauGB). Auch kommen Hinweise auf die Möglichkeit der Erteilung einer Teilbaugenehmigung (§ 73), eines Vorbescheides (§ 74 Abs. 1), eines planungsrechtlichen Bescheides (§ 74 Abs. 2) sowie hinsichtlich der erforderlichen Nachbarbeteiligung (vgl. RNrn. 17 ff.) in Betracht.

5 **III. Abs. 1** befasst sich mit dem Verfahren ab Eingang des Bauantrags bei der BABeh. bis zum Beginn der Beteiligung und Anhörung der Behörden und sonstigen Stellen nach Abs. 2. Geprüft wird innerhalb von zwei Wochen nach Eingang des Bauantrags, ob dieser vollständig ist (**Satz 1**), insbesondere ob alle für die Beurteilung des Bauvorhabens und die Bearbeitung des Bauantrags erforderlichen Unterlagen (Bauvorlagen) beigefügt sind (§ 69 Abs. 2 Satz 1); vgl. dazu die §§ 1 ff. der BauVerfVO. Wenn der Bauantrag **vollständig** ist, muss dies dem Bauherrn unverzüglich schriftlich **bestätigt** werden (**Satz 2**), und unverzüglich sind die Stellungnahmen der Behörden und sonstigen Stellen nach Abs. 2 einzuholen. Wenn der Bauantrag **unvollständig** ist oder sonstige erhebliche Mängel aufweist, fordert die BABeh. den Bauherrn unverzüglich zur Behebung der Mängel innerhalb einer angemessenen **Frist** auf (**Satz 3**). Zur **Unvollständigkeit** der Bauvorlagen vgl. § 69 RNrn. 16 ff. Bauanträge sind mangelhaft im Sinne von Satz 3, wenn sie ungenau, widersprüchlich oder unrichtig sind. Diese **Mängel** sind erheblich, wenn sie keine ordnungsgemäße Entscheidung über die Vereinbarkeit des Bauvorhabens mit den zu prüfenden öffentlich-rechtlichen Vorschriften zulassen. Zur Beseitigung kleinerer Mängel, z. B. im Wege der Grüneintragung vgl. § 69 RNr. 10. Im vereinfachten Baugenehmigungsverfahren nach § 64 gilt die besondere Regelung des Abs. 4 Satz 1, wonach die fehlenden Unterlagen und Mängel abschließend zu benennen sind (siehe RNr. 14).

Werden die Mängel innerhalb der gesetzten Frist nicht behoben, **gilt der Bauantrag als zurückgenommen** (**Satz 4**), mit der Kostenfolge wie bei einer Zurücknahme des Antrags. Dem Bauherrn bleibt es unbenommen, gegebenenfalls einen neuen (fehlerfreien) Bauantrag zu stellen.

IV 1. Ist der **Bauantrag vollständig**, holt die BABeh. unverzüglich die Stellungnahmen der Behörden und sonstigen Stellen ein, deren Beteiligung oder Anhörung für die Entscheidung über den Bauantrag durch Rechtsvorschrift vorgeschrieben ist oder ohne deren Stellungnahme die Genehmigungsfähigkeit des Bauantrags nicht beurteilt werden kann (**Abs. 2 Satz 1 Halbsatz 1**).

Durch Rechtsvorschrift nach § 12 Abs. 3 Satz 4 und 4 DSchG Bln vorgeschrieben im Sinne von **Nr. 1** ist die Beteiligung z. B. der Denkmalschutzbehörde, wenn das Bauvorhaben ein eingetragenes Denkmal (§ 11 DSchG Bln) oder die Entscheidung die unmittelbare Umgebung eines Denkmals (§ 10 DSchG Bln) betrifft (vgl. dazu v. Feldmann/Groth, Leitfaden des Baudenkmalrechts in Berlin und Brandenburg, 2007, RNrn. 51 ff.). Zur Beteiligung der Naturschutzbehörde vgl. § 15 Abs. 1 Satz 2 NatSchG Bln und zu baulichen Anlagen in Wasserschutzgebieten § 22 a Abs. 6 BWG. Bauliche Anlagen im Zusammenhang mit Bundesfernstraßen werden in § 9 Abs. 2 und 5 FStrG behandelt; siehe auch §§ 12 ff. LuftVG.

Aufgrund von **§ 36 Abs. 1 Satz 1 BauGB** wird über die Zulässigkeit von Vorhaben nach den §§ 31, 33, 34 und 35 BauGB im bauaufsichtlichen Verfahren von der Bauaufsichtsbehörde im Einvernehmen mit der Gemeinde zur Wahrung ihrer Planungshoheit entschieden. Hiernach ist eine förmliche Herstellung des Einvernehmens nicht erforderlich, wenn die Gemeinde zugleich Genehmigungsbehörde ist (BVerwG, B. v. 16.12.1969, BRS 22 Nr. 156; U. v. 19.8.2004, BVerwGE 121, 339). Somit wird in Berlin, wo staatliche und gemeindliche Tätigkeit nicht getrennt sind (§ 1 AZG), von der für die Genehmigungserteilung zuständigen BABeh. lediglich eine schriftliche Zustimmung des Stadtplanungsamtes zu den genannten planungsrechtlichen Entscheidungen sowie dann, wenn Sanierungsgebiete (§ 142 BauGB), Entwicklungsbereiche (§ 165 BauGB) und Erhaltungsgebiete (§ 172 BauGB) betroffen sind (vgl. auch § 14 Abs. 2 Satz 2 BauGB), eingeholt. Richtet sich die Zulässigkeit von Vorhaben nach § 30 Abs. 1 BauGB, stellen die Länder sicher, dass die Gemeinde, in Berlin das Stadtplanungsamt, rechtzeitig vor Ausführung des Vorhabens über Maßnahmen zur Sicherung der Bauleitplanung nach § 14 und § 15 BauGB entscheiden kann (§ 36 Abs. 1 Satz 3 BauGB). Zur Frage der vorläufigen Untersagung nach § 15 Abs. 1 Satz 2 BauGB im Falle der Genehmigungsfreistellung siehe § 62 Abs. 2 Nr. 3, Abs. 3 Satz 3.

Weitere Einzelheiten zum aufgedrängten Recht im Sinne von Abs. 2 Halbsatz 1 Nr. 1 lässt sich dem „**Leitfaden zum Baunebenrecht**", der im Internet auf der Seite der Senatsverwaltung für Stadtentwicklung und Umweltschutz (www.stadtentwicklung.berlin.de) veröffentlicht ist, entnehmen.

Zu den in **Abs. 2 Halbsatz 1 Nr. 2** genannten Behörden und sonstigen Stellen gehört die **Berliner Feuerwehr** nicht. Im Rahmen der bauaufsichtlichen Prüfung der Brandschutznachweise nach § 67 Abs. 2 Satz 2 haben die **Prüfingenieure für Brandschutz** die für den vorbeugenden Brandschutz (§ 14) zuständige Stelle der Berliner Feuerwehr zu beteiligen (vgl. im Einzelnen § 23 Abs. 2 BauPrüfVO). Aber auch für die Zeit in der noch nicht genügend Prüfingenieure für Brandschutz zur Verfügung stehen und deshalb die **BABeh.** die bautechnischen Nachweise prüft, hat Abs. 2 Halbsatz 1 Nr. 2 keine Bedeutung, weil auch die BABeh. die Berliner Feuerwehr nach § 23 Abs. 2 BauPrüfVO zu beteiligen hat. Das stellt § 13 Abs. 3 BauVerfVO klar. Wegen des eingeschränkten Prüfprogramms im Baugenehmigungsverfahren ist kaum erkennbar, welcher Anwendungsbereich für Abs. 2 Halbsatz 1 Nr. 2 bleibt.

10 2. Nach der neuen Regelung des **Abs. 2 Satz 1 Halbsatz 2** entfällt die Beteiligung oder Anhörung, wenn die jeweilige Behörde oder sonstige Stelle dem Bauantrag bereits vor Einleitung des Baugenehmigungsverfahrens zugestimmt hat. Hiermit soll dem Bauherrn die Möglichkeit gegeben werden, mit Fachbehörden schon vor Einleitung des Baugenehmigungsverfahrens Fragen zu dem Bauvorhaben zu klären und auf diese Weise das Verfahren zu beschleunigen. Die **Zustimmung** zu dem Bauantrag hat den Erfordernissen einer Zusicherung nach § 38 VwVfG zu entsprechen; sie ist schriftlich zu erteilen und enthält eine verbindliche Selbstverpflichtung der Behörde, dass der betreffende Sachverhalt in bestimmter Weise beurteilt wird (AH-Drucks. 15/3926, S. 129).

11 3. **Abs. 2 Satz 2 Halbsatz 1** stellt klar, dass dann, wenn die Erteilung der Baugenehmigung der Zustimmung oder des Einvernehmens einer Behörde oder sonstigen Stelle nach Satz 1 Nr. 1 bedarf, diese **als erteilt gilt**, wenn sie nicht einen Monat nach Eingang der Aufforderung zur Stellungnahme verweigert wird (Zustimmungs-, Einvernehmensfiktion; vgl. auch § 36 Abs. 2 Satz 2 BauGB). Da es auf den Eingang des Ersuchens ankommt, ist dieses schriftlich bei der zu beteiligenden Behörde oder Dienststelle einzureichen. Die Frist berechnet sich nach den Vorschriften des § 188 Abs. 2 i. V. m. § 187 Abs. 1 BGB. Anders als nach § 60 Abs. 1 Satz 3 a. F. kann die Frist im Interesse der Beschleunigung des Genehmigungsverfahrens nicht verlängert werden (siehe auch BVerwG, U. v. 12.12.1996, NVwZ 1997, 900 zu § 36 Abs. 2 Satz 2 BauGB). Nach **Halbsatz 2** des Abs. 2 Satz 2 bleiben durch Rechtsvorschrift vorgeschriebene längere Zustimmungs- und Einvernehmensfristen unberührt.

12 4. Wenn zur Beurteilung eines Vorhabens durch eine beteiligte Behörde oder sonstige Stelle noch **zusätzliche Unterlagen oder Angaben** erforderlich sind, wird die Frist nach Satz 2 bis zum Eingang der nachgeforderten Unterlagen oder Angaben unterbrochen (**Abs. 2 Satz 3**). Die beteiligte Behörde oder sonstige Stelle wird diese weiteren Unterlagen oder Angaben vom Bauherrn, der zur Mitwirkung im Verfahren verpflichtet ist (§ 26 Abs. 2 VwVfG), anfordern und der BABeh. davon Kenntnis geben. Die Frist wird auch bis zum Eingang eines erforderlichen Antrags auf Erteilung einer Ausnahme, Befreiung oder Abweichung (§ 68) unterbrochen (**Abs. 2 Satz 4**).

13 5. Die BABeh. entscheidet nach **Abs. 3 Satz 1** innerhalb einer **Frist von einem Monat**. Diese Frist beginnt nach **Satz 2 des Abs. 3**, sobald alle für die Entscheidung notwendigen Stellungnahmen und Nachweise vorliegen. Es handelt sich um eine Ordnungsfrist; ihre Überschreitung hat nicht zur Folge, dass die Genehmigung als erteilt gilt (anders im vereinfachten Baugenehmigungsverfahren nach Abs. 4 Satz 3 Halbsatz 1; siehe RNr. 15). Zu den notwendigen Nachweisen gehören insbesondere die **Prüfberichte** über den Standsicherheitsnachweis und den Brandschutznachweis nach § 67 Abs. 2. Das stellt § 13 Abs. 2 Satz 2 BauVerfVO klar. Der Bauherr legt den Prüfingenieuren für Standsicherheit und Brandschutz die bautechnischen Nachweise (§ 67 Abs. 2) vor und veranlasst die Prüfung (§§ 12, 22 BauVerfVO); die Prüfberichte sind bei der BABeh. einzureichen.

14 V. 1. Abs. 4 enthält spezielle, nicht einfach zu verstehende Regelungen zur Beschleunigung des **vereinfachten Baugenehmigungsverfahrens** nach § 64. Der für die Vollständigkeit des Bauantrags maßgebliche bauaufsichtliche Prüfungsumfang ist hier im

Einzelnen festgelegt. Ist der Bauantrag vollständig, ist dies dem Bauherrn unverzüglich schriftlich zu bestätigen (Abs. 1 Satz 2). In der Regel fordert die BABeh. bei Unvollständigkeit oder sonstigen erheblichen Mängeln nach Abs. 1 Satz 3 den Bauherrn unverzüglich zur Behebung der Mängel innerhalb einer angemessenen Frist auf. Im vereinfachten Baugenehmigungsverfahren sind dagegen die fehlenden Unterlagen und Mängel abschließend von der BABeh. zu benennen (**Abs. 4 Satz 1**). Nach **Abs. 4 Satz 2 Halbsatz 1** wird die **Vollständigkeit** des Bauantrags nach Ablauf von drei Wochen **fingiert**, wenn die BABeh. dem Bauherrn entgegen Abs. 1 Satz 2 die Vollständigkeit des Bauantrags nicht bestätigt oder ihn entgegen Abs. 1 Satz 3 nicht zur Behebung von Mängeln des Bauantrags auffordert. Damit soll erreicht werden, dass die BABeh. in dem Verfahren des § 64 unmittelbar nach der Vollständigkeitsprüfung des Bauantrags den Bauherrn über deren Ergebnis informiert und so für ein zügiges Verwaltungsverfahren sorgt (Begründung AH-Drucks. 15/3926, S. 130). Ob aufgrund einer solchen Vollständigkeitsfiktion eine rechtmäßige Baugenehmigung erteilt oder gar nach Abs. 4 Satz 3 Halbsatz 1 (siehe RNr. 15) fingiert werden kann, erscheint zumindest zweifelhaft. Das in Abs. 2 Satz 3 festgelegte Recht der beteiligten Behörden oder sonstigen Stellen, noch zusätzliche Unterlagen oder Angaben nachzufordern, bleibt dabei unberührt (**Abs. 4 Satz 2 Halbsatz 2**).

2. Hat die BABeh. im vereinfachten Genehmigungsverfahren nicht innerhalb der Bearbeitungsfrist des Abs. 3 Satz 1 entschieden, **gilt die Baugenehmigung als erteilt** (**Abs. 4 Satz 3 Halbsatz 1**), es sei denn der Bauherr hat vorher schriftlich auf diese Rechtsfolge verzichtet (**Abs. 4 Satz 3 Halbsatz 2**). Mit dem schon bei Einreichung des Bauantrags möglichen schriftlichen Verzicht kann der Bauherr erreichen, dass er nicht nur eine durch Fristablauf entstandene fiktive Baugenehmigung, sondern eine materiellrechtlich substantiierte behördliche Entscheidung über den Bauantrag erhält (Begründung, AH-Drucks., a. a. O.). Die Frist beginnt zu laufen, wenn die für die Entscheidung notwendigen Stellungnahmen und Nachweise vorliegen (siehe RNr. 13 und OVG RP, U. v. 12.12.2001, BRS 64 Nr. 175). Bei Fehlen der Prüfberichte über den Standsicherheits- oder den Brandschutznachweis tritt die Fiktion nach Satz 3 Halbsatz 1 nicht ein; die Baugenehmigung könnte nur unter der aufschiebenden Bedingung erteilt werden, dass mit der Bauausführung erst begonnen werden darf, wenn die Prüfberichte der BABeh. vorliegen (§ 14 Abs. 2 Satz 3, Abs. 3 Satz 2 BauVerfVO). Der Eintritt der **Genehmigungsfiktion** nach Satz 3 ist auf Antrag dem Bauherrn **schriftlich zu bestätigen** (**Abs. 4 Satz 4**). Zwischen einer ausdrücklich erteilten und der fiktiven Baugenehmigung besteht kein Unterschied; sie haben dieselben Rechtswirkungen. So bedeutet der Ablauf der Frist nach Abs. 4 Satz 3 Halbsatz 1, dass mit den Bauarbeiten begonnen werden darf (§ 71 Abs. 7 Nr. 1) und auch eine entsprechende Gebühr zu zahlen ist. Die fiktive Baugenehmigung schließt beantragte Abweichungen (§ 64 Satz 1 Nr. 2) ein. Weiter heben von Feldmann/Groth/Aschmann (GE 2006, 160, 299, 302) zu Recht hervor, dass auch eine nach § 70 Abs. 4 Satz 3 fingierte Baugenehmigung zurückgenommen werden kann (§ 48 Abs. 1 VwVfG), um rechtswidrige Bauvorhaben zu verhindern, die allein wegen des Fristablaufs formelle Legalität erhalten haben (siehe auch OVG Saar, U. v. 9. 3. 2006, NVwZ-RR 2006, 678, 679 = BRS 70 Nr. 148).

VI. Obwohl die BABeh. mit Fachkräften besetzt sein wird, kann doch im Einzelfall die Prüfung der bautechnischen Nachweise nach § 67 Abs. 2 so schwierig sein, dass die Beauftragung **besonderer Sachverständiger** nach **Abs. 5** auf Kosten des Bauherrn (§ 54) zur Vorbereitung der Entscheidung sachgerecht ist. Die bauaufsichtliche Überprüfung erfolgt regelmäßig durch Prüfingenieure (vgl. dazu die Bautechnische Prüfungsverordnung vom 31. März 2006, GVBl. S. 324). Nur in besonderen Fällen ist als Hilfestellung für den Prüfingenieur zu seiner Aufgabenerledigung die Hinzuziehung von

Spezialisten als besondere Sachverständige erforderlich; dies wird im Normalfall mit Zustimmung des Bauherrn geschehen; anderenfalls kann dies auf seine Kosten durch die BABeh. erfolgen (Begründung zur Änderung des § 70 Abs. 5 durch das Gesetz vom 11. Juli 2006, GVBl. S. 819). In erster Linie wird es dabei um Fragen der Standsicherheit, des Brand-, Schall- und Erschütterungsschutzes gehen. Es wird sich um Bauanträge handeln, die insgesamt oder in einzelnen Beziehungen überdurchschnittliche Anforderungen an die sachgerechte Prüfung stellen. Das ist häufig bei den nach § 65 genehmigungsbedürftigen Sonderbauten (§ 2 Abs. 4) der Fall. Die BABeh. ist nicht gehalten, einen vom Bauherrn vorgeschlagenen Sachverständigen heranzuziehen.

Zur Heranziehung von besonderen Sachverständigen bei der Überwachung technisch schwieriger Bauausführungen vgl. § 80 Abs. 5.

17 **VII. 1.** Die BauO Bln 1985 enthielt in Anlehnung an die Regelungen der früheren Musterbauordnungen (jetzt § 70 MBO 2002) in § 60 Abs. 5 bis 7 Vorschriften über die **Beteiligung der Nachbarn** (vgl. § 64 BbgBO). Danach war vor Erteilung von Befreiungen den Eigentümern angrenzender Grundstücke (Nachbarn) Gelegenheit zur Stellungnahme zu geben, wenn zu erwarten war, dass öffentlich-rechtlich geschützte nachbarliche Belange berührt wurden. Die Regelung des VwVfG waren insofern nicht anzuwenden; die Anhörung eines Nachbarn entfiel, wenn er die entsprechenden Bauvorlagen unterschrieben oder dem Bauvorhaben schriftlich zugestimmt hatte; wurde Einwendungen eines Nachbarn nicht entsprochen, so war ihm die Entscheidung über die Befreiung bekannt zu geben.

18 Die Streichung dieser Vorschriften durch die BauO Bln 1997 führt zur einheitlichen Behandlung der **Nachbarbeteiligung nach § 13 VwVfG**. In der Begründung dazu (AH-Drucks. 12/5688, S. 10) hieß es, die Streichung der Vorschrift als letztlich unvollständige Doppelregelung zu § 13 VwVfG führe zu einer Vereinfachung der Regelungen im Baugenehmigungsverfahren; der nach § 13 VwVfG schon jetzt vorgeschriebene Umfang der nachbarlichen Beteiligung werde dadurch weder ausgeweitet noch eingeschränkt. Zutreffend wird dann ausgeführt, dass die Nachbarbeteiligung schon deshalb nicht eingeschränkt werden sollte, weil sie eine Befriedungsfunktion zwischen den Interessen des Nachbarn und des Bauherrn hat und sich dadurch auch beschleunigend auf das Verfahren auswirken kann. Deshalb spricht viel dafür, dass der Nachbar sowohl im vereinfachten Genehmigungsverfahren (§ 64) als auch bei der Genehmigungsfreistellung (§ 63) beteiligt wird (vgl. auch Preschel, DÖV 1998, 45, 51 f.), hier insbesondere dann, wenn die Zulassung von Abweichungen (§ 68) beantragt wird.

19 **2.** Nach **§ 13 Abs. 2 Satz 1 VwVfG** kann die Behörde von Amts wegen oder auf Antrag diejenigen, deren rechtliche Interessen durch den Ausgang des Verfahrens berührt werden können, als Beteiligte hinzuziehen (fakultative Beteiligung). Werden durch die Erteilung der Baugenehmigung, z. B. weil eine Abweichung nach § 68 von einer nicht nachbarschützenden Norm zugelassen werden soll, rechtliche Interessen des Nachbarn berührt, dann kann die BABeh. den Nachbarn von Amts wegen oder auf Antrag am Baugenehmigungsverfahren beteiligten. Zur Ermessensentscheidung nach § 13 Abs. 2 Satz 1 VwVfG vgl. OVG Bln, B. v. 11.11.1991 (OVG 2 B 32.89) und zum Anspruch des Bauherrn auf Beteiligung des Nachbarn Hauth, LKV 1995, 387.

Hat dagegen die Erteilung der Baugenehmigung für den Nachbarn rechtsgestaltende Wirkung, z. B. bei der Zulassung von Abweichungen oder von Ausnahmen und Befreiungen von nachbarschützenden Vorschriften des Bauplanungs- oder des Bauordnungsrechts, wodurch die Rechtsposition des Bauherrn erweitert und diejenige des Nachbarn beschränkt wird, so ist der Nachbar auf Antrag als Beteiligter zu dem Baugenehmigungsverfahren hinzuzuziehen, **§ 13 Abs. 2 Satz 2 VwVfG** (obligatorische

Beteiligung). Soweit er der Behörde bekannt ist, hat diese ihn von der Einleitung des Verfahrens zu benachrichtigen.

3. Aus der **Beteiligtenstellung** des Nachbarn nach dem VwVfG folgen Rechte auf Beratung und Auskunft durch die BABeh. (§ 25 VwVfG), auf Anhörung (§ 28 VwVfG; zu deren Umfang vgl. OVG Bln, B. v. 27.3.1996, NVwZ 1996, 926), auf Akteneinsicht (§ 29 VwVfG) sowie auf Bekanntmachung der Baugenehmigung gemäß § 41 Abs. 1 VwVfG. Damit beginnt dem Nachbarn gegenüber die Rechtsmittelfrist des § 70 VwGO zu laufen (zur Widerspruchsfrist bei nicht bekannt gemachter Baugenehmigung vgl. z. B. NdsOVG, U. v. 17.1.1997, BauR 1997, 452). Widerspruch und Anfechtungsklage haben allerdings keine aufschiebende Wirkung mehr (§ 212 a Abs. 1 BauGB).

4. Für die Anerkennung der Eigenschaft als Nachbar kommt es nicht darauf an, dass dessen Grundstück an das Baugrundstück angrenzt, sondern es kann auch, getrennt durch eine Straße, gegenüberliegen, sofern nur noch die Möglichkeit der Beeinträchtigung gegeben ist (so schon OVG Bln, U. v. 26.10.1956, BRS 6 Nr. 132, 133). Zum Begriff des Nachbarn im Baurecht im Einzelnen und zum Rechtsschutz des Nachbarn vgl. die Erläuterungen zu § 3. Zu den Auswirkungen der neuen Bauordnung auf den Nachbarschutz siehe von Feldmann/Groth/Aschmann, RNr. 15, S. 302 ff.

5. **Unterbleibt die** nach § 13 Abs. 2 VwVfG erforderliche **Beteiligung** des Nachbarn, wird dieser in seinem Recht auf Verfahrensbeteiligung verletzt. Die Aufhebung eines Verwaltungsaktes, der nicht nach § 44 VwVfG nichtig ist, kann aber nicht allein deshalb beansprucht werden, weil er unter Verletzung von Vorschriften über das Verfahren zustande gekommen ist, wenn offensichtlich ist, dass der Verstoß die Entscheidung in der Sache nicht beeinflusst hat (vgl. § 46 VwVfG). Der Zweck der Beteiligung des Nachbarn im Baugenehmigungsverfahren bezieht sich auf die Einhaltung der Vorschriften des materiellen Rechts; sie dient der BABeh. dazu, sich möglichst umfassend über den für die Entscheidung über den Bauantrag erheblichen Sachverhalt zu unterrichten; der Zweck der Beteiligung nach § 13 Abs. 2 liegt aber nicht in der Wahrung des Beteiligungsrechts selbst (s. a. BVerwG, U. v. 5.10.1990, BVerwGE 85, 368, 373, 375).

Die unterbliebene Beteiligung des Nachbarn wird nach § 45 Abs. 1 Nr. 3 VwVfG nachgeholt werden können. Zwar befasst sich diese Vorschrift nur mit der fehlenden erforderlichen Anhörung eines Beteiligten und nicht mit der gänzlich unterbliebenen Beteiligung. Der Zweck der Beteiligung des Nachbarn im Baugenehmigungsverfahren liegt aber in erster Linie darin, ihm rechtliches Gehör durch die Anhörung nach § 28 VwVfG zu gewähren, so dass auch eine **Nachholung** der Beteiligung des Nachbarn mit heilender Wirkung nach § 45 Abs. 1 Nr. 3 VwVfG möglich sein müsste (vgl. Grosse-Suchsdorf/Schmaltz/Wiechert, NdsBauO, 8. Aufl. 2006, RNr. 127). Der Verfahrensfehler der unterlassenen Beteiligung des Nachbarn im Baugenehmigungsverfahren wird danach als geheilt angesehen werden können, wenn ihm noch im Laufe des Verfahrens Einsicht in die Bauunterlagen gewährt wird oder ihm in einem sich anschließenden Widerspruchs- oder auch Klageverfahren (§ 45 Abs. 2 VwVfG) ausreichend Gelegenheit gegeben wird, zu den entscheidungserheblichen Tatsachen Stellung zu nehmen, und die Behörde dies zur Kenntnis nimmt und bei ihrer Entscheidung berücksichtigt (siehe BVerwG, U. v. 17.8.1982, BVerwGE 66, 111, 114). Zur Nachholung der unterbliebenen Anhörung im gerichtlichen Verfahren des vorläufigen Rechtsschutzes vgl. auch OVG Bln, B. v. 8.10.1991 (LKV 1992, 133, 138) und SächsOVG, B. v. 11.10.1993 (NVwZ-RR 1994, 551).

6. Nach dem aufgehobenen § 60 Abs. 6 BauO Bln 1985 entfiel die Anhörung eines Nachbarn, wenn er die entsprechenden Bauvorlagen unterschrieben oder dem Bauvorhaben schriftlich zugestimmt hat (vgl. RNr. 17).

25 Das **Unterschreiben**, insbesondere der in § 1 Abs. 1 BauVerfVO genannten Bauvorlagen, aus denen sich die möglichen Auswirkungen des Bauvorhabens auf die nachbarlichen Belange ergeben, lässt darauf schließen, dass der Nachbar mit dem Vorhaben einverstanden ist. Die an die BABeh. gerichtete schriftliche **Zustimmung**, die ausdrücklich Einverständniserklärungen mit dem Bauvorhaben, kann auf dem Bauantrag, auf den Bauvorlagen oder auch in einem besonderen Schriftstück enthalten sein und muss von dem Nachbarn unterschrieben werden. Nach VGH BW (U. v. 9.11.1990, VBlBW 1991, 218) liegt eine wirksame Zustimmung auch dann vor, wenn der Nachbar sein Einverständnis mit einem geplanten Bauvorhaben in einem Schreiben an den Bauherrn erklärt und dieses Schreiben der BABeh. zusammen mit dem Bauantrag vorgelegt wird (siehe OVG NRW, B. v. 20.1.2000, BRS 63 Nr. 186). Eine Anhörung ist auch dann nicht erforderlich, wenn der Nachbar nach Einsichtnahme in die Planungsunterlagen den der BABeh. einzureichenden Lageplan für den Bauherrn gefertigt hat und demnach über dessen Bauabsichten in vollem Umfang unterrichtet war (OVG Bln, U. v. 14.4.1967, JR 1968, 33, 35); zum bloßen Zeigen der Baupläne vgl. BVerwG, B. v. 7.8.1996 (BRS 58 Nr. 186). Mit öffentlich-rechtlichen Nachbarvereinbarungen in der Praxis befassen sich Schröer/Dziallas (NVwZ 2004, 134). Eine privatrechtlich abgeschlossene Nachbarschaftsvereinbarung bindet nur die Vertragsparteien, nicht jedoch die BABeh. hinsichtlich der von ihr zu prüfenden Genehmigungsvoraussetzungen (HessVGH, B. v. 27.2.2006, NVwZ-RR 2006, 772). Zur verbindlichen Erklärung des Bauherrn, die Baugenehmigung nicht auszunutzen siehe BVerwG, B. v. 11. 1. 2006, BRS 70 Nr. 159.

26 Die Zustimmung wird nach der auch im öffentlichen Recht entsprechend anwendbaren Vorschrift des § 130 BGB mit dem Eingang bei der BABeh. **wirksam**. Ändert der Bauherr die Bauvorlagen oder ändert sich die Rechtslage, entfalten Unterzeichnung und Zustimmung dann keine Rechtswirkungen, wenn andere oder stärkere Beeinträchtigungen nachbarlicher Belange zu erwarten sind (vgl. VGH BW, U. v. 17.2.1994, BRS 56 Nr. 182; OVG NRW, B. v. 30.8.2000, BRS 63 Nr. 204). Zur Auslegung eines Einwendungsverzichts entsprechend den Grundsätzen des § 133 BGB siehe OVG Bln, B. v. 30.12.1993 (BRS 55 Nr. 187).

27 Nach Zugang bei der BABeh. kann die Zustimmungserklärung **nicht** mehr **widerrufen** werden (BayVGH, B. v. 3.11.2005, DÖV 2006, 303; zur Bindungswirkung der Nachbarzustimmung siehe auch Jäde, UPR 2005, 161); sie wird nur noch in entsprechender Anwendung der §§ 119 ff. BGB angefochten werden können (VGH BW, U. v. 15.6.1977, BRS 32 Nr. 164; OVG Saar., U. v. 24.7.1981, BRS 38 Nr. 179). Die Verzichtserklärung durch Zustimmung verliert ihre Verbindlichkeit, wenn die beantragte Baugenehmigung bestandskräftig versagt wird oder die erteilte Genehmigung nach § 72 Abs. 1 erlischt (OVG RP, B. v. 22.5.1981, BRS 38 Nr. 180).

28 Die wirksame Zustimmungserklärung ist auch für den **Rechtsnachfolger** des Nachbarn verbindlich (siehe VGH BW, U. v. 16.8.1978, BRS 33 Nr. 176; OVG NRW, B. v. 15.6.1984, BRS 42 Nr. 195; HessVGH, U. v. 7.12.1994, BRS 56 Nr. 180).

§ 70

§ 70 BauO Bln – Behandlung des Bauantrags

↓

Einreichung des Bauantrags bei der BABeh. (§ 69 I), ggf. mit Antrag auf Zulassung einer Abweichung, Ausnahme oder Befreiung (§ 68 II)

↓

Vollständigkeitsprüfung binnen zwei Wochen nach Eingang (§ 70 I 1)

↓ ↓ ↓

| **Vollständig**: unverzügliche schriftliche Bestätigung (§ 70 I 2) | **Unvollständig** oder erhebliche **Mängel: Aufforderung zur Behebung** in angemessener Frist (§ 70 I 3) | Im **vereinfachten Verfahren (§ 64)** sind **fehlerhafte Unterlagen** und **Mängel** (§ 70 I 3) abschließend zu **benennen** (§ 70 IV 1) |

↓ ↓ ↓

| Unverzügliche **Beteiligung** der Behörden, deren Zustimmung oder Einvernehmen vorgeschrieben ist, es sei denn Zustimmung ist schon erteilt (§ 70 II 1) | **Mängel** nicht fristgemäß behoben: Antrag gilt als zurückgenommen (§ 70 I 4) | Bauantrag **gilt drei Wochen nach Eingang als vollständig**, wenn nicht bestätigt (§ 70 I 2) oder nicht zur Mängelbehebung aufgefordert (§ 70 I 3) worden ist, wobei Frist nach § 70 II 3 unterbrochen sein kann (§ 70 IV 2) |

↓ ↓

| **Zustimmung oder Einvernehmen gilt als erteilt, wenn nicht binnen eines Monats** nach Eingang der Aufforderung Stellungnahme **verweigert** wird (§ 70 II 2); längere Fristen in Rechtsvorschriften bleiben unberührt | | Ist **nicht innerhalb der Frist des § 70 III 1 entschieden** worden, **gilt die Baugenehmigung als erteilt**; es sei denn Bauherr hat auf diese Rechtsfolge schriftlich verzichtet (§ 70 IV 3) |

↓ ↓

| **Unterbrechung der Frist** bis zum Eingang zusätzlich angeforderter erforderlicher Unterlagen (§ 70 II 3) oder bis zum Eingang eines erforderlichen Antrags nach § 68 II (§ 70 II 4) | | Eintritt der Genehmigungsfiktion ist auf Antrag dem Bauherrn **schriftlich zu bestätigen** (§ 70 IV 4) |

↓

Entscheidung über den Bauantrag innerhalb eines Monats nach Vorliegen aller notwendigen Stellungnahmen und Nachweise (§ 70 III)

§ 71 Baugenehmigung, Baubeginn

(1) Die Baugenehmigung ist zu erteilen, wenn dem Bauvorhaben keine öffentlich-rechtlichen Vorschriften entgegenstehen, die im bauaufsichtlichen Genehmigungsverfahren zu prüfen sind.

(2) Die Baugenehmigung bedarf der Schriftform; sie ist nur insoweit zu begründen als Abweichungen oder Befreiungen von nachbarschützenden Vorschriften zugelassen werden und die Nachbarin oder der Nachbar nicht schriftlich zugestimmt hat.

(3) Die Baugenehmigung kann unter Auflagen, Bedingungen und dem Vorbehalt der nachträglichen Aufnahme, Änderung oder Ergänzung einer Auflage sowie befristet erteilt werden.

(4) Die Baugenehmigung wird unbeschadet der Rechte Dritter erteilt.

(5) ¹Vor Baubeginn eines Gebäudes müssen die Grundrissfläche abgesteckt und seine Höhenlage festgelegt sein. ²Baugenehmigungen, Bauvorlagen sowie bautechnische Nachweise müssen an der Baustelle von Baubeginn an vorliegen.

(6) Die Bauherrin oder der Bauherr hat den Ausführungsbeginn genehmigungsbedürftiger Vorhaben und die Wiederaufnahme der Bauarbeiten nach einer Unterbrechung von mehr als drei Monaten mindestens eine Woche vorher der Bauaufsichtsbehörde schriftlich mitzuteilen (Baubeginnanzeige).

(7) Mit der Bauausführung oder mit der Ausführung des jeweilgen Bauabschnitts darf erst begonnen werden, wenn
1. die Baugenehmigung der Bauherrin oder dem Bauherren zugegangen ist oder die Frist nach § 70 Abs. 4 Satz 3 Halbsatz 1 abgelaufen ist,
2. die erforderlichen bautechnischen Nachweise der Bauaufsichtsbehörde vorliegen und
3. die Baubeginnanzeige der Bauaufsichtsbehörde vorliegt.

Erläuterungen:

1 I. Die **Baugenehmigung** war nach dem auf die ständige Rechtsprechung des Preussischen OVG zurückgehenden herkömmlichen Verständnis (lediglich) die Erklärung der zuständigen Behörde, dass dem beabsichtigten Bauvorhaben Hindernisse aus dem im Zeitpunkt der Entscheidung geltenden öffentlichen Recht nicht entgegenstehen (s. z. B.: PrOVG, U. v. 16.10.1879, PrOVGE 5, 376, 379, U. v. 18.3.1886, PrOVGE 13, 389, 394 und U. v. 11.6.1936, PrOVGE 98, 220 f.; BVerwG, U. v. 2.7.1963, DVBl. 1964, 184; OVG Bln, U. v. 27.1.1967, OVGE 9, 113, 115; vgl. auch Friauf, DVBl. 1971, 713, 719 f. m. w. N. zur älteren Rechtsprechung und Literatur). Nach heute ganz herrschender Auffassung hat die Baugenehmigung einen feststellenden und einen verfügenden Teil (Finkelnburg/Ortloff, Öffentliches Baurecht II, S. 140 f.; Schretter/Schenk, in: Reichel/Schulte, Handbuch Bauordnungsrecht, S. 776): Sie enthält die Feststellung der Vereinbarkeit des Vorhabens einschließlich der ihm zugedachten Nutzung mit allen im Baugenehmigungsverfahren zu prüfenden öffentlich-rechtlichen Vorschriften (s. §§ 64, 65) sowie die Freigabe des Baues (BVerwG, U. v. 23.5.1975, BVerwGE 48, 242, 245 = BRS 29 Nr. 116, U. v. 10.11.1978, BRS 33 Nr. 64, U. v. 3.2.1984, BVerwGE 69,1 = BRS 42 Nr. 170, U. v. 11.5.1989, BVerwGE 82, 61, 69 und U. v. 17.10.1989, BVerwGE 84, 11, 13 f.; OVG Bln, U. v. 22.5.1992, BRS 54 Nr. 97 = GE 1992, 1269 m. w. N.). Bauvorhaben unterliegen grundsätzlich einem präventiven Verbot (§§ 60 Abs. 1, 71 Abs. 7 Nr. 1) mit Erlaubnisvorbehalt (s. dazu § 60 RNr. 1 f.); mit ihrem verfügenden Teil (Baufreigabe) hebt die Baugenehmigung im Einzelfall für das konkrete Vorhaben die Sperrwirkung dieses Verbots auf. Soweit dem Vorhaben keine Hindernisse aus dem im bauaufsichtlichen Genehmigungsverfahren zu prüfenden öffentlichen Recht entgegenstehen, hat die Bauherrin oder der Bauherr einen verfassungsrechtlich fundierten (vgl. § 60 RNr. 2) gesetzlichen Rechtsanspruch auf die Baugenehmigung. Die Baugenehmigung, die nach der Einschränkung des Prüfungsumfangs auch im „regulären" Baugenehmigungsverfahren (§ 65) keine umfassende Feststellungswirkung mehr beinhaltet, hat im Zuge der Entwicklung der Verfahrensvereinfachung und Deregulierung des Bauordnungsrechts (s. dazu § 60 RNr. 3) an Bedeutung verloren, bleibt aber ein zentrales Rechtsinstitut des Bauordnungsrechts.

II. Die **Baugenehmigung** ist die wichtigste Kategorie der in bauaufsichtlichen Verfahren ergehenden begünstigenden Verwaltungsakte. Bei einer **systematischen Einordnung** sind die **Varianten der Baugenehmigung** von **anderen Arten (begünstigender) Verwaltungsakte der BABeh.** zu unterscheiden und abzugrenzen.

1. **§ 71 Abs. 1** enthält den gesetzlichen **Grundtatbestand der „normalen" Baugenehmigung**, die unter bestimmten Voraussetzungen in einem vereinfachten Baugenehmigungsverfahren (s. §§ 64, 70 Abs. 4) und nur noch für Sonderbauten (s. § 65 RNr. 2) im „regulären" Baugenehmigungsverfahren (s. § 70 Abs. 1–3 und 5) erteilt wird. Im vereinfachten Baugenehmigungsverfahren tritt unter bestimmten Voraussetzungen eine **Genehmigungsfiktion** ein (**§ 70 Abs. 4 Satz 3**); eine **fiktive Baugenehmigung** ist verfahrensrechtlich und prozessual in jeder Hinsicht so zu behandeln wie eine in Schriftform im vereinfachten Baugenehmigungsverfahren erteilte Baugenehmigung und steht dieser in ihren **Rechtswirkungen** prinzipiell gleich, soweit deren Regelungsgehalt reicht (OVG Saar., U. v. 9.3.2006, NVwZ-RR 2006, 678, 679 = BRS 70 Nr. 148; SächsOVG, U. v. 18. 1. 2006, BRS 70 Nr. 198; Saurer, DVBl. 2006, 605, 606).

Daneben sind in der BauOBln **besondere Arten von Baugenehmigungen** geregelt bzw. zugelassen (zu den verschiedenen Verfahrensarten s. zunächst § 60 RNr. 3).

a) Für die Baugrube und für einzelne Bauteile oder Bauabschnitte kann unter den Voraussetzungen des § 73 schon vorab eine **Teilbaugenehmigung** erteilt werden (s. § 73 RNrn. 1 ff.).

b) Die Möglichkeit der Erteilung einer der Baugenehmigung nachfolgenden **besonderen Baugenehmigung** (§ 62 Abs. 1 Satz 3 BauOBln 1997, vgl. Voraufl. § 62 RNr. 4) für bestimmte technische Anlagen sowie den Standsicherheitsnachweis ist in der BauOBln nicht mehr vorgesehen, da kein Bedürfnis hierfür mehr angenommen wurde (vgl. AH-Drucks. 15/3926, S. 131); hinsichtlich der Prüfung der erforderlichen bautechnischen Nachweise (vgl. § 67 Abs. 2) sieht § 14 Abs. 2 Satz 3 und Abs. 3 Satz 2 BauVerfVO die Erteilung von Baugenehmigungen unter aufschiebenden Bedingungen vor.

c) Ein **Nachtrag** zur Baugenehmigung (Nachtragsgenehmigung, „**Tekturgenehmigung**") wird erforderlich, wenn vor oder nach Beginn der Bauausführung ein Antrag zur Genehmigung von gegenüber dem ursprünglichen Vorhaben veränderten Nachtragsplänen eingereicht wird. Mit der in der BauOBln nicht ausdrücklich geregelten Nachtragsgenehmigung werden solche kleineren Änderungen eines bereits genehmigten, aber noch nicht (vollständig) ausgeführten Vorhabens zugelassen, die das Gesamtvorhaben in seinen Grundzügen nur unwesentlich berühren (VGH BW, U. v. 19.10.1995, BRS 57 Nr. 191; BayVGH, U. v. 22.3.1984, BRS 42 Nr. 167; Hbg OVG, B. v. 17.3.2004, NordÖR 2004, 286, 287; OVG MV, U. v. 24.2.2004, NordÖR 2004, 242, 243; OVG NW, B. v. 6.5.2004, BRS 67 Nr. 169). Die **Nachtrags- bzw. Änderungsgenehmigung** modifiziert die ursprünglich erteilte Baugenehmigung und bildet mit dieser eine einheitliche Baugenehmigung (vgl. OVG Bln, U. v. 17.10.2003 – 2 B 8.01 –, insofern nicht in BRS 66 Nr. 189 = BauR 2004, 987 abgedruckt, sowie OVG NW, B. v. 6.5.2004, a. a. O. und BayVGH, B. v. 3. 2. 2007, BauR 2007, 1562 f.); sie ist Bestandteil der ursprünglichen Baugenehmigung, deren Nebenbestimmungen auch für die veränderte Ausführung maßgeblich bleiben, sofern die BABeh. nichts anderes bestimmt hat (VGH BW, B. v. 16.1.1995, BauR 1995, 676). Kennzeichnend für eine solche Änderungsgenehmigung ist, dass sie sich nur auf die Feststellung beschränkt, dass die zur Änderung vorgesehenen Teile des Vorhabens mit den im bauaufsichtlichen Genehmigungsverfahren zu prüfenden öffentlich-rechtlichen Vorschriften übereinstimmen. Die gegenseitige Ergänzung von ursprünglicher Baugenehmigung und Änderungsgenehmigung hat notwendig zur Folge, dass das Gesamtvorhaben nur dann ausgeführt werden darf, wenn im Zeitpunkt des Beginns der Bauarbeiten beide Genehmigungen noch gültig sind (s. § 72 RNr. 6). Die BABeh. ist bei der Erteilung des Nachtrags an die ursprüngliche Baugenehmigung gebunden, wenn die Änderungen den vorgenannten Umfang nicht überschreiten. Sollten so wesentliche, eine Neubeurteilung erfordernde Veränderungen vorgenommen werden, dass ein anderes Vorhaben („**aliud**") entstünde und damit die Frage der Genehmigungsfähigkeit neu aufgeworfen würde, so besteht diese Bindung allerdings nicht mehr; eine neue Baugenehmigung wird notwendig (vgl. OVG Lbg, U. v. 16.5.1986, BRS 46 Nr. 151 und B. v. 6.11.1996, NVwZ-RR 1997, 574). Entscheidend für die Beurteilung, ob die Abweichung so wesentlich ist, dass ein anderes Bauvorhaben entsteht, ist, ob Belange, die bei der Baugenehmigung zu berücksichtigen waren, erneut oder andere Belange so erheblich berührt sind, dass sich die Frage der Zulässigkeit des Vorhabens als solches neu stellt (OVG MV, B. v. 24.2.2004, a. a. O.); dies kann sich aus einer abstandsflächenrechtlich relevanten „Verschiebung" des Baukörpers (OVG NW, U. v. 4.5.2004, a. a. O.: 84 cm) oder der „Gesamtschau" einer Mehrzahl von Veränderungen ergeben (HbgOVG, B. v. 17.3.2004, a.a.O,). Sind für die Änderung nur einzelne baurechtliche Anforderungen einschlägig, so muss sich die die Änderung gestattende Genehmigung nicht stets auf alle bebauungsrechtlichen Voraussetzungen der Zulässigkeit des Gesamtvorhabens erstrecken; ob bei dieser – ggf. auf einzelne Anforderungen beschränkten – Prüfung die Gesamtanlage oder nur die Änderung in den Blick zu nehmen ist, hängt davon ab, ob die Änderung einer isolierten bebauungsrechtlichen Beurteilung überhaupt zugänglich ist (BVerwG, B. v. 4.2.2000, BRS 63 Nr. 172; OVG MV, B. v. 24.2.2004, a. a. O.).

8 2. Mit der **Genehmigung Fliegender Bauten (§ 75)** weist die BauOBln weiterhin eine mit einem speziellen Verfahren verbundene **besondere Genehmigungsart** auf, während das Rechtsinstitut der **Typengenehmigung** (§ 65 BauOBln 1997) – im Einklang mit der MBO – mangels praktischer Bedeutung **abgeschafft** wurde (vgl. AH-Drucks. 15/3926, S. 138). Für Vorhaben unter der Leitung einer Baudienststelle des Bundes oder eines Landes kann die **bauaufsichtliche Zustimmung (§ 76)** an die Stelle der Baugenehmigung treten.

9 3. Von Baugenehmigungen zu unterscheiden sind weiter **andere bauordnungsrechtliche Verwaltungsakte** im Zusammenhang mit dem Baugenehmigungsverfahren und der Genehmigungsfreistellung (§ 63) sowie den verfahrensfreien Bauvorhaben (§ 62).

Der **Vorbescheid** (§ 74 Abs. 1) ist ein feststellender (bisweilen auch gestaltender, s. § 74 RNr. 3) Verwaltungsakt und als solcher Ausschnitt aus dem feststellenden Teil der Baugenehmigung; anders als die Baugenehmigung umfasst er aber keinen verfügenden, die Bauausführung freigebenden Teil. Der **planungsrechtliche Bescheid** (§ 74 Abs. 2) im Verfahren der Genehmigungsfreistellung (§ 63 Abs. 2 Nr. 1 b) ist ein feststellender Verwaltungsakt, der in der Regel keinen Bezug zu einer (später zu erteilenden) Baugenehmigung aufweist; die Baufreigabe tritt nach Erfüllung weiterer Voraussetzungen unmittelbar aufgrund gesetzlicher Bestimmung (§ 63 Abs. 3 Sätze 2 und 3) ein. Auch **Abweichungen**, die rechtsgestaltende Verwaltungsakte sind (§ 68 RNr. 3), unterscheiden sich von der Baugenehmigung dadurch, dass sie den Bau nicht freigeben, also die formelle Schranke des vor Erteilung der Genehmigung bestehenden Verbots (§ 71 Abs. 7 Nr. 1) nicht aufheben; dies geschieht – abgesehen von den in baugenehmigungsfreien Verfahren ergehenden „**isolierten**" **Abweichungen** (vgl. § 68 Abs. 2 Satz 2) – durch die gleichzeitige oder eine nachfolgende Baugenehmigung.

III. Voraussetzung für die Erteilung der Baugenehmigung ist gemäß **Abs. 1**, dass dem Vorhaben **keine öffentlich-rechtlichen Vorschriften entgegenstehen**, die im bauaufsichtlichen Genehmigungsverfahren zu prüfen sind. Neben der in Abs. 1 genannten materiellen Tatbestandsvoraussetzung müssen für die Erteilung der Baugenehmigung bestimmte formelle Voraussetzungen (s. Erläuterungen zu §§ 69, 70) erfüllt sein; so ist für die antragsbedürftige Genehmigung die Einreichung eines schriftlichen Bauantrags (§ 69 Abs. 1) mit den erforderlichen Unterlagen (§ 69 Abs. 2) notwendig; werden Mängel innerhalb einer von der BABeh. gesetzten angemessenen Frist nicht behoben, so gilt der Antrag als zurückgenommen (§ 70 Abs. 1 Satz 4). 10

1. Die Beurteilung, ob die im Baugenehmigungsverfahren zu prüfenden öffentlich-rechtlichen Vorschriften eingehalten sind, bezieht sich auf das jeweils zur Genehmigung gestellte **Vorhaben** (zu diesem Begriff § 60 RNr. 6 sowie Erläuterungen zu § 69) der Errichtung, der Änderung oder der Nutzungsänderung einer Anlage (der Abbruch ist nicht mehr baugenehmigungspflichtig, s. § 60 RNr. 13). Dabei ist grundsätzlich das Bauwerk mit der ihm zugedachten Funktion als Einheit Gegenstand der abschließenden behördlichen Beurteilung (BVerwG, U. v. 11.5.1989, BVerwGE 82, 61, 69; OVG NW, U. v. 16.3.1984, BRS 42 Nr. 163; abw. VGH BW, U. v. 27.10.2000, BRS 63 Nr. 176). Da die Baugenehmigung – wenn sie sich nicht ausnahmsweise auf mehrere selbständige Bauvorhaben bezieht (vgl. BayVGH, U. v. 25.10.1990, UPR 1991, 391 und OVG Saar., U. v. 29.10.1991, BRS 52 Nr. 143) – nicht eine Zusammenfassung von Einzelgenehmigungen für die verschiedenen Bauteile eines Vorhabens ist, sondern die einheitliche und deshalb grundsätzlich unteilbare Feststellung enthält, dass das Vorhaben in seiner Gesamtheit nicht gegen die im bauaufsichtlichen Genehmigungsverfahren zu prüfenden öffentlich-rechtlichen Vorschriften verstößt (vgl. OVG Bln, U. v. 22.5.1992, OVGE 20, 190 = BRS 54 Nr. 97; eingehend zu den verschiedenen Aspekten der Teilbarkeit einer Baugenehmigung: OVG Bln, B. v. 16.1.1998, NVwZ-RR 1999, 9, 10 f.), kommt der innerhalb gewisser Grenzen grundsätzlich von der Bauherrin oder dem Bauherrn vorzunehmenden Bestimmung des konkreten Bauvorhabens (s. § 60 RNr. 6) für die Erteilung der Genehmigung und für die Verwirklichung des Vorhabens große Bedeutung zu. So ist der Inhaber mehrerer selbständiger Baugenehmigungen für ein Grundstück später nicht befugt, ein Vorhaben in der Form zu verwirklichen, dass einzelne Teile der verschiedenen Baugenehmigungen miteinander kombiniert werden; das Vorhaben muss vielmehr als Ganzes in der einen oder der anderen genehmigten Form ausgeführt werden (OVG Bln, U. v. 5.12.1995, BRS 58 Nr. 137 = BauR 1996, 534). 11

12 2. Was unter den **öffentlich-rechtlichen Vorschriften** zu verstehen ist, die **im bauaufsichtlichen Genehmigungsverfahren zu prüfen** sind, ergibt sich aus den **§§ 64 und 65**. Der über **Gegenstand und Umfang der Prüfung** im Baugenehmigungsverfahren bestimmende Landesgesetzgeber (BVerwG, B. v. 25.10.1995, BRS 51 Nr. 186) hat damit eine Abkehr von dem bisher umfassenden Prüfungsmaßstab für das „reguläre" Baugenehmigungsverfahren vorgenommen und den Prüfungsmaßstab – für das vereinfachte Baugenehmigungsverfahren stärker, nunmehr aber auch für das „reguläre" Baugenehmigungsverfahren in gewissem Umfang – ausdrücklich gesetzlich eingeschränkt (zu den Einzelheiten s. Erläuterungen zu §§ 64, 65).

13 a) Da neben bestimmten Vorschriften des **Bauplanungsrechts** (s. § 64 Satz 1 Nr. 1, § 65 Satz 1 Nr. 1) und des **Bauordnungsrechts** (s. § 64 Satz 1 Nr. 2, Satz 3, § 65 Satz 1 Nr. 2, Satz 3) andere öffentlich-rechtliche Anforderungen im Baugenehmigungsverfahren nur noch geprüft werden, soweit wegen der Baugenehmigung eine Entscheidung nach anderen öffentlich-rechtlichen Vorschriften entfällt (sog. **„aufgedrängtes" öffentliches Recht**, § 64 Satz 1 Nr. 3, § 65 Satz 1 Nr. 3), besteht nach der neuen Rechtslage eine weitgehend eindeutige gesetzliche Abgrenzung der **Sachentscheidungskompetenz der BABeh.** von der Sachentscheidungskompetenz einer anderen Behörde in einem gesonderten Genehmigungs-, Erlaubnis-, Zulassungs- oder Bewilligungsverfahren (s. dazu Erläuterungen zu § 61, insbesondere RNrn. 1, 16), dem in der Regel die Anwendung des jeweiligen Fachrechts vorbehalten bleibt; soweit die Nutzung einer Anlage einer spezialgesetzlichen Genehmigung bedarf, ist diese Frage im Baugenehmigungsverfahren ausnahmsweise auszuklammern (vgl. BVerwG, U. v. 11.5.1989, BVerwGE 82, 61, 69 zum Aufbewahren von Kernbrennstoffen in einem Zwischenlager). Enthalten baurechtliche und fachrechtliche Normen parallele Prüfungsmaßstäbe, so kommt der Baugenehmigung Vorrang zu, soweit es um Rechtsfragen geht, deren Beurteilung in die originäre (bauplanungs- und bauordnungsrechtliche) Regelungskompetenz der BABeh. fällt oder die zu ihr zumindest den stärkeren Bezug haben (s. § 61 RNr. 6 am Beispiel der Abgrenzung der Baugenehmigung von der Gaststättenerlaubnis). Anders als nach dem früheren, grundsätzlich alle öffentlich-rechtlichen Vorschriften umfassenden Prüfungsmaßstab besitzt die BABeh. auch **keine „Auffangzuständigkeit"** zur Anwendung der Normen des Fachrechts mehr, für die kein besonderes Genehmigungsverfahren vorgesehen ist; praktische Bedeutung hat dies namentlich bei zwar baugenehmigungspflichtigen, aber nicht gemäß § 4 BImSchG genehmigungsbedürftigen Anlagen, bei denen die Erfüllung der den Betreiber nach § 22 BImSchG treffenden immissionsschutzrechtlichen Pflichten bisher aufgrund der „Auffangzuständigkeit" der BABeh. im Baugenehmigungsverfahren zu prüfen war (vgl. Jarass, BImSchG, 7. Aufl., § 22 RNr. 68), während deren Durchsetzung jetzt der Anordnung im Einzelfall gemäß § 24 BImSchG überantwortet bleibt.

14 Die frühere Streitfrage, ob eine Baugenehmigung erst nach Vorliegen aller anderen, für das Vorhaben erforderlichen weiteren öffentlich-rechtlichen Erlaubnisse ergehen darf (**„Schlusspunkttheorie"**, s. dazu Finkelburg/Ortloff, Öffentliches Baurecht II; S. 116 ff. sowie Voraufl., § 62 RNr. 13), ist vom Gesetzgeber mit der Beschränkung des Regelungsgehalts der Baugenehmigung unter Aufgabe des umfassenden Prüfungsmaßstabs des § 62 Abs. 1 Satz 1 BauOBln 1997 dahingehend entschieden worden, dass dies nicht erforderlich ist; die Baugenehmigung ergeht also unabhängig davon, ob in getrennten Verfahren noch andere Genehmigungen etc. erteilt werden müssen, um das Vorhaben zu legalisieren (vgl. Finkelburg/Ortloff, a. a. O., S. 118, 121). Das **Verhältnis der Baugenehmigung** zu den für ein Vorhaben nach **Rechtsvorschriften außerhalb des Bauordnungsrechts** erforderlichen Gestattungen, Genehmigungen, Erlaubnisse etc. einschließlich der **Konkurrenz paralleler Anlagengenehmigungsverfahren** wird in den Erläuterungen zu § 61 behandelt (s. dort insbesondere RNrn. 1 und 16).

b) Eine weitere Einschränkung des Prüfungsmaßstabs der BABeh. kann sich durch deren **Bindung an Vorentscheidungen** ergeben. So bindet der Vorbescheid (§ 74 Abs. 1) während seiner Geltungsdauer im Umfang der in ihm getroffenen Feststellungen die BABeh. hinsichtlich der Erteilung der Baugenehmigung, die nicht aufgrund einer von diesen Feststellungen abweichenden tatsächlichen oder rechtlichen Würdigung versagt werden darf (§ 74 RNrn. 21 ff.). Eine Bindungswirkung geht auch von feststellenden Teil der Teilbaugenehmigung hinsichtlich des grundsätzlichen positiven Gesamturteils aus (§ 73 RNr. 9 f.). 15

3. Maßgeblicher Zeitpunkt für die Beurteilung der Übereinstimmung des Vorhabens mit den im bauaufsichtlichen Genehmigungsverfahren zu prüfenden öffentlich-rechtlichen Vorschriften ist der Zeitpunkt der Entscheidung der BABeh. über die Baugenehmigung im Genehmigungsverfahren (OVG Bln, U. v. 11.3.1966, BRS 17 Nr. 149; vgl. auch BVerwG, U. v. 21.5.1969, BRS 22 Nr. 174), im Falle des Widerspruchs der Bauherrin oder des Bauherrn nach Ablehnung einer Baugenehmigung der Zeitpunkt des Widerspruchsbescheids, für die nachfolgende Verpflichtungsklage der Zeitpunkt der mündlichen Verhandlung oder (bei Entscheidung ohne mündliche Verhandlung) der gerichtlichen Entscheidung (OVG Bln, U. v. 30.5.1996, BRS 58 Nr. 123; HessVGH, U. v. 9.11.1995, NVwZ-RR 1996, 631; BayVGH, U. v. 19.10.1998, BayVBl. 1999, 179; vgl. auch BVerwG, U. v. 8.2.1974, BRS 28 Nr. 48). Darauf, ob ein verwirklichtes und nachträglich zur Genehmigung gestelltes Vorhaben früher im Einklang mit dem materiellen Recht gestanden hat, kommt es nach h. M. nicht an, da die Baugenehmigung nur feststellt, dass das Vorhaben im Zeitpunkt der behördlichen Entscheidung den im Genehmigungsverfahren zu prüfenden öffentlich-rechtlichen Vorschriften entspricht, aber nichts darüber aussagt, ob es früher geltendem Recht entsprochen hat (BVerwG, U. v. 17.1.1986, BVerwGE 72, 362 = BRS 46 Nr. 148; OVG Bln, U. v. 11.3.1966, a. a. O.; HessVGH, B. v. 10.11.1994, BRS 57 Nr. 259; Broy-Bülow, Baufreiheit und baurechtlicher Bestandsschutz, 1981, 132); deshalb kann auch unter dem Gesichtspunkt des Bestandsschutzes, der keinen Anspruch auf Zulassung eines Vorhabens außerhalb gesetzlicher Regelungen gibt (BVerwG, U. v. 7.11.1997, BauR 1998, 533, 534 f. m. w. N.), die Erteilung einer Baugenehmigung nicht verlangt werden (a.A. Finklenburg/Ortloff, Öffentliches Baurecht II, S. 210 f., dazu näher Voraufl. § 62 RNr. 15). Im Laufe des Genehmigungs-, Widerspruchs- oder Verwaltungsgerichtsverfahrens eintretende Rechtsänderungen wirken sich – vorbehaltlich etwaiger Übergangsbestimmungen – unmittelbar zugunsten, aber auch zu Lasten der Bauherrin oder des Bauherrn mit der möglichen Folge aus, dass ein bei Einreichung des Bauantrags genehmigungsfähiges Vorhaben nicht genehmigt werden kann. Für die Beurteilung der Frage, ob eine erteilte Baugenehmigung den diese anfechtenden Nachbarn in seinen Rechten verletzt, ist dagegen grundsätzlich die Sach- und Rechtslage im Zeitpunkt der Genehmigungserteilung maßgeblich, nur nachträgliche Änderungen zugunsten der Bauherrin oder des Bauherrn sind zu berücksichtigen (hierzu näher: BVerwG, U. v. 5.10.1965, BVerwGE 22,129 = BRS 16 Nr. 97, U. v. 21.5.1969, BRS 22 Nr. 174, U. v. 14.4.1978, BRS 33 Nr. 158, U. v. 14.1.1993, BRS 55 Nr. 175 sowie B. v. 22.4.1996, BRS 58 Nr. 157 und B. v. 23.4.1998, BauR 1998, 995 f.). 16

IV. Die Baugenehmigung ist in Abs. 1 als eine **gebundene Erlaubnis** ausgestaltet (Finkelburg/Ortloff, Öffentliches Baurecht II, S. 143); die Baugenehmigung „ist zu erteilen", wenn die Tatbestandsvoraussetzung vorliegt, d. h. dem Vorhaben keine öffentlich-rechtlichen Vorschriften entgegenstehen, die im bauaufsichtlichen Genehmigungsverfahren zu prüfen sind. Die Bauherrin oder der Bauherr hat einen verfassungsrechtlich fundierten 17 (vgl. § 60 RNr. 2) gesetzlichen **Rechtsanspruch** auf Erteilung der Genehmigung, wenn und soweit das Vorhaben den maßgeblichen Bestimmungen entspricht. Dabei mag ein gegenständlich beschränkter Genehmigungsanspruch selbst dann bestehen, wenn ein eindeutig abzugrenzender Teil eines Vorhabens den öffentlich-rechtlichen Vorschriften widerspricht und die übrigen – genehmigungsfähigen – Teile ohne Verlust der „Identität" des Vorhabens realisiert werden können; die BABeh. kann die Baugenehmigung auch in diesen Fällen jedenfalls dann insgesamt versagen, wenn Anhaltspunkte dafür bestehen, dass der Bauherr nicht beabsichtigt, nur den genehmigungsfähigen Teil des Vorhabens zu verwirklichen (VGH BW, U. v. 5.4.2006, NVwZ-RR 2006, 768). Sind Abweichungen (s. § 68), Ausnahmen oder Befreiungen (z. B. nach § 31 BauGB) erforderlich, deren Gewährung im Ermessen der BABeh. steht, besteht kein Rechtsanspruch auf Erteilung der Baugenehmigung (vgl. Schretter/Schenk, in: Reichel/Schulte, Handbuch Bauordnungsrecht, S. 787 f.). Der Antrag auf Erteilung einer Baugenehmigung kann auch abgelehnt werden, wenn der Bauherrin oder dem Bauherrn ein **Sachbescheidungsinteresse** fehlt (s. Erläuterungen zu § 69); dies ist u. a. dann der Fall, wenn ein Verstoß gegen öffentlich-rechtliche Vorschriften außerhalb des Prüfprogramms des jeweiligen Baugenehmigungsverfahrens offensichtlich ist bzw. von vornherein erkennbar ist, dass eine erforderliche andere Erlaubnis nicht erteilt werden kann (s. § 64 RNr. 15).

18 **V.** Begriffsnotwendige **Regelungsinhalte der Baugenehmigung** sind die **Feststellung**, dass dem Vorhaben keine im bauaufsichtlichen Genehmigungsverfahren zu prüfenden öffentlich-rechtlichen Vorschriften entgegenstehen, sowie die **Baufreigabe** (1). Diesen, der Baugenehmigung immanenten „Hauptregelungen" sind typischerweise eine Vielzahl von **Nebenbestimmungen** beigefügt (2.). Die Regelungen der Baugenehmigung müssen **inhaltlich hinreichend bestimmt** sein (3.).

19 **1.** a) Mit der Baugenehmigung wird die Vereinbarkeit des Vorhabens mit den von der BABeh. zu prüfenden öffentlich-rechtlichen Vorschriften zur Zeit der Genehmigungserteilung verbindlich festgestellt (vgl. zur **Feststellungswirkung** der Baugenehmigung: BVerwG, U. v. 10.11.1978, BRS 33 Nr. 64, U. v. 11.5.1989, BVerwGE 82, 61, 69 und U. v. 17.10.1989, BVerwGE 84, 11, 13 f.; OVG Bln, U. v. 22.5.1992, BRS 54 Nr. 97 = GE 1992, 1269 m. w. N.). Eine derartige, über die Prüfung der Genehmigungsvoraussetzungen als bloße Vorfrage der Genehmigungserteilung hinausgehende Feststellung ergibt sich zwar nicht ausdrücklich aus dem Wortlaut der BauOBln oder der einzelnen Baugenehmigung, folgt aber der Sache nach aus der Bestimmung des Abs. 1. Die Entscheidung über die Vereinbarkeit des Vorhabens mit den im Baugenehmigungsverfahren zu prüfenden öffentlich-rechtlichen Vorschriften verlangt deren – ausdrückliche oder inzidente – Feststellung durch die BABeh. (Finkelnburg/Ortloff, Öffentliches Baurecht II, S. 140, 147), zumal die Feststellung Grundlage für die materielle Schutzfunktion der Baugenehmigung ist. Inhalt der Feststellung ist, dass dem Vorhaben einschließlich der ihm zugedachten Nutzung keine im bauaufsichtlichen Genehmigungsverfahren zu prüfenden öffentlich-rechtlichen Vorschriften entgegenstehen; nicht in Verbindlichkeit erwächst dagegen die Rechtsauffassung, von der die BABeh. bei der Genehmigungserteilung – etwa hinsichtlich der Lage des Grundstücks im Innen- oder Außenbereich bzw. einzelner anderer Genehmigungsvoraussetzungen – ausgegangen ist (BVerwG, U. v. 10.11.1978, a. a. O.). Der Umfang der Feststellungswirkung korrespondiert mit dem Prüfungsumfang. Aus dem Wesen des einen beschränkten Prüfungsumfang (s. §§ 64, 64) aufweisenden – vereinfachten oder „regulären" – Genehmigungsverfahrens und der Bestimmung des Abs. 1 folgt, dass die Feststellungswirkung der Baugenehmigung die Übereinstimmung des Vorhabens nur mit den öffentlich-rechtlichen Vorschriften umfasst, die in dem jeweiligen Verfahren zu prüfen sind (vgl. BVerwG, B. v. 16.1.1997, NVwZ 1998, 58; BayVGH, B. v. 27.10.1999, BRS 62 Nr. 166 u. v. 27.12.2001, BRS 65 Nr. 166;

NdsOVG, B. v. 17.12.1996, UPR 1997, 159; OVG NW, U. v. 14.9.2001, BRS 64 Nr. 163; OVG RP, B. v. 18.11.1991, BRS 52 Nr. 148; Jäde, ZfBR 1996, 241; von Feldmann/Groth/Aschmann, GE 2006, 290, 302; Knuth LKV 1998, 333, 338 u. LKV 2004, 193, 198; Uechtritz, NVwZ 1996, 640, 646 f.). Gegenständlich umfasst die Feststellungswirkung der einheitlichen Baugenehmigung das gesamte genehmigte Vorhaben auch dann, wenn es die Errichtung baulicher Anlagen einschließt, die – isoliert betrachtet – selbst keiner Baugenehmigung bedürften (OVG NW, B. v. 22.8.2003, BRS 66 Nr. 173).

Mit der **Versagung einer Baugenehmigung** wird dagegen keine verbindliche Feststellung der materiellen Illegalität des Vorhabens getroffen; vielmehr beschränkt sich deren Inhalt auf die Entscheidung, den Bauantrag abzulehnen. Denn die Versagungsgründe, die unterschiedlichster Art sein können, bilden lediglich die nicht in Bestandskraft erwachsenden Voraussetzungen für die Entscheidung, dass die Baugenehmigung nicht erteilt wird (Gaentzsch, NJW 1986, 2787, 2792; Ortloff, NJW 1987, 1665, 1670; die in der Literatur kritisierte verfassungsrechtliche Ableitung desselben Ergebnisses aus Art. 14 Abs. 1 GG in BVerwG, U. v. 6.6.1975, BVerwGE 48, 271, 276 = BRS 29 Nr. 168, hat das Gericht später offengelassen, U. v. 17.10.1989, BVerwGE 84, 11, 14 f. = BRS 49 Nr. 160).

b) Da die Baugenehmigung auf der Grundlage der Feststellung der Vereinbarkeit des Vorhabens mit den in Baugenehmigungsverfahren zu prüfenden öffentlich-rechtlichen Vorschriften zugleich die Sperrwirkung des der Baufreigabe entgegenstehenden präventiven Bauverbots aufhebt, enthält sie auch einen verfügenden Teil. Sie gibt den Bau „frei". Vor der Erteilung der Baugenehmigung darf mit der Ausführung des Vorhabens nicht begonnen werden (Abs. 7 Nr. 1). Insoweit kommt der Baugenehmigung rechtsgestaltende Wirkung zu. Entsprechend der oben behandelten Feststellungswirkung ist auch der **verfügende Teil der Baugenehmigung** (Baufreigabe) auf den Prüfungsumfang des Baugenehmigungsverfahrens beschränkt (OVG RP, B. v. 18.11.1991, BRS 52 Nr. 148). Die Baufreigabe erfasst – ebenso wie die Feststellung – das Vorhaben insgesamt; die Baugenehmigung ist nicht eine Zusammenfassung von Einzelgenehmigungen für die verschiedenen Bauteile eines Vorhabens, sondern bildet in der Regel eine rechtliche Einheit (vgl. OVG Bln, U. v. 22.5.1992, OVGE 20, 190 = BRS 54 Nr. 97; eingehend zu den verschiedenen Aspekten der Teilbarkeit einer Baugenehmigung: OVG Bln, B. v. 16.1.1998, NVwZ-RR 1999, 9, 10 f.), Deshalb darf die Bauherrin oder der Bauherr sich nicht darauf beschränken, einzelne Bauteile des Vorhabens zu errichten (s. § 72 RNr. 11); auch kann er sich nicht auf die Bestandskraft einer früheren Baugenehmigung berufen, wen er nur einzelne Bauteile errichtet hat, die in ein neu genehmigtes Vorhaben einbezogen worden sind (OVG Bre., U. v. 31.1.1984, BRS 42 Nr. 162).

c) Neben der Baufreigabe als Genehmigung der Errichtung oder Änderung einer Anlage enthält die Baugenehmigung – sofern nicht die Freigabe der Nutzung einer Genehmigung nach besonderen Rechtsvorschriften vorbehalten ist (z. B. § 6 AtG, BVerwG, U. v. 11.5.1989, BVerwGE 82, 61, 69) – auch die **Nutzungsgenehmigung** (BayVGH, U. v. 17.11.1978, BRS 33 Nr. 127 und B. v. 25.10.1994, NVwZ 1995, 919 f.; HessVGH, U. v. 11.9.1981, BRS 38 Nr. 78 und B. v. 30.12.1994, NVwZ 1995, 1010 f.; OVG NW, U. v. 13.9.1996, BRS 58 Nr. 128; abw. VGH BW, U. v. 27.10.2000, BRS 63 Nr. 176 zur getrennten Erteilung von Bau- und Nutzungsgenehmigung). Dies ergibt sich aus der Genehmigungspflicht von Nutzungsänderungen gemäß § 60 Abs. 1 sowie aus dem Umstand, dass Objekt der bauaufsichtlichen Beurteilung grundsätzlich das Bauwerk in der ihm zugedachten Funktion als Einheit ist (s. oben RNr. 11). Die Freigabe der Nutzung gehört zum gestattenden Teil der Baugenehmigung (Schmidt-Preuß, DVBl. 1991, 229 f.). Hieraus folgt, dass die Nutzung einer ohne Baugenehmigung errichteten Anlage ebenfalls unzulässig ist (s. Erläuterungen zu § 79 Satz 2).

23 2. Eine Baugenehmigung enthält neben den vorgenannten „Hauptregelungen" regelmäßig eine Vielzahl von **Nebenbestimmungen**. Welche **Arten von Nebenbestimmungen** für die Baugenehmigung **zugelassen** sind, ist in **Abs. 3** geregelt: Demnach können Baugenehmigungen unter **Auflagen, Bedingungen, Auflagenvorbehalten** sowie auch mit **Befristungen** erteilt werden. Da in dieser als abschließende Regelung anzusehenden Aufzählung der **Widerrufsvorbehalt fehlt**, dürfen in der Regel Baugenehmigungen nicht mit einer derartigen Nebenbestimmung verbunden werden; allerdings kann – wie sich aus § 68 Abs. 3 ergibt – eine Abweichung, Ausnahme oder Befreiung unter Widerrufsvorbehalt gewährt werden, der in diesem Fall in die Baugenehmigung übernommen werden muss. **Bedeutung und Voraussetzungen von Nebenbestimmungen** zu Baugenehmigungen ergeben sich aus dem ergänzend anzuwendenden **§ 36 VwVfG**. Gemäß § 36 Abs. 1 VwVfG darf ein Verwaltungsakt, auf den – wie grundsätzlich bei der Baugenehmigung – ein Anspruch besteht, mit einer Nebenbestimmung nur versehen werden, wenn sie durch Rechtsvorschrift (z. B. § 14 Abs. 2 Satz 3 und Abs. 3 Satz 2 BauVerfVO) zugelassen ist oder wenn sie sicherstellen soll, dass die gesetzlichen Voraussetzungen des Verwaltungsakts erfüllt werden. Stehen der Genehmigung leicht behebbare Hindernisse entgegen, so hat die BABeh. im Hinblick auf den **Grundsatz der Verhältnismäßigkeit** darauf bedacht zu sein, statt einer Versagung die Genehmigungsfähigkeit des Vorhabens durch Nebenbestimmungen herbeizuführen (OVG Bln, U. v. 19.2.1971, BRS 24 Nr. 119); da es grundsätzlich Sache des Bauherrn und nicht der BABeh. ist, ein genehmigungsfähiges Vorhaben zur Genehmigung zu stellen, dürfen die diesbezüglichen Anforderungen an die BABeh. nicht überspannt werden, so dass die Baugenehmigung unter Umständen trotz allgemeiner Bereitschaft des Antragstellers, die Genehmigungsfähigkeit durch weitgehende Auflagen zu erreichen, versagt werden kann (vgl. BVerwG, B. v. 3.1.1973, BRS 27 Nr. 123; VGH BW, U. v. 25.11.1981, VBlBW 1983, 110). Ist der BABeh. – wie etwa bei der Gestattung von Abweichungen (§ 68), Ausnahmen und Befreiungen (§ 31 BauGB) oder der Genehmigung eins Vorhabens während der Planaufstellung nach § 33 Abs. 2 Satz 1 BauGB – Ermessen eingeräumt, so steht auch die Beifügung von Nebenbestimmungen in ihrem pflichtgemäßen Ermessen (§ 36 Abs. 2 VwVfG, hierzu: VG Bln, U. v. 9.4.1997, GE 1997, 629). Die Nebenbestimmung darf aber in keinem Fall dem Zweck des Verwaltungsakts zuwiderlaufen (§ 36 Abs. 3 VwVfG). Nebenbestimmungen können gemäß § 82 Abs. 4 Satz 2 Nr. 2 auch in das Baulastenverzeichnis eingetragen werden.

24 a) Von den in § 36 Abs. 2 VwVfG genannten Nebenbestimmungen zu unterscheiden sind bloße **Hinweise** einerseits sowie die von der BABeh. vorgenommenen Inhaltsbestimmungen der Baugenehmigung andererseits. Erstere sind bloße Erläuterungen der Sach- und Rechtslage, etwa der von den am Bau Beteiligten unmittelbar aufgrund gesetzlicher Regelungen bei der Bauausführung ohnehin zu beachtenden Pflichten gemäß Abs. 5 bis 7 oder des Erfordernisses weiterer Genehmigungen für das Vorhaben. Diese Hinweise haben im Gegensatz zu („echten") Nebenbestimmungen keinen Regelungsgehalt; die Abgrenzung zwischen bloßen Erläuterungen und Regelungen kann im Einzelfall problematisch sein (vgl. BayVGH, B. v. 17.3.1994, BRS 56 Nr. 141).

25 Bei der **Inhaltsbestimmung** handelt es sich um nicht selbständig anfechtbare Bestandteile der (Haupt-)Regelung der Baugenehmigung, durch die deren Inhalt konkretisiert bzw. beschränkt wird (zum Meinungsstand um diesen Begriff und den Zusammenhang zu modifizierenden Auflagen: Fluck, DVBl. 1992, 862; Heitsch, DÖV 2003, 367, 368; Kopp/Ramsauer, VwVfG, 10. Aufl., § 36 RNr. 7; Schmehl, UPR 1998, 334; Störmer, DVBl. 1996, 81, 86 f.). In der Rechtsprechung wurden z. B. die Maßgabe, schwefelarmes Heizöl zu verwenden (BVerwG, U. v. 17.2.1984, GewArch 1984, 170), die Forderung von Gasrückführungssystemen bei der Genehmigung des Umbaus von Tankstellen (VGH BW, U. v. 8.6.1993, UPR 1994, 108) sowie die Betriebszeitbeschränkung bei der (immissionsschutzrechtlichen) Genehmigung einer Motorsportanlage (BayVGH, B. v. 26.9.1996, BayVBl. 1997, 728 f.) als Inhaltsbestimmungen angesehen. Ebenso dürfte etwa eine Regelung zu qualifizieren sein, dass bei einem im allgemeinen Wohngebiet gelegenen Vorhaben vorgesehene Büroräume nur für die Berufsausübung freiberuflich Tätiger oder ihren Beruf in ähnlicher Art ausübender Gewerbetreibender im Sinne von § 13 BauNVO genutzt werden dürfen. Zu den Inhaltsbestimmungen gehören in der Regel auch die **Grünvermerke** in den Bauvorlagen (s. hierzu OVG NW, B. v. 27.1.2000, BRS 63 Nr. 178 = NVwZ 2000, 1319, 1320 und VGH BW, U. v. 25.9.1992, NVwZ-RR 1994, 133, 134, der diese aber als Sonderfall der modifizierten Baugenehmigung einordnet). Es handelt sich hierbei um ein in der Praxis übliches und bewährtes Instrument der BABeh. zur Anpassung von Einzelheiten des Vorhabens an die maßgeblichen rechtlichen Anforderungen, um aus Gründen der Arbeitsökonomie und Beschleunigung des Verfahrens ohne nochmalige Rückgabe der Bauvorlagen eine Baugenehmigung erteilen zu können. Bei einer wesentlichen Abweichung des Inhalts der Genehmigung von dem des Bauantrags (z. B. zwei- statt dreigeschossiges Gebäude) wird auch von einer **modifizierten Genehmigung** oder **modifizierten Gewährung** gesprochen (vgl. Weyreuther, DVBl. 1969, 295 ff. und DVBl. 1984, 365 ff.): Da die Gewährung vom Antrag derart abweicht, dass das genehmigte Vorhaben als ein „aliud" anzusehen ist, handelt es sich genau genommen um eine Ablehnung des gestellten Antrags bei gleichzeitiger Genehmigung eines nicht beantragten Vorhabens (BVerwG, U. v. 17.2.1984, BRS 42 Nr. 176 = NVwZ 1984, 366); die erteilte Baugenehmigung als mitwirkungsbedürftiger Verwaltungsakt ist zunächst rechtswidrig, dieser Fehler kann jedoch durch nachträgliche Antragstellung (§ 45 Abs. 1 Nr. 1 VwVfG) oder (konkludent) durch Ausnutzung der modifizierten Genehmigung geheilt werden.

b) Die Abgrenzung der in § 36 Abs. 2 VwVfG definierten verschiedenen **Arten von Nebenbestimmungen** untereinander hat vor allem Bedeutung für die Rechtswirkungen der Baugenehmigung, die selbständige Durchsetzbarkeit (Vollstreckung mit Mitteln des Verwaltungszwangs nach dem VwVG) der Nebenbestimmung und für die Frage der isolierten Anfechtbarkeit und Aufhebbarkeit. Für die Beurteilung, welcher Art von Nebenbestimmungen eine Regelung zuzuordnen ist, kommt es nicht allein auf deren Bezeichnung, sondern maßgeblich auf den materiellen Gehalt und den objektiven Erklärungsinhalt an, wie er von dem Bauherrn oder einem betroffenen Dritten bei verständiger Würdigung nach den Umständen des Einzelfalls gedeutet werden konnte (vgl. Kopp/Ramsauer, VwVfG, 10. Aufl., § 36 RNr. 14). 26

aa) Eine **Befristung** ist gemäß § 36 Abs. 2 Nr. 1 VwVfG eine Bestimmung, nach der eine Vergünstigung oder eine Belastung zu einem bestimmten Zeitpunkt beginnt, endet oder für einen bestimmten Zeitraum gilt. Sie beinhaltet die Festsetzung eines dem Datum nach bestimmten oder doch bestimmbaren Zeitpunktes als Voraussetzung für den Eintritt, die Dauer oder die Beendigung der inneren Rechtswirkungen eines Verwaltungsakts (Kopp/Ramsauer, a. a. O., § 36 RNr. 15). Keine Befristung im Sinne von § 36 Abs. 2 Nr. 1 VwGO liegt bei einer kraft Gesetzes bestehenden Fristabhängigkeit eines Verwaltungsaktes („gesetzliche Frist") – z. B. der Regelung der Geltungsdauer der (noch nicht ausgenutzten) Baugenehmigung nach § 72 Abs. 1 – vor (vgl. § 72 RNr. 4). Eine **Bedingung** ist eine Bestimmung, nach der der Eintritt oder der Wegfall einer Begünstigung oder Belastung von dem ungewissen Eintritt eines zukünftigen Ereignisses abhängt (§ 36 Abs. 2 Nr. 2 VwVfG); wie im Zivilrecht (§ 158 BGB) wird demnach auch im Verwaltungsrecht zwischen aufschiebenden und auflösenden Bedingungen unterschieden. **Aufschiebende Bedingungen** kommen als Nebenbestimmungen zu Baugenehmigungen vor allem zum Einsatz, um sicherzustellen, dass zum Entscheidungszeitpunkt 27 fehlende einzelne gesetzliche Voraussetzungen spätestens bei Baubeginn vorliegen; eine aufschiebend bedingte Baugenehmigung hat für den Bauherrn den Vorteil, dass er gegen für ihn nachteilige Rechtsänderungen durch die in der Baugenehmigung bereits getroffene Feststellung der Vereinbarkeit des Vorhabens mit den (übrigen) zu prüfenden öffentlich-rechtlichen Vorschriften geschützt ist und die Geltungsdauer der Genehmigung entsprechend hinausgeschoben wird (s. § 72 RNr. 7). Allerdings steht der Zweck der Baugenehmigung, die Erfüllung aller im Verfahren zu prüfenden öffentlich-rechtlichen Voraussetzungen umfassend sicherzustellen, einer zu weitgehenden Ausklammerung von Genehmigungsvoraussetzungen und ihrem „Abschieben" in eine Nebenbestimmung entgegen; deshalb kommen nur solche Bedingungen in Betracht, deren Eintritt sich derart eindeutig und zweifelsfrei feststellen lässt, dass die weitere bauliche Abwicklung nicht mit Rechtsunsicherheit belastet wird (BayVGH, B. v. 15.9.1998, BauR 1998, 1221).

28 **Befristungen und auflösende Bedingungen** sind zur Sicherstellung der gesetzlichen Voraussetzungen einer Baugenehmigung im Regelfall nicht heranzuziehen, denn eine Baugenehmigung soll das Vorhaben nach dessen Verwirklichung (normalerweise) auf Dauer legalisieren und ihm Bestandsschutz vermitteln. Ausnahmen können vor allem aus bauplanungsrechtlichen Gründen gemacht werden; sie kommen in Betracht für Fälle einer nur begrenzt zulässigen privilegierten Nutzung im Außenbereich, in denen die Baugenehmigung im Einklang mit den gesetzlichen Genehmigungsvoraussetzungen auf die Nutzung durch bestimmte Personen beschränkt (BVerwG, B. v. 23.11.1995, BRS 57 Nr. 189; OVG Bln, B. v. 25.5.1989, BRS 49 Nr. 50) oder (jahres)zeitlich begrenzt wird (BVerwG, B. v. 6.9.1999, BRS 63 Nr. 109). Ferner sind Befristungen oder auflösende Bedingungen zur Umsetzung der bauplanungsrechtlichen Regelungen über das „Baurecht auf Zeit" (§ 9 Abs. 2 BauGB) in den Blick zu nehmen (vgl. Battis/Otto, UPR 2006, 165; Heemeyer, DVBl 2006, 25; allgemein zur zeitlich begrenzten Zulässigkeit von Bauvorhaben s. Ortloff, NVwZ-Sonderheft 10.11.2001, S. 51 ff.); eine Befristung dürfte in diesen Fällen zulässig sein, um sicherzustellen, dass die gesetzlichen Voraussetzungen des Verwaltungsakts erfüllt werden (str., wie hier: Battis/Krautzberger/Löhr, BauGB, 10. Aufl., § 9 RNr. 98h m. w. N. zur Meinungsstand). Größeren Handlungsspielraum haben die BABeh., wenn in ihrem Ermessen stehende Abweichungen, Ausnahmen oder Befreiungen erforderlich werden und die Abwägung mit den berührten Belangen ergibt, dass das Vorhaben nur begrenzte Zeit oder unter dem Vorbehalt der Veränderung bestimmter Rahmenbedingungen zugelassen werden soll (s. OVG Bln, B. v. 8.6.2000, BRS 63 Nr. 183 und B. v. 27.7.2001, BRS 64 Nr. 147 = LKV 2002, 183: Widerrufsvorbehalt bei Werbeanlage als „Zwischennutzung"; zur Zulässigkeit von Befristungen bzw. Widerrufsvorbehalten bei der Genehmigung von Werbeanlagen nach anderen Landesbauordnungen vgl. NdsOVG, U. v. 10.3.2004, BRS 67 Nr. 163 und OVG RP, U. v. 31.1.2005, BRS 69 Nr. 147). Befristungen, Bedingungen und – soweit im Rahmen von Abweichungsentscheidungen zulässig – Widerrufsvorbehalte beschränken von vornherein den Umfang des Bestandsschutzes, selbst wenn das Vorhaben während der Geltungsdauer der Baugenehmigung materiell legal war; lässt der Bauherr die Baugenehmigung bestandskräftig werden, so muss er diese Einschränkungen des Bestandsschutzes hinnehmen (BVerwG, U. v. 10.12.1982, BRS 39 Nr. 80 = BauR 1983, S. 137).

29 bb) Durch eine **Auflage** wird dem Bauherrn ein Tun, Dulden oder Unterlassen vorgeschrieben (§ 36 Abs. 2 Nr. 4 VwVfG). Anders als die Bedingung macht sie nicht die Rechtswirkungen der Baugenehmigung von einem zukünftigen Ereignis abhängig, dessen Eintritt ungewiss ist, sondern begründet zusätzliche Verhaltenspflichten des Begünstigten, die mit Mitteln der Verwaltungsvollstreckung nach dem VwVG selbständig erzwingbar sind. Die Auflage ist eine selbständige hoheitliche Anordnung, die neben

der durch die Baugenehmigung ausgesprochenen Regelung steht. Zwischen der Baugenehmigung und der Auflage besteht jedoch eine Abhängigkeit (Akzessorietät), da die (innere) Wirksamkeit der Auflage erst eintritt, wenn der Bauherr die Genehmigung ausnutzt; macht er keinen Gebrauch von ihr, darf die BABeh. die Erfüllung der Auflage nicht verlangen. Wird die Auflage trotz Ausnutzung der Baugenehmigung nicht oder nicht fristgemäß befolgt, so kann sie als Grundverfügung (s. Henneke, in: Knack, VwVfG, 8. Aufl. 2004, RNr. 42) gemäß § 6 Abs. 1 VwVG mit Zwangsmitteln durchgesetzt werden, sofern sie unanfechtbar oder ihre sofortige Vollziehung (§ 80 Abs. 2 Satz 1 Nr. 4 VwGO) angeordnet ist; die Baugenehmigung kann in diesen Fällen unter Umständen aber auch gemäß § 49 Abs. 2 Satz 1 Nr. 2 VwVfG widerrufen werden. Aus dem Grundsatz der Verhältnismäßigkeit ergibt sich allerdings eine Beschränkung des Wahlrechts zwischen Widerruf und Durchsetzung einer Auflage dahingehend, dass bei Auflagen zu Einzelaspekten, die sich nicht auf das zu errichtende Gebäude selbst beziehen (z. B. Gestaltung der Außenanlagen), ein Widerruf nicht in jedem Fall zulässig ist.

Als Sonderfall ist die hinsichtlich ihrer Existenzberechtigung und rechtsdogmatischen Ableitung umstrittene **modifizierende Auflage** (grundlegend: Weyreuther, DVBl. 1969, 232, 295 ff. und DVBl. 1984, 365) anzusehen (zum Streitstand: Henneke, in: Knack, a. a. O., § 36 RNrn. 47 ff.; Stelkens/Bonk/Sachs, VwVfG, 6. Aufl. 2001, § 36 RNrn. 48 ff., jeweils m. w. N.), bei der insbesondere die Abgrenzung zur Inhaltsbestimmung problematisch ist (Kopp/Ramsauer, a. a. O., § 36 RNr. 35 sieht die modifizierende Auflage als Inhaltsbestimmung an). Die modifizierende Auflage betrifft nicht eine selbständig neben die in der Baugenehmigung enthaltene Gewährung tretende besondere Leistungsverpflichtung, sondern das zu Genehmigung stehende Vorhaben selbst, dessen qualitative Änderung (etwa durch Forderung eines Satteldaches anstelle des geplanten Pultdaches) bewirkt wird (BVerwG, U. v. 8.2.1974, DÖV 1974, 380 f.). Im Gegensatz zur modifizierenden Gewährung (s. oben RNr. 25) wird das Änderungsverlangen in Form eines Ge- oder Verbots ausgesprochen, das zu der abweichenden Gewährung hinzutritt und selbständig durchgesetzt werden kann, sofern der Bauherr von der „angebotenen" Gewährung Gebrauch macht (Weyreuther, DVBl. 1984, 367 ff.; Henneke, in: Knack, a. a. O., § 36 RNrn. 47 f.).

30

Der **Auflagenvorbehalt** (§ 36 Abs. 2 Nr. 5 VwVfG) ist eine Nebenbestimmung, durch deren Beifügung der Rahmen für die Bestandskraft der Baugenehmigung und den durch diese vermittelten Bestandsschutz abgesteckt wird. Er ist eine selbständige Rechtsgrundlage für die nachträgliche Belastung des Bauherrn durch Aufnahme, Änderung oder Ergänzung einer Auflage. Allerdings dürfte für ihn nur Raum sein, wenn die BABeh. trotz sorgfältiger Prüfung die Folgen einer Baugenehmigung bei deren Erteilung nicht umfassend abschätzen kann und die dauerhafte Erfüllung einzelner Genehmigungsvoraussetzungen möglicherweise nachträgliche Auflagen erfordert. Ein Auflagenvorbehalt wurde als zulässig angesehen bei Aussageungenauigkeiten prognostischer Bewertungen von zu erwartenden Geräuschimmissionen (HessVGH, B. v. 29.7.2005, BRS 69 Nr. 152); dagegen genügt es nicht, in der Baugenehmigung den maßgeblichen Immissionsrichtwert als Grenzwert festzulegen und weitere Nebenbestimmungen vorzubehalten, wenn die Immissionen einer Anlage bei regelmäßigem Betrieb die für die Nachbarschaft maßgebliche Zumutbarkeitsgrenze überschreiten (BayVGH, U. v. 18.7.2002, BRS 65 Nr. 190). Der Vorbehalt muss Gründe, Zielsetzung und Umfang der möglichen späteren Belastung umschreiben und darf nicht dazu dienen, der BABeh. künftig allgemein „freie Hand" zu lassen (Henneke, in: Knack, a. a. O., § 36 RNr. 45). – Auch ohne Auflagenvorbehalt in einer Baugenehmigung können nachträgliche Anforderungen unter den in § 85 Abs. 2 – 4 genannten Voraussetzungen aufgestellt werden.

31

32 cc) Die Frage nach dem „richtigen" Verfahrensart beim **Rechtsschutz gegen Nebenbestimmungen** ist nach wie vor umstritten (zum Meinungsstand s. Kopp/Ramsauer, VwVfG, 10. Aufl., § 36 RNrn. 60 ff.); die Problematik wird aber dadurch entschärft, dass Inhaltsbestimmungen und modifizierte Gewährungen, als die sich „Auflagen" oder „Bedingungen" bei genauer Betrachtung häufig erweisen, nicht den Regeln über die Anfechtbarkeit von Nebenbestimmungen unterliegen, sondern gegen sie mit einer Verpflichtungsklage auf Erteilung einer Baugenehmigung in der beantragten Gestalt vorgegangen werden muss. Die Frage, ob Nebenbestimmungen mit der Anfechtungsklage selbständig und unabhängig vom Bestand der Baugenehmigung angegriffen werden können oder nur eine Verpflichtungsklage auf Erteilung der Baugenehmigung ohne die für rechtswidrig gehaltene Nebenbestimmung zulässig ist, hat nicht nur akademische Bedeutung: Hält man die Anfechtungsklage gegen Nebenbestimmungen für zulässig, so entfaltet diese gemäß § 80 Abs. 1 VwGO aufschiebende Wirkung mit der Folge, dass der Bauherr von der Baugenehmigung vorläufig Gebrauch machen darf, ohne die angefochtene Nebenbestimmung beachten zu müssen. Während nach früher vorherrschender Meinung nur (nicht modifizierende) Auflagen als selbständig anfechtbare Nebenbestimmungen angesehen wurden, hat das BVerwG, das insofern selbst von einer „inzwischen gefestigten Rechtsprechung" (U. v. 22.11.2000, BVerwGE 112, 221 = NVwZ 2001, 429) spricht, wiederholt betont, dass „gegen belastende Nebenbestimmungen eines Verwaltungsakts die Anfechtungsklage gegeben" sei (s. U. v. 10.7.1980, BVerwGE 60, 269, 274, U. v. 19.1.1989, BVerwGE 81, 185, 186 = NVwZ 1989, 864, U. v. 22.11.2000, a. a. O. und U. v. 22.11.2000, NVwZ 2001, 562,563). Ob diese Klage zur isolierten Aufhebung der Nebenbestimmung führen könne, hänge davon ab, ob der begünstigende Verwaltungsakt ohne die Nebenbestimmung sinnvoller- und rechtmäßigerweise bestehen bleiben könne (BVerwG, U. v. 17.2.1984, BRS 42 Nr. 176 = NVwZ 1984, 366 und B. v. 18.2.1997, BauR 1997, 459 f.); dies sei allerdings eine Frage der Begründetheit und nicht der Zulässigkeit des Anfechtungsbegehrens, sofern nicht eine isolierte Aufhebung offenkundig von vornherein ausscheide (BVerwG, U. v. 10.7.1980 und v. 22.11.2000, BVerwGE 112, 221 = NVwZ 2001, 429 m. w. N.; ebenso NdsOVG, U. v. 10.3.2004, BRS 67 Nr. 163). Das OVG Bln ist dem Ansatz der Rechtsprechung des BVerwG gefolgt (s. insbes. U. v. 30.1.2004, BRS 67 Nr. 224 und v. 10.6.2004, BRS 67 Nr. 232), hat jedoch unter dem hervorgehobenen Gesichtspunkt, dass eine isolierte Aufhebung einer Nebenbestimmung offenkundig von vornherein ausscheide, Anfechtungsklagen wiederholt als unzulässig angesehen (U. v. 30.5.1996, BRS 58 Nr. 123 = NVwZ 1997, 1005 betr. eine Auflage und B. v. 7.5.2001, NVwZ 2001, 1059 betr. eine aufschiebende Bedingung). Eine isolierte Aufhebung einer Nebenbestimmung scheidet offenkundig von vornherein aus, wenn aus Rechtsgründen zwischen der Hauptregelung des Verwaltungsakts und der Nebenbestimmung ein offenkundiger untrennbarer innerer Zusammenhang besteht, weil die BABeh. bei einer objektiven, an den anzuwendenden Rechtssätzen und dem Rechtsgedanken des § 44 Abs. 4 VwVfG orientierten Betrachtung die im Falle einer Teilaufhebung verbleibende Regelung zum Zeitpunkt des Bescheiderlasses nicht getroffen hätte und nicht hätte rechtmäßig treffen können (OVG Bln, U. v. 30.5.1996, a. a. O.). Eine aufschiebende Bedingung, mit der nach ihrem eindeutig erkennbaren Regelungszweck offenkundig ausgeschlossen werden soll, dass vor Bedingungseintritt mit Bauarbeiten auch nur begonnen wird, ist nicht isoliert anfechtbar (OVG Bln, B. v. 7.5.2001, a. a. O.).

33 3. Die Baugenehmigung muss den materiell-rechtlichen Erfordernissen der hinreichenden inhaltlichen **Bestimmtheit (§ 37 Abs. 1 VwVfG)** genügen. Dafür reicht aus, dass der Inhalt aufgrund einer entsprechend § 133 BGB erfolgenden Auslegung der Baugenehmigung unter Berücksichtigung der zugehörigen Bauvorlagen für Genehmigungsadressaten und betroffene Nachbarn nach den konkreten Umständen des Einzelfalls erkennbar ist (vgl. Kopp/Ramsauer, VwVfG, 10. Aufl., § 37 RNr. 6). Eine Baugenehmigung ist rechtswidrig, wenn die mit dem Zugehörigkeitsvermerk versehenen Bauvorlagen hinsichtlich nachbarrechtsrelevanter Merkmale des Vorhabens unvollständig bzw. unbestimmt sind und dies auch nicht durch den Inhalt der Genehmigung selbst oder den Widerspruchsbescheid behoben worden ist (OVG Bln, U. v. 17. 10. 2003, BRS 66 Nr. 189; VGH BW, B. v. 12. 2. 2007, BauR 2007, 1399 f.; OVG NRW, U. v. 12. 9. 2006, BRS 70 Nr. 128; OVG NRW, U. v. 13.5.1994, BRS 56 Nr. 139; vgl. auch OVG NRW, B. v. 16.2.1996, BRS 58 Nr. 97 = NVwZ-RR 1997, 274). Dies gilt auch bei Unbestimmtheit der zulässigen Nutzung (OVG NRW, B. v. 20. 9. 2007, BauR 2008, 81 f.: „Etikettenschwindel"). Eine zugunsten eines Nachbarn erlassene Regelung ist allerdings nicht schon deshalb mangels hinreichender Bestimmtheit rechtswidrig, weil die Überprüfung ihrer Einhaltung nur einem Fachmann möglich ist (BVerwG, B. v. 5.9.1996, BRS 58 Nr. 76). Selbst die fehlerhafte Angabe der Größe eines Baugrundstücks im Bauantrag muss nicht zur Nichtigkeit der Genehmigung gemäß § 44 Abs. 1, Abs. 2 Nr. 4 VwVfG führen (BVerwG, U. v. 26.9.1991, BRS 52 Nr. 150 = NVwZ 1992, 564; vgl. aber auch OVG NW, B. v. 20.11.1987, BauR 1988, 709).

34 Die mit dem Zugehörigkeitsvermerk der BABeh. versehenen **Bauvorlagen** haben nicht lediglich konkretisierende und erläuternde Bedeutung, sie sind vielmehr Bestandteil der Baugenehmigung und für die Ermittlung ihres Regelungsgehalts verbindlich (OVG Bln, B. v. 26.1.1995, BRS 57 Nr. 193 = NVwZ 1995, 1009 = GE 1995, 431 und B. v. 19.11.1996, BRS 58 Nr. 200 = LKV 1997, 366). Obgleich die Regelung des § 62 Abs. 3 Satz 2 BauOBln 1997, die bestimmte, dass der Baugenehmigung eine Ausfertigung der mit einem Genehmigungsvermerk (Grünstempel) zu versehenden Bauvorlagen beizufügen war, im Einklang mit der MBO entfallen ist, haben die zur Baugenehmigung gehörenden und mit dieser aufzubewahrenden (§ 15 Abs. 1 Satz 1 BauVerfVO) geprüften Bauvorlagen ihre Bedeutung für die Bestimmung des Inhalts der Genehmigung nicht verloren; eine sachliche Änderung ist durch die Streichung der Regelung – wie die Bezugnahme auf die „genehmigten Bauvorlagen" in § 78 Abs. 1 Satz 2 Nr. 2 a) bestätigt – nicht eingetreten. Bauvorlagen mit Genehmigungsvermerk können allerdings eine schriftliche Baugenehmigung nicht ersetzen (OVG Lbg, U. v. 9.10.1973, BRS 27 Nr. 147). Widersprechen Bauvorlagen einer im Genehmigungstext (durch Beifügung einer Nebenbestimmung) ausdrücklich getroffenen abschließenden und erschöpfenden Teilregelung, so bleiben sie ohne rechtliche Bedeutung (OVG Bln, B. v. 26.1.1995, a. a. O.; OVG NW, U. v. 6.10.1982, BRS 39 Nr. 152). Zur Bestimmung der grundlegenden Einzelheiten der Bauausführung ist auf die Bauzeichnungen, nicht (auch) auf – von diesen inhaltlich abweichende – bautechnische Nachweise abzustellen (OVG NW, U. v. 10.3.1977, BRS 32 Nr. 130). Stimmt eine zeichnerische Darstellung in den Bauvorlagen nicht mit den vermerkten Maßangaben überein, so kommt schon mit Blick auf maßstabsabhängige Ungenauigkeiten zeichnerischer Darstellungen den Maßangaben grundsätzlich der Vorrang zu (VGH BW, B. v. 22.5.1997, VBlBW 1997, 341). Für die Festlegung von Art und Umfang einer gewerblichen oder beruflichen Tätigkeit kann die Betriebsbeschreibung von besonderer Bedeutung sein (NdsOVG, U. v. 14.9.1993, BRS 55 Nr. 145).

35 **VI.** Die **Baugenehmigung** ist ein spezifisch **formgebundener Verwaltungsakt**.

1. Sie bedarf gemäß **Abs. 2 1. Halbsatz** im Interesse der Rechtsklarheit und Rechtssicherheit der **Schriftform**. Deshalb muss sie die in § 37 Abs. 3 VwVfG aufgestellten Mindesterfordernisse an schriftliche Verwaltungsakte erfüllen, nämlich die erlassende Behörde erkennen lassen und die Unterschrift oder die Namenswiedergabe des Behördenleiters, seines Vertreters oder seines Beauftragten enthalten; bei einem mit Hilfe automatischer Einrichtungen erlassenen Verwaltungsakt können abweichend hiervon

Unterschrift und Namenswidergabe fehlen (§ 37 Abs. 4 Satz 1 VwVfG). Gemäß § 3a Abs. 2 Satz 1 VwVfG kann die Schriftform durch die elektronische Form ersetzt werden; das elektronische Dokument ist mit einer qualifizierten elektronischen Signatur zu versehen (§ 3a Abs. 2 Satz 2 VwVfG), wobei auch das der Signatur zugrunde liegende qualifizierte Zertifikat oder ein zugehöriges qualifiziertes Attributzertifikat die erlassende Behörde erkennen lassen muss (§ 37 Abs. 2 Satz 2 VwVfG), Das Schriftformerfordernis kann nicht durch Berufung auf allgemeine Rechtsgrundsätze, etwa den Vertrauensschutz, umgangen werden. Daher gibt es keine stillschweigende, aus der Hinnahme eines rechtswidrigen Zustands abgeleitete Baugenehmigung (OVG Bln, U. v. 9.1.1961, OVGE 7, 12). Eine mündlich erteilte Baugenehmigung ist gemäß § 44 Abs. 1 VwVfG nichtig, da die gesetzlich zwingend vorgegebene Schriftform aus Gründen der Rechtssicherheit unverzichtbar ist (vgl. OVG NW, B. v. 27.10.1995, NWVBl. 1996, 222; Kopp-Ramsauer, VwVfG, 9. Aufl., § 44 RNr. 25).

36 Im vereinfachten Baugenehmigungsverfahren kann unter bestimmten Voraussetzungen kraft der gesetzlichen Genehmigungsfiktion des § 70 Abs. 4 Satz 3 eine **fiktive Baugenehmigung** zustande kommen, auf die Abs. 2 nicht anwendbar ist; ein Schriftformerfordernis gilt nach § 70 Abs. 4 Satz 1 aber für die auf Antrag ergehende Bestätigung über den Eintritt der Genehmigungsfiktion (s. Erläuterungen zu § 70).

37 2. Nach **Abs. 2 2. Halbsatz** bedarf die Baugenehmigung nur insoweit einer **Begründung**, als Abweichungen oder Befreiungen von nachbarschützenden Vorschriften zugelassen werden und die Nachbarin oder der Nachbar nicht schriftlich zugestimmt hat. Als spezielle Regelung geht Abs. 2 2.Halbsatz den Regelungen des § 39 Abs. 1, Abs. 2 Nr. 1 VwVfG vor, denen gemäß ein schriftlicher Verwaltungsakt zu begründen ist, er einer Begründung aber nicht bedarf, wenn die Behörde einem Antrag entspricht und der Verwaltungsakt nicht in Rechte Dritter eingreift. Abs. 2 2. Halbsatz gilt nach Wortlaut und Sinn nur für die Baugenehmigung, nicht für die Ablehnung eines Bauantrags; diese ist nach § 39 Abs. 1 VwVfG stets zu begründen. Ein Begründungsmangel ist gemäß § 45 Abs. 1 Nr. 2, Abs. 2 VwVfG heilbar, jedoch gilt unter Umständen die Versäumung einer Rechtsbehelfsfrist als nicht verschuldet. Die Baugenehmigung ist gemäß § 3 Satz 1 VwVfG Bln mit einer **Rechtsmittelbelehrung** zu versehen, die den Anforderungen des § 58 Abs. 1 VwGO zu entsprechen hat; bei der Bekanntgabe der Baugenehmigung an Drittbetroffene muss die Rechtsmittelbelehrung hinreichend deutlich erkennen lassen, dass der Rechtsbehelf des Widerspruchs nicht nur der Bauherrin oder dem Bauherrn, sondern auch dem Nachbarn zu Gebote steht (vgl. BVerwG, B. v. 22.2.1996, VIZ 1996, 271; OVG NW, B. v. 19.1.2000, BRS 63 Nr. 206; Füßer, LKV 1996, 16 f.).

38 3. Die Baugenehmigung wird mit ihrer **Bekanntgabe** an den **Bauherrn** (oder dessen Bevollmächtigten) diesem gegenüber wirksam (§ 43 Abs. 1 Satz 1 VwVfG). Die unterschriebene, aber noch nicht bekannt gegebene Baugenehmigung ist nicht wirksam; sie enthält auch keine Zusicherung (§ 38 Abs. 1 VwVfG), da auch diese schriftlich erfolgen muss (OVG NW, B. v. 27.10.1995, NWVBl. 1996, 222). Die Baugenehmigung ist gemäß § 41 Abs. 1 Satz 1 VwVfG auch den von ihr betroffenen Nachbarn bekanntzugeben (zur Nachbarbeteiligung am Baugenehmigungsverfahren s. Erläuterungen zu § 70). Auch ohne Bekanntgabe der Baugenehmigung kann der Nachbar allerdings das verfahrensrechtliche Recht, gegen die Baugenehmigung als Drittbetroffener Widerspruch einlegen und nach erfolglosem Vorverfahren mit der Behauptung einer eigenen Rechtsverletzung Klage erheben zu können, verwirken (BVerwG, U. v. 16.5.1991, NVwZ 1991, 1182 ff., auch zur Verwirkung materieller Abwehrrechte des Nachbarn). Hat jemand sichere Kenntnis von einer Baugenehmigung erlangt oder hätte er sie erlangen können, so kann er sich nach Treu und Glauben unter Berücksichtigung des nachbarlichen

Gemeinschaftsverhältnisses nicht darauf berufen, dass diese ihm nicht amtlich mitgeteilt worden sei; dann läuft für ihn die Widerspruchsfrist nach § 70 VwGO i. V. m. § 58 Abs. 1 VwGO (mangels ordnungsgemäßer Rechtsmittelbelehrung: ein Jahr) so, als sei ihm die Baugenehmigung in dem Zeitpunkt amtlich bekannt gegeben worden, in dem er von ihr – etwa durch wahrnehmbare Bautätigkeit – sichere Kenntnis erlangt hat oder hätte erlangen können (BVerwG, U. v. 25.1.1974, BVerwGE 44, 294 und B. v. 28.8.1987, BVerwGE 78, 85).

VII. Die vielfältigen **Wirkungen** der erteilten **Baugenehmigung** sind in § 71 nur teilweise ausdrücklich geregelt und folgen im Übrigen aus der Rechtsnatur der Genehmigung und dem systematischen Zusammenhang zu anderen Bestimmungen. Eine **fiktive Baugenehmigung** auf Grund von § 70 Abs. 4 Satz 3 steht einer in Schriftform im vereinfachten Baugenehmigungsverfahren erteilten Baugenehmigung in ihren **Rechtswirkungen** prinzipiell gleich, soweit deren Regelungsgehalt reicht (vgl. OVG Saar., U. v. 9.3.2006, BRS 70 Nr. 148; SächsOVG, U. v. 18. 1. 2006, BRS 70 Nr. 198).

1. Die gemäß § 43 Abs. 1 VwVfG wirksam gewordenen Baugenehmigung hat für die Dauer ihrer Wirksamkeit (vgl. § 43 Abs. 2 VwVfG sowie Erläuterungen zu § 72) eine doppelte **Schutz- bzw. Sicherungsfunktion** (hierzu Finkelnburg/Ortloff, Öffentliches Baurecht II, S. 150 ff.): Vor der Verwirklichung des Vorhabens sichert sie als Verwaltungsakt mit befristeter Dauerwirkung das Recht zu bauen gegen zwischenzeitliche Rechtsänderungen (vgl. § 72 RNr. 1) sowie die nachträgliche Erkenntnis der Rechtswidrigkeit; nach der Ausnutzung der Baugenehmigung, durch die ihr verfügender Teil „verbraucht" ist, sichert der feststellende Teil das Bauwerk in seinem Bestand sowie seiner genehmigten Funktion und Nutzung als „formell rechtmäßig" gegen den Durchgriff auf das materielle Recht (vgl. BVerwG, U. v. 8.6.1979, BRS 35 Nr. 82 s. auch § 72 RNr. 18). So schützt die Genehmigung, solange und soweit sie nicht aufgehoben wird, das Gebäude insbesondere gegen Beseitigungsanordnungen und Nutzungsuntersagungen (vgl. Erläuterungen zu § 79).

2. Die Baugenehmigung besitzt kraft ihres feststellenden Teils ferner eine **Bindungswirkung** (Gaentzsch, NJW 1986, 2787, 2790 ff., Ortloff, NJW 1987, 1665, 1669 f.). Diese besteht zum einen gegenüber der BABeh. selbst, die die materielle Legalität des Vorhabens bei späteren Entscheidungen (Nachtragsgenehmigung, Eingriffsmaßnahmen) nicht abweichend von der Baugenehmigung beurteilen darf, solange sie diese nicht zurückgenommen (§ 48 VwVfG) hat (Finkelnburg/Ortloff, Öffentliches Baurecht II, S. 153). Darüber hinaus entfaltet die Baugenehmigung eine Bindungswirkung auch für andere Behörden bei der Erteilung von nach Fachgesetzen vorgesehenen Genehmigungen jedenfalls insoweit, als es um Rechtsfragen geht, deren Beurteilung in die originäre Regelungskompetenz der BABeh. fällt oder zu ihr zumindest den stärkeren Bezug hat (BVerwG, U. v. 4.10.1988, BVerwGE 82, 61, 69 und U. v. 17.10.1989, BVerwGE 84, 11, 14 f.). Soweit für bestimmte öffentlich-rechtliche Vorschriften spezielle Genehmigungsvorbehalte anderer Behörden in anderen Fachgesetzen bestehen, beschränkt sich die Bindungswirkung der Baugenehmigung allerdings darauf, dass die erforderliche weitere Genehmigung nicht mehr aus baurechtlichen Gründen versagt werden darf (BVerwG, U. v. 11.5.1989, BVerwGE 82, 61, 69). Eine Bindung des Bauherrn kann auch hinsichtlich des ihn belastenden Teils der Baugenehmigung bestehen (OVG Bln, B. v. 18.12.1997, BRS 59 Nr. 163 betr. abschließende Regelung der Bebaubarkeit eines Grundstücks durch Genehmigung mit umfangreichen Befreiungen). Schließlich erfasst die Bindungswirkung auch die von der Genehmigung betroffenen Dritten, soweit in ihr verbindlich über deren öffentlich-rechtlichen (Nachbar-)Rechtspositionen entschieden worden ist (BVerwG, U. v. 11.5.1989, a. a. O.; vgl. auch § 74 RNrn. 23 ff.); in Bezug auf private Rechte

Dritter (Abs. 4) besteht aber keine Bindungswirkung (vgl. BVerwG, B. v. 24.2.1994, BRS 56 Nr. 242 und B. v. 10.11.1998, NVwZ 1999, 413). Die Bindungswirkung dürfte bereits an die Wirksamkeit der Genehmigung (§ 43 Abs. 1 VwVfG) anknüpfen (Finkelnburg/Ortloff, Öffentliches Baurecht II, S. 152 f.; Schmidt-Preuß, DVBl. 1991, 235, jeweils m. w. N.), jedoch wird in der höchstrichterlichen Rechtsprechung teilweise von der bindenden Entscheidung durch „bestandskräftige Baugenehmigung" gesprochen (BVerwG, U. v. 4.10.1988, a. a. O., S. 262 f.; zur parallelen Fragestellung beim Vorbescheid s. § 74 RNrn. 23 ff.).

42   3. Die Baugenehmigung besitzt – im Gegensatz zur Rechtslage nach der BbgBauO (vgl. dazu: Knuth, LKV 2004, S. 193, 200 f. und Ortloff, NVwZ 2003, 1218 f.) – nur **ausnahmsweise Konzentrationswirkung** (vgl. § 61 RNr. 1). Dies ist auf der Grundlage von §§ 64 Satz 1 Nr. 3, 65 Satz 1 Nr. 3 dann der Fall, wenn wegen der Baugenehmigung eine Entscheidung nach anderen öffentlich-rechtlichen Vorschriften entfällt oder ersetzt wird. Derartige Regelungen enthalten z. B. § 173 Abs. 1 Satz 2 BauGB, § 12 Abs. 3 Satz 2 DSchG Bln sowie § 62 Abs. 2 Satz 4 BWG für Anlagen an Gewässern. Zur Bedeutung der Verfahrenskonzentration s. § 61 RNr. 9.

43   4. Die Baugenehmigung entfaltet als sachbezogener, nicht an die Person des Antragstellers gebundener Verwaltungsakt eine **„dingliche" Wirkung**. Dingliche Verwaltungsakte sind Verwaltungsakte, die bestimmte rechtserhebliche Eigenschaften einer Sache begründen, aufheben, ändern oder feststellen; die verbindliche Feststellung der Vereinbarkeit des Vorhabens mit den im Verfahren zu prüfenden Rechtsvorschriften in der Baugenehmigung haftet an dem Vorhaben, nicht an der Person des Bauherrn (Schretter/Schenk, in: Reichel/Schulte, Handbuch Bauordnungsrecht, S. 777). Gemäß **§ 58 Abs. 2,** der an die frühere Regelung des § 62 Abs. 4 BauOBln 1997 anknüpfend den in der verwaltungsgerichtlichen Rechtsprechung anerkannten Grundsatz der aus der Grundstücksbezogenheit folgenden „Dinglichkeit" bauaufsichtlicher Entscheidungen verallgemeinert (vgl. AH-Drucks. 15/3926, S. 103), gelten bauaufsichtliche Genehmigungen und sonstige Maßnahmen auch für und gegen Rechtsnachfolgerinnen oder Rechtsnachfolger. Voraussetzung für den Eintritt der Rechtsnachfolge in eine öffentlich-rechtliche Rechtsposition ist die Nachfolgefähigkeit dieser Rechtsposition, hier der Genehmigung, und das Vorliegen eines Nachfolgetatbestandes. § 58 Abs. 2 regelt in diesem Zusammenhang nur die Nachfolgefähigkeit der Baugenehmigung, legt aber die Voraussetzungen, unter denen die Rechtsnachfolge eintritt, nicht fest, sondern setzt sie voraus (OVG NW, U. v. 7.11.1995, NuR 1996, 311; Peine, JuS 1997, 984, 985). Der Regelung ist mithin (nur) zu entnehmen, dass der Rechtsnachfolger des Bauherrn in vollem Umfang in die bisherige Rechtsstellung seines Rechtsvorgängers eintritt. Dies gilt auch hinsichtlich der belastenden Nebenbestimmungen (HessVGH, B. v. 19.7.1984, NVwZ 1985, 281), jedenfalls soweit sie nicht ausnahmsweise einen spezifisch auf die Person des Bauherrn zugeschnittenen Inhalt haben.

44   Der Nachfolgetatbestand, der sich aus Gesetz, Verwaltungsakt oder Rechtsgeschäft ergeben kann (vgl. OVG NW, U. v. 7.11.1995, a. a. O.), wird bei der Baugenehmigung entweder unmittelbar durch deren Übertragung (etwa wenn diese einem Nichteigentümer erteilt worden war) durch eine rechtsgeschäftliche Vereinbarung (VGH BW, U. v. 17.9.1993, BRS 55 Nr. 147) oder mittelbar durch die Übertragung des Eigentums an dem Baugrundstück erfüllt (zu den verschiedenen Varianten der Übertragung einer Baugenehmigung s. Malmendier, BauR 2001, 565 ff.). Die Übertragung des Grundeigentums hat gleichzeitig den Übergang der Rechte und Pflichten aus der dem bisherigen Eigentümer erteilten Baugenehmigung zur Folge, ohne dass es einer besonderen Übertragungshandlung bedarf; etwas anderes gilt dann, wenn sich der bisherige Eigentümer

und Bauherr die Inhaberschaft an der Baugenehmigung durch eine besondere Vereinbarung unabhängig von der Übertragung des Grundstückseigentums vorbehält (VGH BW, U. v. 30.3.1995, BRS 57 Nr. 190 = BauR 1995,671 = NVwZ-RR 1995, 562). Die noch nicht abschließend geklärte Frage, ob bei Personenverschiedenheit von Bauherr und Eigentümer der letztere bei Wegfall des Bauherrn automatisch in dessen Rechtsposition eintritt, dürfte danach differenziert zu beantworten sein, ob die Baugenehmigung schon oder noch nicht ausgenutzt wurde: Während im ersten Fall der dingliche Charakter der ausgenutzten Baugenehmigung zum Tragen kommt und einiges dafür spricht, dass die Bauherreneigenschaft durch die Fertigstellung des Bauwerks bzw. die Nutzungsänderung ohnehin endet (OVG Lbg, U. v. 8.12.1978, BRS 35 Nr. 168; dagegen: Malmendier, BauR 2001, 565, 567 f.), ist im zweiten Fall ein Eintritt des Grundeigentümers zweifelhaft (vgl. OVG NW, a. a. O.; s. aber auch VG Freiburg, U. v. 23.11.1989, NJW 1991, 51). Diese Unterscheidung liegt auch der Regelung des § 15 Abs. 1 Satz 3 BauVerfVO zugrunde, der zufolge bei Personenverschiedenheit von Bauherr und Grundstückseigentümer die Pflicht zur Aufbewahrung der Baugenehmigung mit Fertigstellung des Vorhabens auf den Grundstückseigentümer oder dessen Nachfolger übergeht (für eine Dispositionsbefugnis des Nutzers im Rahmen eines „Betreibermodells" dagegen Malmendier, BauR 2001, 565, 569 f.). Ein Wechsel des Bauherrn liegt auch dann vor, wenn an die Stelle des ursprünglichen Bauherrn eine Bauherrengemeinschaft tritt, der der bisherige Bauherr angehört (VGH BW, U v. 13.12.1989, BRS 50 Nr. 158). Die Mitteilung eines Bauherrenwechsels (§ 54 Abs. 1 Satz 5) hat nur deklaratorische Bedeutung (s. Erläuterungen zu § 54; zur Inanspruchnahme als Pflichtiger: HessVGH, B. v. 3.2.1984, BRS 42 Nr. 166). Der Erwerber ist als Bauherr zum Nachbarrechtsprozess gemäß § 65 Abs. 2 VwGO notwendig beizuladen (VGH BW, B. v. 17.9.1993, a. a. O.).

5. Die Baugenehmigung ist ein **Verwaltungsakt mit Drittwirkung**. Im Rahmen der Feststellung, dass das Vorhaben den im bauaufsichtlichen Genehmigungsverfahren zu prüfenden öffentlich-rechtlichen Vorschriften entspricht (Abs. 1), wird durch sie – in den Grenzen des jeweiligen Prüfungsumfangs (s. §§ 64, 65) – auch über die Vereinbarkeit mit nachbarschützenden Bestimmungen des öffentlichen Rechts entschieden. Die Feststellungs- und Bindungswirkung der Baugenehmigung erfasst demnach auch Dritte (Nachbarn) soweit die Genehmigung ihnen gegenüber wirksam geworden ist; die betroffenen Dritten können gegen die Baugenehmigung mit Widerspruch und Anfechtungsklage vorgehen. Nur scheinbar im Widerspruch zu dieser gesicherten Erkenntnis steht **Abs. 4**, demzufolge die Baugenehmigung unbeschadet der Rechte Dritter erteilt wird. Denn in der Zusammenschau mit Abs. 1 besagt diese Regelung lediglich, dass **private Rechte Dritter** durch die Genehmigung nicht berührt werden; aus privatrechtlichen Rechtsbeziehungen, zu denen eine Baugenehmigung keine Aussage trifft, kann kein öffentlich-rechtlicher nachbarlicher Abwehranspruch hergeleitet werden (BVerwG, B. v. 10.11.1998, NVwZ 1999, 413; zur Sonderfrage des Notwegerechts differenzierend: BVerwG, U. v. 26.3.1976, BVerwGE 50, 282, 290 f., U. v. 4.6.1996, ZfBR 1997, 48, 49 und B. v. 11.5.1998, BRS 60 Nr. 182). In dieser Auslegung ist die Regelung auch mit höherrangigem Recht, insbesondere dem Grundgesetz, vereinbar; wer durch die Ausnutzung einer Baugenehmigung in einem privaten Recht verletzt wird, ist nicht schutzlos, weil er hiergegen vor den Zivilgerichten klagen kann (BVerwG, B. v. 24.2.1994, BRS 56 Nr. 242 und v. 16.12.1996, NJW 1997, 1865; zum Verhältnis von öffentlich-rechtlichem und privatrechtlichem Nachbarschutz s. BVerwG, B. v. 10.12.1997, BauR 1998, 319; VGH BW, B. v. 26.3.1993, NJW 1994, 211; Finkelnburg/Ortloff, Öffentliches Baurecht II, S. 250 ff.). Es ist grundsätzlich nicht Aufgabe der BABeh., im öffentlich-rechtlichen Baugenehmigungsverfahren über private Rechtsverhältnisse, durch die keine öffentlich-rechtlichen Abwehrpositionen begründet werden (vgl. BVerwG, U. v. 12.3.1998, NVwZ 1998, 954 betr. Wohnungseigentum und B. v. 20.4.1998, NVwZ 1998, 956 betr. Pachtvertrag), zu entscheiden.

46 VIII. In den **Abs. 5 bis 7** werden ordnungsrechtliche Pflichten der am Bau Beteiligten nach Erteilung der Baugenehmigung sowie **ordnungsrechtliche Anforderungen** für den Beginn der Bauarbeiten festgelegt, die aufgrund von Verweisungsnormen (s. § 62 Abs. 3 Satz 5 und § 63 Abs. 5 Satz 2) teilweise auch bei der Beseitigung baulicher Anlagen und im Verfahren der Genehmigungsfreistellung gelten.

47 1. Durch das **Abstecken der Grundrissfläche des Gebäudes (Abs. 5 Satz 1)** wird der Standort des Gebäudes auf dem Grundstück endgültig dargestellt und damit kontrollierbar, ob er mit den genehmigten Bauvorlagen übereinstimmt. Die **Höhenlage** des Gebäudes als Höhenbeziehung zum anschließenden Gelände ist für den ordnungsgemäßen Anschluss des Baugrundstücks an die öffentlichen Verkehrsflächen, die ordnungsgemäße Beseitigung der Abwässer, aber auch für die Zahl der Vollgeschosse (§ 2 Abs. 11) und die Einhaltung der Abstandsflächen (§ 6) von Bedeutung. Die Höhenlage kann im Bebauungsplan festgesetzt sein (§ 9 Abs. 3 Satz 1 BauGB). Fehlt eine derartige Festsetzung, so kann die Höhenlage von der BABeh. in der Baugenehmigung festgelegt werden (vgl. VGH BW, B. v. 22.8.1994, BRS 56 Nr. 113; Boeddinghaus, BauR 1991, 4) oder sich durch die Bezugnahme auf die entsprechenden Eintragungen (§ 3 Abs. 3 Nr. 12 BauVerfVO) in dem mit Genehmigungsvermerk versehenen Lageplan ergeben.

48 2. Die Verpflichtung, dass Baugenehmigung, Bauvorlagen und bautechnische Nachweise an der Baustelle von Baubeginn an vorliegen müssen (Abs. 5 Satz 2), soll gewährleisten, dass das Vorhaben der Baugenehmigung entsprechend ausgeführt und dahingehend überwacht werden kann. Der Bauüberwachung dient auch die Verpflichtung, den Baubeginn und die Wiederaufnahme der Bauarbeiten nach Unterbrechung schriftlich fristgebunden anzuzeigen (Abs. 6); die Mitteilungspflichten ermöglichen die Kontrolle, ob die Baugenehmigung nicht gemäß § 72 erloschen ist (§ 72 RNrn. 7, 11).

49 3. In Verbindung mit § 60 Abs. 1 enthält **Abs. 7 Nr. 1** das für Bauvorhaben im Regelfall geltende **präventive Verbot** mit Erlaubnisvorbehalt (s. oben RNr. 1 und § 60 RNrn. 1). Mit der **Bauausführung** oder mit der Ausführung des jeweiligen Bauabschnitts darf erst begonnen werden, wenn die in den Nrn. 1 bis 3 genannten Voraussetzungen vorliegen. Die Bedeutung des Begriffs „Bauausführung" deckt sich hinsichtlich der von ihm nicht erfassten Tätigkeiten mit dem Begriff „Ausführung des Bauvorhabens" in § 72 Abs. 1 (s. zur Auslegung jenes Begriffs § 72 RNr. 10): Vorbereitungsarbeiten (wie das Abstecken der Grundfläche und die Festlegung der Höhenlage des Gebäudes gemäß Abs. 5 Satz 1) und Sicherungsmaßnahmen sind demnach ebenso zulässig (vgl. OVG Saar., U. v. 3.12.1982, BRS 39 Nr. 220) wie die verfahrensfreie Einrichtung der Baustelle (vgl. § 62 Abs. 1 Nr. 12 Buchstabe a); dies gilt (bei der entsprechenden Anwendung auf Teilbaugenehmigungen gemäß § 73 Satz 2) auch in Bezug auf den jeweiligen Bauabschnitt. Verboten sind nach Abs. 7 bauliche Maßnahmen mit dem erkennbaren Ziel, das Vorhaben zu verwirklichen; Rodungsarbeiten fallen noch nicht hierunter (OVG Bln, B. v. 7.1.1982, BRS 39 Nr. 18, jedoch sind die Bestimmungen der BaumSchVO und des Landeswaldgesetzes zu beachten), wohl aber das Ausheben der Baugrube.

50 Der Beginn der Bauausführung ist erst zulässig, wenn die **Voraussetzungen von Abs. 7 Nrn. 1 bis 3** insgesamt erfüllt sind. Mit dem Erfordernis des Zugangs der Baugenehmigung bei der Bauherrin oder dem Bauherrn knüpft Nr. 1 daran an, dass die Baugenehmigung erst mit ihrer Bekanntgabe wirksam wird (§§ 41 Abs. 1, 43 Abs. 1 VwVfG); der Bekanntgabe der Baugenehmigung gleichgestellt ist der Fristablauf nach § 70 Abs. 4 Satz 3 Halbsatz 1, mit dem – sofern der Bauherr nicht schriftlich auf diese

Rechtsfolge verzichtet hat (§ 70 Abs. 4 Satz 3 Halbsatz 2) – die Genehmigungsfiktion im vereinfachten Baugenehmigungsverfahren eintritt. Die Anforderung des Vorliegens der bautechnischen Nachweise bei der BABeh. (Nr. 2) wird konkretisiert durch die Bestimmung des § 13 Abs. 2 Satz 1 BauVerfVO, der zufolge die nach Abs. 7 Nr. 2 erforderlichen bautechnischen Nachweise die nach § 67 Abs. 2 geprüften bautechnischen Nachweise sind; BABeh. im Sinne des Abs. 7 Nr. 2 ist die Prüfingenieurin oder der Prüfingenieur (§ 13 Abs. 1 Satz 4 Nr. 1 BauVerfVO). Schließlich muss vor Baubeginn die Baubeginnanzeige (s. Abs. 5) der BABeh. vorliegen (Abs. 7 Nr. 3).

IX. Für **Rücknahme und Widerruf** von Baugenehmigungen gelten die allgemeinen verwaltungsverfahrensrechtlichen Regelungen der §§ 48, 49 und 50 VwVfG, die hier nicht dargestellt werden können (s. dazu z. B. die Erläuterungen dieser Vorschriften bei Kopp/Ramsauer, VwVfG, 10. Aufl.; SächsOVG, U. v. 14. 6. 2006, BRS 70 Nr. 157). Sie finden auch auf die fiktive Baugenehmigung Anwendung (OVG Saar., U. v. 9.3.2006, NVwZ-RR 2006, 678; OVG SH, B. v. 1.9.2004, NordÖR 2005, 65; Saurer, DVBl. 2006, 605, 610).

51

Eine rechtswidrige Baugenehmigung kann grundsätzlich ohne Einschränkung zurückgenommen werden; Gesichtspunkte des Vertrauensschutzes sind bei der Ermessensentscheidung nach § 48 Abs. 1 Satz 1 zu berücksichtigen (OVG Bln, B. v. 8.6.2000, BRS 63 Nr. 183; OVG NW, U. v. 14.7.2004, BRS 67 Nr. 173; zur Ermessensausübung bei Rücknahme einer ins Werk gesetzten Baugenehmigung vgl. VGH BW, U. v. 29.7.2005, BRS 69 Nr. 11). Wird eine unter Widerrufsvorbehalt stehende Baugenehmigung wegen Rechtswidrigkeit zurückgenommen, so können die zum Widerruf berechtigenden Belange in die Ermessensentscheidung über die Rücknahme einbezogen werden (OVG Bln, B. v. 8.6.2000, a. a. O.). Bei der **Rücknahme** einer Baugenehmigung während eines Widerspruchsverfahrens ist das behördliche Ermessen auf Null reduziert, wenn der Widerspruch des Dritten zulässig und begründet ist (BVerwG, U. v. 8.11.2001, ZfBR 2002, 364). Will die BABeh. eine Baugenehmigung nicht nur mit Wirkung für die Zukunft, sondern auch mit Wirkung für die Vergangenheit zurücknehmen, muss sie dies im Rücknahmebescheid eindeutig zum Ausdruck bringen (SächsOVG, B. v. 18.9.2001, BRS 64 Nr. 169). Unter Berücksichtigung des Grundsatzes der Verhältnismäßigkeit kommt auch eine **Teilrücknahme** einer Baugenehmigung in Betracht (OVG Bln, B. v. 16.1.1998, NVwZ-RR 1999, 9; restriktiver: OVG Saar., B. v. 22.10.1996, BRS 58 Nr. 146 = BauR 1997, 238 m. w. N.). Die hierfür erforderliche Teilbarkeit der Baugenehmigung setzte nach der Rechtsprechung des OVG Bln lediglich voraus, dass objektiv der herauszulösende Teil eindeutig beschrieben wird und vom Gesamtvorhaben räumlich-gegenständlich oder, wenn es sich ausschließlich um einzelne Regelungselemente handelt, innerhalb des rechtliche Gefüges der Genehmigung abgegrenzt werden kann und ohne den zurückgenommenen Teil noch eine rechtmäßige Baugenehmigung für ein sinnvoll nutzbares Vorhaben verbleibt; dagegen soll es grundsätzlich nicht darauf ankommen, ob dem Bauherrn eine seinen ursprünglichen Vorstellungen entsprechende Baugenehmigung belassen wird, soweit nicht die Teilrücknahme eine für die Identität des Vorhabens konstitutive Komponente der Genehmigung betrifft.

52

Der **Widerruf** einer Baugenehmigung gemäß § 49 VwVfG hat sich an dem durch Auslegung zu ermittelnden Regelungsgehalt der Baugenehmigung auszurichten und kann ermessensfehlerfrei sein, wenn sich die tatsächlichen Verhältnisse in der Umgebung so geändert haben, dass öffentlich-rechtliche Belange die Entfernung der (Werbe-)Anlage erfordern (OVG Bln, B. v. 27.7.2001, BRS 64 Nr. 147); eine offene Frage ist, ob der Widerruf einer auf der Grundlage eines umfassenden Prüfungsmaßstabs ergangenen „alten" Baugenehmigung auch aus Gründen erfolgen kann, die heute im Baugenehmigungsverfahren nach §§ 64, 65 nicht zu prüfen wären. Wegen der Systematik der

53

Widerrufstatbestände ist der Widerrufsgrund der nachträglich eingetretenen Tatsachen im Sinne des § 49 Abs. 2 Satz 1 Nr. 3 VwVfG einschränkend auszulegen; der Beschluss über die Aufstellung eines Bebauungsplans kann kein Widerrufsgrund nach dieser Bestimmung sein, da die fachgesetzlichen Regelungen des BauGB ein differenziertes planungsrechtliches Instrumentarium zur Sicherung gemeindlicher Planungsabsichten bereithalten (OVG Bln, U. v. 22.5.2003, LKV 2004, 33 f.).

54 X. Für den **Rechtsschutz** bei Versagung und Erteilung einer Baugenehmigung gilt:

1. Der Bauherr kann Rechtsschutz bei Ablehnung einer Baugenehmigung im Wege des Widerspruchs und der Verpflichtungsklage (§ 42 Abs. 1 2. Alternative VwGO) erlangen. Das Rechtsschutzbedürfnis für eine derartige Klage fehlt, wenn der Verwertung der erstrebten Genehmigung Hindernisse (z. B. zivilrechtlicher Art) entgegenstehen, die sich „schlechthin nicht ausräumen" lassen (BVerwG, B. v. 20.7.1993, NVwZ 1994, 482). Zum für die Beurteilung der Übereinstimmung des Vorhabens mit den im bauaufsichtlichen Genehmigungsverfahren zu prüfenden öffentlich-rechtlichen Vorschriften maßgeblichen Zeitpunkt s. oben RNr. 16. Besonderheiten gelten für den Rechtsschutz gegen Nebenbestimmungen (s. oben RNr. 33). – Die Durchsetzung der Erteilung einer Baugenehmigung in einem Verfahren vorläufigen Rechtsschutzes ist praktisch kaum Erfolg versprechend. Dem Erlass einer im Hinblick auf lange Verfahrenslaufzeiten bei Verwaltungsgerichten bisweilen erwogenen einstweiligen Anordnung (§ 123 Abs. 1 VwGO) steht – mangels der Möglichkeit zur Erteilung einer „vorläufigen" Baugenehmigung (OVG NW, B. v. 27.9.2003, BRS 66 Nr. 163; SächsOVG, B. v. 6.5.1993, SächsVBl. 1993, 207) – im Regelfall das Verbot der Vorwegnahme der Hauptsache entgegen, sofern nicht ein zwingender Grund diese ausnahmsweise rechtfertigt (vgl. OVG Bln, B. v. 14.3.1989, BRS 49 Nr. 162; NdsOVG, B. v. 8.8.1993, BRS 55 Nr. 155; krit.: Rolshoven, BauR 2003, 646). Ein Anordnungsanspruch würde in diesem Fall eine hohe Wahrscheinlichkeit des Obsiegens des Antragstellers im Hauptsacheverfahren voraussetzen; der Anordnungsgrund erfordert darüber hinaus, dass durch die Verweisung auf die Hauptsache unzumutbare und irreparable Nachteile entstehen, was – auch mit Blick auf die bei rechtswidriger Versagung oder Verzögerung der Baugenehmigung in Betracht kommenden Schadensersatz- oder Entschädigungsansprüche – zumeist nicht anzunehmen sein wird (OVG Bln, B. v. 31.3.1991, BRS 52 Nr. 167).

55 2. Der Nachbar kann bei Verletzung nachbarschützender Regelungen (s. zu diesen Erläuterungen zu § 3) des öffentlichen Rechts Rechtsschutz durch Widerspruch (§ 68 VwGO) und Anfechtungsklage (§§ 42 Abs. 1 1. Alternative, 113 Abs. 1 Satz 1 VwGO) gegen die Baugenehmigung, die nach § 212 a Abs. 1 BauGB allerdings keine aufschiebende Wirkung haben, erlangen. Der vorläufige Rechtsschutz richtet sich nach §§ 80, 80a VwGO. Zum Rechtsschutz gegen die im vereinfachten und die im „regulären" Baugenehmigungsverfahren ergangenen Baugenehmigungen – insbesondere zu den sich aus dem eingeschränkten Prüfungsmaßstab für den Nachbarschutz ergebenden Konsequenzen – s. Erläuterungen zu §§ 64, 65.

§ 72 Geltungsdauer der Baugenehmigung

(1) Die Baugenehmigung und die Teilbaugenehmigung erlöschen, wenn innerhalb von drei Jahren nach ihrer Erteilung mit der Ausführung des Bauvorhabens nicht begonnen oder die Bauausführung ein Jahr unterbrochen worden ist.

(2) [1]Die Frist nach Absatz 1 kann auf schriftlichen Antrag jeweils bis zu einem Jahr verlängert werden. [2]Sie kann auch rückwirkend verlängert werden, wenn der Antrag vor Fristablauf bei der Bauaufsichtsbehörde eingegangen ist.

Erläuterungen:

I. Die Bestimmung befristet die Geltung der noch nicht (vollständig) ausgenutzten Baugenehmigung gesetzlich, enthält aber keine (ausdrückliche) Aussage zur Fortgeltung nach Verwirklichung des genehmigten Vorhabens (s. hierzu unten RNr. 18). Die **Befristung der Geltungsdauer des die Baufreigabe bewirkenden verfügenden Teils der Baugenehmigung** trägt dem Umstand Rechnung, dass die Bauherrin oder der Bauherr nicht gezwungen ist, von der Baugenehmigung (innerhalb eines bestimmten Zeitraums) Gebrauch zu machen, die zum Zeitpunkt der Erteilung der Genehmigung getroffene Feststellung der Übereinstimmung des Vorhabens mit den im jeweiligen Baugenehmigungsverfahren zu prüfenden öffentlich-rechtlichen Vorschriften (vgl. §§ 64 Satz 1, 65 Satz 1, 71 Abs. 1) aber wegen der im Baubereich häufigen Änderung der tatsächlichen Verhältnisse und der einschlägigen Rechtsvorschriften schon nach einem relativ kurzen Zeitraum nicht mehr mit der Sach- und Rechtslage übereinstimmen muss. Die Formulierung, Sinn der Befristungsregelungen sei es, zu verhindern, dass genehmigte Bauwerke erst zu einer Zeit entstehen, in der sie nach den veränderten tatsächlichen oder rechtlichen Verhältnissen oder nach neu gewonnenen technischen Erkenntnissen unzulässig (geworden) sind (so HessVGH, U. v. 22.12.1971, BRS 24 Nr. 138; OVG NW, U. v. 3.12.1975, BRS 29 Nr. 122; OVG Saar, U. v. 11.11.1985, BRS 44 Nr. 150), trifft den Regelungsgehalt allerdings nicht exakt. Denn die Fristenregelung kann die Erreichung dieses Ziels letztlich nicht gewährleisten, sondern bewirkt eine zeitlich begrenzte „Immunisierung" der Baugenehmigung gegen derartige Veränderungen. Die Bestimmung ist mithin das **Ergebnis einer Abwägung des Gesetzgebers zwischen privaten und öffentlichen Interessen**: Sie will der Bauherrin oder dem Bauherrn eine angemessene Zeit einräumen, um das Vorhaben ohne Rücksicht auf die materielle Rechtslage verwirklichen zu können; andererseits besteht ein öffentliches Interesse daran, nach diesem Zeitraum die Übereinstimmung von nicht begonnenen oder nicht zu Ende geführten Vorhaben mit den (entscheidungsrelevanten) öffentlich-rechtlichen Vorschriften erneut zu prüfen (BVerwG, B. v. 22.2.1991, BRS 52 Nr. 152; VGH BW, U. v. 25.3.1999, BRS 62 Nr. 169; OVG NW, B. v. 28.8.2002, BRS 65 Nr. 163).

Die zeitliche Begrenzung der erteilten Baugenehmigung auf drei Jahre ist eine **verfassungsrechtlich unbedenkliche Inhaltsbestimmung des Eigentums** im Sinne von Art. 14 Abs. 1 Satz 2 GG (vgl. BVerwG, B. v. 22.2.1991, BRS 52 Nr. 152; OVG NW, B. v. 28.8.2002, a. a. O.), zumal da der Gesetzgeber dem Dispositionsinteresse der Bauherren durch die Verlängerung der ursprünglich mit einem Jahr (§ 91 BauO Bln 1979) recht knapp bemessenen, durch die BauO Bln 1985 zunächst auf zwei Jahre ausgedehnten Frist in Anpassung an Änderungen der MBO und von Parallelvorschriften anderer Bundesländer im Laufe der Zeit immer stärker Rechnung getragen hat (die heutige Frist gilt seit Inkrafttreten des 7. ÄndG am 28.10.1995, zur Begr. S. AH-Drucks. 12/5688, S. 11). Neben der gesetzlichen Inhaltsbestimmung des Eigentums scheidet ein Rückgriff auf das allgemeine Rechtsinstitut des Bestandsschutzes, das zudem nach herkömmlichem Verständnis an die Existenz einer mit Kapitaleinsatz geschaffenen Bausubstanz anknüpft, grundsätzlich aus (vgl. BVerwG, B. v. 22.2.1991, a. a. O., offen lassend, ob aus Gründen des Bestandsschutzes Abschlussarbeiten bei „stecken gebliebener" Verwirklichung des Vorhabens zugelassen werden müssen).

3 1. Die Bestimmung des **Abs. 1 gilt** nach ihrem Wortlaut **nur für das Erlöschen von Baugenehmigungen und Teilbaugenehmigungen** sowie – in entsprechender Anwendung gemäß § 76 Abs. 2 Satz 1 1. Halbsatz – von **bauaufsichtlichen Zustimmungen**; die **Geltungsdauer des Vorbescheids** ist in § 74 Abs. 1 Sätze 1 bis 3 gesondert, aber § 72 inhaltlich entsprechend geregelt (vgl. § 74 RNr. 26 ff.), ebenso findet sich eine gesonderte Regelung im Bereich der Genehmigungsfreistellung (§ 63 Abs. 3 Satz 4). Für Abweichungen (vgl. § 68) fehlt eine gesetzliche Fristenregelung, so dass die zeitliche Begrenzung der Geltungsdauer im Einzelfall von der BABeh. durch Nebenbestimmungen vorgenommen werden muss (§ 68 Abs. 3).

4 2. Baugenehmigung und Teilbaugenehmigung erlöschen unmittelbar kraft der in **Abs. 1** getroffenen gesetzlichen Bestimmung **("gesetzliche Frist")**, wenn innerhalb von drei Jahren nach ihrer Erteilung mit der Ausführung des Bauvorhabens nicht begonnen oder die Bauausführung ein Jahr unterbrochen worden ist; einer Regelung des Einzelfalls durch Verwaltungsakt der BABeh. bedarf es nicht. Deshalb wird die behördliche Unterrichtung des Bauherrn über das Erlöschen der Genehmigung normalerweise als bloße Mitteilung ohne Regelungsgehalt anzusehen sein; aber auch dann, wenn die BABeh. das im Einzelfall umstrittene Erlöschen ausdrücklich durch Verwaltungsakt feststellt, berechtigt die aufschiebende Wirkung von Widerspruch und Anfechtungsklage gegen diesen feststellenden Verwaltungsakt (§ 80 Abs. 1 Satz 2 VwGO) den Bauherrn nicht, von der Baugenehmigung vorläufig Gebrauch zu machen, da diese unabhängig von der behördlichen Feststellung kraft Gesetzes erloschen ist.

5 a) Zur **Berechnung der Frist** sind § 31 VwVfG und die §§ 187 ff. BGB entsprechend heranzuziehen, soweit dies mit Wortlaut, systematischer Stellung und Zweck der eine „uneigentliche" Frist normierenden Spezialregelung vereinbar ist (Vgl. VGH BW, B. v. 2.8.1980, BRS 36 Nr. 172; allg.: Kopp/Ramsauer, VwVfG, 10. Aufl., § 31 RNrn. 3 ff.; Stelkens/Bonk/Sachs, VwVfG, 6. Aufl., § 31 RNrn. 7 ff. und § 32 RNrn. 5 ff.); eine Anwendung der Bestimmungen über die Wiedereinsetzung in den vorigen Stand (§ 32 VwVfG) kommt nicht in Betracht, da sich aus dem dargestellten Regelungszweck (RNr. 1), der Berücksichtigung bestimmter Fälle der Unzumutbarkeit zeitgerechten Baubeginns im Wege der Fristhemmung (s. RNr. 8 f.) und dem systematischen Zusammenhang mit der Verlängerungsregelung des Absatzes 2 ergibt, dass die Wiedereinsetzung ausgeschlossen (§ 32 Abs. 5 VwVfG) sein soll (im Ergebnis ebenso OVG Saar, B. v. 11.11.1985, BRS 44 Nr. 150).

6 b) Der **Beginn der Drei-Jahres-Frist** knüpft an die Erteilung der **Baugenehmigung**, bei der fiktiven Baugenehmigung im vereinfachten Baugenehmigungsverfahren gemäß § 70 Abs. 4 Satz 3 an den Zeitpunkt des Eintritts der **Genehmigungsfiktion** (s. Erläuterungen zu § 70 sowie Saurer, DVBl. 2006, 605, 608 f.), an. Im Verhältnis von Nachtrags- und Änderungsgenehmigungen („Tekturgenehmigung") zur Baugenehmigung ist die gegenseitige Ergänzung von ursprünglicher Baugenehmigung und (unselbständiger) Änderungsgenehmigung zu beachten, die notwendig zur Folge hat, dass das Gesamt-

vorhaben nur dann ausgeführt werden darf, wenn im Zeitpunkt des Beginns der Bauarbeiten beide Genehmigungen noch gültig sind; mit dem Erlöschen der ursprünglichen Baugenehmigung wird der Änderungsgenehmigung die Grundlage entzogen (BayVGH, U. v. 22.3.1984, BRS 42 Nr. 167; VGH BW, U. v. 19.10.1995, BRS 57 Nr. 191). Eine derartige unselbständige Nachtragsgenehmigung liegt vor, wenn sie lediglich solche Änderungen zum Gegenstand hat, die das Gesamtvorhaben in seinen Grundzügen nur unwesentlich berühren; kennzeichnend für eine solche Änderungsgenehmigung ist, dass sie sich nur auf die Feststellung beschränkt, die zur Änderung vorgesehenen Teile seien mit den öffentlich-rechtlichen Vorschriften vereinbar, während sich für die übrigen Teile diese Feststellung aus der bestehen bleibenden ursprünglichen Baugenehmigung ergibt (VGH BW, ebd.; s. auch § 71 RNr. 8).

Da die Baugenehmigung erst mit der Bekanntgabe an den Bauherrn diesem gegenüber wirksam wird (§ 43 Abs. 1 Satz 1 VwVfG), beginnt die Frist entsprechend § 31 Abs. 2 VwVfG und § 187 Abs. 1 BGB mit dem Tag, der auf die Bekanntgabe folgt („nach ihrer Erteilung"); die Genehmigung erlischt analog § 188 Abs. 2 BGB mit dem Ablauf des Tages, der durch seine Zahl und Monatsbezeichnung dem Tag der Bekanntgabe entspricht. Fällt dieser Tag auf einen Sonntag, einen gesetzlichen Feiertag oder einen Sonnabend, so endet die Frist gemäß § 31 Abs. 3 Satz 1 VwVfG mit dem Ablauf des nachfolgenden Werktags. Der Regelungszweck, dem Bauherrn einen Dispositionszeitraum zur Verwirklichung des Bauvorhabens einzuräumen, erfordert allerdings, den Fristablauf dann nicht an die Bekanntgabe (äußere Wirksamkeit) der Baugenehmigung anzuknüpfen, wenn – etwa wegen einer aufschiebenden Bedingung oder Befristung als Nebenbestimmung der Baugenehmigung – von dieser tatsächlich noch nicht Gebrauch gemacht werden kann (OVG Saar, U. v. 11.11.1985, BRS 44 Nr. 150); in diesem Fall beginnt die gesetzliche Frist erst am Tag nach Eintritt der Bedingung oder Ablauf der behördlichen Frist. Die Verpflichtung der Bauherrin oder des Bauherrn, den Ausführungsbeginn genehmigungsbedürftiger Vorhaben der BABeh. schriftlich mitzuteilen (Baubeginnanzeige gemäß § 71 Abs. 6), gewährleistet eine Kontrolle des fristgemäßen Baubeginns.

c) Umstritten ist die Frage, ob und ggf. unter welchen Voraussetzungen die **Frist** des Absatz 1 durch nicht in die Sphäre der Bauherrin oder des Bauherrn fallende Hindernisse, die der Verwirklichung des Vorhabens entgegen stehen, **gehemmt** oder unterbrochen wird. Der in Heranziehung des in den §§ 209, 217 BGB a. F. zum Ausdruck kommenden Rechtsgedankens eine Unterbrechung der Frist mit der Folge, dass diese erst nach Beendigung der Unterbrechung neu begann, bejahenden Auffassung (vgl. VGH BW. B. v. 2.8.1980, BRS 36 Nr. 172 und U. v. 25.3.1999, BRS 62 Nr. 169) dürfte durch die Reform der Verjährungsregelungen des BGB die Grundlage entzogen worden sein. In Anknüpfung an die in §§ 204 Abs. 1, 206 BGB zum Ausdruck kommenden Rechtsgedanken ist im Einklang mit der wohl bereits früher überwiegenden Auffassung (vgl. HessVGH, U. v. 30.5.1975, BRS 29 Nr. 123; OVG NW, U. v. 6.3.1979, BRS 35 Nr. 166; OVG Saar, U. v. 11.11.1985, BRS 44 Nr. 150; ebenso Voraufl., § 64 RNr. 8 m. w. N.) nur eine Fristhemmung mit der Folge der Nichteinrechnung des Zeitraums der Hemmung in die Frist in Betracht zu ziehen; die Einzelheiten (Ende der Hemmung erst sechs Monate nach rechtskräftiger Entscheidung, § 204 Abs. 2 BGB, sowie Hemmung wegen „höherer Gewalt" nur bei Wirksamwerden derselben in den letzten sechs Monaten einer Frist, § 206 BGB) der nur mit ihren Grundgedanken zu berücksichtigenden zivilrechtlichen Regelungen dürften im Bauordnungsrecht keine Anwendung finden.

In Ermangelung einer in den Bauordnungen anderer Bundesländer enthaltenen Regelung, dass der Lauf der Frist durch die **Einlegung eines Rechtsmittels** bis zur Unanfechtbarkeit der Baugenehmigung gehemmt wird (vgl. z. B. Art. 77 Abs. 1 2. Halbsatz BayBO, § 77 Satz 2 NdsBauO), bleibt für die BauOBln mit Blick auf die Regelung des § 212a BauGB nach wie vor streitig, ob diese Rechtsfolge durch bloße Erhebung eines Nachbarwiderspruchs oder einer Nachbarklage bewirkt wird. Nach einer Auffassung soll eine Fristhemmung auch in den Fällen eintreten, in denen ein Nachbarrechtsbehelf keine aufschiebende Wirkung entfaltet, da der Bauherr sich wegen des Rechtsbehelfs sowie der Erleichterung von Rücknahme und Widerruf begünstigender Verwaltungsakte im Widerspruchsverfahren (vgl. § 50 VwVfG) mit dem Baubeginn einem Risiko aussetze und ihm selbst überlassen bleiben müsse, ob er dies in Kauf nehmen wolle (VGH BW, U. v. 25.3.1999, a. a. O.; SächsOVG, B. v. 2.10.1997, BRS 59 Nr. 196; Schretter/Schenk, in: Reichelt/Schulte, Handbuch des Bauordnungsrechts, S. 800). Dem ist entgegenzuhalten, dass der Gesetzgeber mit der Regelung des § 212a Abs. 1 BauGB, der zufolge Widerspruch und Anfechtungsklage eines Dritten gegen die bauaufsichtliche Zulassung eines Vorhabens keine aufschiebende Wirkung haben, einen investitionsbeschleunigenden Regelungszweck verfolgt hat und sich deshalb nicht mehr ohne weiteres feststellen lässt, es entspräche dem gesetzlichen Willen, dass der Bauherr die vollziehbare Baugenehmigung nicht sogleich ausnutze, sondern den Ausgang des Rechtsstreits abwarte; die in § 212a Abs. 1 BauGB enthaltene gesetzliche „Risikoverteilung" lässt die Möglichkeit der Aufhebung der auf einen Antrag des Bauherrn zurückgehenden Baugenehmigung vielmehr als einen in die Risikosphäre des Bauherrn fallenden Umstand erscheinen (näher dazu Jäde, Bauordnungsrecht Brandenburg, § 69 BbgBO, RNr. 15 m. w. N.; im Ergebnis ebenso Finkelnburg/Ortloff, Öffentliches Baurecht II, 5. Aufl., S. 148). Das spricht dafür, eine Hemmung der Frist erst bei einer behördlichen Aussetzung der Vollziehung oder gerichtlichen Anordnung der aufschiebenden Wirkung nach §§ 80 Abs. 5, 80a Abs. 1 und 3 VwGO anzunehmen. Auch hoheitliche Eingriffe – wie Baueinstellung, Widerruf oder Rücknahme der Baugenehmigung – führen nicht in jedem Fall zur Fristhemmung; die Frist läuft weiter, falls die Ursache für das behördliche Einschreiten in die Sphäre des Bauherrn fällt.

10 d) Ein **Beginn der Ausführung** des Bauvorhabens im Sinne von **Abs. 1 Satz 1** erfordert, dass wesentliche Bauarbeiten in Ausnutzung der erteilten Baugenehmigung erfolgen; mit dem Bau beginnt, wer die Bauarbeiten für das genehmigte Vorhaben nachhaltig aufnimmt (OVG Bln-Bbg, B. v. 21.10.2005, BRS 69 Nr. 155). Hierzu genügen Vorbereitungshandlungen (wie das Abstecken der Grundrissfläche und die Festlegung der Höhenlage des Gebäudes gemäß § 71 Abs. 5 Satz 1) und Sicherungsmaßnahmen ebenso wenig (OVG Saar, U. v. 3.12.1982, BRS 39 Nr. 220) wie die verfahrensfreie Einrichtung der Baustelle (vgl. § 62 Abs. 1 Nr. 12 Buchstabe a) oder Scheinaktivitäten, die nicht von einem ernsthaften Willen getragen werden, das Vorhaben fertig zu stellen (OVG Bln-Bbg, ebd). Dagegen ist im Ausheben der Baugrube bereits ein Beginn der Ausführung zu sehen (OVG Bln-Bbg, ebd.; BayVGH, U. v. 15.1.1979, BRS 35 Nr. 165; OVG Lbg, B. v. 7.7.1981, BRS 38 Nr. 157). Werden Baumaßnahmen so zögerlich und stückwerkhaft durchgeführt, dass allein schon dieser Umstand zum Verfall einer vor Erteilung der Baugenehmigung bereits vorhandenen Baugrubensicherung führt, so handelt es sich nicht um einen zielführenden Baufortschritt, der den Fristablauf für ein Erlöschen der Baugenehmigung hindern könnte (OVG Bln-Bbg, ebd.). Die baulichen Maßnahmen müssen mit dem erkennbaren Ziel durchgeführt werden, gerade das genehmigte Bauvorhaben zu verwirklichen; wird ein Vorhaben in wesentlicher Hinsicht abweichend von der Baugenehmigung ausgeführt und ist es deshalb von dieser nicht mehr gedeckt (baurechtliches aliud), so liegt hierin auch keine Ausführung des Vorhabens im vorgenannten Sinne (vgl. OVG Saar, U. v. 3.12.1982, a. a. O.; OVG Lüneburg, U. v. 18.4.1984, BRS 44 Nr. 151; BayVGH, B. v. 26.7.1991, BRS 52 Nr. 147: HessVGH, BRS 66 Nr. 162).

e) Nach **Abs. 1** erlischt die Baugenehmigung auch dann, wenn die **Bauausführung** ein Jahr **unterbrochen** worden ist. Eine Kontrollmöglichkeit besitzt die BABeh. hier deshalb, weil die Wiederaufnahme der Bauarbeiten nach einer Unterbrechung von mehr als drei Monaten ebenso mitteilungspflichtig ist wie der Beginn der Bauarbeiten (§ 71 Abs. 6). Das Gesetz schreibt dem Bauherrn nicht vor, dass er das genehmigte Bauvorhaben binnen einer bestimmten Frist fertig gestellt haben muss, so dass eine langsame Bauausführung – etwa in Eigenarbeit – nicht zu einem Erlöschen der Baugenehmigung führt. Die Jahresfrist läuft nicht, sofern und solange die Unterbrechung auf Umstände zurückzuführen ist, die außerhalb der Risikosphäre des Bauherrn liegen; dies ist bei einer Baueinstellung nicht der Fall, wenn (erheblich) abweichend von der Baugenehmigung gebaut wurde (vgl. OVG Lüneburg, u. v. 18.4.1985, BRS 44 Nr. 151; OVG Saar, U. v. 11.11.1985, BRS 44 Nr. 150). Die Ausführungen zur Hemmung der Drei-Jahres-Frist (s. oben RNr. 8) gelten entsprechend. Die Baugenehmigung kann bei Unterbrechung der Bauarbeiten auch dann noch erlöschen, wenn der Rohbau bereits fertig gestellt ist, sofern die noch auszuführenden Arbeiten nach Umfang und Bedeutung einen nicht nur unwesentlichen Teil der Bauausführung bilden und durch sie die bestimmungsgemäße Nutzbarkeit der Anlage erst ermöglicht wird (OVG Lbg, U. v. 18.4.1985, BRS 44 Nr. 151; s. aber auch BayVGH, U. v. 26.4.1990, BRS 50 Nr. 159 zur Nichterrichtung eines Nebengebäudes). Denn die Baugenehmigung berechtigt zur Ausführung des genehmigten einheitlichen Bauvorhabens und stellt die Übereinstimmung des Vorhabens einschließlich seiner bestimmungsgemäßen Nutzung mit den im Baugenehmigungsverfahren zu prüfenden öffentlich-rechtlichen Vorschriften fest (s. § 71 Abs. 1), ermächtigt aber nicht zur Herstellung eines bloßen „Gebäudetorsos" (so OVG Bln, U. v. 28.2.1969, BRS 22 Nr. 141; zur Frage des Bestandsschutzes s. RNrn. 1 f. und 18 f.).

11

3. Bei der **Verlängerung der Geltungsdauer der Baugenehmigung (Abs. 2)** handelt es sich der Sache nach um nichts anderes als um eine **Neuerteilung unter vereinfachten Verfahrensvoraussetzungen** (BayVGH, U. v. 9.4.1975, BRS 29 Nr. 125; OVG NW U. v. 2.12.1987, BRS 47 Nr. 140; OVG Saar, U. v. 11.11.1985, BRS 44 Nr. 150; NdsOVG, U. v. 6.1.1995, BRS 57 Nr. 194; Finkelnburg/Ortloff, Öffentliches Baurecht II, S. 149; Schretter/Schenk, in: Reichel/Schulte, Handbuch des Bauordnungsrechts, S. 800; a. A.: Hahn/Radeisen, BauBln, § 72 RNr. 11). Das folgt aus dem Wesen der Baugenehmigung, die im Hinblick auf die einem ständigen Wandel unterworfene Sach- und Rechtslage nur für beschränkte Zeit erteilt werden kann (BayVGH, ebd., s. hierzu auch RNr. 1 f.). Von dieser gefestigten Rechtsprechung zur Auslegung der im Grundsatz übereinstimmenden Regelungen der Landesbauordnungen ist auch nicht im Hinblick auf eine undeutliche Formulierung des Bundesverwaltungsgerichts abzurücken, das die Verlängerung in den Kontext des Vertrauensschutzes des Bauherrn in die planungsrechtliche Zulässigkeit seines Vorhabens stellt (B. v. 2.2.1991, BRS 52 Nr. 152).

12

a) Da als **Verfahrens**voraussetzung nur ein „schriftlicher Antrag" vorgeschrieben und eine entsprechende Anwendung der für das „reguläre" Baugenehmigungsverfahren geltenden Vorschriften nicht angeordnet ist, bedarf es keiner Einreichung neuer Bauvorlagen (§ 59 Abs. 2), auch ist die Beteiligung anderer Behörden (vgl. § 70 Abs. 2) nicht vorgeschrieben; im Rahmen ihres Verfahrensermessens (§ 10 VwVfG) kann die BABeh. die ihr im Einzelfall erforderlich und sinnvoll erscheinenden Verfahrensschritte bestimmen und dabei auch Behörden beteiligen sowie vom Bauherrn Auskünfte und ergänzende Bauvorlagen anfordern. Dies ist geboten, wenn eine erkennbare Änderung der Sach- oder Rechtslage eingetreten ist.

13

b) Aus der Rechtsnatur der Verlängerung folgt, dass für die rechtliche Beurteilung nicht die **Sach- und Rechtslage** zur Zeit der Erteilung der ursprünglichen Baugeneh-

14

migung sondern zum **Zeitpunkt der Verlängerungsentscheidung** maßgeblich ist (vgl. NdsOVG, U. v. 6.1.1995, BRS 57 Nr. 194; OVG Bremen, U. v. 14.3.1989, BRS 49 Nr. 112; OVG NW, U. v. 2.12.1987, BRS 47 Nr. 140). Zudem ist die Behörde nicht einmal an ihre bisherige positive rechtliche Beurteilung gebunden, sondern kann das Vorhaben auch bei unveränderter Sach- und Rechtslage aufgrund einer „geläuterten" rechtlichen Würdigung nunmehr als nicht genehmigungsfähig ansehen. Noch nicht abschließend geklärt ist, wie sich die Änderung der Bestimmungen der BauOBln über die rechtlichen Voraussetzungen der Erteilung, insbesondere über den eingeschränkten Prüfungsumfang (§§ 64, 65, 71 Abs. 1), sowie die Rechtswirkungen der Baugenehmigung, die nach § 71 Abs. 1 nur noch die Feststellung enthält, dass dem Vorhaben keine im bauaufsichtlichen Genehmigungsverfahren zu prüfenden öffentlich-rechtlichen Vorschriften entgegenstehen, bei der Verlängerung der Geltungsdauer von nach altem Recht auf der Grundlage eines umfassenden Prüfungsmaßstabes mit dementsprechender Feststellungswirkung erteilten Baugenehmigungen auswirkt. Mit Blick auf den Charakter der Verlängerung der Geltungsdauer als Neuerteilung unter vereinfachten Verfahrensvoraussetzungen und den Grundsatz der Maßgeblichkeit der Rechtslage zum Zeitpunkt der Entscheidung über die Verlängerung der Geltungsdauer dürfte sowohl für den Prüfungsumfang als auch für die Rechtswirkungen der Verlängerung der Geltungsdauer die neue Rechtslage maßgeblich sein.

15 c) Die frühere Streitfrage, ob eine Fristverlängerung auch noch nach Ablauf der Geltungsdauer der Baugenehmigung zulässig ist, hat der Gesetzgeber mit **Abs. 2 Satz 2** geklärt: Demnach ist die **nachträgliche Verlängerung** möglich, wenn der Antrag vor Fristablauf bei der BABeh. eingegangen ist. Gemäß § 18 Abs. 2 Satz 3 gilt § 72 Abs. 2 Satz 2 für die Frist der allgemeinen bauaufsichtlichen Zulassung entsprechend.

16 d) Die Verlängerung kann auch **mehrmals nacheinander** für die Dauer von höchstens einem Jahr ausgesprochen werden („jeweils"), wenn der Antrag rechtzeitig gestellt wurde.

17 e) Entgegen dem auf eine Ermessensentscheidung hindeutenden missverständlichen Wortlaut von Abs. 2 Satz 1 („kann") handelt es sich aber ebenso wie bei der Erteilung einer „normalen" Baugenehmigung um eine gerichtlich voll überprüfbare **gebundene Sachentscheidung** (OVG NW, U. v. 2.12.1987, BRS 47 Nr. 140; Finkelnburg/Ortloff, Öffentliches Baurecht II, S. 149); das der BABeh. eingeräumte **Ermessen** bezieht sich nur auf das **Verfahren** und die **Fristlänge** („bis zu einem Jahr").

18 **II. Nach Verwirklichung des Bauvorhabens** gilt die Baugenehmigung – genauer: der feststellende Teil – in Ermangelung einer gesetzlichen Befristung (Umkehrschluss aus § 72) grundsätzlich (sofern nicht ausnahmsweise im Einzelfall die Befristung durch eine Nebenbestimmung ausgesprochen wurde und sich die Baugenehmigung demgemäß durch Zeitablauf erledigt, § 43 Abs. 2 VwVfG) unbegrenzte Zeit und vermittelt der baulichen Anlage in ihrer genehmigten Nutzung **Bestandsschutz**, solange ein funktionsgerecht nutzbarer Bestand vorhanden ist (vgl. z. B.: BVerfG, B. v. 15.12.1995, BRS 57 Nr. 246 = BauR 1996, S. 235; BVerwG, B. v. 11.12.1996, BRS 58 Nr. 93; zur Begrenzung des Bestandsschutzes auf einen im Laufe der Zeit reduzierten Nutzungsumfang: BVerwG, U. v. 11.2.1977, BRS 33 Nr. 140 und OVG Saar, U. v. 29.6.1990, BRS 50 Nr. 165). Inhalt, Umfang und Dauer des Bestandsschutzes der aufgrund der BauO Bln genehmigten baulichen Anlagen ergibt sich nach dem gemäß neuerer höchstrichterlicher Rechtsprechung insofern vorrangig in den Blick zu nehmenden, Inhalt und Schranken des Eigentums (Art. 14 Abs. 1 Satz 2 GG) bestimmenden einfachen Gesetzesrecht (vgl. BVerwG, U. v. 7.11.1997, BRS 59 Nr. 109 = BauR 1998, 533, 534 f., B. v. 3.12.1997, NVwZ 1998, S. 969 und B. v. 12.3.1998, BRS 60 Nr. 98 = UPR 1998, 228, jeweils m. w. N.; zur Entwicklung der

Bestandsschutz-Rechtsprechung s. näher: Finkelnburg/Ortloff, Öffentliches Baurecht II, S. 202 ff.; s. auch Erläuterungen zu § 79). Aus der Zusammenschau von §§ 60 Abs. 1, 62 Abs. 2 und 4 folgt, dass Änderungen und Nutzungsänderungen baulicher Anlagen nicht vom Bestandsschutz erfasst werden, wohl aber die Instandhaltung und bestimmungsgemäße Nutzung der vorhandenen Bausubstanz. Keinen Bestandsschutz genießt eine bauliche Anlage nach erkennbarer endgültiger Aufgabe, nicht bloßer Unterbrechung der Nutzung (vgl. BVerwG, B. v. 21.11.2000, BRS 63 Nr. 121 betr. militärische Anlage im Außenbereich). Der eingeschränkte Prüfungsumfang und die sich daraus ergebende eingeschränkte Feststellungswirkung der – insbesondere im vereinfachten Baugenehmigungsverfahren (§ 64) – erteilten Baugenehmigung hat zur Folge, dass eine formelle Legalisierung des Vorhabens hinsichtlich der im Baugenehmigungsverfahren nicht zu prüfenden öffentlich-rechtlichen Vorschriften nicht eintritt und die Baugenehmigung insofern keinen formellen Bestandsschutz vermittelt; verstößt die Errichtung des Vorhabens gegen Vorschriften, die nicht der Prüfung im vereinfachten Verfahren unterliegen, so ist es insofern formell und materiell illegal und die BABeh. trotz Vorliegens einer Baugenehmigung befugt, gegen das Vorhaben einzuschreiten (ebenso von Feldmann/Groth/Aschmann, GE 2006, S. 299, 302).

Nach wie vor nicht abschließend geklärt ist, ob und ggf. ab wann eine längere **Nutzungsunterbrechung** zum Erlöschen der Baugenehmigung und zum Verlust des Bestandsschutzes führt. Nach einer in der Literatur vertretenen Auffassung sollen die bauordnungsrechtlichen Regelungen über das Erlöschen der noch nicht ausgenutzten Baugenehmigung – mithin auch § 72 Abs. 1 1. Alternative – auf Fälle der Nutzungsunterbrechung entsprechend angewendet werden: Das bundesrechtliche Bodenrecht zwinge dazu, die landesrechtlichen Fristen für die Ausnutzung einer Baugenehmigung auf die Nutzungsunterbrechung mit der Folge zu übertragen, dass die Baugenehmigung erlischt, wenn die Nutzung drei Jahre nicht ausgeübt wurde (Große-Suchsdorf/ Lindorf/ Schmaltz/Wiechert, NdsBauO, 8. Aufl., § 77 RNrn. 25; s. auch Schmaltz, DVBl. 2000, S. 828 f.). Eine entsprechende Anwendung des § 72 Abs. 1 auf Fälle der Nutzungsunterbrechung dürfte aber schon am Nichtbestehen einer planwidrigen Gesetzeslücke scheitern (vgl. BayVGH, U. v. 20.2.2003, BRS 66 Nr. 143), da das Fehlen einer § 18 Abs. 1 Nr. 2 BImSchG (Erlöschen der immissionsschutzrechtlichen Genehmigung bei Betriebsunterbrechung von mehr als drei Jahren) entsprechenden bauordnungsrechtlichen Regelung für Nutzungsunterbrechungen trotz zahlreicher Novellierungen des bauordnungsrechtlichen Verfahrensrechts darauf schließen lässt, dass der Gesetzgeber den Sachverhalt mit Bedacht nicht in der BauOBln geregelt hat; zudem dürften die beiden Sachverhalte in der für die bauordnungsrechtliche Bewertung maßgeblichen Hinsicht nicht übereinstimmen, zumal da der Inhaber einer noch nicht ausgenutzten Baugenehmigung weniger schutzwürdig erscheint als der Bauherr, der von der Genehmigung bereits Gebrauch gemacht hat (Vgl. BayVGH, a. a. O.; ThürOVG, B. v. 29.11.1999, BRS 62 Nr. 203 = DVBl. 2000, 826). Hinzu kommt, dass die Geltungsdauer nicht ausgenutzter Baugenehmigungen in den Bauordnungen der einzelnen Bundesländer unterschiedlich geregelt werden kann und geregelt ist, eine aus dem Bauplanungsrecht des Bundes hergeleitete Begrenzung der Geltungsdauer von Baugenehmigungen aber bundeseinheitlich gleich lautend sein muss.

Verwaltungsverfahrensrechtliche Grundlage für die Beurteilung der Frage nach dem Erlöschen einer Baugenehmigung bei Nutzungsunterbrechungen ist mithin nicht § 72 (analog), sondern § 43 Abs. 2 VwVfG (ebenso OVG Bln, B. v. 7.6.2004, BRS 67 Nr. 191 = LKV 2005, 227; BayVGH, B. v. 20.2.2003, a. a. O.; ThürOVG, B. v. 29.1.1999, a. a. O.), dem gemäß ein „Verwaltungsakt wirksam bleibt, solange und soweit er nicht (...) durch Zeitablauf oder auf andere Weise erledigt ist." Umstritten ist allerdings, ob und ggf.

unter welchen Voraussetzungen eine Nutzungsunterbrechung zur Erledigung der Baugenehmigung im Sinne dieser Regelung führt. Nach einer Rechtsauffassung verursacht eine Nutzungsunterbrechung grundsätzlich nicht einen Wegfall der Baugenehmigung, sofern die Bausubstanz noch bestimmungsgemäß nutzbar und nicht dem Verfall preisgegeben ist (vgl. ThürOVG, B. v. 29.1.1999, a. a. O.; VGH BW, B. v. 19.7.1989, NVwZ-RR 1990, 171 f.; OVG NW, U. v. 14.3.1997, BRS 59 Nr. 149 = BauR 1997, 811; Uechtritz, DVBl. 1997, 347, 350). Diese Sichtweise stellt darauf ab, dass Gegenstand der Baugenehmigung die bauliche Anlage in ihrer durch die Nutzung geprägten Funktion als Einheit sei bzw. die Funktion der baulichen Anlage durch die beabsichtigte Nutzung bestimmt werde, ohne dass es darauf ankomme, ob die Nutzung tatsächlich ausgeübt werde; eine Nutzungspflicht oder -obliegenheit kenne das geltende Bauordnungsrecht nicht (vgl. BayVGH, B. v. 20.2.2003, a. a. O.; ThürOVG, ebd.).

21 Nach anderer, auf materiell-rechtliche Kriterien (insbesondere die „Verkehrsauffassung") gestützter Meinung (vgl. Finkelnburg/Ortloff, Öffentliches Baurecht II, S. 232; von Franckenstein, BauR 2006, 1080, 1082 ff.; Jäde, UPR 1998, 206 ff.; ders., in: Bauordnungsrecht Brandenburg, § 67 BbgBO, RNr. 177) erlischt die Baugenehmigung bei einer längeren Nutzungsunterbrechung. Eine ursprünglich baurechtlich genehmigte Nutzung sei u. a. dann nicht mehr von der Baugenehmigung gedeckt und genieße demzufolge keinen Bestandsschutz mehr, wenn sie über einen längeren Zeitraum nicht mehr ausgeübt werde und die Verkehrsauffassung mit ihrer Wiederaufnahme nicht mehr rechne; unter diesen Voraussetzungen sei auch davon auszugehen, dass eine erteilte Baugenehmigung gemäß § 43 Abs. 2 VwVfG zumindest in Bezug auf die genehmigte Nutzung gegenstandslos und damit unwirksam geworden sei (VGH BW, U. v. 20.5.2003, BRS 66 Nr. 179). Mit der Bezugnahme auf die „Verkehrsauffassung" wird ein Topos aus der bauplanungsrechtlichen Rechtsprechung des BVerwG herangezogen, der dort bei § 34 Abs. 1 BauGB (prägende Kraft einer eingestellten Nutzung, solange nach der Verkehrsauffassung mit einer Wiederaufnahme einer gleichartigen Nutzung gerechnet werden kann, vgl. U. v. 27.8.1998, BRS 60 Nr. 83 m. w. N.) und § 35 Abs. 4 Satz 1 Nr. 3 BauGB Verwendung findet. Das BVerwG hat die zu § 35 Abs. 5 Nr. 2 BauGB a. F. (§ 35 Abs. 4 Satz 1 Nr. 3 BauGB) im Zusammenhang mit dem Wiederaufbau zerstörter Gebäude entwickelten bundesrechtlichen Grundsätze als Orientierungshilfe für den Fall der Nutzungsunterbrechung herangezogen (U. v. 18.5.1995, BVerwGE 98, 235 = BRS 57 Nr. 67; ihm folgend: Nds OVG, U. v. 11.7.1996, BRS 58 Nr. 130), zwischenzeitlich allerdings auch klargestellt, dass die Geltungsdauer der bestandskräftigen Baugenehmigung sich nach den einschlägigen landesrechtlichen Regelungen bestimme (B. v. 7.11.1997, BRS 59 Nr. 109). Das BVerwG geht in seiner bauplanungsrechtlichen Rechtsprechung davon aus, dass die Verkehrsauffassung im ersten Jahr nach der Zerstörung des Gebäudes bzw. Unterbrechung der Nutzung mit dem Wiederaufbau eines Gebäudes bzw. der Wiederaufnahme seiner Nutzung rechne, im zweiten Jahr eine Regelvermutung dafür spreche, wenn nicht Anhaltspunkte für das Gegenteil vorhanden seien, während sich die Vermutung nach Ablauf von zwei Jahren umkehre und der Bauherr besondere Gründe dafür darlegen müsse, dass die Unterbrechung noch keinen endgültigen Zustand herbeigeführt habe.

22 Ob dieses „**Zeitmodell**" des BVerwG als Orientierungshilfe zur Beurteilung der Geltungsdauer einer verwirklichten Baugenehmigung bei Nutzungsunterbrechungen herangezogen werden kann, hat das OVG Bln (B. v. 7.6.2004, BRS 67 Nr. 191 = LKV 2005, S 227, 228 f.; s. auch BayVGH, B. v. 20.2.2003, BRS 66 Nr. 143) offen gelassen; selbst wenn dieses Modell anwendbar sein sollte, sei nach der Verkehrsauffassung, die spezifische öffentliche Interessen der Daseinsvorsorge und fiskalische Belange zu berücksichtigen habe, mit der Wiederaufnahme einer Nutzung in einem Fall zu rechnen, in dem der Betrieb eines bestandskräftig genehmigten, im Eigentum der öffentlichen Hand stehenden Obdachlosenwohnheims mangels Bedarfs für mehr als vier Jahre eingestellt wurde, ohne dass in dieser Zeit auf die Rechte aus der Baugenehmigung ausdrücklich oder konkludent durch Aufnahme einer anderweitigen Nutzung des Gebäudes verzichtet worden wäre. Dies gelte jedenfalls für eine Fallkonstellation, in der sich die planungsrechtlichen Festsetzungen hinsichtlich der Art und des Maßes der baulichen Grundstücksnutzung nicht grundlegend geändert haben (ähnlich BayVGH, B. v. 20.2.2003, a. a. O.). Das OVG Bln-Bbg beurteilt die Folgen von Nutzungsunterbrechungen unter Berücksichtigung der Umstände des Einzelfalls in Anlehnung an das „Zeitmodell" im Sinne einer Orientierungshilfe (B. v. 20.3.2007 – 2 S 46.06 – s. auch B. v. 14.2.2006 – 10 S 4.05 –); aus einem knapp vierjährigen Leerstand einer nach Baurecht der DDR genehmigten Kaufhalle hat es noch nicht die Konsequenz des Erlöschens der Baugenehmigung gezogen, wohl aber im Hinblick auf die durch eine anschließende sechsjährige Nutzung als Möbelgroßmarkt eingetretene „Zäsur". Diese – mit der „Verkehrsauffassung" sensibel umgehende – Rechtsprechung trägt dem Gedanken der Widerspruchsfreiheit von Bauordnungs- und Bauplanungsrecht Rechnung, indem sie die Geltungskraft des Landesrechts, dem eine Befristung der ausgenutzten Baugenehmigung fremd ist, bewahrt, soweit nicht bauplanungsrechtliche Erwägungen im Einzelfall zwingend zu einer anderen Beurteilung führen.

III. Neben dem in § 64 geregelten Erlöschensgrund kann eine Baugenehmigung u. a. durch Eintritt einer auflösenden Bedingung oder Befristung (s. BVerwG, U. v. 10.12.1982, BRS 39 Nr. 80), durch Verzicht des Inhabers (s. VGH BW, U. v. 10.11.1993, NVwZ 1995, 280; HambOVG, B. v. 7.1.2000, BauR 2000, 1840) sowie durch Rücknahme (§ 48 VwVfG) oder Widerruf (§ 49 VwVfG) erlöschen bzw. unwirksam werden oder sich gemäß § 43 Abs. 2 VwVfG erledigen (OVG Bln-Bbg, U. v. 9.12.2005 – 2 B 1.03 –).

§ 73 Teilbaugenehmigung

¹Ist ein Bauantrag eingereicht, so kann der Beginn der Bauarbeiten für die Baugrube und für einzelne Bauteile oder Bauabschnitte auf schriftlichen Antrag schon vor Erteilung der Baugenehmigung schriftlich gestattet werden (Teilbaugenehmigung). ²§ 71 gilt sinngemäß.

Erläuterungen:

I. Die **Teilbaugenehmigung** ist ebenso wie der Vorbescheid (§ 74) ein **Instrument der Verfahrensstufung** im Baugenehmigungsverfahren. Sie ermöglicht im Interesse des Bauherrn insbesondere bei größeren Bauvorhaben den Baubeginn für einzelne Bauteile oder Bauabschnitte schon vor Abschluss einer zeitaufwändigen umfassenden bauaufsichtlichen Prüfung der Einzelaspekte des Gesamtvorhabens. Dies unterscheidet die Teilbaugenehmigung vom Vorbescheid, der noch keine (teilweise) Baufreigabe bewirkt, sondern nur feststellender (u. U. auch gestaltender) Verwaltungsakt ist (§ 74 RNr. 2); gemeinsam ist beiden Instituten, dass Feststellungen hinsichtlich der Vereinbarkeit des Vorhabens mit den öffentlich-rechtlichen Vorschriften getroffen werden, die

Bindungswirkung für nachfolgende Baugenehmigungen haben und auch bei späterer Änderung der Sach- und Rechtslage zu beachten sind. Im Gegensatz zum Vorbescheid vermittelt die Teilbaugenehmigung dem Bauherrn aber Eigentumsschutz, sofern sie die Bauausführung freigibt (Finkelnburg/Ortloff, Öffentliches Baurecht II, S. 167). Von der abschließenden Baugenehmigung unterscheidet sich die Teilbaugenehmigung nicht nur durch die begrenzte Baufreigabe, sondern auch durch die auf die grundsätzliche Genehmigungsfähigkeit des Gesamtvorhabens begrenzte Feststellungswirkung.

II. Die Teilbaugenehmigung hat folgende **Voraussetzungen**:

2   1. Die Teilbaugenehmigung erfordert – anders als der Vorbescheid (vgl. § 74 Abs. 1 Satz 1) – zunächst, dass der **Bauantrag (§ 69 Abs. 1) für das gesamte Vorhaben** bei der BABeh. eingereicht ist. Die **Bauvorlagen** (§ 69 Abs. 2, § 1 Abs. 1 und § 7 BauVerfVO) für die baulichen Maßnahmen, auf die sich die Teilbaugenehmigung erstrecken soll, müssen vollständig sein; darüber hinaus müssen alle für die grundsätzliche (positive) Beurteilung des Gesamtvorhabens erforderlichen Bauvorlagen vorhanden sein. Ferner muss die Teilbaugenehmigung selbst schriftlich beantragt worden sein. Gegenstände der Teilbaugenehmigung können die Baugrube, einzelne Bauteile (zum Begriff s. Erläuterungen zu § 2 Abs. 9) oder Bauabschnitte, d. h. Teile eines technisch oder wirtschaftlich zusammenhängenden Gesamtvorhabens, sein.

3   2. a) Aus § 73 Satz 2 i. V. m. § 71 Abs. 1 folgt zunächst, dass eine Teilbaugenehmigung nur erteilt werden darf, wenn das **Teilvorhaben** den im bauaufsichtlichen Genehmigungsverfahren zu prüfenden öffentlich-rechtlichen Vorschriften entspricht (OVG Bln, B. v. 20.12.1991, OVGE 19, 231, 233 = BRS 52 Nr. 166 = GE 1992, 491). Das Teilvorhaben muss also **abschließend bauaufsichtlich geprüft** werden und insbesondere in Einklang mit den Bestimmungen des Bauplanungsrechts und den im bauaufsichtlichen Genehmigungsverfahren zu prüfenden Regelungen des Bauordnungsrechts stehen. Fällt das Gesamtvorhaben unter die Bestimmungen über das vereinfachte Baugenehmigungsverfahren, so gilt § 64 entsprechend.

4   b) Darüber hinaus ist bei der Prüfung, ob die von der Teilbaugenehmigung erfassten Bauarbeiten den im bauaufsichtlichen Genehmigungsverfahren zu prüfenden öffentlich-rechtlichen Vorschriften entspricht, das **gesamte Vorhaben in seinen Grundzügen zu berücksichtigen und zu beurteilen**; es dürfen insgesamt keine grundsätzlichen öffentlich-rechtlichen Hindernisse erkennbar sein (so OVG Bln, B. v. 20.12.1991, a. a. O., und B. v. 30.4.1992, OVGE 20, 62 = BRS 54 Nr. 55). Dies folgt aus der mit der Teilbaugenehmigung einhergehenden Bindungswirkung (s. RNr. 9) für weitere Teilbaugenehmigungen und damit für die Genehmigung der Gesamtanlage sowie aus Gründen effektiven Rechtsschutzes für potentiell von der Gesamtanlage betroffene Nachbarn (RNrn. 12 f.). Die Teilbaugenehmigung wäre sinnwidrig, wenn feststünde, dass das Gesamtvorhaben nicht genehmigt werden könnte (OVG NW, U. v. 24.8.1979, BRS 35 Nr. 150). Der Umfang der Prüfung der Zulässigkeit des Gesamtvorhabens ist abhängig vom Gegenstand der jeweils genehmigten Teilbaumaßnahmen; er dürfte z. B. bei der Gestattung der Rohbaumaßnahmen größer sein als bei der Zulassung des Baugrubenaushubs (OVG Bln, B. v. 6.11.2003 – 2 S 29.03 –; HessVGH, U. v. 26.4.1990, BRS 50 Nr. 167; OVG NW, B. v. 3.4.1996, NVwZ-RR 1997, 401). So wird in der Rechtsprechung verlangt, dass bei Erteilung einer Teilbaugenehmigung für Erdarbeiten mit zu entscheiden ist, ob das Gesamtvorhaben hinsichtlich der Art der Nutzung und des vorgesehenen Standortes mit dem Planungsrecht vereinbar ist, wobei die Standortfrage – zumindest in groben Zügen – auch die Prüfung der überbaubaren Grundfläche und der Grundflächenzahl (OVG NW, a. a. O.), nicht jedoch die baurechtlich Zulässigkeit des Hochbauvorhabens (OVG Bln,

a. a. O.) einschließt. Demnach muss erst recht für den Rohbau jedenfalls die Genehmigungsfähigkeit des Vorhabens hinsichtlich seines Standortes, seiner Größe und seiner Nutzungsart feststehen (HessVGH, a.a.o.). Für einen Bauantrag, der nur Standort und Abmessungen des Baukörpers enthält, aber die beabsichtigte Nutzungsart offen lässt, kann eine Teilbaugenehmigung nicht erteilt werden (OVG NW, U. v. 16.3.1984, BRS 42 Nr. 163, zur Festlegung der Nutzungsabsichten s. auch OVG Bln, B. v. 30.4.1992, a. a. O.; a. A. VGH BW, U. v. 27.10.2000, BRS 63 Nr. 176). Denn erst unter Berücksichtigung der Nutzung lassen sich die konkret geltenden bauplanungs- und bauordnungsrechtlichen Anforderungen für ein Vorhaben bestimmen (s. § 60 RNr. 5).

III. Für die **Entscheidung der BABeh.** gilt:

1. Die Erteilung der Teilbaugenehmigung steht bei Vorliegen der vorgenannten Voraussetzungen im **Ermessen** der BABeh. (Schretter/Schenk in: Reichel/Schulte, Handbuch Bauordnungsrecht, S. 887); dies folgt aus dem Wortlaut („kann ... gestattet werden") und dem verfahrensökonomischen Zweck der Regelung. Das Ermessen bezieht sich nicht nur auf den Umfang der Teilbaugenehmigung, sondern auch darauf, ob die Teilbaugenehmigung überhaupt erteilt wird. Die in Satz 2 angeordnete sinngemäße Anwendung des § 71 erfasst nicht den in dessen Abs. 1 enthaltenen Anspruch auf eine Baugenehmigung. Die Einräumung eines Ermessens ist sachlich gerechtfertigt, weil die Erteilung einer Teilbaugenehmigung eine erhebliche zusätzliche Belastung der BABeh. mit sich bringt, andererseits der Bauherr nur eingeschränkt schutzwürdig ist.

2. Die **Schriftform** der Teilbaugenehmigung (Satz 1) soll Art und Umfang der zur Ausführung freigegebenen Teile des Vorhabens klarstellen.

IV. Die **Rechtswirkungen der Teilbaugenehmigung** sind in § 73 nur teilweise gesetzlich (durch die in Satz 2 angeordnete sinngemäße Geltung des § 71) geregelt; insbesondere fehlt eine ausdrückliche Bestimmung von Inhalt und Umfang ihrer Bindungswirkung.

1. Durch die im Einklang mit § 74 MBO 2002 stehende neue Fassung der Regelung ist der Gesetzgeber von einer alle im bauaufsichtlichen Verfahren zu prüfenden öffentlich-rechtlichen Vorschriften umfassenden **Feststellungswirkung** und damit von einem entsprechend unbeschränkten Bestandsschutz **hinsichtlich des von der Teilgenehmigung erfassten Bauabschnitts** ausgegangen (vgl. Schretter/Schenk in: Reichel/Schulte, Handbuch Bauordnungsrecht, S. 887). Auf eine dem früheren § 63 Abs. 2 (zu diesem s. Voraufl. § 63 RNr. 9) entsprechende Regelung, der gemäß die BABeh. für die bereits begonnenen Teile des Bauvorhabens unter bestimmten Voraussetzungen zusätzliche Anforderungen stellen konnte, hat der Gesetzgeber nunmehr ausdrücklich verzichtet (s. AH-Drucks. 15/3926, S. 131 f., in der zur Begründung allerdings nicht ganz begriffsscharf auf des „vorläufige positive Gesamturteil" abgestellt wird, das sich – wie nachstehend näher dargelegt – nicht auf den mit der Teilbaugenehmigung genehmigten Bauabschnitt, sondern auf das Gesamtvorhaben bezieht). Die BABeh. muss sich nunmehr an der unbeschränkten Zulässigkeit des von der Teilbaugenehmigung erfassten Bauteils festhalten lassen, sofern sie nicht ausdrücklich entsprechende Nebenbestimmungen aufgenommen hat, z. B. einen (Teil-) Widerrufsvorbehalt nach § 36 Abs. 2 Nr. 3 VwVfG oder einen Auflagenvorbehalt nach § 36 Abs. 2 Nr. 5 VwVfG (Schretter/Schenk, ebd.). Tut sie dies nicht und erweist sich die Einschätzung der Rechtmäßigkeit des von der Teilbaugenehmigung erfassten Bauabschnitts bzw. Bauteils im weiteren Genehmigungsverfahren als fehlerhaft, so kann die BABeh. zusätzliche Anforderungen hinsichtlich der bereits genehmigten Maßnahmen nur in Gestalt einer (Teil-) Rücknahme der Teilbaugenehmigung nach § 48 VwVfG stellen.

9 **2. a)** Auch ohne eine – in anderen Rechtsvorschriften enthaltene (s. z. B. § 8 Satz 2 Nr. 3 BImSchG und zum Bauordnungsrecht: HessVGH, B. v. 11.12.1995, BRS 58 Nr. 192) – ausdrückliche gesetzliche Regelung wird von der ganz herrschenden Meinung Teilbaugenehmigungen eine im nachfolgenden Baugenehmigungsverfahren zu beachtende **Bindungswirkung** beigemessen (s. nur OVG Bbg, B. v. 19.2.1997, BRS 59 Nr. 156 = NVwZ-RR 1998, 484 ff.; OVG NW, B. v. 3.4.1996, NVwZ-RR 1997, 401 und BayVGH, B. v. 16.8.2001, BayVBl. 2002, S. 765 f., jeweils m. w. N.; Finkelnburg/Ortloff, Öffentliches Baurecht II, S. 168; vorsichtiger formuliert OVG Bln, B. v. 20.12.1991, OVGE 19, 231, 233 = BRS 52 Nr. 166: „möglicherweise verbundene Bindungswirkung"). Die Bindungswirkung ergibt sich aus dem der Teilbaugenehmigung neben ihrem gestattenden Teil innewohnenden feststellenden Ausspruch: Außer der Vereinbarkeit des vorab genehmigten Teils mit den im bauaufsichtlichen Verfahren zu prüfenden öffentlich-rechtlichen Vorschriften (Satz 2 i. V. m. § 71 Abs. 1) stellt die Teilbaugenehmigung auch die prinzipielle Genehmigungsfähigkeit des Gesamtvorhabens fest und schützt damit den Bauherrn vor sich später als nutzlos erweisenden Investitionen. Soweit diese Feststellung reicht und solange die Teilbaugenehmigung wirksam bleibt, ist sie – auch nach späterer Änderung der Sach- oder Rechtslage – bei Erteilung weiterer Teilgenehmigungen und der (abschließenden) Baugenehmigung zu beachten. Mithin kann dem Bauherrn nach Erteilung der Teilbaugenehmigung nicht mehr entgegengehalten werden, dass das Projekt insgesamt nicht genehmigungsfähig sei (OVG Bbg, a. a. O., S. 486). In Anknüpfung an das Recht der Genehmigung großtechnischer Anlagen, in dem die Verfahrensstufung durch Teilgenehmigungen wegen der Komplexität der Vorhaben eine größere Rolle als im Baurecht spielt, wird insofern der Begriff des im feststellenden Teil der Genehmigung enthaltenen (vorläufigen) „positiven Gesamturteils" aufgegriffen (s. BayVGH, B. v. 16.8.2001, a. a. O.; OVG NW, B. v. 3.4.1996, a. a. O.), für den in der BauOBln aber eine dem § 8 Satz 1 Nr. 3 BImSchG („vorläufige Beurteilung ..., dass der Errichtung und dem Betrieb der Anlage keine von vornherein unüberwindbaren Hindernisse im Hinblick auf die Genehmigungsvoraussetzungen entgegenstehen") entsprechende gesetzliche Begriffsbestimmung fehlt. Wegen der unterschiedlichen Normzusammenhänge, insbesondere des im technischen Sicherheitsrecht vorherrschenden Vorbehalts gleichbleibender Sach- und Rechtslage sowie der Gliederung in Errichtungs- und Betriebsgenehmigungen, lassen sich die von der Rechtsprechung für diese Rechtsgebiete entwickelten Kriterien der Bindungswirkung aber nicht ohne weiteres auf die bauordnungsrechtliche Teilbaugenehmigung übertragen (s. zum Atomrecht z. B. BVerwG, U. v. 19.12.1985, BVerwGE 72, 300, 307 f., vom 7.6.1991, BVerwGE 88, 286, 290, und vom 11.3.1993, BVerwGE 92, 185, 187 ff. sowie Roßnagel, DÖV 1995, 624 ff.).

10 b) Die **Reichweite des** mit der Teilbaugenehmigung verbundenen **„positiven Gesamturteils"** ist abhängig vom Gegenstand der jeweils gestatteten Teilbaumaßnahme (s. RNr. 4). So braucht eine Teilbaugenehmigung, die sich nur auf unterirdische Bauteile bezieht, je nach den Umständen des Einzelfalls keine Bindungswirkung in Bezug auf die für das Gesamtvorhaben geltenden Abstandsflächen zu entfalten (OVG RP, B. v 7.12.1990, BRS 50 Nr. 168; BayVGH, B. v. 16.8.2001, BayVBl. 2002, S. 765 f.; vgl. auch OVG Bln, B. v. 8.11.2003 – 2 S 29.03 –). Die Teilbaugenehmigung wird durch die Baugenehmigung für das Gesamtvorhaben ergänzt, nicht aber durch deren Erlass gegenstandslos (vgl. HessVGH, B. v. 11.12.1995, BRS 58 Nr. 192 = NVwZ-RR 1997, 10; Große-Suchsdorf/Lindorf/Schmaltz/Wiechert, NdsBauO, 8. Aufl., § 76 RNr. 7; a. A.: BayVGH, B. v. 16.8.2001, a. a. O.); schon wegen ihrer durch den feststellenden Teil bewirkten „Fixierung" des Zeitpunkts der für die Beurteilung der grundsätzlichen Genehmigungsfähigkeit maßgeblichen Sach- und Rechtslage wirkt die Teilbaugenehmigung auch nach Erlass der abschließenden Baugenehmigung fort. Die Bindungswirkung ist nicht erst nach Unanfechtbarkeit, sondern bereits ab ihrer sofortigen Vollziehbarkeit im nachfolgenden Baugenehmigungsverfahren zu beachten, auch soweit die Bindung sich auf einen durch die Teilbaugenehmigung belasteten Dritten erstreckt (vgl. OVG Bbg, B. v. 19.2.1997, NVwZ-RR 1998, 484 ff.; zum entsprechenden Streitstand beim Vorbescheid s. aber § 74 RNrn. 21 ff.). Bei Anordnung der aufschiebenden Wirkung eines Widerspruchs oder einer Anfechtungsklage eines Dritten gegen die Teilbaugenehmigung wird die Bindungswirkung aber suspendiert, da dann aus der getroffenen Feststellung der (grundsätzlichen) Vereinbarkeit des Vorhabens mit den im bauaufsichtlichen Genehmigungsverfahren zu prüfenden öffentlich-rechtlichen Vorschriften keine rechtlichen oder tatsächlichen Folgerungen gezogen werden dürfen (vgl. Finkelnburg/Dombert/Külpmann, Vorläufiger Rechtsschutz im Verwaltungsstreitverfahren, 5. Aufl., RNrn. 631, 635 m. w. N.; s. auch § 74 RNr. 24).

3. Über die in Satz 2 angeordnete **entsprechende Anwendung des § 71** entfaltet die Teilbaugenehmigung ansonsten dieselben **Rechtswirkungen** wie eine umfassende Baugenehmigung (s. insbesondere § 71 Abs. 4 und 7). Gemäß § 58 Abs. 2 gilt sie auch für und gegen Rechtsnachfolgerinnen und Rechtsnachfolger. **11**

V. Beim **Nachbarschutz** (s. hierzu Erläuterungen zu § 3) gegen Teilbaugenehmigungen gelten folgende Besonderheiten: Will der Nachbar sich gegen das Gesamtvorhaben „an sich" – etwa weil er nachbarschützende Vorschriften über die Art der baulichen Nutzung für verletzt hält – wenden, so muss er bereits die (erste) Teilbaugenehmigung anfechten, in der die grundsätzliche Genehmigungsfähigkeit des Gesamtvorhabens festgestellt wird (HessVGH, B. v. 11.12.1995, NVwZ-RR 1997, 10); legt er Widerspruch lediglich gegen die spätere Baugenehmigung ein und lässt er die Teilbaugenehmigung bestandskräftig werden, so ist er mit diesen Einwänden „präkludiert". **12**

Dagegen kann er einen befürchteten Verstoß gegen Abstandsflächenvorschriften nicht bereits gegen die Teilbaugenehmigung (für Fundamentierungsarbeiten) geltend machen, wenn diese hinsichtlich der maßgeblichen Faktoren (etwa Wandhöhe, vortretende Bauteile) noch keine Feststellungen getroffen hat (vgl. OVG RP, B. v. 7.12.1990, BRS 50 Nr. 168; BayVGH, B. v. 16.8.2001, BayVBl. 2002, S. 765 f.). Da die Teilbaugenehmigung mit der Erteilung der Baugenehmigung nicht gegenstandslos wird (a. A. BayVGH, ebd.), tritt bei einer Nachbarklage die Baugenehmigung nicht ohne weiteres an die Stelle der Teilbaugenehmigung, jedoch sollte sie zur Vermeidung verfahrensrechtlicher Komplikationen in den Nachbarstreit einbezogen werden (Große-Suchsdorf/Lindorf/Schmaltz/Wiechert, NdsBauO, 9. Aufl., § 76 RNr. 11). Ein Dritter, der sich gegen ein Bauvorhaben wendet, kann umfassenden Rechtsschutz also häufig nur durch Anfechtung sowohl der Teilbaugenehmigung als auch – nach deren Erlass – der endgültigen Baugenehmigung erlangen. Auf den Rechtsbehelf des Nachbarn gegen eine Teilbaugenehmigung ist zu prüfen, ob das beantragte Gesamtvorhaben grundsätzlich mit den im bauaufsichtlichen Genehmigungsverfahren zu prüfenden öffentlich-rechtlichen Vorschriften, soweit sie Rechte des widersprechenden Nachbarn betreffen können, übereinstimmen wird (OVG Bln., B. v. 20.12.1991, OVGE 19, 231, 234 f. = BRS 52 Nr. 166 = GE 1992, 491). **13**

Widerspruch und Anfechtungsklage eines Dritten gegen die Teilbaugenehmigung haben **keine aufschiebende Wirkung** (§ 212a Abs. 1 BauGB). Da die Bindungswirkung des feststellenden Teils der Teilbaugenehmigung bereits mit der sofortigen Vollziehbarkeit dieser Genehmigung im nachfolgenden Baugenehmigungsverfahren solange und soweit zu beachten ist, als die aufschiebende Wirkung des Rechtsbehelfs gegen die Teilbaugenehmigung nicht angeordnet wird, ist der Dritte zur Erlangung effektiven Eilrechtsschutzes darauf verwiesen, die Aussetzung der Vollziehung beider Genehmigungen zu beantragen (OVG Bbg, B. v. 19.2.1997, NVwZ-RR 1998, 484, 486; zu einem erfolglosen Aussetzungsantrag bei einer lediglich den Baugrubenaushub betreffenden Teilbaugenehmigung s. OVG Bln, B. v. 6.11.2003 – OVG 2 S 29.03 –). **14**

§ 74 Vorbescheid, planungsrechtlicher Bescheid

(1) ¹Vor Einreichung des Bauantrags ist auf Antrag der Bauherrin oder des Bauherrn zu einzelnen Fragen des Bauvorhabens ein Vorbescheid zu erteilen. ²Der Vorbescheid gilt drei Jahre. ³Die Frist kann auf schriftlichen Antrag jeweils bis zu einem Jahr verlängert werden. § 58 Abs. 2, §§ 69, 70 Abs. 1 bis 3 und § 72 Abs. 2 Satz 2 gelten entsprechend.

(2) ¹Für ein Bauvorhaben, welches dem vereinfachten Baugenehmigungsverfahren nach § 64 unterfällt, ist auf Antrag der Bauherrin oder des Bauherrn ein planungsrechtlicher Bescheid zu erteilen. ²Das Vorhaben wird in die Genehmigungsfreistellung nach § 63 übergeleitet, wenn durch diesen Bescheid insgesamt die planungsrechtliche Zulässigkeit des Vorhabens festgestellt worden ist. ³Absatz 1 Satz 2 bis 4 gilt entsprechend.

Erläuterungen:

Die Norm regelt neben dem „traditionellen" Vorbescheid (Abs. 1) ein **neu eingeführtes Institut** des bauordnungsrechtlichen Verfahrensrechts, den **planungsrechtlichen Bescheid (Abs. 2)**.

1 I. Der **Vorbescheid (Abs. 1)** ist neben der Teilbaugenehmigung (§ 73) das wichtigste Institut der Verfahrensstufung im Baugenehmigungsverfahren. Im Gegensatz zu dieser vermittelt er noch keine (teilweise) Baufreigabe, sondern enthält (nur) bindende Feststellungen zur Genehmigungsfähigkeit des Vorhabens. Die große praktische Bedeutung des Vorbescheids beruht darauf, dass ein Bauherr bzw. ein am Kauf oder Verkauf eines Grundstücks Interessierter für seine Planungen und finanziellen Dispositionen im Vorfeld eines aufwändigen, im Hinblick auf die Erstellung vollständiger Bauvorlagen und bautechnischer Nachweise sowie die anfallenden Verwaltungsgebühren kostenträchtigen Genehmigungsverfahrens Klarheit über die grundsätzliche Genehmigungsfähigkeit bzw. wichtige Einzelaspekte eines Bauvorhabens erlangen kann (OVG Bln, B. v. 11.3.1991, BRS 52 Nr. 167, U. v. 28.8.1998, NVwZ-RR 1999, 231 und U. v. 11.2.2003 – 2 B 16.99 –). Der Vorbescheid ist demnach ein **Instrument des Vertrauensschutzes, das zugleich verfahrensökonomischen Zwecken dient**.

2 1. a) Der Vorbescheid in § 74 Abs. 1 ist ein Regelungsgegenstand des bauordnungsrechtlichen Verfahrensrechts; trotz der richtungweisenden Bedeutung der Rechtsprechung des Bundesverwaltungsgerichts für die Entwicklung dieses Rechtsinstituts (s. RNr. 3) sind seine Rechtsnatur und Bindungswirkung mithin nicht aus dem bundesrechtlichen Bauplanungsrecht, sondern durch Auslegung dieser landesrechtlichen Norm zu ermitteln (vgl. BVerwG, U. v. 23.5.1975, BVerwGE 48, 242, 245, U. v. 3.2.1984, BVerwGE 69, 1, 2 f. und U. v. 5.3.1999, BRS 62 Nr. 178). Ein **Vorbescheid** gemäß Abs. 1 stellt als **vorweggenommener Teil der Baugenehmigung** für die Dauer seiner Geltung das Vorliegen bestimmter rechtlicher Voraussetzungen für die Zulässigkeit eines Bauvorhabens fest, von denen bei der Entscheidung über den rechtzeitig gestellten Bauantrag auch dann auszugehen ist, wenn sich die Sach- oder Rechtslage inzwischen geändert hat. Rechtsdogmatisch handelt es sich dabei um einen **feststellenden Verwaltungsakt mit befristeter Dauerwirkung** (zum Vorbescheid nach der BauOBln grundlegend: OVG Bln, U. v. 16.7.1990, OVGE 18, 265, 269 ff. = BRS 50 Nr. 162 = GE 1992, 45 ff. =

LKV 1991, 243, 244 f.; s. auch U. v. 27.11.1987, OVGE 18, 78, 79 f., U. v. 11.3.1991, BRS 52 Nr. 167 und U. v. 11.2.2003, a. a. O.). Möglich ist auch ein Vorbescheid mit **rechtsgestaltender Wirkung**, soweit beispielsweise bereits im Vorbescheid eine bauplanungsrechtliche Ausnahme oder Befreiung (§ 31 BauGB) bzw. eine bauordnungsrechtliche Abweichung (s. § 68) erteilt wird (vgl. OVG Bln, U. v. 16.7.1990, a. a. O.).

b) Unter die Bestimmung des § 74 Abs. 1 fällt die gesetzlich nicht ausdrücklich geregelte „**Bebauungsgenehmigung**" als **Vorbescheid über die planungsrechtliche Zulässigkeit von Vorhaben**. Mit dieser Begriffsprägung hat die höchstrichterliche Rechtsprechung über die Auslegung des bundesrechtlichen Planungsrechts hinaus entscheidende Impulse für eine Vereinheitlichung der Dogmatik des Vorbescheids gegeben, aber auch neue Streitfragen aufgeworfen, die aufgrund von Bundesrecht nicht zu entscheiden sind (vgl. RNrn. 21 ff.). Das Bundesverwaltungsgericht versteht unter dem bereits vom Preußischen OVG (U. v. 23.3.1939, OVGE 104, 206, 208) kreierten Begriff der „Bebauungsgenehmigung" einen Vorbescheid besonderer Art: Die Bebauungsgenehmigung sei ihrem Wesen nach ein Ausschnitt aus dem feststellenden Teil der Baugenehmigung, der die Frage der bodenrechtlichen Bebauungsfähigkeit eines Grundstücks regele (st. Rspr. seit U. v. 23.5.1975, BVerwGE 48, 242, 244; U. v. 4.3.1983, BRS 40 Nr. 71; U. v. 9.12.1983, BVerwGE 68, 241, 243 = BauR 1984, 164 f.; U. v. 3.2.1984, BVerwGE 69, 1, 2 f.; U. v. 26.101984, BVerwGE 70, 227, 230; U. v. 17.3.1989, BRS 49 Nr. 168 = NVwZ 1989, 863). Sie setzt sich gegen nachfolgende Rechtsänderungen – z. B. Inkrafttreten einer Veränderungssperre (vgl. § 14 Abs. 3 BauGB) oder eines Bebauungsplans – durch (BVerwG, U. v. 3.2.1984, a. a. O.).

c) Ob ein **Vorbescheid** im Sinne von Abs. 1 – **oder** nur eine **Auskunft** oder **Zusicherung** der BABeh. – vorliegt, ist im Einzelfall entsprechend **§ 133 BGB** durch eine am erklärten Willen und dem objektiven Empfängerhorizont orientierte **Auslegung** des behördlichen Schreibens zu ermitteln. Dabei kann trotz Verwendung der missverständlichen Formulierung, die Zustimmung zu einem Vorhaben werde „in Aussicht gestellt", aus den Gesamtumständen (formularmäßige Voranfrage, Überschrift „Vorbescheid" auf dem Behördenschreiben, Hinweis auf Erteilung eines Vorbescheids im Bescheidtext sowie Erhebung einer entsprechenden Verwaltungsgebühr) geschlossen werden, dass ein Vorbescheid vorliegt (OVG Bln, U. v. 16.7.1990, OVGE 18, 265, 266 f. = BRS 50 Nr. 162 = LKV 1991, 243 f.; abw. von der im B. v. 27.3.1986, OVGE 17, 204 ff., bei summarischer Prüfung zuvor vertretenen Auffassung).

2. In **Abs. 1 Satz 1** werden die **Voraussetzungen eines Vorbescheids** angesprochen.

a) Aus der Voraussetzung, dass ein Vorbescheid „vor Einreichung des Bauantrags" erteilt wird, ergibt sich eine **gegenständliche und** eine **zeitliche Eingrenzung des Anwendungsbereichs**.

aa) **Gegenständlich** ist die Bauvoranfrage **auf baugenehmigungsbedürftige Vorhaben begrenzt**. Für verfahrensfreie Vorhaben (§ 62) kann ein Vorbescheid nicht erteilt werden (OVG Saar, U. v. 8.6.1993, BRS 55 Nr. 142), selbst wenn Zweifel an der Genehmigungsfreiheit bestehen (vgl. Drescher, Rechtsprobleme des baurechtlichen Vorbescheids, 1993, S. 252 ff. m. w. N.). Gleiches gilt nunmehr wieder für die Genehmigungsfreistellung: Mit der Einführung des planungsrechtlichen Bescheids (Abs. 2) ist das zur Systematik des Vorbescheids nicht passende, durch § 56a Abs. 2 Satz 1 Nr. 1b BauO Bln 1997 kreierte Institut eines „isolierten Vorbescheids" (s. dazu Vorafl., § 56a RNr. 15, § 59 RNrn. 4, 6) im Genehmigungsfreistellungsverfahren entfallen und systemgerecht durch einen eigenständigen feststellenden Verwaltungsakt ersetzt worden.

7 Da der Vorbescheid nichts anderes ist als ein vorweggenommener Teil des feststellenden Teils der Baugenehmigung, ist die Voranfrage zudem **gegenständlich begrenzt** auf Fragen, die sich auch bei Prüfung der Voraussetzungen für die Erteilung einer Baugenehmigung stellen könnten, also **auf Gesichtspunkte, über die von der BABeh. im Rahmen der Baugenehmigung mit unmittelbarer Rechtswirkung nach außen zu entscheiden ist** (vgl. OVG Bbg, B. v. 23.4.1999, BRS 62 Nr. 172 = BauR 2000, 549 f.; OVG NW, U. v. 16.11.2001, BRS 64 Nr. 164; Finkelnburg/Ortloff, Öffentliches Baurecht II, S. 163; Knuth, LKV 2004, S. 193, 198 f.); dies dürfte auch für dem Baugenehmigungsverfahren „aufgedrängte" öffentlich-rechtliche Anforderungen im Sinne von §§ 64 Satz 1 Nr. 3, 65 Satz 1 Nr. 3 gelten, soweit wegen der Baugenehmigung eine Entscheidung nach anderen öffentlich-rechtlichen Vorschriften entfällt oder diese Entscheidung durch die Baugenehmigung ersetzt wird. Abzustellen ist darauf, ob die Beteiligung einer anderen Behörde durch die BABeh. bloß behördenintern erfolgt und die Feststellungswirkung einer Baugenehmigung sich auch auf die betreffenden öffentlich-rechtlichen Bestimmungen erstreckt (s. OVG NW, B. v. 16.11.2001, a. a. O.: Vorbescheid kann die gemäß § 9 Abs. 2, Abs. 3 FStrG der Zustimmung der obersten Landesstraßenbaubehörde bedürftigen Fragen regeln; vgl. zur Einbeziehung naturschutzrechtlicher Fragen im Rahmen von § 59 BbgBO auch OVG Bln-Bbg, B. v. 6.11.2006 – OVG 2 N 156.05 – sowie Knuth, LKV 2004, 198 f.); der Vorbescheid kann aber nicht zu solchen Fragen ergehen, zu denen vom Bauherrn nach anderen Rechtsvorschriften als denen der BauOBln Genehmigungen, Bewilligungen oder Zustimmungen einzuholen oder Anzeigen in Verfahren zu erstatten sind, in denen nicht die BABeh., sondern eine andere Behörde über das Begehren mit unmittelbarer Rechtswirkung nach außen zu befinden hat (OVG NW, ebd.; OVG RP, U. v. 17.11.1999, BRS 62 Nr. 165). Die Auffassung, ein Vorbescheid zu einzelnen bauplanungsrechtlichen Fragen könne auch dann erlassen werden, wenn offen sei, ob über diese Fragen in einer Baugenehmigung oder in einer wasserrechtlichen Erlaubnis zu entscheiden sei (BayVGH, U. v. 19.4.2004, BRS 67 Nr. 176), ist demnach abzulehnen. Ob ein Vorbescheid zu Fragen des Denkmalschutzes ergehen kann, ist umstritten. Zwar schließt die nach behördeninterner Beteiligung der und im Einvernehmen mit der zuständigen Denkmalbehörde ergehende Baugenehmigung die denkmalrechtliche Genehmigung ein (§ 12 Abs. 3 Satz 2 DSchG Bln), jedoch hat der Bauherr es in der Hand, eine Genehmigung nach § 11 Abs. 1 und Abs. 2 DSchG Bln auch gesondert zu beantragen (§ 12 Abs. 1 Satz 2 DSchG Bln), so dass das Sachbescheidungsinteresse für einen entsprechenden Bauvorbescheid zweifelhaft erscheint; ein Vorbescheid wird aber dennoch als sinnvoll erachtet, wenn die grundsätzliche Zulässigkeit des Vorhabens sowohl von der Beantwortung bauplanungsrechtlicher als auch denkmalrechtlicher Fragen abhängt (von Feldmann/Groth/Jänsch, Baudenkmalrecht, Leitfaden für Berlin und Brandenburg, 2007, S. 28; s. aber zur BbgBO: VG Potsdam, U. v. 1.11.2001, BauR 2003, 375).

8 bb) Die Voranfrage hat nach dem Gesetzeswortlaut und -zweck regelmäßig **zeitlich** vor Einreichung des Bauantrags zu erfolgen. Ein Sachbescheidungsinteresse für eine gleichzeitig oder sogar später gestellte Voranfrage kann aber bestehen, wenn mit ihr die grundsätzliche planungsrechtliche Genehmigungsfähigkeit oder Einzelfragen eines Vorhabens geklärt werden soll(en) und die Bindungswirkung der insofern zu treffenden Feststellungen für ein (weiteres) Genehmigungsverfahren von Bedeutung sein kann. Fraglich ist, ob das Rechtsschutzinteresse für eine auf Erteilung eines Vorbescheids gerichtete Klage bestehen bleibt, wenn die Klage auf Baugenehmigung für dasselbe Vorhaben rechtshängig gemacht wird (grds. bejahend: OVG Bln, U. v. 26.8.1998, OVGE 23, 77, 79 f. = NVwZ-RR 1999, 231; s. aber auch: VGH BW, U. v. 12.9.1996, BRS 58 Nr. 153).

b) Der Vorbescheid ergeht „**zu einzelnen Fragen des Bauvorhabens**" (Abs. 1 Satz 1).

aa) **Gegenstand** (zu diesem s. bereits RNrn. 7 f.), **Zahl** und **Umfang** der **Fragen bestimmt** der **Bauherr** (OVG Bln, U. v. 16.7.1990, OVGE 18, 265, 274 = BRS 50 Nr. 162). Da der Vorbescheid einen Antrag des Bauherrn voraussetzt, ist die Benennung der „einzelnen Fragen des Bauvorhabens", zu denen der Vorbescheid ergehen soll, nicht Aufgabe der Bauaufsichtsbehörde, sondern eine **Obliegenheit des Bauherrn**, der dieser in der Regel nicht bereits durch eine Umschreibung des Vorhabens mit wenigen Schlagworten nachkommt (OVG Bbg, B. v. 23.4.1999, BRS 62 Nr. 172 = BauR 2000, 549 f.). Der **Inhalt der Bauvoranfrage muss hinreichend bestimmt** (s. dazu: OVG Bln-Bbg, U. v. 25.4.2007, LKV 2007, 473, 474) **sein**. Zwar soll die BABeh. nicht verpflichtet sein, aus dem Gesamtvorbringen eines Antragstellers einzelne, vorbescheidsfähige Fragen herauszuarbeiten (OVG RP, U. v. 17.11.1999, BRS 62 Nr. 165); nach den auch im Vorbescheidsverfahren entsprechend anwendbaren Auslegungsgrundsätzen des § 133 BGB (s. RNr. 4 sowie OVG NW, U. v. 20.2.2004, BRS 67 Nr. 175) kann sich die Fragestellung aber nicht nur aus einer wörtlichen Formulierung, sondern auch aus sonstigen Umständen (z. B. der Begründung des Antrags bzw. den eingereichten Bauvorlagen) hinreichend bestimmt ergeben, so dass zu prüfen bleibt, ob der Vorbescheidsantrag auslegungsfähig ist (vgl. OVG Bln-Bbg, B. v. 23.9.2005 – 2 N 147.05 – und v. 23.12.2005 – 2 N 161.05 –; s. auch VGH BW, U. v. 29.6.1994, BauR 1995, S. 70 f. und BayVGH, U. v. 22.5.2006, BRS 70 Nr. 68). Zu weitgehend dürfte der Leitsatz des BayVGH (U. v. 2.7.2004, BRS 67 Nr. 174) sein, Gegenstand eines Antrags auf Bauvorbescheid sei im Zweifel die planungsrechtliche Zulässigkeit des Vorhabens einschließlich der Erschließung. Die Bauvoranfrage ist **nicht bescheidungsfähig**, wenn auf der Grundlage der mit ihr eingereichten Bauvorlagen keine positive Aussage darüber getroffen werden kann, ob das Bauvorhaben hinsichtlich der mit der Bauvoranfrage zur Entscheidung gestellten Fragen baurechtlich zulässig ist (OVG Bln-Bbg, U. v. 25.4.2007, a. a. O.; OVG Bbg, B. v. 23.4.1999, a. a. O.; OVG NRW, U. v. 20.2.2004, a. a. O.). Der Voranfrage muss eine bestimmte, über das bloße Auskunftsbegehren nach den rechtlichen Möglichkeiten der Bebauung eines Grundstücks (dazu: VGH BW, U. v. 14.11.2006, BRS 70 Nr. 88) hinausgehende inhaltlich artikulierte Bauabsicht zugrunde liegen; die Frage muss so präzis gefasst sein, dass später bei Vorlage der Baugenehmigungsunterlagen festgestellt werden kann, ob zu einem bestimmten Aspekt dieses Vorhabens eine positiv die Zulässigkeit feststellende Entscheidung bereits ergangen ist (OVG NW, U. v. 20.6.1985, NVwZ 1986, S, 580). Der Vorbescheidsantrag muss daher so klar sein, dass der ergehende Vorbescheid mit seiner Bindungswirkung für das Baugenehmigungsverfahren die erforderliche Eindeutigkeit aufweist (OVG Bln, U. v. 16.7.1990, OVGE 18, 265, 276 = BRS 50 Nr. 162; OVG MV, U. v. 20.6.2006, BRS 70 Nr. 106). Eine **unpräzise Fragestellung** wirkt sich für den Bauherrn nachteilig aus: Zweifel daran, ob neben einer eindeutig formulierten Frage noch weitere baurechtliche Fragen zur Entscheidung gestellt worden sind, gehen mit der Folge zu seinen Lasten, dass weitere Fragen als nicht gestellt und nicht beantwortet anzusehen sind (OVG Bln, a. a. O.).

bb) Das **Vorhaben** muss bei einer Voranfrage noch **nicht in dem Maße konkretisiert** sein, **wie** es **für die Erteilung einer Baugenehmigung** erforderlich ist, da der Vorbescheid noch keine Baufreigabe bewirkt (s. RNr. 2). Zum Gegenstand einer Voranfrage kann nach Sinn und Zweck des Instituts die **grundsätzliche planungsrechtliche Zulässigkeit eines Vorhabens** gemacht werden, das nur in groben Umrissen nach Art und Umfang bestimmt ist und dessen Ausführung im einzelnen späterer Prüfung überlassen bleibt (BVerwG; U. v. 3.4.1987, BRS 47 Nr. 63 = NVwZ 1987, 884 f. und U. v. 9.2.1995, BRS 57 Nr. 206; OVG Bln, U. v. 27.11.1987, OVGE 18, 78, 80 und U. v. 16.7.1990, OVGE

18, 265, 274 = BRS 50 Nr. 162). Liegt eine derartige Anfrage vor, bei der die vom Bauherrn zur Konkretisierung seiner Absichten beigefügte Beschreibung des Vorhabens im einzelnen letztlich nicht mehr als einen Vorschlag darstellt, wie das Vorhaben in die Tat umgesetzt werden könnte, so lässt ein hierauf ergehender Vorbescheid die planungsrechtliche Zulässigkeit des Vorhabens in seiner konkreten Ausführung offen. Soll dagegen die Frage der bauplanungsrechtlichen Zulässigkeit des Vorhabens im Vorbescheid umfassend und abschließend geklärt werden, muss die lagemäßige Einordnung des Vorhabens aufgrund von hinreichend aussagekräftigen Bauvorlagen feststehen; es ist nicht Aufgabe der BABeh., im Vorbescheidsverfahren gewissermaßen im Auftrag des Bauherrn einen zulässigen Standort auf dem Baugrundstück zu ermitteln (VGH BW, U. v. 15.3.1994, BRS 56 Nr. 152). Werden nur eng begrenzte **Einzelfragen** aufgeworfen, so müssen diese **selbständig beurteilbar** sein (vgl. OVG NW, U. v. 16.5.1995, BRS 57 Nr. 195). Der Vorbescheid muss abgelehnt werden, wenn der zur Entscheidung gestellte Teil des Vorhabens nicht ohne genaue Kenntnis des Gesamtvorhabens abschließend beurteilt werden kann (OVG Bln, U. v. 16.7.1990, OVGE 18, 265, 274 = BRS 50 Nr. 162). Nicht bescheidungsfähig ist demnach auch eine Bauvoranfrage, mit der sachliche Teile eines Vorhabens aus der Fragestellung so ausgeklammert werden, dass eine verbindliche rechtliche Beurteilung des Vorhabens nicht mehr möglich ist (OVG NW, U. v. 1.7.2002, BRS 65 Nr. 173: bei der Frage nach der Zulässigkeit der Art der baulichen Nutzung eines großflächigen Einzelhandelsbetriebs mit zahlreichen Stellplätzen kann eine Prüfung des Gebots der Rücksichtnahme nach § 15 Abs. 1 BauNVO nicht durch das Offenhalten der Anordnung der Anlagen auf dem Baugrundstück ausgeklammert werden; ähnlich OVG Bln-Bbg, B. v. 26.4.2007, a. a. O., für den Fall der Ausklammerung der über zwei Straßen möglichen Zufahrt und der Verkehrsströme auf dem Vorhabengrundstück mit 47 Stellplätzen aus der Voranfrage).

11 3. Auf das **Vorbescheidsverfahren** sind gemäß Abs. 1 Satz 4 die Regelungen der **§§ 69 und 70 Abs. 1 bis 3** unter Berücksichtigung der sich aus der Rechtsnatur des Vorbescheids (RNrn. 2 ff.) ergebenden Besonderheiten **entsprechend anwendbar**.

12 a) Zunächst bedarf es eines **schriftlichen Antrags** (Abs. 1 Satz 1, zur Schriftform einschließlich des Unterschriftserfordernisses: Abs. 1 Satz 4 i. V. m. § 69 Abs. 1 und Abs. 4 Sätze 1 und 2 sowie § 1 Abs. 4 BauVerfVO betr. Vordrucke). Die zur Beurteilung der Vorbescheidsfragen jeweils erforderlichen **Bauvorlagen** (z. B.: Lageplan, Bauzeichnungen, Bau- und Betriebsbeschreibungen) sind mit dem Antrag einzureichen (Abs. 1 Satz 4 i. V. m. § 69 Abs. 2 Satz 1 sowie § 1 Abs. 1 Nr. 6 BauVerfVO), Es kann gestattet werden, dass einzelne Bauvorlagen nachgereicht werden (§ 69 Abs. 2 Satz 2); die BABeh. soll auf Bauvorlagen verzichten, wenn diese zur Beurteilung des Vorhabens nicht erforderlich sind (§ 1 Abs. 6 BauVerfVO). Das OVG Bln-Bbg (B. v. 25. 4. 2007, a. a. O.) hat offen gelassen, ob ein Vorbescheidsantrag noch im gerichtlichen Verfahren durch Vervollständigung der Bauvorlagen „entscheidungsfähig" gemacht werden kann.

13 Die **Erforderlichkeit von Bauvorlagen** bemisst sich nach Art und Umfang des Vorhabens sowie der jeweiligen Vorbescheidsfrage. So kann eine nur auf die Art der baulichen Nutzung beschränkte Anfrage im Hinblick auf die Problematik der Gebietsverträglichkeit (§ 15 Abs. 1 BauNVO, § 7 Nr. 5 BO 58) im Einzelfall die Beibringung umfassender Unterlagen auch hinsichtlich des Nutzungsmaßes und der Stellplätze angezeigt erscheinen lassen (OVG Bln, U. v. 16.7.1990, OVGE 18, 265, 276 f. = BRS 50 Nr. 162 betr. Selbstbedienungswarenhaus; vgl. auch OVG NW, U. v. 1.7.2002, BRS 65 Nr. 173). Als Grundlage für die Prüfung der bauplanungsrechtlichen Zulässigkeit eines Vorhabens kommt in erster Linie ein Lageplan in Betracht (Vgl. OVG Bbg, B. v. 23.4.1999, BRS 62 Nr. 172 = BauR 2000, 549 f. zu der Parallelvorschrift des § 59 BbgBO); dieser muss die

in § 3 Abs. 3 Nrn. 1 bis 17 BauVerfVO genannten Inhalte und Angaben enthalten, soweit diese zur Beurteilung der Vorbescheidsfragen erforderlich sind. Der 2. Senat des OVG Bln-Bbg, bei dem sich hinsichtlich der im Vorbescheidsverfahren einzureichenden Bauvorlagen eine weniger strenge Rechtsprechung abzeichnet, als sie das frühere OVG Bbg über längere Zeit praktiziert hat, hält bei einem hinsichtlich seiner Lage auf dem Grundstück eindeutig konkretisierten Vorhaben eines Einfamilienhauses im unbeplanten Innenbereich die Vorlage von Flurkarten und Lichtbildern auch ohne Lageplan für ausreichend (B. v. 23.9.2005 – 2 N 147.05), wenn bereits anhand der unterbreiteten Bauvorlagen sowie anderer, weniger zeit- und kostenintensiver Aufklärungsmaßnahmen eine Beantwortung der Vorbescheidsfrage möglich ist.

Nicht abschließend geklärt ist, inwieweit Bauvorlagen im Vorbescheidsverfahren von **bauvorlageberechtigten Entwurfsverfasserinnen oder Entwurfsverfassern** unterschrieben sein müssen. Über den im Vorbescheidsverfahren entsprechend anwendbaren § 69 Abs. 2 dürfte grundsätzlich § 66 Abs. 1 Anwendung finden, wobei in der Literatur z. T. aber nach den Vorbescheidsfragen dahingehend differenziert wird, dass bei einer grundsätzlichen Klärung der planungsrechtlichen Situation die Errichtung eines Gebäudes noch nicht anstehe und deshalb keine Bauvorlagenberechtigung erforderlich sei (so Hahn/Radeisen, § 74 RNr. 3; vgl. OVG RP, U. v. 17.11.1999, BRS 62 Nr. 165 zum dortigen Landesrecht). Allerdings spricht die Verweisung des Abs. 1 Satz 4 auf die Regelung des § 69 Abs. 4 Satz 1, der gemäß die bauvorlageberechtigte Entwurfsverfasserin oder der bauvolageberechtigte Entwurfsverfasser die Bauvorlagen zu unterschreiben haben, dafür, dass die als Bauvorlagen in Betracht kommenden Lagepläne (sofern sie nicht ohnehin von einer Vermessungsstelle zu erstellen sind, vgl. § 3 Abs. 2 Sätze 4 und 5 BauVerfVO), Bauzeichnungen sowie Bau- und Betriebsbeschreibungen für Voranfragen zur Errichtung oder Änderung von Gebäuden von bauvolageberechtigten Personen zu erstellen sein dürfen, soweit sie zur Beurteilung der im Vorbescheidsverfahren gestellten Fragen erforderlich sind.

b) Für das **Verwaltungsverfahren** (u. a. hinsichtlich der Bearbeitungs- und Entscheidungsfristen, der Aufforderung zur Mängelbehebung, der Rücknahmefiktion und der Behördenbeteiligung) sind die Regelungen des § 70 Abs. 1 bis 3 entsprechend anzuwenden; dies gilt auch für die Zustimmungs- und Einvernehmensfiktion des § 70 Abs. 2 Satz 2 bei der Beteiligung anderer Behörden. Da eine entsprechende Anwendung des das vereinfachte Baugenehmigungsverfahren betreffenden § 70 Abs. 4 in Abs. 1 Satz 4 nicht angeordnet ist, gilt der Vorbescheid – anders als die Baugenehmigung im vereinfachten Baugenehmigungsverfahren – allerdings auch nach Ablauf der der BABeh. gesetzten Entscheidungsfrist (§ 70 Abs. 3) nicht als erteilt; einen „fiktiven Vorbescheid" (vgl. zur Problematik HbgOVG, B. v. 27.3.2003, NordÖR 2003, 448; OVG Saar, U. v. 31.3.2003, BRS 66 Nr. 120; Saurer, DVBl, 2006, 605, 609) kennt die BauOBln demnach nicht.

c) Anders als bisher fehlt in Abs. 1 Satz 4 (im Übrigen ohne Begründung abweichend von § 75 Abs. 2 MBO) eine Anordnung der entsprechenden Geltung der Regelung über die **Schriftform** der Baugenehmigung (jetzt: § 71 Abs. 2 1. Halbsatz). Im Hinblick auf die Rechtsnatur des Vorbescheids als eines feststellenden Verwaltungsakts mit befristeter Dauerwirkung, der als vorweggenommener Teil der Baugenehmigung während seiner Geltungsdauer Bindungswirkung entfaltet, sprechen schon Gründe der Rechtssicherheit dafür, ein Schriftformerfordernis aus der Art des Verwaltungsaktes (vgl. allgemein: Kopp/Ramsauer, VwVfG, 10. Aufl., § 37 RNr. 21 a) und aus seinem Bezug zur Baugenehmigung zu bejahen, zumal der Gesetzesvorlage wohl nicht die Absicht einer inhaltlichen Modifizierung zugrunde lag, sondern die bisherige Regelung über den Vorbescheid nur „geringfügig redaktionell" geändert werden sollte (vgl. AH-Drucks. 15/3926, S. 132).

17 d) Der Vorbescheid gilt auch für und gegen **Rechtsnachfolgerinnen und Rechtsnachfolger** (Abs. 1 Satz 4 i. V. m. § 58 Abs. 2).

18 **4.** Auf die Erteilung des Vorbescheids besteht bei Vorliegen der gesetzlichen Voraussetzungen ein **Rechtsanspruch**. Diese bereits zur bisherigen Regelung allgemein anerkannte Rechtsauffassung (s. Voraufl. § 59 RNr. 10) hat der Gesetzgeber aufgegriffen und nunmehr in Abs. 1 Satz 1 („ ... ist ... zu erteilen") ausdrücklich ausgesprochen (s. auch AH-Drucks 15/3926, S. 132). Die BABeh. darf nicht von sich aus Belange in die Prüfung einbeziehen, die nicht Gegenstand der in dem Vorbescheidsantrag aufgeworfenen „einzelnen Fragen" sind, und von ihrer Beurteilung die Erteilung des Vorbescheids abhängig machen (Nds OVG, U. v. 14.4.2004, BRS 67 Nr. 171 betr. sanierungsrechtliche Belange). Der Antrag ist aber abzulehnen, wenn dieser nicht bescheidungsfähig ist, z. B. weil die aufgeworfenen Einzelfragen nicht selbständig beurteilbar sind (s. dazu oben RNr. 10). Die Behörde kann die Erteilung eines Vorbescheids zudem ablehnen, wenn es dem Antragsteller an einem Sachbescheidungsinteresse fehlt. Das ist dann der Fall, wenn sich Hindernisse für die Verwirklichung des Vorhabens – etwa bei der Voranfrage ausgeklammerte Erschließungsprobleme – schlechthin nicht ausräumen lassen und deshalb der Antragsteller von einer Klärung der Vorbescheidsfragen keinen Nutzen haben könnte (BVerwG, U. v. 23.5.1975, BVerwGE 48, 242, 247; OVG Bln, U. v. 26.8.1998, OVGE 23, 77, 83 = NVwZ-RR 1999, 231 f.; vgl. auch OVG NW, U. v. 15.1.1992, NWVBl 1993, S. 25, 27). Vor einer vollständigen Ablehnung ist stets zu prüfen, ob eine teilweise Beantwortung der Fragen möglich ist; besteht ein Vorhaben aus mehreren selbständigen baulichen Anlagen, so berechtigt der Umstand, dass ein Teil der Gebäude planungsrechtlich unzulässig ist, nicht dazu, den beantragten Bauvorbescheid ohne weitere Prüfung auch für die übrigen Gebäude zu versagen (VGH BW, U. v. 28.3.2001, BRS 64 Nr. 151).

19 **5.** Vorbescheide entfalten eine rechtliche **Bindungswirkung** für das Baugenehmigungsverfahren. Sie stellen für die Dauer ihrer Geltung (dazu unten RNrn. 26 ff.) das Vorliegen bestimmter rechtlicher Voraussetzungen der Zulässigkeit des Vorhabens fest, von deren Vorliegen bei der Entscheidung über den rechtzeitig gestellten Bauantrag auch dann auszugehen ist, wenn sich die Sach- oder Rechtslage zwischenzeitlich geändert hat (OVG Bln, U. v. 16.7.1990, OVGE 18, 265, 267 = BRS 50 Nr. 162 und U. v. 26.8.1998, NVwZ-RR 1999, 231; s. oben RNr. 3). Die BABeh muss – solange der Vorbescheid wirksam, nicht zurückgenommen, nicht widerrufen oder der Bauantrag nicht erst nach Ablauf der Geltungsdauer gestellt worden ist – die im Vorbescheid getroffenen bindenden Feststellungen in die Baugenehmigung übernehmen und zu deren Bestandteil machen, ohne hierüber erneut zu entscheiden, denn über das Bauvorhaben ist im Umfang der darin getroffenen Feststellungen bereits abschließend entschieden worden (OVG Bln, U. v. 11.2.2003 – OVG 2 B 16.99 –). Für die Geltungsdauer des Vorbescheids und im Umfang der in ihm getroffenen Feststellungen können dem späteren Bauantrag deshalb etwa eine Veränderungssperre (§ 14 Abs. 3 BauGB), das Inkrafttreten eines Bebauungsplans, die Verschärfung bauordnungsrechtlicher Anforderungen oder planungsrechtlich relevante Umgebungsveränderungen nicht entgegen gehalten werden. Diese Rechtsposition entsteht allerdings noch nicht mit der Rechtskraft eines gerichtlichen Verpflichtungsurteils auf Erlass eines Vorbescheides, sondern erst mit dessen Erteilung, so dass die BABeh. der Vollstreckung aus dem Urteil eine zwischenzeitliche Rechtsänderung (z. B. den Erlass eines Bebauungsplans) entgegenhalten kann (BVerwG, U. v. 26.10.1984, BVerwGE 70, 227, 230; NdsOVG, B. v. 14.10.1999, BRS 62 Nr. 174 betr. Darstellung Sonderbaufläche für Windenergieanlagen in Flächennutzungsplan). Bindungswirkung entfaltet im übrigen nur der positive, den Bauherrn begünstigende Inhalt eines Vorbescheids; die Ablehnung eines Vorbescheidsantrags bewirkt keine bindende, in die Zukunft fortdauernde Feststellung der Unzulässigkeit eines Bauvorhabens (SächsOVG, B. v. 4.4.1997, LKV 1997, 374).

a) Der **sachliche Umfang der Bindungswirkung** ist abhängig von den im Vorbescheidsantrag gestellten Fragen. Da der Vorbescheid sich stets nur auf einzelne Fragen eines Bauvorhabens erstreckt, enthält das zur Genehmigung gestellte Vorhaben in aller Regel Ergänzungen und Abweichungen gegenüber dem im Vorbescheidsantrag beschriebenen Vorhaben. Ausschlaggebend für das erforderliche Maß an „Identität" des Bauvorhabens mit dem Vorbescheidsvorhaben ist der Inhalt des Vorbescheids, zu dessen Bestimmung die vom Bauherrn gestellten Einzelfragen regelmäßig heranzuziehen sind (OVG Bln, U. v. 16.7.1990, OVGE 18, 265, 273 ff. = BRS 50 Nr. 162). Je präziser im Vorbescheidsverfahren die Einzelheiten eines Vorhabens (z. B. Nutzungsmaß, Lage auf dem Baugrundstück, Abstand zu Nachbargrundstücken) zur Beurteilung gestellt werden, um so eher werden selbst relativ geringfügige Änderungen des Vorhabens vom Umfang der Bindungswirkung nicht mehr erfasst sein (vgl. BVerwG, B. v. 11.8.1993, BRS 55 Nr. 98 zur Bindungswirkung einer Teilungsgenehmigung). So erstreckt sich die Bindungswirkung nicht auf ein Vorhaben, das eine – wenn auch nur kleine – abstandsflächenrechtlich relevante Änderung der Planung darstellt, sofern diese bauordnungsrechtliche Frage Gegenstand des Vorbescheidsverfahrens gewesen ist (BayVGH, U. v. 4.11.1996, BRS 58 Nr. 151). Bei einem Vorbescheid über die planungsrechtliche Zulässigkeit („Bebauungsgenehmigung", s. RNrn. 4, 11) entfällt die Bindungswirkung nur bei einer wesentlichen Ergänzung oder Abweichung, die das Bauvorhaben im Vergleich zum Vorbescheidsvorhaben derart verändert, dass wegen dieser Änderung die Genehmigungsfrage in bodenrechtlicher Hinsicht erneut aufgeworfen wird (BVerwG, U. v. 4.3.1983, BRS 40 Nr. 71; OVG Bln, U. v. 16.7.1990, a. a. O.). Besonders geringe Anforderungen an die „Identität" der Vorhaben bestehen bei einem Vorbescheid über die grundsätzliche planungsrechtliche Zulässigkeit (RNr. 11); damit korrespondiert allerdings die geringe „Dichte" der Bindung hinsichtlich der „Details" des Bauvorhabens.

b) Die beschriebene Bindungswirkung kommt jedenfalls dem **bestandskräftigen Vorbescheid** zu; dessen Inhalt wird lediglich redaktionell in die Baugenehmigung übernommen, ohne dass eine neue Entscheidung über die Vorbescheidsfragen erfolgt. Umstritten ist, ob dies auch bei einem (von Dritten angefochtenen) noch nicht bestandskräftigen Vorbescheid gilt. Das BVerwG hat in seiner Rechtsprechung zur „Bebauungsgenehmigung" ausgesprochen, dass die in einem noch nicht bestandskräftigen Vorbescheid bejahte bauplanungsrechtliche Zulässigkeit des Vorhabens Gegenstand der gerichtlichen Kontrolle in dem gegen die spätere Baugenehmigung gerichteten Anfechtungsprozess des Nachbarn ist (U. v. 9.12.1983, BVerwGE 68, 241, 244 f. = BRS 40 Nr. 176). Der Inhalt eines derartigen Vorbescheids müsse in der Baugenehmigung, die im Hinblick auf die nicht bestandskräftige Bebauungsgenehmigung ein Zweitbescheid sei, erneut geregelt werden; gegenüber dem Bauherrn sei die BABeh. an den Inhalt des (wirksamen) Vorbescheids gebunden, gegenüber einem Dritten (Nachbarn) bestehe die Bindung nur, soweit er auch ihm gegenüber bei Erteilung der Baugenehmigung bereits bestandskräftig gewesen sei (BVerwG, U. v. 17.3.1989, BRS 49 Nr. 168 = NVwZ 1989, 863). Später stellte das BVerwG klar, dass bundesrechtlich nicht geregelt sei, ob mit Erlass der Baugenehmigung ein zuvor erteilter Vorbescheid gegenstandslos werde, sondern es Sache des Bauordnungsrechts der einzelnen Bundesländer sei, ggf. eine entsprechende Regelung zu treffen (BVerwG, U. v. 9.2.1995, BRS 57 Nr. 206 = NVwZ 1995, 894); dies hat der Gesetzgeber der BauOBln nicht getan.

Die Auffassung des BVerwG, dass nur der unanfechtbare Vorbescheid im Verhältnis zum die Baugenehmigung anfechtenden Dritten binde, hat in Teilen der Literatur zu

Recht ein kritisches Echo gefunden (s. nur Finkelburg/Ortloff, Öffentliches Baurecht II, S. 166; Fluck, VerwArch 1989, S. 223 ff.; ders., NVwZ 1990, 535; Schenke, DÖV 1990, 489); eine abschließende Stellungnahme des OVG Bln, das in seiner Grundsatzentscheidung zur Rechtsnatur des Vorbescheids (U. v. 16.7.1990, OVGE 18, 265, 268 = BRS 50 Nr. 162) das Urteil des BVerwG vom 17.3.1989 hinsichtlich der Bindungswirkung der Bebauungsgenehmigung lediglich referierte, ohne sich diese Rechtsansicht für den Vorbescheid nach der BauOBln zu eigen zu machen, ist nicht erfolgt (auch das U. v. 11.2.2003 – OVG 2 B 16.99 – lässt – mit gewisser Neigung zur hier im Einklang mit der Vorauf l., § 59 RNrn. 13-15, vertretenen Auffassung – diese Problematik im Ergebnis offen). Der (von der Frage der Bestandskraft zu unterscheidende) Regelungsgehalt des Vorbescheids mit seiner endgültigen Feststellung des Vorliegens bestimmter Genehmigungsvoraussetzungen spricht gegen die Auffassung des BVerwG. Denn im Umfang der im Vorbescheid getroffenen Feststellungen ist über das Vorhaben bereits abschließend entschieden, was von der BABeh. bei der Erteilung der Baugenehmigung einfach hinzunehmen ist (vgl. NdsOVG, B. v. 30.3.1999, BRS 62 Nr. 190; OVG NW, B. v. 9.12.1996, BRS 58 Nr. 52); die **Bindungswirkung** ist **unabhängig von der Bestandskraft** des Vorbescheids und folgt aus seiner **Wirksamkeit (§ 43 Abs. 2 VwVfG)**, mithin darf die BABeh. von der im Vorbescheid getroffenen Regelung nicht abweichen, solange der Vorbescheid wirksam ist und soweit die Feststellung reicht (Drescher, a. a. O., S. 99; Finkelnburg/Ortloff, Öffentliches Baurecht II, a. a. O.; Fluck, VerwArch 1989, 223, 227). Auch wird der Vorbescheid in Ermangelung einer entsprechenden landesrechtlichen Regelung mit der Erteilung der Baugenehmigung nicht gegenstandslos, sondern bleibt wirksam. Mithin ergibt eine Auslegung des maßgeblichen Landesrechts (der bundesrechtliche Anknüpfungspunkt für die Rechtsprechung des BVerwG in § 29 BauGB a. F. ist mit der Entkoppelung der bauplanungsrechtlichen Zulässigkeitsprüfung von der bauordnungsrechtlichen Genehmigungsbedürftigkeit entfallen) nach dem Wortlaut sowie Sinn und Zweck des § 74 Abs. 1, dass die Baugenehmigung die in dem Vorbescheid getroffene Regelung nicht nach Art eines Zweitbescheides aufnimmt, sondern die in dem Vorbescheid getroffene Regelung ihre Wirksamkeit behält und lediglich in die Baugenehmigung übernommen wird (ebenso zum dortigen Landesrecht: NdsOVG, B. v. 30.3.1999, BRS 62 Nr. 190).

23 c) Für den **Nachbarschutz** ergeben sich aus dem Meinungsstreit über das Verhältnis des Vorbescheids zur Baugenehmigung folgende Konsequenzen: Unumstritten ist zunächst, dass ein Nachbar, dem gegenüber ein Vorbescheid im Zeitpunkt der Erteilung der Baugenehmigung bereits bestandskräftig geworden ist, mit Nachbarwiderspruch und Nachbarklage gegen die Baugenehmigung sich nicht mit Erfolg gegen Regelungen (Feststellungen) zur Zulässigkeit des Vorhabens des Bauherrn wenden kann, die bereits im Vorbescheid getroffen wurden; im Umfang der Bindungswirkung des Vorbescheids ist der Nachbar dann mit seinen Einwänden gegen das Vorhaben gewissermaßen „präkludiert". Demgemäß empfiehlt es sich für den Nachbarn, gegen einen Vorbescheid vorsorglich Widerspruch bzw. Anfechtungsklage zu erheben, um den Eintritt der Bestandskraft vor Erteilung der Baugenehmigung zu verhindern. Umstritten ist die Frage nach dem „richtigen" Drittrechtsschutz in den Fällen, in denen der Vorbescheid dem Nachbarn gegenüber im Zeitpunkt der Erteilung der Baugenehmigung noch nicht bestandskräftig geworden ist, etwa weil der Vorbescheid diesem nicht bekannt gegeben wurde und er auch keine tatsächliche Kenntnis von diesem erlangt hat, die Widerspruchsfrist für den Nachbarn zu diesem Zeitpunkt noch nicht abgelaufen war oder der Nachbar einen noch nicht beschiedenen Widerspruch gegen den Vorbescheid eingelegt hat. Nach der vom BVerwG zur Bebauungsgenehmigung vertretenen Auffassung genügt in diesen Fällen die uneingeschränkt mögliche Anfechtung nur der Baugenehmi-

gung, während das weitere Schicksal des Vorbescheids dann wegen der Zweitregelung seines Inhalts in der Baugenehmigung für die Rechtsstellung des Nachbarn ohne Bedeutung ist (BVerwG, U. v. 17.3.1989, a. a. O.; ihm folgend z. B.: BayVGH, B. v. 1.4.1999, BayVBl. 1999, 467; SächsOVG, B. v. 2.10.1997, LKV 1998, 202 f.; Dirnberger in: Jäde u. a., Bauordnungsrecht Brandenburg, § 59 RNr. 43). Nach der hier favorisierten Sichtweise muss – neben der Baugenehmigung – auch der Vorbescheid durch den Nachbarn (ggf. weiterhin) angefochten werden, wenn im Vorbescheid nachbarrechtsrelevante Regelungen getroffen wurden (NdsOVG, B. v. 20.3.1999, BRS 62 Nr. 190; vgl. auch Finkelnburg/Ortloff, Öffentliches Baurecht II; S. 166, 334; Fluck, VerwArch 1989, 223, 228 ff.; Schenke, DÖV 1990, 489); der Nachbar darf diesen also auch bei Erteilung der Baugenehmigung nicht bestandskräftig werden lassen, wenn er in diesem getroffene und in die Baugenehmigung übernommene Feststellungen zur Zulässigkeit des Vorhabens als Verstoß gegen nachbarschützende Vorschriften rügen will. Auch das OVG Bln hat es als nicht ausreichend zur Abwendung der Bindungswirkung des Vorbescheids bezeichnet, nur gegen die Baugenehmigung Anfechtungsklage zu erheben, ohne zugleich daneben den Vorbescheid anzufechten, über diese Frage aber nicht abschließend entschieden (U. v. 11.2.2003 – 2 B 16.99 –). Hat der Nachbar sowohl den Vorbescheid als auch die Baugenehmigung angefochten und verletzt eine in dem Vorbescheid getroffene Feststellung der Übereinstimmung des Vorhabens mit im bauaufsichtlichen Genehmigungsverfahren zu prüfenden nachbarschützenden Vorschriften subjektive Rechte des Nachbarn, so sind nach der hier befürworteten Lösung der Vorbescheid und – wegen Fehlens der Voraussetzungen des § 71 Abs. 1 – auch die den Bau freigebende Baugenehmigung aufzuheben; sinnvollerweise ist die Klage gegen den Vorbescheid mit der gegen die Baugenehmigung zu verbinden (Finkelnburg/Ortloff, Öffentliches Baurecht II, S. 334). Ist die Baugenehmigung schon bestandskräftig geworden oder wegen der Ausführung des Bauvorhabens in ihrem verfügenden Teil „verbraucht", so entfällt bei nachträglicher Aufhebung des Vorbescheids insofern die verbindliche Feststellung der Übereinstimmung des Vorhabens mit öffentlich-rechtlichen Vorschriften als Grundlage des Bestandsschutzes (Fluck, VerwArch 1989, 223, 228 f.).

Im Zusammenhang mit dem Nachbarrechtsschutz gegen Vorbescheide ist weiter die Frage nach der Ausgestaltung des **vorläufigen Rechtsschutzes** umstritten. Auf der Grundlage der Rechtsprechung des BVerwG, der gemäß für den Nachbarschutz gegen die Baugenehmigung das weitere Schicksal eines bei deren Erteilung nicht bestandskräftigen Vorbescheids wegen der Zweitregelung seines Inhalts in der Baugenehmigung ohne Bedeutung sein soll, kann der Nachbar vorläufigen Rechtsschutz durch den Antrag auf Aussetzung der Vollziehung der Baugenehmigung (§ 80a Abs. 1 Nr. 2 VwGO) oder Anordnung der aufschiebenden Wirkung seines Widerspruchs oder seiner Klage gegen die – aufgrund gesetzlicher Regelung sofort vollziehbare (§ 212a Abs. 1 BauGB) – Baugenehmigung erlangen (§ 80a Abs. 3 i. V. m. § 80 Abs. 5 Satz 1 VwGO); für einen entsprechenden Antrag auf Gewährung vorläufigen Rechtsschutzes hinsichtlich des Vorbescheids wird von den dieser Auffassung folgenden Obergerichten ein Rechtsschutzinteresse verneint, da er dem Nachbarn keinen rechtlichen Vorteil vermitteln könnte (OVG NW, B. v. 9.12.1996, BRS 58 Nr. 52; OVG RP, B. v. 19.9.1996, NVwZ 1998, 651 f.; SächsOVG, B. v. 2.10.1997, LKV 1998, 202 f.; vgl. auch H. Redeker, NVwZ 1998, 589). Auf der Grundlage der hier favorisierten Auffassung, der gemäß eine Bindungswirkung des noch nicht bestandskräftigen Vorbescheids auch gegenüber dem Nachbarn eintritt, hängt der vorläufige Rechtsschutz von der Beantwortung der Frage nach der Bedeutung der aufschiebenden Wirkung eines Rechtsbehelfs gegen den feststellenden Verwaltungsakt Vorbescheid ab: Da die Bindungswirkung an die Wirksamkeit, nicht an die Vollziehbarkeit des Vorbescheids anknüpft, bedarf es eines separaten vorläufigen Rechtsschutzes im Zusammenhang mit dem Vorbescheid, wenn man den Suspensiveffekt im Sinne einer vorläufigen Wirksamkeitshemmung versteht (vgl. Schoch/Schmidt-Aßmann/Pietzner, VwGO, § 80 RNr. 19; Puttler in: Sodan/Ziekow, VwGO, 2. Aufl., § 80 RNrn. 35 ff.; a.A. OVG NW, B. v. 9.12.1996, BRS 58 Nr. 52), da dann die Bindung an eine wirksame Feststellung fehlt. Gleiches gilt bei Heranziehung eines durch § 80 Abs. 1 Satz 2 VwGO nahegelegten weiten Begriffsverständnisses der aufschiebenden Wirkung (s. Finkelnburg/Dombert/Külpmann, Vorläufiger Rechtsschutz im Verwaltungsstreitverfahren, 5. Aufl. RNrn. 631, 635; Fluck, VerwArch 1989, 223, 229 f.; NdsOVG, B. v. 30.3.1999, BRS 62 Nr. 190). Dagegen lässt sich auf der Grundlage der Meinung, dass der Suspensiveffekt die Wirksamkeit des Verwaltungsakts unberührt lasse, auch die Auffassung vertreten, dass die Bindungswirkung des Vorbescheids von diesem nicht berührt werde und es mithin keines separaten vorläufigen Rechtsschutzes gegen den Vorbescheid bedürfe, da Vorbescheide weder für den Bauherrn noch für die BABeh. „vollziehbar" seien (vgl. Finkelnburg/Ortloff, Öffentliches Baurecht II, S. 321).

25 Vor diesem Hintergrund ist auch die Streitfrage zu entscheiden, ob **§ 212a Abs. 1 VwGO** auf Vorbescheide Anwendung findet. Nach dieser Regelung haben Widerspruch und Anfechtungsklage eines Dritten gegen die „bauaufsichtliche Zulassung eines Vorhabens" keine aufschiebende Wirkung. Vertritt man die Auffassung, die Bindungswirkung des Vorbescheids könne durch einen gegen diesen gerichteten Rechtsbehelf suspendiert werden, so erscheint es konsequent, den Vorbescheid als von § 212a Abs. 1 BauGB erfasst anzusehen. Für die Anwendung dieser Norm auf Vorbescheide spricht der im Vergleich zur Vorgängervorschrift des § 10 Abs. 2 BauGBMaßnG weiter gefasste Wortlaut, die umfassende Regelungsabsicht des Gesetzgebers (s. BT-Drucks. 13/7589, S. 30) und der Bezug zum neu gefassten § 80 Abs. 2 Satz 1 Nr. 3 VwGO (NdsOVG, B. v. 30.3.1999, BRS 62 Nr. 190 und B. v. 8.7.2004, BauR 2004, 1596; OVG NW, B. v. 1.12.1998, BRS 60 Nr. 156; Kalb in: Ernst/Zinkahn/Bielenberg, BauGB, § 212a RNr. 27; Mainczyk/Bonnmann, ZfBR 1997, 281, 285). Eine starke Gegenmeinung lehnt die Anwendung des § 212a Abs. 1 BauGB auf Vorbescheide aber ab (BayVGH, B. v. 1.4.1999, BayVBl. 1999, 467; Ortloff, NVwZ 1999, 955; H. Redeker, NVwZ 1998, 589 f.); dem gemäß soll die Regelung nur Verwaltungsakte erfassen, die ein Vorhaben förmlich zulassen, also zur Ausführung freigeben (Finkelnburg/Ortloff, Öffentliches Baurecht II; S. 320).

26 6. Die **Geltungsdauer** des Vorbescheids ist gesetzlich **auf drei Jahre befristet (Abs. 1 Satz 2)**. Ebenso wie bei der Baugenehmigung wird für den Vorbescheid hier nur ein Aspekt seiner Geltungsdauer geregelt: Abs. 1 Sätze 2 und 3 verhalten sich zur Geltung vor der Beantragung der Baugenehmigung, eine Aussage über sein Schicksal nach diesem Zeitpunkt treffen sie nicht. Dies folgt aus dem Wortlaut von Abs. 1 Satz 1 („Vor Einreichung des Bauantrags") sowie dem der Bestimmung des § 72 über die Geltungsdauer der Baugenehmigung entsprechenden Zweck der Regelung, die Ergebnis einer sachgerechten Abwägung zwischen öffentlichen und privaten Interessen ist (vgl. SHOVG, U. v. 4.9.1996, BRS 58 Nr. 152 sowie § 72 RNr. 1).

27 a) Ein Vorbescheid wird demnach nicht unwirksam, wenn während seiner Geltungsdauer ein ihm entsprechender Bauantrag gestellt wird; dieser braucht nicht während der Geltungsdauer beschieden zu sein (so OVG NW, U. v. 16.1.1973, BRS 27 Nr. 140, U. v. 1.10.1981, BRS 38 Nr. 110, U. v. 14.1.1992, BRS 54 Nr. 164 und B. v. 17.3.2006, BRS 70 Nr. 152 = BauR 2006, 1124, 1125 f.; a.A. wohl HessVGH, U. v. 19.8.1988, BRS 48 Nr. 146). Mit der Einreichung des (ersten) Bauantrags ist der Vorbescheid auch nicht in jedem Fall für weitere, innerhalb der Frist gestellte Bauanträge des Bauherrn „verbraucht" (vgl. aber BayVGH, U. v. 30.4.1993, BRS 55 Nr. 154), sondern führt eine weiterbestehende eigene Existenz, so dass er während seiner Geltungsdauer auch noch Grundlage für

einen nachfolgenden, veränderten Baugenehmigungsantrag sein könnte (OVG Bln, U. v. 11.2.2003 – 2 B 16.99 –). So kann etwa ein Vorbescheid über die grundsätzliche Zulässigkeit der Bebauung eines Grundstücks mit einem Vorhaben, dessen Ausführung im einzelnen der Prüfung im nachfolgenden Baugenehmigungsverfahren vorbehalten bleibt, planungsrechtlich Grundlage auch eines veränderten neuen Bauantrags sein (vgl. BVerwG, U. v. 9.2.1995, BRS 57 Nr. 206 = NVwZ 1995, 894 f.). Eine Regelung, nach der sich ein Bauvorbescheid mit der Erteilung der Baugenehmigung erledigt, ist in dem für die Ausgestaltung des Rechtsinstituts des Vorbescheids maßgeblichen Bauordnungsrecht des Landes Berlin nicht erfolgt.

b) Die Geltungsdauer beginnt mit der Bekanntgabe des Vorbescheids. Zur Fristberechnung s. im einzelnen § 72 RNrn. 5 ff., zur Fristhemmung § 72 RNr. 8 f. Die Geltungsdauer eines Vorbescheids dürfte gehemmt werden, wenn dieser unter Anordnung der sofortigen Vollziehung zurückgenommen wird (OVG NW, B. v. 17.3.2006, BauR 2006, 1124, 1126 = BRS 70 Nr. 152). Ob die Frist auch bei Erhebung von Nachbarwidersprüchen und -klagen gegen Vorbescheide sowie bei Gewährung vorläufigen Rechtsschutzes gehemmt wird, ist nicht abschließend geklärt und hängt von der umstrittenen Frage nach der Ausgestaltung des Nachbarschutzes gegen Vorbescheide (s. oben RNrn. 23 ff.) ab. Nach einer Meinung soll die Frist solange gehemmt sein, wie ein Rechtsbehelf eines Dritten gegenüber dem Vorbescheid aufschiebende Wirkung hat (SächsOVG, B. v. 2.10.1997, LKV 1998, 202). Folgt man der Auffassung des BVerwG zur – mangelnden – Bindungswirkung des noch nicht bestandskräftigen Vorbescheids gegenüber Dritten (s. oben RNrn. 21 f.), so mag einiges dafür sprechen, dass die Frist schon dann nicht weiterläuft, wenn gegen den Vorbescheid ein nicht bestandskräftig beschiedener Nachbarwiderspruch eingelegt wurde (vgl. OVG NW, U. v. 9.5.1997 – 7 A 1071/96 –), während nach der hier befürworteten Sichtweise (s. oben RNrn. 22 ff. sowie § 72 RNr. 9) nicht von einer Fristhemmung durch Nachbarwiderspruch oder -klage gegen den Vorbescheid auszugehen sein dürfte. **28**

c) Die Drei-Jahres-Frist kann auf schriftlichen Antrag – auch mehrfach („jeweils") – bis zu einem Jahr verlängert werden (Abs. 1 Satz 3). Über den Antrag auf Verlängerung der Geltungsdauer ist – ebenso wie bei der Verlängerung der Baugenehmigung (§ 72 RNr. 14) – nach der zum Zeitpunkt der Verlängerungsentscheidung geltenden Sach- und Rechtslage zu entscheiden (OVG Bre., U. v. 14.3.1989, BRS 49 Nr. 112; NdsOVG, U. v. 6.1.1995, BRS 57 Nr. 194; OVG NW, U. v. 2.12.1987, BRS 47 Nr. 140); deshalb darf die Geltungsdauer eines Vorbescheids nicht verlängert werden, solange ihm eine Veränderungssperre (§ 14 Abs. 1 BauGB) entgegen steht. Der Bauherr hat einen Rechtsanspruch auf Verlängerung, wenn das Vorhaben im Zeitpunkt der Verlängerung hinsichtlich der Vorbescheidsfragen den im bauaufsichtlichen Genehmigungsverfahren zu prüfenden öffentlich-rechtlichen Vorschriften entspricht; das der BABeh. eingeräumte Ermessen bezieht sich nur auf das Verfahren und die Fristlänge. Gemäß der Verweisung des Abs. 1 Satz 4 auf § 72 Abs. 2 Satz 2 kann der Vorbescheid – anders als nach der bisherigen Rechtslage (vgl. Voraufl. § 59 RNr. 20) – rückwirkend verlängert werden, wenn der Antrag vor Fristablauf gestellt wurde. **29**

7. Der Vorbescheid kann außer durch Fristablauf seine Wirksamkeit durch Rücknahme gemäß § 48 VwVfG (s. dazu OVG Bln, U. v. 27.11.1987, OVGE 18, 78, 86 f. = NVwZ-RR 1988, 6; SächsOVG, U. v. 14. 6. 2006, BRS 70 Nr. 157), Widerruf gemäß § 49 VwVfG (dazu OVG Bln, ebd. sowie Ortloff, NVwZ 1983, 705, 707 f.) oder durch eine Erledigung auf andere Weise (§ 43 Abs.2 VwVfG) verlieren, etwa wenn alle Beteiligten diesen übereinstimmend als obsolet ansehen und davon ausgehen, dass die Sach- und Rechtslage auf dem Boden einer neuen Geschäftsgrundlage zu beurteilen sei (BVerwG, U. v. **30**

27.3.1998, BauR 1998, 1002). Ein Vorbescheid, dessen Inhalt völlig unbestimmt ist, kann gemäß § 44 Abs. 1 VwVfG nichtig sein (zur Nichtigkeit eines Vorbescheids zu bauplanungsrechtlichen Fragen, der die Zulässigkeit des Vorhabens in einer Nebenbestimmung davon abhängig macht; dass es sich im Sinne von § 34 Abs. 1 BauGB „einfügt": OVG NW, U. v. 9.5.1989, BRS 49 Nr. 167).

31 **II.** Der **planungsrechtliche Bescheid (Abs. 2)**, der nach seiner gesetzlichen Ausgestaltung eine rechtverbindliche „regelnde" Feststellung der planungsrechtlichen Zulässigkeit eines Vorhabens trifft, ist ein **feststellender Verwaltungsakt** gemäß § 35 Satz 1 VwVfG (s. dazu allgemein: Kopp/Ramsauer, VwVfG, 9. Aufl., § 35 RNrn. 51), dem – in der Regel – keine Baugenehmigung oder sonstige Regelung durch Verwaltungsakt mehr nachfolgt. Das Rechtsinstitut des planungsrechtlichen Bescheids ersetzt das durch § 56a Abs. 2 Satz 1 Nr. 1b BauOBln 1997 eingeführte Institut des isolierten Vorbescheids (s. dazu Vorauf., § 56a RNr. 15, § 59 RNrn. 4, 6) und ermöglicht es nach dem Willen des Gesetzgebers dem Bauherrn, auch dann ein Vorhaben im Genehmigungsfreistellungsverfahren abzuwickeln, wenn es an sich – da nicht auf einem Grundstück im Geltungsbereich eines Bebauungsplans vorgesehen (vgl. § 63 Abs. 2 Nr. 1a) – im vereinfachten Genehmigungsverfahren durchgeführt werden müsste (AH-Drucks. 15/3926, S. 132). Die zur Umsetzung des gesetzgeberischen Willens in Satz 2 gewählte Formulierung („wird in die Genehmigungsfreistellung nach § 63 übergeleitet") ist missverständlich (typischerweise wird keine „Überleitung" erfolgen, sondern von vornherein das Genehmigungsfreistellungsverfahren, für das der planungsrechtliche Bescheid gemäß § 1 Abs. 8 Nr. 3 BauVerfVO als Bauvorlage gilt, eingeleitet werden) und dürfte keine eigenständige sachliche Regelung beinhalten; denn die Voraussetzungen der Genehmigungsfreistellung und die Rolle eines planungsrechtlichen Bescheids im Freistellungsverfahren sind in § 63 umfassend geregelt, haben aber nicht ausnahmslos zur Folge, dass bei Vorliegen eines die Voraussetzungen des § 74 Abs. 2 Satz 2 erfüllenden planungsrechtlichen Bescheids ein Vorhaben im Freistellungsverfahren realisiert wird.. Bedeutung und Rechtswirkungen des planungsrechtlichen Bescheids ergeben sich in diesem Zusammenhang aus § 63 Abs. 2 Nr. 1b). Nach dieser Regelung ist die Errichtung, Änderung oder Nutzungsänderung baulicher Anlagen, die keine Sonderbauten sind, genehmigungsfrei gestellt, wenn das Vorhaben in einem planungsrechtlichen Bescheid nach § 74 Abs. 2 „abschließend als insgesamt planungsrechtlich zulässig festgestellt" worden ist, sofern weitere Voraussetzungen (vgl. § 63 Abs. 2 Nr. 3) erfüllt werden; zu diesen gehört, dass die BABeh. nicht innerhalb einer bestimmten Frist erklärt, dass das vereinfachte Baugenehmigungsverfahren durchgeführt werden soll, oder eine vorläufige Untersagung nach § 15 Abs. 1 Satz 3 BauGB ausspricht.

32 **1.** Der **Inhalt eines planungsrechtlichen Bescheids** ist in Abs. 2 Satz 2 dahingehend festgelegt, dass in ihm insgesamt die planungsrechtliche Zulässigkeit des Vorhabens festgestellt worden ist. Der Umstand, dass diese Formulierung von § 63 Abs. 2 Nr. 1b) durch das Fehlen des dort vorangestellten Worts „abschließend" abweicht, dürfte für die Inhaltsbestimmung des planungsrechtlichen Bescheids ohne Bedeutung und allenfalls für dessen Bindungswirkung (s. unten 4.) relevant sein; im übrigen dürfte es sich um ein bloßes Redaktionsversehen handeln, da die Begründung zu § 74 ausdrücklich darauf abstellt, dass der planungsrechtliche Bescheid das Vorhaben „als insgesamt und abschließend planungsrechtlich zulässig" qualifiziert (AH-Drucks. 15/3926, S. 132). Demnach ist eine umfassende Prüfung der Tatbestandsvoraussetzungen der einschlägigen bauplanungsrechtlichen Norm(en), namentlich des § 34 oder des § 35 BauGB, erforderlich. Auf einen Antrag, der – wie bei einer Bauvoranfrage möglich (s. oben I 2. b) – nur auf Teilaspekte (etwa die Art der baulichen Nutzung) oder die Frage der grundsätzlichen planungsrechtlichen Zulässigkeit eines lediglich in groben Umrissen bestimmten Vorhabens beschränkt ist, kann ein planungsrechtlicher Bescheid im Sinne des Abs. 2 Satz 2 nicht erteilt werden. Ob der planungsrechtliche Bescheid auch die nach allen einschlägigen planungsrechtlichen Bestimmungen geforderte Sicherung der Erschließung (vgl. §§ 30 Abs. 1 und 2, 33 Abs. 1 Nr. 4, 34 Abs. 1 Satz 1, 35 Abs. 1 und 2 BauGB) umfassen muss, wird aus gesetzessystematischen Gründen (§ 63 Abs. 2 Nr. 2 nennt die Sicherung der Erschließung im Sinne des BauGB als weitere Voraussetzung des Freistellungsverfahrens) bezweifelt (so von Feldmann, Genehmigungsfreistellung und vereinfachtes Baugenehmigungsverfahren in Berlin, 1997, S. 15 zur Vorgängervorschrift des § 56a Abs. 2 Satz 1 Nr. 2 BauOBln 1997). Die Voraussetzung, dass die planungsrechtliche Zulässigkeit in dem Bescheid „insgesamt" festgestellt worden ist, spricht aber gegen eine einschränkende Auslegung, zumal für § 63 Abs. 2 Nr. 2 in jedem Fall der Anwendungsbereich des § 63 Abs. 2 Nr. 1 a) bleibt. § 74 Abs. 2 Satz 2 erfordert, dass das Bauvorhaben – anders als beim Vorbescheid – in jeder Hinsicht so stark konkretisiert ist, dass eine umfassende bauplanungsrechtliche Beurteilung ermöglicht wird.

2. Auf das **Verwaltungsverfahren** zur Erteilung eines planungsrechtlichen Bescheids sind gemäß Abs. 2 Satz 3 i. V. m. Abs. 1 Satz 4 die Regelungen der **§§ 69 und 70 Abs. 1 bis 3** unter Berücksichtigung der sich aus der Rechtsnatur des planungsrechtlichen Bescheids ergebenden Besonderheiten **entsprechend anwendbar**. 33

a) Zunächst bedarf es eines **schriftlichen Antrags** (Abs. 2 Satz 1, zur Schriftform einschließlich des Unterschriftserfordernisses: Abs. 2 Satz 3 i. V. m. Abs. 1 Satz 4 sowie § 69 Abs. 1 und Abs. 4 Sätze 1 und 2 sowie § 1 Abs. 4 BauVerfVO betr. Vordrucke). Die zur umfassenden Beurteilung der planungsrechtlichen Zulässigkeit des Vorhabens jeweils erforderlichen **Bauvorlagen** (z. B.: Lageplan, Bauzeichnungen, Bau- und Betriebsbeschreibungen) sind mit dem Antrag einzureichen (Abs. 2 Satz 3 i. V. m. Abs. 1 Satz 4 und § 69 Abs. 2 Satz 1 sowie § 1 Abs. 1 Nr. 6 BauVerfVO. Als Grundlage für die Prüfung der bauplanungsrechtlichen Zulässigkeit eines Vorhabens ist in erster Linie ein Lageplan erforderlich (OVG Bbg, B. v. 23.4.1999, BRS 62 Nr. 172 = BauR 2000, 549 f.). Für Bauvorlagen im Verfahren auf Erteilung eines planungsrechtlichen Bescheids für die Errichtung oder Änderung von Gebäuden dürfte erforderlich sein, dass diese von **bauvorlageberechtigten Entwurfsverfasserinnen oder Entwurfsverfassern** unterschrieben werden, da über Abs. 1 Satz 4 und § 69 Abs. 2 auch § 66 Abs. 1 auf dieses Verfahren ohne die oben im Zusammenhang mit dem Vorbescheid diskutierten Zweifel (s. RNr. 14) Anwendung finden dürfte. 34

b) Für den **Verfahrensgang** (u. a. hinsichtlich der Bearbeitungs- und Entscheidungsfristen, der Aufforderung zur Mängelbehebung, der Rücknahmefiktion und der Behördenbeteiligung) sind über Abs. 1 Satz 4 die Regelungen des § 70 Abs. 1 bis 3 entsprechend anzuwenden. Da eine entsprechende Anwendung des das vereinfachte Baugenehmigungsverfahren betreffenden § 70 Abs. 4 in Abs. 1 Satz 4 nicht angeordnet ist, gilt der planungsrechtliche Bescheid – anders als die Baugenehmigung im vereinfachten Baugenehmigungsverfahren – allerdings auch nach Ablauf der der BABeh. gesetzten Entscheidungsfrist (§ 70 Abs. 3) nicht als erteilt. 35

c) Auch für den planungsrechtlichen Bescheid fehlt – ebenso wie für den Vorbescheid (s. oben RNr. 16) – eine Anordnung der entsprechenden Geltung der Regelung über die **Schriftform** der Baugenehmigung (jetzt: § 71 Abs. 2 1. Halbsatz). Im Hinblick auf die Rechtsnatur und den Regelungsgehalt des planungsrechtlichen Bescheids dürfte auch hier ein Schriftformerfordernis aus der Art des Verwaltungsaktes (vgl. allgemein: Kopp/Ramsauer, VwVfG, § 37 RNr. 21 a) zu bejahen sein, da in ihm – dem feststellenden Teil 36 der dem Schriftformerfordernis unterfallenden Baugenehmigung entsprechend – verbindliche Feststellungen zur planungsrechtlichen Zulässigkeit des Vorhabens getroffen werden.

37 d) Der planungsrechtliche Bescheid gilt auch für und gegen **Rechtsnachfolgerinnen und Rechtsnachfolger** (Abs. 2 Satz 3 i. V. m. Abs. 1 Satz 4 und § 58 Abs. 2).

38 3. Auf die Erteilung des planungsrechtlichen Bescheids besteht bei Vorliegen der gesetzlichen Voraussetzungen gemäß Abs. 2 Satz 1 („… ist … zu erteilen …") ein **Rechtsanspruch**, es sei denn, es fehlt an einem Sachbescheidungsinteresse (s. oben RNr. 18).

39 4. Planungsrechtliche Bescheide entfalten eine rechtliche **Bindungswirkung** für die BABeh. im Freistellungsverfahren und – sofern die BABeh. von der Möglichkeit des § 63 Abs. 2 Nr. 3, Abs. 4 Sätze 1 und 2 Gebrauch macht – im vereinfachten Baugenehmigungsverfahren. Sie stellen für die Dauer ihrer Geltung (dazu unten RNr. 43) das Vorliegen der planungsrechtlichen Zulässigkeit des Vorhabens fest, von deren Vorliegen im Freistellungsverfahren sowie bei der Entscheidung über die Erteilung einer Baugenehmigung – ebenso wie beim Vorbescheid (s. oben RNrn. 19 ff.) – auch dann auszugehen ist, wenn sich die Sach- oder Rechtslage zwischenzeitig geändert hat. Für die Geltungsdauer des planungsrechtlichen Bescheids – solange dieser wirksam, nicht zurückgenommen oder nicht widerrufen ist – und im Umfang der in ihm getroffenen Feststellungen können dem Vorhaben im Genehmigungsfreistellungs- sowie im Baugenehmigungsverfahren deshalb etwa eine Veränderungssperre (§ 14 Abs. 3 BauGB), das Inkrafttreten eines Bebauungsplans oder planungsrechtlich relevante Umgebungsveränderungen ebenso wenig entgegen gehalten werden wie bei einem Vorbescheid. Demgemäß dürfte der BABeh. nach Erteilung eines planungsrechtlichen Bescheids der Weg versperrt sein, die Genehmigungsfreistellung eines Vorhabens gemäß § 63 Abs. 2 Nr. 3 durch eine vorläufige Untersagung nach § 15 Abs. 1 Satz 2 BauGB auszuschließen. Der Gesetzgeber, der den planungsrechtlichen Bescheid an die Stelle des „isolierten Vorbescheids" gemäß § 56a Abs. 2 Satz 1 Nr. 1b BauOBln 1997 gesetzt und in § 74 Abs. 2 Satz 3 die entsprechende Anwendung der Regelungen über den Vorbescheid u. a. auch hinsichtlich der Geltungsdauer angeordnet hat, ist erkennbar davon ausgegangen, dass die Rechtswirkungen des planungsrechtlichen Bescheids nicht hinter denen eines Vorbescheids zurückbleiben; dies rechtfertigt die Folgerung, dass der Bauherr auch nicht schlechter als nach der Erteilung eines Vorbescheids über die bauplanungsrechtliche Zulässigkeit seines Vorhabens („Bebauungsgenehmigung") gestellt werden darf, wenn die BABeh. im weiteren Verfahrensgang von der Erklärung der Durchführung eines vereinfachten Baugenehmigungsverfahrens (§ 63 Abs. 2 Nr. 3, Abs. 4 Satz 1) Gebrauch macht. Wird für das Vorhaben eine Baugenehmigung erteilt, so dürfte sich das Verhältnis des planungsrechtlichen Bescheids zum feststellenden Teil der Baugenehmigung ebenso wie beim Vorbescheid gestalten (s. dazu oben RNrn. 21 ff.).

40 Wie beim Vorbescheid stellt sich auch beim planungsrechtlichen Bescheid die Frage, ob die Bindungswirkung bereits mit der Wirksamkeit oder erst mit der Bestandskraft des Bescheids eintritt. Nach einer Auffassung knüpft die materielle Bindungswirkung eines – auch feststellenden – Verwaltungsakts an dessen formelle Wirksamkeit (§ 43 Abs. 1 VwVfG) an (vgl. Finkelnburg/Ortloff, Öffentliches Baurecht II, S. 152 f.; Kopp/Ramsauer, VwVfG, 10. Aufl., § 43 RNr. 14; Schretter/Schenk, in: Reichel/Schulte, Handbuch Bauordnungsrecht, S. 832), während andere diese mit der Bestandskraft des Verwaltungsakts verbinden (vgl. Stelkens/Bonk/Sachs, VwVfG, 6. Aufl., § 43 RNrn. 5 ff.). Zweifelhaft ist, ob der Gesetzgeber der BauOBln, dem die Ausgestaltung der bauordnungsrechtlichen Rechtsinstitute obliegt, mit der Verwendung des Wortes „abschlie-

ßend" in § 63 Abs. 2 Nr. 1 b eine spezielle Regelung dahingehend getroffen hat, dass nur ein bestandskräftiger planungsrechtlicher Bescheid Bindungswirkung entfalten soll (so aber Hahn/Radeisen, BauOBln, § 63 RNr. 5). Dafür mag sprechen, dass der Gesetzgeber einen Begriff herangezogen hat, der in der Rechtsprechung in diesem Sinne gebraucht wurde: So hat das BVerwG formuliert, bei einem noch nicht bestandskräftig gewordenen Vorbescheid stehe noch nicht „abschließend" fest, dass dessen Inhalt wirklich dem geltenden Bebauungsrecht entspreche (BVerwG, U. v. 9.12.1983, BVerwGE 68, 241, 245 = BRS 40 Nr. 176; s. auch OVG Bln, B. v. 11.3.1991, BRS 52 Nr. 167). Gegen eine derartige Deutung des Begriffs „abschließend" in § 63 Abs. 2 Nr. 1 b spricht aber der Wortlaut der gesetzlichen Bestimmung insgesamt, in der das Wort „abschließend" nicht als Beschreibung einer Eigenschaft eines Vorbescheids (anstelle von „bestandskräftig"), sondern als Qualifizierung seines Regelungsinhalts („in einem planungsrechtlichen Bescheid gemäß § 74 Abs. 2 abschließend ... festgestellt ...") zu verstehen ist; dies wird auch durch die Begründung des § 74 (AH-Drucks 15/3926, S. 132: „Der planungsrechtliche Bescheid muss das Vorhaben als insgesamt und abschließend planungsrechtlich zulässig qualifizieren.") und durch den § 63 zugrunde liegenden Beschleunigungsgedanken bestätigt. Auch unter Berücksichtigung der Rechtsprechung des BVerwG zur Bebauungsgenehmigung (vgl. BVerwG, U. v. 17.3.1989, BRS 49 Nr. 168 = NVwZ 1989, 863) dürfte jedenfalls die (Selbst-) Bindungswirkung des planungsrechtlichen Bescheids (gegenüber der ihn erlassenden BABeh.) bereits mit dessen Wirksamkeit, nicht erst seiner Bestandskraft eintreten.

41 Ebenso wie der feststellende Teil der Baugenehmigung dürfte der planungsrechtliche Bescheid im Umfang der in ihm getroffenen Feststellungen zur planungsrechtlichen Zulässigkeit des Vorhabens der nach Durchführung des Genehmigungsfreistellungsverfahrens hergestellten baulichen Anlage **Bestandsschutz** vermitteln, solange ein funktionsgerecht nutzbarer Bestand vorhanden ist (ebenso von Feldmann/Groth/Aschmann, GE 2006, 299, 300).

42 **5. Nachbarn** können gegen den planungsrechtlichen Bescheid mit Widerspruch (§ 68 VwGO) und Anfechtungsklage (§ 42 Abs. 1 VwGO) vorgehen, wenn durch die getroffenen Feststellungen nachbarschützende Regelungen des Bauplanungsrechts verletzt werden. Lässt ein Nachbar einen planungsrechtlichen Bescheid unanfechtbar werden, so kann er ein Einschreiten der BABeh. gegen ein nach Durchführung eines Genehmigungsfreistellungsverfahrens errichtetes Vorhaben nicht aus bauplanungsrechtlichen Gründen verlangen; zum Nachbarrechtsschutz im Genehmigungsfreistellungsverfahren s. im übrigen § 63 RNrn. 25 ff.). Noch ungeklärt ist die Frage, wie sich Nachbarwiderspruch und -klage auf die Bindungswirkung des planungsrechtlichen Bescheids auswirken: Sieht man die aufschiebende Wirkung (§ 80 Abs. 1 Satz 1 VwGO) im Sinne einer Wirksamkeitshemmung (s. oben RNrn. 23 f.), so dürfte für die Dauer des Suspensiveffektes nicht vom Vorliegen der Voraussetzung des § 63 Abs. 2 Nr. 1 b) für das Genehmigungsfreistellungsverfahren ausgegangen werden, während nach anderer Auffassung das Genehmigungsfreistellungsverfahren vom Suspensiveffekt eines Rechtsbehelfs gegen den Bescheid unberührt bliebe, bei späterer Aufhebung des Bescheids aber eine Zulässigkeitsvoraussetzung des Genehmigungsfreistellungsverfahrens nachträglich entfiele und das Vorhaben deshalb formell (und wegen der Rechtswidrigkeit des Bescheids auch materiell) rechtswidrig errichtet worden wäre. Hinsicht der Fragen, ob § 212a Abs. 1 BauGB auf den planungsrechtlichen Bescheid Anwendung findet, und wie sich der Nachbarschutz gestaltet, wenn der planungsrechtliche Bescheid (ausnahmsweise) einer Baugenehmigung vorangeht, wird auf die entsprechend geltenden Ausführungen bei RNr. 25 verwiesen.

43 6. Die **Geltungsdauer des planungsrechtlichen Bescheids** ist auf drei Jahre befristet (Abs. 2 Satz 3 i. V. m. Abs. 1 Satz 2); sie kann – auch mehrfach – verlängert werden (Abs. 2 Satz 3 i. V. m. Abs. 1 Satz 3). Ebenso wie bei dem Vorbescheid wird im Gesetz nur ein Aspekt seiner Geltungsdauer ausdrücklich geregelt: Abs. 1 Sätze 2 und 3 verhalten sich in entsprechender Anwendung zur Geltung des Bescheids vor der Einleitung des Genehmigungsfreistellungsverfahrens, eine Aussage über sein Schicksal nach diesem Zeitpunkt treffen sie nicht; in seiner partiellen Bestandsschutz vermittelnden Funktion (s. oben RNr. 40) gilt der planungsrechtliche Bescheid auch nach Verwirklichung des Vorhabens weiter. Näheres zur Frist s. oben RNrn. 26 f., zur Verlängerung der Geltungsdauer (Abs. 2 Satz 3 i. V. m. Abs. 1 Satz 3) RNr. 29. Der planungsrechtliche Bescheid kann außer durch Fristablauf seine Wirksamkeit durch Rücknahme gemäß § 48 VwVfG, Widerruf gemäß § 49 VwVfG oder durch eine Erledigung auf andere Weise (§ 43 Abs. 2 VwVfG) verlieren (vgl. dazu oben RNr. 30).

§ 75 Genehmigung Fliegender Bauten

(1) ¹Fliegende Bauten sind bauliche Anlagen, die geeignet und bestimmt sind, an verschiedenen Orten wiederholt aufgestellt und zerlegt zu werden. ²Baustelleneinrichtungen und Baugerüste sind keine Fliegenden Bauten.

(2) ¹Fliegende Bauten bedürfen, bevor sie erstmals aufgestellt und in Gebrauch genommen werden, einer Ausführungsgenehmigung. ²Dies gilt nicht für
1. Fliegende Bauten mit einer Höhe bis zu 5 m, die nicht dazu bestimmt sind, von Besucherinnen und Besuchern betreten zu werden,
2. Fliegende Bauten mit einer Höhe bis zu 5 m, die für Kinder betrieben werden und eine Geschwindigkeit von höchstens 1 m/s haben,
3. Bühnen, die Fliegende Bauten sind, einschließlich Überdachungen und sonstiger Aufbauten mit einer Höhe bis zu 5 m, mit einer Brutto-Grundfläche bis zu 100 m² und einer Fußbodenhöhe bis zu 1,50 m,
4. Zelte, die Fliegende Bauten sind, mit einer Brutto-Grundfläche bis zu 75 m².

(3) ¹Die Ausführungsgenehmigung wird von der Bauaufsichtsbehörde erteilt, in deren Bereich die Antragstellerin oder der Antragsteller ihre oder seine Hauptwohnung oder gewerbliche Niederlassung hat. ²Hat die Antragstellerin oder der Antragsteller ihre oder seine Hauptwohnung oder gewerbliche Niederlassung außerhalb der Bundesrepublik Deutschland, so ist die Bauaufsichtsbehörde zuständig, in deren Bereich der Fliegende Bau erstmals aufgestellt und in Gebrauch genommen werden soll.

(4) ¹Die Genehmigung wird für eine bestimmte Frist erteilt, die höchstens fünf Jahre betragen soll; sie kann auf schriftlichen Antrag von der für die Erteilung der Ausführungsgenehmigung zuständigen Behörde jeweils bis zu fünf Jahren verlängert werden; § 72 Abs. 2 Satz 2 gilt entsprechend. ²Die Genehmigungen werden in ein Prüfbuch eingetragen, dem eine Ausfertigung der mit einem Genehmigungsvermerk zu versehenden Bauvorlagen beizufügen ist. ³Ausführungsgenehmigungen anderer Länder gelten auch im Land Berlin.

(5) ¹Die Inhaberin oder der Inhaber der Ausführungsgenehmigung hat den Wechsel ihres oder seines Wohnsitzes oder ihrer oder seiner gewerblichen Niederlassung oder die Übertragung eines Fliegenden Baus an Dritte der Bauaufsichtsbehörde anzuzeigen, die die Ausführungsgenehmigung erteilt hat. ²Die Behörde hat die Änderungen in das Prüfbuch einzutragen und sie, wenn mit den Änderungen ein Wechsel der Zuständigkeit verbunden ist, der nunmehr zuständigen Behörde mitzuteilen.

(6) ¹Fliegende Bauten, die nach Absatz 2 Satz 1 einer Ausführungsgenehmigung bedürfen, dürfen unbeschadet anderer Vorschriften nur in Gebrauch genommen werden, wenn ihre Aufstellung der Bauaufsichtsbehörde des Aufstellungsortes unter Vorlage des Prüfbuches angezeigt ist. ²Die Bauaufsichtsbehörde kann die Inbetriebnahme dieser Fliegenden Bauten von einer Gebrauchsabnahme abhängig machen. ³Das Ergebnis der Abnahme ist in das Prüfbuch einzutragen. ⁴In der Ausführungsgenehmigung kann bestimmt werden, dass Anzeigen nach Satz 1 nicht erforderlich sind, wenn eine Gefährdung im Sinne des § 3 Abs. 1 nicht zu erwarten ist.

(7) ¹Die für die Erteilung der Gebrauchsabnahme zuständige Bauaufsichtsbehörde kann Auflagen machen oder die Aufstellung oder den Gebrauch Fliegender Bauten untersagen, soweit dies nach den örtlichen Verhältnissen oder zur Abwehr von Gefahren erforderlich ist, insbesondere weil die Betriebssicherheit oder Standsicherheit nicht oder nicht mehr gewährleistet ist oder weil von der Ausführungsgenehmigung abgewichen wird. ²Wird die Aufstellung oder der Gebrauch untersagt, ist dies in das Prüfbuch einzutragen. ³Die ausstellende Behörde ist zu benachrichtigen, das Prüfbuch ist einzuziehen und der ausstellenden Behörde zuzuleiten, wenn die Herstellung ordnungsgemäßer Zustände innerhalb angemessener Frist nicht zu erwarten ist.

(8) ¹Bei Fliegenden Bauten, die von Besucherinnen und Besuchern betreten und längere Zeit an einem Aufstellungsort betrieben werden, kann die für die Gebrauchsabnahme zuständige Bauaufsichtsbehörde aus Gründen der Sicherheit Nachabnahmen durchführen. ²Das Ergebnis der Nachabnahme ist in das Prüfbuch einzutragen.

(9) § 69 Abs. 1, 2 und 4 sowie § 80 Abs. 1 und 4 gelten entsprechend.

Erläuterungen:

I. Die Regelung unterwirft Fliegende Bauten einem **bauaufsichtlichen Sonderverfahren**, das als eine „Mischform" präventiver und repressiver Kontrolle bezeichnet wird (so NdsOVG, U. v. 10.5.1996, BRS 58 Nr. 182 = BauR 1996 696 im Anschluss an Finkelnburg/Ortloff, Öffentliches Baurecht II, S. 170): Mit der befristeten Ausführungsgenehmigung (Abs. 2 ff.) wird nur hinsichtlich der standortunabhängigen Fragen festgestellt, dass der Fliegende Bau den öffentlich-rechtlichen Vorschriften entspricht; die jeweils anzuzeigende Aufstellung der Anlage an einem bestimmten Aufstellort kann

1

§ 75 RNr. 2–4

von der BABeh. untersagt werden, soweit dies nach den örtlichen Verhältnissen oder zur Abwehr von Gefahren erforderlich ist (Abs. 7 Satz 1). Der Grund dieser verfahrensrechtlichen Sonderregelung liegt darin, dass Fliegende Bauten in vergleichsweise kurzen, die Durchführung normaler Baugenehmigungsverfahren in jedem Einzelfall praktisch ausschließenden Abständen in einer großen Anzahl von Fällen auf- und abgebaut werden, was eine besondere Gefahr für die Standsicherheit und die Betriebssicherheit der Anlage bzw. die Gefahr einer starken Abnutzung ergibt (VGH BW U. v. 29.1.1982, BRS 39 Nr. 146). Die BauOBln enthält im Hinblick auf die Eigenart der Fliegenden Bauten neben den besonderen Verfahrensbestimmungen des § 75 auch an anderer Stelle Spezialregelungen und -ermächtigungen: Fliegende Bauten sind gemäß § 2 Abs. 4 Nr. 15 **Sonderbauten**, soweit sie einer Aufstellungsgenehmigung bedürfen; an diese können im Einzelfall besondere Anforderungen gestellt (§ 52 Abs. 1 Satz 1) oder Erleichterungen gestattet (§ 52 Abs. 1 Satz 2) werden. Eine spezielle Verordnungs-Ermächtigung zur **Übertragung von Aufgaben der BABeh.** für Fliegende Bauten auf andere Stellen findet sich in § 84 Abs. 8; von dieser Ermächtigung wurde in § 39 BauPrüfVO unter Übertragung der Aufgaben an die **TÜV** Industrie Service GmbH Gebrauch gemacht. Die AV Fliegende Bauten vom 1.8.2001 (ABl. S. 3868) wurde durch AV v. 28.4.2006 (ABl. S. 1687) aufgehoben, jedoch ist die Richtlinie über den Bau und Betrieb Fliegender Bauten (FlBauR) gemäß § 39 Abs. 2 Satz 1 BauPrüfVO weiterhin zu beachten.

2   II. Der **Begriff** der Fliegenden Bauten wird **in Abs. 1 Satz 1 definiert**. Die Anlagen müssen demnach (technisch-konstruktiv) zerlegbar sowie (objektiv) geeignet und nach dem ihnen zugedachten Verwendungszweck (subjektiv) auch dazu bestimmt sein, an verschiedenen Orten wiederholt aufgestellt zu werden; zudem muss die Aufstelldauer an einem Ort zeitlich begrenzt sein.

3   1. Die technisch-konstruktiven Anforderungen (Zerlegbarkeit) und die objektive Eignung zur wiederholten Aufstellung an verschiedenen Orten lassen sich regelmäßig ohne weiteres feststellen. Sie liegen etwa bei Zirkus- und Festzelten, Traglufthallen, Schaustellergeschäften (wie Fahrgeschäften, Schaukeln, Riesenrädern, Verlosungswagen), Tribünen und ähnlichen Anlagen vor.

4   2. Problematischer ist die Abgrenzung im Einzelfall hinsichtlich des „subjektiven" Erfordernisses der **Bestimmung der Anlage**. In diesem Sinne sind Fliegende Bauten in der Regel nur anzunehmen, wenn der betreffende Bauherr die Absicht hat, die Anlage in einer unbestimmten Anzahl von Fällen innerhalb eines überschaubaren Zeitraums an verschiedenen Orten aufzustellen und abzubauen (VGH BW, U. v. 10.4.1973, BRS 27 Nr. 124); nicht ausreichend ist die Absicht, ein Gebäude nach Errichtung zu einem ungewissen Zeitpunkt zu verkaufen und einmalig abzubauen, um es auf einem anderen Grundstück wiederaufstellen zu lassen (VGH BW, U. v. 29.1.1982, BRS 39 Nr. 146: Leichtbauhalle eines Transportunternehmens). Wesentliches Merkmal Fliegender Bauten ist das Fehlen einer festen Beziehung der Anlage zu einem Grundstück; sie haben den **Charakter nicht ortsgebundener Anlagen** (VGH BW, U. v. 10.4.1973, U. v. 29.1.1982, jeweils a. a. O.). Werden Anlagen ohne eine derartige zeitliche Begrenzung, d. h. dauernd oder langfristig, auf demselben Platz aufgestellt, so unterliegen sie dem gewöhnlichen Baugenehmigungsverfahren (HessVGH, B. v. 27.1.1984, BRS 42 Nr. 151). Dies gilt etwa für längerfristig aufgestellte Zirkus- und Varieteezelte, Traglufthallen für sportliche Zwecke und Schaustellergeschäfte, die auch bei einer ursprünglich beabsichtigten zeitlich begrenzten Aufstellung (etwa für ein Gastspiel) nach Zeitablauf der Baugenehmigungspflicht unterfallen können; eine zeitliche Grenze lässt sich hierbei nicht abstrakt festlegen, sie ist unter Berücksichtigung des Regelungszwecks und der jeweiligen

Umstände des Einzelfalls zu bestimmen. Die Begriffsmerkmale des Fliegenden Baus können auch dann erfüllt sein, wenn die betreffende Anlage in gewissen Abständen – nach zwischenzeitlicher Aufstellung an anderen Orten – immer wieder an derselben Stelle auf- und abgebaut werden soll (z. B. Schaustellergeschäfte auf einem Festplatz aus Anlass bestimmter Volksfeste), während eine feste Beziehung zu einem Grundstück aufweisende Anlagen trotz Ab- und Wiederaufbaus keine Fliegenden Bauten sind (so z. B. die jeweils für die „Wintersaison" aufgestellten Traglufthallen über Tennisplätzen und Schwimmbädern oder täglich am selben Ort auf- und abgebaute Marktstände).

Für die Bestimmung der baulichen Anlage im Sinne des Abs. 1 Satz 1 genügt es nicht, dass dem Hersteller eine Ausführungsgenehmigung nach Abs. 3 erteilt worden ist. Maßgeblich sind allein der konkreten **Absichten des Bauherrn**, nicht dagegen die Vorstellungen der Person, von der der Bauherr die Anlage erworben hat bzw. an die er sie möglicherweise in Zukunft zu veräußern beabsichtigt (VGH BW, U. v. 29.1.1982, BRS 39 Nr. 146).

3. Gemäß der an die Stelle der früheren „gesetzlichen Fiktion" („… gelten nicht als …") getretenen **Ergänzung der Legaldefinition** des Abs. 1 Satz 1 durch **Abs. 1 Satz 2** sind **Baustelleneinrichtungen und Gerüste** keine Fliegenden Bauten, obwohl sie die vorgenannten Begriffsmerkmale erfüllen. Bei Baustelleneinrichtungen und Gerüsten der Regelausführung handelt es sich um verfahrensfreie Bauvorhaben gemäß § 62 Abs. 1 Nr. 12 a) und b).

III. Mit der **Ausführungsgenehmigung (Abs. 2 bis 5)** wurde eine spezifische behördliche Handlungsform für die Zulassung Fliegender Bauten geschaffen.

1. Genehmigungsbedürftig (Abs. 2) für eine statt einer Baugenehmigung (§§ 60 Abs. 1, 71 Abs. 1) zu erteilende **Ausführungsgenehmigung** (Abs. 2 Satz 1) sind Fliegende Bauten vor der erstmaligen Aufstellung und Ingebrauchnahme, sofern sie nicht nach Abs. 2 Satz 2 hiervon freigestellt sind. Die früher in § 56 Abs. 1 Nr. 9 a) – e) BauO Bln 1997 als genehmigungsfreie Vorhaben genannten Arten Fliegender Bauten sind – im Einklang mit der MBO – nunmehr in § 76 Abs. 2 Satz 2 aufgeführt; wegen der untergeordneten Größe und dem geringen Gefährdungspotential konnte bei diesen Anlagen von einer Genehmigungspflicht abgesehen werden.

2. Voraussetzung für die Erteilung der Ausführungsgenehmigung ist entsprechend §§ 65 Satz 1, 71 Abs. 1, dass die Anlage den Anforderungen nach den Vorschriften der BauOBln und den auf deren Grundlage erlassenen Vorschriften einschließlich den sich aus § 52 Abs. 1 unter Berücksichtigung der FlBauR ergebenden Anforderungen entspricht, soweit diese standortunabhängig zu beurteilen sind (vgl. NdsOVG, U. v. 10.5.1996, BRS 58 Nr. 182 = BauR 1996, 696; Finkelnburg/Ortloff, Öffentliches Baurecht II, S. 170). Die Berücksichtigung standortspezifischer Gesichtspunkte bleibt dem Verfahren nach Absatz 7 vorbehalten.

3. Bei Vorliegen der Genehmigungsvoraussetzungen besteht ein **Rechtsanspruch** auf Erteilung der Ausführungsgenehmigung. Dies folgt aus der Erwägung, dass die Ausführungsgenehmigung kraft der gesetzlichen Regelung des § 75 Abs. 2 zwingend an die Stelle der (allgemeinen) Baugenehmigung tritt, die zu erteilen ist (§ 71 Abs. 1), wenn dem Vorhaben keine öffentlich-rechtlichen Vorschriften entgegenstehen, die im bauaufsichtlichen Genehmigungsverfahren zu prüfen sind.

4. a) **Zuständig** für die Erteilung der Ausführungsgenehmigung ist die BABeh., in deren Bereich der Antragsteller seinen Wohnsitz oder seine gewerbliche Niederlassung im Inland hat, bei Fehlen dieser Voraussetzungen die BABeh., in deren Bereich der

Fliegende Bau erstmals aufgestellt und in Gebrauch genommen werden soll (Abs. 3). Im Hinblick auf die für die Beurteilung Fliegender Bauten erforderlichen besonderen Fachkenntnisse enthält § 84 Abs. 8 die Ermächtigung an die für das Bauwesen zuständige Senatsverwaltung, die Aufgaben der BABeh. nach den Absätzen 1 bis 9 ganz oder teilweise auf andere Stellen zu übertragen. Durch § 39 Abs. 1 BauPrüfVO wurde die Aufgabe der BABeh. für Fliegende Bauten nach § 75 der **TÜV** Industrie Service GmbH zur eigenverantwortlichen und unabhängigen Wahrnehmung übertragen und diese befristet bis zum 1. Februar 2011 als Prüfstelle für Fliegende Bauten anerkannt. Diese Stelle handelt kraft der durch die Rechtsverordnung auf gesetzlicher Grundlage erfolgten Übertragung der Aufgaben der BABeh. als **Beliehener**; sie ist Behörde im Sinne von § 1 VwVfG (vgl. Kopp/Ramsauer, VwVfG, 10. Aufl., § 1 RNr. 58) und dürfte in ihrem Aufgabenkreis auch als BABeh. im Sinne der BauOBln anzusehen sein.

12 b) Für das **Verfahren** zur Erteilung der Ausführungsgenehmigung gilt § 69 Abs. 1, 2 und 4 entsprechend (Abs. 9). Mit dem Antrag sind die für die Beurteilung der Anlage im Hinblick auf die vorbezeichneten Tatbestandsvoraussetzungen erforderlichen Bauvorlagen einzureichen, insbesondere die in § 12 BauVerfVO näher bestimmten Unterlagen.

13 c) Die **Form** der Ausführungsgenehmigung ist gesetzlich auf die spezifischen Bedürfnisse der wiederholt aufzustellenden Fliegenden Bauten zugeschnitten. Die Genehmigung wird in ein bei der Anzeige des einzelnen Aufstellvorgangs (Abs. 6 Satz 1) jeweils vorzulegendes **Prüfbuch** eingetragen, dem eine Ausfertigung der mit einem Genehmigungsvermerk zu versehenden Bauvorlagen beizufügen, d. h. in das dauerhaft gestaltete und mit fortlaufenden Seitenzahlen zu versehende Buch einzubinden, ist (Abs. 4 Satz 2).

14 5. a) Die **Ausführungsgenehmigung** ist ein **feststellender Verwaltungsakt**, dessen Regelungsinhalt sich auf die Vereinbarkeit der baulichen Anlage mit den standortunabhängigen Anforderungen der öffentlich-rechtlichen Vorschriften beschränkt; die Feststellungswirkung erfasst mithin nur die bauordnungsrechtliche Unbedenklichkeit der Anlage als solche, nicht jedoch die Beziehung der Anlage zum Ort der Aufstellung (Schretter/Schenk, in: Reichel/Schulte, Handbuch Bauordnungsrecht, S. 890). Sie ist ebenso wie die Baugenehmigung ein **sachbezogener Verwaltungsakt**, der als bauaufsichtliche Genehmigung gemäß § 58 Abs. 2 für und gegen Rechtsnachfolgerinnen und Rechtsnachfolger gilt. Die Regelung des Abs. 5 Satz 1 macht die Übertragung eines Fliegenden Baus an einen Dritten nicht von einer Entscheidung der BABeh. abhängig, sondern bestimmt im Interesse einer lückenlosen Überwachung lediglich, dass diese anzuzeigen und in das Prüfbuch einzutragen ist.

15 b) Die Ausführungsgenehmigung ist zwingend mit der **Nebenbestimmung** der **Befristung** (§ 36 Abs. 2 Nr. 1 VwVfG) zu erlassen (Abs. 4 Satz 1 1. Halbsatz). Grund hierfür ist die besondere Gefährlichkeit Fliegender Bauten und der hohe Verschleiß, dem sie wegen der intensiven Benutzung und des häufigen Auf- und Abbaus unterliegen. Die Frist soll höchstens fünf Jahre betragen und kann auf schriftlichen Antrag – auch mehrmals („jeweils") – bis zu fünf Jahre verlängert werden. Sie kann auch rückwirkend verlängert werden, wenn der Antrag vor Fristablauf bei der BABeh. eingegangen ist (Abs. 4 Satz 1 3. Halbsatz i. V. m. § 72 Abs. 2 Satz 2). Anhaltspunkte zur Festlegung der Geltungsdauer der Ausführungsgenehmigung und ihrer Verlängerung für verschiedene Arten von Fliegenden Bauten bietet die Anlage zur FlBauR. Bei der Verlängerungsentscheidung (s. allgemein § 72 RNrn. 12 ff.) ist der aktuelle Zustand der Fliegenden Bauten zu berücksichtigen. Auch weitere Nebenbestimmungen können bei Vorliegen der entsprechenden Voraussetzungen (vgl. § 71 RNrn. 23 ff.) beigefügt werden.

IV. § 75 stellt ferner besondere **Anforderungen an die Ingebrauchnahme** Fliegender Bauten **(Abs. 6)**.

1. a) Jede (auch die erstmalige) **Ingebrauchnahme** eines Fliegenden Baus, der nach Abs. 2 Satz 1 einer Ausführungsgenehmigung bedarf, ist davon abhängig, dass die Aufstellung der BABeh. des Aufstellungsortes unter Vorlage des Prüfbuchs **angezeigt** wurde (**Abs. 6 Satz 1**). Aufgrund der Anzeige hat die BABeh. zu prüfen, ob die Aufstellung des Fliegenden Baus auf dem vorgesehenen Grundstück nach den örtlichen Verhältnissen (vgl. Abs. 7 Satz 1) zugelassen werden kann. Als Prüfungsmaßstab hierfür scheiden allerdings die §§ 29 ff. BauGB in der Regel aus, weil es sich bei den Fliegenden Bauten häufig nicht um bauliche Anlagen im bauplanungsrechtlichen Sinne des § 29 Abs. 1 BauGB (hierzu § 60 RNr. 4) handeln wird; ihnen fehlt als nicht auf Dauer gedachten Anlagen typischerweise die bodenrechtliche Relevanz (BVerwG, U. v. 17.12.1976, NJW 1977, S. 2090 f.). In jedem Fall sind aber die Festsetzungen der als Rechtsverordnungen unmittelbar verbindlichen Bebauungspläne zu beachten (BVerwG, B. v. 4.3.1997, BauR 1997, 611 f.). Zu prüfen ist ferner, ob Abstandsflächen (§ 6) eingehalten werden und die Standsicherheit (§ 12 Abs. 1) auch mit Blick auf den Baugrund gewährleistet ist.

b) War bisher zudem gesetzlich zwingend eine **Gebrauchsabnahme** vorgeschrieben (§ 66 Abs. 6 Satz 1 BauOBln 1997), so sieht **Abs. 6 Satz 2** nur noch vor, dass die BABeh. die Inbetriebnahme dieser Fliegenden Bauten von einer Gebrauchsabnahme abhängig machen kann. Bei der Abnahme ist wegen der bei technischen Mängeln bzw. unsachgemäßer Aufstellung bestehenden großen Gesundheits- und Lebensgefahr die Standsicherheit und technische Sicherheit der Anlage mit besonderer Sorgfalt zu untersuchen. Die Abnahme dient allein dem öffentlichen Interesse, nicht dem Interesse von Bauherrn und Nachbarn; sie erschöpft sich in der Erklärung der BABeh., dass sie keine Mängel festgestellt habe, die der Inbetriebnahme des Fliegenden Baus entgegenstehen könnten (NdsOVG, U. v. 10.5.1996, BRS 56 Nr. 182).

2. Abs. 7 Satz 1 enthält eine spezielle **Ermächtigungsgrundlage** für die BABeh. des Aufstellortes zum Erlass von **Auflagen** sowie zur **Untersagung der Aufstellung oder des Gebrauchs** Fliegender Bauten, soweit diese Maßnahmen nach den örtlichen Verhältnissen oder zur Abwehr von Gefahren erforderlich sind. Als Gefahrentatbestände nennt das Gesetz ausdrücklich insbesondere das Fehlen der Betriebs- oder Standsicherheit sowie das Abweichen von der Ausführungsgenehmigung; diese Voraussetzungen dürften auch dann vorliegen, wenn die der Genehmigung zugrunde liegenden Anforderungen an die Materialqualität und Stabilität der Konstruktion nicht mehr erfüllt werden. Auflagen und die Untersagung des Gebrauchs können auch noch nach erfolgter Gebrauchsabnahme ausgesprochen werden, da das Gesetz – wie Abs. 7 Satz 1 („nicht mehr gesichert") und Abs. 8 (Nachabnahmen) zeigen – von der Möglichkeit der Änderung der Gegebenheiten nach Inbetriebnahme ausgeht. Erfolgt eine Untersagung aufgrund von Mängeln am Fliegenden Bau, so ist dies in das Prüfbuch einzutragen (Abs. 7 Satz 2). Sodann ist dem Betreiber Gelegenheit zu geben, die Mängel zu beseitigen. Ist die Herstellung ordnungsgemäßer Zustände innerhalb angemessener Frist nicht zu erwarten, so hat die BABeh. die in Abs. 7 Satz 3 vorgesehenen Schritte zu unternehmen.

3. Für die **Bauüberwachung** bei Fliegenden Bauten gelten die Bestimmungen des § 80 Abs. 1 und 4 entsprechend (Abs. 9).

V. Die Absätze 2 bis 9 finden auf Fliegende Bauten, die der **Landesverteidigung** dienen, keine Anwendung (§ 76 Abs. 4 Satz 3). Für diese ist deshalb weder eine Ausführungsgenehmigung noch eine Gebrauchsabnahme erforderlich.

22 **VI. Nachbarschutz** gegen Fliegende Bauten kann weder durch die Anfechtung der mangels eines Ortsbezugs den Nachbarn nicht belastenden Ausführungsgenehmigung noch durch Anfechtung der allein im öffentlichen Interesse erfolgenden Gebrauchsabnahme, sondern nur über den Anspruch auf Einschreiten, der ggf. mit einer einstweiligen Anordnung (§ 123 Abs. 1 VwGO) durchgesetzt werden kann, erreicht werden (NdsOVG, B. v. 10.5.1996, BRS 58 Nr. 182). Insofern kann auf die Ausführungen zum Nachbarschutz bei der Genehmigungsfreistellung (§ 63) verwiesen werden.

§ 76 Bauaufsichtliche Zustimmung

(1) ¹Nicht verfahrensfreie Bauvorhaben bedürfen keiner Genehmigung, Genehmigungsfreistellung und Bauüberwachung, wenn
1. die Leitung der Entwurfsarbeiten und die Bauüberwachung einer Baudienststelle des Bundes oder eines Landes übertragen ist und
2. die Baudienststelle mindestens mit einer oder einem Bediensteten mit der Befähigung zum höheren bautechnischen Verwaltungsdienst und mit sonstigen geeigneten Fachkräften ausreichend besetzt ist.

²Solche baulichen Anlagen bedürfen jedoch der Zustimmung der für das Bauwesen zuständigen Senatsverwaltung. ³Die Zustimmung der für das Bauwesen zuständigen Senatsverwaltung entfällt, wenn
1. keine Nachbarinnen oder Nachbarn in ihren öffentlich-rechtlich geschützten Belangen von Abweichungen, Ausnahmen und Befreiungen berührt sind oder
2. die Nachbarinnen oder Nachbarn, deren öffentlich-rechtlich geschützte Belange von Abweichungen, Ausnahmen und Befreiungen berührt sein können, dem Vorhaben zustimmen.

⁴Keiner Genehmigung, Genehmigungsfreistellung oder Zustimmung bedürfen unter den Voraussetzungen des Satzes 1 Baumaßnahmen in oder an bestehenden Gebäuden, soweit sie nicht zu einer Erweiterung des Bauvolumens oder zu einer nicht verfahrensfreien Nutzungsänderung führen, sowie die Beseitigung baulicher Anlagen.

(2) ¹Der Antrag auf Zustimmung ist bei der für das Bauwesen zuständigen Senatsverwaltung einzureichen. ²Für das Zustimmungsverfahren gelten die §§ 67 bis 73 sinngemäß; eine Prüfung bautechnischer Nachweise findet nicht statt.

(3) ¹Im Zustimmungsverfahren werden geprüft
1. die Übereinstimmung mit den Vorschriften über die Zulässigkeit der baulichen Anlagen nach den §§ 29 bis 38 des Baugesetzbuchs,
2. andere öffentlich-rechtliche Anforderungen, soweit wegen der Zustimmung eine Entscheidung nach anderen öffentlich-rechtlichen Vorschriften entfällt oder ersetzt wird,
3. Abweichungen (§ 68 Abs. 1) von nachbarschützenden Vorschriften.

²Die für das Bauwesen zuständige Senatsverwaltung entscheidet über Ausnahmen und Befreiungen sowie Abweichungen nach Satz 1 Nr. 3. ³Im Übrigen bedarf die Zulässigkeit von Abweichungen keiner bauaufsichtlichen Entscheidung.

(4) ¹Anlagen, die der Landesverteidigung dienen, sind abweichend von den Absätzen 1 bis 3 der für das Bauwesen zuständigen Senatsverwaltung vor Baubeginn in geeigneter Weise zur Kenntnis zu bringen. ²Im Übrigen wirken die Bauaufsichtsbehörden nicht mit. ³§ 75 Abs. 2 bis 9 findet auf Fliegende Bauten, die der Landesverteidigung dienen, keine Anwendung.

(5) Die für das Bauwesen zuständige Senatsverwaltung kann bestimmen, dass Absatz 1 auf Vorhaben Berlins ganz oder teilweise nicht anzuwenden ist.

Erläuterungen:

I. Die Bestimmung enthält **verfahrensrechtliche Sonderregelungen** für Vorhaben, die unter der Leitung einer **Baudienststelle des Bundes oder eines Landes** geplant und unter deren Bauüberwachung realisiert werden. Die Regelung über das Zustimmungsverfahren geht auf die Verordnung über die baupolizeiliche Behandlung von öffentlichen Bauten vom 20.11.1938 (RGBl. I, S. 1677) zurück. Sie ist im Kontext des § 37 Abs. 1 BauGB zu sehen, der für Vorhaben des Bundes oder eines Landes mit besonderer öffentlicher Zweckbestimmung eine Abweichung von städtebaulichen Vorschriften ermöglicht. Der Gesetzgeber hat im Einklang mit § 77 MBO in der Neufassung der BauOBln unter Berufung auf den Gedanken der Verfahrensreduzierung und -erleichterung das Erfordernis der bauaufsichtlichen Zustimmung eingeschränkt und damit über § 62 hinaus die Verfahrensfreiheit von Vorhaben bestimmt sowie das Prüfprogramm (auch) im Zustimmungsverfahren reduziert (vgl. AH-Drucks. 15/3926, S. 133). Das **Baugenehmigungsverfahren** wird unter den in Abs. 1 bestimmten Voraussetzungen **durch** das **Zustimmungsverfahren ersetzt**, das in den Zuständigkeitsbereich der Senatsverwaltung für Stadtentwicklung fällt (§ 1 Abs. 1 e) ZustKatOrd). Als Gründe für die in den Zustimmungsregelungen zum Ausdruck kommende Privilegierung öffentlicher Bauherrn werden die Erwartung eines besonders rechtstreuen Verhaltens sowie die gegenüber Privatpersonen größere Fachkunde genannt (Schretter/Schenk in: Reichel/Schulte, Handbuch Bauordnungsrecht, S. 897). 1

II. In **Abs. 1** sind die **Voraussetzungen für die Durchführung eines Zustimmungsverfahrens** sowie für die **Verfahrensfreiheit** bestimmter Vorhaben geregelt. 2

1. Durch **Abs. 1 Satz 1** wird bestimmt, dass Bauvorhaben, die nicht ohnehin verfahrensfrei sind (vgl. § 62), keiner Genehmigung, Genehmigungsfreistellung oder Bauüberwachung bedürfen, wenn die Leitung der Entwurfsarbeiten und die Bauüberwachung einer **Baudienststelle des Bundes oder eines Landes** übertragen ist (Nr. 1) und die personelle Besetzung dieser Dienststelle gewissen Mindestanforderungen genügt (Nr. 2). Der Begriff der „Baudienststelle" ist in der BauOBln nicht definiert. Er ist aus dem Regelungszweck zu erschließen: Mit der Verwendung dieses Begriffs will die BauOBln sicherstellen, dass nur solche Verwaltungseinheiten mit der Leitung der Entwurfsarbeiten und der Bauüberwachung betraut werden, deren sachlicher Aufgabenbereich gerade diese Arbeiten regelmäßig umfasst (OVG NW, B. v. 7.7.1989, BauR 1990, S. 64, 65). Der Bund und die Länder haben kraft ihrer Organisationshoheit einen weiten Spielraum bei der Ausfüllung des Begriffs; Baudienststellen können sowohl als eigenständige Behörden ausgestaltete Bauämter als auch Organisationseinheiten einer größeren Behörde sowie – angesichts der neueren Entwicklungen im Bau- und Liegenschaftsmanagement – öf- 3

fentliche Betriebe sein (vgl. Gädtke/Temme/Heintz, BauO NW, 10. Aufl. 2003, § 80 RNr. 9: Bau- und Liegenschaftsbetrieb NRW; Lechner, in: Simon/Busse, BayBO, Stand: November 2006, Art. 86 RNr. 57; § 82 Abs. 1 Satz 2 NdsBauO nennt ausdrücklich das Staatliche Baumanagement Niedersachsen). Durch die abstrakte Wendung „eines Landes" wird verdeutlicht, dass die Regelung nicht nur Baudienststellen des Landes Berlin erfasst, sondern gleichermaßen für die Baudienststellen der anderen Bundesländer gilt und mithin auch deren Bauten (etwa Landesvertretungen beim Bund) in Berlin erfasst. Unter den Begriff der Baudienststellen des Bundes oder der Länder fallen nicht solche von rechtsfähigen Körperschaften, Anstalten und Stiftungen des öffentlichen Rechts sowie von juristischen Personen des Privatrechts, auch wenn der Bund oder die Länder deren Träger oder an ihnen beteiligt sind.

4   Das Gesetz enthält keinen ausdrücklichen Hinweis mehr auf „Vorhaben des Bundes oder der Länder" (vgl. § 67 Abs. 1 Satz 1 BauOBln 1997); sachlich dürfte hierdurch keine Änderung eingetreten sein, da bereits nach der früheren Rechtslage die Zustimmungsregelungen auch für Vorhaben anderer Stellen galten, die für diese von Behörden des Bundes oder der Länder errichtet wurden (§ 67 Abs. 1 Satz 3 BauOBln 1997). Demgemäß können nach wie vor **Vorhaben anderer öffentlicher Stellen** (z. B. öffentlich-rechtlicher Stiftungen), die für diese von Baudienststellen des Bundes oder eines Landes errichtet werden, in das Zustimmungsverfahren einbezogen werden. Eine Begrenzung auf Vorhaben bestimmter öffentlicher Rechtsträger enthält die Norm nicht; allerdings dürfte sie nach ihrem rechtshistorischen Kontext und dem sie rechtfertigenden Zweck keine Anwendung finden, wenn Bauvorhaben Privater von einer „Baudienststelle" im Sinne des Abs. 1 Satz 1 entworfen und überwacht werden sollten.

5   2. In **Abs. 1 Satz 2** wird geregelt, dass die in Satz 1 genannten Vorhaben einer **Zustimmung** der für das Bauwesen zuständigen Senatsverwaltung **bedürfen**; weitreichende **Ausnahmen von dieser Regel** sind in den **Sätzen 3 und 4** normiert. Keiner Zustimmung der Senatsverwaltung bedürfen darüber hinaus Vorhaben, bei denen ein nach anderen Rechtsvorschriften durchzuführendes Gestattungsverfahren die Zustimmung einschließt (s. dazu § 61) oder diese durch einen Planfeststellungsbeschluss ersetzt wird.

6   a) Die Zustimmung entfällt nach **Satz 3**, wenn keine Nachbarinnen oder Nachbarn in ihren öffentlich-rechtlich geschützten Belangen von Abweichungen, Ausnahmen und Befreiungen berührt sind (Nr. 1) oder diese dem Vorhaben zustimmen (Nr. 2). Diese Regelung einer **besonderen Verfahrensfreiheit** beruht auf der Erwägung, dass die Zustimmung als Verwaltungsakt nur dann erforderlich sei, wenn ihr eine gleichsam streitentscheidende Funktion zukomme, die fehle, wenn im konkreten Fall Nachbarn in ihren öffentlich-rechtlich geschützten Belangen „nicht beeinträchtigt" seien oder dem Vorhaben zustimmten (AH-Drucks 15/3926, S. 133). Mit der Regelung der Nr. 1 geht der Gesetzgeber der BauOBln in nicht unbedenklicher Weise über die Musterbauordnung hinaus und macht die Entscheidung, ob ein Zustimmungsverfahren überhaupt durchzuführen ist, von der häufig nicht einfach zu beantwortenden, eine Auseinandersetzung mit materiell-rechtlichen Problemen des Nachbarschutzes erfordernden Frage, ob öffentlich-rechtlich geschützte Belange von Nachbarn „berührt" (die Gesetzesbegründung verwendet zudem den engeren Begriff „beeinträchtigt") sind, abhängig und verkürzt damit den Nachbarschutz durch Widerspruch und Anfechtungsklage, der das Vorliegen eines Verwaltungsakts in Gestalt der Zustimmung voraussetzt (kritisch auch: Hahn/Radeisen, BauOBln, § 76 RNr. 6 f.).

b) **Abs. 1 Satz 4** regelt konsequenterweise eine **generelle Zustimmungsfreiheit** für Vorhaben, von denen der Gesetzgeber annimmt, dass sie – weil sie nicht rechtserheblich nach außen in Erscheinung treten oder sich auswirken können – schon dem Grunde nach Nachbarn nicht beeinträchtigen können (vgl. AH-Drucks 15/3926, S. 133). Während diese Annahme bei verfahrensfreien Nutzungsänderungen zutreffen dürfte (vgl. Erläuterungen zu § 62 Abs. 2), erscheint dies bei einer Änderung des „Bauvolumens" ohne Erweiterung nicht zweifelsfrei, etwa wenn – bei gleich bleibendem Gesamtvolumen – Anbauten und Teilabrisse kombiniert werden; eine bauplanungsrechtlich relevante Änderung eines Gebäudes im Sinne von § 29 Abs. 1 BauGB kann auch in Fällen vorliegen, in denen das Erscheinungsbild unangetastet bleibt und das Bauvolumen nicht erweitert wird (BVerwG, B. v. 10.10.2005, BRS 69 Nr. 114).

7

III. Der **Verfahrensgang** sowie die **Rechtswirkungen** der Zustimmung sind in den **Absätzen 2 und 3** geregelt.

8

1. Durch die Anordnung der entsprechenden Geltung der §§ 67 bis 73 (Abs. 2 Satz 2) ist das **Zustimmungsverfahren** dem Baugenehmigungsverfahren nachgebildet. Die Baudienststelle hat den Antrag auf Zustimmung bei der für das Bauwesen zuständigen Senatsverwaltung einzureichen (Abs. 2 Satz 1) und die Bauvorlagen beizufügen (§ 69 Abs. 2, § 1 Abs. 1 Nr. 8 BauVerfVO). Die Behandlung des Zustimmungsantrags entspricht der eines Bauantrags (s. § 70). Auf das Zustimmungsverfahren sind ferner die Vorschriften über Abweichungen (§ 68, s. dazu unten unter 3.), Baugenehmigung und Baubeginn (§ 71), die Geltungsdauer der Baugenehmigung (§ 72) und die Teilbaugenehmigung entsprechend anwendbar, während die Erteilung eines Vorbescheids (§ 74) im Zustimmungsverfahren nicht mehr vorgesehen ist.

9

2. Der **Prüfungsumfang** im Zustimmungsverfahren ist – in Anlehnung an das Prüfprogramm im vereinfachten Genehmigungsverfahren (vgl. § 64 Satz 1), allerdings ohne Beschränkung auf Vorhabenarten, die an sich dem vereinfachten Genehmigungsverfahren unterfielen – gemäß **Abs. 3 Satz 1** beschränkt auf das Bauplanungsrecht (Nr. 1), das „aufgedrängte" öffentliche Recht (Nr. 2) sowie Abweichungen von nachbarschützenden Vorschriften (Nr. 3). Diese Einschränkung wird in der Begründung des Gesetzentwurfs damit gerechtfertigt, dass die die Qualifikationsanforderungen nach Abs. 1 Satz 1 erfüllende Baudienststelle in der Lage sein müsse, insbesondere das Bauordnungsrecht, aber auch das sonstige auf das Bauvorhaben anwendbare Recht zu erkennen und richtig anzuwenden (AH-Drucks 15/3926, S. 133). Mit der Beschränkung des Prüfprogramms geht eine **Beschränkung der Feststellungswirkung** der Zustimmung auf die Übereinstimmung des Vorhabens nur mit den im Verfahren zu prüfenden öffentlich-rechtlichen Vorschriften einher (s. Erläuterungen zu § 64, RNr. 16).

10

3. Über **Abweichungen (§ 68)** von nachbarschützenden Vorschriften sowie über **Ausnahmen und Befreiungen (§ 31 BauGB)** entscheidet die zuständige Senatsverwaltung im Rahmen des Zustimmungsverfahrens (**Abs. 3** Satz 2); mit der Regelung, dass die Zulässigkeit von Abweichungen im Übrigen (d. h., wenn es sich nicht um nachbarschützende Vorschriften handelt) keiner bauaufsichtlichen Entscheidung bedarf (Abs. 3 Satz 3), nimmt der Gesetzgeber in einer bedenklichen Privilegierung der Baudienststellen gegenüber anderen Bauherren der Senatsverwaltung die bei Abweichungen in der Regel bestehende Möglichkeit einer Ermessensentscheidung (s. § 68 Abs. 1 Satz 1: „kann").

11

Eine **Sonderregelung für Ausnahmen und Befreiungen** von den Vorschriften des BauGB oder von aufgrund des BauGB erlassenen Vorschriften (z. B. von Bebauungsplänen) enthält **§ 37 BauGB** für den Fall, dass die besondere öffentliche Zweckbestim-

12

mung der baulichen Anlage eine Abweichung erforderlich macht (s. dazu Mampel, UPR 2002, 92 ff. sowie OVG NW, B. v. 9.9.2003, BauR 2004, 463 f.). Der Begriff „erforderlich" wird von der höchstrichterlichen Rechtsprechung ähnlich wie der Begriff „erfordern" im Zusammenhang von § 31 Abs. 2 Nr. 1 BauGB dahingehend verstanden, dass die Abweichung zur Erfüllung oder Wahrnehmung der jeweiligen öffentlichen Zweckbestimmung vernünftigerweise geboten ist (BVerwG, B. v. 16.7.1981, BRS 38 Nr. 171). Durch Gewichtung der widerstreitenden öffentlichen Belange ist im Einzelfall zu ermitteln, ob ein Vorhaben, das sich nicht im Sinne von § 34 Abs. 1 Satz 1 BauGB in seine Umgebung einfügt, im Sinne von § 37 Abs. 1 BauGB erforderlich ist; dabei kommt dem Vorhabensträger hinsichtlich des konkreten Standortes keine „autonome" Entscheidungsbefugnis zu, sondern der höheren Verwaltungsbehörde obliegt eine eigenverantwortliche, gerichtlich voll überprüfbare Entscheidung über das Vorliegen der Voraussetzungen des § 37 Abs. 1 BauGB (BVerwG, U. v. 14.2.1991, BRS 52 Nr. 151). In der Zustimmung nach Abs. 1 Satz 2 ist entsprechend Abs. 3 Satz 2 zugleich die Entscheidung der höheren Verwaltungsbehörde gemäß § 37 Abs. 1 BauGB zu sehen (ebenso Hahn/Radeisen, BauOBln, § 76 RNr. 16); bedarf eine Vorhaben gemäß Abs. 1 Sätze 3 und 4 keiner Zustimmung, sollen jedoch Abweichungen vom Bauplanungsrecht im Sinne von § 37 Abs. 1 BauGB vorgenommen werden, so bedarf es hierüber einer selbständigen Entscheidung der Senatsverwaltung.

13 IV. Die früher umstrittene Frage (vgl. Vorauf. § 67 RNr. 7), ob und ggf. unter welchen Voraussetzungen die Zustimmung als ein **Verwaltungsakt** im Sinne von § 35 Satz 1 VwVfG anzusehen, insbesondere sie auf eine unmittelbare Rechtswirkung nach außen gerichtet ist, dürfte durch die Einschränkung ihres Anwendungsbereichs in Abs. 1 Sätze 3 und 4 dahingehend geklärt sein, dass sie nunmehr stets ein Verwaltungsakt ist. Da die Zustimmung über die in Abs. 2 Satz 2 angeordnete entsprechende Anwendung von § 71 Abs. 1 Satz 1 und Abs. 7 Nr. 1 grundsätzlich die der Baugenehmigung eigenen Rechtswirkungen der Feststellung der Übereinstimmung des Vorhabens mit den im bauaufsichtlichen Verfahren zu prüfenden öffentlich-rechtlichen Vorschriften und der Baufreigabe zukommen, bestehen mit Blick auf das Merkmal der Regelung eines Einzelfalls auf dem Gebiet des öffentlichen Rechts keine Bedenken, sie als Verwaltungsakt anzusehen (OVG Bln, U. v. 27.11.1981, OVGE 16, 29; HessVGH, B. v. 30.12.1994, BRS 56 Nr. 174; vgl. auch HessVGH, B. v. 17.8.1995, BRS 57 Nr. 192; NdsOVG, U. v. 13.7.1994, BRS 56 Nr. 177; Krist, BauR 1993, 516 ff.). Wird sie einer Baudienststelle eines anderen öffentlich-rechtlichen Rechtsträgers (als des Landes Berlin) erteilt, so ist die Zustimmung, die nach § 212a Abs. 1 BauGB von Gesetzes wegen sofort vollziehbar sein dürfte (str., s. Battis/Krautberger/Löhr, BauGB, 10. Aufl., § 212a RNr. 2), auch zweifellos auf unmittelbare Rechtswirkung nach außen gerichtet und als Verwaltungsakt mit Doppelwirkung durch betroffene Nachbarn anfechtbar sowie mit Rechtsschutzanträgen nach §§ 80 Abs. 5, 80a VwGO angreifbar (s. neben den vorgenannten Entscheidungen: BayVGH, B. v. 8.7.1997, NVwZ 1998, 419; NdsOVG, B. v. 2.12.1992, BRS 54 Nr. 192). Ist die Leitung der Entwurfsarbeiten einer Baudienststelle des Landes Berlin übertragen, so ist die Außenwirkung problematisch, weil sich Behörden desselben Rechtsträgers gegenüber stehen (HbgOVG, B. v. 25.6.1981, BRS 38 Nr. 194; OVG Saar, B. v. 1.10.1990, BRS 50 Nr. 186). Im Hinblick auf die nicht nur gegenüber der Baudienststelle des Landes Berlin, sondern auch gegenüber den **Nachbarn** geltenden Feststellungswirkung der Zustimmung dürfte sie – unabhängig davon, ob der Nachbar am Zustimmungsverfahren beteiligt und die Zustimmung ihm förmlich bekannt gegeben wurde, – auch bei dieser Fallkonstellation auf unmittelbare Außenwirkung gerichtet sein (ähnlich Große-Suchsdorf/Lindorf/Schmaltz/Wiechert, NdsBauO, 9. Aufl., § 82 RNr. 16; vorsichtiger: Gädtke/Temme/Heintz, BauO NW, 10. Aufl., § 80 RNr. 18). Diese Sichtweise dürfte auch

dem Willen des Gesetzgebers entsprechen, der die Zustimmung als Einzelfallregelung mit Außenwirkung angesehen und sie gemäß Abs. 1 Satz 3 nur noch in den Konstellationen für erforderlich erklärt hat, in denen ihr eine gleichsam streitentscheidende Funktion konkret zukommt (s. AH-Drucks. 15/3926, S. 133).

V. Eine Sonderregelung für bauliche Anlagen der **Landesverteidigung (Abs. 4)** wurde nach Aufhebung des besonderen Status Berlins in die BauOBln aufgenommen. Sie stellt in Anlehnung an die MBO und die Bauordnungen anderer Bundesländer bauliche Anlagen, die der Landesverteidigung dienen, von der Baugenehmigungspflicht und vom Zustimmungsverfahren der Abs. 1 bis 3 frei. Die in § 67 Abs. 4 BauOBln 1997 enthaltene Einschränkung auf Vorhaben in militärischen Sicherheitsbereichen ist entfallen. Die Bestimmung dient der Gewährleistung der besonderen Geheimhaltung; es besteht lediglich eine beschränkte Informationspflicht („in geeigneter Weise") gegenüber der Senatsverwaltung. Vorhaben, die – wie Wohnungen oder Parkplätze für Soldaten – keine besondere Geheimhaltung erfordern, dürften nach der ratio legis im Allgemeinen nicht unter die Privilegierung fallen (ebenso Hahn/Radeisen, BauOBln, § 76 RNr. 18). Für Vorhaben der Landesverteidigung enthält § 37 Abs. 2 BauGB eine bauplanungsrechtliche Spezialregelung: Sind die tatbestandsmäßigen Voraussetzungen des § 37 Abs. 1 BauGB, insbesondere die Erforderlichkeit einer Abweichung von bauplanungsrechtlichen Vorschriften, erfüllt, so genügt für die Abweichungsentscheidung die Zustimmung der höheren Verwaltungsbehörde (s. hierzu: Battis/Krautzberger/Löhr, a. a. O., § 37 RNrn. 6 f.); wird diese versagt, so entscheidet das zuständige Bundesministerium im Einvernehmen mit den beteiligten Bundesministerien, jedoch nur im Benehmen mit der zuständigen obersten Landesbehörde (in Berlin der zugleich als höhere Verwaltungsbehörde handelnden Senatsverwaltung); es kann sich also über deren Einwände hinwegsetzen. Abs. 4 Satz 3 nimmt Fliegende Bauten, die der Landesverteidigung dienen, von den Regelungen des § 75 Abs. 2 bis 9 aus (s. § 75 RNr. 21).

VI. Abs. 5 enthält die **Ermächtigung** für die für das Bauwesen zuständige Senatsverwaltung, zu bestimmen, dass Abs. 1 auf **Vorhaben Berlins** ganz oder teilweise nicht anzuwenden ist. Von der wortgleichen Vorläufernorm (§ 67 Abs. 3 BauOBln 1996) hatte die Senatsverwaltung durch Ausführungsvorschriften vom 20. Februar 1997 (DBl. IV, S. 1) Gebrauch gemacht (AV Bauten Bln). Diese bestimmten entsprechend der allgemeinen Tendenz zur Dekonzentration von Aufgaben (s. in diesem Zusammenhang § 86 RNr. 1), dass bauliche Maßnahmen der Bezirksverwaltungen, die genehmigungsbedürftige Vorhaben sind, dem allgemeinen Baugenehmigungsverfahren unterliegen; eine Bauüberwachung fand nicht statt. Die Geltung dieser, ihrer Nr. 2 nach ursprünglich bis zum 28.2.2007 befristeten AV dürfte am 31.12.2003 erloschen sein, da gemäß der nicht mit einer Übergangsvorschrift versehenen Regelung des § 6 Abs. 5 Sätze 1 und 3 AZG die von den einzelnen Senatsverwaltungen erlassenen Verwaltungsvorschriften, zu denen auch die Ausführungsvorschriften nach § 6 Abs. 2 Nr. 1 AZG zählen, sich keine fünf Jahre überschreitende Geltungsdauer beimessen dürfen und Verwaltungsvorschriften, deren Geltungsdauer nicht begrenzt ist, fünf Jahre nach Ablauf des Jahres, in dem sie erlassen wurden, außer Kraft treten. Eine neue Regelung auf der Grundlage des Abs. 5 wurde bislang nicht erlassen, jedoch wird eine Änderung von Nr. 1 Abs. 1 Buchstabe e) ZustKatOrd erwogen, nach dessen derzeitiger Fassung („Bauten der Länder") die Senatsverwaltung wohl auch für die Bauaufsicht bei Bauten der Berliner Bezirke zuständig sein dürfte.

Abschnitt 4:
Bauaufsichtliche Maßnahmen

§ 77 Verbot unrechtmäßig gekennzeichneter Bauprodukte

Sind Bauprodukte entgegen § 22 mit dem Ü-Zeichen gekennzeichnet, kann die Bauaufsichtsbehörde die Verwendung dieser Bauprodukte untersagen und deren Kennzeichnung entwerten oder beseitigen lassen.

Erläuterungen:

1   Das Ü-Zeichen bestätigt die Übereinstimmung eines hergestellten Bauproduktes mit dem ihm zu Grunde liegenden technischen Bezugsdokument (technische Regel, bauaufsichtlicher Verwendbarkeitsnachweis). Für sicherheitsrelevante Bauprodukte ist das Ü-Zeichen wesentlicher Bestandteil der Verwendbarkeitsvoraussetzungen vor Ort. Ist die Kennzeichnung eines Bauproduktes nicht vorschriftsgemäß vorgenommen worden (§ 22), bestehen grundsätzlich sicherheitstechnische Bedenken gegen dessen Verwendbarkeit. Aus diesem Grunde darf die Bauaufsichtsbehörde die Verwendung dieser Bauprodukte untersagen, die Kennzeichnung entwerten oder, soweit das Bauprodukt bereits eingebaut ist, die Beseitigung anordnen.

2   Bei der unrechtmäßigen Ü-Kennzeichnung handelt es sich um eine **Ordnungswidrigkeit** im Sinne des § 83 Abs. 1 Nrn. 2 und 4.

§ 78 Einstellung von Arbeiten

(1) ¹Werden Anlagen im Widerspruch zu öffentlich-rechtlichen Vorschriften errichtet, geändert oder beseitigt, kann die Bauaufsichtsbehörde die Einstellung der Arbeiten anordnen. ²Dies gilt auch dann, wenn
1. die Ausführung eines Vorhabens entgegen den Vorschriften des § 71 Abs. 6 und 7 begonnen wurde,
2. bei der Ausführung
    a) eines genehmigungsbedürftigen Bauvorhabens von den genehmigten Bauvorlagen,
    b) eines genehmigungsfreigestellten Bauvorhabens von den eingereichten Unterlagen
    abgewichen wird,
3. Bauprodukte verwendet werden, die entgegen § 17 Abs. 1 keine CE Kennzeichnung oder kein Ü-Zeichen tragen, oder
4. Bauprodukte verwendet werden, die unberechtigt mit der CE-Kennzeichnung (§ 17 Abs. 1 Satz 1 Nr. 2) oder dem Ü-Zeichen (§ 22 Abs. 4) gekennzeichnet sind.

(2) Werden unzulässige Arbeiten trotz einer schriftlich oder mündlich verfügten Einstellung fortgesetzt, kann die Bauaufsichtsbehörde die Baustelle versiegeln oder die an der Baustelle vorhandenen Bauprodukte, Geräte, Maschinen und Bauhilfsmittel in amtlichen Gewahrsam bringen.

Erläuterungen:

I. Die **Einstellung von Arbeiten** nach § 78, die früher **Baueinstellung** hieß (vgl. RNr. 26) und in § 2 Abs. 2 Satz 1 Bln BodSchG immer noch so genannt wird, die Beseitigung von Anlagen und die Nutzungsuntersagung (§ 79) sowie das Verbot unrechtmäßig gekennzeichneter Bauprodukte (§ 77) werden von der Überschrift des Vierten Abschnitts in dem Begriff „Bauaufsichtliche Maßnahmen" zusammengefasst. Auch die Genehmigungsfreiheit und eine „Beschränkung der bauaufsichtlichen Prüfung" lassen die bauaufsichtlichen Eingriffsbefugnisse und somit auch diejenigen nach den §§ 77 ff. unberührt (vgl. § 60 Abs. 2). Deren jeweilige Rechtsgrundlagen gehen der Eingriffsnorm des § 58 Abs. 1 Satz 2 vor (vgl. § 58 RNr. 14). § 78 ist eine Vorschrift von großer praktischer Bedeutung, die – wie außer ihr vor allem § 79 – der **Sicherung legaler Zustände** dient. Mit Hilfe der **Einstellung von Arbeiten** kann vermieden werden, dass vollendete Tatsachen geschaffen werden (vgl. OVG Bln, B. v. 19.11.1996, BRS 58 Nr. 200 = BRS 59 Nr. 219; VGH BW, B. v. 10.2.2005, BRS 69 Nr. 186) und der Tatbestand des § 79 Satz 1 (Beseitigung von Anlagen) verwirklicht wird. Die Anordnung der Einstellung von Arbeiten, der vielfach so genannte **Baustopp**, ist ein Verwaltungsakt, durch den die Fortsetzung rechtswidriger Arbeiten verhindert wird. **Abs. 1 Satz 1** enthält eine „generelle Befugnisnorm" (AH-Drucks. 15/3926, S. 134 – zu § 78 –), die es der BABeh. gestattet, bei bestimmten rechtswidrigen Arbeiten, die sich auf Anlagen beziehen, deren Einstellung anzuordnen. **Satz 2** ergänzt diese Norm durch die Aufzählung weiterer rechtswidriger Tätigkeiten, hinsichtlich deren gleichfalls die Einstellung von Arbeiten verfügt werden kann. **Abs. 2** regelt Einzelheiten der Verwaltungsvollstreckung.

II. **Abs. 1 Satz 1** nennt die Handlungen, die zur Anordnung der Einstellung der Arbeiten führen können.

1. **Satz 1** ist eine **generelle Befugnisnorm** (vgl. RNr. 1), die es der BABeh. ermöglicht, bei Vewirklichung des Tatbestands die Fortsetzung rechtswidriger Arbeiten zu unterbinden. Eine scheinbare Parallelnorm ist hinsichtlich der verfahrensfreien Vorhaben und der Beseitigung von Anlagen § 62 Abs. 5 Satz 2, wonach die BABeh. jederzeit bauaufsichtliche Maßnahmen ergreifen kann. Jedoch handelt es sich hierbei lediglich um eine deklaratorische Verweisung auf die in den §§ 77 ff. geregelten „Bauaufsichtlichen Maßnahmen" (vgl. § 58 RNr. 14).

2. Die von Satz 1 erfassten Tätigkeiten beziehen sich auf **Anlagen**, also auf bauliche Anlagen und sonstige Anlagen und Einrichtungen im Sinne des § 1 Abs. 1 Satz 2 (vgl. § 2 Abs. 1 Satz 1). Die tatbestandlichen Handlungen decken sich mit solchen, die in der Standardformel des § 3 Abs. 1 und 4 sowie in § 58 Abs. 1 Satz 1 genannt werden (vgl. § 3 RNr. 21, § 58 RNr. 5). Es sind dies die **Errichtung** (vgl. § 3 RNr. 10), die **Änderung** (vgl. § 3 RNr. 11) und die **Beseitigung von Anlagen** (vgl. § 3 RNr. 71). Satz 1 hat – wie auch § 58 Abs. 1 Satz 1 (vgl. § 58 RNr. 5) – die in § 3 Abs. 1 an erster Stelle erwähnte Anordnung von Anlagen nicht übernommen, denn diese Variante geht in den beiden anderen der Errichtung und Änderung auf. Die Nutzung und die Änderung der Nutzung

§ 78 RNr. 4–6

von Anlagen hat eine separate Regelung in § 79 Satz 2 gefunden. Auch die **Instandhaltung** von Anlagen wird von Satz 1 nicht erfasst. Kommt es bei ihnen zu Verstößen gegen öffentlich-rechtliche Vorschriften, kann die BABeh. die Fortsetzung rechtswidriger Instandhaltungsarbeiten auf Grund des § 58 Abs. 1 verbieten (vgl. § 58 RNrn. 2, 14)

4 3. Die Tätigkeiten, die nach Satz 1 zu einer Einstellung von Arbeiten führen können, sind ausnahmslos solche, bei denen die BABeh. gemäß § 58 Abs. 1 Satz 1 darüber zu wachen haben, dass die öffentlich-rechtlichen Vorschriften eingehalten werden. § 58 Abs. 1 Satz 1 bildet somit auch den kompetenziellen Rahmen, an den die BABeh. bei der Anwendung des § 78 gebunden sind. Sie müssen daher den in jener Aufgabennorm festgelegten **Vorrang zuständiger anderer Behörden** beachten. Wenn die Überwachung der Einhaltung bestimmter öffentlich-rechtlicher Anforderungen anderen (Fach-)Behörden zugewiesen ist, handelt es sich nicht um eine bauaufsichtliche Aufgabe (vgl. § 58 RNr.9), und für die Unterbindung einschlägiger Verstöße sind nicht die BABeh. zuständig.

5 4. Diejenigen gemäß § 58 Abs. 1 Satz 1 von den BABeh. überwachten Tätigkeiten, die in den Tatbestand des § 78 Abs. 1 Satz 1 aufgenommen worden sind (**Errichtung Änderung und Beseitigung von Anlagen**), müssen „im Widerspruch zu öffentlich-rechtlichen Vorschriften" stehen, damit die BABeh. ihre Einstellung anordnen kann. Voraussetzung einer solchen Maßnahme ist also, dass es sich um „unzulässige Arbeiten" (§ 78 Abs. 2) handelt. Die behördliche Eingriffsbefugnis wird durch Verstöße gegen öffentlich-rechtliche Vorschriften ausgelöst, sofern nicht andere sachnähere Behörden mit der Aufgabe betraut sind, **rechtswidrigen anlagenbezogenen Tätigkeiten** entgegenzutreten (vgl. RNr. 4 und § 58 RNr. 9). Als dem Tatbestand des § 78 Abs. 1 Satz 1 unterfallende verletzte Normen kommen solche des Baurechts und sonstige öffentliche-rechtliche Vorschriften in Betracht. Sie können dem materiellen oder formellen (Verfahrens-)Recht angehören. So kann eine Baueinstellungsanordnung zulässig sein, wenn es an einer wirksamen sanierungsrechtlichen Genehmigung nach § 144 BauGB fehlt (vgl. OVG Bln, B. v. 23.12.1994, BRS 57 Nr. 257; B. v. 7.5.2001 – OVG 2 SN 6.01 –). Auch kommt eine Stillegungsverfügung in Betracht, wenn entgegen § 81 Abs. 1 Satz 2 Bauarbeiten ohne Zustimmung der BABeh. fortgesetzt werden (vgl. § 81 RNr. 6). Zu den von Satz 1 erfassten Vorschriften rechnen auch § 3 Abs. 3 Satz 1, wonach als Technische Baubestimmungen eingeführten technischen Regeln zu beachten sind, und § 54 Abs. 1 Satz 1, § 57, in denen die Bestellung eines Bauleiters vorgeschrieben wird (vgl. OVG Bln, B. v. 29.3.1968, OVGE 9, 165 = BRS 20 Nr. 192), weiterhin § 71 Abs. 5. Auf ein **Verschulden** des Bauherrn bei der Verletzung öffentlich-rechtlicher Vorschriften kommt es nicht. Auch muss ein Verstoß keine zusätzliche **konkrete Gefahr**, insbesondere für Leben oder Gesundheit, mit sich bringen (vgl. § 3 RNr. 14).

6 5. Die Anwendung der **generellen Befugnisnorm des Abs. 1 Satz 1** ist nur möglich, wenn alle **Spezialfälle des Abs. 1 Satz 2 ausgeschlossen** werden können. Diese verdrängen den allgemeinen Eingriffstatbestand, dem somit nur **subsidiäre Bedeutung** zukommt. Da alle vier Tatbestände des Abs. 1 Satz 2 formelle Rechtsverstöße zur Voraussetzung haben (vgl. RNr. 10), ist die Einstellung von Arbeiten wegen Verletzung materiellrechtlicher Bestimmungen nur nach Abs.1 Satz 1 zulässig (vgl. OVG Brem, B. v. 2.4.1984, BRS 42 Nr. 223), wenngleich nicht auf diese beschränkt (vgl. RNrn. 5, 7). Anders als in den Fällen des Satzes 2, der die Bedingungen der Eingriffsbefugnis präzise und detailliert beschreibt, kann bei der Anwendung des Satzes 1 das Problem auftreten, ob für die Einstellung ein durch Tatsachen belegter „Anfangsverdacht" eines Rechtsverstoßes ausreicht (VGH BW, B. v. 10.2.2005, BRS 69 Nr. 186) oder ob nach Auffassung der BABeh. ein materieller oder formeller Rechtsverstoß vorliegen muss.

6. Bei den **genehmigungsbedürftigen Bauvorhaben** erschwert die Subsidiarität des Abs. 1 Satz 1 seine Anwendung, denn bei zahlreichen verwandten Konstellationen hängt die Zuordnung zu Abs. 1 Satz 1 oder Satz 2 lediglich von Nuancen des Sachverhalts ab. Wird ein genehmigungsbedürftiges **Vorhaben ohne Baugenehmigung begonnen** oder wird bei einem genehmigten Vorhaben von den genehmigten Bauvorlagen abgewichen, ist nicht Abs. 1 Satz 1, sondern Satz 2 Nrn. 1 und 2a einschlägig. Werden dagegen die **Grenzen einer Baugenehmigung** überschritten, ohne dass zugleich von den Bauvorlagen abgewichen wird, liegt ein formeller Verstoß vor, der von Satz 1 erfasst wird (vgl. RNr. 23). Dies kann z. B. bei der Missachtung einer Auflage der Fall sein (vgl. § 71 Abs. 3). Ist eine **Baugenehmigung** nach Baubeginn **zurückgenommen** oder **widerrufen** worden (vgl. §§ 48, 49 VwVfG), greift ebenfalls Satz 1 ein. Die Fortsetzung der Bauarbeiten ist rechtswidrig, wenn die Rücknahme der Baugenehmigung unter Anordnung der sofortigen Vollziehung nach § 80 Abs. 2 Nr. 4 VwGO geschieht (vgl. OVG Bln, B. v. 18.2.1999, BRS 62 Nr. 202). Entsprechendes gilt, wenn das VG gemäß § 80 Abs. 5 Satz 1, Abs. 2 Nr. 3 VwGO i. V. m. § 212a Abs. 1 BauGB nach Baubeginn die aufschiebende Wirkung des Widerspruchs oder der Anfechtungsklage eines Dritten anordnet (vgl. RNrn. 15, 41). Auch die Verletzung formeller Vorschriften (vgl. z. B. § 54 Abs. 1 und § 81 Abs. 1 Satz 2) sowie von Anforderungen an die Baustelle (vgl. § 11) kommt für den Tatbestand des Satzes 1 Betracht.

Zweifelhaft ist es, ob eine **Baustilllegung** wegen eines Verstoßes gegen das materielle öffentliche Recht zulässig ist, **obwohl** die **Baugenehmigung eingehalten** wird. Während nach früherem Recht die Baugenehmigung die Übereinstimmung des Vorhabens mit dem gesamten öffentlichen Recht feststellte und somit die BABeh. an einem Baustopp hinderte (vgl. Voraufl., § 62 RNrn. 1, 17, § 69 RNr. 13), ist nach neuem Recht der Prüfungsumfang im Baugenehmigungsverfahren erheblich reduziert (vgl. § 64 Satz 1, § 65 Satz 1). Nach der Begründung der BauO Bln weist die Baugenehmigung im vereinfachten Baugenehmigungsverfahren „im Kern den Charakter einer nur noch planungsrechtlichen Unbedenklichkeitsbescheinigung" auf (AH-Drucks. 15/3926, S. 117 – zu § 64 –); auch die reguläre Baugenehmigung „als nicht mehr umfassende öffentlich-rechtliche Unbedenklichkeitsbescheinigung" (ebd. S. 120 – zu § 65 –) enthält eine inhaltlich verminderte Feststellungswirkung. Eine rechtliche Konsequenz dieses Wirkungsverlusts ist es, dass wegen der „Beschränkung der bauaufsichtlichen Prüfung" die am Bau Beteiligten ungeachtet einer vorliegenden Baugenehmigung verpflichtet sind, die öffentlich-rechtlichen Anforderungen an Anlagen einzuhalten, und trotz dieser Beschränkung die „bauaufsichtlichen Eingriffsbefugnisse unberührt" bleiben (vgl. § 60 Abs. 2). Auch im Falle einer Baugenehmigung erscheint es somit nicht ausgeschlossen, dass ein behördlicher Durchgriff auf das materielle Recht stattfinden darf und Maßnahmen nach Satz 1 wegen Verstößen gegen solche materielle Bestimmungen getroffen werden können, die nicht mehr zum behördlichen Prüfprogramm gehören.

7. Bei den **verfahrensfreien** (§ 62) und den **genehmigungsfrei gestellten Bauvorhaben** (§ 63) stehen materielle Baurechtswidrigkeiten im Vordergrund (vgl. § 60 Abs. 2, § 62 Abs. 5 Satz 1 sowie Bay VGH, U. v. 2.9.1982, BRS 39 Nr. 228). Zu diesen rechnen auch bauliche Maßnahmen, die mit einer Baulast (vgl. § 82) oder mit Festsetzungen in Bebauungsplänen (vgl. BVerwG, B. v. 4.3.1997, NJW 1997, 2063) unvereinbar sind. Im Falle genehmigungsfrei gestellter Bauvorhaben wird ein Verstoß gegen materielles öffentliches Recht und damit die Zulässigkeit einer Stilllegungsverfügung nicht dadurch ausgeschlossen, dass das Verfahren nach § 63 Abs. 2 Nr. 3, Abs. 3 und 4 durchlaufen worden ist. Wenngleich die BABeh. sich auf die vom Bauherrn entsprechend § 63 Abs. 3 Satz 1 eingereichten Unterlagen soll verlassen können, ist sie doch nicht auf ihre Interventionsmöglichkeiten nach § 63 Abs. 2 Nr. 3, Abs. 3 Satz 2 bis 4, Abs. 4 beschränkt.

10 III. Satz 2 schreibt die Geltung von Tatbestand und Rechtsfolge des Satzes 1 für spezielle Handlungen vor. Die BaBeh. hat in den von **Satz 2** aufgezählten Fällen der **Nrn. 1 bis 4** dieselben Befugnisse wie nach Satz 1.

1. Die von Satz 2 erfassten „unzulässige(n) Arbeiten" (Abs. 2) bestehen ausschließlich in **formellen Verstößen gegen das Bauordnungsrecht** (vgl. OVG Bln-Bbg, B. v. 21.10.2005, BRS 69 Nr. 155 = LKV 2006, 282, 284). Auf ein Verschulden des Bauherrn kommt es nicht an. Auch muss ein Verstoß keine zusätzliche konkrete Gefahr, insbesondere für Leben oder Gesundheit, mit sich bringen (vgl. § 3 RNr. 14). Die den Satz 2 einleitende Formulierung („gilt auch dann") ist irreführend, weil sie den Eindruck erweckt, als würde die Regelung des Satzes 1 auf Sachverhaltskonstellationen erstreckt, bei denen es an einem „Widerspruch zu öffentlich-rechtlichen Vorschriften", also an der Rechtswidrigkeit baulicher Tätigkeiten fehlt. Dies ist jedoch unzutreffend, wie besonders am Tatbestand der Nr. 1 deutlich wird, der die Ausführung eines Vorhabens „entgegen den Vorschriften des § 71 Abs. 6 und 7" zum Gegenstand hat. Auch die in Nrn. 3 und 4 benutzten Formulierungen („entgegen", „unberechtigt") weisen auf das Erfordernis eines Rechtsbruchs hin. Satz 2 enthält somit **keine Gesetzesfiktion**, sondern eine Aufzählung rechtswidriger Handlungen, die unter Satz 1 fallen würden, wenn sie ihn nicht wegen ihrer Spezialität verdrängten (vgl. RNr. 6). Allenfalls bei Nr. 2b kann es zweifelhaft sein, ob die Abweichung von eingereichten Unterlagen rechtswidrig ist (vgl. RNr. 24).

11 **2.** Wegen der Anknüpfung an Satz 1 setzen sämtliche Tatbestände des Satzes 2 Nrn. 1 bis 4 voraus, dass **Anlagen errichtet, geändert oder beseitigt** werden. Während Nr. 1 den rechtswidrigen Beginn von Arbeiten zum Gegenstand hat, betreffen die Nrn. 2 bis 4 die rechtswidrige Art und Weise der Ausführung von Vorhaben.

12 **a)** Satz 2 Nr. 1 greift ein, wenn unter Missachtung bestimmter Verfahrensvorschriften mit der **Ausführung eines Vorhabens begonnen** wurde. Obwohl die Vorschrift – anders als Nr. 2 (vgl. RNr. 21) – nicht den auf bauliche Anlagen beschränkten Ausdruck Bauvorhaben verwendet (vgl. § 2 RNr. 3), ergibt sich aus der in Bezug genommenen Vorschrift des § 71 Abs. 6 und 7, dass in Abweichung von Satz 1 (vgl. RNr. 3) die sonstigen Anlagen und Einrichtungen im Sinne des § 1 Abs. 1 Satz 2 aus dem Eingriffstatbestand ausgeschlossen sind. Die von diesem vorausgesetzte **formelle Illegalität** (vgl. § 79 RNr. 15 und OVG Bln-Bbg, B. v. 21.10.2005, BRS 69 Nr. 155 = LKV 2006, 282, 284) tritt in mehreren Spielarten auf.

13 **aa)** Gegen **§ 71 Abs. 6** wird verstoßen, wenn der Bauherr, dem eine Baugenehmigung erteilt worden ist, die erforderliche Baubeginnanzeige aber nicht oder nicht rechtzeitig gegenüber der BABeh. abgibt. Das Gleiche gilt für den Fall der Wiederaufnahme von genehmigten Bauarbeiten nach einer Unterbrechung von mehr als drei Monaten. Nr. 1 findet auch dann Anwendung, wenn der Ausführungsbeginn von Vorhaben oder die Wiederaufnahme von Bauarbeiten nach anderen Vorschriften, die auf § 71 Abs. 6 verweisen, der BABeh. schriftlich mitzuteilen ist. Entsprechend anzuwenden ist § 71 Abs. 6 auf die Genehmigungsfreistellung (vgl. § 63 Abs. 5 Satz 2), so dass bei unterlassener oder verspäteter Baubeginnanzeige eine Einstellungsverfügung droht. Ebenfalls gilt § 71 Abs. 6 entsprechend, wenn Anlagen beseitigt werden sollen, deren Beseitigung nicht verfahrensfrei ist (vgl. § 62 Abs. 3 Satz 5). Da § 71 Abs. 6 auch im Zustimmungsverfahren sinngemäß gilt (vgl. § 76 Abs. 2 Satz 2), kommt auch insoweit eine baubehördlich verfügte Einstellung von Arbeiten in Betracht.

bb) Entgegen der Vorschrift des **§ 71 Abs. 7** wird die Ausführung eines Vorhabens begonnen, solange dem Bauherrn die Baugenehmigung nicht zugegangen ist (§ 71 Abs. 7 Nr. 1) oder im vereinfachten Baugenehmigungsverfahren die Genehmigungsfiktion nicht eingetreten ist (§ 71 Abs. 7 Nr. 1 i. V. m. § 70 Abs. 4 Satz 3 und 4), die erforderlichen bautechnischen Nachweise der BABeh. nicht vorliegen (§ 71 Abs. 7 Nr. 2 i. V. m. § 67 Abs. 1 Satz 1, §§ 9 ff., 14 BauVerfVO) oder solange der BABeh. die Baubeginnanzeige nicht vorliegt (§ 71 Abs. 7 Nr. 3 i. V. m. Abs. 6). Der Tatbestand des § 78 Abs. 1 Satz 2 Nr. 1 wird bereits dadurch erfüllt, dass eine der Varianten des § 71 Abs. 7 gegeben ist, denn schon dann ist es nach dieser Vorschrift verboten, mit der Bauausführung zu beginnen.

§ 71 Abs. 7 Nr. 1 erfasst – trotz seines missverständlichen Wortlauts – nicht allein den Fall, dass die BABeh. sich verwaltungsintern für die Erteilung einer Baugenehmigung entschieden hat und nur deren Zugang gegenüber dem Bauherrn aussteht, sondern auch das sonstige **Fehlen einer Baugenehmigung**, sei es, dass der Bauherr sie nicht beantragt hat, noch keine behördeninterne Entscheidung getroffen worden ist, die Baugenehmigung verweigert worden ist oder vor Baubeginn zurückgenommen oder widerrufen worden ist (vgl. §§ 48, 49 VwVfG). Weiterhin gilt für § 71 Abs. 7 Nr. 1 das Erfordernis, dass eine Baugenehmigung zur Zeit des Baubeginns wirksam sein muss. Um einen **genehmigungslosen Beginn** handelt es sich daher auch dann, wenn zwar eine Baugenehmigung vorhanden ist, aber eine aufschiebende Bedingung noch aussteht (vgl. OVG Bln, B. v. 19.11.1996, BRS 58 Nr. 200), eine auflösende Bedingung eingetreten ist (vgl. § 71 Abs. 3) oder die Geltungsdauer der Genehmigung erloschen ist (vgl. § 71 Abs. 3, § 72 Abs. 1 und OVG Bln-Bbg, B. v. 21.10.2005, BRS 69 Nr. 155 = LKV 2006, 282). Ordnet das VG gemäß 80 Abs. 5 Satz 1, Abs. 2 Nr. 3 VwGO i. V. m. § 212a Abs. 1 BauGB vor Baubeginn die aufschiebende Wirkung des Widerspruchs oder der Anfechtungsklage eines Dritten an, so ist der Bauherr an der Ausnutzung der Baugenehmigung gehindert und handelt bei Ungehorsam dem § 71 Abs. 7 Nr. 1 zuwider, so dass der Tatbestand des § 78 Abs. 1 Satz 2 Nr. 1 erfüllt ist (vgl. RNrn. 7, 41).

Wird während der Bauarbeiten eine Baugenehmigung erteilt so wird der Tatbestand des § 78 Abs. 1 Satz 2 Nr. 1 ausgeschlossen. Denn entgegen dem Wortlaut reicht es nicht aus, dass ein Vorhaben ohne Genehmigung begonnen wurde; vielmehr setzt der Tatbestand voraus, dass auch die **Fortführung der Arbeiten formell rechtswidrig** geschieht. Erst mit dem **Abschluss der Arbeiten** (einschließlich Verbesserungs- und Ausbesserungsmaßnahmen und Garantieleistungen) scheidet eine Verfügung nach § 78 aus. Es kommt dann nur noch eine Nutzungsuntersagung oder eine Beseitigungsanordnung nach § 79 in Betracht.

Ob es angesichts des § 71 Abs. 7 Nr. 3 nötig war, im Eingriffstatbestand des § 78 Abs. 1 Satz 2 Nr. 1 insoweit auf § 71 Abs. 6 zu verweisen, als dieser den Ausführungsbeginn betrifft (vgl. RNr. 12), erscheint fraglich; denn solange die Baubeginnanzeige der BABeh. nicht vorliegt, ist es unerheblich, dass der Bauherr zusätzlich seine Pflicht nach § 71 Abs. 6 nicht erfüllt. Die **Unsicherheit des Gesetzgebers** an diesem Punkt zeigt sich daran, dass sowohl § 71 Abs. 6 als auch Abs. 7 Nr. 3 entsprechend gelten, wenn Anlagen beseitigt werden sollen, deren Beseitigung nicht verfahrensfrei ist (vgl. § 62 Abs. 3 Satz 5). § 71 Abs. 7 Nr. 2 ist auf die **Genehmigungsfreistellung** entsprechend anzuwenden (vgl. § 63 Abs. 5 Satz 2), so dass bei fehlenden bautechnischen Nachweisen (vgl. § 63 Abs. 3 Satz 1, Abs. 5 Satz 1, § 67 Abs. 1 Satz 1) eine Einstellungsverfügung möglich ist. Auch im Zustimmungsverfahren gilt § 71 Abs. 7 sinngemäß (vgl. § 76 Abs. 2 Satz 2), so dass eine baubehördliche verfügte Einstellung nicht ausgeschlossen ist.

18 cc) Ein **Vorhaben** wird im Sinne des Abs. 1 Satz 2 Nr. 1 **begonnen,** wenn es ins Werk gesetzt wird. Dazu rechnet die Einrichtung der **Baustelle** nicht (vgl. § 11). Allerdings ist die in § 62 Abs. 6 BauO Bln 1997 enthaltene Regelung, wonach trotz des Verbots, vor Erteilung der Baugenehmigung mit der Ausführung des Vorhabens zu beginnen, die Einrichtung der Baustelle zulässig war, nicht in die Nachfolgevorschrift des § 71 übernommen worden. Trotzdem dürfte sich insoweit an der Rechtslage nichts geändert haben. Da nach § 71 Abs. 5 Satz 2 Baugenehmigungen, Bauvorlagen sowie bautechnische Nachweise erst von Baubeginn an der Baustelle vorliegen müssen, ist der Baubeginn nicht mit der Einrichtung der Baustelle identisch. Zudem sind Baustelleneinrichtungen, einschließlich der Lagerhallen, Schutzhallen, nicht dem Wohnen dienender Unterkünfte und Baustellenbüros sowie der Materiallager, Zement- und Baustoffsilos, Wetterschutzhallen (vgl. AH-Drucks. 15/3926, S. 75 – zu § 11 –), nach § 62 Abs. 1 Nr. 12a verfahrensfrei, so dass eine Verwirklichung des Tatbestands des § 78 Abs. 1 Satz 2 Nr. 1 ausgeschlossen ist (vgl. RNrn. 12 f.).

19 Bereits das Ausheben der Baugrube kann die Anordnung der Einstellung rechtfertigen (vgl. Bay VGH, U. v. 2.9.1982, BRS 39 Nr. 228). Ist der Baugrubenaushub Teil eines (noch) nicht genehmigten **Gesamtvorhabens**, kann er nicht als verfahrensfreie Abgrabung im Sinne des § 62 Abs. 1 Nr. 8 betrachtet werden (vgl. OVG Bln, B. v. 18.12. 1987, DÖV 1988, 841). Auch im übrigen werden als **isolierte Anlagen** verfahrensfreie Vorhaben von der Genehmigungspflicht erfasst, wenn sie nach der Konzeption des Bauherrn und nach ihrer Funktion in einem engen baulichen und zeitlichen Zusammenhang mit einem genehmigungspflichtigen Gesamtvorhaben stehen (vgl. OVG Bln, B. v. 23.8.1988, OVGE 18, 119 = BRS 48 Nr. 125). § 78 ist also eine geeignete Rechtsgrundlage, um zu verhindern, dass durch scheinbar verfahrensfreie Maßnahmen ratenweise ein von vornherein erstrebter baulicher Endzustand erreicht wird, ohne dass eine bauaufsichtliche Prüfung stattgefunden hat.

20 dd) Anders als bei einer Beseitigungsanordnung nach § 79 Abs. 1 Satz 1 (vgl. § 79 RNr. 17) kommt es für Nr. 1 nicht darauf an, ob das formell rechtswidrig begonnene Vorhaben mit dem materiellen öffentlichen Recht übereinstimmt (vgl. VGH BW, B. v. 1.7.1970, BRS 23 Nr. 203; BayVGH, U. v. 2.9.1982, BRS 39 Nr. 228). Auch bei materieller Legalität (vgl. § 79 RNr. 12) ist § 78 anwendbar. Dass die **formelle Illegalität** für einen **Baustopp** ausreicht (vgl. OVG Bln, B. v. 18.12.1987, DÖV 1988, 841 = UPR 1988, 156; B. v. 23.8.1988, OVGE 18, 119, 124 = BRS 48 Nr. 125; U. v. 10.2.1989, NVwZ 1990, 176, 179; B. v. 26.1.1995, OVGE 21, 198 = BRS 57 Nr. 193 = NVwZ 1995, 1009; B. v. 19.11.1996, BRS 58 Nr. 200 = BRS 59 Nr. 219) legt schon die von § 79 Abs. 1 Satz abweichende Gesetzesfassung des § 78 Abs. 1 nahe, die eine Möglichkeit, auf eine andere Weise als durch einen belastenden Verwaltungsakt rechtmäßige Zustände herzustellen, nicht ausdrücklich erwähnt. Auch die grundrechtlichen Positionen der Bauherren sind von unterschiedlichem Gewicht: Während im Falle des § 79 Satz 1 die Vernichtung von Eigentum droht, bleibt bei einer bloßen Einstellung von Arbeiten die bereits entstandene Sachsubstanz erhalten. Die Vermögensschäden, die sich aus der Nutzlosigkeit oder einer Verzögerung von Bauarbeiten ergeben, hat der Bauherr sich überdies selbst zuzuschreibn (vgl. VGH BW, B. v. 1. 7. 1970, BRS 23 Nr. 203). Räumte man ihm die Befugnis ein, sich gegenüber der BABeh. auf die **materielle Legalität** zu berufen, würde dies den „Schwarzbauer" begünstigen. Dieser hätte sich faktisch der jeweils maßgeblichen formellen Anforderungen entledigt, wogegen dem gesetzestreuen Bauherrn das Opfer der z. B. mit einem Genehmigungsverfahren zwangsläufig verbundenen Verzögerung des Baubeginns aufgebürdet würde (vgl. NdsOVG, B. v. 29.3.1965, BRS 16 Nr. 130). Zudem wäre es unpraktikabel, müsste die BABeh. während der laufenden Arbeiten und deshalb unter Zeitdruck die materielle Legalität eines Vorhabens prüfen; die dafür vom Gesetz vorgesehenen tauglichen Methoden sind die unterschiedlichen Verfahren, insbesondere das Baugenehmigungsverfahren (vgl. VGH BW, B. v. 1.7.1970, BRS 23 Nr. 203). Erwägenswert ist allenfalls, ob bei offensichtlicher materieller Legalität die BABeh. ihr Ermessen zugunsten des Bauherrn ausüben darf (vgl. RNr. 29).

b) Satz 2 Nr. 2 setzt voraus, dass bei der **Ausführung eines Bauvorhabens von Bauvorlagen oder Unterlagen abgewichen** wird. Deutlicher als in Nr. 1 (vgl. RNr. 12) wird der Ausschluss der sonstigen Anlagen und Einrichtungen im Sinne des § 1 Abs. 1 Satz 2 aus dem Eingriffstatbestand. Denn Bauvorhaben (vgl. § 2 RNr. 3) und Bauvorlagen (vgl. § 69 Abs. 2) beziehen sich auf bauliche Anlagen.

aa) Die bauaufsichtliche Einstellung von Arbeiten ist nach **Nr. 2a** zulässig, wenn bei der **Ausführung eines genehmigungsbedürftigen Bauvorhabens** von den genehmigten Bauvorlagen abgewichen wird. Da Bauvorhaben, über die im Zustimmungsverfahren entschieden wird, nicht genehmigungspflichtig sind (§ 76 Abs. 1 Satz 1 und 2), ist Nr. 2a – anders als Nr. 1 (vgl. RNrn. 13, 17) – nicht auf sie anwendbar. Die Ausführung genehmigungsbedürftiger Bauvorhaben muss den nach § 69 Abs. 2 Satz 1 und §§ 1 ff. BauVerfVO eingereichten und genehmigten Bauvorlagen entsprechen (vgl. OVG Bln, B. v. 26.1.1995, OVGE 21, 198, 199 ff. = BRS 57 Nr. 193; B. v. 19.11.1996, BRS 58 Nr. 200). Den Bauvorlagen, also den für die Beurteilung des Bauvorhabens und die Bearbeitung des Bauantrags erforderlichen Unterlagen (§ 69 Abs. 2 Satz 1), kommt eine „das Bauvorhaben konkretisierende Funktion" zu (vgl. Begründung zur BauVerfVO, S. 3 – zu § 1 –, www.stadtentwicklung.berlin.de/[>service>Rechtsvorschriften>Bereich Bauen>Verordnungen]). Die in Nr. 2a vorausgesetzte Bindung des Bauherrn an die von ihm eingereichten Bauvorlagen beruht darauf, dass die Bauvorlagen der üblichen Verwaltungspraxis entsprechend nach ihrer Billigung durch die BABeh. der Baugenehmigung als Anhang beigefügt werden. Sie sind dann Bestandteil der Baugenehmigung und maßgeblich für deren Inhalt (vgl. OVG Bln, B. v. 26.1.1995, OVGE 21, 198 = BRS 57 Nr. 193 = NVwZ 1995, 1009; B. v. 19.11.1996, BRS 58 Nr. 200 = BRS 59 Nr. 219; B. v. 9.4.1997, OVGE 22, 134, 137 = BRS 59 Nr. 215 = BauR 1997, 1006; B. v. 18.12.1997, BRS 59 Nr. 163; B. v. 15.5.1998, OVGE 23, 36, 42 f.; U. v. 7.5.1999, OVGE 23, 134, 136 = BRS 62 Nr. 157). Somit liegt in der Abweichung ein „eigenmächtiges Hinweggehen über die erteilte Baugenehmigung" (vgl. OVG Bln, B. v. 19.11.1996, BRS 58 Nr. 200, S. 513 = BRS 59 Nr. 219, S. 648).

Die bloße **Abweichung von den Bauvorlagen** ist für den Tatbestand der Nr. 2a ausreichend. Ob neben der darin liegenden **formellen Illegalität** auch das materielle öffentliche Recht verletzt wird, ist – wie auch im Falle der Nr. 1 (vgl. RNr. 20) – unerheblich (vgl. OVG Bln, B. v. 19.11.1996, BRS 58 Nr. 200 = BRS 59 Nr. 219). Die Berufung des Bauherrn darauf, dass eine bauliche Maßnahme ungeachtet ihrer Darstellung in den Bauvorlagen materiell legal sei, schließt demnach die Baueinstellung nicht aus (vgl. OVG Bln a. a. O.). Das Gleiche gilt, wenn der Bauherr eine von den genehmigten Bauvorlagen erheblich abweichende Bauausführung mit Bodenverhältnissen, konstruktiven Notwendigkeiten und architektonischen Verbesserungen begründet (vgl. OVG Bln, B. v. 19.11.1996, BRS 58 Nr. 200 = BRS 59 Nr. 219). Sollte sich jedoch die **materielle Rechtmäßigkeit**, etwa wegen einer eindeutig geänderten Sach- und Rechtslage, sowohl in bauplanungsrechtlicher als auch in bauordnungsrechtlicher Hinsicht geradezu aufdrängen, könnte dies einer Einstellungsanordnung entgegenstehen (vgl. OVG Bln, B. v. 19.11.1996, BRS 58 Nr. 200 = BRS 59 Nr. 219 sowie RNr. 29) Werden die inhaltlichen Grenzen einer Baugenehmigung nicht eingehalten, ohne dass zugleich von den Bauvorlagen abgewichen wird, liegt ein Verstoß vor, der von Satz 1 erfasst wird (vgl. RNr. 7).

§ 78 RNr. 24–26

24 bb) Nach **Nr. 2b** darf die Einstellung von Arbeiten verfügt werden, wenn bei der Ausführung eines **genehmigungsfreigestellten Bauvorhabens** (vgl. § 63) von den genehmigten Unterlagen abgewichen wird. Die Ausführung muss den nach § 63 Abs. 3 Satz 3 und §§ 1 ff. BauVerfVO eingereichten Unterlagen entsprechen. Anders als im Falle der Nr. 2a (vgl. RNr. 22) scheint aber keine Bindung des Bauherrn an die von ihm eingereichten Bauvorlagen zu bestehen, da eine Genehmigung nicht erteilt wird und auch im übrigen keine behördliche Billigung der Unterlagen ausgesprochen wird. Nach der Begründung der Musterbauordnung handelt es sich hierbei um einen „ansonsten als formellen Rechtsverstoß nicht ohne weiteres zu erfassenden ... Fall der Abweichung der Ausführung eines ... genehmigungsfrei gestellten Bauvorhabens" von den eingereichten Bauvorlagen" (vgl. Jäde, Musterbauordnung [MBO 2002], 2003, S. 259 – zu § 79 –). Dieser rechtliche Zweifel hat den Gesetzgeber verleitet, mit einer verfehlten Einleitung des Satzes 2 den Eindruck einer Gesetzesfiktion zu erwecken (vgl. RNr. 10). Auch im Falle der Nr. 2b dürfte die Annahme einer (Selbst-)Bindung des Bauherrn an die von ihm eingereichten – immerhin von einer bauvorlageberechtigten Person herrührenden (vgl. § 66 Abs. 1 Satz 1) und für das Verfahren der Genehmigungsfreistellung „erforderlichen" (vgl. § 63 Abs. 3 Satz 1, § 1 Abs. 1 Satz 1 Nr. 2 BauVerfVO) – Unterlagen naheliegend sein. Denn nur eine unterlagenkonforme Ausführung gibt die Gewähr, dass kein Vorhaben verwirklicht wird, das baurechtlich hinter dem Projekt zurückbleibt, das der BABeh. vorgestellt wurde. Außerdem bilden die vom Bauherrn eingereichten Unterlagen die Basis für die von der BABeh. im Genehmigungsfreistellungsverfahren nach § 63 Abs. 1 Nr. 3, Abs. 2 Satz 2, 3, Abs. 4 Satz 1 und 3 zutreffenden Entscheidungen; deren „Geschäftsgrundlage" würde nachträglich verändert, überließe man es dem Belieben des Bauherrn, sich durch faktische Abweichungen von seinen im Verwaltungsverfahren abgegebenen Erklärungen zu distanzieren. Ebenso wie im Falle der Nr. 2a (vgl. RNr. 23) schließt die **materielle Legalität** des Vorhabens die Baueinstellung nicht aus.

25 cc) Die **Nrn. 3 und 4** dienen der **Verhinderung** der **Verwendung von Bauprodukten** (vgl. § 2 Abs. 9), denen vorgeschriebene Zeichen fehlen oder die unberechtigt mit bestimmten Zeichen gekennzeichnet sind (vgl. AH-Drucks. 12/3966, S. 10 – zu §§ 68a, 69 und 75 –). Als solche Zeichen kommen das Ü-Zeichen (§ 17 Abs. 1 Satz 1 Nr. 1, § 22 Abs. 4) und die CE-Kennzeichnung (§ 17 Abs. 1 Satz 1 Nr. 2, § 22 Abs. 4) in Betracht. Nr. 3 betrifft den Fall, dass Bauprodukte entgegen § 17 Abs. 1 keine CE-Kennzeichnung oder kein Ü-Zeichen tragen, Nr. 4 die Variante, dass Bauprodukte unberechtigt mit der CE-Kennzeichnung oder mit dem Ü-Zeichen gekennzeichnet sind. Dass bei unrechtmäßiger Verwendung des Ü-Zeichens auch ein Verwendungsverbot gemäß § 77 möglich ist, schließt den Tatbestand der Nr. 4 nicht aus (vgl. RNr. 29). Auch ist es nicht von Belang, welcher Kategorie die Vorhaben angehören, bei denen nicht oder inkorrekt gekennzeichnete Baustoffe verwendet werden. Ob es sich also um genehmigungs- oder zustimmungsbedürftige, genehmigungsfreigestellte, verfahrensfreie, dem Sonderverfahren des § 62 Abs. 3 Satz 2 bis 5 unterworfene bauliche Anlagen oder sonstige Anlagen und Einrichtungen im Sinne des § 1 Abs. 1 Satz 2 handelt, ist für die Erfüllung de Tatbestände der Nrn. 3 und 4 unerheblich..

26 IV. Ist einer der Tatbestände des Abs. 1 erfüllt, kann die BABeh. (vgl. § 58 RNr. 3). einen **Verwaltungsakt** erlassen, der die **Einstellung der Arbeiten** verlangt. Die Überschrift des § 69 BauO Bln 1997 „Baueinstellung" ist nicht übernommen worden, weil die Erstreckung des § 78 auf sonstige Anlagen und Einrichtungen im Sinne des § 1 Abs. 1 Satz 2 (vgl. RNr. 3) auch die Einstellung von Arbeiten an Anlagen ermöglicht, die keine baulichen Anlagen sind (vgl. AH-Drucks. 15/3926, S. 134 – zu § 78 –).

1. Adressaten von Einstellungsanordnungen können alle diejenigen Personen sein, die einen Tatbestand des Abs. 1 verwirklichen oder sonst maßgeblichen Einfluss auf die illegale Ausführung von Vorhaben, einschließlich der Verwendung von Bauprodukten, haben. Dies sind vor allem am Bau Beteiligte (vgl. § 53), wie Bauherren (vgl. § 54), Unternehmer (vgl. § 56), Bauleiter (vgl. § 57), aber auch Grundstückseigentümer, Erbbauberechtigte oder andere mit Baumaßnahmen befasste Personen sowie die Verantwortlichen nach den §§ 13 und 14 ASOG. Da auch manche zustimmungsbedürftigen Bauvorhaben (vgl. § 76 Abs. 1 Satz 2) unter Satz 2 fallen (vgl. RNrn. 13, 17), kann auch gegen Bauarbeiten vorgegangen werden, die von einer Baudienststelle des Bundes oder eines Landes veranlasst werden (vgl. § 76 Abs. 1 Satz 1 Nr. 1). 27

Die BABeh. wird sich zweckmäßigerweise an denjenigen halten, der das Baugeschehen beherrscht. Bei undurchsichtigen Verhältnissen kann allerdings die Ermittlung und Auswahl der Pflichtigen schwierig sein. Es besteht dann die Gefahr, dass andere Personen als die Adressaten der Verfügung die Arbeiten fortsetzen; ob sie von der Bindungswirkung des Verwaltungsakts erfasst werden, ist zweifelhaft (vgl. VG Regensburg, U. v. 22.11.1983, BayVBl. 1984, 281). Es erscheint deshalb erwägenswert, die Baueinstellung als einen Verwaltungsakt anzusehen, der nicht nur eine Handlungspflicht der in ihm genannten Adressaten begründet, sondern zugleich als Allgemeinverfügung im Sinne des § 35 Satz 2 VwVfG die „öffentlich-rechtliche Eigenschaft einer Sache" regelt. Der **Baustopp** wäre dann eine Maßnahme, die **mit „dinglicher" Wirkung** für das Baugrundstück generell die Fortsetzung der Arbeiten durch jedermann untersagte. Bei einer solchen Konstruktion wäre überdies das Problem obsolet, ob die durch eine Baueinstellungsanordnung auferlegte Handlungspflicht nach § 58 Abs. 2 gegenüber dem Rechtsnachfolger gilt (vgl. § 58 RNr. 20). 28

2. Die Verwendung des Wortes „kann" in Satz 1 zeigt, dass die Anordnung der Einstellung von Arbeiten bei allen Tatbeständen des Abs. 1 im Ermessen der BABeh. liegt (vgl. OVG Bln, B. v. 18.12.1987, DÖV 1988, 841). Wie im Falle des §79 Satz 1 (vgl. dort RNr. 35) handelt es sich auch hier um ein – auf die Beseitigung einer Störung gerichtetes – **intendiertes Ermessen**, das der BABeh. nicht die freie Wahl zwischen Eingreifen und Passivität gewährt, sondern tendenziell auf die Unterbindung rechtswidriger Arbeiten gerichtet ist (vgl. OVG Bln, B. v. 19.11.1996, BRS 58 Nr. 200; VGH BW, B. v. 1.7.1970, BRS 23 Nr. 203; BayVGH, U. v. 2.9.1982, BRS 39 Nr. 228; HessVGH, U. v. 5.6.1975, BRS 29 Nr. 147). Insbesondere eine Einstellung größerer Bauvorhaben ist regelmäßig geboten, da allein bei ordnungsgemäßer Durchführung des Genehmigungs- oder Zustimmungsverfahrens sowie bei korrekter Handhabung der Genehmigungsfreistellung (vgl. § 63) die Einhaltung der materiell-rechtlichen Vorschriften gewährleistet ist. Mit jedem Baufortschritt wird ein rechtswidriger Zustand verfestigt. Deshalb muss die BABeh. im Falle des Satzes 2 Nr. 2a einschreiten, falls die abweichende Ausführung des Bauvorhabens so erheblich ist, dass die Genehmigungsfrage erneut aufgeworfen wird (vgl. OVG Bln, B. v. 26.1.1995, OVGE 21, 198, 199 ff. = BRS 57 Nr. 193), wie dies etwa bei Nichteinhaltung von Höhenbegrenzungen der Fall ist (vgl. OVG Bln, B. v. 19.11.1996, BRS 58 Nr. 200 = BRS 59 Nr. 219). Auch nachbarliche Belange können die BABeh. zu einem Einschreiten drängen (vgl. RNr. 39). Nur wenn die BABeh. sich auf gewichtige Gründe stützen kann, darf sie vom Einschreiten absehen. So kann bei einer geringfügigen Abweichung von den Bauvorlagen eine Einstellungsverfügung unterbleiben, wenn zu erwarten ist, dass die Mängel durch bauliche Korrekturen umgehend beseitigt werden. Das Gleiche gilt, falls in Kürze mit der Erteilung der Baugenehmigung zu rechnen ist oder auch bei **offensichtlicher materieller Legalität** (vgl. RNrn. 20, 23, 24 und OVG Bln, B. v. 19.11.1996, BRS 58 Nr. 200 = BRS 59 Nr. 219; NdsOVG, B. v. 29.3.1965, BRS 16 Nr. 130). Ferner kann die Erforderlich- 29 keit entfallen, wenn bei Verstößen gegen die Kennzeichnungspflicht nach Satz 2 RNrn. 3 und 4 ein Verwendungsverbot nach § 77 ausreicht (vgl. RNr. 25). Eine Baueinstellungsverfügung wird nicht dadurch fehlerhaft, dass die BABeh. nichts gegen den Baubeginn unternommen hat (vgl. OVG Bln, B. v. 19.11.1996, BRS 59 Nr. 219).

30 3. Die Anordnung muss nicht auf die Einstellung der gesamten Arbeiten gerichtet sein. Wenngleich die Möglichkeit einer **Teileinstellung** – im Unterschied zur teilweisen Beseitigung nach § 79 Satz 1 (vgl. § 79 RNr. 30) – im Gesetz nicht erwähnt wird, gebietet doch der verfassungsrechtliche Grundsatz der Verhältnismäßigkeit ihre Zulässigkeit (vgl. OVG Bln, B. v. 15.5.1998, OVGE 23, 36, 45). So kann sich die Verfügung auf denjenigen Teil einer baulichen Anlage beziehen, in dessen Bereich Abweichungen von den Bauvorlagen konstatiert worden sind (vgl. OVG Bln, B. v. 19.11.1996, BRS 58 Nr. 200). Auch kann sich die BABeh. damit begnügen, unzulässige Arbeiten in den Abstandsflächen (vgl. § 6) zu untersagen. Sie kann sich ferner auf die Untersagung bestimmter baulicher Maßnahmen beschränken, z. B. solcher, bei denen entgegen Satz 2 Nr. 4 rechtswidrig gekennzeichnete Bauprodukte verwendet werden. Allerdings kann die mit einer Teileinstellung verbundene Unübersichtlichkeit des Baugeschehens – zumal bei Obstruktion des Bauherrn (vgl. HessVGH, U. v. 5.6.1975, BRS 29 Nr. 147) – die Kontrolle erschweren, so dass aus Gründen der Verwaltungseffizienz häufig einer **Totaleinstellung** der Vorzug zu geben sein wird. Wird sie verhängt, dürfen auch – für sich gesehen – verfahrensfreie oder rechtmäßige Teile des Vorhabens nicht mehr ausgeführt werden, z. B. Innenausbauarbeiten (vgl. HessVGH, U. v. 5.6.1975, BRS 29 Nr. 147). Maßnahmen, die nur der Erhaltung der bisher geschaffenen Bausubstanz dienen (z. B. die Herstellung eines Notdachs) werden regelmäßig nicht untersagt werden. Ob die nach einer Teileinstellung weiterhin zulässigen, jedenfalls nicht durch Verwaltungsakt verbotenen Arbeiten im Ergebnis zu einem rechtmäßigen Bauzustand führen können, ist unerheblich; der Bauherr handelt insoweit auf eigenes Risiko.

31 4. Die Anordnung der Einstellung von Arbeiten wird nicht durch erschwerende **Formvorschriften** behindert. Entsprechend Abs. 2 kann die Einstellung schriftlich oder mündlich verfügt werden, gegebenenfalls auch – etwa nach einer Besichtigung – an Ort und Stelle. Der Adressat kann unverzüglich die schriftliche oder elektronische Bestätigung eines mündlichen Verwaltungsakts verlangen (vgl. § 37 Abs. 2 Satz 2 VwVfG). Die Anordnung muss inhaltlich hinreichend bestimmt sein (vgl. § 37 Abs. 2 Satz 1 VwVfG); das Gebot, „sämtliche Bauarbeiten" zu unterlassen, kann diesem Erfordernis genügen (vgl. OVG NRW, B. v. 13.4.1981, BRS 38 Nr. 191). Der schriftliche oder bestätigte Verwaltungsakt ist zu begründen (vgl. § 39 Abs. 1 VwVfG), es sei denn, dem Adressaten ist die Auffassung der Behörde über die Sach- und Rechtslage bereits bekannt oder auch ohne **Begründung** für ihn ohne weiteres erkennbar (vgl. § 39 Abs. 2 Nr. 2 VwVfG). Ein Nachschieben der Begründung oder ein Austausch von Rechtsgrundlagen (vgl. § 39 Abs. 1 VwVfG) ist nicht ausgeschlossen (vgl. OVG Bln, B. v. 23.8.1988, OVGE 18, 119, 123 = BRS 48 Nr. 125). Die **Anordnung der sofortigen Vollziehung** nach § 80 Abs. 2 Satz 1 Nr. 4 VwGO wird regelmäßig angebracht sein (vgl. OVG Bln, B. v. 18.12.1987, DÖV 1988, 841; B. v. 23.8.1988, a. a. O., S. 124 f.; B. v. 26.1.1995, OVGE 21, 198, 202 = BRS 57 Nr. 193; VGH BW, B. v. 10.2.2005, BRS 69 Nr. 186), wenn damit verhindert werden soll, dass unter dem Schutzschild des Suspensiveffekts (vgl. § 80 Abs. 1 Satz 1 VwGO) rechtswidrige Arbeiten fortgesetzt, somit vollendete Tatsachen geschaffen werden und eine Verfestigung eines baurechtswidrigen Zustandes stattfindet (vgl. OVG Bln, B. v. 19.11.1996, BRS 58 Nr. 200 = BRS 59 Nr. 219). Auch grobe Rechtsverstöße bei der Durchführung der illegalen Bauarbeiten können die Anordnung nach § 80 Abs. 2 Satz 1 Nr. 4 VwGO nahelegen (vgl. OVG Bln, B. v. 29.3.1968, OVGE 9, 165, 167 f. = BRS 20

Nr. 192). Geschieht die Einstellung aus brandschutzrechtlichen Gründen, ist regelmäßig die Anordnung der sofortigen Vollziehung geboten (vgl. OVG Bln, B. v. 23.8.1996, BRS 58 Nr. 205 = DÖV 1997, 551 = UPR 1997, 119; B. v. 22.5.2002, BRS 65 Nr. 137). Das besondere öffentliche Interesse an der sofortigen Vollziehung muss entsprechend § 80 Abs. 3 Satz 1 VwGO begründet werden (vgl. OVG Bln, B. v. 23.8.1988, OVGE 18, 119 = BRS 48 Nr. 125; B. v. 26.1.1995, OVGE 21, 193 = BRS 57 Nr. 193 = NVwZ 1995, 1009; B. v. 19.11.1996, BRS 58 Nr. 200 = BRS 59 Nr. 219). Dieses besondere Interesse kann fehlen, wenn Gefahren nicht durch die Bauführung selbst, sondern erst durch die spätere Nutzung einer baulichen Anlage drohen, der mit Hilfe einer Nutzungsuntersagung gemäß § 79 Satz 2 entgegengetreten werden kann.

5. Die Einstellungsverfügung muss nicht isoliert ergehen. Sie kann vielmehr in **Kombination mit anderen Verwaltungsakten** auftreten. So kann die Ablehnung einer nachträglichen Baugenehmigung mit einem Baustopp verbunden werden. Da die Rücknahme oder der Widerruf einer Baugenehmigung (vgl. §§ 48, 49 VwVfG) dem Vorhaben nur die formelle Rechtmäßigkeit entzieht, aber nicht die Einstellung der Arbeiten gebietet, ist es zweckmäßig, die Aufhebung der Baugenehmigung durch eine gleichzeitige Einstellungsanordnung zu ergänzen. Die Anordnung der sofortigen Vollziehung der Aufhebungsentscheidung dürfte eine rechtliche Voraussetzung dafür sein, dass auch die Einstellungsverfügung mit der Anordnung der sofortigen Vollziehung versehen wird (vgl. OVG Bln, B. v. 18.2.1999, BRS 62 Nr. 202). Ebenfalls ist die Verbindung eines Baustopps mit einem Verwaltungsakt nach § 79 Satz 1 möglich, der dem Adressaten die Beseitigung der bisher rechtswidrig geschaffenen Bausubstanz aufgibt (vgl. § 79 RNr. 41). Auch kann dem Adressaten gemäß § 79 Satz 2 die Aufnahme der Nutzung untersagt werden (vgl. § 79 RNr. 63).

6. Die **Einstellungsverfügung** ist **aufzuheben**, sobald die sie rechtfertigenden Umstände weggefallen sind (vgl. § 49 Abs. 1, 2 Satz 1 Nr. 3 VwVfG). Ein Antrag auf Wiederherstellung der aufschiebenden Wirkung nach § 80 Abs. 5 Satz 1 i. V. m. Abs. 2 Satz 1 Nr. 3 VwGO wird regelmäßig nur dann Erfolg haben, wenn die Baueinstellung offenbar zu Unrecht angeordnet worden ist (vgl. OVG Bln, B. v. 18.12.1987, DÖV 1988, 841).

V. Für die **Durchsetzung der Einstellungsanordnung** sind die Regeln des **Verwaltungsvollstreckungsrechts** maßgeblich, außerdem die **Sonderbestimmung des Abs. 2**. Die Zuwiderhandlung gegen eine auf Abs. 1 beruhende vollziehbare schriftliche Anordnung der BABeh. kann gemäß § 83 Abs. 1 Satz 1 Nr. 1 eine Ordnungswidrigkeit sein.

1. Will die BABeh. nach dem allgemeinen Verwaltungsvollstreckungsrecht vorgehen, muss sie sich auf das **VwVG** stützen, das nach § 5a Satz 1 VwVfG Bln für das Vollstreckungsverfahren der Behörden Berlins gilt. Zwangsmittel nach § 9 Abs. 1 VwVG dürfen nur eingesetzt werden, wenn die Einstellungsverfügung unanfechtbar ist oder ihre sofortige Vollziehung nach § 80 Abs. 2 Satz 1 Nr. 4 VwGO angeordnet ist (vgl. § 6 Abs. 1 VwVG). Ob die Androhung des Zwangsgelds (vgl. § 11 VwVG) gemäß § 13 Abs. 1 Satz 2 VwVG mit einer Fristsetzung zu verbinden ist, erscheint fraglich (vgl. OVG Bln, U. v. 10.2.1989, NVwZ 1990, 176, 179). Ohne vorausgehende Einstellungsanordnung ist die Anwendung des Verwaltungszwangs nur nach Maßgabe des § 6 Abs. 2 VwVG zulässig (vgl. § 58 RNr. 37). Wird ein verbotswidriges Bauwerk nachträglich genehmigt oder beseitigt, ist der Vollzug einzustellen. Ob ein angedrohtes Zwangsgeld dann noch festgesetzt oder beigetrieben werden darf, ist zweifelhaft (vgl. OVG Brem, U. v. 23.6.1970, DVBl. 1970, 282).

§ 78 RNr. 36–39

36 2. Wirksamer kann die BABeh. eine Einstellungsanordnung mit den spezifischen **Zwangsmitteln nach Abs. 2** durchsetzen.

a) Voraussetzung der Versiegelung und des amtlichen Gewahrsams ist, dass trotz einer auf Grund des Abs. 1 schriftlich oder mündlich verfügten Einstellung (vgl. RNr. 31) **unzulässige Arbeiten fortgesetzt** werden. Die Verfügung muss weder unanfechtbar noch nach § 80 Abs. 2 Satz 1 Nr. 4 VwGO sofort vollziehbar sein. Hierin liegt eine Abweichung von § 6 Abs. 1 VwVG, die der BABeh. eine Erleichterung beim Einsatz der – allerdings in § 9 Abs. 1 VwVG nicht vorgesehenen – Zwangsmittel der Versiegelung und der Beschlagnahme gewährt. Hat jedoch der Adressat der Verfügung gegen diese Widerspruch eingelegt oder Anfechtungsklage erhoben, so hindert der Suspensiveffekt (vgl. § 80 Abs. 1 Satz 1 VwGO) die BABeh. daran, sich der Zwangsmittel des Abs. 2 zu bedienen (vgl. OVG Saar, U. v. 21.5.1971, BRS 24 Nr. 203). Erst die Anordnung der sofortigen Vollziehung nach § 80 Abs. 2 Satz 1 Nr. 4 VwGO verschafft ihr sodann diese Befugnis. Zulässig dürfte es sein, die nachträgliche Anordnung der sofortigen Vollziehung mit Vollstreckungsmaßnahmen nach Abs. 2 zu verbinden. In besonderen Fällen kann es angebracht sein, sich der Amtshilfe (vgl. § 4 VwVfG) oder der Vollzugshilfe der Polizei (vgl. § 1 Abs. 5, §§ 52, 53 ASOG) in Form einer Stilllegungsüberwachung zu bedienen.

37 b) **Zwangsmittel nach Abs. 2** sind die Versiegelung der Baustelle (vgl. VGH BW, B. v. 7.9.1981, VBlBW 1982, 140) und die Verbringung der an der Baustelle (vgl. § 11) vorhandenen Bauprodukte (vgl. § 2 Abs. 9), Geräte, Maschinen und Bauhilfsmittel in amtlichen Gewahrsam (vgl. § 39 ASOG). Durch die Versiegelung wird die Baustelle mit einem **öffentlich-rechtlichen Betretungsverbot** belegt, das als Allgemeinverfügung nach § 35 Satz 2 VwVfG dem Baugrundstück eine öffentlich-rechtliche Eigenschaft zuweist. Die Begründung amtlichen Gewahrsams ist gleichfalls ein **Verwaltungsakt**, der von dem **Realakt** der Verbringung begleitet wird. Beide Zwangsmittel sind nach § 136 StGB strafbewehrt. Ihre Regelung außerhalb des VwVG und die Eilbedürftigkeit der Maßnahmen sprechen dafür, dass ihre vorherige Androhung nach § 13 VwVG nicht nötig ist (vgl. HessVGH, B. v. 17.5.1984, BRS 42 Nr. 228). Widerspruch und Anfechtungsklage gegen die Verwaltungsakte der **Versiegelung** und der **Beschlagnahme** haben **keine aufschiebende Wirkung** (vgl. § 4 Abs. 1 AGVwGO).

38 Die **Versiegelung**, die auch nur einen Teil der Baustelle betreffen kann, ist besonders angezeigt bei Schwarzbauten, bei denen nicht alle Verantwortlichen, insbesondere der Bauherr oder der Grundstückseigentümer, mit der erforderlichen Gewissheit und der gebotenen Eile ermittelt werden können. In **amtlichen Gewahrsam** dürfen nur diejenigen dürfen nur diejenigen Bauprodukte und die ihnen gleichgestellten Sachen gebracht werden, die an der Baustelle vorhanden sind. Das sind „alle zur Baustelle gehörenden Materialien" (AH-Drucks. 15/3926, S. 134 – zu § 78 –). Auf die Eigentums- oder Besitzverhältnisse kommt es nicht an. Für die Durchführung und Beendigung der Beschlagnahme können die §§ 38 und 39 ASOG (Sicherstellung und Verwahrung) herangezogen werden (vgl. § 17 Abs. 2 Satz 2 ASOG). Daher müssen die in Gewahrsam verbrachten Gegenstände nicht immer vom Baugrundstück entfernt werden (vgl. § 39 Abs. 1 ASOG). Sie sind herauszugeben, wenn anzunehmen ist, dass sie nicht zu Fortführung der untersagten Arbeiten eingesetzt werden (vgl. § 41 Abs. 1 ASOG). Die Kosten der Versiegelung und des Gewahrsams tragen die Adressaten der Einstellungsanordnung (vgl. § 41 Abs. 3 ASOG)

39 VI. § 78 als verwaltungsverfahrensrechtliche Norm ist für sich genommen nicht drittschützend (vgl. § 3 RNr. 49), kann aber dennoch für den **Nachbarschutz** Bedeutung gewinnen.

1. **Nachbarn** können sich dann auf § 78 berufen, wenn einer der Tatbestände des Abs. 1 verwirklicht wird und das Vorhaben außerdem gegen **drittschützende Vorschriften**, insbesondere solche des Baurechts, verstößt. Wird z. B. durch ein Vorhaben das Abstandsflächenrecht unter Vernachlässigung der nachbarschützenden Wirkung verletzt (vgl. § 3 RNr. 41) oder wird eine Anlage im Widerspruch zur planerischen Festsetzung der Art der baulichen Nutzung errichtet (vgl. § 3 RNr. 44), hat der betroffene Nachbar ein Recht auf eine von Ermessensfehlern freie Entscheidung des BABeh. über seinen Antrag auf Einschreiten gegen rechtswidrige Bauarbeiten. Da die BABeh. ohnehin bei Erfüllung des Normtatbestands regelmäßig einzuschreiten hat (vgl. RNr. 29) und die Verletzung drittschützender Vorschriften eine zusätzliche, zum Handeln drängende Ermessenserwägung darstellt, wird das **Ermessen häufig auf Null reduziert** sein (vgl. HessVGH, U. v. 5.6.1975, BRS 29 Nr. 147; OVG Saar, B. v. 12.5.1980, BRS 36 Nr. 186; U. v. 3.12.1982, BRS 39 Nr. 220). Lässt es die BABeh. zu, dass rechtswidrige und zugleich Rechte Dritter verletzende Bauarbeiten fortgesetzt werden, so verfestigt sich ein illegaler Zustand, der sich später kaum noch beseitigen lässt (vgl. HessVGH, U. v. 5.6.1975, BRS 29 Nr. 147). Ein Abwehranspruch scheidet aber regelmäßig aus, wenn nicht ein Bauwerk als solches, sondern allein die vorgesehene Nutzung Nachbarrechte verletzen kann (vgl. OVG NRW, B. v. 22.8.1984, BRS 42 Nr. 192).

2. Der Dritte wird ein **Recht auf behördliches Einschreiten** – und zwar sowohl den Anspruch auf eine fehlerfreie Ermessensentscheidung wie auch den strikten Anspruch auf Erlass einer Einstellungsanordnung – regelmäßig im Wege einstweiligen Rechtsschutzes nach **§ 123 VwGO** geltend machen. Sein Rechtsschutzziel ist auf die Verhinderung der Verletzung ihm zustehender Rechte beschränkt. Diese müssen durch begonnene oder drohende Arbeiten gefährdet werden (vgl. OVG Bln, B. v. 16.12.1966, BRS 17 Nr. 127). Nur wenn eine Anlage insgesamt mit einer drittschützenden Norm unvereinbar ist (z. B. bei einem mit der festgesetzten Art der baulichen Nutzung unvereinbaren Vorhaben), kann die Einstellung der gesamten Bautätigkeit verlangt werden. Im Extremfall kann sogar ein Anspruch auf Versiegelung der Baustelle gegeben sein (vgl. HessVGH, U. v. 5.6.1975, BRS 29 Nr. 147). Kann die Rechtsverletzung durch einen **Teilstopp** vermieden werden (wie bei einer Nichteinhaltung von Abstandsflächen nach § 6), darf das VG nur eine **Teileinstellung** anordnen (vgl. RNr. 30). Ob die Fortsetzung der Arbeiten in dem Bereich der Anlage, der nicht von der Teileinstellung betroffen ist, noch zu einem rechtmäßigen Endzustand führen kann, ist unerheblich. Ist der **Rohbau vollendet**, scheidet im allgemeinen eine Stilllegungsverfügung aus, denn die durch die Errichtung verursachte Rechtsverletzung könnte durch einen Baustopp nicht mehr aufgehalten oder korrigiert werden (vgl. OVG Bln, B. v. 29.6.1989, BRS 49 Nr. 232 = UPR 1990, 195; B. v. 27.8.1996 – OVG 2 S 17.96 –; B. v. 28.8.2001 – OVG 2 SN 11.01 –). Wendet sich der Nachbar in einem solchen Fall auch oder ausschließlich gegen Beeinträchtigungen, die nicht nur von dem Baukörper als solchem, insbesondere aufgrund seiner Situierung auf dem Nachbargrundstück, ausgehen, sondern von der späteren Nutzung hervorgerufen werden können, kann das Ziel vorläufigen Rechtsschutzes nur noch eine Nutzungsuntersagung nach § 79 Satz 2 sein (vgl. OVG Bln, B. v. 28.8.2001 – OVG 2 SN 11.01 –).

3. Stützt sich der Bauherr bei seinen Arbeiten auf eine **Baugenehmigung**, kann der drittberechtigte Nachbar ihm zwar mit Widerspruch und Anfechtungsklage entgegentreten, jedoch ist damit kein Bauverbot verbunden, da die Baugenehmigung kraft Gesetzes sofort vollziehbar ist (vgl. § 212a Abs. 1 BauGB), der Suspensiveffekt des § 80 Abs. 1 Satz 1 VwGO also nicht eintritt. Auf Antrag des Dritten kann die BABeh. gemäß § 80a Abs. 1 Nr. 2 i. m. V. § 80 Abs. 4 Satz 1 VwGO die Vollziehung der Baugenehmi-

gung aussetzen. Erfolgversprechender kann es für den Nachbarn sein, gemäß § 80a Abs. 2 Satz 1 Nr. 2, Abs. 3, § 80 Abs. 5 Satz 1 i. V. m. Abs. 2 Satz 1 Nr. 3 VwGO beim **VG** die **Anordnung der aufschiebenden Wirkung** seines Rechtsbehelfs, den er gegen die sofort vollziehbare Baugenehmigung eingelegt hat, zu beantragen (vgl. OVG Bln, B. v. 6.3.1991, ZfBR 1991, 128, 129; B. v. 5.2.1993, BRS 55 Nr. 120; U. v. 29.3.1996, OVGE 22, 24, 25; B. v. 31.1.1997, OVGE 22, 85, 86; B. v. 12.3. 1997, OVGE 22, 130, 131; B. v. 15.3.1998, OVGE 23, 36, 37, 46; B. v. 17.3.1999, OVGE 23, 116, 122 ff.). Das VG wird dem Antrag nur stattgeben, wenn die angefochtene Baugenehmigung offensichtlich rechtswidrig ist Bei offenem Ausgang des Hauptsacheverfahrens hängt die Entscheidung von einer Folgenabwägung ab. Die Folgen, die eintreten würden, wenn die aufschiebende Wirkung nicht angeordnet werden würde, das Rechtsmittel des Antragstellers aber am Ende Erfolg hätte, sind den Nachteilen gegenüberzustellen, die entstünden, wenn die Bauarbeiten wegen der Anordnung der aufschiebende Wirkung eingestellt werden müssten, das Rechtsmittel in der Hauptsache aber keinen Erfolg hätte (vgl. OVG Bln, B. v. 17.3.1999, OVGE 23, 116, 122 f.). Wird die Ausnutzung der Baugenehmigung entsprechend den zitierten Vorschriften durch eine Anordnung der aufschiebenden Wirkung blockiert, diese aber vom Bauherrn nicht befolgt, so ist die BABeh. berechtigt (und verpflichtet), die unzulässige Ausführung des Vorhabens durch eine Einstellungsanordnung nach Abs. 1 Satz 1 zu unterbinden (vgl. RNrn. 7, 15). Unterlässt sie dies, kann der Dritte seinen Anspruch auf behördliches Einschreiten in der Weise geltend machen, dass er beim VG den Erlass eines Baustopps beantragt (vgl. OVG Bln, B. v. 19.3.1999, BRS 62 Nr. 59); das Gericht ist berechtigt, in Anwendung des § 80a Abs. 3 i. V. m. Abs. 1 Nr. 2 VwGO die BABeh. zum Handeln zu veranlassen (vgl. OVG Bln, B. v. 6.3.1991, ZfBR 1991, 128, 129). Ist allerdings der **Rohbau** bereits **fertiggestellt** oder ist sogar schon das Stadium der Bezugsfertigkeit erreicht (vgl. SächsOVG, B. v. 9.9.1994, NVwZ-RR 1995, 251), so besteht im allgemeinen kein Rechtsschutzbedürfnis des Nachbarn. Er kann dann weder die Anordnung der aufschiebenden Wirkung erreichen (vgl. OVG Bln, B. v. 27.8.1996 – 2 S 17.96 –; B. v. 12.3.1997, UPR 1998, 33) noch einen gerichtlich angeordneten Baustopp (vgl. OVG Bln, B. v. 15.3..1989, NVwZ 1991, 899). Ob diese Grundsätze modifiziert werden müssen, weil die BauO Bln eine Reduzierung des behördlichen Prüfprogramms mit sich gebracht hat und der Baugenehmigung keine umfassende Feststellungswirkung mehr zukommt (vgl. RNr. 8), wird die verwaltungsgerichtliche Praxis erweisen.

§ 79 Beseitigung von Anlagen, Nutzungsuntersagung

[1]Werden Anlagen im Widerspruch zu öffentlich-rechtlichen Vorschriften errichtet oder geändert, kann die Bauaufsichtsbehörde die teilweise oder vollständige Beseitigung der Anlagen anordnen, wenn nicht auf andere Weise rechtmäßige Zustände hergestellt werden können. [2]Werden Anlagen im Widerspruch zu öffentlich-rechtlichen Vorschriften genutzt, kann diese Nutzung untersagt werden.

Erläuterungen:

I. § 79 ist als eine **zentrale Vorschrift** der BauO Bln von erheblicher praktischer Bedeutung.

1. Die Vorschrift ermöglicht die **Anpassung** solcher Zustände **an das geltende Recht**, die durch die rechtswidrige Errichtung, Änderung oder Nutzung von Anlagen entstanden sind. Vor allem die in Satz 1 vorgesehene Anordnung der Beseitigung von Anlagen „als stärkste Form bauaufsichtlichen Einschreitens" (vgl. OVG Bln, U. v. 21.11.1969, BRS 22 Nr. 205; U. v. 10.9.1971, BRS 24 Nr. 135) berührt häufig gewichtige wirtschaftliche Interessen und wirft zudem zahlreiche Rechtsprobleme auf. Eine konsequente Handhabung des § 79 trägt zur Beachtung der formellen und materiellen Anforderungen des öffentlichen Rechts bei. Wird dessen Instrumentarium dagegen nicht angewandt, bedeutet dies eine Prämiierung des Rechtsbruchs und eine Benachteiligung rechtstreuer Bauherren.

2. § 79 ist **nicht die einzige Vorschrift** der BauO Bln, **die der Sicherung legaler Zustände dient**. Wie § 77 (Verbot unrechtmäßig gekennzeichneter Bauprodukte) und § 78 (Einstellung von Arbeiten) gehört sie zu den in der Überschrift des Vierten Abschnitts genannten „Bauaufsichtlichen Maßnahmen". Mit Hilfe des § 78 kann verhindert werden, dass sich rechtswidrige Zustände verfestigen und der Tatbestand des § 79 verwirklicht wird. § 7 Abs. 1 verbietet, dass durch die Teilung bestimmter Grundstücke Verhältnisse geschaffen werde, die öffentlich-rechtlichen Vorschriften widersprechen. Außerdem besteht die Möglichkeit, unter Berufung auf § 17 **ASOG** gefährlichen Zuständen zu begegnen (vgl. RNr. 14 und § 3 RNr. 29, § 58 RNr. 17). Genehmigungsfreiheit und „Beschränkung der bauaufsichtlichen Prüfung" lassen die bauaufsichtlichen Eingriffsbefugnisse und somit auch diejenigen nach § 79 unberührt (vgl. § 60 Abs. 2). Das Ziel der Vermeidung illegaler Zustände liegt ebenfalls der gesetzlichen Pflicht zur Instandhaltung von Anlagen zugrunde. Generell wird diese Pflicht in § 3 Abs. 1 begründet und in § 58 Abs. 1 Satz 1 bestätigt; allerdings gewährt § 85 Abs. 1 Satz 1 aus Gründen des Bestandsschutzes (vgl. RNrn. 13, 17) Erleichterungen (vgl. § 85 RNr. 6). Wie andere Rechtsgrundlagen, auf die Eingriffe gestützt werden können, geht auch § 79 der Norm des § 58 Abs. 1 Satz 2 vor (vgl. § 58 RNr. 14).

3. Die **Struktur der Bestimmung** ist einfach. Satz 1 ermächtigt BABeh., die Beseitigung rechtswidrig errichteter oder geänderter Anlagen anzuordnen. Ist die Benutzung von Anlagen rechtswidrig, kann sie nach Satz 2 untersagt werden.

II. Satz 1 enthält eine **Befugnisnorm,** die es der BABeh. gestattet, bei bestimmten rechtswidrigen Arbeiten, die sich auf Anlagen beziehen, deren Beseitigung anzuordnen. Zwar verlangt der Nebensatz ausdrücklich nur, dass andere Mittel als eine Beseitigungsanordnung ungeeignet sein müssen, eine Legalisierung zu bewirken („wenn nicht auf andere Weise rechtmäßige Zustände hergestellt werden können"; vgl. RNr. 24); jedoch muss auch für den von Satz 1 zugelassenen Verwaltungsakt gelten, dass er auf die **Herstellung einer rechtmäßigen baulichen Situation** gerichtet ist. Ziel des behördlichen Handelns hat es daher zu sein, baurechtswidrige Zustände zu beenden und rechtmäßige Zustände herbeizuführen.(vgl. OVG Bln, B. v. 26.4.2005, BRS 69 Nr. 191 = LKV 2005, 515; OVG NRW, U. v. 22.8.2005, BRS 69 Nr. 189 = BauR 2006, 90, 92). Die Vorschrift stellt eine verfassungsmäßige Inhalts- und Schrankenbestimmung im Sinne des Art. 14 Abs. 1 Satz 2 GG dar (vgl. BVerfG, B. v. 2.9.2004, BRS 69 Nr. 190 = BauR 2006, 97, 98). Eine scheinbare Parallelnorm ist hinsichtlich der verfahrensfreien Vorhaben § 62 Abs. 5 Satz 2, wonach die BABeh. jederzeit bauaufsichtliche Maßnah-

§ 79 RNr. 5–7

men ergreifen kann. Jedoch handelt es sich hierbei lediglich um eine deklaratorische Verweisung auf die in den §§ 77 ff. geregelten „Bauaufsichtlichen Maßnahmen" (vgl. § 58 RNr. 14).

5 1. Die von Satz 1 erfassten Tätigkeiten richten sich auf **Anlagen**, also **bauliche Anlagen und sonstige Anlagen und Einrichtungen** im Sinne des § 1 Abs. 1 Satz 2 (vgl. § 2 Abs. 1 Satz 1). Hierzu rechnen somit auch diejenigen Werbeanlagen und Warenautomaten, die keine baulichen Anlagen sind (vgl. § 10 Abs. 2 Satz 2, Abs. 6 sowie OVG Bln, U. v. 20.1.1967, NJW 1967, 997; U. v. 7.5.1999, OVGE 23, 134, 135 = BRS 62 Nr. 157; B. v. 7.1.2002, OVGE 24, 17, 18 = BRS 65 Nr. 152). Die tatbestandlichen Handlungen decken sich mit solchen, die in der Standardformel des § 3 Abs. 1 und 4 sowie in § 58 Abs. 1 Satz 1 genannt werden (vgl. § 3 RNr. 21, § 58 RNr. 5). Es sind dies die **Errichtung** (vgl. § 3 RNr. 10) und die **Änderung** (vgl. § 3 RNr. 11) von Anlagen. Die Errichtung einer Anlage ist ihre erstmalige Herstellung, die Änderung betrifft eine vorhandene Anlage. Satz 1 hat – wie auch § 58 Abs. 1 Satz 1 (vgl. § 58 RNr. 5) und § 78 (vgl. § 78 RNr. 3) – die in § 3 Abs. 1 an erster Stelle erwähnte Anordnung von Anlagen nicht übernommen, denn diese Variante geht in den beiden anderen der Errichtung und Änderung auf. Die Nutzung und die Änderung der Nutzung von Anlagen hat eine separate Regelung in Satz 2 gefunden. Bei rechtswidriger Beseitigung von Anlagen (vgl. § 3 Abs. 4) ist § 78 anwendbar.

6 a) Die Tätigkeiten, die nach Satz 1 Anlass für eine Beseitigungsanordnung geben können, sind solche, bei denen die BABeh. gemäß § 58 Abs. 1 Satz 1 darüber zu wachen haben, dass die öffentlich-rechtlichen Vorschriften eingehalten werden. **§ 58** Abs. 1 Satz 1 bildet somit auch den **kompetenziellen Rahmen**, an den die BABeh. bei der Anwendung des § 79 gebunden sind. Sie müssen daher den in jener Aufgabennorm festgelegten **Vorrang zuständiger anderer Behörden** beachten. Wenn die Überwachung der Einhaltung bestimmter öffentlich-rechtlicher Anforderungen anderen (Fach-)Behörden zugewiesen ist, handelt es sich nicht um eine bauaufsichtliche Aufgabe (vgl. § 58 RNr.9), und für die Behebung einschlägiger Verstöße im Wege der Beseitigung sind nicht die BABeh. zuständig.

7 b) Diejenigen gemäß § 58 Abs. 1 Satz 1 von den BABeh. überwachten Tätigkeiten, die in den Tatbestand des § 79 Satz 1 aufgenommen worden sind, nämlich die **Errichtung** und die **Änderung von Anlagen,** müssen „**im Widerspruch zu öffentlich-rechtlichen Vorschriften**" (vgl. auch § 7 Abs. 1) stehen, damit ihre Beseitigung angeordnet werden kann. Der Tatbestand des Satzes 1 wird allein und bereits dadurch erfüllt, dass die Errichtung oder Änderung einer Anlage mit dem öffentlichen Recht unvereinbar ist. Bei den öffentlich-rechtlichen Vorschriften kann es sich sowohl um **materiellrechtliche** wie auch um **verfahrensrechtliche Bestimmungen** handeln. Auch die Nichterfüllung einer der Baugenehmigung beigefügten Auflage (vgl. § 71 Abs. 3) kann einen Widerspruch zum öffentlichen Recht begründen (vgl. OVG Bln, U. v. 10.10.2003 – OVG 2 B 3.99 – betr. Stellplätze auf einem Hof, auf dem ein Kinderspielplatz hätte angelegt werden sollen). Der Tatbestand des Satzes 1 findet zumeist Anwendung bei Verstößen gegen das Bauordnungsrecht (z. B. bei mangelhafter Standsicherheit entgegen § 12 Abs. 1 Satz 1) oder das Bauplanungsrecht (z. B. bei Gebietsunverträglichkeit entgegen §§ 1 ff. BauNVO). Auch ein rückwirkend in Kraft gesetzter Bebauungsplan kann in Verbindung mit Satz 1 als Rechtsgrundlage für eine Beseitigungsverfügung dienen (vgl. BVerwG, B. v. 18.7.2003, BRS 66 Nr. 200). Neben baurechtlichen Normen kommen auch außerbaurechtliche Normen als Kontrollmaßstab in Betracht, soweit die BABeh. deren Einhaltung zu überwachen haben (vgl. RNr. 6). Ob die rechtswidrige Tätigkeit zusätzlich eine konkrete Gefahr für Leben oder Gesundheit mit sich bringt (vgl. § 3 RNrn. 13 ff.), ist unerheblich, kann aber das Eingriffsermessen der BABeh. beeinflussen (vgl. RNr. 37). Wird eine bauliche Anlage in Übereinstimmung mit dem öffentlichen Recht errichtet, handelt es sich um eine rechtmäßig bestehende bauliche Anlage im Sinne des § 85 Abs. 1 Satz 1 (vgl. § 85 RNr. 4), deren Beseitigung nicht nach § 79 Satz 1 verlangt werden darf, die aber gegebenenfalls dem Bauordnungsrecht anzupassen ist (vgl. § 85 Abs. 2 bis 4).

Das wichtigste Hindernis für die Errichtung einer baulichen Anlage bildet das Erfordernis einer Baugenehmigung nach den § 60 Abs. 1, §§ 64 und 65. Das klassische Beispiel für die Norm des § 79 ist deshalb der genehmigungslose Bau, der so genannte **Schwarzbau** (vgl. BVerwG, U. v. 18.4.1996, BVerwGE 101, 58, 62 und RNr. 15). Weitere formelle Verstöße bilden vor allem die in § 78 Abs. 1 Satz 2 genannten Sachverhalte. Welche **öffentlich-rechtlichen Vorschriften** im übrigen als **widerspruchsbegründend** in Betracht kommen, lässt sich nur teilweise solchen Bestimmungen wie § 63 Abs. 2 Nr. 3, Abs. 4, 5, § 64 und § 65 entnehmen, aus denen sich das – gegenüber der früheren Rechtslage erheblich verminderte – Prüfprogramm der BABeh. ergibt. Aufschlussreich ist dagegen § 60 Abs. 2 der auch für die Fälle der Genehmigungsfreiheit und der Beschränkung der bauaufsichtlichen Prüfung verlangt, dass die Anforderungen, die durch öffentlich-rechtliche Vorschriften an Anlagen gestellt werden, eingehalten werden. Diese Norm lässt erkennen, dass das gesamte öffentliche Recht als Maßstab in Betracht kommt, soweit die Zuständigkeit der BABeh. nicht durch den aus § 58 Abs. 1 Satz 1 folgenden Kompetenzvorrang fachnäherer Behörden verdrängt wird (vgl. RNr. 6). Daher können Anlagen nicht nur deshalb dem Tatbestand des Satzes 1 unterfallen, weil sie gegen das Bauordnungsrecht oder das Bauplanungsrecht (vgl. OVG Bln, U. v. 15. 8. 2003, OVGE 25, 38, 40 ff.) verstoßen, sondern, auch wegen Unvereinbarkeit mit nichtbaurechtlichen Vorschriften, z. B. mit dem Denkmalschutz-, Immissionsschutz- oder Wasserrecht.

Ein **Widerspruch zu öffentlich-rechtlichen Vorschriften** liegt auch dann vor, wenn die **Grenzen einer Baugenehmigung** nicht eingehalten werden (vgl. OVG Bln, U. v. 23.2.2001, OVGE 23, 230, 232; B. v. 27.11.2001, OVGE 24, 13, 15, 16 = BRS 64 Nr. 117 und § 78 RNrn. 7, 23), ihren Nebenbestimmungen zuwidergehandelt wird, eine wegen Zeitablaufs wirkungslose Baugenehmigung die Komplettierung eines Gebäudetorsos ermöglichen soll (vgl. OVG Bln, U. v. 21.11.1969, BRS 22 Nr. 141) oder eine Baulast (vgl. § 82) missachtet wird (vgl. OVG Bln, U. v. 29.10.1993, OVGE 21, 74; U. v. 26.7.1996, BRS 58 Nr. 120). Selbst eine Maßnahme, die mit dem in einer bestandskräftigen Baugenehmigung enthaltenen Rechtsstatus einer baulichen Anlage unverträglich ist, kann einen solchen Widerspruch auslösen (vgl. OVG Bln, B. v. 18.12.1997, GE 1998, 625; B. v. 18.9.1998, OVGE 23, 84, 85, 86). Wird z. B. ein genehmigter Brandwanddurchbruch (vgl. § 30 Abs. 8) verschlossen, so wird durch die materielle Rechtslage, die von der Feststellungswirkung der Baugenehmigung (und der ihr gegebenenfalls attachierten Befreiungen) beeinflusst wird, beeinträchtigt (vgl. OVG Bln, B. v. 18.9.1998, OVGE 23, 84, 85, 86).

c) Die Fassung des Satzes 1 erweckt den Eindruck, als ob die Bestimmung sich nur auf solche Anlagen bezöge, die während der **Geltungszeit der BauO Bln,** also seit dem 1.1.2006 (vgl. Art. VI Abs. 1 Satz 1 BauVG Bln), errichtet werden oder errichtet worden sind. Jedoch ist ihr Anwendungsbereich weiter und erfasst sämtliche Anlagen, ohne dass es auf den Zeitpunkt der Errichtung ankäme. Anderenfalls gäbe es keine spezielle Rechtsgrundlage für die Beseitigung rechtswidriger älterer Anlagen. Eine unzulässige Rückwirkung der Norm liegt hierin nicht, denn eine entsprechende Eingriffsbefugnis gehört zum traditionellen Bestand des bauaufsichtlichen Instrumentariums (vgl. § z. B. § 97 BauO Bln 1966). Allerdings kann bei längerer Untätigkeit der BABeh. deren Ermessen eingeschränkt sein (vgl. RNrn. 38 f., 47).

11 d) Durch eine **Baugenehmigung** wird einem Vorhaben die so genannte **formelle Legalität** zuteil. Wird die Baugenehmigung nach § 113 Abs. 1 Satz 1 VwGO durch ein Anfechtungsurteil aufgehoben, entfällt damit rückwirkend die formelle Legalität. Ist eine bauliche Anlage auf der Grundlage einer Baugenehmigung errichtet worden, ist der **Tatbestand des Satzes 1** von vornherein **ausgeschlossen** (vgl. OVG Bln, U. v. 7.6.1968, BRS 20 Nr. 193). Die formelle Legalität einer Anlage steht also einer Anordnung ihrer Beseitigung entgegen. Dieser Grundsatz galt jedenfalls bis zum Inkrafttreten der BauO Bln am 1.1.2006 (vgl. Art. VI Abs. 1 Satz 1 BauVG Bln) uneingeschränkt. Er bedarf jedoch möglicherweise deshalb der Revision, weil das im Baugenehmigungsverfahren zu absolvierende Prüfprogramm der BABeh. gegenüber der früheren Rechtslage reduziert worden ist und und dadurch auch die der Baugenehmigung zugeschriebene Feststellungswirkung Einbußen erlitten hat (vgl. § 78 RNr. 8). Denkbar wäre es daher, dass trotz Einhaltung der Baugenehmigung die Beseitigung einer baulichen Anlage angeordnet werden darf, wenn bei ihrer Errichtung Verstöße gegen materielle Vorschriften des öffentlichen Rechts begangen wurden, deren Einhaltung im Baugenehmigungsverfahren nicht geprüft wurde. Eine solche Erweiterung baubehördlicher Befugnisse müsste aber auf diejenigen Sachverhalte begrenzt bleiben, die sich unter dem Regime der BauO Bln ereignet haben. Für **bauliche Anlagen**, die **vor dem 1. 1. 2006 errichtet** wurden (vgl. RNr. 10), ist weiterhin der ihnen durch die jeweiligen Baugenehmigungen verliehene rechtliche Status maßgeblich. Daher behalten für sie die frühere Rechtslage und die sie bestätigende verwaltungsgerichtliche Rechtsprechung weiterhin ihre Bedeutung.

12 e) Ob ein genehmigtes Vorhaben den materiellen öffentlich-rechtlichen Bestimmungen entspricht, also die so genannte **materielle Legalität** aufweist, war für die Vorgängervorschriften des § 79 (vgl. z. B. § 70 BauO Bln 1995) unerheblich. Eine wirksame Baugenehmigung enthielt nach früherem Recht die Feststellung, dass das genehmigte Vorhaben mit dem gesamten öffentlichen Recht übereinstimme (vgl. Vorauflage, § 62 RNrn. 1, 17, § 70 RNr. 7); immerhin gab es schon Einschränkungen im Bereich des vereinfachten Baugenehmigungsverfahrens (vgl. Vorauflage, § 60a RNr. 5 f.). Eine Ausnahme galt für den – praktisch unwichtigen – Fall der nichtigen Baugenehmigung (vgl. § 44 VwVfG). Diese Rechtslage ist auch maßgeblich, wenn § 79 auf Bauten angewendet wird, die unter der Herrschaft älterer Fassungen der BauO Bln genehmigt und errichtet wurden (vgl. RNrn. 10, 11). Denn die einmal erlangte umfassende Feststellungswirkung behalten früher erteilte Baugenehmigungen auch unter dem Regime des neuen Rechts bei. Angesichts der weitgehenden Feststellungswirkung ist ein „Durchgriff" auf die „wahre" materielle Rechtslage nicht möglich. Die Feststellungswirkung ist – vom Sonderfall der Nichtigkeit abgesehen – vor allem dann bedeutsam, wenn die BABeh. die Übereinstimmung eines Vorhabens mit dem materiellen Recht fälschlich bejaht hat, also eine rechtswidrige Baugenehmigung erteilt hat (vgl. BVerwG, U. v. 26.3.1976, BVerwGE 50, 282, 290 = BRS 30 Nr. 140; OVG Bln, B. v. 18.9.1998, OVGE 23, 84, 85; HessVGH, U. v. 18.12.1964, BRS 16 Nr. 123). Die hierdurch verursachte **Sperrwirkung der Baugenehmigung** bedeutet, dass die Rechtmäßigkeit eines Bauwerks solange nicht in Frage gestellt werden darf, wie die Baugenehmigung rechtlich existent ist. Die **formelle Legalität umfasst** sozusagen die **materielle Legalität.** Eine wirksam genehmigte Anlage kann daher nicht im Widerspruch zu öffentlich-rechtlichen Vorschriften errichtet worden sein und bildet deshalb ein Hindernis für eine Beseitigungsverfügung.

13 f) Auf Grund der Baugenehmigung und der dieser beigelegten Feststellungswirkung genießt eine **genehmigte Anlage Bestandsschutz** (vgl. BVerfG, B. v. 15.12.1995, BRS 57 Nr. 246; BVerwG, B. v. 30.1.1997, Buchholz 406.11 § 34 Nr. 182, S. 43, 44). Wann die

Baugenehmigung erteilt worden ist und welche baurechtlichen Bestimmungen ihr zugrunde lagen, ist unerheblich. Selbst **Baugenehmigungen** aus dem 19. Jahrhundert **konservieren die Legalität baulicher Anlagen** und vermitteln Bestandsschutz (vgl. OVG Bln, U. v. 7.6.1968, BRS 20 Nr. 193). Die durch eine Baugenehmigung bewirkte formelle Legalität und der mit dieser verknüpfte **Bestandsschutz** sind zwar von **Dauer**, jedoch ist diese **nicht unbegrenzt**. Rechtlich ist der Bestand einer baulichen Anlage von dem tatsächlichen Fortbestehen der genehmigten Anlage abhängig (vgl. OVG Bln, U. v. 7.6.1968, BRS 20 Nr. 193). Mit ihrem Untergang – sei es durch Abriss, Verfall, Zerstörung oder auf andere Weise – verliert die Baugenehmigung ihre rechtliche Wirkung (vgl. OVG Bln, U. v. 7.6.1968, BRS 20 Nr. 193, betr. einen im Krieg zu 83 v.H. zerstörten Schuppen; B. v. 31.7.1997, OVGE 22, 85, 91 ff., betr. Bestandsschutz in Ost-Berlin; B. v. 11.2.2002, BRS 65 Nr. 150, S. 674). Gleichfalls enden formelle Legalität und Bestandsschutz, sobald durch Anbau- und Erweiterungsmaßnahmen intensiv in den Baubestand einer baulichen Anlage eingegriffen wird (vgl. OVG NRW, U. v. 22.8.2005, BRS 69 Nr. 189 = BauR 2006, 90, 92) oder ihre Nutzung endgültig aufgegeben wird. Entsprechendes gilt für das Erlöschen der Baugenehmigung nach § 72, den Zeitablauf einer befristeten Baugenehmigung (vgl. § 71 Abs. 3), deren Rücknahme oder Widerruf (vgl. §§ 48, 49 VwVfG) und den Eintritt einer auflösenden Bedingung (vgl. BVerwG, U. v. 10.12.1982, BRS 39 Nr. 80).

Nach dem **Ende des Bestandsschutzes** ist eine **Beseitigungsanordnung** zulässig (vgl. BVerwG, U. v. 10.12.1982, BRS 39 Nr. 80; OVG Bln, U. v. 7.6.1968, BRS 20 Nr. 193), allerdings nicht unter Berufung auf Satz 1. Auch wenn die formelle Legalität später entfällt (vgl. RNr. 13), so fehlt es doch am tatbestandlichen Erfordernis eines Widerspruchs zu öffentlich-rechtlichen Vorschriften zur Zeit der Errichtung der Anlage. Deshalb kommt als Rechtsgrundlage für ein solches Abrissgebot nur § 17 **ASOG** in Betracht (vgl. § 3 RNr. 29; § 58 RNr. 17). Ein Rückgriff auf § 79 Satz 1 ist jedoch dann zulässig, wenn unter Verwendung eines verfallenen Bauwerks eine „neue" bauliche Anlage hergestellt wird (vgl. OVG Bln, U. v. 7.6.1968, BRS 20 Nr. 193) oder wenn eine Anlage erst infolge einer späteren Rechtsänderung die rechtliche Qualität einer dem Bauordnungsrecht unterworfenen baulichen Anlage erlangt hat (vgl. OVG Bln, U. v. 4.2.1994, OVGE 21, 124 = BRS 56 Nr. 80). 14

g) Wird ein genehmigungsbedürftiges Vorhaben (vgl. § 60 Abs. 1, §§ 64 und 65) ohne die erforderliche Baugenehmigung verwirklicht, so liegt ein Widerspruch zu den das Genehmigungserfordernis begründenden Vorschriften (vgl. OVG Bln, B. v. 7.1.2002, OVGE 24, 17, 20 = BRS 65 Nr. 152; U. v. 23.2.2001, OVGE 23, 230, 232; B. v. 27.11.2001, OVGE 24, 13, 16 = BRS 64 Nr. 117; B. v. 11.2.2002, BRS 65 Nr. 150; U. v. 15.8.2003, OVGE 25, 38, 39 f.) sowie zu § 71 Abs. 7 Nr. 1 vor (vgl. § 78 RNr. 15). In diesem Fall des **Schwarzbaus** wird der Tatbestand des Satzes 1 durch die Missachtung einer verfahrensrechtlichen Vorschrift erfüllt. Bei Altanlagen (vgl. RNr. 10 f.) beruht die **formelle Illegalität** auf der Verletzung der thematisch entsprechenden früheren Bestimmungen. Eine besondere Form des genehmigungslosen Baus besteht darin, dass der Bauherr eine ihm erteilte Baugenehmigung als Deckmantel zur Verwirklichung eines anderen Vorhabens missbraucht. Daher hat das OVG Bln in der Errichtung von Stahl-Fertiggaragen an Stelle der genehmigten mit Rasengittersteinen befestigten und mit einer begrünten Überdachung versehenen Kraftfahrzeugstellplätze ein **qualitativ grundsätzlich anderes Bauvorhaben**, ein „aliud", gesehen, durch das die Frage der baurechtlichen Zulässigkeit und der Genehmigungsfähigkeit erneut aufgeworfen werde (vgl. B. v. 4.1.1999 – 2 SN 26.98 – unter Hinweis auf OVG NRW, B. v. 8.9.1992, NVwZ 1993, 383). In solchen Fällen kann sich der Bauherr nicht einmal auf die Baugenehmigung berufen, um wenigstens für 15

Teile seines insgesamt ungenehmigten Vorhabens eine Legalisierung zu reklamieren (vgl. OVG Bln, U. v. 5.12.1995, BauR 1996, 534 = BRS 58 Nr. 137 = UPR 1996, 157; B. v. 4.1.1999 – 2 SN 26.98 –).

16 Verstößt eine formell illegale Anlage zugleich gegen materiellrechtliche Vorschriften, tritt die so genannte **materielle Illegalität** oder materielle (Bau-)Rechtswidrigkeit hinzu (vgl. OVG Bln, U. v. 11.3.1966, BRS 17 Nr. 149; U. v. 21.11.1969, BRS 22 Nr. 205; B. v. 27.1.2000 – OVG 2 N 13.99 –; B. v. 10.5.2000 – OVG 2 SN 8.00 –; U. v. 23.2.2001, OVGE 23, 230, 231; B. v. 4.4.2002, BRS 65 Nr. 204, S. 885) und ist der Erlass einer Beseitigungsanordnung zulässig (vgl. OVG Bln, B. v. 13.3.1998, OVGE 23, 10, 11 = LKV 1998, 355). Da es für den Tatbestand der Norm auf die Zeit der Errichtung ankommt, worunter nach der Auffassung des OVG Bln der Zeitbeginn des Baubeginns zu verstehen ist (vgl. U. v. 11.3.1966, BRS 17 Nr. 149), hängt die materielle Illegalität von den im maßgeblichen Zeitpunkt jeweils geltenden materiellrechtlichen Vorschriften ab. Ob nach früherem Recht eine Ausnahme oder Befreiung hätte gewährt werden können, soll unerheblich sein (vgl. OVG Bln, U. v. 11.3.1966, BRS 17 Nr. 149; HessVGH, U. v. 9.6.1983, BRS 40 Nr. 184, der allerdings bei einer Ermessensreduzierung auf Null von diesem Grundsatz abgeht). Besondere Probleme treten auf, wenn die materielle Illegalität baulicher Anlagen infolge rechtlichen Wandels weggefallen ist (vgl. RNr. 29).

17 h) Eine praktisch bedeutsame Konstellation besteht darin, dass trotz des Fehlens der erforderlichen Baugenehmigung die materiellen Anforderungen des öffentlichen Baurechts sowie sonstiger öffentlich-rechtlicher Vorschriften bei der Errichtung der Anlage eingehalten werden. Bei einer solchen **Kombination von formeller Illegalität und materieller Legalität** entspricht es seit langem einer auf Gewohnheitsrecht beruhenden baurechtlichen Praxis, den Tatbestand des Satzes 1, insbesondere bei Altanlagen, als nicht erfüllt anzusehen. Die materielle Legalität überlagert also die formelle Illegalität. Zur Begründung wird darauf verwiesen, dass materiell rechtmäßigen baulichen Anlagen ein aus Art. 14 GG abzuleitender **Bestandsschutz** zuteil werde, der ihre rechtliche Existenz – sogar gegenüber späteren, ihre materielle Illegalität bewirkenden Rechtsänderungen – sichere (vgl. BVerfG, B. v. 15.12.1995, BRS 57 Nr. 246; BVerwG, B. v. 9.7.1969, BRS 22 Nr. 149; U. v. 22.1.1971, BRS 24 Nr. 193; OVG Bln, U. v. 30.12.1992, BRS 54 Nr. 204; U. v. 4.2.1994, OVGE 21, 124, 131 ff. = BRS 56 Nr. 80; Sarnighausen, DÖV 1993, 758, 759; Sieckmann, NVwZ 1997, 853, 854, 857). Der Bauherr kann also den „Einwand des Bestandsschutzes" geltend machen (vgl. BVerwG, U. v. 18.4.1996, BVerwGE 101, 58, 63). Wenngleich das BVerwG seit geraumer Zeit die Reichweite des Bestandsschutzes einschränkt, gilt die von ihm vorgenommene Restriktion nur für die Fälle, in denen unabhängig von konkreten Rechtsvorschriften dem Art. 14 GG unmittelbar Rechtspositionen entnommen werden (vgl. BVerwG, B. v. 1.12.1995, BRS 57 Nr. 100; U. v. 12.3.1998, BRS 60 Nr. 98 = BauR 1998, 760, 762 f.; OVG Bln, B. v. 31.1.1997, OVGE 22, 85, 89). Das aber geschieht im Bereich des § 79 Satz 1 gerade nicht. Vielmehr wird hier lediglich das Tatbestandsmerkmal des Widerspruchs zu öffentlich-rechtlichen Vorschriften einengend ausgelegt.

18 Eine besondere Situation, bei der ebenfalls die Berufung auf die materieller Legalität zulässig ist, liegt vor, wenn eine Baugenehmigung bestandskräftig verweigert worden ist. Solange das BVerwG an seiner Rechtsauffassung festhält, dass die bestandskräftige **Versagung der Baugenehmigung** nicht verbindlich über die materielle Baurechtswidrigkeit einer baulichen Anlage befindet, ist diese Frage im Verfahren der Beseitigung erneut zu prüfen (vgl. BVerwG, U. v. 6.6.1975, BVerwGE 48, 271).

§ 79 RNr. 19-24

19 Wer ohne die erforderliche Baugenehmigung ein Bauwerk errichtet, trägt das **Risiko einer rechtswidrigen Ausführung** selbst (vgl. BVerwG, B. v. 30.8.1996, BRS 58 Nr. 90). Zweifel wegen der Zeit der Errichtung und damit der materiellen Legalität sowie des Bestandsschutzes gehen gleichfalls zu seinen Lasten; somit trifft insofern den Bauherrn die **Beweislast** (vgl. BVerwG, U. v. 23.2.1979, BRS 35 Nr. 206; OVG NRW, U. v. 22.8.2005, BRS 69 Nr. 189 = BauR 2006, 90, 91).

20 i) Bei **verfahrensfreien** und **genehmigungsfreigestellten Vorhaben** entfällt die formelle Legalität und der mit ihr verbundene Bestandsschutz (vgl. RNrn. 11 ff.). Solche baulichen Anlagen können nur materiell illegal sein (vgl. HessVGH, U. v. 18.12.1964, BRS 16 Nr. 123; U. v. 16.7.1998, BRS 60 Nr. 102). Entspricht oder entsprach das Vorhaben zur Zeit seiner Ausführung dem geltenden materiellen Recht, fehlt es an dem Tatbestandsmerkmal des Widerspruchs, so dass der Anlage Bestandsschutz zukommt, auch wenn die gleiche Anlage nach heutigem Recht unzulässig wäre (vgl. RNr. 16). Auch bei den genehmigungsfreigestellten Anlagen stehen die Verstöße gegen materielles Recht im Vordergrund. Hierzu rechnen auch Maßnahmen, die mit einer Baulast (vgl. § 82) unvereinbar sind (vgl. RNr. 9). Doch sind, wie § 78 Abs. 1 Satz 2 Nr. 2b zeigt (vgl. § 78 RNrn. 10, 24) Verletzungen des formellen Rechts nicht ausgeschlossen.

21 j) Für die **Änderung von Anlagen** (vgl. RNr. 5) gilt das in RNrn. 6 ff. Ausgeführte entsprechend. Gegenstand der rechtlichen Beurteilung ist allein das auf eine Änderung gerichtete Vorhaben, das demgemäß – isoliert von der betroffenen Anlage – in formeller und materieller Hinsicht legal oder illegal sein kann. Allerdings gibt es Konstellationen, bei denen eine Änderung die Genehmigungsfrage insgesamt neu aufwirft (vgl. § 6 RNr. 10, § 60 RNrn. 7 f.).

22 2. Satz 1 sieht als **Rechtsfolge** vor, dass die BABeh. (vgl. § 58 RNr. 3) unter einer bestimmten Voraussetzung die **Beseitigung** von Anlagen anordnen kann. Die Beseitigung besteht häufig in einem Abbruch oder Abriss einer Anlage, doch sind auch andere Formen der Beseitigung möglich, wie die Entfernung eines Wohnwagens von seinem Standort (vgl. § 2 RNr. 30), die Entfernung von Personenkraftwagen von einem Ausstellungsplatz (vgl. OVG Bln, B. v. 10.5.2000 – OVG 2 SN 8.00 –), die Räumung einer Lagerfläche von Lagergut (vgl. OVG Bln, U. v. 31.5.1991, OVGE 19, 151 = BRS 52 Nr. 24; B. v. 8.4.1994, NuR 1995, 41, 42) oder der Abtransport einer Kühlzelle (vgl. OVG NRW, B. v. 7.10.2005, BRS 69 Nr. 188).

23 a) Die Vorschrift bietet der BABeh. eine **Eingriffsbefugnis**, auf deren Grundlage sie durch einen Verwaltungsakt von dem Pflichtigen die – teilweise oder vollständige – Beseitigung einer Anlage verlangen kann (**Beseitigungsanordnung**, -verfügung, Abrissanordnung, -gebot). Die Anordnung setzt nicht voraus, dass die Errichtung (oder Änderung) einer Anlage abgeschlossen ist. Auch ein Torso kann Gegenstand einer Beseitigungsverfügung sein. Erlangt die BABeh. Kenntnis davon, dass der Tatbestand des § 78 Abs. 1 in der Form der Errichtung oder Änderung verwirklicht wird, ist sie nicht auf das Instrument der Einstellung von Arbeiten beschränkt, sondern kann – gegebenenfalls in Kombination mit einem Baustopp – zugleich die Beseitigung der bisher erreichten Arbeitsresultate erreichen (vgl. RNr. 41). Der Pflichtige hat die Beseitigungsanordnung zu befolgen, ohne dass er sich auf formelle Erfordernisse berufen müsste oder könnte, die nach § 62 Abs. 3 Satz 2 ff. für die nicht verfahrensfreien Fälle der Beseitigung von Anlagen maßgeblich sind.

24 b) Von der Ermächtigungsgrundlage darf die BABeh. nur Gebrauch machen, „**wenn nicht auf andere Weise rechtmäßige Zustände hergestellt werden können**". Diese Einschränkung ist eine gesetzliche Konkretisierung des verfassungsrechtlichen Grundsatzes der Verhältnismäßigkeit und sorgt dafür, dass die Beseitigung einer Anlage zu unterbleiben hat, sofern ein milderes Mittel die Legalisierung des rechtswidrigen Zustands bewirken kann.

25 Das wichtigste Beispiel für die Anwendung der **Legalisierungsklausel** tritt im Bereich der genehmigungsbedürftigen Vorhaben auf, und zwar dann, wenn eine ohne Baugenehmigung errichtete Anlage mit dem nunmehr geltenden materiellen öffentlichen Recht übereinstimmt (mag sie zur Zeit der Errichtung auch noch materiell rechtswidrig gewesen sein). Da das Vorhaben genehmigungsfähig ist, lässt sich die lediglich formelle Illegalität dadurch beheben, dass nachträglich eine Genehmigung erteilt wird. Anderenfalls würde die Beseitigung einer Anlage rechtlich in Betracht gezogen, deren Errichtung nach geltendem Recht sogleich wieder genehmigt werden müsste. Obwohl bei formeller Illegalität und gleichzeitiger materieller Legalität eine Beseitigungsanordnung nach der verwaltungsgerichtlichen Praxis ohnehin ausscheidet (vgl. RNr. 17), hat die förmliche Legalisierung einer materiell rechtmäßigen Anlage durch eine **nachträgliche Baugenehmigung** den Vorteil, dass sie die BABeh. der Aufgabe enthebt, gegebenenfalls die Rechtslage eines Bauwerks nach früherem Recht prüfen zu müssen, und dass der Status der Anlage für die Zukunft offenkundig ist.

26 Entsprechendes gilt in den Fällen, in denen die materielle Rechtmäßigkeit durch eine **Abweichung** (vgl. § 68 Abs. 1), **Ausnahme** oder **Befreiung** (vgl. § 68 Abs. 2 Satz 1) herbeigeführt werden kann (vgl. OVG Bln, U. v. 11.3.1966, BRS 17 Nr. 149; U. v. 29. 5. 1987, BRS 47 Nr. 147). Liegen die tatbestandlichen Voraussetzungen für eine derartige Durchbrechung des Rechts vor und übt die BABeh. ihr Ermessen zugunsten einer individuellen Korrektur aus, wird auch dadurch eine Legalisierung möglich.

27 Aber auch durch **faktische Maßnahmen** lässt sich mitunter eine **Legalisierung** erreichen (vgl. BVerwG, B. v. 29.9.1965, BRS 16 Nr. 126), doch ist es der BABeh. verwehrt, dem Bauherrn ein verändertes Bauprojekt aufzuzwingen, das dem materiellen Recht entspricht (vgl. BayVGH, U. v. 18.5.1984, BRS 42 Nr. 217). Auch ist es nicht ihre Aufgabe, ihm Änderungsvorschläge zu unterbreiten, die den Schwarzbau an das materielle Recht heranführen sollen. Macht der Pflichtige jedoch gemäß § 12 Abs. 2 Satz 2 ASOG einen realisierbaren Vorschlag, so kann die BABeh. diesen als milderes Austauschmittel betrachten und von der Beseitigung der Anlage absehen (vgl. BVerwG, B. v. 29.9.1965, BRS 16 Nr. 126). Ein baurechtswidriges Vorhaben gewinnt seine Genehmigungsfähigkeit aber nicht schon dadurch, dass es einen gesetzwidrigen Zustand nur mindert und damit etwas näher an die materielle Legalität rückt (vgl. OVG Bln, U. v. 18.4.1969, JR 1970, 38, 39: U. v. 15.8.2003 – OVG 2 S 18.01 –, insoweit nicht in OVGE 25, 38 abgedruckt).

28 c) Im Falle formeller Illegalität bei gleichzeitiger materieller Illegalität gilt der oben (RNr. 17) geschilderte Ausschluss des Satzes 1 nicht. Die maßgebliche Rechtslage wird häufig durch die Formel ausgedrückt, dass eine **Beseitigungsanordnung** nur zulässig sei, wenn eine genehmigungsbedürftige **Anlage sowohl formell als auch materiell illegal** ist (vgl. BVerwG, U. v. 10.12.1982, BRS 39 Nr. 80; OVG Bln, U. v. 19.11.1965, BRS 16 Nr. 96; U. v. 11.3.1966, BRS 17 Nr. 149; U. v. 21.11.1969, BRS 22 Nr. 205: U. v. 10.9.1971, BRS 24 Nr. 135; U. v. 5.7.1984, OVGE 17, 108, 109; U. v. 12.4.1985, GE 1986, 613; B. v. 18.12.1987, DÖV 1988, 841; U. v. 10.2.1989, NVwZ 1990, 176, 177; U. v. 24.3.1994, BRS 56 Nr. 52; B. v. 8.4.1994, NuR 1995, 41, 42; B. v. 13.3.1998, OVGE 23, 10, 11, 12 = BRS 60 Nr. 206 = LKV 1998, 355; B. v. 27.1.2000 – OVG 2 N 13.99 –; B. v. 10.5.2000 – OVG 2 SN 8.00 –; U. v. 23. 2. 2001, OVGE 23, 230, 231; B. v. 22.1.2003, BRS 66 Nr. 197 = LKV 2003, 276; B. v. 20.6.2003, BRS 66 Nr. 153). Jeder Beseitigungsanordnung hat deshalb

eine Prüfung, ob eine genehmigungslose bauliche Anlage genehmigungsfähig oder genehmigungsunfähig ist, als ein „notwendiger Vorakt" vorauszugehen (vgl. OVG Bln, U. v. 21.11.1969, BRS 22 Nr. 205; U. v. 10.9.1971, BRS 24 Nr. 135; B. v. 2.3.2000, BRS 63 Nr. 170 = LKV 2000, 452; B. v. 11.2.2002, BRS 65 Nr. 150). Allerdings hat das OVG Bln in einem Einzelfall die Einschränkung angedeutet, dass eine Beseitigungsanordnung nur „in aller Regel ermessensfehlerhaft" sei, wenn eine Anlage „nach materiellem Recht genehmigungsfähig ist, mithin ein Anspruch auf die formelle Legalisierung des betreffenden Vorhabens besteht" (B. v. 20.12.2000 – OVG 2 SN 38.00 –).

Dieses Prinzip der **Kombination von formeller und materieller Illegalität**, das den Tatbestand des Satzes 1 mit der Legalisierungsklausel der Rechtsfolge (vgl. RNr. 24 f.) verknüpft, gilt uneingeschränkt nur, wenn die formelle und materielle Illegalität von Anfang an bestand (vgl. OVG Bln, B. v. 27.1.2000 – OVG 2 N 13.99 –). Es bedarf allerdings der Einschränkung hinsichtlich **genehmigungsloser Altanlagen** (vgl. RNr. 10). Waren diese zur Zeit ihrer Errichtung materiell legal, genießen sie **Bestandsschutz** gegenüber späteren, ihnen nachteiligen Rechtsänderungen (vgl. RNr. 16). Dieser Bestandsschutz schließt die Verwirklichung des Tatbestands des Satzes 1 aus (vgl. RNr. 17) oder steht zumindest als ein rechtliches Hindernis einer Beseitigungsverfügung entgegen (vgl. OVG Bln, U. v. 11.3.1966, BRS 17 Nr. 149). Obwohl eine nachträgliche Baugenehmigung wegen des ihr entgegenstehenden materiellen Rechts nicht mehr erteilt werden kann, muss die BABeh. die Anlage dulden (vgl. OVG Bln, U. v. 11.3.1966, BRS 17 Nr. 149). Zweifelhaft ist es, ob ein solcher Bestandsschutz und das mit ihm verbundene Gegen- oder Abwehrrecht (vgl. HessVGH, U. v. 9.6.1983, BRS 40 Nr. 184) auch dann anzuerkennen ist, wenn eine formell rechtswidrige bauliche Anlage zur Zeit ihrer Errichtung materiell rechtswidrig war, später durch eine Rechtsänderung zeitweise materiell rechtmäßig wurde, durch eine weitere Rechtsänderung aber ihre materielle Legalität eingebüßt hat, etwa durch Erlass und Aufhebung eines Bebauungsplans (vgl. BVerwG, U. v. 22.1.1971, BRS 24 Nr. 193; OVG Bln, U. v. 21.11.1971, BRS 24 Nr. 135; NdsOVG, U. v. 28.3.1966, BRS 17 Nr. 150).

d) Die Beseitigungsanordnung (vgl. RNr. 23) kann auf die **teilweise oder vollständige Beseitigung** einer Anlage gerichtet sein. Die Erwähnung dieser beiden Formen der Beseitigung entspricht dem Grundsatz der Verhältnismäßigkeit (vgl. OVG Bln, U. v. 3.10.1975, BRS 29 Nr. 143 und RNr. 24). Die nur teilweise Beseitigung, der so genannte **Rückbau** (vgl. OVG NRW, U. v. 22.8.2005, BRS 69 Nr. 189 = BauR 2006, 90), ist angebracht, wenn bereits er ausreicht, einen materiell rechtmäßigen Zustand herzustellen. So ist die Reduzierung eines 5m langen Carports (vgl. § 2 RNr. 117) auf 2 m zulässig, wenn die Anlage eine Baugrenze (vgl. § 23 Abs. 3 Satz 1 BauNVO) um 3 m überschreitet (vgl. OVG Bln, B. v. 21.5.1999, BRS 62 Nr. 206 = GE 1999, 843), desgleichen der Rückbau einer Grenzgarage (vgl. § 6 Abs. 7 Satz 1 Nr. 1) auf die gesetzlich zulässige Gesamtlänge (vgl. OVG Bln, B. v. 27.11.2001, OVGE 24, 13, 14 = BRS 64 Nr. 117) oder die Entfernung brennbaren Materials aus einem Grenzstreifen von lediglich 5m (vgl. OVG Bln, B. v. 17.4.2002 – OVG 2 S 2.02 –). De Teilbeseitigung eines Schuppens wurde dagegen nur deshalb gebilligt, weil der Verpflichtete nicht zu erkennen gegeben hatte, dass der verbleibende Restbaubestand für ihn keinen Wert mehr haben würde (vgl. OVG Bln, B. v. 26.4.2005, BRS 69 Nr. 191 = LKV 2005, 515 und RNr. 31). Auch bei **Änderungen von Anlagen** kommt eine teilweise oder vollständige Beseitigung der Änderungen in Betracht (vgl. BVerfG, B. v. 2.9.2004, BRS 69 Nr. 190 = BauR 2006, 97). Würde bei einer Änderung die bauliche Reduzierung nicht zu einem rechtmäßigen Zustand führen (wie bei der Aufstockung eines Gebäudes durch ein zusätzliches Geschoss), so kann sogar die vollständige Beseitigung der Gesamtanlage, einschließlich zuvor rechtmäßiger Teile, angezeigt sein Ob die teilweise Beseitigung der Anlage technisch möglich ist oder zur Erhaltung der Baumaterialien ein Abriss im ganzen erfolgen soll, ist Sache des Adressaten (vgl. OVG Bln, B. v. 21.5.1999, BRS 62 Nr. 206 = GE 1999, 843). Ist der Bauherr von einer ihm erteilten Baugenehmigung abgewichen, so bedarf es nicht des Gesamtabrisses, sofern sein baurechtlicher Exzess durch einen Rückbau behoben werden kann. Das Gleiche gilt bei der Verwendung rechtlich bedenklicher Bauprodukte (vgl. § 78 Abs.1 Satz 2 Nrn. 3 und 4), die nur in einem Abschnitt einer Anlage eingesetzt worden sind. Verlangt die BABeh. den vollständigen Abriss, kann der Bauherr den Rückbau auf ein rechtlich zulässiges und deshalb genehmigungsfähiges Maß als Austauschmittel anbieten (vgl. OVG Bln, B. v. 26.4.2005, BRS 69 Nr. 191 = LKV 2005, 515 und § 12 Abs. 2 Satz 2 ASOG). Auf eine vom Bauherrn angebotene Teilbeseitigung braucht die BABeh. sich nicht einzulassen, wenn dieser ein genehmigtes Vorhaben nicht ausgeführt hat, sondern statt dessen ein qualitativ grundsätzlich anderes Bauvorhaben verwirklicht hat; denn die Baugenehmigung führt nicht zur Legalisierung von Teilen des insgesamt ungenehmigten Vorhabens (vgl. RNr. 15). Entscheidet sich die BABeh. für die totale Beseitigung einer Anlage, ohne eine in Betracht kommende partielle Beseitigung in ihre Erwägungen einbezogen zu haben, so begeht sie einen **Ermessensfehler.** (vgl. OVG Bln, U. v. 12.4.1985, GE 1986, 613 und RNr. 37).

31 Problematisch ist eine **Teilbeseitigung**, z. B. durch Reduzierung des Baukörpers, wenn der dadurch herbeigeführte bauliche **Zustand immer noch rechtswidrig** ist (vgl. BVerfG, B. v. 2.9.2004, BRS 69 Nr. 190 = BauR 2006, 97). Da Satz 1 die BABeh. verpflichtet, eine Legalisierung der baulichen Situation herbeizuführen (vgl. RNr. 4), erscheint es zweifelhaft, ob sie sie von der Ermächtigung Gebrauch machen darf, wenn sie das von ihr vorgeschriebene Ziel der Legalisierung verfehlt. Deshalb soll grundsätzlich die Anordnung von Maßnahmen ausscheiden, die den vorgefundenen Zustand nur verändern, mildern oder reduzieren (vgl. OVG NRW, U. v. 22.8.2005, BRS 69 Nr. 189 = BauR 2006, 90). Erwägenswert scheint es immerhin dennoch, eine solche teilweise Beseitigung zuzulassen, nach deren Befolgung ein Zustand eintritt, bei dem die verbleibende bauliche Substanz wesentlich weniger intensiv als die ursprüngliche Anlage gegen das geltende Recht verstößt. So könnte die BABeh. sich bei einer insgesamt rechtswidrigen baulichen Anlage darauf beschränken, die Entfernung besonders gefährlicher Teile zu fordern; wobei die von einer Beseitigungsanordnung ausgenommenen Teile einer Anlage sich also weiterhin in einem rechtswidrigen Zustand befinden würden. Regelmäßig kommt ein Teilabbruch als milderes Mittel im Vergleich zum Totalabbruch aber nur in Betracht, wenn es nach der Struktur des Bauwerks möglich erscheint, durch Wegnahme bestimmter Teile einen rechtmäßigen Zustand zu erreichen. Der **Teilabbruch** darf also grundsätzlich **nicht** zu einem **illegalen Torso** führen, der weder sinnvoll existenzfähig noch genehmigungsfähig ist (vgl. OVG Bln, B. v. 26.4.2005, BRS 69 Nr. 191 = LKV 2005, 515; OVG NRW, U. v. 22.8.2005, BRS 69 Nr. 189 = BauR 2006, 90). Entscheidet sich die BABeh. ausnahmsweise für eine teilweise Beseitigung, ohne dass dadurch eine völlige Legalisierung erreicht wird, sollte sie erkennen lassen, wie sie hinsichtlich der verbleibenden rechtswidrigen Bausubstanz zu verfahren gedenkt (vgl. OVG NRW, U. v. 22.8.2005, BRS 69 Nr. 189 = BauR 2006, 90). Denn andernfalls trifft sie das das Risiko, dass ihre Entscheidung vom VG als ermessensfehlerhaft angesehen wird, weil ohne triftigen Grund vom gesetzlichen Ziel der Legalisierung abgewichen worden ist (vgl. OVG NRW, U. v. 22.8.2005 a. a. O.).

32 e) Von einer **Beseitigungsanordnung** muss die BABeh. insgesamt absehen, wenn sie **nicht erforderlich** ist. Gibt es eine den Betroffenen weniger belastende Maßnahme zur Herstellung eines baurechtsgemäßen Zustands, so ist – entsprechend der Legali-

sierungsklausel (vgl. RNr. 24 f.) – eine Abrissverfügung unzulässig (vgl. OVG Bln, U. v. 7.6.1968, BRS 20 Nr. 193). Denn in einem derartigen Fall können auf andere Weise als durch einen Verwaltungsakt nach Satz 1 rechtmäßige Zustände hergestellt werden. So kann manchmal ein Nutzungsverbot nach Satz 2 als milderes Mittel in Betracht kommen (vgl. BVerfG, B. v. 15.12.1995, BRS 57 Nr. 246; OVG NRW, U. v. 23.9.1976, BRS 30 Nr. 172), allerdings nicht im Falle der Beseitigung von Stellplätzen (vgl. OVG Bln, B. v. 16.1.1998, UPR 1998, 320, Ls.). Nur ausnahmsweise wird ein **Baustopp** nach § 78 Abs. 1 im Verhältnis zur Beseitigung als milderes Mittel angesehen werden können. Immerhin ist es nicht ausgeschlossen, dass ein Aufschub der Beseitigung einer Anlage hingenommen werden kann, wenn es der BABeh. gesichert erscheint, dass keine unzulässigen Arbeiten (vgl. § 78 Abs. 2) mehr vorgenommen werden. Die Geringfügigkeit baulicher Veränderungen kann der Zulässigkeit einer Beseitigungsanordnung entgegenstehen (vgl. BVerwG, B. v. 24.7.2006, ZfBR 2006, 782). Insbesondere kann zweifelhaft sein, ob Abrissverfügungen, die wegen nur geringfügiger Verkürzung von Grenzabständen verhängt werden, verhältnismäßig sind (vgl. BVerwG, B. v. 12.6.1973, BRS 27 Nr. 151; OVG Lbg., U. v. 17.11.1970; BRS 32 Nr. 198; U. v. 28.2.1983, BRS 40 Nr. 226).

f) **Adressaten** der Beseitigungsanordnung sind die ordnungsrechtlich Verantwortlichen, vor allem die am Bau Beteiligten (vgl. § 53), wie der Bauherr (vgl. § 54) und der Unternehmer (vgl. § 56) als Verursacher im Sinne des § 13 Abs. 1 ASOG, sowie die Zustandsverantwortlichen, zu denen insbesondere der Eigentümer (vgl. § 14 Abs. 3 ASOG und OVG Bln, B. 22.1.2003. BRS 66 Nr. 197 = LKV 2003, 276) und der Inhaber der tatsächlichen Gewalt (vgl. § 14 Abs. 1 ASOG) – z. B. der Verwalter eines Wohnhauses (vgl. OVG Bln, B. v. 22.5.2002, BRS 65 Nr. 137 = LKV 2003, 140) – rechnen. Auch Rechtsnachfolger im Sinne des § 58 Abs. 2 kommen als Adressaten einer Beseitigungsanordnung in Betracht (vgl. § 58 RNr. 20). Unter den Voraussetzungen des § 16 ASOG ist die Inanspruchnahme nicht verantwortlicher Personen zulässig.

Sind **mehrere Verantwortliche** vorhanden, kann die BABeh. alle (vgl. OVG Bln, U. v. 14.3.1960, OVGE 6, 113), einige oder auch nur einen in Anspruch nehmen. Die Auswahl unter den in Frage kommenden Adressaten liegt im Ermessen der BABeh. Ob sie zunächst auf den Handlungsstörer nach § 13 Abs. 1 ASOG zurückgreift oder sich sogleich an den Zustandsstörer nach § 14 ASOG wendet, steht ihr frei. Von Belang kann die Erwägung sein, dass der Herangezogene wirtschaftlich in der Lage ist, die Beseitigung sachgemäß und schnell durchzuführen (vgl. RNr. 37). Richtet sich ein Abrissgebot nur gegen einen Adressaten, so beeinflussen dessen rechtliche Beziehungen zu anderen Personen die Rechtmäßigkeit des Verwaltungsakts nicht, es sei denn, der Abriss ist ihm rechtlich unmöglich. Eine Beseitigungsverfügung muss daher nicht gegen sämtliche Miteigentümer oder Nebenberechtigte ergehen; deren Rechtspositionen werden durch den gegen einen Eigentümer gerichteten Verwaltungsakt nicht berührt, sondern bilden nur ein Vollzugshindernis, das nachträglich durch eine gegen die Mitberechtigten gerichtete Verfügung ausgeräumt werden kann (vgl. BVerwG, B. v. 24.7.1998, BRS 60 Nr. 170). Wird z. B. nur ein Miteigentümer zur Beseitigung verpflichtet und hindern ihn andere Miteigentümer an der Ausführung, so kann deren Widerstand gegen die Durchsetzung der Beseitigungsanordnung durch eine auf § 17 ASOG gestützte **Duldungsverfügung** überwunden werden. Entsprechendes gilt, wenn sich ein Mieter der Durchsetzung der Beseitigungsanordnung entgegenstellt (vgl. OVG Bln, B. v. 28.2.1997, BRS 59 Nr. 208 = LKV 1997, 368 = UPR 1998, 75 = ZMR 1997, 327; B. v. 26.4.2005, BRS 69 Nr. 191 = LKV 2005, 515). Eine Duldungsanordnung ist nur zulässig, wenn der Ausgangsverwaltungsakt, dessen Befolgung oder Durchsetzung sie ermöglichen soll, rechtmäßig ist (vgl. OVG Bln, B. v. 26.4.2005, BRS 69 Nr. 191 = LKV 2005, 515) Jedoch kann sich der zur Duldung Verpflichtete nur begrenzt auf Rechtsfehler des gegen einen anderen gerichteten Ausgangsverwaltungsakts berufen (vgl. OVG Bln, B. v. 1.11.1988, BRS 48 Nr. 157 = BauR 1989, 185 = NVwZ 1989, 267; B. v. 28.2.1997, BRS 59 Nr. 208 = LKV 1997, 368 = UPR 1998, 75 = ZMR 1997, 327; B. v. 2.6.2000 –OVG 2 SN 19.00 –; B. v. 26.4.2005, BRS 69 Nr. 191 = LKV 2005, 515; Ziekow, NVwZ 1989, 231). – Zur Rechtslage beim Wohnungseigentum vgl. § 85 RNr. 13.

35   g) Der Erlass einer Beseitigungsanordnung liegt im Ermessen der BABeh. Es ist – wie im Falle der Einstellungsanordnung (vgl. § 78 RNr. 29) – kein freies, sondern ein auf die Beseitigung der Störung gerichtetes, also **intendiertes Ermessen** (vgl. OVG Bln, U. v. 23.2.2001, OVGE 23, 230, 231 f.; B. v. 27.11.2001, OVGE 24, 13, 15 f. = BRS 64 Nr. 117). Die BABeh. soll durch „wildes Bauen" bewirkte rechtswidrige Zustände nicht hinnehmen, sondern prinzipiell deren Beendigung anstreben (vgl. OVG Bln, U. v. 11.3.1966, BRS 17 Nr. 149; U. v. 3.10.1975, BRS 29 Nr. 143; U. v. 10.2.1989, NVwZ 1990, 176, 179; U. v. 23.2.2001, OVGE 23, 230, 231 f.; B. v. 27.11.2001, OVGE 24, 13, 16 = BRS 64 Nr. 117). Das Entscheidungsermessen der BABeh. wird zusätzlich dadurch zurückgedrängt, dass die Beachtung des bundesrechtlichen Bauplanungsrechts nicht zur Disposition des Landesgesetzgebers und damit auch nicht zur Disposition von Landesbehörden steht (vgl. BVerwG, B. v. 17.4.1998, BRS 60 Nr. 169). Der Druck zum behördlichen Handeln wird ferner dann verstärkt, wenn Rechte Dritter verletzt werden (vgl. § 3 RNrn. 36 ff. und unten Rnr. 48).

36   Eine dem Ziel des Satzes 1 (vgl. RNrn. 4, 35) zuwiderlaufende Praxis der **Duldung** ist mit dem Gesetz nicht vereinbar (vgl. OVG Bln, U. v. 3.4.1970, JR 1970, 358 und RNrn. 38 f., 47). Die BABeh. darf der Entwicklung eines baurechtlichen Missstands und dessen zeitlicher Verfestigung nicht durch Duldung Vorschub leisten (vgl. OVG Bln, B. 22.1.2003, BRS 66 Nr. 197 = LKV 2003, 276). Nur wenn die BABeh. sachliche Gründe für ihre Untätigkeit hat, darf sie vom Einschreiten absehen (vgl. OVG Bln, B. v. 13.3.1998, OVGE 23, 10, 18 = BRS 60 Nr. 206 = LKV 1998, 355), z. B. in Bagatellfällen. Das der BABeh. eingeräumte Ermessen wird deshalb häufig auf Null reduziert sein (vgl. OVG Bln, B. v. 13. 3. 1998, OVGE 23, 10, 18 = BRS 60 Nr. 206 = LKV 1998, 355). Bei einer Bejahung des Tatbestands des Satzes 1 bedarf es im allgemeinen keiner zusätzlichen Ermessenserwägungen (vgl. OVG Bln, U. v. 23.2.2001, OVGE 23, 230, 231). Deshalb können Ermessensfehler auch nur ausnahmsweise auftreten (vgl. OVG Bln, B. v. 27.11.2001, OVGE 24, 13, 16 = BRS 64 Nr. 117. Lässt die BABeh. zwischen der Feststellung der Baurechtswidrigkeit und dem Einschreiten einen erheblichen Zeitraum verstreichen, so ergibt sich hieraus weder ein Ermessensfehler noch ein schutzwürdiger Vertrauenstatbestand zugunsten des Bauherrn (vgl. OVG Bln, B. v. 27.11.2001, OVGE 24, 13, 16 = BRS 64 Nr. 117).

37   Für die **Ausübung des Ermessens** – nur ausnahmsweise hinsichtlich des „Ob", vor allem aber hinsichtlich des „Wie" des Einschreitens – können zahlreiche **Erwägungen** von Belang sein: Art und Umfang des Verstoßes (vgl. OVG Bln, B. v. 13.3.1998, LKV 1998, 355, 357) und der seiner Beseitigung (vgl. RNrn. 30 f.); die von der Anlage ausgehenden Gefahren; deren **negative Vorbildwirkung** als Präzedenzfall (vgl. OVG Bln, B. v. 8.6.2000, OVGE 23, 195, 200, 201 = BRS 63 Nr. 183; B. v. 27.1.2000 – OVG 2 N 13.99 –; U. v. 23.2.2001, OVGE 23, 230, 231 und RNr. 44); städtebauliche Gründe (vgl. OVG Bln, B. v. 21.5.1999, BRS 62 Nr. 206 = GE 1999, 843; U. v. 23.2.2001, OVGE 23, 230, 231): der Grad des Verschuldens des Bauherrn (vgl. OVG Bln, B. v. 27.11.2001, OVGE 24, 13, 16 = BRS 64 Nr. 117); die Auswirkungen auf Nachbarn (vgl. RNrn. 48 f.), Pächter und Mieter; die Möglichkeit zivilrechtlicher Abhilfe; das Vertrauen des Bauherrn in eine ihm erteilte, aber später aufgehobene Baugenehmigung, jedoch nicht seine baurechtliche

Unkenntnis (vgl. OVG Bln, U. v. 3.4.1970, JR 1970, 358); das Vertrauen auf das Verhalten von DDR-Behörden (vgl. OVG Bln, B. v. 17.4.2002 – OVG 2 S 2.02 –). **Wirtschaftliche Leistungsfähigkeit des Adressaten** ist keine Voraussetzung für die Rechtmäßigkeit einer Beseitigungsanordnung. Immerhin kann sich die BABeh. bei der Auswahl unter mehreren Verantwortlichen auch von der Erwägung leiten lassen, dass der von ihr Verpflichtete finanziell zur Durchführung der ihm angesonnenen Maßnahme imstande sei (vgl. RNr. 34). Die Höhe der Beseitigungskosten oder der Umfang der mit der Beseitigung verbundenen wirtschaftlichen Nachteile – z. B. der Verlust von Pachteinnahmen – ist bei der Ermessensausübung regelmäßig irrelevant (vgl. OVG Bln, U. v. 29.5.1987, BRS 47 Nr. 147; U. v. 10.2.1989, NVwZ 1990, 176, 178; OVGE 24, 13, 16 = BRS 64 Nr. 117; B. v. 27.11.2001, OVGE 24, 13, 16 = BRS 64 Nr. 117; B. v. 11.2.2002, BRS 65 Nr. 150, S. 675). Die Beseitigungsanordnung realisiert lediglich das normale wirtschaftliche Risiko, mit dem formell illegale und nicht genehmigungsfähige Bauten notwendigerweise behaftet sind (vgl. OVG Bln, B. v. 27.1.2000 – OVG 2 N 13.99 –). Möglicherweise sind in Ausnahmefällen aber sonstige persönliche Umstände zu berücksichtigen (vgl. VGH BW, U. v. 16.12.1981, BRS 38 Nr. 200; U. v. 7.4.1982, BRS 39 Nr. 233). Ein besonderes öffentliches Interesse speziell an der Beseitigung der Anlage, die Gegenstand der behördlichen Maßnahme ist, braucht nicht zu bestehen (vgl. OVG Bln, U. v. 29.7.1969, GE 1969, 837, 838).

h) Beim Erlass von Beseitigungsanordnungen wird von den Adressaten häufig die Einhaltung des **Gleichheitssatzes** bezweifelt. Daraus, dass die BABeh. ähnliche rechtswidrige Baulichkeiten in der Nachbarschaft nicht unverzüglich verhindert hat, erwächst den Adressaten aber kein Anspruch auf Gleichbehandlung (vgl. OVG Bln, B. v. 21.5.1999, BRS 62 Nr. 206 = GE 1999, 843). Die in der bloßen Säumnis liegende **Duldung** führt noch nicht zu einem Ermessensfehler (vgl. OVG Bln, B. v. 11.2.2002, BRS 65 Nr. 150 und RNrn. 36 f.). Etwas anderes mag gelten, wenn die BABeh. einen baurechtswidrigen Zustand durch Erklärungen oder andere Handlungen „aktiv" geduldet hat (vgl. BVerfG, B. v. 2.9.2004, BRS 69 Nr. 190 = BauR 2006, 97; OVG Bln, B. v. 27.11.2001, OVGE 24, 13, 16 = BRS 64 Nr. 117; B. v. 11.2.2002, BRS 65 Nr. 150; OVG NRW, U. v. 22.8.2005, BRS 69 Nr. 189 = BauR 2006, 90 und RNr. 47). Art. 3 Abs. 1 GG zwingt die BABeh. nur zum gleichen rechtmäßigen Handeln, nicht aber zur Wiederholung von Gesetzesverstößen (vgl. OVG Bln, B. v. 21.5.1999, BRS 62 Nr. 206 = GE 1999, 843).). Deshalb verpflichtet der Gleichheitssatz die Behörde nicht, gegen rechtswidrige Anlagen gleichzeitig und gleichmäßig vorzugehen (vgl. OVG Bln, U. v. 24.6.1966, GE 1966, 617, 618; U. v. 29.7.1969, GE 1969, 837, 838). Insbesondere muss die BABeh. nicht „flächendeckend" einem verbreiteten baurechtlichen Missstand entgegentreten (vgl. OVG Bln, U. v. 10.2.1989. NVwZ 1990, 176, 178). Vielmehr reicht es im Hinblick auf Art. 3 Abs. 1 GG aus, dass sie sich von sachlichen Erwägungen leiten lässt und nicht im übrigen in willkürlicher Passivität verharrt. Die BABeh. darf sich daher auf die Regelung von Einzelfällen beschränken; willkürlich handelt sie dabei nur, wenn es ihrem Einschreiten an jedem System fehlt und für ihr Vorgehen keinerlei einleuchtende Gründe sprechen (vgl. BVerwG, B. v. 23.11.1998, BRS 60 Nr. 163). Schreitet die BABeh. auch in vergleichbaren Fällen nach Maßgabe ihrer Ressourcen ein (vgl. OVG Bln, U. v. 3.4.1970, JR 1970, 358; B. v. 21.5.1999, BRS 62 Nr. 206 = GE 1999, 843; B. v. 8.6.2000, OVGE 23, 195, 200, 201 = BRS 63 Nr. 183), so ist der Erlass einer Beseitigungsanordnung auch dann nicht rechtswidrig, wenn sie aus sachlichem Grund schrittweise vorgeht, weil sie sich z. B. zunächst den ältesten, neuesten oder gefährlichsten Anlagen zuwendet oder einen Präzedenzfall herbeiführen will (vgl. OVG MV, B. v. 14.6.2006, LKV 2007, 427). Sie muss daher auch kein Konzept für eine systematische Behebung baurechtlicher Missstände entwickelt haben (vgl. OVG Bln, U. v. 10.2.1989. NVwZ 1990, 176).

39 i) Die **Eingriffsbefugnis** nach Satz 1, die der BABeh. im öffentlichen Interesse eingeräumt ist, kann **nicht verwirken** (vgl. OVG Bln, U. v. 7.11.1969, BRS 22 Nr. 209; U. v. 3.4.1970, JR 1970, 358; B. v. 28.2.1997, BRS 59 Nr. 208 = UPR 1968, 75; B. v. 27.1.2000 – OVG 2 N 13.99 –; U. v. 10.10.2003 – OVG 2 B 3.99 –). Aus demselben Grund kann die Behörde auch **nicht** auf die Eingriffsbefugnis **verzichten** (vgl. OVG Bln, U. v. 10.2.1989, NVwZ 1990, 176; B. v. 28.2.1997, BRS 59 Nr. 208 = UPR 1998, 75; B. v. 27.11.2001, OVGE 24, 13, 16 = BRS 64 Nr. 117; B. v. 11.2.2002, BRS 65 Nr. 150, S. 675, mit der unzutreffenden Einschränkung „nicht ohne weiteres"). Das Vertrauen auf eine zeitlich unbeschränkte Hinnahme rechtswidriger Zustände ist grundsätzlich nicht schutzwürdig (vgl. OVG Bln, U. v. 10.10.2003 – OVG 2 B 3.99 –). Auch jahrelange Untätigkeit gegenüber der rechtswidrigen Entstehung eines städtebaulichen Problemgebiets hindert die BABeh. nicht, ihre Praxis der **Duldung** rechtswidriger Zustände zu beenden (vgl. RNrn. 36, 38, 47) und gegen die ungenehmigte Neuerrichtung von Bauwerken vorzugehen (vgl. OVG Bln, U. v. 10.2.1989, NVwZ 1990, 176). Dass die BABeh. von einer Einstellungsanordnung nach § 78 abgesehen hat, schließt gleichfalls eine Maßnahme nach § 79 Satz 1 nicht aus.

40 j) Für die **Beseitigungsanordnung** schreibt Satz 1 keine **Form** vor. Daher dürfte – entsprechend der Rechtslage bei der Einstellungsanordnung (vgl. § 78 RNr. 31) – der Verwaltungsakt sowohl schriftlich als auch mündlich erlassen werden können. Von akuten Gefahrenfällen abgesehen, wird in der Praxis die schriftliche Form bevorzugt. Als **Begründung** (vgl. § 39 VwVfG) reicht im im allgemeinen die Darlegung der Baurechtswidrigkeit aus (vgl. BVerwG, U. v. 18.4.1996, BVerwGE 101, 58, 64; OVG Bln, U. v. 10.2.1989, NVwZ 1990, 176, 178; U. v. 23.2.2001, OVGE 23, 230, 232; B. v. 27.11.2001, OVGE 24, 13, 16 = BRS 64 Nr. 117). Da die Norm die BABeh. zum Eingreifen drängt (vgl. RNr. 35), bedarf es regelmäßig keiner Abwägung des Für und Wider (vgl. BVerwG, B. v. 28.8.1980, BRS 36 Nr. 93; a. A. noch OVG Bln, U. v. 1.10.1976, BRS 30 Nr. 181). Die **Verfügung** muss so **bestimmt** sein (vgl. § 37 Abs. 1 VwVfG), dass sie als Grundlage der Verwaltungsvollstreckung dienen kann (vgl. RNr. 46).

41 k) Die **Beseitigungsanordnung** kann **mit anderen Verwaltungsakten kombiniert** werden, so z. B. mit der Ablehnung einer (nachträglichen) Baugenehmigung (vgl. OVG Bln, U. v. 16.11.1965, BRS 16 Nr. 96; U. v. 21.9.1969, BRS 22 Nr. 205: U. v. 10.9.1979, BRS 24 Nr. 135), dem Widerruf einer Baugenehmigung (vgl. 49 VwVfG) oder ihrer Rücknahme (vgl. § 48). Da die Rücknahme der Baugenehmigung wie auch der Widerruf dem Vorhaben nur die formelle Rechtmäßigkeit entzieht (vgl. RNr. 11), kann ein solcher Verwaltungsakt nur im Verbund mit einer Beseitigungsanordnung die mit ihm beabsichtigte Wirkung haben (vgl. OVG Bln, B. v. 16.1.1998, OVGE 22, 214 = BRS 60 Nr. 151.; B. v. 8.6.2000, OVGE 23, 195, 196, 201 = BRS 63 Nr. 183; ; B. v. 27.7.2001. BRS 64 Nr. 147). Auch ist die Verbindung einer Einstellungsanordnung nach § 78 mit einer Verfügung möglich, die auf Beseitigung der bisher rechtswidrig geschaffenen Bausubstanz gerichtet ist (vgl. § 78 RNr. 32), ferner die Verknüpfung einer Beseitigungsanordnung mit einer Nutzungsuntersagung nach § 79 Satz 2 (vgl. OVG Bln, B. v. 8.4.1994, NuR 1995, 41, 42 und RNr. 63). Führt die Beseitigungsanordnung nicht zu einem insgesamt rechtmäßigen Zustand, kann unter Umständen auf der Grundlage des § 17 Abs. 1 ASOG eine Wiederherstellungsanordnung erlassen werden (vgl. OVG Bln, U. v. 20.11.1992, OVGE 20, 265, 271 f. = BRS 54 Nr. 117).

42 l) Wenngleich es für die Beurteilung der **Rechtmäßigkeit** der Beseitigungsanordnung auf den **Zeitpunkt** der behördlichen Entscheidung, gegebenenfalls also des Widerspruchsbescheids (vgl. § 86), ankommt, erscheint doch die Berücksichtigung späterer, die materielle Legalität (vgl. RNr. 12) des Vorhabens bewirkender Rechtsänderungen nicht ausgeschlossen. So könnte erwogen werden, nicht erst im Vollstreckungsverfahren (vgl. RNr. 46), sondern bereits im Anfechtungsprozess die geänderte Rechtslage zur Beurteilung des Verwaltungsakts heranzuziehen. An eine noch nicht vollzogene Anordnung könnte außerdem die Anforderung gestellt werden, dass die BABeh. sie ständig unter Kontrolle zu halten und zu prüfen hat, ob die Ermessensentscheidung noch aufrechterhalten werden dürfe (vgl. OVG Lbg., U. v. 27.8.1984, BRS 42 Nr. 218).

m) Die **Beseitigungsanordnung** wirkt gemäß § 58 Abs. 2 auch gegen den **Rechtsnachfolger** ihres Adressaten (vgl. § 58 RNrn. 20, 25 sowie OVG Bln, B. v. 25.9.1987, DÖV 1988, 384). Wie die Baugenehmigung, die nach derselben Vorschrift für und gegen Rechtsnachfolger gilt, ist die Beseitigungsanordnung grundstücksbezogen und nicht auf die Erfüllung einer höchstpersönlichen Pflicht gerichtet (vgl. BVerwG, U. v. 22.1.1971, BRS 24 Nr. 193). Die „Dinglichkeit" der Beseitigungsanordnung wird auch nicht dadurch beeinträchtigt, dass bei der Ermessensentscheidung möglicherweise in der Person des Adressaten liegende Gründe eine Rolle spielen können (vgl. BVerwG, U. v. 22.1.1971, BRS 24 Nr. 193, und RNr. 37). Diese Erstreckung gilt für sämtliche Fälle der Rechtsnachfolge, also der Gesamtrechtsnachfolge und der Einzelrechtsnachfolge (vgl. BVerwG, U. v. 22.1.1971, BRS 24 Nr. 193; B. v. 12.9.1984, Buchholz 406.17 Nr. 20, und § 58 RNr. 19). Veräußert der Eigentümer während der Rechtshängigkeit der Anfechtungsklage gegen eine Beseitigungsverfügung sein Grundstück, so kann der Rechtsnachfolger das Verfahrend entsprechend § 266 Abs. 1 ZPO fortführen (vgl. OVG Bln, B. v. 25.9.1987, DÖV 1988, 384).

n) Die **Beseitigungsverfügung** darf nach § 80 Abs. 2 Satz 1 Nr. 4 VwGO im öffentlichen Interesse oder im überwiegenden Interesse eines Beteiligten, also z. B. eines Nachbarn (vgl. OVG Bln, B. v. 18.9.1998, OVGE 23, 84 f. 87 f.), für **sofort vollziehbar** erklärt werden, so dass für die Beseitigung der Ausgang des Hauptsacheverfahrens nicht abgewartet zu werden braucht. Die Begründung der Anordnung muss den Anforderungen des § 80 Abs. 3 VwGO entsprechen. Die Anordnung wird insbesondere gerechtfertigt sein, wenn konkrete Gefahren für Leben oder Gesundheit bestehen (vgl. OVG Bln, U. v. 7.6.1968, BRS 20 Nr. 193), die Nachbarschaft über längere Zeit Immissionen ausgesetzt wäre (vgl. OVG Bln, B. v. 16.1.1998, OVGE 22, 214 = BRS 60 Nr. 151) oder die Gefahr der Verfestigung der Anlage besteht (vgl. OVG Bln, B. v. 16.1.1998 a. a. O.). Beruht die Beseitigungsverfügung auf brandschutzrechtlichen Gründen, ist regelmäßig die Anordnung der sofortigen Vollziehung geboten (vgl. OVG Bln, B. v. 23.8.1996, BRS 58 Nr. 205 = DÖV 1997, 551 = UPR 1997, 119; B. v. 17.4.2002 – OVG 2 S 2.02 –; B. v. 22.5.2002, BRS 65 Nr. 137 = LKV 2003, 140). Sie ist auch dann angebracht, wenn wegen eines Firmenwechsels oder einer Veräußerung des Baugrundstücks und der damit einhergehenden geänderten Eigentumsverhältnisse eine faktische Erschwerung der Herstellung bauordnungsgemäßer Zustände zu besorgen ist (vgl. OVG Bln, B. v. 10.5.2000 – OVG 2 SN 8.00 –; B. v. 4.4.2002, BRS 65 Nr. 204, S. 885). Dagegen wird die Beseitigung häufig nicht im öffentlichen Interesse liegen, sofern bei noch ungeklärter Rechtslage bedeutende Vermögenswerte vernichtet würden (vgl. VGH BW, B. v. 17.2.1970, BRS 23 Nr. 202), wie z. B. bei (bloßer) planungsrechtlicher Illegalität. Fehlt es an derartigen Vermögenswerten und sollen etwa nur provisorische bauliche Anlagen oder solche von geringer Bausubstanz – wie Werbetafeln oder Stellplätze (vgl. OVG Bln, B. v. 16.1.1998, OVGE 22, 214 = BRS 60 Nr. 151.; B. v. 21.5.1999, BRS 62 Nr. 206 = GE 1999, 843 = ZMR 1999, 591; B. v. 20.12.2000 – OVG 2 SN 38.00 –; OVG NRW, B. v. 7.10.2005, BRS 69 Nr. 188) – beseitigt werden, so kann dagegen die sofortige Vollziehbarkeit gerechtfertigt sein. Auch dass die verlangten Baumaßnahmen von verhältnismäßig geringem Umfang sind, kann von Belang sein (vgl. OVG Bln, B. v. 18.9.1998, OVGE 23, 84, 87). Bei Werbeanlagen, deren Abbau ohne Substanzverlust möglich ist, wird die Anordnung der sofortigen Vollziehung regelmäßig zulässig sein (vgl. OVG Bln, B. v. 8.6.2000, OVGE 23, 195, 201 = BauR 2001, 618 = BRS 63 Nr. 183 = LKV 2000, 458; B. v. 7.1.2002, OVGE 24, 17, 24 = BRS 65 Nr. 152 = BauR 2002, 1078; B. v. 11.2.2002, BRS 65 Nr. 150). Das Gleiche gilt in Fällen, in denen eine **negative Vorbild- oder Nachahmungswirkung** zu befürchten ist (vgl. OVG Bln, B. v. 16.1.1998, OVGE 22, 214 = BRS 60 Nr. 151; B. v. 21.5.1999, BRS 62 Nr. 206 = GE 1999, 843 = ZMR 1999, 591; B. v. 10.5.2000 – OVG 2 SN 8.00 –; B. v. 8.6.2000, OVGE 23, 195, 201 = BRS 63 Nr. 183; B. v. 20.12.2000 – OVG 2 SN 38.00 –; B. v. 7.1.2002, OVGE 24, 17, 23 = BRS 65 Nr. 152 = BauR 2002, 1078; B. v. 11. 2. 2002, BRS 65 Nr. 150 und RNr. 37). Denn ohne die Androhung der sofortigen Vollziehung könnten Bauherrn auf Grund der aufschiebenden Wirkung von Widerspruch und Klage (vgl. § 80 Abs. 1 VwGO) ihr rechtswidriges Treiben gegebenenfalls jahrelang fortsetzen (vgl. OVG Bln, B. v. 21.5.1999, BRS 62 Nr. 206 = GE 1999, 843). Auch gegenüber einem Bauherrn, der als notorischer Schwarzbauer von weiteren Wiederholungen abgehalten werden soll, ist die Androhung der sofortigen Vollziehung angebracht (vgl. HessVGH, B. v. 19.7.1984, BRS 42 Nr. 22; OVG NRW, B. v. 7.10.2005, BRS 69 Nr. 188). Das OVG Bln hat im Falle von Werbetafeln und Warenautomaten sogar bei offensichtlich missbräuchlicher Ausnutzung des Suspensiveffekts (vgl. § 80 Abs. 1 Satz 1 VwGO) die Anwendung des § 80 Abs. 2 Satz 1 Nr. 4 VwGO gebilligt (vgl. B. v. 24.5.1968, OVGE 9, 168 = BRS 20 Nr. 199; B. v. 26.11.1971, BRS 25 Nr. 218).

45 Ein gegen die Anordnung der sofortigen Vollziehung gerichteter Antrag auf **Gewährung vorläufigen Rechtsschutzes** nach § 80 Abs. 5 VwGO hat nur dann Erfolg, wenn die Anlage materiellrechtlich legal ist, also im Falle ihrer Genehmigungsbedürftigkeit bei summarischer Prüfung das Bestehen eines Anspruchs auf Erteilung der Genehmigung offensichtlich ist (vgl. OVG Bln, B. 7.1.2002, OVGE 24, 17, 20 = BRS 65 Nr. 152 = BauR 2002, 1078; B. v. 11.2.2002, BRS 65 Nr. 150). Bei der nach § 80 Abs. 5 Satz 1 VwGO vom VG vorzunehmenden Abwägung der gegensätzlichen Interessen der Beteiligten kommt es darauf an, ob das Rechtsmittel nach der im Verfahren des vorläufigen Rechtsschutzes nur möglichen summarischen Prüfung mit überwiegender Wahrscheinlichkeit Erfolg haben wird (vgl. OVG Bln, B. v. 8.6.2000, OVGE 23, 195, 196 = BRS 63 Nr. 183; B. v. 27.7.2001, BRS 64 Nr. 147 ; B. v. 11.2.2002 – OVG 2 SN 29.01 – , insoweit in BRS 65 Nr. 150 nicht abgedruckt). Ist dagegen die angefochtene Verfügung eindeutig rechtmäßig, muss der Adressat die mit dem Vollzug der Beseitigungsverfügung verbundene weitgehende Vorwegnahme der Hauptsache hinnehmen (vgl. OVG Bln, B. v. 22.5.2002, BRS 65 Nr. 137 = LKV 2003, 140).

46 3. Für die **Durchsetzung** der **Beseitigungsanordnung** gilt das VwVG (vgl. § 78 RNr. 34 f.). Die Verfügung kann mit den Zwangsmitteln der **Verwaltungsvollstreckung** vollzogen werden, wenn sie unanfechtbar ist oder die sofortige Vollziehung nach § 80 Abs. 2 Satz1 Nr. 4 VwGO (vgl. RNr. 44) angeordnet worden ist (vgl. § 6 Abs. 1 VwVG). Auch der sofortige Vollzug ohne vorausgehenden Verwaltungsakt ist nicht ausgeschlossen (vgl. § 6 Abs. 2 VwVG), denn die Zuwiderhandlung gegen eine auf Satz 1 beruhende schriftliche vollziehbare Anordnung kann gemäß § 83 Abs. 1 Satz 1 Nr. 1 eine Ordnungswidrigkeit sein. Für die Vollstreckung der Beseitigungs-anordnung ist es unerheblich, wenn – bei unveränderter Sach- und Rechtslage – ein neuer Genehmigungsantrag gestellt wird (vgl. OVG Bln, U. v. 19.11.1965, BRS 16 Nr. 96; U. v. 21.11.1969, BRS 22 Nr. 205). Die Verfügung bedarf keiner Fristsetzung, wohl aber nach § 13 Abs. 1 Satz 1, Abs. 2 VwVG die Androhung eines Zwangsmittels (vgl. BayVGH, U. v. 28.10.1975, BRS 29 Nr. 177). Außer in Fällen akuter Gefahr muss die Frist, innerhalb deren eine Anlage zu entfernen ist, so bemessen sein, dass noch wirksamer Rechtsschutz erlangt werden kann (vgl. BVerwG, U. v. 2.9.1963, BVerwGE 16, 289). Die Fristbestimmung „ein Monat nach Unanfechtbarkeit" genügt der Anforderung des § 13 Abs. 1 Satz 2 VwVG (vgl. OVG Bln, U. v. 29.7.1969, JR 1970, 277). Das regelmäßig einzusetzende Zwangsmittel ist das der Ersatzvornahme nach § 10 VwVG, deren Kosten vom Pflichtigen zu tragen sind (vgl. OVG Bln, U. v. 5.12.1958, OVGE 5, 161; U. v. 29.7.1969, JR 1970, 277). In der Androhung der Ersatzvornahme ist der Kostenbetrag vorläufig zu veranschlagen (vgl. § 13 Abs. Abs. 1 Satz 1, Abs. 4 Satz 1 VwVG); auch eine beträchtliche Überschreitung des geschätzten Kostenbetrags führt grundsätzlich nicht zu einer Minderung des der BABeh. in § 13 Abs. 4 Satz 2 VwVG eingeräumten Nachforderungsrechts (vgl. OVG Bln, U. v. 30.1.1981, BRS 38 Nr. 210; BVerwG, U. v. 13.4.1984, DÖV 1984, 887).

4. Wird eine Beseitigungsanordnung nicht im Wege der Verwaltungsvollstreckung durchgesetzt, genießt der Pflichtige den faktischen Vorzug der **Duldung rechtswidriger Zustände** (vgl. RNr. 36, 38, 39). Jedoch hat er kein Recht auf deren Fortsetzung, und auch wird durch die Duldung kein Vertrauenstatbestand begründet (vgl. OVG Bln, B. v. 28.2.1997, BRS 59 Nr. 208 = UPR 1998, 75; B. v 11.2..2002, BRS 65 Nr. 150). Sowenig wie die Eingriffsbefugnis des Satzes 1 verwirken kann (vgl. RNr. 39), geht die BABeh. ihrer durch Verwaltungsakt begründeten Rechtsposition durch – in aller Regel rechtswidrige – Untätigkeit verlustig (vgl. OVG Bln, U. v. 7.11.1969, BRS 22 Nr. 209 und RNr. 36). Ausnahmsweise kann dies aber im Falle einer nicht nur passiven, sondern aktiven Duldung (vgl. RNr. 38) anders sein (vgl. OVG Bln, B. v. 11.2.2002, BRS 65 Nr. 150; OVG NRW, U. v. 22.8.2005, BRS 69 Nr. 189 = BauR 2006, 90). So hat das OVG Bln (U. v. 14.5.1982, BRS 39 Nr. 207) einer baulichen Anlage trotz der Existenz einer bestandskräftigen Beseitigungsanordnung einen Rechtsstatus zuerkannt, der dem einer genehmigten Anlage nahekam; allerdings hatte die BABeh. mehr als 25 Jahre von ihrer Verfügung keinen Gebrauch gemacht, vielmehr durch Verwaltungsakte mehrfach bekundet, dass sie nicht gewillt war, die Beseitigungsanordnung durchzusetzen.

5. Satz 1 als verfahrensrechtliche Norm ist ebenso wenig wie § 78 (vgl. § 78 RNr. 39) eine drittschützende Bestimmung, ist aber dennoch für den **baurechtlichen Nachbarschutz** von erheblichem Belang.

a) Nachbarschutz gegenüber der rechtswidrigen Errichtung oder Änderung von Anlagen setzt voraus, dass der Tatbestand des Satzes 1 unter **Verletzung drittschützender Vorschriften** verwirklicht wird (vgl. OVG Bln, U. v. 24.3.1994, BRS 56 Nr. 52 und § 3 RNrn. 36 ff.). Wird z. B. die im Interesse eines Nachbarn einzuhaltende Tiefe der Abstandsfläche unterschritten, hat dieser ein subjektives öffentliches **Recht auf eine fehlerfreie Ermessensentscheidung** über seinen Antrag auf Erlass einer Beseitigungsanordnung (vgl. OVG Bln, U. v. 14.5.1982, BRS 39 Nr. 207; U. v. 7.11.1986, BRS 46 Nr. 182). Entsprechendes gilt, wenn entgegen der planerischen Festsetzung der Art der baulichen Nutzung der Anspruch auf Wahrung des Gebietscharakters verletzt wird (vgl. § 3 RNr. 44). Da Satz 1 die BABeh. ohnehin zum Einschreiten drängt (vgl. RNr. 35), verstärkt die Verletzung nachbarlicher Rechte den normativen Druck auf die BABeh., so dass regelmäßig ein Einschreiten zugunsten des Nachbarn geboten sein wird (vgl. OVG Bln, B. v. 22.1.2003, BRS 66 Nr. 197 = LKV 2003, 276; OVG NRW, U. v. 17.5.1983, BRS 40 Nr. 191; U. v. 19.5.1983, BRS 40 Nr. 122). Sofern kein Ausnahmefall vorliegt, findet eine **Ermessensreduzierung auf Null** statt, bei der die BABeh. dem Berechtigten gegenüber zum Eingreifen verpflichtet ist (vgl. OVG Bln, U. v. 14.5.1982, BRS 39 Nr. 207; B. v. 13. 3. 1998, OVGE 23, 10, 18 = BRS 60 Nr. 206 = LKV 1998, 355; B. v. 22.1.2003, BRS 66 Nr. 197 = LKV 2003, 276; OVG NRW, B. v. 6. 8. 2001, BRS 64 Nr. 196). Das OVG Bln hat dem Nachbarn eines landeseigenen Grundstücks im unbeplanten Innenbereich (§ 34 Abs. 1 BauGB), auf dem sich eine so genannte Wagenburg befand, wegen einer

Verletzung des Rücksichtnahmegebots (vgl. § 3 RNr. 46) einen Anspruch auf deren Beseitigung eingeräumt (vgl. B. v. 13.3.1998, OVGE 23, 10, 11, 18 = BRS 60 Nr. 206 = LKV 1998, 355). Die Höhe der Abbruchkosten ist grundsätzlich kein sachgerechter Gesichtspunkt, um ein Einschreiten zugunsten des Nachbarn abzulehnen (vgl. OVG NRW, U. v. 23.4.1982, BRS 39 Nr. 178; U. v. 17.5.1983, BRS 40 Nr. 191).

49 b) Der durch ein illegales Vorhaben in einem subjektiven Recht verletzte Nachbar kann sein **Recht auf behördliches Einschreiten** (vgl. RNr. 48) – sei es als Anspruch auf eine fehlerfreie Ermessensentscheidung, sei es als strikten Anspruch auf Erlass einer Beseitigungsanordnung – im Wege der Verpflichtungsklage nach § 42 VwGO (vgl. OVG Bln, U. v. 24.3.1994, BRS 56 Nr. 52), gegebenenfalls auch mit Hilfe einstweiligen Rechtsschutzes nach § 123 VwGO geltend machen (vgl. OVG Bln, B. v. 13.3.1998, OVGE 23, 10, 11, 18 = BRS 60 Nr. 206 = LKV 1998, 355). Sogar eine einstweilige Anordnung, die zum Erlass einer sofort vollziehbaren Beseitigungsverfügung und zu deren Durchsetzung mit den Mitteln des Verwaltungszwangs verpflichtet, kann zulässig sein (vgl. OVG Bln, B. v. 22.1.2003, BRS 66 Nr. 197 = LKV 2003, 276). Ferner kann das VG nach § 80a Abs. 2 und 3, § 80 Abs. 2 Satz 1 Nr. 4, Abs. 5 VwGO auf Antrag des durch eine Beseitigungsverfügung Begünstigten die sofortige Vollziehung dieses Verwaltungsakts anordnen, wenn das gegen die Beseitigungsverfügung eingelegte Rechtsmittel voraussichtlich erfolglos bleiben wird und der begünstigte Nachbar ein besonderes Interesse an der sofortigen Vollziehung glaubhaft gemacht hat (vgl. OVG Bln, B. v. 18.9.1998, OVGE 23, 84 f., 87 f.). Steht eine bauliche Anlage unter dem Schutz der ihr durch eine Baugenehmigung verliehenen formellen Legalität (vgl. RNr. 11 f.), muss der Nachbar zunächst die Baugenehmigung durch eine Anfechtungsklage gemäß §§ 42, 113 Abs. 1 Satz 1 VwGO zu Fall bringen; dabei kann er sich der prozessualen Erleichterung des § 113 Abs. 1 Satz 2 VwGO bedienen und unter Umständen einen Ausspruch des VG erreichen, wie die vollzogene Baugenehmigung rückgängig zu machen ist.

50 **III. Satz 2** gestattet es der BABeh., die **Nutzung von Anlagen zu untersagen**, wenn diese Nutzung im Widerspruch zu öffentlich-rechtlichen Vorschriften steht. Die Nutzung, die der BABeh. Anlass zum Einschreiten gibt, wird im allgemeinen bereits begonnen haben; doch reicht es aus, wenn die Aufnahme der Nutzung nach den tatsächlichen Umständen bevorsteht (vgl. Rnr. 52). Gesetzliche Benutzungsverbote finden sich in § 81 Abs. 3 und 4.

51 1. Grundsätzlich **gilt** das zu **Satz 1** Ausgeführte **entsprechend** (vgl. RNrn. 4 ff.). Wie Satz 1 (vgl. RNr. 5) bezieht sich auch Satz 2 auf **Anlagen**, also bauliche Anlagen sowie sonstige Anlagen und Einrichtungen im Sinne des § 1 Abs. 1 Satz 2 (vgl. § 2 Abs. 1 Satz 1). Hierzu rechnen somit auch Werbeanlagen und Warenautomaten, selbst wenn sie keine baulichen Anlagen sind (vgl. RNr. 5 und OVG Bln, U. v. 7.5.1999, OVGE 23, 134, 135 = BRS 62 Nr: 157; B. v. 11.6.2002, BRS 65 Nr. 151). **Grundstücke** werden von Satz 2 nicht erfasst. Werden sie rechtswidrig benutzt, ohne dass zugleich der Tatbestand des Satzes 2 verwirklicht wird, so greifen Spezialbestimmungen (wie § 85 Abs. 1 S. 3), besondere Gesetze (vgl. § 3 Abs. 5 Nr. 3 BImSchG, BBodSchG) oder die ordnungsbehördliche Generalklausel des § 17 ASOG ein. Auch im Falle des Satzes 2 handelt es sich um eine **Ermessensentscheidung** (vgl. OVG Bln, B. v. 31.1.1998, BRS 58 Nr. 204; B. v. 17.5.2000 – OVG 2 S 3.00 –; B. v. 8.6.2000, BRS 63 Nr. 216 – sowie RNrn. 35, 58).

52 2. **Satz 2** betrifft die rechtswidrige Verwendung von Anlagen zu einem Zweck, der vom Bauherrn bestimmt ist (vgl. OVG Bln-Bbg, B. v. 6.7.2006, LKV 2007, 39, 40) oder ihnen sonst beigelegt ist. Der Nutzungszweck ergibt sich aus dem Nutzungskonzept des Bauherrn, insbesondere aus den von ihm vorgelegten Bauunterlagen, der räumlichen

Struktur der Anlage und der sich aus ihr ergebenden Nutzungsmöglichkeiten (vgl. OVG Bln, B. v. 9.4.1997, OVGE 22, 134, 137 = BRS 59 Nr. 215 = BauR 1997, 1006; OVG Bln-Bbg, B. v. 6.7.2006, LKV 2007, 39, 40). Der Tatbestand des Satzes 2 kann durch vielfältige Formen der **Nutzung oder Benutzung** (vgl. § 81 Abs. 3) von Anlagen verwirklicht werden. Die Nutzung kann auch die Gestalt des **Betriebs einer Anlage** aufweisen (vgl. § 81 Abs. 4), z. B. einer offenen Feuerstelle (vgl. OVG Bln-Bbg, B. v. 27.1.2006 – OVG 2 S 131.05 –).. Es kann sich um eine rechtswidrige Nutzung handeln, die sich auf eine noch nicht genutzte Anlage bezieht (vgl. RNr. 50), also um eine **Nutzungsaufnahme** (vgl. OVG NRW, B. v. 7.10.2005, BRS 69 Nr. 188), aber auch um eine **Nutzungsänderung** (vgl. § 3 Abs. 4 und OVG Bln, B. v. 9.4.1997, OVGE 22, 134, 135 = BRS 59 Nr. 215 = BauR 1997, 1006; B. v. 10.11.2004, BRS 67 Nr. 73 = BauR 2005, 677 = NVwZ-RR 2005, 160; OVG Bln-Bbg, B. v. 6.7.2006, LKV 2007, 39, 40) oder „nachträgliche Umnutzung" (vgl. § 48 Abs. 2 Satz 3), bei der eine rechtlich zulässige Nutzung durch eine rechtlich missbilligte ersetzt wird. In beiden Fällen sind es Tätigkeiten, bei denen die BABeh. gemäß § 58 Abs. 1 Satz 1 darüber zu wachen haben, dass die öffentlich-rechtlichen Vorschriften eingehalten werden (vgl. RNr. 5 f. und § 58 RNrn. 5 ff.). Sowohl rechtswidrige **Nutzung** als auch **Nutzungsänderung** veranlassen BABeh. häufig zum Einschreiten. Beispiele sind der Aufenthalt in nicht standsicheren Gebäuden (vgl. § 12), die faktische „Umnutzung" von Wohngebäuden oder Wohnräumen in Bürogebäude oder Büroräume (vgl. OVG Bln, B. v. 17.5.2000 – OVG 2 S 3.00 –), die Nutzung als gewerbsmäßiger Beherbergungsbetrieb statt zu Wohnzwecken (vgl. OVG Bln, B. v. 6.7.2006, LKV 2007, 39), der bordellartige Betrieb eines Massagestudios in einem allgemeinen Wohngebiet (vgl. OVG Bln, B. v. 9.4.2003 – OVG 2 S 5.03 –; OVG Bln-Bbg, B. v. 14.11.2005, OVGE 26, 241), die Nutzung eines genehmigten Hobbyraums als Schlafzimmer (vgl. OVG Bln, U. v. 28.1.2003, BRS 66 Nr. 178 = UPR 2003, 237), das Wohnen in dafür ungeeigneten Baugebieten (vgl. §§ 8, 9 BauNVO und OVG Bln, U. v. 16.2.1990, OVGE 18, 243, 244 = BRS 50 Nr. 210), die Nutzung eines Wochenendhauses (vgl. OVG Bln-Bbg, B. v. 23.8.2007 – OVG 2 N 58.07 –), die Verwendung einer Grenzgarage (vgl. § 6 Abs. 7 Satz 1 Nr. 1) als Lagerraum oder Büroraum (vgl. OVG Bln, B. v. 23.10.1998, GE 1999, 51 = ZMR 1999, 134), der Betrieb einer Reparaturwerkstatt in einer Garage (vgl. OVG Bln, U. v. 29.6.1971, BRS 24 Nr. 131), eines Schankgartens in einem Innenhof (vgl. OVG Bln, B. v. 31.7.2001 – OVG 2 SN 12.01 –), einer Diskothek in einem als Schank- und Speisewirtschaft genehmigten Lokal (vgl. OVG Bln, B. v. 10.11.2004, BRS 67 Nr. 73 = BauR 2005, 677 = NVwZ-RR 2005, 160), eines Autohandels auf einem mit Steinsplit befestigten Teil eines Grundstücks (vgl. OVG Bln, U. v. 15.8.2003, OVGE 25, 38, 39, 42) oder eines Sexshops in einer ehemaligen Fleischerei (vgl. OVG Bln, B. v. 9.4.1997, OVGE 22, 134 = BRS 59 Nr. 215 = BauR 1997, 1006), das Abstellen von Kraftfahrzeugen auf illegalen Stellplätzen, die Anfuhr von Lagergut auf einen Sandlagerplatz (vgl. OVG Bln, B. v. 8.4.1994, NuR 1995, 41, 42), der Betrieb einer offenen Feuerstelle (vgl. OVG Bln-Bbg, B. v. 27.1.2006 – OVG 2 S 131.05 –) sowie die Nutzung eines Grundstücks als Hundeauslaufgelände (vgl. OVG Bln, B. v. 7.9.1990, OVGE 19, 102 = BRS 50 Nr. 206). Oft wird eine rechtswidrige Benutzung durch rechtswidrige Baumaßnahmen flankiert, die der Ermöglichung, Erleichterung oder Verfestigung der Benutzung dienen, z. B. die Beseitigung oder das Einziehen von Wänden. Da Satz 2 allein die Nutzung zum Gegenstand hat, findet hinsichtlich solcher baulichen Änderungen Satz 1 Anwendung (vgl. RNr. 62).

3. Ein **Widerspruch zu öffentlich-rechtlichen Vorschriften** ist vorhanden, wenn das öffentliche Recht (vgl. RNr. 7) der Nutzung der Anlage zu dem vom Nutzer beabsichtigten Zweck entgegensteht. Bei den öffentlich-rechtlichen Vorschriften kann es sich sowohl um **materiellrechtliche**, insbesondere bauordnungsrechtliche und planungsrechtliche, wie auch um **verfahrensrechtliche Bestimmungen** handeln. Als bauord-

53

nungsrechtliche Hemmnisse, die eine Maßnahme nach Satz 2 auslösen können, kommen alle Ergebnis- und Handlungsanforderungen (vgl. § 1 RNrn. 21 ff.) in Betracht, die auf die Nutzung Einfluss haben, gegebenenfalls auch die Generalklausel des § 3 Abs. 1 und Abs. 4 (vgl. OVG Bln-Bbg, B. v. 6.7.2006, LKV 2007, 39, 41). Im Planungsrecht sind nutzungsrelevant vor allem die Bestimmungen über die Art der baulichen Nutzung (vgl. § 9 Abs. 1 Nr. 1 BauGB und §§ 1 ff. BauNVO)). Ein formeller Rechtsverstoß bietet Anlass für eine Nutzungsuntersagung, wenn die Pflicht nach § 81 Abs. 2, die beabsichtigte Aufnahme der Nutzung einer nicht verfahrensfreien baulichen Anlage mindestens zwei Wochen vorher der BABeh. anzuzeigen, missachtet wird oder das gesetzliche Nutzungsverbot des § 81 Abs. 3 übertreten wird (vgl. § 81 RNrn. 7, 8).

54 Wie im Falle des Satzes 1 (vgl. RNr. 8) bildet auch hier das Erfordernis einer **Baugenehmigung** nach den § 60 Abs. 1, §§ 64 und 65 das wichtigste Hindernis für den Beginn der Nutzung (vgl. OVG Bln, B. v. 23.10.1998, GE 1999, 51 = ZMR 1999, 134; B. v. 10.11.2004, BRS 67 Nr. 73 = BauR 2005, 677 = NVwZ-RR 2005, 160). Ist eine Nutzungsänderung genehmigungsbedürftig (vgl. § 60 Abs. 1, § 62 Abs. 2), so ist die genehmigungslose Benutzung formell rechtswidrig (vgl. OVG Bln, B. v. 20.3.2007 – OVG 2 S 46.06 – und RNrn. 11, 15). Das Gleiche gilt für eine Benutzung, mit der die Grenzen einer Baugenehmigung überschritten werden (vgl. OVG Bln, B. v. 21.11.1989, OVGE 18, 231, 232 und RNr. 9). Findet die Benutzung einer Anlage auf der Grundlage einer Baugenehmigung statt und hält sie sich innerhalb der **Variationsbreite** dieser Baugenehmigung (vgl. OVG Bln, B. v. 8.6.2000, BRS 63 Nr. 216; B. v. 7.6.2004, BRS 67 Nr. 191 = LKV 2005, 227; OVG Bln-Bbg, B. v. 6.7.2006, LKV 2007, 39; B. v. 20.3.2007 – OVG 2 S 46.06 –), ist der Tatbestand des Satzes 2 von vornherein ausgeschlossen (vgl. OVG Bln, U. v. 25.6.1971, BRS 24 Nr. 131). Denn die Baugenehmigung, die den vom Bauherrn bezeichneten Nutzungszweck billigt (vgl. OVG Bln, B. v. 26.2.1993, OVGE 21, 116, 117 = BRS 55 Nr. 161 = NVwZ-RR 1993, 458; B. v. 9.4.1997, BRS 59 Nr. 215 = BauR 1997, 1006, 1007, 1008 und § 78 RNr. 22), erlaubt auch die (genehmigungskonforme) Nutzung der Anlage. Nur von der Genehmigung nicht gedeckte Nutzungen sind einer Nutzungsuntersagung ausgesetzt. Erst wenn die rechtliche Wirkung der in der Baugenehmigung enthaltenen Nutzungsgenehmigung endet – z. B. durch Fristablauf (vgl. OVG Bln, U. v. 20.9.1974, BRS 28 Nr. 169), durch Zeitablauf bei endgültiger Aufgabe der Nutzung (vgl. OVG Bln, B. v. 5.12.2003 – OVG 2 S 30.03 –, insoweit in BRS 66 Nr. 170 nicht abgedruckt; B. v. 7.6.2004, BRS 67 Nr. 191 = LKV 2005, 227; B. v. 20.3.2007 – OVG 2 S 46.06 –) oder durch Verzicht (vgl. OVG Bln, B. v. 7.6.2004, BRS 67 Nr. 191 = LKV 2005, 227) – entfällt das Benutzungsrecht. Naheliegend ist es, die Resistenz ursprünglich materiell legaler baulicher Anlagen gegenüber Beseitigungsanordnungen (vgl. RNr. 17) auf den Tatbestand des Satzes 2 zu übertragen. Damit würde der Benutzer einer genehmigungslosen baulichen Anlage, die aber zur Zeit ihrer Errichtung materiell baurechtsgemäß war, an deren Bestandsschutz teilhaben..

55 4. Zweifelhaft ist, ob die bloße **formelle Illegalität** (vgl. RNrn. 11, 15 ff.) für die Anwendung des Satzes 2 ausreicht oder ob zusätzlich die **materielle Illegalität** (vgl. RNr. 17) gegeben sein muss. Im ersten Fall würde die Nutzungsuntersagung wie eine Einstellungsanordnung nach § 78 Abs. 1 behandelt (vgl. § 78 RNrn. 10, 12, 20, 23), im zweiten Fall wie eine Beseitigungsanordnung gemäß § 79 Satz 1 (vgl. RNr. 28).

56 a) Der Wortlaut des Satzes 2 deutet darauf hin, dass die **Nutzungsuntersagung** im Vergleich zur Beseitigungsanordnung an geringere Voraussetzungen geknüpft ist; denn er enthält nicht die Legalisierungsklausel des Satzes 1, wonach ein Eingriff nur zulässig ist, wenn nicht auf andere Weise rechtmäßige Zustände hergestellt werden können (vgl. RNrn. 24 f.). Für eine **niedrigere Eingriffsschwelle** spricht vor allem, dass ein

Nutzungsverbot die bauliche Substanz nicht beeinträchtigt und somit keine Vermögenswerte vernichtet. Da im allgemeinen keine irreparablen Tatsachen geschaffen werden, kann die untersagte Nutzung wieder aufgenommen werden, sobald die Wirkung des Verwaltungsakts beendet ist. Dem Benutzer würde daher lediglich zugemutet, den Nachweis der materiellen Legalität in dem dafür vorgesehenen Verfahren zu führen.

b) **D**as **OVG Bln** brauchte die aufgeworfene Frage nicht eindeutig zu beantworten (vgl. OVG Bln, B. v. 21.11.1989, OVGE 18, 231, 232; U. v. 16.2.1990, OVGE 18, 243, 247 = BRS 50 Nr. 210; B. v. 15.3.2000, BRS 63 Nr. 69). Seine **Rechtsprechung** war aber durch die Tendenz gekennzeichnet, bei **offensichtlicher materieller Legalität** oder offensichtlicher Genehmigungsfähigkeit die Rechtmäßigkeit einer Nutzungsuntersagung in Zweifel zu ziehen oder jedenfalls die Anordnung der sofortigen Vollziehung nach § 80 Abs. 2 Satz 1 Nr. 4 VwGO zu missbilligen (vgl. OVG Bln, B. v. 31.1.1996, BRS 58 Nr. 204 = GewArch 1996, 343 = UPR 1996, 275; B. v. 23.8. 1996, BRS 58 Nr. 205 = UPR 1997, 119; B. v. 9.4.1997, OVGE 22, 134, 135, 138 = BRS 59 Nr. 215 = BauR 1997, 1006, 1007, 1008: B. v. 23.10.1998, GE 1999, 51 = ZMR 1999, 134, 135; B. v. 15.3.2000, BRS 63 Nr. 69; B. v. 17.5.2000 – OVG 2 S 3.00 –; B. v. 31.7.2001 – OVG 2 SN 12.01 –; B. v. 10.11.2004, BRS 67 Nr. 73 = BauR 2005, 677 = NVwZ-RR 2005, 160; OVG Bln-Bbg, B. v. 14.11.2005, OVGE 26, 241, 242 und RNr. 64). Das **OVG Bln-Bbg** hat nunmehr die Rechtslage geklärt. Nach seiner Rechtsprechung rechtfertigt allein die formelle Illegalität einer Anlage grundsätzlich eine Nutzungsuntersagung (vgl. OVG Bln-Bbg, B. v. 20.3.2007 – OVG 2 S 46.06 –; B. v. 23.8.2007 – OVG 2 N 58.07 –). Wenngleich bisher nur die Parallelvorschrift des § 73 Abs. 3 Satz 2 BbgBO Gegenstand einschlägiger Entscheidungen war, dürfte für § 79 Satz 2 nichts anderes gelten.

c) Das der Judikatur des OVG Bln und des OVG Bln-Bbg zugrundeliegende Prinzip kombiniert den Tatbestand des § 79 Satz 2 mit der **Ermessensausübung** (vgl. RNrn. 35, 37, 51). Da es sich bei der Nutzungsuntersagung in Übereinstimmung mit Satz 1 um einen Fall des **intendierten Ermessens** handelt (vgl. RNrn. 35, 64 und OVG Bln, U. v. 20.9.1974, BRS 28 Nr. 169; U. v. 4.6.1982, NVwZ 1983, 481; U. v. 16.2.1990, OVGE 18, 243, 248; B. v. 7.9.1990, OVGE 19, 102, 103 = BRS 50 Nr. 206; B. v. 31.1.1996, BRS 58 Nr. 204; B. v. 23.8.1996, BRS 58 Nr. 205; B. v. 3.5.1999 – 2 N 36.98 –; B. v. 10.11.2004, BRS 67 Nr. 73 = BauR 2005, 677 = NVwZ-RR 2005, 160; OVG Bln-Bbg, B. v. 20.3.2007 – OVG 2 S 46.06), kann die offensichtliche **materielle Legalität** oder **Illegalität** als Ermessenserwägung verwendet werden und (vgl. OVG Bln, U. v. 7.3.2003 – 2 B 1.97 –; OVG Bln-Bbg, B. v. 20.3.2007 – OVG 2 S 46.06 –; B. v. 23.8.2007 – OVG 2 N 58.07 –) und ist die Frage der offensichtlichen materiellrechtlichen Genehmigungsfähigkeit in die Ermessenserwägungen einzubeziehen (vgl. OVG Bln, B. v. 15.3.2000, BRS 63 Nr. 69; B. v. 23.10.1998, GE 1999, 51 = ZMR 1999, 134, 135; B. v. 15.3.2000, BRS 63 Nr. 69; B. v. 17.5.2000 – OVG 2 S 3.00 –; B. v. 31.7.2001 – OVG 2 SN 12.01 –; OVG Bln-Bbg, B. v. 23.8.2007 – OVG 2 N 58.07 –). Entsprechendes gilt, wenn eine Nutzung auf Bestandsschutz gestützt werden kann (OVG Bln-Bbg, B. v. 20.3.2007 – OVG 2 S 46.06 –). Bei **offensichtlicher materieller Legalität** ist eine Nutzungsuntersagung wegen eines Ermessensfehlers rechtswidrig (vgl. § 40 VwVfG, § 114 VwGO), so dass deshalb auch die Wiederherstellung der aufschiebenden Wirkung nach § 80 Abs. 5 Satz 1, Abs. 2 Satz 1 Nr. 4 VwGO geboten ist (vgl. RNr. 64). Umgekehrt kann die offensichtliche materielle Illegalität der Nutzung, insbesondere wenn diese mit Gefahren für Leben oder Gesundheit verbunden ist (vgl. OVG Bln, B. v. 26.6.1989, BRS 49 Nr. 223), den ohnehin zum Einschreiten drängenden Druck der Norm verstärken und eine Ermessensreduzierung auf Null herbeiführen. Bei verbreiteten Missständen muss das Vorgehen der BABeh. nicht flächendeckend und planvoll zu sein; sie kann sich vielmehr – bei gleichzeitiger

Duldung im übrigen – auf die Regelung von Einzelfällen beschränken, da ein Anspruch auf Gleichbehandlung im Unrecht nicht besteht (vgl. OVG Bln, U. v. 7.3.2003 – OVG 2 B 1.97 –). Ein Ermessensfehler liegt allerdings vor, wenn die BABeh. ein Grundstück willkürlich aus einer Anzahl wesentlich gleich gelagerter Fälle herausgreift (vgl. OVG Bln., U. v. 7.3.2003, – OVG 2 B 1.97 –, insoweit nicht in OVGE 24, 189 abgedruckt).

59 5. Für die Nutzung **verfahrensfreier und genehmigungsfreigestellter Anlagen** kommt es grundsätzlich nur auf deren materielle Illegalität an. Entsprechendes gilt, wenn ein Vorhaben, für das keine Baugenehmigung in Form der Nutzungsänderungsgenehmigung erforderlich ist (vgl. § 62 Abs. 2, § 63 Abs. 1). Im Bereich der genehmigungsfreigestellten Anlagen sind allerdings, wie § 78 Abs. 1 Satz 2 Nr. 2b zeigt, Verletzungen des formellen Rechts nicht ausgeschlossen (vgl. § 78 RNrn. 12, 24), die sich auch auf die Nutzung beziehen können.

60 6. Ebensowenig wie die **Eingriffsbefugnis** nach Satz 1 (vgl. RNr. 39) kann diejenige nach Satz 2 **verwirken** (vgl. OVG Bln, U. v. 20.9.1974, BRS 28 Nr. 169). Allenfalls mag sich ausnahmsweise in Fällen langjähriger **Duldung** der Zeitfaktor bei der Ermessensausübung (vgl. RNrn. 36, 38, 39, 47) berücksichtigen lassen (vgl. BVerfG, B. v. 2.9.2004, BRS 69 Nr. 190 = BauR 2006, 97; OVG Bln, U. v. 20.9.1974, BRS 28 Nr. 169; U. v. 4.6.1982, NVwZ 1983, 481; 482; B. v. 18.2.1988, OVGE 18, 93, 98 f.; B. v. 15.3.2000, BRS 63 Nr. 69; B. v. 8.6.2000, BRS 63 Nr. 216;OVG NRW, U. v. 22.8.2005, BRS 69 Nr. 189 = BauR 2006, 90).

61 7. Wenngleich Satz 2 – insofern von Satz 1 abweichend (vgl. RNr. 30) – die Möglichkeit, die **Nutzung** nur **teilweise** zu **untersagen**, nicht erwähnt, ist sie doch im Hinblick auf den verfassungsrechtlichen **Grundsatz der Verhältnismäßigkeit** zu bejahen (vgl. OVG Bln, B. v. 17.3.1999, OVGE 23 116, 123 = BRS 62 Nr. 182; OVG Bln-Bbg, B. v. 6.7.2006, LKV 2007, 39, 40). Deshalb kann die vollständige Untersagung des Nachtbetriebs einer Tankstelle rechtswidrig sein, wenn durch die Anordnung einer Betriebseinschränkung eine zulässige Nutzung erreicht werden könnte (vgl. OVG Bln, B. v. 21.11.1989, OVGE 18, 231). Wegen des Grundsatzes der Verhältnismäßigkeit, der in der Legalisierungsklausel des Satzes 1 eine gesetzliche Konkretisierung erfahren hat (vgl. RNrn. 24 f.), ist generell an die Rechtmäßigkeit von Nutzungsverboten die Anforderung zu stellen, dass kein **milderes Mittel** vorhanden ist, mit dessen Hilfe rechtmäßige Zustände geschaffen werden können (vgl. OVG Bln, U. v. 20.9.1974, BRS 28 Nr. 169; B. v. 24.11.1989 – 2 S 22.89 –; U. v. 16.2.1990, OVGE 18, 243, 245). Als solche kommen z. B. Auflagen (vgl. § 71 Abs. 3), Abweichungen (vgl. § 68), Ausnahmen oder Befreiungen (vgl. § 68 Abs. 2 Satz 1) in Betracht, sofern ihr (rechtmäßiger) Einsatz eine legale Situation herbeiführt (vgl. OVG Bln, U. v. 20.9.1974, BRS 28 Nr. 169; U. v. 4.6.1982, NVwZ 1983, 481, 482).

62 8. Der **Inhalt der Nutzungsuntersagung** besteht in dem Verbot, eine rechtswidrige Nutzung aufzunehmen oder fortzusetzen. Als **Adressaten** kommen vor allem die Benutzer als Verantwortliche gemäß § 13 ASOG in Betracht (vgl. OVG Bln, B. v. 18.2.1988, OVGE 18, 93, 99 und RNr. 33 f.). Doch kann sich die BABeh. statt an den Mieter auch an den Grundstückseigentümer gemäß § 14 Abs. 3 Satz 1 ASOG halten (vgl. HbgOVG, B. v. 10.6.2005, BRS 69 Nr. 187). Der Widerstand Dritter gegen die Befolgung der Nutzungsuntersagung durch den Pflichtigen kann durch eine Duldungsverfügung gebrochen werden (vgl. RNr. 34). Häufig müssen den Adressaten neben der Pflicht zur Unterlassung auch Pflichten zur Vornahme aktiver Handlungen auferlegt werden, wie z. B. der Räumung von Gebäuden (vgl. OVG Bln, B. v. 24.11.1989 – 2 S 22.89 –; U. v. 16.2.1990, OVGE 18, 243, 247 f. = BRS 50 Nr. 210), des Ausspruchs von Kündigungen (vgl. OVG Bln, U. v. 16.2.1990, OVGE 18, 243, 246 f. = BRS 50 Nr. 210) oder des Abstellens der

Heizung. Ein Nutzungsverbot muss dem **Bestimmtheitsgebot** des § 37 Abs. 1 VwVfG entsprechen. Es wird verfehlt, wenn eine Nutzungsuntersagung, die sich auf Wahlwerbetransparente hinter der Glassfassade eines Bürogebäudes bezieht, hinsichtlich ihrer zeitlichen Geltung und der von ihr erfassten Werbeträger nicht eindeutig ist (vgl. OVG Bln, B. v. 11.6.2002, BRS 65 Nr. 151). Ob zur Effektuierung von Nutzungsverboten auch **Eingriffe in die bauliche Substanz** zulässig sind, wie die Entfernung oder Unbrauchbarmachung von Heizungsanlagen oder sanitären Einrichtungen, ist nicht zweifelsfrei. Liegen nicht zugleich die Voraussetzungen des Satzes 1 vor (vgl. RNr. 52), kommt nach Satz 2 als Annex einer Nutzungsanordnung allenfalls eine beschränkte Beseitigungsanordnung in Betracht, wenn die betroffenen Einrichtungen oder Bauteile ausschließlich oder überwiegend der rechtswidrigen Benutzung dienen oder sie gar erst ermöglichen.

9. Die **Nutzungsuntersagung** kann **mit anderen Verwaltungsakten kombiniert** werden (vgl. RNr. 41). So kann eine Einstellungsanordnung nach § 78 Abs. 1 zugleich die vorzeitige Aufnahme der Benutzung unterbinden (vgl. § 78 RNr. 32). Eine Einstellungsanordnung ist allerdings neben einer Nutzungsuntersagung unzulässig, wenn der Rohbau bereits vollendet ist (vgl. § 78 Rnr. 41). Auch kann ein Verwaltungsakt nach Satz 2 durch eine parallele Beseitigungsanordnung nach Satz 1 flankiert werden (vgl. RNrn. 41, 52).

10. Die **Anordnung der sofortigen Vollziehung** nach § 80 Abs. 2 Satz 1 Nr. 4 VwGO wird regelmäßig angebracht sein (vgl. OVG Bln, B. v. 9.4.1997, OVGE 22, 134, 135 = BRS 59 Nr. 215 = BauR 1997, 1006), und zwar schon im Hinblick auf das in der Norm angelegte **intendierte Ermessen** (vgl. RNr. 58 und OVG Bln, B. v. 10.11.2004, BRS 67 Nr. 73 = BauR 2005, 677 = NVwZ-RR 2005, 160). Bei Gefahrenlagen (vgl. OVG Bln, B. v. 31.1.1996, BRS 58 Nr. 204; B. v. 23.8.1996, BRS 58 Nr. 205), insbesondere bei der Vernachlässigung brandschutzrechtlicher Anforderungen (vgl. OVG Bln, B. v. 17.5.2000 – OVG 2 S 3.00 –; B. v. 8.6.2000, BRS 63 Nr. 216) oder offensichtlicher materieller Illegalität (vgl. OVG Bln, B. v. 17.5.2000 – OVG 2 S 3.00 – und RNr. 58) ist die Anordnung fast immer geboten, desgleichen, wenn mit der Nutzung eine negative Vorbildwirkung und Nachahmungsgefahr verbunden ist (vgl. OVG Bln, B. v. 15.3.2000, BRS 63 Nr. 69; B. v. 17.5.2000 – OVG 2 S 3.00 –; B. v. 31.7.2001 – OVG 2 SN 12.01 –; B. v. 10.11.2004, BRS 67 Nr. 73 = BauR 2005, 677 = NVwZ-RR 2005, 160; OVG Bln-Bbg, B. v. 14.11.2005, OVGE 26, 241, 248). Ein Sofortvollzug wegen einer negativen Vorbildwirkung setzt voraus, dass der baurechtswidrige Zustand für Außenstehende auf Grund objektiver Merkmale erkennbar ist und deshalb zur Nachahmung Veranlassung geben könnte (vgl. OVG Bln, B. v. 15.3.2000, BRS 63 Nr. 69). Verletzt die Nutzung drittschützende Vorschriften (vgl. RNr. 66), kann dies ebenfalls das von § 80 Abs. 2 Satz 1 Nr. 4 VwGO geforderte besondere öffentliche Interesse begründen (vgl. OVG Bln, B. v. 10.11.2004, BRS 67 Nr. 73 = BauR 2005, 677 = NVwZ-RR 2005, 160). Dagegen kann ein solches Interesse an der Beseitigung lediglich planungswidriger Zustände fehlen (vgl. OVG Bln, B. v. 24.11.1989 – 2 S 22.89 –). Ein gegen die Anordnung der sofortigen Vollziehung gerichteter Antrag auf **Gewährung vorläufigen Rechtsschutzes** nach § 80 Abs. 5 VwGO hat dann Erfolg, wenn ernstliche Bedenken gegen die Rechtmäßigkeit der Nutzungsuntersagung bestehen, also ein Rechtsbehelf des Antragstellers voraussichtlich Erfolg haben würde (vgl. OVG Bln, B. v. 9.4.1997, OVGE 22, 134, 135 = BRS 59 Nr. 215 = BauR 1997, 1006; B. v. 17.5.2000 – OVG 2 S 3.00 –; B. v. 11.6.2002, BRS 65 Nr. 151; B. v. 10.11.2004, BRS 67 Nr. 73 = BauR 2005, 677 = NVwZ-RR 2005, 160 und RNr. 45). Denn an der Durchsetzung eines rechtswidrigen Verwaltungsakts kann kein besonderes öffentliches Interesse bestehen. Kann bei summarischer Prüfung nicht festgestellt wer-

den, dass der Antragsteller voraussichtlich im Klageverfahren obsiegen werde, ist aber die Rechtsverfolgung auch nicht offensichtlich aussichtslos, kommt es darauf an, ob ein über das Interesse am Erlass des Verwaltungsakts hinausgehendes besonderes Vollzugsinteresse vorliegt (vgl. OVG Bln, B. v. 15.3.2000, BRS 63 Nr. 69).

65   11. Die **Durchsetzung der Nutzungsuntersagung** richtet sich nach dem **VwVG** (vgl. RNr. 46). Da vom Adressaten eine nicht vertretbare Handlung verlangt wird, ist das Zwangsmittel des Zwangsgelds anwendbar (vgl. § 11 Abs. 1 Satz 1, Abs. 2 VwVG sowie OVG Bln, B. v. 14.5.1997, NVwZ-RR 1998, 412). Auch der sofortige Vollzug ohne vorausgehenden Verwaltungsakt ist nicht ausgeschlossen (vgl. § 6 Abs. 2 VwVG), denn die Zuwiderhandlung gegen eine auf Satz 2 beruhende schriftliche vollziehbare Anordnung kann gemäß § 83 Abs. 1 Satz 1 Nr. 1 eine Ordnungswidrigkeit sein. Die Zulässigkeit des zwangsweisen Vollzugs kann durch zivilrechtliche Hindernisse berührt werden (vgl. OVG Bln, U. v. 16.2.1990, OVGE 18, 243, 249).

66   12. Wird der Tatbestand des Satzes 2 unter Verletzung drittschützender Vorschriften (vgl. § 3 RNrn. 36 ff.) verwirklicht, gewinnt die Bestimmung Bedeutung für den **Nachbarschutz** (vgl. RNrn. 48 f.). Der in einem subjektiven öffentlichen Recht betroffene Nachbar hat einen Anspruch auf eine ermessensfehlerfreie Entscheidung über seinen Antrag auf Erlass einer Untersagungsanordnung. Da auch Satz 2 der BABeh. kein freies Ermessen, sondern ein auf Beseitigung der Störung gerichtetes intendiertes Ermessen einräumt (vgl. RNr. 58), wirkt sich die zusätzliche Verletzung von Rechtspositionen Dritter häufig in der Weise aus, dass ein normativer Zwang zum Einschreiten besteht (vgl. OVG Bln, U. v. 14.3.1982, BRS 39 Nr. 207; B. v. 7.9.1990, OVGE 19, 102, 104 f. = BRS 50 Nr. 206 betr. die Anordnung der sofortigen Vollziehung einer Nutzungsuntersagung [vgl. RNr. 64]). Den Anspruch auf behördliches Einschreiten kann der Nachbar im Wege der Verpflichtungsklage nach § 42 VwGO, gegebenenfalls auch mittels einer einer einstweiligen Anordnung nach § 123 VwGO durchsetzen (vgl. OVG Bln, B. v. 2.6.1987, OVGE 18, 50; B. v. 26.6.1989, BRS 49 Nr. 223; B. v. 7.6.2004, BRS 67 Nr. 191 = LKV 2005, 227). Begehrt ein Nachbar die Anordnung der sofortigen Vollziehbarkeit einer ihn begünstigenden Nutzungsuntersagung (vgl. § 80a Abs. 2 Nr. 2 und Abs. 3, § 80 Abs. 2 Satz 1 Nr. 4, Abs. 5 VwGO), muss er neben der Verletzung eigener Rechte geltend machen, dass ihm ein Anspruch auf baubehördliches Einschreiten zusteht und der Sofortvollzug in seinem überwiegenden Interesse geboten ist (vgl. VGH BW, B. v. 19.4.2002, BRS 65 Nr. 196). Er scheitert dagegen mit seinem Begehren, wenn eine rechtswidrige Nutzung ihn nicht in seinen Rechten verletzt ((vgl. OVG Bln, U. v. 28.1.2003, BRS 66 Nr. 178 = UPR 2003, 237). Geschieht die vom Nachbarn beanstandete Nutzung unter dem Schutz einer Baugenehmigung (vgl. RNr. 54), so ist deren Anfechtung nach § 42 VwGO der „notwendige Vorakt" eines Antrags auf Einschreiten (vgl. OVG Bln, U. v. 21.4.1967, OVGE 9, 124, 125). Ein solcher Antrag kann gemäß § 113 Abs. 1 Satz 2 und 3 VwGO bereits im Anfechtungsprozess gestellt werden, wenn die Frage, ob und wie die durch Nutzung vollzogene Baugenehmigung rückgängig zu machen ist, spruchreif ist. Stützt sich der Bauherr auf eine Baugenehmigung, deren Realisierung aber durch Aussetzung der Vollziehung (vgl. § 212a Abs. 1 BauGB, § 80 Abs. 2 Satz 1 Nr. 3, § 80a Abs. 1 Nr. 2, Abs. 3 VwGO) oder durch Anordnung der aufschiebenden Wirkung (vgl. § 212a Abs. 1 BauGB, § 80 Abs. 2 Satz 1 Nr. 3, § 80 Abs. 5 Satz 1, § 80a Abs. 3 VwGO) rechtlich blockiert ist, kann der drittberechtigte Nachbar eine Nutzungsuntersagung anstreben (vgl. OVG Bln, B. v. 26.2.1993, OVG 21, 116 f.).

Abschnitt 5:
Bauüberwachung

§ 80 Bauüberwachung

(1) Die Bauaufsichtsbehörde kann die Einhaltung der öffentlich-rechtlichen Vorschriften und Anforderungen und die ordnungsgemäße Erfüllung der Pflichten der am Bau Beteiligten überprüfen.

(2) Die Bauaufsichtsbehörde überwacht nach näherer Maßgabe der Rechtsverordnung nach § 84 Abs. 2 die Bauausführung bei baulichen Anlagen
   1. nach § 67 Abs. 2 Satz 1 hinsichtlich des von ihr bauaufsichtlich geprüften Standsicherheitsnachweises,
   2. nach § 67 Abs. 2 Satz 2 hinsichtlich des von ihr bauaufsichtlich geprüften Brandschutznachweises.

(3) Im Rahmen der Bauüberwachung können Proben von Bauprodukten, soweit erforderlich, auch von fertigen Bauteilen zu Prüfzwecken entnommen werden.

(4) Im Rahmen der Bauüberwachung ist jederzeit Einblick in die Genehmigungen, Zulassungen, Prüfzeugnisse, Übereinstimmungserklärungen, Übereinstimmungszertifikate, Überwachungsnachweise, Zeugnisse und Aufzeichnungen über die Prüfungen von Bauprodukten, in die Bautagebücher und andere vorgeschriebene Aufzeichnungen zu gewähren.

(5) ^{1}Die Bauaufsichtsbehörde kann für die Überwachung technisch schwieriger Bauausführungen besondere Sachverständige heranziehen. ^{2}Mit Zustimmung der Bauherrin oder des Bauherrn können besondere Sachverständige auch für die Überwachung anderer Bauausführungen herangezogen werden.

(6) Die Kosten für die Probeentnahmen und Prüfungen nach Absatz 3 sowie für Prüfungen, Überwachungen und Nachweise auf Grund dieses Gesetzes oder der Rechtsverordnung nach § 84 Abs. 2 trägt die Bauherrin oder der Bauherr.

Erläuterungen:

I. § 80 befasst sich ebenso wie § 81 mit der **Bauüberwachung**. Für Fliegende Bauten gilt § 80 Abs. 1 und 2 entsprechend (vgl. § 75 Abs. 9).

1. Die Vorschriften der §§ 80 und 81 greifen ein Thema auf, das auch in § 58 Abs. 1 behandelt wird. Wie sich die Bauüberwachung in das – in der Überschrift des § 58 genannte – **System der „Aufgaben und Befugnisse der Bauaufsichtsbehörden"** einfügt, ist nicht ohne weiteres erkennbar. Eine Definition des Begriffs der Bauüberwachung enthält die BauO Bln nicht. Aus dem dem Zusammenspiel des § 80 Abs. 1 mit Abs. 2 bis 5 und § 81 lässt sich aber entnehmen, worin die Bauüberwachung besteht.

§ 80 RNr. 2–5

2 2. **§ 80 Abs. 1** enthält in seinem Abs. 1 eine **Grundsatznorm**, die der BABeh. die **Aufgabe der Bauüberwachung** zuweist, während die **Abs. 2 bis 6 Details** der Bauüberwachung regeln. Dass Abs. 1 eine über die Spezialtatbestände der ihm folgenden Abs. hinausgehende Bedeutung hat, ist nicht ohne weiteres erkennbar. Eigenartigerweise fehlt es an einer dem § 58 Abs. 1 Satz 2 entsprechenden ausdrücklichen **Befugnisnorm**.

3 II. Da § 80 dieselbe Überschrift wie der gesamte Fünfte Abschnitt trägt, liegt die Annahme nahe, dass das Thema der Bauüberwachung in dieser Bestimmung von zentraler Bedeutung ist und dass der allgemein gefasste **§ 80 Abs. 1** insofern die wesentlichen Aussagen enthält.

1. Nach **Abs. 1** kann die **BABeh.** (vgl. § 58 RNr. 3) **die Einhaltung der öffentlich-rechtlichen Vorschriften** (vgl. § 79 RNr. 7) und **Anforderungen** (vgl. § 1 RNrn. 21 ff,) sowie die ordnungsgemäße **Erfüllung der Pflichten** der am Bau Beteiligten (vgl. §§ 53 ff.) **überprüfen**. Durch Rechtsverordnungen kann geregelt werden, dass sich die BABeh. der Hilfe Dritter (Prüfingenieure und Prüfämter) bedienen kann (vgl. § 84 Abs. 2 Satz 1 Nr. 1 und die BauPrüfVO).

4 a) Die **Bauüberwachung** soll sicherstellen, dass **Bauvorhaben ordnungsgemäß ausgeführt** werden. Sie ergänzt die präventive Prüfung, soweit eine solche im Baugenehmigungsverfahren (vgl. §§ 64, 65) oder in anderen Verfahren, wie dem der Genehmigungsfreistellung (vgl. § 63), stattfindet. Außerdem ermöglicht die Bauüberwachung die Kontrolle, ob die in § 60 Abs. 2 begründete Pflicht durch die Verantwortlichen erfüllt wird; nach dieser Vorschrift müssen die Anforderungen, die durch öffentlich-rechtliche Vorschriften an Anlagen gestellt werden, auch in den Fällen der Genehmigungsfreiheit und der Beschränkung der bauaufsichtlichen Prüfung eingehalten werden. Zwar ist § 80 primär auf die Überwachung der Bauausführung gerichtet, wie an Abs. 2 und 5 und § 81 deutlich wird, doch ist seine Anwendung nach Fertigstellung von Bauwerken nicht ausgeschlossen. Die Bauüberwachung kann auch die Gestalt der Überwachung von bestehenden Bauten annehmen und umfasst somit das gesamte Baugeschehen, einschließlich der Nutzung und des Zustands baulicher Anlagen.

5 b) **Abs. 1** ist eine **Aufgabennorm**, deren Tatbestand sich weitgehend mit dem des **§ 58 Abs. 1 Satz 1** deckt. Das **Verhältnis der beiden Vorschriften** wirft Probleme der Abgrenzung auf. Der terminologischen Unterschied, der darin besteht, dass nach § 58 Abs. 1 Satz 1 die BABeh. über die Einhaltung öffentlich-rechtlicher Vorschriften zu „wachen" hat, während § 80 Abs. 1 der BABeh. die Aufgabe zuweist, die Einhaltung zu „überprüfen", ist bedeutungslos; denn in der Überschrift des § 80 und in dessen Abs. 2, 3 und 5 bedient sich das Gesetz der Ausdrücke „Bauüberwachung", „überwacht" und „Überwachung". Auch im übrigen erfassen die Tatbestände beider Vorschriften trotz abweichenden Wortlauts im wesentlichen die gleichen Sachverhalte. § 80 Abs. 1 geht allerdings insoweit über § 58 Abs. 1 Satz 1 hinaus, als er zusätzlich die Einhaltung von Anforderungen nennt und anders als dieser (vgl. § 58 RNrn. 4, 5, 8) nicht auf anlagenbezogene Tätigkeiten beschränkt ist. Die Bauüberwachung erfasst vielmehr auch objektive Tatbestände, die nicht auf individuell zurechenbare Tätigkeiten zurückzuführen sind. Daher findet die Bauüberwachung auch in den Fällen statt, in denen Ergebnisanforderungen (vgl. § 1 RNr. 22) verfehlt werden. Insoweit geht es gleichfalls um die „die Einhaltung der öffentlich-rechtlichen Vorschriften und Anforderungen". § 58 Abs. 1 Satz 1 und § 80 Abs. 1 stehen somit nicht im Verhältnis der Spezialität zueinander, sondern – abgesehen von dem überschießenden Gehalt des § 80 Abs. 1 – in dem einer **identischen Parallelität**. Angebracht ist es, den in § 58 Abs. 1 Satz 1 vorgesehenen kompetenziellen Rahmen auf § 80 Abs. 1 zu übertragen. Die BABeh. müssen daher auch bei der Bauüberwachung den in jener verwandten Aufgabennorm festgelegten Vorrang zuständiger anderer Behörden beachten. Wenn die Bauüberwachung hinsichtlich der Einhaltung bestimmter öffentlich-rechtlicher Vorschriften und Anforderungen anderen (Fach-)Behörden zugewiesen ist, handelt es sich nicht um eine bauaufsichtliche Aufgabe (vgl. § 58 RNr. 9, § 78 RNr.4, § 79 RNr. 6), und für die Überprüfung einschlägiger Verstöße sind dann nicht die BABeh. zuständig. Die Zuständigkeit anderer Behörden wird also durch § 80 nicht berührt.

b) **Abs. 1** ist außerdem eine **Eingriffsnorm,** die nach der Begründung der BauO Bln der BABeh. „**umfassende Befugnisse**" einräumt" (vgl. AH-Drucks. 15/3926, S. 134 – zu § 80 –). Allerdings hat das Gesetz von einer klaren Regelung, wie sie in § 58 Abs. 1 Satz 2 enthalten ist, abgesehen. Dennoch ist ein Rückgriff auf diese Vorschrift nicht nötig. Vielmehr ergibt sich aus der Verwendung des Wortes „kann", dass die BABeh. bei der Wahrnehmung ihrer Überprüfungsaufgabe nach § 80 Abs. 1 imstande sein muss, die ihr geboten erscheinenden Maßnahmen zu ergreifen, etwa Bauzustandsbesichtigungen. Sie kann sich dabei auf das Betretungsrecht nach § 58 Abs. 3 stützen. Auch gestattet die Ermächtigung der BABeh., der Bauüberwachung dienliche Verwaltungsakte zu erlassen. Hat sie z. B. Zweifel an der Einhaltung von Maßen darf sie die Vorlage eines Nachweises verlangen, aus dem sich die gemäß § 71 Abs. 5 Satz 1 abgesteckte Grundrissfläche und die festgelegte Höhenlage ergibt (vgl. AH-Drucks. 15/3926, S. 134 – zu § 80 –); der Nachweis .wird durch eine Bescheinigung der für das Vermessungswesen zuständigen Behörde oder eines Öffentlich bestellten Vermessungsingenieurs erbracht (vgl. §§ 2, 3, 24 Nr. 5 VermGBln). Gegenstand der bauaufsichtsbehördlichen Bauüberwachung kann auch sein, ob die Bauausführung mit den in der Baugenehmigung enthaltenen bauplanungsrechtlichen Vorgaben übereinstimmt (vgl. AH-Drucks. 15/3926, S. 135 – zu § 81 –).

c) Die Aufgaben- und Befugnisnorm des **Abs. 1** (vgl. RNr. 5 f.) ist eine **Ermessensvorschrift**. Die weitgehende Bauüberwachungspflicht, wie sie noch § 71 BauO Bln 1985 vorsah, ist beseitigt worden, um die Eigenverantwortung der am Bau Beteiligten zu stärken (vgl. AH-Drucks. 12/5688, S. 11 – zu § 71 –). Nunmehr hat die BABeh. „in jedem Einzelfall nach pflichtgemäßem Ermessen" darüber zu befinden, ob und in welchem Umfang sie überwachend tätig wird (vgl. AH-Drucks. 12/5688, S. 11 – zu § 71 –). Dementsprechend bestimmt sich das behördliche Einschreiten „auf der Grundlage des Opportunitätsprinzips nach den Umständen des Einzelfalles", also „insbesondere nach der Art, Größe und Bedeutung des Vorhabens und der Schwierigkeit der Bauarbeiten" (vgl. AH-Drucks., a. a. O.); auch das Gefahrenpotenzial sowie die Sachkunde und Zuverlässigkeit der am Bau Beteiligten können von Belang sein. Die Behörde kann sich daher regelmäßig auf Stichproben beschränken.

d) **Zuständig** für die Bauüberwachung ist die **BABeh.** (vgl. § 58 RNr. 3). Da der Tatbestand des Abs. 1 – anders als der des Abs. 2 – pauschal formuliert ist, erstreckt er sich auf sämtliche **Anlagen**, also auf bauliche Anlagen und sonstige Anlagen und Einrichtungen im Sinne des § 1 Abs. 1 Satz 2 (vgl. § 2 Abs. 1 Satz 1). Für Fliegende Bauten gelten besondere Regelungen (vgl. § 75). Bei Vorhaben des Bundes und der Länder entfällt unter bestimmten Voraussetzungen die Bauüberwachung (vgl. § 76 Abs. 1 Satz 1). Wird der BABeh. der Zutritt zu Grundstücken, Anlagen oder Wohnungen verweigert, kann sie diesen unter Berufung auf § 58 Abs. 3 erzwingen (vgl. § 58 RNrn. 26 ff.). Die von der BABeh. bei der Bauüberwachung gewonnenen Informationen können zu Maßnahmen nach den §§ 78, 79 oder 85 führen.

§ 80 RNr. 9–14

9 2. Die **Abs. 2 bis 6** enthalten Konkretisierungen des Abs. 1 und regeln einzelne **Maßnahmen der Bauüberwachung** sowie spezielle Probleme der **Kostentragung**. Sonstige Maßnahmen der Bauüberwachung, die in ihnen nicht erwähnt werden, finden ihre Grundlage in Abs. 1 sowie in § 81.

10 a) Nach **Abs. 2** überwacht die BABeh. die **Bauausführung bei** bestimmten **baulichen Anlagen**. Es sind dies diejenigen baulichen Anlagen, bei denen nach § 67 Abs. 2 Satz 1 ein von ihr bauaufsichtlich geprüfter Standsicherheitsnachweis **(Nr. 1)** und nach § 67 Abs. 2 Satz 2 ein von ihr bauaufsichtlich geprüfter Brandschutznachweis **(Nr. 2)** vorliegen müssen. Hierzu rechnen z. B. Gebäude der Gebäudeklassen 4 und 5 (vgl. § 2 Abs. 3 Satz 1 Nrn. 4 und 5) und Sonderbauten (vgl. § 2 Abs. 4). Abs. 2 „bildet das bauaufsichtlich-repressive Gegenstück zu dem in § 67 angelegten System der Kompensation entfallener bauaufsichtlicher [Präventiv-]Prüfungen" (AH-Drucks. 15/3926, S. 134 – zu § 80 –). Jedoch findet keine umfassende Bauüberwachung der prüfpflichtigen Bauvorhaben statt. Vielmehr wird lediglich die Bauausführung hinsichtlich der genannten Nachweise kontrolliert, und zwar nach Maßgabe der Rechtsverordnung nach § 84 Abs. 2 (vgl. die BauPrüfVO). Beide Nachweise (vgl. § 67 Abs. 1 Satz 1 sowie die §§ 9 ff. BauPrüfVO) werden von Prüfingenieuren geprüft (vgl. § 13 Abs. 2 und 5, § 23 Abs. 2 BauPrüfVO); deren Aufgabe ist es auch, die ordnungsgemäße Bauausführung hinsichtlich der von ihnen geprüften Nachweise zu überwachen (vgl. § 13 Abs. 6, § 23 Abs. 2 Satz 4 BauPrüfVO). Aus den in § 67 Abs. 2 Satz 1 und 2 benutzten Wendungen „des von ihr (= der BABeh.) bauaufsichtlich geprüften Standsicherheitsnachweises" und „des von ihr (= der BABeh.) bauaufsichtlich geprüften Brandschutznachweises" soll sich ergeben, dass die Prüfingenieure, von denen die Nachweise im Auftrrag der BABeh. geprüft werden, auch die Bauüberwachung wahrzunehmen haben (vgl. AH-Drucks. 15/3926, S. 134 – zu § 80 –).

11 b) Nach **Abs. 3** können im Rahmen der Bauüberwachung **Proben von Bauprodukten** (vgl. § 2 Abs.9) zu Prüfzwecken entnommem werden. Bei fertigen Bauteilen (vgl. § 2 RNr. 123) ist die Entnahme allerdings nur „soweit erforderlich" zulässig. Berechtigt zu dieser Maßnahme sind die BABeh. und die sonst mit der Bauüberwachung betrauten Personen. Widerstand dagegen kann durch einen auf Duldung gerichteten Verwaltungsakt überwunden werden, der seine Grundlage in Abs. 1 findet (vgl. RNr. 6).

12 c) **Abs. 4** regelt das **Recht des Einblicks** in schriftliche Unterlagen, deren Vorhandensein und Inhalt für die BABeh. und die sonst mit der Bauüberwachung betrauten Personen aufschlussreich sein können. Außer der Baugenehmigung, die nebst den Bauvorlagen ohnehin an der Baustelle von Baubeginn an vorliegen muss (vgl. § 71 Abs. 5 Satz 2), sind sämtliche weiteren Genehmigungen, die in den §§ 17 ff. aufgeführten zahlreichen Urkunden, die Bautagebücher und andere vorgeschriebene Aufzeichnungen Gegenstand des Einblicksrechts.

13 d) **Abs. 5** stellt eine Ergänzung des § 70 Abs. 5 dar (vgl. AH-Drucks. 15/3926, S. 135 – zu § 80 –). Während dort die **Beauftragung von Sachverständigen** mit der Prüfung von Bauanträgen für zulässig erklärt wird, erstreckt § 80 Abs. 5 diese Regelung auf die Bauüberwachung. **Satz 1** gestattet die Heranziehung besonderer Sachverständiger für Überwachung technisch schwieriger Bauausführungen. Nach **Satz 2** dürfen mit Zustimmung des Bauherrn derartige Sachverständige auch bei der Überwachung anderer Bauausführungen Verwendung finden.

14 e) **Abs. 6** bürdet die **Kosten** der Maßnahmen nach Abs. 3 sowie die Kosten für Prüfungen und Nachweise auf Grund der BauO Bln oder der Rechtsverordnung nach § 84 Abs. 2 (vgl. die BauPrüfVO) der Bauherrin oder dem Bauherrn auf. Diese Regelung zur

„Kostenübernahme" soll deshalb notwendig sein, weil die kostenpflichtigen Maßnahmen „nicht zur üblichen Bauüberwachung gehören, die durch die Gebühr für die Bauüberwachung (nach der Tarifstelle 2052 BauGebO) abgegolten ist" (vgl. AH-Drucks. 15/3926, S. 135 – zu § 80 –).

§ 81 Bauzustandsanzeigen, Aufnahme der Nutzung

(1) ¹Die Bauaufsichtsbehörde kann verlangen, dass ihr Beginn und Beendigung bestimmter Bauarbeiten angezeigt werden. ²Die Bauarbeiten dürfen erst fortgesetzt werden, wenn die Bauaufsichtsbehörde der Fortführung der Bauarbeiten zugestimmt hat.

(2) Die Bauherrin oder der Bauherr hat die beabsichtigte Aufnahme der Nutzung einer nicht verfahrensfreien baulichen Anlage mindestens zwei Wochen vorher der Bauaufsichtsbehörde anzuzeigen.

(3) Eine baulichen Anlage darf erst benutzt werden, wenn sie selbst, Zufahrtswege, Wasserversorgungs- und Abwasserentsorgungs- sowie Gemeinschaftsanlagen in dem erforderlichen Umfang sicher benutzbar sind, nicht jedoch vor dem in Absatz 2 bezeichneten Zeitpunkt.

(4) ¹Feuerstätten dürfen erst in Betrieb genommen werden, wenn die Bezirksschornsteinfegermeisterin oder der Bezirksschornsteinfegermeister die Tauglichkeit und die sichere Benutzbarkeit der Abgasanlagen bescheinigt hat; Verbrennungsmotoren und Blockheizkraftwerke dürfen erst dann in Betrieb genommen werden, wenn sie oder er die Tauglichkeit und sichere Benutzbarkeit der Leitungen zur Abführung von Verbrennungsgasen bescheinigt hat. ²Bei der Errichtung von Abgasanlagen soll vor Erteilung der Bescheinigung auch der Rohbauzustand besichtigt worden sein.

Erläuterungen:

I. § 81 enthält, wie sich aus der Überschrift des Fünften Abschnitts ergibt, Regelungen zum Thema der **Bauüberwachung**. Durch ihn wird die Vorschrift des § 80 ergänzt. In § 81 Abs. 1 werden die in § 80 Abs. 2 bis 5 genannten Maßnahmen um eine Variante erweitert. § 81 Abs. 2 bis 4 legt den Verantwortlichen eine Reihe von Handlungspflichten auf, deren Erfüllung der Nutzungs- oder Betriebsaufnahme bei Anlagen vorgeschaltet ist. Die im Falle des § 80 zweifelhafte Frage, ob die Bauüberwachung sich nur auf die Phase der Bauausführung bezieht oder auch noch nach Fertigstellung von Bauwerken stattfinden kann (vgl. § 80 RNr. 4), stellt sich hier nicht. Denn § 80 ist, soweit er nicht wie in Abs. 1 Bauarbeiten betrifft, auf den Zeitabschnitt bezogen, der sich an die Beendigung der Bauausführung anschließt und mit der Aufnahme der Nutzung oder des Betriebs seinen Abschluss findet.

§ 81 RNr. 2–6

2 II. Das Prinzip der **Bauzustandsbesichtigungen** oder **Bauabnahmen**, das der Vorgängervorschrift des § 72 BauO Bln 1997 zugrunde lag, ist von der BauO Bln aufgegeben worden. Nach früherem Recht hatte der Bauherr vor Abschluss der Rohbauarbeiten sowie vor Fertigstellung genehmigungsbedürftiger baulicher Anlagen dies anzuzeigen, „um der Bauaufsichtsbehörde eine Besichtigung des Bauzustandes zu ermöglichen" (§ 72 Abs. 1 Satz 1 BauO Bln 1997). Die Rohbaufertigstellungsanzeige und die Fertigstellungsanzeige dienten der BABeh. als Anstoß für Bauabnahmen, deren Durchführung in ihrem Ermessen lag (vgl. § 72 Abs. 2 Satz 1 BauO Bln 1997). „Dieses – an bestimmten Einschnitten in der Verwirklichung des Bauvorhabens und damit vor allem an bautechnischen Kontrollaspekten orientierte – System" verliert nach der Gesetzesbegründung seine Berechtigung in dem Maße, in welchem bei kleineren und einfacheren Bauvorhaben die Verantwortung von vornherein der Sphäre des Bauherrn zugewiesen sei (vgl. AH-Drucks. 15/3926, S. 135 – zu § 81 –). Das „bisherige System formalisierter Bauabnahmen" ist durch ein „System von Anzeigen" abgelöst worden, „mit denen die Einhaltung der vormals abnahmebedürftigen Anforderungen nachgewiesen wird" (vgl. AH-Drucks. a. a. O.). Nur in einzelnen Bestimungen der BauO Bln wird daher der Rohbau noch erwähnt (vgl. Abs. 4 Satz 2 und § 11 Abs. 3).

3 III. Abs. 1 löst sich vom früheren Prinzip, wonach der Bauherr durch Anzeigen des erreichten baulichen Zustands der BABeh. die Bauüberwachung zu ermöglichen hatte (vgl. RNr. 2). Nach heutigem Recht ist die **verfahrensrechtliche Initiative** auf die **BABeh.** (vgl. § 58 RNr. 3) übergegangen, die nach ihrem Ermessen darüber zu befinden hat, ob sie ein Einschreiten für angebracht hält.

4 1. Nach **Abs. 1 Satz 1 kann** die **BABeh. verlangen**, dass ihr **Beginn und Beendigung** bestimmter **Bauarbeiten angezeigt** werden. Auf welche Arten von Anlagen sich die Bauarbeiten beziehen, ist für den Tatbestand des Satzes 1 unerheblich. Dass der Bauherr nicht von sich aus eine entsprechende Anzeige bei der BABeh. erstatten muss, soll darauf beruhen, „dass sich Zeitpunkte im Ablauf des Baugeschehens, zu denen zweckmäßigerweise die Ordnungsmäßigkeit der Bauausführung im Hinblick auf bestimmte (namentlich bautechnische) Anforderungen überprüft wird, sachgerecht nicht abstrakt-generell festlegen lassen„ (vgl. AH-Drucks. 15/3926, S. 135 – zu § 81 –). Unangeachtet dessen sieht § 71 Abs. 6 im Falle genehmigungsbedürftiger Vorhaben eine Baubeginnanzeige vor.

5 Ob die BABeh. ein Verlangen im Sinne des Satzes äußert, als dessen Adressat primär der Bauherr (vgl. § 54) in Betracht kommt, liegt in ihrem **Ermessen**. Da die Aufforderung zur Anzeige auf **„bestimmte" Bauarbeiten** gerichtet ist, dürfte das Ermessen der BABeh. in der Weise eingeschränkt sein, dass sie regelmäßig eine Auswahl unter den ihre Aktivität auslösenden Bauarbeiten zu treffen hat und nicht pauschale, generelle oder umfassende Anzeigepflichten begründen darf. Wird der Anzeigepflicht genügt, kann die BABeh. wiederum nach ihrem Ermessen entscheiden, ob sie vor Beginn oder Abschluss bestimmter Bauarbeiten Maßnahmen der Bauüberwachung nach § 80 trifft (vgl. AH-Drucks. 15/3926, S. 135 – zu § 81 –). An der Bauüberwachung kann die BABeh. auch Prüfingenieure beteiligen (vgl. AH-Drucks. a. a. O. und § 80 RNr. 3).

6 2. Macht die BABeh. von ihrem Recht nach Abs. 1 Satz 1 Gebrauch, so ist damit von Gesetzes wegen ein – bußgeldbewehrter (vgl. § 83 Abs. 1 Satz 1 Nr. 8) – **Baustopp** verbunden. Sobald die BABeh. gegenüber dem Adressaten das Verlangen äußert, er möge ihr den Beginn oder die Beendigung bestimmter Bauarbeiten anzeigen, ist dieser nach **Abs. 1 Satz 2** daran gehindert, diejenigen Bauarbeiten, auf die sich das Verlangen bezieht, fortzusetzen (oder sie aufzunehmen). Dieses Bauverbot gilt sowohl bei Erstattung der angeforderten Anzeige als auch bei ihrer Verweigerung. Handelt der Adressat dem Gesetz zuwider, so kann die BABeh. gemäß § 78 Abs. 1 Sätze 1 und 2 Nr. 1 die Einstellung der Arbeiten anordnen und durchsetzen (vgl. § 78 RNr. 5). Die Bauarbeiten dürfen erst fortgesetzt (oder begonnen) werden, wenn die BABeh. oder der Prüfingenieur zugestimmt hat. Die Zustimmung liegt in deren Ermessen, darf aber nicht verweigert werden, wenn der Adressat die verlangte Anzeige erstattet und es. keinen Grund zur Beanstandung gibt. Da für die Zustimmung keine Form vorgeschrieben ist, kann sie auch mündlich erteilt werden.

IV. Nach **Abs. 2** muss die Bauherrin oder der Bauherr die beabsichtigte **Aufnahme der Nutzung** einer nicht verfahrensfreien baulichen Anlage (vgl. § 62) mindestens zwei Wochen vorher **der BABeh. anzeigen**. Anders als im Falle des Abs. 1 liegt die Initiative beim Bauherrn. Seine Verpflichtung, der BABeh. den Termin der Nutzungsaufnahme mitzuteilen, steht unter der Androhung eines Bußgelds (vgl. § 83 Abs. 1 Satz 1 Nr. 8). Die Anzeige soll der BABeh. Kenntnis darüber verschaffen, ob die Voraussetzungen der Benutzbarkeit nach Abs. 3 vorliegen (vgl. AH-Drucks. 15/3926, S. 135 – zu § 81 –). Unterbleibt die Anzeige, tritt zwar kein automatisches Nutzungsverbot in Kraft, jedoch kann die BABeh. nach § 79 Satz 1 wegen des formellen Rechtsverstoßes eine Nutzungsuntersagung aussprechen (vgl. § 79 RNrn. 50, 53). Dass der für die Anzeige maßgebliche Zeitpunkt derjenige der Nutzungsaufnahme und nicht der Zeitpunkt der Fertigstellung des Bauvorhabens ist, beruht darauf, dass die Vollendung eines Bauwerks – z. B. wegen nicht kompletter Außenanlagen – „häufig zeitlich weit hinter der beabsichtigten, rechtlich möglichen und auch tatsächlich erfolgenden Nutzungsaufnahme liegt" (vgl. AH-Drucks. 15/3926, S. 135 – zu § 81 –). 7

V. **Abs. 3** nennt die Voraussetzungen für die **Benutzbarkeit baulicher Anlagen** (vgl. § 2 Abs. 1). Solange diese nicht erfüllt sind, gilt ein **gesetzliches Benutzungsverbot**. Wird es missachtet, kann die BABeh. zusätzlich eine Nutzungsuntersagung nach § 79 Satz 2 aussprechen (vgl. § 79 RNr. 53). Alle im Gesetz aufgeführten Komponenten der Benutzung oder Nutzung müssen so beschaffen sein, dass die **bauliche Anlage einschließlich ihrer Annexe** sicher benutzbar ist. Auch im Falle des Abs. 3 dürften nur die nicht verfahrensfreien baulichen Anlagen gemeint sein, denn sonst wäre die Verweisung auf Abs. 2 nicht sinnvoll. 8

Sicher benutzbar muss vor allem die bauliche Anlage selbst sein. Das gleiche Erfordernis gilt für die Zufahrtswege (vgl. § 5), Wasserversorgungsanlagen, Abwasserentsorgungsanlagen (vgl. § 44) und Gemeinschaftsanlagen – wie z. B. Stellplätze – in dem erforderlichen Umfang. Auch wenn die sichere Benutzbarkeit aller aufgezählten Anlagen gegeben ist, endet das gesetzliche Benutzungsverbot nicht ohne weiteres. Die Benutzbarkeit soll trotz Erfüllung des Tatbestands nämlich nicht vor dem in Abs. 2 bezeichneten **Zeitpunkt** eintreten. Durch diese Verknüpfung der beiden Abs. wird erreicht, dass die Benutzung einer den Anforderungen des Abs. 3 genügenden baulichen Anlage nicht vor dem Zeitpunkt aufgenommen werden darf, den der Bauher in seiner an die BABeh. gerichteten Anzeige genannt hat (vgl. RNr. 7). Bis dahin hat die BABeh. noch Gelegenheit, sich einzuschalten. 9

VI. **Abs. 4** betrifft Anlagen der technischen Gebäudeausrüstung. Er enthält eine Spezialregelung für **Feuerstätten** (vgl. § 42). Die Aufnahme der Nutzung, die hier in Gestalt der **Inbetriebnahme** auftritt (vgl. § 79 RNr. 52), setzt voraus, dass der Bezirksschornsteinfegermeister die Tauglichkeit und die sichere Benutzbarkeit der Abgasanlagen (vgl. § 42 Abs. 3, § 62 Abs. 1 Nr. 2a) bescheinigt hat (Satz 1 Halbs. 1). Verbrennungsmotoren und Blockheizkraftwerke (vgl. § 42 Abs. 5) dürfen erst dann in Betrieb genommen werden, 10

§ 81 RNr. 10

wenn der Bezirksschornsteinfegermeister die Tauglichkeit und die sichere Benutzbarkeit der Leitungen zur Abführung von Verbrennungsgasen (vgl. § 42 Abs. 5) bescheinigt hat (Satz 1 Halbs. 2). Bei der Errichtung von Abgasanlagen soll vor Erteilung der Bescheinigung auch der Rohbauzustand besichtigt werden (Satz 2). Diese Maßnahme beruht auf der Erwägung, dass Abgasanlagen mit höheren Oberflächentemperaturen wegen der Abstände zu brennbaren Baustoffen oder Bauteilen im Rohbau kontrolliert werden sollen (vgl. AH-Drucks. 15/3926, S. 135 – zu § 81 –). Die Rechtsgrundlage für die Tätigkeit des Bezirksschornsteinfegermeisters findet sich in § 13 Abs. 1 Nrn. 4 und 9 Schornsteinfegergesetz i. d. F. v. 10.8.1998 (BGBl. I S. 2071), zuletzt geändert durch VO v. 31.10.2006 (BGBl. I S. 2407).

Abschnitt 6:
Baulasten

§ 82 Baulasten, Baulastenverzeichnis

(1) ¹Durch Erklärung gegenüber der Bauaufsichtsbehörde können Grundstückseigentümerinnen oder Grundstückseigentümer öffentlich-rechtliche Verpflichtungen zu einem ihre Grundstücke betreffenden Tun, Dulden oder Unterlassen übernehmen, die sich nicht schon aus öffentlich-rechtlichen Vorschriften ergeben. ²Erbbauberechtigte können ihr Erbbaurecht in entsprechender Weise belasten. ³Baulasten werden unbeschadet der Rechte Dritter mit der Eintragung in das Baulastenverzeichnis wirksam und wirken auch gegenüber Rechtsnachfolgerinnen oder Rechtsnachfolgern.

(2) ¹Die Erklärung nach Absatz 1 bedarf der Schriftform. ²Die Unterschrift muss öffentlich beglaubigt oder von einer Vermessungsstelle nach § 2 des Gesetzes über das Vermessungswesen in Berlin in der Fassung vom 9. Januar 1996 (GVBl. S. 56), das zuletzt durch Artikel I des Gesetzes vom 18. Dezember 2004 (GVBl. S. 524) geändert worden ist, in der jeweils geltenden Fassung beglaubigt sein, wenn sie nicht vor der Bauaufsichtsbehörde geleistet oder vor ihr anerkannt wird.

(3) ¹Die Baulast geht durch schriftlichen Verzicht der Bauaufsichtsbehörde unter. ²Der Verzicht ist zu erklären, wenn ein öffentliches Interesse an der Baulast nicht mehr besteht. ³Vor dem Verzicht sollen die oder der Verpflichtete und die durch die Baulast Begünstigten angehört werden. ⁴Der Verzicht wird mit der Löschung der Baulast im Baulastenverzeichnis wirksam.

(4) ¹Das Baulastenverzeichnis wird von der Bauaufsichtsbehörde geführt. ²In das Baulastenverzeichnis können auch eingetragen werden
1. andere baurechtliche Verpflichtungen der Grundstückseigentümerin oder des Grundstückseigentümers zu einem ihr oder sein Grundstück betreffenden Tun, Dulden oder Unterlassen,
2. Auflagen, Bedingungen, Befristungen und Widerrufsvorbehalte.

Erläuterungen:

I. 1. Die aufgrund der **Mustererbauordnung** von 1960 mit der Berliner Bauordnung 1966 (vgl. dazu Willigmann, GE 1967, 119; Steinhoff, GE 1969, 144) im Land Berlin eingeführte Regelung über „Baulasten und Baulastenverzeichnis" ist von erheblicher Bedeutung für die bauaufsichtliche Genehmigungspraxis. Im Land Berlin hat sich das Rechtsinstitut der Baulast bewährt. Das konnte schon vor über 25 Jahren festgestellt werden (vgl. Steinhoff, GE 1979, 708, 713 sowie 741). In den Baulastenverzeichnissen der Bauaufsichtsämter der Berliner Bezirke gibt es etwa **45 000** eingetragene Baulasten.

Zu den Regelungen in den anderen Bundesländern und zu weiteren Einzelheiten vgl. Dageförde in: Reichel/Schulte, Hdb. BauOR, 2004, Kap. 17, S. 1261 ff.

§ 82 RNr. 2–5

2 2. Insbesondere gegenüber einer rechtlichen Sicherung von bauaufsichtlichen Genehmigungserfordernissen durch privatrechtliche **Dienstbarkeiten** bietet die Baulast verschiedene Vorteile. Zunächst geht es, unabhängig von den regelmäßig bestehenden privatrechtlichen Beziehungen der beteiligten Grundstückseigentümer, um die Sicherung öffentlich-rechtlicher Genehmigungsvoraussetzungen für ein Bauvorhaben. Darüber dürfte die BABeh. sachkundiger befinden können als etwa ein Grundbuchamt bei der Eintragung von Dienstbarkeiten. Mit der Eintragung der Baulast in das Baulastenverzeichnis wird zwischen dem Baulastverpflichteten und der BABeh. ein öffentlich-rechtliches Rechtsverhältnis begründet. Bei der Dienstbarkeit handelt es sich um eine privatrechtliche Beziehung zwischen den beteiligten Grundstückseigentümern. Mit der Dienstbarkeit kann nach § 1018 BGB auch nur ein Dulden oder Unterlassen bezüglich eines Grundstücks, nicht aber, wie bei der **Baulast**, auch eine Verpflichtung zu einem Tun übernommen werden. Die Variationsbreite möglicher Inhalte von Baulasten ist groß (BVerwG, B. v. 24.8.1993, BRS 55 Nr. 119). Für die Eintragung einer Dienstbarkeit in das Grundbuch ist ein notarieller Vertrag zwischen den beteiligten Grundstückseigentümern mit den entsprechenden Gebühren erforderlich. Die Baulast kann ohne diese Form schneller und kostengünstiger begründet werden.

3 3. Hinsichtlich der **Durchsetzbarkeit** der von dem Grundstückseigentümer übernommenen Verpflichtung zur Sicherung öffentlich-rechtlicher Genehmigungsvoraussetzungen ist entscheidend, dass die Bauaufsichtsbehörde eine entsprechende Ordnungsverfügung gegen den auch zivilrechtlich, gegebenenfalls über § 242 BGB verpflichteten Störer erlassen kann, während sie bei dem Bestehen einer bloßen Dienstbarkeit auf den Zivilrechtsweg angewiesen wäre. Eine Dienstbarkeit kann ohne Mitwirkung der BABeh. durch Vereinbarung des Verpflichteten und des Begünstigten aufgehoben werden (zur zusätzlichen Eintragung einer beschränkten persönlichen Dienstbarkeit nach § 1090 BGB zugunsten der Gemeinde vgl. RNr. 7). Für die Baulast gibt es in § 82 Abs. 3 BauO Bln den abschließend geregelten Beendigungsgrund des Verzichts der BABeh.

4 4. Das Bundesverwaltungsgericht (B. v. 27.9.1990, BRS 50 Nr. 109 = NJW 1991, 713) sieht zu Recht die Baulast schon wegen ihrer Durchsetzbarkeit mit hoheitlichen Mitteln gegenüber einer privatrechtlichen Sicherung durch Dienstbarkeiten als **das deutlich bessere Instrumentarium** an. Auch das Reichsgericht hatte schon in seinem B. v. 11.10.1905 (RGZ 61, 338, 342 f.) Bedenken gegen eine privatrechtliche Sicherung öffentlich-rechtlicher Anforderungen an ein Bauvorhaben durch Dienstbarkeiten geäußert und ist davon in seinem B. v. 14.10.1925 (RGZ 111, 384) nicht grundsätzlich abgerückt. Der Berliner Gesetzgeber hat deshalb im Jahre 1966 in Abkehr von der z. B. in § 8c Nr. 15 der Bauordnung von 1925 und zunächst auch noch in der Bauordnung vom 9. November 1929 enthaltenen Regelung über die Sicherung der Unbebaubarkeit einer Hoffläche durch Eintragung einer Dienstbarkeit (aber schon aufgehoben durch Nachtrag Nr. 29 vom 6.10.1949, VOBl. für Großberlin 1949, 369) und im Anschluss an die Musterbauordnung das Rechtsinstitut der Baulast in die BauO Bln aufgenommen. Dazu hatte das OVG Berlin zu einem Zeitpunkt, als es das Rechtsinstitut der Baulast im Land Berlin noch nicht gab, darauf hingewiesen (U. v. 26.3.1965, OVGE 8, 99, 102 = BRS 16 Nr. 83), dass die Musterbauordnung (jetzt § 83 MBO 2002) mit der öffentlich-rechtlich ausgestalteten Baulast eine unliebsame Verquickung von öffentlichen und privaten Rechten vermeidet und eine auf die **öffentlich-rechtlichen Bedürfnisse** abgestellte und in diesem Rechtsbereich auch voll wirksame arteigene Rechtseinrichtung schafft.

5 5. Es kommt hinzu, dass die Dienstbarkeit in der Zwangsversteigerung regelmäßig erlischt, wenn sie nicht in das geringste Gebot aufgenommen ist, während die Baulast fortbesteht. Dass es für die an den Rechtsverhältnissen eines Grundstücks Interessier-

ten erforderlich sein wird, neben dem Grundbuch auch das von der Bauaufsichtsbehörde geführte **Baulastenverzeichnis** einzusehen (vgl. § 82 Abs. 4 und RNr. 60), kann nicht als Nachteil angesehen werden. Regelmäßig wird insbesondere ein Kaufinteressent mit Zustimmung des Grundstückseigentümers auch die Bauakten bei der BABeh. einsehen und sich dabei das Baulastenverzeichnis vorlegen lassen.

II. 1. Im Land **Brandenburg** gibt es das für die bauaufsichtliche Genehmigungspraxis vorteilhaftere Rechtsinstitut der Baulast nicht mehr. Das ist insbesondere im Hinblick auf die weiterhin geplante Fusion der beiden Länder Berlin und Brandenburg bedauerlich. Mit § 80 des Gesetzes über die Bauordnung vom 20. Juli 1990 (GBl. I S. 929) war für das Gebiet der ehemaligen DDR, also für alle neuen Bundesländer, die Baulast eingeführt worden. Im Ostteil der Stadt Berlin galt dieses Rechtsinstitut mit Wirkung vom 5. September 1990 (Bekanntmachung vom 14. September 1990, GVABl. S. 118). Im Jahre 1994 hat der Brandenburger Gesetzgeber die Vorschrift des § 80 der DDR-BauO nicht in seine Bauordnung aufgenommen und sich damit der Rechtslage in Bayern angepasst, wo es das Rechtsinstitut der Baulast nie gegeben hat, und die rechtliche Sicherung bauaufsichtlicher Anforderungen durch Dienstbarkeiten erfolgt. In Brandenburg hat die Auslegung und Anwendung z. B. des Begriffs der „rechtlich gesicherten" Zufahrt in § 4 Abs. 1 Nr. 2 der Brandenburgischen Bauordnung zu erheblichen Schwierigkeiten geführt (OVG Bbg, U. v. 20.11.2002, BRS 65 Nr. 115 = LKV 2003, 470).

2. Nach § 65 Abs. 1 der Brandenburgischen Bauordnung vom 16. Juli 2003 (GVBl. I S. 210) sind die zur Erfüllung öffentlich-rechtlicher Anforderungen zu übernehmenden Verpflichtungen durch Eintragung einer **beschränkten persönlichen** Dienstbarkeit im Grundbuch des zu belastenden Grundstücks zugunsten der Gebietskörperschaft rechtlich zu sichern, die die Aufgaben der Bauaufsichtsbehörde wahrnimmt. Die hier festgelegte Verpflichtung, zur rechtlichen Sicherung öffentlich-rechtlicher Genehmigungsvoraussetzungen eine Dienstbarkeit nach § 1090 BGB zu bestellen, beschreitet in der Verknüpfung von Bauordnungs- und Zivilrecht neue Wege. Die Behörde muss sich somit, wenn es um die Frage der Einhaltung öffentlich-rechtlicher baurechtlicher Verpflichtungen auf dem Baugrundstück geht, auf den Zivilrechtsweg begeben. Die bestehenden Baulastenverzeichnisse, die aufgrund des § 80 der DDR-BauO zwischen 1990 und 1994 angelegt wurden, behalten ihre Gültigkeit, soweit Baulasten nicht durch Dienstbarkeiten ersetzt sind (§ 65 Abs. 5 BbgBO).

III. 1. Die Baulast ist die durch Erklärung des Grundstückseigentümers freiwillig übernommene öffentlich-rechtliche Verpflichtung zu einem sein Grundstück betreffenden Tun, Dulden oder Unterlassen, die sich nicht schon aus öffentlich-rechtlichen Vorschriften ergibt. Die übernommene Verpflichtung muss dem **öffentlichen Recht** zuzuordnen sein. Als bauaufsichtliches Instrument greift die Baulast ihrer Struktur nach unmittelbar in das für die bauliche Nutzung und damit für die Entscheidung über die Baugenehmigung maßgebliche öffentlich-rechtliche Regelungsgefüge ein (BVerwG, B. v. 27.9.1990, BRS 50 Nr. 109 = NJW 1991, 713). Rein **privatrechtliche Verpflichtungen**, etwa die Freihaltung einer Aussicht oder die Zusage, auf einem bestimmten Grundstück keinen Hund zu halten, können nicht Gegenstand einer Baulast sein. Eine Baulast, durch die sich ein Grundstückseigentümer verpflichtet, nicht an Einzelhandelsunternehmen zu vermieten, die innenstadtschädliche Auswirkungen haben können, ist unwirksam (VGH BW, U. v. 10.1.2007, NVwZ-RR 2007, 662). Die öffentlich-rechtliche Struktur der Baulast wird aber nicht dadurch in Frage gestellt, dass sie regelmäßig aus privaten Interessen der beteiligten Grundstückseigentümer begründet wird. Zu einer „aufgedrängten" Baulast vgl. Ziegler, NVwZ 2005, 755.

9 Die Baulast dient dazu, die Genehmigungsfähigkeit eines Bauvorhabens durch die öffentlich-rechtliche Verpflichtung eines Grundstückseigentümers mit dinglicher Wirkung sicherzustellen. Die Verpflichtung muss baurechtlicher Art sein; nur dann kann sie auch ihren Zweck erfüllen und bei der Entscheidung über die Genehmigung eines Bauvorhabens Hindernisse aus dem öffentlichen Baurecht ausräumen. Die Eintragung der Baulast in das Baulastenverzeichnis kommt dann nicht in Betracht, wenn die Verpflichtungserklärung keine **öffentlich-rechtliche Bedeutung** für ein Bauvorhaben erlangen kann, etwa weil eine Bebauung planungsrechtlich unzulässig ist (BVerwG, B. v. 4.10.1994, BRS 56 Nr. 114 = NVwZ 1995, 377). Das Gleiche gilt, wenn von dem Baulastbegünstigten überhaupt kein Bauvorhaben beabsichtigt ist (OVG NRW, U. v. 28.2.2002, NVwZ 2003, 226). Nach Auffassung des VGH BW (U. v. 1.10.2004, BRS 67 Nr. 150) kann eine Baulast auch ohne konkreten Anlass übernommen werden, wenn nicht ausgeschlossen ist, dass sie in naher Zukunft baurechtliche Bedeutung gewinnen kann.

10 **2.** Die Baulast ist ihrer Struktur nach eine auf dem Grundstück haftende dingliche Last, eine Art öffentlich-rechtliche Dienstbarkeit (OVG Berlin, U. v. 26.7.1996, BRS 58 Nr. 120 = LKV 1997, 102). Die Grunddienstbarkeit nach § 1018 BGB kann allerdings nur auf ein das Grundstück betreffendes Dulden oder Unterlassen gerichtet sein, nicht aber wie die Baulast auch auf ein **grundstücksbezogenes Tun.** Die Belastung eines Grundstücks mit einer Baulast besteht unabhängig von dem gerade im Grundbuch eingetragenen Eigentümer, und sie wirkt auch gegenüber dem Rechtsnachfolger. Baulastverpflichteter und Baulastbegünstigter können identisch sein. Hier spricht man von einer **Eigentümerbaulast** (vgl. OVG Berlin, U. v. 29.10.1993, OVGE 21, 74 = NJW 1994, 2971). Nach § 82 Abs. 1 Satz 2 BauO Bln können auch Erbbauberechtigte ihr Erbbaurecht in entsprechender Weise wie der Grundstückseigentümer belasten.

11 **3.** Die Verpflichtung, die durch die Baulast gesichert werden soll, darf sich nicht schon aus öffentlich-rechtlichen Vorschriften ergeben. Derartige ohnehin bestehende Verpflichtungen sollen nicht noch zusätzlich gesichert und in das Baulastenverzeichnis eingetragen werden (**Subsidiarität**). Zulässig wäre eine Baulast zur Verhinderung künftiger baurechtswidriger Nutzungen, weil sich diese Verpflichtung nicht schon aus einer eindeutigen Vorschrift ergibt, aufgrund deren eine entsprechende Ordnungsverfügung erlassen werden könnte. Der Eigentümer kann sich ohnehin durch die Übernahme einer Baulast in Bezug auf die bebauungsrechtlich zulässige Nutzung seines Grundstücks enger binden als ihn die Bauaufsichtsbehörde einseitig binden, könnte (BVerwG, U. v. 7.12.2000, BRS 63 Nr. 160 = NVwZ 2001, 813, 814). Eine Baulast zur Verwirklichung eines bestimmten Bauvorhabens kann dann nicht in das Baulastenverzeichnis eingetragen werden, wenn dieses Vorhaben auch ohne eine Baulast mit dem öffentlichen Recht in Einklang steht und genehmigungsfähig wäre.

12 **IV. 1.** Das Hauptanwendungsgebiet der Baulast liegt im **Bauordnungsrecht**. So dürfen nach § 4 Abs. 1 Gebäude nur errichtet werden, wenn das Grundstück in angemessener Breite an einer befahrbaren öffentlichen Verkehrsfläche liegt, oder wenn das Grundstück eine befahrbare, **öffentlich-rechtlich gesicherte Zufahrt** zu einer befahrbaren öffentlichen Verkehrsfläche hat (nach § 4 Abs. 1 Nr. 2 BbgBO genügt eine rechtliche Sicherung). Die erforderliche öffentlich-rechtliche Sicherung wird in erster Linie durch die Bestellung einer Baulast erfolgen, sie kann sich aber auch aus den Festsetzungen eines Bebauungsplanes (vgl. z. B. § 9 Abs. 1 Nr. 21 BauGB) ergeben. Zum Verstoß gegen eine Zufahrtsbaulast durch Errichtung von Pfählen und Pfosten vgl. OVG Berlin, B. v. 25.4.1986 (– OVG 2 B 58.84 –); zum Verstoß durch Abstellen eines Kraftfahrzeugs auf der Zufahrt vgl. VG Berlin, U. v. 22.10.1998 (– VG 13 A 110.96 –). Wird die Baulast im Rahmen eines Baugenehmigungsverfahrens für die Erschließung eines konkreten

Bauvorhabens übernommen, dann ist sie regelmäßig dahin auszulegen, dass sie nur den Verkehr zu sichern bestimmt ist, der durch die typische Nutzung des genehmigten Vorhabens entsteht. Eine Zunahme des Verkehrs, die bei Abgabe der Verpflichtungserklärung nicht vorhersehbar war oder die auf einer Nutzungsänderung beruht, wird der Baulastverpflichtete nicht hinzunehmen haben. Entsprechendes gilt bei der Sicherung eines Wegerechts durch eine Grunddienstbarkeit nach § 1018 BGB (vgl. BGH, U. v. 11.4. und 6.6.2003, GE 2003, 1149, 1426).

2. Eine Grunddienstbarkeit oder eine beschränkte persönliche Dienstbarkeit (§ 1090 BGB) reichen regelmäßig als „öffentlich-rechtliche" Sicherung im Sinne von § 4 Abs. 1 nicht aus, da sie ohne Zustimmung der Bauaufsichtsbehörde aufgehoben werden könnten. Ein Notwegrecht nach § 917 BGB genügt den bauordnungsrechtlichen Anforderungen an die Erschließung eines Hinterliegergrundstücks auch dann nicht, wenn dieses aufgrund einer Baugenehmigung bebaut ist (zum bauplanungsrechtlichen Erschließungserfordernis vgl. OVG Brem, U. v. 30.9.2003, BRS 66 Nr. 71). Die Zugänglichkeit eines **an der Grenze eines Bundeslandes liegenden Baugrundstücks** über das öffentliche Straßennetz des Nachbarlandes wird mit Rücksicht auf die unterschiedlichen hoheitlichen Kompetenzen regelmäßig den bauordnungsrechtlichen Anforderungen an die schnelle Auffindbarkeit und sichere Zugänglichkeit des Grundstücks insbesondere für Feuerwehr und Rettungsfahrzeuge nicht genügen (OVG Berlin, U. v. 30.7.2003, LKV 2004, 86).

3. Nach § 4 Abs. 2 ist die Errichtung **eines Gebäudes auf mehreren Grundstücken** nur zulässig, wenn öffentlich-rechtlich gesichert ist, dass keine Verhältnisse eintreten können, die den Vorschriften dieses Gesetzes oder den aufgrund dieses Gesetzes erlassenen Vorschriften zuwiderlaufen (§ 4 Abs. 2 BbgBO: „rechtlich gesichert"). Die Bedeutung dieser Vorschrift liegt darin, dass sie der Baulast als einer öffentlich-rechtlichen Sicherung die Fähigkeit beilegt, das Verbot grenzüberschreitender Errichtung baulicher Anlagen zu durchbrechen und **die Zulässigkeit eines Überbaus** zu begründen. Auch ein Überbau, bei dem der Baukörper lediglich in den Luftraum des Nachbargrundstücks hineinragt, wird regelmäßig nur bei Bestellung einer Baulast nach § 4 Abs. 2 und nicht durch eine Abstandflächenbaulast dem Bauordnungsrecht entsprechen können (Nds. OVG, U. v. 21.1.1999, BRS 62 Nr. 146). Wie die Bezugnahme auf die Bauordnung zeigt, handelt es sich um eine bauordnungsrechtliche Vereinigungsbaulast, mit der auch nur bauordnungsrechtliche Hindernisse, die einem Bauvorhaben entgegenstehen, ausgeräumt werden können (vgl. Muster 2 der Anlage zu den AV Baulasten, RNr. 58). Durch eine derartige Baulast kann der Nachbarschutz zwischen den beiden Grundstückseigentümern eingeschränkt sein.

4. Nach § 6 Abs. 2 Satz 3 dürfen sich Abstandsflächen sowie Abstände ganz oder teilweise auf andere Grundstücke erstrecken, wenn öffentlich-rechtlich gesichert ist (§ 6 Abs. 2 Satz 4 BbgBO: „rechtlich gesichert"), dass sie nicht überbaut werden; Abstandsflächen dürfen auf die auf diesen Grundstücken erforderlichen Abstandsflächen nicht angerechnet werden. Mit der **Abstandsflächenbaulast** kann zugunsten des beabsichtigten Bauvorhabens öffentlich-rechtlich gesichert werden, dass auf dem zu belastenden Nachbargrundstück die erforderlichen Flächen freigehalten und diese nur mit den in der Abstandsfläche zulässigen Anlagen bebaut werden. Enthält die von dem Nachbarn des Bauherrn übernommene Baulast die Verpflichtung, eine bestimmte Fläche seines Grundstücks nicht zu bebauen, dann bleibt diese Fläche für die Berechnung der Abstandsfläche Teil des Baugrundstücks (vgl. VGH Bad.-Württ., B. v. 30.7.2001, BRS 64 Nr. 131). Bei der Übernahme von Abstandsbaulasten muss die Verpflichtungserklärung des Grundstückseigentümers regelmäßig das Vorhaben, zu dessen Vorteil die

§ 82 RNr. 16–20

Abstandsbaulast erklärt wird, unmissverständlich und eindeutig bezeichnen (Nds. OVG, U. v. 27.9.2001, BRS 64 Nr. 130; OVG NRW, B. v. 8.9.2004, NVwZ-RR 2005, 459).

16 5. Auch für die Errichtung von **Spielplätzen** kann die Eintragung einer Baulast erforderlich werden. § 8 Abs. 2 Satz 2 BauO Bln bestimmt, dass der Spielplatz auf dem Baugrundstück liegen muss; dass er aber auch auf einem unmittelbar angrenzenden Grundstück gestattet werden kann, wenn seine Benutzung zugunsten des Baugrundstücks öffentlich-rechtlich gesichert ist. In der entsprechenden Baulast können neben der Bereitstellung der für den Spielplatz erforderlichen Fläche auch öffentlich-rechtliche Verpflichtungen zu einem Tun, z. B. die Pflege und Erneuerung des Spielsandes sowie die Wartung und gegebenenfalls Instandsetzung schadhafter Spielgeräte und Spielflächen, übernommen werden (OVG Berlin, U. v. 29.10.1993, RNr. 10).

17 6. Auch hinsichtlich der Frage der **Standsicherheit** kommt die Eintragung einer Baulast in Betracht. Nach § 12 Abs. 2 ist die Verwendung gemeinsamer Bauteile für mehrere bauliche Anlagen zulässig, wenn öffentlich-rechtlich gesichert ist, dass diese gemeinsamen Bauteile bei Abbruch einer der baulichen Anlagen bestehen bleiben können (§ 11 Abs. 2 BbgBO: „rechtlich gesichert"). Dieser Fall ist bei einer durch Baulast gesicherten gemeinsamen Brandwand mehrerer Gebäude, insbesondere auf verschiedenen Grundstücken (vgl. Muster 6 der Anlage zu den AV Baulasten, RNr. 58) oder auch bei gemeinsamen Teilen von Gründungen gegeben. Die Gebäude sind dann in statischer Hinsicht miteinander verklammert (vgl. OVG Berlin, B. v. 2.6.1998, BRS 60 Nr. 118).

18 7. Ähnlich wie bei den Spielplätzen nach § 8 Abs. 2 Satz 2 BauO Bln können gemäß § 50 Abs. 2 Satz 1 auch **Stellplätze** auf dem Baugrundstück oder in zumutbarer Entfernung davon auf einem geeigneten Grundstück hergestellt werden, dessen Benutzung für diesen Zweck öffentlich-rechtlich gesichert ist (§ 43 Abs. 2 BbgBO: „rechtlich gesichert"). Die öffentlich-rechtliche Sicherung erfolgt regelmäßig durch die Bestellung einer Baulast (vgl. Muster 7 der Anlage zu den AV Baulasten, RNr. 58). Eine Dienstbarkeit (§ 1018 BGB), eine beschränkte persönliche Dienstbarkeit (§ 1090 BGB) oder etwa ein Mietvertrag würden als privatrechtliche Rechtsinstitute für den Nachweis notwendiger Stellplätze in Berlin nicht ausreichen. Zur Durchsetzung einer Stellplatzbaulast vgl. OVG Berlin, B. v. 12.11.1986 (– OVG 2 B 8.86 –) und insgesamt zur Stellplatzbaulast Ziegler, BauR 1988, 18 ff.

19 8. Mit einer Baulast können auch Flächen auf dem Nachbargrundstück zur Verlegung, Betreibung und Unterhaltung von **Leitungen** für die Versorgung mit Trinkwasser, Gas, Elektrizität, für die Ableitung von Abwasser für das Baugrundstück öffentlich-rechtlich gesichert werden. In seinem Urteil vom 8.9.1995 befasst sich das OVG Berlin (OVGE 21, 246 = BRS 57 Nr. 203 = NJW-RR 1996, 338) mit der Frage der Bestimmtheit einer Baulast, die die Möglichkeit des Anschlusses der Entwässerungsleitung eines Grundstücks an die vorhandene Entwässerungsleitung eines anderen Grundstücks sichern soll. Es handelt sich um eine bauordnungsrechtlich relevante Baulast, da sie die nach § 44 zu gewährleistende ordnungsgemäße Abwasserentsorgung des Grundstücks betrifft (vgl. Muster 11 der Anlage zu den AV Baulasten, RNr. 58).

20 9. Durch Baulast kann z. B. auch die Verpflichtung übernommen werden, eine **Hecke** zum Schutz des Nachbargrundstücks zu **erhalten** und gegebenenfalls neu zu pflanzen. Diese Verpflichtung steht im Zusammenhang mit Vorschriften, die in die Entscheidungskompetenz der Bauaufsichtsbehörde bei der baurechtlichen Beurteilung von Bauvorhaben fallen. So kann sich aus § 8 Abs. 1 Satz 1 eine Begrünungs- oder Bepflanzungspflicht ergeben; nach § 178 BauGB kann ein Pflanzgebot in Bezug auf die Festsetzungen nach § 9 Abs. 1 Nr. 25 BauGB erlassen werden.

10. Auch die Verpflichtung zur **Beheizung des Nachbargrundstücks**, solange es zu Wohnzwecken genutzt wird, kann Gegenstand einer Baulast sein. Das hat das OVG Berlin in seinem grundsätzlichen Urteil vom 29.10.1993 (RNr. 10) entschieden. Auch hier handelt es sich um eine öffentlich-rechtliche Verpflichtung zu einem das Grundstück des Baulastpflichtigen betreffenden Tun, das sich nicht schon aus öffentlich-rechtlichen Vorschriften ergibt. Denkbar wäre auch die Übernahme der Verpflichtung, auf dem belasteten Grundstück die Heizung nur mit bestimmten Brennstoffen (z. B. Flüssiggas) zu betreiben. Die Variationsbreite möglicher Inhalte von Baulasten ist ohnehin groß (BVerwG, B. v. 24.8.1993, RNr. 2). So kann auch eine Fläche für den **Müllbehälter** (§ 46 Abs. 1) auf dem Nachbargrundstück durch Baulast gesichert werden (vgl. Muster 9 der Anlage zu den AV Baulasten, RNr. 58).

21

V. 1. Im **Bauplanungsrecht** wird es sich bei den Baulasten zur Gewährleistung planungsrechtlicher Anforderungen häufig um Eigentümerbaulasten handeln.

22

So können der Verzicht auf Ersatz der Werterhöhung nach § 32 BauGB und das Anerkenntnis künftiger planerischer Festsetzungen nach § 33 Abs. 1 Nr. 3 BauGB Gegenstand einer Baulast sein. Hinsichtlich der Frage der **gesicherten Erschließung** z. B. nach § 30 Abs. 1 BauGB regelt das Planungsrecht nicht, wie die Sicherung zu erfolgen hat. Aus der Notwendigkeit, die Erschließung auf Dauer zu sichern, folgt, dass eine rein schuldrechtliche Vereinbarung des Bauherrn mit einem privaten Grundstücksnachbarn nicht ausreicht. Aus bundesrechtlicher Sicht bestehen keine Bedenken, eine gesicherte Erschließung nicht nur anzunehmen, wenn die Zufahrt zum öffentlichen Straßennetz öffentlich-rechtlich durch Baulast, sondern z. B. auch dann, wenn sie dinglich durch eine Grunddienstbarkeit gesichert ist (BVerwG, U. v. 3.5.1988, BRS 48 Nr. 92 = NVwZ 1989, 353). Regelmäßig werden aber ebenso wie für die bauordnungsrechtliche Erschließung nach § 4 Abs. 1 BauO Bln auch für die bauplanungsrechtliche Erschließung Baulasten bestellt.

2. Die in den §§ 30, 34 und 35 BauGB festgelegten **bundesrechtlichen Voraussetzungen** für die Bebauung eines Grundstücks dürfen nicht mit einer bauordnungsrechtlichen Regelung durch Baulast verändert werden. Der Regelungsgehalt einer Baulast darf auch nicht an die Stelle der Festsetzungen eines Bebauungsplanes, z. B. über die überbaubaren Grundstücksflächen nach § 9 Abs. 1 Nr. 2 BauGB treten (VGH BW, U. v. 24.4.1974, BRS 28 Nr. 123 und U. v. 6.7.2005, ZfBR 2005, 686; vgl. auch OVG Berlin, U. v. 1.12.2004 – OVG 2 B 14.03 –)

23

3. Durch eine so genannte **Vereinigungsbaulast** kann nicht in den planungsrechtlichen Grundstücksbegriff eingegriffen werden. Nach den grundstücksbezogenen Vorschriften in § 19 Abs. 3, § 20 Abs. 2 und § 21 Abs. 1 BauNVO ist für die Berechnung des Maßes der baulichen Nutzung die Fläche des Baugrundstücks maßgebend, die im Bauland liegt. Damit wird an die in den Kataster- und Grundbucheintragungen festgelegte Grundstücksfläche angeknüpft. Das Grundstück im bauplanungsrechtlichen Sinn ist grundsätzlich mit dem bürgerlich-rechtlichen Buchgrundstück identisch. Dieser bundesrechtliche Grundstücksbegriff darf nicht durch landesrechtliche Baulasten verändert werden. Dazu hat das Oberverwaltungsgerichts Berlin in seinem Urteil vom 14.8.1987 (OVGE 19, 72 = ZfBR 1988, 54 – LS –; bestätigt durch BVerwG, U. v. 14.2.1991, BVerwGE 88, 24 = BRS 52 Nr. 161) entschieden: Wird durch eine Vereinigungsbaulast auf dem belasteten Grundstück in tatsächlicher Hinsicht ein Ausgleich etwa für eine übermäßige bauliche Nutzung des Baugrundstücks hergestellt und wären bei Annahme eines einheitlichen Baugrundstücks die bauplanungsrechtlichen Vorschriften eingehalten, so könnte in Betracht gezogen werden, ob aufgrund der eingetragenen Baulast die tatsächlichen Voraussetzungen für die **Erteilung einer Befreiung** von den planungs-

24

rechtlichen Festsetzungen des Baugrundstücks nach § 31 Abs. 2 BauGB verbessert wären. Allein das Vorliegen einer solchen Baulast begründet noch keinen atypischen Sachverhalt und rechtfertigt deshalb noch nicht die Erteilung einer Befreiung von den Festsetzungen des Bebauungsplanes.

25 Soweit durch eine Vereinigungsbaulast der **Nachbarschutz** z. B. gegen Stellplätze aus der entsprechenden **landesrechtlichen** Stellplatzvorschrift ausgeschlossen sein könnte, wären damit aber nicht die Abwehrrechte aus der **bundesrechtlichen** Vorschrift des § 15 Abs. 1 Satz 2 BauNVO betroffen, wonach unter anderem die in § 12 BauNVO genannte Stellplätze und Garagen unzulässig sind, wenn von ihnen Belästigungen oder Störungen ausgehen können, die nach der Eigenart des Baugebiets im Baugebiet selbst oder in dessen Umgebung unzumutbar sind. Der in § 15 Abs. 1 Satz 2 BauNVO nach Maßgabe des Rücksichtnahmegebots angelegte Drittschutz des Nachbarn besteht grundsätzlich auch gegenüber Anlagen auf Grundstücken, die mit dem Grundstück des Nachbarn durch eine landesrechtliche Vereinigungsbaulast zusammengeschlossen sind; denn der bauplanungsrechtliche Grundstücksbegriff kann nicht durch landesrechtliche Baulasten verändert werden(BVerwG, U. v. 7.12.2000, BRS 63 Nr. 160 = NVwZ 2001, 813).

26 4. Was für die Vereinigungsbaulast gilt, ist entsprechend für eine **Flächenbaulast** maßgebend, bei der ein Grundstückseigentümer sich zugunsten des Baugrundstücks des Nachbarn verpflichtet, das Maß der baulichen Nutzung auf seinem Grundstück nicht auszuschöpfen. Das Grundstück des Verpflichteten wird damit fiktiv um eine bestimmte Fläche verkleinert und das des Begünstigten entsprechend vergrößert. Die bauplanungsrechtliche Situation des Baugrundstücks wird zwar dadurch nicht verändert; das festgesetzte Maß der baulichen Nutzung ist auf diesem Grundstück weiterhin nicht eingehalten. Die Baulast auf dem Grundstück des Verpflichteten kann aber für das Baugrundstück die Voraussetzungen für die Erteilung einer Befreiung schaffen. Das hat das VG Berlin bereits mit seinem Urteil vom 27.1.1978 (GE 1979, 328) festgestellt (nunmehr auch VGH BW, U. v. 31.10.2002, BRS 65 Nr. 141 = BauR 2003, 1554).

27 5. Ob eine Baulast mit der von dem Eigentümer übernommenen Verpflichtung, auf dem belasteten Baugrundstück **Immissionen,** d. h. schädliche Umwelteinwirkungen, die von einem benachbarten Grundstück ausgehen, zu dulden, zulässig wäre, erscheint zumindest insoweit zweifelhaft, als hierdurch Gesundheitsgefahren z. B. auch für die Mieter auf dem belasteten Grundstück drohen. Die Frage kann insbesondere bei einem **Nebeneinander von Wohnbebauung und emittierenden Betrieben** auftreten. Eine Verpflichtungserklärung des Eigentümers eines Baugrundstücks, aufgrund der einzutragenden Baulast die von dem z. B. landwirtschaftlich genutzten Nachbargrundstück ausgehenden Immissionen zu dulden, hindert die Bauaufsichtsbehörde jedenfalls grundsätzlich nicht, die für ein Wohnbauvorhaben beantragte Baugenehmigung wegen Verstoßes gegen die öffentlichen Belange der Vermeidung schädlicher Umwelteinwirkungen und der Einhaltung des **Rücksichtnahmegebots** (§ 15 Abs. 1 BauNVO) abzulehnen (VGH BW, U. v. 25.7.1995, BRS 57 Nr. 74). Ein durch Baulast gesicherter genereller Verzicht auf Abwehrrechte gegen schädliche Umwelteinwirkungen wird grundsätzlich kein taugliches Mittel zur Konfliktbewältigung sein können (HessVGH, B. v. 16.3.1995, BRS 57 Nr. 216; OVG MV, B. v. 9.2.1999, BRS 62 Nr. 106).

28 Dagegen könnte eine konkrete Verpflichtung, erhebliche Belästigungen zu dulden, die unterhalb der Schwelle einer Gesundheitsgefährdung liegen, als **Verzicht auf** die Geltendmachung nachbarlicher **Abwehrrechte** gegen Immissionen im Ausmaß von **Belästigungen** verstanden werden, die von Betrieben im benachbarten Gewerbe- und

Industriegebiet auf das Wohnbauvorhaben einwirken würden; eine Duldungsverpflichtung mit diesem Inhalt wird als grundsätzlich zulässiger Inhalt einer Baulast angesehen (OVG Saar, U. v. 18.6.2002, BRS 65 Nr. 188 = NJW 2003, 768). Erforderlich ist, dass der Verzichtswille eindeutig und unmissverständlich zum Ausdruck kommt und sich auf ein konkretes Bauvorhaben bezieht.

Der Grundsatz der **Subsidiarität** der Baulast (RNr. 11) wäre nicht verletzt. Es geht um die Konkretisierung des in § 15 Abs. 1 BauNVO enthaltenen Gebots der Rücksichtnahme bei einem Nebeneinander von Wohnen und gewerblicher Nutzung. Nach Auffassung des VGH BW (U. v. 13.2.2004, VBlBW 2004, 383 – LS –) lässt sich bei der Aufstellung eines Bebauungsplanes der durch ein Nebeneinander von allgemeinem Wohngebiet und Gewerbegebiet entstehende Konflikt durch Übernahme einer Baulast lösen, mit der sich der Eigentümer der im Gewerbegebiet liegenden Grundstücke verpflichtet, die Grundstücke nicht zur Unterbringung von das Wohnen wesentlich störenden Gewerbebetrieben zu nutzen.

VI. 1. Die **Verpflichtungserklärung** zur Bestellung einer Baulast können Grundstückseigentümer abgeben, wobei es genügt, dass der Erklärende in dem für das Wirksamwerden der Baulast maßgeblichen Zeitpunkt der Eintragung in das Baulastenverzeichnis Eigentümer ist; bei Abgabe der Verpflichtungserklärung braucht er noch nicht im Grundbuch eingetragen zu sein (OVG Berlin, U. v. 8.9.1995, RNr. 19). Bei Miteigentum an einem Grundstück, für das eine Baulast übernommen werden soll, sind von allen **Miteigentümern** entsprechende Verpflichtungserklärungen abzugeben, ebenso bei einem Erbbaurecht, das mehreren Personen zusteht (Nr. 3 Abs. 1 AVBaulasten, RNr. 58) sowie bei einer ungeteilten Erbengemeinschaft, für die alle **Miterben** mitwirken müssen (§ 2040 Abs. 1 BGB). Bei einer Verpflichtungserklärung eines minderjährigen Grundstückseigentümers wird nach § 1643 Abs. 1, § 1821 Abs. 1 Nr. 1 BGB die Genehmigung des Familiengerichts erforderlich sein (OVG NRW, U. v. 9.5.1995, BRS 57 Nr. 204). Da die Baulast „unbeschadet der Rechte Dritter" bestellt werden kann, darf der Eigentümer die Verpflichtungserklärung grundsätzlich ohne Zustimmung der Inhaber dinglicher Rechte abgeben (OVG NRW, U. v. 18.7.1995, BRS 57 Nr. 205). Etwas anderes wird nur für den Erbbauberechtigten gelten, der nicht nur ein dingliches, sondern ein grundstücksgleiches Recht hat (Nds. OVG, U. v. 26.5.1989, BRS 49 Nr. 177).

Ein vom Grundstückseigentümer nach Eintragung einer **Auflassungsvermerkung** übernommene Baulast ist dem Grundstückskäufer gegenüber insoweit unwirksam, als sie dessen Anspruch vereiteln oder beeinträchtigen würde (SächsOVG, B. v. 9.9.1994, BRS 56 Nr. 115); dementsprechend wird deshalb grundsätzlich eine Zustimmung des Auflassungsvormerkungsberechtigten zur Begründung einer Baulast erforderlich sein (NdsOVG, U. v. 12.9.1997, BRS 59 Nr. 192). Der Eigentümer eines im Rahmen der **Zwangsversteigerung** beschlagnahmten Grundstücks kann eine Baulast nur mit Zustimmung des Vollstreckungsgläubigers bestellen (OVG NRW, U. v. 18.7.1995, BRS 57 Nr. 205).

Im **Umlegungsverfahren** dürfen Baulasten nur mit Genehmigung der Umlegungsstelle neu begründet, geändert oder aufgehoben werden (§ 51 Abs. 1 Nr. 1 BauGB); im förmlich festgelegten **Sanierungsgebiet** bedarf es dafür der schriftlichen Genehmigung der Gemeinde (§ 144 Abs. 2 Nr. 4 BauGB).

2. Der Abgabe der Verpflichtungserklärung zur Begründung einer Baulast liegen regelmäßig **privatrechtliche Vereinbarungen** der beteiligten Grundstückseigentümer zugrunde. Das ist nur dann nicht der Fall, wenn ein Grundstückseigentümer die Verpflichtung zugunsten seines Grundstücks oder zugunsten eines Nachbargrundstücks, das in seinem Eigentum steht, abgibt (**Eigentümerbaulast**). Ein **öffentliches Interesse**

an der Abgabe der Verpflichtungserklärung zur Bestellung einer Baulast dürfte nicht erforderlich sein, da es regelmäßig nur um die Beseitigung baurechtlicher Hindernisse für die Genehmigung eines privaten Bauvorhabens geht (OVG Berlin, U. v. 29.10.1993, RNr. 10). Erst dann, wenn die Baulast entstanden und aufgrund ihres Bestehens eine Baugenehmigung erteilt oder ein Bauvorhaben errichtet worden ist, besteht an dem Fortbestand der Baulast ein öffentliches Interesse (vgl. die Regelung über den Verzicht in § 82 Abs. 3 Satz 2 BauO Bln), sofern das Bauvorhaben nur aufgrund der Baulast mit den öffentlich-rechtlichen Vorschriften vereinbar ist.

31 Bei einem fehlenden **Sachbescheidungsinteresse**, z. B. wenn die Baugenehmigung auch mit der Baulast nicht erteilt werden könnte, wird die Eintragung in das Baulastenverzeichnis abzulehnen sein. Das kann der Fall sein, wenn überhaupt nicht absehbar ist, dass die Verpflichtungserklärung jemals öffentlich-rechtliche Bedeutung erlangen wird, so z. B. wenn eine Zufahrtsbaulast als öffentlich-rechtliche Sicherung funktionslos wäre, weil eine Bebauung des Grundstücks aus planungsrechtlichen Gründen nicht in Betracht kommt (BVerwG, B. v. 4.10.1994, RNr. 9). Wird ein **Antrag** zur Eintragung einer Baulast **zurückgenommen**, wird eine Gebühr nach § 5 der Baugebührenordnung vom 19. Dezember 2006 (GVBl. S. 1150) – BauGebO – erhoben.

32 3. Nach § 82 Abs. 2 bedarf die Verpflichtungserklärung der **Schriftform**; die Unterschrift muss öffentlich beglaubigt (§ 126, 129 BGB) oder von einer Vermessungsstelle beglaubigt sein, wenn sie nicht vor der Bauaufsichtsbehörde geleistet oder vor ihr anerkannt wird. Eine nur amtliche Beglaubigung reicht nicht aus (§ 34 Abs. 1 Satz 2 Nr. 2 VwVfG; HessVGH, U. v. 5.12.1982, BRS 39 Nr. 171). Die Verpflichtungserklärung ist eine einseitige empfangsbedürftige öffentlich-rechtliche Willenserklärung, die entsprechend § 130 BGB mit Zugang bei der BABeh. wirksam wird. Die Baulast selbst wird allerdings erst mit der Eintragung wirksam (§ 82 Abs. 1 Satz 3). Bei Abgabe der Erklärung durch einen **Bevollmächtigten** ist eine beglaubigte Vollmacht zu fordern und zu den Akten zu nehmen (Nr. 3 Abs. 1 AVBaulasten, RNr. 58).

33 4. Die Verpflichtungserklärung muss den Inhalt und Umfang der übernommenen öffentlich-rechtlichen **Verpflichtung eindeutig** erkennen lassen (siehe RNr. 54). Maßgeblich für diese Beurteilung ist, ob die durch die Baulast zu sichernde Duldungs-, Handlungs- oder Unterlassungsverpflichtung bei einer entsprechend § 133 BGB am objektiven Empfängerhorizont orientierten Auslegung ihres Wortlauts so klar und unzweideutig ist, dass sie mit Hilfe einer bauaufsichtlichen Ordnungsverfügung durchgesetzt werden kann (OVG Berlin, U. v. 8.9.1995, RNr. 19). Ein **Lageplan** ist erforderlich, wenn die Baulast nicht schon durch den Text der Verpflichtungserklärung eindeutig beschrieben werden kann, was regelmäßig bei flächenrelevanten Verpflichtungen der Fall ist (OVG Berlin, U. v. 8.9.1995, RNr. 19), die Baulast sich also flächenmäßig auf das zu belastende Grundstück bezieht (vgl. Nr. 3 Abs. 4 AV Baulasten, RNr. 58).

34 5. Eine Verpflichtungserklärung, mit der die Genehmigungsfähigkeit eines Bauvorhabens auf dem begünstigten Grundstück aufgrund der einzutragenden Baulast erreicht werden soll, kann aus Gründen der Rechtssicherheit nicht mit einer aufschiebenden **Bedingung** versehen werden. Für eine auflösende Bedingung (vgl. BVerwG, U. v. 8.5.2002, NVwZ-RR 2002, 770) kann nichts anderes gelten; es fehlt an der dauerhaften öffentlich-rechtlichen Sicherung. Über die Beendigung einer Baulast entscheidet allein die Bauaufsichtsbehörde, wie die Vorschrift über den Verzicht in § 82 Abs. 3 BauO Bln erkennen lässt.

35 6. Aus Gründen der Rechtssicherheit und des Vertrauensschutzes kann die Verpflichtungserklärung jedenfalls dann nicht mehr nach § 119 BGB wegen Irrtums angefochten

werden, wenn die Baulast mit konstitutiver Wirkung in das Baulastenverzeichnis eingetragen ist. Erst recht ist die **Anfechtung** ausgeschlossen, wenn die Baugenehmigung, der die Baulast zugrunde liegt, erteilt und das Bauvorhaben verwirklicht worden ist (vgl. auch OVG Berlin, U. v. 8.9.1995, RNr. 19 und VG Berlin, U. v. 12.4.2000 – VG 19 A 1439.96 – sowie dazu OVG Berlin, B. v. 21.11.2000 – OVG 2 N 12.00 –). Mit Rücksicht auf den öffentlich-rechtlichen Sicherungszweck der Baulast steht nur der BABeh. die Verfügungsmacht über den Fortbestand einer wirksam begründeten Baulast zu. Ähnliches dürfte auch für eine Anfechtung wegen arglistiger Täuschung oder Drohung (§ 123 BGB) gelten. Die Grundsätze über den Wegfall der Geschäftsgrundlage sind auf Verpflichtungserklärungen zur Begründung einer Baulast nicht anwendbar (OVG SH, U. v. 19.6.1996, BRS 58 Nr. 42).

VII. 1. Die **Eintragung** der Baulast ist ein Verwaltungsakt im Sinne des § 35 VwVfG, denn sie hat **konstitutive Wirkung**. Das ergibt sich aus der Regelung in § 82 Abs. 1 Satz 3, wonach Baulasten mit der Eintragung in das Baulastenverzeichnis wirksam werden. Eine Bekanntgabe an die Beteiligten ist nicht vorgesehen, aber angezeigt, damit die Baulasteintragung bestandskräftig werden kann (vgl. auch OVG Berlin, U. v. 8.9.1995, RNr. 19).

2. Ein Anspruch des **Baulastverpflichteten** auf Eintragung der Baulast kann bestehen, wenn die Verpflichtungserklärung den gesetzlichen Anforderungen entspricht und auch ein Sachbescheidungsinteresse an der Bestellung der Baulast gegeben ist. Wird deshalb eine Eintragung zu Unrecht abgelehnt, kommt nach Durchführung des Widerspruchsverfahrens die Erhebung einer Verpflichtungsklage in Betracht.

3. Viel spricht dafür, dass ein derartiger Anspruch auf Eintragung auch dem durch eine wirksame Verpflichtungserklärung und die einzutragende Baulast begünstigten Eigentümer des Baugrundstücks zusteht. Mit der Eintragung der Baulast kann der **Begünstigte** die Genehmigungsfähigkeit seines Bauvorhabens erreichen; entgegenstehende öffentlich-rechtliche Hindernisse werden mit der Baulast ausgeräumt. So greift die durch die Eintragung entstandene Baulast unmittelbar in das Regelungsgefüge ein, das für die Entscheidung über den Antrag des Begünstigten auf Erteilung der Baugenehmigung bestimmend ist. Sie verbessert aufgrund der Verpflichtungserklärung seine Rechtsstellung; seine privaten Interessen an der Errichtung eines bestimmten Bauwerks erhalten mit der Eintragung der Baulast ihre öffentlich-rechtliche Sicherstellung. Damit wird die vom Schutzbereich des Eigentumsgrundrechts des Art. 14 Abs. 1 GG umfasste Baufreiheit auch durch die Baulastregelung gewährleistet. Dementsprechend wird vielfach zu Recht dem Begünstigten ein Anspruch auf Eintragung einer Baulast, wenn für ihn eine wirksame Verpflichtungserklärung vorliegt, zugebilligt (vgl. Große-Suchsdorf/Lindorf/Schmaltz/Wiechert, NdsBauO, 8. Aufl. 2006, § 92 RNr. 29; NdsOVG, U. v. 2.7.1991, BRS 52 Nr. 164).

VIII. 1. Für die Wirksamkeit einer Baulast kommt es auf das Bestehen und auf den Inhalt der privatrechtlichen Beziehungen zwischen dem Baulastverpflichteten und dem Baulastbegünstigten nicht an. **Unabhängig von den privatrechtlichen Vereinbarungen** begründet die Baulast nur öffentlich-rechtliche Beziehungen gegenüber der Bauaufsichtsbehörde (OVG Berlin, U. v. 29.10.1993, RNr. 10; OVG Brem, U. v. 21.10.1997, BRS 60 Nr. 120). Die mit der Baulast bezweckte öffentlich-rechtliche Sicherung der Genehmigungsvoraussetzungen für das Bauvorhaben auf dem Grundstück des Begünstigten ist gegenüber den privatrechtlichen Rechtsverhältnissen zwischen den Beteiligten verselbständigt.

40 2. Die Baulast räumt dem Eigentümer des Baugrundstücks keinen zivilrechtlichen Nutzungsanspruch ein; sie **verpflichtet** regelmäßig den Eigentümer des belasteten Grundstück auch **nicht zivilrechtlich** zu einem bestimmten Tun, Dulden oder Unterlassen (OVG Berlin, U. v. 29.10.1993, RNr. 10; NdsOVG, U. v. 27.9.2001, BRS 64 Nr. 130). Deshalb liegen der mit einer Baulast übernommenen Verpflichtung regelmäßig privatrechtliche Vereinbarungen zugrunde, in denen der begünstigte Bauherr und der verpflichtete Grundstückseigentümer ihre Beziehungen absichern und die mit der Übernahme der Baulast verbundenen Einschränkungen ausgleichen. Vielfach wird die ‚Befugnis zur Nutzung des mit der Baulast belasteten Grundstücks auch dinglich mit einer Grunddienstbarkeit nach § 1018 BGB gesichert. Ohne derartige zivilrechtliche, vertragliche oder dingliche, Regelungen kann sich der Baulastbegünstigte nicht darauf verlassen, dass der Verpflichtete die Baulastverpflichtungen auch einhält. Aus einer zwischen den Beteiligten bestehenden Grunddienstbarkeit, die die Sicherstellung der Bebaubarkeit des Grundstücks des Begünstigten bezweckt, kann der **Anspruch auf Bestellung** einer entsprechenden Baulast folgen, und zwar kann sich die Verpflichtung auf Abgabe der Baulasterklärung als Nebenpflicht aus dem durch die Grunddienstbarkeit geschaffenen gesetzlichen Schuldverhältnis ergeben (vgl. z. B. BGH, U. v. 3.7.1992, NJW-RR 1992, 1484 und Serong, BauR 2004, 433, 436 ff.).

41 3. Ohne derartige privatrechtliche Regelungen durch Vertrag oder Dienstbarkeit kann der Baulastverpflichtete gegen den Baulastbegünstigten einen **Bereicherungsanspruch** wegen unbefugter Inanspruchnahme seines Eigentums haben. Die Baulast stellt keinen Rechtsgrund für die Nutzung dar. So liegt der vermögenswerte Vorteil im Sinne von § 812 Abs. 1 BGB z. B. bei einer Stellplatzbaulast darin, dass der für die Genehmigung erforderliche Nachweis von Stellplätzen mit der Baulast erbracht werden kann. In dieser begünstigenden Wirkung liegt der wirtschaftliche Wert der Baulast, die Bestellung der Baulast ist als Leistung im bereicherungsrechtlichen Sinne zugunsten des Bauherrn zu werten (BGH, U. v. 7.10.1994, NJW 1995, 53).

42 4. Auch die Regelung des § 242 BGB kann für die Beziehungen zwischen dem Baulastbegünstigten und dem Baulastverpflichteten von Bedeutung sein. Ist z. B. ein Grundstückseigentümer aufgrund einer öffentlich-rechtlichen Baulast zur Duldung einer Garage zugunsten des jeweiligen Eigentümers des Nachbargrundstücks verpflichtet, so handelt er **rechtsmissbräuchlich**, wenn er klageweise von Baulastbegünstigten Herausgabe und Räumung der Garage verlangt, solange die Baulast besteht und keine Anhaltspunkte dafür vorhanden sind, die Bauaufsichtsbehörde werde sie nicht durchsetzen oder auf sie verzichten. In diesem Fall würde der Baulastverpflichtete den Begünstigten in eine baurechtswidrige Lage bringen, weil der Begünstigte seiner Stellplatzverpflichtung auf dem eigenen Grundstück nicht nachkommen kann, und der Verpflichtete zur Verhinderung dieses Verstoßes gegen öffentlich-rechtliche Vorschriften die Baulast übernommen hatte (vgl. BGH, U. v. 9.1.1981, NJW 1981, 980 und v. 8.7.1983, NJW 1984, 124).

43 5. Durch die mit der Eintragung in das Baulastenverzeichnis entstandene Baulast werden öffentlich-rechtliche Hindernisse, die einer Bebauung des Grundstücks entgegenstehen, ausgeräumt. Die Baulast greift, wie dargelegt, unmittelbar in das Regelungsgefüge ein, das für die Zulässigkeit der baulichen Nutzung und damit für die Entscheidung der Bauaufsichtsbehörde über den Antrag des Baulastbegünstigten auf Erteilung der Baugenehmigung bestimmend ist. Dieser hat dann, wenn alle sonstigen Genehmigungsvoraussetzungen für sein Bauvorhaben erfüllt sind, einen **Anspruch auf Erteilung der Baugenehmigung.**

6. Ein Anspruch gegenüber der BABeh. aus der Baulast auf ihre Durchsetzung gegenüber dem Baulastverpflichteten könnte dem Baulastbegünstigten nur dann zustehen, wenn ein zivilrechtlicher Nutzungsanspruch besteht oder der Begünstigte sich gegenüber Einwendungen des Verpflichteten auf § 242 BGB (Rechtsmissbrauch) berufen kann und ohne **die Durchsetzung der Baulast** rechtswidrige Zustände, die den Begünstigten in seinen Rechten beeinträchtigen, eintreten würden. Bei einer derartigen Konstellation besteht jedenfalls ein Anspruch auf ermessensfehlerfrei Entscheidung über die Durchsetzung der Baulast mit der Möglichkeit der Reduktion des Ermessens auf ein Einschreiten gegen den Baulastverpflichteten (OVG Berlin, U. v. 29.10.1993, RNr. 10). Dies kann z. B. der Fall sein, wenn bei einer Zufahrtsbaulast der Weg vom Baulastverpflichteten so versperrt wird, dass der Begünstigte oder die Feuerwehr sein Grundstück nicht erreichen kann oder entgegen einer Beheizungsbaulast das Wohngebäude des Begünstigten während der Heizperiode nicht beheizt wird. Zur Durchsetzung einer Stellplatzbaulast vgl. VG Berlin (U. v. 27.11.1985, GE 1986, 59), bestätigt durch das OVG Berlin (B. v. 12.11.1986 – OVG 2 B 8.86 –). Zu einer Abstandsflächenbaulast siehe VG Neustadt (U. v. 24.6.2004, NVwZ-RR 2005, 461).

7. Bei Verstößen des Baulastverpflichteten gegen die von ihm übernommene öffentlich-rechtliche Verpflichtung zu einem grundstücksbezogenen Tun, Dulden oder Unterlassen kann die BABeh. mit einer **Ordnungsverfügung** gegen den Baulastverpflichteten vorgehen. Die Baulastvorschriften enthalten zwar keine spezielle Eingriffsermächtigung. Der Verstoß des Baulastverpflichteten gegen die mit der Baulast übernommene Verpflichtung, z. B. einen Stellplatz für den Begünstigten freizuhalten oder eine durch Baulast gesicherte Abstandsfläche nicht zu bebauen, ist aber **ein Verstoß gegen öffentlich-rechtliche Vorschriften**, der die BABeh. zum Erlass einer mit Zwangsmitteln durchsetzbaren Ordnungsverfügung berechtigen kann (OVG Berlin, U. v. 29.10.1993, RNr. 10; siehe auch § 58 Abs. 1). Diese öffentlich-rechtliche Befugnis der Behörde, den Baulastverpflichteten zur Erfüllung der der Einhaltung der baurechtlichen Vorschriften dienenden baulastgesicherten Verpflichtung einzuhalten, kann nicht verwirken (OVG Berlin, B. v. 12.11.1986, RNr. 44). Die Ordnungsverfügung kann wegen der Grundstücksbezogenheit der Baulast auch gegen **Dritte** gerichtet werden, die gegen die übernommene Verpflichtung verstoßen. Störer ist jeder, der der öffentlich-rechtlichen Baulastverpflichtung zuwiderhandelt; das können z. B. auch Mieter oder Pächter auf dem Grundstück des Verpflichteten sein.

8. Die mit der Eintragung in das Baulastenverzeichnis wirksam werdende Baulast wirkt schon wegen ihrer notwendigen Grundstücksbezogenheit auch gegenüber **Rechtsnachfolgern**. Auf den Grund für den Rechtsübergang (Veräußerung, Erbgang) kommt es nicht an. Die Baulast als grundstücksbezogene öffentliche Belastung erlischt auch nicht in der **Zwangsversteigerung**. Sie ist eine öffentlich-rechtliche Beschränkung des Grundstücks, die der BABeh. eine dauernde Sicherung der baurechtmäßigen Nutzung auf dem begünstigten Grundstück bieten soll (OVG Berlin, U. v. 29.10.1993, RNr. 10; BVerwG, B. v. 29.10.1992, BRS 54 Nr. 157 = NJW 1993, 480).

IX. 1. Nach § 82 Abs. 3 Satz 2 ist der **Verzicht** auf die Baulast zu erklären, wenn ein öffentliches Interesse an der Baulast nicht mehr besteht. Das ist insbesondere der Fall, wenn sich die für die Begründung der Baulast maßgebenden tatsächlichen oder rechtlichen **Umstände wesentlich geändert** haben und die Baulast hierdurch funktionslos geworden ist, wenn also die durch die Baulast gesicherten öffentlich-rechtlichen Belange nicht mehr sicherungsbedürftig sind (NdsOVG, U. v. 28.2.1983, BRS 40 Nr. 179; OVG Brem, U. v. 21.10.1997, BRS 60 Nr. 120). Nur dann, wenn auch ohne die Baulast keine baurechtswidrigen Zustände auf dem durch die Baulast begünstigten Grundstück eintreten können, kommt ein Verzicht der Bauaufsichtsbehörde auf die Baulast in Betracht (OVG Berlin, U. v. 26.7.1996, RNr. 10).

48 2. So entfällt das öffentliche Interesse an der Aufrechterhaltung einer der Erschließung eines Hinterliegergrundstücks liegenden **Zufahrtsbaulast** grundsätzlich nicht schon deshalb, weil dieses an der Grenze eines anderen Bundeslandes liegende Baugrundstück nachträglich durch eine öffentliche Straße des benachbarten Bundeslandes erschlossen wird. Dadurch wird die Baulast nicht funktionslos; denn auch bei einer planungsrechtlich gesicherten Erschließung kann mit Rücksicht auf die unterschiedlichen hoheitlichen Kompetenzen den bauordnungsrechtlichen Anforderungen an die schnelle Auffindbarkeit und sichere Zugänglichkeit, insbesondere auch für die Feuerwehr, Rettungsfahrzeuge, Abfallbeseitigung, Post erhöhte Bedeutung zukommen (OVG Berlin, U. v. 30.7.2003, RNr. 13). Dagegen könnte das öffentliche Interesse an dem Fortbestand einer Zufahrtsbaulast dann entfallen, wenn die durch Baulast gesicherte Fläche für die Zufahrt straßenrechtlich unwiderruflich dem öffentlichen Verkehr gewidmet worden ist. Zum öffentlichen Interesse am Fortbestand einer Zugangsbaulast siehe VG Gera, U. v. 21.1.2004 (LKV 2005, 229).

49 3. Das öffentliche Interesse an einer Baulast besteht insbesondere auch dann nicht mehr, wenn aufgrund einer **Änderung der Rechtslage** die Einhaltung der durch die Baulast gesicherten Regelung generell nicht mehr geboten ist, derselbe Gegenstand später vom Gesetzgeber in einer für die Beteiligten günstigeren Weise geregelt wird (VGH BW, B. v. 9.2.1994, BRS 56 Nr. 125).

50 4. Auf die **privaten Interessen**, insbesondere die privatrechtlichen Regelungen zwischen den Beteiligten, kommt es regelmäßig nicht an. Als öffentlich-rechtliches Institut des Bauordnungsrechts dient die Baulast ausschließlich dem öffentlichen Interesse an der Sicherung rechtmäßiger Verhältnisse auf dem Baugrundstück.

51 5. Der Verzicht der Bauaufsichtsbehörde ist **schriftlich** zu erklären und wird – mit konstitutiver Wirkung – in das Baulastenverzeichnis eingetragen (**Löschung**; vgl. § 82 Abs. 3 Satz 4). Der Verzicht ist wie die Bestellung der Baulast ein Verwaltungsakt (OVG Saar, U. v. 18.6.2002, BRS 65 Nr. 188 = NJW 2003, 768). Ist der Verzicht auf eine Baulast zu Unrecht erklärt worden, dann kommt eine Rücknahme dieses Verwaltungsaktes in Betracht (VGH BW, U. v. 22.12.1982, VBlBW 1983, 336). Vor dem Verzicht sollen der Verpflichtete und die durch die Baulast Begünstigten **angehört** werden (§ 82 Abs. 3 Satz 3 BauO Bln).

52 6. Wird die Erklärung des Verzichts von der BABeh. abgelehnt, kann der **Baulastverpflichtete** dagegen nach Durchführung des Widerspruchsverfahrens mit der **Verpflichtungsklage** (§ 42 VwGO) vorgehen. Ein mit dieser Klage durchsetzbarer Anspruch auf den Verzicht kann dann bestehen, wenn das öffentliche Interesse an der Baulast entfallen ist, also auch ohne die Baulast keine baurechtswidrigen Umstände eintreten. Zumindest besteht dann ein Anspruch auf eine ermessensfehlerfreie Entscheidung der BABeh.

53 7. Es spricht viel dafür, dass der **Baulastbegünstigte** den von der BABeh. erklärten Verzicht auf die Baulast nach Durchführung des Widerspruchsverfahrens anfechten kann. Damit lässt sich die Frage klären, ob die BABeh. zu Recht angenommen hat, das öffentliche Interesse an der Baulast sei entfallen, und diese sei deshalb für die öffentlich-rechtliche Sicherung der Rechtmäßigkeit des Bauvorhabens des Begünstigten nicht mehr erforderlich (NdsOVG, U. v. 2.7.1991, BRS 52 Nr. 164). Die Baulast räumt zwar dem begünstigen Grundstückseigentümer noch keinen Nutzungsanspruch gegen den

Eigentümer des belasteten Grundstücks ein, sie verleiht ihm aber doch einen Anspruch auf Genehmigung seines Vorhabens, den er ohne die Baulast nicht besitzt. Auch die Regelung über die Anhörung des Baulastbegünstigten vor dem Verzicht auf eine eingetragene Baulast spricht für die Einräumung eines Rechts zur Anfechtung des Verzichts. Der Bundesgerichtshof (U. v. 7.10.1994, RNr. 41) sieht überdies z. B. die im öffentlichen Baurecht begründete Begünstigung des Bauherrn durch eine Stellplatzbaulast als vermögenswerten Vorteil an. Gegen die Aufhebung dieser Rechtsposition, aufgrund deren sein Bauvorhaben genehmigt worden ist, durch den Verzicht der Bauaufsichtsbehörde wird sich der Begünstigte deshalb regelmäßig mit einer **Anfechtungsklage** nach § 42 VwGO wehren können.

X. 1. Die **Löschung** einer Baulasteintragung **ohne vorherige Verzichtserklärung** der BABeh. kommt in Betracht, wenn die Baulasteintragung **nichtig** oder wegen eines anderen Fehlers nach Durchführung des Widerspruchsverfahrens auf eine Anfechtungsklage hin nach § 113 Abs. 1 VwGO aufgehoben worden ist. In diesem Fall ist für einen Verzicht im Sinne von § 82 Abs. 3 BauO Bln kein Raum; es besteht von Anfang an kein öffentliches Interesse an der eingetragenen Baulast. Ein Verzicht auf eine nichtige oder aufgehobene Baulast ist begrifflich nicht möglich (vgl. OVG Saar, U. v. 18.6.2002, RNr. 51). Nichtig ist die Baulasteintragung nach § 44 Abs. 1 VwVfG, wenn sie an einem besonders schwerwiegenden Fehler leidet und dies bei verständiger Würdigung aller in Betracht kommenden Umstände offensichtlich ist (NdsOVG, U. v. 8.7.2004, BRS 67 Nr. 151 = NVwZ-RR 2005, 791). Regelmäßig wird dies der Fall sein, wenn schon die Verpflichtungserklärung selbst nichtig ist, z. B. wegen fehlender **Bestimmtheit** (siehe RNr. 33). Eine unbestimmte Baulasteintragung, deren Regelungsgehalt nicht erkennen lässt, welche Verpflichtungen zur Herstellung baurechtmäßiger Zustände auf dem Grundstück des Begünstigten übernommen worden sind, ist nichtig. So wird z. B. eine Baulast nichtig sein, mit der dem jeweiligen Eigentümer des begünstigten Grundstücks jedwede Grenzbebauung, und nicht konkret z. B. die Errichtung eines Wintergartens, gestattet wird (NdsOVG, U. v. 27.9.2001, BRS 64 Nr. 130). Unwirksam ist auch eine Baulast, die zu einer schon bestehenden wirksamen Baulast in Widerspruch steht, so, wenn z. B. auf einer durch Baulast gesicherten Stellplatzfläche (vgl. § 50 Abs. 2 Satz 1) eine Zufahrt im Sinne von § 4 Abs. 1 gesichert werden soll oder umgekehrt ein Stellplatz auf einer Zufahrt.

2. Eine nicht nichtige, aber wegen Verstoßes gegen die oben genannten Voraussetzungen rechtswidrige Baulast wird, da es sich bei ihrer Eintragung in das Baulastenverzeichnis um einen Verwaltungsakt handelt, **bestandskräftig**, wenn sie nicht rechtzeitig angefochten worden ist (OVG Brem, U. v. 21.10.1997, RNr. 47). Eine unmittelbare Löschung, wie bei einer nichtigen oder aufgehobenen Baulast, ist dann nicht mehr möglich. Die Beendigung der Baulast kann dann nur durch einen Verzicht der Bauaufsichtsbehörde erfolgen, wenn die dafür notwendigen Voraussetzungen vorliegen.

3. Der Anspruch auf Löschung der nichtigen oder auf Anfechtungsklage hin aufgehobenen Baulast ist nach Durchführung des Widerspruchsverfahrens mit der **Verpflichtungsklage** zu verfolgen (OVG Saar, U. v. 18.6.2002, RNr. 51).

XI. 1. Das nach § 82 Abs. 4 Satz 1 von der BABeh. geführte **Baulastenverzeichnis** soll bestehende Baulasten und andere baurechtliche Verpflichtungen des Grundstückseigentümers zu einem sein Grundstück betreffenden Tun, Dulden oder Unterlassen sowie Auflagen, Bedingungen, Befristungen und Widerrufsvorbehalte (§ 82 Abs. 4 Satz 2) offenkundig machen, um allen Beteiligten Klarheit über diese Umstände zu verschaffen, hierdurch den Rechtsverkehr zu erleichtern und auch die Verwaltung zu vereinfachen

(**Publizitätswirkung** der Baulast, der anderen baurechtlichen Verpflichtungen und der Nebenbestimmungen). Im Gegensatz zum Grundbuch genießt das Baulastenverzeichnis keinen öffentlichen Glauben. Zur Frage einer Online-Verwaltung von Baulasten und des Baulastenverzeichnisses vgl. Meendermann, Die öffentlich-rechtliche Baulast, 2003, S. 78 ff.

58 **2.** Einzelheiten über die Einrichtung und Führung des Baulastenverzeichnisses sind in den **Ausführungsvorschriften** zu § 82 BauO Bln (**AV Baulasten**) vom 24. November 2005 (ABl. S. 4670), geändert durch die Verwaltungsvorschriften vom 15. August 2006 (ABl. S. 3343), geregelt. Danach besteht das Baulastenverzeichnis aus einzelnen Baulastenblättern; jedes Grundstück erhält ein einzelnes Baulastenblatt. Regelmäßig wird der Wortlaut der Verpflichtungserklärung eingetragen. Wird in der Verpflichtungserklärung auf einen Lageplan Bezug genommen, so soll dies auch in der Eintragung geschehen (Nr. 2 Abs. 2 AV Baulasten). In der Anlage zu den AV Baulasten sind Muster für die einzelnen Baulastfälle der Bauordnung enthalten (siehe RNrn. 12 bis 21). Bei der Eintragung, Änderung oder Löschung einer Baulast entstehen **Gebühren**, nicht aber bei Verzicht der BABeh. wegen Wegfalls des öffentlichen Interesses nach § 81 Abs. 3 (Tarifstelle 3 des Gebührenverzeichnisses zur BauGebO; siehe RNr. 31).

59 **3.** Die nach § 82 Abs. 4 Satz 2 eintragbaren **Bauvermerke** sind keine Baulastverpflichtungen, sondern baurechtliche Verpflichtungen zu einem das Grundstück betreffenden Tun, Dulden oder Unterlassen, die dem Grundstückseigentümer schon kraft Gesetzes oder aufgrund eines Verwaltungsaktes, insbesondere einer Baugenehmigung oder einer Befreiung obliegen. Eingetragen werden können auch Auflagen, Bedingungen, Befristungen und Widerrufsvorbehalte, die als **Nebenbestimmungen** von Baugenehmigungen oder Abweichungen für den rechtmäßigen Fortbestand baulicher Anlagen oder die Nutzungsmöglichkeit des Grundstücks und damit für seinen Verkehrswert bedeutsam sind. Die Eintragung erfolgt regelmäßig aus Gründen der Rechtssicherheit und einer einfacheren Nachprüfbarkeit. Nach Nr. 4 Abs. 1 AV Baulasten (RNr. 58) soll von der Ermächtigung des § 82 Abs. 4 Satz 2 nur Gebrauch gemacht werden, soweit ein öffentliches Interesse an der Eintragung besteht. Im Gegensatz zur Eintragung von Baulasten hat die Eintragung der Bauvermerke nur deklaratorische Bedeutung.

60 **4.** § 73 Abs. 5 BauO Bln a. F. regelte die **Einsichtnahme** in das Verzeichnis und die Erteilung von Abschriften. Danach konnte in das Baulastenverzeichnis derjenige Einsicht nehmen, der ein **berechtigtes Interesse** darlegte. Das konnten insbesondere Rechtsnachfolger, Kreditgeber, Nachbarn und Kaufinteressenten sein. Ein Kaufinteressent wird regelmäßig nicht nur das Grundbuch, sondern auch das Baulastenverzeichnis einsehen müssen (RNr. 5). Für die Bejahung des berechtigten Interesses reichte die schlüssige und glaubwürdige vorgetragene Behauptung, ein Grundstück erwerben, beleihen, bebauen oder anderweitig nutzen zu wollen, in der Regel aus. Das galt auch für die Erteilung von Abschriften.

Diese Regelungen wurden in § 82 BauO Bln nicht mehr aufgenommen, da das Gesetz zur Förderung der Informationsfreiheit im Land Berlin (Berliner Informationsfreiheitsgesetz – IFG) vom 15. Oktober 1999 (GVBl. S. 561), geändert durch Gesetz vom 19. Dezember 2005 (GVBl. S. 791) ein umfassendes Akteneinsichtsrecht gewährt (vgl. dazu Haas, GE 2000, 1086; Pertsch, LKV 2001, 98); siehe zu diesem Gesetz auch BVerwG, B. v. 13.6.2006, DÖV 2006, 1052).

Teil VI
Ordnungswidrigkeiten

§ 83 Ordnungswidrigkeiten

(1) ¹Ordnungswidrig handelt, wer vorsätzlich oder fahrlässig
1. einer vollziehbaren schriftlichen Anordnung der Bauaufsichtsbehörde zuwiderhandelt, die auf Grund dieses Gesetzes oder auf Grund einer nach diesem Gesetz zulässigen Rechtsverordnung erlassen worden ist, sofern die Anordnung auf diese Bußgeldvorschrift verweist,
2. Bauprodukte entgegen § 17 Abs. 1 Satz 1 Nr. 1 ohne das Ü-Zeichen verwendet,
3. Bauarten entgegen § 21 ohne allgemeine bauaufsichtliche Zulassung, allgemeines bauaufsichtliches Prüfzeugnis oder Zustimmung im Einzelfall anwendet,
4. Bauprodukte mit dem Ü-Zeichen kennzeichnet, ohne dass dafür die Voraussetzungen nach § 22 Abs. 4 vorliegen,
5. den Vorschriften dieses Gesetzes über die barrierefreie bauliche Gestaltung in § 39 Abs. 4 und 5, § 50 Abs. 1 Satz 1 und § 51 zuwiderhandelt,
6. als Bauherrin oder Bauherr, Entwurfsverfasserin oder Entwurfsverfasser, Unternehmerin oder Unternehmer, Bauleiterin oder Bauleiter oder als deren Vertreterin oder Vertreter den Vorschriften des § 54 Abs. 1, § 55 Abs. 1 Satz 3, § 56 Abs. 1 oder § 57 Abs. 1 zuwiderhandelt,
7. ohne die erforderliche Baugenehmigung (§ 60 Abs.1), Teilbaugenehmigung (§ 73) oder Abweichung (§ 68) oder abweichend davon bauliche Anlagen errichtet, ändert, benutzt oder entgegen § 62 Abs. 3 Satz 2 bis 5 beseitigt,
8. entgegen der Vorschrift des § 71 Abs. 7 Bauarbeiten beginnt, entgegen der Vorschrift des § 62 Abs. 3 Satz 5 mit der Beseitigung einer Anlage beginnt, entgegen den Vorschriften des § 81 Abs. 1 Bauarbeiten fortsetzt oder entgegen der Vorschrift des § 81 Abs. 2 bauliche Anlagen nutzt,
9. entgegen der Vorschrift des § 63 Abs. 3 Satz 2 bis 4 mit der Ausführung eines Bauvorhabens beginnt,
10. die Baubeginnanzeige (§ 71 Abs. 6, § 63 Abs. 5, § 62 Abs. 3 Satz 2) nicht oder nicht fristgerecht erstattet,
11. Fliegende Bauten ohne Ausführungsgenehmigung (§ 75 Abs. 2) in Gebrauch nimmt oder ohne Anzeige und Abnahme (§ 75 Abs. 6) in Gebrauch nimmt,
12. einer nach § 84 Abs. 1 bis 3 erlassenen Rechtsverordnung zuwiderhandelt, sofern die Rechtsverordnung für einen bestimmten Tatbestand auf diese Bußgeldvorschrift verweist.

²Ist eine Ordnungswidrigkeit nach Satz 1 Nr. 8 bis 10 begangen worden, können Gegenstände, auf die sich die Ordnungswidrigkeit bezieht, eingezogen werden; § 19 des Gesetzes über Ordnungswidrigkeiten ist anzuwenden.

§ 83 RNr. 1–3

(2) Ordnungswidrig handelt, wer wider besseres Wissen
1. unrichtige Angaben macht oder unrichtige Pläne oder Unterlagen vorlegt, um einen nach diesem Gesetz vorgesehenen Verwaltungsakt zu erwirken oder zu verhindern,
2. als Prüfingenieurin oder Prüfingenieur unrichtige Prüfberichte erstellt.

(3) Die Ordnungswidrigkeit kann mit einer Geldbuße bis zu 500 000 Euro geahndet werden.

(4) Verwaltungsbehörde im Sinne des § 36 Abs. 1 Nr. 1 des Gesetzes über Ordnungswidrigkeiten sind in den Fällen des Absatzes 1 Satz 1 Nr. 2 bis 4 und des Absatzes 2 Nr. 2 die für das Bauwesen zuständige Senatsverwaltung und in den übrigen Fällen die Bezirksämter.

Erläuterungen:

1 I. Die Bauordnung von 1997 hatte hinsichtlich der Bauprodukte und Bauarten, wegen der Einführung des vereinfachten Baugenehmigungsverfahrens und der Einschränkung der Bauüberwachung und Bauabnahmen sowie in Bezug auf die Genehmigungsfreistellung weitere Tatbestände in den Katalog der Ordnungswidrigkeiten aufgenommen. Die mit den zuletzt genannten Regelungen verbundene Stärkung der Verantwortung der Beteiligten erforderte nach Auffassung des Gesetzgebers **schärfere Vorkehrungen** gegen eine nicht ordnungsgemäße Wahrnehmung der damit verbundenen Pflichten; bei konsequenter Verfolgung von ordnungsrechtlichen Verstößen werde dies dazu beitragen, die aufgrund der Einschränkung der bauaufsichtlichen Prüfungen zu erwartende Zunahme der Rechtsabweichungen einzugrenzen (AH-Drucks. 12/5688, S. 11). Die neue Bauordnung für Berlin hat die Vorschriften über die Ordnungswidrigkeiten im Wesentlichen unverändert gelassen, sie aber dem neu gestalteten Verfahrensrecht angepasst.

2 Das BauGB enthält in § 213 verschiedene Ordnungswidrigkeitstatbestände bezüglich des Planungsrechts.

3 Für die Ahndung auch landesrechtlich geregelter Ordnungswidrigkeiten ist das **Gesetz über Ordnungswidrigkeiten** in der Fassung vom 19. Februar 1987 (BGBl. I S. 602/GVBl. S. 953), geändert durch Gesetz vom 7. August 2007 (BGBl. I S. 1786) – OWiG – maßgebend. Eine Ordnungswidrigkeit ist eine rechtswidrige und vorwerfbare Handlung, die den Tatbestand eines Gesetzes verwirklicht, das die Ahndung mit einer Geldbuße zulässt. Die Verfolgung von Ordnungswidrigkeiten liegt nach § 47 Abs. 1 OWiG im pflichtgemäßen Ermessen der zuständigen Behörde. Nach Abs. 4 des § 83 ist zuständige Verwaltungsbehörde im Sinne des § 36 Abs. 1 Nr. 1 OWiG in den Fällen des Abs. 1 Satz 1 Nr. 2 bis 4 und des Abs. 2 Nr. 2 die für das Bauwesen zuständige Senatsverwaltung und in den übrigen Fällen sind es die Bezirksämter. Nach § 35 Abs. 1 OWiG ist für die **Verfolgung** von Ordnungswidrigkeiten die Verwaltungsbehörde zuständig, soweit nicht hierzu nach diesem Gesetz die Staatsanwaltschaft oder an ihrer Stelle für einzelne Verfolgungshandlungen der Richter berufen ist; nach § 35 Abs. 2 OWiG ist die Verwaltungsbehörde auch für die **Ahndung** von Ordnungswidrigkeiten zuständig, soweit nicht hierzu nach diesem Gesetz das Gericht berufen ist.

Das **Opportunitätsprinzip** des § 47 Abs. 1 OWiG gilt für alle Verfahrensstadien und Verfahrensweisen innerhalb des Ordnungswidrigkeitsverfahrens. Dazu gehören die Frage der Aufnahme der Verfolgung, der Umfang der Verfolgungsmaßnahme, die Durchführung des Verfahrens bis zur Entscheidung einschließlich des Rechtsbeschwerdeverfahrens sowie die Anordnung der Einziehung von Gegenständen (§ 83 Abs. 1 Satz 2), der Verfall von Vermögensvorteilen, die Festsetzung von Geldbußen zu Lasten von Personenvereinigungen und juristischen Personen als Nebenfolge oder die Frage des Wiederaufgreifens eines eingestellten Verfahrens (vgl. im Einzelnen Lemke, OWiG, 1999, § 47 RNr. 3).

II. Nach **Abs. 1 Satz 1 Nr. 1** ist das Zuwiderhandeln gegen vollziehbare schriftliche Anordnungen der Bauaufsichtsbehörde ordnungswidrig. Vollziehbar ist eine Anordnung, wenn sie unanfechtbar geworden oder wenn ihre sofortige Vollziehung angeordnet worden ist (§ 80 Abs. 2 Nr. 4 VwGO). § 75 Abs. 1 Nr. 2 a. F. zählte bestimmte Anordnungen auf, so bei Veränderung von Grundstücksgrenzen, bei dem Anschluss an die Entwässerung, bei ungeeigneten Beauftragten, bei dem Betretungsrecht, auch bezüglich Fliegender Bauten, hinsichtlich der Einstellung von Bauarbeiten, der Beseitigung oder Nutzungsuntersagungen und auch für bestehende bauliche Anlagen.

Die Anordnung kann aufgrund der Bauordnung oder aufgrund einer nach der Bauordnung erlassenen Rechtsverordnung (§ 84 Abs. 1 bis 6, 8) getroffen worden sein; die Anordnung muss auf Abs. 1 Satz 1 Nr. 1 verweisen. Mit der Bußgeldandrohung kann gegebenenfalls die Durchsetzung bauaufsichtlicher Maßnahmen erleichtert werden.

Abs. 1 Satz 1 Nr. 2 betrifft die Verwendung von Bauprodukten entgegen § 17 Abs. 1 Satz 1 Nr. 1 ohne Ü-Zeichen, wobei insbesondere der Unternehmer (§ 56) in Betracht kommt; **Nr. 3** die Anwendung von Bauarten entgegen § 21 ohne allgemeine bauaufsichtliche Zulassung, allgemeines bauaufsichtliches Prüfungszeugnis oder Zustimmung im Einzelfall. **Nr. 4** befasst sich mit der Kennzeichnung von Bauprodukten mit dem Ü-Zeichen, ohne dass dafür die Voraussetzungen nach § 22 Abs. 4 vorliegen.

Nr. 5 enthält eine neue Regelung: Wer den Vorschriften der Bauordnung über die barrierefreie bauliche Gestaltung von Aufzügen (§ 39 Abs. 4 und 5) und von Wohnungen (§ 51) sowie der Stellplatzregelung für schwer Gehbehinderte oder Behinderte im Rollstuhl (§ 50 Abs. 1 Satz 1) vorsätzlich oder fahrlässig zuwiderhandelt, begeht eine Ordnungswidrigkeit.

Abs. 1 Satz 1 Nr. 6 befasst sich mit Verstößen der am Bau Beteiligten gegen die sie betreffenden Vorschriften in § 54 Abs. 1 (Bauherr), § 55 Abs. 1 Satz 3 (Entwurfsverfasser), § 56 Abs. 1 (Unternehmer) und § 57 Abs. 1 (Bauleiter).

Abs. 1 Satz 1 Nr. 7 betrifft das Bauen ohne die erforderliche Baugenehmigung (§ 60 Abs. 1), Teilbaugenehmigung (§ 73) oder Abweichung (§ 68) oder abweichend davon; erfasst ist die Errichtung, Änderung oder Benutzung baulicher Anlagen. Hinzukommt die Beseitigung baulicher Anlagen entgegen der Vorschrift des § 62 Abs. 3 Satz 2 bis 5. Der Tatbestand kann auch vorliegen, wenn eine Baugenehmigung nach § 72 Abs. 1 erloschen ist.

Als Täter kommen bei Nr. 7 der Bauherr, der Bauleiter und der Unternehmer in Betracht (vgl. OLG Düsseldorf, B. v. 31.1.1992, DWW 1992, 178; zu Verstößen des Entwurfsverfassers vgl. OLG Hamm, B. v. 18.8.1976, BRS 30 Nr. 188). Der Tatbestand des Abs. 1 Satz 1 Nr. 7 ist in den Fällen der §§ 60 und 73 vollendet, wenn Bauarbeiten vor Zugang der (schriftlichen) Baugenehmigung begonnen worden sind (vgl. OVG Bln., B. v. 24.11.1987, BRS 47 Nr. 189).

12 Zu Ordnungswidrigkeitstatbeständen bei Nutzungsänderungen vgl. OLG Karlsruhe, B. v. 19.12.1990 (VBlBW 1992, 32) und BayObLG, B. v. 24.7.1991, BayVBl. 1992, 27) sowie bei Umbauarbeiten ohne Baugenehmigung und Irrtum des Bauherrn über die Erforderlichkeit der Baugenehmigung OLG Düsseldorf, B. v. 30.1.1995 (NVwZ 1995, 727). Der Irrtum über die Genehmigungspflichtigkeit ist nach Auffassung des OLG Düsseldorf (B. v. 6.8.1999, BauR 2000, 123 und dazu Rathjen, ZfBR 2000, 389) nicht Verbotsirrtum, sondern Tatbestandsirrtum, der Vorsatz ausschließt; allerdings soll in diesem Fall fahrlässige Tatbegehung in Betracht kommen. Zur Bemessung des Bußgeldes bei ungenehmigter Beseitigung eines Wohngebäudes siehe OLG Düsseldorf, B. v. 24.5.1994 (BauR 1995, 124).

13 **Abs. 1 Satz 1 Nr. 8** befasst sich mit einem entgegen den Anforderungen des § 71 Abs. 7 zu frühen Beginn der Bauarbeiten, einer zu frühen Beseitigung einer Anlage (§ 62 Abs. 3 Satz 5), der Fortsetzung von Bauarbeiten entgegen § 81 Abs. 1 und der Nutzung baulicher Anlagen entgegen § 81 Abs. 2.

14 **Abs. 1 Satz 1 Nr. 9** regelt den entgegen § 63 Abs. 3 Satz 2 bis 4 zu frühen Beginn der Ausführung eines Bauvorhabens im Falle der Genehmigungsfreistellung.

15 **Nach Abs. 1 Satz 1 Nr. 10** handelt ordnungswidrig, wer vorsätzlich oder fahrlässig die Baubeginnanzeige (§ 71 Abs. 6, § 63 Abs. 5, § 62 Abs. 3 Satz 2) nicht oder nicht fristgerecht erstattet.

16 **Abs. 1 Satz 1 Nr. 11** betrifft das Ingebrauchnehmen Fliegender Bauten ohne Ausführungsgenehmigung (§ 75 Abs. 2) oder ohne Anzeige und Abnahme (§ 75 Abs. 6).

17 Der Tatbestand des **Abs. 1 Satz 1 Nr. 12** wird durch die Zuwiderhandlung gegen Vorschriften erfüllt, die nicht in der BauO Bln selbst, sondern in einer aufgrund der BauO Bln erlassenen **Rechtsverordnung** (§ 84 Abs. 1 bis 3) enthalten sind. Voraussetzung ist, dass die Rechtsverordnung für einen bestimmten Tatbestand auf die Bußgeldvorschrift des § 83 verweist.

18 Abs. 1 Satz 1 Nr. 12 enthält somit nur einen Rahmentatbestand, den die jeweilige Rechtsverordnung konkret auszugestalten hat. Die dort bestimmten Tatbestände brauchen nicht notwendig vorsätzliches und fahrlässiges Handeln zu erfassen; es können auch nur vorsätzliche Verstöße als ordnungswidrig bestimmt werden. In Ausfüllung der Nr. 12 muss die Rechtsverordnung immer einen „bestimmten Tatbestand" als Ordnungswidrigkeit bezeichnen, d. h. sie darf nicht allgemein auf ein Zuwiderhandeln gegen ihre Vorschriften abstellen. So enthält die aufgrund des § 84 Abs. 1 Nr. 4 bis 5, Abs. 2 Nr. 2, Abs. 2 Nr. 3 und Abs. 5 erlassene Verordnung über den Betrieb von baulichen Anlagen (Betriebs-Verordnung – BetrVO) in § 40 zahlreiche Ordnungswidrigkeitstatbestände. Vgl. auch § 43 der Bautechnischen Prüfungsverordnung (BauPrüfVO) vom 31. März 2006 (GVBl. S. 324) und § 15 Abs. 3 der Bauverfahrensverordnung (BauVerfVO) vom 19. Oktober 2006 (GVBl. S. 1035).

19 **III.** Mit der **Einziehung von Gegenständen**, auf die sich die Ordnungswidrigkeit bezieht in den Fällen der Nrn. 8 bis 10, befasst sich **Satz 2**. Die Einziehung von solchen Gegenständen ist in den §§ 22 ff. OWiG geregelt. Nach § 22 Abs. 1 dürfen Gegenstände als Nebenfolge einer Ordnungswidrigkeit nur eingezogen werden, soweit das Gesetz es ausdrücklich zulässt. Die Einziehung ist nach Abs. 2 dieser Vorschrift auch nur zulässig, wenn die Gegenstände zurzeit der Entscheidung dem Täter gehören oder zustehen oder die Gegenstände nach ihrer Art und den Umständen die Allgemeinheit gefährden oder die Gefahr besteht, dass sie der Begehung von Handlungen dienen werden, die mit Strafe oder mit Geldbuße bedroht sind. Zur Einziehung von Baumaschinen oder Teilen davon vgl. auch § 16 Nr. 7 des Landesimmissionsschutzgesetzes Berlin (LImSchG Bln) vom 5. Dezember 2005 (GVBl. S. 735).

IV. Nach **Abs. 2** handelt ordnungswidrig, wer wider besseres Wissens unrichtige Angaben macht oder unrichtige Pläne oder Unterlagen vorlegt, um einen nach diesem Gesetz vorgesehenen Verwaltungsakt zu erwirken oder zu verhindern (Nr. 1) oder wer wider besseres Wissens als Prüfingenieur unrichtige Prüfberichte erstellt (Nr. 2). Eine der Nr. 1 entsprechende Regelung findet sich in § 213 Abs. 1 Nr. 1 BauGB, der sich aber nur auf Verwaltungsakte nach dem BauGB bezieht. Als Täter kommen alle am Bau Beteiligten in Betracht. Mit der Formulierung „**wider besseres Wissens**" ist ein qualifizierter Vorsatz gemeint. Der Tatbestand ist mit der Abgabe der unrichtigen Angaben in der Absicht, einen Verwaltungsakt zu erwirken oder zu verhindern, erfüllt; es kommt nicht darauf an, ob diese Absicht auch erfolgreich ist (vgl. zu allem Große-Suchsdorf/Lindorf/Schmaltz/Wichert, NdsBO, 8. Aufl. 2006, § 91 RNr. 25).

V. Die **Höhe der Geldbuße** kann nach **Abs. 3** bis zu 500 000 EUR betragen. Dies wird nur bei vorsätzlichem Zuwiderhandeln in Betracht kommen. Droht das Gesetz für vorsätzliches und fahrlässiges Handeln Geldbuße an, ohne im Höchstmaß zu unterscheiden, so kann fahrlässiges Handeln im Höchstmaß nur mit der Hälfte des angedrohten Höchstbetrages der Geldbuße geahndet werden (§ 17 Abs. 2 OWiG). Der Mindestbetrag einer Geldbuße ist nach § 17 Abs. 1 OWiG mit 5,00 EUR angesetzt. Gegen juristische Personen und Personenvereinigungen können Geldbußen nach § 30 OWiG festgesetzt werden.

VI. Die Verfolgung einer Zuwiderhandlung als Ordnungswidrigkeit hindert die Bauaufsichtsbehörde nicht, **im Verwaltungswege**, gegebenenfalls auch mit der Festsetzung eines Zwangsgeldes, einzuschreiten, um bauordnungsgemäße Zustände herbeizuführen (vgl. z. B. § 78 – Einstellung von Arbeiten; § 79 – Beseitigung von Anlagen).

VII. Unberührt von § 83 bleibt die Verfolgung von **Straftaten** nach den Strafvorschriften. Als solche kommt insbesondere § 319 (Baugefährdung durch Verletzung von allgemein anerkannten Regeln der Technik) in Betracht (vgl. § 53 RNr. 6), gegebenenfalls auch § 222 StGB (fährlässige Tötung) oder § 229 StGB (fahrlässige Körperverletzung) sowie § 136 StGB (Siegelbuch, vgl. § 78 Abs. 2). Bei dem Zusammentreffen von Straftat und Ordnungswidrigkeit wird nur das Strafgesetz angewendet (§ 21 OWiG).

§ 84 Rechtsverordnungen und Verwaltungsvorschriften

(1) Zur Verwirklichung der in § 3 Abs. 1 und 2 bezeichneten Anforderungen wird die für das Bauwesen zuständige Senatsverwaltung ermächtigt, durch Rechtsverordnung Vorschriften zu erlassen über
1. die nähere Bestimmung allgemeiner Anforderungen der §§ 4 bis 49,
2. Anforderungen an Feuerungsanlagen, sonstige Anlagen zur Wärmeerzeugung, Brennstoffversorgung,
3. Anforderungen an Garagen und Stellplätze,
4. besondere Anforderungen oder Erleichterungen, die sich aus der besonderen Art oder Nutzung von Anlagen oder Räumen für Errichtung, Änderung, Unterhaltung, Betrieb und Benutzung ergeben (§§ 51 und 52), sowie über die Anwendung solcher Anforderungen auf bestehende bauliche Anlagen dieser Art,

§ 84

5. Erst-, Wiederholungs- und Nachprüfung von Anlagen, die zur Verhütung erheblicher Gefahren oder Nachteile ständig ordnungsgemäß unterhalten werden müssen, und die Erstreckung dieser Nachprüfungspflicht auf bestehende Anlagen.

(2) ¹Die für das Bauwesen zuständige Senatsverwaltung wird ermächtigt, durch Rechtsverordnung Vorschriften zu erlassen über
1. Prüfingenieurinnen oder Prüfingenieure und Prüfämter, denen bauaufsichtliche Prüfaufgaben einschließlich der Bauüberwachung und der Bauzustandsbesichtigung nach Bauanzeige übertragen werden, sowie
2. Sachverständige, sachverständige Personen oder Stellen, die im Auftrag der Bauherrin oder des Bauherrn oder der oder des sonstigen nach Bauordnungsrecht Verantwortlichen die Einhaltung bauordnungsrechtlicher Anforderungen prüfen und bescheinigen.

²Die Rechtsverordnung nach Satz 1 regelt, soweit erforderlich,
1. die Fachbereiche und die Fachrichtungen, in denen Prüfingenieurinnen oder Prüfingenieure, Prüfämter, Sachverständige und sachverständige Personen oder Stellen tätig werden,
2. die Anerkennungsvoraussetzungen und das Anerkennungsverfahren,
3. Erlöschen, Rücknahme und Widerruf der Anerkennung einschließlich der Festlegung einer Altersgrenze,
4. die Aufgabenerledigung,
5. die Vergütung einschließlich des Erlasses von Gebührenbescheiden durch die Prüfingenieurinnen oder Prüfingenieure selbst.

(3) ¹Die für das Bauwesen zuständige Senatsverwaltung wird ermächtigt, durch Rechtsverordnung Vorschriften zu erlassen über
1. Umfang, Inhalt und Zahl der erforderlichen Unterlagen einschließlich der Vorlagen bei der Anzeige der beabsichtigten Beseitigung von Anlagen nach § 62 Abs. 3 Satz 2 und bei der Genehmigungsfreistellung nach § 63,
2. die erforderlichen Anträge, Anzeigen, Nachweise, Bescheinigungen und Bestätigungen, auch bei verfahrensfreien Bauvorhaben,
3. das Verfahren im Einzelnen.

²Sie kann dabei für verschiedene Arten von Bauvorhaben unterschiedliche Anforderungen und Verfahren festlegen.

(4) Die für das Bauwesen zuständige Senatsverwaltung wird ermächtigt, durch Rechtsverordnung
1. das Ü-Zeichen festzulegen und zu diesem Zeichen zusätzliche Angaben zu verlangen,
2. das Anerkennungsverfahren nach § 25 Abs. 1, die Voraussetzungen für die Anerkennung, ihre Rücknahme, ihren Widerruf und ihr Erlöschen zu regeln, insbesondere auch Altersgrenzen festzulegen, sowie eine ausreichende Haftpflichtversicherung zu fordern.

(5) ¹Die für das Bauwesen zuständige Senatsverwaltung wird ermächtigt, durch Rechtsverordnung zu bestimmen, dass die Anforderungen der auf Grund des § 14 des Geräte- und Produktsicherheitsgesetzes und des § 49 Abs. 4 des En-

ergiewirtschaftsgesetzes erlassenen Rechtsverordnungen entsprechend für Anlagen gelten, die weder gewerblichen noch wirtschaftlichen Zwecken dienen und in deren Gefahrenbereich auch keine Arbeitnehmerinnen oder Arbeitnehmer beschäftigt werden. ²Sie kann auch die Verfahrensvorschriften dieser Verordnungen für anwendbar erklären oder selbst das Verfahren bestimmen sowie Zuständigkeiten und Gebühren regeln. ³Dabei kann sie auch vorschreiben, dass danach zu erteilende Erlaubnisse die Baugenehmigung oder die Zustimmung nach § 76 einschließlich der zugehörigen Abweichungen einschließen und dass § 15 Abs. 2 des Geräte- und Produktsicherheitsgesetzes insoweit Anwendung findet.

(6) ¹Die für das Bauwesen zuständige Senatsverwaltung wird ermächtigt, durch Rechtsverordnung im Einvernehmen mit der für das Verkehrswesen und der für Umweltschutz zuständigen Senatsverwaltung Bereiche festzulegen, in denen aus Gründen der vorherrschenden Nutzung, des Umweltschutzes, der straßenverkehrlichen Belange oder der Erschließungsqualität durch den öffentlichen Personennahverkehr die Herstellung von Stellplätzen eingeschränkt oder ausgeschlossen wird. ²Bei Vorhaben, die wegen der Nutzungsart oder des Nutzungsumfangs das Vorhandensein von Stellplätzen in besonderem Maße erfordern, können abweichende Regelungen vorgesehen werden. ³Die Rechtsverordnungen werden im Benehmen mit den davon berührten Bezirksverwaltungen erlassen.

(7) Die für das Bauwesen zuständige Senatsverwaltung erlässt die zur Ausführung dieses Gesetzes erforderlichen Verwaltungsvorschriften.

(8) Die für das Bauwesen zuständige Senatsverwaltung wird ermächtigt, durch Rechtsverordnung zu bestimmen, dass für Fliegende Bauten die Aufgaben der Bauaufsichtsbehörde nach § 75 Abs. 1 bis 9 ganz oder teilweise auf andere Stellen übertragen werden können und diese Stellen für ihre Tätigkeit Gebühren erheben können.

Erläuterungen:

I. § 84 enthält in den Abs. 1 bis 6 und 8 eine Vielzahl von **Ermächtigungen zum Erlass von Rechtsverordnungen** (Art. 64 Abs. 1 VvB). Das Ausmaß dieser Ermächtigung ist insbesondere durch den Umstand bedingt, dass die BauO Bln nach Möglichkeit auf technische Einzeleinheiten, insbesondere auf Maß- und Zahlenfestlegungen, verzichtet hat. Somit braucht zur Anpassung an technische Neuerungen und sonstige Entwicklungen im Bauordnungsrecht nicht das Gesetz selbst geändert zu werden. Im Einzelnen sind Inhalt, Zweck und Ausmaß der erteilten Ermächtigung in § 84 selbst bestimmt. Die Rechtsverordnungen sind dem Abgeordnetenhaus unverzüglich zur Kenntnisnahme vorzulegen (Art. 64 Abs. 3 Satz 1 VvB).

Nach § 83 Abs. 1 Satz 1 Nr. 12 handelt **ordnungswidrig**, wer vorsätzlich oder fahrlässig einer nach § 84 Abs. 1 bis 3 erlassenen Rechtsverordnung zuwiderhandelt, sofern die Rechtsverordnung für einen bestimmten Tatbestand auf diese Bußgeldvorschrift verweist. Entsprechendes gilt nach § 83 Abs. 1 Satz 1 Nr. 1 für eine vollziehbare schriftliche Anordnung der BABeh., die aufgrund dieses Gesetzes oder aufgrund einer nach diesem Gesetz zulässigen Rechtsverordnung erlassen worden ist, sofern die Anordnung auf diese Bußgeldvorschrift verweist.

3   Abs. 7 ermächtigt die für das Bauwesen zuständige Senatsverwaltung zum Erlass von **Verwaltungsvorschriften** (§ 6 AZG), die zur Ausführung der Bauordnung erforderlich sind. Sie sind dem Abgeordnetenhaus auf Verlangen vorzulegen (Art. 64 Abs. 3 Satz 2 VvB).

4   II. Die Ermächtigung des **Abs. 1** ist inhaltlich konkretisiert durch den Zweck der Verwirklichung der baurechtlichen Generalklausel des § 3 Abs. 1 sowie des § 3 Abs. 2 hinsichtlich der Bauprodukte und Bauarten und durch die Bezeichnung der Regelungstatbestände.

5   **Nr. 1** gestattet der für das Bauwesen zuständigen Senatsverwaltung, durch Rechtsverordnung Vorschriften zu erlassen über die nähere Bestimmung allgemeiner Anforderungen der §§ 4 bis 49. Mit einer solchen Rechtsverordnung können die verschiedenen unbestimmten Rechtsbegriffe in diesen Vorschriften konkretisiert und inhaltlich näher bestimmt werden.

6   **Nr. 2** befasst sich mit Anforderungen an Feuerungsanlagen, sonstige Anlagen zur Wärmeerzeugung und Brennstoffversorgung. Aufgrund dieser Ermächtigung und der Nr. 1 ist die Feuerungsverordnung vom 31. Januar 2006 (GVBl. S. 116) erlassen worden.
Anforderungen an Garagen und Stellplätze (vgl. u.a. § 2 Abs. 7, § 50, § 52 Abs. 2) können in einer Verordnung nach **Nr. 3** geregelt werden.

7   Gemäß **Nr. 4** können durch Rechtsverordnung Vorschriften erlassen werden über besondere Anforderungen oder Erleichterungen, die sich aus der besonderen Art oder Nutzung von Anlagen oder Räumen für Errichtung, Änderung, Unterhaltung, Betrieb und Benutzung ergeben (§§ 51 und 52), sowie über die Anwendung solcher Anforderungen auf bestehende bauliche Anlagen dieser Art. Hier geht es insbesondere um das barrierefreie Bauen, um Sonderbauten im Sinne von § 2 Abs. 4 sowie um Garagen mit einer größeren Nutzfläche als 100 m². Aufgrund dieser Ermächtigung sind in der Betriebsverordnung insbesondere Vorschriften für den Betrieb von Verkaufsstätten mit einer Fläche von mehr als 2 000 m², von Beherbergungsstätten mit mehr als 12 Gastbetten, für die genannten Garagen sowie für Versammlungsstätten mit bestimmten Besucherzahlen, getroffen. Vorschriften über den Bau dieser Anlagen sind in den Musterverordnungen enthalten.

8   Nach **Nr. 5** können Vorschriften erlassen werden über Erst-, Wiederholungs- und Nachprüfung von Anlagen, die zur Verhütung erheblicher Gefahren oder Nachteile ständig ordnungsgemäß unterhalten werden müssen, und die Erstreckung dieser Nachprüfungspflicht auf bestehende Anlagen. Die Bauaufsichtsbehörde hat ohnehin bei der Nutzung und Instandhaltung von Anlagen darüber zu wachen, dass die öffentlich-rechtlichen Vorschriften eingehalten werden, soweit nicht andere Behörden zuständig sind (§ 58 Abs. 1). Zur Überprüfung von Anlagen, die mit erheblichen Gefahren oder Nachteilen verbunden sein können, können Vorschriften über weitere Wiederholungs- und Nachprüfungen erlassen werden. Im Rahmen der Bauüberwachung nach § 80 Abs. 1 kann die BABeh. die Einhaltung der öffentlich-rechtlichen Vorschriften und Anforderungen und die ordnungsgemäße Erfüllung der Pflichten der am Bau Beteiligten überprüfen. Bestehende bauliche Anlagen (vgl. § 85) können in diese Nachprüfungspflicht einbezogen werden.

9   **Abs. 2** enthält eine umfassende Ermächtigung zur Regelung der Belange der Prüfingenieure (Abs. 2 Satz 1 Nr. 1, Satz 2) sowie über Sachverständige, sachverständige

Personen oder Stellen, die im Auftrag des Bauherrn oder des sonstigen nach Bauordnungsrecht Verantwortlichen die Einhaltung bauordnungsrechtlicher Anforderungen prüfen und bescheinigen (Abs. 2 Satz 1 Nr. 2, Satz 2). Eine dem Abs. 2 Satz 2 Nr. 5 genügende Gebührenregelung kann der Verordnungsgeber in unterschiedlicher Weise treffen (vgl. dazu auch OVG Bln, U. v. 29.1.1992 – OVG 2 B 28.89 – und insgesamt zu den Prüfingenieuren die Erläuterungen zu § 74 a. F.). Einzelheiten sind in der Bautechnischen Prüfungsverordnung vom 31. März 2006 (GVBl. S. 324) geregelt.

Von besonderer Bedeutung für das bauaufsichtliche Verfahren ist die Ermächtigung in **Abs. 3**. Danach wird die für das Bauwesen zuständige Senatsverwaltung ermächtigt, durch Rechtsverordnung Vorschriften zu erlassen über Umfang, Inhalt und Zahl der erforderlichen Unterlagen einschließlich der Vorlagen bei der Anzeige der beabsichtigten Beseitigung von Anlagen nach § 62 Abs. 3 Satz 2 und bei der Genehmigungsfreistellung nach § 63, über die erforderlichen Anträge, Anzeigen, Nachweise, Bescheinigungen und Bestätigungen, auch bei verfahrensfreien Vorhaben und über das Verfahren im Einzelnen; dabei kann sie für verschiedene Arten von Bauvorhaben unterschiedliche Anforderungen und Verfahren festlegen. Hierzu ist die Bauverfahrensverordnung vom 19. Oktober 2006 (GVBl. S. 1035) erlassen worden. **10**

Abs. 4 enthält die Ermächtigung, durch Rechtsverordnung das Ü-Zeichen festzulegen und zu diesem Zeichen zusätzliche Angaben zu verlangen sowie das Anerkennungsverfahren nach § 25 Abs. 1, die Voraussetzungen für die Anerkennung, ihre Rücknahme, ihren Widerruf und ihr Erlöschen zu regeln, insbesondere auch Altersgrenzen festzulegen, sowie eine ausreichende Haftpflichtversicherung zu fordern. **11**

In **Abs. 5** geht der Hinweis des Gesetzgebers auf § 14 des Geräte- und Produktsicherheitsgesetz fehl. Inzwischen ist das Gesetz über technische Arbeitsmittel (Gerätesicherheitsgesetz – GSG) vom 11. Mai 2001 (BGBl. I S. 866) erlassen worden. Hier befasst sich nunmehr § 11 GSG mit den in § 14 a. F. enthaltenen Ermächtigungen. Die in dem weiter zitierten § 15 Abs. 2 a. F. enthaltene Regelung findet sich nunmehr in § 12 Abs. 2 GSG. Auch der in Abs. 5 Satz 1 zuvor erwähnte § 16 Abs. 4 des Energiewirtschaftsgesetzes ist nicht einschlägig, vielmehr gilt nach dem Zweiten Gesetz zur Neuregelung des Energiewirtschaftsrechts vom 7. Juli 2005 (BGBl. I S. 1970) für Anforderungen an Energieanlagen die Ermächtigung in § 49 Abs. 4 EnWG; das hat der Gesetzgeber inzwischen klargestellt (Art. V Nr. 13 des Gesetzes vom 11. Juli 2006, GVBl. S. 819, 820). **12**

Abs. 6 ermächtigt die für das Bauwesen zuständige Senatsverwaltung durch Rechtsverordnung Bereiche festzulegen, in denen aus Gründen der vorherrschenden Nutzung, des Umweltschutzes, der straßenverkehrlichen Belange oder der Erschließungsqualität durch den öffentlichen Personennahverkehr die Herstellung von **Stellplätzen eingeschränkt oder ausgeschlossen** wird. Bei Vorhaben, die wegen der Nutzungsart oder des Nutzungsumfangs das Vorhandensein von Stellplätzen in besonderem Maße fordern, können abweichende Regeln vorgesehen werden. Durch die BauO Bln 1997 wurde besonderes Gewicht den Bezirksverwaltungen eingeräumt, indem ihre Beteiligung bei der Vorbereitung der Rechtsverordnung ausdrücklich festgelegt wird. „Stellplatzverbotsverordnungen" werden im Benehmen mit den davon berührten Bezirksverwaltungen erlassen. Straßenverkehrlichen Belange liegen z. B. vor, wenn bestimmte Gebiete durch den Berufsverkehr (Pendler) belastet werden (vgl. VG Ansbach, U. v. 6.5.1992, BayVBl. 1994, 699). **13**

Bei der Frage, ob eine derartige Verordnung nach Abs. 6 zu erlassen ist, wird auch die Möglichkeit zu berücksichtigen sein, die § 12 Abs. 6 BauNVO bietet. Danach kann im Bebauungsplan (vgl. § 9 Abs. 1 Nr. 11 BauGB) festgesetzt werden, dass in Baugebieten **14** oder bestimmten Teilen von Gebieten Stellplätze und Garagen unzulässig oder nur im beschränktem Umfang zulässig sind, soweit landesrechtliche Vorschriften nicht entgegenstehen (vgl. dazu VGH BW, U. v. 25.2.1993, NVwZ 1994, 700). Die bauplanungsrechtlichen und bauordnungsrechtlichen Regelungen werden aufeinander abzustimmen sein. Der Ausschluss von Stellplätzen in Innenstadtbereichen kann dazu führen, dass die Einkaufszentren am Stadtrand oder im Umland, die häufig über große Stellplatzflächen verfügen, mehr aufgesucht werden.

15　Abs. 7 ist eine spezialgesetzliche Ermächtigung zum Erlass von **Verwaltungsvorschriften** zur Ausführung der Bauordnung (AV, vgl. § 6 AZG). Sie sind nach Art. 64 Abs. 3 Satz 2 VvB auf Verlangen dem Abgeordnetenhaus vorzulegen. Die wichtigsten Verwaltungsvorschriften zur BauO Bln sind im Anhang abgedruckt. Hinzuweisen ist insbesondere auf die AV Liste der Technischen Baubestimmungen – Fassung Februar 2006 – vom 1. Dezember 2006 (ABl. 2006, S. 4349) sowie auf die Ausführungsvorschriften zu § 82 BauO Bln – Einrichtung und Führung des Baulastenverzeichnisses – (AV-Baulasten) vom 24. November 2005 (ABl. S. 4670), geändert durch die Verwaltungsvorschriften vom 15. August 2006 (ABl. S. 3343). Erlassen sind inzwischen auch die Ausführungsvorschriften zu § 50 (AV Stellplätze). Zu § 8 Abs. 2 und 3 sind die AV Notwendige Kinderspielplätze vom 16. Januar 2007 (ABl. S. 215) erlassen worden.

16　Weil zur bauaufsichtlichen Prüfung **Fliegender Bauten** besondere Sachkunde und Erfahrung notwendig sein kann, gestattet es **Abs. 8**, durch Rechtsverordnung zu bestimmen, dass für Fliegende Bauten die Aufgaben der BABeh. nach § 75 Abs. 1 bis 9 ganz oder teilweise auf andere Stellen übertragen werden können und diese Stellen für ihre Tätigkeit Gebühren erheben können. Das ist geschehen durch die §§ 39–42 der zur RNr. 9 erwähnten Bautechnischen Prüfungsverordnung.

17　Die früher in § 76 Abs. 8 BauO Bln 1997 enthaltene Ermächtigung, bei besonderem Gestaltungsbedarf durch Rechtsverordnung besondere **Anforderungen an die äußere Gestaltung** von baulichen Anlagen sowie von Werbeanlagen und Warenautomaten zu stellen, ist durch das Gesetz vom 10. Oktober 1999 (GVBl. S. 554, 556) aufgehoben und neben der Ermächtigung des § 9 Abs. 4 BauGB in § 12 AGBauGB (geändert durch Gesetz vom 3. November 2005, GVBl. S. 692) aufgenommen worden.

§ 85　Bestehende bauliche Anlagen

(1)　[1]Rechtmäßig bestehende bauliche Anlagen sind, soweit sie nicht den Vorschriften dieses Gesetzes oder den auf Grund dieses Gesetzes erlassenen Vorschriften genügen, mindestens in dem Zustand zu erhalten, der den bei ihrer Errichtung geltenden Vorschriften entspricht. [2]Sie sind so zu erhalten, dass ihre Verunstaltung sowie eine Störung des Straßen-, Orts- oder Landschaftsbildes vermieden werden. [3]Satz 2 gilt auch für Baugrundstücke.

(2)　[1]Werden in diesem Gesetz oder in auf Grund dieses Gesetzes erlassenen Vorschriften andere Anforderungen als nach dem bisherigen Recht gestellt, so kann verlangt werden, dass rechtmäßig bestehende oder nach genehmigten Bauvorlagen bereits begonnene bauliche Anlagen angepasst werden, wenn dies zur Vermeidung einer Gefährdung der öffentlichen Sicherheit oder Ordnung, insbesondere von Leben oder Gesundheit, erforderlich ist. ²Für Aufenthaltsräume im Kellergeschoss können die Vorschriften dieses Gesetzes und die auf Grund dieses Gesetzes erlassenen Vorschriften jedoch auch dann angewendet werden, wenn ihr baulicher Zustand den heutigen Anforderungen nicht entspricht, insbesondere der Fußboden 1,50 m oder mehr unter dem anschließenden Gelände liegt.

(3) Sollen rechtmäßig bestehende bauliche Anlagen wesentlich geändert werden, so kann gefordert werden, dass auch die nicht unmittelbar berührten Teile der baulichen Anlage mit diesem Gesetz oder den auf Grund dieses Gesetzes erlassenen Vorschriften in Einklang gebracht werden, wenn die Bauteile, die diesen Vorschriften nicht mehr entsprechen, mit den beabsichtigten Arbeiten in einem konstruktiven Zusammenhang stehen und die Durchführung dieser Vorschriften bei den von den Arbeiten nicht berührten Teilen der baulichen Anlage keine unzumutbaren Mehrkosten verursacht.

(4) Bei Modernisierungsvorhaben ist Absatz 3 nicht anzuwenden, es sei denn, dass anderenfalls Gefahren auftreten.

Erläuterungen:

I. § 85 befasst sich mit **bestehenden baulichen Anlagen** (vgl. § 2 Abs. 1) und greift damit ein Thema auf, das auch in einigen anderen Spezialbestimmungen geregelt ist (vgl. § 6 Abs. 6 Satz 1 Nr. 3, § 7 Abs. 1, § 8 Abs. 2 Satz 6, § 30 Abs. 2 Nr. 1, § 39 Abs. 4 Satz 4 und 5, § 43 Abs. 2 Satz 2, § 48 Abs. 2 Satz 3, § 50 Abs. 1 Satz 4, § 51 Abs. 4 und 5, § 62 Abs. 1 Nrn. 4a, 10d, § 84 Abs. 1 Nrn. 4 und 5 BauO Bln, § 22 Abs. 1 BetrVO). Baumaßnahmen in oder an bestehenden Gebäuden bedürfen großenteils keiner Genehmigung, Genehmigungsfreistellung oder Zustimmung (vgl. § 76 Abs. 1 Satz 4). Die Vorschrift betrifft primär rechtmäßig bestehende baulichen Anlagen (vgl. RNr. 4) und enthält ein rechtliches Instrumentarium, das mit den in anderen Gesetzen vorgesehenen nachträglichen Auflagen oder Anordnungen vergleichbar ist (vgl. z. B. § 17 Abs. 1 Satz 3 AtG, § 17 BImSchG, § 5 Abs. 1 Gaststättengesetz i. d. F. v. 20.11.1998, BGBl. I S. 3418, zuletzt geändert durch VO v. 31.10.2006, BGBl. I S. 2407, § 19 Satz 3 GenTG). Ein enger inhaltlicher Zusammenhang besteht mit § 3 Abs. 1, und zwar insoweit, als dieser Anforderungen an die Instandhaltung und Änderung von (bestehenden) baulichen Anlagen stellt. § 85 Abs. 1 Satz 1 bindet die Instandhaltungspflicht des § 3 Abs. 1 an die bei der Errichtung geltenden Vorschriften. Die übrigen Bestimmungen des § 85 ordnen für unterschiedliche bauliche Konstellationen und in differenzierter Weise die Maßgeblichkeit des geltenden Rechts für bestehende bauliche Anlagen an. Das Verhältnis des § 85 zu § 58 Abs. 1 ist dadurch gekennzeichnet, dass die dort geregelte Überwachungsaufgabe der BABeh. sich auch auf den Tatbestand des § 85 Abs. 1 erstreckt (vgl. RNr. 8).

II. Abs. 1 schreibt eine **Anpassung rechtmäßig bestehender baulicher Anlagen** an das Bauordnungsrecht vor. Er trifft eine zulässige Inhaltsbestimmung des Eigentums im Sinne des Art. 14 Abs. 1 Satz 2 GG (vgl. BVerwG, B. v. 11.4.1989, NJW 1989, 2638). Tatbestandliche Voraussetzung für die Rechtsfolge ist, dass die genannten Anlagen nicht den Vorschriften der BauO Bln oder den auf ihrer Grundlage – insbesondere gemäß § 84 – erlassenen Rechtsverordnungen genügen. Die Anpassungspflicht bezieht sich nicht nur auf die Substanz baulicher Anlagen, sondern erstreckt sich auch auf die (rechtmäßige) Nutzung unbebauter, aber bauordnungsrechtlichen Anforderungen unterworfener Flächen (vgl. OVG Bln, U. v. 11.6.1976, OVGE 14, 8, 9 = BRS 30 Nr. 97). Dass außer dem faktischen Widerspruch zum geltenden Recht eine konkrete Gefahr (vgl. RNr. 24.) vorliegt, ist nicht erforderlich.

3 1. Eine **Divergenz zwischen dem faktischen Bauzustand und dem geltenden Bauordnungsrecht** kann auf unterschiedliche Weise entstehen. Eine entsprechend der BauO Bln hergestellte Anlage kann durch Beschädigung oder Zeitablauf ihre Normkonformität eingebüßt haben (vgl. § 3 RNr. 12), oder eine ältere Anlage, die unter dem Regime früherer Bauordnungen errichtet worden ist, erfüllt nicht die verschärften Anforderungen des heutigen Bauordnungsrechts. Für die erste Fallgruppe bedurfte es des Abs. 1 nicht, denn die Instandhaltungspflicht des § 3 Abs. 1 Satz 1 gewährleistet, dass das Niveau der geltenden Vorschriften nicht unterschritten wird. Deshalb bezieht sich Abs. 1 allein auf solche baulichen Anlagen, für die zur Zeit ihrer Errichtung andere als die gegenwärtigen Bauordnungsbestimmungen maßgeblich waren. Die Divergenz kann die gesamte bauliche Anlage erfassen, betrifft aber regelmäßig nur einen Teil, wie auch an dem einschränkenden Nebensatz („soweit") deutlich wird.

4 2. Jedoch unterfallen nicht alle **Altanlagen** dem Abs. 1, sondern nur **rechtmäßig bestehende bauliche Anlagen.** Wie die Erwähnung der zur Zeit der „Errichtung geltenden Vorschriften" in Satz 1 zeigt, die als Maßstab für eine bauliche Anpassung fungieren, ist für das Erfordernis des rechtmäßigen Bestehens die Übereinstimmung der baulichen Anlage mit dem Bauordnungsrecht zur Zeit ihrer Errichtung entscheidend. Rechtmäßig bestehende bauliche Anlagen im Sinne des Satzes 1 sind also **rechtmäßig errichtete bauliche Anlagen.**

5 Daher ist Abs. 1 immer anwendbar, wenn eine Altanlage genehmigt worden ist. Fehlt es dagegen an einer **Baugenehmigung** – sei es, dass eine Genehmigung nicht erforderlich war, sei es, dass sie nicht eingeholt wurde –, kommt es darauf an, ob die bauliche Anlage anfangs dem materiellen Bauordnungsrecht entsprach, also die materielle Legalität aufwies. Auf diese Weise wird auch dem § 79 zugrundeliegenden Prinzip (vgl. § 79 RNrn. 11 ff., 17) Rechnung getragen, dass für den baurechtlichen Status einer baulichen Anlage primär deren **formelle oder materielle Legalität** zur Zeit der Errichtung maßgeblich ist. Zugleich wird damit vermieden, dass zwischen den Anwendungsbereichen der §§ 79 und 85 Lücken auftreten. Im Falle der anfänglichen formellen und materiellen Illegalität kann eine Beseitigungsanordnung ergehen (vgl. § 79 RNr. 28). Bei **formeller oder materieller Legalität** zur Zeit der Errichtung ist dagegen nur eine **bauliche Korrektur gemäß Satz 1** zulässig.

6 3. Rechtmäßig bestehende bauliche Anlagen (vgl. RNr. 4), die nicht dem gegenwärtigen Bauordnungsrecht genügen, brauchen diesem nicht angepasst zu werden. Satz 1 gewährt ihnen vielmehr **Bestandsschutz**, indem er von einer Rückwirkung bauordnungsrechtlicher Vorschriften in Bezug auf Altanlagen absieht (vgl. OVG Bln, U. v. 11.6.1976, OVGE 14, 8, 9 = BRS 30 Nr. 97; B. v. 17.8.1990, OVGE 19, 98, 99). Dadurch **mildert** er zugleich das an sich auch für Altanlagen geltende **Instandhaltungsgebot des § 3 Abs. 1** (vgl. § 3 RNrn. 12, 23). Die Vorschrift begnügt sich vielmehr mit einem **Minimalprogramm**: Der Pflichtige (vgl. RNr. 11) muss „mindestens" den baulichen Zustand erhalten, der zur Zeit der Errichtung des Bauwerks vorgeschrieben war. Wie dem Wort „mindestens" zu entnehmen ist, ließ sich der Gesetzgeber von der Ansicht leiten, dass das moderne Bauordnungsrecht weitergehende Anforderungen als seine Vorläufer stellt. Stimmen früheres und heutiges Recht überein, findet Abs. 1 keine Anwendung.

Die BABeh. darf den Bauherrn nicht daran hindern, eine bauliche Anlage dem heutigen bauordnungsrechtlichen Standard anzugleichen. Verpflichtet ist dieser aber nur, die bauliche Anlage mit den zur Zeit der Errichtung geltenden Vorschriften in Einklang zu halten oder zu bringen. Der Sache nach **modifiziert** also **Satz 1** die **Instandhaltungspflicht des § 3 Abs. 1**, indem er als Maßstab für die Erhaltung bzw. Instandhaltung obsolete Normen maßgeblich sein lässt. Die Anpassungspflicht betrifft rechtmäßig bestehende bauliche Anlagen, „soweit sie nicht den Anforderungen dieses Gesetzes oder den auf Grund dieses Gesetzes erlassenen Vorschriften genügen". Das Gebot der **Anpassung an früheres Recht** besteht also nur, **soweit die Abweichung vom geltenden Recht reicht**. Diese Einschränkung bedeutet, dass die Divergenz zwischen dem faktischen Bauzustand und dem geltenden Bauordnungsrecht den thematischen Rahmen für die am früheren Rechtszustand ausgerichteten Sanierungsarbeiten abgibt.

4. Satz 1 begründet zwar eine **Erhaltungspflicht** (vgl. OVG Bln-Bbg, B. v. 27.4.2007, LKV 2008, 136), bildet aber **keine Eingriffsgrundlage** für die BABeh. Nach früherem Recht musste in einem solchen Fall auf § 17 Abs. 1 und 2 ASOG zurückgegriffen werden (vgl. OVG Bln, B. v. 17.8. 1990, OVGE 19, 98, 99; U. v. 20.11.1992, OVGE 20, 265, 272 = BRS 54 Nr. 117). Einer solchen Aushilfe bedarf es nicht mehr, da **§ 58 Abs. 1** die erforderliche Ermächtigung enthält. Nach § 58 Abs. 1 Satz 1 hat die BABeh. bei der Instandhaltung von Anlagen darüber zu wachen, dass die öffentlich-rechtlichen Vorschriften eingehalten werden. Da auch § 85 Abs. 1 Satz 1 zu den Vorschriften gehört, deren Einhaltung zu überwachen ist, kann die BABeh. in Wahrnehmung ihrer Überwachungsaufgabe die erforderlichen Maßnahmen gemäß § 58 Abs. 1 Satz 2 treffen (vgl. RNr. 1). Ob die BABeh. von der Ermächtigung Gebrauch macht, liegt in ihrem Ermessen (vgl. § 58 RNr. 15).

a) Für einen Verwaltungsakt, der die Erhaltungspflicht nach § 85 Abs. 1 Satz 1 durchsetzen soll, ist es eine **Rechtmäßigkeitsvoraussetzung**, dass der heutige Zustand der baulichen Anlage sowohl gegen das geltende Recht als auch gegen das zur Zeit ihrer Errichtung maßgebliche Recht verstößt (vgl. OVG Bln, B. v. 17.8.1990, OVGE 19, 98, 99 f.). Die früheren Vorschriften können in den Vorgängergesetzen der BauO Bln enthalten sein (BauO Bln 1997, BauO Bln 1985, BauO Bln 1979, BauO Bln 1971, BauO Bln 1966, BO 58, BO 29, BauO Bln 1925) sowie in Baupolizeiordnungen und Polizeiverordnungen des 19. und des frühen 20. Jahrhunderts (vgl. Willert, Zusammenstellung der für die Anwendung des § 110 Abs. 1 BauO Bln wesentlichen früheren Bauordnungsvorschriften aus der Zeit vom 17. Juli 1853 bis zum 30. November 1925, 1975). So kann es erforderlich sein, den Inhalt solcher älterer Vorschriften zu ermitteln, die sich mit dem Thema der Standsicherheit (vgl. § 12), der Witterungseinflüsse (vgl. § 13), der Verkehrssicherheit (vgl. § 16) oder der Beschaffenheit von Dächern (vgl. § 32 Abs. 9) befassen (vgl. OVG Bln, U. v. 15.1.1988, GE 1988, 531; B. v. 29.12.1988, BRS 49 Nr. 222; B. v. 17.8.1990, OVGE 19, 98, 100; OVG Bln-Bbg, B. v. 27.4.2007, LKV 2008, 136).

b) Die „**Wiederherstellungsanordnung**" (OVG Bln, U. v. 15.1.1988, GE 1988, 531) darf nur die Einhaltung desjenigen baurechtlichen Zustands vorschreiben, der sich aus den zur Zeit der Errichtung geltenden Vorschriften ergibt (vgl. OVG Bln, B. v. 17.8.1990, OVGE 19, 98, 99). So kann von einem Eigentümer verlangt werden, dass er Feuchtigkeitsschäden in Wohnungen beseitigt und Be- und Entwässerungsleitungen instandsetzt (vgl. OVG Bln, B. v. 17.8.1990, a. a. O.), lose Putzteile abschlägt, den Putz entsprechend dem alten Zustand ergänzt und mit einem Korrosionsschutzanstrich versieht (vgl. OVG Bln, B. v. 15.1.1988, GE 1988, 531). Die Verfügung muss gemäß § 37 Abs. 1 VwVfG so bestimmt sein – z. B. durch Bezeichnung der defekten Fassadenflächen –, dass der Adressat die von ihm verlangten Reparaturarbeiten durchführen lassen kann. Eine Anordnung,

Zinkbleche an „ca. 8 Fenstern" zu erneuern, genügt diesem Erfordernis nicht (vgl. OVG Bln, U. v. 18.2.1983, GE 1984, 235, betr. das WoAufG Bln). Doch dürfen die Anforderungen an die Bestimmtheit nicht überspannt werden (vgl. OVG Bln, U. v. 26.9.1986, GE 1987, 295). Denn das tatsächliche Ausmaß von Gebäudeschäden tritt häufig erst bei der Durchführung von Reparaturarbeiten zutage (vgl. OVG Bln, U. 22.1.1982, OVGE 16, 61, 63 f. = BRS 39 Nr. 234). Zitiert die BABeh. in ihrer Verfügung nur § 85 Abs. 1 Satz 1, ohne § 58 Abs. 1 Satz 2 zu nennen (vgl. RNr. 8), so ist dieser Begründungsmangel (vgl. § 39 Abs. 1 VwVfG) unschädlich, wenn sie der Sache nach – insbesondere bei der Ermessensausübung (vgl. RNr. 8) – alle Erwägungen angestellt hat, die nach § 58 Abs. 1 Satz 2 erforderlich sind (vgl. § 58 RNr. 15). Die Wiederherstellungsanordnung wird entsprechend dem VwVG durchgesetzt (vgl. § 78 RNrn. 34 f., § 79 RNr. 46). In Notfällen – z. B. beim Fehlen eines Treppengeländers in einem Mietshaus – ist auch der Sofortvollzug gemäß § 6 Abs. 2 VwVG zulässig, so dass ein vorausgehender Verwaltungsakt entbehrlich ist (vgl. OVG Bln, U. v. 27.1.1989 – 2 B 38.87 –).

11 c) **Adressat der Wiederherstellungsanordnung** ist der Eigentümer, aber auch jeder sonstige Verantwortliche im Sinne des § 14 ASOG kann zu Erhaltungsmaßnahmen herangezogen werden. Auf die wirtschaftliche Leistungsfähigkeit des Pflichtigen kommt es – ebenso wie im Falle des § 79 Satz 1 (vgl. dort RNr. 37) – nicht an (vgl. BVerwG, B. v. 11.4.1989, NJW 1989, 2638; OVG Bln, B. v. 29.12. 1988, BRS 49 Nr. 222; B. v. 30.8.1990, DÖV 1991, 557, 558).

12 aa) Bei unklarer oder rechtlich komplizierter Eigentumslage kann die BABeh. entsprechend der Regel des § 14 ASOG ihre Maßnahmen gegen den **Inhaber der tatsächlichen Gewalt** richten, da vom Zustand einer Sache eine Gefahr ausgeht. Diese Vorschrift ermöglicht einen schnellen Zugriff auf einen Verantwortlichen, ohne dass die Behörde in eine schwierige und zeitraubende zivilrechtliche Ermittlung des Eigentümers eintreten muss. Ist der BABeh. der **Eigentümer** bekannt, kann sie sich an ihn halten. Unter mehreren Eigentümern kann sie einen auswählen (vgl. RNr. 14 und § 79 RNr. 34).

13 bb) Im Falle des **Wohnungseigentums** muss die BABeh. sich nicht immer an die Eigentümergemeinschaft (vgl. BGH, B. v. 2. 6. 2005, BGHZ 163, 154) wenden, sondern kann unmittelbar den Sondereigentümer einer mängelbehafteten Wohnung zur Reparatur verpflichten. Dessen Hinweise auf die unterschiedliche Rechtsstellung des Wohnungseigentümers im Bereich des Sondereigentums und des Gemeinschaftseigentums sowie auf die Befugnisse andere Miteigentümer und der Wohnungseigentümergemeinschaft (vgl. § 1 Abs. 2 und 5, §§ 5, 13, 20 und 21 Abs. 1 Wohnungseigentumsgesetz v. 15.3.1951, BGBl. I S. 175, 209, zuletzt geändert durch G. v. 26.3.2007, BGBl. I S. 370) sind unerheblich und berühren die Rechtmäßigkeit der Verfügung nicht. Die Berufung auf ein rechtliches Unvermögen ist dem von der Behörde herangezogenen Wohnungseigentümer erst dann möglich, wenn sich die – gegebenenfalls durch den Verwalter vertretene – Eigentümergemeinschaft der von ihm nach § 85 Abs. 1 Satz 1 zu ergreifenden Maßnahme widersetzt. Dieses Hindernis führt nicht zur Rechtswidrigkeit des Verwaltungsakts, sondern muss im Vollstreckungsverfahren berücksichtigt und eventuell durch eine Duldungsverfügung überwunden werden (vgl. zum Ganzen OVG Bln, B. v. 17.8.1990, OVGE 19, 98, 101; B. v. 30.8.1990, DÖV 1991, 557; OVG NRW, U. v. 28. 8. 2001, NWVBl. 2002, 388).

14 cc) Unter mehreren nach § 14 ASOG Verantwortlichen kann die BABeh. den auswählen, der ihr für die Behebung des Missstands nach § 85 Abs. 1 Satz 1 geeignet erscheint. Bei der Betätigung ihres **Auswahlermessens** muss sie sich allerdings von sachlichen Erwägungen leiten lassen. So kann sie sich bei mehreren Eigentümern für denjenigen entscheiden, der finanziell zur Vornahme der Reparaturarbeiten imstande ist. Liegt beim Wohnungseigentum (vgl. RNr. 13) die Gefahrenquelle teils im Sondereigentum, teils im Gemeinschaftseigentum, darf die Mängelbeseitigung von demjenigen Miteigentümer verlangt werden, in dessen Verantwortungsbereich die wesentliche Ursache für die Gefahr fällt (vgl. OVG Bln, B. v. 17.8.1990, OVGE 19, 98, 102; B. v. 30.8.1990, DÖV 1991, 557, 558).

5. Nach **Satz 2** sind rechtmäßig bestehende bauliche Anlagen (vgl. RNr. 4) so zu erhalten, dass ihre **Verunstaltung** sowie eine Störung des Straßen-, Orts- oder Landschaftsbildes vermieden werden. Obwohl die Vorschrift inhaltlich mit § 9 Abs. 1 und 2 identisch sein dürfte, ist sie eigenartigerweise sprachlich anders als die Parallelnorm gefasst. Der Instandhaltungspflicht gemäß § 3 Abs. 1, nach der bauliche Anlagen die Anforderungen des § 9 dauernd einhalten müssen (vgl. § 3 RNr. 22), kommt daher für den Bereich der Verunstaltungsabwehr keine Bedeutung zu.

Satz 2 begnügt sich – anders als Satz 1 (vgl. RNr. 6) – nicht damit, dass der bauordnungsrechtliche Mindeststandard zur Zeit der Errichtung der baulichen Anlage eingehalten wird, sondern verlangt die **Anpassung an das geltende Recht**. Entspricht der äußere Zustand einer baulichen Anlage nicht den heutigen Anforderungen an die Verunstaltungsabwehr, so reicht dies für eine Wiederherstellungsanordnung aus (vgl. RNr. 10). Die Abkehr vom Minimalprogramm des Satzes 1 (vgl. RNr. 6) ist gerechtfertigt, da es zur Zeit der Errichtung zahlreicher älterer Bauten noch keine Vorschrift über die Verunstaltung gab. Für den Erlass von Verwaltungsakten gilt im Übrigen das zu Satz 1 Ausgeführte (vgl. RNrn. 8 ff.).

6. **Satz 3** ordnet die Geltung des Satzes 2 auch für **Baugrundstücke** an und ist somit eine Vorschrift im Sinne des § 1 Abs. 1 Satz 2, die an Grundstücke Anforderungen stellt (vgl. § 1 RNr. 19). Der Begriff des Baugrundstücks ist mit dem des Grundstücks identisch (vgl. § 1 RNrn. 13 f.). Weder § 3 noch § 9 verbietet eine Verunstaltung von Grundstücken oder durch sie. Diese Lücke wird durch § 85 Abs. 1 Satz 3 geschlossen. Da § 8 Abs. 1 Satz 1 nicht für unbebaute Grundstücke gilt, sorgt § 85 Abs. 1 Satz 3 dafür, dass deren Zustand den ästhetischen Mindeststandard des geltenden Bauordnungsrechts nicht unterschreitet. Für dessen Beurteilung sind die zu § 9 Abs. 1 und 2 entwickelten Maßstäbe heranzuziehen. § 85 Abs. 1 Satz 3, der gleichfalls durch Verwaltungsakt auf Grund des § 58 Abs. 1 Satz 2 durchgesetzt werden muss (vgl. RNrn. 8 ff., 16), kann dazu beitragen, die Verwahrlosung von Grundstücken zu verhindern, und ist eine das Abfallrecht ergänzende Vorschrift. So könnte sie etwa dazu eingesetzt werden, die Überreste einer verlassenen Wagenburg (vgl. OVG Bln, U. v. 13.3.1998, LKV 1998, 355) zu beseitigen.

III. Abs. 2 enthält eine **verschärfende Modifizierung des Abs. 1 Satz 1.** In Abweichung von Abs. 1 Satz 1 (vgl. RNr. 6), aber in Übereinstimmung mit Abs. 1 Satz 2 (vgl. RNr. 16) kann unter bestimmten Voraussetzungen eine Anpassung baulicher Anlagen an das geltende Bauordnungsrecht verlangt werden. Eine Spezialvorschrift mit demselben Thema stellt § 8 Abs. 2 Satz 6 dar.

1. **Abs. 2 Satz 1** erfordert wie Abs. 1 Satz 1 (vgl. RNr. 3) eine **Divergenz zwischen dem faktischen Bauzustand und dem geltenden Bauordnungsrecht**, wie es in der BauO Bln oder in den auf ihrer Grundlage – z. B. gemäß § 84 – erlassenen Rechtsverordnungen geregelt ist. Deutlicher als in Abs. 1 Satz 1 gibt das Gesetz überdies zu erkennen, worauf diese Divergenz zurückzuführen ist. Das heutige Recht stellt „andere Anforderungen" (vgl. § 1 RNr. 21) als das bisherige Recht, unter dessen Geltung die bauliche Anlage errichtet worden ist. Der Tatbestand des Abs. 2 Satz 1 wird also allein

durch eine Rechtsänderung verwirklicht. Ob die bauliche Anlage noch dem zur Zeit ihrer Errichtung gebotenen Zustand entspricht oder hinter ihm zurückbleibt, ist – anders als im Falle des Abs. 1 Satz 1 (vgl. RNr. 9) – dagegen unerheblich.

20 2. Nach Abs. 2 Satz 1 müssen– insoweit ebenfalls in Übereinstimmung mit Abs. 1 Satz 1 – die neuen Anforderungen sich an **rechtmäßig bestehende bauliche Anlagen** richten (vgl. RNr. 4). Zwar wird dieses Erfordernis nur innerhalb der Rechtsfolge – als Voraussetzung der Rechtmäßigkeit des Anpassungsverlangens – genannt, doch schränkt es zugleich den Tatbestand der Norm ein. Nicht rechtmäßig bestehende bauliche Anlagen unterfallen dem § 79 Satz 1 (vgl. RNr. 5). Den rechtmäßig bestehenden bauliche Anlagen stellt das Gesetz jene baulichen Anlagen gleich, die **nach genehmigten Bauvorlagen** (vgl. § 78 Abs. 1 Satz 2 Nr. 2a und § 78 RNr. 22) bereits **begonnen** worden sind. Diese Tatbestandsvariante dürfte zur Zeit auf solche Vorhaben begrenzt sein, die unter der Geltung der BauO Bln 1997 genehmigt worden sind. Sie könnte aber später dann Anwendung finden, wenn nach der Erteilung einer Baugenehmigung gemäß der BauO Bln das Bauordnungsrecht geändert wird.

21 3. Anders als Abs. 1 Satz 1 (vgl. RNr. 6) gewährt Abs. 2 Satz 1 keinen **Bestandsschutz** (vgl. OVG Bln, U. v. 11.6.1976, OVGE 14, 8, 10 = BRS 30 Nr. 97). Er ordnet vielmehr für bestimmte bauliche Konstellationen (vgl. RNr. 24) eine Rückwirkung oder Rückanknüpfung des geltenden Bauordnungsrechts an (vgl. OVG Bln, B. v. 17.8.1990, OVGE 19, 98, 99). Das Mittel, mit dessen Hilfe die Anpassung an das geltende Bauordnungsrecht bewirkt wird, ist ein hierauf gerichteter Verwaltungsakt, das so genannte „**Anpassungsverlangen**" (vgl. OVG Bln, B. v. 4.4.2002, BRS 65 Nr. 204, S. 885; B. v. 14.11.2003 – OVG 2 B 6.02 –; OVG Bln-Bbg, B. v. 27.4.2007, LKV 2008, 136).

22 a) **Abs. 2 Satz 1** begründet **keine** unmittelbar aus dem Gesetz folgende **Anpassungspflicht**, sondern beschreibt einen Tatbestand, bei dem erst durch Hinzutritt eines Verwaltungsakts die latente Pflichtigkeit in eine aktuelle Rechtspflicht umschlägt. Solange ein solcher Verwaltungsakt unterbleibt, gilt die in Abs. 1 Satz 1 geregelte Erhaltungspflicht auch weiterhin für solche Altanlagen, die nach Abs. 2 Satz 1 einem Anpassungsverlangen ausgesetzt sein können. Abs. 2 Satz 1 geht aber über Abs. 1 Satz 1 hinaus, indem er er sich nicht mit der Einhaltung eines baulichen Zustands begnügt, der dem zur Zeit der Errichtung maßgeblichen Recht entspricht. Er regelt vielmehr den Fall, dass trotz Erfüllung der Erhaltungspflicht nach Abs. 1 Satz 1 bauliche Missstände vorhanden sind, die nicht hingenommen werden können (vgl. RNr. 24).

23 b) Eine unter bestimmten Voraussetzungen (vgl. RNr. 24) erforderliche **Anpassung** an das geltende Bauordnungsrecht „**kann verlangt werden**", bedarf also eines Verwaltungsakts der BABeh. Abs. 2 Satz 1 ist eine Eingriffsnorm und gewährt der Behörde eine Eingriffsermächtigung, so dass – anders als im Falle des Abs. 1 (vgl. RNrn. 8, 16, 17) – ein Rückgriff auf § 58 Abs. 1 Satz 2 entfällt (vgl. OVG Bln-Bbg, B. v. 27.4.2007, LKV 2008, 136). Das der BABeh. eingeräumte Ermessen (vgl. OVG Bln, U. v. 10.8.1979, OVGE 15, 69, 71, 72 = BRS 35 Nr. 111) ist – ähnlich wie bei den §§ 78 und 79 (vgl. § 78 RNr. 29 und § 79 RNrn. 35, 58) – kein freies Ermessen, sondern ein tendenziell auf die Beseitigung der Störung gerichtetes **intendiertes Ermessen**.

24 c) Voraussetzung eines auf Anpassung an das geltende Bauordnungsrecht gerichteten Verwaltungsakts ist, dass „dies zur Vermeidung einer **Gefährdung der öffentlichen Sicherheit oder Ordnung**, insbesondere von Leben oder Gesundheit, erforderlich ist". Die bereits in der bloßen Abweichung vom heutigen Bauordnungsrecht liegende Gefahr für die öffentlichen Sicherheit (vgl. § 3 RNrn. 14, 18) reicht für ein Anpassungsverlangen allerdings nicht aus. Denn diese für Altanlagen typische Gefahr nimmt die BauO Bln in

§ 85 Abs. 1 Satz 1 hin und begnügt sich damit, die Einhaltung wenigstens derjenigen bauordnungsrechtlichen Vorschriften sicherzustellen, die zur Zeit der Bauausführung verbindlich waren. Abs. 2 Satz 1 hat also eine bauliche Konstellation zum Gegenstand, bei der trotz Einhaltung des früheren oder bisherigen Rechts so gravierende Missstände auftreten, dass ein staatliches Einschreiten unumgänglich ist. Um welche Missstände es sich dabei handeln kann, wird an der beispielsweisen Nennung der beiden polizeilichen Schutzgüter „Leben oder Gesundheit" deutlich (vgl. § 3 Abs. 1). Über die bloße Normabweichung hinaus muss ein Zustand bestehen, der eine **konkrete** oder unmittelbare **Gefahr** (vgl. § 3 RNr. 15 und OVG Bln-Bbg, B. v. 27.4.2007, LKV 2008, 136) für wichtige Rechtsgüter bildet, die von einer neuen, aber durch ein Bauwerk faktisch nicht eingehaltenen Norm geschützt werden. Eine konkrete Gefahr liegt vor, wenn aus einer tatsächlich vorhandenen Situation hinreichend wahrscheinlich eine Gefährdung der betroffenen Rechtsgüter folgt; in überschaubarer Zukunft muss im Einzelfall mit einem Schadenseintritt zu rechnen sein (vgl. OVG Bln-Bbg, B. v. 27.4.2007, a. a. O.). Je bedeutender das Rechtsgut ist und je größer die Wahrscheinlichkeit ist, dass aus der Gefährdung ein Schaden wird, um so eher lässt sich die Erforderlichkeit eines behördlichen Eingreifens bejahen. Bei Gefährdungen von Leben oder Gesundheit sind deshalb an den Grad der Wahrscheinlichkeit keine übermäßig hohen Anforderungen zu stellen (vgl. OVG Bln-Bbg, B. v. 27.1.2006 – OVG 2 S 131.05 –; B. v. 27.4.2007, LKV 2008, 136). Die Vorschrift wird vor allem im Bereich des Brandschutzrechts Anwendung finden können (vgl. OVG Bln, B. v. 8.6.2000, BRS 63 Nr. 216; OVG Bln-Bbg, B. v. 27.1.2006 – OVG 2 S 131.05 –; HessVGH, B. v. 18.10.1999, BRS 62 Nr. 144 = BauR 2000, 553). Das OVG Bln-Bbg (B. v. 27.4.2007, LKV 2008, 136) hat eine auf Abs. 2 Satz 1 gestützte Anordnung, wonach ein Hauseigentümer Leitern, Schutzgitter und Verbindungstrittroste an Schornsteinen anzubringen hatte, gebilligt. Dass der Pflichtige sich wie im Falle des Abs. 3 (vgl. RNr. 31) auf die Unzumutbarkeit der Kosten, die mit der ihm angesonnen baulichen Anpassung verbunden sind, berufen darf, sieht das Gesetz nicht vor.

4. Satz 2 enthält eine Sonderregelung für **Aufenthaltsräume** (vgl. § 2 Abs. 5) **im Kellergeschoss** (vgl. § 2 Abs. 6 Satz 1 Halbs. 2). Nach Auffassung des OVG Bln, (vgl. B. v. 14.11.2003 – OVG 2 B 6.02 –) dient die Bestimmung dazu, bei bestandsgeschützten Altbauten die Eingriffsschwelle für ein im Ermessen der BABeh. liegendes nachträgliches Anpassungsverlangen zur Verbesserung des Wärme- und Feuchtigkeitsschutzes sowie zur besseren Belichtung von Aufenthaltsräumen in Kellergeschossen zu kennzeichnen. Die schwer verständliche Vorschrift erklärt ein Anpassungsverlangen nach Satz 1 bereits dann für zulässig, wenn der bauliche Zustand der genannten Räume den heutigen Anforderungen nicht entspricht, insbesondere der Fußboden 1,50 m oder mehr unter dem anschließenden Gelände liegt. Wie dieses vom Gesetz benutzte Beispiel zeigt, unterstellt Satz 2, dass bei Aufenthaltsräumen im Kellergeschoss regelmäßig Gründe der Gesundheit die Anpassung an neue Vorschriften erfordern. Gleichwohl ist es bemerkenswert, dass die BauO Bln diese Regelung beibehalten hat; denn im Widerspruch hierzu hat das Gesetz zugleich die Beschränkungen des früheren Rechts für Aufenthaltsräume in Kellergeschossen entfallen.lassen (vgl. § 2 RNr. 112).

IV. Abs. 3 behandelt eine weitere Fallgruppe, bei der gleichfalls unter Zurückdrängung des Bestandsschutzes (vgl. RNr. 21) eine Anpassung an das geltende Bauordnungsrecht verlangt werden kann. Tatbestandliche Voraussetzung hierfür ist, dass **rechtmäßig bestehende bauliche Anlagen** (vgl. RNr. 4) **wesentlich geändert** werden (vgl. § 51 Abs. 4). Die Vorschrift nimmt also eine vom Bauherrn ins Werk gesetzte Änderung (vgl. § 3 RNr. 11), wenn diese wesentlich ist, zum Anlass, dass gleichzeitig weitere Teile der baulichen Anlage saniert werden müssen (vgl. auch § 51 Abs. 4 und 5).

§ 85 RNr. 27–30

27 1. Voraussetzung eines Anpassungsverlangens ist die **wesentliche Änderung einer baulichen Anlage** (vgl. § 51 Abs. 4). Dass die (wesentliche) Änderung, für sich gesehen, zu einem baulichen Resultat führen muss, das mit dem geltenden Recht übereinstimmt, versteht sich von selbst. Das Gesetz gibt der BABeh. die Befugnis, die Gelegenheit beim Schopf zu ergreifen und den Bauherrn zu einer Erweiterung seines Änderungsvorhabens zu zwingen, damit auf diese Weise auch außerhalb des eigentlichen Änderungsprojekts eine Übereinstimmung mit dem geltenden Bauordnungsrecht erreicht wird. Ob eine Änderung wesentlich ist und nicht nur von marginaler Bedeutung, hängt von der Beschaffenheit und Konstruktion der baulichen Anlage sowie sowie von Art und Umfang der Änderung ab (vgl. Hamb. OVG, U. v. 24.9.1998, BRS 60 Nr. 141). Als Anhaltspunkte können Regelungen wie § 60 Abs. 3 und die für die Änderung aufzuwendenden Baukosten dienen.

28 2. **Abs. 3** weist eine weitgehende **tatbestandliche Parallelität** zu **Abs. 2** auf. Beide Vorschriften verlangen eine Divergenz zwischen dem faktischen Bauzustand und dem geltenden Bauordnungsrecht, wie es in der BauO Bln und den auf ihrer Grundlage erlassenen Vorschriften enthalten ist. In Übereinstimmung mit Abs. 1 Satz 1 und Abs. 2 setzt Abs. 3 voraus, dass das gegenwärtige Bauordnungsrecht andere Anforderungen an bauliche Anlagen richtet als das zur Zeit der Errichtung maßgebliche Recht. Die missverständliche Formulierung, wonach Bauteile den heutigen bauordnungsrechtlichen Vorschriften „nicht mehr entsprechen", bedeutet nicht, dass die betroffenen Bauteile den Vorschriften schon einmal entsprochen haben und nur durch Verfall oder Vernachlässigung ihre Baurechtskonformität verloren haben. Einer solchen Fehlentwicklung kann bereits nach § 3 Abs. 1 entgegengewirkt werden (vgl. § 3 Rnr. 20). Die zitierte Formulierung besagt vielmehr nur, dass die Bauteile den neuen Vorschriften nicht genügen.

29 3. Wie im Falle des Abs. 2 begründet auch Abs. 3 **keine** automatisch wirkende **Anpassungspflicht** (vgl. RNr. 22). Vielmehr „kann gefordert werden", dass eine Anpassung vorgenommen wird. Dabei handelt es sich gleichfalls um eine **Ermessensentscheidung** (vgl. RNr. 23 und HbgOVG, U. v. 24.9.1998, BRS 60 Nr. 141). Die BABeh. ist, ohne dass sie auf § 58 Abs. 1 Satz 2 zurückgreifen müsste, befugt, einen Verwaltungsakt zu erlassen, wonach bestimmte Bauteile mit dem geltenden Bauordnungsrecht „in Einklang gebracht werden". Der Sache nach handelt es sich um ein **Anpassungsverlangen** im Sinne des Abs. 2 (vgl. RNr. 21 f.). Allerdings braucht die in Abs. 2 zusätzlich genannte ordnungsrechtliche Voraussetzung, nämlich die konkrete Gefährdung wichtiger Rechtsgüter (vgl. RNr. 24), nicht erfüllt zu sein. Das Gesetz unterstellt auch nicht wie im Falle des Abs. 2 Satz 2 (vgl. RNr. 25), dass regelmäßig Gründe der Gesundheit die Anpassung erfordern, sondern lässt sich allein von der Erwägung leiten, dass eine ohnehin vorgenommene Änderung einer baulichen Anlage ein genügender Anlass für eine Erstreckung der Bauarbeiten auf weitere Bauteile ist. Ob die Bauteile, auf die nach dem Willen der Behörde die Arbeiten ausgedehnt werden sollen, mit dem zur Zeit ihrer Errichtung geltenden Bauordnungsrecht übereinstimmten und deshalb eine Anpassungspflicht nach Abs. 1 Satz 1 besteht, ist unerheblich. Allerdings wird die BABeh. einen sachlichen Grund dafür haben müssen, warum sie sich insoweit nicht mit einer Erhaltung der Altanlage nach dem Stand des früheren Rechts entsprechend Abs. 1 Satz 1 begnügt, sondern eine Anhebung auf das heutige bauordnungsrechtliche Niveau erstrebt.

30 4. Das **Anpassungsverlangen** ist regelmäßig kein Instrument, mit dessen Hilfe eine gesamte bauliche Anlage aus Anlass ihrer wesentlichen Änderung an das gegenwärtige Bauordnungsrecht angepasst werden könnte. Abs. 3 beschränkt die Anpassungsbefugnis der BABeh. auf die **von der Änderung „nicht unmittelbar berührten Teile der baulichen Anlage"**, wenn diese Teile (vgl. § 2 RNrn. 21, 124) „mit den beabsichtigten Arbeiten in einem konstruktiven Zusammenhang stehen". Ob eine solche Verflechtung von Bauteilen besteht, wird sich vornehmlich aus der Konzeption des Bauherrn ergeben (vgl. OVG Bln, B. v. 19.3.2001 – OVG 2 SN 4.01 –). Eine solche funktionelle Beziehung kann z. B. vorhanden sein, wenn eine Heizungsanlage erweitert wird und deshalb die Decke des Heizungsraums erneuert werden soll (vgl. OVG Bln, U. v. 10.8.1979, OVGE 15, 69, 70 f. = BRS 35 Nr. 111; VG Bln, U. v. 17.3.1978, GE 1978, 674). Auch die Anlegung eines neuen zweiten Rettungsweges (vgl. § 33) kommt als Maßnahme nach Abs. 3 in Betracht (vgl. OVG Bln, B. v. 18.9.1998, OVGE 23, 84, 87). Der Ausbau einer Dachgeschosswohnung kann Anlass zur Verbesserung des Brandschutzes sein (vgl. HbgOVG, U. v. 24.9.1998, BRS 60 Nr. 141).

5. Eine weitere Beschränkung der Eingriffsbefugnis ergibt sich aus den **Mehrkosten**, die dem Bauherrn durch ein Anpassungsverlangen entstehen. Wenn die Anpassung der von den beabsichtigten Änderungsarbeiten nicht berührten Teile der baulichen Anlage an das gegenwärtige Bauordnungsrecht (= „die Durchführung dieser Vorschriften") unzumutbare Mehrkosten verursacht, muss ein Anpassungsverlangen unterbleiben. Der mit der Erfüllung der behördlichen Anordnung verbundene Aufwand darf also nicht außer Verhältnis zu dem mit der Anordnung angestrebten Erfolg stehen; es muss sich um einen „unverhältnismäßigen Mehraufwand" (vgl. § 43 Abs. 2 Satz 2, § 51 Abs. 5) oder um einen Fall der „Unverhältnismäßigkeit" handeln (vgl. § 17 Abs. 2 Satz 2 BlmSchG) handeln. Dabei ist nicht die absolute Höhe der Mehrkosten entscheidend, sondern ob diese ein Missverhältnis zu den ohnehin entstehenden Kosten der wesentlichen Änderung aufweisen. 31

V. Abs. 4 schließt die Anwendung des Abs. 3 bei **Modernisierungsvorhaben** aus, es sei denn, dass anderenfalls Gefahren eintreten. Obwohl Modernisierungsvorhaben (vgl. § 559 Abs. 1 BGB, § 148 Abs. 2 Satz 1 Nr. 1 BauGB und OVG Bln, B. v. 12.6.2002, BRS 65 Nr. 227) regelmäßig wesentliche Änderungen im Sinne des Abs. 3 sind, gibt das Gesetz dem Bestandsschutz den Vorrang. Der Grund hierfür liegt darin, dass die Bereitschaft, Modernisierungsvorhaben zu realisieren, beeinträchtigt werden könnte, wenn Bauwillige befürchten müssten, mit zusätzlichen Arbeiten und Kosten belastet zu werden. Sollten allerdings Gefahren zu besorgen sein, wobei es sich um solche im Sinne des Abs. 2 Satz 1 handeln müsste (vgl. RNr. 24), gilt Abs. 3 mit der Folge, dass kraft behördlicher Anordnung eine Ausweitung der Bauarbeiten stattfinden kann. Warum dann aber unzumutbare Mehrkosten (vgl. RNr. 31) einem Anpassungsverlangen entgegenstehen sollen, ist unerfindlich, zumal zusätzlich der Tatbestand des Abs. 2 erfüllt sein dürfte, bei dem es auf die Kostenbelastung des Pflichtigen nicht ankommt (vgl. RNr. 24). 32

§ 86 Zuständigkeit für den Erlass des Widerspruchsbescheides

(1) Die für das Bauwesen zuständige Senatsverwaltung entscheidet über den Widerspruch gegen einen Verwaltungsakt einer Bezirksverwaltung und damit verbundene Maßnahmen der Verwaltungsvollstreckung, wenn der Verwaltungsakt im bauaufsichtlichen Verfahren ergangen ist
1. im Geltungsbereich von Bebauungsplänen von außergewöhnlicher stadtpolitischer Bedeutung, von Bebauungsplänen der Hauptstadtplanung sowie von entsprechenden vorhabenbezogenen Bebauungsplänen,

2. zu Vorhaben mit einer Geschossfläche von mehr als 1500 m²,
3. zu Vorhaben im Außenbereich nach § 35 des Baugesetzbuchs,
4. zur Festsetzung von besonderen Anforderungen zur Gefahrenabwehr, die auf § 52 oder auf zu diesem Zweck erlassene Rechtsverordnungen gestützt sind.

(2) Über den Widerspruch gegen den Bescheid einer Prüfingenieurin oder eines Prüfingenieurs für Bautechnik entscheidet
1. das Bezirksamt im Rahmen der Prüfung der Standsicherheit für statisch einfache Tragwerke sowie der Prüfung der zu diesen Bauvorhaben gehörenden Nachweise der Feuerwiderstandsdauer der tragenden Bauteile und des Wärmeschutzes,
2. die für das Bauwesen zuständige Senatsverwaltung in allen anderen Fällen.

(3) Über den Widerspruch gegen den Bescheid einer Prüfingenieurin oder eines Prüfingenieurs für Brandschutz entscheidet die für das Bauwesen zuständige Senatsverwaltung.

Erläuterungen:

1 § 86 enthält eine eigentlich in den Kontext des ASOG gehörende Zuständigkeitsregelung.
Die gesetzliche Spezialregelung über die Zuständigkeit zum Erlass von Widerspruchsbescheiden steht im Zusammenhang mit der im Zuge der Reform der Berliner Verwaltung verfassungsrechtlich und gesetzlich konkretisierten **Abgrenzung der Zuständigkeiten von Hauptverwaltung und Bezirksverwaltungen** (zur Vorgeschichte der Norm vgl. Vorauflage, § 74a RNrn. 1 und 2). Die Bezirke nehmen regelmäßig die örtlichen Verwaltungsaufgaben (Art. 66 Abs. 2 Satz 2 VvB), der Senat die Aufgaben von gesamtstädtischer Bedeutung (Art. 67 Abs. 1 Satz 1 VvB) wahr, wobei diese – abgesehen von den Leitungsaufgaben – enumerativ durch Gesetz bestimmt werden (§ 67 Abs. 3 Satz 1 VvB). Vor diesem Hintergrund sind die Bezirksämter regelmäßig für die Bauaufsicht zuständig (ZustKat Ord Nr. 15 Abs. 1 Buchstabe a). Die Zuständigkeit zum Erlass von Widerspruchsbescheiden liegt im Land Berlin grundsätzlich bei der Ausgangsbehörde (vgl. § 27 Abs. 1 AZG sowie für Ordnungsangelegenheiten § 67 ASOG); dies entspricht der Regelung des § 73 Abs. 1 Satz 2 Nr. 2 VwGO, da als nächsthöhere Behörden sonst oberste Landesbehörden, nämlich die Senatsverwaltungen, zuständig wären, die von der mit einer Widerspruchsentscheidung einhergehenden Einzelfallbearbeitung entlastet werden sollen (vgl. Musil/Kirchner, Das Recht der Berliner Verwaltung, 2. Aufl. 2007, RNr. 141). Über Widersprüche gegen Verwaltungsakte der bezirklichen BABeh. entscheidet das Bezirksamt oder das von ihm dafür bestimmte Mitglied, sofern dieses Mitglied nicht selbst den Verwaltungsakt erlassen hat (§ 67 Satz 2 ASOG). § 86 bestimmt die Voraussetzungen, unter denen hiervon abweichend die zuständige Senatsverwaltung (für Stadtentwicklung) Widerspruchsbehörde für Widersprüche gegen Verwaltungsakte einer Bezirksverwaltung sowie von Prüfingenieurinnen und Prüfingenieuren ist. Bei Verwaltungsakten, die die Senatsverwaltung selbst als BABeh. erlassen hat (zu den der Senatsverwaltung vorbehaltenen bauaufsichtlichen Ordnungsaufgaben s. ZustKat Ord Nr. 1 Abs. 1), bedarf es dagegen keines Widerspruchsverfahrens vor

Erhebung der Anfechtungs- oder Verpflichtungsklage, da es sich um Verwaltungsakte handelt, die von einer obersten Landesbehörde erlassen wurden (§ 68 Abs. 1 Satz 2 Nr. 1 VwGO).

Die Regelung des § 86 steht im Einklang sowohl mit Bundesrecht, da gemäß §185 Abs. 2 VwGO im Land Berlin von § 73 Abs. 1 Satz 2 VwGO abgewichen werden kann, als auch mit den Bestimmungen der Art. 66, 67 VvB über die Zuständigkeitsverteilung zwischen Bezirken und Hauptverwaltung (zu letzterem im Ergebnis zutreffend, wohl aber nicht in der Begründung, Entscheidungen im Widerspruchsverfahren seien der Sache nach Entscheidungen im Wege der Aufsicht über die Bezirke: VG Bln., B. v. 21.5.2003, LKV 2003, 568, 569).

Absatz 1 begründet für enumerativ aufgezählte Fallgruppen von **Entscheidungen einer Bezirksverwaltung** die Zuständigkeit der Senatsverwaltung als Widerspruchsbehörde. Im einleitenden Satzteil werden zunächst allgemein die in Betracht kommenden Verwaltungsakte und Maßnahmen der Verwaltungsvollstreckung benannt und sodann in den vier Nummern die einzelnen Voraussetzungen für die Zuständigkeit der Senatsverwaltung abschließend bestimmt. Anwendung findet der Absatz 1 auf Verwaltungsakte von Bezirksverwaltungen, die in bauaufsichtlichen Verfahren ergangen sind, und auf „damit" verbundene Maßnahmen der Verwaltungsvollstreckung. Ein **Verwaltungsakt ist im bauaufsichtlichen Verfahren** ergangen, wenn es sich um einen Verwaltungsakt handelt, der dem Fünften Teil der BauO Bln entstammt. Dazu zählen z. B. Abweichungen (§ 68), Vorbescheide und planungsrechtliche Bescheide (§ 74), die verschiedenen Formen der Baugenehmigungen (§§ 71, 73), aber auch die bauaufsichtlichen Eingriffsmaßnahmen der Baueinstellung (§ 78), Nutzungsuntersagung (§ 79 Satz 2) und Beseitigungsanordnung (§ 79 Satz 1). Obwohl sie nicht Gegenstand spezifischer bauordnungsrechtlicher Regelungen sind, sondern auf der Grundlage des allgemeinen Verwaltungsverfahrensrechts ergehen, dürften auch Rücknahme (§ 48 VwVfG) und Widerruf (§ 49 VwVfG) von in bauaufsichtlichen Verfahren ergangenen Verwaltungsakten unter die Norm fallen. Dagegen legt die Formulierung „**damit verbundene Maßnahmen der Verwaltungsvollstreckung**" unter Berücksichtigung der verwaltungsvollstreckungsrechtlichen Terminologie ein enges Verständnis der erfassten Vollstreckungsakte dahingehend nahe, dass die Regelung lediglich die mit einem Grundverwaltungsakt gemäß § 13 Abs. 2 VwVG in einem Bescheid verbundene und damit auch hinsichtlich des Rechtsschutzes verknüpfte Zwangsmittelandrohung (vgl. § 18 Abs. 1 Satz 2 VwVG), nicht jedoch andere, isoliert vorgenommene Vollstreckungsmaßnahmen betrifft, auch wenn insofern gemäß oder entsprechend § 18 VwVG der Rechtsbehelf des Widerspruchs statthaft ist (a. A. Hahn/Radeisen, BauO Bln, 4. Aufl. § 86 RNr. 4). Für die hier vertretene Auffassung spricht auch, dass im gestuften Vollstreckungsverfahren ein Widerspruch gegen eine nicht mit dem Grundverwaltungsakt verbundene Zwangsmittelandrohung (Entsprechendes gilt auch für die Zwangsmittelfestsetzung) nicht auf die Rechtswidrigkeit eines unanfechtbar gewordenen Grundverwaltungsaktes gestützt werden kann, sondern nur Einwände gegen die Rechtmäßigkeit der Vollstreckungsmaßnahme als solcher zu prüfen sind (vgl. § 18 Abs. 1 Satz 3 VwVG; Engelhardt/App, VwVG-VwZG, 7. Aufl., § 18 VwVG RNr. 6; Sadler, VwVG-VwZG, 5. Aufl., § 18 RNr. 2). Ist der Grundverwaltungsakt noch nicht unanfechtbar, weil dieser bereits separat mit einem Widerspruch angefochten wurde, so entscheidet im Rahmen eines selbständigen Verfahrens über diesen Widerspruch ohnehin die Senatsverwaltung. Nicht nur dem Wortlaut, sondern auch dem Zweck der Regelung des § 86 Abs. 1, der Senatsverwaltung die Widerspruchsentscheidung für bestimmte Kategorien von im gesamtstädtischen Interesse bedeutenden Verwaltungsakten vorzubehalten, widerspräche es vor diesem Hintergrund aber, die oberste Landesbehörde mit Widerspruchsverfahren gegen isolierte Verwaltungsvollstreckungsmaßnahmen zu belasten, in denen über die Rechtmäßigkeit des der Vollstreckung zugrunde liegenden Verwaltungsaktes nicht (mehr) zu entscheiden ist; vielmehr wird durch die Einbeziehung von mit dem Grundverwaltungsakt „verbundenen" Maßnahmen der Verwaltungsvollstreckung lediglich (klarstellend) eine einheitliche Entscheidungszuständigkeit mit Blick auf die Regelung des § 18 Abs. 1 Satz 2 VwVG sichergestellt.

4 Die **qualifizierenden Voraussetzungen für die Zuständigkeit der Senatsverwaltung** sind relativ weit gefasst und geben der Hauptverwaltung den Zugriff auf die Überprüfung der Rechtmäßigkeit und – sofern (etwa bei Abweichungen und Nebenbestimmungen) Ermessen eingeräumt ist – auch der Zweckmäßigkeit (vgl. § 68 Abs. 1 Satz 1 VwGO) widerspruchsbefangener Entscheidungen über fast alle wichtigen Bauvorhaben. Dabei knüpft das Gesetz die Zuständigkeit teils an die Belegenheit des Grundstücks in bestimmten, nach bauplanungsrechtlichen Kriterien eingegrenzten Gebieten (Nrn. 1 und 3), teils an die Größe eines (Investitions-)Vorhabens (Nr. 2) und damit an dessen wirtschaftliche Bedeutung an; schließlich wird auch besonderen bauordnungsrechtlichen Anforderungen Rechnung getragen (Nr. 4).

5 Unter **Absatz 1 Nr. 1** fallen Widersprüche gegen Verwaltungsakte, die **Grundstücke im Geltungsbereich bestimmter Bebauungspläne und entsprechender vorhabenbezogener Bebauungspläne (§ 12 BauGB)** betreffen. Die Erwähnung des in der BauO Bln auch an anderer Stelle in gleichem Sinne verwendeten (vgl. § 63 Abs. 1 Nr. 1 Buchstabe a) Begriffs „Geltungsbereich" (vgl. § 30 BauGB) legt nahe, dass der Bebauungsplan als Rechtsverordnung festgesetzt und verkündet sein muss (§ 246 Abs. 2 BauGB, §§ 6 Abs. 5, 7 Abs. 3, 8 Abs. 2 AGBauGB); Vorhaben in Gebieten, für die lediglich ein Beschluss über die Aufstellung eines Bebauungsplans gefasst (§ 33 BauGB) wurde, werden nicht erfasst. **Bebauungspläne von außergewöhnlicher stadtpolitischer Bedeutung** sind die – abweichend von der regelmäßig bestehenden bezirklichen Zuständigkeit zur Aufstellung und Festsetzung von Bebauungsplänen (§ 6 AGBauGB) – auf der Grundlage von § 9 Abs. 2 i. V. m. § 8 AGBauGB von der zuständigen Senatsverwaltung mit Zustimmung des Abgeordnetenhauses festgesetzten Bebauungspläne (vgl. dazu OVG Bln, B. v. 22.10.1996, LKV 1997, 378 f. und B. v. 31.8.1999, LKV 2000, 453 ff.; zur „Bauleitplanung in der Bundeshauptstadt" s. Wilke, in: Fs. Für Werner Hoppe, 2000, S. 385 ff.). Gemäß § 9 Abs. 1 Satz 1 AGBauGB trifft der Senat von Berlin im Benehmen mit dem Rat der Bürgermeister (bei Ablehnung mit qualifizierter Mehrheit durch diesen im Einvernehmen mit dem Abgeordnetenhaus von Berlin, § 9 Abs. 1 Satz 2 AGBauGB) die Feststellung, dass ein bestimmtes Gebiet von außergewöhnlicher stadtpolitischer Bedeutung ist oder für Industrie- und Gewerbeansiedlungen von derartiger Bedeutung wesentlich ist; in beiden Fällen handelt es sich um Bebauungspläne von außergewöhnlicher stadtpolitischer Bedeutung im Sinne von § 9 AGBauGB und wegen der Übernahme dieses bauplanungsrechtlichen Begriffs in das Bauordnungsrecht auch im Sinne von Abs. 1 Nr. 1. Bei der Feststellung, ob eine außergewöhnliche stadtpolitische Bedeutung vorliegt, kommt dem Senat von Berlin ein weiter Beurteilungsspielraum zu, der allerdings durch gesetzgeberische Wertungen eingegrenzt ist; wegen der im AGBauGB erkennbaren klaren Rangfolge der Zuständigkeiten zum Erlass von Bebauungsplänen muss das Außergewöhnliche der stadtpolitischen Bedeutung darin liegen, dass eine bestimmte Planung nicht nur überbezirkliche oder gesamtstädtische Auswirkungen hat, sondern eine über das übliche „gewöhnliche" Maß hinausgehende, hervorgehobene Bedeutung für das Stadtganze aufweisen muss, die der Senat von Berlin mit nachvollziehbaren und vertretbaren Gründen zu belegen hat (OVG Bln, B. v. 31.8.1999, a. a .O., S. 456).

§ 86 RNr. 6–9

Der Begriff der **„Bebauungspläne der Hauptstadtplanung"** im Sinne von Abs. 1 Nr. 1 lässt sich demgegenüber nicht allein unter Bezugnahme auf eine Norm des AGBauGB ausfüllen. Er umfasst jedenfalls die Bebauungspläne zur Verwirklichung von Erfordernissen der Verfassungsorgane des Bundes gemäß § 8 AGBauGB. Der Begriff „Hauptstadtplanung" ist jedoch weiter gefasst, da nach der Sonderregelung des § 247 Abs. 1 BauGB bei der Bauleitplanung neben den genannten Erfordernissen den Belangen, die sich aus der Entwicklung Berlins als Hauptstadt Deutschlands ergeben, besonders Rechnung zu tragen und ihnen damit ein eigenständiges Gewicht zuzumessen ist (OVG Bln, B. v. 22.10.1996, a. a. O., S. 379); zu diesen Belangen zählen etwa die Unterbringung von Botschaften und Residenzen ausländischer Staaten, von internationalen Organisationen, von Vertretungen der Länder beim Bund und von Spitzenorganisationen sowie der Wohnraumbedarf der Bundesbediensteten (s. Battis/Krautzberger/Löhr, BauGB, § 247 RNr. 4; Knuth, LKV 1993, 370 f.; Roeser, in: Berliner Kommentar zum BauGB, 3. Aufl., § 247 RNr. 7). Auch der Umstand, dass die Senatsverwaltung für Stadtentwicklung für die Bauten des Bundes einschließlich der Verfassungsorgane und die Bauten der Länder sowie für Bauten im Zusammenhang mit Botschaften und Konsulaten ohnehin BABeh. ist (ZustKat Ord Nr. 1 Abs. 1 Buchstaben e und g) und deshalb insofern eine Zuständigkeit zur Entscheidung über Widersprüche gegen Verwaltungsakte von Bezirksverwaltungen leer liefe, spricht für ein weites Begriffsverständnis. Demnach gehören zu den Bebauungsplänen der Hauptstadtplanung alle Pläne, die Belange berühren, die sich aus der Funktion als Bundeshauptstadt ergeben (vgl. § 7 Abs. 1 Satz 4 Nr. 4 AGBauGB; ebenso Hahn/Radeisen, BauO Bln, § 86 RNr. 6).

6

Von **Abs. 1 Nr. 2** werden bauaufsichtliche Verfahren erfasst, die Vorhaben aller Art im Geltungsbereich von Bebauungsplänen, die nicht unter Nr. 1 fallen, sowie im unbeplanten Innenbereich (§ 34 BauGB) betreffen, sofern die Geschossfläche mehr als 1 500 m^2 beträgt. Durch diese weitreichende, bereits Vorhaben mittlerer Größe einschließende Zuständigkeit der Senatsverwaltung als Widerspruchsbehörde behält diese – neben den über das Eingriffsrecht bereitgestellten Befugnissen (vgl. § 9 Abs. 1 ASOG und § 7 Abs. 1 Satz 1 AGBauGB, jeweils i. V. m. § 13a AZG) – einen maßgeblichen Einfluss auf das Baugeschehen, insbesondere die Verwirklichung von wichtigen Investitionsvorhaben. Die Geschossfläche bemisst sich nach § 20 Abs. 3 und 4 BauNVO). Die Zuständigkeit der Widerspruchsbehörde richtet sich dabei nach dem Umfang des Vorhabens, wie es sich aus dem Bauantrag und den eingereichten Bauvorlagen ergibt; eine Änderung der Zuständigkeit tritt nicht ein, wenn das Bezirksamt dem Widerspruch der Bauherrin oder des Bauherrn teilweise abhilft (VG Bln, B. v. 21.5.2003, LKV 2003, 568 f.).

7

Der Regelung des **Abs. 1 Nr. 3** über die Widerspruchszuständigkeit bei **Außenbereichsvorhaben** im Sinne von § 35 BauGB dürfte die Zielsetzung der Realisierung von im gesamtstädtischen Interesse erwünschten privilegieren Vorhaben (§ 35 Abs. 1 BauGB) zugrunde liegen, da die Durchsetzung von Belangen des Außenbereichsschutzes – in der Regel mangels erfolgversprechender Drittwidersprüche in Bezug auf Vorhaben in diesem Bereich – kaum Gegenstand von Widerspruchsverfahren gegen Genehmigungen der BABeh. ist.

8

Die Bestimmung des **Abs. 1 Nr. 4** betrifft Verwaltungsakte mit besonderen **Anforderungen zur Gefahrenabwehr bei Sonderbauten** und Garagen (§ 52). Diese Anforderungen müssen entweder auf § 52 Abs. 1 Satz 1, Abs. 2, wonach an Sonderbauten oder Garagen im Einzelfall zur Verwirklichung der allgemeinen Anforderungen nach § 3 Abs. 1 besondere Anforderungen gestellt werden können, oder eine auf der Grundlage von § 84 Abs. 1 Nr. 4 erlassene Rechtsverordnung gestützt sein, in der besondere

9

10 **Absatz 2** regelt die Entscheidungszuständigkeit über Widersprüche gegen **Verwaltungsakte der Prüfingenieure für Baustatik** und belässt den Bezirken lediglich die Zuständigkeit, falls es um eine Prüfung statisch einfacher Tragwerke geht. Die mit der Zuständigkeit der Senatsverwaltung für die Prüfung schwieriger statischer Berechnungen (ZustKat Ord Nr. 1 Abs. 1 Buchstabe b) korrespondierende Regelung ist trotz ihres schlichten Wortlauts nicht einfach zu handhaben (Bedenken gegen ihre Bestimmtheit haben Hahn/Radeisen, a. a. O., § 86 RNr. 10), da für die Zuständigkeit auf eine im Einzelfall durchaus problematische und strittige Zuordnung des zu prüfenden Vorhabens zu Bauwerksklassen von Bedeutung ist, die bei Anlagen mit unterschiedlichen Schwierigkeitsgraden dem (überwiegenden) Leistungsumfang entsprechend zu erfolgen hat (vgl. § 15 Abs. 4 BauPrüfVO i. V. m. der Anlage 2 zur BauPrüfVO sowie die Vorbemerkungen zu den Tarifstellen 3000 bis 3030 der BauGebO).

11 Gemäß **Absatz 3** entscheidet über Widersprüche gegen Bescheide der **Prüfingenieure für Brandschutz** in jedem Fall die Senatsverwaltung.

§ 87 *(Evaluierung)*

Das Abgeordnetenhaus von Berlin überprüft dieses Gesetz spätestens bis zum 1. Januar 2010.

Erläuterung:

1 § 87 bindet das Abgeordnetenhaus von Berlin dahingehend, diese Bauordnung bis zu 1. Januar 2010 zu evaluieren.

§ 88 Abwicklung eingeleiteter Verfahren

Die vor dem Inkrafttreten dieses Gesetzes eingeleiteten Verfahren sind nach den bis zum Inkrafttreten geltenden Vorschriften fortzuführen; die Vorschriften dieses Gesetzes sind mit Ausnahme des Fünften Teils jedoch anzuwenden, soweit diese für die Bauherrin oder den Bauherrn günstiger sind.

Erläuterungen:

1 **I.** Diese Vorschrift befasst sich mit der Abwicklung der vor dem Inkrafttreten des Bauvereinfachungsgesetzes vom 29. September 2005 eingeleiteten Verfahren. Art. VI des im GVBl. vom 8. Oktober 2005 (S. 495) verkündeten Bauvereinfachungsgesetzes regelt das Inkrafttreten und das Außerkrafttreten wie folgt:

„(1) Dieses Gesetz tritt am ersten Tage des auf die Verkündung im Gesetz- und Verordnungsblatt für Berlin folgenden vierten Kalendermonats in Kraft. Abweichend hiervon treten die Vorschriften über die Ermächtigung zum Erlass von Rechtsverordnungen in Art. I § 17 Abs. 4 bis 6, § 21 Abs. 2, § 50 Abs. 3, § 59 Abs. 4 und § 84 Abs. 1 bis 6 und 8 am Tage nach der Verkündung im Gesetz- und Verordnungsblatt für Berlin in Kraft.
(2) Mit dem Inkrafttreten dieses Gesetzes nach Abs. 1 Satz 1 tritt die Bauordnung für Berlin in der Fassung vom 3. September 1997 (GVBl. S. 421, 512), zuletzt geändert durch Art. XLV des Gesetzes vom 16. Juli 2001 (GVBl. S. 260), außer Kraft."

Danach ist die neue Bauordnung für Berlin am 1. Februar 2006 in Kraft getreten. Die Ermächtigung zum Erlass von Rechtsverordnungen ist seit dem 9. Oktober 2005 in Kraft, damit die erforderlichen Verordnungen rechtzeitig erlassen werden konnten. Nach Abs. 2 des Art. VI ist die vorher geltende Bauordnung von 1997 am 1. Februar 2006 außer Kraft getreten.

II. § 79 Abs. 3 der außer Kraft getretenen Bauordnung von 1997 enthielt ebenso wie frühere Bauordnungen folgende Regelung:
„Soweit sich Vorschriften dieses Gesetzes auf Mischgebiete, Gewerbegebiete und Industriegebiete beziehen, gelten diese Vorschriften auch für bestehende gemischte Gebiete, beschränkte Arbeitsgebiete und reine Arbeitsgebiete."

Auch die neue BauO Bln verwendet bei der Bezeichnung der Baugebiete die Begriffe der Baunutzungsverordnung; z. B. in § 6 Abs. 5 Satz 2, Abs. 7 Satz 1 Nr. 3, § 62 Abs. 1 Nr. 11 d. § 79 Abs. 3 der außer Kraft getretenen Bauordnung von 1997 stellte klar, dass sich die auf Mischgebiete (§ 6 BauNVO), Gewerbegebiete (§ 8 BauNVO) und Industriegebiete (§ 9 BauNVO) beziehenden Vorschriften der BauO Bln auch für bestehende Baugebiete „bestehen", soweit die städtebaulichen Vorschriften der BO 58 in Verbindung mit dem Baunutzungsplan anzuwenden sind oder, wenn sie in Bebauungsplänen festgesetzt sind, denen noch nicht die Baunutzungsverordnung, sondern die BO 58 zugrunde liegt (vgl. insbesondere § 7 Nr. 4 c und d, Nrn. 9, 10, 11 BO 58 und die Ausführungen im Anhang zum übergeleiteten Berliner Planungsrecht, insbesondere dort RNr. 1).

III. § 88 regelt in Halbsatz 1 die Abwicklung der vor dem 1. Februar 2006 eingeleiteten Verfahren; es soll vermieden werden, dass eingereichte Bauanträge, die nach der bisherigen Gesetzeslage vorbereitet wurden, geändert oder zurückgereicht werden müssen. Eingeleitet ist ein Verfahren, wenn der (Bau-)Antrag vor dem 1. Februar 2006 bei der BABeh. eingegangen ist (vgl. § 22 Satz 2 Nr. 1 VwVfG); abgeschlossen ist das Verfahren nicht schon mit der Erteilung des beantragten Verwaltungsaktes, sondern erst, wenn über das Begehren des Antragstellers unanfechtbar entschieden worden ist (vgl. BVerwG, U. v. 24.5.1995, BVerwGE 98, 313, 316; Knack/Clausen, VwVfG, 8. Aufl. 2004, § 9 RNr. 31).

Nach Halbsatz 2 des § 88 sind die Vorschriften der neuen Bauordnung insoweit anzuwenden, als sie für den Antragsteller eine günstigere Regelung enthalten als das bisher geltende Recht. Das ist der Fall, wenn dem Begehren des Antragstellers nach der materiellen neuen Rechtslage entsprochen werden müsste. Die neuen Verfahrensvorschriften der §§ 58 bis 82 sind dagegen nicht anzuwenden. So endet ein eingeleitetes Genehmigungsverfahren nicht deshalb, weil das betroffene Vorhaben nunmehr einem anderen Verfahren unterliegt oder verfahrensfrei ist. Wenn der Bauherr die neuen Verfahrensmöglichkeiten für sein Vorhaben nutzen will, wird er den ursprünglichen Antrag zurücknehmen müssen (AH-Drucks. 15/3926, S. 137).

Anhang RNr. 1–3

Anhang zum übergeleiteten Berliner Planungsrecht

A. Vorbemerkungen

1 **I. 1.** In zahlreichen Vorschriften der BauO Bln wird unmittelbar oder mittelbar über den Begriff der öffentlich-rechtlichen oder planungsrechtlichen Vorschriften auf Bebauungspläne (vgl. § 30 BauGB) Bezug genommen. Regelmäßig sind damit nicht nur die aufgrund des Bundesbaugesetzes oder Baugesetzbuches erlassenen Regelungen gemeint, sondern auch die nach § 173 Abs. 3 Satz 1 BBauG **übergeleiteten Bebauungspläne** (vgl. § 233 Abs. 3 BauGB) in den früheren Bezirken des Westteils von Berlin. In den ehemaligen Bezirken des Ostteils der Stadt gibt es keine derartigen übergeleiteten Bebauungspläne. Zur Erleichterung der praktischen Arbeit mit der BauO Bln und wegen der erhöhten Verantwortung der Entwurfsverfasser, der für einzelne Fachgebiete hinzugezogenen Sachverständigen und der Bauleiter, insbesondere im Falle der Genehmigungsfreistellung und im vereinfachten Baugenehmigungsverfahren werden im Folgenden § 173 Abs. 3 Satz 1 BBauG, die noch fortgeltenden Vorschriften der Bauordnung von 1958 mit Hinweisen auf die Rechtsprechung des OVG Berlin, die A-Bebauungspläne vom 9.7.1971 (GVBl. S. 1230 bis 1235) und die danach noch anzuwendenden Vorschriften der BauNVO 1968 abgedruckt. Eine umfassende Darstellung des Berliner Planungsrechts geben von Feldmann/Knuth in der seit 1985 bewährten, 1998 in 3. Auflage erschienenen Abhandlung „Berliner Planungsrecht".

2. Die grundsätzlich nicht mehr zu zitierende Überleitungsvorschrift (vgl. Rundschreiben des Senators für Bau- und Wohnungswesen vom 26.6.1987 – II A 13-6904-7-1) des am 30.6.1961 in Kraft getretenen **§ 173 Abs. 3 Satz 1** des Bundesbaugesetzes vom 23.6.1960 (BGBl. S. 341/GVBl. S. 665) – **BBauG** – lautet:

„Bei dem Inkrafttreten dieses Gesetzes bestehende baurechtliche Vorschriften und festgestellte städtebauliche Pläne gelten als Bebauungspläne, soweit sie verbindliche Regelungen der in § 9 bezeichneten Art enthalten."

Für den rechtlichen Gehalt der Überleitung ist es unerheblich, ob die alten Vorschriften und Pläne ihrer Rechtsqualität nach Bebauungsplänen im Sinne des § 10 BBauG entsprachen oder als sonstige Rechtsakte andere Rechtsnormmerkmale aufweisen; auch die Formulierung in § 233 Abs. 3 BauGB, in dem von „Plänen, Satzungen und Entscheidungen" die Rede ist, spricht dafür (BVerwG, B. v. 16.12.2003, BRS 66 Nr. 69).

2 Von § 173 Abs. 3 Satz 1 BBauG sind in Berlin insbesondere die aufgrund des Gesetzes betreffend die Anlegung und Veränderung von Straßen und Plätzen in Städten und ländlichen Ortschaften vom 2.7.1875 (GS S. 561) förmlich festgestellten (f. f.) **Straßen- und Baufluchtlinien**, einzelne aufgrund des Gesetzes über die städtebauliche Planung im Land Berlin (Planungsgesetz) vom 22.8.1949 in der Fassung vom 22.3.1956 (GVBl. S. 272) festgesetzte Bebauungspläne sowie vor allem die bauplanungsrechtlichen Vorschriften der Bauordnung für Berlin in der Fassung vom 21.11.1958 (GVBl. S. 1087/1104) – **BO 58** – in Verbindung mit dem **Baunutzungsplan** vom 11.3.1958 in der Fassung vom 28.12.1960 (ABl. 1961 S. 742) erfasst.

3 **3.** Für die BO 58 hatte zuletzt § 114 Abs. 1 Satz 2 Nr. 1 BauO Bln 1979 die teilweise Fortgeltung als Bebauungsplan nach § 173 Abs. 3 Satz 1 BBauG klargestellt. § 173 Abs. 3

Satz 1 BBauG bestimmt die weitere Gültigkeit der planerischen Regelungen, die ihrer Art nach den in § 9 BBauG vorgesehenen Festsetzungen entsprechen; zur **Sicherung der Rechtskontinuität** soll der planerische Bestand für die städtebauliche Ordnung bis zur Aufstellung neuer Bebauungspläne erhalten bleiben (BVerwG, U. v. 23.8.1996, BVerwGE 101, 364, 379 = BRS 58 Nr. 159; OVG Bln, B. v. 28.8.1997, OVGE 22, 184 = ZMR 1998, 250; im Folgenden sind Entscheidungen ohne Zusatz solche des OVG Berlin).

4. a) Die nach § 173 Abs. 3 Satz 1 BBauG fortgeltenden städtebaulichen Regelungen der BO 58 sind für Bauvorhaben in den früheren zwölf Bezirken im Westteil Berlins auf Bebauungspläne anzuwenden, die nach Inkrafttreten der BO 58 aufgrund des Planungsgesetzes oder bis zum Inkrafttreten der Baunutzungsverordnung vom 26.6.1962 (BGBl. I S. 429/GVBl. S. 757) aufgrund des Bundesbaugesetzes in Verbindung mit der BO 58 festgesetzt worden sind. Für vor der BO 58 aufgrund des Planungsgesetzes erlassene Bebauungspläne kann teilweise noch die Bauordnung für die Stadt Berlin vom 29.12.1929 (ABl. S. 1188) in der Fassung des 29. Nachtrags vom 6.10.1949 (VOBl. I S. 369) – **BO 29** – anwendbar sein (vgl. z. B. U. v. 26.2.1970, OVGE 11, 57, 58; B. v. 25.3.1993, BRS 55 Nr. 121).

b) Von besonderer Bedeutung sind die städtebaulichen Vorschriften der BO 58 für den Geltungsbereich des Baunutzungsplanes. Dieser als vorbereitender Bauleitplan aufgrund des Planungsgesetzes erlassene Bauleitplan trifft Festsetzungen über die Art und das Maß der baulichen Nutzung in den früheren westlichen Bezirken. Die BO 58 enthält insbesondere in § 7 fortgeltende städtebauliche Vorschriften über das Verhältnis zum **Baunutzungsplan** (Nr. 2 und 3), Bestimmungen über die in diesem Baunutzungsplan getroffenen Festsetzungen über die Art der Nutzung (Nr. 4 bis 12) sowie über das Maß der Nutzung in den sich aus dem Baunutzungsplan ergebenden Baustufen (Nr. 13 bis 15) und über die Bauweise (Nr. 16) in den Baustufen. Weiter sind in § 8 BO 58 Regelungen über die Bebauungstiefe und Einzelheiten der Bauweise sowie in § 9 BO 58 über die Gebäudehöhe enthalten (vgl. zu allem unter B.). Die Vorschriften der BO 58 über Art und Maß der Nutzung sind weitgehend von dem damals vorliegenden Entwurf einer Baunutzungsverordnung beeinflusst (vgl. Jaeckel, Berlin und seine Bauten, Teil II 1964, S. 10, 22, 27).

5. Nach § 173 Abs. 3 Satz 1 BBauG gelten nur die Festsetzungen fort, die eine **verbindliche Regelung der in § 9 BBauG bezeichneten Art** enthalten und die einen Inhalt haben, der auch nach dem Bundesbaugesetz durch Bebauungsplan hätte festgesetzt werden können (vgl. BVerwG, U.v 20.10.1972, BVerwGE 41, 67). Dies ist für das im Baunutzungsplan festgesetzte „Nichtbaugebiet" (U. v. 15.1.1982, OVGE 16, 57; U. v. 10.2.1989, NVwZ 1990, 176, 177; U. v. 24.3.1995 – OVG 2 B 2.93 –) sowie für die „Baulandreserve" nicht der Fall; insoweit sind die §§ 34, 35 BauGB anzuwenden (vgl. z. B. B. v. 4.8.1995, LKV 1996, 217; zu einer Holzgroßhandlung in der „Baulandreserve" vgl. U. v. 22.2.1960, OVGE 7, 1 = BRS 10, 99). Schon zuvor hat das OVG Berlin regelmäßig die Zulässigkeit von Verfahren in diesen Bereichen nach den §§ 34, 35 BBauG geprüft (vgl. U. v. 19.12.1963, OVGE 8, 34 = BRS 14, 254, 255; U. v. 13.5.1966 – OVG II B 40.64 – Kleiner Tiergarten –; U. v. 14.8.1973 – OVG II B 62.72 – Landarbeiterstelle Kladow – und U. v. 2.6.1978, OVGE 14, 185 – Eiskeller –).

Zu den weder in § 6 noch in den §§ 7 ff. BO 58 erwähnten und damit nicht verbindlichen Flächen besonderer Zweckbestimmung vgl. U. v. 23.5.1986 (– OVG 2 B 18.84 –); zur „Festsetzung" von Grundstücksgrenzen in dem übergeleiteten Bebauungsplan X-1 vom 31. März 1956 (GVBl. S. 276) U. v. 18.2.1972 (OVG II B 27.70 –).

Anhang RNr. 7–11

7 II. 1. Im Bereich förmlich festgestellter (f. f.) Straßen- und Baufluchtlinien, die als Bebauungspläne erlassen und übergeleitet worden sind (vgl. U. v. 1.10.1976, OVGE 14, 24, 25 = BRS 30 Nr. 181) und die als Straßenbegrenzungslinien oder Baugrenzen sowie Festsetzung der örtlichen Verkehrsflächen fortgelten (vgl. auch U. v. 30.4.1965 – OVG II B 38.64 –), ergibt sich die Verbindlichkeit des Baunutzungsplanes aus § 7 Nr. 2 BO 58 (U. v. 31.3.1992, OVGE 20, 27, 34), im Übrigen – bei Fehlen eines Bebauungsplanes (insbesondere von f. f. Fluchtlinien) – aus § 7 Nr. 3 BO 58. Zur Wirksamkeit übergeleiteter Fluchtlinienpläne siehe auch OVG NRW U. v. 26.8.2004 (BRS 67 Nr. 160).

8 2. Da der Baunutzungsplan als vorbereitender Bauleitplan, als Teilplan des Generalbebauungsplanes (vgl. B. v. 27.5.1992, GE 1992, 1277), bei der Abgrenzung der Baugebiete teilweise nicht die notwendige Parzellenschärfe aufweist, ist für die **Auslegung** auf die Planbegründung (AH-Drucks. II Nr. 1621 vom 3. Mai 1958) und auf die besonderen tatsächlichen Strukturen in der Umgebung zurückzugreifen (vgl. U. v. 4.2.1994, OVGE 21, 124, 127 = BRS 56 Nr. 80), gegebenenfalls auch auf frühere Abgrenzungen in der BO 29 (vgl. RNr. 4 und U. v. 31.3.1992, RNr. 7, S. 33 sowie U. v. 20.5.2003, OVGE 24, 219 = LKV 2004, 132 zur Kerngebietsfestsetzung in einer Tiefe von 40 m am Kurfürstendamm). Jedenfalls ist im Interesse einer möglichst vollständigen Überleitung alter Pläne eine der Fortgeltung dienliche Auslegung vorzunehmen (BVerwG, U. v. 3.6.1971, Buchholz 406.11 § 173 BBauG Nr. 8 und U. v. 17.12.1998, BVerwGE 108, 190, 196).

9 3. Für die **Abwägungsmaßstäbe** und die Interessenbewertung kommt es auf den Zeitpunkt des Erlasses der BO 58 und des Baunutzungsplanes an und für das Abwägungsergebnis auf die Zeit der Überleitung (U. v. 31.3.1992, RNr. 7, S. 31 f.). Zur Frage, ob einzelne Festsetzungen des übergeleiteten Rechts nachträglich funktionslos geworden und damit außer Kraft getreten sind, finden sich Hinweise bei den kurzen Erläuterungen zur BO 58 (vgl. RNrn. 23, 24, 37, 42, 45, 49, 50, 64).

10 Die übergeleiteten Bebauungspläne könnten – auch hinsichtlich einer möglichen Funktionslosigkeit (vgl. Dageförde, VerwArch 79, 1988, 123, 156 Anm. 170) – Gegenstand eines Normenkontrollantrags nach § 47 Abs. 1 Nr. 1 VwGO sein (vgl. U. v. 31.3.1992, RNr. 7, S. 28). Die Änderung übergeleiteter Bebauungspläne richtet sich nach dem neuen Recht (BVerwG, B. v. 15.8.1991, BRS 52 Nr. 1); zur Umwidmung eines allgemeinen Wohngebiets in eine Fläche für die Landwirtschaft siehe U. v. 20.2.1998 (OVGE 22, 246 = BRS 60 Nr. 22).

4. Die im ehemaligen Westteil der Stadt teilweise fortgeltenden städtebaulichen Vorschriften der §§ 6 bis 9 BO 58 sind mit Hinweisen auf die Rechtsprechung des OVG Berlin unter B. aufgeführt.

11 III. 1. Durch Text-Bebauungspläne über die Anwendung von Vorschriften der Baunutzungsverordnung, so genannte **A-Bebauungspläne** vom 9.7.1971 (GVBl. S. 1230 bis 1235), wurden für die früheren westlichen Bezirke im Einzelnen aufgeführte Bebauungspläne und der Baunutzungsplan, soweit er in Verbindung mit den städtebaulichen Vorschriften der BO 58 und der Reichsgaragenordnung aufgrund des § 173 Abs. 3 Satz 1 BBauG als Bebauungsplan fortgilt, geändert. Für die Einzelbebauungspläne waren die BO 29, die BO 58 oder die BauNVO 1962 maßgebend. Mit den A-Bebauungsplänen wurde erreicht, dass einheitlich die im Einzelnen genannten Vorschriften der Baunutzungsverordnung in der Fassung vom 26.11.1968 (BGBl. I S. 1237/1969 I S. 11; GVBl. S. 1676, GVBl. 1969 S. 142) – **BauNVO 1968** – anzuwenden sind. Insbesondere geht es um die Berechnung des Maßes der baulichen Nutzung, die Ermittlung der Geschossfläche und Baumasse, die rechtliche Bedeutung der verschiedenen Baulinien, die Bestimmung der Bebauungstiefe und das zulässige Maß ihrer Überschreitung und die Zulässigkeit von baulichen Anlagen auf den nicht überbaubaren Grundstücksflächen (vgl. B. v. 21.5.1999, BRS 62 Nr. 206) sowie um die Zulässigkeit von Garagen und Stellplätzen in den Baugebieten. Ohne die A-Bebauungspläne würde die BauNVO für übergeleitete Bebauungspläne nicht gelten (vgl. BVerwG, U. v. 27.2.1992, BVerwGE 90, 57, 60 = BRS 54 Nr. 60).

2. Die Tatsache, dass nur einzelne Bebauungspläne, nicht aber der Baunutzungsplan in dem Text der Verordnungen über die Festsetzung der A-Bebauungspläne erwähnt worden sind, steht der Anpassung auch des Baunutzungsplanes, soweit er in Verbindung mit der BO 58 als Bebauungsplan fortgilt, an die BauNVO 1968 nicht entgegen (vgl. U. v. 30.10.1987, OVGE 18, 68). Die A-Bebauungspläne dienen lediglich einer Rechtsbereinigung übergeleiteter Bebauungspläne und ihrer Anpassung an die BauNVO 1968 (BVerwG, B. v. 28.6.1988 – BverwG 4 B 65.88 –). Zu den Verordnungen über die Festsetzung der A-Bebauungspläne vgl. das Rundschreiben des Senators für Bau- und Wohnungswesen an die Bauaufsichtsämter vom 2.9.1971 (Ia A3-190.71).

3. Der Inhalt der A-Bebauungspläne sowie die danach anzuwendenden Vorschriften der BauNVO 1968 sind unter C. und D. abgedruckt.

IV. 1. Liegen den früheren **westlichen Bezirken** übergeleitete **f. f. Fluchtlinien** vor (vgl. RNrn. 2, 7), so besteht in Verbindung mit den übergeleiteten Festsetzungen der **BO 58** und dem **Baunutzungsplan** sowie den **A-Bebauungsplänen** ein qualifizierter Bebauungsplan im Sinne von § 30 Abs. 1 BauGB. Fehlt es an einzelnen Festsetzungen über die Art und das Maß der baulichen Nutzung, die überbaubaren Grundstücksflächen oder die örtlichen Verkehrsflächen oder sind diese nichtig oder funktionslos, so richtet sich die Zulässigkeit von Vorhaben im Übrigen nach § 34 oder § 35 BauGB; dies ergibt sich aus § 30 Abs. 3 BauGB. Soweit aufgrund des BBauG oder des BauGB Bebauungspläne festgesetzt worden sind, gelten diese und nicht das übergeleitete Recht.

2. In den ehemaligen **östlichen Bezirken** Berlins gilt die BO 58 nicht; das folgt auch aus § 1 Abs. 1 Satz 1 in Verbindung mit Anlage 1 Abschnitt II Nr. 1 des Gesetzes über die Vereinheitlichung des Berliner Landesrechts vom 28.9.1990 (GVBl. S. 2119). Sofern hier nach 1990 kein Bebauungsplan festgesetzt worden ist, gelten § 34 oder § 35 BauGB (vgl. z. B. B. v. 29.3.1996, BRS 58 Nr. 169 zum Maß der Nutzung; B. v. 12.8.1996, BRS 58 Nr. 81 zur Abgrenzung Innen- und Außenbereich; B. v. 28.8.1996, BRS 58 Nr. 104 und B. v. 8.4.1998, LKV 1998, 357 zur Bauweise; B. v. 19.11.1996, BRS 58 Nr. 200 zur Höhe der Baukörper; B. v. 31.1.1997, LKV 1997, 363 und B. v. 16.1.1998, OVGE 22, 214 = BRS 60 Nr. 151 sowie U. v. 1.12.2004 – OVG 2 B 14.03 – zur überbaubaren Grundstücksfläche und B. v. 12.3.1997, DÖV 1997, 552, B. v. 17.3.1999, BRS 62 Nr. 182, U. v. 15.8.2003, NVwZ-RR 2004, 556 und B. v. 10.11.2004, BauR 2005, 677 zur Art der Nutzung).

Zur Fortgeltung von Baugenehmigungen und Befreiungen der Staatlichen Bauaufsicht in den östlichen Bezirken vgl. B. v. 18.9.1998 (OVGE 23, 84 = LKV 1999, 196).

Anhang RNr. 15–16

B. Die in Verbindung mit dem Baunutzungsplan fortgeltenden Regelungen der Bauordnung für Berlin in der Fassung vom 21. November 1958 (GVBl. S. 1087, 1104) – BO 58 – mit kurzen Erläuterungen

§ 6 Voraussetzungen der Bebauung
Grundsätzliche Voraussetzungen

3. Grundstücke, die im Baunutzungsplan (§ 7 Nr. 2 dieser Bauordnung) als Waldgebiet ausgewiesen sind, dürfen nicht bebaut werden.

Erläuterungen:

15 Die übergeleitete Vorschrift des § 6 Nr. 3 BO 58 (vgl. § 9 Abs. 1 Nr. 10 BBauG 1960) lässt z. B. weder die Errichtung eines Kraftwerkes (vgl. U. v. 2.5.1977, OVGE 14, 98, 109 = BRS 32 Nr. 5 und dazu Dageförde, BayVBl. 1979, 490; NuR 1980, 150) noch etwa eines Kiosk (vgl. U. v. 3.12.1976 – OVG II B 12.76 –) in den im Baunutzungsplan (vgl. RNr. 2) festgesetzten Waldgebieten zu (zur Bundesfernstraße im Tegeler Forst vgl. U. v. 14.12.1982, OVGE 16, 182 = BRS 39 Nr. 19 und U. v. 14.2.1992, NVwZ 1992, 901 = NuR 1992, 285).

16 Die in der nicht mit abgedruckten Nr. 2 des § 6 erwähnte „Baulandreserve" sowie das „Nichtbaugebiet" des Baunutzungsplanes sind nicht nach § 173 Abs. 3 Satz 1 BBauG übergeleitet worden (vgl. RNr. 6).

§ 7 Grundbestimmungen für die bauliche Nutzung der Grundstücke

Allgemeines

2. Enthält der Bebauungsplan hinsichtlich der baulichen Nutzung nicht alle zur Entscheidung über den Baugenehmigungsantrag erforderlichen Festsetzungen, so gelten die nachstehenden Vorschriften in Verbindung mit dem als Teilplan zum Generalbebauungsplan aufgestellten Baunutzungsplan.

3. Liegt ein Bebauungsplan noch nicht vor..., so gelten die nachstehenden Vorschriften in Verbindung mit dem Baunutzungsplan.

Art der Nutzung

4. Als Baugebiete werden unterschieden:
   a) Dorfgebiete;
   b) Wohngebiete, und zwar:
      aa) reine Wohngebiete,
      bb) allgemeine Wohngebiete;
   c) gemischte Gebiete;
   d) Arbeitsgebiete, und zwar:
      aa) beschränkte Arbeitsgebiete,
      bb) reine Arbeitsgebiete;
   e) Kerngebiete.

Anhang

5. In den Baugebieten sind nur bauliche Anlagen, Betriebe und sonstige Einrichtungen zulässig, die der Bestimmung des betreffenden Baugebietes nach Art, Umfang und Zweck entsprechen und durch ihre Benutzung keine Nachteile oder Belästigungen verursachen können, die für die nähere Umgebung nicht zumutbar sind.

6. Im Dorfgebiet sind zulässig:
   a) Gebäude für land- und forstwirtschaftliche sowie für gärtnerische Zwecke, Wohngebäude;
   b) Ladengeschäfte und gewerbliche Kleinbetriebe, die den notwendigen Bedürfnissen der Bevölkerung in dem Gebiet entsprechen;
   c) Gebäude für soziale, kulturelle, gesundheitliche und sportliche Zwecke, die den notwendigen Bedürfnissen der Bevölkerung in dem Gebiet entsprechen, sowie Gebäude der örtlichen Verwaltung und Gaststätten.

7. Im reinen Wohngebiet sind nur Wohngebäude zulässig.

8. Im allgemeinen Wohngebiet sind zulässig:
   a) Wohngebäude;
   b) Ladengeschäfte sowie gewerbliche Kleinbetriebe und Gaststätten, wenn sie keine Nachteile oder Belästigungen für die nähere Umgebung verursachen können, und Fremdenheime.
   Gebäude für soziale, kulturelle, gesundheitliche und sportliche Zwecke und für die öffentliche Verwaltung können zugelassen werden.

9. In gemischten Gebieten sind zulässig:
   a) Wohngebäude;
   b) Geschäfts- und Bürohäuser und Ladengeschäfte sowie gewerbliche Kleinbetriebe, wenn sie keine Nachteile oder Belästigungen für die nähere Umgebung verursachen können;
   c) Gebäude für soziale, kulturelle, gesundheitliche und sportliche Zwecke und Verwaltung, Gaststätten, Hotels, Fremdenheime, Vergnügungsstätten, Versammlungsräume und Ähnliches.
   Ausnahmsweise sind gewerbliche Betriebe mittleren Umfanges zulässig, wenn sie keine Nachteile oder Belästigungen für die nähere Umgebung verursachen können.

10. Im beschränkten Arbeitsgebiet sind zulässig:
    a) Gewerbliche Betriebe, wenn sie keine erheblichen Nachteile oder Belästigungen für die nähere Umgebung verursachen können;
    b) Gebäude für Verwaltung, Geschäfts- und Bürohäuser,
    c) Wohnungen für Aufsichts- und Bereitschaftspersonal.

11. Im reinen Arbeitsgebiet sind zulässig:
    a) Gewerbliche und industrielle Betriebe aller Art mit Ausnahme solcher Betriebe, die wegen ihrer besonders nachteiligen Wirkung auf die Umgebung innerhalb der Baugebiete überhaupt nicht errichtet werden dürfen;
    b) Wohnungen für Aufsichts- und Bereitschaftspersonal.

Anhang

12. Im Kerngebiet sind zulässig:
    a) Geschäfts- und Bürohäuser einschließlich Ladengeschäfte;
    b) Gebäude für soziale, kulturelle, gesundheitliche und sportliche Zwecke, Gaststätten, Hotels und Fremdenheime, Vergnügungsstätten, Versammlungsräume und Ähnliches;
    c) Wohnungen für Aufsichts- und Bereitschaftspersonal.
    Wohnungen für andere als die in Buchstabe c genannten Zwecke und nicht störende gewerbliche Betriebe können zugelassen werden.

Maß der Nutzung

13. Das Maß der Nutzung in den Baugebieten ergibt sich aus der im Baunutzungsplan angegebenen Baustufe. Innerhalb der Baustufe bestimmt es sich nach der bebaubaren Fläche des Baugrundstücks sowie der zulässigen Zahl der Vollgeschosse. In den beschränkten und reinen Arbeitsgebieten bestimmt es sich jedoch nach der Baumassenzahl (m^3 umbauten Raumes je m^2 des Baugrundstücks).

14. Abweichend von Nummer 13 Satz 2 kann eine bauliche Nutzung im Rahmen der Geschossflächenzahl (m^2 der Summe der Flächen aller Vollgeschosse geteilt durch die Fläche des Baugrundstücks) zugelassen werden.

15. Das Maß der Nutzung beträgt:

In Baustufe:	Geschosszahl	Bebaubare Fläche	Geschossflächenzahl (Nr. 14)	Baumassenzahl (Nr. 13)
II/1	2	0,1	0,2	0,8
II/2	2	0,2	0,4	1,6
II/3	2	0,3	0,6	2,4
III/3	3	0,3	0,9	3,6
IV/3	4	0,3	1,2	4,8
V/3	5	0,3	1,5	6,0
6	–	0,6	–	8,4

In der Baustufe V/3 ist eine bauliche Nutzung im Rahmen der Geschossflächenzahl 1,8 (Baumassenzahl 7,2) zulässig, wenn nur Gebäude errichtet werden, die Wohnungen nicht enthalten; Wohnungen für Aufsichts- und Bereitschaftspersonal bleiben außer Betracht. In besonderen Fällen kann unter den gleichen Voraussetzungen eine bauliche Nutzung bis zur Geschossflächenzahl 2,0 (Baumassenzahl 8,0) zugelassen werden.

Die Baustufe 6 bleibt für reine und beschränkte Arbeitsgebiete vorbehalten. In den beschränkten und reinen Arbeitsgebieten der übrigen Baustufen darf die bebaubare Fläche
> in den Baustufen II/1, II/2 und II/3 höchstens 0,4,
> in den Baustufen III/3, IV/3 und V/3 höchstens 0,5
> der Fläche des Baugrundstücks betragen.

16. In den Baustufen II/1 und II/2 gilt die offene Bauweise (§ 8 Nr. 13), in den Baustufen II/3 bis 6 gilt die geschlossene Bauweise (§ 8 Nr. 18).

Erläuterungen:

Die beiden Bestimmungen des **§ 7 Nr. 2 und 3** regeln die Geltung der Vorschriften der BO 58 in Verbindung mit dem Baunutzungsplan für den Fall, dass ein bestehender Bebauungsplan nicht alle zur Entscheidung über den Baugenehmigungsantrag erforderlichen Festsetzungen enthält oder es an einem Bebauungsplan überhaupt fehlt (vgl. dazu RNr. 7). Damit erhält der Baunutzungsplan die Funktion eines generellen Planes für die Art und das Maß der baulichen Nutzung.

II. 1. § 7 Nr. 4 enthält, dem **§ 1 Abs. 2, 3 BauNVO** vergleichbar, eine Gliederung der für die Bebauung vorgesehenen Flächen in Baugebiete. Alle Flächen, die grundsätzlich einer Bebauung zugänglich sind (Baugebiete), werden einer besonderen Gebietsart zugeordnet, die sich der farblichen Zeichnung des Baunutzungsplanes entnehmen lässt.

2. Für die BauO Bln a. F. stellte § 79 Abs. 3 klar, dass Vorschriften der BauO Bln, die sich auf Mischgebiete, Gewerbegebiete und Industriegebiete beziehen, auch für die in übergeleiteten Bebauungsplänen festgesetzten gemischten Gebiete, beschränkten Arbeitsgebiete und reinen Arbeitsgebiete (§ 7 Nr. 4 c, d) gelten; vgl. § 88 RNr. 2.

3. Das Bestreben der Rechtsprechung der Berliner Verwaltungsgerichte geht dahin, bei der Auslegung und Anwendung der Baugebietsbestimmungen des übergeleiteten Rechts eine weitgehende **Übereinstimmung mit der Rechtslage nach der Baunutzungsverordnung** als sachverständiger Konkretisierung allgemeiner städtebaulicher Grundsätze zu erreichen. So wird regelmäßig bei der Frage der Zulässigkeit von Bauvorhaben in den einzelnen Baugebieten geprüft, wie sich die Rechtslage auch nach der im maßgeblichen Zeitpunkt geltenden Fassung der Baunutzungsverordnung darstellt (vgl. z. B. B. v. 30.4.1992, OVGE 20, 62, 66 = BRS 54 Nr. 55 sowie B. v. 26.2.1993, OVGE 21, 116, 119 f. = BRS 55 Nr. 161; B. v. 28.8.1997, RNr. 3).

III. 1. Die weitgehend dem § 15 BauNVO entsprechende Vorschrift des **§ 7 Nr. 5** soll „eine elastische und den jeweiligen, sehr verschieden gelagerten Bedingungen des Baugrundstücks und seiner Nachbarschaft entsprechende Behandlung ermöglichen" (vgl. Jaeckel/Förster, BauO Bln 1958, Ausgabe 1959, S. 47 f.).

2. In ständiger Rechtsprechung des OVG Berlin wird die Regelung der Nr. 5 dem **§ 15 BauNVO** entsprechend ausgelegt und angewandt. Beide Vorschriften sollen eine sinnvolle Einordnung der Anlagen in die Baugebiete sichern und Nachteile, Belästigungen oder Störungen abwehren, die „für die nähere Umgebung" (§ 7 Nr. 5 BO 58) oder „nach der Eigenart des Baugebiets im Baugebiet selbst oder in dessen Umgebung" (§ 15 Abs. 1 BauNVO) unzumutbar sind (vgl. U. v. 18.5.1984, OVG 17, 91, 93 = BRS 42 Nr. 160; B. v. 2.6.1987, OVGE 18, 50, 51 = BRS 47 Nr. 41; B. v. 9.4.1997, OVGE 22, 134 = BRS 59 Nr. 215; vgl. auch BVerwG, U. v. 5.8.1983, BVerwGE 67, 334, 338 f.). Unzumutbar sind danach solche von einer baulichen Anlage und ihrer Nutzung ausgehenden Einwirkungen, die spürbar über das Maß dessen hinausgehen, womit ein nicht überdurchschnittlich empfindlicher Bewohner der näheren Umgebung aufgrund der in diesem Baugebiet planungsrechtlich zulässigen Nutzungsarten üblicherweise rechnen muss; bei dieser Beurteilung sind, wie dies ausdrücklich in § 15 Abs. 2 BauNVO bestimmt ist und was als selbstverständlicher Grundsatz auch für die entsprechende planungsrechtliche Regelung des § 7 Nr. 5 gilt, nur städtebauliche Ziele und Grundsätze (§ 1 Abs. 5 und 6 BauGB) zu berücksichtigen.

22   **3.** Zum **Nachbarschutz** aus diesen Regelungen unter dem Gesichtspunkt des Rücksichtnahmegebots vgl. U. v. 23.9.1988 (BRS 48 Nr. 177: Doppelhaus; Anbau von Balkon und Freitreppe), B. v. 15.3.1989 (GE 1989, 1067: Toilette für Buspersonal in BVG-Wartehäuschen) und U. v. 18.9.1992 (OVGE 20, 149, 151: Einrichtung einer öffentlichen Bedürfnisanstalt auf dem angrenzenden Straßenland); zur Errichtung einer Grenzmauer, um Nachteile und Belästigungen weitgehend auszuschalten vgl. U. v. 6.2.1961 (OVGE 6, 198 = BRS 12, 72, 75) und zur befristeten Genehmigung eines Asylbewerberheims B. v. 25.5.1989 (BRS 49 Nr. 50). Um Lärmbelastung durch eine elektrisch betriebene Jalousie ging es im U. v. 12.2.1982 (UPR 1982, 275). Lichtimmissionen und Geräusche von Abluftventilatoren eines Forschungsinstituts in einem an ein allgemeines Wohngebiet grenzenden Sondergebiet für Forschung und Lehre waren Gegenstand des U. v. 7.12.1973 (BRS 28 Nr. 143) und des U. v. 12.5.1977 (GE 1977, 685). Mit der Erweiterung eines Sommerbades neben einer Wohnbebauung befasst sich das U. v. 22.4.1988 (BRS 48 Nr. 16) mit dem Nachbarschutz gegen die Bebauung einer an das allgemeine Wohngebiet grenzenden Grünfläche der B. v. 9.12.1970 (BRS 23 Nr. 160) sowie der B. v. 15.9.1994 (DÖV 1995, 390) und mit der Bebauung einer angrenzenden „Baulandreserve" der B. v. 4.8.1995, RNr. 6.

23   **IV.** Die Vorschrift des **§ 7 Nr. 6**, die der – allerdings weitergehenden – Regelung des **§ 5 BauNVO** entspricht, hat in der Rechtsprechung des OVG Berlin keine größere Bedeutung erlangt. In dem U. v. 3.2.1967 (– OVG II B 86.65 –) wurde für ein Dorfgebiet die Genehmigungsfähigkeit des Umbaus eines Stallgebäudes in ein Lagergebäude für ein Speditionsunternehmen verneint, weil es sich weder um einen Kleinbetrieb gehandelt noch den notwendigen Bedürfnissen der Bevölkerung in dem Gebiet gedient habe. Zur Durchsetzung des übergeleiteten Rechts hinsichtlich der zulässigen bebaubaren Fläche im Dorfgebiet Lübars vgl. U. v. 23.2.1984 (– OVG 2 B 78.82 –). Im Einzelfall könnten hinsichtlich der Festsetzung „Dorfgebiet" des übergeleiteten Rechts bei erheblich abweichender städtebaulicher Entwicklung (z. B. nur noch Wohnhäuser, BVerwG, B. v. 29.5.2001, BRS 64 Nr. 72) Fragen der Funktionslosigkeit auftreten (vgl. dazu RNr. 45). Zur Lärmbelästigung durch Pfingstkonzerte in einem Restaurant im Dorfgebiet Heiligensee vgl. B. v. 12.3.1991 (– OVG 2 B 17.89 –).

24   **V.** Während nach **§ 7 Nr. 7** im reinen Wohngebiet nur Wohngebäude (das können auch Mehrfamilienhäuser sein, B. v. 27.5.1992, RNr. 8) zulässig sind, geht die Regelung des **§ 3 BauNVO** wesentlich weiter. Bei den wenigen reinen Wohngebieten des Baunutzungsplans (Am Rupenhorn, in Grunewald und Zehlendorf) wird zu prüfen sein, ob sich die bauliche Struktur nicht derjenigen eines allgemeinen Wohngebiets genähert hat und deshalb der Gesichtspunkt der Funktionslosigkeit der Festsetzung (vgl. RNr. 45) durchgreifen könnte. Das ließ sich in dem Fall im B. v. 23.8.1996 (BRS 58 Nr. 205) nicht feststellen. Die gewerbliche Zimmervermietung an Aussiedler und Sozialhilfeempfänger wurde hier nicht als Wohnnutzung im Sinne von Nr. 7 angesehen (vgl. im Einzelnen zur Frage der Wohnnutzung die folgenden Hinweise zu § 7 Nr. 8 – allgemeines Wohngebiet).

Zur Frage des Nachbarschutzes bei der Erteilung von Befreiungen für eine erhebliche Überschreitung des Maßes der baulichen Nutzung, wenn davon aber die Gebietsart noch nicht betroffen ist vgl. B. v. 27.5.1992 (RNr. 8).

VI. 1. Das Wohnen in einem **Wohngebäude** im Sinne von **§ 7 Nr. 8 Satz 1 a)** ist durch eine auf Dauer angelegte Häuslichkeit, eigene Gestaltung der Haushaltsführung und des häuslichen Wirkungskreises sowie durch Freiwilligkeit des Aufenthaltes gekennzeichnet; diese Kriterien ermöglichen insbesondere auch eine Abgrenzung von anderen Nutzungsarten, etwa der Unterbringung, des Verwahrens unter gleichzeitiger Betreuung, der bloßen Schlafstätte oder anderer Einrichtungen, die dann nicht als Wohngebäude, sondern als Gebäude oder Anlagen für soziale Zwecke im Sinne Nr. 8 Satz 2 einzuordnen sind (vgl. BVerwG, B. v. 25.3.1996, BRS 58 Nr. 56 und den RNr. 24 genannten B. v. 23.8.1996 zur gewerblichen Vergabe von Zimmern zum Übernachten). Aus ähnlichen Erwägungen spricht viel dafür, dass ein Heim zur Unterbringung von Aussiedlern und ausländischen Flüchtlingen zu den Gebäuden für soziale Zwecke (Nr. 8 Satz 2) gehört, während etwa ein Wohnheim für Gastarbeiter zu den Wohngebäuden zu rechnen ist (vgl. B. v. 31.1.1996, BRS 58 Nr. 204); zu einer Wagenburg vgl. B. v. 13.3.1998 (OVGE 23, 10 = BRS 60 Nr. 206) und B. v. 22.1.2003 (BRS 66 Nr. 197).

Auch bei einem Asylbewerberheim steht die Unterbringung der Asylbewerber für die Dauer des Asylverfahrens im Vordergrund, so dass es sich um ein im allgemeinen Wohngebiet nur ausnahmsweise zulässiges Gebäude mit sozialer Zweckbestimmung handeln wird (vgl. B. v. 2.6.1987, OVGE 18, 50 = BRS 47 Nr. 41; zur Frage der Zulässigkeit eines Heims zur Unterbringung von Aussiedlern und Asylbewerbern im Hinblick auf § 7 Nr. 5 BO 58/§ 15 BauNVO, wenn durch eine Befristung der Genehmigung die davon ausgehenden Beeinträchtigungen der Nachbarschaft auf ein zeitlich zumutbares Maß begrenzt werden, vgl. B. v. 25.5.1989, RNr. 22). Bei der Unterbringung von 65 obdachlosen, teilweise „trockenen" Alkoholikern in acht Wohnungen handelt es sich nicht um eine Wohnnutzung, weil es an einer auf Dauer angelegten eigenen Gestaltung der Haushaltsführung und des häuslichen Wirkungskreises fehlt (vgl. B. v. 16.10.1995 – OVG 2 S 9.95 –). Mit einem Obdachlosenheim befasst sich der B. v. 7.6.2004 (LKV 2005, 227).

2. Bei einem Säuglingsheim ist der Zweck des Aufenthalts nicht das Wohnen, sondern das Bewahren unter ständiger Betreuung, Pflege oder gar Behandlung; es gehört zu den nach Nr. 8 Satz 2 ausnahmsweise zulässigen Anlagen (vgl. U. v. 22.4.1963, OVGE 7, 123). Zur Zulässigkeit eines Senioren- und Behindertenzentrums im Blockinnenbereich eines allgemeinen Wohngebiets unter Berücksichtigung der Gebietsverträglichkeit und der möglichen Erforderlichkeit einer Bebauungsplanänderung vgl. B. v. 5.10.1978 (BRS 33 Nr. 163).

3. Mit **Ladengeschäften** (**§ 7 Nr. 8 Satz 1 b**) ist der Einzelhandel auch in größeren Selbstbedienungsläden gemeint (vgl. zur Zulässigkeit eines Getränkeselbstbedienungsladens im allgemeinen Wohngebiet B. v. 6.10.1977 – OVG II S 119.77 –), nicht aber ein Verbrauchermarkt mit einer Geschossfläche von über 1 500 m^2 und 88 Stellplätzen (vgl. U. v. 21.6.1991, NVwZ-RR 1992, 121, 123, insoweit in BRS 52 Nr. 51 nicht abgedruckt). Zu einer Verkaufsflächen-Obergrenze von 700 m^2 oder 800 m^2 vgl. etwa BVerwG, U. v. 22.5.1987 (BRS 47 Nr. 56), und U. v. 24.11.2005 (NVwZ 2006, 452).

4. Zu den nicht störenden **gewerblichen Kleinbetrieben** gehört eine Intensiv-Hühnerhaltung nicht (vgl. U. v. 12.8.1963 – OVG II B 38.63 –), ebenso wenig eine Fleischerei mit Räucherkammern (U. v. 21.4.1967, OVGE 9, 124 = BRS 18 Nr. 12) oder eine mechanische Werkstatt mit 15 bis 20 Maschinen zur Herstellung von Etiketten und Preisdruckgeräten

Anhang RNr. 30–33

(U. v. 14.2.1975, OVGE 13, 93). Soweit in den beiden letzten Entscheidungen darauf abgestellt wird, ob der generell zulässige gewerbliche Kleinbetrieb ein Familienbetrieb ist, der in der Bedarfsdeckung für die nähere Umgebung seine Grenze findet, kann zweifelhaft sein, ob daran unter Berücksichtigung der Ausnahmeregelung des § 4 Abs. 3 Nr. 2 BauNVO 1990 im Interesse der Harmonisierung des übergeleiteten mit dem jetzt geltenden Recht (vgl. RNr. 19) uneingeschränkt festzuhalten sein wird (vgl. B. v. 12.3.1997, RNr. 14). Eine Likörfabrik mit 60 Arbeitskräften ist kein gewerblicher Kleinbetrieb (U. v. 9.1.1961, OVGE 7, 12 = BRS 12, 194, 196), ebenso nicht ein Gartenbaubetrieb auf einem 4000 m^2 großen Grundstück unmittelbar neben Wohnbebauung (B. v. 23.8.1988, OVGE 18, 119 = BRS 48 Nr. 125; B. v. 27.10.1995, NJW 1996, 740, LS; vgl. auch BVerwG, B. v. 15.7.1996, BRS 58 Nr. 61).

30 Mit der Zulässigkeit der Nutzung eines Grundstücks als Garage, Lager und Büro für einen Beleuchtungsanlagenbetrieb befasst sich das U. v. 3.10.1975 (BRS 29 Nr. 143). Ein größeres Fuhrunternehmen (vgl. U. v. 6.7.1979 – OVG II B 22.79 –), die Nutzung eines Grundstücks mit 20 bis 30 Garagen und Stellplätzen (vgl. U. v. 28.4.1967, BRS 18 Nr. 17) werden unter Berücksichtigung von § 7 Nr. 5 BO 58/§ 15 BauNVO regelmäßig ebenso unzulässig sein wie der Betrieb einer Autowaschanlage (vgl. U. v. 21.8.1984, BRS 42 Nr. 43). Die Zulässigkeit von Tankstellen im allgemeinen Wohngebiet war Gegenstand des U. v. 11.9.1961 (– OVG II B 109.60 –) sowie der B. v. 21.11.1989 (OVGE 18, 231) und v. 10.4.1992 (BRS 54 Nr. 189). Eine kleinere Kraftfahrzeugwerkstatt kann bei Vorliegen zahlreicher atypischer Umstände in einem mit sechs Stellplätzen genehmigten Garagengebäude und bei Anordnung ganz konkreter technischer Schallschutzmaßnahmen zulässig sein (vgl. U. v. 20.9.1985, NVwZ 1986, 678 und B. v. 26.2.1993, RNr. 19, S. 121 sowie zur BO 29 U. v.11.2.1955, BRS 4, 170; vgl. auch VGH BW, U. v. 16.5.2002, BRS 65 Nr. 65). Eine Kohlenhandlung im allgemeinen Wohngebiet betrifft das U. v. 26.2.1970 (RNr. 4).

31 5. Unter die nach § 7 Nr. 8 Satz 1 b im allgemeinen Wohngebiet zulässigen **Gaststätten**, die keine Nachteile oder Belästigungen für die nähere Umgebung verursachen können, fallen die üblichen Esslokale (Restaurants), Konditoreien (Cafés) und die normalen Bierlokale nach Art der „Kneipe an der Ecke"; erforderlich ist eine enge Beziehung der Anlage in ihrer konkreten Ausgestaltung zu der Zweckbestimmung des allgemeinen Wohngebiets (vgl. B. v. 26.2.1993, RNr. 19). Zur Unzulässigkeit einer Gaststätte mit Hotelbetrieb vgl. U. v. 19.12.1958 (OVGE 6, 23) und eines Luxus-Hotels mit Restaurant und Konferenzbetrieb B. v. 26.2.1993 (RNr. 19). Mit den Anforderungen für ein Ausflugsrestaurant nach § 4 Abs. 2 Nr. 2 BauNVO befasst sich das U. v. 29.4.1994 (OVGE 21, 89 = BRS 56 Nr. 55), mit der Lärmbeeinträchtigung durch einen Schankvorgarten einer Gaststätte der B. v. 11.10.1989 (– OVG 2 S 18.89 –).

32 Mit dem Begriff **Fremdenheim** in Nr. 8 Satz 1 b ist etwa eine Pension gemeint, wie auch die Gegenüberstellung von Hotel und Fremdenheim in § 7 Nr. 9 Satz 1 c und Nr. 12 Satz 1 b BO 58 erkennen lässt.

33 6. Nach **Nr. 8 Satz 2** können Gebäude für soziale, kulturelle, gesundheitliche und sportliche Zwecke und für die öffentliche Verwaltung zugelassen werden (zur Fortgeltung einer derartigen Ausnahmevorschrift vgl. B. v. 28.8.1997, RNr. 3; vgl. § 31 Abs. 1 BauGB). Die Ermessensausübung erfordert eine umfassende und differenzierte Berücksichtigung der örtlichen Besonderheiten. Ein islamisches Kulturhaus mit Gebetsraum kann als Gebäude für **kulturelle Zwecke** zugelassen werden, wenn das Gebot der Rücksichtnahme des § 7 Nr. 5 eingehalten ist (OVG Bln-Bbg, B. v. 30.3.2007, DVBl. 2007, 645). Die Zulassung eines „Wohnheims für besuchsweise in Berlin weilende Schüler"

Anhang RNr. 34–37

mit 138 Betten kann ermessensfehlerhaft sein (vgl. U. v. 17.7.1973 – OVG II B 80.71 –). Zu den verschiedenen Gebäuden für soziale Zwecke vgl. auch die Hinweise RNrn. 25 bis 27. Zu den Gebäuden, die nach § 7 Nr. 8 Satz 2 im allgemeinen Wohngebiet zugelassen werden können, gehören nicht nur solche, die den im allgemeinen Wohngebiet selbst entstehenden, örtlichen Bedarf decken sollen (vgl. B. v. 14.12.1973 – OVG II S 14.73 – zur Zulässigkeit einer Fachhochschule). Zu den Anlagen für **soziale Zwecke** ist auch eine Jugendfreizeitstätte zu rechnen, vgl. U. v. 15.8.1986 (– OVG 2 B 74.85 –); zur Nutzung einer Villa für Schulzwecke vgl. U. v. 29.4.1966 (– OVG II B 57.64 –).

Zur Nachbarklage gegen einen Abenteuerspielplatz vg. U. v. 24.9.1971 (BRS 24 Nr. 164) und zu einem Kinderspielplatz U. v. 24.3.1994 (BRS 56 Nr. 52). Die mit der Benutzung eines Kinderspielplatzes verbundenen Lärmbeeinträchtigungen müssen die Mitbewohner im Rahmen des Üblichen und Zumutbaren als natürliche Lebensäußerungen der Kinder hinnehmen (U. v. 6.4.1979, OVGE 15, 60 = BRS 35 Nr. 115); zu einer Kindertagesstätte mit 113 Plätzen vgl. B. v. 15.3.1989 (NVwZ 1991, 899).

Der Begriff „Gebäude" in der Ausnahmevorschrift des Nr. 8 Satz 2 ist entsprechend § 4 Abs. 2 Nr. 3 BauNVO 1990 weit auszulegen (vgl. dazu U. v. 22.4.1993, OVGE 21, 41, 42 = BRS 55 Nr. 179 zu § 7 Nr. 9 Satz 1 c). Nach BVerwG (U. v. 12.12.1996, BRS 58 Nr. 59) ist der Begriff der Anlagen für **gesundheitliche Zwecke** (z. B. in § 4 Abs. 2 Nr. 3 BauNVO) auf Gemeinbedarfsanlagen beschränkt; die Zulässigkeit von Arztpraxen richtet sich deshalb nach § 13 BauNVO. Zur Zulässigkeit der Nutzung eines Wohngebäudes für die Berufsausübung freiberuflich Tätiger (vgl. § 13 BauNVO) oder als Klinik vgl. B. v. 28.8.1997 (RNr. 3). Zu den Anlagen für **sportliche Zwecke** gehören insbesondere Sport- und Spielplätze, Sporthallen, Turnhallen, Sportbäder, Bootshäuser und ähnliche Einrichtungen, nicht dagegen privat genutzte Wohnwagen (vgl. U. v. 25.4.1980, OVGE 15, 129 = BRS 36 Nr. 47 zu § 7 Nr. 9 Satz 1 c). Um die Zulässigkeit eines Sportplatzes in einem an ein allgemeines Wohngebiet angrenzenden „Nichtbaugebiet" ging es im U. v. 24.4.1987 (BRS 47 Nr. 175) und um die Nachbarklage gegen die Lärmbeeinträchtigung durch einen Fußballplatz im U. v. 5.10.1990 (OVGE 19, 183) sowie um einen Tennisplatz nach der BauNVO im U. v. 6.6.1980 (– OVG 2 B 11.79 –). 34

Ein Bürogebäude kann nicht nach Satz 2 im allgemeinen Wohngebiet zugelassen werden (U. v. 6.1.1967 – OVG II B 20.66 –). Das ergibt sich schon aus einer Gegenüberstellung mit der Regelung für das gemischte Gebiet in Nr. 9 Satz 1 b. Private Verwaltungsgebäude bedürften somit einer Befreiung nach § 31 Abs. 2 BauGB (vgl. schon Jaeckel/Förster, RNr. 20, S. 49 und B. v. 28.8.1997, RNr. 3). Zur Nutzung aller Räume eines Einfamilienhauses für eine Rechtsanwaltskanzlei vgl. B. v. 15.3.2000 (BRS 63 Nr. 69). 35

7. Um die Zulässigkeit von **Stellplätzen** im allgemeinen Wohngebiet gemäß der nach den A-Bebauungsplänen anzuwendenden Vorschrift des § 12 Abs. 2 BauNVO 1968 ging es im U. v. 14.5.1993 (LKV 1994, 119) und um Reparaturarbeiten an Kraftfahrzeugen im B. v. 4.9.1990 (– OVG 2 S 8.90 –). Zur Unzulässigkeit der Aufstellung eines Zigarettenautomaten im allgemeinen Wohngebiet vgl. U. v. 20.1.1967 (OVGE 10, 9 = BRS 18 Nr. 105) und zur Fremdwerbung mit beleuchteten Schaukästen U. v. 3.3.1989 (BRS 49 Nr. 149); zur Errichtung eines Antennengittermastes vgl. U. v. 7.9.1984 (BRS 42 Nr. 44) sowie zu einer Kegelbahn U. v. 28.2.1975 (– OVG II B 14.74 –). Zum Einschreiten gegen eine Nutzung als Hundeauslaufgelände vgl. B. v. 7.9.1990 (OVGE 19, 102 = BRS 50 Nr. 206). 36

8. Eine **Funktionslosigkeit** der Festsetzung eines allgemeinen Wohngebiets ist nicht schon deshalb anzunehmen, weil auch nicht zulässige Anlagen vorhanden sind, insbesondere wenn sie schon bei Erlass des Baunutzungsplanes bestanden und Bestands- 37

schutz genießen (vgl. zu einer Kohlenhandlung U. v. 17.9.1993 – OVG 2 B 20.91 – sowie zu einer Tankstelle und Autoverwertung U. v. 22.7.1994, LKV 1995, 256). Solange in dem Baugebiet noch in einem ins Gewicht fallenden Umfang Wohnnutzung vorhanden und nach den gesamten Umständen nicht objektiv ausgeschlossen ist, dass sie auch künftig erhalten bleiben wird, kommt dem Vertrauen der Allgemeinheit und der Bewohner auf eine Fortgeltung der Wohngebietsfestsetzung und auf die Pflicht der BABeh., nicht gebietsadäquate gewerbliche Nutzung abzuwehren, vorrangiger Schutz zu. Zur Funktionslosigkeit übergeleiteter Bebauungspläne siehe auch BVerwG, B. v. 9.10.2004 (BRS 66 Nr. 52).

38 9. Dass die Ausweisung des allgemeinen Wohngebiets im Baunutzungsplan als Festsetzung über die Art der baulichen Nutzung **nachbarschützenden** Charakter hat, ist in der Rechtsprechung des OVG Berlin seit jeher anerkannt (vgl. z. B. B. v. 26.11.1963, JR 1964, 398 und U. v. 14.4.1967, OVGE 10, 20, 22 = BRS 18 Nr. 124; vgl. auch B. v. 25.2.1988, OVGE 18, 105 = BRS 48 Nr. 167). Dabei kommt es nicht darauf an, ob der Nachbar – wie bei einer Verletzung des in § 7 Nr. 5 BO 58/§ 15 BauNVO verankerten Gebots der Rücksichtnahme – tatsächlich (unzumutbar) beeinträchtigt ist (vgl. B. v. 26.2.1993, RNr. 19, S. 124 sowie BVerwG, U. v. 23.8.1996, RNr. 3, S. 366).

10. Zur **Umplanung** eines allgemeinen Wohngebiets des übergeleiteten Rechts in Straßenverkehrsfläche vgl. U. v. 26.1.1979 (OVGE 14, 239 = BRS 35 Nr. 6), in Gemeinbedarfsflächen „Schule" oder „Kindertagesstätte" U. v. 5.9.1986 (OVGE 17, 247 = BRS 46 Nr. 27) und U. v. 1.10.1993 (OVGE 21, 63), in Mischgebiet und allgemeines Wohngebiet nach der BauNVO, U. v. 21.6.1991 (RNr. 28) und in Landwirtschaftsfläche U. v. 20.2.1998 (RNr. 10).

39 VII. 1. Die Vorschrift des **§ 7 Nr. 9** über gemischte Gebiete entspricht weitgehend der Regelung über Mischgebiete in **§ 6 BauNVO**. Hinsichtlich der zulässigen Wohngebäude gelten die Hinweise zu § 7 Nr. 8. Die Mindestanforderungen an den Grad der Wohnruhe in einem gemischten Gebiet ist die Gewährleistung einer auskömmlichen und ungestörten Nachtruhe; deshalb kann der Betrieb einer Musikbox in einer Gaststätte in den Nachtstunden für die nähere Umgebung nicht zumutbar sein, vgl. U. v. 7.1.1966 (OVGE 10, 5 = BRS 17 Nr. 156); ebenso nicht eine Versammlungsstätte für 100–300 Personen in einem Hinterhaus (B. v. 18.12.1995 – OVG 2 S 15.95 –). Der Betrieb einer chemischen Reinigung kann tagsüber für darüber wohnende Mieter des Hauses zu unzumutbaren Belästigungen führen (U. v. 13.12.1974, OVGE 13, 83). Zum Begriff des gewerblichen Betriebes in § 7 Nr. 9 Satz 1 b sowie zur Frage der Zumutbarkeit von Störungen durch den Betrieb einer Blindenführhundeschule vgl. U. v. 14.1.1963 (OVGE 7, 113; zum Hundeauslaufgelände im allgemeinen Wohngebiet vgl. B. v. 7.9.1990, RNr. 36).

40 2. Ein Fuhrbetrieb mit fünf Fernlastzügen ist nach dem U. v. 14.3.1975 (– OVG II B 29.73 –) im gemischten Gebiet unzulässig, ebenso der Betrieb einer Autowaschanlage zur Nachtzeit bei Gesundheitsgefahren für Bewohner eines angrenzenden Wohngebiets (B. v. 18.9.1970 – OVG II S. 5.70 –). Um die Genehmigungsfähigkeit eines Getränkeselbstbedienungsladens im gemischten Gebiet (im allgemeinen Wohngebiet vgl. RNr. 28) ging es im B. v. 24.10.1995 (– OVG 2 S 14.95 –); als regelmäßige Begleiterscheinung eines solchen Geschäftsbetriebes kommt dem Umstand besonderes Gewicht zu, dass nicht nur die Lieferanten, sondern zumeist auch die Kunden auf die Benutzung eines Kraftfahrzeuges angewiesen sind. Zur Nachbarklage gegen einen Verbrauchermarkt im Mischgebiet nach § 6 BauNVO vgl. U. v. 21.6.1991 (RNr. 28) und zu beleuchteten Schaukästen für wechselnden Plakatanschlag U. v. 17.9.1993 (– OVG 2 B 18.91 –) sowie zu Werbetafeln U. v. 14.10.1988 (BRS 48 Nr. 121) und U. v. 17.6.1992 (BRS 54 Nr. 130).

Mit der Zulässigkeit eines Bolzplatzes in einem gemischten Gebiet als Anlage für sportliche und soziale Zwecke befasst sich das U. v. 22.4.1993 (RNr. 34; zum Ballfangzaun für diesen Bolzplatz vgl. B. v. 18.7.1994, BRS 56 Nr. 110), zu Wohnwagen vgl. U. v. 25.4.1980 (RNr. 34). Zur Zulässigkeit einer Vergnügungsstätte (Videokabinen im Sex-Shop) in einem gemischten Gebiet vgl. B. v. 9.4.1997 (RNr. 21) und zum Ausschluss solcher Anlagen sowie von bestimmten Schank- und Speisewirtschaftszweigen U. v. 28.7.1989 (OVGE 18, 208 = BRS 49 Nr. 110).

3. Nach Satz 2 sind ausnahmsweise (§ 31 Abs. 1 BauGB) nicht störende gewerbliche Betriebe mittleren Umfanges im gemischten Gebiet zulässig; dabei wird mit Rücksicht auf die allgemein zulässigen Wohngebäude die Regelung des § 7 Nr. 5 BO 58/§ 15 BauNVO größere Bedeutung erlangen.

VIII. 1. Die der Bestimmung über Gewerbegebiete in **§ 8 BauNVO** entsprechende Vorschrift des **§ 7 Nr. 10** (beschränktes Arbeitsgebiet) lässt nur Betriebe zu, die keine erheblichen Störungen hervorrufen. So ist bei der Errichtung einer Autowaschanlage auf angrenzende gemischte Gebiete oder allgemeine Wohngebiete besondere Rücksicht zu nehmen (vgl. U. v. 14.12.1984, UPR 1985, 299), ebenso bei einem Fuhrunternehmen (Abfallbeseitigung) mit Tankstelle (B. v. 6.2.1975 – OVG II B 74.73 –), bei einem Speditionsunternehmen (B. v. 22.1.1985, NVwZ 1986, 672) und bei einem Einkaufszentrum mit großflächigem Einzelhandel (B. v. 16.5.2000, OVGE 23, 185); zu einem Bürohaus vgl. U. v. 26.3.1991 (– OVG 2 S 30.90 –). Zur Zulässigkeit einer Taubenhaltung in einem beschränkten Arbeitsgebiet, das als Kleingartengelände genutzt wird, vgl. U. v. 14.5.1982 (BRS 39 Nr. 207).

41

2. Die Festsetzung eines beschränkten Arbeitsgebietes kann nicht **funktionslos** werden, wenn sich keine Veränderungen der tatsächlichen Verhältnisse im Plangebiet und seiner Umgebung, die eine Verwirklichung der Festsetzung über die Art der Nutzung auf Dauer ausschließen, ergeben haben (vgl. U. v. 13.3.1985 – OVG 2 B 8.85 –). Die bloße Erwartung, dass unter Missachtung der Festsetzung keine Baugenehmigungen mehr für gewerbliche Anlagen erteilt werden, ist keine Veränderung tatsächlicher Verhältnisse, die einen Bebauungsplan funktionslos werden lassen. In diesem Urteil hat das OVG auch die Voraussetzungen für die Erteilung einer Befreiung nach § 31 Abs. 2 BauGB verneint, weil mit der Zulassung einer Wohnbebauung in diesem nicht funktionslos gewordenen beschränkten Arbeitsgebiet faktisch eine Umwidmung eingetreten wäre, die nur im Wege der Planänderung hätte durchgeführt werden können. Zum Fortbestand der Festsetzung eines beschränkten Arbeitsgebietes bei noch überwiegender gewerbliche Nutzung vgl. U. v. 31.3.1992 (RNr. 7, S. 37 f.).

42

IX. 1. Im reinen Arbeitsgebiet des **§ 7 Nr. 11**, das dem Industriegebiet des **§ 9 BauNVO** vergleichbar ist, sind alle Anlagen zulässig mit Ausnahme besonders gefährlicher Betriebe, wie Sprengstofffabriken oder Atomkraftanlagen (vgl. Jaeckel/Förster, RNr. 20, S. 50). So ist z. B. im reinen Arbeitsgebiet die Errichtung eines der Versorgung der Bevölkerung dienenden Heizkraftwerks zulässig (vgl. U. v. 5.4.1984, OVGE 17, 78, 88 zum Kraftwerk Reuter West; Dageförde, RNr. 10, S. 152 f. sowie UPR 1992, 406, 408). Mit der Zulässigkeit einer Sozialhilfestelle für Asylbewerber als Verwaltungsgebäude befasst sich der B. v. 7.9.1978 (– OVG II S 116.78 –); zur Unzulässigkeit einer Wohnnutzung im reinen Arbeitsgebiet vgl. U. v. 16.2.1990 (OVGE 18, 243 = BRS 50 Nr. 210).

43

2. Die Grenze der Zulassung nicht erheblich störender Gewerbebetriebe in einem Industriegebiet liegt dort, wo der Vorrang der industriellen und gewerblichen Nutzung mit hohem Störungsgrad in Frage gestellt werden könnte (B. v. 30.4.1992, RNr. 19). Zwar dient das reine Arbeitsgebiet nach § 7 Nr. 11 vorwiegend der Unterbringung solcher

44

Anhang RNr. 45–46

Betriebe, die in anderen Baugebieten wegen des hohen Grades der von ihnen ausgehenden Störungen nicht zugelassen werden dürfen. Dennoch sind im reinen Arbeitsgebiet nach wie vor **Gewerbebetriebe aller Art** zulässig, sofern sie nur ihrer Quantität nach den Vorrang der Betriebe mit höherem Störungsgrad nicht in Frage stellen und ein „Umkippen" des reinen Arbeitsgebiets in ein beschränktes Arbeitsgebiet nicht zu befürchten ist. So wird eine selbständige Büronutzung im reinen Arbeitsgebiet nicht zulässig sein (B. v. 30.4.1992, RNr. 19). Zur Zulässigkeit von Werbetafeln im reinen Arbeitsgebiet vgl. U. v. 8.3.1985 (BRS 44 Nr. 131) und B. v. 14.11.1997 (– OVG 2 N 15.97 –).

3. Grundstücke im reinen Arbeitsgebiet (ebenso in Dorf- und beschränkten Arbeitsgebieten) können wegen fehlender Festsetzung einer Bebauungstiefe nach § 8 Nr. 1 in den Grenzen des § 7 Nr. 5 insgesamt überbaubar sein (vgl. U. v. 27.11.1987, OVGE 18, 78, 83).

X. 1. Die Funktion von Kerngebieten (**§ 7 Nr. 12**) wird in **§ 7 BauNVO** dahin umschrieben, dass sie vorwiegend der Unterbringung von Handelsbetrieben sowie der zentralen Einrichtungen der Wirtschaft, der Verwaltung und der Kultur dienen. Das übergeleitete Recht sieht Vergleichbares vor. Soweit Teilbereiche des im Baunutzungsplan festgesetzten Kerngebiets zwischen Halensee und Kreuzberg eine Mischgebietsnutzung mit Wohnungen aufweisen, bestand diese städtebauliche Struktur schon bei Erlass des Planes (Fragen des Abwägungsgebotes und damit gegebenenfalls einer nur teilweisen Überleitung sind, soweit ersichtlich, nicht erörtert worden; vgl. RNr. 50 zur ähnlichen Konstellation bei Festsetzung der Baustufe V/3). Mit der Kerngebietsausweisung am Kurfürstendamm befasst sich das U. v. 20.5.2003 (RNr. 8).

45 2. Im Kerngebiet des übergeleiteten Rechts sind Wohnungen für Aufsichts- und Bereitschaftspersonal generell (§ 7 Nr. 12 Satz 1 c) und Wohnungen für andere Zwecke nur ausnahmsweise (§ 7 Nr. 12 Satz 2) zulässig. Die wirksame Festsetzung eines Kerngebietes wird nicht schon deshalb nachträglich **funktionslos**, weil im Laufe der Zeit nicht nur derartige Wohnungen, sondern teilweise mit Ausnahmegenehmigung nach Satz 2 für Wohnungen auch **Wohngebäude** errichtet worden sind, die ein oder zwei Straßengevierte, nicht aber die nähere Umgebung prägen (B. v. 18.4.1986, OVGE 17, 211). Bei der Frage, ob die Verhältnisse, auf die sich eine Festsetzung bezieht, in der tatsächlichen Entwicklung einen Zustand erreicht haben, der eine Verwirklichung der Festsetzung auf unabsehbarer Zeit ausschließt, ist nicht isolierend auf einzelne Grundstücke abzustellen, sondern auf die Festsetzung in ihrer Bedeutung für den ganzen Plan; es genügt nicht, dass über längere Zeit von dem Plan abgewichen worden ist und inzwischen Verhältnisse entstanden sind, die teilweise der Festsetzung als Kerngebiet nicht mehr entsprechen (vgl. U. v. 31.3.1992, RNr. 7, S. 38). Erst wenn die tatsächlichen Verhältnisse vom Planinhalt so massiv und so offenkundig abweichen, dass der Bebauungsplan insoweit eine städtebauliche Gestaltungsfunktion unmöglich zu erfüllen vermag, kann von einer Funktionslosigkeit die Rede sein (BVerwG, B. v. 6.6.1997, UPR 1997, 469 und B. v. 24.4.1998, NVwZ-RR 1998, 711; vgl. auch B. v. 23.10.1998, ZMR 1999, 134).

46 Andere Auffassungen zur Funktionslosigkeit von übergeleiteten bauplanerischen Festsetzungen verkennen überdies den in § 173 Abs. 3 Satz 1 BBauG für die Fortgeltung älterer Bebauungspläne enthaltenen Kontinuitätsgedanken. Im Übrigen gehen die Bestrebungen dahin, durch Änderung des § 7 Abs. 1 und 2 Nr. 6 BauNVO das Kerngebiet für das Wohnen zur Belebung der Innenstädte durch eine stärkere Nutzungsmischung zu öffnen. Zu Baulärm während der Nachtzeit gegenüber von Wohngebäuden im Kerngebiet vgl. B. v. 27.3.1996 (NVwZ 1996, 926).

XI. 1. Das **Maß der Nutzung** in den Baugebieten ergibt sich aus der im Baunutzungsplan angegebenen Baustufe (**§ 7 Nr. 13** Satz 1). Der Baunutzungsplan kennzeichnet die Flächen der einzelnen Baustufen in den zeichnerischen Festsetzungen mit farbigen Umrandungen und gibt sie in der Legende mit einer römischen (zulässige Zahl der Vollgeschosse) und getrennt durch einen Schrägstrich mit einer arabischen Zahl (bezogen auf die bebaubare Fläche) an. Die den einzelnen Baustufen zugeordneten Nutzungsmaße werden in **§ 7 Nr. 15** Satz 1 – bis auf die Stufe 6 – durch vier anhand von Zahlenwerten bestimmten Größen festgelegt: Geschosszahl, bebaubare Fläche, Geschossflächenzahl und Baumassenzahl. Hierbei handelt es sich nicht lediglich um eine tabellarische Aufstellung der im Einzelfall bei der Beurteilung des zulässigen Nutzungsmaßes nach den vorangehenden Regelungen der Nrn. 13 und 14 zugrunde zu legenden Maßzahlen, sondern um eine eigenständige Regelung, welche das in § 7 Nr. 13 Satz 1 verwendete, ausfüllungsbedürftige Tatbestandsmerkmale „Baustufe" in Form einer differenzierten Festlegung der einzelnen Bemessungsgrößen aufschlüsselt (U. v. 10.3.1989, GE 1990, 201, 205 f. = UPR 1989, 459 [LS]; U. v. 18.12.1992, BRS 54 Nr. 154).

Mit dem Urteil von 1989 ist klargestellt (vgl. dazu auch das Rundschreiben des Senators für Bau- und Wohnungswesen vom 30.10.1989 – III A 1 –), dass der in § 7 Nr. 15 Satz 1 festgesetzten **Geschossflächenzahl** neben der Geschosszahl, der bebaubaren Fläche und der Baumassenzahl eine das Nutzungsmaß generell begrenzende Funktion zukommt. Das OVG Berlin hatte schon im U. v. 18.6.1962 (OVGE 7, 81 = BRS 13, 224, 227 und zur Ausnutzungsziffer der BO 29 im U. v. 15.2.1960, OVGE 6, 101 = BRS 10, 94, 95) darauf hingewiesen, dass die Bestimmung über die zulässige Geschossflächenzahl (§ 7 Nr. 15) einem Bauvorhaben zwingend entgegenstehe; die BauO 1958 habe die zu starke Bebauung vor allem in den Stadtkernen auflockern und die Besiedlungsdichte auf das erwünschte Maß zurückführen wollen. Sie hat damit an die sog. Ausnutzungsziffer in § 7 Nr. 3, 6 BO 29 (vgl. RNr. 4), mit der die Höchstbaumasse, die obere Grenze der möglichen Bebauung festgelegt war, angeknüpft (vgl. Jaeckel, BIGBW 1962, 119, 121) und die schon vorliegenden Entwürfe einer Baunutzungsverordnung (vgl. RNr. 5) berücksichtigt, in der die Geschossflächenzahl ebenfalls die Funktion einer Obergrenze hat (vgl. § 16 Abs. 2 BauNVO).

2. Bauvorhaben, die nach dem übergeleiteten Recht zu beurteilen sind, müssen danach grundsätzlich auch die Geschossflächenzahl einhalten, falls nicht wegen Funktionslosigkeit der Festsetzung der Geschossflächenzahl insoweit § 34 Abs. 1 BauGB anzuwenden ist oder Befreiungsgründe nach § 31 Abs. 2 BauGB vorliegen (vgl. U. v. 10.3.1989, RNr. 47). Die Frage der Funktionslosigkeit bedarf insbesondere für die Innenstadtbereiche der Baustufe V/3 mit der Geschossflächenzahl von 1,5 im Einzelfall der eingehenden Prüfung (vgl. VG Berlin, U. v. 11.5.1990 – VG 13 A 224.88 – und dazu beiläufig OVG, U. v. 14.1.1994, BRS 56 Nr. 42; VG Berlin, U. v. 6.7.1990, LKV 1991, 143 und OVG, U. v. 28.9.1992 – OVG 2 B 35.90 – sowie U. v. 6.9.2002, OVGE 24, 122 = BRS 65 Nr. 85).

a) Dazu heißt es im U. v. 18.12.1992 (RNr. 47), allein der Umstand, dass die in der **Baustufe V/3** bebauten innerstädtischen Wohngebiete hinsichtlich des Maßes der baulichen Nutzung häufig höher als in dieser Baustufe nach § 7 Nr. 15 zulässig ausgenutzt seien, reiche zur Feststellung einer inzwischen eingetretenen **Funktionslosigkeit** schon deshalb nicht aus, weil dieser Zustand bei Erlass des Baunutzungsplans bestanden habe; hinzukommen müssten vielmehr eindeutige und offenkundige Umstände, an denen erkennbar sei, dass das mit dem Baunutzungsplan und der BO 58 verfolgte Ziel der Herabsetzung der Bebauungsdichte auf unabsehbare Zeit nicht mehr erreichbar sei. In diesem Urteil werden auch Fragen einer möglichen **Befreiung** nach § 31 Abs. 2

Anhang RNr. 51–52

BauGB erörtert (vgl. dazu auch U. v. 7.7.1972 – OVG II B 1.71 – und U. v. 13.6.1991, BRS 52 Nr. 156 für eine Überschreitung der GFZ von 1,5 auf 3,3); zur Unzulässigkeit eines Dachgeschossausbaus in der Baustufe V/3 bei einer schon erreichten GFZ von 3,5 U. v. 10.11.1967 (– OVG II B 47.66 –), U. v. 3.11.1972 (– OVG II B 60.71 –). Zur Befreiung vom Maß der baulichen Nutzung in einem allgemeinen Wohngebiet der Baustufe II/2 vgl. U. v. 26.3.1982 (– OVG 2 B 49.81 –) und U. v. 10.7.1987 (GE 1988, 43); zu umfangreichen Befreiungen vom Maß der baulichen Nutzung in der Baustufe IV/3 bei Freihaltung von Flächen B. v. 18.12.1997 (GE 1998, 625). Mit der Erleichterung der Befreiung durch die Neufassung des § 31 Abs. 2 BauGB befassen sich Battis u.a., NVwZ 1997, 1145 (1160).

b) Die Frage, ob die Festsetzung der Baustufe V/3 für einzelne verdichtete innerstädtische Baublöcke (GFZ bis 4,0) insbesondere mit einer noch für Jahrzehnte funktionstüchtigen Bausubstanz und aus städtebaulichen Gründen entsprechend (dieselbe Traufhöhe, aber mehr Geschosse) zu schließenden Baulücken, überhaupt abwägungsfehlerfrei (wegen der von vornherein erforderlichen Befreiungen, vgl. B. v. 26.9.1991, OVGE 19, 199, 212 f.) getroffen (vgl. RNr. 9) und damit übergeleitet worden ist, wurde, soweit ersichtlich, nicht weiter erörtert (zu einer Anfechtung des übergeleiteten Rechts wegen der Art der Nutzung vgl. U. v. 31.3.1992, RNr. 7).

51 **3.** Nach **§ 7 Nr. 14** wird die Berechnung des Maßes der baulichen Nutzung nach der Geschossflächenzahl bei Abweichungen von der Geschosszahl oder der GRZ regelmäßig dann nach § 31 Abs. 1 BauGB zugelassen werden können, wenn keine städtebaulichen oder bauaufsichtlichen Gründe entgegenstehen und eine ausreichende Freifläche auf dem Grundstück verbleibt (vgl. schon Jaeckel/Förster, RNr. 20, S. 50). So bestanden im U. v. 5.10.1978 (RNr. 27) keine grundsätzlichen Bedenken gegen eine nach § 7 Nr. 14 erteilte Ausnahme zur Überschreitung der GRZ von 0,3 auf fast 0,5 im Rahmen der zulässigen GFZ von 1,5 bei einer für den Bau vorgesehenen GFZ von 0,78, da die erhebliche Unterschreitung der GFZ die erhebliche Überschreitung der GRZ rechtfertige, die angesichts der auf dem Baugrundstück verbleibenden großen begrünten Fläche nicht zur Bildung einer typischen Hinterhofsituation führe. Die Behörde hat für ein angemessenes und ausgewogenes Verhältnis der Bemessungselemente für das Maß der baulichen Nutzung (GRZ und Geschosszahl) zu der gesamten Grundstücksfläche zu sorgen (U. v. 6.6.1969 – OVG II B 27.68 –).

52 **4.** Für die Berechnung des Maßes der baulichen Nutzung gelten nach den A-Bebauungsplänen die im Einzelnen unter D. aufgeführten Vorschriften der BauNVO 1968. Obwohl in den A-Bebauungsplänen nicht ausdrücklich erwähnt, ist für den **Vollgeschossbegriff** § 18 BauNVO 1968 (vgl. jetzt § 20 Abs. 1 BauNVO 1990) anzuwenden. Dies folgt daraus, dass mit den A-Bebauungsplänen die die Vollgeschosse betreffenden Regelungen des § 7 Nr. 21 und des § 9 Nr. 1 bis 4 BO 58 außer Kraft getreten sind (vgl. das Rundschreiben des Senators für Bau- und Wohnungswesen, RNr. 12). Ändert sich die nach § 18 BauNVO 1968 auch bei der planungsrechtlichen Beurteilung eines Vorhabens zugrunde zu legende landesrechtliche Regelung über die Bestimmung und die Anrechenbarkeit von Vollgeschossen, so hat diese Änderung keinen Einfluss auf die Ermittlung des Inhalts von Festsetzungen über die zulässige Zahl von Vollgeschossen in zuvor erlassenen Bebauungsplänen (U. v. 10.3.1989 und v. 18.12.1992, RNr. 47; B. v. 21.7.1994 – OVG 2 S 18.94 –); das bedeutet, dass hier die im Zeitpunkt der öffentlichen Auslegung der A-Bebauungspläne geltende Regelung des **§ 2 Abs. 5 BauO Bln 1966** anzuwenden ist. Diese Vorschrift lautet:

„Vollgeschosse sind Geschosse, die vollständig über der festgelegten Geländeoberfläche liegen und über mindestens 2/3 ihrer Grundfläche die für die Aufenthaltsräume erforderliche lichte Höhe haben. Auf die Zahl der Vollgeschosse sind anzurechnen:

1. Geschosse mit einer lichten Höhe von mehr als 1,80 m unterhalb des Dachraumes,
2. Kellergeschosse, die im Mittel mehr als 1,20 m,
3. Garagengeschosse, die mit Mittel mehr als 2 m über die festgelegte Geländeoberfläche hinausragen."

Danach ist der **Dachraum**, der von dem aus Tragwerk und Dachhaut bestehenden Dach und der Decke des obersten Geschosses gebildet wird (vgl. § 48 RNr. 6), kein Vollgeschoss (vgl. schon § 9 Nr. 1 BO 58 sowie § 2 Abs. 5 BauO Bln 1971 und 1979; jetzt § 2 Abs. 11). Zur Berechnung der Geschossfläche vgl. § 20 Abs. 2 BauNVO 1968 und B. v. 25.8.1989 (– OVG 2 S 15.89 –). Mit der Überschreitung der GFZ durch Nutzung eines Künstlerateliers im Dachgeschoss zu Wohnzwecken befasst sich das U. v. 20.9.1974 (BRS 28 Nr. 169).

5. Dass die Vorschriften des übergeleiteten Rechts über das Maß der baulichen Nutzung **nicht nachbarschützend** sind, hat das OVG Berlin in ständiger Rechtsprechung betont (vgl. z. B. U. v. 14.4.1967, OVGE 10, 20 = BRS 18 Nr. 124; U. v. 10.7.1987, RNr. 50; B. v. 27.5.1992, RNr. 8; B. v. 5.2.1993, BRS 55 Nr. 111, S. 314). Vgl. auch BVerwG, U. v. 23.8.1996 (RNr. 3), wonach durch Auslegung zu ermitteln ist, ob auch nicht die Gebietsart betreffende Festsetzungen übergeleiteter Bebauungspläne nachbarschützend sind. Das ist im B. v. 24.1.1991 (– OVG 2 B 32.88 –) und im B. v. 27.5.1992 (RNr. 8) für die BO 58 in Verbindung mit dem Baunutzungsplan vom OVG verneint worden. Eine Verletzung des Gebots der Rücksichtnahme (vgl. § 7 Nr. 5 BO 58/§ 15 BauNVO), wird nur in Ausnahmefällen in Betracht kommen können (vgl. U. v. 10.7.1987, Rnr. 50; B. v. 26.3.1991, RNr. 41 und U. v. 28.1.2003 – OVG 2 B 18.99 –). Zur Rücksichtnahme bei Aufstockung eines Seniorenheimes im allgemeinen Wohngebiet der Baustufe II/2 auf drei an Stelle von zwei Geschossen, auf eine GFZ von 0,58 und eine GRZ von 0,23 vgl. B. v. 7.9.1988 (– OVG 2 S 11.88 –).

6. **§ 7 Nr. 16** befasst sich mit der Bauweise, die von den im Baunutzungsplan festgesetzten Baustufen abhängt: In den Baustufen II/1 und II/2 gilt die offene, in den Baustufen II/3 bis 6 die geschlossene Bauweise; vgl. die Hinweise zu § 8 Nr. 14 und 18.

§ 8 Abstands- und Freiflächenregeln

Bebauungstiefe

1. **Die größte Bebauungstiefe, gerechnet von der straßenseitigen zwingenden Baulinie, Baugrenze oder Baufluchtlinie an, beträgt für**
   a) reine und allgemeine Wohngebiete in der offenen Bauweise 20 m und in der geschlossenen Bauweise 13 m,
   b) gemischte Gebiete 20 m,
   c) Kerngebiete 30 m.

2. Über die in Nr. 1 bezeichnete Begrenzung hinaus, können Gebäude oder Gebäudeteile zugelassen werden, wenn städtebauliche Gründe nicht entgegenstehen.

Anhang RNr. 55–58

Bauweise

14. In der offenen Bauweise sind zulässig:
    a) Einzelhäuser;
    b) Doppelhäuser, wenn sie gleichzeitig errichtet und als Einheit gestaltet werden.

    Reihenhäuser in Längen bis zu 50 m können ausnahmsweise zugelassen werden.

16. Im Bauwich zwischen Nachbargebäuden können eingeschossige Zwischenbauten zugelassen werden (Kettenbau).

18. In der geschlossenen Bauweise ist von Nachbargrenze zu Nachbargrenze zu bauen. Dies gilt nicht für den Fall, dass hierdurch das Maß der Nutzung überschritten würde oder dass die notwendigen Abstandflächen nicht mehr vorhanden wären. Abweichungen von Satz 1 können zugelassen werden, wenn städtebauliche Gründe nicht entgegenstehen.

Erläuterungen:

55 I. 1. Den beiden Vorschriften des **§ 8 Nr. 1** und 2 liegt das städtebauliche Ordnungsprinzip der Randbebauung zugrunde (vgl. Jaeckel/Förster, RNr. 20, S. 55). Die Bebaubarkeit wird durch die Bebauungstiefenregeln prinzipiell beschränkt. Zu Dorf- und Arbeitsgebieten vgl. RNr. 44 a. E. und zur Geltung der Bebauungstiefenregelung der BO 29 B. v. 28.3.1993 (RNr. 4). Beim Fehlen von Baulinien, Baugrenzen oder f. f. Baufluchtlinien oder im Falle der Funktionslosigkeit von derartigen Festsetzungen ist die Bebauungstiefe nach den Grundsätzen des § 34 Abs. 1 BauGB zu bestimmen. (vgl. z. B. U. v. 10.7.1987, RNr. 50; B. v. 20.1.1989 – OVG 2 S 34.88 –; U. v. 5.3.1993, OVGE 21, 20, 24 = BRS 55 Nr. 73).

56 Nach Nr. 3 der A-Bebauungspläne ist für die Bestimmung der nach den bisherigen Vorschriften festgesetzten Bebauungstiefe und für das Überschreiten der Bebauungstiefe § 23 Abs. 4 BauNVO 1968 anzuwenden. Nr. 4 der A-Bebauungspläne regelt, dass sich die Zulässigkeit von baulichen Anlagen auf den nach den bisherigen Vorschriften als nicht überbaubar festgesetzten Flächen der Baugrundstücke nach § 23 Abs. 5 BauNVO 1968 richtet (zur Zulässigkeit eines Carports im Vorgarten vgl. B. v. 21.5.1999, RNr. 11 und Dageförde, GE 2005, 1234). Diese Umstellung auf die BauNVO 1968 hat die in § 8 Nr. 2 vorgesehene Möglichkeit, Ausnahmen von der in § 8 Nr. 1 bestimmten Bebauungstiefe zu erteilen, unberührt gelassen (U. v. 30.10.1987, RNr. 12).

57 2. Eine Ausnahme nach **§ 8 Nr. 2** kommt für eine Bebauungstiefe von 38 m bei einer zulässigen von 13 m nicht in Betracht (U. v. 4.10.1974 – OVG II B 4.74 –); der begrünte Blockinnenbereich darf nicht zerstört werden (U. v. 18.5.1984, RNr. 21). Zur Erteilung einer Ausnahme wegen vorhandenen Baumbestandes im vorderen Grundstücksbereich vgl. B. v. 26.5.1992 (GE 1992, 1279) und B. v. 21.7.1994 (RNr. 52).

58 In der Ausnahmeerteilung sind Erwägungen für die Überschreitung der zulässigen Bebauungstiefe anzustellen; das gilt insbesondere bei der zusätzlichen Inanspruchnahme von Hinterland, das in der geschlossenen Bauweise in möglichst großem Umfang als begrünte und beruhigte Zone erhalten werden soll (vgl. U. v. 23.9.1988, RNr. 22). Bedenklich, aber wegen des gegebenen Ermessensspielraums nicht angreifbar war eine Ausnahmeerteilung in einem Fall, wo eine große und parkartig ausgestaltete Blockin-

nenfläche in einem besonders dicht besiedelten Stadtbezirk zum größten Teil überbaut werden sollte (U. v. 5.10.1978, RNr. 27). Auch die Interessen des Grundstücksnachbarn sind bei der Abwägung zu berücksichtigen (B. v. 26.3.1991 – OVG 2 S 2.91 –). Zu geringfügigen Überschreitungen der Bebauungstiefe vgl. U. v. 6.9.2002 (RNr. 49).

3. Die Möglichkeit, nach der planungsrechtlichen Bestimmung des § 8 Nr. 2 aus städtebaulichen Gründen über die festgesetzte Bebauungstiefe hinaus Gebäude oder Gebäudeteile zuzulassen, enthält nicht die Ermächtigung, auch von bauordnungsrechtlichen **Abstandsregeln** abzusehen (B. v. 28.1.1981, OVGE 15, 196 = BRS 38 Nr. 119). Das bedeutet, dass jenseits der nach § 8 Nr. 1 a in der geschlossenen Bauweise mit 13 m hinter der Straßenfluchtlinie festgelegten zulässigen Bebauungstiefe die offene **Bauweise wieder auflebt** mit der Folge, dass dort die nach dem Bauordnungsrecht einzuhaltenden Abstände gewahrt werden müssen (vgl. auch U. v. 22.5.1992, OVGE 20, 238, 245 = BRS 54 Nr. 97).

4. Die Vorschriften über die Bebauungstiefe sind als solche **nicht nachbarschützend** (U. v. 14.4.1967, RNr. 53, S. 23; U. v. 30.10.1987, RNr. 12; U. v. 23.9.1988, RNr. 22; B. v. 26.5.1992, RNr. 57). Bei unzumutbaren Beeinträchtigungen kann eine Verletzung des Gebots der Rücksichtnahme (§ 7 Nr. 5 BO 58/§ 15 BauNVO) in Betracht kommen (vgl. RNrn. 20 ff. und U. v. 17.10.2003 – OVG 2 B 8.01 –); zur Hinterlandbebauung vgl. auch B. v. 21.7.1994 (RNr. 52).

II. 1. Die **offene Bauweise** gilt nach § 7 Nr. 16 in den Baustufen II/1 und II/2. Hier sollen aus städtebaulichen Gründen die Gebäude mit seitlichem Grenzabstand errichtet werden, um eine aufgelockerte Bebauung, umgeben von Freiflächen, zu erreichen (U. v. 31.7.1992, OVGE 20, 138 = BRS 54 Nr. 110).

Zu den in der offenen Bauweise nach **§ 8 Nr. 14** zulässigen Haustypen vgl. auch die nach den A-Bebauungsplänen nicht (unmittelbar) anwendbare Vorschrift des § 22 Abs. 2 BauNVO. Die Regelungen über die in der offenen Bauweise zulässigen Gebäudetypen haben als solche keine nachbarschützende Funktion; für den Grundstücksnachbar ist es grundsätzlich ohne Belang, in welcher Weise auf einem Nachbargrundstück errichtete, nach Art und Maß der baulichen Nutzung, ansonsten planerisch zulässigen Gebäude konstruktiv gegliedert sind (B. v. 20.1.1989, RNr. 55; vgl. auch B. v. 29.5.1987, GE 1988, 41). Zur Zulässigkeit einer Doppelhaushälfte im unbeplanten Innenbereich vgl. B. v. 8.4.1998 (RNr. 14).

2. Mit der einheitlichen Gestaltung bei Anbauten an Doppelhaushälften befasst sich das U. v. 12.9.1986 (– OVG 2 B 99.84 –) und mit der Erteilung einer Befreiung für den Anbau an eine Doppelhaushälfte das U. v. 20.7.1984 (GE 1985, 1145). Um die Verletzung des Rücksichtnahmegebots durch einen Anbau mit Freitreppe ging es im U. v. 23.9.1988 (RNr. 22).

III. In der Rechtsprechung hat die Regelung des **§ 8 Nr. 16** keine Bedeutung erlangt; sie soll nach dem Rundschreiben des Senators für Bau- und Wohnungswesen vom 2. September 1971 (RNr. 12) fortgelten.

IV. 1. Die **geschlossene Bauweise** des § 8 Nr. 18 gilt nach § 7 Nr. 16 in den Baustufen II/3 bis 6. Zur Einhaltung von Abständen jenseits der Bebauungstiefe bei geschlossener Bauweise vgl. die Hinweise zu § 8 Nr. 1 und 2 (RNr. 59). Zur Funktionslosigkeit (vgl. dazu auch RNr. 45) der Festsetzung der geschlossenen Bauweise in fast ausnahmslos offen bebauten Baublöcken vgl. B. v. 14.4.1989 (– OVG 2 S 4.89 –); B. v. 6.3.1991 (GE 1992, 43) und B. v. 23.10.1998, RNr. 45, sowie dazu BVerwG, B. v. 3.3.1999 – BVerwG 4 B 2.99 –, wonach das OVG anhand des Kartenmaterials und der Erklärungen der BABeh.

Anhang RNr. 65–68

erkennen kann, ob die Festsetzungen eines 1960 übergeleiteten Planes von 1958 nach 40 Jahren noch einen hinreichenden Realitätsbezug besitzen. Maßgeblich ist die tatsächliche bauliche Entwicklung in dem betreffenden Baublock unter Berücksichtigung der näheren Umgebung (U. v. 31.7.1992, OVGE 20, 190 = BRS 54 Nr. 91).

65 2. Satz 2 (erste Alternative) betrifft die Fälle erstmaliger Bebauung eines Grundstücks im Geltungsbereich des übergeleiteten Rechts, bei dem bei einer angemessenen Bebauung von Nachbargrenze zu Nachbargrenze das Maß der Nutzung überschritten werden würde; in diesem Ausnahmefall (z. B. bei Eckgrundstücken oder verhältnismäßig breiten Grundstücken von geringer Tiefe) soll aus städtebaulichen Gründen die Einhaltung des Nutzungsmaßes Vorrang vor der geschlossenen Bebauung haben, damit die vom übergeleiteten Recht beabsichtigte aufgelockerte Bebauung in den höheren Baustufen erreicht wird. Nicht gemeint ist dagegen der Fall, dass das Maß der zulässigen baulichen Nutzung dadurch überschritten wird, dass bei einer schon vorhandenen Bebauung das Grundstück unter erheblicher Überschreitung des Nutzungsmaßes weiter bebaut werden soll (B. v. 5.2.1993, BRS 55 Nr. 120).

66 3. Satz 2 (zweite Alternative) betrifft die Abstandflächen des früheren Rechts (BO 58 bis BauO Bln 1979), die die ausreichende Versorgung mit Tageslicht und allgemein die Wahrung gesunder Wohnverhältnisse auf dem Baugrundstück bezweckten (vgl. U. v. 22.5.1992, OVGE 20, 238 = BRS 54 Nr. 97) und keine nachbarschützende Wirkung hatten (U. v. 6.2.1961, OVGE 6, 198 und U. v. 15.11.1985, BRS 46 Nr. 175).

67 4. Satz 3 enthält eine übergeleitete Ausnahmeregelung, die im Interesse der anzustrebenden Harmonisierung des übergeleiteten Rechts mit den jetzt geltenden Vorschriften (vgl. RNr. 19) entsprechend der Regelung des § 22 Abs. 3 Halbsatz 2 BauNVO auszulegen und anzuwenden ist (B. v. 9.1.1998, BRS 60 Nr. 107 = LKV 1998, 240).

§ 9 Gebäudehöhen

5. Die Gebäudehöhe (§ 8 Nr. 4) darf das Vierfache der zugelassenen Zahl der Vollgeschosse in Metern nicht überschreiten.

6. Eine geringere Gebäudehöhe kann gefordert werden, um ein einheitliches Straßen-, Orts- oder Landschaftsbild zu erhalten oder zu erreichen.

7. Eine größere Gebäudehöhe kann, insbesondere für Türme und Fabrikschornsteine, zugelassen werden, wenn Gründe der Flugsicherung, der Gesundheit oder sonstige Gründe des öffentlichen Wohles nicht entgegenstehen.

Erläuterungen:

68 I. 1. Nach der in § 9 Nr. 5 in Bezug genommenen Vorschrift des § 8 Nr. 4 gilt als Gebäudehöhe das Maß von der Oberkante des Erdgeschossfußbodens bis zur Deckenoberkante des obersten Geschosses (vgl. auch B. v. 29.5.1987, RNr. 61); bei Anordnung eines Drempels ist dessen Höhe hinzuzurechnen. Zutreffend wird in den Ausführungsvorschriften zur BauNVO vom 1.7.1963 (DBl. VI/1963 S. 139, 140) § 9 Nr. 5 bis 7 als nach

§ 173 Abs. 3 Satz 1 BBauG übergeleitete Regelung angesehen (vgl. auch das genannte Rundschreiben des Senators für Bau- und Wohnungswesen vom 2.9.1971, RNr. 12 und jetzt § 18 BauNVO 1990). Zur zulässigen Höhe vgl. auch U. v. 10.7.1987 (RNr. 50).

2. Dem übergeleiteten Recht lässt sich nicht entnehmen, dass die Festsetzung über die Gebäudehöhe in Nr. 5 drittschützende Wirkung haben soll (vgl. B. v. 27.5.1992, RNr. 8).

II. Die Nrn. 6 und 7 des § 9 sind aus sich heraus verständlich. Insbesondere ist eine Ausnahme nach Nr. 7 möglich, wenn Befreiungsvoraussetzungen für die Überschreitung der zulässigen Geschosszahl vorliegen.

Anhang

C. Der Inhalt der A-Bebauungspläne vom 9. Juli 1971
(GVBl. S. 1230 bis 1235; AH-Drucks. 6/148 bis 159;
vgl. RNrn. 11, 12)

1. Für die Berechnung des Maßes der baulichen Nutzung gelten anstelle der bisherigen Vorschriften:
   a) hinsichtlich der Ermittlung der zulässigen Grundfläche § 19 Abs. 3 und 4 sowie § 21 a Abs. 3 der Verordnung über die bauliche Nutzung der Grundstücke (Baunutzungsverordnung – BauNVO –) in der Fassung vom 26. November 1968,
   b) hinsichtlich der Ermittlung der Geschossfläche § 20 Abs. 2 und 3 und § 21 a Abs. 4 Nr. 2 BauNVO,
   c) hinsichtlich der Ermittlung der Baumasse § 21 Abs. 2 und 3 und § 21 a Abs. 4 Nr. 2 BauNVO

2. Nach den bisherigen Vorschriften festgesetzte Baugrenzen und förmlich festgestellte Baufluchtlinien gelten als Baugrenzen im Sinne des § 23 Abs. 3 Satz 1 und 2 BauNVO, festgesetzte zwingende Baulinien als Baulinien im Sinne des § 23 Abs. 2 Satz 1 und 2 BauNVO.

3. Für die Bestimmung der nach den bisherigen Vorschriften festgesetzten Bebauungstiefe und für das Überschreiten der Bebauungstiefe gilt § 23 Abs. 4 BauNVO.

4. Die Zulässigkeit von baulichen Anlagen auf den nach den bisherigen Vorschriften als nicht überbaubar festgesetzten Flächen der Baugrundstücke bestimmt sich nach § 23 Abs. 5 BauNVO.

5. Die Zulässigkeit von Stellplätzen und Garagen für Kraftfahrzeuge in den Baugebieten richtet sich nach § 12 Abs. 1 bis 3 BauNVO.

Anhang

D. Die nach den A-Bebauungsplänen anzuwendenden Vorschriften der Baunutzungsverordnung in der Fassung vom 26. November 1968 (BGBl. I S. 1237/I 1969 S. 11; GVBl. S. 1676/GVBl. 1969, S. 142) – BauNVO 1968 –
(vgl. RNrn. 11, 12; zur Klarstellung sind mit abgedruckt § 18, vgl. RNr. 52, § 19 Abs. 1 und 2, § 20 Abs. 1, § 21 Abs. 1, § 23 Abs. 1)

§ 12 Stellplätze und Garagen für Kraftfahrzeuge

(1) Stellplätze und Garagen sind in allen Baugebieten zulässig, soweit sich aus den Absätzen 2 und 3 nichts anderes ergibt.

(2) In Kleinsiedlungsgebieten, reinen Wohngebieten, allgemeinen Wohngebieten und Wochenendhausgebieten sind Stellplätze und Garagen nur für den durch die zugelassene Nutzung verursachten Bedarf zulässig.

(3) Unzulässig sind
 1. Stellplätze und Garagen für Lastkraftwagen und Kraftomnibusse in reinen Wohngebieten und Wochenendhausgebieten,
 2. Stellplätze und Garagen für Kraftfahrzeuge mit einem Eigengewicht über 3,5 Tonnen in Kleinsiedlungsgebieten und allgemeinen Wohngebieten.

§ 18 Vollgeschosse

Als Vollgeschosse gelten Geschosse, die nach landesrechtlichen Vorschriften Vollgeschosse sind oder auf ihre Zahl angerechnet werden.

§ 19 Grundflächenzahl, zulässige Grundfläche

(1) Die Grundflächenzahl gibt an, wie viel Quadratmeter Grundfläche je Quadratmeter Grundstücksfläche im Sinne des Absatzes 3 zulässig sind.

(2) Zulässige Grundfläche ist der nach Absatz 1 errechnete Anteil des Baugrundstücks, der von baulichen Anlagen überdeckt werden darf.

(3) Für die Ermittlung der zulässigen Grundfläche ist die Fläche des Baugrundstücks maßgebend, die im Bauland und hinter der im Bebauungsplan festgesetzten Straßenbegrenzungslinie liegt. Ist eine Straßenbegrenzungslinie nicht festgesetzt, so ist die Fläche des Baugrundstücks maßgebend, die hinter der tatsächlichen Straßengrenze liegt oder die im Bebauungsplan als maßgebend für die Ermittlung der zulässigen Grundfläche festgesetzt ist.

Anhang

(4) Auf die zulässige Grundfläche werden die Grundflächen von Nebenanlagen im Sinne des § 14 nicht angerechnet. Das gleiche gilt für Balkone, Loggien, Terrassen sowie für bauliche Anlagen, soweit sie nach Landesrecht im Bauwich oder in den Abstandsflächen zulässig sind oder zugelassen werden können.

§ 20 Geschossflächenzahl, Geschossfläche

(1) Die Geschossflächenzahl gibt an, wieviel Quadratmeter Geschossfläche je Quadratmeter Grundstücksfläche im Sinne des § 19 Abs. 3 zulässig sind.

(2) Die Geschossfläche ist nach den Außenmaßen der Gebäude in allen Vollgeschossen zu ermitteln. Die Flächen von Aufenthaltsräumen in anderen Geschossen einschließlich der zu ihnen gehörenden Treppenräume und einschließlich ihrer Umfassungswände sind mitzurechnen.

(3) Bauliche Anlagen und Gebäudeteile im Sinne des § 19 Abs. 4 bleiben bei der Ermittlung der Geschossfläche unberücksichtigt.

§ 21 Baumassenzahl, Baumasse

(1) Die Baumassenzahl gibt an, wie viel Kubikmeter Baumasse je Quadratmeter Grundstücksfläche im Sinne des § 19 Abs. 3 zulässig sind.

(2) Die Baumasse ist nach den Außenmaßen der Gebäude vom Fußboden des untersten Vollgeschosses bis zur Decke des obersten Vollgeschosses zu ermitteln. Die Baumassen von Aufenthaltsräumen in anderen Geschossen einschließlich der zu ihnen gehörenden Treppenräume und einschließlich ihrer Umfassungswände und Decken sind mitzurechnen. Bei baulichen Anlagen, bei denen eine Berechnung der Baumasse nach Satz 1 nicht möglich ist, ist die tatsächliche Baumasse zu ermitteln.

(3) Bauliche Anlagen und Gebäudeteile im Sinne des § 19 Abs. 4 bleiben bei der Ermittlung der Baumasse unberücksichtigt.

§ 21a Stellplätze, Garagen und Gemeinschaftsanlagen

(3) Auf die zulässige Grundfläche (§ 19 Abs. 2) sind überdachte Stellplätze und Garagen nicht anzurechnen, soweit sie 0,1 der Fläche des Baugrundstücks nicht überschreiten. Darüber hinaus können sie ohne Anrechnung ihrer Grundfläche auf die zulässige Grundfläche zugelassen werden
  1. in Kerngebieten, Gewerbegebieten und Industriegebieten,
  2. in anderen Baugebieten, soweit solche Anlagen nach § 9 Abs. 1 Nr. 1 Buchstabe e des Bundesbaugesetzes im Bebauungsplan festgesetzt sind.
  § 19 Abs. 4 findet keine Anwendung.

(4) Bei der Ermittlung der Geschossfläche (§ 20) oder der Baumasse (§ 21) bleiben unberücksichtigt die Flächen oder Baumassen von
   2. Stellplätzen und Garagen, deren Grundfläche nach Absatz 3 nicht angerechnet wird.

§ 23 Überbaubare Grundstücksfläche

(1) Die überbaubaren Grundstücksflächen können durch die Festsetzung von Baulinien, Baugrenzen oder Bebauungstiefen bestimmt werden. Die Festsetzungen können geschossweise unterschiedlich getroffen werden.

(2) Ist eine Baulinie festgesetzt, so muss auf dieser Linie gebaut werden. Ein Vor- oder Zurücktreten von Gebäudeteilen in geringfügigem Ausmaß kann zugelassen werden. Im Bebauungsplan können weitere nach Art und Umfang bestimmte Ausnahmen vorgesehen werden.

(3) Ist eine Baugrenze festgesetzt, so dürfen Gebäude und Gebäudeteile diese nicht überschreiten. Ein Vortreten von Gebäudeteilen in geringfügigem Ausmaß kann zugelassen werden. Absatz 2 Satz 3 gilt entsprechend.

(4) Ist eine Bebauungstiefe festgesetzt, so gilt Absatz 3 entsprechend. Die Bebauungstiefe ist von der tatsächlichen Straßengrenze ab zu ermitteln, sofern im Bebauungsplan nichts anderes festgesetzt ist.

(5) Wenn im Bebauungsplan nichts anderes festgesetzt ist, können auf den nicht überbaubaren Grundstücksflächen Nebenanlagen im Sinne des § 14 zugelassen werden. Das gleiche gilt für bauliche Anlagen, soweit sie nach Landesrecht im Bauwich oder in den Abstandsflächen zulässig sind oder zugelassen werden könnten

Bauaufsichtlich bedeutsame Vorschriften

BauO Bln

Bauordnung für Berlin (BauO Bln)[*]

Vom 29. September 2005 (GVBl. S. 495), zuletzt geändert durch § 9 des Gesetzes vom 7. Juni 2007 (GVBl. S. 222)

Inhaltsübersicht
ERSTER TEIL Allgemeine Vorschriften
- § 1 Anwendungsbereich
- § 2 Begriffe
- § 3 Allgemeine Anforderungen

ZWEITER TEIL Das Grundstück und seine Bebauung
- § 4 Bebauung der Grundstücke mit Gebäuden
- § 5 Zugänge und Zufahrten auf den Grundstücken
- § 6 Abstandsflächen, Abstände
- § 6a Abstandsflächen, Abstände für Lauben in Kleingärten
- § 7 Teilung von Grundstücken
- § 8 Nicht überbaute Flächen der bebauten Grundstücke, Kinderspielplätze

DRITTER TEIL Bauliche Anlagen
Erster Abschnitt Gestaltung
- § 9 Gestaltung
- § 10 Anlagen der Außenwerbung, Warenautomaten

Zweiter Abschnitt Allgemeine Anforderungen an die Bauausführung
- § 11 Baustelle
- § 12 Standsicherheit
- § 13 Schutz gegen schädliche Einflüsse
- § 14 Brandschutz
- § 15 Wärme-, Schall-, Erschütterungsschutz
- § 16 Verkehrssicherheit

Dritter Abschnitt Bauprodukte, Bauarten
- § 17 Bauprodukte
- § 18 Allgemeine bauaufsichtliche Zulassung
- § 19 Allgemeines bauaufsichtliches Prüfzeugnis
- § 20 Nachweis der Verwendbarkeit von Bauprodukten im Einzelfall
- § 21 Bauarten
- § 22 Übereinstimmungsnachweis
- § 23 Übereinstimmungserklärung der Herstellerin oder des Herstellers
- § 24 Übereinstimmungszertifikat
- § 25 Prüf-, Zertifizierungs- und Überwachungsstellen

Vierter Abschnitt Wände, Decken, Dächer
- § 26 Allgemeine Anforderungen an das Brandverhalten von Baustoffen und Bauteilen
- § 27 Tragende Wände, Stützen
- § 28 Außenwände
- § 29 Trennwände
- § 30 Brandwände
- § 31 Decken
- § 32 Dächer

---

[*] Die Verpflichtungen aus der Richtlinie 98/34/EG des Europäischen Parlaments und des Rates vom 22. Juni 1998 über ein Informationsverfahren auf dem Gebiet der Normen und technischen Vorschriften und der Vor-schriften für die Dienste der Informationsgesellschaft (ABl. EG Nr. L 204 S. 37), zuletzt geändert durch die Richtlinie 98/48/EG des Europäischen Parlaments und des Rates vom 20. Juli 1998 (ABl. EG Nr. L 217 S. 18), sind beachtet worden.

Fünfter Abschnitt Rettungswege, Öffnungen, Umwehrungen
- § 33 Erster und zweiter Rettungsweg
- § 34 Treppen
- § 35 Notwendige Treppenräume, Ausgänge
- § 36 Notwendige Flure, offene Gänge
- § 37 Fenster, Türen, sonstige Öffnungen
- § 38 Umwehrungen

Sechster Abschnitt Technische Gebäudeausrüstung
- § 39 Aufzüge
- § 40 Leitungsanlagen, Installationsschächte und -kanäle
- § 41 Lüftungsanlagen
- § 42 Feuerungsanlagen, sonstige Anlagen zur Wärmeerzeugung, Brennstoffversorgung
- § 43 Sanitäre Anlagen, Wasserzähler
- § 44 Anlagen für Abwasser einschließlich Niederschlagswasser (Anschlusszwang)
- § 45 Kleinkläranlagen, Abwassersammelbehälter
- § 46 Aufbewahrung fester Abfallstoffe
- § 47 Blitzschutzanlagen

Siebenter Abschnitt Nutzungsbedingte Anforderungen
- § 48 Aufenthaltsräume
- § 49 Wohnungen
- § 50 Stellplätze, Abstellmöglichkeiten für Fahrräder
- § 51 Barrierefreies Bauen
- § 52 Sonderbauten, Garagen

VIERTER TEIL Die am Bau Beteiligten
- § 53 Grundpflichten
- § 54 Bauherrin oder Bauherr
- § 55 Entwurfsverfasserin oder Entwurfsverfasser
- § 56 Unternehmerin oder Unternehmer
- § 57 Bauleiterin oder Bauleiter

FÜNFTER TEIL Bauaufsichtsbehörden, Verfahren

Erster Abschnitt Bauaufsichtsbehörden
- § 58 Aufgaben und Befugnisse der Bauaufsichtsbehörden
- § 59 Verarbeitung personenbezogener Daten

Zweiter Abschnitt Genehmigungspflicht, Genehmigungsfreiheit
- § 60 Grundsatz
- § 61 Vorrang anderer Gestattungsverfahren
- § 62 Verfahrensfreie Bauvorhaben, Beseitigung von Anlagen
- § 63 Genehmigungsfreistellung

Dritter Abschnitt Genehmigungsverfahren
- § 64 Vereinfachtes Baugenehmigungsverfahren
- § 65 Baugenehmigungsverfahren
- § 66 Bauvorlageberechtigung
- § 67 Bautechnische Nachweise
- § 68 Abweichungen
- § 69 Bauantrag, Bauvorlagen
- § 70 Behandlung des Bauantrags
- § 71 Baugenehmigung, Baubeginn
- § 72 Geltungsdauer der Baugenehmigung
- § 73 Teilbaugenehmigung
- § 74 Vorbescheid, planungsrechtlicher Bescheid
- § 75 Genehmigung Fliegender Bauten
- § 76 Bauaufsichtliche Zustimmung

Vierter Abschnitt Bauaufsichtliche Maßnahmen
§ 77   Verbot unrechtmäßig gekennzeichneter Bauprodukte
§ 78   Einstellung von Arbeiten
§ 79   Beseitigung von Anlagen, Nutzungsuntersagung

Fünfter Abschnitt Bauüberwachung
§ 80   Bauüberwachung
§ 81   Bauzustandsanzeigen, Aufnahme der Nutzung

Sechster Abschnitt Baulasten
§ 82   Baulasten, Baulastenverzeichnis

SECHSTER TEIL   Ordnungswidrigkeiten, Rechtsvorschriften, bestehende bauliche Anlagen, Zuständigkeit
§ 83   Ordnungswidrigkeiten
§ 84   Rechtsverordnungen und Verwaltungsvorschriften
§ 85   Bestehende bauliche Anlagen
§ 86   Zuständigkeit für den Erlass des Widerspruchsbescheides
§ 87   (*Evaluierung*)
§ 88   Abwicklung eingeleiteter Verfahren

ERSTER TEIL
Allgemeine Vorschriften

§ 1 Anwendungsbereich

(1) ¹Dieses Gesetz gilt für bauliche Anlagen und Bauprodukte. ²Es gilt auch für Grundstücke sowie für sonstige Anlagen und Einrichtungen, an die in diesem Gesetz oder in Vorschriften auf Grund dieses Gesetzes Anforderungen gestellt werden.

(2) Dieses Gesetz gilt nicht für
1. Anlagen des öffentlichen Verkehrs einschließlich Zubehör, Nebenanlagen und Nebenbetrieben, ausgenommen Gebäude,
2. Anlagen, die der Bergaufsicht unterliegen, ausgenommen Gebäude,
3. Leitungen, die der öffentlichen Versorgung mit Wasser, Gas, Elektrizität, Wärme, der öffentlichen Abwasserentsorgung oder der Telekommunikation dienen,
4. Rohrleitungen, die dem Ferntransport von Stoffen dienen,
5. Kräne und Krananlagen.

§ 2 Begriffe

(1) ¹Anlagen sind bauliche Anlagen und sonstige Anlagen und Einrichtungen im Sinne des § 1 Abs. 1 Satz 2. ²Bauliche Anlagen sind mit dem Erdboden verbundene, aus Bauprodukten hergestellte Anlagen; eine Verbindung mit dem Boden besteht auch dann, wenn die Anlage durch eigene Schwere auf dem Boden ruht oder auf ortsfesten Bahnen begrenzt beweglich ist oder wenn die Anlage nach ihrem Verwendungszweck dazu bestimmt ist, überwiegend ortsfest benutzt zu werden. ³Bauliche Anlagen sind auch
1. Aufschüttungen und Abgrabungen,
2. Lagerplätze, Abstellplätze und Ausstellungsplätze,
3. Sport- und Spielflächen,
4. Campingplätze, Wochenendplätze und Zeltplätze,
5. Freizeit- und Vergnügungsparks,
6. Stellplätze für Kraftfahrzeuge,
7. Gerüste,
8. Hilfseinrichtungen zur statischen Sicherung von Bauzuständen.

(2) Gebäude sind selbständig benutzbare, überdeckte bauliche Anlagen, die von Menschen betreten werden können und geeignet oder bestimmt sind, dem Schutz von Menschen, Tieren oder Sachen zu dienen.

(3) [1]Gebäude werden in folgende Gebäudeklassen eingeteilt:
1. Gebäudeklasse 1:
   a) freistehende Gebäude mit einer Höhe bis zu 7 m und nicht mehr als zwei Nutzungseinheiten von insgesamt nicht mehr als 400 m^2 Brutto-Grundfläche und
   b) freistehende land- oder forstwirtschaftlich genutzte Gebäude,
2. Gebäudeklasse 2:
   Gebäude mit einer Höhe bis zu 7 m und nicht mehr als zwei Nutzungseinheiten von insgesamt nicht mehr als 400 m^2 Brutto-Grundfläche,
3. Gebäudeklasse 3:
   sonstige Gebäude mit einer Höhe bis zu 7 m,
4. Gebäudeklasse 4:
   Gebäude mit einer Höhe bis zu 13 m und Nutzungseinheiten mit jeweils nicht mehr als 400 m^2 Brutto-Grundfläche,
5. Gebäudeklasse 5:
   sonstige Gebäude einschließlich unterirdischer Gebäude.

[2]Höhe im Sinne des Satzes 1 ist das Maß der Fußbodenoberkante des höchstgelegenen Geschosses, in dem ein Aufenthaltsraum möglich oder ein Stellplatz vorgesehen ist, über der Geländeoberfläche im Mittel. [3]Nutzungseinheiten sind einem Nutzungszweck zugeordnete Bereiche. [4]Die Brutto-Grundfläche umfasst die gesamte Fläche der Nutzungseinheit einschließlich der Umfassungswände; bei der Berechnung der Brutto-Grundfläche nach Satz 1 bleiben Flächen in Kellergeschossen außer Betracht. [5]Wird ein Nebengebäude an Gebäude der Gebäudeklasse 1 angebaut, verändert sich die Gebäudeklasse nicht, wenn das Nebengebäude nach § 62 Abs. 1 Nr. 1 Buchstabe a oder b verfahrensfrei ist.

(4) Sonderbauten sind Anlagen und Räume besonderer Art oder Nutzung, die einen der nachfolgenden Tatbestände erfüllen:
1. Hochhäuser (Gebäude mit einer Höhe nach Absatz 3 Satz 2 von mehr als 22 m),
2. bauliche Anlagen mit einer Höhe von mehr als 30 m,
3. Gebäude mit mehr als 1 600 m^2 Brutto-Grundfläche des Geschosses mit der größten Ausdehnung, ausgenommen Wohngebäude,
4. Verkaufsstätten, deren Verkaufsräume und Ladenstraßen eine Brutto-Grundfläche von insgesamt mehr als 800 m^2 haben,
5. Gebäude mit Räumen, die einer Büro- oder Verwaltungsnutzung dienen und einzeln eine Brutto-Grundfläche von mehr als 400 m^2 haben,
6. Gebäude mit Räumen, die einzeln für die Nutzung durch mehr als 100 Personen bestimmt sind,
7. Versammlungsstätten
   a) mit Versammlungsräumen, die insgesamt mehr als 200 Besucherinnen und Besucher fassen, wenn diese Versammlungsräume gemeinsame Rettungswege haben,
   b) im Freien mit Szenenflächen und Freisportanlagen, deren Besucherbereich jeweils mehr als 1 000 Besucherinnen und Besucher fasst und ganz oder teilweise aus baulichen Anlagen besteht,
8. Schank- und Speisegaststätten mit mehr als 40 Gastplätzen, Beherbergungsstätten mit mehr als 12 Betten und Spielhallen mit mehr als 150 m^2 Brutto-Grundfläche,
9. Krankenhäuser, Heime und sonstige Einrichtungen zur Unterbringung oder Pflege von Personen,
10. Tageseinrichtungen für Kinder, Behinderte und alte Menschen,
11. Schulen, Hochschulen und ähnliche Einrichtungen,
12. Justizvollzugsanstalten und bauliche Anlagen für den Maßregelvollzug,
13. Camping- und Wochenendplätze,
14. Freizeit- und Vergnügungsparks,
15. Fliegende Bauten, soweit sie einer Ausführungsgenehmigung bedürfen,

16. Regallager mit einer Oberkante Lagerguthöhe von mehr als 7,50 m,
17. bauliche Anlagen, deren Nutzung durch Umgang mit oder Lagerung von Stoffen mit Explosions- oder erhöhter Brandgefahr verbunden ist,
18. Anlagen und Räume, die in den Nummern 1 bis 17 nicht aufgeführt und deren Art oder Nutzung mit vergleichbaren Gefahren verbunden sind.

(5) Aufenthaltsräume sind Räume, die zum nicht nur vorübergehenden Aufenthalt von Menschen bestimmt oder geeignet sind.

(6) [1]Geschosse sind oberirdische Geschosse, wenn ihre Deckenoberkanten im Mittel mehr als 1,40 m über die Geländeoberfläche hinausragen; im Übrigen sind sie Kellergeschosse. [2]Hohlräume zwischen der obersten Decke und der Bedachung, in denen Aufenthaltsräume nicht möglich sind, sind keine Geschosse.

(7) [1]Stellplätze sind Flächen, die dem Abstellen von Kraftfahrzeugen außerhalb der öffentlichen Verkehrsflächen dienen. [2]Garagen sind Gebäude oder Gebäudeteile zum Abstellen von Kraftfahrzeugen. 3Ausstellungs-, Verkaufs-, Werk- und Lagerräume für Kraftfahrzeuge sind keine Stellplätze oder Garagen. [4]Die Nutzfläche einer Garage ist die Summe aller miteinander verbundenen Flächen der Garagenstellplätze und der Verkehrsflächen.

(8) Feuerstätten sind in oder an Gebäuden ortsfest benutzte Anlagen oder Einrichtungen, die dazu bestimmt sind, durch Verbrennung Wärme zu erzeugen.

(9) Bauprodukte sind
1. Baustoffe, Bauteile und Anlagen, die hergestellt werden, um dauerhaft in bauliche Anlagen eingebaut zu werden,
2. aus Baustoffen und Bauteilen vorgefertigte Anlagen, die hergestellt werden, um mit dem Erdboden verbunden zu werden wie Fertighäuser, Fertiggaragen und Silos.

(10) Bauart ist das Zusammenfügen von Bauprodukten zu baulichen Anlagen oder Teilen von baulichen Anlagen.

(11) [1]Vollgeschosse sind Geschosse, deren Oberkante im Mittel mehr als 1,40 m über die Geländeoberfläche hinausragt und die über mindestens zwei Drittel ihrer Grundfläche eine lichte Höhe von mindestens 2,30 m haben. [2]Ein gegenüber den Außenwänden zurückgesetztes oberstes Geschoss (Staffelgeschoss) und Geschosse im Dachraum sind nur dann Vollgeschosse, wenn sie die lichte Höhe gemäß Satz 1 über mindestens zwei Drittel der Grundfläche des darunter liegenden Geschosses haben.

(12) Barrierefrei sind bauliche Anlagen, wenn sie für behinderte Menschen in der allgemein üblichen Weise ohne besondere Erschwernisse und grundsätzlich ohne fremde Hilfe zugänglich und nutzbar sind.

§ 3 Allgemeine Anforderungen

(1) Anlagen sind so anzuordnen, zu errichten, zu ändern und instand zu halten, dass die öffentliche Sicherheit oder Ordnung, insbesondere Leben, Gesundheit und die natürlichen Lebensgrundlagen, nicht gefährdet werden.

(2) Bauprodukte und Bauarten dürfen nur verwendet werden, wenn bei ihrer Verwendung die baulichen Anlagen bei ordnungsgemäßer Instandhaltung während einer dem Zweck entsprechenden angemessenen Zeitdauer die Anforderungen dieses Gesetzes oder auf Grund dieses Gesetzes erfüllen und gebrauchstauglich sind.

(3) [1]Die von der für das Bauwesen zuständigen Senatsverwaltung durch öffentliche Bekanntmachung als Technische Baubestimmungen eingeführten technischen Regeln sind zu beachten.

²Bei der Bekanntmachung kann hinsichtlich ihres Inhalts auf die Fundstelle verwiesen werden. ³Von den Technischen Baubestimmungen kann abgewichen werden, wenn mit einer anderen Lösung in gleichem Maße die allgemeinen Anforderungen des Absatzes 1 erfüllt werden; § 17 Abs. 3 und § 21 bleiben unberührt.

(4) Für die Beseitigung von Anlagen und für die Änderung ihrer Nutzung gelten die Absätze 1 und 3 entsprechend.

(5) Bauprodukte und Bauarten, die in Vorschriften anderer Vertragsstaaten des Abkommens vom 2. Mai 1992 über den Europäischen Wirtschaftsraum genannten technischen Anforderungen entsprechen, dürfen verwendet oder angewendet werden, wenn das geforderte Schutzniveau in Bezug auf Sicherheit, Gesundheit und Gebrauchstauglichkeit gleichermaßen dauerhaft erreicht wird.

ZWEITER TEIL
Das Grundstück und seine Bebauung

§ 4 Bebauung der Grundstücke mit Gebäuden

(1) Gebäude dürfen nur errichtet werden, wenn das Grundstück in angemessener Breite an einer befahrbaren öffentlichen Verkehrsfläche liegt oder wenn das Grundstück eine befahrbare, öffentlich-rechtlich gesicherte Zufahrt zu einer befahrbaren öffentlichen Verkehrsfläche hat.

(2) Ein Gebäude auf mehreren Grundstücken ist nur zulässig, wenn öffentlich-rechtlich gesichert ist, dass dadurch keine Verhältnisse eintreten können, die Vorschriften dieses Gesetzes oder auf Grund dieses Gesetzes widersprechen.

§ 5 Zugänge und Zufahrten auf den Grundstücken

(1) ¹Von öffentlichen Verkehrsflächen ist insbesondere für die Feuerwehr ein geradliniger Zu- oder Durchgang zu rückwärtigen Gebäuden zu schaffen; zu anderen Gebäuden ist er zu schaffen, wenn der zweite Rettungsweg dieser Gebäude über Rettungsgeräte der Feuerwehr führt. ²Zu Gebäuden, bei denen die Oberkante der Brüstung von zum Anleitern bestimmten Fenstern oder Stellen mehr als 8,00 m über Gelände liegt, ist in den Fällen des Satzes 1 anstelle eines Zu- oder Durchganges eine Zu- oder Durchfahrt zu schaffen. ³Ist für die Personenrettung der Einsatz von tragbaren Leitern oder Hubrettungsfahrzeugen erforderlich, so sind die dafür erforderlichen Aufstell- und Bewegungsflächen vorzusehen. ⁴Bei Gebäuden, die ganz oder mit Teilen mehr als 50 m von einer öffentlichen Verkehrsfläche entfernt sind, sind Zufahrten oder Durchfahrten nach Satz 2 zu den vor und hinter den Gebäuden gelegenen Grundstücksteilen und Bewegungsflächen herzustellen, wenn sie aus Gründen des Feuerwehreinsatzes erforderlich sind.

(2) ¹Zu- und Durchfahrten, Aufstellflächen und Bewegungsflächen müssen für Feuerwehrfahrzeuge ausreichend befestigt und tragfähig sein; sie sind als solche zu kennzeichnen und ständig frei zu halten; die Kennzeichnung von Zufahrten muss von der öffentlichen Verkehrsfläche aus sichtbar sein. ²Fahrzeuge dürfen auf den Flächen nach Satz 1 nicht abgestellt werden.

§ 6 Abstandsflächen, Abstände

(1) ¹Vor den Außenwänden von Gebäuden sind Abstandsflächen von oberirdischen Gebäuden freizuhalten. ²Satz 1 gilt entsprechend für andere Anlagen, von denen Wirkungen wie von Ge-

bäuden ausgehen, gegenüber Gebäuden und Grundstücksgrenzen. [3]Eine Abstandsfläche ist nicht erforderlich vor Außenwänden, die an Grundstücksgrenzen errichtet werden, wenn nach planungsrechtlichen Vorschriften an die Grenze gebaut werden muss oder gebaut werden darf.

(2) [1]Abstandsflächen sowie Abstände nach § 30 Abs. 2 Nr. 1 und § 32 Abs. 2 müssen auf dem Grundstück selbst liegen. [2]Sie dürfen auch auf öffentlichen Verkehrs-, Grün- und Wasserflächen liegen, jedoch nur bis zu deren Mitte. [3]Abstandsflächen sowie Abstände im Sinne des Satzes 1 dürfen sich ganz oder teilweise auf andere Grundstücke erstrecken, wenn öffentlich-rechtlich gesichert ist, dass sie nicht überbaut werden; Abstandsflächen dürfen auf die auf diesen Grundstücken erforderlichen Abstandsflächen nicht angerechnet werden.

(3) Die Abstandsflächen dürfen sich nicht überdecken; dies gilt nicht für
1. Außenwände, die in einem Winkel von mehr als 75 Grad zueinander stehen,
2. Außenwände zu einem fremder Sicht entzogenen Gartenhof bei Wohngebäuden der Gebäudeklassen 1 und 2,
3. Gebäude und andere bauliche Anlagen, die in den Abstandsflächen zulässig sind.

(4) [1]Die Tiefe der Abstandsfläche bemisst sich nach der Wandhöhe; sie wird senkrecht zur Wand gemessen. [2]Wandhöhe ist das Maß von der Geländeoberfläche bis zum Schnittpunkt der Wand mit der Dachhaut oder bis zum oberen Abschluss der Wand. [3]Die Höhe von Dächern mit einer Neigung von weniger als 70 Grad wird zu einem Drittel der Wandhöhe hinzugerechnet. [4]Anderenfalls wird die Höhe des Daches voll hinzugerechnet. [5]Die Sätze 1 bis 4 gelten für Dachaufbauten entsprechend. [6]Das sich ergebende Maß ist H.

(5) [1]Die Tiefe der Abstandsflächen beträgt 0,4 H, mindestens 3 m. [2]In Gewerbe- und Industriegebieten genügt eine Tiefe von 0,2 H, mindestens 3 m. [3]Vor den Außenwänden von Wohngebäuden der Gebäudeklassen 1 und 2 mit nicht mehr als drei oberirdischen Geschossen genügt als Tiefe der Abstandsfläche 3 m.

(6) [1]Bei der Bemessung der Abstandsflächen bleiben außer Betracht
1. vor die Außenwand vortretende Bauteile wie Gesimse und Dachüberstände,
2. Vorbauten, wenn sie
   a) insgesamt nicht mehr als ein Drittel der Breite der jeweiligen Außenwand in Anspruch nehmen und
   b) nicht mehr als 1,50 m vor diese Außenwand vortreten,
3. Außenwandbekleidungen zum Zwecke der Energieeinsparung bei bestehenden Gebäuden.

[2]Von der gegenüberliegenden Nachbargrenze müssen vortretende Bauteile mindestens 2 m und Vorbauten mindestens 3 m entfernt sein.

(7) [1]In den Abstandsflächen eines Gebäudes sowie ohne eigene Abstandsflächen sind, auch wenn sie nicht an die Grundstücksgrenze oder an das Gebäude angebaut werden, zulässig
1. Garagen und Gebäude ohne Aufenthaltsräume und Feuerstätten mit einer mittleren Wandhöhe bis zu 3 m je Wand und einer Gesamtlänge je Grundstücksgrenze von 9 m; die Dachneigung darf 45 Grad nicht überschreiten,
2. gebäudeunabhängige Solaranlagen mit einer Höhe bis zu 3 m und einer Gesamtlänge je Grundstücksgrenze von 9 m,
3. Stützmauern und geschlossene Einfriedungen in Gewerbe- und Industriegebieten, außerhalb dieser Baugebiete mit einer Höhe bis zu 2 m.

[2]Die Länge der die Abstandsflächentiefe gegenüber den Grundstücksgrenzen nicht einhaltenden Bebauung nach den Nummern 1 und 2 darf auf einem Grundstück insgesamt 15 m nicht überschreiten.

(8) Soweit sich durch Festsetzung der Grundflächen der Gebäude mittels Baulinien oder Baugrenzen in Verbindung mit der Festsetzung der Zahl der Vollgeschosse oder durch andere

ausdrückliche Festsetzungen in einem Bebauungsplan geringere Abstandsflächen ergeben, hat es damit sein Bewenden.

§ 6a Abstandsflächen, Abstände für Lauben in Kleingärten

(1) ¹Lauben in Kleingärten im Sinne von § 1 des Bundeskleingartengesetzes dürfen innerhalb von Abschnitten mit höchstens 30 Lauben zu den Grenzen der Einzelgärten (Parzellengrenzen) in einem Abstand von mindestens 1,5 m errichtet werden. ²Zulässig ist auch die Errichtung von Lauben bis an die Parzellengrenzen, wenn auf andere Weise sichergestellt ist, dass der Abstand zwischen den benachbarten Lauben 3 m beträgt.

(2) Zwischen den Lauben verschiedener Abschnitte sind mindestens 8 m breite Flächen (freizuhaltende Flächen) vorzusehen, die von baulichen Anlagen, mit Ausnahme von Einfriedungen, sowie von Nadelgehölzen und Gartenabfällen freizuhalten sind.

(3) Die Vorschriften dieses Gesetzes über Abstände und Abstandsflächen zu angrenzenden Grundstücken, die nicht zu Kleingartenanlagen gehören, bleiben unberührt.

§ 7 Teilung von Grundstücken

(1) Durch die Teilung eines Grundstücks, das bebaut oder dessen Bebauung genehmigt ist, dürfen keine Verhältnisse geschaffen werden, die den öffentlich-rechtlichen Vorschriften widersprechen.

(2) Soll bei einer Teilung nach Absatz 1 von den Vorschriften dieses Gesetzes oder den auf Grund dieses Gesetzes erlassenen Vorschriften abgewichen werden, ist § 68 entsprechend anzuwenden.

§ 8 Nicht überbaute Flächen der bebauten Grundstücke, Kinderspielplätze

(1) ¹Die nicht mit Gebäuden oder vergleichbaren baulichen Anlagen überbauten Flächen der bebauten Grundstücke sind
1. wasseraufnahmefähig zu belassen oder herzustellen und
2. zu begrünen oder zu bepflanzen,
soweit dem nicht die Erfordernisse einer anderen zulässigen Verwendung der Flächen entgegenstehen. ²Satz 1 findet keine Anwendung, soweit Bebauungspläne oder andere Rechtsverordnungen abweichende Regelungen enthalten.

(2) ¹Bei der Errichtung von Gebäuden mit mehr als sechs Wohnungen ist ein Spielplatz für Kinder anzulegen und instand zu halten (notwendiger Kinderspielplatz); Abweichungen können gestattet werden, wenn nach der Zweckbestimmung des Gebäudes mit der Anwesenheit von Kindern nicht zu rechnen ist. ²Der Spielplatz muss auf dem Baugrundstück liegen; er kann auch auf einem unmittelbar angrenzenden Grundstück gestattet werden, wenn seine Benutzung zugunsten des Baugrundstücks öffentlich-rechtlich gesichert ist. ³Spielplätze sind zweckentsprechend und so anzulegen und instand zu halten, dass für die Kinder Gefahren oder unzumutbare Belästigungen nicht entstehen. ⁴Je Wohnung sollen mindestens 4 m² nutzbare Spielfläche vorhanden sein; der Spielplatz muss jedoch mindestens 50 m² groß und mindestens für Spiele von Kleinkindern geeignet sein. ⁵Bei Bauvorhaben mit mehr als 75 Wohnungen muss der Spielplatz auch für Spiele älterer Kinder geeignet sein. ⁶Bei bestehenden Gebäuden nach Satz 1 soll die Herstellung oder Erweiterung und die Instandhaltung von Kinderspielplätzen verlangt werden, wenn nicht im Einzelfall schwerwiegende Belange der Eigentümerin oder des Eigentümers entgegenstehen.

(3) [1]Kann die Bauherrin oder der Bauherr den Kinderspielplatz nicht oder nur unter sehr großen Schwierigkeiten auf dem Baugrundstück herstellen, so kann die Bauaufsichtsbehörde durch öffentlich-rechtlichen Vertrag mit der Bauherrin oder dem Bauherrn vereinbaren, dass die Bauherrin oder der Bauherr ihre oder seine Verpflichtung nach Absatz 2 durch Zahlung eines Geldbetrags an das Land Berlin erfüllt. [2]Der Geldbetrag soll den durchschnittlichen Herstellungs- und Instandsetzungskosten eines Kinderspielplatzes einschließlich der Kosten des Grunderwerbs entsprechen. [3]Der Geldbetrag ist ausschließlich für die Herstellung, Erweiterung oder Instandsetzung eines der Allgemeinheit zugänglichen Kinderspielplatzes in der Nähe des Baugrundstücks zu verwenden.

DRITTER TEIL
Bauliche Anlagen

Erster Abschnitt: Gestaltung

§ 9 Gestaltung

(1) Bauliche Anlagen müssen nach Form, Maßstab, Verhältnis der Baumassen und Bauteile zueinander, Werkstoff und Farbe so gestaltet sein, dass sie nicht verunstaltet wirken.

(2) Bauliche Anlagen dürfen das Straßen-, Orts- oder Landschaftsbild nicht verunstalten.

(3) [1]Farbschmierereien, unzulässige Beschriftungen, Beklebungen, Plakatierungen und Ähnliches an Außenflächen von Anlagen im Sinne des § 1, die von Verkehrswegen oder allgemein zugänglichen Stätten aus wahrnehmbar sind, sind verunstaltend und müssen entfernt werden. [2]Hierzu kann die für das Bauwesen zuständige Senatsverwaltung auch durch Allgemeinverfügung anordnen, dass Eigentümerinnen oder Eigentümer und Nutzungsberechtigte Maßnahmen zur Beseitigung der Verunstaltungen nach Satz 1 zu dulden haben. [3]Die Duldungsanordnung muss Art und Umfang der zu duldenden Maßnahmen umschreiben und angeben, von wem und in welcher Zeit die Maßnahmen durchgeführt werden. [4]Auf Antrag kann eine Abweichung von der Pflicht nach Satz 1 gestattet werden, soweit diese für die Verpflichtete oder den Verpflichteten eine besondere Härte darstellt und öffentliche Belange nicht entgegenstehen.

§ 10 Anlagen der Außenwerbung, Warenautomaten

(1) [1]Anlagen der Außenwerbung (Werbeanlagen) sind alle ortsfesten Einrichtungen, die der Ankündigung oder Anpreisung oder als Hinweis auf Gewerbe oder Beruf dienen und vom öffentlichen Verkehrsraum aus sichtbar sind. [2]Hierzu zählen insbesondere Schilder, Beschriftungen, Bemalungen, Lichtwerbungen, Schaukästen sowie für Zettelanschläge und Bogenanschläge oder Lichtwerbung bestimmte Säulen, Tafeln und Flächen.

(2) [1]Für Werbeanlagen, die bauliche Anlagen sind, gelten die in diesem Gesetz an bauliche Anlagen gestellten Anforderungen. [2]Werbeanlagen, die keine baulichen Anlagen sind, dürfen weder bauliche Anlagen noch das Straßen-, Orts- oder Landschaftsbild verunstalten oder die Sicherheit und Leichtigkeit des Verkehrs gefährden. [3]Die störende Häufung von Werbeanlagen ist unzulässig.

(3) Das Verunstaltungsverbot im Sinne des § 9 Abs. 2 und des Absatzes 2 gilt nicht für Werbung,
1. die an Baugerüsten oder Bauzäunen angebracht wird oder
2. die vorübergehend angebracht wird und mit deren Inhalt vorrangig im öffentlichen Interesse liegende Ziele und Zwecke verfolgt werden,
wenn andere überwiegende öffentliche Interessen nicht entgegenstehen.

(4) ¹Außerhalb der im Zusammenhang bebauten Ortsteile sind Werbeanlagen unzulässig. ²Ausgenommen sind, soweit in anderen Vorschriften nichts anderes bestimmt ist,
1. Werbeanlagen an der Stätte der Leistung,
2. einzelne Hinweiszeichen an Verkehrsstraßen und Wegabzweigungen, die im Interesse des Verkehrs auf versteckt liegende Betriebe oder versteckt liegende Stätten aufmerksam machen,
3. Schilder, die Inhaberinnen oder Inhaber und Art gewerblicher Betriebe kennzeichnen (Hinweisschilder), wenn sie vor Ortsdurchfahrten auf einer Tafel zusammengefasst sind,
4. Werbeanlagen an und auf Flugplätzen, Sportanlagen und Versammlungsstätten, soweit sie nicht in die freie Landschaft wirken,
5. Werbeanlagen auf Ausstellungs- und Messegeländen,
6. Werbeanlagen auf öffentlichen Straßen und an Haltestellen des öffentlichen Personennahverkehrs.

(5) ¹In Kleinsiedlungsgebieten, Dorfgebieten, reinen Wohngebieten und allgemeinen Wohngebieten sind Werbeanlagen nur zulässig an der Stätte der Leistung sowie Anlagen für amtliche Mitteilungen und zur Unterrichtung der Bevölkerung über kirchliche, kulturelle, politische, sportliche und ähnliche Veranstaltungen; die jeweils freie Fläche dieser Anlagen darf auch für andere Werbung verwendet werden. ²In reinen Wohngebieten darf an der Stätte der Leistung nur mit Hinweisschildern geworben werden. ³Auf öffentlichen Straßen und an Haltestellen des öffentlichen Personennahverkehrs können auch andere Werbeanlagen zugelassen werden, soweit diese die Eigenart des Gebietes und das Orts- oder Landschaftsbild nicht beeinträchtigen.

(6) Die Absätze 1, 2 und 4 gelten für Warenautomaten entsprechend.

(7) Die Vorschriften dieses Gesetzes sind nicht anzuwenden auf
1. Anschläge und Lichtwerbung an dafür genehmigten Säulen, Tafeln und Flächen,
2. Werbemittel an Zeitungsverkaufsstellen und Zeitschriftenverkaufsstellen,
3. Auslagen und Dekorationen in Fenstern und Schaukästen,
4. Wahlwerbung für die Dauer eines Wahlkampfes.

Zweiter Abschnitt: Allgemeine Anforderungen an die Bauausführung

§ 11 Baustelle

(1) ¹Baustellen sind so einzurichten, dass bauliche Anlagen ordnungsgemäß errichtet, geändert oder beseitigt werden können und Gefahren oder vermeidbare Belästigungen nicht entstehen. ²Für Anlagen auf Baustellen, wie Baubuden, die nur zum kurzzeitigen Aufenthalt bestimmt sind, sowie für Baustelleneinrichtungen finden die §§ 27 bis 49 keine Anwendung.

(2) ¹Bei Bauarbeiten, durch die unbeteiligte Personen gefährdet werden können, ist die Gefahrenzone abzugrenzen oder durch Warnzeichen zu kennzeichnen. ²Soweit erforderlich, sind Baustellen mit einem Bauzaun abzugrenzen, mit Schutzvorrichtungen gegen herabfallende Gegenstände zu versehen und zu beleuchten.

(3) Bei der Ausführung nicht verfahrensfreier Bauvorhaben hat die Bauherrin oder der Bauherr an der Baustelle ein Schild, das die Bezeichnung des Bauvorhabens sowie die Namen und Anschriften der Entwurfsverfasserin oder des Entwurfsverfassers, der Bauleiterin oder des Bauleiters und der Unternehmerin oder des Unternehmers für den Rohbau enthalten muss, dauerhaft und von der öffentlichen Verkehrsfläche aus sichtbar anzubringen.

(4) Bäume, Hecken und sonstige Bepflanzungen, die auf Grund anderer Rechtsvorschriften zu erhalten sind, müssen während der Bauausführung geschützt werden.

§ 12 Standsicherheit

(1) ¹Jede bauliche Anlage muss im Ganzen und in ihren einzelnen Teilen für sich allein standsicher sein. ²Die Standsicherheit anderer baulicher Anlagen und die Tragfähigkeit des Baugrundes der Nachbargrundstücke dürfen nicht gefährdet werden.

(2) Die Verwendung gemeinsamer Bauteile für mehrere bauliche Anlagen ist zulässig, wenn öffentlich-rechtlich gesichert ist, dass die gemeinsamen Bauteile bei der Beseitigung einer der baulichen Anlagen bestehen bleiben können.

§ 13 Schutz gegen schädliche Einflüsse

¹Bauliche Anlagen müssen so angeordnet, beschaffen und gebrauchstauglich sein, dass durch Wasser, Feuchtigkeit, pflanzliche und tierische Schädlinge sowie andere chemische, physikalische oder biologische Einflüsse Gefahren oder unzumutbare Belästigungen nicht entstehen. ²Baugrundstücke müssen für bauliche Anlagen geeignet sein.

§ 14 Brandschutz

Bauliche Anlagen sind so anzuordnen, zu errichten, zu ändern und instand zu halten, dass der Entstehung eines Brandes und der Ausbreitung von Feuer und Rauch (Brandausbreitung) vorgebeugt wird und bei einem Brand die Rettung von Menschen und Tieren sowie wirksame Löscharbeiten möglich sind.

§ 15 Wärme-, Schall-, Erschütterungsschutz

(1) Gebäude müssen einen ihrer Nutzung und den klimatischen Verhältnissen entsprechenden Wärmeschutz haben.

(2) ¹Gebäude müssen einen ihrer Nutzung entsprechenden Schallschutz haben. ²Geräusche, die von ortsfesten Einrichtungen in baulichen Anlagen oder auf Baugrundstücken ausgehen, sind so zu dämmen, dass Gefahren oder unzumutbare Belästigungen nicht entstehen.

(3) Erschütterungen oder Schwingungen, die von ortsfesten Einrichtungen in baulichen Anlagen oder auf Baugrundstücken ausgehen, sind so zu dämmen, dass Gefahren oder unzumutbare Belästigungen nicht entstehen.

§ 16 Verkehrssicherheit

(1) Bauliche Anlagen und die dem Verkehr dienenden nicht überbauten Flächen von bebauten Grundstücken müssen verkehrssicher sein.

(2) Die Sicherheit und Leichtigkeit des öffentlichen Verkehrs darf durch bauliche Anlagen oder deren Nutzung nicht gefährdet werden.

Dritter Abschnitt: Bauprodukte, Bauarten

§ 17 Bauprodukte

(1) ¹Bauprodukte dürfen für die Errichtung, Änderung und Instandhaltung baulicher Anlagen nur verwendet werden, wenn sie für den Verwendungszweck

1. von den nach Absatz 2 bekannt gemachten technischen Regeln nicht oder nicht wesentlich abweichen (geregelte Bauprodukte) oder nach Absatz 3 zulässig sind und wenn sie auf Grund des Übereinstimmungsnachweises nach § 22 das Übereinstimmungszeichen (Ü-Zeichen) tragen oder
2. nach den Vorschriften
   a) des Bauproduktengesetzes,
   b) zur Umsetzung der Richtlinie 89/106/EWG des Rates zur Angleichung der Rechts- und Verwaltungsvorschriften der Mitgliedstaaten über Bauprodukte (Bauproduktenrichtlinie) vom 21. Dezember 1988 (ABl. EG Nr. L 40 S. 12), zuletzt geändert durch Artikel 4 der Richtlinie 93/68/EWG des Rates vom 22. Juli 1993 (ABl. EG Nr. L 220 S. 1), durch andere Mitgliedstaaten der Europäischen Gemeinschaften und andere Vertragsstaaten des Abkommens über den Europäischen Wirtschaftsraum oder
   c) zur Umsetzung sonstiger Richtlinien der Europäischen Gemeinschaften, soweit diese die wesentlichen Anforderungen nach § 5 Abs. 1 Bauproduktengesetz berücksichtigen,
   in den Verkehr gebracht und gehandelt werden dürfen, insbesondere das Zeichen der Europäischen Gemeinschaften (CE-Kennzeichnung) tragen und dieses Zeichen die nach Absatz 7 Nr. 1 festgelegten Klassen und Leistungsstufen ausweist oder die Leistung des Bauprodukts angibt.

[2]Sonstige Bauprodukte, die von allgemein anerkannten Regeln der Technik nicht abweichen, dürfen auch verwendet werden, wenn diese Regeln nicht in der Bauregelliste A bekannt gemacht sind. [3]Sonstige Bauprodukte, die von allgemein anerkannten Regeln der Technik abweichen, bedürfen keines Nachweises ihrer Verwendbarkeit nach Absatz 3.

(2) [1]Das Deutsche Institut für Bautechnik macht im Einvernehmen mit der für das Bauwesen zuständigen Senatsverwaltung für Bauprodukte, für die nicht nur die Vorschriften nach Absatz 1 Satz 1 Nr. 2 maßgebend sind, in der Bauregelliste A die technischen Regeln bekannt, die zur Erfüllung der in diesem Gesetz und in Vorschriften auf Grund dieses Gesetzes an bauliche Anlagen gestellten Anforderungen erforderlich sind. [2]Diese technischen Regeln gelten als Technische Baubestimmungen im Sinne des § 3 Abs. 3 Satz 1.

(3) [1]Bauprodukte, für die technische Regeln in der Bauregelliste A nach Absatz 2 bekannt gemacht worden sind und die von diesen wesentlich abweichen oder für die es Technische Baubestimmungen oder allgemein anerkannte Regeln der Technik nicht gibt (nicht geregelte Bauprodukte), müssen
1. eine allgemeine bauaufsichtliche Zulassung (§ 18),
2. ein allgemeines bauaufsichtliches Prüfzeugnis (§ 19) oder
3. eine Zustimmung im Einzelfall (§ 20)
haben. [2]Ausgenommen sind Bauprodukte, die für die Erfüllung der Anforderungen dieses Gesetzes oder auf Grund dieses Gesetzes nur eine untergeordnete Bedeutung haben und die das Deutsche Institut für Bautechnik im Einvernehmen mit der für das Bauwesen zuständigen Senatsverwaltung in einer Liste C öffentlich bekannt gemacht hat.

(4) Die für das Bauwesen zuständige Senatsverwaltung kann durch Rechtsverordnung vorschreiben, dass für bestimmte Bauprodukte, auch soweit sie Anforderungen nach anderen Rechtsvorschriften unterliegen, hinsichtlich dieser Anforderungen bestimmte Nachweise der Verwendbarkeit und bestimmte Übereinstimmungsnachweise nach Maßgabe der §§ 17 bis 20 und 22 bis 25 zu führen sind, wenn die anderen Rechtsvorschriften diese Nachweise verlangen oder zulassen.

(5) [1]Bei Bauprodukten nach Absatz 1 Satz 1 Nr. 1, deren Herstellung in außergewöhnlichem Maß von der Sachkunde und Erfahrung der damit betrauten Personen oder von einer Ausstattung mit besonderen Vorrichtungen abhängt, kann in der allgemeinen bauaufsichtlichen Zulassung, in der Zustimmung im Einzelfall oder durch Rechtsverordnung der für das Bauwesen zuständigen Senatsverwaltung vorgeschrieben werden, dass die Herstellerin oder der Hersteller über solche Fachkräfte und Vorrichtungen verfügt und den Nachweis hierüber gegenüber einer

Prüfstelle nach § 25 zu erbringen hat. ²In der Rechtsverordnung können Mindestanforderungen an die Ausbildung, die durch Prüfung nachzuweisende Befähigung und die Ausbildungsstätten einschließlich der Anerkennungsvoraussetzungen gestellt werden.

(6) Für Bauprodukte, die wegen ihrer besonderen Eigenschaften oder ihres besonderen Verwendungszweckes einer außergewöhnlichen Sorgfalt bei Einbau, Transport, Instandhaltung oder Reinigung bedürfen, kann in der allgemeinen bauaufsichtlichen Zulassung, in der Zustimmung im Einzelfall oder durch Rechtsverordnung der für das Bauwesen zuständigen Senatsverwaltung die Überwachung dieser Tätigkeiten durch eine Überwachungsstelle nach § 25 vorgeschrieben werden.

(7) Das Deutsche Institut für Bautechnik kann im Einvernehmen mit der für das Bauwesen zuständigen Senatsverwaltung in der Bauregelliste B
1. festlegen, welche der Klassen und Leistungsstufen, die in Normen, Leitlinien oder europäischen technischen Zulassungen nach dem Bauproduktengesetz oder in anderen Vorschriften zur Umsetzung von Richtlinien der Europäischen Gemeinschaften enthalten sind, Bauprodukte nach Absatz 1 Satz 1 Nr. 2 erfüllen müssen, und
2. bekannt machen, inwieweit andere Vorschriften zur Umsetzung von Richtlinien der Europäischen Gemeinschaften die wesentlichen Anforderungen nach § 5 Abs. 1 des Bauproduktengesetzes nicht berücksichtigen.

§ 18 Allgemeine bauaufsichtliche Zulassung

(1) Das Deutsche Institut für Bautechnik erteilt eine allgemeine bauaufsichtliche Zulassung für nicht geregelte Bauprodukte, wenn deren Verwendbarkeit im Sinne des § 3 Abs. 2 nachgewiesen ist.

(2) ¹Die zur Begründung des Antrags erforderlichen Unterlagen sind beizufügen. ²Soweit erforderlich, sind Probestücke von der Antragstellerin oder vom Antragsteller zur Verfügung zu stellen oder durch Sachverständige, die das Deutsche Institut für Bautechnik bestimmen kann, zu entnehmen oder Probeausführungen unter Aufsicht der Sachverständigen herzustellen. ³§ 70 Abs. 1 Satz 3 und 4 gilt entsprechend.

(3) Das Deutsche Institut für Bautechnik kann für die Durchführung der Prüfung die sachverständige Stelle und für Probeausführungen die Ausführungsstelle und Ausführungszeit vorschreiben.

(4) ¹Die allgemeine bauaufsichtliche Zulassung wird widerruflich und für eine bestimmte Frist erteilt, die in der Regel fünf Jahre beträgt. ²Die Zulassung kann mit Nebenbestimmungen erteilt werden. ³Sie kann auf schriftlichen Antrag in der Regel um fünf Jahre verlängert werden; § 72 Abs. 2 Satz 2 gilt entsprechend.

(5) Die Zulassung wird unbeschadet der privaten Rechte Dritter erteilt.

(6) Das Deutsche Institut für Bautechnik macht die von ihm erteilten allgemeinen bauaufsichtlichen Zulassungen nach Gegenstand und wesentlichem Inhalt öffentlich bekannt.

(7) Allgemeine bauaufsichtliche Zulassungen nach dem Recht anderer Länder gelten auch im Land Berlin.

§ 19 Allgemeines bauaufsichtliches Prüfzeugnis

(1) ¹Bauprodukte,
1. deren Verwendung nicht der Erfüllung erheblicher Anforderungen an die Sicherheit baulicher Anlagen dient oder

2. die nach allgemein anerkannten Prüfverfahren beurteilt werden,

bedürfen anstelle einer allgemeinen bauaufsichtlichen Zulassung nur eines allgemeinen bauaufsichtlichen Prüfzeugnisses. [2]Das Deutsche Institut für Bautechnik macht dies mit der Angabe der maßgebenden technischen Regeln und, soweit es keine allgemein anerkannten Regeln der Technik gibt, mit der Bezeichnung der Bauprodukte im Einvernehmen mit der für das Bauwesen zuständigen Senatsverwaltung in der Bauregelliste A bekannt.

(2) [1]Ein allgemeines bauaufsichtliches Prüfzeugnis wird von einer Prüfstelle nach § 25 Abs. 1 Satz 1 Nr. 1 für nicht geregelte Bauprodukte nach Absatz 1 erteilt, wenn deren Verwendbarkeit im Sinne des § 3 Abs. 2 nachgewiesen ist. [2]§ 18 Abs. 2 bis 7 gilt entsprechend.

§ 20 Nachweis der Verwendbarkeit von Bauprodukten im Einzelfall

[1]Mit Zustimmung der für das Bauwesen zuständigen Senatsverwaltung dürfen im Einzelfall
1. Bauprodukte, die ausschließlich nach dem Bauproduktengesetz oder nach sonstigen Vorschriften zur Umsetzung von Richtlinien der Europäischen Gemeinschaften in Verkehr gebracht und gehandelt werden dürfen, jedoch deren Anforderungen nicht erfüllen, und
2. nicht geregelte Bauprodukte

verwendet werden, wenn deren Verwendbarkeit im Sinne des § 3 Abs. 2 nachgewiesen ist.
[2]Wenn Gefahren im Sinne des § 3 Abs. 1 nicht zu erwarten sind, kann die für das Bauwesen zuständige Senatsverwaltung im Einzelfall erklären, dass ihre Zustimmung nicht erforderlich ist.

§ 21 Bauarten

(1) [1]Bauarten, die von Technischen Baubestimmungen wesentlich abweichen oder für die es allgemein anerkannte Regeln der Technik nicht gibt (nicht geregelte Bauarten), dürfen bei der Errichtung, Änderung und Instandhaltung baulicher Anlagen nur angewendet werden, wenn für sie
1. eine allgemeine bauaufsichtliche Zulassung oder
2. eine Zustimmung im Einzelfall

erteilt worden ist. [2]Anstelle einer allgemeinen bauaufsichtlichen Zulassung genügt ein allgemeines bauaufsichtliches Prüfzeugnis, wenn die Bauart nicht der Erfüllung erheblicher Anforderungen an die Sicherheit baulicher Anlagen dient oder nach allgemein anerkannten Prüfverfahren beurteilt wird. [3]Das Deutsche Institut für Bautechnik macht diese Bauarten mit der Angabe der maßgebenden technischen Regeln und, soweit es keine allgemein anerkannten Regeln der Technik gibt, mit der Bezeichnung der Bauarten im Einvernehmen mit der für das Bauwesen zuständigen Senatsverwaltung in der Bauregelliste A bekannt. [4]§ 17 Abs. 5 und 6 sowie §§ 18, 19 Abs. 2 und § 20 gelten entsprechend. [5]Wenn Gefahren im Sinne des § 3 Abs. 1 nicht zu erwarten sind, kann die für das Bauwesen zuständige Senatsverwaltung im Einzelfall oder für genau begrenzte Fälle allgemein festlegen, dass eine allgemeine bauaufsichtliche Zulassung, ein allgemeines bauaufsichtliches Prüfzeugnis oder eine Zustimmung im Einzelfall nicht erforderlich ist.

(2) Die für das Bauwesen zuständige Senatsverwaltung kann durch Rechtsverordnung vorschreiben, dass für bestimmte Bauarten, auch soweit sie Anforderungen nach anderen Rechtsvorschriften unterliegen, Absatz 1 ganz oder teilweise anwendbar ist, wenn die anderen Rechtsvorschriften dies verlangen oder zulassen.

§ 22 Übereinstimmungsnachweis

(1) Bauprodukte bedürfen einer Bestätigung ihrer Übereinstimmung mit den technischen Regeln nach § 17 Abs. 2, den allgemeinen bauaufsichtlichen Zulassungen, den allgemeinen bauaufsichtlichen Prüfzeugnissen oder den Zustimmungen im Einzelfall; als Übereinstimmung gilt auch eine Abweichung, die nicht wesentlich ist.

(2) ¹Die Bestätigung der Übereinstimmung erfolgt durch
1. Übereinstimmungserklärung der Herstellerin oder des Herstellers (§ 23) oder
2. Übereinstimmungszertifikat (§ 24).
²Die Bestätigung durch Übereinstimmungszertifikat kann in der allgemeinen bauaufsichtlichen Zulassung, in der Zustimmung im Einzelfall oder in der Bauregelliste A vorgeschrieben werden, wenn dies zum Nachweis einer ordnungsgemäßen Herstellung erforderlich ist. ³Bauprodukte, die nicht in Serie hergestellt werden, bedürfen nur der Übereinstimmungserklärung der Herstellerin oder des Herstellers nach § 23 Abs. 1, sofern nichts anderes bestimmt ist. ⁴Die für das Bauwesen zuständige Senatsverwaltung kann im Einzelfall die Verwendung von Bauprodukten ohne das erforderliche Übereinstimmungszertifikat gestatten, wenn nachgewiesen ist, dass diese Bauprodukte den technischen Regeln, Zulassungen, Prüfzeugnissen oder Zustimmungen nach Absatz 1 entsprechen.

(3) Für Bauarten gelten die Absätze 1 und 2 entsprechend.

(4) Die Übereinstimmungserklärung und die Erklärung, dass ein Übereinstimmungszertifikat erteilt ist, hat die Herstellerin oder der Hersteller durch Kennzeichnung der Bauprodukte mit dem Übereinstimmungszeichen (Ü-Zeichen) unter Hinweis auf den Verwendungszweck abzugeben.

(5) Das Ü-Zeichen ist auf dem Bauprodukt, auf einem Beipackzettel oder auf seiner Verpackung oder, wenn dies Schwierigkeiten bereitet, auf dem Lieferschein oder auf einer Anlage zum Lieferschein anzubringen.

(6) Ü-Zeichen aus anderen Ländern und aus anderen Staaten gelten auch im Land Berlin.

§ 23 Übereinstimmungserklärung der Herstellerin oder des Herstellers

(1) Die Herstellerin oder der Hersteller darf eine Übereinstimmungserklärung nur abgeben, wenn sie oder er durch werkseigene Produktionskontrolle sichergestellt hat, dass das von ihr oder ihm hergestellte Bauprodukt den maßgebenden technischen Regeln, der allgemeinen bauaufsichtlichen Zulassung, dem allgemeinen bauaufsichtlichen Prüfzeugnis oder der Zustimmung im Einzelfall entspricht.

(2) ¹In den technischen Regeln nach § 17 Abs. 2, in der Bauregelliste A, in den allgemeinen bauaufsichtlichen Zulassungen, in den allgemeinen bauaufsichtlichen Prüfzeugnissen oder in den Zustimmungen im Einzelfall kann eine Prüfung der Bauprodukte durch eine Prüfstelle vor Abgabe der Übereinstimmungserklärung vorgeschrieben werden, wenn dies zur Sicherung einer ordnungsgemäßen Herstellung erforderlich ist. ²In diesen Fällen hat die Prüfstelle das Bauprodukt daraufhin zu überprüfen, ob es den maßgebenden technischen Regeln, der allgemeinen bauaufsichtlichen Zulassung, dem allgemeinen bauaufsichtlichen Prüfzeugnis oder der Zustimmung im Einzelfall entspricht.

§ 24 Übereinstimmungszertifikat

(1) Ein Übereinstimmungszertifikat ist von einer Zertifizierungsstelle nach § 25 zu erteilen, wenn das Bauprodukt
1. den maßgebenden technischen Regeln, der allgemeinen bauaufsichtlichen Zulassung, dem allgemeinen bauaufsichtlichen Prüfzeugnis oder der Zustimmung im Einzelfall entspricht und
2. einer werkseigenen Produktionskontrolle sowie einer Fremdüberwachung nach Maßgabe des Absatzes 2 unterliegt.

(2) ¹Die Fremdüberwachung ist von Überwachungsstellen nach § 25 durchzuführen. ²Die Fremdüberwachung hat regelmäßig zu überprüfen, ob das Bauprodukt den maßgebenden

technischen Regeln, der allgemeinen bauaufsichtlichen Zulassung, dem allgemeinen bauaufsichtlichen Prüfzeugnis oder der Zustimmung im Einzelfall entspricht.

§ 25 Prüf-, Zertifizierungs- und Überwachungsstellen

(1) ¹Die für das Bauwesen zuständige Senatsverwaltung kann eine Person, Stelle oder Überwachungsgemeinschaft als
1. Prüfstelle für die Erteilung allgemeiner bauaufsichtlicher Prüfzeugnisse (§ 19 Abs. 2),
2. Prüfstelle für die Überprüfung von Bauprodukten vor Bestätigung der Übereinstimmung (§ 23 Abs. 2),
3. Zertifizierungsstelle (§ 24 Abs. 1),
4. Überwachungsstelle für die Fremdüberwachung (§ 24 Abs. 2),
5. Überwachungsstelle für die Überwachung nach § 17 Abs. 6 oder
6. Prüfstelle für die Überprüfung nach § 17 Abs. 5

anerkennen, wenn sie oder die bei ihr Beschäftigten nach ihrer Ausbildung, Fachkenntnis, persönlichen Zuverlässigkeit, ihrer Unparteilichkeit und ihren Leistungen die Gewähr dafür bieten, dass diese Aufgaben den öffentlich-rechtlichen Vorschriften entsprechend wahrgenommen werden, und wenn sie über die erforderlichen Vorrichtungen verfügen. ²Satz 1 ist entsprechend auf Behörden anzuwenden, wenn sie ausreichend mit geeigneten Fachkräften besetzt und mit den erforderlichen Vorrichtungen ausgestattet sind.

(2) ¹Die Anerkennung von Prüf-, Zertifizierungs- und Überwachungsstellen anderer Länder gilt auch im Land Berlin. ²Prüf-, Zertifizierungs- und Überwachungsergebnisse von Stellen, die nach Artikel 16 Abs. 2 der Bauproduktenrichtlinie von einem anderen Mitgliedstaat der Europäischen Gemeinschaften oder von einem anderen Vertragsstaat des Abkommens über den Europäischen Wirtschaftsraum anerkannt worden sind, stehen den Ergebnissen der in Absatz 1 genannten Stellen gleich. ³Dies gilt auch für Prüf-, Zertifizierungs- und Überwachungsergebnisse von Stellen anderer Staaten, wenn sie in einem Artikel 16 Abs. 2 der Bauproduktenrichtlinie entsprechenden Verfahren anerkannt worden sind.

(3) ¹Die für das Bauwesen zuständige Senatsverwaltung erkennt auf Antrag eine Person, Stelle, Überwachungsgemeinschaft oder Behörde als Stelle nach Artikel 16 Abs. 2 der Bauproduktenrichtlinie an, wenn in dem in Artikel 16 Abs. 2 der Bauproduktenrichtlinie vorgesehenen Verfahren nachgewiesen ist, dass die Person, Stelle, Überwachungsgemeinschaft oder Behörde die Voraussetzungen erfüllt, nach den Vorschriften eines anderen Mitgliedstaates der Europäischen Gemeinschaften oder eines anderen Vertragsstaates des Abkommens über den Europäischen Wirtschaftsraum zu prüfen, zu zertifizieren oder zu überwachen. ²Dies gilt auch für die Anerkennung von Personen, Stellen, Überwachungsgemeinschaften oder Behörden, die nach den Vorschriften eines anderen Staates zu prüfen, zu zertifizieren oder zu überwachen beabsichtigen, wenn der erforderliche Nachweis in einem Artikel 16 Abs. 2 der Bauproduktenrichtlinie entsprechenden Verfahren geführt wird.

Vierter Abschnitt: Wände, Decken, Dächer

§ 26 Allgemeine Anforderungen an das Brandverhalten von Baustoffen und Bauteilen

(1) ¹Baustoffe werden nach den Anforderungen an ihr Brandverhalten unterschieden in
1. nichtbrennbare Baustoffe,
2. schwerentflammbare Baustoffe,
3. normalentflammbare Baustoffe.

²Baustoffe, die nicht mindestens normalentflammbar sind (leichtentflammbare Baustoffe), dürfen nicht verwendet werden; dies gilt nicht, wenn sie in Verbindung mit anderen Baustoffen nicht leichtentflammbar sind.

BauO Bln §§ 26–28

(2) [1]Bauteile werden nach den Anforderungen an ihre Feuerwiderstandsfähigkeit unterschieden in
1. feuerbeständige Bauteile,
2. hochfeuerhemmende Bauteile,
3. feuerhemmende Bauteile;

die Feuerwiderstandsfähigkeit bezieht sich bei tragenden und aussteifenden Bauteilen auf deren Standsicherheit im Brandfall, bei raumabschließenden Bauteilen auf deren Widerstand gegen die Brandausbreitung. [2]Bauteile werden zusätzlich nach dem Brandverhalten ihrer Baustoffe unterschieden in
1. Bauteile aus nichtbrennbaren Baustoffen,
2. Bauteile, deren tragende und aussteifende Teile aus nichtbrennbaren Baustoffen bestehen und die bei raumabschließenden Bauteilen zusätzlich eine in Bauteilebene durchgehende Schicht aus nichtbrennbaren Baustoffen haben,
3. Bauteile, deren tragende und aussteifende Teile aus brennbaren Baustoffen bestehen und die allseitig eine brandschutztechnisch wirksame Bekleidung aus nichtbrennbaren Baustoffen (Brandschutzbekleidung) und Dämmstoffe aus nichtbrennbaren Baustoffen haben,
4. Bauteile aus brennbaren Baustoffen.

[3]Soweit in diesem Gesetz oder in Vorschriften auf Grund dieses Gesetzes nichts anderes bestimmt ist, müssen
1. Bauteile, die feuerbeständig sein müssen, mindestens den Anforderungen des Satzes 2 Nr. 2,
2. Bauteile, die hochfeuerhemmend sein müssen, mindestens den Anforderungen des Satzes 2 Nr. 3

entsprechen.

§ 27 Tragende Wände, Stützen

(1) [1]Tragende und aussteifende Wände und Stützen müssen im Brandfall ausreichend lange standsicher sein. [2]Sie müssen
1. in Gebäuden der Gebäudeklasse 5 feuerbeständig,
2. in Gebäuden der Gebäudeklasse 4 hochfeuerhemmend,
3. in Gebäuden der Gebäudeklassen 2 und 3 feuerhemmend

sein. [3]Satz 2 gilt
1. für Geschosse im Dachraum nur, wenn darüber noch Aufenthaltsräume möglich sind; § 29 Abs. 4 bleibt unberührt,
2. nicht für Balkone, ausgenommen offene Gänge, die als notwendige Flure dienen.

(2) Im Kellergeschoss müssen tragende und aussteifende Wände und Stützen
1. in Gebäuden der Gebäudeklassen 3 bis 5 feuerbeständig,
2. in Gebäuden der Gebäudeklassen 1 und 2 feuerhemmend

sein.

(3) Tragende und aussteifende Wände und Stützen von eingeschossigen Garagen mit einer Nutzfläche bis zu 100 m² sowie von Gebäuden gemäß § 62 Abs. 1 Nr. 1 Buchstabe a müssen mindestens aus normalentflammbaren Baustoffen bestehen.

§ 28 Außenwände

(1) Außenwände und Außenwandteile wie Brüstungen und Schürzen sind so auszubilden, dass eine Brandausbreitung auf und in diesen Bauteilen ausreichend lange begrenzt ist.

(2) [1]Nichttragende Außenwände und nichttragende Teile tragender Außenwände müssen aus nichtbrennbaren Baustoffen bestehen; sie sind aus brennbaren Baustoffen zulässig, wenn sie als raumabschließende Bauteile feuerhemmend sind. [2]Satz 1 gilt nicht für brennbare Fenster-

profile und Fugendichtungen sowie brennbare Dämmstoffe in nichtbrennbaren geschlossenen Profilen der Außenwandkonstruktion.

(3) [1]Oberflächen von Außenwänden sowie Außenwandbekleidungen müssen einschließlich der Dämmstoffe und Unterkonstruktionen schwerentflammbar sein; Unterkonstruktionen aus normalentflammbaren Baustoffen sind zulässig, wenn die Anforderungen nach Absatz 1 erfüllt sind. [2]Balkonbekleidungen, die über die erforderliche Umwehrungshöhe hinaus hochgeführt werden, müssen schwerentflammbar sein.

(4) Bei Außenwandkonstruktionen mit geschossübergreifenden Hohl- oder Lufträumen wie Doppelfassaden und hinterlüfteten Außenwandbekleidungen sind gegen die Brandausbreitung besondere Vorkehrungen zu treffen.

(5) Die Absätze 2 und 3 gelten nicht für Gebäude der Gebäudeklassen 1 bis 3.

(6) Außenwände von eingeschossigen Garagen mit einer Nutzfläche bis zu 100 m^2 sowie von Gebäuden gemäß § 62 Abs. 1 Nr. 1 Buchstabe a müssen mindestens aus normalentflammbaren Baustoffen bestehen.

§ 29 Trennwände

(1) Trennwände nach Absatz 2 müssen als raumabschließende Bauteile von Räumen oder Nutzungseinheiten innerhalb von Geschossen ausreichend lange widerstandsfähig gegen die Brandausbreitung sein.

(2) Trennwände sind erforderlich
1. zwischen Nutzungseinheiten sowie zwischen Nutzungseinheiten und anders genutzten Räumen, ausgenommen notwendigen Fluren,
2. zum Abschluss von Räumen mit Explosions- oder erhöhter Brandgefahr,
3. zwischen Aufenthaltsräumen und anders genutzten Räumen im Kellergeschoss.

(3) [1]Trennwände nach Absatz 2 Nr. 1 und 3 müssen die Feuerwiderstandsfähigkeit der tragenden und aussteifenden Bauteile des Geschosses haben, jedoch mindestens feuerhemmend sein. [2]Trennwände nach Absatz 2 Nr. 2 müssen feuerbeständig sein.

(4) Die Trennwände nach Absatz 2 sind bis zur Rohdecke, im Dachraum bis unter die Dachhaut zu führen; werden in Dachräumen Trennwände nur bis zur Rohdecke geführt, ist diese Decke als raumabschließendes Bauteil einschließlich der sie tragenden und aussteifenden Bauteile feuerhemmend herzustellen.

(5) Öffnungen in Trennwänden nach Absatz 2 sind nur zulässig, wenn sie auf die für die Nutzung erforderliche Zahl und Größe beschränkt sind; sie müssen feuerhemmende, dicht- und selbstschließende Abschlüsse haben.

(6) Die Absätze 1 bis 5 gelten nicht für Wohngebäude der Gebäudeklassen 1 und 2.

§ 30 Brandwände

(1) Brandwände müssen als raumabschließende Bauteile zum Abschluss von Gebäuden (Gebäudeabschlusswand) oder zur Unterteilung von Gebäuden in Brandabschnitte (innere Brandwand) ausreichend lange die Brandausbreitung auf andere Gebäude oder Brandabschnitte verhindern.

BauO Bln § 30

(2) Brandwände sind erforderlich
1. als Gebäudeabschlusswand, ausgenommen von Gebäuden ohne Aufenthaltsräume und ohne Feuerstätten mit nicht mehr als 50 m³ Brutto-Rauminhalt, wenn diese Abschlusswände an oder mit einem Abstand bis zu 2,50 m gegenüber der Grundstücksgrenze errichtet werden, es sei denn, dass ein Abstand von mindestens 5 m zu bestehenden oder nach den baurechtlichen Vorschriften zulässigen künftigen Gebäuden gesichert ist,
2. als innere Brandwand zur Unterteilung ausgedehnter Gebäude in Abständen von nicht mehr als 40 m,
3. als innere Brandwand zur Unterteilung landwirtschaftlich genutzter Gebäude in Brandabschnitte von nicht mehr als 10 000 m³ Brutto-Rauminhalt,
4. als Gebäudeabschlusswand zwischen Wohngebäuden und angebauten landwirtschaftlich genutzten Gebäuden sowie als innere Brandwand zwischen dem Wohnteil und dem landwirtschaftlich genutzten Teil eines Gebäudes.

(3) [1]Brandwände müssen auch unter zusätzlicher mechanischer Beanspruchung feuerbeständig sein und aus nichtbrennbaren Baustoffen bestehen. [2]Anstelle von Brandwänden nach Satz 1 sind zulässig
1. für Gebäude der Gebäudeklasse 4 Wände, die auch unter zusätzlicher mechanischer Beanspruchung hochfeuerhemmend sind,
2. für Gebäude der Gebäudeklassen 1 bis 3 hochfeuerhemmende Wände,
3. für Gebäude der Gebäudeklassen 1 bis 3 Gebäudeabschlusswände, die jeweils von innen nach außen die Feuerwiderstandsfähigkeit der tragenden und aussteifenden Teile des Gebäudes, mindestens jedoch feuerhemmende Bauteile, und von außen nach innen die Feuerwiderstandsfähigkeit feuerbeständiger Bauteile haben,
4. in den Fällen des Absatzes 2 Nr. 4 feuerbeständige Wände, wenn der umbaute Raum des landwirtschaftlich genutzten Gebäudes oder Gebäudeteils nicht größer als 2 000 m³ Brutto-Rauminhalt ist.

(4) [1]Brandwände müssen bis zur Bedachung durchgehen und in allen Geschossen übereinander angeordnet sein. [2]Abweichend davon dürfen anstelle innerer Brandwände Wände geschossweise versetzt angeordnet werden, wenn
1. die Wände im Übrigen Absatz 3 Satz 1 entsprechen,
2. die Decken, soweit sie in Verbindung mit diesen Wänden stehen, feuerbeständig sind, aus nicht-brennbaren Baustoffen bestehen und keine Öffnungen haben,
3. die Bauteile, die diese Wände und Decken unterstützen, feuerbeständig sind und aus nichtbrennbaren Baustoffen bestehen,
4. die Außenwände in der Breite des Versatzes in dem Geschoss oberhalb oder unterhalb des Versatzes feuerbeständig sind und
5. Öffnungen in den Außenwänden im Bereich des Versatzes so angeordnet oder andere Vorkehrungen so getroffen sind, dass eine Brandausbreitung in andere Brandabschnitte nicht zu befürchten ist.

(5) [1]Brandwände sind 0,30 m über die Bedachung zu führen oder in Höhe der Dachhaut mit einer beiderseits 0,50 m auskragenden feuerbeständigen Platte aus nichtbrennbaren Baustoffen abzuschließen; darüber dürfen brennbare Teile des Daches nicht hinweggeführt werden. [2]Bei Gebäuden der Gebäudeklassen 1 bis 3 sind Brandwände mindestens bis unter die Dachhaut zu führen. [3]Verbleibende Hohlräume sind vollständig mit nichtbrennbaren Baustoffen auszufüllen.

(6) Müssen Gebäude oder Gebäudeteile, die über Eck zusammenstoßen, durch eine Brandwand getrennt werden, so muss der Abstand dieser Wand von der inneren Ecke mindestens 5 m betragen; das gilt nicht, wenn der Winkel der inneren Ecke mehr als 120 Grad beträgt oder mindestens eine Außenwand auf 5 m Länge als öffnungslose feuerbeständige Wand aus nichtbrennbaren Baustoffen ausgebildet ist.

(7) [1]Bauteile mit brennbaren Baustoffen dürfen über Brandwände nicht hinweggeführt werden. [2]Außenwandkonstruktionen, die eine seitliche Brandausbreitung begünstigen können, wie

Doppelfassaden oder hinterlüftete Außenwandbekleidungen dürfen ohne besondere Vorkehrungen über Brandwände nicht hinweggeführt werden. ³Bauteile dürfen in Brandwände nur soweit eingreifen, dass deren Feuerwiderstandsfähigkeit nicht beeinträchtigt wird; für Leitungen, Leitungsschlitze und Schornsteine gilt dies entsprechend.

(8) ¹Öffnungen in Brandwänden sind unzulässig. ²Sie sind in inneren Brandwänden nur zulässig, wenn sie auf die für die Nutzung erforderliche Zahl und Größe beschränkt sind; die Öffnungen müssen feuerbeständige, dicht- und selbstschließende Abschlüsse haben.

(9) In inneren Brandwänden sind feuerbeständige Verglasungen nur zulässig, wenn sie auf die für die Nutzung erforderliche Zahl und Größe beschränkt sind.

(10) Absatz 2 Nr. 1 gilt nicht für seitliche Wände von Vorbauten im Sinne des § 6 Abs. 6, wenn sie von dem Nachbargebäude oder der Nachbargrenze einen Abstand einhalten, der ihrer eigenen Auslaustung entspricht, mindestens jedoch 1 m beträgt.

(11) Die Absätze 4 bis 10 gelten entsprechend auch für Wände, die nach Absatz 3 Satz 2 anstelle von Brandwänden zulässig sind.

(12) Die Absätze 1 bis 9 gelten nicht für eingeschossige Garagen mit einer Nutzfläche bis zu 100 m² sowie für Gebäude gemäß § 62 Abs. 1 Nr. 1 Buchstabe a.

§ 31 Decken

(1) ¹Decken müssen als tragende und raumabschließende Bauteile zwischen Geschossen im Brandfall ausreichend lange standsicher und widerstandsfähig gegen die Brandausbreitung sein. ²Sie müssen
1. in Gebäuden der Gebäudeklasse 5 feuerbeständig,
2. in Gebäuden der Gebäudeklasse 4 hochfeuerhemmend,
3. in Gebäuden der Gebäudeklassen 2 und 3 feuerhemmend
sein. ³Satz 2 gilt
1. für Geschosse im Dachraum nur, wenn darüber Aufenthaltsräume möglich sind; § 29 Abs. 4 bleibt unberührt,
2. nicht für Balkone, ausgenommen offene Gänge, die als notwendige Flure dienen.

(2) ¹Im Kellergeschoss müssen Decken
1. in Gebäuden der Gebäudeklassen 3 bis 5 feuerbeständig,
2. in Gebäuden der Gebäudeklassen 1 und 2 feuerhemmend
sein. ²Decken müssen feuerbeständig sein
1. unter und über Räumen mit Explosions- oder erhöhter Brandgefahr, ausgenommen in Wohngebäuden der Gebäudeklassen 1 und 2,
2. zwischen dem landwirtschaftlich genutzten Teil und dem Wohnteil eines Gebäudes.

(3) Der Anschluss der Decken an die Außenwand ist so herzustellen, dass er den Anforderungen nach Absatz 1 Satz 1 genügt.

(4) Öffnungen in Decken, für die eine Feuerwiderstandsfähigkeit vorgeschrieben ist, sind nur zulässig
1. in Gebäuden der Gebäudeklassen 1 und 2,
2. innerhalb derselben Nutzungseinheit mit nicht mehr als insgesamt 400 m² Brutto-Grundfläche in nicht mehr als zwei Geschossen,
3. im Übrigen, wenn sie auf die für die Nutzung erforderliche Zahl und Größe beschränkt sind und Abschlüsse mit der Feuerwiderstandsfähigkeit der Decke haben.

BauO Bln §§ 31–32

(5) Decken von eingeschossigen Garagen mit einer Nutzfläche bis zu 100 m² sowie von Gebäuden gemäß § 62 Abs. 1 Nr. 1 Buchstabe a müssen mindestens aus normalentflammbaren Baustoffen bestehen.

§ 32 Dächer

(1) Bedachungen müssen gegen eine Brandbeanspruchung von außen durch Flugfeuer und strahlende Wärme ausreichend lange widerstandsfähig sein (harte Bedachung).

(2) [1]Bedachungen, die die Anforderungen nach Absatz 1 nicht erfüllen, sind zulässig bei Gebäuden der Gebäudeklassen 1 bis 3, wenn die Gebäude
1. einen Abstand von der Grundstücksgrenze von mindestens 12 m,
2. von Gebäuden auf demselben Grundstück mit harter Bedachung einen Abstand von mindestens 15 m,
3. von Gebäuden auf demselben Grundstück mit Bedachungen, die die Anforderungen nach Absatz 1 nicht erfüllen, einen Abstand von mindestens 24 m,
4. von Gebäuden auf demselben Grundstück ohne Aufenthaltsräume und ohne Feuerstätten mit nicht mehr als 50 m³ Brutto-Rauminhalt einen Abstand von mindestens 5 m

einhalten. [2]Soweit Gebäude nach Satz 1 Abstand halten müssen, genügt bei Wohngebäuden der Gebäudeklassen 1 und 2 in den Fällen
1. des Satzes 1 Nr. 1 ein Abstand von mindestens 6 m,
2. des Satzes 1 Nr. 2 ein Abstand von mindestens 9 m,
3. des Satzes 1 Nr. 3 ein Abstand von mindestens 12 m.

(3) Die Absätze 1 und 2 gelten nicht für
1. Gebäude ohne Aufenthaltsräume und ohne Feuerstätten mit nicht mehr als 50 m³ Brutto-Rauminhalt,
2. lichtdurchlässige Bedachungen aus nichtbrennbaren Baustoffen; brennbare Fugendichtungen und brennbare Dämmstoffe in nichtbrennbaren Profilen sind zulässig,
3. Lichtkuppeln und Oberlichte von Wohngebäuden,
4. Eingangsüberdachungen und Vordächer aus nichtbrennbaren Baustoffen,
5. Eingangsüberdachungen aus brennbaren Baustoffen, wenn die Eingänge nur zu Wohnungen führen.

(4) Abweichend von den Absätzen 1 und 2 sind
1. lichtdurchlässige Teilflächen aus brennbaren Baustoffen in Bedachungen nach Absatz 1 und
2. begrünte Bedachungen

zulässig, wenn eine Brandentstehung bei einer Brandbeanspruchung von außen durch Flugfeuer und strahlende Wärme nicht zu befürchten ist oder Vorkehrungen hiergegen getroffen werden.

(5) [1]Dachüberstände, Dachgesimse und Dachaufbauten, lichtdurchlässige Bedachungen, Lichtkuppeln und Oberlichte sind so anzuordnen und herzustellen, dass Feuer nicht auf andere Gebäudeteile und Nachbargrundstücke übertragen werden kann. [2]Von Brandwänden und von Wänden, die anstelle von Brandwänden zulässig sind, müssen mindestens 1,25 m entfernt sein
1. Oberlichte, Lichtkuppeln und Öffnungen in der Bedachung, wenn diese Wände nicht mindestens 0,30 m über die Bedachung geführt sind,
2. Dachgauben und ähnliche Dachaufbauten aus brennbaren Baustoffen, wenn sie nicht durch diese Wände gegen Brandübertragung geschützt sind.

(6) [1]Dächer von traufseitig aneinander gebauten Gebäuden müssen als raumabschließende Bauteile für eine Brandbeanspruchung von innen nach außen einschließlich der sie tragenden und aussteifenden Bauteile feuerhemmend sein. [2]Öffnungen in diesen Dachflächen müssen waagerecht gemessen mindestens 2 m von der Brandwand oder der Wand, die anstelle der Brandwand zulässig ist, entfernt sein.

(7) ¹Dächer von Anbauten, die an Außenwände mit Öffnungen oder ohne Feuerwiderstandsfähigkeit anschließen, müssen innerhalb eines Abstands von 5 m von diesen Wänden als raumabschließende Bauteile für eine Brandbeanspruchung von innen nach außen einschließlich der sie tragenden und aussteifenden Bauteile die Feuerwiderstandsfähigkeit der Decken des Gebäudeteils haben, an den sie angebaut werden. ²Dies gilt nicht für Anbauten an Wohngebäude der Gebäudeklassen 1 bis 3.

(8) Dächer an Verkehrsflächen und über Eingängen müssen Vorrichtungen zum Schutz gegen das Herabfallen von Schnee und Eis haben, wenn dies die Verkehrssicherheit erfordert.

(9) Für vom Dach aus vorzunehmende Arbeiten sind sicher benutzbare Vorrichtungen anzubringen.

Fünfter Abschnitt: Rettungswege, Öffnungen, Umwehrungen

§ 33 Erster und zweiter Rettungsweg

(1) Für Nutzungseinheiten mit mindestens einem Aufenthaltsraum wie Wohnungen, Praxen oder selbständige Betriebsstätten müssen in jedem Geschoss mindestens zwei voneinander unabhängige Rettungswege ins Freie vorhanden sein; beide Rettungswege dürfen jedoch innerhalb des Geschosses über denselben notwendigen Flur führen.

(2) ¹Für Nutzungseinheiten nach Absatz 1, die nicht zu ebener Erde liegen, muss der erste Rettungsweg über eine notwendige Treppe führen. ²Der zweite Rettungsweg kann eine weitere notwendige Treppe oder eine mit Rettungsgeräten der Feuerwehr erreichbare Stelle der Nutzungseinheit sein. ³Ein zweiter Rettungsweg ist nicht erforderlich, wenn die Rettung über einen sicher erreichbaren Treppenraum möglich ist, in den Feuer und Rauch nicht eindringen können (Sicherheitstreppenraum).

(3) ¹Gebäude, deren zweiter Rettungsweg über Rettungsgeräte der Feuerwehr führt, dürfen nur errichtet werden, wenn für die Nutzungseinheiten mit Aufenthaltsräumen keine notwendigen Flure gemäß § 36 Abs. 1 erforderlich sind. ²Bei Sonderbauten ist der zweite Rettungsweg über Rettungsgeräte der Feuerwehr nur zulässig, wenn keine Bedenken wegen der Personenrettung bestehen.

§ 34 Treppen

(1) ¹Jedes nicht zu ebener Erde liegende Geschoss und der benutzbare Dachraum eines Gebäudes müssen über mindestens eine Treppe zugänglich sein (notwendige Treppe). ²Statt notwendiger Treppen sind Rampen mit flacher Neigung zulässig.

(2) ¹Einschiebbare Treppen und Rolltreppen sind als notwendige Treppen unzulässig. ²In Gebäuden der Gebäudeklassen 1 und 2 sind einschiebbare Treppen und Leitern als Zugang zu einem Dachraum ohne Aufenthaltsraum zulässig.

(3) ¹Notwendige Treppen sind in einem Zuge zu allen angeschlossenen Geschossen zu führen; sie müssen mit den Treppen zum Dachraum unmittelbar verbunden sein. ²Dies gilt nicht für Treppen
1. in Gebäuden der Gebäudeklassen 1 bis 3,
2. nach § 35 Abs. 1 Satz 3 Nr. 2.

(4) ¹Die tragenden Teile notwendiger Treppen müssen
1. in Gebäuden der Gebäudeklasse 5 feuerhemmend und aus nichtbrennbaren Baustoffen,
2. in Gebäuden der Gebäudeklasse 4 aus nichtbrennbaren Baustoffen,

3. in Gebäuden der Gebäudeklasse 3 aus nichtbrennbaren Baustoffen oder feuerhemmend sein. ²Tragende Teile von Außentreppen nach § 35 Abs. 1 Satz 3 Nr. 3 für Gebäude der Gebäudeklassen 3 bis 5 müssen aus nichtbrennbaren Baustoffen bestehen.

(5) Die nutzbare Breite der Treppenläufe und Treppenabsätze notwendiger Treppen muss für den größten zu erwartenden Verkehr ausreichen.

(6) ¹Treppen müssen einen festen und griffsicheren Handlauf haben. ²Für Treppen sind Handläufe auf beiden Seiten und Zwischenhandläufe vorzusehen, soweit die Verkehrssicherheit dies erfordert.

(7) Eine Treppe darf nicht unmittelbar hinter einer Tür beginnen, die in Richtung der Treppe aufschlägt; zwischen Treppe und Tür ist ein ausreichender Treppenabsatz anzuordnen.

§ 35 Notwendige Treppenräume, Ausgänge

(1) ¹Jede notwendige Treppe muss zur Sicherstellung der Rettungswege aus den Geschossen ins Freie in einem eigenen, durchgehenden Treppenraum liegen (notwendiger Treppenraum). ²Notwendige Treppenräume müssen so angeordnet und ausgebildet sein, dass die Nutzung der notwendigen Treppen im Brandfall ausreichend lange möglich ist. ³Notwendige Treppen sind ohne eigenen Treppenraum zulässig
1. in Gebäuden der Gebäudeklassen 1 und 2,
2. für die Verbindung von höchstens zwei Geschossen innerhalb derselben Nutzungseinheit von insgesamt nicht mehr als 200 m² Brutto-Grundfläche, wenn in jedem Geschoss ein anderer Rettungsweg erreicht werden kann,
3. als Außentreppe, wenn ihre Nutzung ausreichend sicher ist und im Brandfall nicht gefährdet werden kann.

(2) ¹Von jeder Stelle eines Aufenthaltsraumes sowie eines Kellergeschosses muss mindestens ein Ausgang in einen notwendigen Treppenraum oder ins Freie in höchstens 35 m Entfernung erreichbar sein. ²Übereinanderliegende Kellergeschosse müssen jeweils mindestens zwei Ausgänge in notwendige Treppenräume oder ins Freie haben. ³Sind mehrere notwendige Treppenräume erforderlich, müssen sie so verteilt sein, dass sie möglichst entgegengesetzt liegen und dass die Rettungswege möglichst kurz sind.

(3) ¹Jeder notwendige Treppenraum muss an einer Außenwand liegen und einen unmittelbaren Ausgang ins Freie haben. ²Innenliegende notwendige Treppenräume sind zulässig, wenn ihre Nutzung ausreichend lange nicht durch Raucheintritt gefährdet werden kann. ³Sofern der Ausgang eines notwendigen Treppenraumes nicht unmittelbar ins Freie führt, muss der Raum zwischen dem notwendigen Treppenraum und dem Ausgang ins Freie
1. mindestens so breit sein wie die dazugehörigen Treppenläufe,
2. Wände haben, die die Anforderungen an die Wände des Treppenraumes erfüllen,
3. rauchdichte und selbstschließende Abschlüsse zu notwendigen Fluren haben und
4. ohne Öffnungen zu anderen Räumen, ausgenommen zu notwendigen Fluren, sein.

(4) ¹Die Wände notwendiger Treppenräume müssen als raumabschließende Bauteile
1. in Gebäuden der Gebäudeklasse 5 die Bauart von Brandwänden haben,
2. in Gebäuden der Gebäudeklasse 4 auch unter zusätzlicher mechanischer Beanspruchung hochfeuerhemmend sein und
3. in Gebäuden der Gebäudeklasse 3 feuerhemmend sein.

²Dies ist nicht erforderlich für Außenwände von Treppenräumen, die aus nichtbrennbaren Baustoffen bestehen und durch andere an diese Außenwände anschließende Gebäudeteile im Brandfall nicht gefährdet werden können. ³Der obere Abschluss notwendiger Treppenräume muss als raumabschließendes Bauteil die Feuerwiderstandsfähigkeit der Decken des Gebäudes haben; dies gilt nicht, wenn der obere Abschluss das Dach ist und die Treppenraumwände bis unter die Dachhaut reichen.

(5) In notwendigen Treppenräumen und in Räumen nach Absatz 3 Satz 3 müssen
1. Bekleidungen, Putze, Dämmstoffe, Unterdecken und Einbauten aus nichtbrennbaren Baustoffen bestehen,
2. Wände und Decken aus brennbaren Baustoffen eine Bekleidung aus nichtbrennbaren Baustoffen in ausreichender Dicke haben,
3. Bodenbeläge, ausgenommen Gleitschutzprofile, aus mindestens schwerentflammbaren Baustoffen bestehen.

(6) [1]In notwendigen Treppenräumen müssen Öffnungen
1. zu Kellergeschossen, zu nicht ausgebauten Dachräumen, Werkstätten, Läden, Lager- und ähnlichen Räumen sowie zu sonstigen Räumen und Nutzungseinheiten mit einer Fläche von mehr als 200 m² Brutto-Grundfläche, ausgenommen Wohnungen, mindestens feuerhemmende, rauchdichte und selbstschließende Abschlüsse,
2. zu notwendigen Fluren rauchdichte und selbstschließende Abschlüsse,
3. zu sonstigen Räumen und Nutzungseinheiten mindestens dicht- und selbstschließende Abschlüsse
haben. [2]Die Feuerschutz- und Rauchschutzabschlüsse dürfen lichtdurchlässige Seitenteile und Oberlichter enthalten, wenn der Abschluss insgesamt nicht breiter als 2,50 m ist.

(7) [1]Notwendige Treppenräume müssen zu beleuchten sein. [2]Innenliegende notwendige Treppenräume müssen in Gebäuden mit einer Höhe nach § 2 Abs. 3 Satz 2 von mehr als 13 m eine Sicherheitsbeleuchtung haben.

(8) [1]Notwendige Treppenräume müssen belüftet werden können. [2]Sie müssen in jedem oberirdischen Geschoss unmittelbar ins Freie führende Fenster von mindestens 0,60 m x 0,90 m (Breite x Höhe) haben, die geöffnet werden können und eine Brüstung von nicht mehr als 1,20 m Höhe haben. [3]Für innenliegende notwendige Treppenräume und notwendige Treppenräume in Gebäuden mit einer Höhe nach § 2 Abs. 3 Satz 2 von mehr als 13 m ist an der obersten Stelle eine Öffnung zur Rauchableitung mit einem freien Querschnitt von mindestens 1 m² erforderlich; sie muss vom Erdgeschoss sowie vom obersten Treppenabsatz aus geöffnet werden können.

§ 36 Notwendige Flure, offene Gänge

(1) [1]Flure, über die Rettungswege aus Aufenthaltsräumen oder aus Nutzungseinheiten mit Aufenthaltsräumen zu Ausgängen in notwendige Treppenräume oder ins Freie führen (notwendige Flure), müssen so angeordnet und ausgebildet sein, dass die Nutzung im Brandfall ausreichend lange möglich ist. [2]Notwendige Flure sind nicht erforderlich
1. in Wohngebäuden der Gebäudeklassen 1 und 2,
2. in sonstigen Gebäuden der Gebäudeklassen 1 und 2, ausgenommen in Kellergeschossen,
3. innerhalb von Wohnungen oder innerhalb von Nutzungseinheiten mit nicht mehr als 200 m² Brutto-Grundfläche,
4. innerhalb von Nutzungseinheiten, die einer Büro- oder Verwaltungsnutzung dienen, mit nicht mehr als 400 m² Brutto-Grundfläche; das gilt auch für Teile größerer Nutzungseinheiten, wenn diese Teile nicht mehr als 400 m² Brutto-Grundfläche haben, Trennwände nach § 29 Abs. 2 Nr. 1 haben und jeder Teil unabhängig von anderen Teilen Rettungswege nach § 33 Abs. 1 hat.

(2) [1]Notwendige Flure müssen so breit sein, dass sie für den größten zu erwartenden Verkehr ausreichen. [2]In den Fluren ist eine Folge von weniger als drei Stufen unzulässig.

(3) [1]Notwendige Flure sind durch nichtabschließbare, rauchdichte und selbstschließende Abschlüsse in Rauchabschnitte zu unterteilen. [2]Die Rauchabschnitte sollen nicht länger als 30 m sein. [3]Die Abschlüsse sind bis an die Rohdecke zu führen; sie dürfen bis an die Unterdecke der Flure geführt werden, wenn die Unterdecke feuerhemmend ist. [4]Notwendige Flure mit nur einer Fluchtrichtung, die zu einem Sicherheitstreppenraum führen, dürfen nicht länger als 15 m sein. [5]Die Sätze 1 bis 4 gelten nicht für offene Gänge nach Absatz 5.

(4) ¹Die Wände notwendiger Flure müssen als raumabschließende Bauteile feuerhemmend, in Kellergeschossen, deren tragende und aussteifende Bauteile feuerbeständig sein müssen, feuerbeständig sein. ²Die Wände sind bis an die Rohdecke zu führen. ³Sie dürfen bis an die Unterdecke der Flure geführt werden, wenn die Unterdecke feuerhemmend und ein nach Satz 1 vergleichbarer Raumabschluss sichergestellt ist. ⁴Türen in diesen Wänden müssen dicht schließen; Öffnungen zu Lagerbereichen im Kellergeschoss müssen feuerhemmende, dicht- und selbstschließende Abschlüsse haben.

(5) ¹Für Wände und Brüstungen notwendiger Flure mit nur einer Fluchtrichtung, die als offene Gänge vor den Außenwänden angeordnet sind, gilt Absatz 4 entsprechend. ²Fenster sind in diesen Außenwänden ab einer Brüstungshöhe von 0,90 m zulässig.

(6) In notwendigen Fluren sowie in offenen Gängen nach Absatz 5 müssen
1. Bekleidungen, Unterdecken und Dämmstoffe aus nichtbrennbaren Baustoffen bestehen,
2. Wände und Decken aus brennbaren Baustoffen eine Bekleidung aus nichtbrennbaren Baustoffen in ausreichender Dicke haben.

§ 37 Fenster, Türen, sonstige Öffnungen

(1) Können die Fensterflächen nicht gefahrlos vom Erdboden, vom Innern des Gebäudes, von Loggien oder Balkonen aus gereinigt werden, so sind Vorrichtungen, wie Aufzüge, Halterungen oder Stangen anzubringen, die eine Reinigung von außen ermöglichen.

(2) ¹Glastüren und andere Glasflächen, die bis zum Fußboden allgemein zugänglicher Verkehrsflächen herabreichen, sind so zu kennzeichnen, dass sie leicht erkannt werden können. ²Weitere Schutzmaßnahmen sind für größere Glasflächen vorzusehen, wenn dies die Verkehrssicherheit erfordert.

(3) Eingangstüren von Wohnungen, die über Aufzüge erreichbar sein müssen, müssen eine lichte Durchgangsbreite von mindestens 0,90 m haben.

(4) ¹Jedes Kellergeschoss ohne Fenster muss mindestens eine Öffnung ins Freie haben, um eine Rauchableitung zu ermöglichen. ²Gemeinsame Kellerlichtschächte für übereinander liegende Kellergeschosse sind unzulässig.

(5) ¹Fenster, die als Rettungswege nach § 33 Abs. 2 Satz 2 dienen, müssen im Lichten mindestens 0,90 m x 1,20 m (Breite x Höhe) groß und dürfen nicht höher als 1,20 m über der Fußbodenoberkante angeordnet sein. ²Liegen diese Fenster in Dachschrägen oder Dachaufbauten, so darf ihre Unterkante oder ein davor liegender Austritt von der Traufkante horizontal gemessen nicht mehr als 1 m entfernt sein.

§ 38 Umwehrungen

(1) In, an und auf baulichen Anlagen sind zu umwehren:
1. Flächen, die im Allgemeinen zum Begehen bestimmt sind und unmittelbar an mehr als 1 m tiefer liegende Flächen angrenzen; dies gilt nicht, wenn die Umwehrung dem Zweck der Flächen widerspricht,
2. nicht begehbare Oberlichte und Glasabdeckungen in Flächen, die im Allgemeinen zum Begehen bestimmt sind, wenn sie weniger als 0,50 m aus diesen Flächen herausragen,
3. Dächer oder Dachteile, die zum auch nur zeitweiligen Aufenthalt von Menschen bestimmt sind,
4. Öffnungen in begehbaren Decken sowie in Dächern oder Dachteilen nach Nummer 3, wenn sie nicht sicher abgedeckt sind,
5. nicht begehbare Glasflächen in Decken sowie in Dächern oder Dachteilen nach Nummer 3,

6. die freien Seiten von Treppenläufen, Treppenabsätzen und Treppenöffnungen (Treppenaugen),
7. Kellerlichtschächte und Betriebsschächte, die an Verkehrsflächen liegen, wenn sie nicht verkehrssicher abgedeckt sind.

(2) [1]In Verkehrsflächen liegende Kellerlichtschächte und Betriebsschächte sind in Höhe der Verkehrsfläche verkehrssicher abzudecken. [2]An und in Verkehrsflächen liegende Abdeckungen müssen gegen unbefugtes Abheben gesichert sein. [3]Fenster, die unmittelbar an Treppen liegen und deren Brüstung unter der notwendigen Umwehrungshöhe liegen, sind zu sichern.

(3) [1]Fensterbrüstungen von Flächen mit einer Absturzhöhe bis zu 12 m müssen mindestens 0,80 m, von Flächen mit mehr als 12 m Absturzhöhe mindestens 0,90 m hoch sein. [2]Geringere Brüstungshöhen sind zulässig, wenn durch andere Vorrichtungen wie Geländer die nach Absatz 4 vorgeschriebenen Mindesthöhen eingehalten werden.

(4) Andere notwendige Umwehrungen müssen folgende Mindesthöhen haben:
1. Umwehrungen zur Sicherung von Öffnungen in begehbaren Decken und Dächern sowie Umwehrungen von Flächen mit einer Absturzhöhe von 1 m bis zu 12 m 0,90 m,
2. Umwehrungen von Flächen mit mehr als 12 m Absturzhöhe 1,10 m.

(5) [1]In, an und auf Gebäuden dürfen Öffnungen in Geländern, Brüstungen und anderen Umwehrungen mindestens in einer Richtung nicht breiter als 0,12 m sein. [2]Sie sind so auszubilden, dass das Überklettern erschwert wird. [3]Ein waagerechter Zwischenraum zwischen Umwehrung und der zu sichernden Fläche darf nicht größer als 0,04 m sein.

Sechster Abschnitt: Technische Gebäudeausrüstung

§ 39 Aufzüge

(1) [1]Aufzüge im Innern von Gebäuden müssen eigene Fahrschächte haben, um eine Brandausbreitung in andere Geschosse ausreichend lange zu verhindern. [2]In einem Fahrschacht dürfen bis zu drei Aufzüge liegen. [3]Aufzüge ohne eigene Fahrschächte sind zulässig
1. innerhalb eines notwendigen Treppenraumes, ausgenommen in Hochhäusern,
2. innerhalb von Räumen, die Geschosse überbrücken,
3. zur Verbindung von Geschossen, die offen miteinander in Verbindung stehen dürfen,
4. in Gebäuden der Gebäudeklassen 1 und 2;
sie müssen sicher umkleidet sein.

(2) [1]Die Fahrschachtwände müssen als raumabschließende Bauteile
1. in Gebäuden der Gebäudeklasse 5 feuerbeständig und aus nichtbrennbaren Baustoffen,
2. in Gebäuden der Gebäudeklasse 4 hochfeuerhemmend,
3. in Gebäuden der Gebäudeklasse 3 feuerhemmend
sein; Fahrschachtwände aus brennbaren Baustoffen müssen schachtseitig eine Bekleidung aus nicht-brennbaren Baustoffen in ausreichender Dicke haben. [2]Fahrschachttüren und andere Öffnungen in Fahrschachtwänden mit erforderlicher Feuerwiderstandsfähigkeit sind so herzustellen, dass die Anforderungen nach Absatz 1 Satz 1 nicht beeinträchtigt werden.

(3) [1]Fahrschächte müssen zu lüften sein und eine Öffnung zur Rauchableitung mit einem freien Querschnitt von mindestens 2,5 Prozent der Fahrschachtgrundfläche, mindestens jedoch 0,10 m^2 haben. [2]Die Lage der Rauchaustrittsöffnungen muss so gewählt werden, dass der Rauchaustritt durch Windeinfluss nicht beeinträchtigt wird.

(4) [1]Gebäude mit mehr als vier oberirdischen Geschossen müssen Aufzüge in ausreichender Zahl haben. [2]Von diesen Aufzügen muss mindestens ein Aufzug Kinderwagen, Rollstühle, Krankentragen und Lasten aufnehmen können und Haltestellen in allen Geschossen haben.

[3]Dieser Aufzug muss von der öffentlichen Verkehrsfläche aus und von allen Geschossen mit Aufenthaltsräumen stufenlos erreichbar sein. [4]Hierbei ist das oberste Geschoss nicht zu berücksichtigen, wenn seine Nutzung einen Aufzug nicht erfordert oder wenn es in bestehenden Gebäuden nachträglich zu Wohnzwecken ausgebaut wird. [5]Soweit Obergeschosse von Behinderten im Rollstuhl stufenlos zu erreichen sein müssen, gelten die Sätze 1 bis 4 auch für Gebäude mit weniger als fünf oberirdischen Geschossen.

(5) [1]Fahrkörbe zur Aufnahme einer Krankentrage müssen eine nutzbare Grundfläche von mindestens 1,10 m x 2,10 m, zur Aufnahme eines Rollstuhls von mindestens 1,10 m x 1,40 m haben; Türen müssen eine lichte Durchgangsbreite von mindestens 0,90 m haben. [2]In einem Aufzug für Rollstühle und Krankentragen darf der für Rollstühle nicht erforderliche Teil der Fahrkorbgrundfläche durch eine verschließbare Tür abgesperrt werden. [3]Vor den Aufzügen muss eine Bewegungsfläche von mindestens 1,50 m x 1,50 m vorhanden sein.

§ 40 Leitungsanlagen, Installationsschächte und -kanäle

(1) Leitungen dürfen durch raumabschließende Bauteile, für die eine Feuerwiderstandsfähigkeit vorgeschrieben ist, nur hindurchgeführt werden, wenn eine Brandausbreitung ausreichend lange nicht zu befürchten ist oder Vorkehrungen hiergegen getroffen sind; dies gilt nicht für Decken
1. in Gebäuden der Gebäudeklassen 1 und 2,
2. innerhalb von Wohnungen,
3. innerhalb derselben Nutzungseinheit mit nicht mehr als insgesamt 400 m² Brutto-Grundfläche in nicht mehr als zwei Geschossen.

(2) In notwendigen Treppenräumen, in Räumen nach § 35 Abs. 3 Satz 3 und in notwendigen Fluren sind Leitungsanlagen nur zulässig, wenn eine Nutzung als Rettungsweg im Brandfall ausreichend lange möglich ist.

(3) Für Installationsschächte und -kanäle gelten Absatz 1 sowie § 41 Abs. 2 Satz 1 und Abs. 3 entsprechend.

§ 41 Lüftungsanlagen

(1) Lüftungsanlagen müssen betriebssicher und brandsicher sein; sie dürfen den ordnungsgemäßen Betrieb von Feuerungsanlagen nicht beeinträchtigen.

(2) [1]Lüftungsleitungen sowie deren Bekleidungen und Dämmstoffe müssen aus nichtbrennbaren Baustoffen bestehen; brennbare Baustoffe sind zulässig, wenn ein Beitrag der Lüftungsleitung zur Brandentstehung und Brandweiterleitung nicht zu befürchten ist. [2]Lüftungs-leitungen dürfen raumabschließende Bauteile, für die eine Feuerwiderstandsfähigkeit vorgeschrieben ist, nur überbrücken, wenn eine Brandausbreitung ausreichend lange nicht zu befürchten ist oder wenn Vorkehrungen hiergegen getroffen sind.

(3) Lüftungsanlagen sind so herzustellen, dass sie Gerüche und Staub nicht in andere Räume übertragen.

(4) [1]Lüftungsanlagen dürfen nicht in Abgasanlagen eingeführt werden; die gemeinsame Nutzung von Lüftungsleitungen zur Lüftung und zur Ableitung der Abgase von Feuerstätten ist zulässig, wenn keine Bedenken wegen der Betriebssicherheit und des Brandschutzes bestehen. [2]Die Abluft ist ins Freie zu führen. [3]Nicht zur Lüftungsanlage gehörende Einrichtungen sind in Lüftungsleitungen unzulässig.

(5) Die Absätze 2 und 3 gelten nicht
1. für Gebäude der Gebäudeklassen 1 und 2,
2. innerhalb von Wohnungen,

3. innerhalb derselben Nutzungseinheit mit nicht mehr als 400 m² Brutto-Grundfläche in nicht mehr als zwei Geschossen.

(6) Für raumlufttechnische Anlagen und Warmluftheizungen gelten die Absätze 1 bis 5 entsprechend.

§ 42 Feuerungsanlagen, sonstige Anlagen zur Wärmeerzeugung, Brennstoffversorgung

(1) Feuerstätten und Abgasanlagen (Feuerungsanlagen) müssen betriebssicher und brandsicher sein.

(2) Feuerstätten dürfen in Räumen nur aufgestellt werden, wenn nach der Art der Feuerstätte und nach Lage, Größe, baulicher Beschaffenheit und Nutzung der Räume Gefahren nicht entstehen.

(3) ¹Abgase von Feuerstätten sind durch Abgasleitungen, Schornsteine und Verbindungsstücke (Abgasanlagen) so abzuführen, dass keine Gefahren oder unzumutbaren Belästigungen entstehen. ²Abgasanlagen sind in solcher Zahl und Lage und so herzustellen, dass die Feuerstätten des Gebäudes ordnungsgemäß angeschlossen werden können. ³Sie müssen leicht gereinigt werden können.

(4) ¹Behälter und Rohrleitungen für brennbare Gase und Flüssigkeiten müssen betriebssicher und brandsicher sein. ²Diese Behälter sowie feste Brennstoffe sind so aufzustellen oder zu lagern, dass keine Gefahren oder unzumutbaren Belästigungen entstehen.

(5) Für die Aufstellung von ortsfesten Verbrennungsmotoren, Blockheizkraftwerken, Brennstoffzellen und Verdichtern sowie die Ableitung ihrer Verbrennungsgase gelten die Absätze 1 bis 3 entsprechend.

§ 43 Sanitäre Anlagen, Wasserzähler

(1) Fensterlose Bäder und Toiletten sind nur zulässig, wenn eine wirksame Lüftung gewährleistet ist.

(2) ¹Jede Wohnung muss einen eigenen Wasserzähler haben. ²Dies gilt nicht bei Nutzungsänderungen, wenn die Anforderung nach Satz 1 nur mit unverhältnismäßigem Mehraufwand erfüllt werden kann.

§ 44 Anlagen für Abwasser einschließlich Niederschlagswasser (Anschlusszwang)

¹Grundstücke, auf denen Abwasser anfallen und die an betriebsfähig kanalisierten Straßen liegen oder die von solchen Straßen zugänglich sind, sind an die öffentliche Entwässerung anzuschließen, sobald die Entwässerungsleitungen betriebsfähig hergestellt sind (Anschlusszwang). ²Der Anschlusszwang gilt nicht für Niederschlagswasser, wenn Maßnahmen zu dessen Rückhaltung oder Versickerung durch Bebauungsplan festgesetzt, wasserrechtlich zulässig oder sonst angeordnet oder genehmigt sind. ³In Gebieten offener Bauweise soll Niederschlagswasser dem Untergrund zugeführt werden.

§ 45 Kleinkläranlagen, Abwassersammelbehälter

¹Kleinkläranlagen und Abwassersammelbehälter müssen wasserdicht und ausreichend groß sein. ²Sie müssen eine dichte und sichere Abdeckung sowie Reinigungs- und Entleerungsöffnungen haben. ³Diese Öffnungen dürfen nur vom Freien aus zugänglich sein. ⁴Die Anlagen sind

so zu entlüften, dass Gesundheitsschäden oder unzumutbare Belästigungen nicht entstehen. [5]Die Zuleitungen zu Abwasserentsorgungsanlagen müssen geschlossen, dicht, und, soweit erforderlich, zum Reinigen eingerichtet sein.

§ 46 Aufbewahrung fester Abfallstoffe

(1) Für die vorübergehende Aufbewahrung fester Abfallstoffe sind Flächen in ausreichender Größe für die Aufstellung von Behältern für Abfälle zur Beseitigung und zur Verwertung zur Erfüllung der abfallrechtlichen Trennpflichten vorzuhalten.

(2) Feste Abfallstoffe dürfen innerhalb von Gebäuden vorübergehend aufbewahrt werden, in Gebäuden der Gebäudeklassen 3 bis 5 jedoch nur, wenn die dafür bestimmten Räume
1. Trennwände und Decken als raumabschließende Bauteile mit der Feuerwiderstandsfähigkeit der tragenden Wände haben,
2. Öffnungen vom Gebäudeinnern zum Aufstellraum mit feuerhemmenden, dicht- und selbstschließenden Abschlüssen haben,
3. unmittelbar vom Freien entleert werden können und
4. eine ständig wirksame Lüftung haben.

§ 47 Blitzschutzanlagen

Bauliche Anlagen, bei denen nach Lage, Bauart oder Nutzung Blitzschlag leicht eintreten oder zu schweren Folgen führen kann, sind mit dauernd wirksamen Blitzschutzanlagen zu versehen.

Siebenter Abschnitt: Nutzungsbedingte Anforderungen

§ 48 Aufenthaltsräume

(1) [1]Aufenthaltsräume müssen eine lichte Raumhöhe von mindestens 2,50 m haben. [2]Aufenthaltsräume im Dachraum müssen eine lichte Raumhöhe von mindestens 2,30 m über mindestens der Hälfte ihrer Netto-Grundfläche haben; Raumteile mit einer lichten Raumhöhe bis zu 1,50 m bleiben außer Betracht.

(2) [1]Aufenthaltsräume müssen ausreichend belüftet und mit Tageslicht beleuchtet werden können. [2]Sie müssen Fenster mit einem Rohbaumaß der Fensteröffnungen von mindestens einem Achtel der Netto-Grundfläche des Raumes einschließlich der Netto-Grundfläche verglaster Vorbauten und Loggien haben. [3]Bei einer nachträglichen Umnutzung kann von den Anforderungen des Satzes 2 abgewichen werden.

(3) Aufenthaltsräume, deren Nutzung eine Beleuchtung mit Tageslicht verbietet, sowie Verkaufsräume, Schank- und Speisegaststätten, ärztliche Behandlungs-, Sport-, Spiel-, Werk- und ähnliche Räume, sind ohne Fenster zulässig.

§ 49 Wohnungen

(1) [1]Jede Wohnung muss eine Küche oder Kochnische haben. [2]Fensterlose Küchen oder Kochnischen sind zulässig, wenn eine wirksame Lüftung gewährleistet ist.

(2) In Wohngebäuden der Gebäudeklassen 3 bis 5 sind leicht erreichbare und gut zugängliche Abstellräume für Rollstühle, Kinderwagen und Fahrräder sowie für jede Wohnung ein ausreichend großer Abstellraum herzustellen.

(3) Jede Wohnung muss ein Bad mit Badewanne oder Dusche und eine Toilette haben.

§ 50 Stellplätze, Abstellmöglichkeiten für Fahrräder

(1) [1]Bei der Errichtung öffentlich zugänglicher Gebäude sind Stellplätze in ausreichender Zahl für schwer Gehbehinderte und Behinderte im Rollstuhl anzubieten. [2]Sie müssen von den öffentlichen Straßen aus auf kurzem Wege zu erreichen und verkehrssicher sein. [3]Bei der Errichtung baulicher Anlagen und anderer Anlagen, bei denen ein Zu- und Abfahrtsverkehr zu erwarten ist, sind ausreichende Abstellmöglichkeiten für Fahrräder herzustellen. [4]Werden Anlagen nach den Sätzen 1 und 3 geändert oder ändert sich ihre Nutzung, so sind Stellplätze nach Satz 1 und Abstellmöglichkeiten für Fahrräder nach Satz 3 in solcher Anzahl und Größe herzustellen, dass sie die infolge der Nutzungsänderung zusätzlich zu erwartenden Fahrzeuge aufnehmen können.

(2) [1]Die Stellplätze nach Absatz 1 Satz 1 können auf dem Baugrundstück oder in zumutbarer Entfernung davon auf einem geeigneten Grundstück hergestellt werden, dessen Benutzung für diesen Zweck öffentlich-rechtlich gesichert ist. [2]Die Abstellmöglichkeiten für Fahrräder nach Absatz 1 Satz 3 sind auf dem Baugrundstück oder auf den davor gelegenen öffentlichen Flächen zu schaffen oder nach Absatz 3 abzulösen.

(3) [1]Die Herstellung der Abstellmöglichkeiten für Fahrräder nach Absatz 1 darf auch durch Zahlung eines Ablösebetrages vor Baubeginn erfüllt werden. [2]Die für das Bauwesen zuständige Senatsverwaltung erlässt durch Rechtsverordnung Vorschriften über die Höhe der Ablösebeträge. [3]Die Ablösebeträge dürfen 90 Prozent der durchschnittlichen Herstellungskosten unter Berücksichtigung anteiliger Grundstücksflächen nicht übersteigen. [4]Die Ablösebeträge sind ausschließlich für den Bau von Fahrradabstellmöglichkeiten im Bereich von öffentlichen Verkehrsflächen oder anderen geeigneten Grundstücksflächen zu verwenden.

§ 51 Barrierefreies Bauen

(1) [1]In Gebäuden mit mehr als vier Wohnungen müssen die Wohnungen eines Geschosses über den üblichen Hauptzugang barrierefrei erreichbar sein. [2]In diesen Wohnungen müssen die Wohn- und Schlafräume, eine Toilette, ein Bad sowie die Küche oder die Kochnische mit dem Rollstuhl zugänglich sein. 3§ 39 Abs. 4 bleibt unberührt.

(2) [1]Bauliche Anlagen, die öffentlich zugänglich sind, müssen so errichtet und instand gehalten werden, dass sie von Menschen mit Behinderungen, alten Menschen und Personen mit Kleinkindern über den Hauptzugang barrierefrei erreicht und ohne fremde Hilfe zweckentsprechend genutzt werden können. [2]In diesen baulichen Anlagen sind neben den Rettungswegen im Sinne von § 33 zusätzliche bauliche Maßnahmen für die Selbstrettung von Behinderten im Rollstuhl nur dann erforderlich, wenn die Anlage oder Teile davon von diesem Personenkreis überdurchschnittlich, bezogen auf den Bevölkerungsanteil der Behinderten, genutzt werden. [3]Anderenfalls genügen betriebliche Maßnahmen, die die Rettung mittels fremder Hilfe sicherstellen.

(3) [1]Bauliche Anlagen nach Absatz 2 müssen durch einen Hauptzugang mit einer lichten Durchgangsbreite von mindestens 0,90 m stufenlos erreichbar sein. [2]Vor Türen muss eine ausreichende Bewegungsfläche vorhanden sein. [3]Rampen dürfen nicht mehr als 6 Prozent geneigt sein; sie müssen mindestens 1,20 m breit sein und beidseitig einen festen und griffsicheren Handlauf haben. [4]Am Anfang und am Ende jeder Rampe ist ein Podest, alle 6 m ein Zwischenpodest anzuordnen. [5]Die Podeste müssen eine Länge von mindestens 1,50 m haben. [6]Treppen müssen an beiden Seiten Handläufe erhalten, die über Treppenabsätze und Fensteröffnungen sowie über die letzten Stufen zu führen sind. [7]Die Treppen müssen Setzstufen haben. [8]Flure müssen mindestens 1,50 m breit sein. [9]Bei der Herstellung von Toiletten muss mindestens ein Toilettenraum auch für Menschen mit Behinderungen geeignet und barrierefrei erreichbar und nutzbar sein; er ist zu kennzeichnen. [10]§ 39 Abs. 4 gilt auch für Gebäude mit weniger als fünf oberirdischen Geschossen, soweit Geschosse mit Rollstühlen stufenlos erreichbar sein müssen.

(4) Sollen rechtmäßig bestehende bauliche Anlagen nach Absatz 2 in ihrer Nutzung oder wesentlich baulich geändert werden, gelten die in Absatz 2 genannten Anforderungen entsprechend; bei einer wesentlichen baulichen Änderung bleiben im Übrigen die in § 85 Abs. 3 aufgestellten Voraussetzungen unberührt.

(5) Von den Absätzen 1 bis 4 dürfen Abweichungen gemäß § 68 Abs. 1 nur zugelassen werden, soweit die Anforderungen
1. wegen schwieriger Geländeverhältnisse,
2. wegen des Einbaus eines sonst nicht erforderlichen Aufzugs oder
3. wegen ungünstiger vorhandener Bebauung

nur mit einem unverhältnismäßigen Mehraufwand erfüllt werden können.

§ 52 Sonderbauten, Garagen

(1) ^{1}An Sonderbauten können im Einzelfall zur Verwirklichung der allgemeinen Anforderungen nach § 3 Abs. 1 besondere Anforderungen gestellt werden. ^{2}Erleichterungen können gestattet werden, soweit es der Einhaltung von Vorschriften wegen der besonderen Art oder Nutzung baulicher Anlagen oder Räume oder wegen besonderer Anforderungen nicht bedarf. ^{3}Die Anforderungen und Erleichterungen nach den Sätzen 1 und 2 können sich insbesondere erstrecken auf
1. die Anordnung der baulichen Anlagen auf dem Grundstück,
2. die Abstände von Nachbargrenzen, von anderen baulichen Anlagen auf dem Grundstück und von öffentlichen Verkehrsflächen sowie auf die Größe der freizuhaltenden Flächen der Grundstücke,
3. die Öffnungen zu öffentlichen Verkehrsflächen und zu angrenzenden Grundstücken,
4. die Anlage von Zu- und Abfahrten,
5. die Anlage von Grünstreifen, Baumpflanzungen und anderen Pflanzungen sowie die Begrünung oder Beseitigung von Halden und Gruben,
6. die Bauart und Anordnung aller für die Stand- und Verkehrssicherheit, den Brand-, Wärme-, Schall- oder Gesundheitsschutz wesentlichen Bauteile und die Verwendung von Baustoffen,
7. Brandschutzanlagen, -einrichtungen und -vorkehrungen,
8. die Löschwasserrückhaltung,
9. die Anordnung und Herstellung von Aufzügen, Treppen, Treppenräumen, Fluren, Ausgängen und sonstigen Rettungswegen,
10. die Beleuchtung und Energieversorgung,
11. die Lüftung und Rauchableitung,
12. die Feuerungsanlagen und Heizräume,
13. die Wasserversorgung,
14. die Aufbewahrung und Entsorgung von Abwasser und festen Abfallstoffen,
15. die barrierefreie Nutzbarkeit,
16. die zulässige Zahl der Benutzerinnen und Benutzer, Anordnung und Zahl der zulässigen Sitz- und Stehplätze bei Versammlungsstätten, Tribünen und Fliegenden Bauten,
17. die Zahl der Toiletten für Besucherinnen und Besucher,
18. Umfang, Inhalt und Zahl besonderer Bauvorlagen, insbesondere eines Brandschutzkonzepts,
19. weitere zu erbringende Bescheinigungen,
20. die Bestellung und Qualifikation der Bauleiterin oder des Bauleiters und der Fachbauleiterinnen und Fachbauleiter,
21. den Betrieb und die Nutzung einschließlich der Bestellung und der Qualifikation einer oder eines Brandschutzbeauftragten,
22. Erst-, Wiederholungs- und Nachprüfungen und die Bescheinigungen, die hierüber zu erbringen sind.

(2) Auf Garagen ist Absatz 1 entsprechend anzuwenden, ausgenommen eingeschossige Garagen mit einer Nutzfläche bis zu 100 m².

VIERTER TEIL
Die am Bau Beteiligten

§ 53 Grundpflichten

Bei der Errichtung, Änderung, Nutzungsänderung und der Beseitigung von Anlagen sind die Bauherrin oder der Bauherr und im Rahmen ihres Wirkungskreises die anderen am Bau Beteiligten dafür verantwortlich, dass die öffentlich-rechtlichen Vorschriften eingehalten werden.

§ 54 Bauherrin oder Bauherr

(1) [1]Die Bauherrin oder der Bauherr hat zur Vorbereitung, Überwachung und Ausführung eines nicht verfahrensfreien Bauvorhabens sowie der Beseitigung von Anlagen geeignete Beteiligte nach Maßgabe der §§ 55 bis 57 zu bestellen, soweit sie oder er nicht selbst zur Erfüllung der Verpflichtungen nach diesen Vorschriften geeignet ist. [2]Der Bauherrin oder dem Bauherrn obliegen außerdem die nach den öffentlich-rechtlichen Vorschriften erforderlichen Anträge, Anzeigen und Nachweise. [3]Ein Wechsel der Entwurfsverfasserin oder des Entwurfsverfassers hat die Bauherrin oder der Bauherr der Bauaufsichtsbehörde schriftlich mitzuteilen. [4]Sie oder er hat vor Baubeginn den Namen der Bauleiterin oder des Bauleiters und während der Bauausführung einen Wechsel dieser Person unverzüglich der Bauaufsichtsbehörde schriftlich mitzuteilen. [5]Wechselt die Bauherrin oder der Bauherr, hat die neue Bauherrin oder der neue Bauherr dies der Bauaufsichtsbehörde unverzüglich schriftlich mitzuteilen.

(2) [1]Treten bei einem Bauvorhaben mehrere Personen als Bauherrin oder Bauherr auf, so kann die Bauaufsichtsbehörde verlangen, dass ihr gegenüber eine Vertreterin oder ein Vertreter bestellt wird, die oder der die der Bauherrin oder dem Bauherrn nach den öffentlich-rechtlichen Vorschriften obliegenden Verpflichtungen zu erfüllen hat. [2]Im Übrigen findet § 18 Abs. 1 Satz 2 und 3 sowie Abs. 2 des Verwaltungsverfahrensgesetzes entsprechende Anwendung.

§ 55 Entwurfsverfasserin oder Entwurfsverfasser

(1) [1]Die Entwurfsverfasserin oder der Entwurfsverfasser muss nach Sachkunde und Erfahrung zur Vorbereitung des jeweiligen Bauvorhabens geeignet sein. [2]Sie oder er ist für die Vollständigkeit und Brauchbarkeit ihres oder seines Entwurfs verantwortlich. [3]Die Entwurfsverfasserin oder der Entwurfsverfasser hat dafür zu sorgen, dass die für die Ausführung notwendigen Einzelzeichnungen, Einzelberechnungen und Anweisungen den öffentlich-rechtlichen Vorschriften entsprechen.

(2) [1]Hat die Entwurfsverfasserin oder der Entwurfsverfasser auf einzelnen Fachgebieten nicht die erforderliche Sachkunde und Erfahrung, so sind geeignete Fachplanerinnen und Fachplaner heranzuziehen. [2]Diese sind für die von ihnen gefertigten Unterlagen, die sie zu unterzeichnen haben, verantwortlich. [3]Für das ordnungsgemäße Ineinandergreifen aller Fachplanungen bleibt die Entwurfsverfasserin oder der Entwurfsverfasser verantwortlich.

§ 56 Unternehmerin oder Unternehmer

(1) [1]Jede Unternehmerin oder jeder Unternehmer ist für die mit den öffentlich-rechtlichen Anforderungen übereinstimmende Ausführung der von ihr oder ihm übernommenen Arbeiten und insoweit für die ordnungsgemäße Einrichtung und den sicheren Betrieb der Baustelle verantwortlich. [2]Sie oder er hat die erforderlichen Nachweise über die Verwendbarkeit der verwendeten Bauprodukte und Bauarten zu erbringen und auf der Baustelle bereitzuhalten.

(2) Jede Unternehmerin oder jeder Unternehmer hat auf Verlangen der Bauaufsichtsbehörde für Arbeiten, bei denen die Sicherheit der Anlage in außergewöhnlichem Maße von der besonderen Sachkenntnis und Erfahrung der Unternehmerin oder des Unternehmers oder von einer Ausstattung des Unternehmens mit besonderen Vorrichtungen abhängt, nachzuweisen, dass sie oder er für diese Arbeiten geeignet ist und über die erforderlichen Vorrichtungen verfügt.

§ 57 Bauleiterin oder Bauleiter

(1) ¹Die Bauleiterin oder der Bauleiter hat darüber zu wachen, dass die Baumaßnahme entsprechend den öffentlich-rechtlichen Anforderungen durchgeführt wird, und die dafür erforderlichen Weisungen zu erteilen. ²Sie oder er hat im Rahmen dieser Aufgabe auf den sicheren bautechnischen Betrieb der Baustelle, insbesondere auf das gefahrlose Ineinandergreifen der Arbeiten der Unternehmerinnen oder Unternehmer, zu achten. ³Die Verantwortlichkeit der Unternehmerinnen oder Unternehmer bleibt unberührt.

(2) ¹Die Bauleiterin oder der Bauleiter muss über die für ihre oder seine Aufgabe erforderliche Sachkunde und Erfahrung verfügen. ²Verfügt sie oder er auf einzelnen Teilgebieten nicht über die erforderliche Sachkunde, so sind geeignete Fachbauleiterinnen oder Fachbauleiter heranzuziehen. ³Diese treten insoweit an die Stelle der Bauleiterin oder des Bauleiters. ⁴Die Bauleiterin oder der Bauleiter hat die Tätigkeit der Fachbauleiterinnen oder Fachbauleiter und ihre oder seine Tätigkeit aufeinander abzustimmen.

FÜNFTER TEIL
Bauaufsichtsbehörden, Verfahren

Erster Abschnitt: Bauaufsichtsbehörden

§ 58 Aufgaben und Befugnisse der Bauaufsichtsbehörden

(1) ¹Die Bauaufsichtsbehörden haben bei der Errichtung, Änderung, Nutzungsänderung und Beseitigung sowie bei der Nutzung und Instandhaltung von Anlagen darüber zu wachen, dass die öffentlich-rechtlichen Vorschriften eingehalten werden, soweit nicht andere Behörden zuständig sind. ²Sie können in Wahrnehmung dieser Aufgaben die erforderlichen Maßnahmen treffen.

(2) Bauaufsichtliche Genehmigungen und sonstige Maßnahmen gelten auch für und gegen Rechtsnachfolgerinnen oder Rechtsnachfolger.

(3) ¹Die mit dem Vollzug dieses Gesetzes beauftragten Personen sind, soweit dies zur Ausübung ihres Amtes erforderlich ist, berechtigt, Grundstücke und Anlagen sowie zur Verhütung dringender Gefahren für die öffentliche Sicherheit und Ordnung auch Wohnungen zu betreten. ²Das Grundrecht der Unverletzlichkeit der Wohnung (Artikel 13 des Grundgesetzes, Artikel 28 Abs. 2 der Verfassung von Berlin) wird insoweit eingeschränkt.

§ 59 Verarbeitung personenbezogener Daten

(1) ¹Die Bauaufsichtsbehörden sind befugt, zur Wahrnehmung ihrer Aufgaben nach § 58 einschließlich der Erhebung von Gebühren, zur Führung des Baulastenverzeichnisses nach § 82 sowie zur Verfolgung von Ordnungswidrigkeiten nach § 83 die erforderlichen personenbezogenen Daten von den nach den §§ 54 bis 57 am Bau verantwortlich Beteiligten, Grundstückseigentümerinnen oder Grundstückseigentümern, Nachbarinnen oder Nachbarn, Baustoffproduzentinnen oder Baustoffproduzenten, Nutzungsberechtigten sowie sonstigen am Verfahren zu

Beteiligenden zu verarbeiten. ²Darüber hinaus ist eine Verarbeitung personenbezogener Daten nur mit Einwilligung der oder des Betroffenen zulässig.

(2) ¹Die Daten sind grundsätzlich bei den in Absatz 1 Satz 1 genannten Betroffenen mit deren Kenntnis zu erheben. ²Die Betroffenen sind verpflichtet, den Bauaufsichtsbehörden sowie den sonst am Verfahren beteiligten Behörden und Stellen auf Verlangen die erforderlichen Auskünfte zu erteilen; hierauf sind sie hinzuweisen. ³Die Bauaufsichtsbehörden dürfen die Daten bei Dritten ohne Kenntnis der Betroffenen erheben, wenn
1. eine Rechtsvorschrift dies erlaubt,
2. die oder der Betroffene in diese Form der Datenerhebung eingewilligt hat oder
3. anderenfalls die Erfüllung der Aufgaben nach § 58 gefährdet wäre.

(3) ¹Die Übermittlung der personenbezogenen Daten an die am Verfahren beteiligten Behörden, öffentlichen und privaten Stellen und Personen ist zulässig. ²Die Übermittlung an andere Behörden, Stellen und Personen ist nur zulässig, wenn
1. dies zur Erfüllung der gesetzlichen Aufgaben dieser Behörden oder Stellen erforderlich ist,
2. diese ein rechtliches Interesse an der Kenntnis der Daten glaubhaft machen und die schutzwürdigen Interessen der oder des Betroffenen nicht überwiegen oder
3. die oder der Betroffene in die Datenübermittlung eingewilligt hat.
³Gesetzliche Übermittlungsvorschriften bleiben unberührt.

(4) Die für das Bauwesen zuständige Senatsverwaltung erlässt durch Rechtsverordnung nähere Bestimmungen über Art, Umfang und Zweck
1. der Datenerhebung in den verschiedenen Verfahren,
2. regelmäßiger Datenübermittlungen unter Festlegung des Anlasses, der Empfängerinnen oder Empfänger und der zu übermittelnden Daten.

(5) Im Übrigen gelten die Bestimmungen des Berliner Datenschutzgesetzes.

Zweiter Abschnitt: Genehmigungspflicht, Genehmigungsfreiheit

§ 60 Grundsatz

(1) Die Errichtung, Änderung und Nutzungsänderung von Anlagen bedürfen der Baugenehmigung, soweit in den §§ 61 bis 63, 75 und 76 nichts anderes bestimmt ist.

(2) Die Genehmigungsfreiheit nach den §§ 61 bis 63, 75 und 76 Abs. 1 Satz 3 sowie die Beschränkung der bauaufsichtlichen Prüfung nach den §§ 64, 65, 67 Abs. 3 und § 76 Abs. 3 entbinden nicht von der Verpflichtung zur Einhaltung der Anforderungen, die durch öffentlich-rechtliche Vorschriften an Anlagen gestellt werden, und lassen die bauaufsichtlichen Eingriffsbefugnisse unberührt.

(3) Die Bauaufsichtsbehörde kann im Einzelfall bei geringfügigen genehmigungsbedürftigen Vorhaben von der Erteilung der Baugenehmigung absehen; die Antragstellerin oder der Antragsteller ist entsprechend zu bescheiden.

§ 61 Vorrang anderer Gestattungsverfahren

(1) Bei folgenden Anlagen schließen die Gestattungsverfahren nach anderen Rechtsvorschriften die Baugenehmigung, Abweichung und Zustimmung nach diesem Gesetz ein:
1. nach anderen Rechtsvorschriften zulassungsbedürftige Anlagen in oder an oberirdischen Gewässern und Anlagen, die dem Ausbau, der Unterhaltung oder der Nutzung eines Gewässers dienen oder als solche gelten, ausgenommen Gebäude, die Sonderbauten sind,

2. nach anderen Rechtsvorschriften zulassungsbedürftige Anlagen für die öffentliche Versorgung mit Elektrizität, Gas, Wärme, Wasser und für die öffentliche Verwertung oder Entsorgung von Abwässern, ausgenommen Gebäude, die Sonderbauten sind,
3. Anlagen, die nach Gewerberecht, Geräte- und Produktsicherheitsrecht oder Betriebssicherheitsrecht einer Genehmigung oder Erlaubnis bedürfen, ausgenommen gaststättenrechtliche Erlaubnisse,
4. Anlagen, die einer Errichtungsgenehmigung nach dem Atomgesetz bedürfen.

(2) [1]Für Anlagen, bei denen ein anderes Gestattungsverfahren die Baugenehmigung, die Abweichung oder die Zustimmung einschließt oder die nach Absatz 1 keiner Baugenehmigung oder Zustimmung bedürfen, nimmt die für den Vollzug der entsprechenden Rechtsvorschriften zuständige Behörde die Aufgaben der Bauaufsichtsbehörde wahr. [2]In diesen Fällen ist die Bauaufsichtsbehörde zu beteiligen.

§ 62 Verfahrensfreie Bauvorhaben, Beseitigung von Anlagen

(1) Verfahrensfrei sind
1. folgende Gebäude:
   a) eingeschossige Gebäude mit einer Brutto-Grundfläche bis zu 10 m^2, außer im Außenbereich, sowie untergeordnete Gebäude wie Kioske, Verkaufswagen und Toiletten auf öffentlichen Verkehrsflächen,
   b) Garagen, überdachte Stellplätze sowie deren Abstellräume mit einer mittleren Wandhöhe bis zu 3 m je Wand und einer Brutto-Grundfläche bis zu 30 m^2, außer im Außenbereich,
   c) Gebäude ohne Feuerungsanlagen mit einer traufseitigen Wandhöhe bis zu 5 m, die einem land- oder forstwirtschaftlichen Betrieb im Sinne des § 35 Abs. 1 und § 201 des Baugesetzbuchs dienen, höchstens 100 m^2 Brutto-Grundfläche haben und nur zur Unterbringung von Sachen oder zum vorübergehenden Schutz von Tieren bestimmt sind,
   d) Gewächshäuser mit einer Firsthöhe bis zu 5 m, die einem landwirtschaftlichen Betrieb im Sinne des § 35 Abs. 1 und § 201 des Baugesetzbuchs dienen und höchstens 100 m^2 Brutto-Grundfläche haben,
   e) Fahrgastunterstände, die dem öffentlichen Personenverkehr oder der Schülerbeförderung dienen,
   f) Schutzhütten für Wanderinnen oder Wanderer, die jedem zugänglich sind und keine Aufenthaltsräume haben,
   g) Terrassenüberdachungen mit einer Fläche bis zu 30 m^2 und einer Tiefe bis zu 3 m,
   h) Gartenlauben in Kleingartenanlagen im Sinne des § 1 Abs. 1 des Bundeskleingartengesetzes,
   i) Wochenendhäuser auf Wochenendplätzen;
2. Anlagen der technischen Gebäudeausrüstung:
   a) Abgasanlagen in und an Gebäuden sowie frei stehende Abgasanlagen mit einer Höhe bis zu 10 m,
   b) Solaranlagen in und an Dach- und Außenwandflächen sowie gebäudeunabhängig mit einer Höhe bis zu 3 m und einer Gesamtlänge bis zu 9 m,
   c) sonstige Anlagen der technischen Gebäudeausrüstung;
3. folgende Anlagen der Ver- und Entsorgung:
   a) Brunnen,
   b) Anlagen, die der Telekommunikation, der öffentlichen Versorgung mit Elektrizität, Gas, Öl oder Wärme dienen, mit einer Höhe bis zu 5 m und einer Brutto-Grundfläche bis zu 10 m^2;
4. folgende Masten, Antennen und ähnliche Anlagen:
   a) unbeschadet der Nummer 3 Buchstabe b Antennen einschließlich der Masten mit einer Höhe bis zu 10 m und Parabolantennen mit einem Durchmesser bis zu 1,20 m und zugehöriger Versorgungseinheiten mit einem Brutto-Rauminhalt bis zu 10 m^3 sowie, soweit sie in, auf oder an einer bestehenden baulichen Anlage errichtet werden, die damit verbundene Änderung der Nutzung oder der äußeren Gestalt der Anlage,

- b) Masten und Unterstützungen für Fernsprechleitungen, für Leitungen zur Versorgung mit Elektrizität, für Seilbahnen und für Leitungen sonstiger Verkehrsmittel, für Sirenen und für Fahnen,
- c) Masten, die aus Gründen des Brauchtums errichtet werden,
- d) Signalhochbauten für die Landesvermessung,
- e) Flutlichtmasten mit einer Höhe bis zu 10 m;

5. folgende Behälter:
   - a) ortsfeste Behälter mit einem Brutto-Rauminhalt bis zu 50 m³ und einer Höhe bis zu 3 m,
   - b) Gärfutterbehälter mit einer Höhe bis zu 6 m und Schnitzelgruben,
   - c) Fahrsilos, Kompost- und ähnliche Anlagen,
   - d) Wasserbecken mit einem Beckeninhalt bis zu 100 m³;
6. folgende Mauern und Einfriedungen:
   - a) Mauern einschließlich Stützmauern und Einfriedungen mit einer Höhe bis zu 2 m, außer im Außenbereich,
   - b) offene, sockellose Einfriedungen für Grundstücke, die einem land- oder forstwirtschaftlichen Betrieb im Sinne des § 35 Abs. 1 und § 201 des Baugesetzbuchs dienen;
7. private Verkehrsanlagen einschließlich Brücken und Durchlässen mit einer lichten Weite bis zu 5 m und Untertunnelungen mit einem Durchmesser bis zu 3 m;
8. Aufschüttungen und Abgrabungen mit einer Höhe oder Tiefe bis zu 2 m und einer Grundfläche bis zu 30 m², im Außenbereich bis zu 300 m²;
9. folgende Anlagen in Gärten und zur Freizeitgestaltung:
   - a) Schwimmbecken mit einem Beckeninhalt bis zu 100 m³ einschließlich dazugehöriger luftgetragener Überdachungen, außer im Außenbereich,
   - b) Sprungschanzen, Sprungtürme und Rutschbahnen mit einer Höhe bis zu 10 m,
   - c) Anlagen, die der zweckentsprechenden Einrichtung von Spiel-, Abenteuerspiel-, Bolz- und Sportplätzen, Reit- und Wanderwegen, Trimm- und Lehrpfaden dienen, ausgenommen Gebäude und Tribünen,
   - d) Wohnwagen, Zelte und bauliche Anlagen, die keine Gebäude sind, auf Camping-, Zelt- und Wochenendplätzen,
   - e) Anlagen, die der Gartennutzung, der Gartengestaltung oder der zweckentsprechenden Einrichtung von Gärten dienen, ausgenommen Gebäude und Einfriedungen;
10. folgende tragende und nichttragende Bauteile:
    - a) nichttragende und nichtaussteifende Bauteile in baulichen Anlagen,
    - b) die Änderung tragender oder aussteifender Bauteile innerhalb von Wohngebäuden der Gebäudeklassen 1 und 2,
    - c) Fenster und Türen sowie die dafür bestimmten Öffnungen,
    - d) nachträgliches Anbringen von Außenwandbekleidungen bei Gebäuden der Gebäudeklassen 1 und 2, nachträgliche Dämmung von Dächern, Verblendungen und Verputz baulicher Anlagen;
11. folgende Werbeanlagen:
    - a) Werbeanlagen an Baugerüsten und Bauzäunen,
    - b) Werbeanlagen mit einer Ansichtsfläche bis zu 1 m², an der Stätte der Leistung bis zu 2,50 m²,
    - c) Werbeanlagen, die nach ihrem erkennbaren Zweck nur vorübergehend für höchstens drei Monate angebracht werden, außer im Außenbereich,
    - d) Werbeanlagen in durch Bebauungsplan festgesetzten Gewerbe-, Industrie- und vergleichbaren Sondergebieten an der Stätte der Leistung mit einer Höhe bis zu 10 m,
    - e) Werbeanlagen auf öffentlichem Straßenland,
    - f) Warenautomaten;
12. folgende vorübergehend aufgestellte oder benutzbare Anlagen:
    - a) Baustelleneinrichtungen einschließlich der Lagerhallen, Schutzhallen, nicht dem Wohnen dienende Unterkünfte und Baustellenbüros,
    - b) Gerüste der Regelausführung,
    - c) Toilettenwagen,
    - d) Behelfsbauten, die der Landesverteidigung, dem Katastrophenschutz oder der Unfallhilfe dienen,

e) bauliche Anlagen, die für höchstens drei Monate auf genehmigtem Messe- und Ausstellungsgelände errichtet werden, ausgenommen Fliegende Bauten,
   f) Verkaufsstände und andere bauliche Anlagen auf Straßenfesten, Volksfesten und Märkten, ausgenommen Fliegende Bauten;
13. folgende Plätze:
    a) unbefestigte Lager- und Abstellplätze, die einem land- oder forstwirtschaftlichen Betrieb im Sinne des § 35 Abs. 1 und § 201 des Baugesetzbuchs dienen,
    b) nicht überdachte Stellplätze mit einer Fläche bis zu 30 m² und deren Zufahrten,
    c) Kinderspielplätze im Sinne des § 8 Abs. 2 Satz 1;
14. folgende sonstige Anlagen:
    a) Fahrradabstellanlagen mit einer Fläche bis zu 30 m²,
    b) Zapfsäulen und Tankautomaten genehmigter Tankstellen,
    c) Regale mit einer Höhe bis zu 7,50 m Oberkante Lagergut,
    d) Grabdenkmale auf Friedhöfen, Feldkreuze, Denkmäler und sonstige Kunstwerke jeweils mit einer Höhe bis zu 4 m,
    e) andere unbedeutende Anlagen oder unbedeutende Teile von Anlagen wie Hauseingangsüberdachungen, Markisen, Rollläden, Terrassen, Straßenfahrzeugwaagen, Pergolen, Jägerstände, Wildfütterungen, Bienenfreistände, Taubenhäuser, Hofeinfahrten und Teppichstangen.

(2) Verfahrensfrei ist die Änderung der Nutzung von Anlagen, wenn
1. für die neue Nutzung keine anderen öffentlich-rechtlichen Anforderungen als für die bisherige Nutzung in Betracht kommen oder
2. die Errichtung oder Änderung der Anlagen nach Absatz 1 verfahrensfrei wäre.

(3) ¹Verfahrensfrei ist die Beseitigung von
1. Anlagen nach Absatz 1,
2. freistehenden Gebäuden der Gebäudeklassen 1 und 3,
3. sonstigen Anlagen, die keine Gebäude sind, mit einer Höhe bis zu 10 m.
²Im Übrigen ist die beabsichtigte Beseitigung von Anlagen mindestens einen Monat zuvor der Bauaufsichtsbehörde anzuzeigen. ³Für die Prüfung der Standsicherheit des Gebäudes oder der Gebäude, an die das zu beseitigende Gebäude angebaut ist, gilt § 67 Abs. 2 Satz 1 entsprechend; Halbsatz 1 gilt auch, wenn die Beseitigung eines Gebäudes sich auf andere Weise auf die Standsicherheit anderer Gebäude auswirken kann. ⁴Satz 3 gilt nicht, soweit an verfahrensfreie Gebäude angebaut ist. 5§ 71 Abs. 6 und 7 Nr. 2 gilt entsprechend.

(4) Verfahrensfrei sind Instandhaltungsarbeiten.

(5) ¹Verfahrensfreie Bauvorhaben und die Beseitigung von Anlagen müssen den öffentlich-rechtlichen Vorschriften entsprechen. ²Die Bauaufsichtsbehörde kann jederzeit bauaufsichtliche Maßnahmen ergreifen.

§ 63 Genehmigungsfreistellung

(1) Keiner Genehmigung bedarf unter den Voraussetzungen des Absatzes 2 die Errichtung, Änderung oder Nutzungsänderung baulicher Anlagen, die keine Sonderbauten sind.

(2) Nach Absatz 1 ist ein Bauvorhaben genehmigungsfrei gestellt, wenn
1. es
   a) im Geltungsbereich eines Bebauungsplans im Sinne des § 30 Abs. 1 oder 2 des Baugesetzbuchs liegt und den Festsetzungen des Bebauungsplans nicht widerspricht oder die erforderlichen Befreiungen und Ausnahmen nach § 31 des Baugesetzbuchs erteilt worden sind oder
   b) in einem planungsrechtlichen Bescheid gemäß § 74 Abs. 2 abschließend als insgesamt planungsrechtlich zulässig festgestellt worden ist,

2. die Erschließung im Sinne des Baugesetzbuchs gesichert ist und
3. die Bauaufsichtsbehörde nicht innerhalb der Frist nach Absatz 3 Satz 2 erklärt, dass das vereinfachte Baugenehmigungsverfahren durchgeführt werden soll, oder eine vorläufige Untersagung nach § 15 Abs. 1 Satz 2 des Baugesetzbuchs ausspricht.

(3) [1]Die Bauherrin oder der Bauherr hat die erforderlichen Unterlagen bei der Bauaufsichtsbehörde einzureichen. [2]Mit dem Bauvorhaben darf einen Monat nach Vorlage der erforderlichen Unterlagen bei der Bauaufsichtsbehörde begonnen werden, sofern nicht die Frist um einen weiteren Monat verlängert wird. [3]Teilt die Bauaufsichtsbehörde der Bauherrin oder dem Bauherrn vor Ablauf der Frist schriftlich mit, dass kein Genehmigungsverfahren durchgeführt werden soll und sie eine vorläufige Untersagung nach § 15 Abs. 1 Satz 2 des Baugesetzbuchs nicht aussprechen wird, darf die Bauherrin oder der Bauherr mit der Ausführung des Bauvorhabens beginnen. [4]Will die Bauherrin oder der Bauherr mit der Ausführung des Bauvorhabens mehr als drei Jahre, nachdem die Bauausführung nach den Sätzen 2 und 3 zulässig geworden ist, beginnen, gelten die Sätze 1 bis 3 entsprechend.

(4) [1]Die Erklärung der Bauaufsichtsbehörde nach Absatz 2 Nr. 3 erste Alternative kann insbesondere deshalb erfolgen, weil sie eine Überprüfung der sonstigen Voraussetzungen des Absatzes 2 oder des Bauvorhabens aus anderen Gründen für erforderlich hält. [2]Darauf, dass die Bauaufsichtsbehörde von ihrer Erklärungsmöglichkeit keinen Gebrauch macht, besteht kein Rechtsanspruch. [3]Erklärt die Bauaufsichtsbehörde, dass das vereinfachte Baugenehmigungsverfahren durchgeführt werden soll, hat sie der Bauherrin oder dem Bauherrn die vorgelegten Unterlagen zurückzureichen; dies gilt nicht, wenn die Bauherrin oder der Bauherr bei der Vorlage der Unterlagen bestimmt hat, dass ihre oder seine Vorlage im Fall der Erklärung nach Absatz 2 Nr. 3 als Bauantrag zu behandeln ist.

(5) [1]§ 67 bleibt unberührt. [2]§ 69 Abs. 2 Satz 1 und Abs. 4 Satz 1 und 2 sowie § 71 Abs. 5, 6 und 7 Nr. 2 sind entsprechend anzuwenden.

Dritter Abschnitt: Genehmigungsverfahren

§ 64 Vereinfachtes Baugenehmigungsverfahren

[1]Außer bei Sonderbauten werden geprüft
1. die Übereinstimmung mit den Vorschriften über die Zulässigkeit der baulichen Anlagen nach den §§ 29 bis 38 des Baugesetzbuchs,
2. beantragte und erforderliche Abweichungen im Sinne des § 68 Abs. 1 und 2 Satz 2 sowie die Übereinstimmung mit den Anforderungen gemäß den §§ 4 bis 6 und
3. andere öffentlich-rechtliche Anforderungen, soweit wegen der Baugenehmigung eine Entscheidung nach anderen öffentlich-rechtlichen Vorschriften entfällt oder ersetzt wird.

[2]Die durch eine Umweltverträglichkeitsprüfung ermittelten, beschriebenen und bewerteten Umweltauswirkungen sind nach Maßgabe der hierfür geltenden Vorschriften zu berücksichtigen. [3]§ 67 bleibt unberührt.

§ 65 Baugenehmigungsverfahren

[1]Bei genehmigungsbedürftigen baulichen Anlagen, die nicht unter § 64 fallen, wird geprüft
1. die Übereinstimmung mit den Vorschriften über die Zulässigkeit der baulichen Anlagen nach den §§ 29 bis 38 des Baugesetzbuchs,
2. die Anforderungen nach den Vorschriften dieses Gesetzes und auf Grund dieses Gesetzes,
3. andere öffentlich-rechtliche Anforderungen, soweit wegen der Baugenehmigung eine Entscheidung nach anderen öffentlich-rechtlichen Vorschriften entfällt oder ersetzt wird.

[2]§ 64 Satz 2 gilt entsprechend. [3]§ 67 bleibt unberührt.

§ 66 Bauvorlageberechtigung

(1) Bauvorlagen für die nicht verfahrensfreie Errichtung und Änderung von Gebäuden müssen von einer Entwurfsverfasserin oder einem Entwurfsverfasser unterschrieben sein, die oder der bauvorlageberechtigt ist.

(2) Bauvorlageberechtigt ist, wer
1. die Berufsbezeichnung „Architektin" oder „Architekt" führen darf,
2. in die von der Baukammer Berlin geführte Liste der Bauvorlageberechtigten eingetragen ist,
3. die Berufsbezeichnung „Innenarchitektin" oder „Innenarchitekt" führen darf, für die mit der Berufsaufgabe der Innenarchitektin oder des Innenarchitekten verbundenen baulichen Änderungen von Gebäuden,
4. die Berufsbezeichnung „Ingenieurin" oder „Ingenieur" in den Fachrichtungen Architektur, Hochbau oder Bauingenieurwesen führen darf, mindestens zwei Jahre als Ingenieurin oder Ingenieur tätig war und Bedienstete oder Bediensteter einer juristischen Person des öffentlichen Rechts ist, für die dienstliche Tätigkeit.

(3) Die Beschränkungen des Absatzes 2 gelten nicht für
1. Bauvorlagen, die üblicherweise von Fachkräften mit anderer Ausbildung als nach Absatz 2 verfasst werden,
2. geringfügige oder technisch einfache Bauvorhaben.

(4) [1]Bauvorlageberechtigt für
1. Gebäude mit nicht mehr als zwei Wohnungen und insgesamt nicht mehr als 250 m² Brutto-Grundfläche,
2. eingeschossige gewerbliche Gebäude bis zu 250 m² Brutto-Grundfläche und bis zu 5 m Wandhöhe, gemessen von der Geländeoberfläche bis zur Schnittlinie zwischen Dachhaut und Außenwand,
3. Garagen bis zu 250 m² Nutzfläche

sind ferner die Angehörigen der Fachrichtungen Architektur, Hochbau oder Bauingenieurwesen, die an einer deutschen Hochschule, einer deutschen öffentlichen oder staatlich anerkannten Ingenieurschule oder an einer dieser gleichrangigen deutschen Lehreinrichtung das Studium erfolgreich abgeschlossen haben, sowie die staatlich geprüften Technikerinnen oder Techniker der Fachrichtung Bautechnik mit Schwerpunkt Hochbau und die Handwerksmeisterinnen oder Handwerksmeister des Maurer- und Beton- oder Zimmererfachs. [2]Das Gleiche gilt für sonstige nach dem Recht der Europäischen Union und der diesen gleichgestellten Staaten unmittelbar Berechtigte.

(5) [1]In die Liste der Bauvorlageberechtigten ist auf Antrag von der Baukammer einzutragen, wer auf Grund einer Ausbildung im Bauingenieurwesen die Berufsbezeichnung „Ingenieurin" oder „Ingenieur" führen darf und mindestens zwei Jahre als Bauingenieurin oder Bauingenieur tätig gewesen ist. [2]Die Anforderungen nach Satz 1 braucht eine Antragstellerin oder ein Antragsteller nicht nachzuweisen, wenn sie oder er bereits in einem anderen Land in eine entsprechende Liste eingetragen ist und für die Eintragung mindestens diese Anforderungen zu erfüllen hatte.

§ 67 Bautechnische Nachweise

(1) [1]Die Einhaltung der Anforderungen an die Standsicherheit, den Brand-, Schall-, Wärme- und Erschütterungsschutz ist nach näherer Maßgabe der Verordnung auf Grund des § 84 Abs. 3 nachzuweisen (bautechnische Nachweise); dies gilt nicht für verfahrensfreie Bauvorhaben, einschließlich der Beseitigung von Anlagen, soweit nicht in diesem Gesetz oder in der Rechtsverordnung auf Grund des § 84 Abs. 3 anderes bestimmt ist. [2]Die Bauvorlageberechtigung nach § 66 Abs. 2 Nr. 1, 2 und 4 schließt die Berechtigung zur Erstellung der bautechnischen Nachweise ein, soweit nicht nachfolgend Abweichendes bestimmt ist. [3]Für die Bauvorlageberechti-

gung nach § 66 Abs. 4 gilt die Berechtigung zur Erstellung der bautechnischen Nachweise nur für die dort unter den Nummern 1 bis 3 genannten Vorhaben.

(2) [1]Der Standsicherheitsnachweis muss bauaufsichtlich geprüft sein
1. bei Gebäuden der Gebäudeklassen 4 und 5,
2. wenn dies nach Maßgabe eines in der Rechtsverordnung nach § 84 Abs. 3 geregelten Kriterienkatalogs erforderlich ist, bei
    a) Gebäuden der Gebäudeklassen 1 bis 3,
    b) Behältern, Brücken, Stützmauern, Tribünen,
    c) sonstigen baulichen Anlagen, die keine Gebäude sind, mit einer Höhe von mehr als 10 m,
    d) selbständigen unterirdischen Garagen bis zu 100 m² Nutzfläche.
[2]Der Brandschutznachweis muss bauaufsichtlich geprüft sein bei
1. Sonderbauten,
2. Garagen über 100 m² Nutzfläche,
3. Gebäuden der Gebäudeklassen 4 und 5.

(3) [1]Außer in den Fällen des Absatzes 2 werden bautechnische Nachweise nicht geprüft; § 68 bleibt unberührt. [2]Einer bauaufsichtlichen Prüfung bedarf es ferner nicht, soweit für das Bauvorhaben Standsicherheitsnachweise vorliegen, die von einem Prüfamt für Standsicherheit allgemein geprüft sind (Typenprüfung); Typenprüfungen anderer Länder gelten auch im Land Berlin.

§ 68 Abweichungen

(1) [1]Die Bauaufsichtsbehörde kann Abweichungen von Anforderungen dieses Gesetzes und auf Grund dieses Gesetzes erlassener Vorschriften zulassen, wenn sie unter Berücksichtigung des Zwecks der jeweiligen Anforderung und unter Würdigung der öffentlich-rechtlich geschützten nachbarlichen Belange mit den öffentlichen Belangen, insbesondere den Anforderungen des § 3 Abs. 1, vereinbar sind. [2]§ 3 Abs. 3 Satz 3 bleibt unberührt.

(2) [1]Die Zulassung von Abweichungen nach Absatz 1, von Ausnahmen und Befreiungen nach § 31 des Baugesetzbuchs, von Ausnahmen nach § 14 Abs. 2 des Baugesetzbuchs, von Abweichungen, die eine Ermessensentscheidung nach der Baunutzungsverordnung verlangen, sowie von Ausnahmen nach anderen Rechtsverordnungen ist gesondert schriftlich zu beantragen; der Antrag ist zu begründen. [2]Für Anlagen, die keiner Genehmigung bedürfen, sowie für Abweichungen von Vorschriften, die im Genehmigungsverfahren nicht geprüft werden, gilt Satz 1 entsprechend.

(3) Ist eine Abweichung, Ausnahme oder Befreiung unter Bedingungen, befristet oder unter dem Vorbehalt des Widerrufs erteilt worden, so ist die Genehmigung entsprechend einzuschränken.

§ 69 Bauantrag, Bauvorlagen

(1) Der Bauantrag ist schriftlich bei der Bauaufsichtsbehörde einzureichen.

(2) [1]Mit dem Bauantrag sind alle für die Beurteilung des Bauvorhabens und die Bearbeitung des Bauantrags erforderlichen Unterlagen (Bauvorlagen) einzureichen. [2]Es kann gestattet werden, dass einzelne Bauvorlagen nachgereicht werden.

(3) In besonderen Fällen kann zur Beurteilung der Einwirkung der baulichen Anlage auf die Umgebung verlangt werden, dass die bauliche Anlage in geeigneter Weise auf dem Grundstück dargestellt wird.

(4) ¹Die Bauherrin oder der Bauherr und die Entwurfsverfasserin oder der Entwurfsverfasser haben den Bauantrag, die bauvorlageberechtigte Entwurfsverfasserin oder der bauvorlageberechtigte Entwurfsverfasser die Bauvorlagen zu unterschreiben. ²Die von Fachplanerinnen oder Fachplanern nach § 55 Abs. 2 bearbeiteten Unterlagen müssen auch von diesen unterschrieben sein. ³Ist die Bauherrin oder der Bauherr nicht Grundstückseigentümerin oder Grundstückseigentümer, kann die Zustimmung der Grundstückseigentümerin oder des Grundstückseigentümers zu dem Bauvorhaben gefordert werden.

§ 70 Behandlung des Bauantrags

(1) ¹Die Bauaufsichtsbehörde prüft innerhalb von zwei Wochen nach Eingang des Bauantrags dessen Vollständigkeit. ²Ist der Bauantrag vollständig, ist dies der Bauherrin oder dem Bauherrn unverzüglich schriftlich zu bestätigen. ³Ist der Bauantrag unvollständig oder weist er sonstige erhebliche Mängel auf, fordert die Bauaufsichtsbehörde die Bauherrin oder den Bauherrn unverzüglich zur Behebung der Mängel innerhalb einer angemessenen Frist auf. ⁴Werden die Mängel innerhalb der Frist nicht behoben, gilt der Antrag als zurückgenommen.

(2) ¹Ist der Bauantrag vollständig, holt die Bauaufsichtsbehörde unverzüglich die Stellungnahmen der Behörden und sonstigen Stellen ein,
1. deren Beteiligung oder Anhörung für die Entscheidung über den Bauantrag durch Rechtsvorschrift vorgeschrieben ist oder
2. ohne deren Stellungnahme die Genehmigungsfähigkeit des Bauantrags nicht beurteilt werden kann;

die Beteiligung oder Anhörung entfällt, wenn die jeweilige Behörde oder sonstige Stelle dem Bauantrag bereits vor Einleitung des Baugenehmigungsverfahrens zugestimmt hat. ²Bedarf die Erteilung der Baugenehmigung der Zustimmung oder des Einvernehmens einer Behörde oder sonstigen Stelle nach Satz 1 Nr. 1, so gilt diese als erteilt, wenn sie nicht einen Monat nach Eingang der Aufforderung zur Stellungnahme verweigert wird; durch Rechtsvorschrift vorgeschriebene längere Zustimmungs- und Einvernehmensfristen bleiben unberührt. ³Wenn zur Beurteilung eines Vorhabens durch eine beteiligte Behörde oder sonstige Stelle noch zusätzliche Unterlagen oder Angaben erforderlich sind, wird die Frist nach Satz 2 bis zum Eingang der nachgeforderten Unterlagen oder Angaben unterbrochen. ⁴Sie wird auch bis zum Eingang eines erforderlichen Antrags auf Erteilung einer Ausnahme, Befreiung oder Abweichung unterbrochen.

(3) ¹Die Bauaufsichtsbehörde entscheidet über den Bauantrag innerhalb einer Frist von einem Monat. ²Die Frist beginnt, sobald alle für die Entscheidung notwendigen Stellungnahmen und Nachweise vorliegen.

(4) ¹Im vereinfachten Baugenehmigungsverfahren nach § 64 sind die nach Absatz 1 Satz 3 fehlenden Unterlagen und Mängel abschließend zu benennen. ²Ein Bauantrag im vereinfachten Baugenehmigungsverfahren gilt nach Ablauf von drei Wochen nach dessen Eingang als vollständig, wenn die Bauaufsichtsbehörde der Bauherrin oder dem Bauherrn entgegen Absatz 1 Satz 2 die Vollständigkeit des Bauantrags nicht bestätigt oder sie oder ihn entgegen Absatz 1 Satz 3 nicht zur Behebung von Mängeln des Bauantrags auffordert; Absatz 2 Satz 3 bleibt unberührt. ³Ist im vereinfachten Baugenehmigungsverfahren nicht innerhalb einer Frist nach Absatz 3 Satz 1 entschieden worden, gilt die Baugenehmigung als erteilt; dies gilt nicht, wenn die Bauherrin oder der Bauherr schriftlich auf diese Rechtsfolge verzichtet hat. ⁴Der Eintritt der Genehmigungsfiktion nach Satz 3 ist auf Antrag der Bauherrin oder dem Bauherrn schriftlich zu bestätigen.

(5) Die Bauaufsichtsbehörde kann auf Kosten der Bauherrin oder des Bauherrn im Rahmen der Prüfung der bautechnischen Nachweise nach § 67 Abs. 2 besondere Sachverständige beauftragen.

§ 71 Baugenehmigung, Baubeginn

(1) Die Baugenehmigung ist zu erteilen, wenn dem Bauvorhaben keine öffentlich-rechtlichen Vorschriften entgegenstehen, die im bauaufsichtlichen Genehmigungsverfahren zu prüfen sind.

(2) Die Baugenehmigung bedarf der Schriftform; sie ist nur insoweit zu begründen als Abweichungen oder Befreiungen von nachbarschützenden Vorschriften zugelassen werden und die Nachbarin oder der Nachbar nicht schriftlich zugestimmt hat.

(3) Die Baugenehmigung kann unter Auflagen, Bedingungen und dem Vorbehalt der nachträglichen Aufnahme, Änderung oder Ergänzung einer Auflage sowie befristet erteilt werden.

(4) Die Baugenehmigung wird unbeschadet der Rechte Dritter erteilt.

(5) ^{1}Vor Baubeginn eines Gebäudes müssen die Grundrissfläche abgesteckt und seine Höhenlage festgelegt sein. ^{2}Baugenehmigungen, Bauvorlagen sowie bautechnische Nachweise müssen an der Baustelle von Baubeginn an vorliegen.

(6) Die Bauherrin oder der Bauherr hat den Ausführungsbeginn genehmigungsbedürftiger Vorhaben und die Wiederaufnahme der Bauarbeiten nach einer Unterbrechung von mehr als drei Monaten mindestens eine Woche vorher der Bauaufsichtsbehörde schriftlich mitzuteilen (Baubeginnanzeige).

(7) Mit der Bauausführung oder mit der Ausführung des jeweiligen Bauabschnitts darf erst begonnen werden, wenn
1. die Baugenehmigung der Bauherrin oder dem Bauherrn zugegangen ist oder die Frist nach § 70 Abs. 4 Satz 3 Halbsatz 1 abgelaufen ist,
2. die erforderlichen bautechnischen Nachweise der Bauaufsichtsbehörde vorliegen und
3. die Baubeginnanzeige der Bauaufsichtsbehörde vorliegt.

§ 72 Geltungsdauer der Baugenehmigung

(1) Die Baugenehmigung und die Teilbaugenehmigung erlöschen, wenn innerhalb von drei Jahren nach ihrer Erteilung mit der Ausführung des Bauvorhabens nicht begonnen oder die Bauausführung ein Jahr unterbrochen worden ist.

(2) ^{1}Die Frist nach Absatz 1 kann auf schriftlichen Antrag jeweils bis zu einem Jahr verlängert werden. ^{2}Sie kann auch rückwirkend verlängert werden, wenn der Antrag vor Fristablauf bei der Bauaufsichtsbehörde eingegangen ist.

§ 73 Teilbaugenehmigung

^{1}Ist ein Bauantrag eingereicht, so kann der Beginn der Bauarbeiten für die Baugrube und für einzelne Bauteile oder Bauabschnitte auf schriftlichen Antrag schon vor Erteilung der Baugenehmigung schriftlich gestattet werden (Teilbaugenehmigung). ^{2}§ 71 gilt sinngemäß.

§ 74 Vorbescheid, planungsrechtlicher Bescheid

(1) ^{1}Vor Einreichung des Bauantrags ist auf Antrag der Bauherrin oder des Bauherrn zu einzelnen Fragen des Bauvorhabens ein Vorbescheid zu erteilen. ^{2}Der Vorbescheid gilt drei Jahre. ^{3}Die Frist kann auf schriftlichen Antrag jeweils bis zu einem Jahr verlängert werden. ^{4}§ 58 Abs. 2, §§ 69, 70 Abs. 1 bis 3 und § 72 Abs. 2 Satz 2 gelten entsprechend.

(2) ¹Für ein Bauvorhaben, welches dem vereinfachten Baugenehmigungsverfahren nach § 64 unterfällt, ist auf Antrag der Bauherrin oder des Bauherrn ein planungsrechtlicher Bescheid zu erteilen. ²Das Vorhaben wird in die Genehmigungsfreistellung nach § 63 übergeleitet, wenn durch diesen Bescheid insgesamt die planungsrechtliche Zulässigkeit des Vorhabens festgestellt worden ist. ³Absatz 1 Satz 2 bis 4 gilt sinngemäß.

§ 75 Genehmigung Fliegender Bauten

(1) ¹Fliegende Bauten sind bauliche Anlagen, die geeignet und bestimmt sind, an verschiedenen Orten wiederholt aufgestellt und zerlegt zu werden. ²Baustelleneinrichtungen und Baugerüste sind keine Fliegenden Bauten.

(2) ¹Fliegende Bauten bedürfen, bevor sie erstmals aufgestellt und in Gebrauch genommen werden, einer Ausführungsgenehmigung. ²Dies gilt nicht für
1. Fliegende Bauten mit einer Höhe bis zu 5 m, die nicht dazu bestimmt sind, von Besucherinnen und Besuchern betreten zu werden,
2. Fliegende Bauten mit einer Höhe bis zu 5 m, die für Kinder betrieben werden und eine Geschwindigkeit von höchstens 1 m/s haben,
3. Bühnen, die Fliegende Bauten sind, einschließlich Überdachungen und sonstiger Aufbauten mit einer Höhe bis zu 5 m, mit einer Brutto-Grundfläche bis zu 100 m² und einer Fußbodenhöhe bis zu 1,50 m,
4. Zelte, die Fliegende Bauten sind, mit einer Brutto-Grundfläche bis zu 75 m².

(3) ¹Die Ausführungsgenehmigung wird von der Bauaufsichtsbehörde erteilt, in deren Bereich die Antragstellerin oder der Antragsteller ihre oder seine Hauptwohnung oder gewerbliche Niederlassung hat. ²Hat die Antragstellerin oder der Antragsteller ihre oder seine Hauptwohnung oder gewerbliche Niederlassung außerhalb der Bundesrepublik Deutschland, so ist die Bauaufsichtsbehörde zuständig, in deren Bereich der Fliegende Bau erstmals aufgestellt und in Gebrauch genommen werden soll.

(4) ¹Die Genehmigung wird für eine bestimmte Frist erteilt, die höchstens fünf Jahre betragen soll; sie kann auf schriftlichen Antrag von der für die Erteilung der Ausführungsgenehmigung zuständigen Behörde jeweils bis zu fünf Jahren verlängert werden; § 72 Abs. 2 Satz 2 gilt entsprechend. ²Die Genehmigungen werden in ein Prüfbuch eingetragen, dem eine Ausfertigung der mit einem Genehmigungsvermerk zu versehenden Bauvorlagen beizufügen ist. ³Ausführungsgenehmigungen anderer Länder gelten auch im Land Berlin.

(5) ¹Die Inhaberin oder der Inhaber der Ausführungsgenehmigung hat den Wechsel ihres oder seines Wohnsitzes oder ihrer oder seiner gewerblichen Niederlassung oder die Übertragung eines Fliegenden Baus an Dritte der Bauaufsichtsbehörde anzuzeigen, die die Ausführungsgenehmigung erteilt hat. ²Die Behörde hat die Änderungen in das Prüfbuch einzutragen und sie, wenn mit den Änderungen ein Wechsel der Zuständigkeit verbunden ist, der nunmehr zuständigen Behörde mitzuteilen.

(6) ¹Fliegende Bauten, die nach Absatz 2 Satz 1 einer Ausführungsgenehmigung bedürfen, dürfen unbeschadet anderer Vorschriften nur in Gebrauch genommen werden, wenn ihre Aufstellung der Bauaufsichtsbehörde des Aufstellungsortes unter Vorlage des Prüfbuches angezeigt ist. ²Die Bauaufsichtsbehörde kann die Inbetriebnahme dieser Fliegenden Bauten von einer Gebrauchsabnahme abhängig machen. ³Das Ergebnis der Abnahme ist in das Prüfbuch einzutragen. ⁴In der Ausführungsgenehmigung kann bestimmt werden, dass Anzeigen nach Satz 1 nicht erforderlich sind, wenn eine Gefährdung im Sinne des § 3 Abs. 1 nicht zu erwarten ist.

(7) ¹Die für die Erteilung der Gebrauchsabnahme zuständige Bauaufsichtsbehörde kann Auflagen machen oder die Aufstellung oder den Gebrauch Fliegender Bauten untersagen, soweit dies nach den örtlichen Verhältnissen oder zur Abwehr von Gefahren erforderlich ist, insbe-

sondere weil die Betriebssicherheit oder Standsicherheit nicht oder nicht mehr gewährleistet ist oder weil von der Ausführungsgenehmigung abgewichen wird. ²Wird die Aufstellung oder der Gebrauch untersagt, ist dies in das Prüfbuch einzutragen. ³Die ausstellende Behörde ist zu benachrichtigen, das Prüfbuch ist einzuziehen und der ausstellenden Behörde zuzuleiten, wenn die Herstellung ordnungsgemäßer Zustände innerhalb angemessener Frist nicht zu erwarten ist.

(8) ¹Bei Fliegenden Bauten, die von Besucherinnen und Besuchern betreten und längere Zeit an einem Aufstellungsort betrieben werden, kann die für die Gebrauchsabnahme zuständige Bauaufsichtsbehörde aus Gründen der Sicherheit Nachabnahmen durchführen. ²Das Ergebnis der Nachabnahme ist in das Prüfbuch einzutragen.

(9) § 69 Abs. 1, 2 und 4 sowie § 80 Abs. 1 und 4 gelten entsprechend.

§ 76 Bauaufsichtliche Zustimmung

(1) ¹Nicht verfahrensfreie Bauvorhaben bedürfen keiner Genehmigung, Genehmigungsfreistellung und Bauüberwachung, wenn
1. die Leitung der Entwurfsarbeiten und die Bauüberwachung einer Baudienststelle des Bundes oder eines Landes übertragen ist und
2. die Baudienststelle mindestens mit einer oder einem Bediensteten mit der Befähigung zum höheren bautechnischen Verwaltungsdienst und mit sonstigen geeigneten Fachkräften ausreichend besetzt ist.

²Solche baulichen Anlagen bedürfen jedoch der Zustimmung der für das Bauwesen zuständigen Senatsverwaltung. ³Die Zustimmung der für das Bauwesen zuständigen Senatsverwaltung entfällt, wenn
1. keine Nachbarinnen oder Nachbarn in ihren öffentlich-rechtlich geschützten Belangen von Abweichungen, Ausnahmen und Befreiungen berührt sind oder
2. die Nachbarinnen oder Nachbarn, deren öffentlich-rechtlich geschützte Belange von Abweichungen, Ausnahmen und Befreiungen berührt sein können, dem Vorhaben zustimmen.

⁴Keiner Genehmigung, Genehmigungsfreistellung oder Zustimmung bedürfen unter den Voraussetzungen des Satzes 1 Baumaßnahmen in oder an bestehenden Gebäuden, soweit sie nicht zu einer Erweiterung des Bauvolumens oder zu einer nicht verfahrensfreien Nutzungsänderung führen, sowie die Beseitigung baulicher Anlagen.

(2) ¹Der Antrag auf Zustimmung ist bei der für das Bauwesen zuständigen Senatsverwaltung einzureichen. ²Für das Zustimmungsverfahren gelten die §§ 67 bis 73 sinngemäß; eine Prüfung bautechnischer Nachweise findet nicht statt.

(3) ¹Im Zustimmungsverfahren werden geprüft
1. die Übereinstimmung mit den Vorschriften über die Zulässigkeit der baulichen Anlagen nach den §§ 29 bis 38 des Baugesetzbuchs,
2. andere öffentlich-rechtliche Anforderungen, soweit wegen der Zustimmung eine Entscheidung nach anderen öffentlich-rechtlichen Vorschriften entfällt oder ersetzt wird,
3. Abweichungen (§ 68 Abs. 1) von nachbarschützenden Vorschriften.

²Die für das Bauwesen zuständige Senatsverwaltung entscheidet über Ausnahmen und Befreiungen sowie Abweichungen nach Satz 1 Nr. 3. ³Im Übrigen bedarf die Zulässigkeit von Abweichungen keiner bauaufsichtlichen Entscheidung.

(4) ¹Anlagen, die der Landesverteidigung dienen, sind abweichend von den Absätzen 1 bis 3 der für das Bauwesen zuständigen Senatsverwaltung vor Baubeginn in geeigneter Weise zur Kenntnis zu bringen. ²Im Übrigen wirken die Bauaufsichtsbehörden nicht mit. ³§ 75 Abs. 2 bis 9 findet auf Fliegende Bauten, die der Landesverteidigung dienen, keine Anwendung.

(5) Die für das Bauwesen zuständige Senatsverwaltung kann bestimmen, dass Absatz 1 auf Vorhaben Berlins ganz oder teilweise nicht anzuwenden ist.

Vierter Abschnitt: Bauaufsichtliche Maßnahmen

§ 77 Verbot unrechtmäßig gekennzeichneter Bauprodukte

Sind Bauprodukte entgegen § 22 mit dem Ü-Zeichen gekennzeichnet, kann die Bauaufsichtsbehörde die Verwendung dieser Bauprodukte untersagen und deren Kennzeichnung entwerten oder beseitigen lassen.

§ 78 Einstellung von Arbeiten

(1) [1]Werden Anlagen im Widerspruch zu öffentlich-rechtlichen Vorschriften errichtet, geändert oder beseitigt, kann die Bauaufsichtsbehörde die Einstellung der Arbeiten anordnen. [2]Dies gilt auch dann, wenn
1. die Ausführung eines Vorhabens entgegen den Vorschriften des § 71 Abs. 6 und 7 begonnen wurde,
2. bei der Ausführung
    a) eines genehmigungsbedürftigen Bauvorhabens von den genehmigten Bauvorlagen,
    b) eines genehmigungsfreigestellten Bauvorhabens von den eingereichten Unterlagen abgewichen wird,
3. Bauprodukte verwendet werden, die entgegen § 17 Abs. 1 keine CE-Kennzeichnung oder kein Ü-Zeichen tragen, oder
4. Bauprodukte verwendet werden, die unberechtigt mit der CE-Kennzeichnung (§ 17 Abs. 1 Satz 1 Nr. 2) oder dem Ü-Zeichen (§ 22 Abs. 4) gekennzeichnet sind.

(2) Werden unzulässige Arbeiten trotz einer schriftlich oder mündlich verfügten Einstellung fortgesetzt, kann die Bauaufsichtsbehörde die Baustelle versiegeln oder die an der Baustelle vorhandenen Bauprodukte, Geräte, Maschinen und Bauhilfsmittel in amtlichen Gewahrsam bringen.

§ 79 Beseitigung von Anlagen, Nutzungsuntersagung

[1]Werden Anlagen im Widerspruch zu öffentlich-rechtlichen Vorschriften errichtet oder geändert, kann die Bauaufsichtsbehörde die teilweise oder vollständige Beseitigung der Anlagen anordnen, wenn nicht auf andere Weise rechtmäßige Zustände hergestellt werden können. [2]Werden Anlagen im Widerspruch zu öffentlich-rechtlichen Vorschriften genutzt, kann diese Nutzung untersagt werden.

Fünfter Abschnitt: Bauüberwachung

§ 80 Bauüberwachung

(1) Die Bauaufsichtsbehörde kann die Einhaltung der öffentlich-rechtlichen Vorschriften und Anforderungen und die ordnungsgemäße Erfüllung der Pflichten der am Bau Beteiligten überprüfen.

(2) Die Bauaufsichtsbehörde überwacht nach näherer Maßgabe der Rechtsverordnung nach § 84 Abs. 2 die Bauausführung bei baulichen Anlagen
1. nach § 67 Abs. 2 Satz 1 hinsichtlich des von ihr bauaufsichtlich geprüften Standsicherheitsnachweises,

2. nach § 67 Abs. 2 Satz 2 hinsichtlich des von ihr bauaufsichtlich geprüften Brandschutznachweises.

(3) Im Rahmen der Bauüberwachung können Proben von Bauprodukten, soweit erforderlich, auch aus fertigen Bauteilen zu Prüfzwecken entnommen werden.

(4) Im Rahmen der Bauüberwachung ist jederzeit Einblick in die Genehmigungen, Zulassungen, Prüfzeugnisse, Übereinstimmungserklärungen, Übereinstimmungszertifikate, Überwachungsnachweise, Zeugnisse und Aufzeichnungen über die Prüfungen von Bauprodukten, in die Bautagebücher und andere vorgeschriebene Aufzeichnungen zu gewähren.

(5) [1]Die Bauaufsichtsbehörde kann für die Überwachung technisch schwieriger Bauausführungen besondere Sachverständige heranziehen. [2]Mit Zustimmung der Bauherrin oder des Bauherrn können besondere Sachverständige auch für die Überwachung anderer Bauausführungen herangezogen werden.

(6) Die Kosten für die Probenentnahmen und Prüfungen nach Absatz 3 sowie für Prüfungen, Überwachungen und Nachweise auf Grund dieses Gesetzes oder der Rechtsverordnung nach § 84 Abs. 2 trägt die Bauherrin oder der Bauherr.

§ 81 Bauzustandsanzeigen, Aufnahme der Nutzung

(1) [1]Die Bauaufsichtsbehörde kann verlangen, dass ihr Beginn und Beendigung bestimmter Bauarbeiten angezeigt werden. [2]Die Bauarbeiten dürfen erst fortgesetzt werden, wenn die Bauaufsichtsbehörde der Fortführung der Bauarbeiten zugestimmt hat.

(2) Die Bauherrin oder der Bauherr hat die beabsichtigte Aufnahme der Nutzung einer nicht verfahrensfreien baulichen Anlage mindestens zwei Wochen vorher der Bauaufsichtsbehörde anzuzeigen.

(3) Eine bauliche Anlage darf erst benutzt werden, wenn sie selbst, Zufahrtswege, Wasserversorgungs- und Abwasserentsorgungs- sowie Gemeinschaftsanlagen in dem erforderlichen Umfang sicher benutzbar sind, nicht jedoch vor dem in Absatz 2 bezeichneten Zeitpunkt.

(4) [1]Feuerstätten dürfen erst in Betrieb genommen werden, wenn die Bezirksschornsteinfegermeisterin oder der Bezirksschornsteinfegermeister die Tauglichkeit und die sichere Benutzbarkeit der Abgasanlagen bescheinigt hat; Verbrennungsmotoren und Blockheizkraftwerke dürfen erst dann in Betrieb genommen werden, wenn sie oder er die Tauglichkeit und sichere Benutzbarkeit der Leitungen zur Abführung von Verbrennungsgasen bescheinigt hat. [2]Bei der Errichtung von Abgasanlagen soll vor Erteilung der Bescheinigung auch der Rohbauzustand besichtigt worden sein.

Sechster Abschnitt: Baulasten

§ 82 Baulasten, Baulastenverzeichnis

(1) [1]Durch Erklärung gegenüber der Bauaufsichtsbehörde können Grundstückseigentümerinnen oder Grundstückseigentümer öffentlich-rechtliche Verpflichtungen zu einem ihre Grundstücke betreffenden Tun, Dulden oder Unterlassen übernehmen, die sich nicht schon aus öffentlich-rechtlichen Vorschriften ergeben. [2]Erbbauberechtigte können ihr Erbbaurecht in entsprechender Weise belasten. [3]Baulasten werden unbeschadet der Rechte Dritter mit der Eintragung in das Baulastenverzeichnis wirksam und wirken auch gegenüber Rechtsnachfolgerinnen oder Rechtsnachfolgern.

BauO Bln §§ 82–83

(2) ¹Die Erklärung nach Absatz 1 bedarf der Schriftform. ²Die Unterschrift muss öffentlich beglaubigt oder von einer Vermessungsstelle nach § 2 des Gesetzes über das Vermessungswesen in Berlin in der Fassung vom 9. Januar 1996 (GVBl. S. 56), das zuletzt durch Artikel I des Gesetzes vom 18. Dezember 2004 (GVBl. S. 524) geändert worden ist, in der jeweils geltenden Fassung beglaubigt sein, wenn sie nicht vor der Bauaufsichtsbehörde geleistet oder vor ihr anerkannt wird.

(3) ¹Die Baulast geht durch schriftlichen Verzicht der Bauaufsichtsbehörde unter. ²Der Verzicht ist zu erklären, wenn ein öffentliches Interesse an der Baulast nicht mehr besteht. ³Vor dem Verzicht sollen die oder der Verpflichtete und die durch die Baulast Begünstigten angehört werden. ⁴Der Verzicht wird mit der Löschung der Baulast im Baulastenverzeichnis wirksam.

(4) ¹Das Baulastenverzeichnis wird von der Bauaufsichtsbehörde geführt. ²In das Baulastenverzeichnis können auch eingetragen werden
1. andere baurechtliche Verpflichtungen der Grundstückseigentümerin oder des Grundstückseigentümers zu einem ihr oder sein Grundstück betreffenden Tun, Dulden oder Unterlassen,
2. Auflagen, Bedingungen, Befristungen und Widerrufsvorbehalte.

SECHSTER TEIL
Ordnungswidrigkeiten, Rechtsvorschriften, bestehende bauliche Anlagen, Zuständigkeit

§ 83 Ordnungswidrigkeiten

(1) ¹Ordnungswidrig handelt, wer vorsätzlich oder fahrlässig
1. einer vollziehbaren schriftlichen Anordnung der Bauaufsichtsbehörde zuwiderhandelt, die auf Grund dieses Gesetzes oder auf Grund einer nach diesem Gesetz zulässigen Rechtsverordnung erlassen worden ist, sofern die Anordnung auf diese Bußgeldvorschrift verweist,
2. Bauprodukte entgegen § 17 Abs. 1 Satz 1 Nr. 1 ohne das Ü-Zeichen verwendet,
3. Bauarten entgegen § 21 ohne allgemeine bauaufsichtliche Zulassung, allgemeines bauaufsichtliches Prüfzeugnis oder Zustimmung im Einzelfall anwendet,
4. Bauprodukte mit dem Ü-Zeichen kennzeichnet, ohne dass dafür die Voraussetzungen nach § 22 Abs. 4 vorliegen,
5. den Vorschriften dieses Gesetzes über die barrierefreie bauliche Gestaltung in § 39 Abs. 4 und 5, § 50 Abs. 1 Satz 1 und § 51 zuwiderhandelt,
6. als Bauherrin oder Bauherr, Entwurfsverfasserin oder Entwurfsverfasser, Unternehmerin oder Unternehmer, Bauleiterin oder Bauleiter oder als deren Vertreterin oder Vertreter den Vorschriften des § 54 Abs. 1, § 55 Abs. 1 Satz 3, § 56 Abs. 1 oder § 57 Abs. 1 zuwiderhandelt,
7. ohne die erforderliche Baugenehmigung (§ 60 Abs.1), Teilbaugenehmigung (§ 73) oder Abweichung (§ 68) oder abweichend davon bauliche Anlagen errichtet, ändert, benutzt oder entgegen § 62 Abs. 3 Satz 2 bis 5 beseitigt,
8. entgegen der Vorschrift des § 71 Abs. 7 Bauarbeiten beginnt, entgegen der Vorschrift des § 62 Abs. 3 Satz 5 mit der Beseitigung einer Anlage beginnt, entgegen den Vorschriften des § 81 Abs. 1 Bauarbeiten fortsetzt oder entgegen der Vorschrift des § 81 Abs. 2 bauliche Anlagen nutzt,
9. entgegen der Vorschrift des § 63 Abs. 3 Satz 2 bis 4 mit der Ausführung eines Bauvorhabens beginnt,
10. die Baubeginnanzeige (§ 71 Abs. 6, § 63 Abs. 5, § 62 Abs. 3 Satz 2) nicht oder nicht fristgerecht erstattet,
11. Fliegende Bauten ohne Ausführungsgenehmigung (§ 75 Abs. 2) in Gebrauch nimmt oder ohne Anzeige und Abnahme (§ 75 Abs. 6) in Gebrauch nimmt,
12. einer nach § 84 Abs. 1 bis 3 erlassenen Rechtsverordnung zuwiderhandelt, sofern die Rechtsverordnung für einen bestimmten Tatbestand auf diese Bußgeldvorschrift verweist.

²Ist eine Ordnungswidrigkeit nach Satz 1 Nr. 8 bis 10 begangen worden, können Gegenstände, auf die sich die Ordnungswidrigkeit bezieht, eingezogen werden; § 19 des Gesetzes über Ordnungswidrigkeiten ist anzuwenden.

(2) Ordnungswidrig handelt, wer wider besseres Wissen
1. unrichtige Angaben macht oder unrichtige Pläne oder Unterlagen vorlegt, um einen nach diesem Gesetz vorgesehenen Verwaltungsakt zu erwirken oder zu verhindern,
2. als Prüfingenieurin oder Prüfingenieur unrichtige Prüfberichte erstellt.

(3) Die Ordnungswidrigkeit kann mit einer Geldbuße bis zu 500 000 Euro geahndet werden.

(4) Verwaltungsbehörde im Sinne des § 36 Abs. 1 Nr. 1 des Gesetzes über Ordnungswidrigkeiten sind in den Fällen des Absatzes 1 Satz 1 Nr. 2 bis 4 und des Absatzes 2 Nr. 2 die für das Bauwesen zuständige Senatsverwaltung und in den übrigen Fällen die Bezirksämter.

§ 84 Rechtsverordnungen und Verwaltungsvorschriften

(1) Zur Verwirklichung der in § 3 Abs. 1 und 2 bezeichneten Anforderungen wird die für das Bauwesen zuständige Senatsverwaltung ermächtigt, durch Rechtsverordnung Vorschriften zu erlassen über
1. die nähere Bestimmung allgemeiner Anforderungen der §§ 4 bis 49,
2. Anforderungen an Feuerungsanlagen, sonstige Anlagen zur Wärmeerzeugung, Brennstoffversorgung,
3. Anforderungen an Garagen und Stellplätze,
4. besondere Anforderungen oder Erleichterungen, die sich aus der besonderen Art oder Nutzung von Anlagen oder Räumen für Errichtung, Änderung, Unterhaltung, Betrieb und Benutzung ergeben (§§ 51 und 52), sowie über die Anwendung solcher Anforderungen auf bestehende bauliche Anlagen dieser Art,
5. Erst-, Wiederholungs- und Nachprüfung von Anlagen, die zur Verhütung erheblicher Gefahren oder Nachteile ständig ordnungsgemäß unterhalten werden müssen, und die Erstreckung dieser Nachprüfungspflicht auf bestehende Anlagen.

(2) ¹Die für das Bauwesen zuständige Senatsverwaltung wird ermächtigt, durch Rechtsverordnung Vorschriften zu erlassen über
1. Prüfingenieurinnen oder Prüfingenieure und Prüfämter, denen bauaufsichtliche Prüfaufgaben einschließlich der Bauüberwachung und der Bauzustandsbesichtigung nach Bauanzeige übertragen werden, sowie
2. Sachverständige, sachverständige Personen oder Stellen, die im Auftrag der Bauherrin oder des Bauherrn oder der oder des sonstigen nach Bauordnungsrecht Verantwortlichen die Einhaltung bauordnungsrechtlicher Anforderungen prüfen und bescheinigen.

²Die Rechtsverordnung nach Satz 1 regelt, soweit erforderlich,
1. die Fachbereiche und die Fachrichtungen, in denen Prüfingenieurinnen oder Prüfingenieure, Prüfämter, Sachverständige und sachverständige Personen oder Stellen tätig werden,
2. die Anerkennungsvoraussetzungen und das Anerkennungsverfahren,
3. Erlöschen, Rücknahme und Widerruf der Anerkennung einschließlich der Festlegung einer Altersgrenze,
4. die Aufgabenerledigung,
5. die Vergütung einschließlich des Erlasses von Gebührenbescheiden durch die Prüfingenieurinnen oder Prüfingenieure selbst.

(3) ¹Die für das Bauwesen zuständige Senatsverwaltung wird ermächtigt, durch Rechtsverordnung Vorschriften zu erlassen über
1. Umfang, Inhalt und Zahl der erforderlichen Unterlagen einschließlich der Vorlagen bei der Anzeige der beabsichtigten Beseitigung von Anlagen nach § 62 Abs. 3 Satz 2 und bei der Genehmigungsfreistellung nach § 63,

2. die erforderlichen Anträge, Anzeigen, Nachweise, Bescheinigungen und Bestätigungen, auch bei verfahrensfreien Bauvorhaben,
3. das Verfahren im Einzelnen.

[2]Sie kann dabei für verschiedene Arten von Bauvorhaben unterschiedliche Anforderungen und Verfahren festlegen.

(4) Die für das Bauwesen zuständige Senatsverwaltung wird ermächtigt, durch Rechtsverordnung
1. das Ü-Zeichen festzulegen und zu diesem Zeichen zusätzliche Angaben zu verlangen,
2. das Anerkennungsverfahren nach § 25 Abs. 1, die Voraussetzungen für die Anerkennung, ihre Rücknahme, ihren Widerruf und ihr Erlöschen zu regeln, insbesondere auch Altersgrenzen festzulegen, sowie eine ausreichende Haftpflichtversicherung zu fordern.

(5) [1]Die für das Bauwesen zuständige Senatsverwaltung wird ermächtigt, durch Rechtsverordnung zu bestimmen, dass die Anforderungen der auf Grund des § 14 des Geräte- und Produktsicherheitsgesetzes und des § 49 Abs. 4 des Energiewirtschaftsgesetzes erlassenen Rechtsverordnungen entsprechend für Anlagen gelten, die weder gewerblichen noch wirtschaftlichen Zwecken dienen und in deren Gefahrenbereich auch keine Arbeitnehmerinnen oder Arbeitnehmer beschäftigt werden. [2]Sie kann auch die Verfahrensvorschriften dieser Verordnungen für anwendbar erklären oder selbst das Verfahren bestimmen sowie Zuständigkeiten und Gebühren regeln. [3]Dabei kann sie auch vorschreiben, dass danach zu erteilende Erlaubnisse die Baugenehmigung oder die Zustimmung nach § 76 einschließlich der zugehörigen Abweichungen einschließen und dass § 15 Abs. 2 des Geräte- und Produktsicherheitsgesetzes insoweit Anwendung findet.

(6) [1]Die für das Bauwesen zuständige Senatsverwaltung wird ermächtigt, durch Rechtsverordnung im Einvernehmen mit der für das Verkehrswesen und der für Umweltschutz zuständigen Senatsverwaltung Bereiche festzulegen, in denen aus Gründen der vorherrschenden Nutzung, des Umweltschutzes, der straßenverkehrlichen Belange oder der Erschließungsqualität durch den öffentlichen Personennahverkehr die Herstellung von Stellplätzen eingeschränkt oder ausgeschlossen wird. [2]Bei Vorhaben, die wegen der Nutzungsart oder des Nutzungsumfangs das Vorhandensein von Stellplätzen in besonderem Maße erfordern, können abweichende Regelungen vorgesehen werden. [3]Die Rechtsverordnungen werden im Benehmen mit den davon berührten Bezirksverwaltungen erlassen.

(7) Die für das Bauwesen zuständige Senatsverwaltung erlässt die zur Ausführung dieses Gesetzes erforderlichen Verwaltungsvorschriften.

(8) Die für das Bauwesen zuständige Senatsverwaltung wird ermächtigt, durch Rechtsverordnung zu bestimmen, dass für Fliegende Bauten die Aufgaben der Bauaufsichtsbehörde nach § 75 Abs. 1 bis 9 ganz oder teilweise auf andere Stellen übertragen werden können und diese Stellen für ihre Tätigkeit Gebühren erheben können.

§ 85 Bestehende bauliche Anlagen

(1) [1]Rechtmäßig bestehende bauliche Anlagen sind, soweit sie nicht den Vorschriften dieses Gesetzes oder den auf Grund dieses Gesetzes erlassenen Vorschriften genügen, mindestens in dem Zustand zu erhalten, der den bei ihrer Errichtung geltenden Vorschriften entspricht. [2]Sie sind so zu erhalten, dass ihre Verunstaltung sowie eine Störung des Straßen-, Orts- oder Landschaftsbildes vermieden werden. 3Satz 2 gilt auch für Baugrundstücke.

(2) [1]Werden in diesem Gesetz oder in auf Grund dieses Gesetzes erlassenen Vorschriften andere Anforderungen als nach dem bisherigen Recht gestellt, so kann verlangt werden, dass rechtmäßig bestehende oder nach genehmigten Bauvorlagen bereits begonnene bauliche Anlagen angepasst werden, wenn dies zur Vermeidung einer Gefährdung der öffentlichen Sicherheit

oder Ordnung, insbesondere von Leben oder Gesundheit, erforderlich ist. ²Für Aufenthaltsräume im Kellergeschoss können die Vorschriften dieses Gesetzes und die auf Grund dieses Gesetzes erlassenen Vorschriften jedoch auch dann angewendet werden, wenn ihr baulicher Zustand den heutigen Anforderungen nicht entspricht, insbesondere der Fußboden 1,50 m oder mehr unter dem anschließenden Gelände liegt.

(3) Sollen rechtmäßig bestehende bauliche Anlagen wesentlich geändert werden, so kann gefordert werden, dass auch die nicht unmittelbar berührten Teile der baulichen Anlage mit diesem Gesetz oder den auf Grund dieses Gesetzes erlassenen Vorschriften in Einklang gebracht werden, wenn die Bauteile, die diesen Vorschriften nicht mehr entsprechen, mit den beabsichtigten Arbeiten in einem konstruktiven Zusammenhang stehen und die Durchführung dieser Vorschriften bei den von den Arbeiten nicht berührten Teilen der baulichen Anlage keine unzumutbaren Mehrkosten verursacht.

(4) Bei Modernisierungsvorhaben ist Absatz 3 nicht anzuwenden, es sei denn, dass anderenfalls Gefahren eintreten.

§ 86 Zuständigkeit für den Erlass des Widerspruchsbescheides

(1) Die für das Bauwesen zuständige Senatsverwaltung entscheidet über den Widerspruch gegen einen Verwaltungsakt einer Bezirksverwaltung und damit verbundene Maßnahmen der Verwaltungsvollstreckung, wenn der Verwaltungsakt im bauaufsichtlichen Verfahren ergangen ist
1. im Geltungsbereich von Bebauungsplänen von außergewöhnlicher stadtpolitischer Bedeutung, von Bebauungsplänen der Hauptstadtplanung sowie von entsprechenden vorhabenbezogenen Bebauungsplänen,
2. zu Vorhaben mit einer Geschossfläche von mehr als 1 500 m²,
3. zu Vorhaben im Außenbereich nach § 35 des Baugesetzbuchs,
4. zur Festsetzung von besonderen Anforderungen zur Gefahrenabwehr, die auf § 52 oder auf zu diesem Zweck erlassene Rechtsverordnungen gestützt sind.

(2) Über den Widerspruch gegen den Bescheid einer Prüfingenieurin oder eines Prüfingenieurs für Baustatik entscheidet
1. das Bezirksamt im Rahmen der Prüfung der Standsicherheit für statisch einfache Tragwerke sowie der Prüfung der zu diesen Bauvorhaben gehörenden Nachweise der Feuerwiderstandsdauer der tragenden Bauteile und des Wärmeschutzes,
2. die für das Bauwesen zuständige Senatsverwaltung in allen anderen Fällen.

(3) Über den Widerspruch gegen den Bescheid einer Prüfingenieurin oder eines Prüfingenieurs für Brandschutz entscheidet die für das Bauwesen zuständige Senatsverwaltung.

§ 87 (*Evaluierung*)

Das Abgeordnetenhaus von Berlin überprüft dieses Gesetz spätestens bis zum 1. Januar 2010.

§ 88 Abwicklung eingeleiteter Verfahren

Die vor dem Inkrafttreten dieses Gesetzes eingeleiteten Verfahren sind nach den bis zum Inkrafttreten geltenden Vorschriften fortzuführen; die Vorschriften dieses Gesetzes sind mit Ausnahme des Fünften Teils jedoch anzuwenden, soweit diese für die Bauherrin oder den Bauherrn günstiger sind.

BauVerfVO § 1

Verordnung über Bauvorlagen, bautechnische Nachweise und das Verfahren im Einzelnen (Bauverfahrensverordnung – BauVerfVO)

Vom 19. Oktober 2006 (GVBl. S. 1035)

Auf Grund des § 84 Abs. 3 und des § 59 Abs. 4 der Bauordnung für Berlin vom 29. September 2005 (GVBl. S 495), zuletzt geändert durch Artikel V des Gesetzes vom 11. Juli 2006 (GVBl. S. 819) wird verordnet:

Inhaltsübersicht

Teil 1   Bauvorlagen
§   1   Allgemeines
§   2   Anzahl
§   3   Auszug aus der Flurkarte, Lageplan
§   4   Bauzeichnungen
§   5   Bau- und Betriebsbeschreibung
§   6   Bauvorlagen für die Beseitigung von Anlagen
§   7   Bauvorlagen für bauliche Anlagen
§   8   Bauvorlagen für Anlagen der Außenwerbung

Teil 2   Bautechnische Nachweise
§   9   Allgemeines
§ 10   Standsicherheitsnachweis
§ 11   Brandschutznachweis

Teil 3   Verfahren
§ 12   Ausführungsgenehmigung für Fliegende Bauten
§ 13   Bauaufsichtliche Prüfung bautechnischer Nachweise
§ 14   Zeitpunkt der Vorlage von Bauvorlagen, bautechnischen Nachweisen, Berichten und Erklärungen
§ 15   Aufbewahrungspflicht

Teil 4   Regelmäßige Übermittlung personenbezogener Daten
§ 16   Regelmäßige Übermittlung personenbezogener Daten

Teil 5   Inkrafttreten, Übergangsvorschrift
§ 17   Inkrafttreten, Übergangsvorschrift

Teil 1
Bauvorlagen

§ 1 Allgemeines

(1) Bauvorlagen sind die für die Beurteilung des Bauvorhabens oder für die Bearbeitung des Bauantrags erforderlichen Unterlagen, die bei der Bauaufsichtsbehörde einzureichen sind
1. für die Anzeige der Beseitigung baulicher Anlagen nach § 62 Abs. 3 Satz 2 der Bauordnung für Berlin,
2. bei Genehmigungsfreistellung nach § 63 der Bauordnung für Berlin,
3. im vereinfachten Baugenehmigungsverfahren nach § 64 der Bauordnung für Berlin,
4. im Baugenehmigungsverfahren nach § 65 der Bauordnung für Berlin,
5. für die Zulassung von Abweichungen nach § 68 der Bauordnung für Berlin,
6. für die Erteilung eines Vorbescheides oder eines planungsrechtlichen Bescheides nach § 74 der Bauordnung für Berlin,

7. für die Genehmigung Fliegender Bauten nach § 75 der Bauordnung für Berlin,
8. im Zustimmungsverfahren nach § 76 der Bauordnung für Berlin und
9. für die Stellungnahmen nach § 61 der Bauordnung für Berlin.

(2) ^{1}Bauvorlagen müssen aus alterungsbeständigem Papier oder gleichwertigem Material lichtbeständig hergestellt und prüffähig sein sowie dem Format DIN A 4 entsprechen oder auf diese Größe gefaltet sein. ^{2}Bauvorlagen, die nach § 15 Abs. 2 Satz 1 bei der Bauaufsichtsbehörde verbleiben, müssen ab einer Größe von DIN A 2 auf der Rückseite verstärkt sein. ^{3}Bei farbigen Eintragungen darf die grüne Farbe nicht verwendet werden mit Ausnahme der gemäß Planzeichenverordnung 1990 vom 18. Dezember 1990 (BGBl. 1991 I S. 58) vorgegebenen Farbsignaturen. ^{4}§ 3a des Verwaltungsverfahrensgesetzes bleibt unberührt.

(3) ^{1}Die Darstellung in den Bauvorlagen muss eindeutig und leicht lesbar sein. ^{2}Die Zeichen und Farben der Anlage 1 sind zu verwenden. ^{3}Soweit erforderlich, sind weitere verwendete Zeichen oder Darstellungsarten in einer Legende zu erläutern.

(4) Die von der für das Bauwesen zuständigen Senatsverwaltung für die nicht verfahrensfreien Vorhaben zur Verfügung gestellten Vordrucke sind zu verwenden.

(5) Die Bauaufsichtsbehörde kann ein Modell oder weitere Nachweise verlangen, wenn dies zur Beurteilung des Bauvorhabens erforderlich ist.

(6) Die Bauaufsichtsbehörde soll auf Bauvorlagen verzichten, die zur Beurteilung des Bauvorhabens nicht erforderlich sind.

(7) Ist die Bauherrin oder der Bauherr eine juristische Person, ist mit der Anzeige oder der Beantragung des Vorhabens ein Handelsregister- oder Vereinsregisterauszug vorzulegen, der nicht älter als drei Monate ist.

(8) ^{1}Als Bauvorlagen im Sinne des Absatzes 1 gelten auch
1. der statistische Erhebungsbogen,
2. der Nachweis der Bauvorlageberechtigung nach § 66 Abs. 2 Nr. 1 bis 3 und Abs. 4 der Bauordnung für Berlin und
3. die Entscheidungen über Befreiungen und Ausnahmen nach § 31 des Baugesetzbuches sowie planungsrechtliche Bescheide als Voraussetzung für die Genehmigungsfreistellung gemäß § 63 Abs. 2 der Bauordnung für Berlin.

^{2}Die Absätze 2 bis 7 finden auf Bauvorlagen nach Satz 1 keine Anwendung.

§ 2 Anzahl

^{1}Die Bauvorlagen sind in zweifacher Ausfertigung bei der Bauaufsichtsbehörde einzureichen. ^{2}Für die Beseitigung von Anlagen (§ 62 Abs. 3 Satz 2 der Bauordnung für Berlin) und bei Genehmigungsfreistellung (§ 63 der Bauordnung für Berlin) genügt die einfache Ausfertigung. ^{3}Ist die Beteiligung anderer Behörden und sonstiger Stellen erforderlich, kann die Bauaufsichtsbehörde weitere Ausfertigungen verlangen.

§ 3 Auszug aus der Flurkarte, Lageplan

(1) ^{1}Der aktuelle Auszug aus der Flurkarte muss das Grundstück und die benachbarten Grundstücke im Umkreis von mindestens 50 m darstellen. ^{2}Der Auszug ist mit dem Namen der Bauherrin oder des Bauherrn, der Bezeichnung des Bauvorhabens und dem Datum des Bauantrags oder der Unterlagen nach § 62 Abs. 3 Satz 2 und § 63 Abs. 3 Satz 1 der Bauordnung für Berlin zu beschriften.

BauVerfVO § 3

(2) ¹Der Lageplan ist auf der Grundlage der Flurkarte zu erstellen. ²Dabei ist ein Maßstab von 1:200 zu verwenden. ³Ein anderer Maßstab ist zu wählen, wenn dies für die Beurteilung des Bauvorhabens erforderlich ist. ⁴Der Lageplan muss von einer Vermessungsstelle nach § 2 des Gesetzes über das Vermessungswesen in Berlin in der Fassung vom 9. Januar 1996, das zuletzt durch Artikel I des Gesetzes vom 18. Dezember 2004 (GVBl. S. 524) geändert worden ist, angefertigt werden. ⁵Bei einem geringfügigen Vorhaben, bei dem ein Verstoß gegen § 6 der Bauordnung für Berlin nicht zu befürchten ist, genügt ein Auszug aus der Flurkarte, der durch eine nach § 66 Abs. 2 Nr. 1 bis 4 und Abs. 4 der Bauordnung für Berlin bauvorlageberechtigte Person ergänzt wird.

(3) Der Lageplan muss insbesondere enthalten:
1. den Maßstab und die Nordrichtung,
2. die katastermäßigen Flächengrößen, Flurstücksnummern und die Flurstücksgrenzen des Grundstücks und der benachbarten Grundstücke sowie die Grenzlängen des Grundstücks,
3. die Bezeichnung der Grundstücke nach Straße, Grundstücksnummer, Liegenschaftskataster und Grundbuch sowie die Angabe der Eigentümer und Erbbauberechtigten,
4. die vorhandenen baulichen Anlagen auf dem Grundstück und den benachbarten Grundstücken mit Angabe ihrer Nutzung, Anzahl der Geschosse, First- und Außenwandhöhe, Dachform sowie der Art der Außenwände und der Bedachung,
5. Bau-, Garten- und Bodendenkmale sowie geschützte Naturbestandteile, geschützter Baumbestand mit Angaben von Stammumfang und Kronendurchmesser auf dem Grundstück und auf den Nachbargrundstücken,
6. Hochspannungsleitungen und deren Abstände zu der geplanten baulichen Anlage,
7. die angrenzenden öffentlichen Verkehrsflächen mit Angabe der Breite, der Höhenlage über Normal-Höhe-Null (NHN), der dort vorhandenen Bäume und der Gehwegüberfahrten,
8. Hydranten und andere Wasserentnahmestellen für die Feuerwehr,
9. Flächen auf dem Grundstück, die von Baulasten betroffen sind,
10. die Festsetzungen über die Art und das Maß der baulichen Nutzung, die baurechtlichen Linien und die Bebauungstiefen für das Grundstück,
11. die geplante bauliche Anlage unter Angabe der Außenmaße, der Dachform, der Fußbodenoberkante des Erdgeschosses über Geländeoberfläche NHN und die Gebäudeklasse,
12. die Höhenlage der Eckpunkte des Grundstücks und die Höhenlage im Bereich der geplanten baulichen Anlage über NHN,
13. den höchsten gemessenen Grundwasserstand (HGW) über NHN,
14. die Aufteilung der nicht überbauten Flächen unter Angabe der Lage und Breite der Zu- und Abfahrten, der Anzahl, Lage und Größe der Stellplätze und der Flächen für die Feuerwehr,
15. die Abstände der geplanten baulichen Anlage zu den Grundstücksgrenzen sowie die Abstandsflächen,
16. ortsfeste Behälter für Gase, Öle oder wassergefährdende oder brennbare Flüssigkeiten sowie deren Abstände zu der geplanten baulichen Anlage,
17. die Wasserschutzzonen mit Angabe des Grenzverlaufs.

(4) Der Inhalt des Lageplans nach Absatz 3 ist auf besonderen Blättern in geeignetem Maßstab darzustellen, wenn der Lageplan sonst unübersichtlich würde.

(5) Im Lageplan sind die Zeichen oder Farben der Anlage 1 zu verwenden; im Übrigen ist die Planzeichenverordnung 1990 in der jeweils geltenden Fassung entsprechend anzuwenden.

(6) Für vorhandene und geplante bauliche Anlagen auf dem Grundstück ist als Bestandteil des Lageplans eine prüffähige Berechnung aufzustellen über
1. die zulässige, die vorhandene und die geplante Grundfläche,
2. die zulässige, die vorhandene und die geplante Geschossfläche und, soweit erforderlich, die Baumasse,
3. die zulässige, die vorhandene und die geplante Grundflächenzahl, Geschossflächenzahl und Baumassenzahl, soweit in einem Bebauungsplan entsprechende Festsetzungen enthalten sind.

(7) Bei Änderungen baulicher Anlagen, bei denen Außenwände und Dächer sowie die Nutzung nicht verändert werden, ist der Lageplan nicht erforderlich.

§ 4 Bauzeichnungen

(1) [1]Für die Bauzeichnungen ist ein Maßstab von mindestens 1:100 zu verwenden. [2]Ein anderer Maßstab ist zu wählen, wenn dies für die Beurteilung des Bauvorhabens erforderlich ist.

(2) In den Bauzeichnungen sind darzustellen:
1. die Grundrisse aller Geschosse mit Angabe der vorgesehenen Nutzung der Räume und mit Einzeichnung der
   a) Treppen,
   b) lichten Öffnungsmaße der Türen sowie deren Art und Anordnung an und in Rettungswegen,
   c) Abgasanlagen,
   d) Räume für die Aufstellung von Feuerstätten unter Angabe der Nennleistung sowie der Räume für die Brennstofflagerung unter Angabe der vorgesehenen Art und Menge des Brennstoffes,
   e) Aufzüge, Aufzugsschächte und nutzbaren Grundflächen der Fahrkörbe von Personenaufzügen,
   f) Installationsschächte und Installationskanäle,
   g) Räume für die Aufstellung von Lüftungsanlagen,
   h) Bäder und Toilettenräume,
2. die Schnitte, aus denen folgende Punkte ersichtlich sind:
   a) die Gründung der geplanten baulichen Anlage und, soweit erforderlich, die Gründungen anderer baulicher Anlagen,
   b) der Anschnitt der vorhandenen und der geplanten Geländeoberfläche,
   c) die Höhen der Fußbodenoberkante des Erdgeschosses mit Bezug auf die Höhenangabe der angrenzenden Geländeoberfläche,
   d) die Höhe der Fußbodenoberkante des höchstgelegenen Geschosses, in dem ein Aufenthaltsraum möglich oder ein Stellplatz vorgesehen ist, über der geplanten Geländeoberfläche,
   e) die lichten Raumhöhen,
   f) der Verlauf der Treppen mit ihrem Steigungsverhältnis und Rampen mit ihrer Neigung,
   g) die Wandhöhe im Sinne des § 6 Abs. 4 Satz 2 der Bauordnung für Berlin,
   h) die Dachhöhen und Dachneigungen,
3. die Ansichten der geplanten baulichen Anlage mit dem Anschluss an Nachbargebäude unter Angabe von Baustoffen, Farben sowie der vorhandenen und geplanten Geländeoberfläche.

(3) In den Bauzeichnungen sind anzugeben:
1. der Maßstab und die Maße,
2. die wesentlichen Bauprodukte und Bauarten,
3. die Rohbaumaße der Fensteröffnungen in Aufenthaltsräumen,
4. bei Änderung baulicher Anlagen die zu beseitigenden und die geplanten Bauteile.

§ 5 Bau- und Betriebsbeschreibung

[1]In der Bau- und Betriebsbeschreibung sind das Bauvorhaben und seine Nutzung zu erläutern, soweit dies zur Beurteilung erforderlich ist und die notwendigen Angaben nicht in den Lageplan und die Bauzeichnungen aufgenommen werden können. [2]Für die Ermittlung der Gebäudeklasse sind die Anzahl und die Brutto-Grundfläche der Nutzungseinheiten sowie die Höhe im Sinne des § 2 Abs. 3 der Bauordnung für Berlin anzugeben.

§ 6 Bauvorlagen für die Beseitigung von Anlagen

¹Der Bauaufsichtsbehörde sind für die Beseitigung von Anlagen vorzulegen:
1. ein Auszug aus der Flurkarte, der die Lage der zu beseitigenden Anlagen unter Bezeichnung des Grundstücks nach Straße und Grundstücksnummer und die Nachbargebäude darstellt,
2. der Abgangserhebungsbogen für die Bautätigkeitsstatistik gemäß Hochbaustatistikgesetz vom 5. Mai 1998 (BGBl. I S. 869), geändert durch Artikel 6 des Gesetzes vom 15. Dezember 2001 (BGBl. I S. 3762), in der jeweils geltenden Fassung.

²Bauvorlagen für die Beseitigung von Anlagen müssen nicht von einer bauvorlageberechtigten Person unterschrieben sein.

§ 7 Bauvorlagen für bauliche Anlagen

Der Bauaufsichtsbehörde sind, soweit erforderlich, für bauliche Anlagen vorzulegen:
1. der Lageplan, ein Auszug aus der Flurkarte,
2. die Bauzeichnungen,
3. die Bau- und Betriebsbeschreibung,
4. die Angaben über die gesicherte Erschließung hinsichtlich der Versorgung mit Wasser und Energie sowie der Entsorgung von Abwasser und der verkehrsmäßigen Erschließung, soweit das Bauvorhaben nicht an eine öffentliche Wasser- oder Energieversorgung oder eine öffentliche Abwasserentsorgungsanlage angeschlossen werden kann oder nicht in ausreichender Breite an einer öffentlichen Verkehrsfläche liegt,
5. der Nachweis der Bauvorlageberechtigung,
6. der Erhebungsbogen für die Bautätigkeitsstatistik gemäß Hochbaustatistikgesetz und
7. die Entscheidungen über Befreiungen und Ausnahmen nach § 31 des Baugesetzbuches sowie planungsrechtliche Bescheide nach § 74 der Bauordnung für Berlin als Voraussetzung für die Genehmigungsfreistellung gemäß § 63 Abs. 2 der Bauordnung für Berlin.

§ 8 Bauvorlagen für Anlagen der Außenwerbung

(1) Der Bauaufsichtsbehörde sind für Anlagen der Außenwerbung vorzulegen:
1. ein Auszug aus der Flurkarte mit Einzeichnung des Standortes,
2. eine Bauzeichnung und eine Beschreibung oder eine andere geeignete Darstellung der Werbeanlage, wie ein farbiges Lichtbild oder eine farbige Lichtbildmontage,
3. soweit erforderlich, die Entscheidungen über Befreiungen und Ausnahmen nach § 31 des Baugesetzbuches sowie planungsrechtliche Bescheide nach § 74 der Bauordnung für Berlin als Voraussetzung für die Genehmigungsfreistellung gemäß § 63 Abs. 2 der Bauordnung für Berlin.

(2) Die Bauzeichnung muss die Darstellung der Werbeanlage und ihre Maße, auch bezogen auf den Standort und auf Anlagen, an denen die Werbeanlage angebracht oder in deren Nähe sie aufgestellt werden soll, sowie Angaben über die Farbgestaltung enthalten.

(3) In der Beschreibung sind die Art und die Baustoffe der Werbeanlage und, soweit erforderlich, die Abstände zu öffentlichen Verkehrsflächen anzugeben.

(4) Bauvorlagen für Außenwerbung müssen nicht von einer bauvorlageberechtigten Person unterschrieben sein.

Teil 2
Bautechnische Nachweise

§ 9 Allgemeines

(1) [1]Bautechnische Nachweise nach § 67 Abs. 1 Satz 1 der Bauordnung für Berlin sind die zum Nachweis der Einhaltung der Anforderungen an die Standsicherheit, Brand-, Schall-, Wärme- und Erschütterungsschutz zu erstellenden Nachweise. [2]Bautechnische Nachweise sind außerdem die nach § 1 der Verordnung zur Durchführung der Energieeinsparverordnung in Berlin vom 9. Dezember 2005 (GVBl. S. 797) in der jeweils geltenden Fassung zu erstellenden Nachweise.

(2) [1]Bautechnische Nachweise müssen aus alterungsbeständigem Papier oder gleichwertigem Material lichtbeständig hergestellt und prüffähig sein sowie dem Format DIN A 4 entsprechen oder auf diese Größe gefaltet sein. [2]§ 3a des Verwaltungsverfahrensgesetzes bleibt unberührt.

(3) [1]Die Darstellung in den bautechnischen Nachweisen muss eindeutig und leicht lesbar sein. [2]In den bautechnischen Nachweisen sind die Zeichen und Farben der Anlage 1 zu verwenden. [3]Soweit erforderlich, sind weitere verwendete Zeichen oder Darstellungsarten in einer Legende zu erläutern.

(4) [1]Die Bauvorlagen nach den §§ 3 bis 5 sind Grundlage für die bautechnischen Nachweise. [2]Die Unterlagen und weitere Berechnungen und Konstruktionszeichnungen sowie sonstige Zeichnungen und Beschreibungen, die den bautechnischen Nachweisen zugrunde liegen, müssen übereinstimmen. [3]Den bautechnischen Nachweisen sind, soweit erforderlich, die Bauvorlagen nach den §§ 3 bis 5 beizufügen.

(5) [1]Die bautechnischen Nachweise sind in einfacher Ausfertigung zur Prüfung vorzulegen. [2]Weitere Ausfertigungen können verlangt werden, wenn es für die Prüfung und die Bauüberwachung erforderlich ist.

§ 10 Standsicherheitsnachweis

(1) Für den Nachweis der Standsicherheit tragender Bauteile sind eine Darstellung des gesamten statischen Systems sowie die erforderlichen Konstruktionszeichnungen, Berechnungen und Beschreibungen zu erstellen.

(2) [1]Die statischen Berechnungen müssen die Standsicherheit der baulichen Anlagen und ihrer Teile nachweisen. [2]Die Beschaffenheit des Baugrundes und seine Tragfähigkeit sind anzugeben. [3]Soweit erforderlich, ist nachzuweisen, dass die Standsicherheit anderer baulicher Anlagen und die Tragfähigkeit des Baugrundes der Nachbargrundstücke nicht gefährdet werden.

(3) Die Standsicherheit kann auf andere Weise als durch statische Berechnungen nachgewiesen werden, wenn hierdurch die Anforderungen an einen Standsicherheitsnachweis in gleichem Maße erfüllt werden.

§ 11 Brandschutznachweis

(1) [1]Für den Nachweis des Brandschutzes sind in den Unterlagen nach § 9 Abs. 4, soweit erforderlich, insbesondere anzugeben:
1. das Brandverhalten der Baustoffe und der Bauteile entsprechend den Benennungen nach § 26 der Bauordnung für Berlin oder entsprechend den Klassifizierungen nach den Anlagen zur Bauregelliste A Teil 1,
2. die Bauteile, Einrichtungen und Vorkehrungen, an die Anforderungen hinsichtlich der

Feuerwiderstandsfähigkeit gestellt werden, wie Brandwände und Decken, Trennwände, Unterdecken, Installationsschächte und -kanäle, Lüftungsanlagen, Feuerschutzabschlüsse und Rauchschutztüren, Öffnungen zur Rauchableitung, einschließlich der Fenster nach § 35 Abs. 8 Satz 2 der Bauordnung für Berlin,
3. die Nutzungseinheiten, die Brand- und Rauchabschnitte,
4. die aus Gründen des Brandschutzes erforderlichen Abstände,
5. der erste und zweite Rettungsweg nach § 33 der Bauordnung für Berlin, insbesondere notwendige Treppenräume, Ausgänge, notwendige Flure, mit Rettungsgeräten der Feuerwehr erreichbare Stellen einschließlich der Fenster, die als Rettungswege nach § 33 Abs. 2 Satz 2 der Bauordnung für Berlin dienen, unter Angabe der lichten Maße und Brüstungshöhen,
6. die Flächen für die Feuerwehr nach § 5 der Bauordnung für Berlin, Zu- und Durchgänge, Zu- und Durchfahrten, Bewegungsflächen und die Aufstellflächen für Hubrettungsfahrzeuge sowie technische Einrichtungen für die Zugänglichkeit,
7. die Löschwasserversorgung für die bauliche Anlage.
²Die Angaben sind mit zusätzlichen Bauzeichnungen und Beschreibungen zu erläutern, wenn die Maßnahmen des Brandschutzes anderenfalls nicht hinreichend deutlich erkennbar sind. ³Bei Abweichungen nach § 68 Abs. 1 Satz 1 der Bauordnung für Berlin sind zusätzliche Angaben im Sinne des Absatzes 2 zu machen.

(2) ¹Bei Sonderbauten müssen, soweit es für die Beurteilung erforderlich ist, zusätzlich Angaben gemacht werden über:
1. brandschutzrelevante Einzelheiten der Nutzung, insbesondere auch die Anzahl und Art der die bauliche Anlage nutzenden Personen sowie besondere Brandgefahren, Brandlasten und Risikoanalysen,
2. Rettungswegbreiten und -längen, Einzelheiten der Rettungswegführung und -ausbildung einschließlich Sicherheitsbeleuchtung und -kennzeichnung,
3. die Bemessung der Löschwasserversorgung, Einrichtungen zur Löschwasserförderung sowie die Löschwasserrückhaltung
4. die Sicherheitsstromversorgung
5. technische Anlagen, Einrichtungen und Geräte zum Brandschutz, wie Branderkennung, Brandmeldung, Alarmierung, Brandbekämpfung, Rauchableitung, Rauchfreihaltung,
6. betriebliche und organisatorische Maßnahmen zur Brandverhütung, Brandbekämpfung und Rettung von Menschen und Tieren, wie Feuerwehrpläne, Brandschutzordnung, Werksfeuerwehr, Bestellung von Brandschutzbeauftragten und Selbsthilfekräften.
²Die für den Brandschutz erforderlichen Maßnahmen, Unterlagen und Nachweise können auch gesondert in Form eines objektbezogenen Brandschutzkonzeptes dargestellt werden.

Teil 3
Verfahren

§ 12 Ausführungsgenehmigung für Fliegende Bauten

Dem Antrag auf Erteilung einer Ausführungsgenehmigung sind die erforderlichen Unterlagen, insbesondere
1. die Bau- und Betriebsbeschreibung,
2. die Bauzeichnungen im Maßstab 1:100 oder 1:50,
3. Einzelzeichnungen der tragenden Bauteile und deren Verbindung im Maßstab 1:10 oder 1:5,
4. Prinzipschaltpläne für elektrische, hydraulische oder pneumatische Anlagen oder Einrichtungen,
5. die baustatischen Nachweise sowie die Sicherheitsnachweise über die maschinentechnischen Teile und elektrischen Anlagen,
6. Zeichnungen über die Anordnung der Rettungswege und deren Abmessungen mit rechnerischem Nachweis für Zelte mit mehr als 400 Besucherplätzen,
in zweifacher Ausführung beizufügen.

§ 13 Bauaufsichtliche Prüfung bautechnischer Nachweise

(1) Die Prüfung der Standsicherheits- oder Brandschutznachweise nach § 67 Abs. 2 der Bauordnung für Berlin erfolgt durch Prüfingenieurinnen oder Prüfingenieure nach der Bautechnischen Prüfungsverordnung vom 31. März 2006 (GVBl. S. 324) in der jeweils geltenden Fassung.

(2) ¹Die nach § 71 Abs. 7 Nr. 2 der Bauordnung für Berlin erforderlichen bautechnischen Nachweise sind die nach § 67 Abs. 2 der Bauordnung für Berlin geprüften bautechnischen Nachweise. ²Die Berichte über die Prüfung der bautechnischen Nachweise nach § 67 Abs. 2 der Bauordnung für Berlin sind notwendige Nachweise im Sinne des § 70 Abs. 3 Satz 2 der Bauordnung für Berlin. ³§ 71 Abs. 5 Satz 2 der Bauordnung für Berlin bleibt unberührt. ⁴Bauaufsichtsbehörde
1. im Sinne des § 71 Abs. 7 Nr. 2 der Bauordnung für Berlin,
2. in den Fällen des § 67 Abs. 2 der Bauordnung für Berlin und
3. im Sinne des § 80 Abs. 2 der Bauordnung für Berlin

ist die Prüfingenieurin oder der Prüfingenieur.
⁵In den Fällen des § 67 Abs. 2 Satz 2 ist Bauaufsichtsbehörde im Sinne des § 68 Abs. 1 die Prüfingenieurin oder der Prüfingenieur für Brandschutz.

(3) Stehen Prüfingenieurinnen oder Prüfingenieure für Brandschutz nicht in ausreichender Zahl zur Verfügung nimmt die Bauaufsichtsbehörde deren Aufgaben wahr; die Bautechnische Prüfungsverordnung gilt sinngemäß.

(4) ¹In den Fällen des § 67 Abs. 2 Satz 1 Nr. 2 der Bauordnung für Berlin muss der Standsicherheitsnachweis geprüft werden, es sei denn, die Prüfung ist nach Maßgabe des Kriterienkataloges der Anlage 2 nicht erforderlich. ²Ist danach eine Prüfung nicht erforderlich, hat der Entwurfsverfasserin oder der Entwurfsverfasser oder die Fachplanerin oder der Fachplaner eine Erklärung, dass die bauaufsichtliche Prüfung des Standsicherheitsnachweises nach Maßgabe des Kriterienkataloges der Anlage 2 nicht erforderlich ist, auf dem von der für das Bauwesen zuständigen Senatsverwaltung zur Verfügung gestellten Vordruck abzugeben. ³Wer vorsätzlich oder fahrlässig die unrichtige Erklärung abgibt, dass nach Maßgabe des Kriterienkataloge der Anlage 2 die bauaufsichtliche Prüfung des Standsicherheitsnachweises nicht erforderlich ist, handelt ordnungswidrig im Sinne des § 83 Abs. 1 Satz 1 Nr. 12 der Bauordnung für Berlin.

§ 14 Zeitpunkt der Vorlage von Bauvorlagen, bautechnischen Nachweisen, Berichten und Erklärungen

(1) Für die anzeigepflichtige Beseitigung von Anlagen nach § 62 Abs. 3 Satz 2 der Bauordnung für Berlin und in den Verfahren nach den §§ 63 bis 65 der Bauordnung für Berlin müssen von Baubeginn an die Bauvorlagen und die erstellten bautechnischen Nachweise an der Baustelle vorliegen.

(2) ¹In den Verfahren nach den §§ 64 bis 65 der Bauordnung für Berlin muss vor Erteilung der Baugenehmigung der Bericht über den geprüften Standsicherheitsnachweis nach § 67 Abs. 2 Satz 1 der Bauordnung für Berlin der Bauaufsichtsbehörde vorliegen. ²In den Fällen des § 13 Abs. 4 Satz 1 muss zum Zeitpunkt der Erteilung der Baugenehmigung die Erklärung nach § 13 Abs. 4 Satz 2 bei der Bauaufsichtsbehörde vorliegen. ³Liegen weder der Bericht über den geprüften Standsicherheitsnachweis noch eine Erklärung nach § 13 Abs. 4 Satz 2 vor, wird die Baugenehmigung unter der aufschiebenden Bedingung erteilt, dass mit der Bauausführung erst begonnen werden darf, wenn der Bericht über den geprüften Standsicherheitsnachweis oder die Erklärung nach § 13 Abs. 4 Satz 2 der Bauaufsichtsbehörde vorliegt.

(3) ¹In den Verfahren nach den §§ 64 bis 65 der Bauordnung für Berlin muss vor Erteilung der Baugenehmigung der Bericht über den geprüften Brandschutznachweis nach § 67 Abs. 2 Satz 2 der Bauordnung für Berlin der Bauaufsichtsbehörde vorliegen. ²Ist die Prüfung des

Brandschutznachweises nicht abgeschlossen, wird im Verfahren nach § 64 der Bauordnung für Berlin die Baugenehmigung unter der aufschiebenden Bedingung erteilt, dass mit der Bauausführung erst begonnen werden darf, wenn der Bericht über den geprüften Brandschutznachweis der Bauaufsichtsbehörde vorliegt.

(4) ¹Im Verfahren nach § 63 der Bauordnung für Berlin muss der Bericht über den geprüften Standsicherheits- und Brandschutznachweis nach § 67 Abs. 2 BauO Bln vor Ausführung des Vorhabens bei der Bauaufsichtsbehörde vorliegen. ²In den Fällen des § 13 Abs. 4 Satz 1 gilt Satz 1 für die Erklärung nach § 13 Abs. 4 Satz 2 entsprechend.

(5) Für die anzeigepflichtige Beseitigung von Gebäuden nach § 62 Abs. 3 Satz 2 der Bauordnung für Berlin muss der Bericht über den geprüften Standsicherheitsnachweis für die angrenzenden Gebäude nach § 62 Abs. 3 Satz 3 der Bauordnung für Berlin vor Ausführung der Beseitigung bei der Bauaufsichtsbehörde vorliegen.

§ 15 Aufbewahrungspflicht

(1) ¹Die Bauherrin oder der Bauherr und deren oder dessen Rechtsnachfolgerin oder Rechtsnachfolger sind verpflichtet,
1. die Baugenehmigung oder die Bestätigung nach § 70 Abs. 4 Satz 4 der Bauordnung für Berlin,
2. die Bauvorlagen, soweit sie geprüft worden sind, die geprüften Bauvorlagen,
3. die bautechnischen Nachweise, soweit sie geprüft worden sind, die geprüften bautechnischen Nachweise, einschließlich der Prüf- und Überwachungsberichte,
4. die auf das Bauvorhaben bezogenen Nachweise der Verwendbarkeit

bis zur Beseitigung der baulichen Anlage oder bis zu einer die Genehmigungsfrage insgesamt neu aufwerfenden Änderung oder Nutzungsänderung aufzubewahren. ²Auf Verlangen der Bauaufsichtsbehörde sind diese Unterlagen vorzulegen. ³Sind Bauherrin oder Bauherr und Grundstückseigentümerin oder Grundstückseigentümer personenverschieden, geht mit Fertigstellung des Vorhabens die Aufbewahrungspflicht auf die Grundstückseigentümerin oder den Grundstückseigentümer sowie deren oder dessen Rechtsnachfolgerin oder Rechtsnachfolger über.

(2) ¹Nach Aufnahme der Nutzung kann die Bauaufsichtsbehörde Unterlagen nach Absatz 1 Satz 1 der Grundstückseigentümerin oder dem Grundstückseigentümer oder deren oder dessen Rechtsnachfolgerin oder Rechtsnachfolger übergeben, soweit die Unterlagen nicht zur Beurteilung der baulichen Anlage nach § 85 Abs. 1 der Bauordnung für Berlin erforderlich sind. ²Satz 1 gilt auch für bestehende bauliche Anlagen; Absatz 1 gilt entsprechend.

(3) Ordnungswidrig im Sinne des § 83 Abs. 1 Satz 1 Nr. 12 der Bauordnung für Berlin handelt, wer entgegen Absatz 1 Satz 1 und 3 Unterlagen nicht oder nicht vollständig aufbewahrt oder entgegen Absatz 1 Satz 2 nicht oder nicht vollständig vorlegt.

(4) Nach Ablauf der Aufbewahrungsfrist gemäß Absatz 1 Satz 1 sind die Unterlagen entsprechend § 4 Abs. 1 des Archivgesetzes des Landes Berlin vom 29. November 1993 (GVBl. S. 576), zuletzt geändert durch Artikel I § 19 des Gesetzes vom 15. Oktober 2001 (GVBl. S. 540), dem Landesarchiv anzubieten.

Teil 4
Regelmäßige Übermittlung personenbezogener Daten

§ 16 Regelmäßige Übermittlung personenbezogener Daten

(1) ¹Die Bauaufsichtsbehörde ist berechtigt, nach Maßgabe des Absatzes 2 den dort genannten Stellen zur Erfüllung ihrer gesetzlichen Aufgaben die folgenden Daten regelmäßig zu übermitteln:
1. Name und Anschrift der Bauherrin oder des Bauherrn,
2. Name und Anschrift der Grundstückseigentümerin oder des Grundstückseigentümers,
3. Name und Anschrift der Entwurfsverfasserin oder des Entwurfsverfassers,
4. die katastermäßige Bezeichnung des Grundstücks mit Angabe der Straße und Grundstücksnummer,
5. die Bauvorlagen nach § 3 (Lageplan), § 4 (Bauzeichnungen) und § 5 (Bau- und Betriebsbeschreibung),
6. die Bauvorlagen nach § 6 (Beseitigung von Anlagen),
7. das Datum des Antrags oder der Anzeige, das Eingangsdatum und das Geschäftszeichen,
8. die Herstellungskosten nach DIN 276.

²Die Bauaufsichtsbehörde hat den Übermittlungszweck festzulegen.

(2) Von den in Absatz 1 genannten Daten dürfen übermittelt werden:
1. über den Eingang eines Bauantrages oder den Eingang von Unterlagen bei Genehmigungsfreistellung nach § 63 der Bauordnung für Berlin Daten nach Absatz 1 Nr. 1 bis 5 sowie 7 und 8 an
   a) die für die Denkmalpflege zuständige Stelle,
   b) die für die Landesarchäologie zuständige Stelle,
   c) die für die Grundstücksentwässerung zuständige Stelle,
   d) das Statistische Landesamt,
   e) die für die Kampfmittelbeseitigung zuständige Stelle,
   f) die für die Steuererhebung zuständige Stelle für die Einheitsbewertung des Grundbesitzes und für die Festsetzung der Grundsteuer,
   g) die Geschäftsstelle des Gutachterausschusses für Grundstückswerte in Berlin,
   h) die für den Umwelt-, Baum-, Arten- und Landschaftsschutz zuständige Stellen,
2. über die Erteilung und den Inhalt einer Baugenehmigung oder den Eintritt einer Fiktion nach § 70 Abs. 4 der Bauordnung für Berlin Daten nach Absatz 1 Nr. 1 bis 5 sowie 7 und 8 an
   a) die für die Denkmalpflege zuständige Stelle,
   b) die für die Landesarchäologie zuständige Stelle,
   c) die für die Grundstücksentwässerung und die Abfallbeseitigung zuständigen Stellen,
   d) das Statistische Landesamt,
   e) die für die Spielförderung von Kindern zuständige Stelle,
   f) die für den Umwelt-, Baum-, Arten- und Landschaftsschutz zuständigen Stellen,
   g) die für die Wirtschaftsförderung zuständige Stelle,
   h) die für die Aufgaben der Grundstücksnummerierung, der Landesvermessung und Führung des Liegenschaftskatasters zuständigen Stellen,
   i) die Geschäftsstelle des Gutachterausschusses für Grundstückswerte in Berlin,
   j) die für den Arbeitsschutz zuständige Stelle,
   k) die Bauberufsgenossenschaft,
   l) die für die Steuererhebung zuständige Stelle für die Einheitsbewertung des Grundbesitzes und für die Festsetzung der Grundsteuer,
   m) die für die Straßenunterhaltung zuständige Stelle,
3. über den Eingang einer Abbruchanzeige nach § 62 Abs. 3 Satz 2 der Bauordnung für Berlin Daten nach Absatz 1 Nr. 1 bis 4 und 6 an
   a) die für die Denkmalpflege zuständige Stelle,
   b) die für die Grundstücksentwässerung und die Abfallbeseitigung zuständigen Stellen,
   c) das Statistische Landesamt,
   d) die für die Aufgaben der Grundstücksnummerierung, der Landesvermessung und Führung des Liegenschaftskatasters zuständigen Stellen,

e) die Geschäftsstelle des Gutachterausschusses für Grundstückswerte in Berlin,
  f) die für den Arbeitsschutz zuständige Stelle,
  g) die Bauberufsgenossenschaft,
  h) die für die Planung von Strom- und Fernwärmeversorgung, für das Fernmeldewesen und die für die Gasvorhaltung und die Wasservorhaltung zuständigen Stellen zur Vorbereitung der Leitungsabtrennung vor Abbruchbeginn,
  i) die für den Umweltschutz zuständige Stelle,
  j) die für die Landesarchäologie zuständige Stelle,
  k) die für die Steuererhebung zuständige Stelle für die Einheitsbewertung des Grundbesitzes und für die Festsetzung der Grundsteuer,
4. über den Eingang einer Baubeginnanzeige Daten nach Absatz 1 Nr. 1, 2 und 4 an
  a) die für den Arbeitsschutz zuständige Stelle,
  b) die Bauberufsgenossenschaft,
  c) die Bezirksschornsteinfegermeisterin oder den Bezirksschornsteinfegermeister zur Bescheinigung der sicheren Benutzbarkeit der Abgasanlagen,
  d) die für die Aufgaben der Grundstücksnummerierung, der Landesvermessung und Führung des Liegenschaftskatasters zuständigen Stellen,
  e) die für die Bekämpfung der illegalen Beschäftigung zuständigen Behörden,
  f) die für den Baumschutz zuständige Stelle,
  g) die für die Steuererhebung zuständige Stelle für die Einheitsbewertung des Grundbesitzes und für die Festsetzung der Grundsteuer,
  h) die Berliner Feuerwehr,
5. über die endgültige Fertigstellung eines genehmigungsbedürftigen Vorhabens Daten nach Absatz 1 Nr. 1, 2 und 4 an
  a) die für den Arbeitsschutz zuständige Stelle,
  b) das Statistische Landesamt,
  c) die für die Aufgaben der Grundstücksnummerierung, der Landesvermessung und Führung des Liegenschaftskatasters zuständigen Stellen,
  d) die Bauberufsgenossenschaft,
  e) den Bezirksschornsteinfegermeister oder die Bezirksschornsteinfegermeisterin für die Inbetriebnahme,
  f) die Berliner Feuerwehr,
  g) die für die Steuererhebung zuständige Stelle für die Einheitsbewertung des Grundbesitzes und für die Festsetzung der Grundsteuer,
6. über die Eintragung einer Baulast Daten nach Absatz 1 Nr. 1, 2 und 5 an
  a) die Führung des Liegenschaftskatasters zuständige Stelle,
  b) die für die Stadtplanung zuständige Stelle.

(3) An andere Stellen dürfen Daten mit Einwilligung der Bauherrin oder des Bauherrn übermittelt werden.

(4) Die Empfängerinnen oder Empfänger dürfen die nach Absatz 1 und 2 übermittelten Daten nur zu dem Zweck nutzen, zu dem sie übermittelt worden sind.

Teil 5
Inkrafttreten, Übergangsvorschrift

§ 17 Inkrafttreten, Übergangsvorschrift

(1) ¹Diese Verordnung tritt am Tage nach der Verkündung im Gesetz- und Verordnungsblatt für Berlin in Kraft. ²Gleichzeitig tritt die Bauvorlagenverordnung in der Fassung vom 17. November 1998 (GVBl. S. 343), zuletzt geändert durch Nummer 38 der Anlage zum Gesetz vom 4. März 2005 (GVBl. S. 125), außer Kraft.

(2) Bauvorlagen für Verfahren, die vor dem 31. Dezember 2006 eingeleitet wurden, können nach dem bisher geltenden Recht eingereicht werden.

BauVerfVO Anlage 1

Anlage 1 (zu § 1 Abs. 3)

Zeichen und Farben für Bauvorlagen und bautechnische Nachweise

	Zeichen:	Farbe:
1. Lageplan:		
a) Grenzen des Baugrundstücks (Begleitlinie)	— — — —	Violett
b) vorhandene bauliche Anlagen	(Kreuzschraffur)	Grau
c) geplante bauliche Anlagen	(Schraffur)	Rot
d) zu beseitigende bauliche Anlagen	(Rechteck mit X an den Ecken)	Gelb
e) Flächen, die von Baulasten betroffen sind	(Schraffur)	Braun
f) Begrenzung von Abstandsflächen	- - - - - - - - -	Schwarz
g) vorhandene Straßenverkehrsfläche	(Punktmuster)	Goldocker
h) festgesetzte, aber noch nicht vorhandene Straßenverkehrsfläche	(geplant)	Goldocker (geplant)
2. Bauzeichnungen:		
a) vorhandene Bauteile	(Kreuzschraffur)	Grau
b) geplante Bauteile	(Schraffur)	Rot
c) zu beseitigende Bauteile	(Rechteck mit X an den Ecken)	Gelb

BauVerfVO Anlage 2

Anlage 2 (zu § 13 Abs. 4)

Kriterienkatalog

Sind die nachfolgenden Kriterien ausnahmslos erfüllt, ist eine Prüfung des Standsicherheitsnachweises nicht erforderlich:

1. Die Baugrundverhältnisse sind eindeutig und erlauben eine übliche Flachgründung entsprechend DIN 1054. Ausgenommen sind Gründungen auf setzungsempfindlichem Baugrund (i. d. R. stark bindige Böden).
2. Bei erddruckbelasteten Gebäuden beträgt die Höhendifferenz zwischen Gründungssohle und Erdoberfläche maximal 4 m. Einwirkungen aus Wasserdruck müssen rechnerisch nicht berücksichtigt werden.
3. Angrenzende bauliche Anlagen oder öffentliche Verkehrsflächen werden nicht beeinträchtigt. Nachzuweisende Unterfangungen oder Baugrubensicherungen sind nicht erforderlich.
4. Die tragenden und aussteifenden Bauteile gehen im Wesentlichen bis zu den Fundamenten unversetzt durch. Ein rechnerischer Nachweis der Gebäudeaussteifung, auch für Teilbereiche, ist nicht erforderlich.
5. Die Geschossdecken sind linienförmig gelagert und dürfen für gleichmäßig verteilte Lasten (kN/m^2) und Linienlasten aus nichttragenden Wänden (kN/m) bemessen werden. Geschossdecken ohne ausreichende Querverteilung erhalten keine Einzellasten.
6. Die Bauteile der baulichen Anlage oder die bauliche Anlage selbst können mit einfachen Verfahren der Baustatik berechnet oder konstruktiv festgelegt werden. Räumliche Tragstrukturen müssen rechnerisch nicht nachgewiesen werden. Besondere Stabilitäts-, Verformungs- und Schwingungsuntersuchungen sind nicht erforderlich.
7. Außergewöhnliche sowie dynamische Einwirkungen sind nicht vorhanden. Beanspruchungen aus Erdbeben müssen rechnerisch nicht verfolgt werden.
8. Besondere Bauarten wie Spannbetonbau, Verbundbau, Leimholzbau und geschweißte Aluminiumkonstruktionen werden nicht angewendet.

BauPrüfVO

Bautechnische Prüfungsverordnung (BauPrüfVO)

Vom 31. März 2006 (GVBl. S. 324), zuletzt geändert durch Verordnung vom 8. August 2007 (GVBL. S. 312)

Inhaltsübersicht

ERSTER TEIL Allgemeine Vorschriften
- § 1 Anwendungsbereich
- § 2 Prüfingenieurinnen oder Prüfingenieure und Prüfsachverständige
- § 3 Voraussetzungen der Anerkennung
- § 4 Allgemeine Voraussetzungen
- § 5 Allgemeine Pflichten
- § 6 Anerkennungsverfahren
- § 7 Erlöschen, Widerruf und Rücknahme der Anerkennung
- § 8 Führung der Bezeichnung Prüfingenieurin oder Prüfingenieur oder Prüfsachverständige oder Prüfsachverständiger
- § 9 Gegenseitige Anerkennung

ZWEITER TEIL Prüfingenieurinnen oder Prüfingenieure für Standsicherheit
1. Abschnitt: Anerkennung, Aufgabenerledigung
- § 10 Besondere Voraussetzungen
- § 11 Gutachten, Gutachterausschuss
- § 12 Prüfanträge
- § 13 Aufgabenerledigung

2. Abschnitt: Vergütung
- § 14 Allgemeines
- § 15 Anrechenbare Bauwerte und Bauwerksklassen
- § 16 Gebührenberechnung
- § 17 Höhe der Gebühren
- § 18 Bewertungs- und Verrechnungsstelle
- § 19 Umsatzsteuer, Fälligkeit

DRITTER TEIL Prüfingenieurinnen oder Prüfingenieure für Brandschutz
1. Abschnitt: Anerkennung, Aufgabenerledigung
- § 20 Besondere Voraussetzungen
- § 21 Gutachten
- § 22 Prüfanträge
- § 23 Aufgabenerledigung

2. Abschnitt: Vergütung
- § 24 Allgemeines
- § 25 Anrechenbare Bauwerte
- § 26 Gebührenberechnung
- § 27 Höhe der Gebühren

VIERTER TEIL Prüfsachverständige für technische Anlagen und Einrichtungen
- § 28 Besondere Voraussetzungen
- § 29 Fachrichtungen
- § 30 Aufgabenerledigung
- § 31 Vergütung

FÜNFTER TEIL Prüfsachverständige für den Erd- und Grundbau
- § 32 Besondere Voraussetzungen
- § 33 Beirat
- § 34 Aufgabenerledigung
- § 35 Vergütung

SECHSTER TEIL Bautechnische Prüfämter, Typenprüfung
§ 36   Bautechnische Prüfämter
§ 37   Typenprüfung
§ 38   Gebühren

SIEBTER TEIL Fliegende Bauten
§ 39   Zuständigkeit für Fliegende Bauten
§ 40   Erlöschen, Widerruf und Rücknahme der Anerkennung
§ 41   Rechts- und Fachaufsicht
§ 42   Vergütung

ACHTER TEIL Ordnungswidrigkeiten
§ 43   Ordnungswidrigkeiten

NEUNTER TEIL Übergangs- und Schlussvorschriften
§ 44   Übergangsvorschriften
§ 45   Inkrafttreten, Außerkrafttreten

Anlage 1 (zu § 15 Abs. 1 und § 25 Abs. 1 BauPrüfVO)
    Tabelle der anrechenbaren Bauwerte je Kubikmeter Brutto-Rauminhalt
Anlage 2 (zu § 15 Abs. 4 BauPrüfVO)
    Bauwerksklassen
    Bauwerksklasse 1
    Bauwerksklasse 2
    Bauwerksklasse 3
    Bauwerksklasse 4
    Bauwerksklasse 5
Anlage 3 (zu § 16 Abs. 1 und § 26 Abs. 1 BauPrüfVO)
    Gebührentafel in EUR
Anlage 4 (zu Anlage 1, letzter Absatz, BauPrüfVO)
    Abschnitte der DIN 277-1; 1987-06 zur Bestimmung des Brutto-Rauminhalts nach Anlage 1
Anlage 5 (zu § 42 Abs. 1 BauPrüfVO)
    Gebühren für Fliegende Bauten

Auf Grund des § 84 Abs. 2 und 8 der Bauordnung für Berlin vom 29. September 2005 (GVBl. S. 495) wird verordnet:

ERSTER TEIL
Allgemeine Vorschriften

§ 1 Anwendungsbereich

Diese Verordnung regelt die Anerkennung, Tätigkeit und Vergütung der Prüfingenieurinnen oder Prüfingenieure und der Prüfsachverständigen, ferner die Rechtsverhältnisse, die Aufgaben und Befugnisse des Bautechnischen Prüfamtes, die Typenprüfung und die Übertragung bauaufsichtlicher Aufgaben für Fliegende Bauten auf den Technischen Überwachungs-Verein.

§ 2 Prüfingenieurinnen oder Prüfingenieure und Prüfsachverständige

(1) [1]Prüfingenieurinnen oder Prüfingenieure nehmen in ihrem jeweiligen Fachbereich hoheitliche bauaufsichtliche Prüfaufgaben nach der Bauordnung für Berlin oder nach Vorschriften auf Grund der Bauordnung für Berlin auf Antrag der Bauherrin oder des Bauherrn wahr.[2]Die

Prüfingenieurinnen oder Prüfingenieure unterstehen der Fachaufsicht der für das Bauwesen zuständigen Senatsverwaltung – Bautechnisches Prüfamt. [3]Sie werden anerkannt in den Fachbereichen
1. Standsicherheit und
2. Brandschutz.

(2) [1]Prüfsachverständige prüfen und bescheinigen in ihrem jeweiligen Fachbereich im Auftrag der Bauherrin oder des Bauherrn oder der oder des sonstigen nach Bauordnungsrecht Verantwortlichen die Einhaltung bauordnungsrechtlicher Anforderungen, soweit dies in der Bauordnung für Berlin oder in Vorschriften auf Grund der Bauordnung für Berlin vorgesehen ist; sie nehmen keine hoheitlichen bauaufsichtlichen Prüfaufgaben wahr. [2]Die Prüfsachverständigen sind im Rahmen der ihnen obliegenden Prüfaufgaben unabhängig und an Weisungen der Auftraggeberin oder des Auftraggebers nicht gebunden. [3]Prüfsachverständige werden anerkannt in den Fachbereichen
1. technische Anlagen und Einrichtungen sowie
2. Erd- und Grundbau.

[4]Anerkennungsbehörde ist die für das Bauwesen zuständige Senatsverwaltung – Bautechnisches Prüfamt.

§ 3 Voraussetzungen der Anerkennung

(1) Soweit nachfolgend nichts anderes geregelt ist, werden als Prüfingenieurinnen oder Prüfingenieure und Prüfsachverständige nur Personen anerkannt, welche die allgemeinen Voraussetzungen nach § 4 sowie die besonderen Voraussetzungen ihres jeweiligen Fachbereichs und, soweit erforderlich, ihrer jeweiligen Fachrichtung nachgewiesen haben.

(2) [1]Die Anerkennung kann bei Bewerberinnen oder Bewerbern, die nicht Deutsche im Sinne des Artikels 116 Abs. 1 des Grundgesetzes sind, versagt werden, wenn die Gegenseitigkeit nicht gewahrt ist. [2]Das gilt nicht für Bewerberinnen oder Bewerber, die die Staatsangehörigkeit eines Mitgliedstaats der Europäischen Union besitzen oder nach dem Recht der Europäischen Gemeinschaften wie Angehörige der Europäischen Union zu behandeln sind.

§ 4 Allgemeine Voraussetzungen

Prüfingenieurinnen oder Prüfingenieure und Prüfsachverständige können nur Personen sein, die
1. nach ihrer Persönlichkeit Gewähr dafür bieten, dass sie ihre Aufgaben ordnungsgemäß im Sinne des § 5 erfüllen,
2. die Fähigkeit besitzen, öffentliche Ämter zu bekleiden,
3. den Geschäftssitz im Land Berlin haben und
4. die deutsche Sprache in Wort und Schrift beherrschen.

§ 5 Allgemeine Pflichten

(1) [1]Prüfingenieurinnen oder Prüfingenieure und Prüfsachverständige haben ihre Tätigkeit unparteiisch, gewissenhaft und gemäß den bauordnungsrechtlichen Vorschriften zu erfüllen. [2]Sie haben die zu ihrer Tätigkeit erforderlichen Fachkenntnisse zu erhalten und zu aktualisieren und müssen über die für ihre Aufgabenerfüllung erforderlichen Geräte und Hilfsmittel verfügen. [3]Unbeschadet weitergehender Vorschriften dürfen sich Prüfingenieurinnen oder Prüfingenieure und Prüfsachverständige bei ihrer Tätigkeit der Mithilfe befähigter und zuverlässiger angestellter Mitarbeiterinnen oder Mitarbeiter nur in einem solchen Umfang bedienen, dass sie deren Tätigkeit jederzeit voll überwachen können.

BauPrüfVO §§ 5–6

(2) Prüfingenieurinnen oder Prüfingenieure und Prüfsachverständige müssen gegen Personen-, Sach- und Vermögensschäden mit einer Haftungssumme von jeweils mindestens 500 000 € je Schadensfall, die mindestens zweimal im Versicherungsjahr zur Verfügung stehen muss, haftpflichtversichert sein; das Bautechnische Prüfamt ist zuständige Stelle im Sinne des § 158 c des Gesetzes über den Versicherungsvertrag in der im Bundesgesetzblatt Teil III, Gliederungsnummer 7632-1, veröffentlichten bereinigten Fassung, zuletzt geändert durch Artikel 6 des Gesetzes vom 2. Dezember 2004 (BGBl. I S. 3102) in der jeweils geltenden Fassung.

(3) Änderungen der Verhältnisse nach § 6 Abs. 1 Satz 2 Nr. 4 und 5 haben die Prüfingenieurinnen oder Prüfingenieure und die Prüfsachverständigen dem Bautechnischen Prüfamt unverzüglich anzuzeigen.

(4) Prüfingenieurinnen oder Prüfingenieure und Prüfsachverständige dürfen nicht tätig werden, wenn sie, ihre Mitarbeiterinnen oder Mitarbeiter oder Teilhaberinnen oder Teilhaber ihrer Ingenieurgemeinschaft insbesondere als Entwurfsverfasserin oder Entwurfsverfasser, Nachweiserstellerin oder Nachweisersteller, Bauleiterin oder Bauleiter oder Unternehmerin oder Unternehmer, mit dem Gegenstand der Prüfung oder Bescheinigung bereits befasst waren oder wenn ein sonstiger Befangenheitsgrund vorliegt.

(5) [1]Prüfingenieurinnen oder Prüfingenieure und Prüfsachverständige, die aus wichtigem Grund einen Auftrag nicht annehmen können, müssen die Ablehnung unverzüglich erklären. [2]Sie haben den Schaden zu ersetzen, der aus einer schuldhaften Verzögerung dieser Erklärung entsteht.

(6) Ergibt sich bei der Tätigkeit der Prüfingenieurinnen oder Prüfingenieure und Prüfsachverständigen, dass der Auftrag teilweise einem anderen Fachbereich oder einer anderen Fachrichtung zuzuordnen ist, sind sie verpflichtet, die Auftraggeberin oder den Auftraggeber zu unterrichten.

(7) [1]Prüfingenieurinnen oder Prüfingenieure und Prüfsachverständige sind verpflichtet, regelmäßig an Fortbildungsveranstaltungen teilzunehmen. [2]Die Nachweise sind dem Bautechnischen Prüfamt alle zwei Jahre zum Jahresbeginn vorzulegen.

§ 6 Anerkennungsverfahren

(1) [1]Im Antrag auf Anerkennung ist anzugeben, für welche Fachbereiche und, soweit vorgesehen, für welche Fachrichtungen die Anerkennung beantragt wird. [2]Dem Antrag sind die für die Anerkennung erforderlichen Nachweise beizufügen, insbesondere
1. ein Lebenslauf mit lückenloser Angabe des fachlichen Werdegangs bis zum Zeitpunkt der Antragstellung,
2. je eine amtlich beglaubigte Abschrift der Abschluss- und Beschäftigungszeugnisse,
3. der Nachweis über den Antrag auf Erteilung eines Führungszeugnisses zur Vorlage bei einer Behörde, der nicht älter als drei Monate sein soll,
4. Angaben über etwaige Niederlassungen,
5. Angaben über eine etwaige Beteiligung an einer Gesellschaft, deren Zweck die Planung oder Durchführung von Bauvorhaben ist und
6. die Nachweise über die Erfüllung der besonderen Voraussetzungen für die Anerkennung in den jeweiligen Fachbereichen und, soweit vorgesehen, Fachrichtungen.

[3]Das Bautechnische Prüfamt kann, soweit erforderlich, weitere Unterlagen anfordern.

(2) Anerkennungsverfahren für Prüfingenieurinnen oder Prüfingenieure und Prüfsachverständige werden in der Regel einmal jährlich nach Bekanntmachung im Amtsblatt für Berlin durchgeführt.

(3) Das Bautechnische Prüfamt führt nach Fachbereichen gesonderte Listen der Prüfingenieurinnen oder Prüfingenieure und Prüfsachverständigen, die in geeigneter Weise bekannt zu machen sind.

(4) ¹Verlegt die Prüfingenieurin oder der Prüfingenieur oder die Prüfsachverständige oder der Prüfsachverständige den Geschäftssitz aus dem Land Berlin in ein anderes Land, ist dies dem Bautechnischen Prüfamt anzuzeigen. ²Damit erlischt die Eintragung in der Liste nach Abs. 3. ³Verlegt die Prüfingenieurin oder der Prüfingenieur oder die Prüfsachverständige oder der Prüfsachverständige den Geschäftssitz aus einem anderen Land in das Land Berlin, können sie oder er auf Antrag in Berlin anerkannt und in die Liste nach Abs. 3 eingetragen werden, wenn in dem anderen Land vergleichbare Anerkennungsvoraussetzungen erfüllt werden mussten.

§ 7 Erlöschen, Widerruf und Rücknahme der Anerkennung

(1) Die Anerkennung erlischt
1. durch schriftlichen Verzicht gegenüber der Anerkennungsbehörde,
2. mit Vollendung des 68. Lebensjahres,
3. mit Verlust der Fähigkeit zur Bekleidung öffentlicher Ämter oder
4. mit Entfall des erforderlichen Versicherungsschutzes (§ 5 Abs. 2).

(2) Unbeschadet des § 49 des Verwaltungsverfahrensgesetzes kann die Anerkennung widerrufen werden, wenn die Prüfingenieurin oder der Prüfingenieur oder die Prüfsachverständige oder der Prüfsachverständige
1. infolge geistiger und körperlicher Gebrechen nicht mehr in der Lage ist, die Tätigkeit ordnungsgemäß auszuüben,
2. gegen die ihr oder ihm obliegenden Pflichten schwerwiegend, wiederholt oder mindestens grob fahrlässig verstoßen hat oder
3. ihre oder seine Tätigkeit in einem Umfang ausübt, die eine ordnungsgemäße Erfüllung ihrer oder seiner Pflichten nicht erwarten lässt.

(3) § 48 des Verwaltungsverfahrensgesetzes bleibt unberührt.

(4) Das Bautechnische Prüfamt kann in Abständen von mindestens fünf Jahren prüfen, ob die Anerkennungsvoraussetzungen noch vorliegen.

(5) Das Bautechnische Prüfamt kann im Einzelfall gestatten, dass Prüfungen, die vor dem Erlöschen der Anerkennung übertragen wurden, zu Ende geführt werden.

§ 8 Führung der Bezeichnung Prüfingenieurin oder Prüfingenieur oder Prüfsachverständige oder Prüfsachverständiger

(1) Wer nicht als Prüfingenieurin oder Prüfingenieur oder Prüfsachverständige oder Prüfsachverständiger in einem bestimmten Fachbereich oder, soweit vorgesehen, in einer bestimmten Fachrichtung nach dieser Verordnung anerkannt ist, darf die Bezeichnung Prüfingenieurin oder Prüfingenieur oder Prüfsachverständige oder Prüfsachverständiger für diesen Fachbereich oder diese Fachrichtung nicht führen.

(2) Die Prüfsachverständigen für technische Anlagen und Einrichtungen führen einen Rundstempel mit der Bezeichnung Prüfsachverständige oder Prüfsachverständiger mit der Angabe des Fachbereichs und der Nummer, unter der sie im Anerkennungsverzeichnis eingetragen sind.

§ 9 Gegenseitige Anerkennung

(1) Anerkennungen anderer Länder als Prüfingenieurin oder Prüfingenieur in den Fachbereichen Standsicherheit oder Brandschutz und, soweit vorgesehen, für die jeweilige Fachrichtung gelten auch im Land Berlin.

(2) [1]Sofern Prüfingenieurinnen oder Prüfingenieure anderer Länder im Land Berlin prüfend tätig werden, gelten die Regelungen dieser Verordnung für sie uneingeschränkt. [2]Insbesondere sind sie zur Übernahme der Bauüberwachung nach § 13 Abs. 6 oder nach § 23 Abs. 2 verpflichtet. [3]Sie haben sich der Bewertungs- und Verrechnungsstelle nach § 18 zu bedienen und unterliegen hinsichtlich ihrer Prüftätigkeit im Land Berlin der Fachaufsicht des Bautechnischen Prüfamtes. [4]Eine Eintragung in die Liste nach § 6 Abs. 3 ist nicht erforderlich.

(3) Prüfsachverständige der Fachbereiche Standsicherheit und Brandschutz können im Land Berlin als Prüfingenieurinnen oder Prüfingenieure dieser Fachbereiche anerkannt werden, wenn sie die allgemeinen Voraussetzungen nach § 4 und die besonderen Voraussetzungen nach § 10 oder nach § 20 erfüllen.

(4) Anerkennungen anderer Länder als Prüfsachverständige der Fachbereiche technische Anlagen und Einrichtungen oder Erd- und Grundbau gelten auch im Land Berlin.

(5) Prüfsachverständige der Fachbereiche technische Anlagen und Einrichtungen oder Erd- und Grundbau anderer Länder dürfen ohne Eintragung in die Liste nach § 6 Abs. 3 im Land Berlin prüfend tätig werden, wenn und soweit sie für die jeweiligen Fachbereiche und Fachrichtungen anerkannt worden sind.

ZWEITER TEIL
Prüfingenieurinnen oder Prüfingenieure für Standsicherheit

1. Abschnitt: Anerkennung, Aufgabenerledigung

§ 10 Besondere Voraussetzungen

(1) [1]Als Prüfingenieurinnen oder Prüfingenieure für Standsicherheit werden nur Personen anerkannt, die
1. das Studium des Bauingenieurwesens an einer deutschen Hochschule oder ein gleichwertiges Studium an einer ausländischen Hochschule mit Erfolg abgeschlossen haben,
2. seit mindestens zwei Jahren als mit der Tragwerksplanung befasste Ingenieurinnen oder befasste Ingenieure eigenverantwortlich und unabhängig oder als hauptberufliche Hochschullehrerinnen oder hauptberufliche Hochschullehrer im Rahmen einer Nebentätigkeit in selbständiger Beratung tätig sind,
3. mindestens zehn Jahre hauptberuflich mit der Aufstellung von Standsicherheitsnachweisen, der technischen Bauleitung oder mit vergleichbaren Tätigkeiten betraut gewesen sind, innerhalb dieses Zeitraumes mindestens fünf Jahre lang Standsicherheitsnachweise aufgestellt haben und mindestens ein Jahr lang mit der technischen Bauleitung betraut gewesen sind; die Zeit einer technischen Bauleitung darf nur bis zu höchstens drei Jahren angerechnet werden; die Standsicherheitsnachweise müssen in erheblicher Zahl und für eine ausreichende Vielfalt von Bauarten auch für statisch-konstruktiv schwierige Baumaßnahmen angefertigt worden sein,
4. über die erforderlichen Kenntnisse der einschlägigen bauordnungsrechtlichen Vorschriften verfügen,
5. durch ihre Leistungen als Ingenieurinnen oder Ingenieure überdurchschnittliche Fähigkeiten bewiesen haben und
6. die für eine Prüfingenieurin oder einen Prüfingenieur erforderlichen Fachkenntnisse und Erfahrungen besitzen.

²Eigenverantwortlich tätig im Sinne des Satzes 1 Nr. 2 ist,
1. wer seine berufliche Tätigkeit als einzige Inhaberin oder einziger Inhaber eines Büros selbständig auf eigene Rechnung und Verantwortung ausübt oder
2. wer
   a) sich mit anderen Prüfingenieurinnen oder Prüfingenieuren oder Prüfsachverständigen, Ingenieurinnen oder Ingenieuren oder Architektinnen oder Architekten zusammengeschlossen hat,
   b) innerhalb dieses Zusammenschlusses Vorstand, Geschäftsführerin oder Geschäftsführer oder persönlich haftende Gesellschafterin oder haftender Gesellschafter in einer rechtlich gesicherten leitenden Stellung ist und
   c) kraft Satzung, Statut oder Gesellschaftervertrag dieses Zusammenschlusses die Aufgaben als Prüfingenieurin oder als Prüfingenieur für Standsicherheit selbständig auf eigene Rechnung und Verantwortung und frei von Weisungen ausüben kann,
3. wer als Hochschullehrerin oder Hochschullehrer im Rahmen einer Nebentätigkeit in selbständiger Beratung tätig ist.
³Unabhängig tätig im Sinne des Satzes 1 Nr. 2 ist, wer im Zusammenhang mit seiner Berufstätigkeit weder eigene Produktions-, Handels- oder Lieferinteressen hat noch fremde Interessen dieser Art vertritt.

(2) Das Bautechnische Prüfamt kann Ausnahmen von den Voraussetzungen nach Absatz 1 Satz 1 Nr. 3 gestatten.

(3) ¹Prüfingenieurinnen oder Prüfingenieure für Standsicherheit werden für folgende Fachrichtungen anerkannt:
1. Massivbau
2. Metallbau
3. Holzbau.
²Die Anerkennung kann für eine oder mehrere Fachrichtungen erteilt werden.

§ 11 Gutachten, Gutachterausschuss

(1) Das Bautechnische Prüfamt holt vor der Anerkennung ein schriftliches Gutachten über die fachliche Eignung der Bewerberin oder des Bewerbers ein.

(2) ¹Das Gutachten wird von einem beim Bautechnischen Prüfamt einzurichtenden gemeinsamen Gutachterausschuss der Länder Berlin und Brandenburg erstellt. ²Der Gutachterausschuss besteht aus mindestens sieben Mitgliedern. ³Das Bautechnische Prüfamt beruft im Benehmen mit der Obersten Bauaufsichtsbehörde des Landes Brandenburg die Mitglieder des Gutachterausschusses sowie, soweit erforderlich, stellvertretende Mitglieder für den Verhinderungsfall. ⁴Dem Gutachterausschuss sollen mindestens angehören:
1. die Leiterin des Bautechnischen Prüfamtes des Landes Berlin als Vorsitzende oder der Leiter des Bautechnischen Prüfamtes des Landes Berlin als Vorsitzender,
2. die Leiterin des Bautechnischen Prüfamtes des Landes Brandenburg als stellvertretende Vorsitzende oder der Leiter des Bautechnischen Prüfamtes des Landes Brandenburg als stellvertretender Vorsitzender,
3. eine Hochschulprofessorin oder ein Hochschulprofessor für jede Fachrichtung,
4. eine im Land Berlin anerkannte Prüfingenieurin oder ein im Land Berlin anerkannter Prüfingenieur,
5. eine im Land Brandenburg anerkannte Prüfingenieurin oder ein im Land Brandenburg anerkannter Prüfingenieur.

(3) ¹Die Berufung erfolgt für fünf Jahre. ²Abweichend von dieser Regelung endet die Mitgliedschaft im Gutachterausschuss
1. bei Entfall der Voraussetzungen nach Absatz 2 Satz 4 oder
2. mit Vollendung des 68. Lebensjahres;

der Abschluss eines eingeleiteten Gutachterverfahrens bleibt unberührt. ³Vertreterinnen oder Vertreter der für das Bauwesen zuständigen Senatsverwaltung und der Obersten Bauaufsichtsbehörde Brandenburgs sind berechtigt, an den Sitzungen und Beratungen ohne Stimmrecht teilzunehmen.

(4) ¹Die Mitglieder des Gutachterausschusses sind unabhängig und an Weisungen nicht gebunden. ²Sie sind zu Unparteilichkeit und Verschwiegenheit verpflichtet. ³Sie sind ehrenamtlich tätig und haben Anspruch auf eine angemessene Aufwandsentschädigung sowie auf Ersatz der notwendigen Auslagen einschließlich der Reisekosten. ⁴Der Gutachterausschuss gibt sich eine Geschäftsordnung.

(5) Die Geschäfte des Gutachterausschusses werden vom Bautechnischen Prüfamt geführt.

(6) Die Bewerberin oder der Bewerber hat dem Gutachterausschuss ihre oder seine Kenntnisse schriftlich und mündlich nachzuweisen.

(7) Die Feststellung der fachlichen Eignung kann auch durch einen Prüfungs- oder Gutachterausschuss eines anderen Landes oder des Deutschen Instituts für Bautechnik erfolgen.

§ 12 Prüfanträge

Die Bauherrin oder der Bauherr veranlasst die Prüfung von Standsicherheitsnachweisen bei einer anerkannten Prüfingenieurin für Standsicherheit oder bei einem anerkannten Prüfingenieur für Standsicherheit; die Prüfung schließt die Überwachung der Bauausführung hinsichtlich des geprüften Standsicherheitsnachweises mit ein.

§ 13 Aufgabenerledigung

(1) ¹Prüfingenieurinnen oder Prüfingenieure für Standsicherheit dürfen bauaufsichtliche Prüfaufgaben nur wahrnehmen, für deren Fachrichtung sie anerkannt sind. ²Sie sind berechtigt, einzelne Bauteile mit höchstens durchschnittlichem Schwierigkeitsgrad der anderen Fachrichtungen zu prüfen. ³Gehören wichtige Teile einer baulichen Anlage mit überdurchschnittlichem oder sehr hohem Schwierigkeitsgrad zu Fachrichtungen, für die die Prüfingenieurin oder der Prüfingenieur für Standsicherheit nicht anerkannt ist, hat sie unter ihrer Federführung oder er unter seiner Federführung weitere, für diese Fachrichtungen anerkannte Prüfingenieurinnen oder Prüfingenieure für Standsicherheit hinzuzuziehen, deren Prüfergebnisse in den Prüfbericht aufzunehmen sind; die Bauherrin oder der Bauherr ist darüber zu unterrichten. ⁴Die Prüfingenieurin oder der Prüfingenieur für Standsicherheit kann sich nur durch eine andere Prüfingenieurin oder einen anderen Prüfingenieur derselben Fachrichtung vertreten lassen.

(2) Die Prüfingenieurin oder der Prüfingenieur für Standsicherheit darf sich bei der Prüftätigkeit neben angestellten Mitarbeiterinnen oder Mitarbeitern auch der Mithilfe von Angehörigen des Zusammenschlusses nach § 10 Abs. 1 Satz 2 Nr. 2 bedienen, sofern sie oder er in diesem Fall ein Weisungsrecht hat.

(3) ¹Prüfingenieurinnen oder Prüfingenieure für Standsicherheit prüfen die Vollständigkeit und Richtigkeit der Standsicherheitsnachweise, der Nachweise der Feuerwiderstandsfähigkeit der tragenden Bauteile sowie der dazugehörigen Konstruktionszeichnungen. ²Alle geprüften Nachweise und Konstruktionszeichnungen sind nach Abschluss der Prüfung mit einem Prüfvermerk zu versehen. ³Das Ergebnis der Prüfung ist in einem Prüfbericht niederzulegen. ⁴Bei abschnittsweiser Bauausführung sind Teilprüfberichte zulässig. ⁵Im abschließenden Prüfbericht kann auf die Teilprüfberichte Bezug genommen werden. ⁶Das Bautechnische Prüfamt kann für den Prüfbericht ein Muster einführen und dessen Verwendung vorschreiben. ⁷Verfügt die Prüfingenieurin oder der Prüfingenieur für Standsicherheit nicht über die erforderliche Sachkunde

zur Beurteilung der Gründung oder hat sie oder er Zweifel hinsichtlich der verwendeten Annahmen oder der bodenmechanischen Kenngrößen, sind von ihr oder ihm im Einvernehmen mit der Bauherrin oder dem Bauherrn Prüfsachverständige für Erd- und Grundbau einzuschalten.

(4) Liegen den Standsicherheitsnachweisen Abweichungen von durch öffentliche Bekanntmachung als Technische Baubestimmungen eingeführten technischen Regeln für die Planung, Bemessung und Konstruktion baulicher Anlagen und ihrer Teile zugrunde, ist in dem Prüfbericht darzulegen, aus welchen Gründen die Abweichung zulässig ist.

(5) [1]Die Prüfingenieurin oder der Prüfingenieur für Standsicherheit tragen die Verantwortung für Vollständigkeit und Richtigkeit der Prüfung. [2]Die Bauaufsichtsbehörde ist nicht verpflichtet, das Prüfergebnis nachzuprüfen.

(6) [1]Prüfingenieurinnen oder Prüfingenieure für Standsicherheit überwachen die ordnungsgemäße Bauausführung hinsichtlich der von ihnen geprüften Standsicherheitsnachweise und Nachweise der Feuerwiderstandsfähigkeit der tragenden Bauteile. [2]Diese Überwachung kann auf Stichproben beschränkt werden. [3]Umfang und Ergebnisse der Überwachung sind in Überwachungsberichten und abschließend in einem zusammenfassenden Bericht niederzulegen. [4]Gliedert sich ein Bauvorhaben in mehrere Bauabschnitte, können sich die zusammenfassenden Berichte auf die jeweiligen Bauabschnitte beziehen. [5]Der zusammenfassende Bericht und die geprüften Unterlagen sind der Bauherrin oder dem Bauherrn spätestens für die Anzeige nach § 81 Abs. 2 der Bauordnung für Berlin zu übergeben.

(7) Werden die bei der Überwachung festgestellten Mängel trotz Aufforderung nicht beseitigt, hat die Prüfingenieurin oder der Prüfingenieur die Bauaufsichtsbehörde hiervon unverzüglich zu unterrichten.

(8) [1]Die Prüfingenieurinnen oder die Prüfingenieure für Standsicherheit haben ein Verzeichnis über die ausgeführten Prüfungen nach einem von dem Bautechnischen Prüfamt festgelegten Muster zu führen. [2]Das Verzeichnis ist jeweils für ein Kalenderjahr, spätestens am 31. Januar des folgenden Jahres, dem Bautechnischen Prüfamt vorzulegen.

2. Abschnitt: Vergütung

§ 14 Allgemeines

(1) Die Prüfingenieurin oder der Prüfingenieur für Standsicherheit erhalten für ihre Leistungen eine Gebühr.

(2) [1]Die Gebühr richtet sich nach den anrechenbaren Bauwerten (§ 15 Abs. 1 und 2) und der Bauwerksklasse (§ 15 Abs. 4), soweit die Gebühr nicht nach dem Zeitaufwand zu bemessen ist (§ 17 Abs. 5). [2]Der zeitliche Prüfaufwand für jeden Auftrag ist festzuhalten.

(3) Wird die Prüfung aus Gründen abgebrochen, die von der Prüfingenieurin oder vom Prüfingenieur nicht zu vertreten sind, wird die Prüfung entsprechend der anteilig erbrachten Leistung vergütet.

(4) [1]Den Gebührenbescheid erlässt die Prüfingenieurin oder der Prüfingenieur, die oder der die gebührenpflichtige Prüfung vorgenommen hat. [2]Die Gebühr schuldet, wer die Prüfung veranlasst hat. [3]Die Gebühren werden auf Antrag der Prüfingenieurin oder des Prüfingenieurs im Verwaltungszwangsverfahren beigetrieben. [4]Die Vollstreckungsanordnung erlässt die für das Bauwesen zuständige Senatsverwaltung.

(5) Ein Nachlass auf die Gebühr ist unzulässig.

(6) Die Prüfingenieurin oder der Prüfingenieur kann die Aufnahme der Prüf- und Überwachungstätigkeit von der Vorauszahlung der vermutlich entstehenden Gebühr oder eines Teiles davon abhängig machen.

(7) Hinsichtlich der Verjährung gilt § 21 des Gesetzes über Gebühren und Beiträge.

§ 15 Anrechenbare Bauwerte und Bauwerksklassen

(1) Für die in der Anlage 1 aufgeführten baulichen Anlagen sind die anrechenbaren Bauwerte aus dem Brutto-Rauminhalt der baulichen Anlage, vervielfältigt mit dem jeweils angegebenen Wert je Kubikmeter Brutto-Rauminhalt, zu berechnen.

(2) ^{1}Für die nicht in der Anlage 1 aufgeführten baulichen Anlagen sind die anrechenbaren Bauwerte die Kosten nach § 62 Abs. 4 bis 6 der Honorarordnung für Architekten und Ingenieure in der Fassung vom 4. März 1991 (BGBl. I S. 533), die zuletzt durch Artikel 5 des Gesetzes vom 10. November 2001 (BGBl. I S. 2992) geändert worden ist. ^{2}Zu den anrechenbaren Bauwerten zählen auch die nicht in den Kosten nach Satz 1 enthaltenen Kosten tür Bauteile, für die ein Standsicherheitsnachweis geprüft werden muss, ausgenommen die Kosten für Außenwandbekleidungen und für Fassaden. ^{3}Bei Umbauten sind auch die Kosten für Abbrucharbeiten anrechenbar. ^{4}Nicht anrechenbar sind die auf die Kosten nach den Sätzen 1 bis 3 entfallende Umsatzsteuer und die in § 62 Abs. 7 der Honorarordnung für Architekten und Ingenieure genannten Kosten. ^{5}Bei der Ermittlung der anrechenbaren Bauwerte ist von den Kosten der Kostenberechnung auszugehen, die im Zeitpunkt der Auftragserteilung für die Herstellung der baulichen Anlagen ortsüblich und erforderlich sind. ^{6}Einsparungen durch Eigenleistungen oder Vergünstigungen werden nicht berücksichtigt.

(3) Die anrechenbaren Bauwerte sind jeweils auf volle eintausend Euro aufzurunden.

(4) ^{1}Die zu prüfenden baulichen Anlagen werden entsprechend ihrem statischen und konstruktiven Schwierigkeitsgrad in fünf Bauwerksklassen nach Anlage 2 eingeteilt. ^{2}Besteht eine bauliche Anlage aus Bauteilen mit unterschiedlichem Schwierigkeitsgrad, ist sie dem überwiegenden Leistungsumfang entsprechend einzustufen.

(5) Die für die Gebührenberechnung anzuwendende Bauwerksklasse, etwaige Zuschläge und die anrechenbaren Bauwerte werden durch die Bewertungs- und Verrechnungsstelle nach § 18 festgelegt.

§ 16 Gebührenberechnung

(1) ^{1}Soweit Gebühren nicht nach dem Zeitaufwand zu bemessen sind, bildet die Ermittlung der Grundgebühr die Basis der Gebührenberechnung. ^{2}Die Grundgebühr errechnet sich in Abhängigkeit von den anrechenbaren Bauwerten (§ 15 Abs. 1 bis 3) und der Bauwerksklasse (§ 15 Abs. 4) nach Maßgabe der Gebührentafel in Anlage 3. ^{3}Für Zwischenwerte der anrechenbaren Bauwerte ist die Grundgebühr durch geradlinige Interpolation zu ermitteln.

(2) ^{1}Umfasst eine Prüfung mehrere in statisch-konstruktiver Hinsicht unterschiedliche bauliche Anlagen, ist die Gebühr für jede einzelne bauliche Anlage getrennt zu ermitteln. ^{2}Gehören bauliche Anlagen jedoch der gleichen Bauwerksklasse an, so sind, wenn sie auch im Übrigen in statisch-konstruktiver Hinsicht weitgehend vergleichbar sind und die Bauvorlagen gleichzeitig zur Prüfung vorgelegt werden, die anrechenbaren Bauwerte dieser baulichen Anlagen zusammenzufassen; die Gebühr ist danach wie für eine einzige bauliche Anlage zu ermitteln. ^{3}Die Absätze 3 und 4 bleiben unberührt.

(3) Umfasst eine Prüfung mehrere bauliche Anlagen mit gleichen Standsicherheitsnachweisen einschließlich gleichen Nachweisen der Feuerwiderstandsfähigkeit der tragenden Bauteile, er-

mäßigt sich die Gebühr nach § 17 Abs. 1 Nr. 1 bis 5 sowie nach Absatz 2 für die zweite und jede weitere bauliche Anlage auf ein Zehntel.

(4) ¹Besteht eine bauliche Anlage aus gleichartigen, durch Dehnfugen unterteilten Abschnitten, für die zumindest derselbe rechnerische Standsicherheitsnachweis und dieselben Nachweise der Feuerwiderstandsfähigkeit der tragenden Bauteile gelten sollen, ermäßigt sich die Gebühr nach § 17 Abs.1 Nr. 1 bis 5 für den zweiten und jeden weiteren gleichartigen Abschnitt auf die Hälfte. ²Das gilt nicht, wenn nur Deckenfelder, Stützenzüge oder Binder in einer baulichen Anlage gleich sind.

(5) Traggerüste und Baugruben, für deren Sicherung Standsicherheitsnachweise zu prüfen sind, gelten als gesonderte bauliche Anlagen.

§ 17 Höhe der Gebühren

(1) Die Prüfingenieurin oder der Prüfingenieur für Standsicherheit erhält für die Prüfung
1. der rechnerischen Nachweise der Standsicherheit die Grundgebühr nach Anlage 3,
2. der zugehörigen Konstruktionszeichnungen in statisch-konstruktiver Hinsicht die Hälfte der Grundgebühr,
3. von Elementplänen des Fertigteilbaues sowie von Werkstattzeichnungen des Metall- und Ingenieurholzbaues je nach dem zusätzlichen Aufwand einen Zuschlag zur Gebühr nach Nummer 2 bis zur Hälfte der Grundgebühr,
4. des Nachweises der Feuerwiderstandsfähigkeit der tragenden Bauteile ein Zwanzigstel der Grundgebühr, höchstens jedoch ein Zwanzigstel der sich aus der Bauwerksklasse 3 ergebenden Grundgebühr,
5. der Konstruktionszeichnungen auf Übereinstimmung mit dem Nachweis oder auf Einhaltung weiterer Forderungen nach Nr. 3.1 der Liste der Technischen Baubestimmungen, falls eine Feuerwiderstandsfähigkeit höher als feuerhemmend zu berücksichtigen ist, ein Zehntel der Grundgebühr, höchstens jedoch je ein Zehntel der sich aus der Bauwerksklasse 3 ergebenden Grundgebühr,
6. von Nachträgen infolge von Änderungen oder Fehlern eine Gebühr je nach dem zusätzlichen Aufwand, in der Regel eine Gebühr nach den Nummern 1 bis 5, vervielfacht mit dem Verhältnis des Umfangs der Nachträge zum ursprünglichen Umfang, höchstens jedoch jeweils die Gebühren nach den Nummern 1 bis 5,
7. einer Lastvorberechnung zusätzlich ein Viertel der Grundgebühr.

(2) Für die Prüfung von Standsicherheitsnachweisen bei Nutzungsänderungen, Umbauten und Aufstockungen kann je nach dem zusätzlichen Aufwand ein Zuschlag bis zur Hälfte der Gebühr nach Absatz 1 Nr. 1 und 2 erhoben werden.

(3) Werden Teile des rechnerischen Nachweises der Standsicherheit in größeren Zeitabständen vorgelegt und wird dadurch der Prüfaufwand erheblich erhöht, kann ein Zuschlag bis zur Hälfte der Grundgebühr erhoben werden.

(4) Stehen in besonderen Fällen die Gebühren nach den Absätzen 1 bis 3 in einem groben Missverhältnis zum Aufwand für die Leistung, können abweichend höhere oder niedrigere Gebühren festgesetzt werden, die den besonderen Schwierigkeitsgrad oder den veränderten Umfang einer Leistung berücksichtigen.

(5) ¹Gebühren werden nach Zeitaufwand bemessen für
1. Leistungen, die durch anrechenbare Bauwerte nicht zu erfassende bauliche Anlagen oder Bauteile zum Gegenstand haben,
2. die Prüfung von Nachweisen der Standsicherheit von Außenwandbekleidungen und Fassaden, für die ein Standsicherheitsnachweis geführt werden muss,
3. die Prüfung von besonderen rechnerischen Nachweisen für die Feuerwiderstandsfähigkeit der tragenden Bauteile,

4. die Prüfung von zusätzlichen Nachweisen für Bauzustände,
5. die Überwachung von Baumaßnahmen in statisch-konstruktiver Hinsicht; die Gebühr darf jedoch höchstens die Hälfte der Grundgebühr betragen,
6. sonstige Leistungen, die in den Nummern 1 bis 5 und in den Absätzen 1 bis 4 nicht aufgeführt sind.

²Je angefangene Stunde werden 74 Euro erhoben. ³Als Zeitaufwand ist die üblicherweise von einer entsprechend ausgebildeten Fachkraft benötigte Zeit anzusetzen. ⁴Fahrtzeiten sind einzurechnen. ⁵Die Berechnung der Zeitgebühr ist zu dokumentieren. ⁶Als Mindestgebühr für eine Prüfung wird der zweifache Stundensatz erhoben.

§ 18 Bewertungs- und Verrechnungsstelle

¹Die Prüfingenieurinnen oder die Prüfingenieure für Standsicherheit haben sich zum Zweck einer einheitlichen Bewertung, Berechnung und Erhebung der Gebühren einer gemeinsamen Bewertungs- und Verrechnungsstelle zu bedienen. ²Die Bewertungs- und Verrechnungsstelle bewertet für die von der Bauherrin oder von dem Bauherrn veranlasste Prüfung die Grundlagen der Gebührenberechnung und berechnet und erhebt die Gebühren im Namen und im Auftrag der jeweiligen Prüfingenieurin oder des jeweiligen Prüfingenieurs. ³Die Bewertungs- und Verrechnungsstelle leitet im Namen und im Auftrag der jeweiligen Prüfingenieurin oder des jeweiligen Prüfingenieurs die Vollstreckung nicht einziehbarer Kosten durch die zuständige Vollstreckungsbehörde ein. ⁴Die gemeinsame Bewertungs- und Verrechnungsstelle hat ihren Geschäftssitz im Land Berlin oder im Land Brandenburg.

§ 19 Umsatzsteuer, Fälligkeit

(1) ¹Die Gebühren der Prüfingenieurinnen oder der Prüfingenieure für Standsicherheit schließen die von ihnen zu entrichtende Umsatzsteuer mit ein. ²Die Umsatzsteuer ist gesondert auszuweisen.

(2) ¹Die Gebühr wird mit Zustellung des Gebührenbescheides fällig. ²Bis zum Erlass des Gebührenbescheides soll eine Berichtigung der anrechenbaren Bauwerte, der Bauwerksklasse und der Zuschläge oder ein besonderer Fall gemäß § 17 Abs. 4 geltend gemacht werden.

DRITTER TEIL
Prüfingenieurinnen oder Prüfingenieure für Brandschutz

1. Abschnitt: Anerkennung, Aufgabenerledigung

§ 20 Besondere Voraussetzungen

¹Als Prüfingenieurinnen oder Prüfingenieure für Brandschutz werden nur Personen anerkannt, die
1. als Angehörige der Fachrichtung Architektur, Hochbau, Bauingenieurwesen oder eines Studiengangs mit Schwerpunkt Brandschutz ein Studium an einer deutschen Hochschule, ein gleichwertiges Studium an einer ausländischen Hochschule oder die Ausbildung mindestens für den gehobenen feuerwehrtechnischen Dienst abgeschlossen haben,
2. seit mindestens fünf Jahren in der brandschutztechnischen Planung und Ausführung von Gebäuden, insbesondere von Sonderbauten unterschiedlicher Art mit höherem brandschutztechnischen Schwierigkeitsgrad, oder deren Prüfung tätig sind,
3. die erforderlichen Kenntnisse über vorbeugenden und abwehrenden Brandschutz, das Brandverhalten von Bauprodukten und Bauarten, den anlagentechnischen Brandschutz und die einschlägigen bauordnungsrechtlichen Vorschriften besitzen und
4. zum Zeitpunkt ihrer Anerkennung eigenverantwortlich und unabhängig tätig sind.

²§ 10 Abs. 1 Satz 2 und 3 gilt entsprechend.

§ 21 Gutachten

(1) ¹Das Bautechnische Prüfamt holt vor der Anerkennung ein schriftliches Gutachten über die fachliche Eignung der Bewerberin oder des Bewerbers ein. ²Das Gutachten wird von einem beim Bautechnischen Prüfamt einzurichtenden Gutachterausschuss oder von einem Prüfungs- oder Gutachterausschuss eines anderen Landes oder des Deutschen Instituts für Bautechnik erstellt.

(2) ¹Der Gutachterausschuss besteht aus mindestens sechs Mitgliedern. ²Das Bautechnische Prüfamt beruft die Mitglieder des Gutachterausschusses sowie, soweit erforderlich, stellvertretende Mitglieder für den Verhinderungsfall. ³Dem Gutachterausschuss sollen mindestens angehören
1. ein von der Architektenkammer vorgeschlagenes Mitglied,
2. ein von der Ingenieurkammer vorgeschlagenes Mitglied,
3. ein Mitglied aus dem Geschäftsbereich der obersten Bauaufsichtsbehörde,
4. ein Mitglied aus dem Bereich der Feuerwehr,
5. ein Mitglied aus dem Bereich der Sachversicherer und
6. ein Mitglied aus dem Bereich der Forschung und Prüfung auf dem Gebiet des Brandverhaltens von Bauprodukten und Bauarten.

(3) ¹Die Berufung erfolgt für fünf Jahre. ²Abweichend von dieser Regelung endet die Mitgliedschaft im Gutachterausschuss,
1. wenn die Voraussetzungen für die Berufung nach Absatz 2 Satz 3 nicht mehr vorliegen, oder
2. mit Vollendung des 68. Lebensjahres;
der Abschluss eines eingeleiteten Gutachterverfahrens bleibt unberührt. ³Unbeschadet des Absatzes 2 Satz 3 Nr. 3 sind Vertreterinnen oder Vertreter der obersten Bauaufsichtsbehörde berechtigt, an den Sitzungen und Beratungen des Gutachterausschusses ohne Stimmrecht teilzunehmen.

(4) § 11 Abs. 4 gilt entsprechend.

(5) Die Bewerberin oder der Bewerber hat dem Prüfungs- oder Gutachterausschuss ihre oder seine Kenntnisse schriftlich und mündlich nachzuweisen.

§ 22 Prüfanträge

Die Bauherrin oder der Bauherr veranlassen die Prüfung von Brandschutznachweisen bei einer anerkannten Prüfingenieurin für Brandschutz oder einem anerkannten Prüfingenieur für Brandschutz; die Prüfung schließt die Überwachung der Bauausführung hinsichtlich des geprüften Brandschutznachweises mit ein.

§ 23 Aufgabenerledigung

(1) ¹Die Prüfingenieurin oder der Prüfingenieur für Brandschutz darf sich bei der Prüftätigkeit neben angestellten Mitarbeiterinnen oder Mitarbeitern auch der Mithilfe von Angehörigen des Zusammenschlusses nach § 20 Satz 2 in Verbindung mit § 10 Abs. 1 Satz 2 Nr. 2 bedienen, sofern sie oder er in diesem Fall ein Weisungsrecht hat und die Prüfung am Geschäftssitz der Prüfingenieurin oder des Prüfingenieurs erfolgt. ²Die Prüfingenieurin oder der Prüfingenieur für Brandschutz darf sich nur durch eine andere Prüfingenieurin oder einen anderen Prüfingenieur für Brandschutz vertreten lassen.

(2) ¹Prüfingenieurinnen oder Prüfingenieure für Brandschutz prüfen die Vollständigkeit und Richtigkeit der Brandschutznachweise unter Beachtung der Leistungsfähigkeit der Berliner

BauPrüfVO §§ 23–24

Feuerwehr. ²Sie haben die für den vorbeugenden Brandschutz zuständige Stelle der Berliner Feuerwehr zu beteiligen und deren Anforderungen bezüglich der Brandschutznachweise zu würdigen. ³Die Prüfingenieurin oder der Prüfingenieur kann nach Ablauf von einem Monat seit Eingang der Brandschutznachweise bei der Berliner Feuerwehr davon ausgehen, dass aus deren Sicht keine weiteren Anforderungen an die Brandschutznachweise zu stellen sind. ⁴Prüfingenieurinnen oder Prüfingenieure für Brandschutz überwachen die ordnungsgemäße Bauausführung hinsichtlich der von ihnen geprüften Brandschutznachweise.

(3) ¹Alle geprüften Brandschutznachweise und Zeichnungen sind nach Abschluss der Prüfung mit einem Prüfvermerk zu versehen. ²Das Ergebnis der Prüfung ist in einem Prüfbericht niederzulegen. ³Bei abschnittsweiser Bauausführung sind Teilprüfberichte zulässig. ⁴Im abschließenden Prüfbericht kann auf die Teilprüfberichte Bezug genommen werden.

(4) ¹Das Bautechnische Prüfamt kann für den Prüfbericht ein Muster einführen und dessen Verwendung vorschreiben. ²Die Prüfingenieurin oder der Prüfingenieur für Brandschutz tragen die Verantwortung für Vollständigkeit und Richtigkeit der Prüfung. ³Die Bauaufsichtsbehörde ist nicht verpflichtet, das Prüfergebnis nachzuprüfen.

(5) Liegen den Brandschutznachweisen Abweichungen von bauordnungsrechtlichen Bestimmungen zugrunde, ist in einem gesonderten Bescheid darzulegen, aus welchen Gründen die Abweichung zulässig ist.

(6) ¹Die Überwachung der ordnungsgemäßen Bauausführung kann auf Stichproben beschränkt werden. ²Umfang und Ergebnisse der Überwachung sind in Überwachungsberichten und abschließend in einem zusammenfassenden Bericht niederzulegen. ³Der zusammenfassende Bericht und die geprüften Unterlagen sind der Bauherrin oder dem Bauherrn spätestens für die Anzeige nach § 81 Abs. 2 der Bauordnung für Berlin zu übergeben.

(7) Werden die bei der Überwachung festgestellten Mängel trotz Aufforderung nicht beseitigt, hat die Prüfingenieurin oder der Prüfingenieur die Bauaufsichtsbehörde hiervon unverzüglich zu unterrichten.

(8) ¹Die Prüfingenieurinnen oder die Prüfingenieure für Brandschutz haben ein Verzeichnis über die ausgeführten Prüfungen nach einem vom Bautechnischen Prüfamt festgelegten Muster zu führen. ²Das Verzeichnis ist jeweils für ein Kalenderjahr, spätestens am 31. Januar des folgenden Jahres, dem Bautechnischen Prüfamt vorzulegen.

2. Abschnitt: Vergütung

§ 24 Allgemeines

(1) ¹Die Prüfingenieurin oder der Prüfingenieur für Brandschutz erhalten für ihre Leistungen eine Gebühr. ²§ 19 Abs. 1 gilt entsprechend. ³Die Gebühr wird mit Zustellung des Gebührenbescheids fällig.

(2) ¹Die Gebühr richtet sich nach den anrechenbaren Bauwerten (§ 25), soweit die Gebühr nicht nach dem Zeitaufwand zu bemessen ist (§ 27 Abs. 2). ²Der zeitliche Prüfaufwand ist für jeden Auftrag festzuhalten.

(3) § 14 Abs. 3 bis 7 und § 18 gelten entsprechend.

(4) Sofern die Bauaufsichtsbehörde die Brandschutznachweise prüft, erhält sie für ihre Prüf- und Überwachungsaufgaben eine Gebühr nach Maßgabe der §§ 24 bis 27.

§ 25 Anrechenbare Bauwerte

(1) Für die in der Anlage 1 aufgeführten baulichen Anlagen sind die anrechenbaren Bauwerte aus dem Brutto-Rauminhalt der baulichen Anlage, vervielfältigt mit dem jeweils angegebenen Wert je Kubikmeter Brutto-Rauminhalt, zu berechnen.

(2) ^{1}Für die nicht in der Anlage 1 aufgeführten baulichen Anlagen sind die anrechenbaren Bauwerte die Kosten nach § 62 Abs. 4 bis 6 der Honorarordnung für Architekten und Ingenieure in der Fassung vom 4. März 1991 (BGBl. I S. 533), die zuletzt durch Artikel 5 des Gesetzes vom 10. November 2001 (BGBl. I S. 2992) geändert worden ist. ^{2}Nicht anrechenbar sind die auf die Kosten nach Satz 1 entfallende Umsatzsteuer und die in § 62 Abs. 7 der Honorarordnung für Architekten und Ingenieure genannten Kosten. ^{3}Bei der Ermittlung der anrechenbaren Bauwerte ist von den Kosten der Kostenberechnung auszugehen, die im Zeitpunkt der Auftragserteilung für die Herstellung der baulichen Anlagen ortsüblich und erforderlich sind. ^{4}Einsparungen durch Eigenleistungen oder Vergünstigungen werden nicht berücksichtigt.

(3) Die anrechenbaren Bauwerte sind jeweils auf volle eintausend Euro aufzurunden.

§ 26 Gebührenberechnung

(1) ^{1}Soweit Gebühren nicht nach dem Zeitaufwand zu bemessen sind, bildet die Ermittlung der Grundgebühr die Basis der Gebührenberechnung. ^{2}Nach Maßgabe der Gebührentafel in Anlage 3 ist die Grundgebühr abhängig von den anrechenbaren Bauwerten. ^{3}Für Zwischenwerte der anrechenbaren Bauwerte ist die Grundgebühr durch geradlinige Interpolation zu ermitteln.

(2) Umfasst eine Prüfung mehrere bauliche Anlagen mit gleichen Brandschutznachweisen, ermäßigen sich die Gebühren für die Prüfung der Brandschutznachweise für die zweite und jede weitere bauliche Anlage auf ein Zehntel.

§ 27 Höhe der Gebühren

(1) Die Prüfingenieurin oder der Prüfingenieur für Brandschutz erhält für die Prüfung der Brandschutznachweise die Grundgebühr nach Anlage 3.

(2) ^{1}Gebühren werden nach Zeitaufwand bemessen für
1. die Prüfung von Nachträgen zu den Brandschutznachweisen nach Absatz 1, höchstens je Bauvorhaben die Gebühr nach Absatz 1,
2. die Überwachung der Bauausführung in brandschutztechnischer Hinsicht, höchstens je Bauvorhaben die Gebühr nach Absatz 1; Ermäßigungen und Erhöhungen bleiben hierbei unberücksichtigt,
3. Leistungen, die durch anrechenbare Bauwerte nicht zu erfassende bauliche Anlagen oder Bauteile zum Gegenstand haben oder bei denen die über die anrechenbaren Bauwerte ermittelten Gebühren in einem groben Missverhältnis zum Aufwand stehen.

^{2}Je angefangene Stunde werden 74 Euro erhoben. ^{3}Als Zeitaufwand ist die üblicherweise von einer entsprechend ausgebildeten Fachkraft benötigte Zeit anzusetzen. ^{4}Fahrtzeiten sind einzurechnen. ^{5}Die Berechnung der Zeitgebühr ist zu dokumentieren. ^{6}Als Mindestgebühr für eine Prüfung ist der zweifache Stundensatz zu erheben.

(3) Für die Prüfung von Brandschutznachweisen bei Nutzungsänderungen, Umbauten und Aufstockungen kann je nach zusätzlichem Aufwand ein Zuschlag bis zur Hälfte der Gebühr nach Absatz 1 erhoben werden.

BauPrüfVO §§ 28–30

VIERTER TEIL
Prüfsachverständige für technische Anlagen und Einrichtungen

§ 28 Besondere Voraussetzungen

(1) [1]Als Prüfsachverständige für technische Anlagen und Einrichtungen werden nur Personen anerkannt, die
1. ein Ingenieurstudium an einer deutschen Hochschule oder ein gleichwertiges Studium an einer ausländischen Hochschule abgeschlossen haben,
2. den Nachweis ihrer besonderen Sachkunde in der Fachrichtung im Sinne des § 29, auf die sich ihre Anerkennung beziehen soll, durch ein Fachgutachten einer vom Bautechnischen Prüfamt bestimmten Stelle erbracht haben,
3. als Ingenieurinnen oder Ingenieure mindestens fünf Jahre in jeder Fachrichtung, in der die Prüftätigkeit ausgeübt werden soll, praktisch tätig gewesen sind und dabei mindestens zwei Jahre bei Prüfungen mitgewirkt haben und
4. eigenverantwortlich und unabhängig tätig sind oder Beschäftigte eines Unternehmens oder einer Organisation sind, deren Zweck in der Durchführung vergleichbarer Prüfungen besteht, sofern sie für ihre Tätigkeit als Prüfsachverständige für technische Anlagen und Einrichtungen keiner fachlichen Weisung unterliegen.

[2]§ 10 Abs. 1 Satz 2 und 3 gilt entsprechend.

(2) [1]Bedienstete einer öffentlichen Verwaltung, die die für die Ausübung der Tätigkeit als Prüfsachverständige für technische Anlagen und Einrichtungen erforderlichen Kenntnisse und Erfahrungen haben, gelten im Land Berlin als Prüfsachverständige nach Absatz 1. [2]Sie werden in der Liste nach § 6 Abs. 4 nicht geführt.

§ 29 Fachrichtungen

Prüfsachverständige für technische Anlagen und Einrichtungen können für folgende Fachrichtungen anerkannt werden:
1. Lüftungsanlagen,
2. CO-Warnanlagen,
3. Rauch- und Wärmeabzugsanlagen,
4. Feuerlöschanlagen,
5. Brandmelde- und Alarmierungsanlagen,
6. Sicherheitsstromversorgungen.

§ 30 Aufgabenerledigung

(1) [1]Die Prüfsachverständigen für technische Anlagen und Einrichtungen bescheinigen die Übereinstimmung der technischen Anlagen und Einrichtungen mit den öffentlich-rechtlichen Anforderungen gemäß der jeweils geltenden Verordnung über den Betrieb dieser Anlagen und Einrichtungen. [2]Die Grundsätze für die Prüfung technischer Anlagen und Einrichtungen entsprechend der Muster-Prüfverordnung durch bauaufsichtlich anerkannte Sachverständige in der Fassung vom Dezember 2001 (DIBt Mitt. 5/2002 S. 144) sind zu beachten.

(2) [1]Die Prüfsachverständigen für technische Anlagen und Einrichtungen prüfen die ordnungsgemäße Beschaffenheit, Wirksamkeit und Betriebssicherheit der technischen Anlagen und Einrichtungen eigenverantwortlich. [2]Sie haben der Auftraggeberin oder dem Auftraggeber (Bauherrin oder Bauherr oder Betreiberin oder Betreiber der Anlage oder Einrichtung) die festgestellten Mängel mitzuteilen und sich von der Beseitigung wesentlicher Mängel zu überzeugen. [3]Über das Ergebnis der Prüfungen ist ein Bericht anzufertigen und der Auftraggeberin oder dem Auftraggeber auszuhändigen. [4]Werden festgestellte Mängel nicht in der von der Prüfsachverständigen oder vom Prüfsachverständigen festgelegten Frist beseitigt, ist die Bauaufsichtsbehörde zu unterrichten. [5]Die Prüfsachverständige oder der Prüfsachverständige darf

sich nur durch eine andere Prüfsachverständige oder einen anderen Prüfsachverständigen derselben Fachrichtung vertreten lassen.

(3) Die Prüfsachverständigen haben der Anerkennungsbehörde auf Verlangen Auskunft über ihre Prüfungen zu erteilen und Unterlagen hierüber vorzulegen.

§ 31 Vergütung

(1) [1]Die Prüfsachverständigen für technische Anlagen und Einrichtungen erhalten für ihre Tätigkeit ein Honorar und Ersatz der notwendigen Auslagen. [2]Das Honorar wird nach dem Zeitaufwand abgerechnet.

(2) [1]Als Zeitaufwand ist die üblicherweise von einer entsprechend ausgebildeten Fachkraft benötigte Zeit anzusetzen. [2]Je angefangene Stunde sind 74 Euro zu berechnen. [3]Fahrtzeiten sind einzurechnen. [4]In dem Stundensatz ist die Umsatzsteuer enthalten. [5]Die Berechnung der Zeitgebühr ist zu dokumentieren. [6]Als Mindesthonorar für eine Prüfung wird der zweifache Stundensatz berechnet.

(3) Ein Nachlass auf das Honorar ist unzulässig.

(4) Das Honorar wird mit Zustellung der Rechnung fällig.

FÜNFTER TEIL
Prüfsachverständige für den Erd- und Grundbau

§ 32 Besondere Voraussetzungen

(1) Als Prüfsachverständige für den Erd- und Grundbau werden nur Personen anerkannt, die
1. als Angehörige der Fachrichtung Bauingenieurwesen, der Geotechnik oder eines Studiengangs mit Schwerpunkt Ingenieurgeologie ein Studium an einer deutschen Hochschule oder ein gleichwertiges Studium an einer ausländischen Hochschule abgeschlossen haben,
2. neun Jahre im Bauwesen tätig gewesen sind, davon mindestens drei Jahre im Erd- und Grundbau mit der Anfertigung oder Beurteilung von Standsicherheitsnachweisen betraut gewesen sind,
3. über vertiefte Kenntnisse und Erfahrungen im Erd- und Grundbau verfügen,
4. für ihre Tätigkeit als Prüfsachverständige für Erd- und Grundbau allein verantwortlich sind und Weisungen nicht unterliegen,
5. weder selbst noch ihre Mitarbeiterinnen oder Mitarbeiter oder Teilhaberinnen oder Teilhaber ihrer Ingenieurgemeinschaft an einem Unternehmen der Bauwirtschaft oder an einem Bohrunternehmen beteiligt sind.

(2) [1]Der Nachweis der Anerkennungsvoraussetzungen nach Absatz 1 Satz 1 Nr. 3 ist durch die Vorlage eines Verzeichnisses aller innerhalb eines Zeitraums von zwei Jahren vor Antragstellung erstellten Baugrundgutachten zu führen. [2]Mindestens zehn Gutachten müssen die Bewältigung überdurchschnittlicher Aufgaben zeigen; zwei dieser Gutachten sind gesondert vorzulegen. [3]Über das Vorliegen der Zulassungsvoraussetzung nach Absatz 1 Satz 1 Nr. 5 hat der Bewerber eine besondere Erklärung abzugeben.

§ 33 Beirat

[1]Das Bautechnische Prüfamt holt bei dem bei der Bundesingenieurkammer gebildeten Beirat für Erd- und Grundbau ein Gutachten über die fachliche Eignung und die Ausstattung der An-

tragstellerin oder des Antragstellers mit den erforderlichen Geräten und Hilfsmitteln ein. ²Das Gutachten ist zu begründen.

§ 34 Aufgabenerledigung

(1) Prüfsachverständige für Erd- und Grundbau bescheinigen die Vollständigkeit und Richtigkeit der Angaben über den Baugrund hinsichtlich Stoffbestand, Struktur und geologischer Einflüsse, der Angaben über die Tragfähigkeit des Baugrundes und der getroffenen Annahmen zur Gründung oder Einbettung der baulichen Anlage.

(2) Hat sich die Prüfsachverständige oder der Prüfsachverständige mit anderen Prüfingenieurinnen oder Prüfingenieuren, Prüfsachverständigen oder Ingenieurinnen oder Ingenieuren zusammengeschlossen, so darf sie oder er sich bei der Tätigkeit nach Absatz 1 neben angestellten Mitarbeiterinnen oder Mitarbeitern auch der Mithilfe von Angehörigen des Zusammenschlusses bedienen, sofern sie oder er in diesem Fall ein Weisungsrecht haben und die Prüfung am Geschäftssitz der oder des Prüfsachverständigen erfolgt.

§ 35 Vergütung

Die Tätigkeit der Prüfsachverständigen für Erd- und Grundbau wird entsprechend § 31 vergütet.

SECHSTER TEIL
Bautechnische Prüfämter, Typenprüfung

§ 36 Bautechnische Prüfämter

(1) Das Bautechnische Prüfamt der für das Bauwesen zuständigen Senatsverwaltung sowie das Deutsche Institut für Bautechnik nehmen Aufgaben nach dieser Verordnung wahr, das Deutsche Institut für Bautechnik jedoch nur Aufgaben nach § 37.

(2) Die Prüfämter müssen mit geeigneten Ingenieurinnen oder Ingenieuren besetzt sein und von einer im Bauingenieurwesen besonders vorgebildeten und erfahrenen beamteten Dienstkraft des höheren bautechnischen Verwaltungsdienstes oder von einer oder einem vergleichbar qualifizierten Angestellten geleitet werden.

§ 37 Typenprüfung

(1) Die bauaufsichtliche Prüfung der Standsicherheitsnachweise für prüfpflichtige bauliche Anlagen oder für Teile von baulichen Anlagen, die in gleicher Ausführung an mehreren Standorten errichtet oder verwendet werden (Typenprüfung), erfolgt durch die Bautechnischen Prüfämter nach § 36 Abs.1.

(2) ¹Die Geltungsdauer der Typenprüfung ist zu befristen; sie soll nicht mehr als fünf Jahre betragen. ²Sie kann auf schriftlichen Antrag um jeweils fünf Jahre verlängert werden.

§ 38 Gebühren

¹Die Bautechnischen Prüfämter erhalten für Prüf- und Überwachungsaufgaben eine Gebühr nach Maßgabe der §§ 14 bis 17. ²Für die Typenprüfung (§ 37) und für ihre Verlängerung ist eine nach dem Zeitaufwand ermittelte Gebühr zu erheben.

SIEBTER TEIL
Fliegende Bauten

§ 39 Zuständigkeit für Fliegende Bauten

(1) ¹Die Aufgaben der Bauaufsichtsbehörde für Fliegende Bauten nach § 75 der Bauordnung für Berlin werden der
TÜV Industrie Service GmbH
TÜV Rheinland Group
Regionalbereich Berlin
zur eigenverantwortlichen und unabhängigen Wahrnehmung übertragen. ²Mit dieser Aufgabenübertragung wird die TÜV Industrie Service GmbH, TÜV Rheinland Group, Regionalbereich Berlin, als Prüfstelle für Fliegende Bauten anerkannt. ³Die Anerkennung gilt bis zum 1. Februar 2011; sie kann auf Antrag jeweils um höchstens fünf Jahre verlängert werden.

(2) ¹Bei der Wahrnehmung der Aufgaben sind die bauordnungsrechtlichen Rechtsvorschriften, die dazu erlassenen Verwaltungsvorschriften sowie die Richtlinie über den Bau und Betrieb Fliegender Bauten zu beachten. ²Weitere Einzelheiten über die Wahrnehmung der Aufgabe kann die für das Bauwesen zuständige Senatsverwaltung in einer schriftlichen Arbeitsanweisung regeln.

(3) ¹Die Prüfstelle übt ihre Tätigkeit selbständig in eigener Verantwortung aus. ²Sie hat bei der übertragenen Tätigkeit weder eigene noch vertritt sie fremde Produktions-, Handels- oder Lieferinteressen.

(4) § 5 Abs. 1 Satz 1 gilt für die Prüfstelle und die bei ihr beschäftigten Ingenieurinnen oder Ingenieure entsprechend.

(5) Die Prüfstelle darf nicht tätig werden, wenn sie oder die bei ihr beschäftigten Ingenieurinnen oder Ingenieure als Entwurfsverfasserinnen oder Entwurfsverfasser, Nachweiserstellerinnen oder Nachweisersteller oder Unternehmerinnen oder Unternehmer mit dem Gegenstand der Prüfung oder der Genehmigung befasst waren oder ein sonstiger Befangenheitsgrund vorliegt.

(6) Die Prüfstelle muss für die Tätigkeit nach Absatz 1 mit einer Haftungssumme von mindestens je 500 000 € für Personen- sowie für Sach- und Vermögensschäden je Schadensfall, die mindestens zweimal im Versicherungsjahr zur Verfügung stehen muss, haftpflichtversichert sein.

§ 40 Erlöschen, Widerruf und Rücknahme der Anerkennung

(1) Die Anerkennung erlischt
1. durch schriftlichen Verzicht gegenüber der für das Bauwesen zuständigen Senatsverwaltung,
2. mit Entfall des erforderlichen Versicherungsschutzes,
3. mit Auflösung oder Liquidation der Prüfstelle oder Eröffnung eines Insolvenzverfahrens über ihr Vermögen.

(2) Unbeschadet des § 49 des Verwaltungsverfahrensgesetzes ist die Anerkennung zu widerrufen, wenn
1. die Prüfstelle nicht mehr in der Lage ist, die ihr nach § 39 Abs. 1 übertragenen Aufgaben wahrzunehmen,
2. die Voraussetzungen nach § 39 Abs. 3 nicht mehr vorliegen oder
3. die Prüfstelle oder ihre Ingenieurinnen oder Ingenieure gegen die ihnen obliegenden Pflichten nach § 39 Abs. 4 und 5 oder als Ingenieurin oder Ingenieur schwerwiegend, wiederholt oder grob fahrlässig verstoßen haben.

(3) Für die Rücknahme der Anerkennung gilt § 48 des Verwaltungsverfahrensgesetzes.

§ 41 Rechts- und Fachaufsicht

(1) Die Prüfstelle untersteht der Rechts- und Fachaufsicht der für das Bauwesen zuständigen Senatsverwaltung.

(2) ¹Die Prüfstelle unterrichtet die für das Bauwesen zuständige Senatsverwaltung, wenn Entscheidungen zu treffen sind, die neuartige Konstruktionen und Systeme betreffen oder grundsätzliche Bedeutung für die Sicherheit von Besuchern haben. ²In diesen Fällen ist das Vorgehen mit der Senatsverwaltung abzustimmen.

(3) Unfälle auf Grund des Betriebes Fliegender Bauten, die der Prüfstelle bekannt geworden sind, hat sie der Senatsverwaltung unverzüglich zu melden.

§ 42 Vergütung

(1) ¹Der Prüfstelle steht für Amtshandlungen im Vollzug des § 75 der Bauordnung für Berlin eine Vergütung (Gebühren und Auslagen) zu. ²Die Gebühren sind nach Absatz 2 und Anlage 5 zu erheben. ³Die Gebühren für die Abnahmen nach den Nummern 4 und 5 der Anlage 5 sind nach dem Umfang und den Schwierigkeiten, die sich bei der Durchführung der Abnahmen ergeben, zu bemessen.

(2) ¹Die Gebühr für die Prüfung der Stand- und Betriebssicherheit wird nach dem Zeitaufwand bestimmt. ²Die Höhe der Gebühr beträgt 74 Euro für jede Arbeitsstunde; angefangene Arbeitsstunden werden zeitanteilig verrechnet. ³Fahrzeiten sind einzurechnen. ⁴Die Berechnung der Zeitgebühr ist zu dokumentieren.

(3) ¹Werden sachverständige Personen oder Stellen herangezogen, sind die tatsächlich entstehenden Kosten als Auslagen zu erstatten. ²Sonstige Auslagen sind in den Gebührensätzen enthalten.

(4) ¹Ein Nachlass auf die Vergütung ist unzulässig. ²Mit der Vergütung ist die Umsatzsteuer abgegolten.

ACHTER TEIL
Ordnungswidrigkeiten

§ 43 Ordnungswidrigkeiten

(1) Ordnungswidrig im Sinne des § 83 Abs. 1 Satz 1 Nr. 12 der Bauordnung für Berlin handelt, wer vorsätzlich oder fahrlässig
1. entgegen § 8 die Bezeichnung Prüfingenieurin oder Prüfingenieur oder Prüfsachverständige oder Prüfsachverständiger für einen bestimmten Fachbereich oder für eine bestimmte Fachrichtung führt,
2. entgegen § 30 Bescheinigungen ausstellt, ohne als Prüfsachverständige oder Prüfsachverständiger für die entsprechende Fachrichtung anerkannt zu sein,
3. entgegen § 34 Bescheinigungen ausstellt, ohne als Prüfsachverständige oder Prüfsachverständiger für Erd- und Grundbau anerkannt zu sein,
4. entgegen § 14 Abs. 5, § 24 Abs. 3 in Verbindung mit § 14 Abs. 5, § 31 Abs. 3, § 35 in Verbindung mit § 31 Abs. 3 oder entgegen § 42 Abs. 4 einen Nachlass gewährt.

(2) Verwaltungsbehörde im Sinne des § 36 Abs. 1 Nr. 1 des Gesetzes über Ordnungswidrigkeiten ist die für das Bauwesen zuständige Senatsverwaltung.

NEUNTER TEIL
Übergangs- und Schlussvorschriften

§ 44 Übergangsvorschriften

(1) Anerkennungen von Prüfingenieuren für Baustatik auf Grund der Bautechnischen Prüfungsverordnung vom 15. August 1995 (GVBl. S. 574), zuletzt geändert durch § 8 der Verordnung vom 9. Dezember 2005 (GVBl. S. 797), gelten als Anerkennung im Sinne von § 10 dieser Verordnung.

(2) Anerkennungen von Sachverständigen für Erd- und Grundbau nach Bauordnungsrecht auf Grund der Sachverständigenverordnung für Erd- und Grundbau vom 26. Oktober 1998 (GVBl. S. 320), geändert durch Verordnung vom 13. Februar 2001 (GVBl. S. 41), gelten als Anerkennung im Sinne von § 32 dieser Verordnung.

(3) Sachkundige Personen nach § 2 der Anlagen-Prüfverordnung vom 1. Juni 2004 (GVBl. S. 235), geändert durch § 30 Abs. 2 der Verordnung vom 18. April 2005 (GVBl. S. 230), dürfen ihre Aufgaben noch bis zum 31. Dezember 2007 wahrnehmen.

(4) [1]Sachverständige für die Prüfung technischer Anlagen und Einrichtungen, die von der Senatsverwaltung für Bauen, Wohnen und Verkehr vor Inkrafttreten der Sachkundige-Personen-Verordnung vom 13. Februar 1998 (GVBl. S. 22) anerkannt wurden, dürfen ihre Aufgaben noch bis zum 31. Dezember 2010 wahrnehmen. [2]Danach erlischt ihre Anerkennung als Sachverständige.

(5) [1]Anerkennungsverfahren, die vor Inkrafttreten dieser Verordnung eingeleitet worden sind, sind nach den bisherigen Vorschriften weiterzuführen. [2]Die Vorschriften dieser Verordnung sind jedoch dann anzuwenden, wenn sie für die Antragstellerin oder den Antragsteller eine günstigere Regelung enthalten als das bisherige Recht.

(6) Für gebührenpflichtige Amtshandlungen der Prüfingenieurin oder des Prüfingenieurs für Baustatik und des Bautechnischen Prüfamtes (bisher Prüfamt für Baustatik), die bei Inkrafttreten dieser Verordnung noch nicht abgeschlossen sind, gelten die bisherigen Vorschriften, wenn sie für den Gebührenschuldner günstiger sind.

§ 45 Inkrafttreten, Außerkrafttreten

(1) Diese Verordnung tritt am Tage nach der Verkündung im Gesetz- und Verordnungsblatt für Berlin in Kraft.

(2) Mit dem Inkrafttreten dieser Verordnung treten außer Kraft:
1. die Bautechnische Prüfungsverordnung vom 15. August 1995 (GVBl. S. 574), zuletzt geändert durch § 8 der Verordnung vom 9. Dezember 2005 (GVBl. S. 797),
2. die Sachverständigenverordnung für Erd- und Grundbau vom 26. Oktober 1998 (GVBl. S. 320), geändert durch Verordnung vom 13. Februar 2001 (GVBl. S. 41),
3. die Kostenordnung der Prüfingenieure vom 25. September 1986 (GVBl. S. 1646), zuletzt geändert durch Verordnung vom 5. April 2001 (GVBl. S. 94),
4. die Tarifstellen des Abschnittes Baustatik (Tarifstellen 3000 bis 3014 einschließlich der Vorbemerkungen) des Gebührenverzeichnisses der Baugebührenordnung vom 31. Juli 2001 (GVBl. S. 326, 523), zuletzt geändert durch Verordnung vom 10. Mai 2005 (GVBl. S. 297).

BauPrüfVO Anlage 1

Anlage 1 (zu § 15 Abs. 1 und § 25 Abs. 1 BauPrüfVO)

Tabelle der anrechenbaren Bauwerte je Kubikmeter Brutto-Rauminhalt

Gebäudeart	anrechenbare Bauwerte in €/m^3
1. Wohngebäude	98
2. Wochenendhäuser	86
3. Büro- und Verwaltungsgebäude, Banken und Arztpraxen	132
4. Schulen	125
5. Kindertageseinrichtungen	111
6. Hotels, Pensionen und Heime bis jeweils 60 Betten, Gaststätten	111
7. Hotels, Heime und Sanatorien mit jeweils mehr als 60 Betten	130
8. Krankenhäuser	145
9. Versammlungsstätten, wie Mehrzweckhallen, soweit nicht nach den Nummern 11 und 12, Theater, Kinos	111
10. Hallenbäder	121
11. Eingeschossige, hallenartige Gebäude, wie Verkaufsstätten, Fabrik-, Werkstatt- und Lagergebäude in einfachen Rahmen- oder Stiel-Riegel-Konstruktionen und mit nicht mehr als 50.000 m^3 Brutto-Rauminhalt sowie einfache Sporthallen und landwirtschaftliche Betriebsgebäude, soweit nicht nach Nummer 19	
11.1 bis 2 500 m^3 Brutto-Rauminhalt Bauart schwer[1)] sonstige Bauart	47 40
11.2 der 2 500 m^3 übersteigende Brutto-Rauminhalt bis 5 000 m^3 Bauart schwer[1)] sonstige Bauart	40 33
11.3 der 5 000 m^3 übersteigende Brutto-Rauminhalt Bauart schwer[1)] sonstige Bauart	33 26
12. andere eingeschossige Verkaufsstätten, Sportstätten	74
13. andere eingeschossige Fabrik-, Werkstatt- und Lagergebäude	66
14. Mehrgeschossige Verkaufsstätten mit nicht mehr als 50 000 m^3 Brutto-Rauminhalt	100
15. Mehrgeschossige Fabrik-, Werkstatt- und Lagergebäude mit nicht mehr als 50 000 m^3 Brutto-Rauminhalt	87
16. Eingeschossige Garagen, ausgenommen offene Kleingaragen	72
17. Mehrgeschossige Mittel- und Großgaragen	87
18. Tiefgaragen	134
19. Schuppen, Kaltställe, offene Feldscheunen, offene Kleingaragen und ähnliche Gebäude	35
20. Gewächshäuser	
20.1 bis 1 500 m^3 Brutto-Rauminhalt	26
20.2 der 1 500 m^3 übersteigende Brutto-Rauminhalt	15

[1)] Gebäude mit Tragwerken, die überwiegend in Massivbauart errichtet wurden.

BauPrüfVO Anlage 1

Bei Gebäuden mit mehr als fünf Geschossen sind die anrechenbaren Bauwerte um 5 v. H., bei Hochhäusern um 10 v. H. und bei Gebäuden mit befahrbaren Decken, außer bei den Nummern 16 bis 18, um 10 v. H. zu erhöhen. Bei Hallenbauten mit Kränen, bei denen der Standsicherheitsnachweis für Kranbahnen geprüft werden muss, sind für die von Kranbahnen erfassten Hallenbereiche anrechenbare Bauwerte von 38 €/m² hinzuzurechnen.

Die in der Tabelle angegebenen Werte berücksichtigen nur Flachgründungen mit Streifen- oder Einzelfundamenten. Mehrkosten für andere Gründungen, wie Pfahlgründungen oder Schlitzwände, sind getrennt zu ermitteln und den anrechenbaren Bauwerten hinzuzurechnen. Bei Flächengründungen sind je Quadratmeter Sohlplatte 2 m³ zum Brutto-Rauminhalt hinzuzurechnen.

Bei Gebäuden mit gemischter Nutzung sind für die Gebäudeteile mit verschiedenen Nutzungsarten die anrechenbaren Bauwerte anteilig zu ermitteln, soweit Nutzungsarten nicht nur Nebenzwecken dienen.

Für die Berechnung des Brutto-Rauminhalts ist DIN 277-1; 1987-06 (Anlage 4) maßgebend.

BauPrüfVO Anlage 2

Anlage 2 (zu § 15 Abs. 4 BauPrüfVO)

Bauwerksklassen

Bauwerksklasse 1
Tragwerke mit sehr geringem Schwierigkeitsgrad, insbesondere einfache statisch bestimmte ebene Tragwerke aus Holz, Stahl, Stein oder unbewehrtem Beton mit vorwiegend ruhenden Lasten, ohne Nachweis horizontaler Aussteifung.

Bauwerksklasse 2
Tragwerke mit geringem Schwierigkeitsgrad, insbesondere statisch bestimmte ebene Tragwerke in gebräuchlichen Bauarten ohne vorgespannte Konstruktionen und Verbundkonstruktionen mit vorwiegend ruhenden Lasten,
– einfache Dach- und Fachwerkbinder,
– Kehlbalkendächer,
– Deckenkonstruktionen mit vorwiegend ruhenden Flächenlasten, die nach gebräuchlichen Tabellen berechnet werden können,
– Mauerwerksbauten mit bis zur Gründung durchgehenden tragenden Wänden ohne Nachweis der horizontalen Aussteifung des Gebäudes,
– Stützwände einfacher Art,
– Flachgründungen einfacher Art (Einzel- und Streifenfundamente).

Bauwerksklasse 3
Tragwerke mit durchschnittlichem Schwierigkeitsgrad, insbesondere schwierige statisch bestimmte und statisch unbestimmte ebene Tragwerke in gebräuchlichen Bauarten ohne vorgespannte Konstruktionen und ohne schwierige Stabilitätsuntersuchungen,
– einfache Verbundkonstruktionen des Hochbaus ohne Berücksichtigung des Einflusses von Kriechen und Schwinden,
– Tragwerke für Gebäude mit Abfangung von tragenden beziehungsweise aussteifenden Wänden,
– Tragwerke für Rahmen- und Skelettbauten, bei denen die Stabilität der einzelnen Bauteile mit Hilfe von einfachen Formeln oder Tabellen nachgewiesen werden kann,
– Behälter einfacher Konstruktion,
– Schornsteine ohne Schwingungsberechnung,
– Maste mit einfachen Abspannungen, bei denen der Seildurchhang vernachlässigt werden kann,
– ein- und zweiachsig gespannte mehrfeldrige Decken unter ruhenden Lasten, soweit sie nicht der Bauwerksklasse 2 zuzuordnen sind,
– Flächengründungen einfacher Art,
– Stützwände ohne Rückverankerung bei schwierigen Baugrund- und Belastungsverhältnissen und einfach verankerte Stützwände,
– ebene Pfahlrostgründungen.

Bauwerksklasse 4
Tragwerke mit überdurchschnittlichem Schwierigkeitsgrad, insbesondere statisch und konstruktiv schwierige Tragwerke in gebräuchlichen Bauarten und Tragwerke, für deren Standsicherheits- und Festigkeitsnachweis schwierig zu ermittelnde Einflüsse zu berücksichtigen sind
– statisch bestimmte räumliche Fachwerke,
– weitgespannte Hallentragwerke in Ingenieurholzbaukonstruktion,
– mehrgeschossige Bauwerke mit unregelmäßiger Grundrissgestaltung und wiederholt im Grundriss verspringenden Aussteifungselementen, bei deren Schnittgrößenermittlung die Formänderungen zu berücksichtigen sind,
– Bauwerke, bei denen Aussteifung und Stabilität durch Zusammenwirken von Fertigteilen sichergestellt und nachgewiesen werden muss,
– unregelmäßige mehrgeschossige Rahmentragwerke und Skelettbauten, Kesselgerüste,

- einfache Trägerroste und einfache orthotrope Platten,
- Hallentragwerke mit Kranbahnen,
- vorgespannte Fertigteile,
- Tragwerke für schwierige Rahmen- und Skelettbauten sowie turmartige Bauten, bei denen der Nachweis der Stabilität und Aussteifung die Anwendung besonderer Berechnungsverfahren erfordert,
- einfache Faltwerke nach der Balkentheorie,
- statisch bestimmte und einfache statisch unbestimmte Tragwerke, deren Schnittkraftermittlung nach Theorie II. Ordnung erfolgen muss,
- statisch bestimmte und statisch unbestimmte Tragwerke des Hochbaues unter Einwirkung von Vorspannung, soweit sie nicht der Bauwerksklasse 5 zuzuordnen sind,
- Verbundkonstruktionen, soweit sie nicht den Bauwerksklassen 3 oder 5 zuzuordnen sind,
- einfache Tragwerke nach dem Traglastverfahren,
- einfache Rotationsschalen,
- Tankbauwerke aus Stahl mit einfachen Stabilitätsnachweisen,
- Behälter und Silos schwieriger Konstruktion, auch in Gruppenbauweise,
- Maste, Schornsteine, Maschinenfundamente mit einfachen Schwingungsuntersuchungen,
- schwierige Abspannungen von Einzelmasten oder Mastgruppen,
- Seilbahnkonstruktionen,
- schwierige verankerte Stützwände, schwierige statisch unbestimmte Flächengründungen, schwierige ebene oder räumliche Pfahlgründungen, besondere Gründungsverfahren, Unterfahrungen.

Bauwerksklasse 5
Tragwerke mit sehr hohem Schwierigkeitsgrad, insbesondere statisch und konstruktiv ungewöhnlich schwierige Tragwerke und schwierige Tragwerke in neuen Bauarten,
- räumliche Stabtragwerke,
- statisch unbestimmte räumliche Fachwerke,
- Faltwerke, Schalentragwerke, soweit sie nicht der Bauwerksklasse 4 zuzuordnen sind,
- statisch unbestimmte Tragwerke, die Schnittkraftermittlungen nach Theorie II. Ordnung unter Berücksichtigung des nichtlinearen Werkstoffverhaltens erfordern,
- Tragwerke mit Standsicherheitsnachweisen, die nur unter Zuhilfenahme modellstatischer Untersuchungen beurteilt werden können,
- Tragwerke mit Schwingungsuntersuchungen, soweit sie nicht der Bauwerksklasse 4 zuzuordnen sind,
- seilverspannte Zeltdachkonstruktionen und Traglufthallen bei Behandlung nach der Membrantheorie,
- mit Hochhäusern vergleichbar hohe Gebäude, bei denen ein Stabilitätsnachweis nach Theorie II. Ordnung erforderlich sowie das Schwingungsverhalten zu untersuchen ist,
- Verbundkonstruktionen nach der Plastizitätstheorie oder mit Vorspannung,
- schwierige Trägerroste und schwierige orthotrope Platten,
- Turbinenfundamente.

BauPrüfVO Anlage 3

Anlage 3 (zu § 16 Abs. 1 und § 26 Abs. 1 BauPrüfVO)

Gebührentafel in EUR

Anrechenbare Bauwerte	Grundgebühr					Prüfung Brandschutznachweis
	Prüfung Standsicherheitsnachweis					
	Bauwerksklasse					
EUR	1	2	3	4	5	
10.000	94	141	187	235	294	2)
15.000	130	195	260	324	407	1)
20.000	164	245	327	408	511	1)
25.000	196	293	390	487	612	1)
30.000	226	339	452	564	708	1)
35.000	255	383	511	639	800	1)
40.000	284	426	569	711	891	1)
45.000	312	469	624	781	979	1)
50.000	340	510	680	850	1.065	1)
75.000	470	706	940	1.175	1.473	1)
100.000	591	888	1.183	1.479	1.854	355
150.000	819	1.228	1.637	2.046	2.564	491
200.000	1.030	1.545	2.060	2.575	3.228	618
250.000	1.231	1.847	2.463	3.079	3.858	739
300.000	1.424	2.137	2.850	3.562	4.464	855
350.000	1.612	2.417	3.224	4.029	5.050	967
400.000	1.793	2.690	3.586	4.484	5.620	1.076
450.000	1.970	2.956	3.942	4.928	6.175	1.182
500.000	2.143	3.216	4.288	5.360	6.719	1.286
1.000.000	3.733	5.599	7.465	9.333	11.697	2.239
1.500.000	5.163	7.746	10.327	12.908	16.177	3.098
2.000.000	6.499	9.750	12.999	16.249	20.365	3.900
3.500.000	10.170	15.256	20.339	25.427	31.865	6.102
5.000.000	13.529	20.291	27.058	33.820	42.390	8.117

BauPrüfVO Anlage 3

Anrechenbare Bauwerte	Grundgebühr					Prüfung Brandschutznachweis
	Prüfung Standsicherheitsnachweis					
	Bauwerksklasse					
EUR	1	2	3	4	5	
7.500.000	18.710	28.064	37.420	46.774	58.626	11.228
10.000.000	23.556	35.329	47.102	58.885	73.800	13.471
15.000.000	32.584	48.868	65.153	81.452	102.078	16.745
20.000.000	41.015	61.512	82.009	102.526	128.503	18.698
25.000.000	49.028	73.542	98.056	122.570	153.599	19.611
Bei anrechenbaren Bauwerten über 25.000.000 € errechnet sich die Gebühr aus dem Tausendstel der jeweiligen anrechenbaren Bauwerte, vervielfältigt mit folgenden Faktoren:						
	1,961	2,942	3,922	4,903	6,144	0,784

[1] Vergütung nach Zeitaufwand

BauPrüfVO Anlage 4

Anlage 4 (zu Anlage 1, letzter Absatz, BauPrüfVO)

Abschnitte der DIN 277-1; 1987-06
zur Bestimmung des Brutto-Rauminhalts nach Anlage 1

2. Begriffe

2.1 Brutto-Grundfläche (BGF)
Die Brutto-Grundfläche ist die Summe der Grundflächen aller Grundrissebenen eines Bauwerkes. Nicht dazu gehören die Grundflächen von nicht nutzbaren Dachflächen und von konstruktiv bedingten Hohlräumen, z.B. in belüfteten Dächern oder über abgehängten Decken. Die Brutto-Grundfläche gliedert sich in Konstruktions-Grundfläche und Netto-Grundfläche.

2.7 Brutto-Rauminhalt (BRI)
Der Brutto-Rauminhalt ist der Rauminhalt des Baukörpers, der nach unten von der Unterfläche der konstruktiven Bauwerkssohle und im Übrigen von den äußeren Begrenzungsflächen des Bauwerks umschlossen wird.
Nicht zum Brutto-Rauminhalt gehören die Rauminhalte von
– Fundamenten;
– Bauteilen, soweit sie für den Brutto-Rauminhalt von untergeordneter Bedeutung sind, z.B. Kellerlichtschächte, Außentreppen, Außenrampen, Eingangsüberdachungen und Dachgauben;
– untergeordneten Bauteilen, wie z.B. konstruktive und gestalterische Vor- und Rücksprünge an den Außenflächen, auskragende Sonnenschutzanlagen, Lichtkuppeln, Schornsteinköpfe, Dachüberstände, soweit sie nicht Überdeckungen für Bereich b nach Abschnitt 3.1.1. sind.

3. Berechnungsgrundlagen

3.1 Allgemeines

3.1.1. Grundflächen und Rauminhalte sind nach ihrer Zugehörigkeit zu folgenden Bereichen getrennt zu ermitteln:
– Bereich a: überdeckt und allseitig in voller Höhe umschlossen,
– Bereich b: überdeckt, jedoch nicht allseitig in voller Höhe umschlossen,
– Bereich c: nicht überdeckt.

Sie sind ferner getrennt nach Grundrissebenen, z. B. Geschossen, und getrennt nach unterschiedlichen Höhen zu ermitteln.

3.1.2 Waagerechte Flächen sind aus ihren tatsächlichen Maßen, schräg liegende Flächen aus ihrer senkrechten Projektion auf eine waagerechte Ebene zu berechnen.

3.1.3 Grundflächen sind in m^2, Rauminhalte in m^3 anzugeben.

3.2 Berechnung von Grundflächen

3.2.1 Brutto-Grundfläche
Für die Berechnung der Brutto-Grundfläche sind die äußeren Maße der Bauteile einschließlich Bekleidung, z. B. Putz, in Fußbodenhöhe anzusetzen. Konstruktive und gestalterische Vor- und Rücksprünge an den Außenflächen bleiben dabei unberücksichtigt.
Brutto-Grundflächen des Bereichs b sind an den Stellen, an denen sie nicht umschlossen sind, bis zur senkrechten Projektion ihrer Überdeckungen zu rechnen.

Brutto-Grundflächen von Bauteilen (Konstruktions-Grundflächen), die zwischen den Bereichen a und b liegen, sind zum Bereich a zu rechnen.

3.3 Berechnung von Rauminhalten

3.3.1 Brutto-Rauminhalt
Der Brutto-Rauminhalt ist aus den nach Abschnitt 3.2.1 berechneten Brutto-Grundflächen und den dazugehörigen Höhen zu errechnen. Als Höhen für die Ermittlung des Brutto-Rauminhaltes gelten die senkrechten Abstände zwischen den Oberflächen des Bodenbelages der jeweiligen Geschosse bzw. den Dächern die Oberfläche des Dachbelages.
Bei Luftgeschossen gilt als Höhe der Abstand von der Oberfläche des Bodenbelages bis zur Unterfläche der darüber liegenden Deckenkonstruktion.
Bei untersten Geschossen gilt als Höhe der Abstand von der Unterfläche der konstruktiven Bauwerkssohle bis zur Oberfläche des Bodenbelages des darüber liegenden Geschosses.
Für die Höhen des Bereichs c sind die Oberkanten der diesem Bereich zugeordneten Bauteile, zum Beispiel Brüstungen, Attiken, Geländer, maßgebend.
Bei Bauwerken oder Bauwerksteilen, die von nicht senkrechten und/oder nicht waagerechten Flächen begrenzt werden, ist der Rauminhalt nach entsprechenden Formeln zu berechnen.

Anlage 5 (zu § 42 Abs. 1 BauPrüfVO)

Gebühren für Fliegende Bauten

1. Erteilung einer Ausführungsgenehmigung in Form eines Prüfbuches — 1,4 v. H. der Herstellungskosten mindestens 132 €

   Anmerkung:
   In der Genehmigungsgebühr ist die Gebühr für die Prüfung der Standsicherheitsnachweise sowie die Kosten weiterer Sachverständiger nicht enthalten.

2. Verlängerung der Geltungsdauer der Ausführungsgenehmigung oder Übertragung der Ausführungsgenehmigung an andere — 132 €

   Anmerkung:
   In der Gebühr sind die Gebühren für die Prüfung der Stand- und Betriebssicherheit nicht enthalten.

3. Genehmigung von Änderungen gegenüber der Ausführungsgenehmigung (insbesondere Änderung der Bestuhlung und der technischen Anlagen) — 0,4 v. H. der Herstellungskosten mindestens 132 €

4. Gebrauchsabnahme auf Grund einer gültigen Ausführungsgenehmigung einschließlich der erforderlichen Eintragung des Ergebnisses der Abnahme in das Prüfbuch — 53 – 531 €

   Anmerkung:
   Bei Fliegenden Bauten, die nicht länger als drei Tage stehen bleiben, ermäßigt sich die Gebühr um 50 v. H.

5. Nachabnahmen bei Fliegenden Bauten, die von Besuchern betreten und längere Zeit an einem Aufstellort betrieben werden, einschließlich Eintragung des Ergebnisses der Nachabnahme in das Prüfbuch — 53 – 531 €

BetrVO

Verordnung über den Betrieb von baulichen Anlagen (Betriebs-Verordnung – BetrVO)

Vom 10. Oktober 2007 (GVBl. S. 516)

Auf Grund des § 84 Abs. 1 und 5 der Bauordnung für Berlin vom 29. September 2005 (GVBl. S. 495), die zuletzt durch § 9 des Gesetzes vom 7. Juni 2007 (GVBl. S. 222) geändert worden ist, wird verordnet:

Inhaltsübersicht

Teil I Öffentlich zugängliche bauliche Anlagen, die von Behinderten im Rollstuhl genutzt werden
§ 1 Öffentlich zugängliche bauliche Anlagen, die von Behinderten im Rollstuhl genutzt werden

Teil II Technische Anlagen und Einrichtungen, raumlufttechnische Anlagen, private überwachungsbedürftige Anlagen
§ 2 Technische Anlagen und Einrichtungen
§ 3 Raumlufttechnische Anlagen
§ 4 Private überwachungsbedürftige Anlagen

Teil III Brandsicherheitsschau und Betriebsüberwachung
§ 5 Allgemeines
§ 6 Durchführung der Brandsicherheitsschau und der Betriebsüberwachung
§ 7 Zutrittsrecht

Teil IV Gebäudebezogene Betriebsvorschriften
Abschnitt 1 Verkaufsstätten
§ 8 Anwendungsbereich, Begriffe
§ 9 Verantwortliche Personen
§ 10 Brandschutzordnung
§ 11 Freihalten der Rettungswege
§ 12 Rauchverbot, offenes Feuer
§ 13 Anwendung der Vorschriften auf bestehende Verkaufsstätten

Abschnitt 2 Beherbergungsstätten
§ 14 Anwendungsbereich, Begriffe
§ 15 Freihalten der Rettungswege, Brandschutzordnung, verantwortliche Personen
§ 16 Barrierefreie Räume
§ 17 Anwendung der Vorschriften auf bestehende Beherbergungsstätten

Abschnitt 3 Garagen
§ 18 Anwendungsbereich, Begriffe
§ 19 Freihalten der Rettungswege, Aufbewahrung brennbarer Stoffe
§ 20 Lüftungsanlage, CO-Warnanlage, Beleuchtung
§ 21 Besondere Stellplätze für Kraftfahrzeuge
§ 22 Anwendung der Vorschriften auf bestehende Garagen

Abschnitt 4 Versammlungsstätten
§ 23 Anwendungsbereich, Begriffe
§ 24 Anzahl der Besucher
§ 25 Rettungswege, Flächen für die Feuerwehr
§ 26 Besucherplätze nach dem Bestuhlungs- und Rettungswegeplan
§ 27 Brandverhütung

BetrVO § 1

§ 28 Aufbewahrung von brennbarem Material
§ 29 Rauchen, Verwendung von offenem Feuer und pyrotechnischen Gegenständen
§ 30 Bedienung und Wartung der technischen Einrichtungen
§ 31 Laseranlagen
§ 32 Pflichten von Betreibern, Veranstaltern und Beauftragten
§ 33 Verantwortliche für Veranstaltungstechnik
§ 34 Aufgaben und Pflichten der Verantwortlichen für Veranstaltungstechnik, technische Probe
§ 35 Brandsicherheitswache, Anzeigepflicht
§ 36 Brandschutzordnung, Feuerwehrpläne
§ 37 Sicherheitskonzept, Sanitäts- und Ordnungsdienst
§ 38 Gastspielprüfbuch
§ 39 Anwendung der Vorschriften auf bestehende Versammlungsstätten

Teil V Ordnungswidrigkeiten, Inkrafttreten, Außerkrafttreten
§ 40 Ordnungswidrigkeiten
§ 41 Inkrafttreten, Außerkrafttreten

Anlage 1 Muster Befähigungszeugnis
Anlage 2 Muster Gastspielprüfbuch

TEIL I
Öffentlich zugängliche bauliche Anlagen, die von Behinderten im Rollstuhl genutzt werden

§ 1 Öffentlich zugängliche bauliche Anlagen, die von Behinderten im Rollstuhl genutzt werden

(1) ¹Für jede öffentlich zugängliche bauliche Anlage oder deren Teilbereiche, für die Rettungswege für Behinderte im Rollstuhl zur Rettung mittels geregelter fremder Hilfe bestimmt werden, muss durch die Betreiberin oder den Betreiber im Einvernehmen mit der Berliner Feuerwehr eine Brandschutzordnung aufgestellt und durch Aushang an zentraler Stelle bekannt gemacht werden. ²In der Brandschutzordnung sind die zur Rettung von Behinderten im Rollstuhl erforderlichen Maßnahmen unter Beachtung der örtlichen Gegebenheiten festzulegen. ³Dazu gehören insbesondere Regelungen über
1. die Mitnahme von Behinderten im Rollstuhl aus dem Gefahrenbereich (z. B. Öffnen oder Schließen von Türen, die für Behinderte im Rollstuhl ohne fremde Hilfe schwer zu benutzen sind, Benutzung von technischen Rettungshilfen für den Treppentransport von Behinderten im Rollstuhl und Hinzuziehung weiterer Hilfspersonen),
2. das Verhalten im Brandfall,
3. die Brandmeldung,
4. das Verbot, Rollstühle in Rettungswegen abzustellen.

(2) ¹Die Betriebsangehörigen der für Behinderte im Rollstuhl zugänglichen baulichen Anlagen oder deren Teilbereiche sind bei Beginn des Beschäftigungsverhältnisses und danach mindestens einmal jährlich über die Brandschutzordnung, insbesondere über das Verhalten im Gefahrenfall, die Hilfeleistung für Behinderte im Rollstuhl und die Art und Weise der Hinzuziehung weiterer Hilfspersonen zu belehren. ²Die Belehrung ist zu dokumentieren, die Dokumentation fünf Jahre aufzuheben und auf Verlangen der Bauaufsichtsbehörde vorzulegen.

(3) ¹Betriebliche Maßnahmen nach den Absätzen 1 und 2 genügen den Anforderungen des § 51 Abs. 2 der Bauordnung für Berlin, wenn öffentlich zugängliche bauliche Anlagen abweichend

von der genehmigten Nutzung im Einzelfall von Besuchergruppen mit überdurchschnittlichem Anteil von Behinderten im Rollstuhl aufgesucht werden. ²Diese betrieblichen Maßnahmen genügen nicht, wenn eine überdurchschnittliche Nutzung gemäß § 51 Abs. 2 Satz 2 der Bauordnung für Berlin durch Behinderte im Rollstuhl anzunehmen ist.

(4) Auf zum Zeitpunkt des Inkrafttretens dieser Verordnung bestehende öffentlich zugängliche bauliche Anlagen finden die Absätze 1 und 2 ab dem 1. Januar 2010 Anwendung.

TEIL II
Allgemeine Vorschriften

§ 2 Technische Anlagen und Einrichtungen

(1) Die Bauherrin oder der Bauherr oder die Betreiberin oder der Betreiber hat technische Anlagen und Einrichtungen von Gebäuden prüfen zu lassen, wenn diese bauordnungsrechtlich erforderlich sind oder soweit an diese bauordnungsrechtliche Anforderungen hinsichtlich des Brandschutzes gestellt werden.

(2) Durch Prüfsachverständige für technische Anlagen und Einrichtungen gemäß § 28 der Bautechnischen Prüfungsverordnung vom 31. März 2006 (GVBl. S. 324), geändert durch Verordnung vom 13. Februar 2007 (GVBl. S. 50), müssen auf ihre ordnungsgemäße Beschaffenheit, Wirksamkeit und Betriebssicherheit geprüft werden:
1. Lüftungsanlagen, ausgenommen solche, die einzelne Räume im selben Geschoss unmittelbar ins Freie be- oder entlüften,
2. CO-Warnanlagen,
3. Rauch- und Wärmeabzugsanlagen
4. Feuerlöschanlagen,
5. Brandmelde- und Alarmierungsanlagen,
6. Sicherheitsstromversorgungen.

(3) ¹Die Prüfungen nach Absatz 2 sind vor der Aufnahme der Nutzung der baulichen Anlage, unverzüglich nach einer wesentlichen Änderung der technischen Anlage oder Einrichtung sowie alle drei Jahre durchführen zu lassen (wiederkehrende Prüfungen). ²Bei bestehenden technischen Anlagen und Einrichtungen beginnt diese Frist mit der letzten Prüfung nach dem bisher geltenden Recht .

(4) ¹Die Bauherrin oder der Bauherr hat die Berichte der Prüfsachverständigen für technische Anlagen und Einrichtungen gemäß § 30 Abs. 2 der Bautechnischen Prüfungsverordnung vor Aufnahme der Nutzung und nach wesentlichen Änderungen der Prüfingenieurin oder dem Prüfingenieur für Brandschutz zu übergeben. ²Die Betreiberin oder der Betreiber hat die Berichte über wiederkehrende Prüfungen mindestens fünf Jahre aufzubewahren und der Bauaufsichtsbehörde auf Verlangen vorzulegen.

(5) ¹Durch Sachkundige Personen nach Absatz 6 müssen auf ihre ordnungsgemäße Beschaffenheit, Wirksamkeit und Betriebssicherheit geprüft werden:
1. Sicherheitsbeleuchtungen,
2. Schutzvorhänge.

²Die Prüfungen sind alle drei Jahre durchführen zu lassen (wiederkehrende Prüfungen). ³Absatz 4 Satz 2 gilt entsprechend.

(6) ¹Sachkundige Personen sind alle natürlichen Personen, die mindestens einen für das Prüfgebiet einschlägigen Fachhochschulabschluss besitzen, eine einschlägige mindestens fünfjährige Berufserfahrung aufweisen und in der Lage sind, die jeweiligen Prüfungen in fachlicher und persönlicher Unabhängigkeit und Unbefangenheit durchzuführen. ²Einer förmlichen Anerkennung bedarf es nicht.

(7) Die Bauherrin oder der Bauherr oder die Betreiberin oder der Betreiber hat für die Prüfungen nach den Absätzen 2 und 5 die nötigen Vorrichtungen und fachlich geeigneten Arbeitskräfte bereitzustellen sowie die erforderlichen Unterlagen bereitzuhalten.

(8) Die Aufgaben nach Absatz 2 dürfen auch von Sachverständigen für die Prüfung technischer Anlagen und Einrichtungen nach § 44 Abs. 4 der Bautechnischen Prüfungsverordnung wahrgenommen werden.

§ 3 Raumlufttechnische Anlagen

(1) Die Betreiberin oder der Betreiber muss raumlufttechnische Anlagen von künstlich belüfteten und klimatisierten Räumen (Aufenthaltsräumen, Arbeitsstätten) mit Ausnahme von Anlagen in eigengenutzten Eigentumswohnungen und in Wohngebäuden der Gebäudeklassen 1 und 2 fachgerecht warten.

(2) ^{1}Die Wartung muss nach den allgemein anerkannten Regeln der Technik erfolgen. ^{2}Über jede Wartung ist ein Bericht zu fertigen, der mindestens fünf Jahre aufzubewahren und auf Verlangen der Bauaufsichtsbehörde vorzulegen ist. ^{3}Die Betreiberin oder der Betreiber hat festgestellte Mängel unverzüglich beseitigen zu lassen. ^{4}Die ordnungsgemäße Wartung ist von einer Sachkundigen Person nach § 2 Abs. 6 zu überprüfen.

§ 4 Private überwachungsbedürftige Anlagen

(1) Die Vorschriften der Abschnitte 1 und 3 und des § 27 Abs. 2 bis 6 der Betriebssicherheitsverordnung vom 27. September 2002 (BGBl. I S. 3777), zuletzt geändert durch Artikel 439 der Verordnung vom 31. Oktober 2006 (BGBl. I S. 2407), in der jeweils geltenden Fassung sowie des § 15 des Geräte- und Produktsicherheitsgesetzes vom 6. Januar 2004 (BGBl. I S. 2, 219), zuletzt geändert durch Artikel 3 Abs. 33 des Gesetzes vom 7. Juli 2005 (BGBl. I S. 1970), finden auf überwachungsbedürftige Anlagen und Einrichtungen, die weder gewerblichen noch wirtschaftlichen Zwecken dienen und durch die keine Beschäftigten gefährdet werden, entsprechende Anwendung.

(2) Zuständige Behörde im Sinne der Vorschriften nach Absatz 1 ist das Landesamt für Arbeitsschutz, Gesundheitsschutz und technische Sicherheit.

TEIL III
Brandsicherheitsschau und Betriebsüberwachung

§ 5 Allgemeines

(1) Die Brandsicherheitsschau dient der vorbeugenden Abwehr von durch Brände oder Explosionen entstehenden Gefahren, die von baulichen Anlagen auf Grund ihrer Beschaffenheit, ihrer Lage, ihrer Benutzung oder ihres Zustandes ausgehen und im Schadensfall die Sicherheit von Personen, den Bestand dieser baulichen Anlagen oder ihrer Teile bedrohen.

(2) ^{1}Die Brandsicherheitsschau ist von der Bauaufsichtsbehörde durchzuführen, wenn konkrete Anhaltspunkte für gefährliche Zustände vorliegen. ^{2}Die Brandsicherheitsschau ist regelmäßig, mindestens jedoch in Abständen von höchstens fünf Jahren, durchzuführen in
– Verkaufsstätten nach § 8 Abs. 1,
– Versammlungsstätten nach § 23 Abs. 1,
– Krankenhäusern, Heimen und sonstigen Einrichtungen zur Unterbringung oder Pflege von Personen,
– Tageseinrichtungen für Kinder, Behinderte und alte Menschen,

– Schulen, Hochschulen und ähnlichen Einrichtungen,
– Beherbergungsstätten mit mehr als 60 Betten.

(3) Die Betriebsüberwachung dient der Überwachung des Betriebes mit dem Ziel, Gefahren für die öffentliche Sicherheit oder Ordnung abzuwehren, die durch Verstöße gegen bauordnungsrechtliche Betriebsvorschriften oder bauordnungsrechtliche Anordnungen betrieblicher Art entstehen.

(4) Die Betriebsüberwachung ist von der Bauaufsichtsbehörde während des Betriebes in
1. Verkaufsstätten nach § 8 Abs. 1 und
2. Versammlungsstätten nach § 23 Abs. 1
durchzuführen, wenn konkrete Anhaltspunkte für gefährliche Zustände vorliegen, im Übrigen in unregelmäßigen Zeitabständen, mindestens jedoch einmal im Jahr.

§ 6 Durchführung der Brandsicherheitsschau und der Betriebsüberwachung

(1) [1]An der Brandsicherheitsschau muss die Betreiberin oder der Betreiber oder eine von ihr oder ihm beauftragte Person teilnehmen. [2]Bei Versammlungsstätten mit Bühnen oder Szenenflächen müssen auch die nach § 33 Verantwortlichen teilnehmen. [3]Die Grundstückseigentümerin oder der Grundstückseigentümer soll zur Brandsicherheitsschau eingeladen werden. [4]Die Berliner Feuerwehr ist über die beabsichtigte Brandsicherheitsschau zu unterrichten.

(2) Die Betreiberin oder der Betreiber hat für die Durchführung der Betriebsüberwachung die erforderlichen Unterlagen während des Betriebes zur Einsichtnahme bereitzuhalten.

(3) Die Bauaufsichtsbehörde hat das Ergebnis der Brandsicherheitsschau oder der Betriebsüberwachung in einer Niederschrift festzuhalten und den Beteiligten mitzuteilen.

§ 7 Zutrittsrecht

Die mit der Durchführung der Brandsicherheitsschau und der Betriebsüberwachung Beauftragten dürfen zur Ausübung ihrer Aufgaben Grundstücke und bauliche Anlagen betreten.

TEIL IV
Gebäudebezogene Betriebsvorschriften

Abschnitt 1: Verkaufsstätten

§ 8 Anwendungsbereich, Begriffe

(1) Die Vorschriften dieses Abschnitts finden nur auf Verkaufsstätten Anwendung, deren Verkaufsräume und Ladenstraßen einschließlich ihrer Bauteile eine Fläche von insgesamt mehr als 2000 m^2 haben.

(2) [1]Verkaufsstätten sind Gebäude oder Gebäudeteile, die ganz oder teilweise dem Verkauf von Waren dienen, mindestens einen Verkaufsraum haben und keine Messebauten sind. [2]Verkaufsräume sind Räume, in denen Waren zum Verkauf oder sonstige Leistungen angeboten werden oder die dem Kundenverkehr dienen, ausgenommen Treppenräume notwendiger Treppen, Treppenraumerweiterungen sowie Garagen. [3]Ladenstraßen sind überdachte oder überdeckte Flächen, an denen Verkaufsräume liegen und die dem Kundenverkehr dienen. [4]Ladenstraßen gelten nicht als Verkaufsräume.

§ 9 Verantwortliche Personen

(1) Während der Betriebszeit einer Verkaufsstätte muss die Betreiberin oder der Betreiber oder eine von ihr oder ihm bestimmte Vertretungsperson ständig anwesend sein.

(2) ¹Die Betreiberin oder der Betreiber einer Verkaufsstätte hat
1. eine Brandschutzbeauftragte oder einen Brandschutzbeauftragten und
2. für Verkaufsstätten, deren Verkaufsräume eine Fläche von insgesamt mehr als 15 000 m² haben, Selbsthilfekräfte für den Brandschutz

zu bestellen. ²Die Namen dieser Personen und deren Wechsel sind der Berliner Feuerwehr auf Verlangen mitzuteilen. ³Die Betreiberin oder der Betreiber hat für die Ausbildung dieser Personen im Einvernehmen mit der Berliner Feuerwehr zu sorgen.

(3) Die oder der Brandschutzbeauftragte hat für die Einhaltung der Bestimmungen des Absatzes 5 sowie der §§ 10 bis 12 zu sorgen.

(4) Die Bauaufsichtsbehörde legt im Einvernehmen mit der Berliner Feuerwehr die erforderliche Anzahl der Selbsthilfekräfte für den Brandschutz fest.

(5) Selbsthilfekräfte für den Brandschutz müssen in erforderlicher Anzahl während der Betriebszeit der Verkaufsstätte anwesend sein.

§ 10 Brandschutzordnung

(1) ¹Die Betreiberin oder der Betreiber einer Verkaufsstätte hat im Einvernehmen mit der Berliner Feuerwehr eine Brandschutzordnung aufzustellen. ²In der Brandschutzordnung sind insbesondere die Aufgaben der oder des Brandschutzbeauftragten und der Selbsthilfekräfte für den Brandschutz sowie die Maßnahmen festzulegen, die zur Rettung von Menschen mit Behinderung, insbesondere Rollstuhlbenutzerinnen und Rollstuhlbenutzern, erforderlich sind.

(2) Die Betriebsangehörigen sind bei Beginn des Arbeitsverhältnisses und danach mindestens jährlich zu unterweisen in
1. die Lage und Bedienung der Feuerlöschgeräte, Brandmelde- und Feuerlöscheinrichtungen und
2. die Brandschutzordnung, insbesondere über das Verhalten bei einem Brand oder bei einer Panik.

(3) Im Einvernehmen mit der Berliner Feuerwehr sind Feuerwehrpläne anzufertigen und ihr zur Verfügung zu stellen.

§ 11 Freihalten der Rettungswege

(1) Rettungswege in der Verkaufsstätte müssen ständig freigehalten werden.

(2) ¹In Treppenräumen notwendiger Treppen, in Treppenraumerweiterungen und in notwendigen Fluren dürfen keine Dekorationen vorhanden sein. ²In diesen Räumen sowie auf Ladenstraßen und Hauptgängen dürfen innerhalb der erforderlichen Breiten keine Gegenstände abgestellt sein.

(3) Während des Aufenthaltes von Personen in der Verkaufsstätte müssen die Türen im Zuge von Rettungswegen jederzeit von innen leicht in voller Breite geöffnet werden können.

(4) ¹Die als Rettungswege dienenden Flächen auf dem Grundstück sowie die Flächen für die Feuerwehr müssen ständig freigehalten werden. ²Hierauf ist dauerhaft und gut sichtbar hinzuweisen.

§ 12 Rauchverbot, offenes Feuer

1Das Rauchen und das Verwenden von offenem Feuer ist in Verkaufsräumen und Ladenstraßen verboten. 2Dies gilt nicht für Bereiche, in denen Getränke oder Speisen verabreicht oder Besprechungen abgehalten werden. 3Auf das Verbot ist dauerhaft und gut sichtbar hinzuweisen.

§ 13 Anwendung der Vorschriften auf bestehende Verkaufsstätten

(1) Die Vorschriften dieses Abschnitts sind auch auf die zum Zeitpunkt des Inkrafttretens dieser Verordnung bestehenden Verkaufsstätten anzuwenden.

(2) Über diese Verordnung hinausgehende betriebliche Anforderungen der Baugenehmigung bleiben unberührt.

Abschnitt 2: Beherbergungsstätten

§ 14 Anwendungsbereich, Begriffe

(1) Die Vorschriften dieses Abschnitts finden nur auf Beherbergungsstätten mit mehr als 12 Gastbetten Anwendung.

(2) 1Beherbergungsstätten sind Gebäude oder Gebäudeteile, die ganz oder teilweise für die Beherbergung von Gästen bestimmt sind; ausgenommen ist die Beherbergung in Ferienwohnungen. 2Beherbergungsräume sind Räume, die dem Wohnen oder Schlafen von Gästen dienen. 3Eine Folge unmittelbar zusammenhängender Beherbergungsräume (Suite) gilt als ein Beherbergungsraum.

§ 15 Freihalten der Rettungswege, Brandschutzordnung, verantwortliche Personen

(1) [1]Die Rettungswege in Beherbergungsstätten müssen ständig freigehalten werden. [2]Türen im Zuge von Rettungswegen müssen unverschlossen und jederzeit von innen leicht in voller Breite geöffnet werden können [3]Die als Rettungswege dienenden Flächen auf dem Grundstück sowie die Flächen für die Feuerwehr müssen ständig freigehalten werden. [4]Hierauf ist dauerhaft und gut sichtbar hinzuweisen.

(2) [1]In jedem Beherbergungsraum sind an dessen Ausgang ein Rettungswegeplan und Hinweise zum Verhalten bei einem Brand anzubringen. [2]Die Hinweise müssen auch in den Fremdsprachen, die die ausländischen Gäste der Beherbergungsstätte gewöhnlich verstehen, verfasst sein. [3]Blinde und stark sehbehinderte Gäste sind durch die Betriebsangehörigen über die Rettungswege zu informieren.

(3) Für Beherbergungsstätten mit mehr als 60 Gastbetten sind im Einvernehmen mit der Berliner Feuerwehr
1. eine Brandschutzordnung zu erstellen und
2. Feuerwehrpläne anzufertigen; die Feuerwehrpläne sind der Berliner Feuerwehr zur Verfügung zu stellen.

(4) Die Betriebsangehörigen sind bei Beginn des Arbeitsverhältnisses und danach mindestens jährlich zu unterweisen in
1. die Bedienung der Alarmierungseinrichtungen und der Brandmelder und
2. die Brandschutzordnung und das Verhalten bei einem Brand.

(5) Für die Einhaltung der in den Absätzen 1 bis 4 gestellten Anforderungen ist die Betreiberin oder der Betreiber oder die oder der von ihr oder ihm Beauftragte verantwortlich.

§ 16 Barrierefreie Räume

Mindestens zehn Prozent der Beherbergungsräume müssen barrierefrei sein.

§ 17 Anwendung der Vorschriften auf bestehende Beherbergungsstätten

(1) Die Vorschriften dieses Abschnitts sind mit Ausnahme des § 16 auch auf die zum Zeitpunkt des Inkrafttretens dieser Verordnung bestehenden Beherbergungsstätten anzuwenden.

(2) Über diese Verordnung hinausgehende betriebliche Anforderungen der Baugenehmigung bleiben unberührt.

Abschnitt 3: Garagen

§ 18 Anwendungsbereich, Begriffe

(1) Die Vorschriften dieses Abschnitts finden nur auf Garagen, deren Nutzfläche mehr als 100 m^2 beträgt, Anwendung.

(2) [1]Die Nutzfläche einer Garage ist die Summe aller miteinander verbundenen Flächen der Garagenstellplätze und der Verkehrsflächen. [2]Die Nutzfläche einer automatischen Garage ist die Summe der Flächen aller Garagenstellplätze. [3]Stellplätze auf Dächern und die dazugehörigen Verkehrsflächen werden der Nutzfläche nicht zugerechnet, soweit nichts anderes bestimmt ist.

§ 19 Freihalten der Rettungswege, Aufbewahrung brennbarer Stoffe

(1) [1]Rettungswege in der Garage müssen ständig freigehalten werden. [2]Während des Aufenthaltes von Personen in der Garage müssen die Türen im Zuge von Rettungswegen jederzeit von innen leicht in voller Breite geöffnet werden können. [3]Die als Rettungswege dienenden Flächen auf dem Grundstück sowie die Flächen für die Feuerwehr müssen ständig freigehalten werden. [4]Hierauf ist dauerhaft und gut sichtbar hinzuweisen.

(2) In Garagen dürfen brennbare Stoffe außerhalb von Kraftfahrzeugen nicht aufbewahrt werden.

§ 20 Lüftungsanlage, CO-Warnanlage, Beleuchtung

(1) [1]Maschinelle Lüftungsanlagen und CO-Warnanlagen müssen so gewartet werden, dass sie ständig betriebsbereit sind. [2]CO-Warnanlagen müssen ständig eingeschaltet sein.

(2) [1]Die maschinellen Abluftanlagen sind so zu betreiben, dass der CO-Halbstundenmittelwert unter Berücksichtigung der regelmäßig zu erwartenden Verkehrsspitzen nicht mehr als 100 ppm beträgt. [2]Diese Anforderung gilt als erfüllt, wenn die Abluftanlage in Garagen mit geringem Zu- und Abgangsverkehr mindestens 6 m^3, bei anderen Garagen mindestens 12 m^3 Abluft in der Stunde je m^2 Garagennutzfläche abführen kann; für Garagen mit regelmäßig besonders hohen Verkehrsspitzen kann im Einzelfall ein Nachweis der nach Satz 1 erforderlichen Leistung der Abluftanlage verlangt werden.

(3) In Garagen muss die allgemeine elektrische Beleuchtung während der Benutzungszeit ständig mit einer Beleuchtungsstärke von mindestens 30 Lux eingeschaltet sein, soweit nicht Tageslicht mit einer entsprechenden Beleuchtungsstärke vorhanden ist.

§ 21 Besondere Stellplätze für Kraftfahrzeuge

(1) [1]In allgemein zugänglichen Garagen mit mehr als 1 000 m^2 Nutzfläche müssen mindestens fünf Prozent der Stellplätze ausschließlich der Nutzung durch Frauen vorbehalten sein (Frauenstellplätze). [2]Frauenstellplätze sind als solche zu kennzeichnen. [3]Sie sind so anzuordnen, dass Frauen in der Garage nur möglichst kurze Fußwege zurücklegen müssen. [4]Im Bereich der Frauenstellplätze sollen gut sichtbare Alarmmelder in ausreichender Zahl angebracht sein. [5]Frauenstellplätze und die zu ihnen führenden Fußwege, Treppenräume und Aufzüge sollen von einer Aufsichtsperson eingesehen oder durch Videokameras überwacht werden können.

(2) Absatz 1 Satz 2 bis 5 gilt für Stellplätze für schwer Gehbehinderte und Behinderte im Rollstuhl entsprechend.

§ 22 Anwendung der Vorschriften auf bestehende Garagen

(1) [1]Die Vorschriften dieses Abschnitts sind auf die zum Zeitpunkt des Inkrafttretens dieser Verordnung bestehenden Garagen anzuwenden. [2]§ 21 findet auf am 4. Mai 2005 bestehende Garagen keine Anwendung.

(2) Über diese Verordnung hinausgehende betriebliche Anforderungen der Baugenehmigung bleiben unberührt.

Abschnitt 4: Versammlungsstätten

§ 23 Anwendungsbereich, Begriffe

(1) [1]Die Vorschriften dieses Abschnitts finden nur Anwendung auf Versammlungsstätten
a) mit Versammlungsräumen, die einzeln mehr als 200 Besucher fassen; sie gelten auch für Versammlungsstätten mit mehreren Versammlungsräumen, die insgesamt mehr als 200 Besucher fassen, wenn diese Versammlungsräume gemeinsame Rettungswege haben,
b) im Freien mit Szenenflächen, deren Besucherbereich mehr als 1 000 Besucher fasst und ganz oder teilweise aus baulichen Anlagen besteht,
c) die als Sportstadien genutzt werden, die mehr als 5 000 Besucher fassen.
[2]Die Vorschriften dieses Abschnittes gelten nicht für Räume, die dem Gottesdienst gewidmet sind.

(2) [1]Versammlungsstätten sind bauliche Anlagen oder Teile baulicher Anlagen, die für die gleichzeitige Anwesenheit vieler Menschen bei Veranstaltungen insbesondere erzieherischer, wirtschaftlicher, geselliger, kultureller, künstlerischer, politischer, sportlicher oder unterhaltender Art bestimmt sind, sowie Schank- und Speisewirtschaften. [2]Versammlungsräume sind Räume für Veranstaltungen oder für den Verzehr von Speisen und Getränken. [3]Hierzu gehören auch Aulen und Foyers, Vortrags- und Hörsäle sowie Studios.

§ 24 Anzahl der Besucher

[1]Wurde die Anzahl der Besucher einer Versammlungsstätte nicht in einer Bau- und Betriebsbeschreibung festgelegt, ist diese wie folgt zu bemessen:

1. für Sitzplätze an Tischen: ein Besucher je m² Grundfläche des Versammlungsraumes,
2. für Sitzplätze in Reihen und für Stehplätze: zwei Besucher je m² Grundfläche des Versammlungsraumes,
3. für Stehplätze auf Stufenreihen: zwei Besucher je laufendem Meter Stufenreihe,
4. bei Ausstellungsräumen: ein Besucher je m² Grundfläche des Versammlungsraumes.

²Besuchern nicht zugängliche Flächen werden in die Berechnung nicht einbezogen.

§ 25 Rettungswege, Flächen für die Feuerwehr

(1) Rettungswege in der Versammlungsstätte müssen ständig freigehalten werden.

(2) Während des Aufenthaltes von Personen in der Versammlungsstätte müssen die Türen im Zuge von Rettungswegen jederzeit von innen leicht in voller Breite geöffnet werden können.

(3) ¹Rettungswege auf dem Grundstück sowie Zufahrten, Aufstell- und Bewegungsflächen für Einsatzfahrzeuge von Polizei, Feuerwehr und Rettungsdiensten müssen ständig freigehalten werden. ²Darauf ist dauerhaft und gut sichtbar hinzuweisen. ³Die Sicherheitszeichen der Rettungswege in der Versammlungsstätte müssen gut sichtbar sein.

§ 26 Besucherplätze nach dem Bestuhlungs- und Rettungswegeplan

(1) ¹In Reihen angeordnete Sitzplätze müssen unverrückbar befestigt sein. ²Werden nur vorübergehend Stühle aufgestellt, so sind sie in den einzelnen Reihen fest miteinander zu verbinden. ³Die Sätze 1 und 2 gelten nicht für Gaststätten und Kantinen sowie für abgegrenzte Bereiche von Versammlungsräumen mit nicht mehr als 20 Sitzplätzen und ohne Stufen, wie Logen.

(2) Die Zahl der im Bestuhlungs- und Rettungswegeplan festgelegten Besucherplätze darf nicht überschritten und die genehmigte Anordnung der Besucherplätze nicht geändert werden.

(3) Eine Ausfertigung des für die jeweilige Nutzung festgelegten Planes ist in der Nähe des Haupteinganges eines jeden Versammlungsraumes gut sichtbar anzubringen.

(4) ¹In Versammlungsräumen müssen für Rollstuhlbenutzerinnen und Rollstuhlbenutzer mindestens ein Prozent der Besucherplätze, mindestens jedoch zwei Plätze, auf ebenen Standflächen vorhanden sein. ²Den Plätzen für Rollstuhlbenutzerinnen und Rollstuhlbenutzer sind Besucherplätze für Begleitpersonen zuzuordnen. ³Die Plätze für Rollstuhlbenutzerinnen und Rollstuhlbenutzer und die Wege zu diesen Plätzen sind durch Hinweisschilder gut sichtbar zu kennzeichnen.

§ 27 Brandverhütung

(1) ¹Ausstattungen müssen aus mindestens schwerentflammbarem Material bestehen. ²Bei Bühnen oder Szenenflächen mit automatischen Feuerlöschanlagen genügen Ausstattungen aus normalentflammbarem Material. ³Requisiten müssen aus mindestens normalentflammbarem Material bestehen. ⁴Ausschmückungen müssen aus mindestens schwerentflammbarem Material bestehen. ⁵Ausschmückungen in notwendigen Fluren und notwendigen Treppenräumen müssen aus nichtbrennbarem Material bestehen.

(2) ¹Ausschmückungen sind unmittelbar an Wänden, Decken oder Ausstattungen anzubringen. ²Frei im Raum hängende Ausschmückungen sind zulässig, wenn sie einen Abstand von mindestens 2,50 m zum Fußboden haben.

(3) Der Raum unter dem Schutzvorhang ist von Ausstattungen, Requisiten oder Ausschmückungen so freizuhalten, dass die Funktion des Schutzvorhanges nicht beeinträchtigt wird.

(4) Brennbares Material muss von Zündquellen, wie Scheinwerfern oder Heizstrahlern, so weit entfernt sein, dass das Material durch diese nicht entzündet werden kann.

§ 28 Aufbewahrung von brennbarem Material

(1) Ausstattungen, Requisiten und Ausschmückungen dürfen nur außerhalb der Bühnen und der Szenenflächen aufbewahrt werden; dies gilt nicht für den Tagesbedarf.

(2) Auf den Bühnenerweiterungen dürfen Szenenaufbauten der laufenden Spielzeit bereitgestellt werden, wenn die Bühnenerweiterungen durch dichtschließende Abschlüsse aus nichtbrennbaren Baustoffen gegen die Hauptbühne abgetrennt sind.

(3) An den Zügen von Bühnen oder Szenenflächen dürfen nur Ausstattungsteile für einen Tagesbedarf hängen.

(4) Pyrotechnische Gegenstände, brennbare Flüssigkeiten und anderes brennbares Material, insbesondere Packmaterial, dürfen nur in den dafür vorgesehenen Lagerräumen aufbewahrt werden.

§ 29 Rauchen, Verwendung von offenem Feuer und pyrotechnischen Gegenständen

(1) [1]Auf Bühnen und Szenenflächen, in Werkstätten und Magazinen ist das Rauchen verboten. [2]Das gilt nicht für Darstellerinnen und Darsteller und Mitwirkende auf Bühnen- und Szenenflächen während der Proben und Veranstaltungen, soweit das Rauchen in der Art der Veranstaltungen begründet ist.

(2) [1]In Versammlungsräumen, auf Bühnen- und Szenenflächen und in Sportstadien ist das Verwenden von offenem Feuer, brennbaren Flüssigkeiten und Gasen, pyrotechnischen Gegenständen und anderen explosionsgefährlichen Stoffen verboten. [2]Das gilt nicht, soweit das Verwenden von offenem Feuer, brennbaren Flüssigkeiten und Gasen sowie pyrotechnischen Gegenständen in der Art der Veranstaltung begründet ist und der Veranstalter die erforderlichen Brandschutzmaßnahmen im Einzelfall mit der Berliner Feuerwehr abgestimmt hat. [3]Die Verwendung pyrotechnischer Gegenstände muss durch eine nach Sprengstoffrecht geeignete Person überwacht werden.

(3) Die Verwendung von Kerzen und ähnlichen Lichtquellen als Tischdekoration sowie die Verwendung von offenem Feuer in dafür vorgesehenen Kücheneinrichtungen zur Zubereitung von Speisen ist zulässig.

(4) Auf die Verbote der Absätze 1 und 2 ist dauerhaft und gut sichtbar hinzuweisen.

§ 30 Bedienung und Wartung der technischen Einrichtungen

(1) [1]Der Schutzvorhang muss täglich vor der ersten Vorstellung oder Probe durch Aufziehen und Herablassen auf seine Betriebsbereitschaft geprüft werden. [2]Der Schutzvorhang ist nach jeder Vorstellung herabzulassen und zu allen arbeitsfreien Zeiten geschlossen zu halten.

(2) Die Automatik der Sprühwasserlöschanlage kann während der Dauer der Anwesenheit der Verantwortlichen für Veranstaltungstechnik abgeschaltet werden.

(3) Die automatische Brandmeldeanlage kann abgeschaltet werden, soweit dies in der Art der

Veranstaltung begründet ist und der Veranstalter die erforderlichen Brandschutzmaßnahmen im Einzelfall mit der Berliner Feuerwehr abgestimmt hat.

(4) Während des Aufenthaltes von Personen in Räumen, für die eine Sicherheitsbeleuchtung vorgeschrieben ist, muss diese in Betrieb sein, soweit die Räume nicht ausreichend durch Tageslicht erhellt sind.

§ 31 Laseranlagen

Laseranlagen sind in den für Besucher zugänglichen Bereichen so zu betreiben, dass eine Gefährdung ausgeschlossen ist. § 4 Nr. 3 des Arbeitsschutzgesetzes vom 7. August 1996 (BGBl. I S. 1246), zuletzt geändert durch Artikel 227 der Verordnung vom 31. Oktober 2006 (BGBl. I S. 2407), ist entsprechend auf Maßnahmen zum Schutz der Besucher anzuwenden.

§ 32 Pflichten von Betreibern, Veranstaltern und Beauftragten

(1) Die Betreiberin oder der Betreiber ist für die Sicherheit der Veranstaltung und die Einhaltung der Vorschriften verantwortlich.

(2) Während des Betriebes von Versammlungsstätten muss die Betreiberin oder der Betreiber oder eine von ihr oder ihm beauftragte Veranstaltungsleiterin oder ein von ihr oder ihm beauftragter Veranstaltungsleiter ständig anwesend sein.

(3) Die Betreiberin oder der Betreiber muss die Zusammenarbeit von Ordnungsdienst, Brandsicherheitswache und Sanitätswache mit der Polizei, der Feuerwehr und dem Rettungsdienst gewährleisten.

(4) Die Betreiberin oder der Betreiber ist zur Einstellung des Betriebes verpflichtet, wenn für die Sicherheit der Versammlungsstätte notwendige Anlagen, Einrichtungen oder Vorrichtungen nicht betriebsfähig sind oder Betriebsvorschriften nicht eingehalten werden können.

(5) [1]Die Betreiberin oder der Betreiber kann die Verpflichtungen nach den Absätzen 1 bis 4 durch schriftliche Vereinbarung auf Veranstalterinnen oder Veranstalter übertragen, wenn diese oder deren beauftragte Veranstaltungsleiterinnen oder Veranstaltungsleiter mit der Versammlungsstätte und ihren Einrichtungen vertraut sind. [2]Die Verantwortung der Betreiberin oder des Betreibers bleibt unberührt.

§ 33 Verantwortliche für Veranstaltungstechnik

[1]Verantwortliche für Veranstaltungstechnik im Sinne dieser Verordnung sind
1. die Geprüften Meisterinnen oder Meister für Veranstaltungstechnik in den Fachrichtungen Bühne/Studio, Beleuchtung oder Halle,
2. technische Fachkräfte mit bestandenem fachrichtungsspezifischen Teil der Prüfung nach § 3 Abs. 1 Nr. 2 in Verbindung mit den §§ 5, 6 oder 7 der Verordnung über die Prüfung zum anerkannten Abschluss "Geprüfter Meister für Veranstaltungstechnik/Geprüfte Meisterin für Veranstaltungstechnik" in den Fachrichtungen Bühne/Studio, Beleuchtung, Halle vom 26. Januar 1997 (BGBl. I S. 118), zuletzt geändert durch Artikel 2 der Verordnung vom 29. Juli 2002 (BGBl. I S. 2904), in der jeweils geltenden Fassung, in der jeweiligen Fachrichtung,
3. Hochschulabsolventen mit berufsqualifizierendem Abschluss der Fachrichtung Theater- oder Veranstaltungstechnik mit mindestens einem Jahr Berufserfahrung im technischen

Betrieb von Bühnen, Studios oder Mehrzweckhallen in der jeweiligen Fachrichtung, denen die Industrie- und Handelskammer zu Berlin ein Befähigungszeugnis nach Anlage 1 ausgestellt hat,
4. technische Bühnen- und Studiofachkräfte, die das Befähigungszeugnis nach den bis zum Inkrafttreten dieser Verordnung geltenden Vorschriften erworben haben.

²Auf Antrag stellt die Industrie- und Handelskammer zu Berlin auch den Personen nach Satz 1 Nr. 1 bis 3 ein Befähigungszeugnis nach Anlage 1 aus. ³Die in einem anderen Land der Bundesrepublik Deutschland ausgestellten Befähigungszeugnisse werden anerkannt. ⁴Gleichwertige Ausbildungen, die in einem anderen Mitgliedstaat der Europäischen Union oder einem Vertragsstaat des Abkommens über den Europäischen Wirtschaftsraum erworben und durch einen Ausbildungsnachweis belegt werden, sind entsprechend den europäischen Richtlinien zur Anerkennung von Berufsqualifikationen den in Satz 1 Nr.1 bis 3 genannten Ausbildungen gleichgestellt.

§ 34 Aufgaben und Pflichten der Verantwortlichen für Veranstaltungstechnik, technische Probe

(1) Die Verantwortlichen für Veranstaltungstechnik müssen mit den bühnen-, studio- und beleuchtungstechnischen und sonstigen technischen Einrichtungen der Versammlungsstätte vertraut sein und deren Sicherheit und Funktionsfähigkeit, insbesondere hinsichtlich des Brandschutzes, während des Betriebes gewährleisten.

(2) Auf- oder Abbau bühnen-, studio- und beleuchtungstechnischer Einrichtungen von Großbühnen oder Szenenflächen mit mehr als 200 m² Grundfläche oder in Mehrzweckhallen mit mehr als 5 000 Besucherplätzen, wesentliche Wartungs- und Instandsetzungsarbeiten an diesen Einrichtungen und technische Proben müssen von einer Verantwortlichen oder einem Verantwortlichen für Veranstaltungstechnik geleitet und beaufsichtigt werden.

(3) Bei Generalproben, Veranstaltungen, Sendungen oder Aufzeichnungen von Veranstaltungen auf Großbühnen oder Szenenflächen mit mehr als 200 m² Grundfläche oder in Mehrzweckhallen mit mehr als 5 000 Besucherplätzen müssen mindestens eine Verantwortliche oder ein Verantwortlicher für Veranstaltungstechnik der Fachrichtung Bühne/Studio oder der Fachrichtung Halle sowie eine Verantwortliche oder ein Verantwortlicher für Veranstaltungstechnik der Fachrichtung Beleuchtung anwesend sein.

(4) ¹Bei Szenenflächen mit mehr als 50 m² und nicht mehr als 200 m² Grundfläche oder in Mehrzweckhallen mit nicht mehr als 5 000 Besucherplätzen müssen die Aufgaben nach den Absätzen 1 bis 3 zumindest von einer Fachkraft für Veranstaltungstechnik mit mindestens drei Jahren Berufserfahrung wahrgenommen werden. ²Die Aufgaben können auch von erfahrenen Bühnenhandwerkern oder Beleuchtern wahrgenommen werden, die diese Aufgabe nach den bis zum Inkrafttreten dieser Verordnung geltenden Vorschriften ausüben durften und in den letzten drei Jahren ausgeübt haben.

(5) ¹Die Anwesenheit nach den Absätzen 3 und 4 ist nicht erforderlich, wenn
1. die Sicherheit und die Funktionsfähigkeit der bühnen-, studio- und beleuchtungstechnischen sowie der sonstigen technischen Einrichtungen der Versammlungsstätte von der Verantwortlichen oder dem Verantwortlichen für Veranstaltungstechnik überprüft wurden,
2. diese Einrichtungen während der Veranstaltung nicht bewegt oder sonst verändert werden,
3. von Art oder Ablauf der Veranstaltung keine Gefahren ausgehen können und
4. die Aufsicht durch eine Fachkraft für Veranstaltungstechnik geführt wird, die mit den technischen Einrichtungen vertraut ist.

²Im Fall des Absatzes 4 können die Aufgaben nach den Absätzen 1 bis 3 von einer Aufsicht führenden Person wahrgenommen werden, wenn
1. von Auf- und Abbau sowie dem Betrieb der bühnen-, studio- und beleuchtungstechnischen Einrichtungen keine Gefahren ausgehen können,

2. von Art oder Ablauf der Veranstaltung keine Gefahren ausgehen können und
3. die Aufsicht führende Person mit den technischen Einrichtungen vertraut ist.

(6) ¹Bei Großbühnen sowie bei Szenenflächen mit mehr als 200 m² Grundfläche und bei Gastspielveranstaltungen mit eigenem Szenenaufbau in Versammlungsräumen muss vor der ersten Veranstaltung eine nichtöffentliche technische Probe mit vollem Szenenaufbau und voller Beleuchtung stattfinden. ²Diese technische Probe ist der Bauaufsichtsbehörde spätestens 24 Stunden vorher anzuzeigen. ³Beabsichtigte wesentliche Änderungen des Szenenaufbaues nach der technischen Probe sind der Bauaufsichtsbehörde rechtzeitig anzuzeigen. ⁴Die Bauaufsichtsbehörde kann auf die technische Probe verzichten, wenn dies nach der Art der Veranstaltung oder nach dem Umfang des Szenenaufbaues unbedenklich ist.

§ 35 Brandsicherheitswache, Anzeigepflicht

(1) Bei Veranstaltungen mit erhöhten Brandgefahren hat die Betreiberin oder der Betreiber eine Brandsicherheitswache zu stellen.

(2) ¹Bei jeder technischen Probe, Veranstaltung auf Großbühnen sowie Szenenflächen mit mehr als 200 m² Grundfläche muss eine Brandsicherheitswache der Berliner Feuerwehr anwesend sein. ²Den Anweisungen der Brandsicherheitswache ist zu folgen. ³Eine Brandsicherheitswache der Berliner Feuerwehr ist nicht erforderlich, wenn die Berliner Feuerwehr der Betreiberin oder dem Betreiber bestätigt, dass sie oder er über eine ausreichende Zahl ausgebildeter Kräfte für die Veranstaltung verfügt, die die Aufgaben der Brandsicherheitswache wahrnehmen.

(3) Veranstaltungen mit voraussichtlich mehr als 5 000 Besuchern sind der für den Rettungsdienst zuständigen Behörde rechtzeitig anzuzeigen.

§ 36 Brandschutzordnung, Feuerwehrpläne

(1) ¹Die Betreiberin oder der Betreiber oder eine von ihr oder ihm beauftragte Person hat im Einvernehmen mit der Berliner Feuerwehr eine Brandschutzordnung aufzustellen und durch Aushang bekannt zu machen. ²In der Brandschutzordnung sind insbesondere die Erforderlichkeit und die Aufgaben einer oder eines Brandschutzbeauftragten und der Kräfte für den Brandschutz sowie die Maßnahmen festzulegen, die zur Rettung von Menschen mit Behinderung, insbesondere von Rollstuhlbenutzerinnen und Rollstuhlbenutzern, erforderlich sind.

(2) ¹Das Betriebspersonal ist bei Beginn des Arbeitsverhältnisses und danach mindestens jährlich zu unterweisen in
1. die Lage und Bedienung der Feuerlöscheinrichtungen und -anlagen, Rauchabzugsanlagen, Brandmelde- und Alarmierungsanlagen und der Brandmelder- und Alarmzentrale,
2. die Brandschutzordnung, insbesondere über das Verhalten bei einem Brand oder bei einer Panik, und
3. die Betriebsvorschriften.

²Der Berliner Feuerwehr ist Gelegenheit zu geben, an der Unterweisung teilzunehmen. ³Über die Unterweisung ist eine Niederschrift zu fertigen, die der Bauaufsichtsbehörde auf Verlangen vorzulegen ist.

(3) Im Einvernehmen mit der Berliner Feuerwehr sind Feuerwehrpläne anzufertigen und ihr zur Verfügung zu stellen.

§ 37 Sicherheitskonzept, Sanitäts- und Ordnungsdienst

(1) Erfordert es die Art der Veranstaltung, hat die Betreiberin oder der Betreiber ein Sicherheitskonzept zu erstellen sowie einen Sanitäts- und Ordnungsdienst einzurichten.

(2) ¹Für Versammlungsstätten mit mehr als 5 000 Besucherplätzen hat die Betreiberin oder der Betreiber im Einvernehmen mit den für Sicherheit und Ordnung zuständigen Behörden, insbesondere der Polizei und der Feuerwehr, ein Sicherheitskonzept aufzustellen. ²Im Sicherheitskonzept sind der Umfang des Sanitätsdienstes und die vom Veranstalter damit beauftragte Organisation, die Mindestzahl der Kräfte des Ordnungsdienstes, gestaffelt nach Besucherzahlen und Gefährdungsgraden, sowie die betrieblichen Sicherheitsmaßnahmen und die allgemeinen und besonderen Sicherheitsdurchsagen festzulegen.

(3) Der nach dem Sicherheitskonzept erforderliche Ordnungsdienst muss unter der Leitung einer oder eines von der Betreiberin oder dem Betreiber oder der Veranstalterin oder dem Veranstalter bestellter Ordnungsdienstleiterin oder bestellten Ordnungsdienstleiters stehen.

(4) ¹Die Ordnungsdienstleiterin oder der Ordnungsdienstleiter und die Ordnungsdienstkräfte sind für die betrieblichen Sicherheitsmaßnahmen verantwortlich. ²Sie sind insbesondere für die Kontrolle an den Ein- und Ausgängen und den Zugängen zu den Besucherblöcken, die Beachtung der maximal zulässigen Besucherzahl und die Anordnung der Besucherplätze, die Beachtung der Anforderungen des § 25, die Sicherheitsdurchsagen sowie für die geordnete Evakuierung im Gefahrenfall verantwortlich.

§ 38 Gastspielprüfbuch

(1) Für den eigenen, gleichbleibenden Szenenaufbau von wiederkehrenden Gastspielveranstaltungen kann auf schriftlichen Antrag ein Gastspielprüfbuch erteilt werden.

(2) ¹Das Gastspielprüfbuch muss dem Muster der Anlage 2 entsprechen. ²Die Veranstalterin oder der Veranstalter ist durch das Gastspielprüfbuch von der Verpflichtung entbunden, an jedem Gastspielort die Sicherheit des Szenenaufbaues und der dazu gehörenden technischen Einrichtungen erneut nachzuweisen.

(3) ¹Das Gastspielprüfbuch wird von der für das Bauwesen zuständigen Senatsverwaltung oder der von ihr bestimmten Stelle erteilt. ²Die Geltungsdauer ist auf die Dauer der Tournee zu befristen und kann auf schriftlichen Antrag verlängert werden. ³Vor der Erteilung ist eine technische Probe durchzuführen. ⁴Die in einem anderen Land der Bundesrepublik Deutschland ausgestellten Gastspielprüfbücher werden anerkannt.

(4) ¹Das Gastspielprüfbuch ist der für den Gastspielort zuständigen Bauaufsichtsbehörde rechtzeitig vor der ersten Veranstaltung am Gastspielort vorzulegen. ²Werden für die Gastspielveranstaltung Fliegende Bauten genutzt, ist das Gastspielprüfbuch mit der Anzeige der Aufstellung der Fliegenden Bauten vorzulegen.

§ 39 Anwendung der Vorschriften auf bestehende Versammlungsstätten

(1) ¹Die Vorschriften dieses Abschnitts sind auf die zum Zeitpunkt des Inkrafttretens der Verordnung bestehenden Versammlungsstätten anzuwenden. ²§ 26 Abs. 4 findet auf am 4. Mai 2005 bestehende Versammlungsstätten keine Anwendung.

(2) Über diese Verordnung hinausgehende betriebliche Anforderungen der Baugenehmigung bleiben unberührt.

TEIL V
Ordnungswidrigkeiten, Inkrafttreten, Außerkrafttreten

§ 40 Ordnungswidrigkeiten

Ordnungswidrig im Sinne des § 83 Abs. 1 Satz 1 Nr. 12 der Bauordnung für Berlin handelt, wer vorsätzlich oder fahrlässig
1. entgegen § 2 Abs. 2 die vorgeschriebene Prüfung nicht oder nicht rechtzeitig durchführen lässt,
2. entgegen § 2 Abs. 4 einen Bericht nicht übergibt, nicht vollständig aufbewahrt oder nicht vollständig vorlegt,
3. entgegen § 3 Abs. 1 raumlufttechnische Anlagen nicht fachgerecht wartet oder warten lässt,
4. entgegen § 6 Abs. 1 Satz 1 als Betreiberin oder Betreiber oder als eine von ihr oder ihm beauftragte Person an der Brandsicherheitsschau nicht teilnimmt,
5. entgegen § 6 Abs. 2 eine zur Durchführung der Betriebsüberwachung erforderliche Unterlage nicht bereithält,
6. entgegen § 7 einem mit der Durchführung der Brandsicherheitsschau und der Betriebsüberwachung Beauftragten den Zutritt zu einem Grundstück oder einer baulichen Anlage verweigert,
7. als Betreiberin oder Betreiber oder als deren oder dessen Vertreterin oder Vertreter entgegen § 9 Abs. 1 während der Betriebszeit nicht ständig anwesend ist,
8. als Betreiberin oder Betreiber entgegen § 9 Abs. 2 keine Brandschutzbeauftragte oder keinen Brandschutzbeauftragten oder die Selbsthilfekräfte für den Brandschutz nicht oder nicht in der erforderlichen Anzahl bestellt,
9. als Betreiberin oder Betreiber entgegen § 9 Abs. 5 nicht sicherstellt, dass Selbsthilfekräfte für den Brandschutz in der erforderlichen Anzahl während der Betriebszeit anwesend sind,
10. einen Rettungsweg entgegen § 11 Abs.1, § 15 Abs. 1 Satz 1, § 19 Abs. 1 Satz 1 oder § 25 Abs. 1 nicht freihält,
11. eine Tür im Zuge eines Rettungsweges entgegen § 11 Abs. 3, § 15 Abs. 1 Satz 2, § 19 Abs. 1 Satz 2 oder § 25 Abs. 2 abschließt,
12. in einer Ladenstraße, in einem Treppenraum einer notwendigen Treppe, in einer Treppenraumerweiterung oder in einem notwendigen Flur entgegen § 11 Abs. 2 eine Dekoration anbringt oder Gegenstände abstellt,
13. einen Rettungsweg auf einem Grundstück oder einer Fläche für die Feuerwehr entgegen § 11 Abs. 4 Satz 1, § 15 Abs. 1 Satz 3, § 19 Abs. 1 Satz 3 oder § 25 Abs. 3 Satz 1 nicht freihält,
14. als Betreiberin oder Betreiber entgegen § 15 Abs. 2 nicht in jedem Beherbergungsraum den Rettungswegeplan und die Hinweise zum Verhalten bei einem Brand anbringt,
15. als Betreiberin oder Betreiber entgegen § 26 Abs. 2 die Zahl der genehmigten Besucherplätze überschreitet oder die genehmigte Anordnung der Besucherplätze ändert,
16. entgegen § 28 Abs. 1 Ausstattungen, Requisiten und Ausschmückungen auf der Bühne aufbewahrt,
17. entgegen § 28 Abs. 4 einen pyrotechnischen Gegenstand, eine brennbare Flüssigkeit oder anderes brennbares Material außerhalb der dafür vorgesehenen Lagerräume aufbewahrt,
18. entgegen § 29 Abs. 1 und 2 raucht oder offenes Feuer, eine brennbare Flüssigkeit oder ein brennbares Gas, einen explosionsgefährlichen Stoff oder einen pyrotechnischen Gegenstand verwendet,
19. entgegen § 30 Abs. 4 die Sicherheitsbeleuchtung nicht in Betrieb nimmt,
20. eine Laseranlage unter Zuwiderhandlung gegen § 31 betreibt,
21. als Betreiberin oder Betreiber, Veranstalterin oder Veranstalter oder beauftragte Veranstaltungsleiterin oder beauftragter Veranstaltungsleiter entgegen § 32 Abs. 2 während des Betriebes nicht ständig anwesend ist,

22. als Betreiberin oder Betreiber, Veranstalterin oder Veranstalter oder beauftragte Veranstaltungsleiterin oder beauftragter Veranstaltungsleiter entgegen § 32 Abs. 4 den Betrieb der Versammlungsstätte nicht einstellt,
23. als Betreiberin oder Betreiber, Veranstalterin oder Veranstalter oder beauftragte Veranstaltungsleiterin oder beauftragter Veranstaltungsleiter den Betrieb einer Bühne oder Szenenfläche unter Zuwiderhandlung gegen § 34 Abs. 1 bis 5 zulässt,
24. als Verantwortliche oder Verantwortlicher oder Fachkraft für Veranstaltungstechnik, als erfahrene Bühnenhandwerkerin oder erfahrener Bühnenhandwerker oder Beleuchterin oder Beleuchter oder als Aufsicht führende Person entgegen § 34 Abs. 2 bis 5 die Versammlungsstätte verlässt,
25. als Betreiberin oder Betreiber entgegen § 35 Abs. 1 nicht für die Durchführung der Brandsicherheitswache sorgt oder entgegen § 35 Abs. 3 die Veranstaltung nicht anzeigt,
26. als Betreiberin oder Betreiber oder Veranstalterin oder Veranstalter eine nach § 36 Abs. 2 vorgeschriebene Unterweisung unterlässt,
27. als Betreiberin oder Betreiber oder Veranstalterin oder Veranstalter entgegen § 37 Abs. 1 bis 3 keinen Sanitätsdienst oder keinen Ordnungsdienst einrichtet oder keine Ordnungsdienstleiterin oder keinen Ordnungsdienstleiter bestellt,
28. als Ordnungsdienstleiterin oder Ordnungsdienstleiter oder Ordnungsdienstkraft die zur Wahrnehmung ihrer oder seiner Verantwortung nach § 37 Abs. 4 erforderlichen Maßnahmen nicht ergreift.

§ 41 Inkrafttreten, Außerkrafttreten

(1) ¹Diese Verordnung tritt am Tage nach der Verkündung im Gesetz- und Verordnungsblatt für Berlin in Kraft. ²Gleichzeitig treten folgende Verordnungen außer Kraft:
1. Verordnung über die Evakuierung von Rollstuhlbenutzern vom 15. Juni 2000 (GVBl. S. 361)
2. Anlagen-Prüfverordnung vom 1. Juni 2004 (GVBl. S. 235), zuletzt geändert durch Verordnung vom 18. April 2005 (GVBl. S. 230)
3. Verordnung über private überwachungsbedürftige Anlagen vom 30. Januar 2003 (GVBl. S. 133)
4. Brandsicherheitsschauverordnung vom 1. September 1999 (GVBl. S. 508), zuletzt geändert durch Verordnung vom 18. April 2005 (GVBl. S. 230)
5. Sonderbau-Betriebs-Verordnung vom 18. April 2005 (GVBl. S. 230)

(2) § 2 Abs. 8 tritt am 31. Dezember 2010 außer Kraft.

Feuerungsverordnung (FeuVO)

Vom 31. Januar 2006 (GVBl. S. 116)

Auf Grund des § 84 Abs. 1 Nr. 1 und 2 der Bauordnung für Berlin vom 29. September 2005 (GVBl. S. 495) wird verordnet:

Inhaltsübersicht

- § 1 Einschränkung des Anwendungsbereichs
- § 2 Begriffe
- § 3 Verbrennungsluftversorgung von Feuerstätten
- § 4 Aufstellung von Feuerstätten, Gasleitungsanlagen
- § 5 Aufstellräume für Feuerstätten
- § 6 Heizräume
- § 7 Abgasanlagen
- § 8 Abstände von Abgasanlagen zu brennbaren Bauteilen
- § 9 Abführung von Abgasen
- § 10 Wärmepumpen, Blockheizkraftwerke und ortsfeste Verbrennungsmotoren
- § 11 Brennstofflagerung in Brennstofflagerräumen
- § 12 Brennstofflagerung außerhalb von Brennstofflagerräumen
- § 13 Inkrafttreten, Außerkrafttreten

§ 1 Einschränkung des Anwendungsbereichs

[1]Für Feuerstätten, Wärmepumpen und Blockheizkraftwerke gilt die Verordnung nur, soweit diese Anlagen der Beheizung von Räumen oder der Warmwasserversorgung dienen oder Gas-Haushalts-Kochgeräte sind. [2]Die Verordnung gilt nicht für Brennstoffzellen und ihre Anlagen zur Abführung der Prozessgase.

§ 2 Begriffe

(1) Als Nennleistung gilt
1. die auf dem Typenschild der Feuerstätte angegebene höchste Leistung, bei Blockheizkraftwerken die Gesamtleistung,
2. die in den Grenzen des auf dem Typenschild angegebenen Leistungsbereiches fest eingestellte und auf einem Zusatzschild angegebene höchste nutzbare Leistung der Feuerstätte oder
3. bei Feuerstätten ohne Typenschild die aus dem Brennstoffdurchsatz mit einem Wirkungsgrad von 80 % ermittelte Leistung.

(2) [1]Raumluftunabhängig sind Feuerstätten, denen die Verbrennungsluft über Leitungen oder Schächte nur direkt vom Freien zugeführt wird und bei denen kein Abgas in gefahrdrohender Menge in den Aufstellraum austreten kann. [2]Andere Feuerstätten sind raumluftabhängig.

§ 3 Verbrennungsluftversorgung von Feuerstätten

(1) Für raumluftabhängige Feuerstätten mit einer Nennleistung von insgesamt nicht mehr als 35 kW reicht die Verbrennungsluftversorgung aus, wenn jeder Aufstellraum
1. mindestens eine Tür ins Freie oder ein Fenster, das geöffnet werden kann (Räume mit Verbindung zum Freien), und einen Rauminhalt von mindestens 4 m³ je 1 kW Nennleistung dieser Feuerstätten hat,

2. mit anderen Räumen mit Verbindung zum Freien nach Maßgabe des Absatzes 2 verbunden ist (Verbrennungsluftverbund) oder
3. eine ins Freie führende Öffnung mit einem lichten Querschnitt von mindestens 150 cm² oder zwei Öffnungen von je 75 cm² oder Leitungen ins Freie mit strömungstechnisch äquivalenten Querschnitten hat.

(2) ¹Der Verbrennungsluftverbund im Sinne des Absatzes 1 Nr. 2 zwischen dem Aufstellraum und Räumen mit Verbindung zum Freien muss durch Verbrennungsluftöffnungen von mindestens 150 cm² zwischen den Räumen hergestellt sein. ²Der Gesamtrauminhalt der Räume, die zum Verbrennungsluftverbund gehören, muss mindestens 4 m³ je 1 kW Nennleistung der Feuerstätten, die gleichzeitig betrieben werden können, betragen. ³Räume ohne Verbindung zum Freien sind auf den Gesamtrauminhalt nicht anzurechnen.

(3) Für raumluftabhängige Feuerstätten mit einer Nennleistung von insgesamt mehr als 35 kW und nicht mehr als 50 kW reicht die Verbrennungsluftversorgung aus, wenn jeder Aufstellraum die Anforderungen nach Absatz 1 Nr. 3 erfüllt.

(4) ¹Für raumluftabhängige Feuerstätten mit einer Nennleistung von insgesamt mehr als 50 kW reicht die Verbrennungsluftversorgung aus, wenn jeder Aufstellraum eine ins Freie führende Öffnung oder Leitung hat. ²Der Querschnitt der Öffnung muss mindestens 150 cm² und für jedes über 50 kW hinausgehende Kilowatt 2 cm² mehr betragen. ³Leitungen müssen strömungstechnisch äquivalent bemessen sein. ⁴Der erforderliche Querschnitt darf auf höchstens zwei Öffnungen oder Leitungen aufgeteilt sein.

(5) ¹Verbrennungsluftöffnungen und -leitungen dürfen nicht verschlossen oder zugestellt werden, sofern nicht durch besondere Sicherheitseinrichtungen gewährleistet ist, dass die Feuerstätten nur bei geöffnetem Verschluss betrieben werden können. ²Der erforderliche Querschnitt darf durch den Verschluss oder durch Gitter nicht verengt werden.

(6) Abweichend von den Absätzen 1 bis 4 kann für raumluftabhängige Feuerstätten eine ausreichende Verbrennungsluftversorgung auf andere Weise nachgewiesen werden.

(7) ¹Die Absätze 1 und 2 gelten nicht für Gas-Haushalts-Kochgeräte. ²Die Absätze 1 bis 4 gelten nicht für offene Kamine.

§ 4 Aufstellung von Feuerstätten, Gasleitungsanlagen

(1) Feuerstätten dürfen nicht aufgestellt werden
1. in notwendigen Treppenräumen, in Räumen zwischen notwendigen Treppenräumen und Ausgängen ins Freie und in notwendigen Fluren,
2. in Garagen, ausgenommen raumluftunabhängige Feuerstätten, deren Oberflächentemperatur bei Nennleistung nicht mehr als 300 °C beträgt.

(2) ¹Die Betriebssicherheit von raumluftabhängigen Feuerstätten darf durch den Betrieb von Raumluft absaugenden Anlagen, wie Lüftungs- oder Warmluftheizungsanlagen, Dunstabzugshauben oder Abluft-Wäschetrocknern, nicht beeinträchtigt werden. ²Dies gilt als erfüllt, wenn
1. ein gleichzeitiger Betrieb der Feuerstätten und der Luft absaugenden Anlagen durch Sicherheitseinrichtungen verhindert wird,
2. die Abgasabführung durch besondere Sicherheitseinrichtungen überwacht wird,
3. die Abgase der Feuerstätten über die Luft absaugenden Anlagen abgeführt werden oder
4. anlagentechnisch sichergestellt ist, dass während des Betriebs der Feuerstätten kein gefährlicher Unterdruck entstehen kann.

(3) ¹Feuerstätten für gasförmige Brennstoffe ohne Flammenüberwachung dürfen nur in Räumen aufgestellt werden, wenn durch mechanische Lüftungsanlagen während des Betriebs der Feuerstätten stündlich ein mindestens fünffacher Luftwechsel sichergestellt ist. ²Für Gas-Haushalts-Kochgeräte genügt ein Außenluftvolumenstrom von 100 m³/h.

(4) Feuerstätten für gasförmige Brennstoffe mit Strömungssicherung dürfen unbeschadet des § 3 in Räumen aufgestellt werden,
1. die einen Rauminhalt von mindestens 1 m³ je kW Nennleistung dieser Feuerstätten aufweisen, soweit sie gleichzeitig betrieben werden können,
2. in denen durch unten und oben angeordnete Öffnungen mit einem Mindestquerschnitt von jeweils 75 cm² ins Freie eine Durchlüftung sichergestellt ist oder
3. in denen durch andere Maßnahmen wie beispielsweise unten und oben in derselben Wand angeordnete Öffnungen mit einem Mindestquerschnitt von jeweils 150 cm² zu unmittelbaren Nachbarräumen ein zusammenhängender Rauminhalt der Größe nach Nummer 1 eingehalten wird.

(5) ¹Gasleitungsanlagen in Räumen müssen so beschaffen, angeordnet oder mit Vorrichtungen ausgerüstet sein, dass bei einer äußeren thermischen Beanspruchung von bis zu 650 °C über einen Zeitraum von 30 Minuten keine gefährlichen Gas-Luft-Gemische entstehen können. ²Alle Gasentnahmestellen müssen mit einer Vorrichtung ausgerüstet sein, die im Brandfall die Brennstoffzufuhr selbsttätig absperrt. ³Satz 2 gilt nicht, wenn Gasleitungsanlagen durch Ausrüstung mit anderen selbsttätigen Vorrichtungen die Anforderungen nach Satz 1 erfüllen.

(6) Feuerstätten für Flüssiggas (Propan, Butan und deren Gemische) dürfen in Räumen, deren Fußboden an jeder Stelle mehr als 1 m unter der Geländeoberfläche liegt, nur aufgestellt werden, wenn
1. die Feuerstätten eine Flammenüberwachung haben und
2. sichergestellt ist, dass auch bei abgeschalteter Feuerungseinrichtung Flüssiggas aus den im Aufstellraum befindlichen Brennstoffleitungen in gefahrdrohender Menge nicht austreten kann oder über eine mechanische Lüftungsanlage sicher abgeführt wird.

(7) ¹Feuerstätten müssen von Bauteilen aus brennbaren Baustoffen so weit entfernt oder so abgeschirmt sein, dass an diesen bei Nennleistung der Feuerstätten keine höheren Temperaturen als 85 °C auftreten können. ²Dies gilt als erfüllt, wenn mindestens die vom Hersteller angegebenen Abstandsmaße eingehalten werden oder, wenn diese Angaben fehlen, ein Mindestabstand von 40 cm eingehalten wird.

(8) ¹Vor den Feuerungsöffnungen von Feuerstätten für feste Brennstoffe sind Fußböden aus brennbaren Baustoffen durch einen Belag aus nichtbrennbaren Baustoffen zu schützen. ²Der Belag muss sich nach vorn auf mindestens 50 cm und seitlich auf mindestens 30 cm über die Feuerungsöffnung hinaus erstrecken.

(9) ¹Bauteile aus brennbaren Baustoffen müssen von den Feuerraumöffnungen offener Kamine nach oben und nach den Seiten einen Abstand von mindestens 80 cm haben. ²Bei Anordnung eines beiderseits belüfteten Strahlungsschutzes genügt ein Abstand von 40 cm.

§ 5 Aufstellräume für Feuerstätten

(1) ¹In einem Raum dürfen Feuerstätten mit einer Nennleistung von insgesamt mehr als 100 kW, die gleichzeitig betrieben werden sollen, nur aufgestellt werden, wenn dieser Raum
1. nicht anderweitig genutzt wird, ausgenommen zur Aufstellung von Wärmepumpen, Blockheizkraftwerken und ortsfesten Verbrennungsmotoren sowie für zugehörige Installationen und zur Lagerung von Brennstoffen,
2. gegenüber anderen Räumen keine Öffnungen, ausgenommen Öffnungen für Türen, hat,

3. dicht- und selbstschließende Türen hat und
4. gelüftet werden kann.

²In einem Raum nach Satz 1 dürfen Feuerstätten für feste Brennstoffe jedoch nur aufgestellt werden, wenn deren Nennleistung insgesamt nicht mehr als 50 kW beträgt.

(2) ¹Brenner und Brennstofffördereinrichtungen der Feuerstätten für flüssige und gasförmige Brennstoffe mit einer Gesamtnennleistung von mehr als 100 kW müssen durch einen außerhalb des Aufstellraumes angeordneten Schalter (Notschalter) jederzeit abgeschaltet werden können. ²Neben dem Notschalter muss ein Schild mit der Aufschrift „NOTSCHALTER-FEUERUNG" vorhanden sein.

(3) Wird in dem Aufstellraum nach Absatz 1 Heizöl gelagert oder ist der Raum für die Heizöllagerung nur von diesem Aufstellraum zugänglich, muss die Heizölzufuhr von der Stelle des Notschalters nach Absatz 2 aus durch eine entsprechend gekennzeichnete Absperreinrichtung unterbrochen werden können.

(4) Abweichend von Absatz 1 dürfen die Feuerstätten auch in anderen Räumen aufgestellt werden, wenn die Nutzung dieser Räume dies erfordert und die Feuerstätten sicher betrieben werden können.

§ 6 Heizräume

(1) ¹Feuerstätten für feste Brennstoffe mit einer Nennleistung von insgesamt mehr als 50 kW, die gleichzeitig betrieben werden sollen, dürfen nur in besonderen Räumen (Heizräumen) aufgestellt werden. ²§ 5 Abs. 3 und 4 gilt entsprechend. ³Die Heizräume dürfen
1. nicht anderweitig genutzt werden, ausgenommen zur Aufstellung von Feuerstätten für flüssige und gasförmige Brennstoffe, Wärmepumpen, Blockheizkraftwerken, ortsfesten Verbrennungsmotoren und für zugehörige Installationen sowie zur Lagerung von Brennstoffen und
2. mit Aufenthaltsräumen, ausgenommen solchen für das Betriebspersonal, sowie mit notwendigen Treppenräumen nicht in unmittelbarer Verbindung stehen.

⁴Wenn in Heizräumen Feuerstätten für flüssige und gasförmige Brennstoffe aufgestellt werden, gilt § 5 Abs. 2 entsprechend.

(2) Heizräume müssen
1. mindestens einen Rauminhalt von 8 m³ und eine lichte Höhe von 2 m,
2. einen Ausgang, der ins Freie oder einen Flur führt, der die Anforderungen an notwendige Flure erfüllt, und
3. Türen, die in Fluchtrichtung aufschlagen,

haben.

(3) ¹Wände, ausgenommen nichttragende Außenwände, und Stützen von Heizräumen sowie Decken über und unter ihnen müssen feuerbeständig sein. ²Öffnungen in Decken und Wänden müssen, soweit sie nicht unmittelbar ins Freie führen, mindestens feuerhemmende und selbstschließende Abschlüsse haben. ³Die Sätze 1 und 2 gelten nicht für Trennwände zwischen Heizräumen und den zum Betrieb der Feuerstätten gehörenden Räumen, wenn diese Räume die Anforderungen der Sätze 1 und 2 erfüllen.

(4) ¹Heizräume müssen zur Raumlüftung jeweils eine obere und eine untere Öffnung ins Freie mit einem Querschnitt von mindestens je 150 cm² oder Leitungen ins Freie mit strömungstechnisch äquivalenten Querschnitten haben. ²§ 3 Abs. 5 gilt sinngemäß. ³Der Querschnitt einer Öffnung oder Leitung darf auf die Verbrennungsluftversorgung nach § 3 Abs. 4 angerechnet werden.

(5) ¹Lüftungsleitungen für Heizräume müssen eine Feuerwiderstandsfähigkeit von mindestens 90 Minuten haben, soweit sie durch andere Räume führen, ausgenommen angrenzende, zum

Betrieb der Feuerstätten gehörende Räume, die die Anforderungen nach Absatz 3 Satz 1 und 2 erfüllen. ²Die Lüftungsleitungen dürfen mit anderen Lüftungsanlagen nicht verbunden sein und nicht der Lüftung anderer Räume dienen.

(6) Lüftungsleitungen, die der Lüftung anderer Räume dienen, müssen, soweit sie durch Heizräume führen,
1. eine Feuerwiderstandsfähigkeit von mindestens 90 Minuten oder selbsttätige Absperrvorrichtungen mit einer Feuerwiderstandsfähigkeit von mindestens 90 Minuten haben und
2. ohne Öffnungen sein.

§ 7 Abgasanlagen

(1) Abgasanlagen müssen nach lichtem Querschnitt und Höhe, soweit erforderlich auch nach Wärmedurchlasswiderstand und Beschaffenheit der inneren Oberfläche, so bemessen sein, dass die Abgase bei allen bestimmungsgemäßen Betriebszuständen ins Freie abgeführt werden und gegenüber Räumen kein gefährlicher Überdruck auftreten kann.

(2) ¹Die Abgase von Feuerstätten für feste Brennstoffe müssen in Schornsteine, die Abgase von Feuerstätten für flüssige oder gasförmige Brennstoffe dürfen auch in Abgasleitungen eingeleitet werden. ²§ 41 Abs. 4 der Bauordnung für Berlin bleibt unberührt

(3) ¹Abweichend von Absatz 2 Satz 1 sind Feuerstätten für gasförmige Brennstoffe ohne Abgasanlage zulässig, wenn durch einen sicheren Luftwechsel im Aufstellraum gewährleistet ist, dass Gefahren oder unzumutbare Belästigungen nicht entstehen. ²Dies gilt insbesondere als erfüllt, wenn
1. durch maschinelle Lüftungsanlagen während des Betriebs der Feuerstätten ein Luftvolumenstrom von mindestens 30 m³/h je kW Nennleistung aus dem Aufstellraum ins Freie abgeführt wird oder
2. besondere Sicherheitseinrichtungen verhindern, dass die Kohlenmonoxid-Konzentration in den Aufstellräumen einen Wert von 30 ppm überschreitet;
3. bei Gas-Haushalts-Kochgeräten, soweit sie gleichzeitig betrieben werden können, mit einer Nennleistung von insgesamt nicht mehr als 11 kW der Aufstellraum einen Rauminhalt von mehr als 15 m³ aufweist und mindestens eine Tür ins Freie oder ein Fenster hat, das geöffnet werden kann.

(4) Mehrere Feuerstätten dürfen an einen gemeinsamen Schornstein, an eine gemeinsame Abgasleitung oder an ein gemeinsames Verbindungsstück nur angeschlossen werden, wenn
1. durch die Bemessung nach Absatz 1 und die Beschaffenheit der Abgasanlage die Ableitung der Abgase für jeden Betriebszustand sichergestellt ist,
2. eine Übertragung von Abgasen zwischen den Aufstellräumen und ein Austritt von Abgasen über nicht in Betrieb befindliche Feuerstätten ausgeschlossen sind,
3. die gemeinsame Abgasleitung aus nichtbrennbaren Baustoffen besteht oder eine Brandübertragung zwischen den Geschossen durch selbsttätige Absperrvorrichtungen oder andere Maßnahmen verhindert wird und
4. die Anforderungen des § 4 Abs. 2 für alle angeschlossenen Feuerstätten gemeinsam erfüllt sind.

(5) ¹In Gebäuden muss jede Abgasleitung, die Geschosse überbrückt, in einem eigenen Schacht angeordnet sein. ²Dies gilt nicht
1. für Abgasleitungen in Gebäuden der Gebäudeklassen 1 und 2, die durch nicht mehr als eine Nutzungseinheit führen,
2. für einfach belegte Abgasleitungen im Aufstellraum der Feuerstätte und
3. für Abgasleitungen, die eine Feuerwiderstandsfähigkeit von mindestens 90 Minuten, in Gebäuden der Gebäudeklassen 1 und 2 eine Feuerwiderstandsfähigkeit von mindestens 30 Minuten haben.

³Schächte für Abgasleitungen dürfen nicht anderweitig genutzt werden. ⁴Die Anordnung mehrerer Abgasleitungen in einem gemeinsamen Schacht ist zulässig, wenn
1. die Abgasleitungen aus nichtbrennbaren Baustoffen bestehen,
2. die zugehörigen Feuerstätten in demselben Geschoss aufgestellt sind oder
3. eine Brandübertragung zwischen den Geschossen durch selbsttätige Absperrvorrichtungen oder andere Maßnahmen verhindert wird.

⁵Die Schächte müssen eine Feuerwiderstandsfähigkeit von mindestens 90 Minuten, in Gebäuden der Gebäudeklassen 1 und 2 von mindestens 30 Minuten haben.

(6) ¹Abgasleitungen aus normalentflammbaren Baustoffen innerhalb von Gebäuden müssen, soweit sie nicht gemäß Absatz 5 in Schächten zu verlegen sind, zum Schutz gegen mechanische Beanspruchung von außen in Schutzrohren aus nichtbrennbaren Baustoffen angeordnet oder mit vergleichbaren Schutzvorkehrungen aus nichtbrennbaren Baustoffen ausgestattet sein. ²Dies gilt nicht für Abgasleitungen im Aufstellraum der Feuerstätten. ³§ 8 Abs. 1 bis 3, 5 und 6 bleibt unberührt.

(7) Schornsteine müssen
1. gegen Rußbrände beständig sein,
2. in Gebäuden, in denen sie Geschosse überbrücken, eine Feuerwiderstandsfähigkeit von mindestens 90 Minuten haben oder in durchgehenden Schächten mit einer Feuerwiderstandsfähigkeit von 90 Minuten angeordnet sein,
3. unmittelbar auf dem Baugrund gegründet oder auf einem feuerbeständigen Unterbau errichtet sein; es genügt ein Unterbau aus nichtbrennbaren Baustoffen für Schornsteine in Gebäuden der Gebäudeklassen 1 bis 3, für Schornsteine, die oberhalb der obersten Geschossdecke beginnen, sowie für Schornsteine an Gebäuden,
4. durchgehend, insbesondere nicht durch Decken unterbrochen sein und
5. für die Reinigung Öffnungen mit Schornsteinreinigungsverschlüssen haben.

(8) Schornsteine, Abgasleitungen und Verbindungsstücke, die unter Überdruck betrieben werden, müssen innerhalb von Gebäuden
1. in vom Freien dauernd gelüfteten Räumen liegen,
2. in Räumen liegen, die § 3 Abs. 1 Nr. 3 entsprechen,
3. soweit sie in Schächten liegen, über die gesamte Länge und den ganzen Umfang hinterlüftet sein oder
4. der Bauart nach so beschaffen sein, dass Abgase in gefahrdrohender Menge nicht austreten können.

(9) Verbindungsstücke dürfen nicht in Decken, Wänden oder unzugänglichen Hohlräumen angeordnet sowie nicht in andere Geschosse oder Nutzungseinheiten geführt werden.

(10) ¹Luft-Abgas-Systeme sind zur Abgasabführung nur zulässig, wenn sie getrennte, durchgehende Luft- und Abgasführungen haben. ²An diese Systeme dürfen nur raumluftunabhängige Feuerstätten angeschlossen werden, deren Bauart sicherstellt, dass sie für diese Betriebsweise geeignet sind. ³Im Übrigen gelten für Luft-Abgas-Systeme die Absätze 4 bis 9 sinngemäß.

§ 8 Abstände von Abgasanlagen zu brennbaren Bauteilen

(1) ¹Abgasanlagen müssen zu Bauteilen aus brennbaren Baustoffen so weit entfernt oder so abgeschirmt sein, dass an diesen bei Nennleistung keine höheren Temperaturen als 85 °C und bei Rußbränden in Schornsteinen keine höheren Temperaturen als 100 °C an den genannten Bauteilen auftreten können. ²Dies gilt als erfüllt, wenn
1. die in den harmonisierten technischen Spezifikationen genannten Abstände eingehalten sind,

FeuVO §§ 8–9

2. bei Abgasanlagen, deren Wärmedurchlasswiderstand mindestens 0,12 m² K/W und deren Feuerwiderstandsfähigkeit mindestens 90 Minuten beträgt, ein Mindestabstand von 5 cm eingehalten ist oder
3. die Nummern 1 und 2 nicht anwendbar sind und ein Mindestabstand von 40 cm eingehalten ist.

(2) Im Fall des Absatzes 1 Satz 2 Nr. 2 ist
1. zu Holzbalken und Bauteilen entsprechender Abmessungen ein Abstand von 2 cm ausreichend,
2. zu Bauteilen mit geringer Fläche wie Fußleisten und Dachlatten kein Abstand erforderlich.

(3) [1]Abweichend von Absatz 1 Satz 2 Nr. 3 ist bei Abgasleitungen für Abgastemperaturen bis zu 300 °C bei Nennleistung
1. innerhalb von Schächten nach § 7 Abs. 5 Satz 5 kein Abstand,
2. außerhalb von Schächten ein Mindestabstand von 20 cm,
3. bei Abgasleitungen, die mindestens 2 cm dick mit nichtbrennbaren Dämmstoffen ummantelt sind, ein Mindestabstand von 5 cm

erforderlich. [2]Ein Mindestabstand von 5 cm genügt auch, wenn die Abgastemperatur der Feuerstätten bei Nennleistung nicht mehr als 160 °C betragen kann.

(4) Abweichend von Absatz 1 Satz 2 Nr. 3 genügt für Verbindungsstücke zu Schornsteinen ein Mindestabstand von 10 cm, wenn die Verbindungsstücke mindestens 2 cm dick mit nichtbrennbaren Dämmstoffen ummantelt sind.

(5) [1]Abgasleitungen sowie Verbindungsstücke zu Schornsteinen müssen, soweit sie durch Bauteile aus brennbaren Baustoffen führen,
1. in einem Mindestabstand von 20 cm mit einem Schutzrohr aus nichtbrennbaren Baustoffen versehen oder
2. in einer Dicke von mindestens 20 cm mit nichtbrennbaren Baustoffen mit geringer Wärmeleitfähigkeit ummantelt

sein. [2]Abweichend von Satz 1 Nr. 1 und 2 genügt ein Maß von 5 cm, wenn die Abgastemperatur der Feuerstätten bei Nennleistung nicht mehr als 160 °C betragen kann.

(6) Zwischenräume in Decken- und Dachdurchführungen von Abgasanlagen müssen mit nichtbrennbaren Baustoffen mit geringer Wärmeleitfähigkeit ausgefüllt sein.

§ 9 Abführung von Abgasen

(1) Die Mündungen von Abgasanlagen müssen
1. den First um mindestens 40 cm überragen oder von der Dachfläche mindestens 1 m entfernt sein; ein Abstand von der Dachfläche von 40 cm genügt, wenn nur raumluftunabhängige Feuerstätten für flüssige oder gasförmige Brennstoffe angeschlossen sind, die Summe der Nennleistungen der angeschlossenen Feuerstätten nicht mehr als 50 kW beträgt und das Abgas durch Ventilatoren abgeführt wird,
2. Dachaufbauten, Gebäudeteile, Öffnungen zu Räumen und ungeschützte Bauteile aus brennbaren Baustoffen, ausgenommen Bedachungen, um mindestens 1 m überragen, soweit deren Abstand zu den Abgasanlagen weniger als 1,5 m beträgt,
3. bei Feuerstätten für feste Brennstoffe in Gebäuden, deren Bedachung überwiegend nicht den Anforderungen des § 32 Abs. 1 der Bauordnung für Berlin entspricht, am First des Daches austreten und diesen um mindestens 80 cm überragen.

(2) Die Abgase von raumluftunabhängigen Feuerstätten für gasförmige Brennstoffe dürfen durch die Außenwand ins Freie geleitet werden, wenn
1. eine Ableitung der Abgase über Dach nicht oder nur mit unverhältnismäßig hohem Aufwand möglich ist,

2. die Nennleistung der Feuerstätte 11 kW zur Beheizung und 28 kW zur Warmwasseraufbereitung nicht überschreitet und
3. Gefahren oder unzumutbare Belästigungen nicht entstehen.

§ 10 Wärmepumpen, Blockheizkraftwerke und ortsfeste Verbrennungsmotoren

(1) Für die Aufstellung von
1. Sorptionswärmepumpen mit feuerbeheizten Austreibern,
2. Blockheizkraftwerken in Gebäuden und
3. ortsfesten Verbrennungsmotoren
gelten § 3 Abs. 1 bis 6 sowie § 4 Abs. 1 bis 7 entsprechend.

(2) Es dürfen
1. Sorptionswärmepumpen mit einer Nennleistung der Feuerung von mehr als 50 kW,
2. Wärmepumpen, die die Abgaswärme von Feuerstätten mit einer Nennleistung von insgesamt mehr als 50 kW nutzen,
3. Kompressionswärmepumpen mit elektrisch angetriebenen Verdichtern mit Antriebsleistungen von mehr als 50 kW,
4. Kompressionswärmepumpen mit Verbrennungsmotoren,
5. Blockheizkraftwerke mit mehr als 35 kW Nennleistung in Gebäuden und
6. ortsfeste Verbrennungsmotoren
nur in Räumen aufgestellt werden, die die Anforderungen nach § 5 erfüllen.

(3) ¹Die Verbrennungsgase von Blockheizkraftwerken und ortsfesten Verbrennungsmotoren in Gebäuden sind durch eigene, dichte Leitungen über Dach abzuleiten. ²Mehrere Verbrennungsmotoren dürfen an eine gemeinsame Leitung nach Maßgabe des § 7 Abs. 4 angeschlossen werden. ³Die Leitungen müssen außerhalb der Aufstellräume der Verbrennungsmotoren nach Maßgabe des § 7 Abs. 5 und 8 sowie des § 8 beschaffen oder angeordnet sein.

(4) ¹Die Einleitung der Verbrennungsgase von Blockheizkraftwerken oder ortsfesten Verbrennungsmotoren in Abgasanlagen für Feuerstätten ist zulässig, wenn die einwandfreie Abführung der Verbrennungsgase und, soweit Feuerstätten angeschlossen sind, auch die einwandfreie Abführung der Abgase nachgewiesen ist. ²§ 7 Abs. 1 gilt entsprechend.

(5) Für die Abführung der Abgase von Sorptionswärmepumpen mit feuerbeheizten Austreibern und Abgaswärmepumpen gelten die §§ 7 bis 9 entsprechend.

§ 11 Brennstofflagerung in Brennstofflagerräumen

(1) ¹Je Gebäude oder Brandabschnitt darf die Lagerung von
1. Holzpellets von mehr als 10 000 l,
2. sonstigen festen Brennstoffen in einer Menge von mehr als 15 000 kg,
3. Heizöl und Dieselkraftstoff in Behältern mit mehr als insgesamt 5 000 l oder
4. Flüssiggas in Behältern mit einem Füllgewicht von mehr als insgesamt 16 kg
nur in besonderen Räumen (Brennstofflagerräumen) erfolgen, die nicht zu anderen Zwecken genutzt werden dürfen. ²Das Fassungsvermögen der Behälter darf insgesamt 100 000 l Heizöl oder Dieselkraftstoff oder 6 500 l Flüssiggas je Brennstofflagerraum und 30 000 l Flüssiggas je Gebäude oder Brandabschnitt nicht überschreiten.

(2) ¹Wände und Stützen von Brennstofflagerräumen sowie Decken über oder unter ihnen müssen feuerbeständig sein. ²Öffnungen in Decken und Wänden müssen, soweit sie nicht unmittelbar ins Freie führen, mindestens feuerhemmende und selbstschließende Abschlüsse haben. ³Durch Decken und Wände von Brennstofflagerräumen dürfen keine Leitungen geführt werden,

ausgenommen Leitungen, die zum Betrieb dieser Räume erforderlich sind, sowie Heizrohrleitungen, Wasserleitungen und Abwasserleitungen. ⁴Die Sätze 1 und 2 gelten nicht für Trennwände zwischen Brennstofflagerräumen und Heizräumen.

(3) Brennstofflagerräume für flüssige Brennstoffe müssen
1. gelüftet und von der Feuerwehr vom Freien aus beschäumt werden können und
2. an den Zugängen mit der Aufschrift „HEIZÖLLAGERUNG" oder „DIESELKRAFTSTOFFLAGERUNG" gekennzeichnet sein.

(4) Brennstofflagerräume für Flüssiggas
1. müssen über eine ständig wirksame Lüftung verfügen,
2. dürfen keine Öffnungen zu anderen Räumen, ausgenommen Öffnungen für Türen, und keine offenen Schächte und Kanäle haben,
3. dürfen mit ihren Fußböden nicht allseitig unterhalb der Geländeoberfläche liegen,
4. dürfen in ihren Fußböden keine Öffnungen haben,
5. müssen an ihren Zugängen mit der Aufschrift „FLÜSSIGGASANLAGE" gekennzeichnet sein und
6. dürfen nur mit elektrischen Anlagen ausgestattet sein, die den Anforderungen der Vorschriften auf Grund des § 14 des Geräte- und Produktsicherheitsgesetzes vom 6. Januar 2004 (BGBl. I S. 2, 219), zuletzt geändert durch Artikel 3, Abs. 33 des Gesetzes vom 7. Juli 2005 (BGBl. I S. 1970), für elektrische Anlagen in explosionsgefährdeten Räumen entsprechen.

(5) Für Brennstofflagerräume für Holzpellets gilt Absatz 4 Nr. 6 entsprechend.

§ 12 Brennstofflagerung außerhalb von Brennstofflagerräumen

(1) Feste Brennstoffe sowie Behälter zur Lagerung von brennbaren Gasen und Flüssigkeiten dürfen nicht in notwendigen Treppenräumen, in Räumen zwischen notwendigen Treppenräumen und Ausgängen ins Freie und in notwendigen Fluren gelagert oder aufgestellt werden.

(2) Heizöl oder Dieselkraftstoff dürfen gelagert werden
1. in Wohnungen bis zu 100 l,
2. in Räumen außerhalb von Wohnungen bis zu 1 000 l,
3. in Räumen außerhalb von Wohnungen bis zu 5 000 l je Gebäude oder Brandabschnitt, wenn diese Räume gelüftet werden können und gegenüber anderen Räumen keine Öffnungen, ausgenommen Öffnungen mit dichtschließenden Türen, haben,
4. in Räumen in Gebäuden der Gebäudeklasse 1 mit nicht mehr als einer Nutzungseinheit, die keine Aufenthaltsräume sind und den Anforderungen nach Nummer 3 genügen, bis zu 5 000 l.

(3) ¹Sind in den Räumen nach Absatz 2 Nr. 2 bis 4 Feuerstätten aufgestellt, müssen diese
1. außerhalb erforderlicher Auffangräume für auslaufenden Brennstoff stehen und
2. einen Abstand von mindestens 1 m zu Behältern für Heizöl oder Dieselkraftstoff haben.
²Dieser Abstand kann bis auf die Hälfte verringert werden, wenn ein beiderseits belüfteter Strahlungsschutz vorhanden ist. ³Ein Abstand von 10 cm genügt, wenn nachgewiesen ist, dass die Oberflächentemperatur der Feuerstätte 40 °C nicht überschreitet.

(4) Flüssiggas darf in Wohnungen und in Räumen außerhalb von Wohnungen gelagert werden jeweils in einem Behälter mit einem Füllgewicht von nicht mehr als 16 kg, wenn die Fußböden allseitig oberhalb der Geländeoberfläche liegen und außer Abläufen mit Flüssigkeitsverschluss keine Öffnungen haben.

§ 13 Inkrafttreten, Außerkrafttreten

Diese Verordnung tritt am Tage nach der Verkündung im Gesetz- und Verordnungsblatt für Berlin in Kraft. Gleichzeitig tritt die Feuerungsverordnung vom 20. August 1996 (GVBl. S. 454) außer Kraft.

BauPAVO § 1

Verordnung über Regelungen für Bauprodukte und Bauarten (Bauprodukte- und Bauarten-Verordnung – BauPAVO)*

Vom 26. März 2007 (GVBl. S. 148)

Inhaltsübersicht

TEIL I Prüf-, Überwachungs- und Zertifizierungsstellen
§ 1 Zuständigkeit für die Anerkennung von Prüf-, Überwachungs- und Zertifizierungsstellen
§ 2 Anzeige von Prüf-, Überwachungs- und Zertifizierungstätigkeiten durch Behörden
§ 3 Anerkennung
§ 4 Anerkennungsvoraussetzungen
§ 5 Antrag und Antragsunterlagen
§ 6 Allgemeine Pflichten
§ 7 Besondere Pflichten
§ 8 Erlöschen und Widerruf der Anerkennung

TEIL II Bauprodukte und Bauarten
§ 9 Übereinstimmungszeichen
§ 10 Anforderungen an Herstellerinnen und Hersteller von Bauprodukten und Anwenderinnen und Anwender von Bauarten
§ 11 Nachweis der Fachkräfte und Vorrichtungen
§ 12 Ausnahmen im Einzelfall
§ 13 Überwachung von Tätigkeiten mit Bauprodukten und bei Bauarten
§ 14 Feststellung der wasserrechtlichen Eignung von Bauprodukten und Bauarten durch Nachweise nach der Bauordnung für Berlin

TEIL III Inkrafttreten, Außerkrafttreten
§ 15 Inkrafttreten, Außerkrafttreten

Auf Grund des § 3 des Gesetzes über das Deutsche Institut für Bautechnik vom 22. April 1993 (GVBl. S. 195), geändert durch § 2 des Gesetzes vom 13. Mai 2006 (GVBl. S. 348), in Verbindung mit § 11 Abs. 1 des Bauproduktengesetzes in der Fassung vom 28. April 1998 (BGBl. I S. 812), zuletzt geändert durch Artikel 76 der Verordnung vom 31. Oktober 2006 (BGBl. I S. 2407) sowie auf Grund des § 17 Abs. 4 bis 6 und des § 84 Abs. 4 der Bauordnung für Berlin vom 29. September 2005 (GVBl. S. 495), die durch Artikel V des Gesetzes vom 11. Juli 2006 (GVBl. S. 819) geändert worden ist, wird verordnet:

TEIL I
Prüf-, Überwachungs- und Zertifizierungsstellen

§ 1 Zuständigkeit für die Anerkennung von Prüf-, Überwachungs- und Zertifizierungsstellen

Das Deutsche Institut für Bautechnik ist zuständig für
1. die Anerkennung von Personen, Stellen und Überwachungsgemeinschaften als Prüf-, Überwachungs- und Zertifizierungsstellen nach § 11 Abs. 1, 2, 3 und 7 des Bauproduktengesetzes sowie deren Überwachung,

---

* Die Verpflichtungen aus der Richtlinie 98/34/EG des Europäischen Parlaments und des Rates vom 22. Juni 1998 über ein Informationsverfahren auf dem Gebiet der Normen und technischen Vorschriften und der Vorschriften für die Dienste der Informationsgesellschaft (ABl. EG Nr. L 204 S. 37), zuletzt geändert durch Richtlinie 98/48/EG des Europäischen Parlaments und des Rates vom 20. Juli 1998 (ABl. EG Nr. L 217 S. 18), sind beachtet worden.

2. die Anerkennung von Personen, Stellen und Überwachungsgemeinschaften als Prüf-, Überwachungs- und Zertifizierungsstellen, die entsprechende Anerkennung von Behörden nach § 25 der Bauordnung für Berlin und deren Überwachung.

§ 2 Anzeige von Prüf-, Überwachungs- und Zertifizierungstätigkeiten durch Behörden

Anzeigen über das Tätigwerden von Behörden als Prüf-, Überwachungs- und Zertifizierungsstellen nach § 11 Abs. 2 des Bauproduktengesetzes sind über die Fachaufsichtsbehörde an das Deutsche Institut für Bautechnik zu richten.

§ 3 Anerkennung

(1) Eine Person, eine Stelle oder eine Überwachungsgemeinschaft kann auf Antrag anerkannt werden als
1. Prüfstelle für die Erteilung allgemeiner bauaufsichtlicher Prüfzeugnisse,
2. Prüfstelle für die Überprüfung von Bauprodukten vor Bestätigung der Übereinstimmung,
3. Zertifizierungsstelle,
4. Überwachungsstelle für die Fremdüberwachung,
5. Überwachungsstelle für die Überwachung nach § 17 Abs. 6 der Bauordnung für Berlin oder
6. Prüfstelle für die Überprüfung nach § 17 Abs. 5 der Bauordnung für Berlin,

wenn sie die Voraussetzungen nach § 2 erfüllt.

(2) ^{1}Die Anerkennung als Prüf-, Überwachungs- oder Zertifizierungsstelle nach Bauordnungsrecht erfolgt für einzelne Bauprodukte. ^{2}Eine Prüf-, Überwachungs- oder Zertifizierungsstelle kann für mehrere Bauprodukte anerkannt werden.

(3) Die Anerkennung kann zugleich als Prüf-, Überwachungs- und Zertifizierungsstelle, auch für das gleiche Bauprodukt, erfolgen, wenn die jeweiligen Anerkennungsvoraussetzungen erfüllt sind.

(4) ^{1}Die Anerkennung kann befristet werden. ^{2}Die Frist soll höchstens fünf Jahre betragen. ^{3}Die Anerkennung kann auf Antrag verlängert werden; § 72 Abs. 2 Satz 2 der Bauordnung für Berlin gilt entsprechend.

§ 4 Anerkennungsvoraussetzungen

(1) ^{1}Die Prüf-, Überwachungs- und Zertifizierungsstellen müssen über eine ausreichende Zahl an Beschäftigten mit der für die Erfüllung ihrer Aufgaben notwendigen Ausbildung und beruflichen Erfahrung verfügen und eine Leiterin oder einen Leiter haben, dem die Aufsicht über alle Beschäftigten obliegt. ^{2}Die Leiterin oder der Leiter muss ein für den Tätigkeitsbereich der Prüf-, Überwachungs- oder Zertifizierungsstelle geeignetes technisches oder naturwissenschaftliches Studium an einer Hochschule abgeschlossen haben und
1. für Prüfstellen nach § 3 Abs. 1 Nr. 1 eine insgesamt mindestens fünfjährige Berufserfahrung im Bereich der Prüfung, Überwachung oder Zertifizierung von Bauprodukten,
2. für Prüfstellen nach § 3 Abs. 1 Nr. 2 eine mindestens dreijährige Berufserfahrung im Bereich der Prüfung von Bauprodukten,
3. für Zertifizierungsstellen nach § 3 Abs. 1 Nr. 3 eine insgesamt mindestens dreijährige Berufserfahrung im Bereich der Prüfung, Überwachung oder Zertifizierung von Bauprodukten oder vergleichbarer Tätigkeiten,
4. für Überwachungsstellen nach § 3 Abs. 1 Nr. 4 und 5 eine mindestens dreijährige Berufserfahrung im Bereich der Überwachung von Bauprodukten,
5. für Prüfungen nach § 3 Abs. 1 Nr. 6 eine mindestens dreijährige Berufserfahrung im jeweiligen Aufgabenbereich

nachweisen. ³Die Leiterin oder der Leiter einer Prüfstelle muss diese Aufgabe hauptberuflich ausüben. ⁴Satz 3 gilt nicht, wenn eine hauptberufliche Stellvertreterin oder ein hauptberuflicher Stellvertreter, die oder der die für die Leiterin oder den Leiter maßgebenden Anforderungen erfüllt, bestellt ist. ⁵Für Prüfstellen kann eine hauptberufliche Stellvertreterin oder ein hauptberuflicher Stellvertreter der Leiterin oder des Leiters, die oder der die für die Leiterin oder den Leiter maßgebenden Anforderungen zu erfüllen hat, verlangt werden, wenn dies nach Art und Umfang der Tätigkeiten erforderlich ist. ⁶Ist die Leiterin oder der Leiter nach Satz 4 nicht hauptberuflich tätig, kann eine zweite hauptberufliche Stellvertreterin oder ein zweiter hauptberuflicher Stellvertreter verlangt werden.

(2) ¹Die Leiterin oder der Leiter der Prüf-, Überwachungs- oder Zertifizierungsstelle darf
1. zum Zeitpunkt der Antragstellung das 65. Lebensjahr nicht vollendet haben,
2. die Fähigkeit zur Bekleidung öffentlicher Ämter nicht verloren haben und
3. durch gerichtliche Anordnung nicht in der Verfügung über ihr oder sein Vermögen beschränkt sein.
²Sie oder er muss
1. die erforderliche Zuverlässigkeit besitzen und
2. die Gewähr dafür bieten, dass sie oder er neben den Leitungsaufgaben andere Tätigkeiten nur in solchem Umfang ausüben wird, dass die ordnungsgemäße Erfüllung der Pflichten als Leiterin oder Leiter gewährleistet ist.

(3) Prüf-, Überwachungs- und Zertifizierungsstellen müssen ferner über
1. die erforderlichen Räumlichkeiten und die erforderliche technische Ausstattung,
2. schriftliche Anweisungen für die Durchführung ihrer Aufgaben und für die Benutzung und Wartung der erforderlichen Prüfvorrichtungen und
3. ein System zur Aufzeichnung und Dokumentation ihrer Tätigkeiten
verfügen.

(4) Prüf-, Überwachungs- und Zertifizierungsstellen müssen die Gewähr dafür bieten, dass sie, insbesondere die Leiterin oder der Leiter und die Stellvertreterin oder der Stellvertreter, unparteiisch sind.

(5) ¹Eine Überwachungsgemeinschaft als Prüf-, Überwachungs- oder Zertifizierungsstelle hat für ihren jeweiligen Anerkennungsbereich einen Fachausschuss einzurichten. ²Er unterstützt die Leiterin oder den Leiter der Prüf-, Überwachungs- oder Zertifizierungsstelle in allen Prüf-, Überwachungs- oder Zertifizierungsvorgängen, insbesondere bei der Bewertung der Prüf-, Überwachungs- oder Zertifizierungsergebnisse, und spricht hierfür Empfehlungen aus. ³Dem Fachausschuss müssen mindestens drei Produktherstellerinnen oder -hersteller sowie die Leiterin oder der Leiter der Prüf-, Überwachungs- oder Zertifizierungsstelle angehören. ⁴Die Anerkennungsbehörde kann die Berufung weiterer von Produktherstellerinnen und -herstellern unabhängiger Personen verlangen.

(6) ¹Prüf- und Überwachungsstellen dürfen Unteraufträge für bestimmte Aufgaben nur an gleichfalls dafür anerkannte Prüf- oder Überwachungsstellen oder an solche Stellen, die in das Anerkennungsverfahren einbezogen waren, erteilen. ²Zertifizierungsstellen dürfen keine Unteraufträge erteilen.

§ 5 Antrag und Antragsunterlagen

(1) Die Anerkennung ist schriftlich bei dem Deutschen Institut für Bautechnik zu beantragen.

(2) Mit der Antragstellung sind folgende Unterlagen einzureichen:
1. Angabe, für welche Tätigkeit im Sinne des § 3 Abs. 1 die Anerkennung beantragt wird,
2. Angaben zum Bauprodukt, für das eine Anerkennung beantragt wird; dabei kann auf nach § 3 Abs. 3 der Bauordnung für Berlin als Technische Baubestimmungen eingeführte technische Regeln Bezug genommen werden,

3. Angaben zur Person und Qualifikation der Leiterin oder des Leiters und der Stellvertreterin oder des Stellvertreters, zum leitenden und sachbearbeitenden Personal und dessen Berufserfahrung,
4. Angaben über wirtschaftliche und rechtliche Verbindungen der antragstellenden Person, Stelle oder Überwachungsgemeinschaft, der Leiterin oder des Leiters und der Beschäftigten zu einzelnen Herstellern,
5. Angaben zu den Räumlichkeiten und zur technischen Ausstattung,
6. Angabe des Geburtsdatums der Leiterin oder des Leiters,
7. Angaben zu Unterauftragnehmern.

(3) Die Anerkennungsbehörde kann Gutachten über die Erfüllung einzelner Anerkennungs-voraussetzungen einholen.

§ 6 Allgemeine Pflichten

Prüf-, Überwachungs- und Zertifizierungsstellen müssen
1. im Rahmen ihrer Anerkennung und Kapazitäten von allen Herstellerinnen und Herstellern der Bauprodukte in Anspruch genommen werden können,
2. die Vertraulichkeit auf allen ihren Organisationsebenen sicherstellen,
3. der Anerkennungsbehörde auf Verlangen Gelegenheit zur Überprüfung geben,
4. regelmäßig an einem von der Anerkennungsbehörde vorgeschriebenen Erfahrungsaustausch der für das Bauprodukt anerkannten Prüf-, Überwachungs- oder Zertifizierungsstellen teilnehmen,
5. ihr technisches Personal hinsichtlich neuer Entwicklungen im Bereich der Anerkennung fortbilden und die technische Ausstattung warten, so erneuern und ergänzen, dass die Anerkennungs-voraussetzungen während des gesamten Anerkennungszeitraumes erfüllt sind,
6. Aufzeichnungen über die einschlägigen Qualifikationen, die Fortbildung und die berufliche Erfahrung ihrer Beschäftigten führen und fortschreiben,
7. Anweisungen erstellen, aus denen sich die Pflichten und Verantwortlichkeiten der Beschäftigten ergeben und diese fortschreiben,
8. die Erfüllung der Pflichten nach den Nummern 4 bis 7 sowie nach § 4 Abs. 3 Nr. 2 und 3 zusammenfassend dokumentieren und dem Personal zugänglich machen und
9. einen Wechsel der Leiterin oder des Leiters der Stelle oder der Stellvertreterin oder des Stellvertreters sowie wesentliche Änderungen in der gerätetechnischen Ausrüstung der Anerkennungsbehörde unverzüglich anzeigen.

§ 7 Besondere Pflichten

(1) Prüfstellen und Überwachungsstellen dürfen nur Prüfgeräte verwenden, die nach allgemein anerkannten Regeln der Technik geprüft sind; sie müssen sich hierzu an von der Anerkennungsbehörde geforderten Vergleichsuntersuchungen beteiligen.

(2) ^{1}Prüf-, Überwachungs- und Zertifizierungsstellen haben Berichte über ihre Prüf-, Überwachungs- und Zertifizierungstätigkeiten anzufertigen und zu dokumentieren. ^{2}Die Berichte müssen mindestens Angaben zum Gegenstand, zum beteiligten Personal, zu den angewandten Verfahren entsprechend den technischen Anforderungen, zu den Ergebnissen und zum Herstellwerk enthalten. ^{3}Die Berichte haben ferner Angaben zum Prüfdatum, Zertifizierungsdatum oder zum Überwachungszeitraum zu enthalten. ^{4}Die Berichte sind von der Leiterin oder dem Leiter der Prüf-, Überwachungs- oder Zertifizierungsstelle zu unterzeichnen. ^{5}Sie sind fünf Jahre aufzubewahren und der Anerkennungsbehörde oder der von ihr bestimmten Stelle auf Verlangen vorzulegen.

BauPAVO §§ 8–9

§ 8 Erlöschen und Widerruf der Anerkennung

(1) Die Anerkennung erlischt
1. durch schriftlichen Verzicht gegenüber der Anerkennungsbehörde,
2. durch Fristablauf oder
3. wenn die Leiterin oder der Leiter das 68. Lebensjahr vollendet hat.

(2) ¹Die Anerkennung ist zu widerrufen, wenn
1. nachträglich Gründe eintreten, die eine Versagung der Anerkennung gerechtfertigt hätten,
2. die Leiterin oder der Leiter infolge geistiger oder körperlicher Gebrechen nicht mehr in der Lage ist, die Tätigkeit ordnungsgemäß auszuüben oder
3. die Prüf-, Überwachungs- oder Zertifizierungsstelle gegen die ihr obliegenden Pflichten wiederholt oder grob verstoßen hat.

²Liegen bei einer Person, Stelle oder Überwachungsgemeinschaft die Widerrufsgründe nach Satz 1 hinsichtlich der Leiterin oder des Leiters vor, kann von einem Widerruf der Anerkennung abgesehen werden, wenn innerhalb von sechs Monaten nach Eintreten der Widerrufsgründe ein Wechsel der Leiterin oder des Leiters stattgefunden hat.

(3) Die Anerkennung kann widerrufen werden, wenn die Prüf-, Überwachungs- oder Zertifizierungsstelle
1. ihre Tätigkeit zwei Jahre nicht ausgeübt hat,
2. nicht regelmäßig an dem Erfahrungsaustausch gemäß § 6 Nr. 4 teilnimmt oder
3. sich nicht an den Vergleichsuntersuchungen gemäß § 7 Abs. 1 beteiligt.

TEIL II
Bauprodukte und Bauarten

§ 9 Übereinstimmungszeichen

(1) Das Übereinstimmungszeichen (Ü-Zeichen) nach § 22 Abs. 4 der Bauordnung für Berlin besteht aus dem Buchstaben „Ü" und muss folgende Angaben enthalten:
1. den Namen der Herstellerin oder des Herstellers; zusätzlich das Herstellwerk, wenn der Name der Herstellerin oder des Herstellers eine eindeutige Zuordnung des Bauprodukts zu dem Herstellwerk nicht ermöglicht; anstelle des Namens der Herstellerin oder des Herstellers genügt der Name der Vertreiberin oder des Vertreibers des Bauprodukts mit der Angabe des Herstellwerks; die Angabe des Herstellwerks darf verschlüsselt erfolgen, wenn sich bei der Herstellerin oder bei dem Hersteller oder der Vertreiberin oder dem Vertreiber und, wenn ein Übereinstimmungszertifikat erforderlich ist, bei der Zertifizierungsstelle und Überwachungsstelle das Herstellwerk jederzeit eindeutig ermitteln lässt,
2. die Grundlage der Übereinstimmungsbestätigung:
   a) die Kurzbezeichnung der für das geregelte Bauprodukt im Wesentlichen maßgebenden technischen Regel,
   b) die Bezeichnung für eine allgemeine bauaufsichtliche Zulassung als „Z" und deren Nummer,
   c) die Bezeichnung für ein allgemeines bauaufsichtliches Prüfzeugnis als „P", dessen Nummer und die Bezeichnung der Prüfstelle oder
   d) die Bezeichnung für eine Zustimmung im Einzelfall als „ZiE" und die Behörde,
3. die für den Verwendungszweck wesentlichen Merkmale des Bauprodukts, soweit sie nicht durch die Angabe der Kurzbezeichnung der technischen Regel nach Nummer 2 Buchstabe a abschließend bestimmt sind,
4. die Bezeichnung oder das Bildzeichen der Zertifizierungsstelle, wenn die Einschaltung einer Zertifizierungsstelle vorgeschrieben ist.

(2) ¹Die Angaben nach Absatz 1 sind auf der von dem Buchstaben „Ü" umschlossenen Innenfläche oder in deren unmittelbarer Nähe anzubringen. ²Der Buchstabe „Ü" und die Angaben nach Absatz 1 müssen deutlich lesbar sein. ³Der Buchstabe „Ü" muss in seiner Form der folgenden Abbildung entsprechen:

(3) Wird das Ü-Zeichen auf einem Beipackzettel, der Verpackung, dem Lieferschein oder einer Anlage zum Lieferschein angebracht, darf der Buchstabe „Ü" ohne oder mit einem Teil der Angaben nach Absatz 1 zusätzlich auf dem Bauprodukt angebracht werden.

§ 10 Anforderungen an Herstellerinnen und Hersteller von Bauprodukten und Anwenderinnen und Anwender von Bauarten

¹Für
1. die Ausführung von Schweißarbeiten zur Herstellung tragender Stahlbauteile,
2. die Ausführung von Schweißarbeiten zur Herstellung tragender Aluminiumbauteile,
3. die Ausführung von Schweißarbeiten zur Herstellung von Betonstahlbewehrungen,
4. die Ausführung von Leimarbeiten zur Herstellung tragender Holzbauteile und von Brettschichtholz,
5. die Herstellung und den Einbau von Beton mit höherer Festigkeit und anderen besonderen Eigenschaften (Beton der Überwachungsklasse 2 oder 3) auf Baustellen, die Herstellung von vorgefertigten tragenden Bauteilen aus Beton der Überwachungsklasse 2 oder 3 sowie die Herstellung von Transportbeton,
6. die Instandsetzung von tragenden Betonbauteilen, deren Standsicherheit gefährdet ist,

müssen die Herstellerin oder der Hersteller und die Anwenderin oder der Anwender über Fachkräfte mit besonderer Sachkunde und Erfahrung sowie über besondere Vorrichtungen verfügen. ²Die erforderliche Ausbildung und berufliche Erfahrung der Fachkräfte sowie die erforderlichen Vorrichtungen bestimmen sich nach den gemäß § 3 Abs. 3 der Bauordnung für Berlin von der für das Bauwesen zuständigen Senatsverwaltung bekannt gemachten technischen Regeln der Ausführungsvorschriften Liste der Technischen Baubestimmungen vom 1. Dezember 2006 (ABl. S. 4348) in der jeweils geltenden Fassung einschließlich der dort aufgeführten Anlagen in den Fällen des Satzes 1
– Nummer 1 nach der laufenden Nummer 2.4.4,
– Nummer 2 nach der laufenden Nummer 2.4.1,
– Nummer 4 nach der laufenden Nummer 2.5.1,
– Nummer 5 nach der laufenden Nummer 2.3.1,
– Nummer 6 nach der laufenden Nummer 2.3.11.

§ 11 Nachweis der Fachkräfte und Vorrichtungen

Die Herstellerin oder der Hersteller und die Anwenderin oder der Anwender hat vor der erstmaligen Durchführung der Arbeiten nach § 10 und danach für Tätigkeiten nach
1. § 10 Nr. 1 bis 3, 5 und 6 in Abständen von höchstens drei Jahren,
2. § 10 Nr. 4 in Abständen von höchstens fünf Jahren

gegenüber einer nach § 25 Abs. 1 Satz 1 Nr. 6 der Bauordnung für Berlin anerkannten Prüfstelle nachzuweisen, dass sie oder er über die vorgeschriebenen Fachkräfte und Vorrichtungen verfügt.

BauPAVO §§ 12–14

§ 12 Ausnahmen im Einzelfall

Die für das Bauwesen zuständige Senatsverwaltung kann im Einzelfall zulassen, dass Bauprodukte, Bauarten oder Teile baulicher Anlagen abweichend von den Regelungen in den §§ 10 und 11 hergestellt werden, wenn nachgewiesen ist, dass Gefahren im Sinne des § 3 Abs. 1 der Bauordnung für Berlin nicht zu erwarten sind.

§ 13 Überwachung von Tätigkeiten mit Bauprodukten und bei Bauarten

^{1}Folgende Tätigkeiten müssen durch eine Überwachungsstelle nach § 25 Abs. 1 Satz 1 Nr. 5 der Bauordnung für Berlin überwacht werden:
1. der Einbau von punktgestützten, hinterlüfteten Wandbekleidungen aus Einscheibensicherheitsglas in einer Höhe von mehr als 8 m über Gelände,
   das Herstellen und der Einbau von Beton mit höherer Festigkeit und anderen besonderen Eigenschaften (Beton der Überwachungsklasse 2 oder 3) auf Baustellen,
   die Instandsetzung von tragenden Betonbauteilen, deren Standsicherheit gefährdet ist,
   der Einbau von Verpressankern,
   das Herstellen von Einpressmörtel auf der Baustelle und das Einpressen in Spannkanäle,
   das Einbringen von Ortschäumen in Bauteilflächen über 50 m^2.

^{2}Die Überwachung erfolgt nach den einschlägigen Technischen Baubestimmungen und kann sich auf Stichproben beschränken.

§ 14 Feststellung der wasserrechtlichen Eignung von Bauprodukten und Bauarten durch Nachweise nach der Bauordnung für Berlin

Für folgende serienmäßig hergestellte Bauprodukte und für folgende Bauarten sind auch hinsichtlich wasserrechtlicher Anforderungen Verwendbarkeits-, Anwendbarkeits- und Übereinstimmungsnachweise nach den §§ 18, 19 und 22 bis 24 der Bauordnung für Berlin in Verbindung mit § 17 Abs. 1 Satz 1, Abs. 2 und Abs. 3 Satz 1 Nr. 1 und 2 sowie § 25 der Bauordnung für Berlin zu führen:

1. Abwasserbehandlungsanlagen:
   a) Kleinkläranlagen, die für einen Anfall von Abwässern bis zu 8 m^3/Tag bemessen sind,
   b) Leichtflüssigkeitsabscheider für Benzin und Öl,
   c) Fettabscheider,
   d) Amalgamabscheider für Zahnarztpraxen,
   e) Anlagen zur Begrenzung von Schwermetallen in Abwässern, die bei der Herstellung keramischer Erzeugnisse anfallen,
   f) Anlagen zur Begrenzung von abfiltrierbaren Stoffen, Arsen, Antimon, Barium, Blei und anderen Schwermetallen, die für einen Anfall von bei der Herstellung und Verarbeitung von Glas und künstlichen Mineralfasern anfallenden Abwässern bis zu 8 m^3/Tag bemessen sind,
   g) Anlagen zur Begrenzung von Kohlenwasserstoffen in mineralölhaltigen Abwässern,
   h) Anlagen zur Begrenzung des Silbergehalts in Abwässern aus fotografischen Verfahren und
   i) Anlagen zur Begrenzung von Halogenkohlenstoffen in Abwässern von Chemischreinigungen.

Bauprodukte und Bauarten für ortsfest verwendete Anlagen zum Lagern, Abfüllen und Umschlagen von wassergefährdenden Stoffen:
   a) Auffangwannen und -vorrichtungen sowie vorgefertigte Teile für Auffangräume und -flächen,
   b) Abdichtungsmittel für Auffangwannen, -vorrichtungen, -räume und für Flächen,
   c) Behälter,
   d) Innenbeschichtungen und Auskleidungen für Behälter und Rohre,
   e) Rohre, zugehörige Formstücke, Dichtmittel, Armaturen und
   f) Sicherheitseinrichtungen.

TEIL III
Inkrafttreten, Außerkrafttreten

§ 15 Inkrafttreten, Außerkrafttreten

¹Diese Verordnung tritt am Tage nach der Verkündung im Gesetz- und Verordnungsblatt für Berlin in Kraft. ²Gleichzeitig treten folgende Verordnungen außer Kraft:
1. DIBt-Übertragungs-Verordnung vom 24.August 1995 (GVBl. S. 578), geändert durch Verordnung vom 5. Mai 1999 (GVBl. S. 196),
2. PÜZ-Anerkennungsverordnung vom 26. Oktober 1998 (GVBl. S. 322),
3. Übereinstimmungszeichen-Verordnung vom 26. Oktober 1998 (GVBl. S. 321),
4. Hersteller- und Anwenderverordnung vom 26. Oktober 1998 (GVBl. S. 319),
5. Verordnung über die Überwachung von Tätigkeiten mit Bauprodukten und bei Bauarten vom 26. Oktober 1998 (GVBl. S. 338).

AV Notwendige Kinderspielplätze

Ausführungsvorschriften zu § 8 Abs. 2 und 3 der Bauordnung für Berlin (BauO Bln) – Notwendige Kinderspielplätze – (AV Notwendige Kinderspielplätze)

Vom 16. Januar 2007 (ABl. S. 215)

Inhaltsübersicht
1 Anwendungsbereich
2 Standort und Größe
3 Ausstattung
4 Unterhaltung
5 Nachträgliche Anlage
6 Ablösung
7 Schlussbestimmungen

Auf Grund des § 84 Abs. 7 der Bauordnung für Berlin (BauO Bln) vom 29. September 2005 (GVBl. S. 495), geändert durch Artikel V des Gesetzes vom 11. Juli 2006 (GVBl. S. 819) wird zur Ausführung des § 8 Abs. 2 und 3 BauO Bln für notwendige Kinderspielplätze Folgendes bestimmt:

1 Anwendungsbereich

Bei der Errichtung von Gebäuden mit mehr als sechs Wohnungen ist ein Spielplatz für Kinder anzulegen und instand zu halten (notwendiger Kinderspielplatz).

2 Standort und Größe

(1) ^{1}Kinderspielplätze sollen insbesondere
a) in für Kinder geeigneten Lagen und
b) von Straßen, Garagen, Tiefgaragen, Müllbehältern, Teppichklopfstangen, Stellplätzen sowie deren Zu- und Abfahrten abgelegen angelegt werden. Wenn dieses nicht möglich ist, sind sie durch Mauern, zweckentsprechende Pflanzungen oder ähnliche Abschirmungen abzugrenzen.
^{2}Kinderspielplätze sollen gefahrlos zu erreichen sein.

(2) ^{1}Die nutzbare Spielfläche ist die Fläche, die den Kindern tatsächlich zum Spielen zur Verfügung steht. ^{2}Zugangswege außerhalb des Spielplatzes rechnen nicht zur nutzbaren Spielfläche. ^{3}Das gleiche gilt für Flächen mit Bepflanzungen. ^{4}Für die Festlegung der Größe des jeweiligen Kinderspielplatzes ist § 8 Abs. 2 Satz 4 BauO Bln zu Grunde zu legen.

3 Ausstattung

(1) ^{1}Die Kinderspielplätze sind auf der Grundlage der DIN 18 034 und 18024-1 in den jeweils geltenden Fassungen zu planen und anzulegen. ^{2}Als Grundlage für die Anordnung und Aufstellung von Spielgeräten dient DIN EN 1176 und alle geltenden Teile sowie DIN 33942 in den jeweils geltenden Fassungen. ^{3}Für Skateeinrichtungen ist DIN 33 943 und hinsichtlich der Stoßdämpfung der Spielplatzböden ist DIN EN 1177 in den jeweils geltenden Fassungen zu beachten.

(2) Kinderspielplätze sollen sich, sofern es deren Größe zulässt, in verschiedene Bereiche gliedern. In Betracht kommen:

AV Notwendige Kinderspielplätze

- Bereich für Sand- und Sandmatschspiele,
- Bereich für freie Bewegungs- und Laufspiele,
- Gerätespielbereich (zum Klettern, Rutschen, Schaukeln, Turnen usw.),
- Bereich für Ballspiele und
- Bereich für Kommunikation und ruhebetonte Spiele (zum Beispiel Spielnischen, Spielhäuschen, Sitzecken mit Tischen).

(3) [1]Die Grundausstattung eines Spielplatzes soll mindestens drei unterschiedliche Spielangebote aufweisen. [2]In jedem Fall ist ein Sandspielbereich (Buddelkiste) herzustellen. [3]Die Sandfüllung soll zum Formen geeignet sein und eine Tiefe von mindestens 40 cm haben.

(4) [1]Bei Bauvorhaben mit mehr als 75 Wohnungen muss die Ausstattung im Sinne des § 8 Abs. 2 Satz 5 BauO Bln auch für Spiele älterer Kinder (Kinder von 6 bis einschließlich 14 Jahren) geeignet sein. [2]Als ein Bauvorhaben im Sinne des § 8 Abs. 2 Satz 5 BauO Bln gilt die Errichtung von Wohngebäuden mit mehr als 75 Wohnungen durch einen Bauträger auf einem oder mehreren Grundstücken auch dann, wenn das Bauvorhaben in mehreren Bauabschnitten durchgeführt wird und für die einzelnen Bauabschnitte gesonderte Baugenehmigungen erteilt werden. [3]Es ist eine möglichst vielgestaltige Ausstattung anzustreben. [4]Insbesondere sollen Angebote für bewegungsintensive Spiele vorgesehen werden. [5]Neben Spielgeräten wie Kletterbäumen, -gerüsten, besteigbaren Spielhäuschen, Ballspielwänden, Rutschbahnen, Schaukeln, Seilbahnen und Tischtennisplatten sind hierfür geeignet:
- Anlagen für Spiele im Sand,
- Spielwiese und Ballspielfeld,
- Bahn zum Rollern bzw. Skateboardfahren,
- Rollschuhfläche,
- Spiel- und Rodelhügel und
- Regendach (offener Pavillon).

(5) Auskünfte über die Planung und Anlegung von Kinderspielplätzen erteilt die für die bezirkliche Spielplatzplanung zuständige Verwaltungsstelle.

4 Unterhaltung

[1]Die Grundstückseigentümerin oder der Grundstückseigentümer hat dafür Sorge zu tragen, dass der Kinderspielplatz mit seinen Einrichtungen instand gehalten wird. [2]Bei Sandspielflächen (Buddelkiste) ist einmal jährlich ein Sandaustausch im erforderlichen Umfang durchzuführen. [3]Im Gerätespielbereich ist der Sand erforderlichenfalls aufzulockern und zu ergänzen.

5 Nachträgliche Anlage

[1]Bei bestehenden Gebäuden nach § 8 Abs. 2 Satz 6 BauO Bln ist die Herstellung oder Erweiterung und die Instandhaltung von Kinderspielplätzen dann zu verlangen, wenn sich in der Nähe kein öffentlicher Spielplatz befindet und ein Defizit an öffentlicher Spielfläche vorhanden ist. [2]Die Verpflichtung der Eigentümerin oder des Eigentümers besteht nicht, wenn im Einzelfall schwerwiegende entgegenstehende Belange, wie z. B. das Fehlen von Freiflächen, vorliegen. [3]Die Versiegelung von Grundstücksflächen, die nicht für die ordnungsgemäße Nutzung des Grundstücks erforderlich sind, kann der Anlageverpflichtung nicht entgegengehalten werden. [4]Eine von der Eigentümerin oder von dem Eigentümer befürchtete Lärmbelästigung durch die Anlegung eines Kinderspielplatzes stellt keinen schwerwiegenden Belang im Sinne des Gesetzes dar.

AV Notwendige Kinderspielplätze

6 Ablösung

(1) [1]Gemäß § 8 Abs. 3 BauO Bln kann die Verpflichtung, einen notwendigen Kinderspielplatz anzulegen, durch Abschluss eines öffentlich-rechtlichen Vertrags zwischen der Bauaufsichtsbehörde und der Bauherrin oder dem Bauherren und Zahlung des vereinbarten Geldbetrages, abgelöst werden. [2]Dieser Ablösungsvertrag ist mindestens 4 Wochen vor Baubeginn abzuschließen.

(2) Der Berechnung des Ablösungsbetrages werden die tatsächlichen Kosten für das Grundstück (Anschaffung des Grundstücks) und die Herstellung sowie die Pflege und die Unterhaltung des Spielplatzes für einen Zeitraum von 10 Jahren zugrunde gelegt.

(3) [1]Die Höhe des Ablösungsbetrages bemisst sich nach der in § 8 Abs. 2 Satz 4 BauO Bln geforderten nutzbaren Kinderspielplatzmindestfläche und wird mindestens für 50 m^2 berechnet. [2]Für diese Fläche werden berechnet:
a) die Grundstückskosten, denen der aktuelle Bodenrichtwert zugrunde gelegt wird ,
b) die Herstellungs- und Anschaffungskosten für den Neubau eines Kinderspielplatzes in Höhe von 80 Euro (Kleinkinder) und 100 Euro (ältere Kinder) pro m^2 sowie
c) die Pflege- und Unterhaltungskosten in Anlehnung an Produkt 72640 der bezirklichen Kosten- und Leistungsrechnung – Öffentliche Spiel- und Bewegungsflächen – in Höhe von 50 Euro pro m^2.

[2]Die Summe dieser Kosten ergibt den Ablösebetrag.

(4) [1]Für die Einnahme des Ablösungsbetrages wird ein entsprechender Haushaltstitel bei den Bezirksämtern eingerichtet. [2]Der Ablösungsbetrag ist vor Baubeginn zur Zahlung fällig zu stellen. [3]Der Baubeginn ist der für Kinderspielplätze zuständigen Stelle/Behörde anzuzeigen. [4]Die Bezirksämter verwenden die Ablösungsbeiträge ausschließlich für die Herstellung, Erweiterung oder Instandsetzung eines der Allgemeinheit zugänglichen Kinderspielplatzes in der Nähe des Baugrundstückes.

7 Schlussbestimmungen

[1]Diese Ausführungsvorschriften treten am 1. März 2007 in Kraft. [2]Sie treten mit Ablauf des 28. Februar 2012 außer Kraft.

AV Baulasten

Ausführungsvorschriften zu § 82 der Bauordnung für Berlin (BauO Bln) – Einrichtung und Führung des Baulastenverzeichnisses – (AV Baulasten)

Vom 24. November 2005 (ABl. S. 4670),
geändert durch Verwaltungsvorschriften vom 15. August 2006 (ABl. S. 3343)

Inhaltsübersicht
1 Baulastenverzeichnis
2 Eintragungen
3 Baulasten
4 Sonstige Verpflichtungen
5 Baulastenverzeichnisführer
6 Schlussbestimmungen
Anlagen: Muster 1–12

Auf Grund des § 84 Abs. 7 der Bauordnung für Berlin (BauO Bln) vom 29. September 2005 (GVBl. S. 495), wird zur Ausführung des § 82 für die Einrichtung und Führung des Baulastenverzeichnisses Folgendes bestimmt:

1 Baulastenverzeichnis

(1) Das Baulastenverzeichnis wird jeweils für einen Bezirk von der für die Bauaufsicht zuständigen Organisationseinheit des Bezirksamts (Bauaufsichtsbehörde) als Ordnungsaufgabe des Bezirksamts geführt. Besteht der Bezirk aus mehreren Ortsteilen, so kann das Baulastenverzeichnis entsprechend untergliedert werden.

(2) Das Baulastenverzeichnis wird in Loseblattform im Format DIN A 4 geführt.

(3) Das Baulastenverzeichnis besteht aus den einzelnen Baulastenblättern. Jedes Grundstück erhält ein eigenes Baulastenblatt (Vordruck Bauaufsicht340). Das Baulastenblatt kann mehrere Seiten umfassen; die Seitenzahl der folgenden Seite ist jeweils unten rechts anzugeben. Das Baulastenblatt wird bei der ersten Eintragung angelegt und mit einer Nummer – entsprechend der zeitlichen Aufeinanderfolge - versehen. Bei Baulasten auf Erbbaurechten ist für das Erbbaurecht ein besonderes Baulastenblatt anzulegen.

(4) Jedes Grundstück, für das ein Baulastenblatt angelegt wird, ist zugleich in eine Grundstückskartei aufzunehmen, aus der jederzeit ersichtlich ist, ob für ein bestimmtes Grundstück ein Baulastenblatt besteht (Karteiblatt nach Vordruck Bauaufsicht350). In der Grundstückskartei ist auch auf die besonderen Baulastenblätter der auf dem jeweiligen Grundstück bestehenden Erbbaurechte hinzuweisen.

(5) Änderungen in der Bezeichnung der belasteten Grundstücke nach dem Grundbuch, dem Straßennamen und der Grundstücksnummer sind alsbald nach dem Bekannt werden auf dem Baulastenblatt und in der Grundstückskartei zu vermerken.

(6) Werden durch die Teilung oder Grenzänderung eines Grundstücks eingetragene Baulasten betroffen, die inhaltlich unverändert bleiben, so ist erforderlichenfalls ein neues Baulastenblatt anzulegen bzw. das bestehende entsprechend fortzuschreiben.

2 Eintragungen

(1) Eintragungen in das Baulastenverzeichnis dürfen nur auf Grund einer besonderen Eintragungsverfügung der Bauaufsichtsbehörde (Vordruck Bauaufsicht330) vorgenommen werden. Die Fertigung der Verfügung obliegt dem Baulastenverzeichnisführer (Nummer 5). Die in der

AV Baulasten

Anlage vorgegebenen Textmuster 1 bis 12 stellen lediglich Arbeitshilfen dar. Der genaue Wortlaut einer Baulast muss immer auf das Erfordernis des Einzelfalles abgestellt sein. Die Eintragungsverfügung hat den vollständigen Wortlaut der Eintragung sowie die genaue Bezeichnung des von der Eintragung betroffenen sowie, soweit vorhanden, des begünstigten – Grundstücks zu enthalten. Die Eintragungsverfügung erhält das Geschäftszeichen der Verpflichtungserklärung (Vordruck Bauaufsicht 320) oder des sonst maßgeblichen Vorgangs.

(2) Baulasten sind mit dem Wortlaut der Verpflichtungserklärung in das Baulastenverzeichnis einzutragen. Wird in der Verpflichtungserklärung auf einen Lageplan Bezug genommen (Nummer 3 Abs. 5), so soll dies auch in der Eintragung geschehen.

(3) Jede Eintragung ist von dem Baulastenverzeichnisführer unter Angabe des Geschäftszeichens der Eintragungsverfügung und unter Angabe des Vollzugstages zu unterschreiben.

(4) Die Eintragungen sind in Spalte 1 mit fortlaufenden Nummern zu versehen. Bezieht sich eine neue Eintragung auf eine frühere Eintragung, so ist dies in Spalte 3 bei der früheren Eintragung zu vermerken (z. B. „Geändert, s. lfd. Nr. ..." oder „Gelöscht, s. lfd. Nr. ..."). Gleichzeitig ist die frühere Eintragung, soweit sie geändert oder aufgehoben wird, rot zu unterstreichen.

(5) Je eine Kopie der Eintragung, gegebenenfalls mit dazugehörigem Lageplan, ist zu den Bauakten des begünstigten und des belasteten Grundstücks zu nehmen. Beide Bauakten sind in geeigneter Form zu kennzeichnen. Verpflichtungserklärung, Eintragungsverfügung und sonstige Unterlagen sind nach Eintragung in das Baulastenverzeichnis zu den Akten im Bereich des Baulastenverzeichnisführers zu nehmen.

(6) Ist ein Baulastenblatt infolge von Änderungen oder Löschungen unübersichtlich geworden, so ist es mit dem Vermerk „Geschlossen am ..." mit Tagesangabe und Unterschrift des Baulastenverzeichnisführers zu schließen. Das neu anzulegende Baulastenblatt erhält die bisherige Baulastenblatt-Nummer. Bei der Umschreibung ist in dem neuen Baulastenblatt auf das geschlossene und in dem geschlossenen auf das neue Baulastenblatt zu verweisen. Der Inhalt gelöschter Eintragungen ist in das neue Baulastenblatt nicht zu übertragen, vielmehr sind nur die Nummern der gelöschten Eintragungen und in Spalte 2 der Vermerk „Gelöscht" einzutragen.

3 Baulasten

(1) Eine Baulast kann nur durch eine der Bauaufsichtsbehörde gegenüber abzugebende Erklärung des Grundstückseigentümers oder des Erbbauberechtigten begründet werden (§ 82 Abs. 1 BauO Bln). Bei Miteigentum muss die Erklärung von allen Miteigentümern abgegeben oder anerkannt sein; dasselbe gilt, wenn das Erbbaurecht mehreren Personen zusteht. Die Erklärung bedarf nach § 82 Abs. 2 BauO Bln der Schriftform. Die Unterschrift muss öffentlich beglaubigt oder von einer Vermessungsstelle nach § 2 des Gesetzes über das Vermessungswesen in Berlin in der Fassung vom 9. Januar 1996 (GVBl. S. 56), das zuletzt durch Artikel I des Gesetzes vom 18. Dezember 2004 (GVBl. S. 524) geändert worden ist, in der jeweils geltenden Fassung beglaubigt sein, wenn sie nicht vor der Bauaufsichtsbehörde geleistet oder vor ihr anerkannt wird. Bei Abgabe der Erklärung durch einen Bevollmächtigten ist eine beglaubigte Vollmacht zu fordern und zu den Akten zu nehmen.

(2) Die Eigentumsverhältnisse des zu belastenden Grundstücks müssen bei Entgegennahme der Verpflichtungserklärung geklärt sein. Sie sind von den Beteiligten durch Grundbuchauszüge ggf. in Verbindung mit dem Kaufvertrag oder andere geeignete Unterlagen, zum Beispiel Erbschein, unanfechtbarer Zuschlagsbeschluss auf Grund einer Zwangsversteigerung, nachzuweisen und von der Bauaufsichtsbehörde aktenkundig zu machen. Der Erbbauberechtigte hat sein Erbbaurecht durch Auszug aus dem Erbbaugrundbuch oder durch andere geeignete Unterlagen nachzuweisen.

(3) Die Grundbuchauszüge müssen neuesten Datums und beglaubigt sein. In der Regel kann davon ausgegangen werden, dass Grundbuchauszüge, die zum Zeitpunkt der Verpflichtungserklärung nicht älter als vier Wochen sind, eine ausreichende Sicherheit als Eigentumsnachweis darstellen. Wird der Bauaufsichtsbehörde jedoch bekannt, dass in dieser Frist ein Bodenverkehr stattgefunden hat, so ist der Grundbuchauszug zu verlangen, der die neuen Eigentumsverhältnisse beinhaltet. Im Zweifelsfall ist eine Nachprüfung durch den Baulastenverzeichnisführer durchzuführen.

(4) Kann die Baulast allein durch Text nicht eindeutig beschrieben werden, so ist der Verpflichtungserklärung ein Lageplan beizufügen, in dem die zur Abgrenzung und zum Verständnis der Baulast notwendigen Angaben eingetragen und durch eine Grautönung kenntlich gemacht sind. Es kann verlangt werden, dass der Lageplan von einer Vermessungsstelle im Sinne des Gesetzes über das Vermessungswesen in Berlin angefertigt wird. Dies kann eine für das Vermessungswesen zuständige Behörde oder ein Öffentlich bestellter Vermessungsingenieur sein.

(5) Nach Eintragung einer Baulast erhalten eine beglaubigte Abschrift der Eintragung
a) der Grundstückseigentümer,
b) der Eigentümer des begünstigten Grundstücks,
c) der Erbbauberechtigte.

(6) Wird die Baulast gegenstandslos oder besteht aus anderen Gründen an der Aufrechterhaltung der Baulast kein öffentliches Interesse mehr, so erklärt die Bauaufsichtsbehörde gegenüber den Beteiligten – gegebenenfalls durch einen mit Rechtsbehelfsbelehrung versehenen Bescheid – den Verzicht auf die Baulast, nachdem diese zuvor gemäß § 82 Abs. 3 Satz 3 BauO Bln Gelegenheit zur Stellungnahme erhalten haben. Sobald die Verzichtserklärung unanfechtbar geworden ist, ist der Verzicht im Baulastenverzeichnis einzutragen und nach Nummer 2 Abs. 4 bei der früheren Eintragung der Löschungsvermerk anzubringen.

4 Sonstige Verpflichtungen

(1) Von der Ermächtigung nach § 82 Abs. 4 BauO Bln, auch andere baurechtliche Verpflichtungen des Grundstückseigentümers oder des Erbbauberechtigten zu einem das Grundstück betreffenden Tun , Dulden oder Unterlassen (z. B. Auflagen und Bedingungen einer Baugenehmigung oder früher in Verbindung mit Befreiungserteilungen übernommene Verpflichtungen) sowie Befristungen und Widerrufsvorbehalte in das Baulastenverzeichnis einzutragen, ist nur Gebrauch zu machen, soweit ein öffentliches Interesse an der Eintragung besteht. Die Eintragung darf erst vorgenommen werden, wenn die Verpflichtungen, Befristungen oder Widerrufsvorbehalte unanfechtbar geworden sind. Bei baurechtlichen Verpflichtungen nach § 82 Abs. 4 Nr. 1 BauO Bln soll der Grundstückseigentümer und gegebenenfalls der Erbbauberechtigte von der beabsichtigten Eintragung unterrichtet werden, wenn seit Begründung der Verpflichtung ein längerer, nicht nur durch ein Rechtsbehelfsverfahren entstandener Zeitraum verstrichen ist.

(2) Auflagen sind im Baulastenverzeichnis nur zu vermerken, wenn sie nicht nur ein einmaliges Tun, Dulden oder Unterlassen betreffen.

5 Baulastenverzeichnisführer

Als Baulastenverzeichnisführer und als Vertreter dürfen nur Bedienstete bestellt werden, die den Anforderungen dieses Aufgabengebietes zu entsprechen vermögen. Die Bestellung je eines Baulastenverzeichnisführers und je eines Vertreters dürfte in der Regel ausreichend sein.

AV Baulasten

6 Schlussbestimmungen

(1) Für die Einrichtung und Führung des Baulastenverzeichnisses sind grundsätzlich die Vordrucke Bauaufsicht 320, Bauaufsicht 330, Bauaufsicht 340 und Bauaufsicht 350 zu verwenden. Unter der Voraussetzung der inhaltlichen Vollständigkeit können die Vordrucke im Rahmen der bezirklichen Gegebenheiten in Bezug auf Organisation, technische Hilfsmittel (z. B. IT-Technik), etc. frei gestaltet werden.

(2) Diese Ausführungsvorschriften treten am 1. Februar 2006 in Kraft. Sie treten mit Ablauf des 31. Januar 2011 außer Kraft.

(3) Die am 31. Dezember 2003 außer Kraft getretenen Ausführungsvorschriften vom 20. Dezember 1995 (ABl. 1996 S. 254, 474/DBl. VI 1996 S. 7) sind nicht weiter anzuwenden.

Anlage

Muster 1
für Fälle, bei denen das zulässige Maß der baulichen Nutzung eines Grundstücks eingeschränkt wird zugunsten anderer Grundstücke, deren zulässiges Maß der baulichen Nutzung überschritten werden soll (z. B. bei Reihenhausbebauung).
Diese Baulasten entbinden nicht von der Notwendigkeit, für die begünstigten Grundstücke Befreiungen zu erteilen.

> Über eine Grundflächenzahl von .... oder über eine Geschossflächenzahl von .... hinaus dürfen als Ausgleich für die Überschreitung des zulässigen Maßes der baulichen Nutzung auf dem – den – Grundstück/en .... keine weiteren auf die GRZ/GFZ anzurechnenden baulichen Anlagen errichtet werden.

Muster 2
für Fälle des § 4 Abs. 2 BauO Bln (Errichtung eines Gebäudes auf zwei oder mehreren Grundstücken; gilt nicht für Reihenhäuser und Doppelhäuser).

> Das Grundstück gilt zusammen mit dem – den – Grundstück/en .... bauordnungsrechtlich als ein Baugrundstück, solange das Gebäude .... besteht.

Muster 3
für Fälle des § 6 Abs. 1 Satz 3 BauO Bln (Nachbarbebauung).

> Wird das Grundstück bebaut, so muss an die Grenzbebauung (Doppelhaus, Reihenhaus) auf dem Grundstück .... angebaut werden. Der Neubau muss sich an das Nachbargebäude im Maßstab und Erscheinungsbild anpassen.

Muster 4
für Fälle des § 6 Abs. 2 Satz 1 BauO Bln (Abstandfläche fällt auf das Nachbargrundstück).

> Die im Lageplan des .... vom .... grau angelegte Fläche ABCDE .... A darf zugunsten des Grundstücks .... nicht mit Gebäuden oder sonstigen baulichen Anlagen überbaut und nicht als Abstandfläche für Gebäude oder bauliche Anlagen des belasteten Grundstücks in Anspruch genommen werden, soweit diese nicht auf Abstandflächen zulässig sind oder zugelassen werden können.

AV Baulasten

Muster 5
für Fälle des § 8 Abs. 2 Satz 2 BauO Bln (Kinderspielplatz auf einem angrenzenden Grundstück).

Die im Lageplan des .... vom .... grau angelegte Fläche ABCDE .... A steht für die Herstellung, Unterhaltung und Benutzung als Kinderspielplatz einschließlich des Zugangs zugunsten des unmittelbar angrenzenden Grundstücks .... jederzeit und uneingeschränkt zur Verfügung.

Muster 6
für Fälle des § 12 Abs. 2 BauO Bln (gemeinsame Bauteile für mehrere bauliche Anlagen).

a) *Auf verschiedenen Grundstücken*
Die als gemeinsamer Bauteil auf – an – der Grundstücksgrenze zum Grundstück .... erstellte Wand (tragend/raumabschließend), Brandwand, Trennwand, Gründung, Rückverankerung oder anderes Bauteil muss im Falle des Abbruchs des Gebäudes auf dem Grundstück .... zugunsten des Gebäudes auf dem Grundstück .... unversehrt bestehen bleiben.

b) *Auf einem Grundstück*
Die als gemeinsamer Bauteil des ..... (Gebäudes) ..... errichtete Wand (tragend/raumabschließend), Brandwand, Trennwand, Gründung, Rückverankerung oder anderes Bauteil muss im Falle des Abbruchs eines Gebäudes zugunsten des anderen Gebäudes unversehrt bestehen bleiben.

a) Die auch auf zum Beispiel Mantelreibung/Auflasten und bzw. oder anderem beruhende Tragwirkung der Kellerwand/Pfahlgründung oder ähnliches muss im Falle von Abgrabungen, von Ausschachtungen, von durch Baumaßnahmen verursachten Änderungen des Grundwasserspiegels oder des Abbruchs bzw. der Errichtung eines angrenzenden Gebäudes erhalten bleiben.

Muster 7
für Fälle des § 50 Abs. 2 BauO Bln (Stellplätze auf einem anderen Grundstück).

c) *Ebenerdig*
Die im Lageplan des .... vom .... grau angelegte Fläche ABCDE .... A steht für die Herstellung, Unterhaltung und Benutzung von .... Stellplätzen für Kraftfahrzeuge einschließlich der Zufahrten und Fahrgassen zugunsten des Grundstücks .... jederzeit und uneingeschränkt zur Verfügung.

d) *In Gebäuden*
Die in der Bauzeichnung* .... des .... vom .... grau angelegte Fläche ABCDE .... A steht als Stellplatzfläche für .... Kraftfahrzeuge einschließlich der Zufahrten und Fahrgassen zugunsten des Grundstücks .... jederzeit und uneingeschränkt zur Verfügung.

Muster 8
für Fälle, in denen die Erschließung eines bebauten Grundstücks nur über ein anderes Grundstück möglich ist.

Die im Lageplan des .... vom .... grau angelegte Fläche ABCDE .... A steht jederzeit und uneingeschränkt als Zugang und Zufahrt sowie zur Verlegung, Unterhaltung und Erneuerung der Ver- und Entsorgungsleitungen sowie Hausanschluss- und Revisionsschächten zugunsten des Grundstücks .... zur Verfügung.

---
* Hier ist der jeweilige Geschossgrundriss, gegebenenfalls mit Höhenordinate, anzugeben.

AV Baulasten

Muster 9
für Fälle, in denen der Standplatz der Müllgefäße auf dem Nachbargrundstück liegen soll (§ 46 Abs. 1 BauO Bln).

> Die im Lageplan des .... vom ....grau angelegte Fläche ABCDE .... A steht einschließlich des Zuganges zugunsten des Grundstücks .... als Standplatz für Müllgefäße zur Verfügung.

Muster 10
für Fälle, in denen es geboten erscheint, Befristungen oder Widerrufsvorbehalte in das Baulastenverzeichnis einzutragen.

> a) Die Baugenehmigung – Befreiung – Abweichung – vom .... für .... ist befristet bis zum .... erteilt worden.
> b) Die Baugenehmigung – Befreiung – Abweichung – vom .... für .... ist unter dem Vorbehalt des Widerrufs erteilt worden, der für den Fall geltend gemacht wird, dass ....
> c) Für die Erledigung der mit Bescheid .... vom .... erhobenen Forderung zur - zum .... ist eine Frist bis zum .... gewährt worden.

Muster 11 (ist nicht anzuwenden – s. Rdschr. VI D 22/06 vom 14. 11. 2006)
für alle Fälle, in denen mehrere Grundstücke über eine gemeinsame Anschlussleitung an die Kanalisation angebunden werden sollen (§ 11 Abs. 5 der Anschlussbedingungen der Berliner Wasserbetriebe – BWB –).

> Die Lageplan durch die Buchstaben ABC .... gekennzeichneten Teile der Grundstücksentwässerung stehen dauernd und betriebsfähig für die Ableitung und/oder auch für die Sammlung von Abwasser und/oder einschließlich des Hausanschlusskastens zugunsten des Grundstück .... zur Verfügung.

Muster 12
für alle Fälle der Öffnungen in Brandwänden.

> Die im Lageplan des .... vom .... grau angelegte Fläche A, B, ... A darf zugunsten von Fenstern laut Ansichtszeichnung des Architekten, Herrn/Frau .... vom ...., Blatt-Nr. ...., nicht mit Gebäuden oder sonstigen baulichen Anlagen überbaut werden.

AV Stellplätze

Ausführungsvorschriften zu § 50 der Bauordnung für Berlin (BauO Bln) über Stellplätze für Kraftfahrzeuge für schwer Gehbehinderte und Behinderte im Rollstuhl und Abstellmöglichkeiten für Fahrräder (AV Stellplätze)

Vom 11. Dezember 2007 (ABl. 3398)

‚Inhaltsübersicht
1. Stellplätze für Kraftfahrzeuge für schwer Gehbehinderte und Behinderte im Rollstuhl
2. Abstellmöglichkeiten für Fahrräder
3. Schlussvorschriften
Anlage 1: Richtzahlen für Stellplätze für schwer Gehbehinderte oder Behinderte im Rollstuhl
Anlage 2: Richtzahlen für Abstellmöglichkeiten für Fahrräder

Auf Grund des § 84 Absatz 7 der Bauordnung für Berlin (BauO Bln) vom 29. September 2005 (GVBl. S. 495), zuletzt geändert durch § 9 des Gesetzes vom 7. Juni 2007 (GVBl. S. 222), wird zur Ausführung des § 50 BauO Bln Folgendes bestimmt:

1. Stellplätze für Kraftfahrzeuge für schwer Gehbehinderte und Behinderte im Rollstuhl

1.1. Die Zahl der nach § 50 Absatz 1 Satz 1 BauO Bln zu schaffenden Stellplätze wird nach den Richtzahlen der Anlage 1 bestimmt, die zu erhöhen oder zu verringern ist, wenn das Ergebnis im Missverhältnis zu dem Bedarf steht.
1.2. Die Stellplätze müssen eine Mindestbreite von 3,50 m und eine Mindestlänge von 5,0 m haben; sie sind durch Markierungen am Boden zu kennzeichnen.
1.3. Die Stellplätze sind nach § 50 Absatz 1 Satz 2 BauO Bln von öffentlichen Straßen aus auch dann und auf kurzem Wege erreichbar, wenn sie in der Nähe des Gebäudes angelegt sind, welches die Stellplatzpflicht auslöst.
1.4. Die Stellplätze sind in Gebäudenähe und möglichst an behindertengerechten Zugängen anzulegen. Sie sind in den Bauvorlagen darzustellen. Stellplätze dürfen gemäß § 50 Absatz 2 Satz 1 BauO Bln in zumutbarer Entfernung von dem Baugrundstück auf einem geeigneten Grundstück hergestellt werden. Zumutbar ist eine Entfernung von nicht mehr als 100 m zwischen den Stellplätzen und dem Baugrundstück. Die öffentlich-rechtliche Sicherung dieser Stellplätze hat durch Baulast nach § 82 BauO Bln zu erfolgen. Ein Anspruch zur Ausweisung der Stellplätze im öffentlichen Straßenland besteht nicht.

2. Abstellmöglichkeiten für Fahrräder

2.1. Ausreichende Abstellmöglichkeiten für Fahrräder (Fahrradstände) nach § 50 Absatz 1 Satz 3 BauO Bln werden nach den Richtzahlen der Anlage 2 bestimmt. Sie sind in den Bauvorlagen darzustellen. Für nicht in der Anlage 2 aufgeführte Nutzungen sind die ausreichenden Abstellmöglichkeiten für Fahrräder vom Entwurfsverfasser zu ermitteln und in den Bauvorlagen darzustellen. Für die den laufenden Nummern der Anlage 2 zugeordneten Nutzungen sind jeweils mindestens zwei Fahrradstände nachzuweisen.
2.2. Fahrradstände müssen so hergestellt werden, dass
   – sie leicht zugänglich sind,
   – eine Anschließmöglichkeit für den Fahrradrahmen haben,
   – dem Fahrrad ein sicherer Stand durch einen Anlehnbügel gegeben wird und
   – durch einen Mindestabstand von 0,80 m zwischen den Fahrradständen das Abstellen und Anschließen des Fahrrades einschließlich des Rahmens ermöglicht wird.

AV Stellplätze

Die Herstellung einfacher Vorderradständer ist unzulässig.
In den nach § 49 Abs. 2 BauO Bln herzustellenden Abstellräumen für Rollstühle, Kinderwagen und Fahrräder müssen 50 v.H. der erforderlichen Abstellmöglichkeiten für Fahrräder untergebracht werden.

2.1. Auf Wohngebäude mit nicht mehr als zwei Wohnungen sind die Nummern 2.1. bis 2.2. nicht anzuwenden.

3. Schlussvorschriften

Die Ausführungsvorschriften treten am 1. Januar 2008 in Kraft. Sie treten mit Ablauf des 31. Dezember 2012 außer Kraft.

Anlage 1: Richtzahlen für Stellplätze für schwer Gehbehinderte oder Behinderte im Rollstuhl

1. Gaststätten, Cafes, Restaurants
   1 Stellplatz je 200 Gastplätze, jedoch mindestens
   1 Stellplatz ab 100 Gastplätze

2. Theater, Konzerthäuser, Kinos, Vortragssäle, Mehrzweckhallen, Kirchen, Ausbildungsstätten (z. B. Schulen, Hochschulen, Berufsschulen)
   1 Stellplatz je 200 Sitz-/Ausbildungsplätze, jedoch mindestens
   1 Stellplatz je Einrichtung

3. Krankenanstalten (z. B. Krankenhäuser, Kliniken, Sanatorien); Beherbergungsstätten (z. B. Hotels, Pensionen, Kurheime, Jugendherbergen)
   1 Stellplatz je 200 Betten, jedoch mindestens
   1 Stellplatz ab 100 Betten

4. Sportstätten (z. B. Hallenbäder, Turnhallen, Stadien, Freizeitzentren); Messe- und Ausstellungsbauten, Jugendfreizeitheime, Museen, Bibliotheken
   1 Stellplatz je 200 Besucher, jedoch mindestens
   1 Stellplatz ab 100 Besucher

5. Selbstständige Stellplatzanlagen
   3 % der Gesamtstellplätze,
   jedoch mindestens 1 Stellplatz je Anlage

6. Öffentlich zugängliche bauliche Anlagen, die nicht von den Nrn. 1 bis 5 erfasst sind
   1 Stellplatz je 2000 m² Brutto-Grundfläche*, jedoch mindestens
   1 Stellplatz ab 1000 m² Brutto-Grundfläche*

*Brutto-Grundfläche nach DIN 277-1; Nr. 2.1, 3.1.1. Bereich a

AV Stellplätze

Anlage 2: Richtzahlen für Abstellmöglichkeiten für Fahrräder

1.	Gebäude mit Wohnungen	2 je Wohnung
2.	Studenten-, Arbeitnehmer-, Kinder-, Schüler- und Jugendwohnheime	1 je 2 Betten
3.	Altenwohnheime	1 je 10 Betten
4.	Büro- und Verwaltungsnutzung Gebäude > 4.000 m² Bürogeschossfläche	1 je 100 m² Brutto-Grundfläche* 1 je 200 m² Brutto-Grundfläche*
5.	Verkaufsstätten (z.B. Läden, Warenhäuser, Verbrauchermärkte, Geschäftshäuser); Spiel- und Automatenhallen a) Läden des täglichen Bedarfs und Fachgeschäfte b) Großflächiger Einzelhandel	 1 je 100 m² Brutto-Grundfläche* 1 je 150 m² Brutto-Grundfläche*
6.	Theater, Konzerthäuser, Kinos, Vortragssäle, Mehrzweckhallen, Kirchen	1 je 20 Sitzplätze und Stehplätze
7.	Sportstätten örtlich	1 je 20 Besucher
8.	Sportstätten überörtlich (z. B. Sportstadien)	1 je 50 Besucher
9.	Gaststätten, Cafés, Restaurants	1 je 10 Sitzplätze
10.	Beherbergungsstätten (z. B. Hotels, Pensionen, Kurheime)	1 je 10 Gästezimmer
11.	Jugendherbergen	1 je 5 Betten
12.	Krankenanstalten	1 je 20 Betten
13.	Grundschulen	1 je 5 Schüler
14.	Sonstige allgemeinbildende Schulen	1 je 3 Schüler
15.	Hoch- und Berufsschulen	1 je 5 Ausbildungsplätze
16.	Kindergärten, Kindertagesstätten	1 je Gruppenraum
17.	Tageseinrichtungen	1 je 100 m² Brutto-Grundfläche*
18.	Jugendfreizeitheime	1 je 3 Besucher
19.	Handwerks- und Industriebetriebe, Verkaufsausstellungs- und Verkaufsflächen	1 je 200 m² Brutto-Grundfläche*
20.	Museen und Ausstellungsgebäude	1 je 100 m² Ausstellungsfläche

*Brutto-Grundfläche nach Nummer 2.1, 3.1.1 Bereich a DIN 277-1

Anforderungen an Bauteile

Anforderungen an Bauteile

§§ / Bauteile	Gebäudeklassen 1	2	3	4	5
27 Tragende und aussteifende Wände und Stützen	**Mindestanforderungen**				
Tragende und aussteifende Wände und Stützen	ohne	fh	fh	hfh	fb
im Dachgeschoss, wenn darüber noch Aufenthaltsräume sind	ohne	fh	fh	hfh	fb
im obersten Dachgeschoss	ohne				
Balkone, ausgenommen offene Gänge, die als notwendige Flure dienen	ohne				
im Kellergeschoss	fh			fb	
28 Außenwände					
nichttragende Außenwände u. Teile	ohne			nbr oder fh + rB	
Oberflächen von Außenwänden, Außenwandbekleidungen, Balkonbekleidungen gem. Abs. 3 Satz 2	ohne			sfl	
29 Trennwände					
Trennwände	fh, bei Wohngeb. ohne	fh + rB, bei Wohngeb. ohne	fh + rB	hfh + rB	fb + rB
Trennwände in den obersten Geschossen von Dachräumen	ohne	ohne	fh + rB		
30 Brandwände					
Brandwände					fb + M
zulässige andere Wände anstelle von Brandwänden	hfh			hfh + M	
Gebäudeabschlusswände	ia: fh + ai: fb			hfh + M	fb + M
Gebäudeabschlusswände zw. Wohngeb. und angebauten landwirtschaftl. Gebäude, welches > als 2000 m³ hat	fb				
wegen der Nutzung erforderl. Öffnungen in inneren Brandwänden und anderen Wänden anstelle von Brandwänden	hfh + dts			fb + dts	
31 Decken					
Decken	ohne	fh	fh	hfh	fb
Decken im Dachgeschoss, wenn darüber keine Aufenthaltsräume möglich sind	ohne				
Decken im Dachgeschoss, wenn darüber noch Aufenthaltsräume möglich sind	ohne	fh	fh	hfh	fb
Balkone, ausgenommen offene Gänge, die als notwendige Flure dienen	ohne				
Decken im Kellergeschoss	fh			fb	
Decken unter und über explosionsgefährdeter Räume	fb, bei Wohngeb. ohne			fb	
Decken über Aufenthaltsräumen und notw. Fluren in Kellergeschossen	fb, bei Wohngeb. ohne			fb	
Decken zw. Landwirtschaftl. genutzten Teil und dem Wohnteil eines Gebäudes	fb				

Anforderungen an Bauteile

§§	Bauteile / Gebäudeklassen	1	2	3	4	5
34 / 35	**notwendige Treppen, notwendige Treppenräume**					
	Treppen, tragende Teile		ohne	nbr oder fh	nbr	fh + nbr
	Außentreppen, tragende Teile			nbr		
	Treppenraumwände, die nicht Außenwände sind			fh	hfh + M	fb + M
	Bekleidungen in Treppenräumen			nbr		
	Bodenbeläge, ausgenommen Gleitschutzprofile			sfl		
	Öffnungen zu Kellergeschossen, nicht ausgebauten Dachräumen, Werkstätten, Läden, Lager, sonstigen Räumen und Nutzungseinheiten > 200m², ausgenommen Wohnungen			fh+rdts		
	Öffnungen zu Wohnungen und sonstigen Nutzungseinheiten			dts		
	Öffnungen zu notw. Fluren			rdts		
36	**notwendige Flure als RB**					
	Wände notw. Flure			fh		
	Wände notw. Flure in Kellergeschossen	fh, bei Wohngeb. ohne		fb		
	Bekleidungen in Fluren			nbr		
39	**Aufzüge**					
	Fahrschachtwände als RB			fh	hfh	fb + nbr
40 / 41	**Leitungsanlagen, Installationsschäch-te und -kanäle, Lüftungsanlagen**					
	Installationsschächte und Lüftungsanlagen		ohne	Leitungsanlagenrichtlinie Lüftungsanlagenrichtlinie		
	Installationsschächte sowie Lüftungsanlagen in Wohnungen und Nutzungseinheiten =< 400 m²			ohne		
46	**Aufbewahrung fester Abfallstoffe**					
	Abfall-Aufstellräume			wie Trennwände und Decken		

Allgemeine Anforderungen:
Es gilt grundsätzlich das Verwendungsverbot leicht entflammbarer Baustoffe (§ 26 Abs.1, Satz 2 BauO Bln). Soweit in der BauO Bln nicht anders bestimmt, gelten für Bauteile folgende Baustoffanforderungen:

Feuerbeständige Bauteile (FB):
Tragende und aussteifende Bauteile müssen aus nichtbrennbaren Baustoffen bestehen. Raumabschließende Bauteile müssen zusätzlich eine in Bauteilebene durchgehende Schicht aus nichtbrennbaren Baustoffen (Brandschutzbekleidung) haben (§ 26 Abs. 2 Satz 2 Nr.2).

Hochfeuerhemmende Bauteile (HFH):
Tragende und aussteifende Bauteile dürfen aus brennbaren Baustoffen bestehen. Sie müssen allseitig eine brandschutztechnisch wirksame Bekleidung aus nichtbrennbaren Baustoffen (Brandschutzbekleidung) und Dämmstoffe aus nichtbrennbaren Baustoffen haben (§ 26 Abs. 2 Satz 2 Nr.3).

Zuordnung bauordnungsrechtlicher Begriffe zu Normbegriffen: siehe Bauregelliste A Teil 1, Anlagen 0.1 und 0.2

Legende:
ohne = keine Anforderungen
fh = feuerhemmend
hfh = hochfeuerhemmend
fb = feuerbeständig
rB = Ausbildung als raumabschließendes Bauteil
nbr = nichtbrennbar
sfl = schwerentflammbar
dt = dichtschließend
dts = dicht- und selbstschließend
rdts = rauchdicht und selbstschließend
ia = von innen nach außen
ai = von außen nach innen
M = mechanische Beanspruchbarkeit

Sachregister

Sachregister

A

Abbruch 429
Abdichtungsmaßnahme 202
A-Bebauungsplan 644, 645
Abfahrt 367
Abfahrtsverkehr 351
Abfall, Verwertung oder Verbrennung 325
Abfallbehältnis 340
Abfallstoff, Aufbewahrung 340
Abgasabführung 323
Abgasanlage 322, 324, 326 f., 423
Abgasführung 329
Abgasleitung 324, 327
Abgeschlossenheit 346
Abgrabung 424
Ablösebetrag 353
Abmessung 140
Abscheider 337
Abschluss 303
Abstand 269
Abstand zur Nachbargrenze 367
Abstandsfläche 101, 103, 406, 444, 471
–, Breite der 116
–, Tiefe der 115
Abstandsflächenbaulast 605
Abstandsflächenprivileg für Garagen 138
Abstandsflächenunterschreitung, wechselseitige 132
Abstellmöglichkeit für Fahrräder 349
Abstellplatz 33
Abstellraum 140, 259, 263, 347
Absturzsicherung 309
Abwägung 466, 469, 471
Abwasser 335, 369
Abwasseranlage 334
Abwassersammelbehälter 337, 338, 339
Abwehranspruch 81
Abweichung 86, 362, 414, 443, 447 f., 463–474, 495, 551, 576, 637
–, isolierte 473
–, unwesentliche 243
–, Verfahrensvorschriften 472
– im Zustimmungsverfahren 472, 473
Abweichungsfall 222
Adressat 69, 86, 388, 392, 563, 579, 590, 630
AGG 356
Akzessorietät 503
aliud 494, 501, 516
allgemein anerkannte Regeln der Technik 86, 87
Allgemeinverfügung 176, 177
Altanlage 628
–, genehmigungslose 577
amtliche Mitteilung 190
Anbau 280, 282

Anbringungsort 168, 182
Änderung 66, 69, 87, 570
–, bauliche 352
Änderungsgenehmigung 414, 494, 514
Anerkennung von Stellen 250
Anerkennungsbehörde 249
Anerkennungsvoraussetzung für Prüf-, Zertifizierungs- und Überwachungsstellen 249
Anerkennungszweck 249
Anfechtung 611
Anforderung 8 ff., 84, 464, 594
–, allgemeine 63
–, bauordnungsrechtliche 465
–, besondere 366
–, erhebliche 237
–, wesentliche 201, 213
–, wesentlichste 197
–, Zweck einer 467
Anforderungen der BauO 195
Angaben, zusätzliche 486
Angriffsweg 203
Anlage 4, 10 ff., 26, 36, 38, 55, 62, 64, 84, 386, 555, 570, 595
–, Abbruch 404, 407
–, ältere 69
–, Änderung 65, 386, 404, 555 f., 570, 575, 577
–, Anordnung 65
–, Anpassung rechtmäßig bestehende 627
–, Art 4
–, Begriff 11, 21 f.
–, Begriff, bauordnungsrechtlicher 23
–, Begriff, bundesrechtlicher 23
–, Benutzbarkeit 599
–, Beseitigung 87, 88, 200, 386, 428, 459, 555 f., 575
–, bestehende 627
–, Betretungsrecht 392, 393, 394
–, Betrieb einer 587
–, bewegliche 26
–, Darstellung auf dem Baugrundstück 480
–, Dauerhaftigkeit 85
–, Errichtung 65, 386, 404, 555 f., 570
–, genehmigungsfreigestellte 590
–, Gesamt- 27
–, Instandhaltung 65
–, Mehrheit 27
–, Nutzung 72, 386
–, Nutzung untersagt 586
–, öffentlich zugängliche 357, 359
–, rechtmäßig bestehende 628, 632, 633
–, Teile 27, 28
–, überwachungsbedürftige 412
–, unbedeutende 408, 427 f.
–, unterirdische 24
–, Verbindung mit dem Erdboden 24, 25

814

Sachregister

–, verfahrensfreie 590
–, verfahrensfreie Änderung 421
–, verfahrensfreie Errichtung 421
–, wesentliche Änderung einer 634
– der technischen Gebäudeausrüstung 422
– der Ver- und Entsorgung 423
– des öffentlichen Verkehrs 12
– des öffentlichen Verkehrs, Gebäude 16
– für die öffentliche Versorgung mit Elektrizität, Gas, Wärme und Wasser 411
– im bauplanungsrechtlichen Sinne 423
Anlagen und Einrichtungen 5, 9, 11
Anlagen und Einrichtungen, sonstige 7, 10, 64
Anlagen und Räume besonderer Art und Nutzung 45
Anlagengenehmigungsverfahren, Konkurrenz paralleler 410, 497
Anordnung 65, 69
–, einstweilige 441
– der aufschiebenden Wirkung 568
– der sofortigen Vollziehung 564
Anpassung 569, 632
Anpassung baulicher Anlagen 627
Anpassungspflicht 632, 634
Anpassungsverlangen 632, 634
Anschluss 273
Anschlussverfügung 336
Anschlusszwang 334, 336, 338
Ansichtsfläche 426
Antenne 423
Antennenanlage 423
Antrag 473, 530
–, Behandlung 235
Antragsbefugnis 74
Antragsteller 235, 249
Antragsverfahren 238
Anweisungsbefugnis 383
Anwendbarkeitsnachweis 240
Anwendungsbereich 3, 4, 9, 10, 12
Anwendungsbereich, sachlicher 2
Anzeigepflicht 429
Anzeigeverfahren 407, 428
Arbeitsgebiet, beschränktes 655
Arbeitsgebiet, reines 655
Arbeitsschutz 193
Arbeitsstätte 345
Arbeitsstättenverordnung 381
Architekt 454
–, Berufsbezeichnung 378
Architektenliste 454
Armaturen 211
Arztpraxis 653
ASOG 71, 389, 569, 573
atypischer Fall 467
Aufenthaltsraum 42, 49 f., 342, 633

–, fensterloser 320
Auffangzuständigkeit 450, 496
Aufgabennorm 73, 594
Auflage 477, 500, 502
–, modifizierte 503
Auflagenvorbehalt 500, 503
aufschiebende Wirkung 74
Aufschüttung 424
Aufschüttung und Abgrabung 32
Aufstellfläche 95
Aufzug 210, 312, 314, 361
–, nachträglicher Einbau 314, 316
–, stufenloser Zugang 316
Aufzugsanlage in Wohngebäude 313
Ausführung des Bauvorhaben 516
Ausführungsgenehmigung 545
Auskunft 527
Auskunftspflicht 398
Auslassöffnung 282
Auslegung 527
Ausnahme 414, 463, 465, 473, 551, 576
Außenbereich 187, 421
Außenlärm 209
Außenputz 262
Außentreppe 286, 294
Außenwand 102, 259, 260, 425
Außenwandbekleidung 136, 170, 259 f., 262
–, hinterlüftete 268
Außenwandkonstruktion 259, 261
Außenwerbung 179
Aussteifung 271
Ausstellungsplatz 33
Ausstellungsraum 54
Austauschverhältnis 76
Auswahlermessen 630
AV Baulasten 616
AV Stellplätze 351

B

Bad, fensterloses 320, 345
Bäder in bestehenden Wohnungen, Einbau von 277
Badewanne 347
Bahnanlagen 14
Balkon 257, 259, 275, 278
Balkonbekleidung 259, 262
Barriere 61
barrierefreie Nutzbarkeit 369
barrierefreie Wohnung 350, 357
barrierefreies Bauen 61, 350, 355, 357, 472
Barrierefreiheit 61, 356
Bauabnahme 598
Bauantrag 475, 522
–, Änderung 478
–, vollständiger 485
–, wiederholter 477

Sachregister

–, zurückgenommener 478
Bauanzeigeverfahren 409
Bauart 56, 84, 87, 89, 213, 226, 228, 239, 241
–, Anwendbarkeit nicht geregelter 234
–, geregelte 240, 253
–, nicht geregelte 239
Bauaufsicht 636
bauaufsichtliche Generalklausel 63
Bauaufsichtsbehörde (BABeh.) 385, 594, 595, 598
–, Aufgaben 385, 593
–, Befugnisse 385, 388, 593
Bauausführung 65, 510, 517, 596
Baubeginn 438
–, Anzeige 430, 438, 598
Baudienststelle 549
Baueinstellung 555, 637
Bauflucht 642
Baufreigabe 448, 498 f.
Baufreiheit 400
Baugebiet, Bezeichnung 641
Baugenehmigung 391, 449, 473, 492 f., 495 f., 498, 500, 505, 507 f., 514 f., 526, 567, 572 f., 588, 628, 637
–, Absehen von der Erteilung einer 409
–, Fehlen einer 559
–, Feststellungswirkung 448, 451, 498
–, fiktive 473, 493, 506, 507
–, Grenzen einer 557, 571
–, nachträgliche 576
–, normale 493
–, Rechtsschutz bei Versagen und Erteilung 512
–, Regelungsgehalt 416
–, Regelungsinhalte 498
–, Rücknahme 511
–, Sperrwirkung 572
–, Teilbarkeit 499, 511
–, Teilrücknahme 511
–, verfügender Teil der 448, 451, 499
–, Verhältnis zu anderen Genehmigungen 410, 416
–, Verlängerung der Geltungsdauer der 517
–, Versagung 499
–, Widerruf 511
Baugenehmigungsverfahren 449, 551
–, reguläres 401
–, vereinfachtes 401, 442, 486
–, Verfahrensstufung 521
Baugerüst 186, 426
Baugrube 424
Baugrundgutachten 199
Baugrundstück 5, 6, 631
–, Vertiefung auf dem 194
Bauherr 371, 373, 391
–, Konzeption 476

–, nicht zugleich Grundstückseigentümer 481
–, Wechsel 374
Baukammer 455
Baulandreserve 643
Baulärmschutz 381
Baulast 270, 391, 602
–, Durchsetzung der 613
–, Verzicht auf 613
Baulastbegünstigter 614
Baulasteintragung, nichtige 615
Baulastenverzeichnis 603, 615
Baulastverpflichteter 611, 614
Bauleiter 195, 369, 371, 383
Bauleitplan, übergeleiteter verbindlicher 433
Baum 196
Baunutzungsplan 642, 643, 645
BauNVO 1968 644
Bauordnungsrecht 496
–, formelle Verstöße gegen das 558
–, gesetzgeberisches Programm 64
–, Reform 401
–, Schutzgüter des 469
BauPAVO 229
Bauplanungsrecht 402, 420, 443, 450, 496
Bauprodukt 3, 84, 87, 213, 218, 226, 231, 237, 562
–, außerhalb des europäischen Wirtschaftsraumes hergestellt 225, 246, 248
–, besondere Eigenschaft 230
–, Erstprüfung 246
–, geregeltes 218, 220, 227
–, Gleichwertigkeit 251
–, Importeur 225
–, innovatives 234
–, Legaldefinition 54
–, Leistung 231
–, Nachweis der Verwendbarkeit 241
–, nicht geregeltes 237 f., 220 f., 229, 234,
–, nicht in Serie hergestellt 243
–, Probe 596
–, sicherheitsrelevantes 230
–, sonstiges 218, 220, 225
–, Umgang 241
–, Verwendbarkeit 220
–, Verwendung 213
– im Einzelfall, Verwendbarkeit 238
Bauproduktengesetz 215
–, Anwendbarkeit 221
–, Voraussetzung der Anwendbarkeit 221
Bauproduktenrichtlinie 213, 224
–, Sonderverfahren 250
Baurecht auf Zeit 502
Bauregelliste A 86, 218, 226, 235, 237, 239
–, Teil 1 227
–, Teil 2 227

Sachregister

–, Teil 3 228, 240
Bauregelliste B 221, 231
–, Teil 1 231
–, Teil 2 232
Baustelle 192, 194 f., 383, 560
–, Verunreinigung der 193
Baustellenbüro 192
Baustelleneinrichtung 192, 195, 427, 545
Baustellenkoordinator 194, 195
Baustellenverordnung 381
Baustilllegung 557
Baustoff 55, 89
–, Brandverhalten 252
–, nichtbrennbarer 253
–, normal entflammbarer 253
–, schwerentflammbarer 253
Baustoffanforderung 206
Baustopp 555, 563, 579, 598
bautechnischer Nachweis 197
Bauteil 55
–, abschließendes 263, 264
–, aussteifendes 256
–, Begriff 27
–, Brandverhalten 252
–, feuerbeständiges 253
–, feuerhemmendes 253
–, hochfeuerhemmendes 253
–, nichttragendes 425
–, raumabschließendes 256
–, tragendes 256, 425
–, wesentliches 368
Bauteilanforderung 206 f., 253
Bauteil-Baustoff-Kombination 256
Bauteilklasse 206
Bauträger 374
Bauüberwachung 547, 593 f., 596 f.
Bauvermerk 616
Bauvorhaben 22, 594
–, Beginn der Ausführung 516
–, genehmigungsbedürftiges 557
–, genehmigungsfreigestelltes 557, 562
–, qualitativ grundsätzlich anderes 573
–, verfahrensfreigestelltes 557
Bauvorlage 378, 429, 437, 454, 478, 505, 522, 530, 539, 561, 632
–, Abweichung von der 561
–, nachträglich eingereichte 482
–, Unvollständigkeit der 484
Bauvorlageberechtigte, Liste 455
Bauvorlageberechtigung 452, 453
–, kleine 456
Bauweise 56, 659
–, geschlossene 661
–, offene 661
Bauzaun 186, 426
Bauzustandsbesichtigung 598

Bebauung, grenzüberschreitende 94
Bebauungsgenehmigung 527, 533
Bebauungsplan 354, 402, 433, 465
–, Festsetzungen 76
–, Hauptstadtplanung 639
–, qualifizierter 433
–, übergeleiteter 642
–, vorhabenbezogener 433
– von außergewöhnlicher stadtpolitischer Bedeutung 638
Bebauungstiefe 660
Bedachung 267 f., 272 f., 279, 281
–, harte 279, 281
–, lichtdurchlässige 282
–, weiche 281
Bedeutung, öffentlich-rechtliche 604
–, untergeordnete 220
Bedingung 447, 477, 500 f., 515, 610
–, auflösende 502
–, aufschiebende 501
Beeinträchtigung, konkrete 131
Beendigung der Bauarbeiten, Anzeige 598
Befreiung 414, 463, 465, 473, 551, 576
Befristung 236, 500 ff., 515, 546
Befugnisnorm 73, 555, 556, 569, 594
–, spezielle 388
Beginn der Bauarbeiten, Anzeige 598
Begründung 473, 506, 564
Begrünung 156
Begünstigter 611
Behälter 424
–, abflussloser 338
Beherbergungsstätte 48, 361
behinderte Menschen 61
Behindertenparkplatz 349
Behörde 546
Behördenbeteiligung 484
Bekanntgabe 506, 515
Belästigung 67, 195, 608
–, erhebliche 193
–, unzumutbare 192
Beleuchtung 368
Beliehener 397, 438, 447, 546
Benutzer 369
Benutzung 72, 587
–, selbständige 38
–, überwiegend ortsfest 30
Bepflanzung 156
–, erhaltenswerte 192
–, sonstige 196
Berechtigter, dinglich 82
Bergaufsicht 16
Berliner Feuerwehr 485
Berufsfreiheit 453
Beschäftigte 192
Bescheid 473

817

Sachregister

–, planungsrechtlicher 391, 434, 495, 526, 538, 637
Bescheinigung 369
Beschlagnahme 566
Beseitigung 69, 87
–, Kosten der 174
–, teilweise 577
–, vollständige 577
– von Bauabfällen 194
Beseitigungsanordnung 573, 575 f., 578, 582 f., 637
–, Durchsetzung der 584
Beseitigungsverfügung 583
Bestandskraft 534
Bestandsschutz 149, 474, 502, 514, 518, 535, 541, 572–575, 577, 628, 632
Bestellung der am Bau Beteiligten 375
Bestimmtheit 504, 615
Bestimmtheit von Normen 464
Bestimmungsmitgliedstaat 250
Besuchertoilette 369
Beteiligte am Bau 371
Beteiligung, Nachholung 489
Beteiligungserfordernis 212
Betreten von Grundstücken, Anlagen und Wohnungen 385
Betretungsverbot, öffentlich-rechtliches 566
Betriebsschacht 308
Betriebssicherheit 312
Betriebssicherheitsrecht 411, 466, 638
Bevollmächtigter 374, 610
Bewegungsfläche 95
Beweislast 575
Bezirksamt 386
Bezirksschornsteinfegermeister 328
Bezirksverwaltung 636, 637
BGG 356
Bindungswirkung 507, 524, 532 ff., 540
Blitzschlag 202
Blitzschutzanlage 341
Blockheizkraftwerk 332
BO 29 643 f.
BO 58 642, 645
Bodenbelag 298
Brandabschnitt 44, 267, 269, 272
Brandabschnitt über Eck 273
Brandausbreitung 203, 260, 264, 267
Brandentstehung 203, 253
Brandfortleitung 253
Brandgefahr 263, 265
Brandlast 253
Brandschutz 195, 202 f., 318, 406
–, Schutzziele 203
– auf Baustellen 193
Brandschutzanlage 369
Brandschutzbeauftragter 369

Brandschutzbekleidung 207, 256 f.
Brandschutzklappe 322
Brandschutzkonzept 204, 369
Brandschutznachweis 446, 457, 460
Brandschutzordnung 360
Brandschutzverglasung 304
Brandverhalten 252, 253
Brandverhalten von Baustoffen 206
Brandverhaltensklasse 206
Brandwand 267, 269, 271
–, äußere 262
–, innere 262, 267, 269
–, Öffnung in der 268
–, Verglasung in 275
–, Versprung 272
Brandwandabstand 270
Brauchbarkeit 222, 214 f.
Brennstofflagerraum 331
Brennstoffversorgungsanlage 324, 330
Brennstoffzelle 332
Brennwertfeuerstätte 327
Brettschichtholz 230
Brunnen 335, 423
Brüstung 259 f.
Brüstungshöhe 305
Brutto-Grundfläche 44, 351
–, Begriff 43
– von Nutzungseinheiten 43
Buchgrundstück 6
Bundesfernstraßen 13
Bürogebäude 653
Büronutzung 47, 265

C
Campingplatz 34, 48, 425
Carport 53, 263, 422
CEN 214
CENELEG 214
CE-Zeichen 214, 215

D
Dach 118, 276, 279, 280
–, begrüntes 281
Dachaufbau 121, 280, 282
Dachgesims 280, 282
Dachhaut 117, 266, 268, 272 f., 281, 292
Dachlawine 283
Dachraum 59, 266, 257 f., 275, 342 f., 659
–, Ausbau 278, 316
–, benutzbarer 288
Dachterrasse 310
Dachüberstand 280, 281
Dämmstoff 261
Dampfkessel 325
Dampfkesselanlage 328
Datenerhebung 398

Sachregister

Datenübermittlung 399
Datenverarbeitung 397
Dauerhaftigkeit 84,198
Dauerhaftigkeit baulicher Anlagen 85
Dauerwirkung 507
Decke 275, 276
–, begehbare 310
–, Öffnungen in der 276, 278
Dehnungsfugen 271
Denkmal 428
Denkmalschutz 528
Denkmalschutzrecht 408, 420
Deregulierung 401
Deutsche Bahn 15
Deutsches Institut für Bautechnik 237, 239
dichtschließend 299
Dienstbarkeit 602
–, beschränkte persönliche 603
DIN 4102-2 255
DIN EN 13501-2 255
dingliche Wirkung 508, 563
Doppelfassade 260, 262, 268, 274
Doppelhaus 38
Doppelverfahren 410
Dorfgebiet 650
Drittschutz 73
–, bauordnungsrechtlicher 82
–, baurechtlicher 83
drittschützende Norm 73
drittschützender Charakter bauordnungs-
   rechtlicher Normen 75
– – bauplanungsrechtlicher Normen 76
– – sonstiger Normen 81
– – verwaltungsverfahrensrechtlicher Nor-
   men 80
Duldung 580, 581, 582, 585, 590
Duldungspflicht 395
Duldungsverfügung 579
durchgehende Schicht 207
Durchsetzbarkeit 602
Durchsuchung 394
Dusche 347

E

Eigenschaft, besondere 230
Eigentum, Inhaltsbestimmung 513
Eigentümerbaulast 604, 609
Eigentumsgarantie 400, 463
Eigenüberwachung 243, 245
Einfriedung 424
–, geschlossene 138, 144
Einführungsentscheidung 86
Eingangsbestätigung 437
Eingriff, behördlicher 388
Eingriffsbefugnis 388, 575, 590
Eingriffsbefugnis der BABeh. 70

Eingriffsgrundlage 629
Eingriffsnorm 595
Eingriffsvorbehalt 388
Einrichtung 570
–, ortsfeste 180, 210
Einsichtnahme 616
Einstellung von Arbeiten 555, 562
Einstellungsanordnung, Durchsetzung der 565
Einstellungsverfügung 565
Eintragung 611
Einvernehmensfiktion 486
Einzelbrunnen 333
Einzelhandel 405
Einzelschachtanlage 320
Einziehung von Gegenständen 620
Eisenbahnen 14
elektronische Form 506
elektronisches Dokument 506
Energieeinsparung 136, 170, 209, 368
EnEV 374
EnEV-DVO Bln 374
Entwurf 379
Entwurfsverfasser 371, 376, 378, 531
EOTA 214
Erforderlichkeit 398, 399
Ergebnisanforderungen 8, 10
Erhaltungspflicht 629
Erhaltungsverordnung 429
Erlaubnis, gebundene 497
Erleichterung 366, 465
Ermessen 71, 436, 472, 511, 518, 523, 567, 580, 598
–, intendiertes 563, 580, 589, 632
Ermessensausübung 589
–, Anspruch auf fehlerfreie 440
Ermessensentscheidung 585, 586, 634
Ermessensfehler 578
Ermessensreduzierung auf Null 440, 585
Ermessensvorschrift 595
erreichbare Stelle 207
Errichtung 65, 69
Ersatzbau 104
Erschließung 434, 444
–, gesicherte 607
Erschütterungsschutz 208, 211
Ersthersteller 235
Erstprüfung 223, 320, 369
Erstreckungsklausel 32, 35
Erstreckungsverbot 111
europäische technische Zulassung 224
– – –, Leitlinien 222
europäischer Weg 220 f.
Europäischer Wirtschaftsraum 89
Explosionsgefahr 263, 265

Sachregister

F
f. f. Fluchtlinien 645
Fachbauleiter 383
Fachkräfte, Befähigung von 230
Fachplaner 380, 481
Fahrradabstellanlage 427
Fahrschacht 312 f.
Fahrschachttüre 315
Fahrschachtwand 315
Fäkalabwasser 338
Farbschmiererei 465
Fassadenausbildung 274
Fassadenbrand 260
Fenster 306, 342 f.
–, Reinigung 307
– als zweiter Rettungsweg 308
Fensterbrüstung 308, 310
Fensterfläche, Kennzeichnung 307
Fensteröffnung 344
Fensterprofil 259, 261
Festigkeit, mechanische 198
Festsetzung, Vorrang bauplanerischer 145
Festsetzung der Art der baulichen Nutzung 77
Festsetzung des Maßes der baulichen Nutzung 78
Festsetzungen in Bebauungsplänen 76
Feststellanlage 266
Feststellungswirkung 523, 551
– der Baugenehmigung 448, 451, 498
feuerbeständig 254
feuerhemmend 254
Feuerschutzabschluss 274, 292
Feuerstätte 54, 322, 324, 326 f., 599
–, Inbetriebnahme 328
–, raumluftabhängige 322
Feuerungsanlage 324, 326, 368
Feuerwehr 284
Feuerwehraufzug 314
Feuerwiderstandsfähigkeit 207
Feuerwiderstandsklassen 254
Fiktion 34, 36
Flächenbaulast 608
Fliegende Bauten 48, 494, 542 f., 626
– –, Ingebrauchnahme 547
Fluchtweg 203, 284
Flugfeuer 280
Flughafen 194
Fluglärm 209
Flur 361
–, notwendiger 265, 284, 300 f.
–, –, Legaldefinition 302
–, –, Rauchabschnitt 303
–, –, Verkehrssicherheit 303
–, –, Wand 304
Flüssiggas 325

Flüssiggasanlage 330
Flüssiggasbehälter 331
Flutlichtmast 423
Formvorschrift 564
Fotovoltaik-Fassadenanlage 137
Foyer 272
Frauenstellplatz 370
Freifläche 158
Freihaltegebot 103
Freisitz 421
Freistellung von bauaufsichtlichen Verfahren 401
Freizeitgestaltung 425
Freizeitpark 35, 48
Fremdenheim 652
Fremdüberwachung 243, 246 ff.
Fremdwerbung 188
Frist 438, 514
Fristberechnung 537
Fristhemmung 515 f., 537
Fugendichtung 259, 261
Fundstelle 86
Funkenflug 281
funktionslos 656
Funktionslosigkeit 653, 656 f., 661
Fußbodenentwässerung 276
Fußbodenoberkante 42
Fußbodensteckdose 276

G
Galerieebene 288
Gang, offener 257, 275, 300 f., 305
Garage 35, 39, 53, 257, 259 f., 263, 275 f., 279, 369, 422, 461
–, Definition 52
–, Entlüftung 323
–, Nutzfläche 52, 54
Garten 425
gartenbauliche Erzeugung 422
Gartengrill 327
Gas, brennbares 330
Gasfeuerstätte 326
Gasfeuerungsanlage 326
Gaststätte 652
Gaststättenerlaubnis 412
Gaststättenverordnung 361
Gebäude 36, 37, 425
–, Änderung 551
–, genehmigungsfreies 421
–, oberirdisches 102
–, untergeordnetes 259
–, unterirdisches 41
–, verfahrensfreies 275
– auf mehreren Grundstücken 605
– ohne Aufenthaltsräume 138
Gebäudeabschlusswand 267, 269, 272

Sachregister

gebäudegleiche Wirkung 105
Gebäudeklasse 39, 205
Gebäudeklasse 1 126
Gebäudeklasse 2 126
Gebäudeklassifizierung 40
Gebiet, gemischtes 654
Gebietsverträglichkeit 406
Gebietswahrungsanspruch 77
Gebot 465
Gebrauchsabnahme 547
gebrauchstauglich 214
Gebrauchstauglichkeit 84, 198, 222
Gebühren 616
Gefahr, Begriff 67
–, konkrete 66, 633
Gefährdung 633
Gefährdungsklausel 64, 72
Gefahren 195
Gefahren auf Baustellen 193
Gefahrenabwehr 64, 67
Geländeniveauveränderung 142
Geländeoberfläche 41 f., 52, 57, 117
Geländer 311
geltendes Recht 569
– –, Anpassung an das 631
Geltungsbereich 2
Geltungsdauer 513
Geltungszeit der BauO Bln 571
Genehmigung, immissionsschutzrechtliche 414
–, modifizierte 477, 501
–, wasserbehördliche 335
Genehmigungsbedürftigkeit 400, 401
Genehmigungsfiktion 487, 493
Genehmigungsfreistellung 401, 431 f., 443, 454, 559
–, Befristung der 439
genehmigungsloser Beginn 559
Genehmigungspflicht, Ausnahmen vom Grundsatz der 407
Genehmigungspflichtigkeit von Anlagen 404
Genehmigungsvermerk 505
Generalklausel 72
Geräte- und Maschinenlärmschutzverordnung 193
Gerätesicherheitsrecht 411
Geräusch 210
Geräuschbeeinträchtigung 210
Geruch 322
Gerüst 35, 427, 545
Gesamtlängenbegrenzung 142
Gesamtrechtsnachfolge 390
Gesamturteil, positives 524
Gesamtvorhaben 403, 560
Geschäftsräume 394
Geschoss 59

–, Begriff 50
–, Ermittlung der Zahl 51
–, Legaldefinition oberirdisches 50
–, oberirdisches 51
–, oberstes 51, 58
–, unterirdisches 52
– im Dachraum 56 f., 59
Geschossflächenzahl 657
Gesetzmäßigkeit der Verwaltung 464
Gestaltungsanforderung 465
Gewächshaus 422
Gewerbegebiet 655
Gewerberecht 411
gewerbliche Hauptnutzung 188
Giebelwand 118
Glasfläche 307
Glastür 307
Gleichheitssatz 581
Grabmal 428
Graffiti 172
Grenzbebauung, nicht notwendige 111
–, notwendige 109
Großfeuerungsanlage 325
Großhandel 405
Großraumbüro 303
Grundfläche, Größe der 57
Grundlagendokumente 214
Grundrissfläche, Abstecken der 510
Grundsatz der Verhältnismäßigkeit 590
Grundstück 5, 82, 91, 151, 586
–, bauplanungsrechtlicher Begriff 7
–, Betretungsrecht 392 ff.
– im Rechtssinne 6
grundstücksbezogene Regelungen 7
grundstücksbezogenes Tun 604
Grundstückseigentümer 82, 391
Grundstücksgrenze, Revision der 154
–, Veränderung der 149
Gründung 198
Grundwasserstand 199
Grünstreifen 368
Grünvermerk 477, 501, 504
Gülle 334
G-Verglasung 304

H

Haftung des Architekten 379
Handlauf 286, 290
Handlungspflicht 63
–, Durchsetzung der 70
Handwerkerklausel 243
Härte, besondere 177
Häufung 185
Hauptanlage, Teile einer 36
Hauptverwaltung 636
Hauptzugang 357

821

Sachregister

–, barrierefreier 357, 359
–, üblicher 358
Hecke 196
Heizöl 326, 331
Heizraum 328, 368
Hersteller 223
herstellerbezogen 235
Herstellerbezogenheit 222
Hersteller-Erklärung 224, 243, 246
Herstellungsprozess 246
Herstellungsverpflichtung 159
–, Ablösung der 163
Hilfseinrichtungen 35
Hilfskonstruktion 200
Hinweis 500
HOAI 376
hochfeuerhemmend 254
Hochhaus 285
–, Begriff 46
Höhe, Begriff 41
–, lichte 57, 58, 343
Höhenbegrenzung 194
Höhenbemessung 51, 57
Höhenlage 510
Hohlraum 52, 260, 262, 268, 273, 278
Holzbalkendecke 277
Holzschutzmaßnahme 202

I

Illegalität, formelle 558, 560, 562, 573, 588
–, materielle 574, 588, 589
Imbissstand 421
Immission 80, 608
Immissionsrichtwert 210
Immissionsschutz 193
Immissionsschutzrecht 14
Individualrechtsnachfolge 390
Industriegebiet 655
Ingenieur 455
Inhaltsbestimmung 500
Inkrafttreten 640
Installationsgeschoss 344
Installationskanal 317, 319
Installationsschacht 317, 319
Instandhaltung 66, 69, 84 f., 386
Instandhaltungsarbeiten 430
Instandhaltungspflicht 70, 72 f., 212, 629
Inverkehrbringung 213
Investitionsvorhaben 639

J

Jauche 334

K

Kamin, offener 329
Kellerdecke 278
Kellergeschoss 44, 51 f., 257, 291, 295, 345
–, Legaldefinition 50
Kellerlichtschacht 307 f., 310
Kellerraum 343
Kennzeichnungspflicht 269
Kerngebiet 656
Kinderspielplatz 159, 427, 653
Kinderwagen 316
Klagebefugnis 74, 436
Klagerecht, außerordentliches 362
Klasse 231
Klassifizierung 206, 253
Klassifizierungskriterien 256
Klassifizierungssystem, europäisches 254 f.
Kleinbetrieb, gewerblicher 651
Kleinfeuerungsanlage 325
Kleingarage 259, 263
Kleingartenanlage 148
Kleinkläranlage 337 f.
Klimaanlage 320
Klimafassade 274
Kombination von formeller Illegalität und materieller Legalität 574
Kompensation 470
Kompetenzentzug 387
Konformitätsnachweisverfahren 214 f., 223, 242
konstitutive Wirkung 611
Konzentrationswirkung 407, 410, 413 f., 508
Konzeption des Bauherrn 403, 476
Koordinierung 380
Korrosionsschutz 202
Kosten 596
Kran 12, 18
Krananlage 18
Krankentrage 286, 312, 317
Kriterienkatalog 460
Küche 347
–, gewerbliche, Entlüftung 323
Kulturhaus 652
Künstlichkeit 23

L

Ladengeschäft 651
Lageplan 610
Lagerhalle 192
Lagerplatz 33, 427
Lagerraum 54
Land- und Fortwirtschaft 422
Landesverteidigung 547, 553
Landschaftsbild 166, 169, 182
Lärmkarte 210
Laube 148, 422
Laubengang 301, 305

Sachregister

Legaldefinition 21 f.
Legalisierung 576
Legalisierungsklausel 576, 578
Legalität baulicher Anlagen 573
–, formelle 572, 628
–, materielle 560, 572, 589, 628
–, offensichtliche materielle 589
Leistungsstufe 231
Leistungsstufen, Klassen von 214, 218
Leitlinie 214
Leitung 12, 17 f., 266, 318, 606
–, elektrische 318
Leitungsanlage 317
LGBG 356
Lichtkuppel 280
Liste 220
Liste C 229
Lockerungsklausel 28 f., 31
Löschangriff 208, 284
Löscharbeiten, wirksame 203
Löschung 614, 615
Löschwasser 204
Löschwasserrückhaltung 368
Löschwasserversorgung 333
Luftraum 260
Lüftung 333, 368
Lüftungsanlage 319 f., 322
Lüftungsanlage von Heizräumen 322
Lüftungsleitung, brennbare 322
Luftverkehr 15

M

Maisonette 278, 316
Mangel 484
Maschinen 211
Maschinen und Apparate 24
Maßnahme 389, 392
Mast 423
Mauer 424
Mehrkosten 635
Mieter 82
Mindeststandard 123
Missstandsklausel 72, 386
Miteigentümer 481, 609
Miterbe 609
Mitgliedstaat des Herstellers 250
Mitteilungspflicht 375
Mobilfunkanlage 171
Mobilfunk-Sendeanlage 423
Modernisierungsvorhaben 635
Monatsfrist 438
Mörtelputz 262
Motor 331
Müll, Verwertung oder Verbrennung 325
Müllbehälter 607

Muster-Sonderbauvorschriften 367

N

Nachahmungswirkung, negative 584
Nachbar 81, 448, 451, 470, 484, 506, 512, 541, 552
–, Zustimmung des 200
Nachbarbeteiligung 488
Nachbargrundstück 7, 81, 200
–, Beheizung 607
–, Verankerungen auf dem 201
Nachbarklage 516
Nachbarschutz 73, 127, 353, 439, 474, 509, 525, 534, 548, 550, 566, 585, 592, 650
nachbarschützende Regelung, nicht 471
nachbarschützende Vorschrift 470
nachbarschützende Vorschrift, nicht 470
Nachfolgefähigkeit 390
Nachprüfung 369
Nachtragsgenehmigung 493, 515
Nachweis, bautechnischer 438, 446, 451, 457, 478
nationaler Weg 220
natürliche Lebensgrundlage 64, 68
Naturschutzrecht 408, 420
Nebenanlage 423
Nebenbestimmung 236, 474, 500, 546, 616
Neigungswinkel 118
Netto-Grundfläche 344
nichtabschließbar 303
Nichtbaugebiet 643
Nichtvorliegensfall 222
Niederschlagswasser 334, 337
Niedertemperatur-Heizkessel 327
Norm, anerkannte 221 f.
–, harmonisierte 221 f.
–, subsidiäre 388
Notstromaggregat 331
nutzbar 62
Nutzung 87, 386, 587, 590, 599
–, geänderte 361
–, Maß der 657
Nutzungsänderung 88 f., 69, 104, 352, 386, 404, 406, 423, 428, 479, 587
–, bodenrechtliche Relevanz 405
–, genehmigungspflichtige 404
– im bauplanungsrechtlichen Sinne 405
Nutzungsart 405
Nutzungsaufnahme 587
Nutzungseinheit 43, 51, 265
Nutzungsgenehmigung 499
Nutzungssicherheit 294
Nutzungsunterbrechung 405, 519
Nutzungsuntersagung 637
–, Durchsetzung 592

Sachregister

O
Oberkante 57
Oberlicht 280
öffentlich zugänglich 350
öffentlich zugängliche Anlagen 357
öffentliche Bekanntmachung 86
öffentliche Belange 468, 469
öffentliche Busse 15
öffentliche Grünfläche 112
öffentliche Sicherheit und Ordnung 66
– – – –, Gefahr für die 395
– – – –, Gefährdung der 632
öffentliche Straße 195
öffentliche Verkehrsfläche 53, 91, 112
öffentliche Versorgung 17
öffentlicher Personennahverkehr, Haltestellen 188, 190
öffentlicher Verkehr, Leichtigkeit 212
öffentliches Interesse 609
öffentliches Recht, „aufgedrängtes" 451, 496
öffentlich-rechtliche Sicherung 113
Öffnung 367
Öffnungsabschluss 304
Omnibusverkehr 15
ordnungspflichtig 372
Ordnungsverfügung 613
ordnungswidrig 376, 380
Ordnungswidrigkeit 618
Ortsbild 166, 169, 182
Ortsfestigkeit 24

P
Pächter 82
Patenschaftsverträge 248
Personen, ungeeignete 375
personenbezogene Daten 397
– –, Verarbeitung 397
Personenrettung 308, 314
Personenzahl 286
Pflichtennachfolge, öffentlich-rechtliche 385, 390
Pflichtiger 395
Planbereich 76
Planfeststellung 407, 415
Planfeststellungsbeschluss 414
Plangenehmigung 414
Planreife 433
Planungshoheit 403
Polizei 387
Privatisierung 401
Probeausführung 234
Probestück 234
produktbezogen 235
Produktionskontrolle, werkseigene 223, 245 ff.
Produktsicherheitsrecht 411

Projektion 117
Prüfbericht 458, 486
Prüfbuch 546
Prüfingenieur 397, 429, 438, 447, 460
– für Baustatik 640
– für Brandschutz 640
Prüfprogramm 443, 446, 449, 450 f.
Prüfstelle 223, 237, 246, 248
Prüfung, produktbezogene 247
–, produktionsbezogene 247
Prüfungsmaßstab 363, 448
Prüfverfahren, allgemein anerkanntes 228, 237
Prüfzeugnis, allgemeines bauaufsichtliches 221, 237, 240
–, Antrag 237
–, Erteilung durch Prüfstellen 241

Q
Qualitätssicherung 230, 241

R
Rampe 288, 360
Rauch 320
Rauchableitung 292, 368
Rauchableitung aus Kellergeschoss 307
Rauchableitungsöffnung 300
rauchdicht 299, 304
Raucheintritt 291
Rauchschutzabschluss 292, 299
Raum 43, 45, 47
–, Begriff 49
– mit erhöhter Explosions- und Brandgefahr 278
Raumhöhe 57, 342
Raumklima 209
Recht auf behördliches Einschreiten 586
Recht des Einblicks 596
Rechtsanspruch 498
Rechtslage, Änderung 614
Rechtsmittel 515
Rechtsmittelbelehrung 506
Rechtsnachfolge, öffentlich-rechtliche 385, 390
Rechtsnachfolger 391 f., 508, 532, 540, 583, 613
Rechtsschutz gegen Nebenbestimmungen 504
Rechtsschutz, vorläufiger 535, 584, 591
Rechtsverordnung 399, 623
Rechtsvorgänger 391 f.
Reetdach 281
Regal 428
Regallager 48
Regelbauten 204
Regelung, günstige 641

Sachregister

Reihenhaus 38, 269
Rettung mittels fremder Hilfe 360
Rettung von Mensch und Tier 203
Rettungsgerät 207
Rettungsweg 203, 207, 284, 368
–, erster 285, 288
–, zweiter 285
Revisionsöffnung 321
Risiko 432
Rohbau 567
Rohrabschottung 318
Rohrleitung 18, 318
Rohrummantelung 318
Rollstuhl 312, 316 f.
Rolltreppe 286, 288
Rückbau 577
Rücknahme 637
Rücksichtnahmegebot 78 f., 129

S

Sachbescheidungsinteresse 447, 498, 532, 610
Sachentscheidungskompetenz 416, 496
Sachverständiger, Beauftragung 596
–, besonderer 487
Saldierung 470
Sammelschachtanlage 320
Sanierungsgebiet 429
S-Bahn 15
schädliche Einflüsse 201
Schädlinge, pflanzliche oder tierische 202
Schallschutz 208 f., 211, 318
Schallschutzfenster 307
Schankgaststätte 48
Schlusspunkttheorie 401, 410, 449, 496
Schmutzwasser, häusliches 335
Schnee 283
Schneefanggitter 283
Schornstein 324, 327
Schriftform 473, 475, 505, 523, 531, 539
Schürze 259, 260
Schutzgebietsverordnung 335
Schutzgut 464, 468
Schutzhalle 192
Schutzniveau 89
Schutznormtheorie 73
Schutzvorkehrungen 195
Schutzziel 464, 468
Schutzzielbeschreibung, brandschutztechnische 205
Schutzziele des Abstandsflächenrechts 105
Schutzzweck 467
Schwarzarbeit 377
Schwarzbau 571, 573
Schweißarbeiten 230
Selbstbestimmung, informationelle 397

Selbstrettung 360
Separationsmodell 416
Sicherheit, erhebliche Anforderung an die 237
Sicherheits- und Gesundheitsmanagement 194
Sicherheitsbeleuchtung 292, 299
Sicherheitstreppenraum 208, 285
Sicherung legaler Zustände 569
Sofortvollzug, Anordnung 591
Solaranlage 137, 423
–, gebäudeunabhängige 138, 143, 170
Sonderbaueigenschaften 205
Sonderbauten 204, 343, 357, 366, 442, 449 f., 460, 465, 544, 639
–, Begriff 45
–, Legaldefinition 45
–, Mustervorschriften 459
Sonderbauverordnung 450
Sonderfeuerstätte 328
Sondernutzungserlaubnis 421
Speisegaststätte 48
spezialgesetzliche Bestimmungen 3
Spezialvorschriften 63
–, umweltrechtliche 68
spezielle Vorschriften des Bundes- und Landesrechts 3
Spielfläche 33
Spielhalle 411
Spielplatz 347, 606
Sportanlage, öffentliche 361
Sportfläche 33
Sportplatz 423 f.
Staffelgeschoss 56 ff.
Standardkonstruktion 253
Standortwahl 139
standsicher, „für sich allein" 199
–, „im Ganzen" 199
–, „in ihren einzelnen Teilen" 199
Standsicherheit 197, 199 f., 271, 406, 429, 606
– benachbarter Gebäude 429
Standsicherheitsnachweis 429, 446, 457
– angrenzender Gebäude 459
Stätte der Leistung 187, 190, 426
Staub 322
Staubemission durch Baustellen 193
Steigleitung, trockene 295
Stellplatz 35, 52 f., 406, 427, 606, 625, 653
–, Begriff 349
–, Definition 52
–, überdachter 422
–, Zweckentfremdung 352
Stellplatzfläche, Gestaltung 354
Stichflur 304
störende Häufung 185

825

Sachregister

Störung 185
– der Nachbarschaft 195
– des Gleichgewichts 197
Störungsgrad 406
Straßen, öffentliche 13
Straßenbahn 15
Straßenbild 169, 182
Straßenflucht 642
Straßenverkehr, Beeinträchtigung 193
Stütze 257
Stützmauer 138, 144, 424
subsidiäre Bedeutung 556
Subsidiarität 604, 609
Subunternehmer 382
Suspensiveffekt 436
Systemboden 305

T
Tageslicht 124, 344 f.
Tageslichtquotient 125
Tankautomat 428
tatsächliche Beschaffenheit der Umgebung 183
Taupunkt 328
Technische Baubestimmungen 85 ff., 465
technische Regeln 85
– –, Einführung 85
technische Spezifikation 224
technisches Sicherheitsrecht 408
Teilabbruch 578
Teilbaugenehmigung 493, 521, 523
Teilbeseitigung 578
Teile einer anderen baulichen Anlage 27
Teileinstellung 564, 567
Teilgenehmigung 414
Teilstopp 567
Teilungsgenehmigung 150
Teilvorhaben 522
Tekturgenehmigung 493, 514
Telekommunikation 17, 423
Telekommunikationsanlage 411
Toilette 347, 361
Toilettenraum, fensterloser 320
Townhouse 294
Tragfähigkeitsnachweis 197
Trennpflicht, abfallrechtliche 340
Trennwand 263, 266
–, Öffnung in der 266
–, Türen in der 266
– im Dachraum 259
Trennwandanschluss 266
Treppe 286, 360
–, einschiebbare 288
–, notwendige 284, 287 f., 291, 301
–, Verkehrssicherheit 287
Treppenabsatz 290

Treppengeländer 311
Treppenlauf, nutzbare Breite 289
Treppenraum 291 f.
–, an der Außenwand liegender 295
–, durchgehender 293
–, innenliegender 295
–, innenliegender notwendiger 291
–, Leitungsanlagen im 293
–, notwendiger 291, 301
–, –, Außenwand 298
–, –, Belüftung 300
–, –, oberer Abschluss 298
–, –, Öffnungen 299
–, Öffnungen 292
Treppenraumerweiterung 295
Treppenraumwand 292
Treu und Glaube 506
Triebwerksraum 313
Trinkwasserversorgung 333
–, öffentliche 335
Trittstufe 287
Tunnel 305
Tür 306, 360
Turmdrehkran 194
TÜV 397, 544, 546
Typengenehmigung 494
Typenprüfung 457, 461

U
U-Bahn 15
Überbau 605
Überdeckungsverbot 114
Übereinstimmungserklärung 242, 243, 245,
Übereinstimmungsnachweis 218, 242
Übereinstimmungszertifikat 242–247
Übergangsregelung 149
Überwachungsfunktion 387
Überwachungsstelle 223, 248
Ü-Kennzeichnung 241, 244, 246
Umwehrung 308 f.
Umwelteinwirkung 193
–, schädliche 193
Umweltschutz 68, 406
Umweltverträglichkeitsprüfung 444, 451
Unberührtheitsklausel 458
Unterfangung 200
Unterkonstruktion 259, 262
Unterkunft 193
–, nicht dem Wohnen dienende 192
Unterlagen, erforderliche 235
–, zusätzliche 486
Unternehmer 195, 371, 376, 381
Unterordnung, funktionale 135
–, quantitative 135
Untersagung, vorläufige 403, 435
Unterschrift 480

Sachregister

Unverletzlichkeit der Wohnung 393, 394
UVPG-Bln 372
Ü-Zeichen 218, 234, 242, 244

V

Variationsbreite 588
Veränderungssperre 429
verantwortliche Personen 196
Verantwortung 432
–, strafrechtliche 372
– bei den am Bau Beteiligten 407
Verantwortungsbereich 200
Verbauungswinkel 125
Verbindung, Dauerhaftigkeit 25
–, mittelbare 25
– von Anlage und Erdboden 25, 28
Verbot 465
Verbot mit Erlaubnisvorbehalt 400
Verbrennungsmotor 331
Vereinbarung, privatrechtliche 609
Vereinigungsbaulast 607
Verfahren eingeleitetes 641
–, bauaufsichtliches 637
Verfahrensbeschleunigung 401
Verfahrensbeteiligter 398
Verfahrenserleichterung 549
Verfahrensermessen 436
verfahrensfreies Vorhaben 401
Verfahrensfreiheit 420, 550
Verfahrensgegenstand 403
Verfahrenskonzentration 410, 413
Verfahrensreduzierung 549
Verfahrensvarianten 401
Verfahrensvereinfachung 401
Verglasung, absturzsichernde 309
Vergnügungspark 35, 48
Verhaltensanforderung 8, 10, 63
Verhältnis, zivilrechtliches 376
Verhältnismäßigkeit 500, 503
–, Grundsatz 397, 576
Verhältnismäßigkeitsprinzip 464
Verkaufsraum 54
Verkaufsstätte 47
Verkaufswagen 421
Verkehrsanlage, private 424
Verkehrsfläche 308, 421
–, öffentliche 53
Verkehrslärmschutz 209
Verkehrssicherheit 211, 286, 309
Verkehrssicherungspflicht 212
Verknüpfung, dynamische 60
–, statische 60
Verlängerung der Geltungsdauer der Baugenehmigung 517
Verlängerungsbescheid 236
Vermutung, unwiderlegliche 35

Vermutungsfall 222
Verpflichtung, eindeutige 610
–, privatrechtliche 603
Verpflichtungserklärung 609
Verrußungsgefahr 326
Versammlungsraum 48
Versammlungsstätte 47, 359
Versammlungsstätte im Freien 48
Versiegelung 566
Versiegelungsverbot 156
Vertragsstaaten 225
Vertrauensschutz 526
Verunstaltung 64, 166, 181, 631
–, Begriff 169
Verunstaltungsabwehr 165, 167
Verwaltungsakt 435, 507, 550, 552, 637
–, Adressat 395
–, feststellender 526, 538, 546
–, rechtsgestaltender 464
– mit Drittwirkung 509
Verwaltungsnutzung 47, 265
Verwaltungsverfahren 235
Verwaltungsvollstreckung 584, 637
Verwaltungsvollstreckungsrecht 565
Verwaltungsvorschrift 624, 626
Verweisung, dynamische 60
Verwendbarkeit 234, 235
Verwendbarkeitsnachweis 221, 240
–, besonderer 229, 238
Verwendbarkeitsvoraussetzung 235
Verwendbarkeitsvoraussetzung für Bauprodukte 216
Verwendungsklausel 84
Verwendungszweck 218
–, besonderer 230, 231
Verwirkung 506
VOB 376
Vollgeschoss 50, 56, 59
–, Begriff 658
–, Legaldefinition 56
–, planungsrechtlicher Begriff 56, 60
Vollständigkeitsfiktion 487
vollziehbar, sofort 583
Voraussetzung, formale 220
Vorbau 134, 268, 275
Vorbescheid 391, 414, 473, 495, 521, 526 f., 637
–, Geltungsdauer 536
Vorbescheidsverfahren 454
Vorbildwirkung, negative 580, 584
Vorentscheidung, Bindung an 497
Vorhaben 22, 420, 495, 560
–, bauplanungsrechtliche Zulässigkeit von 402
–, bauplanungsrechtlicher Begriff 26
–, genehmigungsfreie 420

Sachregister

–, genehmigungsfreigestelltes 575
–, genehmigungspflichtige 403
–, geringfügige genehmigungsbedürftige 408, 428
–, planungsrechtlicher Begriff 22
–, verfahrensfreies 401, 416, 420, 575
– im bauordnungsrechtlichen Sinne 403
– im bauplanungsrechtlichen Sinne 402
Vorhangfassade 278
Vorrang anderer Behörden 387
Vorrang zuständiger anderer Behörden 556, 570
Vorschrift, drittschützende 567, 585
Vorschriften anderer Staaten 224
Vorschriften, öffentlich-rechtliche 496
vortretende Bauteile 134
vorübergehend 186
VwVG 565, 592

W

Wagenburg 34
Wahlwerbung 191
Waldgebiet 646
Wand, aussteifende 258
–, tragende 257 f.
Wandhöhe 116
Warenautomat 426
Warenverkehr, freier 213
Wärme 320
Wärmebrücke 273
Wärmedämmung 137, 325
Wärmedämmverbundsystem 425
Wärmepumpe 332
Wärmeschutz 208
Wärmeschutz im Sommer 208
Wärmeschutz im Winter 209
Wärmeschutzanforderung 264
Warmwasserversorgung 333
Wasserbauten 411
Wasserbecken 424
Wasserfahrzeug 31
Wasserfläche 112
Wasserschutzgebiet 335
Wasserschutzzone 335
Wasserverkehr 15
Wasserversorgung 368
Wasserversorgungsanlage 332
Wasserzähler 333
Wendelstufe 287, 290
Werbeanlage 179, 426
– an Baugerüsten und Bauzäunen 426
– auf öffentlichem Straßenland 427
Werkraum 54
Wertvorstellung 183
Widerruf 637
Widerrufsvorbehalt 236, 500

Widerspruch zu öffentlich-rechtlichen Vorschriften 556, 570 f., 587
Widerspruchsbefugnis 74
Widerspruchsbescheid 635 f.
Wiedereinsetzung in den vorigen Stand 514
Wiederherstellungsanordnung 629
Wiederholungsprüfung 369
Wirksamkeit 534
Wochenendhaus 422
Wochenendplatz 34, 48, 422, 425
Wohngebäude 651
Wohngebiet 354
–, reines 650
Wohnteil 270
Wohnung 346
–, Betretungsrecht 392 ff.
Wohnungseigentum 620
Wohnungseingangstür 299, 307
Wohnunterkunft 192
Wohnverhältnisse, gesunde 406
Wohnwagen 34

Z

Zapfsäule 428
Zeitpunkt, maßgeblicher 497
Zeltplatz 34, 425
Zertifizierungsstelle 223, 244, 246, 248
Ziel 186
Zufahrt 93, 367
–, öffentlich-rechtlich gesicherte 604
– Zufahrtbaulast 614
Zufahrtsverkehr 351
Zugang, besonderer 347
zugänglich 62
Zugänglichkeit von Gebäuden 90
Zulassung, allgemeine bauaufsichtliche 221, 234 ff., 239 ff.
zumutbare Entfernung 352
Zusicherung 527
Zustandsverantwortlichkeit 174
Zustimmung im Einzelfall 221, 239 f.
–, bauaufsichtliche 494, 548
–, Fehler in der 481
Zustimmungsfiktion 486
Zustimmungsverfahren 549, 551
–, Prüfungsumfang 551
Zustimmungsverzicht 239
Zwangsmittel 566
Zweck 186
Zweckbindung 399
Zweckentfremdung von Stellplätzen 352
Zwei-Drittel-Regelung 57
Zweitbescheid 533 f.